百衲本

晉書

（唐）房玄齡等撰

國家圖書館出版社

圖書在版編目(CIP)數據

百衲本晉書/(唐)房玄齡等撰.—北京:國家圖書館出版社,2014.9(2024.6 重印)
(百衲本二十四史)
ISBN 978-7-5013-5399-6

Ⅰ.①百… Ⅱ.①房… Ⅲ.①中國歷史—晉代—紀傳體 Ⅳ.①K237.042

中國版本圖書館 CIP 數據核字(2014)第 168611 號

書　名	百衲本晉書
著　者	(唐)房玄齡等撰
叢書名	百衲本二十四史
責任編輯	陳　卓
重印編輯	張珂卿
出版發行	國家圖書館出版社(北京市西城區文津街 7 號　100034) (原書目文獻出版社　北京圖書館出版社) 010-66114536　63802249　nlcpress@nlc.cn(郵購)
網　址	http://www.nlcpress.com
印　裝	河北三河弘翰印務有限公司
版次印次	2014 年 9 月第 1 版　2024 年 6 月第 4 次印刷
開　本	710×1000　1/16
印　張	54.5
書　號	ISBN 978-7-5013-5399-6
定　價	180.00 圓

百衲本二十四史影印出版説明

『二十四史』是中國古代各朝被政府納爲正統的二十四部史書的總稱，其上起《史記》，下迄《明史》，記載了從傳説中的五帝時代到清朝初年約四千餘年中政治、經濟、文化等諸多方面的歷史，是我國古代最權威、最詳細的史學著作。

清代最通行的『二十四史』，是乾隆年間刊行的『欽定武英殿本二十四史』，即『殿本』。殿本版式疏朗，刻印精良，但是校勘不够審慎，存在誤字、衍字、缺字甚至整段文字脱失的情况。而且，由於殿本的編纂官皆屬御用史官，不得不爲帝王所左右，史實記録上存在竄改等原因造成的缺憾。晚清時，又出現了由各省官書局刊刻的局本，廣爲流傳，但仍以殿本爲依據，存在不少問題。

二十世紀二十年代起，張元濟先生耗費巨資搜訪宋元善本，通過采用當時最先進的攝影製版技術，歷經多年努力，至一九三六年，終於出齊了整套影印版的『二十四史』。因各書底本多殘缺不全，不得不通過許多版本相互參校、補綴而成，猶如僧侣之『百衲衣』，故名之曰『百衲本二十四史』。其中除《舊五代史》《元史》《明史》以明清時的版本作爲底本外，均以宋元版爲主要底本。百衲本對殿本、局本中的謬誤多有匡正，其對歷史研究的功績有目共睹，影響深巨，被史學界一致公認爲『中國最佳全本正史』，是中國史學史上的一座豐碑，具有極高的版本價值、研究價值和收藏價值。

百衲本二十四史自問世以來，曾數次被影印出版，其中的宣紙綫裝本，因價格不菲，不便學者購藏利用。而縮印本則多存在質量問題，其中質量較好的，當數二十世紀五十年代北京商務印書館的精裝二十四册本。但年代既久，流傳亦少，已屬罕見。爲滿足文史工作者的研究需求，也讓更多的文史愛好者接觸到百衲本二十四史，我社决定將之再度影印出版。

本次影印，將每部正史單獨製作，采取每頁分上下雙欄的形式印製，并爲每部正史編製了分卷目録。需要説明的是，此次我社在編製目録時，爲更好地反映百衲本原貌，充分體現其與殿本、局本等其他系統傳本的差异，原則上均依原書卷端著録，部分保留了原書中使用的簡體字、俗體字及异體字等。對原書中有目無傳或有傳無目等情況，不予改動，僅對極個别處出現的明顯衍、漏、誤字等情況進行了修改。不當之處，請讀者批評指正。

國家圖書館出版社

二〇一四年七月

百衲本晉書目録

晉書目錄

唐太宗文皇帝御撰

○帝紀十卷

○志二十卷

第二十三卷
愍懷太子遹 子虨 臧 尚
第二十四卷
陸機 孫拯 弟雲 雲弟耽 從父兄喜
第二十五卷
夏侯湛 弟淳 淳子承 潘岳 從子尼 張載 弟協 協弟亢
第二十六卷
江統 子虨 惇 孫楚 子衆 洵 纂 纂子統 統弟綽
第二十七卷
羅憲 兄子尚 滕脩 馬隆
胡奮 陶璜 吾彥
張光 趙誘

第二十八卷
周處 子玘 玘弟札 玘弟勰 札兄子莛 周訪 子撫 撫弟光 撫子楚 光子仲孫 楚子瓊 瓊子虓
第二十九卷
汝南文成王亮 子粹 矩 宗 熙 羕 楚隱王瑋
趙王倫 齊王冏 鄭方 長沙厲王乂
成都王穎 河間王顒 東海孝獻王越
第三十卷
解系 弟結 結弟育 孫旂 孟觀
牽秀 繆播 從弟胤 皇甫重
張輔 李含 張方 閻鼎
索靖 子綝 賈疋
第三十一卷

周浚 子嵩 謨 從父弟馥 成公簡 苟晞
華軼 劉喬 孫耽 耽子柳
第三十二卷
劉琨 子羣 琨兄輿 輿子演 祖逖 兄納
第三十三卷
邵續 李矩 段匹磾
魏浚 族子該 郭默
第三十四卷
武十五王 元四王 簡文三王
第三十五卷
王導 子悅 恬 洽 協 劭 薈 洽子珣 珉 劭子謐
第三十六卷

劉弘 陶侃 兄子臻 臻弟輿
第三十七卷
溫嶠 郗鑒 子愔 愔子超 愔弟曇 鑒叔父隆
第三十八卷
顧榮 紀瞻 賀循 楊方
薛兼
第三十九卷
劉隗 孫波 刁協 子彝 彝子逵 戴若思 弟邈
周顗 子閔
第四十卷
應詹 甘卓 鄧騫 卞壼 從父兄敦
劉超 鍾雅

第四十一卷

孫惠 熊遠 王鑒

陳頵 高崧

第四十二卷

郭璞 葛洪

第四十三卷

庾亮 子彬 羲 龢 弟懌 冰 條 翼

第四十四卷

桓彝 子雲 雲弟豁 豁子石虔 虔子振 虔弟石秀 石民 石生 石綏 石康 豁弟祕 祕弟沖 沖子嗣 嗣子胤 嗣弟謙 謙弟脩 徐寧

第四十五卷

王湛 子承 承子述 述子坦之 禕之 坦之子愷 愉 國寶 忱 愉子綏 承族子嶠 袁悅之 祖台之 荀崧 子蕤 羨

范汪 子寧 汪叔堅 劉惔 張憑

韓伯

第四十六卷

王舒 子允之 王廙 弟彬 彬子彪之 王稜

第四十七卷

虞潭 孫嘯父 兄子騑 顧衆 張闓

陸曄 曄弟玩 玩子納 何充 褚翜

蔡謨 諸葛恢 殷浩

顧悅之 蔡裔

第四十八卷

孔愉 子汪 安國 弟祗 從子坦 嚴 從弟羣 羣子沉 丁潭 張茂

陶回

第四十九卷

第五十卷

謝尚 謝安 安子琰 琰子混 安兄奕 奕子玄 安弟萬 萬弟石 石兄子朗 朗弟子邈

王羲之 子玄之 凝之 徽之 徽之子楨之 徽之弟操之 獻之 許邁

第五十一卷

王遜 蔡豹 羊鑒

劉胤 桓宣 族子伊 朱伺

毛寶 子穆之 安之 孫璩 宗人德祖 劉遐 鄧嶽 子遐

朱序

第五十二卷

陳壽 王長文 虞溥

司馬彪 王隱 虞預

孫盛 干寶 鄧粲

謝沈 習鑿齒 徐廣

第五十三卷

顧和 袁瓌 子喬 喬孫崧 瓌弟猷 從祖準 準孫耽 耽子質 質子湛 豹

江逌 從弟灌 灌子績 車胤 殷顗

王雅

第五十四卷

王恭 庾楷 劉牢之 子敬宣

殷仲堪 楊佺期

第五十五卷

劉毅 兄邁 諸葛長民 何無忌

檀憑之 魏詠

第五十六卷

第五十七卷　張軌 軌子寔 寔弟茂 寔子駿 駿子重華 華子耀靈 靈伯父祚 靈弟玄靚 靚叔天錫

涼武昭王李玄盛 子士業

第五十八卷　孝友

李密　盛彥　夏方

王裒　許孜　庾袞

孫晷　顏含　劉殷

王延　王談　桑虞

何琦　吴逵

第五十九卷　忠義

嵇紹 從子含　王豹　劉沈

麴允 焦嵩　賈渾　王育

韋忠　辛勉　劉敏元

周該　桓雄　韓階

周崎　易雄　樂道融

虞悝　沈勁　吉挹

王諒　宋矩　車濟

丁穆　辛恭靖　羅企生

張禕

第六十卷　良吏

魯芝　胡威　杜軫

竇允　王宏　曹攄

潘京　范晷　丁紹

喬智明　鄧攸　吴隱之

第六十一卷　儒林

范平　文立　陳邵　虞喜

劉兆　氾毓　徐苗　崔遊

范隆　杜夷　董景道　續咸

徐邈　孔衍　范宣　韋謏

范弘之　王歡

第六十二卷　文苑

應貞　成公綏　左思　趙至

鄒湛　棗據　褚陶　王沉

張翰　庾闡　曹毗　李充

袁宏　伏滔　羅含　顧愷之

郭澄之

第六十三卷　外戚

羊琇　王恂 弟虔 愷　楊文宗　羊玄之

虞豫 子胤　庾琛　杜乂　褚裒

何準 子澄　王濛 子脩　王遐　王蘊

褚爽

第六十四卷　隱逸

孫登　董京　夏統　朱沖

范粲 子喬　魯勝　董養　霍原

郭琦　伍朝　魯褒　氾騰

任旭　郭文　龔壯　孟陋

韓績　譙秀　翟湯 子莊　郭翻

辛謐　劉驎之　索襲　楊軻

公孫鳳　公孫永　張忠　石垣
宋纖　郭荷　郭瑀　祁嘉
瞿硎先生　謝敷　戴逵　龔玄之
陶淡　陶潛

第六十五卷　藝術

陳訓　戴洋　韓友　淳于智
步熊　杜不愆　嚴卿　隗炤
卜珝　鮑靚　吳猛　幸靈
佛圖澄　麻襦　單道開　黃泓
索紞　孟欽　王嘉　僧涉
郭黁　鳩摩羅什　曇霍　臺產

第六十六卷　烈女

羊耽妻辛氏　杜有道妻嚴氏　王渾妻鍾氏
鄭袤妻曹氏　愍懷太子妃王氏　郭休妻石氏
陶侃母湛氏　賈渾妻宗氏　梁緯妻辛氏
許延妻杜氏　虞潭母孫氏　周顗母李氏
張茂妻陸氏　尹虞二女　荀崧小女灌
王凝之妻謝氏　劉臻妻陳氏　皮京妻龍氏
孟昶妻周氏　何無忌母劉氏　劉聰妻劉氏
王廣女　陝婦人　靳康女
韋逞母宋氏　張天錫二妾 閻氏 薛氏　苻堅妾張氏
竇滔妻蘇氏　苻登妻毛氏　慕容垂妻段氏
段豐妻慕容氏　呂纂妻楊氏　呂紹妻張氏
涼武昭王李玄盛后尹氏

第六十七卷　四夷

東夷 夫餘 倭人 馬韓 裨離等十國 辰韓 肅慎　西戎 吐谷渾 大宛 焉耆 康居 龜茲 大秦
南蠻 林邑 扶南　北狄 匈奴

第六十八卷

王敦 沈充　桓溫 孟嘉

第六十九卷

桓玄　卞範之　殷仲文

第七十卷

王彌　張昌　陳敏　王如
杜曾　杜弢　王機　祖約
蘇峻　孫恩　盧循　譙縱

載記三十卷

第一卷　劉元海 子和 劉宣

第二卷　劉聰 子粲 陳元達

第三卷　劉曜

第四卷　石勒上

第五卷　石勒下 子弘 張賓

第六卷　石季龍上

右晉十二世十五帝一百五十六年
中朝四帝都洛陽五十四年
江左十一帝都建康一百二年
有五涼四燕三秦二趙夏蜀十
六國附其書起乙酉盡庚申

晉書總目終

帝紀卷第一　　晉書一　　御撰

宣帝

宣皇帝諱懿字仲達河内温縣孝敬里人姓司馬氏其先出自帝高陽之子重黎爲夏官祝融歷唐虞夏商世序其職及周以夏官爲司馬其後程伯休父周宣王時以世官克平徐方錫以官族因而爲氏楚漢閒司馬卬爲趙將與諸侯伐秦秦亡立爲殷王都河内漢以其地爲郡子孫遂家焉自卬八世生征西將軍鈞字叔平鈞生豫章太守量字公度量生潁川太守儁字元異儁生京兆尹防字建公帝即防之第二子也少有奇節聰朗多大略博學洽聞伏膺儒教漢末大亂常慨然有憂天下心南郡太守同郡楊俊名知人見帝未弱冠以爲非常之器尚書清河崔琰與帝兄朗善亦謂朗曰君弟聰亮明允剛斷英特非子所及也漢建安六年郡舉上計掾魏武帝爲司空聞而辟之帝知漢運方微不欲屈節曹氏辭以風痺不能起居魏武使人夜往密刺之帝堅卧不動及魏武爲丞相又辟爲文學掾勑行者曰若復盤桓便收之帝懼而就職於是使與太子游處遷黄門侍郎轉議郎丞相東曹屬尋轉主簿從討張魯言於魏武曰劉備以詐力虜劉璋蜀人未附而遠爭江陵此機不可失也今若曜威漢中益州震動進兵臨之勢必瓦解因此之勢易爲功力聖人不能違時亦不失時矣魏武曰人若無足既得隴右復欲得蜀言竟不從既而從討孫權破之軍還權遣使乞降上表稱臣陳説天命魏武帝曰此兒欲踞吾著爐炭上邪荅曰漢運垂終殿下十分天下而有其九以服事之權之稱臣天人之意也虞夏殷周不以謙讓者畏天知命也魏國既建遷太子中庶子每與大謀輒有奇策爲太子所信重與陳羣吳質朱鑠號曰四友遷爲軍司馬言於魏武曰昔箕子陳謀以食爲首今天下不耕者蓋二十餘萬非經國遠籌也雖戎甲未卷自宜且耕且守魏武納之於是務農積穀國用豐贍帝又言荆州刺史胡脩麤暴南鄉太守傅方驕奢並不可居邊魏武不之察及蜀將關羽圍曹仁於樊于禁等七軍皆没脩方果降羽而仁圍甚急焉是時漢

帝都許昌魏武以爲近賊欲從河北帝諫曰禁等爲水所没非戰守之所失於國家大計未有所損而便遷都既示敵以弱又淮沔之人大不安矣孫權劉備外親内踈羽之得意權所不願也可喻權所令掎其後則樊圍自解魏武從之權果遣將呂蒙西襲公安拔之羽遂爲蒙所獲魏武以荆州遺黎及屯田在潁川者逼近南寇皆欲徙之帝曰荆楚輕脱易動難安關羽新破諸爲惡者藏竄觀望今徙其善者既傷其意將令去者不敢復還從之其後諸亡者悉復業及魏武薨于洛陽朝野危懼帝綱紀喪事内外肅然乃奉梓宮還鄴

魏文帝即位封河津亭侯轉丞相長史會孫權帥兵西過朝議以樊襄陽無穀不可以禦寇時曹仁鎮襄陽請召仁還宛帝曰孫權新破關羽此其所自結之時也必不敢爲患襄陽水陸之衝禦寇要害不可棄也言竟不從仁遂焚棄二城權果不爲寇魏文悔之及魏受漢禪以帝爲尚書頃之轉督軍御史中丞封安國鄉侯

黄初二年督軍官罷遷侍中尚書右僕射

五年天子南巡觀兵吴疆帝留鎮許昌改封向鄉侯轉撫軍假節領兵五千加給事中録尚書事帝固辭天子曰吾於庶事以夜繼晝無須臾寧息此非以爲榮乃分憂耳

六年天子復大興舟師征吴復命帝居守内鎮百姓外供軍資臨行詔曰吾深以後事爲念故以委卿曹參雖有戰功而蕭何爲重使吾無西顧之憂不亦可乎天子自廣陵還洛陽詔帝曰吾東撫軍當總西事吾西撫軍當總東事於是帝留鎮許昌及天子疾篤帝與曹真陳群等見於崇華殿之南堂並受顧命輔政詔太子曰有間此三公者慎勿疑之明帝即位改封舞陽侯及孫權圍江夏遣其將諸葛瑾張霸并攻襄陽帝督諸軍討權走之進擊敗瑾斬霸并首級千餘遷驃騎將軍

太和元年六月天子詔帝屯于宛加督荆豫二州諸軍事初蜀將孟達之降也魏朝遇之甚厚帝以達言行傾巧不可任驟諫不見聽乃以達領新城太守封侯假節達於是連吴固蜀潛圖中國蜀相諸葛亮惡其反覆又慮其爲患達與魏興太守申儀有隙亮欲促其事乃遣郭模詐降過儀因漏泄其謀達聞其謀漏泄將舉兵帝恐達速發以書喻之曰將軍昔棄劉備託身國家國家委將軍以疆場之任任將軍以圖蜀之事可謂心貫白日蜀人愚智莫不切齒於將軍諸葛亮欲相破惟苦無路耳模之所言非小事也亮豈輕之而令宣露此殆易知耳達得書大喜猶與不決帝乃潛軍進討諸將言達與二賊交構宜觀望而後動帝曰達無信義此其相疑之時也當及其未定促決之乃倍道兼行八日到其城下吴蜀各遣其將向西城安橋木闌塞以救達帝分諸將以距之初達與亮書曰宛去洛八百里去吾一千二百里聞吾舉事當表上天子比相反覆一月間也則吾城已固諸軍足辦則吾所在深險司馬公必不自來諸將來吾無患矣及兵到達又告亮曰吾舉事八日而兵至城下何其神速也上庸城三面阻水達於城外爲木柵以自固帝渡水破其柵直造城下八道攻之旬有六日達甥鄧賢將李輔等開門出降斬達首傳京師俘獲万

餘人振旅還于宛乃勸農桑禁浮費南土悦附焉初申儀久在魏興專威疆埸輒承制刻印多所假授達既誅有自疑心時諸郡守以帝新克捷奉禮求賀皆聽之帝使人諷儀儀至問承制狀執之歸于京師又徙孟達餘衆七千餘家于幽州蜀將姚静鄭他等帥其屬七千餘人來降時邊郡新附多無戶名魏朝欲加隱實屬帝朝于京師天子訪之於帝帝對曰賊以密網束下故下棄之宜弘以大綱則自然安樂又問二虜宜討何者爲先對曰吴以中國不習水戰故敢散居東關凡攻敵必扼其喉而摏其心夏口東關賊之心喉若爲陸軍以向皖城引權東下爲水戰軍向夏口乘其虚而擊之此神兵從天而墮破之必矣天子並然之復命帝屯于宛

四年遷大將軍加大都督假黄鉞與曹真伐蜀帝自西城斫山開道水陸並進泝沔而上至于朐䏰（上音蠢下如允反）拔其新豐縣軍次丹口遇雨班師明年諸葛亮寇天水圍將軍賈嗣魏平於祁山天子曰西方有事非君莫可付者乃使帝西屯長安都督雍梁二州諸軍事統車

騎將軍張郃後將軍費曜征蜀護軍戴陵雍州刺史郭淮等討亮張郃勸帝分軍住雍郿爲後鎮帝曰料前軍獨能當之者將軍言是也若不能當而分爲前後此楚之三軍所以爲黥布擒也遂進軍隃麋亮聞大軍且至乃自帥衆將芟上邽之麥諸將皆懼帝曰亮慮多決少必安營自固然後芟麥吾得二日兼行足矣於是卷甲晨夜赴之亮望塵而遁帝曰吾倍道疲勞此曉兵者之所貪也亮不敢據渭水此易與耳進次漢陽與亮相遇帝列陣以待之使將牛金輕騎餌之兵才接而亮退追至祁山亮屯鹵城據南北二山斷水爲重圍帝攻拔其圍亮宵遁追擊破之俘斬萬計天子使使者勞軍增封邑時軍師杜襲督軍薛悌皆言明年麥熟亮必爲寇隴右無穀宜及冬豫運帝曰亮再出祁山一攻陳倉挫衄而反縱其後出不復攻城當求野戰必在隴東不在西也亮每以糧少爲恨歸必積穀以吾料之非三稔不能動矣於是表徙冀州農夫佃上邽興京兆天水南安監冶

青龍元年穿成國渠築臨晉陂溉田數千頃國以充實焉

二年亮又帥衆十餘万出斜谷壘于郿之渭水南原天子憂之遣征蜀護軍秦朗督步騎二万受帝節度諸將欲住渭北以待之帝曰百姓積聚皆在渭南此必爭之地也遂引軍而濟背水爲壘因謂諸將曰亮若勇者當出武功依山而東若西上五丈原則諸軍無事矣亮果上原將北渡渭帝遣將軍周當屯陽遂以餌之數日亮不動帝曰亮欲爭原而不向陽遂此意可知也遣將軍胡遵雍州刺史郭淮共備陽遂與亮會于積石臨原而戰亮不得進還于五丈原會有長星墜亮之壘帝知其必敗遣奇兵掎亮之後斬五百餘級獲生口千餘降者六百餘人時朝廷以亮僑軍遠寇利在急戰每命帝持重以候其變亮數挑戰帝不出因遺帝巾幗婦人之飾帝怒表請決戰天子不許乃遣骨鯁臣衛尉辛毗杖節爲軍師以制之後亮復來挑戰帝將出兵以應之毗杖節而立軍門帝乃止初蜀將姜維聞毗來謂亮曰辛毗杖節而至賊不復出矣亮曰彼本無戰心所以固請者以示武於其衆耳將在軍君命有所不受苟能制吾豈千里而請戰邪帝弟孚書問軍事帝復書曰亮志大而不見機多謀而少決好兵而無權雖提卒十萬已墮吾畫中破之必矣與之對壘百餘日會亮病卒諸將燒營遁走百姓奔告帝出兵追之亮長史楊儀反旗鳴鼓若將距帝者帝以窮寇不之逼於是楊儀結陣而去經日乃行其營壘觀其遺事獲其圖書糧穀甚衆帝審其必死曰天下奇才也辛毗以爲尚未可知帝曰軍家所重軍書密計兵馬糧穀今皆棄之豈有人捐其五藏而可以生乎宜急追之關中多蒺藜帝使軍士二千人著軟材平底木屐前行蒺藜悉著屐然後馬步俱進追到赤岸乃知亮死審問時百姓爲之諺曰死諸葛走生仲達帝聞而笑曰吾便料生不便料死故也先是亮使至帝問曰諸葛公起居何如食可幾米對曰三四升次問政事曰二十罰已上皆自省覽帝既而告人曰諸葛孔明其能久乎竟如其言亮部將楊儀魏延爭權儀斬延并其衆帝欲乘隙而進有詔不許

三年遷太尉累增封邑蜀將馬岱入寇帝遣將軍牛金擊走斬千餘級武都氐王苻雙強端帥其屬六千餘人來降關東饑帝運長安粟五百萬斛輸于京師

四年獲白鹿獻之天子曰昔周公旦輔成王有素雉之貢今君受陝西之任有白鹿之獻豈非忠誠協符千載同契俾乂邦家以永厥休邪及遼東太守公孫文懿反徵帝詣京師天子曰此不足以勞君事欲必克故以相煩耳君度其作何計對曰棄城預走上計也據遼水以距大軍次計也坐守襄平此成擒耳天子曰其計將安出對曰惟明者能深度彼己預有所棄此非其所及也今懸軍遠征將謂不能持久必先距遼水而後守此中下計也天子曰往還幾時對曰往百日還百日攻百日以六十日爲休息一年足矣是時大修宮室加之以軍旅百姓饑弊帝將即戎乃諫曰昔周公營洛邑蕭何造未央今宮室未備臣之責也然自河以北百姓困窮外內有役勢不並興宜假絕內務以救時急

景初二年帥牛金胡遵等步騎四萬發自京都車駕送出西明門詔

弟子子師送過温賜以穀帛牛酒勑郡守典農巳下皆往會焉見父老故舊讌飲累日帝歎息悵然有感爲歌曰天地開闢日月重光遭遇際會畢力遐方將埽群穢還過故鄉肅清萬里總齊八荒告成歸老待罪舞陽遂進師經狐竹越碣石次于遼水文懿果遣步騎數萬阻遼隧堅壁而守南北六七十里以距帝帝盛兵多張旗幟出其南賊盡鋭赴之乃泛舟潛濟以出其北與賊營相逼沉舟焚梁傍遼水作長圍棄賊而向襄平諸將言曰不攻賊而作圍非所以示衆也帝曰賊堅營高壘欲以老吾兵也攻之正入其計此王邑所以恥過昆陽也古人曰敵雖高壘不得不與我戰者攻其所必救也賊大衆在此則巢窟虛矣我直指襄平必人懷内懼懼而求戰破之必矣遂整陣而過賊見兵出其後果邀之帝謂諸將曰所以不攻其營正欲致此不可失也乃縱兵逆擊大破之三戰皆捷賊保襄平進軍圍之初文懿聞魏師之出也請救於孫權權亦出兵遥爲之聲援遺文懿書曰司馬公善用兵變化若神所向無前深爲弟憂之會霖潦大水平

地數尺三軍恐欲移營帝令軍中敢有言徙者斬都督令史張静犯令斬之中軍乃定賊恃水樵牧自若諸將欲取之皆不聽司馬陳珪曰昔攻上庸八部並進晝夜不息故能一旬之半拔堅城斬孟達今者遠來而更安緩愚竊惑焉帝曰孟達衆少而食支一年將士四倍於達而糧不淹月以一月圖一年安可不速以四擊一正令半解猶當爲之是以不計死傷與糧競也今賊衆我寡賊飢我飽水雨乃爾功力不設雖當促之亦何所爲自發京師不憂賊攻但恐賊走今賊糧垂盡而圍落未合掠其牛馬抄其樵采此故驅之走也夫兵者詭道善因事變賊憑衆恃雨故雖飢困未肯束手當示無能以安之取小利以驚之非計也朝廷聞師遇雨咸請召還天子曰司馬公臨危制變計日擒之矣既而雨止遂合圍起土山地道楯櫓鉤橦發矢石雨下晝夜攻之時有長星色白有芒鬣自襄平城西南流于東北墜于梁水城中震慴文懿大懼乃使其所署相國王建御史大夫柳甫乞降請解圍面縛不許執建等皆斬之檄告文懿曰昔楚鄭列國而鄭

伯猶肉袒牽羊而迎之孤爲主人位則上公而建等欲孤解圍退舍豈楚鄭之謂邪二人老耄必傳言失旨已相爲斬之若意有未已可更遣年少有明決者來文懿復遣侍中衞演乞剋日送任帝謂演曰軍事大要有五能戰當戰不能戰當守不能守當走餘二事惟有降與死耳汝不肯面縛此爲決就死也不須送任文懿攻南圍突出帝縱兵擊敗之斬于梁水之上星墜之所既入城立兩標以别新舊焉男子年十五已上七千餘人皆殺之以爲京觀僞公卿已下皆伏誅戮其將軍畢盛等二千餘人收戸四萬口三十餘萬初文懿篡其叔父恭位而囚之及將反將軍綸直賈範等苦諫文懿皆殺之帝乃釋恭之囚封直等之墓顯其遺嗣令曰古之伐國誅其鯨鯢而已諸爲文懿所詿誤者皆原之中國人欲還舊鄉恣聽之時有兵士寒凍乞襦帝弗之與或曰幸多故襦可以賜之帝曰襦者官物人臣無私施也乃奏軍人年六十已上者罷遣千餘人將吏從軍死亡者致喪還家遂班師天子遣使者勞軍于薊增封食昆陽并前二縣初帝至襄

平夢天子枕其膝曰視吾面俛視有異於常心惡之先是詔帝便道鎮關中及次白屋有詔召帝三日之間詔書五至手詔曰間側息望到到便直排閤入視吾面帝大遽乃乘追鋒車晝夜兼行自白屋四百餘里一宿而至引入嘉福殿卧内升御牀帝流涕問疾天子執帝手目齊王曰以後事相託死乃復可忍吾忍死待君得相見無所復恨矣命與大將軍曹爽並受遺詔輔少主及齊王即帝位遷侍中持節都督中外諸軍録尚書事與爽各統兵三千人共執朝政更直殿中乘輿入殿爽欲使尚書奏事先由己乃言於天子徙帝爲大司馬朝議以爲前後大司馬累薨於位乃以帝爲太傅入殿不趨贊拜不名劒履上殿如漢蕭何故事嫁娶喪葬取給於官以世子師爲散騎常侍子弟三人爲列侯四人爲騎都尉帝固讓子弟官不受

魏正始元年春正月東倭重譯納貢焉耆危須諸國弱水以南鮮卑名王皆遣使來獻天子歸美宰輔又增帝封邑初魏明帝好脩宮室制度靡麗百姓苦之帝自遼東還役者猶萬餘人雕玩之物動以千計

至是皆奏罷之節用務農天下欣賴焉

二年夏五月吳將全琮寇芍陂朱然孫倫圍樊城諸葛瑾步騭掠柤中帝請自討之議者咸言賊遠來圍樊不可卒拔挫於堅城之下有自破之勢宜長策以御之帝曰邊城受敵而安坐廟堂疆埸騷動衆心疑惑是社稷之大憂也六月乃督諸軍南征車駕送出津陽門帝以南方暑濕不宜持久使輕騎挑之然不敢動於是休戰士簡精鋭募先登申號令示必攻之勢吳軍夜遁走追至三州口斬獲萬餘人收其舟船軍資而還天子遣侍中常侍勞軍于宛秋七月增封食郾臨潁并前四縣邑萬戶子弟十一人皆為列侯帝勳德日盛而謙恭愈甚以太常林鄉邑舊齒見之每拜恒戒子弟曰盛滿者道家之所忌四時猶有推移吾何德以堪之損之又損之庶可以免乎

三年春天子追封謚皇考京兆尹為舞陽成侯三月奏穿廣漕渠引河入汴溉東南諸陂始大佃於淮北先是吳遣將諸葛恪屯皖邊鄙苦之帝欲自擊恪議者多以賊據堅城積穀欲引致官兵今懸軍遠攻其救必至進退不易未見其便帝曰賊之所長者水也今攻城以觀其變若用其所長棄城奔走此為廟勝也若敢固守湖水冬淺船不得行勢必棄水相救由其所短亦吾利也

四年秋九月帝督諸軍擊諸葛恪車駕送出津陽門軍次于舒恪焚燒積聚棄城而遁帝以滅賊之要在於積穀乃大興屯守廣開淮陽百尺二渠又脩諸陂於潁之南北萬餘頃自是淮北倉庾相望壽陽至于京師農官屯兵連屬焉

五年春正月帝至自淮南天子使持節勞軍尚書鄧颺李勝等欲令曹爽建立功名勸使伐蜀帝止之不可爽果無功而還

六年秋八月曹爽毀中壘中堅營以兵屬其弟中領軍羲帝以先帝舊制禁之不可冬十二月天子詔帝朝會乘輿升殿

七年春正月吳寇柤中夷夏萬餘家避寇北渡沔帝以沔南近賊若百姓奔還必復致寇宜權留之曹爽曰今不能脩守沔南而留百姓非長策也帝曰不然凡物致之安地則安危地則危故兵書曰成敗

形也安危勢也形勢御衆之要不可以不審設令賊以二萬人斷沔水三萬人與沔南諸軍相持萬人陸梁柤中將何以救之爽不從卒令還南賊果襲破柤中所失萬計

八年夏四月夫人張氏薨曹爽用何晏鄧颺丁謐之謀遷太后於永寧宮專擅朝政兄弟並典禁兵多樹親黨屢改制度帝不能禁於是與爽有隙五月帝稱疾不與政事時人為之謠曰何鄧丁亂京城

九年春三月黃門張當私出掖庭才人石英等十一人與曹爽為伎人爽晏謂帝疾篤遂有無君之心與當密謀圖危社稷期有日矣帝亦潛為之備爽之徒屬亦頗疑帝會河南尹李勝將莅荊州來候帝帝詐疾篤使兩婢侍持衣衣落指口言渴婢進粥帝不持杯飲粥皆流出霑胷勝曰衆情謂明公舊風發動何意尊體乃爾帝使聲氣纔屬說年老枕疾死在旦夕君當屈并州并州近胡善為之備恐不復相見以子師昭兄弟為託勝曰當還忝本州非并州帝乃錯亂其辭曰君方到并州勝復曰當忝荊州帝曰年老意荒不解君言今還為本州盛德壯烈好建功勳勝退告爽曰司馬公尸居餘氣形神已離不足慮矣他日又言曰太傅不可復濟令人愴然故爽等不復設備

嘉平元年春正月甲午天子謁高平陵爽兄弟皆從是日太白襲月帝於是奏永寧太后廢爽兄弟時景帝為中護軍將兵屯司馬門帝列陣闕下經爽門爽帳下督嚴世上樓引弩將射帝孫謙止之曰事未可知三注三止皆引其肘不得發大司農桓範出赴爽蔣濟言於帝曰智囊往矣帝曰爽與範內疏而智不及駑馬戀棧豆必不能用也於是假司徒高柔節行大將軍事領爽營謂柔曰君為周勃矣命太僕王觀行中領軍攝羲營帝親帥太尉蔣濟等勒兵出迎天子屯于洛水浮橋上奏曰先帝詔陛下秦王及臣升于御牀握臣臂曰深以後事為念今大將軍爽背棄顧命敗亂國典內則僭擬外專威權群官要職皆置所親宿衛舊人并見斥黜根據槃牙縱恣日甚又以黃門張當為都監專共交關伺候神器天下洶洶人懷危懼陛下便為寄坐豈得久安此非先帝詔陛下及臣升御牀之本意也臣雖朽

邁敢忘前言昔趙高極意秦是以亡呂霍早斷漢祚永延此乃陛下之殷鑒臣受命之秋也公卿群臣皆以爽有無君之心兄弟不宜典兵宿衛奏皇太后皇太后勑如奏施行臣輒勑主者及黄門令罷爽羲訓吏兵各以本官侯就第若稽留車駕以軍法從事臣輒力疾將兵詣洛水浮橋伺察非常爽不通奏留車駕宿伊水南伐樹為鹿角發屯兵數千人以守桓範果勸爽奉天子幸許昌移檄徵天下兵爽不能用而夜遣侍中許允尚書陳泰詣帝觀望風旨帝數其過失事止免官泰還以報爽勸之通奏帝又遣爽所信殿中校尉尹大目諭爽指洛水為誓爽意信之桓範等援引古今諫說萬端終不能從乃曰司馬公正當欲奪吾權耳吾得以侯還第不失為富家翁範拊膺曰坐卿滅吾族矣遂通帝奏既而有司劾黄門張當并發爽與何晏等反事乃收爽兄弟及其黨與何晏丁謐鄧颺畢軌李勝桓範等誅之蔣濟曰曹真之勳不可以不祀帝不聽初爽司馬魯芝主簿楊綜斬關奔爽及爽之將歸罪也芝綜泣諫曰公居伊周之任挾天子杖天威孰敢不從舍此而欲就東市豈不痛哉有司奏收芝綜科罪帝赦之曰以勸事君者二月天子以帝為丞相增封潁川之繁昌鄢陵新汲父城并前八縣邑二萬戶奏事不名固讓丞相冬十二月加九錫之禮朝會不拜固讓九錫

二年春正月天子命帝立廟于洛陽置左右長史增掾屬舍人滿十人歲舉掾屬任御史秀才各一人增官騎百人鼓吹十四人封子肜平樂亭侯倫安樂亭侯帝以久疾不任朝請每有大事天子親幸第以諮訪焉兗州刺史令狐愚太尉王淩貳於帝謀立楚王彪

三年春正月王淩詐言吳人塞涂水請發兵以討之帝潛知其計不聽夏四月帝自帥中軍汎舟沿流九日而到甘城淩計無所出乃迎于武丘面縛水次曰淩若有罪公當折簡召淩何苦自來耶帝曰以君非折簡之客故耳即以淩歸于京師道經賈逵廟淩呼曰賈梁道王淩是大魏之忠臣惟爾有神知之至項仰鴆而死收其餘黨皆夷三族并殺彪悉錄魏諸王公置于鄴命有司監察不得交關天子遣侍中韋誕持節勞軍于五池帝至自甘城天子又使兼大鴻臚太僕庾嶷持節策命帝為相國封安平郡公孫及兄子各一人為列侯前後食邑五萬戶侯者十九人固讓相國郡公不受六月帝寢疾夢賈逵王淩為祟甚惡之秋八月戊寅崩于京師時年七十三天子素服臨弔喪葬威儀依漢霍光故事追贈相國郡公弟孚表陳先志辭郡公及轀輬車九月庚申葬于河陰謚曰文貞後改謚文宣先是預作終制於首陽山為土藏不墳不樹作顧命三篇斂以時服不設明器後終者不得合葬一如遺命晉國初建追尊曰宣王武帝受禪上尊號曰宣皇帝陵曰高原廟稱高祖帝內忌而外寬猜忌多權變魏武察帝有雄豪志聞有狼顧相欲驗之乃召使前行令反顧面正向後而身不動又嘗夢三馬同食一槽甚惡焉因謂太子丕曰司馬懿非人臣也必預汝家事太子素與帝善每相全佑故免帝於是勤於吏職夜以忘寢至於芻牧之間悉皆臨履由是魏武意遂安及平公孫文懿大行殺戮誅曹爽之際支黨皆夷及三族男女無少長姑姊妹女子之適人者皆殺之既而竟遷魏鼎云明帝時王導侍坐帝問前世所以得天下導乃陳帝創業之始及文帝末高貴鄉公事明帝以面覆牀曰若如公言晉祚復安得長遠迹其猜忍蓋有符於狼顧也

制曰夫天地之大黎元為本邦國之貴元首為先治亂無常興亡有運是故五帝之上居萬乘以為憂三王已來處其憂而為樂競智力爭利害大小相吞強弱相襲逮乎魏室三方鼎峙干戈不息氣霧交飛宣皇以天挺之姿應期佐命文以纘治武以稜威用人如在己求賢若不及情深阻而莫測性寬綽而能容和光同塵與時舒卷戢鱗潛翼思屬風雲飾忠於已詐之心延安於將危之命觀其雄略內斷英猷外決殄公孫於百日擒孟達於盈旬自以兵動若神謀無再計矣既而擁衆西舉與諸葛相持抑其甲兵本無鬬志遺其巾幗方發憤心杖節當門雄圖頓屈請戰千里詐欲示威且秦蜀之人勇懦非敵夷險之路勞逸不同以此爭功其利可見而返閉軍固壘莫敢爭鋒生怯實而未前死疑虛而猶遁良將之道失在斯乎文帝之世輔翼

權重許昌同蕭何之委崇華甚霍光之寄當謂竭誠盡節伊傅可齊及明帝將終棟梁是屬受遺二主佐命三朝既承忍死之託曾無殉生之報天子在外內起甲兵陵土未乾遽相誅戮貞臣之體寧若此乎盡善之方以斯為惑夫征討之策豈東智而西愚輔佐之心何前忠而後亂故晉明掩面恥欺偽以成功石勒肆言笑姦回以定業古人有云積善三年知之者少為惡一日聞於天下可不謂然乎雖自隱過當年而終見嗤後代亦猶竊鍾掩耳以衆人為不聞銳意盜金謂市中為莫覩故知貪於近者則遺遠溺於利者則傷名若不損已以益人則當禍人而福已順理而舉易為力背時而動難為功況以未成之晉基逼有餘之魏祚雖復道格區宇德被蒼生而天未啓時寶位猶阻非可以智競不可以力爭雖則慶流後昆而身終於北面矣

帝紀卷第一　　晉書一

虞詰書

晉書帝紀卷第二　　晉書二　　御撰

景帝　文帝

景皇帝諱師字子元宣帝長子也雅有風彩沉毅多大略少流美譽與夏侯玄何晏齊名晏常稱曰惟幾也能成天下之務司馬子元是也魏景初中拜散騎常侍累遷中護軍為選用之法舉不越功吏無私焉宣穆皇后崩居喪以至孝聞宣帝之將誅曹爽深謀祕策獨與帝潛畫文帝弗之知也將發夕乃告之既而使人覘之帝寢如常而文帝不能安席晨會兵司馬門鎮靜內外置陣甚整宣帝曰此子竟可也初帝陰養死士三千散在人間至是一朝而集衆莫知所出也事平以功封長平鄉侯食邑千戶尋加衛將軍及宣帝薨議者咸云伊尹既卒伊陟嗣事天子命帝以撫軍大將軍輔政

魏嘉平四年春正月遷大將軍加侍中持節都督中外諸軍錄尚書事命百官舉賢才明少長恤窮獨理廢滯諸葛誕毋丘儉王昶陳泰胡遵都督四方王基州泰鄧艾石苞典州郡盧毓李豐掌選舉傅嘏虞松參計謀鍾會夏侯玄王肅陳本孟康趙酆張緝預朝議四海傾注朝野肅然或有請改易制度者帝曰不識不知順帝之則詩人之美也三祖典制所宜遵奉自非軍事不得妄有改革

五年夏五月吳太傅諸葛恪圍新城朝議慮其分兵以寇淮泗欲戍諸水口帝曰諸葛恪新得政於吳欲徼一時之利并兵合肥以冀萬一不暇復為青徐患也且水口非一多戍則用兵衆少戍則不足以禦寇恪果并力合肥卒如所度帝於是使鎮東將軍毋丘儉揚州刺史文欽等距之儉欽請戰帝曰恪卷甲深入投兵死地其鋒未易當且新城小而固攻之未可拔遂命諸將高壘以弊之相持數月恪攻城力屈死傷太半帝乃勑欽督銳卒趣合榆要其歸路儉帥諸將以為後繼恪懼而遁欽逆擊大破之斬首萬餘級

正元元年春正月天子與中書令李豐后父光祿大夫張緝黃門監蘇鑠永寧署令樂敦冗從僕射劉寳賢等謀以太常夏侯玄代帝輔政帝密知之使舍人王羨以車迎豐豐見迫隨羨而至帝數之豐知禍及因

肆惡言帝怒遣勇士以刀鐶築殺之逮捕玄緝等皆夷三族三月乃諷天子廢皇后張氏因下詔曰姦臣李豐等靖譖庸回陰構凶慝大將軍糺虔天刑致之誅辟周勃之克呂氏霍光之擒上官曷以過之其增邑九千戶并前四萬帝讓不受天子以玄緝之誅深不自安而帝亦慮難作潛謀廢立乃密諷魏永寧太后秋九月甲戌太后下令曰皇帝春秋已長不親萬機耽淫內寵沈嫚女德日近倡優縱其醜虐迎六宮家人留止內房毀人倫之叙亂男女之節又為群小所迫將危社稷不可以承奉宗廟帝召群臣會議流涕曰太后令如是諸君其如王室何咸曰伊尹放太甲以寧殷霍光廢昌邑以安漢權定社稷以清四海二代行之於古明公當之於今今日之事惟命是從帝曰諸君見望者重安敢避之乃與群公卿士共奏太后曰臣聞天子者所以濟育群生永安萬國皇帝春秋已長未親萬機日使小優郭懷袁信等裸袒淫戲又於廣望觀下作遼東妖婦道路行人莫不掩目清商令令狐景諫帝帝燒鐵炙之太后遭合陽君喪帝嬉樂自若清商丞龐熙諫帝帝弗聽太后還北宮殺張美人帝甚恚望熙諫帝怒復以彈彈熙每文書入帝不省視太后令帝在式乾殿講學帝又不從不可以承天序臣請依霍光故事收皇帝璽綬以齊王歸藩奏可於是有司以太牢策告宗廟王就乘輿副車群臣從至西掖門帝泣曰先臣受歷世殊遇先帝臨崩託以遺詔臣復忝重任不能獻可替否群公卿士遠惟舊典為社稷深計寧負聖躬使宗廟血食於是使使者持節衛送舍河內之重門誅郭懷袁信等是日與群臣議所立帝曰方今宇宙未清二虜爭衡四海之主惟在賢哲彭城王據太祖之子以賢則仁聖明允以年則皇室之長天位至重不得其才不足以寧濟六合乃與群公奏太后太后以彭城王先帝諸父於昭穆之序為不次則烈祖之世永無承嗣東海定王明帝之弟欲立其子高貴鄉公髦帝固爭不獲乃從太后令遣使迎高貴鄉公於元城而立之改元曰正元天子受璽惰舉趾高帝聞而憂之及將大會帝訓於天子曰夫聖王重始正本敬初古人所慎也明當大會萬衆瞻穆穆之容公卿聽玉振之音詩云示人不佻是則是效易曰出其言善則千里之外應之雖禮儀周備猶宜加之以祗恪以副四海顒顒式仰癸巳天子詔曰朕聞創業之君必須股肱之臣守文之主亦賴匡佐之輔是故文武以呂召彰受命之功宣王倚山甫享中興之業大將軍世載明德應期作輔遭天降險帝室多難齊王蒞政不迪率典公履義執忠以寧區夏式是百辟揔齊庶事內摧寇虐外靜姦宄日昃忘勞夙夜德聲光于上下勳烈施于四方深惟大議首建明策權定社稷援立朕躬宗廟獲安億兆慶賴伊摯之保乂殷邦公旦之綏寧周室蔑以尚焉朕甚嘉之夫德茂者位尊庸大者祿厚古今之通義也其登位相國增邑九千并前四萬戶進號大都督假黃鉞入朝不趨奏事不名劍履上殿賜錢五百萬帛五千匹以彰元勳帝固辭相國又上書訓於天子曰荊山之璞雖美不琢不成其寶顏冉之才雖茂不學不弘其量仲尼有云予非生而知之者好古敏以求之者也仰觀黃軒五代之主莫不有所稟則顓頊受學於籙圖高辛問道於柏招逮至周成旦望作輔故能離經辯志安道樂業夫然故君道明於上兆庶順於下刑措之隆實由於此宜遵先王下問之義使講誦之業屢聞於聽典謨之言日陳於側也時天子頗修華飾帝又諫曰履端初政宜崇玄樸並敬納焉十一月有白氣經天

二年春正月有彗星見于吳楚之分西北竟天鎮東大將軍毌丘儉揚州刺史文欽舉兵作亂矯太后令移檄郡國為壇盟於西門之外各遣子四人質于吳以請救二月儉欽帥衆六萬渡淮而西帝會公卿謀征討朝議多謂可遣諸將擊之王肅及尚書傅嘏中書侍郎鍾會勸帝自行戊午帝統中軍步騎十餘萬以征之倍道兼行召三方兵大會于陳許之郊甲申次于潩橋儉將史招李續相次來降儉欽移入項城帝遣荊州刺史王基進據南頓以逼儉帝深壁高壘以待東軍之集諸將請進軍攻其城帝曰諸君得其一未知其二淮南將士本無反志且儉欽欲蹈縱橫之迹習儀秦之說謂遠近必應而事起之日淮北不從史招李續前後瓦解內乖外叛自知必敗困獸思鬬速戰更合其志雖云必尅傷人亦多且儉等欺誑將士詭變萬端小與持久詐情自露此不戰

而尅之也乃遣諸葛誕督豫州諸軍自安風向壽春征東將軍胡遵督青徐諸軍出譙宋之閒絶其歸路帝屯汝陽遣兖州刺史鄧艾督太山諸軍進屯樂嘉示弱以誘之欽進軍將攻艾帝潛軍銜枚徑造樂嘉與欽相遇欽子鴦年十八勇冠三軍謂欽曰及其未定請登城鼓譟擊之可破也既謀而行三譟而欽不能應鴦退相與引而東帝謂諸將曰欽走矣命發銳軍以追之諸將皆曰欽舊將鴦少而銳引軍內入未有失利必不走也帝曰一鼓作氣再而衰三而竭鴦三鼓欽不應其勢已屈不走何待欽將遁鴦曰不先折其勢不得去也乃與驍騎十餘摧鋒陷陣所向皆披靡遂引去帝遣左長史司馬璉督驍騎八千翼而追之使將軍樂綝等督步兵繼其後比至沙陽頻陷欽陣弩矢雨下欽蒙楯而馳大破其軍衆皆投戈而降欽父子與麾下走保項儉聞欽敗棄衆宵遁淮南安風津都尉追儉斬之傳首京都欽遂奔吳淮南平初帝目有瘤疾使醫割之鴦之來攻也驚而目出懼六軍之恐蒙之以被痛甚齧被敗而左右莫知焉閏月疾篤使文帝摠統諸軍辛亥崩于許昌時年四

十八二月帝之喪至自許昌天子素服臨弔詔曰公有濟世寧國之勳尅定禍亂之功重之以死王事宜加殊禮其令公卿議制有司議以為忠安社稷功濟宇內宜依霍光故事追加大司馬之號以冠軍大將軍增邑五萬戶謚曰武公文帝表讓曰臣亡父不敢受丞相相國九命之禮亡兄不敢受相國之位誠以太祖常所階歷也今謚與二祖同必所祗懼昔蕭何張良霍光咸有匡佐之功何謚文終良謚文成光謚宣成必以文武為謚請依何等就加詔許之謚曰忠武晉國既建追尊曰景王武帝受禪上尊號曰景皇帝陵曰峻平廟稱世宗

文皇帝諱昭字子上景帝之母弟也魏景初三年封新城鄉侯正始初為洛陽典農中郎將值魏明奢侈之後帝蠲除苛碎不奪農時百姓大悅轉散騎常侍大將軍曹爽之伐蜀也以帝為征蜀將軍副夏侯玄出駱谷次于興勢蜀將王林夜襲帝營帝堅臥不動林退帝謂玄曰費禕以據險距守進不獲戰攻之不可宜亟旋軍以為後圖爽等引旋禕果馳兵趣三嶺爭險乃得過遂還拜議郎及誅曹爽帥衆衛二宮以功增邑千戶蜀將姜維之寇隴右也征西將軍郭淮自長安距之進帝位安西將軍持節屯關中為諸軍節度淮攻維別將句安於麴久而不決帝乃進據長城南趣駱谷以疑之維懼退保南鄭安軍絶援帥衆來降轉安東將軍持節鎮許昌及大軍討王淩帝督淮北諸軍事帥師會于項增邑三百戶假金印紫綬尋進號都督統征東將軍胡遵鎮東將軍諸葛誕伐吳戰于東關二軍敗績坐失侯蜀將姜維又寇隴右揚聲欲攻狄道以帝行征西將軍次長安雍州刺史陳泰欲先賊據狄道帝曰姜維攻羌收其質任聚穀作邸閣訖而復轉行至此正欲了塞外諸羌為後年之資耳若實向狄道安肯宣露令外人知今揚聲言出此欲歸也維果燒營而去會新平羌胡叛帝擊破之遂耀兵靈州北虜震讋叛者悉降以功復封新城鄉侯高貴鄉公之立也以參定策進封高都侯增封二千戶毌丘儉文欽之亂大軍東征帝兼中領軍留鎮洛陽及景帝疾篤帝自京都省疾拜衞將軍景帝崩天子命帝鎮許昌尚書傅嘏帥六軍還京師帝用嘏及鍾會策自帥軍而還至洛陽進位大將軍加

侍中都督中外諸軍錄尚書事輔政劒履上殿帝固辭不受

甘露元年春正月加大都督奏事不名夏六月進封高都公地方七百里加之九錫假斧鉞進號大都督劒履上殿又固辭不受秋八月庚申加假黃鉞增封三縣

二年夏五月辛未鎮東大將軍諸葛誕殺揚州刺史樂綝以淮南作亂遣子靚為質於吳以請救議者請速伐之帝曰誕以毌丘儉輕疾傾覆今必外連吳寇此為變大而遲吾當與四方同力以全勝制之乃表曰昔黥布叛逆漢祖親征隗囂違戾光武西伐烈祖明皇帝乘輿仍出皆所以奮揚赫斯震耀威武也陛下宜暫臨戎使將士得憑天威今諸軍可五十萬以衆擊寡蔑不克矣秋七月奉天子及皇太后東征徵兵青徐荊豫分取關中遊軍皆會淮北師次于項假廷尉何楨節使淮南宣慰將士申明逆順示以誅賞甲戌帝進軍丘頭吳使文欽唐咨全端全懌等三萬餘人來救誕諸將逆擊不能禦將軍李廣臨敵不進泰山太守常時稱疾不出並斬之以徇八月吳將朱異帥兵萬餘人留輜重於

都陸輕兵至黎漿監軍石苞兗州刺史州泰禦之異退泰山太守胡烈以奇兵襲都陸焚其糧運苞泰復進擊異大破之異之餘卒餒甚食葛葉而遁吳人殺異帝曰異不得至壽春非其罪也而吳人殺之適以謝壽春而堅誕意使其猶望救耳若其不爾彼當突圍決一旦之命或謂大軍不能久省食減口冀有他變料賊之情不出此三者今當多方以亂之備其越逸此勝計也因命合圍分遣羸疾就穀淮北廩軍士大豆人三升欽聞之果喜帝愈羸形以示之多縱反間揚言吳救方至誕等益寬恣食俄而城中乏糧石苞王基並請攻之帝曰誕之逆謀非一朝一夕也聚糧完守外結吳人自謂足據淮南欽既同惡相濟必不便走今若急攻之損游軍之力外寇卒至表裏受敵此危道也今三叛相聚於孤城之中天其或者將使同戮吾當以長策縻之但堅守三面若賊陸道而來軍糧必少吾以游兵輕騎絕其轉輸可不戰而破外賊外賊破欽等必成擒矣全懌母孫權女也得罪於吳全端兄子褘及儀奉其母來奔儀兄靜時在壽春用鍾會計作褘儀書以誘靜靜兄弟五人帥其衆來降城中大駭

三年春正月壬寅誕欽等出攻長圍諸軍逆擊走之初誕欽内不相協及至窮蹙轉相疑貳會欽計事與誕忤誕手刃殺欽欽子鴦攻誕不克踰城降以為將軍封侯使鴦巡城而呼帝見城上持弓者不發謂諸將曰可攻矣二月乙酉攻而拔之斬誕夷三族吳將唐咨孫曼孫彌徐韶等帥其屬皆降表加爵位廩其餒疾或言吳兵必不為用請坑之帝曰就令亡還適見中國之弘耳於是徙之三河夏四月歸于京師魏帝命改丘頭曰武丘以旌武功五月天子以并州之太原上黨西河樂平新興鴈門司州之河東平陽八郡地方七百里封帝為晉公加九錫進位相國晉國置官司焉九讓乃止於是增邑萬戶食三縣諸子之無爵者皆封列侯秋七月奏錄先世名臣元功大勳之子孫隨才叙用

四年夏六月分荆州置二都督王基鎮新野州泰鎮襄陽使石苞都督揚州陳騫都督豫州鍾毓都督徐州宋鈞監青州諸軍事

景元元年夏四月天子復命帝爵秩如前又讓不受天子既以帝三世宰輔政非已出情不能安又慮廢辱將臨軒召百寮而行放黜五月戊子夜使冗從僕射李昭等發甲於陵雲臺召侍中王沉散騎常侍王業尚書王經出懷中黃素詔示之戒嚴俟旦沉業馳告于帝帝召護軍賈充等為之備天子知事泄帥左右攻相府稱有所討敢有動者族誅相府兵將止不敢戰賈充叱諸將曰公畜養汝輩正為今日耳太子舍人成濟抽戈犯蹕刺之刃出於背天子崩于車中帝召百寮謀其故僕射陳泰不至帝遣其舅荀顗輿致之延于曲室謂曰玄伯天下其如我何泰曰惟腰斬賈充微以謝天下帝曰卿更思其次泰曰但見其上不見其次於是歸罪成濟而斬之太后令曰昔漢昌邑王以罪廢為庶人此兒亦宜以庶人禮葬之使外内咸知其所行也殺尚書王經貳於我也庚寅帝奏曰故高貴鄉公帥從駕人兵拔刃鳴鼓向臣臣懼兵刃相接即勑將士不得有所傷害違令者以軍法從事騎督成倅弟太子舍人濟入兵陣傷公至隕臣聞人臣之節有死無貳事上之義不敢逃難前者變故卒至禍同發機誠欲委身守死惟命所裁然惟本謀乃欲上危皇太后傾覆宗廟臣忝當元輔義在安國即駱驛申勑不得迫近輿輦而濟妄入陣間以致大變哀怛痛恨五内摧裂濟干國亂紀罪不容誅輒收濟家屬付廷尉太后從之夷濟三族與公卿議立燕王宇之子常道鄉公璜為帝六月改元景辰天子進帝為相國封晉公增十郡加九錫如初羣從子弟未侯者封亭侯賜錢千萬帛萬匹固讓乃止冬十一月吳吉陽督蕭慎以書詣鎮東將軍石苞偽降求迎帝知其詐也使苞外示迎之而内為之備

二年秋八月甲寅天子使太尉高柔授帝相國印綬司空鄭沖致晉公茅土九錫固辭

三年夏四月肅慎來獻楛矢石砮弓甲貂皮等天子命歸於大將軍府

四年春二月丁丑天子復命帝如前又固辭三月詔大將軍府增置司馬一人從事中郎二人舍人十人夏帝將伐蜀乃謀衆曰自定壽春已來息役六年治兵繕甲以擬二虜略計取吳作戰船通水道當用千餘萬功此十萬人百數十日事也又南土下溼必生疾疫今宜先取蜀三年

之後因巴蜀順流之勢水陸並進此滅虞定虢吞韓并魏之勢也計蜀戰士九萬居守成都及備他境不下四萬然則餘衆不過五萬今絆姜維於沓中使不得東顧直指駱谷出其空虛之地以襲漢中彼若嬰城守險兵勢必散首尾離絕舉大衆以屠城散銳卒以略野劒閣不暇守險關頭不能自存以劉禪之闇而邊城外破士女內震其亡可知也征西將軍鄧艾以為未有釁屢陳異議帝患之使主簿師纂為艾司馬以喻之艾乃奉命於是徵四方之兵十八萬使鄧艾自狄道攻姜維於沓中雍州刺史諸葛緒自祁山軍于武街絕維歸路鎮西將軍鍾會帥前將軍李輔征蜀護軍胡烈等自駱谷襲漢中秋八月軍發洛陽大賚將士陳師誓衆將軍鄧敦謂蜀未可討帝斬以徇九月又使天水太守王頎攻維營隴西太守牽弘邀其前金城太守楊欣趣甘松鍾會分為二隊入自斜谷使李輔圍王含於樂城又使部將易愷攻蔣斌於漢城會直指陽安護軍胡烈攻陷關城姜維聞之引還王頎追敗維於強川維與張翼廖化合軍守劒閣鍾會攻之冬十月天子以諸侯獻捷交至乃申前命曰朕以寡德獲承天序嗣我祖宗之洪烈遭家多難不明于訓曩者姦逆屢興方寇內侮大懼淪喪四海以隳三祖之弘業惟公經德履哲明允廣深迪宣武文世作保傅以輔乂皇家櫛風沐雨周旋征伐劬勞王室二十有餘載毗翼前人仍斷大政克厭不端維安社稷曁儉欽之亂公綏援有衆分命興師統紀有方用緝寧淮浦其後巴蜀屢侵西土不靖公奇畫指授制勝千里是以段谷之戰乘釁大捷斬將搴旗效首萬計孫峻猾夏致寇徐方戎車首路威靈先邁黃鉞未啟鯨鯢竄迹孫壹構隙自相疑阻幽鑒遠照奇策洞微遠人歸命作藩南夏爰授銳卒畢力戎行曁諸葛誕滔天作逆稱兵揚楚欽咨逋罪同惡相濟帥其蝥賊以入壽春憑阻淮山敢距王命公躬擐甲冑龔行天罰玄謀廟筭遵養時晦奇兵震擊而朱異摧破神變應機而全琮稽服取亂攻昧而高墉不守兼九伐之弘略究五兵之正度用能戰不窮武而大敵殲潰旗不再麾而元憝授首收勍吳之僑係亡命之虜交臂屈膝委命下吏俘馘十萬積尸成京雪宗廟之滯恥拯兆庶之艱難掃平區域信威

吳會遂戢干戈靜我疆土天地鬼神罔不獲乂乃者王室之難變起蕭牆賴公之靈弘濟艱險宗廟危而獲安社稷墜而復寧忠格皇天功濟六合是用疇咨古訓稽諸典籍命公崇位相國加于群后啟土參虛封以晉域所以方軌齊魯翰屏帝室而公遠蹈謙損深履沖讓固辭策命至于八九朕重違讓德抑禮虧制以彰公志于今四載上闕在昔建侯之典下違兆庶具瞻之望惟公嚴虔王度闡濟大猷敦尚純樸省繇節用務穡勸分九野康乂耆叟荷崇養之德鰥寡蒙矜卹之施仁風興於中夏流澤布於遐荒是以東夷西戎南蠻北狄狂狡貪悍世為寇讎者皆感義懷惠款塞內附或委命納貢或求置官司九服之外絕域之氓曠世所希至者咸浮海來享鼓舞王德前後至者八百七十餘萬口海隅幽裔無思不服雖西旅遠貢越裳九譯義無以踰維翼朕躬下匡萬國思靖殊方寧濟八極以庸蜀未賓蠻荊作猾潛謀獨斷整軍經武簡練將帥授以成策始踐賊境應時摧陷狂狡奔北首尾震潰禽其戎帥屠其城邑巴漢震疊江源雲徹地平天成誠在斯舉公有濟六合之勳加以茂德實揔百揆允釐庶政敦五品以崇仁恢六典以敷訓而靖恭夙夜勞謙昧旦雖尚父之左右文武周公之勤勞王家罔以加焉昔宣王選建德光啟諸侯體國經野方制五等所以藩翼王畿垂祚百世也故齊魯之封於周為弘山川土田邦畿七百官司典策制殊群后惠襄之難桓文以翼戴之勞猶受錫命之禮咸用光疇大德作範于後惟公功邁於前烈而賞闕於舊式百辟於邑人神同恨焉豈可以公謙沖而久淹弘典哉今以并州之太原上黨西河樂平新興鴈門司州之河東平陽弘農雍州之馮翊凡十郡南至于華北至于陘東至于壺口西踰于河提封之數方七百里皆晉之故壤唐叔受之世作盟主實紀綱諸夏用率舊職爰胙茲土封公為晉公命使持節兼司徒司隸校尉陔即授印綬策書金獸符第一至第五竹使符第一至第十錫茲玄土苴以白茅建爾國家以永藩魏室昔在周召並以公侯入作保傅其在近代酇侯蕭何實以相國光尹漢朝隨時之制禮亦宜之今進公位為相國加綠綟綬又加公九錫其敬聽後命以公思弘大猷崇正典禮

儀刑作範旁訓四方是用錫公大輅戎輅各一玄牡二駟公道和陰陽敬授人時嗇夫反本農殖維豐是用錫公衮冕之服赤舄副焉公光敷顯德惠下以和敬信思順庶尹允諧是用錫公軒縣之樂六佾之舞公鎮靖宇宙翼播聲教海外懷服荒裔款附殊方馳義諸夏順軌是用錫公朱戶以居公簡賢料材營求俊逸爰升多士寘彼周行是用錫公納陛以登公嚴恭寅畏底平四國式遏寇虐奸宄不作是用錫公武賁之士三百人公明慎用刑簡恤大中章厥天威以糾不虔是用錫公鈇鉞各一公虔整六軍典司征伐犯命陵正乃維誅殛是用錫公彤弓一彤矢百玈弓十玈矢千公饗祀蒸蒸孝思惟則篤誠之至通于神明是用錫公秬鬯一卣珪瓚副焉晉國置官司以下率由舊式往欽哉祗服朕命弘敷訓典光澤庶方永終爾明德丕顯余一人之休命公卿將校皆詣府喻旨帝以禮辭讓司空鄭沖率群官勸進曰伏見嘉命顯至竊聞明公固讓沖等眷眷實有愚心以為聖王作制百代同風褒德賞功有自來矣昔伊尹有莘氏之媵臣耳一佐成湯遂荷阿衡之號周公藉已成之勢據既安之業光宅曲阜奄有龜蒙呂尚磻溪之漁者也一朝指麾乃封營丘自是以來功薄而賞厚者不可勝數然賢哲之士猶以為美談況自先相國以來世有明德翼輔魏室以綏天下朝無秕政人無謗言前者明公西征靈州北臨沙漠榆中以西望風震服羌戎來馳迴首內向東誅叛逆全軍獨克禽闔閭之將虜輕銳之卒以萬萬計威加南海名懾三越宇內康寧苛慝不作是以時俗畏懷東夷獻舞故聖上覽乃昔以來禮典舊章開國光宅顯茲太原明公宜承奉聖旨受茲介福允當天人元功盛勳光光如彼國土嘉祚巍巍如此內外協同靡愆靡違由斯征伐則可朝服濟江掃除吳會西塞江源望祀岷山迴戈弭節以麾天下遠無不服邇無不肅令大魏之德光于唐虞明公盛勳超於桓文然後臨滄海而謝文伯登箕山而揖許由豈不盛乎至公至平誰與為鄰何必勤勤小讓也哉帝乃受命十一月鄧艾帥萬餘人自陰平踰絕險至江由破蜀將諸葛瞻於綿竹斬瞻傳首進軍雒縣劉禪降天子命晉公以相國總百揆於是上節傳去侍中大都督錄尚書之

號為表鄧艾為太尉鍾會為司徒會潛謀叛逆因密使譖文

咸熙元年春正月檻車徵艾乙丑帝奉天子西征次于長安是時魏諸王侯悉在鄴城命從事中郎山濤行軍司事鎮於鄴遣護軍賈充持節督諸軍據漢中鍾會遂反於蜀監軍衛瓘右將軍胡烈攻會斬之初會之伐蜀也西曹屬邵悌言於帝曰鍾會難信不可令行帝笑曰取蜀如指掌而衆人皆言不可唯會與吾意同滅蜀之後中國將士人自思歸蜀之遺黎猶懷震恐縱有異志無能為也卒如所量景辰帝至自長安三月己卯進帝爵為王增封并前二十郡夏五月癸未天子追加舞陽宣文侯為晉宣王舞陽忠武侯為晉景王秋七月帝奏司空荀顗定禮儀中護軍賈充正法律尚書僕射裴秀議官制太保鄭沖總而裁焉始建五等爵冬十月丁亥奏遣吳人相國參軍徐劭散騎常侍水曹屬孫彧使吳喻孫皓以平蜀之事致馬錦等物以示威懷景午天子命中撫軍新昌鄉侯炎為晉世子

二年春二月甲辰朐䏰縣獻靈龜歸於相府夏四月孫皓使紀陟來聘

且獻方物五月天子命帝冕十有二旒建天子旌旗出警入蹕乘金根車駕六馬備五時副車置旄頭雲罕樂舞八佾設鍾虡宮懸位在燕王上進王妃為王后世子為太子王女王孫爵命之號皆如帝者之儀諸禁網煩苛及法式不便於時者帝皆奏除之晉國置御史大夫侍中常侍尚書中領軍衛將軍官秋八月辛卯帝崩于露寢時年五十五九月癸酉葬崇陽陵謚曰文王武帝受禪追尊號曰文皇帝廟稱太祖

史臣曰世宗以叡略創基太祖以雄才成務事殷之迹空存翦商之志彌遠三分天下功業在焉及踰劒銷氛浮淮靜亂桐宮胥怨或所不堪若乃體以名臣格之端揆周公流連於此歲魏武得意於茲日軒懸之樂大啓南陽師摯之圖於焉北面壯矣哉包舉天人者也為帝之主不亦難乎 贊曰世宗繼文邦權未分三千之士其從如雲世祖無外靈關靜氛反雖討賊終為弒君

晉書帝紀卷第二

武帝

武皇帝諱炎字安世文帝長子也寬惠仁厚沈深有度量魏嘉平中封北平亭侯歷給事中奉車都尉中壘將軍加散騎常侍累遷中護軍假節迎常道鄉公於東武陽遷中撫軍進封新昌鄉侯及晉國建立爲世子拜撫軍大將軍開府副貳相國初文帝以景帝既宣帝之嫡早世無後以帝弟攸爲嗣特加愛異自謂攝居相位百年之後大業宜歸攸每曰此景王之天下也吾何與焉將議立世子屬意於攸何曾等固爭曰中撫軍聰明神武有超世之才髮委地手過膝此非人臣之相也由是遂定

咸熙二年五月立爲晉王太子八月辛卯文帝崩太子嗣相國晉王位下令寬刑宥罪撫衆息役國內行服三日是月長人見於襄武長三丈告縣人王始曰今當太平九月戊午以魏司徒何曾爲丞相鎮南將軍王沈爲御史大夫中護軍賈充爲衛將軍議郎裴秀爲尚書令光祿大夫皆開府十一月初置四護軍以統城外諸軍乙未令諸郡中正以六條舉淹滯一曰忠恪匪躬二曰孝敬盡禮三曰友于兄弟四曰絜身勞謙五曰信義可復六曰學以爲己是時晉德既洽四海宅心於是天子知歷數有在乃使太保鄭沖奉策曰咨爾晉王我皇祖有虞氏誕膺靈運受終于陶唐亦以命于有夏惟三后陟配于天而咸用光敷聖德自茲厥後天又輯大命于漢火德既衰乃眷命我高祖方軌虞夏四代之明顯我不敢知惟王乃祖乃父服膺明哲輔亮我皇家勳德光于四海格爾上下神祇罔不克順地平天成萬邦以乂應受上帝之命協皇極之中肆予一人祗承天序以敬授爾位歷數實在爾躬允執其中天祿永終於戲王其欽順天命率循訓典底綏四國用保天休無替我二皇之弘烈帝初以禮讓魏朝公卿何曾王沈等固請乃從之

泰始元年冬十二月景寅設壇于南郊百僚在位及匈奴南單于四夷會者數万人柴燎告類于上帝曰皇帝臣炎敢用玄牡明告于皇皇后帝魏帝稽協皇運紹天明命以命炎昔者唐堯熙隆大道禪位虞舜舜又以禪禹邁德垂訓多歷年載暨漢德既衰太祖武皇帝撥亂濟時扶翼劉氏又用受命于漢粵在魏室仍世多故幾於顛墜實賴有晉匡拯之德用獲保厥肆祀弘濟于艱難此則晉之有大造于魏也誕惟四方罔不祗順廓清梁岷包懷揚越八紘同軌祥瑞屢臻天人協應無思不服肆予憲章三后用集大命于茲炎維德不嗣辭不獲命於是羣公卿士百辟庶僚黎獻陪隸暨于百蠻君長僉曰皇天鑒下求人之瘼既有成命固非克讓所得距違天序不可以無統人神不可以曠主炎虔奉皇運寅畏天威敬簡元辰升壇受禪告類上帝永荅衆望禮畢即洛陽宮幸太極前殿詔曰昔朕皇祖宣王聖哲欽明誕膺期運熙帝之載肇啓洪基伯考景王履道宣猷緝熙諸夏至于皇考文王叡哲光遠允協靈祇應天順時受茲明命仁濟于宇宙功格于上下肆魏氏弘鑒于古訓儀刑于唐虞疇咨群后爰輯大命于朕身予一人畏天之命用不敢違惟朕寡德負荷洪烈託于王公之上以君臨四海惴惴惟懼罔知所濟惟爾股肱爪牙之佐文武不貳之臣乃祖乃父實左右我先王光隆我大業思與万國共饗休祚於是大赦改元賜天下爵人五級鰥寡孤獨不能自存者穀人五斛復天下租賦及關市之稅一年逋債宿負皆勿收除舊嫌解禁錮亡官失爵者悉復之丁卯遣太僕劉原告于太廟封魏帝爲陳留王邑万戶居于鄴宮魏氏諸王皆爲縣侯追尊宣王爲宣皇帝景王爲景皇帝文王爲文皇帝宣王妃張氏爲宣穆皇后尊太妃王氏曰皇太后宮曰崇化封皇叔祖父孚爲安平王皇叔父幹爲平原王亮爲扶風王伷爲東莞王駿爲汝陰王肜爲梁王倫爲琅邪王皇弟攸爲齊王鑒爲樂安王機爲燕王皇從伯父望爲義陽王皇從叔父輔爲渤海王晃爲下邳王瓌爲太原王珪爲高陽王衡爲常山王子文爲沛王泰爲隴西王權爲彭城王綏爲范陽王遂爲濟南王遜爲譙王睦爲中山王陵爲北海王斌爲陳王皇從父兄洪爲河間王皇從父弟楙爲東平王以驃騎將軍石苞爲大司馬封樂陵公車騎將軍陳騫爲高平公衛將軍賈充爲車騎將軍魯公尚書令裴秀爲鉅鹿公侍中荀勗爲濟北公太保鄭沖爲太傅壽光公太尉王祥爲太保睢陵公丞相何曾爲太尉郎陵公御史大夫王沈爲驃騎將軍博陵公司空荀顗爲臨

淮公鎮北大將軍衛瓘爲菑陽　其餘增封進爵各有差文武普增位二等改景初曆爲泰始曆臘以酉社以丑戊辰下詔大弘儉約出御府珠玉玩好之物頒賜王公以下各有差置中軍將軍以統宿衛七軍己巳詔陳留王載天子旌旗備五時副車行魏正朔郊祀天地禮樂制度皆如魏舊上書不稱臣賜山陽公劉康安樂公劉禪子弟一人爲駙馬都尉乙亥以安平王孚爲太宰假黃鉞大都督中外諸軍事詔曰昔王淩謀廢齊王而王竟不足以守位鄧艾雖矜功失節然束手受罪今大赦其家還使立後興滅繼絕約法省刑除魏氏宗室禁錮諸將吏遭三年喪者遣寧終喪百姓復其徭役罷部曲將長吏以下質任省郡國御調禁樂府靡麗百戲之伎及雕文游畋之具開直言之路置諫官以掌之是月鳳凰六青龍三白龍二麒麟各一見于郡國

二年春正月景戌遣兼侍中侯史光等持節四方循省風俗除禳祝之不在祀典者丁亥有司請建七廟帝重其役不許庚寅罷雞鳴歌辛丑尊景皇帝夫人羊氏曰景皇后宮曰弘訓景午立皇后楊氏二月除漢

宗室禁錮己未常山王衡薨詔曰五等之封皆錄舊勳本爲縣侯者傳封次子爲亭侯鄉侯爲關內侯亭侯爲關中侯皆食本戶十分之一丁丑郊祀宣皇帝以配天宗祀文皇帝於明堂以配上帝庚午詔曰古者百官箴王闕然保氏特以諫諍爲職今之侍中常侍實處此位擇其能正色弼違匡救不逮者以兼此選三月戊戌吳人來弔祭有司奏爲答詔帝曰昔漢文光武懷撫尉佗公孫述皆未正君臣之儀所以羈縻未賓也皓遣使之始未知國慶但以書答之夏五月戊辰詔曰陳留王操尚謙沖每事輒表非所以優崇之也主者喻意非大事皆使王官表上之壬子驃騎將軍博陵公王沈卒六月壬申濟南王遂薨秋七月辛巳營太廟致荊山之木采華山之石鑄銅柱十二塗以黃金鏤以百物綴以明珠戊戌譙王遜薨景午晦日有蝕之八月景辰省右將軍官初帝雖從漢魏之制既葬除服而深衣素冠降席撤膳哀敬如喪者戊辰有司奏改服進膳不許遂禮終而後復吉及太后之喪亦如之九月乙未散騎常侍皇甫陶傅玄領諫官上書諫諍有司奏請寢之詔曰凡

關言人主人臣所至難而苦不能聽納自古忠臣直士之所慷慨也每陳事出付主者多從深刻乃云恩貸當由主上是何言乎其詳評議戊戌有司奏大晉繼三皇之蹤蹈舜禹之迹應天順時受禪有魏宜一用前代正朔服色皆如虞遵唐故事奏可冬十月景午朔日有蝕之丁未詔曰昔舜葬蒼梧農不易畝禹葬成紀市不改肆上惟祖考清簡之旨所徙陵十里內居人動爲煩擾一切停之十一月己卯倭人來獻方物并圜丘方丘於南北郊二至之祀合於二郊罷山陽公國督軍除其禁制己丑追尊景帝夫人夏侯氏爲景懷皇后辛卯遷祖禰神主于太廟十二月罷農官爲郡縣是歲鳳皇六青龍十黃龍九麒麟各一見于郡國

○三年春正月癸丑白龍二見于弘農澠池丁卯立皇子衷爲皇太子詔曰朕以不德託于四海之上兢兢祗畏懼無以康濟寓內思與天下式明王度正本清源於置儲樹嫡非所先務又近世每見太子寬宥施惠之事間不獲已順從王公卿士之議耳方今世運垂平將陳之以德義示之以好惡使百姓蠲多幸之慮篤終始之行曲惠小仁故無取焉咸

使知聞三月戊寅初令二千石得終三年喪丁未晝昏罷武衛將軍官以李憙爲太子太傅太山石崩夏四月戊午張掖太守焦勝上言氐池縣大柳谷口有玄石一所白畫成文實大晉之休祥圖之以獻詔以制幣告于太廟藏之天府秋八月罷都護將軍以其五署還光祿勳九月甲申詔曰古者以德詔爵以庸制祿雖下士猶食上農外足以奉公忘私內足以養親施惠今在位者祿不代耕非所以崇化之本也其議增吏俸賜王公以下帛各有差以太尉何曾爲太保義陽王望爲太尉司空荀顗爲司徒冬十月聽士卒遭父母喪者非在疆埸皆得奔赴十二月徙宗聖侯孔震爲奉聖亭侯山陽公劉康來朝禁星氣讖緯之學

四年春正月辛未以尚書令裴秀爲司空景戌律令成封爵賜帛各有差有星孛于軫丁亥帝耕于籍田戊子詔曰古設象刑而衆不犯今雖參夷而姦不絕何德刑相去之遠哉先帝深愍黎元哀矜庶獄乃命群后考正典刑朕守遺業永惟保乂皇基思與萬國以無爲爲政方今陽春養物東作始興朕親率王公卿士耕籍田千畝又律令既就班之天

下將以簡法務本惠育海內宜寬有罪使得自新其大赦天下長吏郡丞長史各賜馬一匹二月庚子增置山陽公國相郎中令雜工宰人鼓吹車馬各有差罷中軍將軍置北軍中候官甲寅以東海劉儉有至行拜為郎以中軍將軍羊祜為尚書左僕射東莞王伷為尚書右僕射三月戊子皇太后王氏崩夏四月戊戌太保睢陵公王祥薨己亥祔葬文明皇后王氏於崇陽陵罷振威揚威護軍官置左右積弩將軍六月甲申朔詔曰郡國守相三載一巡行屬縣必以春此古者所以述職宣風展義也見長吏觀風俗協禮律考度量存問耆老親見百年錄囚徒理冤枉詳察政刑得失知百姓所患苦無有遠近便若朕親臨之敦喻五教勸務農功勉勵學者思勤正典無為百家庸末致遠必泥士庶有好學篤道孝悌忠信清白異行者舉而進之有不孝敬於父母不長悌於族黨悖禮棄常不率法令者糾而罪之田疇闢生業脩禮教設禁令行則長吏之能也人窮匱農事荒姦盜起刑獄煩下陵上替禮義不興斯長吏之否也若長吏在官公廉慮不及私正色直節不飾名譽者及身行貪穢諂黷求容公節不立而私門日富者並謹察之揚清激濁舉善彈違此朕所以垂拱總綱責成於良二千石也於戲戒哉秋七月太山石崩衆星西流戊午遣使者侯史光循行天下己卯謁崇陽陵九月青徐兗豫四州大水伊洛溢合於河開倉以振之詔曰雖詔有所欲及奏得可而於事不便者皆不可隱情冬十月吳將施績入江夏萬郁寇襄陽遣太尉義陽王望屯龍陂荊州刺史胡烈擊敗郁吳將顧容寇鬱林太守毛炅大破之斬其交州刺史劉俊將軍脩則十一月吳將丁奉等出芍陂安東將軍汝陰王駿與義陽王望擊走之己未詔王公卿尹及郡國守相舉賢良方正直言之士十二月班五條詔書於郡國一曰正身二曰勤百姓三曰撫孤寡四曰敦本息末五曰去人事庚寅帝臨聽訟觀錄廷尉洛陽獄囚親平決焉扶南林邑各遣使來獻

五年春正月癸巳申戒郡國計吏守相令長務盡地利禁游食商販景申帝臨聽訟觀錄囚徒多所原遣青龍二見於滎陽二月以雍州隴右五郡及涼州之金城梁州之平陽置秦州辛巳白龍二見於趙國青徐兗三州水遣使振恤之壬寅以尚書左僕射羊祜都督荊州諸軍事征東大將軍衞瓘都督青州諸軍事東莞王伷鎮東大將軍都督徐州諸軍事丁亥詔曰古者歲書群吏之能否三年而誅賞之諸令史前後但簡遣疏劣而無有勸進非黜陟之謂也其條勤能有稱尤異者歲以為常吾將議其功勞己未詔蜀相諸葛亮孫京隨才署吏夏四月地震五月辛卯朔鳳皇見于趙國曲赦交阯九真日南五歲刑六月鄴奚官督郭廙上疏陳五事以諫言甚切直擢為屯留令西平人麴路伐登聞鼓言多祅謗有司奏棄市帝曰朕之過也捨而不問罷鎮軍將軍復置左右將軍官秋七月延群公詢讜言九月有星孛于紫宮冬十月景子以汲郡太守王宏有政績賜穀千斛十一月追封謚皇弟兆為城陽哀王以皇子景度嗣十二月詔州郡舉勇猛秀異之才

六年春正月丁亥朔帝臨軒不設樂吳將丁奉入渦口揚州刺史牽弘擊走之三月赦五歲刑已下夏四月白龍二見於東莞五月立壽安亭侯承為南宮王六月戊午秦州刺史胡烈擊叛虜於萬斛堆力戰死之詔遣尚書石鑒行安西將軍都督秦州諸軍事與奮威護軍田章討之秋七月丁酉復隴右五郡遇寇害者租賦不能自存者廩貸之乙巳城陽王景度薨詔曰自泰始以來大事皆撰錄秘書寫副後有其事輒宜綴集以為常丁未以汝陰王駿為鎮西大將軍都督雍涼三州諸軍事九月大宛獻汗血馬焉耆來貢方物冬十一月幸辟雍行鄉飲酒之禮賜太常博士學生帛牛酒各有差立皇子東為汝南王十二月吳夏口督前將軍孫秀帥衆來奔拜驃騎將軍開府儀同三司封會稽公戊辰復置鎮軍官

七年春正月景午皇太子冠賜王公以下帛各有差匈奴帥劉猛叛出塞三月孫皓帥衆趨壽陽遣大司馬望屯淮北以距之三月景戌司空鉅鹿公裴秀薨癸巳以中護軍王業為尚書左僕射高陽王珪為尚書右僕射孫秀部將何崇帥衆五千人來降夏四月九真太守董元為吳將虞汜所攻軍敗死之北地胡寇金城涼州刺史牽弘討之群虜內叛圍弘於青山弘軍敗死之五月立皇子憲為城陽王雍涼秦三州饑赦

其境内殊死以下閏月大雩太官减膳詔交阯三郡南中諸郡無出今年戶調六月詔公卿以下舉將帥各一人辛丑大司馬義陽王望薨大雨霖伊洛河溢流居人四千餘家殺三百餘人有詔振貸給棺秋七月癸酉以車騎將軍賈充爲都督秦涼二州諸軍事吳將陶璜等圍交阯太守楊稷與鬱林太守毛炅及日南等三郡降於吳八月景戌以征東大將軍衛瓘爲征北大將軍都督幽州諸軍事景申城陽王憲薨分益州之南中四郡置寧州曲赦四郡殊死以下冬十月丁丑日有蝕之十一月丁巳衛公姬署薨十二月大雪罷中領軍并北軍中候以光祿大夫鄭袤爲司空

八年春正月監軍何楨討匈奴劉猛累破之左部帥李恪殺猛而降癸亥帝耕于籍田二月乙亥禁彫文綺組非法之物壬辰太宰安平王孚薨詔内外羣官舉任邊郡者各三人帝與右將軍皇甫陶論事陶與帝爭言散騎常侍鄭徽表請罪之帝曰讜言謇諤所望於左右也人主常以阿媚爲患豈以爭臣爲損哉徽越職妄奏豈朕之意遂免徽官夏四

月置後將軍以備四軍六月益州牙門張弘誣其刺史皇甫晏反殺之傳首京師弘坐伏誅夷三族壬辰大赦景申詔復隴右四郡遇寇害者田租秋七月以車騎將軍賈充爲司空九月吳西陵督步闡來降拜衛將軍開府儀同三司封宜都公吳將陸抗攻闡遣車騎將軍羊祜帥衆出江陵荊州刺史楊肇迎闡於西陵巴東監軍徐胤擊建平以救闡冬十月辛未朔日有蝕之十二月肇攻抗不剋而還闡城陷爲抗所禽

九年春正月辛酉司空密陵侯鄭袤薨二月癸巳司徒樂陵公石苞薨立安平亭侯隆爲安平王三月立皇子祗爲東海王夏四月戊辰朔日有蝕之五月旱以太保何曾領司徒六月乙未東海王祗薨秋七月丁酉朔日有蝕之吳將魯淑圍弋陽征虜將軍王渾擊敗之罷五官左右中郎將弘訓太僕衛尉大長秋等官鮮卑寇廣甯殺略五千人詔娉公卿以下子女以備六宮采擇未畢權禁斷婚姻冬十月辛巳制女年十七父母不嫁者使長吏配之十一月丁酉臨宣武觀大閱諸軍甲辰乃罷

○十年春正月辛亥帝耕于籍田閏月癸酉大傅壽光公鄭沖薨己卯高陽王珪薨庚辰太原王瓌薨丁亥詔曰嫡庶之別所以辨上下明貴賤而近世以來多皆内寵登妃后之職亂尊卑之序自今以後皆不得登用妾媵以爲嫡正二月分幽州五郡置平州三月癸亥日有蝕之夏四月己未太尉臨淮公荀顗薨六月癸巳臨聽訟觀錄囚徒多所原遣是夏大蝗秋七月景寅皇后楊氏崩壬午吳平虜將軍孟泰偏將軍王嗣等帥衆降八月涼州虜寇金城諸郡鎮西將軍汝陰王駿討之斬其帥乞文泥等戊申葬元皇后于峻陽陵九月癸亥以大將軍陳騫爲太尉攻拔吳枳里城獲吳立信校尉莊祐吳將孫遵李承帥衆寇江夏太守嵇喜擊破之立河橋于富平津冬十一月立城東七里澗石橋庚午帝臨宣武觀大閱諸軍十二月有星孛于軫置籍田令立太原王子緝爲高陽王吳威北將軍嚴聰揚威將軍嚴整偏將軍朱買來降是歲鑿陝南山決河東注洛以通運漕

咸寧元年春正月戊午朔大赦改元二月以將士應已娶者多家有五女者給復辛酉以故鄴令夏謖有清稱賜穀百斛以奉祿薄賜公卿以

下帛有差叛虜樹機能送質請降夏五月下邳廣陵大風拔木壞廬舍六月鮮卑力微遣子來獻吳人寇江夏西域戊己校尉馬循討叛鮮卑破之斬其渠帥戊申置太子詹事官秋七月甲申晦日有蝕之郡國螟八月壬寅沛王子文薨以故太傅鄭沖太尉荀顗司徒石苞司空裴秀驃騎將軍王沈安平獻王孚等及太保何曾司空賈充太尉陳騫中書監荀勗平南將軍羊祜齊王攸等皆列於銘饗九月甲子青州螟徐州大水冬十月乙酉常山王殷薨癸巳彭城王權薨十一月癸亥大閱於宣武觀至于己巳十二月丁亥追尊宣帝廟曰高祖景帝曰世宗文帝曰太祖是月大疫洛陽死者太半封裴頠爲鉅鹿公

二年春正月以疾疫廢朝賜諸散吏至于士卒絲各有差二月景戌河間王洪薨甲午赦五歲刑以下東夷八國歸化并州虜犯塞監并州諸軍事胡奮擊破之初燉煌太守尹璩卒州以燉煌令梁澄領太守事議郎令狐豐廢澄自領郡事豐死弟宏代之至是涼州刺史楊欣斬宏傳首洛陽先是帝不豫及瘳群臣上壽詔曰每念頃遇疫氣死亡爲之愴

然豈以一身之休息忘百姓之艱邪諸上禮者皆絶之夏五月鎮西大將軍汝陰王駿討北胡斬其渠帥吐敦立國子學庚午大雩六月癸丑薦荔支于太廟甲戌有星孛于氐自春旱至于是月始雨吴京下督孫楷帥衆來降以爲車騎將軍封丹楊侯白龍二見于新興井中秋七月有星孛于大角吴臨平湖自漢末壅塞至是自開父老相傳云此湖塞天下亂此湖開天下平癸丑安平王隆薨東夷十七國内附河南魏郡暴水殺百餘人詔給棺鮮卑阿羅多等寇邊西域戊巳校尉馬循討之斬首四千餘級獲生九千餘人於是來降八月庚辰河東平陽地震己亥以太保何曾爲太傅太尉陳騫爲大司馬司空賈充爲太尉鎮軍大將軍齊王攸爲司空有星孛于太微九月又孛于翼丁未起太倉於城東常平倉於東西市閏月荆州五郡水流四千餘家冬十月以汝陰王駿爲征西大將軍平南將軍羊祜爲征南大將軍丁卯立皇后楊氏大赦賜王公以下及于鰥寡各有差十一月白龍二見于梁國十二月徵處士安定皇甫謐爲太子中庶子封后父鎮軍將軍楊駿爲臨晉侯是

月以平州刺史傅詢前廣平太守孟桓清白有聞詔賜帛二百匹桓百匹

○三年春正月景子朔日有蝕之立皇子裕爲始平王安平穆王隆弟敦爲安平王詔曰宗室戚屬國之枝葉欲令奉率德義爲天下式然處富貴而能慎行者寡召穆公糾合兄弟而賦棠棣之詩此姬氏所以本枝百世也今以衛將軍扶風王亮爲宗師所當施行皆諮之於宗師也庚寅始平王裕薨有星孛于西方使征北大將軍衛瓘討鮮卑力微三月平虜護軍文淑討叛虜樹機能等並破之有星孛于胃乙未帝將射雉慮損麥苗而止夏五月戊子吴將邵凱夏詳帥衆七千餘人來降六月益梁八郡水殺三百餘人沒邸閣別倉秋七月以都督豫州諸軍事王渾爲都督揚州諸軍事中山王睦以罪廢爲丹水侯八月癸亥徙扶風王亮爲汝南王東莞王伷爲琅邪王汝陰王駿爲扶風王琅邪王倫爲趙王渤海王輔爲太原王太原王顒爲河間王北海王陵爲任城王陳王斌爲西河王汝南王柬爲南陽王濟南王耽爲中山王河間王威爲章武王立皇子瑋爲始平王允爲濮陽王該爲新都王遐爲清河王鉅平侯羊祜爲南城侯以汝南王亮爲鎮南大將軍大風拔樹暴寒且氷郡國五隕霜傷穀九月戊子以左將軍胡奮爲都督江北諸軍事兗豫徐青荆益梁七州大水傷秋稼詔振給之立齊王子蕤爲遼東王贊爲廣漢王冬十一月景戌帝臨宣武觀大閲至于壬辰十二月吴將孫慎入江夏汝南略千餘家而去是歲西北雜虜及鮮卑匈奴五溪蠻夷東夷三國前後十餘輩各帥種人部落内附

四年春正月庚午朔日有蝕之三月甲申尚書左僕射盧欽卒辛酉以尚書右僕射山濤爲尚書左僕射東夷六國來獻夏四月蚩尤旗見於東井六月丁未陰平廣武地震甲子又震涼州刺史楊欣與虜若羅拔能等戰于武威敗績死之弘訓皇后羊氏崩秋七月己丑祔葬景獻皇后羊氏于峻平陵庚寅高陽王緝薨癸巳范陽王綏薨荆揚郡國二十皆大水九月以太傅何曾爲太宰辛巳以尚書令李胤爲司徒冬十月以征北大將軍衛瓘爲尚書令揚州刺史應綽伐吴皖城斬首五千級焚穀米百八十萬斛十一月辛巳太醫司馬程據獻雉頭裘帝以奇

技異服典禮所禁焚之于殿前甲申勑内外敢有犯者罪之吴昭武將軍劉翻厲武將軍祖始來降辛卯以尚書杜預都督荆州諸軍事征南大將軍羊祜卒十二月乙未西河王斌薨丁未太宰朗陵公何曾薨是歲東夷九國内附

五年春正月虜帥樹機能攻陷涼州乙丑使討虜護軍武威太守馬隆擊之二月甲午白麟見于平原三月匈奴都督拔弈虚帥部落歸化乙亥以百姓饑饉減御膳之半有星孛于柳夏四月又孛于女御大赦降除部曲督以下質任丁亥郡國八雨雹傷秋稼壞百姓廬舍秋七月有星孛于紫宫九月甲午麟見于河南冬十月戊寅匈奴餘渠都督獨雍等帥部落歸化汲郡人不準掘魏襄王冢得竹簡小篆古書十餘萬言藏于祕府十一月大舉伐吴遣鎮軍將軍琅邪王伷出涂中安東將軍王渾出江西建威將軍王戎出武昌平南將軍胡奮出夏口鎮南大將軍杜預出江陵龍驤將軍王濬廣武將軍唐彬率巴蜀之卒浮江而下東西凡二十餘萬以太尉賈充爲大都督行冠軍將軍楊濟爲副揔統

殺軍十二月馬隆擊叛虜樹機能大破斬之涼州平肅愼來獻楛矢石砮
○太康元年春正月己丑朔五色氣冠日癸丑王渾克吳尋陽賴鄉諸
城獲吳武威將軍周興二月戊午王濬唐彬等克丹陽城庚申又克西
陵殺西陵都督鎮軍將軍留憲征南將軍成璩西陵監鄭廣壬戌濬
又克夷道樂鄉城殺夷道監陸晏水軍都督陸景甲戌杜預克江陵斬
吳江陵督伍延平南將軍胡奮克江安於是諸軍並進樂鄉荊門諸戍
相次來降乙亥以濬爲都督益梁二州諸軍事復下詔曰濬彬東下埽
除巴丘與胡奮王戎共平夏口武昌順流長騖直造秣陵與奮戎審量
其宜杜預當鎮靜零桂懷輯衡陽大兵既過荊州南境固當傳檄而定
預當分萬人給濬七千給彬夏口既平奮宜以七千人給濬武昌既了
戎當以六千人增彬太尉充移屯項總督諸方濬進破夏口武昌遂泛
舟東下所至皆平王渾周浚與吳丞相張悌戰于版橋大敗之斬悌及
其將孫震沈瑩傳首洛陽孫皓窮蹙請降送璽綬於琅邪王伷三月壬
申王濬以舟師至于建鄴之石頭孫皓大懼面縛輿櫬降于軍門濬杖

節解縛焚櫬送于京都收其圖籍克州四郡四十三縣三百一十三戶
五十二萬三千吏三萬二千兵二十三萬男女口二百三十萬其牧守
已下皆因吳所置除其苛政示之簡易吳人大悅乙酉大赦改元大酺
五日恤孤老困窮夏四月河東高平雨雹傷秋稼遣兼侍中張側黃
門侍郎朱震分使揚越慰其初附白麟見于頓丘三河魏郡弘農雨雹
傷麥五月辛亥封孫皓爲歸命侯拜其太子爲中郎諸子爲郎中吳
之舊望隨才擢敘孫氏大將戰亡之家徙於壽陽將吏渡江復十年百
姓及百工復二十年景寅帝臨軒大會引皓升殿羣臣咸稱萬歲丁卯
薦酃淥酒于太廟郡國大雹傷秋稼庚午詔諸士卒年六十以上罷歸
于家庚辰以王濬爲輔國大將軍襄陽侯杜預當陽侯王戎安豐侯唐
彬上庸侯賈充琅邪王伷以下增封於是論功行封賜公卿以下帛各
有差六月丁丑初置翊軍校尉官封丹水侯睦爲高陽王甲申東夷十
國歸化秋七月虜軻成泥寇西平浩亹殺督將以下三百餘人東夷二十
國獻庚寅以尚書魏舒爲尚書右僕射八月車師前部遣子入侍己未

封皇弟延祚爲樂平王白龍三見于永昌九月羣臣以天下一統屢請
封禪帝謙讓弗許冬十月丁巳除五女復十二月戊辰廣漢王贊薨
二年春二月淮南丹楊地震三月景申安平王敦薨賜王公以下吳生口
各有差詔選孫皓妓妾五千人入宮東夷五國朝獻夏六月東夷五國
內附郡國十六雨雹大風拔樹壞百姓廬舍江夏泰山水流居人三
百餘家秋七月上黨又暴風雨雹傷秋稼八月有星孛于張冬十月鮮
卑慕容廆寇昌黎十一月壬寅大司馬陳騫薨有星孛于軒轅鮮卑寇
遼西平州刺史鮮于嬰討破之
三年春正月丁丑罷秦州并雍州甲午以尚書張華都督幽州諸軍事
三月安北將軍嚴詢敗鮮卑慕容廆於昌黎殺傷數萬人夏四月庚午
太尉魯公賈充薨閏月景子司徒廣陸侯李胤薨癸丑白龍二見于濟
南秋七月罷平州寧州刺史三年一入奏事九月東夷二十九國歸化
獻其方物吳故將莞恭帛奉舉兵反攻害建鄴令遂圍揚州徐州刺
史嵇喜討平之冬十二月甲申以司空齊王攸爲大司馬督青州諸軍

事鎮東大將軍琅邪王伷爲撫軍大將軍汝南王亮爲太尉光祿大夫
山濤爲司徒尚書令衛瓘爲司空景申詔四方水旱甚者無出田租
四年春正月甲申以尚書右僕射魏舒爲尚書左僕射下邳王晃爲尚
書右僕射戊午司徒山濤薨二月己丑立長樂亭侯寔爲北海王三月
辛丑朔日有蝕之癸丑大司馬齊王攸薨夏四月任城王陵薨五月己
亥大將軍琅邪王伷薨徙遼東王蕤爲東萊王六月增九卿禮秩牂柯
獠二千餘落內屬秋七月壬子以尚書右僕射下邳王晃爲都督青州
諸軍事景寅兗州大水復其田租八月鄯善國遣子入侍假其歸義侯
以隴西王泰爲尚書右僕射冬十一月戊午新都王該薨以尚書左僕
射魏舒爲司徒十二月庚午大閱于宣武觀是歲河南及荊州揚州大水
○五年春正月己亥青龍二見于武庫井中二月景寅立南宮王子玷
爲長樂王壬辰地震夏四月任城魯國池水赤如血五月景午宣帝廟
梁折六月初置黃沙獄秋七月戊申皇子恢薨任城梁國中山雨雹傷
秋稼減天下戶課三分之一九月南安大風折木郡國五大水隕霜傷

秋稔冬十一月甲辰太原王輔薨十二月庚午大赦林邑大秦國各遣使來獻閏月鎮南大將軍當陽侯杜預卒

六年春正月庚申朔以比歲不登免租貸宿負戊辰以征南大將軍王渾為尚書左僕射尚書褚䂮都督揚州諸軍事楊濟都督荊州諸軍事三月郡國六隕霜傷桑麥夏四月扶南等十國來獻參離四千餘落內附郡國四旱十大水壞百姓廬舍秋七月巴西地震八月景戌朔日有蝕之滅百姓緜絹三分之一白龍見于京兆以鎮軍大將軍王濬為撫軍大將軍九月景子山陽公劉康薨冬十月南安山崩水出南陽郡獲兩足獸龜茲焉耆國遣子入侍十二月甲申大閱于宣武觀旬日而罷庚子撫軍大將軍襄陽侯王濬卒

七年春正月甲寅朔日有蝕之乙卯詔曰比年災異屢發日蝕三朝地震山崩邦之不臧實在朕躬公卿大臣各上封事極言其故勿有所諱夏五月郡國十三旱鮮卑慕容廆寇遼東秋七月朱提山崩犍為地震八月東夷十一國內附京兆地震九月戊寅驃騎大將軍扶風王駿薨

郡國八大水冬十一月壬子以隴西王泰都督關中諸軍事十二月遣侍御史巡遭水諸郡出後宮才人妓女以下二百七十人歸于家始制大臣聽終喪三年己亥河陰雨赤雪二頃是歲扶南等二十一國馬韓等十一國遣使來獻

八年春正月戊申朔日有蝕之太廟殿陷三月乙丑臨商觀震夏四月齊國大水隕霜傷麥六月魯國大風拔樹木壞百姓廬舍郡國八大水秋七月前殿地陷深數丈中有破船八月東夷二國內附九月改營太廟冬十月南康平固縣吏李豐反聚眾攻郡縣自號將軍十一月海安令蕭輔聚眾反十二月吳興人蔣迪聚黨反圍陽羨縣州郡捕討皆伏誅南夷扶南西域康居國各遣使來獻是歲郡國五地震

九年春正月壬申朔日有蝕之詔曰興化之本由政平訟理也二千石長吏不能勤恤人隱而輕挾私故興長刑獄又多貪濁煩撓百姓其勑刺史二千石糾其穢濁舉其公清有司議其黜陟令內外群官舉清能拔寒素江東四郡地震二月尚書右僕射陽夏侯胡奮卒以尚書朱整為尚書右僕射三月丁丑皇后親桑于西郊賜帛各有差壬辰初并二社為一夏四月江南郡國八地震隴西隕霜傷粟麥五月義陽王奇有罪黜為三縱亭侯詔內外群官舉守令之才六月庚子朔日有蝕之徙章武王威為義陽王郡國三十二大旱傷麥秋八月壬子星隕如雨詔郡國五歲刑以下決遣無留庶獄九月東夷七國詣校尉內附郡國二十四螟冬十二月癸卯立河間平王洪子英為章武王戊申青龍黃龍各一見于魯國

十年夏四月以京兆太守劉霄陽平太守梁柳有政績各賜穀千斛郡國八隕霜太廟成乙巳遷神主于新廟帝迎于道左遂祫祭大赦文武增位一等作廟者二等丁未尚書右僕射廣興侯朱整卒癸丑崇賢殿災五月鮮卑慕容廆來降東夷十一國內附六月庚子山陽公劉瑾薨復置二社冬十月壬子徙南宮王承為武邑王十一月景辰守尚書令左光祿大夫荀勗卒帝疾瘳賜王公以下帛有差含章殿鞠室火甲申以汝南王亮為大司馬大都督假黃鉞改封南陽王柬為秦王始平王

瑋為楚王濮陽王允為淮南王並假節之國各統方州軍事立皇太子乂為長沙王穎為成都王晏為吳王熾為豫章王演為代王皇孫遹為廣陵王立濮陽王子迪為漢王始平王子儀為毗陵王汝南王次子羕為西陽公徙扶風王暢為順陽王暢弟歆為新野公琅邪王覲弟澹為東武公繇為東安公漼為廣陵公卷為東莞公改諸王國相為內史十二月庚寅太廟梁折是歲東夷絕遠三十餘國西南夷二十餘國來獻虜壬戌奚軻男女十萬口來降

太熙元年春正月辛酉朔改元己巳以尚書左僕射王渾為司徒司空衛瓘為太保二月辛丑東夷七國朝貢琅邪王覲薨三月甲子以右光祿大夫石鑒為司空夏四月辛丑以侍中車騎將軍楊駿為太尉都督中外諸軍錄尚書事己酉帝崩于含章殿時年五十五葬峻陽陵廟號世祖

○帝宇量弘厚造次必於仁恕容納讜正未嘗失色於人明達善謀能斷大事故得撫寧萬國綏靜四方承魏氏奢侈刻弊之後百姓思古之遺風乃厲以恭儉敦以寡慾有司嘗奏御牛青絲紖斷詔以青麻代之

臨朝寬裕，法度有恒。高陽許允既為文帝所殺，允子奇為太常丞。帝將有事於太廟，朝議以奇受害之門，不欲接近左右，請出為長史。帝乃追述允夙望，稱奇之才，擢為祠部郎，時論稱其夷曠。平吳之後，天下乂安，遂怠於政術，耽於遊宴，寵愛后黨，親貴當權，舊臣不得專任，彞章紊廢，請謁行矣。爰至末年，知惠帝弗克負荷，然恃皇孫聰睿，故無廢立之心。復慮非賈后所生，終致危敗，遂與腹心共圖後事。說者紛然，久而不定，竟用王祐之謀，遣太子母弟秦王柬都督關中，楚王瑋、淮南王允並鎮守要害，以彊帝室。又恐楊氏之偪，復以祐為北軍中候，以典禁兵。既而寢疾彌留，至于大漸，佐命元勳，皆已先沒，群臣惶惑，計無所從。會帝小差，有詔以汝南王亮輔政，又欲令朝士之有名望年少者數人佐之，楊駿祕而不宣。帝復尋至迷亂，楊后輒以為詔，以駿輔政，促亮進發。帝尋小間，問汝南王來未，意欲見之，有所付託。左右荅言未至，帝遂困篤。中朝之亂，實始于斯矣。

制曰：武皇承基，誕膺天命，握圖御宇，敷化導民，以佚代勞，以治易亂。絕

縑綸之貢，去雕琢之飾，制奢俗以變儉約，止澆風而反淳朴。雅好直言，留心采擢，劉毅、裴楷以質直見容，嵇紹、許奇雖仇讎不棄。仁以御物，寬而得眾，宏略大度，有帝王之量焉。於時民和俗靜，家給人足，聿脩武用，思啟封疆，決神算於深衷，斷雄圖於議表。馬隆西伐，王濬南征，師不延時，獯虜削迹，兵無血刃，揚越為墟。通上代之不通，服前王之未服。禎祥顯應，風教肅清，天人之功成矣，霸王之業大矣。雖登封之禮讓而不為，驕泰之心因斯以起。見土地之廣，謂萬葉而無虞；覩天下之安，謂千年而永治。不知處廣以思狹，則廣可長廣；居治而忘危，則治無常治。加之建立非所，委寄失才，志欲就於升平，行先迎於禍亂。是猶將適越者指沙漠以遵途，欲登山者涉舟航而覓路，所趣逾遠，所尚轉難，南北倍殊，高下相反，求其至也，不亦難乎！況以新習易動之基，而無久安難拔之慮，故賈充凶豎，懷姦志以擁權；楊駿豺狼，苞禍心以專輔。及乎宮車晚出，諒闇未周，藩翰變親以成疏，連兵競滅其本；棟梁回忠而起偽，擁眾各舉其威。曾未數年，綱紀大亂，海內版蕩，宗廟播遷。帝道王猷，反居文身之俗；神州赤縣，翻成被髮之鄉。棄所大以資人，掩其小而自託，為天下笑，其故何哉？良由失慎於前，所以貽患於後。且知子者賢父，知臣者明君；子不肖則家亡，臣不忠則國亂；國亂不可以安也，家亡不可以全也。是以君子防其始，聖人閑其端。而世祖惑荀勖之姦謀，迷王渾之偽策，心屢移於眾口，事不定於己圖。元海當除而不除，卒令擾亂區夏；惠帝可廢而不廢，終使傾覆洪基。夫全一人者德之輕，拯天下者功之重；棄一子者忍之小，安社稷者孝之大。況乎資三世而成業，延二孽以喪之，所謂取輕德而捨重功，畏小忍而忘大孝。聖賢之道，豈若斯乎！雖則善始於初，而乖令終於末，所以殷勤史策，不能無慷慨焉。

晉書帝紀卷第三

帝紀卷第四　晉書四　御撰

惠帝

孝惠皇帝諱衷字正度武帝第二子也泰始三年立爲皇太子時年九歲太熙元年四月己酉武帝崩是日皇太子即皇帝位大赦改元爲永熙尊皇后楊氏曰皇太后立妃賈氏爲皇后夏五月辛未葬武皇帝於峻陽陵景子增天下位一等預喪事者二等復租調一年二千石已上皆封關中侯以太尉楊駿爲太傅輔政秋八月壬午立廣陵王遹爲皇太子以中書監何劭爲太子太師吏部尚書王戎爲太子太傅衛將軍楊濟爲太子太保遣南中郎將石崇射聲校尉胡奄長水校尉趙俊揚烈將軍趙歡將屯兵四出冬十月辛酉以司空石鑒爲太尉前鎮西將軍隴西王泰爲司空

永平元年春正月乙酉朔臨朝不設樂詔曰朕夙遭不造淹恤在疚賴祖宗遺靈宰輔忠賢得以眇身託于羣后之上昧於大道不明于訓戰戰兢兢夕惕若厲乃者哀迷之際三事股肱惟社稷之重率遵翼室之典猶欲長奉先皇之制是以有永熙之號然日月踰邁已涉新年開元易紀禮之舊章其改永熙二年爲永平元年又詔子弟及羣官並不得謁陵景午皇太子冠丁未見于太廟二月甲寅賜王公已下帛各有差癸酉鎮南將軍楚王瑋鎮東將軍淮南王允來朝戊寅復置秘書監官三月辛卯誅太傅楊駿駿弟衛將軍珧太子太保濟中護軍張劭散騎常侍段廣楊邈左將軍劉預河南尹李斌中書令蔣俊東夷校尉文淑尚書武茂皆夷三族壬辰大赦改元賈后矯詔廢皇太后爲庶人徙于金墉城告于天地宗廟誅太后母龐氏壬寅徵大司馬汝南王亮爲太宰與太保衛瓘輔政以秦王柬爲大將軍東平王楙爲撫軍大將軍鎮南將軍楚王瑋爲衛將軍領北軍中候下邳王晃爲尚書令東安公繇爲尚書左僕射進封東安王督將侯者千八十一人庚戌免東安王繇及東平王楙繇徙帶方夏四月癸亥以征東將軍梁王肜爲征西大將軍都督關西諸軍事太子少傅阮坦爲平東將軍監青徐二州諸軍事己巳以太子太傅王戎爲尚書右僕射五月甲戌毗陵王軌薨壬午除天下戶調綿絹賜孝悌高年鰥寡力田者帛人三匹六月賈后矯詔使楚王瑋殺太宰汝南王亮太保菑陽公衛瓘乙丑以瑋擅害亮瓘殺之曲赦洛陽以廣陵王師劉寔爲太子太保司空隴西王泰錄尚書事秋七月分揚州荊州十郡爲江州八月庚申以趙王倫爲征東將軍都督徐兗二州諸軍事河間王顒爲北中郎將鎮鄴太子太師何劭爲都督豫州諸軍事鎮許昌徙長沙王乂爲常山王己巳進西陽公羕爵爲王辛未立隴西世子越爲東海王九月甲午大將軍秦王柬薨辛丑徵征西大將軍梁王肜爲衛將軍錄尚書事以趙王倫爲征西大將軍都督雍梁二州諸軍事冬十二月辛酉京師地震是歲東夷十七國南夷二十四部並詣校尉內附

二年春二月己酉賈后弒皇太后于金墉城秋八月壬子大赦九月乙酉中山王耽薨冬十一月大疫是歲沛国雨雹傷麥

三年夏四月滎陽雨雹六月弘農郡雨雹深三尺冬十月太原王泓薨

○四年春正月丁酉朔侍中太尉安昌公石鑒薨夏五月蜀郡山移淮南壽春洪水出山崩地陷壞城府及百姓廬舍匈奴郝散反攻上黨殺長吏六月壽春地大震死者二十餘家上庸郡山崩殺二十餘人秋八月郝散帥衆降馮翊都尉殺之上谷居庸上庸並地陷裂水泉涌出人有死者大饑九月景辰赦諸州之遭地災者甲午枉矢東北竟天是歲京師及郡国八地震

五年夏四月彗星見于西方孛于奎至軒轅六月金城地震東海雨雹深五寸秋七月下邳暴風壞廬舍九月鴈門新興太原上黨大風傷禾稼冬十月武庫火焚累代之寶十二月景戌新作武庫大調兵器丹楊雨雹有石生于京師宜年里是歲荊揚兗豫青徐等六州大水詔遣御史巡行振貸

六年春正月大赦司空下邳王晃薨以中書監張華爲司空太尉隴西王泰爲尚書令衛將軍梁王肜爲太子太保丁丑地震二月東海隕霜傷桑麥彭城呂縣有流血東西百餘步夏四月大風五月荊揚二州大水匈奴郝散弟度元帥馮翊北地馬蘭羌盧水胡反攻北地太守張損

死之馮翊太守歐陽建與度元戰建敗績徵征西大將軍趙王倫爲車騎將軍以太子太保梁王彤爲征西大將軍都督雍梁二州諸軍事鎮關中秋八月雍州刺史解系又爲度元所破秦雍氐羌悉叛推氐帥齊萬年僭號稱帝圍涇陽冬十月乙未曲赦雍涼二州十一月景子遣安西將軍夏侯駿建威將軍周處等討萬年梁王彤屯好畤關中饑大疫

七年春正月癸丑周處及齊萬年戰於六陌王師敗績處死之夏五月魯國雨雹秋七月雍梁州疫大旱隕霜殺秋稼關中饑米斛萬錢詔骨肉相賣者不禁丁丑司徒京陵公王渾薨九月以尚書右僕射王戎爲司徒太子太師何劭爲尚書左僕射

八年春正月景辰地震詔發倉廩賑雍州饑人三月壬戌大赦夏五月郊禖石破二秋九月荆豫揚徐冀等五州大水雍州有年

九年春正月左積弩將軍孟觀伐氐戰于中亭大破之獲齊萬年徵西大將軍梁王彤錄尚書事以北中郎將河間王顒爲鎮西將軍鎮關中城都王穎爲鎮北大將軍鎮鄴夏四月鄴人張承基等妖言署置聚黨

數千郡縣逮捕皆伏誅六月戊戌太尉隴西王泰薨秋八月以尚書裴頠爲尚書僕射冬十一月甲子朔日有食之京師大風發屋折木十二月壬戌廢皇太子遹爲庶人及其三子幽于金墉城殺太子母謝氏

○永康元年春正月癸亥朔大赦改元己卯日有蝕之景子皇孫霖卒二月丁酉大風飛沙拔木三月尉氏雨血妖星見于南方癸未賈后矯詔害庶人遹于許昌夏四月辛卯日有蝕之癸巳梁王彤趙王倫矯詔廢賈后爲庶人司空張華尚書僕射裴頠皆遇害侍中賈謐及黨與數十人皆伏誅甲午倫矯詔大赦自爲相国都督中外諸軍如宣文輔魏故事追復故皇太子位丁酉以梁王彤爲太宰左光祿大夫何劭爲司徒右光祿大夫劉寔爲司空淮南王允爲驃騎將軍己亥趙王倫矯詔害賈庶人于金墉城五月己巳立皇孫臧爲皇太孫尚爲襄陽王六月壬寅葬愍懷太子于顯平陵撫軍將軍清河王遐薨癸卯震崇陽陵標秋八月淮南王允舉兵討趙王倫不剋允及其二子秦王郁漢王迪皆遇害曲赦洛陽平東將軍彭城王植薨改封吳王晏爲賓徒縣王以齊王冏爲東平將軍鎮許昌光祿大夫陳準爲太尉錄尚書事九月改司徒爲丞相以梁王彤爲之冬十月黄霧四塞十一月戊午大風飛沙石六日乃止甲子立皇后羊氏大赦大酺三日十二月彗星見于東方益州刺史趙廞與洛陽流人李庠害成都内史耿勝犍爲太守李密汶山太守霍固西夷校尉陳總據成都反

永寧元年春正月乙丑趙王倫篡帝位景寅遷帝于金墉城號曰太上皇改金墉曰永昌宫廢皇太孫臧爲濮陽王五星經天縱横無常癸酉倫害濮陽王臧略陽流人李特殺趙廞傳首京師三月平東將軍齊王冏起兵以討倫傳檄州郡屯于陽翟征北大將軍成都王穎征西大將軍河間王顒常山王乂豫州刺史李毅兖州刺史王彦南中郎將新野公歆皆舉兵應之衆數十萬倫遣其將閭和出伊闕張泓孫輔出堮坂以距冏孫會士猗許超出黄橋以距穎及穎將趙驤石超戰於溴水會等大敗棄軍走閏月景戌朔日有蝕之夏四月歲星晝見冏將何勖盧播擊張泓於陽翟大破之斬孫輔等辛酉左衛將軍王輿與尚書淮

陵王漼勒兵入宫擒倫黨孫秀孫會許超士猗駱休等皆斬之逐倫歸第即日乗輿反正群臣頓首謝罪帝曰非諸卿之過也癸亥詔曰朕以不德纂承皇統遠不能光濟大業靖綏四方近不能開明刑威式遏姦宄至使逆臣孫秀敢肆凶虐窺間王室遂奉趙王倫篡據天位鎮東大將軍齊王冏征北大將軍成都王穎征西大將軍河間王顒並以明德茂親忠規允著首建大策匡救國難尚書漼共立大謀左衛將軍王輿與群公卿士協同謀略親勒本營斬秀及其二子前趙王倫爲秀所誤與其子等已詣金墉迎朕幽宫旋軫閶闔豈在余一人獨饗其慶宗廟社稷實有賴焉於是大赦改元孤寡賜穀五斛大酺五日誅趙王倫義陽王威九門侯質等及倫之黨與五月立襄陽王尚爲皇太孫六月戊辰大赦增吏位二等復封賓徒王晏爲吳王庚午東萊王蕤左衛將軍王輿與謀廢齊王冏事泄蕤廢爲庶人輿伏誅夷三族甲戌以齊王冏爲大司馬都督中外諸軍事成都王穎爲大將軍錄尚書事河間王顒爲太尉罷丞相復置司徒官己卯以梁王彤爲太宰領司徒封齊王冏

功臣葛旟牟平公路秀小黃公衛毅平陰公劉眞安鄉公韓泰封丘公
秋七月甲午立吳王晏子國爲漢王復封常山王乂爲長沙王八月大
赦戊辰原從邊者益州刺史羅尚討羌破之己巳徙南平王祥爲宜都
王下邳王韡薨以東平王楙爲平東將軍都督徐州諸軍事九月追東
安王繇復其爵丁丑封楚王瑋子範爲襄陽王冬十月流人李特反於
蜀十二月司空何劭薨封齊王冏子冰爲樂安王英爲濟陽王超爲淮
南王是歲郡國十二旱六蝗
太安元年春正月庚子安東將軍譙王隨薨三月癸卯赦司冀兗豫四
州皇太孫尚薨夏四月彗星晝見五月乙酉侍中太宰領司徒梁王肜
薨以右光祿大夫劉寔爲太傅太尉河間王顒遣將衙博擊李特於蜀
爲特所敗特遂陷梓潼巴西害廣漢太守張微自號大將軍癸卯以清
河王遐子覃爲皇太子賜孤寡帛大酺五日以齊王冏爲太師東海王
越爲司空秋七月兗豫徐冀等四州大水冬十月地震十二月丁卯河
間王顒表齊王冏窺伺神器有無君之心與成都王穎新野王歆范陽

王虓同會洛陽請廢冏還第長沙王乂奉乘輿屯南止車門攻冏殺之
幽其諸子于金墉城廢冏弟北海王寔大赦改元以長沙王乂爲太尉
都督中外諸軍事封東萊侯蕤子炤爲齊王
二年春正月甲子朔赦五歲刑三月李特攻陷益州荊州刺史宋岱擊
特斬之傳首京師夏四月特子雄復據益州五月義陽蠻張昌舉兵反
以山都人丘沉爲主改姓劉氏僞號漢建元神鳳攻破郡縣南陽太守
劉彬平南將軍羊伊鎮南大將軍新野王歆並遇害六月遣荊州刺史
劉弘等討張昌于方城王師敗績秋七月中書令卞粹侍中馮蓀河南
尹李含等貳於長沙王乂乂疑而害之張昌陷江南諸郡武陵太守賈
隆零陵太守孔紘豫章太守閻濟武昌太守劉根皆遇害昌別帥石冰
寇揚州刺史陳徽與戰大敗諸郡盡沒臨淮人封雲舉兵應之自阜陵
寇徐州八月河間王顒成都王穎舉兵討長沙王乂帝以乂爲大都督帥
軍禦之庚申劉弘及張昌戰於清水斬之顒遣其將張方穎遣其將陸
機牽秀石超等來逼京師乙丑帝幸十三里橋遣將軍皇甫商距方於

宜陽己巳帝旋軍于宣武場庚午舍于石樓天中裂無雲而雷九月丁丑
帝次于河橋壬午皇甫商爲張方所敗甲申帝軍于芒山丁亥幸偃師
辛卯舍于豆田癸巳尚書右僕射興晉侯羊玄之卒帝旋于城東景申
進軍緱氏擊牽秀走之大赦張方入京城燒清明開陽二門死者萬計
石超逼乘輿于緱氏冬十一月壬寅帝旋于宮石超奔緱氏服御無遺
丁未破牽秀范陽王虓于東陽門外戊申破陸機于建春門石超斬其
大將軍賈崇等十六人懸首銅駝街張方退屯十三里橋十一月辛巳
星晝隕聲如雷王師攻方壘不利方決千金堨水碓皆涸乃發王公奴
婢手舂給兵廩一品已下不從征者男子十三以上皆從役又發奴助
兵號爲四部司馬公私窮踧米石萬錢詔命所至一城而已壬寅夜赤
氣竟天隱隱有聲景辰地震癸亥東海王越執長沙王乂幽於金墉城
尋爲張方所害甲子大赦景寅揚州秀才周玘前南平內史王矩前吳
興內史顧秘起義軍以討石冰冰退自臨淮趣壽陽征東將軍劉準遣
廣陵度支陳敏擊冰李雄自郫城攻益州刺史羅尚尚委城而遁雄盡

有成都之地封鮮卑段勿塵爲遼西公
永興元年春正月景午尚書令樂廣卒成都王穎自鄴諷于帝乃大赦
改元爲永安帝逼于河間王顒密詔雍州刺史劉沈秦州刺史皇甫重
以討之沉舉兵攻長安爲顒所敗張方大掠洛中還長安於是軍中大
餒人相食以成都王穎爲丞相穎遣從事中郎成夔等以兵五萬屯十
二城門殿中宿所忌者穎皆殺之以三部兵代宿衛二月乙酉廢皇后
羊氏幽于金墉城黜皇太子覃復爲清河王三月陳敏攻石冰斬之揚
徐二州平河間王顒表請立成都王穎爲太弟戊申詔曰朕以不德纂
承鴻緒于茲十有五載禍亂滔天姦逆仍起至乃幽廢重宮宗廟圮絕
成都王穎溫仁惠和克平暴亂其以穎爲皇太弟都督中外諸軍事丞
相如故大赦賜鰥寡高年帛三匹大酺五日景辰盜竊太廟服器以太
尉顒爲太宰太傅劉寔爲太尉六月新作三城門秋七月景申朔右衛將
軍陳眕以詔召百寮入殿中因勒兵討成都王穎戊戌大赦復皇后羊
氏及皇太子覃己亥司徒王戎東海王越高密王簡平昌公模吳王晏

豫章王熾襄陽王範右僕射荀藩等奉帝北征至安陽衆十餘萬穎遣其將石超距戰己未六軍敗績于蕩陰矢及乘輿百官分散侍中嵇紹死之帝傷頰中三矢亡六璽帝遂幸超軍餒甚超進水左右奉秋桃超遣弟熙奉帝之鄴穎帥群官迎謁道左帝下輿涕泣其夕幸于穎軍穎府有九錫之儀陳留王送貂蟬文衣鶡尾明日乃備法駕幸于鄴唯豫章王熾司徒王戎僕射荀藩從庚申大赦改元為建武八月戊辰穎殺東安王繇張方復入洛陽廢皇后羊氏及皇太子覃匈奴左賢王劉元海反於離石自號大單于安北將軍王浚遣烏丸騎攻成都王穎于鄴大敗之穎與帝單車走洛陽服御分散倉卒上下無齎侍中黃門被囊中齎私錢三千詔貸用所在買飯以供宮人止食於道中客舍宮人有持升餘粇米飯及燥蒜鹽豉以進帝帝噉之御中黃門布被次獲嘉市麤米飯盛以瓦盆帝噉兩盂有老父獻蒸雞帝受之至溫將謁陵帝喪履納從者之履下拜流涕左右皆歔欷及濟河張方帥騎三千以陽燧青蓋車奉迎方拜謁帝躬止之辛巳大赦賞從者各有差冬十一月乙未方請帝謁廟因劫帝幸長安方以所乘車入殿中帝馳避後園竹中方逼帝升車左右中黃門鼓吹十二人步從唯中書監盧志侍側方以帝幸其壘帝令方具車載宮人寶物軍人因妻略後宮分爭府藏魏晉已來之積掃地無遺矣行次新安寒甚帝墮馬傷足尚書高光進面衣帝嘉之河間王顒帥官屬步騎三萬迎于霸上顒前拜謁帝下車止之以征西府為宮唯僕射荀藩司隸劉暾太常鄭球河南尹周馥與其遺官在洛陽為留臺承制行事號為東西臺焉景午留臺大赦改元復為永安辛丑復皇后羊氏李雄僭號成都王劉元海僭號漢王十二月丁亥詔曰天禍晉邦冢嗣莫繼成都王穎自在儲貳政績虧損四海失望不可承重其以王還第豫章王熾先帝愛子令問日新四海注意今以為皇太弟以隆我晉邦以司空越為太傅與太宰顒夾輔朕躬司徒王戎參錄朝政光祿大夫王衍為尚書左僕射安南將軍虓安北將軍浚平北將軍騰各守本鎮高密王簡為鎮南將軍領司隸校尉權鎮洛陽東中郎將模為寧北將軍都督冀州鎮于鄴鎮南大將軍劉弘領荊州

以鎮南土周馥繆胤各還本部百官皆復職齊王冏前應還第長沙王乂輕陷重刑封其子紹為樂平縣王以奉其嗣自頃戎車屢征勞費人力供御之物皆減三分之二戶調田租三分減一蠲除苛政愛人務本清通之後當還東京大赦改元以河間王顒都督中外諸軍事

二年春正月甲午朔帝在長安夏四月詔封樂平王紹為齊王景子張方廢皇后羊氏六月甲子侍中司徒安豐侯王戎薨隴西太守韓稚攻秦州刺史張輔殺之李雄僭即帝位国號蜀秋七月甲午尚書諸曹火燒崇禮闥東海王越嚴兵徐方將西迎大駕成都王穎部將公師藩等聚衆攻陷郡縣害陽平太守李志汲郡太守張延等轉攻鄴平昌公模遣將軍趙驤擊破之八月辛丑大赦驃騎將軍范陽王虓逐冀州刺史李義揚州刺史曹武殺丹楊太守朱建李雄遣其將李驤寇漢安車騎大將軍劉弘逐平南將軍彭城王釋于宛九月庚寅朔公師藩又害平原太守王景清河太守馮熊庚子豫州刺史劉喬攻范陽王虓於許昌敗之壬子以成都王穎為鎮軍大將軍都督河北諸軍事鎮鄴河間王顒遣將軍呂朗屯洛陽冬十月景子詔曰得豫州刺史劉喬檄稱潁川太守劉輿迫脅驃騎將軍虓距逆詔令造構凶逆擅劫郡縣合聚兵衆擅用苟晞為兗州斷截王命鎮南大將軍荊州刺史劉弘平南將軍彭城王釋等其各勤所統徑會許昌與喬并力今遣右將軍張方為大都督統精卒十萬建武將軍呂朗廣武將軍騫猛建威將軍刁默等為軍前鋒共會許昌除輿兄弟丁丑使前車騎將軍石超北中郎將王闡討輿等赤氣見于北方東西竟天有星孛于北斗平昌公模遣將軍宋胄等屯河橋十一月立節將軍周權詐被檄自稱平西將軍復皇后羊氏洛陽令何喬攻權殺之復廢皇后十二月呂朗等東屯滎陽成都王穎進據洛陽張方劉弘等並按兵不能禦范陽王虓濟自官渡拔滎陽斬石超襲許昌破劉喬於蕭喬奔南陽右將軍陳敏舉兵反自號楚公矯稱被中詔從沔漢奉迎天子逐揚州刺史劉機丹楊太守王曠遣弟恢南略江州刺史應邈奔弋陽

光熙元年春正月戊子朔日有蝕之帝在長安河間王顒聞劉喬破大

懼遂殺張方請和於東海王越越不聽宋胄等破穎將樓裒進逼洛陽穎奔長安甲子越遣其將祁弘宋胄司馬纂等迎帝三月東萊惤令劉柏根反自稱惤公襲臨淄高密王簡奔聊城王浚遣將討柏根斬之夏四月己巳東海王越屯于溫顒遣弘農太守彭隨北地太守刁默距祁弘等於湖五月枉矢西南流范陽國地燃可以爨壬辰祁弘等與刁默戰默大敗顒穎走南山奔于宛弘等所部鮮卑大掠長安殺二萬餘人是日日光四散赤如血甲午又如之己亥弘等奉帝還洛陽帝乘牛車行宮藉草公卿跋涉戊申驃騎范陽王虓殺司隸校尉邢喬己酉盜取太廟金匱及策文各四六月景辰朔至自長安升舊殿哀感流涕謁于太廟復皇后羊氏辛未大赦改元秋七月乙酉朔日有蝕之太廟吏賈苞盜太廟靈衣及劍伏誅八月以太傅東海王越錄尚書驃騎將軍范陽王虓爲司空九月頓丘太守馮嵩執成都王穎送之于鄴進東嬴公騰爵爲東燕王平昌公模爲南陽王冬十月司空范陽王虓薨虓長史劉輿害成都王穎十一月庚午帝崩于顯陽殿時年四十八葬太陽陵

帝之爲太子也朝廷咸知不堪政事武帝亦疑焉甞悉召東宮官屬使以尚書事令太子決之帝不能對賈妃遣左右代對多引古義給使張泓曰太子不學陛下所知今宜以事斷不可引書妃從之泓乃具草令帝書之武帝覽而大悅太子遂安及居大位政出群下綱紀大壞貨賂公行勢位之家以貴陵物忠賢路絕讒邪得志更相薦舉天下謂之互市焉高平王沈作釋時論南陽魯褒作錢神論廬江杜嵩作任子春秋皆疾時之作也帝又常在華林園聞蝦蟆聲謂左右曰此鳴者爲官乎私乎或對曰在官地爲官在私地爲私及天下荒亂百姓餓死帝曰何不食肉糜其蒙蔽皆此類也後因食餅中毒而崩或云司馬越之鴆

史臣曰不才之子則天稱大權非帝出政邇宵人褒姒共叔帶並興襄后與犬戎俱運昔者丹朱不肖赧王逃責相彼凶德事關休咎方乎土梗以墜其情溽暑之氣將闌淫蠹之音罕記乃彰蟲筴用符顛隕豈通才俊彥猶形於前代增淫助虐獨擅於當今者歟物號忠良於茲拔本人稱妖孽自此疏源長樂不祥承華非命生靈版蕩社稷丘墟古者敗國亡身分鑠其軫不有亂常則多庸暗豈明神喪其精魄武皇不知其子也

贊曰惠皇居尊臨朝聽言厥體斯昧其情則昏高臺望子長夜冥冤金墉毀冕蕩陰釋胄及爾皆亡滔天來遘

晉書帝紀卷第四

孝懷帝　孝愍帝

孝懷皇帝諱熾字豐度武帝二十五子也太熙元年封豫章郡王屬惠帝之時宗室構禍帝沖素自守門絕賓游不交世事專玩史籍有譽於時初拜散騎常侍及趙王倫篡見收倫敗爲射聲校尉累遷車騎大將軍都督青州諸軍事未之鎮永興元年改授鎮北大將軍都督鄴城守諸軍事十二月丁亥立爲皇太弟帝以清河王覃本太子也懼不敢當典書令盧陵脩肅曰二相經營王室志寧社稷儲貳之重宜歸時望親賢之舉非大王而誰清河幼弱未允衆心是以既升東宮復贊藩國今乘輿播越二宮久曠常恐氐羌飲馬於涇川螘衆控弦於霸水宜及吉辰時登儲副上翼大駕早寧東京下允黔首喁喁之望帝曰卿吾之宋昌也乃從之

光熙元年十一月庚午孝惠帝崩羊皇后以於太弟爲嫂不得爲太后催清河王覃入巳至尚書閤侍中華混等急召太弟癸酉即皇帝位大赦尊皇后羊氏爲惠皇后居弘訓宮追尊所生太妃王氏爲皇太后立妃梁氏爲皇后十二月壬午朔日有蝕之己亥封彭城王植子融爲樂城縣王南陽王模殺河間王顒於雍谷辛丑以中書監溫羨爲司徒尚書左僕射王衍爲司空己酉葬孝惠皇帝于太陽陵李雄別帥李離寇梁州

永嘉元年春正月癸丑朔大赦改元除三族刑以太傅東海王越輔政殺御史中丞諸葛玫二月辛巳東萊人王弥起兵反寇青徐二州長廣太守宋羆東牟太守龐伉並遇害三月己未朔平東將軍周馥斬送陳敏首丁卯改葬武悼楊皇后庚午立豫章王詮爲皇太子辛未大赦庚辰東海王越出鎮許昌以征東將軍高密王簡爲征南大將軍都督荆州諸軍事鎮襄陽改封安北將軍東燕王騰爲新蔡王都督司冀二州諸軍事鎮鄴以征南將軍南陽王模爲征西大將軍都督秦雍梁益四州諸軍事鎮長安并諸州郡爲劉元海所陷刺史劉琨獨保晉陽夏五月馬牧帥汲桑聚衆反敗魏郡太守馮嵩遂陷鄴城害新蔡王騰燒鄴宮火旬日不滅又殺前幽州刺史石尟於樂陵入掠平原山陽公劉秋遇害洛陽步廣里地陷有二鵝出色蒼者沖天白者不能飛建寧郡夷攻陷寧州死者三千餘人秋七月己酉朔東海王越進屯官度以討汲桑己未以平東將軍瑯邪王睿爲安東將軍都督揚州江南諸軍事假節鎮建鄴八月己卯朔撫軍將軍苟晞敗汲桑於鄴甲辰曲赦幽并司冀兗豫等六州分荆州江州八郡爲湘州九月戊申苟晞又破汲桑陷其九壘辛亥有大星如日小者如斗自西方流於東北天盡赤俄有聲如雷始修千金堨於許昌以通運冬十一月戊申朔日有蝕之甲寅以尚書右僕射和郁爲征北將軍鎮鄴十二月戊寅并州人田蘭薄盛等斬汲桑于樂陵甲午以前太傅劉寔爲太尉庚子以光祿大夫延陵公高光爲尚書令東海王越矯詔囚清河王覃于金墉城癸卯越自爲丞相以撫軍將軍苟晞爲征東大將軍

二年春正月景子朔日有蝕之丁未大赦二月辛卯清河王覃爲東海王越所害庚子石勒寇常山安北將軍王浚討破之三月東海王越鎮鄄城劉元海侵汲郡略有頓丘河內之地王弥寇青徐兗豫四州夏四月丁亥入許昌諸郡守將皆奔走五月甲子弥遂寇洛陽司徒王衍帥衆禦之弥退走秋七月甲辰劉元海寇平陽太守宋抽奔京師河東太守路述力戰死之八月丁亥東海王越自鄄城遷屯于濮陽九月石勒寇趙郡征北將軍和郁自鄴奔于衛國冬十月甲戌劉元海僭帝號於平陽仍稱漢十一月乙巳尚書令高光卒丁卯以太子少傅荀藩爲尚書令己酉石勒寇鄴魏郡太守王粹戰敗死之十二月辛未朔大赦立長沙王乂子碩爲長沙王尟爲臨淮王

三年春正月甲午彭城王釋薨三月戊申征南大將軍高密王簡薨以尚書左僕射山簡爲征南將軍都督荆湘交廣四州諸軍事司隸校尉劉暾爲尚書左僕射丁巳東海王越歸京師乙丑勒兵入宮於帝側收近臣中書令繆播帝舅王延等十餘人並害之景寅曲赦河南郡丁卯太尉劉寔請老以司徒王衍爲太尉東海王越領司徒劉元海寇黎陽遣車騎將軍王堪擊之王師敗績于延津死者三萬餘人大旱江漢河

洛皆竭可涉夏四月左積弩將軍朱誕叛奔于劉元海石勒攻陷冀州郡縣百餘壁秋七月戊辰當陽地裂三所各廣三丈長三百餘步辛未平陽人劉芒蕩自稱漢後誑誘羌戎僭帝號於馬蘭山支胡五斗叟郝索聚衆數千為亂屯新豐與芒蕩合黨劉元海遣子聰及王弥寇上黨圍壺關幷州刺史劉琨使兵救之為聰所敗淮南內史王曠將軍施融曹超及聰戰又敗超融死之上黨太守龐淳以郡降賊九月景寅劉聰圍浚儀遣平北將軍曹武討之丁丑王師敗績東海王越入保京城聰至西明門越禦之戰于宣陽門外大破之石勒寇常山安北將軍王浚使鮮卑騎救之大破勒於飛龍山征西大將軍南陽王模使其將淳于定破劉芒蕩五斗叟並斬之使車騎將軍王堪平北將軍曹武討劉聰王師敗績堪奔還京師李雄別帥羅羨以梓潼歸順劉聰攻洛陽西明門不剋宜都夷道山崩荊湘二州地震冬十一月石勒陷長樂安北將軍王斌遇害因屠黎陽乞活帥李惲薄盛等帥衆救京師聰退走惲等又破王弥于新汲十二月乙亥夜有白氣如帶自地升天南北各二丈

○四年春正月乙丑朔大赦二月石勒襲鄄城兗州刺史袁孚戰敗為其部下所害勒又襲白馬車騎將軍王堪死之李雄將文碩殺雄大將軍李國以巴西歸順戊午吳興人錢璯反自稱平西將軍三月丞相倉曹屬周玘帥鄉人討璯斬之夏四月大水將軍祁弘破劉元海將劉靈曜于廣宗李雄陷梓潼兗州地震五月石勒寇汲郡執太守胡寵遂南濟河滎陽太守裴純奔建鄴大風折木地震幽并司冀秦雍等六州大蝗食草木牛馬毛皆盡六月劉元海死其子和嗣偽位和弟聰弒和而自立秋七月劉聰從弟曜及其將石勒圍懷詔征虜將軍宋抽救之為曜所敗抽死之九月河內人樂仰執太守裴整叛降于石勒徐州監軍王隆自下邳棄軍奔于周馥雍州人王如舉兵反于宛殺害令長自號大將軍司雍二州牧大掠漢沔新平人龐寔馮翊人嚴嶷京兆人侯脫等各起兵應之征南將軍山簡荊州刺史王澄南中郎將杜蕤並遣兵援京師及如戰於宛諸軍皆大敗王澄獨以衆進至沶口衆潰而歸冬十月辛卯晝昏至于庚子大星西南墜有聲壬寅石勒圍倉垣陳留內史王讚擊敗之勒走河北壬子以驃騎將軍王浚為司空平北將軍劉琨為平北大將軍京師饑東海王越羽檄徵天下兵帝謂使者曰為我語諸征鎮若今日尚可救後則無逮矣時莫有至者石勒陷襄城太守崔曠遇害遂至宛王浚遣鮮卑文鴦帥騎救之勒退浚又遣別將王甲始討勒於汶石津大破之十一月甲戌東海王越帥衆出許昌以行臺自隨宮省無復守衛荒饉日深殿內死人交橫府寺營署並掘壍自守盜賊公行枹鼓之音不絕越軍次項自領豫州牧以太尉王衍為軍司丁丑流氐隗伯等襲宜都太守嵇晞奔建鄴壬申始攻劉曜王弥於瓶壘破之鎮東將軍周馥表迎大駕遷都壽陽越使裴碩討馥為馥所敗走保東城請救於琅邪王睿襄陽大疫死者三千餘人加涼州刺史張軌安西將軍十二月征東大將軍苟晞攻王弥別帥曹嶷破之乙酉平陽人李洪帥流人入定陵作亂

五年春正月帝密詔苟晞討東海王越壬申晞為曹嶷所破乙未越遣從中郎將楊瑁徐州刺史裴盾共擊晞癸酉勒入江夏太守楊珉奔于武昌乙亥李雄攻陷涪城梓潼太守譙登遇害湘州流人杜弢據長沙反戊寅安東將軍琅邪王睿使將軍甘卓攻鎮東將軍周馥於壽春馥衆潰庚辰太保平原王幹薨二月石勒寇汝南汝南王祐奔建鄴三月戊午詔下東海王越罪狀告方鎮討之以征東大將軍苟晞為大將軍景子東海王越薨四月戊子石勒追東海王越喪及於東郡將軍錢端戰死軍潰太尉王衍吏部尚書劉望廷尉諸葛銓尚書鄭豫武陵王澹等皆遇害王公已下死者十餘萬人東海世子毗及宗室四十八王尋又沒于石勒賊王桑冷道陷徐州刺史裴盾遇害桑遂濟淮至于歷陽五月益州流人汝班梁州流人蹇撫作亂於湘州虜刺史苟眺南破零桂諸郡東掠武昌安城太守郭察邵陵太守鄭融衡陽內史滕育並遇害進司空王浚為大司馬征西大將軍南陽王模為太尉太子太傅傅祗為司徒尚書令荀藩為司空安東將軍琅邪王睿為鎮東大將軍東海王越之出也使河南尹潘滔居守大將軍苟晞表遷都倉垣帝將從之諸大臣畏滔不敢奉詔且宮中及黃門戀資財不欲出至是饑甚人

相食百官流亡者十八九帝召群臣會議將行而警衛不備帝撫手歎
曰如何曾無車輿乃使司徒傅祗出詣河陰修理舟楫為水行之備朝
士數十人導從帝步出西掖門至銅駝街為盜所掠不得進而還六月
癸未劉曜王弥石勒同寇洛川王師頻為賊所敗死者甚衆庚寅司空
荀藩光祿大夫荀組奔轘轅太子左率溫畿夜開廣莫門奔小平津丁
酉劉曜王弥入京師帝開華林園門出河陰藕池欲幸長安為曜等所
追及曜等遂焚燒宮廟逼辱妃后吳王晏竟陵王楙尚書左僕射和郁
右僕射曹馥尚書閭丘沖袁粲王組河南尹劉默等皆遇害百官士庶
死者三萬餘人帝蒙塵於平陽劉聰以帝為會稽公荀藩移檄州鎮以
琅邪王為盟主豫章王端東奔苟晞晞立為皇太子自領尚書令具置
官屬保梁國之蒙縣百姓饑儉米斛萬餘價秋七月大司馬王浚承制
假立太子置百官署征鎮石勒寇穀陽沛王滋戰敗遇害八月劉聰使
子粲攻陷長安太尉征西將軍南陽王模遇害長安遺人四千餘家奔
漢中九月癸亥石勒襲陽夏至于蒙縣大將軍苟晞豫章王端並沒于

賊冬十月勒寇豫州諸郡至江而還十一月猗盧寇太原平北將軍劉
琨不能制徙五縣百姓於新興以其地居之
六年春正月帝在平陽劉聰寇太原故鎮南府牙門將胡亢聚衆寇荊
土自號楚公二月壬子日有蝕之癸丑鎮東大將軍琅邪王睿上尚書
檄四方以討石勒大司馬王浚移檄天下稱被中詔承制以荀藩為太
尉汝陰王熙為石勒所害夏四月景寅征南將軍山簡卒秋七月歲星
熒惑太白聚于牛斗石勒寇冀州劉粲寇晉陽平北將軍劉琨遣部將
郝詵帥衆禦粲詵敗績死之太原太守高喬以晉陽降粲八月庚戌劉
琨奔于常山己亥陰平都尉董沖逐太守王鑒以郡叛降于李雄辛亥
劉琨乞師于猗盧表盧為代公九月己卯猗盧使子利孫赴琨不得進
辛巳前雍州刺史賈疋討劉粲於三輔走之關中小定乃與衛將軍梁
芬京兆太守梁綜共奉秦王鄴為皇太子於長安冬十月猗盧自將六
萬騎次于盂城十一月甲午劉粲遁走劉琨收其遺衆保于陽曲是歲大疫
○七年春正月劉聰大會使帝著青衣行酒侍中庾珉號哭聰惡之丁

未帝遇弒崩于平陽時年三十帝初誕有嘉禾生於豫章之南昌先是
望氣者云豫章有天子氣其後竟以豫章王為皇太弟在東宮恂恂謙
損接引朝士講論書籍及即位始遵舊制臨太極殿使尚書郎讀時令
又於東堂聽政至於宴會輒與群官論衆務考經籍黃門侍郎傅宣歎
曰今日復見武帝之世矣祕書監荀崧又常謂人曰懷帝天姿清劭少
著英猷若遭承平足為守文佳主而繼惠帝擾亂之後東海專政無幽
厲之釁而有流亡之禍
孝愍皇帝諱鄴字彥旗武帝孫吳孝王晏之子也出繼後伯父秦獻王
柬襲封秦王永嘉二年拜散騎常侍撫軍將軍及洛陽傾覆避難於滎
陽密縣與舅荀藩荀組相遇自密南趨許潁豫州刺史閻鼎與前撫軍
長史王毗司徒長史劉疇中書郎李昕及藩組等同謀奉帝歸于長安
而疇等中塗復叛鼎追殺之藩組僅而獲免鼎遂挾帝乘牛車自宛趣
武關頻遇山賊士卒亡散次于藍田鼎告雍州刺史賈疋疋據遣州兵
迎衛達于長安又使輔國將軍梁綜助守之時有玉龜出霸水神馬鳴

城南焉六年九月辛巳奉秦王為皇太子登壇告類建宗廟社稷大赦
加疋征西大將軍以秦州刺史南陽王保為大司馬賈疋討賊張連遇
害衆推始平太守麴允領雍州刺史為盟主承制選置
建興元年夏四月景午奉懷帝崩問舉哀成禮壬申即皇帝位大赦改
元以衛將軍梁芬為司徒雍州刺史麴允為使持節領軍將軍錄尚書
事京兆太守索綝為尚書右僕射石勒攻龍驤將軍李惲於上白惲敗
死之五月壬辰以鎮東大將軍琅邪王睿為侍中左丞相大都督陝東
諸軍事大司馬南陽王保為右丞相大都督陝西諸軍事又詔二王曰
夫陽九百六之厄雖在盛世猶可遘之朕以幼沖纂承洪緒庶憑祖宗
之靈群公義士之力蕩滅凶寇拯拔幽宮瞻望未達肝心分裂昔周邵
分陝姬氏以隆平王東遷晉鄭為輔今左右丞相茂德齊聖国之昵屬
當恃二公掃除鯨鯢奉迎梓宮克復中興令幽并兩州勒卒三十萬直
造平陽右丞相宜帥秦涼梁雍武旅三十萬徑詣長安左丞相帥所領
精兵二十萬徑造洛陽分遣前鋒為幽并後駐赴同大限克成元勳又

詔琅邪王曰朕以沖昧纂承洪緒未能梟夷凶逆奉迎梓宮枕戈煩冤肝心抽裂前得魏浚表知公帥先三軍已據壽春傳檄諸侯協齊威勢想今漸進已達洛陽涼州刺史張軌乃心王室連旗萬里已到汧隴梁州刺史張光亦遣巴漢之卒屯在駱谷秦川驍勇其會如林間遣使適還具知平陽定問云幽并隆盛餘胡衰破然猶恃險當須大舉未知公今所到是以息兵秣馬未便進軍今爲已至何許當須來旨便乘輿自出會除中原也公宜思弘謀猷勗濟遠略使山陵旋反四海有賴故遣殿中都尉劉蜀蘇馬等具宣朕意公茂德暱屬宜隆東夏恢融六合非公而誰但洛都陵廟不可空曠公宜鎮撫以綏山東右丞相當入輔弼追蹤周邵以隆中興也六月石勒害兖州刺史田徽是時山東郡邑相繼陷于勒秋八月癸亥劉蜀等達于揚州改建鄴爲建康改鄴爲臨章杜弢寇武昌焚燒城邑弢别將王眞襲沔陽荆州刺史周顗奔于建康九月司空荀藩薨于滎陽劉聰寇河南河南允張髦死之冬十月荆州刺史陶侃討杜弢黨杜曾於石城爲曾所敗己巳大雨雹庚午大雪十一月流人楊武攻陷梁州十二月河東地震雨肉

二年春正月己巳朔黑霧著人如墨連夜五日乃止辛未庚時日隕于地又有三日相承出於西方而東行丁丑大赦楊武大略漢中遂奔李雄二月壬寅以司空王浚爲大司馬衞將軍荀組爲司空涼州刺史張軌爲太尉封西平郡公并州刺史劉琨爲大將軍三月癸酉石勒陷幽州殺侍中大司馬幽州牧博陵公王浚焚燒城邑害萬餘人杜弢别帥王眞襲荆州刺史陶侃於林鄣侃奔灄中夏四月甲辰地震五月壬辰大尉領護羌校尉涼州刺史西平公張軌薨六月劉曜趙冉寇新豐諸縣安東將軍索綝討破之秋七月曜冉等又逼京都領軍將軍麴允討破之冉中流矢而死九月北中郎將劉演剋頓丘斬石勒所署太守邵攀景戊辰麟見襄平單于代公猗盧遣使獻馬蒲子馬生人

三年春正月盜殺晉昌太守趙珮吳興人徐馥害太守袁琇以侍中宋哲爲平東將軍屯華陰二月景子進左丞相琅邪王睿爲大都督督中外諸軍事右丞相南陽王保爲相國司空荀組爲大尉大將軍劉琨爲司空進封代公猗盧爲代王荆州刺史陶侃破王眞於巴陵杜弢别將杜弘張彦與臨川内史謝摛戰于海昬摛敗績死之三月豫章内史周訪擊杜弘走之斬張彦於陳夏四月大赦五月劉聰寇并州六月盜發漢霸杜二陵及薄太后陵太后面如生得金玉綵帛不可勝紀時以朝廷草創服章多闕勑收其餘以實内府丁卯地震辛巳大赦勑雍州掩骼埋胔修復陵墓有犯者誅及三族秋七月石勒陷濮陽害太守韓弘劉聰寇上黨劉琨遣將救之八月癸亥戰于襄垣王師敗績荆州刺史陶侃攻杜弢弢敗走道死湘州平九月劉曜寇北地命領軍將軍麴允討之冬十月允進攻青白城以豫州牧征東將軍索綝爲尚書僕射都督宫城諸軍事劉聰陷馮翊太守梁肅奔萬年十二月涼州刺史張寔送皇帝行璽一紐盜殺安定太守趙班

四年春三月代王猗盧薨其衆歸于劉琨夏四月丁丑劉曜寇上郡太守藉韋率其屬奔于南鄭涼州刺史張寔遣步騎五千來赴京都石勒陷廩丘北中郎將劉演出奔五月平夷太守雷炤害南廣太守孟桓帥二郡三千餘家叛降于李雄六月丁巳朔日有蝕之大蝗秋七月劉曜攻北地麴允帥步騎三萬救之王師不戰而潰北地太守麴昌奔于京師曜進至涇陽渭北諸城悉潰建威將軍魯充散騎常侍梁緯少府皇甫陽等皆死之八月劉曜偪京師内外斷絶鎮西將軍焦嵩平東將軍宋哲始平太守竺恢等同赴國難麴允與公卿守長安小城以自固散騎常侍華輯監京兆馮翊弘農上洛四郡兵東屯霸上鎮軍將軍胡崧帥城西諸郡兵屯遮馬橋並不敢進冬十月京師饑甚米斗金二兩人相食死者太半太倉有麴數十䴵麴允屑爲粥以供帝至是復盡帝泣謂允曰今窘厄如此外無救援死於社稷是朕事也朕念將士暴離斯酷今欲聞城未陷爲羞死之事庶令黎元免屠爛之苦行矣遣書朕意決矣十一月乙未使侍中宋敞送牋於曜帝乘羊車肉袒銜璧輿櫬出降群臣號泣攀車執帝之手帝亦悲不自勝御史中丞吉朗自殺曜焚櫬受璧使宋敞奉帝還宫初有童謡曰天子何在豆田中時王浚在幽州以豆有藿殺隱士霍原以應之及帝如曜營營實在城東豆田壁辛

丑帝蒙塵於平陽麴允及群官並從劉聰假帝光祿大夫懷安侯壬寅聰臨殿帝稽首于前麴允伏地慟哭因自殺尚書辛賓梁允侍中梁濬散騎常侍嚴敦左丞臧振黃門侍郎任播張偉杜曼及諸郡守並為曜所害華輯奔南山石勒圍樂平司空劉琨遣兵援之為勒所敗樂平太守韓據出奔司空長史李弘以并州叛降于勒十二月甲申朔日有蝕之己未劉琨奔薊依段匹磾

五年春正月帝在平陽庚子虹霓彌天三日並照平東將軍宋哲奔江左李雄使其將李恭羅寅寇巴東二月劉聰使其將劉暢攻滎陽太守李距擊破之三月琅邪王睿承制改元稱晉王於建康夏五月景子日有蝕之秋七月大旱司冀青雍等四州螽蝗石勒亦競取百姓禾時人謂之胡蝗八月劉聰使趙固襲衛將軍華薈於定穎遂害之冬十一月景子日有蝕之劉聰出獵令帝行車騎將軍戎服執戟為導百姓聚而觀之故老或歔欷流涕聰聞而惡之聰後因大會使帝行酒洗爵反而更衣又使帝執蓋晉臣在坐者多失聲而泣尚書郎辛賓抱帝慟哭為聰所害十二月戊戌帝遇弒崩于平陽時年十八帝之繼皇統也屬永嘉之亂天下崩離長安城中戶不盈百牆宇積毀蒿棘成林朝廷無車馬章服唯桑版署號而已眾唯一旅公私有車四乘器械多闕運饋不繼巨猾滔天帝京危急諸侯無釋位之志征鎮闕勤王之舉故君臣窘迫以至殺辱云

史臣曰昔炎暉杪暮英雄多假於宗室金德韜華顛沛共推於懷愍樊陽寂寥兵車靡會豈力不足而情有餘乎喋喋遺萌苟存其主譬彼詩人愛其棠樹夫有非常之事而無非常之功詳觀發迹用非天啓是以輿櫬齒劍可得而言焉于時五嶽三塗並皆淪寇龍川牛首故以立君股肱非挑戰之秋劉石有滔天之勢瘠饑中斷嬰戈外絕兩京淪狄冉駕徂戎周王隕首於驪峯衛公亡肝於淇上思為一郡其可得乎干寶有言曰昔高祖宣皇帝以雄才碩量應時而仕值魏太祖創基之初籌畫軍國嘉謀屢中遂服輿軫驅馳三世性深阻有若城府而能寬綽以容納行任數以御物而知人善采拔故賢愚咸懷大小畢力爾乃取鄧

艾於農瑣引州泰於行役委以文武各善其事故能西禽孟達東舉公孫內夷曹爽外襲王淩神略獨斷征伐四剋維御群后大權在己於是百姓與能大象始構世宗承基太祖繼業玄豐亂內欽誕寇外譜謀雖密而在機必兆淮浦再擾而許洛不震咸黜異圖用融前烈然後推轂鍾鄧長驅庸蜀三關電掃劉禪入臣天符人事於是信矣始當非常之禮終受備物之錫至于世祖遂享皇極仁以厚下儉以足用和而不弛寬而能斷故民詠惟新四海悅勸矣聿脩祖宗之志思輯戰國之苦腹心不同公卿異議而獨納羊祜之策杖王杜之決役不一時江湘來同掩唐虞之舊域班正朔於八荒天下書同文車同軌牛馬被野餘糧委畝故于時有天下無窮人之諺雖太平未洽亦足以明吏奉其法民樂其生矣武皇既崩山陵未乾而楊駿被誅母后廢黜尋以二公楚王之變宗子無維城之助師尹無具瞻之貴至乃易天子以太上之號而有免官之謠民不見德惟亂是聞朝為伊周夕成桀蹠善惡陷於成敗毀譽協於世利內外混淆庶官失才名實反錯天綱解紐國政迭移於亂人禁兵外散於四方方岳無鈞石之鎮關內無結草之固李辰石冰傾之於荊揚元海王彌撓之於青冀戎羯稱制二帝失尊何哉樹立失權託付非才四維不張而苟且之政多也夫作法於治其弊猶亂作法於亂誰能救之彼元海者離石之將兵都尉王彌者青州之散吏也蓋皆弓馬之士驅走之人非有吳先主諸葛孔明之能也新起之寇烏合之眾非吳蜀之敵也脫耒為兵裂裳為旗非戰國之器也自下逆上非鄰國之勢也然而擾天下如驅群羊舉二都如拾遺芥將相王侯連頸以受戮后嬪妃主虜辱於戎卒豈不哀哉天下大器也群生重畜也愛惡相攻利害相奪其勢常也若積水於防燎火于原未嘗暫靜也器大者不可以小道治勢重者不可以爭競擾古先哲王知其然也是以扞其大患禦其大災百姓皆知上德之生己而不謂浚己以生也是以感而應之悅而歸之如晨風之鬱北林龍魚之趣藪澤也然後設禮文以理之斷刑罰以威之謹好惡以示之審禍福以喻之求明察以官之篤慈愛以固之故眾知向方皆樂其生而哀其死悅其教而安其俗君子勤

禮小人盡力廉恥篤於家閭邪僻消於胷懷故其民有見其危以授命而不求生以害義又況可大奮臂大呼聚之以干紀作亂乎基廣則難傾根深則難拔理節則不亂膠結則不遷是以昔之有天下者之所以長久也夫豈無僻主賴道德典刑以維持之也昔周之興也后稷生於姜嫄而天命昭顯文武之功起於后稷至于公劉遭夏人之亂去邰之豳身服厥勞至于太王爲戎翟所逼而不忍百姓之命杖策而去之故從之者如歸市一年成邑二年成都三年五倍其初至于王季能貊其德音至于文王而惟新其命由此觀之周家世積忠厚仁及草木內隆九族外尊事黃耇以成其福祿者也而其妃后躬行四教尊敬師傅服澣濯之衣脩煩辱之事化天下以成婦道是以漢濱之女守絜白之志中林之士有純一之德始於憂勤終於逸樂以三聖之知伐獨夫之紂猶正其名教曰逆取順守及周公遭變陳后稷先公風化之所由致王業之艱難者則皆農夫女工衣食之事也故自后稷之始基靖民十五王而文始平之十六王而武始居之十八王而康克安之故其積基樹本經

緯禮俗節理人情恤隱民事如此之纏緜也今晉之興也功烈於百王事捷於三代宣景遭多難之時誅庶孽以便事不及脩公劉大王之仁也受遺輔政屢遇廢置故齊王不明不獲思庸于亳高貴沖人不得復子明辟也二祖逼禪代之期不暇待參分八百之會也是其創基立本異於先代者也加以朝寡純德之人鄉乏不貳之老風俗淫僻恥尚失所學者以莊老爲宗而黜六經談者以虛蕩爲辨而賤名檢行身者以放濁爲通而狹節信進仕者以苟得爲貴而鄙居正當官者以望空爲高而笑勤恪是以劉頌屢言治道傅咸每糾邪正皆謂之俗吏其倚杖虛曠依阿無心者皆名重海內若夫文王日旰不暇食仲山甫夙夜匪懈者蓋共嗤黜以爲灰塵矣由是毀譽亂於善惡之實情慝奔於貨欲之塗選者爲人擇官官者爲身擇利而執鈞當軸之士身兼官以十數大極其尊小錄其要而世族貴戚之子弟陵邁超越不拘資次悠悠風塵皆奔競之士列官千百無讓賢之舉子真著崇讓而莫之省子雅制九班而不得用其婦女莊櫛織紝皆取成於婢僕未嘗知女工絲枲之業中饋酒食之事也先時而婚任情而動故皆不恥淫逸之過不拘妬忌之惡父兄不之罪也天下莫之非也又況責之聞四教於古修貞順於今以輔佐君子者哉禮法刑政於此大壞如水斯積而決其隄防如火斯蓄而離其薪燎也國之將亡本必先顛其此之謂乎故觀阮籍之行而覺禮教崩弛之所由也察庾純賈充之爭而見師尹之多僻考平吳之功而知將帥之不讓思郭欽之謀而寤戎狄有釁覽傅玄劉毅之言而得百官之邪核傅咸之奏錢神之論而覩寵賂之彰民風國勢如此雖以中庸之才守文之主治之辛有必見之於祭祀季札必得之於聲樂范燮必爲之請死賈誼必爲之痛哭又況我惠帝以放蕩之德臨之哉懷帝承亂得位羈於彊臣愍帝奔播之後徒厠其虛名天下之政既去非命世之雄才不能取之矣淳耀之烈未渝故大命重集於中宗元皇帝

贊曰懷佩玉璽愍居黃屋鼇墜三山鯨吞九服獯入金商穹居未央圜顱盡仆方趾咸僵大夫反首徙我平陽主憂臣哭于何不臧

晉書帝紀卷第五

帝紀卷第六　　晉書六　　御撰

元帝　明帝

元皇帝諱睿字景文宣帝曾孫琅邪恭王覲之子也咸寧二年生於洛陽有神光之異一室盡明所藉藁如始刈及長白豪生於日角之左隆準龍顔目有精曜顧眄煒如也年十五嗣位琅邪王幼有令問及惠皇之際王室多故帝毎恭儉退讓以免于禍沉敏有度量不顯灼然之迹故時人未之識焉惟侍中嵇紹異之謂人曰琅邪王毛骨非常殆非人臣之相也元康二年拜員外散騎常侍累遷左將軍從討成都王穎蕩陰之敗也叔父東安王繇為穎所害帝懼禍及將出奔其夜月正明而禁衛嚴警帝无由得去甚窘迫有頃雲霧晦冥雷雨暴至徼者皆弛因得潜出穎先令諸關无得出貴人帝既至河陽為津吏所止從者宋典後來以策鞭帝馬而笑曰舍長官禁貴人汝亦被拘邪吏乃聽過至洛陽迎太妃俱歸国東海王越之收兵下邳也假帝輔国將軍尋加平東將軍監徐州諸軍事鎮下邳俄迁安東將軍都督揚州諸軍事越西迎大駕留帝居守永嘉初用王導計始鎮建鄴以顧榮為軍司馬賀循為參佐王敦王導周顗刁協等為腹心股肱賓礼名賢存問風俗江東歸心焉屬太妃薨于国自表奔喪葬畢還鎮增封宣城郡二万户加鎮東大將軍開府儀同三司受越命討征東將軍周馥走之及懷帝蒙塵于平陽司空荀藩等移檄天下推帝為盟主江州刺史華軼不從使豫章内史周廣前江州刺史衞展討禽之愍帝即位加左丞相歲餘進位丞相大都督中外諸軍事遣諸將分定江東斬叛者孫弼於宣城平杜弢於湘州承制赦荆揚及西都不守帝出師露次躬擐甲胄移檄四方徵天下之兵尅日進討于時有玉冊見于臨安白麒麟神璽出於江寧其文曰長壽萬年日有重暈皆以為中興之象焉

建武元年春二月辛巳平東將軍宋哲至宣愍帝詔曰遭運迍否皇綱不振朕以寡德奉承洪緒不能祈天永命紹隆中興至使凶胡敢帥犬羊逼迫京輦朕今幽塞窮城憂慮万端恐一旦崩潰卿指詔丞相具宣朕意使攝万機時據舊都脩復陵廟以雪大恥三月帝素服出次舉哀三日西陽王羕及群僚參佐州征牧守等上尊號帝不許羕等以死固請至于再三帝慨然流涕曰孤罪人也惟有蹈節死義以雪天下之恥庶贖鈇鉞之誅吾本琅邪王諸賢見逼不已乃呼私奴命駕將反國群臣乃不敢逼請依魏晉故事為晉王許之辛卯即王位大赦改元其殺祖父母父母及劉聰石勒不從此令諸參軍拜奉車都尉掾屬駙馬都尉辟掾屬百餘人時人謂之百六掾乃備百官立宗廟社稷于建康時四方競上符瑞帝曰孤負四海之責未能思愆何徵祥之有景辰立世子紹為晉王太子以撫軍大將軍西陽王羕為大保征南大將漢安侯王敦為大將軍右將軍王導都督中外諸軍事驃騎將軍左長史刁協為尚書左僕射封王子宣成公裒為琅邪王六月景寅司空并州刺史廣武侯劉琨幽州刺史左賢王渤海公段匹磾領護烏丸校尉鎮北將軍劉翰單于廣寧公段辰遼西公段眷冀州刺史祝阿子邵續青州刺史廣饒侯曹嶷兖州刺史定襄侯劉演東夷校尉崔毖鮮卑大都督慕廆等一百八十人上書勸進曰臣聞天生蒸民樹之以君所以對越天地司牧黎元聖帝明王監其若此知天地不可以乏饗故屈其身以奉之知蒸黎不可以无主故不得已而臨之社稷時難則戚藩定其傾郊廟或替則宗哲纂其祀是以弘振遐風式固万世三五以降靡不由之伏惟高祖宣皇帝肇基景命世祖武皇帝遂造區夏三葉重光四聖繼軌惠澤侔於有虞卜世過於周氏自元康以來艱難繁興永嘉之際氛厲弥昏宸極失御登遐醜裔國家之危有若綴旒賴先后之德宗廟之靈皇帝嗣建舊物克甄誕授欽明服膺聰哲玉質幼彰金声夙振冢宰攝其綱百辟輔其政四海想中興之美群生懷來蘇之望不圖天不悔禍大災荐臻國未忘難寇害尋興逆胡劉曜縱逸西都敢肆犬羊陵虐天邑臣奉表使還乃承西朝以去年十一月不守主上幽劫復沉虜庭神器流離再辱荒逆臣每覽史籍觀之前載厄運之極古今未有苟在食土之毛含血之類莫不叩心絶氣行號巷哭況臣等荷寵三世位厠鼎司聞問震惶精爽飛越且駭且惋五情无主舉哀朔垂上下泣血臣聞昏明迭用否泰相濟天命无改歷數有歸或多難以固邦國或殷憂以

啓聖明是以齊有無知之禍而小白為五伯之長晉有驪姬之難而重
耳以主諸侯之盟社稷靡安必將有以扶其危黔首幾絶必將有以繼
其緒伏惟陛下玄德通於神明聖姿合於兩儀應命世之期紹千載之
運符瑞之表天人有徵中興之兆圖讖垂典自京畿隕喪九服崩離天
下嗷然無所歸懷雖有夏之遘夷羿宗姬之離犬戎蔑以過之陛下撫
征江左奄有舊吴柔服　德伐叛以刑抗明威以攝不類杖大順以號
宇内純化既敷則率土宅心義風既暢則遐方企踵百揆時叙於上四
門穆穆於下昔少康之隆夏訓以為美談宣王中興周詩以為休詠況
茂勳格于皇天清暉光于四海蒼生顒然莫不欣戴聲教所加願為臣
妾者哉且宣皇之胤惟有陛下億兆攸歸曾無與二天祚大晉必將有
主主晉祀者非陛下而誰是以邇無異言遠無異望謳歌者無不吟諷
徽猷獄訟者無不思于聖德天地之際既交華裔之情允洽一角之獸
連理之木以為休徵者蓋有百數冠帶之倫要荒之衆不謀同辭者動
以萬計是以臣等敢考天地之心因函夏之趣昧死上尊號願陛下存
舜禹至公之情狹由巢抗矯之節以社稷為務不以小行為先以黔首
為憂不以克讓為事上慰宗廟乃顧之懷下釋普天傾首之勤則所謂
生繁華於枯荑育豐肌於朽骨神人獲安無不幸甚臣聞尊位不可久
虚萬機不可久曠虚之一日則尊位以殆曠之浹辰則萬機以亂方今踵
百王之季當陽九之會狡寇窺窬伺國瑕隙黎元波蕩無所繫心安可
廢而不恤哉陛下雖欲逡巡其若宗廟何其若百姓何昔者惠公虜秦
晉國震駭呂郤之謀欲立子圉外以絶敵人之志内以固闔境之情故
曰喪君有君群臣輯睦好我者勸惡我者懼前事之不忘後代之元龜
也陛下明並日月無幽不燭深謀遠猷出自胸懷不勝犬馬憂國之情
遲覩人神開泰之路是以陳其乃誠布之執事臣等忝於方任久在遐
外不得陪列闕廷與覩盛禮踊躍之懷南望罔極帝優令答之語在琨
傳石勒將石季龍圍譙城平西將軍祖逖擊走之己巳帝傳檄天下曰
逆賊石勒肆虐河朔逋誅歷載游魂縱逸復遣凶黨石季龍犬羊之衆
越河南渡縱其鴆毒平西將軍祖逖帥衆討擊應時潰散今遣車騎將

軍琅邪王裒等九軍鋭卒三萬水陸四道徑造賊場受逖節度有能梟
季龍首者賞絹三千匹金五十斤封縣侯食邑二千戶又賊黨能梟送
季龍首封賞亦同之七月散騎侍郎朱嵩尚書郎顧球卒帝痛之將為
舉哀有司奏舊尚書郎不在舉哀之例帝曰衰亂之弊特相痛悼於是
遂舉哀哭之甚慟丁未梁王悝薨以太尉荀組為司徒弛山澤之禁八
月甲午封梁王世子翹為梁王荊州刺史第五猗為賊帥杜曾所推逐
與曾同反九月戊寅王敦使武昌太守趙誘襄陽太守朱軌陵江將軍
黄峻討猗為其將杜曾所敗誘等皆死之石勒害京兆太守華譚梁州
刺史周訪討杜曾大破之十月丁未琅邪王裒薨十一月甲子封汝南
王子弼為新蔡王丁卯以司空劉琨為太尉置史官立太學是歲揚州大旱
○太興元年春正月戊申朔臨朝懸而不樂三月癸丑愍帝崩問至帝斬
縗居廬丙辰百寮上尊號令曰孤以不德當厄運之極臣節未立匡救
未舉夙夜所以忘寢食也今宗廟廢絶億兆無係群官庶尹咸勉之
以大政亦何以辭輒敬從所執是日即皇帝位詔曰昔我高祖宣皇帝
誕應期運廓開王基景文皇帝弈世重光緝熙諸夏爰暨世祖應天順
時受兹明命功格天地仁濟宇宙昊天不融降此鞠凶懷帝短世越去
王都天禍荐臻大行皇帝崩殂社稷無奉肆群后三司六事之人疇諮
庶允至于華戎致輯大命于朕躬余一人畏天之威用弗敢違遂登壇
南嶽受終文祖焚柴頒瑞告類上帝惟朕寡德纘我洪緒若涉大川罔
知攸濟惟爾股肱爪牙之佐文武熊羆之臣用能弼寧晉室輔余一人
思與萬國共同休慶於是大赦改元文武增位二等庚午立王太子紹
為皇太子壬申詔曰昔之為政者動人以行不以言應天以實不以文
故我清靜而人自正其次聽言觀行明試以功其有政績可述刑獄得
中人無怨訟久而日新及當官軟弱茹柔吐剛行身穢濁脩飾時譽者
各以名聞令在事之人仰鑒前烈同心勠力深思所以寬衆息役惠益
百姓無廢朕命遠近禮贄一切斷之夏四月丁丑朔日有蝕之加大將
軍王敦江州牧進驃騎將軍王導開府儀同三司戊寅初禁招魂葬乙
酉西平地震五月癸丑使持節侍中都督太尉并州刺史廣武侯劉琨

為段匹磾所害六月旱帝親雩改丹楊內史為丹楊尹甲申以尚書左僕射刁協為尚書令平南將軍曲陵公荀崧為尚書左僕射庚寅以滎陽太守李矩為都督司州諸軍事司州刺史戊戌封皇子晞為武陵王初置諫鼓謗木秋七月戊申詔曰王室多故姦凶肆暴皇綱弛墜顛覆大猷朕以不德統承洪緒夙夜憂危思改其弊二千石令長當祗奉舊憲正身明法抑齊豪強存恤孤獨隱實戶口勸課農桑州牧刺史當互相檢察不得顧私虧公長吏有志在奉公而不見進用者有貪惏穢濁而以財勢自安者若有不舉當受故縱蔽善之罪有而不知當受闇塞之責各明慎奉行劉聰死其子粲嗣偽位八月冀徐青三州蝗靳準弒劉粲自號漢王冬十月癸未加廣州刺史陶侃平南將軍劉曜僭即皇帝位于赤壁十一月乙卯日夜出高三丈中有赤青珥新野王彌薨加大將軍王敦荊州牧庚申詔曰朕以寡德纂承洪緒上不能調和陰陽下不能濟育群生災異屢興咎徵仍見壬子乙卯雷震暴雨蓋天災譴誡所以彰朕之不德也群公卿士其各上封事具陳得失無有所諱將親覽焉新作聽訟觀故歸命侯孫皓子璠謀反伏誅十二月劉聰故將王騰馬忠等誅靳準送傳國璽於劉曜武昌地震丁丑封顯義亭侯渙為琅邪王己卯琅邪王渙薨癸巳詔曰漢高經大梁美無忌之賢齊師入魯脩柳下惠之墓其吳之高德名賢或未旌錄者具條列以聞江東三郡饑遣使賑給之彭城內史周撫殺沛國內史周默以叛

二年春正月丁卯崇陽陵毀帝素服哭三日使冠軍將軍梁堪守太常馬龜等脩復山陵迎梓宮于平陽不剋而還二月太山太守徐龕斬周撫傳首京師夏四月龍驤將軍陳川以浚儀叛降於石勒太山太守徐龕以郡叛自號兗州刺史寇濟岱秦州刺史陳安叛降于劉曜五月癸丑太陽陵毀帝素服哭三日徐揚及江西諸郡蝗吳郡大饑平北將軍祖逖及石勒將石季龍戰于浚儀王師敗績壬戌詔曰天下凋弊加以災荒百姓困窮國用並匱吳郡饑人死者百數天生蒸黎而樹之以君選建明哲以左右之當深思以救其弊昔吳起起於楚悼王明法審令損不急之官除廢公族疏遠以附益將士而國富兵彊況今日之弊百姓凋困邪且當去非急之務非軍事所須者皆省之甲子梁州刺史周訪及杜曾戰於武當斬之禽第五猗六月旱景子加周訪安南將軍罷御府及諸郡丞置博士員五人己亥加太常賀循開府儀同三司秋七月乙丑太常賀循卒八月肅慎獻楛矢石砮徐龕寇東莞遣太子左衛率羊鑒行征虜將軍統徐州刺史蔡豹討之冬十月平北將軍祖逖使督護陳超襲石勒將桃豹超敗沒於陣十一月戊寅石勒僭即王位國號趙十二月乙亥大赦詔百官各上封事并省眾役鮮卑慕容廆襲遼東東夷校尉平州刺史崔毖奔高句驪是歲南陽王保稱晉王於祁山三吳大饑

三年春正月丁酉朔晉王保為劉曜所逼遷于桑城二月辛未石勒將石季龍寇厭次平北將軍冀州刺史邵續擊之續敗沒於陣三月慕容廆奉送玉璽三紐閏月以尚書周顗為尚書僕射夏四月壬辰枉矢流于翼軫五月景寅孝懷帝太子詮遇害于平陽帝三日哭庚寅地震是月晉王保為其將張春所害劉曜使陳安攻春滅之安因叛曜石勒將徐龕帥眾來降六月大水丁酉盜殺西中郎將護羌校尉涼州刺史西平張公寔寔弟茂嗣領平西將軍涼州刺史秋七月丁亥詔曰先公武王先考恭王臨君琅邪四十餘年惠澤加於百姓遺愛結於人情朕應天符創基江表兆庶宅心襁負子來琅邪國人在此者近有千戶今立為懷德縣統丹楊郡昔漢高祖以沛為湯沐邑光武亦復南頓優復之科一依漢氏故事祖逖部將衛策大破石勒別軍於汴水加逖為鎮西將軍八月戊午尊敬王后虞氏為敬皇后辛酉遷神主于太廟辛未梁州刺史安南將軍周訪卒皇太子釋奠于太學以湘州刺史甘卓為安南將軍梁州刺史九月徐龕又叛降于石勒冬十月景辰徐州刺史蔡豹以畏懦伏誅王敦殺武陵內史向碩

四年春二月徐龕又帥眾來降鮮卑末波奉送皇帝信璽庚戌告于太廟乃受之癸亥日鬬三月置周易儀禮公羊博士癸酉以平東將軍曹嶷為安東將軍夏四月辛亥帝親覽庶獄石勒攻厭次陷之撫軍將軍幽州刺史段匹磾沒于勒五月旱庚申詔曰昔漢二祖及魏武皆免良人武帝時涼州覆敗諸為奴婢亦皆復籍此累代成規也其免中州良人

遭難爲揚州諸郡僮客者以備征役秋七月大水甲戌以尚書戴若思爲征西將軍都督司兗豫并冀雍六州諸軍事司州刺史鎮合肥丹陽尹劉隗爲鎮北將軍都督青徐幽平四州諸軍事青州刺史鎮淮陰壬午以驃騎將軍王導爲司空八月常山崩九月壬寅鎮西將軍豫州刺史祖逖卒冬十月壬午以逖弟侍中約爲平西將軍豫州刺史十二月以慕容廆爲持節都督幽平二州東夷諸軍事平州牧封遼東郡公

永昌元年春正月乙卯大赦改元戊辰大將軍王敦舉兵於武昌以誅劉隗爲名龍驤將軍沈充帥衆應之三月徵征西將軍戴若思鎮北將軍劉隗還衛京都以司空王導爲前鋒大都督以戴若思爲驃騎將軍丹楊諸郡皆加軍號加僕射周顗尚書左僕射領軍王邃尚書右僕射以太子右衛率周莚行冠軍將軍統兵三千討沈充甲午封皇子昱爲琅邪王劉隗軍于金城右將軍周札守石頭帝親被甲徇六師於郊外遣平南將軍陶侃領江州安南將軍甘卓領荆州各帥所統以躡敦後四月敦前鋒攻石頭周札開城門應之奮威將軍侯禮死之敦據石頭戴若思劉隗帥衆攻之王導周顗郭逸虞潭等三道出戰六軍敗績尚書令刁協奔于江乘爲賊所害鎮北將軍劉隗奔于石勒遣使謂敦曰公若不忘本朝於此息兵則天下尚可共安也如其不然朕當歸於琅邪以避賢路辛未大赦敦乃自爲丞相都督中外諸軍錄尚書事封武昌郡公邑萬戶景子驃騎將軍秣陵侯戴若思尚書左僕射護軍將軍武城侯周顗爲敦所害敦將沈充陷吳國魏乂陷湘州吳國內史張茂湘州刺史譙王承並遇害五月壬申敦以太保西陽王羕爲太宰加司空王導尚書令乙亥鎮南大將軍甘卓爲襄陽太守周慮所害蜀賊張龍寇巴東建平太守柳純擊走之石勒遣騎寇河南六月旱秋七月王敦自加兗州刺史郗鑒爲安北將軍石勒將石季龍攻陷太山執守將徐龕兗州刺史郗鑒自鄒山退守合肥八月敦以其兄含爲衛將軍自領寧益二州都督琅邪太守孫默叛降于石勒冬十月大疫死者十二三己丑都督荆梁二州諸軍事平南將軍荆州刺史武陵侯王廙卒辛卯以下邳內史王邃爲征北將軍都督青徐幽平四州諸軍事鎮淮陰新昌太守梁碩起兵反京師大霧黑氣蔽天日月無光石勒攻陷襄城城父遂圍譙破祖約別軍約退據壽春十一月以司徒荀組爲太尉己酉太尉荀組薨罷司徒并丞相閏月己丑帝崩于內殿時年四十七葬建平陵廟號中宗帝性簡儉沖素容納直言虛己待物初鎮江東頗以酒廢事王導深以爲言帝命酌引觴覆之於此遂絕有司嘗奏太極殿廣室施絳帳帝曰漢文集上書皁囊爲帷遂令冬施青布夏施青練帷帳將拜貴人有司請市雀釵帝以煩費不許所幸鄭夫人衣無文綵從母弟王廙爲母立屋過制流涕止之然晉室遘紛皇輿播越天命未改人謀叶贊元戎屢動不出江畿經略區區僅全吳楚終於下陵上辱憂憤告謝恭儉之德雖充雄武之量不足始秦時望氣者云五百年後金陵有天子氣故始皇東游以猒之改其地曰秣陵塹北山以絕其勢及孫權之稱號自謂當之孫盛以爲始皇逮于孫氏四百三十七載考其歷數猶爲未及元帝之渡江也乃五百二十六年眞人之應在於此矣咸寧初風吹太社樹折社中有青氣占者以爲東莞有帝者之祥由是徙封東莞王於琅邪即武王也及吳之亡王濬實先至建鄴而皓之降款遠歸璽於琅邪天意人事又符中興之兆太安之際童謠云五馬浮渡江一馬化爲龍及永嘉中歲鎮熒惑太白聚牛女之間識者以爲吳越之地當興王者是歲王室淪覆帝與西陽汝南南頓彭城五王獲濟而帝竟登大位焉初玄石圖有牛繼馬後故宣帝深忌牛氏遂爲二榼共一口以貯酒焉帝先飲佳者而以毒酒鴆其將牛金而恭王妃夏侯氏竟通小吏牛氏而生元帝亦有符云

史臣曰晉氏不虞自中流外五胡扛鼎七廟隳尊滔天方駕則民懷其舊德者矣昔光武以數郡加名元皇以一州臨極豈武宣餘化猶暢於琅邪文景垂仁傳芳於南頓所謂後乎天時先諸人事者也驅章獻號高蓋成陰星斗呈祥金陵表慶陶士行擁三州之旅郢外以安王茂弘爲分陝之計江東可立或高旌未拂而遐心斯偃迴首朝陽仰希乾棟帝猶六讓不居七辭而不免也布帳練帷詳刑簡化抑揚前軌光啓中興古者私家不畜甲兵大臣不爲威福王之常制以訓股肱中宗失馭

彊臣自亡齊斧兩京胡羯風埃相望雖復六月之駕無聞而鴻雁之歌
方遠享國無幾哀哉

明皇帝諱紹字道畿元皇帝長子也幼而聰哲為元帝所寵異年數歲
嘗坐置膝前屬長安使來因問帝曰汝謂日與長安孰遠對曰長安近
不聞人從日邊來居然可知也元帝異之明日宴群僚又問之對曰日
近元帝失色曰何乃異間者之言對曰舉目則見日不見長安由是益
奇之建興初拜東中郎將鎮廣陵元帝為晉王立為晉王太子及帝即
尊號立為皇太子性至孝有文武才略欽賢愛客雅好文辭當時名臣
自王導庾亮溫嶠桓彝阮放等咸見親待嘗論聖人眞假之意導等不
能屈又習武藝善撫將士于時東朝濟濟遠近屬心焉及王敦之亂六
軍敗績帝欲帥將士決戰升車將出中庶子溫嶠固諫抽劍斬鞅乃止
敦素以帝神武明略朝野之所欽信欲誣以不孝而廢焉大會百官而
問溫嶠曰皇太子以何德稱聲色俱厲必欲使有言嶠對曰鉤深致遠
蓋非淺局所量以禮觀之可稱為孝矣衆皆以為信然敦謀遂止

晉紀六　九

永昌元年閏月己丑元帝崩庚寅太子即皇帝位大赦尊所生荀氏為
建安郡君

太寧元年春正月癸巳黃霧四塞京師火李雄使其將李驤任回寇臺
登將軍司馬玖死之越巂太守李釗漢嘉太守王載以郡叛降于驤二
月葬元帝于建平陵帝徒跣至于陵所以特進華恒為驃騎將軍都督
石頭水陸軍事乙丑黃霧四塞景寅隕霜壬申又隕霜殺穀三月戊寅
朔改元臨軒停饗宴之禮懸而不樂景戌隕霜殺草饑安東光安陵三
縣災燒七千餘家死者萬五千人石勒攻陷下邳徐州刺史卞敦退保
盱眙王敦獻皇帝信璽一紐敦將謀篡逆諷朝廷徵己帝乃手詔徵之
夏四月敦下屯于湖轉司空王導為司徒自領揚州牧巴東監軍柳純
為敦所害以尚書陳眕為都督幽平二州諸軍事幽州刺史五月京師
大水李驤等寇寧州刺史王遜遣將姚岳距戰於堂狼大破之梁碩攻
陷交州刺史王諒死之六月壬子立皇后庾氏平南將軍陶侃遣參軍
高寶攻梁碩斬之傳首京師進侃位征南大將軍開府儀同三司秋七
月景子朔震太極殿柱是月劉曜攻陳安於隴城滅之八月以安北將
軍郗鑒為尚書令石勒將石季龍攻陷青州刺史曹嶷遇害冬十一月
王敦以其兄征南大將軍含為征東將軍都督揚州江西諸軍事以軍
國饑乏調刺史以下米各有差

二年春正月丁丑帝臨朝停饗宴之禮懸而不樂庚辰赦五歲刑以下
術人李脫造妖書惑衆斬于建康市石勒將石季龍寇兗州刺史劉遐
自彭城退保泗口三月劉曜將康平寇魏興及南陽夏五月王敦矯詔
拜其子應為武衛將軍兄含為驃騎大將軍帝所親信常從督公乘雄
冉曾並為敦所害六月敦將舉兵內向帝密知之乃乘巴滇駿馬微行
至于湖陰察敦營壘而出有軍士疑帝非常人又敦正晝寢夢日環其
城驚起曰此必黃鬚鮮卑奴來也帝母荀氏燕代人帝狀類外氏鬚黃
敦故謂帝云於是使五騎物色追帝帝亦馳去馬有遺糞輒以水灌之
見逆旅賣食嫗以七寶鞭與之曰後有騎來可以此示也俄而追者至
問嫗嫗曰去已遠矣因以鞭示之五騎傳玩稽留遂久又見馬糞冷以

晉紀六　十

為信遠而止不追帝僅而獲免丁卯加司徒王導大都督假節領揚州
刺史以丹楊尹溫嶠為中壘將軍與右將軍卞敦守石頭以光祿勳應
詹為護軍將軍假節督朱雀橋南諸軍事以尚書令郗鑒行衛將軍
都督從駕諸軍事以中書監庾亮領左衛將軍以尚書卞壺行中軍將
軍徵平北將軍徐州刺史王邃平西將軍豫州刺史祖約北中郎將兗
州刺史劉遐奮武將軍臨淮太守蘇峻奮威將軍廣陵太守陶瞻等還
衛京師帝次于中堂秋七月壬申朔敦遣其兄含及錢鳳周撫鄧岳等
水陸五萬至于南岸溫嶠移屯水北燒朱雀桁以挫其鋒帝躬率六軍
出次南皇堂至癸酉夜募壯士遣將軍段秀中軍司馬曹渾左衛參軍
陳嵩鍾寅等甲卒千人渡水掩其未畢平旦戰於越城大破之斬其前
鋒將何康王敦憤惋而死前宗正虞潭起義師於會稽沈充帥萬餘人
來會含等庚辰築壘于陵口丁亥劉遐蘇峻等帥精卒萬人以至帝夜
見勞之賜將士各有差義興人周蹇殺敦所署太守劉芳平西將軍祖
約逐敦所署淮南太守任台于壽春乙未賊衆濟水護軍將軍應詹帥

建威將軍趙胤等距戰不利賊至宣陽門北中郎將劉遐蘇峻等自南塘橫擊大破之劉遐又破沈充于青溪景申賊燒營宵遁丁酉帝還宮大赦惟敦黨不原於是分遣諸將追其黨與悉平之封司徒王導爲始興郡公邑三千戶賜絹九千匹丹楊尹溫嶠建寧縣公尚書卞壼建興縣公中書監庾亮永昌縣公北中郎將劉遐泉陵縣公奮武將軍蘇峻邵陵縣公邑各一千八百戶絹各五千四百匹尚書令郗鑒高平縣侯護軍將軍應詹觀陽縣侯邑各千六百戶絹各四千八百匹建威將軍趙胤湘南縣侯右將軍卞敦益陽縣侯邑各千六百戶絹各三千二百匹其餘封賞各有差冬十月以司徒王導爲太保領司徒太宰西陽王羕領太尉應詹爲平南將軍都督江州諸軍事江州刺史劉遐爲監淮北諸軍事徐州刺史庾亮爲護軍將軍詔王敦群從一無所問是時石勒將石生屯洛陽豫州刺史祖約退保壽陽十二月壬子帝謁建平陵從大祥之禮梁水太守爨亮益州太守李逷以興古叛降于李雄沈充故將顧颺反於武康攻燒城邑州縣討斬之

晉帝紀六　十一

三年春二月戊辰復三族刑惟不及婦人三月幽州刺史段末波卒以弟牙嗣戊辰立皇子衍爲皇太子大赦增文武位二等大酺三日賜鰥寡孤獨帛人二疋癸巳徵處士臨海任旭會稽虞喜並爲博士夏四月詔曰大事初定其命惟新其令太宰司徒已下詣都坐參議政道諸所因革務盡事中又詔曰餐直言引亮正想群賢達吾此懷矣予違汝弼堯舜之相君臣也吾雖虛闇庶不距逆耳之談稷契之任君居之矣望共勗之已亥雨雹石勒將石良寇兗州刺史檀贇力戰死之將軍李矩等並眾潰而歸石勒盡陷司兗豫三州之地五月以征南大將軍陶侃爲征西大將軍都督荊湘雍梁四州諸軍事荊州刺史王舒爲安南將軍都督廣州諸軍事廣州刺史六月石勒將石季龍攻劉曜將劉岳於新安陷之以廣州刺史王舒爲都督湘中諸軍事湘州刺史湘州刺史劉顗爲平越中郎將都督廣州諸軍事廣州刺史大旱自正月不雨至于是月秋七月辛未以尚書令郗鑒爲車騎將軍都督青兗二州諸軍事假節鎮廣陵領軍將軍卞壼爲尚書令詔曰三恪二王世代之所重興滅繼絕政道之所先又宗室哲王有功勳於大晉受命之際者佐命功臣碩德名賢三祖所與共維大業咸開國胙土誓同山河者而並廢絕禋祀不傳甚用懷傷主者其詳議諸應立後者以聞又詔曰郊祀天地帝王之重事自中興以來惟南郊未曾北郊四時五郊之禮都不復設五嶽四瀆名山大川載在祀典應望秩者悉廢而未舉主者其依舊詳處八月詔曰昔周武克殷封比干之墓漢祖過趙録樂毅之後追顯既往以勸將來也吳時將相名賢之胄有能纂脩家訓又忠孝仁義靜己守真不聞於時者州郡中正亟以名聞勿有所遺閏月以尚書左僕射荀崧爲光祿大夫録尚書事尚書鄧攸爲尚書左僕射壬午帝不悆（羊茹切）召太宰西陽王羕司徒王導尚書令卞壼車騎將軍郗鑒護軍將軍庾亮領軍將軍陸曄丹楊尹溫嶠並受遺詔輔太子丁亥詔曰自古有死賢聖所同壽夭窮達歸於一既　亦何足特痛哉朕枕疾已久常慮忽然仰惟祖宗洪基不能克終堂構大恥未雪百姓塗炭所以有慨耳不幸之日斂以時服一遵先度務從簡約勞眾崇飾皆勿爲也衍以幼弱猥當大

晉帝紀六　十二

重當賴忠賢訓而成之昔周公匡輔成王霍氏擁育孝昭義存前典功冠二代豈非宗臣之道乎凡此公卿時之望也敬聽顧命任託付之重同心斷金以謀王室諸方嶽征鎮刺史將守皆朕扞城推轂於外雖事有內外其致一也故不有行者誰扞牧圉譬若脣齒表裏相圍宜勠力一心若合符契思美焉之美以緝事爲期百辟卿士其總已以聽於冢宰保祐沖幼弘濟艱難永令祖宗之靈寧於九天之上則朕沒于地下無恨黃泉戊子帝崩于東堂年二十七葬武平陵廟號肅祖帝聰明有機斷尤精物理于時兵凶歲饑死疫過半虛弊既甚事極艱虞屬王敦挾震主之威將移神器帝崎嶇遵養以弱制強潛謀獨斷廓清大祲（尋）改授荊湘等四州以分上流之勢撥亂反正強本弱枝雖饗國日淺而規模弘遠矣

史臣曰維揚作寓淮帶洪流楚江恒戰方城對敵不得不推誠將相以撫戎臺擁船萬計兵倍王室處其利而無心者周公其人也威權外假嫌隙內興彼有順流之師此無強藩之援商逢九亂堯止八音明皇負

圖屬在茲日運龍韜於掌握起天旆於江靡燎其餘燼有若秋原去纓絰而踐戎場斬鯨鯢而拜園闕鎮削威權州分江漢覆車不踐貽厥孫謀其後七十餘年終罹敬道之害或曰興亡在運非止上流豈創制不殊而弛之者異也

贊曰傾天起害猛獸呈災琅邪之子仁義歸來龍其行趙辟去命箠王蘂切荆臺雲暗北晦江埜南開晉陽禦敵河西全壤胡寇雖艱靈心弗爽三方馳驚百蠻從響旨全命還邑金輝載勛明后岐嶷寘書接要奔首晨懸董膺昏燎厥德不回餘風可劭

帝紀卷第六　　晉書六

帝紀卷第七　　晉書七

成帝　康帝　　御撰

成皇帝諱衍字世根明帝長子也太寧三年三月戊辰立爲皇太子閏月戊子明帝崩己丑太子即皇帝位大赦增文武位二等賜鰥寡孤老帛人二匹尊皇后庾氏爲皇太后秋九月癸卯皇太后臨朝稱制司徒王導錄尚書事與中書令庾亮參輔朝政以撫軍將軍南頓王宗爲驃騎將軍領軍將軍汝南王祐爲衛將軍辛丑葬明帝于武平陵冬十一月癸巳朔日有蝕之廣陵相曹渾有罪下獄死

咸和元年春二月丁亥大赦改元大酺五日賜鰥寡孤老米人二斛京師百里內復一年夏四月石勒遣其將石生寇汝南汝南人執內史祖濟以叛甲子尚書左僕射鄧攸卒五月大水六月癸亥時持節散騎常侍監淮北諸軍事北中郎將徐州刺史泉陵公劉遐卒癸酉以車騎將軍郗鑒領徐州刺史征虜將軍郭默爲北中郎將假節監淮北諸軍事劉遐部曲將李龍史迭奉遐子肇代遐位以距默臨太守劉矯擊破之斬龍傳首京師秋七月癸丑使持節都督江州諸軍事江州刺史平南將軍觀陽伯應詹卒八月以給事中前將軍丹楊尹溫嶠爲平南將軍假節都督江州刺史九月旱李雄將張龍寇涪陵執太守謝俊冬十月封魏武帝玄孫曹勱爲陳留王以紹魏景寅衛將軍汝南王祐薨己巳封皇帝岳爲吳王車騎將軍南頓王宗有罪伏誅貶其族爲馬氏免太宰西陽王羕降爲弋陽縣王庚辰赦百里內五歲以下刑是月劉曜將黃秀帛成寇酇平北將軍魏該帥衆奔襄陽十一月壬子大閱於南郊改定王侯國秩九分食一石勒將石聰攻壽陽不剋遂侵逡遒阜陵加司徒王導大司馬假黃鉞都督中外征討諸軍事以禦之歷陽太守蘇峻遣其將韓晃討石聰走之時大旱自六月不雨至于是月十二月濟岷太守劉闓殺下邳內史夏侯嘉叛降石勒梁王翹薨

二年春正月寧州秀才龐遺起義兵攻李雄將任回李謙等雄遣其將羅恒費黑救之寧州刺史尹奉遣裨將姚岳朱提太守楊術援遺戰于臺登岳等敗績術死之三月益州地震夏四月旱己未豫章地震五月

甲申朔日有蝕之景戌加豫州刺史祖約為鎮西將軍戊子京師大水冬十月劉曜使其子胤侵枹罕遂略河南地十一月豫州刺史祖約歷陽太守蘇峻等反十二月辛亥蘇峻使其將韓晃入姑孰屠于湖壬子彭城王雄章武王休叛奔峻庚申京師戒嚴假護軍將軍庾亮節為征討都督以右衛將軍趙胤為冠軍將軍歷陽太守使與左將軍司馬流帥師距峻戰于慈湖流敗死之假驍騎將軍鍾雅節帥舟軍與趙胤為前鋒以距峻丙寅徙封琅邪王昱為會稽王吳王岳為琅邪王辛未宣城內史桓彝及峻戰于蕪湖彝軍敗績車騎將軍郗鑒遣廣陵相劉矩帥師赴京師

○三年春正月平南將軍溫嶠帥師救京師次于尋陽遣督護王愆期西陽太守鄧嶽鄱陽太守紀睦為前鋒征西大將軍陶侃遣督護龔登受嶠節度鍾雅趙胤等次慈湖王愆期鄧嶽等次直瀆丁未峻濟自橫江登牛渚二月庚戌峻至于蔣山假領軍將軍卞壼節帥六軍及峻戰于西陵王師敗績景辰峻攻青溪柵因風縱火王師又大敗尚書令領軍將軍卞壼丹楊尹羊曼黃門侍郎周導廬江太守陶瞻並遇害死者數千人庚亮又敗于宣陽門內遂攜其諸弟與郭默趙胤奔尋陽於是司徒王導右光祿大夫陸曄荀崧等衛帝於太極殿太常孔愉守宗廟賊乘勝麾戈接於帝座突入太后後宮左右侍人皆見掠奪是時太官唯有燒餘米數石以供御膳百姓號泣響震都邑丁巳峻矯詔大赦又以祖約為侍中太尉尚書令自為驃騎將軍錄尚書事吳郡太守庾冰奔于會稽三月景子皇太后庾氏崩夏四月石勒攻宛南陽太守王國叛降于勒壬申葬明穆皇后于武平陵五月乙未峻逼遷天子于石頭帝哀泣升車宮中慟哭峻以倉屋為宮遣管商張瑾弘徽寇晉陵韓晃寇義興吳興太守虞潭與庾冰王舒等起義兵於三吳景午征西大將軍陶侃平南將軍溫嶠護軍將軍庾亮平北將軍魏該舟軍四萬次于蔡州六月韓晃攻宣城內史桓彝力戰死之壬辰平北將軍雍州刺史魏該卒于師廬江太守毛寶攻賊合肥戍拔之秋七月祖約為石勒將石聰所攻眾潰奔于歷陽石勒將石季龍攻劉曜於蒲坂八月曜及石季龍戰于高候季龍敗績曜遂圍石生於洛陽九月戊申司徒王導奔于白石庚午陶侃使督護楊謙攻峻于石頭溫嶠庾亮陣于白石竟陵太守李陽距賊南偏峻輕騎出戰墜馬斬之眾遂大潰賊黨復立峻弟逸為帥前交州刺史張璉據始興反進攻廣州鎮南司馬曾勰等擊破之冬十月李雄將張龍寇涪陵太守趙弼沒於賊十二月乙未石勒敗劉曜於洛陽獲之是歲石勒將石季龍攻氐帥蒲洪於隴山降之

四年春正月帝在石頭賊將匡術以苑城歸順百官赴焉侍中鍾雅右衛將軍劉超謀奉帝出為賊所害戊辰冠軍將軍趙胤遣將甘苗討祖約于歷陽敗之約奔于石勒其將牽騰帥眾降峻子碩攻臺城又焚太極東堂祕閣皆盡城中大饑米斗萬錢二月大雨霖景戌諸軍攻石頭李陽與蘇逸戰於柤浦陽軍敗建威長史滕含以銳卒擊之逸等大敗含奉帝御于溫嶠舟群臣頓首號泣請罪弋陽王羕有罪伏誅丁亥大赦時兵火之後宮闕灰燼以建平園為宮甲午蘇逸以萬餘人自延陵湖將入吳興乙未將軍王允之及逸戰于溧陽獲之壬寅以湘州并荊州劉曜太子毗與其大司馬劉胤帥百官奔于上邽關中大亂三月壬子以征西大將軍陶侃為太尉封長沙郡公車騎將軍郗鑒為司空封南昌縣公平南將軍溫嶠為驃騎將軍開府儀同三司封始安郡公其餘封拜各有差庚午以右光祿大夫陸曄為衛將軍開府儀同三司復封高密王紘為彭城王以護軍將軍庾亮為平西將軍都督揚州之宣城江西諸軍事假節領豫州刺史鎮蕪湖夏四月乙未驃騎將軍始安公溫嶠卒秋七月有星孛于西北會稽吳興宣城丹楊大水詔復遭賊郡縣租稅三年八月劉曜將劉胤等帥眾侵石生次于雍九月石勒將石季龍擊胤斬之進屠上邽盡滅劉氏坑其黨三千餘人冬十月廬山崩十二月壬辰右將軍郭默害平南將軍江州刺史劉胤太尉陶侃帥眾討默是歲天裂來西北

○五年春正月乙亥大赦癸亥詔除諸將任子二月以尚書陸玩為尚書左僕射孔愉為右僕射夏五月旱且饑疫乙卯太尉陶侃擒郭默于尋陽斬之石勒將劉徵寇南沙都尉許儒遇害進入海虞六月癸巳初稅田畝三升秋八月石勒僭即皇帝位使其將郭敬寇襄陽南中郎將周撫退歸武昌中州流人悉降于勒郭敬遂寇襄陽屯于樊城九月造新宮

始繕苑城甲辰徙樂成王欽為河間王封彭城王紘子浚為高密王冬
十月丁丑幸司徒王導第置酒大會李雄將李壽寇巴東建平監軍毋
丘奧太守楊謙退歸宜都十二月張駿稱臣於石勒
六年春正月癸巳劉徵復寇婁縣遂掠武進乙未進司空郗鑒都督吳
國諸軍事戊午以運漕不繼發王公已下千餘丁各運米六斛三月己
丑以幽州刺史大單于段遼為驃騎將軍三月壬戌朔日有蝕之癸未
詔舉賢良直言之士夏四月旱六月景申徙故河間王顒爵位封彭城
王植子融為樂成王章武王混子珍為章武王秋七月李雄將李壽侵
陰平武都氐帥楊難敵降之八月庚子以左僕射陸玩為尚書令
七年春正月辛未大赦三月西中郎將趙胤司徒中郎匡術攻石勒馬
頭塢剋之勒將韓雍寇南沙及海虞夏四月勒將郭敬陷襄陽五月大
水秋七月景辰詔諸養獸之屬損費者多一切除之太尉陶侃遣子平
西參軍斌與南中郎將桓宣攻石勒將郭敬破之剋樊城竟陵太守李
陽拔新野襄陽因而戍之冬十一月壬子朔進太尉陶侃為大將軍詔

舉賢良十二月庚戌帝遷于新宮
八年春正月辛亥朔詔曰昔大賊縱暴宮室焚蕩元惡雖翦未暇營
築有司屢陳朝會逼狹遂作斯宮子來之勞不日而成既獲臨御大饗
群后九賓充庭百官象物知君子勤禮小人盡力矣思蠲密網咸同斯
惠其赦五歲刑以下令諸郡舉力人能舉千五百斤以上者景寅李雄
將李壽陷寧州刺史尹奉及建寧太守霍彪並降之癸酉以張駿為鎮西
大將軍景子石勒遣使致賂詔焚之夏四月詔封故新蔡王弼弟邈為新
蔡王以束帛徵處士尋陽翟湯會稽虞喜五月有星隕于肥鄉麒麟
騶虞見于遼東乙未車騎將軍遼東公慕容廆卒子皝嗣位六月甲辰
撫軍將軍王舒卒秋七月戊辰石勒死子弘嗣偽位其將石聰以譙來降冬
十月石弘將石生起兵於關中稱秦州刺史遣使來降石弘將石季龍攻
石朗於洛陽因進擊石生俱滅之十二月石生故部將郭權遣使請降
九年春正月隕石于涼州二以郭權為鎮西將軍雍州刺史二月丁卯加
鎮西大將軍張駿為大將軍三月丁酉會稽地震夏四月石弘將石季
龍使石斌攻郭權於郿陷之六月李雄死其兄子班嗣偽位乙卯太尉
長沙公陶侃薨大旱詔太官徹膳省刑恤孤寡貶費節用辛未加平西
將軍庾亮都督江荊豫益梁雍六州諸軍事秋八月大雩自五月不雨
至于是月九月戊寅散騎常侍衛將軍江陵公陸曄卒冬十月李雄子
期弒李班而自立班弟玝與其將焦會羅凱等並來降十一月石季龍
弒石弘自立為天王十二月丁卯以東海王沖為車騎將軍琅邪王岳
為驃騎將軍蘭陵人朱縱斬石季龍將郭祥以彭城來降
咸康元年春正月庚午朔帝加元服大赦改元增文武位一等大酺三日
賜鰥寡孤獨不能自存者米人五斛二月甲子帝親釋奠揚州諸郡饑
遣使賑給三月乙酉幸司徒府夏四月癸卯石季龍寇歷陽加司徒王
導大司馬假黃鉞都督征討諸軍事以禦之癸丑帝觀兵于廣莫門分
命諸將遣將軍劉仕救歷陽平西將軍趙胤屯慈湖龍驤將軍路永戍
牛渚建武將軍王允之戍蕪湖司空郗鑒使廣陵相陳光帥衆衛京師
賊退向襄陽戊午解嚴石季龍將石遇寇中廬南中郎將王國退保襄

陽秋八月長沙武陵大水束帛徵處士翟湯郭翻冬十月乙未朔日有
蝕之是歲大旱會稽餘姚尤甚米斗五百價人相賣
二年春正月辛巳彗星見于奎以吳國內史虞潭為衛將軍二月筭軍
用稅米空懸五十餘萬石尚書謝褒已下免官辛亥立皇后杜氏大赦增
文武位一等庚申高句驪遣使貢方物三月旱詔太官減膳免所旱郡縣
繇役戊寅大雩夏四月丁巳皇后見于太廟雨雹秋七月揚州會稽饑
開倉賑給冬十月廣州刺史鄧嶽遣督護王隨擊夜郎新昌太守陶協
擊興古並剋之詔曰歷觀先代莫不襃崇明祀賓禮三恪故杞宋啟土光
于周典宗姬侯衛垂美漢冊自頃喪亂庶邦殄悴周漢之後絕而莫繼其
詳求衛公山陽公近屬有履行修明可以繼承其祀者依舊典施行新作
朱雀浮桁十一月遣建威將軍司馬勳安集漢中為李期將李壽所敗
三年春正月辛卯立太學夏六月旱冬十月丁卯慕容皝自立為燕王
四年春二月石季龍帥衆七萬擊段遼于遼西遼奔于平崗夏四月李
壽弒李期僭即偽位國號漢石季龍為慕容皝所敗癸丑加皝征北大

將軍五月乙未以司徒王導爲大傅都督中外諸軍事司空郗鑒爲太
尉征西將軍庾亮爲司空六月改司徒爲丞相以大傅王導爲之秋八
月景午分寧州置安州
五年春正月辛丑大赦三月乙丑廣州刺史鄧嶽伐蜀建寧人孟彦執
李壽將霍彪以降夏四月辛未征西將軍庾亮遣參軍趙松擊巴郡江
陽獲石季龍將李閎黄桓等秋七月庚申使持節侍中丞相領揚州刺
史始興公王導薨辛酉以護軍將軍何充録尚書事八月壬午復改丞
相爲司徒辛酉太尉南昌公郗鑒薨九月石季龍將夔安李農陷沔南
張貉陷邾城因寇江夏義陽征虜將軍毛寶西陽太守樊俊義陽太守
鄭進並死之夔安等進圍石城竟陵太守李陽距戰破之斬首五千餘
級安乃退遂略漢東擁七千餘家遷于幽冀冬十二月景戌以驃騎將
軍琅邪王岳爲司徒李壽將李弈寇巴東守將勞揚戰敗死之
六年春正月庚子使持節都督江豫益梁雍交廣七州諸軍事司空都
亭侯庾亮薨辛亥以左光禄大夫陸玩爲司空二月慕容皝及石季龍

將石成戰于遼西敗之獻捷于京師庚辰有星孛于太微三月丁卯大
赦以車騎將軍東海王沖爲驃騎將軍李壽陷丹川守將孟彦劉齊
李秋皆死之秋七月乙卯初依中興故事朔望聽政於東堂冬十月林
邑獻馴象十一月癸卯復琅邪比漢豐沛
七年春二月甲午朔日有蝕之己卯慕容皝遣使求假燕王章璽許之
三月戊戌杜皇后崩夏四月丁卯葬恭皇后于興平陵實編户王公已
下皆正土斷白籍秋八月辛酉驃騎將軍東海王沖薨九月罷太僕官
冬十二月癸酉司空興平伯陸玩薨除樂府雜伎罷安州
八年春正月己未朔日有蝕之乙丑大赦三月初以武悼后配饗武
帝廟夏六月庚寅帝不豫詔曰朕以眇年獲嗣洪緒託于公王之上於
玆十有八年未能闡融政道翦除逋祲夙夜戰兢匪遑寧處今遘疾殆
不興是用震悼于厥心千齡眇眇未堪艱難司徒琅邪王岳親則母弟
體則仁長君人之風允塞時望肆爾王公卿士其輔之以祗奉祖宗明
祀協和内外允執其中嗚呼敬之哉無墜祖宗之顯命壬辰引武陵王

晞會稽王昱中書監庾冰中書令何充尚書令諸葛恢並受顧命癸巳
帝崩于西堂時年二十二葬興平陵廟號顯宗帝少而聰敏有成人之
量南頓王宗之誅也帝不之知及蘇峻平問周庾亮曰常日白頭公何
在亮對以謀反伏誅帝泣謂亮曰舅言人作賊便殺之人言舅作賊復
若何亮懼變色庾懌嘗送酒於江州刺史王允之允之與犬犬斃懼而
表之帝怒曰大舅已亂天下小舅復欲爾邪懌聞飲藥而死然少爲
舅氏所制不親庶政及長頗留心萬機務在簡約常欲於後園作射堂
計用四十金以勞費乃止雄武之度雖有媿於前王恭儉之德足追蹤
於往烈矣
康皇帝諱岳字世同成帝母弟也咸和元年封吳王二年徙封琅邪王
九年拜散騎常侍加驃騎將軍咸康五年遷侍中司徒八年六月庚寅
成帝不豫詔以琅邪王爲嗣癸巳成帝崩甲午即皇帝位大赦諸屯戍
文武及二千石官長不得輒離所局而來奔赴己亥封成帝子丕爲琅
邪王弈爲東海王時帝諒陰不言委政于庾冰何充秋七月景辰葬成

皇帝于興平陵帝親奉奠於西階既發引徒行至閶闔門升素輿至
於陵所己未以中書令何充爲驃騎將軍八月辛丑彭城王紘薨以江
州刺史王允之爲衛將軍九月詔琅邪國及府吏進位各有差冬十月
甲午衛將軍王允之卒十二月增文武位二等壬子立皇后褚氏
建元元年春正月改元賑恤鰥寡孤獨三月以中書監庾冰爲車騎將
軍夏四月益州刺史周撫西陽太守曹據伐李壽敗其將李恒于江
陽五月旱六月壬午又以束帛徵處士南陽翟湯會稽虞喜有司奏成
帝崩一周請改素服御進膳如舊壬寅詔曰禮之降殺因時而寢興誠
無常矣至於君親相準名教之重莫之改也權制之作蓋出近代雖曰
適事實澆薄之始先王崇之後世猶怠而況因循又從輕降義弗可矣
石季龍帥衆伐慕容皝皝大敗之秋七月石季龍將戴開帥衆來降丁
巳詔曰慕容皝摧殄羯寇乃云死沒八萬餘人將是其天亡之始也中
之事宜加籌量且戴開已帥部黨歸順宜見慰勞其遣使詣安西驃
騎諮謀諸軍事以輔國將軍琅邪内史桓溫爲前鋒小督假節帥衆入

臨淮安西將軍庾翼表爲征討大都督遷鎮襄陽庚申晉陵吳郡災八月李壽死子勢嗣僞位石季龍使其將劉寧攻陷狄道冬十月辛巳以車騎將軍庾冰都督荆江司雍益梁六州諸軍事江州刺史以驃騎將軍何充爲中書監都督揚豫二州諸軍事揚州刺史録尚書事輔政以琅邪内史桓温都督青徐兖三州諸軍事徐州刺史褚裒爲衛將軍領中書令十一月巳巳大赦十二月石季龍侵張駿駿使其將軍謝艾拒之大戰于河西季龍敗績十二月高句驪遣使朝獻

二年春正月張駿遣其將和驎謝艾討南羌于闐和大破之二月慕容皝及鮮卑帥宇文歸戰于昌黎歸衆大敗奔于漠北四月張駿將張瓘敗石季龍將王擢于三交城秋八月景子進安西將軍庾翼爲征將軍庚辰持節都督司雍梁三州諸軍事梁州刺史平北將軍竟陵公桓宣卒丁巳以衛將軍褚裒爲特進都督徐兖二州諸軍事兖州刺史鎮金城九月巴東太守楊謙擊李勢將申陽走之獲其將樂高景申立皇子聃爲皇太子戊戌帝崩于式乾殿時年二十二葬崇平陵初成帝有疾中書令庾冰自以舅氏當朝權侔人主恐異世之後戚屬將疎乃言國有彊敵宜立長君遂以帝爲嗣制度年號再興中朝因改元曰建元或謂冰曰郭璞讖云立始之際丘山傾立者建也始者元也丘山諱也冰瞿然既而歎曰如有吉凶豈改易所能救乎至是果驗云

史臣曰肆虐滔天豈伊朝夕若乃詳刑不怨庶情猶仰又可以見逆順之機焉成帝因削弱之資守江淮之地政出渭陽聲乖威服凶徒既縱神器阽危京華無敖庾之資宮室類咸陽之火桀犬吠堯封狐嗣亂方諸后羿曷若斯之甚也反我皇駕不有晉文之師繫于苞桑且賴陶公之力古之侯服不幸臣家天子宣遊則避宮北面聞諸遺策用爲恒範顯宗於王導之門斂衽前拜豈魯公受玉之卑乎帝亦克儉于躬庶能激揚流弊者也

贊曰惟皇夙表余舅爲毗勤於致寇拙於行師火及君屋兵纏帝帷石頭之駕海内含悲康后天資居哀禮縟隆典方興降齡奚促

晉書帝紀卷第七

帝紀卷第八　　晉書八　　御撰

穆帝　哀帝　海西公

穆皇帝諱聃字彭子康帝子也建元二年九月景申立爲皇太子戊戌康帝崩巳亥太子即皇帝位時年二歲大赦尊皇后爲皇太后壬寅皇太后臨朝攝政冬十月乙丑葬康皇帝于崇平陵十一月庚辰車騎將軍庾冰卒

○永和元年春正月甲戌朔皇太后設白紗帷於太極殿抱帝臨軒改元甲申進鎮軍將軍武陵王晞爲鎮軍大將軍開府儀同三司以鎮軍將軍顧衆爲尚書右僕射夏四月壬戌詔會稽王昱録尚書六條事五月戊寅大雩尚書令金紫光禄大夫建安伯諸葛恢卒六月癸亥地震秋七庚午持節都督江荆司梁雍益寧七州諸軍事江州刺史征西將軍都亭侯庾翼卒翼部將干瓚戴義等殺冠軍將軍曹據舉兵反安西司馬朱燾討平之八月豫州刺史路永叛奔于石季龍庚辰以輔國將軍徐州刺史桓温爲安西將軍持節都督荆司雍益梁寧六州諸軍事領護南蠻校尉荆州刺史石季龍將路永屯于壽春九月景申皇太后詔曰今百姓勞弊其共思詳所以振卹之宜及歲常調非軍國要急者並宜停之冬十二月李勢將爨頠來奔涼州牧張駿伐焉耆降之

二年春正月景寅大赦己卯使持節侍中都督揚州諸軍事揚州刺史驃騎將軍録尚書事都鄉侯何充卒二月癸丑以左光禄大夫蔡謨領司徒録尚書六條事撫軍大將軍會稽王昱及謨並輔政三月景子以前司徒左長史殷浩爲建武將軍揚州刺史夏四月己酉朔日有蝕之五月景戌涼州牧張駿卒子重華嗣六月石季龍將王擢襲武街執張重華護軍胡宣又使麻秋孫伏都伐金城太守張沖降之重華將謝艾擊秋敗之秋七月以兖州刺史褚裒爲征北大將軍開府儀同三司冬十月地震十一月辛未安西將軍桓温帥征虜將軍周撫輔國將軍譙王無忌建武將軍袁喬伐蜀拜表輒行十二月枉矢自東南流于西北其長半天

三年春三月乙卯桓温攻成都剋之丁亥李勢降益州平林邑范文攻陷日南害太守夏侯覽以尸祭天夏四月地震蜀人鄧定隗文舉兵反

桓温又擊破之使益州刺史周撫鎮彭模丁巳鄧定隗文等入據成都征虜將軍楊謙棄涪城退保德陽五月戊申進慕容皝爲安北將軍石季龍又使其將石寧麻秋等伐涼州次于曲柳張重華使將軍牛旋禦之退守枹罕六月辛酉大赦秋七月范文復陷日南害督護劉雄隗文立范賁爲帝八月戊午張重華將謝艾進擊麻秋大敗之九月地震冬十月乙丑假涼州刺史張重華大都督隴右關中諸軍事護羌校尉大將軍武都氐王楊初爲征南將軍雍州刺史平羌校尉仇池公並假節十二月振威護軍蕭敬文害征虜將軍楊謙攻涪城陷之遂取巴西通于漢中

四年夏四月范文寇九德多所殺害五月大水秋八月進安西將軍桓温爲征西大將軍開府儀同三司封臨賀郡公西中郎將謝尚爲安西將軍九月景申慕容皝死子儁嗣僞位冬十月己未地震石季龍使其將苻健寇竟陵十二月豫章人黃韜自號孝神皇帝聚衆數千寇臨川太守庾條討平之

五年春正月辛巳朔大赦庚寅地震石季龍僭即皇帝位於鄴二月征北大將軍褚裒使部將王龕北伐獲石季龍將支重夏四月益州刺史周撫龍驤將軍朱燾擊范賁獲之益州平封周撫爲建城公假慕容儁大將軍幽平二州牧大戰于燕王征西大將軍桓温遣督護滕畯討范文爲文所敗石季龍死子世嗣僞位五月石遵廢世而自立六月桓温屯安陸遣諸將討河北石遵揚州刺史王浹以壽陽來降秋七月褚裒進次彭城遣部將王龕李邁及石遵將李農戰于代陂王師敗績王龕爲農所執李邁死之八月褚裒退屯廣陵西中郎將陳逵焚壽春而遁梁州刺史司馬勳攻石遵長城戍仇池公楊初襲西城皆破之冬十月石遵將石遇攻宛陷之執南陽太守郭啓司馬勳進次懸鉤石季龍故將麻秋拒之勳退還梁州十一月景辰石鑒弒石遵而自立十二月己丑使持節都督徐兖二州諸軍事徐州刺史征北大將軍開府儀同三司都鄉侯褚裒卒以建武將軍吳國內史荀羨爲使持節監徐兖二州諸軍事北中郎將徐州刺史

六年春正月帝臨朝以褚裒喪故懸而不樂閏月冉閔弒石鑒僭稱天王國號魏鑒弟祗僭帝號于襄國丁丑彗星見于亢己丑加中軍將軍殷浩督揚豫徐兖青五州諸軍事假節氐師苻洪遣使來降以爲氐王封廣川郡公假洪子健節監河北諸軍事右將軍封襄國縣公三月石季龍故將麻秋鴆殺苻洪于枋頭夏五月大水廬江太守袁眞攻合肥剋之六月石祗遣其弟琨攻冉閔將王泰於邯鄲琨師敗績秋八月輔國將軍譙王無忌薨苻健帥衆入關冬十一月冉閔圍襄國十二月免司徒蔡謨爲庶人是歲大疫

七年春正月丁酉日有蝕之辛丑鮮卑段龕以青州來降苻健僭稱王國號秦二月戊寅以段龕爲鎮北將軍封齊公石祗大敗冉閔于襄國夏四月梁州刺史司馬勳出步騎三萬自漢中入秦川與苻健戰于五丈原王師敗績加尚書令顧和開府儀同三司劉顯弒石祗五月祗兖州刺史劉啓自鄄城來奔秋七月尚書令左光祿大夫開府儀同三司顧和卒甲辰濤水入石頭溺死者數百人八月冉閔豫州牧張遇以許昌來降拜鎮西將軍九月峻陽太陽二陵崩甲辰帝素服臨於太極殿三日遣兼太常趙拔脩復山陵冬十月雷雨震電十一月石祗將姚弋仲冉閔將魏脫各遣使來降以弋仲爲車騎將軍大單于封高陵郡公弋仲子襄爲平北將軍都督幷州諸軍事幷州刺史平鄉縣公脫爲安北將軍監冀州諸軍事冀州刺史十二月辛未征西大將軍桓温帥衆北伐次于武昌而止時石季龍故將周成屯廩丘高昌屯野王樂立屯許昌李歷屯衛國皆相次來降

八年春正月辛卯日有蝕之劉顯僭帝號於襄國冉閔擊破殺之苻健僭帝號於長安二月峻平崇陽二陵崩戊辰帝臨三日遣殿都尉王惠如洛陽以衛五陵鎮西將軍張遇反於許昌使其黨上官恩據洛陽樂弘攻督護戴施於倉垣三月使北中郎將荀羨鎮淮陰苻健別帥侵順陽太守薛珍擊破之夏四月冉閔爲慕容儁所滅儁僭帝號於中山稱燕安西將軍謝尚帥姚襄與張遇戰於許昌之誡橋王師敗績苻健使其弟雄襲遇虜之秋七月大雩石季龍故將王擢遣使請降拜鎮西將

軍秦州刺史丁酉以鎮軍大將軍武陵王晞爲大宰撫軍大將軍會稽王昱爲司徒征西大將軍桓温爲太尉八月平西將軍周撫討蕭敬文於涪城斬之冉閔子智以鄴降督護戴施獲其傳國璽送之文曰受天之命皇帝壽昌百僚畢賀九月冉智爲其將馬願所執降于慕容㑺中軍將軍殷浩帥衆北伐次泗口遣河南太守戴施據石門滎陽太守劉遯戍倉垣冬十月秦州刺史王擢爲苻健所逼奔于涼州

九年春正月乙卯朔大赦張重華使王擢與苻健將苻雄戰擢師敗績景寅皇太后與帝同拜建平陵三月旱交州刺史阮敷討林邑范佛於日南破其五十餘壘夏四月以安西將軍謝尚爲尚書僕射五月大疫張重華復使王擢襲秦州取之仇池公楊初爲苻雄所敗秋七月丁酉地震有聲如雷八月遣兼太尉河間王欽修復五陵冬十月中軍將軍殷浩進次山桑使平北將軍姚襄爲前鋒襄叛反擊浩浩棄輜重退保譙城丁未涼州牧張重華卒子耀靈嗣是月張祚弑耀靈而自稱涼州牧十一月殷浩使部將劉啓王彬之討姚襄復爲襄所敗襄遂進據芍陂

十二月加尚書僕射謝尚爲都督豫揚江西諸軍事領豫州刺史鎮歷陽

○十年春正月己酉朔帝臨朝以五陵未復懸而不樂涼州牧張祚僭帝位冉閔降將周成舉兵反自宛陵襲洛陽辛酉河南太守戴施奔鮪渚丁卯地震有聲如雷二月己丑太尉征西將軍桓温帥師伐關中廢揚州刺史殷浩爲庶人以前會稽内史王述爲揚州刺夏四月己亥温及苻健子萇戰于藍田大敗之五月江西乞活郭敞等執陳留内史劉仕而叛京師震駭以吏部尚書周閔爲中軍將軍屯于中堂豫州刺史謝尚自歷陽還衛京師六月苻健將苻雄悉衆及桓温戰于白鹿原王師敗績秋九月辛酉桓温糧盡引還

十一年春正月甲辰侍中汝南王統薨平羌校尉仇池公楊初爲其部將梁式所害初子國嗣位因拜鎮北將軍秦州刺史齊公段龕襲慕容㑺將榮國於郎山取之夏四月壬申隕霜乙酉地震姚襄帥衆寇外黄冠軍將軍高季大破之五月丁未地又震六月苻健死其子生嗣僞位秋七月宋混張瓘弑張祚而立耀靈弟玄靚爲大將軍涼州牧遣使來降以吏部尚書周閔爲尚書左僕射領軍將軍王彪之爲尚書右僕射冬十月進豫州刺史謝尚督并冀幽三州諸軍事鎮西將軍鎮馬頭十二月慕容恪帥衆寇廣固壬戌上黨人馮鴦自稱太守背苻生遣使來降

○十二年春正月丁卯帝臨朝以皇太后母喪懸而不樂鎮北將軍段龕及慕容恪戰于廣固大敗之恪退據安平二月辛丑帝講孝經三月姚襄入于許昌以太尉桓温爲征討大都督以討之秋八月己亥桓温及姚襄戰於伊水大敗之襄走平陽徙其餘衆三千餘家於江漢之間執周成而歸使揚武將軍毛穆之督護陳午輔國將軍河南太守戴施鎮洛陽冬十月癸巳朔日有蝕之慕容恪攻段龕於廣固使北中郎將荀羡帥師次于瑯邪以救之十一月遣兼司空散騎常侍車灌龍驤將軍袁眞等持節如洛陽脩五陵十二月庚戌以有事於五陵告于太廟帝及群臣皆服緦於太極殿臨三日是歲仇池公楊國爲其從父俊所殺俊自立

升平元年春正月壬戌朔帝加元服告于太廟始親萬機大赦改元增

文武位一等皇太后居崇德宫丁丑隕石于槐里一是月鎮北將軍齊公段龕爲慕容恪所陷遇害扶南天竺旃檀獻馴象詔曰昔先帝以殊方異獸或爲人患禁之今及其未至可令還本土三月帝講孝經壬申親釋奠於中堂夏五月庚午鎮西將軍謝尚卒苻生將苻眉苻堅擊姚襄戰于三原斬之六月苻堅殺苻生而自立以軍司謝奕爲使持節都督安西將軍豫州刺史秋七月苻堅將張平以并州降遂以爲并州刺史八月丁未立皇后何氏大赦賜孝悌鰥寡米人五斛逋租宿債皆勿收大酺三日冬十月皇后見于太廟十一月雷十二月以太常王彪之爲尚書左僕射

二年春正月司徒會稽王昱稽首歸政帝不許二月慕容㑺陷冀州諸郡詔安西將軍謝奕北中郎將荀羡北伐三月佽飛督王饒獻鴆鳥帝怒鞭之二百使殿中御史焚其鳥於四達之衢夏五月大水有星孛于天船六月并州刺史張平爲苻堅所逼帥衆三千奔于平陽堅追敗之慕容恪進據上黨冠軍將軍苻鴦以衆叛歸慕容㑺㑺盡陷河北之地

秋八月安西將軍謝奕卒壬申以吳興太守謝万為西中郎將持節監司豫冀并四州諸軍事豫州刺史以散騎常侍郗曇為北中郎將持節都督徐兖青冀幽五州諸軍事徐兖二州刺史鎮下邳冬十月乙丑陳留王曹勵薨十二月庚子雷辛酉地震十二月北中郎將荀羨及慕容儁戰于山茌王師敗績

三年春三月甲辰詔以比年出軍糧運不繼五公已下十三戶借一人一年助運秋七月平北將軍高昌為慕容儁所逼自白馬奔于滎陽冬十月慕容儁寇東阿遣西中郎謝万次下蔡北中郎將郗曇次高平以擊之王師敗績十一月戊子進揚州刺史王述為衞將軍十二月又以中軍將軍琅邪王丕為驃騎將軍東海王奕為車騎將軍封武陵王晞子璲為梁王交州刺史溫放之帥兵討林邑參黎耽潦並降之

四年春正月仇池公楊俊卒子世嗣景戌慕容儁死子暐嗣偽位二月鳳皇將九雛見于豐城秋七月以軍役繁興省用徹膳八月辛丑朔日有蝕之既冬十月天狗流于西南十一月封太尉桓溫為南郡公溫弟冲為豐城縣公子濟為臨賀郡公鳳凰復見豐城衆鳥隨之

五年春正月戊戌大赦賜鰥寡孤獨不能自存者人米五斛北中郎將都督徐兖青冀幽五州諸軍事徐兖二州刺史郗曇卒二月以鎮軍將軍范汪為都督徐兖青冀幽五州諸軍事安北將軍徐兖二州刺史平南將軍廣州刺史陽夏侯滕含卒夏四月大水太尉桓溫鎮宛使其弟豁將兵取許昌鳳凰見于沔北五月丁巳帝崩于顯陽殿時年十九葬永平陵廟號孝宗

哀皇帝諱丕字千齡成帝長子也咸康八年封為琅邪王永和元年拜散騎常侍十二年加中軍將軍升平三年除驃騎將軍五年五月丁巳穆帝崩皇太后令曰帝奄不救疾胤嗣未建琅邪王丕中興正統明德懋親昔在咸康屬當儲貳以年在幼冲未堪國難故顯宗高讓今義望情地莫與為比其以王奉大統於是百官備法駕迎于琅邪第庚申即皇帝位大赦壬戌詔曰朕獲承明入纂大統顧惟先王宗廟蒸嘗無主太妃喪庭廓然靡寄悲痛感摧五內抽割宗國之尊情禮兼隆胤嗣之重義無與二東海王奕戚屬親近宜奉本統其以奕為琅邪王秋七月戊午葬穆皇帝于永平陵慕容恪攻陷野王守將呂護退保滎陽八月己卯夜天裂廣數丈有聲如雷九月戊申立皇后王氏穆帝皇后何氏稱永安宮呂護叛奔于慕容暐冬十月安北將軍范汪有罪廢為庶人十一月景辰詔曰顯宗成皇帝顧命以時事多艱弘高世之風樹德博重以隆社稷而國故不已康穆早世胤祚不融朕以寡德復承先緒感惟永慕悲痛兼摧夫昭穆之義固宜本之天屬繼體承基古今常道宜上嗣顯宗以脩本統十二月加涼州刺史張玄靚為大都督隴右諸軍事護羌校尉西平公

隆和元年春正月壬子大赦改元甲寅減田稅畝收二升是月慕容暐將呂護傅末波攻陷小壘以逼洛陽二月辛未以輔國將軍吳國內史庾希為北中郎將徐兖二州刺史鎮下邳前鋒監軍龍驤將軍袁真為西中郎將監護豫司并冀四州諸軍事豫州刺史鎮汝南並假節景子尊所生周氏為皇太妃三月甲寅朔日有蝕之夏四月旱詔出輕繫振

困乏丁丑梁州地震浩亹山崩呂護復寇洛陽乙酉輔國將軍河南太守戴施奔于宛五月丁巳遣北中郎將庾希竟陵太守鄧遐以舟師救洛陽秋七月呂護等退守小平津進琅邪王奕為侍中驃騎大將軍開府鄧遐進屯新城庾希部將何謙及慕容暐將劉則戰于檀丘破之八月西中郎將袁真進次汝南運米五万斛以饋洛陽冬十月賜貧乏者米人五斛章武王珍薨十二月戊午朔日有蝕之詔曰戎旅路次未得輕簡賦役玄象失度亢旱為患豈政事未洽有版築渭濱之士邪其搜揚隱滯蠲除苛碎詳議法令咸從損要庾希自下邳退鎮山陽袁真自汝南退鎮壽陽

興寧元年春二月己亥大赦改元三月壬寅皇太妃薨于琅邪第癸卯帝奔喪詔司徒會稽王昱摠內外衆務夏四月慕容暐寇滎陽太守劉遠奔魯陽甲戌揚州地震湖瀆溢五月加征西大將軍桓溫侍中大司馬都督中外諸軍事錄尚書事假黃鉞復以西中郎將袁真都督司冀并三州諸軍事北中郎將庾希都督青州諸軍事癸卯慕容暐陷密城

滎陽太守劉遠奔于江陵秋七月張天錫弑涼州刺史西平公張玄靚自稱大將軍護羌校尉涼州牧西平公丁酉葬章皇太妃八月有星孛于角亢入天市九月壬戌大司馬桓溫帥衆北伐癸亥以皇子生大赦冬十月甲申立陳留王世子恢爲王十一月姚襄故將張駿殺江州督護趙毗焚武昌略府藏以叛江州刺史桓沖討斬之是歲慕容暐將慕容塵攻陳留太守袁披于長平汝南太守朱斌乘虛襲許昌剋之

二年春二月庚寅江陵地震慕容暐將慕容評襲許昌穎川太守李福死之評遂侵汝南太朱斌遁于壽陽又進圍陳郡太守朱輔嬰城固守桓溫遣江夏相劉岵擊退之改左軍將軍爲游擊將軍罷右軍前軍後軍將軍五校三將官癸卯帝親耕籍田三月庚戌朔大閱戶人嚴法禁稱爲庚戌制辛未帝不悆帝雅好黃老斷穀餌長生藥服食過多遂中毒不識萬機崇德太后復臨朝攝政夏四月甲辰慕容暐遣其將李洪侵許昌王師敗績于懸瓠朱斌奔于淮南朱輔退保彭城桓溫遣西中郎將袁眞江夏相劉岵等鑿陽儀道以通運溫帥舟師次于合肥慕容塵復屯許昌五月遷陳人于陸以避之戊辰以揚州刺史王述爲尚書令衛將軍以桓溫爲揚州牧録尚書事壬申遣使喻溫入相溫不從秋七月丁卯復徵溫入朝八月溫至赭圻遂城而居之苻堅別帥侵河南慕容暐寇洛陽九月冠軍將軍陳祐留長史沈勁守洛陽帥衆奔新城

〇三年春正月庚申皇后王氏崩二月乙未以右將軍桓豁監荊州揚州之義城雍州之京兆諸軍事領南蠻校尉荊州刺史桓沖監江州荊州之江夏隨郡豫州之汝南西陽新蔡穎川六郡諸軍事南中郎將江州刺史領南蠻校尉並假節景申帝崩于西堂時年二十五葬安平陵

廢帝諱奕字延齡哀帝之母弟也咸康八年封爲東海王永和八年拜散騎常侍尋加鎭軍將軍升平四年拜車騎將軍五年改封琅邪王隆和初轉侍中驃騎大將軍開府儀同三司興寧三年二月景申哀帝崩無嗣丁酉皇太后詔曰帝遂不救厥疾艱禍仍臻遺緒泯然哀慟切心琅邪王奕明德茂親屬當儲嗣宜奉祖宗纂承大統便速正大礼以寧人神於是百官奉迎于琅邪第是日即皇帝位大赦三月壬申葬哀皇帝于安平陵癸酉散騎常侍河間王欽薨景子慕容暐將慕容恪陷洛陽寧朔將軍竺瑤奔于襄陽冠軍長史揚武將軍沈勁死之夏六月戊子使持節都督益寧二州諸軍事鎭西將軍益州刺史建城公周撫卒秋七月匈奴左賢王衛辰右賢王曹轂帥衆二萬侵苻堅杏城己酉改封會稽王昱爲琅邪王壬子立皇后庾氏封琅邪王昱子昌明爲會稽王冬十月梁州刺史司馬勳反自稱成都王十一月帥衆入劒閣攻涪西夷校尉毋丘暐棄城而遁乙卯圍益州刺史周楚于成都桓溫遣江夏相朱序救之十二月戊戌以會稽內史王彪之爲尚書僕射

太和元年春二月己丑以涼州刺史張天錫爲大將軍都督隴右關中諸軍事西平郡公景申以宣城內史桓秘爲持節監梁益二州征討諸軍事三月辛亥新蔡王邈薨荊州刺史桓豁遣督護桓羆攻南鄭魏興人畢欽舉兵以應羆夏四月旱五月戊寅皇后庾氏崩朱序攻司馬勳於成都衆潰執勳斬之秋七月癸酉葬孝皇后于敬平陵九月甲午曲赦梁益二州冬十月辛丑苻堅將王猛楊安攻南鄉荊州刺史桓豁救之師次新野而猛安退以會稽王昱爲丞相十二月南陽人趙弘趙意等據宛城反太守桓澹走保新野慕容暐將慕容厲陷魯郡高平

二年春正月北中郎將庾希有罪走入于海夏四月慕容暐將慕容塵寇竟陵太守羅崇擊破之苻堅將王猛寇涼州張天錫距之猛師敗績五月右將軍桓豁擊趙憶走之進獲慕容暐將趙槃送于京師秋九月以會稽內史郗愔爲都督徐兗青幽四州諸軍事平北將軍徐州刺史冬十月乙巳彭城王玄薨

三年春三月丁巳朔日有蝕之癸亥大赦夏四月癸巳雨雹大風折木秋八月壬寅尚書令衛將軍藍田侯王述卒

四年夏四月庚戌大司馬桓溫帥衆伐慕容暐秋七月辛卯暐將慕容垂帥衆距溫溫擊敗之九月戊寅桓溫裨將鄧遐朱序遇暐將傅末波於林渚又大破之戊子溫至枋頭景申以糧運不繼焚舟而歸辛丑慕容垂追敗溫後軍於襄邑冬十月大星西流有聲如雷己巳溫收散卒屯于山陽豫州刺史袁眞以壽陽叛十一月辛丑桓溫自山陽及會稽

王晏會于涂中將謀後舉十二月遂城廣陵而居之
五年春正月己亥袁真子雙之愛之害梁國內史朱憲汝南內史朱斌二月癸酉袁真死陳郡太守朱輔立真子瑾嗣事求救於慕容暐夏四月辛未桓溫部將竺瑤破瑾於武丘秋七月癸酉朔日有蝕之八月癸丑桓溫擊袁瑾於壽陽敗之九月苻堅將王猛伐慕容暐陷其上黨廣漢妖賊李弘與益州妖賊李金根聚衆反弘自稱聖王衆萬餘人梓潼太守周虓討平之冬十月王猛大破慕容暐將慕容評於潞川十一月猛剋鄴獲慕容暐盡有其地
六年春正月苻堅遣將王鑒來援袁瑾將軍桓伊逆擊大破之丁亥桓溫剋壽陽斬袁瑾三月壬辰監益寧二州諸軍事冠軍將軍益州刺史建城公周楚卒夏四月戊午大赦賜窮獨米人五斛苻堅將苻雅伐仇池仇池公楊纂降之六月京都及丹楊晉陵吳郡吳興臨海並大水秋八月以前寧州刺史周仲孫為假節監益梁二州諸軍事益州刺史冬十月壬子高密王俊薨十一月癸卯桓溫自廣陵屯于白石丁未詣闕

因圖廢立誣帝在藩夙有痿疾嬖人相龍計好朱靈寶等參侍內寢而二美人田氏孟氏生三男長欲封樹時人惑之溫因諷太后以伊霍之舉己酉集百官于朝堂宣崇德太后令曰王室艱難穆哀短祚國嗣不育儲宮靡立琅邪王奕親則母弟故以入纂大位不圖德之不建乃至於斯昏濁潰亂動違禮度有此三孽莫知誰子人倫道喪醜聲遐布既不可以奉守社稷敬承宗廟且昏孽並大便欲建樹儲藩誣罔祖宗傾移皇基是而可忍孰不可懷今廢奕為東海王以王還第供衛之儀皆如漢朝昌邑故事但未亡人不幸罹此百憂感念存沒心焉如割社稷大計義不獲已臨紙悲塞如何可言於是百官入太極前殿即日桓溫使散騎侍郎劉享收帝璽綬帝著白帢單衣步下西堂乘犢車出神獸門群臣拜辭莫不歔欷侍御史殿中監將兵百人衛送東海第初桓溫有不臣之志欲先立功河朔以收時望及枋頭之敗威名頓挫遂潛謀廢立以長威權然憚帝守道恐招時議以宮闈重閟牀第易誣乃言帝為閹遂行廢辱初帝平生每以為慮嘗召術人扈謙筮之卦成答曰晉室有盤石之固陛下有出宮之象竟如其言咸安二年正月降封帝為海西縣公四月徙居吳縣勑吳國內史刁彝防衛又遣御史顧允監察之十一月妖賊盧悚遣弟子殿中監許龍晨到其門稱太后密詔奉迎興復帝初欲從之納保母諫而止龍曰大事將捷焉用兒女子言乎帝曰我得罪於此幸蒙寬宥豈敢妄動哉且太后有詔便應官屬來何獨使汝也汝必為亂因叱左右縛之龍懼而走帝知天命不可再深慮橫禍乃杜塞聰明無思無慮終日酣暢耽于內寵有子不育庶保天年時人憐之為作歌焉朝廷以帝安於屈辱不復為虞太元十一年十月甲申薨于吳時年四十五

史臣曰孝宗因繈抱之姿用母氏之化中外無事十有餘年以武安之才啓之疆場以文王之風被乎江漢則孔子所謂吾無間然矣哀皇寬惠可以為君而鴻祀禳天用塵其德東海遣許龍之駕屈放命之臣所謂柔弱勝剛彊得盡於天年者也

贊曰委裘稱化大孝為宗遵彼聖善成茲允恭西旌玉壘北旆金墉還船舊楚莫不來從哀后寬仁惟靈既集海西多故時災見及彼異阿衡我非昌邑

帝紀卷第八 晉書八

簡帝　孝武帝　御撰

簡文皇帝諱昱字道萬元帝之少子也幼而岐嶷為元帝所愛郭璞見而謂人曰興晉祚者必此人也及長清虛寡欲尤善玄言永昌元年元帝詔曰先公武王先考恭王君臨琅邪繼世相承國嗣未立蒸嘗靡主朕常悼心子昱仁明有智度可以虔奉宗廟以慰罔極之恩其封昱為琅邪王食會稽宣城如舊咸和元年所生鄭夫人薨帝時年七歲號慕泣血固請服重元帝哀而許之故徙封會稽王拜散騎常侍九年遷右將軍加侍中咸康六年進撫軍將軍領秘書監建元元年夏五月癸丑康帝詔曰太常職奉天地兼掌宗廟其為任也可謂重矣是以古今選建未嘗不妙簡時望兼之儒雅會稽王叔履尚清虛志道无倦優游上列諷議朝肆其領太常本官如故永和元年崇德太后臨朝進位撫軍大將軍錄尚書六條事二年驃騎何充卒康帝崩崇德太后詔帝專總萬機八年進位司徒固讓不拜穆帝始冠帝稽首歸政不許廢帝即位以琅邪王絕嗣復徙封琅邪而封王子昌明為會稽王帝固讓故雖封琅邪而不去會稽之號太和元年進位丞相錄尚書事入朝不趨讚拜不名劍履上殿給羽葆鼓吹班劍六十人又固讓及廢帝廢皇太后詔曰丞相錄尚書會稽王體自中宗明德劭令英秀玄虛神棲事外以具瞻允塞故阿衡三世道化宣流人望攸歸為日已久宜從天人之心以統皇極主者明依舊典以時施行於是大司馬桓溫率百官進太極前殿具乘輿法駕奉迎帝於會稽邸於朝堂變服著平巾幘單衣東向拜受璽綬

咸安元年冬十一月己酉即皇帝位桓溫出次中堂分兵屯衛乙卯溫奏廢太宰武陵王晞及子總詔魏郡太守毛安之帥所領宿衛殿內改元為咸安庚戌使兼太尉周頤告于太廟辛亥桓溫遣弟秘逼新蔡王晃詣西堂自列与太宰武陵王晞等謀反帝對之流涕溫皆收付廷尉癸丑殺東海王三子及其母初帝以沖虛簡貴歷宰三世溫素所敬憚及初即位溫乃撰辭欲自陳述帝引見對之悲泣溫懼不能言至是有司承其旨奏誅武陵王晞帝不許溫固執至于再三帝手詔報曰若晉祚靈長公便宜奉行前詔如其大運去矣請避賢路溫覽之流汗變色不復敢言乙卯廢晞及其三子徙于新安是辰放新蔡王晃于衡陽戊午詔曰王室多故穆哀早世皇胤夙遷神器无主東海以母弟近屬入纂大統嗣位經年昏闇亂常人倫虧喪大禍將及則我祖宗之靈靡知所託皇太后深懼皇基時定大計大司馬因順天人協同神略親帥群后恭承明命雲霧既除皇極載清乃顧朕躬仰承洪緒雖伊尹之寧殷朝博陸之安漢室无以尚也朕以寡德猥居元首實懼眇然不克負荷戰戰兢兢罔知攸濟思与兆庶更始其大赦天下大酺五日增文武位二等孝順忠貞鰥寡孤獨米人五斛己未賜溫軍三萬人人布一匹米一斛庚申加大司馬桓溫為丞相不受辛酉溫旋自白石因鎮姑孰以冠軍將軍毛武生都督荊州之沔中揚州之義城諸軍事十二月戊子詔以京都有經年之儲權停一年之運庚寅廢東海王奕為海西公食邑四千戶辛卯初薦酃淥酒於太廟

二年春正月辛丑百濟林邑王各遣使貢方物二月苻堅伐慕容桓於遼東滅之三月丁酉詔曰朕居阿衡三世不能濟彼時雍乃至海西失德殆傾皇祚賴祖宗靈祇之德皇太后淑體應期藩輔忠賢百官戮力用能蕩氛霧於昊蒼耀晨輝於宇宙遂以眇身託于王公之上思賴群賢以弼其闕夫敦本息末抑絕華競使清濁異流能否殊貫官无秕政士无謗讟不有懲勸則德礼焉施且強寇未殄勞役未息自非軍國戎祀之要其華飾煩費之用皆省之夫肥遯窮谷之賢滯泥揚波之士雖抗志玄霄潛默幽岫含貞履高尚之道以隆協贊之美孰与自足山水栖遲丘壑徇匹夫之潔而忘兼濟之大邪古人不借賢於曩代朕所以虛想於今日內外百官各勤所司使善无不達惡无不聞令詩人无素餐之刺而吾獲虛心之求焉癸丑詔曰吾承祖宗洪基而昧于政道懼不能允釐天工克隆先業夕惕惟憂若涉泉水賴宰輔忠德道濟伊望群后竭誠協契斷金內外盡匡翼之規文武致匪躬之節冀因斯道終克弘濟每念干戈未戢公私疲悴藩鎮有彊理之務征戍懷東山之勤或白

首戎陣忠勞未敍或行役彌久儋石靡儲何嘗不昧且晨興夜分忘寢
雖未能撫而巡之且欲達其此心可遣大使詣大司馬并問方伯逮于
邊戍宣詔大饗食求其所安又籌量賜給悉令周普乙卯詔曰往事故之
後百度未充群僚常俸並皆寡約蓋隨時之義也然退食在朝而祿不
代耕非經通之制今資儲漸豐可籌量增俸騶虞見豫章夏四月徙海
西公於吴縣西柴里追貶庾后曰夫人六月遣使拜百濟王餘句為鎮
東將軍領樂浪太守戊子前護軍將軍庾希舉兵反自海陵入京口晉
陵太守卞耽奔于曲阿秋七月壬辰桓温遣東海内史周少孫討希擒
之斬于建康帝乙未立會稽王昌明為皇太子皇子道子為琅邪王領
會稽内史是日帝崩于東堂時年五十三葬高平陵廟號太宗遺詔以
桓温輔政依諸葛亮王導故事帝少有風儀善容止留心典籍不以居
處為意凝塵滿席湛如也嘗與桓温及武陵王晞同載遊版橋温遽令
鳴鼓吹角車馳卒奔欲觀其所為晞大恐求下車而帝安然無懼色温
由此憚服温既杖文武之任屢建大功加以廢立威振内外帝雖處尊
位拱默守道而已常懼廢黜先是熒惑入太微尋而海西廢及帝登阼
熒惑又入太微帝甚惡焉時中書郎郗超在直帝乃引入謂曰命之脩
短本所不計故當無復近日事邪超曰大司馬臣温方内固社稷外恢
經略非常之事臣以百口保之及超請急省其父帝謂之曰致意尊公
家國之事遂至於此由吾不能以道匡衛愧歎之深言何能喻因詠庾
闡詩云志士痛朝危忠臣哀主辱遂泣下霑襟帝雖神識恬暢而無濟
世大略故謝安稱為惠帝之流清談差勝耳沙門支道林嘗言會稽有
遠體而無遠神謝靈運迹其行事亦以為赧獻之輩云
孝武皇帝諱曜字昌明簡文帝第三子也興寧三年七月甲申初封會
稽王咸安二年秋七月己未立為皇太子是日簡文帝崩太子即皇帝
位詔曰朕以不造奄丁閔凶號天扣地靡知所訴煢然幼沖眇若綴旒
深惟社稷之重大懼不克負荷仰憑祖宗之靈積德之祀先帝淳風玄
化遺詠在民宰輔英賢勳隆德盛顧命之託實賴匡訓群后率職百寮
勤政冀孤弱之躬有寄皇極之基不隊先恩遺惠播于四海思弘餘潤

以康黎庶其大赦天下與民更始九月甲寅追尊皇妣會稽王妃曰順
皇后冬十月丁卯葬簡文皇帝于高平陵十一月甲午妖賊盧悚晨入殿
庭游擊將軍毛安之等討擒之是歲三吴大旱人多餓死詔所在賑給
苻堅陷仇池執秦州刺史楊世
寧康元年春正月己丑朔改元二月大司馬桓温來朝三月癸丑詔除
丹楊竹格等四桁稅夏五月旱秋七月己亥使持節侍中都督中外諸軍
事丞相錄尚書大司馬揚州牧平北將軍徐兗二州刺史南郡公桓温
薨庚戌進右將軍桓豁為征西將軍以江州刺史桓沖為中軍將軍都
督揚豫江三州諸軍事揚州刺史鎮姑孰八月壬子崇德太后臨朝攝
政九月苻堅將楊安寇成都景申以尚書僕射王彪之為尚書令吏部
尚書謝安為尚書僕射吴國内史刁彝為北中郎將徐兗二州刺史鎮
廣陵復置光祿勳大司農少府官冬十月西平公張天錫貢方物十一
月苻堅將楊安陷梓潼及梁益二州刺史周仲孫帥騎五千南遁
二年春正月癸未朔大赦追封謚故會稽世子郁為臨川獻王己酉北
中郎將徐兗二州刺史刁彝卒二月癸丑以丹楊尹王坦之為北中郎
將徐兗二州刺史丁巳有星孛于女虛三月景戌星見於氐夏四月壬
戌皇太后詔曰頃玄象或愆上天表異仰觀所變震懼于懷夫因變致
休自古之道朕敢不克意復心以思厥中又三吴奥壤股肱望郡而水
旱併臻百姓失業夙夜惟憂不能忘懷宜時拯卹救其彫困三吴義興
晉陵及會稽遭水之縣尤甚者全除一年租布其次聽除半年受振貸
者即以賜之五月蜀人張育自號蜀王帥衆圍成都遣使稱藩秋七月
涼州地震山崩苻堅將鄧羌攻張育滅之八月以長秋將建權停婚姻
九月丁丑有星孛于天市冬十一月己酉天門蜑賊攻郡太守王匪死
之征西將軍桓豁遣師討平之長城人錢步射錢弘等作亂吴興太守
朱序討平之癸酉威遠將軍桓石虔破苻堅將姚萇於墊江
三年春正月辛亥大赦夏五月景午北中郎將徐兗二州刺史藍田侯
王坦之卒甲寅以中軍將軍揚州刺史桓沖為鎮北將軍徐州刺史鎮
丹徒尚書僕射謝安領揚州刺史秋八月癸巳立皇后王氏大赦加文

武位一等九月帝講孝經冬十月癸酉朔日有蝕之十二月甲申神獸
門災癸未皇太后詔曰頃日蝕告變水旱不適雖克己思救未盡其方
其賜百姓窮者米人五斛癸巳帝釋奠于中堂祠孔子以顏回配

太元元年春正月壬寅朔帝加元服見于太廟皇太后歸政甲辰大赦
改元景午帝始臨朝以征西將軍桓豁爲征西大將軍領軍將軍郗愔
爲鎮軍大將軍中軍將軍桓仲爲車騎將軍加尚書僕射謝安中書監錄
尚書事甲子謁建平等四陵夏五月癸丑地震甲寅詔曰頃者上天垂
監譴告屢彰朕有懼焉震惕于心思所以議獄緩死赦過宥罪庶因大
變與之更始於是大赦增文武位各一等六月封河間王欽子範之爲
章武王秋九月苻堅將苟萇陷涼州虜刺史張天錫盡有其地乙巳除
度田收租之制公王以下口稅米三斛蠲在役之身冬十月移淮北流人
於淮南十一月己巳朔日有蝕之詔太官徹膳十二月苻堅使其將苻
洛攻代執代王涉翼犍

二年春正月繼絕世紹功臣三月以兗州刺史朱序爲南中郎將梁州
刺史監沔中諸軍鎮襄陽閏月壬午地震甲申暴風折木發屋夏四月
己酉雨雹五月丁丑地震六月己巳暴風揚沙石林邑貢方物秋七月
己卯老人星見八月壬辰車騎將軍桓沖來朝丁未以尚書僕射謝安
爲司徒景辰使持節都督荊梁寧益交廣六州諸軍事荊州刺史征西大
將軍桓豁卒冬十月辛丑以車騎將軍桓沖都督荊江梁益寧交廣七
州諸軍事領護南蠻校尉荊州刺史尚書王蘊爲徐州刺史督江南晉
陵諸軍征西司馬謝玄爲兗州刺史廣陵相監江北諸軍壬寅散騎常
侍左光祿大夫尚書令王彪之卒十二月庚寅以尚書王劭爲尚書僕射

○三年春正月乙巳作新宮帝移居會稽王邸三月乙丑雷雨暴風發屋
折木夏五月庚午陳留王曹恢薨六月大水秋七月辛巳帝入新宮乙
酉老人星見南方

四年春正月辛酉大赦郡縣遭水旱者減租稅景子謁建平等七陵二
月戊午苻堅使其子丕攻陷襄陽執南中郎將朱序又陷順陽三月大
疫壬戌詔曰狡寇縱逸藩守傾沒疆埸之虞事兼平日其內外衆官各
悉心勠力以康庶事又年穀不登百姓多匱其詔御所供事從儉約九
親供給衆官廩俸權可減半凡諸役費自非軍國事要皆宜停省以周
時務癸未使右將軍毛武生帥師伐蜀夏四月苻堅將韋鍾陷魏興太
守吉挹死之五月苻堅將句難彭超陷盱眙高密內史毛璪之爲賊所
執六月大旱戊子征虜將軍謝玄及超難戰于君川大破之秋八月丁
亥以左將軍王蘊爲尚書僕射乙未暴風揚沙石九月盜殺建安太守
傅湛冬十二月己酉朔日有蝕之

五年春正月乙巳謁崇平陵夏四月大旱癸酉大赦五歲刑以下五月
大水以司徒謝安爲衛將軍儀同三司六月甲寅震含章殿四柱并殺
內侍二人甲子以比歲荒儉大赦自太元三年已前逋租宿債皆蠲除之
其鰥寡窮獨孤老不能自存者人賜米五斛丁卯以驃騎將軍琅邪王
道子爲司徒秋九月癸未皇后王氏崩冬十月九真太守李遜據交州
反十一月乙酉葬定皇后于隆平陵

六年春正月帝初奉佛法立精舍於殿內引諸沙門以居之丁酉以尚
書謝石爲尚書僕射初置督運御史官夏六月庚子朔日有蝕之揚荊
江三州大水己巳改制度減煩費損吏士員七百人秋七月景子赦五
歲刑已下甲午交阯太守杜瑗斬李遜交州平大饑冬十一月己亥以
鎮軍大將軍郗愔爲司空會稽人檀元之反自號安東將軍鎮軍參軍
謝藹之討平之十二月甲辰苻堅遣其襄陽太守閻震寇竟陵襄陽
太守桓石虔討擒之

七年春三月林邑范熊遣使獻方物秋八月癸卯大赦九月東夷五國
遣使來貢方物苻堅將都貴焚燒沔北田穀略襄陽百姓而去冬十月
景子雷

八年春二月癸未黃霧四塞三月始興南康廬陵大水平地五丈丁巳
大赦夏五月輔國將軍楊亮伐蜀拔五城擒苻堅將魏光秋七月鷹揚
將軍郭洽及苻堅將張崇戰于武當大敗之八月苻堅帥衆渡淮遣征討
都督謝石冠軍將軍謝玄輔國將軍謝琰西中郎將桓伊等距之九月
詔司徒琅邪王道子錄尚書六條事冬十月苻堅弟融陷壽春乙亥諸

將及苻堅戰於肥水大破之俘斬數萬計獲堅輿輦及雲母車十一月庚申詔衛將軍謝安勞旋師于金城壬子立陳留王世子靈誕為陳留王十二月庚午以寇難初平大赦以中軍將軍謝石為尚書令開酒禁始增百姓稅米口五石前句町王翟遼背苻堅舉兵於河南慕容垂自鄴與遼合遂攻堅子暉於洛陽仇池公楊丗奔還隴右遣使稱藩

九年春正月庚子封武陵王孫寶為臨川王戊午立新寧王晞子遵為新寧王辛亥謁建平等四陵龍驤將軍劉牢之克譙城車騎將軍桓沖部將郭寶伐新城魏興上庸三郡降之二月辛巳使持節都督荊江梁寧益交廣七州諸軍事車騎將軍荊州刺史桓沖卒慕容垂自洛陽與翟遼攻苻堅子丕於鄴三月以衛將軍謝安為太保苻堅北地長史慕容泓平陽太守慕容沖並起兵背堅夏四月己卯增置太學生百人封張天錫為西平公使竟陵太守趙統伐襄陽克之苻堅將姚萇背堅起兵於北地自立為王國號秦六月癸丑朔崇德皇太后褚氏崩慕容泓為其叔父沖所殺沖自稱皇太弟秋七月戊戌遣兼司空高密王純之脩謁洛陽五陵己酉葬康獻皇后于崇平陵百濟遣使來貢方物苻堅及慕容沖戰于鄭西堅師敗績八月戊寅司空郗愔薨九月辛卯前鋒都督謝玄攻苻堅將兗州刺史張崇于鄄城克之甲午加太保謝安大都督揚江荊司豫徐兗青冀幽并梁益雍涼十五州諸軍事冬十月辛亥朔日有蝕之丁巳河間王曇之薨乙丑以玄象乖度大赦庚午立前新蔡王晃弟崇為新蔡王苻堅青州刺史苻朗帥衆來降十二月苻堅將呂光稱制于河右自號酒泉公慕容沖僭即皇帝位于阿房

十年春正月甲午謁諸陵二月立國學蜀郡太守任權斬苻堅益州刺史李平益州平三月滎陽人鄭燮以郡來降苻堅國亂使使奉表請迎龍驤將軍劉牢之及慕容垂戰于黎陽王師敗績夏四月景辰劉牢之與沛郡太守周次及垂戰于五橋澤王師又敗績壬戌太保謝安帥衆救苻堅五月大水苻堅留太子宏守長安奔于五將山六月宏來奔慕容沖入長安秋七月苻丕自枋頭西走龍驤將軍檀玄追之為丕所敗旱饑丁巳老人星見八月甲午大赦丁酉使持節侍中中書監大都督

十五州諸軍事衛將軍太保謝安薨庚子以琅邪王道子為都督中外諸軍事是月姚萇殺苻堅而僭即皇帝位九月呂光據姑臧自稱涼州刺史苻丕僭即皇帝位于晉陽冬十月丁亥論淮肥之功追封謝安廬陵郡公封謝石南康公謝玄康樂公謝琰望蔡公桓伊永脩公自餘封拜各有差是歲乞伏國仁自稱大單于秦河二州牧

十一年春正月辛未慕容垂僭即皇帝位于中山壬午翟遼襲黎陽執太守滕恬之乙酉謁諸陵慕容沖將許木末殺慕容沖於長安三月大赦太山太守張願以郡叛降于翟遼夏四月以百濟王世子餘暉為使持節都督鎮東將軍百濟王代王拓拔圭始改稱魏癸巳以尚書僕射陸納為尚書左僕射譙王恬為尚書右僕射六月己卯地震庚寅以前輔國將軍楊亮為西戎校尉雍州刺史鎮衛山陵秋八月庚午封孔靖之為奉聖亭侯奉宣尼祀丁亥安平王邃之薨翟遼寇譙龍驤將軍朱序擊走之冬十月慕容垂破苻丕於河東丕走東垣揚威將軍馮該擊斬之傳首京都甲申海西公奕薨十一月苻丕將苻登僭即皇帝位於隴東

十二年春正月乙巳以豫州刺史朱序為青兗二州刺史鎮淮陰丁未大赦壬子暴風發屋折木戊午慕容垂寇河東濟北太守溫詳奔彭城翟遼遣子釗寇陳潁朱序擊走之夏四月戊辰尊夫人李氏為皇太妃己丑雨雹高平人翟暢執太守徐含遠以郡降于翟遼六月癸卯束帛聘處士戴逵龔玄之秋八月辛巳立皇子德宗為皇太子大赦增文武位二等大酺五日賜百官布帛各有差九月戊午復新寧王遵為武陵王立梁王璉子龢為梁王冬十一月松滋太守王遐之討翟遼于洛口敗之

十三年夏四月戊午以青兗二州刺史朱序為持節都督雍梁沔中九郡諸軍事雍州刺史譙王恬之為鎮北將軍青兗二州刺史夏六月旱乞伏國仁死弟乾歸嗣偽位僭號河南王秋九月翟遼將翟發寇洛陽河南太守郭給距破之冬十二月戊子濤水入石頭毀大桁殺人乙未大風晝晦延賢堂災景申螽斯百堂客館驃騎庫皆災己亥加尚書令謝石衛將軍開府儀同三司庚子尚書令衛將軍儀同三司謝石薨

十四年春正月癸亥詔淮南所獲俘虜付諸作部者一皆散遣男女自相配匹賜百日廩其没為軍賞者悉贖出之以襄陽淮南饒沃地各立一縣以居之彭城妖賊劉黎僭稱皇帝於皇丘龍驤將軍劉牢之討平之二月扶南獻方物呂光僭號三河王夏四月甲辰彭城王弘之薨翟遼寇滎陽執太守張卓六月壬寅使持節都督荆益寧三州諸軍事荆州刺史桓石虔卒秋七月甲寅宣陽門四柱災八月姚萇襲破苻登獲其偽后毛氏丁亥汝南王羲薨九月庚午以尚書左僕射陸納為尚書令冬十二月乙巳雨木冰

十五年春正月乙亥鎮北將軍譙王恬之薨龍驤將軍劉牢之及翟遼張願戰于太山王師敗績征虜將軍朱序破慕容永於太行二月辛巳以中書令王恭為都督青兖幽并冀五州諸軍事前將軍青兖二州刺史三月己酉朔地震戊辰大赦秋七月丁巳有星孛于北河八月永嘉人李耽舉兵反太守劉懷之討平之己丑京師地震有星孛于北斗犯紫微沔中諸郡及兖州大水龍驤將軍朱序攻翟遼于滑臺大敗之張願來降九月丁未以吳郡太守王珣為尚書僕射冬十二月己未地震

十六年春正月庚申改築太廟夏六月慕容永寇河南太守楊佺期擊破之己未章武王範之薨秋九月癸未以尚書右僕射王珣為尚書左僕射以太子詹事謝琰為尚書右僕射新廟成冬十一月姚萇敗苻登于安定

十七年春正月己巳朔大赦除逋租宿債夏四月齊国內史蔣喆殺樂安太守辟閭濬據青州反北平原太守辟閭渾討平之五月丁卯朔日有蝕之六月癸卯京師地震甲寅濤水入石頭毀大桁永嘉郡潮水涌起近海四縣人多死者乙卯大風折木戊午梁王龢薨慕容垂襲翟釗于黎陽敗之釗奔于慕容永秋七月丁丑太白晝見八月新作東宮冬十月丁酉太白晝見辛亥都督荆益寧三州諸軍事荆州刺史王忱卒十一月癸酉以黃門郎殷仲堪為都督荆益梁三州諸軍事荆州刺史庚寅徙封琅邪王道子為會稽王封皇子德文為琅邪王十二月己未地震是歲自秋不雨至于冬

十八年春正月癸卯朔地震二月乙未地又震三月翟釗寇河南夏六月己亥始興南康廬陵大水深五丈秋七月旱閏月妖賊司馬徽聚黨於馬頭山劉牢之遣部將討平之九月景戌龍驤將軍楊佺期擊氐帥楊佛嵩于潼谷敗之冬十月姚萇死子興嗣偽位

十九年夏六月壬子追尊會稽王太妃鄭氏為簡文宣太后秋七月荆徐二州大水傷秋稼遣使振卹之八月己巳尊皇太妃李氏為皇太后宮曰崇訓慕容垂擊慕容永於長子斬之冬十月慕容垂遣其子恴奴寇廩丘東平太守韋簡及垂將尹国戰于平陸簡死之是歲苻登為姚興所殺太子崇奔于湟中僭稱皇帝

二十年春二月作宣太后廟甲寅散騎常侍光祿大夫開府儀同三司尚書令陸納卒三月庚辰朔日有蝕之夏六月荆徐二州大水十一月魏王拓拔圭擊慕容垂子寶于參合敗之

二十一年春正月造清暑殿三月慕容垂攻平城拔之夏四月新作永安宮丁卯雨雹慕容垂死子寶嗣偽位五月甲子以望蔡公謝琰為尚書左僕射大水六月呂光僭即天王位秋九月庚申帝崩于清暑殿時年三十五葬隆平陵帝幼稱聰悟簡文之崩也時年十歲至晡不臨左右進諫答曰哀至則哭何常之有謝安嘗歎以為精理不減先帝既威權已出雅有人主之量既而溺於酒色殆為長夜之飲末年長星見帝心甚惡之於華林園舉酒祝之曰長星勸汝一杯酒自古何有萬歲天子邪太白連年晝見地震水旱為變者相屬醒日既少而傍無正人竟不能改焉時張貴人有寵年幾三十帝戲之曰汝以年當廢矣貴人潛怒向夕帝醉遂暴崩時道子昏惑元顯專權竟不推其罪人初簡文帝見讖云晉祚盡昌明及帝之在孕也李太后夢神人謂之曰汝生男以昌明為字及產東方如明因以為名焉簡文帝後悟乃流涕及為清暑殿有識者以為清暑反為楚聲哀楚之徵也俄而帝崩晉祚自此傾矣

史臣曰前史稱不有廢也君何以興若乃天挺惟神光膺嗣位邁油雲而驤首濟沉川而能躍少康一旅之衆所以闡帝圖成湯七十之基所以興王業靜河海於既泄補宮圓於已素事異於斯則弗由也簡皇以虛

白之姿在屯如之會政由桓氏祭則寡人太宗晏駕寧康纂業天誘
其衷姦臣自隕于時西踰劒岫而跨靈山北振長河而臨清洛荊吳
戰旅嘯吒成雲名賢間出舊德斯在謝安可以鎮雅俗彪之足以正
綱紀桓沖之夙夜王家謝玄之善斷軍事于時上天乃眷彊氏自泯
五尺童子振袂臨江思所以挂旆天山封泥函谷而條綱弗垂威恩
罕樹道子荒乎朝政國寶以小人拜授之榮初非天旨鬻刑之貨
自走權門毒賦年滋愁民歲廣是以聞人許榮馳書詣闕烈宗知其
抗直而惡聞逆耳肆一醉於崇朝飛千觴於長夜雖復昌明表夢安
聽神言而金行頹弛抑亦人事語曰大國之政未陵夷小邦之亂已
傾覆也屬苻堅百六之秋棄肥水之衆帝號為武不亦優哉
贊曰君若綴旒道非交泰簡皇疑寂不貽伊害孝武登朝姦雄自消
燕之擊路鄭叔分鑣倡臨帝席酒勸天妖金風不競人事先凋

晉書帝紀卷第九

帝紀卷第十　晉書十

安帝　恭帝　御撰

安皇帝諱德宗字德宗孝武帝長子也太元十二年八月辛巳立為皇太
子二十一年九月庚申孝武帝崩辛酉太子即皇帝位大赦癸亥以司徒會
稽王道子為太傅攝政冬十月甲申葬孝武皇帝于隆平陵大雪
隆安元年春正月己亥朔帝加元服改元增文武位一等太傅會稽王道
子稽首歸政以尚書左僕射王珣為尚書令領軍將軍王國寶為尚書
左僕射二月呂光將禿髮烏孤自稱大都督大單于國號南涼擊光將
竇苟于金昌大破之甲寅尊皇太后李氏為太皇太后戊午立皇后王
氏三月呂光子纂為乞伏乾歸所敗光建康太守段業自號涼州牧慕
容寶敗魏師于薊夏四月甲戌兖州刺史王恭豫州刺史庾楷舉兵以
討尚書左僕射王國寶建威將軍王緒為名甲申殺國寶及緒以悅于
恭恭乃罷兵戊子大赦五月前司徒長史王廞以吳郡反王恭討平之
慕容寶將慕容詳僭即皇帝位于中山寶奔黃龍秋八月呂光為其僕

射楊軌散騎常侍郭麐所攻光子纂擊走之九月慕容寶將慕容麟
斬慕容詳于中山因僭即皇帝位冬十月慕容麟為魏師所敗
二年春三月龍舟二災夏五月蘭汗弒慕容寶而自稱大將軍昌黎王
秋七月慕容寶子盛斬蘭汗僭稱長樂王攝天子位兖州刺史王恭豫
州刺史庾楷荊州刺史殷仲堪廣州刺史桓玄南蠻校尉楊佺期等舉
兵反八月江州刺史王愉奔于臨川景子寧朔將軍鄧啓及慕容德將慕
容法戰于管城王師敗績景戌慕容盛僭即皇帝位於黃龍桓玄大敗
王師于白石九月辛卯加太傅會稽王道子黃鉞遣征虜將軍會稽王
世子元顯前將軍王珣右將軍謝琰討桓玄等己亥破庾楷于牛渚景
午會稽王道子屯中堂元顯守石頭己酉前將軍王珣守北郊右將軍
謝琰備宣陽門輔國將軍劉牢之次新亭使子敬宣擊敗恭恭奔曲阿
長塘湖湖尉收送京師斬之於是遣太常殷茂喻仲堪及玄玄等走于
尋陽冬十月新野言騶虞見景子大赦壬午仲堪等盟于尋陽推桓
玄為盟主十一月以琅邪王德文為衛將軍開府儀同三司領軍將軍

王稚爲尚書左僕射十二月己丑魏王圭即尊位年號天興京兆人韋禮帥襄陽流人叛降于姚興己酉前新安太守杜烱反于京口會稽王世子元顯討斬之秃髮烏孤自稱武威王

三年春正月辛酉封宗室蘊爲淮陵王二月甲辰河間王國鎮薨林邑范達陷日南九真遂寇交阯太守杜瑗討破之段業自稱涼王仇池公楊盛遣使稱藩獻方物三月己卯追尊所生陳夫人爲德皇太后夏四月乙未加尚書令王珣衞將軍以會稽王世子元顯爲揚州刺史六月戊子以琅邪王德文爲司徒慕容德陷青州害龍驤將軍辟閭渾遂僭即皇帝位于廣固秋八月秃髮烏孤死其弟利鹿孤嗣僞位冬十月姚興陷洛陽執河南太守辛恭靜十一月甲寅妖賊孫恩陷會稽内史王凝之死之吳國内史桓謙臨海太守新蔡王崇義興太守魏隱並委官而遁吳興太守謝邈永嘉太守司馬逸皆遇害遣衞將軍謝琰輔國將軍劉牢之逆擊走之十二月桓玄襲江陵荆州刺史殷仲堪南蠻校尉楊佺期並遇害吕光立其太子紹爲天王自號太上皇是日光死吕篡弑紹而自立是歲荆州大水平地三丈

四年春正月乙亥大赦二月己丑有星孛于奎婁進至紫微三月彗星見于太微夏四月地震孫恩寇浹口五月景寅散騎常侍衞將軍東亭侯王珣卒己卯會稽内史謝琰爲孫恩所敗死之恩轉寇臨海六月庚辰朔日有蝕之旱輔國司馬劉裕破恩于南山恩將盧循陷廣陵死者三千餘人以琅邪王師何澄爲尚書左僕射秋七月壬子太皇太后李氏崩丁卯大赦是月姚興伐乞伏乾歸降之八月丁亥尚書右僕射王雅卒壬寅葬文太后于脩平陵九月癸丑地震冬十一月寧朔將軍高雅之及孫恩戰於餘姚王師敗績以揚州刺史元顯爲後將軍開府儀同三司都督揚豫徐兖青幽冀并荆江司雍梁益交廣十六州諸軍事前將軍劉牢之爲鎮北將軍封元顯子彦璋爲東海王十二月戊寅有星孛于天市是歲河右諸郡奉涼武昭王李玄盛爲秦涼二州牧涼公年號庚子

五年春二月景子孫恩復寇浹口吕超弑吕篡以其兄隆僭即僞位三月甲寅衆星西流歷太微夏五月孫恩寇吳國内史袁山松死之沮渠蒙遜殺段業自號大都督北涼州牧六月甲戌孫恩至丹徒乙亥内外戒嚴百官入居于省冠軍將軍高素右衞將軍張崇之守石頭輔國將軍劉襲柵斷淮口丹楊尹司馬恢之戍南岸冠軍將軍桓謙輔國將軍司馬允之游擊將軍毛邃備白石左衞將軍王嘏鎮軍將軍孔安國屯中堂皇徵豫州刺史譙王尚之衞京師寧朔將軍高雅之擊孫恩於廣陵之郁洲爲賊所執秋七月段興弑慕容盛盛叔父熙盡誅段氏因僭稱尊號九月吕隆之降于姚興冬十月姚興師師侵魏大敗而旋是歲饑禁酒

元興元年春正月庚午朔大赦改元以後將軍元顯爲驃騎大將軍征討大都督鎮北將軍劉牢之爲元顯前鋒前將軍譙王尚之爲後部以討桓玄二月景午帝戎服餞元顯于西池丁巳遣兼侍中齊王柔之以騶虞幡宣告荆江二州丁卯桓玄敗王師于姑孰譙王尚之齊王柔之並死之以右將軍吳隱之爲都督交廣二州諸軍事廣州刺史三月己巳劉牢之叛降于桓玄辛未王師敗績于新亭驃騎大將軍會稽王世子元顯東海王彦璋冠軍將軍毛泰游擊將軍毛邃並遇害壬申桓玄自爲侍中丞相録尚書事以桓謙爲尚書僕射遷太傅會稽王道子于安成玄俄又自稱太尉揚州牧總百揆以琅邪王德文爲太宰臨海太守辛昺擊孫恩斬之是月秃髮利鹿孤死弟傉檀嗣僞位秋七月乙亥新蔡王崇爲其奴所害八月庚子尚書下舍災冬十月冀州刺史劉軌叛奔于慕容德十二月庚申會稽王道子爲桓玄所害曲赦廣陵彭城大逆以下

二年春二月辛丑建威將軍劉裕破徐道覆于東陽乙卯桓玄自稱大將軍丁巳冀州刺史孫無終爲桓玄所害夏四月癸巳朔日有蝕之秋八月玄又自號相國楚王九月南陽太守庾仄起義兵爲玄所敗冬十一月壬午玄遷帝于永安宫癸未移太廟神主于琅邪國十二月壬辰玄篡位以帝爲平固王辛亥帝蒙塵于尋陽

三年春二月帝在尋陽庚寅夜濤水入石頭漂殺人户乙卯建武將

軍劉裕帥沛國劉毅東海何無忌等舉義兵二月景辰斬桓玄所署徐州刺
史桓脩于京口青州刺史桓弘于廣陵丁巳義師濟江三月戊午劉裕
斬玄將吳甫之于江乘斬皇甫敷於羅落己未玄衆潰而逃庚申劉裕
置留臺具百官壬戌桓玄司徒王謐推劉裕行鎮軍將軍徐州刺史都
督揚徐兗豫青冀幽并八州諸軍事假節劉裕以謐領揚州刺史錄尚
書事辛酉劉裕誅尚書左僕射王愉愉子荊州刺史綏司州刺史溫詳
辛未桓玄逼帝西上景戌密詔以幽逼於玄萬機虛曠令武陵王遵依
舊典承制揔百官行事加侍中餘如故并大赦謀反大逆已下惟桓玄
一祖之後不宥夏四月己丑大將軍武陵王遵稱制揔萬機庚寅帝至
江陵庚戌輔國將軍何無忌振武將軍劉道規及桓玄將庾稚何澹之
戰于湓口大破之玄復逼帝東下五月癸酉冠軍將軍劉毅及桓玄戰
于崢嶸洲又破之己卯帝復幸江陵辛巳荊州別駕王康產南郡太守
王騰之奉帝居于南郡壬午督護馮遷斬桓玄於貊盤洲乘輿反正于
江陵甲申詔曰姦兇篡逆自古有之朕不能式遏杜漸以致播越賴鎮

軍將軍裕英略奮發忠勇絕世冠軍將軍毅等誠心宿著協同嘉謀義聲
旣振士庶效節社稷載安四海齊慶其大赦凡諸畏逼事屈逆命者一
無所問戊寅奉神主入于太廟閏月己丑桓玄故將揚武將軍桓振陷
江陵劉毅何無忌退守尋陽帝復蒙塵于賊營是月益州刺史毛璩討
偽梁州刺史桓希斬之秋七月戊申永安皇后何氏崩八月癸酉祔葬
穆帝章皇后于永平陵九月前給事中刁騁祕書丞王邁之謀反伏誅
冬十月盧循寇廣州刺史吳隱之為循所敗執始興相阮腆之而還慕
容德死兄子超嗣偽位

義熙元年春正月帝在江陵南陽太守魯宗之起義兵襲破襄陽己丑
劉毅次于馬頭桓振以帝屯于江津辛卯宗之破振將溫楷于柞溪進
次紀南為振所敗振武將軍劉道規擊桓謙走之乘輿反正帝與琅邪
王幸道規舟戊戌詔曰朕以寡德夙纂洪緒不能緝熙遐邇式遏姦宄
逆臣桓玄乘釁肆亂乃誣罔天人篡據極位朕躬播越淪胥荒裔宣皇
之基殆焉以墜賴鎮軍將軍裕忠武英斷誠冠終古運謀機始貞賢協
其契投袂誓衆義士感其心故霜戈一揮巨猾奔迸三率稜威大憝授
首而孽振猖狂嗣凶荊郢幸天祚社稷義旗載捷狡徒沮潰朕獲反正
斯實宗廟之靈勤王之勳豈朕一人獨享伊祐思與億兆幸茲更始其
大赦改元唯玄振一祖及同黨不在原例賜百姓爵二級鰥寡孤獨穀
人五斛大酺五日二月丁巳留臺備乘輿法駕迎帝於江陵弘農太守
戴寧之建威主簿徐惠子等謀反伏誅平西參軍譙縱害平西將軍益
州刺史毛璩以蜀叛三月桓振復襲江陵荊州刺史司馬休之奔于襄
陽建威將軍劉懷肅討振斬之帝至自江陵乙未百官詣闕請罪詔曰
此非諸卿之過其還率職戊戌舉章皇后哀三日臨于西堂劉裕及何
無忌等抗表遜位不許庚子以琅邪王德文為大司馬武陵王遵為太
保加鎮軍將軍劉裕為侍中車騎將軍都督中外諸軍事甲辰詔曰自
頃國難之後人物彫殘常所供奉猶不改舊豈所以視人如傷禹湯歸
過之誠哉可籌量減省夏四月劉裕旋鎮京口戊辰餞于東堂五月癸
未禁絹扇及摴蒱游擊將軍章武王秀益州刺史司馬軌之謀反伏誅

桓玄故將桓亮苻宏刁預寇湘州守將擊走之秋八月甲子封臨川王
子脩之為會稽王冬十一月乞伏乾歸伐仇池仇池公楊盛大破之是
歲涼武昭王玄盛遣使奉表稱藩

二年春正月益州刺史司馬榮期擊譙縱將譙子明于白帝破之夏五
月封高密王子法蓮為高陽王秋七月梁州刺史楊孜敬有罪伏誅冬
十月論匡復之功封車騎將軍劉裕為豫章郡公撫軍將軍劉毅南平
郡公右將軍何無忌安成郡公自餘封賞各有差乙亥以左將軍孔
安國為尚書左僕射十二月盜殺零陵太守阮野

三年春二月己酉車騎將軍劉裕來朝誅東陽太守殷仲文南蠻校尉
殷叔文晉陵太守殷道叔永嘉太守駱球己丑大赦除酒禁夏五月大
水六月姚興將赫連勃勃僭稱天王于朔方國號夏秋七月戊戌朔日有
蝕之汝南王遵之有罪伏誅八月遣冠軍將軍劉敬宣持節監征蜀諸
軍事冬十一月赫連勃勃大敗禿髮傉檀奔于南山是歲高雲馮跋殺
慕容熙雲冠即帝位

四年春正月甲辰以琅邪王德文領司徒車騎將軍劉裕爲揚州刺史
録尚書事庚申侍中大保武陵王遵薨夏四月散騎常侍尚書左僕射
孔安國卒甲午加吏部尚書孟昶尚書左僕射冬十一月癸丑雷梁州
刺史楊思平有罪棄市辛卯大風拔樹是月禿髮傉檀僭即涼王位十
二月陳留王曹靈誕薨
五年春正月辛卯大赦庚戌以撫軍將軍劉毅爲衛將軍開府儀同三
司加輔國將軍何無忌鎮南將軍戊戌尋陽地震二月慕容超將慕容
興宗寇宿豫陽平太守劉千載南陽太守趙元並爲賊所執三月乙亥
大雪平地數尺車騎將軍劉裕帥師伐慕容超夏六月景寅震于太廟
劉裕大破慕容超于臨朐秋七月姚興將乞伏乾歸僭稱西秦王於苑
川九月戊辰離班弑高雲雲將馮跋攻班弑之跋僭即王位仍號燕冬
十月魏清河王紹弑其主圭
六年春二月丁亥劉裕攻慕容超剋之齊地悉平是月廣州刺史盧循
反寇江州三月禿髮傉檀及沮渠蒙遜戰于窮泉傉檀敗績壬申鎮南

將軍江州刺史何無忌及循戰于豫章王師敗績無忌死之夏四月青
州刺史諸葛長民兗州史劉藩并州刺史劉道憐各入衛京師五月景子
大風拔木戊子衛將軍劉毅及盧循戰于桑落洲王師敗績尚書左僕
射孟昶懼自殺己未大赦乙丑循至淮口內外戒嚴大司馬琅邪王德文
都督宮城諸軍事次中堂皇太尉劉裕次石頭梁王珍之屯南掖門冠
軍將軍劉敬宣屯北郊輔国將軍孟懷玉屯南岸建武將軍王仲德屯
越城廣武將軍劉懷默屯建陽門淮口築柤浦藥園廷尉三壘以距之
景寅震太廟鴟尾秋七月庚申盧循遁走甲子使輔国將軍王仲德廣
川太守劉鍾河間內史蒯恩等帥衆追之是月盧循寇荊州刺史劉道
規雍州刺史魯宗之等敗之又破徐道覆于華容賊復走尋陽八月姚
興將桓謙寇江陵劉道規敗之冬十一月蜀賊譙縱陷巴東守將溫祚
時延祖死之十二月壬辰劉裕破盧循于豫章
七年春二月壬午右將軍劉藩斬徐道覆于始興傳首京師夏四月盧
循走交州刺史杜慧度斬之秋七月丁卯以荊州刺史劉道規爲征西

大將軍開府儀同三司冬十月沮渠蒙遜伐涼涼武昭王玄盛與戰敗之
○八年春二月景子以吳興太守孔靖爲尚書右僕射三月甲寅山陰地
陷四尺有聲如雷夏五月乞伏公府弑乞伏乾歸乾歸子熾磐誅公府
僭即僞位六月以平北將軍魯宗之爲鎮北將軍秋七月甲午武陵王
季度薨庚子征西大將軍劉道規卒八月皇后王氏崩辛亥高密王純
之薨九月癸酉葬僖皇后休平陵己卯太尉劉裕害右將軍兗州刺
史劉藩尚書左僕射謝混庚辰裕矯詔曰劉毅包藏禍心構逆南夏
藩混助亂志肆姦宄賴宰輔玄鑒撫機挫鋭凶黨即戮社稷又安夫好
生之德所因者本肆眚覃仁實資玄澤況事興大憝禍自元凶其大赦
天下唯劉毅不在其例普增文武位一等孝順忠義隱滯遺逸必令聞
達己丑劉裕帥師討毅裕參軍王鎮惡陷江陵城毅自殺冬十一月沮
渠蒙遜僭號河西王十二月以西陵太守朱齡石爲建威將軍益州刺
史帥師伐蜀分荊州十郡置湘州是歲廬陵南康地四震
九年春三月景寅劉裕害前將軍諸葛長民及其弟輔国大將軍黎民

從弟寧朔將軍秀之三月戊寅加劉裕鎮西將軍豫州刺史林邑范胡
達寇九真交州刺史杜慧度斬之夏四月壬戌罷臨沂湖熟皇后脂澤
田四十頃以賜貧人弛湖池之禁封鎮北將軍魯宗之爲南陽郡公秋
七月朱齡石克成都斬譙縱益州平九月封劉裕次子義眞爲桂陽公
冬十二月安平王球之薨是歲高句麗倭国及西南夷銅頭大師並獻方物
○十年春三月戊寅地震夏六月乞伏熾磐帥師伐禿髮傉檀滅之秋七
月淮北大風壞廬舍九月丁巳朔日有蝕之林邑遣使來獻方物是歲
城東府
十一年春正月荊州刺史司馬休之雍州刺史魯宗之並舉兵貳於劉
裕裕帥師討之庚午大赦丁丑以吏部尚書謝裕爲尚書左僕射二月
丁未姚興死子泓嗣僞位三月辛巳淮陵王蘊薨壬午劉裕及休之戰
於江津休之敗奔襄陽夏四月乙卯青冀二州刺史劉敬宣爲其參軍
司馬道賜所害五月甲申彗星二見甲午休之宗之出奔于姚泓論平
蜀功封劉裕子義隆彭城公朱齡石豐城公己酉霍山崩出銅鍾六枚

秋七月景戌京師大水壞太廟辛亥晦日有蝕之八月丁未尚書左僕射謝裕卒以尚書右僕射劉穆之為尚書左僕射九月己亥大赦

十二年春正月姚泓使其將魯軌寇襄陽雍州刺史趙倫之擊走之二月加劉裕中外大都督夏六月赫連勃勃攻姚泓秦州陷之己酉新除尚書令都鄉亭侯劉柳卒秋八月劉裕及琅邪王德文帥衆伐姚泓景午大赦冬十月景寅姚泓將姚光以洛陽降己丑遣兼司空高密王恢之脩謁五陵

十三年春正月甲戌朔日有蝕之二月涼武昭王李玄盛薨世子士業嗣位為涼州牧涼公三月龍驤將軍王鎮惡大破姚泓將姚紹于潼關夏劉裕敗魏將鵝青于河曲斬青裨將阿薄干是月涼公李士業大敗沮渠蒙遜于鮮支澗夏五月劉裕克潼關丁亥會稽王脩之薨六月癸亥林邑獻馴象白鸚鵡秋七月劉裕克長安執姚泓收其彝器歸諸京師南海賊徐道期陷廣州始興相劉謙之討平之冬十二月辛未左僕射前將軍劉穆之卒

十四年春正月辛巳大赦青州刺史沈田子害龍驤將軍王鎮惡于長安夏六月劉裕為相国進封宋公冬十月以涼公士業為鎮西將軍封酒泉公十一月赫連勃勃大敗王師于青泥北雍州刺史朱齡石焚長安宮殿奔于潼關尋又大潰齡石死之十二月戊寅帝崩于東堂時年三十七葬休平陵帝不惠自少及長口不能言雖寒暑之變無以辯也凡所動止皆非己出故桓玄之篡因此獲全初讖云昌明之後有二帝劉裕將為禪代故密使王韶之縊帝而立恭帝以應二帝云

恭帝諱德文字德文安帝母弟也初封琅邪王歷中軍將軍散騎常侍衛將軍開府儀同三司加侍中領司徒錄尚書六條事元興初遷車騎大將軍桓玄執政進位太宰加袞冕之服綠綟綬玄篡位以帝為石陽縣公与安帝俱居尋陽及玄敗隨至江陵玄死桓振奄至躍馬奮戈直至階下瞋目謂安帝曰臣門戶何負国家而屠滅若是帝乃下牀謂振曰此豈我兄弟意邪振乃下馬致拜振平復為琅邪王又領徐州刺史尋拜大司馬領司徒加殊禮義熙五年置左右長史司馬從事中郎四人加羽葆鼓吹十二年詔曰大司馬明德懋親太尉道勳光大並徽序彝倫燮和二氣髦俊引領思佐鼎飪而雅尚沖挹四門弗闢誠合大雅謙虛之道實違急賢贊世之務昔蒲輪載徵異人並出東平開府奇士嚮臻濟濟之盛朕有欽焉可勑二府依舊辟召必將明敭俊乂嗣軌前賢矣於是始辟召掾屬時太尉裕都督中外諸軍詔曰大司馬地隆任重親賢莫二雖府受節度可身無致節劉裕之北征也帝上疏請帥所莅啓行戒路脩敬山陵朝廷從之乃與裕俱發及有司以即戎不得奉辭陵廟帝復上疏曰臣推轂閫外將華寒暑不獲展情擬遂私心罔極伏願天慈特垂聽許使自徵誠粗申即路無恨許之及姚泓滅歸于京都

十四年十二月戊寅安帝崩劉裕矯稱遺詔曰惟我有晉誕膺明命業隆九有光宅四海朕以不德屬當多難幸賴宰輔拯厥顛覆仍恃保祐克黜禍亂遂冕旒宸極混一六合方憑阿衡惟新洪業而遘疾大漸將遂弗興仰惟祖宗靈命親賢是荷咨爾大司馬琅邪王體自先皇明德光懋屬惟儲貳衆望攸集其居臨晉邦奉脩宗祀允執其中燮和天下

闡揚未詰無廢我高祖之景命是日即帝位大赦

元熙元年春正月壬辰朔改元以山陵未厝不朝會立皇后褚氏甲午徵劉裕還朝戊戌有星孛于太微西藩庚申葬安皇帝于休平陵帝受朝懸而不樂以驃騎將軍劉道憐為司空秋八月劉裕移鎮壽陽以劉懷慎為前將軍北徐州刺史鎮彭城九月劉裕自解揚州冬十月乙酉裕以其子桂陽公義真為揚州刺史十一月丁亥朔日有蝕之十二月辛卯裕加殊禮己卯太史奏黑龍四見于東方

二年夏六月壬戌劉裕至于京師傅亮承裕密旨諷帝禪位草詔請帝書之帝欣然謂左右曰晉氏久已失之今復何恨乃書赤紙為詔甲子遂遜于琅邪第劉裕以帝為零陵王居于秣陵行晉正朔車旗服色一如其舊有其文而不備其禮帝自是之後深慮禍機褚后常在帝側飲食所資皆出褚后故宋人莫得伺其隙宋永初二年九月丁丑裕使后兄叔度請后有間兵人踰垣而入弒帝于內房時年三十六謚恭皇帝葬沖平陵帝幼時性頗忍急及在藩国曾令善射者射馬為戲既而

有人云馬者國姓而自殺之不祥之甚帝亦悟甚悔之其後復深信浮屠道鑄貨千萬造丈六金像親於瓦官寺迎之步從十許里安帝既不惠帝每侍左右消息溫涼寢食之節以恭謹聞時人稱焉

始元帝以丁丑歲稱晉王置宗廟使郭璞筮之云享二百年自丁丑至禪代之歲年在庚申為一百四歲然丁丑始係西晉庚申終入宋年所餘惟一百有二歲耳璞蓋以百二之期促故婉而倒之為二百也

史臣曰安帝即位之辰鍾無妄之日道子元顯垂傾朝政主昏臣乱未有不如斯亡者也雖有手握戎麾心存舊國迴首無良忽焉蕭散於是桓玄承釁勢踰飈指六師咸泯隻馬徂遷是以宋高非典午之臣孫恩豈金行之寇若乃世遇顛覆則恭皇斯甚於越之民能燻丹穴會稽之侶寧歎入臣去皇屋而歸來灑丹書而不恨夫五運攸革三微數盡猶高秋彫候理之自然觀其搖落人有為之流漣者也

贊曰安承流湎大盜斯張恭乃寓命他人是綱猶存周赧始立懷王虛尊假號異術同亡

晉書帝紀卷第十

志第一　　晉書十一

天文上（天體　儀象　天文經星　二十八宿外星　天漢起沒　十二次度數　州郡躔次）　　御撰

昔在庖犧觀象察法以通神明之德以類天地之情可以藏往知來開物成務故易曰天垂象見吉凶聖人象之此則觀乎天文以示變者也尚書曰天聰明自我人聰明此則觀乎人文以成化者也是故政教兆於人理祥變應乎天文得失雖微罔不昭著然則三皇邁德七曜順軌日月無薄蝕之變星辰靡錯亂之妖黃帝創受河圖始明休咎故其星傳尚有存焉降在高陽乃命南正重司天北正黎司地爰洎帝嚳亦式序三辰唐虞則羲和繼軌有夏則昆吾紹德年代縣邈文籍靡傳至于殷之巫咸周之史佚格言遺記于今不朽其諸侯之史則魯有梓慎晉有卜偃鄭有裨竈宋有子韋齊有甘德楚有唐昧趙有尹皐魏有石申夫皆掌著天文各論圖驗其巫咸甘石之說後代所宗暴秦燔書六經殘滅天官星占存而不毀及漢景武之際司馬談父子繼為史官著天官書以明天人之道其後中壘校尉劉向廣鴻範災條作皇極論以參往之行事及班固敘漢史馬續述天文而蔡邕譙周各有撰録司馬彪採之以繼前志今詳衆說以著于篇

天體

古言天者有三家一曰蓋天二曰宣夜三曰渾天漢靈帝時蔡邕於朔方上書言宣夜之學絕無師法周髀術數具存考驗天狀多所違失惟渾天近得其情今史官候臺所用銅儀則其法也立八尺員體而具天地之形以正黃道占察發斂以行日月以步五緯精微深妙百代不易之道也官有其器而無本書前志亦闕蔡邕所謂周髀者即蓋天之說也其本庖犧氏立周天歷度其所傳則周公受於殷商周人志之故曰周髀髀股也股者表也其言天似蓋笠地法覆槃天地各中高外下北極之下為天地之中其地最高而滂沲四隤三光隱映以為晝夜天中高於外衡冬至日之所在六萬里北極下地高於外衡下地亦六萬里外衡高於北極下地二萬里天地隆高相從日去地恒八萬里日麗天而平轉分冬夏之間日前行道為七衡六間每衡周徑里數各依筭術

用句股重差推晷影極游以為遠近之數皆得於表股者也故曰周髀又周髀家云天員如張蓋地方如碁局天旁轉如推磨而左行日月右行隨天左轉故日月實東行而天牽之以西沒譬之於蟻行磨石之上磨左旋而蟻右去磨疾而蟻遲故不得不隨磨以左迴焉天形南高而北下日出高故見日入下故不見天之居如倚蓋故極在人北是其證也極在天之中而今在人北所以知天之形如倚蓋也日朝出陽中暮入陰中陰氣暗冥故沒不見也夏時陽氣多陰氣少陽氣光明與日同輝故日出即見無蔽之者故夏日長也冬天陰氣多陽氣少陰氣暗冥掩日之光雖出猶隱不見故冬日短也宣夜之書亡惟漢秘書郎郗萌記先師相傳云天了無質仰而瞻之高遠無極眼瞀精絶故蒼蒼然也譬之旁望遠道之黃山而皆青俯察千仞之深谷而窈黑夫青非真色而黑非有體也日月衆星自然浮生虛空之中其行其止皆須氣焉是以七曜或逝或住或順或逆伏見無常進退不同由乎無所根繫故各異也故辰極常居其所而北斗不與衆星西沒也攝提塡星皆東行日行度月行十三度遲疾任情其無所繫著可知矣若綴附天體不得爾也成帝咸康中會稽虞喜因宣夜之說作安天論以為天高窮於無窮地深測於不測天確乎在上有常安之形地魄焉在下有居靜之體當相覆冒方則俱方員則俱員無方員不同之義也其光耀布列各自運行猶江海之有潮汐萬品之有行藏也葛洪聞而譏之曰苟辰宿不麗於天天為無用便可言無何必復云有之而不動乎由此而談稚川可謂知言之選也虞喜族祖河間相聳又立穹天論云天形穹隆如雞子幕其際周接四海之表浮于元氣之上譬如覆奩以抑水而不沒者氣充其中故也日繞辰極沒西而還東不出入地中天之有極猶蓋之有斗也天北下於地三十度極之傾在地卯酉之北亦三十度人在卯酉之南十餘萬里故斗極之下不為地中當對天地卯酉之位耳日行黃道繞極極北去黃道百一十五度南去黃道六十七度二至之所舍以為長短也吳太常姚信造昕天論云人為靈蟲形最似天今人頤前多臨胷而項不能覆背近取諸身故知天之體南低入地北則偏高又冬至極

低而天運近南故日去人遠而斗去人近北天氣至故冰寒也夏至極起而天運近北而斗去人遠日去人近南天氣至故蒸熱也極之立時日行地中淺故夜短天去地高故晝長也極之低時日行地中深故夜長天去地下淺故晝短也自虞喜虞聳姚信皆好奇徇異之說非極數談天者也至於渾天理妙學者多疑漢王仲任據蓋天之說以駁渾儀云舊說天轉從地下過今掘地一丈輒有水天何得從水中行乎甚不然也日隨天而轉非入地夫人目所望不過十里天地合矣實非合也遠使然耳今視日入非入也亦遠耳當日入西方之時其下之人亦將謂之為中也四方之人各以其近者為出遠者為入矣何以明之今試使一人把大炬火夜行於平地去人十里火光滅矣非滅也遠使然耳今日西轉不復見是火滅之類也日月不員也望視之所以員者去人遠也夫日火之精也月水之精也水火在地不員在天何故員故丹楊葛洪釋之曰渾天儀注云天如雞子地如雞中黃孤居於天內天大而地小天表裏有水天地各乘氣而立載水而行周天三百六十五度四分度之一又中分之則半覆地上半繞地下故二十八宿半見半隱天轉如車轂之運也諸論天者雖多然精於陰陽者張平子陸公紀之徒咸以為推步七曜之道度曆象昬明之證候校以四八之氣考以漏刻之分占晷影之往來求形驗於事情莫密於渾象者也張平子既作銅渾天儀於密室中以漏水轉之令伺之者閉戶而唱之其伺之者以告靈臺之觀天者曰璇璣所加某星始見某星已中某星今沒皆如合符也崔子玉為其碑銘曰數術窮天地制作侔造化高才偉藝與神合契蓋由於平子渾儀及地動儀之有驗故也若天果如渾者則天之出入行於水中為的然矣故黃帝書曰天在地外水在天外水浮天而載地者也又易曰時乘六龍夫陽爻稱龍龍者居水之物以喻天天陽物也又出入水中與龍相似故以龍比也聖人仰觀俯察審其如此故晉卦坤下離上以證日出於地也又明夷之卦離下坤上以證日入於地也需卦乾下坎上此亦天入水中之象也天為金金水相生之物也天出入水中當有何損而謂為不可乎故桓君山曰春分日出卯入酉此乃人之卯

酉天之卯酉常值斗極爲天中今視之乃在北不正在人上而春秋分
時日出入乃在斗極之南若如磨石轉則北方道遠而南方道近晝夜漏
刻之數不應等也後奏事待報坐西廊廡下以寒故暴背有頃日光出
去不復暴背君山乃告信蓋天者曰天若如推磨右轉而日西行者其
光景當照此廊下稍而東耳不當拔出去拔出去是應渾天法也渾爲天
之眞形於是可知矣然則天出入水中無復疑矣又今視諸星出於東
者初但去地小許耳漸而西行先經人上後遂西轉而下焉不旁旋也
其先在西之星亦稍下而沒無北轉者日之出入亦然若謂天磨石轉
者日之出入亦然衆星日月宜隨天而迴初在於東次經於南次到於
西次及於北而復還於東不應橫過去也今日出於東冉冉轉上及其
入西亦復漸漸稍下都不繞邊北去了了如此王生必固謂爲不然者
疏矣今日徑千里圍周三千里中足以當小星之數十也若日以轉遠
之故但當光曜不能復來照及人耳宜猶望見其體不應都失其所在
也日光既盛其體又大於星多矣今見極北之小星而不見日之在北

者明其不北行也若日以轉遠之故不復可見其比入之間應當稍小
而日方入之時乃更大此非轉遠之徵也王生以火炬喻日吾亦將借子
之矛以刺子之楯焉把火之去人轉遠其光轉微而日月自出至入不
漸小也王生以火喻之謬矣又日之入西方視之稍稍去初尚有半如
橫破鏡之狀須臾淪沒矣若如王生之言日轉北去有半者其北都沒
之頃宜先如豎破鏡之狀不應如橫破鏡也如此言之日入西方不亦
孤子乎又月之光微不及日遠矣月盛之時雖有重雲蔽之不見月體
而夕猶朗然是光猶從雲中而照外也日若繞西及北者其光故應如
月在雲中之狀不得夜便大暗也又日入則星月出焉明知天以日月
分主晝夜相代而照也若日常出者不應日亦入而星月亦出也又按
河洛之文皆云水火者陰陽之餘氣也夫言餘氣也則不能生日月可
知也顧當言日陽精生火者可耳若水火是日月所生則亦何得盡如
日月之眞乎今火出於陽燧陽燧員而火不員也水出於方諸方諸方
而水不方也又陽燧可以取火於日而無取日於火之理此則日精之

生火明矣方諸可以取水於月而無取月於水之道此則月精之生水
了矣王生又云遠故視之眞若審然者月初生之時及既虧之後何以
視之不員乎而日食或上或下從側而起或如鉤至盡若遠視見眞不
宜見其殘缺左右所起也此則渾天之體信而有徵矣

儀象

虞書曰在璇璣玉衡以齊七政考靈曜云分寸之晷代天氣生以制方
員方員以成參以規矩昏明主時乃命中星觀玉儀之游鄭玄謂以玉
爲渾儀也春秋文曜鉤云唐堯即位羲和立渾儀此則儀象之設其來
遠矣縣代相傳史官禁密學者不覩故宣蓋沸騰暨漢太初落下閎鮮
于妄人耿壽昌等造員儀以考曆度後至和帝時賈逵繫作又加黃道
至順帝時張衡又制渾象具內外規南北極黃赤道列二十四氣二十
八宿中外星官及日月五緯以漏水轉之於殿上室內星中出沒與天相
應因其關戾又轉瑞輪蓂莢於階下隨月虛盈依曆開落其後陸績亦
造渾象至吳時中常侍廬江王蕃善數術傳劉洪乾象曆依其法而制

渾儀立論考度曰前儒舊說天地之體狀如鳥卵天包地外猶殼之裹
黃也周旋無端其形渾渾然故曰渾天也周天三百六十五度五百八十
九分度之百四十五半覆地上半在地下其二端謂之南極北極北極
出地三十六度南極入地三十六度兩極相去一百八十二度半強繞
北極徑七十二度常見不隱謂之上規繞南極七十二度常隱不見謂
之下規赤道帶天之紘去兩極各九十一度少彊黃道日之所行也半
在赤道外半在黃道內與赤道東交於角五少弱西交於奎十四少強其
赤道外極遠者去赤道二十四度斗二十一度是也其入赤道內極遠
者亦二十四度井二十五度是也日南至在斗二十一度去極百一十五
度少彊是也日最南去極最遠故景最長黃道斗二十一度出辰入申
日晝行地上百四十六度彊故日短夜行地下二百一十九度少弱故夜
長自南至之後日去極稍近故景稍短日晝行地上度稍多故日稍長
夜行地下度稍少故夜稍短日所在度稍北故日稍北以至於夏至日
在井二十五度去極六十七度少彊是日最北去極最近景最短黃

道井二十五度出寅入戌故日亦出寅入戌日晝行地上二百一十九度少弱故日長夜行地下百四十六度彊故夜短自夏至之後日去極稍遠故景稍長日晝行地上度稍少故日稍短夜行地下度稍多故夜稍長日所在度稍南故日出稍南以至於南至而復初焉斗二十一井二十五南北相應四十八度春分日在奎十四少彊秋分日在角五少弱此黃赤二道之交中也去極俱九十一度少彊南北處斗二十一井二十五之中故景居二至長短之中奎十四角五出卯入酉故日亦出卯入酉日晝行地上夜行地下俱百八十二度半彊故日見之漏五十刻不見之漏五十刻謂之晝夜同夫天之晝夜以日出没爲分人之晝夜以昏明爲限日未出二刻半而明日入二刻半而昏故損夜五刻以益晝是以春秋分漏晝五十五刻三光之行不必有常術家以筭求之各有同異故諸家曆法參差不齊洛書甄曜度春秋考異郵皆云周天一百七萬一千里一度爲二千九百三十二里七十一步二尺七寸四分四百八十七分分之三百六十二陸績云天東西南北徑三十五萬七千里此言周三徑一也考之徑一

晉志一

不啻周三率周百四十二而徑四十五則天徑三十二萬九千四百一里一百二十二步二尺二寸一分七十一分分之十周禮日至之景尺有五寸謂之地中鄭衆説土圭之長尺有五寸以夏至之日立八尺之表其景與土圭等謂之地中今潁川陽城地也鄭玄云凡日景於地千里而差一寸景尺有五寸者南戴日下萬五千里也以此推之日當去其下地八萬里矣日邪射陽城則天徑之半也體員如彈丸地處天之半而陽城爲中則日春秋冬夏昏明晝夜去陽城皆等無盈縮矣故知從日邪射陽城爲天徑之半也以句股法言之旁萬五千里句也立八萬里股也從日邪射陽城弦也以句股求弦法入之得八萬一千三百九十四里三十步五尺三寸六分天徑之半而地上去天之數也倍之得十六萬二千七百八十八里六十一步四尺七寸二分天徑之數也以周率乘之徑率約之得五十一萬三千六百八十七里六十八步一尺八寸二分周天之數也減甄耀度考異郵五十五萬七千三百一十二里有奇一度凡千四百六里二十四步六寸四分十萬七千五百六十五分分之萬九千四百十九減舊度千五百二

十五里二百五十六步三尺三寸二十一万五千一百三十分分之十六万七百三十分黃赤二道相与交錯其間相去二十四度以南儀推之二道俱三百六十五度有奇是以知天體員如彈丸也而陸績造渾象其形如鳥卵然則黃道應長於赤道矣績云天東西南北徑三十五万七千里然則績亦以天形正員也而渾象爲鳥卵則爲自相違背古舊渾象以二分爲一度凡周七尺三寸半分張衡更制以四分爲一度凡周一丈四尺六寸蕃以古制局小星辰稠概衡器傷大難可轉移更制渾象以三分爲一度凡周大一丈九寸五分分之三也

天文经星

鴻範傳曰清而明者天之體也天忽必變色是謂易常天裂陽不足是謂臣強天裂見人兵起国亡天鳴有声至尊憂且驚皆乱国之所生也馬績云天文在圖籍昭昭可知者經星常宿中外官凡一百一十八名積數七百八十三皆有州国官宮物類之象張衡云文曜麗乎天其動者有七日月五星是也日者陽精之宗月者陰精之宗五星五行之精衆星

晉志一 七

列布體生於地精成於列列居錯峙各有攸屬在野象物在朝象官在人象神其以神差有五列焉是爲三十五名一居中央謂之北斗四布於方各七爲二十八舍日月運行歷示吉凶 緯躔次用告禍福中外之官常明者百有二十四可名者三百二十爲星二千五百微星之數蓋万一千五百二十庶物蠢蠢咸得繫命不然何得總而理諸後武帝時太史令陳卓總甘石巫咸三家所著星圖大凡二百八十三官一千四百六十四星以爲定紀今略其昭昭者以備天官云

中宮

北極五星鉤陳六星皆在紫宮中北極北辰最尊者也其紐星天之樞也天運无窮三光迭耀而極星不移故曰居其所而衆星拱之第一星主月太子也第二星主日帝王也亦太一之坐謂最赤明者也第三星主五星庶子也中星不明主不用事右星不明太子憂鉤陳後宮也太帝之正妃也太帝之帝居也北四星曰女御宮八十一御妻之象也鉤陳口中一星曰天皇大帝其神曰耀魄寶主御群靈執万神圖抱北極四星

曰四輔所以輔佐北極而出度授政也大帝上九星曰華蓋所以覆蔽大帝之坐也蓋下九星曰杠蓋之柄也華蓋下五星曰五帝内坐設敘順帝所居也客星犯紫宮中坐大臣犯主華蓋杠旁六星曰六甲可以分陰陽而配節候故在帝旁所以布政教而授農時也極東一星曰柱下史主記過左右史此之象也柱史北一星曰女史婦人之微者主傳漏故漢有侍史傳舍九星在華蓋上近河賓客之館主胡人入中国客星守之備姦使亦曰胡兵起傳舍南河中五星曰造父御官也一曰司馬或曰伯樂星亡馬大貴其西河中九星如鉤狀曰鉤星直則地動天一星在紫宮門右星南天帝之神也主戰鬬知人吉凶者也太一星在天一南相近亦天帝神也主使十六神知風雨水旱兵革饑饉疾疫災害所在之國也紫宮垣十五星其西蕃七東蕃八在北斗北一曰紫微大帝之坐也天子之常居也主命主度也一曰長垣一曰天營一曰旗星為蕃衛備蕃臣也宮闕兵起旗星直天子出自將宮中兵東垣下五星曰天柱建政教懸圖法門内東南維五星曰尚書主納言夙夜諮謀龍作納言此之象也尚書西二星曰陰德陽德主周急振撫宮門左星内二星曰大理主平刑斷獄也門外六星曰天牀主寢舍解息燕休西南角外二星曰内厨主六宮之内飲食主后妃夫人与太子宴飲東北維外六星曰天厨主盛饌北斗七星在太微北七政之樞機陰陽之元本也故運乎天中而臨制四方以建四時而均五行也魁四星為琁璣杓三星為玉衡又曰斗為人君之象号令之主也又為帝車取乎運動之義也又魁第一星曰天樞二曰琁三曰璣四曰權五曰玉衡六曰開陽七曰搖光一至四為魁五至七為杓樞為天琁為地璣為人權為時玉衡為音開陽為律搖光為星石氏云第一曰正星主陽德天子之象也二曰法星主陰刑女主之位也三曰令星主中禍四曰伐星主天理伐无道五曰殺星主中央助四旁殺有罪六曰危星主天倉五穀七曰部星亦曰應星主兵又一主天二主地三主火四主水五主土六主木七主金又曰一主秦二主楚三主梁四主吳五主燕六主趙七主齊魁中四星為貴人之牢曰天理也輔星傳乎開陽所以佐斗成功丞相之象也七政星明其國昌輔星明則臣強杓南三星及魁第一星西三星皆曰三公主宣德化調七政和陰陽之官也

文昌六星在北斗魁前天之六府也主集計天道一曰上將大將軍建威武二曰次將尚書正左右三曰貴相太常理文緒四曰司祿司中司隸賞功進五曰司命司怪太史主滅咎六曰司寇大理佐理寶所謂一者起北斗魁前近内階者也明潤大小齊天瑞臻文昌北六星曰内階天皇之階也相一星在北斗南相者揔領百司而掌邦教以佐帝王安邦國集衆事也其星明吉太陽守在相西大將大臣之象也主戒不虞設武備西北四星曰勢勢腐刑人也天牢六星在北斗魁下貴人之牢也太微天子庭也五帝之坐也十二諸侯府也其外蕃九卿也一曰太微為衡衡主平也又為天庭理法平辭監升授德列宿受符諸神考節舒情稽疑也南蕃中二星間曰端門東曰左執法廷尉之象也西曰右執法御史大夫之象也執法所以舉刺凶姦者也左執法之東左掖門也右執法之西右掖門也東蕃四星南第一曰上相其北東太陽門也第二星曰次相其北中華東門也第三星曰次將其北東太陰門也第四星曰上將所謂四輔也西蕃四星南第一星曰上將其北西太陽門也第二星曰次將其北中華西門也第三星曰次相其北西太陰門也第四星曰上相次亦曰四輔也東西蕃有芒及動搖者諸侯謀執法移刑罰尤急月五星入太微軌道吉其所犯中坐成刑其西南角外三星曰明堂天子布政之宮明堂西三星曰靈臺觀臺也主觀雲物察符瑞候災變化左執法東北一星曰謁者主贊賓客也謁者東北三星曰三公内坐朝會之所居也三公北三星曰九卿内坐治万事九卿西五星曰内五諸侯内侍天子不之國也辟雍之禮得則太微諸侯明

黃帝坐在太微中含樞紐之神也天子動得天度止得地意從容中道則太微五帝坐明以光黃帝坐不明人主求賢士以輔法不然則奪勢四帝星俠黃帝坐東方蒼帝靈威仰之神也南方赤帝赤熛怒之神也西方白帝白招矩之神也北方黑帝叶光紀之神也五帝坐北一星曰太子帝儲也太子北一星曰從官侍臣也帝坐東北一星曰幸臣屏四星

在端門之內近右執法屏所以壅蔽帝庭也執法主刺舉臣尊敬君上則星光明潤澤郎位十五星在帝坐東北一曰依烏郎府也周官之元士漢官之光祿中散諫議議郎三署郎中是其職也郎主衞守也其星不具后妃死幸臣誅星明大及客星入之大臣為亂郎將在郎位北主閱具所以為武備也武賁一星在太微西蕃北下名南靜室旄頭之騎官也常陳七星如畢狀在帝坐北天子宿衞武賁之士以設強禦也星搖動天子自出明則武兵用微則兵弱三台六星兩兩而居起文昌列抵太微一曰天柱三公之位也在人曰三公在天曰三台主開德宣符也西近文昌二星曰上台為司命主壽次二星曰中台為司中主宗室東二星曰下台為司祿主兵所以昭德塞違也又曰三台為天階太一躡以上下一曰泰階上階上星為天子下星為女主中階上星為諸侯三公下星為卿大夫下階上星為士下星為庶人所以和陰陽而理萬物也君臣和集如其常度有變則占其人南四星曰內平近職執法平罪之官也中台之北一星曰太尊貴戚也

攝提六星直斗杓之南主建時節伺禨祥攝提為楯以夾擁帝座也主九卿明大三公恐客星入之聖人受制西三星曰周鼎主流亡大角在攝提間大角者天王座也又為天棟正經紀也北三星曰帝席主宴獻酬酢北三星曰梗河天矛也一曰天鋒主胡兵又為喪故其變動應以兵喪也星亡其國有兵謀其北一星曰招搖一曰矛楯其北一星曰玄戈皆主胡兵占與梗河略相類也招搖與北斗杓間曰天庫星去其所則有庫開之祥也招搖欲與棟星梗河北斗相應則胡當來受命於中國玄戈又主北夷客星守之胡大敗天槍三星在北斗杓東一曰天鉞天之武備也故在紫宮之左右所以禦難也女牀三星在紀星北後宮御也主女事天棓五星在女牀北天子先驅也主分爭與刑罰藏兵亦所以禦兵亦所以禦難也槍棓皆以備非常也一星不具其國兵起東七星曰扶筐盛桑之器主勸蠶也七公七星在招搖東天之相也三公之象也主七政貫索九星在其前賤人之牢也一曰連索一曰連營一曰天牢主法律禁暴強也牢口一星為門欲其開也九星皆明天下獄煩七星見小

赦六星五星大赦動則斧鑕用中空則更元漢志云十五星天紀九星在貫索東九卿也主萬事之紀理怨訟也明則天下多辭訟亡則政理壞國紀亂散絕則地震山崩織女三星在天紀東端天女也主果蓏絲帛珍寶也王者至孝神祇咸喜則織女星俱明天下和平大星怒角布帛貴東足四星曰漸臺臨水之臺也主晷漏律呂之事西足五星曰輦道王者嬉游之道也漢輦道通南北宮其象也左右角間二星曰平道之官平道西一星曰進賢主卿相舉逸才亢東咸西咸各四星在房心北日月五星之道也房之戶所以防佚淫也星明則信吉月五星犯守之有陰謀鍵閉一星在房東北鉤鈐主關籥天市垣二十二星在房心東北主權衡主聚衆一曰天旗庭主斬戮之事也市中星衆潤澤則歲實熒惑守之戮不忠之臣彗星除之為徙市易都客星入之兵大起出之有貴喪帝坐一星在天市中星西天庭也光而潤則天子吉威令行候一星在帝坐東北主伺陰陽也明大輔臣強四夷開候細微則國安亡則主失位移則不安宦者四星在帝坐西南侍主刑餘之人也星微

吉非其常宦者有憂宗正二星在帝坐東南宗大夫也彗星守之若失色宗正有事客星守之更號令也宗人四星在宗正東主錄親疏享祀族人有序則如綺文而明正動則天子親屬有變客星守之貴人死宗星二在候星東宗室之象帝輔血脈之臣也客星守之宗支不和天江四星在尾北主太陰江星不具天下津河關道不通明若動搖大水出大兵起參差則馬貴熒惑守之有立主客星入之河津絕天籥八星在南斗杓西主關閉建星六星在南斗北亦曰天旗天之都關也為謀事為天鼓為天馬南二星天庫也中央二星市也鈇鑕也上二星旗跗也斗建之間三光道也星動則衆勞月暈之蛟龍見牛馬疫月五星犯之大臣相譖有謀亦為關梁不通有大水東南四星曰狗國主鮮卑烏丸沃且熒惑守之外夷為變狗國北二星曰天雞主候時天弁九星在建星北市官之長也以知市珍也星欲明吉彗星犯守之糴貴囚徒起兵河鼓三星旗九星在牽牛北天鼓也主軍鼓主鈇鉞一曰三武主天子三將軍中央大星為大將軍左星為左將軍右星為右將軍左星南星

也所以備關梁而距難也設守阻險知謀徵也旗即天鼓之旗所以為旌表也左旗九星在鼓左旁鼓欲正直而明色黃光澤將吉不正為兵憂也星怒馬貴動則兵起曲則將失計奪勢旗星差戾亂相陵旗端四星南北列曰天桴鼓桴也星不明漏刻失時前近河鼓若桴鼓相直皆為桴鼓用離珠五星在須女北須女之藏府女子之星也天津九星橫河中一曰天漢一曰天江主四瀆津梁所以度神通四方也一星不備津關道不通騰蛇二十二星在營室北天蛇也主水虫王良五星在奎北居河中天子奉車御官也其四星曰天駟旁一星曰王良亦曰天馬其星動為策馬車騎滿野亦曰梁為天橋主御風雨水道故或占車騎或占津梁客星守之橋不通道前一星曰策星王良之御策也主天子之僕在王良旁若移在王良前居馬後是謂策馬則車騎滿野閣道六星在王良前飛道也從紫宮至河神所乘也一曰閣道星天子遊別宮之道也傅路一星在閣道南旁別道也東壁北十星曰天廄主馬之官若今驛亭也主傳令置驛逐漏馳鶩謂其行急疾與晷漏競馳也天將軍十二星在婁北主武兵中央大星天之大將也南一星曰軍南門主誰何出入太陵八星在胃北亦曰積京主大喪也積京中星眾則諸侯有喪民多疾兵起太陵中一星曰積尸明則死人如山北九星曰天船一曰舟星所以濟不通也中一星曰積水候水災昴西二星曰天街三光之道主伺候關梁中外之境卷舌六星在昴北主口語以知佞讒也曲吉直而動天下有口舌之害中一曰天讒主巫醫五車五星三柱九星在畢北五車者五帝車舍也五帝坐也主天子五兵一曰主五穀豐耗西北大星曰天庫主太白主秦次東北星曰獄主辰星主燕趙次東星曰天倉主歲星主魯衛次東南星曰司空主鎮星主楚次西南星曰卿星主熒惑主魏五星有變皆以其所占之三柱一曰三泉天子得靈臺之禮則五車三柱均明有常其中五星曰天潢天潢南三星曰咸池魚囿也月五星入天潢兵起道不通天下亂五車南六星曰諸王察諸侯存亡其西八星曰八穀主候歲八穀一星亡一穀不登天關一星在五車南亦曰天門日月之所行也主邊事主關閉芒角有兵五星守之

貴人多死東井鉞前四星曰司怪主候天地日月星辰變異及鳥獸草木之妖明主聞災脩德保福也司怪西北九星曰坐旗君臣設位之表也坐旗西四星曰天高臺榭之高主遠望氣象天高西一星曰天河主察山林妖變南河北河各三星夾東井一曰天高之關門也主關梁南河曰南戍一曰南宮一曰陽門一曰越門一曰權星主火北河曰北戍一曰北宮一曰陰門一曰胡門一曰衡星主水兩河戍間日月五星之常道也河戍動搖中國兵起南河南三星曰闕丘主宮門外象魏也五諸侯五星在東井北主刺舉戒不虞又曰理陰陽察得失亦曰主帝心一曰帝師二曰帝友三曰三公四曰博士五曰太史此五者常為帝定疑議星明大潤澤則天下大治芒角則禍在中五諸侯南三星曰天樽主盛饘粥以給貧餒積水一星在北河西北水河也所以供酒食之正也積薪一星在積水東北供庖廚之正也水位四星在積薪東主水衡客星若水火守犯之百川流溢軒轅十七星在七星北軒轅黃帝之神黃龍之體也后妃之主士職也一曰東陵一曰權星主雷雨之神南大星女主也次北一星夫人也屏也上將也次北一星妃也次將也其次諸星皆次妃之屬也女主南小星女御也左一星少民后宗也右一星大民太后宗也欲其色黃小而明也軒轅右角南三星曰酒旗酒官之旗也主饗宴飲食五星守酒旗天下大酺有酒肉財物賜若爵宗室酒旗南三星曰天相丞相之象也軒轅西四星曰爟爟者烽火之爟也邊亭之警候爟北四星曰內平平罪之官明刑罰少微四星在太微西士大夫之位也一名處士亦天子副主或曰博士官一曰主衞掖門南第一星處士第二星議士第三星博士第四星大夫明大而黃則賢士舉也月五星犯守之處士女主憂宰相易南四星曰長垣主界域及胡夷熒惑入之胡入中國太白入之九卿謀

二十八舍

東方角二星為天關其間天門也其內天庭也故黃道經其中七曜之所行也左角為天田為理主刑其南為太陽道右角為將主兵其北為太陰道蓋天之三門猶房之四表其星明大王道太平賢者在朝動搖

移從王者行亢四星天子之內朝也揔攝天下奏事聽訟理獄録功者
也一曰疏廟主疾疫星明大輔納忠天下寧氐四星王者之宿宮后妃
之府休解之房前二星適也後二星妾也後二星大則臣奉度房四星
爲明堂天子布政之宮也亦四輔也下第一星上將也次次將也次次相
也上星上相也南二星君位北二星夫人位又爲四表中間爲天衢爲
天關黄道之所經也南間曰陽環其南曰太陽北間曰陰間其北曰太
陰七曜由乎天衢則天下平和由陽道則旱喪由陰道則水兵亦曰天
駟爲天馬主車駕南星曰左驂次左服次右服次右驂亦曰天廐又主
開閉爲蓄藏之所由也房星明則王者明驂星大則兵起星離民流又
北二小星曰鉤鈐房之鈐鍵天之管籥主閉鍵天心也明而近房天下
同心鉤鈐間有星及疏坼則地動河清心三星天王正位也中星曰明
堂天子位爲大辰主天下之賞罰天下變動心星見祥星明大天下同
前星爲太子後星爲庶子心星直則王失勢尾九星後宮之場妃后之
府上第一星后也次三星夫人次星后嬪妾第三星傍一星名曰神宮

解衣之內室尾亦爲九子星色欲均明大小相承則後宮有敘多子孫
箕四星亦後宮妃后之府亦曰天津一曰天雞主八風凡日月宿在箕
東壁翼軫者風起又主口舌主客蠻夷胡貊故蠻胡將動先表箕焉北
方南斗六星天廟也丞相太宰之位主褒賢進士禀授爵禄又主兵一
曰天機南二星魁天梁也中央二星天相也北二星天府庭也亦爲壽
命之期也將有天子之事占於斗斗星盛明王道平和爵禄行牽牛六
星天之關梁主犧牲事其北二星一曰即路一曰聚火又曰上一星主道
路次二星主關梁次三星主南越搖動變色則占之星明大王道昌關
梁通須女四星天少府也須賤妾之稱婦職之卑者也主布帛裁製嫁
娶虛二星冢宰之官也主北方邑居廟堂祭祀祝禱事又主死喪哭泣
危三星主天府天市架屋餘同虛占墳墓四星屬危之下主死喪哭泣
爲墳墓也營室二星天子之宮也一曰玄宮一曰清廟又爲軍糧之府
及土功事星明國昌小不明祠祀鬼神不享離宮六星天子之別宮主
隱藏休息之所東壁二星主文章天下圖書之祕府也星明王者興道

術行國多君子星失色大小不同王者好武經士不用圖書隱星動則
有土功

西方奎十六星天之武庫也一曰天豕亦曰封豕主以兵禁暴又主溝瀆
西南大星所謂天豕目亦曰大將欲其明婁三星爲天獄主苑牧犧牲
供給郊祀胃三星天之廚藏主倉廩五穀府也明則和平昴七星天之
耳也主西方主獄事又爲旄頭胡星也昴畢間爲天街天子出旄頭罕
畢以前驅此其義也黄道之所經也昴明則天下牢獄平昴六星皆明
與大星等大水七星皆黄兵大起一星亡爲兵喪搖動有大臣下獄及
有白衣之會大而數盡動若跳躍者胡兵大起畢八星主邊兵主弋獵
其大星曰天高一曰邊將主四夷之尉也星明大則遠夷來貢天下安失
色則邊兵亂附耳一星在畢下主聽得失伺愆邪察不祥星盛則中國
微有盜賊邊候驚外國反移動佞讒行月入畢多雨觜觿三星爲三軍
之候行軍之藏府葆旅收斂萬物明則軍儲盈將得勢參十星一曰參
伐一曰大辰一曰天市一曰鈇鉞主斬刈又爲天獄主殺伐又主權衡所以

平理也又主邊城爲九譯故不欲其動也參白獸之體其中三星横列
三將也東北曰左肩主左將西北曰右肩主右將東南曰左足主後將
軍西南曰右足主偏將軍故黄帝占參應七將中央三小星曰伐天之
都尉也主胡鮮卑戎狄之國故不欲明七將皆明大天下兵精也王道
缺則芒角張伐星明與參等大臣皆謀兵起參星失色軍散敗參芒角
動搖邊候有急兵起有斬伐之事參星移客伐主參左足入玉井中兵
大起秦大水若有喪山石爲怪參星差戾王臣貳

南方東井八星天之南門黄道所經天之亭候主水衡事法令所取平
也王者用法平則井星明而端列鉞一星附井之前主伺淫奢而斬之
故不欲其明明與井齊則用鉞於大臣月宿井有風雨輿鬼五星天目
也主視明察姦謀東北星主積馬東南星主積兵西南星主積布帛西
北星主積金玉隨變占之中央星爲積尸主死喪祠祀一曰鈇鑕主誅
斬鬼星明大穀成不明百姓散鑕欲其忽忽不明明則兵起大臣誅柳
八星天之廚宰也主尚食和滋味又主雷雨七星七星一名天都主衣

裳文繡又主急兵盜賊故星明主道昌闇則賢良不處天下空張六星主珍寶宗廟所用及衣服又主天廚飲食賞賚之事星明則王者行五禮得天之中翼二十二星天之樂府俳倡又主夷狄遠客負海之賓星明大禮樂興四夷賓動則蠻夷使來離徙則天子舉兵軫四星主冢宰輔臣也主車騎主載任有軍出入皆占於軫又主風主死喪軫星明則車駕備動則車駕用轄星傅軫兩傍主王侯左轄為王者同姓右轄為異姓星明兵大起遠軫凶轄舉南蠻侵長沙一星在軫之中主壽命明則主壽長子孫昌又曰車無轄國有憂軫就聚兵大起　星官在二十八宿之外者

○庫樓十星六大星為庫南四星為樓在角南一曰天庫兵車之府也旁十五星三三而聚者柱也中央四小星衡也主陳兵東北二星曰陽門主守隘塞也南門二星在庫樓南天之外門也主守兵平星二星在庫樓北平天下之法獄事廷尉之象也天門二星在平星北亢南七星曰折威主斬殺頓頑二星在折威東南主考囚情狀察詐偽也騎官二十七星在氐南若天子武賁主宿衛東端一星騎陣將軍騎將也南三星車騎

騎之將也陣車三星在騎官東北革車也積卒十二星在房心南主為衛也他星守之近臣誅從官二星在積卒西北龜五星在尾南主占以吉凶傅說一星在尾後傅說主章祝巫官也魚一星在尾後河中主陰事知雲雨之期也杵三星在箕南杵給庖舂客星入杵臼天下有急糠星在箕舌前杵西北鼈十四星在南斗南鼈為水蟲歸太陰有星守之白衣會主有水令農丈人一星在南斗西南老農主穡也狗二星在南斗魁前主吠守天田九星在牛南羅堰九星在牽牛東岠馬也以壅畜水潦灌溉溝渠也九坎九星在牽牛南坎溝渠也所以道達泉源疏盈瀉溢通溝洫也九坎間十星曰天池一曰三池一曰天海主灌溉田疇事虛南二星曰哭哭東二星曰泣泣哭皆近墳墓泣南十三星曰天壘城如貫索狀主北夷丁零匈奴南二星曰蓋屋治宮室之官也其南四星曰虛梁園陵寢廟之所也羽林四十五星在營室南一曰天軍主軍騎又主翼王也壘壁陣十二星在羽林北羽林之垣壘也主軍位為營壅也五星有在天軍中者皆為兵起熒惑太白辰星尤甚北落師門一星在羽

林西南北者宿在北方也落天之藩落也師眾也師門猶軍門也長安城北門曰北落門以象此也主非常以候兵有星守之虜入塞中兵起其西北有十星曰天錢北落西南一星曰天綱主武帳北落東南九星曰八魁主張禽獸天倉六星在婁南倉穀所藏也南四星曰天庾積廚粟之所也天囷十三星在胃南囷倉廩之屬也主給御糧也天廩四星在昴南一曰天廥主蓄黍稷以供饗祀春秋所謂御廩此之象也天苑十六星昴畢南天子之苑囿養獸之所也苑南十三星曰天園植果菜之所也畢附耳南八星曰天節主使臣之所持者也天節下九星曰九州殊口曉方俗之官通重譯者也參旗九星在參西一曰天旗一曰天弓主司弓弩之張候變禦難玉井四星在參左足下主水漿以給廚西南九星曰九斿天子之旗也玉井東南四星曰軍井行軍之井也軍井未達將不言渴名取此也軍市十三星在參東南天軍貿易之市使有無通也野雞一星主變怪在軍市中軍市西南二星曰丈人丈人東二星曰子子東二星曰孫東井西南四星曰水府主水之官也東井南垣之東

四星四瀆江河淮濟之精也狼一星在東井東南狼為野將主侵掠色有常不欲動也北七星曰天狗主守財弧九星在狼東南天弓也主備盜賊常向於狼弧矢動移不如常者多盜賊胡兵大起狼弧張害及胡天下乖亂又曰天弓張天下盡兵弧南六星為天社昔共工氏之子句龍能平水土故祀以配社其精為星老人一星在弧南一曰南極常以秋分之旦見于景春分之夕而沒于丁見則治平主壽昌常以秋分候之南郊柳南六星曰外廚廚南一星曰天紀主禽獸之齒稷五星在七星南稷農正也取乎百穀之長以為號也張南十四星曰天廟天子之祖廟也客星守之祠官有憂翼南五星曰東區蠻夷星也軫南三十二星曰器府樂器之府也青丘七星在軫東南蠻夷之國號也青丘西四星曰土司空主界域亦曰司徒土司空北二星曰軍門主營候彪尾威旗

天漢起沒

天漢起東方經尾箕之間謂之漢津乃分為二道其南經傅說魚天籥天弁河鼓其北經龜貫箕下次絡南斗魁左旗至天津下而合南道乃

西南行又分夾瓠瓜絡人星杵造父騰蛇王良傅路閣道北端太陵天船卷舌而南行絡五車經北河之南入東井水位而東南行絡南河闕丘天狗天紀天稷在七星南而没

十二次度數

十二次班固取三統歷十二次配十二野其言最詳又有費直說周易蔡邕月令章句所言頗有先後魏太史令陳卓更言郡國所入宿度今附而次之

自軫十二度至氐四度爲壽星於辰在辰鄭之分野屬兖州（費直周易分野壽星起軫七度蔡邕月令章句壽星起軫六度）

自氐五度至尾九度爲大火於辰在卯宋之分野屬豫州（費直起氐十一度蔡邕起亢八度）

自尾十度至南斗十一度爲析木於辰在寅燕之分野屬幽州（費直起尾九度蔡邕起尾四度）

自南斗十二度至須女七度爲星紀於辰在丑吴越之分野屬揚州（費直起斗十度蔡邕起斗六度）

自須女八度至危十五度爲玄枵於辰在子齊之分野屬青州（費直起女六度蔡邕起女二度）

自危十六度至奎四度爲娵訾於辰在亥衛之分野屬并州（費直起危十四度蔡邕起危十度）

自奎五度至胃六度爲降婁於辰在戌魯之分野屬徐州（費直起奎二度蔡邕起奎八度）

自胃七度至畢十一度爲大梁於辰在酉趙之分野屬冀州（費直起婁十度蔡邕起胃一度）

自畢十二度至東井十五度爲實沈於辰在申魏之分野屬益州（費直起畢九度蔡邕起畢六度）

自東井十六度至柳八度爲鶉首於辰在未秦之分野屬雍州（費直起井十二度蔡邕起井十度）

自柳九度至張十六度爲鶉火於辰在午周之分野屬三河（費直起柳五度蔡邕起柳三度）

自張十七度至軫十一度爲鶉尾於辰在巳楚之分野屬荆州（費直起張十二度蔡邕起張十二度）

州郡躔次

陳卓范蠡鬼谷先生張良諸葛亮譙周京房張衡並云

角亢氐鄭兖州

東郡入角一度

東平任城山陰入角六度　泰山入角十二度　濟北陳留入亢五度

濟陰入氐二度　東平入氐七度

房心宋豫州

潁川入房一度　汝南入房二度　沛郡入房四度

梁國入房五度　淮陽入心一度　魯國入心三度

楚國入房四度

尾箕燕幽州

涼州入箕中十度　上谷入尾一度　漁陽入尾三度

右北平入尾七度　西河上郡北地遼西東入尾十度

涿郡入尾十六度　勃海入箕一度　樂浪入箕三度

玄菟入箕六度　廣陽入箕九度

斗牽牛須女吴越揚州

九江入斗一度　廬江入斗六度　豫章入斗十度

丹揚入斗十六度　會稽入牛一度　臨淮入牛四度

廣陵入牛八度　泗水入女一度　六安入女六度

虚危齊青州

齊國入虚六度　北海入虚九度　濟南入危一度

樂安入危四度　東萊入危九度　平原入危十一度

菑川入危十四度

營室東壁衛并州

安定入營室一度　天水入營室八度　隴西入營室四度

酒泉入營室十一度　張掖入營室十二度　武都入東壁一度

金城入東壁四度　武威入東壁六度　敦煌入東壁八度

奎婁胃魯徐州

東海入奎一度　琅邪入奎六度　高密入婁一度

城陽入婁九度　膠東入胃一度

昴畢趙冀州

魏郡入昴一度　鉅鹿入昴三度　常山入昴五度

廣平入昴七度　中山入昴一度　清河入昴九度

信都入畢三度　趙郡入畢八度　安平入畢四度

河間入畢十度　真定入畢十三度

觜參魏益州

廣漢入觜一度　越巂入觜三度　蜀郡入參一度

犍爲入參三度　牂柯入參五度　巴郡入參八度

漢中入參九度　益州入參七度

東井輿鬼秦雍州

雲中入東井一度　定襄入東井八度　鴈門入東井十六度

代郡入東井二十八度　太原入東井二十九度　上黨入輿鬼二度

柳七星張周三輔

弘農入柳一度　河南入七星三度　河東入張一度

河內入張九度

翼軫楚荊州

南陽入翼六度　南郡入翼十度　江夏入翼十二度

零陵入軫十一度　桂陽入軫六度　武陵入軫十度

長沙入軫十六度

晉書志第一　天文上　晉書十一

志卷第二　天文中　七曜　雜星氣　史傳事驗　晉書十二　御撰

七曜

日爲太陽之精主生養恩德人君之象也人君有瑕必露其慝以告示焉故日月行有道之國則光明人君吉昌百姓安寧人君乘土而王其政太平則日五色無主日變色有軍軍破無軍喪侯王其君無德其臣亂國則日赤無光日失色所臨之國不昌日晝昏行人無影到暮不止者上刑急下不聊生不出一年有大水日晝昏烏鳥羣鳴國失政日中烏見主不明爲政亂國有白衣會將軍出旌旗舉日中有黑子黑氣黑雲乍三乍五臣廢其主日蝕陰侵陽臣掩君之象有亡國

月爲太陰之精以之配日女主之象以之比德刑罰之義列之朝廷諸侯大臣之類故君明則月行依度臣執權則月行失道大臣用事兵刑失理則月行乍南乍北女主外戚擅權則或進或退月變色將有殃月晝明姦邪並作君臣爭明女主失行陰國兵強中國飢天下謀僭數月

重見國以亂亡歲星曰東方春木於人五常仁也五事貌也仁虧貌失逆春令傷木氣則罰見歲星歲星盈縮以其舍命國其所居久其國有德厚五穀豐昌不可伐其對爲衝歲乃有殃歲星安靜中度吉盈縮失次其國有變不可舉事用兵又曰人主之象也色欲明光色潤澤德合同又曰進退如度姦邪息變色亂行主無福又主福主大司農主齊吳主司天下諸侯人君之過主歲五穀赤而角其國昌赤黃而沉其野大穰

○熒惑曰南方夏火禮也視也禮虧視失逆夏令傷火氣罰見熒惑熒惑法使行無常出則有兵入則兵散以舍命國爲亂爲賊爲疾爲喪爲飢爲兵所居國受殃環繞鉤已芒角動搖變色乍前乍後乍左乍右其爲殃愈甚其南丈夫北女子喪周旋止息乃爲死喪寇亂其野亡地其失行而速兵聚其下順之戰勝又曰熒惑主大鴻臚主死喪主司空又爲司馬主楚吳越以南又司天下群臣之過司驕奢亡亂妖孽主歲成敗又曰熒惑不動兵不戰有誅將其出色赤怒逆行成鉤已戰凶有圍軍鉤已有芒角如鋒刃人主無出宮下有伏兵芒大則人衆怒又爲李

外則李兵內則理政為天子之理也故曰雖有明天子必視熒惑所在其入守犯太微軒轅營室房心主命惡之

填星曰中央季夏土信也思心也信義禮智以信為主貌言視聽以心為正故四星皆失填乃為之動動而盈侯王不寧縮有軍不復所居之宿國吉得地及女子有福不可伐去之失地若有女憂居宿久國福厚易則薄失次而上二三宿曰盈有主命不成不乃大水失次而下曰縮后戚其歲不復不乃天裂若地動一曰填為黃帝之德女主之象主德厚安危存亡之機司天下女主之過又曰天子之星也天子失信則填星大動太白曰西方秋金義也言也義虧言失逆秋令傷金氣罰見太白太白進退以候兵高埤遲速靜躁見伏用兵皆象之吉其出西方失行夷狄敗出東方失行中國敗未盡期曰過參天病其對國若經天天下革民更王是謂亂紀人眾流亡晝見與日爭明強國弱小國強女主昌又曰太白主大臣其號上公也大司馬位謹候此

辰星曰北方冬水智也聽也智虧聽失逆冬令傷水氣罰見辰星辰星見則主刑主廷尉主燕趙又為燕趙代以比宰相之象亦為殺伐之氣戰鬬之象又曰軍於野辰星為偏將之象無軍為刑事和陰陽應效不效其時不和出失其時寒暑失其節邦當大飢當出不出是謂擊卒兵大起在於房心間地動亦曰辰星出入躁疾常主夷狄又曰蠻夷之星也亦主刑法之得失色黃而小地大動光明與月相逮其國大水

凡五星有色大小不同各依其行而順時應節色變有類

凡青皆比參左肩赤比心大星黃比參右肩白比狼星黑比奎大星不失本色而應其四時者吉色害其行凶

凡五星所出所行所直之辰其國為得位得位者歲星以德熒惑有禮填星有福太白兵強辰星陰陽和所行所直之辰順其色而有角者勝其色害者敗居實有德也居虛無德也色勝位行勝色行得盡勝之營室為清廟歲星廟也心為明堂熒惑廟也南斗為文太室填星廟也亢為疏廟太白廟也七星為員官辰星廟也五星行至其廟謹候其命

凡五星盈縮失位其精降于地為人歲星降為貴臣熒惑降為童兒歌謠嬉戲填星降為老人婦女太白降為壯夫處於林麓[illegible]谷辰星降為婦人吉凶之應隨其象告

凡五星木與土合為內亂飢與水合為變謀而更事與火合為飢為旱與金合為白衣之會合鬬國有內亂野有破軍為水太白在南歲星在北名曰牝牡年穀大孰太白在北歲星在南年或有或無火與金合為爍為喪不可舉事用兵從軍為軍憂離之軍卻出太白陰分宅出其陽偏將戰與土合為憂主孽卿與水合為北軍用兵舉事大敗一曰火與水合為焠[illegible]內不可舉事用兵土與水合為壅沮不可舉事用兵有覆軍六師一曰為變謀更事必為旱與金合為疾為白衣會為內兵國亡地與木合國飢水與金合為變謀為兵憂入太白中而上出破軍殺將客勝下出客亡地視旗所指以命破軍環繞太白若與鬬大戰客勝

凡木火土金與水鬬皆為戰兵不在外皆為內亂凡同舍為合相陵為鬬二星相近其殃大相遠毋傷七寸以內必之

凡月蝕五星其國皆亡歲以飢熒惑以亂填以殺太白以強國戰辰以女亂

凡五星入月歲其野有逐相太白將僇

凡五星所聚其國王天下從歲以義從熒惑以禮從填以重從太白以兵從辰以法從各以其事致天下也三星若合是謂驚立絕行其國外內有兵與喪百姓飢乏改立侯王四星若合是謂太陽其國兵喪並起君子憂小人流五星若合是謂易行有德受慶改立王者奄有四方子孫蕃昌亡德受殃離其國家滅其宗廟百姓離去被滿四方五星皆大其事亦大皆小事亦小

凡五星色皆圜白為喪為旱赤中不平為兵青為憂為水黑為疾疫為多死黃為吉皆角赤犯我城黃地之爭白哭泣聲青有兵憂黑有水五星同色天下偃兵百姓安寧歌舞以行不見災疾五穀蕃昌

凡五星歲政緩則不行急則過分逆則占熒惑緩則不出急則不入逆則占填緩則不還急則過舍逆則占太白緩則不出急則不入逆則占辰緩則不出急則不入非時則占五星不失行則年穀豐昌

凡五星分天之中積于東方中國利積于西方外國用兵者利辰星不出太白為客 其出太白為主出而與太白不相從及各出一方為格野雖有軍不戰

凡五星見伏留行逆順遲速應歷度者為得其行政合于常違歷錯度而失路盈縮者為亂行亂行則為天夭彗孛而有亡國革政兵饑喪亂之禍云雜星氣

圖緯舊說及漢末劉表為荆州牧命武陵太守劉叡集天文衆占名荆州占其雜星之體有端星有妖星有客星有流星有瑞氣有妖氣有日月傍氣皆略其名狀舉其占驗次之於此云

瑞星一曰景星如半月生於晦朔助月為明或曰星大而中空或曰有三星在赤方氣與青方氣相連黃星在赤方氣中亦名德星二曰周伯星黃色煌煌然所見之國大昌三曰含譽光耀似彗喜則含譽射四曰格澤如炎火下大上兑色黃白起地而上見則不種而獲有土功有大客

○妖星一曰彗星所謂埽星本類星末類彗小者數寸長或竟天見則兵起大水主埽除除舊布新有五色各依五行本精所主史臣按彗體無光傅日而為光故夕見則東指晨見則西指在日南北皆隨日光而指頓挫其芒或長或短光芒所及則為災二曰孛星彗之屬也偏指曰彗芒氣四出曰孛孛者孛孛然非常惡氣之所生也內不有大亂則外有大兵天下合謀闇蔽不明有所傷害晏子曰君若不改孛星將出彗星何懼乎由是言之災甚於彗三曰天棓一名覺星本類星末銳長四丈或出東北方西方主奮爭四曰天槍其出不過三月必有破國亂君伏死其辜殃之不盡當有旱饑暴疾五曰天欃石氏曰雲如牛狀甘氏本類星末銳巫咸曰彗星出西方長可二三丈主捕制六曰蚩尤旗類彗而後曲象旗或曰赤雲獨見或曰其色黃上白下或曰若植雚而長名曰蚩尤之旗或曰如箕可長二丈末有星主伐枉逆主惑亂所見之方下有兵兵大起不然有喪七曰天衝出如人蒼衣赤頭不動見則臣謀主武卒發天子亡八曰國皇大而赤類南極老人星或曰去地三丈如炬火主內寇內難或曰其下起兵兵強或曰外內有兵喪九曰昭明象如太白光芒不行或曰大而白無角乍上乍下一曰赤彗分為昭明昭明滅光以為起霸起德之徵所起國兵多變一曰大人凶兵大起十曰司危如太白有目或曰出正西西方之野星去地可六丈大而白或曰大而有毛兩角或曰類太白數動察之而赤為乖爭之徵主擊強兵見則主失法豪傑起天子以不義失國有聲之臣行主德十一曰天讒彗出西北狀如劒長四五丈或曰如鉤長四丈或曰狀白小數動主殺罰出則其國內亂其下相讒為饑兵赤地千里枯骨藉藉十二曰五殘一名五鋒出正東東方星之狀類辰可去地六七丈或曰蒼彗散為五殘如辰星出角或曰星表有氣如暈有毛或曰大而赤數動察之而青主乖亡為五分毀敗之徵亦為備急兵見則主誅政在伯野亂成有急兵有喪不利衝十三曰六賊見出正南南方之星去地可六丈大而赤動有光或曰形如彗五殘六賊出禍合天下逆侵關樞其下有兵衝不利十四曰獄漢一名咸漢出正北北方之野星去地可六丈大而赤數動察之中青或曰赤表下有三彗從橫主逐王主刺王出則陰精橫兵起其下又為喪動則諸侯驚十五曰旬始出斗北旁如雄雞其怒有青黑象伏鱉或曰怒雌也主爭兵又曰黃彗分為旬始為立主之題主亂主招橫見則目亂兵作諸侯虐期十年聖人起伐辟猾橫恣或曰出則諸侯雄鳴十六曰天鋒彗象矛鋒天下從橫則天鋒星見十七曰燭星如太白其出也不行見則不久而滅或曰主星上有三彗上出所出城邑亂有大盜不成又以五色占十八曰蓬星大如二斗器色白一名王星狀如夜火之光多至四五少一二一曰蓬星在西南長數丈左右兑出而易處星見不出三年有亂臣戮死又曰所出大水大旱五穀不收人相食十九曰長庚如一匹布著天見則兵起二十曰四填星出四隅去地六丈餘或曰可四丈或曰星大而赤去地二丈常以夜半時出見十月而兵起皆為兵起其下二十一曰地維藏光出四隅或曰大而赤去地二三丈如月始出見則下有亂亂者亡有德者昌

河圖云歲星之精流為天棓 天槍 天猾 天衝 國皇 及登 蒼彗

熒惑散為昭旦 蚩尤之旗 昭明 司危 天欃 赤彗

塡星散爲五殘 獄漢 大賁 昭星 絀流 旬始 蚩尤 虹蜺
擊咎 黃彗
太白散爲天杵 天柎 伏靈 大敗 司姦 天狗 天殘 卒起
白彗
辰星散爲枉矢 破女 拂樞 滅寶 繞綎 驚理 大奮祀 黑彗
五色之彗各有長短曲折應象
漢京房著風角書有集星章所載妖星皆見於月旁互有五色方雲
以五寅日見各有五星所生云
天槍 天根 天荊 眞若 天猿 天樓 天垣 皆歲星所生也
見以甲寅其星咸有兩青方在其旁
天陰 晉若 官張 天惑 天崔 赤若 蚩尤 皆熒惑之所生
也出在景寅日有兩赤方在其旁
天上 天伐 從星 天樞 天翟 天沸 荊彗 皆塡星所生也
出在戊寅日有兩黃方在其旁

若星 帚星 若彗 竹彗 牆星 猿星 白藿 皆太白之所生
也出在庚寅日有兩白方在其旁
天美 天㲴 天杜 天麻 天林 天蒿 端下 皆辰星之所生
也出以壬寅日有兩黑方在其旁
已前三十五星即五行氣所生皆出於月左右方氣之中各以其所生
星將出不出日數期候之當其未出之前而見見則有水旱兵喪飢亂
所指亡國失地王死破軍殺將

客星

張衡曰老子四星及周伯王蓬絮芮各一錯乎五緯之間其見無期其
行無度荊州占云老子星色淳白然所見之國爲飢爲凶爲善爲惡爲
喜爲怒周伯星黃色煌煌然所至之國大昌蓬絮星色青而熒熒然所至
之國風雨不節焦旱物不生五穀不登多蝗蟲又云東南有三星出名
曰盜星出則天下有大盜西南有三大星出名曰種陵出則天下穀貴
十倍西北三大星出而白名曰天狗出則人相食大凶東北有三大星

星出名曰女帛見則有大喪

流星

流星天使也自上而降曰流自下而升曰飛大者曰奔奔亦流星也星
大者使大星小者使小聲隆隆者怒之象也行疾者期速行遲者期遲
大而無光者衆人之事小而有光者貴人之事大而光者其人貴且衆
也乍明乍滅者賊成賊敗也前大後小者恐憂也前小後大者喜事也
蛇行者姦事也往疾者往而不反也長者其事長久也短者事疾也奔
星所墜其下有兵無風雲有流星見良久間乃入爲大風發屋折木小
流星百數四面行者衆庶流移之象流星之類有音如炬火下地野雉
鳴天保也所墜國安有喜若水流星色青赤名曰地鴈其所墜者起兵
流星有光青赤長二三丈名曰天鴈軍中之精華也其國起兵將軍當
從星所之流星暉然有光光白長竟天者人主之星也主相將軍從
星所之飛星大如缶若甕後皎然白前卑後高此謂頓頑其所從者多
死亡飛星大如缶若甕後皎然白星滅後白者曲環如車輪此謂解銜

其國人相斬爲爵祿飛星大如缶若甕其後皎然白長數丈星滅後白
者化爲雲流下名曰大滑所下有流血積骨枉矢類流星色蒼黑蛇行
望之如有毛目長數匹著天主反萌主射愚見則謀反之兵合射所誅
亦爲以亂伐亂
天狗狀如大奔星色黃有聲其止地類狗所墜望之如火光炎炎衝天
其上銳其下員如數頃田處或曰星有毛旁有短彗下有狗形者或曰
星出其狀赤白有光下即爲天狗一曰流星有光見人面墜無音若有
足者名曰天狗其色白其中黃黃如遺火狀主候兵討賊見則四方相
射千里破軍殺將或曰五將鬬人相食所往之鄉有流血其君失地兵
大起國易政戒守御亦營頭有雲如壞山墮所謂營頭之星所墮其下覆
軍流血千里亦曰流星晝隕名營頭

雲氣

瑞氣一曰慶雲若煙非煙若雲非雲郁郁紛紛蕭索輪囷是謂慶雲亦
曰景雲此喜氣也太平之應二曰歸邪如星非星如雲非雲或曰星有兩

赤彗上向有蓋下連星見必有歸國者三曰昌光赤如龍狀聖人起帝受終則見

妖氣一曰虹蜺日旁氣也斗之亂精主惑心主內淫主臣謀君天子詘后妃顓妻不一三曰牂雲如狗赤色長尾爲亂君爲兵喪

十煇

周禮眡祲氏掌十煇之法以觀妖祥辯吉凶一曰祲謂陰陽五色之氣浸淫相侵或曰抱珥背璚之屬如虹而短是也二曰象謂雲氣成形象如赤烏夾日以飛之類是也三曰鑴日旁氣刺日形如童子所佩之鑴四曰監謂雲氣臨在日上也五曰闇謂日月蝕或曰光脫也六曰瞢瞢不光明也七曰彌謂白虹彌天而貫日也八曰序謂氣若山而在日上或曰冠珥背璚重疊次序在于日旁也九曰隮謂暈氣也或曰虹也詩所謂朝隮于西者也十曰想謂氣五色有形想也青饑赤兵白喪黑憂黃熟或曰想思也赤氣爲人狩之形可思而知其吉凶也

凡遊氣蔽天日月失色皆是風雨之候也沉陰日月俱無光晝不見日夜不見星有雲鄣之兩敵相當陰相圖議也日濛濛無光士卒內亂又曰數日俱出若鬬天下兵起大戰日鬬下有拔城日戴者形如直狀其上微起在日上爲戴戴者德也國有喜也一云立日上爲戴青赤氣抱在日上小者爲冠國有喜事青赤氣小而交於日下爲纓青赤氣小而員一二在日下左右者爲紐青赤氣如小半暈狀在日上爲負負者得地爲喜又曰青赤氣長而斜倚日旁爲戟青赤氣員而小在日左右爲珥黃白者有喜又曰有軍日有一珥爲喜在日西西軍戰勝在日東東軍戰勝南北亦如之無軍而珥爲拜將又日旁如半環向日爲抱青赤氣如月初生背日者爲背又曰背氣青赤而曲外向爲叛象分爲反城璚者如帶璚在日四方青赤氣長而立旁爲直日旁有一直敵在一旁欲自立從直所擊者勝日旁有二直三抱欲自立者不成順抱擊者勝殺將氣形三角在日四方爲提青赤氣橫在日上下爲格氣如半暈在日下爲承承者臣承君也又曰日下有黃氣三重若抱名曰承福人主有吉喜且得地青白氣如履在日下者爲履日旁抱五重戰順抱者勝日一抱一背爲破走抱者順氣也背者逆氣也兩軍相當順抱擊逆者勝故曰破走日抱且兩珥一虹貫抱至日順虹擊者勝殺將日抱兩珥且璚二虹貫抱至日順虹擊者勝日重抱內有璚順抱擊者勝亦曰軍內有欲反者日重抱左右二珥有白虹貫抱順抱擊勝得二將有三虹得三將日抱黃白潤澤內赤外青天子有喜有和親來降者軍不戰敵降軍罷色青將喜赤將兵爭白將有喪黑將死日重抱且背順抱擊者勝得地若有罷師日重抱抱內外有璚兩珥順抱擊者勝破軍軍中不和不相信日旁有氣員而周帀內赤外青名爲暈日暈者軍營之象周環帀日無厚薄敵與軍勢齊等若無軍在外天子失御民多叛日暈有五色有喜不得五色者有憂

凡占兩軍相當必謹審日月暈氣知其所起留止遠近應與不應疾遲大小厚薄長短抱背爲多少有無實虛久亟密疏澤枯相應等者勢等近勝遠疾勝遲大勝小厚勝薄長勝短抱勝背多勝少有勝無實勝虛久勝亟密勝疏澤勝枯重背大破重抱爲和親抱多親者益多背爲天下不和分離相去背於內者離於內背於外者離於外也

雜氣

天子氣內赤外黃四方所發之處當有王者若天子欲有遊往處其地亦先發此氣或如城門隱隱在氣霧中恒帶殺氣森森然或如華蓋在氣霧中或氣象青衣人無手在日西或如龍馬或雜色鬱鬱衝天者此皆帝王氣

猛將之氣如龍如猛獸或如火煙之狀或白如粉沸或如火光之狀夜照人或白而赤氣繞之或如山林竹木或紫黑如門上樓或上黑下赤狀似黑旌或如張弩或如埃塵頭銳而卑本大而高此皆猛將之氣也氣發漸漸如雲變作山形將有深謀

凡軍勝之氣如堤如坂前後磨地或如火光將軍勇士卒猛或如山堤山上若林木將士驍勇或如埃塵粉沸其色黃白或如人持斧向敵或如蛇舉首向敵或氣如覆舟雲如牽牛或有雲如鬬雞赤白相隨在氣中或發黃氣皆將士精勇

凡氣上黃下白名曰善氣所臨之軍敵欲求和退
凡負氣如馬肝色或如死灰色或類偃蓋或類偃魚或黑氣如壞山墮
軍上者名曰營頭之氣或如群羊群豬在氣中此衰氣也或如懸衣如
人相隨或紛紛如轉蓬或如揚灰或雲如卷席如匹布亂穰者皆為敗
徵氣如繫牛如人臥如雙蛇如飛鳥如決隄垣如壞屋如蹶鹿相逐如兩
雞相向此皆為敗軍之氣
凡降人氣如人十十五五皆叉手低頭又云如人叉手相向或氣如黑
山以黃為緣者皆欲降伏之象也
凡堅城之上有黑雲如屋名曰軍精或白氣如旌旗或青雲黃雲臨城
皆有大喜慶或氣青色如牛頭觸人或城上氣如煙火如雙蛇如杵形
向外或有雲分為兩彗狀者皆不可攻
凡屠城之氣或赤如飛鳥或赤氣如敗車或有赤黑氣如貍皮斑或城
中氣聚如樓出見於營外上有雲如眾人頭赤色其城營皆可屠氣如
雄雉臨城其下必有降者

凡伏兵有黑氣渾渾員長赤氣在其中或白氣粉沸起如樓狀或如幢
節狀在烏雲中或如赤杵在烏雲中或如烏人在赤雲中
凡暴兵氣白如瓜蔓連結部隊相逐須臾罷而復出或白氣如仙人如
仙人衣千萬連結部隊相逐罷而復興當有千里兵來或氣如人持刀
楯雲如人色赤所臨城邑有卒兵至或赤氣如人持節兵來未息雲如
方虹此皆有暴兵之象
凡戰氣青白如膏如人無頭如死人臥如丹蛇赤氣隨之必大戰殺將
四望無雲見赤氣如狗入營其下有流血
凡連陰十日晝不見日夜不見月亂風四起欲雨而無雨名曰蒙臣有
謀霧氣若晝若夜其色青黃更相奄冒乍合乍散亦然視四方常有大
雲五色具者其下賢人隱也青雲潤澤蔽日在西北為舉賢良雲氣如
亂穰大風將至視所從來雲甚潤而厚大雨必暴至四始之日有黑雲
氣如陣厚大重者多雨氣若霧非霧衣冠不濡見則其城帶甲而趣日
出沒時有霧雲橫截之白者喪烏者驚三日內雨者各解有雲如蛟龍
所見處將軍失魄有雲如鵠尾來蔭國上三日亡有雲赤黃色四塞終
日竟夜照地者大臣縱恣有雲如氣昧而濁賢人去小人在位
凡白虹者百殃之本眾亂所基霧者眾邪之氣陰來冒陽
凡白虹霧姦臣謀君擅權立威晝霧夜明臣志得申
凡夜霧白虹見臣有憂晝霧白虹見君有憂虹頭尾至地流血之象
凡霧氣不順四時逆相交錯微風小雨為陰陽氣亂之象積日不解晝
夜昏闇天下欲分離
凡天地四方昏濛若下塵十日五日已上或一月或一時雨不沾衣而
有土名曰霾故曰天地霾君臣乖
凡海旁蜃氣象樓臺廣野氣成宮闕北夷之氣如牛羊群畜穹閭南夷
之氣類舟船幡旗自華已南氣下黑上赤嵩高三河之郊氣正赤恒山
之北氣青勃碣海岱之間氣皆正黑江淮之間氣皆白東海氣如員登
附漢河水氣如引布江漢氣勁如杼濟水氣如黑㹠渭水氣如狼白尾
淮南氣如白羊少室氣如白兔青尾恒山氣如黑牛青尾東夷氣如樹

西夷氣如室屋南夷氣如闍臺或類舟船陣雲如立垣杼軸雲類軸摶
兩端兌杓雲如繩居前亘天其半半天其蛪者類闕旗故鉤雲句曲諸
此雲見以五色占而澤摶密其見動人及有兵必起合鬬其直雲氣如
三匹帛廣前兌後大軍行氣也韓雲如布趙雲如牛楚雲如日宋雲如
車魯雲如馬衛雲如犬周雲如車輪秦雲如行人魏雲如鼠鄭雲如絳
衣越雲如龍蜀雲如囷車氣乍高乍下往往而聚騎氣卑而布卒氣摶
前卑後高者疾前方而高後銳而卑者卻其氣平者其行徐前高後卑
者不止而返校騎之氣正蒼黑長數百丈遊兵之氣如彗埽一云長數
百丈無根本喜氣上黃下赤怒氣上下赤憂氣上下黑土功氣黃白徙
氣白凡候氣之法氣初出時若雲非雲若霧非霧髣髴若可見初出森
森然在桑榆上高五六尺者是千五百里外平視則千里舉目望則五
百里仰瞻中天則百里內平望桑榆間二千里登高而望下屬地者三
千里敵在東日出候之在南日中候之在西日入候之在北夜半候之
軍上氣高勝下厚勝薄實勝虛長勝短澤勝枯氣見以知大占期內有

大風雨久陰則災不成
大變史傳事驗
惠帝元康二年二月天西北大裂案劉向說天裂陽不足地動陰有餘
是時人主昏弱妃后專制
大安二年八月庚午天中裂爲二有聲如雷者三君道虧而臣下專僭
之象也是日長沙王奉帝出距成都河間二王後成都河間東海又迭
專威命是其應也
穆帝升平五年八月己卯夜天中裂廣三四丈有聲如雷野雉皆鳴是
後哀帝荒疾海西失德皇太后臨朝太宗摠萬機桓溫專權威振內外
陰氣盛陽道微
元帝太興二年八月戊戌天鳴東南有聲如風水相薄京房易妖占曰
天有聲人主憂　三年十月壬辰天又鳴甲午止其後王敦入石頭王
師敗績元帝屈辱制於強臣既而晏駕大恥不雪
安帝隆安五年閏月癸丑天東南鳴　六年九月戊子天東南又鳴

晉志二　十二

是後桓玄篡位安帝播越憂莫大焉鳴每東南者蓋中興江外天隨
之而鳴也
義熙元年八月天鳴在東南京房易傳曰萬姓勞厥妖天鳴是時安
帝雖反政而兵革歲動衆庶勤勞也
日蝕
魏文帝黃初二年六月戊辰晦日有蝕之有司奏免太尉詔曰災異之
作以譴元首而歸過股肱豈禹湯罪己之義乎其令百官各虔厥職
後有天地眚勿復　三公　三年正月景寅朔日有蝕之十一月庚申
晦又日有蝕之　五年十一月戊申晦日有蝕之
明帝太和初太史令許芝奏日應蝕與太尉於靈臺祈禳帝曰蓋聞
人主政有不德則天懼之以災異所以譴告使得自脩也故日月薄
蝕明治道有不當者朕即位以來既不能光明先帝聖德而施化有不
合於皇神故上天有以寤之宜勑政自脩有以報於神明天之於人猶
父之於子未有父欲有責其子而可獻盛饌以求免也今外欲遣上公
與太史令俱禳祠之於義未聞也群公卿士大夫其各勉脩厥職有可
以補朕不逮者各封上之
太和五年十一月戊戌晦日有蝕之　六年正月戊辰朔日有蝕之見吳歷
青龍元年閏月庚寅朔日有蝕之
少帝正始元年七月戊申朔日有蝕之　三年四月戊戌朔日有蝕之
四年五月丁丑朔日有蝕之　五年四月景辰朔日有蝕之
六年四月壬子朔日有蝕之　十月戊申朔又日有蝕之
八年二月庚午朔日有蝕之是時曹爽專政丁謐鄧颺等轉改法度會
有日蝕之變詔群臣問得失蔣濟上疏曰昔大舜佐治戒在比周周公
輔政慎於其朋齊侯問災晏子對以布惠魯君問異臧孫答以緩役
塞變應天乃實人事濟之言甚切而君臣不悟終至敗亡
九年正月乙未朔日有蝕之
嘉平元年二月己未朔日有蝕之
高貴鄉公甘露四年七月戊子朔日有蝕之　五年正月乙酉朔日有

晉志二　十三

蝕之京房易占曰日蝕乙酉君弱臣強司馬將兵反征其王五月有成
濟之變
元帝景元二年五月丁未朔日有蝕之　三年十一月己亥朔日有蝕之
武帝泰始二年七月景午晦日有蝕之　十月景午朔日有蝕之
七年十一月丁丑朔日有蝕之　八年十月辛未朔日有蝕之
九年四月戊辰朔日有蝕之　又七月丁酉朔日有蝕之
十年正月乙未三月癸亥並日有蝕之
咸寧元年七月甲申晦日有蝕之　三年正月景子朔日有蝕之
四年正月庚午朔日有蝕之
太康四年三月辛丑朔日有蝕之　七年正月甲寅朔日有蝕之
八年正月戊申朔日有蝕之　九年正月壬申朔六月庚子朔並日有蝕之
永熙元年四月庚申帝崩
惠帝元康九年十一月甲子朔日有蝕之十二月廢皇太子遹爲庶人
尋殺之

永康元年正月己卯四月辛卯朔並日有蝕之
永寧元年閏月景戌朔日有蝕之
光熙元年正月戊子朔七月乙酉朔並日有蝕之十一月惠帝崩十二月壬午朔又日有蝕之
懷帝永嘉元年十二月戊申朔日有蝕之 二年正月景子朔日有蝕之六年二月壬子朔日有蝕之
愍帝建興四年六月丁巳朔十二月甲申朔並日有蝕之五年五月景子十一月景子並日有蝕之時帝蒙塵于平陽
元帝太興元年四月丁丑朔日有蝕之
明帝太寧三年十一月癸巳朔日有蝕之在卯至斗斗吴分也其後蘇峻作亂
成帝咸和二年五月甲申朔日有蝕之在井井主酒食女主象也明年皇太后以憂崩 六年三月壬戌朔日有蝕之是時帝已年長每幸司徒第猶出入見王導夫人曹氏如子弟之禮以人君而敬人臣之妻有虧君德之象也 九年十月乙未朔日有蝕之是時帝既冠當親萬機而委政大臣者君道有虧也

咸康元年十月乙未朔日有蝕之 七年二月甲子朔日有蝕之三月杜皇后崩 八年正月乙未朔日有蝕之京都大雨郡國以聞是謂三朝王者惡之六月而帝崩
穆帝永和二年四月己酉七年正月丁酉八年正月辛卯並日有蝕之十二年十月癸巳朔日有蝕之在尾尾燕分北狄之象也是時邊表姚襄苻生互相吞噬朝廷憂勞征伐不止
升平四年八月辛丑朔日有蝕之幾既在角凡蝕淺者禍淺深者禍大角為天門人主惡之明年而帝崩
哀帝隆和元年三月甲寅朔十二月戊午朔並日有蝕之明年而帝有疾不識萬機
海西公太和三年三月丁巳朔五年七月癸酉朔並日有蝕之皆海西被廢之應也

孝武帝寧康三年十月癸酉朔日有蝕之
太元四年閏月己酉朔日有蝕之是時苻堅攻沒襄陽執朱序六年六月庚子朔日有蝕之 九年十月辛亥朔日有蝕之十七年五月丁卯朔日有蝕之 二十年三月庚辰朔日有蝕之明年帝崩
安帝隆安四年六月庚辰朔日有蝕之是時元顯執政
元興二年四月癸巳朔日有蝕之其冬桓玄篡帝位
義熙三年七月戊戌朔日有蝕之 十年九月丁巳朔日有蝕之十一年七月辛亥晦日有蝕之 十三年正月甲戌朔日有蝕之明年帝崩
恭帝元熙元年十一月丁亥朔日有蝕之自義熙元年至是日蝕皆從上始皆為革命之徵
周禮眂祲氏掌十煇之法以觀妖祥辯吉凶有祲象鐫監闇瞢彌序隮想凡十後代名變說者莫同今録其著應以次之云

吴孫權赤烏十一年二月白虹貫日權發詔戒懼
武帝泰始五年七月甲寅日暈再重白虹貫之
太康元年正月己丑朔五色氣冠日自卯至酉占曰君道失明丑為斗牛主吴越是時孫皓淫暴四月降
惠帝元康元年十一月甲申日暈再重青赤有光
九年正月日中有若飛燕者數日乃消王隱以為愍懷廢死之徵
永康元年正月癸亥朔日暈三重十月乙未日闇黄霧四塞占曰不及三年下有拔城大戰十二月庚戌日中有黒氣京房易傳曰祭天不順茲謂逆厥異日中有黒氣
永寧元年九月甲申日中有黒子京房易占黒者陰也臣不掩君惡令下見百姓惡君則有此變又曰臣有蔽主明者
太安元年十一月日中有黒氣
永興元年十一月日中有黒氣分日
光熙元年五月壬辰癸巳日光四散赤如血流照地皆赤甲午又如之

占曰君道失明
懷帝永嘉元年十一月乙亥黃黑氣掩日所照皆黃案河圖占曰日薄
也其說曰凡日蝕皆於朔晦有不於晦朔者為日薄雖非日月同宿時
陰氣盛掩日光也占類日食　二年正月戊申白虹貫日二月癸卯白
虹貫日青黃暈五重占曰白虹貫日近臣為亂不則諸侯有反者暈五
重有國者受其祥天下有兵破亡其地明年司馬越暴蔑人主　五年
劉聰破京都帝蒙塵于寇庭　五年三月庚申日散光如血下流所照
皆赤日中有若飛鷰者
愍帝建興二年正月辛未庚時日隕于地又有三日相承出於西方而
東行　五年正月庚子三日並照虹蜺彌天日有重暈左右兩珥占曰
白虹兵氣也三四五六日俱出並爭天下兵作丁巳亦如其數又曰三
日並出不過三旬諸侯爭為帝日重暈天下有立王暈而珥天下有立
侯故陳卓曰當有大慶天下其三分乎三月而江東改元為建武劉聰
李雄亦跨曹劉疆宇於是兵連累葉
元帝太興元年十一月乙卯日夜出高三丈中有赤青珥
四年二月癸亥日鬬三月癸未日中有黑子辛亥帝親錄訊囚徒
永昌元年十月辛卯日中有黑子時帝寵幸劉隗擅威福虧傷君道王
敦因之舉兵逼京都禍及忠賢
明帝太寧元年正月己卯朔日暈無光癸巳黃霧四塞占曰君道失明
陰陽昏臣有陰謀京房曰下專刑茲謂分威蒙微而日不明先是王敦
害尚書令刁協僕射周顗驃騎將軍戴若思等是專刑之應敦既陵
上卒伏其辜十一月景子白虹貫日史官不見桂陽太守華包以聞
成帝咸和九年七月白虹貫日
咸康元年七月白虹貫日二年七月白虹貫日自後庾氏專政由后族
而貴蓋亦婦人擅國之義故頻年白虹貫日　八年正月壬申日中有
黑子景子乃滅夏帝崩
穆帝永和八年張重華在涼州日暴赤如火中有三足烏形見分明五
日乃止　十年十月庚辰日中有黑子大如雞卵　十一年三月戊申日

晉志二　十六

中有黑子大如桃二枚時天子幼弱久不親國政
升平三年十月丙午日中有黑子大如雞卵少時而帝崩
海西公太和三年九月戊辰夜二虹見東方　四年四月戊辰日暈厚
密白虹貫日中十月乙未日中有黑子　五年二月辛酉日中有黑子
大如李　六年三月辛未白虹貫日日暈五重十一月桓溫廢帝即簡
文咸安元年也
簡文咸安二年十一月丁丑日中有黑子
孝武寧康元年十一月乙酉日中有黑子大如李　二年三月庚寅日
中有黑子二枚大如鴨卵十一月己巳日中有黑子大如雞卵時帝已
長而康獻皇后以從嫂臨朝實傷君道故日有瑕也
太元十三年二月庚子日中有黑子二大如李　十四年六月辛卯日
中又有黑子大如李　二十年十一月辛卯日中又有黑子是時會稽王
以母弟干政　安帝隆安元年十二月壬辰日有暈有背璚是後不親
萬機會稽王世子元顯專行威罰　四年十一月辛亥日中有黑子
元興元年二月甲子日暈白虹貫日中三月庚子白虹貫日未幾桓玄
尅京都王師敗績明年玄篡位
義熙元年五月庚午日有彩珥　六年五月景子日暈有璚時有盧循
逼京都內外戒嚴七月循走　七年七月五虹見東方占曰天子黜其
後劉裕代晉　十年日在東井有白虹十餘丈在南干日災在秦分
秦亡之象
恭帝元熙二年正月壬辰白氣貫日東西有直珥各一丈白氣貫之交匝
月變　魏文帝黃初四年十一月月暈北斗占曰　大喪赦天下七年
五月帝崩明帝即位大赦天下
孝懷帝永嘉五年三月壬申景夜月蝕既丁夜又蝕既占曰月蝕盡大
人憂又曰其國貴人死
海西公太和四年閏月乙亥月暈軫復有白暈貫月北暈斗柄三星占
曰王者惡之六年桓溫廢帝
安帝隆安五年三月甲子月生齒占曰月生齒天子有賊臣群下自相

晉志二　十七

殘桓玄篡逆之徵也
義熙九年十二月辛卯朔月猶見東方是謂之仄慝則侯王其肅是時劉
裕輔政威刑自己仄慝之應云
十二年十一月乙未月入輿鬼見而暈占曰主憂財寶出一曰月暈有赦
月奄犯五緯
凡月蝕五星其國皆亡五星入月其野有逐相
魏明帝太和五年十二月甲辰月犯填星
青龍二年十月乙丑月又犯填星占同上戊寅月犯太白占曰人君死
又爲兵　景初元年七月公孫懿叛二年正月遣宣帝討之三年正月天
子崩四年三月己巳太白與月俱加景晝見月犯太白占同上
景初元年十月丁未月犯熒惑占曰貴人死二年四月司徒韓曁薨
齊王嘉平元年正月甲午太白襲月宣帝奏永寧太后廢曹爽等
惠帝太安二年十一月庚辰歲星入月中占曰國有逐相十二月壬寅太
白犯月占曰天下有兵　三年正月己卯月犯太白占同青龍元年七
月左衛將軍陳昣率衆奉帝伐成都王六軍敗績兵逼乘輿後二年帝
崩　元帝太興二年十一月辛巳月犯熒惑占曰有亂臣　三年十二月
己未太白入月在斗郭璞曰月屬坎陰府法象也太白金行而來犯之
天意若曰刑理失中自毀其法
四年十二月丁亥月犯歲星在房占曰其國兵飢人流亡
永昌元年三月王敦作亂率江荆之衆來攻敗京都殺將相又鎮北將
軍劉隗出奔百姓並去南畝困於兵革四月又殺湘州刺史譙王司馬
承鎮南將軍甘卓
成帝咸康元年二月乙未太白入月四月甲午月犯太白四年四月己
巳七月乙巳月俱奄太白占曰人君死又爲兵人主惡之明年石季龍
之衆大寇沔南於是内外戒嚴　五年四月辛未月犯歲星在胃占曰
國飢人流乙未月犯歲星在昴及冬有沔南邾城之敗百姓流亡萬餘
家六年二月乙未太白入月占曰人主死四月甲午月犯太白占曰人主
惡之

穆帝永和八年十二月月在東井犯歲星占曰秦飢人流亡是時兵革
連起十年十一月月奄填星在輿鬼占曰秦有兵時桓溫伐苻健健堅
壁長安溫退十二年八月桓溫破姚襄
升平元年十一月壬午月奄歲星在房占曰人飢一曰豫州有災
二年閏三月乙亥月犯歲星在房占同上三年豫州刺史謝萬敗
三年三月乙酉月犯太白在昴占曰人君死一曰趙地有兵胡不安四
年正月慕容儁卒　五年正月乙丑辰時月在危宿奄太白占曰天下
靡散二月丁未月犯填星在軫占曰爲大喪五月穆帝崩七月慕容恪
攻冀州刺史吕護於野王拔之護奔走時桓溫以大衆次宛閒護敗乃
退
哀帝興寧元年十月景戌月奄太白在須女占曰天下靡散一曰災在
揚州三年洛陽没其後桓溫傾揚州資實北討敗績死亡太半及征袁
眞淮南殘破後慕容暐及苻堅互來侵境三年正月乙卯月奄歲星在
參占曰參益州分也六月鎮西將軍益州刺史周撫卒十月梁州刺史
司馬勳入益州以叛朱序率衆助刺史周楚討平之
海西太和元年二月景子月奄熒惑在參占曰爲内亂帝不終之徵
一曰參魏地五年慕容暐爲苻堅所滅
孝武太元十二年二月戊寅熒惑入月占曰有亂臣死若有相戮者一
曰女親爲政天下亂是時琅邪王輔政王妃從兄王國寶以姻昵受寵
又陳郡人袁悦昧私苟進交遘主相搧揚朋黨十三年帝殺悦於市於
是主相有隙亂階興矣　十三年十二月戊子辰星入月在危占曰賊
臣欲殺主不出三年必有内惡是後慕容垂翟遼姚萇苻登慕容永並
阻兵爭強　十四年十二月乙未月犯歲星占並同上　十五年翟遼據司
兗衆軍累討弗剋慕容氏又跨略并冀七月旱八月諸郡大水兗州又
蝗十八年正月乙酉熒惑入月占曰憂在宮中非賊乃盜也一曰有亂
臣若有戮者二十一年九月帝暴崩内殿兆庶宣言夫人張氏潛行大
逆又王國寶邪狡卒伏其辜　十九年四月己巳月奄歲星在尾占曰
爲飢燕國亡　二十年慕容垂遣息寶伐魏反爲所破死者數萬人二

二十一年垂死國遂衰亡
安帝隆安元年六月庚午月奄太白在太微端門外占曰國受兵乙酉月
奄歲星在東壁占曰爲飢衛地有兵二年六月郗恢遣鄧啓方等以萬
人伐慕容寶於滑臺啓方敗三年九月桓玄等並舉兵於是內外戒嚴四
年正月乙亥月犯填星在牽牛占曰吳越有兵喪女主憂六月乙未月
又犯填星在牽牛十月乙未月奄歲星在北河占曰爲飢胡有兵其四
年五月孫恩破會稽殺內史謝琰後又破高雅之於餘姚死者十七八
七月太和太后李氏崩元興元年孫恩寇臨海人衆餓死散亡殆盡元
興元年四月辛丑月奄辰星七月大飢人相食
二年十一月辛巳月犯熒惑占悉同上三年十一月桓玄篡位放遷帝后於
尋陽以永安何皇后爲遷陵君三年二月劉裕盡誅桓氏
三年二月甲辰月奄歲星於左角占曰天下兵起是年二月景辰劉裕
起義兵殺桓脩等明年正月衆軍攻桓振卒滅諸桓

義熙元年四月己卯月犯填星在東壁占曰其地亡國一曰貴人死七
月己未月奄填星東壁占曰其國以伐亡一曰人流十月丁巳月奄填星
在營室占同上十一月荆州刺史魏詠之卒二年二月司馬國璠等攻沒弋陽
三年司徒揚州刺史王謐薨四年正月太保武陵王遵薨二月左僕射孔
安國薨
二年十二月景午月奄太白在危占曰齊國亡一曰彊國君死五年四
月劉裕大軍北討慕容超卒滅之
七年六月庚子月犯歲星在畢占曰有邊兵且飢八月乙未月犯歲星
在參占曰益州兵飢七月朱齡石尅蜀蜀人尋又討之
八年正月庚戌月犯歲星在畢占同上九年七月朱齡石滅蜀
十二年五月甲申月犯歲星在左角占曰爲飢
十四年四月壬申月犯填星於張占曰天下有大喪其明年帝崩
恭帝元熙元年七月月犯歲星占悉同上十二月丁巳月犯太白于羽
林 二年六月帝遜位禪宋
五星聚舍

魏明帝太和四年七月壬戌太白犯歲星占曰太白犯五星有大兵
五年三月諸葛亮以大衆寇天水時宣帝爲大將軍距退之
青龍二年二月己未太白犯熒惑占曰大兵起有大戰是年四月諸葛亮
據渭南吳亦起兵應之魏東西奔命
惠帝元康三年塡星歲星太白三星聚于畢昴占曰爲兵喪畢昴趙地
也後賈后陷殺太子趙王廢后又殺之斬張華裴頠遂篡位廢帝爲太
上皇天下從此遘亂連禍
永寧二年十一月熒惑太白鬬于虛危占曰大兵起破軍殺將虛危又
齊分十二月熒惑襲太白于營室占曰天下兵起亡君之戒一曰易相
初齊王冏之京都因留輔政遂專傲無君是月成都河間檄長沙王乂
討之冏又交戰攻焚宮闕冏兵敗夷滅又殺其兄上軍將軍實以下二
十餘人太安二年成都又攻長沙於是公私飢困百姓力屈
太安三年正月熒惑犯歲星占曰有戰七月左衞將軍陳眕奉帝伐成
都六軍敗績

光熙元年九月塡星犯歲星占曰塡與歲合爲內亂是時司馬越專權
終以無禮破滅內亂之應也十二月癸未太白犯塡星占曰爲內亂兵
有大戰是後河間王爲東海王越所殺明年正月東海王越殺諸葛玫
等五月汲桑破馮嵩殺東燕王八月苟晞大破汲桑
懷帝永嘉六年七月熒惑歲星太白聚牛女之間徘徊進退案占曰牛
女揚州分是後兩都傾覆而元帝中興揚土
建武元年五月癸未太白熒惑合於東井占曰金火合曰爍爲喪是時
愍帝蒙塵于平陽七月崩于寇庭
元帝太興二年七月甲午歲星熒惑會于東井八月乙未太白犯歲星
合在翼占曰爲兵飢 三年六月景辰太白與歲星合于房占同上永
昌元年王敦攻京師六軍敗績王敦尋死
成帝咸康三年十一月乙丑太白犯歲星于營室占曰爲兵飢四年二
月石季龍破幽州遷萬餘家以南五年季龍衆五萬寇沔南略七千餘
家而去又騎二萬圍陷邾城殺略五千餘人 四年十二月癸丑太白

犯塡星在箕占曰王者亡地七年慕容皝自稱燕王 七年三月太白
熒惑合于太微中犯左執法明年顯宗崩 八年十二月巳酉太白犯
熒惑于胃占曰大兵起其後庾翼大發兵謀伐石季龍專制上流
康帝建元元年八月丁未太白犯歲星在軫占曰有大兵是年石季龍
將劉寧寇没狄道
穆帝永和四年五月熒惑入婁犯塡星占曰兵大起有喪災在趙其年
石季龍死來年冉閔殺石遵及諸胡十萬餘人其後褚裒北伐喪衆而薨
○六年三月戊戌熒惑犯歲星占曰爲戰 七年三月戊子歲星熒惑合
于奎其年劉顯殺石祗及諸胡帥中土大亂 十二年七月丁卯太白犯
塡星在柳占曰周地有大兵其年八月桓溫伐苻健退因破姚襄於伊
水定周地
升平二年八月戊午熒惑犯塡星在張占曰兵大起 三年八月庚午
太白犯塡星在太微中占曰王者惡之五年十月丁卯熒惑犯歲星
在營室占曰大臣有匿謀一曰衞地有兵時桓溫擅權謀移晉室海西

公太和元年八月戊午太白犯歲星在太微中 三年六月甲寅太白奄
熒惑在太微端門中六年海西公廢
簡文咸安二年正月己酉歲星犯塡星在須女占曰爲內亂七月帝崩
桓溫擅權謀殺侍中王坦之等內亂之應
孝武寧康二年十一月癸酉太白奄熒惑在營室占曰金火合爲爍爲
兵喪太元元年七月苻堅伐涼州破之虜張天錫 太元十一年十二
月己丑太白犯歲星占曰爲兵飢是時河朔未平兵連在外冬大飢
十七年九月丁丑歲星熒惑塡星同在亢氐十二月癸酉塡星去熒惑
歲星猶合占曰三星合是謂驚立絕行內外有兵喪與飢改立王公
十九年十月太白塡星熒惑辰星合于氐 十二月癸丑太白犯歲星在
斗占曰爲亂飢爲內兵斗吳越分至 隆安元年王恭等舉兵顯王國
寶之罪朝廷殺之是後連歲水旱飢
安帝隆安元年二月歲星熒惑皆入羽林占曰中軍兵起四月王恭等
舉兵內外戒嚴

元興元年八月庚子太白犯歲星在上將東南占曰楚兵飢一曰災在
上將 二年桓玄篡位三年劉裕盡誅桓氏 二年十月丁丑太白犯塡
星在婁占同上 三年二月壬辰太白熒惑合于羽林 二年十二月桓玄
篡位放遷帝后三年二月劉裕起義兵桓玄逼帝東下
義熙三年十二月丁未熒惑太白皆入羽林又合于壁三年正月慕容超
寇淮北徐州至下邳八月遣劉敬宣伐蜀 三年二月癸亥熒惑塡星太
白辰星聚于奎婁從塡星也徐州分是時慕容超僭號於齊兵連徐兗
連歲寇抄至于淮泗姚興譙縱僭號秦蜀盧循及魏南北交侵其五年
劉裕北殄慕容超其六月辛卯熒惑犯辰星在翼占曰天下兵起八月
己卯太白奄熒惑占曰有大兵其四年姚略遣衆征赫連勃勃大爲所
破 五年四月甲戌熒惑犯辰星在東井占曰皆爲兵十二月辛丑太白
犯歲星在奎占曰大兵起魯有兵是年四月劉裕討慕容超 六年二
月滅慕容超于齊地 七年七月丁卯歲星犯塡星在參占曰歲塡合
爲內亂一曰益州戰不勝亡地是時朱齡石伐蜀後資滅之明年誅謝

混劉毅 八年十月甲申太白犯塡星在東井占曰秦有大兵 九年二月
景午熒惑塡星皆犯東井占曰秦有兵三月壬辰歲星熒惑塡星太白
聚于東井從歲星也東井秦分 十三年劉裕定關中其後遂移晉祚
十四年十月癸巳熒惑入太微犯西蕃上將仍順行至左掖門內留二十
日乃逆行至恭帝元熙元年三月五日出西蕃上將西三尺許又順還
入太微時塡星在太微熒惑繞塡星成鉤已其年四月景戌從端門出
占曰熒惑與塡星鉤已天庭天下更紀十二月安帝母弟琅邪王踐阼
是日恭帝來年禪于宋

志第二 天文中 晉書

天文下 月五星犯列舍 經星變附見

月五星犯列舍 經星變附見

魏文黃初四年三月癸卯月犯心大星占曰心爲天王位王者惡之六月甲申太白晝見案劉向五紀論曰太白少陰弱不得專行故以己未爲界不得經天而行經天則晝見其占爲兵喪爲不臣爲更王彊国弱小國彊是時孫權受魏爵號而稱兵距守其十二月景子月犯心大星占同上五年十月乙卯太白晝見占同上又歲星入太微逆行積百四十九日乃出占曰五星入太微從右入三十日已上人主有大憂一曰有赦至七年五月帝崩明帝即位大赦天下

六年五月壬戌熒惑入太微至壬申與歲星相及俱犯右執法至癸酉乃出占曰從右入三十日以上人主有大憂又日月五星犯左右執法大臣有憂一曰執法者誅金火尤甚十一月皇子東武陽王鑒薨七年正月驃騎將軍王洪免爲庶人四月征南大將軍夏侯尚薨五月帝崩蜀記稱明帝問黃權曰天下鼎立何地爲正對曰當驗天文往者熒惑守心而文帝崩吳蜀無事此其徵也案三國史並無熒惑守心之文宜是入太微八月吳遂圍江夏寇襄陽大將軍宣帝救襄陽斬吳將張霸等兵喪更王之應也

明帝太和五年五月熒惑犯房占曰房四星股肱臣將相位也月五星犯守之將相有憂其七月車騎將軍張郃追諸葛亮爲亮所害十二月太尉華歆薨其十一月乙酉月犯軒轅大星占曰女主憂

六年三月乙亥月又犯軒轅大星十一月景寅太白晝見南斗遂歷八十餘日恒見占曰吳有兵明年孫權遣張弥等將兵萬人錫授公孫文懿爲燕王文懿斬弥等虜其衆青龍三年正月太后郭氏崩

青龍三年三月辛卯月犯輿鬼輿鬼主斬殺占曰人多病國有憂又曰大臣憂是年夏及冬大疫四年五月司徒董昭薨其五月丁亥太白晝見積三十餘日以晷度推之非秦魏則楚也是時諸葛亮據渭南宣帝與相持孫權寇合肥又遣陸議孫昭等入淮沔天子親東征蜀本秦地則爲秦魏及楚兵悉起矣其七月己巳月犯楗閉占曰有火災三年七月崇華殿災

三年六月丁未塡星犯井鉞戊戌太白又犯之占曰凡月五星犯井鉞悉爲兵災一曰斧鉞用大臣誅七月己丑塡星犯東井距星占曰塡星入井大人憂行近距爲行陰其占曰大水五穀不成

景初元年夏大水傷五穀其年十月壬申太白晝見在尾歷二百餘日恒晝見占曰尾爲燕有兵十二月戊辰月犯鉤鈐占曰王者憂

四年閏正月己巳塡星犯井鉞三月癸卯塡星犯東井己巳太白與月加景晝見五月壬寅太白犯畢左股第一星占曰畢爲邊兵又主刑罰九月涼州塞外胡阿畢師使侵犯諸國西域校尉張就討之斬首捕虜萬計其七月甲寅太白犯軒轅大星占曰女主憂景初元年皇后毛氏崩

景初元年二月乙酉月犯房第二星占曰將相有憂其七月司徒陳矯薨　二年四月司徒韓暨薨其七月辛卯太白晝見積二百八十餘日時公孫文懿自立爲燕王署置百官發兵距守宣帝討滅之

二年二月己丑月犯心距星又犯中央大星五月乙亥月又犯心距星及中央大星案占曰王者惡之犯前星太子有憂三年正月帝崩太子立卒見廢其年十月甲午月犯箕占曰將軍死正始元年四月車騎將軍黃權薨其閏十月癸丑月犯心中央大星

少帝正始元年四月戊午月犯昴東頭第一星十月庚寅月又犯昴北第四星占曰月犯昴胡不安二年六月鮮卑阿妙兒等寇西方敦煌太守王延破之斬二萬餘級三年又斬鮮卑大帥及千餘級

二年九月癸酉月犯輿鬼西北星三年二月丁未又犯西南星占曰有錢令一曰大臣憂三年三月太尉滿寵薨四年正月帝加元服賜群臣錢各有差

四年十月十一月月再犯井鉞是月宣帝討諸葛恪恪棄城走五年三月曹爽征蜀　五年十一月癸巳塡星犯亢距星占曰諸侯有失国者

七年七月丁丑月犯左角占曰天下有兵左將軍死七月乙亥熒惑犯畢距星占曰有邊兵一曰刑罰用　九年正月辛亥月犯亢南星占曰兵起一曰軍將死七月癸丑塡星犯楗閉占曰王者不宜出宮下殿嘉

平元天子謁陵宣帝奏誅曹爽等天子野宿於是失勢嘉平元年六月
壬戌太白犯東井距星占曰國失政大臣爲亂四月辛巳太白犯輿鬼占
曰大臣誅一曰兵起　二年三月己未太白又犯井距星三年七月王陵與
楚王彪有謀皆伏誅人主遂卑
吳孫權赤烏十三年夏五月日北至熒惑逆行入南斗秋七月犯魁第三
星而東漢晉春秋云逆行案占熒惑入南斗三月吳王死一曰熒惑逆行
其地有死君太和二年權薨是其應也故國志書於吳是時王淩謀立
楚王彪謂斗中有星當有暴貴者以問知星人浩詳詳疑有故欲悅其
意不言吳有死喪而言淮南楚分吳楚同占當有王者興故淩計遂定
嘉平三年十二月景申月犯輿鬼三年四月戊寅月犯東井五月甲寅
月犯亢距星占曰軍將死一曰爲兵是月王淩楚王彪等誅七月皇后甄
氏崩四年三月吳將爲寇鎮東將軍諸葛誕破走之其年七月己巳月
犯輿鬼九月乙巳又犯之十月癸未熒惑犯亢南星占曰臣有亂四年
十一月丁未月又犯鬼積尸五年六月戊午太白犯角占曰群臣有謀不

成庚辰月犯箕星占曰將軍死七月月犯井鉞景午月又犯鬼西北星
占曰國有憂十一月癸酉月犯東井距星占曰將軍死正元元年正月
鎮東將軍毋丘儉揚州刺史文欽反兵俱敗誅死二月李豐及弟翼
后父張緝等謀亂事泄悉誅皇后張氏廢九月帝廢爲齊王蜀將姜維
攻隴西車騎將軍郭淮討破之
高貴鄉公正元二年二月戊午熒惑犯東井北轅西頭第一星甘露元年
七月乙卯熒惑犯東井鉞星壬戌月又犯鉞星八月辛亥月犯箕吳廢
孫亮太平元年九月壬辰太白犯南斗吳志所書也占曰太白犯斗國
有兵大臣有反者其明年諸葛誕反又明年孫綝廢亮吳魏並有兵事
也甘露元年九月丁巳月犯東井二年六月己酉月犯心中央大星八月
壬子歲星犯井鉞九月庚寅歲星逆行乘井鉞十月景寅太白犯亢距
星占曰逆臣爲亂人君憂景元元年五月有成濟之變及諸葛誕誅皆其
應也二年三月庚子太白犯東井占曰國失政大臣爲亂是夜歲星又
犯東井占曰兵起至景元元年高貴鄉公敗三年八月壬辰歲星犯輿

鬼鑕星占曰斧鑕用大臣誅四年四月甲申歲星又犯輿鬼東南星占
曰鬼東南星主兵木入鬼大臣誅景元元年殺尚書王經
元帝景元元年二月月犯建星案占月五星犯建星大臣相譖是後鍾
會鄧艾破蜀會譖艾　二年四月熒惑入太微犯右執法占曰人主有大
憂一云大臣憂　四年十月歲星守房占曰將相有憂一云有大赦明
年鄧艾鍾會皆夷滅赦蜀土五年帝遜位
武帝咸寧四年九月太白當見不見占曰是謂失舍不有破軍必有亡
國是時羊祜表求伐吳上許之五年十一月兵出太白始夕見西方太康
元年三月大破吳軍孫晧面縛請罪吳國遂亡
太康八年三月熒惑守心占曰王者惡之太熙元年四月乙酉帝崩
惠帝元康三年四月熒惑守太微六十日占曰諸侯三公謀其上必有
斬臣一曰天子亡國是春太白守畢至是百餘日占曰有急令之憂一
曰相死又爲邊境不安後賈后陷殺太子　六年十月乙未太白晝見
九年六月熒惑守心占曰王者惡之八月熒惑入羽林占曰禁兵大起

其後帝見廢爲太上皇俄而三王起兵討趙王倫倫悉遣中軍兵相距
累月
永康元年三月中台星拆太白晝見占曰台星失常三公憂太白晝見
爲不臣是月賈后殺太子趙王倫尋廢殺后斬司空張華其五月熒惑
入南斗占曰宰相死兵大起斗又吳分野是時趙王倫爲相明年篡位三
王興師誅之
太安二年石冰破揚州其八月熒惑入箕占曰人主失位兵起明年趙王
倫篡位改元　二年二月太白出西方逆行入東井占曰國失政大臣爲
亂是時齊王冏起兵討趙王倫倫滅冏擁兵不朝專權淫奢明年誅死
永寧元年自正月至于閏月五星互經天縱橫無常星傳曰日陽君道
也星陰臣道也日出則星亡臣不得專也晝而星見午上者爲經天其
占爲不臣爲更王今五星悉經天天變所未有也石氏說曰辰星晝見
其國不亡則大亂是後台鼎方伯互執大權二帝流亡遂至六夷更王
迭據華夏亦載籍所未有也其四月歲星晝見五月太白晝見占同前

七月歲星守虛危占曰木守虛危有兵憂虛危齊分一曰守虛饑守危徭役煩多下屈竭辰星入太微占曰為內乱一曰群臣相殺太白守右掖門占曰為兵為乱為賊八月戊午填星犯左執法又犯上相占曰上相憂熒惑守昴占曰趙魏有災辰星守輿鬼占曰秦有災九月丁未月犯左角占曰人主憂一曰左衛將軍死天下有兵　二年四月癸酉歲星晝見占曰為臣彊初齊王冏定京都因留輔政遂專慠无君是月成都河間檄長沙王乂討之冏乂交戰攻焚宮闕冏兵敗夷滅又殺其兄上軍將軍寔以下二十餘人太安二年成都攻長沙於是公私饑困百姓力屈　太安二年二月太白入昴占曰天下擾兵大起七月熒惑入東井占曰兵起國亂是秋太白守太微上將占曰上將以兵亡是年冬成都河間攻洛陽八月長沙王奉帝出距二王三年正月東海王越執長沙王乂張方又殺之　三年正月熒惑入南斗占同永康七月左衛將軍陳昣率衆奉帝伐成都六軍敗績兵逼乘輿是時天下盜賊群起張昌尤盛永興元年七月庚申太白犯角亢經房心歷尾箕九月入南斗占曰犯

角天下大戰犯亢有大兵人君憂入房心為兵喪犯尾箕女主憂一曰天下大亂入南斗有兵喪一曰將軍為乱其所犯守又兗豫幽冀揚州之分野是年七月有蕩陰之役九月揚浚殺幽州刺史和演攻鄴鄴潰於是兗豫為天下兵衝陳敏又乱揚土劉元海石勒李雄等並起微賊跨有州郡皇后羊氏數被幽廢皆其應也　二年四月景子太白犯狼星占曰大兵起九月歲星守東井占曰有兵井又秦分野是年苟晞破公師蕃張方破范陽王虓關西諸將攻河間王顒奔走東海王迎殺之

光熙元年四月太白失行自翼入尾箕占曰太白失行而北是謂反生不有破軍必有屠城五月汲桑攻鄴魏郡太守馮嵩出戰大敗桑遂害東燕王騰殺万餘人焚燒魏時宮室皆盡其九月丁未熒惑守心占曰王者惡之巳亥填星守房心占曰填守房多禍喪守心国內乱天下赦是時司馬越專權終以无礼破滅內乱之應也十一月帝崩懷帝即位大赦天下

懷帝永嘉元年十二月丁亥星流霣散案劉向說天官列宿在位之象其衆小星无名者衆庶之類此百官衆庶將流散之象也是後天下大乱百官万姓流移轉死矣　二年正月庚午太白伏不見二月庚子始晨見東方是謂當見不見占同上條其後破軍殺將不可勝數帝崩虜庭中夏淪覆　三年正月庚子熒惑犯紫微占曰當有野死之王又為火燒宮是時太史令高堂沖奏乘輿宜遷幸不然必无洛陽五年六月劉曜王弥入京都焚燒宮廟執帝歸平陽　三年填星久守南斗占曰填所居久者其国有福是時安東將軍琅邪王始有揚土其年十一月地動陳卓以為是地動應也　五年十月熒惑守心　六年六月丁卯太白犯太微占曰兵入天子庭王者惡之七月帝崩于寇庭天下行服大臨

元帝太興元年七月太白犯南斗占曰吳越有兵大人憂　二年二月甲申熒惑犯東井占曰兵起貴臣相戮八月巳卯太白犯軒轅大星占曰後宮憂　三年五月戊子太白入太微又犯上將星占曰天子自將上將誅九月太白犯南斗十月巳亥熒惑在東井居五諸侯南踟蹰留積三十日占曰熒惑守井二十日以上大人憂守五諸侯諸侯有誅者　永昌元

年三月王敦率江荊之衆來攻京都六軍距戰敗績人主謝過而已於是殺護軍將軍周顗尚書令刁協驃騎將軍戴若思又鎮北將軍劉隗出奔四月又殺湘州刺史譙王司馬承鎮南將軍甘卓閏十二月帝崩

明帝太寧三年正月熒惑逆行入太微占曰為兵喪王者惡之閏八月帝崩後二年蘇峻反攻焚宮室太后以憂偪崩天子幽劫于石頭城遠近兵乱至四年乃息

成帝咸和六年正月景辰月入南斗占曰有兵是月石勒殺略婁武進二縣人明年石勒衆又抄略南沙海虞其十一月熒惑守胃昴占曰趙魏有兵八年七月石勒死石季龍自立是時雖二石僭號而其強弱常占於昴不關太微紫宮也　八年三月己巳月入南斗與六年占同其年七月石勒死彭彪以譙石生以長安郭權以秦州並歸順於是遣督護喬球率衆救彪彪敗球退又石季龍石斌攻滅生權其七月熒惑入昴占曰胡王死一曰趙地有兵是月石勒死石季龍多所攻沒八月月又犯昴占曰胡不安九年三月巳亥熒惑入輿鬼犯積尸占曰兵在西北有役

軍死將六月八月月又犯昴是時石弘雖襲勤位而石季龍擅威橫暴
十一月廢弘自立遂幽殺之
咸康元年二月己亥太白犯昴占曰兵起歲中旱四月石季龍略騎至
歷陽加司徒王導大司馬治兵列戍衝要是時石季龍又圍襄陽六月
旱其年二月景戌月入昴占曰胡王死八月戊戌熒惑入東井占曰無
兵兵起有兵兵止十一月月犯昴　二年正月辛亥月犯房南第二星八
月月又犯昴九月庚寅太白犯南斗因晝見占曰斗為宰相又揚州分
金犯之死喪之象晝見為不臣又為兵喪其後石季龍僭稱天王發衆
七萬四年二月自隴西攻段遼于薊又攻慕容皝於棘城不克皝擊破其
將麻秋并虜段遼殺之　三年七月己酉月犯房上星八月熒惑入輿
鬼犯積尸甲戌月犯東井距星九月戊子月犯建星　四年四月己巳太
白晝見在柳占曰為兵為不臣明年石季龍大寇河南於是內外戒嚴
其五月戊戌熒惑犯右執法占曰大臣死執政者憂九月太白又犯右
執法案占五星災同金火尤甚十一月戊子太白犯房上星占曰上相憂

五年四月乙未月犯畢距星占曰兵起七月己酉月犯房上星占曰將相
憂是月庚申丞相王導薨庾冰代輔政八月太尉郗鑒薨又有沔南邾
城之敗百姓流万餘家六年正月征西大將軍庾亮薨　六年三月甲辰
熒惑犯太微上將星占曰上將憂四月丁丑熒惑犯右執法占曰執政
者憂六月乙亥月犯牽牛中央星占曰大將憂是時尚書令何充為執
法有讓欲避其咎明年求為中書令其四月景午太白犯畢距星占曰
兵革起一曰女主憂六月乙卯太白犯軒轅大星占曰女主憂七年三月
皇后杜氏崩　七年三月壬午月犯房四月己丑太白入輿鬼五月太白
晝見八月辛丑月犯輿鬼　八年六月熒惑犯房上第二星占曰次相憂
八月壬寅月犯畢占曰下犯上兵革起十月月又掩畢大星占同上其
建元元年車騎將軍庾冰薨庾翼大發兵謀伐石季龍專制上流朝廷
憚之
康帝建元二年正月壬午太白入昴占曰趙地有兵又曰天下兵起四月
乙酉太白晝見是年石季龍殺其子邃又遣將寇沒狄道及屯薊東謀

慕容皝三年歲星犯天關安西將軍庾翼與兄冰書曰歲星犯天關占
云關梁當分北來江東无他故江道亦不艱難而石季龍頻年再閉關
不通信使此復天公憒憒无皂白之徵也其閏月乙酉太白犯斗占曰
為喪天下受爵祿九月帝崩太子立大赦賜爵
穆帝永和元年正月丁丑月入畢占曰兵大起戊寅月犯天關占曰有
乱臣更天子之法五月辛巳太白晝見在東井占曰為臣彊秦有兵六
月辛丑月入太微犯屏西南星占曰輔臣有免罷者七月八月月皆犯
畢占同上己未月犯輿鬼占曰大臣有誅九月庚戌月又犯畢是年初
庾翼在襄陽七月翼疾將終輒以子爰之為荆州刺史代已任爰之尋
被廢明年桓溫又輒率衆伐蜀執李勢送至京都蜀本秦地也
二年二月壬子月犯房上星四月景戌月又犯房上星八月壬申太白犯
右執法　三年正月壬午月犯南斗第五星占曰將軍死近臣去五月壬申
月犯南斗第四星因入魁占曰有兵一曰有大赦六月月犯東井距星占
曰將軍死國有憂戊戌月犯五諸侯占曰諸侯有誅九月庚寅太白犯

南斗第五星占曰為喪為兵　四年七月景申太白犯左執法甲寅月犯
房丁巳入南斗犯第二星乙丑太白犯左執法占悉同上十月甲辰月
犯亢占曰兵起將軍死十一月戊戌月犯上將星　三年六月大赦是月陳
逵征壽春敗而還七月氐蜀餘寇反乱益土九月石季龍伐涼州五年
征北大將軍褚裒卒　五年四月太白入昴是時戎晉相侵趙地連兵尤
甚七月太白犯軒轅占曰在趙及為兵喪甲寅月犯房十月甲戌月犯
亢占曰兵起將軍死八月石季龍太子宣殺弟韜宣亦死其十一月戊戌
月犯上將星五年正月石季龍僭號稱皇帝尋死五年四月丁未太白
犯東井占曰秦有兵九月戊戌太白犯左角占曰為兵十月月犯昴占曰
胡有憂將軍死是年八月褚裒北征兵敗十月關中二十餘壁舉兵內附
石遵攻沒南陽十一月冉閔殺石遵又盡殺胡十餘万人於是趙魏大乱
十二月褚裒薨八年劉顯苻健慕容儁並僭號殷浩北伐敗績見廢
六年二月辛酉月犯心大星占曰大人憂又豫州分野也丁丑月犯房占
曰將相憂六月己丑月犯昴占同上乙未月犯五諸侯占同上七月壬

寅月始出西方犯左角占曰大將軍死一曰天下有兵丁未月犯箕占曰將軍死景寅熒惑犯鉞星占曰大臣有誅八月辛卯月犯左角太白晝見在南斗十月犯右執法占並同上是歲司徒蔡謨免爲庶人 七年二月太白犯昴卯占同上三月乙卯熒惑入輿鬼犯積尸占曰貴人有憂五月乙未熒惑犯軒轅大星占曰女主憂太白入畢口犯左股占曰將相當之六月乙亥月犯箕占曰國有兵喪景子月犯斗丁丑熒惑入太微犯右執法八月庚午太白犯軒轅戊子太白犯右執法占悉同上七年劉顯殺石祗及諸將帥山東大亂疾疫死亡 八年三月戊戌月犯軒轅大星癸丑月入南斗犯第二星五月月犯心星六月癸丑月犯房七月壬子歲星犯東井距星占曰內亂兵起八月戊戌熒惑犯輿鬼占曰忠臣戮死景辰太白入南斗犯第四星占曰將爲亂一曰丞相免 九年二月乙巳月入南斗犯第三星三月戊辰月犯房八月歲星犯輿鬼東南星占曰兵起是時帝幼沖母后稱制將相有隙兵革連起慕容儁僭號稱燕王攻伐不休 十年正月己卯月蝕昴昴星占曰趙魏有兵癸酉填星奄鉞星占曰斧鉞用三月甲寅月犯心大星占曰王者惡之七月庚午太白晝見晷度推之災在秦鄭九月辛酉太白犯左執法是時桓溫擅命朝臣多見迫脅四月溫伐苻健破其嶢柳軍十二月慕容恪攻齊 十一年三月辛亥月奄軒轅占同上四月庚寅月犯牛宿南星占曰國有憂八月己未太白犯天江占曰河津不通 十二年六月庚子太白晝見在東井占如上己未月犯鉞星八月癸酉月奄建星九月戊寅熒惑入太微犯西蕃上將星十一月丁丑熒惑犯太微東蕃上將星 十二年十一月齊城陷執段龕殺三千餘人

永和三年鮮卑侵略河冀升平元年慕容儁遂據臨漳盡有幽并青冀之地緣河諸將奔散河津隔絕時權在方伯九服交兵

升平元年四月壬子太白入輿鬼丁亥月奄井南轅西頭第二星占曰秦地有兵一曰將死六月戊戌太白晝見在軫占同上軫是楚分野壬子月犯畢占曰爲邊兵七月辛巳熒惑犯天江占曰河津不通十一月歲星犯房占曰豫州有災其年五月苻堅殺苻生而立十二月慕容儁入屯鄴二年八月豫州刺史謝奕薨 二年十二月辛卯填星犯軒轅大星占曰人主惡之甲午月犯東井六月辛酉月犯房十月己未太白犯哭星占曰有大哭泣 三年正月壬辰熒惑犯楗閉星按占曰人主憂三月乙酉熒惑逆行犯鉤鈐按占王者惡之六月太白犯東井七月乙酉熒惑犯天江景戌太白犯輿鬼占悉同上戊子月犯牽牛中央大星占曰牽牛天將也犯中央大星將軍死八月丁未太白犯軒轅大星甲子月犯畢大星占曰爲邊兵一曰下犯上三年十月諸葛攸舟軍入河敗績豫州刺史謝万入朝衆潰而歸万除名十一月司徒會稽王以郗曇謝万二鎮敗求自貶三等四年正月慕容儁死子暐代立慕容恪殺其尚書令陽騖等 四年正月乙亥月犯牽牛中央大星六月辛亥辰星犯軒轅占曰女主憂己未太白入太微右掖門從端門出占曰貴奪勢一曰有兵又曰出端門臣不臣八月戊申太白犯氐占曰國有憂景辰熒惑入太微西蕃上將星九月壬午太白入南斗口犯第四星占曰爲喪有赦天下受爵祿十二月甲寅熒惑犯房景寅太白晝見庚寅月犯楗閉占曰人君惡之 五年正月乙巳填星逆行犯太微五月壬寅月犯太微庚戌月犯建星占曰大臣相譖是時殷浩敗績卒致遷徙其月辛亥月犯牽牛宿占曰國有憂六月癸亥月犯氐東北星占曰大將當之五年正月北中郎將郗曇薨五月帝崩哀帝立大赦賜爵褚后失勢七月慕容恪攻冀州刺史呂護於野王護奔滎陽是時桓溫以大衆次宛聞護敗乃退 五年六月癸酉月奄氐東北星占曰大將軍當之九月乙酉月奄畢占曰有邊兵十月丁未月犯畢大星占曰下犯上又曰有邊兵

八月范汪廢隆和元年慕容暐遣將寇河陰

哀帝興寧三年七月庚戌月犯南斗占曰女主憂歲星犯輿鬼占曰人君憂十月太白晝見在亢占曰亢爲朝廷有兵喪爲臣彊明年五月皇后庾氏崩海西太和二年正月太白入昴卯五年慕容暐爲苻堅所滅又據冀幽并四州 六年閏月熒惑守入太微端門占曰天子亡國又曰諸侯三公謀其上一曰有斬臣辛卯月犯心大星占曰王者惡之十一月桓溫廢帝并奏誅武陵王簡文不許溫乃徙之新安皆臣彊之應也

簡文咸安元年十二月辛卯熒惑逆行入太微二年三月猶不退占曰國不安有憂是時帝有桓溫之逼　二年五月丁未太白犯天關占曰兵起歲星形色如太白占曰進退如度姦邪息變色亂行主無福歲星於仲夏當細小而不明此其失常也又爲臣彊六月太白晝見在七星乙酉太白犯輿鬼占曰國有憂七月帝崩桓溫以兵威擅權將誅王坦之等內外迫脅又庾希入京城盧悚入宮並誅滅之

孝武寧康元年正月戊申月奄心大星案占曰災不在王者則在豫州一曰主命惡之三月景午月奄南斗第五星占曰大臣有憂死亡一曰將軍死七月桓溫薨九月癸巳熒惑入太微是時女主臨朝政事多缺二年閏月己未月奄牽牛南星占曰左將軍死十二月甲申太白晝見在氐氐兗州分野三年五月景午北中郎將王坦之薨　三年六月辛卯太白犯東井占曰秦地有兵九月戊申熒惑奄左執法占曰執法者死太元元年苻堅破涼州二年十月尚書令王彪之卒

太元元年四月景戌熒惑犯南斗第三星景申又奄第四星占曰兵大起中國饑一曰有赦八月癸酉太白晝見在氐氐兗州分野九月熒惑犯哭泣星遂入羽林占曰天子有哭泣事中軍兵起十一月己未月奄氐角占曰天下有兵一曰國有憂　三年正月熒惑守羽林占曰禁兵大起九月壬午太白晝見在角角兗州分野升平元年五月大赦三年八月秦人寇樊鄧襄陽彭城四年二月襄陽陷朱序沒四月魏興陷賊聚廣陵三河衆五六万於是諸軍外次衛要丹陽尹屯衛京都六月兗州刺史謝玄討賊大破之是時中外連兵比年荒儉　四年十一月丁巳太白犯哭星占曰天子有哭泣事　五年七月景子辰星犯軒轅占曰女主當之九月癸未皇后王氏崩　六年九月景子太白晝見　七年十一月太白又晝見在斗占曰吳有兵喪　八年四月甲子太白又晝見在參占曰魏有兵喪是月桓沖征沔漢楊亮伐蜀並拔城略地八月苻堅自將號百万九月攻沒壽陽十月劉牢之破苻堅將梁成斬之殺獲万餘人謝玄等又破堅於淝水斬其弟融堅大衆奔潰九年六月皇太后褚氏崩八月謝玄出屯彭城經略中州　九年七月景戌太白晝見十一月丁巳又晝見　十年四月乙亥又晝見于畢昴占曰魏國有兵喪是時苻堅大衆奔潰趙魏兵連相攻堅爲姚萇所殺　十一年三月戊申太白晝見在東井占曰秦有兵臣彊六月甲申又晝見于輿鬼占曰秦有兵時魏姚萇苻登連兵相征不息甲午歲星晝見在胃占曰魯有兵臣彊十二年慕容垂寇東阿翟遼寇河上姚萇假號安定苻登自立隴上呂光竊據涼土　十二年六月癸卯太白晝見在柳十月庚午太白晝見在斗　十三年正月景戌又晝見十二月熒惑在角亢形色猛盛占曰熒惑失其常吏且棄其法諸侯亂其政自是後慕容垂翟遼姚萇苻登慕容永並阻兵爭彊十四年正月彭城妖賊又稱號於皇丘劉牢之破滅之三月張道破合鄉圍泰山向欽之擊走之是年翟遼又攻沒滎陽侵略陳項于時政事多敝君道陵遲矣　十四年四月己巳太白晝見于柳六月辛卯又晝見于翼九月景寅又晝見于軫十二月熒惑入羽林占並同上十五年翟遼掠司兗衆軍累討不尅慕容垂又跨略并冀等州七月旱八月諸郡大水兗州又蝗　十五年九月癸未熒惑入太微十月太

白入羽林　十六年四月癸卯朔太白晝見十一月癸巳月奄心前星占曰太子憂是時太子常有篤疾　十七年七月丁丑太白晝見十月丁酉又晝見　十八年六月又晝見　十九年五月又晝見于柳六月辛酉又晝見于輿鬼九月又見于軫　二十年六月熒惑入天囷占曰大饑七月丁亥太白晝見在太微占曰太白入太微國有憂晝見爲兵喪十二月己巳月犯楗閉及東西咸占曰楗閉司心腹喉舌東西咸主陰謀　二十一年二月壬申太白晝見三月癸卯太白連晝見在羽林占曰有彊臣有兵喪中軍兵起三月太白晝見于胃占曰中軍兵起四月壬午太白入天囷占曰爲饑六月歲星犯哭泣星占曰有哭泣事是年九月帝崩隆安元年王恭等舉兵脅朝廷於是內外戒嚴殺王國寶以謝之又連歲水旱三方動衆人饑

安帝隆安元年正月癸亥熒惑犯哭泣星占曰有哭泣事四月丁丑太白晝見在東井占曰秦有兵喪六月姚興攻洛陽郗恢遣兵救之冬姚萇死子略代立魏王圭即位於中山其年八月熒惑守井鉞占曰大臣

有誅　二年六月戊辰攝提移度失常歲星晝見在胃兗州分野是年六
月郗恢遣鄧啓方等以萬人伐慕容寶於滑臺敗而還閏月太白晝見
在羽林丁丑月犯東上相　三年五月辛酉月又奄東上相辛未辰星犯
軒轅大星占悉同上三年九月庚楷等舉兵表誅王愉等於是內外戒
嚴三年六月洛陽没于寇桓玄破荆雍州殺殷仲堪等孫恩聚衆攻没
會稽殺內史　四年六月辛酉月犯哭泣星五年正月太白晝見自去年
十二月在斗晝見至于是月乙卯案占災在吳越七月癸亥大角星散
搖五色占曰王者流散丁卯月犯天關占曰王者憂九月庚子熒惑犯
少微又守之占曰處士誅十月甲子月犯東次相其年七月太皇太后
李氏崩十月妖賊大破高雅之於餘姚死者十七八五年孫恩攻侵郡
縣殺內史至京口進軍蒲洲於是內外戒嚴恩遣別將攻廣陵殺三千
餘人退據郁州是時劉裕又追破之九月桓玄表至逆旨陵上十月司
馬元顯大治水軍將以伐玄元興元年正月盧循自稱征虜將軍領孫
恩餘衆略有永嘉晉安之地二月帝戎服遣西軍三月桓玄剋京都殺

司馬元顯放太傅會稽王道子
元興元年三月戊子太白犯五諸侯因晝見占曰諸侯有誅七月戊寅
熒惑在東井熒惑犯輿鬼積尸占並同上八月景寅太白奄右執法九月
癸未太白犯進賢占曰進賢者誅　二年二月歲星犯西上將六月甲辰
月奄斗第四星占曰大臣誅不出三年八月癸丑太白犯房北第二星
九月己丑歲星犯進賢熒惑犯西上將十月甲戌太白犯泣星十一月
丁丑熒惑犯東上相十二月乙巳月奄軒轅第二星占悉同上升平元
年冬魏破姚興軍二年十二月桓玄篡位放遷帝后於尋陽以永安何
皇后爲零陵君三年二月劉裕盡誅桓氏　三年正月戊戌熒惑逆行犯
太微西上相占曰天子戰於野上相死二月景辰熒惑逆行在左執法
西北占曰執法者誅四月甲午月奄軒轅第二星五月壬申月奄斗第
二星填星入羽林占並同上是年二月景辰劉裕殺桓脩等三月己未
破走桓玄遣軍西討辛巳誅左僕射王愉桓玄劫天子如江陵五月玄
下至崢嶸洲義軍破滅之桓振又攻没江陵幽劫天子七月永安何皇

后崩
義熙元年三月壬辰月奄左執法占同上丁酉月奄心前星占曰豫州
有災太白犯東井占曰秦有兵七月庚辰太白晝見在翼軫占曰爲臣
彊荆州有兵喪八月丁巳犯斗第一星占曰天下有兵一曰大臣憂九
月甲子熒惑犯少微占曰處士誅庚寅熒惑犯右執法癸卯熒惑犯左
執法占並同上十一月景戌太白犯鉤鈐占曰喉舌憂十二月己卯歲
星犯天關占曰有兵乱河津不通十一月荆州刺史魏詠之薨二年二
月司馬国璠等攻没弋陽四月姚興伐仇池公楊盛擊走之九月益州
刺史司馬榮期爲其參軍楊承祖所害三年十二月司徒揚州刺史王
謐薨四年正月太保武陵王遵薨三月左僕射孔安國卒自後政在劉
裕人主端拱而已　二年二月太白犯南河占曰兵起己丑月犯心後星
占曰豫州有災四月癸丑月犯太微西上將己未月犯房南第二星乙
丑歲星犯天江占曰有兵亂河津不通五月癸未月犯左角占曰左將
軍死天下有兵壬寅熒惑犯氐占曰氐爲宿宮人主憂六月庚午熒惑

犯房北第二星八月癸亥熒惑犯南斗第五星丁巳犯建星占曰爲兵九
月壬午熒惑哭星又犯泣星是年二月甲戌司馬國璠等攻没弋陽又
慕容超侵略徐兗三年正月又寇北徐州至下邳十二月司徒王謐薨
四年正月武陵王遵薨五年慕容超復寇淮北四月劉裕大軍討之拔
臨朐入圍廣固拔之　三年正月景子太白晝見在奎二月庚申月奄心
後星占同上五月癸未月犯左角己丑太白晝見在參占曰益荆有兵
喪且彊八月己卯太白犯左執法辛卯熒惑犯左執法九月壬子熒惑
犯進賢星是年八月劉敬宣伐蜀不剋而旋四年三月左僕射孔安國
卒七月司馬叔璠等攻没鄒山魯郡太守徐邕破走之姚略遣衆征赫
連勃勃大爲所破五年劉裕討慕容超滅之　四年正月庚子熒惑犯天
天關五月丁未月奄斗第二星壬子填星犯天廩占曰天下饑倉粟少
六月己丑太白犯太微西上將乙卯又犯左執法十月戊子熒惑入羽
林占悉同上五年劉裕討慕容超後南北軍旅運轉不息　五年二月
甲子月犯昴占曰胡不安天子破匈奴五月戊戌歲星入羽林九月壬

寅月犯昴十月熒惑犯氐閏月丁酉月犯昴辛亥熒惑犯鉤鈐巳巳月
奄心大星占曰王者惡之是年四月劉裕討慕容超十月魏王圭遇弑
殂六年五月盧循逼郊甸宮衛被甲　六年三月丁卯月奄房南第二星
災在次相已已又奄斗第五星占曰斗主吴吴地兵起太白犯五諸侯
占曰諸侯有誅五月甲子月奄斗第五星己亥月奄昴第三星占曰国有
憂一曰有白衣之會八月己丑月犯房南第二星甲午太白晝見七月
己亥月犯輿鬼占曰国有憂一曰秦有兵八月壬午太白犯軒轅大星
甲申月犯心前星災在豫州景戌月犯斗第五星占同上丁亥月奄牛
宿南星占曰天下有大誅乙未太白犯少微景午太白在少微而晝見
九月甲寅太白犯左執法丁丑塡星犯畢占曰有邊兵是年三月始興
太守徐道覆反四月盧循寇湘中没巴陵率衆逼京畿是月左僕射孟
昶懼王威不振仰藥自殺七年十二月劉藩梟徐道覆首杜慧度斬盧
循并傳首京都八年六月劉道規卒時為豫州刺史八月皇后王氏崩
九月兖州刺史劉藩尚書左僕射謝混伏誅劉裕西討劉毅斬首徇之

十二月遣益州刺史朱齡石伐蜀　七年四月辛丑熒惑入輿鬼占曰秦
有兵一曰雍州有災六月太白晝見在翼巳亥塡星犯天關占曰臣謀
主八月太白犯房南第二星十一月景子太白犯哭星其七月朱齡石
剋蜀蜀又反討滅之　八年七月癸亥月奄房北第二星巳未月犯井鉞
八月戊申月犯泣星十月辛亥月奄天關占曰有兵十一月丁丑塡星
犯東井占曰大人憂十二月癸卯塡星犯井鉞是年八月皇后王氏崩
九年誅劉藩謝混討滅劉毅十二月朱齡石滅蜀　九年二月熒惑犯輿
鬼占曰有兵喪太白犯南河占曰兵起五月壬辰太白犯右執法晝見
七月庚午月奄鉤鈐占曰喉舌臣憂九月庚午歲星犯軒轅大星己丑
月犯左角時劉裕擅命兵革不休十年裕討司馬休之王師不利休之
等奔長安　十年正月丁卯月犯畢占曰將相有以家坐罪者二月己酉
月犯房北星五月壬寅月犯牽牛南星乙丑歲星犯軒轅大星占悉同
上六月景申月奄氐占曰將死之国有誅者七月庚辰月犯天關占曰
兵起熒惑犯井鉞塡星犯輿鬼遂守之占曰大人憂宗廟改八月丁酉

月奄牽牛南星占同上九月塡星犯輿鬼占曰人主憂丁巳太白入羽
林十二月己酉月犯西咸占曰有陰謀十一年林邑寇交州距敗之
十一年三月丁巳月入畢占曰天下兵起一曰有邊兵己卯熒惑入輿鬼
閏月景午塡星又入輿鬼占曰為旱太疫為乱臣五月癸卯熒惑入太
微甲辰犯右執法六月己未太白犯東井占曰秦有兵戊寅犯輿鬼占
曰国有憂七月辛丑月犯畢占同上八月壬子月犯氐占同上庚申太
白順行從右掖門入太微丁卯奄左執法十一月癸亥月入畢占同上
乙未月入輿鬼而暈　十二年五月甲申歲星留房心之間宋之分野始
封劉裕為宋公六月壬子太白順行入太微右掖門己巳月犯畢占同
上七月月犯牛宿十月景戌月入畢　十三年五月景子月犯軒轅丁亥
犯牽牛癸巳熒惑犯右執法八月己酉月犯牽牛丁卯月犯太微占曰
人君憂九月壬辰熒惑犯軒轅十月戊申月犯畢占悉同上月犯箕占
曰国有憂甲寅月犯畢占同上乙卯塡星犯太微留積七十餘日占曰
亡君之戒壬戌月犯太微　十四年三月癸巳太白犯五諸侯五月庚子

月犯太微七月甲辰熒惑犯輿鬼占曰秦有兵又為旱為兵喪亦曰大
人憂宗廟改亦為乱臣時劉裕擅命軍旅數興饑旱相屬其後卒移晉
室丁巳月犯東井占曰軍將死八月甲子太白犯軒轅癸酉塡星入太
微犯右執法因留太微中積二百餘日乃去占曰塡星守太微亡君之戒
有徙王九月乙未太白入太微犯左執法丁巳入太微占曰大人憂十
月甲申月入太微癸巳熒惑入太微犯西蕃上將仍順至左掖門内留
二十日乃逆行義熙十二年七月劉裕伐姚泓十三年八月擒姚泓司
兖秦雍悉平　十四年劉裕還彭城受宋公十一月左僕射前將軍劉
穆之卒明年西虜寇長安雍州刺史朱齡石諸軍陷没官軍捨而東十
二月帝崩
恭帝元熙元年正月景午三月壬寅五月景申月皆犯太微占悉同上
乙卯辰星犯軒轅六月庚辰太白犯太微七月己卯月犯太微太白晝
見自義熙元年至是太白經天者九月蝕者四皆從上始革更王臣災
君之象也是夜太白犯哭星十二月丁巳月入太白俱入羽林　二年三

月庚午塡星犯太微占悉同上元年七月劉裕受宋王是年六月帝遜
位于宋

妖星客星

魏文帝黃初三年九月甲辰客星見太微左掖門内占曰客星出太微
國有兵喪十月帝南征孫權是後累有征役　六年十月乙未有星孛
于少微歷軒轅占爲兵喪除舊布新之象時帝軍廣陵辛丑親御甲冑
觀兵明年五月帝崩

明帝太和六年十一月景寅有星孛于翼近太微上將星占曰爲兵喪
甘氏曰孛彗所當之國是受其殃翼又楚分野孫權封略也明年權有
遼東之敗又明年諸葛亮入秦川孫權發兵緣江淮屯要衝權自圍新
城以應亮天子東征權

青龍四年十月甲申有星孛于大辰長三尺乙酉又孛于東方十一月
己亥彗星見犯官者天紀星占曰大辰爲天王天下有喪劉向五紀論
曰春秋星孛于東方不言宿者不加宿也官者在天市爲中外有兵天

晉志三　十七

紀爲地震孛彗主兵喪

景初元年六月地震九月吳將朱然圍江夏皇后毛氏崩二年正月討
公孫文懿三年正月明帝崩　景初二年八月彗見張長三尺逆西行四
十一日滅占同上張周分野十月癸巳客星見危逆行在離宮北騰蛇
南甲辰犯宗星己酉滅占曰客星所出有兵喪虛危爲宗廟又爲墳墓
客星近離宮則宮中將有大喪就先君於宗廟之象也三年正月帝崩

少帝正始元年十月乙酉彗星見西方在尾長二丈拂牽牛犯太白十
一月甲子進犯羽林占曰尾爲燕又爲吳牛亦吳越之分太白爲上相羽
林中軍兵爲吳越有喪中軍兵動二年五月吳遣三將寇邊吳太子登
卒六月宣帝討諸葛恪於皖太尉滿寵薨　六年八月戊午彗星見七星
長二尺色白進至張積二十三日滅　七年十一月癸亥又見軫長一尺
積百五十六日滅　九年三月又見昴長六尺色青白芒西南指七月又
見翼長二尺進至軫積四十二日滅按占曰七星張爲周分野翼軫爲
楚昴爲趙魏彗所以除舊布新主兵喪也嘉平元年宣帝誅曹爽兄弟
及其黨與皆夷三族京師嚴兵三年誅楚王彪又襲王淩於淮南淮南
東楚也魏諸王幽于鄴

嘉平三年十一月癸亥有星孛于營室西行積九十日滅占曰有兵喪
室爲後宮後宮且有乱　四年三月丁酉彗星見西方在胃長五六丈色
白芒南指貫參積二十日滅　五年十一月彗星又見軫長五丈在太微
左執法西東南指積百九十日滅按占胃兗州之分野參主兵太微天
子庭執法爲執政孛彗爲兵喪除舊布新之象正元元年二月李豐
弟翼後父張緝等謀乱皆誅皇后亦廢九月廢帝爲齊王高貴鄉公正
元元年十一月白氣出南斗側廣數丈長竟天王肅曰蚩尤之旗也東南
其有亂乎二年正月有彗星見于吳楚之分西北竟天鎮東大將軍毌丘儉
等據淮南叛景帝討平之按占蚩尤旗見王者征伐四方自後又征淮
南西平巴蜀是歲吳主孫亮五鳳元年斗牛吳越分按占吳有兵喪除
舊布新之象也太平三年孫綝盛兵圍宮廢亮爲會稽王故國志又書
於吳也淮南江東同揚州地故于時變見吳楚楚之分則魏之淮南多

晉志三　十八

與吳同災是以毌丘儉以孛爲己應遂起兵而敗後三年即魏甘露二
年諸葛誕又反淮南吳遣將救之及城陷誕衆與吳兵死没各數萬人
猶前長星之應也

甘露二年十一月彗星見角色白占曰彗星見兩角間色白者軍起不
戰邦有大喪景元元年高貴鄉公爲成濟所害　四年十月丁丑客星見
太微中轉東南行歷軫宿積七日滅占曰客星出太微有兵喪景元元
年高貴鄉公被害

元帝景元三年十一月壬寅彗星見亢色白長五寸轉北行積四十五
日滅占曰爲兵喪一曰彗星見亢天子失德四年鍾會鄧艾伐蜀剋之
二將反乱皆誅

咸熙二年五月彗星見王良長丈餘色白東南指積十二日滅占曰王
良天子御駟彗星埽之禪代之表除舊布新之象也白色爲喪王良在
東壁宿又并州之分野八月文帝崩十二月武帝受魏禪

武帝泰始四年正月景戌彗星見軫青白色西北行又轉東行占曰爲

兵喪軫又楚分野三月皇太后王氏崩十月吳寇江夏襄陽
五年九月星孛于紫宮占如上紫宮天子內宮十年武元楊皇后崩十
年十二月有星孛于軫占曰天下兵起軫又楚分野
咸寧二年六月甲戌星孛于氐占曰天子失德易政氐又兗州分七月
星孛大角大角爲帝坐八月星孛太微至翼北斗三台占曰太微天子
庭大人惡之一曰有改王翼又楚分野北斗主殺罰三台爲三公
三年正月星孛于西方三月星孛于胃胃徐州分四月星孛女御女御
爲後宮五月又孛于東方七月星孛紫宮占曰天下易王　四年四月蚩
尤旗見于東井後年傾三方伐吳是其應也　五年三月星孛于柳四月
又孛于女御七月孛于紫宮占曰外臣陵主柳又三河分野大角太微
紫宮女御並爲王者明年吳亡是其應也孛主兵喪征吳之役三河徐
兗之兵悉出交戰於吳楚之地吳丞相都督以下梟戮十數偏裨行陣
之徒馘斬萬計皆其徵也
太康二年八月有星孛于張占曰爲兵喪十一月星孛于軒轅占曰後

宮當之　四年三月戊申星孛于西南是年齊王攸任城王陵琅邪王伷
新都王該薨　八年九月星孛于南斗長數十丈十餘日滅占曰斗主
爵祿國有大憂一曰孛于斗王者疾病天下易政大亂兵起
太熙元年四月客星在紫宮占曰爲兵喪太康末武帝耽宴遊多疾病
是月己酉帝崩永平元年賈后誅楊駿及其黨與皆夷三族楊太后亦
見弒又誅汝南王亮太保衛瓘楚王瑋王室兵喪之應也
惠帝元康五年四月有星孛于奎至軒轅太微經三台太陵占曰奎爲
魯又爲庫兵軒轅爲後宮太微天子庭三台爲三司太陵有積尸死喪
之事其後武庫火西羌反後五年司空張華遇禍賈后廢死魯公賈謐
誅又明年趙王倫篡位於是三王興兵討倫兵士戰死十餘萬人
永康元年三月妖星見南方占曰妖星出天下大兵將起是月賈后殺
太子趙王倫尋廢殺后斬司空張華又廢帝自立於是三王並起迭總
天權其十二月彗星出牽牛之西指天市占曰牛者七政始彗出之改
元易號之象也天市一名天府一名天子旗帝坐在其中明年趙王倫

篡位改元尋爲大兵所滅　二年四月彗星見齊分占曰齊有兵喪是
時齊王冏起兵討趙王倫倫滅冏擁兵不朝專權淫奢明年誅死
太安元年四月彗星晝見二年三月彗星見東方指三台占曰兵喪之
象三台爲三公三年正月東海王越執太尉長沙王乂張方又殺之
永興元年五月客星守畢占曰天子絕嗣一曰大臣有誅時諸王擁兵
其後惠帝失統終無繼嗣　二年八月有星孛于昴畢占曰爲兵喪昴
畢又趙魏分野十月丁丑有星孛于北斗占曰璇璣更授天子出走又
曰強國發兵諸侯爭權是後諸王交兵皆有應明年惠帝崩
成帝咸和四年七月有星孛于西北犯斗二十三日滅占曰爲兵亂十
二月郭默殺江州刺史劉胤荊州刺史陶侃討默斬之時石勒又始僭號
咸康二年正月辛巳彗星夕見西方在奎占曰爲兵喪奎又爲邊兵三
年正月石季龍僭天王位四年石季龍伐慕容皝不剋既退皝追擊之
又破麻秋時皝稱蕃邊兵之應也　六年二月庚辰有星孛于太微
七年三月杜皇后崩

康帝建元元年十一月六日彗星見亢長七尺白色占曰亢爲朝廷主
兵喪二年康帝崩
穆帝永和五年十一月乙卯彗星見于亢芒西向色白長一丈六年正
月丁丑彗星又見于亢占曰爲兵喪疾疫其五年八月褚裒北征兵敗
十一月冉閔殺石遵又盡殺胡十餘萬人於是中土大亂十二月褚裒薨
是年大疫升平二年五月丁亥彗星出天船在胃占曰爲兵喪除舊布
新出天船外夷侵一曰爲大水四年五月天下大水五年穆帝崩
哀帝興寧元年八月有星孛于角亢入天市樓占曰爲兵喪三年正月
皇后王氏崩二月帝崩三月慕容恪攻沒洛陽沈勁等戰死
海西太和四年二月客星見紫宮西垣至七月乃滅占曰客星守紫宮
臣弒王六年桓溫廢帝爲海西公
孝武寧康二年正月丁巳有星孛于女虛經氐亢角軫翼張至三月景
戌彗星見于氐九月丁丑有星孛于天市占曰爲兵喪太元元年七月
苻堅破涼州虜張天錫

太元十一年三月客星在南斗至六月乃没占曰有兵有赦是後司雍
兗巢常有兵役十二年正月大赦八月又大赦　十五年七月壬申有
星孛于北河或經太微三台文昌入北斗色白長十餘丈八月戊戌入
紫微乃滅占曰北河或一名胡門胡門有兵喪埽太微入紫微王者當
之三台爲三公文昌爲將相三公有災入北斗諸侯戮一曰埽北斗彊
国發兵諸侯爭權大人憂二十一年帝崩隆安元年王恭殷仲堪桓玄
等並發兵表以誅王国寶爲名朝廷順而殺之并斬其從弟緒司馬道
子由是失勢禍乱成矣　十八年二月客星在尾中至九月乃滅占曰
燕有兵喪　二十年慕容垂息寶伐魏爲所破死者數万人　二十一年
垂死国遂衰亡　二十年九月有蓬星如粉絮東行南歷女虛至哭星
占曰蓬星見不出三年必有乱臣戮死於市是時王国寶交構朝廷二
十一年九月帝崩
隆安元年王恭等舉兵而朝廷殺王国寶王緒
安帝隆安四年二月己丑有星孛奎長三丈上至閣道紫宫西蕃入北

斗魁至三台三月遂經于太微帝坐端門占曰彗星埽天下庭閣道易
主之象經三台入北斗占同上條十二月戊寅有星孛于貫索天市天
津占曰貴臣獄死内外有兵喪天津爲賊斷王道天下不通按占災在
吳越五年二月有孫恩兵乱攻侵郡国於是内外戒嚴營陣屯守柵斷
淮口九月桓玄表至逆言陵上其後玄遂簒位乱京都大饑人相食
百姓流亡皆其應也
元興元年十月有客星色白如粉絮在太微西至十二月入太微占曰
兵入天子庭二年十二月桓玄簒位放遷帝后於尋陽以永安何皇后
爲遷陵君三年二月劉裕盡誅桓氏
義熙十年五月甲申彗星二出天市埽帝坐在房心北房心宋之分
野按占得彗柄者興除舊布新家興之象　十四年五月庚子有星孛于
北斗魁中七月癸亥彗星出太微西柄起上相星下芒漸長至十餘丈
進埽北斗紫微中台占曰彗出太微社稷亡天下易王入北斗紫微帝
宫空十四年劉裕還彭城受宋公十二月安帝崩

恭帝元年正月戊戌有星孛于太微西蕃占曰革命之徵其年宋有天下
星流隕
蜀後主建興十三年諸葛亮帥大衆伐魏屯于渭南有長星赤而芒角
自東北西南流投亮營三投再還往大還小占曰兩軍相當有大流星
來走軍上及墜軍中者皆破敗之徵也九月亮卒于軍焚營而退群帥
交怨多相誅殘
魏明帝景初二年宣帝圍公孫文懿於襄平八月景寅夜有大星長數
十丈白色有芒鬣從首山東北流墜襄平城東南占曰圍城而有流星
來走城上及墜城中者破又曰星墜當其下有戰場又曰凡星所墜国
易姓九月文懿突圍走至星墜所被斬屠城坑其衆
元帝景元四年六月有大流星二並如斗見西方分流南北光照地隆
隆有声按占流星爲貴使星大者使大是年鍾鄧尅蜀二星盖二帥之
象二帥相背又分流南北之應鍾會既叛三軍憤怒隆隆有声兵將怒之
徵也

武帝泰始四年七月星隕如雨皆西流占曰星隕爲百姓叛西流吳人
歸晋之象也二年吳夏口督孫秀率部曲二千餘人來降
太康九年八月壬子星隕如雨劉向傳云下去其上之象後三年帝崩
而惠帝立天下自此亂矣
惠帝元康四年九月甲午枉矢東北行竟天　六年六月景午夜有枉
矢自斗魁東南行按占曰以乱伐乱北斗主執殺出斗魁居中執殺者
不直之象也是後趙王殺張裴廢賈后以理太子之冤因自簒盗以至
屠滅以乱伐乱之應一曰氐帥齊万年反之應也
太安二年十一月辛巳有星晝隕中天北下光变白有声如雷按占名曰營
首營首所在下有大兵流血明年劉元海石勒攻略并州多所残滅王
浚起燕代引鮮卑攻略鄴中百姓塗地有声如雷怒之象也
永興元年七月乙丑星隕有聲　二年十月星又隕有声占同上是後
遂亡中夏
光熙元年五月枉矢西南流是時司馬越西破河間兵奉迎大駕尋收

繆胤何綏等肆無君之心天下惡之及死而石勒焚其屍柩是其應也
懷帝永嘉元年九月辛卯有大星如日自西南流于東北小者如斗相
隨天盡赤聲如雷占曰流星爲貴使星大者使大是年五月汲桑殺東
燕王騰遂據河北十一月始遣和郁爲征北將軍鎮鄴西田甄等大破
汲桑斬于樂陵於是以甄爲汲郡太守弟蘭鉅鹿太守小星相隨者小
將別帥之象也司馬越忿魏郡以東平原以南皆黨於桑以賞甄等於
是侵掠桑地有聲如雷怒之象也　四年十月庚子大星西北墜有
聲尋而帝蒙塵于平陽
元帝太興三年四月壬辰枉矢出虛危沒翼軫占曰枉矢所觸天下之
所伐翼軫荊州之分野
太寧二年王敦殺譙王承及甘卓而敦又梟夷枉矢觸翼之應也
永昌元年七月甲午有流星大如瓮長百餘丈青赤色從西方來尾分
爲百餘歧或散時王敦之亂百姓流亡之應也
成帝咸康三年六月辛未流星大如二斗魁色青赤光耀地出奎中沒

婁北按占爲饑五穀不藏是月大旱饑　六年二月庚午朔有流星大
如斗光耀地出天市西行入太微占曰大人當之八年六月成帝崩
穆帝永和八年六月辛巳日未入有流星大如三斗魁從辰巳上東南
行悬度推之在箕斗之間蓋燕分也按占爲營首營首之下流血滂沲
是時慕容儁僭稱大燕攻伐無已　十年四月癸未流星大如斗色赤黃出
織女沒造父有聲如雷占曰燕亦有兵百姓流亡其年十二月慕容儁
遂據臨漳盡有幽并青冀之地緣河諸將奔散河津隔絕慕容恪攻齊
升平二年十二月枉矢自東南流于西北其長半天　四年十月庚戌
天狗見西南占曰有大兵流血
海西太和四年十月壬申有大流星西下有聲如雷明年遣使免袁眞
爲庶人桓溫征壽春眞病死息瑾代立求救於苻堅溫破苻堅軍六月
壽春城陷
孝武太元六年十月乙卯有奔星東南經翼軫聲如雷占曰楚地有兵
軍破百姓流亡十二月苻堅荊州刺史梁成襄陽太守閻震率衆伐竟

陵桓石虔擊大破之生擒震斬首七千獲生口萬人聲如雷將帥怒之
象也　十三年閏月戊辰天狗東北下有聲占曰有大戰流血自是後
慕容垂翟遼姚萇苻登慕容永並阻兵爭疆十四年正月彭城妖賊又
稱僞號於皇丘劉牢之破滅之三月張道破合鄉太山向欽之擊走之
安帝隆安五年三月甲寅流星赤色衆多西行經牽牛虛危天津閣道
貫太微紫宮占曰星庶人類衆多西行衆將西流之象經天子庭主弱
臣彊諸侯兵不制其年五月孫恩侵吳郡殺內史六月至京口於是內
外戒嚴營陣屯守劉裕追破之元興元年七月大饑人相食浙江以東
流亡十六七吳郡吳興戶口減半又流奔而西者萬計十月桓玄遣將
擊劉軌破走之軌奔青州

雲氣

惠帝永興元年十二月壬寅夜有赤氣亘天砰隱有聲　二年十月丁
丑赤氣見北方東西竟天占曰並爲大兵砰隱有聲怒之象也是後四
海雲擾九服交兵

光熙元年十二月甲申有白氣若虹中天北下至地夜見五日乃滅占
曰大兵起明年王弥起青徐汲桑亂河北毒流天下
懷帝永嘉三年十二月乙亥有白氣如帶出南北方各二起地至天貫
參伐中占曰天下大兵起四年二月司馬越收繆胤等又三方雲擾攻
戰不休　五年三月司馬越死於寧平城石勒攻破其衆死者十餘萬人
六月京都焚滅帝如虜庭
愍帝建興元年十月己巳夜有赤氣曜於西北荊州刺史陶侃討杜弢
之黨於石城戰敗

志第三　天文下　晉書十三

志第四　地理上（總敘　司州　兗州　豫州　冀州　幽州　平州　并州　雍州　涼州　秦州　梁州　益州　寧州）　晉書十四　御撰

昔者元胎無象，太素流形，對越在天，以為元首，則記所謂冬居營窟，夏居橧巢，飲血茹毛，未有麻絲者也。及燧人鑽火，庖犧出震，風宗下武，炎胤昌基，畫野無聞，其歸一揆。黃帝則東海南江，登空蹈岱，至於崑峯振轡，崆山訪道，存諸汗竹，不可厚誣。高陽任地依神，帝嚳順天行義，東踰蟠木，西濟流沙，北至幽陵，南撫交阯，日月所經，舟車所至，莫匪王臣，不踰茲域。帝堯時禹平水土，以為九州。虞舜登庸，厥功彌劭，表提類而分區宇，判山河而考疆域，冀北創并部之名，燕齊起幽營之號，則書所謂肇十有二州，封十有二山者也。夏功在于唐堯，殷因無所損益，周武克商，自豐徂鎬，至成王時，改作禹貢，徐梁入於青雍，冀野析於幽并，職方掌天下之土，以周厥利，保章辯九州之野，皆有分星。東南曰揚州，正南曰荊州，河南曰豫州，正東曰青州，河東曰兗州，正西曰雍州，東北曰幽州，河內曰冀州，正北曰并州。始皇初并天下，懲戰國削罷列侯，分天下為三十六郡（三川河東南陽南郡九江鄣郡會稽潁川碭郡泗水薛郡東郡琅邪齊郡上谷漁陽右北平遼西遼東代郡鉅鹿邯鄲上黨太原雲中九原鴈門上郡隴西北地漢中巴郡蜀郡黔中長沙凡三十五郡與內史為三十六郡也），於是興師踰江，平取百越，又置閩中、南海、桂林、象郡，凡四十郡，郡一守焉。其地則西臨洮而北沙漠，東縈西帶，皆臨大海。漢祖龍興，革秦之弊，分內史為三部，更置郡國二十有三（桂陽江夏豫章河內魏郡東海楚國平原梁國定襄泰山汝南淮陽千乘東萊燕國清河信都常山中山渤海廣漢涿郡合二十三內史者河上渭南中地也地理志曰高祖增二十六武帝改河上渭南中地以為京兆馮翊扶風是為三輔也），文增厥九（廣平城陽淄川濟南膠西膠東河間廬江衡山武帝改衡山曰六安），景加其四（濟北濟陰山陽北海也宣帝改濟北曰東平），武帝開越攘胡，初置十七（南海蒼梧鬱林合浦交阯九真日南朱崖儋耳九郡平西南夷置牂柯越巂沈黎汶山犍為益州六郡西置武都郡又分立零陵郡合十七郡），拓土分疆，又增十四（弘農臨淮西河朔方酒泉陳留安定天水玄菟樂浪廣陵敦煌武威張掖），昭帝少事，又增其一（金城也）。至平帝元始二年，凡新置郡國七十有一，與秦四十，合一百一十一。改雍曰涼，改梁曰益，又置徐州，復夏舊號，南置交阯，北有朔方，凡為十三部（涼益荊揚青豫兗徐幽并冀十一州交阯朔方二刺史合十三部）。光武投戈之歲，在彫耗之辰，郡國蕭條，并省者八（城陽淄川高密膠東六安真定泗水廣陽），建武十一年，省州牧，復為刺史，員十三人，各掌一州。明帝置一（永昌也），章帝置二（任城吳郡也），和、順改作，其名有九（和置濟北廣陽順改淮陽為陳改楚為彭城濟東為東平臨淮為下邳千乘為樂安信都為安平天水為漢陽），靈帝省朔方刺史，合之於司隸，凡十三部（其與西漢不同者司隸校尉部即治河南朔方隸於并部），而郡國百有八焉（省前漢八分置五改舊名七因舊九十六少前漢三也）。桓靈頹替，於前復置六郡（桓高陽高涼博陵靈南安[illegible]）。魏武定霸，三方鼎立，生靈版蕩，關洛荒蕪，所置者十二（新興樂平西平新平略陽陰平帶方譙郡樂陵章武南鄉襄陽），所省者七（上郡朔方五原雲中定襄漁陽廬江），而文帝置七（朝歌陽平弋陽魏興新城義陽安豐），明及少帝增二（明上庸少平陽也），得漢郡者五十四焉。蜀先主於漢建安之間，初置郡九（巴東巴西梓潼江陽汶山漢嘉朱提宕渠涪陵），後主增二（雲南興古），得漢郡者十有一焉。吳主大皇帝初置郡五（臨賀武昌珠崖新安廬陵南部），少帝、景帝各四（少臨川臨海衡陽湘東景天門建安建平合浦北部），歸命侯亦置十有二郡（始安始興邵陵安成新昌武平九德吳興東陽桂林滎陽宜都），得漢郡者十有八焉。晉武帝太康元年，既平孫氏，凡增置郡國二十有三（滎陽上洛頓丘臨淮東莞襄城汝陰長廣[illegible]陰平義陽毗陵宣城南康晉安寧浦始平略陽樂平南平），省司隸置司州，別立梁、秦、寧、平四州，仍吳之廣州，凡十九州（司冀兗豫荊徐揚青幽平并雍涼秦梁益寧交廣州），郡國一百七十三（仍吳所置二十五仍蜀所置十一仍魏所置二十一仍漢舊九十三新置二十三），以為冠帶之國，盡有殷周之土。若乃敦庬於天地之始，昭晰於犧農之世，用長黎元，未爭疆埸，而玉環楛矢，夷裘風駕，南翬表貺，東風入律，光乎上德，美遠弗臻。然則星象麗天，山河紀地，端旄裁其弘敞，崤函判其都邑，仰觀俯察，萬物收歸。是以洛汭咸陽，宛然秦漢，晉濱河西，同知堯禹，于茲新邑，宅是鎬京，五尺童子皆能口誦者，史官弗之書也。昔庖犧氏生於成紀，而為天子，都於陳。神農氏都陳而別營于曲阜。黃帝生於壽丘，而都於涿鹿。少昊始自窮桑而遷都阜。顓頊始自窮桑而徙邑商丘。高辛即號，建都于亳。孫卿子曰：「不登高山，不知天之高；不臨深谿，不知地之厚也。」大哉坤象，萬物資生，載嶽華而不墜，傾河海而寧泄，考卜惟王，乘飛駐軫，睨崤山而鐫勒，見曾城以為凱，時逢替侵，道接陵夷，平王東遷，星離豆剖，當塗馭寓，瓜分鼎立，世祖武皇帝接千祀之餘，當八堯之禪，先王桑梓，馨宇來歸，斯固可得而言者矣。惠皇不虞，中州盡棄，永嘉南度，綸行建鄴，九分天下而有二焉。

○昔大禹觀於濁河而受綠字，寰瀛之內可得而言也。天有七星，地有七表，天有四維，地有四瀆，八紘之外，名為八極。地不足東南，天不足西北八極之廣東西二億三萬一千三百里南北二億三萬一千三百里自地至天半八極之數自下亦如之昔黃帝令豎亥步自東極至于西極五億十萬九千八百八步史臣按凡周天積百七萬九百一十三里徑三十五萬六千九百七十里所謂南北為經東西為緯天有十二次日月之所躔地有十二辰王侯之所國也或因生得姓因功命土祁酉燕齊在乎茲域昔黃帝旁行天下方制萬里得百里之国萬區則周易所謂首出庶物萬國咸寧者也昔在帝堯叶和萬邦制八家為鄰三鄰為朋三朋為里五里為邑十邑為都十都為師州十有二師焉夏后氏東漸于海西被于流沙南浮于江而朔南暨聲教窮豎亥所步莫不率俾會群臣於塗山執玉帛者萬國於是九州之內作為五服天子之國內五百里甸服百里賦納總二百里納銍三百里納秸服四百里粟五百里米甸服外五百里侯服百里采二百里任三百里侯侯服外五百里綏服三百里揆文教二百里奮武衛綏服外五百里要服三百里夷二百里蔡要服外五百里荒服三百里蠻二百里流訖于四海弼成五服五服至于五千里夏德中微遇有窮之亂少康中興不失舊物自孔甲之後以至於桀諸侯相兼其能存者三千餘國方於塗山十損其七矣成湯敗桀於焦遷鼎于亳伊摯仲虺之徒大明憲典王者之制爵祿公侯伯子男凡五等天子之田方千里公侯田方百里伯七十里子男五十里不能五十里者不合於天子附於諸侯曰附庸凡四海之內九州州方千里州建百里之國三十七十里之國六十五十里之國百有二十凡二百一十國名山大澤不以封其餘以為附庸間田八州州二百一十國天子之縣內百里之國九七十里之國二十有一五十里之國六十有三凡九十三國名山大澤不以班其餘以祿士以為間田凡九州千七百七十三國天子之元士諸侯之附庸不與天子百里之內以供官千里之內以為御千里之外設方伯五國以為屬屬有長十國以為連連有帥三十國以為卒卒有政二百一十國以為州州有伯八州八伯五十六正百六十八帥三百三十六長八伯各以其屬屬於天子之老二人分天下為左右曰二伯千里之內曰甸千里之外曰采曰流天子使其大夫為三監監於

方伯之國國三人天子之縣內諸侯祿也外諸侯嗣也武王歸豐監於二代設爵惟五分土惟三封同姓五十餘國周公康叔建於魯衛各數百里太公封於齊表東海者也凡一千八百國布列於五千里內而太昊黃帝之後唐虞侯伯猶存大司徒以諸公之地封疆方五百里其食者半諸侯之地方四百里其食者三之一諸侯之地方三百里其食者三之一諸子之地方二百里其食者四之一諸男之地方百里其食者四之一不易之地家百畝一易之地家二百畝再易之地家三百畝五家為比使之相保五比為閭使之相受四閭為族使之相葬五族為黨使之相救五黨為州使之相賙五州為鄉使之相賓小司徒以五人為伍五伍為兩四兩為卒五卒為旅五旅為師五師為軍以起軍旅以作田役以比追胥以令貢賦乃經土地而井收其田野九夫為井四井為邑四邑為丘四丘為甸四甸為縣四縣為都遺人則十里有廬廬有飲食三十里有宿宿有路室路室有委五十里有市市有候候有館館有積遂人則五家為鄰五鄰為里四里為酇五酇為鄙五鄙為縣五縣為遂大司馬以九畿之籍施邦國之政方千里曰國畿其外方五百里曰侯畿又其外方五百里曰甸畿又其外方五百里曰男畿又其外方五百里曰采畿又其外方五百里曰衛畿又其外方五百里曰蠻畿又其外方五百里曰夷畿又其外方五百里曰鎮畿又其外方五百里曰藩畿畿田限也自王城以外面五千里為界有分限者九也于時治致太平政稱刑措民口千三百七十一萬四千九百二十三蓋周之盛者也其衰也則禮樂征伐出自諸侯彊吞弱而眾暴寡春秋之初尚有千二百國迄獲麟之末二百四十二年弒君三十六亡國五十二諸侯奔走不得保其社稷者不可勝數而見於春秋經傳者百有七十國焉百三十九知其所居曾鄫鄭宋紀衛西虢莒齊陳杞蔡邢郕晉薛許鄧秦曹楚隨黃梁虞鄖小邾徐燕鄀麇舒庸郯萊吳越有窮三苗瓜州有虞東虢共宿申夷向南燕滕凡戴息郜芮魏鄟于穀巴州蓼羅賴牟葛譚蕭遂滑權鄣霍耿江冀弦道柏微鄶厲項密任須句顓臾頓管雍畢豐邢應蔣茅胙蔇介焦沈六巢根牟害黎郇鄋寒有鬲斟灌斟尋過有過戈偪陽郭鑄豕韋唐杜楊鹵鄫觀扈邳胡黎大庭駘岐邶鍾吾薄姑昆吾旁密須甲父鄅桐基韓趙三十一國盡亡其處祭極荀賈貳軫絞於餘丘陽箕英氏毛聃莘偪封父仍有仍崇郭庸姚奄商奄褒姒蔡有繒關肇鱺駿夷窮桑蠻夷戎狄不在其間五伯迭興總其盟會陵夷至于戰國

遂有七王韓魏趙燕齊秦楚又有宋衛中山不斷如綫三晉篡奪亦稱孤也
司馬法廣陳三代曰古者六尺為步步百為畝畝百為夫夫三為屋屋
三為井井方一里是為九夫八家共之一夫一婦受私田百畝公田十畝
是為八百八十畝餘二十畝為廬舍出入相友守望相助疾病相救民
受田上田夫百畝中田夫二百畝下田夫三百畝歲受耕之爰自其處其
家眾男為餘夫亦以口受田如此士工商家受田五口乃當農夫一口
有賦有稅稅謂公田什一及工商衡虞之人也賦供車馬甲兵士徒之
役民年二十受田六十歸田種穀必雜五種以備災害田中不得有樹
以妨五穀環廬種桑柘菜茹有畦瓜瓠果蓏植於疆場雞㹠狗彘無
失其時閭有序鄉有庠序以明教庠以行禮司馬之法官設六軍之衆
因井田而制軍令地方一里為井井十為通通十為成成方十里成十
為終終十為同同方百里同十為封封十為畿畿方千里故井四為邑
邑四為丘丘十六井有戎馬一匹牛三頭四丘為甸甸六十四井也有
戎馬四匹兵車一乘牛十二頭甲士三人卒七十二人是謂乘車之制

一同百里提封萬井除山川坑岸城池邑居園囿街路三千六百井定
出賦六千四百井戎馬四百匹兵車百乘此卿大夫采地之大者也是
謂百乘之家一封三百六十六里提封十萬井定出賦六萬四千井戎
馬四千匹兵車千乘此謂諸侯之大者也謂之千乘之國天子畿內方
千里提封百萬井定出賦六十四萬井戎馬四萬匹兵車萬乘戎卒七
十二萬人故天子稱萬乘之主焉

秦始皇既得志於天下訪周之敗以為處士橫議諸侯昇戈四夷交侵
以弱見奪於是削去五等焉

漢興創艾亡秦孤立而敗於是割裂封疆立爵二等功臣侯者百有餘
邑子時民罹秦項戶口彫弊大侯不過萬家小者五六百戶而尊王子
弟大啓九國古者有分土而無分民若乃跨州連郡小則十有餘城以
戶口為差降略封疆之遠近所謂分民自漢始也起鴈門以東盡遼陽
為燕代常山以南太行左轉渡河濟漸于海為齊趙穀泗以往奄有龜
蒙為梁楚東帶江湖薄會稽為荊吳北界淮瀕略廬衡為淮南波漢之
陽且九疑為長沙諸侯比境周匝三垂外接胡越天子自有三河東郡
潁川南陽自江陵以西至巴蜀北至雲中西至隴西與京師內史凡十
五郡文帝采賈生之議分齊趙景帝用鼂錯之計削吳楚武帝施主父
之冊下推恩之令使諸侯王得分戶邑以封子弟不行黜陟而藩國自
析自此以來齊分為七趙分為六梁分為五淮南分為三皇子始立者
大國不過十餘城長沙燕代雖有舊名皆亡南北邊矣自文景與民休
息至平帝元始二年民戶千二百二十三萬三千六十二口五千九百五十
九萬四千九百七十八其地東西九千三百二里南北萬三千三百六十八
里大率十里一亭亭有長十亭一鄉鄉有三老有秩嗇夫游徼各一人
縣大率方百里民稠則減稀則曠鄉亭亦如之皆秦制也光武中興不
踰前制東海王彊以去就有禮故優以大封兼食魯郡二十九縣其餘
稱為寵錫者兼一郡而已至桓帝永壽三年戶千六十七萬七千九百
六十口五千六百四十八萬六千八百五十六斯亦戶口之滋殖者也

獻帝建安元年拜曹操為鎮東將軍封費亭侯

魏文帝黃初三年初制封王之庶子為鄉公嗣王之庶子為侯公侯之
庶子為亭伯

劉備章武元年亦以郡國封建諸王或遙采嘉名不由檢土地所出其
戶二十萬男女口九十萬

孫權赤烏五年亦取中州嘉號封建諸王其戶五十二萬三千男女口
二百四十萬

晉文帝為晉王命裴秀等建立五等之制惟安平郡公孚邑萬戶制度
如魏諸王其餘縣公邑千八百戶地方七十五里大國侯邑千六百戶
地方七十里次國侯邑千四百戶地方六十五里大國伯邑千二百戶
地方六十里次國伯邑千戶地方五十五里大國子邑八百戶地方五
十里次國子邑六百戶地方四十五里男邑四百戶地方四十里

武帝泰始元年封諸王以郡為國邑二萬戶為大國置上中下三軍兵
五千人邑萬戶為次國置上軍下軍兵三千人五千戶為小國置一軍
兵千五百人王不之國官於京師罷五等之制公侯邑萬戶以上為大

國五千戶以上為次國不滿五千戶為小國太康元年平吳大凡戶二百四十五萬九千八百四十口一千六百一十六萬三千八百六十三
而江右諸國並三分食一元帝渡江太興元年始制九分食一
司州按禹貢豫州之地及漢武帝初置司隸校尉所部三輔三河諸郡其界西得雍州之京兆馮翊扶風三郡北得冀州之河東河內二郡東得豫州之弘農河南二郡郡凡七位望隆于牧伯銀印青綬及光武都洛陽司隸所部與前漢不異魏氏受禪即都漢宮司隸所部河南河東河內弘農并冀州之平陽合五郡置司州晉仍居魏都乃以三輔還屬雍州分河南立滎陽分雍州之京兆立上洛廢東郡立頓丘遂定名司州以司隸校尉統之州統郡一十二縣一百戶四十七萬五千七百

河南郡 漢置統縣十二戶一十一萬四千四百置尹 洛陽 置尉五部三市東西七里南北九有開陽平昌宣陽建陽四門西有廣陽西明閶闔三門北有大夏廣莫二門司隸校尉河南尹及百官列城內也 河南 周東都王城郟鄏也 鞏 周孝王封周桓公孫惠公於鞏號東周故戰國時有東西周号芒山首陽其界也 河陰 新安 函谷關所居 成皋 有關鄭之武牢 緱氏 有劉聚周大夫劉子邑有延壽城仙人祠 陽城 有鄤阪關此邑是為地中夏至景尺五寸有陽城山箕山許由墓在焉 新城 有延壽關故戎蠻子之國 陸渾 故蠻子國楚莊王伐陸渾是也 梁 戰國時謂為南梁別少梁也 陽翟

晉志四 七

滎陽郡 泰始二年置統縣八戶三萬四千 滎陽 地名敖秦置敖倉者 京 鄭太叔段所居 密 故周畿內 卷 有博浪長沙張良擊秦始皇處 陽武 苑陵 中牟 六國時趙獻侯都 開封 宋逢澤在東北或曰蓬澤

弘農郡 漢置統縣六戶一萬四千 弘農 本函谷關漢武帝遷於新安縣 湖 故曰胡漢武更名湖 陝 故虢國周分陝東西二相主之 宜陽 黽池 華陰 華山在縣南

上洛郡 泰始二年分京兆南部置統縣三戶萬七千 上洛 有嶢關在縣西北 商 秦相衛鞅邑 盧氏 熊耳山在東伊水所出

平陽郡 故屬河東魏分立統縣十二戶四萬二千 平陽 舊堯都侯國 楊 故楊侯國 端氏 韓趙魏既為諸侯以端氏封晉君也 永安 故霍伯國霍山在東 蒲子 狐讘 襄陵 公國相 絳邑 晉武公自曲沃徙此 濩澤 析城山在西南 臨汾 公國相 北屈 壺口山在東南有南屈故稱北 皮氏 故耿國

河東郡 秦置統縣九戶四萬二千五百 安邑 舊舜都 聞喜 故曲沃晉武公自晉陽徙此 垣 王屋山在東北沇水所出 汾陽 公國相 太陽 吳山在西周武王封大伯後於此 猗氏 古猗頓城 解 有鹽池 蒲坂 有歷山舜所耕也有雷首山夷齊其陽所謂首陽山 河北

汲郡 泰始二年置統縣六戶三萬七千 汲 有銅關 朝歌 紂所都 共 故國北山淇水所出 林慮 獲嘉 故汲新中鄉漢武帝行過時獲呂嘉首因改名 脩武 晉所啓南陽秦改名脩武

河內郡 漢置統縣九戶五萬二千 野王 太行山在西北 州 邑故晉 懷 平皋 邢侯自襄國徙此 河陽 沁水 軹 故周原邑 山陽 溫 故國蘇忿生封地

廣平郡 魏置統縣十五戶三萬五千二百 廣平 邯鄲 易陽 武安 涉 襄國 故邢侯國 南和 任 曲梁 列人 肥鄉 臨水 廣年 侯相 斥漳 平恩

陽平郡 魏置統縣七戶五萬一千 元城 漢元后生邑 館陶 清泉 發干 東武陽 陽平 樂平

魏郡 漢置統縣八戶四萬七千 鄴 魏武受封居此 長樂 魏 斥丘 安陽 蕩陰 內黃 黃澤在西 黎陽 故黎侯國

頓丘郡 泰始二年置統縣四戶六千三百 頓丘 繁陽 陰安 衛

永嘉之後司州淪沒劉聰聰以洛陽為荊州及石勒復以為司州石季龍又分司州之河南河東弘農滎陽兗州之陳留東燕為洛州元帝渡江亦僑置司州於徐非本所也後以弘農人流寓尋陽者僑立為弘農郡又以河東人南寓者於漢武陵郡孱陵縣界上明地僑立河東郡統安邑聞喜永安臨汾弘農譙松滋大戚八縣並寄居焉永和五年桓溫入洛復置河南郡屬司州

晉志四 八

兗州按禹貢濟河之地舜置十二牧則其一也周禮河東曰兗州春秋元命包云五星流為兗州兗端也信也又云蓋取兗水以名焉漢武帝置十三州以舊名為兗州自此不改州統郡國八縣五十六戶八萬三千三百

陳留國 漢置統縣十戶三萬魏武帝封 小黃 浚儀 有洪溝漢高祖項羽欲分處 封丘 酸棗 烏巢地在東 濟陽 長垣 故匡城孔子所厄也 雍丘 故杞國 尉氏 襄邑 外黃

濮陽國 故屬東郡晉初分東郡置統縣四戶二萬一千 濮陽 古昆吾國師延為紂作靡靡之樂既而投此水公國相 廩丘 公國相有羊角城 白馬 有瓠子堤 鄄城 公國相

濟陽郡 漢置統縣九戶七千六百 定陶 漢高帝封彭越為梁王都此 乘氏 故侯國 句陽 離狐 宛句 己氏 成武 有楚丘亭 單父 故侯國 城陽 舜所漁堯冢在西

高平國 故屬梁國晉初分山陽置統縣七戶三千八百 昌邑 侯相有甲父亭 鉅鹿 獲麟所 方與 金鄉 湖陸 高平 侯國 南平陽 侯國有漆亭

任城國 漢置統縣三戶一千七百 任城 古任國 亢父 樊

東平國 漢置統縣七戶六千四百 須昌 壽張 有蚩尤祠 范 無鹽 富城 東平陸 剛平

濟北國 漢置統縣五 戶三千五百 盧 扁鵲所生縣西有石門 臨邑 東阿 穀城 有烏縣 蛇丘 有下灌亭

泰山郡 漢置統縣十一 戶九千三百 奉高 西南有明堂 博 有龜山 嬴 南武城 梁父 侯國有菟裘山 茌 茌山在東北 新泰 故曰平陽 南武陽 有顓臾城 萊蕪 有原山 東牟 故牟國 鉅平 有陽關

惠帝之末，兗州闔境淪沒石勒。後石季龍改陳留郡為建昌郡，屬洛州。是時遺黎南渡，元帝僑置兗州，寄居京口。明帝以郗鑒為刺史，寄居廣陵。置濮陽、濟陰、高平、太山等郡。後改為南兗州，或還江南，或居盱眙，或居山陽。後始割地為境，常居廣陵，南與京口對岸。咸康四年，於北譙界立陳留郡。安帝分廣陵郡之建陵、臨江、如皋、寧海、蒲濤五縣置山陽郡，屬南兗州。

豫州。案禹貢為荊河之地。周禮：河南曰豫州。豫者舒也，言稟中和之氣，性理安舒也。春秋元命包云：鉤鈐星別為豫州。地界西自華山，東至于淮，北自濟，南界荊山。秦兼天下，以為三川、河東、南陽、潁川、碭、泗水、薛七郡。漢改三川為河南郡。武帝置十三州，豫州舊名不改，以河南、河東二郡屬司隸，又以南陽屬荊州。先是改泗水曰沛郡，改碭郡曰梁，改薛曰魯，分梁、沛立汝南郡，分潁川立淮陽郡。後漢章帝改淮陽曰陳郡。魏武分沛立譙郡。魏文分汝南立弋陽郡。及武帝受命，又分潁川立襄城郡，分汝南立汝陰郡，合陳郡於梁國。州統郡國十，縣八十五，戶十一萬六千七百九十六。

潁川郡 秦置統縣九 戶二萬八千三百 許昌 漢獻帝都許魏禪徙都洛陽許宮室武庫存焉改為許昌 長社 潁陰

臨潁 相公國 郾 邵陵 相公國 鄢陵 相公國 新汲 長平

汝南郡 漢置統縣十五 戶二萬一千五百 新息 南安陽 安成 侯相 慎陽 北宜春

朗陵 陽安 有江亭故江國 上蔡 平輿 故沈子國有沈亭 定潁 灈陽 南頓 汝陽

吳房 故房子國 西平 有龍泉水可用淬刀劍故柏國

襄城郡 泰始二年置統縣七 戶一萬八千 襄城 侯相有西不羹城 繁昌 魏文受禪於此 郟 定陵 侯相

父城 侯相 昆陽 公國相 舞陽 宣帝始封此邑

汝陰郡 魏置郡後廢泰始二年復置統縣八 戶八千五百 汝陰 故胡子國 慎 故楚邑 原鹿 固始 鮦陽

新蔡 宋 侯相 褒信

梁國 漢置統縣十二 戶一萬三千 睢陽 春秋時宋都 蒙 虞 下邑

有碭山山有文石 寧陵 故葛伯國 穀熟 陳 項 長平 陽夏 武平 苦 東有賴鄉祠老子所生地

沛國 漢置統縣九 戶五千九十七 相 沛 漢高祖所起處 豐 竺邑 符離 杼秋 洨 虹 蕭

譙郡 魏置統縣七 戶一千 譙 城父 酇 山桑 龍亢 蘄 銍

魯郡 漢置統縣七 戶三千五百 魯 曲阜之地魯侯伯禽所居 汶陽 卞 鄒 有嶧山 蕃 故小邾國 薛 奚仲所封 公丘

弋陽郡 魏置統縣七 戶一萬六千七百 西陽 故弦子國 軑 蘄春 邾 西陵 期思

七陽

安豐郡 魏置統縣五 戶一千二百 安風 雩婁 安豐 侯相 蓼 松滋 侯相

惠帝分汝陰立新蔡，分梁國立陳郡，分汝南立南頓。永嘉之亂，豫州淪沒石氏。元帝渡江，以春穀縣僑立襄城郡及繁昌縣。成帝乃僑立豫州於江淮之間，居蕪湖。時淮南入北，乃分丹楊僑立淮南郡，居于湖。又以舊當塗縣流人渡江，僑立為縣，并淮南、廬江、安豐，並屬豫州。寧康元年移鎮姑孰。孝武改蘄春縣為蘄陽縣，因新蔡縣人於漢九江王黥布舊城置南新蔡郡，屬南豫州。又於漢廬江郡之南部置晉熙郡。

冀州。案禹貢、周禮並為河內之地，舜置十二牧，則其一也。春秋元命包云：昴畢散為冀州，分為趙國。其地有險有易，帝王所都。亂則冀安，弱則冀彊，荒則冀豐。舜以冀州南北闊大，分衛以西為并州，燕以北為幽州。周人因焉。及漢武置十三州，以其地依舊名焉。冀州歷後漢至晉不改。州統郡國十三，縣八十三，戶三十萬六千。

趙國 漢置統縣九 戶四萬二千 房子 元氏 平棘 高邑 公國相 中丘 柏人 平鄉

下曲陽 故鼓子國 鄡 ○鉅鹿國 秦置統縣二 戶一萬四千 廮陶 鉅鹿

安平國 漢置統縣八 戶二萬一千 信都 下博 武邑 武遂 觀津 侯相 扶柳 廣宗 侯相 經

平原國 漢置統縣九 戶三萬一千 平原 高唐 茌平 博平 聊城 安德 西平昌 般 鬲

樂陵國 漢置統縣五 戶三萬三千 厭次 陽信 漯沃 新樂 樂陵 有都尉居

勃海郡 漢置統縣十 戶四萬 南皮 東光 浮陽 饒安 高城 重合 東安陵

蓨 廣川 侯相 阜城

章武國 泰始元年置統縣四 戶一萬三千 東平舒 文安 章武 東州

河間國 漢置統縣六 戶二萬七千 樂城 侯相 武垣 鄚 侯相 易城 中水 成平

高陽國 泰始元年置統縣四 戶七千 博陸 高陽 北新城 侯相 蠡吾

博陵國 漢置統縣四 戶一萬 安平 饒陽 南深澤 安國

清河國 漢置統縣六 戶二萬二千 清河 東武城 繹幕 侯相 貝丘 靈 鄃

中山國漢置統縣八戶三萬二千 盧奴 魏昌 新市 安喜 蒲陰 望都 唐
北平 ○常山郡漢置統縣八戶二萬四千 眞定 石邑 井陘 上曲陽恒山在縣西北有坂號飛狐口 蒲吾 南行唐 靈壽 九門相侯
惠帝之後冀州淪沒於石勒勒以大興二年僭號於襄國稱趙後爲慕容儁所滅慕容氏又爲苻堅所滅孝武太元八年堅敗其地入慕容垂垂僭號於中山是爲後燕後燕卒滅於魏
幽州案禹貢冀州之域舜置十二牧則其一也周禮東北曰幽州春秋元命包云箕星散爲幽州分爲燕國言北方太陰故以幽冥爲號武王定殷封召公於燕其後與六國俱稱王及秦滅燕以爲漁陽上谷右北平遼西遼東五郡漢高帝分上谷置涿郡武帝置十三州幽州依舊名不改其後開東邊置玄菟樂浪等郡亦皆屬焉元鳳元年改燕曰廣陽郡幽州所部凡九郡至晉不改幽州統郡國七縣三十四戶五萬九千二十
范陽國漢置涿郡魏文更名范陽郡武帝置國封宣帝弟子綏爲王統縣八戶一萬一千 涿 良鄉 方城 長鄉 遒 故安 范陽 容城相侯
燕國漢置孝昭改爲廣陽郡統縣十戶二萬九千 薊 安次相侯 昌平 軍都有關 廣陽 潞 安國国相蜀主劉禪封此縣公 泉州相侯 雍奴 狐奴
北平郡秦置統縣四戶五千 徐無 土垠 俊靡 無終
上谷郡秦置郡在谷之上頭故因名焉統縣二戶四千七十 沮陽 居庸
廣甯郡故屬上谷太康中置郡都尉居統縣三戶三千九百五十 下洛 潘 涿鹿
代郡秦置統縣四戶三千四百 代 廣昌 平舒 富城
遼西郡秦置統縣三戶二千八百 陽樂 肥如 海陽
惠帝之後幽州沒於石勒及穆帝永和五年慕容儁僭號於薊是爲前燕七年儁移都於鄴儁死子暐爲苻堅所滅堅敗地復入慕容垂是爲後燕垂死寶嗣遷于和龍
平州案禹貢冀州之域於周爲幽州界漢屬右北平郡後漢末公孫度自號平州牧及其子康康子文懿並擅據遼東東夷九種皆服事焉魏置東夷校尉居襄平而分遼東昌黎玄菟帶方樂浪五郡爲平州後還合爲幽州及文懿滅後有護東夷校尉居襄平咸甯二年十月分昌黎遼東玄菟帶方樂浪等郡國五置平州統縣二十六戶一萬六千一百

昌黎郡漢屬遼東屬國都尉魏置郡統縣二戶九百 昌黎 賓徒
遼東國秦立爲郡漢光武以遼東等屬青州後還幽州統縣八戶五千四百 襄平東夷校尉所居 汶 居就 樂就 安市 西安平 新昌 力城
樂浪郡漢置統縣六戶三千七百 朝鮮周封箕子地 屯有 渾彌 遂城秦築長城之所起 鏤方 駟望 ○玄菟郡漢置統縣三戶三千二百 高句麗 望平 高顯
帶方郡公孫度置統縣七戶四千九百 帶方 列口 南新 長岑 提奚 含資 海冥
平州初置以慕容廆爲刺史遂屬永嘉之亂廆爲衆所推及其孫儁移都于薊其後慕容垂子寶又遷于和龍自幽州至於盧溥鎮以南地入於魏慕容熙以幽州刺史鎮令支青州刺史鎮新城幷州刺史鎮凡城營州刺史鎮宿軍冀州刺史鎮肥如高雲以幽冀二州牧鎮肥如幷州刺史鎮白狼後爲馮跋所篡跋僭號如和龍是爲後燕卒滅於魏
幷州案禹貢蓋冀州之域舜置十二牧則其一也周禮正北曰幷州其鎮曰恒山春秋元命包云營室流爲幷州分爲衛國州不以衛水爲號又不以恒山爲稱而云幷者蓋以其在兩谷之間也漢武帝置十三州幷州依舊名不改統上黨太原雲中上郡鴈門代郡定襄五原西河朔方十郡又別置朔方刺史後漢建武十一年省朔方入幷州靈帝末羌胡大擾定襄雲中五原朔方上郡等五郡並流徙分散建安十八年省入冀州二十年始集塞下荒地立新興郡後又分上黨立樂平郡魏黃初元年復置幷州自陘嶺以北並弃之至晉因而不改幷州統郡國六縣四十五戶五萬九千三百
太原國秦置統縣十三戶一萬四千 晉陽相侯 陽曲 榆次 于離 盂 狼盂 陽邑 大陵 祁 平陶 京陵 中都 鄔
上黨郡秦置統縣十戶一萬三千 潞 屯留 壺關 長子 泫氏 高都 銅鞮 涅 寶垣 武鄉
西河國漢置統縣四戶六千三百 離石 隰城 中陽 介休
樂平郡泰始中置統縣五戶四千三百 沾 上艾 壽陽 轑陽 樂平
鴈門郡秦置統縣八戶一萬二千七百 廣武 崞 汪陶 平城 葰人 繁畤 原平

馬邑　○新興郡（魏置統縣五戶九千）九原　定襄　雲中　廣牧　晉昌

惠帝改新興為晉昌郡及永興元年劉元海僭號於平陽稱漢於是幷州之地皆為元海所有元海乃以雍州刺史鎮平陽幽州刺史鎮離石及劉聰攻陷洛陽置左右司隸各領戶二十餘萬萬戶置一內史凡內史四十三又單于左右輔各主六夷又置殷衞東梁西河陽北兗五州以懷安新附劉曜徙都長安其平陽以東地入石勒勒平朔方又置朔州自惠懷之間離石縣荒廢勒於其處置永石郡又別置武鄉郡及苻堅姚興赫連勃勃幷州並徙置河東又姚興以河東為幷冀二州云

雍州案禹貢黑水西河之地舜置十二牧則其一也以其四山之地故以雍名焉亦謂西北之位陽所不及陰陽氣雍閼也周禮西曰雍州蓋幷禹梁州之地周自武王克殷都於酆鎬雍州為王畿及平王東遷洛邑以岐酆之地賜秦襄公則為秦地累世都之至始皇遂平六國秦滅漢又都之及武帝置十三州其地以西偏為涼州其餘並屬司隸不統於州後漢光武都洛陽關中復置雍州後罷復置司隸校尉統三輔如

八百廿十　志四　十三

舊獻帝時又置雍州自三輔距西域皆屬焉魏文帝即位分河西為涼州分隴右為秦州改京兆尹為太守馮翊扶風各除左右仍以三輔屬司隸晉初於長安置雍州統郡國七縣三十九戶九萬九千五百

京兆郡（漢置統縣九戶四萬）長安　杜陵　霸城　藍田　高陸　萬年（故櫟陽縣）

新豐　陰般　鄭（周宣王弟鄭桓公邑）

馮翊郡（漢置名左馮翊統縣八戶七千七百）臨晉（故大荔秦獲之更名有河水祠臨晉水故名）下邽（秦武公伐邽戎置有上邽故加下）重泉　頻陽（秦厲公置在頻水之陽）粟邑　蓮芍　郃陽　夏陽（故少梁秦惠文王更名梁山在西北）

○扶風郡（漢武帝以為主爵都尉太初中更名右扶風統縣六戶二萬三千）池陽（惠帝置有嶻嶭山）郿（成國渠首受渭）雍（侯相有五畤大昊黃帝以下祠三百三所）汧（吳山在西古文以為汧山）陳倉　美陽（岐山在西北周太王所邑）

安定郡（漢置統縣七戶五千五百）臨涇　朝那　烏氏　都盧　鶉觚　陰密（故密國）西川

北地郡（秦置統縣二戶二千六百）泥陽　富平

始平郡（秦始二年置統縣五戶一萬八千）槐里（秦曰廢丘漢高帝更名有黃山宮）始平　武功（太一山在東古文以為終南）

鄠（古國夏啓所伐）蒯城　○新平郡（漢置統縣二戶二千七百）漆（漆水在西）汋邑

惠帝即位改扶風國為秦國徙都建興之後雍州沒於劉聰及劉曜徙都長安改號曰趙以秦涼二州牧鎮上邽朔州牧鎮高平幽州刺史鎮北地幷州牧鎮蒲坂石勒剋長安復置雍州石氏既敗苻健僭據關中又都長安是為前秦於是乃於雍州置司隸校尉以豫州刺史鎮許昌秦州刺史鎮上邽荊州刺史鎮豐陽洛州刺史鎮宜陽幷州刺史鎮蒲坂苻堅時分司隸為雍州分京兆為咸陽郡洛州刺史鎮陝城滅燕之後分幽州置平州鎮龍城幽州刺史鎮薊城河州刺史鎮枹罕幷州刺史鎮晉陽豫州刺史鎮洛陽兗州刺史鎮倉垣雍州刺史鎮蒲坂於是移洛州居豐陽以許昌置東豫州以荊州刺史鎮襄陽徐州刺史鎮彭城既而姚萇滅苻氏是為後秦及萇子興剋洛陽以幷冀二州牧鎮蒲坂豫州牧鎮洛陽兗州刺史鎮倉垣分司隸領北五郡置雍州刺史鎮安定及姚泓為劉裕所滅其地尋入赫連勃勃勃勃僭號於統萬是為夏置幽州牧於大城又平劉義真於長安遣子璝鎮焉號曰南臺以朔州牧鎮三城秦州刺史鎮杏城雍州刺史鎮陰密幷州刺史鎮蒲坂梁州牧鎮安定北秦州刺史鎮武功豫州牧鎮李閏荊州刺史鎮陝其州

七百四十　志四　十四

郡之名並不可知也然自元帝渡江所置州亦皆遙領初以魏該為雍州刺史鎮酇城尋省僑立始平郡寄居武當城有秦國流人至江南改堂邑為秦郡僑立尉氏縣屬焉康帝時庾翼為荊州刺史還鎮襄陽其後秦雍流人多南出樊沔孝武始於襄陽僑立雍州仍立京兆始平扶風河南廣平義成北河南七郡並屬襄陽故屬荊州

涼州案禹貢雍州之西界周衰其地為狄秦興美陽甘泉宮本匈奴鑄金人祭天之處匈奴既失甘泉又使休屠渾邪王等居涼州之地二王後以地降漢漢置張掖酒泉敦煌武威郡其後又置金城郡謂之河西五郡漢改周之雍州為涼州蓋以地處西方常寒涼也地勢西北邪出在南山之間南隔西羌西通西域于時號為斷匈奴右臂獻帝時涼州數有亂河西五郡去州隔遠於是乃別以為雍州末又依古典定九州乃合關右以為雍州魏時復分以為涼州刺史領戊己校尉護西域如漢故事至晉不改統郡八縣四十六戶三萬七百

金城郡（漢置統縣五戶二千）榆中　允街　金城　白土　浩亹

西平郡漢置統縣四戶四千 西都 臨羌 長寧 安夷
武威郡漢置統縣七戶五千九百 姑臧 宣威 揖次 倉松 顯美 驪靬 番禾
張掖郡漢置統縣三戶三千七百 永平 臨澤漢昭武縣避景帝諱改也 屋蘭漢因屋蘭名焉
西郡漢置統縣五戶一千九百 日勒 刪丹 仙提 萬歲 蘭池一云蘭池
酒泉郡漢置統縣九戶四千四百 福祿 會水 安弥 騂馬 樂涫 表氏 延壽
玉門 沙頭 ○敦煌郡漢置統縣十二戶六千三百 昌蒲 敦煌 龍勒 陽關
效穀 廣至 宜禾 宜安 深泉 伊吾 新鄉 乾齊
西海郡故屬張掖漢獻帝興平二年武威太守張雅請置統縣一戶二千五百 居延澤在東南尚書所謂流沙也

元康五年惠帝分敦煌郡之宜禾伊吾宜安深泉廣至等五縣分酒泉之沙頭縣又別立會稽新鄉凡八縣爲晉昌郡永寧中張軌爲涼州刺史鎮武威上表請合秦雍流移人於姑臧西北置武興郡統武興大城烏支襄武晏然新鄣平狄司監等縣又分西平界置晉興郡統晉興枹罕永固臨鄣廣昌大夏遂興罕唐左南等縣是時中原淪沒元帝徙居江左軌乃控據河西稱晉正朔是爲前涼及張寔分金城之令居枝楊

二縣又立永登縣合三縣立廣武郡張茂分武興金城西平安故爲定州張駿分武威武興西平張掖酒泉建康西郡湟河晉興須武合十一郡爲涼州興晉金城武始南安永晉大夏武成漢中爲河州敦煌晉昌西域都護張茂以校尉玉門大護軍三郡三營爲沙州張駿假涼州都督攝三州張祚又以敦煌郡爲商州永興中置漢陽縣以守牧地張玄靚改爲祁連郡張天錫又別置臨松郡天錫降於苻氏其地尋爲呂光所據呂光都於姑臧後以郭黁言讖改呂松爲東張掖郡及呂隆降於姚興其地三分武昭王爲西涼建號於敦煌禿髮烏孤爲南涼建號於樂都沮渠蒙遜爲北涼建號於張掖而分據河西五郡

秦州按禹貢本雍州之域魏始分隴右置焉刺史領護羌校尉中間暫廢及泰始五年又以雍州隴右五郡及涼州之金城梁州之陰平合七郡置秦州鎮冀城太康三年罷秦州并雍州七年復立鎮上邽統郡六縣二十四戶三萬二千一百

隴西郡秦置統縣四戶四千
襄武 首陽鳥鼠山在東 臨洮 狄道
南安郡漢置統縣三戶四千三百 獂道 新興 中陶
天水郡漢武置孝明改爲漢陽晉復爲天水統縣六戶八千五百 上邽 冀秦州故居 始昌 新陽 顯親漢顯親縣 成紀
略陽郡本名廣魏泰始中更名焉統縣四戶九千三百二十 臨渭 平襄 略陽 清水
武都郡漢置統縣五戶三千 下辯 河池 沮 武都 故道
陰平郡泰始中置統縣二戶三千 陰平 平廣

惠帝分隴西之狄道臨洮河關又立洮陽遂平武街始興第五真仇六縣合九縣置狄道郡屬秦州張駿分屬涼州又以狄道縣立武始郡江左分梁爲秦寄居梁州又立氐池爲北秦州

梁州按禹貢華陽黑水之地舜置十二牧則其一也梁者言西方金剛之氣強梁故因名焉周礼職方氏以梁并雍漢不立州名以其地爲益州及獻帝初平六年以臨江縣屬永寧郡建安六年劉璋改永寧爲巴東郡分巴郡墊江置巴西郡劉備據蜀又分廣漢之葭萌涪城梓潼白

水四縣改葭萌曰漢壽又立漢德縣以爲梓潼郡割巴郡之宕渠宣漢漢昌三縣置宕渠郡尋省以縣並屬巴西郡泰始三年分益州立梁州於漢中改漢壽爲晉壽又分廣漢置新都郡梁州統郡八縣三十八戶七萬六千三百

漢中郡秦置統縣八戶一萬五千 南鄭 蒲池 褒中 沔陽 成固 西鄉 黃金 興道
梓潼郡蜀置統縣八戶一萬二百 梓潼 涪城 武連 黃安 漢德 晉壽 劍閣 白水
廣漢郡漢置統縣三戶五千一百 廣漢 德陽 五城
新都郡泰始二年置統縣四戶二萬四千五百 雒 什方 緜竹 新都
涪陵郡蜀置統縣五戶四千二百 漢復 涪陵 漢平 漢葭 萬寧
巴郡秦置統縣四戶三千三百 江州 墊江 臨江 枳
巴西郡蜀置統縣九戶一萬二千 閬中 西充國 蒼溪 岐愬 南充國 漢昌
宕渠 安漢 平州
巴東郡漢置統縣三戶六千五百 魚復 朐䏰 南浦

太康六年九月罷新都郡并廣漢郡惠帝復分巴西置宕渠郡統宕渠

漢昌宣漢三縣并以新城魏興上庸合四郡以屬梁州尋而梁州郡縣没于李特永嘉中又分屬楊茂搜其晉人流寓於梁益者仍於二州立南北二陰平郡及桓溫平蜀之後以巴漢流人立晉昌郡領長樂安晉延壽安樂宣漢寧都新興吉陽東關永安十縣又置益昌晉興二縣屬巴西郡於德陽界東南置遂寧郡又於晉壽置劒閣縣屬梁州後孝武分梓潼北界立晉壽郡統晉壽白水邵歡興安四縣梓潼郡徙居梓潼罷劒閣縣又別置南漢中郡分巴西梓潼爲金山郡及安帝時又立新巴汶陽二郡又有北新巴華陽南陰平北陰平四郡其後又立巴渠懷安宋熙白水上洛北上洛南宕渠懷漢新興安康等十郡

益州案禹貢及舜十二牧俱爲梁州之域周合梁於雍則又爲雍州之地春秋元命包云參伐流爲益州益之爲言阨也言其所在之地險阨也亦曰疆壤益大故以名焉始秦惠王滅蜀置郡以張若爲蜀守及始皇置三十六郡蜀郡之名不改漢初有漢中巴蜀高祖六年分蜀置廣漢凡爲四郡武帝開西南夷更置犍爲牂牁越巂益州四郡凡八郡遂

置益州統焉益州蓋始此也及後漢明帝以新附置永昌郡安帝又以諸道置蜀廣漢犍爲三郡屬國都尉及靈帝又以汶江蠶陵廣柔三縣立汶山郡獻帝初平元年劉璋分巴郡立永寧郡建安六年改永寧爲巴東以巴郡爲巴西又立涪陵郡二十一年劉備分巴郡立固陵郡蜀章武元年又改固陵爲巴東郡巴西郡爲巴郡又分廣漢立梓潼郡分犍爲立江陽郡以蜀郡屬國爲漢嘉郡以犍爲屬國爲朱提郡劉禪建興二年改益州郡爲建寧郡廣漢屬國爲陰平郡分建寧永昌立雲南郡分建寧牂牁立興古郡分廣漢立東廣漢郡魏景元中蜀平省東廣漢郡及武帝泰始二年分益州置梁州以漢中屬焉七年又分益州置寧州益州統郡八縣四十四戶十四萬九千三百

蜀郡秦置統縣六戶五萬 成都 廣都 繁 江原 臨邛 郫

犍爲郡漢置統縣五戶一萬 武陽 南安 僰道 資中 牛鞞

汶山郡漢置統縣八戶一萬六千 汶山 升遷 都安 廣陽 興樂 平康 蠶陵 廣柔

漢嘉郡蜀置統縣四戶一萬三千 漢嘉 徙陽 嚴道 旄牛

江陽郡蜀置統縣三戶三千一百 江陽 符 漢安

朱提郡蜀置統縣五戶二千六百 朱提 南廣 漢陽 南秦 堂狼

越巂郡漢置統縣五戶五萬三千四百 會無 邛都 卑水 定莋 臺登

牂牁郡漢置統縣八戶一千二百 萬壽 且蘭 指談 夜郎 毋斂 并渠 鄨 平夷

惠帝之後李特僭號於蜀稱漢益州郡縣皆没于特李雄又分漢嘉蜀二郡立沈黎漢原二郡是時益州郡縣雖没李氏江左並遥置之桓溫滅蜀其地復爲晉有省漢原沈黎而立南陰平晉原寧蜀始寧四郡焉咸安二年益州復没於苻氏太和八年復爲晉有隆安二年又立晉熙遂寧晉寧三郡云

寧州於漢魏爲益州之域泰始七年武帝以益州地廣分益州建寧興古雲南交州之永昌合四郡爲寧州統縣四十五戶八萬三千

雲南郡蜀置統縣九戶九千二百 雲平 雲南 梇棟 青蛉 姑復 邪龍 楪榆 遂久 永寧

興古郡蜀置統縣十一戶六千八百 律高 句町 宛溫 漏臥 毋掇 賁古

滕休 鐔封 漢興 進乘 都篖

建寧郡蜀置統縣十七戶二萬九千 味 昆澤 存駹 新定 談稾 毋單 同瀨 漏江 牧麻 穀昌 連然 秦臧 雙柏 俞元 脩雲 泠丘 滇池

永昌郡漢置統縣八戶三萬八千 不韋 永壽 比蘇 雍鄉 南涪 巂唐 哀牢 博南

太康三年武帝又廢寧州入益州立南夷校尉以護之太安二年惠帝復置寧州又分建寧以西七縣別立爲益州郡永嘉二年改益州郡曰晉寧分牂牁立平夷夜郎二郡然是時其地再爲李特所有其後李壽分寧州興古永昌雲南朱提越巂河陽六郡爲漢州咸康四年分牂牁夜郎朱提越巂四郡置安州八年又罷并寧州以越巂還屬益州省永昌郡焉

志第五　晉書十五　御撰

地理下（青州　徐州　荊州　揚州　交州　廣州）

青州按禹貢為海岱之地舜置十二牧則其一也舜以青州越海又分為營州則遼東本為青州矣周禮正東曰青州蓋取土居少陽其色為青故以名也春秋元命包云虛危流為青州漢武帝置十三州因舊名歷後漢至晉不改州統郡國六縣三十七戶五萬三千

齊國（秦置郡漢以為國景帝以為北海郡統縣五戶一萬四千）臨淄　西安（有蘇里亭）東安平（女水出東北）廣　饒　昌國（樂毅所封）

濟南郡（漢置統縣五戶五千或云魏平蜀徙其豪將家於濟河北故改為濟岷郡而太康地理志無此郡名未之詳）平壽（古國寒浞封此）下密（有王石祠）膠東（侯國）即墨（有天山祠）祝阿

樂安國（漢置統縣八戶一萬一千）高苑　臨濟（有蚩尤祠）博昌（有薄姑祠）利益（侯相）蓼城（侯國）鄒　壽光（古斟灌氏所封國）東朝陽

城陽郡（漢置屬北海自魏至晉分北海而立焉郡統縣十戶一萬二千）莒（故莒子國）姑幕（古薄姑氏國）諸　昌安　淳于（故淳于公國）東武　高密（漢改為郡）壯武　黔陬　平昌

東萊國（漢置郡統縣六戶六千五百）掖（侯相）當利（侯國）盧鄉　曲城　黃（有萊山松林萊君祠）惤（侯國有百支萊王祠）

○長廣郡（咸寧三年置統縣三戶四千五百）不其（侯國）長廣　挺

惠帝元康十年又置平昌郡又分城陽之黔陬壯武淳于昌安高密平昌營陵安丘大劇臨朐十一縣為高密國自永嘉喪亂青州淪沒石氏東萊人曹嶷為刺史造廣固城後為石季龍所滅季龍末遼西段龕自號齊王據青州慕容恪滅龕尅青州苻氏平燕盡有其地及苻氏敗後刺史苻朗以州降朝廷置幽州以別駕辟閭渾為刺史鎮廣固隆安四年為慕容德所滅遂都之是為南燕復改為青州德以并州牧鎮陰平幽州刺史鎮發干徐州刺史鎮莒城青州刺史鎮東萊兗州刺史鎮梁父慕容超移青州於東萊郡後為劉裕所滅留長史羊穆之為青州刺史築東陽城而居之自元帝渡江於廣陵僑置青州至是始置北青州鎮東陽城以僑立州為南青州而後省南青州而北青州直曰青州

徐州案禹貢海岱及淮之地舜十二牧則其一也於周入青州之域春秋元命包云天氏流為徐州蓋取舒緩之義或云因徐丘以立名秦兼天下以置泗水薛琅邪三郡楚漢之際分置東陽郡漢又分置東海郡改泗水為沛改薛為魯分沛置楚國以東陽屬吳國景帝改吳為江都武帝分沛東陽置臨淮郡改江都為廣陵及置十三州以其地為徐州統楚國及東海琅邪臨淮廣陵四郡宣帝改楚為彭城郡後漢改為彭城國以沛郡之廣戚縣來屬改臨淮為下邳國及太康元年復分下邳屬縣在淮南者置臨淮郡分琅邪置東莞郡州凡領郡國七縣六十一戶八萬一千二十一

彭城國（漢以為郡統縣七戶四千一百二十一）彭城（故彭伯大彭國）留（張良所封）廣戚　傅陽　武原　呂　梧

○下邳國（漢置為臨淮郡統縣七戶七千五百）下邳（葛嶧山在西古嶧陽也韓信為楚王都之）凌　良城（侯相）睢陵　夏丘　取慮　僮

東海郡（漢置統縣十二戶一萬一千二百）郯（故郯子國）祝其（羽山在縣之西）朐　襄賁　利城　贛榆　原丘　蘭陵　承　昌慮　合鄉　戚

琅邪國（秦置郡統縣九戶二萬九千五百）開陽（侯相）臨沂　陽都　繒　即丘　華　費（魯季氏邑）東安　蒙陰（山在西南）

東莞郡（太康中置統縣八戶一萬）東莞（故魯鄆邑）朱虛　營陵（尚父呂望所封）安丘（故莒渠丘父封邑）蓋　臨朐（有海水祠）劇　廣

廣陵郡（漢置統縣八戶八千八百）淮陰　射陽　輿　海陽（有江海會祠）廣陵　鹽瀆　淮浦　江都（有江水祠）

○臨淮郡（漢置章帝以合下邳太康元年復立統縣十戶一萬）盱眙　東陽　高山　贅其　潘旌　高郵　淮陵　司吾　下相　徐

太康十年以青州城陽郡之莒姑幕諸東武四縣屬東莞元康元年分東海置蘭陵郡七年又分東莞置東安郡分臨淮置淮陵郡以堂邑置堂邑郡永嘉之亂臨淮淮陵並淪沒石氏元帝渡江之後徐州所得惟半乃僑置淮陽陽平濟陰北濟陰四郡又琅邪國人隨帝過江者遂置懷德縣及琅邪郡以統之是時幽冀青并兗五州及徐州之淮北流人相帥過江淮帝並僑立郡縣以司牧之割吳郡之海虞北境立郯朐利城祝其原丘西隰襄賁七縣寄居曲阿以江乘置南東海南琅邪南東平南蘭陵等郡分武進立臨淮淮陵南彭城等郡屬南徐州又置頓丘郡屬北徐州明帝又立南沛南清河南下邳南東莞南平昌南濟陰南濮

陽南太平南泰山南濟陽南魯等郡以屬徐兗二州初或居江南或居江北或以兗州領州郄鑒都督青兗二州諸軍事兗州刺史加領徐州刺史鎮廣陵蘇峻平後自廣陵還鎮京口又於漢故九江郡界置鍾離郡屬南徐州江北又僑立幽冀青并四州穆帝時移南東海七縣出居京口義熙七年始分淮北為北徐州淮南但為徐州統彭城沛下邳蘭陵東莞東安琅邪淮陽陽平濟陰北濟陰十一郡以盱眙立盱眙郡統考城直瀆陽城三縣又分廣陵界置海陵山陽二郡後又以幽冀合徐州青州并合兗州

荆州案禹貢荆及衡陽之地舜置十二牧則其一也周禮正南曰荆州春秋元命包云軫星散為荆州荆強也言其氣躁強亦曰警也言南蠻數為寇逆其人有道後服無道先強常警備也又云取名於荆山六國時其地為楚及秦取楚鄢郢為南郡又取巫中地為黔中郡以楚之漢北立南陽郡滅楚之後分黔中為長沙郡漢高祖分長沙為桂陽郡改黔中為武陵郡分南郡為江夏郡武帝又分長沙為零陵郡及置十三州因舊名為荆州統南郡南陽零陵桂陽武陵長沙江夏七郡後漢獻帝建安十三年魏武盡得荆州之地分南郡以北立襄陽郡又分南陽西界立南鄉郡分枝江以西立臨江郡及敗於赤壁南郡以南屬吳吳後遂與蜀分荆州於是南郡零陵武陵以西為蜀江夏桂陽長沙三郡為吳南陽襄陽南鄉三郡為魏而荆州之名南北雙立蜀分南郡立宜都郡劉備沒後宜都武陵零陵南郡四郡之地悉復屬吳魏文帝以漢中遺黎立魏興新城二郡明帝分新城立上庸郡孫權分江夏立武昌郡又分蒼梧立臨賀郡分長沙立衡陽湘東二郡孫休分武陵立天門郡分宜都立建平郡孫皓分零陵立始安郡分桂陽立始興郡又分零陵立邵陵郡分長沙立安成郡荆州統南郡武昌武陵宜都建平天門長沙零陵桂陽衡陽湘東邵陵臨賀始興始安十五郡其南陽江夏襄陽南鄉魏興新城上庸七郡屬魏之荆州及武帝平吳分南郡為南平郡分南陽立義陽郡改南鄉為順陽郡又以始興始安臨賀三郡屬廣州以揚州之安成郡來屬荆州統郡二十二縣一百六十七戶三十五萬七千五百四十八

江夏郡漢置統縣七戶二萬四千 安陸橫尾山在東北古之陪尾山 雲杜故𨛦子國 曲陵 平春 鄳 竟陵章山在東北古之內方山 南新市

南郡漢置統縣十一戶五萬五千 江陵故楚都 編有雲夢官 當陽 華容 鄀故鄀子國 枝江故羅國 旌陽 州陵楚襄嬖人州侯所邑 監利 松滋 石首

襄陽郡魏置統縣八戶二萬二千七百 宜城故鄢也 中廬 臨沮荆山在東北 邔 襄陽侯相 山都 鄧城 鄾

○南陽國秦置郡統縣十四戶二萬四千四百 宛 西鄂侯相 雉 魯陽公國相 犨 淯陽公國相 博望公國相 堵陽 葉侯相有長城山號曰方城 舞陰公國相 比陽公國相 涅陽 冠軍 酈

順陽郡太康中置統縣八戶二萬一百 酇 順陽 南鄉 丹水 武當侯相 陰 筑陽 析

義陽郡太康中置統縣十二戶一萬九千 新野侯相 穰 鄧故鄧侯國 蔡陽 隨故隨國 安昌 棘陽 厥西 平氏桐柏山在南 義陽 平林 朝陽

新城郡魏置統縣四戶一萬五千二百 房陵 綏陽 昌魏 沶鄉

魏興郡魏置統縣六戶一萬二千 晉興 安康 西城 錫 長利 洵陽

上庸郡魏置統縣六戶一萬一千四百四十八 上庸侯相 安富 北巫 武陵 上廉 微陽

建平郡吳晉各有建平郡太康元年合統縣八戶一萬三千二百 巫 北井 秦昌 信陵 興山 建始 秭歸故楚子國 沙渠

○宜都郡吳置統縣三戶八千七百 夷陵 夷道 佷山

南平郡吳置以為南郡太康元年改曰南平統縣四戶七千 作唐 孱陵 南安 江安

武陵郡漢置統縣十戶一萬四千 臨沅 龍陽 漢壽 沅陵 黚陽 酉陽 鐔城 沅南 遷陵 舞陽

天門郡吳置統縣五戶三千一百 零陽 漊中 充 臨澧 澧陽

長沙郡漢置統縣十戶三萬三千 臨湘 攸 下雋 醴陵 劉陽 建寧 吳昌 羅 蒲沂 巴陵

○衡陽郡吳置故屬長沙統縣九戶二萬三千 湘鄉 重安 湘南 湘西 烝陽 衡山 連道 新康 益陽

湘東郡吳置故屬長沙統縣七戶一萬九千五百 酃 茶陵 臨烝 利陽 陰山 新平 新寧

零陵郡漢置統縣十一戶二萬五千一百 泉陵有香茅古貢之以縮酒 祁陽 零陵 營浦 洮陽 永昌 觀陽 營道 舂陵 泠道 應陽東界有鼻墟云象所封

邵陵郡吳置統縣六戶一萬二千 邵陵 都梁 夫夷 建興 邵陽 高平

桂陽郡漢置統縣六戶一萬一千二百 郴項羽封義帝之邑 耒陽 便 臨武 晉寧 南平

武昌郡吳置統縣七戶一萬四千三百 武昌故東鄂也楚子熊渠封中子紅於此 柴桑有盆口關 陽新 沙羡

有夏口對沔口有津沙陽 鄂有新興馬頭鐵官 官陵
安成郡吳置統縣七戶三千 平都 宜春 新諭 永新 安復 萍鄉 廣興
惠帝分桂陽武昌安成三郡立江州以新城魏興上庸三郡屬梁州又
分義陽立隨郡分南陽立新野郡分江夏立竟陵郡懷帝又分長沙衡
陽湘東零陵邵陵桂陽及廣州之始安始興臨賀九郡置湘州時蜀亂
又割南郡之華容州陵監利三縣別立豐都合四縣置成都郡為成都
王穎國居華容縣愍帝建興中併還南郡亦併豐都於監利元帝渡江
又僑立新興南河東二郡穆帝時又分零陵立營陽郡以義陽流人在
南郡者立為義陽郡又以廣州之臨賀始興始安三郡及江州之桂陽
益州之巴東合五郡來屬以長沙衡陽湘東零陵邵陵營陽六郡屬湘
州桓溫又分南郡立武寧郡安帝又僑立南義陽東義陽長寧三郡義
熙十三年省湘州置長沙衡陽湘東零陵邵陵營陽還入荊州
揚州案禹貢淮海之地舜置十二牧則其一也周禮東南曰揚州春秋
元命包云牽牛流為揚州分為越國以為江南之氣躁勁厥性輕揚亦

曰州界多水水波揚也於古則荒服之國戰國時其地為楚分秦始皇
并天下以置鄣郡會稽九江三郡項羽封英布為九江王盡有其地漢改九
江曰淮南即封布為淮南王六年分淮南置豫章郡十一年布誅立皇子
長為淮南王封劉濞為吳王二國盡得揚州之地文帝十六年分淮南
立廬江衡山二郡景帝四年封皇子非為江都王并得鄣會稽郡而不
得豫章武帝改江都曰廣陵封皇子胥為王而以屬徐州元封二年改
鄣曰丹楊改淮南復為九江後漢順帝分會稽立吳郡揚州統會稽丹
楊吳豫章九江廬江六郡省六安并廬江郡獻帝興平中孫策分豫章立
廬陵郡孫權又分豫章立鄱陽郡分丹楊立新都郡孫亮又分豫章立
臨川郡分會稽立臨海郡孫休又分會稽立建安郡孫皓分會稽立東
陽郡分吳立吳興郡分豫章廬陵長沙立安成郡分廬江立廬陵南部
都尉揚州統丹楊吳會稽吳興新都東陽臨海建安豫章鄱陽臨川安
成廬陵南部十四郡江西廬江九江之地自合肥之北至壽春悉屬魏
及晉平吳以安成屬荊州分丹楊之宣城宛陵陵陽安吳涇廣德寧國

懷安石城臨城春穀十一縣立宣城郡理宛陵改新都曰新安郡改廬
陵南部為南康郡分建安立晉安郡又分丹楊立毗陵郡揚州合統郡
十八縣一百七十三戶三十一萬一千四百
丹楊郡漢置統縣十一戶五萬一千五百 建鄴本秣陵孫氏改為建業武帝平吳以為秣陵太康三年分秣陵北為建鄴改業為鄴 江
寧太康二年分建鄴置 丹楊丹楊山多赤柳在西也 于湖 蕪湖 永世 溧陽溧水所出 江乘
句容有茅山 湖熟 秣陵
宣城郡太康二年置統縣十一戶二萬三千五百 宛陵侯相彭澤聚在西南 宣城 陵陽淮水出東北入江仙人陵陽子明所
居 安吳 臨城 石城 涇 春穀孝武改春為陽 廣德 寧國 懷安
淮南郡秦置九江郡漢以為淮南國漢武帝置為九江郡武帝改為淮南郡統縣十六戶三萬三千四百 壽春 成德 下蔡
義城 西曲陽 平阿有塗山 歷陽 全椒 阜陵漢明帝時淪為麻湖 鍾離故州來邑 合肥
逡遒 陰陵 當塗古塗山國 東城 烏江
廬江郡漢置統縣十戶四千二百 陽泉 舒故國有桐鄉 灊天柱山在南有祠 晥 尋陽 居巢
桀死於此 臨湖 襄安 龍舒 六故六國
毗陵郡吳分會稽無錫已西為屯田置典農校尉太康二年省校尉為毗陵郡統縣七戶一萬二千 丹徒故朱方 曲阿故雲陽

武進 延陵 毗陵 暨陽 無錫有歷山春申君祠
吳郡漢置統縣十一戶二萬五千 吳故國具區在西 嘉興 海鹽 鹽官 錢唐武林山武林水所出 富陽
桐廬 建德 壽昌 海虞 婁
吳興郡吳置統縣十戶二萬四千 烏程 臨安 餘杭 武康故防風氏國 東遷 於潛
有潛水 故鄣 安吉 原鄉 長城
會稽郡秦置統縣十戶三萬 山陰會稽山在南上有禹冢 上虞有仇亭舜避丹朱於此地 餘姚有句餘山在南 句章
鄞有鮚埼亭 鄮 始寧 剡 永興 諸暨
東陽郡吳置統縣九戶一萬二千 長山有赤松子廟 永康 烏傷 吳寧 太末 信安
豐安 定陽 遂昌
新安郡吳置統縣六戶五千 始新 遂安 黝 歙 海寧 黎陽
臨海郡吳置統縣八戶一萬八千 章安 臨海 始豐 永寧 寧海 松陽 安固
橫陽
○建安郡故秦閩中郡漢高帝五年以立閩越王及武帝滅之徙其人名為東冶又更名東城後漢改為侯官都尉
及吳置建安郡統縣七戶四千三百 建安 吳興 東平 建陽 將樂 邵武 延平
晉安郡太康三年置統縣八戶四千三百 原豐 新羅 宛平 同安 候官 羅江

晉安 溫麻

豫章郡漢置統縣十六戶三萬五千 南昌 海昏 新淦 建城 望蔡 永脩 建昌 吳平 豫章 彭澤 艾 康樂 豐城 新吳 宜豐 鍾陵

臨川郡吳置統縣十戶八千五百 臨汝 西豐 南城 東興 南豐 永成 宜黃 安浦 西寧 新建

鄱陽郡吳置統縣八戶六千一百 廣晉 鄱陽 樂安 餘汗 鄡陽 歷陵 葛陽 晉興

廬陵郡吳置統縣十戶一萬二千二百 西昌 高昌 石陽 巴丘 南野 東昌 遂興 吉陽 興平 陽豐

南康郡太康三年置統縣五戶一千四百 贛 雩都 平固 南康 揭楊

惠帝元康元年有司奏荊揚二州疆土廣遠統理尤難於是割揚州之豫章鄱陽廬陵臨川南康建安晉安荊州之武昌桂陽安成合十郡因江水之名而置江州永興元年分廬江之尋陽武昌之柴桑二縣置尋陽郡屬江州分淮南之烏江歷陽二縣置歷陽郡又以周玘創義討石冰割吳興之陽羨并長城縣之北鄉置義鄉國山臨津并陽羨四縣又分

丹楊之永世置平陵及永世凡六縣立義興郡以表玘之功並屬揚州又以毗陵郡封東海王世子毗避毗諱改為晉陵懷帝永嘉元年又以豫章之彭澤縣屬尋陽郡愍帝立避帝諱改建鄴為建康元帝渡江建都揚州改丹楊太守為尹江州又置新蔡郡尋陽郡又置九江上甲二縣尋又省九江縣入尋陽是時司冀雍涼青并兗豫幽平諸州皆淪沒江南所得但有揚荊湘江梁益交廣其徐州則有過半豫州惟得譙城而已明帝太寧元年分臨海立永嘉郡統永寧安固松陽橫陽等四縣而揚州統丹楊吳郡吳興新安東陽臨海永嘉宣城義興晉陵十一郡自中原亂離遺黎南渡並僑置牧司在廣陵丹徒南城非舊土也及胡寇南侵淮南百姓皆渡江成帝初蘇峻祖約為亂於江淮胡寇又大至百姓南渡者轉多乃於江南僑立淮南郡及諸縣又於尋陽僑置松滋郡遙隸揚州咸康四年僑置魏郡廣川高陽堂邑等諸郡并所統縣並寄居京邑改陵陽為廣陽孝武寧康二年又分永嘉郡之永寧縣置樂成縣是時上黨百姓南渡僑立上黨郡為四縣寄居蕪湖尋又

省上黨郡為縣又罷襄城郡為繁昌縣並以屬淮南安帝義熙八年省尋陽縣入柴桑縣柴桑仍為郡後又省上甲縣入彭澤縣舊江州督荊州之竟陵郡及何無忌為刺史表以竟陵去州遼遠去江陵三百里荊州所立綏安郡人戶入境欲資此郡助江濱戍防以竟陵郡還荊州又司州之弘農揚州之松滋二郡寄在尋陽人戶雜居並宜見督安帝從之後又省松滋郡為松滋縣弘農郡為弘農縣並屬尋陽郡

交州案禹貢揚州之域是為南越之土秦始皇既略定揚越以謫戍卒五十萬人守五嶺自北徂南入越之道必由嶺嶠時有五處故曰五嶺後使任囂趙他攻越略取陸梁地遂定南越以為桂林南海象等三郡非三十六郡之限乃置南海尉以典之所謂東南一尉也漢初以嶺南三郡及長沙豫章封吳芮為長沙王十一年以南武侯織為南海王陸賈使還拜趙他為南越王割長沙之南三郡以封之武帝元鼎六年討平呂嘉以其地為南海蒼梧鬱林合浦日南九真交阯七郡蓋秦時三郡之地元封中又置儋耳珠崖二郡置交阯刺史以督之昭帝始元五

年罷儋耳并珠崖元帝初元三年又罷珠崖郡後漢馬援平定交部始調立城郭置井邑順帝永和九年交阯太守周敞求立為州朝議不許即拜敞為交阯刺史桓帝分立高興郡靈帝改曰高涼建安八年張津為刺史士燮為交阯太守共表立為州乃拜津為交州牧十五年移居番禺詔以邊州使持節郡給鼓吹以重城鎮加以九錫六佾之舞吳黃武五年割南海蒼梧鬱林三郡立廣州交阯日南九真合浦四郡為交州戴良為刺史值亂不得入呂岱擊平之復還并交部赤烏五年復置珠崖郡永安七年復以前三郡立廣州及孫皓又立新昌武平九德三郡蜀以李恢為建寧太守遙領交州刺史晉平蜀以蜀建寧太守霍弋遙領交州得以便宜選用長吏平吳後省珠崖入合浦交州統郡七縣五十三戶二萬五千六百

合浦郡漢置統縣六戶二千 合浦 南平 蕩昌 徐聞 毒質 珠官

交阯郡漢置統縣十四戶一萬二千 龍編 苟屚 望海 嬴𨻻 西于 武寧 朱鳶 曲易 交興 北帶 稽徐 安定 南定 海平

新昌郡(吳置。統縣六，戶三千) 麊泠(婦人徵側爲王，馬援平之) 嘉寧 吳定 封山 臨西 西道
武平郡(吳置。統縣七，戶五千) 武寧 武興 進山 根寧 安武 扶安 封溪
九眞郡(漢置。統縣七，戶三千) 胥浦 移風 津梧 建初 常樂 扶樂 松原
九德郡(吳置。周時越常氏地。統縣八，無戶) 九德 咸驩 南陵 陽遂 扶苓 曲胥 浦陽 都洨
日南郡(秦置象郡，漢武帝改名焉。統縣五，戶六百) 象林(自此南有四國，其人皆云漢人子孫，今有銅柱，亦是漢置此爲界，貢金供稅也) 盧容(象郡所居) 朱吾 西卷 比景

廣州案禹貢揚州之域秦末趙他所據之地及漢武帝以其地爲交阯郡至吳黃武五年分交州之南海蒼梧鬱林高梁四郡立爲廣州俄復舊永安六年復分交州置廣州分合浦立合浦北部以都尉領之孫晧分鬱林立桂林郡及太康中吳平遂以荊州始安始興臨賀三郡來屬合統郡十縣六十八戶四萬三千一百二十

南海郡(秦置。統縣六，戶九千五百) 番禺 四會 增城 博羅 龍川 平夷
臨賀郡(吳置。統縣六，戶二千五百) 臨賀 謝沐 馮乘 封陽 興安 富川
始安郡(吳置。統縣七，戶六千) 始安 始陽 平樂 荔浦 常安 熙平 永豐
始興郡(吳置。統縣七，戶五千) 曲江 桂陽 始興 含洭 湞陽 中宿 陽山
蒼梧郡(漢置。統縣十二，戶七千七百) 廣信 端溪 高要 建陵 新寧 猛陵 鄣平 農城 元谿 臨允 都羅 武城
鬱林郡(秦置桂林郡，漢武帝更名。統縣九，戶六千) 布山 阿林 新邑 晉平 始建 鬱平 領方 武熙 安廣
桂林郡(吳置。統縣八，戶二千) 潭中 武豐 粟平 羊平 龍剛 夾陽 武城 軍騰
高涼郡(吳置。統縣三，戶二千) 安寧 高涼 思平
高興郡(吳置。統縣五，戶一千二百) 廣化 海安 化平 黃陽 西平
寧浦郡(吳置。統縣五，戶一千二百二十) 寧浦 連道 吳安 昌平 平山

武帝後省高興郡懷帝永嘉元年又以臨賀始興始安三郡凡二十縣爲湘州元帝分鬱林立晉興郡成帝分南海立東官郡以始興臨賀二郡還屬荊州穆帝分蒼梧立晉康新寧永平三郡哀帝太和中置新安郡安帝分東官立義安郡恭帝分南海立新會郡

律曆上

易曰形而上者謂之道形而下者謂之器夫神道廣大妙本於陰陽形器精微義先於律呂聖人觀四時之變刻玉紀其盈虛察五行之聲鑄金均其清濁所以遂八風而宣九德和大樂而成政道然金質從革侈弇無方竹體圓虛脩短利制是以神瞽作律用寫鍾聲乃紀之以三平之以六成於十二天之道也又叶時日於晷度效地氣於灰管故陰陽和則景至律氣應則灰飛灰飛律通吹而命之則天地之中聲也故可以範圍百度化成萬品則虞書所謂叶時月正日同律度量衡者也中聲節以成文德音章而和備則可以動天地感鬼神導性情移風俗叶言志於詠歌鑒盛衰於治亂故君子審聲以知音審音以知樂審樂以知政蓋由茲道太史公律書云王者制事立物法度軌則一稟於六律六律爲萬事之本其於兵械尤所重焉故云望敵知吉凶聞聲效勝負百王不易之道也及秦氏滅學其道浸微漢室初興丞相張蒼首言音律未能審備孝武帝創置協律之官司馬遷言律呂相生之次詳矣及王莽之際考論音律劉歆條奏大率有五一曰備數一十百千萬也二曰和聲宮商角徵羽也三曰審度分寸尺丈引也四曰嘉量龠合升斗斛也五曰權衡銖兩斤鈞石也班固因而志之蔡邕又記建武已後言律呂者至司馬紹統採而續之漢末天下大亂樂工散亡器法湮滅魏武始獲杜夔使定樂器聲調夔依當時尺度權備典章及武帝受命遵而不革至泰始十年光祿大夫荀勖奏造新度更鑄律呂元康中勖子藩嗣其事未及成功屬永嘉之亂中朝典章咸沒於石勒及元帝南遷皇度草昧禮容樂器埽地皆盡雖稍加採掇而多所淪胥終于恭安音不能備今考古律相生之次及魏武已後言音律度量者以志于篇云傳云十二律黃帝之所作也使伶倫自大夏之西乃之崑崙之陰取竹之嶰谷生其竅厚均者斷兩節間長三寸九分而吹之以爲黃鍾之宮曰含少次制十二竹筒寫鳳之鳴雄鳴爲六雌鳴亦六以比黃鍾之宮皆可以生之定律呂則律之始造以竹爲管取其自然圓虛也又云黃帝

作律以玉為管長尺六孔為十二月音至舜時西王母獻昭華之琯以玉為之及漢章帝時零陵文學奚景於冷道舜祠下得白玉琯又武帝太康元年汲郡盜發六國時魏襄王冢亦得玉律則古者又以玉為管矣以玉者取其體含廉潤也而漢平帝時王莽又以銅為之銅者自名也所以同天下齊風俗也為物至精不為燥濕寒暑改節介然有常似士君子之行故用焉周禮太師掌六律六呂以合陰陽之聲其六律陽聲黃鍾太蔟姑洗蕤賓夷則無射也六呂陰聲其大呂應鍾南呂林鍾仲呂夾鍾也又有太師則執同律以聽軍聲而詔以吉凶其典同掌六律六呂之和以辯天地四方陰陽之聲以為樂器皆以十有二律而為之數度以十有二聲而為之齊量焉及周景王將鑄無射問律於伶州鳩對曰夫六中之色故名之曰黃鍾所以宣養六氣九德也由是第之二曰太蔟所以金奏贊陽出滯也三曰姑洗所以絜百物考神納賓也四曰蕤賓所以安靜神人獻酬交酢也五曰夷則所以詠歌九德平人無貳也六曰無射所以宣布哲人之令德示人軌儀也為之六間以揚沉伏而黜散越也元間大呂助宣物也二間夾鍾出四隙之細也三間中呂宣中氣也四間林鍾和展百事俾莫不任肅純恪中也五間南呂贊陽秀也六間應鍾均利器用俾應復也此皆所以律述時氣效節物也及秦始皇焚書蕩覆典策缺亡諸子瑣言時有遺記呂不韋春秋言黃鍾之宮律之本也下生林鍾林鍾上生太蔟太蔟下生南呂南呂上生姑洗姑洗下生應鍾應鍾上生蕤賓蕤賓下生大呂大呂下生夷則夷則上生夾鍾夾鍾下生無射無射上生中呂三分所生益其一分以上生三分所生去其一分以下生後代之言音律者多宗此說及漢興承秦之弊張蒼首治律曆頗未能詳故孝武帝正樂乃置協律之官雖律呂清濁之體粗正金石高下之音有準然徒捃採遺存以成一時之制而數猶用五時淮南王安延致儒博亦為律呂云黃鍾之律九寸而宮音調因而九之九九八十一故黃鍾之數立焉位在子林鍾位在未其數五十四太蔟其數七十二南呂之數四十八姑洗之數六十四應鍾之數四十二蕤賓之數五十七大呂之數七十六夷則之數五十一

夾鍾之數六十八無射之數四十五中呂之數六十極不生以黃鍾為宮太蔟為商姑洗為角林鍾為徵南呂為羽宮生徵徵生商商生羽羽生角角生應鍾不比正音故為和應鍾生蕤賓不比正音故為繆日冬至音比林鍾浸以濁日夏至音比黃鍾浸以清以十二律應二十四時之變甲子中呂之徵也丙子夾鍾之羽也戊子黃鍾之宮也庚子無射之商也壬子夷則之角也其為音也一律而生五音十二律而為六十音因而六之六六三十六故三百六十音以當一歲之日故律曆之數天地之道也司馬遷八書言律呂粗舉大經著於前史則以太極元氣函三為一而始動於子十二律之生必所起焉於是參一於丑得三因而九三之以本位合十辰得一万九千六百八十三謂之成數以為黃鍾之法又參之律於十二辰得十七萬七千一百四十七謂之該數以為黃鍾之實實如法而一得黃鍾之律長九寸十一月冬至之氣應焉蓋陰陽合德氣鍾於子而化生万物則物之生莫不函三故十二律空徑三分而上下相生皆損益以三其術則因黃鍾之長九寸以下生者倍其實三其法以上生者四其實三其法所以明陽下生陰陰上生陽起子為黃鍾九寸一

丑三分之二	寅九分之八
卯二十七分之十六	辰八十一分之六十四
巳二百四十三分之一百二十八	午七百二十九分之五百一十二
未二千一百八十七分之一千二十四	申六千五百六十一分之四千九十六
酉萬九千六百八十三分之八千一百九十二	戌五万九千四十九分之三万二千七百六十八
亥十七萬七千一百四十七分之六萬五千五百三十六	

如是周十二辰在六律為陽則當位自得而下生陰在六呂為陰則得其所衡而上生於陽推筭之術無重上生之法也所謂律取妻而呂生子陰陽升降律呂之大經也而遷又言十二律之長今依淮南九九之數則蕤賓為重上又言五音相生而以宮生角角生商商生徵徵生羽羽生宮求其理用因見通途及元始中王莽輔政博徵通知鍾律者考其音義使羲和劉歆典領調奏班固漢書採而志之其序論雖博而言十

二律損益之第自黃鍾長九寸三分損一下生林鍾長六寸三分益一上生太蔟而左旋八八為位一上一下終於無射下生中呂校其相生所得與司馬遷正同班固採以為志元帝時郎中京房知五音六十律之數上使太子太傅玄成諫議大夫章雜試問房於樂府房對受學於故小黃令焦延壽六十律相生之法以上生下皆三生二以下生上皆三生四陽下生陰陰上生陽終於中呂而十二律畢矣中呂上生執始執始下生去滅上下相生終於南呂六十律畢矣夫十二律之變至於六十猶八卦之變至於六十四也宓犧作易紀陽氣之初以為律法建日冬至之聲以為黃鍾為宮太蔟為商姑洗為角林鍾為徵南呂為羽應鍾為變宮蕤賓為變徵此聲氣之元五音之正也故統一日其餘以次運行當日者各自為宮而商徵以類從焉禮運曰五聲六律十二管還相為宮此之謂也以六十律分朞之日黃鍾自冬至始及冬至而復陰陽寒燠風雨之占生焉於以檢攝群音考其高下苟非革木之聲則無不有所合虞書曰律和聲此之謂也京房又曰竹聲不可以度調故作準以定數準之狀如瑟而長丈十三弦隱間九尺以應黃鍾之律九寸中央一弦下有畫分寸以為六十律清濁之節房言律詳於歆所奏其術施行於史官候部用之文多不悉載截管為律吹以考聲列以效氣道之本也術家以其聲微而體難知其分數不明故作準以代之準之聲明暢易達分寸又粗然弦以緩急清濁非管無以正也均其中弦令與黃鍾相得按畫以求諸律則無不如數而應者矣續漢志具載其六十律準度數其相生之次與呂覽淮南同

漢章帝元和元年待詔候鍾律殷肜上言官無曉六十律以準調音故待詔嚴嵩具以準法教子男宣宣願召宣補學官主調樂器詔曰嵩子學審曉律別其族協其聲者審試不得依託父學以聾為聰聲微妙獨非莫知獨是莫曉以律錯吹能知命十二律其二中不失一乃為能傳嵩學耳試宣十二律其二中其四不中其六不知何律宣遂罷自此律家莫能為準

○靈帝熹平六年東觀召典律者太子舍人張光等問準意光等不知歸閱舊藏乃得其器形制如房書猶不能定其弦緩急音不可書以曉人知之者欲教而無從心達者體知而無師故史官能辨清濁者遂絕其可以相傳者唯候氣而已漢末紛亂亡失雅樂

魏武時河南杜夔精識音韻為雅樂郎中令鑄銅工柴玉鑄鍾其聲均清濁多不如法數毀改作玉甚厭之謂夔清濁任意更相訴白於魏武王魏武王取玉所鑄鍾雜錯更試然後知夔為精於是罪玉

泰始十年中書監荀勖中書令張華出御府銅竹律二十五具部太樂郎劉秀等校試其三具與杜夔及左延年律法同其二十二具視其銘題尺寸是笛律也問協律中郎將列和辭昔魏明帝時令和承受一笛聲以作此律欲使學者別居一坊歌詠講習依此律調至於都合樂時但識其尺寸之名則絲竹歌詠皆得均合歌聲濁者用長笛長律歌聲清者用短笛短律凡弦歌調張清濁之制不依笛尺寸名之則不可知也勖等奏昔先王之作樂也以振風蕩俗饗神祐賢必協律呂之和以節八音之中是故郊祀朝宴用之有制歌奏分敍清濁有宜故曰五聲十二律還相為宮此經傳記籍可得而知者也如和對辭笛之長短無所象則率意而作不由曲度考以正律皆不相應吹其聲均多不諧合又辭先師傳笛別其清濁直以長短工人裁制舊不依律是為作笛無法而和寫笛造律又令琴瑟歌詠從之為正非所以稽古先哲垂憲于後者也謹條牒諸律問和意狀如左及依典制用十二律造笛象十二枚聲均調和器用便利講肄彈擊必合律呂況乎宴饗萬國奏之廟堂者哉雖伶夔曠遠至音難精猶宜儀形古者以求厥衷合乎經禮於制為詳若可施用請更部笛工選竹造作下太樂樂府施行平議諸杜夔左延年律可皆留其御府笛正聲下徵各一具皆銘題作者姓名其餘無所施用還付御府毀奏可勖又問和作笛為可依十二律作十二笛令一孔依一律然後乃以為樂不和辭太樂東廂長笛正聲已長四尺二寸今當復取其下徵之聲於法聲濁者笛當長計其尺寸乃五尺有餘知昔日作之不可吹也又笛諸孔雖不校試意謂不能得一孔輒應一律也案太樂四尺二寸笛正聲均應蕤賓以十二律還相為宮推法下徵之孔當應律大呂大呂笛長二尺六寸有奇不得長五尺餘輒

令太樂郎劉秀鄧昊等依作大呂笛以示和又吹七律一孔一枚聲皆相應然後令郝生鼓筝宋同吹笛以為雜引相和諸曲和乃辭曰自和父祖漢世以來笛家相傳不知此法而令調均與律相應實非所及也郝生魯基种整朱夏皆與和同

又問和笛有六孔及其體中之空為七和為能盡名其宮商角徵孔調與不調以何檢知和辭先師相傳吹笛但以作曲相語為某曲當舉某指初不知七孔盡應何聲也若當作笛其仰尚方笛工依按舊像訖但吹取鳴者初不復校其諸孔調與不調也

案周禮調樂金石有一定之聲是故造鐘磬者先依律調之然後施於廂懸作樂之時諸音皆受鐘磬之均即為悉應律也至於饗宴殿堂之上無廂懸鐘磬以笛有一定調故諸絃歌皆從笛為正是為笛猶鐘磬宜必合於律呂如和所對直以意造率短一寸七孔聲均不知其皆應何律調無以檢正唯取竹之鳴者為無法制輒部郎劉秀鄧昊王豔魏邵等與笛工參共作笛工人造其形律者定其聲然後器象有制音均和協

○又問和若不知律呂之義作樂音均高下清濁之調當以何名之和辭每合樂時隨歌者聲之清濁用笛有長短假令聲濁者用三尺二笛因名曰此三尺二調也聲清者用二尺九笛因名曰此二尺九調漢魏相傳施行皆然按周禮奏六樂乃奏黃鍾歌大呂乃奏太蔟歌應鍾皆以律呂之義紀歌奏清濁而和所稱以二尺三尺為名雖漢魏用之俗而不典部郎劉秀鄧昊等以律作三尺二寸者應無射之律若宜用長笛執樂者曰請奏無射二尺八寸四分四氂應黃鍾之律若宜用短笛執樂者曰請奏黃鍾則歌奏之義若合經禮考之古典於制為雅

書云予欲聞六律五聲八音在治忽周禮國語載六律同禮記又曰五聲十二律還相為宮劉歆班固撰律歷志亦紀十二律惟京房始創六十律至章帝時其法已絕蔡邕雖追紀其言亦曰今無能為者依按古典及今音家所用六十律者無施於樂謹依典記以五聲十二律還相為宮之法制十二笛象記注圖側如別省圖不如視笛之了故復重作蕤賓伏孔笛其制云

黃鍾之笛正聲應黃鍾下徵應林鍾長二尺八寸四分四氂有奇正聲調法以黃鍾為宮則姑洗為角翕笛之聲應姑洗故以四角之長為黃鍾之笛也其宮聲正而不倍故曰正聲

正聲調法黃鍾為宮第一孔也應鍾為變宮第二孔也南呂為羽第三孔也林鍾為徵第四孔也蕤賓為變徵第五附孔也姑洗為角笛體中聲太蔟為商笛後出孔也商聲濁於角當在角下而角聲以在體中故上其商孔令在宮上清於宮也然則宮商正也餘聲皆倍也是故從宮以下孔轉濁也此章記笛孔上下次第之名也下章說律呂相生笛之制也

正聲調法黃鍾為宮作黃鍾之笛將求宮孔以姑洗及黃鍾律從笛首下度之盡二律之長而為孔則得宮聲者也宮生徵黃鍾生林鍾以林鍾之律從宮孔下度之盡律作孔則得徵聲也徵生商林鍾生太蔟以太蔟律從徵孔上度之盡律以為孔則得商之聲也商生羽太蔟生南呂也以南呂律從商孔下度之盡律為孔則得羽聲也羽生角南呂生姑洗也以姑洗律從羽孔上行度之盡律而為孔則得角聲也然則於商孔之上吹笛者左手前不及也從羽孔下行度之盡律而為孔亦得角聲出於商附孔之下則吹者右手所不逮也故不作角孔推而下之復倍其均是以角聲在笛體中古之制也音家舊法雖一倍再倍但令均同適足為唱和之聲無害於曲均故也國語曰匏竹利器議宜謂便於事用從宜者也角生變宮姑洗生應鍾也上句所謂當為角孔而出商下者墨點識之以應律也從此點下行度之應律為孔則得變宮之聲變宮生變徵應鍾生蕤賓也以蕤賓律從變宮下度之盡律為孔則得變徵之聲十二笛之制各以其宮為主相生之法或倍或半其便事用例皆一者也

下徵調法林鍾為宮第四孔也本正聲黃鍾之徵徵清當在宮上用笛之宜倍令濁下故曰下徵下徵更為宮者記所謂五聲十二律還相為宮也然則正聲清下徵為濁也南呂為商第三孔也本正聲黃鍾之羽今為下徵之商也應鍾為角第二孔也本正聲黃鍾之變宮也今為下徵之角也黃鍾為變徵下徵之調林鍾為宮大呂當為變徵而黃鍾笛本無大呂之聲故假用黃鍾以為變徵也假用之法當為變徵之聲則俱發黃鍾及太蔟應鍾三孔黃鍾應濁而太蔟清大呂律在二律之間俱發三孔而微磑礦之則得大呂變徵之聲矣諸笛下徵調求變徵之法皆如此也太蔟為徵笛後出孔本正聲之商今為下徵之徵也姑洗為羽笛體中翕聲本正聲之角今為下徵之羽蕤賓為變宮附孔是也本正聲之變徵也今為下徵之變宮也然則正聲之調孔轉下轉濁下徵之調孔轉上轉清也

清角之調以姑洗為宮即是笛體中翕聲於正聲為角於下徵為羽清角之調乃以為宮而哨吹令清故曰清角惟得為宛詩謠俗之曲不合雅樂也蕤賓為商正也林鍾為角非正也南呂為變徵非正也應鍾為徵正也黃鍾為羽非正也太蔟為變宮非正也清角之調唯宮商及徵與律相應餘四聲非正者皆濁一律哨吹令清假而用之其例一也

凡笛體用角律其長者八之蕤賓林鍾也短者四之其餘十笛皆四角也宮中實容長者十六短笛竹宜受八律之黍也若長短大小不合於此或器用不便聲均法度之齊等也然笛竹率上大下小不能均法度齊必不

得也取其聲均合三宮一曰正聲二曰下徵三曰清角也二十一變也宮有七聲錯綜用之故二十一變也諸笛倒皆一者也

伏孔四所以便事用也一曰正角出於商上者也二曰倍角近笛下者也三曰變宮近於宮孔倍令下者也四曰變徵遠於徵孔倍令高者也或倍或半或四分一取則於琴徽也四者皆不作其孔而取其度以進退上下之法所以協聲均便事用也其本孔隱而不見故曰伏孔也

大呂之笛正聲應大呂下徵應夷則長二尺六寸六分三氂有奇

太蔟之笛正聲應太蔟下徵應南呂長二尺五寸三分一氂有奇

夾鍾之笛正聲應夾鍾下徵應無射長二尺四寸

姑洗之笛正聲應姑洗下徵應應鍾長二尺二寸三分三氂有奇

蕤賓之笛正聲應蕤賓下徵應大呂長三尺九寸九分五氂有奇亦變宮近宮孔故倍半令下便於用也林鍾亦如之

林鍾之笛正聲應林鍾下徵應太蔟長三尺七寸九分七氂有奇

夷則之笛正聲應夷則下徵應夾鍾長三尺六寸變宮之法亦如蕤賓體用四角致四分益一也

南呂之笛正聲應南呂下徵應姑洗長三尺三寸七分

無射之笛正聲應無射下徵應中呂長三尺二寸

應鍾之笛正聲應應鍾下徵應蕤賓長三尺九寸九分六氂有奇

晉志六 八

五音十二律

土音宮數八十一為聲之始屬土者以其最濁君之象也季夏之氣和則宮聲調宮亂則荒其君驕黃鍾之宮律最長也

火音徵三分宮去一以生其數五十四屬火者以其徵清事之象也夏氣和則徵聲調徵亂則哀其事勤也

金音商三分徵益一以生其數七十二屬金者以其濁次宮臣之象也秋氣和則商聲調商亂則詖其官壞也

水音羽三分商去一以生其數四十八屬水者以為最清物之象也冬氣和則羽聲調羽亂則危其財匱也

木音角三分羽益一以生其數六十四屬木者以其清濁中人之象也春氣和則角聲調角亂則憂其人怨也

凡聲尊卑取象五行數多者濁數少者清大不過宮細不過羽

十一月律中黃鍾律之始也長九寸仲冬氣至則其律應所以宣揚六氣九德也班固三分損一下生林鍾

十二月律中大呂司馬遷未下生之律長四寸二百四十三分寸之五十二倍之為八寸分寸之一百四季冬氣至則其律應所以助宣物也三分益一上生夷則京房三分損一下生夷則

正月律中太蔟未上生之律長八寸孟春氣至則其律應所以贊陽出滯也三分損一下生南呂

二月律中夾鍾酉下生之律長七寸二千一百八十七分寸之一千六百三十一倍之為七寸分寸之一千七十五仲春氣至則其律應所以出四隙之細也三分益一上生無射京房三分損一下生無射

三月律中姑洗酉上生之律長七寸九分寸之一季春氣至則其律應所以脩絜百物考神納賓也三分損一下生應鍾

四月律中中呂亥下生之律長三寸萬九千六百八十三分寸之六千四百八十七倍之為六寸分寸之萬二千九百七十四孟夏氣至則其律應所以宣中氣也

晉志六

五月律中蕤賓亥上生之律長六寸八十一分寸之二十六仲夏氣至則其律應所以安靜人神獻酬交酢也三分損一下生大呂京房三分益一上生大呂

九

六月律中林鍾丑下生之律長六寸季夏氣至則其律應所以和展百物俾莫不任肅純恪也三分益一上生太蔟

七月律中夷則丑上生之律長五寸七百二十九分寸之四百五十一孟秋氣至則其律應所以詠歌九則平百姓而無貳也三分損一下生夾鍾京房三分益一上生夾鍾

八月律中南呂卯下生之律長五寸三分寸之一仲秋氣至則其律應所以贊陽秀也三分益一上生姑洗

九月律中無射卯上生之律長四寸六分千五百六十一分寸之六千五百二十四季秋氣至則其律應所以宣布哲人之令德示人軌儀也三分損一下生中呂京房三分益一上生中呂

十月律中應鍾巳下生之律長四寸二十七分寸之二十孟冬氣至則

其律應所以均利器用俾應復也三分益一上生蕤賓

淮南京房鄭玄諸儒言律呂皆上下相生至蕤賓又重上生大呂長八寸二百四十三分寸之百四夷則上生夾鍾長七寸千二百八十七分寸之千七十五無射上生中呂長六寸萬九千六百八十三分寸之萬二千九百七十四此三呂於司馬遷班固所生之寸數及分皆倍焉餘則並同斯則泠州鳩所謂六閒之道揚沉伏黜散越假之為用者也變通相半隨事之宜贊助之法也

及音聲之體務在和韻益則加倍損則減半其於本音恒為無爽然則言一上一下者相生之道也言重上生者吹候之用也於蕤賓重上生者適會為用之數故言律者因焉非相生之正也

楊子雲曰聲生於日謂甲己為角乙庚為商丙辛為徵丁壬為羽戊癸為宮也律生於辰謂子為黃鍾丑為大呂之屬也聲以情質質正也各以其行本情為正也律以和聲當以律管鍾均和其清濁之聲聲律相協而八音生協和也宮商角徵羽謂之五聲金石匏革絲竹土木謂之八音聲和音諧是謂五樂

夫陰陽和則景至律氣應則灰除是故天子常以冬夏至日御前殿合八能之士陳八音聽樂均度晷景候鍾律權土灰效陰陽冬至陽氣應則灰除是故樂均清景長極黃鍾通土灰輕而衡仰夏至陰氣應則樂均濁景短極蕤賓通土灰重而衡低進退於先後五日之中八能各以候狀聞太史令封上效則和否則占

候氣之法為室三重戶閉塗釁必周密布緹縵室中以木為案每律各一同房中外高從其方位加律其上以葭莩灰抑其內端案曆而候之氣至者灰去其為氣所動者其灰散人及風所動者其灰聚殿中候用玉律十二惟二至乃候靈臺用竹律楊泉記云取弘農宜陽縣金門山竹為管河內葭莩為灰或云以律著室中隨十二辰埋之上與地平以竹莩灰實律中以羅穀覆律呂氣至吹灰動穀小動為和大動君弱臣強不動君嚴暴之應也

審度

起度之正漢志言之詳矣武帝泰始九年中書監荀勗校太樂八音不和始知後漢至魏尺長於古四分有餘勗乃部著作郎劉恭依周禮制尺所謂古尺也依古尺更鑄銅律呂以調聲韻以尺量古器與本銘尺寸無差又汲郡盜發六國時魏襄王冢得古周時玉律及鍾磬與新律聲韻闇同于時郡國或得漢時故鍾吹律命之皆應勗銘其尺曰晉泰始十年中書考古器揆校今尺長四分半所校古法有七品一曰姑洗玉律二曰小呂玉律三曰西京銅望臬四曰金錯望臬五曰銅斛六曰古錢七曰建武銅尺姑洗微強西京望臬微弱其餘與此尺同銘八十二字此尺者勗新尺也今尺者杜夔尺也

荀勗造新鍾律與古器諧韻時人稱其精密惟散騎侍郎陳留阮咸譏其聲高聲高則悲非興國之音亡國之音哀以思其人困今聲不合雅懼非德正至和之音必古今尺有長短所致也會咸病卒武帝以勗律與周漢器合故施用之後始平掘地得古銅尺歲久欲腐不知所出何代果長勗尺四分時人服咸之妙而莫能厝其意焉

史臣案勗於千載之外推百代之法度數既宜聲韻又契可謂切密信而有徵也而時人寡識據無聞之一尺忽周漢之兩器雷同臧否何其謬哉世說稱有田父於野地中得周時玉尺便是天下正尺荀勗試以校己所治金石絲竹皆短校一米又漢章帝時零陵文學史奚景於泠道舜祠下得玉律度以為尺相傳謂之漢官尺以校荀勗尺勗尺短四分漢官始平兩尺長短度同又杜夔所用調律尺比勗新尺得一尺四分七氂魏景元四年劉徽注九章云王莽時劉歆斛尺弱於今尺四分五氂比魏尺其斛深九寸五分五氂即荀勗所謂今尺長四分半是也元帝後江東所用尺比荀勗尺一尺六分二氂趙劉曜光初四年鑄渾儀八年鑄土圭其尺比荀勗尺一尺五分荀勗新尺惟以調音律至於人間未甚流布故江左及劉曜儀表並與魏尺略相依準

嘉量

周禮㮚氏為量鬴深尺內方尺而圓其外其實一鬴其臀一寸其實一豆其耳三寸其實一升重一鈞其聲中黃鍾槩而不稅其銘曰時文思索允臻其極嘉量既成以觀四國永啟厥後茲器維則春秋左氏傳曰

齊舊四量豆區鬴鍾四升曰豆各自其四以登於鬴四豆爲區區斗六升也四區爲鬴鬴六斗四升也鬴十則鍾六十四斗也鄭玄以爲鬴方尺積千寸比九章粟米法少二升八十一分升之二十二以筭術考之古斛之積凡一千五百六十二寸半方尺而圓其外減傍一釐八毫其徑一尺四寸一分四毫七秒二忽有奇而深尺即古斛之制也

九章商功法程粟一斛積二千七百寸米一斛積一千六百二十七寸菽荅麻麥一斛積二千四百三十寸此據精麤爲率使價齊而不等其器之積寸也以米斛爲正則同于漢志

魏陳留王景元四年劉徽注九章商功曰當今大司農斛圓徑一尺三寸五分五釐深一尺積一千四百四十一寸十分寸之三王莽銅斛於今尺爲深九寸五分五釐徑一尺三寸六分八釐七毫以徽術計之於今斛爲容九斗七升四合有奇魏斛大而尺長王莽斛小而尺短也

衡權

衡權者衡平也權重也衡所以任權而均物平輕重也古有黍絫錘錙鐶鈞鋝溢之因歷代參差漢志言衡權名理甚備自後變更其詳未聞元康中裴頠以爲醫方人命之急而稱兩不與古同爲害特重宜因此改治權衡不見省趙石勒十八年七月造建德殿得圓石狀如水碓銘曰律權石重四鈞同律度量衡有辛氏造續咸議是王莽時物

志第六　律歷上　晉書十六

志第七　律歷中　晉書十七

御撰

昔者聖人擬宸極以運璿璣揆天行而序景曜分辰野辨躔歷敬農時興物利皆以繫順兩儀紀綱萬物者矣然則觀象設卦扐閏成文歷數之原存乎此也逮乎炎帝分八節以始農功軒轅紀三綱而闡書契乃使羲和占日常儀占月車區占星氣伶倫造律呂大撓造甲子隸首作筭數容成綜斯六術考定氣象建五行察發斂起消息正閏餘述而著焉謂之調歷洎于少昊則鳳鳥司歷顓頊則南正司天陶唐則分命羲和虞舜則因循堯法及夏殷承運周氏應期正朔既殊創法斯異傳曰火出於夏爲三月於商爲四月於周爲五月是故天子置日官諸侯有日御以和萬國以協三辰至乎寒暑晦明之徵陰陽生殺之數啓閉升降之紀消息盈虛之節皆應躔次而無淫流故能該浹生靈堪輿天地周德既衰史官失職疇人分散禨祥不理秦并天下頗推五勝自以獲水德之瑞用十月爲正漢代初興多所未暇百有餘載襲秦正朔爰及武帝始詔司馬遷等議造漢歷乃行夏正其後劉歆更造三統以說左傳辯而非實班固惑之采以爲志逮光武中興太僕朱浮數言歷有乖謬于時天下初定未能詳考至永平之末改行四分七十餘年儀式乃備及光和中乃命劉洪蔡邕共脩律歷其後司馬彪因之以繼班史今采魏文黃初已後言歷數行事者以續司馬彪云

漢靈帝時會稽東部尉劉洪考史官自古迄今歷注原其進退之行察其出入之驗視其往來度其終始始悟四分於天疏闊皆斗分太多故也更以五百八十九爲紀法百四十五爲斗分作乾象法冬至日日在斗二十二度以術追日月五星之行推而上則合於古引而下則應於今其爲之也依易立數遁行相號潛處相求名爲乾象歷又創制日行遲疾兼考月行陰陽交錯於黃道表裏日行黃道於赤道宿度復進有退方於前法轉爲精密矣獻帝建安元年鄭玄受其法以爲窮幽極微又加注釋焉

魏文帝黃初中太史令高堂隆復詳議歷數更有改革太史丞韓翊以

以為象減斗分太過後當先天造黃初歷以四千八百八十三為紀法千二百五為斗分其後尚書令陳羣奏以為歷數難明前代通儒多共紛爭黃初之元以四分歷久遠疏闊大魏受命宜改歷明時韓翊首建猶恐不審故以乾象互相參校其所校日月行度弦望朔晦歷三年更相是非無時而決案三公議皆綜盡曲理殊塗同歸欲使效之璿璣各盡其法一年之間得失足定奏可

太史令許芝云劉洪月行術用以來且四十餘年以復覺失一辰有奇

孫欽議史遷造太初其後劉歆以為疏復為三統章和中改為四分以儀天度考合符應時有差跌日蝕覺過半日至平中劉洪改為乾象推天七曜之符與天地合其敘

董巴議云聖人迹太陽於晷景效太陰於弦望明五星於見伏正是非於晦朔弦望伏見者歷數之綱紀檢驗之明著也

徐岳議劉洪以歷後天潛精內思二十餘載參校漢家太初三統四分歷術課弦望於兩儀郭間而月行九歲一終謂之九道九章百七十一歲九道小終九九八十一章五百六十七分而九終進退牛前四度五分學者務追合四分但減一道六十三分分不下通是以疏闊皆由斗分多故也課弦望當以昏明度月所在則知加時先後之意不宜用兩儀郭間洪加太初元十二紀減十斗下分元起己丑又為月行遲疾交會及黃道去極度五星術理實精密信可長行今韓翊所造皆用洪法小益斗下分所錯無幾翊所增減致亦留思然于術新立猶未就悉至於日蝕有不盡效效歷之要要在日蝕熹平之際時洪為郎欲改四分先上驗日蝕日蝕在晏加時在辰蝕從下上三分侵二事御之後如洪言海內識真莫不聞見劉歆已來未有洪比夫以黃初二年六月二十七日戊辰加時未日蝕乾象術加時申半強於消息就加未黃初以為加辛強乾象後天一辰半強為近黃初二辰半為遠消息與天近

三年正月景寅朔加時申北日蝕黃初加酉弱乾象加午少消息加未黃初後天半辰近乾象先天二年少弱於消息先天一辰強為遠天

三年十一月二十九日庚寅加時西南維日蝕乾象加未初消息加申黃初加未強乾象先天二辰遠黃初先天半辰近消息乾象近中天

二年七月十五日癸未日加壬月蝕乾象月加申消息加未黃初月加子強入甲申日乾象後天二辰消息後一辰為近黃初後天六辰遠

三年十月十五日乙巳日加丑月加未蝕乾象月加巳半於消息加午黃初以景午月加酉強乾象先天二辰近黃初後天二辰強為遠於消息於乾象先一辰

凡課日月蝕五事乾象四遠黃初一近翊於課難徐岳乾象消息但可減不可加加之無可説不可用岳云本術自有消息受師法以消息為奇辭不能改故列之正法消息翊術自疎

木以三年五月二十四日丁亥晨見黃初五月十七日庚辰見先七日乾象五月十五日戊寅見先九日

土以二年十一月二十五日壬辰見乾象十一月二十日丁亥見先五日黃初十一月十八日甲申見先八日

土以三年十一月十日壬申伏乾象同壬申伏黃初十月八日戊辰伏先四日

金以三年閏六月十五日丁丑晨伏乾象六月二十五日戊午伏先十九日黃初六月二十二日乙卯伏先二十二日

金以三年九月十一日壬寅見乾象以八月十八日庚辰見先二十二日黃初八月十五日丁丑見先二十五日

水以二年十一月十七日癸未晨見乾象十一月十三日己卯見先四日黃初十一月十二日戊寅見先五日

水以二年十二月十三日己酉晨伏乾象十二月十五日辛亥伏後二日黃初十二月十四日庚戌伏後一日

水以三年五月十八日辛巳夕見乾象亦以五月十八日黃初五月十七日庚辰見先一日

水以三年六月十三日景午伏乾象六月二十日癸丑伏後七日黃初六月十九日壬子伏後六日

水以三年閏六月二十五日丁亥晨見乾象以閏月九日辛未見先十六日黃初閏月八日庚午見先十七日

水以三年七月七日己亥伏乾象七月十一日癸卯伏後四日黃初以七月十日壬寅伏後三日

水以三年十月日於晷度十四日甲辰伏乾象以十月九日己亥伏先五日黃初十月八日戊戌伏先六日

水以三年十二月二十八日戊子夕見二歷同以十二月壬申見俱先十六日

凡四星見伏十五乾象七近二中黃初五近一中

郎中李恩議以太史天度與相覆校二年七月三年十一月望與天度日皆差異月蝕加時乃後天六時半非從三度之謂定為後天過半日也

董巴議曰昔伏犧始造八卦作三畫以象二十四氣黃帝因之初作調歷歷代十一更年五千凡有七歷顓頊以今之孟春正月為元其時正

月朔旦立春五星會于天歷營室也氷凍始泮蟄蟲始發雞始三號天曰作時地曰作昌人曰作樂鳥獸萬物莫不應和故顓頊聖人為歷宗也湯作殷歷弗復以正月朔旦立春為節也更以十一月朔旦冬至為元首下至周魯及漢皆從其節據正四時夏為得天以承堯舜從顓頊故也礼記大戴曰虞夏之歷建正於孟春此之謂也

楊偉請六十日中疏密可知不待十年若不從法是校方員棄規矩考輕重背權衡課長短廢尺寸論是非違分理若不先定校歷之本法而懸聽棄法之末爭則孟軻所謂方寸之基可使高於岑樓者也今韓翊據劉洪術者知貴其術珍其法而棄其論背其術廢其言違其事是非必使洪奇妙之式不傳來世若知而違之於挾故而背師也若不知據之是為挾不知而圖知也校議未定會帝崩而寢至明帝景初元年尚書郎楊偉造景初歷表上帝遂改正朔施行偉歷以建丑之月為正改其年三月為孟夏其孟仲季月雖與夏正不同至於郊祀蒐狩班宣時令皆以建寅為正三年正月帝崩復用夏正其劉氏在蜀仍漢四分歷吳中書令闞澤受劉洪乾象法於東萊徐岳又加解注中常侍王蕃以洪術精妙用推渾天之理以制儀象及論故孫氏用乾象歷至吳亡

武帝踐祚泰始元年因魏之景初歷改名泰始歷楊偉推五星尤疏闊故元帝渡江左以後更以乾象五星法代偉歷自黃初已後改作歷術皆斟酌乾象所減斗分朔餘月行陰陽遲疾以求折衷洪術為後代推步之師表故先列之云

乾象歷

上元己丑以來至建安十一年景戌歲積七千三百七十八年

乾法千一百七十	會通七千一百七十一
紀法五百八十九	周天二十一萬五千一百四十
通法四萬三千二十六	通數四十一
日法四百五十七	歲中十二
餘歲三千九十	章歲十九
沒法百三	章閏七
會數四十七	會歲八百九十三
章月二百四十五	會率千八百八十二
朔望合數九百四十一	會日萬一千四十五
紀月七千二百八十五	元月一萬四千五百七十
月周七千八百七十四	小周二百五十四

推入紀

置上元盡所求年以乾法除之不滿乾法以紀法除之餘不滿紀法者入內紀甲子年也滿法去之入外紀甲午年也

推朔

置入紀年外所求以章月乘之章歲而一所得為定積月不盡為閏餘閏餘十二以上歲有閏以通法乘定積月為假積日滿日法為定積日不盡為小餘以六旬去積日為大餘命以所入紀筭外所求年天正十一月朔日也

求次月加大餘二十九小餘七百七十三小餘滿日法從大餘小餘六百八十四已上其月大

推冬至

置入紀年外所求以餘數乘之滿紀為大餘不盡為小餘以六旬去之命以紀筭外天正冬至日也

求二十四氣

置冬至小餘加大餘十五小餘五百一十五滿二千三百五十六從大餘命如法

推閏月

以閏餘減章歲餘以歲中乘之滿章閏為一月不盡半法已上亦一有進退以無中月

推弦望

加大餘七小餘五百五十七半小餘如日法從大餘餘命如前得上弦又加得望又加得下弦又加得後月朔其弦望定小餘四百一以下以百刻乘之滿日法得一刻不盡什之求分以課所近節氣夜漏未盡以筭上為日

推沒

置入紀年外所求以餘數乘之滿紀法為積沒有餘加一為積一以會

通乘之滿沒法為大餘不盡為小餘大餘命以紀筭外冬至後沒日求次沒加大餘六十九小餘六十滿其法大餘無分無滅

推日度

以紀法乘積日滿周天去之餘以紀法除之所得為度命度以牛前五度起宿次除之不滿宿即天正夜半日所在

求次日加一度經斗除分分少損一度為紀法加焉

推月度

以月周乘積日滿周天去之餘滿紀法為度不盡為分命如上則天正朔夜半月所在度

求次月小月加度二十二分二百五十八大月又加一日度十三分二百一十七滿法得一度其冬下旬夕在張心署之

推合朔度以章歲乘朔小餘滿會數為大分不盡小分以大分從朔夜半日分滿紀法從度命如前天正合朔日月所共會也

求次月加度二十九大分三百一十二小分滿會數大分大分滿紀法從度經斗除大分

求弦望日所在度加合朔度七分二百二十五小分十七半大小分及度命如前則上弦日所在度又加得望下弦後月合

求弦望月行所在度加合朔度九十八大分四百八小分四十一大小分及度命如前合朔則上弦月所在又加得望下弦後月合

求日月昏明度日以紀法月以月周乘所近節氣夜漏二百而一為明分日以減紀法月以減月周餘為昏分各以加夜半如法為度

推月蝕

置上元年外所求以會歲去之其餘年以會率乘之如會歲為積蝕有餘加積一會月乘之如會率為積月不盡為月餘以章閏乘餘年滿章月為積閏以減積月餘以歲中去之不盡數起天正

求次蝕加五月月餘千六百三十五滿會率得一月月以望

推卦用事日

因冬至大餘倍其小餘坎用事日也加小餘千七十五滿乾法從大餘中孚用事日也

求次卦各加大餘六小餘百三其四正各因其中日而倍其小餘

推五行用事

置冬至大小餘加大餘二十七小餘九百二十七滿二千三百五十六從大餘得土用事日也加大餘十八小餘六百一十八得立春木用事日加大餘七十三小餘百一十六復得土又加土如得其火金水放此

推加時以十二乘小餘滿其法得一度辰數從子起筭外朔弦望以定小餘

推漏刻

以百乘小餘滿其法得一刻不盡什之求分課所近節氣起夜分盡夜上水未盡以所近言之推有進退進加退減所得也進退有差起分度後三率四度轉增少少每半者三而轉之差滿三止歷五度而減如初

月行三道術

月行遲疾周進有恒會數從天地凡數乘餘率自乘如會數而一為過周分以從周天月周除之歷日數也遲疾有衰其變者勢也以衰減加月行率為日轉度分衰左右相加為損益率益轉相益損轉相損盈縮積也半小周乘通法如通數而一以歷周減焉為朔行分也

日轉度分	列衰	損益率	盈縮積	月行分
一日十四度分十	一退減	益二十二	盈初	三百七十六
二日十四度分九	二退減	益二十一	盈二十二	二百七十五
三日十四度分六	三退減	益十九	盈四十三	二百七十三
四日十四度分四	四退減	益十六	盈六十三	二百七十
五日十四度分八	四退減	益十二	盈七十八	二百六十六
六日十三度分十五	四退減	益八	盈九十	二百六十二
七日十三度分十一	四退減	益四	盈九十八	二百五十八
八日十三度分七	四退減	損四	盈百二	二百五十四
九日十三度分三	四退減	損四	盈百二	二百五十
十日十二度分十八	三退減	損八	盈九十八	二百四十六
十一日十二度分十五	四退加	損十二	盈九十	二百四十三

日轉度分	列衰	損益率	盈縮積	月行分
十二日十二度分十一	三退加	損十五	盈七十九	二百四十九
十三日十二度分八	二退加	損十八	盈六十四	二百四十六
十四日十二度分六	一退加	損二十	盈三十六	二百三十四
十五日十二度分五	一退加	損二十一	盈二十六	二百三十三
十六日十二度分六	二退減	損二十一 損不足反減五為益盈有五謂益而損縮初二十故不足	盈五縮初	二百四十四
十七日十二度分八	三退減	益十八	縮十五	二百三十六
十八日十二度分十一	四進減	益十三	縮三十三	二百三十九
十九日十二度分十五	二進減	益十一	縮四十八	二百四十三
二十日十二度分十八	四進減	益八	縮五十九	二百四十六
二十一日十三度分三	四進減	益四	縮六十七	二百五十
二十二日十三度分七	四進加	損	縮七十一	二百五十四
二十三日十三度分十一	四進加	損四	縮七十一	二百五十八
二十四日十三度分十五	四進加	損八	縮六十七	二百六十二
二十五日十四度	四進加	損十三	縮五十九	二百六十六
二十六日十四度分四	三進加	損十六	縮三十七	二百七十
二十七日十四度分七	三歷初進加 三大周日	損十九	縮三十一	二百七十三
周日十四度分九	少進加	損二十一	縮十二	二百七十五

周日分三千三百三　周虛二千六百六十六　周日法五千九百六十九

通周十八万五千三十九　歷周十六万四千四百六十六　少大法一千二百一

朔行大分一千八百一　周半一百二十七

推合朔入歷

以上元積月乘朔行大小分蒲通數四十一從大分蒲歷周去之餘蒲周法得一日不盡為日餘日餘命筭外所求合朔入歷也

求次月加一日日餘五千二百三十三分二十五

求弦望各加七日日餘二千八百八十三小分二十九半分各如法成日日蒲二十七日去之餘如周分不足除減一日加周虛

求弦望定大小餘

置所入歷盈縮積以通周乘之為實令通數乘日餘分以乘損益率以損益實為加時盈縮也章歲減月行分乘周半為差法以除之所得盈減縮加大小餘小餘如日法盈不足朔加時在前後日弦望進退大餘為定小餘

求朔弦望加時定度

以章歲乘加時盈縮差法除之所得蒲會數為盈縮大小以盈減縮加本日月所在盈不足以紀法進退度為日月所在定度分

推月行夜半入歷

以周半乘朔小餘如通數而一以減入歷日餘餘不足加周法而減焉却一日却得周日加其分即得夜半入歷

求次日轉一日因日餘到二十七日日餘蒲周日分去之不直周日也其不蒲直之加周虛於餘餘皆次日入歷日餘也

求月夜半定度

以夜半入歷日餘乘損益率如周法得一不盡為餘以損益盈縮積餘無所損破全為法損之為夜半盈縮也蒲章歲為度不盡為分通數乘分及餘餘如周法從分分蒲紀法從度以盈加縮減本夜半度及餘為定度

求變衰法

以入歷日餘乘列衰如周法得一不盡為餘即各知其日變衰也

求次歷

以周虛乘列衰如周法為常數歷竟輒以加率衰蒲列衰去之轉為次歷率衰也

求次日夜半定度

以變衰進加退減歷日轉分分盈不足章歲出入度也通數乘分及餘而日轉加夜定度為次日也竟歷不直周日減餘千三十八乃以通數乘之直周日者加餘八百三十七又以少大分八百九十九加次歷變衰轉求如前

求次日夜半盈縮

以變衰減加損益率為變損日益而以轉損益夜半盈縮歷竟損不足反減為入次歷減加餘如上數

求昏明月度

以歷月行分乘所近節氣夜漏二百而一為分以減月行分為昏分分

如章歲為度以通數乘分以昏後以明加夜半定度餘分半法以上成不滿廢之

求月行遲疾

月經四表出入三道交錯分天以月率除之為歷之日周天乘朔望合如會月而一朔合分也通數乘合數餘如會數而一退分也以從月周為日進分會數而一為差率也

陰陽歷	衰	損益率	兼數
一日	一減	益十七	初
二日	一減	益十六	十七
三日	三減	益十五	三十七
四日	四減	益十二	三十八
五日	四減	益八	六十
六日	三減	益四	六十八
七日	三減 減不足反損為加謂益有一為加減三為不足	益一 過極損之謂月行半周度已過極則當損之	七十二
八日	四加	損二	七十三
九日	四加	損六	七十一
十日	三加	損十	六十五
十一日	二加	損十三	五十五
十二日	一	損十五	三十二
十三日 限餘三千九百三十三 微分千七百五十三 此為後限	一加 歷初大分日	損十六	大二十七
分日五千二百而三	少加小者	損十六	大十一

少大法四百七十三　歷周十萬七千五百六十五　差率萬一千九百八十六

朔合分萬八千三百二十八　微分九百一十四　微分法二千二百九

推朔入陰陽歷

以會月去上元積月餘以朔合分及微分各乘之微分滿其法從合分合分滿周天去之其餘不滿歷周者為入陽歷餘去之餘為入陰歷餘皆如月周得一日算外所求月合朔入歷不盡為日餘

求次月

加二日日餘二千五百八十微分九百一十四如法成日滿十三去之除餘如分日陰陽歷竟互入端入歷在前限餘前後限後者月行中道也

求朔望定數

各置入遲疾歷盈縮大小分會數乘小分為微盈減縮加陰陽日餘日餘盈不足進退日而定以定日餘乘損益率如月周得一以損益兼數為加時定數

推夜半入歷以差率乘朔小餘如微分法得一以減入歷日餘不足加月周而減之卻得分日加其分以會數約微分為小分即朔日夜半入歷日日餘三十一小分如會數從會餘餘滿月周去之又加一日歷竟下日餘滿分日去之為入歷初也不滿分日者直之加餘二千七百二小分三十一為入次歷

求夜半定日以通數乘入遲疾歷夜半盈縮及餘餘滿半為小分以盈加縮減入陰陽日餘日盈不足以月周進退日而定也以定日餘乘損益兼數為夜半定數也

求昏明數以損益率乘所近節氣夜漏二百而一為明以減損益率為昏而以損益夜半數為昏明定數

求月去極度

置加時若昏明定數以十二除之為度其餘三日而一為少不盡一為強二少弱也所得為月去黃道度也其陽歷以加日所在黃道歷去極度陰歷以減之則月去極度強正弱負強弱相并同名相從異名相消其相減也同名相消異名相從無對互之二強進少而弱

上元己丑以來至建安十一年景戌歲積七千三百七十八

己丑　戊寅　丁卯　景辰　乙巳　甲午　癸未　壬申

辛酉　庚戌　己亥　戊子　丁丑　景寅

推五星

五行木歲星火熒惑土填星金太白水辰星各以終日與天度相約為日率章歲乘周為月法章月乘日為月分分如法為月數通數乘月法日度法也升分乘周率為升分 度法用紀法乘同率故此同以分乘之

五星朔大餘小餘 以通法各乘月數日法各除之為大餘不盡為小餘以六十去大餘

五星入月日日餘各以通法乘月餘以合月法朔小餘并之會數約之所得各以日度法除之則皆是
生度數度餘減多爲度餘分以周天乘之以日度法約之所得爲度不盡爲度餘過周天法之以十分

紀月七千二百八十五　章閏七
章月二百三十五　歲中十二
通法四万三千二十六　日法千四百五十七
會數四十七　周天二十一萬五千一百三十
升分一百四十五

木
周率六千七百二十二　日率七千三百四十一
合月數十三　月餘六萬四千八百一
合月法十二万七千七百一十八　日度法三百九十五万九千三百五十八
朔大餘二十三　朔小餘一千三百七
入月日十五　日餘三百三十八萬四千四十六
朔虚分一百五十　升分九十七萬四千六百九十
度數三十三　度餘二百五十萬九千九百五十六

火
周率三千四百七　日率七千二百七十一
合月數二十六　月餘二萬五千六百二十七
合月法六萬四千七百三十三　日度法二百萬六千七百二十三
朔大餘四十七　朔小餘一千一百五十七
入月日十二景初十三　日餘九十七萬三千一十三
朔虚分三百　升分四十九萬四千二十五
度數四十八景初五十　度餘一百九十九萬二千七百六

土
周率三千五百二十九　日率三千六百五十三
合月數十二　月餘五萬三千八百四十三
合月法六萬七千五十一　日度法二百七萬八千五百八十
朔大餘五十四　朔小餘五百三十四
入月二十四　日餘十六万六千二百七十二
朔虚分九百二十三　升分五十一万一千七百五
度數十二　度餘二百七十三万三千一百四十八

金
周率九千二十二　日率七千二百一十三
合月數九　月餘十五万二千二百九十三
合月法十七万一千四百十六　日度法五百三十一万三千九百五十八
朔大餘二十五　朔小餘一千一百二十九
入月日二十七　日餘五万六千九百五十四
朔虚分三百二十八　升分一百三十万八千一百九十
度數二百九十二　度餘五万六千九百五十四

水
周率一万一千五百六十一　日率一千八百三十四
合月數一　月餘二十一万一千三百三十一
合月法二十一萬九千六百五十九　日度法六百八十萬九千四百二十九

朔大餘二十九　朔小餘七百七十三
入月日二十八　日餘六百三十一萬九百六十七
朔虚分六百八十四　升分一百六十七万六千三百四十五
度數五十七　度餘六百四十一万九百六十七

推五星
置上元盡所求年以周率乘之滿日率得一名積合不盡爲合餘以周率除之得一星合往年二合前往年無所得合其年合餘減周率爲度分金水積合奇爲晨耦爲夕

推星合月
以月數月餘各乘積合滿合月法從月不盡爲月餘以紀月去積月餘爲入紀月副以章閏乘之滿章月得一閏以減入紀月餘以歲中去之命以天正筭外合月也其在閏交際以朔御之

推入月日

以通法乘月餘合月法乘朔小餘并以會數約之所得滿日度法得一則星合入月日也不滿為日餘命以朔筭外

推星合度以周天乘度分滿日度法得一度不盡為餘命度以斗前五起右

求星法

求後合月以月數加月數以月餘加月餘滿合月法得一月不減滿歲中即合其年滿去之有餘計焉餘為後年再滿在後二年金水加晨得夕加夕得晨

求合朔日以朔大小餘加合月大小餘上成月者又加大餘二十九小餘七百七十三小餘滿日法從大餘命如前

求入月日術以入月日日餘加合入月日及餘餘滿日度法得一日其前合朔小餘滿其虛分者減一日後小餘滿七百七十三以上者去三十日其餘則後合入月日也

求後度以度數加度餘加度餘滿日度法得一度

木伏三十二日　　三百四十八萬四千六百四十六分
見三百六十六日　　伏行五度
二百五十万九千九百五十六分　　見行四十度（除逆退十二度定行二十八度）
火伏百四十三日　　九十七万三千一十三分
見六百三十六日　　伏行一百一十度
四十七万八千九百九十八分　　見行三百二十度（除逆十七度定行三百三度）
土伏三十三日　　十六万六千二百七十二分
見三百三十五日　　伏行三度
百七十三万三千一百四十八分　　見行十五度（除逆六度定行九度）
金晨伏東方八十二日　　十一万三千九百八分
見西方（二百四十六日除逆六度定行二百四十六度）　　晨伏行百度
十一万三千九百八分　　見東方（日度加西伏十日退八度）
水晨伏三十三日　　六百一万二千五百五分
見西方（三十二日除逆一度定行三十二度）　　伏行六十五
六百一万二千五百五分　　見東方

五星曆步

以術法伏日度及餘加星合日度餘餘滿日度法得一從今命之如前得星見日及度也以星行分母乘見度餘如日度法得一分不盡半法以上亦得一而日加所行分分滿其母得一度逆順母不同以當行之母乘故分如母而一當行分也留者承前逆則減之伏不盡度經斗除分以行母為率分有損益前後相遇凡言如盈約滿皆求實之除也去及除之取盡之除也

木晨與日合順伏十六日百七十四萬二千三百二十三分行星三度三百二十三萬四千六百七分而晨見東方在日後順疾日行五十八分之十一五十八日行十一度更順遲日行九分五十八日行九度留不行二十五日而旋逆日行七分之一八十四日退十二度復留二十五日而順日行五十八分之九五十八日行九度順疾日行十一分五十八日行十一度在日前夕伏西方十六日百七十四萬二千三百二十三分行星三度三百二十三萬四千六百七分而與日合凡一終三百九十八日三百四十八萬四千六百四十六分行星四十三度二百五十萬九千九百五十六分

火晨與日合伏順七十一日百四十八萬九千八百六十八分行星五十度百二十四萬二千八百六十八分半而晨見東方在日後順日行二十三分之十四百八十四日行一百一十二度更順遲日行二十三分之十二九十二日行四十八度留不行十一日旋逆日行六十二分之十七六十二日退十七度日行十二分九十二日行四十八度復順疾日行十四分百八十四日行百一十二度在日前夕伏西方七十一日百四十八萬九千八百六十八分行星五十五度百二十四萬二千八百六十八分半而與日合凡一終七百七十九日九十七萬三千一十三分行星四百一十四度四十七萬八千九百九十八分

土晨與日合伏順十六日百一十二萬二千四百二十六分半行星一度百九十九萬五千八百六十四分半而晨見東方在日後順日行三十五分之三百八十七日半行七度半留不行三十四日旋逆日行十七分之一百二日退六度復三十四日而順日行三分八十七日逆行七度半在

日前夕伏西方十六日百一十二萬一千四百二十六分半行星一度百
九十萬五千八百六十四分半而與日合也凡一終三百七十八日十六
萬六千二百七十二分行星十二度百七十三萬三千一百三十八分
金晨與日合伏逆五日退四度而晨見東方在日後逆日行五分度之三
十日退六度留不行八日旋順遲日行四十六分之三十三四十六日行
三十三度而順疾日行一度九十一分之十五九十一日行一百六度更
順益疾日行一度九十一分之二十二九十一日行百一十三度在日後
晨伏東方順四十一日五萬六千九百三十四分行星五十度五萬六千
九百五十四分而與日合二日五萬六千九百五十四分行星亦如之
金夕與日合伏順四十一日五萬六千九百五十四分行星五十度五萬
六千九百五十四分而夕見西方在日前順疾日行一度九十一分之二
十二九十一日行百一十三度更順減疾日行一度十五分九十一日行
百六度而順遲日行四十六分之三十三四十六日行三十三度留不行
八日旋逆日行五分之三十日退六度而與日合凡再合一終五百八十

四日十一萬三千九百八分行星亦如之
水晨與日合伏逆九日退七度而晨見東方在日後更逆疾一日退一度
留不行二日旋順遲日行九分之八九日行八度而順疾日行一度四分
之一二十日行二十五度在日後晨伏東方順十六日六百四十一萬九
百六十七分而與日合一合五十七日六百四十一萬九百六十七分行
星三十二度六百四十一萬九百六十七分行星亦如之
水夕與日合伏順十六日六百四十一萬九百六十七分而夕見西方在
日前順疾日行一度四分之一二十日行二十五度而順遲日行九分之
八九日行八度留不行二日旋逆一日退一度在日前夕伏西方逆遲九
日退七度與日合凡再合一終一百一十五日六百一萬二千五百五分
行星亦如之

志第八　晉書十八

律曆下　御撰

魏尚書郎楊偉表曰臣覽載籍斷考曆數時以紀農月以紀事其所由
來遐而尚矣乃自少昊則玄鳥司分顓頊帝嚳則重黎司天唐帝虞舜
則羲和掌日三代因之則世有日官日官司曆則頒之諸侯諸侯受之
則頒于境內夏后之世羲和湎淫廢時亂日則書載胤征由此觀之審
農時而重人事曆代然之也逮至周室既衰戰國橫騖告朔之羊廢而
不紹登臺之禮滅而不遵閏分乖次而不識孟陬失紀而莫悟大火猶
西流而怪蟄蟲之不藏也是時也天子不協時司曆不協日諸侯不受
職日御不分朔人事不恤廢棄農時仲尼之撥亂於春秋託褒貶糾黜
司曆失閏則譏而書之登臺頒朔則謂之有禮自此以降暨于秦漢乃
復以孟冬為歲首閏為後九月中節乖錯時月紕繆加時後天蝕不在
朔累載相襲久而不革也至武帝元封七年始乃悟其繆焉於是改正
朔更曆數使大才通人更造太初曆校中朔所差以正閏分課中星得

度以考疏密以建寅之月為正朔以黃鍾之月為律曆初其曆斗分太多
後遂疏闊至元和二年復用四分曆施而行之至于今日考察日蝕率
常在晦是則斗分太多故先密後疏而不可用也是以臣前以制典餘
日推考天路稽之前典驗之以蝕朔詳而精之更建密曆則不先不後
古今中天以昔在唐帝協日正時允釐百工咸熙庶績也欲使當今國
之典禮凡百制度皆韜合往古郁然備足乃改正朔更曆數以大呂之
月為歲首以建子之月為曆初臣以為昔在往代則法曰顓頊曩自軒
轅則曆曰黃帝暨至漢之孝武革正朔更曆數改元曰太初因名太初
曆今改元為景初宜曰景初曆臣之所建景初曆法數則約要施用則
近密治之則省功學之則易知雖復使研桑心算隸首運籌重黎司
晷羲和察景以考天路步驗日月究極精微盡術數之極者皆未能並
臣如此之妙也是以累代曆數皆疏而不密自黃帝以來常改革不已
壬辰元以來至景初元年丁巳歲積四千四十六算上此元以天正建
子黃鍾之月為曆初元首之歲夜半甲子朔旦冬至元法萬一千五十八

紀法千八百四十三

紀月二萬二千七百九十五

章歲十九

章月二百四十五

章閏七

通數十三萬四千六百三十

日法四千五百五十九

餘數九千六百七十

周天六十七萬三千一百五十一

紀歲中十二

氣法十二

没分六萬七千三百一十五

没法九百六十七

月周二萬四千六百三十八

通法四十七

會通七十九萬百一十

朔望合數六萬七千三百一十五

入交限數七十三萬二千七百九十五

通周十二萬五千六百二十一

周日日餘二千五百二十八

周虛二千三十一

升分四百五十五

甲子紀第一

紀首合朔月在日道裏　交會差率四十一萬二千九百一十九

遲疾差率十萬三千九百四十七

甲戌紀第二

紀首合朔月在日道裏　交會差率五十一萬六千五百二十九

遲疾差率七萬三千七百六十七

甲申紀第三

紀首合朔月在日道裏　交會差率六十二萬一百三十九

遲疾差率四萬三千五百八十七

甲午紀第四

紀首合朔月在日道裏　交會差率七十二萬三千七百三十九

遲疾差率一萬三千四百七

甲辰紀第五

紀首合朔月在日道裏　交會差率三萬七千二百四十九

遲疾差率一萬八千八百四十八

甲寅紀第六

紀首合朔月在日道裏　交會差率十四萬八百五十九

遲疾差率十萬八千六百六十八

交會紀差十萬三千六百一十　求其數之所生者置一紀積月以通數乘之會通去之所去之餘紀差之數也以之轉加前紀則得後加之未

滿會通者則紀首之歲天正合朔月在日道裏滿去之則月在日道表加表滿在裏加裏滿在表

遲疾紀差三萬一百八十　求其數之所生者置一紀積月以通數乘之通周去之餘以減通周所減之餘紀差之數也以之轉減前紀則得後不足減者加通周

求次元紀差率轉減前元甲寅紀差率餘則次元甲子紀差率也求次紀如上法也

推朔積月術曰置壬辰元以來盡所求年外所求以紀法除之所得筭外所入紀第也餘則入紀年數也以章月乘之如章歲而一爲積月不盡爲閏餘閏餘十二以上其年有閏閏月以無中氣爲正

推朔術曰以通數乘積月爲朔積分如日法而一爲積日不盡爲小餘以六十去積日餘爲大餘大餘命以紀筭外所求年天正十一月朔日也

求次月加大餘二十九小餘二千四百一十九小餘滿日法從大餘命如前次月朔日也小餘二千一百四十以上其月大也

推弦望加朔大餘七小餘千七百四十四小分一小分滿二從小餘小餘滿日法從大餘大餘滿六十去之餘命以紀筭外上弦日也又加得望下弦後月朔其日蝕望者定小餘如在中節者定小餘如所近中節間限數限數以下者筭上爲日望在中節前後各四日以還者視限數望在中節前後各五日以上者視間限

推二十四氣術曰置所入紀年外所求以餘數乘之滿紀法爲大餘不盡爲小餘大餘滿六十去之餘命以紀筭外天正十一月冬至日也

求次氣加大餘十五小餘四百二小分十一小分滿氣法從小餘小餘滿紀法從大餘命如前次氣日也

推閏月術曰以閏餘減章歲餘以歲中乘之滿章閏得一月餘滿半法以上亦得一月數從天正十一月起筭外閏月也閏有進退以無中氣御之

大雪十一月節	限數千二百四十二	間限千二百四十八
冬至十一月中	限數千二百五十四	間限千二百四十五
小寒十二月節	限數千二百四十五	間限千二百二十四
大寒十二月中	限數千二百一十三	間限千一百九十二
立春正月節	限數千一百七十二	間限千一百四十七
雨水正月中	限數千一百二十九	間限千九十二
驚蟄二月節	限數千六十七	間限千四十六
春分二月中	限數千八	間限九百七十九
清明三月節	限數九百五十一	間限九百二十五
穀雨三月中	限數九百	間限八百七十九
立夏四月節	限數八百五十七	間限八百四十
小滿四月中	限數八百二十三	間限八百一十三
芒種五月節	限數八百	間限七百九十九
夏至五月中	限數七百九十八	間限八百一
小暑六月節	限數八百五	間限八百一十五
大暑六月中	限數八百二十五	間限八百四十五
立秋七月節	限數八百五十九	間限八百八十三
處暑七月中	限數九百七	間限九百三十五
白露八月節	限數九百六十三	間限九百九十三
秋分八月中	限數千二十一	間限千五十一
寒露九月節	限數千八十	間限千一百七
霜降九月中	限數千一百三十二	間限千一百五十七
立冬十月節	限數千一百八十一	間限千一百九十八
小雪十月中	限數千二百一十五	間限千二百三十九

推沒滅術曰因冬至積日有小餘者加積一以沒分乘之以沒法除之所得爲大餘不盡爲小餘大餘滿六十去之餘命以紀筭外即去年冬至後沒日也

求次沒加大餘六十九小餘五百九十二小餘滿沒法得一從大餘命如前小餘盡爲滅也

推五行用事日立春立夏立秋立冬者即木火金水始用事日也各減其大餘十八小餘四百八十三小分六命以紀筭外各四立之前土用事日也大餘不足減者加六十小餘不足減者減大餘一加紀法小分不足減者減小餘一加氣法

推卦用事日因冬至大餘六其小餘即坎卦用事日也加小餘萬九十一滿元法從大餘即中孚用事日也

求次卦各加大餘六小餘九百六十七其四正各因其中日六其小餘

○推日度術曰以紀法乘朔積日滿周天去之餘以紀法除之所得爲度不盡爲分命度從牛前五起宿次除之不滿宿則天正十一月朔夜半日所在度及分也

求次日日加一度分不加經斗除斗分分少進退一度

推月度術曰以月周乘朔積日滿周天去之餘以紀法除之所得爲度不盡爲分命如上法則天正十一月朔夜半月所在度及分也

求次月小度加度二十二分八百六大月又加一日度十三分六百七十九分滿紀法得一度則次月朔夜半月所在度及分也其冬下旬夕在張心署之

推合朔度術曰以章歲乘朔小餘滿通法爲大分不盡爲小分以大分從朔夜半日夜分滿紀法從度命如前則天正十一月合朔日月所共合度也

求次月加度二十九大分九百七十七小分四十二小分滿通法從大分大分滿紀法從度經斗除其分則次月合朔日月所共合度也

推弦望日所在度加合朔度七大分七百五小分十微分一微分滿二從小分小分滿通法從大分大分滿紀法從度命如前則上弦日所在度也又加得望下弦後月合也

推弦望月所在度加合朔度九十八大分千二百七十九小分四十四數滿命如前即上弦月所在度也又加得望下弦後月合也

推日月昏明度術曰日以紀法月以月周乘所近節氣夜漏二百而一爲明分日以減紀法月以減月周餘爲昏分各以分如夜半如法爲度

○推合朔交會月蝕術曰置所以入紀朔積分以所入紀下交會差率

之數加之，以會通去之，餘則所求年天正十一月合朔去交度分也。以通數加之，滿會通去之，餘則次月合朔去交度分也。以朔望合數各加其月合朔去交度分，滿會通去之，餘則各其月望去度分也。朔望去交分如朔望合數以下、入交限數以上者，朔則交會，望則月蝕。

推合朔交會月蝕月在日道表裏術曰：置所入紀朔積分，以前所入紀下交會差率之數加之，倍會通去之，餘不滿會通者，紀首表天正合朔月在表；紀首裏天正合朔月在裏。滿會通去之，表滿在裏，裏滿在表。

求次月，以通數加之，滿會通去之，加表滿在裏，加裏滿在表。先交會後月蝕者，朔在表則望在表，朔在裏則望在裏。先月蝕後交會者看蝕月，朔在裏則望在表，朔在表則望在裏。交會月蝕如朔望合數以下，則前交後會；如入交限數以上，則前會後交。其前交後會近於限數者，則豫伺之；前會後交近於限數者，則後伺之。

求去交度術曰：其前交後會者，今去交度分如日法而一，所得則却去交度分也。其前會後交者，以去交度分減會通，餘如日法而一，所得則前去交度也。餘皆度分也。去交度十五以上，雖交不蝕也。十以下是蝕，十以上虧蝕微少，光晷相及而已。虧之多少，以十五為法。

求日蝕虧起角術曰：其月在外道，先交後會者，虧蝕東南角起；先會後交者，虧蝕東北角起。其月在內道，先交後會者，虧蝕西南角起；先會後交者，虧蝕西北角起。虧蝕分多少如上，以十五為法。會交中者，蝕盡。月蝕在日之衝，虧角與上反也。

月行遲疾度	損益率	盈縮積分	月行分
一日十四度十四分	益二十六	盈初	二百八十
二日十四度十一分	益二十三	盈積分一十一萬八千五百四十四	二百七十七
三日十四度八分	益二十	盈積分二十二萬三千三百九十二	二百七十四
四日十四度五分	益十七	盈積分三十一萬四千五百七十一	二百七十一
五日十四度一分	益十三	盈積分三十九萬二千七十四	二百六十九
六日十三度十四分	益七	盈積分四十五萬一千三百四十一	二百六十一
七日十三度七分	損一	盈積分四十八萬三千三百五十四	二百五十四
八日十三度一分	損六	盈積分四十八萬三千三百五十四	二百四十八
九日十二度十六分	損十	盈積分四十五萬五千九百	二百四十四
十日十二度十三分	損十三	盈積分四十一萬三百一十	二百四十一
十一日十二度十一分	損十五	盈積分四十五萬一千四十二	二百三十九
十二日十二度八分	損十八	盈積分二十八萬二千六百五十八	二百三十六
十三日十二度五分	損二十一	盈積分二十萬五百九十六	二百三十六
十四日十二度三分	損二十三	盈積分十萬四千八百五十七	二百三十一
十五日十二度五分	益二十一	縮初	二百三十三
十六日十二度七分	益十九	縮積分九萬五千七百三十九	二百三十五
十七日十二度九分	益十七	縮積分十八萬二千三百六十	二百三十七
十八日十二度十二分	益十四	縮積分二十五萬九千八百六十三	二百四十
十九日十二度十五分	益十一	縮積分三十二萬三千六百八十九	二百四十一
二十日十二度十八分	益八	縮積分四十七萬三千八百四十八	二百四十六
二十一日十三度三分	益四	縮積分三十一萬三百二十	二百五十
二十二日十三度七分	損一	縮積分四十二萬八千五百四十六	二百五十四
二十三日十三度十二分	損五	縮積分四十二萬八千五百四十六	二百五十九
二十四日十三度十八分	損十一	縮積分四十萬五千七百五十一	二百六十五
二十五日十四度五分	損十七	縮積分三十五萬五千六百三	一百七十一
二十六日十四度十分	損二十三	縮積分二十七萬八千九十九	二百七十七
二十七日十四度十一分	損二十四	縮積分十七萬三千二百四十	二百七十八
周日十四度十三分有小分六百二十六	損二十五有小分六百二十六	縮積分六萬三千八百二十六	二百七十九有小分六百二十六

推合朔交會月蝕入遲疾歷術曰：置所入紀朔積分，以所入紀下遲疾差率之數加之，以通周去之，餘滿日法得一日，不盡為日餘，命日筭外，則所求年天正十一月合朔入歷日也。

求次月，加一日，餘四千四百五十；求望，加十四日，日餘三千四百八十九。日餘滿日法成日，日滿二十七去之，又除餘如周日餘，日餘不足除者，減一日，加周虛。

推合朔交會月餘定大小餘，以歷日餘乘所入歷損益率，以損益盈縮積分，為定積分，以章歲減所入歷月行分，餘以除之，所得以盈減縮加大小餘加之蒲日法者交會加時在後日減之不足者交會加時在前日月蝕者隨定大小餘爲日加時入曆在周日者以周日餘乘縮積分爲定積分以損率乘入曆日餘又以周日餘乘之以周日日度小分并之以損定積分餘爲後定積分以章歲減周日月行分餘以周日月餘乘之以周日度小分并之以除後定積分所得以加本小餘如上法推加時以十二乘定小餘蒲日法得一辰數從子起筭外則朔望加時所在辰也有餘不盡者四之如日法而一爲少二爲半三爲太又有餘者三之如日法而一爲彊半法以上排成之不蒲法廢棄之以強并少爲少強并半爲半強并太爲太強得二強者爲少弱以之并少爲半弱以之并半爲太弱以之并太爲一辰弱以所在辰命之則各得其少太半及強弱也其月餘蝕望在中節前後四日以還日以上者視限數在中節前後五日以上者視間限定小餘如間限限數以下者以筭上爲日

斗二十六分四百五十五　牛八　女十二　虛十　危十七　室十六　辟九

北方九十八度分四百五十五

奎十六　婁十二　胃十四　昴十一　畢十六　觜二　參九

西方八十度

井三十三　鬼四　柳十五　星七　張十八　翼十八　軫十七

南方百十二度

角十二　亢九　氐十五　房五　心五　尾十八　箕十一

東方七十五度

中節日所在度	日行黃道去極度	日中晷影	晝漏刻	夜漏刻	昏中星	明中星
冬至十一月中斗二十一少	百十五度	丈三尺四寸	四十五	五十五	奎六弱	亢二少強
小寒十二月節女二	百十三強	丈二尺三寸	四十五分八	五十四分二	婁六半強	氐七強
大寒十二月中虛五半強	百十一太強	丈一尺	四十六分八	五十三分二	胃十一太強	心半
立春正月節危十太弱	百六少弱	九尺六寸	四十八分六	五十一分四	畢五少弱	尾七半弱
雨水正月中室八太弱	百一強	七尺九寸五分	五十分六	四十九分二	參六半弱	箕半
驚蟄二月節壁八強	九十五強	六尺五寸五分	五十三分三	四十六分七	井十七少弱	斗少
春分二月中奎十四少強	八十九少強	五尺二寸五分	五十五分八	四十四分二	鬼四	斗十一弱
清明三月節胃一半	八十三少弱	四尺一寸五分	五十八分三	四十一分七	星四太	斗二十一半
穀雨三月中昴二太	七十七太強	三尺二寸	六十分五	三十九分五	張十七	斗六半
立夏四月節畢七	七十三少強	二尺五寸二分	六十二分四	三十七分六	翼十七太	女十少弱
小蒲四月中參四少弱	六十九太	尺九寸八分	六十三分九	三十六分一	角太弱	危太弱
芒種五月節井十少半弱	六十七少弱	尺六寸八分	六十四分九	三十五分一	亢五太	危十四強
夏至五月中井二十五半弱	六十七強	尺五寸	六十五	三十五	氐十二少弱	室十二強
小暑六月節柳三太弱	六十七太強	尺七寸	六十四分七	三十五分三	尾一太強	奎二太強
大暑六月中星四強	七十	二尺	六十三分八	三十六分二	尾十五半強	婁三太
立秋七月節張十二少	七十三半強	二尺五寸五分	六十二分二	三十七分八	箕九太強	胃九太強
處暑七月中翼九半	七十八半強	三尺三寸三分	六十三分二	三十九分八	斗十少	畢三太
白露八月節軫六太	八十四少強	四尺二寸五分	五十七分八	四十二分二	斗二十一強	參五少強
秋分八月中角五弱	九十半強	五尺五寸二分	五十五分二	四十四分八	牛五少	井十六少強
寒露九月節亢八少弱	九十六太強	六尺八寸五分	五十二分六	四十七分四	女七太	鬼三少強
霜降九月中氐十四少強	百二少強	八尺四寸	五十分三	四十九分七	虛六太	星三太
立冬十月節尾四半強	百七少強	丈八寸二分	四十八分二	五十一分八	危八強	張十五太
小雪十月中箕一太強	百十一弱	丈一尺四寸	四十六分七	五十三分三	室三半弱	翼十五太
大雪十一月節斗六	百十三太強	丈二尺五寸六分	四十五分五	五十四分五	辟半強	翼十五太

右中節二十四氣如術求之得冬至十一月中也加之得次月節加節得其月中星以日所在爲正置所求年二十四氣小餘四之如法得一爲少不盡少三之如法爲強所得以減其節氣昏明中星各定

推五星術

五星者木曰歲星火曰熒惑星土曰填星金曰太白星水曰辰星凡五星之行有遲有疾有留有逆曩自開闢清濁始分則日月五星聚于星紀發自星紀並而行天遲疾留逆互相違及星與日會同宿共度則謂之合從合至合之日則謂之終各以一終之日與一歲之日通分相約終而率之歲數歲則謂之合終歲數歲終則謂之合終合數二率既定則法數生焉以章歲乘合數爲合月法以紀法乘合數爲日度法以章月乘歲數爲合月分如合月法爲合月合月之餘爲月餘以通數乘

合月數如日法而一爲大餘以六十去大餘爲星合朔大餘大餘之餘爲朔小餘以通數乘月餘以合月法乘朔小餘并之以日法乘合月法除之所得星合入月日數也餘以朔通法約之爲入月日以朔小餘減日法餘爲朔虛分以歷斗分乘合數爲星度斗分木火土各以合數減歲餘以周天乘之如日度法而一所得則行星度數也餘則度餘金水以周天乘歲數如日度法而一所得則行星度數也餘則度餘也

木合終歲數一千二百五十五　合終合數一千一百四十九

合月度法二萬一千八百四十一　日度法二百一十萬七千六百七

合月數一十三　月餘一萬一千一百二十一

朔大餘二十三　朔小餘四千九十三

入月日一十五　日餘一百九十九萬五千六百六十四

朔虛分四百六十六　斗分五十二萬二千七百九十五

行星度三十三　度餘一百四十七萬二千八百六十九

火合終歲數五千一百五　合終合數三千三百八十八

合月法四萬五千三百七十二　日度法四百三十萬一千八百一十四

合月數二十六　月餘二萬二

朔大餘四十七　朔小餘三千六百二十七

入月日一十三　日餘三百五十八萬五千二百四十

朔虛分九百三十三　斗分一百八萬六千五百三十

行星度五十　度餘一百四十万二千一百五十

土合終歲數三千九百四十三　合終合數三千八百九

合月法七萬二千三百七十一　日度法七百一萬九百八十七

合月數一十二　月餘五萬八千一百五十三

朔大餘五十四　朔小餘一千六百七十四

入月日二十四　日餘六十七萬五千三百六十四

朔虛分二千八百八十五　斗分一百七十三萬三千九十五

行星度一十二　度餘五百九十六萬二千二百五十六

金合終歲數一千九百七　合終合數二千三百八十五

合月法四万五千三百一十五　日度法四百三十九万五千五百五十五

合月數九　月餘四万三百一十

朔大餘二十五　朔小餘三千五百三十五

入月日二十五　日餘十九万四千九百九十

朔虛分一千二十四　斗分一百八万五千二百七十五

行星度二百九十三　度餘十九万四千九百九十

水合終歲數一千八百七十　合終合數一万一千七百八十九

合月法二十二万三千九百九十一　日度法二千一百七十二萬七千一百二十七

合月數一　月餘二十一万五千四百五十九

朔大餘二十九　朔小餘二千四百一十九

入月日二十八　日餘二千三十四万四千二百九十一

朔虛分二千　斗分五百三十六万三千九百九十五

行星度五十七　度餘二千三十四万四千三百六十一

推五星術曰置壬辰元以來盡所求年以合終合數乘之滿合終歲數得

一名積合不盡名爲合餘以合終合數減合餘得一者星合往年得二者合前往年无所得合其年餘以減合終合數爲度分金水積合偶爲晨奇爲夕

推五星合月以月數月餘各乘積合餘滿合月法從月爲積月不盡爲月餘以紀月除積月所得筭外所入紀也餘爲入紀月副以章閏乘之滿章月得一爲閏以減入紀月餘以歲中去之餘爲入歲月命以天正起筭外星合月也其在閏交際以朔御之

推合月朔以通數乘入紀月滿日法得一爲積日不盡爲小餘以六十去積日餘爲大餘命以所入紀筭外星合朔日也

推入月日以通數乘月餘合月法乘朔小餘并之通法約之所得滿日度法得一則星合入月日也不滿日餘命日以朔筭外入月日也

推星合度以周天乘度分滿日度法得一爲度不盡爲餘命以牛前五度起筭外星所合度也

求後合月以月數加入歲月以餘加月餘餘滿合法得一月月不滿歲中即在其年滿去之有閏計焉餘爲後年再滿在後二年金水加晨得

夕加夕得晨也

求後合朔以朔大小餘數加合朔月大小餘其月餘上成月者又加大餘二十九小餘二千四百一十九小餘蒲日法從大餘命如前法

求後入月日以入月日日餘加入月日及餘餘蒲日度法得一其前合朔小餘蒲其虛分者去一日後小餘蒲二千四百一十九以上去二十九日不蒲去三十日其餘則後合入月日命以朔求後合度數及分如前合宿次命之

木晨與日合伏順十六日九十九萬七千八百四十二分行星三度百七十九萬五千二百三十八分而晨見東方在日後順疾日行五十七分之十一五十七日行十一度順遲日行九分五十七日行九度而留不行二十七日而旋逆日行七分之一八十四日退十二度而復留二十七日後遲日行九分五十七日行九度而復順疾日行十一分五十七日行十一度在日前夕伏西方順十六日九十九萬七千八百三十二分行星三度百七十九萬五千二百三十八分而與日合凡一終三百九十八日九百九十九萬五千六百六十四分行星三十三度百四十七萬二千八百六十九分

火晨與日合伏七十二日一百七十九萬二千六百一十五分行星五十六度百二十四萬九千三百三十五分而晨見東方在日後順日行二十三分之十四二百八十四日行百一十二度更順遲日行十二分九十二日行四十八度而留不行十一日而旋逆日行六十二分之十七六十二日退十七度而復留十一日復順遲日行十二分九十二日行四十八度而復疾日行十四分百八十四日行百一十二度在日前夕伏西方順七十二日百七十九萬二千六百一十五分行星五十六度百二十四萬九千三百四十五分而與日合凡一終七百八十日三百五十八萬五千二百三十分行星四百一十五度三百四十九万八千六百九十分

土晨與日合伏十九日三百八十四萬七千六百七十五分半行星三度六百四十九萬一千一百二十一分半而晨見東方在日後順行百七十二分之十三八十六日行六度半而留不行三十二日半而旋逆日行七分之一百二日半而退六度而復留不行三十二日半復順日行十三分八十六日行六度半在日前夕伏西方順十九日三百八十四萬七千六百七十五分半行星三度六百四十九萬一千一百二十一分半而與日合凡一終三百七十八日六十七萬五千二百六十四分行星十二度五百九十六萬二千二百五十六分

金晨與日合伏六日退四度而晨見東方在日後而逆遲日行五分之三十日退六度留不行七日而旋順遲日行四十五分之三十三四十五日行三十三度而順疾日行一度九十一分之十四九十一日行百五度而順益疾日行一度九十一分之二十一九十一日行百一十二度在日後而晨伏東方順四十二日十九萬四千九百九十分行星五十二度十九萬四千九百九十分而與日合一合二百九十三日十九萬四千九百九十分行星如之

金夕與日合伏順四十二日百十九萬四千九百九十分行星五十二度十九萬四千九百九十分而夕見西方在日前順疾日行一度九十一分之二十一九十一日行百一十二度而更順遲日行一度十四分九十一日行五度而順益遲日行四十五分之三十三四十五日行三十三度而留不行七日旋逆日行五分之三十日退六度在日前夕伏西方逆六日退四度而與日合再合一終五百八十四日三十八萬九千九百八十分行星如之

水晨與日合伏十一日退七度而晨見東方在日後逆疾一日退一度而留不行一日而旋順遲日行八分之七八日行七度而順疾日行一度十八分之四十八日行二十二度在日後晨伏東方順十八日二千三十四萬四千二百六十一分行星三十六度二千三十四萬四千二百六十一分而與日合凡一合五十七日二千三十四萬四千二百六十一分行星如之

水夕與日合伏十八日二千三十四萬四千二百六十一分行星三十六度二千三十四萬四千二百六十一分而夕見西方在日前順疾日行一度十八分之四十八日行二十二度而更順遲日行八分之七八日行七度而留不行一日而旋逆一日退一度在日前夕伏西方逆十一日退七度而與日合凡再合一終百一十五日千八百九十六萬一千三百九十五分行星如之

五星歷步術以法伏日度餘加星合日度餘餘蒲日度法得一從金命之如前得星見日及餘度也以星行分母乘見度分如日度法得一分不盡半法以上亦得一而日加所行分蒲其母得一度逆順母不同以當行之母乘故分如故母而一當行分也留者承前逆則減之伏不盡度除斗分以行母為率分有損益前後相御武帝侍中平原劉智以斗歷改憲推

四分法三百年而減一日以百五十為度法三十七為斗分
推甲子為上元至泰始十年歲在甲午九萬七千四百一十一歲上元天正
甲子朔夜半冬至日月五星始于星紀得元首之端飾以浮說名為正
曆當陽侯杜預著春秋長曆說云日行一度月行十三度十七分之七有
奇日官當會集此之遲疾以考成晦朔以投閏月閏月無中而北斗邪
指兩辰之間所以異於他月積此以相通四時八節無違乃得成歲其
微密至矣得其精微以合天道則事敘而不悖故傳曰閏以正時時以作
事然陰陽之運隨動而差差而不已遂與曆錯故仲尼丘明每於朔閏發
文蓋矯正得失因以宣明曆數也劉子駿造三統曆以脩春秋日蝕有甲
乙者三十四而三統曆惟得一蝕此諸家既最疏又六千餘歲輒益一日凡
歲當累日為次而故益之此不可行之甚者自古已來諸論春秋者多述
謬誤或造家術或用黃帝已來諸曆以推經傳朔日皆不諧合日蝕於
朔此乃天驗經傳又書其朔蝕可謂得天而劉賈諸儒說皆以為月二
日或三日公違聖人明文其弊在於守一元不與天消息也余感春秋之

晉志八 十四

事嘗著曆論極言曆之通理其大指曰天行不息日月星辰各運其舍
皆動物也物動則不一雖行度有大量可得而限累日為月累月為歲
以新故相涉不得不有毫末之差此自然之理也故春秋日有頻月而蝕
者曠年不蝕者理不得一而算守恒數故曆無不有先後也始失於毫毛
而尚未可覺積而成多以失弦望晦朔則不得不改憲以從之書所謂欽
若昊天曆象日月星辰易所謂治曆明時言當順天以求合非為合以
驗天者也推此論之春秋二百餘年其治曆變通多矣雖數術絕滅
遠尋經傳微旨大量可知時之違謬則經傳有驗學者固當曲循經
傳月日日蝕以考晦朔以推時驗而皆不然各據其學以推春秋此異
於度已之迹而欲削他人之足也余為曆諸論之後至咸寧中善筭者李
脩卜顯依論體為術名乾度曆表上朝廷其術合日行四分數而微增
月術用三百歲改憲之意二元相推七十餘歲承以強弱強弱之差蓋少
而適足以遠通盈縮時尚書及史官以乾度與泰始曆參校古今記注
乾度曆殊勝泰始曆上勝官曆四十五事今其術具存又并考古今十

曆以驗春秋知三統之最疏也

春秋大凡七百七十九日（三百九十三經 三百八十六傳） 其四十七日蝕（三無甲乙）
黃帝曆得四百六十六日 一蝕
顓頊曆得五百九日 八蝕
夏曆得五百三十六日 十四蝕
真夏曆得四百六十六日 一蝕
殷曆得五百三日 十三蝕
周曆得五百六日 十三蝕
真周曆得四百八十五日 一蝕
魯曆得五百二十九日 十三蝕
三統曆得四百八十四日 一蝕
乾象曆得四百九十五日 七蝕
泰始曆得五百一十日 十九蝕
乾度曆得五百三十八日 十九蝕
今長曆得七百三十六日 三十日蝕失（三十三日經傳誤） 四日蝕（三無甲乙）

晉志八 十五

漢末宋仲子集七曆以考春秋案其夏周二曆術數皆与藝文志所
記不同故更名為已真夏已真周曆也
穆帝永和八年著作郎琅邪王朔之造通曆以甲子為上元積九萬七
千年四千八百八十三為紀法千二百五為斗分因其上元為開闢之始
後秦姚興時當孝武太元九年歲在甲申天水姜岌造三紀甲子元曆
其略曰治曆之道必審日月之行然後可以上考天時下察地化一失
其本則四時變移故仲尼之作春秋日以繼月月以繼時時以繼年年
以首事明天時者人事之本是以王者重之自皇羲以降暨于漢魏各
自制曆以求厥中考其疏密惟交會薄蝕可以驗之然書契所記惟春
秋著日蝕之變自隱公訖于哀公凡二百四十二年之間日蝕三十有六
考其晦朔不知用何曆也班固以為春秋因魯曆魯曆不正故置閏失
其序魯以閏餘一之歲為蔀首檢春秋置閏不与此蔀相符也命曆
序曰孔子為治春秋之故退脩殷之故曆使其數可傳於後如是春秋

宜用殷歷正之今考其交會不與殷歷相應以殷歷考春秋月朔多不
及其日又以檢經率多一日傳率少一日但公羊經傳異朔於理可從而
經有蝕朔之驗傳為失之也服虔解傳用太極上元太極上元乃三統
歷劉歆所造元也何緣施於春秋於春秋而用漢歷於義無乃遠乎傳
之違失多矣不惟斯事而已襄公二十七年冬十有一月乙亥朔日有
蝕之傳曰辰在申司歷過再失閏也考其去交分交會應在此月而不
為再失閏也案歆歷於春秋日蝕一朔其餘多在二日因附五行傳著朓
與側匿之說云春秋時諸侯多失其政故月行恆遲歆不以歷失天而
為之差說日之蝕朔此乃天驗也而歆反以己歷非此冤天而負時歷
也杜預又以為周衰世亂學者莫得其正其今之所傳七歷皆未必是時
王之術也今誠以七家之歷以考古今交會信無其驗也皆由斗分疏
之所致也殷歷以四分一為斗分三統以千五百三十九分之三百八十五
為斗分乾象以五百八十九分之一百四十五為斗分今景初以千八百
四十三分之四百五十五為斗分疏密不同法數各異殷歷斗分麤故不
施於今乾象斗分細故不得通於古景初斗分雖在麤細之中而日之
所在乃差四度合月虧已皆不及其次假使日在東井而蝕以月驗之
乃在參六度差違乃爾安可以考天時人事乎今治新歷以二千四百五
十一分之六百五為斗分日在斗十七度天正之首上可以考合於春秋下
可以敢驗於今世以之考春秋三十六蝕正朔者二十有五蝕二日者三蝕
晦者二誤者五凡三十三蝕其餘蝕經元日諱之名元以考其得失圖緯
皆云三百歲斗歷改憲以今新歷施於春秋之世日蝕多在朔春秋之
世下至於今凡一千餘歲交會弦望故進退於三蝕之閒此法乃可永載
用之豈三百歲斗歷改憲者乎甲子上元以來至魯隱公元年己未歲凡
八万二千七百三十六至晉孝武太元九年甲申歲凡八万三千八百四十一筭上

元法七千三百五十　紀法二千四百五十
通數十七万九千四十四　日法六千六十三
月周三萬一千七百六十六　氣分萬一千八百六十
元月九萬九百四十五　紀月三萬三百一十五

没分四萬四千七百六十一　没法六百三十三（斗分六百五）
周天十九万五千二百二十一（一名紀日）　章月二百三十五
章歲十九　章閏七
歲中十二　會數四十七（日月八百九十三歲凡四十七會分盡）
氣中十二
甲子紀　交差九千一百五十七
甲申紀　交差六千三百四十七
甲辰紀　交差三千一百一十七
周半一百二十七　朔望合數九百四十一
周天八十万五千二百二十　會歲八百九十三
會月万一千四十五　日分法二千五百
章數一百二十七　小分二千一百八十三
周閏大分七萬六千一百六十九　歷周四十万七千六百一十（半周天）
會分三萬八千一百四十四　月周三萬二千七百六十六

差分一万一千九百八十六　會率一千八百八十三
小分法二千二百九　入交限一萬一百四
小周二百五十四
甲子紀　差率四萬九千一百七十八
甲申紀　差率五萬八千二百四十
甲辰紀　差率六万七千三百八十四
通周十六万七千六百三　周日日餘三千三百六十三
周虛二千七百一

五星約法

據出見以為正不繫於元本然則筭步究於元初約法施於今用曲
求其趣則各有宜故作者兩設其法也岌又以月蝕檢日宿度所在為歷
術者宗焉又著渾天論以步日於黃道駮前儒之失并得其[illegible]矣

志第八　律歷下　晉書

夫人含天地陰陽之靈有哀樂喜怒之情乃聖垂範以爲民極節其驕淫以防其暴乱崇高天地虔敬鬼神列尊卑之序成夫婦之義然後爲国爲家可得而治也傳曰一日克己復礼天下歸仁若乃太一初分燧人鑽火志有暢於恭儉情不由乎玉帛而酌玄流於春澗之右焚封豕於秋林之外亦無得而闕焉軒頊依神唐虞稽古逮乎隆周其文大備或垂百官之範置不刊之法或礼經三百威儀三千皆所以弘宣天意雕刻人理叔代澆訛王風陵謝事睽光国礼亦愆家趙簡子問太叔以揖讓周旋之礼對曰蓋所謂儀而非礼也天經地義之道自茲尤缺哀公十一年孔子自衛反魯跡三代之典垂百王之訓時无明后道噎不行若夫情尚分流隄防之仁是棄澆訛異術洙泗之風斯泯是以漢文罷再期之喪中興爲一郊之祭隨時之義不其然歟而西京元鼎之辰中興永平之日疏璧流而延冠帶啓儒門而引諸生兩京之盛於斯爲

美及山魚登俎澤豕睽經礼樂恒委浮華相尚而郊禋之制綱紀或存魏氏光宅憲章斯美王肅高堂隆之徒博通前載三千條之礼十七篇之文各以舊文增損當世豈所謂致君於堯舜之道焉世屬雕牆時逢秕政周因之典務多違俗而遺編殘冊猶有可觀者也景初元年營洛陽南委粟山以爲圓丘祀之日以始祖帝舜配房祖生魚陶樽玄酒非搢紳爲之綱紀其孰能與於此者哉宣景戎旅未遑伊制太康平吳九州共一礼經咸至樂器同歸於是齊魯諸生各攜緗素武皇帝亦初平寇乱意先儀範其吉礼也則三茅不翦日觀停瑄其凶礼也則深衣布冠降席徹膳明乎一謙三益之義而教化行焉元皇中興事多權道遺文舊典不斷如髮是以常侍戴邈詣闕上疏云方今天地更始万物權輿蕩近世之流弊創千齡之英範是故雙劍之節崇而飛白之俗成挾琴之容飾而赴曲之和作其所以興起礼文勸帝身先之也穆哀之後王猷漸替桓溫居揆政由己出而有司或曜斯文增暉執事主威長謝臣道專行記曰苟无其位不可以作礼樂豈斯之謂歟晉始則有荀顗

鄭冲裁成国典江左則有荀崧刁協損益朝儀周官五礼吉凶賓軍嘉而吉礼之大莫過祭祀故洪範八政三曰祀祀者所以昭孝事祖通于神明者也漢興承秦滅學之後制度多未能復古歷東西京四百餘年故往往改變魏氏承漢末大乱舊章殄滅命侍中王粲尚書衛覬草創朝儀及晉国建文帝又命荀顗因魏代前事撰爲新礼參考今古更其節文羊祜任愷庾峻應貞並共刊定成百六十五篇奏之太康初尚書僕射朱整奏付尚書郎摯虞討論之虞表所宜增損曰臣典校故太尉顗所撰五礼臣以爲夫革命以垂統帝王之美事也隆礼以率教邦国之大務也是以臣前表礼事稽留求速訖施行又以喪服最多疑闕宜見補定又以今礼篇卷煩重宜隨類通合事久不出懼見寢嘿蓋冠婚祭會諸吉礼其制少變至於喪服世之要用而特易失旨故子張疑高宗諒陰三年子思不聽其子服出母子游謂異父昆弟大功而子夏謂之齊衰及孔子沒而門人疑於所服此等皆明達習礼仰讀周典俯師仲尼漸漬聖訓講肄積年及遇喪事猶尚若此明喪礼易惑不可不

詳也況自此已來篇章焚散去聖彌遠喪制詭謬固其宜矣是以喪服一卷卷不盈握而爭說紛然三年之喪鄭云二十七月王云二十五月改葬之服鄭云服緦三月王云葬訖而除繼母出嫁鄭云皆服王云從乎繼寄育乃爲之服无服之殤鄭云子生一月哭之一日王云以哭之日易服之月如此者甚衆喪服本文省略必待注解事義乃彰其傳說差詳世稱子夏所作鄭王祖經宗傳而各有異同天下並疑莫知所定而顗直書古經文而已盡除子夏傳及先儒注說其事不可得行及其行事故當還頒異說一彼一此非所以定制也臣以爲今宜參采礼記略取傳說補其未備一其殊義可依準王景侯所撰喪服變除使類統明正以斷疑爭然後制无二門咸同所由又有此礼當班於天下不宜繁多顗爲百六十五篇篇爲一卷合十五餘万言臣猶謂卷多文煩類皆重出案尚書堯典祀山川之禮惟於東嶽備稱牲幣之數陳所用之儀其餘則但曰如初周礼祀天地五帝享先王其事同者皆曰亦如之文約而義舉今礼儀事同而名異者輒別爲篇卷煩而不典皆宜省文通事隨

類今之事有不同乃列其異如此所減三分之一虞討論新禮訖以元康元年上之所陳惟明堂五帝二社六宗及吉凶王公制度凡十五篇有詔可其議後虞與傅咸纘續其事竟未成功中原覆沒虞之決疑注是其遺事也逮于江左僕射刁協太常荀崧補緝舊文光祿大夫蔡謨又踵修其事云

魏明帝太和元年正月丁未郊祀武帝以配天宗祀文帝於明堂以配上帝是時二漢郊禋之制具存魏所損益可知

四年八月天子東巡過繁昌使執金吾臧霸行太尉事以特牛祠受禪壇景初元年十月乙卯始營洛陽南委粟山為圓丘詔曰昔漢氏之初承秦滅學之後採摭殘缺以備郊祀自甘泉后土雍宮五畤神祇兆位多不經見並以興廢無常一彼一此四百餘年廢無禘禮古代之所更立者遂有闕焉曹氏世系出自有虞氏今祀圓丘以始祖帝舜配號圓丘曰皇皇帝天方丘所祭曰皇皇后地以舜妃伊氏配天郊所祭曰皇天之神以太祖武皇帝配地郊所祭曰皇地之祇以武宣皇后配宗祀皇

考高祖文皇帝於明堂以配上帝十二月壬子冬至始祀皇皇帝天于圓丘以始祖有虞帝舜配自正始以後終魏世不復郊祀

魏元帝咸熙二年十二月甲子持節侍中太保鄭沖兼太尉司隸校尉李熹奉皇帝璽綬策書禪位于晉景寅武皇帝設壇場于南郊柴燎告類于上帝是時尚未有祖配

泰始二年正月詔曰有司前奏郊祀權用魏禮朕不慮改作之難今便為永制眾議紛互遂不時定不得以時供饗神祇配以祖考日夕難企貶食忘安其便郊祀時羣臣又議五帝即天地王氣時異故殊其號雖名有五其實一神明堂南郊宜除五帝之坐五郊改五精之號皆同稱昊天上帝各設一坐而已地郊又除先后配祀帝悉從之二月丁丑郊祀宣皇帝以配天宗祀文皇帝於明堂以配上帝是年十一月有司又議奏古者丘郊不異宜并圓丘方丘於南北郊更修立壇兆其二至之祀合於二郊帝又從之一如宣帝所用王肅議也是月庚寅冬至帝親祠圓丘於南郊自是後圓丘方澤不別立

太康三年正月帝親郊祀皇太子皇子悉侍祠十年十月又詔曰孝經郊祀后稷以配天宗祀文王於明堂以配上帝而周官云祀天旅上帝又曰祀地旅四望望非地則明堂上帝不得為天地往者眾議除明堂五帝位考之禮文不正且詩序曰文武之功起於后稷故進以配天焉宣帝以神武創業既已配天復以先帝配天於義亦所不安其復明堂及南郊五帝位愍帝都長安未及立郊廟而敗

元帝渡江太興二年始議立郊祀儀尚書令刁協國子祭酒杜夷議宜須旋都洛邑乃修之司徒荀組據漢獻帝都許即便立郊自宜於此修奉驃騎王導僕射荀崧太常華恒中書侍郎庾亮皆同組議事遂施行立南郊於巳地其制度皆太常賀循所定多依漢及晉初之儀三月辛卯帝親郊祀饗配之禮一依武帝始郊故事是時尚未立北壇地祇眾神共在天郊

明帝太寧三年七月始詔立北郊未及建而帝崩及成帝咸和八年正月追述前旨於覆舟山南立之天郊則五帝之佐日月五星二十八宿

文昌北斗三台司命軒轅后土太一天一太微句陳北極雨師雷電司空風伯老人凡六十二神也地郊則五嶽四望四海四瀆五湖五帝之佐沂山嶽山白山霍山醫無閭山蔣山松江會稽山錢唐江先農凡四十四神也江南諸小山蓋江左所立猶如漢西京關中小水皆有祭秩也是月辛未祀北郊始以宣穆張皇后配地魏氏故事非晉舊也

康帝建元元年正月將北郊有疑議太常顧和表泰始中合二至之禮於二郊北郊之月古無明文或以夏至或同用陽漢光武正月辛未始建北郊此則與南郊同月及中興草創百度從簡合七郊於一丘憲章未備權用斯禮蓋時宜也至咸和中議別立北郊同用正月魏承後漢正月祭天以地配時高堂隆等以為禮祭天不以地配而稱周禮三王之郊一用夏正於是從和議是月辛未南郊辛巳北郊帝皆親奉

安帝元興三年劉裕討桓玄走之己卯告義功于南郊是年帝蒙塵江陵未反其明年應郊朝議以為宜依周禮宗伯攝職三公行事尚書左丞王納之獨曰既殯郊祀自是天子當陽有君存焉稟命而行何所辦

也齊之與否豈如今日之比乎議者又云今宜郊故是承制所得命三公行事又郊天極尊惟一而已故非天子不祀也庶人以上莫不蒸嘗嫡子居外介子執事未有不親受命而可祭天者納之又曰武皇受禪用二月郊元帝中興以三月郊今郊時未過日月望輿駕無爲欲速而使皇輿旋反更不得親奉也於是從納之議

郊廟牲幣璧玉之色雖有成文秦世多以騂駒漢則但云犢未辯其色江左南北郊同用玄牲明堂廟社同以赤牲

禮有事告祖禰宜社之文未有告郊之典也漢儀天子之喪使太尉告謚于南郊他無聞焉

魏文帝黃初四年七月帝將東巡以大軍當出使太常以一特牛告祠南郊及文帝崩太尉鍾繇告謚南郊皆是有事於郊也江左則廢

禮春分祀朝日於東秋分祀夕月於西漢武帝郊泰畤平旦出行宮東向揖日其夕西向揖月既郊日月又不在東西郊也後遂旦夕常拜故魏文帝詔曰漢氏不拜日於東郊而旦夕常於殿下東西拜日月煩褻似

晉志九　五

家人之事非事天神之道也

黃初二年正月乙亥祀朝日于東門之外又違禮二分之義

魏明帝太和元年二月丁亥祀朝日于東郊八月己丑祀夕月于西郊始得古禮及武帝太康二年有司奏春分依舊請車駕祀朝日寒溫未適可不親出詔曰禮儀宜有常若如所奏與故太尉所撰不同復爲無定制也間者方難未平故每從所奏今戎事弭息惟此爲大按此詔帝復爲親祀朝日也此後復廢

禮郊祀后稷以配天宗祀文王於明堂以配上帝魏文帝即位用漢明堂而未有配

明帝太和元年始宗祀文帝於明堂齊王亦行其禮

晉初以文帝配後復以宣帝尋復還以文帝配其餘無所變革是則郊與明堂同配異配參差不同矣摯虞議以爲漢魏故事明堂祀五帝之神新禮五帝即上帝即天帝也明堂除五帝之位惟祭上帝案仲尼稱郊祀后稷以配天宗祀文王於明堂以配上帝周禮祀天旅上帝祀地旅四望望非地則上帝非天斷可識矣郊丘之祀掃地而祭牲用繭栗器用陶匏事反其始故配以遠祖明堂之祭備物以薦三牲並陳籩豆成列禮同人理故配以近考郊堂兆位居然異體牲牢品物質文殊趣且祖考同配非謂尊嚴之美三日再祀非謂不黷之義其非一神亦足明矣昔在上古生爲明王沒則配五行故太昊配木神農配火少昊配金顓頊配水黃帝配土此五帝者配天之神同兆之於四郊報之於明堂祀天大裘而冕祀五帝亦如之或以爲五精之帝佐天育物者也前代相因莫之或廢晉初從始異議庚午詔書明堂及南郊除五帝之位惟祀天神新禮奉而用之前太醫令韓楊上書宜如舊祀五帝太康十年詔已施用宜定新禮明堂及郊祀五帝如舊議詔從之江左以後未遑脩建

漢儀太史每歲上其年曆先立春立夏大暑立秋立冬常讀五時令皇帝所服各隨五時之色帝升御坐尚書令以下就席位尚書三公郎以令置按上奉以入就席伏讀訖賜酒一卮魏氏常行其禮魏明帝景初元年通事白曰前後但見讀春夏秋冬四時令至於服黃之時獨

晉志九　六

闕不讀今不解其故散騎常侍領太史令高堂隆以爲黃於五行中央土也王四季各十八日土生於火故於火用事之末服黃三季則否其令則隨四時不以五行爲令也是以服黃無令斯則魏氏不讀大暑令也及晉受命亦有其制傅咸云立秋一日白路光于紫庭白旂陳于玉堦然則其日旂路皆白也

成帝咸和五年六月丁未有司奏讀秋令兼侍中散騎常侍荀弈兼黃門侍郎散騎侍郎曹宇駁曰尚書三公曹奏讀秋令儀注舊典未備臣等參議光祿大夫臣華恆議武皇帝以秋夏盛暑常闕不讀令在春冬不廢也夫先王所以順時讀令者蓋取後而奉天時正服尊嚴之所重今服章多闕如此熱隆赫臣等謂可如恆議依故事闕如不讀詔可

六年三月有司奏今月十六日立夏今正服漸備四時讀令是祗述天和隆殺之道謂今故宜讀夏令奏可

禮孟春之月乃擇元辰天子親載耒耜措之于參保介之御間帥三公九卿諸侯大夫躬耕帝籍至秦滅學其禮久廢漢文帝之後始行斯典

魏之三祖亦皆親耕籍田及武帝泰始四年有司奏耕祠先農可令有司行事詔曰夫國之大事在祀與農是以古之聖王躬耕帝籍以供郊廟之粢盛且以訓化天下近世以來耕籍止於數步之中空有慕古之名曾無供祀訓農之實而有百官車徒之費今循千畝之制當與羣公卿士躬稼穡之艱難以帥天下主者詳具其制下河南處田地於東郊之南洛水之北若無官田隨宜便換而不得侵人也於是乘輿御木輅以耕以太牢祀先農自惠帝之後其事便廢

江左元帝將脩耕籍尚書符問籍田至尊應躬祠先農不賀循答漢儀无正有至尊應自祭之文然則周禮王者祭四望則毳冕祭社稷五祀則絺冕以此不爲無親祭之義也宜立兩儀注賀循等所上儀注又未詳允事竟不行後哀帝復欲行其典亦不能遂

漢儀縣邑常以乙日祠先農乃耕於乙地以景戌日祠風伯於戌地以己丑日祠雨師於丑地牲用羊豕立春之日皆青幡幘迎春于東郊外野中迎春至自野中出則迎拜之而還弗祭三時不迎

魏氏雖天子耕籍藩鎮闕諸侯百畝之禮及武帝末有司奏古諸侯耕籍田百畝躬執耒以奉社稷宗廟以勸率農功今諸王臨國宜依脩耕籍之義然竟未施行

周禮王后帥內外命婦享先蠶於北郊漢儀皇后親桑東郊苑中蠶室祭蠶神曰苑窳婦人寓氏公主祠用少牢

魏文帝黃初七年正月命中宮蠶于北郊依周典也及武帝太康六年散騎常侍華嶠奏先王之制天子諸侯親耕籍田千畝后夫人躬蠶桑宮今陛下以聖明至仁脩先王之緒皇后體資生之德合配乾之義而坤道未光蠶禮尚闕以爲宜依古式備斯盛典詔曰昔天子親籍以供粢盛后夫人躬蠶以備祭服所以聿遵孝敬明教示訓也今籍田有制而蠶禮不脩由中間務多未暇崇備今天下無事宜脩禮以示四海其詳依古典及近代故事以參今宜明年施行於是蠶于西郊蓋與籍田對其方也乃使侍中成粲草定其儀先蠶壇高一丈方二丈爲四出陛陛廣五尺在皇后採桑壇東南帷宮外門之外而東南去帷宮十丈在蠶室西南桑林在其東取列侯妻六人爲蠶母蠶將生擇吉日皇后著十二笄步搖依漢魏故事衣青衣乘油畫雲母安車駕六騩馬女尚書著貂蟬佩璽陪乘載筐鉤公主三夫人九嬪世婦諸太妃太夫人及縣鄉君郡公侯特進夫人外世婦命婦皆步搖衣青各載筐鉤從蠶先桑二日蠶宮生蠶著薄上桑日皇后未到太祝令質明以一太牢告祠謁者一人監祠祠畢撤饌班餘胙於從桑及奉祠者皇后至西郊升壇公主以下陪列壇東皇后東面躬桑採三條諸妃公主各採五條縣鄉君以下各採九條悉以桑授蠶母還蠶室事訖皇后還便坐公主以下乃就位設饗宴賜絹各有差

前漢但置官社而無官稷王莽置官稷後復省故漢至魏但太社有稷而官社無稷故常二社一稷也

晉初仍魏無所增損至太康九年改建宗廟而社稷祠壇與廟俱從乃詔曰社實一神其并二社之祀於是車騎司馬傅咸表曰祭法王社太社各有其義天子尊事郊廟故冕而躬耕躬耕也者所以重孝享之粢

盛親耕故自報自爲立社者爲籍田而報者也國以人爲本人以穀爲命故又爲百姓立社而祈報焉事異報殊此社之所以有二也王景侯之論王社亦謂春祈籍田秋而報之也其論太社則曰王者布下圻內爲百姓立之謂之太社不自立之於京都也景侯此論據祭法祭法大夫以下成羣立社曰置社景侯解曰今之里社是也景侯解祭法則以置社爲人間之社矣而別論復以太社爲人間之社未曉此旨也太社天子爲百姓而祀故稱天子社郊特牲曰天子太社必受霜露風雨以群姓之衆王者通爲立社故稱太社也若夫置社其數不一蓋以里所爲名左氏傳盟于清丘之社是也衆庶之社既已不稱太矣若復不立之京都當安所立乎祭法又曰王爲羣姓立七祀王自爲立七祀言自爲而祀也爲羣姓者爲羣姓而祀也太社與七祀其文正等說者窮此因云墳籍但有五祀無七祀也按祭五祀國之大祀七者小祀周禮所云祭凡小祀則玄冕之屬也景侯解大厲曰如周杜伯鬼有所歸乃不爲厲今云无二社者稱景侯祭法不謂無二則曰口傳無其文也夫以景侯之

明擬議而後爲解而欲以口論除明文如此非但二社當見思惟景侯
之解亦未易除也前被勅尚書召誥乃社于新邑惟一太牢不二社之
明義也按郊特牲曰社稷太牢必援一牢之文以明社之無二明稷無
牲矣說者曰舉社則稷可知苟可舉社以明稷何獨不舉一以明二國
之大事在祀與戎若有二而除之不若過而存之況存之有義而除之
無據乎周禮封人掌設社壝無稷字今帝社無稷蓋出於此然國主社
稷故經傳動稱社稷周禮王祭社稷則絺冕此王社有稷之文也封人
所掌壝之無稷字說者以爲略文從可知也謂宜仍舊立二社而加立
帝社之稷時成粲議稱景侯論太社不立京都欲破鄭氏學咸重表以
爲如粲法之論景侯之解文以此壞大雅云乃立冢土毛公解曰冢土
太社也景侯解詩即用此說禹貢惟土五色景侯解曰王者取五色土
爲太社封四方諸侯各割其方色王者覆四方也如此太社復爲立京
都也不知此論何從而出而與解乖上違經記明文下壞景侯之解臣
雖頑蔽少長學門不能默已謹復續上劉寔與咸議同詔曰社稷一神

而相襲二位衆議不同何必改作其使仍舊一如魏制其後摯虞奏以
爲臣按祭法王爲羣姓立社曰太社王自爲立社曰王社周禮大司徒
設其社稷之壝又曰以血祭祭社稷則太社也又曰封人掌設王之社壝
又有軍旅宜乎社則王社也太社爲羣姓祈報祈報有時主不可廢故
凡被社釁鼓主奉以從是也此皆二社之明文前代之所尊以尚書召
誥社于新邑三牲各文詩稱乃立冢土無兩社之文故廢帝社惟立太社
詩書所稱各指一事又皆在公旦制作之前未可以易周禮之明典祭
法之正義前改建廟社營一社之處朝議斐然執古匡今世祖武皇帝
躬發明詔定二社之義以爲永制宜定新禮從二社詔從之至元帝建
武元年又依洛京立二社一稷其太社之祝曰地德普施惠存無疆乃
建太社保祐萬邦悠悠四海咸賴嘉祥其帝社之祝曰坤德厚載邦畿
是保乃建帝社以神地道明祀惟辰景福來造

漢儀每月旦太史上其月曆有司侍郎尚書見讀其令奉行其正朔前
後二日牽牛酒至社下故以祭日日有變割羊以祠社用救日變執事
者長冠衣絳領袖緣中衣絳緣以行礼如故事自晉受命日月將交會
大史乃上合朔尚書先事三日宣攝內外戒嚴摯虞決疑曰凡救日蝕
者著赤幘以助陽也日將蝕天子素服避正殿內外嚴警太史登靈臺
伺候日變便伐鼓於門聞鼓音侍臣皆著赤幘帶劍入侍三臺令史以
上皆各持劍立其戶前衛尉卿驅馳繞宮伺察守備周而復始亦伐鼓
於社用周礼也又以赤絲爲繩以繫社祝史陳辭以責之勾龍之神天
子之上公故陳辭以責之日復常乃罷

漢建安中將正會而太史上言正旦當日蝕朝士疑會否共諮尚書令
荀彧時廣平計吏劉邵在坐曰梓慎裨竈古之良史猶占水火錯失天
時諸侯旅見天子入門不得終禮者四日蝕在一然則聖人垂制不爲
變異豫廢朝礼者或災消異伏或推術謬誤也或及衆人咸善而從
之遂朝會如舊日亦不蝕邵由此顯名至武帝咸寧三年四年並以正
旦合朔卻元會改魏故事也

元帝太興元年四月合朔中書侍郎孔愉奏曰春秋日有蝕之天子伐

鼓于社攻諸陰也諸侯伐鼓于朝臣自攻也按尚書符若日之有變便
擊鼓於諸門有違舊典詔曰所陳有正義輒勅外改之至康帝建元元
年太史上元日合朔後復疑應卻會與否庾冰輔政寫劉邵議以示八
坐于時有謂邵爲不得礼意荀彧從之是勝人之一失故蔡謨遂著議
非之曰邵論災消異伏又以梓慎裨竈猶有錯失太史上言亦不必審
其理誠然也而云聖人垂制不爲變異豫廢朝礼此則謬矣災祥之發
所以譴告人君王者之所重誡故素服廢樂退避正寢百官降物用幣
伐鼓躬親而救之夫敬誡之事與其疑而廢之寧慎而行之故孔子老
聃助葬於巷黨以喪不見星而行故日蝕而止柩曰安知其不見星也
而邵廢之是棄聖賢之成規也魯桓公壬申有災而以乙亥嘗祭春秋
譏之災事宜過猶追懼未已故廢宗廟之祭況聞天眚將至行慶樂會
於禮乖矣礼記所云諸侯入門不得終礼者謂日官不豫言諸侯既入
見蝕乃知耳非先聞當蝕而朝會不廢也引此可謂失其義旨劉邵所
執者禮記也夫子老聃巷黨之事亦礼記所言復違而反之進退无據

然荀令所言漢朝所從遂使此言至今見稱莫知其誤矣後君子將擬
以爲式故正之云爾於是氷從衆議遂以郄會至永和中殷浩輔政又
欲從劉邵議不郄會王彪之據咸寧建元故事又曰禮云諸侯旅見天
子不得終禮而廢者四自謂卒暴有之非爲先存其事而僥倖史官推
術繆錯故不豫廢朝禮也於是又從彪之議
尚書禋于六宗諸儒互說往往不同王莽以易六子遂立六宗祠魏明
帝時疑其事以問王肅亦以爲易六子故不廢及晉受命司馬彪等表
六宗之祀不應特立新禮於是遂罷其祀其後摯虞奏之又以爲按舜
受終類于上帝禋于六宗望于山川則六宗非上帝之神又非山川之
靈也周禮肆師職曰用牲于社宗黨正職曰春秋祭禜亦如之肆師之
宗與社並列則班與社同也黨正之宗文不繫社則神與社異也周之
命祀莫重郊社宗同於社則貴神明矣又月令孟冬祈于天宗則周禮
祭禜月令天宗六宗之神也漢光武即位高邑依虞書禋于六宗安帝元
初中立祀乾位禮同太社魏氏因之至景初二年大議其神朝士紛紜

各有所執惟散騎常侍劉邵以爲萬物負陰而抱陽沖氣以爲和六
宗者太極沖和之氣爲六氣之宗者也虞書謂六宗周書謂之天宗是
時考論異同而從其議漢魏相仍著爲貴祀凡崇祀百神放而不致有
其興之則莫敢廢之宜定新禮祀六宗如舊詔從之
禮王者羣姓立七祀曰司命中霤國門國行太厲戶竈仲春玄鳥至之日
以太牢祀高禖毛詩絲衣篇高子曰靈星之尸漢興高帝亦立靈星祠
及武帝以李少君故始祠竈及生戾太子始立高禖漢儀云國家亦有
五祀有司行事其禮頗輕於社稷則亦存其典矣又云常以仲春之月
立高禖祠于城南祀以特牲又是月也祠老人星于國都南郊老人
星廟立夏祭竈季秋祠心星于城南壇心星廟元康時洛陽猶有高
禖壇百姓祠其旁或謂之落星是後諸祀無聞江左以來不立七祀靈
星則配饗南郊不復特置焉
左氏傳龍見而雩經典尚矣漢儀自立春至立夏盡立秋郡國尚旱郡
縣各掃除社稷其旱也公卿官長以次行雩禮求雨閉諸陽衣皂興土

龍立土人舞僮二佾七日一變如故事
武帝咸寧二年春分久旱四月丁巳詔曰諸旱處廣加祈請五月庚午
始祈雨于社稷山川六月戊子獲澍雨此雩之舊典也
大康三年四月十年二月又如之其雨多則禜祭赤幘朱衣閉諸陰朱
索禜社伐朱鼓焉
周禮王者祭昊天上帝日月星辰司中司命風師雨師社稷五祀五嶽
山林川澤四方百物兆四類四望亦如之
魏文帝黃初二年六月庚子初禮五嶽四瀆咸秩羣祀瘞沉珪璧六年
七月帝以舟軍入淮九月壬戌遣使者沉璧于淮
魏明帝太和四年八月帝東巡遣使者以特牛祠中嶽
魏元帝咸熙元年行幸長安使使者以璧幣禮祠華山及穆帝升平中
何琦論備五嶽祠曰唐虞之制天子五載一巡狩順時之方柴燎五嶽
望于山川徧于羣神故曰因名山升中于天所以昭告神祇饗報功德
是以災厲不作而風雨寒暑以時降及三代年數雖殊而其禮不易五

嶽視三公四瀆視諸侯著在經記所謂有其舉之莫敢廢也及秦漢都
西京涇渭長水雖不在祀典以近咸陽故盡得比大川之祠而正立之
祀可以闕哉自永嘉之亂神州傾覆茲事替矣惟瀆之天柱在王略之
內也舊臺選百戶吏卒以奉其職中興之際未有官守廬江郡常遣太
史兼假四時禱賽春釋寒而冬請冰咸和迄今又復隳替計今非典之
祠可謂非一考其正名則淫昏之鬼推其糜費則百姓之蠹而山川大
神更爲簡闕禮俗頹紊人神雜擾公私奔惑漸以繁滋良由頃國家多
難日不暇給草建廢滯事有未遑今元憝已殲宜修舊典嶽瀆之域風
教所被來蘇之衆咸蒙德澤而神明禋祀未之或甄巡狩柴燎其廢尚
矣崇明前典將俟皇輿北旋稽古憲章大釐制度俎豆牲牢祝嘏大辭
舊章靡記可令禮官作式歸諸誠簡以達明德馨香如斯而已其諸祆
孽可粗依法令先去其甚俾邪正不黷時不見省
昔武王入殷未及下車而封先代之後蓋追思其德也孔子以大聖而
終於陪臣未有封爵至漢元帝孔霸以帝師賜爵號褒成君奉孔子後

魏文帝黃初二年正月詔以議郎孔羨爲宗聖侯邑百戸奉孔子祀令
魯郡脩起舊廟置百戸吏卒以守衛之又武帝泰始三年十一月改宗聖
侯孔震爲奉聖亭侯又詔太學及魯國四時備三牲以祀孔子
明帝太寧三年詔給奉聖亭侯孔亭四時祠孔子祭宜如泰始故事
禮始立學必先釋奠於先聖先師及行事必用幣漢世雖立學斯禮無聞
魏齊王正始二年二月帝講論語通五年正月講尚書通七年十二月
講禮記通並使太常釋奠以太牢祠孔子於辟雍以顏回配
武帝泰始七年皇太子講孝經通咸寧三年講詩通太康三年講禮記
通惠帝元康三年皇太子講論語通元帝太興二年皇太子講論語通
太子並親釋奠以太牢祠孔子以顏回配成帝咸康元年帝講詩通穆
帝升平元年三月帝講孝經通孝武寧康三年七月帝講孝經通並釋
奠如故事穆帝孝武並權以中堂爲太學
故事祀皋陶於廷尉寺新禮移祀於律署以同祭先聖於太學也故事
祀以社日新禮改以孟秋之月以應秋政摯虞以爲桉虞書皋陶作士
【晉志九 十三】
師惟明克允國重其功人思其當是以獄官禮其神繫者致其祭功在
斷獄之成不在律令之始也太學之設義重太常故祭於太學是崇聖
而從重也律署之置卑於廷尉移祀於署是去重而就輕也律非正署
廢興無常宜如舊祀於廷尉又祭用仲春義取重生改用孟秋以應刑
殺理未足以相易宜定新禮皆如舊制可
歲旦常設葦茭桃梗磔雞於宮及百寺之門以禳惡氣桉漢儀則仲夏
設之有桃印無磔雞及魏明帝大脩禳禮故何晏禳祭議雞特牲供禳
釁之事磔雞宜起於魏印本漢制所以輔卯金又宜魏所除也且未詳
改仲夏在歲旦之所起耳
魏明帝青龍元年詔郡國山川不在祀典勿立祠
武帝泰始元年十二月詔曰昔聖帝明王脩五嶽四瀆名山川澤各有
定制所以報陰陽之功故也然以道莅天下者其鬼不神其神不傷人
故祝史薦而無媿辭是以其人敬慎幽冥而淫祀不作末世信道不篤
僭禮瀆神縱欲祈請曾不敬而遠之徒偷以求幸祅妄相煽舍正爲邪

故魏朝疾之其桉舊禮具爲之制使功著於人者必有其報而祅淫之
鬼不亂其間二年正月有司奏春分祠厲殃及禳祠詔曰不在祀典除之
○王制天子七廟諸侯以下各有等差禮文詳矣漢獻帝建安十八年五
月以河北十二郡封魏武帝爲魏公是年七月始建宗廟於鄴自以諸
侯禮立五廟也後雖進爵爲王無所改易
延康元年文帝繼王位七月追尊皇祖爲太王夫人曰太王后黃初元年
十一月受禪又追尊太王曰太皇帝皇考武王曰武皇帝二年六月以洛
京宗廟未成乃祠武帝於建始殿親執饋奠如家人禮桉禮將營宮室
宗廟爲先庶人無廟故祭於寢帝者行之非禮甚矣
明帝太和三年六月又追尊高祖大長秋曰高皇夫人吳氏曰高皇后
並在鄴廟之所祠則文帝之高祖處士曾祖高皇太帝共一廟考太祖
武皇帝特一廟百世不毀然則所祠止於親廟四室也其年十一月洛
京廟成則以親盡遷處士主置園邑使行太傅太常韓暨行太常宗正
曹恪持節迎高祖以下神主共一廟猶爲四室而已至景初元年六月羣
【晉志九 十四】
公有司始更奏定七廟之制曰大魏三聖相承以成帝業武皇帝肇建
洪基撥亂夷險爲魏太祖文皇帝繼天革命應期受禪爲魏高祖上集
成大命清定華夏興制禮樂宜爲魏烈祖於太祖廟北爲二祧其左爲
文帝廟號曰高祖昭祧其右擬明帝號曰烈祖穆祧三祖之廟萬世不
毀其餘四廟親盡迭遷一如周后稷文武廟祧之禮
文帝甄后賜死故不列廟明帝即位有司奏請追謚曰文昭皇后使司
空王朗持節奉策告祠于陵三公又奏曰自古周人歸祖后稷又特立
廟以祀姜嫄今文昭皇后於後嗣聖德至化豈有量哉夫以皇家世妣
之尊神靈遷化而無寢廟以承享祀非以報顯德昭孝敬也稽之古制
宜依周禮別立寢廟奏可
太和元年二月立廟于鄴四月洛邑初營宗廟掘地得玉璽方一寸九
分其文曰天子羨思慈親明帝爲之改容以太牢告廟至景初元年十
二月己未有司又奏文昭皇后立廟京師永傳享祀樂舞與祖廟同廢
在鄴廟

魏元帝咸熙元年進文帝爵爲王追命舞陽宣文侯爲宣王忠武侯爲景王是年八月文帝崩謚曰文王

武帝泰始元年十二月景寅受禪丁卯追尊皇祖宣王爲宣皇帝伯考景王爲景皇帝考文王爲文皇帝宣王妃張氏爲宣穆皇后景王夫人羊氏爲景皇后　二年正月有司奏置七廟帝重其役詔宜權立一廟於是羣臣議奏上古清廟一宮尊遠神祇逮至周室制爲七廟以辯宗祧聖旨深弘遠跡上世敦崇唐虞舍七廟之繁華遵一宮之遠旨昔舜承堯禪受終于文祖遂陟帝位蓋三十載月正元日又格于祖遂陟帝位此則虞氏不改唐朝因仍舊宮可依有虞氏故事即用魏廟奏可於是追祭征西將軍豫章府君潁川府君京兆府君與宣皇帝景皇帝文皇帝爲三昭三穆是時宣皇未升太祖虛位所以祠六世與景帝爲七廟其禮則據王肅說也七月又詔曰主者前奏就魏舊廟誠亦有準然於祗奉明主情猶未安宜更營造於是改創宗廟十一月追尊景帝夫人夏侯氏爲景懷皇后任茂議以爲夏侯初嬪之時未有王業帝不從

晋志九　十五

太康元年靈壽公主脩麗祔于太廟周漢未有其準魏明帝則別立平原主廟晋又異魏也　六年因廟陷當改脩創羣臣又議奏曰古者七廟所建自宜如禮又曰古雖七廟自近代以來皆廟七室於禮無廢於情爲敘亦隨時之宜也其便仍舊至十年乃更改築於宣陽門內窮極壯麗然坎位之制猶如初耳廟成帝用摯虞議率百官遷神主于新廟自征西以下車服導從皆如帝者之儀及武帝崩則遷征西及惠帝崩又遷豫章而惠帝世愍懷太子二子哀太孫臧沖太孫尚並祔廟元帝世懷帝殤太子又祔廟號爲陰室四殤懷帝初又策謚武悼楊后曰武悼皇后改葬峻陽陵側別祠弘訓宮不列於廟元帝既即尊位上繼武於元爲禰如漢光武上繼元帝故事也是時西京神主堙滅虜庭江左建廟皆更新造尋以登懷帝之主又遷潁川位雖七室其實五世蓋從刁協以兄弟爲世數故也于時百度草創舊禮未備毀主權居側室至太興三年正月乙卯詔曰吾雖上繼世祖然於懷愍皇帝皆北面稱臣今祠太廟不親執觴酌而令有司行事於情禮不安可依禮更處太常恒言今聖上繼武皇帝宜準漢世祖故事不親執觴爵又曰今上承繼武帝而廟之昭穆四世而已前太常賀循博士傅純並以爲惠懷及愍宜別立廟然臣愚謂廟室當以客主爲限無拘常數殷世有二祖三宗若拘七室則當祭禰而已推此論之宜還復豫章潁川全拘七廟之禮驃騎長史溫嶠議凡言兄弟不相入廟既非禮文且光武奮劒振起不策名於孝平務神其事已應九世之讖又古不共廟故別立焉今上以策名而言殊於光武之事躬奉烝嘗於繼既正於情又安矣太常恒欲還二府君以全七世嶠謂是宜驃騎將軍王導從嶠議嶠又曰其非子者可直言皇帝敢告某皇帝又若以一帝爲一世則不祭禰反不及庶人帝從嶠議悉施用之於是乃更定制還復豫章潁川于昭穆之位以同惠帝嗣武故事而惠懷愍三帝自從春秋尊卑之義在廟不替也及元帝崩則豫章復遷然元帝神位猶在愍帝之下故有坎室者十也至明帝崩而潁川又遷猶十室也于時續廣太廟故三遷主並還西儲名之曰祧以準遠廟成帝咸康五年始作武悼皇后神主祔于廟配饗世祖成

晋志九　十六

帝崩而康帝承統以兄弟一世故不遷京兆始十一室也至康帝崩穆帝立永和二年七月有司奏十月殷祭京兆府君當遷祧室昔征西豫章潁川三府君毀主中興之初權居天府在廟門之西咸康中太常馮懷表續太廟奉還於西儲夾室謂之爲祧疑亦非礼今京兆遷入是爲四世遠祖長在太祖之上昔周室太祖世遠故迁有所歸今晋廟宣皇爲主而四祖居之是屈祖就孫也殷祫在上是代太祖也領司徒蔡謨議四府君宜改築別室若未展者當入就太廟之室人莫敢卑其祖文武不先不窋殷祭之日征西東面處宣皇之上其後迁廟之主藏於征西之祧祭薦不絶護軍將軍馮懷議礼无廟者爲壇以祭可立別室藏之至殷禘則祭于壇也輔国將軍譙王司馬無忌等議禘諸儒謂太王王季遷主藏於文武之祧如此府君遷主宜在宣帝廟中然今無寢室宜變通而改築又殷祫太廟征西東面尚書郎孫綽與無忌議同曰太祖雖位始九五而道以從暢替人爵之尊篤天倫之道所以成教本而光百代也尚書郎徐禪議禮去祧爲壇去壇爲墠歲祫則祭之今四祖遷

主可藏之石室有禱則祭於壇墠又遣禋主會稽訪處士虞喜喜荅曰漢世韋玄成等以毀主瘞於園魏朝議者云應埋兩階之間且神主本在太廟若今側室而祭則不如永藏又四君无追號之禮益明應毀而无祭是時簡文為撫軍將軍與尚書郎劉邵等奏四祖同居西祧藏主石室禘祫乃祭如先朝舊儀時陳留范宣兄子問此礼宣荅曰舜廟所以祭皆是庶人其後世遠而毀不居舜廟上不序昭穆今四君號猶依本非以功德致祀也若依虞主之瘞則猶藏子孫之所若依夏主之埋則又非本廟之階宜思其變則祭一室親未盡則禘祫處宣帝之上親盡則无緣下就子孫之列其後太常劉遐等同蔡謨議博士或疑陳於太祖者皆其後之毀主憑恩按古義无別前後之文也禹不先鯀則迁主居太祖之上亦何疑也於是京兆迁入西儲同謂之祧如前三祖迁主之礼故正室猶十一也穆帝崩而哀帝海西並為兄弟先所登除咸安之初簡文皇帝上繼元皇世秩登進於是潁川京兆二主復還昭穆之位至簡文崩潁川又迁孝武帝太元十二年五月壬戌詔曰昔建太廟

每事從儉太祖虛位明堂未建郊祀國之大事而稽古之制闕然便可詳議祠部郎中徐邈議圓丘郊祀經典無二宣皇帝嘗辨斯義而檢以聖典爰及中興備加研極以定南北二郊誠非異學所可輕改也謂仍舊為安武皇帝建廟六世祖三昭三穆宣皇帝創基之主實惟太祖而親則王考四廟在上未及遷也權虛東向之位也兄弟相及義非二世故當今廟祀世數未足而欲太祖正位則違事七之義矣又禮曰庶子王亦禘祖立廟蓋謂支胥授立則親近必復京兆府君於今六世宜復立此室則宣皇未在六世之上須前世既迁乃太祖位定耳京兆迁毀宜藏主於石室雖禘祫猶弗及何者傳稱毀主升合乎太祖升者自下之名不謂可降尊就卑也太子太孫陰室四主儲嗣之重升祔皇祖所託之廟世遠應迁然後從食之孫與之俱毀明堂方圓之制綱領已舉不闕配帝之祀且王者以天下為家未必一邦故周平光武無廢於二京也明堂所祀之神積疑莫辨按易殷薦上帝以配祖考祖考同配則上帝亦為天而嚴父之義顯周礼旅上帝者有故告天與郊祀常祀同

周四主故並言之若上帝是五帝經文何不言祀天旅五帝祀地旅四望乎侍中車胤議同又曰明堂之制既其難詳且樂主於和礼主於敬故質文不同音器亦殊既茅茨廣夏不一其度何必守其形範而不弘本從俗乎九服咸寧河朔无塵然後明堂辟雍可崇而修之時朝議多同於是奏行所改十六年始改作太廟殿正室十四間東西儲各一間合十六間棟高八丈四尺備法駕迁神主于行廟征西至京兆四主及太孫各用其位之儀服四主不從帝者儀是與太康異也諸主既入廟設脯醢之奠及新廟成神主還室又設脯醢之奠十九年二月追尊簡文母會稽太妃鄭氏為簡文皇帝宣太后立廟太廟道西及孝武崩京兆又迁如穆帝之世四祧故事

義熙元年四月將殷祠詔博士議迁毀之禮大司馬琅邪王德文議泰始之初虛太祖之位而緣情流遠上及征西故世盡則宜毀而宣帝正太祖之位又漢光武移十一帝主於洛邑則毀主不設理可推矣宜築室以居四府君之主永藏而弗祀也大司農徐廣議四府君嘗处廣堂

之首歆率土之祭若埋之幽壤於情理未必咸盡謂可迁藏西儲以為遠祧而禘饗永絕也太尉諮議參軍袁豹議仍舊無革殷祠猶及四府君情理為允時劉裕作輔意與大司馬議同須後殷祠行事改制會安帝崩未及禘而天祿終焉

武帝咸寧五年十一月己酉弘訓羊太后崩宗廟廢一時之祀天地明堂去樂且不上胙

穆帝升平五年十一月己卯殷祀以帝崩後不作樂

孝武太元十一年九月皇女亡及應烝祠中書侍郎范甯奏案喪服傳有死宮中者三月不舉祭不別長幼之與貴賤也皇女雖在嬰孩臣竊以為疑於是尚書奏使三公行事

武帝泰始七年四月帝將親祠車駕夕牲而儀注還不拜詔問其故博士奏歷代相承如此帝曰非致敬宗廟之礼也於是實拜而還遂以為制夕牲必躬臨拜而江左以來復止

魏故事天子為次殿於廟殿之北東天子入自北門新礼設次殿於南

門中門外之右天子入自南門執事虞以爲次殿所以爲解息之處凡適尊以不顯爲恭以由隱爲順而設之於上位入自南門非謙厭之義宜定新禮皆如舊說從之　禮大事則告祖禰小事則特告禰秦漢久廢魏文帝黄初四年七月將東巡以大軍當出使太常以特牛告南郊及文帝崩又使太尉告謚策於南郊自是迄晉相承告郊之後仍以告廟至江左其禮廢至成帝咸和三年蘇峻覆亂京都溫嶠等立行廟於白石復行其典告先帝及后曰逆臣蘇峻傾覆社稷毀棄三正汙辱海内臣侃臣嶠臣亮等手刃戎首龔行天罰惟中宗元皇帝肅祖明皇帝明穆皇后之靈降鑒有罪勦絶其命翦此羣兇以安宗廟臣等雖隕首摧軀猶生之年

魏明帝太和三年詔曰禮王后無嗣擇建支子以繼大宗則當纂正統而奉公義何得復顧私親哉漢宣繼昭帝後加悼考以皇號哀帝以外藩援立而董宏等稱引亡秦惑誤朝議遂尊恭皇立廟京師又寵藩妾使比長信僭差無禮人神弗佑非罪師丹忠正之諫用致丁傅焚如之禍自是之後相踵行之其令公卿有司深以前世爲戒後嗣萬一有由諸侯入奉大統則當明爲人後之義敢爲佞邪導諛君上妄建非正之號謂考爲皇稱妣爲后則股肱大臣誅之無赦其書之金策藏之宗廟是後高貴鄉公常道鄉公援立皆不外尊及愍帝建興四年司徒梁芬議追尊之禮帝既不從而右僕射索綝等亦稱引魏制以爲不可故追贈吳王爲太保而已

元帝太興二年有詔琅邪恭王宜稱皇考賀循議云禮典之義子不敢以己爵加其父號帝又從之

志第九　禮上　晉書第十九

志第十　禮中　晉書二十　御撰

五禮之別二曰凶自天子至于庶人身體髮膚受之父母其理既均其情亦等生則養死則哀故曰三年之喪天下之達禮者也漢禮天子崩自不豫至於登遐及葬喪紀之制與夫三代變易魏晉以來大體同漢然漢文革喪禮之制後代遵之無復三年之禮及魏武臨終遺令天下尚未安定未得遵古百官當臨中者十五舉音葬畢便除其將兵屯戍者不得離部魏武以正月庚子崩辛丑即殯是月丁卯而葬是爲不踰月也及宣帝景帝之崩並從權制文帝之崩國内服三日武帝亦遵漢魏之典既葬除喪然猶深衣素冠降席撤膳太宰司馬孚太傅鄭冲太保王祥太尉何曾司徒領中領軍司馬望司空荀顗車騎將軍賈充尚書令裴秀尚書僕射武陔都護大將軍郭建侍中郭綏中書監荀勖中軍將軍羊祜等奏曰臣聞禮典軌度豐殺隨時虞夏商周咸不相襲蓋有由也大晉紹承漢魏有革有因期於足以興化而已故未得皆返太素同規上古也陛下既以俯遵漢魏降喪之典以濟時務而躬蹈大孝情過乎哀素冠深衣降席撤膳雖武丁行之於殷世曾閔履之於布衣未足以踰方今荆蠻未夷庶政未乂萬機事殷動勞神慮豈遑全遂聖旨以從至情臣等以爲陛下宜割情以康時濟俗輒勅御府易服内者改坐太官復膳諸所施行皆如舊制詔曰每感念幽冥而不得終苴經於草土以存此痛況當食稻衣錦誠詭然激切其心非所以相解也本諸生家傳禮來久何止一旦便易此情於所天相從已多可試省孔子荅宰我之言無事紛紜也言及悲殺奈何奈何孚等重奏伏讀聖詔感以悲懷輒思仲尼所以抑宰我之問聖思所以不能以已甚深甚篤然今者干戈未戢武事未偃萬機至重天下至衆陛下以萬乘之尊履布衣之禮服麤席藁水飲疏食殷憂内盈毀悴外表然而躬勤萬機坐而待旦降心接下仄不遑食所以勞力者如斯之甚是以臣等悚息不寧誠懼神氣用損以疚大事輒勑有司改坐復常率由舊典惟陛下察納愚款以慰皇太后之心又詔曰重覽奏議益以悲剝不能自勝奈何奈

何三年之喪自古達禮誠聖人稱情立衷明恕而行也神靈日遠無所訴告雖薄於情食旨服美所不堪也不宜反覆重傷其心言用斷絕柰何柰何帝遂以此禮終三年後居太后之喪亦如之

泰始二年八月詔曰此上旬先帝棄天下日也便以周年吾煢煢當復何時一得敘人子之情邪思慕煩毒欲詣陵瞻侍以盡哀憤主者具行備太宰安平王孚尚書令裴秀尚書僕射武陔等奏陛下至孝烝烝哀思罔極衰麻雖除哀毀疏食有損神和秋節尚有餘暑謁見山陵悲感摧傷羣下竊用悚息以為宜降抑聖情以慰萬國詔曰孤煢忽爾日月已周痛慕摧感永無逮及欲奉瞻山陵以敘哀憤體氣自佳耳又已涼便當行不得如所奏也主者便具行備又詔曰漢文不使天下盡哀亦帝王至謙之志當見山陵何心而無服其禮以衰絰行秀等重奏曰臣聞上古喪期無數後世乃有年月之漸漢文帝隨時之義制為短喪傳之于後陛下社稷宗廟之重萬方億兆之故既從權制除衰麻羣臣百姓吉服今者謁陵以敘哀慕若加衰絰進退無當不敢奉詔詔曰亦知

不在此麻布耳然人子情思為欲令哀喪之物在身蓋近情也羣臣自當案舊制秀等又奏曰臣聞聖人制作必從時宜故五帝殊樂三王異禮此古今所以不同質文所以迭用也陛下隨時之宜既降心克己俯就權制既除衰麻而行心喪之礼今復制服義無所依若君服而臣不服亦未之敢安也參議宜如前奏詔曰患情不能跂及耳衣服何在諸君勤勤之至豈苟相違

泰始四年皇太后崩有司奏前代故事倚廬中施白縑帳蓐素牀以布巾裹塊草軺輦版輿細犢車皆施縑裏詔不聽但令以布衣車而已其餘居喪之制不改禮文有司又奏大行皇太后當以四月二十五日安厝故事虞著衰服既虞而除其內外官寮皆就朝晡臨位御服訖各還所次除衰服詔曰夫三年之喪天下之達禮也受終身之愛而無數年之報柰何葬而便即吉情所不忍也有司又奏世有險易道有洿隆所遇之時異誠有由然非忽禮也方今戎馬未散王事至殷交須聽斷以熙庶績昔周康王始登翌室猶戴冕臨朝降于漢魏既葬除釋諒闇之禮自遠代而廢矣惟陛下割高宗之制從當時之宜詔曰夫三年之喪所以盡情致禮葬已便除所以不堪也當敘吾哀懷言用斷絕柰何柰何有司又固請詔曰不能篤孝勿以毀傷為憂也誠知衣服末事耳然今思存草土率當以吉物奪之乃所以重傷至心非見念也每代禮典質文皆不同耳何為限以近制使達喪闕然乎羣臣又固請帝流涕久之乃許文明皇后崩及武元楊后崩天下將吏發哀三日止

穆帝崩哀帝立帝於穆帝為從父昆弟穆帝舅褚歆有表中書啓表朝廷無其儀詔下議尚書僕射江虨等四人並云閔僖兄弟也而為父子則哀帝應為帝嗣衛軍王述等二十五人云成帝不私親愛越授天倫康帝受命顯宗社稷之重已移所授奉之以序宜繼康皇尚書謝奉等六人云繼體之正宜本天屬考之人情宜繼顯宗也詔從述等議上繼顯宗

寧康二年七月簡文帝崩再周而遇閏博士謝攸孔粲議魯襄二十八年十二月乙未楚子卒實閏月而言十二月者附正於前月也喪事先遠則應用博士吳商之言以閏月祥尚書僕射謝安中領軍王

劭散騎常侍鄭襲右衛將軍殷康驍騎將軍袁宏散騎侍郎殷茂中書郎車胤左丞劉遵吏部郎劉耽意皆同康曰過七月而未及八月豈可謂之踰期必所不了則當從其重者宏曰假值閏十二月而不取者此則歲未終固不可得矣漢書以閏為後九月明其同體也襲曰中宗肅祖皆以閏月崩祥除之變皆用閏之後月先朝尚用閏之後月今閏附七月取之何疑亦合遠日申情之言又閏是後七而非八也豈踰月之嫌乎尚書令王彪之侍中王混中丞譙王恬右丞戴謚等議異彪之曰吳商中才小官非名賢碩儒公輔重臣為時所準則者又取閏無證據直攣遠日之義越祥忌限外取不合卜遠之理又丞相桓公嘗論云禮二十五月大祥何緣越期取閏乃二十六月乎於是啓曰或以閏附七月宜用閏月除者或以閏名雖附七月而實以三旬別為一月故應以七月除者臣等与中軍將軍沖參詳一代大禮宜準經典三年之喪十三月而練二十五月而畢礼之明文也陽秋之義閏在年內則略而不數明閏在年外則不應取之以越期忌之重礼制祥除必正期月故

也巳酉晦帝除縞即吉徐廣論曰凡辨義詳理无顯據明文可以折中奪易則非疑如何礼疑從重喪易寧戚順情通物固有成言矣彪之不能徵拔正義有以相屈但以名位格人君子虛受心无適莫豈其然哉執政從而行之其殆過矣魏武以正月崩魏文以其年七月設妓樂百戲是則魏不以喪廢樂也武帝以來国有大喪輒廢樂終三年恵帝太安元年太子喪未除及元會亦廢樂穆帝永和中為中原山陵未脩復頻年元會廢樂是時太后臨朝后父褚裒薨元會又廢樂也孝武太元六年為皇后王氏喪亦廢樂武崩太傅録尚書會稽王道子議山陵之後通婚嫁不得作樂以一朞為斷

漢儀太皇太后皇太后崩長樂太僕少府大長秋典喪事三公奉制度他皆如礼魏晉亦同天子之儀

泰始十年武元楊皇后崩及將迁于峻陽陵依舊制既葬帝及群臣除喪即吉先是尚書祠部奏從博士張靖議皇太子亦從制俱釋服博士陳逵議以為今制所依蓋漢帝權制興於有事非礼之正皇太子元有国事自宜終服有詔更詳議尚書杜預以為古者天子諸侯三年之喪始同斉斬既葬除喪服諒闇以居心喪終制不与士庶同礼漢氏承秦天下為天子脩服三年漢文帝見其下不可久行而不知古制更以意制祥禫除喪即吉魏氏直以訖葬為節嗣君皆不復諒闇終制斈者非之久矣然竟不推究經傳考其行事專謂王者三年之喪當以衰麻終二十五月嗣君苟若此則天子群臣皆不得除喪雖志在居篤更逼而不行至今世主皆從漢文輕典由処制者非制也今皇太子与尊同躰宜復古典卒哭除衰麻以諒闇終制於義既不應不除又无取於漢文乃所以篤喪礼也於是尚書僕射盧欽尚書魏舒問杜預證據所依預云傳稱三年之喪自天子達此謂天子絶朞唯有三年喪也非謂居喪衰服三年与士庶同也故后世子之喪而叔嚮稱有三年之喪二也周公不言高宗服喪三年而云諒闇三年此釋服心喪之文也叔嚮不譏景王除喪而譏其燕樂已早明既葬應除而違諒闇之節也春秋晉侯享

諸侯子産相鄭伯時簡公未葬請免喪以聽命君子謂之得礼宰咺來歸恵公仲子之賵傳曰弔生不及哀此皆既葬除服諒闇之證先儒舊說往往亦見斈者未之思耳喪服諸侯為天子亦斬衰豈可謂終服三年邪上考七代未知王者君臣上下衰麻三年者誰下推將來恐百世之主其理一也非必不能乃事勢不得故知聖人不虛設不行之制仲尼曰礼所損益雖百世可知此之謂也於是欽舒從之遂命預造議奏曰侍中尚書令司空魯公臣賈充侍中尚書僕射奉車都尉大梁侯臣盧欽尚書新沓伯臣山濤尚書奉車都尉平春侯臣胡威尚書劇陽子臣魏舒尚書堂陽子臣石鑒尚書豐樂亭侯臣杜預稽首言礼官參議博士張靖等議以為孝文權制三十六日之服以日易月道有汙隆礼不得全皇太子亦宜割情除服博士陳逵等議以為三年之喪人子所以自尽故聖人制礼自上達下是以今制將吏諸遭父母喪皆假寧二二十五月敦崇孝道所以風化天下皇太子至孝著於內而衰服除于外非礼所謂稱情者也宜其不除臣欽臣舒臣預謹案靖逵等議各見所斈之一端未統帝者居喪古今之通礼也自上及下尊卑貴賤物有其宜故礼有以多為貴者有以少為貴者有以高為貴者有以下為貴者唯其稱也不然則本末不經行之不遠天子之与群臣雖哀樂之情若一而所居之宜實異故礼不得同易曰上古之世喪期无數虞書稱三載四海遏密八音其後无文至周公旦乃稱殷之高宗諒闇三年不言其傳曰諒信也闇默也下逮五百餘歲而子張疑之以問仲尼仲尼荅云何必高宗古之人皆然君薨百官總己以聽於冢宰三年周景王有后世子之喪既葬除喪而樂晉叔嚮譏之曰三年之喪雖貴遂服礼也王雖弗遂宴樂已早亦非礼也此皆天子喪事見於古文者也稱高宗不云服喪三年而云諒闇三年此釋服心喪之文也譏景王不譏其除喪而譏其宴樂已早明既葬應除而違諒闇之節也堯崩舜諒闇三年故稱遏密八音由此言之天子居喪斉斬之制非杖絰帶當遂其服既葬而除諒闇以終之三年无政父之道故百官總己聽於冢宰喪服已除故稱不言之美明不復寢苫枕　以荒大政也礼記三年之喪自天子

達又云父母之喪無貴賤一也又云端衰喪車皆無等此通謂天子居喪衣服之節同於凡人心喪之禮終於三年亦無服喪三年之文然繼體之君猶多荒寧自從廢諒闇之制至今高宗擅名於往代子張致疑於當時此乃賢聖所以爲譏非譏天子不以服終喪也秦燔書籍率意而行亢上抑下漢祖草創因而不革乃至率天下皆終重服旦夕哀臨經罹寒暑禁塞嫁娶飲酒食肉制不稱情是以孝文遺詔斂畢便葬葬畢制紅禫之除雖不合高宗諒闇之義近於古典故傳之後嗣于時預修陵廟故斂葬得在浹辰之內因以定制近至明帝存無陵寢五旬乃葬安在三十六日此當時經學疏略不師前聖之病也魏氏革命以既葬爲節合於古典然不垂心諒闇同譏前代自泰始開元陛下追尊諒闇之禮慎終居篤允臻古制超絕於殷宗天下歌德誠非靖等所能原本也天子諸侯之禮當以具矣諸侯惡其害己而削其籍今其存者唯士喪一篇戴聖之記雜錯其間亦難以取正天子之位至尊萬機之政至大群臣之衆至廣不同之於凡人故大行既葬祔祭于廟則因疏而除之已不除則群臣莫敢除故屈己以除之而諒闇以終制天下之人皆曰我王之仁也屈己以從宜皆曰我王之孝也既除而心喪我王猶若此之篤也凡等臣子亦焉得不自勉以崇禮此乃聖制移風易俗之本高宗所以致雍熙豈惟衰麻而已哉若如難者更以權制自居疑於屈伸厭降欲以職事爲斷則父在爲母朞父卒三年此以至親屈於至尊之義也出母之喪以至親爲屬而長子不得有制體尊之義亦降皆從不敢獨也禮諸子之職掌國子之倅國有事則師國子而致之太子唯所用之傳曰君行則守有守則從從曰撫軍守曰監國不無事矣喪服母爲長子妻爲夫妾爲主皆三年內宮之主可謂無事撥度漢制孝文之喪紅禫既畢孝景即吉於未央薄后竇后必不得齊斬於別宮此可知也況皇太子配貳之至尊與國爲體固宜遠遵古禮近同時制屈除以寬諸下協一代之成典君子之於禮有直而行曲而報有經而等有順而去之存諸內而已禮云非玉帛之謂喪云唯衰麻之謂乎此既臣等所謂經制大義且即實近言亦有不安今皇太子至孝蒸蒸發於自然號咷之慕匍匐殯宮大行既奠往而不反必想像平故彷徨寢殿若不變從諒闇則東宮臣僕義不釋服此爲永福官屬當獨衰麻從事出入殿省亦難以繼今將吏雖蒙同二十五月之事寧至於大臣亦奪其制昔翟方進自以身爲漢相居喪三十六日不敢踰國典而況於皇太子臣等以爲皇太子宜如前奏除服諒闇制於是太子遂以厭降之議從國制除衰麻諒闇終制于時外內卒聞預異議多怪之或者乃謂其違禮以合時時預亦不自解說退使博士段暢博採典籍爲之證據令大義著明足以垂示將來暢承預旨遂撰集書傳舊文條諸實事成言以爲定證以弘指趣其傳記有與今議同者亦具列之博舉二隅明其會歸以證斯事文多不載

武帝楊悼皇后既母養懷帝后遇難時懷帝尚幼及即位中詔述后恩愛及后祖載群官議帝應爲追制服或以庶母慈母已依禮制小功五月或以謂慈母服如母服齊衰者衆議不同閻丘沖議云楊后母養聖上蓋以曲情今以恩禮追崇不配世祖廟王者無慈養之服謂宜祖載之日可三朝素服發哀而已於是從之

康帝建元元年正月晦成恭杜皇后周忌有司奏至尊朞年應改服詔曰君親名教之重也權制出於近代耳於是素服如舊固非漢魏之典也

○興寧元年哀帝章皇太妃薨帝欲服重江彪啓先王制禮應在緦服詔欲降朞彪又啓厭屈私情所以上嚴祖考於是制緦麻三月

孝武寧康中崇德太后褚氏崩后於帝爲從嫂或疑其服博士徐藻議以爲資父事君而敬同又禮其夫屬父道者其妻皆母道也則夫屬君道妻亦后道矣服后宜以資母之義魯譏逆祀以明尊尊今上躬奉康穆哀皇及靖后之禮致敬同於所天豈可敬之以君道而服廢於本親謂應服齊衰朞於是帝制朞服

隆安四年孝武太皇太后李氏崩疑所服尚書左僕射何澄右僕射王雅尚書車胤孔安國祠部郎徐廣議太皇太后名位允正體同皇極理制備盡情禮弥申陽秋之義母以子貴既稱夫人礼服從政故成風顯夫人之號昭公服三年之喪子於父之所生體尊義重且禮祖不厭

孫固宜遂服無屈而緣情立制若嫌明文不存則疑斯從重謂應同於為祖母後齊衰朞永安皇后無服但一舉哀百官亦一朞詔可

孝武帝太元十五年淑媛陳氏卒皇太子所生也有司參詳母以子貴贈淑媛為夫人置家令典喪事太子前衛率徐邈議喪服傳稱與尊者為體則不服其私親又君父所不服子亦不敢服故王公妾子服其所生母練冠麻衣既葬而除非五服之常則謂之無服從之

太元二十一年孝武帝崩孝武太后制三年之服

惠帝太安元年三月皇太孫尚薨有司奏御服齊衰朞詔下通議散騎常侍謝衡以為諸侯之太子誓與未誓尊卑體殊喪服云為嫡子長殤謂未誓也已誓則不殤也中書令卞粹曰太子始生故已尊重不待命誓若衡議已誓不殤則元服之子當斬衰三年未誓而殤則雖十九當大功九月誓與不誓為其升降也微斬衰與大功其為輕重也遠而令注云諸侯不降嫡殤重嫌於無服以大功為重嫡之服則雖誓無復有三年之理明矣男能衛社稷女能奉婦道以可成之年而有已成之事

故可無殤非孩亂之謂也謂殤後者尊之如父猶無所加而止殤服況以天子之尊而為服之殤行成人之制邪凡諸宜重之殤皆士大夫不加服而令至尊獨居其重未之前聞也博士蔡克同粹秘書監摯虞云太子初生舉以成人之禮則殤理除矣太孫亦體君傳重由位成而服全非以年也天子無服殤之義絕朞故也於是從之

魏氏故事國有大喪羣臣凶服以帛為綬囊以布為劍衣新礼以傳稱去喪無所不佩明在喪則無佩也更制齊斬之喪不佩劍綬摯虞以為周禮武賁氏士大夫之職也皆以兵守王宮國有喪故則衰葛執戈楯守門葬則從車而哭又成王崩太保命諸大夫以干戈內外警設明喪故之際蓋重宿衛之防去喪無所不佩謂服飾之事未謂防禦之用宜定新禮布衣劍如舊其餘如新制詔從之

漢魏故事將葬設吉凶鹵簿皆有鼓吹新礼以礼無吉駕導從之文臣子不宜釋其衰麻以服玄黃除吉駕鹵簿又凶事無樂遏密八音除凶服之鼓吹摯虞以為葬有祥車曠左則今之容車也既葬日中反虞逆神而還春秋傳鄭大夫公孫蠆卒天子追賜大路使以行士喪禮葬有槀車乘車以載生之服此皆不唯載柩兼有吉駕之明文也既設吉駕則宜有導從以象平生之容明不致死之義臣子衰麻不得為身而釋以為君父則無不可顧命之篇足以明之宜定新禮設吉服導從如舊其凶服鼓吹宜除詔從之

漢魏故事大喪及大臣之喪執紼者輓歌新禮以為輓歌出於漢武帝役人之勞歌聲哀切遂以為送終之禮雖音曲摧愴非經典所制違禮設銜枚之義方在號慕不宜以歌為名除不輓歌摯虞以為輓歌因倡和而為摧愴之聲銜枚所以全哀此亦以感衆雖非經典所載是歷代故事詩稱君子作歌惟以告哀以歌為名亦無所嫌宜定新禮如舊詔從之

咸寧二年安平穆王薨無嗣以母弟敦上繼獻王後移太常問應何服博士張靖答宜依魯僖服閔三年例尚書符詰靖穆王不臣敦敦不繼穆與閔僖不同孫毓宋昌議以穆王不之國敦不仕諸侯不應三年以義處之敦宜服本服一朞而除主穆王喪祭三年畢乃吉祭獻王毓云

禮君之子孫所以臣諸兄者以臨國故也禮又與諸侯為兄弟服斬諸謂鄰國之臣於鄰國之君有猶君之義故也今穆王既不之國不臣兄弟敦不仕諸侯既鄰臣之義異於閔僖如符旨也但喪無主敦既奉詔紹國受重主喪典其祭祀大功者主人之喪有三年者則必為之再祭鄭氏注云謂死者之從父昆弟來為喪主也有三年者謂妻若子幼少也再祭謂大小祥也穆妃及國臣於禮皆當三年此為有三年者敦當為之主大小兩祥祭也且哀樂不相雜吉凶不相干凶服在宮哭泣未絕敦據主穆王之喪而國制未除則不得以己本親服除而吉祭獻王也

咸寧四年陳留國上燕公是王之父王出奉明帝祀今於王為從祖父有司奏應服朞不以親疏尊卑為降詔曰王奉魏氏所承者重不得服其私親穆帝時東海國言哀王薨踰年嗣王乃來不復追服羣臣皆已反吉國妃亦宜同除詔曰朝廷所以從權制者以王事奪之非為變礼也婦人傳重義大若從權制義將安託於是國妃終三年之禮孫盛以為廢三年之禮開偷薄之源漢魏失之者也今若以大夫宜奪以王事婦

人可終本服是吉凶之儀雜陳於宮寢縗素之制乖異於内外無乃情禮俱違哀樂失所乎

太元十七年太常車胤上言謹案喪服禮經庶子爲母緦麻三月傳曰何以緦麻以尊者爲體不敢服其私親也此經傳之明文聖賢之格言而自頃開國公侯至于卿士庶子爲後各肆私情服其庶母同之於嫡此末俗之弊溺情傷教縱而不革則流遁忘反矣且夫尊尊親親雖禮之大本然厭親於尊由來尚矣禮記曰爲父後出母無服也者不祭故也又禮天子父母之喪未葬越紼而祭天地社稷斯皆崇嚴至敬不敢以私廢尊也今身承祖宗之重而以庶母之私廢蒸嘗之事五廟闕祀由一妾之終求之情禮失莫大焉舉世皆然莫之裁貶就心不同而事不敢異故正禮遂頹而習非成俗此國風所以思古小雅所以悲歎當今九服漸寧王化惟新誠宜崇明禮訓以一風俗請臺省考脩經典式明王度詔不荅十八年胤又上言去年上自頃開國公侯至于卿士庶子爲後者服其庶母同之於嫡違禮犯制宜加裁抑事上經年未被告報未審朝議以何爲疑若以所陳或謬則經有文若以古今不同則晉有成典升平四年故太宰武陵王所生母喪表求齊衰三年詔聽依昔樂安王故事制大功九月興寧三年故梁王珪又所生母喪亦求三年庚子詔書依太宰故事同服大功若謹案周禮則緦麻三月若奉晉制則大功九月古禮今制並無居廬三年之文而頃年以來各申私情更相擬襲漸以成俗縱而不禁則聖典滅矣夫尊尊親親立人之本王化所由二端而已故先王設教務弘其極尊郊社之敬制越紼之禮嚴宗廟之祀厭庶子之服所以經緯人文化成天下夫屈家事於王道厭私恩於祖宗豈非上行乎下父行乎子若尊尊之心有時而替宜厭之情觸事而申祖宗之敬微而君臣之禮虧矣嚴恪微於祖宗致敬虧於事上而欲俗安化隆不亦難乎區區所惜實在於斯職之所司不敢不言請臺參詳尚書奏案如辭輒下主者詳尋依禮庶子與尊者爲體不敢服其私親此尊祖敬宗之義自頃陵遲斯禮遂廢封國之君廢五廟之重士庶匹夫闕烝嘗之禮習成頹俗宜被革正輒内外參詳謂宜聽胤所上可依樂安王大功爲正請爲告書如左班下内外以定永制普令依承事可奉行詔可

礼王爲三公六卿錫衰爲大夫士疑衰首服弁絰天子諸侯皆爲貴臣貴妾服三月漢爲大臣制服无聞焉

漢明帝時東海恭王薨帝出幸津門亭發哀及武帝咸寧二年十一月詔諸王公大臣薨應三朝發哀者踰月不舉樂其一朝發哀者三日不舉樂也元帝姨廣昌鄉君喪未葬中丞熊遠表云案礼君於卿大夫比葬不食肉比卒哭不舉樂惻隱之心未忍行吉事故也故尚書符冬至後二日小會臣以爲廣昌鄉君喪殯日聖恩垂悼礼大夫死廢一時之祭祭猶可廢而況餘事冬至唯可羣下奉賀而已未便小會詔以遠表示賀循又曰咸寧三年武皇帝故事云王公大臣薨三朝發哀踰月不舉樂其一朝發哀三日不舉樂此舊事明文賀循荅曰案礼雜記君於卿大夫之葬比葬不食肉比卒哭不舉樂古者君臣義重雖以至尊之義降而无服三月之内猶錫衰以居不接吉事故春秋晉大夫智悼子未葬平公作樂爲屠蒯所譏如遠所啓合於古義咸寧詔書雖不會經典然隨時立宜以爲定制誠非羣下所得稱論

升平元年帝姑廬陵公主未葬符問太常冬至小會應作樂不博士胡訥議云君於卿大夫比卒哭不舉樂公主有骨肉之親宜闕樂太常王彪之云案武帝詔三朝舉哀三旬乃舉樂其一朝舉哀者三日則舉樂泰始十年春長樂長公主薨太康七年秋扶風王亮薨武帝並舉哀三日而已中興已後更參論不改此制今小會宜作樂二議竟不知所取

喪服記公爲所寓齊衰三月新礼以今无此事除此一章摯虞以爲周礼作於刑厝之時而著荒政十二礼備制待物不以時衰而除盛典世隆而闕衰教也曩者王司徒失守播越自稱寄公是時天下又多此比皆礼之所及宜定新礼自如舊經詔從之

漢魏故事无五等諸侯之制公卿朝士服喪親疎各如其親新礼王公五等諸侯成國置卿者及朝廷公孤之爵皆傍親絶朞而傍親爲之服斬衰卿校位從大夫者皆絶緦摯虞以爲古者諸侯君臨其國臣諸父

兄今之諸侯未同于古未同于古則其尊未全不宜便從絶朞之制而
令傍親服斬衰之重也諸侯既然則公孤之爵亦宜如舊昔魏武帝建
安中已曾表上漢朝依古為制事與古異皆不施行施行者著魏科大
晋采以著今宜定新禮皆如舊詔從之
喪服無弟子為師服之制新禮弟子為師齊衰三月摯虞以為自古無
師服之制故仲尼之喪門人疑於所服子貢曰昔夫子之喪顔回若喪
子而無服請喪夫子若喪父而無服遂心喪三年此則懷三年之哀而
無齊衰之制也羣居則絰出則否所謂弔服加麻也先聖為禮必易
從而可傳師徒義誠重而服制不著歷代相襲不以為缺且尋師者以
彌高為得故屢遷而不嫌脩業者以日新為益故舍舊而不疑仲尼稱
三人行必有我師焉子貢云夫子何常師之有淺學之師暫學之師不
可皆為之服義有輕重服有廢興則臧否由之而起是非因之而爭變
惡相攻悔吝生焉宜定新禮無服如舊詔從之
古者天子諸侯葬禮粗備漢世又多變革魏晋已下世有改變大體同
晋志十　十二
漢之制而魏武以礼送終之制襲稱之數繁而無益俗又過之豫自制
送終衣服四篋題識其上春秋冬夏日有不諱隨時以斂金珥珠玉銅
鐵之物一不得送文帝遵奉先所增加及受禪刻金璽追加尊號不敢
開埏乃為石室藏璽埏首以示陵中无金銀諸物也漢礼明器甚多自
是皆省之矣
魏文帝黄初三年又自作終制曰礼国君即位為椑存不忘亡也壽陵
因山為體無封樹無立寝殿造園邑通神道夫葬者藏也欲人之不得
見也礼不墓祭故存亡不黷也皇后及貴人以下不隨王之國者有終
没皆葬澗西前又已表其處矣此詔藏之宗廟副在尚書秘書三府明
帝亦遵奉之明帝之性雖崇奢然未遽營陵墓之制也
宣帝預自於首陽山為土藏不墳不樹作顧命終制斂以時服不設明
器景文皆謹奉成命無所加焉景帝崩喪事制度又依宣帝故事
武帝泰始四年文明王皇后崩將合葬開崇陽陵使太尉司馬望奉祭
進皇帝密璽綬於便房神坐魏氏金璽此又儉矣

江左初元明崇儉且百度草創山陵奉終省約備矣
成帝咸康七年皇后杜氏崩詔外官五日一入臨内官旦一入而已過葬
虞祭礼畢止有司奏大行皇后陵所作凶門柏歷門號顯陽端門詔曰
門如所奏凶門柏歷大為煩費停之案蔡謨説以二瓦器盛始死之祭
繫於木裹以葦席置庭中近南名為重今之凶門是其象也礼既虞而
作主今未葬未有主故以重當之礼稱為主道此其義也范堅又曰凶
門非礼礼有懸重形似凶門後人出之門外以表喪俗遂行之薄帳即
古弔幕之類也是時又詔曰重壤之下豈宜崇飾无用陵中唯潔埽而
已有司又奏依舊選公卿以下六品子弟六十人為挽郎詔又停之
孝武帝太元四年九月皇后王氏崩詔曰終事唯從儉速又詔遠近不
得遣山陵使有司奏選挽郎三十四人詔停之
古无墓祭之礼漢承秦皆有園寝正月上丁祠南郊礼畢次北郊明堂
高廟世祖祠廟謂之五供
魏武葬高陵有司依漢立陵上祭殿至文帝黄初三年乃詔曰先帝躬
晋志十　十三
履節儉遺詔省約子以述父為孝臣以繫事為忠古不墓祭皆設於廟
高陵上殿皆毁壞車馬還廄衣服藏府以從先帝儉德之志文帝自作
終制又詔曰壽陵无立寝殿造園邑自後園邑寝殿遂絶齊王在位九
年始一謁高平陵而曹爽誅其後遂廢終魏世及宣帝遺詔子弟群官
皆不得謁陵於是景文遵旨至武帝猶再謁崇陽陵一謁峻平陵然遂
不敢謁高原陵至惠帝復止也逮于江左元帝崩後諸公始有謁陵辭
告之事蓋由眷同友執率情而舉非洛京之舊也成帝時中宫亦年年
拜陵議者以為非礼於是遂止以為永制至穆帝時褚太后臨朝又拜
陵帝幼故也至孝武崩驃騎將軍司馬道子曰今雖權制服至於朔望
諸節自應展情陵所以一周為斷於是至陵變服單衣煩黷无準非礼
意也及安帝元興元年尚書左僕射桓謙奏百僚拜陵起於中興非晋
舊典積習生常遂為近法尋武皇帝詔乃不使人主諸王拜陵豈唯百
僚謂宜遵奉於是施行及義熙初又復江左之舊
太康七年太鴻臚鄭默母喪既葬當依舊攝職固陳不起於是始制大

臣得終喪三年然元康中陳準傅咸之徒猶以權奪不得終礼自茲已往以為成比也

太康元年東平王楙上言相王昌父毖本居長沙有妻息漢末使入中國值吳叛仕魏為黃門郎與前妻息死生隔絕更娶昌母今江表一統昌聞前母久喪言疾求平議守博士謝衡議曰雖有二妻蓋有故而然不為害於道議宜更相為服守博士許猛以為地絕又無前母之制正以在前非沒則絕故也前母雖在猶不應服段暢秦秀騶沖從猛散騎常侍劉智安議礼為常事制不為非常設也亡母不知其死生者不著於礼平生不相見去其加隆以恭為斷都令史虞溥議曰臣以為礼不二嫡所以重正非徒如前議者防妒忌而已故曰一與之齊終身不改未有遭變而二嫡苟不二則昌父更娶之辰是前妻義絕之日也使昌父尚存二妻俱在必不使二嫡專堂兩婦執祭同為之齊也秦秀議二妾之子父命令相慈養而便有三年之恩使同所生昌父何義不命二嫡依此禮乎父之執友有如子之禮況事兄之母乎許猛又議夫少婦稚則不可許以改娶更適矣今妻在許以更娉夫存而妻得改醮者非絕而何侍中領博士張惲議昔舜不告而娶婚禮蓋闕故堯典以釐降二女為文不殊嫡媵傳記以妃夫人稱之明不立正后也夫以聖人之弘帝者嫡子猶權事而變以定典礼黃昌之告新妻使避正室時論許之推姻氏之讓執黃卿之決宜使各自服其母黃門侍郎崔諒荀悝中書監荀勖領中書令和嶠侍郎夏侯湛皆如溥議侍郎山雄兼侍郎著作陳壽以為溥駁一與之齊非大夫也礼无二嫡不可以並耳若昌父及二母於今各存者則前母不廢已有明徵也設令昌父將前母之子來入中國尚在者當從出母之服苟昌父無棄前妻之命昌兄有服母之理則昌无疑於不服驃曹屬卞粹議昌父當莫審之時而娶後妻則前妻同之於死而義不絕若生相及而後妻不去則妾列於前志矣死而會乎則同祔於葬无並嫡之實必欲使子孫於沒世之後追討二母隔絕之時以為並嫡則背違死父追出亡母議者以為禮無前母之服者可謂以文害意愚以為母之不親而服三年非一無異於前母也

僉曹屬衛恒議或云嫡不可二前妻宜絕此為奪舊与新違母從子礼律所不許人情所未安也或云絕与死同无嫌二嫡據其相及欲令有服此為論嫡則死議服則生還自相伐理又不通愚以為地絕死絕誠无異也宜一如前母不復追服主簿劉卞議毖在南為邦族於北為羈旅以此名分言之前妻為元妃後婦為繼室何至王路既通更當逐其今妻廢其嫡子木書姜氏絕不為親以其犯至惡也趙姬雖貴必推叔隗原同雖寵必嫡宣子孟若違礼苟讓何貴春秋所當善也論者謂地絕其情終以不得往來今地既通何為故當追而絕之邪黃昌見美斯又近世之明比司空齊王攸議礼記生不及祖父母諸父昆弟而父稅喪己則否諸儒皆以為父以他故子生異域不及此親存時歸見之父雖追服子不從稅不責非時之恩也但不相見尚不服其先終而況前母非親所生義不踰祖莫往莫來恩絕殊隔而令追服殆非稱情立文之謂也以為昌不宜追服司徒李胤議毖為黃門侍郎江南已叛石厚与焉大義滅親況於毖之義可得以為妻乎大司馬騫不議太尉充撫軍大將軍汝南王亮皆從王者溥又駁粹曰喪從寧戚謂喪事尚哀耳不使服非其親也夫死者終也終事已故无絕道分居兩存則離否由人夫婦以判合為義今土隔人殊則配合理絕彼已更娶代己安得自同於此婦哉伯夷讓孤竹不可以為後王法也且既已為嫡後服復云為妾生則或娶或離死則同祔於葬妻專一以事夫夫懷貳以接已開偽薄之風傷貞信之教於以純化篤俗不亦難乎今昌二母雖土地殊隔據同時並存何得為前母後母乎設使昌母先亡以嫡合葬而前母不絕遠聞喪問當復相為制何服邪夫制不應礼動而愈失孝子不納親於不義貞婦不昧進而苟容今同前嫡於死婦使後妻居正而或廢於二子之心曾无恧乎而云誣父棄母恐此文致之言難以定臧否也礼違諸侯適天子不服舊君然則昌父絕前君矣更納後室廢舊妻矣又何取於宜誅宜撫乎且婦人之有惡疾乃慈夫之所愍也而在七出誠以人理應絕故也今夫婦殊域与无妻同方之惡疾理无以異據已更娶有絕前之證而云應服於義何居尚書八座以為設令有人於此父

為敦煌太守而子後任於洛若父娶妻非徙不見乃可不知及其死亡不得不服但鞠養己者情哀而不相見名制雖戚念之心殊而為之服一也又兩后亞嫡自謂違礼不謂非常之事而以常礼処之也昔子思哭出母於廟其門人曰庶氏之女死何為哭於孔氏之廟子思懼改哭於他室若昌不制服不得不告其父祖掘其前母之尸徙之他地若其不徙昌為罪人何則異族之女不得祔于先姑藏其墓次故也且夫婦人牵夫猶有所尊趙姬之牵礼得權通故先史詳之不識其事耳今昌之二母各以終亡尚无並主輕重之事也昌之前母宜依叔隗為比若亡在昌未生之前者則昌不應復服生及母存自應如礼以名服三年輒正定為父草土太常報彬奉行制曰凡事有非常當依準舊典為之立斷今議此事稱引趙姬叔隗者粗是也然後狄与晉和故姬氏得迎叔隗而下之吳寇隔塞然后与前妻終始永絶必義无兩嫡則趙衰可以尊制隗氏昌為人子豈得擅替其母且然二妻並以絶亡其子猶後母之子耳昌故不應制服也太興初著作郎干寶論之曰礼有經有變有權

王毖之事有為為之也有不可責以始終之義不可求以循常之文何羣議之紛錯同産者无嫡側之別而先生為兄諸侯同爵无等級之差而先封為長今二妻之入无貴賤之礼則宜以先後為秩順序義也今生而同室者寡死而同廟者衆及其神位固有上下也故春秋賢趙姬遭礼之变而得礼情也且夫吉凶哀樂動乎情者也五礼之制所以叙情而即事也今二母者本他人也以名來親而恩否於時敬不及生愛不及喪夫何追服之道哉張惲劉卞得其先後之節齊王衞恒通于服絶之制可以斷矣朝廷於此宜導之以趙姬齊之以詔命使先妻恢含容之德後妻崇卑讓之道室人達長少之序百姓見变礼之中若此可以居生又況於死乎古之王者有以師友之礼待其臣而臣不敢自尊今令先妻以一軆接後而後妻不敢抗及其子孫交相為服礼之善物也然則王昌兄弟相得之日蓋宜祫祭二母等其礼饋序其先後配以左右兄弟肅雍交酬奏獻上以恕先父之志中以高二母之德下以齊兄弟之好使義風弘于王教慈讓洽乎急難不亦得礼之本乎是時沛

國劉仲武先娶毌丘氏生子正舒正則二人毌丘儉反敗仲武出其妻娶王氏生陶仲武為毌丘氏別舍而不告絶及毌丘氏卒正舒求祔葬焉而陶不許舒不釋服訟于上下泣血露骨衰裳綴絡數十年弗得從以至死亡時吳国朱某娶妻陳氏生子東伯入晉晉賜妻某氏生子綏伯太康之中某已亡綏伯將母以歸邦族兄弟交愛敬之道二母篤先後之序雍雍人無間焉及其終也二子交相為服君子以為賢安豐太守程諒先已有妻後又娶遂立二嫡前妻亡後妻子勳疑所服中書令張華造甲乙之問曰甲娶乙為妻後又娶景匿不說有乙居家如二嫡无有貴賤之差乙亡景之子當何服本實並列嫡庶不殊雖二嫡非正此失在先人人子何得專制析其親也若為庶母服又不成為庶進退不知所從太傅鄭沖議曰甲失礼於家二嫡並在誠非人子所得正則乙景之子並當三年礼疑從重車騎賈充侍中少傅任愷議略与鄭同太尉荀顗議曰春秋並后匹嫡古之明典也今不可以犯礼並立二妻不別尊卑而遂其失也故當斷之以禮先至為嫡後至為庶景子宜以

嫡母服乙乙子宜以庶母事景昔屈建去芰古人以為違礼而得礼景子非為抑其親斯自奉禮先後貴賤順叙之義也中書監荀勖議曰昔鄉里鄭子羣娶陳司空從妹後隔呂布之亂不復相知存亡更娶鄉里蔡氏女徐州平定陳氏得還遂二妃並存蔡氏之子字元龔為陳氏服嫡母之服事陳公以從舅之禮族兄宗伯曾責元龔謂抑其親鄉里先達以元龔為合宜不審此事粗相似否

建武元年以温嶠為散騎侍郎嶠以母亡值寇不臨殯葬欲營改葬固讓不拜元帝詔曰温嶠不拜以未得改卜葬送朝議又頗有異同為審由此邪天下有闕塞行禮制物者當使理可經通古人之制三年非情之所盡蓋存亡有斷不以死傷生耳要経而服金革之役者豈營官邪隨王事之緩急也今桀逆未梟平陽道斷奉迎諸軍猶未得徑進嶠特一身於何濟其私艱而以理闋自疑不服王命邪其令三司八坐門下三省外内羣官詳共通議如嶠比吾將親裁其中於是太宰西陽王羕司徒臨潁公組驃騎將軍即丘子導侍中紀瞻尚書周顗散騎常侍

荀邃等議以昔伍員挾弓去楚爲吳行人以謀楚誠志在報讎不苟滅身也溫嶠遭難昔在河朔日尋干戈志刷讎惡方東投身歸赴朝廷將欲因時竭力憑賴王威以展其情此乃嶠之志也無緣道路未通師旅未進而更中辭王事還卑忘家巷也以爲誠宜如明詔於是有司奏曰案如衆議去建武元年九月下辛未令書依礼父母喪未葬唯喪主不除以他故未葬人子之情不可居殯而除故期於畢葬无遠近之斷也若亡遇賊難喪靈无處求索理絕固應三年而除不得從未葬之例也若骨肉籠於寇害死亡漫於中原而繼以遺賊未滅亡者无收殯之實存者又闕於奔赴之礼而人子之情哀痛無斷輒依未葬之義父而不除若遂其情則人居無限之喪非有礼無時不得之義也諸如此皆依東關故事限行三年之礼畢而除也唯二親生離吉凶未分服喪則凶事未據從吉則疑於不存心憂居素出自人情有如此者非官制之所裁今嶠以未得改卜奔赴累設疾辭案辛未之制已有成斷皆不得復遂其私情不服王命以虧法憲參議可如前詔嶠受拜重告以中丞司徒諸如嶠比者依東關故事辛未令書之制嶠不得已乃拜是時中原喪乱室家離析朝廷議二親陷沒寇難應制服不太常賀循曰二親生離吉凶未分服喪則凶事未據從吉則疑於不存心憂居素允當人情元帝令以循議爲然

太興二年司徒荀組云二親陷沒寇難万無一冀者宜使依王法隨例行喪庾蔚之云二親爲戎狄所破存亡未可知者宜盡尋求之理尋求之理絕三年之外便宜婚宦胥嗣不可絕王政不可廢故也猶宜以哀素自居不豫吉慶之事待中壽而服之也若境內賊乱倩平肆省之後尋覓无蹤跡者便宜制服

咸康二年零陵李繁娣先適南平郡陳詵爲妻產四子而遭賊於賊請活姑命賊略將娣去詵既娶嚴氏生三子繁後得娣消息往迎還詵籍注領二妻及李亡詵疑制服以事言征西大將軍庾亮府平議時議亦往往異同司馬王愆期議曰案礼不二嫡故惠公元妃孟子孟子卒繼室以聲子諸侯猶耳況庶人乎士喪禮曰繼母本實繼室故稱繼母事之如嫡故曰如母也詵不能遠慮避難以亡其妻非犯七出見絕於詵始不見絕終又見迎養姑於堂子爲首嫡列名黃籍則詵之妻爲詵也妻則爲暉也母暉之制服無所疑矣禮爲繼母服而不爲前母服者如李比類曠世所希前母既終乃有繼母後子不及前母故先制服之文然礿祠烝嘗未有不以前母爲母者亡猶母之況其存乎詵有老母不可以莫之養妻無歸期納妾可也李雖沒賊尚有生冀詵尋求之理不盡而便娶妻誠詵之短也然隴畝之夫不達禮義考之傳記不勝施孝叔之妻失身於卻犨而不棄者以非其罪也詵有兩妻非故犯法李歸野人而能臨危請活姑命險不忘順可謂孝婦矣議者欲令在沒略之中必全苦操有隕无二是望凡人皆爲宋伯姬也詵雖不應娶妻要以嚴爲妻妻則繼室本非嫡也雖云非嫡義在始終寧可以詵不應二妻而已浩二庭乎若能下之則趙姬之義若云不能官當有制先嫡後繼有自來矣衆議貶識大峻故略序異懷亮從愆期議定

五經通義以爲有德則謚善無德則謚惡故雖君臣可同魏朝初謚宣帝爲文侯景王爲武侯文王表不宜與二祖同於是改謚宣文忠武至文王受晉王之號魏帝又追命宣文爲宣王忠武爲景王

太康八年十月太常上謚故太常平陵男郭奕爲景侯有司奏云晉受命以來祖宗號謚羣下未有同者故郭奕爲景与景皇同不可聽宜謚曰穆王濟羊璞等並云夫无窮之祚名謚不一若皆相避於制難全如悉不避復非推崇事尊之禮宜依諱名之義但及七廟祖宗而已不及遷毀之廟成粲武茂劉訥並云同謚非嫌號謚者国之大典所以厲時作教經天人之遠言也固雖君父義有所不隆及在臣子或以行顯故能使上下邁德罔有殆荒臣願聖世同符堯舜行周同謚之礼舍漢魏近制相避之議又引周公父子同謚曰文武帝詔曰非言君臣不可同正以奕謚景不相當耳宜謚曰簡及太元四年侍中王欣之表君臣不嫌同謚尚書奏以欣之言爲然詔可

驃騎將軍溫嶠前妻李氏在嶠微時便卒又娶王氏何氏並在嶠前死及嶠薨朝廷以閒陳舒三人並得爲夫人不舒云礼記其妻爲夫人而

卒而後其夫不爲大夫而祔於其妻則不易牲妻卒而後夫爲大夫而祔於其妻則以大夫牲然則夫榮於朝妻貴於室雖先夫殁榮辱常隨於夫也礼記曰妻祔於祖姑祖姑有三人則祔其親者如礼則三人皆爲夫人也自秦漢已來廢一娶九女之制近世无復繼室之禮先妻卒則更娶苟生加禮則亡不應貶庾蔚之云賤時之妻不得並爲夫人若有追贈之命則不論耳嶠傳贈王何二人夫人印綬不及李氏

永和十二年彭城國爲李太妃求謚博士曹耽之議夫婦行不必同不得以夫謚謚婦春秋婦人有謚甚多經無譏文知礼得謚也胡訥云礼婦人生以夫爵死以夫謚春秋夫人有謚不復依礼耳安平獻王李妃琅邪武王諸葛妃太傅東海王裴妃並無謚今宜率舊典王彪之云婦人有謚礼壞故耳聲子爲謚服虔諸儒以爲非杜預亦云礼婦人無謚春秋无譏之文所謂不待貶絶自明者也近世唯后乃有謚耳太尉荀顗上謚法云若賜謚而道遠不及葬者皆封策下屬遺所承長史奉策即家祭賜謚

太元十三年召孔安國爲侍中安國表以黄門郎王愉名犯私諱不得連署求解有司議云名終諱之有心所同聞名心瞿亦明前誥帝禮復云君所無私諱大夫之所有公諱无私諱又云詩書不諱臨文不諱豈非公義奪私情王制屈家礼哉尚書安衆男臣先表中兵曹郎王祐名犯父諱求解職明詔爰發聽許换曹蓋是恩出制外耳而頃者互相瞻式源流既啓莫知其極夫皇朝礼大百僚備職編官列署動相經涉若以私諱人遂其心則移官易職遷流莫已既違典法有虧政體請一斷之從之

志第十　禮志中　晉書二十

志第十一　禮下　晉書二十一　御撰

五禮之别三曰賓蓋朝宗覲遇會同之制是也自周以下其禮彌繁自秦滅學之後舊典殘缺漢興始使叔孫通制禮參用先代之儀然亦往往改異焉漢儀有正會禮正旦夜漏未盡七刻鍾鳴受賀公侯以下執贄來庭二千石以上升殿稱萬歲然後作樂宴饗魏武帝都鄴正會文昌殿用漢儀又設百華燈晉氏受命武帝更定元會儀咸寧注是也傅玄元會賦曰考夏后之遺訓綜殷周之典藝採秦漢之舊儀定元正之嘉會此則兼採衆代可知矣

咸寧注先正一日有司各宿設夜漏未盡十刻群臣集到庭燎起火上賀起謁報又賀皇后還從雲龍東中華門入詣東閤下便坐漏未盡七刻百官及受贄郎官以下至計吏皆入立其次其陛衛者如臨軒儀漏未盡五刻謁者僕射大鴻臚各各奏群臣就位定漏盡侍中奏外辦皇帝出鍾鼓作百官皆拜伏太常導皇帝升御坐鍾鼓止百官起大鴻臚跪奏請朝賀掌礼郎讃皇帝延王登大鴻臚跪讃藩王臣ム等奉白璧各一再拜賀太常報王悉登謁者引上殿當御坐皇帝興王再拜皇帝坐復再拜跪置璧御坐前復再拜成禮訖謁者引下殿還故位掌礼郎讃皇帝延太尉等於是公特進匈奴南單于金紫將軍當大鴻臚西中二千石二千石千石六百石當大行令西皆北面伏鴻臚跪讃太尉中二千石等奉璧皮帛羔鴈雉再拜賀太常讃皇帝延公等登掌禮引公至金紫將軍上殿皇帝興皆再拜皇帝坐又再拜跪置璧皮帛御坐前復再拜成禮訖謁者引下殿還故位公置璧成禮時大行令並讃殿下中二千石以下同成禮訖以贄授贄郎郎以璧帛付諸謁者羔鴈雉付太官太樂令跪奏雅樂樂以次作乘黄令乃出車皇帝罷入百官皆坐晝漏上水六刻諸蠻夷胡客以次入皆再拜訖坐御入後三刻又出鍾鼓作謁者僕射跪奏請群臣上謁者引王公二千石上殿千石六百石停本位謁者引王詣樽酌壽酒跪授侍中侍中跪置御坐前王還自酌置位前謁者跪奏藩王臣ム等奉觴再拜上千万歲四廂樂作百官再拜已

飲又再拜謁者引王等還本位陛下者傳就席群臣皆跪諾侍中中書令尚書令各於殿上上壽酒登歌樂升太官又行御酒御酒升階太官令跪授侍郎侍郎跪進御坐前乃行百官酒太樂令跪奏奏登歌三終乃降太官令跪請具御飯到階群臣皆起太官令持羹跪授司徒持飯跪授大司農尚食持案並授持節持節跪進御坐前群臣就席太樂令跪奏奏食舉樂太官行百官飯案遍食畢太樂令跪奏請進樂樂以次作鼓吹令又前跪奏請以次進衆妓乃召諸郡計吏前受敕戒於階下宴樂畢謁者一人跪奏請罷退鐘鼓作群臣北面再拜出然則夜漏未盡七刻謂之晨賀晝漏上三刻更出百官奉壽酒謂之晝會別置女樂三十人於黃帳外奏房中之歌江左多虞不復晨賀夜漏未盡十刻開宣陽門至平旦始開殿門晝漏上五刻皇帝乃出受賀皇太子出會者則在三恪下王公上正旦元會設白獸樽於殿庭樽蓋上施白獸若有能獻直言者則發此樽飲酒案禮白獸樽乃杜舉之遺式也爲白獸蓋是後代所爲示忌憚也

魏制藩王不得朝覲魏明帝時有朝者皆由特恩不得以爲常及泰始中有司奏諸侯之國其王公以下入朝者四方各爲二番三歲而周周則更始若臨時有故卻在明年明年來朝之後更滿三歲乃復朝不得違本數朝禮皆親執璧如舊朝之制不朝之歲各遣卿奏聘奏可江左王侯不之國其有受任居外則同方伯刺史二千石之禮亦無朝聘之制故此禮遂廢漢以高帝十月定秦且爲歲首至武帝雖改用夏正然每月朔朝至於十月朔猶常饗會其儀夜漏未盡七刻受賀及贄公侯璧中二千石二千石羔千石六百石鴈四百石以下雉三公奉璧上殿御坐前北面太常讚曰皇帝爲君興三公伏皇帝坐乃前進璧百官皆賀二千石以上上殿稱萬歲舉觴御食司徒奉羹大司農奉飯奏食舉之樂百官受賜宴饗大作樂如元正之儀魏晉則冬至日受方國及百僚稱賀因小會其儀亞於獻歲之旦

古者帝王莫不巡狩魏文帝值天下三分方隅多事皇輿亟動役無寧歲蓋應時之務非舊章也明帝凡三東巡狩所過存問高年恤疾苦或賜穀帛有古巡幸之風焉

齊王正始元年巡洛陽縣賜高年力田各有差及武帝泰始四年詔刺史二千石長吏曰古之王者以歲時巡狩方岳其次則二伯述職不然則行人顧省故雖幽遐側微心無壅隔下情上通上指遠諭至于鰥寡罔不得所用垂風遺烈休聲猶存朕在位累載如臨深川夙興夕惕明發不寐坐而待旦思四方水旱災眚爲之怛然勤躬約己欲令事事當宜常恐衆吏用情誠心未著萬機兼猥慮有不周政刑失謬而弗獲備覽百姓有過在予一人惟歲之不易未遑卜征巡省之事下之未乂其何以恤之今使使持節侍中副給事黃門侍郎銜命四出周行天下親見刺史二千石長吏申諭朕心訪求得失損益諸宜觀省政教問人間患苦周典有之曰其萬姓之利害爲一書其禮俗政事刑禁之逆順爲一書其暴亂作慝犯令爲一書其札喪凶荒厄貧爲一書其康樂和親安平爲一書每國辨異之以返命于王舊章前訓今率由之還具條奏俾朕昭然鑒于幽遠若親行焉大夫君子其各悉乃心敬乃事嘉言令圖苦言至戒與使者盡之無所隱諱方將虛心以俟其勉哉勗之稱朕意焉新禮巡狩方岳柴望告設壝宮如禮諸侯之觀者賓及執贄皆如朝儀而不建旗摯虞以爲觀禮諸侯觀天子各建其旗旗章所以殊爵命示等威詩稱君子至止言觀其旂宜定新禮建旗如舊禮詔可其議然終晉代其禮不行

封禪之說經典無聞禮有因天事天因地事地因名山升中于天而鳳凰降龜龍格天子所以巡狩至於方嶽燔柴祭天以告其成功事似而非也讖緯諸說皆云王者封泰山禪梁甫易姓紀號秦漢行其典前史各陳其制矣

魏明帝黃初中護軍蔣濟奏曰夫帝王大禮巡狩爲先昭祖揚禰封禪爲首是以自古革命受符未有不蹈梁父登泰山刊無竟之名紀天人之際者也故司馬相如謂有文以來七十二君或順所繇於前謹遺教於後太史公曰主上有聖明而不宣布有司之過也然則元功懿德不刊梁山之石無以顯帝王之功示兆庶不朽之觀也語曰當君而歎堯舜

之美譬猶人子對厥親而生譽他人之父今大魏承百王之弊亂拯流遁之艱厄接千載之衰緒繼百代之廢業自武文至于聖躬所以參成天地之道綱維人神之化上天報應嘉瑞顯祥以比往古無所取喻至於歷世迄今未發大禮雖志在掃盡殘盜蕩滌餘穢未遑斯事若爾三苗屈強於江海大舜當廢東巡之儀徐夷跳梁於淮泗周成當止岱嶽之禮且去歲破吳虜於江漢今茲屠蜀賊於隴右其震蕩內潰在不復淹無累於封禪之事也此議久廢非倉卒所定宜下公卿廣撰其禮卜年考時昭告上帝以副天下之望臣待罪軍旅不勝大願冒死以聞詔曰聞蔣濟斯言使吾汗出流足自開闢以來封禪者七十餘君耳故太史公曰雖有受命之君而功有不洽是以中間廣遠者千有餘年近者數百載其儀闕不可得記吾何德之脩敢庶茲乎濟豈謂世無管仲以吾有桓公登太山之志乎吾不欺天也濟之所言華則榮矣非助我者也公卿侍中尚書常侍省之而已勿有所議亦不須荅詔也天子雖距濟議而實使高堂隆草封禪之儀以天下未一不欲便行大禮會隆卒不復行之

又武帝平吳混一區宇

太康元年九月庚寅尚書令衛瓘尚書左僕射山濤右僕射魏舒尚書劉寔司空張華等奏曰臣聞肇自生靈則有后辟年載之數莫之能紀立德濟世揮揚仁風以登封泰山者七十有四家其謚號可知者十有四焉沉淪寂寞曾無遺聲者不可勝記大晉之德始自重黎實佐顓頊至于夏商世序天地其在于周不失其緒金德將升世濟明聖外平蜀漢海內歸心武功之盛實由文德至于陛下受命踐阼弘建大業群生仰流惟獨江湖沅湘之表凶桀負固歷代不賓神謀獨斷命將出討兵威暫加數旬蕩定羈其鯨鯢赦其罪逆雲覆雨施八方來同聲教所被達于四極雖黃軒之征大禹遠略周之奕世何以尚今若夫玄石素文底號前載象以數表言以事告雖古河圖洛書之徵不是過也宜宣大典禮中嶽封泰山禪梁父發德號明至尊享天休篤黎庶勤千載之表播流後之聲俾百世之下莫不興起斯帝王之盛業天人之至望也詔曰今逋寇雖殄外則障塞有警內則百姓未康此盛德之事所未議也瓘等又奏曰今東漸于海西被于流沙大漠之陰日南北戶莫不通屬芒芒禹跡今實過之天人之道已周巍巍之功已著宜脩禮地祇登封泰山致誠上帝以荅人神之願也乞如前奏詔曰今陰陽未和政刑未當百姓未得其所豈可以勒功告成邪詔不許瓘等又奏曰臣聞處帝王之位者必有歷運之期天命之應濟兆庶之功者必有盛德之容告成之典無不可誣有不敢讓自古道也而明詔謙沖屢辭其禮雖盛德攸在推而未居夫三公職典天地實掌人物國之大事取義於此故漢氏封禪非是官也不在其事臣等前奏蓋陳祖考之功天命又應陛下之德合同四海述古考今宜脩此禮至於克定歲月須五府上議然後奏聞詔曰雖蕩清江表皆臨事者之勞何足以告成方望群后思隆大化以寧區夏百姓獲乂與之休息斯朕日夜之望無所復下諸府矣瓘等又奏臣聞唐虞三代濟世弘功之君莫不仰承天休俯協人志登介丘履梁父未有辭焉者蓋不可讓也今陛下勳高百王德無與二茂績宏規巍巍之業固非臣等所能究論而聖旨勞謙屢自抑損時

至弗應推美不居闕皇代之上儀塞靈祇之款望使大晉之典謨同風於三五臣等誠不敢奉詔請如前奏施行詔曰方當共思弘道以康庶績且俟他年無所復紛紜也王公有司又奏自古聖明光宅四海封禪名山著於史籍作者七十四君矣舜禹之有天下也巡狩四嶽躬行其道易著觀俗省方禮有升中于天詩頌陟其高山皆載在方策文王為西伯以服事殷周公以魯藩列于諸侯或享于岐山或有事泰山徒以聖德猶得為其事自是以來功薄而僭其義者不可勝數號謚不泯以至于今況高祖宣皇帝肇開王業海外有截世宗景皇帝濟以大功輯寧區夏太祖文皇帝受命造晉蕩定蜀漢陛下應期龍興混一六合澤被群生威震無外昔漢氏失統吳蜀鼎峙兵興以來近將百年地險俗殊人望絕塞今不羈之寇二代而平非聰明神武先天弗違孰能巍巍其成功若茲者歟臣等幸以千載得遭運會親服大化目覩太平至公至美誰與為讓宜祖述先明憲章古昔勒功岱嶽登封告成弘禮樂之制正三雍之典揚名萬世以顯祖宗是以不勝大願敢昧死以聞請

告太常具禮儀復上詔曰所議誠列代之盛事也然今方未可以爾便報絕之

哀帝即位欲尊崇章皇太妃桓溫議宜稱太夫人尚書僕射江虨議曰虞舜體仁孝之性盡事親之禮貴爲天子富有四海而瞽叟無立錐之地一級之爵蒸蒸之心昊天罔極寧當忍父卑賤不以徽號顯之豈不以子無爵父之道理窮義屈靡所厝情者哉春秋經曰紀季姜歸于京師傳曰父母之於子雖爲天王后猶曰吾季姜言子尊不加父母也或以爲子尊不加父母則武王何以追王太王王季文王乎周之三王德配天地王跡之興自此始也是以武王仰尋前緒遂奉天命追崇祖考明不以子尊加父母也按禮幼不誄長賤不誄貴幼賤猶不得表彰長貴況敢錫之以榮命邪漢祖感家令之言而尊太公荀悅以爲孝莫大於嚴父而以子貴加之父母家令之言過矣爰逮孝章不上賈貴人以尊號而厚其金寶幣帛非子道之不至也蓋聖典不可踰也當春秋時庶子承國其母得爲夫人不審直子命母邪故當告於宗祧以先君之命命之邪竊見詔書當臨軒拜授貴人爲皇太妃今稱皇帝策命命貴人斯則子爵母也貴人北面拜授斯則母臣子也天尊地卑名位定矣母貴子賤人倫序矣雖欲加崇貴人而實卑之雖顯明國典而實廢之且人主舉動史必書之如當載之方策以示後世無乃不順乎竊謂應告顯宗之廟稱貴人仁淑之至宜加殊禮以酬鞠育之惠奉先靈之命事不在已妃后雖是配君之名然自后以下有夫人九嬪無稱妃焉桓公謂宜進號太夫人非不允也如以夫人爲少可言皇太夫人皇君也君太夫人於名禮順矣帝特下詔拜皇太妃三月景辰使兼太保王恬授璽綬儀服一如太后又詔曰朝臣不爲太妃敬爲合禮不太常江逌議位號不極不應盡敬孝武追崇會稽鄭太妃爲簡文太后詔問當開墓不王珣答據三祖追贈及中宗敬后並不開墓但更爲塋域制度耳褚太后臨朝時議褚裒進見之典蔡謨王彪之並以虞舜漢高祖猶執子道況后乎王者父無拜禮尚書八座議以爲純子則王道缺純臣則孝道虧謂公庭如臣私覿則嚴父爲允

漢魏故事皇太子稱臣新禮以太子既以子爲名而又稱臣臣子兼稱於義不通除太子稱臣之制摯虞以爲孝經資於事父以事君義兼臣子則不嫌稱臣宜定新禮皇太子稱臣如舊詔從之

太寧三年三月戊辰明帝立皇子衍爲皇太子癸巳詔曰禮無生而貴者故帝元子方之於士而漢魏以來尊崇儲貳使官屬稱臣朝臣咸拜此甚無謂吾昔在東宮未及啟重今衍幼沖之年便臣先達將令日習所見謂之自然此豈可以教之邪主者其下公卿內外通議使允禮中尚書令卞壼議以爲周禮王后太子不會明禮同於君皆所以重儲貳與其正嫡苟奉之如君不得不拜矣太子若存謙沖故宜答拜臣以爲皇太子之立郊告天地正位儲宮豈得同之皇子揖讓而已謂宜稽則漢魏闔朝同拜從之太元中尚書符問王公已下見皇太子儀及所衣服侍中領國子博士車胤議朝臣宜朱衣構幘拜敬太子答拜按經傳不見其文故太傅羊祜牋慶太子稱叩頭死罪此則拜之證也又太寧三年詔議其典尚書卞壼謂宜稽則漢魏闔朝同拜其朱衣冠冕惟施之天朝宜構幘而已朝議多同

太元十二年議二王後與太子先後博士庾弘之及尚書景袾議並以爲陳留國之上賓皇太子雖國之儲貳猶在臣位陳留王坐應在太子上陳留王勸表稱疾病積年求放罷詔禮官博士議之博士曹耽去勸爲祭主而無執祭之期宜與穆子孟縶事同王彪之云二王之後不宜輕致廢立記傳未見有已爲君而疾病退罷者當知古無此禮孟縶穆子是方應爲君非陳留之比

咸康四年成帝臨軒遣使拜太傅太尉司空儀注太樂宿縣於殿庭門下奏非祭祀宴饗則無設樂之制太常蔡謨議曰凡敬其事則備其禮禮備則制有樂樂者所以敬事而明義爲耳目之娛故冠亦用之不惟宴饗宴饗之有樂亦所以敬賓也故郄至使楚楚子饗之郄至辭曰不忘先君之好貺之以大禮重之以備樂尋斯辭也則宴樂之意可知矣公侯大臣人君所重故御坐爲起在輿爲下言稱伯舅傳曰國卿君之貳也是以命使之日御親臨軒百僚陪列此即敬事之意也古

者天王饗下國之使及命將帥遣使臣皆有樂故詩序曰皇皇者華君
遣使臣也又曰採薇以遣之出車以勞還杕杜以勤歸皆作樂而歌之
今命大使拜輔相比於下國之臣輕重殊矣軺誠有之東亦宜然故謂
臨軒遣使宜有金石之樂議奏從焉

漢魏故事王公群妾見於夫人夫人不答拜新禮以爲禮無不答更制
妃公侯夫人答妾拜摯虞以爲禮妾事女君如婦之事姑妾服女君
朞女君不報則敬與婦同而又加賤也名位不同本無酬報禮無不答
義不謂此先聖殊嫡庶之别以絶陵替之漸峻明其防猶有僭違宜定
新禮自如其舊詔可其議

五禮之别其四曰軍所以和外寧内保大定功者也但兵者凶事故因
蒐狩而習之

漢儀立秋之日自郊禮畢始揚威武斬牲於東門以薦陵廟其儀乘
輿御戎路白馬朱鬣躬執弩射牲牲以爲薦鹿麛太宰命謁者各一人
載以獲車馳送陵廟還宮遣使者齎束帛以賜武官武官肄兵習戰

陣之儀斬牲之禮名曰貙劉兵官皆肄孫吳兵法六十四陣既還公卿以
下陳雒陽前街乘輿到公卿以下拜天子下車公卿親識顏色然後還
宮古語曰在車下車則惟此時施行漢世率以爲常至獻帝建安二十
一年魏國有司奏古四時講武皆於農隙漢西京承秦制三時不講惟
十月都講今金革未偃士衆素習可無四時講武但以立秋擇吉日大朝
車騎號曰閱兵上合禮名下承漢制奏可是冬閱兵魏王親執金鼓
以令進退

延康元年魏文帝爲魏王是年六月立秋閱兵于東郊公卿相儀王
御華蓋親令金鼓之節

魏明帝太和元年十月又閱兵

武帝泰始四年九月咸寧元年太康四年六年冬皆自臨宣武觀大
閱衆軍然不自令進退也自惠帝以後其禮遂廢

元帝太興四年詔左右衛及諸營教習依大習儀作鴈羽仗成帝咸和
中詔内外諸軍戲兵於南郊之塲故其地因名鬭塲自後藩鎮桓
庾諸方伯往往閱習然朝廷無事焉

漢魏故事遣將出征符節郎授節鉞於朝堂其後荀顗等所定新
禮遣將御臨軒尚書授節鉞依古兵書跪而推轂之義也

五禮之别其五曰嘉宴饗冠婚之道於是乎備周末崩離賓射宴饗
之則罕復能行冠婚飲食之法又多遷變周禮雖有服冕之數而無天
子冠文又儀禮云公侯之有冠禮夏之末造也王鄭皆以爲夏末上下相
亂篡弒由生故作公侯冠禮則明無天子冠禮之審也大夫又無冠禮古
者五十而後爵何大夫冠禮之有周人年五十而有賢才則試以大夫之
事猶行士禮也故筮日筮賓冠於阼以著代醮於客位三加彌尊皆士
禮耳然漢代以來天子諸侯頗採其儀正月甲子若景子爲吉日可加
元服儀從冠禮是也漢順帝冠又兼用曹褒新禮乘輿初加緇布進
賢次爵弁武弁次通天皆於高廟以禮謁見世祖廟王公已下初加進
賢而已按此文始冠緇布從古制也冠於宗廟是也魏天子冠一加其說
曰士禮三加加有成也至於天子諸侯無加數之文者將以踐阼臨下尊

極德備豈得與士同也魏氏太子再加皇子王公世子乃三加孫毓以爲
一加再加皆非也禮醮辭曰令月吉日以歲之正以月之令按魯襄公冠
以冬漢惠帝冠以三月明無定月而後漢以來帝加元服咸以正月及咸
寧二年秋閏九月遣使冠汝南王柬此則非必歲首禮冠於廟然武惠
冠太子太子皆即廟見斯亦擬在廟之儀也穆帝孝武將冠皆先以
幣告廟訖又廟見也惠帝之爲太子將冠武帝臨軒使兼司徒高陽
王珪加冠兼光祿大夫屯騎校尉華廙贊冠江左諸帝將冠金石宿設
百僚陪位又豫於殿上鋪大牀御府令奉冕幘簪導衮服以授侍中常
侍太尉加幘太保加冕將加冕太尉跪讀祝文曰令月吉日始加元服皇
帝穆穆思弘衮職欽若昊天六合是式率遵祖考永永無極眉壽惟
祺介茲景福加冕訖侍中繫玄紞侍中脫帝絳紗服加衮服冕冠事畢
太保率群臣奉觴上壽王公以下三稱萬歲乃退按儀注一加幘冕而已
〇泰始十年南宫王承年十五依舊應冠有司奏議禮十五成童國君
十五而生子以明可冠之宜又漢魏遣使冠諸王非古典於是制王十五

而冠不復加使命王彪之云禮傳冠皆在廟按武帝既加元服車駕出
拜于太廟以告成也蓋亦猶擬在廟之儀
魏齊王正始四年始立皇后甄氏其儀不存武帝咸寧二年臨軒遣太
尉賈充策立皇后楊氏納悼后也因大赦賜王公以下各有差百僚上禮
太康八年有司奏婚納徵大婚用玄纁束帛加珪馬二駟王侯玄纁束帛加
璧乘馬大夫用玄纁束帛加羊古者以皮馬為庭實天子加以穀珪
諸侯加大璋可依周禮改璧用璋其羊鴈酒米玄纁如故諸侯婚禮
加納采告期親迎各帛五匹及納徵馬四匹皆令夫家自備惟璋官為
具致之尚書朱整議按魏氏故事王娶妃公主嫁之禮天子諸侯以皮
馬為庭實天子加以穀珪諸侯加以大璋漢高后制聘后黃金二百斤
馬十二匹夫人金五十斤馬四匹魏氏王娶妃公主嫁之禮用絹百九十匹
晉興故事用絹三百匹詔曰公主嫁由夫氏不宜皆為備物賜錢使足
而已惟給璋餘如故事
成帝咸康二年臨軒遣使持節兼太保領軍將軍諸葛恢兼太尉護

軍將軍孔愉六禮備物拜皇后杜氏即日入宮帝御太極殿群臣畢賀
賀非禮也王者婚禮禮無其制春秋祭公逆王后于紀穀梁左氏傳
說與公羊又不同而自漢魏遺事並皆闕略武惠納后江左又無復儀
注故成帝將納杜后太常華恒始與博士參定其儀據杜預左氏傳說主
婚是供其婚禮之幣而已又周靈王求婚於齊齊侯問於晏桓子桓子
對曰夫婦所生若如人姑姊妹則稱先守某公之遺女若如人此則天子
之命自得下達臣下之答徑自上通先儒以為丘明詳錄其事蓋為王
者婚娶之禮也故成帝臨軒遣使稱制拜后然其儀注又不具存
康帝建元元年納皇后褚氏而儀注陛者不設旄頭殿中御史奏今迎
皇后依成恭皇后入宮御物而儀注至尊衮冕升殿旄頭不設求量
處又按昔迎恭皇后惟作青龍旂其餘皆即御物今當臨軒遣使而
五牛旂旗旄頭罼罕並出即用故致今闕詔曰所以正法服升太極者以
敬其始故備其禮也今云何更闕所重而撤法物邪又恭后神主入廟
先帝詔后禮宜降不宜建五牛旗而今猶復設之邪既不設五牛旗則

旄頭罼罕之物易具也又詔曰舊制既難準且於今而備亦非宜府庫
之儲惟當以供軍國之費耳法服儀飾粗令舉其餘兼副雜器停之
○穆帝升平元年將納皇后何氏太常王彪之大引經傳及諸故事以定其
禮深非公羊婚禮不稱主人之義又曰王者之於四海無非臣妾雖復父
兄之親師友之賢皆純臣也夫崇三綱之始以定乾坤之儀安有天父之
尊而稱臣下之命以納伉儷安有臣下之卑而稱天父之名以行大禮遠
尋古禮無王者此制近求史籍無王者此比於情不安於義不通按
咸寧二年納悼皇后時弘訓太后母臨天下而無命戚屬之臣為武皇
父兄主婚之文又考大晉已行之事咸寧故事不稱父兄師友則咸寧
華恒所上禮合於舊臣愚謂今納后儀制宜一依咸寧故事於是從之
華恒所定之禮依漢舊及晉已行之制故彪之多從咸寧由此也惟以
娶婦之家三日不舉樂而咸康群臣賀為失禮故但依咸寧上禮不
復賀其告廟六禮版文等儀皆彪之定也其納采版文璽書曰皇
帝咨前太尉參軍何琦渾元資始肇經人倫爰及夫婦以奉天地宗

廟社稷謀于公卿咸以宜率由舊典今使使持節太常彪之宗正綜以
禮納采主人曰皇帝嘉命訪婚陋族備數采擇臣從祖弟故散騎侍
郎準之遺女未閑教訓衣履若如人欽承舊章肅奉典制前太尉
參軍都鄉侯糞土臣何琦稽首頓首再拜承詔次問名版文曰皇帝
曰咨某官某姓兩儀配合承天統物正位于內必俟令族重章舊典今
使使持節太常某宗正某以禮問名主人曰皇帝嘉命使者某到重
宣中詔問臣名族臣族女父母所生先臣故光祿大夫雩婁侯禎之遺
玄孫先臣故豫州刺史關中侯惲之曾孫先臣安豐太守關中侯猷之孫
先臣故散騎侍郎準之遺女外出自先臣故尚書左丞胄之外曾孫先
臣故侍中關內侯夷之外孫女年十七欽承舊章肅奉典制次納吉版
文曰皇帝曰咨某官某姓人謀龜從僉曰貞吉敬從典禮今使使持節
太常某宗正某以禮納吉主人曰皇帝嘉命使者某重宣中詔太卜元吉
臣陋族卑鄙憂懼不堪欽承舊章肅奉典制次納徵版文曰皇帝曰
咨某官某姓之女有母儀之德窈窕之姿如山如河宜奉宗廟永承

天祚以玄纁皮帛馬羊錢璧以章典禮今使使持節司徒某太常某以禮納徵主人曰皇帝嘉命降婚卑陋崇以上公寵以典禮備物典策欽承舊章肅奉典制次請期版文皇帝曰咨某官某姓謀于公卿泰筮元龜罔有不臧率遵典禮今使使持節太常某宗正某以禮請期主人曰皇帝嘉命使者某重宣中詔吉日惟某可迎臣欽承舊章肅奉典制次親迎版文皇帝曰咨某官某姓歲吉月令吉日惟某率禮以迎今使使持節太保某太尉某以禮迎主人曰皇帝嘉命使者某重宣中詔令月吉辰備禮以迎上公宗卿兼至副介近臣百兩臣螻蟻之族猥承大禮憂懼戰悸欽承舊章肅奉典制某稽首承詔皆如初答孝武納王皇后其禮亦如之其納采問名納吉請期親迎皆用白鴈白羊各一頭酒米各十二斛惟納徵羊一頭玄纁用帛三匹絳二匹絹二百匹獸皮二枚錢二百萬玉璧一枚馬六匹酒米各十二斛鄭玄所謂五鴈六禮也其馬之制備物之數校太康所奏又有不同故依古者婚冠皆有醮鄭氏醮文三首具存

升平八年臺符問迎皇后大駕應作鼓吹不博士胡訥議臨軒儀注闕無施安鼓吹處所又無舉麾鳴鍾之條太常王彪之以爲婚禮不樂鼓吹亦樂之總名儀注所以無者依婚禮今宜備設而不作時用此議

○永和二年納后議賀不王述云婚是嘉禮春秋傳曰娶者大吉非常吉又傳曰鄭子罕如晉賀夫人鄰國猶相賀況臣下邪如此便應賀但不在三日内耳今因廟見成禮而賀亦是一節也王彪之議云婚禮不樂不賀禮之明文傳稱子罕如晉賀夫人既無經文又傳不云禮也禮取婦三日不舉樂明三日之後自當樂至於不賀無三日之斷恐三日之後故無應賀之禮又云禮記所以言賀取妻者是因就酒食而有慶語也愚謂無直相賀之體而有禮贶共慶會之義今世所共行于時音不賀

穆帝納后欲用九月九月是忌月范汪問王彪之答云禮無忌月不敢以所不見便謂無之博士曹耽荀訥等並謂無忌月之文不應有妨王洽曰若有忌月當復有忌歲

太元十二年臺符問皇太子既拜廟朝臣奉賀應上禮與不國子博士車胤云百辟卿士咸預盛礼展敬拜伏不須復上禮惟方伯牧守不覩大禮自非酒牢貢羞無以表其乃誠故宜有上禮猶如元正大慶方伯莫不上礼朝臣奉璧而已太學博士庾弘之議按咸寧三年始平濮陽諸王新拜有司奏依故事聽京城近臣諸王公主應朝賀者復上禮今皇太子國之儲副既已崇建普天同慶諸應上禮奉賀徐邈同又引一有元良萬慶在於此封諸王及新宮上禮既有前事亦皆已瞻仰致敬而又奉觴上壽應亦無疑也

江左以來太子婚納徵禮用玉璧一獸皮二未詳何所準況或者獸取其威猛有班彩玉以象德而有潤栗珪璋亦玉之美者豹皮采蔚以譬君子王肅納徵辭云玄纁束帛儷皮鴈羊前漢聘后黃金二百斤馬十二疋亦無用羊之旨鄭氏婚物贊曰羊者祥也然則婚之有羊自漢始也王者六禮尚未用焉是故太康中有司奏太子婚納徵用玄纁束帛加羊馬二駟

武帝泰始十年將聘拜三夫人九嬪有司奏禮皇后聘以穀珪無妾媵礼贄之制詔曰拜授可依魏氏故事於是臨軒使使持節兼太常拜三夫人兼御史中丞拜九嬪

漢魏之禮云公主居第尚公主者來第成婚司空王朗以爲不可其後乃革太元中公主納徵以獸豹皮各一具礼豈謂婚礼不辨王公之序故取獸豹以尊革其事乎

禮有三王養老膠庠之文鄉食射飲酒之制周末淪廢漢明帝永平二年三月帝始率群臣射養三老五更于辟雍行大射之禮郡国縣道行鄉飲酒于學校皆祠先聖先師周公孔子牲以太牢孟冬亦如之及魏高貴鄉公甘露二年天子親帥群司行養老之禮於太學於是王祥爲三老鄭小同爲五更其儀注不存然漢禮猶在

武帝泰始六年十二月帝臨辟雍行鄉飲酒之禮詔曰礼儀之廢久矣乃今復講肄舊典賜太常絹百匹丞博士及學生牛酒咸寧三年惠帝元康九年復行其禮魏正始中齊王每講經遍輒使太常釋奠先

聖先師於辟雍弗躬親及惠帝明帝之爲太子及愍懷太子講經竟並
親釋奠於太學太子進爵於先師中庶子進爵於顏回成穆孝武
三帝亦皆親釋奠孝武時以學在水南懸遠有司議依升平元年
於中堂權立行太學于時無復國子生有司奏應須復二學生百二
十人太學生取見人六十國子生權銓大臣子孫六十人事訖罷奏可釋
奠禮畢會百官六品以上
漢儀季春上巳官及百姓皆禊於東流水上洗濯祓除去宿垢而自魏
以後但用三日不以上巳也晉中朝公卿以下至于庶人皆禊洛水之側趙
王倫篡位三日會天泉池誅張林懷帝亦會天泉池賦詩陸機云天
泉池南石溝引御溝水池西積石爲禊堂本水流杯飲酒亦不言曲水
元帝又詔罷三日弄具海西於鍾山立流水曲水延百僚皆其事也九
月九日馬射或說云秋金之節講武習射象立秋之禮也

晉書禮志第十一　禮下

志第十二　樂上　晉書二十二　御撰

夫性靈之表不知所以發於詠歌感動之端不知所以關於手足生於心
者謂之道成於形者謂之用譬諸天地其猶影響百獸率舞而況於人
乎美其和平而哀其喪亂以茲撥律乃播其聲焉農羲琴倕鍾和磬
達靈成性象物昭功由此言之其來自遠鄭氏不綱遺風餘蘗淫奏既
興雅章奔散英莖之制蓋已微矣孔子曰人能弘道非道弘人周始二
南風兼六代昔黃帝作雲門堯作咸池舜作大韶禹作大夏殷作大護
周作大武所謂因前王之禮設俯仰之容和順積中英華發外書稱命
夔典樂教胄子則周官所謂奏大呂歌黃鍾天既來下人祇動色抑揚
周監以弘雅音及褒豔興災平王逢亂禮廢親疎樂沉河海是以延陵
季子聞歌小雅曰其周德之衰乎猶有先王之遺風焉而列壤稱孤各與
吟詠魏文侯聆古樂而恐卧齊宣王聽新聲而忘食先王之道漸以陵
夷八方殊風九州異則秦氏并吞遂專刑憲至於絃歌詩頌干戚旄羽
投諸煙火埽地無遺漢祖提劍寰中削平天下文臣躬於德化武有心
於制作太后擯儒家之道大臣排賈氏之言搢紳先生所以長歎而子
政仲舒猶不能已也炎漢中興明皇帝即位表圭景而陳清廟樹槐陰
而疏辟流祀光武於明堂以配上帝召桓榮於太學祖而割牲濟濟焉
皇皇焉有足觀者自斯厥後禮樂彌郁永平三年官之司樂改名大予
式揚典禮旁求圖讖道隣雅頌事適中和其有五方之樂者則所謂大
樂九變天神可得而禮也其有宗廟之樂者則所謂肅雍和鳴先祖是
聽者也其有社稷之樂者則所謂琴瑟擊鼓以迓田祖者也其有辟雍
之樂者則所謂移風易俗莫善於樂者也其有黃門之樂者則所謂
宴樂群臣蹲蹲舞我者也其有短簫之樂者則所謂王師大捷令軍中
凱歌者也魏武挾天子而令諸侯思一戎而匡九服時逢吞滅憲章咸
盪及削平劉表始獲杜夔揚鼙總干式遵前記三祖紛綸咸工篇什聲
歌雖有損益愛翫在乎雕章是以王粲等各造新詩抽其藻思吟詠神
靈贊揚來饗武皇帝採漢魏之遺範覽景文之垂則鼎鼐惟新前音

不改泰始九年光祿大夫荀勗始作古尺以調聲韻仍以張華等所制高文陳諸下管永嘉之亂伶官既滅曲臺宣榭咸變汚萊雖復象舞歌工自胡歸晉至於孤竹之管雲和之瑟空桑之琴泗濱之磬其能備者百不一焉夫人受天地之靈蘊菁華之氣剛柔遞用哀樂分情經春陽而自喜遇秋彫而不悅遊乎金石之端出乎管絃之外因物遷逝乘流不反是以楚王升軺軒於彭蠡漢順聽鳴鳥於樊衢聖人功成作樂化平裁曲乃揚節奏以暢中和飾其歡欣止於哀思者也凡樂之道五聲八音六律十二管為之綱紀云

五聲宮為君宮之為言中也中和之道無往而不理焉商為臣商之為言強也謂金性之堅強也角為民角之為言觸也謂象諸陽氣觸物而生也徵為事徵之為言止也言物盛則止也羽為物羽之為言舒也言陽氣將復萬物孳育而舒生也古人有言曰禮樂不可斯須去身化上遷善有如不及是以聞其宮聲使人溫良而寬大聞其商聲使人方廉而好義聞其角聲使人惻隱而仁愛聞其徵聲使人樂養而好施聞其羽聲使人恭儉而好禮

晉志十二　二

八音八方之風也乾之音石其風不周坎之音革其風廣莫艮之音匏其風融震之音竹其風明庶巽之音木其風清明離之音絲其風景坤之音土其風涼兌之音金其風閶闔

陽六為律謂黃鍾大蔟姑洗蕤賓夷則無射陰六為呂謂大呂應鍾南呂林鍾仲呂夾鍾凡有十二以配十二辰焉律之為言法也言陽氣施生各有法也呂之為言助也所以助成陽功也正月之辰謂之寅寅者津也謂生物之津塗也二月之辰名為卯卯者茂也言陽氣生而孳茂也三月之辰名為辰辰者震也謂時物盡震動而長也四月之辰謂為巳巳者起也物至此時畢盡而起也五月之辰謂為午午者長也大也言物皆長大也六月之辰謂為未未者味也言時萬物向成有滋味也七月之辰謂為申申者身也言時萬物身體皆成就也八月之辰謂為酉酉者緧也謂時物皆緧縮也九月之辰謂為戌戌者滅也謂時物皆衰滅也十月之辰謂為亥亥者劾也言時陰氣劾殺萬物也十一月之辰謂為子子者孳也謂陽氣至此更孳生也十二月之辰謂為丑丑者紐也言終始之際故以紐結為名也十一月之管謂為黃鍾黃者陰陽之中色也天有六氣地有五才而天地數畢焉或曰冬至德氣為土土色黃故曰黃鍾正月之管謂為大蔟蔟者蔟也謂萬物隨於陽氣大蔟而生也三月之管名為姑洗姑洗者姑枯也洗濯也謂物生新絜洗除其枯改柯易葉也五月之管名為蕤賓蕤賓葳蕤垂下貌也賓敬也謂時陽氣下降陰氣始起相賓敬也七月之管名為夷則夷平也則法也謂萬物將成平均皆有法則也九月之管名為無射射者出也言時陽氣上升萬物收藏無復出也十二月之管名為大呂呂者助也謂陽氣方之陰氣助也十月之管名為應鍾應者和也謂歲功皆應和陽功收而聚之也八月之管名為南呂南者任也謂時物皆秀有懷任之象也六月之管名為林鍾林者茂也謂時物茂盛於野也四月之管名為仲呂者呂助也謂陽氣盛長陰助成功也二月之管名為夾鍾者夾佐也謂時物尚未盡出陰德佐陽而出物也漢自東京大亂絕無金石之樂樂章

晉志十二　三

亡缺不可復知及魏武平荊州獲漢雅樂郎杜夔能識舊法以為軍謀祭酒使創定雅樂時又有散騎郎鄧靜尹商善訓雅樂歌師尹胡能歌宗廟郊祀之曲舞師馮肅服養曉知先代諸舞夔悉總領之遠詳經籍近採故事考會古樂始設軒懸鍾磬而黃初中柴玉左延年之徒復以新聲被寵改其聲韻及武帝受命之初百度草創泰始二年詔郊祀明堂禮樂權用魏儀遵周室肇稱殷禮之義但改樂章而已使傅玄為之詞云

祠天地五郊夕牲歌

天命有晉　穆穆明明　我其夙夜　祗事上靈　常于時夏　允用其成
於薦玄牡　進夕其牲　崇德作樂　神祇是聽

祠天地五郊迎送神歌

宣文烝哉　日靖四方　永言保之　夙夜匪康　光天之命　上帝是皇
嘉樂殷薦　靈祚景祥　神祇降假　享福無疆

饗天地五郊歌

天祚有晉　其命惟新　受終于魏　奄有黎民　燕及皇天　懷和百神
丕顯遺烈　之德之純　享其玄牡　式用肇禋　神祇來格　福祿是臻
時邁其猶　昊天子之　祐享有晉　兆庶蒇之　畏天之威　敬授人時
不顯不承　於猶繹思　皇極斯建　庶績咸熙　庶幾夙夜　惟晉之祺
宣文惟后　克配彼天　撫寧四海　保有康年　於乎緝熙　肆用靖民
爰立典制　爰脩禮紀　作民之極　莫匪資始　克昌厥後　永言保之

天地郊明堂夕牲歌

皇矣有晉　時邁其德　受終于天　光濟萬國　萬國既光　神定厥祥
虔于郊祀　祗事上皇　祗事上皇　百福是臻　巍巍祖考　克配彼天
嘉牲匪歆　德馨惟饗　受天之祐　神化四方

天地郊明堂降神歌

於赫大晉　應天景祥　二帝邁德　宣此重光　我皇受命　奄有萬方
郊祀配享　禮樂孔章　神祇嘉享　祖考是皇　克昌厥後　保祚無疆

天郊饗神歌

整泰壇　禮皇神　精氣感　百靈賓　蘊朱火　燎芳薪　紫煙遊
冠青雲　神之體　靡象形　曠無方　幽以清　神之來　光景昭
聽無聞　視無兆　神之至　舉歆歆　靈爽協　動余心　神之坐
同歡娛　澤雲翔　化風舒　嘉樂奏　文中聲　八音諧　神是聽
咸絜齊　並芬芳　亨牷牲　享玉觴　神悅饗　歆禋祀　祐大晉
降繁祉　作京邑　廣四海　保天年　窮地紀

地郊饗神歌

整泰折　俟皇祗　衆神感　群靈儀　陰祀設　吉禮施　夜將極
時未移　祗之體　無形象　潛泰幽　洞忽荒　祗之出　薆若有
靈無遠　天下母　祗之來　遺光景　昭若存　終冥冥　祗之至
舉欣欣　舞象德　歌成文　祗既坐　同歡豫　澤雨施　化雲布
樂八變　聲教敷　物咸亨　祗是娛　齊既絜　侍者肅　玉觴進
咸穆穆　饗嘉薦　歆德馨　祚有晉　暨群生　溢九壤　格天庭
保萬壽　延億齡

明堂饗神歌

經始明堂　享祀匪懈　於皇烈考　光配上帝　赫赫上帝　既高既崇
聖考是配　明德顯融　率土敬職　萬方來祭　常于時假　保祚永世

祠廟夕牲歌

我夕我牲　猗歟敬止　嘉薦孔時　供茲享祀　神鑒厥誠　博碩斯歆
祖考降饗　以虞孝孫之心

祠廟迎送神歌

嗚呼悠哉　日監在茲　以時享祀　神明降之　神明斯降　既祐饗之
祚我無疆　受天之祜　赫赫太上　巍巍聖祖　明明烈考　丕承繼序

祠征西將軍登歌

經始宗廟　神時戾止　申錫無疆　祗承享祀　假哉皇祖　綏予孫子
燕及後昆　錫茲繁祉

祠豫章府君登歌

嘉樂肆延　薦祀在堂　皇皇宗廟　乃祖乃皇　濟濟辟公　相予烝嘗

享祀不忒　降福穰穰

祠潁川府君登歌

於邈先后　寔司于天　顯矣皇祖　帝祚肇臻　本枝克昌　資始開元
惠我無疆　享祚永年

祠京兆府君登歌

於惟曾皇　顯顯令德　高明清亮　匪競柔克　保乂命祐　基命惟則
篤生聖祖　光濟四國

祠宣皇帝登歌

於鑠皇祖　聖德欽明　勤施四方　夙夜敬止　載敷文教　載揚武烈
匡定社稷　躬行天罰　經始大業　造創帝基　畏天之命　于時保之

祠景皇帝登歌

執競景皇　克明克哲　旁作穆穆　惟祗惟畏　纂宣之緒　耆定厥功
登此俊乂　糾彼群凶　業業在位　帝既勤止　惟天之命　於穆不已

祠文皇帝登歌

於皇時晉 允文文皇 聰明叡智 聖敬神武 萬機莫綜 皇斯清之
蚩豕放命 皇斯平之 柔遠能邇 簡授英賢 創業垂統 勳格皇天

祠廟饗神歌二篇

日晉是常 享祀時序 宗廟致敬 禮樂具舉 惟其來祭 普天率土
犧樽既奠 清酤既載 亦有和羹 薦羞斯備 烝烝永慕 感時興思
登歌奏舞 神樂其和 祖考來格 祐我邦家 溥天之下 罔不休嘉
肅肅在位 濟濟邑工 四海來格 禮儀有容

鐘鼓振 管絃理 舞開元 歌永始 神胥樂兮 肅肅在位
邑工濟濟 小大咸敬 上下有禮 理管絃 振鼓鐘 舞象德
歌詠功 神胥樂兮 肅肅在位 有來雍雍 穆穆天子 相維辟公
禮有儀 樂有則 舞象功 歌詠德 神胥樂兮

杜夔傳舊雅樂四曲一曰鹿鳴二曰騶虞三曰伐檀四曰文王皆古聲辭及太和中左延年改夔騶虞伐檀文王三曲更自作聲節其名雖存而聲實異唯因夔鹿鳴全不改易每正旦大會太尉奉璧群后行禮東

廂雅樂常作者是也後又改三篇之行禮詩第一曰於赫篇詠武帝聲節與古鹿鳴同第二曰巍巍篇詠文帝用延年所改騶虞聲第三曰洋洋篇詠明帝用延年所改文王聲第四曰復用鹿鳴鹿鳴之聲重用而除古伐檀及晉初食舉亦用鹿鳴至泰始五年尚書奏使太僕傅玄中書監荀勗黃門侍郎張華各造正旦行禮及王公上壽酒食舉樂歌詩荀勗云魏氏行禮食舉再取周詩鹿鳴以為樂章又鹿鳴以宴嘉賓無取於朝考之舊聞未知所應勗乃除鹿鳴舊歌更作行禮詩四篇先陳三朝朝宗之義又為正旦大會王公上壽歌詩并食舉樂歌詩合十三篇又以魏氏歌詩或二言或三言或四言或五言與古詩不類以問司律中郎將陳頎頎曰被之金石未必皆當故勗造晉歌皆為四言唯王公上壽酒一篇為三言五言焉張華以為魏上壽食舉詩及漢氏所施用其文句長短不齊未皆合古蓋以依詠弦節本有因循而識樂知音足以制聲度曲法用率非凡近之所能改二代三京襲而不變雖詩章辭異興廢隨時至其韻逗留曲折皆繫於舊有由然也是以一皆因就不敢有所改易此則華勗所明異旨也時詔又使中書侍郎成公綏亦作焉今並採列之云

四廂樂歌

正旦大會行禮歌 成公綏

穆穆天子 光臨萬國 多士盈朝 莫匪俊德 流化罔極 王猷允塞
嘉會置酒 嘉賓充庭 羽旄曜宸極 鐘鼓振泰清 百辟朝三朝 式明儀形
濟濟鏘鏘 金振玉聲 禮樂具 宴嘉賓 眉壽作聖皇 景福惟日新
群后戾止 有來雍雍 獻酬納贄 崇此禮容 豐肴衍萬俎 旨酒千鐘
嘉樂盡宴樂 福祿咸同 樂哉 天下安寧 道化行 風俗清
簫韶作 詠九成 年豐穰 世泰平 至治哉 樂無窮
元首聰明 股肱忠 樹豐澤 揚清風 嘉瑞出 靈應彰
麒麟見 鳳凰翔 醴泉湧 流中唐 嘉禾生 穗盈箱
降繁祉 祚聖皇 承天位 統萬國 受命應期 授聖德
四世重光 宣開洪業 景克昌 文欽明 德彌彰 慶啓晉邦

流祚無疆
泰始建元 鳳凰龍興 龍興伊何 享祚萬乘 奄有八荒 化育黎蒸
圖書既煥 金石有徵 德光大 道熙隆 被四表 格皇穹
弈弈萬嗣 明明顯融 高朗令終 保茲永祚 與天比崇
聖皇居四海 應天期 三葉合重光 泰始開洪基 明曜參日月 功化侔四時
宇宙清且泰 黎庶咸雍熙 善哉雍熙
惟天降命 翼仁祐聖 於穆三皇 載德彌盛 總齊璇璣 光統七政
百揆時序 化若神聖 四海同風 興至仁 濟民育物 擬陶均
擬陶均 垂惠潤 皇皇群賢 峨峨英儁 德化宣 芬芳播來胤
播來胤 垂後昆 清廟何穆穆 皇極闢四門 皇極闢四門 萬機無不綜
亹亹翼翼 樂不及荒 飢不遑食 大禮既行 樂無極 登崑崙
上層城 乘飛龍 升泰清 冠日月 佩五星 揚虹蜺
建篲旌 披慶雲 蔭繁榮 覽八極 遊天庭 順天地
和陰陽 序四時 曜三光 張帝綱 正皇綱 播仁風

流惠康 邁洪化 振靈威 懷萬方 納九夷 朝閶闔
宴紫微 建五旗 羅鍾虡 列四懸 奏韶武 鏗金石
揚旗羽 縱八佾 巴渝舞 詠雅頌 和律呂 于胥樂
樂聖主
化蕩蕩 清風泄 揔英雄 御俊傑 開宇宙 埽四裔
光緝熙 美聖哲 超百代 揚休烈 流景祚 顯萬世
皇皇顯祖 翼世佐時 寧濟六合 受命應期 神武鷹揚 大化咸熙
廓開皇衢 用成帝基 光光景皇 無競惟烈 匡時拯俗 休功蓋世
宇宙既康 九域有截 天命降監 啓祚明哲 穆穆烈考 克明克雋
實天生德 誕應靈運 肇建帝業 開國有晉 載德弈世 垂慶洪胤
明明聖帝 龍飛在天 與靈合契 通德幽玄 仰化青雲 俯育重川
受靈之祐 於萬斯年

正旦大會王公上壽酒歌 荀勖

踐元辰 延顯融 獻羽觴 祈令終 我皇壽而隆 我皇茂而萬

本枝奮百世 休祚鍾聖躬

食舉樂東西廂歌 荀勖

煌煌七曜 重明交暢 我有嘉賓 是應是貺 邦政既圖 接以大饗
人之好我 式遵德讓 賓之初筵 藹藹濟濟 既朝乃宴 以洽百禮
頒以位敘 或庭或陛 登儐台叟 亦有兄弟 胥子陪寮 憲茲度楷
觀頤養正 降福孔偕 昔我三后 大業是維 今我聖皇 焜燿前暉
弈世重規 明照九畿 思輯用光 時罔有違 陟禹之迹 莫不來威
天被顯祿 福履是綏 赫矣太祖 克廣明德 廓開宇宙 正世立則
變化不經 民無瑕慝 創業垂統 兆我晉國 烈文伯考 時惟帝景
夷險平亂 威而不猛 御衡不迷 皇塗煥景 七德咸宣 其寧惟永
猗歟盛歟 先皇聖文 則天作孚 大哉爲君 慎徽五典 帝載是勤
文武發揮 茂建嘉勳 脩己濟治 民用寧鄰 懷遠燭幽 玄教氤氳
善世不伐 服事三分 德博化隆 道昌無垠 隆化洋洋 帝命溥將
登我晉道 越惟聖王 龍飛革運 臨燾八荒 叡喆欽明 配蹤虞唐
封建厥福 駿發其祥 三朝習吉 終然允臧 其臧惟何 揔彼萬方
元侯列辟 四嶽藩王 時見世享 率茲有常 旅揖在庭 嘉客在堂
宋衛既臻 陳留山陽 有賓有使 觀國之光 貢賢納計 獻璧奉璋
保祐命之 申錫無疆 振鷺于飛 鴻漸其翼 京邑穆穆 四方是式
無競惟人 王綱允勑 君子來朝 言觀其極 廙廙大君 民之攸暨
信理天工 惠康不匱 將遠不仁 訓以醇粹 幽明有倫 俊乂在位
九族既睦 庶邦順比 開元布憲 四海鱗萃 協時正統 殊塗同致
厚德載物 靈心隆貴 敷奏讜言 納以無諱 樹之典象 誨之義類
上教如風 下應如卉 一人有慶 群萌以遂 我后宴喜 令問不墜
既宴既喜 翕是萬邦 禮儀卒度 物有其容 晳晳庭燎 喤喤鼓鍾
笙磬詠德 萬舞象功 八音克諧 俗易化從 其和如樂 庶品時邕
時邕斌斌 六合同塵 往我祖宣 威靜殊鄰 首定荊楚 遂平燕秦
亹亹文皇 邁德流仁 爰造草昧 應乾順民 靈瑞告符 休徵響震
天地弗違 以和神人 既禽庸蜀 吳會是賓 肅慎率職 楛矢來陳

韓濊進樂 宮徵清鈞 西旅獻獒 扶南效珍 蠻裔重譯 玄齒文身
我皇撫之 景命惟新 愔愔嘉會 有聞無聲 清酤既奠 籩豆既升
禮充樂備 簫韶九成 愷樂飲酒 酣而不盈 率土歡豫 邦國以寧
王猷允塞 萬載無傾

冬至初歲小會歌 張華

日月不留 四氣回周 節慶代序 萬國同休 庶尹群后 奉壽升朝
我有壽禮 式宴百寮 繁肴綺錯 旨酒泉渟 笙鏞和奏 磬管流聲
上隆其愛 下盡其心 宣其壅滯 訓之德音 乃宣乃訓 配享交泰
永載仁風 長撫無外

宴會歌 張華

亹亹我皇 配天垂光 留精日昃 經覽無方 聽朝有暇 延命衆臣
冠蓋雲集 罇俎星陳 肴蒸多品 八珍代變 羽爵無筭 究樂極宴
歌者流聲 舞者投袂 動容有節 絲竹並設 宣揚四體 繁手趣摯
懽足發和 酣不忘禮 好樂無荒 翼翼濟濟

命將出征歌張華

重華隆帝道 戎蠻或不賓 徐夷興有周 鬼方亦違殷 今在盛明世 寇虐動四垠 豺狼染牙爪 群生號穹旻 元帥統方夏 出車撫涼秦 衆貞必以律 臧否實在人 威信加殊類 疏狄思自親 單醪豈有味 挾纊感至仁 武功尚止戈 七德美安民 遠跡由斯舉 永世無風塵

勞還師歌張華

玁狁背天德 構亂擾邦畿 戎車震朔野 群帥贊皇威 將士齊心旅 感義忘其私 積勢如鞹弩 赴節如發機 囂聲動山谷 金光曜素暉 揮戟陵勁敵 武步蹈橫屍 鯨鯢皆授首 北土永清夷 昔往冒隆暑 今來白雪霏 征夫信勤瘁 自古詠采薇 收榮於舍爵 燕喜在凱歸

中宮所歌張華

先王統大業 玄化漸八維 儀刑孚萬邦 內訓隆壼闈 皇英垂帝典 大雅詠三妃 執德宣隆教 正位理厥機 含章體柔順 帥禮蹈謙祗 螽斯弘慈惠 樛木逮幽微 徽音穆清風 高義邈不追 遺榮參日月 百世仰餘暉

宗親會歌張華

族燕明禮順 啜食序親親 骨肉散不殊 昆弟豈他人 本枝篤同慶 棠棣著先民 於皇聖明后 天覆弘且仁 降禮崇親戚 旁施協族姻 式宴盡酣娛 飲御備羞珍 和樂既宣洽 上下同歡欣 德教加四海 敦睦被無垠

泰始九年光祿大夫荀勖以杜夔所制律呂校太樂總章鼓吹八音與律呂乖錯乃制古尺作新律呂以調聲韻事具律歷志律成遂班下太常使太樂總章鼓吹清商施用勖遂典知樂事啓朝士解音律者共掌之使郭夏宋識等造正德大豫二舞其樂章亦張華所作之云

正德舞歌張華

日皇上天 玄鑒惟光 神器周回 五德代章 祚命于晉 世有哲王 弘濟區夏 陶甄萬方 大明垂曜 旁燭無疆 蚩蚩庶類 風德永康 皇道惟清 禮樂斯經 金石在懸 萬舞在庭 象容表慶 協律被聲 軼武超濩 取節六英 同進退讓 化漸無形 大和宣洽 通於幽冥

大豫舞歌張華

惟天之命 符運有歸 赫赫大晉 三后重暉 繼明紹世 光撫九圍 我皇紹期 遂在璇璣 群生屬命 奄有庶邦 慎徽五典 玄教遐通 萬方同軌 率土咸雍 爰制大豫 宣德舞功 醇化既穆 王道協隆 仁及草木 惠加昆蟲 億兆夷人 悅仰皇風 丕顯大業 永世彌崇

荀勖又作新律笛十二枚以調律呂正雅樂正會殿庭作之自謂宮商克諧然論者猶謂勖暗解時阮咸妙達八音論者謂之神解咸常心譏勖新律聲高以爲高近哀思不合中和每公會樂作勖意咸謂之不調以爲異己乃出咸爲始平相後有田父耕於野得周時玉尺勖以校己所治鍾鼓金石絲竹皆短校一米於此伏咸之妙復徵咸歸勖既以新律造二舞次更修正鍾聲會勖薨未竟其業元康三年詔其子藩修定金石以施郊廟尋值喪亂莫有記之者

漢高祖自蜀漢將定三秦閬中范因率賨人以從帝爲前鋒及定秦中封因爲閬中侯復賨人七姓其俗喜舞高祖樂其猛銳數觀其舞後使樂人習之閬中有渝水因其所居故名曰巴渝舞舞曲有矛渝本歌曲安弩渝本歌曲安臺本歌曲行辭本歌曲總四篇其辭既古莫能曉其句度魏初乃使軍謀祭酒王粲改創其詞粲問巴渝帥李管种玉歌曲意試使歌聽之以考校歌曲而爲之改爲矛渝新福歌曲弩渝新福歌曲安臺新福歌曲行辭新福歌曲行辭以述魏德黃初三年又改巴渝舞曰昭武舞至景初元年尚書奏考覽三代禮樂遺曲據功象德奏作武始咸熙章斌三舞皆執羽籥及晉又改昭武舞曰宣武舞羽籥舞曰宣文舞咸寧元年詔定祖宗之號而廟樂乃停宣武宣文二舞而同用荀勖所使郭瓊宋識等所造正德大豫二舞云

晉書志卷第十二　樂上

永嘉之亂海內分崩伶官樂器皆沒於劉石江左初立宗廟尚書下太常祭祀所用樂名太常賀循荅云魏氏增損漢樂以爲一代之禮未審大晉樂名所以爲異遭離喪亂舊典不存然此諸樂皆和之以鍾律文之以五聲詠之於歌辭陳之於舞列宮懸在庭琴瑟在堂八音迭奏雅樂並作登歌下管各有常詠周人之舊也自漢氏以來依倣此禮自造新詩而已舊京荒廢今既散亡音韻曲折又无識者則於今難以意言于時以无雅樂器及伶人省太樂并鼓吹令是後頗得登歌食舉之樂猶有未備太寧末明帝又訪阮孚等增益之咸和中成帝乃復置太樂官鳩集遺逸而尚未有金石也庾亮爲荊州與謝尚脩復雅樂未具而亮薨庾翼桓溫專事軍旅樂器在庫遂至朽壞焉及慕容儁平冉閔兵戈之際而鄴下樂人亦頗有來者永和十一年謝尚鎮壽陽於是採拾樂人以備太樂并制石磬雅樂始頗具而王猛平鄴慕容氏所得樂聲

又入關右太元中破苻堅又獲其樂工楊蜀等閑習舊樂於是四廂金石始備焉乃使曹毗王珣等增造宗廟歌詩然郊祀遂不設樂今列其詞於後云

歌宣帝 曹毗

於赫高祖 德協靈符 應運撥亂 蹙整天衢 勳格宇宙 化動八區 肅以典刑 陶以玄珠 神石吐瑞 靈芝自敷 肇基天命 道均唐虞

歌景帝 曹毗

景皇承運 纂隆洪緒 皇羅重抗 天暉再舉 蠢矣二寇 擾我揚楚 乃整元戎 以膏齊斧 亹亹神算 赫赫王旅 鯨鯢既平 功冠帝宇

歌文帝

太祖齊聖 王猷誕融 仁教四塞 天基累崇 皇室多難 嚴清紫宮 威厲秋霜 惠過春風 平蜀夷楚 以文以戎 奄有參墟 聲流无窮

歌武帝 曹毗

於穆武皇 允龔欽明 應期登禪 龍飛紫庭 百揆時序 聽斷以情 殊域既賓 僞吳亦平 晨流甘露 宵映朗星 野有擊壤 路垂頌聲

歌元帝 曹毗

運屯百六 天羅解貫 元皇勃興 網籠江漢 仰齊七政 俯平禍亂 化若風行 澤猶雨散 淪光更曜 金輝復煥 德冠千載 蔚有餘粲

歌明帝 曹毗

明明肅祖 闡弘帝祚 英風夙發 清暉載路 姦逆縱忒 罔式皇度 躬振朱旗 遂豁天步 宏猷允塞 高羅雲布 品物咸寧 洪基永固

歌成帝 曹毗

於休顯宗 道澤玄播 式宣德音 暢物以和 邁德蹈仁 匪禮不過 敷以純風 濯以清波 連理映阜 鳴鳳棲柯 同規放勛 義蓋山河

歌康帝 曹毗

康皇穆穆 仰嗣洪德 爲而不宰 雅音四塞 閑邪以誠 鎮物以默 威靜區宇 道宣邦國

歌哀帝 曹毗

於穆哀皇 聖心虛遠 雅好玄古 大庭是踐 道尚无爲 治存易簡 化若風行 時循草偃 雖曰登遐 徽音弥闡 愔愔雲韶 盡美盡善

歌簡文帝 王珣

皇矣簡文 於昭于天 靈明若神 周淡如川 沖應其來 實與其遷 亹亹心化 日用不言 易而有親 簡而可傳 觀流弥遠 求本逾玄

歌孝武帝 王珣

天監有晉 欽哉烈宗 同規文考 玄默允恭 威而不猛 約而能通 神鉦一震 九域來同 道積淮海 雅頌自東 氣陶醇露 化協時雍

四時祠祀 曹毗

肅肅清廟 巍巍聖功 萬國來賓 禮儀有容 鍾鼓振 金石熙 宣兆祚 武開基 神斯樂兮 理管絃 有來斯和 說功德 吐清歌 神斯樂兮 洋洋玄化 潤被九壤 民无不悅 道无不往 禮有儀 樂有式 詠九功 永无極 神斯樂兮

漢時有短簫鐃歌之樂其曲有 朱鷺 思悲翁 艾如張

上之回　雍離　戰城南　巫山高　上陵　將進酒
君馬黄　芳樹　有所思　雉子班　聖人出　上邪
臨高臺　遠如期　石留　務成　玄雲　黄爵行
釣竿等曲列於鼓吹多序戰陣之事及魏受命改其十二曲使繆襲爲
詞述以功德代漢改朱鷺爲楚之平言魏也改思悲翁爲戰滎陽言
曹公也改艾如張爲獲呂布言曹公東圍臨淮擒呂布也改上之回爲
克官渡言曹公與袁紹戰破之於官渡也改雍離爲舊邦言曹公勝袁
紹於官渡還譙收藏死亡士卒也改戰城南爲定武功言曹公初破鄴
武功之定始乎此也改巫山高爲屠柳城言曹公越北塞歷白檀破三
郡烏桓於柳城也改上陵爲平南荊言曹公平荊州也改將進酒爲平
關中言曹公征馬超定關中也改有所思爲應帝期言文帝以聖德受
命應運期也改芳樹爲邕熙言魏氏臨其國君臣邕穆庶績咸熙也改
上邪爲太和言明帝繼體承統太和改元德澤流布也其餘並同舊名
是時吳亦使韋昭制十二曲名以述功德受命改朱鷺爲炎精缺言漢

室衰孫堅奮迅猛志在匡救王迹始乎此也改思悲翁爲漢之季言
堅悼漢之微痛董卓之亂興兵奮擊功蓋海內也改艾如張爲攄武師
言權卒父之業而征伐也改上之回爲烏林言魏武既破荊州順流東下
欲來爭鋒權命將周瑜逆擊之於烏林而破走也改雍離爲秋風言權
悅以使人人忘其死也改戰城南爲克皖城言魏武志圖并兼而權親
征破之於皖也改巫山高爲關背德言蜀將關羽背棄吳德權引師
浮江而擒之也改上陵曲爲通荊州言權與蜀交好齊盟中有關羽自
失之愆終復初好也改將進酒爲章洪德言權章其大德而遠方來附
也改有所思爲順歷數言權順籙圖之符而建大號也改芳樹爲承
天命言其時主聖德踐位道化至盛也改上邪曲爲玄化言其時主脩文
武則天而行仁澤流洽天下喜樂也其餘亦用舊名不改及武帝受禪
乃令傅玄制爲二十二篇亦述以功德代魏改朱鷺爲靈之祥言宣帝
之佐魏猶虞舜之事堯既有石瑞之徵又能用武以誅孟達之逆命也
改思悲翁爲宣受命言宣帝禦諸葛亮養威重運神兵亮震怖而

死也改艾如張爲征遼東言宣帝陵大海之表討滅公孫氏而梟其首
也改上之回爲宣輔政言宣帝聖道深遠撥亂反正網羅文武之才以
定二儀之序也改雍離爲時運多難言宣帝致討吳方有征无戰也改
戰城南爲景龍飛言景帝克明威教賞順夷逆隆无疆崇洪基也改
巫山高爲平玉衡言景帝一万国之殊風齊四海之乖心禮賢養士而
纂洪業也改上陵爲文皇統百揆言文帝始統百揆用人有序以敷太
平之化也改將進酒爲因時運言因時運變聖謀潛施解長蛇之交
離群桀之黨以武濟文以邁其德也改有所思爲惟庸蜀言文帝既平
万乘之蜀封建万国復五等之爵也改芳樹爲天序言聖皇應歷受
禪弘濟大化用人各盡其才也改上邪爲大晉承運期言聖皇應籙受
圖化象神明也改君馬黄爲金靈運言聖皇踐阼致敬宗廟而孝道
行於天下也改雉子班爲於穆我皇言聖皇受禪德合神明也改聖人出
爲仲春振旅言大晉申文武之教畋獵以時也改臨高臺爲夏苗田
言大晉畋狩順時爲苗除害也改遠如期爲仲秋獮田言大晉雖有文

德不廢武事順時以殺伐也改石留爲順天道言仲冬大閱用武脩
文大晉之德配天也改務成爲唐堯言聖皇陟帝位德化光四表也
玄雲依舊名言聖皇用人各盡其材也改黄爵行爲伯益言赤烏
銜書有周以興今聖皇受命神雀來也釣竿依舊名言聖皇德配
堯舜又有呂望之佐濟大功致太平也其辭並列之於後云

靈之祥

靈之祥　石瑞章　旗金德　出西方　天降命　授宣皇　應期運
時龍驤　繼大舜　佐陶唐　讚文武　建帝綱　孟氏叛　據南疆
追有扈　亂五常　吳寇叛　蜀虜強　交誓盟　連遐荒　宣赫怒
奮鷹揚　震乾威　曜電光　陵九天　陷石城　梟逆命　拯有生
万国安　四海寧

宣受命

宣受命　應天機　風雲時動　神龍飛　御葛亮　鎮雍梁　邊境安
夷夏康　務節事　勤定傾　攬英雄　保持盈　深穆穆　赫明明

沖而泰 天之經 養威重 運神兵 亮乃震斃 天下安寧

征遼東

征遼東 敵失據 威靈邁日域 公孫既授首 群逆破膽

咸震怖 朔北響應 海表景附 武功赫赫 德雲布

宣輔政

宣皇輔政 聖烈深 撥乱反正 順天心 網羅文武才

慎厥所生 所生賢 遺教施 安上治民 化風移

肇創帝基 洪業垂 於鑠明明 時赫戲 功濟萬世

定二儀

定二儀 雲澤雨施 海外風馳

時運多難

時運多難 道教痡 天地變化 有盈虛 蠢爾吴蠻

武視江湖 我皇赫斯 致天誅 有征無戰 弭其圖

天威横被 廓東隅

景龍飛

景龍飛 御天威 聰鑒玄察 動與神明協機 從之者顯

逆之者滅夷 文教敷 武功巍 弗違祥 享世永長

猛以致寬 道化光 赫明明 祚隆無疆 帝績惟期

有命既集 崇此洪基

平玉衡

平玉衡 糾姦回 萬國殊風 四海乖 禮賢養士

羈御英雄 思心齊 纂戎洪業 崇皇階 品物咸亨

聖敬日躋 聰鑒盡下情 明明綜天機

文皇統百揆

文皇統百揆 繼天理萬方 武將鎮四隅 英佐盈朝堂 謀言協秋蘭

清風發其芳 洪澤所漸潤 礫石爲珪璋 大道侔五帝 盛德踰三王

咸光大 上參天與地 至化無内外 無内外 六合並康乂

並康乂 遘茲嘉會在昔羲與農 大晉德斯邁 鎮征及諸州

爲藩衛 功濟四海 洪烈流萬世

晋志十三 五

因時運

因時運 聖策施 長虵交解 群桀離 勢窮奔吴

獸騎厲 惟武進 審大計 時邁其德 清一世

惟庸蜀

惟庸蜀 僭號天一隅 劉備逆帝命 禪亮承其餘 擁衆數萬

闚隙乘我虚 驛騎進羽檄 天下不遑居 姜維屢寇邊 隴上爲荒墟

文皇愍斯民 歷世受罪辜 外謨蕃屏臣 内謨衆士夫 爪牙應指受

腹心獻良圖 良圖協成文 大興百萬軍 雷鼓震地起 猛勢陵浮雲

逋虜畏天誅 面縛造壘門 萬里同風教 逆命稱妾臣 光建五等

紀綱天人

天序歷

天序歷 應受禪 承靈祜 御群龍 勒螭武

弘濟大化 英雋作輔 明明統萬機 赫赫鎮四方 咎繇稷契之疇

協蘭芳

禮王臣 覆兆民 化之如天與地 誰敢愛其身

大晉承運期

大晉承運期 德隆聖皇 時清晏 白日垂光 應籙圖

陟帝位 繼天正玉衡 化行象神明 至哉道隆虞唐 元首敷洪化

百僚股肱並忠良 時太康 隆隆赫赫 福祚盈無疆

金靈運

金靈運 天符發 聖徵見 參日月 惟我皇 體神聖 受魏禪

應天命 皇之興 靈有徵 登大麓 御萬乘 皇之輔 若闞武

爪牙奮 莫之禦 皇之佐 贊清化 百事理 萬邦賀 神祇應

嘉瑞章 恭享禮 薦先皇 樂時奏 磬管鏘 鼓淵淵 鍾鍠鍠

奠樽俎 實玉觴 神歆饗 咸悦康 宴孫子 祐無疆 大孝烝烝

德教被萬方

於穆我皇

於穆我皇 盛德聖且明 受禪君世 光濟群生 普天率土

晋志十三 六

莫不來庭 顒顒六合內 望風仰泰清 萬國雍雍 興頌聲
大化洽 地平而天成 七政齊 玉衡惟平 峨峨佐命
濟濟群英 夙夜乾乾 萬機是經 雖治興 匪荒寧
謙道光 沖不盈 天地合德 日月同榮 赫赫煌煌
曜幽冥 三光克從 於顯天 垂景星 龍鳳臻
甘露宵零 肅神祇 祇上靈 萬物欣戴 自天效其成

仲春振旅

仲春振旅 大致人 武教於時日新 師執提 工執鼓
坐作從 節有序 盛矣允文允武 蒐田表禡 申法誓
遂圍禁 獻社祭 允以時 明國制 文武並用
禮之經 列車如戰 大教明 古今誰能去兵 大晉繼天
濟群生

夏苗田

夏苗田 運將徂 【晉志十三】 軍國異容 【七】 文武殊 乃命群吏
撰車徒 辯其號名 讚契書 王軍啓八門 行同上帝居
時路建大麾 雲旗翳紫虛 百官象其事 疾則疾 徐則徐
四衡旋軫 罷陣弊車 獻禽享祀 烝烝配有虞 惟大晉
德參兩儀 化雲敷

仲秋獮田

仲秋獮田 金德常剛 涼風清且厲 凝露結為霜 白藏司辰
蒼隼時鷹揚 鷹揚猶尚父 順天以殺伐 春秋時序 雷霆震威曜
進退由鉦鼓 致禽祀祊 羽毛之用充軍府 赫赫大晉德 芬烈陵三五
敷化以文 雖安不廢武 光宅四海 永享天之祜

順天道

順天道 握神契 三時示講武事 冬大閱 鳴鐲振鼓鐸
旌旗象虹霓 文制其中 武不窮武 動軍誓眾 禮成而義舉
三驅以崇仁 進止不失其序 兵卒練 將如闞武 惟闞武
氣陵青雲 解圍三面 殺不殄群 偃旌麾 班六軍

獻享烝 脩典文 嘉大晉 德配天 祿報功
爵俟賢 饗燕樂 受茲百祿 壽萬年

唐堯

唐堯諮務成 謙謙德所興 積漸終光大 履霜致堅冰 神明道自然
河海猶可凝 舜禹統百揆 元凱以次升 禪讓應大曆 睿聖世相承
我皇陟帝位 平衡正準繩 德化飛四表 祥氣見其徵 興王坐俟旦
亡主恬自矜 致遠由近始 覆簣成山陵 披圖按先籍 有其證靈液

玄雲

玄雲起丘山 祥氣萬里會 龍飛何蜿蜿 鳳翔何翽翽 昔在唐虞朝
時見青雲際 今親遊萬國 流光溢天外 鶴鳴在後園 清音隨風邁
成湯隆顯命 伊摯來如飛 先天天不違 輟耕綜地綱 解褐衿天維
元功配二王 芬馨世所稀 我皇敘群才 洪烈何巍巍 桓桓征四表
濟濟理萬機 神化感無方 髦才盈帝畿 丕顯惟昧旦 日新孔所諮
茂哉明聖德 日月同光輝 【晉志十三】 【八】

伯益

伯益佐舜禹 職掌山與川 德侔十六相 思心入無間 智理周萬物
下知眾鳥言 黃雀應清化 翔習何翩翩 和鳴棲庭樹 徘徊雲日間
夏桀為無道 密網施山河 酷祝振纖網 當奈黃雀何 殷湯崇天德
去其三面羅 逍遙群飛來 鳴聲乃復和 朱雀作南宿 鳳皇統羽群
赤鳥銜書至 天命瑞周文 神雀今來遊 為我受命君 嘉祥致天和
膏澤隆青雲 蘭風發芳氣 蓋世同其芬

釣竿

釣竿何冉冉 甘餌芳且鮮 臨川運思心 微綸沉九泉 太公寶此術
乃在靈秘篇 機變隨物移 精妙貫未然 遊魚驚著釣 潛龍飛戾天
戾天安所至 撫翼翔太清 太清一何異 兩儀出渾成 玉衡正三辰
造化賦群形 退願輔聖君 與神合其靈 我君弘遠略 天人不足并
天人初并時 昧昧何芒芒 日月有徵兆 文象興二皇 蚩尤亂生靈
黃帝用兵征 萬方逮夏禹 而德衰 三世不及虞與唐 我皇盛德配堯舜

受禪卽祚享天祥　率土蒙祐　靡䘵不肅　庶事康　庶事康
穆穆明明　荷伯祿　保無極　永太平

鼙舞未詳所起然漢代已施於燕享矣傅毅張衡所賦皆其事也舊曲有五篇一關東有賢女二章和二年中三樂久長四四方皇五殿前生桂樹其辭並亡曹植鼙舞詩序云故漢靈帝西園鼓吹有李堅者能鼙舞遭世荒亂堅播越關西隨將軍段煨先帝聞其舊妓下書召堅堅年踰七十中間廢而不爲又古曲甚多謬誤異代之文未必相襲故依前曲作新歌五篇及泰始中又制其辭焉其舞故常二八桓玄將僭位尚書殿中郎袁明子啓增滿八佾泰始中歌辭今列之後云

鼙舞歌詩五篇

洪業篇 當魏曲明明魏皇帝古曲關中有賢女

宣文創洪業　盛德在泰始　聖皇應靈符　受命君四海　萬國何所樂
上有明天子　唐堯禪帝位　虞舜惟恭已　恭已正南面　道化與時移
大赦盪萌漸　文敎被黃支　象天則地　體無爲　聰明配日月
神聖參兩儀　雖有三凶類　靜言無所施　象天則地　體無爲
稷契並佐命　伊呂升王臣　蘭芷登朝肆　下無失宿人　聲發響自應
表立景來附　嘒嘒順鸞鶴　潛龍升天路　備物立成器　變通極其數
百事以時敘　萬機有常度　訓之以克讓　納之以忠恕　群下仰清風
海外同歡慕　象天則地　化雲布　昔日貴彫飾　今尚儉與素
昔日多纖介　今去情與故　象天則地　化雲布　濟濟大朝士
夙夜綜萬機　萬機無廢理　明明降訓諮　臣譬列星景　君配朝日輝
事業並通濟　功烈何巍巍　五帝繼三皇　三皇世所歸　聖德應期運
天地不能違　仰之彌已高　猶天不可階　將復御龍氏　鳳皇在庭棲

天命篇 當魏曲太和有聖帝古曲章和二年中

聖祖受天命　應期輔魏皇　入則綜萬機　出則征四方　朝廷無遺理
方表寧且康　道隆舜臣堯　積德踰太王　孟度阻窮險　造亂天一隅
神兵出不意　奉命致天誅　赦善戮有罪　元惡宗爲虛　威風震勁蜀
武烈懾強吳　諸葛不知命　肆逆亂天常　擁徒十餘萬　數來寇邊疆
我皇邁神武　秉鉞鎭雍涼　亮乃畏天威　未戰先仆僵　盈虛自然運
時變故多艱　東征陵海表　萬里克朝鮮　受遺齊七政　曹爽又滔天
群凶受誅殛　百祿咸來臻　黃華應福始　王淩爲禍先

景皇篇 當魏曲魏歷長古曲樂久長

景皇帝　聰明命世生　盛德參天地　帝王道大　創基既已難
繼世亦未易　外則夏侯玄　內則張與李　三凶構逆　亂帝紀
順天行誅　窮其姦宄　邊將御其漸　潛謀不得起　罪人咸伏辜
威風振萬里　平衡綜萬機　萬機無不理　召陵恒不君　內外何紛紛
衆小便成群　蒙昧恣心　治亂不分　叡聖獨斷　濟武常以文
順天惟廢立　掃霓披浮雲　雲霓既已闢　清和未幾間　羽檄首尾至
變起東南藩　儉欽爲長蛇　外則憑吳蠻　萬國紛騷擾　戚戚天下懼不安
神武御六軍　我皇秉鉞征　儉欽起壽春　前鋒據項城　出其不意
並縱奇兵　奇兵誠難御　廟勝實難支　兩軍不期遇　敵退計無施
豹騎惟武進　大戰沙陽陂　欽乃亡寬走　奔虜若雲披　天因赦有罪
東土效鯨鯢

大晉篇 當魏曲天生烝民古曲四方皇

赫赫大晉　於穆文皇　蕩蕩巍巍　道邁陶唐　世稱三皇五帝
及今重其光　九德克明　文旣顯武又彰　思弘六合　兼濟萬方
內擧元凱　朝政以綱　外簡武臣　時惟鷹揚　靡䘵順不懷
逆命斯亡　仁配春日　威踰秋霜　濟濟多士　同茲蘭芳
唐虞至治　四凶滔天　致討儉欽　罔不肅虔　化感海內
海外來賓　獻其聲樂　並稱妾臣　西蜀猾夏　僭號方域
命將致討　委國稽服　吳人放命　馮海阻江　飛書告喻
響應來同　先王建萬國　九服爲藩衛　亡秦壞諸侯　序祚不二世
歷代不能復　忽踰五百歲　我皇邁聖德　應期創典制　分土五等
藩國正封界　莘莘文武佐　千秋遘嘉會　洪澤溢區內　仁風翔海外

明君篇 當魏曲爲君旣不易古曲殿前生桂樹

明君御四海 聽鑒盡物情 顧望有譴罰 竭忠身必榮 蘭芷生荒野
萬里升紫庭 茨草穢堂階 掃截不得生 能否莫相蒙 百官正其名
恭已慎有為 有為無不成 闇君不自信 群下執異端 正直羅浸潤
姦臣奪其權 雖欲盡忠誠 結舌不敢言 結舌亦何憚 盡忠為身患
清流豈不潔 飛塵濁其源 歧路令人迷 未遠勝不還 忠臣立君朝
正色不顧身 邪正不並存 譬若胡與秦 胡秦有合時 邪正各異津
忠臣遇明君 乾乾惟日新 群目統在綱 衆星共北辰 設令遭闇主
斥退為凡人 雖薄供時用 白茅猶為珍 冰霜晝夜結 蘭桂摧為薪
邪臣多端變 用心何委曲 便辟順情指 動隨君所欲 偷安樂目前
不問清與濁 積偽罔時主 養交以持祿 言行恒相違 難饜甚谿谷
昧死則乾没 覺露則滅族

拂舞出自江左舊云吴舞檢其歌非吴辭也亦陳於殿庭楊泓序云自到江南見白符舞或言白鳧鳩舞云有此來數十年矣察其辭旨乃是吴人患孫皓虐政思屬晉也今列之於後云

拂舞歌詩五篇 【晉志十三 【十二

白鳩篇

翩翩白鳩 再飛再鳴 懷我君德 來集君庭 白雀呈瑞
素羽明鮮 翔庭舞翼 以應仁乾 皎皎鳴鳩 或丹或黄
樂我君惠 振羽來翔 東壁餘光 魚在江湖 惠而不費
敬我微驅 策我良駟 習我驅馳 與君周旋 樂道忘飢
我心虚靜 我志霑濡 彈琴鼓瑟 聊以自娱 陵雲登臺
浮遊太清 攀龍附鳳 自望身輕

濟濟篇

暢暢飛舞 氣流芳 追念三五 大綺黄 去失有
時可行 去來時同 此未央 時冉冉 近桑榆
但當飲酒 為歡娱 衰老逝 有何期 多憂耿耿
內懷思 深池曠 魚獨希 願得黄浦 衆所依
恩感人 世無比 悲歌且舞 無極已

獨祿篇

獨獨祿祿 水深泥濁 泥濁尚可 水深殺我 雍雍雙鴈 遊戲田畔
我欲射鴈 念子孤散 翩翩浮萍 得風遥輕 我心何合 與之同并
空牀低幃 誰知無人 夜衣錦繡 誰別偽真 刀鳴削中 倚牀無施
父冤不報 欲活何為 猛獸班班 遊戲山間 獸欲嚙人 不避豪賢

碣石篇

東臨碣石 以觀滄海 水何淡淡 山島竦峙 樹木叢生 百草豐茂
秋風蕭瑟 洪波涌起 日月之行 若出其中 星漢燦爛 若出其裏
幸甚至哉 歌以詠志 觀滄海
孟冬十月 北風徘徊 天氣肅清 繁霜霏霏 鵾雞晨鳴 鴈過南飛
鷙鳥潛藏 熊羆窟棲 鎒鎛停置 農收積場 逆旅整設 以通賈商
幸甚至哉 歌以詠志 冬十月
鄉土不同 河朔隆寒 流澌浮漂 舟船行難 錐不入地 豐藾深奥
水竭不流 冰堅可蹈 士隱者貧 勇俠輕非 心常歎怨 戚戚多悲
幸甚至哉 歌以詠志 土不同 【晉志十三 【十二
神龜雖壽 猶有竟時 騰蛇乘霧 終為土灰 驥老伏櫪 志在千里
烈士暮年 壯心不已 盈縮之期 不但在天 養怡之福 可得永年
幸甚至哉 歌以詠志 龜雖壽

淮南王篇

淮南王 自言尊 百尺高樓與天連 後園鑿井銀作牀
金瓶素綆汲寒漿 汲寒漿 飲少年 少年窈窕 何能賢
揚聲悲歌音絶天 我欲渡河 河無梁 願作雙黄鵠 還故鄉
還故鄉 入故里 徘徊故鄉 苦身不已 繁舞寄歌 無不泰
徘徊桑梓遊天外

鼓角橫吹曲鼓按周禮以鼖鼓鼓軍事角説者云蚩尤氏帥魑魅與黄帝戰於涿鹿帝乃命始吹角為龍鳴以禦之其後魏武北征烏丸越沙漠而軍士思歸於是減為中鳴而尤更悲矣

胡角者本以應胡笳之聲後漸用之橫吹有雙角即胡樂也張博

望入西域傳其法於西京惟得摩訶兜勒一曲李延年因胡曲更造新聲二十八解乘輿以爲武樂後漢以給邊將和帝時萬人將軍得之魏晉以來二十八解不復具存用者有黃鵠隴頭出關入關出塞入塞折楊柳黃覃子赤之楊望行人十曲按魏晉之世有孫氏善弘舊曲宋識善擊節唱和陳左善清歌列和善吹笛郝索善彈箏朱生善琵琶尤發新聲故傅玄著書曰人若欽所聞而忽所見不亦惑乎設此六人生於上世越古今而無儷何但夔牙同契哉按此說則自兹以後皆孫朱等之遺則也

相和漢舊歌也絲竹更相和執節者歌本一部魏明帝分爲二更遞夜宿本十七曲朱生宋識列和等復合之爲十三曲

但歌四曲自漢世無絃節作妓最先唱一人唱三人和魏武帝尤好之時有宋容華者清徹好聲善唱此曲當時之特妙自晉以來不復傳遂絕

凡樂章古辭今之存者並漢世街陌謳謠江南可採蓮烏生十五子白頭吟之屬是也

【晉志十三】 【十三】

吳歌雜曲並出江南東晉以來稍有增廣

子夜歌者女子名子夜造此聲孝武太元中琅邪王軻之家有鬼歌子夜則子夜是此時人也鳳將雛歌者舊曲也應璩百一詩云言是鳳將雛然則其來久矣

前漢歌者車騎將軍沈充所制阿子及歡聞歌者穆帝升平初歌畢輒呼阿子汝聞不語在五行志後人衍其聲以爲此二曲

團扇歌者中書令王珉與嫂婢有情愛好甚篤嫂捶撻婢過苦婢素善歌而珉好捉白團扇故制此歌

懊憹歌者隆安初俗聞訛謠之曲語在五行志長史變者司徒左長史王廞臨敗所制　凡此諸曲始皆徒歌既而被之管絃又有因絲竹金石造歌以被之魏世三調歌辭之類是也

杯柈舞按太康中天下爲晉世寧舞務手以接杯柈反覆之此則漢世惟有柈舞而晉加之以杯反覆之也

公莫舞今之巾舞也相傳云項莊劍舞項伯以袖隔之使不得害漢高祖且語項莊云公莫古之相呼曰公云公莫害漢王也今之用巾蓋像項伯衣袖之遺式然按琴操有公莫渡河曲然則其聲所從來已久俗云項伯非也

白紵舞按舞辭有巾袍之言紵本吳地所出宜是吳舞也晉俳歌又云皎皎白緒節節爲雙吳音呼緒爲紵疑白紵即白緒也

鐸舞歌一篇幡舞歌一篇鼓舞伎六曲並陳於元會後漢正旦天子臨德陽殿受朝賀舍利從西方來戲於殿前激水化成比目魚跳躍嗽水作霧翳日畢又化成龍長八九丈出水遊戲炫耀日光以兩大絲繩繫兩柱頭相去數丈兩倡女對舞行於繩上相逢切肩而不傾魏晉訖江左猶有夏育扛鼎巨象行乳神龜抃舞背負靈嶽桂樹白雪畫地成川之樂

成帝咸康七年尚書蔡謨奏八年正會儀注惟作鼓吹鍾鼓其餘伎樂盡不作侍中張澄給事黃門侍郎陳逵駁以爲王者觀時設教至於吉凶殊斷不易之道也今四方觀禮陵有償弔之位庭奏宮懸之樂二禮兼用哀樂不分體國經制莫大於此詔曰今既以天下體大禮從權宜三正之饗宜盡用吉禮也至娛耳目之樂所不忍聞故闕之耳事之大者不過上壽酒稱萬歲已許其大不足復闕鍾鼓鼓吹也澄逵又啓今大禮雖降事吉於朝然償弔顯於園陵則未滅有哀禮服定於典文義無盡吉是以咸寧之會有徹樂之典寶貫先朝稽古憲章垂式萬世者也詔曰若元日大饗萬國朝宗庭廢鍾鼓之奏遂闕起居之節朝無磬制之音賓無蹈履之度其於事義不亦闕乎惟可量輕重以制事中散騎侍郎顧臻表曰臣聞聖王制樂讚揚政道養以仁義防其淫佚上享宗廟下訓黎元體五行之正音協八風以陶物宮聲正方而好義角聲堅齊而率禮絃歌鍾鼓金石之作備矣故遠神至化有率舞之感移風易俗致和樂之極末世之伎設禮外之觀逆行連倒頭足入笞之屬皮膚外剥肝心內摧敦彼行葦猶謂勿踐矧伊生靈而不惻愴加四海朝覲言觀帝庭耳聆雅頌之聲目覩

【晉志十三】 【十四】

威儀之序足以蹈天頭以履地反天地之至順傷彝倫之大方今夷狄
對岸外禦爲急兵食七升忘身赴難過泰之戲日廩五斗方掃神
州經略中甸若此之事不可示遠宜下太常纂備雅樂簫韶九成惟
新於盛運功德頌聲永著于來葉此乃所以燕及皇天克昌厥後者
也諸伎而傷人者皆宜除之流簡儉之德邁康哉之詠清風既行
下應如草此之謂也愚管之誠惟垂採察於是除高絙紫鹿跂行
鱉食及齊王捲衣笮兒等樂又減其廩其後復高絙紫鹿焉

晉書志卷第十三

志第十四　晉書二十四　御撰

職官

書曰唐虞稽古建官惟百所以獎導民萌裁成庶政易曰天垂象聖人
則之執法在南宮之右上相處端門之外而鳥龍居位雲火垂名前史詳
之其以尚矣黃帝置三公之秩以親黎元少昊配九扈之名以爲農正
命重黎於天地詔融具於水火則可得而言焉伊尹曰三公調陰陽九
卿通寒暑大夫知人事列士去其私而成湯居亳初置二相以伊尹仲
虺爲之九職樞會仰承君命爰及周武下逮成康垂則六卿分職二公
弘化咸樹司存各題標準苟非其道人弗虛榮貽厥孫謀其固本也如
此及秦變周官漢遵嬴舊或隨時適用或因務遷革霸王之典義在
於斯既獲厥安所謂得其時制者也四征興於漢代四安起於魏初四
鎮通於柔遠四平止於喪亂其渡遼凌江輕車強弩式揚遐外用表
攻伐興而復毀厥號彌繁及當塗得志克平諸夏初有軍師祭酒參掌
戎律建安十三年罷漢台司更置丞相而以曹公居之用兼端揆孫吳
劉蜀多依漢制雖復臨時命氏而無忝舊章世祖武皇帝即位之初以
安平王孚爲太宰鄭沖爲太傅王祥爲太保司馬望爲太尉何曾爲司
徒荀顗爲司空石苞爲大司馬陳騫爲大將軍世所謂八公同辰攀雲
附翼者也若乃成乎棟宇非一枝之勢處乎經綸稱萬夫之敵或牽羊
以叶於夢或垂釣以申其道或空桑以獻其術或操版以啓其心臥龍
飛鴻方金擬璧秦奚鄭產楚材晉用斯亦曩時之良具其又昭彰者
焉宣王既誅曹爽政由己出網羅英俊以備天官及蘭卿受羈貴公顯
戮雖復策名魏氏而乃心皇晉及文王纂業初啓晉臺始置二衛有
前驅養由之弩及設三部有熊渠佽飛之衆是以武帝龍飛乘茲奮翼
猶武王以周之十亂而理殷民者也是以泰始盡於太康喬柯茂葉來
居斯位自太興訖于建元南金北銑用處茲秩雖未擬乎夔拊龍言天
工人代亦庶幾乎任官惟賢莅事惟能者也
丞相相國並秦官也晉受魏禪並不置自惠帝之後省置無恒爲之者趙
王倫梁王肜成都王穎南陽王保王敦王導之徒皆非復尋常人臣之職

太宰太傅太保周之三公官也魏初唯置太傅以鍾繇爲之末年又置
太保以鄭沖爲之晉初以景帝諱故又採周官官名置太宰以代太師
之任秩增三司與太傅太保皆爲上公論道經邦燮理陰陽無其人則
闕以安平獻王孚居之自渡江以後其名不替而居之者甚寡
太尉司徒司空並古官也自漢歷魏置以爲三公及晉受命迄江左其
官相承不替大司馬古官也漢制以冠大將軍驃騎車騎之上以代太尉
之職故恒與太尉迭置不並列及魏有太尉而大司馬大將軍各自爲
官位在三司上晉受魏禪因其制以安平王孚爲太宰鄭沖爲太傅王
祥爲太保義陽王望爲太尉何曾爲司徒荀顗爲司空石苞爲大司
馬陳騫爲大將軍凡八公同時並置唯無丞相焉自義陽王望爲大司
馬之後定令如舊在三司上大將軍古官也漢武帝置冠以大司馬名
爲崇重之職及漢東京大將軍不常置爲之者皆擅朝權至景帝爲
大將軍亦受非常之任後以叔父孚爲太尉奏改大將軍在太尉下及
晉受命猶依其制位次三司下後復舊在三司上太康元年琅邪王伷

遷大將軍復制在三司下伷薨後如舊開府儀同三司漢官也殤帝延
平元年鄧騭爲車騎將軍儀同三司儀同之名始自此也及魏黃權以車
騎將軍開府儀同三司開府之名起於此也驃騎車騎衛將軍伏波撫
軍都護鎮軍中軍四征四鎮龍驤典軍上軍輔國等大將軍左右光祿
光祿三大夫開府者皆爲位從公
太宰太傅太保司徒司空左右光祿大夫光祿大夫開府位從公者爲
文官公冠進賢三梁黑介幘
大司馬大將軍太尉驃騎車騎衛將軍諸大將軍開府位從公者爲武
官公皆著武冠平上黑幘
文武官公皆假金章紫綬著五時服其相國丞相皆袞冕綠盭綬所
以殊於常公也諸公及開府位從公者品秩第一食奉日五斛太康二
年又給絹春百匹秋絹二百匹緜二百斤元康元年給菜田十頃騶十
人立夏後不及田者食奉一年置長史一人秩一千石西東閤祭酒西
東曹掾戶倉賊曹令史屬各一人御屬閤下令史西東曹倉戶賊曹
令史門令史記室省事令史閤下記室書令史西東曹學事各一人給
武賁二十人持班劒給朝車駕駟安車黑耳駕三各一乘祭酒掾屬白
蓋小車七乘軺車施耳後戶皁輪犢車各一乘自祭酒已下令史已上
皆皁零辟朝服太尉雖不加兵者吏屬皆絳服司徒加置左右長史各
一人秩千石主簿左西曹掾屬各一人西曹稱右西曹其左西曹令史
已下人數如舊令司空加置導橋掾一人諸公及開府位從公加兵者
增置司馬一人秩千石從事中郎二人秩比千石主簿記室督各一人舍
人四人兵鎧士曹營軍刺姦帳下都督外都督令史各一人主簿已下
令史已上皆絳服司馬給吏卒如長史從事中郎給侍二人主簿記室
督各給侍一人其餘臨時增崇者則襃加各因其時爲節文不爲定制
。諸公及開府位從公爲持節都督增參軍爲六人長史司馬從事中
郎主簿記室督祭酒掾屬舍人如常加兵公制
特進漢官也二漢及魏晉以加官從本官車服無吏卒太僕羊琇遜位
拜特進加散騎常侍無餘官故給吏卒車服其餘加特進者唯食其祿

賜位其班位而已不別給特進吏卒車服後定令特進品秩第二位次
諸公在開府驃騎上冠進賢兩梁黑介幘五時朝服佩水蒼玉無章綬
食奉日四斛太康二年始賜春服絹五十匹秋絹百五十匹緜一百五十
斤元康元年給菜田八頃田騶八人立夏後不及田者食奉一年置主
簿功曹史門亭長門下書佐各一人給安車黑耳駕御一人軺車施耳
後戶一乘
左右光祿大夫假金章紫綬光祿大夫加金章紫綬者品秩第二祿賜
班位冠幘車服佩玉置吏卒羽林及卒諸所賜給皆與特進同其以爲
加官者唯假章綬祿賜班位而已不別給車服吏卒也又卒贈此位本
已有卿官者不復重給吏卒其餘皆給
光祿大夫假銀章青綬者品秩第三位在金紫將軍下諸卿上漢時所
置無定員多以爲拜假賵贈之使及監護喪事魏氏以來轉復優重不
復以爲使命之官其諸公告老者皆家拜此位及在朝顯職復用加之
及晉受命仍舊不改復以爲優崇之制而諸公遜位不復加之或更拜

上公或以本封食公祿其諸卿尹中朝大官年老致事者及内外之職加此者前後甚衆由是或因得開府或進加金章紫綬又復以爲禮贈之位泰始中唯太子詹事楊珧加給事中光祿大夫加兵之制諸所供給依三品將軍其餘自如舊制終武惠孝懷三世

光祿大夫與卿同秩中二千石著進賢兩梁冠黑介幘五時朝服佩水蒼玉食奉日三斛太康二年始給春賜絹五十匹秋絹百匹緜百斤惠帝元康元年始給菜田六頃田騶六人置主簿功曹史門亭長門下書佐各一人驃騎已下及諸大將軍不開府非持節都督者品秩第二其祿與特進同置長史司馬各一人秩千石主簿功曹史門下督錄事兵鎧士賊曹營軍刺姦帳下都督功曹書佐門吏門下書吏各一人其假節爲都督者所置與四征鎮加大將軍不開府爲都督者同四征鎮安平加大將軍不開府持節都督者品秩第二置參佐吏卒幕府兵騎如常都督制唯朝會祿賜從二品將軍之例然則持節都督無定員前漢遣使始有持節光武建武初征伐四方始權時置督軍御史事竟罷【晉志十四】【四】

建安中魏武爲相始遣大將軍督之二十一年征孫權還夏侯惇督二十六軍是也魏文帝黃初三年始置都督諸州軍事或領刺史又上軍大將軍曹真都督中外諸軍事假黃鉞則揔統内外諸軍矣魏明帝太和四年秋宣帝征蜀加號大都督高貴鄉公正元二年文帝都督中外諸軍尋加大都督及晉受禪都督諸軍爲上監諸軍次之督諸軍爲下使持節爲上持節次之假節爲下使持節得殺二千石以下持節殺無官位人若軍事得與使持節同假節唯軍事得殺犯軍令者江左以來都督中外尤重唯王導等權重者乃居之三品將軍秩中二千石者著武冠平上黑幘五時朝服佩水蒼玉食奉春秋賜緜絹菜田田騶如光祿大夫諸卿制置長史司馬各一人秩千石主簿功曹門下都督錄事兵鎧士賊曹營軍刺姦吏帳下都督功曹書佐門吏門下書吏各一人

錄尚書案漢武時左右曹諸吏分平尚書奏事知樞要者始領尚書事張安世以車騎將軍霍光以大將軍王鳳以大司馬師丹以左將軍並領尚書事後漢章帝以太傅趙憙太尉牟融並錄尚書事尚書有錄名蓋自憙融始亦西京領尚書之任猶唐虞大麓之職也和帝時太尉鄧彪爲太傅錄尚書事位上公在三公上漢制遂以爲常每少帝立則置太傅錄尚書事猶古冢宰揔己之義慶輒罷之自魏晉以後亦公卿權重者爲之尚書令秩千石假銅印墨綬冠進賢兩梁冠納言幘五時朝服佩水蒼玉食奉月五十斛受拜則策命之以在端右故也太康二年始給賜絹春三十匹秋七十匹緜七十斤元康元年始給菜田六頃田騶六人立夏後不及田者食奉一年始賈充爲尚書令以目疾表置省事吏四人省事蓋自此始

僕射服秩印綬與令同案漢本置一人至漢獻帝建安四年以執金吾榮郃爲尚書左僕射僕射分置左右蓋自此始經魏至晉迄於江左省置無恒置二則爲左右僕射或不兩置但曰尚書僕射令闕則左爲省主若左右並闕則置尚書僕射以主左事【晉志十四】【五】

列曹尚書案尚書本漢承秦置及武帝遊宴後庭始用宦者主中書以司馬遷爲之中間遂罷其官以爲中書之職至成帝建始四年罷中書宦者又置尚書五人一人爲僕射而四人分爲四曹通掌圖書秘記章奏之事各有其任其一曰常侍曹主丞相御史公卿事其二曰二千石曹主刺史郡國事其三曰民曹主吏民上書事其四曰主客曹主外國夷狄事後成帝又置三公曹主斷獄是爲五曹後漢光武以三公曹主歲盡考課諸州郡事改常侍曹爲吏部曹主選舉祠祀事民曹主繕脩功作鹽池園苑事客曹主護駕羌胡朝賀事二千石曹主辭訟事中都官曹主水火盜賊事合爲六曹并令僕二人謂之八座尚書雖有曹名不以爲號靈帝以侍中梁鵠爲選部尚書於此始見曹名及魏改選部爲吏部主選部事又有左民客曹五兵度支凡五曹尚書二僕射一令爲八座及晉置吏部三公客曹駕部屯田度支六曹而無五兵咸寧二年省駕部尚書四年省一僕射又置駕部尚書太康中有吏部殿中及五兵田曹度支左民爲六曹尚書又無駕部三公客曹惠帝世又有右民尚書止於六曹不知此時省何曹也及渡江有吏部祠部五兵

左民度支五尚書祠部尚書常與右僕射通職不恒置以右僕射攝之若右僕射闕則以祠部尚書攝知右事

左右丞自漢武帝建始四年置尚書而便置丞四人及光武始減其二唯置左右丞左右丞蓋自此始也自此至晉不改晉左丞主臺內禁令宗廟祠祀朝儀禮制選用署吏急假右丞掌臺內庫藏廬舍凡諸器用之物及廩振人租布刑獄兵器督録遠道文書章表奏事八座郎初拜皆沿漢舊制並集都座交禮遷職又解交焉

尚書郎西漢舊置四人以分掌尚書其一人主匈奴單于營部一人主羌夷吏民一人主戶口墾田一人主財帛委輸及光武分尚書為六曹之後合置三十四人秩四百石并左右丞為三十六人郎主作文書起草更直五日於建禮門內尚書郎初從三署詣臺試守尚書郎中歲滿稱尚書郎三年稱侍郎選有吏能者為之至魏尚書郎有殿中吏部駕部金部虞曹比部南主客祠部度支庫部農部水部儀曹三公倉部民曹二千石中兵外兵都兵別兵考功定課凡二十三郎青龍二年尚書陳矯奏置都官騎兵合凡二十五郎每一郎缺白試諸孝廉能結文案者五人謹封奏其姓名以補之及晉受命武帝罷農部定課置直事殿中祠部儀曹吏部三公比部金部倉部度支都官二千石左民右民虞曹屯田起部水部左右主客駕部車部庫部左右中兵左右外兵別兵都兵騎兵左右士北主客南主客為三十四曹郎後又置運曹凡三十五曹置郎二十三人更相統攝及江左無直事右民屯田車部別兵都兵騎兵左右士運曹十曹郎康穆以後又無虞曹二千石二郎但有殿中祠部吏部儀曹三公比部金部倉部度支都官左民起部水部主客駕部庫部中兵外兵十八曹郎後又省主客起部水部餘十五曹云

○侍中案黃帝時風后為侍中於周為常伯之任秦取古名置侍中漢因之秦漢俱無定員以功高者一人為僕射魏晉以來置四人別加官者則非數掌儐贊威儀大駕出則次直侍中護駕正直侍中負璽陪乘不帶劍餘皆騎從御登殿與散騎常侍對扶侍中居左常侍居右備切問近對拾遺補闕及江左哀帝興寧四年桓溫奏省二人後復舊

給事黃門侍郎秦官也漢已後並因之與侍中俱管門下眾事無員及晉置員四人

散騎常侍本秦官也秦置散騎又置中常侍散騎騎從乘輿車後中常侍得入禁中皆無員亦以為加官漢東京初省散騎而中常侍用宦者魏文帝黃初初置散騎合之於中同掌規諫不典事貂璫插右騎而散從至晉不改及元康中惠帝始以宦者董猛為中常侍後遂止常為顯職

給事中秦官也所加或大夫博士議郎掌顧問應對位次中常侍漢因之及漢東京省魏世復置至晉不改在散騎常侍下給事黃門侍郎上無員

通直散騎常侍案魏末散騎常侍又有在員外者泰始十年武帝使二人與散騎常侍通員直故謂之通直散騎常侍江左置四人

員外散騎常侍魏末置無員

散騎侍郎四人魏初與散騎常侍同置自魏至晉散騎常侍侍郎與侍中黃門侍郎共平尚書奏事江左乃罷

通直散騎侍郎四人初武帝置員外散騎侍郎及太興元年元帝使二人與散騎侍郎通員直故謂之通直散騎侍郎後增為四人員外散騎侍郎武帝置無員

奉朝請本不為官無員漢東京罷三公外戚宗室諸侯多奉朝請奉朝請者奉朝會請召而已武帝亦以宗室外戚為奉車駙馬騎三都尉而奉朝請焉元帝為晉王以參軍為奉車都尉掾屬為駙馬都尉行參軍舍人為騎都尉皆奉朝請後罷奉車騎二都尉唯留駙馬都尉奉朝請諸尚公主者劉惔桓溫皆為之

中書監及令案漢武帝遊宴後庭始使宦者典事尚書謂之中書謁者置令僕射成帝改中書謁者令曰中謁者令罷僕射漢東京省中謁者令而有中官謁者令非其職也魏武帝為魏王置秘書令典尚書奏事文帝黃初初改為中書置監令以秘書左丞劉放為中書監右丞孫資為中書令監令蓋自此始也及晉因之並置員一人

中書侍郎魏黃初初中書既置監令又置通事郎次黃門郎黃門郎已署事過通事乃署名已署奏以入為帝省讀書可及晉改曰中書侍郎員

四人中書侍郎蓋此始也及江左初改中書侍郎曰通事郎尋復爲中書
侍郎中書舍人案晉初初置舍人通事各一人江左令舍人通事謂之
通事舍人掌呈奏案後省而以中書侍郎一人直西省又掌詔命
秘書監案漢桓帝延熹二年置秘書監後省魏武爲魏王置秘書令
丞及文帝黃初初置中書令典尚書奏事而秘書改令爲監後以何禎
爲秘書丞而秘書先自有丞乃以禎爲秘書右丞及晉受命武帝以秘
書并中書省其秘書著作之局不廢惠帝永平中復置秘書監其
屬官有丞有郎并統著作省
著作郎周左史之任也漢東京圖籍在東觀故使名儒著作東觀有
其名尚未有官魏明帝太和中詔置著作郎於此始有其官隸中書省
及晉受命武帝以繆徵爲中書著作郎元康二年詔曰著作舊屬中
書而秘書既典文籍今改中書著作爲秘書著作於是改隸秘書省
後別自置省而猶隸秘書著作郎一人謂之大著作郎專掌史任又置
佐著作郎八人著作郎始到職必撰名臣傳一人

晉志十四　八

太常光祿勳衛尉太僕廷尉大鴻臚宗正大司農少府將作大匠太后
三卿大長秋皆爲列卿各置丞功曹主簿五官等員
太常有博士協律校尉員又統太學諸博士祭酒及太史太廟太樂鼓
吹陵等令太史又別置靈臺丞
太常博士魏官也魏文帝初置晉因之掌引導乘輿王公已下應追
謚者則博士議定之
協律校尉漢協律都尉之職也魏杜夔爲之及晉改爲協律校尉
晉初承魏制置博士十九人及咸寧四年武帝初立國子學定置國子
祭酒博士各一人助教十五人以教生徒博士皆取履行清淳通明典義
者若散騎常侍中書侍郎太子中庶子以上乃得召試及江左初減爲九
人元帝末增儀禮春秋公羊博士各一人合爲十一人後又增爲十六人
不復分掌五經而謂之太學博士也孝武太元十年損國子助教員爲十人
光祿勳統武賁中郎將羽林郎將冗從僕射羽林左監五官左右中郎
將東園匠太官御府守宮黃門掖庭清商華林園暴室等令

哀帝興寧二年省光祿勳并司徒孝武寧康元年復置
衛尉統武庫公車衛士諸冶等令左右都候南北東西督冶掾及渡江
省衛尉
太僕統典農典虞都尉典虞丞左右中典牧都尉車府典牧乘黃廐驊
騮廐龍馬廐等令典牧又別置羊牧丞太僕自元帝渡江之後或省或
置太僕省故驊騮爲門下之職
廷尉主刑法獄訟屬官有正監評并有律博士員
大鴻臚統大行典客園池華林園鉤盾等令又有青宮列丞鄴玄武苑
丞及江左有事則權置無事則省
宗正統皇族宗人圖諜又統太醫令史又有司牧掾員及渡江哀帝省
并太常太醫以給門下省
大司農統太籍導官二令襄國都水長東西南北部護漕掾及渡江
哀帝省并都水孝武復置少府統材官校尉中左右三尚方中黃左右
藏左校甄官平準奚官等令左校坊鄴中黃左右藏油官等丞及渡江
哀帝省并丹楊尹孝武復置自渡江唯置一尚方又省御府

晉志十四　九

將作大匠有事則置無事則罷
太后三卿衛尉少府太僕漢置皆隨太后宮爲官號在同名卿上無太
后則闕魏改漢制在九卿下及晉復舊在同號卿上
大長秋皇后卿也有后則置無后則省
御史中丞本秦官也秦時御史大夫有二丞其一御史丞其一爲中丞中
丞外督部刺史內領侍御史受公卿奏事舉劾按章漢因之及成帝
綏和元年更名御史大夫爲大司空置長史而中丞官職如故哀帝建
平二年復爲御史大夫元壽二年又爲大司空而中丞出外爲御史臺
主歷漢東京至晉因其制以中丞爲臺主
治書侍御史案漢宣帝幸宣室齋居而決事令侍御史二人治書侍側
後因別置謂之治書侍御史蓋其始也及魏又置治書執法掌奏劾而
治書侍御史掌律令二官俱置及晉唯置治書侍御史員四人泰始四
年又置黃沙獄治書侍御史一人秩與中丞同掌詔獄及廷尉不當者

皆治之後并河南遂省黃沙治書侍御史及太康中又省治書侍御史二員

侍御史案二漢所掌凡有五曹一曰令曹掌律令二曰印曹掌刻印三曰供曹掌齋祠四曰尉馬曹掌廄馬五曰乘曹掌護駕魏置八人及晉置員九人品同治書而有十三曹吏曹課第曹直事曹印曹中都督曹外都督曹媒曹符節曹水曹中壘曹營軍曹法曹算曹及江左初省課第曹置庫曹掌廄牧牛馬市租後分曹置外左庫內左庫云

殿中侍御史案魏蘭臺遣二御史居殿中伺察非法即其治也及晉置四人江左置二人又案魏晉官品令又有禁防御史第七品孝武太元中有檢校御史吳岷則此二職亦蘭臺之職也符節御史秦符璽令之職也漢因之位次御史中丞至魏別為一臺位次御史中丞掌授節銅武符竹使符及泰始九年武帝省并蘭臺置符節御史掌其事焉

司隸校尉案漢武初置十三州刺史各一人又置司隸校尉察三輔三河弘農七郡歷漢東京及魏晉其官不替屬官有功曹都官從事諸曹從事部郡從事主簿錄事門下書佐省事記室書佐諸曹書佐守從事武猛從事等員凡吏一百人卒三十二人及渡江乃罷司隸校尉官其職乃揚州刺史也

謁者僕射案秦官也自漢至魏因之魏置僕射掌大拜授及百官班次統謁者十人及武帝省僕射以謁者并蘭臺江左復置僕射後又省

都水使者案漢水衡之職也漢又有都水長丞主陂池灌溉保守河渠屬太常漢東京省都水置河隄謁者魏因之及武帝省水衡置都水使者一人以河隄謁者為都水官屬及江左省河隄謁者置謁者六人

中領軍將軍魏官也漢建安四年魏武丞相府自置及拔漢中以曹休為中領軍文帝踐阼始置領軍將軍以曹休為之主五校中壘武衛等三營武帝初省使中軍將軍羊祜統二衛前後左右驍衛等營即領軍之任也懷帝永嘉中改中軍曰中領軍永昌元年改曰北軍中候尋復為領軍成帝世復為中候尋復為領軍

護軍將軍案本秦護軍都尉官也漢因之高祖以陳平為護軍中尉武帝復以為護軍都尉屬大司馬魏武為相以韓浩為護軍史

渙為領軍非漢官也建安十二年改護軍為中護軍領軍為中領軍置長史司馬魏初因置護軍將軍主武官選隸領軍其世則不隸也元帝永昌元年省護軍并領軍明帝太寧二年復置領護各領營兵江左以來領軍不復別領營總統二衛驍騎材官諸營護軍猶別有營也資重者為領軍護軍資輕者為中領軍中護軍屬官有長史司馬功曹主簿五官受命出征則置參軍

左右衛將軍案文帝初置中衛及武帝受命分為左右衛以羊琇為左趙序為右並置長史司馬功曹主簿員江左罷長史

驍騎將軍游擊將軍並漢雜號將軍也魏置為中軍及晉以領護左右衛驍騎游擊為六軍

左右前後軍將軍案魏明帝時有左軍則左軍魏官也至晉不改武帝初又置前軍右軍泰始八年又置後軍是為四軍

屯騎步兵越騎長水射聲等校尉是為五校並漢官也魏晉逮于江左猶領營兵並置司馬功曹主簿後省左軍右軍前軍後軍為鎮衛軍其左右營校尉自如舊皆中領軍統之

二衛始制前驅由基強弩為三部司馬各置督史左衛熊渠武賁右衛佽飛武賁二衛各五部督其命中武賁驍騎游擊各領之又置武賁羽林上騎異力四部并命中為五督其衛鎮四軍如五校各置千人更制殿中將軍中郎校尉司馬比驍騎持椎斧武賁分屬二衛尉中武賁持鈒冗從羽林司馬常從人數各有差武帝甚重兵官故軍校多選朝廷清望之士居之先是陳勰為文帝所待特有才用明解軍令帝為晉王委任使典兵事及蜀破後令勰受諸葛亮圍陣用兵倚伏之法又甲乙校標幟之制勰悉闇練之遂以勰為殿中典兵中郎將遷將軍久之武帝每出入勰持白獸幡在乘輿左右鹵簿陳列齊肅太康末武帝嘗出射雉勰時已為都水使者散從車駕逼暗乃還漏已盡當合函停乘輿良久不得合乃詔勰合之勰舉白獸幡指麾須臾之間而函成皆謝勰閑解甚為武帝所任

太子太傅少傅並古官也泰始三年武帝始建官各置一人尚未置詹

事官事無大小皆由二傅並有功曹主簿五官太傅中二千石少傅二千石其訓導者太傅在前少傅在後皇太子先拜諸傅然後答之武帝後以儲副體尊遂命諸公居之以本位重故或行或領時侍中任愷武帝所親敬復使領之蓋一時之制也咸寧元年以給事黃門侍郎楊珧為詹事掌宮事二傅不復領官屬及楊珧為衛將軍領少傅省詹事遂崇廣傅訓命太尉賈充領太保司空齊王攸領太傅所置吏屬復如舊二傅進賢兩梁冠黑介幘五時朝服佩水蒼玉食奉日三斛太康二年始給春賜絹五十匹秋絹百匹綿百斤其後太尉汝南王亮車騎將軍楊駿司空衛瓘石鑒皆領傅保猶不置詹事以終武帝之世惠帝元康元年復置詹事二傅給菜田六頃田騶六人立夏後不及田者食奉一年置丞一人秩千石主簿五官掾功曹史主記門下史錄事戶曹法曹倉曹賊曹功曹書佐門下亭長門下書佐省事各一人給赤耳安車一乘及愍懷建宮乃置六傅三太三少以景帝諱師故改太師為太保通省尚書事詹事文書關由六傅然自元康之後諸傅或

晉志十四　十二

二或三或四或六及永康中復不置詹事也自太安已來置詹事終孝懷之世渡江之後有太傅少傅不立師保

中庶子四人職如侍中

中舍人四人咸寧四年置以舍人才學美者為之與中庶子共掌文翰職如黃門侍郎在中庶子下洗馬上

食官令一人職如太官令

庶子四人職比散騎常侍中書監令

舍人十六人職比散騎中書等侍郎

洗馬八人職如謁者祕書掌圖籍釋奠講經則掌其事出則直者前驅導威儀

率更令主宮殿門戶及賞罰事職如光祿勳衛尉

家令主刑獄穀貨飲食職比司農少府漢東京主食官令食官令及晉自為官不復屬家令

僕主車馬親族職如太僕宗正

左右衛率案惠帝建東宮置衛率初曰中衛率泰始五年分為左右各領一軍惠帝時愍懷太子在東宮又加前後二率及江左省前後二率孝武太元中又置

王置師友文學各一人景帝諱故改師為傅友者因文王仲尼四友之名號改太守為內史省相及僕有郎中令中尉大農為三卿大國置左右常侍各一人省郎中置侍郎二人典書典祠典衛學官令典書丞各一人治書四人中尉司馬世子庶子陵廟牧長各一人謁者四人中大夫六人舍人十人典府各一人咸寧三年衛將軍楊珧與中書監荀勖以齊王攸有時望懼惠帝有後難因追故司空裴秀立五等封建之旨從容共陳時宜於武帝以為古者建侯所以藩衛王室今吳寇未殄方岳任大而諸王為帥都督封國既各不臣其統內於事重非宜又異姓諸將居邊宜參以親戚而諸王公皆在京都非扞城之義萬世之固帝初未之察於是下詔議其制有司奏從諸王公更制戶邑皆中尉領兵其平原汝南琅邪扶風齊為大國梁趙樂安燕安平義陽為次國其

晉志十四　十三

餘為小國皆制所近縣益滿萬戶又為郡公制度如小國王亦中尉領兵郡侯如不滿五千戶王置一軍一千一百人亦中尉領之于時唯特增魯公國戶邑追進封故司空博陵公王沈為郡公鉅平侯羊祜為南城郡侯又南宮王承隨王萬各於泰始中封為縣王邑千戶至是改正縣王增邑為三千戶制度如郡侯亦置一軍自此非皇子不得為王而諸王之支庶皆皇家之近屬至親亦各以土推恩受封其大國次國始封王之支子為公承封王之支子為侯繼承封王之支子為伯小國五千戶已上始封王之支子為子不滿五千戶始封王之支子及始封公侯之支子皆為男非此皆不得封其公之制度如五千戶國侯之制度如不滿五千戶國亦置一軍千人中尉領之伯子男以下各有差而不置軍大國始封之孫罷下軍曾孫又罷上軍次國始封子孫亦罷下軍其餘皆以一軍為常大國中軍二千人上下軍各千五百人次國上軍二千人下軍千人其未之國者大國置守土百人次國八十人小國六十人郡侯縣公亦如小國制度既行所增徙各如本奏遣就國而諸公皆戀京師涕泣

而去及吳平後齊王攸遂之國

中朝制典書令在常侍下侍郎上及渡江則侍郎次常侍而典書令居三軍下公國則無中尉常侍三軍侯國又無大農侍郎伯子男唯典書以下又無學官令史職皆以次損焉公侯以下置官屬隨國小大無定制其餘官司各有差名山大澤不以封鹽鐵金銀銅錫始平之竹園別都宮室園囿皆不爲屬國其仕在天朝者與之國同皆自選其文武官諸入作卿士而其世子年已壯者皆遣莅國其王公已下茅社符璽車旗命服一如泰始初故事

州置刺史別駕治中從事諸曹從事等員所領中郡以上及江陽朱提郡郡各置部從事一人小郡亦置一人又有主簿門亭長錄事記室書佐諸曹佐守從事武猛從事等凡吏四十一人卒二十人諸州邊遠或有山險濱近寇賊羌夷者又置弓馬從事五十餘人徐州又置淮海涼州置河津諸州置都水從事各一人涼益州置吏八十五人卒二十人荊州又置監佃督一人郡皆置太守河南郡京師所在則曰尹諸王國以內史掌太守之任又置主簿主記室門下賊曹議生門下史記室史錄事史書佐循行幹小史五官掾功曹史功曹書佐循行小史五官掾等員

郡國戶不滿五千者置職吏五十人散吏十三人五千戶以上則職吏六十三人散吏二十一人萬戶以上職吏六十九人散吏三十九人郡國皆置文學掾一人縣大者置令小者置長有主簿錄事史主記室史門下書佐幹游徼議生循行功曹史小史廷掾功曹史小史書佐幹戶曹掾史幹法曹門幹金倉賊曹掾史兵曹史吏曹史獄小史獄門亭長都亭長賊捕掾等員戶不滿三百以下職吏十八人散吏四人三百以上職吏二十八人散吏六人五百以上職吏四十人散吏八人千以上職吏五十三人散吏十二人千五百以上職吏六十八人散吏一十八人三千已上職吏八十八人散吏二十六人郡國及縣農月皆隨所領戶多少爲差散吏爲勸農又縣五百以上皆置鄉三千以上置二鄉五千以上置三鄉萬以上置四鄉鄉置嗇夫一人鄉戶不滿千以下置治書史一人千以上置史佐各一人正一人五千五百以上置史一人佐二人縣率百戶置里吏一人其土廣人稀聽隨宜置里吏限不得減五十戶戶千以上置校官掾一人縣皆置方略吏四人洛陽縣置六部尉江左以後建康亦置六部尉餘大縣置二人次縣小縣各一人鄴長安置吏如三千戶以上之制

四中郎將並後漢置歷魏及晉並有其職江左彌重

護羌夷蠻等校尉案武帝置南蠻校尉於襄陽西戎校尉於長安南夷校尉於寧州元康中護羌校尉爲涼州刺史西戎校尉爲雍州刺史南蠻校尉爲荊州刺史及江左初省南蠻校尉尋又置於江陵改南夷校尉曰鎮蠻校尉及安帝時於襄陽置寧蠻校尉

護匈奴羌戎蠻夷越中郎將案武帝置四中郎將或領刺史或持節爲之武帝又置平越中郎將居廣州主護南越

晉書志卷第十四　　職官

輿服

史臣曰昔者乘雲效駕卷領垂衣則皇帝皁衣纁裳放勛彤車白馬叶三微之序含寅丑之建玄戈玉刃作會相暉若乃參旗分景帝車含曜又所以營衛南宮增華北極月令季夏之月命婦官染采綵頍冊班次各有品章矣高旗有日月之象式視有威儀之選衮兼鞴珮衡載鳴和是以閑邪屏棄不可入也若乃正名百物補緝四維疏懷山之水靜傾天之害功尤彰者飾彌煥德愈盛者服彌尊莫不質良用成其美書曰明試以功車服以庸禮記曰鸞車有虞氏之路也鈎車夏后氏之路也大路殷路也乘路周路也而鼓火山龍以通其意前史以為聖人見鳥獸容貌草木英華始創衣冠而玄黃殊采見秋蓬孤轉杓觿旁建乃作輿輪而方圓異則遇物成象觸類興端周因於殷其來已舊昔成王之會壇垂陰而五方之盛有八十物者焉宗馬鳥旗奚往不格殷公曹叔此焉低首周禮巾車氏建大赤以朝大白以戎雅制弘多式遵遺範賓入異憲飾行殊則是以有嚴有翼用光其武鈎膺鞗革乃暢其文六服之冕五時之路王之常制各有等差逮禮業彫訛人情馳爽諸侯征伐憲度淪亡三紫亂於齊飾長纓混於鄒甿孔子曰君子其學也博其服也鄉若乃豪傑不經庶人干典鶡鷸冠於鄭伯之門躡珠履於春申之第及秦皇并國攬其餘軌豐貂東至獬豸南來又有玄旗皁旒之制旄頭罕車之飾寫九王之廷於咸陽北坂車輿之彩各樹其文所謂秦人大備而陳戰國之後車者也及凝脂布網經書咸燼削滅三代以金根為帝軫除弃六冕以約玄為祭服高祖入關既因秦制世祖挺英雄之略撫文景之資揚霓拂羽皮軒記鼓橫汾河而祠后土登甘泉而祭昊天奉常獻儀謂之大駕車千乘而騎萬匹以辛娙趙飛鸞置屬車閒豹尾中文揚雄所謂彈天狼之威弧張曜日之靈旗騁羅列布霧集雲合者也於後王氏擅朝武車常翺赤眉之亂文物無遺建武十三年吳漢平蜀始送葆車輿輦車充庭之飾漸以周備明帝採周官禮記更服衮章太子冠通天而佩玉璽魏明以黼黻之美有疑於僭於是隨章傾略而損者半焉高堂隆奏曰改正朔殊徽號者帝王所以神明其政變民耳目也帝從其議改青龍五年為景初元年服色尚黃從地正也世祖武皇帝接天人之貺開典午之基受終之禮皆如唐虞故事晉氏金行而服色尚赤豈有司失其傳歟

玉金象革木等路是為五路並天子之法車皆朱班漆輪畫為櫨文三十輻法月之數重轂貳轄以赤油廣八寸長三尺注地繫兩軸頭謂之飛軨金薄繆龍之為輿倚較較重為文獸伏軾龍首銜軛左右吉陽筩用鸞雀立衡櫨文畫轅及轓青蓋黃為裏謂之黃屋金華施橑末橑二十八以象宿兩箱之後皆玳瑁為鵾翅加以金銀彫飾故世人亦謂之金鵾車斜注旂旗於車之左又加棨戟於車之右皆囊而施之棨戟韜以黻繡上為亞字繫大蛙蟆幡軛長丈餘於戟之杪以犛牛尾大如斗置左騑馬軛上是為左纛轅皆曲向上取禮緯山車垂句之義言不揉而能自曲玉金象三路各以其物飾車因以為名革者漆革木者漆木其制玉路最尊建太常十有二旒九仞委地畫日月升龍以祀天金路建大旂九旒以會万國之賓亦以賜上公及王子母弟象路建大赤通赤無畫所以視朝亦以賜諸侯革路建大白以即戎兵事亦以賜四鎮諸侯木路建大麾以田獵其麾色黑亦以賜蕃國王路駕六黑馬餘四路皆駕四馬馬並以黃金為文髦插以翟尾象鹿而鏤鍚（鍚在馬面所謂當顱者也）金錽而方釳（金錽謂以金錽為文施以鐵為之其大三寸中央兩頭高如山形貫中以翟尾而結著也）每繁纓赤罽易茸金就十有二（繁纓馬飾繁纓馬膺前在如索帬纓也罽茉馬帬抉名也）五路皆有鍚鸞之飾和鈴之響鈎膺玉瓖（鈎膺即繁纓）龍輈華轙（輈車轅也頭為龍象轙謂車衡上環受轡者也）朱幩（幩鑣飾也人君以朱纏鑣扇汗以為飾也）法駕行則五路各有所主不俱出臨軒大會則陳乘輿車輦旌鼓於其殿庭車坐乘者謂之安車倚乘者謂之立車亦謂之高車按周禮惟王后有安車也王亦無之自漢已來制乘輿乃有之有青立車青安車赤立車赤安車黃立車黃安車白立車白安車黑立車黑安車合十乘名為五時車俗謂之五帝車天子所御則駕馬六其餘並駕馬四建旂十二各如車色立車則正豎其旂安車則邪注駕馬馬亦各隨五時之色白馬則朱其騣尾左右騑驂金錽鏤鍚黃屋左纛如金根之制行則從後五

牛旗孚吳後所造以五牛建旗車設五牛青赤在左黃在中白黑在
右竪旗於牛背行則使人輿之牛之爲義蓋取其負重致遠而安穩也旗常纏不舒所謂德車結旌也天子親戎則舒謂武車綏旌也
金根車駕四馬不建旗幟其上如畫輪車下猶金根之飾
耕根車駕四馬建赤旗十有二旒天子親耕所乘者也一名芝車一名三
蓋車置耒耜於軾上魏景初元年改正朔易服色色尚黃牲用白戎事
乘黑首白馬建大赤之旂朝會則建大白行郊之時也泰始二年有司
奏宜如有虞遵唐故事皆用前代正朔服色其金根耕根車並以
建赤旗帝從之
輦梫自漢以來爲人君之乘魏晉御小出即乘之
戎車駕四馬天子親戎所乘者也載金鼓羽旗幢翳置弩於軾上
其建矛麾尾悉斜注
獵車駕四馬天子校獵所乘也重輞漫輪繆龍繞之一名闟戟車一名
蹋猪車魏文帝改名蹋獸車記云國君不乘奇車奇車亦獵車也天子獵則乘木輅後人代以獵車也
遊車九乘駕四先驅之乘是也

雲罕車駕四　皮軒車駕四以獸皮爲軒
鸞旗車駕四先輅所載也鸞旗者謂析羽旄而編之列繫幢傍也
建華車駕四九乘行則分居左右
輕車駕二古之戰車也前後二十乘分居左右輿輪洞朱不巾不蓋建
矛戟麾幢置弩箙於軾上大駕法駕出射聲校尉司馬吏士戰士載
以次屬車司南車一名指南車駕四馬其下制如樓三級四角金龍銜
羽葆刻木爲仙人衣羽衣立車上車雖回運而手常南指大駕出行爲
先啓之乘記里鼓車駕四形制如司南其中有木人執槌向鼓行一里則
打一槌
羊車一名輦車其上如軺伏兔箱漆畫輪軛武帝時護軍羊琇輒乘
羊車司隸劉毅糾劾其罪畫輪車駕牛以綵漆畫輪轂故名曰畫輪
車上起四夾杖左右開四望綠油幢朱絲絡青交路其上形制事事如
輦其下猶如犢車耳古之貴者不乘牛車漢武帝推恩之末諸侯寡弱
貧者至乘牛車其後稍見貴之自靈獻以來天子至士遂以爲常乘

至尊出朝堂舉哀乘之
屬車一曰副車一曰貳車一曰左車漢因秦制大駕屬車八十一乘行則
中央左右分爲行
法駕屬車三十六乘最後車懸豹尾豹尾以前比之省中屬車皆皁
蓋朱裏云御衣車御書車御軺車御藥車並駕牛
陽遂四望繐牕皁輪小形車駕牛
象車漢鹵簿最在前武帝太康中平吳後南越獻馴象詔作大車
駕之以載黃門鼓吹數十人使越人騎之元正大會駕象入庭
中朝大駕鹵簿先象車鼓吹一部十三人中道　次静室令駕一中道式道
候二人駕一分左右也　次洛陽尉二人騎分左右　次洛陽亭長九人
赤車駕一分三道各吹正二人引　次洛陽令皁車駕一中道　次河南
中部掾中道河橋掾在左功曹史在右並駕一次河南尹駕駟戟吏六人
次河南主簿駕一中道　次河南主記駕一中道　次司隸部河南從事
中道都部從事居左別駕從事居右並駕一　次司隸校尉駕三戟吏

八人　次司隸主簿駕一中道　次司隸主記駕一中道　次廷尉明法掾
中道五官掾居左功曹史居右並駕一　次廷尉卿駕駟戟吏六人　次廷
尉主簿主記並駕一在左太僕引從如廷尉在中宗正引從如廷尉在右
次太常駕駟中道戟吏六人太常外部掾居左五官掾功曹史居右並駕一
次光祿引從中道太常主簿主記居左衛尉引從居右並駕一　次太尉
外督令史駕一中道　次西東賊倉戶等曹屬並駕一引從　次太尉
駕駟中道太尉主簿舍人各一人祭酒二人並駕一在左　次司徒引從駕駟
中道次司空引從駕駟中道三公騎令史戟各八人鼓吹各一部七人　次中
護軍中道駕駟鹵簿左右各二行戟楯在外弓矢在內鼓吹一部七人
次步兵校尉在左長水校尉在右並駕一各鹵簿左右二行戟楯在外刀楯
在內鼓吹各一部七人　次射聲校尉在左翊軍校尉在右並駕一各鹵
簿左右各二行戟楯在外刀楯在內鼓吹各一部七人　次驍騎將軍在
左游擊將軍在右並駕一皆鹵簿左右引各二行戟楯在外刀楯在內
鼓吹各一部七人　騎隊五在左五在右隊各五十匹命中督二人分領左右

各有戟吏二人麾幢獨揭鼓在隊前　次左將軍在左前將軍在右並駕駟皆鹵簿左右各二行戟楯在外刀楯在內鼓吹各一部七人　次黄門麾騎中道　次黄門前部鼓吹左右各一部十三人駕駟八校尉佐仗左右各四行外大戟楯次九尺楯次弓矢次弩並熊渠佽飛督領之　次司南車駕駟中道　護駕御史騎夾左右　次謁者僕射駕駟中道　次御史中丞駕一中道　次武賁中郎將騎中道　次九游車中道武剛車夾左右並駕駟　次雲罕車駕駟中道　次闟戟車駕駟中道長戟邪偃向後　次皮軒車駕駟中道　次鑾旗車中道建華車分左右並駕駟　次護駕尚書郎三人都官郎中道駕部在左中兵在右並騎又有護駕尚書一人騎督攝前後無常　次相風中道　次司馬督在前中道左右各司馬史三人引仗左右各六行外大戟楯二行次九尺楯　次刀楯　次弓矢　次弩　次五時車左右有遮列騎　次典兵中郎中道督攝前却無常　左殿中御史右殿中監並騎　次高蓋中道左罼右罕　次御史中道左右節郎各四人　次華蓋中道　次殿中司馬中道殿中都尉在左殿中校尉在右左右各四行　細楯一行在弩內又殿中司馬一行殿中都尉一行殿中校尉一行　次棡鼓中道　次金根車駕六馬中道　太僕卿大將軍參乘左右又各增三行爲九行司馬史九人引大戟楯二行九尺楯一行刀楯一行由基二行細弩一行跡禽一行椎斧一行力人刀楯一行連細楯殿中司馬殿中都尉殿中校尉爲左右各十二行　金根車建青旂十二左將軍騎在左右將軍在右殿中將軍持鑿腦斧夾車車後衣書主職步從六行合左右三十二行　次曲華蓋中道侍中散騎常侍黄門侍郎並騎分左右　次黄鉞車駕一在左御麾騎在右　次相風中道　次中書監騎左祕書監騎右　次殿中御史騎左殿中監騎右　次五牛旗赤青在左黄在中白黑在右　次大輦中道太官令丞在左太醫令丞在右　次金根車駕駟不建旗　次青立車　次青安車　次赤立車　次赤安車　次黄立車　次黄安車　次白立車　次白安車　次黑立車　次黑安車合十乘並駕駟建旗十二如車色立車正豎旗安車邪拖之　次蹋豬車駕駟中道無旗　次耕根車駕駟中道赤旗十二熊渠督左佽飛督右　次御軺車　次御四望車　次御衣車　次御書車　次御藥車並駕牛中道　次尚書令在左尚書僕射在右　又尚書郎六人分次左右並駕又治書侍御史二人分左右又侍御史二人分次左右又蘭臺令史分次左右並騎　次豹尾車駕一自豹尾車後而鹵簿盡矣但以神弩二十張夾道至後部鼓吹其五張神弩置一將左右各二將　次輕車二十乘左右分駕　次流蘇馬六十匹　次金鉞車駕三中道左右護駕尚書郎并令史並騎各一人　次金鉦車駕三中道左右護駕侍御史并令史等並騎各一人　次黄門後部鼓吹左右各十三人　次戟鼓車駕牛二乘分左右　次左大鴻臚外部掾右五官掾功曹史並駕　次大鴻臚駕駟鉞吏六人　次大司農引從中道左大鴻臚主簿主記右少府引從　次三卿並騎吏四人鈴下二人執馬鞭辟車六人執方扇羽林十人朱衣　次領軍將軍中道鹵簿左右各二行九尺楯在外弓矢在內鼓吹如護車　次後軍將軍在左右將軍在右各鹵簿鼓吹如左軍前軍　次越騎校尉在左屯騎校尉在右各鹵簿鼓吹如步兵射声　次領護驍騎游軍校尉皆騎吏四人乘馬夾道都督兵曹各一人乘馬在中騎將軍四人騎校鞉角金鼓鈴下信幡軍校並駕一功曹吏主簿並騎從織扇幢麾各一騎鼓吹一部七騎　次領護軍加大車斧五官掾騎從　次騎十隊隊各五十匹將一人持幢一人鞉一人並騎在前督戟伯長各一人並騎在後羽林騎督幽州突騎督分領之郎簿十隊隊各五十人絳袍將一人騎鞉各一人在前督戟伯長一人步在後騎皆持稍　次大戟一隊　九尺楯一隊　刀楯一隊　弓一隊　弩一隊隊各五十人黑褠褶將一人騎校鞉角各一人步在前督戟伯長各一人步在後金顏督將並領之

皇太子安車駕三左右騑朱班輪倚獸較伏鹿軾九旒畫降龍青蓋金華蚤二十八枚黑櫝文畫轓文輈黄金塗五采亦謂之鸞路非法駕則乘畫輪車上開四望綠油幢朱絲繩絡兩箱裏飾以金錦黄金塗五采其副車三乘形制如所乘但不畫輪耳

王青蓋車皇孫綠蓋車並駕三左右騑
雲母車以雲母飾犢車臣下不得乘以賜王公耳
皁輪車駕四牛形制猶如犢車但皁漆輪轂上加青油幢朱絲繩絡
諸王三公有勳德者特加之位至公或四望三望夾望車油幢車駕牛
形制如皁輪但不漆轂耳王公大臣有勳德者特給之
通幰車駕牛猶如今犢車制但舉其幰通覆車上也諸王三公並乘之
諸公給朝車駕四安車黑耳駕三各一乘皁輪犢車各一乘自祭酒掾
屬以下及令史皆皁零辟朝服其武官公又別給大車特進及車騎將
軍驃騎將軍以下諸大將軍不開府非持節都督者給安車黑耳駕
二軺車施耳後戶乘三公九卿中二千石二千石河南尹謁者僕射郊
廟明堂法出皆大車立乘駕駟前後導從大車駕二右騑他出乘
安車其去位致仕告老賜安車駟馬郡縣公侯安車駕二右騑皆朱
班輪倚鹿較伏熊軾黑轓皁繒蓋
公旗旂八旒侯七旒卿五旒皆畫降龍

晉志十五　七　陳博刀

中二千石二千石皆皁蓋朱兩轓銅五采駕二中二千石以上右騑千石
六百石朱左轓車轓長六尺下屈廣八寸上業廣尺二寸九文十二初後
謙一寸若月初生示不敢自滿也
王公之世子攝命理國者安車駕三旗旂七旒其封侯之世子五旒
太康四年制依漢故事給九卿朝車駕四及安車各一乘
八年詔諸尚書軍校加侍中常侍者皆給傳事乘軺車給劒得入殿
省中與侍臣升降相隨
大使車立乘駕四赤帷裳騶騎導從（舊公卿二千石郊廟上陵從駕乘大使車他出乘安車）
小使車不立乘駕四輕車之流也蘭輿皆朱赤轂赤屛泥白蓋赤帷
裳從騶騎四十人又別有小使車赤轂皁蓋追捕考掾有所執取者
之所乘也凡諸使車皆朱班輪赤衡軛
追鋒車去小平蓋加通幰如軺車駕二追鋒之名蓋取其迅速也施
於戎陣之間是爲傳乘
軺車古之時軍車也一馬曰軺車二馬曰軺傳漢世貴輜軿而賤軺

車魏晉重軺車而賤輜軿三品將軍以上尚書令軺車黑耳有後戶僕
射但有後戶無耳並皁輪尚書及四品將軍則無後戶漆轂輪其中
書監令如僕射侍中黃門散騎初拜及謁陵廟亦得乘之
皇太后皇后法駕乘重翟羽蓋金根車駕青輅青帷裳雲㡛畫
轅黃金塗五采蓋爪施金華駕三左右騑其廟見小駕則乘紫罽
軿車雲㡛畫轅黃金塗五采駕三非法駕則皇太后乘輦皇后乘
畫輪車皇后先蠶乘油畫雲母安車駕六騩馬騩淺色油畫兩轅安車
駕五騩馬爲副又金薄石山軿紫絳罽軿車皆駕三騩馬爲副女旄
頭十二人持棨戟二人共載安車儷駕女尚輦十二人乘輜車儷駕女
長御八人乘安車儷駕三夫人油軿車駕兩馬左騑其貴人駕節畫
軿三夫人助蠶乘青交路安車駕三皆以紫絳罽軿車九嬪世婦乘
軿車駕三
長公主赤罽軿車駕兩馬公主王太妃王妃皆油軿車駕兩馬右騑公主
油畫安車駕三青交路以紫絳罽軿車駕三爲副王太妃三夫人亦如

晉志十五　八

之公主助蠶乘油畫安車駕三公主有先置者乘青交路安車駕三
○諸王妃公太夫人夫人縣鄉君諸郡公侯特進夫人助蠶乘皁交路安
車駕二諸侯監國世子之世婦侍中常侍尚書中書監令御校世婦命
婦助蠶乘皁交路安車儷駕
郡縣公侯中二千石二千石夫人會朝及蠶各乘其夫之安車皆右騑
皁交路皁帷裳自非公會則不得乘軺車止乘漆布輜軿銅五采而
已王妃特進夫人封郡君安車駕三皁交路封縣鄉君油軿車駕兩
馬右騑自過江之後舊章多缺元帝踐極始造大路戎路各一皆卽
古金根之制也無復充庭之儀至於郊祀大事則權飾餘車以周用
六師親征則用戎路去其蓋而乘之屬車但五乘而已加綠油幢朱絲
路飾青交路黃金塗五采其輪轂猶素兩箱無金錦之飾其五車又
是軺車舊儀天子所乘駕六是時無復六馬之乘五路皆駕四而已
同用黑是爲玄牡無復五時車有事則權以馬車代之建旗其上其
後但以五色木牛象五時車豎旗於牛背行則使人輿之牛之義蓋

取其負重致遠安而穩也旗常纏而不舒旆所謂德車結旌者也惟天子親戎五旗舒旆所謂武車綏旌者也指南車過江亡失及義熙五年劉裕屠廣固始復獲焉及使千人張綱補緝周用十三年裕定關中又獲司南記里諸車制度始備其輦過江亦亡制度太元中謝安率意造焉及破苻堅於淮上獲京都舊輦形制無差大小如一時人服其精記義熙五年劉裕執慕容超獲金鉦輦豹尾舊式猶存

元帝大興三年皇太子釋奠制曰今草創未有高車可乘安車也太元中東宮建乘路有青赤旂致疑徐邈議太子既不備五路赤旂宜省漢制太子鸞路皆以安車爲名自晉過江禮儀疎舛王公以下車服卑雜惟有東宮禮秩崇異上次辰極下納侯王而安帝爲皇太子乘石山安車制如金路義不經見事無所出

中宮初建及祀先蠶皆用法駕太僕妻御大將軍妻驂乘侍中妻陪乘丹楊尹建康令及公卿之妻奉引各乘其夫車服多以宮人權領其職

周禮弁師掌六冕司服掌六服非后王之制爰至庶人各有等差及

晋志十五　九

秦變古制郊祭之服皆以袀玄舊法掃地盡矣漢承秦弊西京二百餘年猶未能有所制立及中興後明帝乃始採周官禮記尚書及諸儒記說還備袞冕之服天子車乘冠服從歐陽氏說公卿以下從大小夏侯氏說始制天子三公九卿特進之服侍祠天地明堂皆冠旒冕兼五冕之制一服而已天子備十二章三公諸侯用山龍九章九卿以下用華蟲七章皆具五采

魏明帝以公卿袞衣黼黻之飾疑於至尊多所減損始制天子服刺繡文公卿服織成文及晉受命遵而無改天子郊祀天地明堂宗廟元會臨軒介幘通天冠平冕冕皁表朱綠裏廣七寸長二尺二寸加於通天冠上前圓後方垂白玉珠十有二旒以朱組爲纓無緌佩白玉垂珠黃大旒綬黃赤縹紺四采衣皁上絳下前三幅後四幅衣畫而裳繡爲日月星辰山龍華蟲藻火粉米黼黻之象凡十二章素帶廣四寸朱裏以朱綠裨飾其側中衣以絳緣其領袖赤皮爲韍絳袴襪赤舄未加元服者空頂介幘其釋奠先聖則皁紗袍絳緣中衣絳袴襪黑舄其臨軒亦袞冕也其朝服通天冠高九寸金博山顏黑介幘絳紗袍皁緣中衣其拜陵黑介幘單衣其雜服有青赤黃白緗黑色介幘五色紗袍五梁進賢冠遠遊冠平上幘武冠其素服白帢單衣

後漢以來天子之冕前後旒用真白玉珠魏明帝好婦人之飾改以珊瑚珠晉初仍舊不改及過江服章多闕而冕飾以翡翠珊瑚雜珠侍中顧和奏舊禮冕十二旒用白玉珠今美玉難得不能備可用白琁珠從之

通天冠本秦制高九寸正豎頂少斜却乃直下鐵爲卷梁前有展筩冠前加金博山述乘輿所常服也

平冕王公卿助祭於郊廟服之王公八旒卿七旒以組爲纓色如其綬王公衣山龍以下九章卿衣華蟲已下七章

遠遊冠傳玄云秦冠也似通天而前無山述有展筩橫于冠前皇太子及王者後帝之兄弟帝之子封郡王者服之諸王加官者自服其官之冠服惟太子及王者後常冠焉太子則以翠羽爲緌綴以白珠其餘但青絲而已

晋志十五　十

緇布冠蔡邕云即委貌冠也太古冠布齋則緇之緇布冠始冠之冠也其制有四形一似武冠又一似進賢其一上方其下如幘顏其一剌上而方下行鄉射禮則公卿委貌冠以皁絹爲之形如覆杯與皮弁同制長七寸高四寸衣黑而裳素其中衣以皁緣領袖其執事之人皮弁以鹿皮爲之

進賢冠古緇布遺象也斯蓋文儒者之服前高七寸後高三寸長八寸有五梁三梁二梁一梁人主元服始加緇布則冠五梁進賢三公及封郡公縣公郡侯縣侯鄉亭侯則冠三梁卿大夫八座尚書關中內侯二千石及千石以上則冠兩梁中書郎秘書丞郎著作郎尚書丞郎太子洗馬舍人六百石以下至于令史門郎小史並冠一梁漢建初中太官令冠兩梁親省御膳爲重也博士兩梁崇儒也宗室劉氏亦得兩梁冠示加服也

武冠一名武弁一名大冠一名繁冠一名建冠一名籠冠即古之惠文冠或曰趙惠文王所造因以爲名亦云惠者蟪也其冠文輕細如蟬翼故

名惠文或云齊人見千歲涸澤之神名曰慶忌冠大冠乘小車好疾馳因象其冠而服焉漢幸臣閎孺為侍中皆服大冠天子元服亦先加大冠左右侍中及諸將軍武官通服之侍中常侍則加金璫附蟬為飾插以貂毛黃金為竿侍中插左常侍插右胡廣曰昔趙武靈王為胡服以金貂飾首秦滅趙以其君冠賜侍臣應劭漢官云説者以為金取剛強百鍊不耗蟬居高飲清口在掖下貂內勁悍而外柔縟又以蟬取清高飲露而不食貂則紫蔚柔潤而毛采不彰灼金則貴其寶瑩於義亦有所取或以為北土多寒胡人常以貂皮溫額後世效此遂以附冠漢貂用赤黑色王莽用黃貂各附服色所尚也

高山冠一名側注高九寸鐵為卷梁制似通天頂直豎不斜卻無山述展筩高山者詩云高山仰止取其矜莊賓遠者也中外官謁者謁者僕射所服胡廣曰高山齊王冠也傳曰桓公好高冠大帶秦滅齊以其君冠賜謁者近臣應劭曰高山今法冠也秦行人使官亦服之而漢官儀云乘輿冠高山之冠飛翮之纓然則天子亦有時服焉傅子曰

魏明帝以其制似通天遠遊故改令卑下

法冠一名柱後或謂之獬豸冠高五寸以纚為展筩鐵為柱卷取其不曲撓也侍御史廷尉正監平凡執法官皆服之或説獬豸神羊能觸邪佞異物志云北荒之中有獸名獬豸一角性別曲直見人鬭觸不直者聞人爭咋不正者楚王嘗獲此獸因象其形以制衣冠胡廣曰春秋左氏傳晉侯觀于軍府見鍾儀曰南冠而縶者誰也南冠即楚冠秦滅楚以其冠服賜執法臣也長冠一名齊冠高七寸廣三寸漆纚為之制如版以竹為裏漢高祖微時以竹皮為此冠其世因謂劉氏冠後除竹用漆纚司馬彪曰長冠蓋楚制人間或謂之鵲尾冠非也救日蝕則服長冠而祠宗廟諸祀冠之此高祖所造後世以為祭服尊敬之至也

建華冠以鐵為柱卷貫大銅珠九枚古用雜木珠原憲所冠華冠是也又春秋左氏傳鄭子臧好聚鷸冠謂建華是也祀天地五郊明堂舞人服之漢官命舞樂人所服

方山冠其制似進賢鄧展曰方山冠以五采縠為之漢天子八佾五行樂人所服冠衣各如其行方之色而舞焉

巧士冠前高七寸要後相通直豎此冠不常用漢氏惟郊天黃門從官四人冠之在鹵簿中夾乘輿車前以備宦者四星或云掃除從官所服

卻非冠高五寸制似長冠宮殿門吏僕射冠之負赤幡青翅燕尾諸僕射幡皆如之

卻敵冠前高四寸通長四寸後高三寸制似進賢凡當殿門衛士服之

樊噲冠廣九寸高七寸前後出各四寸制似平冕昔楚漢會於鴻門項籍圖危高祖樊噲常持鐵楯聞急乃裂裳苞楯戴以為冠排入羽營因數羽罪漢王乘間得去後人壯其意乃制冠象焉凡殿門司馬衛士服之術氏冠前圓吴制差池四重趙武靈王好服之或曰楚莊王復讎冠是也鶡冠加雙鶡尾豎插兩邊鶡鳥名也形類鷂而微黑性果勇其鬭到死乃止上黨貢之趙武靈王以表顯壯士至秦漢猶施之武人

皮弁以鹿皮淺毛黃白色者為之禮王皮弁會五采玉璂象邸玉笄

謂之合皮為弁其縫中名曰會以采玉朱為璂璂結也天子五采諸侯三采（邸冠下抵也象骨為之笄音帝也）天子則縫有十二公九侯伯七子男五孤四卿大夫三

韋弁制似皮弁頂上尖韎草染之色如淺絳

爵弁一名廣冕高八寸長二寸如爵形前小後大增其上似爵頭色有收持笄所謂夏收殷冔者也祠天地五郊明堂雲翹舞樂人服之

幘者古賤人不冠者之服也漢元帝額有壯髮始引幘服之王莽頂禿又加其屋也漢注曰冠進賢者宜長耳今介幘也冠惠文者宜短耳今平上幘也始時各隨所宜遂因冠為別介幘服文吏平上幘服武官也童子幘無屋者示不成人也又有納言幘幘後收又一重方三寸又有赤幘騎吏武吏乘輿鼓吹所服救日蝕文武官皆免冠著幘對朝服示武威也

漢儀立秋日獵服緗幘及江左哀帝從博士曹弘之等議立秋御讀令改用素白帢按漢末王公名士多委王服以幅巾為雅是以袁紹崔鈞之徒雖為將帥皆著縑巾魏武以天下凶荒資財乏匱擬古皮弁裁縑帛以為帢合乎簡易隨時之義以色別其貴賤本施軍飾非為

國容也。徐爰曰：俗說帢本未有岐，荀文若巾之，行觸樹枝成岐，謂之為善，因而弗改。今通以為慶弔服。

巾，以葛為之，形如帢而橫著之，古尊卑共服也。故漢末妖賊以黃為巾，世謂黃巾賊。

幘，名猶冠也，義取於蒙覆其首，其本纚也。古者冠無幘，冠下有纚，以繒為之。後世施幘於冠，因或裁纚為帽。自乘輿宴居，下至庶人無爵者皆服之。成帝咸和九年，制聽尚書八座丞郎、門下三省侍官乘車，白帢低幃，出入掖門。又二宮直官著烏紗帢。然則往往士人宴居皆著帢矣。而江左時野人已著帽，人士亦往往而然，但其頂圓耳，後乃高其屋云。

漢制，自天子至于百官，無不佩劍，其後惟朝帶劍。晉世始代之以木，貴者猶用玉首，賤者亦用蚌、金銀、玳瑁為彫飾。

乘輿六璽，秦制也。曰皇帝行璽、皇帝之璽、皇帝信璽、天子行璽、天子之璽、天子信璽。漢遵秦不改。又有秦始皇藍田玉璽，螭獸紐，在六璽之外，文曰「受天之命，皇帝壽昌」。漢高祖佩之，後世名曰傳國璽。與斬白蛇劍俱為乘輿所寶。斬白蛇劍至惠帝時武庫火燒之，遂亡。及懷帝沒胡，傳國璽沒於劉聰，後又沒於石勒。及石季龍死，胡亂，穆帝世乃還江南。

革帶，古之鞶帶也，謂之鞶革，文武眾官牧守丞令下及騶寺皆服之。其有囊綬，則以綴於革帶，其戎服則以皮絡帶代之。八坐尚書荷紫，以生紫為袷囊，綴之服外，加於左肩。昔周公負成王，制此服衣，至今以為朝服。或云漢世用盛奏事，負之以行，未詳也。

車前五百者，卿行旅從，五百人為一旅。漢氏一統，故去其人，留其名也。

袴褶之制，未詳所起，近世凡車駕親戎、中外戒嚴服之。服無定色，冠黑帽，綴紫摽，摽以繒為之，長四寸，廣一寸，腰有絡帶以代鞶革。中官紫摽，外官絳摽。又有纂嚴戎服而不綴摽，行留文武悉同。其畋獵巡幸，則惟從官戎服帶鞶革，文官不下纓，武官脫冠。

漢制，一歲五郊，天子與執事者所服各如方色，百官不執事者服常服絳衣以從。魏秘書監秦靜曰：「漢氏承秦，改六冕之制，但玄冠絳衣而已。」魏已來名為五時朝服，又有四時朝服，又有朝服。自皇太子已下，隨官受給。百官雖服五時朝服，據今止給四時朝服，闕秋服。三年一易。

諸假印綬而官不給鞶囊者，得自具作。其但假印不給綬者，不得佩綬。鞶革，古制也。漢世著鞶囊者，側在腰間，或謂之傍囊，或謂之綬囊，然則以紫囊盛綬也。或盛或散，各有其時。

笏，古者貴賤皆執笏，其有事則搢之於腰帶，所謂搢紳之士者，搢笏而垂紳帶也。紳垂長三尺。笏者，有事則書之，故常簪筆，今之白筆是其遺象。三臺五省二品文官簪之，王公侯伯子男卿尹及武官不簪，加內侍位者乃簪之。手版即古笏矣。尚書令、僕射、尚書手版頭復有白筆，以紫皮裹之，名曰笏。

皇太子金璽龜紐，朱黃綬，四采：赤、黃、縹、紺。給五時朝服、遠遊冠、介幘、翠緌，佩瑜玉，垂組，朱衣，絳紗襮，皁緣白紗，其中衣白曲領，帶劍，火珠素首，革帶，玉鉤燮，獸頭鞶囊。其大小會、祠宗廟、朔望、五日還朝，皆朝服；常還上宮則朱服，謁上宮、正會則於殿下脫劍舄。又有三梁進賢冠。其侍祀則平冕九旒，袞衣九章，白紗絳緣中單，絳繒韍，采畫織成袞帶，金辟邪首，紫綠二色帶，采畫廣領、曲領各一，赤舄絳襪。若講，則著介幘單衣。釋奠則遠遊冠、玄朝服、絳緣中單、絳袴襪、玄舄。若未加元服，則中舍人執冕從。

介諸王金璽龜紐，纁朱綬，四采：朱、黃、縹、紺。五時朝服，遠遊冠，介幘。亦有三梁進賢冠，朱衣絳紗襮，皁緣中衣，表素，革帶，黑舄，佩山玄玉，垂組，大帶。若加餘官，則服其加官之服也。

皇后謁廟，其服皁上皁下；親蠶則青上縹下，皆深衣制，隱領袖緣以縧。首飾則假髻，步搖，俗謂之珠松是也，簪珥。步搖以黃金為山題，貫白珠，為支相繆。八爵九華，熊、獸、赤羆、天鹿、辟邪、南山豐大特六獸，諸爵獸皆以翡翠為毛羽。金題，白珠璫繞，以翡翠為華。元康六年，詔曰：「魏以來皇后蠶服皆以文繡，非古義也。今宜純服青，以為永制。」

貴人、夫人、貴嬪，是為三夫人，皆金章紫綬，章文曰貴人、夫人、貴嬪之章。佩于寘玉。

淑妃淑媛淑儀脩華脩容脩儀婕妤容華充華是爲九嬪銀印青綬佩采瓄玉貴人貴嬪夫人助蠶服純縹爲上與下皆深衣制太平髻七鏌蔽髻黑玳瑁又加簪珥九嬪及公主夫人五鏌世婦三鏌助蠶之義自古而然矣

皇太子妃金璽龜鈕纁朱綬佩瑜玉諸王太妃妃諸長公主公主封君金印紫綬佩山玄玉

長公主公主見會太平髻七鏌蔽髻其長公主得有步搖皆有簪珥衣服同制自公主封君以上皆帶綬以綵組爲緄帶各如其綬色金辟邪首爲帶玦

郡公侯縣公侯太夫人夫人銀印青綬佩水蒼玉其特加乃金紫公特進侯卿校世婦中二千石二千石夫人紺繒幗黃金龍首銜白珠魚須擿長一尺爲簪珥入廟佐祭者皁絹上下助蠶者縹絹上下皆深衣制緣自二千石夫人以上至皇后皆以蠶衣爲朝服

晉書志卷第十五　輿服

志第十六　晉書二十六

食貨　御撰

昔者先王量地以制邑度地以居民因三才以節其務協四序以成其業觀其謠俗而正其紀綱勗農桑之本通魚鹽之利登良山而採符玉泛瀛海而罩珠璣日中爲市總天下之隸先諸布帛繼以貨泉貿遷有無各得其所周禮正月始和乃布教于象魏若乃一夫之士十畝之宅三日之徭九均之賦施陽禮以興其讓命春社以勗其耕夫之所貴者人也明之所求者學也治經入官則君子之道焉詩曰三之日于耜四之日舉趾是以農官澤虞各有攸次父兄之習不勸而成士五從務始勝衣服鄉無遊手邑不廢時所謂厥初生民各從其事者也是以太公通市井之貨以致齊國之強鴟夷善廢斂之居以盛中陶之業昔在金天勤於民事命春扈以耕稼夏扈以耘耡秋扈所以收斂冬扈於焉蓋藏書曰歷象日月星辰敬授民時傳曰禹稷躬稼而有天下若乃九土既敷四民承範東吳有齒角之饒西蜀有丹沙之富兗豫漆絲之會燕齊怪石之府秦邠旄羽迴帶琨玕荆郢桂林旁通竹箭江干橘柚河外丹草遼西旃罽之鄉葱右蒲梢之駿殖物怪錯于何不有若乃上法星象下料無外因天地之利而總山海之饒百畝之田十一而稅九年躬稼而有三年之蓄可以長孺齒可以養耆年因乎人民用之邦國宮室有度旗章有序朝聘自其儀宴饗由其制家殷國阜遠至邇安救水旱之災恤寰瀛之弊然後王之常膳乃間笙鏞商周之興用此道也辛紂暴虐翫其經費金鏤傾宮廣延百里玉飾鹿臺崇高千仞宮中九市各有女司厚賦以實鹿臺之錢大斂以增鉅橋之粟多發妖冶以充傾宮之麗廣收珍玩以備沙丘之遊懸肉成林積醪爲沼使男女裸體相逐於其間伏詣酒池中牛飲者三千餘人宮中以錦綺爲席綾紈爲薦及周王誅紂肅拜殷墟乃盡振鹿財並頒橋粟上天降休殷人大喜王赧云季徙都西周九鼎淪沒二南墮盡貸於百姓無以償之乃上曾臺以避其責周人謂王所居爲逃責臺者也昔周姬公制以六典職方陳其九貢頒財內府求爲不刊及刑政陵夷菁茅罕至魯侯初踐畝之稅秦君收太半

之入前王之範㢊有子遺史臣曰班固為殖貨志自三代至王莽之誅
網羅前載其文詳悉光武寬仁龔行天討王莽之後赤眉新敗雖復三
暉乃睠而九服蕭條及得隴望蜀黎民安堵自此始行五銖之錢田租三
十稅一民有産子者復以三年之筭顯宗即位天下安寧民無横徭歲
比登稔永平五年作常滿倉立粟市於城東粟斛直錢二十草樹殷阜
牛羊彌望作貢尤輕府廩還積姦回不用禮義專行于時東方既明百
官詣闕戚里侯家自相馳鶩車如流水馬若飛龍照映軒廡光華前載
傳曰三統之元有陰陽之九焉蓋天地之恒數也安帝永初三年天下水
旱人民相食帝以鴻陂之地假與貧民以用度不足三公又奏請令吏民
入錢穀得為關内侯云桓帝永興元年郡國少半遭蝗河泛數千里流
人十餘萬户所在廩給之建寧永和之初西羌反叛二十餘年兵連師老
軍旅之費三百二十餘億府帑空虚延及内郡冲質短祚桓靈不軌中
平二年南宮災延及北闕於是復收天下田畝十錢用營宮宇帝出自
侯門居貧即位常曰桓帝不能作家曾無私蓄故於西園造萬金堂以

志十六 二

為私藏復寄小黄門私錢家至巨億於是懸鴻都之牓開賣官之路公
卿以降悉有等差廷尉崔烈入錢五百萬以買司徒刺史二千石遷除
皆責助治宮室錢大郡至二千萬錢不畢者或至自殺獻帝作五銖錢
而有四道連於邊緣有識者尤之曰豈京師破壞此錢四出也及董卓
尋戈火焚宮室乃劫鑾駕西幸長安悉壞五銖錢更鑄小錢盡取長安
及洛陽銅人飛廉之屬以充鼓鑄又錢無輪郭文章不便時人以為秦
始皇見長人於臨洮乃鑄銅人卓臨洮人也興毀不同凶訛相類及卓誅
死李傕郭汜自相攻伐於長安城中以為戰地是時穀一斛五十萬豆麥
二十萬人相食啖白骨盈積殘骸餘肉臭穢道路帝使侍御史侯汶出
太倉米豆為饑民作糜經日頒布而死者愈多帝於是始疑有司盜其
粮廩乃親於御前自加臨給饑者人皆泣曰今始得耳帝東歸也李傕
郭汜等追敗乘輿於曹陽夜潛渡河六宮皆步初出營欄后手持縑數
匹董承使符節令孫徽以刃脅奪之殺旁侍者血濺后服既至安邑御
衣穿敗唯以野棗園菜以為糇糧自此長安城中盡空並皆四散二三年

間關中無復行人建安元年車駕至洛陽宮闈蕩滌百官披荊棘而居
焉州郡各擁強兵而委輸不至尚書郎官自出采梠或不能自反死於
墟巷魏武之初九州雲擾攻城略地保此懷民軍旅之資權時調給于
時袁紹軍人皆資椹棗袁術戰士取給蠃蒲魏武於是乃募良民屯
田許下又於州郡列置田官歲有數千萬斛以充兵戎之用及初平袁
氏以定鄴都令收田租畝粟四升户絹二匹而綿二斤餘皆不得擅興藏
強賦弱文帝黄初二年以穀貴始罷五銖錢于時天下未并戎車歲動
孔子曰加之以師旅因之以饑饉此言兵凶之謀而沴氣應之也于時三
方之人志相吞滅戰勝攻取耕夫釋耒江淮之鄉尤缺儲峙吳上大將軍
陸遜抗疏請令諸將各廣其田權報曰甚善今孤父子親自受田車中
八牛以為四耦雖未及古人亦欲與衆均其勞也有吳之務農重穀始
於此焉魏明帝不恭淫於宮籞百僚編於手役天下失其躬稼此後關
東遇水民亡産業而興師遼陽坐甲江甸皆以國之經用胡可勝言
世祖武皇帝太康元年既平孫皓納百萬而罄三吳之資接千年而總

志十六 三

西蜀之用韜干戈於府庫破舟船於江壑河濱海岸三丘八藪耒耨之
所不至者人皆受焉農祥晨正平秩東作荷鍤贏糧有同雲布若夫
因天而資五緯因地而興五材世屬升平物流倉府宮闈增飾服翫相
輝於是王君夫武子石崇等更相誇尚輿服鼎俎之盛連衡帝室布金
埒之泉粉珊瑚之樹物盛則衰固其宜也永寧之初洛中尚有錦帛四百
萬珠寶金銀百餘斛惠后北征蕩陰反駕寒桃在御隻雞以給其布衾
兩幅囊錢三千以為車駕之資焉懷帝為劉曜所圍王師累敗府帑
既竭百官飢甚比屋不見火烟飢人自相啖食愍皇西宅餧饉弘多斗
米二金死人太半劉曜陳兵内外斷絕十餅之麴屑而供帝君臣相顧莫
不揮涕元后渡江軍事草創蠻陬賧布不有相准中府所儲數四千匹
時石勒勇鋭挻亂淮南帝懼其侵逼甚患之乃詔方鎮云有斬石勒
首者賞布千匹云
漢自董卓之亂百姓流離穀石至五十餘萬人多相食魏武既破黄巾
欲經略四方而苦軍食不足羽林監潁川棗祗建置屯田議魏武乃令

曰夫定國之術在於強兵足食秦人以急農兼天下孝武以屯田定西
域此先世之良式也於是以任峻為典農中郎將募百姓屯田許下得
穀百萬斛郡國列置田官數年之中所在積粟倉廩皆滿祗死魏武
後追思其功封爵其子建安初關中百姓流入荊州者十餘萬家及聞本
土安寧皆企望思歸而無以自業於是衞覬議為鹽者國之大寶自喪
亂以來放散今宜如舊置使者監賣以其直益市犁牛百姓歸者以供
給之勸耕積粟以豐殖關中遠者聞之必多競還於是魏武遣謁者僕
射監鹽官移司隸校尉居弘農流人果還關中豐實既而又以沛國劉
馥為揚州刺史鎮合肥廣屯田脩芍陂茹陂七門吳塘諸堨以溉稻田
公私有蓄歷代為利賈逵之為豫州南與吳接脩守戰之具堨汝水造
新陂又通運渠二百餘里所謂賈侯渠者也當黃初中四方郡守墾田
又加以故國用不匱時濟北顏斐為京兆太守京兆自馬超之亂百姓
不專農殖乃無車牛斐又課百姓令閑月取車材轉相教匠其無牛者
令養猪投貴賣以買牛始者皆以為煩一二年中編戶皆有車牛於田

志十六　四

役省贍京兆遂以豐沃鄭渾為沛郡太守郡居下濕水澇為患百姓飢
乏渾於蕭相二縣興陂堨開稻田郡人皆不以為便渾以為終有經久之
利遂躬帥百姓興功一冬皆成比年大收頃畝歲增租入倍常郡中賴其
利刻石頌之號曰鄭陂魏明帝世徐邈為涼州土地少雨常苦乏穀邈上
脩武威酒泉鹽池以收虜穀又廣開水田募貧民佃之家家豐足倉
庫盈溢及度支州界軍用之餘以市金錦犬馬通供中國之費西域人入
貢財貨流通皆邈之功也其後皇甫隆為敦煌太守敦煌俗不作耬
犁又不知用水人牛功力既費而收穀更少隆到乃教作耬犁又教使溉
灌歲終率計所省庸力過半得穀加五西方以豐嘉平四年關中饑宣帝
表徙冀州農夫五千人佃上邽興京兆天水南安鹽池以益軍實青龍
元年開成國渠自陳倉至槐里築臨晉陂引汧洛溉舄鹵之地三千餘
頃國以充實焉正始四年宣帝又督諸軍伐吳將諸葛恪焚其積聚恪
棄城遁走帝因欲廣田積穀為兼并之計乃使鄧艾行陳項以東至壽
春地艾以為田良水少不足以盡地利宜開河渠可以大積軍糧又通

運漕之道乃著濟河論以喻其指又以為昔破黃巾因為屯田積穀許
都以制四方今三隅已定事在淮南每大軍征舉運兵過半功費巨億
以為大役陳蔡之間土下田良可省許昌左右諸稻田并水東下令淮北
二萬人淮南三萬人分休且佃且守水豐常收三倍於西計除眾費歲完
五百萬斛以為軍資六七年間可積三千萬斛於淮上此則十萬之眾
五年食也以此乘敵無不克矣宣帝善之皆如艾計施行遂北臨淮水
自鍾離而南橫石以西盡沘水四百餘里五里置一營營六十人且佃且
守兼脩廣淮陽百尺二渠上引河流下通淮潁大治諸陂於潁南潁北
穿渠三百餘里溉田二萬頃淮南淮北皆相連接自壽春到京師農官
兵田雞犬之聲阡陌相屬每東南有事大軍出征汎舟而下達于江淮
資食有儲而無水害艾所建也及晉受命武帝欲平一江表時穀賤而
布帛貴帝欲立平糴法用布帛市穀以為糧儲議者謂軍資尚少不
宜以貴易賤泰始二年帝乃下詔曰夫百姓年豐則用奢凶荒則窮匱
是相報之理也故古人權量國用取贏散滯有輕重平糴之法理財鈞

志十六　五

施惠而不費政之善者也然此事久廢天下希習其宜加以官蓄未廣
言者異同財貨未能達通其制更令國寶散於穰歲而上不收貧弱
困於荒年而國無備豪人富商挾輕資蘊重積以管其利故農夫苦
其業而末作不可禁也今者省徭務本并力墾殖欲令農功益登耕者
益勸而猶或騰踊至於農人並傷今宜通糴以充儉法主者平議具為
條制然事竟未行是時江南未平朝廷厲精於稼穡四年正月丁亥帝
親耕藉田庚寅詔曰使四海之內棄末反本競農務功能奉宣朕志令
百姓勸事樂業者其唯郡縣長吏乎先之勞之在於不倦每念其經
營職事亦為勤矣其以中左典牧種草馬賜縣令長相及郡國丞各一
匹是歲乃立常平倉豐則糴儉則糶以利百姓五年正月癸巳勑戒郡國
計吏諸郡國守相令長務盡地利禁游食商販其休假者令與父兄同
其勤勞豪勢不得侵役寡弱私相置名十月詔以司隸校尉石鑒所
上汲郡太守王宏勤恤百姓導化有方督勸開荒五千餘頃遇年普
饑而郡界獨無匱乏可謂能以勸教時同功異者矣其賜穀千斛布

告天下今年司徒石苞奏州郡農桑未有殿最之制宜增掾屬令史有所循行帝從之事見石苞傳苞既明於勸課百姓安之十年光祿勳夏侯和上脩新渠富壽遊陂三渠凡溉田千五百頃咸寧元年十二月詔曰出戰入耕雖自古之常然事力未息未嘗不以戰士爲念也今以鄴奚官奴婢著新城代田兵種稻奴婢各五十人爲一屯屯置司馬使皆如屯田法三年又詔曰今年霖雨過差又有蟲災潁川襄城自春以來略不下種深以爲慮主者何以爲百姓計促處當之杜預上疏曰臣輒思惟今者水災東南特劇非但五稼不收居業并損下田所在停汙高地皆多磽塉此即百姓困窮方在來年雖詔書切告長吏二千石爲之設計而不廓開大制定其趣舍之宜恐徒文具所益蓋薄當今秋夏蔬食之時而百姓已有不贍前至冬春野無青草則必指仰官穀以爲生命此乃一方之大事不可不豫爲思慮者也臣愚謂既以水爲困當恃魚菜螺蜯而洪波汎濫貧弱者終不能得今者宜大壞兗豫州東界諸陂隨其所歸而宣導之交令饑者盡得水產之饒百姓不出境界之內旦暮野

食此目下日給之益也水去之後填淤之田畝收數鍾至春大種五穀五穀必豐此又明年益也臣前啟典牧種牛不供耕駕至於老不穿鼻者無益於用而徒有吏士穀草之費歲送任駕者甚少尚復不調習宜大出賣以易穀及爲賞直詔曰孳育之物不宜減散事遂停寢問主者今典虞右典牧種產牛大小相通有四萬五千餘頭苟不益世用頭數雖多其費日廣古者匹馬丘牛居則以耕出則以戰非如豬羊類也今徒養宜用之牛終爲無用之費甚失事宜東南以水田爲業人無牛犢今既壞陂可分種牛三萬五千頭以付二州將吏士庶使及春耕穀登之後頭責三百斛是爲化無用之費得運水次成穀七百萬斛此又數年後之益也加以百姓降丘宅土將來公私之饒乃不可計其所留好種萬頭可即令右典牧都尉官屬養之人多畜少可並佃牧地明其考課此又三魏近甸歲當復入數千萬斛穀牛又皆當調習動可駕用皆今日之可全者也預又言諸欲脩水田者皆以火耕水耨爲便非不爾也然此事施於新田草萊與百姓居相絕離者耳往者東南草創人

稀故得火田之利自頃戶口日增而陂堨歲決良田變生蒲葦人居沮澤之際水陸失宜放牧絕種樹木立枯皆陂之害也陂多則土薄水淺潦不下潤故每有水雨輒復橫流延及陸田言者不思其故因云此土不可陸種臣計漢之戶口以驗今之陂處皆陸業也其或有舊陂舊堨則堅完脩固非今所謂當爲人害者也臣前見尚書胡威啟宜壞陂其言懇至臣中者又見宋侯相應遵上便宜求壞泗陂徙運道時下都督度支共處當各據所見不從遵言臣案遵上事運道東詣壽春有舊渠可不由泗陂泗陂在遵地界壞地凡萬三千餘頃傷敗成業遵縣領應佃二千六百口可謂至少而猶患地狹不足肆力此皆水之爲害也當所共恤而都督度支方復執異非所見之難直以不同害理也人心所見既不同利害之情又有異軍家之與郡縣士大夫之與百姓其意莫有同者此皆偏其利以忘其害者也此理之所以未盡而事之所以多患也臣又案豫州界二度支所領佃者州郡大軍雜士凡用水田七千五百餘頃耳計三年之儲不過二萬餘頃以常理言之無爲多積無用之水況

於今者水潦瓫溢大爲災害臣以爲與其失當寧瀉之不滀宜發明詔勑刺史二千石其漢氏舊陂舊堨及山谷私家小陂皆當脩繕以積水其諸魏氏以來所造立及諸因雨決溢蒲葦馬腸陂之類皆決瀝之長吏二千石躬親勸功諸食力之人並一時附功令比及水凍得粗枯涸其所脩功實之人皆以俾之其舊陂堨溝渠當有所補塞者皆尋求微跡一如漢時故事豫爲部分列上須冬東南休兵交代各留一月以佐之夫川瀆有常流地形有定體漢氏居人眾多猶以無患今因其所患而宣寫之跡古事以明近大理顯然可坐論而得臣不勝愚意竊謂最是今日之實益也朝廷從之及平吳之後有司又奏詔書王公以國爲家京城不宜復有田宅今未暇作諸國邸當使城中有往來處近郊有芻藁之田今可限之國王公侯京城得有一宅之處近郊田大國田十五頃次國十頃小國七頃城內無宅城外有者皆聽留之又制戶調之式丁男之戶歲輸絹三匹緜三斤女及次丁男爲戶者半輸其諸邊郡或三分之二遠者三分之一夷人輸賨布戶一匹遠者或一丈男子一人占

田七十畝女子三十畝其外丁男課田五十畝丁女二十畝次丁男半之女則不課男女年十六已上至六十為正丁十五已下至十三六十一已上至六十五為次丁十二已下六十六已上為老小不事遠夷不課田者輸義米戶三斛遠者五斗極遠者輸筭錢人二十八文其官品第一至于第九各以貴賤占田品第一者占五十頃第二品四十五頃第三品四十頃第四品三十五頃第五品三十頃第六品二十五頃第七品二十頃第八品十五頃第九品十頃而又各以品之高卑蔭其親屬多者及九族少者三世宗室国賓先賢之後及士人子孫亦如之而又得蔭人以為衣食客及佃客品第六已上得衣食客三人第七第八品二人第九品及舉輦跡禽前驅由基強弩司馬羽林郎殿中冗從武賁殿中武賁持椎斧武騎武賁持鈒冗從武賁命中武賁武騎一人其應有佃客者官品第一第二者佃客無過五十戶第三品十戶第四品七戶第五品五戶第六品三戶第七品二戶第八品第九品一戶是時天下無事賦稅平均人咸安其業而樂其事及惠帝之後政教陵夷至

於永嘉喪亂彌甚雍州以東人多飢乏更相鬻賣奔迸流移不可勝數幽并司冀秦雍六州大蝗草木及牛馬毛皆盡又大疾疫兼以飢饉百姓又為寇賊所殺流尸滿河白骨蔽野劉曜之逼朝廷議欲遷都倉垣人多相食飢疫總至百官流亡者十八九元帝為晉王課督農功詔二千石長吏以入穀多少為殿最其非宿衛要任皆宜赴農使軍各自佃作即以為廩太興元年詔曰徐揚二州土宜三麥可督令熯地投秋下種至夏而熟繼新故之交於以周濟所益甚大昔漢遣輕車使者氾勝之督三輔種麥而關中遂穰勿令後晚其後頻年麥雖有旱蝗而為益猶多二年三吳大飢死者以百數吳郡太守鄧攸輒開倉廩賑之武帝時使黃門侍郎虞騤桓彝開倉廩振給并省眾役百官各上封事後軍將軍應詹表曰夫一人不耕天下必有受其饑者而軍興已來征戰運漕朝廷宗廟百官用度既已殷廣下及工商流寓僮僕不親農桑而遊食者以十萬計不思開立美利而望国足人給豈不難哉古人言曰飢寒並至堯舜不能使野無寇盜貧富并兼雖皋陶不能使強不陵弱

故有国有家者何嘗不務農重穀近魏武皇帝用棗祗韓浩之議廣建屯田又於征伐之中分帶甲之士隨宜開墾故下不甚勞而大功克舉也間者流人奔東吳東吳今儉皆已還反江西良田曠廢來久火耕水耨為功差易宜簡流人興復農官功勞報賞皆如魏氏故事一年中與百姓二年分稅三年計賦稅以使之公私兼濟則倉盈庾億可計日而待也又曰昔高祖使蕭何鎮關中光武令寇恂守河內魏武委鍾繇以西事故能使八表夷蕩區內輯寧今中州蕭條未蒙疆理此兆庶所以企望壽春一方之會去此不遠宜選都督有文武經略者遠以振河洛之形勢近以為徐豫之藩鎮綏集流散使人有攸依專委農功令事有所局趙充国農於金城以平西零諸葛亮耕於渭濱規抗上国今諸軍自不對敵皆宜齊課咸和五年成帝始度百姓田取十分之一率畝稅米三升六年以海賊寇抄運漕不繼發王公以下餘丁各運米六斛是後頻年水災旱蝗田收不至咸康初筭度田稅米空懸五十餘萬斛尚書褚裒以下免官穆帝之世頻有大軍糧運不繼制王公以下十三戶

共借一人助度支運升平初荀羨為北府都督鎮下邳起田于東陽之石鼈公私利之哀帝即位乃減田租畝收二升孝武太元二年除度田收租之制八　以下口稅三斛唯不在役之身八年又增稅米口五石至於末年天下無事時和年豐百姓樂業穀帛殷阜幾乎家給人足矣

漢錢舊用五銖自王莽改革百姓皆不便之及公孫述僭號於蜀童謠曰黃牛白腹五銖當復好事者竊言王莽稱黃述欲繼之故稱白腹五銖漢貨言漢當復併天下也至光武中興除莽貨泉建武十六年馬援又上書曰富國之本在於食貨宜如舊鑄五銖錢帝從之於是復鑄五銖錢天下以為便及章帝時穀帛價貴縣官經用不足朝廷憂之尚書張林言今非但穀貴也百物皆貴此錢賤故爾宜令天下悉以布帛為租市買皆用之封錢勿出如此則錢少物皆賤矣又鹽者食之急也縣官可自賣鹽武帝時施行之名曰均輸於是事下尚書通議尚書朱暉議曰王制天子不言有無諸侯不言多少食祿者不與百姓爭利均輸之法與賈販無異以布帛為租則吏多姦盜官自賣鹽與下爭利非明主

所宜行帝本以林言爲是得暉議因發怒遂用林言少時復止和帝時
有上書言人以化貝輕錢薄故致貧困宜改鑄大錢事下四府群僚及太
學能言之士孝廉劉陶上議曰臣伏讀鑄錢之詔平輕重之議訪覃幽微
不遺窮賤是以藿食之人謬延逮及蓋以當今之憂不在於化貝在乎人
飢是以先王觀象育物敬授民時使男不逋畝女不下機故君臣之道行
王路之教通由是言之食者乃有国之所寳百姓之至貴也竊以比年
已來良苗盡於蝗螟之口杼柚空於公私之求所急朝夕之飡所患靡
盬之事豈謂錢之厚薄銖兩之輕重哉就使當今沙礫化爲南金瓦石
變爲和玉使百姓渴無所飲飢無所食雖皇羲之純德唐虞之文明猶
不能以保蕭牆之内也蓋百姓可百年无化貝不可以一朝有飢故食爲至
急也議者不達農殖之本多言鑄冶之便或欲因緣行詐以賈国利国
利將盡取者爭競造鑄之端於是乎生蓋萬人鑄之一人奪之猶不能
給況今一人鑄之則万人奪之乎雖以陰陽爲炭万物爲銅役不食之民
使不飢之士猶不能足无厭之求也夫欲民財殷阜要在止役禁奪則

百姓不勞而足陛下聖德愍海内之憂戚傷天下之艱難欲鑄錢齊化貝
以救其敝此猶養魚沸鼎之中棲鳥烈火之上水木本魚鳥之所生也用
之不時必至燋爛願陛下寬鍥薄之禁後合鑄之議也帝竟不鑄錢及
獻帝初平中董卓乃更鑄小錢由是化貝輕而物貴穀一斛至錢數百万
至魏武爲相於是罷之還用五銖是時不鑄錢既久化貝本不多又更无
增益故穀賤無已及黄初二年魏文帝罷五銖錢使百姓以穀帛爲市至
明帝世錢廢穀用既久人間巧僞漸多競濕穀以要利作薄絹以爲市雖
處以嚴刑而不能禁也司馬芝等舉朝大議以爲用錢非徒豐國亦所
以省刑今若更鑄五銖錢則国豐刑省於事爲便魏明帝乃更立五銖
錢至晋用之不聞有所改創孫權嘉禾五年鑄大錢一當五百赤烏元年
又鑄當千錢故呂蒙定荆州孫權賜錢一億錢既太貴但有空名人間
患之權聞百姓不以爲便省息之鑄爲器物官勿復出也私家有者
並以輸藏平畀其直勿有所枉晋自中原喪亂元帝過江用孫氏舊錢
輕重雜行大者謂之比輪中者謂之四文吴興沈充又鑄小錢謂之沈郎

錢錢既不多由是稍貴孝武太元三年詔曰錢国之重寶小人貪利銷
壞無已監司當以爲意廣州夷人寶貴銅鼓而州境素不出銅聞
官私賈人皆於此下貪比輪錢斤兩差重以入廣州貨與夷人鑄敗作
鼓其重爲禁制得者科罪安帝元興中桓玄輔政立議欲廢錢用穀帛
孔琳之議曰洪範八政貨爲食次豈不以交易所資爲用之至要者乎
若使百姓用力於爲錢則是妨爲生之業禁之可也今農自務穀工自
務器各肆其業何當致勤於錢故聖王制无用之貨以通有用之財
既無毀敗之費又省難運之苦此錢所以嗣功龜貝歷代不廢者也穀
帛爲寶本充衣食分以爲貨則致損甚多又勞毀於商販之手耗棄
於割截之用此之爲弊著自於曩故鍾繇曰巧僞之人競濕穀以要利
制薄絹以充資魏世制以嚴刑弗能禁也是以司馬芝以爲用錢非徒
豐國亦所以省刑錢之不用由於兵乱積久自致於廢有由而然漢末
是也今既用而廢之則百姓頓亡其利今括囊天下之穀以周天下之食
或倉庫充溢或糧靡并儲以相資通則貧者仰富致富之道實假於

錢一朝斷之便爲弃物是有錢无糧之人皆坐而飢困以此斷之又立敝大
也且據今用錢之處不以爲貧用穀之處不以爲富又人習來久革之必
惑語曰利不百不易業況又錢便於穀邪魏明帝時錢廢穀用既久不
以便於人乃舉朝大議精才達政之士莫不以宜復用錢下无異情朝无
異論彼尚舍穀帛而用錢足以明穀帛之弊著於已誠也世或謂魏氏不
用錢久積累巨萬故欲行之利公富国斯殆不然晋文後舅犯之謀而先
成季之信以爲雖有一時之勳不如万世之益于時名賢在列君子盈朝大
謀天下之利害將定經国之要術若穀實便錢義不昧當時之近利而廢
永用之通業斷可知矣斯實由困而思革改而更張耳近孝武之末天下
無事時和年豐百姓樂業穀帛殷阜幾乎家給人足驗之實事錢又不妨人
也頃兵革屢興荒饉荐及飢寒未振實此之由公既援而拯之大革視聽弘
敦本之教明廣農之科敬授人時各從其業游蕩知反務末自休固以南
畝競力野無遺壤矣於此以往將升平必至何衣食之足䘏愚謂救弊之術
無取於廢錢朝議多同琳之故玄議不行

五行上

夫帝王者配德天地叶契陰陽發號施令動關幽顯休咎之徵隨感而作故書曰惠迪吉從逆凶惟影響昔伏羲氏繼天而王受河圖則而畫之八卦是也禹治洪水賜洛書法而陳之洪範是也聖人行其道寶其真自天祐之吉無不利三五已降各有司存爰及殷之箕子在父師之位典斯大範周既克殷以箕子歸武王虛己而問焉箕子對以禹所得雒書授之以垂訓然則河圖雒書相為經緯八卦九章更為表裏殷道絕文王演周易周道敝孔子述春秋奉乾坤之陰陽效洪範之休咎天人之道粲然著矣漢興承秦滅學之後文帝時宓生創紀大傳其言五行庶徵備矣後景武之際董仲舒治公羊春秋始推陰陽為儒者之宗宣元之間劉向治穀梁春秋數其禍福傳以洪範與仲舒多所不同至向子歆治左氏傳其言春秋及五行又甚乖異班固據大傳采仲舒劉向劉歆著五行志而傳載眭孟夏侯勝京房谷永李尋之徒所陳行

事訖于王莽博通祥變以傳春秋綜而為言凡有三術其一曰君治以道臣輔克忠萬物咸遂其性則和氣應休徵效國以安二曰君違其道小人在位衆庶失常則乖氣應咎徵效國以亡三曰人君大臣見災異退而自省責躬脩德共禦補過則消禍而福至此其大略也輒舉斯例錯綜時變婉而成章有足觀者及司馬彪纂光武之後以究漢事災眚之說不越前規今採黃初以降言祥異者著于此篇

經曰五行一曰水二曰火三曰木四曰金五曰土水曰潤下火曰炎上木曰曲直金曰從革土爰稼穡

傳曰田獵不宿飲食不享出入不節奪農時及有姦謀則木不曲直

○說曰木東方也於易地上之木為觀於王事威儀容貌亦可觀者也故行步有佩玉之度登車有和鸞之節三驅之制飲食有享獻之禮出入有名使人以時務在勸農桑謀在安百姓如此則木得其性矣若乃田獵馳騁不反宮室飲食沈湎不顧法度妄興繇役以奪農時作為姦詐以傷人財則木失其性矣蓋工匠之為輪矢者多傷敗及木為變怪是為不曲直

魏文帝黃初六年正月雨木冰按劉歆說上陽施不下通下陰施不上達故雨而木為之冰雰氣寒木不曲直也劉向曰冰者陰之盛木者少陽貴臣卿大夫象也此人將有害則陰氣脅木木先寒故得雨而冰也是年六月利成郡兵蔡方等殺太守徐質據郡反太守古之諸侯貴臣有害之應也一說以木冰為木介介者甲兵之象是歲既討蔡方又八月天子自將以舟師征吳戎卒十餘萬連旌數百里臨江觀兵又屬常雨也

元帝太興三年二月辛未雨木冰後二年周顗等遇害是陽施不下通也

穆帝永和八年正月乙巳雨木冰是年殷浩北伐明年軍敗十年廢黜又曰荀羨殷浩北伐桓溫入關之象也

孝武帝太元十四年十二月乙巳雨木冰　明年二月王恭為北藩八月庾楷為西藩九月王國寶為中書令尋加領軍將軍十七年殷仲堪為荊州雖邪正異規而終同夷滅是其應也

吳孫亮建興二年諸葛恪征淮南後所坐聽事棟中折恪妄興徵役

奪農時作邪謀傷國財力故木失其性致毀折也及旋師而誅滅於周易又為棟橈之凶也

武帝太康五年五月宣帝廟地陷梁折八年正月太廟殿又陷改作廟築基及泉其年九月遂更營新廟遠致名材雜以銅柱陳勰為匠作者六萬人至十年四月乃成十一月庚寅梁又折天戒若曰地陷者分離之象梁折者木不曲直也明年帝崩而王室遂亂

惠帝太安二年成都王穎使陸機率衆向京都擊長沙王乂及軍始引而牙竿折俄而戰敗機被誅穎遂奔潰卒賜死此姦謀之罰木不曲直也

元帝太興四年王敦在武昌鈴下儀仗生華如蓮華五六日而萎落此木失其性干寶以為狂華生枯木又在鈴閣之間言威儀之富榮華之盛皆如狂華之發不可久也其後王敦終以逆命加戮其尸一說亦華孽也於周易為枯楊生華

桓玄始篡龍旂竿折時玄田獵無度飲食奢恣土木妨農又多姦謀

故木失其性天戒若曰旂所以挂三辰章著明也旂竿之折高明去矣乎果敗

傳曰弃法律逐功臣殺太子以妾為妻則火不炎上

說曰火南方揚光煇為明者也其於王者南面鄉明而治書云知人則哲能官人故堯舜舉群賢而命之朝遠四佞而放諸壄孔子曰浸潤之譖膚受之愬不行焉可謂明矣賢佞分別官人有序帥由舊章敬重功勳殊別嫡庶如此則火得其性矣若乃信道不篤或燿虛僞讒夫昌邪勝正則火失其性矣自上而降及濫炎妄起焚宗廟燒宮館雖興師衆不能救也是為火不炎上

魏明帝太和五年五月清商殿災初帝為平原王納河南虞氏為妃及即位不以為后更立典虞車工卒毛嘉女為后后本廝微非所宜升以妾為妻之罰也

青龍元年六月洛陽宮鞠室災二年四月崇華殿災延于南閣繕復之至三年七月此殿又災帝問高堂隆此何咎也於禮寧有祈禳之義乎對曰夫災變之發皆所以明教誡也惟率禮脩德可以勝之易傳曰上不儉下不節孽火燒其室又曰君高其臺天火為災此人君苟飾宮室不知百姓空竭故天應之以旱火從高殿起也案舊占曰災火之發皆以臺榭宮室為誡今宜罷散作役務從節約清掃所災之處不敢於此有所營造蓂莆嘉禾必生此地以報陛下虔恭之德帝不從遂復崇華殿改曰九龍以郡國前後言龍見者九故以為名多弃法度疲衆逞欲以妾為妻之應也

吳孫亮建興元年十二月武昌端門災改作端門又災內殿門者號令所出殿者聽政之所是時諸葛恪執政而矜慢放肆孫峻揔禁旅而險害終著武昌孫氏尊號所始天戒若曰宜除其貴要之首者恪果喪衆殄人峻授政於綝綝廢亮也或曰孫權毀徹武昌以增太初宮諸葛恪有遷都意更起門殿事非時宜故見災也京房易傳曰君不思道厥妖火燒宮

太平元年二月朔建鄴火人之火也是秋孫綝始執政矯以亮詔殺呂據滕胤明年又輒殺朱異弃法律逐功臣之罰也

晉志十七　三　八百八十五字　虞琛刊

孫休永安五年二月城西門北樓災六年十月石頭小城火燒西南百八十丈是時嬖人張布專擅國勢多行無禮而韋昭盛沖終斥不用兼遣察戰等為內史驚擾州郡致使交阯反亂是其咎也

孫晧建衡二年三月大火燒萬餘家死者七百人案春秋齊火劉向以為桓公好內聽女口妻妾數更之罰也時晧制令詭暴蕩弃法度勞臣名士誅斥甚衆後宮萬餘女謁數行其中隆寵佩皇后璽綬者又多矣故有大火

武帝太康八年三月乙丑震災西閣楚王所止坊及臨商觀窻

十年四月癸丑崇賢殿災十月庚辰含章鞠室脩成堂前廡景坊東屋暉章殿南閣火時有上書曰漢王氏五侯兄弟迭任今楊氏三公並在大位故天變屢見竊為陛下憂之由是楊珧求退是時帝納馮紞之間廢張華之功聽楊駿之讒離衛瓘之寵此逐功臣之罰也明年宮車晏駕其後楚王承竊發之旨戮害二公身亦不免震災其坊又天意乎

惠帝元康五年閏月庚寅武庫火張華疑有亂先命固守然後救火是以累代異寶王莽頭孔子屐漢高祖斷白虵劍及二百萬人器械一時蕩盡是後愍懷見殺太子之罰也天戒若曰夫設險擊柝所以固其國儲積戎器所以戒不虞今冢嗣將傾社稷將泯禁兵無所復施皇旅又將誰衛帝后不悟終喪四海是其應也張華閻纂皆曰武庫火而氐羌反太子見廢則四海可知　八年十一月高原陵火是時賈后凶恣賈謐擅朝惡積罪稔宜見誅絕天戒若曰臣妾之不可者雖親貴莫比猶宜忍而誅之如吾燔高原陵也帝既眊弱而張華又不納裴頠劉卞之謀故后遂與謐殺太子也干寶以為高原陵火太子廢之應漢武帝世高園便殿火董仲舒對與此占同

永康元年帝納皇后羊氏后將入宮衣中忽有火衆咸怪之永興元年成都王遂廢后處之金墉城是後還立立而復廢者四又詔賜死荀藩表全之雖未還在位然憂逼折辱終古未聞此孽火之應也

永興二年七月甲午尚書諸曹火起延崇禮闥及閣道夫百揆王化之本王者弃法律之應也後清河王覃入嗣不終於位又殺太子之罰也

晉志十七　四　七百三十字　琛刊

孝懷帝永嘉四年十一月襄陽火燒死者三千餘人是時王如自號大將軍司雍二州牧衆四五萬攻略郡縣此下陵上陽失其節之應也

元帝太興中王敦鎮武昌武昌災火起興衆救之救於此而發於彼東西南北數十處俱應數日不絕舊說所謂濫炎妄起雖興師衆不能救之之謂也干寶以爲此臣而君行亢陽失節是爲王敦陵上有無君之心故災也

永昌二年正月癸巳京都大火三月饒安東光安陵三縣火燒七千餘家死者萬五千人

明帝太寧元年正月京都火是時王敦威侮朝廷多行無禮內外臣下咸懷怨毒極陰生陽也

成帝咸和二年五月京師火

康帝建元元年七月庚申吳郡災

穆帝永和五年六月震災石季龍太武殿及兩廟端門震災月餘乃滅金石皆盡其後季龍死大亂遂滅亡

晉志十七　五

海西公太和中郗愔爲會稽太守六月大旱災火燒數千家延及山陰倉米數百萬斛炎煙蔽天不可撲滅此亦桓溫強盛將廢海西極陰生陽之應也

孝武帝寧康元年三月京都風火大起是時桓溫入朝志在陵上少主殘位人懷憂恐此與太寧火事同

太元十年正月國子學生因風放火焚房百餘間是後考課不厲賞黜無章蓋有育才之名而無牧賢之實此不哲之罰先兆也

十三年十二月乙未延賢堂災是月景申螽斯則百堂及客館驃騎府庫皆災于時朝多弊政衰陵日兆不哲之罰皆有象類主相不悟終至亂亡會稽王道子寵幸尼及姆母各樹用其親戚乃至出入宮掖禮見人主天戒若曰登延賢堂及客館者多非其人故災之也又孝武帝更不立皇后寵幸微賤張夫人夫人驕妬皇子不繁乖螽斯則百之道故災其殿焉道子復賞賜不節故府庫被災斯亦其罰也

安帝隆安二年三月龍舟二乘災是水沴火也其後桓玄篡位帝乃播越天戒若曰王者流遷不復御龍舟故災之耳

元興元年八月庚子尚書下舍曹火時桓玄遙錄尚書故天火示不復居也　三年盧循攻略廣州刺史吳隱之閉城固守其十月壬戌夜火起時百姓避冦盈滿城內隱之懼有應賊者但務嚴兵不先救火由是府舍焚蕩燒死者萬餘人因遂散潰悉爲賊擒

義熙四年七月丁酉尚書殿中吏部曹火　九年京都大火燒數千家

十一年京都所在大行火災吳界尤甚火防甚峻猶自不絕王弘時爲吳郡晝在聽事見天上有一赤物下狀如信幡遥集路南人家屋上火即大發弘知天爲之災故不罪火主此帝室衰微之應也

傳曰脩宮室飾臺榭內淫亂犯親戚侮父兄則稼穡不成

說曰土中央生萬物者也其於王者爲內事宮室夫婦親屬亦相生者也古者天子諸侯宮廟大小高卑有制后夫人媵妾多少有度九族親疏長幼有序孔子曰禮與其奢也寧儉故禹卑宮室文王刑于寡妻此聖人之所以昭教化也如此則土得其性矣若乃奢淫驕慢則土失其性

晉志十七　六

亡水旱之災而草木百穀不熟是爲稼穡不成

吳孫皓時常歲無水旱苗稼豐美而實不成百姓以飢闔境皆然連歲不已吳人以爲傷露非也按劉向春秋說曰水旱當書不書水旱而曰大無麥禾者土氣不養稼穡不成此其義也皓初遷都武昌尋還建鄴又起新館綴飾珠玉壯麗過甚破壞諸營增廣苑囿犯暑妨農官私疲怠月令季夏不可以興土功皓皆冐之此脩宮室飾臺榭之罰也

元帝太興二年吳郡吳興東陽無麥禾大飢

成帝咸和五年無麥禾天下大飢

穆帝永和十年三麥不登　十二年大無麥

孝武太元六年無麥禾天下大飢

安帝元興元年無麥禾天下大飢

傳曰好戰攻輕百姓飾城郭侵邊境則金不從革

說曰金西方萬物既成殺氣之始也故立秋而鷹隼擊秋分而微霜降

其於王事出軍行師把旄杖鉞誓士衆抗威武所以征叛逆止暴亂也詩云有虔執鉞如火烈烈又曰載戢干戈載橐弓矢動靜應宜說以犯難人忘其死金得其性矣若乃貪欲恣睢務立威勝不重人命則金失其性蓋工冶鑄金鐵冰滯涸堅不成者衆乃為變怪是為金不從革魏時張掖石瑞雖是晉之符命而於魏為妖好攻戰輕百姓飾城郭侵邊境魏氏三祖皆有其事石圖發於非常之文此不從革之異也

晉定大業多斃曹氏石瑞文大討曹之應也按劉歆以春秋石言于晉為金石同類也是為金不從革失其性也劉向以為石白色為主屬白祥

魏明帝青龍中盛脩宮室西取長安金狄承露盤折聲聞數十里金狄泣於是因留霸城此金失其性而為異也

呉時暨陽縣有巖穿似印咸云石印封發天下太平孫晧天璽元年印發又陽羨山有石穴長十餘丈晧初脩武昌宮有遷都之意是時武昌為離宮班固云離宮與城郭同占飾城郭之謂也其寶鼎三年後晧出東關遣丁奉至合肥建衡三年晧又大舉出華里

晉志十七　七　六百八十五

侵邊境之謂也故令金失其性卒至面縛而吳亡

惠帝元康三年閏二月殿前六鍾皆出涕五刻止前年賈后殺楊太后於金墉城而賈后為惡不止故鍾出涕猶傷之也

永興元年成都伐長沙每夜戈戟鋒有火光如懸燭此輕人命好攻戰金失其性而為光變也天戒若曰兵猶火也不戢將自焚成都不悟終以敗亡

○懷帝永嘉元年項縣有魏豫州刺史賈逵石碑生金可採此金不從革而為變也五月汲桑作亂群寇飈起清河王覃為世子時所佩金鈴忽生起如粟者康王毋疑不祥毀棄之及後為惠帝太子不終于位卒為司馬越所殺

愍帝建興五年石言于平陽是時帝蒙塵亦在平陽故有非言之物而言妖之大者俄而帝為逆胡所弑

元帝永昌元年甘卓將襲王敦既而中止及還家多變怪照鏡不見其頭此金失其性而為妖也尋為敦所襲遂夷滅

石季龍時鄴城鳳陽門上金鳳皇二頭飛入漳河

海西太和中會稽山陰縣起倉鑿地得兩大船滿中錢錢皆輪文大形時日向暮鑿者馳以告官官夜遣防守甚嚴至明旦失錢所在惟有船存視其狀悉有錢處　安帝義熙初東陽太守殷仲文照鏡不見其頭尋亦誅翦占與甘卓同也

傳曰簡宗廟不禱祠廢祭祀逆天時則水不潤下

說曰水北方終臧萬物者也其於人道命終而形臧精神放越聖人為之宗廟以收魂氣春秋祭祀以終孝道王者即位必郊祀天地禱祈神祇望秩山川懷柔百神亡不宗事慎其齋戒致其嚴敬是故鬼神歆饗多獲福助此聖王所以順事陰氣和神人也及至發號施令亦奉天時十二月咸得其氣則陰陽調而終始成如此則水得其性矣若廼不敬鬼神政令逆時水失其性霧水暴出百川逆溢壞鄉邑溺人民及淫雨傷稼穡是為水不潤下

京房易傳曰顓事者加誅罰絕理厥災水其水也雨殺人以隕霜大風天黃飢而不損茲謂泰厥大水水殺人避遏有德茲謂狂厥水水流

晉志十七　八　七百一十

殺人也已水則地生蟲蝕歸獄不解茲謂追非厥水寒殺人追誅不解茲謂不理厥水五穀不收大敗不解茲謂皆陰厥水流入國邑隕霜殺穀

董仲舒曰交兵結讎伏尸流血百姓愁怨陰氣盛故大水也

魏文帝黃初四年六月大雨霖伊洛溢至津陽城門漂數千家殺人初帝即位自鄴遷洛營造宮室而不起宗廟太祖神主猶在鄴嘗於建始殿饗祭如家人禮終黃初不復還鄴又郊社神祇未有定位此簡宗廟廢祭祀之罰也

吳孫權赤烏八年夏茶陵縣鴻水溢出漂二百餘家　十三年秋丹楊故鄣等縣又鴻水溢出按權稱帝三十年竟不於建鄴創七廟惟父堅一廟遠在長沙而郊祀禮闕嘉禾初群臣奏宜郊祀又不許末年雖一南郊而北郊遂無聞焉吳楚之望亦不見秩反祀羅陽妖神以求福助天戒若曰權簡宗廟不禱祠廢祭祀故示此罰欲其感悟也

○太元元年又有大風涌水之異是冬權南郊宜是鑒咎徵乎還而寢疾明年四月薨一曰權時信納譖訴雖陸遜勳重子和儲貳猶不得其

終與漢安帝聽讒免楊震廢太子同事也且赤烏中無年不用兵百
姓愁怨八年秋將軍馬茂等又圖逆
魏明帝景初元年九月淫雨冀兗徐豫四州水出沒溺殺人漂失財產
帝自初即位便淫奢極欲多占幼女或奪士妻崇飾宮室妨害農戰
觸情恣欲至是彌甚號令逆時飢不損役此水不潤下之應也
吳孫亮五鳳元年夏大水亮即位四年乃立權廟又終吳世不上祖宗
之號不脩嚴父之禮昭穆之數有闕亮及休晧又並廢二郊不秩群神
此簡宗廟不祭祀之罰也又是時孫峻專政陰勝陽之應乎
孫休永安四年五月大雨水泉湧溢昔歲作浦里塘功費無數而田不
可成士卒死叛或自賊殺百姓愁怨陰氣盛也休又專任張布退盛
沖等吳人賊之應也　五年八月壬午大雨震電水泉湧溢
武帝泰始四年九月青州徐兗豫四州大水　七年六月大雨霖河洛伊
沁皆溢殺二百餘人自帝即尊位不加三后祖宗之號

晉志十七　九

泰始二年又除明堂南郊五帝座同稱昊天上帝一位而已又省先后配
地之祀此簡宗廟廢祭祀之罰也
咸寧元年九月徐州大水　二年七月癸亥河南魏郡暴水殺百餘
人閏月荊州郡國五大水流四千餘家去年采擇良家子女露面入殿
帝親簡閱務在姿色不訪德行有蔽匿者以不敬論搢紳愁怨天
下非之陰盛之應也　三年六月益梁二州郡國八暴水殺三百餘人
七月荊州大水九月始平郡大水十月青徐兗豫荊益梁七州又大水是
時賈充等用事專恣而正人疏外者多陰氣盛也　四年七月司冀
兗豫荊揚郡國二十大水傷秋稼壞屋室有死者
太康二年六月泰山江夏大水泰山流三百家殺六十餘人江夏亦殺人
時平吳後王濬為元功而詆劾妄加荀賈為無謀而並蒙重賞收
吳姬五千納之後宮此其應也　四年七月兗州大水十二月河南及荊
揚六州大水　五年九月郡國四大水又隕霜是月南安等五郡大水
六年四月郡國十大水壞廬舍　七年九月郡國八大水　八年六月郡
國八大水　惠帝元康二年有水災　五年五月潁川淮南大水
六月城陽東莞大水殺人荊揚徐兗豫五州又水是時帝即位已五載
猶未郊祀其蒸嘗亦多不親行事此簡宗廟廢祭祀之罰
六年五月荊揚二州大水是時賈后亂朝寵樹賈郭女主專政陰氣
盛之應也　八年五月金墉城井溢漢志成帝時有此妖後王莽僭
逆今有此妖趙王倫篡位倫廢帝於此城井溢所在其天意也九月
荊揚徐冀豫五州大水是時賈后暴戾滋甚韓謐驕猜彌扇卒
害太子旋以禍滅　九年四月宮中井水沸溢　永寧元年七月南
陽東海大水是時齊王冏專政陰盛之應也　太安元年七月兗
豫徐冀四州水時將相力政無尊主心陰盛故也
孝懷帝永嘉四年四月江東大水時王導等潛懷翼戴之計陰
氣盛也
元帝太興三年六月大水是時王敦內懷不臣傲很陵上此陰氣盛也
四年七月又大水
永昌二年五月荊州及丹楊宣城吳興壽春大水

晉志十七　十

明帝太寧元年五月丹楊宣城吳興壽陽大水是時王敦威權震
主陰氣盛故也
成帝咸和元年五月大水是時嗣主幼沖母后稱制庾亮以元舅決
事禁中陰勝陽故也　二年五月戊子京都大水是冬以蘇峻
稱兵都邑塗地　四年七月丹楊宣城吳興會稽大水是冬郭
默作亂荊豫共討之半歲乃定兵役之應也　七年五月大水是時
帝未親機務政在大臣陰勝陽也
咸康元年八月長沙武陵大水
穆帝永和四年五月大水　五年五月大水　六年五月又大水時幼
主沖弱母后臨朝又將相大臣各執權政與咸和初同事也
七年七月甲辰夜濤水入石頭死者數百人是時殷浩以私忿廢蔡
謨遐邇非之又幼主在上而殷桓交惡選徒聚甲各崇私權陰勝陽
之應也一說濤水入石頭以為兵占是後殷浩桓溫謝尚荀羨連
年征伐百姓愁怨也　升平二年五月大水　五年四月又大水是

時桓溫權制朝廷專征伐陰勝陽也　海西太和六年六月京師
大水平地數尺浸及太廟朱雀大航纜斷三艘流入大江丹楊晉陵
吳郡吳興臨海五郡又大水稻稼蕩沒黎庶饑饉初四年桓溫北伐
敗績十喪其九五年又征淮南踰歲乃克百姓愁怨之應也
簡文帝咸安元年十二月壬午濤水入石頭明年妖賊盧悚率其
屬數百人入殿略取武庫三庫甲仗游擊將軍毛安之討滅之兵
興陰盛之應也
孝武帝太元三年六月大水是時帝幼弱政在將相　五年五月大
水　六年六月揚荊江三州大水　八年三月始興南康廬陵大水平
地五丈　十年五月大水自八年破苻堅後有事中州役無寧歲愁
怨之應也　十三年十二月濤水入石頭毀大航殺人明年慕容氏
寇擾司兗鎮戍西北疲於奔命愁怨之應也　十五年七月沔中
諸郡及兗州大水是時緣河紛爭征戍勤悴之應也　十七年六月
甲寅濤水入石頭毀大航漂船舫有死者京口西浦亦濤入殺人永

晉志十七　十一　六百七十

嘉郡潮水湧起近海四縣人多死後四年帝崩而王恭再攻京師
京師亦發衆以禦之兵役頻興百姓怨愁之應也　十八年六月己
亥始興南康廬陵大水深五丈　十九年七月荊徐大水傷秋稼
二十年六月荊徐又大水　二十一年五月癸卯大水是時政事多弊兆
庶非之
安帝隆安三年五月荊州大水平地三丈去年殷仲堪舉兵向京師
是年春又殺郗恢陰盛作威之應也仲堪尋亦敗亡　五年五月
大水是時會稽王世子元顯作威陵上又桓玄擅西夏孫恩亂東國
陰勝陽之應也　元興二年十二月桓玄篡位其明年二月庚寅夜濤
水入石頭商旅方舟萬計漂敗流斷骸胔相望江左雖頻有濤變
未有若斯之甚三月義軍克京都玄敗走遂夷滅之　三年二月己
丑朔夜濤水入石頭漂沒殺人大航流敗　義熙元年十二月己未濤
水入石頭　二年十二月己未夜濤水入石頭明年駱球父環潛結桓
胤殷仲文等謀作亂劉稚亦謀反凡所誅滅數十家　三年五月

景午大水　四年十二月戊寅濤水入石頭明年王旅北討　六年五
月丁巳大水乙丑盧循至蔡州　八年六月大水　九年五月辛巳大
水　十年五月丁丑大水戊寅西明門地穿涌水出毀門扇及限亦
水沴土也七月乙丑淮北風災大水殺人　十一年七月景戌大水淹漬太
廟百官赴救明年王旅北討關河

經曰庶用五事一曰貌二曰言三曰視四曰聽五曰思貌曰恭言曰從視曰
明聽曰聰思曰睿恭作肅從作乂明作哲聰作謀睿作聖休徵曰肅
時雨若乂時暘若哲時燠若謀時寒若聖時風若咎徵曰狂恒雨若
僭恒暘若豫恒燠若急恒寒若霿恒風若

傳曰貌之不恭是謂不肅厥咎狂厥罰恒雨厥極惡時則有服妖時則
有龜孽時則有雞旤音禍時則有下體生上之痾時則有青眚青祥惟
金沴木

說曰凡草木之類謂之妖妖猶夭胎言尚微也蟲豸之類謂之孽孽則
芽孽矣及六畜謂之旤言其著也及人謂之痾痾病貌也言浸深也

晉志十七　十二　七百字

甚則異物生謂之眚自外來謂之祥祥猶御名也氣相傷謂之沴沴猶臨
莅不和意也每一事云時則以絕之言非必俱至或有或亡或在前或
在後孝武時夏侯始昌通五經善推五行傳以傳族子夏侯勝下及許
商皆以教所賢弟子其傳與劉向同惟劉歆傳獨異貌之不恭是謂
不肅肅敬也內曰恭外曰敬人君行己體貌不恭怠慢驕蹇則不能敬
萬事失則狂易故其咎狂也上慢下暴則陰氣勝故其罰常雨也水傷
百穀衣食不足則姦宄並作故其極惡也一曰人多被刑或形貌醜惡亦
是也風俗狂慢變節易度則為剽輕奇怪之服故有服妖水類動故
有龜孽於易巽為雞雞有冠距文武之貌而不為威貌氣毀故有雞
旤一曰水歲多雞死及為怪亦是也上失威儀則有強臣害君上者故有
下體生於上之痾木色青故有青眚青祥凡貌傷者病木氣木氣病
則金沴之衝氣相通也於易震在東方為春為木兌在西方為秋為
金離在南方為夏為火坎在北方為冬為水春與秋日夜分寒暑平
是以金木之氣易以相變故貌傷則致秋陰常雨言傷則致春陽常旱

也至於冬夏日夜相反寒暑殊絕水火之氣不得相并故視傷常燠聽傷常寒者其氣然也逆之其極曰惡順之其福曰攸好德劉歆傳曰有鱗蟲之孽羊旤鼻痾說以為於天文東方辰為龍星故為鱗蟲於易兌為羊木為金所病故致羊旤與常雨同應此說非是春與秋氣陰陽相敵木病金盛故能相并惟此一事耳旤與妖痾祥眚同類不得獨異

魏尚書鄧颺行步弛縱筋不束體坐起傾倚若無手足此貌之不恭也管輅謂之鬼躁鬼躁者凶終之徵後卒誅也

惠帝元康中貴遊子弟相與為散髮倮身之飲對弄婢妾逆之者傷好非之者負譏希世之士恥不與焉蓋貌之不恭胡狄侵中國之萌也其後遂有二胡之亂此又失在狂也

元康中賈謐親貴數入二宮與儲君遊戲無降下心又嘗因弈棊爭道成都王穎厲色曰皇太子國之儲貳賈謐何敢無禮謐猶不悛故及於禍貌不恭之罰也

齊王冏既誅趙王倫因留輔政坐拜百官符敕臺府淫醟專驕不一朝覲此狂恣不肅之咎也天下莫不高其功而慮其亡也冏終弗改遂至夷滅

司馬道子於府園內列肆使姬人酤鬻身自買易干寶以為貴者失位降在皁隸之象也俄而道子見廢以庶人終此貌不恭之應也

安帝義熙七年將拜授劉毅世子毅以王命之重當設饗宴親請吏佐臨視至拜日國僚不重白默拜於廄中王人將反命毅方知之大以為恨免郎中令劉敬叔官天戒若曰此隋略嘉禮不肅之妖也其後毅遂被殺焉

庶徵恒雨劉歆以為春秋大雨也劉向以為大水

魏明帝太和元年秋數大雨多暴雷電非常至殺鳥雀按楊阜上疏此恒雨之罰也時天子居喪不哀出入弋獵無度奢侈繁興奪農時故水失其性而恒雨為罰

太和四年八月大雨霖三十餘日伊洛河漢皆溢歲以凶

吳孫亮太平二年二月甲寅大雨震電乙卯雪大寒按劉歆說此時當雨而不當大大雨恒雨之罰也於始震電之明日而雪大寒又常寒之罰也劉向以為既已雷電則雪不當復降皆失時之異也天戒若曰為君失時賊臣將起先震電而後雪者陰見間隙起而勝陽逆弒之禍將成也亮不悟尋見廢此與春秋魯隱同

武帝泰始六年六月大雨霖甲辰河洛伊沁水同時並溢流四千九百餘家殺二百餘人沒秋稼千三百六十餘頃

太康五年七月任城梁國暴雨害豆麥九月南安郡霖雨暴雪樹木摧折害秋稼是秋魏郡西平郡九縣淮南平原霖雨暴水霜傷秋稼

惠帝永寧元年十月義陽南陽東海霖雨淹害秋麥

元帝太興三年春雨至于夏是時王敦執權不恭之罰也

永昌元年春雨四十餘日晝夜雷電震五十餘日是時王敦興兵王師敗績之應也

成帝咸和四年春雨五十餘日恒雷電是時雖斬蘇峻其餘黨猶據守石頭至其滅後淫雨乃霽

咸康元年八月乙丑荊州之長沙攸醴陵武陵之龍陽三縣雨水浮漂屋室殺人損秋稼是時帝幼權在於下

服妖

魏武帝以天下凶荒資財乏匱始擬古皮弁裁縑帛為白帢以易舊服傅玄曰白乃軍容非國容也干寶以為縞素凶喪之象也名之為帢毀辱之言也蓋革代之後劫殺之妖也

魏明帝著繡帽披縹紈半袖常以見直臣楊阜諫曰此禮何法服邪帝默然近服妖也夫縹非禮之色褻服尚不以紅紫況接臣下乎人主親御非法之章所謂自作孽不可攘也帝既不享永年身沒而祿去王室後嗣不終遂亡天下

景初元年發銅鑄為巨人二號曰翁仲置之司馬門外按古長人見為國亡長狄見臨洮為秦亡之禍始皇不悟反以為嘉祥鑄銅人以象之魏法亡國之器而於義竟無取焉蓋服妖也　尚書何晏好服婦人之服傅玄曰此妖服也夫衣裳之制所以定上下殊內外也大雅云玄袞赤舄鉤膺鏤鍚歌其文也小雅云有嚴有翼共武之服詠其武也若內

外不殊王制失叙服妖既作身隨之亡末嬉冠男子之冠桀亡天下何
晏服婦人之服亦亡其家其咎均也吴婦人脩容者急束其髮而劘
角過于耳蓋其俗自操束太急而廉隅失中之謂也故吴之風俗相驅
以急言論彈射以刻薄相尚居三年之喪者往往有致毀以死諸葛患
之著正交論雖不可以經訓整亂蓋亦救時之作也
孫休後衣服之制上長下短又積領五六而裳居一二干寶曰上饒奢
下儉逼上有餘下不足之妖也至孫皓果奢暴恣情於上而百姓彫困
於下卒以亡國是其應也
武帝泰始初衣服上儉下豐著衣者皆厭褄此君衰弱臣放縱下掩上
之象也至元康末婦人出兩襠加乎交領之上此内出外也為車乘者
苟貴輕細又數變易其形皆以白篾為純蓋古喪車之遺象也夫乘
者君子之器蓋君子立心無恒事不崇實也干寶以為晉之禍徵也及
惠帝踐阼權制在於寵臣下掩上之應也至永嘉末六宮才人流冗没
於戎狄内出外之應也及天下撓亂宰輔方伯多負其任又數改易不

崇實之應也泰始之後中國相尚用胡牀貊槃及為羌煮貊炙貴人
富室必畜其器吉享嘉會皆以為先
太康中又以氈為絈頭及絡帶衿口百姓相戲曰中國必為胡所破夫氈
毳產於胡而天下以為絈頭帶身衿口胡既三制之矣能無敗乎至元
康中氐羌互反
永嘉後劉后遂篡中都自後四夷迭據華土是服妖之應也
初作屐者婦人頭圓男子頭方圓者順之義所以別男女也至太康
初婦人屐乃頭方與男無別此賈后專妬之徵也
太康中天下為晉世寧之舞手接杯盤而反覆之歌曰晉世寧舞杯
盤識者曰夫樂生人心所以觀事也今接杯盤於手上而反覆之至危之
事也杯盤者酒食之器而名曰晉世寧言晉世之士苟偷於酒食之間
而知不及遠晉世之寧猶杯盤之在手也
惠帝元康中婦人之飾有五兵佩又以金銀瑇瑁之屬為斧鉞戈戟以
當笄干寶以為男女之別國之大節故服物異等贄幣不同今婦人

而以兵器為飾此婦人妖之甚者於是遂有賈后之事終亡天下是時
婦人結髮者既成以繒急束其環名曰擷子紒始自中宫天下化之其
後賈后廢害太子之應也
元康中天下始相傚為烏杖以柱掖其後稍施其鐓住則植之夫木東
方之行金之臣也杖者扶體之器烏其頭者尤便用也必旁柱掖者旁
救之象也施其金住則植之言木因於金能孤立也及懷愍之世王室
多故而此中都喪敗元帝以蕃臣樹德東方維持天下柱掖之應也至
社稷無主海内歸之遂承天命建都江外獨立之應也
元康太安之間江淮之域有敗屩自聚于道多者至四五十量人或散
投坑谷明日視之復如故或云見狸銜聚之干寶以為夫屩者人之賤
服處于勞辱黔庶之象也敝者疲斃之象道者四方往來所以交通王
命也今敗屩聚於道者象黔庶罷病將相聚為亂以絶王命也太安
中發壬午兵百姓怨叛江夏張昌唱亂荆楚從之如流於是兵革歲起
服妖也

初魏造白帢横縫其前以別後名之曰顔帢傳行之至永嘉之間稍去
其縫名無顔帢而婦人束髮其緩彌甚紒之堅不能自立髮被于額目
出而已無顔者愧之言也覆額者慚之貌也其緩彌甚者言天下亡
禮與義放縱情性及其終極至于大恥也永嘉之後二帝不反天下媿焉
孝懷帝永嘉中士大夫競服生箋單衣識者指之曰此則古者繐衰諸
侯所以服天子也今無故服之殆有應乎其後遂有胡賊之亂帝遇害焉
元帝太興中兵士以絳囊縛紒識者曰紒者在首為乾君道也囊者坤
臣道也今以朱囊縛紒臣道上侵君之象也於是王敦陵上焉舊為羽
扇柄者刻木象其骨形列羽用十取全數也自中興初王敦南征始改
為長柄下出可捉而減其羽用八識者尤之曰夫羽扇翼之名也創為
長柄者將執其柄以制羽翼也改十為八者將未備奪已備也此殆敦
之擅權以制朝廷之柄又將以無德之材欲竊非據也是時為衣者又
上短帶纔至于掖著帽者又以帶縛項下逼上上無地也為袴者直幅
為口無殺下大之象尋而王敦謀逆再攻京師海西嗣位忘設豹尾天

戒若曰夫豹尾儀服之主大人所以豹變也而海西豹變之日非所宜忘而忘之非主社稷之人故亡其豹尾亦不終也尋而被廢焉

孝武太元中人不復著帩頭天戒若曰頭者元首帩者助元首為儀飾者也今忽廢之若人君獨立無輔佐以至危亡也其後安帝桓玄乃篡位焉

舊為屐者齒皆達褊上名曰露卯太元中忽不徹名曰陰卯識者以為卯謀也必有陰謀之事至烈宗末驃騎參軍袁悅之始攬構內外隆安中遂謀詐相傾以致大亂

太元中公主婦女必緩鬢傾髻以為盛飾用髮既多不可恒戴乃先於木及籠上裝之名曰假髻或名假頭至於貧家不能自辦自號無頭就人借頭遂布天下亦服妖也無幾時孝武晏駕而天下騷動刑戮無數多喪其元至於大殮皆刻木及蠟或縛菰草為頭是假頭之應云桓玄篡立殿上施絳帳鏤黃金為顏四角金龍銜五色羽葆流蘇群下相謂曰頗類轜車尋而玄敗此服之妖也

晉末皆冠小而衣裳博大風流相放輿臺成俗識者曰上小而下大此禪代之象也尋而宋受終焉

雞禍

魏明帝景初二年廷尉府中雌雞化為雄不鳴不將干寶曰是歲宣帝平遼東百姓始有與能之義此其象也然晉三后並以人臣終不鳴不將又天意也

惠帝元康六年陳國有雞生雄雞無翅既大墜坑而死王隱以為雄者胤嗣子之象坑者母象今雞生無翅墜坑而死此子無羽翼為母所陷害乎於後賈后誣殺愍懷此其應也

太安中周玘家雌雞逃承霤中六七日而下奮翼鳴將獨毛羽不變其後有陳敏之事敏雖控制江表終無紀綱文章殆其象也卒為玘所滅雞禍見玘家又天意也京房易傳曰牝雞雄鳴主不榮

元帝太興中王敦鎮武昌有雌雞化為雄天戒若曰雌化為雄臣陵其上其後王敦再攻京師

孝武太元十三年四月廣陵高平閻嵩家雌雞生無右翅彭城人劉象之家雞有三足京房易傳曰君用婦人言則雞生妖是時主相並用尼媼之言寵賜過厚故妖象見焉

安帝隆安元年八月琅邪王道子家青雌雞化為赤雄雞不鳴不將桓玄將篡不能成業之象四年荊州有雞生角角尋墮落是時桓玄始擅西夏狂慢不肅故有雞禍天戒若曰角兵象尋墮落者暫起不終之妖也後皆應也

元興二年衡陽有雌雞化為雄八十日而冠萎天戒若曰衡陽桓玄楚國之邦略也及桓玄篡位果八十日而敗此其應也

青祥

武帝咸寧元年八月丁酉大風折大社樹有青氣出焉此青祥也占曰東莞當有帝者明年元帝生是時帝大父武王封東莞由是徙封琅邪孫盛以為中興之表晉室之亂武帝子孫無孑遺社樹折之應又常風之罰惠帝元康中洛陽南山有虻作聲曰韓尸尸識者曰韓氏將尸也言尸尸者盡死意也其後韓謐誅而韓族殲焉此青祥也

金沴木

魏文帝黃初七年正月幸許昌許昌城南門無故自崩帝心惡之遂不入還洛陽此金沴木木動之也五月宮車晏駕京房易傳曰上下咸悖厥妖城門壞

元帝太興二年六月吳郡米廡無故自壞天戒若曰夫米廡貨糶之屋無故自壞此五穀踴貴所以無糶賣也是歲遂大飢死者千數焉

明帝太寧元年周莚自歸王敦既立其宅宇所起五間六梁一時躍出墜地餘桁猶亘柱頭此金沴木也明年五月錢鳳謀亂遂族滅莚而湖熟尋亦為墟矣

安帝元興元年正月景子會稽王世子元顯將討桓玄建牙竿於揚州南門其東者難立良久乃正近沴妖也而元顯尋為玄所擒

三年五月樂賢堂壞時帝嚚眊無樂賢之心故此堂見沴

義熙九年五月國子聖堂壞天戒若曰聖堂禮樂之本無故自壞業祚將墜之象未及十年而禪位焉

五行中

傳曰言之不從是謂不乂厥咎僭厥罰恒陽厥極憂時則有詩妖時則有介蟲之孽時則有犬旤時則有口舌之痾時則有白眚白祥惟木沴金

言之不從從順也是謂不乂乂治也孔子曰君子居其室出其言不善則千里之外違之況其邇者乎詩曰如蜩如螗如沸如羹言上號令不順人心虛譁憒亂則不能治海內失在過差故其咎僭差也刑罰妄加群陰不附則陽氣勝故其罰常陽也旱傷百穀則有寇難上下俱憂故其極憂也君炕陽而暴虐臣畏刑而箝口則怨謗之氣發於歌謠故有詩妖介蟲孽者謂小蟲有甲飛揚之類陽氣所生也於春秋為螽今謂之蝗皆其類也於易兌為口犬以吠守而不可信言氣毀故有犬旤一曰旱歲犬多狂死及為怪亦是也及人則多病口喉咳嗽者故有口舌痾金色白故有白眚白祥凡言傷者病金氣金氣病則木沴之其極憂者順之其福康寧劉歆言傳曰則時有毛蟲之孽說以為於天文西方參為獸星故為毛蟲

魏齊王嘉平初東郡有訛言云白馬河出妖馬夜過官牧邊鳴呼衆馬皆應明日見其跡大如斛行數里還入河楚王彪本封白馬兖州刺史令狐愚以彪有智勇及聞此言遂與王淩謀共立之事泄淩愚被誅彪賜死此言不從之罰也詩云人之訛言寧莫之懲

蜀劉禪嗣位譙周曰先主諱備其訓具也後主諱禪其訓授也若言劉已具矣當授與人甚於晉穆侯漢靈帝命子之祥也蜀果亡此言之不從也劉備卒劉禪即位未葬亦未踰月而改元為建興此言之不從也禮國君即位踰年而後改元者緣臣子之心不忍一年而有二君也今可謂亟而不知禮義矣後遂降焉

魏明帝太和中姜維歸蜀失其母魏人使其母手書呼維令反并送當歸以譬之維報書曰良田百頃不計一畝但見遠志無有當歸維卒不免

景初元年有司奏帝為烈祖與太祖高祖並為不毀之廟從之案宗廟之制祖宗之號皆身沒名成乃正其禮故雖功赫天壤德邁前王未有豫定之典此蓋言之不從失之甚者也後二年而宮車晏駕於是統微政逸吳孫休時烏程人有得困病及差能以響言者言於此而聞於彼自其所聽之不覺其聲之大也自遠聽之如人對言不覺聲之自遠來也聲之所往隨其所向遠者所過十數里其鄰人有責息於外歷年不還乃假之使為責讓懼以禍福負物者以為鬼神即傾顛倒畀之其人亦不自知所以然也言不從之咎也

魏時起安世殿武帝後居之安世武帝字也武帝每延群臣多說平生常事未嘗及經国遠圖此言之不從也何曾謂子遵曰国家無貽厥之謀及身而已後嗣其殆乎此子孫之憂也自永熙後王室漸亂永嘉中天下大壞及何綏以非辜被殺皆如曾言

趙王倫廢惠帝於金墉城改號金墉為永安宮帝尋復位而倫誅

惠帝永興元年詔廢太子覃還為清河王立成都王穎為皇太弟猶加侍中大都督領丞相備九錫封二十郡如魏王故事案周禮傳国以

胤不以勳故雖公旦之聖不易成王之嗣所以遠絕覬覦永一宗祧後代遵履改之則亂今擬非其實僭差以甚且既為国嗣則不應復開封土兼領庶職此言之不從進退乖爽故帝既播越穎亦不終是其咎僭也後猶不悟又立懷帝為皇太弟懷終流弒不永厥祚又其應也語曰變古易常不亂則亡此之謂乎

元帝永昌二年大將軍王敦下據姑孰百姓訛言行蟲病食人大孔數日入腹入腹則死療之有方當得白犬膽以為藥自淮泗遂及京都數日之間百姓驚擾人人皆自云已得蟲病又云始在外時當燒鐵以灼之於是翕然被燒灼者十七八矣而白犬暴貴至相請奪其價十倍或有自云能行燒鐵灼者賃灼百姓日得五六萬憊而後已四五日漸靜說曰夫裸蟲人類而人為之主今云蟲食人言本同臭類而相殘賊也自下而上明其逆也必入腹者言害由中不由外也犬有守衛之性白者金色而膽用武之主也帝王之運王霸會於戌戌主用兵金者晉行火燒鐵以療疾者言必去其類而來火與金合德共除蟲害也按中興

之際大將軍本以腹心受伊吕之任而元帝末年遂改京邑明帝諒闇又有異謀是以下逆上腹心内爛也及錢鳳沈充等逆兵四合而為王師所挫踰月而不能濟水北中郎劉遐及淮陵内史蘇峻率淮泗之衆以救朝廷故其謡言首作於淮泗也朝廷卒以弱制强罪人授首是用白犬膽可救之效也

海西公時庾晞四五年中喜為挽歌自摇大鈴為唱使左右齊和又讌會輒令倡妓作新安人歌舞離别之辭其聲甚悲切時人怪之後亦果敗太元中小兒以兩鐵相打於土中名曰鬭族後王國寶王孝伯一姓之中自相攻擊也

桓玄初改年為大亨遐邇讙言曰二月了故義謀以仲春發也玄篡立又改年為建始以與趙王倫同又易為永始永始復是王莽受封之年也始徙司馬道子于安成永帝遜位出永安宫封為平固王琅邪王德文為石陽公並使住尋陽城識者皆以為言不從之妖僭也

武帝初何曾薄太官御膳自取私食子邵又過之而王愷又過邵王愷羊琇之儔盛致聲色窮珍極麗至元康中夸恣成俗轉相高尚石崇之侈遂兼王何而儷人主矣崇既誅死天下尋亦淪喪僭踰之咎也

晉志十八

三 六百八十

庶徵恒暘劉向以為春秋大旱也其夏旱雩禮謂之大雩不傷二穀謂之不雨京房易傳曰欲德不用茲謂張厥災荒旱也其旱陰雲不雨變而赤因四際師出過時茲謂廣其旱不生上下皆蔽茲謂隔其旱天赤三月時有雹殺飛禽上緣求妃茲謂僭其旱三月大温亡雲君高臺府茲謂犯陰侵陽其旱萬物根死數有火災庶位踰節茲謂僭其旱澤物枯為火所傷

魏明帝大和二年五月大旱元年已來崇廣宫府之應也又是春宣帝南擒孟達置二郡張郃西破諸葛亮斃馬謖亢陽自大又其應也

太和五年三月自去冬十月至此月不雨辛巳大雩

齊王正始元年二月自去冬十二月至此月不雨去歲正月明帝崩二月曹爽白嗣主轉宣帝為太傅外示尊崇内實欲令事先由己是時宣帝功蓋魏朝欲德不用之應也

高貴鄉公甘露三年正月自去秋至此月旱是時文帝圍諸葛誕衆出過時之應也初壽春秋夏常雨淹城而此旱踰年城陷乃大雨咸以誕為天亡

吴孫亮五鳳二年大旱百姓饑是歲征役煩興軍士怨叛此亢陽自大勞役失衆之罰也其役彌歲故旱亦竟年

孫晧寶鼎元年春夏旱是時晧遷都武昌勞役動衆之應也

武帝泰始七年五月閏月旱大雩

八年五月旱是時帝納荀勖邪說留賈充不復西鎮而任愷漸疎上下皆蔽之應也及李憙魯芝李胤等並在散職近厥德不用之謂也

九年自正月旱至于六月祈宗廟社稷山川癸未雨

十年四月旱去年秋冬採擇卿校諸葛沖等女是春五十餘人入殿簡選又取小將吏女數十人母子號哭於宫中聲聞于外行人悲酸是殆積陰生陽上緣求妃之應也

咸寧二年五月旱大雩至六月乃澍雨

晉志十八

四 五百三十

太康二年旱自去冬旱至此春

三年四月旱乙酉詔司空齊王攸與尚書廷尉河南尹録訊繫囚事從蠲宥

五年六月旱此年正月天陰解而復合劉毅上疏曰必有阿黨之臣姦以事君者當誅而不赦也帝不答是時荀勖馮紞僭作威福亂朝尤甚

六年三月青梁幽冀郡國旱六月濟陰武陵旱傷麥

七年夏郡國十三大旱

八年四月冀州旱

九年夏郡國三十三旱扶風始平京兆安定旱傷麥

十年二月旱

太熙元年二月旱自太康已後雖正人滿朝不被親仗而賈充荀勖楊駿馮紞等迭居要重所以無年不旱者欲德不用上下皆蔽庶位踰節之罰也

惠帝元康七年七月秦雍二州大旱疾疫關中饑米斛萬錢因此氐羌

反叛雍州刺史解系敗績而饑疫荐臻戎晉並困朝廷不能振詔聽相賣鬻南其九月郡國五旱

永寧元年自夏及秋青徐幽并四州旱十二月又郡國十二旱是年春三王討趙王倫六旬之中數十戰死者十餘萬人

懷帝永嘉三年五月大旱襄平縣梁水淡池竭河洛江漢皆可涉是年三月司馬越歸京都遣兵入京收中書令繆播等九人殺之皆僭踰之罰也又四方諸侯多懷無君之心劉元海石勒王弥李雄之徒賊害百姓流血成泥又其應也五年自去冬旱至此春去歲十一月司馬越以行臺自隨斥黜宮衛無君臣之節

愍帝建武元年六月揚州旱去年十二月淳于伯冤死其年即旱而太興元年六月又旱干寶曰殺淳于伯之後旱三年是也刑罰妄加群陰不附則陽氣勝之罰也

元帝太興四年五月旱是時王敦陵僭已著

永昌元年夏大旱是年三月王敦有石頭之變二宮陵辱大臣誅死

僭踰無上故旱尤甚也其閏十一月京都大旱川谷並竭

明帝太寧三月自春不雨至于六月

成帝咸和元年夏秋旱是時庾太后臨朝稱制言不從而僭踰之罰也

二年夏旱　五年五月大旱　六年四月大旱

八年秋七月旱九年自四月不雨至于八月

咸康元年六月旱是時成帝沖弱未親萬機內外之政決之將相此僭踰之罰連歲旱也至四年王導固讓太傅復子明辟是後不旱殆其應也時天下普旱會稽餘姚特甚米斗直五百人有相鬻賣者

二年三月旱三年六月旱時王導以天下新定務在遵養不任刑罰遂盜賊公行頻五年元旱亦舒緩之應也

康帝建元元年五月旱

穆帝永和元年五月旱是時帝在襁褓褚太后臨朝如明穆太后故事

五年七月不雨至于十月　六年夏旱　八年夏旱　九年春旱

升平三年冬大旱　四年冬大旱

哀帝隆和元年夏旱是時桓溫強恣權制朝廷僭踰之罰也

海西公太和元年夏旱　四年冬旱涼州春旱至夏

簡文帝咸安二年十月大旱饑自永和至是嗣主幼沖桓溫陵僭用兵征伐百姓怨苦

孝武帝寧康元年三月旱是時桓溫入覲高平陵闓朝致拜踰僭之應也　三年冬旱　太元四年夏大旱　八年六月旱

十年七月旱饑初八年破苻堅九年諸將略地有事徐豫揚兗趙統攻討巴沔是年正月謝安又出鎮廣陵使子琰進次彭城頻有軍役

十三年六月旱去歲北府遣戍胡陸荊州經略河南是年夏郭銓置戍野王又遣軍破黃淮

十五年七月旱十七年秋旱至冬是時烈宗仁恕信任會稽王道子政事舒緩又茹千秋為驃騎諮議竊弄主相威福又丘尼乳母親黨及婢僕之子階緣近習臨部領衆又所在多上春音四不以其辜建康獄吏枉暴既甚此又僭踰不從冤濫之罰

安帝隆安二年冬旱寒甚　四年五月旱

五年夏秋大旱十二月不雨時孫恩作亂桓玄疑貳迫殺殷仲堪而朝廷即授以荊州之任司馬元顯又諷百僚悉使敬己內外騷動兵革煩興此皆陵僭憂愁之應也

元興元年七月大饑九月十月不雨泉水涸

二年六月不雨冬又旱時桓玄奢僭十二月遂篡位　三年八月不雨

義熙四年冬不雨　六年九月不雨　八年十月不雨　九年秋冬不雨

十年九月旱十二月又旱井瀆多竭是時軍役煩興

詩妖

魏明帝太和中京師歌兜鈴曹子其唱曰其奈汝曹何此詩妖也其後曹爽見誅曹氏遂廢

景初初童謠曰阿公阿公駕馬車不意阿公東渡河阿公來還當奈何及宣帝遼東歸至白屋當還鎮長安會帝疾篤急召之乃乘追鋒車東渡河終如童謠之言

齊王嘉平中有謠曰白馬素羈西南馳其誰乘者朱虎騎朱虎者
楚王小字也王淩令狐愚聞此謠謀立彪事發淩等伏誅彪賜死
吳孫亮初童謠曰吁汝恪何若若蘆葦單衣篾鉤絡於何相求常子閣
常子閣者反語石子堈也鉤絡鉤帶也及諸葛恪死果以葦席裹身篾
束其要投之石子堈後聽恪故吏收斂求之此堈云
孫亮初公安有白鼉鳴童謠曰白鼉鳴龜背平南郡城中可長生守死
不去義無成南郡城中可長生者有急易以逃也明年諸葛恪敗弟融鎮
公安亦見襲融刮金印龜服之而死鼉有鱗介甲兵之象又白祥也
孫休永安二年將守質子群聚嬉戲有異小兒忽來言曰三公鋤司馬如
又曰我非人熒惑星也言畢上昇仰視若曳一匹練有頃沒干寶曰後四
年而蜀亡六年而魏廢二年而吳平於是九服歸晉魏與吳蜀並戰
國三公鋤司馬如之謂也
孫晧遣使者祭石印山下妖祠使者因以丹書巖曰楚九州渚吳九州
都揚州士作天子四世治太平矣晧聞之意益張曰從太皇帝至朕四世

晉志十八　七

太平之主非朕復誰恣虐踰甚尋以降亡近詩妖也
孫晧天紀中童謠曰阿童復阿童銜刀游渡江不畏岸上獸但畏水中龍
武帝聞之加王濬龍驤將軍及征吳江西衆軍無過者而王濬先定秣陵
武帝太康三年平吳後江南童謠曰局縮肉數橫目中國當敗吳當復
又曰宮門柱且當朽吳當復在三十年後又曰雞鳴不拊翼吳復不用
力于時吳人皆謂在孫氏子孫故竊發為乱者相繼按橫目者四字自
吳亡至元帝興幾四十年元帝興於江東皆如童謠之言焉元帝懦而少
斷局縮肉者有所斥也
太康末京洛為折揚柳之歌其曲始有兵革苦辛之辭終以擒獲斬
截之事是時三楊貴盛而被族滅太后廢黜幽死中宮折楊柳之應也
惠帝永熙中河內溫縣有人如狂造書曰光光文長大戟為牆毒藥雖
行戟還自傷又曰兩火沒地哀哉秋蘭歸形街郵終為人歎及楊駿居
內府以戟為衛死時又為戟所害傷楊后被廢賈后絕其膳八日而崩
葬街郵亭北百姓哀之也兩火武帝諱蘭楊后字也其時又有童謠曰

二月末三月初荊筆楊板行詔書宮中大馬幾作驢此時楊駿專權
楚王用事故言荊筆楊板二人不誅則君臣禮悖故云幾作驢也
元康中京洛童謠曰南風起吹白沙遙望魯國何嵯峨千歲髑髏生齒
牙又曰城東馬子莫嚨哅比至來年纏汝鬉南風賈后字也白晉行也
沙門太子小名也魯賈謐國也言賈后將與謐為亂以危太子而趙王
因釁咀嚼豪賢以成篡奪不得其死之應也
元康中天下商農通著大鄣日時童謠曰屠蘇鄣日覆兩耳當見瞎
兒作天子及趙王倫篡位其目實眇焉趙王倫既篡洛中童謠曰獸從北
來鼻頭汗龍從南來登城看水從西來河灌灌數月而齊王成都河間
義兵同會誅倫案成都西藩而在鄴故曰獸從北來齊東藩而在許
故曰龍從南來河間水源而在關中故曰水從西來齊留輔政居于宮西
又有無君心故言登城看也
太安中童謠曰五馬游渡江一馬化為龍後中原大亂宗藩多絕唯琅邪汝
南西陽南頓彭城同至江東而元帝嗣統矣司馬越還洛有童謠曰洛

晉志十八　八

中大鼠長尺二若不早去大狗至及苟晞將破汲桑又謠曰元超兄弟大
洛度上桑打椹為苟作由是越惡晞奪其兗州隙難遂構焉
愍帝初有童謠曰天子何在豆田中至建興四年帝降劉曜在城東豆
田壁中
建興中江南謠歌曰訇如白坑破合集持作甒揚州破換敗吳興覆瓿
甒案白者晉行坑器有口屬瓮瓦質剛亦金之類也訇如白坑破
者言二都傾覆王室大壞也合集持作甒者元帝鳩集遺餘以主社稷
未能克復中原但偏王江南故其諭也及石頭之事六軍大潰兵人抄
掠京邑爰及二宮其後三年錢鳳復攻京邑阻水而守相持月餘日焚燒
城邑井堙木刊矣鳳等敗退沈充將其黨還吳興官軍躡之蹈藉郡
縣充父子授首黨與誅者以百數所謂揚州破換敗吳興覆瓿
瓿瓦器又小於甒也
明帝太寧初童謠曰惻惻力力放馬山側大馬死小馬餓高山崩石自破
及明帝崩成帝幼為蘇峻所逼遷于石頭御膳不足此大馬死小馬餓

也高山峻也又言峻尋死石峻弟蘇石也峻死後石據石頭尋爲諸公所破復是崩山石破之應也

成帝之末又有童謠曰磕磕何隆隆駕車入梓宮少日而宮車晏駕

咸康二年十二月河北謠云麥入土殺石武後如謠言

庾亮初鎮武昌出至石頭百姓於岸上歌曰庾公上武昌翩翩如飛鳥庾公還揚州白馬牽旒旐又曰庾公初上時翩翩如飛鳥庾公還揚州白馬牽流蘇後連徵不入及薨於鎮以喪還都葬皆如謠言

穆帝升平中童兒輩忽歌於道曰阿子聞曲終輒云阿子汝聞不無幾而帝崩太后哭之曰阿子汝聞不

升平末俗間忽作廉歌有扈謙者聞之曰廉者臨也歌云白門廉宮庭廉內外悉臨國家其大諱乎少時而穆帝晏駕

哀帝隆和初童謠曰升平不滿斗隆和那得久桓公入石頭陛下徒跣走朝廷聞而惡之改年曰興寧人復歌曰雖復改興寧亦復無聊生哀帝尋崩升平五年而穆帝崩不滿斗升平不至十年也

海西公太和中百姓歌曰青青御路楊白馬紫遊韁汝非皇太子那得甘露漿識者曰白者金行馬者國族紫爲奪正之色明以紫間朱也海西公尋廢其三子並非海西公之子縊以馬韁死之明日南方獻甘露焉

太和末童謠曰犁牛耕御路白門種小麥及海西公被廢百姓耕其門以種小麥遂如謠言

海西公初生皇子百姓歌云鳳皇生一雛天下莫不喜本言是馬駒今定成龍子其歌甚美其旨甚微海西公不男使左右向龍與內侍接生子以爲己子

桓石民爲荊州鎮上明百姓忽歌曰黃曇子曲中又曰黃曇英揚州大佛來上明頃之而桓石民死王忱爲荊州黃曇子乃是王忱字也忱小字佛大是大佛來上明也

孝武帝太元末京口謠曰黃雌雞莫作雄父啼一旦去毛衣衣被拉颯栖尋而王恭起兵誅王國寶旋爲劉牢之所敗故言拉颯栖也

會稽王道子於東府造土山名曰靈秀山無幾而孫恩作亂再踐會稽會稽道子所封靈秀恩之字也

庾楷鎮歷陽百姓歌曰重羅黎重羅黎使君南上無還時後楷南奔桓玄爲玄所誅

殷仲堪在荊州童謠曰芒籠目繩縛腹殷當敗桓當復未幾而仲堪敗桓玄遂有荊州

王恭鎮京口舉兵誅王國寶百姓謠云昔年食白飯今年食麥麩天公誅譴汝教汝捻嚨喉嚨喉喝復喝京口敗復敗識者曰昔年食白飯言得志也今年食麥麩麩麤穢其精已去明將敗也天公將加譴謫而誅之也捻嚨喉氣不通死之祥也敗復敗丁寧之辭也恭尋死京都又大行欬疾而喉並喝焉

王恭在京口百姓間忽云黃頭小兒欲作賊阿公在城下指縛得又云黃頭小人欲作亂賴得金刀作藩扞黃字上恭字頭也小人恭字下也尋如謠言者焉

安帝隆安中百姓忽作懊憹之歌其曲曰草生可攬結女兒可攬擷尋而桓玄篡位義旗以三月二日埽定京都誅之玄之宮女及逆黨之家子女妓妾悉爲軍賞東及甌越北流淮泗皆人有所獲故言時則草可結事則女可擷也桓玄既篡童謠曰草生及馬腹烏啄桓玄目及玄敗走至江陵時正五月中誅如其期焉

安帝義熙初童謠曰官家養蘆化成荻蘆生不止自成積其時官養盧龍寵以金紫奉以名州養之極也而龍不能懷我好音舉兵內伐遂成讎敵也盧生不止自成積及盧龍之敗斬伐其黨猶如草木以成積也

盧龍據廣州人爲之謠曰蘆生漫漫竟天半後擁上流數州之地內逼京輦應天半之言

義熙二年小兒相逢於道輒舉其兩手曰盧健健次曰鬭歎鬭歎末曰翁年老翁年老當時莫知所謂其後盧龍內逼舟艦蓋川健健之謂也既至查浦屢剋期欲與官鬭鬭歎之應也翁年老群公有期頤之慶知妖逆之徒自然消殄也其時復有謠言曰盧橙橙逐水流東風

忽如起那得入石頭盧龍果敗不得入石頭也
昔溫嶠令郭景純卜己與庾亮吉凶景純云元吉嶠語亮曰景純每筮是不敢盡言吾等與國家同安危而曰元吉是事有成也於是協同討滅王敦

符堅初童謠曰阿堅連牽三十年後若欲敗時當在江湖邊及堅在位凡三十年敗於淝水是其應也又謠語云河水清復清符堅死新城及堅為姚萇所殺死於新城復謠歌云魚羊田斗當滅秦識者以為魚羊鮮也田斗卑也堅自號秦言滅之者鮮卑也其群臣諫堅令盡誅鮮卑堅不從及淮南敗還初為慕容沖所攻又為姚萇所殺身死國滅

毛蟲之孽

武帝太康六年南陽獻兩足猛獸此毛蟲之孽也識者為其文曰武形有虧金獸失儀聖主應天斯異何為言兆亂也京房易傳曰足少者下不勝任也干寶以為獸者陰精居于陽金獸也南陽火名也金精入火而失其形王室亂之妖也六水數言水數既極火慝得作而金受

晉志十八　十一

其敗也至元康九年始殺太子距此十四年二七十四火始終相乘之數也自帝受命至愍懷之廢凡三十五年焉

太康七年十一月景辰四角獸見于河間河間王顒獲以獻天戒若曰角兵象也四者四方之象當有兵亂起於四方後河間王遂連四方之兵作為亂階殆其應也

懷帝永嘉五年蝘鼠出延陵郭景純筮之曰此郡東之縣當有妖人欲稱制者亦尋自死矣其後吳興徐馥作亂殺太守袁琇馥亦時滅是其應也

成帝咸和六年正月丁巳會稽郡秀孝於樂賢堂有麏見於前獲之孫盛以為吉祥夫秀孝天下之彥士樂賢堂所以樂養賢也自喪亂以後風教陵夷秀孝策試之四科之實麏興於前或斯故乎

哀帝隆和元年十月甲申有麏入東海第百姓讙言曰主入東海第識者怪之及海西廢為東海王乃入其第

孝武太元十三年四月癸巳祠廟畢有兔行廟堂上天戒若曰兔野物也而集宗廟之堂不祥莫之甚焉

犬禍

公孫文懿家有犬冠幘絳衣上屋此犬禍也屋上亢陽高危之地天戒若曰亢陽無上偷自尊高狗而冠者也及文懿自立為燕王果為魏所滅京房易傳曰君不正臣欲篡厥妖狗出朝門魏侍中應璩在直廬欻見一白狗出門問衆人無見者踰年卒近犬禍也

吳諸葛恪征淮南歸將朝會犬銜引其衣恪曰犬不欲我行乎還坐有頃復起犬又銜衣乃令逐犬遂升車入而被害

武帝太康九年幽州有犬鼻行地三百餘步天戒若曰是時帝不思和嶠之言卒立惠帝以致衰亂是言不從之罰也

惠帝元康中吳郡婁縣人家聞地中有犬子聲掘之得雌雄各一還置窟中覆以磨石經宿失所在天戒若曰帝既衰弱藩王相譖故有犬禍

永興元年丹楊內史朱逵家犬生三子皆無頭後逵為揚州刺史曹

晉志十八　十二

武所殺

孝懷帝永嘉五年吳郡嘉興張林家狗人言云天下人餓死於是果有二胡之亂天下饑荒焉

愍帝建興元年狗與豬交案漢書景帝時有此以為悖亂之氣亦犬豕禍也犬兵革之占也豕北方匈奴之象逆言失聽異類相交必生害也俄而帝沒于胡是其應也

元帝太興中吳郡太守張懋聞齋內床下犬聲求而不得既而地自坼見有二犬子取而養之皆死尋而懋為沈充所害京房易傳曰讒臣在側則犬生妖

太興四年廬江灊縣何旭家忽聞地中有犬子聲掘之得一母犬青黎色狀甚羸瘦走入草中不知所在視其處有二犬子一雄一雌哺而養之雌死雄活及長為犬善噬獸其後旭里中為蠻所沒

安帝隆安初吳郡治下狗恒夜吠聚高橋上人家狗有限而吠聲甚衆或有夜覘視之云一狗假有兩三頭皆前向亂吠無幾孫恩亂於吳會

焉是時輔國將軍孫無終家于既陽地中聞犬子聲尋而地坼有二犬子皆白色一雄一雌取而養之皆死後無終為桓玄所誅滅案尸子曰地中有犬名曰地狼夏鼎志曰掘地得犬名曰賈此蓋自然之物也不應出而出為犬禍也

桓玄將拜楚王已設拜席群官陪位玄未及出有狗來便其席莫不驚怪玄性猜暴竟無言者逐狗改席而已天戒若曰桓玄無德而叨竊大位故犬便其席示其妄據之甚也八十日玄敗亡焉

白眚白祥

魏明帝青龍三年正月乙亥隕石于壽光案左氏傳隕石星也劉歆說曰庶衆惟星隕於宋者象宋襄公將得諸侯而不終也秦始皇時有隕石班固以為石陰類也又白祥臣將危君是後宣帝得政云

武帝太康五年五月丁巳隕石于温及河陽各二六年正月隕石于温三

成帝咸和八年五月星隕于肥鄉一九年正月隕石于涼州二

吳孫亮五鳳二年五月陽羨縣離里山大石自立案京房易傳曰庶士為天子之祥也其說曰石立於山同姓平地異姓干寶以為孫晧承廢故之家得位其應也或曰孫休見立之祥也

晉志十八　十三

武帝太康十年洛陽宮西宜秋里石生地中始高三尺如香鑪形後如偃人槃薄不可掘案劉向說此白眚也明年宮車晏駕王室始騷卒以亂亡京房易傳曰石立如人庶士為天下雄此近之矣

惠帝元康五年十二月有石生于宜年里

永康元年襄陽郡上言得鳴石撞之聲聞七八里

太安元年丹楊湖熟縣夏架湖有大石浮二百步而登岸民驚譟相告曰石來干寶曰尋有石冰入建鄴

車騎大將軍東嬴王騰自并州遷鎮鄴行次真定時久積雪而當門前方數丈獨消釋騰怪而掘之得玉馬高尺許口齒缺騰以馬者國姓上送之以為瑞然馬無齒則不得食妖祥之兆衰亡之徵案占此白祥也是後騰為汲桑所殺而天下遂亂

武帝泰始八年五月蜀地雨白毛此白祥也時益州刺史皇甫晏伐汶山胡從事何旅固諫不從牙門張弘等因衆之怨誣晏謀逆害之京房易傳曰前樂後憂厥妖天雨羽又曰邪人進賢人逃天雨毛其易妖曰天雨毛羽貴人出走三占皆應

惠帝永寧元年齊王冏舉義軍軍中有小兒出於襄城繁昌縣年八歲髮體悉白頗能卜於洪範白祥也

成帝咸康初地生毛近白祥也孫盛以為人勞之異也是後石季龍滅而中原向化將相皆甘心焉於是方鎮屢革邊戍仍遷皆擁帶部曲動有萬數其間征伐徵賦役無寧歲天下勞擾百姓疲怨

咸康三年六月地生毛

孝武太元二年五月京都地生毛至四年而氐賊次襄國圍彭城向廣陵征戍仍出兵連年不解　太元十四年四月京都地生毛是時苻堅滅後經略多事人勞之應也　十七年四月地生毛

安帝隆安四年四月乙未地生毛或白或黑　元興三年五月江陵地生毛是後江陵見襲交戰者數矣　義熙三年三月地生白毛

晉志十八　十四

十三年三月地生毛明年王旅西討司馬休之又明年北埽關洛

木沴金

魏齊王正始末河南尹李勝治聽事有小材激墮檛受符石彪頭斷之此木沴金也勝後旬日而敗

惠帝元康八年五月郊禖壇石中破為二此木沴金也郊禖壇者求子之神位無故自毀太子將危之妖也明年愍懷廢死

孝武帝太元十年四月謝安出鎮廣陵始發石頭金鼓無故自破此木沴金之異也天意也天戒若曰安徒揚經略之聲終無其實鉦鼓不用之象也月餘以疾還而薨

傳曰視之不明是謂不哲厥咎舒厥罰恒燠厥極疾時則有草妖時則有嬴蟲之孽時則有羊禍時則有目痾時則有赤眚赤祥惟水沴火

視之不明是謂不哲哲知也詩云爾德不明以亡陪亡卿不明爾德以亡背亡側言上不明暗昧蔽惑則不能知善惡親近習長同類亡功者受賞有罪者不殺百官廢亂失在舒緩故其咎舒也盛夏日長暑以養

物政弛緩故其罰常燠也燠則冬溫春夏不和傷病疾人其極疾病也
誅不行則霜不殺草繇臣下則殺不以時故有草妖
凡妖貌則以服言則以詩聽則以聲視不以色者五色物之大分也在
於眚祥故聖人以為草妖失物柄之明者也溫燠生蟲故有蠃蟲之
孽謂螟螣之類當死不死當生而不生或多於故而為災也劉歆以
為屬思心不容於易剛而苞柔為離離為火為目羊上角下蹄剛而苞
柔羊大目而不精明視氣毀故有羊旤一曰暑歲羊多疫死及為怪亦
是也及人則多病目者故有目痾火色赤故有赤祥凡視傷者病火氣
火氣傷則水沴之其極疾者順之其福曰壽劉歆視傳曰有羽蟲之孽
雞旤說以為於天文南方朱張為鳥星故為羽蟲旤亦從羽故為雞
雞於易自在巽說非是庶徵之恒燠劉向以為春秋無冰也小燠不書
無冰然後書舉其大者也京房易傳曰祿不遂行茲謂欺厥咎燠其
燠雨雲四至而溫臣安祿樂逸茲謂亂燠而生蟲知罪不誅茲謂舒其
燠夏則暑殺人冬則物華實重過不誅茲謂亡徵其咎當寒而燠盡
六日也
吳孫亮建興元年九月桃李華孫權世政煩賦重人彫於役是時諸葛
恪始輔政息校官原逋責除關梁崇寬厚此舒緩之應也一說桃李
寒華為草妖或屬蘗
魏文帝景元三年十月桃李華時文帝深樹恩德事崇優緩此其應也
惠帝元康二年二月巴西郡界草皆生華結子如麥可食時帝初即位
楚王瑋矯詔誅汝南王亮及太保衛瓘帝不能察今非時草結實此
恒燠寬舒之罰
穆帝永和九年十二月桃李華是時簡文輔政事多弛略舒緩之應也
草妖
漢獻帝建安二十五年春正月魏武帝在洛陽起建始殿伐濯龍而
血出又掘徙梨根傷亦血出帝惡之遂寢疾是月崩蓋草妖又赤祥
是歲魏文帝黃初元年也
吳孫亮五鳳元年六月交阯稗草化為稻昔三苗將亡五穀變種此

草妖也其後亮廢
蜀劉禪景燿五年宮中大樹無故自折譙周憂之無所與言乃書柱
曰眾而大其之會具而授若何復言曹者眾也魏者大也眾而大天下
其當會也具而授如何復有立者乎蜀果亡如周言此草妖也
吳孫皓天璽元年吳郡臨平湖自漢末穢塞是時一夕忽開除無草長
老相傳此湖塞天下亂此湖開天下平吳尋亡而九服為一
天紀三年八月建鄴有鬼目菜於工黃狗家生依緣棗樹長丈餘莖
廣四寸厚二分又有買菜生工吳平家高四尺如枇杷形上圓莖二尺八寸
莖廣五寸兩邊生葉綠色東觀案圖名鬼目作芝草買菜作平慮遂
以狗為侍芝郎平為平慮郎皆銀印青綬干寶曰明年平吳王濬止
船正得平渚姓名顯然指事之徵也黃狗者吳以土運承漢故初有黃
龍之瑞及其季年而有鬼目之妖託黃狗之家黃稱不改而貴賤大殊
天道精微之應也
惠帝元康二年春巴西郡界竹生花紫色結實如麥外皮青中赤白味甘
元康九年六月庚子有桑生東宮西廂日長尺餘甲辰枯死此與殷太
戊同妖太子不能悟故至廢戮也班固稱野木生朝而暴長小人將暴
居大臣之位危國亡家之象朝將為墟也是後孫秀張林用事遂至大亂
永康元年四月立皇孫臧為皇太孫五月甲子就東宮桑又生於西廂
明年趙王倫篡位鴆殺臧此與愍懷同妖也是月壯武國有桑化為柏
而張華遇害壯武華之封邑也
孝懷帝永嘉二年冬項縣桑樹有聲如解材人謂之桑樹哭案劉向說
桑者喪也又為哭聲不祥之甚是時京師虛弱胡寇交侵東海王越無
衛國之心四年冬季而南出五年春薨于此城石勒邀其眾圍而射之王
公以下至眾庶死者十餘萬人又剖越棺焚其屍是敗也中原無所請
命洛京亦尋覆沒桑哭之應也
六年五月無錫縣有四株茱萸樹相樛而生狀若連理先是郭景純筮
延陵蝘鼠遇臨之益曰後當復有妖樹生若瑞而非辛螫之木也儻有此
東西數百里必有作逆者及此木生其後徐馥果作亂亦草妖也郭又

以爲木不曲直其七月豫章郡有樟樹久枯是月忽更榮茂與漢昌
邑枯社復生同占是懷愍淪陷之徵元帝中興之應也
明帝太寧元年九月會稽剡縣木生如人面是後王敦稱兵作逆禍敗
無成昔漢哀成之世並有此妖而人貌備具故其禍亦大今此但如人面
而已故其變也輕矣
成帝咸和六年五月癸亥曲阿有柳樹枯倒六載是日忽復起生至九
年五月甲戌吳縣吳雄家有死榆樹是日因風雨起生與漢上林斷柳
起生同象初康帝爲吳王于時雖改封琅邪而猶食吳郡爲邑是帝越
正體饗國之象也曲阿先亦吳地象見吳邑雄之舍又天意乎
哀帝興寧三年五月癸卯廬陵西昌縣脩明家有僵栗樹是日忽復
起生時孝武年始四歲俄而哀帝崩海西即位未幾而廢簡文越自藩
王入纂大業登阼享國又不踰二年而孝武嗣統帝諱昌明識者竊謂
西昌脩明之祥帝諱實應焉是亦與漢宣帝同象也
海西太和元年涼州楊樹生松天戒若曰松者不改柯易葉楊者柔脆
晉志十八　十七
之木今松生於楊豈非永久之業將集危亡之地邪是時張天錫稱雄
於涼州尋而降苻堅
孝武太元十四年六月建寧郡銅樂縣枯樹斷折忽然自立相屬京房
易傳曰棄正作淫厥妖木斷自屬妃后有專木仆反立是時正道多僻
其後張夫人專寵及帝崩兆庶歸咎張氏焉
安帝元興三年荊江二州界竹生實如麥　義熙二年九月揚武將軍
營士陳蓋家有苦蕒菜莖高四尺六寸廣三尺二寸厚二寸亦草妖也
此殆與吳終同象識者以爲苦蕒者買勤苦也自後歲歲征討百姓勞
苦是買苦也十餘年中姚泓滅兵始戢是苦蕒之應也　義熙中宮
城上及御道左右皆生蒺藜亦草妖也蒺藜有刺不可踐而行生宮牆
及馳道天戒若曰人君不聽政雖有宮室馳道若空廢也故生蒺藜
羽蟲之孽
魏文帝黃初四年五月有鵜鶘鳥集靈芝池案劉向說此羽蟲之孽又
青祥也詔曰此詩人所謂汙澤者也曹詩刺其公遠君子近小人今豈

有賢智之士處于下位否則斯鳥胡爲而至哉其博舉天下儁德茂才
獨行君子以荅曹人之刺於是楊彪管寧之徒咸見薦舉此所謂覩
妖知懼者也雖然猶不能優容亮直而多溺偏私矣京房易傳曰辟退
有德厥妖水鳥集于國井　黃初元年未央宮中又有燕生鷹口爪
俱赤此與商紂宋隱同象　景初元年又有燕生巨鷇於衛國李蓋
家形若鷹吻似燕此羽蟲之孽又赤眚也高堂隆曰此魏室之大異
宜防鷹揚之臣於蕭牆之內其後宣帝起誅曹爽遂有魏室
漢獻帝建安二十三年秃鶖鳥集鄴宮文昌殿後池明年魏武王薨
魏文帝黃初三年又集雒陽芳林園池七年又集其夏文帝崩
景初末又集芳林園池已前再至輒有大喪帝惡之其年明帝崩
蜀劉禪建興九年十月江陽至江州有鳥從江南飛渡江北不能達墮水
死者以千數是時諸葛亮連年動衆志吞中夏而終死渭南所圖不
遂又諸將分爭頗喪徒旅鳥北飛不能達墮水死者皆有其象也亮竟
不能過渭又其應乎此與漢時楚國烏鬬墮泗水粗類矣
晉志十八　十八
景初元年陵霄闕始構有鵲巢其上鵲體白黑雜色此羽蟲之孽又白
黑祥也帝以問高堂隆對曰詩云惟鵲有巢惟鳩居之今興起宮室而
鵲來巢此宮室未成身不得居之象也天戒若曰宮室未成將有他
姓制御之不可不深慮於是帝改容動色　吳孫權赤烏十二年四月
有兩烏銜鵲墮東館權使領丞相朱據燎鵲以祭按劉歆說此羽蟲
之孽又黑祥也視不明聽不聰之罰也是時權意溢德衰信讒好殺二
子將危將相俱殆覩妖不悟加之以燎昧道之甚者也明年太子和廢魯
王霸賜死朱據左遷陸議憂卒是其應也東館典教之府鵲墮東館
又天意乎
吳孫權太元二年正月封前太子和爲南陽王遣之長沙有鵲巢其帆
檣和故官僚聞之皆憂慘以爲檣末傾危非久安之象是後不得其死
孫亮建興二年十一月有大鳥五見于春申吳人以爲鳳皇明年改元爲
五鳳漢桓帝時有五色大鳥司馬彪云政道衰缺無以致鳳乃羽蟲孽
耳孫亮未有德政孫峻驕暴方甚此與桓帝同事也按瑞應圖大鳥似

鳳而為孽者非一宜皆是也　孫晧建衡三年西苑言鳳皇集以之改元義同於亮　武帝泰始四年八月有翟雉飛上閶闔天戒若曰閶闔門非雉所止猶殷宗雉登鼎耳之戒也

惠帝永康元年趙王倫既篡京師得異鳥莫能名倫使人持出周旋城邑市以問人積日宮西有小兒見之逆自言曰服留鳥翳持者即還白倫倫使更求又見之乃將入宮密籠鳥并閉小兒戶中明日視之悉不見此羽蟲之孽時趙王倫有目瘤之疾言服留者謂倫留將服其罪也尋而倫誅趙王倫篡位有鶉入大極殿雉集東堂天戒若曰太極東堂皆朝享聽政之所而鶉雉同日集之者趙王倫不當居此位也詩云鶉之彊彊鵲之奔奔人之無良我以為君其此之謂乎尋而倫滅

孝懷帝永嘉元年二月洛陽東北步廣里地陷有蒼白二色鵝出蒼者飛翔沖天白者止焉此羽蟲之孽又黑白祥也陳留董養曰步廣周之狄泉盟會地也白者金色国之行也蒼為胡象其可盡言乎是後劉元海石勒相繼亂華

明帝太寧三年八月庚戌有大鳥二蒼黑色翼廣一丈四尺其一集司徒府射而殺之其一集市北家人舍亦獲焉此羽蟲之孽又黑祥也及閏月戊子而帝崩後遂有蘇峻祖約之亂

成帝咸和二年正月有五鴟鳥集殿庭此又白祥也是時庾亮苟違眾謀將召蘇峻有言不從之咎故白祥先見也三年二月峻果作亂宮掖焚毀化為汙萊此其應也　咸康八年七月有白鷺鳥集殿屋是時康帝始即位不永之祥也後涉再朞而帝崩案劉向曰野鳥入處宮室將空此其應也　海西初以興寧三年二月即位有野雉集于相風此羽蟲之孽也尋為桓溫所廢也

孝武帝太元十六年六月鵲巢太極東頭鴟尾又巢國子學堂西頭十八年東宮始成十九年正月鵲又巢其西門此殆與魏景初同占學堂風教之所聚西頭又金行之祥及帝崩後安皇嗣位桓玄遂篡風教乃頹金行不競之象也

安帝義熙三年龍驤將軍朱猗戍壽陽婢炊飯忽有群鳥集竈競來啄噉婢驅逐不去有獵狗咋殺兩鳥餘鳥因共啄殺狗又噉其肉唯餘骨存此亦羽蟲之孽又黑祥也明年六月猗死此其應也

羊禍

成帝咸和二年五月司徒王導廐羊生無後足此羊禍也京房易傳曰足少者下不勝任也明年蘇峻破京都導與帝俱幽石頭僅乃得免是其應也

赤眚赤祥

公孫文懿時襄平北市生肉長圍各數尺有頭目口喙無手足而動搖此赤祥也占曰有形不成有體不聲其国滅亡文懿尋為魏所誅

吳戍將鄧喜殺豬祠神治畢懸之忽見一人頭往食肉喜引弓射中之咋咋作聲繞屋三日近赤祥也後人白喜謀北叛闔門被誅京房易妖曰山見葆江于邑邑有兵狀如人頭赤色

武帝太康五年四月壬子魯國池水變赤如血七年十月河陰有赤雪二頃此赤祥也是後四載而帝崩王室遂亂

惠帝元康五年三月呂縣有流血東西百餘步此赤祥也至元康末窮凶極亂僵尸流血之應也干寶以為後八載而封雲亂徐州殺傷數萬人是其應也

永康元年三月尉氏雨血夫政形舒緩則有常燠赤祥之妖此歲正月送愍懷太子幽于許宮天戒若曰不宜緩恣姦人將使太子冤死惠帝愚眊不寤是月愍懷遂斃於是王室成釁禍流天下淖齒殺齊湣王曰天雨血沾衣天以告也此之謂乎京房易傳曰歸獄不解茲謂追非厥咎天雨血茲謂不親下有惡心不出三年無其宗又曰佞人祿功臣戮天雨血也

愍帝建興元年十二月河東地震雨肉　四年十二月景寅丞相府斬督運令史淳于伯血逆流上柱二丈三尺此赤祥也是時後將軍褚裒鎮廣陵丞相揚聲北伐伯以督運稽留及役使贓罪依軍法戮之其息訴稱督運事訖無所稽乏受賕役使罪不及死兵家之勢先聲後實實是屯戍非為征軍自四年已來運漕稽停皆不以軍興法論僚

佐莫之理及有變司直彈劾衆官元帝不問遂頻旱三年干寶以爲冤氣之應也郭景純曰血者水類同屬於坎坎爲法像水平潤下不宜逆流此政有咎失之徵也

劉聰僞建元元年正月平陽地震其崇明觀陷爲池水赤如血赤氣至天有赤龍奮迅而去流星起于牽牛入紫微龍形委蛇其光照地落于平陽北十里視之則肉臭聞于平陽長三十步廣二十七步肉旁常有哭聲晝夜不止數日聰后劉氏産一虵一獸各害人而走尋之不得頃之見於隕肉之旁是時劉聰納劉殷三女並爲其后天戒若曰聰既自稱劉姓三后又俱劉氏逆骨肉之綱亂人倫之則隕肉諸妖其眚亦大哉而劉氏死哭聲自絶

晉書志卷第十八　五行中

傳曰聽之不聰是謂不謀厥咎急厥罰恒寒厥極貧時則有鼓妖時則有魚孽時則有豕禍時則有耳痾時則有黑眚黑祥惟火沴水聽之不聰是謂不謀言上偏聽不聰下情隔塞則謀慮利害失在嚴急故其咎急也盛冬日短寒以殺物政促迫故其罰常寒也寒則不生百穀上下俱貧故其極貧也君嚴猛而閉下臣戰慄而塞耳則妄聞之氣發於音聲故有鼓妖寒氣動故有魚孽而龜能爲孽龜能陸處非極陰也魚去水而死極陰之孽也於易坎爲水爲豕豕大耳而不聰察聽氣毀故有豕禍也一曰寒歲豕多死及爲怪亦是也及人則多病耳者故有耳痾水色黑故有黑眚黑祥凡聽傷者病水氣水氣病則火沴之其極貧者順之其福曰富劉歆聽傳曰有介蟲之孽也庶徵之恒寒劉歆以爲大雨雪及未當雨雪而雨雪及大雨雹隕霜殺菽草皆常寒之罰也京房易傳曰有德遭險茲謂逆命厥異寒誅罰過深當燠而寒盡六日亦爲雹害正不誅茲謂養賊寒七十二日殺飛禽道人始去茲謂傷其寒物無霜而死涌水而出戰不量敵茲謂辱命其寒雖雨物不茂聞善不予厥咎聾

吳孫權嘉禾三年九月朔隕霜傷穀案劉向說誅罰不由君出在臣下之象也是時校事呂壹專作威福與漢元帝時石顯用事隕霜同應班固書九月二日陳壽言朔皆明未可以傷穀也壹後亦伏誅京房易傳曰興兵妄誅茲謂亡法厥災霜夏殺五穀冬殺麥誅不原情茲謂不仁其霜夏先大雷風冬先雨乃隕霜有芒角賢聖遭害其霜附木不下地佞人依刑茲謂私賊其霜在草根土隙間不教而誅茲謂虐其霜反在草下

四年七月雨雹又隕霜按劉向說雹者陰脅陽也是時呂壹作威用事詆毀重臣排陷無辜自太子登以下咸患毒之而壹反獲封侯寵異與春秋時公子遂專任雨雹同應也漢安帝信讒多殺無辜亦雨雹董仲舒曰凡雹皆爲有所脅行專壹之政故也

赤烏四年正月大雪平地深三尺鳥獸死者太半是年夏全琮等四將軍攻略淮南襄陽戰死者千餘人其後權以讒邪數責讓陸議議憤恚致卒與漢景武大雪同事　十一年四月雨雹是時權聽讒將危太子其後朱據屈晃以迕意黜辱陳正陳象以忠諫族誅而太子終廢此有德遭險誅罰過深之應也

武帝泰始六年冬大雪七年十二月又大雪明年有步闡楊肇之敗死傷甚衆不聽之罰也　九年四月辛未隕霜是時賈充親黨比周用事與魯定公漢元帝時隕霜同應也

咸寧三年八月平原安平上黨泰山四郡霜害三豆是月河間暴風寒冰郡國五隕霜傷穀是後大舉征吳馬隆又帥精勇討涼州

五年五月丁亥鉅鹿魏郡雨雹傷禾麥辛卯鴈門雨雹傷秋稼六月庚戌汲郡廣平陳留滎陽雨雹景辰又雨雹隕霜傷秋麥千三百餘頃壞屋百三十餘間癸亥安定雨雹七月庚申魏郡又雨雹閏月壬子新興又雨雹八月庚子河南河東弘農又雨雹兼傷秋稼三豆

太康元年三月河東高平霜雹傷桑麥四月河南河內河東魏郡弘農雨雹傷麥豆是月庚午畿內縣二及東平范陽雨雹癸酉畿內縣五又雨雹五月東平平陽上黨鴈門濟南雨雹傷禾麥三豆是時王濬有大功而權戚互加陷抑帝從容不斷陰脅陽之應也　二年二月辛酉隕霜于濟南琅邪傷麥壬申琅邪雨雹傷麥三月甲午河東隕霜害桑五月景戌城陽章武琅邪傷麥庚寅河東樂安東平濟陰弘農濮陽齊國頓丘魏郡河內汲郡上黨雨雹傷禾稼六月郡國十七雨雹七月上黨雨雹　三年十二月大雪五年七月乙卯中山東平雨雹傷秋稼甲辰中山雨雹九月南安大雪折木　六年二月東海隕霜傷桑麥三月戊辰齊郡臨淄長廣不其等四縣樂安梁鄒等八縣琅邪臨沂等八縣河間易城等六縣高陽北陽新城等四縣隕霜傷桑麥六月滎陽汲郡鴈門雨雹　八年四月齊國天水二郡隕霜十二月大雪九年正月京都大風雨雹發屋拔木四月隴西隕霜　十年四月郡國八隕霜

惠帝元康二年八月沛及蕩陰雨雹　三年四月滎陽雨雹六月弘農湖城華陰又雨雹深三尺是時賈后凶婬專恣與春秋魯桓夫人同事陰氣盛也　五年六月東海雨雹深五寸十二月丹楊建鄴雨雹是月丹楊建鄴大雪　六年三月東海隕雪殺桑麥　七年五月魯國雨雹七月秦雍二州隕霜殺稼也　九年三月旬有八日河南滎陽潁川隕霜傷禾五月雨雹是時賈后凶躁滋甚及冬遂廢愍懷

永寧元年七月襄城河南雨雹十月襄城河南高平平陽又風雹折木傷稼　光熙元年閏八月甲申朔霰雪劉向曰盛陽雨水湯熱陰氣脅之則轉而為雹盛陰雨雪凝滯陽氣薄之則散而為霰今雪非其時此聽不聰之應是年帝崩

孝懷帝永嘉元年十二月冬雪平地三尺　七年十月庚午大雪

元帝太興二年三月丁未成都風雹殺人　三年三月海鹽雨雹是時王敦陵上　永昌二年十二月幽冀并三州大雨

明帝太寧元年十二月幽冀并三州大雪　二年四月庚子京都大雨雹燕雀死　三年三月丁丑雨雪癸巳隕霜四月大雨雹是年帝崩尋有蘇峻之亂

成帝咸和六年三月癸未雨雹是時帝幼弱政在大臣

咸和九年八月成都大雪是歲李雄死

咸康二年正月丁巳皇后見于太廟其夕雨雹

康帝建元元年八月大雪是時政在將相陰氣盛也劉向曰凡雨陰也雪又雨之陰也出非其時迫近象也

穆帝永和三年八月冀方大雪人馬多凍死　五年六月臨漳暴風震雹雨雹大如升　十年五月涼州雪明年八月張祚袍罕護軍張瓘帥宋混等攻滅祚更立張曜靈弟玄靚京房易傳曰夏雪戒臣為亂此其亂之應也　十一年四月壬申朔霜　十二月戊午雷己未雪是時帝幼母后稱制政在大臣陰盛故也　升平二年正月大雪

海西太和三年四月雨雹折木

孝武太元二年四月己酉雨雹十二月大雪是時帝幼政在將相陰之

盛也　十二年四月己丑雨雹　二十年五月癸卯上虞雨雹　二十一年四月丁亥雨雹是時張夫人專幸及帝暴崩兆庶尤之　十二月連雪二十三日是時嗣主幼冲冢宰專政

安帝隆安三年三月乙卯雨雹是秋王恭殷仲堪稱兵內侮終皆誅之也　元興二年十二月酷寒過甚是時桓玄篡位政事煩苛識者以為朝政失在舒緩玄則反之以酷按劉向曰周衰無寒歲秦滅無燠年此之謂也　三年正月甲申霰雪又雷雷霰同時皆失節之應也

四月景午江陵雨雹是時安帝蒙塵　義熙元年四月壬申雨雹是時四方未一征鼓日戒　五年三月己亥雪深數尺五月癸巳溧陽雨雹　九月己丑廣陵雨雹明年盧循至蔡洲　六年正月景寅雪又雷　五月壬申雨雹　八年四月辛未朔雨雹六月癸亥雨雹大風發屋是秋誅劉蕃等　十年四月辛卯雨雹

雷震

魏明帝景初中洛陽城東橋城西洛水浮橋桓楹同日三處俱時震尋又震西城上候風木飛鳥時勞役大起帝尋晏駕

吳孫權赤烏八年夏震宮門柱又擊南津大橋桓楹

孫亮建興元年十二月朔大風震電是月又雷雨義同前說亮終廢

武帝太康六年十二月甲申朔淮南郡震電　七年十二月己亥毗陵雷電南沙司鹽都尉戴亮以聞　十年十二月癸卯廬江建安雷電大雨

惠帝永康元年六月癸卯震崇陽陵標西南五百步標破為七十片是時賈后陷害鼎輔寵樹私戚與漢桓帝時震憲陵寢同事也賈后終誅滅　永興二年十月丁丑雷震

懷帝永嘉四年十月震電

愍帝建興元年十一月戊午會稽大雨震電己巳夜赤氣曜於西北是夕大雨震電庚午大雪按劉向說雷以二月出八月入今此月震電者陽不閉藏也既發泄而明日便大雪皆失節之異也是時劉載僭號平陽李雄稱制於蜀九州幅裂西京孤微為君失時之象也赤氣赤祥也

元帝太興元年十一月乙卯暴雨雷電

永昌二年七月景子朔雷震太極殿柱　十二月會稽吳郡雷震電

成帝咸和元年十月己巳會稽郡大雨震電　三年六月辛卯臨海大雷破郡府內小屋柱十枚殺人九月二日壬午立冬會稽雷電

四年十一月吳郡會稽又震電

穆帝永和七年十月壬午雷雨震電

升平元年十二月庚戌雷乙丑又雷　五年十月庚午雷發東南方

孝武帝太元五年六月甲寅雷震含章殿四柱并殺內侍二人

十年十二月雷聲在南方　十四年七月甲寅雷震燒宣陽門西柱

安帝隆安二年九月壬辰雷雨

元興三年永安皇后至自巴陵將設儀導入宮天雷震人馬各一俱殪焉

義熙四年十一月辛卯朔西北方疾風發癸丑雷六月景寅雷震太廟破東鴟尾徹柱又震太子西池合堂是時帝不親蒸嘗故天震之明簡宗廟也西池是明帝為太子時所造次故號太子池及安帝多病患無嗣故天震之明無後也　六年正月景寅雷又雪十二月壬辰大雷

九年十一月甲戌雷乙亥又雷

鼓妖

惠帝元康九年三月有聲若牛出許昌城十二月廢愍懷太子幽于許宮明年賈后遣黃門孫慮殺太子擊以藥杵聲聞于外是其應也

蘇峻在歷陽外營將軍鼓自鳴如人弄鼓者峻手自破之曰我鄉土時有此則城空矣俄而作亂夷滅此聽不聰之罰也

石季龍末洛陽城西北九里石牛在青石趺上忽鳴聲聞四十里季龍遣人打落兩耳及尾鐵釘釘四腳尋而季龍死

孝武太元十五年三月己酉朔東北方有聲如雷按劉向說以為雷當託於雲猶君託於臣無雲而雷此君不恤於下下人將叛之象也及帝崩而天下漸亂孫恩桓玄交陵京邑

吳興長城夏架山有石鼓長丈餘面徑三尺所下有盤石為足鳴則聲如金鼓三日天有兵至安帝隆安中大鳴後有孫恩之亂

魚孽

魏齊王嘉平四年五月有二魚集于武庫屋上此魚孽也王肅曰魚生於水而亢於屋介鱗之物失其所也邊將其殆有棄甲之變乎後果有東關之敗干寶又以為高貴鄉公兵禍之應二說皆與班固旨同

武帝太康中有鯉魚二見武庫屋上干寶以為武庫兵府魚有鱗甲亦兵類也魚既極陰屋上太陽魚見屋上象至陰以兵革之禍干太陽也至惠帝初誅楊駿廢太后矢交館閣元康末賈后謗殺太子尋亦誅廢十年之間母后之難再興是其應也自是禍亂構矣京房易妖曰魚去水飛入道路兵且作

蝗蟲　春秋冬螽劉歆從介蟲之孽與魚同占

魏文帝黃初三年七月冀州大蝗人飢案蔡邕說蝗者在上貪苛之所致也是時孫權歸順帝因其有西陵之役舉大眾襲之權遂背叛也

武帝泰始十年六月蝗是時荀賈任政疾害公直

惠帝永寧元年郡國六蝗

懷帝永嘉四年五月大蝗自幽并司冀至于秦雍草木牛馬毛鬣皆盡是時天下兵亂漁獵黔黎存亡所繼惟司馬越苟晞而已競為暴刻經略無章故有此孽

晉志十九　六

愍帝建興四年六月大蝗去歲劉曜頻攻北地馮翊麴允等悉眾御之卒為劉曜所破西京遂潰　五年帝在平陽司冀青雍螽

元帝太興元年六月蘭陵合鄉蝗害禾稼乙未東莞蝗蟲縱廣三百里害苗稼七月東海彭城下邳臨淮四郡蝗蟲害禾豆八月冀青徐三州蝗食生草盡至于二年是時中州淪喪暴亂滋甚也　二年五月淮陵臨淮淮南安豐廬江等五郡蝗蟲食秋麥是月癸丑徐州及揚州江西諸郡蝗吳郡百姓多餓死去年王敦并領荊州苛暴之釁自此興矣

孝武帝太元十五年八月兗州蝗是時慕容氏逼河南征戍不已故有斯孽　十六年五月飛蝗從南來集堂邑縣界害苗稼是年春發江州兵營甲士二千人家口六七千配護軍及東宮後尋散亡殆盡又邊將連有征役故有斯孽

豕禍

吳孫晧寶鼎元年野豕入右大司馬丁奉營此豕禍也後奉見遣攻穀陽無功而反晧怒斬其導軍及舉大眾北出奉及萬彧等相謂曰若至華里不得不各自還也此謀泄奉時雖已死晧追討穀陽事殺其子溫家屬皆遠徙豕禍之應也龔遂曰山野之獸來入宮室宮室將空又其象也

懷帝永嘉中壽春城內有豕生兩頭而不活周馥取而觀之時識者云豕北方畜胡狄象兩頭者無上也生而死不遂也天戒若曰勿生專利之謀將自致傾覆也周馥不寤遂欲迎天子令諸侯俄為元帝所敗是其應也石勒亦尋渡淮百姓死者十有其九

元帝建武元年有豕生八足此聽不聰之罰又所任邪也是後有劉隗之變

成帝咸和六年六月錢唐人家豭豕產兩子而皆人面如胡人狀其身猶豕京房易妖曰豕生人頭豕身者危且亂今此豭豕而產異之甚者也

孝武帝太元十年四月京都有豚一頭二脊八足

晉志十九　七

十三年京都人家豕產子一頭二身八足並與建武同妖也是後宰相沈酗不恤朝政近習用事漸亂國綱至於大壞也

黑眚黑祥

孝懷帝永嘉五年十二月黑氣四塞近黑祥也帝尋淪陷王室丘墟是其應也

愍帝建興二年正月己巳朔黑霧著人如墨連夜五日乃止此近黑祥也其四年帝降劉曜

元帝永昌元年十月京師大霧黑氣蔽天日月無光十一月帝崩

火沴水

武帝太康五年六月任城魯國池水皆赤如血案劉向說近火沴水聽之不聰之罰也京房易傳曰君淫於色賢人僭國家危厥異水流赤

穆帝升平三年二月涼州城東池中有火

四年四月姑臧澤水中又有火此火沴水之妖也明年張天錫殺中護軍張邕邕執政之人也

安帝元興二年十月錢唐臨平湖水赤桓玄諷吳郡使言開除以爲己瑞俄而桓玄敗

傳曰思心之不容是謂不聖厥咎霿厥罰恒風厥極凶短折時則有脂夜之妖時則有華孽時則有牛旤時則有心腹之痾時則有黃眚黃祥時則有金木水火沴土思心不容是謂不聖思心者心思慮也容寛也孔子曰居上不寛吾何以觀之哉言上不寛大包容臣下則不能居聖位貌言視聽以心爲主四者皆失則區霿無識故其咎霿也雨旱寒燠亦以風爲本四氣皆亂故其罰常風也常風傷物故其極凶短折也傷人曰凶禽獸曰短草木曰折一曰凶夭也兄喪弟曰短父喪子曰折在人腹中肥而包裹心者脂也心區霿則冥晦故有脂夜之妖一曰有脂物而夜爲妖若脂夜汙人衣淫之象也一曰夜妖者雲風並起而杳冥故與常風同象也温而風則生螟螣有裸蟲之孽劉向以爲於易巽爲風爲木卦在三月四月繼陽而治主木之華實風氣盛至秋冬木復華故有華孽一曰地氣盛則秋冬復華一曰華者色也土爲内事謂女孽也

於易坤爲土爲牛牛大心而不能思慮思心氣毀故有牛旤一曰牛多死及爲怪亦是也及人則多病心腹者故有心腹之痾土色黃故有黃眚黃祥凡思心傷者病土氣土氣病則金木水火沴之故曰時則有金木水火沴土不言惟而獨曰時則有者非一衝氣所沴明其異大也其極凶短折者順之其福曰考終命劉歆思心傳曰時有臝蟲之孽謂螟螣之屬也

庶徵恒風

魏齊王正始九年十一月大風數十日發屋折樹十二月戊午晦尤甚動太極東閣

嘉平元年正月壬辰朔西北大風發屋折樹木昏塵蔽天按管輅説此爲時刑大臣執政之憂也是時曹爽區霿自專驕僭過度天戒數見終不改革此思心不睿恒風之罰也後踰旬而爽等誅滅京房易傳曰衆逆同志至德乃潛厥異風其風也行不解物不長雨小而傷政悖德隱茲謂亂厥風先風不雨大風暴起發屋折木守義不進茲謂耗厥風與雲俱起折五穀莖臣易上政茲謂不順厥風大焱發屋賦斂不理茲謂禍厥風絶經紀止即温温即蟲侯專封茲謂不統厥風疾而樹不搖穀不成辟不思道利茲謂無澤厥風不搖木旱無雲傷禾公常於利茲謂亂厥風微而温生蟲蝗害五穀棄正作淫茲謂惑厥風温螟蟲起害有益人之物諸侯不朝茲謂畔厥風無恒地變赤而殺人

吳孫權太元元年八月朔大風江海涌溢平地水深八尺拔高陵樹二千株石碑蹉動吳城兩門飛落按華覈對役繁賦重區霿不容之罰也明年權薨

孫亮建興元年十二月景申大風震電是歲魏遣大衆三道來攻諸葛恪破其東興軍二軍亦退明年恪又攻新城喪衆太半還伏誅

孫休永安元年十一月甲午風四轉五復蒙霧連日是時孫綝一門五侯權傾吳主風霧之災與漢五侯丁傅同應也十二月丁卯夜有大風發木揚沙明日綝誅

武帝泰始五年五月辛卯朔廣平大風折木

咸寧元年五月下邳廣陵大風壞千餘家折樹木其月甲申廣陵司

吾下邳大風折木　三年八月河間大風折木

太康二年五月濟南暴風折木傷麥六月高平大風折木發壞邸閣四十餘區七月上黨又大風傷秋稼　八年六月郡國八大風

九年正月京都風雹發屋拔樹後二年宮車晏駕

惠帝元康四年六月大風雨拔樹

五年四月庚寅夜暴風城東渠波浪殺人七月下邳大風壞廬舍九月鴈門新興太原上黨災風傷稼明年氐羌反叛大兵西討

九年六月飈風吹賈謐朝服飛數百丈明年謐誅十一月甲子朔京都連大風發屋折木十二月愍懷太子廢幽于許昌

永康元年二月大風拔木三月愍懷被害己卯喪柩發許昌還洛是日又大風雷電幃蓋飛裂四月張華第舍飈風起折木飛繒折軸六七是月華遇害十一月戊午朔大風從西北來折木飛沙石六日止明年正月趙王倫篡位

永寧元年八月郡國三大風　永興元年正月乙丑西北大風

趙王倫建始元年正月癸酉趙王倫祠太廟災風暴起塵四合其年四月倫伏辜

元帝永昌元年七月景寅大風拔木屋瓦皆飛八月暴風壞屋拔御道柳樹百餘株其風縱橫無常若風自八方來者是時王敦專權害尚書令刁協僕射周顗等故風縱橫若非一處也此臣易上政諸侯不朝之罰也十一月宮車晏駕

成帝咸康四年三月壬辰成都大風發屋折木四月李壽襲殺李期自立

康帝建元元年七月庚寅晉陵吳郡災風

穆帝升平元年八月丁未策立皇后何氏是日疾風後桓玄纂位乃降后為零陵縣君不睿之罰也

海西公太和六年十二月大風迅急是年被廢

孝武帝寧康元年三月京都大風火大起是時桓溫入朝志在陵上帝又幼少人懷憂恐斯不睿之徵也

三年三月戊申朔暴風迅起從丑上來須臾逆轉從子上來飛沙揚礫

晉志十九　十

太元二年二月乙丑朔暴風折木　閏三月甲子朔暴風疾雨俱至發屋折木　三年六月長安大風拔符堅宮中樹其後堅再南伐遂有肥水之敗身戮國亡　四年八月乙未暴風揚沙石　十二年正月壬午夜暴風七月甲辰大風折木　十三年十二月己未大風晝晦其後帝崩而諸侯違命權奪於元顯禍成於桓玄是其應也　十七年六月乙未大風折木

安帝元興二年二月夜大風雨大航門屋瓦飛落明年桓玄纂位由此門入　三年正月桓玄出遊大航南飄風飛其軿輗蓋經三月而玄敗歸江陵　五月江陵又大風折木是月桓玄敗於崢嶸洲身亦屠裂十一月丁酉大風江陵多死者

義熙四年十一月辛卯朔西北疾風起　五年閏十一月丁亥大風發屋明年盧循至蔡洲　六年五月壬申大風拔北郊樹樹幾百年也弁吹琅邪揚州二射堂倒壞是日盧循大艦漂沒甲戌又風發屋折木是冬王師南討　九年正月大風白馬寺浮圖刹柱折壞　十年四月己丑朔大風拔木六月辛亥大風拔木七月淮北大風壞廬舍明年西討司馬休之應

夜妖

魏高貴鄉公正元二年正月戊戌景帝討毌丘儉大風晦暝行者皆頓伏近夜妖也劉向曰正晝而暝陰為陽臣制君也

元帝景元三年十月京都大震晝晦此夜妖也班固曰夜妖者雲風並起而杳冥故與常風同象也劉向春秋說云天戒若曰勿使大夫世官將令專事暝晦公室卑矣魏見此妖晉有天下之應也

懷帝永嘉四年十一月辛卯晝昏至于庚子此夜妖也後年劉曜寇洛川王師頻為賊所敗帝蒙塵于平陽

孝武帝太元十三年十二月乙未大風晦暝其後帝崩而諸侯違命干戈內侮權奪於元顯禍成於桓玄

蠃蟲之孽

京房易傳曰臣安祿位茲謂貪厥災蟲蟲食根德無常茲謂煩蟲食葉不絀無德蟲食本與東作爭茲謂不時蟲食莖蔽惡生孽蟲食心

晉志十九　十一

武帝咸寧元年七月郡國螟九月青州又螟是月郡國有青蟲食其禾稼　四年司冀兗豫荊揚郡國二十螟

太康四年會稽彭蜞及蟹皆化為鼠其眾覆大食稻為災

九年八月郡國二十四螟九月蟲又傷秋稼是時帝聽讒諛寵任賈充楊駿故有蟲蝗之災不絀無德之罰

惠帝元康三年九月帶方等六縣螟食禾葉盡　永寧元年七月梁益涼三州螟是時齊王冏執政貪苛之應也　永寧元年十月南安巴西江陽太原新興北海青蟲食禾葉甚者十傷五六十二月郡國六螟

牛禍

武帝太康九年幽州塞北有死牛頭語近牛禍也是時帝多疾病深以後事為念而託付不以至公思瞀亂之應也按師曠曰怨讟動於人則有非言之物而言又其義也京房易傳曰殺無罪牛生妖

惠帝太安中江夏張騁所乘牛言曰天下亂乘我何之騁懼而還犬又言曰歸何早也尋後牛又人立而行騁使善卜者卦之謂曰天下將有兵亂爲禍非止一家其年張昌反先略江夏騁爲將帥於是五州殘亂騁亦族滅京房易妖曰牛能言如其言占吉凶易萌氣樞曰人君不好士走馬被文繡犬狼食人食則有六畜談言時天子諸侯不以惠下爲務又其應也

元帝建武元年七月晉陵陳門才牛生犢一體兩頭按京房易傳言牛生子二首一身天下將分之象也是時愍帝蒙塵於平陽尋爲逆胡所殺元帝即位江東天下分爲二是其應也

太興元年武昌太守王諒牛生子兩頭八足兩尾共一腹三年後死又有牛一足三尾皆生而死按司馬彪說兩頭者政在私門上下無別之象也京房易傳曰足多者所任邪也足少者不勝任也其後王敦等亂政此其祥也　四年十二月郊牛死按劉向說春秋郊牛死曰宣公區霿昏亂故天不饗其祀今元帝中興之業實王導之謀也劉隗探會上意以得親幸導見疏外此區霿不睿之禍

成帝咸和二年五月護軍牛生犢兩頭六足是冬蘇峻作亂

七年九德人袁榮家牛産犢兩頭八足二尾共身

桓玄之國在荊州詣刺史殷仲堪行至鶴穴逢一老公驅青牛形色瓌異桓玄即以所乘牛易取乘至零陵涇溪駿駃非常息駕飲牛牛逕入江水不出玄遣人覘守經日無所見於後玄敗被誅

黃眚黃祥

蜀劉備章武二年東伐二月自秭歸進屯夷道六月秭歸有黃氣見長十餘里廣數十丈後踰旬備爲陸議所破近黃祥也

魏齊王正始中中山王周南爲襄邑長有鼠從穴出語曰王周南爾以某日死周南不應鼠還穴後至期更冠幘皁衣出語曰周南汝日中當死又不應鼠復入穴斯須更出出復入轉更數語如前日適中鼠曰周南汝不應我復何道言絕顛蹶而死即失衣冠取視具如常鼠按班固說此黃祥也是時曹爽專政競爲比周故鼠作變也

惠帝元康四年正月大霧帝時昏眊政非己出故有區霿之妖

元帝太興四年八月黃霧四塞埃氛蔽天

永昌元年十月京師大霧黑氣貫天日无光

明帝太寧元年正月癸巳黃霧四塞三月又黃霧四塞是時王敦擅權謀逆愈甚

穆帝永和七年三月涼州大風拔木黃霧下塵是時張重華納譖出謝艾爲酒泉太守而所任非其人至九年死嗣子見殺是其應也京房易傳曰聞善不予茲謂有知厥異黃厥咎聾厥災不嗣黃者有黃濁氣四塞天下蔽賢絕道故災至絕世也

孝武泰元八年二月癸未黃霧四塞是時道子專政親近佞人朝綱方替

安帝元興元年十月景申朔黃霧昏濁不雨是時桓玄謀逆之應

義熙五年十一月大霧十年十一月又大霧是時帝室衰微臣下權盛兵及土地略非君有此其應也

地震

劉向曰地震金木水火沴土者也伯陽甫曰天地之氣不過其序若過其序人之乱也陽伏而不能出陰迫而不能升於是有地震

吳孫權黃武四年江東地連震是時權受魏爵命爲大將軍吳王改元專制不脩臣迹京房易傳曰臣事雖正專必震其震於水則波於木則搖於屋則瓦落大經在辟而易臣茲謂陰動厥震搖政官大經搖政茲謂不陰厥震搖山出涌水嗣子無德專祿茲謂不順厥震動丘陵涌水出劉向並云臣下強盛將動而爲害之應也

魏明帝青龍二年十一月京都地震從東來隱隱有聲搖屋瓦

景初元年六月戊申京都地震是秋吳將朱然圍江夏荊州刺史胡質擊退之又公孫文懿叛自立爲燕王改年置百官明年討平之

吳孫權嘉禾六年五月江東地震

赤烏二年正月地再震是時呂壹專事步騭上疏曰伏聞校事吹毛求瑕趣欲陷人成其威福无罪无辜橫受重刑雖有大臣不見信任如

此天地焉得无変故地連震動臣下專政之應也異所以譴告人主可
不深思其意哉壹後卒敗
魏齊王正始二年十一月南安郡地震　三年七月甲申南安郡地震十
二月魏郡地震　六年二月丁卯南安郡地震是時曹爽專政迁太后
于永寧宮太后與帝相泣而别連年地震是其應也
吳孫權赤烏十一年二月江東地仍震是時權聽讒譖黜朱據廢太子
蜀劉禪炎興元年蜀地震是時宦人黄晧專權按司馬彪説閹官無
陽施猶婦人也晧見任之應与漢和帝時同事也是冬蜀亡
武帝泰始五年四月辛酉地震是年冬新平氐羌叛明年孫晧遣大衆
入渦口　七年六月景申地震
咸寧二年八月庚辰河南河東平陽地震
四年六月丁未陰平廣武地震甲子又震
太康二年二月庚申淮南丹楊地震　五年正月朔壬辰京師地震
六年七月己丑地震　七年七月南安犍爲地震八月京兆地震

八年五月壬子建安地震七月陰平地震八月丹楊地震　九年正
月會稽丹楊吳興地震四月辛酉長沙南海等郡國八地震七月至
于八月地又四震其三有聲如雷九月臨賀地震十二月又震　十年十
二月己亥丹楊地震
太熙元年正月地又震武帝世始於賈充終於楊駿阿黨昧利苟竊朝
權至於末年所任轉嬖故頻年地震過其序也終喪天下
惠帝元康元年十二月辛酉京都地震此夏賈后使楚王瑋殺汝南
王亮及太保衛瓘此陰道盛陽道微故也　四年二月上谷上庸遼
東地震五月蜀郡山移淮南壽春洪水出山崩地陷壞城府八月上谷
地震水出殺百餘人十月京都地震十一月滎陽襄城汝陰梁國南陽
地皆震十二月京都又震是時賈后乱朝終至禍敗之應也漢鄧太后
攝政時郡國地震李固以爲地陰也法當安静今乃越陰之職專陽之
政故應以震此同事也京房易傳曰小人剥廬厥妖山崩茲謂陰乘陽
弱勝彊又曰陰背陽則地裂父子分離夷羌叛去

元康五年五月丁丑地震六月金城地震
六年正月丁丑地震八年正月景辰地震
太安元年十二月地震時齊王冏專政之應
二年十二月景辰地震是時長沙王乂專政之應也
孝懷帝永嘉三年十月荆襄二州地震時司馬越專政
四年四月兖州地震五月石勒寇汲郡執太守胡寵遂南濟河是其應也
愍帝建興二年四月甲辰地震　三年六月丁卯長安又地震是時
主幼權傾於下四方雲擾兵亂不息之應也
元帝太興元年四月西平地震涌水出十二月廬陵豫章武昌西陵地
震涌水出山崩干寶以爲王敦陵上之應也　二年五月己丑祁山
地震山崩殺人是時相國南陽王保在祁山稱晋王不終之象也
三年四月庚寅丹楊吳郡晋陵又地震
成帝咸和二年二月江陵地震三月益州地震四月己未豫州地震是
年蘇峻作亂　九年三月丁酉會稽地震

穆帝永和元年六月癸亥地震是時嗣主幼冲母后稱制政在臣下所
以連年地震　二年十二月地震　三年正月景辰地震　九月地
又震　四年十月己未地震　五年正月庚寅地震是時石季龍僭
即皇帝位亦過其序也　九年八月丁酉京都地震有聲如雷
十年正月丁卯地震聲如雷雞雉皆鳴呴　十一年四月乙酉地震
五月丁未地震
升平二年十一月辛酉地震　五年八月涼州地震
哀帝隆和元年四月甲戌地震是時政在將相人主南面而已
興寧元年四月甲戌揚州地震湖瀆溢
二年二月庚寅江陵地震是時桓温專政
海西公太和元年二月涼州地震水涌是海西將廢之應也
簡文帝咸安二年十月辛未安成地震是年帝崩
孝武帝寧康元年十月辛未地震　二年二月丁巳地震七月
甲午涼州地又震山崩是時嗣主幼冲權在將相陰盛之應也

太元二年閏三月壬午地震五月丁丑地震
十一年六月己卯地震是後緣河諸將連歲兵役人勞之應也
十五年三月己酉朔夜地震八月京都地震十二月己未地震
十七年六月癸卯地震十二月己未地又震是時群小弄權天下側目
十八年正月癸亥朔地震二月乙未夜地震
安帝隆安四年四月乙未地震九月癸丑地震是時幼主沖昧政在臣下
義熙四年正月壬子夜地震有聲十月癸亥地震
五年正月戊戌夜尋陽地震有聲如雷明年盧循下
八年自正月至四月南康廬陵地四震明年王旅西討荊益
十年三月戊寅地震
山崩地陷裂
吳孫權赤烏十三年八月丹楊句容及故鄣寧國諸山崩鴻水溢按劉
向說山陽君也水陰百姓也天戒若曰君道崩壞百姓將失其所與春
秋梁山崩漢齊楚衆山發水同事也夫三代命祀祭不越望吉凶禍福

晉志十九　十六

不是過也吳雖稱帝其實列國以災發丹楊其天意矣劉歆以為國主山
川山崩川竭亡之徵也後二年而權薨又二十六年而吳亡
魏元帝咸熙二年二月太行山崩此魏亡之徵也其冬晉有天下
武帝泰始三年三月戊午大石山崩
四年七月泰山崩墜三里京房易傳曰自上下者為崩厥應泰山之石
顛而下聖王受命人君虜及帝晏駕而祿去王室惠皇懷愍三帝
俱辱虜庭淪胥於北元帝中興於南此其應也
太康五年景午宣帝廟地陷
六年十月南安新興山崩涌水出
七年二月朱提之大瀘山崩震壞郡舍陰平之仇池崖隕
八年七月大雨殿前地陷方五尺深數丈中有破船
惠帝元康四年蜀郡山崩殺人五月壬子壽春山崩洪水出城壞地陷
方三十丈殺人六月壽春大雷山崩地坼人家陷死上庸郡亦如之八
月居庸地裂袤廣三十六丈長八十四丈水出大飢上庸四處山崩地墜
廣三十丈長百三十丈水出殺人皆賈后亂朝之應也
太安元年四月西墉崩
懷帝永嘉元年三月洛陽東北步廣里地陷
二年八月乙亥鄄城城無故自壞七十餘丈司馬越惡之遷于濮陽此
見沴之異也越卒以陵上受禍
三年七月戊辰當陽地裂三所廣三丈長三百餘步京房易傳曰地坼
裂者臣下分離不肯相從也其後司馬越苟晞交惡四方牧伯莫不
離散王室遂亡
三年十月宜都夷道山崩
四年四月湘東黟黑石山崩
元帝太興元年二月廬陵豫章武昌西陽地震山崩
二年五月祁山地震山崩殺人
三年南平郡山崩出雄黃數千斤時王敦陵傲帝優容之示含養禍
萌也　四年八月常山崩水出滹沲盈溢大木傾拔

晉志十九　十七

成帝咸和四年十月柴桑廬山西北崖崩十二月劉胤為郭默所殺
穆帝永和七年九月峻平崇陽二陵崩
十二年十一月遣散騎常侍車灌脩峻平陵開埏道崩壓殺數十人
升平五年二月南掖門馬足陷地得鍾一有文四字
哀帝隆和元年四月丁丑浩亹山崩張天錫亡徵也
安帝義熙八年三月壬寅山陰地陷方四丈有聲如雷
十年五月戊寅西明門地穿湧水出毀門扇及限此水沴土也
十一年五月霍山崩出銅鍾六枚
十三年七月漢中城固縣水涯有聲若雷既而岸崩出銅鍾有十二枚
惠帝元康九年六月夜暴雷雨賈謐齋屋柱陷入地壓謐牀帳此木沴
土土失其性不能載也明年謐誅焉
光熙元年五月范陽國地燃可以爨此火沴土也是時禮樂征伐自諸侯出
傳曰皇之不極是謂不建厥咎眊厥罰恒陰厥極弱時則有射妖時則
有龍蛇之孽時則有馬禍時則有下人伐上之痾時則有日月亂行星

辰逆行皇之不極是謂不建皇君極中建立也人君貌言視聽思心五事皆失不得其中不能立萬事失在眊悖故其咎眊也王者自下承天理物雲起於山而彌於天天氣亂故其罰常陰一曰上失中則下彊盛而蔽君明也易曰亢龍有悔貴而亡位高而亡民賢人在下位而亡輔如此則君有南面之尊而亡一人之助故其極弱也盛陽動進輕疾禮春而大射以順陽氣上微弱則下奮驚動故有射妖易曰雲從龍又曰龍蛇之蟄以存身也陰陽氣動故有龍蛇之孽於易乾爲君爲馬任用而強力君氣毀故有馬禍一曰馬多死及爲怪亦是也君亂且弱人之所叛天之所去不有明王之誅則有簒殺之禍故有下人伐上之痾凡君道傷者病天氣不言五行沴天而日月亂行星辰逆行者爲若下不敢沴天猶春秋曰王師敗績于貿戎不言敗之者以自敗爲文尊尊之意也劉歆皇極傳曰有下體生於上之痾說以爲下人伐上天誅已成不得復爲痾云

常陰

晉志十九　十八

吳孫亮太平三年自八月沉陰不雨四十餘日是時將誅孫綝謀泄九月戊午綝以兵圍宮廢亮爲會稽王此常陰之罰也

吳孫晧寶鼎元年十二月太史奏久陰不雨將有陰謀孫晧驚懼時陸凱等謀因其謁廟廢之及出留平領兵前驅凱先語平平不許是以不果晧既肆虐羣下多懷異圖終至降亡

射妖

蜀車騎將軍鄧芝征涪陵見玄猿緣山手射中之猿拔其箭卷木葉塞其創芝曰嘻吾違物之性其將死矣俄而卒此射妖也一曰猿母抱子芝射中之子爲拔其箭取木葉塞創芝歎息投弩水中自知當死

恭帝爲琅邪王好奇戲嘗閉一馬於門內令人射之欲觀幾箭死左右有諫者曰馬國姓也今射之不祥於是乃止而馬已被十許箭矣此蓋射妖也俄而禪位於宋焉

龍蛇之孽

魏明帝青龍元年正月甲申青龍見郟之摩陂井中凡瑞興非時則爲妖孽況困于井非嘉祥矣魏以改年非也干寶曰自明帝終魏世青龍黃龍見者皆其主廢興之應也魏土運青木色而不勝于金黃得位青失位之象也青龍多見者君德國運內相剋伐也故高貴鄉公卒敗于兵按劉向說龍貴象而困井中諸侯將有幽執之禍也魏世龍莫不在井此居上者逼制之應高貴鄉公著潛龍詩即此旨也

高貴鄉公正元元年戊戌黃龍見于鄴井中

甘露元年正月辛丑青龍見軹縣井中六月乙丑青龍見元城縣界井中

二年二月青龍見溫縣井中

三年黃龍青龍仍見頓丘冠軍陽夏縣界井中

四年正月黃龍二見寧陵縣界井中

元帝景元元年十二月甲申黃龍見華容縣井中三年二月龍見軹縣井中

吳孫晧天冊中龍乳於長沙人家啖雞雛京房易妖曰龍乳人家王者爲庶人其後晧降晉

晉志十九　十九

武帝咸寧二年六月景午白龍二見于九原井中

太康五年正月癸卯二龍見武庫井中帝觀之有喜色百寮將賀劉毅獨表曰昔龍漦夏庭禍發周室龍見鄭門子產不賀帝荅曰朕德政未脩未有以應受嘉祥遂不賀也孫盛曰龍水物也何與於人子產言之當矣但非其所處實爲妖災夫龍以飛翔顯見爲瑞今則潛伏幽處非休祥也漢惠帝二年兩龍見蘭陵井中本志以爲其後趙王幽死之象武庫者帝王威御之器所寶藏也屋宇邃密非龍所處是後七年藩王相害二十八年果有二胡僭竊神器二逆皆字曰龍此之表異爲有證矣

愍帝建興二年十一月枹罕羌妓產一龍子色似錦文常就母乳遙見神光少得就視此亦皇之不建於是帝竟淪沒

呂纂末龍出東廂井中到其殿前蟠臥比旦失之俄又有黑龍升其宮門纂咸以爲美瑞或曰龍者陰類出入有時今而屢見必有下人謀上之變後纂果爲呂超所殺

武帝咸寧中司徒府有二大蛇長十許丈居聽事平橑上而人不知但數年怪府中數失小兒及豬犬之屬後有一蛇夜出被刃傷不能去乃

舉覺之發徒攻擊移時乃死夫司徒五教之府此皇極不建故蛇孽見之漢靈帝時蛇見御座楊賜之為帝溺於色之應也魏代宮人猥多晉又過之燕遊是湎此其孽也詩云惟虺惟蛇女子之祥也

惠帝元康五年三月癸巳臨淄有大蛇長十餘丈負二小蛇入城北門逕從市入漢城陽景王祠中不見天戒若曰昔漢景王有定傾之功而不厲節忠慎以至失職奪功之辱今齊王冏不寤雖建興復之功而驕陵取禍此其徵也

明帝太寧初武昌有大蛇常居故神祠空樹中每出頭從人受食京房易妖曰蛇見於邑不出三年有大兵國有大憂尋有王敦之逆

馬禍

武帝太熙元年遼東有馬生角在兩耳下長三寸按劉向說曰此兵象也及帝晏駕之後王室毒於兵禍是其應也京房易傳曰臣易上政不順厥妖馬生角茲謂賢士不足又曰天子親伐馬生角呂氏春秋曰人君失道馬有生角及惠帝踐阼昏愚失道又親征伐成都是其應也

惠帝元康八年十二月皇太子將釋奠太傅趙王倫驂乘至南城門馬止力士推之不能動倫入軺車乃進此馬禍也天戒若曰倫不知義方終為亂逆非傳導行禮之人也

九年十一月戊寅忽有牡騮馬驚奔至廷尉訊堂悲鳴而死天戒若曰愍懷冤死之象也見廷尉訊堂其天意乎

懷帝永嘉六年二月神馬鳴南城門

愍帝建興二年九月蒲子縣馬生人京房易傳曰上亡天子諸侯相伐厥妖馬生人是時帝室衰微不絕如線胡狄交侵兵戈日逼尋而帝亦淪陷故此妖見也

元帝太興二年丹楊郡吏濮陽演馬生駒兩頭自項前別生而死司馬彪說曰此政在私門二頭之象也其後王敦陵上

成帝咸康八年五月甲戌有馬色赤如血自宣陽門直走入于殿前盤旋走出尋逐莫知所在己卯帝不豫六月崩此馬禍又赤祥也是年張重華在涼州將誅其西河相張祚廄馬數十匹同時悉無後尾也

安帝隆安四年十月梁州有馬生角刺史郭銓送示桓玄按劉向說曰馬不當生角猶玄不當舉兵向上也玄不寤以至夷滅

石季龍在鄴有一馬尾有燒狀入其中陽門出顯陽門東宮皆不得入走向東北俄爾不見術者佛圖澄歎曰災其及矣逾年季龍死其國遂滅

人痾

魏文帝黃初初清河宋士宗母化為鼈入水

明帝太和三年曹休部曲兵奚農女死復生時又有開周世冢得殉葬女子數日而有氣數月而能言郭太后愛養之又太原人發冢破棺棺中有一生婦人問其本事不知也視其墓木可三十歲按京房易傳曰至陰為陽下人為上宣帝起之象也漢平帝獻帝並有此異占以為王莽曹操之徵

孫休永安四年安吳民陳焦死七日復生穿冢出干寶曰此與漢宣帝同事烏程侯皓承廢故之家得位之祥也

孫皓寶鼎元年丹楊宣騫母年八十因浴化為黿兄弟閉戶衛之掘堂上作大坎實水其中黿入坎遊戲三日恒延頸外望伺戶小開便輪轉自躍入于遠潭遂不復還與漢靈帝時黃氏母同事吳亡之象也

魏元帝咸熙二年八月襄武縣言有大人見長三丈餘跡長三尺二寸髮白著黃巾黃單衣柱杖呼王始語曰今當太平晉尋代魏

武帝泰始五年元城人年七十生角殆趙王倫篡亂之象也

咸寧二年十二月琅邪人顏畿病死棺斂已久家人咸夢畿謂己曰我當復生可急開棺遂出之漸能飲食屈伸視瞻不能行語二年復死京房易傳曰至陰為陽下人為上厥妖人死復生其後劉元海石勒僭逆遂亡晉室下為上之應也

惠帝元康中安豐有女子周世寧年八歲漸化為男至十七八而氣性成京房易傳曰女子化為丈夫茲謂陰昌賤人為王此亦劉元海石勒蕩覆天下之妖也

永寧初齊王冏唱義兵誅除亂逆乘輿反正忽有婦人詣大司馬門求

寄產門者詰之婦曰我截臍便去耳是時齊王冏匡復王室天下歸功
識者爲其惡之後果斬戮
永寧元年十二月甲子有白頭公入齊王冏大司馬府大呼曰有大兵起
不出甲子旬冏殺之明年十二月戊辰冏敗卽甲子旬也
太安元年四月癸酉有人自雲龍門入殿前北面再拜曰我當作中書
監卽收斬之干寶以爲禁庭尊秘之處今賊人徑入而門衛不覺者
宮室將虛而下人踰上之妖也是後帝北遷鄴又遷長安宮闕遂空焉
元康中梁國女子許嫁已受禮娉尋而其夫戍長安經年不歸女家更
以適人女不樂行其父母逼彊不得已而去尋得病亡後其夫還問其
女所在其家具說之其夫徑至女墓不勝哀情便發冢開棺女遂活因
與俱歸後婿聞知詣官爭之所在不能決祕書郎王導議曰此是非常
事不得以常理斷之宜還前夫朝廷從其議
惠帝世杜錫家葬而婢誤不得出後十年開冢祔葬而婢尚生始如瞑
有頃漸覺問之自謂再宿耳初婢之埋年十五六及開冢更生猶十五六

也嫁之有子
光熙元年會稽謝眞生子頭大而有髮兩蹠反向上有男女兩體生便
作丈夫聲經一日死此皇之不極下人伐上之痾於是諸王有僭亂之象也
惠帝之世京洛有人兼男女體亦能兩用人道而性尤淫此亂氣所生
自咸寧太康之後男寵大興甚於女色士大夫莫不尚之天下相倣
效或至夫婦離絕多生怨曠故男女氣亂而妖形之作也
懷帝永嘉元年吳郡吳縣萬詳婢生子鳥頭兩足馬蹄一手無毛尾黃
色大如枕此亦人妖亂之象也
五年五月枹罕令嚴根妓產一龍一女一鵝京房易傳曰人生他物非人
所見者皆爲天下大兵是時帝承惠皇之後四海沸騰尋而陷於平
陽爲逆胡所害此其徵也
愍帝建興四年新蔡縣吏任僑妻產二女腹與心相合自胷以上臍以
下各分此蓋天下未一之妖也時內史呂會上言按瑞應圖異根同體
謂之連理異畝同穎謂之嘉禾草木之異猶以爲瑞今二人同心易稱

二人同心其利斷金蓋四海同心之瑞也時皆哂之俄而四海分崩帝亦
淪沒
元帝太興初有女子其陰在腹當臍下自中國來至江東其性淫而不
產又有女子陰在首渡在揚州性亦淫京房易妖曰人生子陰在首天
下大亂在腹天下有事在背天下無後于時王敦據上流將欲爲亂是
其徵
三年十二月尚書騶謝平妻生女墮地濞濞有聲須臾便死鼻目皆
在頂上面處如項口有齒都連爲一胷如鼈手足爪如鳥爪皆下勾此
亦人生他物非人所見者後二年有石頭之敗
明帝太寧二年七月丹楊江寧侯紀妻死經三日復生
成帝咸康五年四月下邳民王和僑居暨陽息女可年二十自云上天
來還得徵瑞印綬當母天下晉陵太守以爲妖收付獄至十一月有人
持柘杖絳衣詣止車門口列爲聖人使求見天子門候受辭辭稱姓呂
名賜其言王和女可右足下有七星星皆有毛長七寸天今命可爲天

下母奏聞卽伏誅幷下晉陵誅可
康帝建元二年十月衞將軍營督過望所領兵陳瓚女臺有文在其
足曰天下之母炙之愈明京都讙譁有司收繫以聞俄自建康縣獄亡
去明年帝崩獻后臨朝此其祥也
孝武帝寧康初南郡州陵女唐氏漸化爲丈夫
安帝義熙七年無錫人趙未年八歲一旦暴長八尺髭鬚蔚然三日
而死
義熙中東陽人莫氏生女不養埋之數日於土中啼取養遂活
義熙末豫章吳平人有二陽道重累生
恭帝元熙元年建安人陽道無頭正平本下作女人形體

晉書志第十九　五行下

刑法

傳曰齊之以禮有恥且格刑之不可犯不若禮之不可踰則昊歲比於犧年宜有降矣若夫穹圓肇判肖貌攸分流形播其喜怒稟氣彰其善惡則有自然之理焉念室後刑衢樽先惠將以屏除災害引導休和取譬琴瑟不忘銜策擬陽秋之成化若堯舜之為心也郊原布肅軒皇有轡野之師雷電揚威高辛有觸山之務陳乎兵甲而肆諸市朝具嚴天刑以懲亂首論其本意蓋有不得已而用之者焉是以丹浦興仁羽山咸服而世屬僥倖事關攸蠹政失禮微獄成刑起則孔子曰聽訟吾猶人也必也使無訟乎及周氏龍興行却收鋒刃祖述生成憲章堯禹政有膏露威兼禮樂或觀辭以明其趣或傾耳以照其微或彰善以激其情或除惡以崇其本至夫取威定霸一匡九合寓言成康不由凝網此所謂酌其遺美而愛民治國者焉若乃化蔑彝倫道睽明慎則夏癸之虐劉百姓商辛之毒痛四海衛鞅之無所自容韓非之不勝其虐與

夫甘棠流詠未或同歸秦文初造參夷始皇加之抽脅囹圄如市悲哀盈路漢王以三章之約文帝以刑厝之道以臨之于時百姓欣然將逢交泰而犴逐情遷科隨意往獻瓊杯於闕下徙青衣於蜀路覆醢裁刑傾宗致獄況乃數囚於京兆之夜五日於長安之市比闕相引中都繼及者亦往往而有焉而將亡之國典刑咸弃刊章以急其憲適意以寬其網桓靈之季不其然歟魏明帝時宮室盛興而期會迫急有稽限者帝親召問言猶在口身首已分王肅抗疏曰陛下之所行刑皆宜死之人也然衆庶不知將為倉卒願陛下下之於吏而暴其罪均其死也不汙宮掖不為搢紳驚惋不為遠近所疑人命至重難生易殺氣絕而不續者也是以聖王重之孟軻云殺一不辜而取天下者仁者不為也世祖武皇帝接三統之微酌千年之範乃命有司大明刑憲于時詔書頒新法於天下海內同軌人甚安之條綱雖設稱為簡惠仰昭天眷下濟民心道有法而無敗德俟刑而久立及晉圖南徙百有二年仰止前規挹其流潤江左無外蠻陬來格孝武時會稽王道子傾弄朝權其所樹之黨貨官私獄烈祖惽迷不聞司敗晉之綱紀大亂焉

傳曰三皇設言而民不違五帝畫象而民知禁則書所謂象以典刑流宥五刑鞭作官刑扑作教刑者也然則犯黥者阜其巾犯劓者丹其服犯臏者墨其體犯宮者雜其屨大辟之罪殊刑之極布其衣裾而無領緣投之於市與衆棄之舜命皐陶曰五刑有服五服三就五流有宅五宅三居方乎前載事既參倍夏后氏之王天下也則五刑之屬三千殷因於夏有所損益周人以三典刑邦國以五聽察民情左嘉右肺事均鎔造而五刑之屬猶有二千五百焉乃置三刺三宥三赦之法一刺曰訊群臣再刺曰訊群吏三刺曰訊萬民一宥曰不識再宥曰過失三宥曰遺忘一赦曰幼弱再赦曰老耄三赦曰惷愚司馬法或起甲兵以征不義廢貢職則討不朝會則誅亂嫡庶則縶變禮刑則放

傳曰殷周之質不勝其文及昭后徂征穆王斯耄爰制刑辟以詰四方姦宄弘多亂離斯永則所謂夏有亂政而作禹刑商有亂政而作湯刑周有亂政而作九刑者也古者大刑用甲兵中刑用刀鋸薄刑用鞭扑

自茲厥後狙詐彌繁武皇帝並以為往憲猶疑不可經國乃命車騎將軍守尚書令魯公徵求英俊刊律定篇云爾漢自王莽篡位之後舊章不存光武中興留心庶獄常臨朝聽訟躬決疑事是時承離亂之後法網弛縱罪名既輕無以懲肅梁統乃上疏曰臣竊見元帝初元五年輕殊刑三十四事哀帝建平元年盡四年輕殊死者刑八十一事其四十二事手殺人皆減死罪一等著為常法自是以後人輕犯法吏易殺人吏民俱失至於不羈臣愚以為刑罰不苟務輕務其中也君人之道仁義為主仁者愛人義者理務愛人故當為除害理務亦當為去亂是以五帝有流殛放殺之誅三王有大辟刻肌之刑所以為除殘去亂也故孔子稱仁者必有勇又曰理財正辭禁人為非曰義高帝受命制約令定法律傳之後世可常施行文帝寬惠溫克遭世康平因時施恩省去肉刑除相坐之法他皆率由舊章天下幾致升平武帝值中國隆盛財力有餘出兵命將征伐遠方軍役數興百姓罷敝豪傑犯禁姦吏弄法故設遁匿之科著知縱之律宣帝聰明正直履道握要以御海內臣下

奉憲不失繩墨元帝法律少所改更天下稱安孝成孝哀承平繼體即位日淺聽斷尚寡丞相王嘉等猥以數年之間虧除先帝舊約穿令斷律凡百餘事或不便於政或不厭人心臣謹表取其尤妨政事害良善者傳奏如左伏惟陛下苞五常履九德推時撥亂博施濟時而反因循季世末節衰微軌迹誠非所以還初反本據元更始也願陛下宣詔有司悉舉初元建平之所穿鑿考其輕重察其化俗足以知政教所處擇其善者而從之其不善者而改之定不易之典施之無窮天下幸甚事下三公廷尉議以為隆刑峻法非明王急務不可開許統復上言曰有司猥以臣所上不可施行今臣所言非曰嚴刑竊謂高帝以後至于宣帝其所施行考合經傳比方今事非隆刑峻法不勝至願願得召見若對尚書近臣口陳其意帝令尚書問狀統又對極言政刑宜改議竟不從及明帝即位常臨聽訟觀錄洛陽諸獄帝性既明察能得下姦故尚書奏決罰近於苛碎至章帝時尚書陳寵上疏曰先王之政賞不僭刑不濫與其不得已寧僭不濫故唐堯著典曰流宥五刑眚災肆赦帝舜

晉志二十　三

命皋陶以五宅三居惟明克允文王重易六爻而列叢棘之聽周公作立政戒成王勿誤乎庶獄陛下即位率由此義而有司執事未悉奉承斷獄者急於榜格酷烈之痛執憲者繁於詐欺放濫之文違本離實箠楚為姦或因公行私以逞威福夫為政也猶張琴瑟大弦急者小絃絕故子貢非臧孫之猛法而美鄭僑之仁政方今聖德充塞假于上下宜因此時隆先聖之務蕩滌煩苛輕薄箠楚以濟群生廣至德也帝納寵言決罪行刑務於寬厚其後遂詔有司禁絕鉆鑽諸酷痛舊制解袄惡之禁除文致請讞五十餘事定著于令是後獄法和平永元六年寵又代郭躬為廷尉復校律令刑法溢於甫刑者奏除之曰臣聞禮經三百威儀三千故甫刑大辟二百五刑之屬三千禮之所去刑之所取失禮即入刑相為表裏者也今律令犯罪應死刑者六百一十耐罪千六百九十八贖罪以下二千六百八十一溢於甫刑千九百八十九其四百一十大辟千五百七耐罪七十九贖罪春秋保乾圖曰王者三百年一蠲法漢興以來三百二年憲令稍增科條無限又律有三家說各駁異

刑法繁多宜令三公廷尉集平律令應經合義可施行者大辟二百耐罪贖罪二千八百合為三千與禮相應其餘千九百八十九事悉可詳除使百姓改易視聽以成大化致刑措之美傳之無窮未及施行會寵抵罪遂寢寵子忠忠後復為尚書略依寵意奏上三十三條為決事比以省請讞之敝又上除蠶室刑解臧吏三世禁錮狂易殺人得減重論母子兄弟相代死聽赦所代者事皆施行雖時有蠲革而舊律繁蕪未經纂集獻帝建安元年應劭又刪定律令以為漢議表奏之曰夫國之大事莫尚載籍也載籍也者決嫌疑明是非賞刑之宜允執厥中俾後之人永有鑒焉故膠東相董仲舒老病致仕朝廷每有政議數遣廷尉張湯親至陋巷問其得失於是作春秋折獄二百三十二事動以經對言之詳矣逆臣董卓蕩覆王室典憲焚燎靡有孑遺開闢以來莫或茲酷今大駕東邁巡省許都拔出險難其命惟新臣竊不自揆輒撰具律本章句尚書舊事廷尉板令決事比例司徒都目五曹詔書及春秋折獄凡二百五十篇蠲去復重為之節文又集議駁三十篇以

晉志二十　四

類相從凡八十二事其見漢書二十五漢記四皆刪敘潤色以全本體其二十六博採古今瓌瑋之士德義可觀其二十七臣所創造左氏云雖有姬姜不棄憔悴雖有絲麻不棄菅蒯蓋所以代匱也是用敢露頑才厠于明哲之末雖未足綱紀國體宣治時雍庶幾觀察增闡聖德惟因萬機之餘暇遊意省覽獻帝善之於是舊事存焉是時天下將亂百姓有土崩之勢刑罰不足以懲惡於是名儒大才故遼東太守崔寔大司農鄭玄大鴻臚陳紀之徒咸以為宜復行肉刑漢朝既不議其事故無所用矣及魏武帝匡輔漢室尚書令荀彧博訪百官復欲申之而少府孔融議以為古者敦厖善否區別吏端刑清政簡一無過失百姓有罪皆自取之末世陵遲風化壞亂政撓其俗法害其教故曰上失其道人散久矣而欲繩之以古刑投之以殘弃非所謂與時消息也紂斮朝涉之脛天下謂為無道夫九牧之地千八百君若各刖一人是天下常有千八百紂也求世休和弗可得已且被刑之人慮不念生志在思死類多趨惡莫復歸正夙沙亂齊伊戾禍宋趙高英布為世大患不能止人遂為

非也雖忠如𨄅葛奉信如卞和智如孫臏冤如巷伯才如史遷達如子正一罹刀鋸沒世不齒是太甲之思庸穆公之霸秦陳湯之都賴魏尚之臨邊無所復施也漢開改惡之路凡為此也故明德之君遠度深惟棄短就長不苟革其政者也朝廷善之卒不改焉及魏國建陳紀子群時為御史中丞魏武帝下令又欲復之使群申其父論群深陳其便時鍾繇為相國亦贊成之而奉常王脩不同其議魏武帝亦難以藩國改漢朝之制遂寢不行於是乃定甲子科犯釱左右趾者易以斗械是時乏鐵故易以木焉又嫌漢律太重故令依律論者聽得科半使從半減也魏文帝受禪又議肉刑詳議未定會有軍事復寢時有大女劉朱撾子婦酷暴前後三婦自殺論朱減死輸作尚方因是下怨毒殺人減死之令魏明帝改士庶罰金之令男聽以罰金婦人加笞還從鞭督之例以其形體裸露故也是時承用秦漢舊律其文起自魏文侯師李悝悝撰次諸國法著法經以為王者之政莫急於盜賊故其律始於盜賊盜賊須劾捕故著網捕二篇其輕狡越城博戲借假不廉淫侈踰制

以為雜律一篇又以其律具其加減是故所著六篇而已然皆罪名之制也商君受之以相秦漢承秦制蕭何定律除參夷連坐之罪增部主見知之條益事律興廄戶三篇合為九篇叔孫通益律所不及傍章十八篇張湯越宮律二十七篇趙禹朝律六篇合六十篇又漢時決事集為令甲以下三百餘篇及司徒鮑公撰嫁娶辭訟決為法比都目凡九百六卷世有增損率皆集類為篇結事為章一章之中或事過數十事類雖同輕重乖異而通條連句上下相蒙雖大體異篇實相采入盜律有賊傷之例賊律有盜章之文興律有上獄之法廄律有逮捕之事若此之比錯糅無常後人生意各為章句叔孫宣郭令卿馬融鄭玄諸儒章句十有餘家家數十萬言凡斷罪所當由用者合二萬六千二百七十二條七百七十三萬二千二百餘言言數益繁覽者益難天子於是下詔但得用鄭氏章句不得雜用餘家衛覬又奏曰刑法者國家之所貴重而私議之所輕賤獄吏者百姓之所縣命而選用者之所卑下王政之弊未必不由此也請置律博士轉相教授事遂施行然而律文煩廣事比眾多離本依末決獄之吏如廷尉獄吏范洪受囚絹二丈附輕法論之獄吏劉象受屬偏考囚張茂物故附重法論之洪象雖皆棄市而輕枉者相繼是時太傅鍾繇又上疏求復肉刑詔下其奏司徒王朗議又不同時議者百餘人與朗同者多帝以吳蜀未平又寢其後天子又下詔改定刑制命司空陳群散騎常侍劉邵給事黃門侍郎韓遜議郎庾嶷中郎黃休荀詵等刪約舊科傍采漢律定為魏法制新律十八篇州郡令四十五篇尚書官令軍中令合百八十餘篇其序略曰舊律所難知者由於六篇篇少故也篇少則文荒文荒則事寡事寡則罪漏是以後人稍增更與本體相離今制新律宜都總事類多其篇條舊律因秦法經就增三篇而具律不移因在第六罪條例既不在始又不在終非篇章之義故集罪例以為刑名冠於律首盜律有劫略恐猲和賣買人科有持質皆非盜事故分以為劫略律賊律有欺謾詐偽踰封矯制囚律有詐偽生死令丙有詐自復免事類眾多故分為詐律賊律有賊伐樹木殺傷人畜產及諸亡印金布律有毀傷亡失縣官財物故分為

毀亡律囚律有告劾傳覆廄律有告反逮受科有登聞道辭故分為告劾律囚律有繫囚鞫獄斷獄之法興律有上獄之事科有考事報讞宜別為篇故分為繫訊斷獄律盜律有受所監受財枉法雜律有假借不廉令乙有呵人受錢科有使者驗賂其事相類故分為請賕律盜律有勃辱強賊興律有擅興徭役具律有出賣呈科有擅作修舍事故分為興擅律興律有乏徭稽留賊律有儲峙不辦廄律有乏軍之興及舊典有奉詔不謹不承用詔書漢氏施行有小愆之反不如令輒劾以不承用詔書乏軍要斬又減以丁酉詔書丁酉詔書漢文所下不宜復以為法故別為之留律秦世舊有廄置乘傳副車食廚漢初承秦不改後以費廣稍省故後漢但設騎置而無車馬而律猶著其文則為虛設故除廄律取其可用合科者以為郵驛令其告反逮驗別入告劾律上言變事以為變事令以驚事告急與興律烽燧及科令者以為驚事律盜律有還贓畀主金布律有罰贖入責以呈黃金為價科有平庸坐贓事以為償贓律律之初制无免坐之文張湯趙禹始作監臨部主

見知故縱之例其見知而故不舉劾各與同罪失不舉劾各以贖論其
不見不知不坐也是以文約而例通科之爲制每條有違科不覺不知
從坐之免不復分別而免坐繁多宜總爲免例以省科文故更制定其
由例以爲免坐律諸律令中有其教制本條無從坐之文者皆從此取
法也凡所定增十三篇就故五篇合十八篇於正律九篇爲增於旁章
科令爲省矣改漢舊律不行於魏者皆除之更依古義制爲五刑其
死刑有三髡刑有四完刑作刑各三贖刑十一罰金六雜抵罪七凡三十七
名以爲律首又改賊律但以言語及犯宗廟園陵謂之大逆無道要斬
家屬從坐不及祖父母孫至於謀反大逆臨時捕之或汙瀦或梟菹夷
其三族不在律令所以嚴絕惡跡也賊鬭殺人以劾而亡許依古義聽子
弟得追殺之會赦及過誤相殺不得報讎所以止殺害也正殺繼母與
親母同防繼假之隙也除異子之科使父子無異財也毆兄姊加至五
歲刑以明教化也囚徒誣告人反罪及親屬異於善人所以累之使省
刑息誣也改投書棄市之科所以輕刑也正篡囚棄市之罪斷凶強爲

義之蹤也二歲刑以上除以家人乞鞫之制省所煩獄也改諸郡不得
自擇伏日所以齊風俗也斯皆魏世所改其大略如是其後正始之間
天下無事於是征西將軍夏侯玄河南尹李勝中領軍曹羲尚書丁
謐又追議肉刑卒不能決其文甚多不載及景帝輔政是時魏法犯大
逆者誅及已出之女毌丘儉之誅其子甸妻荀氏應坐死其族兄顗與
景帝姻通表魏帝以匄其命詔聽離婚荀氏所生女芝爲潁川太守劉
子元妻亦坐死以懷妊繫獄荀氏辭詣司隸校尉何曾乞恩求沒爲官
婢以贖芝命曾哀之使主簿程咸上議曰夫司寇作典建三等之制甫
侯脩刑通輕重之法叔世多變秦立重辟漢又脩之大魏承秦漢之弊
未及革制所以追戮已出之女誠欲殄醜類之族也然則法貴得中刑
慎過制所以爲女人有三從之義無自專之道出適他族還喪父母降
其服紀所以明外成之節異在室之恩而父母有罪追刑已出之女夫
黨見誅又有隨姓之戮一人之身內外受辟今女既嫁則爲異姓之妻
如或產育則爲他族之母此爲元惡之所忽戮無辜之所重於防則不

足懲姦亂之源於情則傷孝子之心男不得罪於他族而女獨嬰戮於
二門非所以哀矜女弱蠲明法制之本分也臣以爲在室之女從父母之
誅既醮之婦從夫家之罰宜改舊科以爲永制於是有詔改定律令文
帝爲晉王患前代律令本注煩雜陳群劉邵雖經改革而科網本密
又叔孫郭馬杜諸儒章句但取鄭氏又爲偏黨未可承用於是令賈充
定法律令與太傅鄭沖司徒荀顗中書監荀勗中軍將軍羊祜中護
軍王業廷尉杜友守河南尹杜預散騎侍郎裴楷潁川太守周雄齊相
郭頎騎都尉成公綏尚書郎柳軌及吏部令史榮邵等十四人典其事
就漢九章增十一篇仍其族類正其體號改舊律爲刑名法例辨囚律
爲告劾繫訊斷獄分盜律爲請賕詐僞水火毀亡因事類爲衛宮違制
撰周官爲諸侯律合二十篇六百二十條二萬七千六百五十七言蠲其
苛穢存其清約事從中典歸於益時其餘未宜除者若軍事田農酤
酒未得皆從人心權設其法太平當除故不入律悉以爲令施行制度
以此設教違令有罪則入律其常事品式章程各還其府爲故事減梟

斬族誅從坐之條除謀反適養母出女嫁皆不復還坐父母棄市省禁
固相告之條去捕亡亡沒爲官奴婢之制輕過誤老小女人當罰金杖
罰者皆令半之重姦伯叔母之令棄市淫寡女三歲刑崇嫁娶之要
一以下娉爲正不理私約峻禮教之防準五服以制罪也凡律令合二千
九百二十六條十二萬六千三百言六十卷故事三十卷泰始三年事畢
表上武帝詔曰昔蕭何以定律令受封叔孫通制儀爲奉常賜金五百
斤弟子百人皆爲郎夫立功立事古今之所重宜加祿賞其詳考差
敘輒如詔簡異弟子百人隨才品用賞帛萬餘匹武帝親自臨講使
裴楷執讀四年正月大赦天下乃班新律其後明法掾張裴又注律
表上之其要曰律始於刑名者所以定罪制也終於諸侯者所以畢其
政也王政布於上諸侯奉於下禮樂撫於中故有三才之義焉其相須
而成若一體焉刑名所以經略罪法之輕重正加減之等差明發衆篇
之多義補其章條之不足較舉上下綱領其犯盜賊詐僞請賕者則
求罪於此作役水火畜養守備之細事皆求之作本名告訊爲之心

舌捕繫爲之手足斷獄爲之定罪名例齊其制自始及終往而不窮變
動無常周流四極上下無方不離于法律之中也其知而犯之謂之故意
以爲然謂之失違忠欺上謂之謾背信藏巧謂之詐虧禮廢節謂之不
敬兩訟相趣謂之鬭兩和相害謂之戲無變斬擊謂之賊不意誤犯謂
之過失逆節絕理謂之不道陵上僭貴謂之惡逆將害未發謂之戕
唱首先言謂之造意二人對議謂之謀制衆建計謂之率不和謂之強
攻惡謂之略三人謂之群取非其物謂之盜貨財之利謂之贓凡二十者
律義之較名也夫律者當慎其變審其理若不承用詔書無故失之刑
當從贖謀反之同伍實不知情當從刑此故失之變也卑與尊鬭皆爲
賊鬭之加兵刃水火中不得爲戲戲之重也向人室廬道徑射不得爲
過失之禁也都城人衆中走馬殺人當爲賊賊之似也過失似賊戲似
鬭鬭而殺傷傍人又似誤盜傷縛守似強盜呵人取財似受賕因辭所連
似告劾諸勿聽理似故縱持質似恐猲如此之比皆爲無常之格也五
刑不簡正于五罰五罰不服正于五過意善功惡以金贖之故律制生

罪不過十四等死刑不過三徒加不過六囚加不過五累作不過十一歲
累笞不過千二百刑等不過一歲金等不過四兩月贖不計日日作
不拘月歲數不疑閏不以加至死并死不復加不可累者故有并數不
可并數乃累其加以加論者但得其加與加同者連得其本不在次者
不以通論以人得罪與人同以法得罪與法同侵生害死不可齊其防
親疎公私不可常其教禮樂崇於上故降其刑刑法閑於下故全其法
是故尊卑敘仁義明九族親王道平也律有事狀相似而罪名相涉者
若加威勢下手取財爲強盜不自知亡爲縛守將中有惡言爲恐猲不
以罪名呵爲呵人以罪名呵爲受賕劫召其財爲持質此八者以威勢
得財而名殊者也即不求自與爲受求所監求而後取爲盜贓輸入呵
受爲留難斂人財物積藏於官爲擅賦加毆擊之爲戮辱諸如此類皆
爲以威勢得財而罪相似者也夫刑者司理之官理者求情之機情者
心神之使心感則情動於中而形於言暢於四支發於事業是故姦人
心愧而面赤內怖而色奪論罪者務本其心審其情精其事近取諸身

遠取諸物然後乃可以正刑仰手似乞俯手似奪捧手似謝擬手似訴
拱臂似自首攘臂似格鬭矜莊似威怡悅似福喜怒憂懽貌在聲色
姦眞猛弱候在視息出口有言當爲告下手有禁當爲賊喜子殺怒
子當爲戲怒子殺喜子當爲賊諸如此類自非至精不能極其理也律
之名例非正文而分明也若八十非殺傷人他皆勿論即誣告謀反者反
坐十歲不得告言人即奴婢捍主主得謁殺之賊燔人廬舍積聚盜賊
贓五匹以上弃市即燔官府積聚盜亦當與同毆人教令者與同罪即
令人毆其父母不可與行者同得重也若得遺物強取強乞之類無還
贓法隨例畀之文法律中諸不敬違儀失式及犯罪爲公爲私贓入身
不入身皆隨事輕重取法以例求其名也夫理者精玄之妙不可以一方
行也律者幽理之奧不可以一體守也或計過以配罪或化略不循常或
隨事以盡情或趣舍以從時或推重以立防或引輕以就下公私廢避
之宜除削重輕之變皆所以臨時觀釁使用法執詮者幽於未制之中
采其根牙之微致之於機格之上稱輕重於豪銖考輩類於參伍然

後乃可以理直刑正夫奉聖典者若操刀執繩刀妄加則傷物繩妄彈則
侵直梟首者惡之長斬刑者罪之大弃市者死之下髡作者刑之威
贖罰者誤之誡王者立此五刑所以寶君子而逼小人故爲敕慎之經
皆擬周易有變通之體焉欲令提綱而大道清舉略而王法齊其旨遠
其辭文其言曲而中其事肆而隱通天下之志唯忠也斷天下之疑唯
文也切天下之情唯遠也彌天下之務唯大也變無常體唯理也非天下
之賢聖孰能與於斯夫形而上者謂之道形而下者謂之器化而財之
謂之格刑殺者是冬震曜之象髡罪者似秋彫落之變贖失者是春
陽悔吝之疵也五刑成章輒相依准法律之義焉是時侍中盧珽中書
侍郎張華又表抄新律諸死罪條目懸之亭傳以示兆庶有詔從之
及劉頌爲廷尉頻表宜復肉刑不見省又上言曰臣昔上行肉刑從來
積年遂寢不論臣竊以爲議者拘孝文之小仁而輕違聖王之典刑
未詳之甚莫過於此今死刑重故非命者衆生刑輕故罪不禁姦所以
然者肉刑不用之所致也今爲徒者類性元惡不軌之族也去家懸

遠作役山谷飢寒切身志不聊生又有廉士介者苟慮不首死則皆為盜賊豈況本性姦凶無賴之徒乎又令徒富者輸財解日歸家乃無役之人也貧者起為姦盜又不制之虜也不刑則罪無所禁不制則群惡橫肆為法若此近不盡善也是以徒亡日屬賊盜日煩亡之數者至有十數得輒加刑日益一歲此為終身之徒也自顧反善無期而災困逼身其志亡思盜勢不得息事使之然也古者用刑以止刑今反於此諸重犯亡者髮過三寸輒重髡之此以刑生刑加作一歲此以徒生徒也亡者積多繫囚猥畜議者曰因不可不赦復從而赦之此為刑不制罪法不勝姦下知法之不勝相聚而謀為不軌月異而歲不同故自頃以來姦惡陵暴所在充斥議者不深思此故而曰肉刑於名忤聽忤聽孰與賊盜不禁聖王之制肉刑遠有深理其事可得而言非徒懲其畏剝割之痛而不為也乃去其為惡之具使夫姦人無用復肆其志止姦絕本理之盡也亡者刖足無所用復亡盜者截手無所用復盜淫者割其勢理亦如之除惡塞源莫善於此非徒然也此等已刑之後便各歸家

父母妻子共相養恤不流離於塗路有今之困創愈可役上准古制隨宜業作雖已刑殘不為虛棄而所患都塞又生育繁阜之道自若也今宜取死刑之限輕及三犯逃亡淫盜悉以肉刑代之其三歲刑以下已自杖罰遣又宜制其罰數使有常限不得減此其有宜重者又任之官長應四五歲刑者皆髡笞笞至一百稍行使各有差悉不復居作然後刑不復生刑徒不復生徒而殘體為戮終身作誡人見其痛畏而不犯必數倍於今且為惡者隨發被刑去其為惡之具此為諸已刑者皆良士也豈與全其為姦之手足而蹴居必死之窮地同哉而猶曰肉刑不可用臣竊以為不識務之甚也臣昔常侍左右數聞明詔謂肉刑宜用事便於政願陛下信獨見之斷使夫能者得奉聖慮行之於今比填溝壑冀見太平周禮三赦三宥施於老幼悼耄黔黎不屬逮者此非為惡之所出故刑法逆舍而宥之至於自非此族犯罪則必刑而無赦此政之理也暨至後世以時險多難因赦解結權以行之又不以寬罪人也至今恒以罪積獄繁赦以散之是以赦愈數而獄愈塞如此不已

將至不勝原其所由肉刑不用之故也今行肉刑之徒不積且為惡無具則姦息去此二端獄不得繁故無取於數赦於政體勝矣疏上又不見省至惠帝之世政出群下每有疑獄各立私情刑法不定獄訟繁滋尚書裴頠表陳之曰夫天下之事多塗非一司之所管中才之情易擾賴恒制而後定先王知其所以然也是以辨方分職為之準局準局既立各掌其務刑賞相稱輕重無二故下聽有常群吏安業也舊宮掖陵廟有水火毀傷之變然後尚書乃躬自奔赴其非此也皆止於郎令史而已刑罰所加各有常刑去元康四年大風之後廟闕屋瓦有數枚傾落免太常荀寓于時以嚴詔所譴莫敢據正然內外之意僉謂事輕責重有違於常會五年二月有大風主者懲懼前事臣新拜尚書始三日本曹尚書有疾權令兼出按行蘭臺主者乃瞻望阿棟之間求索瓦之不正者得棟上瓦小邪十五處或是始瓦時邪蓋不足言風起倉卒臺官更往太常按行不及得周文書未至之頃便競相禁止臣以權兼暫出出還便罷不復得窮其事而本曹據執却問無已臣時具加

解遣而主者畏咎不從臣言禁止太常復興刑獄昔漢氏有盜廟玉環者文帝欲族誅釋之但處以死刑曰若侵長陵一抔土何以復加文帝從之大晉垂制深惟經遠山陵不封園邑不飾墓而不墳同乎山壤是以丘阪存其陳草使齊乎中原矣雖陵兆尊嚴唯毀發然後族之此古典也若登踐犯損失盡敬之道事止刑罪可也去八年奴聽教加誣周龍燒草廷尉遂奏族龍一門八口并命會龍獄翻然後得免考之情理準之前訓所處實重今年八月陵上荊一枝圍七寸二分者被斫司徒太常奔走道路雖知事小而案劾難測搔擾驅馳各競免負于今太常禁止未解近日太祝署失火燒屋三間半署在廟北隔道在重牆之內又即已滅頻為詔旨所問主者以詔旨使問頻繁便責尚書不即按行輒禁止尚書免皆在法外刑書之文有限而舛違之故無方故有臨時議處之制誠不能皆得循常也至於此事皆為過當每相逼迫不復以理上替聖朝畫一之德下損崇禮大臣之望臣愚以為犯陵上草木不應乃用同產異刑之制按行奏劾應有定準相承務重體例遂虧或因餘

事得容淺深頗雖有此表曲議猶不止時劉頌爲三公尚書又上疏曰

自近世以來法漸多門令甚不一臣今備掌刑斷職思其憂謹具啓聞臣竊伏惟陛下爲政每盡善故事求曲當則例不得直盡善故法不得全何則失法者固以盡理爲法而上求盡善則諸下牽文就意以赴主之所許是以法不得全刑書徵文徵文必有乖於情聽之斷而上安於曲當故執平者因文可引則生二端是法多門令不一則吏不知所守下不知所避姦僞者因法之多門以售其情所欲淺深苟斷不一則居上者難以檢下於是事同議異獄犴不平有傷於法古人有言人主詳其政荒人主期其事理詳匪他盡善則法傷故其政荒也期者輕重之當雖不厭情苟入於文則循而行之故其事理也夫善用法者忍違情不厭聽之斷輕重雖不允人心經於凡覽若不可行法乃得直又君行之分各有所司法欲必奉故令主者平文理有窮塞故使大臣釋滞事有時宜故人主權斷主者守文若釋之執犯蹕之平也大臣釋滞若公孫弘斷郭解之獄也人主權斷若漢祖戮丁公之爲也天下萬事自

晋志二十　十三

非斯格重爲故不近似此類不得出以意妄議其餘皆以律令從事然後法信於下人聽不惑吏不容姦可以言政人主軌斯格以責羣下大臣小吏各守其局則法一矣古人有言善爲政者看人設教看人設教制法之謂也又曰隨時之宜當務之謂也然則看人隨時在大量也而制其法法軌既定則行之行之信如四時執之堅如金石羣吏豈得在成制之內復稱隨時之宜傍引看人設教以乱政典哉何則始制之初固已看人而隨時矣今若設法未盡當則宜改之若謂已善不得盡以爲制而使奉用之司公得出入以差輕重也夫人君所與天下共者法也已令四海不可以不信以爲教方求天下之不慢不可繩以不信之法且先識有言人至愚而不可欺也不謂平時背法意斷不勝百姓願也上古議事以制不爲刑辟夏殷及周書法象魏三代之君齊聖然咸弃曲當之妙鑒而任徵文之直準非聖有殊所遇異也今論時敦弊不及中古而執平者欲適情之所安自託於議事以制臣竊以爲聽言則美論理則違然天下至大事務衆雜時有不得悉循文如令故臣謂宜立格爲限使主者守文死生以之不敢錯思於成制之外以差輕重則法恒全事無正據名例不及大臣論當以釋不滞則事无閡至如非常之斷出法賞罰若漢祖戮楚臣之私已封趙氏之无功唯人主專之非奉職之臣所得擬議然後情求傍請之跡絶似是而非之奏塞此蓋齊法之大準也主者小吏處事无常何則无情則法徒克有情則撓法積克似无私然乃所以得其私又恒所岨以衛其身斷當恒克世謂盡公時一曲法廼所不疑故人君不善倚深似公之斷而責守文如令之奏然後得爲有檢此又平法之一端也夫出法權制指施一事厭情合聽可適耳目誠有臨時當意之快勝於徵文不允人心也然起爲經制終年施用恒得一而失十故小有所得者必大有所失近有所漏者必遠有所苞故諳事識體者善權輕重不以小害大不以近妨遠忍曲當之近適以全簡直之大準不牽於凡聽之所安必守徵文以正例每臨其事恒御此心以決斷此又法之大槩也又律法斷罪皆當以法律令正文若无正文依附名例斷之其正文名例所不及皆勿論法吏以上

晋志二十　十四

所執不同得爲異議如律之文守法之官唯當奉用律令至於法律之內所見不同廼得爲異議也今限法曹郎令史意有不同爲駁唯得論釋法律以正所斷不得援求諸外論隨時之宜以明法官守局之分詔下其事侍中太宰汝南王亮奏以爲夫礼以訓世而法以整俗理化之本事實由之若斷不斷常隨輕重意則王憲不一人无所錯矣故觀人設教在上之舉守文直法臣吏之節也臣以去太康八年隨事異議周懸象魏之書漢詠畫一之法誠以法與時共義不可二令法素定而法爲議則有所開長以爲宜如頌所啓爲永久之制於是門下屬三公曰昔先王議事以制自中古以來執法斷事既以立法誠不宜復求法外小善也若常以善奪法則人逐善而不忌法其害甚於无法也按啟事欲令法令斷一事无二門郎令史以下應復出法駁按隨事以聞也及于江左元帝爲丞相時朝廷草創議斷不循法律人立異議高下无狀主簿熊遠奏曰礼以崇善法以閑非故礼有典法有常防人知惡而无邪心是以周建象魏之制漢創畫一之法故能闡弘大道以

至刑書律令之作由來尚矣經賢智歷夷險隨時斟酌最為周備自軍興以來法度陵替至於處事不用律令競作屬命人立異議曲適物情虧傷大例府立節度復不奉用臨事改制朝作夕改至於主者不敢任法每輒關諮委之大官非為政之體若本曹處事不合法令監司當以法彈違不得動用開塞以壞成事按法蓋麤術非妙道也矯割物情以成法耳若每隨物情輒改法制此為以情壞法法之不一是謂多門開人事之路廣私請之端非先王立法之本意也凡為駁議者若違律令節度當合經傳及前比故事不得任情以破成法愚謂宜令錄事更立條制諸立議者皆當引律令經傳不得直以情言無所依準以虧舊典也若開塞隨宜權道制物此是人君之所得行非臣子所宜專用主者唯當徵文據法以事為斷耳是時帝以權宜從事尚未能從而河東衛展為晉王大理考擿故事有不合情者又上書曰今施行詔書有考子正父死刑或鞭父母問子所在近主者所稱庚寅詔書舉家逃亡家長斬若長是逃亡之主斬之雖重猶可設子孫犯事將考祖父逃亡逃亡是子

孫而父祖嬰其酷傷順破教如此者眾相隱之道離則君臣之義廢君臣之義廢則犯上之姦生矣秦網密文峻漢興掃除煩苛風移俗易幾於刑厝大人革命不得不蕩其穢匿通其圯滯今詔書宜除者多有便於當今著為正條則法差簡易元帝令曰礼樂不興則刑罰不中是以明罰勑法先王所慎自元康已來事故荐臻法禁滋漫大理所上宜朝堂會議蠲除詔書不可用者此孤所虛心者也及帝即位展為廷尉又上言古者肉刑事經前聖漢文除之增加大辟今人戶彫荒百不遺一而刑法峻重非句踐養胎之義也愚謂宜復古施行以隆太平之化詔內外通議於是驃騎將軍王導太常賀循侍中紀瞻中書郎庾亮大將軍諮議參軍梅陶散騎郎張嶷等議以肉刑之典由來尚矣肇自古先以及三代聖哲明王所未曾改也豈是漢文常主所能易者乎時蕭曹已沒絳灌之徒不能正其義逮班固深論其事以為外有輕刑之名內實殺人又死刑太重生刑太輕生刑纖於上死刑怨於下輕重失當故刑政不中也且原先王之造刑也非以過怒也非以殘人也所以救姦所以當

罪今盜者竊人之財淫者好人之色亡者避叛之役皆無殺害也則刖之以刑刑之則止而加之斬戮戮過其罪死不可生縱虐於此歲以巨計此乃仁人君子所不忍聞而況行之於政乎若乃惑其名而不練其實惡其生而趣其死此畏水投舟避坎蹈井愚夫之不若何取於政哉今大晉中興遵復古典率由舊章起千載之滯義拯百殘之遺黎使皇典廢而復存黔首死而更生至義暢于三代之際遺風播乎百世之後生肉枯骨惠侔造化豈不休哉或者乃曰死猶不懲而況於刑然人者冥也其至愚矣雖加斬戮忽為灰土死事日往生欲日存未以為改若刑諸市朝朝夕鑑戒刑者詠為惡之永痛惡者觀殘刖之長廢故足懼也然後知先王之輕刑以御物顯誡以懲愚其理遠矣尚書令刁協尚書薛兼等議以為聖上悼殘荒之遺黎傷犯死之繁眾欲行刖以代死刑使犯死之徒得存性命則率土蒙更生之澤兆庶必懷恩以反化也今中興祚隆大命惟新誠宜設寬法以育人然懼群小愚蔽習翫所見而忽異聞或未能咸服愚謂行刑之時先明申法令樂刑者刖

甘死者殺則心必服矣古典刑不上大夫今士人有犯者謂宜如舊不在刑例則進退為允尚書周顗郎曹彥中書郎桓彝等議以為復肉刑以代死誠是聖王之至德哀矜之弘私然竊以為刑罰輕重隨時而作時人少罪而易威則從輕而寬之時人多罪而難威則宜化刑而濟之肉刑平世所應立非救弊之宜也方今聖化草創人有餘姦習惡之徒為非未已截頭絞頸尚不能禁而乃更斷足劓鼻輕其刑罰使欲為惡者輕犯寬刑蹈罪更眾是為輕其刑以誘人於罪殘其身以加楚酷也昔之畏死刑以為善人者今皆犯輕刑而殘其身畏重之常人反為犯輕而致囚此則何異斷刖常人以為恩仁邪受刑者轉廣而為非者日多踊貴屨賤有鼻者醜也徒有輕刑之名而實開長惡之源不如以殺止殺重以全輕權小停之須聖化漸著兆庶易威之日徐施行也議奏元帝猶欲從展所上大將軍王敦以為百姓習俗日久忽復肉刑必駭遠近且逆寇未殄不宜有慘酷之聲以聞天下於是乃止咸康之世庾冰好為糾察近於繁細後益矯違復存寬縱疏密自由律令無用矣

至安帝元興末桓玄輔政又議欲復肉刑斬左右趾之法以輕死刑命百官議蔡廓上議曰建邦立法弘教穆化必隨時置制德刑兼施長貞一以閑其邪教禁以檢其慢灑湛露以流潤厲嚴霜以肅威雖復質文迭用而斯道莫革肉刑之設肇自哲王蓋由曩世風淳人多惇謹圖像既陳則機心直戢刑人在塗則不逞改操故能勝殘去殺化隆無為季末澆偽設網弥密利巧之懷日滋恥畏之情轉寡終身劇役不足止其奸況乎黥劓豈能反於善徒有酸慘之聲而無濟俗之益至於弃市之條實非不赦之罪事非手殺考律同歸輕重約科減降路塞鍾陳以之抗言元皇所為留愍今英輔翼贊道邈伊周誠宜明慎用刑愛人弘育申哀矜以革濫移大辟於支體全性命之至重恢繁息於將來而孔琳之議不同用王朗夏侯玄之旨時論多與琳之同故遂不行

晉書志第二十

列傳第一　晉書　御撰

后妃上

宣穆張皇后　景懷夏侯皇后　景獻羊皇后

文明王皇后　武元楊皇后　武悼楊皇后 左貴嬪

胡貴嬪　諸葛夫人　惠賈皇后　惠羊皇后 謝夫人

懷王皇太后　元夏侯太妃

夫乾坤定位男女流形伉儷之義同歸貴賤之名異等若乃作配皇極齊體紫宸象玉牀之連後星喻金波之合羲載璧爰自邃古是謂元妃降及中年乃稱王后四人並列光于帝嚳之宮二妃同降著彼有虞之典夏商以上六宮之制其詳靡得而聞焉姬劉以降五翟之規其事可略而言矣周禮天子立一后三夫人九嬪二十七世婦八十一御妻以聽王者內政故婚義曰天子之與后如日之與月陰之與陽由斯而譚其所從來遠矣故能母儀天寓助宣王化德均載物比大坤維宗廟歆其薦羞壽壤俟其交泰是以哲王垂憲尤重造舟之禮詩人立言先獎葛覃之訓後燭流景所以裁其宴私房樂希聲是用節其容止履端正本抑斯之謂歟若乃娉納有方防閑有禮肅尊儀而脩四德體柔範而弘六義陰教洽於宮闈淑譽騰於區域則玄雲入戶上帝錫母萌之符黃神降徵坤靈贊壽丘之道終能鼎祚惟永胤嗣克昌至若儷極虧閑憑天作孽倒裳衣於衽席感朓側於弦望則龍漦結釁宗周蹶為黍苗鸞尾挺災隆漢墜其枌社矣自曹劉內主位以色登甄衛之家榮非德舉淫荒挺性蔑西郊之禮容婉孌合辭作南國之奇態誠謂由斯外入穢德於是內宣椒掖播晨牝之風蘭殿絕河雎之響晉永言彤史大練之範逾微縞視青蒲脫珥之猷替矣晉承其末與世污隆宣皇創基功弘而道屈穆后一善勤侔於十亂洎乎太祖始親選良家既而帝掩紈扇躬行請託后採長白寔彰妬忌之情賈納短青竟踐覆亡之轍得失遺迹煥在緗緗興滅所由義同畫一故列其本事以為后妃傳云

宣穆張皇后諱春華河內平皋人也父汪魏粟邑令母河內山氏司

徒濤之從祖姑也后少有德行智識過人生景帝文帝平原王幹南
陽公主宣帝初辭魏武之命託以風痹嘗暴書遇暴雨不覺自起收
之家惟有一婢見之后乃恐事泄致禍遂手殺之以滅口而親自執
爨帝由是重之其後柏夫人有寵后罕得進見帝嘗卧病后往省病
帝曰老物可憎何煩出也后慚恚不食將自殺諸子亦不食帝驚而
致謝后乃止帝退而謂人曰老物不足惜慮困我好兒耳魏正始八
年崩時年五十九葬洛陽高原陵追贈廣平縣君咸熙元年追號宣
穆妃及武帝受禪追尊皇后

景懷夏侯皇后諱徽字媛容沛國譙人也父尚魏征南大將軍母曹
氏魏德陽鄉主后雅有識度帝每有所為必豫籌畫魏明帝世宣帝
居上將之重諸子並有雄才大略后知帝非魏之純臣而后既魏氏
之甥帝深忌之青龍二年遂以鴆崩時年二十四葬峻平陵武帝登
阼初未追崇弘訓太后每以為言泰始二年始加號謚后無男生五
女

景獻羊皇后諱徽瑜泰山南城人父衜上黨太守后母陳留蔡氏漢
左中郎將邕之女也后聰敏有才行景懷皇后崩景帝更娶鎮東將
軍濮陽吳質女見黜復納后無子武帝受禪居弘訓宮號弘訓太后
泰始九年追贈蔡氏濟陽縣君謚曰穆咸寧四年太后崩時年六十
五祔葬峻平陵

文明王皇后諱元姬東海郯人也父肅魏中領軍蘭陵侯后年八歲
誦詩論尤善喪服苟有文義目所一見必貫於心年九歲遇母疾扶
侍不捨左右衣不解帶者久之每先意候指動中所適由是父母令
攝家事每盡其理祖朗甚愛異之曰興吾家者必此女也惜不為男
矣年十二朗薨后哀戚哭泣發於自然其父益加敬異既笄歸于文
帝生武帝及遼東悼王定國齊獻王攸城陽哀王兆廣漢殤王廣德
京兆公主后事舅姑盡婦道謙沖接下嬪御有序及居父喪身不勝
衣言與淚俱時鍾會以才能見任后每言於帝曰會見利忘義好事
端寵過必亂不可大任會後果反武帝受禪尊為皇太后宮曰崇化

初置宮卿重選其職以太常諸葛緒為衛尉太僕劉原為太僕宗正
曹楷為少府后雖處尊位不忘素業躬執紡績器服無文御浣濯之
衣食不參味而敦睦九族垂心萬物言必典禮浸潤不行帝以后母
羊氏未崇謚號泰始三年下詔曰昔漢文追崇靈文之號武宣有平
原博平之封咸所以奉尊尊之敬廣親親之恩也故衛將軍蘭陵景
侯夫人羊氏含章體順仁德醇備內承世胄出嬪大國三從之行率
禮無違仍遭不造頻喪統嗣撫育衆胤克成家道母儀之教光于邦
族誕啟聖明祚流萬國而早世殂隕不遇休寵皇太后孝思蒸蒸永
慕罔極朕感存遺訓追遠傷懷其封夫人為縣君依德紀謚主者詳
如舊典於是使使持節謁者何融追謚為平陽靖君四年后崩時年
五十二合葬崇陽陵將遷祔帝手疏后德行命史官為哀策曰明明
先后興我晉道暉章淑問以翼皇考邁德宣猷大業有造貽慶孤矇
堂構是保庶資復顧永享難老奄然登遐棄我何早沈哀罔訴如何
穹昊嗚呼哀哉厥初生民樹之惠康帝遷明德顧予先皇天立厥配

我皇是光作邦作對德音無疆懿予不弔天篤降殃日沒明夷中年
隕喪煢煢在疚永懷摧傷尋惟景行於穆不已海岱降靈世荷繁祉
永錫祚胤篤生文母誕膺純和淑慎容止質直不渝躬茲孝友詩書
是悅禮籍是紀三從無違中饋允理追惟先后勞謙是尚爰初在室
竭力致養嬪于大邦皇基是相謐靜隆化帝業以創內敘嬪御外協
時望履信居順德行洽暢寄勿先荒勖勞克讓崇儉抑華沖素是放
雖享崇高歡嘉未饗胡寧棄之我將曷仰咨余不造大罰荐臻皇考
背世始踰三年仰奉慈親冀無後艱凶夷仍集何辜于天嗚呼哀哉
靈轜夙駕設祖中闈輴軒動軫既往不追哀哀皇妣永潛靈暉進攀
梓宮顧援素旂屏營窮痛誰告誰依訴情贈策以紓傷悲尚或有聞
顧予孤遺嗚呼哀哉其後帝追慕不已復下詔曰外曾祖母故司徒
王朗夫人楊氏舅氏尊屬鄭劉二從母先后至愛每惟平昔敦睦遺
旨渭陽之感永懷靡及其封楊夫人及從母為鄉君邑各五百户太
康七年追贈繼祖母夏侯氏為滎陽鄉君

武元楊皇后諱豔字瓊芝弘農華陰人也父文宗見外戚傳母天水
趙氏早卒后依舅家舅妻仁愛親乳養后遣他人乳其子及長又隨
後母段氏依其家后少聰慧善書姿質美麗閑於女工有善相者嘗相
后當極貴文帝聞而為世子聘焉甚被寵遇生毗陵悼王軌惠帝秦
獻王柬平陽新豐陽平公主　武帝即位立為皇后有司奏依漢
故事皇后太子各食湯沐邑四十縣而帝以非古典不許后追懷舅
氏之恩顯官趙俊納俊兄虞女粲於後宮為夫人帝以皇太子不堪
奉大統密以語后后曰立嫡以長不以賢豈可動乎初賈充妻郭氏
使賂后求以女為太子妃及議太子婚帝欲娶衛瓘女然后盛稱賈
后有淑德又密使太子太傅荀顗進言上乃聽之泰始中帝博選良
家以充後宮先下書禁天下嫁娶使宦者乘使車給騶騎馳傳州郡
召充選者使后揀擇后性妒惟取潔白長大其端正美麗者並不見
留時卞藩女有美色帝掩扇謂后曰卞氏女佳后曰藩三世后族其
女不可枉以卑位帝乃止司徒李胤鎮軍大將軍胡奮廷尉諸葛沖

晉列一　四

太僕臧權侍中馮蓀秘書郎左思及世族子女並充三夫人九嬪之
列司冀兗豫四州二千石將吏家補良人以下名家盛族子女多敗
衣瘁貌以避之及后有疾見帝素幸胡夫人恐後立之慮太子不安
臨終枕帝膝曰叔父駿女男胤有德色願陛下以備六宮因悲泣帝
流涕許之泰始十年崩于明光殿絕于帝膝時年三十七詔曰皇后
逮事先后常冀能終始永奉宗廟一旦殂隕痛悼傷懷每自以夙喪
二親於家門之情特隆又有心欲改葬父祖以頃者務崇儉守初不
有言近垂困說此意情益愍之其使領前軍將軍駿等自克改葬之
宜至時主者供給葬事賜諡母趙氏為縣君以繼母段氏為鄉君傳
不云乎慎終追遠民德歸厚且使亡者有知尚或嘉之於是有司卜
吉窀穸有期乃命史臣作哀策敘懷其辭曰天地配序成化兩儀王
假有家道在伉儷姜嫄佐嚳二妃為嬀仰希古昔冀亦同規今胡不
然景命夙虧嗚呼哀哉我應圖籙臨統萬方正位于內實在嬪嬙天
作之合駿發之祥河嶽降靈啓祚華陽奕世豐衍朱紱斯煌纘女惟

行受命溥將來翼家邦憲度是常緝熙陰教德聲顯揚昔我先妣
暉曜休光后承前訓奉述遺芳宜嗣徽音繼序無荒如何不弔背世
隕喪望齊無主長去烝嘗追懷永悼率土摧傷嗚呼哀哉陵兆既窆
將遷幽都宵陳夙駕元妃其徂宮闈遏密階庭空虛設祖布綍告駕
啓塗服翬褕狄寄象容車金路晻藹裳帳不舒千乘動軫六驥躊躇
銘旌樹表翣柳雲敷祁祁同軌岌岌烝徒孰不云懷哀感萬夫寧神
虞卜安體玄廬土房陶甓齊制遂初依行紀諡聲被八區雖背明光
亦歸皇姑沒而不朽世德作謨嗚呼哀哉乃葬于峻陽陵
武悼楊皇后諱芷字季蘭小字男胤元后從妹父駿別有傳以咸寧
二年立為皇后婉嫕有婦德美映椒房甚有寵生渤海殤王早薨遂
無子太康九年后率內外夫人命婦躬桑于西郊賜帛各有差太子
妃賈氏妒忌帝將廢之后言於帝曰賈公閭有勳社稷猶當數世宥
之賈妃親是其女正復妒忌之間不足以一眚掩其大德后又數誡
厲妃妃不知后之助己因以致恨謂后構之於帝忿怨彌深及帝崩

晉列傳一　五

尊為皇太后賈后凶悖忌后父駿執權遂誣駿為亂使楚王瑋與東
安王繇稱詔誅駿內外隔塞后題帛為書射之城外曰救太傅者有
賞賈后因宣言太后同逆駿既死詔使後軍將軍荀悝送后于永
寧宮特全后母高都君龐氏之命聽就后居止賈后諷群公有司奏
曰皇太后陰漸姦謀圖危社稷飛箭繫書要募將士同惡相濟自
絕于天魯侯絕文姜春秋所許蓋以奉順祖宗任至公於天下陛下
雖懷無已之情臣下不敢奉詔可宣敕王公於朝堂會議詔曰此大
事更詳之有司又奏駿藉外戚之資居冢宰之任陛下既居諒闇委
以重權至乃陰圖凶逆布樹私黨皇太后內為脣齒協同逆謀禍釁
既彰背捍詔命阻兵負衆血刃宮省而復流書募衆以獎凶黨上背
祖宗之靈下絕億兆之望昔文姜與亂春秋所貶呂宗叛戾高后降
配宜廢皇太后為峻陽庶人中書監張華等以為太后非得罪於先
帝者也今黨惡所親為不母於聖世宜依孝成趙皇后故事曰武帝
皇后廢之離宮以全貴終之恩尚書令下邳王晃等議曰皇太后與

駿潜謀欲危社稷不可復奉承宗廟配合先帝宜貶尊號廢詣金墉城於是有司奏請從晃等議廢太后為庶人遣使者以太牢告于郊廟以奉承祖宗之命稱萬國之望至於諸所供奉可順聖恩務從豐厚詔不許有司又固請乃可之又奏楊駿造亂家屬應誅詔原其妻龐命以慰太后之心今太后廢為庶人請以龐付廷尉行刑詔曰聽龐與庶人相隨有司希賈后旨固請乃從之龐臨刑太后抱持號叫截髮稽顙上表詣賈后稱妾請全母命不見省初太后尚有侍御十餘人賈后奪之絶膳而崩時年三十四在位十五年賈后又信妖巫謂太后必訴冤先帝乃覆而殯之施諸厭劾符書藥物永嘉元年追復尊號別立廟神主不配武帝至成帝咸康七年下詔使內外詳議衛將軍虞潭議曰世祖武皇帝光有四海元皇后應乾作配元后既崩悼后繼作至楊駿肆逆禍延天母孝懷皇帝追復號謚豈不以鯀殛禹興義在不替者乎又太寧二年臣忝宗正帝譜泯棄罔所循按時博諮舊齒以定昭穆與故驃騎將軍華恒尚書荀崧侍中荀邃

因舊譜參論撰次尊號之重一無改替今聖上孝思祗肅禋祀詢及羣司將以恢定大禮臣輒思詳伏見惠皇帝起居注羣臣議奏列駿作逆謀危社稷引魯之文姜漢之呂后臣竊以文姜雖莊公之母實為父讎呂后寵樹私戚幾危劉氏按此二事異於今日昔漢章帝竇后殺和帝之母和帝即位盡誅諸竇當時議者欲貶竇后及后之亡欲不以禮葬和帝以奉事十年義不可違臣子之道務從豐厚仁明之稱表於往代又見故尚書僕射裴頠議悼后故事稱繼母雖出追服無改是以孝懷皇帝尊崇號謚還葬峻陵此則母子道全而廢事蕩華也于時祭於弘訓之宮未入太廟蓋是事之未盡非義典也若以悼后復立為宜則應配食世祖若以復之為非則譜謚宜闕未有位號居正而偏祠別室者也若以孝懷皇帝私隆母子之道特為立廟者此苟崇私情有虧國典則國譜帝諱皆宜除棄匪徒不得同祀於世祖之廟也會稽王昱中書監庾冰中書令何充尚書令諸葛恢尚書謝廣光祿勳留擢丹楊尹殷融護軍將軍馮懷散騎常侍鄧逸

等咸從潭議由是太后配食武帝

左貴嬪名芬兄思別有傳芬少好學善綴文名亞於思武帝聞而納之泰始八年拜脩儀受詔作愁思之文因為離思賦曰生蓬戶之側陋兮不閑習於文符不見圖畫之妙像兮不聞先哲之典謨既愚陋而寡識兮謬忝廁於紫廬非草苗之所處兮恒怵惕以憂懼懷思慕之忉怛兮兼始終之萬慮嗟隱憂之沈積兮獨鬱結而靡訴意慘憒而無聊兮思纏綿以增慕夜耿耿而不寐兮魂憧憧而至曙風騷騷而四起兮霜皚皚而依庭日晻曖而無光兮氣懰慄以冽清懷愁戚之多感兮患涕淚之自零昔伯瑜之婉孌兮每綵衣以娛親悼今日之乖隔兮奄與家為參辰豈相去之云遠兮曾不盈乎數尋何宮禁之清切兮欲瞻覩而莫因仰行雲以歔欷兮涕流射而沾巾惟屈原之哀感兮嗟悲傷於離別彼城闕之作詩兮亦以日而喻月況骨肉之相於兮永緬邈而兩絶長含哀而抱戚兮仰蒼天而泣血亂曰骨肉至親化為他人永長辭兮慘愴愁悲夢想魂歸見所思兮驚寤號

咷心不自聊泣漣洏兮援筆舒情涕淚增零訴斯詩兮後為貴嬪姿陋無寵以才德見禮體羸多患常居薄室帝每遊華林輒迴輦過之言及文義辭對清華左右侍聽莫不稱美及元楊皇后崩芬獻誄曰惟泰始十年秋七月景寅晉元皇后楊氏崩嗚呼哀哉昔有莘適殷姜姒歸周宣德中闈徽音永流樊衛二姬匡齊翼楚馬鄧兩妃亦毗漢主峨峨元后光嬪晉宇伉儷聖皇比蹤往古遺命不永背陽即陰六宮號咷四海慟心嗟余鄙妾銜恩特深追慕三良甘心自沈何用存思不忘德音何用紀述託辭翰林乃作誄曰赫赫元后出自有楊奕世朱輪耀彼華陽惟嶽降神顯茲禎祥篤生英媛休有烈光含靈握文異于庶姜和暢春日操厲秋霜疾彼攸遂敦此義方率由四教匪怠匪荒行周六親徽音顯揚顯揚伊何京室是臧乃娉乃納聿嬪聖皇正位閨闈惟德是將鳴珮有節發言有章仰觀列圖俯覽篇籍顧問女史咨詢竹帛思媚皇姑虔恭朝夕允釐中饋執事有恪于禮斯勞于敬斯勤雖曰齊聖邁德日新日新伊何克廣弘仁終溫且惠

帝妹是親經緯六宮罔不彌綸羣妾惟仰譬彼北辰亦既青陽鳴鳩告時躬執桑曲率導媵姬修成蠶蔟分繭理絲女工是察祭服是治祗奉宗廟永言孝思于彼六行靡不蹈之皇英佐舜塗山翼禹惟衛惟樊二霸是輔明明我后異世同矩亦能有亂謀及天府內敷陰教外毗陽化綢繆庶正密勿夙夜恩從風翔澤隨雨播中外禔福遐邇詠歌天祚貞吉克昌克繁則百斯慶育聖育賢教踰妊姒訓邁姜嫄堂堂太子惟國之元濟濟南陽為屏為藩本枝菴藹四海蔭焉徽斯皇妣執茲克臻曰乾蓋聰曰聖允誠積善之堂五福所并宜享高年匪隕匪傾如彭之齒如聃之齡云胡不造于茲禍殃寢疾彌留寤寐不康巫咸騁術和鵲奏方祈禱無應嘗藥無良形神將離載昏載荒奄忽崩徂湮精滅光哀哀太子南陽繁昌攀援不逮擗踊摧傷嗚呼哀哉闔宮號咷宇內震驚奔者塡衢赴者塞庭哀慟雷駭流淚雨零歔欷不已若喪所生惟帝與后契闊在昔比翼白屋雙飛紫閣悼后傷后早即窀穸言斯既及涕泗隕落追惟我后寔聰寔哲通于性命達于儉節送終之禮比素上世襚無珍寶唅無明月潛輝梓宮永背昭晰臣妾哀號同此斷絕庭宇遏密幽室增陰空設幃帳虛置衣衾人亦有言神道難昃悠悠精爽豈浮豈沉豐奠日陳冀魂之臨孰云元后不聞其音乃議景行景行已溢乃考龜筮龜筮襲吉爰定宅兆克成玄室魂之往矣于以今日仲秋之晨啓明始出星陳夙駕靈輿結駟其輿伊何金根玉箱其駟伊何二駱雙黃習習容車朱服冊章隱隱轜軒弁經總裳華轂曜野素蓋被原方相仡仡旌旐翩翩輓童引歌白驥鳴轅觀者夾塗士女涕漣千乘萬騎迄彼峻山峻山峨峨曾阜重阿弘高顯敞據洛背河左瞻皇姑右睇帝家推存揆亡明神所嘉諸姑姊妹娣姒媵御追送塵軌號咷衢路王侯卿士雲會星布羣官庶僚縞蓋無數咨嗟通夜東方云曙百祇奉迎我后安厝中外俱臨同哀並慕涕如連雲淚如湛露為闔既闔窈窈冥冥有夜無晝曷用其明不封不樹山坂同形昔后之崩大火西流寒往暑過今亦孟秋自我銜恤倏忽一周衣服將變痛心若抽追彼禮制惟以增憂去此素衣結戀靈丘有始有終天地之經自非三光誰能不零存播令德沒圖丹青先哲之志以此為榮溫溫元后寔宜茲爲撫育羣生恩重涕焉遺愛不已永見思焉懸名日月垂萬春焉嗚呼庶妾感四時焉言思言慕涕漣洏焉咸寧二年納悼后芬於座受詔作頌其辭曰峨峨華嶽峻極泰清巨靈導流河瀆是經惟瀆之神惟嶽之靈鍾于楊族載育盛明穆穆我后應期挺生含聰履喆岐嶷夙成如蘭之茂如玉之榮越在幼冲休有令名飛聲八極翕習紫庭超妊邁姒比德皇英京室是嘉備禮致娉令月吉辰百僚奉迎周生歸韓詩人是詠我后戾止車服暉暎登位太微明德日盛羣黎欣戴函夏同慶覆翼聖皇儆誥孔純愍茲狂戾闡惠播仁蠲懸滌穢與時惟新沛然洪赦恩詔遐震后之踐祚囹圄虛陳萬國齊歡六合同欣坤神抃儛天人載悅興瑞降祥表精日月和氣烟熅三光朗烈既獲嘉時尋播甘雪玄雲晻藹靈液霏霏既儲既積待陽而晞曣睍沾濡柔閏中畿長享豐年福祿永綏及帝女萬年公主薨帝痛悼不已 詔芬為誄其文甚麗帝重芬詞藻每有方物異寶必詔為賦頌以是屢獲恩賜焉答兄思詩書及雜賦頌數十篇並行於世

胡貴嬪名芳父奮別有傳泰始九年帝多簡良家子女以充內職自擇其美者以絳紗繫臂而芳既入選下殿號泣左右止之曰陛下聞聲芳曰死且不畏何畏陛下帝遣洛陽令司馬肇策拜芳為貴嬪帝每有顧問不飾言辭率爾而答進退方雅時帝多內寵平吳之後復納孫皓宮人數千自此掖庭殆將萬人而並寵者甚衆帝莫知所適常乘羊車恣其所之至便宴寢宮人乃取竹葉插戶以鹽汁灑地而引帝車然芳最蒙愛幸殆有專房之寵焉侍御服飾亞于皇后帝嘗與之樗蒲爭矢遂傷上指帝怒曰此固將種也芳對曰北伐公孫西距諸葛非將種而何帝甚有慚色芳生武安公主

諸葛夫人名婉琅邪陽都人也父沖字茂長廷尉卿婉以泰始九年春入宮帝臨軒使使持節洛陽令司馬肇拜為夫人兄銓字德林散騎常侍銓弟玫字仁林侍中御史中丞玫婦弟周穆清河王覃之舅

也永嘉初穆與玫勸東海王越廢懷帝立覃越不許重言之越怒遂斬玫及穆臨刑玫謂穆曰我語卿何道穆曰今日復何所說時人方知謀出於穆非玫之意

惠賈皇后諱南風平陽人也小名旹父充別有傳初武帝欲爲太子取衛瓘女元后納賈郭親黨之說欲婚賈氏帝曰衛公女有五可賈公女有五不可衛家種賢而多子美而長白賈家種妬而少子醜而短黑元后固請荀顗荀勗並稱充女之美乃定婚始欲娉后妹午午年十二小太子一歲短小未勝衣更娶南風時年十五大太子二歲泰始八年二月辛卯冊拜太子妃妬忌多權詐太子畏而惑之嬪御罕有進幸者帝常疑太子不慧且朝臣和嶠等多以爲言故欲試之盡召東宮大小官屬爲設宴會而密封疑事使太子決之停信待反妃大懼倩外人作荅荅者多引古義給使張泓曰太子不學而荅詔引義必責作草主更益譴負不如直以意對妃大喜語泓便爲我好荅富貴與汝共之泓素有小才具草令太子自寫帝省之甚悅先

示太子少傅衛瓘瓘大踧踖衆人乃知瓘先有毀言殿上皆稱万歲充密遣語妃云衛瓘老奴幾破汝家妃性酷虐甞手殺數人或以戟擲孕妾子隨刃墮地帝聞之大怒已脩金墉城將廢之充華趙粲從容言曰賈妃年少妬是婦人之情耳長自當差願陛下察之其後楊珧亦爲之言曰陛下忘賈公閭邪荀勗深救之故得不廢惠帝即位立爲皇后生河東臨海始平公主哀獻皇女后暴戾日甚侍中賈模后之族兄右衛郭彰后之族舅並以才望居位與楚王瑋東安公繇分掌朝政后母廣城君養孫賈謐干預國事權侔人主繇密欲廢后賈氏憚之及太宰亮衛瓘等表繇徙帶方奪楚王中候后知瑋怨之乃使帝作密詔令瑋誅瓘亮以報宿憾模知后凶暴恐禍及己乃與裴頠王衍謀廢之衍悔而謀寢后遂荒淫放恣與太醫令程據等乱彰內外洛南有盜尉部小吏端麗美容止既給廝役忽有非常衣服衆咸疑其竊盜尉嫌而辯之賈后疎親欲求盜物往聽對辭小吏云先行逢一老嫗說家有疾病師卜云宜得城南少年厭之欲暫相煩必有重報於是隨去上車下帷內簏箱中行可十餘里過六七門限開簏箱忽見樓闕好屋問此是何處云是天上即以香湯見浴好衣美食將入見一婦人年可三十五六短形青黑色眉後有疵見留數夕共寢歡宴臨出贈此衆物聽者聞其形狀知是賈后慚笑而去尉亦解意時他人入者多死惟此小吏以后愛之得全而出及河東公主有疾師巫以爲宜施寬令乃稱詔大赦天下初后詐有身內藁物爲產具遂取妹夫韓壽子慰祖養之託諒闇所生故弗顯遂謀廢太子以所養代立時洛中謠曰南風烈烈吹黃沙遙望魯國鬱嵯峨前至三月滅汝家后母廣城君以后無子甚敬重愍懷每勸厲后使加慈愛賈謐恃貴驕縱不能推崇太子廣城君恒切責之及廣城君病篤占術謂不宜封廣城乃改封宜城后出侍疾十餘日太子常往宜城第將醫出入恂恂盡禮宜城臨終執后手令盡意於太子言甚切至又曰趙粲及午必亂汝事我死後勿復聽入深憶吾言后不能遵之遂專制天下威服內外更與粲午專爲姦謀誣害太子衆惡彰著

初誅楊駿及汝南王亮太保衛瓘楚王瑋等皆臨機專斷宦人董猛參預其事猛武帝時爲寺人監侍東宮得親信於后預誅楊駿封武安侯猛三兄皆爲亭侯天下咸怨及太子廢黜趙王倫孫秀等因衆怒謀欲廢后后數遣宮婢微服於人間視聽其謀頗泄后甚懼遂害太子以絕衆望趙王倫乃率兵入宮使翊軍校尉齊王冏入殿廢后后與冏母有隙故倫使之后驚曰卿何爲來冏曰有詔收后后曰詔當從我出何詔也后至上閤遙呼帝曰陛下有婦使人廢之亦行自廢又問冏曰起事者誰冏曰梁趙后曰繫狗當繫頸今反繫其尾何得不然至宮西見謐尸再舉聲而哭遽止倫乃矯詔遣尚書劉弘等持節齎金屑酒賜后死后在位十一年趙粲賈午韓壽董猛等皆伏誅臨海公主先封清河洛陽之亂爲人所略傳賣吳興錢溫溫以送女女遇主甚酷元帝鎮建鄴主詣縣自言元帝誅溫及女改封臨海宗正曹統尚之

惠羊皇后諱獻容泰山南城人祖瓘父玄之並見外戚傳賈后既廢

孫秀議立后后外祖孫旂與秀合族又諸子自結於秀故以太安元年立爲皇后將入宮衣中有火成都王穎伐長沙王乂以討玄之爲名乂敗穎奏廢后爲庶人處金墉城陳眕等唱伐成都大赦復后位張方入洛又廢后方逼遷大駕幸長安留臺復后位永興初張方又廢后河間王顒矯詔以后屢爲姦人所立遣尚書田淑勑留臺賜后死詔書累至司隸校尉劉暾與尚書僕射荀藩河南尹周馥馳上奏曰奉被手詔伏讀惶悴臣按古今書籍亡國破家毀喪宗祊皆由犯衆違人之所致也陛下遷幸舊京廓然衆庶悠悠罔所依倚家有跂踵之心人想鑾輿之聲思望大德釋兵歸農而兵纏不解處處互起豈非善者不至人情猜隔故邪今上官已犯闕稱兵焚燒宮省百姓諠駭宜鎮之以靜而大使卒至赫然執藥當詣金墉內外振動謂非聖意羊庶人門戶殘破廢放空宮門禁峻密若絕天地無緣得与姦人搆亂衆無愚智皆謂不然刑書猥至罪不值辜人心一憤易致興動夫殺一人而天下喜悅者宗廟社稷之福也今殺一枯窮之人而

令天下傷慘臣懼凶豎承間妄生變故臣忝司京輦觀察衆心實以深憂宜當含忍不勝所見謹密啓聞願陛下更深與太宰參詳勿令遠近疑惑取謗天下顒見表大怒乃遣陳顏呂朗東收暾暾奔青州后遂得免帝還洛迎后復位後洛陽令何喬又廢后及張方首至其日復后位會帝崩后慮太弟立爲嫂叔不得稱太后催前太子清河王覃入將立之不果懷帝即位尊后爲惠帝皇后居弘訓宮洛陽敗沒于劉曜曜僭位以爲皇后因問曰吾何如司馬家兒后曰胡可並言陛下開基之聖主彼亡國之暗夫有一婦一子及身三耳不能庇之貴爲帝王而妻子辱於凡庶之手遣妾爾時實不思生何圖復有今日妾生於高門常謂世間男子皆然自奉巾櫛已來始知天下有丈夫耳曜甚愛寵之生曜二子而死僞謚獻文皇后

謝夫人名玖家本貧賤父以屠羊爲業玖清惠貞正而有淑姿選入後庭爲才人惠帝在東宮將納妃武帝慮太子尚幼未知帷房之事乃遣往東宮侍寢由是得幸有身賈后妬忌之玖求還西宮遂生愍懷太子年三四歲惠帝不知也入朝見愍懷與諸皇子共戲執其手武帝曰是汝兒也及立爲太子拜玖爲淑媛賈后不聽太子與玖相見處之一室及愍懷遇酷玖亦被害焉永康初詔改葬太子因贈玖夫人印綬葬顯平陵

懷王皇太后諱媛姬不知所出初入武帝宮拜中才人早卒懷帝即位追尊曰皇太后

元夏侯太妃名光姬沛國譙人也祖威兗州刺史父莊字仲容淮南太守清明亭侯妃生自華宗幼而明慧琅邪武王爲世子覲納焉生元帝及恭王薨元帝嗣立稱王太妃永嘉元年薨于江左葬琅邪國初有讖云銅馬入海建鄴期太妃小字銅環而元帝中興於江左焉

列傳第一　后妃上　晉書三十一

后妃下

元敬虞皇后諱孟母濟陽外黃人也父豫見外戚傳帝為琅邪王納后為妃無子永嘉六年薨時年三十五帝為晉王追尊為王后有司奏王后應別立廟令曰今宗廟未成不宜更興作便脩飾陵上屋以為廟太興三年冊曰皇帝咨前琅邪王妃虞氏朕祗順昊天成命用陟帝位悼妃夙徂徽音潛翳御于家邦靡所儀刑陰教有虧用傷于懷追號制謚先王之典今遣使持節兼太尉萬勝奉冊贈皇后璽綬祀以太牢魂而有靈嘉茲寵榮乃祔于太廟葬建平陵太寧中明帝追懷母養之恩贈豫妻王氏為邵陽縣君從母散騎常侍新野王罕妻為平陽鄉君

豫章君荀氏元帝宮人也初有寵生明帝及琅邪王裒由是為虞后所忌自以位卑每懷怨望為帝所譴漸見疏薄及明帝即位封建安君別立第宅太寧元年帝迎還臺內供奉隆厚及成帝立尊重同於太后咸康元年薨詔曰朕少遭閔凶慈訓無稟撫育之勤建安君之仁也一旦薨殂實思報復永惟平昔感痛哀摧其贈豫章郡君別立廟于京都

明穆庾皇后諱文君潁川鄢陵人也父琛見外戚傳后性仁慧美姿儀元帝聞之聘為太子妃以德行見重明帝即位立為皇后冊曰妃庾氏昔承明命作嬪東宮虔恭中饋思媚軌則履信思順以成肅雍之道正位閨房以著協德之美朕夙罹不造煢煢在疚羣公卿士稽之往代僉以崇嫡明統載在典謨宜建長秋以奉宗廟是以追述先志不替舊命使使持節兼太尉授皇后璽綬夫坤德尚柔婦道承姑崇粢盛之禮敦螽斯之義是以利在永貞克隆堂基母儀天下潛暢陰教鑒于六列考之篇籍禍福無門盛衰由人雖休勿休其敬之哉可不慎歟及成帝即位尊后曰皇太后羣臣奏天子幼沖宜依漢和熹皇后故事辭讓數四不得已而臨朝攝萬機后兄中書令亮管詔命公卿奏事稱皇太后陛下咸和元年有司奏請追贈后父及夫人毋丘氏后陳讓不許三請不從及蘇峻作逆京都傾覆后見逼辱遂以憂崩時年三十二后即位凡六年其後帝孝思罔極贈琛驃騎大將軍儀同三司毋丘氏安陵縣君從母荀氏永寧縣君何氏建安縣君亮表陳先志讓而不受

成恭杜皇后諱陵陽京兆人鎮南將軍預之曾孫也父乂見外戚傳成帝以后奕世名德咸康二年備禮拜為皇后即日入宮帝御太極前殿羣臣畢賀晝漏盡懸纛百官乃罷后少有姿色然長猶無齒有來求婚者輒中止及帝納采之日一夜齒盡生改宣城陵陽縣為廣陽縣七年三月后崩年二十一外官五日一臨內官旦入葬訖止后在位六年無子先是三吳女子相與簪白花望之如素柰傳言天公織女死為之著服至是而后崩帝下詔曰吉凶典儀誠宜備設然豐約之度亦當隨時況重壤之下而崇飾無用邪今山陵之事一從節儉陵中唯潔掃而已不得施塗車芻靈有司奏造凶門柏歷及調挽郎皆不許又禁遠近遣使明年元會有司奏廢樂詔廢管絃奏金石如故孝武帝寧康二年以后母裴氏為廣德縣君裴氏名穆長水校尉綽孫太傅主簿遐女太尉王夷甫外孫中表之美高於當世遐隨東海王越遇害無子唯穆渡江遂享榮慶立第南掖門外世所謂杜姥宅云

章太妃周氏以選入成帝宮有寵生哀帝及海西公始拜為貴人哀帝即位詔有司議貴人位號太尉桓溫議宜稱夫人尚書僕射江虨議應曰太夫人詔崇為皇太妃儀服與太后同又詔朝臣不為太妃敬合禮典不太常江逌議位號不極不應盡敬興寧元年薨帝欲服重江虨啟應緦麻三月詔欲降為朞虨又啟厭屈私情所以上嚴祖考帝從之

康獻褚皇后諱蒜子河南陽翟人也父裒見外戚傳后聰明有器識少以名家入為琅邪王妃及康帝即位立為皇后封母謝氏為尋陽鄉君及穆帝即位尊后曰皇太后時帝幼沖未親國政領司徒蔡謨等上奏曰嗣皇誕哲岐嶷繼承天統率土宅心兆庶蒙賴陛下體茲坤道訓隆

文毋昔塗山光夏簡狄熙殷寔由宣哲以隆休祚伏惟陛下德侔二嬀
淑美關雎臨朝攝政以寧天下今社稷危急兆庶懸命臣等章惶一日
萬機事運之期天祿所鍾非復沖虛高讓之日漢和熹順烈並亦臨朝
近明穆故事以為先制臣等不勝悲怖謹伏地上請乞陛下上順祖宗
下念臣吏推公弘道以協天人則萬邦承慶羣黎更生太后詔曰帝幼
沖當賴羣公卿士將順匡救以酬先帝禮賢之意且具舊德世濟之美
則莫重之命不墜祖宗之基有奉是其所以欲正位于內而已所奏懇
到形于翰墨執省未究以悲以懼先后允恭謙挹思順坤道所以不距
羣情固為國計豈敢執守沖闇以違先旨輒敬從所奏於是臨朝稱制
有司奏謝夫人既封荀卞二夫人亦應追贈皆后之前毋也太后不許
太常殷融議依鄭玄義衞將軍裒在宮庭則盡臣敬太后歸寧之日自
如家人之禮太后詔曰典禮誠所未詳如所奏是情所不能安也更詳
之征西將軍翼南中郎尚議謂父尊盡於一家君敬重於天下鄭玄義
合情禮之中太后從之自後朝臣皆敬裒焉帝既冠太后詔曰昔遭不
造帝在幼沖皇緒之微眇若贅旒百辟卿士率遵前朝勸喻攝政以社
稷之重先代成義僶俛敬從弗遑固守仰憑七廟之靈俯仗羣后之力
帝加元服禮成德備當陽親覽臨御萬國今歸事反政一依舊典於是
居崇德宮手詔羣公曰昔以皇帝幼沖從羣后之議既以闇弱又頻丁
極艱銜恤歷祀沉憂在疚司徒親尊德重訓救其弊王室之不壞寶公
是憑帝既備茲冠禮而四海未一五胡叛逆豺狼當路費役日興百姓
困苦願諸君子思量遠算戮力一心輔翼幼主匡救不逮未亡人永歸
別宮以終餘齒仰惟家國故以一言託懷及哀帝海西公之世太后復
臨朝稱制桓溫之廢海西公也太后方在佛屋燒香內侍啓云外有急
奏太后乃出尚倚戶前視奏數行乃曰我本自疑此至半便止索筆荅
奏云未亡人罹此百憂感念存没心焉如割溫始呈詔草慮太后意異
悚動流汗見於顏色及詔出溫大喜簡文帝即位尊后為崇德太后及
帝崩孝武帝幼沖桓溫又薨羣臣啓曰王室多故禍艱仍臻國憂始周
復喪元輔天下恇然若無攸濟主上雖聖資奇茂固天誕縱而春秋尚

富如在諒闇蒸蒸之思未遑庶事伏惟陛下德應坤厚宣慈聖善遭家
多艱臨朝親覽光大之美化洽在昔謳歌流詠播溢無外雖有莘熙殷
妊姒隆周未足以喻是以五謀克從人鬼同心仰望來蘇懸心日月夫
隨時之義周易所尚寧固社稷大人之任伏願陛下撫綜萬機釐和政
道以慰祖宗以安兆庶不勝憂國喁喁至誠太后詔曰王室不幸仍有
艱屯覽省啓事感增悲歎內外諸君並以主上春秋沖富加蒸蒸之慕
未能親覽號令宜有所由苟可安社稷利天下亦豈有所執輒敬從所
啓但闇昧之闕望盡弼諧之道於是太后復臨朝帝既冠乃詔曰皇帝
婚冠禮備遐邇宅心宜當陽親覽緝熙惟始今歸政事率由舊典於是
復稱崇德太后太元九年崩于顯陽殿年六十一在位凡四十年太后
於帝為從嫂朝議疑其服太學博士徐藻議曰資父事君而敬同又禮
云其夫屬父道者妻皆毋道也則夫屬君道妻亦后道矣服后以齊毋
之義也魯譏逆祀以明尊卑今上躬奉康穆哀皇及靖后之祀致敬同
於所天豈可敬之以君道而服廢於本親謂應齊衰碁從之
穆章何皇后諱法倪廬江灊人也父準見外戚傳以名家膺選升平元
年八月下璽書曰皇帝咨前太尉參軍何琦混元資始肇經人倫爰及
夫婦以奉天地宗廟社稷謀于公卿咸以宜率由舊典今使使持節太
常彪之宗正綜以禮納采琦荅曰前太尉參軍都鄉侯糞土臣何琦稽
首頓首再拜皇帝嘉命訪婚陋族備數採擇臣從祖弟故散騎侍郎準
之遺女未閑教訓衣履若如人欽承舊章肅奉典制又使兼太尉武陵
王晞兼太尉中領軍洽持節奉冊立為皇后后無子哀帝即位稱穆皇
后居永安宮桓玄篡位移后入司徒府路經太廟后停輿慟哭哀感路
人玄聞而怒曰天下禪代常理何預何氏女子事邪乃降后為零陵縣
君與安帝俱西至巴陵及劉裕建議殷仲文奉后還京都下令曰戎車
屢警黎元阻饑而贍御豐靡豈與百姓同其儉約減損供給勿令游過
后后以遠還欲奉拜陵廟有司以寇難未平奏停永興三年崩年六十
六在位凡四十八年
哀靖王皇后諱穆之太原晉陽人也司徒左長史濛之女也后初為琅

邪王妃哀帝即位立為皇后追贈母爰氏為安國鄉君后在位三年無
子興寧二年崩
廢帝孝庾皇后諱道憐潁川鄢陵人也父冰自有傳初為東海王妃及
帝即位立為皇后太和六年崩葬于敬平陵帝廢為海西公追貶后曰
海西公夫人太元九年海西公薨于吳又以后合葬于吳陵
簡文宣鄭太后諱阿春河南滎陽人也世為冠族祖合臨濟令父愷字
祖元安豐太守后少孤無兄弟唯姊妹四人后最長先適渤海田氏生
一男而寡依于舅濮陽吳氏元帝為丞相敬后先崩將納吳氏女為夫
人后及吳氏女並游後園或見之言於帝曰鄭氏女雖醜賢於吳氏遠
矣建武元年納為琅邪王夫人甚有寵后雖貴幸而恒有憂色帝問其
故對曰妾有妹中者已適長沙王褒餘二妹未有所適恐姊為人妾無
復求者帝因從容謂劉隗曰鄭氏二妹卿可為求佳對使不失舊隗舉
其從子傭娶第三者以小者適漢中李氏皆得舊門帝召王褒為尚書
郎以悅后意后生琅邪悼王簡文帝尋陽公主帝稱尊號后雖為夫人
詔太子及東海武陵王皆母事之帝崩后稱建平國夫人咸和元年薨
簡文帝時為琅邪王制服重有司以王出繼宜降所生國臣不能匡正
奏免國相諸葛頤王上疏曰亡母生臨臣國沒留國第臣雖出後亦無
所厭則私情得叙昔敬后崩孝王已出繼亦還服重此則明比臣所憲
章也明穆皇后不奪其志乃徙琅邪王為會稽王追號曰會稽太妃及
簡文帝即位未及追尊臨崩封皇子道子為琅邪王領會稽國奉太妃
祀太元十九年孝武帝下詔曰會稽太妃文母之德徽音有融誕載聖
明光延于晉先帝追尊聖善朝議不一道以疑屈朕述遵先志常惕于
心今仰奉遺旨依陽秋二漢孝懷皇帝故事上太妃尊號曰簡文太后
於是立廟於太廟路西陵曰嘉平時羣臣希旨多謂鄭太后應配食於
元帝者帝以問太子前率徐邈邈曰臣案陽秋之義母以子貴魯隱尊
桓母別考仲子之宮而不配食於惠廟又平素之時不伉儷於先帝至
於子孫豈可為祖考立配其崇尊盡礼由於臣子故得稱太后陵廟備
典若乃祔葬配食則義所不可從之

簡文順王皇后諱簡姬太原晉陽人也父遐見外戚傳后以冠族初為
會稽王妃生子道生為世子永和四年母子並失帝意俱被幽廢后遂
以憂薨咸安二年孝武帝即位追尊曰順皇后合葬高平陵追贈后父
遐特進光祿大夫加散騎常侍
孝武文李太后諱陵容本出微賤始簡文帝為會稽王有三子俱夭自
道生廢黜獻王早世其後諸姬絕孕將十年帝令卜者扈謙筮之曰後
房中有一女當育二貴男其一終盛晉室時徐貴人生新安公主以德
美見寵帝常冀之有娠而彌年無子會有道士許邁者朝臣時望多稱
其得道帝從容問焉答曰邁是好山水人本無道術斯事豈所能判但
殿下德厚慶深宜隆奕世之緒當從扈謙之言以存廣接之道帝然之
更加採納又數年無子乃令善相者召諸愛妾而示之皆云非其人又
悉以諸婢媵示焉時后為宮人在織坊中形長而色黑宮人皆謂之崐
崘既至相者驚云此其人也帝以大計召之以侍寢后數夢兩龍枕膝
日月入懷意以為吉祥向儕類說之帝聞而異焉遂生孝武帝及會稽
文孝王鄱陽長公主及孝武帝初即位尊為淑妃太元三年進為貴人
九年又進為夫人十二年加為皇太妃儀服一同太后十九年會稽王
道子啓母以子貴慶厚礼崇伏惟皇太妃純德光大休祐攸鍾啓嘉祚
於聖明嗣徽音於上列雖幽顯同謀而稱謂未盡非所以仰述聖心允
荅天人宜崇正名號詳案舊典八月辛巳帝臨軒遣兼太保劉耽尊為
皇太后稱崇訓宮安帝即位尊為太皇太后隆安四年崩于含章殿朝
議疑其服制左僕射何澄右僕射王雅尚書車胤孔安國祠部郎徐廣
等議曰太皇太后名位允正體同皇極理制備盡情礼兼申陽秋之義
母以子貴既稱夫人礼服從正故成風顯夫人之號昭公服三年之喪
子於父母之所生體尊義重且礼祖不厭孫固宜追服無屈而緣情立
制若嫌明文不存則疑斯從重謂應同於為祖母後齊衰三年從之皇
后及百官皆服齊衰朞永安皇后一舉哀於是設廬於西堂凶儀施于
神獸門葬脩平陵神主祔于宣太后廟
孝武定王皇后諱法慧哀靖皇后之姪也父蘊見外戚傳初帝將納后

訪于公卿于時蘊子恭以弱冠見僕射謝安安深敬重之既而謂人曰昔毛嘉恥於魏朝楊駿幾傾晉室君帝納后有父者唯蘊望如王蘊乃可既而訪蘊女容德淑令乃舉以應選寧康三年中軍將軍桓沖等奏曰臣聞天地之道蓋相須而化成帝后之德必相協而政隆然後品物流形彝倫攸序靈根長固本枝百世天人同致莫不由此是以塗山作儷而夏族以熙妊姒配周而姬祚以昌今長秋將建宜時簡擇伏聞試守晉陵太守王蘊女天性柔順四業允備且盛德之冑美善先積臣等參議可以配德乾元恭承宗廟徽音六宮母儀天下於是帝始納焉封蘊妻劉氏爲樂平鄉君后性嗜酒驕妒帝深患之乃召蘊於東堂具說后過狀令加訓誡蘊免冠謝焉后於是少自改飾太元五年崩年二十一葬隆平陵

安德陳太后諱歸女松滋潯陽人也父廣以倡進仕至平昌太守后以美色能歌彈入宮爲淑媛生安恭二帝太元十五年薨贈夫人追崇曰皇太后神主祔于宣太后廟陵曰熙平

安僖王皇后諱神愛琅邪臨沂人也父獻之見別傳母新安愍公主后以太元二十一年納爲太子妃及安帝即位立爲皇后無子義熙八年崩於徽音殿時年二十九葬休平陵

恭思褚皇后諱靈媛河南陽翟人義興太守爽之女也后初爲琅邪王妃元熙元年立爲皇后生海鹽富陽公主及帝禪位于宋降爲零陵王妃宋元嘉十三年崩時年五十三祔葬沖平陵

史臣曰方祇體安儷乾儀而合德圓穹循晷配羲曜以齊明故知陽爍陰凝萬物假其陶鑄火炎水潤六氣由其調理取辟賢淑作伉文思靈根式固寔資於此宣穆閱禮偶德潛鱗翊天造之艱虞嗣塗山之逸響寶運歸其後胤蓋有母儀之助焉武元楊氏預聞朝政明不逮遠愛溺私情深杜衞瓘之言不曉張泓之詐運其陰沴韜映乾明晉道中微基於是矣惠皇稟質天縱其嚚識暗鳴蛙智昏文蛤南風肆狡扇禍稽天初踐椒宮遽梟心於長樂方觀梓樹須鴆羽於離明褒后滅周方之蓋小末妃傾夏曾何足喻中原陷於鳴鏑其兆彰於此焉昔者高宗諒闇總百官于元老成王沖眇託萬機于上公太后御宸諒知非古而明穆康獻仍世臨朝時屬委裘躬行負扆各免華陽之釁竟躡和熹之蹤保陵遲以克終所幸實爲多矣

贊曰二妃光舜三母翼周末升夷癸褒進亡幽家邦興滅職此之由穆后沈斷忘情執契故翻辭恩池蒲起歎崇化繁祉肇基商亂二楊繼寵福極災生南風熾虐国喪身傾獻容幸乱居辱疑榮援篳廢主持尺威帝勢閒終罹殄憂以斃芬實窈窕非婉嬿呂妾變齒黃姬化芊石文遠著金行潛徙婦德傾城迷朱奪紫

列傳第二　后妃下　晉書三十二

王祥 弟覽　鄭沖

何曾 子劭 遵　石苞 子崇 孫鑠　歐陽建

王祥字休徵琅邪臨沂人漢諫議大夫吉之後也祖仁青州刺史父融公府辟不就祥性至孝早喪親繼母朱氏不慈數譖之由是失愛於父每使掃除牛下祥愈恭謹父母有疾衣不解帶湯藥必親嘗母常欲生魚時天寒冰凍祥解衣將剖冰求之冰忽自解雙鯉躍出持之而歸母又思黃雀炙復有黃雀數十飛入其幕復以供母鄉里驚歎以為孝感所致焉有丹柰結實母命守之每風雨祥輒抱樹而泣其篤孝純至如此漢末遭亂扶母攜弟覽避地廬江隱居三十餘年不應州郡之命母終居喪毀瘁杖而後起徐州刺史呂虔檄為別駕祥年垂耳順固辭不受覽勸之為具車牛祥乃應召虔委以州事于時寇盜充斥祥率勵兵士頻討破之州界清靜政化大行時人歌之曰海沂之康實賴王祥邦國不空別駕之功舉秀才除溫令累遷大司農高貴鄉公即位與定策功封關內侯拜光祿勳轉司隸校尉從討毋丘儉增邑四百戶遷太常封萬歲亭侯天子幸太學命祥為三老祥南面几杖以師道自居天子北面乞言祥陳明王聖帝君臣政化之要以訓之聞者莫不砥礪及高貴鄉公之弒也朝臣舉哀祥號哭曰老臣無狀涕淚交流眾有愧色頃之拜司空轉太尉加侍中五等建封睢陵侯邑一千六百戶及武帝為晉王祥與荀顗往謁顗謂祥曰相王尊重何侯既已盡敬今便當拜也祥曰相國誠為尊貴然是魏之宰相吾等魏之三公公王相去一階而已班例大同安有天子三司而輒拜人者損魏朝之望虧晉王之德君子愛人以禮吾不為也及入顗遂拜而祥獨長揖帝曰今日方知君見顧之重矣武帝踐阼拜太保進爵為公加置七官之職帝新受命虛己以求讜言祥與何曾鄭沖等耆艾篤老希復朝見帝遣侍中任愷諮問得失及政化所先祥以年老疲耄累乞遜位帝不許御史中丞侯史光以祥久疾闕朝會禮請免祥官詔曰太保元老高行朕所毗倚以隆政道者也前後遜讓不從所執此非有司所得議也遂寢光奏祥固乞骸

骨詔聽以睢陵公就第位同保傅在三司之右祿賜如前詔曰古之致仕不事王侯今雖以國公留居京邑不宜復苦以朝請其賜几杖不朝大事皆諮訪之賜安車駟馬第一區錢百萬絹五百匹牀帳簟褥以舍人六人為睢陵公舍人置官騎二十人以公子騎都尉肇為給事中使常優游定省又以太保高潔清素家無宅宇其權留本府須所賜第成乃出及疾篤著遺令訓子孫曰夫生之有死自然之理吾年八十有五啟手何恨不有遺言使爾無述吾生值季末登庸歷試無毗佐之勳沒無以報氣絕但洗手足不須沐浴勿纏尸皆澣故衣隨時所服所賜山玄玉佩衛氏玉玦綬笥皆勿以斂西芒上土自堅貞勿用甓石勿起墳隴穿深二丈椁取容棺勿作前堂布几筵置書箱鏡奩之具棺前但可施牀榻而已糒脯各一盤玄酒一杯為朝夕奠家人大小不須送喪大小祥乃設特牲無違余命高柴泣血三年夫子謂之愚閔子除喪出見援琴切切而哀仲尼謂之孝故哭泣之哀日月降殺飲食之宜自有制度夫言行可覆信之至也推美引過德之至也揚名顯親孝之至也兄弟怡怡宗族欣欣悌之至也臨財莫過乎讓此五者立身之本顏子所以為命未之思也夫何遠之有其子皆奉而行之泰始五年薨詔賜東園秘器朝服一具衣一襲錢三十萬布帛百匹時文明皇太后崩始踰月其後詔曰為睢陵公發哀事乃至今雖每為之感傷要未得特敘哀情今便哭之明年策謚曰元祥之薨奔赴者非朝廷之賢則親親故吏而已門無雜弔之賓族孫戎歎曰太保可謂清達矣又稱祥在正始不在能言之流及與之言理致清遠將非以德掩其言乎祥有五子肇夏馥烈芬肇孽庶夏早卒馥嗣爵咸寧初以祥家甚貧儉賜絹三百匹拜馥上洛太守卒謚曰孝子根嗣散騎郎肇仕至始平太守肇子俊守太子舍人封永世侯俊子遐鬱林太守烈芬並幼知名為祥所愛二子亦同時而亡將死烈欲還葬舊土芬欲留葬京邑祥流涕曰不忘故鄉仁也不戀本土達也惟仁與達吾二子有焉

覽字玄通母朱遇祥無道覽年數歲見祥被楚撻輒涕泣抱持至于成童每諫其母其母少止凶虐朱屢以非理使祥覽輒與祥俱又

虐使祥妻覽妻亦趨而共之朱患之乃止祥喪父之後漸有時譽朱深疾之密使酖祥覽知之徑起取酒祥疑其有毒爭而不與朱遽奪反之自後朱賜祥饌覽輒先嘗朱懼覽致斃遂止覽孝友恭恪名亞於祥及祥仕進覽亦應本郡之召稍遷司徒西曹掾清河太守五等建封即丘子邑六百戶泰始末除泓訓少府職省轉太中大夫祿賜與卿同咸寧初詔曰覽少篤至行服仁履義貞素之操長而彌固其以覽為宗正卿頃之以疾上疏乞骸骨詔聽之以太中大夫歸老賜錢二十萬牀帳薦褥遣殿中醫療疾給藥後轉光祿大夫門施行馬咸寧四年卒時年七十三謚曰貞有六子

裁字士初撫軍長史基字士先治書御史會字士和侍御史正字士則尚書郎彥字士治中護軍琛字士瑋國子祭酒初呂虔有佩刀工相之以為必登三公可服此刀虔謂祥曰苟非其人刀或為害卿有公輔之量故以相與祥始固辭彊之乃受祥臨薨以刀授覽曰汝後必興足稱此刀覽後奕世多賢才興於江左矣裁子導別有傳

鄭沖字文和滎陽開封人也起自寒微卓爾立操清恬寡欲耽翫經史遂博究儒術及百家之言有姿望動必循理任真自守不要鄉曲之譽由是州郡久不加禮及魏文帝為太子搜揚仄陋命沖為文學累遷尚書郎出補陳留太守沖以儒雅為德蒞職無幹局之譽簞食縕袍不營資產世以此重之大將軍爽引為從事中郎轉散騎常侍光祿勳嘉平三年拜司空及高貴鄉公講尚書沖執經親授與侍中鄭小同俱被賞賜俄轉司徒常道鄉公即位拜太保位在三司之上封壽光侯沖雖位階台輔而不預世事時文帝輔政平蜀之後命賈充羊祜等分定禮儀律令皆先諮於沖然後施用及魏帝告禪使沖奉策武帝踐阼拜太傅進爵為公頃之司隸李憙中丞侯史光奏沖及何曾荀顗等各以疾病俱應免官帝不許沖遂不視事表乞骸骨優詔不許遣使申喻沖固辭上貂蟬印綬詔又不許泰始六年詔曰昔漢祖以知人善任尅平宇宙推述勳勞歸美三俊遂與功臣剖符作誓藏之宗廟副在有司所以明德庸勳藩翼王室者也昔我祖考遭世多難攬授英儁與之斷金遂濟時務克定大業太傅壽光公鄭沖太保朗陵公何曾太尉臨淮公荀顗各尚德依仁明允篤誠翼亮先皇光濟帝業故司空博陵元公王沉衛將軍鉅平侯羊祜才兼文武忠肅居正朕甚嘉之書不云乎天秩有禮五服五章哉其為壽光朗陵臨淮博陵鉅平國置郎中令假夫人世子印綬食本秩三分之一皆如郡公侯比九年沖又抗表致仕詔曰太傅韞德深粹履行高潔恬遠清虛確然絕世艾服王事六十餘載忠肅在公慮不及私遂應眾舉歷登三事仍荷保傅之重綢繆論道之任光輔奕世亮茲天工迪宣謀猷弘濟大烈可謂朝之儁老眾所具瞻者也朕昧于政道庶事未康挹仰耆訓導揚厥蒙庶賴顯德緝熙有成而公屢以年高疾篤致仕告退惟從公志則朕孰與諮謀譬彼涉川罔知攸濟是用未許迄于累載而高讓彌篤至意難違覽其盛指俾朕憮然夫功成弗有上德所隆成人之美君子與焉豈必遂朕憑賴之心以枉大雅進止之度哉今聽其所執以壽光公就第位同保傅在三司之右公宜頤精養神保御太和以究遐福其賜几杖不朝古之哲王欽祗國老憲

行乞言以彌縫其闕若朝有大政皆就諮之又賜安車駟馬第一區錢百萬絹五百匹牀帳簟褥置舍人六人官騎二十人以世子徽為散騎常侍使常優游定省祿賜所供策命儀制一如舊典而有加焉明年薨帝於朝堂發哀追贈太傅賜秘器朝服衣一襲錢三十萬布百匹謚曰成咸寧初有司奏沖與安平王孚等十二人皆存銘太常配食于廟初沖與孫邕曹羲荀顗何晏共集論語諸家訓注之善者記其姓名因從其義有不安者輒改易之名曰論語集解成奏之魏朝于今傳焉沖無子以從子徽為嗣位至平原內史徽卒子簡嗣

何曾字穎考陳國陽夏人也父夔魏太僕陽武亭侯曾少襲爵好學博聞與同郡袁侃齊名魏明帝初為平原侯曾為文學及即位累遷散騎侍郎汲郡典農中郎將給事黃門侍郎上疏曰臣聞為國者以清靜為基而百姓以良吏為本今海內虛耗事役眾多誠宜恤養黎元懷以使人郡守之權雖輕猶專任千里比之於古則列國之君也上當奉宣朝恩以致惠和下當興利而除其害得其人則可安非其人則為患故漢

宣稱曰百姓所以安其田里而無歎息愁恨之心者政平訟理也與我
共此者其惟良二千石乎此誠可謂知政之本也方今國家大舉新有
發調軍師遠征上下劬勞夫百姓可與樂成難與慮始愚惑之人能厭
目前之小勤而忘為亂之大禍者是以郡守益不可不得其人才雖難
備猶宜粗有威恩為百姓所信憚者臣聞諸郡守有年老或疾病皆委
政丞掾不恤庶事或體性疏怠不以政理為意在官積年惠澤不加於
人然於考課之限罪亦不至黜免故得經延歲月而無斥罷之期臣愚
以為可密詔主者使隱核參訪郡守其有老病不隱親人物及宰牧少
恩好脩人事煩擾百姓者皆可徵還為更選代須之還散騎常侍及宣
帝將伐遼東曾上疏魏帝曰臣聞先王制法必全於慎故建官受任則
置副佐陳師命將則立監貳宣命遣使則設介副臨敵交刃又參御右
蓋以盡思謀之功防安危之變也是以在險當難則權足相濟隕缺不
豫則才足相代其為國防至深至遠及至漢氏亦循舊章韓信伐趙張
耳為貳馬援討越劉隆副軍前世之迹著在篇志今太尉奉辭誅罪精

晉列傳三　五

甲銳鋒步騎數萬道路迥阻且四千里雖假天威有征無戰寇或潛遁
消引日月命無常期人非金石遠慮詳備誠宜有副今北軍諸將及太
尉所督皆為寮屬名位不殊素無定分統御之尊卒有變急不相鎮
攝存不忘亡聖達所裁臣愚以為宜選大臣名將威重宿著者成其禮
秩遣詣北軍進同謀略退為副佐雖有萬一不虞之變軍主有儲則
無患矣帝不從出補河內太守在任有威嚴之稱徵拜侍中母憂去官
嘉平中為司隸校尉撫軍校事尹模憑寵作威姦利盈積朝野畏憚莫
敢言者曾奏劾之朝廷稱焉時曹爽專權宣帝稱疾曾亦謝病爽誅乃
起視事魏帝之廢也曾預其謀焉時步兵校尉阮籍負才放誕居喪無
禮曾面質籍於文帝座曰卿縱情背禮敗俗之人今忠賢執政綜核名
實若卿之曹不可長也因言於帝曰公方以孝治天下而聽阮籍以重
哀飲酒食肉於公座宜擯四裔無令汙染華夏帝曰此子羸病若此君
不能為吾忍邪曾重引據辭理甚切帝雖不從時人敬憚之毋丘儉誅
子甸妻荀應坐死其族兄顗族父虞並景帝姻通共表魏帝以匄其命

詔聽離婚荀所生女芝為潁川太守劉子元妻亦坐死以懷妊繫獄荀
辭詣曾乞恩曰芝繫在廷尉顧影知命計日備法乞沒為官婢以贖芝
命曾哀之騰辭上議朝廷僉以為當遂改法語在刑法志曾在司隸積
年遷尚書正元年中為鎮北將軍都督河北諸軍事假節將之鎮文帝
使武帝齊王攸辭送數十里曾盛為賓主備太牢之饌侍從吏騶莫不
醉飽帝既出又過其子劭曾先敕劭曰客必過汝汝當豫嚴劭不冠帶
停帝良久曾深以譴劭曾見崇重如此遷征北將軍進封潁昌鄉侯咸
熙初拜司徒改封朗陵侯文帝為晉王曾與高柔鄭沖俱為三公將入
見曾獨致拜盡敬二人猶揖而已武帝襲王位以曾為晉丞相加侍中
與裴秀王沈等勸進踐阼拜太尉進爵為公食邑千八百戶泰始初詔
曰蓋謨明弼諧王躬是保所以宣崇大訓克咸四海也侍中太尉何曾
立德高峻執心忠亮博物洽聞明識弘遠翼佐先皇勳庸顯著朕纂洪
業首相王室迪惟前人施于朕躬實佐命興化光贊政道夫三司之任
雖左右王事若乃予違汝弼匡救不逮則存乎保傅故將明袞職未如

晉列傳三　六

用乂厥辟之重其以曾為太保侍中如故久之以本官領司徒曾固讓
不許遣散騎常侍諭旨乃視事進位太傅曾以老年屢乞遜位詔曰太
傅明朗高亮執心弘毅可謂舊德老成國之宗臣者也而高尚其事屢
辭祿位朕以寡德憑賴保佑省覽章表實用憮然雖欲成人之美豈得
遂其雅志而忘翼佐之益哉又司徒所掌務煩不可久勞耆艾其進太
宰侍中公如故朝會劍履乘輿上殿如漢相國蕭何田千秋魏太傅鍾
繇故事賜錢百萬絹五百匹及八尺牀帳簟褥自副置長史掾屬祭酒
及員吏一依舊制所給親兵官騎如前主者依次按禮典務使優備後
每召見敕以常所飲食服物自隨令二子侍從咸寧四年薨時年八十
帝於朝堂素服舉哀賜東園祕器朝服一具衣一襲錢三十萬布百匹
將葬下禮官議謚博士秦秀謚為繆醜帝不從策謚曰孝太康末子劭
自表改謚為元曾性至孝閨門整肅自少及長無聲樂嬖幸之好年老
之後與妻相見皆正衣冠相待如賓已南向妻北面再拜上酒酬酢既畢
便出一歲如此者不過再三焉初司隸校尉傅玄著論稱曾及荀顗曰

以文王之道事其親者其潁昌何侯乎其荀侯乎古稱曾閔今曰荀何內盡其心以事其親外崇禮讓以接天下孝子百世之宗仁人天下之命有能行孝之道君子之儀表也詩云高山仰止景行行止令德不遵二夫子之景行者非樂中正之道也又曰荀何君子之宗也又曰潁昌侯之事親其盡孝子之道乎存盡其和事盡其敬亡盡其哀予於潁昌侯見之矣又曰見其親之黨如見其親六十而孺慕予於潁昌侯見之矣然性奢豪務在華侈帷帳車服窮極綺麗廚膳滋味過於王者每燕見不食大官所設帝輒命取其食蒸餅上不坼作十字不食食日萬錢猶曰無下箸處人以小紙為書者勑記室勿報劉毅等數劾奏曾侈忲無度帝以其重臣一無所問都官從事劉享嘗奏曾華侈以銅鉤紖車瑩牛蹄角後曾辟享為掾或勸勿應享謂至公之體不以私憾遂應辟曾常因小事加享杖罰其外寬內忌亦此類也時司空賈充權擬人主曾卑充而附之及與庾純因酒相競曾議黨充而抑純以此為正直所非二子遵劭劭嗣

劭字敬祖少與武帝同年有總角之好帝為王太子以劭為中庶子及即位轉散騎常侍甚見親待劭雅有姿望遠客朝見必以劭侍直每諸方貢獻帝輒賜之而觀其占謝焉咸寧初有司奏劭及兄遵等受故鬲令袁毅貨雖經赦宥宜皆禁止事下廷尉詔曰太保與毅有累世之交遵等所取差薄一皆置之遷侍中尚書惠帝即位初建東宮太子年幼欲令親萬機故盛選六傅以劭為太子太師通省尚書事後轉特進累遷尚書左僕射劭博學善屬文陳說近代事若指諸掌永康初遷司徒趙王倫篡位以劭為太宰及三王交爭劭以軒冕而游其間無怨之者而驕奢簡貴亦有父風衣裘服翫新故巨積食必盡四方珍異一日之供以錢二萬為限時論以為太官御膳無以加之然優游自足不貪權勢常語鄉人王詮曰僕雖名位過幸少無可書之事惟與夏侯長容諫授博士可傳史冊耳所撰荀粲王弼傳及諸奏議文章並行於世永寧元年薨贈司徒謚曰康子岐嗣劭初亡袁粲弔岐岐辭以疾粲獨哭而出曰今年決下婢子品王詮謂之曰知死弔死何必見生岐前多罪爾時不下何公新亡便下岐品人謂中正畏彊易弱粲乃止

遵字思祖劭庶兄也少有幹能起家散騎黃門郎散騎常侍侍中累轉大鴻臚性亦奢忲役使御府工匠作禁物又鬻行器為司隸劉毅所奏免官太康初起為魏郡太守遷太僕卿又免官卒於家四子嵩綏機羨嵩字泰基寬弘愛士博觀墳籍尤善史漢少歷清官領著作郎綏字伯蔚位至侍中尚書自以繼世名貴奢侈過度性既輕物翰札簡傲城陽王尼見綏書疏謂人曰伯蔚居亂而矜豪乃爾豈其免乎劉輿潘滔譖之於東海王越越遂誅綏初曾侍武帝宴退而告遵等曰國家應天受禪創業垂統吾每宴見未嘗聞經國遠圖惟說平生常事非貽厥孫謀之兆也及身而已後嗣其殆乎此子孫之憂也汝等猶可獲沒指諸孫曰此輩必遇亂亡也及綏死嵩哭之曰我祖其大聖乎機為鄒平令性亦矜傲責鄉里謝鯤等拜或戒之曰禮敬年爵以德為主令鯤拜勢擢傷風俗機不以為慚羨為離狐令既驕且吝陵駕人物鄉閭疾之如讎永嘉之末何氏滅亡無遺焉

石苞字仲容渤海南皮人也雅曠有智局容儀偉麗不脩小節故時人為之語曰石仲容姣無雙縣召為吏給農司馬會謁者陽翟郭玄信奉使求人為御司馬以苞及鄧艾給之行十餘里玄信謂二人曰子後並當至卿相苞曰御隸也何卿相乎既而又被使到鄴事久未決乃販鐵於鄴市市長沛國趙元儒名知人見苞異之因與結交歎苞遠量當至公輔由是知名見吏部郎許允求為小縣允謂苞曰卿是我輩人當相引在朝廷何欲小縣乎苞還歎息不意允之知己乃如此也稍遷景帝中護軍司馬宣帝聞苞好色薄行以讓景帝帝答曰苞雖細行不足而有經國才略夫貞廉之士未必能經濟世務是以齊桓忘管仲之奢僭而錄其匡合之大謀漢高捨陳平之汙行而取其六奇之妙算苞雖未可以上儔二子亦今日之選也意乃釋徙鄴典農中郎將時魏世王侯多居鄴下尚書丁謐貴傾一時並較時利苞奏列其事由是益見稱歷東萊琅邪太守所在皆有威惠遷徐州刺史文帝之敗於東關也苞獨全軍而退帝指所持節謂苞曰恨不以此授卿以究大事乃遷苞為奮武將軍假節監青州諸軍事及諸葛誕舉兵淮南苞統青州諸軍督兗

州刺史州泰徐州刺史胡質簡銳卒為游軍以備外寇吳遣大將朱異丁奉等來迎誕等留輜重於都陸輕兵渡黎水苞等逆擊大破之泰山太守胡烈以奇兵詭道襲都陸盡焚其委輸異等收餘衆而退壽春平拜苞鎮東將軍封東光侯假節頃之代王基都督揚州諸軍事苞因入朝當還辭高貴鄉公留語盡日既出白文帝曰非常主也數日而有成濟之事後進位征東大將軍俄遷驃騎將軍文帝崩賈充荀勗議葬禮未定苞時奔喪慟哭曰基業如此而以人臣終乎葬禮乃定後每與陳騫諷魏帝以歷數已終天命有在及禪位苞有力焉武帝踐阼遷大司馬進封樂陵郡公加侍中羽葆鼓吹自諸葛誕破滅苞便鎮撫淮南士馬彊盛邊境多務苞既勤庶事又以威惠服物淮北監軍王琛輕苞素微又聞童謠曰宮中大馬幾作驢大石壓之不得舒因是密表苞與吳人交通先時望氣者云東南有大兵起及琛表至武帝甚疑之會荊州刺史胡烈表吳人欲大出為寇苞亦聞吳師將入乃築壘遏水以自固帝聞之謂羊祜曰吳人每來常東西相應無緣偏爾豈石苞果有不順乎祜深明之而帝猶疑焉會苞子喬為尚書郎上召之經日不至帝謂為必叛欲討苞而隱其事遂下詔以苞不料賊勢築壘遏水勞擾百姓策免其官遣太尉義陽王望率大軍徵之以備非常又勑鎮東將軍琅邪王伷自下邳會壽春苞用掾孫鑠計放兵步出住都亭待罪帝聞之意解及苞詣闕以公還第苞自恥受任無效而無怨色時鄴奚官督郭廙上書理苞帝詔曰前大司馬苞忠允清亮才經世務幹用之績所歷可紀宜掌教典以讚時政其以苞為司徒有司奏苞前有折撓不堪其任以公還第已為弘厚不宜擢用詔曰吳人輕脃終無能為故疆埸之事但欲完固守備使不得越逸而已以苞計畫不同慮敵過甚故徵還更授昔鄧禹撓於關中而終輔漢室豈以一眚而掩大德哉於是就位苞奏州郡農桑未有賞罰之制宜遣掾屬循行皆當均其土宜舉其殿最然後黜陟焉詔曰農殖者為政之本有國之大務也雖欲安時興化不先富而教之其道無由而至今四海多事軍國用廣加承征役之後屢有水旱之事倉庫不充百姓無積古者稼穡樹藝司徒掌之今雖登

論道然經國立政惟時所急故陶唐之世稷官為重今司徒位當其任乃心王事有毀家紓國乾乾匪躬之志其使司徒督察州郡播殖將委事任成垂拱仰辦若宜有所循行者其增置掾屬十人聽取王官更練事業者苞在位稱為忠勤帝每委任焉泰始八年薨帝發哀於朝堂賜秘器朝服一具衣一襲錢三十萬布百匹及葬給節幢麾曲蓋追鋒車鼓吹介士大車皆如魏司空陳泰故事車駕臨送於東掖門外策謚曰武咸寧初詔苞等並為王功列於銘饗苞豫為終制曰延陵薄葬孔子以為達禮華元厚葬春秋以為不臣古之明義也自今死亡者皆斂以時服不得兼重又不得飯唅為愚俗所為又不得設牀帳明器也定窆之後復土滿坎一不得起墳種樹昔王孫裸葬矯時其子奉命君子不譏況於合禮典者邪諸子皆奉遵遺令又斷親戚故吏設祭有六子越喬統浚儁崇以統為嗣統字弘緒歷位射聲校尉大鴻臚子順為尚書郎越字弘倫早卒喬字弘祖歷尚書郎散騎侍郎帝既召喬不得深疑苞反及苞至有慙色謂之曰卿子幾破卿門苞遂廢之終身不聽仕又以有譏行徙頓丘與弟崇同被害二子超熙亡走得免成都王穎之起義也以超為折衝將軍討孫秀以功封侯又為振武將軍征荊州賊李辰穎與長沙王乂相攻超常為前鋒遷中護軍陳眕等挾惠帝北伐超走還鄴穎使超距帝於蕩陰王師敗績超逼帝幸鄴宮會王浚攻穎於鄴穎以超為右將軍以距浚大敗而歸從駕之洛陽西遷長安河間王顒以超領北中郎將使與穎共距東海王越超於滎陽募兵右將軍王闡與典兵中郎趙則並受超節度為豫州刺史劉喬繼援范陽王虓逆擊斬超而熙得走免永嘉中為太傅越參軍浚字景倫清儉有鑒識敬愛人物位至黃門侍郎為當世名士早卒儁字彥倫少有名譽議者稱為令器官至陽平太守早卒

崇字季倫生於青州故小名齊奴少敏惠勇而有謀苞臨終分財物與諸子獨不及崇其母以為言苞曰此兒雖小後自能得年二十餘為脩武令有能名入為散騎郎遷城陽太守伐吳有功封安陽鄉侯在郡雖有職務好學不倦以疾自解頃之拜黃門郎兄統忤扶風王駿有司承

言奏統將加重罰既而見原以崇不詣闕謝恩有司欲復加統罪崇自
表曰臣兄統以先父之恩早被優遇出入清顯歷位盡勤伏度聖心有
以垂察近爲扶風王駿橫所誣謗司隷中丞等飛筆重奏劾案深文累
塵天聽臣兄弟跼蹐憂心如悸駿戚屬尊重權要赫奕內外有司望風
承旨苟有所惡易於投卵自統枉劾以來臣兄弟不敢一言稍自申理
戢舌鉗口惟須刑書古人稱榮華於順旨枯槁於逆違誠哉斯言於今
信矣是以雖董司直繩不能不深其文抱枉含謗不得不輸其理幸賴
陛下天聽四達靈鑒昭遠存先父勳德之重察臣等勉勵之志中詔申
料罪譴澄雪臣等刻肌碎首未足上報臣即以今月十四日與兄統浚
等詣公車門拜表謝恩伏度奏御之日暨經天聽此月二十日忽被蘭
臺禁止符以統蒙宥恩出非常臣晏然私門曾不陳謝復見彈奏訕辱
理盡臣始聞此惶懼狼狽靜而思之固無怪也苟尊勢所驅何所不至
望奉法之直繩不可得也臣以凡才累荷顯重不能負載析薪以荅萬
分一月之中奏劾頻加曲之與直非臣所計所愧不能承奉戚屬自陷

於此不媚於竈實愧王孫隨巢子稱明君之德察情爲上察事次之所
懷具經聖聽伏待罪黜無所多言由是事解累遷散騎常侍侍中武帝
以崇功臣子有幹局深器重之元康初楊駿輔政大開封賞多樹黨援
崇與散騎郎蜀郡何攀共立議奏於惠帝曰陛下聖德光被皇靈啓祚
正位東宮二十餘年道化宣流萬國歸心今承洪基此乃天授至於班
賞行爵優於泰始革命之初不安一也吳會僭逆幾於百年邊境被其
荼毒朝廷爲之旰食先帝決獨斷之聰奮神武之略蕩滅逋寇易於摧
枯然謀臣猛將猶有致思竭力之效而今恩澤之封優於滅吳之功不
安二也上天眷祐實在大晉卜世之數莫知其紀今之開制當垂于後
若尊卑無差有爵必進數世之後莫非公侯不安三也臣等敢冒陳聞
竊謂泰始之初及平吳論功制度名牒皆悉具存縱不能遠遵古典尚
當依準舊事書奏弗納出爲南中郎將荊州刺史領南蠻校尉加鷹揚
將軍崇在南中得鴆鳥雛以與後軍將軍王愷時制鴆鳥不得過江爲
司隷校尉傅祗所糾詔原之燒鴆於都街崇穎悟有才氣而任俠無行

檢在荊州劫遠使商客致富不貲徵爲大司農以徵書未至擅去官免
頃之拜太僕出爲征虜將軍假節監徐州諸軍事鎮下邳崇有別館在
河陽之金谷一名梓澤送者傾都帳飲於此焉至鎮與徐州刺史高誕
爭酒相侮爲軍司所奏免官復拜衛尉與潘岳諂事賈謐謐與之親善
號曰二十四友廣城君每出崇降車路左望塵而拜其卑佞如此財產
豐積室宇宏麗後房百數皆曳紈繡珥金翠絲竹盡當時之選庖膳窮
水陸之珍與貴戚王愷羊琇之徒以奢靡相尚愷以粭澳釜崇以蠟代
薪愷作紫絲布步鄣四十里崇作錦步障五十里以敵之崇塗屋以椒
愷用赤石脂崇愷爭豪如此武帝每助愷嘗以珊瑚樹賜之高二尺許
枝柯扶疏世所罕比愷以示崇崇便以鐵如意擊之應手而碎愷既惋
惜又以爲疾已之寶聲色方厲崇曰不足多恨今還卿乃命左右悉取
珊瑚樹有高三四尺者六七株條幹絕俗光彩耀日如愷比者甚衆愷
怳然自失矣崇爲客作豆粥咄嗟便辦每冬得韭蓱虀嘗與愷出游爭
入洛城崇牛迅若飛禽愷絕不能及愷每以此三事爲恨乃密貨崇帳下

問其所以荅云豆至難煑豫作熟末客來但作白粥以投之耳韭蓱虀
是擣韭根雜以麥苗耳牛奔不遲良由馭者逐不及反制之可聽蹁轅
田轅則駃矣於是悉從之遂爭長焉崇後知之因殺所告者嘗與王敦
入太學見顏回原憲之象顧而歎曰若與之同升孔堂去人何必有間
敦曰不知餘人云何子貢去卿差近崇正色曰士當身名俱泰何至甕
牖哉其立意類此劉輿兄弟少時爲王愷所嫉愷召之宿因欲坑之崇
素與輿等善聞當有變夜馳詣愷問二劉所在愷迫卒不得隱崇徑進
於後齋索出同車而去語曰年少何以輕就人宿輿深德之及賈謐誅
崇以黨與免官時趙王倫專權崇甥歐陽建與倫有隙崇有妓曰綠珠
美而豔善吹笛孫秀使人求之崇時在金谷別館方登凉臺臨清流婦
人侍側使者以告崇盡出其婢妾數十人以示之皆蘊蘭麝被羅縠曰
在所擇使者曰君侯服御麗則麗矣然本受命指索綠珠不識孰是崇
勃然曰綠珠吾所愛不可得也使者曰君侯博古知今察遠照邇願加
三思崇曰不然使者出而又反崇竟不許秀怒乃勸倫誅崇建崇建亦

潛知其計乃與黄門郎潘岳陰勸淮南王允齊王冏以圖倫秀秀與覺之
遂矯詔收崇及潘岳歐陽建崇正宴於樓上介士到門崇謂緑珠曰
我今為爾得罪緑珠泣曰當效死於官前因自投于樓下而死崇曰吾
不過流徙交廣耳及車載詣東市崇乃歎曰奴輩利吾家財收者荅曰
知財致害何不早散之崇不能荅崇母兄妻子無少長皆被害死者十
五人崇時年五十二初崇家稻米飯在地經宿皆化為螺時人以為族
滅之應有司簿閲崇水碓三十餘區蒼頭八百餘人他珍寶貨賄田宅
稱是及惠帝復阼詔以卿禮葬之封崇從孫演為樂陵公苞曾孫樸字
玄真為人謹厚無他材藝没於胡石勒以與樸同姓俱出河北引樸為
宗室特加優寵位至司徒

歐陽建字堅石世為冀方右族雅有理思才藻美贍擅名北州時人為
之語曰渤海赫赫歐陽堅石辟公府歷山陽令尚書郎馮翊太守甚得
時譽及遇禍莫不悼惜之年三十餘臨命作詩文甚哀楚

孫鑠字巨鄴河内懷人也少樂為縣吏太守吴奮轉以為主簿鑠自微
賤登綱紀時僚大姓猶不與鑠同坐奮大怒遂薦鑠為司隸都官從事
司隸校尉劉訥甚知賞之時奮又薦鑠於大司馬石苞苞辟為掾鑠將
應命行達許昌會臺已密遣輕軍襲苞于時汝陰王鎮許鑠過謁之王
先識鑠以鄉里之情私告鑠曰無與禍鑠既出即馳詣壽春為苞畫計
苞賴而獲免遷尚書郎在職駮議十有餘事為當時所稱

史臣曰若夫經為帝師鄭冲於焉無愧孝為德本王祥所以當仁何曾
善其親而及其親之黨者也夏禹恭儉郡因損益牲牢服用各有品章
諸侯不常牛命士不恒豕御而驕奢其關乎治政秉時立制莫不由之
石崇學乃多聞情乖寡悔超四豪而取富踰五侯而競爽春畦靃靡列
於凝冱之晨錦鄣逶迤亘以山川之外撞鍾舞女流宕忘歸至於金谷
含悲吹樓將墜所謂高蟬處乎輕陰不知螳蜋襲其後也

贊曰鄭冲含素王祥邁暮百行斯融雙飛天路何石殊操芳餌標奇帝
風流靡崇心載馳矜奢不極寇害成貲邦分身墜樂往哀隨

列傳第三　　晉書三十三

列傳第四　　晉書三十四

御撰

羊祜　杜預　子錫

羊祜字叔子泰山南城人也世吏二千石至祜九世並以清德聞祖續
仕漢南陽太守父衜上黨太守祜蔡邕外孫景獻皇后同產弟祜年十
二喪父孝思過禮事叔父耽甚謹嘗遊汶水之濱遇父老謂之曰孺子
有好相年未六十必建大功於天下既而去莫知所在及長博學能屬
文身長七尺三寸美鬚眉善談論郡將夏侯威異之以兄霸之子妻之
舉上計吏州四辟從事秀才五府交命皆不就太原郭奕見之曰此今
之顔子也與王沈俱被曹爽辟沉勸就徵祜曰委質事人復何容易及
爽敗沉以故吏免因謂祜曰常識卿前語祜曰此非始慮所及其先識
不伐如此夏侯霸之降蜀也姻親多告絶祜獨安其室恩禮有加焉尋
遭母憂長兄發又卒毁慕寢頓十餘年以道素自居恂恂若儒者文帝
為大將軍辟祜未就公車徵拜中書侍郎俄遷給事中黄門郎時高貴
鄉公好屬文在位者多獻詩賦汝南和逌以忤意見斥祜在其間不得

而親疎有識尚焉陳留王立賜爵關中侯邑百戸以少帝不願為侍臣
求出補吏徙秘書監及五等建封鉅平子邑六百戸鍾會有寵而忌祜
亦憚之及會誅拜相國從事中郎與荀勗共掌機密遷中領軍悉統宿
衛入直殿中執兵之要事兼内外武帝受禪以佐命之勳進號中軍將
軍加散騎常侍改封郡公邑二千戸固讓封不受乃進本爵為侯置郎
中令備九官之職加夫人印綬泰始初詔曰夫總齊機衡允釐六職朝
政之本也祜執德清劭忠亮純茂經緯文武謇謇正直雖處腹心之任
而不總樞機之重非垂拱無為委任責成之意也其以祜為尚書右僕
射衛將軍給本營兵時王佑賈充裴秀皆前朝名望祜每讓不處其右
帝將有滅吴之志以祜為都督荆州諸軍事假節散騎常侍衛將軍如
故祜率營兵出鎮南夏開設庠序綏懷遠近甚得江漢之心與吴人開
布大信降者欲去皆聽之時長吏喪官後人惡之多毁壞舊府祜以死
生有命非由居室書下征鎮普加禁斷吴石城守去襄陽七百餘里每為
邊害祜患之竟以詭計令吴罷守於是戍邏減半分以墾田八百餘頃

大獲其利祜之始至也軍無百日之糧及至季年有十年之積詔罷江北都督置南中郎將以所統諸軍在漢東江夏者皆以益祜祜在軍常輕裘緩帶身不被甲鈴閤之下侍衛者不過十數而頗以畋漁廢政嘗欲夜出軍司徐胤執棨當營門曰將軍都督萬里安可輕脫將軍之安危亦國家之安危也胤今日若死此門乃開耳祜改容謝之此後稀出矣後加車騎將軍開府如三司之儀祜上表固讓曰臣伏聞恩詔拔臣使同台司臣自出身以來適十數年受任外內每極顯重之任常以智力不可頓進恩寵不可久謬夙夜戰悚以榮為憂臣聞古人之言德未為人所服而受高爵則使才臣不進功未為人所歸而荷厚祿則使勞臣不勸今臣身託外戚事連運會誡在過寵不患見遺而猥降發中之詔加非次之榮臣有何功可以堪之何心可以安之身辱高位傾覆尋至願守先人弊廬豈可得哉違命誠忤天威曲從即復若此蓋聞古人申於見知大臣之節不可則止臣雖小人敢緣所蒙念存斯義今天下自服化以來方漸八年雖側席求賢不遺幽賤然臣不能推有德達有

功使聖聽知勝臣者多未達者不少假令有遺德於版築之下有隱才於屠釣之間而朝議用臣不以為非臣處之不以為愧所失豈不大哉臣忝竊雖久未若今日兼文武之極寵等宰輔之高位也且臣雖所見者狹據今光祿大夫李熹執節高亮在公正色光祿大夫魯芝潔身寡欲和而不同光祿大夫李胤清亮簡素立身在朝皆服事華髮以禮終始雖歷位外內之寵不異寒賤之家而猶未蒙此選臣更越之何以塞天下之望少益日月是以誓心守節無苟進之志今道路行通方隅多事乞留前恩使臣得速還屯不爾留連必於外虞有闕匹夫之志有不可奪不聽及還鎮吳西陵督步闡舉城來降吳將陸抗攻之甚急詔祜迎闡祜率兵五萬出江陵遣荊州刺史楊肇攻抗不剋闡竟為抗所擒有司奏祜所統八萬餘人賊眾不過三萬祜頓兵江陵使賊備得設乃遣楊肇偏軍入險兵少糧懸軍人挫衄背違詔命無大臣節可免官以侯就第竟坐貶為平南將軍而免楊肇為庶人祜以孟獻營武牢而鄭人懼晏弱城東陽而萊子服乃進據險要開建五城收膏腴之地奪吳

人之資石城以西盡為晉有自是前後降者不絕乃增脩德信以懷初附慨然有吞并之心每與吳人交兵尅日方戰不為掩襲之計將帥有欲進譎詐之策者輒飲以醇酒使不得言人有略吳二兒為俘者祜遣送還其家後吳將夏詳邵顗等來降二兒之父亦率其屬與俱吳將陳尚潘景來寇祜追斬之美其死節而厚加殯斂景尚子弟迎喪祜以禮遣還吳將鄧香掠夏口祜募生縛香既至宥之香感其恩甚率部曲而降祜出軍行吳境刈穀為糧皆計所侵送絹償之每會眾江沔遊獵常止晉地若禽獸先為吳人所傷而為晉兵所得者皆封還之於是吳人翕然悅服稱為羊公不之名也祜與陸抗相對使命交通抗稱祜之德量雖樂毅諸葛孔明不能過也抗嘗病祜饋之藥抗服之無疑心人多諫抗抗曰羊祜豈酖人者時談以為華元子反復見於今抗每告其戍曰彼專為德我專為暴是不戰而自服也各保分界而已無求細利孫皓聞二境交和以詰抗抗曰一邑一鄉不可以無信義況大國乎臣不如此正是彰其德於祜無傷也祜貞慤無私疾惡邪佞荀勗馮紞之徒

甚忌之從甥王衍嘗詣祜陳事辭甚俊辯祜不然之衍拂衣而起祜顧謂賓客曰王夷甫方以盛名處大位然敗俗傷化必此人也步闡之役祜以軍法將斬王戎故戎衍並憾之每言論多毀祜時人為之語曰二王當國羊公無德咸寧初除征南大將軍開府儀同三司得專辟召初祜以伐吳必藉上流之勢又時吳有童謠曰阿童復阿童銜刀浮渡江不畏岸上獸但畏水中龍祜聞之曰此必水軍有功但當思應其名者耳會益州刺史王濬徵為大司農祜知其可任濬又小字阿童因表留濬監益州諸軍事加龍驤將軍密令脩舟檝為順流之計祜繕甲訓卒廣為戎備至是上疏曰先帝順天應時西平巴蜀南和吳會海內得以休息兆庶有樂安之心而吳復背信使邊事更興夫期運雖天所授而功業必由人而成不一大舉埽滅則眾役無時得安亦所以隆先帝之勳成無為之化也故堯有丹水之伐舜有三苗之征咸以寧靜宇宙戢兵和眾者也蜀平之時天下皆謂吳當并亡自此來十三年是謂一周平定之期復在今日矣議者常言吳楚有道後服無禮先強此乃諸侯

之時耳當今一統不得與古同諭夫適道之論皆未應權是故謀之雖多而決之欲獨凡以險阻得存者謂所敵者同力足自固苟其輕重不齊強弱異勢則智士不能謀而險阻不可保也蜀之為國非不險也高山尋雲霓深谷肆無景束馬懸車然後得濟皆言一夫荷戟千人莫當及進兵之日曾無藩籬之限斬將搴旗伏尸數萬乘勝席卷徑至成都漢中諸城皆鳥栖而不敢出非皆無戰心誠力不足相抗至劉禪降服諸營堡者索然俱散今江淮之難不過劍閣山川之險不過岷漢孫皓之暴侈於劉禪吳人之困甚於巴蜀而大晉兵眾多於前世資儲器械盛於往時今不於此平吳而更阻兵相守征夫苦役日尋干戈經歷盛衰不可長久宜當時定以一四海今若引梁益之兵水陸俱下荊楚之眾進臨江陵平南豫州直指夏口徐揚青兗並向秣陵鼓旆以疑之多方以誤之以一隅之吳當天下之眾勢分形散所備皆急巴漢奇兵出其空虛一處傾壞則上下震蕩吳緣江為國無有內外東西數千里以藩籬自持所敵者大無有寧息孫皓恣情任意與下多忌名臣重將不復自信是以孫秀之徒皆畏逼而至將疑於朝士困於野無有保世之計一定之心平常之日猶懷去就兵臨之際必有應者終不能齊力致死已可知也其俗急速不能持久弓弩戟楯不如中國唯有水戰是其所便一入其境則長江非復所固還保城池則去長入短而官軍懸進人有致節之志吳人戰於其內有憑城之心如此軍不踰時克可必矣帝深納之會秦涼屢敗祜復表曰吳平則胡自定但當速濟大功耳而議者多不同祜歎曰天下不如意恒十居七八故有當斷不斷天與不取豈非更事者恨於後時哉其後詔以泰山之南武陽牟南城梁父平陽五縣為南城郡封祜為南城侯置相與郡公同祜讓曰昔張良請受留萬戶漢祖不奪其志臣受鉅平於先帝敢辱重爵以速官謗固執不拜帝許之祜每被登進常守沖退至心素著故特見申於分列之外是以名德遠播朝野具瞻搢紳僉議當居台輔帝方有兼并之志杖祜以東南之任故寢之祜歷職二朝任典樞要政事損益皆諮訪焉勢利之求無所關與其嘉謀讜議皆焚其草故世莫聞凡所進達人皆不知所

由或謂祜慎密太過者祜曰是何言歟夫入則造膝出則詭辭君臣不密之誡吾惟懼其不及不能舉賢取異豈得不愧知人之難哉且拜爵公朝謝恩私門吾所不取祜女夫嘗勸祜有所營置令有歸戴者可不美乎祜默然不應退告諸子曰此可謂知其一不知其二人臣樹私則背公是大惑也汝宜識吾此意嘗與從弟琇書曰既定邊事當角巾東路歸故里為容棺之墟以白士而居重位何能不以盛滿受責乎疏廣是吾師也祜樂山水每風景必造峴山置酒言詠終日不倦嘗慨然歎息顧謂從事中郎鄒湛等曰自有宇宙便有此山由來賢達勝士登此遠望如我與卿者多矣皆湮滅無聞使人悲傷如百歲後有知魂魄猶應登此也湛曰公德冠四海道嗣前哲令問令望必與此山俱傳至若湛輩乃當如公言耳祜當討吳賊有功將進爵土乞以賜舅子蔡襲詔封襲關內侯邑三百戶會吳人寇弋陽江夏略戶口詔遣侍臣移書詰祜不追討之意并欲移州復舊之宜祜曰江夏去襄陽八百里比知賊問賊去亦已經日矣步軍方往安能救之哉勞師以免責恐非事宜也昔魏武帝置都督類皆與州相近以兵勢好合惡離疆場之間一彼一此慎守而已古之善教也若輒徙州賊出無常亦未知州之所宜據也使者不能詰祜寢疾求入朝既至洛陽會景獻宮車在殯哀慟至篤中詔申諭扶疾引見命乘輦入殿無下拜甚見優禮及侍坐面陳伐吳之計帝以其病不宜常入遣中書令張華問其籌策祜曰今主上有禪代之美而功德未著吳人虐政已甚可不戰而克混一六合以興文教則主齊堯舜臣同稷契為百代之盛軌如舍之若孫皓不幸而沒吳人更立令主雖百萬之眾長江未可而越也將為後患乎華深贊成其計祜謂華曰成吾志者子也帝欲使祜臥護諸將祜曰取吳不必須臣自行但既平之後當勞聖慮耳功名之際臣所不敢居若事了當有所付授願審擇其人疾漸篤乃舉杜預自代尋卒時年五十八帝素服哭之甚哀是日大寒帝涕淚霑鬚鬢皆為冰焉南州人征市日聞祜喪莫不號慟罷市巷哭者聲相接吳守邊將士亦為之泣其仁德所感如此賜以東園秘器朝服一襲錢三十萬布百匹詔曰征南大將軍南城侯祜蹈

德冲素思心清遠始在內職值登大命乃心篤誠左右王事入綜機密出統方岳當終顯烈永輔朕躬而奄忽殂隕悼之傷懷其追贈侍中太傅持節如故祜立身清儉被服率素祿俸所資皆以贍給九族賞賜軍士家無餘財遺令不得以南城侯入柩從弟琇等述祜素志求葬於先人墓次帝不許賜去城十里外近陵葬地一頃謚曰成祜喪既引帝於大司馬門南臨送祜甥齊王攸表祜妻不以侯斂之意帝乃詔曰祜固讓歷年志不可奪身沒讓存遺操益厲此夷叔所以稱賢季子所以全節也今聽復本封以彰高美初文帝崩祜謂傅玄曰三年之喪雖貴遂服自天子達而漢文除之毀禮傷義常以歎息今主上天縱至孝有曾閔之性雖奪其服實行喪禮喪禮實行除服何為邪若因此革漢魏之薄而興先王之法以敦風俗垂美百代不亦善乎玄曰漢文以末世淺薄不能行國君之喪故因而除之除之數百年一旦復古難行也祜曰不能使天下如禮且使主上遂服不猶善乎玄曰主上不除而天下除此為但有父子無復君臣三綱之道虧矣祜乃止祜所著文章及為老子傳並行於世襄陽百姓於峴山祜平生游憩之所建碑立廟歲時饗祭焉望其碑者莫不流涕杜預因名為墮淚碑荊州人為祜諱名屋室皆以門為稱改戶曹為辭曹焉祜開府累年謙讓不辟士始有所命會卒不得除署故參佐劉儈趙寅劉弥孫勃等牋詣預曰昔以謬選忝備官屬各得與前征南大將軍祜參同庶事祜執德冲虛操尚清遠德高而體卑位優而行恭前膺顯命來撫南夏既有三司之儀復加大將軍之號雖居其位不行其制至今海內渴佇羣俊望風涉其門者貪夫反廉懦夫立志雖夷惠之操無以尚也自鎮北境政化被乎江漢潛謀遠計闢國開疆諸所規摹皆有軌量志存公家以死勤事始辟四掾未至而隕夫舉賢報國台輔之遠任也搜揚側陋亦台輔之宿心也中道而廢亦台輔之私恨也履謙積稔晚節不遂此遠近所以為之感痛者也昔召伯所憩愛流甘棠宣子所游封殖其樹夫思其人尚及其樹況生存所辟之士便當隨例放棄者乎乞蒙列上得依已至掾屬預表曰祜雖開府而不備僚屬引謙之至宜見顯明及扶疾辟士未到而沒家無

胤嗣官無命士此方之望隱憂載懷夫篤終追遠人德歸厚漢祖不惜四千戶之封以慰趙子弟心請議之詔不許祜卒二歲而吳平羣臣上壽帝執爵流涕曰此羊太傅之功也因以剋定之功策告祜廟仍依蕭何故事封其夫人策曰皇帝使謁者杜宏告故侍中太傅鉅平成侯祜昔吳為不恭負險稱號郊境不闢多歷年所祜受任南夏思靜其難外揚王化內經廟略著德推誠江漢歸心舉有成資謀有全策昊天不弔所志不卒朕用悼恨于厥心乃班命羣帥致天之討兵不踰時一征而滅疇昔之規若合符契夫賞不失勞國有彝典宜增啟土宇以崇前命而重違公高讓之素今封夫人夏侯氏萬歲鄉君食邑五千戶又賜帛萬匹穀萬斛祜年五歲時令乳母取所弄金環乳母曰汝先無此物祜即詣鄰人李氏東垣桑樹中探得之主人驚曰此吾亡兒所失物也云何持去乳母具言之李氏悲惋時人異之謂李氏子則祜之前身也又有善相墓者言祜祖墓所有帝王氣若鑿之則無後祜遂鑿之相者見曰猶出折臂三公而祜竟墮馬折臂位至公而無子帝以祜兄子暨為嗣暨以父沒不得為人後帝又令暨弟伊為祜後又不奉詔帝怒並收免之太康二年以伊弟篇為鉅平侯奉祜嗣篇歷官清慎有私牛於官舍產犢及遷而留之位至散騎常侍早卒孝武太元中封祜兄玄孫之子法興為鉅平侯邑五千戶以桓玄黨誅國除尚書祠部郎荀伯子上表訟之曰臣聞咎繇亡嗣臧文以為深歎伯氏奪邑管仲所以稱仁功高可百世不泯濫賞無得崇朝故太傅鉅平侯羊祜明德通賢國之宗主勳參佐命功成平吳而後嗣闕然烝嘗莫寄漢以蕭何元功故絕世輒繼愚謂鉅平封宜同酇國故太尉廣陵公準黨翼賊倫禍加淮南因逆為利竊饗大邦值西朝政刑失裁中興因而不奪今王道惟新豈可不大判臧否謂廣陵國宜在削除故太保衛瓘本爵菑陽縣公既被橫害乃進茅土始贈蘭陵又轉江夏中朝名臣多非理終瓘功德無殊而獨受偏賞謂宜罷其郡封復邑菑陽則與奪有倫善惡分矣竟寢不報祜前母孔融女生兄發官至都督淮北護軍初發與祜同母兄承俱得病祜母度不能兩存乃專心養發故得濟而承竟死發長子倫高陽相倫

弟暨陽平太守暨弟伊初爲車騎賈充掾後歷平南將軍都督江北諸軍事鎮宛爲張昌所殺追贈鎮南將軍祜伯父祕官至京兆太守子祉魏郡太守祕孫亮字長玄有才能多計數與之交者必僞盡款誠人皆謂得其心而殊非其實也初爲太傅楊駿參軍時京兆多盜竊駿欲更重其法盜百錢加大辟請官屬會議亮曰昔楚江乙母失布以爲盜由令尹公若無欲盜宜自止何重法爲駿慚而止累轉大鴻臚時惠帝在長安亮與關東連謀內不自安奔于并州爲劉元海所害亮弟陶爲徐州刺史

杜預字元凱京兆杜陵人也祖畿魏尚書僕射父恕幽州刺史預博學多通明於興廢之道常言德不可以企及立功立言可庶幾也初其父與宣帝不相能遂以幽死故預久不得調文帝嗣立預尚帝妹高陸公主起家拜尚書郎襲祖爵豐樂亭侯在職四年轉參相府軍事鍾會伐蜀以預爲鎮西長史及會反寮佐並遇害唯預以智獲免增邑千一百五十戶與車騎將軍賈充等定律令既成預爲之注解乃奏之曰法者蓋繩墨之斷例非窮理盡性之書也故文約而例直聽省而禁簡例直易見禁簡難犯易見則人知所避難犯則幾於刑厝刑之本在於簡直故必審名分審名分者必忍小理古之刑書銘之鍾鼎鑄之金石所以遠塞異端使無淫巧也今所注皆網羅法意格之以名分使用之者執名例以審趣舍伸繩墨之直去析薪之理也詔班于天下泰始中守河南尹預以京師王化之始自近及遠凡所施論務崇大體受詔爲黜陟之課其略曰臣聞上古之政因循自然虛己委誠而信順之道應神感心通而天下之理得逮至淳樸漸散彰美顯惡設官分職以頒爵祿弘宣六典以詳考察然猶倚明哲之輔建忠貞之司使名不得越功而獨美功不得後名而獨隱皆疇咨博詢敷納以言及至末世不能紀遠而求於密微疑諸心而信耳目疑耳目而信簡書簡書愈繁官方愈僞法令滋章巧飾彌多昔漢之制史亦歲終奏事不制算課而清濁粗舉魏氏考課即京房之遺意其文可謂至密然由於累細以違其體故歷代不能通也豈若申唐堯之舊去密就簡則簡而易從也夫宜盡物理

神而明之存乎其人去人而任法則以傷理今科舉優劣莫若委任達官各考所統在官一年以後每歲言優者一人爲上第劣者一人爲下第因計偕以名聞如此六載主者總集採案其六歲處優舉者超用之六歲處劣舉者奏免之其優多劣少者敘用之劣多優少者左遷之今考課之品所對不鈞誠有難易若以難取優以易而否主者固當准量輕重微加降殺不足復曲以法盡也己丑詔書以考課難成聽通薦例薦例之理即亦取於風聲六年頓薦黜陟無漸又非古者三考之意也今每歲一考則積優以成陟累劣以取黜以士君子之心相處未有官故六年六黜清能六進否劣者也監司將亦隨而彈之若令上下公相容過此爲清議大頹亦無取於黜陟也司隸校尉石鑒以宿憾奏預免職時虜寇隴右以預爲安西軍司給兵三百人騎百匹到長安更除秦州刺史領東羌校尉輕車將軍假節屬虜兵強盛石鑒時爲安西將軍使預出兵擊之預以虜乘勝馬肥而官軍縣乏宜并力大運須春進討陳五不可四不須鑒大怒復奏預擅飾城門官舍稽乏軍興遣御史檻車徵詣廷尉以預尚主在八議以侯贖論其後隴右之事卒如預策是時朝廷皆以預明於籌略會匈奴帥劉猛舉兵反自并州西及河東平陽詔預以散侯定計省闥俄拜度支尚書預乃奏立藉田建安邊論處軍國之要又作人排新器興常平倉定穀價較鹽運制課調內以利國外以救邊者五十餘條皆納焉石鑒自軍還論功不實爲預所糾遂相讎恨言論諠譁並坐免官以侯兼本職數年復拜度支尚書元皇后梓宮將遷于峻陽陵舊制既葬帝及羣臣即吉尚書奏皇太子亦宜釋服預議皇太子宜復古典以諒闇終制從之預以時歷差舛不應晷度奏上二元乾度歷行於世預又以孟津渡險有覆沒之患請建河橋于富平津議者以爲殷周所都歷聖賢而不作者必不可立故也預曰造舟爲梁則河橋之謂也及橋成帝從百寮臨會舉觴屬預曰非君此橋不立也對曰非陛下之明臣亦不得施其微巧周廟欹器至漢東京猶在御坐漢末喪亂不復存形制遂絕預創意造成奏上之帝甚嘉歎焉咸寧四年秋大霖雨蝗蟲起預上疏多陳農要事在食貨志預在內七年

損益萬機不可勝數朝野稱美號曰杜武庫言其無所不有也時帝密
有滅吳之計而朝議多違唯預羊祜張華與帝意合祜病舉預自代因
以本官假節行平東將軍領征南軍司及祜卒拜鎮南大將軍都督荊
州諸軍事給追鋒車第二駙馬預既至鎮繕甲兵耀威武乃簡精銳襲
吳西陵督張政大破之以功增封三百六十五戶政吳之名將也據要
害之地恥以無備取敗不以所喪之實告于孫晧預欲間吳邊將乃表
還其獲之衆於晧晧果召政遣武昌監劉憲代之故大軍臨至使其將
帥移易以成傾蕩之勢預處分既定乃啓請伐吳之期帝報待明年方
欲大舉預表陳至計曰自閏月以來賊但敕嚴下無兵上以理勢推之
賊之窮計力不兩完必先護上流勤保夏口以東以延視息無緣多
兵西上空其國都而陛下過聽便用委棄大計縱敵患生此誠國之
遠圖使舉而有敗勿舉可也事爲之制務從完牢若或有成則開太
平之基不成不過費損日月之間何惜而不一試之若當須後年天
時人事不得如常臣恐其更難也陛下宿議分命臣等隨界分進其

晉列傳 十

所禁持東西同符萬安之舉未有傾敗之慮臣心實了不敢以曖昧之
見自取後累惟陛下察之預旬月之中又上表曰羊祜與朝臣多不同
不先傳畫而密與陛下共施此計故益令多異凡事當以利害相校今
此舉十有八九利其一二止於無功耳其言破敗之形亦不可得直是
計不出已功不在身名恥其前言故守之也自頃朝廷事無大小異意
鋒起雖人心不同亦由恃恩不慮後難故輕相同異也昔漢宣帝議趙
充國所上事效之後詰責諸議者皆叩頭而謝以塞異端也自秋已來
討賊之形頗露若今中止孫晧怖而生計或徙都武昌更完脩江南諸
城遠其居人城不可攻野無所掠積大船於夏口則明年之計或無所
及時帝與中書令張華圍棊而預表適至華推枰斂手曰陛下聖明神
武朝野清晏國富兵強號令如一吳主荒淫驕虐誅殺賢能當今討之
可不勞而定帝乃許之預以太康元年正月陳兵于江陵遣將軍樊顯
尹林鄧圭襄陽太守州奇等率衆循江西上授以節度旬日之間累尅
城邑皆如預策焉又遣牙門管定周旨伍巢等率奇兵八百泛舟夜渡

以襲樂鄉多張旗幟起火巴山出於要害之地以奪賊心吳都督孫歆
震恐與伍延書曰北來諸軍乃飛渡江也吳之男女降者萬餘口旨巢
等伏兵樂鄉城外歆遣軍出距王濬大敗而還旨等發伏兵隨歆軍而
入歆不覺直至帳下虜歆而還故軍中爲之謠曰以計代戰一當萬於
是進逼江陵吳督將伍延僞請降而列兵登陴預攻尅之既平上流於
是沅湘以南至于交廣吳之州郡皆望風歸命奉送印綬預杖節稱詔
而綏撫之凡所斬及生獲吳都督監軍十四牙門郡守百二十餘人又
因兵威徙將士屯戍之家以實江北南郡故地各樹之長吏荊土肅然吳
人赴者如歸矣王濬先列上得孫歆頭預後生送歆洛中以爲大笑時
衆軍會議或曰百年之寇未可盡尅今向暑水潦方降疾疫將起宜俟
來冬更爲大舉預曰昔樂毅藉濟西一戰以并強齊今兵威已振譬如
破竹數節之後皆迎刃而解無復著手處也遂指授群帥徑造秣陵所
過城邑莫不束手議者乃以書謝之孫晧既平振旅凱入以功進爵當
陽縣侯增邑并前九千六百戶封子耽爲亭侯千戶賜絹八千匹初攻

晉列傳 十一

江陵吳人知預病癭憚其智計以瓠繫狗頸示之每大樹似癭輒斫使
白題曰杜預頸及城平盡捕殺之預既還鎮累陳家世吏職武非其功
請退不許預以天下雖安忘戰必危勤於講武脩立泮宮江漢懷德化
被萬里攻破山夷錯置屯營分據要害之地以固維持之勢又脩邵信
臣遺跡激用滍淯諸水以浸原田萬餘頃分疆刊石使有定分公私同
利衆庶賴之號曰杜父舊水道唯沔漢達江陵千數百里北無通路又
巴丘湖沅湘之會表裏山川實爲險固荊蠻之所恃也預乃開楊口起
夏水達巴陵千餘里內瀉長江之險外通零桂之漕南土歌之曰後世
無叛由杜翁孰識智名與勇功預公家之事知無不爲凡所興造必考
度始終鮮有敗事或譏其意碎者預曰禹稷之功期於濟世所庶幾也
預好爲後世名常言高岸爲谷深谷爲陵刻石爲二碑紀其勳績一沉
萬山之下一立峴山之上曰焉知此後不爲陵谷乎預身不跨馬射不
穿札而每在大事輒居將率之列結交接物恭而有禮問無所隱誨人
不倦敏於事而愼於言既立功之後從容無事乃耽思經籍爲春秋左

氏經傳集解又參考衆家譜第謂之釋例又作盟會圖春秋長曆備成一家之學比老乃成又撰女記讚當時論者謂預文義質直世人未之重唯秘書監摯虞賞之曰左丘明本爲春秋左傳而左傳遂自孤行釋例本爲傳設而所發明何但左傳故亦孤行時王濟解相馬又甚愛之而和嶠頗聚斂預常稱濟有馬癖嶠有錢癖武帝聞之謂預曰卿有何癖對曰臣有左傳癖預在鎭數餉遺洛中貴要或問其故預曰吾但恐爲害不求益也預初在荆州因宴集醉臥齋中外人聞嘔吐聲竊窺於戶正見一大蛇垂頭而吐聞者異之其後徵爲司隸校尉加位特進行次鄧縣而卒時年六十三帝甚嗟悼追贈征南大將軍開府儀同三司謚曰成預先爲遺令曰古不合葬明於終始之理同於無有也中古聖人改而合之蓋以別合無在更緣生以示教也自此以來大人君子或合或否未能知生安能知死故各以己意所欲也吾往爲臺郎嘗以公事使過密縣之邢山山上有冢問耕父云是鄭大夫祭仲或云子產之冢也遂率從者祭而觀焉其造冢居山之項四望周達連山體南北之

正而邪東北向新鄭城意不忘本也其隧道唯塞其後而空其前不填之示藏無珍寶不取於重深也山多美石不用必集洧水自然之石以爲冢藏貴不勞工巧而此石不入世用也君子尚其有情小人無利可動歷千載無毀儉之致也吾去春入朝因郭氏喪亡緣陪陵舊義自表營洛陽城東首陽之南爲將來兆域而所得地中有小山上無舊冢其高顯雖未足比邢山然東奉二陵西瞻宮闕南觀伊洛北望夷叔曠然遠覽情之所安也故遂表樹開道爲一定之制至時皆用洛水圓石開隧道南向儀制取法於鄭大夫欲以儉自完耳棺器小斂之事皆當稱此子孫一以遵之子錫嗣

錫字世嘏少有盛名起家長沙王乂文學累遷太子中舍人性亮直忠烈屢諫愍懷太子言辭懇切太子患之後置針著錫常所坐處氈中刺之流血他日太子問錫向著何事錫對醉不知太子詰之曰君喜責人何自作過也後轉衛將軍長史趙王倫篡位以爲治書御史孫秀求交於錫而錫距之秀雖銜之憚其名高不敢害也惠帝反政遷吏部郎城陽太守不拜仍遷尚書左丞年四十八卒贈散騎常侍子乂嗣在外戚傳

史臣曰泰始之際人祇呈貺羊公起平吳之策其見天地之心焉昔齊有黔夫燕人祭北門之鬼趙有李牧秦王罷東并之勢桑枝不競瓜潤空慙華大信於南服傾吳人於漢渚江衢如砥襁袂同歸而在乎成功弗居幅巾窮巷落落焉其有風飈者也杜預不有生知用之則習振長策而攻取兼儒風而轉戰孔門稱四則仰止其三春秋有五而獨擅其一不其優歟夫三年之喪云無貴賤雖纖奪於在位可以興嗟既葬釋於儲君何其斯酷徇以苟合不求其正以當代之元良爲諸侯之庶子檀弓習於變禮者也杜預其有爲

贊曰漢池西險吳江左廻羊公恩信百萬歸來昔之誓旅懷經罕素元凱文場稱爲武庫

列傳第四

列傳第五　　　　晉書三十五　　御撰

陳騫　子輿

陳騫臨淮東陽人也父矯魏司徒矯本廣陵劉氏為外祖陳氏所養因而改焉騫沈厚有智謀初矯為尚書令侍中劉曄見幸於魏明帝譖矯專權矯憂懼以問騫騫曰主上明聖大人大臣今若不合意不過不作公耳後帝意果釋騫尚少為夏侯玄所侮意色自若玄以此異之起家尚書郎遷中山安平太守並著稱績徵為相國司馬長史御史中丞遷尚書封安國亭侯蜀賊寇隴右以尚書持節行征蜀將軍破賊而還會諸葛誕之亂復以尚書行安東將軍壽春平拜使持節都督淮北諸軍事安東將軍進爵廣陵侯轉都督豫州諸軍事豫州刺史持節將軍如故又轉都督江南諸軍事徙都督荊州諸軍事征南大將軍封郯侯武帝受禪以佐命之勳進車騎將軍封高平郡公遷侍中大將軍出為都督揚州諸軍事餘如故假黃鉞攻拔吳枳里城破涂中屯戍賜騫兄子悝爵關中侯咸寧初遷太尉轉大司馬騫因入朝言於帝曰胡烈牽弘

皆勇而無謀彊於自用非綏邊之材將為國恥願陛下詳之時弘為揚州刺史不承順騫命帝以為不協相構於是徵弘既至尋復以為涼州刺史騫竊歎息以為必敗二人後果失羌戎之和皆被寇喪沒征討連歲僅而得定帝乃悔之騫少有度量含垢匿瑕所在有績與賈充石苞裴秀等俱為心膂而騫智度過之充等亦自以為不及也累處方任為士庶所懷既位極人臣年踰致仕思欲退身咸寧三年求入朝因乞骸骨賜衮冕之服詔曰騫元勳舊德統乂東夏方弘遠績以一吳會而所苦未除每表懇切重勞以方事今聽留京城以前太尉府為大司馬府增置祭酒二人帳下司馬官騎大車鼓吹皆如前親兵百人廚田十頃廚園五十畝廚士十人器物經用皆留給焉又給乘輿輦出入殿中加鼓吹如漢蕭何故事騫累稱疾辭位詔曰騫履德論道朕所諮詢方賴謀猷以弘庶績宜時視事可遣散騎常侍諭意騫輒歸第詔又遣侍中敦諭還府遂固請許之位同保傅在三司之上賜以几杖不朝安車駟馬以高平公還第帝以其勳舊耆老禮之甚重又以騫有疾聽乘輿上

殿騫素無謇諤之風然與帝語傲及見皇太子加敬時人以為諂弟稚與其子輿忿爭遂說騫子女穢行騫表徙弟以此獲譏於世元康二年薨年八十一加以衮斂贈太傅謚曰武及葬帝於大司馬門臨喪望柩流涕禮依大司馬石苞故事子輿嗣爵

輿字顯初拜散騎侍郎洛陽令遷黃門侍郎歷將校左軍將軍大司農侍中坐與叔父不睦出為河內太守輿雖無檢正而有力致尋卒子植字弘先嗣官至散騎常侍卒子粹嗣永嘉中遇害孝武帝以騫玄孫襲爵卒弟子浩之嗣宋受禪國除

裴秀字季彥河東聞喜人也祖茂漢尚書令父潛魏尚書令秀少好學有風操八歲能屬文叔父徽有盛名賓客甚眾秀年十餘歲有詣徽者出則過秀然秀母賤嫡母宣氏不之禮嘗使進饌於客見者皆為之起秀母曰微賤如此當應為小兒故也宣氏知之後遂止時人為之語曰後進領袖有裴秀渡遼將軍毋丘儉嘗薦秀於大將軍曹爽曰生而岐嶷長蹈自然玄靜守真性入道奧博學彊記無文不該孝友著於鄉黨

高聲聞於遠近誠宜弼佐謨明助和鼎味毗贊大府光昭盛化非徒子奇甘羅之儔兼包顏冉游夏之美爽乃辟為掾襲父爵清陽亭侯遷黃門侍郎爽誅以故吏免頃之為廷尉正歷文帝安東及衛將軍司馬軍國之政多見信納遷散騎常侍帝之討諸葛誕也秀與尚書僕射陳泰黃門侍郎鍾會以行臺從豫參謀略及誕平轉尚書進封魯陽鄉侯增邑千戶常道鄉公立以豫議定策進爵縣侯增邑七百戶遷尚書僕射魏咸熙初釐革憲司時荀顗定禮儀賈充正法律而秀改官制焉秀議五等之爵自騎督已上六百餘人皆封於是封秀濟川侯地方六十里邑千四百戶以高苑縣濟川墟為侯國初文帝未定嗣而屬意舞陽侯攸武帝懼不得立問秀曰人有相否因以奇表示之秀後言於文帝曰中撫軍人望既茂天表如此固非人臣之相也由是世子乃定武帝既即王位拜尚書令右光祿大夫與御史大夫王沈衛將軍賈充俱開府加給事中及帝受禪加左光祿大夫封鉅鹿郡公邑三千戶時安遠護軍郝詡與故人書云與尚書令裴秀相知望其為益有司奏免秀官詔

曰不能使人之不加諸我此古人所難交關人事詐之罪耳豈尚書令能防乎其勿有所問司隸校尉李憙復上言騎都尉劉尚爲尚書令裴秀占官稻田求禁止秀詔又以秀幹翼朝政有勳績於王室不可以小疵掩大德使推正尚罪而解秀禁止焉久之詔曰夫三司之任以翼宣皇極弼成王事者也故經國論道賴之明喆苟非其人官不虛備尚書令左光祿大夫裴秀雅量弘博思心通遠先帝登庸贊事前朝朕受明命光佐大業勳德茂著配蹤元凱宜正位居體以康庶績其以秀爲司空秀儒學洽聞且留心政事當禪代之際總納言之要其所裁當禮無違者又以職在地官以禹貢山川地名從來久遠多有變易後世說者或強牽引漸以闇昧於是甄擿舊文疑者則闕古有名而今無者皆隨事注列作禹貢地域圖十八篇奏之藏於秘府其序曰圖書之設由來尚矣自古立象垂制而賴其用三代置其官國史掌厥職暨漢屠咸陽丞相蕭何盡收秦之圖籍今秘書既無古之地圖又無蕭何所得惟有漢氏輿地及括地諸雜圖各不設分率又不考正準望亦不備載名山

大川雖有麤形皆不精審不可依據或荒外迂誕之言不合事實於義無取大晉龍興混一六合以清宇宙始於庸蜀采入其岨文皇帝乃命有司撰訪吳蜀地圖蜀土既定六軍所經地域遠近山川險易征路迂直校驗圖記罔或有差今上考禹貢山海川流原隰陂澤古之九州及今之十六州郡國縣邑疆界鄉陬及古國盟會舊名水陸徑路爲地圖十八篇制圖之體有六焉一曰分率所以辨廣輪之度也二曰準望所以正彼此之體也三曰道里所以定所由之數也四曰高下五曰方邪六曰迂直此三者各因地而制宜所以校夷險之異也有圖象而無分率則無以審遠近之差有分率而無準望雖得之於一隅必失之於他方有準望而無道里則施於山海絕隔之地不能以相通有道里而無高下方邪迂直之校則徑路之數必與遠近之實相違失準望之正矣故以此六者參而考之然遠近之實定於分率彼此之實定於道里度數之實定於高下方邪迂直之算故雖有峻山鉅海之隔絕域殊方之迥登降詭曲之因皆可得舉而定者準望之法既正則曲直遠近無所

隱其形也秀創制朝儀廣陳刑政朝廷多遵用之以爲故事在位四載爲當世名公服寒食散當飲熱酒而飲冷酒泰始七年薨時年四十八詔曰司空經德履哲體蹈儒雅佐命翼世勳業弘茂方將宣獻敷制爲世宗範不幸薨殂朕甚痛之其賜秘器朝服一具衣一襲錢三十萬布百匹謚曰元初秀以尚書三十六曹統事準例不明宜使諸卿任職未及奏而薨其友人料其書記得表草言平吳之事其詞曰孫晧酷虐不及聖明御世兼弱攻昧使遺子孫將遂不能臣時有否泰非萬安之勢也臣昔雖已屢言未有成旨今既疾篤不起謹重尸啓願陛下時共施用乃封以上聞詔報曰司空薨痛悼不能去心又得表草雖在危困不忘王室盡忠憂國省益傷切輒當與諸賢共論也咸寧初與石苞等並爲王公配享廟庭有二子濬頠濬嗣位至散騎常侍早卒濬庶子憬不惠別封高陽亭侯以濬少弟頠嗣

頠字逸民弘雅有遠識博學稽古自少知名御史中丞周弼見而歎曰頠若武庫五兵縱橫一時之傑也賈充即頠從母夫也表秀有佐命之

勳不幸嫡長喪亡遺孤稚弱頠才德英茂足以興隆國嗣詔頠襲爵頠固讓不許太康三年徵爲太子中庶子遷散騎常侍惠帝即位轉國子祭酒兼右軍將軍初頠兄子憬爲白衣頠論述世勳賜爵高陽亭侯楊駿將誅也駿黨左軍將軍劉豫陳兵在門遇頠問太傅所在頠紿之曰向於西掖門遇公乘素車從二人西出矣豫曰吾何之頠曰宜至廷尉豫從頠言遂委而去尋而詔頠代豫領左軍將軍屯萬春門及駿誅以功當封武昌侯頠請以封憬帝竟封頠次子該頠苦陳憬本承嫡宜襲鉅鹿先帝恩旨辭不獲命武昌之封己之所蒙特請以封憬該時尚主故帝不聽累遷侍中時天下暫寧頠奏修國學刻石寫經皇太子既講釋奠祀孔子飲饗射侯甚有儀序又令荀藩終父勗之志鑄鐘鑿磬以備郊廟朝享禮樂頠通博多聞兼明醫術荀勗之修律度也檢得古尺短世所用四分有餘頠上言宜改諸度量若未能悉革可先改太醫權衡此若差違遂失神農岐伯之正藥物輕重分兩乖互所可傷夭爲害尤深古壽考而今短折者未必不由此也卒不能用樂廣嘗與頠清言

欲以理服之而頠辭論豐博廣矣而不言時人謂頠為言談之林藪頠以賈后不悅太子抗表請增崇太子所生謝淑妃位號仍啓增置後衛率吏給三千兵於是東宮宿衛萬人遷尚書侍中如故加光祿大夫每授一職未曾不殷勤固讓表疏十餘上博引古今成敗以為言覽之者莫不寒心頠深慮賈后亂政與司空張華侍中賈模議廢之而立謝淑妃華模皆曰帝自無廢黜之意若吾等專行之上心不以為是且諸王方剛朋黨異議恐禍如發機身死國危無益社稷頠曰誠如公慮但昏虐之人無所忌憚亂可立待將如之何華曰卿二人猶且見信然勤為左右陳禍福之戒冀無大悖幸天下尚安庶可優遊卒歲此謀遂寢頠旦夕勸說從母廣城君令戒諭賈后親待太子而已或說頠曰幸與中宮內外可得盡言言若不行則可辭病屏退若二者不立雖有十表難乎免矣頠慨然久之而竟不能行遷尚書左僕射侍中如故頠雖后之親屬然雅望素隆四海不謂之以親戚進也惟恐其不居位俄復使頠專任門下事固讓不聽頠上言賈模適亡復以臣代崇外戚之望彰偏

私之舉后族何常有能自保皆知重親無脫者也然漢二十四帝惟孝文光武明帝不重外戚皆保其宗豈將獨賢實以安理故也昔穆叔不拜越禮之饗臣亦不敢聞殊常之詔又表云咎繇謨虞伊尹相商呂望翊周蕭張佐漢咸播功化光格四極暨于繼體咎單傳說祖己樊仲亦隆中興或明揚仄陋或起自庶族豈非尚德之舉以臻斯美哉歷觀近世不能慕遠溺於近情多任后親以致不靜昔踈廣戒太子以舅氏為官屬前世以為知禮況朝廷何取於外戚正復才均尚當先其踈者以明至公漢世不用馮野王即其事也表上皆優詔敦譬時以陳準子匡韓蔚子嵩並侍東宮頠諫曰東宮之建以儲皇極其所与遊接必簡英儁宜用成德匡嵩幼弱未識人理立身之節東宮實體夙成之表而今有童子侍從之聲未是光闡遐風之弘理也愍懷太子之廢也頠与張華苦爭不從語在華傳頠深患時俗放蕩不尊儒術何晏阮籍素有高名於世口談浮虛不遵禮法尸祿耽寵仕不事事至王衍之徒聲譽太盛位高勢重不以物務自嬰遂相放效風教陵遲乃著崇有之論以釋

其蔽曰夫總混群本宗極之道也方以族異庶類之品也形象著分有生之體也化感錯綜理迹之原也夫品而為族則所稟者偏偏無自足故憑乎外資是以生而可尋所謂理也理之所體所謂有也有之所須所謂資也資有攸合所謂宜也擇乎厥宜所謂情也識智既授雖出處異業默語殊塗所以寶生存宜其情一也眾理並而無害故貴賤形焉失得由乎所接故吉凶兆焉是以賢人君子知欲不可絕而交物有會觀乎往復稽中定務惟夫用天之道分地之利躬其力任勞而後饗居以仁順守以恭儉率以忠信行以敬讓志無盈求事無過用乃可濟乎故大建厥極綏理群生訓物垂範於是乎在斯則聖人為政之由也若乃淫抗陵肆則危害萌矣故欲衍則速患情佚則怨博擅恣則興攻專利則延寇可謂以厚生而失生者也悠悠之徒駭乎若茲之釁而尋艱爭所緣察夫偏質有弊而覩簡損之善遂闡貴無之議而建賤有之論賤有則必外形外形則必遺制遺制則必忽防忽防則必忘禮禮制弗存則無以為政矣眾之從上猶水之居器也故兆庶之情信於所習

習則心服其業業服則謂之理然是以君人必慎所教班其政刑一切之務分宅百姓各授四職能令稟命之者不肅而安忽然忘異莫有遷志況於據在三之尊懷所隆之情敦以為訓者哉斯乃昏明所階不可不審夫盈欲可損而未可絕有也過用可節而未可謂無貴也蓋有講言之具者深列有形之故盛稱空無之美形器之故有徵空無之義難檢辯巧之文可悅似象之言足惑眾聽眩焉溺其成說雖頗有異此心者辭不獲濟屈於所狎因謂虛無之理誠不可蓋唱而有和多往弗反遂薄綜世之務賤功烈之用高浮游之業埤經實之賢人情所殉篤夫名利於是文者衍其辭訥者讚其旨染其眾也是以立言藉於虛無謂之玄妙處官不親所司謂之雅遠奉身散其廉操謂之曠達故砥礪之風彌以陵遲放者因斯或悖吉凶之禮而忽容止之表瀆棄長幼之序混漫貴賤之級其甚者至於裸裎言笑忘宜以不惜為弘士行又虧矣老子既著五千之文表摭穢雜之弊甄舉靜一之義有以令人釋然自夷合於易之損謙艮節之旨而靜一守本無虛無之謂也損艮之屬蓋

君子之一道非易之所以為體守本無也觀老子之書雖博有所經而云有生於無以虛為主偏立一家之辭豈有以而然哉人之既生以保生為全全之所階以順感為務若味近以虧業則沉溺之釁興懷末以忘本則天理之真滅故動之所交存亡之會也夫有非有於無非無於無非無於有非有是以申縱播之累而著貴無之文將以絕所非之盈謬存大善之中節收流遁於既過反澄正于胷懷宜其以無為辭而旨在全有故其辭曰以為文不足若斯則是所寄之塗一方之言也若謂至理信以無為宗則偏而害當矣先賢達識以非所滯示之深論惟班固著難未足折其情孫卿楊雄大體抑之猶偏有所許而虛無之言日以廣衍衆家扇起各到其說上及造化下被萬事莫不貴無所存僉同情以衆固乃號凡有之理皆義之埤者薄而鄙焉辯論人倫及經明之業遂易門肆頠用矍然申其所懷而攻者盈集或以為一時口言有客幸過咸見命著文擿列虛無不允之徵若未能每事釋正則無家之義弗可奪也頠退而思之雖君子宅情無求於顯及其立言在乎達旨而已然去聖久遠異同紛糾苟少有彷彿可以崇濟先典扶明大業有益於時則惟患言之不能為得靜默及未舉一隅略示所存而已哉夫至無者無以能生故始生者自生也自生而必體有則有遺而生虧矣生以有為已分則虛無是有之所謂遺者也故養既化之有非無用之所能全也理既有之衆非無為之所能循也心非事也而制事必由於心然不可以制事以非事謂心為無也匠非器也而制器必須於匠然不可以制器以非器謂匠非有也是以欲收重泉之鱗非偃息之所能獲也隕高墉之禽非靜拱之所能捷也審投弦餌之用非無知之所能覽也由此而觀濟有者皆有也虛無奚益於已有之羣生哉王衍之徒攻難交至並莫能屈又著辯才論古今精義皆辯釋焉未成而遇禍初趙王倫諂事賈后頠甚惡之倫數求官頠與張華復固執不許由是深為倫所怨倫又潛懷篡逆欲先除朝望因廢賈后之際遂誅之時年三十四二子嵩該倫亦欲害之梁王肜東海王越稱頠父秀有勳王室配食太廟不宜滅其後嗣故得不死從帶方惠帝反正追復頠本官改葬以卿禮謚曰成以嵩嗣爵為中書黃門侍郎該出後從伯徽為散騎常侍並為乞活賊陳午所害

楷字叔則父徽魏冀州刺史楷明悟有識量弱冠知名尤精老易少與王戎齊名鍾會薦之於文帝辟相國掾遷尚書郎賈充改定律令以楷為定科郎事畢詔楷於御前執讀平議當否楷善宣吐左右屬目聽者忘倦武帝為撫軍妙選僚采以楷為參軍事吏部郎缺文帝問其人於鍾會會曰裴楷清通王戎簡要皆其選也於是以楷為吏部郎楷風神高邁容儀俊爽博涉羣書特精理義時人謂之玉人又稱見裴叔則如近玉山映照人也轉中書郎出入宮省見者肅然改容武帝初登阼探策以卜世數多少既而得一帝不悅羣臣失色莫有言者楷正容儀和其聲氣從容而進曰臣聞天得一以清地得一以寧王侯得一以為天下貞武帝大悅羣臣皆稱萬歲俄拜散騎侍郎累遷散騎常侍河內太守入為屯騎校尉右軍將軍轉侍中石崇以功臣子有才氣與楷志趣各異不與之交長水校尉孫季舒嘗與崇酣讌慢傲過度崇欲表免之楷聞之謂崇曰足下飲人狂藥責人正禮不亦乖乎崇乃止楷性寬厚與物無忤不持儉素每遊榮貴輒取其珍玩雖車馬器服宿昔之間便以施諸窮之嘗營別宅其從兄衍見而悅之即以宅與衍梁趙二王國之近屬貴重當時楷歲請二國租錢百萬以散親族人或譏之楷曰損有餘以補不足天之道也安於毀譽其行已任率皆此類也與山濤和嶠並以盛德居位帝嘗問曰朕應天順時海內更始天下風聲何得何失楷對曰陛下受命四海承風所以未比德於堯舜者但以賈充之徒尚在朝耳方宜引天下賢人與弘政道不宜示人以私時任愷庾純亦以充為言帝乃出充為關中都督充納女於太子乃止平吳之後帝方脩太平之化每延公卿與論政道楷陳三五之風次叙漢魏盛衰之迹帝稱善坐者皆歎服焉楷子瓚娶楊駿女然楷素輕駿與之不平駿既執政乃轉為衛尉遷太子少師優遊無事默如也及駿誅楷以婚親收付廷尉將加法是日事起倉卒誅戮縱橫衆人為之震恐楷容色不變舉動自若索紙筆與親故書賴侍中傅祗救護得免猶坐去官太保衛

瓘太宰亮稱楷貞正不阿附宜蒙爵土乃封臨海侯食邑二千戶代楚王瑋為北軍中候加散騎常侍瑋怨瓘亮斥己任楷楷聞之不敢拜轉為尚書楷長子輿先娶亮女女適衛瓘子楷慮內難未已求出外鎮除安南將軍假節都督荊州諸軍事垂當發而瑋果矯詔誅亮瓘瑋以楷前奪己中候又與亮瓘婚親密遣討楷楷素知瑋有望於己聞有變單車入城匿于妻父王渾家與亮小子一夜八徙故得免難瑋既伏誅以楷為中書令加侍中與張華王戎並管機要楷有渴利疾不樂處勢王渾為楷請曰楷受先帝拔擢之恩復蒙陛下寵遇誠竭節之秋也然楷性不競於物昔為常侍求出為河內太守後為侍中復求出為河南尹與楊駿不平求為衛尉及轉東宮班在時類之下安於淡退有識有以見其心也楷今委頓臣深憂之光祿勳缺以為可用今張華在中書王戎在尚書足舉其契無為復令楷入名臣不多當見將養不違其志要其遠濟之益不聽就加光祿大夫開府儀同三司及疾篤詔遣黃門郎王衍省疾楷迴眸矚之曰竟未相識衍深歎其神儁楷有知人之鑒初在河南樂廣僑居郡界未知名楷見而奇之致之於宰府嘗目夏侯玄云肅肅如入宗廟中但見禮樂器鍾會如觀武庫森森但見矛戟在前傅嘏汪翔靡所不見山濤若登山臨下幽然深遠初楷家炊黍在甑或變如拳或作血或作蕪菁子其年而卒時年五十五謚曰元有五子輿瓚憲禮遜輿字祖明少襲父爵官至散騎侍郎卒謚曰簡瓚字國寶中書郎風神高邁見者皆敬之特為王綏所重每從其遊綏父戎謂之曰國寶初不來汝數往何也對曰國寶雖不知綏綏自知國寶楊駿之誅為亂兵所害

憲字景思少而穎悟好交輕俠及弱冠更折節嚴重修尚儒學足不踰閾者數年陳郡謝鯤潁川庾敳皆儁朗士也見而奇之相謂曰裴憲鯁亮宏達通機識命不知其何如父至於深弘保素不以世物嬰心者其殆過之初侍講東宮歷黃門吏部郎侍中東海王越以為豫州刺史北中郎將假節王浚承制以憲為尚書永加末王浚為石勒所破棗嵩等莫不謝罪軍門貢賂交錯惟憲及荀綽恬然私室勒素聞其名召而謂

之曰王浚虐暴幽州人鬼同疾孤恭行乾憲拯茲黎元霸舊咸歡慶謝交路二君齊惡傲威誠信岨絕防風之戮將誰歸乎憲神色侃然泣而對曰臣等世荷晉榮肉遇隆重王浚凶麤醜正尚晉之遺藩雖欣聖化義岨誠心且武王伐紂表商容之閭未聞商容在倒戈之例也明公既不欲以道化厲物必於刑忍為始者防風之戮臣之分也請就辟有司不拜而出勒深嘉之待以賓禮勒乃簿王浚官寮親屬皆貲至巨萬惟憲與荀綽家有書百餘袠鹽米各十數斛而已勒聞之謂其長史張賓曰名不虛也吾不喜得幽州喜獲二子署從事中郎出為長樂太守及勒僭號未遑制度憲與王波為之撰朝儀於是憲章文物擬於王者勒大悅署太中大夫遷司徒及季龍之世彌加禮重憲有二子挹瑴並以文才知名瑴仕季龍為太子中庶子散騎常侍挹瑴俱豪俠耽酒好藏否人物與河間邢魚有隙魚竊乘瑴馬奔段遼為人所獲魚誣瑴使己以季龍虛實長鮮卑告之為備時季龍適謀伐遼而與魚辭正會季龍怒誅挹瑴憲亦坐免未幾復以為右光祿大夫司徒太傅封安定郡公憲歷官無幹績之稱然在朝玄默未嘗以物務經懷但以德重名高動見尊禮竟卒於石氏以族人峙子邁為嗣楷長兄黎次兄康並知名康子盾少歷顯位永嘉中為徐州刺史委任長史司馬奧奧勸盾刑殺立威大發良人為兵有不奉法者罪便至死在任三年百姓嗟怨東海王越盾妹夫也越既薨騎督滿衡便引所發良人東還尋而劉元海遣將王桑趙固向彭城前鋒數騎至下邳文武不堪苛政悉皆散走盾與奔淮陰妻子為賊人所得奧又誘盾降趙固固妻盾女有寵盾向女涕泣固遂殺之盾弟邵字道期元帝為安東將軍以邵為長史王導為司馬二人相與為深交徵為太子中庶子復轉散騎常侍使持節都督揚州江西淮北諸軍事東中郎將隨越出項而卒於軍中及王導為司空既拜歎曰裴道期劉王喬在吾不得獨登此位導子仲豫與康同字導思舊好乃改為敬豫焉

楷弟綽字季舒器宇宏曠官至黃門侍郎長水校尉綽子遐善言玄理音辭清暢泠然若琴瑟嘗與河南郭象談論一坐嗟服又嘗在平東將

軍周顗坐與人圍棊顗司馬行酒遐未即飲司馬醉怒因曳遐墮地遐徐起還坐顏色不變復棊如故其性虛和如此東海王越引爲主簿後爲越子毗所害初裴王二族盛於魏晉之世時人以爲八裴方八王徽比王祥楷比王衍康比王綏綽比王澄瓚比王敦遐比王導頠比王戎邈比王玄云

史臣曰周稱多士漢曰得人取類星象頡頏符契時之名流多以幹翮相許自家光國豈陳蹇之謂歟秀則聲蓋朋僚稱爲領袖楷則機神幼發目以清通俱爲晉代名臣良有以也

贊曰世既順才才膺世至高平沉敏蘊茲名器鉅鹿自然亦云經笥嫣皇鍊石晉圖開祕頠有清規承家來媚

列傳第五　晉書三十五

列傳第六　晉書三十六　御撰

衛瓘 子恒 孫璪 玠　張華 子禕 韙 劉卞

衛瓘字伯玉河東安邑人也高祖暠漢明帝時以儒學自代郡徵至河東安邑卒因賜所亡地而葬之子孫遂家焉父覬魏尚書瓘年十歲喪父至孝過人性貞靜有名理以明識清允稱襲父爵閿鄉侯弱冠爲魏尚書郎時魏法嚴苛母陳氏憂之瓘自請得徙爲通事郎轉中書郎時權臣專政瓘優游其間无所親踈甚爲傅嘏所重謂之甯武子在位十年以任職稱累遷散騎常侍陳留王即位拜侍中持節慰勞河北以定議功增邑戶數歲轉廷尉卿瓘明法理每至聽訟小大以情鄧艾鍾會之伐蜀也瓘以本官持節監艾會軍事行鎮西軍司給兵千人蜀既平艾輒承制封拜會陰懷異志因艾專擅密與瓘俱奏其狀詔使檻車徵之會遣瓘先收艾會以瓘兵少欲令艾殺瓘因加艾罪瓘知欲危已然不可得而距乃夜至成都檄艾所統諸將稱詔收艾其餘一无所問若來赴官軍爵賞如先敢有不出誅及三族比至雞鳴悉來赴瓘唯艾帳內在焉平旦開門瓘乘使者車徑入至成都殿前艾卧未起父子俱被執艾諸將圖欲劫艾整仗趣瓘營瓘輕出迎之僞作表草將申明艾事諸將信之而止俄而會至乃悉請諸將胡烈等因執之囚益州解舍遂發兵反於是士卒思歸內外騷動人情憂懼會留瓘謀議乃書版云欲殺胡烈等舉以示瓘瓘不許因相疑貳瓘如廁見胡烈故給使使宣語三軍言會反會逼瓘定議經宿不眠各橫刀膝上在外諸軍已潛欲攻會瓘既不出未敢先發會使瓘慰勞諸軍瓘心欲去且堅其意曰卿三軍主宜自行會曰卿監司且先行吾當後出瓘便下殿會悔遣之使呼瓘瓘辭眩疾動詐仆地比出閤數十信追之瓘至外解服鹽湯大吐瓘素羸便似困篤會遣所親人及醫視之皆言不起會由是无所憚及暮門閉瓘作檄宣告諸軍諸軍並已唱義陵旦共攻會會率左右距戰諸將擊敗之唯帳下數百人隨會繞殿而走盡殺之瓘於是部分諸將羣情肅然鄧艾本營將士復追破檻車出艾還向城都瓘自以與會共陷艾懼爲變又欲專誅會之功乃遣護軍由續至綿竹夜襲艾於三造

亭斬艾及其子忠初艾之入江由也以續不進將斬之既而赦焉及瓘
遣續謂之曰可以報江由之辱矣事平朝議封瓘瓘以克蜀之功羣帥
之力二將跋扈自取滅亡雖運智謀而無搴旗之效固讓不受除使持
節都督關中諸軍事鎮西將軍尋遷都督徐州諸軍事鎮東將軍增封
菑陽侯以餘爵封弟寔開陽亭侯泰始初轉征東將軍進爵為公都督
青州諸軍事青州刺史加征東大將軍青州牧所在皆有政績除征北
大將軍都督幽州諸軍事幽州刺史護烏桓校尉至鎮表立平州後兼
督之于時幽并東有務桓西有力微並為邊害瓘離間二虜遂致嫌隙
於是務桓降而力微以憂死朝廷嘉其功賜一子亭侯瓘乞以封弟未
受命而亡子密受封為亭侯瓘六男無爵悉讓二弟遠近稱之累求入
朝既至武帝善遇之俄使旋鎮咸寧初徵拜尚書令加侍中性嚴整以
法御下視尚書若參佐尚書郎若掾屬瓘學問深博明習文藝與尚書
郎敦煌索靖俱善草書時人號為一臺二妙漢末張芝亦善草書論者
謂瓘得伯英筋靖得伯英肉太康初遷司空侍中令如故為政清簡甚

得朝野聲譽武帝敕瓘第四子宣尚繁昌公主瓘自以諸生之胄婚對
微素抗表固辭不許又領太子少傅加千兵百騎鼓吹之府以日蝕瓘
與太尉汝南王亮司徒魏舒俱遜位帝不聽瓘以魏立九品是權時之
制非經通之道宜復古鄉舉里選與太尉亮等上疏曰昔聖王崇賢舉
善而教用使朝廷德讓野無邪行誠以閭伍之政足以相檢詢事考言
必得其善人知名不可虛求故還脩其身是以崇賢而俗益穆黜惡而
行彌篤斯則鄉舉里選者先王之令典也自茲以降此法陵遲魏氏承
顛覆之運起喪亂之後人士流移考詳無地故立九品之制粗具一時
選用之本耳其始造也鄉邑清議不拘爵位襃貶所加足為勸勵猶有
鄉論餘風中間漸染遂計資定品使天下觀望唯以居位為貴人棄德
而忽道業爭多少於錐刀之末傷損風俗其弊不細今九域同規大化
方始臣等以為宜皆蕩除下法一擬古制以土斷定自公卿以下皆以
所居為正無復懸客遠屬異土者如此則同鄉鄰伍皆為邑里郡縣之
宰即以居長盡除中正九品之制使舉善進才各由鄉論然則下敬其

上人安其教俗與政其清化與法並濟人知善否之教不在交遊即華
競自息各求於己矣今除九品則宜準古制使朝臣共相舉任於出才
之路既博且可以厲進賢之公心覈在位之明闇誠令典也武帝善之
而卒不能改惠帝之為太子也朝臣咸謂純質不能親政事瓘每欲陳
啓廢之而未敢發後會宴陵雲臺瓘託醉因跪帝牀前曰臣欲有所啓
帝曰公所言何耶瓘欲言而止者三因以手撫牀曰此座可惜帝意乃
悟因謬曰公真大醉耶瓘於此不復有言賈后由是怨瓘宣尚公主數
有酒色之過楊駿素與瓘不平駿復欲自專權重宣若離婚瓘必遜位
於是遂與黃門等毀之諷帝奪宣公主瓘慚懼告老遜位乃下詔曰司
空瓘年未致仕而遜讓歷年欲及神志未衰以果本情至真之風實感
吾心今聽其所執進位太保以公就第給親兵百人置長史司馬從事
中郎掾屬及大車宮騎麾蓋鼓吹諸威儀一如舊典給廚田十頃園五
十畝錢百萬絹五百匹牀帳簟褥主者務令優備以稱吾崇賢之意焉
有司又奏收宣付廷尉免瓘位詔不許帝後知黃門虛構欲還復主而

宣疾亡惠帝即位復瓘千兵及楊駿誅以瓘錄尚書事加綠綟綬劍履
上殿入朝不趨給騎司馬與汝南王亮共輔朝政亮奏遣諸王還藩與
朝臣廷議無敢應者唯瓘贊其事楚王瑋由是憾焉賈后素怨瓘且忌
其方直不得騁己淫虐又聞瓘與瑋有隙遂謗瓘與亮欲為伊霍之事
啓帝作手詔使瑋免瓘等官黃門齎詔授瑋瑋性輕險欲騁私怨夜使
清河王遐收瓘左右疑遐矯詔咸諫曰礼律刑名台輔大臣未有此比
且請距之須自表得報就戮未晚也瓘不從遂與子恒嶽裔及孫等九
人同被害時年七十二恒二子璪玠時在醫家得免初杜預聞瓘殺鄧
艾言於衆曰伯玉其不免乎身為名士位居總帥既無德音又不御下
以正是小人而乘君子之器當何以堪其責乎瓘聞之不俟駕而謝終
如預言初瓘家人炊飯墮地盡化為螺歲餘而及禍太保主簿劉繇等
冒難收瓘而葬之初瓘為司空時帳下督榮晦有罪瓘斥遣之及難作
隨兵討瓘故子孫皆及于禍楚王瑋之伏誅也瓘女與國臣書曰先公
名謚未顯無異凡人每怪一國蔑然無言春秋之失其咎安在悲憤感

慨故以示意於是繇等執黃幡撾登聞鼓上言曰初矯詔者至公承詔當免即便奉送章綬雖有兵仗不施一刃重勑出第單車從命如矯詔之文唯免公官右軍已下即承詐偽違其本文輒戮宰輔不復表上橫收公子孫輒皆行刑賊害大臣父子九人伏見詔書為楚王所誑誤非本同謀者皆弛遣如書之旨謂里舍人被驅逼齎白杖者耳律受教殺人不得免死況乎手害功臣賊殺忠良雖云非謀理所不赦今元惡雖誅殺賊猶存臣懼有司未詳事實或有縱漏不加精盡使公父子讎賊不滅冤魂永恨訴於穹蒼酷痛之臣悲於明世臣等身被創痍殯斂始訖謹條瓘前在司空時帳下給使榮晦無情被黜知瓘家人數小孫名字晦後轉給右軍其夜晦在門外揚聲大呼宣詔免公還第及門開晦前到中門復讀所齎偽詔手取公章綬貂蟬催公出第晦按次錄瓘家口及其子孫皆兵仗將送著東亭道北圍守一時之間便皆斬斫害公子孫實由於晦及將人劫盜府庫皆晦所為考晦一人衆姧皆出乞驗盡情偽加以族誅詔從之朝廷以瓘舉門無辜受禍乃追瓘伐蜀勳封

晉列傳十六　七〇五十字　四一

蘭陵郡公增邑三千戶謚曰成贈假黃鉞

恒字巨山少辟司空齊王府轉太子舍人尚書郎祕書丞太子庶子黃門郎恒善草隸書為四體書勢曰昔在黃帝創制造物有沮誦倉頡者始作書契以代結繩蓋覩鳥跡以興思也因而遂滋則謂之字有六義焉一曰指事上下是也二曰象形日月是也三曰形聲江河是也四曰會意武信是也五曰轉注老考是也六曰假借令長是也夫指事者在上為上在下為下象形者日滿月虧效其形也形聲者以類為形配以聲也會意者止戈為武人言為信也轉注者以老壽考也假借者數言同字其聲雖異文意一也自黃帝至三代其文不改及秦用篆書焚燒先典而古文絕矣漢武時魯恭王壞孔子宅得尚書春秋論語孝經時人以不復知有古文謂之科斗書漢世祕藏希得見之魏初傳古文者出於邯鄲淳恒祖敬侯寫淳尚書後以示淳而淳不別至正始中立三字石經轉失淳法因科斗之名遂效其形太康元年汲縣人盜發魏襄王塚得策書十餘萬言案敬侯所書猶有髣髴古書亦有數種其一卷論楚事者最為工妙恒竊悅之故竭愚思以贊其美愧不足厠前賢之作冀以存古人之象焉古無別名謂之字勢云黃帝之史沮誦倉頡眺彼鳥跡始作書契紀綱萬事垂法立制帝典用宣質文著世爰暨暴秦滔天作戾大道既泯古文亦滅魏文好古世傳丘墳歷代莫發真偽靡分大晉開元弘道敷訓天垂其象地耀其文其文乃耀粲矣其章因聲會意類物有方日處君而盈其度月執臣而虧其旁雲委蛇而上布星離離以舒光禾卉苯䔿以垂穎山嶽峨嵯而連岡蟲跂跂其若動鳥似飛而未揚觀其錯筆綴墨用心精專勢和體均發止無間或守正循檢矩折規旋或方員靡則因事制權其曲如弓其直如弦矯然特出若龍騰于川森尔下頹若雨墜于天或引筆奮力若鴻鴈高飛邈邈翩翩或縱肆阿那若流蘇懸羽靡靡緜緜是故遠而望之若翔風厲水清波漪漣就而察之有若自然信黃唐之遺跡為六藝之範先籀篆蓋其子孫隸草乃其曾玄覩物象以致思非言辭之所宣昔周宣王時史籀始著大篆十五篇或與古同或與古異世謂之籀書者也及平王東遷諸侯

晉列傳六　五

力政家殊國異而文字乖形秦始皇帝初兼天下丞相李斯乃奏益之罷不合秦文者斯作倉頡篇中車府令趙高作爰歷篇太史令胡毋敬作博學篇皆取史籀大篆或頗省改所謂小篆者或曰下土人程邈為衙獄吏得罪始皇幽繫雲陽十年從獄中作大篆少者增益多者損減方者使員員者使方奏之始皇善之出以為御史使定書或曰邈所定乃隸字也自秦壞古文有八體一曰大篆二曰小篆三曰刻符四曰蟲書五曰摹印六曰署書七曰殳書八曰隸書王莽時使司空甄豐校文字部改定古文復有六書一曰古文孔氏壁中書也二曰奇字即古文而異者也三曰篆書秦篆書也四曰佐書即隸書也五曰繆篆所以摹印也六曰鳥書所以書幡信也及許慎撰說文用篆書為正以為體例最可得而論也秦時李斯號為工篆諸山及銅人銘皆斯書也漢建初中扶風曹喜少異於斯而亦稱善邯鄲淳師焉略究其妙韋誕師淳而不及也太和中誕為武都太守以能書留補侍中魏氏寶器銘題皆誕書也漢末又有蔡邕采斯喜之法為古今雜形然精密閑理不如

淳也。邕作篆勢曰：鳥遺跡，皇頡循，聖作則，制斯文。體有六，篆為真，形要妙，巧入神。或龜文鍼列，櫛比龍鱗，紓體放尾，長短複身。頹若黍稷之垂穎，蘊若蟲蛇之棼緼。揚波振撇，鷹跱鳥震，延頸脅翼，勢似陵雲。或輕筆內投，微本濃末，若絕若連，似水露緣絲，凝垂下端。從者如懸，衡者如編，杳杪邪趣，不方不員，若行若飛，跂跂翾翾。遠而望之，象鴻鵠羣游，駱驛遷延。迫而視之，端際不可得見，指撝不可勝原。研桑不能數其詰屈，離婁不能覩其郤間，般倕揖讓而辭巧，籀誦拱手而韜翰。處篇籍之首目，粲粲斌斌其可觀。摛華豔於紈素，為學藝之範先。喜文德之弘懿，慍作者之莫刊。思字體之頫仰，舉大略而論旃。

秦既用篆，奏事繁多，篆字難成，即令隸人佐書，曰隸字。漢因行之，獨符印璽、幡信、題署用篆。隸書者，篆之捷也。上谷王次仲始作楷法。至靈帝好書，時多能者，而師宜官為最，大則一字徑丈，小則方寸千言，甚矜其能。或時不持錢詣酒家飲，因書其壁，顧觀者以讎酒，討錢足而滅之。每書輒削而焚其柎，梁鵠乃益為版而飲之酒，候其醉而竊其柎。鵠卒以書至選部尚書。宜官後為袁術將，

今鉅鹿宋子有耿球碑，是術所立，其書甚工，云是宜官也。梁鵠奔劉表，魏武帝破荊州，募求鵠。鵠之為選部也，魏武欲為洛陽令，而以為北部尉，故懼而自縛詣門，署軍假司馬，在秘書以勤書自效，是以今者多有鵠手跡。魏武帝懸著帳中，及以釘壁玩之，以為勝宜官。今宮殿題署多是鵠篆。鵠宜為大字，邯鄲淳宜為小字，鵠謂淳得次仲法，然鵠之用筆，盡其勢矣。鵠弟子毛弘教於秘書，今八分皆弘法也。漢末有左子邑，小與淳、鵠不同，然亦有名。魏初有鍾、胡二家為行書法，俱學之於劉德升，而鍾氏小異，然亦各有巧，今大行於世。云作隸勢曰：鳥跡之變，乃惟佐隸，蠲彼繁文，崇此簡易。厥用既弘，體象有度，煥若星陳，鬱若雲布。其大徑尋，細不容髮，隨事從宜，靡有常制。或穹隆恢廓，或櫛比鍼列，或砥平繩直，或蜿蜒膠戾，或長邪角趣，或規旋矩折。脩短相副，異體同勢。奮筆輕舉，離而不絕。纖波濃點，錯落其間。若鍾虡設張，庭燎飛煙。嶄巖巇嵯，高下屬連，似崇臺重宇，增雲冠山。遠而望之，若飛龍在天；近而察之，心亂目眩，奇姿譎詭，不可勝原。研桑所不能計，宰賜所不能言。何草篆之足筭，而斯文之未宣。豈體大之難覩，將秘奧之不傳。聊俯仰而詳觀，舉大較而論旃。

漢興而有草書，不知作者姓名。至章帝時，齊相杜度號善作篇。後有崔瑗、崔寔，亦皆稱工。杜氏殺字甚安，而書體微瘦。崔氏甚得筆勢，而結字小疏。弘農張伯英者因而轉精甚巧，凡家之衣帛，必書而後練之。臨池學書，池水盡黑。下筆必為楷則，號忩忩不暇草書。寸紙不見遺，至今世尤寶其書，韋仲將謂之草聖。伯英弟文舒者，次伯英。又有姜孟穎、梁孔達、田彥和及韋仲將之徒，皆伯英弟子，有名於世，然殊不及文舒也。羅叔景、趙元嗣者，與伯英並時，見稱於西州，而矜巧自與，眾頗惑之。故英自稱上比崔、杜不足，下方羅、趙有餘。河間張超亦有名，然雖與崔氏同州，不如伯英之得其法也。崔瑗作草書勢曰：書契之興，始自頡皇；寫彼鳥跡，以定文章。爰暨末葉，典籍彌繁；時之多僻，政之多權；官事荒蕪，勦其墨翰；惟作佐隸，舊字是刪。草書之法，蓋又簡略；應時諭指，用於卒迫。兼功并用，愛日省力；純儉之變，豈必古式。觀其法象，俯仰有儀；方不中矩，員不副規。抑左揚右，望之若崎；竦企鳥跱，志在飛移；狡

獸暴駭，將奔未馳。或黜黕點䵴，狀似連珠，絕而不離。畜怒怫鬱，放逸生奇。或凌邃惴慄，若據槁臨危。旁點邪附，似蜩螗揭枝。絕筆收勢，餘綖糾結。若杜伯揵毒，緣巇螣蛇赴穴，頭沒尾垂。是故遠而望之，摧焉若沮岑崩崖；就而察之，一畫不可移。幾微要妙，臨時從宜。略舉大較，髣髴若斯。

及瓘為楚王瑋所構，恒聞變，以何劭嫂之父也，從牆孔中詣之，以問消息。劭知而不告。恒還經廚下，收人正食，因而遇害。後贈長水校尉，諡蘭陵貞世子。二子：璪、玠。

璪字仲寶，襲瓘爵。後東海王越以蘭陵益其國，改封江夏郡公，邑八千五百戶。懷帝即位，為散騎侍郎。永嘉五年，沒於劉聰。元帝以瓘玄孫崇嗣。

玠字叔寶，年五歲，風神秀異。祖父瓘曰：「此兒有異於眾，顧吾年老，不見其成長耳。」總角乘羊車入市，見者皆以為玉人，觀之者傾都。驃騎將軍王濟，玠之舅也，儁爽有風姿，每見玠，輒歎曰：「珠玉在側，覺我形穢。」又嘗語人曰：「與玠同遊，冏若明珠之在側，朗然照人。」及長，好言玄理。其後多

病體羸毋恒禁其語遇有勝日親友時請一言無不咨嗟以為入微琅邪王澄有高名少所推服每聞玠言輒歎息絶倒故時人為之語曰衛玠談道平子絶倒澄及王玄王濟並有盛名皆出玠下世云王家三子不如衛家一兒玠妻父樂廣有海内重名議者以為婦公冰清女壻玉潤辟命屢至皆不就久之為太傅西閤祭酒拜太子洗馬璪為散騎侍郎内侍懷帝玠以天下大亂欲移家南行毋曰我不能舍仲寶去也玠啓論深至為門戶大計毋涕泣從之臨别玠謂兄曰在三之義人之所重今可謂致身之日兄其勉之乃扶輿毋轉至江夏玠妻先亡征南將軍山簡見之甚相欽重簡曰昔戴叔鸞嫁女惟賢是與不問貴賤況衛氏權貴門戶令望之人乎於是以女妻焉遂進豫章是時大將軍王敦鎮豫章長史謝鯤先雅重玠相見欣然言論彌日敦謂鯤曰昔王輔嗣吐金聲於中朝此子復玉振於江表微言之緒絶而復續不意永嘉之末復聞正始之音何平叔若在當復絶倒玠嘗以人有不及可以情恕非意相干可以理遣故終身不見喜愠之容以王敦豪爽不羣而好居

物上恐非國之忠臣求向建鄴京師人士聞其姿容觀者如堵玠勞疾遂甚永嘉六年卒時年二十七時人謂玠被看殺葬於南昌謝鯤哭之慟人問曰子有何恤而致斯哀答曰棟梁折矣不覺哀耳咸和中改塋於江寧丞相王導教曰衛洗馬明當改葬此君風流名士海内所瞻可脩薄祭以敦舊好後劉惔謝尚共論中朝人士或問杜乂可方衛洗馬不尚曰安得相比其間可容數人惔又云杜乂膚清叔寶神清其為有識者所重若此于時中興名士唯王承及玠為當時第一云恒族弟展字道舒歷尚書郎南陽太守永嘉中為江州刺史累遷晉王大理詔有考子證父或鞭父母問子所在展以為恐傷正教並奏除之中興建為廷尉上疏宜復肉刑語在刑法志卒贈光禄大夫

張華字茂先范陽方城人也父平魏漁陽郡守華少孤貧自牧羊同郡盧欽見而器之鄉人劉放亦奇其才以女妻焉華學業優博辭藻温麗朗贍多通圖緯方伎之書莫不詳覽少自脩謹造次必以禮度勇於赴義篤於周急器識弘曠時人罕能測之初未知名著鷦鷯賦以自寄其詞曰何造化之多端播羣形於萬類惟鷦鷯之微禽亦攝生而受氣育翩翾之陋體無玄黄以自貴毛無施於器用肉不登乎俎味鷹鸇過猶戢翼尚何懼於罿罻翳薈蒙籠是焉游集飛不飄揚翔不翕習其居易容其求易給巢林不過一枝每食不過數粒棲無所滯游無所盤匪陋荆棘匪榮茝蘭動翼而逸投足而安委命順理與物無患伊兹禽之無知而處身之似智不懷寶以賈害不飾表以招累靜守性而不矜動因循而簡易任自然以為資無誘慕於世偽鵰鶡介其觜距鵠鷺軼於雲際鵾雞竄於幽險孔翠生乎遐裔彼晨鳧與歸鴈又矯翼而增逝咸美羽而豐肌故無罪而皆斃徒銜蘆以避繳終為戮於此世蒼鷹鷙而受紲鸚鵡惠而入籠屈猛志以服養塊幽縶於九重變音聲以順旨思摧翮而為庸戀鍾岱之林野慕隴坻之高松雖蒙幸於今日未若疇昔之從容海鳥爰居避風而至條支巨爵踰嶺自致提挈萬里飄颻逼畏夫唯體大妨物而形瓌足偉也陰陽陶烝萬品一區巨細舛錯種繁類殊鷦螟巢於蚊睫大鵬彌乎天隅將以上方不足而下比有餘普天

壤而遐觀吾又安知大小之所如陳留阮籍見之歎曰王佐之才也由是聲名始著郡守鮮于嗣薦華為太常博士盧欽言之於文帝轉河南尹丞未拜除佐著作郎頃之遷長史兼中書郎朝議表奏多見施用遂即真晉受禪拜黄門侍郎封關内侯華强記默識四海之内若指諸掌武帝嘗問漢宮室制度及建章千門萬戶華應對如流聽者忘倦畫地成圖左右屬目帝甚異之時人比之子産數歲拜中書令後加散騎常侍遭母憂哀毀過禮中詔勉勵逼令攝事初帝潛與羊祜謀伐吳而羣臣多以為不可唯華贊成其計其後祜疾篤帝遣華詣祜問以伐吳之策語在祜傳及將大舉以華為度支尚書乃量計運漕決定廟筭衆軍既進而未有剋獲賈充等奏誅華以謝天下帝曰此是吾意華但與吾同耳時大臣皆以為未可輕進華獨堅執以為必剋及吳滅詔曰尚書關内侯張華前與故太傅羊祜共創大計遂典掌軍事部分諸方算定權略運籌決勝有謀謨之勳其進封為廣武縣侯增邑萬戶封子一人為亭侯千五百戶賜絹萬匹華名重一世衆所推服晉史及儀禮憲章

並屬於華多所損益當時詔誥皆所草定聲譽益盛有台輔之望焉而荀勗自以大族恃帝恩深憎疾之每伺間隙欲出華外鎮會帝問華誰可託寄後事者對曰明德至親莫如齊王攸既非上意所在微為忤旨間言遂行乃出華為持節都督幽州諸軍事領護烏桓校尉安北將軍撫納新舊戎夏懷之東夷馬韓新彌諸國依山帶海去州四千餘里歷世未附者二十餘國並遣使朝獻於是遠夷賓服四境無虞頻歲豐稔士馬彊盛朝議將欲徵華入相又欲進號儀同初華毀徵士馮紞於帝紞即恢之弟也深有寵於帝紞嘗侍帝從容論魏晉事因曰臣竊謂鍾會之釁頗由太祖帝變色曰卿何言邪紞免冠謝曰臣愚冗瞽言罪應萬死然臣微意猶有可申帝曰何以言之紞曰臣以為善御者必識六轡盈縮之勢善政者必審官方控帶之宜故仲由以兼人被抑冉求以退弱被進漢高八王以寵過夷滅光武諸將由抑損克終非上有仁暴之殊下有愚智之異蓋抑揚與奪使之然耳鍾會才見有限而太祖誇奬太過嘉其謀猷盛其名器居以重勢委以大兵故使會自謂算無遺

晉列傳六　十

策功在不賞輈張跋扈遂構凶逆耳向令太祖錄其小能節以大禮抑之以權勢納之以軌則則亂心無由而生亂事無由而成矣帝曰然紞稽首曰陛下既已然微臣之言宜思堅冰之漸無使如會之徒復致覆喪帝曰當今豈有如會者乎紞曰東方朔有言談何容易易曰臣不密則失身帝乃屏左右曰卿極言之紞曰陛下謀謨之臣著大功於天下海內莫不聞知據方鎮總戎馬之任者皆在陛下聖慮矣帝默然頃之徵華為太常以太廟屋棟折免官遂終帝之世以列侯朝見惠帝即位以華為太子少傅與王戎裴楷和嶠俱以德望為楊駿所忌皆不與朝政及駿誅後將廢皇太后會群官於朝堂議者皆承望風指以為春秋絕文姜今太后自絕於宗廟亦宜廢黜惟華議以為夫婦之道父不能得之於子子不能得之於父皇太后非得罪於先帝者也今黨其所親為不母於聖世宜依漢廢趙太后為孝成后故事貶皇太后之號還稱武皇后居異宮以全貴終之恩不從遂廢太后為庶人楚王瑋受密詔殺太宰汝南王亮太保衛瓘等內外兵擾朝廷大恐計無所出華白帝

以瑋矯詔擅害二公將士倉卒謂是國家意故從之耳今可遣騶虞幡使外軍解嚴理必風靡上從之瑋兵果散及瑋誅華以首謀有功拜右光祿大夫開府儀同三司侍中中書監金章紫綬固辭開府賈謐與后共謀以華庶族儒雅有籌略進無逼上之嫌退為眾望所依欲倚以朝綱訪以政事疑而未決以問裴頠頠素重華深贊其事華遂盡忠匡輔彌縫補闕雖當闇主虐后之朝而海內晏然華之功也華懼后族之盛作女史箴以為諷賈后雖凶妒而知敬重華久之論前後忠勳進封壯武郡公華十餘讓中詔敦譬乃受數年代下邳王晃為司空領著作及賈后謀廢太子左衛率劉卞甚為太子所信遇每會宴卞必預焉屢見賈謐驕傲太子恨之形于言色謐亦不能平卞以賈后謀問華華曰不聞卞曰卞以寒悴自須昌小吏受公成拔以至今日士感知己是以盡言而公更有疑於卞邪華曰假令有此君欲如何卞曰東宮俊乂如林四率精兵萬人公居阿衡之任若得公命皇太子因朝入錄尚書事廢賈后於金墉城兩黃門力耳華曰今天子當陽太子人子也吾又不受阿衡

晉列傳六　十一

之命忽相與行此是無其君父而以不孝示天下也雖能有成猶不免罪況權戚滿朝威柄不一而可以安乎及帝會群臣於式乾殿出太子手書徧示群臣莫敢有言者惟華諫曰此國之大禍自漢武以來每廢黜正嫡恒至喪亂且國家有天下日淺願陛下詳之尚書左僕射裴頠以為宜先檢校傳書者又請比校太子手書不然恐有詐妄賈后乃內出太子素啟事十餘紙眾人比視亦無敢言非者議至日西不決后知華等意堅因表乞免為庶人帝乃可其奏初趙王倫為鎮西將軍撓亂關中氐羌反叛乃以梁王肜代之或說華曰趙王貪昧信用孫秀所在為亂而秀變詐姦人之雄今可遣梁王斬秀刈趙之半以謝關右不亦可乎華從之肜許諾秀友人辛冉從西來言於肜曰氐羌自反非秀之為故得免死倫既還諂事賈后因求錄尚書事後又求尚書令華與裴頠皆固執不可由是致怨倫秀疾華如讎武庫火華懼因此變作列兵固守然後救之故累代之寶及漢高斬蛇劍王莽頭孔子屐等盡焚焉時華見劍穿屋而飛莫知所向初華所封壯武郡有桑化為柏識者以

爲不祥又華第舍及監省數有妖怪少子韙以中台星坼勸華遜位華不從曰天道玄遠惟脩德耳不如靜以待之以俟天命及倫秀將廢賈后秀使司馬雅夜告華曰今社稷將危趙王欲與公共匡朝廷爲霸者之事華知秀等必成篡奪乃距之雅怒曰刃將加頸而吐言如此不顧而出華方晝臥忽夢見屋壞覺而惡之是夜難作詐稱詔召華遂與裴頠俱被收華將死謂張林曰卿欲害忠臣耶林稱詔詰之曰卿爲宰相任天下事太子之廢不能死節何也華曰式乾之議臣諫事具存非不諫也林曰諫若不從何不去位華不能答須臾使者至曰詔斬公華曰臣先帝老臣中心如丹臣不愛死懼王室之難禍不可測也遂害之於前殿馬道南夷三族朝野莫不悲痛之時年六十九華性好人物誘進不倦至于窮賤候門之士有一介之善者便咨嗟稱詠爲之延譽雅愛書籍身死之日家無餘財惟有文史溢于机篋嘗徙居載書三十乘祕書監摯虞撰定官書皆資華之本以取正焉天下奇祕世所希有者悉在華所由是博物洽聞世無與比惠帝中人有得鳥毛長三丈以示華華見慘然曰此謂海鳧毛也出則天下亂矣陸機嘗餉華鮓于時賓客滿坐華發器便曰此龍肉也衆未之信華曰試以苦酒濯之必有異旣而五色光起機還問鮓主果云園中茅積下得　魚質狀殊常以作鮓過美故以相獻武庫封閉甚密其中忽有雉雊華曰此必蛇化爲雉也開視雉側果有蛇蛻焉吳郡臨平岸崩出一石鼓搥之無聲帝以問華華曰可取蜀中桐材刻爲魚形扣之則鳴矣於是如其言果聲聞數里初吳之未滅也斗牛之間常有紫氣道術者皆以吳方強盛未可圖也惟華以爲不然及吳平之後紫氣愈明華聞豫章人雷煥妙達緯象乃要煥宿屏人曰可共尋天文知將來吉凶因登樓仰觀煥曰僕察之久矣惟斗牛之間頗有異氣華曰是何祥也煥曰寶劍之精上徹於天耳華曰君言得之吾少時有相者言吾年出六十位登三事當得寶劍佩之斯言豈效與因問曰在何郡煥曰在豫章豐城華曰欲屈君爲宰密共尋之可乎煥許之華大喜即補煥爲豐城令煥到縣掘獄屋基入地四丈餘得一石函光氣非常中有雙劍並刻題一曰龍泉一曰太阿其夕

斗牛間氣不復見焉煥以南昌西山北巖下土以拭劍光芒豔發大盆盛水置劍其上視之者精芒炫目遣使送一劍并土與華留一自佩或謂煥曰得兩送一張公豈可欺乎煥曰本朝將亂張公當受其禍此劍當繫徐君墓樹耳靈異之物終當化去不永爲人服也華得劍寶愛之常置坐側華以南昌土不如華陰赤土報煥書曰詳觀劍文乃干將也莫邪何復不至雖然天生神物終當合耳因以華陰土一斤致煥煥更以拭劍倍益精明華誅失劍所在煥卒子華爲州從事持劍行經延平津劍忽於腰間躍出墮水使人沒水取之不見劍但見兩龍各長數丈蟠縈有文章沒者懼而反須臾光彩照水波浪驚沸於是失劍華歎曰先君化去之言張公終合之論此其驗乎華之博物多此類不可詳載焉後倫秀伏誅齊王冏輔政摯虞致牋於冏曰間於張華沒後入中書省得華先帝時答詔本草先帝問華可以輔政持重付以後事者華答明德至親莫如先王宜留以爲社稷之鎭其忠良之謀款誠之言信於幽冥沒而後彰與苟且隨時者不可同世而論也議者有責華以愍懷太子之事不抗節廷爭當此之時諫者必得違命之死先聖之教死而無益者不以責人故晏嬰齊之正卿不死崔杼之難季札吳之宗臣不爭逆順之理理盡而無所施者固聖教之所不責也冏於是奏曰臣聞興微繼絕聖王之高政貶惡嘉善春秋之美義是以武王封比干之墓表商容之閭誠幽明之故有以相通也孫秀逆亂滅佐命之國誅骨鯁之臣以斲喪王室肆其虐戾功臣之後多見泯滅張華裴頠各以見憚取誅於時解系解結同以羔羊並被其害歐陽建等無罪而死百姓憐之今陛下更日月之光布惟新之命然此等諸族未蒙恩理昔欒郤降在皁隸而春秋傳其違幽王絕功臣之後棄賢者子孫而詩人以爲刺臣備忝在職思納愚誠若合聖意可令羣官通議議者各有所執而多冊其冤壯武國臣竺道又詣長沙王求復華爵位依違者久之太安二年詔曰夫愛惡相攻佞邪醜正自古而有故司空壯武公華竭其忠貞思翼朝政謀謨之勳每事賴之前以華彌縫之功宜同封建而華固讓至于八九深陳大制不可得爾終有顛敗危辱之慮辭義懇誠足勸遠

近華之至心搢於神明華以伐吳之勳受爵於先帝後封既非國體又不宜以小功踰前大賞華之見害俱以姦逆圖亂濫被枉賊其復華侍中中書監司空公廣武侯及所沒財物與印綬符策遣使弔祭之初陸機兄弟志氣高爽自以吳之名家初入洛不推中國人士見華一面如舊欽華德範如師資之禮焉華誅後作誄又為詠德賦以悼之華著博物志十篇及文章並行於世二子禕韙

禕字彥仲好學謙敬有父風歷位散騎常侍韙儒博曉天文散騎侍郎同時遇害禕子輿字公安襲華爵避難過江辟丞相掾太子舍人

劉卞字叔龍東平須昌人也本兵家子質直少言少為縣小吏功曹夜醉如廁使卞執燭不從功曹銜之以他事補亭子有祖秀才者於亭中與刺史箋久不成卞教之數言卓犖有大致秀才謂縣令曰卞公府掾之精者卿云何以為亭子令即召為門下史百事疏簡不能周密令問卞能學不荅曰願之即使就學無幾卞兄為太子長兵既死兵例須代功曹請以卞代兄役令曰祖秀才有言遂不聽卞後從令至洛得入太學試經為臺四品吏訪問令寫黃紙一鹿車卞曰劉卞非為人寫黃紙者也訪問知怒言於中正退為尚書令史或謂卞曰君才簡略堪大不堪小不如作守舍人卞從其言後為吏部令史遷齊王攸司空主簿轉太常丞司徒左西曹掾尚書郎所歷皆稱職累遷散騎侍郎除并州刺史入為左衛率知賈后廢太子之謀甚憂之以計干張華而不見用益以不平賈后親黨微服聽察外間頗聞卞言乃遷卞為輕車將軍雍州刺史卞知言泄恐為賈后所誅乃飲藥卒初卞之并州昔同時為須昌小史者十餘人祖餞之其一人卿卞卞遣扶出之人以此少之

史臣曰夫忠為令德學乃國華譬衆星之有禮義人倫之有冠冕也衞瓘撫武帝之牀張華距趙倫之命進諫則伯玉居多臨危則茂先為美遵乎險轍理有可言昏亂方猷則事睽其趣松筠無改則死勝於生固以赴蹈為期而不辭乎傾覆者也但陷迷網同嗟承劒邦家殄瘁不亦傷哉

贊曰賢人委質道映陵寒尸祿觀敗吾生未安衞以賈滅張由趙殘忠於亂世自古為難

列傳第六　晉書三十六

列傳第七　宗室　晉書三十七　御撰

安平獻王孚字叔達宣帝次弟也初孚長兄朗字伯達宣帝字仲達孚弟馗字季達恂字顯達進字惠達通字雅達敏字幼達俱知名故時號為八達焉孚溫厚廉讓博涉經史漢末喪亂與兄弟處危亡之中簞食瓢飲而披閱不勌性通恕以貞白自立未嘗有怨於人陳留殷武有名於海內嘗罹謗孚往省之遂與同處分食談者稱焉魏陳思王植有俊才清選官屬以孚為文學掾植負才陵物孚每切諫初不合意後乃謝之遷太子中庶子魏武帝崩太子號哭過甚孚諫曰大行晏駕天下恃殿下為命當上為宗廟下為萬國奈何效匹夫之孝乎太子良久乃止曰卿言是也時羣臣初聞帝崩相聚號哭無復行列孚厲聲於朝曰今大行晏駕天下震動當早拜嗣君以鎮海內而但哭邪孚與尚書和洽罷羣臣備禁衛具喪事奉太子以即位是為文帝時當選侍中常侍等官太子左右舊人頗諷諭主者便欲就用不調餘人孚曰雖有堯舜必有稷契今嗣王新立當進用海內英賢猶患不得如何欲因際會自相薦舉邪官失其任得者亦不足貴遂更他選轉孚為中書郎給事常侍宿省內除黃門侍郎中騎都尉時孫權稱藩請送任子當遣前將軍于禁還久而不至天子以問孚孚曰先王設九服之制誠以要荒難以德懷不以諸夏禮責也陛下承緒遠人率貢權雖未送任子于禁不至猶宜以寬待之畜養士馬以觀其變不可以嫌疑責讓恐傷懷遠之義自孫策至權奕世相繼惟彊與弱不在一禁禁之未至當有他故耳後禁

至果以疾遲留而任子竟不至大軍臨江責其違言吳遂絕不貢獻後出為河內典農賜爵關內侯轉清河太守初魏文帝置度支尚書專掌軍國支計朝議以征討未息動須節量及明帝嗣位欲用孚問左右曰有兄風不荅云似兄天子曰吾得司馬懿二人復何憂哉轉為度支尚書孚以為擒敵制勝宜有備預每諸葛亮入寇關中邊兵不能制敵中軍奔赴輒不及事機宜預選步騎二萬以為二部為討賊之備又以關中連遭賊寇穀帛不足遣冀州農丁五千屯於上邽秋冬習戰陣春夏脩田桑由是關中軍國有餘待賊有備矣後除尚書右僕射進爵昌平亭侯遷尚書令及大將軍曹爽擅權李勝何晏鄧颺等亂政孚不視庶事但正身遠害而已及宣帝誅爽孚與景帝屯司馬門以功進爵長社縣侯加侍中時吳將諸葛恪圍新城以孚督諸軍二十萬防御之孚次壽春遣毌丘儉文欽等進討諸將欲速擊之孚曰夫攻者借人之力以為功且當詐巧不可爭力也故稽留月餘乃進軍吳師望風而退魏明悼后崩議書銘旌或欲去姓而書魏或欲兩書孚以為經典正義皆不

應書凡帝王皆因本國之名以為天下之號而與往代相別耳非為擇美名以自光也天稱皇天則帝稱皇帝地稱后土則后稱皇后此乃所以同天地之大號流無二之尊名不待稱國號以自表不俟稱氏族以自彰是以春秋隱公三年經曰三月庚戌天王崩尊而稱天不曰周王者所以殊乎列國之君也八月庚辰宋公和卒書國稱名所以異乎天王也襄公十五年經曰劉夏逆王后于齊不云逆周王后姜氏者所以異乎列國之夫人也至乎列國則曰夫人姜氏至自齊又曰紀伯姬卒書國稱姓此所以異乎天王后也由此考之尊稱皇帝赫赫無二何待於魏乎尊稱皇后彰以諡號何待於姓乎議者欲書魏者此以為天皇之尊同於往古列國之君也或欲書姓者此以為天皇之后同於往古之夫人也乖經典之大義異乎聖人之明制非所以垂訓將來為萬世不易之式者也遂從孚議遷司空代王淩為太尉及蜀將姜維寇隴右雍州刺史王經戰敗遣孚西鎮關中統諸軍事征西將軍陳泰與安西將軍鄧艾進擊維維退孚還京師轉太傅及高貴鄉公遭害百官莫敢奔赴孚枕尸於股哭之慟曰殺陛下者臣之罪奏推主者會太后令以庶人禮葬孚與羣公上表乞以王禮葬從之孚性至慎宣帝執政常自退損後逢廢立之際未嘗預謀景文二帝以孚屬尊亦不敢逼後進封長樂公及武帝受禪陳留王就金墉城孚拜辭執王手流涕歔欷不能自勝曰臣死之日固大魏之純臣也詔曰太傅勳德弘茂朕所瞻仰以光導弘訓鎮靜宇內願奉以不臣之禮其封為安平王邑四萬戶進拜太宰持節都督中外諸軍事有司奏諸王未之國者所置官屬權未有備帝以孚明德屬尊當宣化樹教為羣后作則遂備置官屬焉又以孚內有親戚外有交游惠下之費而經用不豐奉絹二千匹及元會詔孚乘輿車上殿帝於阼階迎拜既坐帝親奉觴上壽如家人禮帝每拜孚跪而止之又給以雲母輦青蓋車孚雖見尊寵不以為榮常有憂色臨終遺令曰有魏貞士河內溫縣司馬孚字叔達不伊不周不夷不惠立身行道終始若一當以素棺單椁斂以時服泰始八年薨時年九十三帝於太極東堂舉哀三日詔曰王勳德超世尊寵無二期頤在位

朕之所倚庶永百齡諮仰訓道奄忽殂隕哀慕感切其以東園溫明秘器朝服一具衣一襲緋練百匹絹布各五百匹錢百萬穀千斛以供喪事諸所施行皆依漢東平獻王蒼故事其家遵孚遺旨所給器物一不施用帝再臨喪親拜盡哀及葬又幸都亭望柩而拜哀動左右給鑾輅輕車介士武賁百人吉凶導從二千餘人前後鼓吹配饗太廟九子邕望輔晃瓌珪衡景

邕字子魁初為世子拜步兵校尉侍中先孚卒追贈輔國將軍諡曰貞邕子崇為世孫又早夭泰始九年立崇弟平陽亭侯隆為安平王立四年咸寧二年薨諡曰穆無子國絕

義陽成王望字子初出繼伯父朗寬厚有父風仕郡上計吏舉孝廉辟司徒掾歷平陽太守洛陽典農中郎將從宣帝討王淩以功封永安亭侯遷護軍將軍改封安樂鄉侯加散騎常侍時魏高貴鄉公好才愛士望與裴秀王沈鍾會並見親待數侍宴筵公性急秀等居內職急有召便至以望外官特給追鋒車一乘武賁五人時景文相繼輔政未嘗朝

覲權歸晉室望雖見寵待每不自安由是求出為征西將軍持節都督
雍涼二州諸軍事在任八年威化明肅先是蜀將姜維屢寇關中及望
至廣設方略維不得為寇關中賴之進封順陽侯徵拜衛將軍領中領
軍典禁兵尋加驃騎將軍開府頃之代何曾為司徒武帝受禪封義陽王
邑萬戶給兵二千人泰始三年詔曰夫尚賢庸勳尊崇茂親所以體國
經化式是百辟也且台司之重存乎天官故周建六職政典為首司徒
中領軍以明德近屬世濟其美祖考創業翼佐大命出典方任入贊朝
政文德既著武功宣暢逮朕嗣位彌道惟明宜登上司兼統軍戎內輔
帝室外隆威重其進位太尉中領軍如故置太尉軍司一人參軍事六
人騎司馬五人又增置官騎十人并前三十假羽葆鼓吹吳將施績寇
江夏邊境騷動以望統中軍步騎二萬出屯龍陂為二方重鎮假節加
大都督諸軍事會荊州刺史胡烈距績破之望乃班師俄而吳將丁奉
寇芍陂望又率諸軍以赴之未至而奉退拜大司馬孫皓率衆向壽春
詔望統中軍二萬騎三千據淮北皓退軍罷泰始七年薨時年六十七

賻贈有加望性儉吝而好聚斂身亡之後金帛盈溢以此獲譏四子弈
洪整楙弈至黃門郎先望卒整亦早亡以弈子奇龍嗣奇亦好畜聚不
知紀極遣三部使到交廣商貨為有司所奏太康九年詔貶為三縱亭
侯更以章武王威為望嗣後威誅復立奇為棘陽王以嗣望

河間平王洪字孔業出繼叔父昌武亭侯遺仕魏歷位典農中郎將原
武太守封襄賁男武帝受禪封河間王立十二年咸寧二年薨二子威
混威嗣徙封章武其後威既繼義陽王望更立混為洪嗣混歷位散騎
常侍薨及洛陽陷混諸子皆沒於胡而小子滔初嗣新蔡王確亦與其
兄俱沒後得南過與新蔡太妃不協太興二年上疏以兄弟並沒在遼
東章武國絕宜還所生太妃訟之事下太常太常賀循議章武新蔡俱
承一國不絕之統義不得替其本宗而先後傍親按滔既已被命為人
後矣必須無復兄弟本國永絕然後得還所生今兄弟在遠不得言無
道理雖阻復非絕域且鮮卑恭命信使不絕自宜詔下遼東依劉群盧
諶等例發遣令還繼嗣本封謂滔今未得便委離所後也元帝詔曰滔
雖出養自有所生母新蔡太妃相待甚薄滔執意如此如其不聽終當
紛紜更為不可今便順其所執還襲章武滔歷位散騎常侍薨子休嗣
休與彭城王雄俱奔蘇峻峻平休已戰死弟珍時年八歲以小弗坐咸
和六年襲爵位至大宗正薨無河間王欽以子範之繼位至游擊將軍
薨子秀嗣義熙元年為桂陽太守秀妻桓振之妹振作逆秀不自安謀
反伏誅國除

威字景曜初嗣洪咸寧三年徙封章武太康九年嗣義陽王望威凶暴
無操行謟附趙王倫元康末為散騎常侍倫將篡使威與黃門郎駱休
逼帝奪璽綬倫以威為中書令倫敗惠帝反正曰阿皮捩吾指奪吾璽
綬不可不殺阿皮威小字也於是誅威

隨穆王整兄弈卒以整為世子歷南中郎將封清泉侯先父望薨追贈
冠軍將軍武帝以義陽國一縣追封為隨縣王子邁嗣太康九年以義
陽之平林益邁為隨郡王

竟陵王楙字孔偉初封樂陵亭侯起家參相國軍事武帝受禪封東平
王邑三千九十七戶入為散騎常侍尚書楙善謟諛曲事楊駿及駿誅

依法當死東安公繇與楙善故得不坐尋遷大鴻臚加侍中繇欲擅朝
政與汝南王亮不平亮託以繇討駿顧望免繇楙等官遣楙就國楙遂
殖財貨奢僭踰制趙王倫篡位召還及義兵起倫以楙為衛將軍都督
諸軍事倫敗楙免官齊王冏輔政繇復為僕射舉楙為平東將軍都督
徐州諸軍事鎮下邳成都王穎輔政進楙為衛將軍會惠帝北征即以
楙為車騎將軍都督如故使率衆赴鄴蕩陰之役東海王越奔于下邳
楙不納越乃還國帝既西幸越總兵謀迎大駕楙甚懼長史王脩說曰
東海宗室重望今將興義公宜舉徐州以授之此克讓之美也楙從之
乃身承制都督兗州刺史車騎將軍表於天子時帝在長安遣使者劉
虔即拜焉楙慮兗州刺史苟晞不避己及給虔兵使稱詔誅晞晞時已
避位楙在州徵求不已郡縣不堪命范陽王虓遣晞還兗州徙楙都督
青州諸軍事楙不受命背山東諸侯與豫州刺史劉喬相結虓遣將田
徽擊楙破之楙走還國帝還洛陽楙乃詣闕及懷帝踐阼改封竟陵王

拜光禄大夫越出牧豫州留世子毗及其黨何倫防察宫省攝白帝討
越乃合衆襲倫不尅帝委罪於楙楙奔亂獲免越薨乃出及洛陽傾覆
爲亂兵所害
太原成王輔魏末爲野王太守武帝受禪封渤海王邑五千三百七十
九戶泰始二年之國後爲衛尉出爲東中郎將轉南中郎將咸寧三年
徙爲太原王監幷州諸軍事太康四年入朝五年薨追贈鎮北將軍永
平元年更贈衛將軍開府儀同三司子弘立元康中爲散騎常侍後徙
封中丘王三年薨子鑠立
翼字子世少歷顯位官至武賁中郎將武帝未受禪而卒以兄邕之支
子承爲嗣封南宫縣王薨子祐嗣立承遂無後
下邳獻王晃字子明魏武封始亭侯拜黄門侍郎改封西安男出爲東
莞太守武帝受禪封下邳王邑五千一百七十六戶泰始二年就國晃
孝友貞廉謙虚下士甚得宗室之稱後爲長水校尉南中郎將九年詔
曰南中郎將下邳王晃清亮中正體行明絜才周政理有文武策識其
以晃爲使持節都督寧益二州諸軍事安西將軍領益州刺史晃以疾
不行更拜尚書遷右僕射久之出爲鎮東將軍都督青徐二州諸軍事
惠帝即位入爲車騎將軍加散騎常侍將誅楊駿以晃領護軍屯東掖
門尋守尚書令遷司空加侍中令如故咸寧六年薨追贈太傅二子裒
緯裒早卒緯有篤疾别封良城縣王以太原王輔第三子韓爲嗣官至
侍中尚書早薨子韶立
太原烈王瓌字子泉魏長樂亭侯改封貴壽鄉侯歷振威將軍秘書監
封固始子武帝受禪封太原王邑五千四百九十六戶泰始二年就國
四年入朝賜衮冕之服遷東中郎將十年薨詔曰瓌乃心忠篤智器雅
亮歷位文武有幹事之績出臨封土夷夏懷附鎮守許都思謀可紀不
幸早薨朕甚悼之今安厝在近其追贈前將軍子顒立徙封河間王别
有傳
高陽元王珪字子璋少有才望魏高陽鄉侯歷河南令進封湞陽子拜
給事黄門侍郎武帝受禪封高陽王邑五千五百七十戶歷北中郎將

督鄴城守諸軍事泰始六年入朝以父孚年高乞留供養拜尚書遷右
僕射十年薨詔遣兼大鴻臚持節監護喪事贈車騎將軍儀同三司珪
有美譽於世而帝甚悼惜之无子詔以太原王輔子緝襲爵緝立五年
咸寧四年薨謚曰哀无子太康二年詔以太原王瓌世子顒子訟爲緝
後封眞定縣侯
常山孝王衡字子平魏封德陽鄉侯進封汝陽子爲駙馬都尉武帝受
禪封常山王邑三千七百九十戶二年薨無子以安平世子邕弟四子
敦爲嗣
沛順王景字子文魏樂安亭侯歷諫議大夫武帝受禪封沛王邑三千
四百戶立十一年咸寧元年薨子韜立
彭城穆王權字子輿宣帝弟魏魯相東武城侯馗之子也初襲封拜冗
從僕射武帝受禪封彭城王邑二千九百戶出爲北中郎將都督鄴城
守諸軍事泰始中入朝賜衮冕之服咸寧元年薨子元王植立歷位後
將軍尋拜国子祭酒太僕卿侍中尚書出爲安東將軍都督楊州諸軍
事代淮南王允鎮壽春未發或云植助允攻趙王倫遂以憂薨贈車騎
將軍增封万五千戶子康王釋立官至南中郎將持節平南將軍分曆
國蕃薛二縣以益其國凡二萬三千戶薨子雄立坐奔蘇峻伏誅更以
釋子紘嗣
紘字偉德初封堂邑縣公建興末元帝承制以紘繼高密王據及帝即
位拜散騎侍郎遷翊軍校尉前將軍雄之誅也紘入继本宗拜国子祭
酒加散騎常侍尋遷大宗正秘書監有風疾性理不恒或欲上疏陳事
歷示公卿又杜門讓還章印貂蟬著杜門賦以顯其志由是更拜光禄
大夫領大宗師常侍如故後疾甚馳騁無度或攻刼軍寺或打傷官屬
醜言悖詈誹謗上下又乘車突入端門至大極殿前於是御史中丞車
灌奏劾請免紘官下其國嚴加防録成帝詔曰王以明德茂親居宗師
之重冝敷道養德靜一其操而頃游行煩數冒犯風塵冝令官屬已下
各以職奉衛不得令王復有此勞内外職司各慎其局王可解常侍光
禄宗師先所給車牛可録取賜米布牀帳以養疾咸康八年薨贈散騎

常侍金紫光祿大夫二子玄俊玄嗣立會庚戌制不得藏戶玄匿五戶桓溫表玄犯禁收付廷尉既而宥之位至中書侍郎薨子弘之立位至散騎常侍薨子邵之立薨子崇之立薨子緝之立宋受禪國除

恭王俊字道度出嗣高密王略官至散騎常侍薨子敬王純之立歷臨川內史司農少府卿太宰右長史薨子恢之立義熙末以給事中兼太尉脩謁洛陽園陵宋受禪國除

高密文獻王泰字子舒彭城穆王權之弟魏陽亭侯補陽翟令遷扶風太守武帝受禪封隴西王邑三千二百戶拜游擊將軍出為兗州刺史加鷹揚將軍遷使持節都督寧益二州諸軍事安西將軍領益州刺史稱疾不行轉安北將軍代兄權督鄴城守事遷安西將軍都督關中事太康初入為散騎常侍前將軍領鄴城門校尉以疾去官後代下邳王晃為尚書左僕射出為鎮西將軍領護西戎校尉假節代扶風王駿都督關中軍事以疾還京師永熙初代石鑒為司空尋領太子太保及楊駿誅泰領駿營加侍中給步兵二千五百人騎五百匹泰固辭乃給千

兵百騎楚王瑋之被收泰嚴兵將救之祭酒丁綏諫曰公為宰相不可輕動且夜中倉卒宜遣人參審定問泰從之瑋既誅乃以泰錄尚書事遷太尉守尚書令改封高密王邑萬戶元康九年薨追贈太傅泰性廉靜不近聲色雖為宰輔食大國之租服飾肴膳如布衣寒士任真簡率每朝會不識者不知其王公也事親恭謹居喪哀戚謙虛下物為宗室儀表當時諸王惟泰及下邳王晃以節制見稱雖並不能振施其餘莫得比焉泰四子越騰略模越自有傳騰出後叔父憬略立

孝王略字元簡孝敬慈順小心下士少有父風元康初愍懷太子在東宮選大臣子弟有名稱者以為賓友略與華恒等並侍左右歷散騎黃門侍郎散騎常侍祕書監出為安南將軍持節都督沔南諸軍事遷安北將軍都督青州諸軍事略適青州刺史程牧牧避之略自領州永興初惤令劉根起兵東萊誑惑百姓眾以萬數攻略於臨淄略不能距走保聊城懷帝即位遷使持節都督荊州諸軍事征南大將軍開府儀同三司京兆流人王逌與叟人郝洛聚眾數千屯于冠軍略遣參軍崔曠率將軍皮初張洛等討逌為逌所誘戰敗略更遣左司馬曹攄統曠等進逼逌將大戰曠在後密自退走攄軍無繼戰敗死之略乃赦曠罪復遣部將韓松又督曠攻逌逌降尋進開府加散騎常侍永嘉三年薨追贈侍中太尉子據立薨無子以彭城康王子紘為嗣其後紘歸本宗立紘子俊以奉其祀

新蔡武哀王騰字元邁少拜冗從僕射封東嬴公歷南陽魏郡太守所在稱職徵為宗正遷太常轉持節寧北將軍都督并州諸軍事并州刺史惠帝討成都王穎六軍敗績騰與安北將軍王浚共殺穎所署幽州刺史和演率眾討穎穎遣北中郎將王斌距戰浚率鮮卑騎擊斌騰為後係大破之穎懼挾帝歸洛陽進騰位安北將軍永嘉初遷車騎將軍都督鄴城守諸軍事鎮鄴又以迎駕之勳改封新蔡王初騰發并州次於真定值大雪平地數尺營門前方數丈雪融不積騰怪而掘之得玉馬高尺許表獻之其後公師藩與平陽人汲桑等為羣盜起於清河鄃縣眾千餘人寇頓丘以葬成都王穎為辭載穎主而行與張泓故將李

豐等將攻鄴騰曰孤在并州七年胡圍城不能剋汲桑小賊何足憂也及豐等至騰不能守率輕騎而走為豐所害四子虞矯紹確虞有勇力騰之被害虞逐豐豐投水而死是日虞及矯紹并鉅鹿太守崔曼車騎長史羊恒從事中郎蔡克等又為豐餘黨所害及諸名家流移依鄴者死亡並盡初鄴中雖府庫虛竭而騰資用甚饒性儉嗇無所振惠臨急乃賜將士米可數升帛各丈尺是以人不為用遂致於禍及苟晞救鄴桑還平陽于時盛夏尸爛壞不可復識騰及三子骸骨不獲庶子確立

莊王確字嗣安歷東中郎將都督豫州諸軍事鎮許昌永嘉末為石勒所害無子初以章武王混子滔奉其祀其後復以汝南威王祐子弼為確後太興元年薨無子又以弼弟邈嗣確位至侍中薨子晃立拜散騎侍郎桓溫廢武陵王晞晃為庶人徙衡陽孝武帝立晃弟崇繼邈後為奴所害子惠立宋受禪国除

南陽王模字元表少好學與元帝及范陽王虓俱有稱於宗室初封平昌公惠帝末拜冗從僕射累遷太子庶子員外散騎常侍成都王穎奔

長安東海王越以模爲北中郎將鎮鄴永興初成都王穎故帳下督公師藩構權郝昌等攻鄴模左右謀應之廣平太守丁劭率衆救模范陽王虓又遣兗州刺史苟晞援之藩等散走遷鎮東大將軍鎮許昌進爵南陽王永嘉初轉征西大將軍開府都督秦雍梁益諸軍事代河間王顒鎮關中模感丁劭之德敕國人爲劭生立碑時關中飢荒百姓相噉加以疾癘盜賊公行模力不能制乃鑄銅人鍾鼎爲釜器以易穀議者非之東海王越表徵模爲司空遣中書監傅祗代之模謀臣淳于定説模曰關中天府之國霸王之地今以不能綏撫而還既於聲望有虧又公兄弟唱起大事而並在朝廷若自彊則有專權之罪弱則受制於人非公之利也模納其言不就徵表遣世子保爲西中郎將東羌校尉鎮上邽秦州刺史裴苞距之模使帳下都尉陳安率衆攻苞苞奔安定太守賈疋以郡迎苞模遣軍司謝班伐疋疋退奔盧水其年進位太尉大都督洛京傾覆模使牙門趙染戍蒲坂染求馮翊太守不得怒率衆降于劉聰聰使其子粲及染攻長安模使淳于定距之爲染所敗士衆離叛倉庫虛竭軍祭酒韋輔曰事急矣早降可以免模從之遂降于染染箕踞攘袂數模之罪送詣粲粲殺之以模妃劉氏賜胡張本爲妻子保立

晉列傳七　十

保字景度少有文義好述作初拜南陽國世子模遇害保在上邽其後賈疋死裴苞又爲張軌所殺保全有秦州之地自號大司馬承制置百官隴右氐羌並從之涼州刺史張寔遣使貢獻及愍帝即位以保爲右丞相加侍中都督陝西諸軍事尋進位相國模之敗也都尉陳安歸於保保命統精勇千餘人以討羌寵遇甚厚保將張春等疾之譖安有異志請除之保不許春等輒伏刺客以刺安安被創馳還隴城遣使詣保貢獻不絕愍帝之蒙塵也保自稱晉王時上邽大飢士衆窘困張春奉保之南安陳安自號秦州刺史稱藩於劉曜春復奉保奔桑城將投于張寔寔使兵迎保實禦之也是歲保病薨時年二十七保體貌豐偉嘗自稱重八百斤喜睡痿疾不能御婦人無子張春立宗室司馬瞻奉保後陳安舉兵攻春春走瞻降于安安送詣劉曜曜殺之安迎保喪以天子禮葬於上邽謚曰元

范陽康王綏字子都彭城王權季弟也初爲諫議大夫泰始元年受封在位十五年咸寧五年薨子虓立焉

虓字武會少好學馳名研考經記清辯能言論以宗室選拜散騎常侍累遷尚書出爲安南將軍都督豫州諸軍事持節鎮許昌進位征南將軍河間王顒表立成都王穎爲太弟爲王浚所破挾天子還洛陽虓與東平王楙鎮東將軍周馥等上言曰自愍懷被害皇儲不建委重前相輒失臣節是以前年太宰與臣永惟社稷之貳不可久空所以共啓成都王穎以爲國副受重之後而弗克負荷小人勿用而以爲腹心骨肉宜敦而猜佻荐至險詖宜遠而讒說殄行此皆臣等不聰不明失所宗賴遂令陛下謬於降授雖戮臣等不足以謝天下今大駕還宮文武空曠制度荒破靡有孑遺臣等雖劣足匡王室而道路之言謂張方與臣等不同既惜所在興異又以太宰傳德允元著於具瞻每當義節輒爲社稷宗盟之先張方受其指教爲國效節昔年之舉有死無貳此即太宰之良將陛下之忠臣但以受性彊毅不達變通遂守前志已致紛紜然退思惟既是其不易之節且慮事釁之後爲天下所罪故未即西還耳原其本事實无深責臣聞先代明主未嘗不全護功臣令福流子孫自中間以來陛下功臣初无全者非獨人才皆劣其於取禍實由朝廷策之失宜不相容恕以一旦之咎喪其積年之勳既違周禮議功之典且使天下之人莫敢復爲陛下致節者臣等此言豈獨爲一張方實爲社稷遠計欲令功臣長守富貴臣愚以爲宜委太宰以關右之任一方事重及自州郡已下選舉授任一皆仰成若朝之大事廢興損益每輒疇諮此則二伯述職周召分陝之義陛下復行於今時遣方還郡令羣后申志時定王室所加方官請悉如舊此則忠臣義士有勸功臣必全矣司徒戎異姓之賢司空越公族之望並忠国愛主小心翼翼宜幹機事委以朝政安北將軍王浚佐命之胤率身履道忠亮清正遠近所推如今日之大舉實有定社稷之勳此是臣等所以歎息歸高也浚宜特崇重之以副羣望遂撫幽朔長爲北藩臣等竭力扞城藩屏皇家陛下

晉列七　十一

垂拱而四海自正則四祖之業必隆於今日月之暉昧而復曜乞垂三思察臣所言又可以臣表西示太宰又表曰成都王失道爲姦邪所誤論王之身不宜深責且先帝遺體陛下羣弟自元康以來罪戮相尋實海内所爲匈匈而臣等所以痛心今廢城都更封一邑宜其必許若廢黜尋有禍害既傷陛下矜慈之恩又令遠近恒謂公族无復骨肉之情此實臣等内省悲慙无顔於四海也乞陛下察臣忠款於是虓先率衆自許屯于滎陽會惠帝西迁虓與從兄平昌公模長史馮嵩等刑白馬啑血而盟推東海王越爲盟主虓都督河北諸軍事驃騎將軍持節領豫州刺史劉喬不受越等節度乘虚破許虓自拔渡河王浚表虓領兾州刺史資以兵馬虓入兾州發兵又南濟河破喬等河間王顒聞喬敗斬張方傳首於越越與虓西迎帝而顒出奔於是奉天子還都拜虓爲司徒永興三年暴疾薨時年三十七无子養模子黎爲嗣黎隨模就國於長安遇害

濟南惠王遂字子伯宣帝弟魏鴻臚丞恂之子也仕魏關内侯進封平昌亭侯歷典軍郎將景元二年轉封武城鄉侯督鄴城守諸軍事北中郎將五等建封祝阿伯累迁冠軍將軍武帝受禪封濟南王泰始二年薨二子耽緝耽嗣立咸寧三年徙爲中山王是年薨无子緝紹成都王穎以緝爲建威將軍与石熙等率衆距王浚没於陣薨无子國除後遂之曽孫勳字偉長年十餘歲愍帝末長安陷劉曜將令狐泥養爲子及壯便弓馬能左右射咸和六年自關右還自列云是大長秋恂之玄孫冠軍將軍濟南惠王遂之曽孫略陽大守瓘之子遂拜謁者僕射以勇聞庾翼之鎮襄陽以梁州刺史援桓宣卒請勳代之初屯西城退守武當將石季龍死中國亂雍州諸豪帥馳告勳勳率衆出駱谷壁于懸鈎去長安二百里遣部將劉煥攻長安又拔賀城於是關中皆殺季龍太守令長以應勳勳兵少未能自固復還梁州永和中張琚據隴東遣使招勳勳復入長安初京兆人杜洪以豪族陵琚琚以勇俠侮洪洪知勳憚琚兵彊因説勳曰不殺張琚關中非國家有也勳乃爲請琚於坐殺之琚弟走池陽合衆攻勳勳頻戰不利請和歸梁州後桓温伐關中命勳

晉列傳七　十二

出子午道而爲苻雄所敗退屯于女媧堡俄迁征虜將軍監關中軍事領西戎校尉賜爵通吉亭侯爲政暴酷至於治中别駕及州之豪右言語忤意即於坐梟斬之或引弓自射西土患其凶虐在州常懷據蜀有僭僞之意桓温聞之務相綏懷以其子康爲漢中太守勳逆謀已成憚益州刺史周撫未發及撫卒遂擁衆入劒閣梁州别駕雍端西戎司馬隗粹並切諫勳皆誅之自號梁益二州牧成都王桓温遣朱序討勳勳兵潰爲序所獲及息龍子長史梁憚司馬金壹等送于温温並斬之傳首京都

譙剛王遜字子悌宣帝弟魏中郎進之子也仕魏關内侯改封城陽亭侯參鎮東軍事拜輕車將軍羽林左監五等建徙封涇陽男武帝受禪封譙王邑四千四百戸泰始二年薨二子隨承定王隨立薨子邃立没於石勒元帝以承嗣遜

閔王承字敬才少篤厚有志行拜奉車都尉奉朝請稍迁廣威將軍安夷護軍鎮安定從惠帝還雒陽拜游擊將軍永嘉中天下漸乱間行依征南將軍山簡會簡卒進至武昌元帝初鎮揚州承歸建康補軍諮祭酒愍帝徵爲龍驤將軍不行元帝爲晉王承制更封承爲譙王太興初拜屯騎校尉加輔國將軍領左軍將軍承居官儉約家无别室尋加散騎常侍輔国左軍如故王敦有无君之心表疏輕慢帝夜召承以敦表示之曰王敦頃年位任足矣而所求不已言至於此將若之何承曰陛下不早裁之難將作矣帝欲樹藩屏會敦表以宣城内史沈充爲湘州帝謂承曰湘州南楚險固在上流之要控三州之會是用武之國也今以叔父居之何如承曰臣幸託末屬身當宿衛未有驅馳之勞頻受過厚之遇夙夜自厲思報天德君之所命惟力是視敢有辤焉然湘州蜀寇之餘人物彫盡若上憑天威得之所莅比及三年請從戎役若未及此雖復灰身亦无益也於是詔曰夫王者體天理物非羣才不足濟其務外建賢哲以樹風聲内睦親親以廣藩屏是以太公封齊伯禽君魯此先王之令典古今之通義也我晉開基列国相望乃授琅邪武王鎮統東夏汝南文成揔一淮許扶風梁王迭據關右爰暨東嬴作司并州今公族雖寡不逮曩時豈得替舊章乎散騎常侍左將軍譙王

晉列傳七　十三

承貞素款亮志存忠恪便蕃左右恭肅彌著今以承監湘州諸軍事南
中郎將湘州刺史初劉隗以王敦威權大盛終不可制勸帝出諸心腹
以鎮方隅故先以承為湘州續用隗及戴若思等並為州牧承行達武
昌釋戎備見王敦敦與之宴欲觀其意謂承曰大王雅素佳士恐非將
帥才也承曰公未見知耳鉛刀豈不能一割乎承以敦欲測其情故發
此言敦果謂錢鳳曰彼不知懼而學壯語此之不武何能為也聽承之
鎮時湘土荒殘公私困弊承躬自儉約乘葦茭車而傾心綏撫甚有能
名敦恐其為己患詐稱北伐悉召承境內船乘承知其姦計分半與之
敦尋構難遣參軍桓羆說承以劉隗專寵今便討擊請承以為軍司以
軍期上道承歎曰吾其死矣地荒人鮮勢孤援絕赴君難忠也死王事
義也惟忠與義夫復何求便欲唱義而衆心疑惑承曰吾受國恩義無
有貳府長史虞悝慷慨有志節謂承曰王敦居分陝之任而一旦作逆
天地所不容人神所痛疾大王宗室藩屏寧可從其偽邪便宜電奮存
亡以之於是与悝及弟前丞相掾望建昌太守長沙王循衡陽太守淮

陵劉翼等共盟誓囚桓羆馳檄湘川指期至巴陵零陵太守尹奉首同
義謀出軍營陽於是一州之內皆同義舉乃使虞望討諸不服斬湘東
太守鄭澹澹敦姊夫也敦遣南蠻校尉魏乂將軍李恒田嵩等甲卒二
萬以攻承承且戰且守待救於尹奉虞望而城池不固人情震恐或勸
承南投陶侃又云可退據零桂承曰吾舉義衆志在死節寧偷生苟免
為奔敗之將乎事之不濟其令百姓知吾心耳初安南將軍甘卓與承
書勸使固守當以兵出沔口斷敦歸路則湘圍自解承荅書曰季思足
下勞於王事天綱暫圮中原丘墟四海義士方謀剋復中興江左草創
始爾豈圖惡逆萌自寵臣吾以闇短託宗皇屬仰豫密命作鎮南夏親
奉中詔成規在心伯仁諸賢扼腕歧路至止尚淺凡百茫然豺狼易驚
遂肆醜毒聞知駭踊神氣衝越子來之義人思自百不命而至衆過數
千誠足以決一旦之機擣山海之憤矣然迫於倉卒舟檝未備魏乂李
恒尋見圍逼是故事与意違志力未展猥辱來使深同大趣嘉謀英算
發自深衷執讀周復欣無以量足下若能卷甲電赴猶或有濟若其狐

疑求我枯魚之肆矣兵聞拙速未覩工遲季思足下勉之勉之書不盡
意絕筆而已卓軍次賭口聞王師敗績停師不進乂等攻戰日逼敦又
送所得臺中人書疏令乂射以示承城內知朝廷不守莫不悵惋劉翼
臨陣戰死相持百餘日城遂沒乂檻送承荊州刺史王廙承敦旨於道
中害之時年五十九敦平詔贈車騎將軍子無忌立
列王無忌字公壽承之難以年小獲免咸和中拜散騎侍郎累遷屯騎
校尉中書黃門侍郎江州刺史褚裒當之鎮無忌及丹楊尹桓景等餞
於版橋時王廙子丹楊丞耆之在坐無忌志欲復讎拔刀將手刃之裒
景命左右救捍獲免御史中丞車灌奏無忌欲專殺人付廷尉科罪成
帝詔曰王敦作亂閔王遇禍尋事原情今王何責然公私憲制亦已有
斷王當以體國為大豈可尋繹由來以亂朝憲主者其申明法令自今
已往有犯必誅於是聽以贖論建元初遷散騎常侍轉御史中丞出為
輔國將軍長沙相又領江夏相尋轉南郡河東二郡太守將軍如故隨
桓溫伐蜀以勳賜少子愔爵廣晉伯進號前將軍永和六年薨贈衛將

軍二子恬愔恬立
敬王恬字元愉少拜散騎侍郎累遷散騎常侍黃門郎御史中丞值海
西廢簡文帝登阼未解嚴大司馬桓溫屯中堂吹警角恬奏劾溫大不
敬請科罪溫視奏歎曰此兒乃敢彈我真可畏也恬忠正有幹局在朝
憚之遷右衛將軍司雍秦梁四州大中正拜尚書轉侍中領左衛將軍
補吳國內史又領太子詹事恬既宗室勳望有才用孝武帝時深杖之
以為都督兗青冀幽并揚州之晉陵徐州之南北郡軍事領鎮北將軍
兗青二州刺史假節太元十五年薨追贈車騎將軍四子尚之恢之允
之休之尚之立
忠王尚之字伯道初拜秘書郎遷散騎侍郎恬鎮京口尚之為振威將
軍廣陵相父憂去職服闋為驃騎諮議參軍宗室之內世有人物王國
寶之誅也散騎常侍劉鎮之彭城內史劉涓子徐州別駕徐放並以同
黨被收將加大辟尚之言於會稽王道子曰刑獄不可廣宜釋鎮之等
道子以尚之昆季並居列職每事杖焉乃從之兗州刺史王恭忌其盛

也與豫州刺史庾楷並稱兵以討尚之為名南連荊州刺史殷仲堪南
郡公桓玄等道子命前將軍王珣右將軍謝琰討恭尚之距楷允之與
楷子鴻戰於當利鴻敗走斬楷將段方楷單馬奔桓玄道子以尚之為
建威將軍豫州刺史假節一依楷故事尋進號前將軍允之為吳國內
史恢之驃騎司馬丹楊尹休之襄城太守各擁兵馬勢傾朝廷後將軍
元顯執政亦倚以為援元顯寵倖張法順每宴會坐起無別尚之入朝
正色謂元顯曰張法順驅走小人有何才異而暴被拔擢當今聖世不
宜如此元顯默然尚之又曰宗室雖多臣諫者少王者尚納芻蕘之言
況下官與使君骨肉不遠蒙眷累世何可坐視得失而不盡言因叱法
順令下舉坐失色尚之言笑自若元顯深銜之後符下西府令出勇力
二千人尚之不與曰西藩濱接荒餘寇虜無常兵止數千不足戍衛無
復可分徹者元顯尤怒會欲伐桓玄故無他及元顯稱詔西伐命尚之
為前鋒尚之子文仲為寧遠將軍宣城內史桓玄至姑孰遣馮該等攻
歷陽斷洞浦焚尚之舟艦尚之率步卒九千陣於浦上先遣武都太守
楊秋屯橫江秋奔于玄軍尚之衆潰逃于涂中十餘日譙國人韓連丁
元等以告玄玄害之於建康市玄上疏以閔王不宜絕祀乃更封尚之
從弟康之為譙縣王安帝反正追贈尚之衛將軍以休之長子文思為
尚之嗣襲封譙郡王
文思性凶暴每違軌度多殺弗辜好田獵燒人墳墓數為有司所糾遂
與羣小謀逆劉裕聞之誅其黨與送文思付父休之令自訓厲後與休
之同怨望稱兵為裕所敗而死國除
恢之字季明歷官驃騎司馬丹楊尹尚之為桓玄所害徙恢之等於廣
州而焚道中害之安帝反正追贈撫軍將軍
休之字季預少仕清塗以平王恭庾楷功拜龍驤將軍襄城太守鎮歷
陽桓玄攻歷陽休之嬰城固守及尚之戰敗休之以五百人出城力戰
不捷乃還城攜子姪奔于慕容超聞義軍起復還京師大將軍武陵王
令曰前龍驤將軍休之才幹貞審功業既成歷陽之戰事在幾捷及至
勢乖力屈奉身出奔播鴻集義徒崎嶇險阻既應親賢之舉宜委分陝

之重可監荊益梁寧秦雍六州軍事領護南蠻校尉荊州刺史假節到
鎮無幾桓振復襲江陵休之戰敗出奔襄陽寧朔將軍張暢之高平相
劉懷肅自沔攻振走之休之還鎮御史中丞王禎之奏休之失守免官
朝廷以豫州刺史魏詠之代之徵休之還京師拜後將軍會稽內史御
史中丞阮歆之奏休之與尚書虞嘯父犯禁嬉戲降號征虜將軍尋復
為後將軍及盧循作逆加督浙江東五郡軍事坐公事免劉毅誅復以
休之都督荊雍梁秦寧益六州軍事平西將軍荊州刺史假節以子文
思為亂上疏謝曰文思不能聿脩自貽罪戾憂懼震惶惋愧交集臣御
家無方威訓不振致使子姪愆法仰負聖朝悚赧兼懷胡顏自處請解
所任歸罪闕庭不許後以文思事怨望遂結雍州刺史魯宗之將共誅
執政時休之次子文寶及兄子文祖並在都收付廷尉賜死劉裕親自
征之密使遺休之治中韓延之書曰文思事意遠近所知去秋遣康之
送還司馬君者推至公之極也而了無愧心久絕表疏此是天地所不
容吾受命西征止其父子而已彼土僑舊為之驅逼一無所問往年郗
僧施謝劭任集之等交搆積歲專為劉毅規謀所以至此今卿諸人一
時逼迫本無纖釁吾虛懷期物自有由來今在近路是諸賢濟身之日
若大軍相臨交鋒接刃蘭艾雜揉或恐不分故白此意并可示同懷諸
人延之報曰聞親率戎馬遠履西畿闔境士庶莫不惶駭何者莫知師
出之名故也辱來疏始委以譙王前事良增歎息司馬平西體國忠貞
款懷待物以君有匡復之勳家國蒙賴推德委誠每事詢仰譙王往以
微事見劾猶自遜位況以大過而當默然也但康之前言有所不盡故
重使胡道申白所懷道未及反已奏表廢之所不盡者命耳推寄相與
正當如此有何不可便及兵戈自義旗以來方伯誰敢不先相諮疇而
逕表天子可謂欲加之罪其無辭乎劉裕足下海內之人誰不見足下
此心而復欲誑國士天地所不容在彼不在此矣來言虛懷期物自有
由來今伐人之君啗人以利真可謂虛懷期物自有由來矣劉藩死於
閶闔之門諸葛斃於左右之手甘言詫語方伯襲之以輕兵遂使席上
靡款懷之士閫外無自信諸侯以是為得算良可恥也吾誠鄙劣嘗聞

道於君子以平西之至德寧可無授命之臣乎假令天長喪亂九流渾濁當與臧洪游於地下耳裕得書歎息以示諸佐曰事人當應如此宗之閒裕向荆州自襄陽就休之共屯江陵使文思及宗之子軌以兵距裕戰于江津休之大敗遂與宗之俱奔于姚興裕平姚泓休之將奔于魏未至道死

允之字季度出後叔父愔襲爵廣晉伯歷位輔國將軍吳國宣城譙梁內史王恭庾楷桓玄等內伐也會稽王道子命允之兄弟距楷破之元興初與兄恢之同徙廣州於道被害義軍起追贈太常卿從弟康之以子文惠襲爵宋受禪國除

韓延之字顯宗南陽赭陽人魏司徒暨之後也少以分義稱安帝時為建威將軍荆州治中轉平西府録事參軍以劉裕父名翹字顯宗延之遂字顯宗名兒為翹以示不臣劉氏與休之俱奔姚興劉裕又奔于魏

愔字敬王初封廣晉伯早卒無子兄恬以子允之嗣

高陽王睦字子友譙烈王遜之弟也魏安平亭侯歷侍御史武帝受禪封中山王邑五千二百戶睦自表乞依六蓼祀皋陶鄫杞祀相立廟事下太常依禮典平議博士祭酒劉熹等議禮記王制諸侯五廟二昭二穆與太祖而五是則立始祖之廟謂嫡統承重一人得立耳假令支弟並為諸侯始封之君不得立廟也今睦非為正統若立祖廟中山不得並也後世中山乃得為睦立廟為後世子孫之始祖耳詔曰禮文不明此度大事宜令詳審可下禮官博議乃處當之咸寧三年睦遣使募徙國內八縣受逋逃私占及變易姓名詐冒復除者七百餘戶冀州刺史杜友奏睦招誘逋亡不宜君國有司奏事在赦前應原詔曰中山王所行何乃至此覽奏甚用憮然廣樹親戚將以上輔王室下惠百姓也豈徒榮崇其身而使民踰典憲乎此事當大論得失正臧否所在耳苟不宜君國何論於赦令之間邪其貶睦為縣侯乃封丹水縣侯及吳平太康初詔復爵有司奏封江陽王帝曰睦退靜思愆改脩其德今有爵土不但以赦江陽險遠其以高陽郡封之乃封為高陽王元康元年為宗正薨於位世子蔚早卒孫毅立拜散騎侍郎永嘉中沒於石勒隆安元年詔以譙敬王恬次子恢之子文深繼毅後立五年薨無嗣復以高密王純之子法蓮繼之宋受禪國除

任城景王陵字子山宣帝弟魏司隸從事安城亭侯通之子也初拜議郎泰始元年封北海王邑四千七百戶三年轉封任城王之國咸寧五年薨子濟立拜散騎侍郎給事中散騎常侍輔國將軍隨東海王越在項為石勒所害二子俱沒有二弟順斌

順字子思初封習陽亭侯及武帝受禪順歎曰事乖唐虞而假為禪名遂悲泣由是廢黜徙武威姑臧縣雖受罪流放守意不移而卒

西河繆王斌字子政魏中郎武帝受禪封陳王邑千七百一十戶三年改封西河咸寧四年薨子隱立薨子喜嗣立

史臣曰泰始之初天下少事革魏餘弊遵周舊典並建宗室以為藩翰諸父同虞虢之尊兄弟受魯衛之社以為歷紀長久本支百世安平風度宏邈器宇高雅內弘道義外闡忠貞洎高貴薨殂則枕尸流慟陳留就國則拜辭隕涕語曰疾風彰勁草獻王其有焉故能位班上列享年眉壽清徽至範為晉宗英子孫遵業世篤其慶高密風監清遠簡素寡欲孝以承親忠以奉上方諸枝庶實謂國楨新蔡南陽俱在方嶽值王室多難中原蕪梗表義載節效績艱危于時醜類是繁凶威日逞勢縣眾寡相繼淪亡悲夫譙閔沉雄壯勇作鎮南服屬叛回肆亂稱兵內侮懷忠憤發建義湘川荆沔響應眾寡致力雖元勳不立而誠節克彰垂裕後昆亦世貞烈豈不休哉勳託末屬稟性凶暴仍荷朝寄推轂梁岷遂棄親背主負恩放命憑庸蜀之饒苞藏不逞恃江山之固姦謀日深是以搢紳切齒據積憤之志義士思奮厲忘身之節天道禍淫應時殄定昔汲黯猶在淮南寢謀周撫若存凶渠未發以邪忌正異代同規詩云自貽伊戚其勳之謂矣習陽憑慶拔葉守約懷逸據情塵外希蹤物表顧匹夫之獨善貴達節之弘規言出身播猶為幸也

贊曰安平立節雅性貞亮高密沖和宗室之望新蔡[illegible]譙閔殉義[illegible]勳自貽戚名[illegible]恤忌流[illegible]

列傳第七

列傳第八　晉書三十八

宣五王　文六王

宣帝九男穆張皇后生景帝文帝平原王幹伏夫人生汝南文成王亮琅邪武王伷清惠亭侯京扶風武王駿張夫人生梁王肜柏夫人生趙王倫汝南王亮亮及倫別有傳

平原王幹字子良少以公子魏時封安陽亭侯稍遷撫軍中郎將進爵平陽鄉侯五等建改封定陶伯武帝踐阼封平原王邑萬一千三百戶給鼓吹駙馬二匹加侍中之服咸寧初遣諸王之國幹有篤疾性理不恒而頗清虛靜退簡於情欲故特詔留之太康末拜光祿大夫加侍中特假金章紫綬班次三司惠帝即位進左光祿大夫侍中如故劒履上殿入朝不趨幹雖王大國不事其務有所調補必以才能雖有爵祿若不在已秩奉布帛皆露積腐爛陰雨則出犢車而內露車或問其故對曰露者宜內也朝士造之雖通姓名必令立車馬於門外或終夕不見時有得覲與人物訓接亦恂恂恭遜初無闕失前後愛妾死既斂輒不釘棺置後空室中數日一發視或行淫褻須其尸壞乃葬之趙王倫輔政以幹爲衛將軍惠帝反正復爲侍中加太保齊王冏之平趙王倫也宗室朝士皆以牛酒勞冏幹獨懷百錢見冏出之曰趙王逆亂汝能義舉是汝之功今以百錢賀汝雖然大勢難居不可不慎冏既輔政幹詣之冏出迎拜幹入踞其牀不命冏坐語之曰汝勿效白女兒其意指倫也及冏誅幹哭之慟謂左右曰宗室日衰唯此兒最可而復害之從今殆矣東海王越興義至洛陽往視幹幹閉門不通越駐車良久幹乃使人謝遣而自於門間闚之當時莫能測其意或謂之有疾或以爲晦迹焉永嘉五年薨時年八十會劉聰寇洛不遑贈謚有二子世子廣早卒次子永以太熙中封安德縣公散騎常侍皆爲善士遇難合門堙滅

琅邪武王伷字子將正始初封南安亭侯早有才望起家爲寧朔將軍監守鄴城有綏懷之稱累遷散騎常侍進封東武鄉侯拜右將軍監兗州諸軍事兗州刺史五等初建封南皮伯轉征虜將軍假節武帝踐阼封東莞郡王邑萬六百戶始置二卿特詔諸王自選令長伷表讓不許入爲尚書右僕射撫軍將軍出爲鎮東大將軍假節徐州諸軍事代衛瓘鎮下邳伷鎮御有方得將士死力吳人憚之加開府儀同三司改封琅邪王以東莞益其國平吳之役率衆數萬出涂中孫晧奉箋送璽綬詣伷請降詔曰琅邪王伷督率所統連據涂中使賊不得相救又使琅邪相劉弘等進軍逼江賊震懼遣使奉僞璽綬又使長史王恒率諸軍渡江破賊邊守獲督蔡機斬首降附五六萬計諸葛靚孫奕等皆歸命請死功勳茂著其封子二人爲亭侯各三千戶賜絹六千匹頃之并督青州諸軍事加侍中之服進拜大將軍開府儀同三司伷既戚屬尊重加有平吳之功克己恭儉無矜滿之色僚吏盡力百姓懷化疾篤賜牀帳衣服錢帛秫粱等物遣侍中問焉太康四年薨時年五十七臨終表求葬母太妃陵次并乞分國封四子帝許之子恭王覲立又封次子澹爲武陵王繇爲東安王漼爲淮陵王

覲字思祖拜冗從僕射太熙元年薨時年三十五子睿立是爲元帝中興初帝以皇子裒爲琅邪王奉恭王祀裒早薨更以皇子煥爲琅邪王其日薨復以皇子昱爲琅邪王咸和之初既徙封會稽成帝又以康帝爲琅邪王康帝即位封成帝長子哀帝爲琅邪王哀帝即位以廢帝爲琅邪王廢帝即位以會稽王攝行琅邪國祀簡文帝登阼琅邪王無嗣及帝臨崩封少子道子爲琅邪王道子後爲會稽王更以恭帝爲琅邪王帝既即位琅邪國除

武陵莊王澹字思弘初爲冗從僕射後封東武公邑五千二百戶轉前將軍中護軍性忌害無孝友之行弟東安王繇有令名爲父母所愛澹惡之如讎遂譖繇於汝南王亮亮素與繇有隙奏廢徙之趙王倫作亂以澹爲領軍將軍澹素與河內郭俶俶弟侃親善酒酣俶等言張華之寃澹性酗酒因並殺之送首於倫其酗虐如此澹妻郭氏賈后內妹也初恃勢無禮於澹母齊王冏輔政澹母諸葛太妃表澹不孝乞還繇由是澹與妻子徙遼東其子禧年五歲不肯隨去曰要當爲父求還無爲俱徙陳訴歷年太妃薨繇被害然後得還拜光祿大夫尚書太子太傅改封武陵王永嘉末爲石勒所害子哀王喆立喆字景林拜散騎常侍

亦爲勒所殺無子其後元帝立皇子晞爲武陵王以奉澹祀焉

東安王繇字思玄初拜東安公歷散騎黃門侍郎遷散騎常侍美鬚髯性剛毅有威望博學多才事親孝居喪盡礼誅楊駿之際繇屯雲龍門兼統諸軍以功拜右衛將軍領射聲校尉進封郡王邑二萬戶加侍中兼典軍大將軍領右衛如故遷尚書右僕射加散騎常侍是日誅賞三百餘人皆自繇出東夷校尉文俶父欽爲繇外祖諸葛誕所殺繇慮俶爲舅家之患是日亦以非罪誅俶繇兄澹屢構繇於汝南王亮亮不納至是以繇專行誅賞澹因隙譖之亮惑其說遂免繇官以公就第坐有悖言廢徙帶方永康初徵繇復封拜宗正卿遷尚書轉左僕射惠帝之討成都王穎時繇遭母喪在鄴勸穎解兵而降及王師敗績穎怨繇乃害之後立琅邪王覲子長樂亭侯渾爲東安王以奉繇祀尋薨國除

淮陵元王漼字思沖初封廣陵公食邑二千九百戶歷左將軍散騎常侍趙王倫之篡也三王起義漼與左衛將軍王輿攻殺孫秀因而廢倫以功進封淮陵王入爲尚書加侍中轉宗正光祿大夫薨子貞王融立

薨無子安帝時立武陵威王孫蘊爲淮陵王以奉元王之祀位至散騎常侍薨無子以臨川王寶子安之爲嗣宋受禪國除

清惠亭侯京字子佐魏末以公子賜爵年二十四薨追贈射聲校尉以文帝子機字太玄爲嗣泰始元年封燕王邑六千六百六十三戶機之國咸寧初徵爲步兵校尉以漁陽郡益其國加侍中之服拜青州都督鎮東將軍假節以北平上谷廣寧郡一萬三百四十七戶增燕國爲二萬戶薨無子齊王冏表以子幾嗣後冏敗國除

扶風武王駿字子臧幼聰惠年五六歲能書疏諷誦經籍見者奇之及長清貞守道宗室之中最爲儁望魏景初中封平陽亭侯齊王芳立駿年八歲爲散騎常侍侍講焉尋遷步兵屯騎校尉常侍如故進爵鄉侯出爲平南將軍假節都督淮北諸軍事改封平壽侯轉安東將軍咸熙初徙封東牟侯轉安東大將軍鎮許昌武帝踐阼進封汝陰王邑萬戶都督豫州諸軍事吳將丁奉寇芍陂駿督諸軍距退之遷使持節都督揚州諸軍事代石苞鎮壽春尋復都督豫州還鎮許昌遷鎮西大將軍使持節都督雍涼等州諸軍事代汝南王亮鎮關中加袞冕侍中之服駿善撫御有威恩勸督農桑與士卒分役已及僚佐并將帥兵士等人限田十畝具以表聞詔遣普下州縣使各務農事咸寧初羌虜樹機能等叛遣衆討之斬三千餘級進位征西大將軍開府辟召儀同三司持節都督如故又詔駿遣七千人代涼州守兵樹機能侯彈勃等欲先劫佃兵駿命平虜護軍文俶督涼秦雍諸軍各進屯以威之機能乃遣所領二十部及彈勃面縛軍門各遣入質子安定北地金城諸胡吉軻羅侯金多及北虜熱冏等二十萬口又來降其年入朝徙封扶風王以氐戶在國界者增封給羽葆鼓吹太康初進拜驃騎將軍開府持節都督如故駿有孝行母伏太妃隨兄亮在官駿常涕泣思慕若聞有疾輒憂懼不食或時委官定省少好學能著論與荀顗論仁孝先後文有可稱及齊王攸出鎮駿表諫懇切以帝不從遂發病薨追贈大司馬加侍中假黃鉞西土聞其薨也泣者盈路百姓爲之樹碑長老見碑無不下拜其遺愛如此有子十人暢歆最知名

暢字玄舒改封順陽王拜給事中屯騎校尉游擊將軍永嘉末劉聰入洛不知所終、

新野莊王歆字弘舒武王薨後兄暢推恩請分國封歆太康中詔封新野縣公邑千八百戶儀比縣王歆雖少貴而謹身履道母臧太妃薨居喪過禮以孝聞拜散騎常侍趙王倫篡位以爲南中郎將齊王冏舉義移檄天下歆未知所從嬖人王綏曰趙親而強齊疏而弱公宜從趙參軍孫詢大言於衆曰趙王凶逆天下當共誅之大義滅親古之明典歆從之乃使詢詣冏冏迎執其手曰使我得成大節者新野公也冏入洛歆躬貫甲冑率所領導冏以勳進封新野郡王邑二萬戶遷使持節都督荊州諸軍事鎮南大將軍開府儀同三司歆將之鎮與冏同乘謁陵因說冏曰成都至親同建大勳今宜留之與輔政若不能耳當奪其兵權冏不從俄而冏敗歆懼自結於成都王穎歆爲政嚴刻蠻夷並怨及張昌作亂於江夏歆表請討之時長沙王乂執政與成都王穎有隙疑歆與穎連謀不聽歆出兵昌衆日盛時孫詢爲從事中郎謂歆曰古人

有言一日縱敵數世之患公荷藩屏之任居推轂之重拜表輒行有何不可而使姦凶滋蔓禍釁不測豈維翰王室鎮靜方夏之謂乎歆將出軍王綏又曰昌等小賊偏裨自足制之不煩違帝命親矢石也乃止昌至樊城歆出距之衆潰爲昌所害追贈驃騎將軍無子以兄子劭爲後永嘉末沒於石勒

梁孝王肜字子徽清脩恭慎無他才能以公子封平樂亭侯及五等建改封開平子武帝踐阼封梁王邑五千三百五十八戶及之國遷北中郎將督鄴城守事時諸王自選官屬肜以汝陰上計吏張蕃爲中大夫蕃素無行本名雄妻劉氏解音樂爲曹爽教伎蕃又往來何晏所而恣爲姦淫晏誅徙河間乃變名自結於肜爲有司所奏詔削一縣咸寧中復以陳國汝南南頓增封爲次國太康中代孔洵監豫州軍事加平東將軍鎮許昌頃之又以本官代下邳王晃監青徐州軍事進號安東將軍元康初轉征西將軍代秦王柬都督關中軍事領護西戎校尉加侍中進督梁州尋徵爲衛將軍錄尚書事行太子太保給千兵百騎久之復爲征西大將軍代趙王倫鎮關中都督涼雍諸軍事置左右長史司馬又領西戎校尉屯好畤督建威將軍周處振將軍盧播等伐氐賊齊萬年於六陌肜與處有隙促令進軍而絕其後播又不救之故處見害朝廷尤之尋徵拜大將軍尚書令領軍將軍錄尚書事肜嘗大會謂參軍王銓曰我從兄爲尚書令不能啖大臠大臠故難銓曰公在此獨嚼尚難矣肜曰長史大臠爲誰曰盧播是也肜曰是家吏隱之耳銓曰天下咸是家吏便恐王法不可復行肜又曰我在長安作何等不善因指單衣補㡓以爲清銓荅曰朝野望公舉薦賢才使不仁者遠而位居公輔以衣補㡓以此爲清無足稱也肜有慚色永康初共趙王倫廢賈后詔以肜爲太宰守尚書令增封二萬戶趙王倫輔政有星變占曰不利上相孫秀懼倫受災乃省司徒爲丞相以授肜猥加崇進欲以應之或曰肜無權不益也肜固讓不受及倫篡位以肜爲阿衡給武賁百人軒懸之樂十人倫滅詔肜以太宰領司徒又代高密王泰爲宗師永康二年薨喪葬依汝南文成王亮故事博士陳留蔡克議謚曰肜位爲宰相

責深任重屬尊親近且爲宗師朝所仰望下所具瞻而臨大節無不可奪之志當危事不能舍生取義愍懷之廢不聞一言之諫淮南之難不能因勢輔義趙王倫篡逆不能引身去朝宋有蕩氏之亂華元自以不能居官曰君臣之訓我所司也公室卑而不正吾罪大矣夫以區區之宋猶有不素餐之臣而況帝王之朝而有苟容之相此而不貶法將何施謹案謚法不勤成名曰靈肜見義不爲不可謂勤宜謚曰靈梁國常侍孫霖及肜親黨稱枉臺乃下符曰賈氏專權趙王倫篡逆皆力制朝野肜勢不得去而責其不能引身去朝義何所據克重議曰肜爲宗臣而國亂不能匡主顛不能扶非所以爲相故春秋譏華元樂舉謂之不臣且賈氏之酷烈不甚於呂后而王陵猶得杜門趙王倫之無道不甚於殷紂而微子猶得去之近者太尉陳準異姓之人加弟徽有射鉤之隙亦得託疾辭位不涉僞朝何至於肜親倫之兄而獨不得去乎趙盾入諫不從出亡不遠猶不免於責況肜不能去位北面事僞主乎宜如前議加其貶責以廣爲臣之節明事君之道於是朝廷從克議肜故吏復追訴不已故改焉無子以武陵王澹子禧爲後是爲懷王拜征虜將軍與澹俱沒於石勒元帝時以西陽王羕子悝爲肜嗣早薨是爲殤王至是懷王子翹自石氏歸國得立是爲聲王官至散騎常侍薨無子詔以武陵威王子璲爲翹嗣歷永安太僕與父晞俱廢徙新安薨太元中復國子龢立薨子珍之立桓玄篡位國臣孔璞奉珍之奔于壽陽義旗初乃歸累遷左衛將軍太常卿劉裕伐姚泓請爲諮議參軍爲裕所害國除

文帝九男文明王皇后生武帝齊獻王攸城陽哀王兆遼東悼惠王定國廣漢殤王廣德樂安平王鑒燕王機皇子永祚樂平王延祚不知母氏燕王機繼清惠亭侯別有傳永祚早亡無傳

齊獻王攸字大猷少而岐嶷及長清和平允親賢好施愛經籍能屬文善尺牘爲世所楷式才望出武帝之右宣帝每器之景帝無子命攸爲嗣從征王淩封長樂亭侯及景帝崩攸年十歲哀動左右大見稱歎襲封武陽侯奉景獻羊后於別第事后以孝聞復歷散騎常侍步兵校尉時

年十八綏撫營部甚有威惠五等建改封安昌侯遷衛將軍居文帝喪
哀毀過禮杖而後起左右以稻米乾飯雜理中丸進之攸泣而不受太
后自往勉喻曰若萬一加以他疾將復如何宜遠慮深計不可專守一
志常遣人逼進飲食司馬嵇喜又諫曰毀不滅性聖人之教且大王地
即密親任惟元輔匹夫猶惜其命以爲祖宗況荷天下之大業輔帝室
之重任而可盡無極之哀與顏閔爭孝不可令賢人笑愚人幸也喜躬
自進食攸不得已爲之強飯喜退攸謂左右曰嵇司馬將令我不忘居
喪之節得存區區之身耳武帝踐阼封齊王時朝廷草創而攸總統軍
事撫寧內外莫不景附焉詔議藩王令自選國內長吏攸奏議曰昔聖
王封建萬國以親諸侯軌迹相承莫之能改誠以君不世居則人心偷
幸人無常主則風俗偽薄是以先帝深覽經遠之統思復先哲之軌分
土畫疆建爵五等或以進德或以酬功伏惟陛下應期創業樹建親戚
聽使藩國自除長吏而今草創制度初立雖庸蜀順軌吳猶未賓宜俟
清泰乃議復古之制書比三上輒報不許其後國相上長吏缺典書令

請求差選攸下令曰忝受恩禮不稱惟憂至於官人敘才皆朝廷之事
非國所宜裁也其令自上請之時王家人衣食皆出御府攸表租秩足
以自供求絕之前後十餘上帝又不許攸雖未之國文武官屬下至士
卒分租賦以給之疾病死喪賜與之而時有水旱國內百姓則加振貸
須豐年乃責十減其二國內賴之遷驃騎將軍開府辟召禮同三司降
身虛己待物以信常歎公府不案吏然以董御戎政復有威克之宜乃
下教曰夫先王馭世明罰飭法鞭扑作教以正逋慢且唐虞之朝猶須
督責前欲撰次其事使粗有常懼煩簡之宜未審其要故令劉程二君
詳定然思惟之鄭鑄刑書叔向不韙范宣議制仲尼譏之令皆如舊無
所增損其常節度所不及者隨事處決諸吏各竭乃心思同在公古人
之節如有所闕以賴股肱匡佐之規庶以免負於是內外祗肅時驃騎
當罷營兵兵士數千人戀攸恩德不肯去遮京兆主言之帝乃還攸兵
攸每朝政大議悉心陳之詔以比年饑饉議所節省攸奏議曰臣聞先
王之教莫不先正其本務農重本國之大綱當今方隅清穆武夫釋甲

廣分休假以就農業然守相不能勤心恤公以盡地利昔漢宣歎曰與
朕理天下者惟良二千石乎勤加賞罰黜陟幽明于時翕然用多名守
計今地有餘羨而不農者衆加附業之人復有虛假通天下之謀則饑
者必不少矣今宜嚴敕州郡檢諸虛詐害農之事督實南畝上下同奉
所務則天下之穀可復古政豈患於暫一水旱便憂饑餒哉考績黜陟
畢使嚴明畏威懷惠莫不自厲又都邑之內游食滋多巧伎末業服飾
奢麗富人兼美猶有魏之遺弊染化日淺靡財害穀動復萬計宜申明
舊法必禁絕之使去奢即儉不奪農時畢力稼穡以實倉廩則榮辱禮
節由之而生興化反本於茲爲盛轉鎮軍大將軍加侍中羽葆鼓吹行
太子少傅數年授太子太傅獻箴於太子曰伊昔上皇建國立君仰觀
天文俯察地理創業垂道以安人承祀祚延統重故援立太子尊以弘
道固以貳己儲德既立邦有所恃夫親仁者功成邇佞者國傾故保相
之材必擇賢明昔在周成且奭作傅外以明德自輔內以親親立固德
以義濟親則自然無廢公族其崩如山劉建子弟漢祚永傳楚以無極

作亂宋以伊戾興難張禹佞給卒危強漢輔弼不忠禍及乃躬匪徒乃
躬乃喪乃邦無曰父子不間昔有江充無曰至親匪貳或容潘崇諛言
亂真譖潤離親驪姬之讒晉侯疑申固親以道勿固以恩脩身以敬勿
託以尊自損者有餘自益者彌昏庶事不可以不恤大本不可以不敎
見亡戒危覩安思存冢子司義敢告在闈世以爲工咸寧二年代賈充
爲司空侍中太傅如故初攸特爲文帝所寵愛每見攸輒撫牀呼其小
字曰此桃符座也幾爲太子者數矣及帝寢疾慮攸不安爲武帝敘漢
淮南王魏陳思故事而泣臨崩執攸手以授帝先是太后有疾既瘳帝
與攸奉觴上壽攸以太后前疾危篤因歔欷流涕帝有愧焉攸嘗侍帝
疾恒有憂感之容時人以此稱歎之及太后臨崩亦流涕謂帝曰桃符
性急而汝爲兄不慈我若遂不起恐必不能相容以是屬汝勿忘我言
及帝晚年諸子並弱而太子不令朝臣內外皆屬意於攸中書監荀勖
侍中馮紞皆諂諛自進攸素疾之勖等以朝望在攸恐其爲嗣禍必及
已乃從容言於帝曰陛下萬歲之後太子不得立也帝曰何故勖曰百

僚內外皆歸心於齊王太子焉得立乎陛下試詔齊王之國必舉朝以
爲不可則臣言有徵矣紞又言曰陛下遣諸侯之國成五等之制者宜
先從親始親莫若齊王帝既信勗言又納紞說太康三年乃下詔曰古
者九命作伯或入毗朝政或出御方嶽周之呂望五侯九伯實得征之
侍中司空齊王攸明德清暢忠允篤誠以母弟之親受台輔之任佐命
立勳劬勞王室宜登顯位以稱具瞻其以爲大司馬都督青州諸軍事
侍中如故假節將本營千人親騎帳下司馬大車皆如舊增鼓吹一部
官騎滿二十人置騎司馬五人餘主者詳案舊制施行攸不悅主簿丁
頤曰昔太公封齊猶表東海桓公九合以長五伯況殿下誕德欽明恢
弼大藩穆然東軫莫不得所何必絳闕乃弘帝載攸曰吾無匡時之用
節言何多明年策攸曰於戲惟命不于常天既遷有魏之祚我有晉既
受順天明命光建群后越造王國于東土錫茲青社用藩翼我邦家茂
哉無怠以永保宗廟又詔下太常議崇錫之物以濟南郡益齊國又以
攸子寔爲北海王於是備物典策設軒懸之樂六佾之舞黃鉞朝車乘

輿之副從焉攸知勗紞構己憤怨發病乞守先后陵不許帝遣御醫診
視諸醫希旨皆言無疾疾轉篤猶催上道攸自強入辭素持容儀疾雖
困尚自整厲舉止如常帝益疑無疾辭出信宿歐血而薨時年三十六
帝哭之慟馮紞侍側曰齊王名過其實而天下歸之今自薨殞社稷之
福也陛下何哀之過帝收淚而止詔喪禮依安平王孚故事廟設軒懸
之樂配饗太廟子冏立別有傳攸以禮自拘鮮有過事就人借書必手
刊其謬然後反之加以至性過人有觸其諱者輒泫然流涕雖武帝亦
敬憚之每引之同處必擇言而後發三子蕤贊寔

蕤字景回出繼遼東王定國太康初徙封東萊王元康中歷步兵屯騎
校尉蕤性強暴使酒數陵侮弟冏冏以兄故容之冏起義兵趙王倫收
蕤及弟北海王寔繫廷尉當誅倫太子中庶子祖納上疏諫曰罪不相
及惡止其身此先哲之弘謨百王之達制也是故鯀既殛死禹乃嗣興
二叔誅放而邢衛無責逮乎戰國及至秦漢明恕之道寢猜嫌之情用
乃立質任以御衆設從罪以發姦其所由來蓋三代之弊法耳蕤寔獻
王之子明德之胤宜蒙特宥以全穆親之典會孫秀死蕤等悉得免冏
擁衆入洛蕤於路迎之冏不即見須符付前頓蕤恚曰吾坐爾殆死曾
無友于之情及冏輔政詔以蕤爲散騎常侍加大將軍領後軍侍中特
進增邑滿二萬戶又從冏求開府冏曰武帝子吳豫章尚未開府宜且
須後蕤以是益怨密表冏專擅與左衛將軍王輿謀共廢冏事覺免
爲庶人尋詔曰大司馬以經識明斷高謀遠略猥率同盟安復社稷自
書契所載周召之美未足比勳故授公上宰東萊王蕤潛懷忌妬包藏
禍心與王輿密謀圖欲譖害收輿之日蕤與青衣共載微服奔走經宿
乃還姦凶赫然妖惑外內又前表冏所言深重雖管蔡失道牙慶亂宗
不復過也春秋之典大義滅親其徙蕤上庸後封微陽侯永寧初上庸
內史陳鍾承冏旨害蕤冏死詔誅鍾復蕤封改葬以王禮

贊字景期繼廣漢殤王廣德後年六歲太康元年薨謚沖王

寔字景深初爲長樂亭侯攸以贊薨又以寔繼廣漢殤王後改封北海
王永寧初爲平東將軍假節加散騎常侍代齊王冏鎮許昌尋進安南將

軍都督豫州軍事增邑滿二萬戶未發留爲侍中上軍將軍給千兵百騎

城陽哀王兆字千秋年十歲而夭武帝踐阼詔曰亡弟千秋少聰慧
有夙成之質不幸早亡先帝先后特所哀愍先后欲紹立其後而竟
未遂每追遺意情懷感傷其以皇子景度爲千秋後雖非典禮亦近世
之所行且以述先后本旨也於是追加兆封謚景度以泰始六年薨復
以第五子憲繼哀王後薨復以第六子祗爲東海王繼哀王後薨咸寧
初又封第十三子遐爲清河王以繼兆後

遼東悼惠王定國年三歲薨咸寧初追加封謚齊王攸以長子蕤爲嗣
蕤薨子遵嗣

廣漢殤王廣德年二歲薨咸寧初追加封謚齊王攸以第五子贊紹
封薨攸更以第二子寔嗣廣德

樂安平王鑒字大明初封臨泗亭侯武帝踐阼封樂安王帝爲鑒及燕
王機高選師友下詔曰樂安王鑒燕王機並以長大宜得輔導師友取
明經儒學有行義節儉使足嚴憚昔韓起與田蘇遊而好善宜必得其

人泰始中拜越騎校尉咸寧初以齊之梁鄒益封因之國服侍中之
服元康初徵爲散騎常侍上軍大將軍領射聲校尉尋遷使持節都
督豫州軍事安南將軍代清河王遐鎮許昌以疾不行七年薨子殤
王蕤立薨無子齊王冏以子冰紹蕤後以濟陰萬一千二百一十九
戶改爲廣陽國立冰爲廣陽王冏敗廢

樂平王延祚字大思少有篤疾不任封爵太康初詔曰弟祚早孤無
識情所哀愍幼得篤疾日冀其差今遂廢痼無復後望意甚傷之其
封爲樂平王使有名號以慰吾心尋薨無子

史臣曰平原性理不恒世莫之則及其處亂離之際屬交爭之秋而
能遠害全身享茲介福其愚不可及已琅邪武功既暢飾之以溫恭
扶風文教克宣加之以孝行抑宗室之可稱者也齊王以兩獻之親
弘二南之化道光雅俗望重台衡百辟具瞻萬方屬意既而地疑
致逼文雅見疵紱勛陳蔓草之邪謀武皇深翼子之滯愛遂乃褫
龍章於袞職徙侯服於下藩未及戒塗終於憤恚惜哉若使天假之

年而除其害器奉綴衣之命膺負圖之託光輔嗣君允釐邦政求諸冥
兆或廢興之有期徵之人事庶勝殘之可及何八王之敢力爭五胡
之能競逐哉詩云人之云亡邦國殄瘁攸寔有之讒人罔極交亂
四國其荀馮之謂也

贊曰文宣孫子或賢或鄙扶風遺愛琅邪克己澹謟凶魁彤叅釁始
幹雖靜退性乖恒理彼美齊獻卓爾不群自家刑國緯武經文木摧
於秀蘭燒以薰

列傳第八　　晉書三十八

列傳第九　　晉書三十九　　御撰

王沉 子浚　荀顗　荀勗 子藩 藩弟組 藩子邃 闓 組子弈　馮紞

王沉字處道太原晉陽人也祖柔漢匈奴中郎將父機魏東郡太守沉
少孤養於從叔司空昶事昶如父奉繼母寡嫂以孝義稱好書善屬
文大將軍曹爽辟爲掾累遷中書黃門侍郎及爽誅以故吏免後起
爲治書侍御史轉秘書監正元中遷散騎常侍侍中典著作與荀顗
阮籍共撰魏書多爲時諱未若陳壽之實錄也時魏高貴鄉公好學
有文才引沉及裴秀數於東堂講讌屬文號沉爲文籍先生秀爲
儒林丈人及高貴鄉公將攻文帝召沉及王業告之沉業馳白帝以
功封安平侯邑二千戶沉既不忠於主甚爲衆論所非尋遷尚書出
監豫州諸軍事奮武將軍豫州刺史至鎮乃下教曰自古賢聖樂聞
誹謗之言聽輿人之論芻蕘有可錄之事負薪有廊廟之語故也自
至鎮日未聞逆耳之言豈未明虛心故令言者有疑其宣下屬城及
士庶若能舉遺逸於林藪黜姦佞於州國陳長吏之可否說百姓

之所患興利害損益昭然著給穀五百斛若達一至之言說刺史得
失朝政寬猛令剛柔得適者給穀千斛謂余不信明如皎日主簿陳
廞褚䂮曰奉省教旨伏用感歎勞謙日昃思聞苦言愚謂上之所好
下無不應而近未有極諫之辭遠無傳言之箴者誠得失之事將未
有也今使教命班下示以賞勸將恐拘介之士或憚賞而不言貪賕
之人將慕利而妄舉苟不合宜賞不虛行則遠聽者未知當否之所
在徒見言之不用謂設有而不行愚以告下之事可小須後沉又教曰
夫德薄而位厚功輕而祿重貪夫之所徇高士之所不處也若陳至
言於刺史興益於本州達幽隱之賢去祝鮀之佞立德於上受分於
下斯乃君子之操何不言之有直言至理忠也惠加一州仁也功成辭
賞廉也兼斯而行仁智之事何故懷其道而迷其國哉褚䂮復白曰
堯舜周公所以能致忠諫者以其款誠之心著也冰炭不言而冷熱
之質自明者以其有實也若好忠直如冰炭之自然則諤諤之臣將
濟濟而盈庭逆耳之言不求而自至若德不足以配唐虞明不足以

並周公實不可以同冰炭雖懸重賞忠諫之言未可致也昔魏絳由和戎之功蒙女樂之賜管仲有興齊之勳而加上卿之禮功勳明著然後賞勸隨之未聞張重賞以待諫臣懸穀帛以求盡言也沉無以奪之遂從碧議沉探尋善政案賈逵已來法制禁令諸所施行擇善者而從之又教曰後生不聞先王之教而望政道日興不可得也文武並用長久之道也俗化陵遲不可不革革俗之要實在敦學昔原伯魯不悅學閔馬父知其必亡將吏子弟優閑家門若不教之必致遊戲傷毀風俗矣於是九郡之士咸悅道教移風易俗遷征虜將軍持節都督江北諸軍事五等初建封博陵侯班在次國平蜀之役吴人大出聲爲救蜀振蕩邊境沉鎮御有方寇聞而退轉鎮南將軍武帝即王位拜御史大夫守尚書令加給事中沉以才望顯名當世是以創業之事羊祜荀勗裴秀賈充等皆與沉諮謀焉及帝受禪以佐命之勳轉驃騎將軍錄尚書事加散騎常侍統城外諸軍事封博陵郡公固讓不受乃進爵爲縣公邑千八百户帝方欲委以萬機泰始

二年薨帝素服舉哀賜秘器朝服一具衣一襲錢三十萬布百匹葬田一頃謚曰元明年帝追思沉勳詔曰夫表揚往行所以崇賢垂訓慎終紀遠厚德興教也故散騎常侍驃騎將軍博陵元公沉蹈禮居正執心清粹經綸墳典才識通洽入歷常伯納言之位出幹監牧方嶽之任內著謀猷外宣威略建國設官首登公輔兼統中朝出納大命實有翼亮佐世之勳其贈沉司空公以寵靈既往使沒而不朽又前以翼贊之勳當受郡公之封而固辭懇至嘉其讓德不奪其志可以郡公官屬送葬沉素清儉不營產業其使所領兵作屋五十間子浚嗣後沉夫人荀氏卒將合葬沉棺槨已毀更賜東園秘器咸寧中復追封沉爲郡公

浚字彭祖母趙氏婦良家女也貧賤出入沉家遂生浚沉初不齒之年十五沉薨無子親戚共立浚爲嗣拜駙馬都尉太康初與諸王侯俱就國三年來朝除員外散騎侍郎元康初轉員外常侍遷越騎校尉右軍將軍出補河內太守以郡公不得爲二千石轉東中郎將鎮許昌及愍懷太子幽于許昌浚承賈后旨與黄門孫慮共害太子遷寧北將軍青州刺史尋徙寧朔將軍持節都督幽州諸軍事于時朝廷昏亂盜賊蜂起浚爲自安之計結好夷狄以女妻鮮卑務勿塵又以一女妻蘇恕延及趙王倫篡位三王起義浚擁衆挾兩端遏絶檄書使其境內士庶不得赴義成都王穎欲討之而未暇也倫誅進號安北將軍及河間王顒成都王穎興兵內向害長沙王乂而浚有不平之心穎表請幽州刺史石堪爲右司馬以右司馬和演代堪密使演殺浚并其衆演與烏丸單于審登謀之於是與浚期游薊城南清泉水上薊城內西行有二道演浚各從一道演與浚欲合鹵簿因而圖之值天暴雨兵器霑濕不果而還單于由是與其種人謀曰演圖殺浚事垂克而天卒雨使不得果是天助浚也違天不祥我不可久與演同乃以謀告浚浚密嚴兵與單于圍演演持白幡詣浚降遂斬之自領幽州大營器械召務勿塵率胡晉合二万人進軍討穎以主簿祁弘爲前鋒遇穎將石超於平棘擊敗之浚乘勝遂克鄴城士衆暴

掠死者甚多鮮卑大略婦女浚命敢有挾藏者斬於是沉於易水者八千人黔庶荼毒自此始浚還薊聲實益盛東海王越將迎大駕浚遣祁弘率烏丸突騎爲先驅惠帝旋洛陽轉浚驃騎大將軍都督東夷河北諸軍事領幽州刺史以燕國增博陵之封懷帝即位以浚爲司空領烏丸校尉務勿塵爲大單于浚又表封務勿塵遼西郡公其別部大飄滑及其弟渴末別部大屠瓮等皆爲親晉王永嘉中石勒寇冀州浚遣鮮卑文鴦討勒勒走南陽明年勒復寇冀州刺史王斌爲勒所害浚又領冀州詔進浚爲大司馬加侍中大都督督幽冀諸軍事使者未及發會洛京傾覆浚大樹威令專征伐遣督護王昌中山太守阮豹等率諸軍及務勿塵世子疾陸眷并弟文鴦從弟末柸攻石勒於襄國勒率衆來距昌逆擊敗之末柸逐北入其壘門爲勒所獲勒質末柸遣間使求和疾陸眷遂以鎧馬二百四十匹金銀各一簏贖末柸結盟而退其後浚布告天下稱受中詔承制乃以司空荀藩爲太尉光祿大夫荀組爲司隸大司農華薈爲太常中書令

李緄爲河南尹又遣祁弘討勒及於廣宗時大霧弘引軍就道卒與勒遇爲勒所殺由是劉琨與浚爭冀州琨使宗人劉希還中山合衆代郡上谷廣寧三郡人皆歸于琨浚患之遂輟討勒之師而與琨相距浚遣燕相胡矩督護諸軍與疾陸眷并力攻破希驅略三郡士女出塞琨不復能爭浚還欲討勒使棗嵩督諸軍屯易水召疾陸眷將與之俱攻襄國浚爲政苛暴將吏又貪殘並廣占山澤引水灌田漬陷冢墓調發殷煩下不堪命多叛入鮮卑從事韓咸切諫浚怒殺之疾陸眷自以前後違命恐浚誅之勒亦遣使厚賂疾陸眷等由是不應召浚怒以重幣誘單于猗盧子右賢王日律孫令攻疾陸眷反爲所破時劉琨大爲劉聰所迫諸避亂游士多歸于浚浚以彊盛乃設壇告類建立皇太子備置衆官浚自領尚書令以棗嵩裴憲並爲尚書使其子居王官持節領護匈奴中郎將以妻舅崔毖爲東夷校尉又使嵩監司冀并兗諸軍事行安北將軍以田徽爲兗州李惲爲青州惲爲石勒所殺以薄盛代之浚以父字處道爲當塗高應王者之讖謀將僭號胡矩諫浚盛陳其不可浚忿之出矩爲魏郡守前渤海太守劉亮從子北海太守摶司空掾高柔並切諫浚怒誅之浚素不平長史燕國王悌遂因他事殺之時童謡曰十囊五囊入棗郎棗嵩浚之子婿也浚聞責嵩而不能罪之也又謡曰幽州城門似藏戶中有伏尸王彭祖有狐踞府門翟雉入廳事時燕國霍原北州名賢浚以僭位事示之原不答浚遂害之由是士人憤怨內外無親而矜豪日甚不親爲政所任多苛刻加亢旱災蝗士卒衰弱浚之承制也參佐皆內敘唯司馬游統外出統怨密與石勒通謀勒乃詐降於浚許奉浚爲主時百姓內叛疾陸眷等侵逼浚喜勒之附己勒遂僞卑辭以事之獻遺珍寶使驛相繼浚以勒爲誠不復設備勒乃遣使剋日上尊號於浚浚許之勒屯兵於易水督護孫緯疑其詐馳白浚而引軍逆勒浚不聽使勒直前衆議皆曰胡貪而無信必有詐請距之浚怒欲斬諸言者衆遂不敢復諫盛張設以待勒勒至城便縱兵大掠浚左右復請討之不許及勒登聽事浚乃走出堂皇勒衆執以見勒勒

遂與浚妻並坐立浚于前浚罵曰胡奴調汝公何凶逆如此勒數浚不忠於晉并責以百姓餒乏積粟五十萬斛而不振給遂遣五百騎先送浚于襄國收浚麾下精兵萬人盡殺之停二日而還孫緯遮擊之勒僅而得免勒至襄國斬浚而浚竟不爲之屈大罵而死無子太元二年詔興滅繼絕封沉從孫道素爲博陵公卒子崇之嗣義熙十一年改封東莞郡公宋受禪國除

荀顗字景倩潁川人魏太尉彧之第六子也幼爲姊壻陳羣所賞性至孝總角知名博學洽聞理思周密魏時以父勳除中郎宣帝輔政見顗奇之曰荀令君之子也擢拜散騎侍郎累遷侍中爲魏少帝執經拜騎都尉賜爵關內侯難鍾會易無互體又與扶風王駿論仁孝孰先見稱於世時曹爽專權何晏等欲害太常傅嘏顗營救得免及高貴鄉公立顗言於景帝曰今上踐阼權道非常宜速遣使宣德四方且察外志毌丘儉文欽果不服舉兵反顗預討儉等有功進爵萬歲亭侯邑四百戶文帝輔政遷尚書帝征諸葛誕留顗鎮守顗甥陳泰卒顗代泰爲僕射領吏部四辭而後就職顗承泰後加之淑慎綜核名實風俗澄正咸熙中遷司空進爵鄉侯顗年踰耳順孝養蒸蒸以母憂去職毀幾滅性海內稱之文帝奏宜依漢太傅胡廣喪母故事給司空吉凶導從及蜀平興復五等命顗定禮儀顗上請羊祜任愷庾峻應貞孔顥共刪改舊文撰定晉禮咸熙初封臨淮侯武帝踐阼進爵爲公食邑一千八百戶又詔曰昔禹命九官契敷五教所以弘崇王化示人軌儀也朕承洪業昧于大道思訓五品以康四海侍中司空顗明允篤誠思心通遠翼亮先皇遂輔朕躬實有佐命弼導之勳宜掌教典以隆時雍其以顗爲司徒尋加侍中遷太尉都督城外牙門諸軍事置司馬親兵百人頃之又詔曰侍中太尉顗溫恭忠允至行純備博古洽聞耆艾不殆其以公行太子太傅侍中太尉如故時以正德大序雅頌未合命顗定樂事未終以泰始十年薨帝爲舉哀皇太子臨喪二宮賻贈禮秩有加詔曰侍中太尉行太子太傅臨淮公顗清純體道忠允立朝歷司外內茂績既崇訓傅東宮徽猷

弘著可謂行歸于周有始有卒者矣不幸薨殂朕甚痛之其賜溫明秘器朝服一具衣一襲謚曰康又詔曰太尉不恤私門居無館宇素絲之志沒而彌顯其賜家錢二百萬使立宅舍咸寧初詔論次功臣將配饗宗廟所司奏顗等十二人銘功太常配饗清廟顗明三禮知朝廷大儀而無質直之操唯阿意苟合於荀勗賈充之間初皇太子將納妃顗上言賈充女姿德淑茂可以參選以此獲譏於世顗無子以從孫徽嗣中興初以顗兄玄孫序為顗後封臨淮公序卒又絕孝武帝又封序子恆繼顗後恆卒子龍符嗣宋受禪國除

荀勗字公曾潁川潁陰人漢司空爽曾孫也祖棐射聲校尉父肸早亡勗依于舅氏岐嶷夙成年十餘歲能屬文從外祖魏太傅鍾繇曰此兒當及其曾祖既長遂博學達於從政仕魏辟大將軍曹爽掾遷中書通事郎爽誅門生故吏無敢往者勗獨臨赴衆乃從之至安陽令轉驃騎從事中郎勗有遺愛安陽生為立祠遷廷尉正參文帝大將軍軍事賜爵關內侯轉從事中郎領記室高貴鄉公欲為變時大

將軍掾孫佑守閶闔門帝弟安陽侯幹聞難欲入佑謂幹曰未有入者可從東掖門及幹至帝遲之幹以狀白帝欲族誅佑勗諫曰孫佑不納安陽誠宜深責然事有逆順用刑不可以喜怒為輕重今成倅刑止其身佑乃族誅恐義士私議乃免佑為庶人時官騎路遺求為刺客入蜀勗言於帝曰明公以至公宰天下宜杖正義以伐違貳而名以刺客除賊非所謂刑于四海以德服遠也帝稱善及鍾會謀反審問未至而外人先告之帝待會素厚未之信也勗曰會雖受恩然其性未可許以見得思義不可不速為之備帝即出鎮長安主簿郭奕參軍王深以勗是會從甥少長舅氏勸帝斥出之帝不納而使勗陪乘待之如初先是勗啓伐蜀宜以衞瓘為監軍及蜀中亂賴瓘以濟會平還洛與裴秀羊祜共管機密時將發使聘吳並遣當時文士作書與孫晧帝用勗所作晧既報命和親帝謂勗曰君前作書使吳思順勝十萬之衆也帝即晉王位以勗為侍中封安陽子邑千戶武帝受禪改封濟北郡公勗以羊祜讓乃固辭為侯拜中書監加侍中領著作與賈充共定律令充將鎮關右也勗謂馮紞曰賈公遠放吾等失勢太子婚尚未定若使充女得為妃則不留而自停矣勗與紞伺帝間並稱充女才色絕世若納東宮必能輔佐君子有關雎后妃之德遂成婚當時甚為正直者所疾而獲佞媚之譏焉久之進位光祿大夫既掌樂事又修律呂並行於世初勗於路逢趙賈人牛鐸識其聲及掌樂音韻未調乃曰得趙之牛鐸則諧矣遂下郡國悉送牛鐸果得諧者又嘗在帝坐進飯謂在坐人曰此是勞薪所炊咸未之信帝遣問膳夫乃云實用故車腳舉世伏其明識俄領秘書監與中書令張華依劉向別錄整理記籍又立書博士置弟子教習以鍾胡為法咸寧初與石苞等並為佐命功臣列於銘饗及王濬表請伐吳勗與賈充固諫不可帝不從而吳果滅以專典詔命論功封子一人為亭侯邑一千戶賜絹千匹又封孫顯為潁陽亭侯乃得汲郡冢中古文竹書詔勗撰次之以為中經列在秘書時議遣王公之國帝以問勗勗對曰諸王公已為都督而使之國則廢方任又分割郡縣人心戀本必用嗷嗷國皆置軍官兵還當

給國而闕邊守帝重使勗思之勗又陳曰如詔準古方伯選才使君國各隨方面為都督誠如明旨至於割正封疆使親疏不同誠為佳矣然分裂舊土猶懼多所搖動必使人心恖擾思惟竊宜如前若於事不得不時有所轉封而不至分割土域有所損奪者可隨宜節度其五等體國經遠實不成制度然但虛名其於實事略與舊郡縣鄉亭無異若造次改奪恐不能不以為恨今方了其大者以為五等可須後裁度凡事雖有久而益善者若臨時或有不解亦不可忽帝以勗言為允多從其意時又議省州郡縣半吏以赴農功勗議以為省吏不如省官省官不如省事省事不如清心昔蕭曹相漢載其清靜致畫一之歌此清心之本也漢文垂拱幾致刑措此省事也光武并合吏員縣官國邑裁置十一此省官也魏太和中遣王人四出減天下吏員正始中亦并合郡縣此省吏也今必欲求之於本則宜以省事為先凡居位者使務思蕭曹之心以翼佐大化篤義行崇敦睦使昧寵忘本者不得容而偽行自息浮華者懼矣重敬讓尚止足令賤不妨貴少不陵長遠不間親新不

聞舊小不加大淫不破義則上下相安遠近相信矣位不可以進趣
得譽不可以朋黨求則是非不妄而明官人不惑於聽矣去奇技抑
異說好變舊以徼非常之利者必加其誅則官業有常人心不遷矣
事留則政稽政稽則功廢處位者而孜孜不怠奉職司者而夙夜不
懈則雖在挈瓶而守不假器矣使信若金石小失不害大政忍忿悁
以容之簡文案略細苛令之所施必使人易視聽願之如陽春畏之
如雷震勿使微文煩撓為百吏所黷二三之命為百姓所厭則吏竭
其誠下悅上命矣設官分職委事責成君子心競而不力爭量能受
任思不出位則官无異業政典不奸矣凡此皆愚心謂省事之本也
苟此無愆雖不省吏天下必謂之省矣若欲省官私謂九寺可并於
尚書蘭臺宜省付三府然施行歷代世之所習是以久抱愚懷而不
敢言至於省事實以為善若直作大例皆減其半恐文武衆官郡國
職業及事之興廢不得皆同凡發號施令典而當則安儻有駁者或
致壅否凡職所臨履先精其得失使忠信之官明察之長各裁其中

先條上言之然後混齊大體詳宜所省則令下必行不可搖動如其
不爾恐適惑人聽比前行所省皆須更輒復或激而滋繁亦不可不
重勗論議損益多此類太康中詔曰勗明哲聰達經識天序有佐命
之功兼博洽之才久典內任著勳弘茂詢事考言謀猷允誠宜登大
位毗贊朝政今以勗為左光祿大夫儀同三司開府辟召守中書監
侍中侯如故時太尉賈充司徒李胤並薨太子太傅又缺勗表陳三
公保傅宜得其人若使楊珧參輔東宮必當仰稱聖意尚書令衛瓘
吏部尚書山濤皆可為司徒若以瓘新為令未出者濤即其人帝並
從之明年秋諸州郡大水兗土尤甚勗陳宜立都水使者其後門下
啓通事令史伊羨趙咸為舍人對掌文法詔以問勗勗曰今天下幸
賴陛下聖德六合為一望道化隆洽垂之將來而門下上稱程咸張
惲下稱此等欲以文法為政皆愚臣所未達昔張釋之諫漢文謂獸
圈嗇夫不宜見用邴吉住車明調和陰陽之本此二人豈不知小吏
之惠誠重惜大化也昔魏武帝使中軍司荀攸典刑獄明帝時猶以

付內常侍以臣所聞明帝時唯有通事劉泰等官不過与殿中同號耳
又頃言論者皆云省官減事而求益吏者相尋矣多云尚書郎太令史
不親文書乃委付書令史及幹誠吏多則相倚也增置文法之職適恐
更耗擾臺閣臣竊謂不可時帝素知太子闇弱恐後亂国遣勗及和嶠
往觀之勗還盛稱太子之德而嶠云太子如初於是天下貴嶠而賤勗
帝將廢賈妃勗与馮紞等諫請故得不廢時議以勗傾国害時孫資劉
放之匹然性慎密每有詔令大事雖已宣布然終不言不欲使人知己
豫聞也族弟良曾勸勗曰公大失物情有所進益者自可語之則懷恩
多矣其壻武統亦說勗宜有所營置令有歸戴者勗並默然不應退而
語諸子曰人臣不密則失身樹私則背公是大戒也汝等亦當宦達人
間宜識吾此意久之以勗守尚書令勗久在中書專管機事及失之甚
罔〻悵〻或有賀之者勗曰奪我鳳皇池諸君賀我邪及在尚書課試
令史以下覈其才能有闇於文法不能決疑處事者即時遣出帝嘗謂
曰魏武帝言荀文若之進善不進不止荀公達之退惡不退不休二令

君之美亦望於君也居職月餘以母憂上還印綬帝不許遣常侍周恢
喻旨勗乃奉詔視職勗久管機密有才思探得人主微旨不犯顏迕爭
故得始終全其寵祿太康十年卒詔贈司徒賜東園秘器朝服一具錢
五十万布百匹遣兼御史持節護喪謚曰成勗有十子其達者輯藩組
輯嗣官至衛尉卒謚曰簡子畯嗣卒謚曰烈无適子以弟息識為嗣輯
子綽字彥舒博學有才能撰晉後書十五篇傳於世永嘉末為司空從
事中郎没於石勒為勒參軍

藩字大堅元康中為黃門侍郎受詔成父所治鍾磬以從駕討齊王冏
勳封西華縣公累遷尚書令永嘉末轉司空未拜而洛陽陷沒藩出奔
密王浚承制奉藩為留臺太尉及愍帝為太子委藩督攝遠近建興元
年薨於開封年六十九因葬亡所謚曰成追贈太保藩二子邃闓
邃字道玄解音樂善談論弱冠辟趙王倫相国掾遷太子洗馬長沙王
乂以為參軍乂敗成都王為皇太弟精選僚屬以邃為中舍人鄴城不
守隨藩在密元帝召為丞相從事中郎以道險不就愍帝就加左將軍

陳留相父憂去職服闋襲封愍帝欲納遂女先徵為散騎常侍遂懼西
都危逼故不應命而東渡江元帝以為軍諮祭酒太興初拜侍中遂与
刁協婚親時協執權欲以遂為吏部尚書遂深距之尋而王敦討協協
黨與並及於難唯遂以疎協獲免敦表為廷尉以疾不拜遷太常轉尚
書蘇峻作亂遂與王導荀崧並侍天子於石頭峻平後卒贈金紫光祿
大夫謚曰靖子汪嗣

闓字道明亦有名稱京都為之語曰洛中英英荀道明大司馬齊王冏
辟為掾冏敗暴尸已二日莫敢收葬闓與冏故吏李述嵇含等露板請
葬朝議聽之論者稱焉為太傅主簿中書郎與遂俱渡江拜丞相軍諮
祭酒中興建遷右軍將軍轉少府明帝嘗從容問王廙曰二荀兄弟孰
賢廙荅以闓才明過遂帝以語庾亮亮曰遂眞粹之地亦闓所不及由
是議者莫能定其兄弟優劣歷御史中丞侍中尚書封射陽公太寧二
年卒追贈衛尉謚曰定子達嗣

組字大章弱冠太尉王衍見而稱之曰夷雅有才識初為司徒左西屬
補太子舍人司徒王渾請為從事中郎轉左長史歷太子中庶子滎陽
太守趙王倫為相國欲收大名選海內德望之士以江夏李重及組為
左右長史東平王堪沛國劉謨為左右司馬倫篡以組為侍中及長沙
王乂敗惠帝遣組及散騎常侍閭丘冲詣成都王穎慰勞其軍帝西幸
長安以組為河南尹遷尚書轉衛尉賜爵成陽縣男加散騎常侍中書
監轉司隸校尉加特進光祿大夫常侍如故于時天下已亂組兄弟貴
盛懼不容於世雖居大官並諷議而已永嘉末復以組為侍中領太子
太保未拜會劉曜王彌逼洛陽組與藩俱出奔懷帝蒙塵司空王浚以
組為司隸校尉組與藩移檄天下以琅邪王為盟主愍帝稱皇太子組
即太子之舅又領司隸校尉行豫州刺史事與藩共保滎陽之開封建
興初詔藩行留臺事俄而藩薨帝更以組為司空領尚書左僕射又兼
司隸復行留臺事州征郡守皆承制行焉進封臨潁縣公加太夫人世
子印綬明年進位太尉領豫州牧假節元帝承制以組都督司州諸軍
加散騎常侍餘如故頃之又除尚書令表讓不拜及西都不守組乃遣

使移檄天下共勸進帝欲以組為司徒以問太常賀循循曰組舊望清
重忠勤顯著遷訓五品實允衆望於是拜組為司徒組逼於石勒不能
自立太興初自許昌率其屬數百人渡江給千兵百騎組先所領仍皆
統攝頃之詔組與太保西陽王羕並錄尚書事各加班劍六十人永昌
初遷太尉領太子太保未拜薨年六十五謚曰元子弈嗣

弈字玄欣少拜太子舍人駙馬都尉侍講東宮出為鎮東參軍行揚武
將軍新淦令愍帝為皇太子召為中舍人尋拜散騎侍郎皆不就隨父
渡江元帝踐位拜中庶子遷給事黃門郎父憂去職服闋補散騎常侍
侍中時將繕宮城尚書符下陳留王使出城夫弈駁曰昔虞賓在位書
稱其美詩詠有客載在雅頌今陳留王位在三公之上坐在太子之右
故荅表曰書賜物曰與此古今之所崇禮國之高義也謂宜除夫役時
尚書張闓僕射孔愉難弈以為昔宋不城周陽秋所譏特鑿非禮宜應
減夫弈重駁以為陽秋之末文武之道將墜于地新有子朝之亂于時
諸侯逋替莫肯率職宋之於周實有列國之權且同已勤王而主之者
晉客而辭役責之可也今之陳留無列國之勢此之作否何益有無臣
以為宜除於國職為全詔從之時又通議元會日帝應敬司徒王導不
博士郭熙杜援等以為禮無拜臣之文謂宜除敬中馮懷議曰天子脩
禮莫盛於辟雍當爾之日猶拜三老況今先帝師傅謂宜盡敬事下
門下弈議曰三朝之首宜明君臣之體則不應敬若他日小會自可盡
禮又至尊與公書手詔則曰頓首言中書為詔則云敬問散騎優冊則
曰制命今詔文尚異況大會之與小會理豈得同詔從之咸和七年卒
追贈太僕謚曰定

馮紞字少冑安平人也祖浮魏司隸校尉父員汲郡太守紞少博涉經
史識悟機辯歷仕為魏郡太守轉步兵校尉從越騎得幸於武帝稍遷
左衛將軍承顏悅色寵愛日隆賈充荀勗並與之親善充女之為皇太
子妃也紞有力焉及妃之將廢紞勗乾沒救請故得不廢伐吳之役紞
領汝南太守以郡兵隨王濬入秣陵遷御史中丞轉侍中帝病篤得愈
紞與勗見朝野之望屬在齊王攸攸素薄勗勗以太子愚劣恐攸得立

有害於己，乃使紞言於帝曰：陛下前者疾若不差，太子其廢矣。齊王為百姓所歸，公卿所仰，雖欲高讓，其得免乎！宜遣還藩，以安社稷。帝納之。及攸薨，朝野悲恨。初，帝友于之情甚篤，既納紞、勖邪說，遂為身後之慮，以固儲位。既聞攸殞，哀慟特深。紞侍立，因言曰：齊王名過於實，今得自終，此乃大晉之福，陛下何乃過哀！帝收淚而止。初，謀伐吳，紞與賈充、荀勖同共苦諫不可。吳平，紞內懷慙懼，疾張華如讎。及華外鎮，威德大著，朝論當徵為尚書令。紞從容侍帝，論晉魏故事，因諷帝，言華不可授以重任，帝默然而止。事具華傳。太康七年，紞疾，詔以紞為散騎常侍，賜錢二十萬、牀帳一具。尋卒。二子：播、熊。播，大長秋。熊字文羆，中書郎。紞兄恢，自有傳。

史臣曰：夫立身之道，曰仁與義；動靜既形，悔吝斯及。有莘之媵，殊北門之情；渭濱之叟，匪西山之節。湯武有以濟其功，夷齊不能譏其志。王沉才經文武，早尸人爵，在魏參席上之珍，居晉為幄中之士。桐宮之謀，遽泄武闈之禍遂臻。是知田光之口，豈燕丹之可絕；豫讓之形，非智氏之能變。動靜之際，有據蔑仁義之方，求之彌遠矣。彭祖謁由捧雉，孕本資緣，因家乏主，遂登顯秩。擁北州之士馬，偶東京之糜沸，自可感召諸侯，宣力王室；而乘間伺隙，潛圖不軌，放肆獯虜，遽播乘輿，遂使漳滏蕭然，黎元塗地。縱貪夫於藏戶，戮高士於燕垂，阻越石之內難，邀世龍之外府，惡稔毒痛，坐致焚燎，假手仇敵，方申凶獷，慶封之戮，僇何補哉！公曾慈明之孫，景倩文若之子，踐隆堂而高視，齊逸軌而長騖。孝敬足以承親，周慎足以事主，刊姬公之舊典，採蕭相之遺法。然而援朱均以貳極，煽褒閻而偶震，雖廢興有在，隆替靡常，皆之人事，乃二荀之力也。至於斗粟興謠，踰里成詠，勖之階禍，又已甚焉。紞外騁戚施，內窮狙詐，斃攸安賈，交勖雖張，心滔難罕，過踰晉伍，妻縱獻壽，空取尉於仁心，紞之陳說，幸收哀於迷慮。投畀之罰無聞，青蠅之詩不作矣。

贊曰：勰道文林，胡貳爾心。彭祖凶孽，自貽伊戚。臨淮翼翼，孝形于色。安陽英英，匪懈其職。傾齊附賈，是為蝥賊。紞之不臧，交亂罔極。

列傳第九　　晉書三十九

列傳第十　　晉書四十　　御撰

賈充 孫謐 郭彰　充弟混　族子模　楊駿 弟珧 濟

賈充字公閭，平陽襄陵人也。父逵，魏豫州刺史、陽里亭侯。逵晚始生充，言後當有充閭之慶，故以為名字焉。充少孤，居喪以孝聞。襲父爵為侯。拜尚書郎，典定科令，兼度支考課。辯章節度，事皆施用。累遷黃門侍郎、汲郡典農中郎將。參大將軍軍事，從景帝討毋丘儉、文欽於樂嘉。帝疾篤，還許昌，留充監諸軍事，以勞增邑三百五十戶。後為文帝大將軍司馬，轉右長史。帝新執朝權，恐方鎮有異議，使充詣諸葛誕，圖欲伐吳，陰察其變。充既論說時事，因謂誕曰：天下皆願禪代，君以為如何？誕厲聲曰：卿非賈豫州子乎？世受魏恩，豈可欲以社稷輸人乎！若洛中有難，吾當死之。充默然。及還，白帝曰：誕再在揚州，威名夙著，能得人死力。觀其規略，為反必也。今徵之，反速而事小；不徵，事遲而禍大。帝乃徵誕為司空，而誕果叛。復從征誕，充進計曰：楚兵輕而銳，若深溝高壘以逼賊城，可不戰而克也。帝從之。城陷，帝登壘以勞充。帝先歸洛陽，使充統後事，進爵宣陽鄉侯，增邑千戶。遷廷尉，充雅長法理，有平反之稱。轉中護軍。魏高貴鄉公之攻相府也，充率眾距戰於南闕。軍將敗，騎督成倅弟太子舍人濟謂充曰：今日之事何如？充曰：公等養汝，正擬今日，復何疑！濟於是抽戈犯蹕。及常道鄉公即位，進封安陽鄉侯，增邑千二百戶，統城外諸軍，加散騎常侍。鍾會謀反於蜀，帝假充節，以本官都督關中、隴右諸軍事，西據漢中，未至而會死。時軍國多事，朝廷機密，皆與籌之。帝甚信重充，與裴秀、王沉、羊祜、荀勖同受腹心之任。帝又命充定法律。假金章，賜甲第一區。五等初建，封臨沂侯，為晉元勳，深見寵異，祿賜常優於羣官。充有刀筆才，能觀察上旨。初，文帝以景帝恢贊王業，方傳位舞陽侯攸。充稱武帝寬仁，且又居長，有人君之德，宜奉社稷。及文帝寢疾，武帝請問後事。文帝曰：知汝者賈公閭也。帝襲王位，拜充晉國衛將軍、儀同三司、給事中，改封臨潁侯。及受禪，充以建明大命，轉車騎將軍、散騎常侍、尚書僕射，更封魯郡公，母柳氏為魯國太夫人。充所定新律既班于天下，百姓便之。詔曰：漢氏以來，法令嚴峻。故自元成之世，及建安、嘉平

之間咸欲辯章舊典刪革刑書述作體大歷年無成先帝愍元元之命
陷於密網親發德音釐正名實車騎將軍賈充獎明聖意諮詢善道太
傅鄭沖又與司空荀顗中書監荀勖中軍將軍羊祜中護軍王業及廷
尉杜友守河南尹杜預散騎侍郎裴楷潁川太守周雄齊相郭頎騎都
尉成公綏荀煇尚書郎柳軌等典正其事朕每鑒其用心常慨然嘉之
今法律既成始班天下刑寬禁簡足以克當先旨昔蕭何以定律受
封叔孫通以制儀為奉常賜金五百斤弟子皆為郎夫立功立事古之
所重自太傅車騎以下皆加祿賞其詳依故典於是賜充子弟一人關
內侯絹五伯匹固讓不許後代裴秀為尚書令常侍車騎將軍如故尋
改常侍為侍中賜絹七百匹以母憂去職詔遣黃門侍郎慰問又以東
南有事遣典軍將軍楊囂宣諭使六旬還內充為正務農節用并官省
職帝善之又以文武異容求罷所領兵及羊祜等出鎮充復上表欲立
勳邊境帝並不許從容任職褒貶在己頗好進士每有薦達必終始經
緯之是以士多歸焉帝舅王恂嘗毀充而充更進恂或有背充以要權

晉列傳十　二

貴者充皆陽以素意待之而充無公方之操不能正身率下專以諂媚
取容侍中任愷中書令庾純等剛直守正咸共疾之又以充女為齊王
妃懼後益盛及氐羌反叛時帝深以為慮愷因進說請充鎮關中乃下
詔曰秦涼二境比年屢敗胡虜縱暴百姓荼毒遂使異類扇動害及中
州雖復吳蜀之寇未嘗至此誠由所任不足以內撫夷夏外鎮醜逆輕
用其眾而不能盡其力非得腹心之重推轂委成大匡其敝恐為患未
已每慮斯難忘寢與食侍中守尚書令車騎將軍賈充雅量弘高達見
明遠武有折衝之威文懷經國之慮信結人心名震域外使權統方任
綏靜西夏則吾無西顧之念而遠近獲安矣其以充為使持節都督秦
涼二州諸軍事侍中車騎將軍如故假羽葆鼓吹給第一駙馬朝之賢
良欲進忠規獻替者皆幸充此舉望隆惟新之化充既外出自以為失
職深銜任愷計無所從將之鎮百寮餞于夕陽亭荀勖私焉充以憂告
勖曰公國之宰輔而為一夫所制不亦鄙乎然是行也辭之實難獨有
結婚太子不頓駕而自留矣充曰然孰可寄懷對曰勖請言之俄而侍

宴論太子婚姻事勖因言充女才質令淑宜配儲宮而楊皇后及荀顗
亦並稱之帝納其言會京師大雪平地二尺軍不得發既而皇儲當婚
遂不西行詔充居本職先是羊祜密啓留充及是帝以語充充謝祜曰
始知君長者時吳將孫秀降拜為驃騎大將軍帝以充舊臣欲改班使
車騎居驃騎之右充固讓見聽尋遷司空侍中尚書令領兵如故會帝
寢疾充及齊王攸荀勖參醫藥及疾愈賜絹各五百匹初帝疾篤朝廷
屬意於攸河南尹夏侯和謂充曰卿二女壻親疏等耳立人當立德充
不荅及是帝聞之徙和光祿勳乃奪充兵權而位遇無替尋轉太尉行
太子太保錄尚書事咸寧三年日蝕於三朝充請遜位不許更以沛國
之公丘益其封寵倖愈甚朝臣咸側目焉河南尹王恂上言弘訓太后
入廟合食於景皇帝齊王攸不得行其子禮充議以為禮諸侯不得祖
天子公子不得禰先君皆謂奉統承祀非謂不得復其父祖也攸身宜
服三年喪事自如臣制有司奏若如充議服子服行臣制未有前比宜
如恂表攸喪服從諸侯之例帝從充議伐吳之役詔充為使持節假黃

晉列傳十　三

鉞大都督揔統六師給羽葆鼓吹緹幢兵萬人騎二千置左右長史司
馬從事中郎增參軍騎司馬各十人帳下司馬二十人大車官騎各三
十人充慮大功不捷表陳西有昆夷之患北有幽并之戍天下勞擾年
穀不登興軍致討懼非其時又臣老邁非所克堪詔曰君不行吾便自
出充不得已乃受節鉞將中軍為諸軍節度以冠軍將軍楊濟為副南
屯襄陽吳江陵諸守皆降充乃徙屯項王濬之克武昌也充遣使表曰
吳未可悉定方夏江淮下濕疾疫必起宜召諸軍以為後圖雖要斬張
華不足以謝天下華豫平吳之策故充以為言中書監荀勖奏宜如充
表帝不從杜預聞充有奏馳表固爭言平在旦夕使及至轘轅而孫皓
已降吳平軍罷帝遣侍中程咸犒勞賜充帛八千匹增邑八千戶分封
從孫暢新城亭侯蓋安陽亭侯弟陽里亭侯混從孫關內侯眾增邑
充本無南伐之謀固諫不見用及師出而吳平大慚懼議欲請罪帝聞
充當詣闕豫幸東堂以待之罷節鉞僚佐仍假鼓吹麾幢充與羣臣上
告成之禮請有司具其事帝謙讓不許及疾篤上印綬遜位帝遣侍臣

諭旨問疾殿中太醫致湯藥賜牀帳錢帛自皇太子宗室躬省起居太
康三年四月薨時年六十六帝為之慟使使持節太常奉策追贈太宰
加衮冕之服綠綟綬御劒賜東園秘器朝服一具衣一襲大鴻臚護喪
事假節鉞前後部羽葆鼓吹緹麾大路鑾路轀輬車帳下司馬大車椎
斧文衣武賁輕車介士葬禮依霍光及安平獻王故事給塋田一頃與
石苞等為王功配饗廟庭謚曰武追贈充子黎民為魯殤公充婦廣城
君郭槐性妬忌初黎民年三歲乳母抱之當閤黎民見充入喜笑充就
而拊之槐望見謂充私乳母即鞭殺之黎民戀念發病而死後又有生
男過朞復為乳母所抱充以手摩其頭郭疑乳母又殺之兒亦思慕而
死充遂無胤嗣及薨槐輒以外孫韓謐為黎民子奉充後郎中令韓咸
中尉曹軫諫槐曰禮大宗無後以小宗支子後之無異姓為後之文無
令先公懷腆后土良史書過豈不痛心槐不從咸等上書求改立嗣事
寢不報槐遂表陳是充遺意帝乃詔曰太宰魯公充崇德立勳勤勞佐
命背世殂隕每用悼心又胤子早終世嗣未立古者列國無嗣取始封

支庶以紹其統而近代更除其國至於周之公旦漢之蕭何或豫建元
子或封爵元妃蓋尊顯勳庸不同常制太宰素取外孫韓謐為世子黎
民後吾退而斷之外孫骨肉至近推恩計情合於人心其以謐為魯公
世孫以嗣其國自非功如太宰始封無後如太宰所取必以己自出不
如太宰皆不得以為比及下禮官議充謚博士秦秀議謚曰荒帝不納
博士段暢希旨建議謚曰武帝乃從之自充薨至葬賻賜二千萬惠帝
即位賈后擅權加充廟備六佾之樂母郭為宜城君及郭氏亡謚曰宣
特加殊禮時人譏之而莫敢言者初充前妻李氏淑美有才行生二女
褒裕褒一名荃裕一名濬父豐誅李氏坐流徙後娶城陽太守郭配女
即廣城君也武帝踐阼李以大赦得還帝特詔充置左右夫人充母亦
勑充迎李氏郭槐怒攘袂數充曰刊定律令為佐命之功我有其分李
那得與我並充乃荅詔託以謙沖不敢當兩夫人盛禮實畏槐也而
荃為齊王攸妃欲令充遣郭而還其母時沛國劉含母及帝舅羽林監
王虔前妻皆毋丘儉孫女此例既多質之禮官俱不能決雖不遣後妻

多異居私通充自以宰相為海內準則乃為李築室於永年里而不往
來荃濬每號泣請充充竟不往會充當鎮關右公卿供帳祖道荃濬懼
充遂去乃排幔出於坐中叩頭流血白充及羣寮陳母應還之意衆以
荃王妃皆驚起而散充甚愧愕遣黃門將宮人扶去既而郭槐女為皇
太子妃帝乃下詔斷如李比皆不得還後荃憤恚而薨初槐欲省李氏
充曰彼有才氣卿往不如不往及女為妃槐乃盛威儀而去既入戶李
氏出迎槐不覺脚屈因遂再拜自是充每出行槐輒使人尋之恐其過
李也初充母柳見古今重節義竟不知充與成濟事以濟不忠數追罵
之侍者聞之無不竊笑及將亡充問所欲言柳曰我教汝迎李新婦尚
不肯安問他事遂無言及充薨後李郭二女乃欲令其母祔葬賈后弟
之許也及后廢李氏乃得合葬李氏作女訓行於世
謐字長深母賈午充少女也父韓壽字德真南陽堵陽人魏司徒暨
曾孫美姿貌善容止賈充辟為司空掾充每讌賓寮其女輒於青璅中
窺之見壽而悅焉問其左右識此人不有一婢說壽姓字云是故主人

女大感想發於寤寐婢後往壽家具說女意并言其女光麗豔逸端美
絕倫壽聞而心動便令為通殷勤婢以白女女遂潛脩音好厚相贈結
呼壽夕入壽勁捷過人踰垣而至家中莫知惟充覺其女悅暢異於常
日時西域有貢奇香一著人則經月不歇帝甚貴之惟以賜充及大司
馬陳騫其女密盜以遺壽充寮屬與壽讌處聞其芬馥稱之於充自是
充意知女與壽通而其門閤嚴峻不知所由得入乃夜中陽驚託言有盜
因使循牆以觀其變左右白曰無餘異惟東北角如狐狸行處充乃考
問女之左右具以狀對充秘之遂以女妻壽壽官至散騎常侍河南尹
元康初卒贈驃騎將軍謐好學有才思既為充嗣繼佐命之後又賈后
專恣謐權過人主至乃鏁繫黃門侍郎其為威福如此負其驕寵奢侈
踰度室宇崇僭器服珍麗歌僮舞女選極一時開閣延賓海內輻湊貴
遊豪戚及浮競之徒莫不盡禮事之或著文章稱美謐以方賈誼渤海
石崇歐陽建滎陽潘岳吳國陸機陸雲蘭陵繆徵京兆杜斌摯虞琅邪
諸葛詮弘農王粹襄城杜育南陽鄒捷齊國左思清河崔基沛國劉瓌

汝南和郁周恢安平索秀潁川陳眕太原郭彰高陽許猛彭城劉訥中山劉輿劉琨皆傅會於謐號曰二十四友其餘不得豫焉歷位散騎常侍後軍將軍廣城君薨去職喪未終起爲秘書監掌國史先是朝廷議立晉書限斷中書監荀勗謂宜以魏正始起年著作郎王瓚欲引嘉平已下朝臣盡入晉史于時依違未有所決惠帝立更使議之謐上議請從泰始爲斷於是事下三府司徒王戎司空張華領軍將軍王衍侍中樂廣黃門侍郎嵇紹國子博士謝衡皆從謐議騎都尉濟北侯荀畯侍中荀藩黃門侍郎華混以爲宜用正始開元博士荀熙刁協謂宜嘉平起年謐重執奏戎華之議事遂施行尋轉侍中領秘書監如故謐時從帝華宣武觀校獵諷尚書於會中召謐受拜誡左右勿使人知於是衆疑其有異志矣謐既親貴數入二宮共愍懷太子遊處無屈降心常與太子弈棊爭道成都王穎在坐正色曰皇太子國之儲君賈謐何得无禮謐懼言之於后遂出穎爲平北將軍鎮鄴及爲常侍侍講東宮太子意有不悅謐患之而其家數有妖異飄風吹其朝服飛上數百丈墜于

中丞臺又蛇出其被中夜暴雷震其室柱陷入地壓毀牀帳謐益恐及遷侍中專掌禁內遂與后成謀誣陷太子及趙王倫廢后以詔召謐於殿前將戮之走入西鍾下呼曰阿后救我乃就斬之韓壽少弟蔚有器望及壽兄鞏令保弟散騎侍郎預吳王友鑒謐母賈午皆伏誅初充伐吳時嘗屯項城軍中忽失充帳下都督周勤時晝寢夢見百餘人録充引入一逕勤驚覺聞失充乃出尋索忽覩所夢之道遂往求之果見充行至一府舍侍衛甚盛府公南面坐聲色甚厲謂充曰將亂吾家事必爾與荀勗既惑吾子又亂吾孫間使任愷黜爾而不去又使庾純詈汝而不改今吳寇當平汝方表斬張華汝之闇戇皆此類也若不悛慎當旦夕加罪充因叩頭流血公曰汝所以延日月而名器如此者是衞府之勳耳終當使係嗣死於鍾虡之間大子斃於金酒之中小子困於枯木之下荀勗亦宜同然其先德小濃故在汝後數世之外國嗣亦替言畢命去充忽然得還管顏色憔悴性理昏喪經日乃復及是謐死於鍾下賈后服金酒而死賈午考竟用大杖終皆如所言趙王倫之敗朝廷追述充勳議立其後欲以充從孫散騎侍郎衆爲嗣衆陽狂自免以子充後充封魯公又病死永興中立充從曾孫湛爲魯公奉充後遭亂死國除泰始中人爲充等謠曰賈裴王亂紀綱王裴賈濟天下言亡魏而成晉也

充弟混字宮奇篤厚自守無殊才能太康中爲宗正卿歷鎮軍將軍領城門校尉加侍中封永平侯卒贈中軍大將軍儀同三司充從子彝遵並有鑒裁俱爲黃門郎遵弟模最知名

模字思範少有志尚頗覽載籍而沉深有智筭確然難奪深爲充所信愛每事籌之焉充年衰疾劇恒憂己謚傳模曰是非久自見不可掩也起家爲邵陵令遂歷仕二宮尚書吏部郎以公事免起爲車騎司馬豫誅楊駿封平陽鄉侯邑千戶及楚王瑋矯詔害汝南王亮太保衞瓘使模將中騶三百人救之是時賈后既豫朝政欲委信親黨拜模散騎常侍二日擢爲侍中模乃盡心匡弼推張華裴頠同心輔政數年之中朝野寧靜模之力也乃加授光祿大夫然模潛執權勢外形欲遠之每

有啓奏賈后事入輒取急或託疾以避之至於素有嫌忿多所中陷朝廷甚憚之加貪冒聚斂富擬王公但賈后性甚彊暴模每盡言爲陳禍福后不能從反謂模毀己於是委任之情日衰而讒間之徒遂進模不得志憂憤成疾卒追贈車騎將軍開府儀同三司謚曰成子遊字彥將嗣歷官太子侍講員外散騎侍郎

郭彰字叔武太原人賈后從舅也與賈充素相親遇充妻待彰若同生歷散騎常侍尚書衞將軍封冠軍縣侯及賈后專朝彰豫參權勢物情歸附賓客盈門世人稱爲賈郭謂謐及彰也卒謚曰烈

楊駿字文長弘農華陰人也少以王官爲高陸令驍騎鎮軍二府司馬後以后父超居重位自鎮軍將軍遷車騎將軍封臨晉侯識者議之曰夫封建諸侯所以藩屏王室也后妃所以供粢盛弘內教也后父始封而以臨晉爲侯兆於亂矣尚書褚䂮郭奕並表駿小器不可以任社稷之重武帝不從帝自太康以後天下無事不復留心萬機惟耽酒色始寵后黨請謁公行而駿及珧濟勢傾天下時人有三楊之號及帝疾篤

未有顧命佐命功臣皆已没矣朝臣惶惑計無所從而駿盡斥羣公親
侍左右因輒改易公卿樹其心腹會帝小間見所用者非乃正色謂駿
曰何得便爾乃詔中書以汝南王亮與駿夾輔王室駿恐失權寵從中
書借詔觀之得便匿藏中書監華廙恐懼自往索之終不肯與信宿之
間上疾遂篤后乃奏帝以駿輔政帝頷之便召中書監華廙令何劭口
宣帝旨使作遺詔曰昔伊望作佐勳垂不朽周霍拜命名冠往代侍中
車騎將軍行太子太保領前將軍楊駿經德履喆鑒識明遠毗翼二宮
忠肅茂著宜正位上台擬跡阿衡其以駿為太尉太子太傅假節都督
中外諸軍事侍中録尚書領前將軍如故置參軍六人步兵三千人騎
千人移止前衞將軍珧故府若止宿殿中宜有翼衞其差左右衞三部
司馬各二十人殿中都尉司馬十人給駿令得持兵仗出入詔成后對廙
劭以呈帝帝親視而无言自是二日而崩駿遂當寄託之重居太極殿
梓宮將殯六宮出辭而駿不下殿以武賁百人自衞不恭之迹自此而
始惠帝即位進駿為太傅大都督假黄鉞録朝政百官總己慮左右間

已乃以其甥段廣張劭為近侍之職凡有詔命帝省訖入呈太后然後
乃出駿知賈后情性難制甚畏憚之又多樹親黨皆領禁兵於是公室
怨望天下憤然矣駿弟珧濟並有儁才數相諫止駿不能用因廢於家
駿闇於古義動違舊典武帝崩未踰年而改元議者咸以為違春秋踰
年書即位之義朝廷惜於前失令史官沒之故明年正月復改年焉駿
自知素无美望懼不能輯和遠近乃依魏明帝即位故事遂大開封賞
欲以悅衆為政嚴碎愎諫自用不允衆心馮翊太守孫楚素與駿厚說
之曰公以外戚居伊霍之重握天權輔弱主當仰思古人至公至誠謙
順之道於周則周召為宰在漢則朱虚東牟未有庶姓專朝而克終慶
祚者也今宗室親重藩王方壯而公不與共參万機內懷猜忌外樹私
昵禍至無日矣駿不能從弘訓少府蒯欽駿之姑子少而相昵直亮不回
屢以正言犯駿珧濟為之寒心欽曰楊文長雖闇猶知人之無罪不可
妄殺必當疎我我得疎外可以不與俱死不然傾宗覆族其能久乎殿
中中郎孟觀李肇素不為駿所禮陰構駿將圖社稷賈后欲預政事而

憚駿未得逞其所欲又不肯以婦道事皇太后黄門董猛始自帝之為
太子即為寺人監在東宮給事於賈后密通消息於猛謀廢太后猛乃
與肇觀潛相結託賈后又令肇報大司馬汝南王亮使連兵討駿亮曰
駿之凶暴死亡無日不足憂也肇報楚王瑋瑋然之於是求入朝駿素
憚瑋先欲召入防其為變因遂聽之及瑋至觀肇乃啓帝夜作詔中外
戒嚴遣使奉詔廢駿以侯就第東安公繇率殿中四百人隨其後以討
駿段廣跪而言於帝曰楊駿受恩先帝竭心輔政且孤公無子豈有反
理願陛下審之帝不荅時駿居曹爽故府在武庫南聞內有變召衆官
議之太傅主簿朱振說駿曰今內有變其趣可知必是閹豎為賈后謀
不利於公宜燒雲龍門以示威索造事者首開万春門引東宮及外營
兵公自擁翼皇太子入宮取姦人殿內振懼必斬送之可以免難駿素
怯懦不決乃曰魏明帝造此大功奈何燒之侍中傅祗夜白駿請與武
茂俱入雲龍門觀察事勢祗因謂羣寮宮中不宜空便起揖於是皆走
尋而殿中兵出燒駿府又令弩士於閣上臨駿府而射之駿兵皆不得

出駿逃于馬廄以戟殺之觀等受賈后密旨誅駿親黨皆夷三族死者
數千人又令李肇焚駿家私書賈后不欲令武帝顧命手詔聞于四海
也駿既誅莫敢收者惟太傅舍人巴西閻纂殯斂之初駿徵高士孫登
遺以布被登截被於門大呼曰斫斫刺刺旬日託疾詐死及是其言果
驗永熙中溫縣有人如狂造書曰光光文長大戟為牆毒藥雖行戟還
自傷及駿居內府以戟為衞焉永寧初詔曰舅氏失道宗族隕墜渭陽
之思孔懷感傷其以蓩亭侯楊超為奉朝請騎都尉以慰蓼莪之思焉
○珧字文琚歷位尚書令衞將軍素有名稱得幸於武帝時望在駿前
以兄貴盛知權寵不可居自乞遜位前後懇至終不獲許初聘后珧表
曰歷觀古今一族二后未嘗以全而受覆宗之禍乞以表事藏之宗廟
若如臣之言得以免禍從之右軍督趙休上書陳王莽五公兄弟相代
今楊氏三公並在大位而天變屢見臣竊為陛下憂之由此珧益懼固
求遜位聽之賜錢百万絹五千匹珧初以退讓稱晩乃合朋黨搆出齊
王攸中護軍羊琇與北軍中候成粲謀欲因見珧而手刃之珧知而辭

疾不出諷有司奏琇轉爲太僕自是舉朝莫敢枝梧而素論盡矣珧臨刑稱冤云事在石函可問張華當時皆謂宜爲申理合依鍾毓事例而賈氏族黨待諸楊如讎促行刑者遂斬之時人莫不嗟歎焉

濟字文通歷位鎮南征北將軍遷太子太傅濟有才藝嘗從武帝校獵北芒下與侍中王濟俱著布袴褶騎馬執角弓在輦前猛獸突出帝命王濟射之應弦而倒須臾復一出濟受詔又射殺之六軍大叫稱快帝重兵官多授貴戚清望濟以武藝號爲稱職與兄珧深慮盛滿乃與諸甥李斌等共切諫駿斥出王佑爲河東太守建立皇儲皆濟謀也初駿忌大司馬汝南王亮催使之藩濟與斌數諫止之駿遂踈濟濟謂傅咸曰若家兄徵大司馬入退身避之門户乃得免耳不爾行當赤族咸曰但徵還共崇至公便立太平無爲避也夫人臣不可有專豈獨外戚今宗室踈因外戚之親以得安外戚危倚宗室之重以爲援所謂脣齒相依計之善者濟益懼而問石崇曰人心云何崇曰賢兄執政踈外宗室宜與四海共之濟曰見兄可及此崇見駿及焉駿不納後與諸兄俱見

害難發之夕東宮召濟濟謂裴楷曰吾將何之楷曰子爲保傅當至東宮濟好施久典兵馬所從四百餘人皆秦中壯士射則命中皆欲救濟濟已入宮莫不歎恨

史臣曰賈充以諂諛陋質刀筆常材幸屬昌辰濫叨非據抽戈犯順曾無猜憚之心杖鉞推亡遽有知難之請非惟魏朝之悖逆抑亦晉室之罪人者歟然猶身極寵光任兼文武存荷台衡之寄没有從享之榮可謂無德而祿殃將及矣逮乎貽厥乃乞丐之徒嗣惡稔之餘基縱姦邪之凶德煽玆哲婦索彼惟家雖及誅夷曷云塞責昔當塗闕翦公閭實肆其勞典午分崩南風亦盡其力可謂君以此始必以此終信乎其然矣楊駿階緣寵幸遂荷棟梁之任敬之猶恐弗逮驕奢淫泆庸可免乎括母以明智全身會昆以先言獲宥文琚識同曩烈而罰異昔人悲夫

贊曰公閭便佞心乖雅正邀遇時來遂階榮命乞丐承緒凶家亂政瑣瑣文長遂居棟梁據其非位乃底滅亡珧雖先覺亦罹禍殃

列傳第十　　晉書四十

列傳第十一　　晉書四十一　　御撰

魏舒　李憙　劉寔 弟智　高光

魏舒字陽元任城樊人也少孤爲外家寧氏所養寧氏起宅相宅者云當出貴甥外祖母以魏氏甥小而慧意謂應之舒曰當爲外氏成此宅相久乃別居身長八尺二寸姿望秀偉飲酒石餘而遲鈍質朴不爲鄉親所重從叔父吏部郎衡有名當世亦不之知使守水碓每歎曰舒堪數百户長我願畢矣舒亦不以介意不脩常人之節不爲皎厲之事每欲容才長物終不顯人之短性好騎射著韋衣入山澤以漁獵爲事唯太原王乂謂舒曰卿終當爲台輔然今未能令妻子免飢寒吾當助卿營之常振其匱乏舒受而不辭舒嘗詣野王主人妻夜產俄而聞車馬之聲相問曰男也女也曰男書之十五以兵死復問寢者爲誰曰魏公舒後十五載詣主人問所生兒何在曰因條桑爲斧傷而死舒自知當爲公矣年四十餘郡上計掾察孝廉宗黨以舒無學業勸令不就可以爲高耳舒曰若試而不中其負在我安可虚竊不就之高以爲己榮乎

於是自課百日習一經因而對策升第除澠池長遷浚儀令入爲尚書郎時欲沙汰郎官非其才者罷之舒曰吾即其人也襆被而出同寮素無清論者咸有愧色談者稱之累遷後將軍鍾毓長史毓每與參佐射舒常爲畫籌而已後遇朋人不足以舒滿數毓初不知其善射舒容範閑雅發無不中舉坐愕然莫有敵者毓歎而謝曰吾之不足以盡卿才有如此射矣豈一事哉轉相國參軍封劇陽子府朝碎務未嘗見是非至於廢興大事衆人莫能斷者舒徐爲籌之多出衆議之表文帝深器重之每朝會坐罷目送之曰魏舒堂堂人之領袖也遷宜陽滎陽二郡太守甚有聲稱徵拜散騎常侍出爲冀州刺史在州三年以簡惠稱入爲侍中武帝以舒清素特賜絹百匹遷尚書以公事當免官詔以贖論舒三娶妻皆亡是歲自表乞假還本郡葬妻詔賜葬地一頃錢五十萬太康初拜右僕射舒與衛瓘山濤張華等以六合混一宜用古典封禪東嶽前後累陳其事帝謙讓不許以舒爲左僕射領吏部舒上言今選六宮娉以玉帛而舊使御府丞奉娉宣成嘉禮贄重使輕以爲拜三夫

人宜使卿九嬪使五官中郎將美人良人使謁者於典制爲弘有詔詳之衆議異同遂寢加右光祿大夫儀同三司及山濤薨以舒領司徒有頃即真舒有威重德望祿賜散之九族家無餘財陳留周震累爲諸府所辟辟書既下公輒喪亡僉號震爲殺公掾莫有辟者舒乃命之而竟無患識者以此稱其達命以年老每稱疾遜位中復暫起署兗州中正尋又稱疾尚書左丞郤詵與舒書曰公久疾小差視事是也唯上所念何意起訖還臥曲身迴法甚失具瞻之望公少立巍巍一旦棄之可不惜哉舒稱疾如初後以災異遜位帝不聽後因正旦朝罷還第表送章綬帝手詔敦勉而舒執意彌固乃下詔曰司徒劇陽子舒體道弘粹思量經遠忠肅居正在公盡規入管銓衡官人允敘出贊袞職敷弘五教惠訓播流德聲茂著可謂朝之俊乂者也而屢執沖讓辭旨懇誠申覽反覆省用憮然蓋成人之美先典所與難違至情今聽其所執以劇陽子就第位同三司祿賜如前几杖不朝賜錢百萬牀帳簟褥百副以舍人四人爲劇陽子舍人置官騎十人使光祿勳奉策主者詳案典禮令皆

晉列傳十一　二

如舊制於是賜安車駟馬門施行馬舒爲事必先行而後言遜位之際莫有知者時論以爲晉興以來三公能辭榮善終者未之有也司空衛瓘與舒書曰每與足下共論此事日日未果可謂瞻之在前忽焉在後矣太熙元年薨時年八十二帝甚傷悼賵賻優厚諡曰康子混字延廣清惠有才行爲太子舍人年二十七先舒卒朝野咸爲舒悲惜舒每哀慟退而歎曰吾不及莊生遠矣豈以無益自損乎於是終服不復哭詔曰舒惟一子薄命短折舒告老之年處窮獨之苦每念怛然爲之嗟悼思所以散愁養氣可更增滋味品物仍給陽燧四望繐窗皁輪車牛一乘庶出入觀望或足散憂也以庶孫融嗣又早卒從孫晃嗣

李憙字季和上黨銅鞮人也父佺漢大鴻臚憙少有高行博學研精與北海管寧以賢良徵不行累辟三府不就宣帝復辟憙爲太傅屬固辭疾郡縣扶輿上道時憙母疾篤乃竊踰泫氏城而徒還遂遭母喪論者嘉其志節後爲并州別駕時驍騎將軍秦朗過并州州將畢軌敬焉令乘車至閣憙固諫以爲不可軌不得已從之景帝輔政命憙爲大將軍從事中郎憙到引見謂憙曰昔先公辟君而君不應今孤命君而君至何也對曰先君以禮見待憙得以禮進退明公以法見繩憙畏法而至帝甚重之轉司馬尋拜右長史從討毋丘儉還遷御史中丞當官正色不憚強禦百僚震肅焉薦樂安孫璞亦以道德顯時人稱爲知人尋遷大司馬以公事免司馬伷爲寧北將軍鎮鄴以憙爲軍司頃之除涼州刺史加揚威將軍假節領護羌校尉綏御華夷甚有聲績羌虜犯塞憙因其隙會不及啓聞輒以便宜出軍深入遂大克獲以功重免譴時人比之漢朝馮甘焉於是請還許之居家月餘拜冀州刺史累遷司隸校尉及魏帝告禪于晉憙以本官行司徒事副太尉鄭沖奉策泰始初封祁侯憙上言故立進令劉友前尚書山濤中山王睦故尚書僕射武陔各占官三更稻田請免濤睦等官陔已亡請貶諡詔曰法者天下取正不避親貴然後行耳吾豈將枉縱其間哉然案此事皆是友所作侵剝百姓以繆惑朝士姦吏乃敢作此其考竟友以懲邪佞濤等不貳其過者皆勿有所問易稱王臣蹇蹇匪躬之故今憙亢志在公當官而行可

晉列傳十一　三

謂邦之司直者矣光武有云貴戚且斂手以避二鮑豈其然乎其申敕羣寮各慎所司寬宥之恩不可數遇也憙爲二代司隸朝野稱之以公事免其年皇太子立以憙爲太子太傅自魏明帝以後久曠東宮制度廢闕官司不具詹事左右率庶子中舍人諸官並未置唯置衛率令典兵二傅并攝衆事憙在位累年訓道盡規遷尚書僕射拜特進光祿大夫以年老遜位詔曰光祿大夫特進李憙杖德居義當升台司毗亮朕躬而以年尊致仕雖優游無爲可以頤神而虛心之望能不憮然其因光祿之號改假金紫置官騎十人賜錢五十萬祿賜班禮一如三司門施行馬初憙爲僕射時涼州虜寇邊憙唱義遣軍討之朝士謂出兵不易虜未足爲患竟不從之後虜果大縱逸涼州覆沒朝廷深悔焉以憙清素貧儉賜絹百匹及齊王攸出鎮憙上疏諫爭辭甚懇切憙自歷仕雖清非異衆而家無儲積親舊故人乃至分衣共食未嘗私以王官及卒追贈太保諡曰成子贊嗣少子儉字仲約歷左積弩將軍屯騎校尉儉子弘字世彥少有清節永嘉中歷給事黃門侍郎散騎常侍

劉寔字子真平原高唐人也漢濟北惠王壽之後也父廣斥丘令寔少貧苦賣牛衣以自給然好學手約繩口誦書傳通古今清身絜已行無瑕玷郡察孝廉州舉秀才皆不行以計吏入洛調為河南尹丞遷尚書郎廷尉正後歷吏部郎參文帝相國軍事封循陽子鍾會鄧艾之伐蜀也有客問寔曰二將其平蜀乎寔曰破蜀必矣而皆不還客問其故笑而不荅竟如其言寔之先見多此類也以世多進趣廉遜道缺乃著崇讓論以矯之其辭曰古之聖王之化天下所以貴讓者欲以出賢才息爭競也夫人情莫不皆欲已之賢也故勸令讓賢以自明賢也豈假讓不賢哉故讓道興賢能之人不求而自出矣至公之舉自立矣百官之副亦豫具矣一官缺擇眾官所讓最多者而用之審之道也在朝之士相讓於上草廬之人咸皆化之推能讓賢之風從此生矣為一國所讓則一國士也天下所共推則天下士也推讓之風行則賢與不肖灼然殊矣此道之行在上者無所用其心因成清議隨之而已故曰蕩蕩乎堯之為君莫之能名言天下自安矣不見堯所以化之故不能名也又

曰舜禹之有天下而不與焉無為而化者其舜也歟賢人相讓於朝大才之人恒在大官小人不爭於野天下無事矣以賢才化無事至道興矣已仰其成復何與焉故可以歌南風之詩彈五弦之琴也成此功者非有他崇讓之所致耳孔子曰能以禮讓為國則不難也在朝之人不務相讓久矣天下化之自魏代以來登進辟命之士及在職之吏臨見受敘雖自辭不能終莫肯讓有勝已者夫推讓之風息爭競之心生孔子曰上興讓則下不爭明讓不興下必爭也推讓之道興則賢能之人日見推舉爭競之心生則賢能之人日見謗毀夫爭者之欲自先甚惡能者之先不能無毀也故孔墨不能免世之謗已況不及孔墨者乎議者僉然言世少高名之才朝廷不有大才之人可以為大官者山澤人小官吏亦復云朝廷之士雖有大官名德皆不及往時人也余以為此二言皆失之矣非時獨乏賢也時不貴讓一人有先眾之譽毀必隨之名不得成使之然也雖令稷契復存亦不復能全其名矣能否渾雜優劣不分士無素定之價官職有缺主選之吏不知所用但案

官次而舉之同才之人先用者非勢家之子則必為有勢者之所念也非能獨賢因其先用之資而復遷之無已遷之無已不勝其任之病發矣觀在官之人政績無聞自非勢家之子率多因資次而進也向令天下貴讓士必由於見讓而後名成名成而官乃得用之諸名行不立之人在官無政績之稱讓之者必矣官無因得而用之也所以見用不息者由讓道廢因資用人之有失久矣故自漢魏以來時開大舉令眾官各舉所知唯才所任不限階次如此者甚數矣其所舉必有當者不聞時有擢用不知何誰最賢故也所舉必有不當而罪不加不知何誰最不肖也所以不可得知由當時之人莫肯相推賢愚之名不別令其如此舉者知在上者察不能審故敢漫舉而進之或舉所賢因及所念一頓而至人數猥多各言所舉者賢加之高狀相似如一難得而分矣參錯相亂真偽同貫更復由此而甚雖舉者不能盡忠之罪亦由上開聽察之路濫令其爾也昔齊王好聽竽聲必令三百人合吹而後聽之廩以數人之俸南郭先生不知吹竽者也以三百人合吹可以容其不

知因請為王吹竽虛食數人之俸嗣王覺而改之難彰先王之過乃下令曰吾之好聞竽聲有甚於先王欲一一列而聽之先生於此逃矣推賢之風不立濫舉之法不改則南郭先生之徒盈於朝矣才高守道之士日退馳走有勢之門日多矣雖國有典刑弗能禁矣夫讓道不興之弊非徒賢人在下位不得時進也國之良臣荷重任者亦將以漸受罪退矣何以知其然也孔子以為顏氏之子不貳過耳明非聖人皆有過寵貴之地欲之者多矣惡賢能者塞其路過而毀之者亦多矣夫謗毀之生非徒空設必因人之微過而甚之者也毀謗之言數聞在上者雖欲弗納不能不杖所聞因事之來而微察之也無以其驗至矣得其驗安得不理其罪若知而縱之王之威日衰令之不行自此始矣知而皆理之受罪退者稍多大臣有不自固之心夫賢才不進貴臣日疎此有國者之深憂也詩曰受祿不讓至于已斯亡不讓之人憂亡不暇而望其益國朝不亦難乎竊以為改此俗甚易耳何以知之夫一時在官之人雖雜有凡猥之才其中賢明者亦多矣豈可謂皆不知讓賢為貴邪直

以其時皆不讓習以成俗故遂不爲耳人臣初除皆通表上聞名之謝章所由來尚矣原謝章之本意欲進賢能以謝國恩也昔舜以禹爲司空禹拜稽首讓于稷契及咎繇使益爲虞官讓于朱虎熊羆使伯夷典三禮讓于夔龍唐虞之時衆官初除莫不皆讓也謝章之義蓋取於此書記之者欲以永世作則季世所用不賢不能讓賢虚謝見用之恩而已相承不變習俗之失也夫敘用之官得通章表者其讓賢推能乃通其不能有所讓徒費簡紙者皆絶不通人臣初除各思推賢能而讓之矣讓之文付主者掌之三司有缺擇三司所讓最多者而用之此爲一公缺三公已豫選之矣且主選之吏不必任公而選三公不如令三公自共選一公爲詳也四征缺擇四征所讓最多者而用之此爲一征缺四征已豫選之矣必詳於停缺而令主者選四征也尚書缺擇尚書所讓最多者而用之此爲八尚書共選一尚書詳於臨缺令主者選八尚書也郡守缺擇衆郡所讓最多者而用之詳於任主者令選百郡守也夫以衆官百郡之讓與主者共相比不可同歲而論也雖復令三府參舉官本不委以舉選之任各不能以根其心也其所用心者裁之不二三但令主者案官次而舉之不用精也賢愚皆讓百姓耳目盡爲國耳目夫人情爭則欲毀已所不知讓則競推於勝己故世爭則毀譽交錯優劣不分難得而讓也時讓則賢智顯出能否之美歷歷相次不可得而亂也當此時也能退身脩已者讓之者多矣雖欲守貧賤不可得也馳騖進趣而欲人見讓猶却行而求前也夫如此愚智咸知進身求通非脩之於己則無由矣游外求者於此相隨而歸矣浮聲虚論不禁而自息矣人無所用其心任衆人之議而天下自化矣不言之化行巍巍之美於此著矣讓可以致此豈可不務之哉春秋傳曰范宣子之讓其下皆讓欒黶雖汰弗敢違也晉國以平數世賴之上世之化也君子尚能而讓其下小人力農以事其上上下有禮讒慝遠黜由不爭也及其亂也國家之弊恒必由之篤論了了如此在朝君子典選大官能不以人廢言舉而行之各以讓賢舉能爲先務則羣才猥出能否殊別蓋世之功莫大於此泰始初進爵爲伯累遷少府咸寧中爲太常轉尚書

晉列傳十一　六

杜預之伐吴也寔以本官行鎮南軍司初寔妻盧氏生子躋而卒華氏將以女妻之寔弟智諫曰華家類貪必破門戸辭之不得竟婚華氏而生子夏寔竟坐夏受賂免官頃之爲大司農又以夏罪免寔每還州里鄉人載酒肉以候之寔難逆其意輒共啖而返其餘或謂寔曰君行高一世而諸子不能遵何不旦夕切磋使知過而自改邪寔曰吾之所行是所聞見不相祖習豈復教誨之所得乎世以寔言爲當後起爲國子祭酒散騎常侍愍懷太子初封廣陵王高選師友以寔爲師元康初進爵爲侯累遷太子太保加侍中特進右光禄大夫開府儀同三司領冀州都督九年策拜司空遷太保轉太傅太安初寔以老病遜位賜安車駟馬錢百萬以侯就第及長沙成都之相攻也寔爲軍人所掠潛歸鄉里惠帝崩寔赴山陵懷帝即位復授太尉寔自陳年老固辭不許左丞劉坦上言曰夫堂高級遠主尊相貴是以古之哲王莫不師其元臣崇養老之教訓示四海使少長有禮七十致仕亦所以優異舊德厲廉高之風太尉寔體清素之操執不渝之槩懸車告老二十餘年浩然之志老而彌篤可謂國之碩老邦之宗模臣聞老者不以筋力爲禮寔年踰九十命在日制遂自扶輿冒險而至展哀山陵致敬闕庭大臣之節備矣聖詔殷勤必使寔正位上台光飪鼎實斷章敦喻經涉二年而寔頻上露板辭旨懇誠臣以爲古之養老以不事爲優不以吏之爲重謂宜聽寔所守三年詔曰昔虞任五臣致垂拱之化漢相蕭何興寧一之譽故能光隆於當時垂裕于百代朕紹天明命臨御萬邦所以崇顯政道者亦賴之於元臣庶尹畢力股肱以副至望而君年耆告老確然難違今聽君以侯就第位居三司之上秩禄準舊賜几杖不朝及宅一區國之大政將就諮于君副朕意焉歲餘薨時年九十一謚曰元寔少貧窶杖策徒行每所憩止不累主人薪水之事皆自營給及位望通顯每崇儉素不尚華麗嘗詣石崇家如廁見有絳紋帳裀褥甚麗兩婢持香囊寔便退笑謂崇曰誤入卿内崇曰是廁耳寔曰貧士未嘗得此乃更如他廁雖處榮寵居無第宅所得俸禄贍卹親故雖禮教陵遲而行己以正喪妻爲廬杖之制終喪不御内輕薄者笑之寔不以介意自少及老

晉列傳十一　七

篤學不倦雖居職務卷弗離手尤精三傳辨正公羊以爲衞輒不應辭
以王父命祭仲失爲臣之節舉此二端以明臣子之體遂行於世又撰
春秋條例二十卷有二子躋夏躋字景雲官至散騎常侍夏以貪汙棄
放於世
弟智字子房貞素有兄風少貧窶每負薪自給讀誦不輟竟以儒行稱
歷中書黃門吏部郎出爲潁川太守平原管輅嘗謂人曰吾與劉潁川
兄弟語使人神思清發昏不暇寐自此之外殆白日欲寢矣入爲秘書
監領南陽王師加散騎常侍遷侍中尚書太常著喪服釋疑論多所辨
明太康末卒謚曰成
高光字宣茂陳留圉城人魏太尉柔之子也光少習家業明練刑理初
以太子舍人累遷尚書郎出爲幽州刺史潁川太守是時武帝置黃沙
獄以典詔囚以光歷世明法用爲黃沙御史秩與中丞同遷廷尉元康
中拜尚書典三公曹時趙王倫篡逆光於其際守道全貞及倫賜死齊
王冏輔政復以光爲廷尉遷尚書加奉車都尉從駕討成都王穎有

勳封延陵縣公邑千八百戶于時朝廷咸推光明於用法故頻典理官
惠帝爲張方所逼幸長安朝臣奔散莫有從者光獨侍帝而西遷尚書
左僕射加散騎常侍光兄誕爲上官巳等所用歷徐雍二州刺史誕性
任放無倫次而決烈過人與光異操常謂光小節恒輕侮之光事誕愈
謹帝既還洛陽時太弟新立重選傳訓以光爲少傅加光祿大夫常侍
如故及懷帝即位加光祿大夫金章紫綬與傅祗並見推崇尋爲尚書
令本官如故以疾卒贈司空侍中屬京洛傾覆竟未加謚子韜字子遠
放佚無檢光爲廷尉時韜受貨賕有司奏案之而光不知時人雖非光
不能防閑其子以其用心有素不以爲累初光詣長安留臺以韜兼右
衞將軍韜與殿省小人交通及光卒仍於喪中往來不絕時東海王越
輔政不朝覲韜知人心有望密與太傅參軍姜贖京兆杜概等謀討越
事泄伏誅
史臣曰下士競而文中庸靜而質不若進不足而退有餘也魏舒劉寔
發慮精華結綬登槐覽止成務李和切問近對當官正色詩云貪人敗
類豈劉夏之謂歟
贊曰舒言不矜寔意對千乘子貞宣茂雅志難陵進忠能舉退讓攸興
皎皎瑚器來光玉繩

列傳第十一　　晉書四十一

王渾 子濟　王濬　唐彬

王渾字玄沖太原晉陽人也父昶魏司空渾沈雅有器量襲父爵京陵侯辟大將軍曹爽掾爽誅隨例免起爲懷令參文帝安東軍事累遷散騎黃門侍郎散騎常侍咸熙中爲越騎校尉武帝受禪加揚烈將軍遷徐州刺史時年荒歲饑渾開倉振贍百姓賴之泰始初增封邑千八百戶久之遷東中郎將督淮北諸軍事鎮許昌數陳損益多見納用轉征虜將軍監豫州諸軍事假節領豫州刺史渾與吳接境宣布威信前後降附甚多吳將薛瑩魯淑衆號十万淑向弋陽瑩向新息時州兵並放休息衆裁一旅浮淮潜濟出其不意瑩等不虞晉師之至渾擊破之以功封次子尚爲關內侯遷安東將軍都督揚州諸軍事鎮壽春吳人大佃晥城圖爲邊害渾遣揚州刺史應綽督淮南諸軍攻破之并破諸別屯焚其積穀百八十餘万斛稻苗四千餘頃船六百餘艘渾遂陳兵東疆視其地形險易歷觀敵城察攻取之勢及大舉伐吳渾率師出橫江遣參軍陳慎都尉張喬攻尋陽瀨鄉又擊吳牙門將孔忠皆破之獲吳將周興等五人又遣殄吳護軍李純據高望城討吳將俞恭破之多所斬獲吳厲武將軍陳代平虜將軍朱明懼而來降吳丞相張悌大將軍孫震等率衆數万指城陽渾遣司馬孫疇揚州刺史周浚擊破之臨陣斬二將及首虜七千八百級吳人大震孫皓司徒何植建威將軍孫晏送印節詣渾降既而王濬破石頭降孫皓威名益振明日渾始濟江登建鄴宮釃酒高會自以先據江上破皓中軍案甲不進致在王濬之後意甚愧恨有不平之色頻奏濬罪狀時人譏之帝下詔曰使持節都督揚州諸軍事安東將軍京陵侯王渾督率所統遂逼秣陵令賊孫皓救死自衛不得分兵上赴以成西軍之功又摧大敵獲張悌使皓塗窮勢盡面縛乞降遂平定秣陵功勳茂著其增封八千戶進爵爲公封子澄爲亭侯弟湛爲關內侯賜絹八千匹轉征東大將軍復鎮壽陽渾不尚刑名處斷明允時吳人新附頗懷畏懼渾撫循羇旅虛懷綏納座无空席門不停賓於是江東之士莫不悅附徵拜尚書左僕射加散騎常侍

會朝臣立議齊王攸當之藩渾上書諫曰伏承聖詔憲章古典進齊王攸爲上公崇其禮儀遣攸之國昔周氏建国大封諸姬以藩帝室永世作憲至於公旦武王之弟左右王事輔濟大業不使歸藩明至親義著不可遠朝故也是故周公得以聖德光弼幼主忠誠著於金縢光述文武仁聖之德攸於大晉姬旦之親也宜贊皇朝與聞政事實爲陛下腹心不貳之臣且攸爲人脩絜義信加以懿親志存忠貞今陛下出攸之國假以都督虛號而无典戎幹方之實去離天朝不預王政傷母弟至親之體虧友于款篤之義懼非陛下追述先帝文明太后待攸之宿意也若以攸望重於事宜出者今以汝南王亮代攸亮宣皇帝子文皇帝弟伷駿各處方任有內外之資論以後慮亦不爲輕攸今之国適足長異同之論以損仁慈之美耳而令天下窺陛下有不崇親親之情臣竊爲陛下不取也若以妃后外親任以朝政則有王氏傾漢之權呂產專朝之禍若以同姓至親則有吳楚七國逆亂之殃歷觀古今苟事輕重所在无不爲害也不可事事曲設疑防慮方來之患者也唯當任正道而求忠良若以智計猜物雖親見疑至於疏遠者亦何能自保乎人懷危懼非爲安之理此最有国有家者之深忌也愚以爲太子太保缺宜留攸居之與太尉汝南王亮衛將軍楊珧共爲保傅幹理朝事三人齊位足相持正進有輔納廣義之益退无偏重相傾之勢令陛下有篤親親之恩使攸蒙仁覆之惠臣同国休戚義在盡言心之所見不能默已私慕魯女存国之志敢陳愚見觸犯天威欲陛下事每盡善冀万分之助臣而不言誰當言者帝不納太熙初遷司徒惠帝即位加侍中又京陵置士官如雕陵比及誅楊駿崇重舊臣乃加渾兵渾以司徒文官主吏不持兵持兵乃吏屬絳衣自以偶因時寵權得持兵非是舊典皆令皁服論者美其謙而識體楚王瑋將害汝南王亮等也公孫宏說瑋曰昔宣帝廢曹爽引太尉蔣濟參乘以增威重大王今舉非常事宜得宿望鎮厭衆心司徒王渾宿有威名爲三軍所信服可請同乘使物情有憑恃也瑋從之渾辭疾歸第以家兵千餘人閉門距瑋瑋不敢逼俄而瑋以矯詔伏誅渾乃率兵赴宮帝嘗訪渾元會問郡国計吏方俗之宜渾

宴白陛下欽明聖哲光于遠近明詔冲虛詢及芻蕘斯乃周文疇咨之求仲尼不恥下問也舊三朝元會前計吏詣軒下侍中讀詔計吏跪受臣以詔文相承已久無他新聲非陛下留心方國之意也可令中書指宣明詔問方土異同賢才秀異風俗好尚農桑本務刑獄得無寃濫守長得無侵虐其勤心政化興利除害者授以紙筆盡意陳聞以明聖指垂心四遠不復因循常辭且察其荅對文義以觀計吏人才之實又先帝時正會後東堂見征鎮長史司馬諸王國卿諸州別駕今若不能別見可前詣軒下使侍中宣問以審察方國於事為便帝然之又詔渾錄尚書事渾所歷之職前後著稱及居台輔聲望日減元康七年薨時年七十五謚曰元長子尚早亡次子濟嗣

濟字武子少有逸才風姿英爽氣蓋一時好弓馬勇力絕人善易及莊老文詞俊茂伎藝過人有名當世與姊夫和嶠及裴楷齊名尚常山公主年二十起家拜中書郎以母憂去官起為驍騎將軍累遷侍中與侍中孔恂王恂楊濟同列為一時秀彥武帝常會公卿藩牧於式乾殿顧

濟恂而謂諸公曰朕左右可謂恂恂濟濟矣每侍見未嘗不諮論人物及萬機得失濟善於清言脩飾辭令諷議將順朝臣莫能尚焉帝益親貴之仕進雖速論者不以主壻之故咸謂才能致之然外雖弘雅而內多忌刻好以言傷物儕類以此少之以其父之故每排王濬時議譏焉齊王攸當之藩濟既陳請又累使公主與甄德妻長廣公主俱入稽顙泣請帝留攸帝怒謂侍中王戎曰兄弟至親今出齊王自是朕家事而甄德王濟連遣婦來生哭人以忤旨左遷國子祭酒常侍如故數年入為侍中時渾為僕射主者處事或不當濟性峻厲明法繩之素與從兄佑不平佑黨頗謂濟不能顧其父由是長同異之言出為河南尹未拜坐鞭王官吏免官而王佑始見委任而濟遂被斥外於是乃移第北芒山下性豪侈麗服玉食時洛京地甚貴濟買地為馬埒編錢滿之時人謂為金溝王愷以帝舅奢豪有牛名八百里駁常瑩其蹄角濟請以錢千万与牛對射而賭之愷亦自恃其能令濟先射一發破的因據胡牀叱左右速探牛心來須臾而至一割便去和嶠性至儉家有好李帝求之不過數十濟候其上直率少年詣園共啖畢伐樹而去帝嘗幸其宅供饌甚豐悉貯琉璃器中蒸肫甚美帝問其故荅曰以人乳蒸之帝色甚不平食未畢而去濟善解馬性嘗乘一馬著連乾鄣泥前有水終不肯渡濟云此必是惜鄣泥使人解去便渡故杜預謂濟有馬癖帝嘗謂和嶠曰我將罵濟而後官爵之何如嶠曰濟俊爽恐不可屈帝因召濟切讓之既而曰知愧不濟荅曰尺布斗粟之謠常為陛下恥之他人能令親疏臣不能使親親以此愧陛下耳帝默然帝嘗與濟奕棊而孫晧在側謂晧曰何以好剝人面皮晧曰見無禮於君者則剝之濟時伸腳局下而晧譏焉尋使白衣領太僕年四十六先渾卒追贈驃騎將軍及其將葬時賢無不畢至孫楚雅敬濟而後來哭之甚悲賓客莫不垂涕哭畢向靈牀曰卿常好我作驢鳴我為卿作之體似聲眞賓客皆笑楚顧曰諸君不死而令王濟死乎初濟尚主主兩目失明而妬忌尤甚然終無子有庶子二人卓字文宣嗣渾爵拜給事中次聿字茂宣襲公主封敏陽侯濟二弟澄字道深汶字茂深皆辯惠有才藻並歷清顯

王濬字士治弘農湖人也家世二千石濬博涉墳典美姿貌不脩名行不為鄉曲所稱晚乃變節疏通亮達恢廓有大志嘗起宅開門前路廣數十步人或謂之何太過濬曰吾欲使容長戟幡旗眾咸笑之濬曰陳勝有言燕雀安知鴻鵠之志州郡辟河東從事守令有不廉潔者皆望風自引而去刺史燕國徐邈有女才淑擇夫未嫁邈乃大會佐吏令女於內觀之女指濬告母邈遂妻之後參征南軍事羊祜深知待之祜兄子暨白祜濬為人志大奢侈不節不可專任宜有以裁之祜曰濬有大才將欲濟其所欲必可用也轉車騎從事中郎識者謂祜可謂能舉善焉除巴郡太守郡邊吳境兵士苦役生男多不養濬乃嚴其科條寬其傜課其產育者皆與休復所全活者數千人轉廣漢太守垂惠布政百姓賴之濬夜夢懸三刀於其卧屋梁上須臾又益一刀濬驚覺意甚惡之主簿李毅再拜賀曰三刀為州字又益一者明府其臨益州乎及賊張弘殺益州刺史皇甫晏果遷濬為益州刺史濬設方略悉誅弘等以勳封關內侯懷輯殊俗待以威信蠻夷徼外多來歸降徵拜右衛將軍

除大司農車騎將軍羊祜雅知濬有奇略乃密表留濬於是重拜益州刺史武帝謀伐吳詔濬脩舟艦濬乃作大船連舫方百二十步受二千餘人以木爲城起樓櫓開四出門其上皆得馳馬來往又畫鷁首怪獸於船首以懼江神舟楫之盛自古未有濬造船於蜀其木柹蔽江而下吳建平太守吾彥取流柹以呈孫晧曰晉必有攻吳之計宜增建平兵建平不下終不敢渡晧不從尋以謠言拜濬爲龍驤將軍監梁益諸軍事語在羊祜傳時朝議咸諫伐吳濬乃上疏曰臣數參訪吳楚同異孫晧荒淫凶逆荊揚賢愚無不嗟怨且觀時運宜速征伐若今不伐天變難預令晧卒死更立賢主文武各得其所則強敵也臣作船七年日有朽敗又臣年已七十死亡無日三者一乖則難圖也誠願陛下無失事機帝深納焉賈充荀勗陳諫以爲不可唯張華固勸又杜預表請帝乃發詔分命諸方節度濬於是統兵先在巴郡之所全育者皆堪徭役供軍其父母戒之曰王府君生爾爾必勉之無愛死也太康元年正月濬發自成都率巴東監軍廣武將軍唐彬攻吳丹陽克之禽其丹陽監盛

紀吳人於江險磧要害之處並以鐵鎖橫截之又作鐵錐長丈餘暗置江中以逆距船先是羊祜獲吳間諜具知情狀濬乃作大筏數十亦方百餘步縛草爲人被甲持杖令善水者以筏先行筏遇鐵錐錐輒著筏去又作火炬長十餘丈大數十圍灌以麻油在船前遇鎖燃炬燒之須臾融液斷絕於是船無所礙二月庚申克吳西陵獲其鎮南將軍留憲征南將軍成據宜都太守虞忠壬戌克荊門夷道二城獲監軍陸晏乙丑克樂鄉獲水軍督陸景平西將軍施洪等來降乙亥詔進濬爲平東將軍假節都督益梁諸軍事濬自發蜀兵不血刃攻無堅城夏口武昌無相支抗於是順流鼓棹徑造三山晧遣游擊將軍張象率舟軍萬人禦濬象軍望旗而降晧聞濬軍旌旗器甲屬天滿江威勢甚盛莫不破膽用光祿勳薛瑩中書令胡沖計送降文於濬曰吳郡孫晧叩頭死罪昔漢室失御九州幅裂先人因時略有江南遂阻山河與魏乖隔大晉龍興德覆四海闇劣偷安未喻天命至於今者猥煩六軍衡蓋露次遠臨江渚舉國震惶假息漏刻敢緣天朝含弘光大謹遣私署太常張夔

等奉所佩璽綬委質請命壬寅濬入于石頭晧乃備亡國之禮素車白馬肉袒面縛銜璧牽羊大夫衰服士輿櫬率其僞太子瑾瑾弟魯王虔等二十一人造于壘門濬躬解其縛受璧焚櫬送于京師收其圖籍封其府庫無私焉帝遣使者犒濬軍初詔書使濬下建平受杜預節度至秣陵受王渾節度預至江陵謂諸將帥曰若濬得下建平則順流長驅威名已著不宜令受制於我若不能克則無緣得施節度濬至西陵預與之書曰足下既摧其西藩便當徑取秣陵討累世之逋寇釋吳人於塗炭自江入淮逾于泗汴泝河而上振旅還都亦曠世一事也濬大悅表呈預書及濬將至秣陵王渾遣信要令暫過論事濬舉帆直指報曰風利不得泊也王渾久破晧中軍斬張悌等頓兵不敢進而濬乘勝納降渾恥而且忿乃表濬違詔不受節度誣罪狀之有司遂案濬檻車徵帝弗許詔讓濬曰伐國事重宜令有一前詔使將軍受安東將軍渾節度渾思謀深重案甲以待將軍云何徑前不從渾命違制昧利甚失大義將軍功勳簡在朕心當率由詔書崇成王法而於事終恃功肆意朕

將何以令天下濬上書自理曰臣前被庚戌詔書曰軍人乘勝猛氣益壯便當順流長鶩直造秣陵臣被詔之日即便東下又前被詔書云太尉賈充總統諸方自鎮東大將軍伷及渾濬彬等皆受充節度無令臣別受渾節度之文臣自達巴丘所向風靡知孫晧窮踧勢無所至十四日至牛渚去秣陵二百里宿設部分爲攻取節度前至三山見渾軍在北岸遣書與臣可暫來過共有所議亦不語臣當受節度之意臣水軍風發乘勢造賊城加宿設部分行有次第無緣得於長流之中迴船過渾令首尾斷絕須臾之間晧遣使歸命臣即報渾書并寫晧牋具以示渾使速來當於石頭相待軍以日中至秣陵暮乃被渾所下當受節度之符欲令臣明十六日悉將所領還圍石頭備晧越逸又索蜀兵及鎮南諸軍人名定見臣以爲晧已來首都亭無緣共合空圍又兵人定見不可倉卒皆非當今之急不可承用中詔謂臣忽棄明制專擅自由伏讀嚴詔驚怖悚慄不知軀命當所投厝豈唯老臣獨懷戰灼三軍上下咸盡喪氣臣受國恩任重事大常恐託付不效孤負聖朝故投身死地

轉戰萬里被蒙寬恕之恩得從臨履之宜是以憑賴威靈幸而能濟皆是陛下神策妙算臣承指授效鷹犬之用耳有何勳勞而恃功肆意寧敢昧利而違聖詔臣以十五日至秣陵而詔書以十二日起洛陽其間懸闊不相赴接則臣之罪責宜蒙察恕假令孫晧猶有螳蜋舉斧之勢而臣輕軍單入有所虧喪罪之可也臣所統八萬餘人乘勝席卷晧以衆叛親離無復羽翼匹夫獨坐不能庇其妻子雀鼠貪生苟乞一活耳而江北諸軍不知其虛實不早縛取自爲小誤臣至便得更見怨恚並云守賊百日而令他人得之言語噂𠴲不可聽聞案春秋之義大夫出疆由有專輒臣雖愚惷以爲事君之道唯當竭節盡忠奮不顧命量力受任臨事制宜苟利社稷死生以之若其顧護嫌疑以避咎責此是人臣不忠之利實非明主社稷之福也臣不自料忘其鄙劣披布丹心輸寫肝腦欲竭股肱之力加之以忠貞庶必埽除兇逆清一宇宙願令聖世與唐虞比隆陛下粗察臣之愚款而識其欲自效之誠是以授臣以方牧之任委臣以征討之事雖燕王之信樂毅漢祖之任蕭何無以加

晉列十二　七

焉受恩深重死且不報而以頑疎舉錯失宜陛下弘恩財加切讓惶怖怔營無地自厝願陛下明臣赤心而已渾又騰周浚書云濬軍得吳寶物濬復表曰被戊戌詔書下安東將軍所上揚州刺史周浚書謂臣諸軍得孫晧寶物又謂衙門將李高放火燒晧僞宮輒公文上尚書具列本末又聞渾案陷上臣臣受性愚忠行事舉動信心而前祈於不負神明而已秣陵之事皆如前所表而惡直醜正實繁有徒欲構南箕成此貝錦公於聖世反白爲黑夫佞邪害國自古而然故無極破楚宰嚭滅吳及至石顯傾亂漢朝皆載在典籍爲世作戒昔樂毅伐齊下城七十而卒被讒間脫身出奔樂羊既反謗書滿篋況臣頑疎能免讒慝之口然所望全其首領者實賴陛下聖哲欽明使浸潤之譖不得行焉然臣孤根獨立朝無黨援久棄遐外人道斷絕而結恨彊宗取怨豪族以累卵之身處雷霆之衝繭栗之質當豺狼之路其見吞噬豈抗脣齒夫犯上干主其罪可救乖忤貴臣則禍在不測故朱雲折檻嬰逆鱗之怒慶忌救之成帝不問望之周堪違忤石顯雖闔朝嗟歎而死不旋踵此臣

之所大怖也今渾之支黨姻族內外皆根據磐牙並處世位聞遣人在洛中專共交構盜言孔甘疑惑觀聽夫曾參之不殺人亦以明矣然三人傳之其母投杼今臣之信行未若曾參之著而讒構沸騰非徒三夫之對外內扇助爲二五之應夫猛獸當途麒麟恐懼況臣脆弱敢不悚懼僞吳君臣今皆生在便可驗問以明虛實前僞中郎將孔攄說去二月武昌失守水軍行至晧案行石頭還左右人皆跳刀大呼云要當爲陛下一死戰決之晧意大喜謂必能然便盡出金寶以賜與之小人無狀得便持走晧懼乃圖降首降使適去左右劫奪財物略取妻妾放火燒宮晧逃身竄首恐不脫死臣至遣參軍主者救斷其火耳周浚以十六日前入晧宮臣時遣記室吏往視書籍浚使收縛若有遺寶則浚前得不應移蹤後人欲求苟免也臣前在三山得浚書云晧散寶貨以賜將士府庫略虛而今復言金銀篋笥動有萬計疑臣軍得之言語反覆無復本末臣復與軍司張牧汝南相馮𬘡等共入觀晧宮乃無席可坐後日又與牧等共視晧舟船渾又先臣一日上其船船上之物皆渾所知

晉列十二　八

見臣之案行皆出其後若有寶貨渾應得之又臣將軍素嚴兵人不得妄離部陣間在秣陵諸軍凡二十萬衆臣軍先至爲土地之主百姓之心皆歸仰臣臣切敕所領秋毫不犯諸有市易皆有伍任證左明從券契有違犯者凡斬十三人皆吳人所知也餘軍縱橫詐稱臣軍而臣軍類皆蜀人幸以此自別耳豈獨浚之將士皆是夷齊而臣諸軍悉聚盜跖邪時有八百餘人緣石頭城劫取布帛臣衙門將軍馬潛即收得二十餘人并疏其督將姓名移以付浚使得自科結而寂無反報疑皆縱遣絕其端緒也又聞吳人言前張悌戰時所殺財有二千人而渾浚露布言以萬計以吳剛子爲主簿而遣剛至洛欲令剛增斬級之數可具問孫晧及其諸臣則知其定審若信如所聞浚等虛詐尚欺陛下豈惜於臣云臣屯聚蜀人不時送晧欲反狀又恐動吳人言臣皆當誅殺取其妻子冀其作亂得騁私忿謀反大逆尚以見加其餘謗𠴲故其宜耳渾案臣瓶罌小器蒙國厚恩頻繁擢敘遂過其任渾此言最信內省慙懼今年平吳誠爲大慶於臣之身更受咎累既無孟側策馬之好而令

濟濟之朝有讜邪之人虧穆穆之風損皇代之美由臣頑踈使致於此拜表流汗言不識次濬至京都有司奏濬表既不列前後所被七詔月日又赦後違詔不受渾節度大不敬付廷尉科罪詔曰濬前受詔徑造秣陵後乃下受渾節度詔書稽留所下不至便令與不受詔同責未爲經通濬不即表上被渾宣詔此可責也濬有征伐之勞不足以一眚掩之有司又奏濬赦後燒賊船百三十五艘輒敕付廷尉禁推詔曰勿推拜濬輔國大將軍領步兵校尉舊校唯五置此營自濬始也有司又奏輔國依比未爲達官不置司馬不給官騎詔依征鎮給五百大車增兵五百人爲輔國營給親騎百人官騎十人置司馬封爲襄陽縣侯邑萬戶封子彝楊鄉亭侯邑千五百戶賜絹萬匹又賜衣一襲錢三十萬及食物濬自以功大而爲渾父子及豪強所抑屢爲有司所奏每進見陳其攻伐之勞及見枉之狀或不勝忿憤徑出不辭帝每容恕之益州護軍范通濬之外親也謂濬曰卿功則美矣然恨所以居美者未盡善也濬曰何謂也通曰卿旋旆之日角巾私第口不言平吳

晉列十二　九

之事若有問者輒曰聖主之德羣帥之力老夫何力之有焉如斯顔老之不伐龔遂之雅對將何以過之藺生所以屈廉頗王渾能無愧乎濬曰吾始懼鄧艾之事畏禍及不得無言未不能遣諸胷中是吾褊也時人咸以濬功重報輕博士秦秀太子洗馬孟康前溫令李密等並表訟濬之屈帝乃遷濬鎮軍大將軍加散騎常侍領後軍將軍王渾詣濬濬嚴設備衛然後見之其相猜防如此濬平吳之後以勳高位重不復素業自居乃玉食錦服縱奢侈以自逸其有辟引多是蜀人示不遺故舊也後又轉濬撫軍大將軍開府儀同三司加特進散騎常侍後軍將軍如故太康六年卒時年八十謚曰武葬柏谷山大營塋域葬垣周四十五里面別開一門松柏茂盛子矩嗣矩弟暢散騎郎暢子粹太康十年武帝詔粹尚潁川公主仕至魏郡太守濬有二孫過江不見齒錄安西將軍桓溫鎮江陵表言之曰臣聞崇德賞功爲政之所先興滅繼絕百王之所務故德參時雍則奕世承祀功烈一代則永錫祚胤案故撫軍王濬歷職內外任兼文武料敵制勝明勇獨斷義存社稷之利不顧專輒之罪荷戈長騖席卷萬里僭號之吳面縛象魏今皇澤被於九州玄風洽於區外襄陽之封廢而莫續恩寵之號墜於近嗣遐邇酸懷臣竊悼之濬今有二孫年出六十室如懸磬餬口江濵四節蒸嘗菜羹不給昔漢高定業求樂毅之嗣世祖旌賢建葛亮之胤夫效忠異代立功異國尚通天下之善使不泯棄況濬建元勳於當年著嘉慶於身後靈基託根於南垂皇祚中興於江左舊物克彰神器重耀豈不由伊人之功力也哉誠宜加恩少垂矜憫追錄舊勳纂錫茅土則聖朝之恩宣暢於上忠臣之志不墜于地矣卒不見省

唐彬字儒宗魯國鄒人也父臺太山太守彬有經國大度而不拘行檢少便弓馬好游獵身長八尺走及奔鹿強力兼人晚乃敦悅經史尤明易經隨師受業還家教授恒數百人初爲郡門下掾轉主簿刺史王沈集諸參佐盛論距吳之策以問九郡吏彬與譙郡主簿張惲俱陳吳有可兼之勢沈善其對又使彬難言吳未可伐者而辭理皆屈還遷功曹舉孝廉州辟主簿累遷別駕彬忠肅公亮盡規匡救不顯諫以自彰又

晉列十二　十

奉使詣相府計事于時僚佐皆當世英彥見彬莫不欽悅稱之於文帝薦爲掾屬帝以問其參軍孔顥顥忌其能良久不荅陳騫在坐斂板而稱曰彬之爲人勝騫甚遠帝笑曰但能如卿固未易得何論於勝因辟彬爲鎧曹屬帝問曰卿何以致辟對曰脩業陋巷觀古人之遺迹言滿天下無口過行滿天下無怨惡帝顧四坐曰名不虛行他日謂孔顥曰近見唐彬卿受蔽賢之責矣初鄧艾之誅也文帝以艾久在隴右素得士心一旦夷滅恐邊情搔動使彬密察之彬還白帝曰鄧艾忌克詭狹矜能負才順從者謂爲見事直言者謂之觸迕雖長史司馬參佐牙門荅對失指輒見罵辱處身無禮大失人心又好施行事役數勞衆力隴右甚患苦之喜聞其禍不肯爲用今諸軍已至足以鎮壓外內願無以爲慮俄除尚書水部郎泰始初賜爵關內侯出補鄴令彬道德齊禮朞月化成遷弋陽太守明設禁防百姓安之以母喪去官益州東接吳寇監軍位缺朝議用武陵太守楊宗及彬武帝以問散騎常侍文立立曰宗彬俱不可失然彬多財欲而宗好酒惟陛下裁之帝曰財欲可足酒

者難改遂用彬尋又詔彬監巴東諸軍事加廣武將軍上征吳之策甚
合帝意後與王濬共伐吳彬屯據衝要爲衆軍前驅每設疑兵應機制
勝陷西陵樂鄉多所擒獲自巴陵沔口以東諸賊所聚莫不震懼倒戈
肉袒彬知賊寇已殄孫晧將降未至建鄴二百里稱疾遲留以示不競
果有先到者爭物後到者爭功于時有識莫不高彬此舉吳平詔曰廣
武將軍唐彬受任方隅東禦吳寇南臨蠻越撫寧疆場有綏禦之績又
每慷慨志在立功頃者征討扶疾奉命首啓戎行獻俘授馘動效顯著
其以彬爲右將軍都督巴東諸軍事徵拜翊軍校尉改封上庸縣侯食
邑六千戶賜絹六千匹朝有疑議每參預焉北虜侵掠北平以彬爲使
持節監幽州諸軍事領護烏丸校尉右將軍彬既至鎮訓卒利兵廣農
重稼震威耀武宣喻國命示以恩信於是鮮卑二部大莫廆擿何等並
遣侍子入貢兼修學校誨誘無倦仁惠廣被遂開拓舊境卻地千里復
秦長城塞自溫城洎于碣石緜亙山谷且三千里分軍屯守烽堠相望
由是邊境獲安無犬吠之警自漢魏征鎮莫之比焉鮮卑諸種畏懼遂

殺大莫廆彬欲討之恐列上俟報虜必逃散乃發幽冀車牛參軍許祗
密奏之詔遣御史檻車徵彬付廷尉以事直見釋百姓追慕彬功德生
爲立碑作頌彬初受學於東海閻德門徒甚多獨目彬有廊廟才及彬
官成而德已卒乃爲之立碑元康初拜使持節前將軍領西戎校尉雍
州刺史下教曰此州名都士人林藪處士皇甫申叔嚴舒龍姜茂時梁
子遠等並志節清妙履行高潔踐境望風虛心饑渴思加延致待以不
臣之典幅巾相見論道而已豈以吏職屈染高規郡國備禮發遣以副
於邑之望於是四人皆到彬敬而待之元康四年卒官時年六十謚曰
襄賜絹二百匹錢二十萬長子嗣官至廣陵太守少子岐征虜司馬
史臣曰孫氏負江山之阻隔恃牛斗之妖氛奄有水鄉抗衡上國二王
屬當戎旅受律遄征渾既獻捷橫江濬亦尅清建鄴于時討吳之役將
帥雖多定吳之勞此焉爲最向使弘范父之不伐慕陽夏之推功上禀
廟堂下憑將士豈非楙勳懋德善始善終者歟此而不存彼焉是務或
矜功負氣或恃勢驕陵競構南箕成茲貝錦遂乃喧黷宸扆斁亂彝倫
既爲戒於功臣亦致譏於清論豈不惜哉王濟遂驕父之褊心乖爭子
之明義備材雖多亦奚以爲也唐彬畏避交爭屬疾遲留退讓之風賢
於渾濬遠矣傳云不拘行檢安得長者之行哉
贊曰二王總戎淮海攸同渾既害善濬亦矜功武子豪桀夙參朝列逞
欲牛心紆情馬埒儒宗知退避名全節

列傳第十二　晉書四十二

列傳第十三　晉書四十三　御撰

山濤 子簡 簡子遐　王戎 從弟衍 衍弟澄 郭舒　樂廣

山濤字巨源，河內懷人也。父曜，宛句令。濤早孤，居貧，少有器量，介然不羣。性好莊老，每隱身自晦。與嵇康、呂安善，後遇阮籍，便為竹林之交，著忘言之契。康後坐事，臨誅，謂子紹曰：「巨源在，汝不孤矣。」濤年四十，始為郡主簿、功曹、上計掾。舉孝廉，州辟部河南從事。與石鑒共宿，濤夜起蹴鑒曰：「今為何等時而眠邪！知太傅卧何意？」鑒曰：「宰相三不朝，與尺一令歸第，卿何慮也！」濤曰：「咄！石生無事馬蹄間邪！」投傳而去。未二年，果有曹爽之事，遂隱身不交世務。與宣穆后有中表親，是以見景帝。帝曰：「呂望欲仕邪？」命司隸舉秀才，除郎中。轉驃騎將軍王昶從事中郎。久之，拜趙國相，遷尚書吏部郎。文帝與濤書曰：「足下在事清明，雅操邁時。念多所乏，今致錢二十萬、穀二百斛。」魏帝嘗賜景帝春服，帝以賜濤。又以母老，并贈藜杖一枚。晚與尚書和逌交，又與鍾會、裴秀並申款昵。以二人居勢爭權，濤平心處中，各得其所，而俱無恨焉。遷大將軍從事中郎。鍾會

作亂於蜀，而文帝將西征。時魏氏諸王公並在鄴，帝謂濤曰：「西偏吾自了之，後事深以委卿。」以本官行軍司馬，給親兵五百人，鎮鄴。咸熙初，封新沓子。轉相國左長史，典統別營。時帝以濤鄉閭宿望，命太子拜之。帝以齊王攸繼景帝後，素又重攸，嘗問裴秀曰：「大將軍開建未遂，吾但承奉後事耳。故立攸，將歸功於兄，何如？」秀以為不可，又以問濤。濤對曰：「廢長立少，違禮不祥。國之安危，恒必由之。」太子位於是乃定。太子親拜謝濤。及武帝受禪，以濤守大鴻臚，護送陳留王詣鄴。泰始初，加奉車都尉，進爵新沓伯。及羊祜執政，時人欲危裴秀，濤正色保持之。由是失權臣意，出為冀州刺史，加寧遠將軍。冀州俗薄，無相推轂。濤甄拔隱屈，搜訪賢才，旌命三十餘人，皆顯名當時。人懷慕尚，風俗頗革。轉北中郎將，督鄴城守事。入為侍中，遷尚書。以母老辭職，詔曰：「君雖乃心在於色養，然職有上下，旦夕不廢醫藥，且當割情，以隆在公。」濤心求退，表疏數十上，久乃見聽。除議郎，帝以濤清儉無以供養，特給日契，加賜牀帳茵褥。禮秩崇重，時莫為比。後除太常卿，以疾不就。會遭母喪，歸鄉里。濤年踰耳順，居喪過禮，負土成墳，手植松柏。詔曰：「吾所共致化者，官人之職是也。方今風俗陵遲，人心進動，宜崇明好惡，鎮以退讓。山太常雖尚居諒闇，情在難奪，方今務殷，何得遂其志邪！其以濤為吏部尚書。」濤辭以喪病，章表懇切。會元皇后崩，遂扶輿還洛。逼迫詔命，自力就職。前後選舉，周徧內外，而並得其才。咸寧初，轉太子少傅，加散騎常侍；除尚書僕射，加侍中，領吏部。固辭以老疾，上表陳情。章表數十上，久不攝職，為左丞白褒所奏。帝曰：「濤以病自聞，但不聽之耳。使濤坐執銓衡則可，何必上下邪！不得有所問。」濤不自安，表謝曰：「古之王道，正直而已。陛下不可以一老臣為加曲私，臣亦何心屢塵日月。乞如所表，以章典刑。」帝再手詔曰：「白褒奏君甚妄，所以不即推直，不喜凶赫耳。君之明度，豈當介意邪！便當攝職，令斷章表也。」濤志必欲退，因發從弟婦喪，輒還外舍。詔曰：「山僕射近日暫出，遂以微苦未還，豈吾側席之意。其遣丞掾奉詔喻旨，若體力故未平康者，便以輿車輿還寺舍。」濤辭不獲已，乃起視事。濤再居選職十有餘年，每一官缺，輒啟擬數人，詔旨有所向，然後顯奏，隨帝意所

欲為先。故帝之所用，或非舉首，眾情不察，以濤輕重任意。或譖之於帝，故帝手詔戒濤曰：「夫用人惟才，不遺疏遠單賤，天下便化矣。」而濤行之自若，一年之後眾情乃寢。濤所奏甄拔人物，各為題目，時稱山公啟事。濤中立於朝，晚值后黨專權，不欲任楊氏，多有諷諫，帝雖悟而不能改。後以年衰疾篤，上疏告退曰：「臣年垂八十，救命旦夕，若有毫末之益，豈遺力於聖時，迫以老耄，不復任事。今四海休息，天下思化，從而靜之，百姓自正，但當崇風尚教以敦之耳，陛下亦復何事。臣耳目聾瞑，不能自勵。君臣父子，其間無文，是以直陳愚情，乞聽所請。」乃免冠徒跣，上還印綬。詔曰：「天下事廣，加吳土初平，凡百草創，當共盡意化之。君不深識往心，而以小疾求退，豈所望於君邪！朕猶側席，未得垂拱，君亦何得高尚其事乎！當崇至公，勿復為虛飾之煩。」濤苦表請退，詔又不許。尚書令衛瓘奏：「濤以微苦，久不視職，手詔頻煩，猶未順旨。參議以為無專節之尚，違在公之義。若實沉篤，亦不宜居位。可免濤官。」中詔瓘曰：「濤以德素為朝之望，而常深退讓，至于懇切，故比有詔，欲必奪其志，以匡輔不逮。主

者旣不忠明詔旨而反深加詆案虧崇賢之風以重吾不德何以示遠近邪濤不得已又起視事太康初遷右僕射加光祿大夫侍中掌選如故濤以老疾固辭手詔曰君以道德爲世模表況自先帝識君遠意吾將倚君以穆風俗何乃欲舍遠朝政獨高其志邪吾之至懷故不足以喩乎何來言至懇切也且當以時自力深副至望君不降志朕不安席濤又上表固讓不許吳平之後帝詔天下罷軍役示海內大安州郡悉去兵大郡置武吏百人小郡五十人帝嘗講武于宣武場濤時有疾詔乘步輦從因與盧欽論用兵之本以爲不宜去州郡武備其論甚精于時咸以濤不學孫吳而闇與之合帝稱之曰天下名言也而不能用及永寧之後屢有變難寇賊猋起郡國皆以無備不能制天下遂以大亂如濤言焉後拜司徒濤復固讓詔曰君年耆德茂朝之碩老是以授君台輔之位而遠崇克讓至于反覆良用於邑君當終始朝政翼輔朕躬濤又表曰臣事天朝三十餘年卒無毫釐以崇大化陛下私臣無已猥授三司臣聞德薄位高力少任重上有折足之凶下有廟門之咎願陛下垂累世之恩乞臣骸骨詔曰君翼贊朝政保乂皇家匡佐之勳朕所倚賴司徒之職實掌邦教故用敬授以答羣望豈宜沖讓以自損邪已勑斷章表使者乃卧加章綬濤曰垂沒之人豈可汚官府乎輿疾歸家以太康四年薨時年七十九詔賜東園祕器朝服一具衣一襲錢五十万布百匹以供喪事策贈司徒蜜印紫綬侍中貂蟬新沓伯蜜印青朱綬祭以太牢謚曰康將葬賜錢四十万布百匹左長史范晷等上言濤舊第屋十間子孫不相容帝爲之立室初濤布衣家貧謂妻韓氏曰忍饑寒我後當作三公但不知卿堪公夫人不耳及居榮貴貞愼儉約雖爵同千乘而无嬪媵祿賜俸秩散之親故初陳郡袁毅嘗爲鬲令貪濁而賂遺公卿以求虛譽亦遺濤絲百斤濤不欲異於時受而藏於閣上後毅事露檻車送廷尉凡所受賂皆見推檢濤乃取絲付吏積年塵埃印封如初濤飲酒至八斗方醉帝欲試之乃以酒八斗飲濤而密益其酒濤極本量而止有五子該淳允謨簡

該字伯倫嗣父爵仕至并州刺史太子左率贈長水校尉該子瑋字彦祖翊軍校尉次子世回吏部郎散騎常侍淳字子玄不仕允字叔眞奉車都尉並少尫病形甚短小而聰敏過人武帝聞而欲見之濤不敢辭以問於允允自以尫陋不肯行濤以爲勝已乃表曰臣二子尫病宜絕人事不敢受詔謨字季長明惠有才智官至司空掾

簡字季倫性溫雅有父風年二十餘濤不之知也簡歎曰吾年幾三十而不爲家公所知後與譙國嵇紹沛郡劉謨弘農楊准齊名初爲太子舍人累遷太子庶子黃門郎出爲青州刺史徵拜侍中頃之轉尚書歷鎭軍將軍荆州刺史領南蠻校尉不行復拜尚書光熙初轉吏部尚書永嘉初出爲雍州刺史鎭西將軍徵爲尚書左僕射領吏部簡欲令朝臣各舉所知以廣得才之路上疏曰臣以爲自古興替實在官人苟得其才則無物不理書言知人則哲惟帝難之唐虞之盛元愷登庸周室之隆濟濟多士秦漢已来風雅漸喪至於後漢女君臨朝尊官大位出於阿保斯乱之始也是以郭泰許劭之倫明清議於草野陳蕃李固之徒守忠節於朝廷然後君臣名節古今遺典可得而言自初平之元訖於建安之末三十年中万姓流散死亡略盡斯乱之極也世祖武皇帝應天順人受禪于魏泰始之初躬親万機佐命之臣咸皆率職時黃門侍郎王恂庾純始於太極東堂聽政評尚書奏事多論刑獄不論選舉臣以爲不先所難而辨其所易陛下初臨万國人思盡誠每於聽政之日命公卿大臣先議選舉各言所見後進儁才鄉邑尤異才堪任用者皆以名奏主者隨缺先叙是爵人於朝與衆共之之義也朝廷從之永嘉三年出爲征南將軍都督荆湘交廣四州諸軍事假節鎭襄陽于時四方寇乱天下分崩王威不振朝野危懼簡優游卒歲唯酒是耽諸習氏荆土豪族有佳園池簡每出嬉游多之池上置酒輒醉名之曰高陽池時有童兒歌曰山公出何許往至高陽池日夕倒載歸茗芋無所知時時能騎馬倒著白接離舉鞭向葛彊何如并州兒彊家在并州簡愛將也尋加督寧益軍事時劉聰入寇京師危逼簡遣督護王万率師赴難次于涅陽爲宛城賊王如所破遂嬰城自守及洛陽陷沒簡又爲賊嚴嶷所逼乃遷于夏口招納流亡江漢歸附時華軼以江州作難或

勸簡討之簡曰與彥夏舊交爲之惆悵簡曰豈利人之機以爲功伐乎其篤厚如此時樂府伶人避難多奔沔漢讌會之日寮佐或勸奏之簡曰社稷傾覆不能匡救有晉之罪人也何作樂之有因流涕慷慨坐者咸愧焉年六十卒追贈征南大將軍儀同三司子遐

遐字彥林爲餘姚令時江左初基法禁寬弛豪族多挾藏戶口以爲私附遐繩以峻法到縣八旬出口萬餘縣人虞喜以藏戶當棄市遐欲繩喜諸豪強莫不切齒於遐言於執事以喜有高節不宜屈辱又以遐輒造縣舍遂陷其罪遐與會稽內史何充牋乞留百日窮翦逋逃退而就罪無恨也充申理不能得竟坐免官後爲東陽太守爲政嚴猛康帝詔曰東陽頃來竟囚每多入重豈郡多罪人將捶楚所求莫能自固邪遐處之自若郡境肅然卒於官

史臣曰若夫居官以絜其務將以啓天下之方事親以終其身將以勸天下之俗非山公之具美其孰能與於此者哉自東京喪亂吏曹湮滅西園有三公之錢蒲陶有一州之任貪饕方駕寺署斯滿時移三代世

歷九王拜謝私庭此焉成俗若乃餘風稍殄理或可言委以銓綜則羣情自抑通乎魚水則專用生疑將矯前失歸諸後正惠絕臣名恩馳天口世稱山公啓事者豈斯之謂歟若盧子家之前代何足算也

王戎字濬沖琅邪臨沂人也祖雄幽州刺史父渾涼州刺史貞陵亭侯戎幼而穎悟神彩秀徹視日不眩裴楷見而目之曰戎眼爛爛如巖下電年六七歲於宣武場觀戲猛獸在檻中虓吼震地衆皆奔走戎獨立不動神色自若魏明帝於閣上見而奇之又嘗與羣兒戲於道側見李樹多實等輩競趣之戎獨不往或問其故戎曰樹在道邊而多子必苦李也取之信然阮籍素與渾爲友戎年十五隨渾在郎舍戎少籍二十歲而籍與之交籍每適渾俄頃輒去過視戎良久然後出謂渾曰濬沖清賞非卿倫也共卿言不如共阿戎談及渾卒於涼州故吏賻贈數百萬戎辭而不受由是顯名爲人短小任率不脩威儀善發談端賞其要會朝賢嘗上巳禊洛或問王濟曰昨遊有何言談濟曰張華善說史漢裴頠論前言往行袞袞可聽王戎談子房季札之間超然玄著其爲識鑒者所賞如此戎嘗與阮籍飲時兗州刺史劉昶字公榮在坐籍以酒少酌不及昶昶無恨色戎異之他日問籍曰彼何如人也答曰勝公榮不可不與飲若減公榮則不敢不共飲惟公榮可不與飲戎每與籍爲竹林之遊戎嘗後至籍曰俗物已復來敗人意戎笑曰卿輩意亦復易敗耳鍾會伐蜀過與戎別問計將安出戎曰道家有言爲而不恃非成功難保之難也及會敗議者以爲知言襲父爵辟相國掾歷吏部黃門郎散騎常侍河東太守荊州刺史坐遣吏脩園宅應免官詔以贖論遷豫州刺史加建威將軍受詔伐吳戎遣參軍羅尚劉喬領前鋒進攻武昌吳將楊雍孫述江夏太守劉朗各率衆詣戎降戎督大軍臨江吳牙門將孟泰以蘄春邾二縣降吳平進爵安豐縣侯增邑六千戶賜絹六千匹戎渡江綏慰新附宣揚威惠吳光祿勳石偉方直不容晧朝稱疾歸家戎嘉其清節表薦之詔拜偉爲議郎以二千石祿終其身荊土悅服徵爲侍中南郡太守劉肇賂戎筒中細布五十端爲司隸所糾以知而未納故得不坐然議者尤之帝謂朝臣曰戎之爲行豈懷私苟得

正當不欲爲異耳帝雖以是言釋之然爲清慎者所鄙由是損名戎在職雖無殊能而庶績脩理後遷光祿勳吏部尚書以母憂去職性至孝不拘禮制飲酒食肉或觀弈棊而容貌毀悴杖然後起裴頠往弔之謂人曰若使一慟能傷人濬沖不免滅性之譏也時和嶠亦居父喪以禮法自持量米而食哀毀不踰於戎帝謂劉毅曰和嶠毀頓過禮使人憂之毅曰嶠雖寢苫食粥乃生孝耳至於王戎所謂死孝陛下當先憂之戎先有吐疾居喪增甚帝遣醫療之并賜藥物又斷賓客楊駿執政拜太子太傅駿誅之後東安公繇專斷刑賞威振外內戎誡繇曰大事之後宜深遠之繇不從果得罪轉中書令加光祿大夫給恩信五十人遷尚書左僕射領吏部戎始爲甲午制凡選舉皆先治百姓然後授用司隸傅咸奏戎曰書稱三載考績三考黜陟幽明今內外羣官居職未朞而戎奏還既未定其優劣且送故迎新相望道路巧詐由生傷農害政戎不仰依堯舜典謨而驅動浮華虧敗風俗非徒無益乃有大損宜免戎官以敦風俗戎與賈郭通親竟得不坐尋轉司徒以王政將圮苟

媚取容愍懷太子之廢竟無一言匡諫裴頠戎之壻也頠誅戎坐免
官齊王冏起義孫秀録戎於城内趙王倫子欲取戎爲軍司博士王繇
曰濬沖譎詐多端安肯爲少年用乃止惠帝反宮以戎爲尚書令既而
河間王顒遣使就説成都王穎將誅齊王冏檄書至冏謂戎曰孫秀
作逆天子幽逼孤糾合義兵埽除元惡臣子之節信著神明二王聽
讒造構大難當賴忠謀以和不協卿其善爲我籌之戎曰公首舉義衆
匡定大業開闢已來未始有也然論功報賞不及有勞朝野失望人懷
貳志今二王帶甲百萬其鋒不可當若以王就第不失故爵委權崇讓
此求安之計也冏謀臣葛旟怒曰漢魏以來王公就第寧有得保妻子
乎議者可斬於是百官震悚戎僞藥發墮廁得不及禍戎以晉室方亂
慕蘧伯玉之爲人與時舒卷無蹇諤之節自經典選未嘗進寒素退虛
名但與時浮沉戶調門選而已尋拜司徒雖位總鼎司而委事僚寀閒
乘小馬從便門而出游見者不知其三公也故吏多至大官道路相遇
輒避之性好興利廣收八方園田水碓周徧天下積實聚錢不知紀極

晉列十三　七

每自執牙籌晝夜筭計恒若不足而又儉嗇不自奉養天下人謂之膏
肓之疾女適裴頠貸錢數萬久而未還女後歸寧戎色不悅女遽還直
然後乃歡從子將婚戎遺其一單衣婚訖而更責取家有好李常出貨
之恐人得種恒鑽其核以此獲譏於世其後從帝北伐王師敗績於蕩
陰戎復詣鄴隨帝還洛陽車駕之西遷也戎出奔于郟在危難之間親
接鋒刃談笑自若未嘗有懼容時召親賓歡娛永日永興二年薨于郟
縣時年七十二謚曰元戎有人倫鑒識常目山濤如璞玉渾金人皆欽
其寶莫知名其器王衍神姿高徹如瑤林瓊樹自然是風塵表物謂裴
頠拙於用長荀勗工於用短陳道寧纙纙如束長竿族弟敦有高名戎
惡之敦每候戎輒託疾不見敦後果爲逆亂其鑒賞先見如此嘗經黃
公酒壚下過顧爲後車客曰吾昔與嵇叔夜阮嗣宗酣暢於此竹林之
游亦預其末自嵇阮云亡吾便爲時之所羈紲今日視之雖近邈若山
河初孫秀爲琅邪郡吏求品於鄉議戎從弟衍將不許戎勸品之及秀
得志朝士有宿怨者皆被誅而戎衍獲濟焉子萬有美名少而大肥戎

令食糠而肥愈甚年十九卒有庶子興戎所不齒以從弟陽平太守愔
子爲嗣
衍字夷甫神情明秀風姿詳雅總角嘗造山濤濤嗟歎良久既去目而
送之曰何物老嫗生寧馨兒然誤天下蒼生者未必非此人也父乂爲
平北將軍常有公事使行人列上不時報衍年十四時在京師造僕射
羊祜申陳事狀辭甚清辯祜名德貴重而衍幼年無屈下之色衆咸異
之楊駿欲以女妻焉衍恥之遂陽狂自免武帝聞其名問戎曰夷甫當
世誰比戎曰未見其比當從古人中求耳泰始八年詔舉奇才可以安
邊者衍初好論從横之術故尚書盧欽舉爲遼東太守不就於是口不
論世事唯雅詠玄虛而已嘗因宴集爲族人所怒舉樏擲其面衍初無
言引王導共載而去然心不能平在車中攬鏡自照謂導曰爾看吾目
光乃在牛背上矣父卒於北平送故甚厚爲親識之所借貸因以捨之
數年之間家資罄盡出就洛城西田園而居焉後爲太子舍人還尚書
郎出補元城令終日清談而縣務亦理入爲中庶子黃門侍郎魏正始

晉列十三　八

中何晏王弼等祖述老莊立論以爲天地萬物皆以無爲爲本無也者
開物成務無往不存者也陰陽恃以化生萬物恃以成形賢者恃以成德
不肖恃以免身故無之爲用無爵而貴矣衍甚重之唯裴頠以爲非著
論以譏之而衍處之自若衍既有盛才美貌明悟若神常自比子貢兼
聲名藉甚傾動當世妙善玄言唯談老莊爲事每捉玉柄麈尾與手同
色義理有所不安隨即改更世號口中雌黃朝野翕然謂之一世龍門
矣累居顯職後進之士莫不景慕放效選舉登朝皆以爲稱首矜高浮
誕遂成風俗焉衍嘗喪幼子山簡弔之衍悲不自勝簡曰孩抱中物何
至於此衍曰聖人忘情最下不及於情然則情之所鍾正在我輩簡服
其言更爲之慟衍妻郭氏賈后之親藉中宮之勢剛愎貪戾聚斂無厭
好干預人事衍患之而不能禁時有鄉人幽州刺史李陽京師大俠也
郭氏素憚之衍謂郭曰非但我言卿不可李陽亦謂不可郭氏爲之小
損衍疾郭之貪鄙故口未嘗言錢郭欲試之令婢以錢繞牀使不得行
衍晨起見錢謂婢曰舉阿堵物却其措意如此後歷北軍中候中領軍

尚書令女爲愍懷太子妃太子爲賈后所誣衍懼禍自表離婚賈后既
廢有司奏衍曰衍與司徒梁王肜書寫呈皇太子手與妃及衍書陳見
誣之狀肜等伏讀辭旨懇惻衍備位大臣應以義責也太子被誣得罪
衍不能守死善道即求離婚得太子手書隱蔽不出志在苟免无忠謇
之操宜加顯責以厲臣節可禁錮終身從之衍素輕趙王倫之爲人及
倫篡位衍陽狂斫婢以自免及倫誅拜河南尹轉尚書又爲中書令時
齊王冏有匡復之功而專權自恣公卿皆爲之拜衍獨長揖焉以病去
官成都王穎以衍爲中軍師累遷尚書僕射領吏部後拜尚書令司空
司徒衍雖居宰輔之重不以經國爲念而思自全之計說東海王越曰
中國已乱當賴方伯宜得文武兼資以任之乃以弟澄爲荊州族弟敦
爲青州因謂澄敦曰荊州有江漢之固青州有負海之險卿二人在外
而吾留此足以爲三窟矣識者鄙之及石勒王弥寇京師以衍都督征
討諸軍事持節假黃鉞以距之衍使前將軍曹武左衛將軍王景等擊
賊退之獲其輜重遷太尉尚書令如故封武陵侯辭封不受時洛陽危

逼多欲遷都以避其難而衍獨賣車牛以安衆心越之討苟晞也衍以
太尉爲太傅軍司及越薨衆共推衍爲元帥衍以賊寇鋒起懼不敢當
辭曰吾少无宦情隨牒推移遂至於此今日之事安可以非才處之俄
而舉軍爲石勒所破勒呼王公與之相見問衍以晉故衍爲陳禍敗之
由云計不在已勒甚悅之與語移日衍自說少不豫事欲求自免因勸
勒稱尊號勒怒曰君名蓋四海身居重任少壯登朝至於白首何得言
不豫世事邪破壞天下正是君罪使左右扶出謂其黨孔萇曰吾行天
下多矣未嘗見如此人當可活不萇曰彼晉之三公必不爲我盡力又
何足貴乎勒曰要不可加以鋒刃也使人夜排牆填殺之衍將死顧而
言曰嗚呼吾曹雖不如古人向若不祖尚浮虛戮力以匡天下猶可不
至今日時年五十六衍儁秀有令望希心玄遠未嘗語利王敦過江常
稱之曰夷甫處衆中如珠玉在瓦石間顧愷之作畫贊亦稱衍巖巖清
峙壁立千仞其爲人所尚如此子玄字眉子少慕簡曠亦有俊才与衛
玠齊名荀藩用爲陳留太守屯尉氏 玄素名家有豪氣荒弊之時人情

不附將赴祖逖爲盜所害焉
澄字平子生而警悟雖未能言見人舉動便識其意衍妻郭性貪鄙欲
令婢路上擔糞澄年十四諫郭以爲不可郭大怒謂澄曰昔夫人臨終
以小郎屬新婦不以新婦屬小郎因捉其衣裾將杖之澄爭得脫踰窻
而走衍有重名於世時人許以人倫之鑒尤重澄及王敦庾敳嘗爲天
下人士目曰阿平第一子嵩第二處仲第三澄嘗謂衍曰兄形似道而
神鋒太儁衍曰誠不如卿落落穆穆然也澄由是顯名有經澄所題目
者衍不復有言輒云已經平子矣少歷顯位累遷成都王穎從事中郎
穎嬖豎孟玖譖殺陸機兄弟天下切齒澄發玖私姦勸穎殺玖穎乃誅
之士庶莫不稱善及穎敗東海王越請爲司空長史以迎大駕勳封南
鄉侯遷建威將軍雍州刺史不之職時王敦謝鯤庾敳阮脩皆爲衍所
親善號爲四友而亦與澄狎又有光逸胡毋輔之等亦豫焉酣讌縱誕
窮歡極娛惠帝末衍白越以澄爲荊州刺史持節都督領南蠻校尉敦
爲青州衍因問以方略敦曰當臨事制變不可豫論澄辭義鋒出算略

無方一坐嗟服澄將之鎮送者傾朝澄見樹上鵲巢便脫衣上樹探鷇
而弄之神氣蕭然傍若无人劉琨謂澄曰卿形雖散朗而内實動俠以
此處世難得其死澄默然不荅澄既至鎮日夜縱酒不親庶事雖寇戎
急務亦不以在懷擢順陽人郭舒於寒悴之中以爲别駕委以州府時
京師危逼澄率衆軍將赴国難而飄風折其節柱會王如寇襄陽澄前
鋒至宜城遣使詣山簡爲如黨嚴嶷所獲嶷僞使人從襄陽來而問
之曰襄陽拔未荅云昨旦破城已獲山簡乃陰緩澄使令得亡去澄聞
襄陽陷以爲信然散衆而還既而恥之託糧運不贍委罪長史蔣俊而
斬之竟不能進巴蜀流人散在荊湘者與土人忿爭遂殺縣令屯聚樂
鄉澄使成都内史王機討之賊請降澄僞許之既而襲之於寵洲以其
妻子爲賞沉八千餘人於江中於是益梁流人四五萬家一時俱反推
杜弢爲主南破零桂東掠武昌敗王機于巴陵澄亦无憂懼之意但與
機日夜縱酒投壺博戲數十局俱起殺富人李才取其家資以賜郭
舒南平太守應詹驟諫不納於是上下離心内外怨叛澄望實雖損猶

傲然自得後出軍擊杜弢次于作塘山簡參軍王沖叛于豫州自稱荆州刺史澄懼使杜蕤守江陵澄遷于孱陵尋奔沓中郭舒諫曰使君臨州雖無異政未失衆心今西收華容向義之兵足以擒此小醜奈何自棄澄不能從初澄命武陵諸郡同討杜弢天門太守扈瓌次于益陽武陵內史武察爲其郡吏所害瓌以孤軍引還澄怒以杜曾代瓌夷袁遂瓌故吏也託爲瓌報仇遂擧兵逐曾自稱平晉將軍澄使司馬毋丘邈討之爲遂所敗會元帝徵澄爲軍諮祭酒於是赴召時王敦爲江州鎮豫章澄過詣敦澄夙有盛名出於敦右士庶莫不傾慕之兼勇力絶人素爲敦所憚澄猶以舊意侮敦敦益忿怒請澄入宿陰欲殺之而澄左右有二十人持鐵馬鞭爲衛澄手恒捉玉枕以自防故敦未之得發後敦賜澄左右酒皆醉借玉枕觀之因下牀而謂澄曰何與杜弢通信澄曰事自可驗敦欲入內澄手引敦衣至于絶帶乃登于梁因罵敦曰行事如此殃將及焉敦令力士路戎搤殺之時年四十四載尸還其家劉琨聞澄之死歎曰澄自取之及敦平澄故吏佐著作郎桓稚上表理澄

請加贈謚詔復澄大官謚曰憲長子詹早卒次子徽右軍司馬

郭舒字稚行幼請其母從師歲餘便歸粗識大義鄉人少府范晷宗人武陵太守郭景咸稱舒當爲後來之秀終成國器始爲領軍校尉坐擅放司馬彪繫廷尉世多義之刺史夏侯含辟爲西曹轉主簿含坐事舒自繫理含事得釋刺史宗岱命爲治中喪母去職劉弘牧荆州引爲治中弘卒舒率將士推弘子璠爲主討逆賊郭勱滅之保全一州王澄聞其名引爲別駕澄終日酣飲不以衆務在意舒常切諫之及天下大亂又勸澄脩德養威保完州境澄以爲亂自京都起非復一州所能匡禦雖不能從然重其忠亮荆土士人宗廞嘗因酒忤澄澄怒叱左右棒廞舒厲色謂左右曰使君過醉汝輩何敢妄動澄恚曰別駕狂邪誑言我醉因遣掐其鼻灸其眉頭舒跪而受之澄意少釋而廞遂得免澄之奔敗也以舒領南郡澄又欲將舒東下舒曰舒爲萬里紀綱不能匡正令使君奔亡不忍渡江乃留屯沌口采稆湖澤以自給鄉人盜食舒牛事覺來謝舒曰卿饑所以食牛耳餘肉可共啖之世以此服其弘量舒少與杜曾厚曾嘗召之不往曾銜之至是澄又轉舒爲順陽太守曾密遣兵襲舒遁逃得免王敦召爲參軍轉從事中郎襄陽都督周訪卒敦遣舒監襄陽軍甘卓至乃還朝廷徵舒爲右丞敦留不遣敦謀爲逆舒諫不從使守武昌荆州別駕宗澹忌舒才能數譖之於王廙廙疑舒與甘卓同謀密以白敦敦不受高官督護繆坦常請武昌城西地爲營太守樂凱言於敦曰百姓久買此地種菜自贍不宜奪之敦大怒曰王廙仲不來江湖當有武昌地不而人云是我地邪凱懼不敢言舒曰公聽舒一言敦曰平子以卿病狂故掐鼻灸眉頭舊疾復發邪舒曰古之狂也直周昌汲黯朱雲不狂也昔堯立誹謗之木舜置敢諫之鼓然後事無枉縱公爲勝堯舜邪乃逆折舒使不得言何與古人相遠敦曰卿欲何言舒曰繆坦可謂小人疑誤視聽奪人私地以强陵弱晏子稱君曰其可臣獻其否以成其可是以舒等不敢不言敦即使還地衆咸壯之敦重舒公亮給賜轉豐數詣其家表爲梁州刺史病卒

樂廣字彥輔南陽淯陽人也父方參魏征西將軍夏侯玄軍事廣時年

八歲玄常見廣在路因呼與語還謂方曰向見廣神姿朗徹當爲名士卿家雖貧可令專學必能興卿門戶也方早卒廣孤貧僑居山陽寒素爲業人無知者性沖約有遠識寡嗜慾與物無競尤善談論每以約言析理以厭人之心其所不知默如也裴楷嘗引廣共談自夕申旦雅相欽挹歎曰我所不如也王戎爲荆州刺史聞廣爲夏侯玄所賞乃擧爲秀才楷又薦廣於賈充遂辟太尉掾轉太子舍人尚書令衛瓘朝之耆舊逮與魏正始中諸名士談論見廣而奇之曰自昔諸賢既沒常恐微言將絶而今乃復聞斯言於君矣命諸子造焉曰此人之水鏡見之瑩然若披雲霧而覩青天也王衍自言與人語甚簡至及見廣便覺已之煩其爲識者所歎美如此出補元城令遷中書侍郎轉太子中庶子累遷侍中河南尹廣善清言而不長於筆將讓尹請潘岳爲表岳曰當得君意廣乃作二百句語述己之志岳因取次比便成名筆時人咸云若廣不假岳之筆岳不取廣之旨無以成斯美也嘗有親客久闊不復來廣問其故荅曰前在坐蒙賜酒方欲飲見盃中有蛇意甚惡之既飲而

疾于時河南聽事壁上有角漆畫作蛇廣意盃中蛇即角影也復置酒
於前處謂客曰酒中復有所見不答曰所見如初廣乃告其所以客豁
然意解沉痾頓愈衛玠總角時嘗問廣夢廣云是想玠曰神形所不接
而夢豈是想邪廣曰因也玠思之經月不得遂以成疾廣聞故命駕為
剖析之玠病即愈廣歎曰此賢胸中當必無膏肓之疾廣所在為政無
當時功譽然每去職遺愛為人所思凡所論人必先稱其所長則所短
不言而自見矣人有過先盡弘恕然後善惡自彰矣廣與王衍俱宅心
事外名重於時故天下言風流者謂王樂為稱首焉少與弘農楊準相
善準之二子曰喬曰髦皆知名於世準使先詣裴頠頠性弘方愛喬有
高韻謂準曰喬當及卿髦少減也又使詣廣廣性清淳愛髦有神檢謂
準曰喬自及卿然髦亦清出準笑曰我二兒之優劣乃裴樂之優劣也
論者以為喬雖有高韻而神檢不足樂為得之矣是時王澄胡毋輔之
等皆亦任放為達或至裸體者廣聞而笑曰名教內自有樂地何必乃
爾其居才愛物動有理中皆此類也值世道多虞朝章紊亂清己中立

任誠保素而已時人莫有見其際焉先是河南官舍多妖怪前尹皆不
敢處正寢廣居之不疑嘗外戶自閉左右皆驚廣獨自若顧見牆有孔
使人掘牆得狸而殺之其怪亦絕愍懷太子之廢也詔故臣不得辭送
衆官不勝憤歎皆冒禁拜辭司隷校尉滿奮勑河南中部收縛拜者送
獄廣即便解遣衆人代廣危懼孫琰說賈謐曰前以太子罪惡有斯廢
黜其臣不懼嚴詔冒罪而送今若繫之是彰太子之善不如釋去謐然
其言廣故得不坐遷吏部尚書左僕射後東安王繇當為僕射轉廣為
右僕射領吏部代王戎為尚書令始戎薦廣而終踐其位時人美之成
都王穎廣之壻也及與長沙王乂遘難而廣既處朝望羣小讒謗之乂
以問廣廣神色不變徐答曰廣豈以五男易一女乂猶以為疑廣竟以
憂卒荀藩聞廣之不免也為之流涕三子凱肇謨凱字弘緒大司馬
齊王掾參驃騎軍事肇字弘茂太傅東海王掾洛陽陷兄弟相攜南渡
江謨字弘範征虜將軍吳郡內史

史臣曰漢相清靜見機於曠務周史清虛不嫌其尸祿豈台揆之任有
異於常班者歟濬沖善發談端夷甫仰教方外登槐庭之顯列顧漆園
而高視彼既憑虛朝章已亂我則取容於世旁委貨財行則自保其身
寧論宗稷及三方構亂六戎藉手犬羊之侶鋒鏑如雲夷甫區區焉佞
彼兇渠以求容貸頹牆之隕猶有礼也平子肆情傲物對境難堪終失
厥生自貽伊敗且夫衣服表容珪璋範德聲移宮羽彩照山華布武有
章立言成訓澄之箕踞不已甚矣若乃解袒登枝裸形捫鵲以此為達
謂之高致輕薄是效風流詎及道睽將聖事乖跰指操情獨往自夫其
生者焉昔晏嬰哭莊公之尸樂令辭愍懷之客豈聞伯夷之風歟懊夫
能立志者也

贊曰晉家求士乃構仙臺陵雲切漢山公知材濬沖居鼎談優務劣夷
甫兩顧退求三穴神亂當年忠乖曩列平子陵侮多於用拙樂令披雲
高天澄澈

列傳第十三　晉書四十三

鄭袤字林叔，滎陽開封人也。高祖衆，漢大司農。父泰，揚州刺史，有高名。袤少孤，早有識鑒。荀攸見之曰：鄭公業不亡矣。隨叔父渾避難江東。時華歆為豫章太守，渾往依之。歆素與泰善，撫養袤如己子。年十七，乃還鄉里。性清正。時濟陰魏諷為相國掾，名重當世，袤同郡任覽與結交。袤以諷奸雄，終必為禍，勸覽遠之。及諷敗，論者稱焉。魏武帝初封諸子為侯，精選賓友，袤與徐幹俱為臨淄侯文學，轉司隸功曹從事。司空王朗辟為掾，袤舉高陽許允、扶風魯芝、東萊王基，朗皆命之，後咸至大位，有重名。袤遷尚書郎，出為黎陽令，吏民悅服。太守班下屬城，特見甄異，為諸縣之最。遷尚書右丞。轉濟陰太守，下車旌表孝悌，敬禮賢能，興立庠序，開誘後進。調補大將軍從事中郎，拜散騎常侍。會廣平太守缺，宣帝謂袤曰：賢叔大匠垂稱於陽平、魏郡，百姓蒙惠化。且盧子家、王子雍繼

踵此郡，使世不乏賢，故復相屈。袤在廣平，以德化為先，善作條教，郡中愛之。徵拜侍中，百姓戀慕，涕泣路隅。遷少府。高貴鄉公即位，袤與河南尹王肅備法駕奉迎於元城。封廣昌亭侯。從光祿勳，領宗正。毌丘儉作亂，景帝自出征之，百官祖送於城東，袤疾病不任會。帝謂中領軍王肅曰：唯不見鄭光祿為恨。肅以語袤，袤自輿追帝，及於近道。帝笑曰：故知侯生必來也。遂與袤共載，曰：計將何先？袤曰：昔與儉俱為臺郎，特所知悉。其人好謀而不達事情，自昔建勳幽州，志望無限。文欽勇而無算。今大軍出其不意，江淮之卒銳而不能固，深溝高壘以挫其氣，此亞夫之長也。帝稱善。轉太常。高貴鄉公議立明堂辟雍，精選博士，袤舉劉毅、劉寔、程咸、庾峻，後並至公輔大位。及常道鄉公立，與議定策，進封安成鄉侯，邑千戶。景元初，疾病失明，屢乞骸骨，不許，拜光祿大夫。五等初建，封密陵伯。武帝踐阼，進爵為侯。雖寢疾十餘年，而時賢並相推薦。泰始中，詔曰：光祿大夫密陵侯袤，履行純正，守道沖粹，退有清和之風，進有素絲之節，宜登三階之曜，補袞職之闕。今以袤為司空。天子臨軒，遣五官中郎將國坦就第拜授。袤前後辭讓，遣息稱上送印綬，至于十數。謂坦曰：魏以徐景山為司空，吾時為侍中，受詔譬旨。徐公語吾曰：三公當上應天心，苟非其人，實傷和氣，不敢以垂死之年，累辱朝廷也。終於不就。遵大雅君子之跡，可不務乎！固辭久之，見許，以侯就第，拜儀同三司，置舍人官騎，賜牀帳簟褥，錢五十萬。九年薨，時年八十五。帝於東堂發哀，賜祕器、朝服一具、衣一襲、錢三十萬、絹布各百匹，以供喪事。諡曰元。有子六人，長子默嗣，次質、舒、詡，稱于位，並列卿。

默字思元。起家祕書郎，考覈舊文，刪省浮穢。中書令虞松謂曰：而今而後，朱紫別矣。轉尚書考功郎，專典伐蜀事，封關內侯，遷司徒左長史。武帝受禪，與太原郭奕俱為中庶子。朝廷以太子官屬宜稱陪臣，默上言：皇太子體皇極之尊，無私於天下。宮臣皆受命天朝，不得同之藩國。事遂施行。出為東郡太守，值歲荒人饑，默輒開倉振給，乃舍都亭，自表待罪。朝廷嘉默憂國，詔書褒歎，比之汲黯。班告天下，若郡縣有此比者，皆聽出給。入為散騎常侍。初，帝以貴公子當品，鄉里莫敢與為輩，求之州

內，於是十二郡中正僉共舉默。文帝與袤書曰：小兒得廁賢子之流，愧有竊賢之累。及武帝出祠南郊，詔使默驂乘，因謂默曰：卿知何以得驂乘乎？昔州里舉卿相輩，常愧有累清談。遂問政事，對曰：勸穡務農，為國之基。選人得才，濟世之道。居官久職，政事之宜。明慎黜陟，勸戒之由。崇尚儒素，化導之本。如此而已矣。帝善之。後以父喪去官，尋起為廷尉。是時鬲令袁毅坐交通貨賂，大興刑獄。在朝多見引逮，唯默兄弟以潔慎不染其流。遷太常。時僕射山濤欲舉一親親為博士，謂默曰：卿似尹翁歸，令吾不敢復言。默為人敦重，柔而能整，皆此類也。及齊王攸當之國，下禮官議崇錫典制。博士祭酒曹志等並立異議，默容過其事，坐免。尋拜大鴻臚。遭母喪，舊制，既葬還職，默自陳懇至，久而見許。遂改法定令，聽大臣終喪，自默始也。服闋，為大司農，轉光祿勳。太康元年卒，時年六十八。諡曰成。尚書令衛瓘奏：默才行名望，宜居論道。五升九卿，位未稱德，宜贈三司。而后父楊駿先欲以女妻默子豫，默曰：吾每讀雋不疑傳，常想其人。畏遠權貴，平世所守。遂辭之。駿深為恨，至此駿議不同，遂不

施行默寬沖博愛謙虛温謹不以才地矜物事上以礼遇下以和雖僮豎廝養不加声色而猶有嫌怨故士君子以爲居世之難子球

球字子瑜少辟宰府入侍二宫成都王爲大將軍起義討趙王倫球自頓丘太守爲右長史以功封平壽公累遷侍中尚書散騎常侍中護軍尚書右僕射領吏部永嘉二年卒追贈金紫光禄大夫謚曰元球弟豫永嘉末爲尚書

李胤字宣伯遼東襄平人也祖敏漢河内太守去官還鄉里遼東太守公孫度欲彊用之敏乘輕舟浮滄海莫知所終胤父信追求積年浮海出塞无所見欲行喪制服則疑父尚存情若居喪而不婚娶後有鄰居故人與其父同年者亡因行喪制服燕国徐邈与之州里以不孝莫大於无後勸使娶妻既生胤遂絶房室恒如居喪礼不堪其憂數年而卒胤既幼孤母又改行有識之後降食哀戚亦以喪礼自居又以祖不知存亡設木主以事之由是以孝聞容貌質素頹然若不足者而知度沉邃言必有則初仕郡上計掾州辟部從事治中舉孝廉參鎮北軍事遷

樂平侯相政尚清簡入爲尚書郎遷中護軍司馬吏部郎銓綜廉平賜爵關中侯出補安豐太守文帝引爲大將軍從事中郎遷御史中丞恭恪直繩百官憚之伐蜀之役爲西中郎將督關中諸軍事後爲河南尹封廣陸伯泰始初拜尚書進爵爲侯胤奏以爲古者三公坐而論道内參六官之事外與六卿之教或與三槐兼聽獄訟稽疑之典謀及卿士陛下聖德欽明垂心万機猥發明詔儀刑古式雖唐虞疇咨周文翼翼無以加也自今以往国有大政可親延羣公詢納讜言其軍国所疑延詣省中使侍中尚書諮論所宜若有疾疢不任覲會臨時遣侍臣訊訪詔從之遷吏部尚書僕射尋轉太子少傅詔以胤忠允高亮有匪躬之節使領司隸校尉胤屢自表讓太傅儲宫不宜兼監司之官武帝以二職並須忠賢故每不許咸寧初皇太子出居東宫帝以司隸事任峻重而少傅有旦夕輔導之務胤素羸不宜久勞之轉拜侍中加特進俄遷尚書令侍中特進如故胤雖歷職内外而家至貧儉兒病无以市藥帝聞之賜錢十万其後帝以司徒舊丞相之職詔以胤爲司徒在位五年簡亮持重稱爲任職以吳會初平大臣多有勳勞宜有登進乃上疏遜位帝不聽遣侍中宣旨優詔敦諭絶其章表胤不得已起視事太康三年薨詔遣御史持節監喪致祠謚曰成皇太子命舍人王贊誄之文義甚美帝後思胤清節詔曰故司徒李胤太常彭灌並履忠清儉身没家無餘積賜胤家錢二百萬穀千斛灌家半之三子固真長脩固字万基散騎郎先胤卒固子志嗣爵志字彦道歷位散騎侍郎建威將軍陽平太守真長位至太僕卿脩黄門侍郎太弟中庶子

盧欽字子若范陽涿人也祖植漢侍中父毓魏司空世以儒業顯欽清澹有遠識篤志經史舉孝廉不行魏大將軍曹爽辟爲掾爽弟嘗有所屬請欽白爽子弟不宜干犯法度爽深納之而罰其弟除尚書郎爽誅免官後爲侍御史襲父爵大利亭侯累遷琅邪太守宣帝爲太傅辟從事中郎出爲陽平太守遷淮北都督伏波將軍甚有稱績徵拜散騎常侍大司農遷吏部尚書進封大梁侯武帝受禪以爲都督沔北諸軍事平南將軍假節給追鋒軺卧車各一乘第二駙馬二乘騎具刀器御府

人馬鎧等及錢三十万欽在鎮寬猛得中彊場充實入爲尚書僕射加侍中奉車都尉領吏部以清貧特賜絹百匹欽舉必以材稱爲廉平咸寧四年卒詔曰欽履道清正執德貞素文武之稱著於方夏入踐機衡惟允庶事肆勤内外有匪躬之節不幸薨没朕甚悼心其贈衛將軍開府儀同三司賜秘器朝服一具衣一襲布五十匹錢三十万謚曰元又以欽忠清高潔不營産業身没之後家無所庇特賜錢五十万爲立第舍復下詔曰故司空王基衛將軍盧欽領典軍將軍楊囂並素清貧身没之後居无私積頃者饑饉聞其家大匱其各賜穀二百斛欽舉寒州郡不尚功名唯以平理爲務禄俸散之親故不營貲産動循礼典妻亡制廬杖終喪居外所著詩賦論難數十篇名曰小道子浮嗣

浮字子雲起家太子舍人病疽截手遂廢然朝廷器重之以爲国子博士祭酒秘書監皆不就欽弟珽字子笏衛尉卿珽子志

志字子道初辟公府掾尚書郎出爲鄴令成都王穎之鎮鄴也愛其才量委以心膂遂爲謀主齊王冏起義遣使告穎穎召志計事志曰趙王

無道肆行篡逆四海人神莫不憤怒今殿下揔率三軍應期電發子來
之衆不召自至埽夷凶逆必有征無戰然兵事至重聖人所慎宜旌賢
任才以收時望穎深然之改選上佐高辟掾屬以志爲諮議參軍仍補
左長史專掌文翰穎前鋒都督趙驤爲倫所敗士衆震駭議者多欲還
保朝歌志曰今我軍失利敵新得勝必有輕易陵轢之情若頓兵不進
三軍畏衄懼不可用且戰何能無勝負宜更選精兵星行倍道出賊不
意此用兵之奇也穎從之及倫敗志勸穎曰齊王衆号百万与張泓等
相持不能決大王逕得濟河此之大勳莫之與比而齊王今當與大王
共輔朝政志聞兩雄不俱處功名不並立今宜因太妃微疾求還定省
推崇齊王徐結四海之心此計之上也穎納之遂以母疾還藩委重於
冏由是穎獲四海之譽天下歸心朝廷封志爲武強侯加散騎常侍及
河間王顒納李含之說欲内除二王樹穎儲副遣報穎穎將應之志正
諫不從及冏滅穎遥執朝權遂懷觖望之心以長沙王乂在内不得恣
其所欲密欲去乂時荊州有張昌之乱穎表求親征朝廷許之會昌等

平乃迴兵以討乂志諫曰公前有復皇祚之大勳及事平歸功於齊辭
九錫之賞不當朝政之權振陽翟饑人葬黄橋白骨皆盛德之事四海
之人莫不荷賴矣逆寇縱肆猾擾荊楚今公埽清羣難南土以寧振旅
而旋頓軍關外文服入朝此霸王者之事也穎不納及乂死穎表志爲
中書監留鄴參署相府事乗輿敗於蕩陰穎遣志督兵迎帝及王浚攻鄴
志勸穎奉天子還洛陽時甲士尚萬五千人志夜部分至曉衆皆成列而
程太妃戀鄴不欲去穎未能決俄而衆潰唯志與子謐兄子綝殿中
武賁千人而已志復勸穎早發時有道士姓黄號曰聖人太妃信之及
使呼入道士求兩杯酒飲訖抛杯而去於是志計始決而人馬復散志
於營陣間尋索得數乘鹿車司馬督韓玄收集黄門得百餘人志入帝
問志曰何故散敗至此志曰賊去鄴尚八十里而人士一朝駭散太弟
今欲奉陛下還洛陽帝曰甚佳於是御犢車便發屯騎校尉郝昌先領
兵八千守洛陽帝召之至汲郡而昌至兵仗甚盛志喜於復振啓天子
宜下赦書與百姓同其休慶既達洛陽志啓以滿奮爲司隸校尉奔散

者多還百官粗備帝悦賜志絹二百匹緜百斤衣一襲鶴綾袍一領初
河間王顒聞王浚起兵遣右將軍張方救鄴方聞成都軍敗頓兵洛陽
不敢進縱兵虜掠密欲遷都長安將焚宗廟宮室以絶人心志說方曰
昔董卓無道焚燒洛陽怨毒之聲百年猶存何爲襲之乃止方遂逼天
子幸其壘帝垂泣就輿唯志侍側曰陛下今日之事當一從右將軍百
駑怯無所云補唯知盡微誠不離左右而已停方壘三日便西志復從
至長安穎被黜志亦免官及東海王越奉迎大駕顒啓帝復穎還鄴以
志爲魏郡太守加左將軍隨穎北鎮行達洛陽而平昌公模遣前鋒督
護馮嵩距穎穎還長安未至而聞顒斬張方求和於越穎住華陰志進
長安詣闕陳謝即還就穎於武關奔南陽復爲劉陶所驅廻詣河北及
穎薨官屬奔散唯志親自殯送時人嘉之越命志爲軍諮祭酒遷衛尉
永嘉末轉尚書洛陽沒志將妻子北投并州刺史劉琨至陽邑爲劉粲
所虜与次子謐詵等俱遇害於平陽長子謨

謨字子諒清敏有理思好老莊善屬文選尚武帝女滎陽公主拜駙馬

都尉未成礼而公主卒後州舉秀才辟太尉掾洛陽沒隨志北依劉琨
與志俱爲劉粲所虜粲據平陽留謨爲參軍琨收散卒引猗盧騎還攻
粲粲敗走謨得赴琨先父母兄弟在平陽者悉爲劉聰所害琨爲司空
以謨爲主簿轉從事中郎琨妻即謨之從母既加親愛又重其才地建
興末隨琨投段匹磾匹磾自領幽州取謨爲別駕匹磾既害琨尋亦敗
喪時南路阻絶段末波在遼西謨往投之元帝之初末波通使於江左
謨因其使抗表理琨文旨甚切於是即加弔祭累徵謨爲散騎中書侍
郎而爲末波所留遂不得南渡末波死弟遼代立謨流離世故且二十
載石季龍破遼西復爲季龍所得以爲中書侍郎國子祭酒侍中中書
監屬冉閔誅石氏謨隨閔軍於襄国遇害時年六十七是歲永和六年
也謨名家子早有聲譽才高行絜爲一時所推值中原喪乱與清河崔
悦潁川荀綽河東裴憲北地傅暢並淪陷非所雖俱顯於石氏恒以爲
辱謨每謂諸子曰吾身沒之後但稱晉司空從事中郎爾撰祭法注莊
子及文集皆行於世悦字道儒魏司空林曾孫劉琨妻之姪也與謨俱

爲琅邪司空從事中郎後爲末波佐史沒石氏亦居大官其緯、惠、暢並別有傳

華表字偉容平原高唐人也父歆清德高行爲魏太尉表年二十拜散騎黃門郎累遷侍中正元初石苞來朝盛稱高貴鄉公以爲魏武更生時聞者流汗沾背表懼禍作頻稱疾歸下舍故免於大難後遷尚書五等建封觀陽伯坐供給喪事不整免泰始中拜太子少傅轉光祿勳遷太常卿數歲以老病乞骸骨詔曰表清貞履素有老成之美久幹王事靜恭匪懈而以疾固辭章表懇至今聽如所上以爲太中大夫賜錢二十万牀帳褥席祿賜與卿同門施行馬表以苦節垂名司徒李胤司隸王宏等並歎美表清澹退靜以爲不可得貴賤而親疏也咸寧元年八月卒時年七十二謚曰康詔賜朝服有六子廙岑嶠鑒澹簡

廙字長駿弘敏有才義妻父盧毓典選難舉姻親故廙年三十五不得調晚爲中書通事郎泰始初遷冗從僕射少爲武帝所禮歷黃門侍郎散騎常侍前軍將軍侍中南中郎將都督河北諸軍事父疾篤輒還之

遭喪舊例葬訖復任廙固辭迕旨初表有賜客在鬲使廙因縣令袁毅錄名三客各代以奴及毅以貨賕致罪獄辭迷謬不復顯以奴代客直言送三奴與廙而毅亦盧氏壻也又中書監荀勖先爲中子求廙女廙不許爲恨因密啓帝以袁毅貨賕者多不可盡罪宜責最所親者一人因指廙當之又緣廙有違忤之咎遂於喪服中免廙官削爵土大鴻臚何遵奏廙免爲庶人不應襲封請以表世孫混嗣表有司奏曰廙所坐除名削爵一時之制廙爲世子著在名簿不聽襲嗣此爲刑罰再加諸侯犯法八議平處者褒功重爵也嫡統非犯終身棄罪廢之爲重依律應聽襲封詔曰諸侯薨子踰年即位此古制也應即位而廢之爵命皆去矣何爲罪罰再加且吾之責廙以肅貪穢本不論常法也諸賢不能將明此意乃更詭易礼律不顧憲度君命廢之而羣下復之此爲上下正相反也於是有司奏免議者官詔皆以贖論混以世孫當受封逃避斷髮陽狂病瘖不能語故得不拜世咸稱之廙棲遲家巷垂十載教誨子孫講誦經典集經書要事名曰善文行於世與陳勰共造睹蘭於宅側帝嘗出視之問其故左右以實對帝心憐之帝後又登陵雲臺望見廙苜蓿園阡陌甚整依然感舊太康初大赦乃得襲封久之拜城門校尉遷左衛將軍數年以爲中書監惠帝即位加侍中光祿大夫尚書令進爵爲公廙應楊駿召不時還有司奏免官尋遷太子少傅加散騎常侍動遵礼典得傅導之義後年衰病篤詔遣太醫療病進位光祿大夫開府儀同三司時河南尹韓壽因託賈后求以女配廙孫陶廙距而不許后深以爲恨故遂不登台司年七十五卒謚曰元三子混薈恒混字敬倫嗣父爵清貞簡正歷位侍中尚書卒官子陶嗣補肇令沒於石勒

薈字敬叔爲河南尹與荀藩荀組俱避賊至臨潁父子並遇害

恒字敬則博學以清素爲稱尚武帝女滎陽長公主拜駙馬都尉元康初東宮建恒以選爲太子賓友賜爵關內侯食邑百戶辟司徒王渾倉曹掾屬除散騎侍郎累遷散騎常侍北軍中候俄拜領軍加散騎常侍愍帝即位以恒爲尚書進爵苑陵縣公頃之劉聰逼長安詔出恒爲鎮軍將軍領潁川太守以爲外援恒興合義軍得二千人未及西赴而關

中陷沒時郡賊方盛所在州郡相繼奔敗恒亦欲棄郡東渡而從兄軼爲元帝所誅以此爲疑先書與驃騎將軍王導導言於帝帝曰兄弟罪不相及況羣從乎即召恒補光祿勳恒到未及拜更以爲衛將軍加散騎常侍本州大中正尋拜太常議立郊祀尚書刁協國子祭酒杜夷議須還洛乃修郊祀恒議漢獻帝居許即便郊柴宜於此修立司徒荀組驃騎將軍王導同恒議遂定郊祀尋以疾求解詔曰太常職主宗廟烝嘗敬重而華恒所疾不堪親奉職事夫子稱吾不與祭如不祭況宗伯之任職所司邪今轉恒爲廷尉頃之加特進太寧初遷驃騎將軍加散騎常侍督石頭水陸諸軍事王敦表轉恒爲護軍疾病不拜授金紫光祿大夫又領太子太保成帝即位加散騎常侍領國子祭酒咸和初以愍帝時賜爵進封一皆削除恒更以討王敦功封苑陵縣侯復領太常蘇峻之亂恒侍帝左右從至石頭備履艱危困悴踰年初恒爲州大中正鄉人任讓輕薄無行爲恒所黜及讓在峻軍中任勢多所殺害見恒輒恭敬不肆其虐鍾雅劉超之死亦將及恒讓盡心救衛故得免及

帝加元服又將納后寇難之後典籍廢遺婚冠之礼無所依據恒推尋
舊典撰定礼儀并郊廟辟雍朝廷軌則事並施用迁左光祿大夫開府
常侍如故固讓未拜會卒時年六十九無贈侍中左光祿大夫開府謚
曰敬恒清恪儉素雖居顯列常布衣蔬食年老彌篤死之日家無餘財
唯有書數百卷時人以此貴之子俊嗣為尚書郎俊子仰之大長秋
嶠字叔駿才學深博少有令聞文帝為大將軍辟為掾屬補尚書郎轉
車騎從事中郎泰始初賜爵關內侯迁太子中庶子出為安平太守
辭親老不行更拜散騎常侍典中書著作領国子博士迁侍中太康末
武帝頗親宴樂又多疾病屬小瘳嶠與侍臣表賀因微諫曰伏惟聖
躬漸就平和上下同慶不竟抃舞臣等愚戇竊有微懷以為収功於
所忽事乃无悔慮福於垂成祚乃日新唯願陛下深垂聖明遠思所忽
之悔以成日新之福沖靜和氣嗇養精神頤身於清簡之宇留心於虛
曠之域無厭世俗常戒以忽羣下之言則豐慶日延天下幸甚帝手詔
報曰輒自消息無所為慮元康初封宣昌亭侯誅楊駿改封樂鄉侯迁

晉列十四　九

尚書後以嶠博聞多識屬書典實有良史之志轉祕書監加散騎常
侍班同中書寺為內臺中書散騎著作及治礼音律天文數術南省文
章門下撰集皆典統之初嶠以漢紀煩穢慨然有改作之意會為臺郎
典官制事由是得徧觀祕籍遂就其緒起于光武終於孝獻一百九十
五年為帝紀十二卷皇后紀二卷十典十卷傳七十卷及三譜序傳目
錄凡九十七卷嶠以皇后配天作合前史作外戚傳以繼末編非其義
也故易為皇后紀以次帝紀又改志為典以有堯典故也而改名漢後
書奏之詔朝臣會議時中書監荀勗令和嶠太常張華侍中王濟咸以
嶠文質事核有迁固之規實錄之風藏之祕府後太尉汝南王亮司空
衛瓘為東宮傅列上通講事遂施行嶠所著論議難駁詩賦之屬數十
萬言其所奏官制太子宜還宮及安邊雩祭明堂辟雍浚導河渠巡禹
之舊跡置都水官脩蠶宮之礼置長秋事多施行元康三年卒追贈少
府謚曰簡嶠性嗜酒率常沈醉所撰書十典未成而終祕書監何劭奏
嶠中子徹為佐著作郎使踵成之未竟而卒後監繆徵又奏嶠少子暢

為佐著作郎克成十典并草魏晉紀傳與著作郎張載等俱在史官永
嘉喪亂經籍遺沒嶠書存者三十餘卷嶠有三子頤徹暢頤嗣官至長
樂內史暢有才思所著文章數萬言遭寇亂避難荊州為賊所害時
年四十

石鑒字林伯樂陵厭次人也出自寒素雅志公亮仕魏歷尚書郎侍御
史尚書左丞御史中丞多所糾正朝廷憚之出為并州刺史假節護匈
奴中郎將武帝受禪封堂陽子入為司隸校尉轉尚書時秦涼為虜
所敗遣鑒都督隴右諸軍事坐論功虛偽免官後為鎮南將軍豫州刺
史坐討吳賊虛張首級詔曰昔雲中守魏尚以斬首不實受刑武牙將
軍田順以詐增虜獲自殺誣罔敗法古今所疾鑒備大臣吾所取信往
者西事公欺朝廷以敗為得竟不推究中間黜免未久尋復授用冀能
補過而乃與下同詐所謂大臣義得爾乎有司奏是也顧未忍耳今遣
歸田里終身不得復用勿削爵土也久之拜光祿勳復為司隸校尉稍
加特進迁右光祿大夫開府領司徒前代三公冊拜皆設小會所以崇

晉列十四　十

宰輔之制也自魏末已後廢不復行至鑒有詔令會遂以為常太康末
拜司空領太子太傅武帝崩鑒與中護軍張劭監統山陵時大司馬汝
南王亮為太傅楊駿所疑不敢臨喪出營城外時有告亮欲舉兵討駿
駿大懼白太后令帝為手詔詔鑒及張劭使率陵兵討亮劭駿甥也便
率所領催鑒速發鑒以為不然保持之遣人密覘視亮已別道還許昌
於是駿止論者稱之山陵訖封昌安縣侯元康初為太尉年八十餘克
壯慷慨自遇若少年時人美之尋薨謚曰元子陋字處賤襲封歷屯
騎校尉

溫羨字長卿太原祁人漢護羌校尉序之後也祖恢魏揚州刺史父恭
濟南太守兄弟六人並知名於世號曰六龍羨少以朗寤見稱齊王攸
辟為掾迁尚書郎惠帝即位拜豫州刺史入為散騎常侍累迁尚書及
齊王冏輔政以羨攸之故吏意特親之轉吏部尚書先是張華被誅冏
建議欲復其官爵論者或以為非羨駁之曰自天子已下爭臣各有
差不得歸罪於一人也故晏子曰為己死亡非其親暱誰能任之里克

之殺二庶陳乞之立陽生漢朝之誅諸呂皆積年之後乃得立事未有事主見存而得其志於數月之內者也式乾之會張華獨諫上宰不和不能承風贊善望其指麾從命不亦難乎況今皇后譖害其子內難不預禮非所在且后體齊於帝尊同皇極罪在枉子事不爲逆義非所討今以華不能廢枉子之后與趙盾不討殺君之賊同而貶責之於義不經通也華竟得追復爵位其後以從駕討成都王穎有勳封大陵縣公邑千八百戶出爲冀州刺史加後將軍范陽王虓敗於許昌也自牧冀州羨乃避之惠帝之幸長安以羨爲中書令不就及帝還洛陽徵爲中書監加散騎常侍未拜會帝崩懷帝即位遷左光祿大夫開府領司徒論者僉謂爲速在位未幾病卒贈司徒謚曰元有三子祗允裕祗字敬庶太傅西曹掾允字敬咸太子舍人裕字敬嗣尚武安長公主官至左光祿大夫

史臣曰晉氏中朝承累世之資建兼并之業衣冠斯盛英彥如林此數公者或以雅望處台槐或以高名居保傅自非一時之秀亦曷能至于斯惜其參縅於論道之辰獨善於兼濟之日良圖靦議無足多談然退已進賢林叔弘推讓之美自家刑國宜伯協恭孝之規子若之儒素爲基偉容之苦節流譽慶垂來葉不亦宜哉石鑒以公亮升溫羨以明寤顯屬于危亂不隕其名歲寒見松柏之後彫斯人之謂矣

贊曰讓矣密陵孝哉廣陸欽既博雅表亦貞肅鑒績克宣溫聲載穆同鏘玉振爭芬蘭郁

列傳第十四　　晉書四十四

列傳第十五　　晉書四十五　　御撰

劉毅 子暾　程衛　和嶠　武陔　任愷

崔洪　郭弈　侯史光　何攀

劉毅字仲雄東萊掖人漢城陽景王章之後父喈丞相屬毅幼有孝行少厲清節然好臧否人物王公貴人望風憚之僑居平陽太守杜恕請爲功曹沙汰郡吏百餘人三魏稱焉爲之語曰但聞劉功曹不聞杜府君魏末本郡察孝廉辟司隸都官從事京邑肅然毅將彈河南尹司隸不許曰攫獸之犬鼷鼠蹈其背毅曰既能攫獸又能殺鼠何損於犬投傳而去同郡王基薦毅於公府曰毅方正亮直介然不羣言不苟合行不苟容往日僑仕平陽爲郡股肱正色立朝舉綱引墨朱紫有分鄭衞不雜孝弟著於邦族忠貞效於三魏昔孫陽取騏驥於吳坂秦穆拔百里於商旅毅未遇知己無所自呈前已口白謹復申請太常鄭袤舉博士文帝辟爲相國掾辭疾積年不就時人謂毅忠於魏氏而帝怒其顧望將加重辟毅懼應命轉主簿武帝受禪爲尚書郎駙馬都尉遷散騎常侍國子祭酒帝以毅忠蹇正直使掌諫官轉城門校尉遷太僕拜尚書坐事免官咸寧初復爲散騎常侍博士祭酒轉司隸校尉糾正豪右京師肅然司部守令望風投印綬者甚衆時人以毅方之諸葛豐蓋寬饒皇太子朝鼓吹將入東掖門毅以爲不敬止之於門外奏劾保傅以下詔赦之然後得入帝嘗南郊禮畢喟然問毅曰卿以朕方漢何帝也對曰可方桓靈帝曰吾雖德不及古人猶克己爲政又平吳會混一天下方之桓靈其已甚乎對曰桓靈賣官錢入官庫陛下賣官錢入私門以此言之殆不如也帝大笑曰桓靈之世不聞此言今有直臣故不同也散騎常侍鄒湛進曰世談以陛下比漢文帝人心猶不多同昔馮唐答文帝云不能用頗牧而文帝怒今劉毅言犯順而陛下歡然以此相校聖德乃過之矣帝曰我平天下而不封禪焚雉頭裘行布衣禮卿初無言今於小事何見褒之甚湛曰臣聞猛獸在田荷戈而出凡人能之蜂蠆作於懷袖勇夫爲之驚駭出於意外故也夫君臣有自然之尊卑言語有自然之逆順向劉毅始言臣等莫不變色陛下發不世之詔出思慮

之表曰之喜慶不亦宜乎在職六年遷尚書左僕射時龍見武庫井中帝親觀之有喜色百官將賀毅獨表曰昔龍降鄭時門之外子產不賀龍降夏庭沫流不禁卜藏其漦至周幽王禍釁乃發易稱潛龍勿用陽在下也證據舊典无賀龍之禮詔報曰正德未脩誠未有以膺受嘉祥省來示以為瞿然賀慶之事宜詳依典義動靜數示尚書郎劉漢等議以為龍體既蒼雜以素文意者大晉之行戢武興文之應也而毅乃引衰世妖異以疑今之吉祥又以龍在井為潛皆失其意潛之為言隱而不見今龍彩質明煥示人以物非潛之謂也毅應推處詔不聽後陰氣解而復合毅上言必有阿黨之臣姦以事君者當誅而不誅故也毅以魏立九品權時之制未見得人而有八損乃上疏曰臣聞立政者以官才為本官才有三難而興替之所由也人物難知一也愛憎難防二也情偽難明三也今立中正定九品高下任意榮辱在手操人主之威福奪天朝之權勢愛憎決於心情偽由於己公无考校之負私無告訐之忌用心百態求者万端廉讓之風滅苟且之俗成天下訩訩但爭品位不聞推讓竊為聖朝恥之夫名狀以當才為清品輩以得實為平安危之要不可不明清平者政化之美也枉濫者亂敗之惡也不可不察然人才異能備體者寡器有大小達有早晚前鄙後脩宜受日新之報抱正違時宜有質直之稱度遠闕小宜得殊俗之狀任直不飾宜得清實之譽行寡才優宜獲器任之用是以三仁殊塗而同歸四子異行而均義陳平韓信笑侮於邑里而收功於帝王屈原伍胥不容於人主而顯名於竹帛是篤論之所明也今之中正不精才實務依黨利不均稱尺務隨愛憎所欲與者獲虛以成譽所欲下者吹毛以求疵高下逐強弱是非由愛憎隨世興衰不顧才實衰則削下興則扶上一人之身旬日異狀或以貨賂自通或以計協登進附託者必達守道者困悴无報於身必見割奪有私於己必得其欲是以上品无寒門下品无勢族暨時有之皆曲有故慢主罔時實為亂源損政之道一也置州都者取州里清議咸所歸服將以鎮異同一言議不謂一人之身了一州之才一人不審便坐之若然自仲尼以上至于庖犧莫不有失則皆不堪何獨責

於中人者哉若殊不脩自可更選今重其任而輕其人所立品格還訪刁攸攸非州里之所歸非職分之所置今訪之歸正於所不服決事於所不職以長讒搆之源以生乖爭之兆似非立都之本旨理俗之深防也主者既善刁攸攸之所下而復選以二千石已有數人劉良上攸之所下石公罪攸之所行駮違之論橫于州里嫌讎之隙結於大臣夫桑妾之訟禍及吳楚鬬雞之變難興魯邦況乃人倫交爭而部黨興刑獄滋生而禍根結損政之道二也本立格之體將謂人倫有序若貫魚成次也為九品者取下者為格謂才德有優劣倫輩有首尾今之中正務自遠者則抑割一國使无上人穢劣下比則拔舉非次并容其身公以為格坐成其私君子无小人之怨官政无繩姦之防使得上欺明主下亂人倫乃使優劣易地首尾倒錯推貴異之器使在九品之下負戴不肖越在成人之首損政之道三也陛下踐阼開天地之德弘不諱之詔納忠直之言以覽天下之情太平之基不世之法也然賞罰自王公以至于庶人無不加法置中正委以一國之重無賞罰之防人心多故清平者寡故怨訟者眾聽之則告訐无已禁絕則侵枉无極與其理訟之煩猶愈侵枉之害今禁訟訴則杜一國之口培一人之勢使得從橫无所顧憚諸受枉者抱怨積直獨不蒙天地無私之德而長壅蔽於邪人之銓使上明不下照下情不上聞損政之道四也昔在前聖之世欲敦風俗鎮靜百姓隆鄉黨之義崇六親之行礼教庠序以相率賢不肖於是見矣然鄉老書其善以獻天子司馬論其能以官於職有司考績以明黜陟故天下之人退而脩本州黨有德義朝廷有公正浮華邪佞无所容厝今一國之士多者千數或流徙異邦或取給殊方面猶不識況盡其才力而中正知與不知其當品狀采譽於臺府納毀於流言任己則有不識之蔽聽受則有彼此之偏所知者以愛憎奪其平所不知者以人事亂其度既无鄉老紀行之譽又非朝廷考績之課遂使進官之人棄近求遠背本逐末位以求成不由行立品不校功黨譽虛妄損政五也凡所以立品設狀者求人才以理物也非虛飾名譽相為好醜雖孝悌之行不施朝廷故門外之事以義斷恩既以在官職有大小事

有劇易各有功報此人才之實效功分之所得也今則反之於限當報雖職之高還附卑品無績於官而獲高叙是為抑功實而隆虛名也上奪天朝考績之分下長浮華朋黨之事損政六也凡官不同事人不同能得其能則成失其能則敗今品不狀才能之所宜而以九等為例以品取人或非才能之所長以狀取人則為本品之所限若狀得其實猶品狀相妨繫縶選舉使不得精於才宜況今九品所疏則削其長所親則飾其短徒結白論以為虛譽則品不料能百揆何以得理萬機何以得脩損政七也前九品詔書善惡必書以為褒貶當時天下少有所忌今之九品所下不彰其罪所上不列其善廢褒貶之義任愛憎之斷清濁同流以植其私故反違前品大其形勢以驅動衆人使必歸己進者無功以表勸退者無惡以成懲懲勸不明則風俗汙濁天下人焉得不解德行而銳人事損政八也由此論之選中正而非其人授權勢而無賞罰或缺中正而無禁檢故邪黨得肆枉濫從横雖職名中正實為姦府事名九品而有八損或恨結於親親猜生於骨肉當身困於敵讎子孫離其殃咎斯乃歷世之患非徒當今之害也是以時主觀時立法防姦消亂靡有常制故周因於殷有所損益至於中正九品上聖古賢皆所不為豈蔽於此事而有不周哉將以政化之宜無取於此也自魏立以來未見其得人之功而生讎薄之累毀風敗俗無益於化古今之失莫大於此愚臣以為宜罷中正除九品棄魏氏之敝法立一代之美制疏奏優詔答之後司空衛瓘等亦共表宜省九品復古鄉議里選竟不施行毅夙夜在公坐而待旦言議切直無所曲撓為朝野之所式瞻嘗散齋而疾其妻省之毅便奏加妻罪而請解齋妻子有過立加杖捶其公正如此然以峭直故不至公輔帝以毅清貧賜錢三十萬日給米肉年七十告老久之見許以光祿大夫歸第門施行馬復賜錢百萬後司徒舉毅為青州大中正尚書以毅懸車致仕不宜勞以碎務陳留相樂安孫尹表曰礼凡卑者執勞尊者居逸是順叙之宜也司徒魏舒司隸校尉嚴詢與毅年齒相近往者同為散騎常侍後分授外內之職資塗所經出處一致今詢管四十萬戸州兼董司百寮惣攝機要舒所

統殷廣兼執九品銓十六州論議主者不以為劇毅但以知一州便謂不宜累以碎事於毅太優詢舒太劣若以前聽致仕不宜復與遷授位者故光祿大夫鄭袤為司空是也夫知人則哲惟帝難之尚可復委以宰輔之任不可諮以人倫之論臣竊所未安昔鄭武公年過八十入為周司徒雖過懸車之年必有可用毅前為司隸直法不撓當朝之臣多所按劾諺曰受堯之誅不能稱堯直臣無黨古今所惡是以汲黯死於淮陽董仲舒裁為諸侯之相而毅獨遭聖明不離輦轂當世之士咸以為榮毅雖身偏有風疾而志氣聰明一州品第不足勞其思慮毅疾惡之心小過主者必疑其論議傷物故高其優礼令去事實此為机閣毅使絕人倫之路也臣州茂德惟毅越毅不用則清談倒錯矣於是青州自二品已上光祿勳石鑒等共奏曰謹按陳留相孫尹表及與臣等書如左臣州履境海岱而參風齊魯故人俗務本而世敦德讓今雖不充於舊而遺訓猶存是以人倫歸行士識所守也前被司徒符當參舉州大中正僉以光祿大夫毅純孝至素著在鄉閭忠允亮直竭於事上仕不為榮惟期盡節正身率道崇公忘私行高義明出處同揆故能令義士宗其風景州閭歸其清流雖年耆偏疾而神明克壯實臣州人士所思準繫者矣誠以毅之明格不言而信風之所動清濁必偃以稱一州咸同之望故也竊以為礼賢尚德教之大典王制奪與動為開塞而士之所歸人倫為大臣等虛劣雖言廢於前今承尹書敢不列啓按尹所執非惟借名議於毅之身亦通陳朝宜奪與大準以為尹言當否應蒙評議由是毅遂為州都銓正人流清濁區別其所彈貶自親貴者始太康六年卒武帝撫机驚曰失吾名臣不得生作三公即贈儀同三司使者監護喪事羽林左監北海王宮上疏曰中詔以毅忠允匪躬贈班台司斯誠聖朝考績以毅著勳之美事也臣謹按謚者行之迹而號者功之表今毅功德並立而有號無謚於義不體臣竊以春秋之事求之謚法主於行而不繼爵然漢魏相承爵非列侯則皆没而高行不加之謚至使三事之賢臣不如野戰之將銘跡所殊臣願聖世舉春秋之遠制改列爵之舊限使夫功行之實不相掩替則莫不率賴若以革舊

毀制非所倉卒則毅之忠益雖不攻城略地論德進爵亦應在例臣敢惟行甫請周之義謹牒毅功行如右帝出其表使八坐議之多同宮議奏寢不報二子暾總

暾字長升正直有父風太康初為博士會議齊王攸之國加崇典禮暾與諸博士坐議迕旨武帝大怒收暾等付廷尉會赦得出免官初暾父毅疾馮紞姦佞欲奏其罪未果而卒至是紞位宦日隆暾慨然曰使先人在不令紞得無患後為酸棗令轉侍御史會司徒王渾主簿劉輿獄辭連暾將收付廷尉渾不欲使府有過欲距劾自舉之與暾更相曲直渾怒便遜位還第暾乃奏渾曰謹按司徒王渾蒙國厚恩備位鼎司不能上佐天日調和陰陽下遂万物之宜使卿大夫各得其所敢因劉輿距扞詔使私欲大府興長獄訟昔陳平不答漢文之問邴吉不問死人之變誠得宰相之體也既興刑獄怨懟而退舉動輕速無大臣之節請免渾官右長史楊丘亭侯劉肇便辟善柔苟於阿順請大鴻臚削爵土諸聞暾此奏者皆歎美之其後武庫火尚書郭彰率百人自衛而不救火暾正色詰之彰怒曰我能截君角也暾勃然謂彰曰君何敢恃寵作威作福天子法冠而欲截角乎求紙筆奏之彰伏不敢言眾人解釋乃止彰久貴豪侈每出輒從百餘人自此之後務從簡素暾遷太原內史趙王倫篡位假征虜將軍不受與三王共舉義惠帝復阼暾為左丞正色立朝三臺清肅尋兼御史中丞奏免尚書僕射東安公繇及王粹董艾等十餘人朝廷嘉之遂即真還中庶子左衞將軍司隸校尉奏免武陵王澹及何綏劉坦溫畿李晅等長沙王乂討齊王冏暾豫謀封朱虛縣公千八百戶乂死坐免頃之復為司隸及惠帝之幸長安也留暾守洛陽河間王顒遣使鴆羊皇后暾乃與留臺僕射荀藩河南尹周馥等上表理后無罪語在后傳顒見表大怒遣陳顏呂朗率騎五千收暾暾東奔高密王略會劉根作逆略以暾為大都督加鎮軍將軍討根暾戰失利還洛至酸棗值東海王越奉迎大駕及帝還洛羊后反宮后遣使謝暾曰賴劉司隸忠誠之志得有今日以舊勳復封爵加光祿大夫暾妻前卒先陪陵葬子更生初婚家法婦當拜墓攜賓客親屬數十乘載酒食而行先是洛陽令王棱為越所信而輕暾暾每欲繩之棱以為怨時劉聰王彌屯河北京邑危懼棱告越云暾與彌鄉親而欲投之越嚴騎將追暾右長史傅宣明暾不然暾聞之未至墓而反以正義責越越甚慚及劉曜寇京師以暾為撫軍將軍假節都督城守諸軍事曜退遷尚書僕射越憚暾久居監司又為眾情所歸乃以為右光祿大夫領太子少傅加散騎常侍外示崇進實奪其權懷帝又詔暾領衞尉加特進後復以暾為司隸加侍中暾五為司隸允協物情故也王彌入洛百官殲焉彌以暾鄉里宿望故免於難暾因說彌曰今英雄競起九州幅裂有不世之功者宇內不容將軍自興兵已來何攻不剋何戰不勝而復與劉曜不協宜思文種之禍以范蠡為師且將軍可無帝王之意東王本州以觀事勢上可以混一天下下可以成鼎峙之事豈失孫劉乎蒯通有言將軍宜圖之彌以為然使暾于青州與曹嶷謀且徵之暾至東阿為石勒游騎所獲見彌與嶷書而大怒乃殺之暾有二子佑白佑為太傅掾白太子舍人白果烈有才用東海王越忌之竊遣上軍何倫率百餘人入暾第為劫取財物殺白而去總字弘紀好學直亮後叔父彪位至北軍中候

程衞者字長玄廣平曲周人也少立操行彊正方嚴劉毅聞其名辟為都官從事毅奏中護軍羊琇犯憲應死武帝與琇有舊乃遣齊王攸喻毅毅許之衞正色以為不可徑自馳車入護軍營收琇屬吏考問陰私先奏琇所犯狼藉然後言於毅由是名振遐邇百官厲行遂辟公府掾遷尚書郎侍御史在職皆以事幹顯補洛陽令歷安定頓丘太守所莅著績卒於官

和嶠字長輿汝南西平人也祖洽魏尚書令父逌魏吏部尚書嶠少有風格慕舅夏侯玄之為人厚自崇重有盛名於世朝野許其能整風俗理人倫襲父爵上蔡伯起家太子舍人累遷潁川太守為政清簡甚得百姓懽心太傅從事中郎庾顗見而歎曰嶠森森如千丈松雖磥砢多節目施之大廈有棟梁之用賈充亦重之稱於武帝入為給事黃門侍郎遷中書令帝深器遇之舊監令共車入朝時荀勖為監嶠

勖爲人以意氣加之每同乘高抗專車而坐乃使監令異車自嶠始也吳平以參謀議功賜弟郁爵汝南亭侯嶠轉侍中愈被親禮與任愷張華相善嶠見太子不令因侍坐曰皇太子有淳古之風而季世多僞恐不了陛下家事帝默然不荅後與荀顗荀勖同侍帝曰太子近入朝差長進卿可俱詣之粗及世事既奉詔而還顗勖並稱太子明識弘雅誠如明詔嶠曰聖質如初耳帝不悅而起嶠退居恒懷慨歎知不見用猶不能已在御坐言及社稷未嘗不以儲君爲憂帝知其言忠每不酬和後與嶠語不及來事或以告賈妃妃銜之太康末爲尚書以母憂去職及惠帝即位拜太子少傅加散騎常侍光祿大夫太子朝西宮嶠從入賈后使帝問嶠曰卿昔爲我不了家事今日定云何嶠曰臣昔事先帝曾有斯言言之不效國之福也臣敢逃其罪乎元康二年卒贈金紫光祿大夫加金章紫綬本位如前永平初策謚曰簡嶠家產豐富擬於王者然性至吝以是獲譏於世杜預以爲嶠有錢癖以弟郁子濟嗣位至中書郎郁字仲興才望不及嶠而以清幹稱歷尚書左右僕射中書令尚書令洛陽傾没奔于苟晞疾卒

武陔字元夏沛國竹邑人也父周魏衛尉陔沉敏有器量早獲時譽與二弟韶叔夏茂季夏並總角知名雖諸父兄弟及鄉閭宿望莫能覺其優劣同郡劉公榮有知人之鑒常造周周見其三子焉公榮曰皆國士也元夏最優有輔佐之才陳力就列可爲亞公叔夏季夏不減常伯納言也陔少好人倫與潁川陳泰友善魏明帝世累遷下邳太守景帝爲大將軍引爲從事中郎累遷司隸校尉轉太僕卿初封亭侯五等建改封薛縣侯文帝甚親重之數與詮論時人常問陳泰孰若其父羣陔各稱其所長以爲羣泰略無優劣帝然之泰始初拜尚書掌吏部遷左僕射左光祿大夫開府儀同三司陔以宿齒舊臣名位隆重自以無佐命之功又在魏已爲大臣不得已而居位深懷遜讓終始全潔當世以爲美談卒於位謚曰定子輔嗣歷吏部郎太子右衛率散騎常侍茂以德素稱名亞於陔爲上洛太守散騎常侍侍中尚書潁川荀愷年少於茂即武帝姑子自負貴戚欲與茂交距而不荅由是致怨及楊駿誅愷時爲僕射以茂駿之姨弟陷爲逆黨遂見害茂清正方直聞於朝野一旦枉酷天下傷焉侍中傅祗上表申明之後追贈光祿勳

任愷字元裒樂安博昌人也父昊魏太常愷少有識量尚魏明帝女累遷中書侍郎員外散騎常侍晉國建爲侍中封昌國縣侯愷有經國之幹萬機小大多管綜之性忠正以社稷爲己任帝器而暱之政事多諮焉泰始初鄭沖王祥何曾荀顗裴秀等各以老疾歸第帝優寵大臣不欲勞以筋力數遣愷諭旨於諸公諮以當世大政參議得失愷惡賈充之爲人也不欲令久執朝政每裁抑焉充病之不知所爲後承間言愷忠貞局正宜在東宮使護太子帝從之以爲太子少傅而侍中如故充計畫不行會秦雍寇擾天子以爲憂愷因曰秦涼覆敗關右騷動此誠國家之所深慮宜速鎮撫使人心有庇自非威望重臣有計略者無以康西土也帝曰誰可任者愷曰賈充其人也中書令庾純亦言之於是詔充西鎮長安充用荀勖計得留充既爲帝所遇欲專名勢而庾

純張華溫顒向秀和嶠之徒皆與愷善楊珧王恂華廙等充所親敬於是朋黨紛然帝知之召充愷宴於式乾殿而謂充等曰朝廷宜一大臣當和充愷各拜謝而罷既而充愷等以帝已知之而不責結怨愈深外相崇重內甚不平或爲充謀曰愷總門下樞要得與上親接宜啓令典選便得漸疎此一都令史事耳且九流難精間隙易乘充因稱愷才能宜在官人之職帝不之疑謂充舉得其才即日以愷爲吏部尚書加奉車都尉愷既在尚書選舉公平盡心所職然侍覲轉希充與荀勖馮紞承間浸潤謂愷豪侈用御食器充遣尚書右僕射高陽王珪奏愷遂免官有司收太官宰人檢覈是愷妻齊長公主得賜魏時御器也愷既免而毀謗益至帝漸薄之然山濤明愷爲人通敏有智局舉爲河南尹坐賊發不獲又免官復遷光祿勳愷素有識鑒加以在公勤恪甚得朝野稱譽而賈充朋黨又諷有司奏愷與立進令劉友交關事下尚書愷對不伏尚書杜友廷尉劉良並忠公士也知愷爲充所抑欲申理之故遲留而未斷以是愷及友良皆免官愷既失職乃縱酒耽樂極滋

味以自奉養初何劭以公子奢侈每食必盡四方珍饌愷乃踰之一食萬錢猶云無可下箸處愷時因朝請帝或慰諭之愷初無復言惟泣而已後起為太僕轉太常初魏舒雖歷位郡守而未被任遇愷為侍中薦舒為散騎常侍至是舒為右光祿開府領司徒帝臨軒使愷拜受舒雖以弘量寬簡為稱時以愷有佐世器局而舒登三公愷止守散卿莫不為之憤歎也愷不得志竟以憂卒時年六十一謚曰元子字嗣罕字子倫幼有門風才望不及愷以淑行致稱為清平佳士歷黃門侍郎散騎常侍兗州刺史大鴻臚

崔洪字良伯博陵安平人也高祖寔著名漢代父讚魏吏部尚書左僕射以雅量見稱洪少以清厲顯名骨鯁不同於物人之有過輒面折之而退无後言武帝世為御史治書時長樂馮恢父為弘農太守愛少子淑欲以爵傳之恢父終服闋乃還鄉里結草為廬陽瘖不能言淑得襲爵恢始仕為博士祭酒散騎常侍翟嬰薦恢高行邁俗侔繼古烈洪奏恢不敦儒業令學生番直左右雖有讓侯微善不得稱無倫輩嬰為

浮華之目遂免嬰官朝廷憚之尋為尚書左丞時人為之語曰叢生棘刺來自博陵在南為鷂在北為鷹遷吏部尚書舉用甄明門无私謁薦雍州刺史郤詵代己為左丞詵後糾洪洪謂人曰我舉郤丞而還奏我是挽弩自射也詵聞曰昔趙宣子任韓厥為司馬以軍法戮宣子之僕宣子謂諸大夫曰可賀我矣吾選厥也任其事崔侯為国舉才我以才見舉惟官是視各明至公何故私言乃至此洪聞其言而重之洪口不言貨財手不執珠玉汝南王亮常讌公卿以瑠璃鍾行酒酒及洪洪不執亮問其故對曰慮有執玉不趨之義故尔然實乖其常性故為詭說楊駿誅洪與都水使者王佑親坐見黜後為大司農卒官子廓散騎侍郎亦以正直稱

郭奕字大業太原陽曲人也少有重名　濤稱其高簡有雅量初為野王令羊祜常過之奕歎曰羊叔子何必減郭大業少選復往又歎曰羊叔子去人遠矣遂送祜出界數百里坐此免官咸熙末為文帝相國主簿時鍾會反於蜀荀勗即會之從甥少長會家勗為文帝掾奕啓出之帝雖不用然知其雅正武帝踐阼初建東宮以奕及鄭默並為中庶子遷右衛率驍騎將軍封平陵男咸寧初遷雍州刺史鷹揚將軍尋假赤幢曲蓋鼓吹奕有寡姊隨其之官姊下僮僕多有姦犯而為人所糾奕省按畢曰大丈夫豈當以老姊求名遂遣而不問時亭長李含有俊才而門寒為豪族所排奕用為別駕含後果有名位時以奕為知人太康中徵為尚書奕有重名當世朝臣皆出其下時帝委任楊駿奕表駿小器不可任以社稷帝不聽駿後果誅及奕疾病詔賜錢二十万日給酒米太康八年卒太常上謚為景有司議以貴賤不同號謚與景皇同不可請謚曰穆詔曰謚所以旌德表行按謚法一德不懈為簡奕忠毅清直立德不渝於是遂賜謚曰簡

侯史光字孝明東萊掖人也幼有才悟受學於同縣劉夏與孝廉州辟別駕咸熙初為洛陽典農中郎將封關中侯泰始初拜散騎常侍尋兼侍中與皇甫陶荀廙持節循省風俗及還奏事稱旨轉城門校尉進爵臨海侯其年詔曰光忠亮篤素有居正執義之心歷職內外恪勤在

公其以光為御史中丞雖屈其列校之位亦所以伸其司直之才光在職寬而不縱太保王祥久疾廢朝光奏請免之詔優祥而寢光奏後遷少府卒官詔賜朝服一具衣一襲錢三十萬布百匹及葬又詔曰光厲志守約有清忠之節家極貧儉其賜錢五十万光儒學博古歷官著績文筆奏議皆有條理長子玄嗣官至玄菟太守卒子施嗣東莞太守

何攀字惠興蜀郡郫人也仕州為主簿屬刺史皇甫晏為牙門張弘所害誣以大逆時攀適丁母喪遂詣梁州拜表證晏不反故晏冤理得申王濬為益州辟為別駕濬謀伐吳遣攀奉表詣臺口陳事機詔再引見乃令張華與攀籌量進討之宜濬兼遣攀過羊祜面陳伐吳之策攀善於將命帝善之詔攀參濬軍事及孫皓降於濬而王渾恚於後機將攻濬攀勸濬送皓與渾由是事解以攀為濬輔国司馬封關內侯轉滎陽令上便宜十事甚得名稱除廷尉平時廷尉卿諸葛沖以攀蜀士輕之及共斷疑獄沖始歎服遷宣城太守不行轉散騎侍郎楊駿執政多樹親屬大開封賞欲以恩澤自衛攀以為非乃与石崇共立議奏之語在

崇傳帝不納以豫誅駿功封西城侯邑萬戶賜絹萬匹弟逢平鄉侯兄子達關中侯攀固讓所封戶及絹之半餘所受者分給中外宗親略不入已遷翊軍校尉頃之出爲東羌校尉徵爲揚州刺史在任三年遷大司農轉兗州刺史加鷹揚將軍固讓不就太常成粲左將軍卞粹勸攀莅職中詔又加切厲攀竟稱疾不起及趙王倫篡位遣使召攀更稱疾篤倫怒將誅之攀不得已扶疾赴召卒于洛陽時年五十八攀居心平允莅官整肅愛樂人物敦儒貴才爲梁益二州中正引致遺滯巴西陳壽閻乂犍爲費立皆西州名士並被鄉閭所謗清議十餘年攀申明曲直咸免冤濫攀雖居顯職家甚貧素無妾媵伎樂惟以周窮濟乏爲事子璋嗣亦有父風

史臣曰幽厲不君上德猶懷進善共驩在位大聖之所不堪況乎志士仁人寧求苟合懷其寵秩所以繫其存亡者也雖復自口銷金投光撫劍馳書北闕敗車猶踐而諫主不易譏臣實難劉毅一遇寬容任和兩遭虐受詳觀餘烈亦各其心焉若夫武陔懷魏臣之志崔洪受郤詵之道長升勸王弥之尊何攀從趙倫之命君子之人觀乎臨事者也

贊曰仲雄初令忠謇昌揚庭身方諸葛帝擬桓靈大業非楊元晏誚賈和氏條暢堪施大廈崔門不謁聲飛朝野侯史武陔輔佐之才何攀平允寃濫多迴

列傳第十五　晉書四十五

列傳第十六　晉書四十六　御撰

劉頌　李重

劉頌字子雅廣陵人漢廣陵厲王胥之後也世爲名族同郡有雷蔣穀魯四姓皆出其下時人爲之語曰雷蔣穀魯劉最爲祖父觀平陽太守頌少能辨物理爲時人所稱察孝廉舉秀才皆不就文帝辟爲相府掾奉使于蜀時蜀新平人饑土荒頌表求振貸不待報而行由是除名武帝踐祚拜尚書三公郎典科律申寃訟累遷中書侍郎咸寧中詔頌與散騎郎白褒巡撫荊揚以奉使稱旨轉黃門郎遷議郎守廷尉時尚書令史扈寅非罪下獄詔使考竟頌執據无罪寅遂得免時人以頌比張釋之在職六年號爲詳平會滅吳諸將爭功遣頌校其事以王渾爲上功王濬爲中功帝以頌持法失理左遷京兆太守不行轉任河內臨發上便宜多所納用郡界多公主水碓遏塞流水轉爲浸害頌表罷之百姓獲其便利尋以母憂去職服闋除淮南相在官嚴整甚有政績舊修芍陂年用數萬人豪彊兼并孤貧失業頌使大小戮力計功受分百姓歌其平惠頌在郡上疏曰臣昔忝河內臨辭受詔卿所言悉要事宜小大數以聞恒苦多事或不能悉有報勿以爲疑臣受詔之日喜懼交集益思自竭用忘其鄙願以螢燭增暉重光到郡草具所陳如左未及書上會臣嬰丁天罰寢頓累年今謹封上前事臣雖才不經國言淺多違猶願陛下垂省使臣微誠得經聖鑒不總棄於常案如有足採冀補萬一伏見詔書開啓土宇以支百世封建戚屬咸出之藩夫豈不懷公理然也樹國全制始成於今超秦漢魏氏之局節紹五帝三代之絕跡功被无外光流後裔巍巍盛美三五之君殆有慙德何則彼因自然而就之異乎絕跡之後更創之雖然封幼稚皇子於吳蜀臣之愚慮謂未盡善夫吳越剽輕庸蜀險絕此故變釁之所出易生風塵之地且自吳平以來東南六州將士更守江表此時之至患也又內兵外守吳人有不自信之心宜得壯主以鎮撫之使內外各安其舊又孫氏爲國文武衆職數擬天朝一旦堙替同於編戶不識所蒙更生之恩而災困逼身自謂失地用懷不

靖今得長王以臨其國隨才授任文武竝叙士卒百役不出其鄉求富貴者取之於國內內兵得散新邦又安兩獲其所於事爲宜宜取同姓諸王年二十以上人才高者分王吳蜀以其去近就遠割裂土宇令倍於舊以徙封故地用王幼稚須皇子長乃遣君之於事无晚也急所須地交得長主此事宜也臣所陳封建今大義已舉然餘衆事儻有足採以參成制故皆并列本事臣聞不憚危悔之患而願獻所見者盡忠之臣也垂聽逆耳甘納苦言者濟世之君也臣以期運幸遇无諱之朝雖當抗疏陳辭汜論政體猶未悉所見指言得失徒荷恩寵不異凡流臣竊自愧不盡忠規无以上報謹列所見如左臣誠未自許所言必當然要以不隱爲懷爲上報之節若萬一足採則微臣更生之年如皆瞽妄則國之福也願陛下缺半日之間垂省臣言伏惟陛下雖應天順人龍飛踐祚爲創業之主然所遇之時實是叔世何則漢末陵遲閹豎用事小人專朝君子在野政荒衆散遂以亂亡魏武帝以經略之才撥煩理亂兼肅文教積數十年至于延康之初然後吏清下順法始大行逮至文明二帝奢淫驕縱傾殆之主也然內盛臺榭聲色之娛外當三方英豪嚴敵事成克舉少有愆違其故何也實賴前緒以濟勳業然法物政刑固已漸頹矣自嘉平之初晉祚始基逮于咸熙之末其間累年雖鈇鉞屢斷翦除凶醜然其存者咸蒙遭時之恩不軌於法泰始之初陛下踐阼其所服乘皆先代功臣之胤非其子孫則其曾玄古人有言膏粱之性難正故曰時遇叔世當此之秋天地之位始定四海洗心整綱之會也然陛下猶以用才因宜法寬有由積之在素異於漢魏之先三祖崛起易朝之爲未可一旦直繩御下誠時宜也然至所以爲政矯世衆務自宜漸出公塗法正威斷日遷就肅譬由行舟雖不橫截迅流然俄向所趣漸靡而往終得其濟積微稍著以至於今可以言政而自泰始以來將三十年政功美績未稱聖旨凡諸事業不茂既往以陛下明聖猶未及叔世之弊以成始初之隆傳之後世不无慮乎意者臣言豈不少槩聖心夫顧惟萬載之事

理在二端天下大器一安難傾一傾難正故慮經後世者必精目下之政政安遺業使數世賴之若乃兼建諸侯而樹藩屏深根固蒂則祚延无窮可以比跡三代如或當身之政遺風餘烈不及後嗣雖樹親戚而成國之制不建使夫後世獨任智力以安大業若未盡其理雖經異時憂責猶追在陛下將如之何願陛下善當今之政樹不拔之勢則天下无遺憂矣夫聖明不世及後嗣不必賢此天理之常也故善爲天下者任勢而不任人任勢者諸侯是也任人者郡縣是也郡縣之察小政理而大勢危諸侯爲邦近多違而遠慮固聖王推終始之弊權輕重之理包彼小違以據大安然後足以藩固內外維鎮九服夫武王聖主也成王賢主也然武王不恃成王之賢而廣封建者慮經无窮也且善言今者必有驗之於古唐虞以前書文殘缺其事難詳至於三代則竝建明德及興王之顯親列爵五等開國承家以藩屏帝室延祚久長近者五六百歲遠者僅將千載逮至秦氏罷侯置守子弟不分尺土孤立无輔二世而亡漢承周秦之後雜而用之前後二代各二百餘年揆其封建不用雖彊弱不適制度舛錯不盡事中然跡其衰亡恒在同姓失職諸侯微時不在彊盛昔呂氏作亂幸賴齊代之援以寧社稷七國叛逆梁王捍之卒弭其難自是之後威權削奪諸侯止食租俸甚者至乘牛車是以王莽得擅本朝遂其姦謀傾蕩天下毒流生靈光武紹起雖封樹子弟而不建成國之制祚亦不延魏氏承之圈閉親戚幽囚子弟是以神器速傾天命移在陛下長短之應禍福之徵可見於此又魏氏雖正位居體南面稱帝然三方未賓正朔有所不加實有戰國相持之勢大晉之興宣帝定燕太祖平蜀陛下滅吳可謂功格天地土廣三王舟車所至人迹所及皆爲臣妾四海大同始于今日宜承大勳之籍及陛下盛明之時開啓土宇使同姓必王建久安於萬載垂長世於无窮臣又聞國有任臣則安有重臣則亂而王制人君立子以適不以長立適以長不以賢此事情之不可易者也而賢明至少不肖至衆此固天理之常也物類相求感應而至又自然也是以

闇君在位則重臣盈朝明后臨政則任臣列職夫任臣之與重臣俱執國統而立斷者也然成敗相反邪正相背其故何也重臣假所資以樹私任臣因所籍以盡公盡公者政之本也樹私者亂之源也推斯言之則泰日少亂日多政教漸頽欲國之无危不可得也又非徒唯然而已借令愚劣之嗣蒙先哲之遺緒得中賢之佐而樹國本根不深无幹輔之固則所謂任臣者化而為重臣矣何則國有可傾之勢則執權者見疑衆疑難以自信而甘受死亡者非人情故也若乃建基既厚藩屏彊禦雖置幼君赤子而天下不懼曩之所謂重臣者悉令反忠而為任臣矣何則理无危勢懷不自猜忠誠得著不惕於邪故也聖王知賢哲之不世及故立相持之勢以御其臣是以五等既列臣无忠慢同於竭節以狥其上羣后既建繼体賢鄙亦均一契等於无慮且樹國苟固則所任之臣得賢益理次委中智亦足以安何則勢固易持故也然則建邦苟盡其理則无向不可是以周室自成康以下逮至宣王宣王之後到于赧王其間

歷載朝无名臣而宗廟不隕者諸侯維持之也故曰為社稷計莫若建國夫邪正逆順者人心之所繫服也今之建置宜審量事勢使諸侯率義而動同忿俱奮令其力足以維帶京邑若包藏禍心惕於邪而起孤立无黨所蒙之籍不足獨以有為然齊此甚難陛下宜與達古今善識事勢之士深共籌之建侯之理使君樂其國臣榮其朝各流福祚傳之无窮上下一心愛國如家視百姓如子然後能保荷天祿兼翼王室今諸王裂土皆兼於古之諸侯而君賤其爵臣耻其位莫有安志其故何也法同郡縣无成國之制故也今之建置宜使率由舊章一如古典然人心繫常不累十年好惡未改情願未移臣之愚慮以為宜早創大制遲迴衆望猶在十年之外然後能令君臣各安其位榮其所蒙上下相持用成藩輔如今之為適足以虧天府之藏徒棄穀帛之資无補鎮國衛上之勢也古者封建既定各有其國後雖王之子孫无復尺土此今事之必不行者也若推親疎轉

有所廢以有所樹則是郡縣之職非建國之制今宜豫開此地令十世之内使親者得轉處近十世之遠近郊地盡然後親疎相維不得復如十世之内然猶樹親有所遷天下都滿已彌數百千年矣今方始封而親疎倒施甚非所宜宜更大量天下土田方里之數都更裂土分人以王同姓使親疎遠近不錯其宜然後可以永安古者封國大者不過土方百里然後人數殷衆境内必盈其力足以備充制度今雖一國周環近將千里然力實寡不足以奉國典所遇不同故當因時制宜以盡事適今宜令諸王國容少而軍容多然於古典所應有者悉立其制然非急所須漸而備之不得頓設也須車甲器械既具羣臣乃服絲章倉廩已實乃營宮室百姓已足乃備官司境内充實乃作禮樂唯宗廟社稷則先建之至於境内之政官人用才自非内史國相命於天子其餘衆職及死生之斷穀帛資實慶賞刑威非封爵者悉得專之今臣所舉二端蓋事之大較其所不載應在二端之屬者以此為率今諸國本一郡之政耳若備舊典則官司以數事所不須而以虛制損實力至於慶賞刑斷

所以衛下之權不重則無以威衆人而衛上故臣之愚慮欲令諸侯權具國容少而軍容多然亦終於必備今事為宜周之建侯長享其國與王者竝遠者曾將千載近者猶數百年漢之諸王傳祚僅至曾玄人性不甚相遠古今一揆而短長甚違其故何邪立意本殊而制不同故也周之封建使國重於君公侯之身輕於社稷故無道之君不免誅放敦興滅繼絶之義故國祚不泯不免誅放則羣后思懼胤嗣必繼是无亡國也諸侯思懼然後軌道下无亡國天子乘之理勢自安此周室所以長在也漢之樹置君國輕重不殊故諸王失度陷於罪戮國隨以亡不崇興滅繼絶之序故下无固國下无固國天子居上勢孤无輔故姦臣擅朝易傾大業今宜反漢之弊修周舊跡國君雖或失道陷於誅絶又无子應除苟有始封支胄不問遠近必紹其祚若无遺類則虛建之須皇子生以繼其統然後建國无滅又班固稱諸侯夫國亦猶網密今又宜都寛其檢且建侯之理本經盛衰大制都定班之羣后著誓丹青書之玉版藏之金匱置諸宗廟副在有司寡弱小國猶不可危豈況萬乘之

主承難傾之邦而加其上則自然永久居重固之安可謂根深華嶽而四維之也臣之愚願陛下置天下於自安之地寄大業於固成之勢則可以无遺憂矣今閭閻少名士官司无高能其故何也清議不肅人不立德行在取容故无名士下不專局又无考課吏不竭節故无高能无高能則有疾世事少名士則後進无準故臣思立吏課而肅清議夫欲富貴而惡貧賤人理然也聖王大詣物情知不可去故直同公私之利而詭其求道使夫欲富者必先由貧欲貴者必先安賤安賤則不矜不矜然後廉耻厲守貧者必節欲節欲然後操全以此處務乃得盡公盡公者富貴之徒也為无私者終得其私故公私之利同也今欲富者不由貧自得富欲貴者不安賤自得貴公私之塗既乖而人情不能無私私利不可以公得則恒背公而橫務是以風節日頹公理漸替人士富貴非軌道之所得以此為政小在難期然教頹來既久難反一朝又世放都靡營欲比肩羣士渾然庸行相似不可頓肅甚殊黜陟也且教不求盡善善在抑尤同侈之中猶有甚泰使夫昧適情之樂者損其顯榮

之貴俄在不鮮之地約已潔素者蒙儉德之報列于清官之上二業分流令各有蒙然俗放都奢不可頓肅故臣私慮願先從事於漸也天下至大萬事至衆人君至少同於天日故非垂聽所得周覽是以聖王之化執要而已委務於下而不以事自嬰也分職既定無所與焉非憚日昃之勤而牽於逸豫之虞誠以政體宜然事勢致之也何則夫造創謀始逆闇是非以別能否甚難察也既以施行因其成敗以分功罪甚易識也易識在考終難察在造始故人君恒居其易則安人臣不處其難則亂今陛下每精事始而略於考終故羣吏慮事懷成敗之懼輕飾文采以避目下之譴重此政功所以未善也今人主能恒居易執要以御其下然後人臣功罪形於成敗之徵無逃其誅賞故罪不可蔽功不可誣則能者勸罪不可蔽則違慢日肅此為國之大略也臣竊惟陛下聖心意在盡善懼政有違故精事始以求无失又以衆官勝任者少故不委務當居日昃也臣之愚慮竊以為今欲盡善故宜考終何則精始難校故也又羣官多不勝任亦宜委務使能者得以成功不能者得以著

敗敗著可得而廢功成可得遂任然後賢能常居位以善事闇劣不得以尸祿害政如此不已則勝任者漸多經年少久即羣司備得其人矣此校才考實政之至務也今人主不委事仰成而與諸下共造事始則功罪難分下不專事居官不久故能否不別何以驗之今世士人決不悉良能也又決不悉疲軟也然今欲舉一忠賢不知所賞求一負敗不知所罰及其免退自以犯法耳非不能也登進者自以累資及人間之譽耳非功實也若謂不然則當今之政未稱聖旨此其徵也陛下御今法為政將三十年而功未日新其咎安在古人有言琴瑟不調甚者必改而更張凡臣所言誠政體之常然古今異宜所遇不同陛下縱未得盡仰成之理都委務於下至於今事應奏御者蠲除不急使要事得精可三分之二古者六卿分職冢宰為師秦漢已來九列執事丞相都總今尚書制斷諸卿奉成於古制為重事所不須然今未能省并可出衆事付外寺使得專之尚書為其都統若丞相之為惟立法創制死生之斷除名流徙退免大事及連度支之事臺乃奏處其餘外官皆專斷之

歲終臺閣課功校簿而已此為九卿造創事始斷而行之尚書書主賞罰繩之其勢必愈考成司非而已於今親掌者動受成於上下之所失不得復以罪下歲終事功不建不知所責也夫監司以法舉罪獄官案劾盡實法吏據辭守文大較雖同然至於施用監司與夫法獄體宜小異獄官唯實法吏唯文監用則欲舉大而略小何則夫細過微闕謬妄之失此人情之所必有而悉糾以法則朝野无立人此所謂欲理而反亂者也故善為政者綱舉而網疏綱舉則所羅者廣網疏則小必漏所羅者廣則為政不苛此為政之要也而自近世以來為監司者類大綱不振而微過必舉微過不足以害政舉之則微而益亂大綱不振則豪彊橫肆豪彊橫肆則百姓失職矣此錯所急而倒所務之由也今宜令有司反所常之政使天下可善化及此非難也人主不善碎密之案必責犯彊舉尤之奏當以盡公則害政之姦自然禽矣夫大姦犯政而亂兆庶之罪者類出富彊而豪富者其力足憚其貨足欲是以官長顧勢而頓筆下吏縱姦懼所司之不舉則謹密網以羅微罪使奏劾相接狀

似盡公而撓法不亮固已在其中矣非徒無益於政體清議乃由此而益傷古人有言曰君子之過如日之蝕焉又曰過而能改又曰不貳過凡此數者皆是賢人君子不能無過之言也苟不至於害政則皆天網之所漏所犯在甚泰然後王誅所必加此舉罪淺深之大例者也故君子得全美以善事不善者必夷戮以警衆此爲政誅赦之準式也何則所爲賢人君子苟不能無過小疵不可以廢其身而輒繩以法則愧於明時何則雖有所犯輕重甚殊於士君子之心受責不同而名不異者故不軌之徒得引名自方以惑衆聽因名可亂假力取直故清議益傷也凡舉過彈違將以肅風論而整世教今舉小過清議益穢是以聖人深識人情而達政體故其稱曰不以一眚掩大德又曰赦小過舉賢才又曰無求備於一人故冕而前旒充纊塞耳意在善惡之報必取其尤然後簡而不漏大罪必誅法禁易全也何則害法在犯尤而謹搜微過何異放兕豹於公路而禁鼠盜於隅隙古人有言鈇鉞不用而刀鋸日弊不可以爲政此言大事緩而小事急也時政所失少有此類陛下宜

反而求之乃得所務也夫權制不可以經常政乖不可以守安此言攻守之術異也百姓雖愚望不虛生必因時而發有因而發則望不可奪事變異前則時不可違明聖達政應赴之速不及下車故能動合事機大得人情昔魏武帝分離天下使人役居戶各在一方既事勢所須且意有曲爲權假一時以赴所務非正典也然逡巡至今積年未改百姓雖身丁其困而私怨不生誠以三方未悉蕩并知時未可以求安息故也是以甘役如歸視險若夷至於平吳之日天下懷靜而東南二方六州郡兵將士武吏戍守江表或給京城運漕父南子北室家分離咸更不寧又不習水土運役勤瘁並有死亡之患勢不可久此宜大見處分以副人望魏氏錯役亦應改舊此二者各盡其理然黔首感恩懷德謳吟樂生必十倍於今也自董卓作亂以至今近出百年四海勤瘁丁難極矣六合渾并始於今日兆庶思寧非虛望也然古今異宜所遇不同誠亦未可以希遵在昔息放馬牛然使受百役者不出其國兵備待事其鄉實在可爲縱復不得悉然爲之苟盡其理可盡三分之二吏役

可不出千里之內但如斯而已天下所蒙已不訾矣政務多端世事之未盡理者難徧以疏舉振領總綱要在三條凡政欲靜靜在息役息役在无爲倉廩欲實實在利農利農在平糴爲政欲著信著信在簡賢簡賢在官久官久非難也連其班級自非才宜不得傍轉以終其課則事善矣平糴已有成制其未備者可就周足則穀積矣无爲匪他却功作之勤抑似益而損之利如斯而已則天下靜矣此三者既舉雖未足以厚化然可以爲安有餘矣夫王者之利在生天地自然之財農是也所立爲指於此事誠有功益苟或妨農皆務所息此悉似益而損之謂也然今天下自有事所必須不得止已或用功甚少而所濟至重目下爲之雖少有廢而計終已大益農官有十百之利及有妨害在始似如未急終作大患宜逆加功以塞其漸如河汴將合沉萊苟善則役不可息諸如此類亦不得已已然事患緩急權計輕重自非近如此類準以爲率乃可興爲其餘皆務在靜息然能善算輕重權審其宜知可興可廢甚難了也自非上智遠才不幹此任夫創業之美勳在垂統使夫後世

蒙賴以安其爲安也雖昏猶明雖愚若智濟世功者寔在善化之爲要在靜國至夫修飾宮署凡諸作役務爲恒傷過泰不患不舉此將來所不須於陛下而自能者也至於仰蒙前緒所憑日月者實在遺風繫人心餘烈匡幼弱而今勤所不須以傷所憑鈞此二者何務孰急陛下少垂恩迴慮詳擇所安則大理盡矣世之私議竊比陛下於孝文臣以爲聖德隆殺將在乎後不在當今何則陛下龍飛鳳翔應期踐阼有創業之勳矣掃滅彊吳奄征南海又有之矣以天子之貴而躬行布衣之所難孝儉之德冠于百王又有之矣履宜无細動成軌度又有之矣若善當身之政建藩屏之固使晉代久長後世仰瞻遺跡校功考事實與湯武比隆何孝文足云臣之此言非臣下褒上虛美常辭其事實然若所以資爲安之理或未盡善則恐良史書勳不得遂盡弘美甚可惜也然不可使夫知政之士得參聖慮經年少久終必有成願陛下少察臣言又論肉刑見刑法志詔答曰得表陳封國之制宜如古典任刑齊法宜復肉刑及六州將士之役居職之宜諸所陳聞具之知卿乃心爲國也

動靜數以聞元康初從淮南王允入朝會誅楊駿頌屯衛殿中其夜詔以頌爲三公尚書又上疏論律令事爲時論所美久之轉吏部尚書建九班之制欲令百官居職希遷考課能否明其賞罰賈郭專朝仕者欲速竟不施行及趙王倫之害張華也頌哭之甚慟聞華子得逃喜曰茂先卿尚有種也倫黨張林聞之大怒憚頌持正而不能害也孫秀等推崇倫功宜加九錫百僚莫敢異議頌獨曰昔漢之錫魏魏之錫晉皆一時之用非可通行今宗廟乂安雖嬖后被退勢臣受誅周勃誅諸呂而尊孝文霍光廢昌邑而奉孝宣竝無九錫之命違舊典而習權變非先王之制九錫之議請無所施張林積忿不已以頌爲張華之黨將害之孫秀曰誅張裴已傷時望不可復誅頌林乃止於是以頌爲光祿大夫門施行馬尋病卒使使者弔祭賜錢二十萬朝服一具謚曰貞中書侍郎劉沈議頌當時少輩應贈開府孫秀素恨之不聽頌無子養弟和子雍早卒更以雍弟詡子隱爲適孫襲封永康元年詔以頌誅賈謐督攝衆事有功追封梁鄒縣侯食邑千五百戶頌弟彪字仲雅

參安東軍事伐吳獲張悌累官積弩將軍及武庫火彪建計斷屋得出諸寶器歷荆州刺史次弟仲字世混歷黃門郎滎陽太守未之官卒初頌嫁女臨淮陳矯矯本劉氏子與頌近親出養於姑改姓陳氏中正劉友譏之頌曰舜後姚虞陳田本同根系而世皆爲婚禮律不禁今與此同義爲婚可也友方欲列上爲陳騫所止故得不劾頌問明法掾陳默蔡畿曰鄉里誰最屈二人俱云劉友屈頌作色呵之畿曰友以私議冒犯明府爲非然鄉里公論稱屈友辟公府掾尚書郎黃沙御史

李重字茂曾江夏鍾武人也父景秦州刺史都亭定侯重少好學有文辭早孤與羣弟居以友愛著稱弱冠爲本國中正遜讓不行後爲始平王文學上疏陳九品曰先王議制以時因革因革之理唯變所適九品始於喪亂軍中之政誠非經國不刊之法也且其檢防轉碎徵刑失實故朝野之論僉謂驅動風俗爲弊已甚而至於議改又以爲疑臣以革法創制當先盡開塞利害之理舉而錯之使體例大通而無否滯亦未易故也古者諸侯之治分土有常國有定主人無異望卿大夫世祿

仕無出位之思臣無越境之交上下體固人德歸厚秦反斯道罷侯置守風俗淺薄自此來矣漢革其弊斟酌周秦竝建侯守亦使分土有定而牧司必各舉賢貢士任之鄉議事合聖典比蹤三代方今聖德之隆光被四表兆庶顒顒欣覩太平然承魏氏彫弊之跡人物播越仕無常朝人無定處郎吏蓄於軍府豪右聚於都邑事體駁錯與古不同謂九品既除宜先開移徙聽相并就且明貢舉之法不濫於境外則冠帶之倫將不分而自均即土斷之實行矣又建樹官司功在簡久階級少則人心定久其事則政化成而能否著在三代所以直道而行也以爲選例九等當今之要所宜施用也聖王知天下之難常從事於其易故寄隱括於閭伍則邑屋皆爲有司若任非所由事非所覈則雖竭聖智猶不足以贍其事由此而觀誠令二者既行即人思反本修之於鄉譁競自息而禮讓日隆矣遷太子舍人轉尚書郎時太中大夫恬和表陳便宜稱漢孔光魏徐幹等議使王公已下制奴婢限數及禁百姓賣田宅中書啓可屬主者爲條制重奏曰先王之制士農工商有分不遷

其業所以利用厚生各肆其力也周官以土均之法經其土地井田之制而辨其五物九等貢賦之序然後分司制定率土均齊自秦立阡陌建郡縣而斯制已沒降及漢魏因循舊跡王法所峻者唯服物車器有貴賤之差令不僭擬以亂尊卑耳至於奴婢私產則實皆未嘗曲爲之立限也八年己巳詔書申明律令諸士卒百工以上所服乘皆不得違制若一縣一歲之中有違犯者三家洛陽縣十家已上官長免如詔書之旨法制已嚴令如和所陳而稱光幹之議此皆衰世踰侈當時之患然盛漢之初不議其制光等作而不行非漏而不及能而不用也蓋以諸侯之軌既滅而井田之制未復則王者之法不得制人之私也人之田宅既無定限則奴婢不宜偏制其數懼徒爲之法實碎而難檢方今聖明垂制每尚簡易法禁已具和表無施又司隸校尉石鑒奏鬱林太守介登役使所監求召還尚書荀愷以爲遠郡非人情所樂奏登貶秩居官重駮曰臣聞立法無制所以齊衆檢邪非必曲尋事情而理無所遺也故所滯者寡而所濟者衆今如登郡比者多若聽其貶

秩居官動爲準例懼庸才負遠必有贖貨之累非所以肅清王化輯寧殊域也臣愚以爲宜聽鑒所上先召登還且使體例有常不爲遠近異制詔從之太熙初遷廷尉平駁廷尉奏邯鄲醉等文多不載再遷中書郎每大事及疑議輙參以經典處決多皆施行遷尚書吏部郎務抑華競不通私謁特留心隱逸由是羣才畢舉拔用北海西郭湯琅邪劉珩燕國霍原馮翊吉謀等爲秘書郎及諸王文學故海內莫不歸心時燕國中正劉沉舉霍原爲寒素司徒府不從沉又抗詣中書奏原而中書復下司徒參論司徒左長史荀組以爲寒素者當謂門寒身素無世祚之資原爲列侯顯佩金紫先爲人間流通之事晚乃務學少長異業年踰始立草野之譽未洽德禮無聞不應寒素之目重奏曰案如癸酉詔書廉讓宜崇浮競宜黜其有履謙寒素靖恭求已者應有以先之如詔書之旨以二品繫資或失廉退之士故開寒素以明尚德之舉司徒總御人倫實掌邦教當務峻準評以一風流然古之厲行高尚之士或棲身巖穴或隱跡丘園或克己復禮或耄期稱

道出處語默唯義所在未可以少長異操疑其所守之美而遠同終始之實非所謂擬人必於其倫之義也誠當考之於邦黨之倫審之於任舉之主沉爲中正親執銓衡陳原隱居求志篤古好學學不爲利行不要名絕迹窮山韞韣道藝外无希世之容內全遯逸之節行成名立搢紳慕之委質受業者千里而應有孫孟之風嚴鄭之操始舉原先諮侍中領中書監華前州大中正後將軍嬰河南尹軼去三年諸州還朝幽州刺史許猛特以原名聞擬之西河求加徵聘如沉所列州黨之議既舉又刺史班詔表薦如此而猶謂草野之譽未洽德禮无聞舍所徵檢之實而無明理正辭以奪沉所執且應二品非所求備但原定志窮山修述儒道義在可嘉若遂抑替將負幽邦之望傷敦德之教如詔書所求之旨應爲二品詔從之重與李毅同爲吏部郎時王戎爲尚書重以清尚見稱毅淹通有智識雖二人操異然俱處要職戎以識會待之各得其所毅字茂彥舊史闕其行事于時內官重外官輕兼階級繁多重議之見百官志又上疏曰凡山林避寵之士雖違世背時出處殊軌而先王許之者嘉其服膺高義也昔先帝患風流之弊而思反純朴乃詔詢朝眾搜求隱逸咸寧二年始以太子中庶子徵安定皇甫謐四年又以博士徵安南朱冲太康元年復以太子庶子徵冲雖皆以病疾不至而朝野悅服陛下遠遵先帝禮賢之旨臣訪冲州邑言其雖年近耄耋而志氣克壯耽道窮數老而彌新操尚貞純所居成化誠山棲者德足以表世篤俗者也臣以爲宜垂聖恩及其未沒顯加優命時朝廷政亂竟不能從出爲行討虜護軍平陽太守崇德化修學校表篤行拔賢能清簡無欲正身率下在職三年彈黜四縣弟妹亡表去官永康初趙王倫用爲相國左司馬以憂逼成疾而卒時年四十八家貧宅宇狹小无殯斂之地詔於典客署營喪追贈散騎常侍謚曰成子式有美名官至侍中咸和初卒

史臣曰子雅束髮登朝竭誠奉國廣陳封建深中機宜詳辨刑名該覈政體雖文慚華婉而理歸切要遊目西京望賈誼而非遠眷言東國顧郎顗而有餘逮元康之間賊臣專命舉朝戰慄苟避菹醢頌以

此時忠鯁不撓哭張公之非罪拒趙王之妄錫雖古遺直何以尚茲至於緣其私議不平劉友與夫憎而知善舉不避讎者歟李重言因革之理駁田產之制詞愜事當蓋亹亹可觀及銳志銓衡留心隱逸濬沖期之識會豈虛也哉

贊曰劉頌剛直義形於詞自下摩上彼實有之李重清雅志迺无私推賢拔滯嘉言在茲懋哉兩哲邦家之基

列傳第十六　　晉書四十六

傅玄 子咸 咸從父弟祗

傅玄字休奕北地泥陽人也祖燮漢漢陽太守父幹魏扶風太守玄少孤貧博學善屬文解鍾律性剛勁亮直不能容人之短郡上計吏再舉孝廉太尉辟皆不就州舉秀才除郎中與東海繆施俱以時譽選入著作撰集魏書後參安東衛軍軍事轉溫令再遷弘農太守領典農校尉所居稱職數上書陳便宜多所匡正五等建封鶉觚男武帝爲晋王以玄爲散騎常侍及受禪進爵爲子加駙馬都尉帝初即位廣納直言開不諱之路玄及散騎常侍皇甫陶共掌諫職玄上疏曰臣聞先王之臨天下也明其大教長其義節道化隆于上清議行于下上下相奉人懷義心亡秦蕩滅先王之制以法術相御而義心亡矣近者魏武好法術而天下貴刑名魏文慕通達而天下賤守節其後綱維不攝而虛无放誕之論盈于朝野使天下无復清議而亡秦之病復發于今陛下聖德龍興受禪弘堯舜之化開正直之路體夏禹之至儉綜殷周之典文臣詠歎而已將又奚言惟未舉清遠有礼之臣以敦風節未退虛鄙以懲不恪臣是以猶敢有言詔報曰舉清遠有礼之臣者此尤今之要也乃使玄草詔進之玄復上疏曰臣聞舜舉五臣无爲而化用人得其要也天下群司猥多不可不審得其人也不得其人一日則損不貲況積日乎典謨曰无曠庶官言職之不可久廢也諸有疾病滿百日不差宜令去職優其礼秩而寵存之既差而後更用臣不廢職于朝國无曠官之累此王政之急也臣聞先王分士農工商以經國制事各一其業而殊其務自士已上子弟爲之立太學以教之選明師以訓之各隨其材優劣而授用之農以豐其食工以足其器商賈以通其貨故雖天下之大兆庶之衆无有一人游手分數之法周備如此漢魏不定其分百官子弟不修經藝而務交遊未知莅事而坐享天祿農工之業多廢或逐淫利而離其事徒繫名于太學然不聞先王之風今聖明之政資始而漢魏之失未改散官衆而學校未設游手多而親農者少工器不盡其宜臣以爲亟定其制通計而天下若干人爲士足以副在官之吏若干人

爲農三年足有一年之儲若干人爲工足其器用若干人爲商賈足以通貨而已尊儒尚學貴農賤商此皆事業之要務也前皇甫陶上事欲令賜拜散官皆課使親耕天下享足食之利禹稷躬稼祚流後世是以明堂月令著帝籍之制伊尹古之名臣耕于有莘晏嬰齊之大夫避莊公之難亦耕于海濱昔者聖帝明王賢佐俊士皆嘗從事于農矣王人賜官冗散无事者不督使學則當使耕无緣放之使坐食百姓也今文武之官既衆而拜賜不在職者又多加以服役爲兵不得耕稼當農者之半南面食祿者參倍于前使冗散之官農而收其租稅家得其實而天下之穀可以无乏矣夫家足食爲子則孝爲父則慈爲兄則友爲弟則悌天下足食則仁義之教可不令而行也爲政之要計人而置官分人而授事士農工商之分不可斯須廢也若未能精其防制計天下文武之官足爲副貳者使學其餘皆歸之于農若百工商賈有長者亦皆歸之于農務農若此何有不贍乎虞書曰三載考績三考黜陟幽明是爲九年之後乃有遷敘也故居官久則念立慎終之化居不見久則競爲一切之政六年之限日月淺近不周黜陟陶之所上義合古制夫儒學者王教之首也尊其道貴其業重其選猶恐化之不崇忽而不以爲急臣懼日有陵遲而不覺也仲尼有言人能弘道非道弘人然則尊其道者非惟尊其書而已尊其人之謂也貴其業者不妄教非其人也重其選者不妄用非其人也若此而學校之綱舉矣書奏帝下詔曰二常侍懇懇于所論可謂乃心欲佐益時事者也而主者率以常制裁之豈得不使發憤耶二常侍所論或舉其大較而未備其條目亦可便令作之然後主者八坐廣共研精凡關言于人主人臣之所至難而人主若不能虛心聽納自古忠臣直士之所慷慨至使杜口結舌每念于此未嘗不歎息也故前詔敢有直言勿有所距庶幾得以發懞補過獲保高位苟有言偏善情在忠益雖文辭有謬誤言語有失得皆當曠然恕之古人猶不拒誹謗況皆善意在可採錄乎近者孔晁綦毋和皆按以輕慢之罪所以皆原欲使四海知區區之朝无諱言之忌也俄遷侍中初玄進皇甫陶及入而抵玄以事與陶爭言諠譁爲有司所奏二人竟

坐免官泰始四年以爲御史中丞時頗有水旱之災玄復上疏曰臣聞聖帝明王受命天時未必无災是以堯有九年之水湯有七年之旱惟能濟之以人事耳故洪水滔天而免沉溺野无生草而不困匱伏惟陛下聖德欽明時小水旱人未大飢下祗畏之詔求極意之言同禹湯之罪已侔周文之夕惕臣伏懽喜上便宜五事其一曰耕夫務多種而耕暵不熟徒喪功力而无收又舊兵持官牛者官得六分士得四分自持私牛者與官中分施行來久衆心安之今一朝減持官牛者官得八分士得二分持私牛及无牛者官得七分士得三分人失其所必不懽樂臣愚以爲宜佃兵持官牛者與四分持私牛與官中分則天下兵作懽然悦樂愛惜成穀无有損棄之憂其二曰以二千石雖奉務農之詔猶不勤心以盡地利昔漢氏以墾田不實徵殺二千石以十數臣愚以爲宜與漢氏舊典以警戒天下郡縣皆以死刑督之其三曰以魏初未留意于水事先帝統百揆分河堤爲四部并本凡五謁者以水功至大與農事並興非一人所周故也今謁者一人之力行天下諸水无時得徧伏見河堤謁者車誼不知水勢轉爲他職更選知水者代之可分爲五部使各精其方宜其四曰古以步百爲畝今以二百四十步爲一畝所覺過倍近魏初課田不務多其頃畝但務修其功力故白田收至十餘斛水田收數十斛自頃以來日增田頃畝之課而田兵益甚功不能修理至畝數斛已還或不足以償種非與曩時異天地横遇災害也其病正在于務多頃畝而功不脩耳竊見河堤謁者石恢甚精練水事及田事知其利害乞中書召恢委曲問其得失必有所補益其五曰臣以爲胡夷獸心不與華同鮮卑最甚本鄧艾苟欲取一時之利不慮後患使鮮卑數萬散居人間此必爲害之勢也秦州刺史胡烈素有恩信于西方今烈往諸胡雖已无惡必且消弭然獸心難保不必其可久安也若後有動釁烈計能制之惟恐胡虜適困于討擊便能東入安定西赴武威外名爲降可動復動此二郡非烈所制則惡胡東西有窟穴浮游之地故復爲患无以禁之也宜更置一郡于高平川因安定西州都尉募樂徙民重其復除以充之以通北道漸以實邊詳議此二郡及新置郡皆使并屬秦州令烈得專御邊之宜詔曰得所陳便宜言農事得失及水官興廢又安邊御胡政事寬猛之宜申省周備一二具之此誠爲國大本當今急務也如所論皆善深知乃心廣思諸宜動靜以聞也五年遷太僕時比年不登羌胡擾邊詔公卿會議玄應對所問陳事切直雖不盡施行而常見優容轉司隸校尉獻皇后崩于　設喪位舊制司隸于端門外坐在諸卿上絶席其入殿按本品秩在諸卿下以次坐不絶席而謁者以弘訓宮爲殿内制玄位在卿下玄恚怒厲聲色而責謁者謁者妄稱尚書所處玄對百僚而罵尚書以下御史中丞庾純奏玄不敬玄又自表不以實坐免官然玄天性峻急不能有所容每有奏劾或值日暮捧白簡整簪帶竦踊不寐坐而待旦于是貴游懾伏臺閣生風尋卒于家時年六十二謚曰剛玄少時避難于河内專心誦學後雖顯貴而著述不廢撰論經國九流及三史故事評斷得失各爲區例名爲傅子爲内外中篇凡有四部六錄合百四十首數十萬言并文集百餘卷行于世玄初作内篇成子咸以示司空王沈沈與玄書曰省足下所著書言富理濟經綸政體存重儒教足以塞楊墨之流遁齊孫孟于往代每開卷未嘗不歎息也不見賈生自以過之乃今不及信矣其後追封清泉侯子咸嗣

咸字長虞剛簡有大節風格峻整識性明悟疾惡如仇推賢樂善常慕季文子仲山甫之志好屬文論雖綺麗不足而言成規鑒潁川庾純常歎曰長虞之文近乎詩人之作矣咸寧初襲父爵拜太子洗馬累遷尚書右丞出爲冀州刺史繼母杜氏不肯隨咸之官自表解職三旬之間遷司徒左長史時帝留心政事詔訪朝臣政之損益咸上言曰陛下處至尊之位而脩布衣之事親覽萬機勞心日昃在昔帝王躬自菲薄以利天下未有踰陛下也然泰始開元以暨于今十有五年矣而軍國未豐百姓不贍一歲不登便有菜色者誠由官衆事殷復除猥濫蠶食者多而親農者少也臣以頑疎謬忝近職每見聖詔以百姓饑饉爲慮无能云補伏用慙悳敢不自竭以對天問舊都督有四今并監軍乃盈于十夏禹敷土分爲九州今之刺史幾向一倍户口比漢十分之一而置

郡縣吏多空校牙門无益宿衛而虛立軍府動有百數五等諸侯復坐置官屬諸所寵給皆生于百姓一夫不農有受其饑今之不農不可勝計縱使五稼普收僅足相接暫有災患便不繼贍以為當今之急先并官省事靜事息役上下用心惟農是務也咸在位多所執正豫州大中正夏侯俊上言魯國小中正司空司馬孔毓四移病所不能接賓求以尚書郎曹馥代毓旬日復上毓為中正司徒三卻俊故據正咸以俊與奪惟意乃奏免俊大中正司徒魏舒俊之姻屬屢卻不署咸據正甚苦舒終不從咸遂獨上舒奏咸激訕不直詔轉咸為車騎司馬咸以世俗奢侈又上書曰臣以為穀帛難生而用之不節无緣不匱故先王之化天下食肉衣帛皆有其制竊謂奢侈之費甚于天災古者堯有茅茨今之百姓競豐其屋古者臣无玉食今之賈豎皆厭粱肉古者后妃乃有殊飾今之婢妾被服綾羅古者大夫乃不徒行今之賤隸乘輕驅肥古者人稠地狹而有儲蓄由于節也今者土廣人稀而患不足由于奢也欲時之儉當詰其奢奢不見詰轉相高尚昔毛玠為吏部尚書時无敢好衣美食者魏武帝數曰孤之法不如毛尚書令使諸部用心各如毛玠風俗之移在不難矣又議移縣獄于郡及二社應立朝廷從之遷尚書左丞惠帝即位楊駿輔政咸言于駿曰事與世變礼隨時宜諒闇之不行尚矣由世道彌薄權不可假故雖斬焉在疚而躬覽萬機也逮至漢文以天下體大服重難久遂制既葬而除世祖武皇帝雖大孝烝烝亦從時釋服制心喪三年至于萬機之事則有不違今聖上欲委政于公諒闇自居此雖謙尚之心而天下未以為善天下未以為善者以億兆顒顒戴仰宸極聽于冢宰懼天光有蔽人心既已若此而明公處之固未為易也竊謂山陵之事既畢明公當思隆替之宜周公聖人猶不免謗以此推之周公之任既未易而處況聖上春秋非成王之年乎得意忘言言未易盡苟明公有以察其悾款言豈在多時司隸荀愷從兄喪自表赴哀詔聽之而未下愷乃造駿咸因奏曰死喪之戚兄弟孔懷同堂亡隕方在信宿聖恩矜憫聽使臨喪詔未下而便以行造急諂媚之敬无友于之情宜加顯貶以隆風教帝以駿管朝政有詔不問駿甚

憚之咸復與駿箋諷切之駿意稍折漸以不平由是欲出為京兆弘農太守駿甥李斌說駿不宜斥出正人乃止駿弟濟素與咸善與咸書曰江海之流混混故能成其深廣也天下大器未可稍了而相觀每事欲了生子癡了官事官事未易了也了事正作癡復為快耳左丞總司天臺維正八坐此未易居以君盡性而處未易居之任益不易也想慮破頭故具有白咸答曰衛公云酒色之殺人此甚于作直坐酒色死人不為悔逆畏以直致禍此由心不直正欲以苟且為明哲耳自古以直致禍者當自矯枉過直或不忠允欲以亢厲為聲故致忿耳安有悾悾為忠益而當見疾乎居无何駿誅咸轉為太子中庶子遷御史中丞時太宰汝南王亮輔政咸致書曰咸以為太甲成王年在蒙幼故有伊周之事聖人且猶不免疑況臣既不聖王非孺子而可以行伊周之事乎上在諒闇聽于冢宰而楊駿无狀便作伊周自為居天下之安所以至死其罪既不可勝亦是殿下所見駿之見討發自天聰孟觀李肇與知密旨耳至于論功當歸美于上觀等已數千戶縣侯聖上以駿死莫不欣悅故論功寧厚以敘其歡心此羣下所宜以實裁量而遂扇動東安封王孟李郡公餘侯伯子男既妄有加復又三等超遷此之熏赫震動天地自古以來封賞未有若此者也无功而厚賞莫不樂國有禍禍起當復有大功也人而樂禍其可極乎作此者皆由東安公謂殿下至止當有以正之正之以道衆亦何所怒乎衆之所怒在于不平耳而今皆更倍論莫不失望咸之愚冗不惟失望而已竊以為憂又討駿之時殿下在外實所不綜今欲委重故令殿下論功論功之事實未易可處莫若坐觀得失有居正之事宜也咸復以亮輔政專權又諫曰楊駿有震主之威委任親戚此天下所以諠譁今之處重宜反此失謂宜靜默頤神有大得失乃維持之自非大事一皆抑遣比四造詣及經過尊門冠蓋車馬填塞街衢此之翕習既宜弭息又夏侯長容奉使為先帝請命祈禱无感先帝崩背宜自咎責而自求請命之勞而公以為少府私竊之論云長容則公之姻故至于此一犬吠形羣犬吠聲懼于羣吠遂至叵聽也咸之為人不能面從而有後言嘗觸楊駿幾為身禍況于殿下而

當有惜性從駕殿下見語卿不識韓非逆鱗之言耶而欲摩天子逆鱗自知所陳誠頷頷觸猛獸之鬚耳所以敢言庶殿下當識其不勝區區前摩天子逆鱗欲以盡忠今觸猛獸之鬚非欲爲惡必將以此見恕亮不納長容者夏侯駿也會景寅詔羣僚舉郡縣之職以補内官咸復上書曰臣咸以爲夫興化之要在于官人才非一流職有不同譬諸林木洪纖枉直各有攸施故明揚逮于仄陋疇咨无拘内外之任出處隨宜中間選用惟内是隆外舉既頽復多節目競内薄外遂成風俗此弊誠宜亟革之當内外通塞无所偏耳既使通塞无偏若選用不平有以深責責之苟深无憂不平也且膠柱不可以調瑟況乎官人而可以限乎伏思所限者以防選用不能出人不能出人當隨事而制无須限法法之有限其于致遠无乃泥乎或謂不制其法以何爲責臣聞刑懲小人義責君子君子之責在心不在限也正始中任何晏以選舉内外之衆職各得其才粲然之美于斯可觀如此非徒御之以限法之所致乃委任之由也委任之懼甚于限法是法之失非己之尤尤不在己責之无

懼所謂齊之以刑人免而无耻者也苟委任之一則慮罪之及二則懼致怨謗己快則朝野稱詠不善則衆惡見歸此之戰戰孰與倚限法以苟免乎咸再爲本郡中正遭繼母憂去官頃之起以議郎長兼司隸校尉咸前後固辭不聽勑使者就拜咸復送還印綬公車不通催使攝職咸以身无兄弟喪祭无主重自陳乞乃使于官舍設靈坐咸又上表曰臣既駑弱不勝重任加在哀疚假息日闋陛下過意授非所堪披露丹款歸窮上聞謬詔既往終然无改臣雖不能滅身以全礼教義无靦然虚忝隆寵前受嚴詔視事之日私心自誓隕越爲報以貨賂流行所宜深絶切勑都官以此爲先而經彌日月未有所得斯由陛下有以獎厲慮于愚戇將必死繫故自掩檢以避其鋒耳在職有日既无赫然之舉又不應弦垂翅人誰復憚故光禄大夫劉毅爲司隸聲震内外遠近清肅非徒毅有王臣匪躬之節亦由所奏見從威風得伸也詔曰但當思必應繩中理威風自伸何獨劉毅時朝廷寛弛豪右放恣交私請託朝野溷淆咸奏免河南尹澹左將軍倩廷尉高光兼河南尹何攀等京都

肅然貴戚懾伏咸以聖人久于其道天下化成是以唐虞三載考績九年黜陟其在周礼三年大比孔子亦云三年有成而中間以來長吏到官未幾便遷百姓困于无定吏卒疲于送迎時僕射王戎兼吏部咸奏戎備位台輔兼掌選舉不能謐靜風俗以凝庶績至令人心傾動開張浮競中郎李重李義不相匡正請免戎等官詔曰政道之本誠宜久于其職咸奏是也戎職在論道吾所崇委其解禁止御史中丞解結以咸劾戎爲違典制越局侵官干非其分奏免咸官詔亦不許咸上事以爲按令御史中丞督司百僚皇太子以下其在行馬内有違法憲者彈糾之雖在行馬外而監司不糾亦得奏之如今之文行馬之内有違法憲謂禁防之事耳宮内禁防外司不得而行故專施中丞今道路橋梁不修鬬訟屠沽不絶如此之比中丞推責州坐即今所謂行馬内語施于禁防既云中丞督司百僚矣何復説行馬之内乎既云百僚而不得復説行馬之内者内外衆官謂之百僚則通内外矣司隸所以不復説行馬内外者禁防之事已于中丞説之故也中丞司隸俱糾皇太子以下

則共對司内外矣不爲中丞專司内百僚司隸專司外百僚自有中丞司隸以來更互奏内外衆官維所糾得无内外之限也而結一旦横挫臣臣前所以不羅纏者冀因結奏得從私願也今既所願不從而敕云但爲過耳非所不及也以此見原臣忝司直之任宜當正己率人若其有過不敢受原是以申陳其愚司隸與中丞俱共糾皇太子以下則從皇太子以下无所不糾也得糾皇太子而不得糾尚書臣之闇塞既所未譬皇太子爲在行馬之内邪皇太子在行馬之内而得糾之尚書在行馬之内而不以糾无有此理此理灼然而結以此挫臣臣可无恨耳其于觀聽无乃有怪邪臣識石公前在殿上脱衣爲司隸荀愷所奏先帝不以爲非于時莫謂侵官今臣裁糾尚書而當有罪乎咸累自上稱引故事條理灼然朝廷无以易之吳郡顧榮常與親故書曰傅長虞爲司隸勁直忠果劾按驚人雖非周才偏亮可貴也元康四年卒官時年五十六詔贈司隸校尉朝服一具衣一襲錢二十萬謚曰貞有三子敷晞纂長子敷嗣

數字顙根清靜有道素解屬文除太子舍人轉尚書郎太傅叅軍皆不起永嘉之乱避地會稽元帝引爲鎮東從事中郎素有羸疾頻見敦諭辭不獲免輿病到職數月卒時年四十六昞亦有才思爲上虞令甚有政績卒于司徒西曹屬

祗字子莊父嘏魏太常祗性至孝早知名以才識明練稱武帝始建東宮起家太子舍人累遷散騎黃門郎賜爵關内侯食邑三百户毋憂去職及葬毋詔給太常五等吉凶導從其後諸卿大夫葬給導從自此始也服終爲滎陽太守自魏黃初大水之後河濟汎溢鄧艾常著濟河論開石門而通之至是復浸壞祗乃造沉菜堰至今兖豫无水患百姓爲立碑頌焉尋表兼廷尉遷常侍左軍將軍及帝崩梓宮在殯而太傅楊駿輔政欲悅衆心議普進封爵祗與駿書曰未有帝王始崩臣下論功者也駿不從入爲侍中時將誅駿而駿不之知祗侍駿坐而雲龍門閉内外不通祗請與尚書武茂聽國家消息揖而下階茂猶坐祗顧曰君非天子臣邪今内外隔絶不知國家所在何得安坐茂乃驚起駿

既伏誅裴楷息瓚駿之壻也爲乱兵所害尚書左僕射荀愷與楷不平因奏楷是駿親收付廷尉祗證楷无罪有詔赦之時又收駿官屬祗復啓曰昔魯芝爲曹爽司馬斬關出赴爽宣帝義之尚遷青州刺史駿之僚佐不可加罰詔又赦之祗多所維正皆如此除河南尹未拜遷司隸校尉以討楊駿勳當封郡公八千户固讓減半降封靈川縣公千八百户餘二千二百户封少子暢爲武鄉亭侯又以本封賜兄子雋爲東明亭侯楚王瑋之矯詔也祗以聞奏稽留免官朞年遷光祿勳復以公事免氐人齊萬年舉兵反以祗爲行安西軍司加常侍率安西將軍夏侯駿討平之遷衛尉以風疾遜位就拜常侍食卿祿秩賜錢及牀帳等尋加光祿大夫門施行馬及趙王倫輔政以爲中書監常侍如故以鎮衆心祗辭之以疾倫遣御史輿祗就職王戎陳準等相與言曰傅公在事吾屬无憂矣其爲物所倚信如此倫篡又爲右光祿開府加侍中惠帝還宮祗以經受僞職請退不許初倫之篡也孫秀與義陽王威等十餘人預撰儀式禪文及倫敗齊王冏收侍中劉逵常侍騶捷杜育黃門郎陸機右丞周導王尊等付廷尉以禪文出中書復議處祗罪會赦得原後以禪文草本非祗所撰于是詔復光祿大夫子宣尚弘農公主尋遷太子少傅上章遜位還第及成都王穎爲太傅復以祗爲少傅加侍中懷帝即位遷光祿大夫侍中未拜加右僕射中書監時太傅東海王越輔政祗既居端右每宣君臣謙光之道由此上下雍穆祗明達國体朝廷制度多所經綜歷左光祿開府行太子太傅侍中如故疾篤遜位不許遷司徒以足疾詔版輿上殿不拜大將軍苟晞表請遷都使祗出詣河陰脩理舟楫爲水行之備及洛陽陷没遂共建行臺推祗爲盟主以司徒持節大都督諸軍事傳檄四方遣子宣將公主與尚書令和郁赴告方伯徵義兵祗自屯盟津小城宣弟暢行河陰令以待宣祗以暴疾薨時年六十九祗自以義誠不終力疾手筆勑厲其二子宣暢辭旨深切覽者莫不感激慷慨祗著文章駮論十餘萬言

宣字世弘年六歲喪繼母哭泣如成人中表異之及長好學趙王倫以爲相國掾尚書郎太子中舍人遷司徒西曹掾去職累遷爲秘書丞驃

騎從事中郎惠帝至自長安以宣爲左丞不就遷黃門郎懷帝即位轉吏部郎又爲御史中丞卒年四十九无子以暢子沖爲嗣

暢字世道年五歲父友見而戲之解暢衣取其金環與侍者暢不之惜以此賞之年未弱冠甚有重名以選入侍講東宮爲秘書丞尋没于石勒勒以爲大將軍右司馬諳識朝儀恒居機密勒甚重之作晉諸公讚叙二十二卷又爲公卿故事九卷咸和五年卒子詠過江爲交州刺史太子右率

史臣曰武帝鑒觀四方平章百姓永言啓沃任切爭臣傅玄体彊直之姿懷匪躬之操抗辭正色補闕弼違諤諤當朝不忝其職者矣及乎位居三獨彈擊是司遂能使臺閣生風貴戚斂手雖前代鮑葛何以加之然而惟此褊心乏弘雅之度驟聞競爽爲物議所譏惜哉古人取戒于韋弦良有以也長虞風格凝峻弗墜家聲及其納諫汝南獻書臨晉居諒直之地有先見之明矣傅祗名父之子早樹風猷崎嶇危乱之朝匡救君臣之際卒能保全祿位可謂有道存焉

贊曰鶉觚貞諒實惟朝望志厲彊直性乖夷曠長虞剛簡无虧風尚子莊才識爰膺袞職忠績未申泉途遽逼

列傳第十七　　晉書四十七

列傳第十八　　晉書四十八　　御撰

向雄　段灼　閻纘

向雄字茂伯河内山陽人也父韶彭城太守雄初仕郡爲主簿事太守王經及經之死也雄哭之盡哀市人咸爲之悲後太守劉毅嘗以非罪笞雄及吳奮代毅爲太守又以少譴繫雄于獄司隸鍾會于獄中辟雄爲都官從事會死无人殯斂雄迎喪而葬之文帝召雄而責之曰往者王經之死卿哭王經于東市我不問也今鍾會躬爲叛逆又輒收葬若復相容其如王法何雄曰昔者先王掩骼埋胔仁流朽骨當時豈先卜其功罪而後葬之哉今王誅既加于法已備雄感義收葬教亦无闕法立于上教弘于下何必使雄違生背死以立于時殿下讎枯骨而捐之中野爲將來仁賢之資不亦惜乎帝甚悅與談宴而遣之累遷黄門侍郎時吳奮劉毅俱爲侍中同在門下雄初不交言武帝聞之勑雄令復君臣之好雄不得已乃詣毅再拜曰向被詔命君臣義絶如何于是即去帝聞而大怒問雄曰我令卿復君臣之好何以故絶雄曰古之君子進人以礼退人以礼今之進人若加諸膝退人若墜諸川劉河内于臣不爲戎首亦已幸甚安復爲君臣之好帝從之泰始中累遷秦州刺史假赤幢曲蓋鼓吹賜錢二十萬咸寧初入爲御史中丞遷侍中又出爲征虜將軍太康初爲河南尹賜爵關内侯齊王攸將歸藩雄諫曰陛下子弟雖多然有名望者少齊王卧在京邑所益實深不可不思帝不納雄固諫忤旨起而徑出遂以憤卒弟匡惠帝世爲護軍將軍

段灼字休然敦煌人也世爲西土著姓果直有才辯少仕州郡稍遷鄧艾鎮西司馬從艾破蜀有功封關内侯累遷議郎武帝即位灼上疏追理艾曰故征西將軍鄧艾心懷至忠而荷反逆之名平定巴蜀而受三族之誅臣竊悼之惜哉言艾之反也以艾性剛急矜功伐善而不能恊同朋類輕犯雅俗失君子之心故莫肯理之臣敢冒死言艾所以不反之狀艾本屯田掌犢人宣皇帝拔之于農吏之中顯之于宰府之職處内外之官據文武之任所在輙有名績固足以明宣皇帝之知人矣會值洮西之役官兵失利刺史王經困于圍城之中當爾之時二州危懼

隴右懔懔幾非國家之有也先帝以爲深憂重慮思惟可以安邊殺敵莫賢于艾故授之以兵馬解狄道之圍圍解留屯上邽承官軍大敗之後士卒破膽將吏无氣倉庫空虛器械殫盡艾欲積穀彊兵以待有事是歲少雨又爲區種之法手執耒耜率先將士所統萬數而身不離僕虜之勞親執士卒之役故落門段谷之戰能以少擊多摧破彊賊斬首萬計遂委艾以廟勝成圖指授長策艾受命忘身龍驤麟振前无堅敵蜀地阻險山高谷深而艾步乘不滿二萬束馬懸車自投死地勇氣淩雲將士乘勢故能使劉禪震怖君臣面縛軍不踰時而巴蜀蕩定此艾固足以彰先帝之善任矣艾功名已成亦當書之竹帛傳祚萬世七十老公復何所求哉艾以禪初降遠郡未附矯令承制權安社稷雖違常科有合古意原心定罪事可詳論故鎮西將軍鍾會有吞天下之心恐艾威名知必不同因其疑似構成其事艾被詔書即遣彊兵束身就縛不敢顧望誠自知奉見先帝必无當死之理也會受誅之後艾參佐官屬部曲將吏愚戇相聚自共追艾破壞檻車解其囚執艾在困地是以狼狽失據夫反非小事若懷惡心即當謀及豪傑然後乃能興動大衆不聞艾有腹心一人臨死口无一言獨受腹背之誅豈不哀哉故見之者垂涕聞之者歎息此賈誼所以慷慨于漢文天下之事可爲痛哭者良有以也陛下龍興闡弘大度受誅之家不拘叙用聽艾立後祭祀不絕昔秦人憐白起之无罪吳人傷子胥之冤酷皆爲之立祠天下之人爲艾悼心痛恨亦由是也謂可聽艾門生故吏收艾尸柩歸葬舊墓還其田宅以平蜀之功繼封其後使艾闔棺定謚死无所恨赦冤魂于九泉收信義于後世則天下徇名之士思立功之臣必投湯火樂爲陛下死矣帝省表甚嘉其意焯後復陳時宜曰臣聞天時不如地利地利不如人和三里之城五里之郭圍圍而攻之有不尅者此天時不如地利城非不高池非不深穀非不多兵非不利委而去之此地利不如人和然古之王者非不先推恩德結固人心人心苟和雖三里之城五里之郭不可攻也人心不和雖金城湯池不能守也臣推此以廣其義舜彈五弦之琴咏南風之詩而天下自理由堯人可比屋而封也曩者多難

姦雄屢起擾乱衆心刀鋸相乘流死之孤哀聲未絕故臣以爲陛下當深思遠念杜漸防萌彈琴咏詩垂拱而已其要莫若推恩以協和黎庶故推恩足以保四海不推恩不足以保妻子是故唐堯以親睦九族爲先周文以刑于寡妻爲急明王聖主莫不先親後疏自近及遠臣以爲太宰司徒衛將軍三王宜留洛中鎮守其餘諸王自州征足任者年十五以上悉遣之國爲選中郎傅相才兼文武以輔佐之聽于其國繕脩兵馬廣布恩信必抚下猶子愛國如家君臣分定百姓不遷連城開地爲晉魯衛所謂盤石之宗天下服其彊矣雖云割地譬猶囊漏貯中亦一家之有耳若慮後世彊大自可豫爲制度使得推恩以分子弟如此則枝分葉布稍自削小漸使轉至萬國亦後世之利非所患也昔在漢世諸呂自疑內有朱虛東牟之親外有諸侯九國之彊故不敢動搖于今之宜諸侯彊大是爲太山之固非我族類其心必異而魏法禁錮諸王親戚隔絕不祥莫大焉聞者无故又瓜分天下立五等諸侯上不象賢下不議功而是非雜揉例受茅土似權時之宜非經久之制將遂不改此亦煩擾之人漸乱之階也夫國之興也由于九族親睦黎庶協和其衰在于骨肉疏絕百姓離心故夏邦不安伊尹歸殷殷邦不和呂氏入周殷監在于夏后去事之誠誠來事之鑒也又陳曰昔伐蜀募取涼州兵馬羌胡健兒許以重報五千餘人隨艾討賊功皆第一而乙亥詔書州郡將督不與中外軍同雖在上功无應封者唯金城太守楊欣所領兵以逼江由之勢得封者三十人自金城以西非在欣部无一人封者苟在中軍之例雖下功必侯如州郡雖下功高不封非所謂近不重施遠不遺恩之謂也臣聞魚懸由于甘餌勇夫死于重報故荊軻慕燕丹之義專諸感闔閭之愛匕首振于秦庭吳刀耀于魚腹視死如歸豈不有由也哉夫功名重賞士之所競不平致怨由來久矣詩云尸鳩在桑其子七兮淑人君子其儀一兮臣以爲此等宜蒙爵封灼前後陳事輒見省覽然身微官孤不見進序乃取長假還鄉里臨去遣息上表曰臣受恩三世剖符守境試用无績沉伏數年犬馬之力无所復堪陛下弘廣納之聽採狂夫之言原臣侵官之罪不問干忤之愆天

地恩厚于臣足矣臣聞忠臣之于其君猶孝子之于其親進則有欣然之慶非貪官也退則有慼然之憂非懷祿也其意在于不忘光君擧親情所不能已已者也臣伏自悼私懷至恨生長荒裔而久在外任自還抱疾未嘗覲見陛下竟不知臣何人此臣之恨一也遭運會之世值有事之時而不能垂功名于竹帛此臣之恨二也逮事聖明之君而尫悴羸劣陳力又不能當歸死于地下此臣之恨三也哀二親早亡隕兄弟並凋喪孝敬无復施于家門此臣之恨四也夏之日忽以過冬之夜尋復來人生百歲尚以爲不足而臣中年嬰災此臣之恨五也懃日月之所養愧昊蒼而无報此臣之所以懷五恨而歎息臨歸路而自悼者也語有之曰華言虛也至言實也苦言藥也甘言疾也臣欲言天下太平而靈龜神狐未見仙芝蓂莢未生麒麟未游乎靈囿之圃鳳皇未儀於太極之庭此臣之所以不敢華言而爲佞者也昔漢高祖初定天下于時戍卒婁敬上書諫曰陛下取天下不與成周同而欲比隆成周臣竊以爲不侔于是漢祖感悟深納其言賜姓爲劉氏又

顧謂陸賈曰爲我著秦所以亡而吾所以得之者賈乃作新語之書述敘前世成敗以爲勸戒又田肯建一言之計非親子弟莫可使王齊者而受千金之賜故世稱漢祖之寬明博約所以能成帝業也今之言世者皆曰堯舜復興天下已太平矣臣獨以爲未亦竊有所勸焉且百王垂制聖賢吐言來事之明鑒也孟子曰堯不能以天下與舜則舜之有天下也天與之也昔舜爲相堯崩三年之喪畢舜避堯之子于南河天下諸侯朝覲者獄訟者不之堯之子而之舜舜曰天也乃之中國踐天子位焉若居堯之宮逼堯之子非天所與者也曩昔西有不臣之蜀東有僭號之吳三主鼎足並稱天子魏文帝率萬乘之衆受禪于靡陂而自以德同唐虞以爲漢獻即是古之堯自謂即是今之舜乃謂孟軻孫卿不通禪代之變遂作禪代之文刻石垂戒班示天下傳之後世亦安能使將來君子皆曉然心服其義乎然魏文徒希慕堯舜之名推新集之魏欲以同于唐虞之盛忽骨肉之恩忘藩屏之固竟不能使四海賓服混一皇化而于時羣臣莫有諫者不其過矣哉孫卿曰堯舜禪讓是不然矣天下者至重也非至彊莫之能任至大也非至辯莫之能分至衆也非至明莫之能見此三至者非聖人莫之能盡由此言之孫卿孟軻亦各有所不取焉陛下受禪從東府入西京兵刃耀天旌旗翳日雖應天順人同符唐虞然法度損益則亦不異于昔魏文矣故宜資三至以彊制之而今諸王有立國之名而无襟帶之實又蜀地有自然之險是歷世姦雄之所闚闞逋逃之所聚也而无親戚子弟之守此豈深思遠慮杜漸防萌者乎昔漢文帝據已成之業六合同風天下一家而賈誼上疏陳當時之勢猶以爲譬如抱火厝于積薪之下而寢其上火未及然因謂之安此言誠存不忘亡安不忘乱者也然臣之慺慺亦竊願居安思危无曰高高在上常念臨深之義不忘履冰之戒盡除魏世之弊法綏以新政之大化使萬邦欣欣喜戴洪惠昆蟲草木咸蒙恩澤朝廷詠康哉之歌山藪无伐檀之人此固天下所視望者也陛下自初踐祚發无諱之詔置箴諫之官赫然龍興諤諤之臣以明好直言之信恐陳事者知直言之不用皆杜口結舌祥瑞亦曷由來

哉臣无陸生之才不在顧問之地蓋聞主聖臣直義在于有犯无隱臣不惟疏遠未信而言敢歷論前代隆名之君及亡敗之主廢興所由又博陳擧賢之路廣開養老之制崇必信之道又張設議者之難凡五事以聞臣之所言皆直陳古今已行故事非新聲異端也辭義實淺不足採納然臣私心誠謂有可發起覺悟遺忘願陛下察臣愚忠愍臣狂直无使天下以言者爲戒疾痛增篤退念桑梓之詩惟狐死之義輙取長休歸近墳墓顒瞻宮闕繫情皇極不勝丹款遣息顗奏言其一曰臣聞善有章也著在經典惡有罰也戒在刑書上自遠古下洎秦漢其明王霸主及亡國闇君故可得而稱至于忠蹇賢相及佞諂姦臣亦可得而言故朝有諤諤盡規之臣无不昌也任用阿諛唯唯之士无不亡也是有國者皆欲求忠以自輔擧賢以自佐而亡國破家者相繼皆由任失其人所謂賢者不賢忠者不忠也臣謹言前任賢所由興任不肖所以亡者堯之末年四凶在朝而不去八元在家而不擧然致天平地寧四門穆穆其功固在重華之爲相夏癸放于鳴條商辛梟

于牧野此俱萬乘之主而國滅身擒由不能屬任賢相用婦人之言荒淫无道肆志沉宴作靡靡之樂長夜之飲于是登糟丘臨酒池觀牛飲望肉林龍逢忠而被害比干諫而剖心天下之所以歸惡者也太甲暴虐顛覆湯之典制于是伊尹放之桐宮而能改悔反善三年而後歸于亳既已放而復還殷道微而復興諸侯咸服號稱太宗實賴阿衡之盡忠也周室既衰諸侯並爭天王微弱政遂陵遲齊桓公淫乱之主耳然所以能九合一匡之功有尊周之名誠管夷吾之力及其死也蟲流出門豈非任竪貂之過乎且一桓公之身得管仲其功如彼用竪貂其乱如此夫榮辱存亡實在所任可不審哉秦本伯翳之後微微小邑至秦仲始大有車馬礼樂侍御之好爲自穆公至于始皇皆能留心待賢遠求異士招由余于西戎致五羖于宛市取丕豹于晉卿迎蹇叔于宗里由是四方雄俊繼踵而至故能世爲彊國吞滅諸侯奄有天下兼稱皇帝由謀臣之助也道化未淳崩于沙丘胡亥乘虐用詐自悞不能弘濟統緒克成堂構而乃殘賊仁義毒流黔首故陳勝吳廣奮臂大呼而天下響應于是趙高逆乱閻樂承指二世窮迫自殺望夷子嬰雖立去帝爲王孤危无輔四旬而亡此由邪臣擅命指鹿爲馬所以速秦之禍也秦失其鹿豪傑競逐項羽既得而失之其咎在烹韓生而范增之謀不用假令羽既距項伯之邪說斬沛公于鴻門都咸陽以號令諸侯則天下无敵矣而羽距韓生之忠諫背范增之深計自謂霸王之業已定都彭城還故鄉爲晝被文繡此蓋世俗兒女之情耳而羽榮之是故五載爲漢所擒至死尚不知覺悟乃曰天亡我非戰之罪甚痛矣哉且夫士之歸仁猶水之歸下禽之走曠野故曰爲川驅魚者獺也爲藪驅雀者鸇也爲湯武驅人者桀紂也漢高祖起于布衣提三尺之劒而取天下用六國之資无唐虞之禪豈徒賴良平之奇謀盡英雄之智力而已乎亦由項氏爲驅人也子孫承基二百餘年逮成帝委政舅家使權勢外移安昌侯張禹者漢之三公成帝保傅也帝親幸其家拜禹牀下深問天災人事禹當惟大臣之節爲社稷深慮忠言嘉謀陳其災患則王氏不得專權寵王莽无緣乘勢位遂託雲龍而登天衢令漢祚

中絶也禹佞諂不忠挾懷私計徒低仰于五侯之間苟取容媚而已是以朱雲抗節求尚方斬馬劒欲以斬禹以戒其餘可謂忠矣而成帝尚復不寤乃以爲居下訕上廷辱保傅罪死无赦詔御史將雲下欲急誅之雲攀殿折檻幸賴左將軍辛慶忌叩頭流血以死爭之若不然則雲已摧碎矣後雖釋檻不脩欲以彰明直臣誠足以爲後世之戒何益于漢室所由亡也哉然世之論者以爲乱臣賊子无道之甚者莫過于莽此亦猶紂之不善不如是之甚也傳稱莽始起外戚折節力行以要名譽宗族稱孝朋友歸仁及其輔政成哀之際勤勞國家動見稱述然于時人士詣闕上書薦莽者不可稱紀內外羣臣莫不歸莽功德遭遇漢室中微國嗣三絶而太后壽考爲之宗主故莽得遂策命孺子而奪其位也昔湯武之興亦逆取而順守之耳向莽深惟殷周取守之術崇道德務仁義履信實去華僞施惠天下十有八年恩足以感百姓義足以結英雄人懷其德豪傑並用如此宗廟社稷宜未滅也光武雖復賢才大業詎可冀哉莽即位之後自謂得天人之助以爲功廣三王德茂唐虞乃自驕矜奮其威詐班宣符讖震暴殘酷窮凶極惡人怨神怒冬雷震以驚其耳目夏地動以惕其心腹而莽猶不知覺悟方復重行不順時之令竟速伍之刑佞媚者親幸忠諫者誅夷由是天下忿憤內外俱發四海分崩城池不守身死于匹夫之手爲天下笑豈不異哉其所由然者非取之過而守之非道也莽既屠肌六合雲擾劉聖公已立而不辦盆子承之而覆敗公孫述又稱帝于蜀漢如此數子固非所謂應天順人者徒爲光武之驅除者耳夫天下者蓋亦天下之天下非一人之天下也殷商之旅其會如林矢于牧野維予侯興又曰侯服于周天命靡常由此言之主非常人也有德則天下歸之无德則天下叛之故古之明王其勞心遠慮常如臨川无津涯于是法天地象四時隆恩德敬大臣近忠直遠佞人仁孝著乎宮牆弘化洽乎兆庶爲平直如砥矢信義感人神雖有椒房外戚之寵不受其委曲之言雖有近習愛幸之竪不聽其姑息之辭四門穆穆闢而不闔待諫者而无忌恒戰戰慄慄不忘戒懼所以欲永終天祿恐爲將來賢聖之驅除也且臣聞之懼危

者常安者也憂亡者恒存者也使夫有國之君能安不忘危則本枝百世長保榮祚名位與天地无窮亦何慮乎爲來者之驅除哉傳有之曰狂夫之言明主察焉其二曰士之立業行非一槩吳起貪官母死不歸殺妻求將不孝之甚然在魏使秦人不敢東向在楚則三晉不敢南謀曾參閔騫誠孝子也不能宿夕離其親豈肯出身致死涉危險之地哉今大晉應期運之所授齊聖美于有虞而吳人不臣稱帝私附此亦國之羞也陛下誠欲致羆熊之士不二心之臣使奮威淮浦震服荊蠻者故宜疇咨博采廣開貢士之路薦巖穴舉賢才徵命考試匪俊莫用今臺閣選舉徒塞耳目九品訪人唯問中正故據上品者非公侯之子孫則當塗之昆弟也二者苟然則篳門蓬戶之俊安得不有陸沉者哉其三曰昔田子方養老馬而窮士知所歸況居天下之廣居立天下之正位行天下之大道乎昔明王聖主无不養老老人衆多未必皆賢不可悉養故父事三老所以明孝宗事五更所以明敬孟子曰吾老以及人之老吾幼以及人之幼今天下雖定而華山之陽无放馬之羣桃林

之下未有休息之牛故以吳人尚未臣服故也夫饑者易爲食渴者易爲飲天下元元瞻望新政願陛下思子方之仁念犬馬之勞思帷蓋之報發仁惠之詔廣開養老之制其四曰法令賞罰莫大乎信古人有言人而无信不知其可況有養人以惠使人以義而可以不信行之哉臣前爲西郡太守被州所下已未詔書羌胡道遠其但募取樂行不樂勿彊臣被詔書輒宣恩廣募示以賞信所得人名即條言征西其晉人自可差簡丁彊如法調取至於羌胡非恩意告諭則无欲度金城河西者也自往每興軍渡河未曾有變故刺史郭綏勸帥有方深加獎厲要許重報是以所募感恩利賞遂立績效功在第一今州郡督將並已受封羌胡健兒或王或侯不蒙論敘也晉文猶不貪原而失信齊桓不惜地而背盟況聖主乎其五曰昔周漢之興樹親建德周有五等之爵漢有河山之誓及其衰也神器奪於重臣國祚移于他人故滅周者秦非姬姓也代漢者魏非劉氏也于今國家大計使異姓无裂土專封之邑同姓並據有連城之地縱復令諸王後世子孫還自相并蓋亦楚人失繁弱于雲夢尚未爲亡其弓也其于神器不移他族則始祖不遷之廟萬年億兆不改其名矣大晉諸王二十餘人而公侯伯子男五百餘國欲言其國皆小乎則漢祖之起俱无尺土之地況有國者哉將謂大晉世世賢聖而諸侯之胤常不肖邪則放勳欽明而有丹朱瞽叟頑凶而有虞舜天下有事无不由兵而无故多樹兵本廣開乱原臣故曰五等不便也臣以爲可如前表諸王宜大其國增益其兵悉遣守藩使形勢足以相接則陛下可高枕而卧耳臣以爲諸侯伯子男名號皆宜改易之使封爵之制祿奉礼秩並同天下諸侯之例臣聞與覆車同軌者未嘗安也與死人同病者未嘗生也與亡國同法者未嘗存也況夫魏魏大晉方將登太山禪梁父刻石書勳垂示无窮宜遠鑒往代興廢深爲嚴防使著事奮筆必有紀焉昔伊尹耻其君不爲堯舜此臣所以私懷慷慨自忘輕賤者也灼書奏帝覽而異焉擢爲明威將軍魏興太守卒于官

閻纘字續伯巴西安漢人也祖圃爲張魯功曹勸魯降魏封平樂鄉侯

父璞嗣爵仕吳至牂牁太守纘儁居河南新安少游英豪多所交結博覽墳典該通物理父卒繼母不慈纘恭事彌謹而母疾之愈甚乃誣纘盜父時金寶訟于有司遂被清議十餘年纘无怨色孝謹不怠母後意解更移中正乃得復品爲太傅楊駿舍人轉安復令駿之誅也纘棄官歸要駿故主簿潘岳掾崔基等共葬之基岳畏罪推纘爲主墓成當葬駿從弟模告武陵王澹將表殺造意者衆咸懼填冢而逃纘獨以家財成墓葬駿而去國子祭酒鄒湛以纘才堪佐著薦于秘書監華嶠嶠曰此職閑廩重貴勢多爭之不暇求其才遂不能用河間王顒引爲西成校尉司馬有功封平樂鄉侯愍懷太子之廢也纘輿棺詣闕上書理太子之冤曰伏見赦文及牓下前太子遹手疏以爲驚愕自古以來臣子悖逆未有如此之甚也幸賴天慈全其首領臣伏念遹生于聖父而至此者由于長養深宮沉淪富貴受饒先帝父母驕之每見選師傅下至羣吏率取膏粱擊鍾鼎食之家希有寒門儒素如衛綰周文石奮疎廣洗馬舍人亦无汲黯鄭莊之比遂使不見事父事君之道

臣案古典太子居以士礼與國人齒以此明先王欲令知先賤然後乃貴自頃東宮亦微太盛所以致敗也非但東宮歷觀諸王師友文學皆豪族力能得者率非龔遂王陽能以道訓友亢直三益之節官以文學爲名實不讀書但共鮮衣好馬縱酒高會嬉遊博奕豈有切磋能相長益臣常恐公族遲陵以此歎息今適可以爲戒恐其被斥棄遂遠郊始當悔過无所復及昔戾太子无狀稱兵距命而壺關三老上書有田千秋之言猶曰子弄父兵罪應笞耳漢武感悟之築思子之臺今適无狀言語悖逆受罪之日不敢失道猶爲輕于戾太子尚可禁持重選保傅如司空張華道德深遠乃心忠誠以爲之師光祿大夫劉寔寒苦自立終始不衰年同呂望經籍不廢以爲之保尚書僕射裴頠明允恭肅體道居正以爲之友置游談文學皆選寒門孤宦以學行自立者及取服勤更事涉履艱難事君事親名行素聞者使與共處使嚴御史監護其家絶貴戚子弟輕薄賓客如此左右前後莫非正人師傅文學可令十日一講使共論議于前勑使但道古今孝子慈親忠臣事君及思

愆改過之義皆聞善道庶幾可全昔太甲有罪放之三年思庸克復爲殷明王又魏文帝懼于見廢夙夜自祗竟能自全及至明帝因母得罪廢爲平原侯爲置家臣庶子師友文學皆取正人共相匡矯競競慎罰事父以孝父没事母以謹聞于天下于今稱之漢高皇帝數置酒于庭欲廢太子後四皓爲師子房爲傅竟復成就前事不忘後事之戒孟軻有云孤臣孽子其操心也危慮患也深故多善功李斯云慈母多敗子嚴家无格虜由陛下驕適使至于此庶其受罪以來足自思改方今天下多虞四夷未寧將伺國隙儲副大事不宜空虛宜爲大計小復停留先加嚴誨依平原侯故事若不悛改棄之未晚也臣素寒門无力仕宦不經東宮情不私適念昔楚國處女諫其王曰有龍无尾言年四十未有太子臣嘗備近職雖未得自結天日情同閹寺悾悾之誠皆爲國計臣老母見臣爲表乃爲臣卜卦云書御即死妻子守臣涕泣見止臣獨以爲頻見拔擢嘗爲近職此恩難忘何以報德唯當陳誠以死獻忠輒具棺絮伏須刑誅書御不省及張華遇害賈謐被誅朝野震悚纘獨抚

華尸慟哭曰早語君遜位而不肯今果不免命也夫過叱賈謐尸曰小兒乱國之由誅其晚矣皇太孫立纘復上疏曰臣前上書訟太子之枉不見省覽昔壺關三老陳衛太子之寃而漢武築思子之臺高廟令田千秋上書不敢正言託以鬼神之教而孝武大感月中三遷位至丞相乘車入殿號曰車氏恨臣精誠微薄不能有感竟使太子流離没命許昌向令陛下即納臣言不致此禍天贊聖意三公獻謀庶人賜死罪人斯得太子以明臣恨其晚无所復及詔書慈悼迎喪反葬復其礼秩誠副衆望不意呂霍之變復生于今日伏見詔書建立太孫斯誠陛下上順先典以安社稷中慰慈悼寃魂之痛下令萬國心有所繫追惟庶人所爲无狀幾傾宗廟賴相國太宰至忠憤發潛謀俱斷奉贊聖意以成神武雖周誅二叔漢掃諸呂未足以喻臣願陛下因此大更釐改以爲永制礼置太子居以士礼與國人齒爲置官屬皆如朋友不爲純臣既使上厭至望以崇孝道又令不相嚴憚易相規正昔漢武既信奸讒危害太子復用望氣之言欲盡誅詔獄中囚邴吉以皇孫在焉閉門距命

後遂擁護皇孫督罰乳母卒至成人立爲孝宣皇帝苟志于忠无往不可歷觀古人雖不避死亦由世教寛以成節吉雖距詔書事在于忠故宥而不責自晉興已來用法太嚴遲速之間輒加誅斬一身伏法猶可彊爲今世之誅動輒滅門昔呂后臨朝肆意无道周昌相趙三召其王而昌不遣先徵昌入乃後召王此由漢制本寛得使爲快假令如今呂后必謂昌已反夷其三族則誰敢復爲殺身成義者哉此法宜改可使經遠又漢初廢趙王張敖其臣貫高謀弑高祖高祖不誅以明臣道田叔孟舒十人爲奴髡鉗隨王隱親侍養故令平安向使晉法得容爲義東宮之臣得如周昌固護太子得如邴吉距詔不坐伏死諫爭則聖意必变太子以安如田叔孟舒侍從不罪者則隱親左右姦凶毒藥无緣得設太子不夭也臣每責東宮臣故无侍從者後聞頗有于道路望車拜辭而有司收付洛陽獄奏科其罪然臣故莫從良有以也又本置三率盛其兵馬所以宿衛防虞而使者卒至莫有警嚴覆請審者此由恐畏滅族今皇孫沖幼去事多故若有不虞彊臣專制姦邪矯詐雖有

相國保訓東宮擁佑之恩同于邴吉適可使玉體安全宜開來防可著于今自今已後諸有興廢倉卒羣臣皆得輙嚴須錄詣殿前面受口詔然後爲信得同周昌不遣王節下聽臣子隱親得如田叔孟舒不加罪責則求固儲副以安後嗣之遠慮也來事難知往事可改臣前每見詹事裴權用心懇惻舍人秦戢數上疏啓諫而爰倩贈以九列權有忠意獨不蒙賞謂宜依倩爲比以寵其魂推尋表疏如秦戢輩及司隷所奏諸敢拜辭于道路者明詔稱揚使微異于衆以勸爲善以奬將來也纘又陳今相國雖已保傅東宮保其安危至于旦夕訓誨輔導出入動靜劬勞宜選寒苦之士忠貞清正老而不衰如城門校尉梁柳白衣南安朱冲比者以爲師傅其侍臣以下文武將吏且勿復取盛戚豪門子弟若吳太妃家室及賈郭之黨如此之輩生而富溢无念修已率多輕薄浮華相驅放縱皆非所補益于吾少主者也皆可擇寒門篤行學問素士更履險易節義足稱者以備羣臣可輕其礼儀使與古同于相切磋爲益昔魏文帝之在東宮徐幹劉楨爲友文學相接之道並如氣類

吳太子登顧譚爲友諸葛恪爲賓卧同床帳行則參乘交如布衣相呼以字此則近代之明比也天子之子不患不富貴不患人不敬畏患于驕盈不聞其過不知稼穡之艱難耳至于甚者乃不知名六畜可不勉哉昔周公親撻伯禽曹參笞窋二百聖考慈父皆不傷恩今不忍小相維持令至闕失頓相罪責不亦誤哉在礼太子朝夕視膳昏定晨省跪問安否于情得盡五日一朝于敬既簡于恩亦疎易致構間故曰一朝不朝其間容刀五日之制起漢高祖身爲天子父爲庶人萬機事多故闕私敬耳今主上臨朝太子无事專主孝養宜改此俗文王世子篇曰王季一飯亦一飯再飯亦再飯安有逸豫五日一覲哉纘又陳今迎太子神柩孤魂獨行太孫幼冲不可涉道謂可遣妃奉迎遠路令其父子隨行衛護皇太子初見誣陷臣家門无祐三世假親具嘗辛苦以家觀國固知太子有變臣故求副監國欲依邴吉故事距違來使供養擁護身親飲食醫藥冀足救危主者以臣名資輕淺不肯見與世人見笑謂爲此職進退難居有必死憂臣獨以爲苟全儲君賈氏所誅甘心所願

今監國御史直副皆當三族侍衛无狀實自宜然臣謂其小人不足具責故孔子曰可以託六尺之孤臨大節而不可奪是以聖王慎選故河南尹向雄昔能犯難葬故將鍾會文帝嘉之始拔顯用至于先帝以爲右率如閻之事若得向雄之比則豈可觸哉此二使者但爲愚怯亦非與謀但可誅身自全三族如郭俶郭斌則于刑爲當又東宮亦宜妙選忠直亮正如向雄比陛下千秋萬歲之後太孫幼冲選置兵衛宜得柱石之士如周昌者世俗淺薄士无廉節賈謐小兒恃寵恣睢而淺中弱植之徒更相翕習故世號魯公二十四友又謐前見臣表理太子曰閻兒作此爲徒然觀其意欲與諸司馬家同皆爲臣寒心伏見詔書稱明滿奮樂廣侍郎賈胤與謐親理而亦疏遠往免父喪之後停家五年雖爲小屈有識貴之潘岳繆徵等皆謐父黨共相沉浮人士羞之聞其晏然莫不爲怪今詔書暴揚其罪並皆遣出百姓咸云清當臣獨謂非但岳徵二十四人宜皆齊黜以肅風教朝廷善其忠烈擢爲漢中太守趙王倫死既葬纘以車轢其冢時張華兒子景後徙漢中纘又表宜還纘

不護細行而慷慨好大節卒于官時年五十九纘五子皆開朗有才力長子亨爲遼西太守屬王浚自用其人亨不得之官依青州刺史苟晞刑政苛虐亨數切諫爲晞所害

史臣曰愍懷之廢也天下稱其寃然皆懼乱政之慘夷懾淫嬖之凶忍遂使謀臣懷忠而結舌義士蓄憤而吞聲閻續伯官既微于侍郎位不登于執戟輕生重義視死如歸伏奏而待嚴誅輿棺以趨丹鑊察言觀行豈非忠直壯乎顧視晉朝公卿曾不得與其徒隸齒也茂伯篤終哭王經以全節休然追遠理鄧艾以成名故得義感明時仁流枯骨雖朱勃追論新息欒布奏事彭王弗之尚也

贊曰感義收會篤終理艾道既相侔名亦俱泰續伯區區輿棺陳謇偏茲淫嬖弗遂良圖啜其泣矣何嗟及乎

列傳第十八　　晉書四十八

阮籍 咸 瞻 孚 脩 放 裕　　御撰

劉伶　謝鯤　嵇康　向秀

畢卓　王尼　胡毋輔之 子謙之　光逸

羊曼 弟聃

阮籍字嗣宗陳留尉氏人也父瑀魏丞相掾知名於世籍容貌瓌傑志氣宏放傲然獨得任性不羈而喜怒不形於色或閉戶視書累月不出或登臨山水經日忘歸博覽羣籍尤好莊老嗜酒能嘯善彈琴當其得意忽忘形骸時人多謂之癡惟族兄文業每歎服之以爲勝己由是咸共稱異籍嘗隨叔父至東郡兗州刺史王昶請與相見終日不開一言自以不能測太尉蔣濟聞其有儁才而辟之籍詣都亭奏記曰伏惟明公以含一之德據上台之位英豪翹首俊賢抗足開府之日人人自以爲掾屬辟書始下而下走爲首昔子夏在於西河之上而文侯擁篲鄒子處於黍谷之陰而昭王陪乘夫布衣韋帶之士孤居特立王公大人所以禮下之者爲道存也今籍無鄒卜之道而有其陋猥見採擇無以

稱當方將耕於東皋之陽輸黍稷之餘稅負薪疲病足力不彊補吏之召非所克堪乞迴謬恩以光清舉初濟恐籍不至得記欣然遣卒迎之而籍已去濟大怒於是鄉親共喻之乃就吏後謝病歸復爲尚書郎少時又以病免及曹爽輔政召爲參軍籍因以疾辭屏於田里歲餘而爽誅時人服其遠識宣帝爲太傅命籍爲從事中郎及帝崩復爲景帝大司馬從事中郎高貴鄉公卽位封關內侯徙散騎常侍籍本有濟世志屬魏晉之際天下多故名士少有全者籍由是不與世事遂酣飲爲常文帝初欲爲武帝求婚於籍籍醉六十日不得言而止鍾會數以時事問之欲因其可否而致之罪皆以酣醉獲免及文帝輔政籍嘗從容言於帝曰籍平生曾遊東平樂其風土帝大悅卽拜東平相籍乘驢到郡壞府舍屏鄣使內外相望法令清簡旬日而還帝引爲大將軍從事中郎有司言有子殺母者籍曰嘻殺父乃可至殺母乎坐者怪其失言帝曰殺父天下之極惡而以爲可乎籍曰禽獸知母而不知父殺父禽獸之類也殺母禽獸之不若衆乃悅服籍聞步兵廚營人善釀有貯酒三

百斛乃求爲步兵校尉遺落世事雖去佐職恆遊府內朝宴必與焉會帝讓九錫公卿將勸進使籍爲其辭籍沈醉忘作臨詣府使取之見籍方據案醉眠使者以告籍便書案使寫之無所改竄辭甚清壯爲時所重籍雖不拘禮教然發言玄遠口不臧否人物性至孝母終正與人圍棊對者求止籍留與決賭既而飲酒二斗舉聲一號吐血數升及將葬食一蒸肫飲二斗酒然後臨訣直言窮矣舉聲一號因又吐血數升毀瘠骨立殆致滅性裴楷往弔之籍散髮箕踞醉而直視楷弔唁畢便去或問楷凡弔者主哭客乃爲禮籍既不哭君何爲哭楷曰阮籍既方外之士故不崇禮典我俗中之士故以軌儀自居時人歎爲兩得籍又能爲青白眼見禮俗之士以白眼對之及嵇喜來弔籍作白眼喜不懌而退喜弟康聞之乃齎酒挾琴造焉籍大悅乃見青眼由是禮法之士疾之若讎而帝每保護之籍嫂嘗歸寧籍相見與別或譏之籍曰禮豈爲我設邪鄰家少婦有美色當壚沽酒籍嘗詣飲醉便臥其側籍既不自嫌其夫察之亦不疑也兵家女有才色未嫁而死籍不識其父兄徑往

哭之盡哀而還其外坦蕩而內淳至皆此類也時率意獨駕不由徑路車跡所窮輒慟哭而反嘗登廣武觀楚漢戰處歎曰時無英雄使豎子成名登武牢山望京邑而歎於是賦豪傑詩景元四年冬卒時年五十四籍能屬文初不留思作詠懷詩八十餘篇爲世所重著達莊論敘無爲之貴文多不錄籍嘗於蘇門山遇孫登與商略終古及棲神導氣之術登皆不應籍因長嘯而退至半嶺聞有聲若鸞鳳之音響乎巖谷乃登之嘯也遂歸著大人先生傳其略曰世之所謂君子惟法是脩惟禮是克手執圭璧足履繩墨行欲爲目前檢言欲爲無窮則少稱鄉黨長聞隣國上欲圖三公下不失九州牧獨不見羣蝨之處褌中逃乎深縫匿乎壞絮自以爲吉兆也行不敢離縫際動不敢出褌襠自以爲得繩墨也然炎丘火流焦邑滅都羣蝨處於褌中而不能出也君子之處域內何異夫蝨之處褌中乎此亦籍之胸懷本趣也子渾字長成有父風少慕通達不飾小節籍謂曰仲容已豫吾此流汝不得復爾太康中爲太子庶子

咸字仲容父熙武都太守咸任達不拘與叔父籍爲竹林之游當世禮法

者譏其所為咸與籍居道南諸阮居道北北阮富而南阮貧七月七日北阮盛曬衣服皆錦綺粲目咸以竿挂大布犢鼻於庭人或怪之答曰未能免俗聊復爾耳歷仕散騎侍郎山濤舉咸典選曰阮咸貞素寡欲深識清濁萬物不能移若在官人之職必絕於時武帝以咸耽酒浮虛遂不用太原郭奕高爽有識量知名於時少所推先見咸心醉不覺歎焉而居母喪縱情越禮素幸姑之婢姑當歸于夫家初云留婢既而自從去時方有客咸聞之遽借客馬追婢既及與婢累騎而還論者甚非之咸妙解音律善彈琵琶雖處世不交人事惟共親知弦歌酣宴而已與從子脩特相善每以得意為歡諸阮皆飲酒咸至宗人閒共集不復用杯觴斟酌以大盆盛酒圓坐相向大酌更飲時有羣豕來飲其酒咸直接去其上便共飲之羣從昆弟莫不以放達為行籍弗之許荀勗每與咸論音律自以為遠不及也疾之出補始平太守以壽終二子瞻孚

瞻字千里性清虛寡欲自得於懷讀書不甚研求而默識其要遇理而辯辭不足而旨有餘善彈琴人聞其能多往求聽不問貴賤長幼皆為

彈之神氣沖和而不知向人所在內兄潘岳每令鼓琴終日達夜无忤色由是識者歎其恬澹不可榮辱矣舉止灼然見司徒王戎戎問曰聖人貴名教老莊明自然其旨同異瞻曰將无同戎咨嗟良久即命辟之時人謂之三語掾太尉王衍亦雅重之瞻常群行冒熱渴甚逆旅有井衆人競趨之瞻獨逡巡在後須飲者畢乃進其夷退无競如此東海王越鎮許昌以瞻為記室參軍與王承謝鯤鄧攸俱在越府越與瞻等書曰禮年八歲出就外傅明始可以加師訓之則十年曰幼學明可漸先王之教也然學之所入淺禮之所安深是以閑習禮容不如式瞻儀度諷誦遺言不若親承音旨小兒毗既无令淑之質不聞道德之風望諸君時以閑豫周旋誨接永嘉中為太子舍人瞻素執无鬼論物莫能難每自謂此理足可以辯正幽明忽有一客通名詣瞻寒溫畢聊談名理客甚有才辯瞻與之言良久及鬼神之事反覆甚苦客遂屈乃作色曰鬼神古今聖賢所共傳君何得獨言无即僕便是鬼於是變為異形須臾消滅瞻默然意色大惡後歲餘病卒於倉垣時年三十

孚字遙集其母即胡婢也孚之初生其姑取王延壽魯靈光殿賦曰胡人遙集於上楹而以字焉初辟太傅府遷騎兵屬避亂渡江元帝以為安東參軍蓬髮飲酒不以王務嬰心時帝既用申韓以救世而孚之徒未能棄也雖然不以事任處之轉丞相從事中郎終日酣縱恒為有司所按帝每優容之琅邪王裒為車騎將軍鎮廣陵高選綱佐以孚為長史帝謂曰卿既統軍府郊壘多事宜節飲也孚答曰陛下不以臣不才委之以戎旅之重臣僶俛從事不敢有言者竊以今王莅鎮威風赫然皇澤遐被賊寇斂迹氛祲既澄日月自朗臣亦何可爝火不息正應端拱嘯詠以樂當年耳遷黃門侍郎散騎常侍嘗以金貂換酒復為所司彈劾帝宥之轉太子中庶子左衛率領屯騎校尉明帝即位遷侍中從王敦賜爵南安縣侯轉吏部尚書領東海王師稱疾不拜詔就家用之尚書令郗鑒以為非禮帝曰就用之誠不快不爾便廢才及帝疾大漸溫嶠入受顧命過孚要與同行升車乃告之曰主上遂大漸江左危弱實資羣賢共康世務卿時望所歸今欲屈卿同受顧託孚不答固求下

車嶠不許垂至臺門告嶠內迫求暫下便徒步還家初祖約性好財孚性好屐同是累而未判其得失有詣約見正料財物客至屏當不盡餘兩小簏以著背後傾身障之意未能平或有詣阮正見自蠟屐因自嘆曰未知一生當著幾量屐神色甚閑暢於是勝負始分咸和初拜丹陽尹時太后臨朝政出舅族孚謂所親曰今江東雖累世而年數實淺主幼時艱運終百六而庾亮年少德信未孚以吾觀之將兆亂矣會廣州刺史劉顗卒遂苦求出王導等以孚疏放非京尹才乃除都督交廣寧三州軍事鎮南將軍領平越中郎將廣州刺史假節未至鎮卒年四十九尋而蘇峻作逆識者以為知幾無子從孫廣嗣

脩字宣子好易老善清言嘗有論鬼神有无者皆以人死者有鬼脩獨以為无曰今見鬼者云著生時衣服若人死有鬼衣服有鬼邪論者服焉後遂伐社樹或止之脩曰若社而為樹伐樹則社移樹而為社伐樹則社亡矣性簡任不修人事絕不喜見俗人遇便舍去意有所思率爾褰裳不避晨夕至或无言但欣然相對常步行以百錢挂杖頭至酒店

便獨酣暢雖當世富貴而不肯顧家无儋石之儲晏如也與兄弟同志常自得于林阜之間王衍當時談宗自以論易略盡然有所未了研之終莫悟每云不知比沒當見能通之者不衍族子敦謂衍曰阮宣子可與言衍曰吾亦聞之但未知其亹亹之處定何如耳及與修談言寡而旨暢衍乃歎服焉梁國張偉志趣不常自隱于屠釣修愛其才美而知其不真偉後爲黃門郎陳留內史果以世事受累修居貧年四十餘未有室王敦等歛錢爲婚皆名士也時慕之者求入錢而不得修所著述甚寡嘗作大鵬贊曰蒼蒼大鵬誕自北溟假精靈鱗神化以生如雲之翼如山之形海運水擊扶搖上征翕然層舉背負太清志存天地不屑雷霆鷽鳩仰笑尺鷃所輕超世高逝莫知其情王敦時爲鴻臚卿謂修曰卿常無食鴻臚丞差有祿能作不修曰亦復可爾耳遂爲之轉太傅行參軍太子洗馬避亂南行至西陽期思縣爲賊所害時年四十二

放字思度祖略齊郡太守父顗淮南內史放少與孚並知名中興除太學博士太子中舍人庶子時雖戎車屢駕而放侍太子常說老莊不及

軍國明帝甚友愛之轉黃門侍郎遷吏部郎在銓管之任甚有稱績時成帝幼沖庾氏執政放求爲交州乃除監交州軍事揚威將軍交州刺史行達寧浦逢陶侃將高寶平梁碩自交州還放設饌請寶伏兵殺之寶衆擊放敗走保簡陽城得免到州少時暴發渴見寶爲祟遂卒朝廷甚悼惜之年四十四追贈廷尉放素知名而性清約不營產業爲吏部郎不免饑寒王導庾亮以其名士常供給衣食子晞之南頓太守

裕字思曠宏遠不及放而以德業知名弱冠辟太宰掾大將軍王敦命爲主簿甚被知遇裕以敦有不臣之心乃終日酣觴以酒廢職敦謂裕非當世實才徒有虛譽而已出爲溧陽令復以公事免官由是得違敦難論者以此貴之咸和初除尚書郎時事故之後公私弛廢裕遂去職還家居會稽剡縣司徒王導引爲從事中郎固辭不就朝廷將欲徵之裕知不得已乃求爲王舒撫軍長史舒薨除吏部郎不就即家拜臨海太守少時去職司空郗鑒請爲長史詔徵祕書監皆以疾辭復除東陽太守尋徵侍中不就還剡山有肥遁之志有以間王羲之羲之曰此公近不驚寵辱雖古之沈冥何以過此又云裕骨氣不及逸少簡秀不如真長韶潤不如仲祖思致不如殷浩而兼有諸人之美成帝崩裕赴山陵事畢便還諸人相與追之裕亦審時流必當逐已而疾去至方山不相及劉惔歎曰我入東正當泊安石渚下耳不敢復近思曠傍裕雖不博學論難甚精嘗問謝萬云未見四本論君試爲言之萬敘說既畢裕以傅嘏爲長於是攡辭數百言精義入微聞者皆嗟味之裕嘗以人不須廣學正應以禮讓爲先故終日靜默无所脩綜而物自宗焉在剡曾有好車借无不給有人葬母意欲借而不敢言後裕聞之乃歎曰吾有車而使人不敢借何以車爲遂命焚之在東山久之復徵散騎常侍領國子祭酒俄而復以爲金紫光祿大夫領琅邪王師經年敦逼並无所就御史中丞周閔奏裕及謝安違詔累載並應有罪禁錮終身詔書貰之或問裕曰子屢辭徵聘而宰二郡何邪裕曰雖屢辭王命非敢爲高也吾少无宦情兼拙于人間既不能躬耕自活必有所資故曲躬二郡豈以騁能私計故耳年六十二卒三子傭寧普傭早卒寧鄱陽太

守普驃騎諮議參軍傭子歆之中領軍寧子腆祕書監腆弟萬齡及歆之子彌之元熙中並列顯位

嵇康字叔夜譙國銍人也其先姓奚會稽上虞人以避怨徙焉銍有嵇山家于其側因而命氏兄喜有當世才歷太僕宗正康早孤有奇才遠邁不羣身長七尺八寸美詞氣有風儀而土木形骸不自藻飾人以爲龍章鳳姿天質自然恬靜寡慾含垢匿瑕寬簡有大量學不師受博覽无不該通長好老莊與魏宗室婚拜中散大夫常脩養性服食之事彈琴詠詩自足于懷以爲神仙稟之自然非積學所得至于導養得理則安期彭祖之倫可及乃著養生論又以爲君子无私其論曰夫稱君子者心不措乎是非而行不違乎道者也何以言之夫氣靜神虛者心不存於矜尚體亮心達者情不繫於所欲矜尚不存乎心故能越名教而任自然情不繫于所欲故能審貴賤而通物情物情順通故大道无違越名任心故是非無措也是故言君子則以无措爲主以通物爲美言小人則以匿情爲非以違道爲闕何者匿情矜吝小人之至惡虛

心无措君子之篤行也是以大道言及吾无身吾又何患无以生爲貴者是賢于貴生也由斯而言夫至人之用心固不存有措矣故曰君子行道忘其爲身斯言是矣君子之行賢也不察于有度而後行也任心无邪不議于善而後正也顯情无措不論于是而後爲也是故傲然忘賢而賢與度會忽然任心而心與善遇儻然无措而事與是俱也其略如此蓋其胸懷所寄以高契難期每思郢質所與神交者惟陳留阮籍河内山濤豫其流者河内向秀沛國劉伶籍兄子咸琅邪王戎遂爲竹林之游世所謂竹林七賢也戎自言與康居山陽二十年未嘗見其喜愠之色康嘗採藥游山澤會其得意忽焉忘反時有樵蘇者遇之咸謂神至汲郡山中見孫登康遂從之游登沈默自守无所言説康臨去登曰君性烈而才儁其能免乎康又遇王烈共入山烈嘗得石髓如飴即自服半餘半與康皆凝而爲石又于石室中見一卷素書遽呼康往取輒不復見烈乃歎曰叔夜趣非常而輒不遇命也其神心所感每遇幽逸如此山濤將去選官舉康自代康乃與濤書告絶曰聞足下欲以吾自代雖

事不行知足下故不知之也恐足下羞庖人之獨割引尸祝以自助故爲足下陳其可不老子莊周吾之師也親居賤職柳下惠東方朔達人也安乎卑位吾豈敢短之哉又仲尼兼愛不羞執鞭子文无欲卿相而三爲令尹是乃君子思濟物之意也所謂達能兼善而不渝窮則自得而无悶以此觀之故知堯舜之居世許由之巖棲子房之佐漢接輿之行歌其揆一也仰瞻數君可謂能遂其志者也故君子百行殊塗同致循性而動各附所安故有處朝廷而不入出山林而不反之論且延陵高子臧之風長卿慕相如之節意氣所先亦不可奪也吾每讀尚子平臺孝威傳慨然慕之想其爲人加少孤露母兄驕恣不涉經學又讀老莊重增其放故使榮進之心日頽任逸之性轉篤阮嗣宗口不論人過吾每師之而未能及至性過人與物无傷惟飲酒過差耳至爲禮法之士所繩疾之如仇讎幸賴大將軍保持之耳吾以不如嗣宗之資而有慢弛之闕又不識物情闇于機宜无萬石之慎而有好盡之累久與事接疵釁日興雖欲无患其可得乎又聞道士遺言餌朮黄精令人久

壽意甚信之游山澤觀魚鳥心甚樂之一行作吏此事便廢安能舍其所樂而從其所懼哉夫人之相知貴識其天性因而濟之禹不逼伯成子高全其長也仲尼不假蓋于子夏護其短也近諸葛孔明不迫元直以入蜀華子魚不彊幼安以卿相此可謂能相終始真相知者也自卜已審若道盡塗殫則已耳足下无事寃之令轉于溝壑也吾新失母兄之歡意常悽切女年十三男年八歲未及成人況復多疾顧此悢悢如何可言今但欲守陋巷教養子孫時時與親舊叙離闊陳説平生濁酒一盃彈琴一曲志意畢矣豈可見黄門而稱貞哉若趣欲共登王塗期于相致時爲懽益一旦迫之必發狂疾自非重讎不至此也既以解足下并以爲别此書既行知其不可羈屈也性絶巧而好鍛宅中有一柳樹甚茂乃激水圜之每夏月居其下以鍛東平吕安服康高致每一相思輒千里命駕康友而善之後安爲兄所枉訴以事繫獄辭相證引遂復收康康性慎言行一旦縲紲乃作幽憤詩曰嗟余薄祜少遭不造哀煢靡識越在襁褓母兄鞠育有慈无威恃愛肆好不訓不師爰及冠帶

憑寵自放抗心希古任其所尚託好莊老賤物貴身志在守樸養素全真曰予不敏好善闇人子玉之敗屢增惟塵大人含弘藏垢懷耻人之多僻政不由己惟此褊心顯明臧否感悟思愆怛若創痏欲寡其過謗議沸騰性不傷物頻致怨憎昔慚柳惠今愧孫登内負宿心外恧良朋仰慕嚴鄭樂道閑居與世无營神氣晏如咨予不淑嬰累多虞匪降自天寔由頑疎理弊患結卒致囹圄對答鄙訊縶此幽阻實耻訟寃時不我與雖曰義直神辱志沮澡身滄浪曷云能補雍雍鳴鴈厲翼北游順時而動得意忘憂嗟我憤嘆曾莫能儔事與願違遘兹淹留窮達有命亦又何求古人有言善莫近名奉時恭默咎悔不生萬石周慎安親保榮世務紛紜祗攪余情安樂必誡乃終利貞煌煌靈芝一年三秀予獨何爲有志不就懲難思復心焉内疚庶勗將來无馨无臭採薇山阿散髮巖岫永嘯長吟頤神養壽初康居貧嘗與向秀共鍛于大樹之下以自贍給潁川鍾會貴公子也精練有才辯故往造焉康不爲之禮而鍛不輟良久會去康謂曰何所聞而來何所見而去會曰

聞所聞而來見所見而去會以此憾之及是言于文帝曰嵇康卧龍也不可起公无憂天下顧以康爲慮耳因譖康欲助毋丘儉賴山濤不聽昔齊戮華士魯誅少正卯誠以害時亂教故聖賢去之康安等言論放蕩非毁典謨帝王者所不宜容宜因釁除之以淳風俗帝既昵聽信會遂并害之康將刑東市太學生三千人請以爲師弗許康顧視日影索琴彈之曰昔袁孝尼嘗從吾學廣陵散吾每靳固之廣陵散于今絶矣時年四十海内之士莫不痛之帝尋悟而恨焉初康嘗游乎洛西暮宿華陽亭引琴而彈夜分忽有客詣之稱是古人與康共談音律辭致清辯因索琴彈之而爲廣陵散聲調絶倫遂以授康仍誓不傳人亦不言其姓字康善談理又能屬文其高情遠趣率然玄遠撰上古以來高士爲之傳贊欲友其人于千載也又作太師箴亦足以明帝王之道焉復作聲无哀樂論甚有條理子紹別有傳

向秀字子期河内懷人也清悟有遠識少爲山濤所知雅好老莊之學莊周著内外數十篇歷世方士雖有觀者莫適論其旨統也秀乃爲之

隱解發明奇趣振起玄風讀之者超然心悟莫不自足一時也惠帝之世郭象又述而廣之儒墨之迹見鄙道家之言遂盛焉始秀欲注嵇康曰此書詎復須注正是妨人作樂耳及成示康曰殊復勝不又與康論養生辭難往復蓋欲發康高致也康善鍛秀爲之佐相對欣然傍若无人又共呂安灌園於山陽康既被誅秀應本郡計入洛文帝問曰聞有箕山之志何以在此秀曰以爲巢許狷介之士未達堯心豈足多慕帝甚悦秀乃自此役作思舊賦云余與嵇康呂安居止接近其人並有不羈之才嵇意遠而疎呂心曠而放其後並以事見法嵇博綜伎藝于絲竹特妙臨當就命顧視日影索琴而彈之逝將西邁經其舊盧于時日薄虞泉寒冰淒然鄰人有吹笛者發聲寥亮追想曩昔游宴之好感音而歎故作賦曰將命適于遠京兮遂旋反以北徂濟黄河以汎舟兮經山陽之舊居瞻曠野之蕭條兮息余駕乎城隅踐二子之遺迹兮歷窮巷之空廬歎黍離之愍周兮悲麥秀于殷墟追昔以懷今兮心徘徊以躊躇棟宇在而弗毁兮形神逝其焉如昔李斯之受罪兮歎黄犬而長吟悼嵇生之永辭兮顧日影而彈琴託運遇于領會兮寄餘命于寸陰聽鳴笛之慷慨兮妙聲絶而復尋佇駕言其將邁兮故援翰以寫心後爲散騎侍郎轉黄門侍郎散騎常侍在朝不任職容迹而已卒于位二子純悌

劉伶字伯倫沛國人也身長六尺容貌甚陋放情肆志常以細宇宙齊萬物爲心澹默少言不妄交游與阮籍嵇康相遇欣然神解携手入林初不以家産有无介意常乘鹿車携一壺酒使人荷鍤而隨之謂曰死便埋我其遺形骸如此嘗渴甚求酒于其妻妻捐酒毁器涕泣諫曰君酒太過非攝生之道必宜斷之伶曰善吾不能自禁惟當祝鬼神自誓耳便可具酒肉妻從之伶跪祝曰天生劉伶以酒爲名一飲一斛五斗解酲婦兒之言慎不可聽仍飲酒御肉隗然復醉嘗醉與俗人相忤其人攘袂奮拳而往伶徐曰雞肋不足以安尊拳其人笑而止伶雖陶兀昏放而機應不差未嘗厝意文翰惟著酒德頌一篇其辭曰有大人先生以天地爲一朝萬期爲須臾日月爲扃牖八荒爲庭衢行无轍迹

居无室廬幕天席地縱意所如止則操卮執觚動則挈榼提壺惟酒是務焉知其餘有貴介公子搢紳處士聞吾風聲議其所以乃奮袂攘襟怒目切齒陳説禮法是非蜂起先生于是方捧甖承槽銜盃漱醪奮髯箕踞枕麴藉糟无思无慮其樂陶陶兀然而醉怳爾而醒靜聽不聞雷霆之聲孰視不睹泰山之形不覺寒暑之切肌利欲之感情俯觀萬物擾擾焉若江海之載浮萍二豪侍側焉如蜾蠃之與螟蛉嘗爲建威參軍泰始初對策盛言无爲之化時輩皆以高第得調伶獨以无用罷竟以壽終

謝鯤字幼輿陳國陽夏人也祖纘典農中郎將父衡以儒素顯仕至國子祭酒鯤少知名通簡有高識不脩威儀好老易能歌善鼓琴王衍嵇紹並奇之永興中長沙王乂入輔政時有疾鯤者言其將出奔乂欲鞭之鯤解衣就罰曾无忤容既舍之又无喜色太傅東海王越聞其名辟爲掾任達不拘尋坐家僮取官稾除名于時名士王玄阮脩之徒並以鯤初登宰府便至黜辱爲之歎恨鯤聞之方清歌鼓琴不以屑意莫

不服其遠暢而恬于榮辱隣家高氏女有美色鯤常挑之女投梭折其兩齒時人為之語曰任達不已幼輿折齒鯤聞之慠然長嘯曰猶不廢我嘯歌越尋更辟之轉參軍事鯤以時方多故乃謝病去職避地於豫章嘗行經空亭中夜宿此亭舊每殺人將曉有黄衣人呼鯤字令開户鯤憺然无懼色便于窓中度手牽之胛斷視之鹿也尋血獲焉爾後此亭无復妖怪左將軍王敦引為長史以討杜弢功封咸亭侯母憂去職服闋遷敦大將軍長史時王澄在敦坐見鯤談話无勌惟數謝長史可與言都不眄敦其為人所慕如此鯤不徇功名无砥礪行居身于可否之間雖自處若穢而動不累高敦有不臣之迹顯于朝野鯤知不可以道匡弼乃優游寄遇不屑政事從容諷議卒歲而已每與畢卓王尼阮放羊曼桓彝阮孚等縱酒敦以其名高雅相賓禮常使至都明帝在東宮見之甚相親重問曰論者以君方庾亮自謂何如荅曰端委廟堂使百僚準則鯤不如亮一丘一壑自謂過之温嶠常謂鯤子尚曰尊大君豈惟識量淹遠至于神鑒沈深雖諸葛瑾之喻孫權不過也及敦將為逆謂鯤曰劉隗奸邪將危社稷吾欲除君側之惡匡主濟時何如對曰隗誠始禍然城狐社鼠也敦怒曰君庸才豈達大理出鯤為豫章太守又留不遣藉其才望逼與俱下敦至石頭歎曰吾不復得為盛德事矣鯤曰何為其然但使自今以往日忘日去耳初敦謂鯤曰吾當以周伯仁為尚書令戴若思為僕射及至都復曰近來人情何如鯤對曰明公之舉雖欲大存社稷然悠悠之言實未達高義周顗戴若思南北人士之望明公舉而用之羣情帖然矣是日敦遣兵收周戴而鯤弗知敦怒曰君麤疎邪二子不相當吾已收之矣鯤與顗素相親重聞之愕然若喪諸己參軍王嶠以敦誅顗諫之甚切敦大怒命斬嶠時人士畏懼莫敢言者鯤曰明公舉大事不戮一人嶠以獻替忤旨便以釁鼓不亦過乎敦乃止敦既誅害忠賢而稱疾不朝將還武昌鯤喻敦曰公大存社稷建不世之勳然天下之心實有未達若能朝天子使君臣釋然萬物之心于是乃服杖衆望以順羣情盡冲退以奉主上如斯則勳侔一匡名垂千載矣敦曰君能保无變乎對曰鯤近日入覲主上

側席遲得見公宫省穆然必无虞矣公若入朝鯤請侍從敦勃然曰正復殺君等數百人亦復何損于時竟不朝而去是時朝望被害皆為其憂而鯤推理安常時進正言敦既不能用內亦不悅軍還使之郡莅政清肅百姓愛之尋卒官時年四十三敦死後追贈太常謚曰康子尚嗣別有傳

胡母輔之字彥國泰山奉高人也高祖班漢執金吾父原練習兵馬山濤稱其才堪邊任舉為太尉長史終河南令輔之少擅高名有知人之鑒性嗜酒任縱不拘小節與王澄王敦庾敳俱為太尉王衍所昵號曰四友澄嘗與人書曰彥國吐佳言如鋸木屑霏霏不絕誠為後進領袖也辟別駕太尉掾並不就以家貧求試守繁昌令始節酒自厲甚有能名遷尚書郎豫討齊王冏賜爵陰平男累轉司徒左長史復求外出為建武將軍樂安太守與郡人光逸晝夜酣飲不視郡事成都王穎為太弟召為中庶子遂與謝鯤王澄阮脩王尼畢卓俱為放達常過河南門下飲河南騶王子博箕坐其傍輔之叱使取火子博曰我卒也惟不乏吾事則已安復為人使輔之因就與語歎曰吾不及也薦之河南尹樂廣廣召見甚悅之擢為功曹其甄拔人物若此東海王越聞輔之名引為從事中郎復補振威將軍陳留太守王彌經其郡輔之不能討坐免官尋除寧遠將軍揚州刺史不之職越復以為右司馬本州大中正越薨避亂渡江元帝以為安東將軍諮議祭酒遷揚武將軍湘州刺史假節到州未幾卒時年四十九子謙之

謙之字子光才學不及父而傲縱過之至酣醉常呼其父字輔之亦不以介意談者以為狂輔之正酣飲謙之闚而厲聲曰彥國年老不得為爾將令我尻背東壁輔之歡笑呼入與共飲其所為如此年未三十卒

畢卓字茂世新蔡鮦陽人也父諶中書郎卓少希放達為胡母輔之所知太興末為吏部郎常飲酒廢職比舍郎釀熟卓因醉夜至其甕間盜飲之為掌酒者所縛明旦視之乃畢吏部也遽釋其縛卓遂引主人宴于甕側致醉而去卓嘗謂人曰得酒滿數百斛船四時甘味置兩頭右手持酒盃左手持蟹螯拍浮酒船中便足了一生矣及過江

爲溫嶠平南長史卒官

王尼字孝孫城陽人也或云河內人本兵家子寓居洛陽卓犖不羈初爲護軍府軍士胡毋輔之與琅邪王澄北地傅暢中山劉輿潁川荀邃河東裴遐迭屬河南功曹甄述及洛陽令曹攄請解之攄等以制旨所及不敢輔之等齎羊酒詣護軍門門吏疏名呈護軍護軍歎曰諸名士持羊酒來將有以也尼時以給府養馬輔之等入遂坐馬廐下與尼炙羊飲酒醉飽而去竟不見護軍護軍大驚即與尼長假因免爲兵東嬴公騰辟爲車騎府舍人不就時尚書何綏奢侈過度尼謂人曰綏居乱世矜豪乃爾將死不久人曰伯蔚聞言必相危害尼曰伯蔚比聞我語已死矣未幾綏果爲東海王越所殺初入洛尼詣越不拜越問其故尼曰公无宰相之能是以不拜因數之言甚切又云公負尼物越大驚曰寧有是也尼曰昔楚人亡布謂令尹盜之今尼屋舍資財悉爲公車人所略尼今饑凍是亦明公之負也越大笑即賜絹五十疋諸貴人聞競往餉之洛陽陷避乱江夏時王澄爲荊州刺史遇之甚厚尼早喪婦有一子无居宅惟畜露車有牛一頭每行輒使御之暮則共宿車上常歎曰滄海橫流處處不安也俄而澄卒荊土饑荒尼不得食乃殺牛壞車煑肉噉之既盡父子俱餓死

羊曼字祖延太傅祜兄孫也父暨陽平太守曼少知名本州禮命太傅辟皆不就避難渡江元帝以爲鎮東參軍轉丞相主簿委以機密歷黃門侍郎尚書吏部郎晉陵太守以公事免曼任達頹縱好飲酒溫嶠庾亮阮放桓彝同志友善並爲中興名士時州里稱陳留阮放爲宏伯高平郗鑒爲方伯泰山胡毋輔之爲達伯濟陰卞壺爲裁伯陳留蔡謨爲朗伯阮孚爲誕伯高平劉綏爲委伯而曼爲黯伯凡八人號兖州八伯蓋擬古之八儁也王敦既與朝廷乖貳羈錄朝士曼爲右長史曼知敦不臣終日酣醉諷議而已敦以其士望厚加禮遇不委以事故得不涉其難敦敗代阮孚爲丹陽尹時朝士過江初拜官相飾供饌曼拜丹陽客來早者得佳設日晏則漸罄不復及精隨客早晚而不問貴賤有羊固拜臨海太守竟日皆美雖晚至者猶獲盛饌論者以固之豐腆乃不如曼之真率蘇峻作乱加前將軍率文武守雲龍門王師不振或勸曼避峻曼曰朝廷破敗吾安所求生勒衆不動爲峻所害年五十五峻平追贈太常子賁嗣少知名尚明帝女南郡悼公主除秘書郎早卒弟聃

聃字彭祖少不經學時論皆鄙其凡庸先是兖州有八伯之號其後更有四伯大鴻臚陳留江泉以能食爲穀伯豫章太守史疇以大肥爲笨伯散騎郎高平張嶷以狡妄爲猾伯而聃以狼戾爲瑣伯蓋擬古之四凶聃初辟元帝丞相府累遷廬陵太守剛克麤暴恃國戚縱恣尤甚睚眦之嫌輒加刑殺疑郡人簡良等爲賊殺二百餘人誅及嬰孩所髡鎖復百餘庾亮執之歸于京都有司奏聃罪當死以景獻皇后是其祖姑應八議成帝詔曰此事古今所无何八議之有猶未忍肆之市朝其賜命獄所兄子賁尚公主自表求解婚詔曰罪不相及古今之令典也聃雖極法于賁何有其特不聽離婚琅邪太妃山氏聃之甥也入殿叩頭請命王導又啟聃罪不容恕宜極重法山太妃憂慼成疾陛下罔極之恩宜蒙生全之宥于是詔下曰太妃惟此一舅發言摧咽乃至吐血情慮深重朕往丁荼毒受太妃抚育之恩同于慈親若不堪難忍之痛以致頓弊朕亦何顏以寄今便原聃生命以慰太妃渭陽之思于是除名頃之遇疾恒見簡良等爲祟旬日而死

光逸字孟祖樂安人也初爲博昌小吏縣令使逸送客冒寒舉體凍濕還遇令不在逸解衣炙之入令被中卧令還大怒將加嚴罰逸曰家貧衣單沾濕无可代若不暫溫勢必凍死奈何惜一被而殺一人乎君子仁愛必不爾也故寢而不疑令奇而釋之後爲門亭長迎新令至京師胡毋輔之與荀邃共詣令家望見逸謂邃曰彼似奇才便呼上車與談良久果俊器令怪客不入吏白與光逸語令大怒除逸名斥遣之後舉孝廉爲州從事棄官投輔之輔之時爲太傅越從事中郎薦逸于越越以門寒而不召越後因閑宴責輔之无所舉薦輔之曰前舉光逸公以非世家不召非不舉也越即辟焉書到郡縣皆以爲誤審知是逸乃備禮遣之尋以世難避乱渡江復依輔之初至屬輔之與謝鯤阮放畢卓羊曼桓彝阮孚散髮裸裎閉室酣飲已累日逸將排户入守者不聽逸便

于户外脫衣露頭于狗竇中窺之而大叫輔之驚曰他人决不能爾必
我孟祖也遽呼入遂與飲不舍晝夜時人謂之八達元帝以逸補軍諮
祭酒中興建爲給事中卒官

史臣曰夫學非常道則物靡不通理有忘言則在情斯遣其進也撫俗
同塵不居名利其退也餐和履順以保天真若乃一其本源躰无爲之
用分其華葉開寓言之道是以伯陽垂範鳴謙置式欲崇諸己先下
于人猶大樂无聲而蹌鸞斯應者也莊生放達其旨而馳辯无窮弄
彼榮華則俯輕爵位懷其道術則顧蔑王公舐痔兼車鳴鳶吞腐以
茲自口于焉譏物殊異虛舟有同攘臂嵇阮竹林之會劉畢芳樽之
友馳騁莊門排登李室若夫儀天布憲百官從軌經禮之外棄而不存
是以帝堯縱許由于埃壒之表光武舍子陵于潺湲之瀨松蘿低舉用
以優賢巖水澄華茲焉賜隱臣行厥志主有嘉名至于嵇康遺巨源之
書阮氏創先生之傳軍諮散髮吏部盜樽豈以世疾名流茲焉自垢臨
鍛竈而不迴登廣武而長歎則嵇琴絕響阮氣徒存通其旁徑必彫風

俗召以效官居然尸素執躅之外或有可觀者焉咸能符契情靈各敦
終始愴神交于晚笛或相思而動駕史臣是以拾其遺事附于篇云

贊曰老篤爰植孔教提衡各存其趣道貴无名相彼非禮遵乎達生秋
水揚波春雲斂映旨酒厥德憑虛其性不翫斯風誰虧王政

列傳第十九　晉書四十九

列傳第二十　晉書五十　御撰

曹志　庾峻子珉 敳　郭象　庾純子旉

秦秀

曹志字允恭譙國譙人魏陳思王植之孽子也少好學以才行稱夷簡
有大度兼善騎射植曰此保家主也立以爲嗣後改封濟北王武帝爲
撫軍將軍迎陳留王于鄴志夜謁見帝與語自暮達旦甚奇之及帝受
禪降爲鄄城縣公詔曰昔在前世雖歷運迭興至于先代苗裔傳祚不
替或列藩九服式序王官選衆命賢惟德是與蓋至公之道也魏氏諸
王公養德藏器壅滯曠久前雖有詔當須簡授而自頃衆職少缺未得
式叙前濟北王曹志履德清純才高行潔好古博物爲魏宗英朕甚嘉
之其以志爲樂平太守志在郡上書以爲宜尊儒重道請爲博士置吏
卒還章武趙郡太守雖累郡職不以政事爲意晝則游獵夜誦詩書以
聲色自娛當時見者未審其量也咸寧初詔曰鄄城公曹志篤行履素
達學通識宜在儒林以弘冑子之教其以志爲散騎常侍國子博士帝

嘗閱六代論問志曰是卿先王所作邪志對曰先王有手所作目錄請
歸尋按還奏曰按錄无此帝曰誰作志曰以臣所聞是臣族父冏所作
以先王文高名著欲令書傳于後是以假託帝曰古來亦多有是顧謂
公卿曰父子證明足以爲審自今以後可无復疑後遷祭酒齊王攸將
之國下太常議崇錫文物時博士秦秀等以爲齊王宜內匡朝政不可
之藩志又常恨其父不得志于魏因愴然歎曰安有如此之才如此之
親不得樹本助化而遠出海隅晉朝之隆其殆乎哉乃奏議曰伏聞大
司馬齊王當出藩東夏備物盡禮同之二伯今陛下爲聖君稷契爲賢
臣內有魯衛之親外有齊晉之輔坐而守安此萬世之基也古之夾輔
王室同姓則周公其人也異姓則太公其人也皆身在內五世反葬後
雖有五霸代興桓文譎主下有請隧之僭上有九錫之禮終于譎而不
正驗于尾大不掉豈與召公之歌棠棣周詩之詠鴟鴞同日論哉今聖
朝創業之始始之不諒後事難工幹植不彊枝葉不茂骨鯁不存皮膚
不克自羲皇以來豈是一姓之獨有欲結其心者當有磐石之固夫欲

享萬世之利者當與天下議之故天之聰明自我人之聰明秦魏欲獨擅其威而財得沒其身周漢能分其利而親踈爲之用此自聖主之深慮日月之所照事雖淺當深謀之言雖輕當重思之志備位儒官若言不及禮是志冠竊知忠不言議所不敢志以爲當如博士等議議成當上見其從弟高邑公嘉嘉曰兄議甚切百年之後必書晉史目下將見責邪帝覽議大怒曰曹志尚不明吾心况四海乎以議者不指答所問橫造異論策免太常鄭默于是有司奏收志等結罪詔惟免志官以公還第其餘皆付廷尉頃之志復爲散騎常侍遭母憂居喪過禮因此篤病喜怒失常九年卒太常奏以惡謚崔褒歎曰魏顆不從乱以病爲乱故也今謚曹志而謚其病豈謂其病不爲乱乎于是謚爲定

庾峻字山甫潁川鄢陵人也祖乘才學洽聞漢司徒辟有道徵皆不就伯父嶷中正簡素仕魏爲太僕父道廉退貞固養志不仕牛馬有踶齧者恐傷人不貨于市及諸子貴賜拜大中大夫峻少好學有才思嘗游京師聞魏散騎常侍蘇林老疾在家往候之林嘗就乘學見峻流涕良久曰尊祖高才而性退讓慈和汎愛清靜寡欲不營當世惟修德行而已鄢陵舊五六萬户聞今裁有數百君二父孩抱經乱獨至今日尊伯爲當世令器君兄弟復俊茂此尊祖積德之所由也歷郡功曹舉計掾州辟從事太常鄭袤見峻大奇之舉爲博士時重莊老而輕經史峻懼雅道陵遲乃潛心儒典屬高貴鄉公幸太學問尚書義于峻峻援引師說發明經旨申暢疑滯對答詳悉遷秘書丞長安有大獄久不決拜峻侍御史往斷之朝野稱允武帝踐祚賜爵關中侯遷司空長史轉秘書監御史中丞拜侍中加諫議大夫常侍帝講詩中庶子何劭論風雅正變之義峻起難往反四坐莫能屈之是時風俗趣競禮讓陵遲峻上疏曰臣聞黎庶之性人衆而賢寡設官分職則官寡而賢衆爲賢衆而多官則妨化以无官而棄賢則廢道是故聖王之御世也因人之性或出或處故有朝廷之士又有山林之士朝廷之士佐主成化猶人之有股肱心膂共爲一體也山林之士被褐懷玉太上棲于丘園高節出于衆庶其次輕爵服遠耻辱以全名最下就列位惟无功而能知止彼其清劭足

以抑貪汙退讓足以息鄙事故在朝之士聞其風而悅之將受爵者皆耻躬之不逮斯山林之士避寵之臣所以爲美也先王嘉之節雖離世而德合于主行雖詭朝而功同于政故大者有玉帛之命其次有几杖之禮以厚德載物出處有地既廊廟多賢才而野人亦不失爲君子此先王之弘也秦塞斯路利出一官唯有處士之名而无爵列于朝者商君謂之六蝎韓非謂之五蠹時不知德惟爵是聞故閭閻以公乘侮其鄉人郎中以上爵傲其父兄漢祖反之大暢斯否任蕭曹以天下重四皓于南山以張良之勳而班在叔孫之後蓋公之賤而曹相諮之以政帝王貴德于上俗亦反本于下故田叔等十人漢廷臣无能出其右者而未嘗干祿于時以釋之之貴結王生之襪于朝而其名愈重自非主臣尚德兼愛孰能通天下之志如此其大者乎夫不革百王之弊徒務救世之政文士競智而務入武夫恃力而爭先官高矣而意未滿功報矣其求不已又國无隨才任官之制俗无難進易退之耻位一高雖无功而不見下已負敗而後見用故因前而升則處士之路塞矣又仕者黜陟无章是以普天之下先競而後讓舉世之士有進而无退大人溺于動俗執政撓于羣言衡石爲之失平清濁安可復分昔者先王患向之所以取天下者今之爲弊是故功成必改其物業定必易其教雖以爵祿使下臣无貪陵之行雖以甲兵定功主无窮武之悔也臣愚以爲古者大夫七十懸車今自非元功國老三司上才可聽七十致仕則士无懷祿之嫌矣其父母八十可聽終養則孝莫大于事親矣更歷試无績依古終身不仕則官无秕政矣能小而不能大可降還蒞小則使人以器矣人主進人以禮退人以禮人臣亦量能受爵矣其有孝如王陽臨九折而去官潔如貢禹冠一免而不著及知止如王孫知足如疎廣雖去列位而居東野與人父言依于慈與人子言依于孝此其出言合于國檢危行彰于本朝去勢如脫屣路人爲之隕涕辭寵如金石庸夫爲之興行是故先王許之而聖人貴之夫人之性陵上猶水之趣下也益而不已必決升而不已必困始于匹夫行義不敦終于皇輿爲之敗績固不可不慎也下人并心進趣上宜以退讓去其甚者退讓不

可以刑罰使莫若聽朝士時時從志山林往往間出无使入者不能復出往者不能復反然後出處交泰提衡而立時靡有爭天下可得而化矣又疾世浮華不修名實著論以非之文繁不載九年卒詔賜朝服一具衣一襲錢三十萬臨終勅子琨朝卒夕殯幅巾布衣葬勿擇日琨奉遵遺命歛以時服二子琨歆

琨字子琚性淳和好學行已忠恕少歷散騎常侍本國中正侍中封長岑男懷帝之沒劉元海也琨從在平陽元海大會因使帝行酒琨不勝悲憤再拜上酒因大號哭賊惡之會有告琨及王儁等謀應劉琨者元海因圖弑逆琨等並遇害初洛陽之未陷也琨為侍中直于省内謂同僚許遐曰世路如此禍難將及吾當死乎此屋耳及是竟不免焉太元末追謚曰貞

歆字子嵩長不滿七尺而腰帶十圍雅有遠韻為陳留相未嘗以事嬰心從容酣暢寄通而已處衆人中居然獨立嘗讀老莊曰正與人意闇同太尉王衍雅重之歆見王室多難終知嬰禍乃著意賦以豁情猶賈誼之服鳥也其詞曰至理歸于渾一兮榮辱固亦同貫存亡既已均齊兮正盡死復何歎物咸定于无初兮俟時至而後驗若四節之素代兮豈當今之得遠且安有壽之與夭兮或者情橫多戀宗統竟初不别兮大德亡其情願蠢動皆神之為兮癡聖惟質所建真人都遺穢累兮性茫蕩而无岸縱軀于遼廓之庭兮委體乎寂寥之館天地短于朝生兮億代促于始旦顧瞻宇宙微細兮眇若豪鋒之半飄飄玄曠之域兮深莫暢而靡玩兀與自然并體兮融液忽而四散從子亮見賦問曰若有意也非賦所盡若无意也復何所賦答曰在有无之間耳遷吏部郎是時天下多故機變屢起歆常靜默无為參東海王越太傅軍事轉軍諮祭酒時越府多儁異歆在其中常自袖手豫州牧長史河南郭象善老莊時人以為王弼之亞歆甚知之每曰郭子玄何必減庾子嵩象後為太傅主簿任事專勢歆謂象曰卿自是當世大才我疇昔之意都已盡矣歆有重名為搢紳所推而聚斂積實談者譏之都官從事溫嶠奏之歆更器嶠目嶠森森如千丈松雖磊砢多節施之大廈有棟梁之用時劉輿見任于越人士多為所構惟歆縱心事外无迹可間後以其性儉家富說越令就換錢千萬冀其有吝因此可乘越于衆坐中問于歆而歆乃頹然已醉幘墮机上以頭就穿取徐答云下官家有二千萬隨公所取矣輿于是乃服越甚悦因曰不可以小人之慮度君子之心王衍不與歆交歆卿之不置衍曰君不得為耳歆曰卿自君我我自卿我自用我家法卿自用卿家法衍甚奇之石勒之乱與衍俱被害時年五十

郭象字子玄少有才理好老莊能清言太尉王衍每云聽象語如懸河瀉水注而不竭州郡辟召不就常閑居以文論自娛後辟司徒掾稍至黄門侍郎東海王越引為太傅主簿甚見親委遂任職當權熏灼內外由是素論去之永嘉末病卒著碑論十二篇先是註莊子者數十家莫能究其旨統向秀于舊註外而為解義妙演奇致大暢玄風惟秋水至樂二篇未竟而秀卒秀子幼其義零落然頗有別本遷流象為人行薄以秀義不傳于世遂竊以為己注乃自注秋水至樂二篇又易馬蹄一篇其餘衆篇或點定文句而已其後秀義別本出故今有向郭二莊其義一也

庾純字謀甫博學有才義為世儒宗郡補主簿仍參征南府累遷黄門侍郎封關內侯歷中書令河南尹初純以賈充姦佞與任愷共舉充西鎮關中充由是不平充嘗宴朝士而純後至充謂曰君行常居人前今何以在後純曰且有小市井事不了是以來後世言純之先嘗有伍伯者充之先有市魁者充純以此相譏焉充自以位隆望重意殊不平及純行酒充不時飲純曰長者為壽何敢爾乎充曰父老不歸供養將何言也純因發怒曰賈充天下兇兇由爾一人充曰充輔佐二世蕩平巴蜀有何罪而天下為之兇兇純曰高貴鄉公何在衆坐因罷充左右欲執純中護軍羊琇侍中王濟佑之因得出充慙怒上表解職純懼上河南尹關內侯印綬上表自劾曰司空公賈充請諸卿校并及臣臣不自量飲酒過多醉乱行酒重酌于公公不肯飲言語往來公遂訶臣父老不歸供養卿為无天地臣不服罪自引而更忿怒厲聲名公臨時諠譊遂至荒

越禮八十月制誡以衰老之年變難无常也臣不惟生育之恩求養老父而懷祿貪榮烏鳥之不若亮爲三公論道興化以教義責臣是也而以枉錯直居下犯上醉酒迷荒昏乱儀度臣得以凡才擢授顯任易戒濡首論誨酒困而臣聞義不服過言盈庭黷慢台司違犯憲度不可以訓請臺免臣官廷尉結罪大鴻臚削爵土勑身不謹伏須罪誅御史中丞孔恂劾純請免官詔曰先王崇尊卑之禮明貴賤之序著溫克之德記沈醢之禍所以光宣道化示人軌儀也昔廣漢陵慢宰相獲犯上之刑灌夫託醉肆忿致誅縶之罪純以凡才備位卿尹不惟謙敬之節不忌覆車之戒陵上无禮悖言自口宜加顯黜以肅朝倫遂免純官又以純父老不求供養使據禮典正其臧否太傅何曾太尉荀顗驃騎將軍齊王攸議曰凡斷正臧否宜先稽之禮律八十者一子不從政九十者其家不從政新令亦如之按純父年八十一兄弟六人三人在家不廢侍養純不求供養其于禮律未有違也司空公以純備位卿尹望其有加于人而純荒醉肆其忿怒臣以爲純不遠布孝至之行而近習常人之失

應在譏貶司徒石苞議純榮官忘親惡闇格言不忠不孝宜除名削爵土司徒西曹掾劉斌議以爲敦叙風俗以人倫爲先人倫之教以忠孝爲主忠故不忘其君孝故不遺其親若孝必專心于色養則明君不得而臣忠必不顧其親則父母不得而子也是以爲臣者必以義斷其恩爲子者必以情割其義在朝則從君之命在家則隨父之制然後君父兩濟忠孝各序純兄峻以父老求歸峻若得歸純无不歸之勢峻不得歸純无得歸之理純雖自聞同不見聽近遼東太守孫和廣漢太守鄧良皆有老母良无兄弟授之遠郡辛苦自歸皆不見聽且純近爲京尹父在界內時得自啟定省獨于禮法外處其貶黜斌愚以爲非理也禮年八十一子不從政純有二弟在家不爲違禮又令年九十乃聽悉歸今純父實未九十不爲犯令罵辱宰相宜加放斥以明國典聖恩愷悌示加貶退臣愚无所清議河南功曹史龐札等表曰臣郡前尹關內侯純醉酒失常戊申詔書既免尹官以父篤老不求供養下五府依禮典正其臧否臣謹按三王養老之制八十一子不從政九十

其家不從政斯誠使人无關孝養之道爲臣不違在公之節也先王制禮垂訓莫尚于周當其時也姬公留周伯禽之魯孝子不匱典禮无愆今公府議七十時制八十月制欲以駮奪從政之限削除爵土是爲公旦立法還自越之魯侯爲子即爲罰首也石奮期頤四子列郡近太宰獻王諸子亦在藩外古今同符忠孝並濟臣聞悔吝之疵君子有之尹性少飲多遂至沉醉尹醒聞之悼恨前失執謙引罪深自奏劾求入重法今公府不原所由而謂傲狠是爲重罪過醉之言而沒迷復之義也臣聞父子天性愛由自然君臣之交出自義合而求忠臣必于孝子是以先王立禮敬同于父原始要終齊于所生如此猶患人臣罕能致身今公府議云禮律雖有常限至於疾病歸養不奪其志如此則爲禮禁正直而陷入以詐違越王制開其始原尹少履清苦事親色養歷職內外公廉无私此陛下之所以屢發明詔而尹之所以仍見擢授也尹行己也恭率下也敬先衆後己實是宿心一旦由醉責以暴慢奏狀不忠不孝羣公建議削除爵土此愚臣所以自悲自悼拊心泣

血也按今父母年過八十聽令其子不給限外職誠以得有歸來之緣今尹居在郡內前每表屢蒙定省尹昆弟六人三人在家孝養不廢兄侍中峻家之嫡長往比自表求歸供養詔喻不聽國體法同兄弟无異而虛責尹不求供養如斯臣懼長假飾之名而損忠誠之實也夫礼者所以經國家定社稷也故陶唐之隆順考古典周成之美率由舊章伏惟陛下聖德欽明敦礼崇教疇諮四嶽以詳典制尹以犯違受黜而所由者醉公以敎義是責而所因者忿積忿以立義由醉以得罪礼律不復爲斷文致欲以成法是以愚臣敢冒死亡之誅而耻不伸于盛明之世惟蒙哀察帝復下詔曰自中世以來多爲貴重順意賤者生情故令釋之定國得揚名于前世今議責庾純不惟溫克醉酒沈湎此責人以齊聖也疑賈公亦醉若其不醉終不于百客之中責以不去官供養也大晉依聖人典礼制臣子出處之宜若有八十皆當歸養亦不獨純也古人云由醉之言俾出童羖明不責醉恐失度也所以免純者當爲將來之醉戒耳齊王劉掾議當矣復以純爲國子祭酒加散騎常侍後

將軍荀眅于朝會中奏純以前坐不孝免黜不宜升進侍中甄德進曰
孝以顯親爲大祿養爲榮詔赦純前愆擢爲近侍兼掌教官此純召不
俟駕之日而後將軍眅敢以私議貶奪公論抗言矯情誣罔朝廷宜加
貶黜眅坐免官初眅與純俱爲大將軍所辟眅整麗車服純率素而已
眅以爲愧恨至是毀純眅旣免黜純更以此愧之亟往慰勉之時人稱
純通恕遷侍中以父憂去官起爲御史中丞轉尚書除魏郡太守不之
官拜少府年六十四卒子旉
旉字允臧少有清節歷位博士齊王攸之就國也下禮官議崇錫之物
旉與博士太叔廣劉暾繆蔚郭頤秦秀傅珍等上表諫曰書稱帝堯
克明峻德以親九族武王光有天下兄弟之國十有六人同姓之國四
十人元勳睦親顯以殊礼而魯衛齊晉大啟土宇並受分器所謂惟善
所在親踈一也大晉龍興隆唐周之遠跡王室親屬佐命功臣咸受爵
土而四海乂安今吳會已平詔大司馬齊王出統方嶽當遂抚其國家
將準古典以垂永制昔周之選建明德以左右王室也則周公爲太宰
康叔爲司寇聃季爲司空及召芮畢毛諸國皆入居公卿大夫之位明
股肱之任重守地之位輕也未聞古典以三事之重出之國者漢氏諸
矦王位尊勢重在丞相三公上其入讚朝政者乃有兼官其出之國亦
不復假台司虛名爲隆寵也昔申无宇曰五大不在邊先儒以爲貴寵
公子公孫累世正卿也又曰五細不在庭先儒以爲賤妨貴少陵長遠
間親新間舊小加大也不在庭不在朝廷爲政也又曰親不在外羈不
在內今棄疾在外鄭丹在內君其少戒之叔向有言公室將卑其枝葉
先落公族公室之本而去之諺所謂芘焉而縱尋斧柯者也今使齊王
賢邪則不宜以母弟之親尊居魯衛之常職不賢邪不宜大啟土宇表
見東海也古礼三公无職坐而論道不聞以方任嬰之惟周室大壞宣
王中興四夷交侵救急朝夕然後命召穆公征淮夷故其詩曰徐方不
回王曰旋歸宰相不得久在外也今天下已定六合爲家將數延三事
與論太平之基而更出之去王城二千里違舊章矣旉草議先以呈父
純純不禁太常鄭默博士祭酒曹志並過其事武帝以博士不荅所

問荅所不聞大怒事下有司尚書朱整褚䂮等奏旉等侵官離局迷罔
朝廷崇飾惡言假託无諱請收旉等八人付廷尉科罪旉父純詣廷尉
自首旉以議草見示愚淺聽之詔免純罪廷尉劉頌又奏旉等大不敬
棄市論求平議尚書又奏請報聽廷尉行刑尚書夏侯駿謂朱整曰國
家乃欲誅諫臣官立八座正爲此時卿可共駮正之整不從駿怒起曰
非所望也乃獨爲駮議左僕射魏舒右僕射下邳王晃等從駿議奏留
中七日乃詔曰旉等備爲儒官不念奉憲制不指荅所問敢肆其誣罔
之言以干乱視聽而旉是議主應爲戮首但旉及家人並自首大信不
可奪秦秀傅珍前者虛妄幸而得免復不以爲懼當加罪戮以彰凶
慝猶復不忍皆丐其死命秀珍旉等並除名後數歲復起爲散騎侍
郎終于國子祭酒
秦秀字玄良新興雲中人也父朗魏驍騎將軍秀少敦學行以忠直知
名咸寧中爲博士何曾卒下礼官議謚秀議曰故太宰何曾雖階世族
之胤而少以高亮嚴肅顯登王朝事親有色養之名在官奏科尹模此
二者實得臣子事上之槩然資性驕奢不循軌則詩云節彼南山惟石
巖巖赫赫師尹民具爾瞻言其德行高峻動必以礼耳丘明有言儉德
之恭侈惡之大也大晉受命勞謙隱約曾受寵二代顯赫累世暨乎
耳順之年身兼三公之位食大國之租荷保傅之貴執司徒之均二子
皆金貂卿校列于帝側方之古人責深負重雖舉門盡死猶不稱位而
乃驕奢過度名被九域行不履道而享位非常以古義言之非惟失輔
相之宜違斷金之利也纖皇代之美壞人倫之教生天下之醜示後生
之傲莫大于此自近世以來宰臣輔相未有受垢辱之聲被有司之劾
父子塵累而蒙恩貸若曾者也周公吊二季之陵遲哀大教之不行
于是作謚以紀其終曾參奉之啟手歸全易簀而沒蓋明慎終死而後
已齊之史氏乱世陪臣耳猶書君賊累死不懺況于皇代守典之官敢
畏強盛而不盡礼管子有言礼義廉耻是謂四維四維不張國乃滅亡
宰相大臣人之表儀若生極其情死又无貶是則帝室无正刑也王公
貴人復何畏哉所謂四維復何寄乎謹按謚法名與實爽曰繆怙乱肆

行曰醜曾之行已皆與此同宜謚繆醜公時雖不同秀議而聞者懼焉秀性忌讒佞疾之如讎素輕鄙賈充及伐吳之役聞其爲大都督謂所親者曰充文按小才乃居伐國大任吾將哭以送師或止秀曰昔蹇叔知秦軍必敗故哭送其子耳今吳君无道國有自亡之形羣率踐境將不戰而潰子之哭也既爲不智乃不赦之罪于是乃止及孫皓降于王濬充未知之方以吳未可平抗表請班師充表與告捷同至朝野以充位居人上智出人下僉以秀爲知言及充薨秀議曰充舍宗族弗授而以異姓爲後悖礼溺情以乱大倫昔鄫養外孫莒公子爲後春秋書莒人滅鄫聖人豈不知外孫親邪但以義推之則无父子耳又按詔書自非功如太宰始封後如太宰所取必已自出如太宰不得以爲比然則以外孫爲後自非元功顯德不之得也天子之礼蓋可然乎絶父祖之血食開朝廷之禍門謚法昏乱紀度曰荒請謚荒公不從王濬有平吳之勲而爲王渾所譖毀帝雖不從无明賞罰以濬爲輔國大將軍天下咸爲之恷秀乃上言曰自大晉啟祚輔國之號率以舊恩此爲王濬无

功之時受九列之顯位立功之後更得寵人之辱號也四海視之孰不失望蜀小吳大平蜀之後二將皆就加三事今濬還而降等天下安得不惑乎吳之未亡也雖以三祖之神武猶躬受其屈以孫皓之虚名足以驚動諸夏每一小出雖聖心知其垂亡然中國輒懷惶怖當爾時有借天子百萬之衆平而有之與國家結兄弟之交臣恐朝野實皆甘之耳今濬舉蜀漢之卒數旬而平吳雖舉吳人之財寳以與之本非已分有焉而據與計校乎後與劉暾等同議齊王攸事忤旨除名尋復起爲博士秀性悻直與物多忤爲博士前後垂二十年卒于官

史臣曰齊獻王以明德茂親經邦論道允釐庶績式叙彝倫武帝納姦諂之邪謀懷終始之遠慮遂乃君兹青土作牧東藩遠邇驚嗟朝野失望曹志等服膺教義方軌儒門蹇蹇匪躬慺慺體國故能抗言鳳闕忤犯龍鱗身雖黜屈道亦弘矣庾氏世載清德見稱于世汝顗之多奇士斯焉取斯謀甫素疾佞邪而發因醉飽投鼠忌器豈易由言竊人之財猶謂之盜子玄假譽攘善將非盜乎

贊曰魏氏維城濟北知名潁川多士峻亦飛英長岑徇義祭酒遺榮誠甫三爵醞醬斯作象既攘善秀惟癉惡專獻嘉謀幾趍鼎鑊

列傳第二十　　晉書五十

列傳第二十一　晉書五十一　御撰

皇甫謐 子方回　摯虞　東晳　王接

皇甫謐字士安幼名靜安定朝那人漢太尉嵩之曾孫也出後叔父徙居新安年二十不好學游蕩无度或以爲癡嘗得瓜果輙進所後叔母任氏任氏曰孝經云三牲之養猶爲不孝汝今年餘二十目不存教心不入道无以慰我因歎曰昔孟母三徙以成仁曾父烹豕以存教豈我居不擇鄰教有所闕何爾魯鈍之甚也修身篤學自汝得之於我何有因對之流涕謐乃感激就鄉人席坦受書勤力不怠居貧躬自稼穡帶經而農遂博綜典籍百家之言沈靜寡欲始有高尚之志以著述爲務自號玄晏先生著禮樂聖眞之論後得風痺疾猶手不輟卷或勸謐修名廣交謐以爲非聖人孰能兼存出處居田里之中亦可以樂堯舜之道何必崇接世利事官鞅掌然後爲名乎作玄守論以答之曰或謂謐曰富貴人之所欲貧賤人之所惡何故委形待於窮而不變乎且道之所貴者理世也人之所美者及時也先生年邁齒變饑寒不贍轉死溝壑其誰知乎謐曰人之所至惜者命也道之所必全者形也性形所不可犯者疾病也若擾全道以損性命安得去貧賤存所欲哉吾聞食人之祿者懷人之憂形强猶不堪況吾之弱疾乎且貧者士之常賤者道之實處常得實沒齒不憂孰與富貴擾神耗精者乎又生爲人所不知死爲人所不惜至矣喑聾之徒天下之有道者也夫一人死而天下號者以爲損也一人生而四海笑者以爲益也然則號笑非益死損生也是以至道不損至德不益何哉體足也如迴天下之念以追損生之禍運四海之心以廣非益之病豈道德之至乎夫唯无損則至堅矣夫唯无益則至厚矣堅故終不損厚故終不薄苟能體堅厚之實居不薄之眞立乎損益之外游乎形骸之表則我道全矣遂不仕耽翫典籍忘寢與食時人謂之書淫或有箴其過篤將損耗精神謐曰朝聞道夕死可矣況命之脩短分定懸天乎叔父有子既冠謐年

四十喪所生後母遂還本宗城陽太守梁柳謐從姑子也當之官人勸謐餞之謐曰柳爲布衣時過吾吾送迎不出門食不過鹽菜貧者不以酒肉爲禮今作郡而送之是貴城陽太守而賤梁柳豈中古人之道是非吾心所安也時魏郡召上計掾舉孝廉景元初相國辟皆不行其後鄉親勸令應命謐爲釋勸論以通志焉其辭曰相國晉王辟余等三十七人及泰始登禪同命之士莫不畢至皆拜騎都尉或賜爵關內侯進奉朝請禮如侍臣唯余疾困不及國寵宗人父兄及我寮類咸以爲天下大慶萬姓賴之雖未成禮不宜安寢縱其疾篤猶當致身余惟古今明王之制事无巨細斷之以情實力不堪豈慢也哉乃伏枕而歎曰夫進者身之榮也退者命之實也設余不疾執高箕山尚當容之況余實篤故堯舜之世士或收迹林澤或過門不敢入咎繇之徒兩遂其願者遇時也故朝貴致功之臣野美全志之士彼獨何人哉今聖帝龍興配名前哲仁道不遠斯亦然乎客或以常言見逼或以逆世爲慮余謂上有寬明之主必有聽意之人天網恢恢至否一也何尤於出處哉遂究賓主之論以解難者名曰釋勸客曰蓋聞天以懸象致明地以含通吐靈故黃鍾次序律呂分形是以春華發蕚夏繁其實秋風逐暑冬冰乃結人道以之應機乃發三材連利明若符契故士或同升於唐朝或先覺於有莘或通夢以感主或釋釣於渭濱或叩角以干齊或解褐以相秦或冒謗以安鄭或乘駟以救屯或班荆以求友或借術於黃神故能電飛景拔超次邁倫騰高聲以奮遠抗宇宙之清音由此觀之進德貴乎及時何故屈此而不伸今子以英茂之才游精於六藝之府散意於衆妙之門者有年矣既遭皇禪之朝又投祿利之際委聖明之主偶知己之會時清道眞可以沖邁此眞吾生濯髮雲漢鴻漸之秋也韜光逐藪含章未曜龍潛九泉硜然執高棄通道之遠由守介人之局操无乃乖於道之趣乎且吾聞招搖昏迴則天位正五教班叙則人理定如今王

命切至委慮有司上招迕主之累下致駭衆之疑達者貴同何
必獨異羣賢可從何必守意方今同命並臻饑不待飡振藻皇
塗咸秩天官子獨棲遲衡門放形世表遜遯丘園不睨華好惠
不加人行不合道身嬰大疢性命難保若其羲和促轡大火西
頹臨川恨晚將復何階夫貴陰賤璧聖所約也顛倒衣裳明所
箴也子其鑒先哲之洪範副聖朝之虛心沖靈翼於雲路浴天
池以濯鱗排閶闔步玉岑登紫闥侍北辰翻然景曜雜沓英
塵輔唐虞之主化堯舜之人宣刑錯之政配殷周之臣銘功景
鍾參敘彝倫存則鼎食亡爲貴臣不亦茂哉而忽金白之輝曜
忘青紫之班瞵辭容服之光粲抱弊褐之終年无乃勤乎主人
笑而應之曰吁若賓可謂習外觀之暉暉未覩幽人之髣髴也
見俗人之不容未喻聖皇之兼愛也循方圓於規矩未知大形
之无外也故曰天玄而清地靜而寧含羅萬類旁薄羣生寄
身聖世託道之靈若夫春以陽散冬以陰凝泰液含光元氣混蒸

晉列二十一　三

衆品仰化誕制殊徵故進者享天祿處者安丘陵是以寒暑相推
四宿代中陰陽不治運化无窮自然分定兩克厥中二物俱靈是
謂大同彼此无怨是謂至通若乃衰周之末貴詐賤誠牽於權
力以利要榮故蘇子出而六主合張儀入而橫勢成廉頗存而
趙重樂毅去而燕輕公叔沒而魏敗孫臏刖而齊寧蠡種親而
越霸屈子疎而楚傾是以君无常籍臣无定名損義放誠一虛
一盈故馮以彈劍感主女有反賜之說項奮拔山之力蒯陳鼎足
之勢東郭劫於田榮顏闔恥於見逼斯皆棄禮喪眞苟榮朝
夕之急者也豈道化之本與若乃聖帝之創化也參德乎二皇
齊風乎虞夏欲溫溫而和暢不欲察察而明切也欲混混若
玄流不欲蕩蕩而名發也欲索索而條解不欲契契而繩結
也欲芒芒而无垠際不欲區區而分別也欲闇然而日章不欲
示白若冰雪也欲醇醇而任德不欲瑣瑣而執法也是以見機
者以動成好遯者无所迫故曰一明一昧得道之槩一弛一張合

禮之方一浮一沉兼得其眞故上有勞謙之愛下有不名之臣朝
有聘賢之禮野有遯竄之人是以支伯以幽疾距唐李老寄迹
於西鄰顏氏安陋以成名原思娛道於至貧榮期以三樂感尼
父黔婁定謚於布衾干木偃息以存魏荊萊志邁於江岑君平
因蓍以道著四皓潛德於洛濱鄭眞躬耕以致譽幼安發令乎
今人皆持難奪之節執不迴之意遭拔俗之主全彼人之志故有
獨定之計者不借謀於衆人守不動之安者不假慮於羣賓故
能棄外親之華通內道之眞去顯顯之明路入昧昧之埃塵宛
轉萬情之形表排託虛寂以寄身居无事之宅交釋利之人輕
若鴻毛重若泥沈損之不得測之愈深眞吾徒之師表余迫疾而
不能及者也子議吾失宿而駭衆吾亦怪子較論而不折中也夫
才不周用衆所斥也寢疾彌年朝所棄也是以胥克之廢丘明列
焉伯牛有疾孔子斯歎若黃帝創制於九經岐伯剖腹以蠲腸扁
鵲造虢而尸起文摯徇命於齊王醫和顯術於秦晉倉公發祕於

晉列二十一　四

漢皇華佗存精於獨識仲景垂妙於定方徒恨生不逢乎若人故
乞命訴乎明王求絕編於天籙亮我躬之辛苦冀微誠之降霜故
俟罪而窮處其後武帝頻下詔敦逼不已謚上疏自稱草莽臣
曰臣以尫弊迷於道趣因疾抽簪散髮林阜人綱不閑鳥獸爲
羣陛下披榛採蘭并收蒿艾是以皐陶振褐不仁者遠臣惟頑
蒙備食晉粟猶識唐人擊壤之樂宜赴京城稱壽闕外而小人
无良致災速禍久嬰篤疾軀半不仁右腳偏小十有九載又服寒
食藥違錯節度辛苦荼毒于今七年隆冬裸袒食冰當暑煩
悶加以咳逆或若溫虐或類傷寒浮氣流腫四肢酸重於今困
劣救命呼噏父兄見出妻息長訣仰迫天威扶輿就道所苦加焉
不任進路委身待罪伏枕歎息臣聞韶衛不並奏雅鄭不兼御
故郤子入周禍延王叔虞丘稱賢樊姬掩口君子小人禮不同器
況臣糠䴬糅之彫胡庸夫錦衣不稱其服也竊聞同命之士咸以
畢到唯臣疾疢抱釁牀蓐雖貪明時懼斃命路隅設臣不疾已

遭堯舜之世執志箕山猶當容之臣聞上有明聖之主下有輸實之臣上有在寬之政下有委情之人唯陛下留神垂恕更旌瓌俊索隱於傅巖收釣於渭濱无令泥滓久濁清流謐辭切言至遂見聽許歲餘又舉賢良方正並不起自表就帝借書帝送一車書與之謐雖羸疾而披閱不怠初服寒食散而性與之忤每委頓不倫嘗悲恚叩刃欲自殺叔母諫之而止濟陰太守蜀人文立表以命士有贄爲煩請絶其禮幣詔從之謐聞而歎曰亡國之大夫不可與圖存而以革歷代之制其可乎夫束帛戔戔易之明義玄纁之贄自古之舊也故孔子稱夙夜強學以待問席上之珍以待聘士於是乎三揖乃進明致之難也一讓而退明去之易也若殷湯之於伊尹文王之於太公或身即莘野或就載以歸唯恐禮之不重豈吝其煩費哉且一禮不備貞女恥之況命士乎孔子曰賜也爾愛其羊我愛其禮棄之如何政之失賢於此乎在矣咸寧初又詔曰男子皇甫謐沈靜履素守學

好古與流俗異趣其以謐爲太子中庶子謐固辭篤疾帝初雖不奪其志尋復發詔徵爲議郎又召補著作郎司隸校尉劉毅請爲功曹並不應著論爲葬送之制名曰篤終曰玄晏先生以爲亡存天下之定制人理之必至也故禮六十而制壽至于九十各有等差防終以素豈流俗之多忌者哉吾年雖未制壽然嬰疢彌紀仍遭喪難神氣損劣困頓數矣常懼天隕不期慮終无素是以略陳至懷夫人之所貪者生也所惡者死也雖貪不得越期雖惡不可逃遁人之死也精歇形散魂无不之故氣屬于天寄命終盡窮體反眞故尸藏于地是以神不存體則與氣升降尸不久寄與地合形形神不隔天地之性也尸與土并反眞之理也今生不能保七尺軀死何故隔一棺之土然則衣衾所以穢尸棺椁所以隔眞故桓司馬石椁不如速朽季孫璵璠比之暴骸文公厚葬春秋以爲華元不臣楊王孫親土漢書以爲賢於秦始皇如令魂必有知則人鬼異制黃

泉之親死多於生必將備其器物用待亡者今若以存況終非即靈之意也如其无知則空奪生用損之无益而啓奸心是招露形之禍增亡者之毒也夫葬者藏也藏也者欲人之不得見也而大爲棺椁備贈存物无異於埋金路隅而書表於上也雖甚愚之人必將笑之豐財厚葬以啓姦心或剖破棺椁或牽曳形骸或剝臂捋金環或捫腸求珠玉焚如之形不痛於是自古及今未有不死之人又无不發之墓也故張釋之曰使其中有欲雖固南山猶有隙使其中无欲雖无石椁又何戚焉斯言達矣吾之師也夫贈終加厚非厚死也生者自爲也遂生意於无益棄死者之所屬知者所不行也易稱古之葬者衣之以薪葬之中野不封不樹是以死得歸眞亡不損生故吾欲朝死夕葬夕死朝葬不設棺椁不加纏斂不修沐浴不造新服殯唅之物一皆絶之吾本欲露形入阬以身親土或恐人情染俗來久頓革理難今故觕爲之制奢不石椁儉不露形氣絶之

後便即時服幅巾故衣以籧篨裹尸麻約二頭置尸牀上擇不毛之地穿坑深十尺長一丈五尺廣六尺阬訖舉牀就阬去牀下尸平生之物皆无自隨唯齎孝經一卷示不忘孝道籧篨之外便以親土土與地平還其故草使生其上无種樹木削除使生迹无處自求不知不見可欲則奸不生心終始无怵惕千載不慮患形骸與后土同體魂爽與元氣合靈眞篤愛之至也若亡有前後不得移祔祔葬自周公來非古制也舜葬蒼梧二妃不從以爲一定何必周禮无問師工无信卜筮无拘俗言无張神坐无十五日朝夕上食禮不墓祭但月朔於家設席以祭百日而止臨必昏明不得以夜制服常居不得墓次夫古不崇墓智也今之封樹愚也若不從此是戮尸地下死而重傷魂而有靈則寃悲没世長爲恨鬼王孫之子可以爲誡死誓難違幸无改焉而竟不仕太康三年卒時年六十八子童靈方回等遵其遺命謐所著詩賦誄頌論難甚多又撰帝王世

紀年歷高士逸士列女等傳玄晏春秋並重於世門人摯虞張軌牛綜席純皆爲晉名臣

方回少遵父操兼有文才永嘉初博士徵不起避亂荊州閉戶閑居未嘗入城府蠶而後衣耕而後食先人後己尊賢愛物南土人士咸崇敬之刺史陶侃禮之甚厚侃每造之著素士服望門輒下而進王敦遣從弟廙代侃遷侃爲廣州侃將詣敦方回諫曰吾聞敵國滅功臣亡足下新破杜弢功莫與二欲无危其可得乎侃不從而行敦果欲殺侃賴周訪獲免廙既至荊州大失物情百姓叛廙迎杜弢廙大行誅戮以立威以方回爲侃所敬責其不來詣已乃收而斬之荊土華夷莫不流涕

摯虞字仲洽京兆長安人也父模魏太僕卿虞少事皇甫謐才學通博著述不倦郡檄主簿虞嘗以死生有命富貴在天天之所祐者義也人之所助者信也履信思順所以延福違此而行所以速禍然道長世短禍福紛錯怵迫之徒不知所守蕩而

積憤或迷或放故借之以身假之以事先陳處世不遇之難遂棄彝倫輕舉遠游以極常人罔惑之情而後引之以正反之以義推神明之應於視聽之表崇否泰之運於智力之外以明天任命之不可違故作思游賦其辭曰有軒轅之遐冑兮氏仲壬之洪裔敷華穎於末葉兮晞靈根於上世準乾坤以幹度兮儀陰陽以定制匪時運其焉行兮乘大虛而遥曳戴朗月之高冠兮綴太白之明璜製文霓以爲衣兮襲采雲以爲裳要華電之煜爚兮珮玉衡之琳琅明景日以鑒形兮信煥曜而重光至美詭好於凡觀兮脩稀合而靡呈燕石緹襲以華國兮和璞遥棄於南荊夏像韜塵于市北兮瓶罍抗方於兩楹鸞皇耿介而偏棲兮蘭桂背時而獨榮闗寒暑以練真兮豈改容而爽情惑昆吾之易越兮懷暉光之速暮羨一稔而三春兮尚含英以容豫悼曜靈之靡暇兮限天晷之有度聆鳴蜩之號節兮恐隕葉于凝露希前軌而增騖兮眷後塵而旋顧徃者倏忽而不逮兮來者冥昧而未著二儀泊焉其无央兮四節環轉而靡窮星鳥逝而時反矣夕景潛而且融旻三后之在天兮歎聖哲之永終諒道脩而命微兮孰舍盈而戢沖握隋珠與蕙若兮時莫悅而未遑彼未遑其何恤兮懼獨美之有傷蹇委深而投奧兮庶芬藻之不彰芳處幽而彌馨兮寶在夜而愈光逼區內之迫脅兮思攄翼乎八荒望雲階之崇壯兮願輕舉而高翔造庖犧以問象兮辯吉繇於姬文將遠遊於太初兮鑒形魄之未分四靈儼而爲衛兮六氣紛以成羣驂白獸於商風兮御蒼龍於景雲簡廝徒於靈圄兮從馮夷而問津召陵陽於游谿兮旌王子於柏人前祝融以掌燧兮殿玄冥以掩塵形影影而遂遐兮氣亹亹而愈新挹玉膏於萊嵎兮掇芝英於瀛濱揖太昊以假憇兮聽賦政於三春洪範翕而復張兮百卉隕而更震睇玉女之紛彯兮執懿筐於扶木覽玄象之韡曅兮仍騰躍乎陽谷吸朝霞以療饑兮降廪泉而濯足將縱轡

以逍遥兮恨東極之路促詔纖阿而右迴兮覿朱明之赫戲猗群神於夏庭兮迴蓍梧而結知纚焦明以承旂兮驅天馬而高馳驤羲和於丹丘兮誚倒景之亂儀尋凱風而南暨兮謝太陽於炎離戚溽暑之陶鬱兮余安能乎留斯聞碧雞之長晨兮吾將徃乎西游與浮鷁於弱水兮泊舳艫于中流苟精粹之攸存兮誠沈羽以汎舟軼望舒以陵厲兮羌神漂而氣浮訊碩老於金室兮采舊聞於前脩譏淪陰於危山兮問王母於椒丘觀玄鳥之參趾兮會根壹之神籌擾毚兔於月窟兮詰姮娥於蓐收爰攬轡而旋驅兮訪北叟之倚伏乘增冰而遂濟兮凌固陰之所淊探龜蚍於幽穴兮瞰罔養之潛育哂倏忽之躁狂兮喪中黃於耳目佪燭龍而游衍兮窮大明於北陸攀招搖而上躋兮忽蹈廓而凌虛登閶闔而遺眷兮顧玄黃於地輿召黔雷以先導兮覲天帝於清都觀渾儀以寓目兮拊造化之大鑪爰辨惑於上皇兮稽吉凶之元符唐則天而民咨

兮癸亂常而感虞孔揮涕於西狩兮臧考祥於婁句跖肆暴
而保乂兮顏屨仁而夙徂何否泰之靡所兮眩榮辱之不圖還
可期兮不可思道可知兮不可爲求之者勞兮欲之者惑信天
任命兮理乃自得且也四位爲匠乾巛爲均散而爲物結而爲
人陽降陰升一替一興流而爲川滯而爲陵禍不可攘福不可
徼其否兮有豫其泰兮有數成形兮未察靈像兮已固承明
訓以發蒙兮審性命之靡求將澄神而守一兮奚飀飀而遐遊
斐陳辭以告退兮主悖惘而永歎惟升降之不仍兮詠别易而曾
難願大響以致好兮盍息駕於一飡會司儀於有始兮延嘉賓
於九乾陳鈞天之廣樂兮展萬舞之至歡枉矢鑠其在手兮狼
弧翊其斯彎睨猩犬於帝側兮殪熊羆於靈軒爾乃清道夙
蹕載輪脩祖班命授號轙軜整旌兆司彎以启路兮萬靈森
而陳庭豐隆軒其響衆兮鈞陳帥以屬兵堪輿竦而進時兮文
昌肅以司行抗蚩尤之脩旃兮建雄虹之采旄乘雲車電鞭之

扶輿委移兮駕應龍青虬之容裔陸離俯游光逸景倏爍
徽霍兮仰流旌垂旄焱攸纖纚前湛湛而攝進兮後儽儽而方
馳且啓行於重陽兮奄税駕乎少儀跨列缺兮闚乾巛揮玉關
兮出天門涉漢津兮望崐崘經赤霄兮臨玄根觀品物兮終復
魂形已消兮氣猶存眺懸舟之離離兮懷舊都之藹藹仍繁
縈而督引兮將遄降而速邁華雲依霏而翼衛兮日月炫晃
而映蓋蹈烟熅兮辭天衢心闇扇兮識故居路遂道兮情欣欣
奄忽歸兮反常閭脩中和兮崇彝倫大道繇兮味琴書樂自
然兮識窮達澹无思兮心恒娱舉賢良與夏侯湛等十七人策
爲下第拜中郎武帝詔曰省諸賢良答策雖所言殊塗皆明
於王義有益政道欲詳覽其對究觀賢士大夫用心因詔諸賢
良方正直言會東堂策問曰頃日食正陽水旱爲災將何所
脩以變大眚及法令有不宜於今爲公私所患苦者皆何事凡
平世在於得才得才者亦借耳目以聽察若有文武器能有

益於時務而未見申叙者各舉其人及有負俗謗議宜先洗濯
者亦各言之虞對曰臣聞古之聖明原始以要終體本以正末故
憂法度之不當而不憂人物之失所憂人物之失所而不憂災害
之流行誠以法得於此則物理於彼人和於下則災消於上其有
日月之眚水旱之災則反聽内視求其所由遠觀諸物近驗諸身
耳目聽察豈或有蔽其聰明者乎動心出令豈或有傾其常正
者乎大官大職豈或有授非其人者乎賞罰黜陟豈或有不得
其所者乎河濱山巖豈或有懷道釣築而未感於夢兆者乎
方外遐裔豈或有命世傑出而未蒙膏澤者乎推此類也以求
其故詢事考言以盡其實則天人之情可得而見咎徵之至可
得而救也若推之於物則无忤求之於身則无尤萬物理順内
外咸宜祝史正辭言不負誠而日月錯行夭癘不戒此則陰陽之
事非吉凶所在也期運度數自然之分固非人事所能供御其
亦振廩散滯貶食省用而已矣是故誠遇期運則雖陶唐殷湯

有所不變苟非期運則宋衛之君諸侯之相猶能有感唯陛下
審其所由以盡其理則天下幸甚臣生長蓽門不逮異物雖有
賢才所未接識不敢瞽言妄舉无以疇答聖問擢爲太子舍
人除聞喜令時天子留心正道又吳寇新平天下乂安上太康
頌以美晉德其辭曰於休上古人之資始四隩咸宅萬國同
軌有漢不競喪亂靡紀纖服外叛侯衛内圮天難既降時惟
鞠凶龍歕爭分裂遐邦備僭岷蜀度逆海東權乃綠間割據
三江明明上帝臨下有赫乃宣皇威致天之辟奮武遼隧罪人
斯獲抚定朝鮮奄征韓貊文既應期席卷梁益元憝委命
九夷重譯卬冉哀牢是爲底績我皇之登二國既平靡適不懷
以育羣生吳乃負固放命南冥聲教未暨弗及王靈皇震其
威赫如雷霆截彼江沔荆舒以清遂矣聖皇參乾兩離陶化以
正取亂以奇耀武六旬輿徒不疲飲至數實于旄无虧洋洋四
海率禮和樂穆穆宮廟歌雍詠鑠光天之下莫匪帝略窮髮反

景承正受朔龍馬騤騤風于華陽弓矢櫜服干戈戢藏嚴嚴南金業業餘皇雄劒班朝造舟爲梁聖明有造寔代天工天地不違黎元時邕三務斯協用底厥庸既遠其迹將明其蹤喬山惟嶽望帝之封猗歟聖帝胡不封哉以母憂解職久之召補尚書郎將作大匠陳勰掘地得古尺尚書奏今尺長於古尺宜以古爲正潘岳以爲習用已久不宜復改虞駁曰昔聖人有以見天下之賾而擬其形容象物制器以存時用故參天兩地以正算數之紀依律計分以定長短之度其作之也有則故用之也有徵考步兩儀則天地无所隱其情準正三辰則懸象无所容其謬施之金石則音韻和諧措之規矩則器用合宜一本不差而萬物皆正及其差也事皆反是今尺長於古尺幾於半寸樂府用之律呂不合史官用之歷象失占醫署用之孔穴乖錯此三者度量之所由生得失之所取徵皆絓閡而不得通故宜改今而從古也唐虞之制同律度量衡仲尼之訓謹權審度今兩尺

並用不可謂之同知失而行不可謂之謹不同不謹是謂謬法非所以軌物垂則示人之極凡物有多而易改亦有少而難變亦有改而致煩有變而之簡度量是人所常用而長短非人所戀惜是多而易改者也正失於得反邪於正一時之變永世无二是變而之簡者也憲章成式不失舊物季末苟合之制異端雜亂之用當以時釐改貞夫一者也臣以爲宜如所奏又表論封禪見禮志虞以漢末喪亂譜傳多亡失雖其子孫不能言其先祖撰族姓昭穆十卷上疏進之以爲足以備物致用廣多聞之益以定品違法爲司徒所劾詔原之時太廟初建詔普增位一等後以主者承詔失旨改除之虞上表曰臣聞昔之聖明不愛千乘之國而惜桐葉之信所以重至尊之命而達於萬國之誠也前乙巳赦書遠稱先帝遺惠餘澤普增位一等以酬四海欣戴之心驛書班下被于遠近莫不鳥騰魚躍喜蒙德澤今一旦更以主者思文不審收既往之詔奪已澍之施臣之愚心竊以爲不可詔從之元康中遷吳王友時荀顗撰新禮使虞討論得失而後施行元皇后崩杜預奏諒闇之制乃自上古是以高宗无服喪之文而唯文稱不言漢文限三十六日魏氏以降既虞爲節皇太子與國爲體理宜釋服卒哭便除虞答預書曰唐稱遏密殷云諒闇各舉事以爲名非既葬有殊降周室以來謂之喪服喪服者以服表喪今帝者一日萬機太子監撫之重以宜奪禮葬訖除服變制通理垂典將來何必附之於古使老儒致爭哉皇太孫尚薨有司奏御服齊衰期詔令博士議虞曰太子生舉以成人之禮則殤理除矣太孫亦體君傳重由位成而服全非以年也從之虞又議玉輅兩社事見輿服志後歷秘書監衛尉卿從惠帝幸長安及東軍來迎百官奔散遂流離鄠杜之間轉入南山中糧絕饑甚拾橡實而食之後得還洛歷光祿勳太常卿時懷帝親郊自元康以來不親郊祀禮儀弛廢虞考正舊典法物粲然及洛京荒亂盜竊從橫人饑相

食虞素清貧遂以餒卒虞撰文章志四卷注解三輔決錄又撰古文章類聚區分爲三十卷名曰流別集各爲之論辭理愜當爲世所重虞善觀玄象嘗謂友人曰今天下方亂避難之國其唯涼土乎性愛士人有表薦者恒爲其辭東平太叔廣樞機清辯廣談虞不能對虞筆廣不能答更相嗤笑紛然於世云

束晳字廣微陽平元城人漢太子太傅疏廣之後也王莽末廣曾孫孟達避難自東海徙居沙鹿山南因去疏之足遂改姓焉祖混隴西太守父龕馮翊太守並有名譽晳博學多聞與兄璆俱知名少游國學或問博士曹志曰當今好學者誰乎志曰陽平束廣微好學不倦人莫及也還鄉里察孝廉舉茂才皆不就璆娶石鑒從女棄之鑒以爲憾諷州郡公府不得辟故晳等久不得調太康中郡界大旱晳爲邑人請雨三日而雨注衆爲晳誠感爲作歌曰東先生通神明請天三日甘雨零我

黍以育我稷以生何以疇之報東長生晳與衛恒厚善聞恒遇禍自本郡赴喪嘗爲勸農及蝣諸賦文頗鄙俗時人薄之而性沈退不慕榮利作玄居釋以擬客難其辭曰東晳閑居門人並侍方下帷深譚隱机而咍含毫散藻考撰同異在側者進而問之曰蓋聞道尚變通達者无窮世亂則救其紛時泰則扶其隆振天維以贊百務熙帝載而鼓皇風生則率土樂其存死則宇内哀其終是以君子屈己伸道不耻干時上國有不索何獲之言周易著躍以求進之辭莘老負金鉉以陳烹割之說齊客當康衢而咏白水之詩今先生耽道修藝嶷然山峙潛朗通微洽覽深識夜兼忘寐之勤晝騁鑽玄之思曠年累稔不墮其志鱗翼成而愈伏術業優而不試乃欲闔匵辭價泥蟠深處永戢琳琅之耀匿首窮魚之渚當唐年而慕長沮邦有道而反甯武識彼迷此愚竊不取若乃士以援登進必待求附勢之黨橫擢則林藪之彥不抽丹墀步紈袴之童東野遺白顛之叟

盍亦因子都而事博陸憑鷁首以涉洪流蹈翠雲以駭逸龍振光耀以驚沈鮪徒屈蟠於埳井眄天路而不游學既積而身困夫何爲乎秘丘且歲不我與時若奔駟有來无反難得易失先生不知盱豫之識悔遲而忘夫朋盍之義務疾亦豈能登海瀆而仰東流之水臨虞泉而招西歸之日徒以曲畏爲梏儒學自桎因大道於環堵苦形骸於蓬室豈若託身權戚憑勢假力擇棲芳林飛不待翼夕宿七娥之房朝享五鼎之食匡三正則太階平贊五教而玉繩直孰若茹藿飡蔬終身自匿哉束子曰居吾將導爾以君子之道諭爾以出處之事爾其明受余訊謹聽余志昔元一既啟兩儀肇立離光夜隱望舒晝戢羽族翔林蠍蛤赴濕物從性之所安士樂志之所執或背豐榮以巖栖或排蘭闥而求入在野者龍逸在朝者鳳集雖其軌迹不同而道无貴賤必安其業交不相羨稷契奮庸以宣道巢由洗耳以避禪同垂不朽之稱俱入賢者之流參名比譽誰劣誰優何必貪與二八

爲羣而耻爲七人之疇乎且道睽而通士不同趣吾竊綴處者之末行未敢闚子之高喻將忽蒲輪而不眄夫何權戚之云附哉昔周漢中衰時難自託福兆既開患端亦作朝遊巍峩之宮夕墜崢嶸之壑晝笑夜歎晨華暮落忠不足以衛己禍不可以預度是士諱登朝而競赴林薄或毀名自汙或不食其祿比從政於匣笥之龜譬官者於郊廟之犢公孫泣涕而辭相楊雄抗論於赤族今大晉熙隆六合寧靜蜂蠆止毒熊羆輟猛五刑勿用八紘備整主无驕肆之怒臣无鼞纓之請上下相安率禮從道朝養觸邪之獸庭有指佞之草禍戮可以忠逃寵祿可以順保且夫進无險懼而惟寂之務者率其性也兩可俱是而舍彼趣此者從其志也蓋无爲可以解天下之紛澹泊可以救國家之急當位者事有所窮陳策者言有不入翟璜不能廻西鄰之寇乎勳不能正如意之立干木卧而秦師退四皓起而戚姬泣夫如是何舍何執何去何就謂山岑之林爲芳谷底之莽爲臭守分任性惟

天所授烏不假甲於龜魚不假足於獸何必笑孤竹之貧而羨齊景之富耻布衣以肆志寧文袤而拖繡且能約其躬則儋石之稸以豐苟肆其欲則海陵之積不足存道德者則匹夫之身可榮忘大倫者則萬乘之主猶辱將研六籍以訓世守寂泊以鎮俗偶鄭老於海隅匹嚴叟於僻蜀且世以太虛爲輿玄爐爲肆神游莫競之林心存无營之室榮利不擾其覺殷憂不干其寐捐夸者之所貪收躁務之所棄雜聖籍之荒芜總羣言之一至全素履於丘園背纓緌而長逸請子課吾業於千載无聽吾言於今日也張華見而奇之石鑒卒王戎乃辟琇華召晳爲掾又爲司空下邳王晃所辟華爲司空復以爲賊曹屬時欲廣農晳上議曰伏見詔書以倉廩不實關右饑窮欲大興田農以蕃嘉穀此誠有虞戒大禹盡力之謂然農穰可致所由者三一曰天時不愆二曰地利无失三曰人力咸用若必春无霡霂之潤秋繁滂沲之患水旱失中零穰有請雖使

羲和平秩后稷親農理疆甽於原隰勤蕭蓑於中田猶不足以致倉庾盈億之積也然地利可以計生人力可以課致詔書之旨亦將欲盡此理乎今天下千城人多游食廢業占空无田課之實較計九州數過萬計可申嚴此防令監司精察一人失課負及郡縣此人力之可致也又州司十郡土狹人繁三魏尤甚而猪羊馬牧布其境内宜悉破廢以供无業業少之人雖頗割徙在者猶多田諸菀牧不樂曠野貪在人間故謂北土不宜畜牧此誠不然案古今之語以爲馬之所生實在冀北大賈牂羊取之清渤故冢之歌起於鉅鹿是其效也可悉徙諸牧以充其地使馬牛猪羊齕草於空虛之田游食之人受業於賦給之賜此地利之可致者也昔騅駓在坰史克所以頌魯僖郤馬務田老氏所以稱有道豈利之所以會哉又如汲郡之吳澤良田數千頃泞水停洿人不墾植聞其國人皆謂通泄之功不足爲難舃鹵成原其利甚重而豪強大族惜其魚捕之饒構說官長終於不破此亦谷口之謠載在史篇謂宜復下郡縣以詳當今之計荆揚兖豫汙泥之土渠塢之宜必多此類最是不待天時而豐年可獲者也以其雲雨生於畚臿多稌生於決泄不必望朝隮而黄潦臻榮山川而霖雨息是故兩周爭東西之流史起惜漳渠之浸明地利之重也宜詔四州刺史使謹按以聞又昔魏氏徙三郡人在陽平頓丘界今者繁盛合五六千家二郡田地逼狹謂可徙還西州以充邊土賜其十年之復以慰重遷之情一舉兩得外實内寬增廣窮人之業以闢西郊之田此又農事之大益也轉佐著作郎撰晉書帝紀十志遷轉博士著作如故初太康二年汲郡人不準盜發魏襄王墓或言安釐王冢得竹書數十車其紀年十三篇記夏以來至周幽王爲犬戎所滅以事接之三家分仍述魏事至安釐王之二十年蓋魏國之史書大略與春秋皆多相應其中經傳大異則云夏年多殷益干啓位啓殺之太甲殺伊尹文丁殺季歷自周受命至穆王百年非穆王壽百歲也幽

王既亡有共伯和者攝行天子事非二相共和也其易經二篇與周易上下經同易繇陰陽卦二篇與周易略同繇辭則異卦下易經一篇似說卦而異公孫段二篇公孫段與邵陟論易國語三篇言楚晉事名三篇似禮記又似爾雅論語師春一篇書左傳諸卜筮師春似是造書者姓名也瑣語十一篇諸國卜夢妖怪相書也梁丘藏一篇先叙魏之世數次言丘藏金玉事繳書二篇論弋射法生封一篇帝王所封大曆二篇鄒子談天類也穆天子傳五篇言周穆王游行四海見帝臺西王母圖詩一篇畫贊之屬也又雜書十九篇周食田法周書論楚事周穆王美人盛姬死事大凡七十五篇七篇簡書折壞不識名題冢中又得銅劒一枚長二尺五寸漆書皆科斗字初發冢者燒策照取寶物及官收之多燼簡斷札文既殘缺不復詮次武帝以其書付秘書校綴次第尋考指歸而以今文寫之皙在著作得觀竹書隨疑分釋皆有義證遷尚書郎武帝嘗問贄虞三日曲水之義虞對曰漢章帝時平原徐肇以三月初生三女至三日俱亡村人以爲怪乃招携之水濱洗祓遂因水以汎觴其義起此帝曰必如所談便非好事皙進曰虞小生不足以知臣請言之昔周公城洛邑因流水以汎酒故逸詩云羽觴隨波又秦昭王以三日置酒河曲見金人奉水心之劒曰令君制有西夏乃霸諸侯因此立爲曲水二漢相緣皆爲盛集帝大悅賜皙金五十斤時有人於嵩高山下得竹簡一枚上兩行科斗書傳以相示莫有知者司空張華以問皙皙曰此漢明帝顯節陵中策文也檢驗果然時人伏其博識趙王倫爲相國請爲記室皙辭疾罷歸教授門徒年四十卒元城市里爲之廢業門生故人立碑墓側皙才學博通所著三魏人士傳七代通記晉書紀志遇亂亡失其五經通論發蒙記補亡詩文集數十篇行於世云

王接字祖游河東猗氏人漢京兆尹尊十世孫也父蔚世脩儒史之學魏中領軍曹羲作至公論蔚善之而著至機論辭義甚美

官至夏陽侯相接幼喪父哀毀過禮鄉親皆歎曰王氏有子哉渤
海劉原爲河東太守好奇以旌才爲務同郡馮收試經爲郎七十
餘薦接於原曰夫騂騮不總轡則非造父之肆明月不流光則非
隋侯之掌伏惟明府苞黃中之德耀重離之明求賢與能小无
遺錯是以鄙老思獻所知竊見處士王接岐嶷儁異十三而孤
居喪盡禮學過目而知義觸類而長斯玉鏡之妙味經世之徽
猷也不患玄黎之不啓竊樂春英之及時原即禮命接不受原
乃呼見曰君欲慕肥遯之高邪對曰接薄祐少孤而无兄弟母
老疾篤故无心爲吏及母終柴毀骨立居墓次積年備覽衆書
多出異義性簡率不修俗操鄉里大族多不能善之唯裴頠雅知
焉平陽太守柳澹散騎侍郎裴遐尚書僕射鄧攸皆與接友善
後爲郡主簿迎太守温宇宇奇之轉功曹史州辟部平陽從事
時泰山羊亮爲平陽太守薦之於司隸校尉王堪出補都官從
事永寧初舉秀才友人滎陽潘滔遺接書曰贊虞卞玄仁並謂
足下應和鼎味可无以應秀才行接報書曰今世道交喪將遂
剝亂而識智之士鉗口韜筆禍敗日深如火之燎原其可救乎非
榮斯行欲極陳所見冀有覺悟耳是歲三王義舉惠帝復阼以
國有大慶天下秀才一皆不試接以爲恨除中郎補征虜將軍
司馬蕩陰之役侍中嵇紹爲亂兵所害接議曰夫謀人之軍軍
敗則死之謀人之國國危則亡之古之道也蕩陰之役百官奔北
唯嵇紹守職以遇不道可謂臣矣又可稱痛矣今山東方欲大
舉宜明高節以號令天下依春秋褒三累之義加紹致命之賞
則遐邇向風莫敢不肅矣朝廷從之河間王顒欲還駕長安與關
東乖異以接成都王佐難之表轉臨汾公相國及東海王越率
諸侯討顒尚書令王堪統行臺上請接補尚書殿中郎未至而
卒年三十九接學雖博通特精禮傳常謂左氏辭義贍富自
是一家書不主爲經發公羊附經立傳經所不書傳不妄起於
文爲儉通經爲長任城何休訓釋甚詳而黜周王魯大體乖硋

且志通公羊而往往還爲公羊疾病接乃更注公羊春秋多有新
義時祕書丞衛恒考正汲冢書未訖而遭難佐著作郎東晳述而
成之事多證異義時東萊太守陳留王庭堅難之亦有證據晳
又釋難而庭堅已亡散騎侍郎潘滔謂接曰卿才學理議足解
二子之紛可試論之接遂詳其得失摯虞謝衡皆博物多聞
咸以爲允當又撰列女後傳七十二人雜論議詩賦碑頌駁難十
餘萬言喪亂盡失長子愆期流寓江南緣父本意更注公羊又集
列女後傳云

史臣曰皇甫謐素履幽貞閑居養疾留情筆削敦悅丘墳軒冕
未足爲榮貧賤不以爲恥確乎不拔斯固有晉之高人者歟洎
乎篤終立論薄葬昭儉既戒奢於季氏亦无取於王孫可謂
達存亡之機矣摯虞東晳等並詳覽載籍多識舊章奏議可
觀文詞雅贍可謂博聞之士也或攝官延閣裁成言事之書或
莅政秩宗參定禋郊之禮虞既厄於從理晳乃年位不充天之報
施何其爽也王接才調秀出見賞知音惜其夭枉未申驥足嗟
夫

贊曰士安好逸栖心蓬蓽屬意文雅忘懷榮秩遺制可稱養生
乖術摯虞博聞廣微絕羣財成禮度刊緝遺文魏篇式序漢冊
斯分祖游後出亦播清芬

列傳第二十一　晉書五十一

郤詵　阮种　華譚　袁甫

郤詵字廣基濟陰單父人也父晞尚書左丞詵博學多才瓌偉倜儻不拘細行州郡禮命並不應泰始中詔天下舉賢良直言之士太守文立舉詵應選詔曰蓋太上以德撫時易簡無文至于三代禮樂大備制度彌繁文質之變其理何由虞夏之際聖明繼踵而損益不同周道既衰仲尼猶曰從周因革之宜又何殊也聖王既沒遺制猶存霸者迭興而翼輔之王道之缺其無補乎何陵遲之不反也豈霸德之淺歟期運不可致歟且夷吾之智而功止于霸何哉夫昔人之為政革亂亡之弊建不刊之統移風易俗刑措不用豈非化之盛歟何脩而嚮茲朕獲承祖宗之休烈于茲七載而人未服訓政道罔述以古況今何不相逮之遠也雖明之弗及猶思與羣賢慮之將何以辨所聞之疑昧獲至論于讜言乎加自頃戎狄內侵災害屢作邊甿流離征夫苦役豈政刑之謬將有司非其任與各悉乃心究而論之上明古制下切當今朕之失德所宜振補其正議無隱將敬聽之詵對曰伏惟陛下以聖德君臨猶垂意于博採故招賢正之士而臣等薄陋不足以降大問也是以竊有自疑之心雖致身于闕庭亦僶俛矣伏讀聖策乃知下問之旨篤焉臣聞上古推賢讓位教同德一故易簡而人化三代世及季末相承故文繁而後整虞夏之相因而損益不同非帝王之道異救弊之路殊也周當二代之流承彫偽之極盡禮樂之致窮制度之理其文詳備仲尼因時宜而曰從周非殊論也臣聞聖王之化先禮樂五霸之興勤政刑禮樂之化深政刑之用淺勤之則可以小安墮之則遂陵遲所由之路本近故所補之功不侔也而齊桓失之葵丘夷吾淪于小器功止于霸不亦宜乎策曰建不刊之統移風易俗天下洽和何脩而嚮茲臣以為莫大于擇人而官之也今之典刑匪無一統宰牧之才優劣異績或以之興或以之替此蓋人能弘政非政弘人也舍人務政雖勤何益臣竊觀乎古今而考其美惡古人相與求賢今人相與求爵古之官

人君責之于上臣舉之于下得其人有賞失其人有罰安得不求賢乎今之官者父兄營之親戚助之有人事則通無人事則塞安得不求爵乎賢苟求達達在脩道窮在失義故靜以待之也爵苟可求得在進取失在後時故動以要之也動則爭競爭競則朋黨朋黨則誣罔誣罔則臧否失實真偽相冒主聽用惑姦之所會也靜則貞固貞固則正直正直則信讓信讓則推賢推賢不伐相下无爭主聽用察德之所趣也故能使之靜雖曰高枕而人自正不能禁動雖復夙夜俗不一也且人无愚智咸慕名官莫不飾正於外藏邪於內故邪正之人難得而知也任得其正則衆正益至若得其邪則衆邪亦集物繁其類誰能止之故國亡失世者未嘗不為衆邪所積也方其初作必始於微微而不絕其終乃著天地不能頓為寒暑人主亦不能頓為隆替故寒暑漸于春秋隆替起于得失當今之世宦者无關梁邪門啟矣朝廷不責賢正路塞矣得失之源何以甚此所謂責賢使之相舉也所謂關梁使之相保也賢不舉則有咎保不信則有罰故古者諸侯必貢士不貢者削貢而不適亦削夫士者難知也不適者薄過也不得不責彊其所不知也罰其所不適深其薄過非恕也且天子于諸侯有不純臣之義斯責之矣施刑之道寧縱不濫之矣今皆反是何也夫賢者天地之紀品物之宗其急之矣故寧濫以得之无縱以失之也今則不然世之悠悠者各自取辦耳故其材行並不可必于公則政事紛亂于私則汙穢狼籍自頃長吏特多此累有亡命而被購懸者矣有縛束而絞戮者矣貪鄙竊位不知誰升之者獸兕出檻不知誰可咎者網漏吞舟何以過此人之于利如蹈水火焉前人雖敗後人復起如彼此无已誰止之者風流日競誰憂之者雖今聖思勞于夙夜所使為政恒得此屬欲聖世化美俗平亦俟河之清耳若欲善之宜創舉賢之典峻關梁之防其制既立則人慎其舉而不苟則賢者可知知賢而試則官得其人矣官得其人則事得其序事得其序則物得其宜物得其宜則生生豐植人用資給和樂興焉是故寡過而遠刑知恥

以近禮此所以建不刊之統移風易俗刑措而不用也策曰自頃夷狄內侵災眚屢降將所任非其人乎何由而至此臣聞蠻夷猾夏則皐陶作士此欲善其末則先其本也夫任賢則政惠使能則刑恕政惠則下仰其施刑恕則人懷其勇施以殖其財勇以結其心故人居則資贍而知方動則親上而志勇苟思其利而除其害以生道利之者雖死不貳以逸道勞之者雖勤不怨故其命可授其力可竭以戰則剋以攻則拔是以善者慕德而安服惡者畏懼而削迹止戈而武義實在文唯任賢然後无患耳若夫水旱之災自然理也故古者三十年耕必有十年之儲堯湯遭之而人不困有備故也自頃風雨雖頗不時考之萬國或境土相接而豐約不同或頃畝相連而成敗異流故非天之必害于人人實不能均其勞苦失之于人而求之於天則有司惰職而不勸百姓怠業而咎時非所以定人志致豐年也宜勤人事而已臣誠愚鄙不足以奉對聖朝猶進之于廷者將使取諸其懷而獻之乎臣懼不足也若收不知言以致知言臣則可矣是以

辭鄙不隱也以對策上第拜議郎母憂去職詵母病苦无車及亡不欲車載柩家貧无以市馬乃于所住堂北壁外假葬開户朝夕拜哭養雞種蒜竭其方術喪過三年得馬八匹輿柩至冢負土成墳未畢召爲征東參軍從尚書郎轉車騎從事中郎吏部尚書崔洪薦詵爲左丞及在職嘗以事劾洪洪怨詵詵以公正距之語在洪傳洪聞而慙服累遷雍州刺史武帝于東堂會送問詵曰卿自以爲何如詵對曰臣舉賢良對策爲天下第一猶桂林之一枝崑山之片玉帝笑侍中奏免詵官帝曰吾與之戲耳不足怪也詵在任威嚴明斷甚得四方聲譽卒于官子延登爲州别駕

阮种字德猷陳留尉氏人漢侍中胥卿八世孫也弱冠有殊操爲嵇康所重康著養生論所稱阮生即种也察孝廉爲公府掾是時西虜內侵災眚屢見百姓饑饉詔三公卿尹常伯牧守各舉賢良方正直言之士于是太保何曾舉种賢良策曰在昔哲王承天之序光宅宇宙咸用規矩乾坤惠康品類休風流衍彌于千載朕應踐洪運統位七載于今矣惟德弗嗣不明于政宵興惕厲未燭厥猷子大夫韞韣道術儼然而進朕甚嘉焉其各悉乃心以闡喻朕志深陳王道之本勿有所隱朕虛心以覽焉种對曰夫天地設位聖人成能王道至深所以行化至遠故能開物成務而功業不匱近无不聽遠无不服德逮羣生澤被區宇聲施无窮而典垂百代故經曰聖人久于其道而天下化成宜師蹤往代襲迹三五矯世更俗以從人望令率土遷義下知所適播醇美之化杜邪枉之路斯誠羣黎之所欣想盛德而幸望休風也又問政刑不宣禮樂不立對曰政刑之宣故由乎禮樂之用昔之明王唯此之務所以防遏暴慢感動心術制節生靈而陶化萬姓也禮以體德樂以詠功樂本于和而禮師于敬矣又問戎蠻猾夏對曰戎蠻猾夏侵敗王畧雖古盛世猶有此虞故詩稱獫狁孔熾書歎蠻夷率服自魏氏以來夷虜內附鮮有桀悍侵漁之患由是邊守遂息鄣塞不設而今醜虜內居與百姓雜處邊吏擾習人又忘戰受方任者又非其材或

以狙詐侵侮邊夷或干賞啗利妄加討戮夫以微羈而御悍馬又乃操以煩策其不制者固其理也是以羣醜蕩駭緣間而動雖三州覆敗牧守不反此非胡虜之甚勁蓋用之者過也臣聞王者之伐有征无戰懷遠以德不聞以兵夫兵凶器而戰危事也兵興則傷農衆集則費積農傷則人匱積費則國虛昔漢武之世承文帝之業資海內之富役其材臣以甘心匈奴競戰勝之功貪攻取之利良將勁卒屈於沙漠勝敗相若克不過當夭百姓之命填餓狼之口及其以衆制寡令匈奴遠迹收功祁連飲馬瀚海天下之耗以過太半矣夫虛中國以事夷狄誠非計之得者也是以盜賊蜂起山東不振暨宣元之時趙克國征西零馮奉世征南羌皆兵不血刃摧抑強暴擒其首惡此則折衝厭難勝敗相辨中世之明效也又問咎徵作見對曰陰陽否泰六沴之災則人主脩政以禦之思患而防之建皇極之首詳庶徵之用詩曰敬之敬之天惟顯思天聰明自我人聰明是以人主祖承天命日慎一日也故能應受多福而永世克祚此先王之所以退災消

眚也又問經化之務對曰夫王道之本經國之務必先之以禮義而致人于廉耻禮義立則君子軌道而讓于善廉耻立則小人謹行而不淫于制度賞以勸其能威以懲其廢此先王所以保乂定功化洽黎元而勳業長世也故上有克讓之風則下有不爭之俗朝有矜節之士則野无貪冒之人夫廉耻之于政猶樹藝之有豐壤良歲之有膏澤其生物必油然茂矣若廉耻不存而惟刑是御則風俗彫弊人失其性錐刀之末皆有爭心雖峻刑嚴辟猶不勝矣其于政也猶農者之殖磽野旱年之望豐穡必不幾矣此三代所以享德長久風醇俗美皆數百年保天之祿而秦二世而弊者蓋其所由之塗殊也又問將使武成七德文濟九功何路而臻于茲凡厥庶事曷後曷先對曰夫文武經德所以成功丕業咸熙庶績者莫先于選建明哲授方任能令才當其官而功稱其職則萬機咸理庶寮不曠書曰天工人其代之然則繼天理物寧國安家非賢无以成也夫賢才之畜于國由良工之須利器巧匠之待繩

墨也器用利則斵削易而材不病繩墨設則曲直正而衆形得矣是以人主必勤求賢而佚以任之也賢臣之于主進則忠國愛人退則砥節潔志營職不干私義出心必由公塗明度量以呈其能審經制以效其功此昔之聖王所以恭己南面而化于陶鈞之上者以其所任之賢與所賢之信也方今海內之士皆傾望休光希心紫極唯明主之所趣舍若開四聰之聽廣疇咨之求抽羣英延俊乂考工授職呈能制官朝无素飡之士如此化流罔極樹功不朽矣時种與郤詵及東平王康俱居上第即除尚書郎然毀譽之徒或言對者因緣假託帝乃更延羣士庭以問之詔曰前者對策各指答所問未盡子大夫所欲言故復延見其具陳所懷又比年遭有水旱災眚雖戰戰兢兢未能究天人之理當何修以應其變人遇水旱饑饉者何以救之中間多事未得寧靜思以省息煩務令百姓不失其所若人有所患苦者有宜損益使公私兩濟者委曲陳之又政在得人而知之至難唯有因人視聽耳若有文武隱逸之士各舉所知雖幽賤貧俗勿有所限故虛心思聞事實勿務華辭莫有所諱也种對曰伏惟陛下以聖哲玄覽降卹黎蒸將濟元元同之三代旁求俊乂以輔至化此誠堯舜之用心也臣猥以頑魯之質應清明之舉前者對策不足以疇塞聖詔所陳不究臣誠蒙昧所以爲罪臣聞天生蒸庶樹君以司牧之人君道洽則彝倫攸叙五福來備若政有愆失刑理頗僻則庶徵不應而淫亢爲災此則天人之理而興廢之由也昔之聖王政道備而制先具軌人以務致之于本是以雖有水旱之眚而無饑饉之患也自頃陰陽隔并水旱爲災亦猶期運之致不然則亦有司之不帥不能宣承聖德以贊揚大化故和氣未降而人事未叙也方今百姓凋弊公私无儲誠在于休役靜人勸嗇務分此其救也人之所患由于役煩網密而信道未孚也役煩則百姓失業網密則下背其誠信道未孚則人无固志此則損益之至務安危之大端也傳曰始與善善進則不善蔑由至孔子曰視其所以觀其所由人焉廋哉若夫文武隱逸之士幽賤貧俗之才故非愚臣之所能識謹竭愚以對策奏帝親覽焉及擢爲第

一轉中書郎進止有方正己率下朝廷咸憚其威容每爲駁議事皆施用遂爲楷則遷平原相時襄邑衛京自南陽太守遷于河內與种俱拜帝望而歎曰二千石皆若此朕何憂乎种爲政簡惠百姓稱之卒于郡

華譚字令思廣陵人也祖融吳左將軍錄尚書事父諝吳黃門郎譚期歲而孤母年十八便守節鞠養勤勞備至及長好學不倦爽慧有口辯爲鄰里所重揚州刺史周浚引爲從事史愛其才器待以賓友之禮太康中刺史嵇紹舉譚秀才將行別駕陳總餞之因問曰思賢之主以求才爲務進取之士以功名爲先何仲舒不仕武帝之朝賈誼失分漢文之時此吳晉之滯論可辯此理而後別譚曰夫聖人在上物无不理百揆之職非賢弗居故山林无匿景衡門不棲遲至承統之王或是中才或復凡人居聖人之器處兆庶之上是以其教日頹風俗漸弊又中才之君所資者偏物以類感必于其黨黨言雖非彼以爲是以所授有顏冉之賢所用有廟廊之器居官者日冀元

凱之功在上者日庶堯舜之義彼豈知其政漸毀哉朝雖有求賢之名而无知才之實言雖當彼以爲誣策雖奇彼以爲妄誣則毀已之言入妄則不忠之責生豈故爲哉淺明不見深理近才不覩遠體也是以言不用計不施恐死亡之不暇何論功名之立哉故上官昵而屈原放宰嚭寵而伍員戮豈不哀哉若仲舒抑于孝武賈誼于漢文蓋復是其輕者耳故白起有云非得賢之難用之難非用之難信之難得賢而不能用用而不能信功業豈可得而成哉譚至洛陽武帝親策之曰今四海一統萬里同風天下有道莫斯之盛然北有未羈之虜西有醜施之氐故謀夫未得高枕邊人未獲晏然將何以長弭斯患混清六合對曰臣聞聖人之臨天下也祖乾綱以流化順谷風以興仁兼三才以御物開四聰以招賢故勞謙日昃務在擇才宣明巖穴垂光隱滯俊乂龍躍帝道以光清德鳳翔王化克舉是以皐陶見舉不仁者遠陸賈重漢遠夷折節今聖朝德音發于帷幄清風翔乎无外戎旗南指江漢席卷干戈西征羌蠻慕

化誠闡四門之秋興禮教之日也故髦俊聞聲而響赴殊才望險而雲集虛高館以俟賢設重爵以待士急善過于饑渴用人疾于應響杜佞諂之門廢鄭聲之樂混清六合寔由乎此雖西北有未羈之寇殊漠有不朝之虜征之則勞師得之則无益故班固云有其地不可耕而食得其人不可臣而畜來則懲而御之去則備而守之蓋安邊之術也又策曰吳蜀恃險今既蕩平蜀人服化无攜貳之心而吳人趑雎屢作妖寇豈蜀人敦樸易可化誘吳人輕鋭難安易動乎今將欲綏靜新附何以爲先對曰臣聞漢末分崩英雄鼎峙蜀棲岷隴吳據江表至大晉龍興應期受命文皇運籌安樂順軌聖上潛謀歸命向化蜀染化日久風教遂成吳始初附未改其化非爲蜀人敦慤而吳人易動也然殊俗遠境風土不同吳阻長江舊俗輕悍所安之計當先籌其人士使雲翔閶闔進其賢才待以異禮明選牧伯致以威風輕其賦斂將順咸悅可以永保无窮長爲人臣者也又策曰聖人稱如有王者必世而後仁今天成地平大化无外雖匈奴未羈羌氐驕黠將脩文德以綏之舞干戚以來之故兵戈載戢武夫寢息如此已可消鋒刃爲田器罷尚方武庫之用未邪對曰夫唐堯歷載頌聲乃作文武相承禮樂大同清一八紘綏盪无外萬國順軌海內斐然雖復被髮之鄉徒跣之國皆習章甫而入朝要衣裳以磬折夫大舜之德猶有三苗之征以周之伐獫狁爲寇雖有文德又須武備預不虞古之善教安不忘危聖人常誡无爲罷武庫之常職鑠鋒刃爲田器自可倒戢干戈苞以獸皮將帥之士使爲諸侯于散樂休風未爲不泰也又策曰夫法令之設所以隨時制也時險則峻法以取平時泰則寬網以將化今天下太平四方无事百姓承德將就无爲而又至于律令應有所損益不對曰臣聞五帝殊禮三王異教故或禪讓以光政或干戈以攻取至于興禮樂以和人流清風以寧俗其歸一也今誠風教大同四海无虞人皆感化去邪從正夫以堯舜之盛而猶設象刑殷周之隆而甫侯制律律令之存何妨于政若乃大道四達禮樂交通凡人脩行黎庶勵節刑罰懸而不用律令存而无施適足

以隆太平之雅化飛仁風乎无外矣又策曰昔帝舜以二八成功文王以多士興周夫制化在于得人而賢才難得今大統雖同宜搜才實州郡有貢薦之舉猶未獲出羣卓越之倫將時无其人有而致之未得其理也對曰臣聞興化立法非賢无以光其道平世理亂非才无以宣其業上自皇羲下及帝王莫不張皇綱以羅遠飛仁風以被物故得賢則教興失人則政廢今四海一統萬里同風州郡貢秀孝臺府簡良才以八紘之廣兆庶之衆豈當无卓越儁逸之才乎譬猶南海不少明月之寶大宛不乏千里之駒也異哲難見遠數難覩故堯舜太平之化二八由舜而甫顯殷湯革王之命伊尹負鼎而方用當今聖朝禮亡國之士接遐裔之人或貂蟬于帷幄或剖符于千里巡狩必有呂公之遇宵夢必有巖穴之感賢儁之出可企踵而待也時九州秀孝策无逮譚者譚素以才學爲東土所推同郡劉頌時爲廷尉見之歎息曰不悟鄉里乃有如此才也博士王濟于衆中嘲之曰五府初開羣公辟命採英奇于仄陋拔賢儁于巖穴君吳楚

之人亡國之餘有何秀異而應斯舉譚答曰秀異固產于方外不出于中域也是以明珠文貝生于江鬱之濱夜光之璞出乎荆藍之下故以人求之文王生于東夷大禹生于西羌子弗聞乎昔武王剋商遷殷頑民于洛邑諸君得非其苗裔乎濟又曰夫危而不持顛而不扶至于君臣失位國亡无主凡在冠帶將何所取哉答曰吁存亡有運興衰有期天之所廢人不能支徐偃脩仁義而失國仲尼逐魯而逼齊段干偃息而成名諒否泰有時曷人力之所能哉濟甚禮之尋除郎中遷太子舍人本國中正以母憂去職服闋爲鄄城令過濮水作莊子贊以示功曹而廷掾張延爲作答敎其文甚美譚異而薦之遂見升擢及譚爲廬江延已爲淮陵太守又舉寒族周訪爲孝廉訪果立功名時以譚爲知人以父墓毀去官尋除尚書郎永寧初出爲郏令于時兵亂之後境内饑饉譚傾心撫卹司徒王戎聞而善之出穀三百斛以助之譚甚有政績再遷廬江内史加綏遠將軍時石氷之黨陸珪等屯據諸縣譚遣司馬褚敦討平之又遣

別軍擊氷都督孟徐獲其驍帥以功封都亭侯食邑千户賜絹千匹陳敏之亂吳士多爲其所逼顧榮先受敏官而潛謀圖之譚不悟榮旨露檄遠近極言其非由此爲榮所怨又在郡政嚴而與上司多忤揚州刺史劉陶素與譚不善因法收譚下壽陽獄鎮東將軍周馥與譚素相親善理而出之及甘卓討馥百姓奔散謂譚已去遣人視之而更移近馥馥歎曰吾嘗謂華令思是臧子源之儔今果效矣甘卓嘗爲東海王越所捕下令敢有匿者誅之卓投譚而免及此役也卓遣人求之曰華侯安在吾甘揚威使也譚答不知遺絹二匹以遣之使反告卓卓曰此華侯也復求之譚已亡矣後爲紀瞻所薦而爲顧榮所止遇遂數年不得調建興初元帝命爲鎮東軍諮祭酒譚博學多通在府无事乃著書三十卷名曰辨道上牋進之帝親自覽焉轉丞相軍諮祭酒領郡大中正譚薦干寳范逃于朝乃上牋求退曰譚聞霸主遠聽以求才爲務僚屬量身以審己爲分故踈廣告老漢宣不違其志干木偃息文侯就式其廬

譚无古人之賢竊有懷遠之慕自登清顯出入二載執筆无贊事之功拾遺无補闕之績過在納言闇于舉善狂寇未賓復乏謀策年向七十志力日衰素飡无勞實宜辭退謹奉還所假左丞相軍諮祭酒版不聽建武初授祕書監固讓不拜太興初拜前軍以疾復轉祕書監自負宿名恒怏怏不得志時晉陵朱鳳吳郡吳震並學行清修老而未調譚皆薦爲著作佐郎或問譚曰諺言人之相去如九牛毛寧有此理乎譚對曰昔許由巢父讓天子之貴市道小人爭半錢之利此之相去何啻九牛毛也聞者稱善戴若思弟邈譚女壻也譚平生時常抑若思而進邈若思每銜之殆用事恒毀譚于帝由是官塗不至譚每懷觖望嘗從容言于帝曰臣已老矣將待死祕閣沒贖之言復存于今帝不懌久之加散騎常侍屢以疾辭及王敦作逆譚疾甚不能入省坐免卒于家贈光祿大夫金章紫綬加散騎常侍謚曰胡二子化茂化字長風爲征虜司馬討沒桑戰沒茂嗣爵

淮南袁甫字公胄亦好學與譚齊名以詞辨稱嘗詣中領軍何勗自言能爲劇縣勗曰唯欲宰縣不爲臺閣職何也甫曰人各有能有不能譬繒中之好莫過錦錦不可以爲帢穀中之美莫過稻稻不可以爲虀是以聖王使人必先以器苟非周材何能悉長黃霸馳名于州郡而息譽于京邑廷尉之材不爲三公自昔然也勗善之除松滋令轉淮南國大農郎中令石珩問甫曰卿名能辨豈知壽陽已西何以恒旱壽陽已東何以恒水甫曰壽陽已東皆是吳人夫亡國之音哀以思鼎足強邦一朝失職憤歎甚積積憂成陰陰積成雨雨久成水故其域恒澇也壽陽已西皆是中國新平強吳美寳皆入志盈心滿用長歡娛公羊有言魯僖甚悅故致旱京師若能抑強扶弱先踈後親則天下和平災害不生矣觀者歎其敏捷年八十餘卒于家

史臣曰夫緝政釐俗拔羣才以成務振景觀光俟明主而宣績武皇之世天下乆安朝廷屬意于求賢邁軸有懷于干祿郤詵等並韞價州

里㒟然應召對揚天問高步雲衢求之前哲亦足稱矣令思行已徇義志篤周甘仁者必勇抑斯之謂雖才行夙章而待終秘閣積薪之恨豈獨古人乎

贊曰郤阮洽聞含章體政華生毓德褫巾應命鳥路曽飛龍津泒泳素業可久高芬斯盛

列傳第二十二　晉書五十二

列傳第二十三　晉書五十三　御撰

愍懷太子子虨　臧　尚

愍懷太子遹字熈祖惠帝長子母曰謝才人幼而聰慧武帝愛之恒在左右嘗與諸皇子共戲殿上惠帝來朝執諸皇子手次至太子帝曰是汝兒也惠帝乃止宫中嘗夜失火武帝登樓望之太子時年五歲牽帝裾入闇中帝問其故太子曰暮夜倉卒宜備非常不宜令照見人君也由是竒之嘗從帝觀豕牢言於帝曰豕甚肥何不殺以享士而使久費五穀帝嘉其意即使烹之因撫其背謂廷尉傅祗曰此兒當興我家嘗對羣臣稱太子似宣帝於是令譽流於天下時望氣者言廣陵有天子氣故封爲廣陵王邑五萬户以劉寔爲師孟珩爲友楊準馮蓀爲文學惠帝即位立爲皇太子盛選德望以爲師傅以何劭爲太師王戎爲太傅楊濟爲太保裴楷爲少師張華爲少傅和嶠爲少保元康元年出就東宫又詔曰遹尚幼蒙今出東宫惟當頼師傅羣賢之訓其游處左右宜得正人使共周旋能相長益者於是使太保衛瓘息庭司空泰息略太子太傅楊濟息毖太子少師裴楷息憲太子少傅張華息禕尚書令華廙息恒與太子游處以相輔導焉及長不好學惟與左右嬉戲不能尊敬保傅賈后素忌太子有令譽因此密勑黄門閹宦媚諛於太子曰殿下誠可及壯時極意所欲何爲恒自拘束每見喜怒之際輙歎曰殿下不知用威刑天下豈得畏服太子所幸蔣美人生男又言宜隆其賞賜多爲皇孫造玩弄之器太子從之于是慢弛益彰或廢朝侍恒在後園游戲愛埤車小馬令左右馳騎斷其鞅勒使墮地爲樂或有犯忤者手自捶擊之性拘小忌不許繕壁修墻正瓦動屋而于宫中爲市使人屠酤手揣斤兩重輕不差其母本屠家女也故太子好之又令西園賣葵菜藍子雞麫之屬而收其利東宫舊制月請錢五十萬備于衆用太子恒探取二月以供嬖寵洗馬江統陳五事以諫之太子不納語在統傳中舍人杜錫以太子非賈后所生而后性兇暴深以爲憂每盡忠規勸太子修德進善遠于讒謗太子怒使人以針著錫常所坐

穉中而刺之太子性剛知賈謐恃后之貴不能假借之謐至東宮或捨之而于後庭游戲詹事裴權諫曰賈謐甚有寵于中宮而有不順之色若一旦交搆大事去矣宜深自謙屈以防其變廣延賢士用自輔翼太子不能從初賈后母郭槐欲以韓壽女爲太子妃太子亦欲婚韓氏以自固而壽妻賈午及后皆不聽而爲太子聘王衍小女惠風太子聞衍長女美而賈后爲謐聘之心不能平頗以爲言謐嘗與太子圍棊爭道成都王穎見而訶謐謐意愈不平因此譖太子於后曰太子廣買田業多畜私財以結小人者爲賈后故也密聞其言云皇后萬歲後吾當魚肉之非但如是也若宮車晏駕彼居大位依楊氏故事誅臣等而廢后於金墉如反手耳不如早爲之所更立慈順者以自防衛后納其言又宣揚太子之短布諸遠近於時朝野咸知賈后有害太子意中護軍趙俊請太子廢后太子不聽九年六月有桑生於宮西廂日長尺餘數日而枯十二月賈后將廢太子詐稱上不和呼太子入朝既至后不見置於別室遣婢陳舞賜以酒棗逼飲醉之使黃門侍郎潘岳作書草若禱神之文有如太子素意因醉而書之令小婢承福以紙筆及書草使太子書之文曰陛下宜自了不自了吾當入了之中宮又宜速自了不了吾當手了之并謝妃共要剋期而兩發勿疑猶豫致後患茹毛飲血於三辰之下皇天許當掃除患害立道文爲王蔣爲內主願成當三牲祠北君大赦天下要疏如律令太子醉迷不覺遂依而寫之其字半不成既而補成之后以呈帝帝幸式乾殿召公卿入使黃門令董猛以太子書及青紙詔曰遹書如此今賜死徧示諸公王莫有言者惟張華裴頠證明太子賈后使董猛矯以長廣公主辭白帝曰事宜速決而羣臣各有不同若有不從詔宜以軍法從事議至日西不決后懼事變乃表免太子爲庶人詔許之於是使尚書和郁持節解結爲副及大將軍梁王肜鎮東將軍淮南王允前將軍東武公澹趙王倫太保何劭詣東宮廢太子爲庶人是日太子游玄圃聞有使者至改服出崇賢門再拜受詔步出承華門乘麄犢車澹以兵仗

送太子妃王氏三皇孫於金墉城考竟謝淑妃及太子保林蔣俊明年正月賈后又使黃門自首欲與太子爲逆詔以黃門首辭班示公卿又遣澹以千兵防送太子更幽於許昌宮之別坊令治書御史劉振持節守之先是有童謠曰東宮馬子莫聾空前至臘月纏汝髮又曰南風起兮吹白沙遙望魯國鬱嵯峨千歲髑髏生齒牙南風后名沙門太子小字也初太子之廢也妃父王衍表請離婚太子至許遺妃書曰鄙雖頑愚心念爲善欲盡忠孝之節無有惡逆之心雖非中宮所生奉事有如親母自爲太子以來勅見禁檢不得見母自宜城君亡不見存恤恒在空室中坐去年十二月道文疾病困篤父子之情實相憐愍於時表國家乞加徽號不見聽許疾病既篤爲之求請恩福無有惡心自道文病中宮三遣左右來視云天教呼汝到二十八日暮有短函來題言東宮發疏云言天教欲見汝即便作表求入二十九日早入見國家須臾遣至中宮中宮左右陳舞見語中宮且來吐不快使住空屋中坐須臾中宮遣陳舞見語聞汝表陛下爲道文乞王不得王是成國耳中宮遙呼陳舞昨天教與太子酒棗便持三升酒大盤棗來見與使飲酒噉棗盡鄙素不飲酒即便遣舞啓說不堪三升之意中宮遙呼曰汝常陛下前持酒可喜何以不飲天與汝酒當使道文差也便答中宮陛下會同一日見賜故不敢辭通日不飲三升酒也且實未食恐不堪又未見殿下飲此或至顛倒陳舞復傳語曰不孝那天與汝酒飲不肯飲中有惡物邪遂可飲二升餘有一升求持還東宮飲盡逼迫不得已更飲一升飲已體中荒迷不復自覺須臾有一小婢持封箱來云詔使寫此文書鄙便驚起視之有一白紙一青紙催促云陛下停待又小婢承福持筆研墨黃紙來使寫急疾不容復視實不覺紙上語輕重父母至親實不相疑事理如此實爲見誣想衆人見明也太子既廢非其罪衆情憤怨右衛督司馬雅宗室之疎屬也與常從督許超並有寵於太子二人深傷之說趙王倫謀臣孫秀曰國無適嗣社稷將危大臣之禍必起而公奉事中宮與賈后親密太子之

廢皆云豫知一旦事起禍必及矣何不先謀之秀言於趙王倫倫深納焉計既定而秀說倫曰太子爲人剛猛若得志之日必肆其情性矣明公素事賈后街談巷議皆以公爲賈氏之黨今雖欲建大功於太子太子雖將含忍宿忿必不能加賞於公當謂公逼百姓之望翻覆以免罪耳若有瑕釁猶不免誅不若遷延卻期賈后必害太子然後廢賈后爲太子報讎猶足以爲功乃可以得志倫然之秀因使反間言殿中人欲廢賈后迎太子賈后聞之憂怖乃使太醫令程據合巴豆杏仁丸三月矯詔使黃門孫慮齎至許昌以害太子初太子恐見酖恒自煮食於前慮以告劉振振乃徙太子於小坊中絕不與食宮中猶於墻壁上過食與太子慮乃逼太子以藥太子不肯服因如厠慮以藥杵椎殺之太子大呼聲聞于外時年二十三將以庶人禮葬之賈后表曰遹不幸喪亡傷其迷悖又早短折悲痛之懷不能自已妾私心冀其刻肌刻骨更思孝道規爲稽顙正其名號此志不遂重以酸恨遹雖罪在莫大猶王者子孫便以匹庶送終情實憐愍特乞天恩賜以王禮妾誠闇淺不識禮義不勝至情冒昧陳聞詔以廣陵王禮葬之及賈庶人死乃誅劉振孫慮程據等册復太子曰皇帝使使持節兼司空衛尉伊策故皇太子之靈曰嗚呼維爾少資岐嶷之質荷先帝殊異之寵大啓土宇奄有淮陵朕奉遵遺旨越建爾儲副以光顯我祖宗祗爾德行以從保傅事親孝敬禮無違者而朕昧于凶搆致爾于非命之禍俾申生孝己復見于今賴宰相賢明人神憤怨用啓朕心討厥有罪咸伏其辜何補于荼毒冤魂酷痛哉是用切怛悼恨震動于五内今追復皇太子喪禮反葬京畿祠以太牢魂而有靈尚獲爾心帝爲太子服長子斬衰羣臣齊衰使尚書和郁率東宮官屬具吉凶之制迎太子喪于許昌喪之發也大風雷電幃蓋飛裂又爲哀策曰皇帝臨軒使洗馬劉務告于皇太子之殯曰咨爾遹幼稟英挺芬馨誕茂既茂髫齓高明逸秀昔爾聖祖嘉爾淑美顯詔仍崇名振同軌是用建爾儲副永統皇基如何凶戾潛搆禍害如兹哀感和氣痛貫四時嗚呼哀哉爾之降廢寔我不明牝亂沉戮釁結禍成爾之逝矣誰百其形昔之申生含枉莫訟今爾之負抱冤于東悠悠有識孰不哀慟壺關于主千秋悟已異世同規古今一理皇孫啓建降祚爾子雖悴前終庶榮後始窀穸既營將寧爾神華髦電逝戎車雷震芒芒羽蓋翼翼縉紳同悲等痛孰不酸辛庶光來葉永世不泯謚曰愍懷六月己卯葬于顯平陵帝感閻纘之言立思子臺故臣江統陸機並作誄頌焉太子三子虨臧尚並與父同幽金墉

虨字道文永康元年正月薨四月追封南陽王臧字敬文永康元年四月封臨淮王己巳詔曰咎徵數發姦回作變遹既逼廢非命而沒今立臧爲皇太孫還妃王氏以母之稱太孫太妃太子官屬即轉爲太孫官屬趙王倫行太孫太傅五月倫與太孫俱之東宮太孫自西掖門出車服侍從皆愍懷之舊也到銅駝街宮人哭侍從者皆哽咽路人抆淚焉桑復生于西廂太孫廢乃枯永寧元年正月趙王倫篡位廢爲濮陽王與帝俱遷金墉尋被害太安初追謚曰哀

尚字敬仁永康元年四月封爲襄陽王永寧元年八月立爲皇太孫太安元年三月癸卯薨帝服齊衰期謚曰冲太孫

史臣曰愍懷挺岐嶷之姿表夙成之質武皇鍾愛既深詒厥之謀天下歸心頗有后來之望及于繼明宸極守器春坊四教不勤三朝或闕豹姿未變鳳德已衰信惑姦邪疎斥正士好屠酤之賤役躭苑囿之佚游可謂靡不有初鮮克有終者也既而中宮凶忍久懷危害之心外戚諂諛競進讒邪之說坎牲之謀已搆斃犬之譖遂行一人乏探隱之聰百辟無爭臣之節遂使冤逾楚建酷甚戾園雖復禮備哀榮情深憫慟亦何補于荼毒者哉

贊曰愍懷聰穎諒惟天挺皇祖鍾心庶僚引領震宮肇建儲德不恢擬蜂搆隙歸胙生災既罹凶忍徒望歸來

列傳第二十三　　晉書五十三

陸機 孫拯　弟雲 雲弟耽 從父兄喜

陸機字士衡吳郡人也祖遜吳丞相父抗吳大司馬機身長七尺其聲如鍾少有異才文章冠世伏膺儒術非禮不動抗卒領父兵為牙門將年二十而吳滅退居舊里閉門勤學積有十年以孫氏在吳而祖父世為將相有大勳於江表深慨孫皓舉而棄之乃論權所以得皓所以亡又欲述其祖父功業遂作辯亡論二篇其上篇曰昔漢氏失御姦臣竊命禍基京畿毒徧宇內皇綱弛頓王室遂卑於是群雄蜂駭義兵四合吳武烈皇帝慷慨下國電發荊南權略紛紜忠勇伯世威稜則夷羿震盪兵交則醜虜授馘遂掃清宗祊蒸禋皇祖于時雲興之將帶州猋起之師跨邑哮闞之群風驅熊羆之族霧合雖兵以義動同盟勠力然皆苞藏禍心阻兵怙亂或師無謀律喪威稔寇忠規武節未有如此其著者也武烈既沒長沙桓王逸才命世弱冠秀發招攬遺老與之述業神兵東驅奮寡犯眾攻無堅城之將戰無交鋒之虜誅叛柔服而江外底定飭法脩師則威德翕赫賓禮名賢而張公為之雄交御豪俊而周瑜為之傑彼二君子皆弘敏而多奇雅達而聰哲故同方者以類附等契者以氣集江東蓋多士矣將北伐諸華誅鉏干紀旋皇輿於夷庚反帝坐於紫闥挾天子以令諸侯清天步而歸舊物戎車既次群凶側目大業未就中世而隕用集我大皇帝以奇蹤襲逸軌叡心因令圖從政咨於故實播憲稽乎遺風而加之以篤敬申之以節儉疇咨俊茂好謀善斷束帛旅於丘園旌命交乎塗巷故豪彥尋聲而響臻志士希光而景騖異人輻湊猛士如林於是張公為師傅周瑜陸公魯肅呂蒙之疇入為心腹出作股肱甘寧淩統程普賀齊朱桓朱然之徒奮其威韓當潘璋黃蓋蔣欽周泰之屬宣其力風雅則諸葛瑾張承步騭以名聲光國政事則顧雍潘濬呂範呂岱以器任幹職奇偉則虞翻陸績張惇以風義舉政奉使則趙咨沈珩以敏達延譽術數則吳範趙達以禨祥協德董襲陳武殺身以衛主駱統劉基彊諫以補過謀無遺計舉不失策故遂割據山川跨制荊吳而與天下爭衡矣魏氏嘗藉戰勝之威率百萬之師浮鄧塞之舟下漢陰之眾羽楫萬計龍躍順流銳師千旅虎步原隰謨臣盈室武將連衡喟然有吞江滸之志壹宇宙之氣而周瑜驅我偏師黜之赤壁喪旗亂轍僅而獲免收迹遠遁漢王亦憑帝王之號帥巴漢之人乘危騁變結壘千里志報關羽之敗圖收湘西之地而我陸公亦挫之西陵覆師敗績困而後濟絕命永安續以濡須之寇臨川摧銳蓬籠之戰孑輪不反由是二邦之將喪氣挫鋒勢衂財匱而吳莞然坐乘其弊故魏人請好漢氏乞盟遂躋天號鼎跱而立西界庸益之郊北裂淮漢之涘東苞百越之地南括群蠻之表於是講八代之禮蒐三王之樂告類上帝拱揖群后武臣毅卒循江而守長棘勁鎩望焱而奮庶尹盡規於上黎元展業於下化協殊裔風衍遐圻乃俾一介行人撫巡外域巨象逸駿擾於外閑明珠瑋寶耀於內府珍瑰重迹而至奇玩應響而赴輶軒騁於南荒衝輣息於朔野黎庶免干戈之患戎馬無晨服之虞而帝業固矣大皇既沒幼主蒞朝姦回肆虐景皇聿興虔修遺憲政無大闕守文之良主也降及歸命之初典刑未滅故老猶存大司馬陸公以文武熙朝左丞相陸凱以謇諤盡規而施績范慎以威重顯丁奉鍾離斐以武毅稱孟宗丁固之徒為公卿樓玄賀邵之屬掌機事元首雖病股肱猶良爰逮末葉群公既喪然後黔首有瓦解之患皇家有土崩之釁歷命應化而微王師躡運而發卒散於陣眾奔於邑城池無藩籬之固山川無溝阜之勢非有工輸雲梯之械智伯灌激之害楚子築室之圍燕人濟西之隊軍未浹辰而社稷夷矣雖忠臣孤憤烈士死節將奚救哉夫曹劉之將非一世所選向時之師無曩日之眾戰守之道抑有前符險阻之利俄然未改而成敗貿理古今詭趣何哉彼此之化殊授任之才異也其下篇曰昔三方之王也魏人據中夏漢氏有岷益吳制荊揚而奄有交廣曹氏雖功濟諸華虐亦深矣其人怨劉公因險以飾智功已薄矣其俗陋矣吳桓王基之以武太祖成之以德聰明叡達懿度弘遠矣其求賢如弗及卹人如稚子接士盡盛德之容親仁罄丹府之愛拔呂蒙於戎行識潘濬於係虜推誠信士不恤人之我欺量能授器不患權之我偪執鞭鞠躬以重陸公之威悉委武衛以濟周瑜之師卑宮菲食豐功臣之賞披懷虛己納謨

士之算故魯肅一面而自託士燮蒙險而效命高張公之德而省游田之
娛賢諸葛之言而割情欲之歡感陸公之規而除刑法之煩奇劉基之議
而作三爵之誓屏氣跼蹐以伺子明之疾分滋損甘以育凌統之孤登壇
忼慨歸魯子之功削投怨言信子瑜之節是以忠臣競盡其謨志士咸得
肆力洪規遠略固不厭夫區區者也故百官苟合庶務未遑初都建鄴群
臣請備禮秩天子辭而弗許曰天下其謂朕何宮室輿服蓋慊如也爰
及中葉天人之分既定故百度之缺粗修雖醲化懿綱未齒乎上代抑其體
國經邦之具亦足以為政矣地方幾萬里帶甲將百萬其野沃其兵練
其器利其財豐東負滄海西阻險塞長江制其區宇峻山帶其封域國
家之利未巨有弘於茲者也借使守之以道御之有術敦率遺典勤人謹
政脩定策守常險則可以長世永年未有危亡之患也或曰吳蜀脣齒
之國也夫蜀滅吳亡理則然矣夫蜀蓋藩援之與國而非吳人之存亡也
其郊境之接重山積險陸無長轂之徑川阨流迅水有驚波之艱雖有
銳師百萬啓行不過千夫舳艫千里前驅不過百艦故劉氏之伐陸公喻

晉傳二十四　三

之長蛇其勢然也昔蜀之初亡朝臣異謀或欲積石以險其流或欲機
械以御其變天子總群議以諮之大司馬陸公以四瀆天地之所以節宣
其氣固無可遏之理而機械則彼我所共彼若棄長技以就所屈即荊
楚而爭舟楫之用是天贊我也將謹守峽口以待禽耳逮步闡之亂憑
寶城以延彊寇資重幣以誘群蠻于時大邦之衆雲翔電發懸旍
江介築壘遵渚衿帶要害以止吳人之西巴漢舟師沿江東下陸公偏師
三萬北據東坑深溝高壘案甲養威反虜踠迹待戮而不敢北窺生路
彊寇敗績宵遁喪師太半分命銳師五千西禦水軍東西同捷獻俘
萬計信哉賢人之謀豈欺我哉自是烽燧罕驚封域寡虞陸公沒而潛
謀兆吳釁深而六師駭夫太康之役衆未盛乎曩日之師廣州之亂禍
有愈乎向時之難而邦家顛覆宗廟為墟嗚呼人之云亡邦國殄瘁
不其然歟易曰湯武革命順乎天或曰亂不極則治不形言帝王之因天
時也古人有言曰天時不如地利易曰王侯設險以守其國言為國之恃
險也又曰地利不如人和在德不在險言守險之在人也吳之興也參而

由焉孫卿所謂合其參者也及其亡也恃險而已又孫卿所謂舍其參
者也夫四州之萌非無衆也大江以南非乏俊也山川之險易守也勁
利之器易用也先政之策易脩也功不興而禍遘何哉所以用之者失
也故先王達經國之長規審存亡之至數謙已以安百姓敦惠以致人
和寬沖以誘俊乂之謀慈和以結士庶之愛是以其安也則黎元與之
同慶及其危也則兆庶與之共患安與衆同慶則其危不可得也危與
下同患則其難不足恤也夫然故能保其社稷而固其土宇麥秀無悲
殷之思黍離無愍周之感矣至太康末與弟雲俱入洛造太常張華
華素重其名如舊相識曰伐吳之役利獲二俊又嘗詣侍中王濟濟指
羊酪謂機曰卿吳中何以敵此答云千里蓴羮未下鹽豉時人稱
為名對張華薦之諸公後太傅楊駿辟為祭酒會駿誅累遷太子洗
馬著作郎范陽盧志於衆中問機曰陸遜陸抗於君近遠機曰如君於盧
毓盧珽志默然既起雲謂機曰殊邦遐遠容不相悉何至於此機曰我父
祖名播四海寧不知邪議者以此定二陸之優劣吳王晏出鎮淮南以機

晉列傳二十四　四

為郎中令遷尚書中兵郎轉殿中郎趙王倫輔政引為相國參軍豫誅
賈謐功賜爵關中侯倫將篡位以為中書郎倫之誅也齊王冏以機職
在中書九錫文及禪詔疑機與焉遂收機等九人付廷尉賴成都王穎
吳王晏並救理之得減死徙邊遇赦而止初機有駿犬名曰黃耳甚愛之
既而羈寓京師久無家問笑語犬曰我家絕無書信汝能齎書取消
息不犬搖尾作聲機乃為書以竹筩盛之而繫其頸犬尋路南走遂至其
家得報還洛其後因以為常時中國多難顧榮戴若思等咸勸機還吳
機負其才望而志匡世難故不從冏既矜功自伐受爵不讓機惡之作
豪士賦以刺焉其序曰夫立德之基有常而建功之路不一何則循心以為
量者存乎我因物以成務者係乎彼存乎我者隆殺止乎其域係乎彼
者豐約惟所遭遇落葉俟微飈以隕而風之力蓋寡孟嘗遭雍門以泣
而琴之感以末何哉欲隕之葉無所假烈風將墜之泣不足煩哀響也
是故苟時啓於天理盡於人庸夫可以濟聖賢之功斗筲可以定烈士之
業故曰才不半古功已倍之蓋得之於時世也歷觀今古徼一時之功而

居伊尹之位者有矣夫我之自我智士猶嬰其累物之相物昆蟲皆有
此情夫以自我之量而挾非常之勳神器暉其顧眄萬物隨其俯仰心
玩居常之安耳飽從諛之說豈識乎功在身外任出才表者哉且好榮惡
辱有生之大期忌盈害上鬼神猶且不免人主操其常柄天下服其大節
故曰天可讎乎而時有袨服荷戟立乎廟門之下援旗誓衆奮於阡陌
之上況乎世主制命自下裁物者乎廣樹恩不足以敵怨勤興利不足
以補害故曰代大匠斲者必傷手且夫政由甯氏忠臣所以慷慨祭則
寡人人主所不久堪是以君奭鞅鞅不悅公旦之舉高平師師側目博陸
之勢而成王不遣嫌吝於懷宣帝若負芒刺於背非其然者歟嗟乎光
于四表德莫富焉王曰叔父親莫昵焉登帝天位功莫厚焉守節沒齒忠
莫至焉而傾側顛沛僅而自全則伊生抱明允以嬰戮文子懷忠敬而齒
劒固其所也因斯以言夫以篤聖穆親如彼之懿大德至忠如此之盛
尚不能取信於人主之懷止謗於衆多之口過此以往惡覩其可安危之
理斷可識矣又況乎饕大名以冒道家之忌運短才而易聖哲所難者

晉 列傳二十四　五

哉身危由於勢過而不知去勢以求安禍積起於寵盛而不知辭寵以
招福見百姓之謀已則申宮警守以崇不畜之威懼萬方之不服則嚴
刑峻制以賈傷心之怨然後威窮乎震主而怨行乎上下衆心日陊危機
將發而方偃仰瞪眄謂足以夸世笑古人之未工忘己事之已拙知曩
勳之可矜闇成敗之有會是以事窮運盡必於顛仆風起塵合而禍
至常酷也聖人忌功名之過己惡寵祿之踰量蓋為此也夫惡欲之大
端賢愚所共有而遊子殉高位於生前志士思垂名於身後受生之分
惟此而已夫蓋世之業名莫盛焉率意無違欲莫順焉借使伊人頗覽
天道知盡不可益盈難久持超然自引高揖而退則巍巍之盛仰邈前
賢洋洋之風俯觀來籍而大欲不止於身至樂無愆乎舊節彌效而德
彌廣身逾逸而名逾劭此之不為而彼之必昧然後河海之迹堙為窮
流一匱之釁積成山嶽名編凶頑之條身厭荼毒之痛豈不謬哉故聊
為賦焉庶使百世少有悟云冏不之悟而竟以敗機又以聖王經國義在封
建因採其遠指著五等論曰夫體國經野先王所慎創制垂基思隆

後葉然而經略不同長世異術五等之制始於黃唐郡縣之治創於秦漢
得失成敗備在典謨是以其詳可得而言夫王者知帝業至重天下至廣
廣不可以偏制重不可以獨任任重必於借力制廣終乎因人故設官分
職所以輕其任也並建伍長所以弘其制也於是乎立其封疆之典裁其
親疏之宜使萬國相維以成盤石之固宗庶雜居而定維城之業又有以
見綏世之長御識人情之大方知其為人不如厚己利物不如圖身安上
在於悅下為己存乎利人故易曰悅以使人人忘其勞孫卿曰不利而利
之不如利而後利之利也是以分天下以厚樂而己得與之同憂饗天下
以豐利而己得與之共害利博則恩篤樂遠則憂深故諸侯享食土
之實萬國受傳世之祚夫然則南面之君各務其政九服之內知有定主
上之子愛於是乎生下之禮信於是乎結世平足以敦風道衰足以禦
暴故強毅之國不能擅一時之勢雄俊之人無所寄霸王之志然後國
安由萬邦之思化主尊賴群后之圖身譬猶衆目營方則天網自昶四
體辭難而心膂獲乂蓋三代所以直道四王所以垂業也夫盛衰隆敝

晉 列傳二十四　六

理所固有教之廢興繫乎其人原法期於必諒明道有時而闇故世及之
制敝於強禦厚下之典漏於末折侵弱之釁遘自三季陵夷之禍終
乎七雄昔成湯親照夏后之鑒公旦目涉商人之戒文質相濟損益有物
然五等之禮不革于時封畛之制有隆爾者豈玩二王之禍而闇經世之
筭乎固知百世非可懸御善制不能無敝而侵弱之辱愈於殄祀土崩
之困痛於陵夷也是以經始獲其多福慮終取其少禍非謂侯伯無可
亂之符郡縣非興化之具故國憂賴其釋位主弱憑於翼戴及承微
積敝王室遂卑猶保名位祚垂後嗣皇統幽而不輟神器否而必存者
豈非事勢使之然歟降及亡秦棄道任術懲周之失自矜其得尋斧始
於所庇制國昧於弱下國憂獨饗其利主憂莫與共害雖速亡趨亂不
必一道顛沛之釁實由孤立是蓋思五等之小怨忘萬國之大德知陵夷
之可患闇土崩之為痛也周之不競有自來矣國乏令主十有餘世然片
言勤王諸侯必應一朝振矜遠國先叛故強晉收其請隧之圖暴楚頓
其觀鼎之志豈劉項之能闚關勝廣之敢號澤哉借使秦人因循其制

雖則無道有與共亡覆滅之禍豈在曩日漢矯秦枉大啓侯王境土踰溢不遵舊典故賈生憂其危朝錯痛其亂是以諸侯阻其國家之富憑其士庶之力勢足者反疾土狹者逆遲六臣犯其弱綱七子衝其漏網皇祖夷於黔徒西京病於東帝是蓋過正之災而非建侯之累也然呂氏之難朝士外顧宋昌策漢必稱諸侯逮至中葉忌其失節割削宗子有名無實天下曠然復襲亡秦之軌矣是以五侯作威不忌萬國新都襲漢易以拾遺也光武中興纂隆皇統而由遵覆車之遺轍養喪家之宿疾僅及數世姦宄充斥卒有彊臣專朝則天下風靡一夫從衡而城池自夷豈不危哉在周之衰難興王室放命者七臣干位者三子嗣王委其九鼎凶族據其天邑鉦鼙震於閫宇鋒鏑流於絳闕然禍止畿甸害不覃及天下晏然以安待危是以宣王興於共和襄惠振於晉鄭豈若二漢階闥暫擾而四海已沸孽臣朝入而九服夕亂哉遠惟王莽篡逆之事近覽董卓擅權之際億兆悼心愚智同痛然周以之存漢以之亡夫何故哉豈世之喪亂時之臣士無匡合之志歟蓋遠績屈於時異雄心挫於卑勢耳故

烈士扼腕終委寇讎之手忠人變節以助虐國之桀雖復時有鳩合同志以謀王室然上非奧主下皆市人師旅無先定之班君臣無相保之志是以義兵雲合無救劫殺之禍眾望未改而已見大漢之滅矣或以諸侯世位不必常全昏主暴君有時比迹故五等所以多亂今之牧守皆官方庸能雖或失之其得固多故郡縣易以為政夫德之休明黜陟日用長率連屬咸述其職而淫昏之君無所容過何則其不治哉故先代有以之興矣苟或衰陵百度自悖鬻官之吏以貨準才則貪殘之萌皆群后也安在其不亂哉故後王有以之廢矣且要而言之五等之君為己思政郡縣之長為吏圖物何以徵之蓋企及進取仕子之常志脩己安人良士所希及夫進取之情銳而安人之譽遲是故侵百姓以利己者在位所不憚損實事以養名者官長所夙夜也君無卒歲之圖臣挾一時之志五等則不然知國為己土眾皆我民民安己受其利國傷家嬰其病故前人欲以垂後後嗣思其堂構為上無苟且之心群下知膠固之義使其並賢居政則功有厚薄兩愚處亂則過有深淺然則八代之制幾可

以一理貫秦漢之典殆可以一言蔽也時成都王穎推功不居勞謙下士機既感全濟之恩又見朝廷屢有變難謂穎必能康隆晉室遂委身焉穎以機參大將軍軍事表為平原內史太安初穎與河間王顒起兵討長沙王乂假機後將軍河北大都督督北中郎將王粹冠軍牽秀等諸軍二十餘萬人機以三世為將道家所忌又羈旅入宦頓居群士之右而王粹牽秀等皆有怨心固辭都督穎不許機鄉人孫惠亦勸機讓都督於粹機曰將為吾為首鼠避賊適所以速禍也遂行穎謂機曰若功成事定當爵為郡公位以台司將軍勉之矣機曰昔齊桓任夷吾以建九合之功燕惠疑樂毅以失垂成之業今日之事在公不在機也穎左長史盧志心害機寵言於穎曰陸機自比管樂擬君闇主自古命將遣師未有臣陵其君而可以濟事者也穎默然機始臨戎而牙旗折意甚惡之列軍自朝歌至于河橋鼓聲聞數百里漢魏以來出師之盛未嘗有也長沙王乂奉天子與機戰於鹿苑機軍大敗赴七里澗而死者如積焉水為之不流將軍賈稜皆死之初宦人孟玖弟超並為穎所嬖寵超領萬

人為小都督未戰縱兵大掠機錄其主者超將鐵騎百餘人直入機麾下奪之顧謂機曰貉奴能作督不機司馬孫拯勸機殺之機不能用超宣言於眾曰陸機將反又還書與玖言機持兩端軍不速決及戰超不受機節度輕兵獨進而沒玖疑機殺之遂譖機於穎言其有異志將軍王闡郝昌公師藩等皆玖所用與牽秀等共證之穎大怒使秀密收機其夕機夢黑幰繞車手決不開天明而秀兵至機釋戎服著白帢與秀相見神色自若謂秀曰自吳朝傾覆吾兄弟宗族蒙國重恩入侍帷幄出剖符竹成都命吾以重任辭不獲已今日受誅豈非命也因與穎牋詞甚悽惻既而歎曰華亭鶴唳豈可復聞乎遂遇害於軍中時年四十三二子蔚夏亦同被害機既死非其罪士卒痛之莫不流涕是日昏霧晝合大風折木平地尺雪議者以為陸氏之冤機天才秀逸辭藻宏麗張華嘗謂之曰人之為文常恨才少而子更患其多弟雲嘗與書曰君苗見兄文輒欲燒其筆硯後葛洪著書稱機文猶玄圃之積玉無非夜光焉五河之吐流泉源如一焉其弘麗妍贍英銳漂逸亦一代之絕

乎其為人所推服如此然好游權門與賈謐親善以進趣獲譏所著文章凡三百餘篇並行於世

孫拯者字顯世吳郡富春人也能屬文仕吳為黃門郎孫皓世侍臣多得罪惟拯與顧榮以智全吳平後為涿令有稱績機既為孟玖等所誣收拯考掠兩踝骨見終不變辭門生費慈宰意二人詣獄明拯拯譬遣之曰吾義不可誣枉知故卿何宜復爾二人曰僕亦安得負君拯遂死獄中而慈意亦死

雲字士龍六歲能屬文性清正有才理少與兄機齊名雖文章不及機而持論過之號曰二陸幼時吳尚書廣陵閔鴻見而奇之曰此兒若非龍駒當是鳳雛後舉雲賢良時年十六吳平入洛機初詣張華華問雲何在機曰雲有笑疾未敢自見俄而雲至華為人多姿制又好帛繩纏鬚雲見而大笑不能自已先是嘗著縗絰上船於水中顧見其影因大笑落水人救獲免雲與荀隱素未相識嘗會華座華曰今日相遇可勿為常談雲因抗手曰雲間陸士龍隱曰日下荀鳴鶴鳴鶴隱字也雲

又曰既開青雲覩白雉何不張爾弓挾爾矢隱曰本謂是雲龍騤騤乃是山鹿野麋獸微弩強是以發遲華撫手大笑刺史周浚召為從事謂人曰陸士龍當今之顏子也俄以公府掾為太子舍人出補浚儀令縣居都會之要名為難理雲到官肅然下不能欺市無二價人有見殺者主名不立雲錄其妻而無所問十許日遣出密令人隨後謂曰其去不出十里當有男子候之與語便縛來既而果然問之具服云與此妻通共殺其夫聞妻得出欲與語憚近縣故遠相要候於是一縣稱為神明郡守害其能屢譴責之雲乃去官百姓追思之圖畫形象配食縣社尋拜吳王晏郎中令晏於西園大營第室雲上書曰臣竊見世祖武皇帝臨朝拱默訓世以儉即位二十有六載宮室臺榭無所新崇屢發明詔厚戒豐奢國家纂承務在遵奉而世俗陵遲家競盈溢漸漬波蕩遂已成風雖嚴詔屢宣而侈俗滋廣每觀詔書眾庶歎息清河王昔起墓宅時手詔追述先帝節儉之教懇切之旨形于四海清河王毀壞成宅以奉詔命海內聽望咸用欣然臣愚以先帝遺教日以陵替今與國家協

崇大化追闡前蹤者實在殿下先敦素朴而後可以訓正四方凡在崇麗一宜節之以制然後上厭帝心下允時望臣以凡才特蒙拔擢亦思竭忠效節以報所受之施是以不慮犯迕敢陳所懷如愚臣言有可采乞垂三省時晏信任部將使覆察諸官錢帛雲又陳曰伏見令書以部曲將李咸馮南司馬吳定給使徐泰等覆校諸官市買錢帛簿臣愚以聖德龍興光有大國選眾官材庶工肆業中尉該大晨誕皆清廉淑慎恪居所司其下眾官悉州閭一介踈闇之咎雖可日聞至於處義用情庶無大戾今咸南軍旅小人定泰士卒厮賤非有清慎素著忠公足稱大臣所闕猶謂未詳咸等督察然後得信既非開國勿用之義又傷殿下推誠曠蕩之量雖使咸等能盡節益國而功利百倍至於光輔國美猶未若開懷信士之無失況所益不過姑息之利而使小人用事大道陵替此臣所以慷慨也臣備位大臣職在獻可苟有管見敢不盡規愚以宜發明令罷此等覆察眾事一付治書則大信臨下人思盡節矣雲愛才好士多所貢達移書太常府薦同郡張贍曰蓋聞在昔聖王承天御世殷薦

明德思和人神莫不崇典謨以教思興禮學以陶遠是以帝堯昭煥而道協人天西伯質文而周隆二代大晉建皇崇配天地區夏既混禮樂將庸君侯應歷運之會贊天人之期博延俊茂熙隆載典伏見衛將軍舍人同郡張贍茂德清粹器思深通初慕聖門棲心重仞啓塗及階遂升堂與抽靈匱於祕宮披金縢於玄夏思樂百氏博採其珍辭邁翰林言敷其藻探微集逸思心洞神論道屬書篇章光覿含奇宰府婆娑公門棲靜隱跡貴論處藏器歌棠龍錦緇衣被褐曾泉改路懸車將邁若盤下位歲聿屢遷搢紳之士具懷慨恨方今太清闢宇四門啓籥玄綱括地天網廣羅慶雲興以招龍和風起而儀鳳誠巖穴耀穎之秋河津託乘之日也而贍沉淪下位群望悼心若得端委太學錯綜先典垂纓玉階論道紫宮誠帝室之瑰寶清廟之偉器薦九奏必登昊天之庭韶夏六變必饗上帝之祀矣入為尚書郎侍御史太子中舍人中書侍郎成都王穎表為清河內史穎將討齊王冏以雲為前鋒都督會冏誅轉大將軍右司馬穎晚節政衰雲屢以正言忤旨孟玖欲用其父為邯鄲令左長

史盧志等並阿意從之而雲固執不許曰此縣皆公府掾資豈有黄門父居之邪玖深忿怨張昌爲亂頴上雲爲使持節大都督前鋒將軍以討昌會伐長沙王乃止機之敗也并收雲頴官屬江統蔡克棗嵩等上疏曰統等聞人主聖明臣下盡規苟有所懷不敢不獻昨聞教以陸機後失軍期師徒敗績以法加刑莫不謂當誠足以肅齊三軍威示遠近所謂一人受戮天下知誡者也且聞重教以機圖爲反逆應加族誅未知本末者莫不疑惑夫爵人于朝與衆共之刑人于市與衆棄之惟刑之恤古人所慎今明公興舉義兵以除國難四海同心雲合響應罪人之命懸于漏刻太平之期不旦則夕矣機兄弟並蒙拔擢俱受重任不當背罔極之恩而向垂亡之寇去泰山之安而赴累卵之危也直以機計慮淺近不能董攝群帥致果殺敵進退之間事有疑似故令聖鑒未察其實耳刑誅事大言機有反逆之徵宜令王粹牽秀檢校其事令事驗顯然暴之萬姓然後加雲等之誅未足爲晚今此舉措實爲太重得則足令天下情服失則必使四方心離不可不令審諦不可不令詳慎

統等區區非爲陸雲請一身之命實慮此舉有得失之機敢竭愚戇以備誹謗頴不納統等重請頴遲迴者三日盧志又曰昔趙王殺中護軍趙浚赦其子驤驤詣明公而擊趙即前事也蔡克入至頴前叩頭流血曰雲爲孟玖所怨遠近莫不聞今果見殺罪无彰驗將令羣心疑惑竊爲明公惜之僚屬隨克入者數十人流涕固請頴惻然有宥雲色孟玖扶頴入催令殺雲時年四十二有二女无男門生故吏迎喪葬清河修墓立碑四時祠祭所著文章三百四十九篇又撰新書十篇並行于世初雲嘗行逗宿故人家夜暗迷路莫知所從忽望草中有火光于是趣之至一家便寄宿見一年少美風姿共談老子辭致深遠向曉辭去行十許里至故人家云此數十里中无人居雲意始悟却尋昨宿處乃王弼冢雲本无玄學自此談老殊進雲弟耽爲平東祭酒亦有清譽與雲同遇害大將軍參軍孫惠與淮南内史朱誕書曰不意三陸相攜闇朝一旦湮滅道業淪喪痛酷之深荼毒難言國喪儁望悲豈一人其爲州里所痛悼如此後東海王越討頴移檄天下亦以機雲兄弟枉害罪狀頴云

喜字恭仲父瑁吴吏部尚書喜仕吴累遷吏部尚書少有聲名好學有才思嘗爲自叙其略曰劉向省新語而作新序桓譚詠新序而作新論余不自量感子雲之法言而作言道覩賈子之美才而作訪論觀子政洪範而作古今歷覽蔣子通万機而作審機讀幽通思玄四愁而作娱賓九思真所謂忍愧者也其書近百篇吴平又作西州清論傳於世借稱諸葛孔明以行其書也有較論格品篇曰或問予薛瑩最是國士之第一者乎答曰以理推之在乎四五之間問者愕然請問答曰夫孫皓无道肆其暴虐若龍蛇其身沉默其體潛而勿用趣不可測此第一人也避尊居卑禄代耕養玄静守約冲退澹然此第二人也侃然體国思治心不辭貴以方見憚執政不懼此第三人也斟酌時宜在乱猶顯意不忘忠時獻微益此第四人也温恭脩慎不爲謟首无所云補從容保寵此第五人也過此已往不足復數故第二已上多淪没而遠悔吝第三已下有聲位而近咎累是以深識君子晦其明而履柔順也問者曰始聞高論終年啓寤矣太康中下詔曰僞尚書陸喜等十五人南士歸稱並以貞潔不

容皓朝或忠而獲罪或退身脩志放在草野主者可皆隨本位就下拜除勑所在以礼發遣須到隨才授用乃以喜爲散騎常侍尋卒子育爲尚書郎弋陽太守

制曰古人云雖楚有材晋實用之觀夫陸機陸雲寔荆衡之杞梓挺珪璋於秀質馳英華於早年風鑒澄爽神情俊邁文藻宏麗獨步當時言論慷慨冠乎終古高詞迥映如朗月之懸光疊意迴舒若重巖之積秀千條析理則電拆霜開一緒連文則珠流璧合其詞深而雅其義博而顯故足遠超枚馬高躡王劉百代文宗一人而已然其祖考重光羽楫吴運文武奕葉將相連華而機以廊廟蘊才瑚璉標器宜其承俊乂之慶奉佐時之業申能展用保譽流功屬吴祚傾基金陵畢氣君移国滅家喪臣迁矯翮南辭翻棲火樹飛鱗北逝卒委湯池遂使穴碎雙龍巢傾兩鳳激浪之心未騁遽骨脩鱗陵雲之意將騰先灰勁翮望其翔躍焉可得哉夫賢之立身以功名爲本士之居世以富貴爲先然則榮利人之所貪禍辱人之所惡故居安保名則君子處焉冒危履貴則哲士

去焉是知蘭植中塗必無經時之翠桂生幽壑終保彌年之丹非蘭怨而桂親豈塗害而壑利而生滅有殊者隱顯之勢異也故曰衒美非所罕有常安韜奇擇居故能全性觀機雲之行己也智不逮言矣觀其文章之誡何知易而行難自以智足安時才堪佐命庶保名位無忝前基不知世屬未通運鍾方否進不能闢昏匡亂退不能屏跡全身而奮力危邦竭心庸主忠抱實而不諒謗緣虛而見疑生在己而難長死因人而易促上蔡之犬不誡於前華亭之鶴方悔於後卒令覆宗絕祀良可悲夫然則三世為將釁鍾來葉誅降不祥殃及後昆是知西陵結其凶端河橋收其禍末其天意也豈人事乎

列傳第二十四　晉書五十四

列傳第二十五　晉書五十五　御撰

夏侯湛 弟淳 淳子承　潘岳 從子尼　張載 弟協 協弟亢

夏侯湛字孝若譙國譙人也祖威魏兗州刺史父莊淮南太守湛幼有盛才文章宏富善構新詞而美容觀與潘岳友善每行止同輿接茵京都謂之連璧少為太尉掾泰始中舉賢良對策中第拜郎中累年不調乃作抵疑以自廣其辭曰當路子有疑夏侯湛者而謂之曰吾聞有其才而不遇者時也有其時而不遇者命也吾子童幼而岐嶷弱冠而著德少而流聲長而垂名拔萃始立而登宰相之朝揮翼初儀而受卿尹之舉蕩典籍之華談先王之言入閶闔蹈丹墀染彤管吐洪煇干當世之務觸人主之威有效矣而官不過散郎舉不過賢良鳳棲五期龍蟠六年英耀禿落羽儀摧殘而獨雍容藝文蕩駘儒林志不輟著述之業口不釋雅頌之音徒費情而耗力勞神而苦心此術亦以薄矣而終莫之辯宜吾子之陸沉也且以言乎才則吾子優矣以言乎時則子之所與二三公者義則骨肉之固交則明道之觀也富於德貴於官其所發明雖叩牛操築之客傭賃抱關之隸負俗懷譏之士猶將登為大夫顯為卿尹於何有寶咳唾之音愛錙銖之力向若垂一鱗迴一翼令吾子攀其飛騰之勢挂其羽翼之末猶能奮迅於雲霄之際騰驤於四極之外今乃金口玉音漠然沉默使吾子栖遲窮巷守此困極心有窮志貌有饑色吾子江河之流不以濯舟船之畔惜東壁之光不以寓貧婦之目抑非二三公之蔽賢也寔是吾子之拙惑也夏侯子曰噫湛也幸有過人必知之矣吾子所以褒飾之太矣斟酌之喻非小醜之所堪也然過承古人之誨抑因子大夫之忝在弊室也敢布其腹心豈能隱几以矙其旣乎客曰敢祗以聽夏侯子曰吾聞先大夫孔聖之言德之不脩學之不講聞義不能從不善不能改是吾憂也四德具而名位不至者非吾任也是以君子求諸己小人求諸人僕也承門戶之業受過庭之訓是以得接冠帶之末充乎士大夫之列頗闚六經之文覽百家之學弱年而入公朝蒙蔽而當顯舉進不能拔群出萃卻不能抗排當世志則乍顯乍昧文則乍幽乍蔚知之者則謂之欲逍遙以養生不知之者則謂之欲遑遑以求達

此皆未是僕之所匱也僕又聞世有道則士无所執其節黜陟明則下
不在量其力是以當舉而不辭入朝而酬問僕東野之鄙人頑直之陋
生也不識當世之便不達朝廷之情不能倚靡容悅出入崎傾逐巧點
姸嘔喁辯佞隨群班之次伏簡墨之後當此之時若失水之魚喪家之
狗行不勝衣言不出口安能干當世之務觸人主之威適足以露狂簡而
增塵垢彼使心有至言言有偏直此委巷之誠非朝廷之欲也今天子以
茂德臨天下以八方六合為四境海內無虞万國玄靜九夷之從王化
猶洪聲之收清響黎苗之樂函夏若游形之招惠景鄉曲之徒一介之
士曾諷急就習甲子者皆奮筆揚文議制論道出草苗起林藪御青
瑣入金墉者无日不有充三臺之寺盈中書之閣有司不能竟其文當
年不能編其籍此執政之所厭聞也若乃群公百辟卿士常伯被朱佩
紫耀金帶白坐而論道者又充路盈寢黄幄玉階之內飽其尺牘矣若
僕之言皆糞土之説消磨灰爛垢辱招穢適可充衛士之爨燓盈埽除
之器譬猶投盈寸之膠而欲使江海易色燒一羽之毛而欲令大鑪增

晉列傳二十五　二

勢若燎原之煙彌天之雲噓之不益其熱歙之不減其氣今子見僕
入朝歎是對便欲坐望高位吐言數百謂陵嶒一世何吾子之失評也僕
固脂車以須放秣馬以待却反耕於枳落歸志乎渦瀨從容乎農夫優
游乎卒歲矣古者天子畫土以封群后群后受國以臨其邦懸大賞以
樂其成列九伐以討其違興衰相形安危相傾故在位者以求賢為務受
任者以進才為急今也則九州為一家万國為百郡政有常道法有恒
訓因循而礼樂自定揖讓而天下大順夫道學之貴游閭邑之搢紳
皆高門之子世臣之胤弘風長譽推成而進悠悠者皆天下之彥也諷
誥訓傳詩書講儒墨説玄虛僕皆不如也二三公之簡僕於凡庸之肆
顯僕於細猥之中則為功也重矣時而清談則為親也周矣且古之君
子不知士則不明不安是以居逸而思危對食而肴乾今也則否居位
者以善身為靜以寡交為慎以弱斷為重以怯言為信不知士者无公
誹不得士者不私愧彼在位者皆稷契登益伊呂周召之倫叔豹仲能之
儔稽古則踰黄唐經緯則越虞夏蔑昆吾之功嗤桓文之勳抵掌管

仲蹉跌晏嬰要其遠則欲升鼎湖近則欲超太平方將保重嗇神獨善
其身玄白中虛仡尔養真雖力挾太山將不舉一羽揚波万里將不濯
一鱗咳唾成珠玉揮袂出風雲豈肯蹩(蒲結切)躠(先結切)鄙事取才進人此又吾
子之失言也子獨不聞夫神人乎噏風飲露不食五穀登太清遊出嶽
靡芝草壽合王不因而獨備无假而自足不與人路同嗜欲不與世務齊
榮辱故能入无窮之門享不死之年以此言之何待進賢客曰聖人有
言曰邦有道貧且賤焉恥也今子值有道之世當太平之會不攘袂奮
氣發謀出奇使鳴鶴受和好爵見縻抑乃沉身郎署約志勤卑不亦
惑哉且伊尹之干成湯寗戚之迕桓公或投己鼎俎或傭身飯牛明廢
興之機歌白水之流德入明主義感齊侯故伊尹起庖廚而登阿衡寗戚
出車下而階大夫外无微介內无請謁矯身擢手徑躡名位吾子亦何不
慕賢以自厲希古以慷慨乎夏侯子曰嗚呼是何言歟富與貴是人
之所欲非僕之所惡也夫干將之劍陸斷狗馬水截蛟龍而鉛刀不能泥
騏驥驊騮之乘一日而致千里而駑蹇足不能邁畝百鍊之鑑別驗眉

晉列傳二十五　三

之數而壁土不見泰山鴻鵠一舉橫四海之區出青雲之外而鷃不陵
桑榆此利鈍之覺優劣之決也夫欲進其身者不過千萬乘而僕以上
朝堂咨世問不過顯所知僕以竭心思盡才學意无雅正可準論无片
言可採是以頓於鄙劣而莫之能起也以此言之僕何為其不自衒哉子
不嫌僕德之不劭而疑其位之不到是猶反鏡而索照登木而下釣僕未
以此為不肖也若乃伊尹負鼎以干湯呂尚隱遊以徼文傅説操築以
寤主寗戚叩角以要君此非僕所能也莊周駘蕩以放言君平賣卜
以自賢接輿陽狂以蔽身梅福棄家以求仙此又非僕之所安也若乃
季札抗節於延陵揚雄覃思於太玄伯玉和柔於人懷柳惠三黜於士
官僕雖不敏竊頗仿佛其清塵後選補太子舍人轉尚書郎出為野王
令以卹隱為急而緩於公調政清務閑優游多暇乃作昆弟誥其辭曰
惟正月才生魄湛若曰咨爾弟淳琬瑁謨總瞻古人有言孝乎惟孝友
于兄弟死喪之戚兄弟孔懷又曰周之有至德也莫如兄弟於戲古之載于
訓籍傳于詩書者厥乃不思不可不行爾其專乃心一乃聽祗礪乃性

以聽我之格言淳等拜手稽首湛若曰嗚呼惟我皇乃祖滕公肇釐厥德厥功以左右漢祖弘濟于嗣君用垂祚于後世世增數前載崇其好行美德明允相繼冠冕胥及以逮于皇曾祖愍侯寅亮魏祖用康乂厥世遂啓土宇以大綜厥勳于家我皇祖穆侯崇厥基以允釐顯志用恢闡我令業維我后府君侯祗服哲命欽明文思以熙柔我家道丕隆我先緒欽若稽古訓用敷訓典籍乃綜其微言嗚呼自三墳五典八索九丘圖緯六藝及百家衆流罔不探賾索隱鉤深致遠洪範九疇彝倫攸序乃命世立言越用繼尼父之大業斯文在茲且九齡而我王母薛妃登遐我后孝思罔極惟以奉于穆侯之繼室蔡姬以致其子道蔡姬登遐臨于穆侯之命厥禮乃不得成用不祔于祖姑惟乃用騁其永慕厥乃以疾辭位用遜于厥家布衣席稟以終于三載厥乃古訓無文我后丕孝其心用假于厥制以穆于世父使君侯惟伯后聰明叡知弈世載德用恭友于我后我惟烝烝是虔罔不克承厥誨用增茂我敦篤以播休美于一世厥乃可不遵惟我用夙夜匪懈日鑽其道而仰之彌高鑽之彌堅我用欲罷不能不敢豈唯予躬是懼寔令跡是奉厥乃晝分而食夜分而寢豈唯令跡是畏寔是尔猶是儀嗚呼予其敬哉俞予聞之周之有至德有婦人焉我母氏羊姬宣慈愷悌明粹篤誠以撫訓群子厥乃我亂齒則受厥教于書學不遑惟寧敦詩書禮樂孳孳弗倦我有識惟与汝服膺誨惟仁義惟孝友是尚憂深思遠祗以防于微翳義形於色厚愛平恕以濟其寬裕用緝和我七子訓諧我五妹惟我兄弟姊妹束脩慎行用不辱于冠帶寔母氏是憑予其為政蕞尔惟母氏仁之不行是戚予其望色思寬獄之不情教之不泰是訓予其納戒思詳嗚呼惟母氏信著于不言行感于神明若夫恭事于蔡姬敦穆于九族乃高于古之人古之人厥乃千里承師矧我惟父惟母世德之餘烈服膺之弗可及景仰之弗可階汝其念哉俾群弟天祚于我家俾尔咸休明是履淳英哉文明柔順琬乃沉毅篤固惟瑫厥清粹平理謨茂哉儁哲寘貴亮拔其弘肅簡雅瞻乃純鑠惠和惟我蒙蔽極否于義訓嗟尔六弟汝其滋義洗心以補予之尤予乃亦不敢忘汝之闕嗚呼小子瞻汝其見予之長於仁未見予之長於義也瞻曰俞以如何湛若曰我之肇于揔角以逮于弱冠既且于今之二毛受文于先載納誨于嚴父慈母予其敬己心于厥身而匡予之纖介翼予之小疵使予有過未曾不知予知之逌改惟沖子是賴予親于心愛于中敬于貌厥乃口無擇言柔惠且直廉而不劌肅而不厲厥其成予哉用集我父母之訓庶明厲翼邇可遠在茲瞻拜手稽首曰俞湛曰都在脩身在愛人瞻曰吁惟聖其難之湛曰都厥不行惟難厥行惟易淳曰俞明而昧崇而卑沖而恒顯而賢同而疑厲而柔和而矜湛曰俞乃言厥有道淳曰俞祗服訓湛曰來琬汝亦昌言琬曰俞身不及於人不敢墮於勤厥故惟新湛曰俞瑫亦昌言瑫曰俞滋敬于己不滋敬于己惟敬乃恃無忘有恥湛曰俞謨亦昌言謨曰俞無忘於不可不虞形貌以心訪心於虞湛曰俞揔亦昌言揔曰俞若憂厥憂以休湛曰俞瞻亦昌言瞻曰俞復外惟內取諸內不忘諸外湛曰俞休哉淳等拜手稽首湛亦拜手稽首乃歌曰明德復哉家道休哉世祚悠哉百祿周哉又作歌曰訊德恭哉訓翼翼從哉內外康哉此皆拜曰欽哉居邑累年朝野多歎其屈除中書侍郎出補南陽相遷太子僕未就命而武帝崩惠帝即位以為散騎常侍元康初卒年四十九著論三十餘篇別為一家之言初湛作周詩成以示潘岳岳曰此文非徒溫雅乃別見孝悌之性岳因此遂作家風詩湛族為盛門性頗豪侈侯服玉食窮滋極珍及將沒遺命小棺薄斂不脩封樹論者謂湛雖生不砥礪名節死則儉約令終是深達存亡之理

淳字孝沖亦有文藻與湛俱知名官至弋陽太守曹遭中原傾覆子姪多沒胡寇唯息承渡江

承字文子參安東軍事稍遷南平太守太興末王敦舉兵內向承與梁州刺史甘卓巴東監軍柳純宜都太守譚該等並露檄遠近列敦罪狀會甘卓懷疑不進王師敗績敦悉誅滅異己者收承欲殺之承外兄王廙苦請得免尋為散騎常侍

潘岳字安仁滎陽中牟人也祖瑾安平太守父芘琅邪內史岳少以才穎見稱鄉邑號為奇童謂終賈之儔也早辟司空太尉府舉秀才泰始中武

帝躬耕籍田岳作賦以美其事曰伊晉之四年正月丁未皇帝親率群
后藉于千畝之甸禮也於是乃使甸師清畿野廬埽路封人壝宮掌舍
設枑青壇蔚其嶽立兮翠幕黕以雲布結崇基之靈趾兮啓四塗之
廣阼沃野墳腴膏壤平砥清洛濁渠引流激水遐阡繩直邇陌如矢葱
犗服于縹軛兮紺轅綴於黛耜儼儲駕於廛左兮俟萬乘之躬履百寮
先置位以職分自上下下具惟命臣襲春服之萋萋兮接游車之轔轔微
風生於輕幰兮纖埃起乎朱輪森奉璋以階列兮望皇軒而肅震若湛
露之晞朝陽兮眾星之拱北辰也於是前驅魚麗屬車鱗萃閶闔洞
啓參塗方駟常伯陪乘太僕執轡后妃獻穜稑之種司農撰播殖之器
肆掌升降之節宮正設門閭之蹕天子乃御玉輦蔭華蓋衝牙錚鎗綃紈
綷縩金根照耀以炯晃兮龍驥騰驤而沛艾表朱玄於離坎兮飛青縞
於震兌中黃曄以發輝兮方綵紛其繁會五路鳴鑾九旗揚旆瓊鈒入
蘂雲罕晻藹簫管嘲哳以啾嘈兮鼓鞞硡隱以砰磕笋簴嶷以軒翥兮
洪鍾越乎區外震震填填塵霧連天以幸乎藉田蟬冕熲以灼灼兮碧

晉書列二十五　六

色肅其千千似夜光之剖荊璞兮若茂松之依山巔也於是我皇乃降靈壇
撫御耦游場染屨洪縻在手三推而舍庶人終畝貴賤以班或五或九于
斯時也居靡都鄙人無華裔長幼雜遝以交集士女頒斌而咸戾被褐
振裾垂髫總髮躡踵側肩擠裳連襼黃塵為之四合兮陽光為之潛翳
動容發音而觀者莫不抃舞乎康衢謳吟乎聖世情欣樂乎昏作兮慮
盡力乎樹藝靡誰督而常勤兮莫之課而自厲躬先勞而悅使兮豈嚴
刑而猛制哉有邑老田父或進而稱曰蓋損益隨時理有常然高以下
為基人以食為天正其末者端其本善其後者慎其先夫九土之宜弗任
四業之務不壹野有菜蔬之色朝無代耕之秩無儲蓄以虞災徒望歲
以自必三代之衰皆此物也今聖上昧旦丕顯夕惕若慄圖匱於豐防險
於逸欽哉欽哉惟穀之恤展三時之弘務致倉廩於盈溢固堯湯之用
心而存救之要術也若乃廟祧有事祝宗諏日簠簋普淖則此之自實縮
鬯蕭茅又於是乎出黍稷馨香旨酒嘉粟宜其時和年登而神降之吉
也古人有言曰聖人之德无以加於孝乎夫孝者天之性人之所由靈也昔

者明王以孝治天下其或繼之者鮮哉希矣逮我皇晉實光斯道儀
刑孚于萬國愛敬盡於祖考故躬稼以供粢盛所以致孝也勸穡以足百
姓所以固本也能本而孝盛德大業至矣哉此一役也二美顯焉不亦遠乎
不亦重乎敢作頌曰思樂甸畿薄采其芳大君戾止言藉其農其農三
推萬國以祗耨我公田遂及我私我簠斯盛我簋斯齊我倉如陵我庾如
坻念茲在茲永言孝思人力普存祝史正辭神祇攸歆逸豫无期一人有
慶兆民賴之岳才名冠世為眾所疾遂棲遲十年出為河陽令負其才
而鬱鬱不得志時尚書僕射山濤領吏部王濟裴楷等並為所親遇
岳內非之乃題閣道為謠曰閣道東有大牛王濟鞅裴楷鞧和嶠刺促
不得休轉懷令時以逆旅逐末廢農姦淫亡命多所依湊敗亂法度勅
當除之十里一官欄使老小貧戶守之又差吏掌主依客舍收錢岳議
曰謹案逆旅久矣其所由來也行者賴以頓止居者薄收其直交易貿
遷各得其所官无役賦因人成利惠加百姓而公无末費語曰許由辭
帝堯之命而舍於逆旅外傳曰晉陽處父過甯舍於逆旅魏武皇帝

晉書列傳二十五　七

亦以為宜其詩曰逆旅整設以通商賈然則自唐到今未有不得客舍之
法唯商鞅尤之固非聖世之所言也方今四海會同九服納貢八方翼翼
公私滿路近畿輻湊客舍亦稠冬有溫廬夏有涼蔭芻秣成行器用取
給疲牛必投乘涼近進發槅寫鞍皆有所憩又諸劫盜皆起於迥絕止
乎人眾十里蕭條則姦軌生心連陌接館則寇情震懾且聞聲有救已
發有追不救有罪不追有戮禁暴捕亡恆有司存凡此皆客舍之益而官
欄之所廢也又行者貪路告糴炊爨皆以昏晨盛夏晝熱又兼星夜
既限早閉不及欄門或避晚關迸逐路隅祇是慢藏誨盜之原苟以客
舍多敗法教官守棘欄獨復何人彼河橋孟津解券輸錢高第督察數
入校出品郎兩岸相檢猶懼或失之故懸以祿利許以功報今賤吏疲人
獨專欄稅管開閉之權藉不校之勢此道路之蠹姦利所殖也率歷代
之舊俗獲行留之懽心使客舍洒埽以待征旅擇家而息豈非眾庶顒
顒之望請曹列上朝廷從之岳頻宰二邑勤於政績調補尚書度支郎遷
廷尉評以公事免楊駿輔政高選吏佐引岳為太傅主簿駿誅除名初

譙人公孫宏少孤貧客田於河陽善鼓琴頗能屬文岳之爲河陽愛其才藝待之甚厚至是宏爲楚王瑋長史專殺生之政時駿綱紀皆當從坐同署主簿朱振已就戮岳其夕取急在外宏言之瑋謂之假吏故得免未幾選爲長安令作西征賦述所經人物山水文清旨詣辭多不録徵補博士未召以母疾輒去官免尋爲著作郎轉散騎侍郎遷給事黄門侍郎岳性輕躁趨世利與石崇等諂事賈謐每候其出與崇輒望塵而拜構愍懷之文岳之辭也謐二十四友岳爲其首謐晉書限斷亦岳之辭也其母數誚之曰爾當知足而乾没不已乎而岳終不能改既仕宦不達乃作閑居賦曰岳讀汲黯傳至司馬安四至九卿而良史書之題以巧宦之目未曾不慨然廢書而歎也曰嗟乎巧誠有之拙亦宜然顧常以爲士之生也非至聖無軌微妙玄通者則必立功立事效當年之用是以資忠履信以進德脩辭立誠以居業僕少竊鄉曲之譽忝司空太尉之命所奉之主即太宰魯武公其人也舉秀才爲郎逮事世祖武皇帝爲河陽懷令尚書郎廷尉評今天子諒闇之際領太傅主簿府誅除名爲民俄而復官除

長安令遷博士未召拜親疾輒去官免自弱冠涉乎知命之年八徙官而一進階再免一除名一不拜職遷者三而已矣雖通塞有遇抑亦拙之效也昔通人和長輿之論余也固曰拙於用多稱多者吾豈敢言拙則信而有徵方今俊乂在官百工惟時拙者可以絶意乎寵榮之事矣太夫人在堂有羸老之疾尚何能違膝下色養而屑屑從斗筲之役於是覽止足之分庶浮雲之志築室種樹逍遥自得池沼足以漁釣舂稅足以代耕灌園鬻蔬供朝夕之膳牧羊酤酪俟伏臘之費孝乎惟孝友于兄弟此亦拙者之爲政也乃作閑居賦以歌事遂情焉其辭曰遨墳素之長圃步先哲之高衢雖吾顔之云厚猶内愧於寧蘧有道余不仕先道吾不愚何巧智之不足而拙艱之有餘也於是退而閑居于洛之涘身齊逸民名綴下士背京泝伊面郊後市浮梁黝以迳度靈臺傑其高跱闚天文之秘奥覩人事之終始其西則有元戎禁營玄幕綠徽谿子巨黍異絭同歸礮石雷駭激矢蝱飛以先啓行耀我皇威其東則有明堂辟雍清穆敞閑環林縈映圓海回泉聿追孝以嚴父宗文考以配天祗聖

敬以明順養更老以崇年若乃背冬涉春陰謝陽施天子有事于柴燎以郊祖而展義張鈞天之廣樂備千乘之萬騎服振振以齊玄管啾啾而並吹煌煌乎隱隱乎兹禮容之壯觀而王制之巨麗也兩學齊列雙宇如一右延國胄左納良逸祁祁生徒濟濟儒術或升之堂或入之室教無常師道在則是故髦士投紱名王懷璽訓若風行應猶草靡此里仁所以爲美孟母所以三徙也爰定我居築室穿池長楊映沼芳枳樹檻游鱗瀺灂菡萏敷披竹木蓊藹靈果參差張公大谷之梨梁侯烏椑之柿周文弱枝之棗房陵朱仲之李靡不畢植三桃表櫻胡之别二柰耀丹白之色石榴蒲桃之珍磊落蔓衍乎其側梅杏郁棣之屬繁榮藻麗之飾華實照爛言所不能極也菜則蔥韭蒜芋青筍紫薑堇薺甘旨蓼荾芬芳蘘荷依陰時藿向陽綠葵含露白薤負霜於是凜秋暑退熙春寒往微雨新晴六合清朗太夫人乃御版輿升輕軒遠覽王畿近周家園體以行和藥以勞宣常膳載加舊痾有痊於是席長筵列孫子柳垂蔭車結軌陸摘紫房水挂頳鯉或宴于林或禊于汜昆弟斑白

兒童稚齒稱萬壽以獻觴咸一懼而一喜壽觴舉慈顔和浮杯樂飲絲竹駢羅頓足起舞抗音高歌人生安樂孰知其他退求己而自省信用薄而才劣奉周任之格言敢陳力而就列幾陋身之不保而奚擬乎明哲仰衆妙而絶思終優遊以養拙初芘爲琅邪内史孫秀爲小史給岳而狡黠自喜岳惡其爲人數撻辱之秀常銜忿及趙王倫輔政秀爲中書令岳於省内謂秀曰孫令猶憶疇昔周旋不答曰中心藏之何日忘之岳於是自知不免俄而秀遂誣岳及石崇歐陽建謀奉淮南王允齊王冏爲亂誅之夷三族岳將詣市與母别曰負阿母初被收俱不相知石崇已送在市岳後至崇謂之曰安仁卿亦復爾邪岳曰可謂白首同所歸岳金谷詩云投分寄石友白首同所歸乃成其讖岳母及兄侍御史釋弟燕令豹司徒掾據據弟詵兄弟之子已出之女無長幼一時被害唯釋子伯武逃難得免而豹女與其母相抱號呼不可解會詔原之岳美姿儀辭藻絶麗尤善爲哀誄之文少時常挾彈出洛陽道婦人遇之者皆連手縈繞投之以果遂滿車而歸時張載甚醜每行小兒以瓦石擲之委頓

而反岳從子尼
尼字正叔祖勗漢東海相父滿平原內史並以學行稱尼少有清才與岳
俱以文章見知性靜退不競唯以勤學著述為事著安身論以明所守
其辭曰蓋崇德莫大乎安身安身莫尚乎存正存正莫重乎無私無私
莫深乎寡欲是以君子安其身而後動易其心而後語定其交而後求
篤其志而後行然則動者吉凶之端也語者榮辱之主也求者利病之幾
也行者安危之決也故君子不妄動也動必適其道不徒語也語必經於理
不苟求也求必造於義不虛行也行必由於正夫然用能免或擊之凶享自天
之祐故身不安則殆言不從則悖交不審則惑行不篤則危四者行乎中
則患憂接乎外矣憂患之接必生於自私而興於有欲自私者不能成其
私有欲者不能濟其欲理之至也欲苟不濟能無爭乎私苟不從能無
伐乎人人自私家家有欲衆欲並爭群私交伐爭則亂之萌也伐則怨之
府也怨亂既構危害及之得不懼乎然棄本要末之徒知進忘退之士
莫不飾才銳智抽鋒擢穎傾側乎勢利之交馳騁乎當塗之務朝有彈

冠之朋野有結綬之友黨與熾於前榮名扇其後握權則赴者鱗集
失寵則散者瓦解求利則託刎頸之權爭路則構刻骨之隙於是浮偽
波騰曲辯雲沸寒暑殊聲朝夕異價駑蹇希奔放之跡鉛刀競一割
之用至於愛惡相攻與奪交戰誹謗噂沓毀譽縱橫君子務能小人伐
技風頹於上俗弊於下禍結而恨爭也不彊患至而悔伐之未辯大者傾
國喪家次則覆身滅祀其故何邪豈不始於私欲而終於爭伐哉君子則
不然知自私之害公也故後外其身知有欲之傷德也故遠絕榮利知爭
競之遘災也故犯而不校知好伐之招怨也故有功而不德安身而不為
私故身正而私全慎言而不適欲故言濟而欲從定交而不求益故交
立而益厚謹行而不求名故行成而名美止則立乎無私之域行則由
乎不爭之塗必將通天下之理而濟萬物之性天下猶我故與天下同其
欲己猶萬物故與萬物同其利夫能保其安者非謂崇生生之厚而耽
逸豫之樂也不忘危而已有期進者非謂窮貴寵之榮而藉名位之
重也不忘退而已存其治者非謂嚴刑政之威而明司察之禁也不忘亂

而已故寢蓬室隱陋巷披短褐茹藜藿環堵而居易衣而出苟存乎
道非不安也雖坐華殿載文軒服黼繡御方丈重門而處成列而行不
得與之齊榮用天時分地利甘布衣安藪澤沾體塗足耕而後食苟崇
乎德非不進也雖居高位饗重祿執權衡握機秘功蓋當時勢侔人主
不得與之比逸遺意慮沒才智忘肝膽棄形器貌若無能志若不及苟
正乎心非不治也雖繁計策廣術藝審刑名峻法制文辯流離議論絕世
不得與之爭功故安也者安乎道者也進也者進乎德者也治也者治乎
心者也未有安身而不能保國家進德而不能處富貴治心而不能治萬
物者也然思危所以求安慮退所以能進懼亂所以保治戒亡所以獲存
也若乃弱志虛心曠神遠致徙倚乎不拔之根浮游乎無垠之外不自貴於
物而物宗焉不自重於人而人敬焉可親而不可慢也可尊而不可遠也親
之如不足天下莫之能狎也舉之如易勝而當世莫之能困也達則濟其
道而不榮也窮則善其身而不悶也用則立於上而非爭也舍則藏於下
而非讓也夫榮之所不能動者則辱之所不能加也利之所不能勸者則

害之所不能嬰也譽之所不能益者則毀之所不能損也今之學者誠
能釋自私之心塞有欲之求杜交爭之原去矜伐之態動則行乎至通之
路靜則入乎大順之門泰則翔乎寥廓之宇否則淪乎渾冥之泉邪氣
不能干其度外物不能擾其神哀樂不能盪其守死生不能易其真而
以造化為工匠天地為陶鈞名位為糟粕勢利為埃塵治其內而不飾其
外求諸己而不假諸人忠肅以奉上愛敬以事親可以御一體可以牧万民
可以處富貴可以居賤貧經盛衰而不改則庶幾乎能安身矣初應州
辟後以父老辭位致養太康中舉秀才為太常博士歷高陸令淮南王
允鎮東參軍元康初拜太子舍人上釋奠頌其辭曰元康元年冬十二
月上以皇太子富於春秋而人道之始莫先於孝悌初命講孝經于崇
正殿實應天縱生知之量微言奧義發自聖問業終而體達至三年
春閏月將有事於上庠釋奠于先師禮也越二十四日景申侍祠者既
齊輿駕次于太學太傅在前少傅在後恂恂乎弘保訓之道宮臣畢從
三率備衛濟濟乎肅翼翼贊之敬乃埽壇為殿懸幕為宮夫子位于西

序顏回侍于北墉宗伯掌禮司儀辨位二斈儒官搢紳先生之徒畢纓佩玉規行矩步者皆端委而陪於堂下以待執事之命設樽篚於兩楹之間陳罍洗於阼階之左几筵既布鍾懸既列我后乃躬拜俯之勤資在三之義謙光之美弥劭闕里之教克崇穆穆焉邑邑焉真先王之徽典不刊之美業允不可替已於是牲饋之事既終享獻之礼已畢釋玄衣御春服弛齋禁反故式天子乃命內外群司百辟卿士蕃王三事至于斈徒国子咸來觀禮我后皆延而與之燕金石簫管之音八佾六代之舞鏗鏘闉闍般辟俛仰可以微神滌欲移風易俗者罔不畢奏抑淫哇屏鄭衛遠佞邪釋巧辯是日也人无愚智路無遠迩離鄉越国扶老攜幼不期而俱萃皆延頸以視傾耳以聽希道慕業洗心革志想洙泗之風歌來蘇之惠然後知居室之善著應乎千里之外不言之化洋溢于九有之內於熙乎若典固皇代之壯觀万載之一會也尽昔夫禮官嘗聞俎豆今覩末列親覩盛美漸漬徽猷沐浴芳潤不知手舞口詠切作頌一篇義近辭陋不足測盛德之形容光聖明之遐度其辭曰三元迭運五德代微黃精

晋傳二十五　十二

既亢素靈乃暉有皇承天造我晋織祚以大寶登以龍飛宣基誕命景熙遐緒參分自文受終惟武席卷要蠻蕩定荒阻道濟群生化流率土後帝承哉不隆曾構奄有万方光宅宇宙篤生上嗣繼期挺秀聖敬日躋濬哲閑找留精儒術敦悅古訓遵道讓齒降心下問鋪以金聲光以玉潤如日之升如乾之運乃延台保乃命斈臣聖容穆穆侍講誾誾重師卜日吉奠陳其三牢引其四縣既戒既式乃盥乃薦恂恂孔聖百王攸希亹亹顏生好學無違曰皇儲后躰神合幾兆吉先見知來洞微濟二宮藹藹庶寮俊乂鱗萃髦士盈朝如彼和肆莫匪瓊瑤如彼儀鳳樂我雲韶瓊瑤誰剖四門洞開雲韶奚樂神人允諧蟬冕燿庭紳珮振諧德以謙光仁以恩懷我酒惟清我肴惟馨舞以六代歌以九成莘莘胄子祁祁斈生洗心自百觀国之榮學由時苗化若偃草博我以文弘我以道万邦蟬蛻矧乃俊造鑽蚌瑩珠剖石摛藻絲匪玄黃水困方圓引之斯流染之斯鮮若金受範若埴在甄上好如雲下效如川昔在周興

王化之始曰文曰武時惟世子今我皇儲齊聖通理緝熙重光於穆不已於穆伊何思文哲后媚茲一人寔副元首孝洽家邦光照九有純嘏自晉求昔皇儲微下臣過充近侍很蹑風雲纍焉龍是厠身澡芳流自玩盛事竭誠作頌祇詠聖志出為宛令在任寬而不縱恤隱勤政厲公平而遺人事入補尚書郎俄轉著作郎為乘輿箴其辭曰易稱有天地然後有人倫有父子然後有君臣傳曰大者天地其次君臣然君臣父子之道天地人倫之本未有以先之者也故天生蒸人而樹之君使司牧之將以導群生之性而理萬物之情豈以寵一人之身極無量之欲如斯而已哉夫古之為君者無欲而至公故有茅茨土階之儉而後之為君有欲而自利故有瑤臺瓊室之侈無欲者天下共推之有欲者天下共爭之推之之極雖禪代猶脫屣爭之之極雖劫殺而不避故曰天下非一人之天下乃天下之天下安可求而得辭而已者乎夫脩諸己而化諸人出乎邇而見乎遠者言行之謂也故人主所患莫甚於不知其過而所美莫美於好聞其過若有君於此而曰予必無過唯其言而莫之違斯孔子所謂

晋列傳二十五　十三

其庶幾乎一言而喪國者也蓋君子之過如日月之蝕過也人皆見之更也人皆仰之雖以堯舜湯武之盛必有誹謗之木敢諫之鼓盤杅之銘無諱之史所以閑其邪辟而納諸正道其自維持如此之備故箴規之興將以救過補闕然猶依違諷喻使言之者無罪聞之者足以自誡先儒既援古義舉內外之殊而高祖亦序六官論成敗之要義正辭約文盡善矣自虞人箴以至于百官非唯規其所司誠欲人主斟酌其得失焉春秋傳曰命百官箴王闕則亦天子之事也足以為王者膺受命之期當神器之運總萬機而撫四海簡群才而審所授孜孜於得人汲汲於聞過雖廷爭面折猶將祈請而求焉至於箴規諫之順者曷為獨闕之哉是以不量其學陋思淺因負擔之餘當試撰而述之不敢斥至尊之號故以乘輿目篇蓋帝王之事至大而古今之變至衆文繁而義詭意局而辭野將欲希企前賢髣髴崇軌猶丘垤之望華岱恒星之繫日月也其不逮明矣頌曰元元遂初芒芒太始清濁同流玄黃錯跱上下弗形尊卑靡紀赫胥悠哉大庭尚矣皇極啓建兩儀既分彝倫來

序萬邦已紛國事明王家奉嚴君各有攸尊德用不勤羲農已降既于夏殷或禪或傳乃質乃文太上無名下知有之仁義不存而人歸孝慈無為無執何欲何思忠信之薄禮刑實滋既興既畏以侮以欺作誓作盟而人始叛疑煌煌四海藹藹萬乘匪賢焉憑左輔右弼前疑後承一日萬機業業兢兢夫出其言善則千里是應而莫余違亦喪邦有徵樞機之動式以廢興殷監不遠若之何勿徵且厚味腊毒豐屋生災卒作璇室而夏與瑤臺糟丘酒池象箸玉杯厥肴伊何龍肝豹胎惟此哲婦職為亂階殷用喪師夏亦不恢是以帝堯在位茅茨不翦周文日昃昧旦丕顯夫德輶如毛而或舉之者鮮故護有慙德武未盡善下世道衰末俗化淺耽樂逸遊荒淫沈湎不式古訓而好是佞辯不導王路而覆車是踐成敗之効載在先典匪唯陵夷厥世用殄故曰樹君如之何將人是司牧視之猶傷而知其寒燠故能撫之斯柔而敎之斯睦無遠不懷靡思不服夫豈厭縱一人而玩其耳目內迷聲色外荒馳逐不脩政事而終於顛

覆昔唐氏授舜舜亦命禹受終納祖丕承天序放桀惟湯尅殷伊武故禪代非一姓社稷無常主四嶽三塗九州之阻彭蠡洞庭殷商之旅虞夏之隆非由尺土而紂之百剋卒於絕緒故王者無親唯在擇人傾蓋惟舊白首乃新望由釣夫伊起有莘負鼎鼓刀而謀合聖神夫豈借官左右而取介近臣蓋有國有家者莫云我聰或此面從莫謂我智聽受未易甘言美疾勦不為累由夷逃寵遠於脫屣奈何人主位極則侈知人則哲惟帝所難唐朝既泰四族作姦周室既隆而管蔡不虔匪我二聖孰弭斯患若九德咸受俊乂在官君非臣莫治臣非君莫安故書美康哉而易貴金蘭有皇司國敢告納言及趙王倫篡位孫秀專政忠良之士皆羅禍酷尼遂疾篤取假拜埽墳墓聞齊王冏起義乃赴許昌冏引為參軍與謀時務兼管書記事平封安昌公歷黃門侍郎散騎常侍侍中秘書監永興末為中書令時三王戰爭皇家多故尼職居顯要從容而已雖憂虞不及而備嘗艱難永嘉中遷太常卿洛陽將沒攜家屬東出成皋欲還鄉里道遇賊不得前病卒於塢壁年六十餘

張載字孟陽安平人也父收蜀郡太守載性閑雅博學有文章太康初至蜀省父道經劍閣載以蜀人恃險好亂因著銘以作誡曰巖巖梁山積石峨峨遠屬荊衡近綴岷嶓南通邛僰北達褒斜狹過彭碣高踰嵩華惟蜀之門作固作鎮是曰劍閣壁立千仞窮地之險極路之峻世濁則逆道清斯順閉由往漢開自有晉秦得百二并吞諸侯齊得十二田生獻籌矧茲狹隘土之外區一人荷戟萬夫趑趄形勝之地匪親勿居昔在武侯中流而喜河山之固見屈吳起洞庭孟門二國不祀興實由德險亦難恃自古及今天命不易憑阻作昏鮮不敗績公孫既沒劉氏銜璧覆車之軌無或重跡勒銘山阿敢告梁益益州刺史張敏見而奇之乃表上其文武帝遣使鐫之於劍閣山焉載又為榷論曰夫賢人君子將立天下之功成天下之名非遇其時曷由致之哉故嘗試論之殷湯無鳴條之事則伊尹有莘之匹夫也周武無牧野之陣則呂牙渭濱之釣翁也若茲之類不可勝紀蓋聲發響應形動影從時平則才伏世亂則奇用豈不信歟設使秦莽脩三王之法時致隆平則漢祖泗上之健吏光武舂陵之俠客耳況乎附麗者哉故當其有事也則足非千里不入於輿刃非斬鴻不韜於

鞘是以駑蹇望風而退頑鈍未試而廢及其無事也則牛驥共牢利鈍齊列而無長塗犀革以決之此離朱與瞽者同眼之說也處守平之世而欲建殊常之勳居太平之際而吐違俗之謀此猶却步而登山鬻章甫於越也漢文帝見李廣而歎曰惜子不遇當高帝時萬戶侯豈足道哉故智無所運其筭勇無所奮其氣則勇怯一也才無所騁其能辯無所展其說則頑慧均也是以吳榜越船不能無水而浮青虬赤螭不能無雲而飛故和璧之在荊山隋珠之潛重川非遇其人焉有連城之價照車之名乎青骹繁霜繫於籠中何以效其撮東郭於韝下也白猨玄豹藏於欄檻何以知其接垂條於千仞也孟賁與烏獲訟力非龍文赤鼎無以明之蓋聶政與荊卿爭勇非彊秦之威孰能辨之故餓夫庸隸抱關屠釣之倫一旦而都卿相之位建金石之號者或有懷顏孟之術抱伊管之略沒世而不齒者此言有事之世易為功無為之時難為名也若斯湮滅而不稱曾不足以多談況夫庸庸之徒少有不得意者則自以為枉伏莫不飾小辯立小善以偶時結朋黨聚虛譽以驅俗進之無補於時退

之無損於化而世主相與雷同齊口吹而煦之豈不哀哉今士循常習故規行矩步積階級累閥閱碌碌然以取世資若夫魁梧雋傑卓躒俶儻之徒直將伏死嶔岑之下安能與步驟共爭道里乎至如軒冕黻班之士苟不能匡化輔政佐時益世而徒俯仰取容要榮求利厚自封之資豐私家之積此沐猴而冠耳尚焉足道哉載又為濛汜賦司隸校尉傅玄見而嗟歎以車迎之言談盡日為之延譽遂知名起家佐著作郎出補肥鄉令復為著作郎轉太子中舍人遷樂安相弘農太守長沙王乂請為記室督拜中書侍郎復領著作載見世方亂無復進仕意遂稱疾篤告歸卒於家

協字景陽少有雋才與載齊名辟公府掾轉祕書郎補華陰令征北大將軍從事中郎遷中書侍郎轉河間內史在郡清簡寡欲于時天下已亂所在寇盜協遂棄絕人事屏居草澤守道不競以屬詠自娛擬諸文士作七命其辭曰沖漠公子含華隱曜嘉遯龍蟠超世高蹈遊心於浩然玩志乎眾妙絕景乎大荒之遐阻吞響乎幽山之窮奧於是徇華大

【晉書列傳二十五】 【十六】

夫聞而造焉乃整雲輅驂飛黃越奔沙輾流霜陵扶搖之風躡堅冰之津旌拂霄崿軌出蒼垠天清泠而無霞野曠朗而無塵臨重岫而攬轡顧石室而迴輪遂適沖漠公子之所居其居也崢嶸幽藹蕭瑟虛玄溟海渾濩涌其後嶰谷嶆嶆張其前尋竹竦莖蔭其壑百籟群鳴籠其山衝飇發而回日飛礫起而灑天於是登絕巘遡長風陳辯惑之辭命公子於巖中曰蓋聞聖人不卷道而背時智士不遺身而匿跡生必耀華名於玉牒沒則勒鴻伐於金冊今公子違世陸沉避地獨竄有生之懽滅資父之義廢愁洽百年苦溢千載何異促鱗之遊汀濘短羽之栖翳薈今將榮子以天人之大寶悅子以縱性之至娛窮地而遊中天而居傾四海之歡殫九州之腴鑽屈轂之瓠解疏屬之拘子欲之乎公子曰大夫不遺來萃荒外雖在不敏敬聽嘉話大夫曰寒山之桐出自太冥含黃鍾以吐幹據蒼岑而孤生既乃瓔巘曾陵金岸崥崹右當風谷左臨雲谿上無陵虛之巢下無跖實之蹊搖則峻挺茗邈嶕嶢晞三春之溢露遡九秋之鳴飇零雪寫其根霏霜封其條木既繁而後綠草未素而先凋於是構雲梯陟崢嶸翦蕤賓之陽柯剖大呂之陰莖營匠斲其樸伶倫均其聲器舉樂奏促調高張音朗號鐘韻清繞梁追逸響於八風採奇律於歸昌啟中黃之妙宮發蓐收之變商若乃龍火西頹暄氣初收飛霜迎節高風送秋羈旅懷土之徒流宕百罹之儔撫促柱則酸鼻揮危弦則涕流若乃追清哇赴嚴節奏淥水吐白雪激楚迴流風結悲蕙荑之朝落悼望舒之夕缺煢嫠為之擗摽孀老為之嗚咽王子拂纓而傾耳六馬噓天而仰秣此蓋音曲之至妙子豈能從我而聽之乎公子曰余病未能也大夫曰蘭宮祕宇雕堂綺櫳雲屏爛汗瓊壁青蔥應門八襲璇臺九重表以百常之闕圜以萬雉之墉爾乃嶢榭迎風秀出中天翠觀岑青彤閣霞連長翼臨雲飛陛陵山望玉繩而結極承倒景而開軒頳素煥爛枌栱嵯峨陰虬負檐陽馬承阿錯以瑤英鏤以金華方疏含秀圓井吐葩重殿疊起交綺對幌幽堂晝密明室夜朗焦宜飛而風生尺蠖動而成響若乃目厭常玩體倦帷幄攜公子而雙遊時娛觀於林麓登翠阜臨丹谷華草錦繁飛采星爛陽葉春青陰條秋綠華實

【晉書列傳二十五】 【十七】

代新承意恣觀仰折神蕭俯採朝蘭想蕙風於蘅薄眷椒塗於瑤壇爾乃浮三翼戲中沚潛鰓駭驚翰起沈絲結飛矰理挂歸鸛於赤霄之表出華鱗於紫潭之裏然後縱棹隨風弭楫乘波吹孤竹撫雲和川客唱淮南之曲榜人奏採菱之歌歌曰乘鷁舟兮為水嬉臨芳洲兮拔靈芝樂以忘戚遊以卒時窮夜為日畢歲為期此蓋宴居之浩麗子豈能從我而處之乎公子曰余病未能也大夫曰若乃白商素節月既授衣天凝地閉風厲霜飛柔條夕勁密葉晨稀將因氣以效殺臨金郊而講師爾乃列輕武整戎剛建雲髦啟雄芒駕紅陽之飛燕驂唐公之驌驦屯羽隊於外林縱輕翼於中荒爾乃張脩罠布飛羅陵黃岑挂青巒以為限帶流谿以為關既乃內無疏蹊外無漏跡叩鉦散校舉麾賁獲鼓金機騁鳴鏑翦剛豪落勁翮連騎競騖駢武齊轍翕忽揮霍雲迴風烈轟動響飛形移影發舉戈林聳揮鋒電滅仰傾雲巢俯彈地穴乃有圓文之豣斑題之縱鼓鬣風生怒目電瞛口齡霜刃足發飛鋒跪林蹶石扣拔幽叢於是飛黃奮銳賁育是佐蹴封狶撲馮豕拉甝虪挫解豸鉤爪摧踞

千攡瀾漫狼籍傾榛倒壑隕嵜挂山僵踣掩澤藪為毛林隰為丹薄於是徹圍頓網卷旆收鳶虞人數獸林衡計鮮論最犒勤息馬韜弦肴駟連驪酒駕方軒千鍾電釂萬燧星繁陵阜沾流膏谿谷厭芳烟歡極樂殫迴節而旋此亦畋遊之壯觀子豈能從我而為之乎公子曰余病未能也大夫曰楚之陽劍歐冶所營邪谿之鋌赤山之精銷踰羊頭鏷越鍛成乃鍊乃鑠萬辟千灌豐隆奮椎飛廉扇炭神器化成陽文陰漫既乃流綺星連浮采豔發光如散電質如耀雪霜鍔水凝冰刃露潔形冠豪曹名珍巨闕指鄭則三軍白首麾晉則千里流血豈徒水截蛟鴻陸灑奔駟斷浮翮以為工絕重甲而稱利云尔而已哉若其靈寶則舒辟無方奇鋒異模形震薛燭光駭風胡價兼三鄉聲貴二都或馳名傾秦或夜飛去吳是以功冠萬載威曜無窮揮之者無前擁之者身雄可以從服九國横制八戎爪牙景附函夏承風此蓋希世之神兵子豈能從我而服之乎公子曰余病未能也大夫曰天驥之駿逸態超越稟氣靈川受精皎月眸矚黑照玄采紺發沫如揮紅汗如振血秦青不能

【晉列二十五】 【十八】

識其衆尺方埋不能覩其若滅尔乃巾雲軒踐朝霧赴春衢整秋御虬蛹螭騰麟超龍翥望山載奔視林載赴氣盛怒發星飛電駭志陵九州勢越四海影不及形塵不暇起浮箭未移再踐千里尔乃踰天根越地隔適汗漫之所不遊躡章亥之所未跡陽烏為之頓羽夸父為之投策斯蓋天下之雋乘子豈能從我而御之乎公子曰余病未能也大夫曰大梁之黍瓊山之禾唐稷播其根農帝嘗其華尔乃六禽殊珍四膳異肴窮海之錯極陸之毛伊公爨鼎庖子揮刀味重九沸和兼勺藥晨鳧露鵠霜鵽黃雀圓案星亂方丈華錯封熊之蹯翰音之跖燕髀猩脣髦殘象白靈川之龜萊黃之鮐丹穴之鷚玄豹之胎燀以秋橙酤以春梅接以商王之箸承以帝辛之極范公之鱗出自九谿頳尾丹腮紫翼青鬐尔乃命支離飛霜鍔紅肌綺散素膚雪落婁子之毫不能廁其細秋蟬之翼不足擬其薄繁肴既閱亦有嘉羞商山之果漢皋之榛析龍眼之房剖椰子之殼芳旨萬選承意代奏乃有荊南烏程豫北竹葉浮蟻星沸飛華蓱接玄石嘗其味儀氏進其法傾罍一朝可以流湎千日單醪投川可使

三軍告捷斯人神之所歆羨觀聽之所煒曄也子豈能彊起而御之乎公子曰耽爽口之饌甘腊毒之味服腐腸之藥御亡国之器雖子大夫之所榮顧亦吾人之所畏余病未能也大夫曰蓋有晉之融皇風也金華啓徵大人有作繼明代照配天光宅其基德也隆於姬公之處岐其垂仁也富乎有殷之在亳南箕之風不能暢其化離畢之雲无以豐其澤皇道昭煥帝載緝熙導氣以樂宣德以詩教清乎雲官之世政穆乎鳥紀之時玉猷四塞函夏謐靜丹冥投鋒青徼釋警却馬於糞車之轅銘德於昆吾之鼎群萌反素時文載郁耕父推畔漁豎讓陸樵夫恥危冠之飾輿臺笑短後之服六合時雍巍巍蕩蕩玄髫巷歌黃髮擊壤解羲皇之繩錯陶唐之象若乃華裔之夷流荒之貊語不傳於輶軒地未被乎正朔莫不駿奔稽顙委質重譯于時昆蚑感惠无思不服苑戲九尾之禽囿棲三足之鳥鳴鳳在林夥於黃帝之園有龍遊川盈於孔甲之沼万物烟煴天地交泰義懷靡内化感无外林无被褐山无韋帶皆象刻於百工兆發乎靈蔡搢紳濟濟軒冕藹藹功与造化爭流德与二儀

【晉列傳二十五】 【十九】

比大言未終公子蹶然而興曰鄙夫固陋守茲狂狷蓋理有毀之而爭寶之訟解言有怒之而齊王之疾痊向子誘我以聾耳之樂栖我以蔀家之屋田遊馳蕩利刃駿足既老氏之攸戒非吾人之所欲故靡得而應子至聞皇風載韙時聖道醇舉實為秋摛藻為春下有可封之人上有大哉之君余雖不敏請從後塵世以為工永嘉初復徵為黃門侍郎託疾不就終於家

亢字季陽才藻不逮二昆亦有属綴又解音樂伎術時人謂載協亢陸機雲曰二陸三張中興初過江拜散騎侍郎秘書監荀崧舉亢領佐著作郎出補烏程令入為散騎常侍復領佐著作述歷贊一篇見律歷志

史臣曰夫若撥蔚春華時標麗藻覩其抵疑詮理本窮通於自天作誥敷文流英声於友悌言深致遠殊有大雅之風烈焉安仁思緒雲騫詞鋒景煥前史儔於賈誼先達方之士衡西貫論政範源王化之幽贖潘著哀詞貫人靈之情性機文喻海韞蓬山而育蕪岳藻如江濯美

錦而增絢混三家以通校為二賢之亞匹矣然其挾彈盈果拜塵趍貴
莪棄倚門之訓乾沒不逞之間斯才也而有斯行也天之所賦何其駁
歟正叔含咀藝文履危居正安其身而後動契其心而後言著論究
人道之綱裁箴懸乘輿之鑒可謂玉質而金相者矣孟陽鏤石之文
見奇於張敏濛汜之詠取重於傅玄為名流之所挹亦當代之文宗矣
景陽摛光王府棣蕚相輝洎乎二陸入洛三張減價考覈遺文非徒
語也

贊曰湛稱弄翰縟彩彫煥才高位卑往哲攸歎岳實含章藻思抑
揚趍權冒勢終亦罹殃尼標雅性夙聞詞令載協飛芳棣華增映

列傳第二十五　晉書五十五

列傳第二十六　晉書五十六　御撰

江統 子虨 惇　孫楚 子衆 洵 纂 纂子統 統弟綽

江統字應元陳留圉人也祖蕤以義行稱為譙郡太守封亢父男父祚
南安太守統靜默有遠志時人為之語曰嶷然稀言江應元與鄉人蔡
克俱知名襲父爵除山陰令時關隴屢為氐羌所擾孟觀西討自擒
氐帥齊萬年統深惟四夷乱華宜杜其萌乃作徙戎論其辭曰夫夷蠻
戎狄謂之四海九服之制地在要荒春秋之義內諸夏而外夷狄以其言
語不通贄幣不同法俗詭異種類乖殊或居絕域之外山河之表崎嶇
川谷阻險之地與中国壤斷土隔不相侵涉賦役不及正朔不加故曰天
子有道守在四夷禹平九土而西戎即敘其性氣貪婪凶悍不仁四夷
之中戎狄為甚弱則畏服強則侵叛雖有賢聖之世大德之君咸未
能以通化率導而以恩德柔懷也當其強也以殷之高宗而憊於鬼方
有周文王而患昆夷獫狁高祖困於白登孝文軍於霸上及其弱也周
公來九譯之貢中宗納單于之朝以元成之微而猶四夷賓服此其已然
之效也故匈奴求守邊塞而侯應陳其不可單于屈膝未央望之議以
不臣是以有道之君牧夷狄也惟以待之有備御之有常雖稽顙執贄
而邊城不弛固守為寇賊強暴而兵甲不加遠征期令境內獲安疆
埸不侵而已及至周室失統諸侯專征以大兼小轉相殘滅封疆不固
而利害異心戎狄乘間得入中国或招誘安撫以為己用故申繒之禍顛
覆宗周襄公要秦遽興姜戎當春秋時義渠大荔居秦晉之域陸
渾陰戎處伊洛之間鄋瞞之屬害及濟東侵入齊宋陵虐邢衛南夷與
北狄交侵中国不絕若綫齊桓攘之存亡繼絕北伐山戎以開燕路故仲
尼稱管仲之力加左衽之功逮至春秋之末戰国方盛楚吞蠻氏晉翦
陸渾趙武胡服開榆中之地秦雄咸陽滅義渠之等始皇之并天下也南兼
百越北走匈奴五嶺長城戎卒億計雖師役煩殷寇賊橫暴然一世之功戎
虜奔却當時中国無復四夷也漢興而都長安關中之郡號曰三輔禹
貢雍州宗周豐鎬之舊也及至王莽之敗赤眉因之西都荒毀百姓流亡
建武中以馬援領隴西太守討叛羌徙其餘種於關中居馮翊河東空

地而與華人雜處數歲之後族類蕃息既恃其肥彊且苦漢人侵之永
初之元騎都尉王弘使西域發調羌氐以為行衛於是群羌奔駭互相
扇動二州之戎一時俱發覆没將守屠破城邑鄧騭之征棄甲委兵輿
尸喪師前後相繼諸戎遂熾至於南入蜀漢東掠趙魏唐突軹關侵及
河內及遣北軍中候朱寵將五營士於孟津距羌十年之中夷夏俱斃
任尚馬賢僅乃克之此所以為害深重累年不定者雖由御者之無方
將非其才亦豈不以寇發心腹害起肘腋疢篤難療瘡大遲愈之故哉
自此之後餘燼不盡小有際會輒復侵叛馬賢狃忕終於覆敗段熲臨
衝自西徂東雍州之戎常為国患中世之寇惟此為大漢末之乱關中殘
滅魏興之初與蜀分隔疆場之戎一彼一此魏武皇帝令將軍夏侯妙才
討叛氐阿貴千万等後因拔棄漢中遂徙武都之種於秦川欲以弱寇
彊国扞禦蜀虜此蓋權宜之計一時之勢非所以為万世之利也今者當
之已受其敝矣夫關中土沃物豐厥田上上加以涇渭之流溉其舄鹵鄭国
白渠灌浸相通黍稷之饒畝號一鍾百姓謠詠其殷實帝王之都每以

為居未聞戎狄宜在此土也非我族類其心必異戎狄志態不與華同而
因其衰敝遷之畿服士庶翫習侮其輕弱使其怨恨之氣毒於骨髓
至於蕃育眾盛則坐生其心以貪悍之性挾憤怒之情候隙乘便輒
為橫逆而居封域之內無障塞之隔掩不備之人收散野之積故能為
禍滋蔓暴害不測此必然之勢已驗之事也當今之宜宜及兵威方盛眾
事未罷徙馮翊北地新平安定界內諸羌著先零罕幵析支之地徙扶
風始平京兆之氐出還隴右著陰平武都之界廩其道路之糧令足自
致各附本種反其舊土使屬国撫夷就安集之戎晉不雜並得其所上
合往古即敘之義下為盛世永久之規縱有猾夏之心風塵之警則絕
遠中国隔閡山河雖為寇暴所害不廣是以充国子明能以數万之眾制
群羌之命有征無戰全軍獨克雖有謀謨深計廟勝遠圖豈不以華夷
異處戎夏區別要塞易守之故得成其功也哉難者曰方今關中之禍暴
兵二載征戍之勞老師十万水旱之害荐饑累荒疫癘之災札瘥夭昏
凶逆既戮悔惡初附且欣且畏咸懷危懼百姓愁苦異人同慮望寧

息之有期若枯旱之思雨露誠宜鎮之以安豫而子方欲作役起徒興功
造事使疲悴之眾徙自猜之寇以無穀之人遷乏食之虜恐勢盡力屈
緒業不卒羌戎離散心不可一前害未及弭而後變復橫出矣答曰羌
戎狡猾擅相號署攻城野戰傷害牧守連兵聚眾載離寒暑矣而今
異類瓦解同種土崩老幼繫虜丁壯降散禽離獸迸不能相一子以此等
為尚挾餘資悔惡反善懷我德惠而來柔附乎將勢窮道盡智力俱
困懼我兵誅以至於此乎曰無有餘力勢窮道盡故也然則我能制其
短長之命而令其進退由己矣夫樂其業者不易事安其居者無遷志
方其自疑危懼畏怖促遽故可制以兵威使之左右無違也迨其死亡
散流離逷未鳩與關中之人戶皆為讎故可遐遷遠處令其心不懷土
也夫聖賢之謀事也為之於未有理之於未亂道不著而平德不顯而
成其次則能轉禍為福因敗為功值困必濟遇否能通今子遭弊事之
終而不圖更制之始愛易轍之勤而得覆車之軌何哉且關中之人百
餘萬口率其少多戎狄居半處之與遷必須口實若有窮乏糝粒不繼

者故當傾關中之穀以全其生生之計必無擠於溝壑而不為侵掠之害
也今我遷之傳食而至附其種族自使相贍而秦地之人得其半穀此為
濟行者以廩糧遺居者以積倉寬關中之逼去盜賊之原除旦夕之損
建終年之益若憚暫舉之小勞而忘永逸之弘策惜日月之煩苦而遺
累世之寇敵非所謂能開物成務創業垂統崇基拓跡謀及子孫者也
并州之胡本實匈奴桀惡之寇也漢宣之世凍餒殘破國內五裂後合
為二呼韓邪遂衰弱孤危不能自存依阻塞下委質柔服建武中南單
于復求降附遂令入塞居於漠南數世之後亦輒叛戾故何熙梁覲戎
車屢征中平中以黃巾賊起發調其兵部眾不從而殺羌渠由是於弥扶
羅求助於漢以討其賊仍值世喪亂遂乘釁而作鹵掠趙魏寇至河
南建安中又使右賢王去卑誘質呼廚泉聽其部落散居六郡咸熙之
際以一部太彊分為三率泰始之初又增為四於是劉猛內叛連結外虜
近者郝散之變發於穀遠今五部之眾戶至數萬人口之盛過於西戎
然其天性驍勇弓馬便利倍於氐羌若有不虞風塵之慮則并州之域

可為寒心滎陽句驪本居遼東塞外正始中幽州刺史毋丘儉伐其叛
者徙其餘種始徙之時戶落百數子孫孳息今以千計數世之後必至
殷熾今百姓失職猶或亡叛犬馬肥充則有噬齧況於夷狄能不為變
但顧其微弱勢力不陳耳夫為邦者患不在貧而在不均憂不在寡而
在不安以四海之廣士庶之富豈須夷虜在內然後取足哉此等皆可申諭
發遣還其本域慰彼羇旅懷土之思釋我華夏纖介之憂惠此中國以
綏四方德施永世於計為長帝不能用未及十年而夷狄亂華時服其深
識遷中郎選司以統叔父春為宜春令統因上疏曰故事父祖與官職
同名皆得改選而未有身與官職同名不改選之例臣以為父祖改選者
蓋為臣子開地不為父祖之身也而身名所加亦施於臣子佐吏係屬
朝夕從事官位之號發言所稱若指實而語則違經禮諱尊之義若
詭辭避迴則為廢官擅犯憲制今以四海之廣職位之衆名號繁多
士人殷富至使有受寵皇朝出身宰牧而令佐吏不得表其官稱子孫
不得言其位號所以上嚴君父下為臣子體例不通若易私名以避官

職則違春秋不奪人親之義臣以為身名與官職同者宜與觸父祖名
為比體例既全於義為弘朝廷從之轉太子洗馬在東宮累年甚被親
禮太子頗闕朝覲又奢費過度多諸禁忌統上書諫曰臣聞古之為臣
者進思盡忠退思補過獻可替否拾遺補闕是以人主得以舉無失行
言無口過德音發聞揚名後世臣等不逮無能云補思竭愚誠謹陳五
事如左惟蒙一省再省少垂察納其一曰六行之義以孝為首虞舜之
德以孝為稱故太子以朝夕視君膳為職左右就養無方文王之為世
子可謂篤於事親者也故能擅三代之美為百王之宗自頃聖體屢有
疢患數闕朝侍遠近觀聽者不能深知其故以致疑惑伏願殿下雖有
微苦可堪扶輿則宜自力易曰君子終日乾乾蓋自勉強不息之謂也
其二曰古之人君雖有聰明之姿睿喆之質必須輔弼之助相導之功
故虞舜以五臣興周文以四友隆及成王之為太子也則周召為保傅史
佚昭文章故能聞道早備登崇大業刑措不用流聲洋溢伏惟殿下天
授逸才聰鑒特達臣謂猶宜時發聖令宣揚德音諮詢保傅訪逮侍

臣覲見賓客得令接盡盈否之情沛然交泰殿下之美煥然光明如此
則高朗之風扇於前人弘範令軌永為後式其三曰古之聖王莫不以儉
為德故堯稱采椽茅茨禹稱卑宮惡服漢文身衣弋綈足履革舄以
身先物政致太平存為明主沒見宗祀及諸侯修之者魯僖以躬儉節
用聲列雅頌蚡冒以篳路藍縷用張楚國大夫修之者文子相魯妾不
衣帛晏嬰相齊鹿裘不補亦能匡君濟俗興國隆家庶人修之者顏
回以簞食瓢飲揚其仁聲原憲以蓬戶繩樞遂其清德此皆聖主明
君賢臣智士之所履行也故能懸名日月永世不朽蓋儉之福也及到末
世以奢失之者帝王則有瑤臺瓊室玉杯象箸肴膳之珍則熊蹯豹胎
酒池肉林諸侯為之者至於丹楹刻桷餼徵百牢大夫有瓊弁玉纓庶人
有擊鍾鼎食亦罔不亡國喪宗破家失身醜名彰聞以為後戒竊聞
後園鏤飾金銀刻磨犀象畫室之巧課試日精臣等以為今四海之廣
萬物之富以今方古不足為侈也然上之所好下必從之是故居上者必慎
其所好也昔漢光武皇帝時有獻千里馬及寶劍者馬以駕鼓車劍

以賜騎士世祖武皇帝有上雉頭裘者即詔有司焚之都街高世之主
不尚尤物故能正天下之俗刑四方之風臣等以為畫室之功可且減省後
園雜作一皆罷遣肅然清靜優游道德則日新之美光于四海矣其
四曰以天下而供一人以百里而供諸侯故王侯食藉而衣稅公卿大夫受
爵而資祿莫有不贍者也是以士農工商四業不雜交易而退以通
有無者庶人之業也周禮三市旦則百族晝則商賈夕則販夫販婦買
賤賣貴販鬻菜果收十百之盈以救旦夕之命故為庶人之貧賤者也
樊遲匹夫請學為圃仲尼不答魯大夫臧文仲使妾織蒲又譏其不仁
公儀子相魯則拔其園葵言食祿者不與貧賤之人爭利也秦漢以來
風俗轉薄公侯之尊莫不殖園圃之田而收市井之利漸冉相放莫以
為恥乘以古道誠可愧也今西園賣葵菜藍子雞麪之屬虧敗國
體貶損令聞其五曰竊見禁土令不得繕修牆壁動正屋瓦臣以為此
既違典彝舊義且以拘攣小忌而廢弘廓大道宜可蠲除於事為宜
朝廷善之及太子廢徙許昌賈后諷有司不聽宮臣追送統與宮臣冒

禁至伊水拜辭道左悲泣流漣都官從事悉收統等付河南洛陽獄付
郡者河南尹樂廣悉散遣之繫洛陽者猶未釋都官從事孫琰說賈謐
曰所以廢徙太子以為惡故耳東宮故臣冒罪拜辭涕泣路次不顧重辟
乃更彰太子之德不如釋之謐語洛陽令曹攄由是皆免及太子薨改葬
統作誄叙哀為世所重後為博士尚書郎參大司馬齊王冏軍事冏驕
荒將敗統切諫文多不載遷廷尉正每州郡疑獄斷處從輕成都王穎請
為記室多所箴諫申論陸雲兄弟辭甚切至以母憂去職服闋為司徒
左長史東海王越為兗州牧以統為別駕委以州事與統書曰昔王子
師為豫州未下車辟荀慈明下車辟孔文舉貴州人士有堪應此者不統
舉高平郗鑒為賢良陳留阮脩為直言濟北程收為方正時以為知
人尋遷黃門侍郎散騎常侍領國子博士永嘉四年避難奔于成皋病
卒凡所造賦頌表奏皆傳於後二子虨惇

虨字思玄本州辟舉秀才平南將軍溫嶠以為參軍復為州別駕辟司
空郗鑒掾除長山令鑒又請為司馬轉黃門郎車騎將軍庾冰鎮江州
請為長史冰薨庾翼以為諮議參軍俄而復補長史翼薨大將干瓚
作難虨討平之除尚書吏部郎仍遷御史中丞侍中吏部尚書永和中代
桓景為護軍將軍出補會稽內史加右軍將軍代王彪之為尚書僕射
哀帝即位疑周貴人名號所宜虨議見禮志帝欲於殿庭立鴻祀又欲
躬自藉田虨並以為禮廢日久儀注不存中興以來所不行謂宜停之
為僕射積年簡文帝為相每訪政事虨多所補益轉護軍將軍領國學
祭酒卒官子敳歷琅邪內史驃騎諮議敳子恒元熙中為西中郎長史恒
弟夷尚書

惇字思悛孝友淳粹高節邁俗性好學儒玄並綜每以為君子立行應
依禮而動雖隱顯殊塗未有不傍禮教者也若乃放達不羈以肆縱
為貴者非但動違禮法亦道之所棄也乃著通道崇檢論世咸稱之蘇
峻之亂避地東陽山太尉郗鑒檄為兗州治中又辟太尉掾康帝為司
徒亦辟焉征西將軍庾亮請為儒林參軍徵拜博士著作郎皆不就邑
里宗其道有事必諮而後行東陽太守阮裕長山令王濛皆一時名士並

與惇游處深相欽重養志二十餘年永和九年卒時年四十九友朋
相與刊石立頌以表德美云

孫楚字子荊太原中都人也祖資魏驃騎將軍父宏南陽太守楚才藻
卓絕爽邁不群多所陵傲缺鄉曲之譽年四十餘始參鎮東軍事文
帝遣符劭孫郁使吳將軍石苞令楚作書遺孫皓曰蓋見機而作周易
所貴小不事大春秋所誅此乃吉凶之萌兆榮辱所由生也是故許鄭以
銜璧全國曹譚以無禮取滅載籍既記其成敗古今又著其愚智不復
廣引譬類崇飾浮辭苟以夸大為名更喪忠告之實今粗論事要以
相覺悟昔炎精幽昧歷數將終桓靈失德災釁並興豺狼抗爪牙之
毒生靈罹塗炭之難由是九州絕貫皇綱解紐四海蕭條非復漢有太
祖承運神武應期征討暴亂剋寧區夏協建靈符天命既集遂廓洪
基奄有魏域土則神州中嶽器則九鼎猶存世載淑美重光相襲故知
四隩之攸同帝者之壯觀也昔公孫氏承藉父兄世居東裔擁帶燕胡
馮陵險遠講武游盤不供職貢內傲帝命外通南國乘桴滄海交酬貨
賄葛越布于朔土貂馬延于吳會自以控弦十萬奔走之力信能右折
燕齊左震扶桑輮轢沙漠南面稱王宣王薄伐猛銳長驅師次遼陽
而城地不安抱鼓暫鳴而元凶折首於是遠近疆埸列郡大荒收離聚
散大安其居衆庶悅服殊俗款附自茲以降九野清泰東夷獻其樂
器肅慎貢其楛矢曠世不羈應化而至巍巍蕩蕩想所具聞也吳之
先祖起自荊楚遭時擾攘播潛江表劉備震懼亦逃巴岷遂因山陵積
石之固三江五湖浩汗無涯假氣遊魂迄茲四紀兩邦合從東西唱和互相
扇動距捍中國自謂三分鼎足之勢可與泰山共相終始也相國晉王輔
相帝室文武桓桓志厲秋霜廟勝之筭應變無窮獨見之鑒與衆絕慮
主上欽明委以萬機長轡遠御妙略潛授偏師同心上下用力陵威奮伐
其阻并敵一向奪其膽氣小戰江由則成都自潰曜兵劍閣則姜維面縛
開地六千領郡三十兵不踰時梁益肅清使竊號之雄稽顙絳闕球琳
重錦充於府庫夫韓并魏徙虢滅虞亡此皆前鑒後事之表又南中呂興
深覩天命蟬蛻內附願為臣妾外失輔車脣齒之援內有羽毛零落之

漸而徘徊危國冀延日月此由魏武侯却指山河自以為彊殊不知物
有興亡則所美非其地也方今百僚濟濟俊乂盈朝武臣猛將折衝
萬里國富兵彊六軍精練思復翰飛飲馬南海自頃國家整脩器
械興造舟楫簡習水戰樓船萬艘千里相望刳木已來舟車之用未有
如今之殷盛者也驍勇百萬畜力待時役不再舉今日之師也然主相
眷眷未便電發者猶以為愛人治國道家所尚崇城遂卑文王退舍故
先開大信喻以存亡殷勤之指往使所究也若能審識安危自求多福
蹶然改容祇承往錫追慕南越嬰齊入侍北面稱臣伏聽告策則世祚
江表永為魏藩豐功顯報隆於今日矣若猶侮慢未順王命然後謀力
雲合指麾從風雍梁二州順流而東青徐戰士列江而西荊揚兗豫爭
驅八衝征東甲卒武步秣陵爾乃王輿整駕六戎徐征羽校燭日旌旗
星流龍游曜路歌吹盈耳士卒奔邁其會如林煙塵俱起震天駭地
渴賞之士鋒鏑爭先忽然一旦身首橫分宗祀淪覆取戒萬世引領南
望良助寒心夫療膏肓之疾者必進苦口之藥決狐疑之慮者亦告逆

耳之言如其猶豫迷而不反恐俞附見其已死扁鵲知其無功矣勉思良
圖惟所去就劭等至吳不敢為通楚後遷佐著作郎復參石苞驃騎軍
事楚既負其材氣頗侮易於苞初至長揖曰天子命我參卿軍事因此
而嫌隙遂構苞奏楚與吳人孫世山共訕毀時政楚亦抗表自理紛紜
經年事未判又與鄉人郭奕忿爭武帝雖不顯明其罪然以少賤受責
遂湮廢積年初參軍不敬府主楚既輕苞遂制施敬自楚始也征西將
軍扶風王駿與楚舊好起為參軍轉梁令遷衛將軍司馬時龍見武庫
井中群臣將上賀楚上言曰頃聞武庫井中有二龍群臣或有謂之禎祥
而稱賀者或有謂之非祥無所賀者可謂楚既失之而齊亦未為得也
夫龍或俯鱗潛于重泉或仰攀雲漢游乎蒼昊而今蟠于坎井同於蛙
蝦者豈獨管庫之士或有隱伏廝役之賢沒於行伍故龍見光景有所
感悟願陛下赦小過舉賢才垂夢於傅巖望想於渭濱修學官起淹
滯申命公卿舉獨行君子可惇風厲俗者又舉亮拔秀異之才可以撥煩
理難矯世抗言者無繫世族必先逸賤夫戰勝攻取之勢并兼混一之威

五伯之事韓白之功耳至於制禮作樂闡揚道化甫是士人出筋力之秋
也伏願陛下擇狂夫之言惠帝初為馮翊太守元康三年卒初楚與同郡
王濟友善濟為本州大中正訪問銓邑人品狀至楚濟曰此人非鄉所能目
吾自為之乃狀楚曰天才英博亮拔不群楚少時欲隱居謂濟曰當欲
枕石漱流誤云漱石枕流濟曰流非可枕石非可漱楚曰所以枕流欲洗
其耳所以漱石欲厲其齒楚少所推服惟雅敬濟初楚除婦服作詩以
示濟濟曰未知文生於情情生於文覽之悽然增伉儷之重三子衆洵
纂衆及洵俱未仕而早終惟纂子統綽並知名

統字承公幼與綽及從弟盛過江誕任不羈而善屬文時人以為有楚
風征北將軍褚裒聞其名命為參軍辭不就家于會稽性好山水乃求
為鄞令轉在吳寧居職不留心碎務縱意游肆名山勝川靡不窮究
後為餘姚令卒子騰嗣以博學著稱位至廷尉騰弟登少善名理注
老子行於世仕至尚書郎早終

綽字興公博學善屬文少與高陽許詢俱有高尚之志居于會稽游放
山水十有餘年乃作遂初賦以致其意嘗鄙山濤而謂人曰山濤吾所不
解吏非吏隱非隱若以元禮門為龍津則當點額暴鱗矣所居齋前種
一株松恒自守護鄰人謂之曰樹子非不楚楚可憐但恐永無棟梁日耳
綽答曰楓柳雖復合抱亦何所施邪綽與詢一時名流或愛詢高邁則
鄙於綽或愛綽才藻而無取於詢沙門支遁試問綽君何如許綽曰高
情遠致弟子早已伏膺然一詠一吟許將北面矣絕重張衡左思之賦每
云三都二京五經之鼓吹也嘗作天台山賦辭致甚工初成以示友人范
榮期云卿試擲地當作金石聲也榮期曰恐此金石非中宮商然每至
佳句輒云應是我輩語除著作佐郎襲爵長樂侯綽性通率好譏調嘗
與習鑿齒共行綽在前顧謂鑿齒曰沙之汰之瓦石在後鑿齒曰簸之颺
之糠秕在前征西將軍庾亮請為參軍補章安令徵拜太學博士遷
尚書郎揚州刺史殷浩以為建威長史會稽內史王羲之引為右軍長史轉
永嘉太守遷散騎常侍領著作郎時大司馬桓溫欲經緯中國以河南粗
平將移都洛陽朝廷畏溫不敢為異而北土蕭條人情疑懼雖並知不可

莫敢先諫綽乃上疏曰伏見征西大將軍臣溫表便當躬率三軍討除二寇蕩滌河渭清灑舊京然後神旆電舒朝服濟江反皇居於中土正玉衡於天極斯超世之宏圖千載之盛事然臣之所懷竊有未安以爲帝王之興莫不藉地利人和以建功業貴能以義平暴因而撫之懷愍不建淪胥秦京遂令胡戎交侵神州絶綱土崩之釁誠由道喪然中夏蕩蕩一時橫流百郡千城曾無完郛者何哉亦以地不可守投奔有所故也天祚未革中宗龍飛非惟信順協於天人而已實賴萬里長江畫而守之耳易稱王公設險以守其國險之時義大矣哉斯已然之明效也今作勝談自當任道而遺險校實量分不得不保小以固存自喪亂已來六十餘年蒼生殄滅百不遺一河洛丘墟函夏蕭條井堙木刊阡陌夷滅生理茫茫永無依歸播流江表已經數世存者長子老孫亡者丘隴成行雖北風之思感其素心目前之哀實爲交切若遷都旋軫之日中興五陵即復緬成遐域泰山之安既難以理保烝烝之思豈不纏於聖心哉溫今此舉誠欲大覽始終爲國遠圖向无山陵之急亦未首

決大謀獨任天下之至難也今發憤忘食忠慨亮到凡在有心孰不致感而百姓震駭同懷危懼者豈不以反舊之樂賒而趣死之憂促哉何者植根於江外數十年矣一朝拔之頓驅蹴於空荒之地提挈萬里踰險浮深離墳墓棄生業富者無三年之糧貧者無一餐之飯田宅不可復售舟車無從而得捨安樂之國適習亂之鄉出必安之地就累卵之危將頓仆道塗飄溺江川僅有達者夫國以人爲本疾寇所以爲人衆喪而寇除亦安所取裁此仁者所宜哀矜國家所宜深慮也自古今帝王之都豈有常所時隆則宅中而圖大勢屈則遵養以待會使德不可勝家有三年之積然後始可謀太平之事耳今天時人事有未至者矣一朝欲一宇宙無乃頓而難舉乎臣之愚計以爲且可更遣一將有威名資實者先鎮洛陽於陵所築二壘以奉衛山陵埽平梁許清一河南運漕之路既通然後盡力於開墾廣田積穀漸爲徙者之資如此賊見亡徵勢必遠竄如其迷逆不化復欲送死者南北諸軍風馳電赴若身手之救痛痒率然之應首尾山陵既固中夏小康陛下且端委紫極增脩德政躬行漢文簡樸之至去小惠節游費審官人練甲兵以養士滅寇爲先十年行之無使隳廢則貧者殖其財怯者充其勇人知天德赴死如歸以此致政猶運諸掌握何故捨百勝之長理舉天下而一擲哉陛下春秋方富溫克壯其猷君臣相與弘養德業括囊元吉豈不快乎今溫唱高議聖朝互同臣以輕微獨獻管見出言之難實在今日而臣區區必聞天聽者竊以無諱之朝狂瞽進說芻蕘之謀聖賢所察所以不勝至憂觸冒干陳若陛下垂神溫少留思豈非屈於一人而允億兆之願哉如以干忤罪大欲加顯戮使丹誠上達退受刑誅雖没泉壤尸且不朽

桓溫見綽表不悦曰致意興公何不尋君遂初賦知人家國事邪尋轉廷尉卿領著作綽少以文才垂稱于時文士綽爲其冠溫王郗庾諸公之薨必須綽爲碑文然後刊石焉年五十八卒子嗣有綽風文章相亞位至中軍參軍早亡

史臣曰江統風檢操行良有可稱陳留多士斯爲其冠徙戎之論實乃經國遠圖然運距中衰陵替有漸假其言見用恐速禍招怨無救於將

顛也逮愍懷廢徙冒禁拜辭所謂命輕鴻毛義貴熊掌彪位隆端右竭誠獻替殫遺忽榮利害偕夭爵雖出處異塗俱難兄弟矣孫楚體英絢之姿超然出類見知武子誠無媿色覽其貽皓之書諒曩代之佳筆也而負才誕傲蔑苞忿弈違遜讓之道肆陵憤之氣丁年沉廢蓋自取矣統綽棣華秀發名顯中興可謂無忝爾祖統竟淪跡下邑窮觀勝地會其心焉綽獻直論辭都不惜元子有匪躬之節豈徒文雅而已哉

贊曰應元蹈義手荆越俗江寡悔尤孫貽擯辱彪統昆弟江左馳聲彬彬藻思綽冠群英

列傳第二十六　晉書五十六

羅憲兄子尚　滕脩　馬隆
陶璜　吾彥　張光　趙誘

羅憲字令則襄陽人也父蒙蜀廣漢太守憲年十三能屬文早知名
師事譙周周門人稱為子貢性方亮嚴整待士無倦輕財好施不營產
業仕蜀為太子舍人宣信校尉再使於吳吳人稱焉時黃皓預政衆多
附之憲獨介然皓恚之左遷巴東太守時大將軍閻宇都督巴東拜憲
領軍為宇副貳魏之伐蜀召宇西還憲守永安城及成都敗城中擾動
邊江長吏皆棄城走憲斬亂者一人百姓乃安知劉禪降乃帥所統臨于
都亭三日吳聞蜀敗遣將軍盛憲西上外託救援內欲襲憲憲曰本朝
傾覆吳為脣齒不恤我難而邀其利吾寧當為降虜乎乃歸順於是
繕甲完聚厲以節義士皆用命及鍾會鄧艾死百城無主吳又使步協西
征憲大破其軍孫休怒又遣陸抗助協憲距守經年救援不至城中疾
疫太半或勸南出牂牁北奔上庸可以保全憲曰夫為人主百姓所仰既不

能存急而棄之君子不為也畢命於此矣會荊州刺史胡烈等救之抗退
加陵江將軍監巴東軍事使持節領武陵太守泰始初入朝詔曰憲忠烈
果毅有才策器幹可給鼓吹又賜山玄玉佩劍泰始六年卒贈使持節安
南將軍武陵太守追封西鄂侯謚曰烈初憲侍讌華林園詔問蜀大臣
子弟後問先輩宜時叙用者憲薦蜀人常忌杜軫等皆西國之良器武
帝並召而任之子襲歷給事中陵江將軍統其父部曲至廣漢太守兄
子尚
尚字敬之一名仲父式牂牁太守尚少孤依叔父憲善屬文荊州刺史王
戎以尚及劉喬為參軍並委任之太康末為梁州刺史及趙廞反於蜀
尚表曰廞非雄才必無所成計日聽其敗耳乃假尚節為平西將軍益州
刺史西戎校尉性貪少斷蜀人言曰尚之所愛非邪則佞尚之所憎非忠
則正富擬魯衛家成市里貪如豺狼無復極已又曰蜀賊尚可羅尚殺我
平西將軍反更為禍時李特亦起於蜀攻蜀殺趙廞又攻尚於成都尚
退保江陽初尚乞師方嶽荊州刺史宗岱率建平太守孫阜救之次于江

州岱阜兵盛諸為寇所逼者人有奮志尚乃使兵曹從事任銳偽降
因出密宣告於外剋日俱擊遂大破之斬李特傳首洛陽特子雄僭
號都於郫城尚遣將軍隗伯攻之不剋俄而尚卒雄遂據有蜀土
滕脩字顯先南陽西鄂人也仕吳為將帥封西鄂侯孫皓時代熊睦為
廣州刺史甚有威惠徵為執金吾廣州部曲督郭馬等為亂皓以脩
宿有威惠為嶺表所伏以為使持節都督廣州軍事鎮南將軍廣州牧
以討之未剋而王師伐吳脩率衆赴難至巴丘而皓已降乃縞素流涕而還
與廣州刺史閭豐蒼梧太守王毅各送印綬詔以脩為安南將軍廣州
牧持節都督如故封武當侯加鼓吹委以南方事脩在南積年為邊夷
所附太康九年卒請葬京師帝嘉其意賜墓田一頃謚曰聲脩之子並
上表曰亡父脩羈紲吳壤為所驅馳幸逢開通沐浴至化得從俘虜握
戎馬之要未覲聖顏委南藩之重實由勳勞少聞天聽故也年衰疾篤
屢乞骸骨未蒙垂哀奄至薨隕臣承遺意輿櫬還都瞻望雲闕實
懷痛裂竊聞博士謚脩曰聲直彰流播不稱行績不勝愚情冒昧聞

訴帝乃賜謚曰忠並子含初為庾冰輕車長史討蘇峻有功封夏陽縣開
國侯邑千六百戶授平南將軍廣州刺史在任積年甚有威惠卒謚曰戴
含弟子遯交州刺史脩曾孫恬之龍驤將軍魏郡太守戍黎陽為翟
遼所執死之
馬隆字孝興東平平陸人少而智勇好立名節魏兗州刺史令狐愚坐
事伏誅舉州無敢收者隆以武吏託稱愚客以私財殯葬服喪三年列
植松柏禮畢乃還一州以為美談署武猛從事泰始中將興伐吳之役
下詔曰吳會未平宜得猛士以濟武功雖舊有薦舉之法未足以盡殊
才其普告州郡有壯勇秀異才力傑出者皆以名聞將簡其尤異擢而用
之苟有其人勿限所取兗州舉隆才堪良將稍遷司馬督初涼州刺史楊
欣失羌戎之和隆陳其必敗俄而欣為虜所沒河西斷絕帝每有西顧之
憂臨朝而歎曰誰能為我討此虜通涼州者乎朝臣莫對隆進曰陛下
若能任臣臣能平之帝曰必能滅賊何為不任顧卿方略何如耳隆曰陛
下若能任臣當聽臣自任帝曰云何隆曰臣請募勇士三千人無問所

從來率之鼓行而西稟陛下威德醜虜何足滅哉帝許之乃以隆為武
威太守公卿僉曰六軍既眾州郡兵多但當用之不宜橫設賞募以亂
常典隆小將妄說不可從也帝弗納隆募限要引弩三十六鈞弓四鈞
立標簡試自旦至中得三千五百人隆曰足矣因請自至武庫選杖武
庫令與隆忿爭御史中丞奏劾隆隆曰臣當亡命戰場以報所受武庫
令乃以魏時朽杖見給不可復用非陛下使臣滅賊意也帝從之又給
其三年軍資隆於是西渡溫水虜樹機能等以眾万計或乘險以遏隆
前或設伏以截隆後隆依八陣圖作偏箱車地廣則鹿角車營路狹則
為木屋施於車上且戰且前弓矢所及應弦而倒奇謀間發出敵不意
或夾道累磁石賊負鐵鎧行不得前隆卒悉被犀甲無所留礙賊咸以
為神轉戰千里殺傷以千數自隆之西音問斷絕朝廷憂之或謂已沒
後隆使夜到帝撫掌歡笑詰朝召群臣謂曰若從諸卿言是無秦涼也
乃詔曰隆以偏師寡眾奮不顧難冒險能濟其假節宣威將軍加赤幢
曲蓋鼓吹隆到武威虜大人猝跋韓且万能等率萬餘落歸隆前後

誅殺及降附者以萬計又率善戎沒骨能等與樹機能大戰斬之涼州遂
平朝議將加隆將士勳賞有司奏隆將士皆先加顯爵不應更授衛將
軍楊珧駁曰前精募將士少加爵命者此適所以為誘引今隆全軍獨
尅西土獲安不得便以前授塞此後功宜皆聽許以明要信乃從珧議賜
爵加秩各有差太康初朝廷以西平荒毀宜時興復以隆為平虜護
軍西平太守將所領精兵又給牙門一軍屯據西平時南虜成奚每為
邊患隆至帥軍討之虜據險距守隆令軍士皆負農器將若田者虜以
隆無征討意御眾稍怠隆因其無備進兵擊破之畢隆之政不敢為寇
太熙初封奉高縣侯加授東羌校尉積十餘年威信振於隴右時略陽
太守馮翊嚴舒與楊駿通親密圖代隆毀隆年老謬耄不宜服戎於是
徵隆以舒代鎮氐羌聚結百姓驚懼朝廷恐關隴復擾乃免舒遣隆
復職竟卒於官子咸嗣亦驍勇成都王穎攻長沙王乂以咸為鷹揚將
軍率兵屯河橋中渚為乂將王瑚所敗沒於陣
胡奮字玄威安定臨涇人也魏車騎將軍陰密侯遵之子也奮性開朗

有籌略少好武事宣帝之伐遼東也以白衣侍從左右甚見接待還為
校尉稍遷徐州刺史封夏陽子匈奴中部帥劉猛叛使驍騎路蕃討之
以奮為監軍假節頓軍硜北為蕃後繼擊猛破之猛帳下將李恪斬
猛而降以功累遷征南將軍假節都督荊州諸軍事遷護軍加散騎常
侍奮家世將門晚乃好學有刀筆之用所在有聲績居邊特有威惠
泰始末武帝怠政事而耽於色大採擇公卿女以充六宮奮女選入為貴
人奮唯有一子為南陽王友早亡及聞女為貴人哭曰老奴不死唯有二兒
男入九地之下女上九天之上奮既舊臣兼有椒房之助甚見寵待遷
左僕射加鎮軍大將軍開府儀同三司時楊駿以后父驕傲自得奮謂
駿曰卿恃女更益豪邪歷觀前代與天家婚未有不滅門者但早晚事
耳觀卿舉措適所以速禍駿曰卿女不在天家乎奮曰我女與卿女作
婢耳何能損益時人皆謂之懼駿雖銜之而不能害後卒於官贈車騎
將軍謚曰壯奮兄弟六人兄廣弟烈並知名廣字宣祖位至散騎常侍
少府廣子喜字林甫亦以開濟為稱仕至涼州刺史建武將軍假節護

羌校尉烈字武玄為將伐蜀鍾會之反也烈與諸將皆被閉烈子世元
時年十八為士卒先攻殺會名馳遠近烈為秦州刺史及涼州叛烈屯
於萬斛堆為虜所圍無援遇害
陶璜字世英丹陽秣陵人也父基吳交州刺史璜仕吳歷顯位孫皓
時交阯太守孫諝貪暴為百姓所患會察戰鄧荀至擅調孔雀三千
頭遣送秣陵既苦遠役咸思為亂郡吏呂興殺諝及荀以郡內附武
帝拜興安南將軍交阯太守尋為其功曹李統所殺帝更以建寧爨谷
為交阯太守谷又死更遣巴西馬融代之融病卒南中監軍霍弋又遣犍
為楊稷代融與將軍毛炅九真太守董元牙門孟幹孟通李松王業
爨能等自蜀出交阯破吳軍于古城斬大都督脩則交州刺史劉俊吳
遣虞汜為監軍薛珝為威南將軍大都督璜為蒼梧太守距稷戰于
分水璜敗退保合浦亡其二將珝怒謂璜曰若自表討賊而喪二師其責
安在璜曰下官不得行意諸軍不相順故致敗耳珝怒欲引軍還璜夜以
數百兵襲董元獲其寶物船載而歸珝乃謝之以璜領交州為前部

督璜從海道出於不意徑至交阯元距之諸將將戰璜疑斷牆內有伏兵列長戟於其後兵纔接元偽退璜追之伏兵果出長戟逆之大破元等以前所得寶船上錦物數千匹遺扶嚴賊帥梁奇奇將萬餘人助璜元有勇將解系同在城內璜誘其弟象使為書與系又使象乘璜軺車鼓吹導從而行元等曰象尚若此系必有去志乃就殺之珝璜遂陷交阯吳因用璜為交州刺史璜有謀策周窮好施能得人心滕脩數討南賊不能制璜曰南岸仰吾鹽鐵斷勿與市皆壞為田器如此二年可一戰而滅也脩從之果破賊初霍弋之遣稷炅等與之誓曰若賊圍城未百日而降者家屬誅若過百日救兵不至吾受其罪稷等守未百日糧盡乞降璜不許給其糧使守諸將並諫璜曰霍弋已死不能救稷等必矣可須其日滿然後受降使彼得無罪我受有義內訓百姓外懷鄰國不亦可乎稷等期訖糧盡救兵不至乃納之脩則既為毛炅所殺則子允隨璜南征城既降允求復讎璜不許炅密謀襲璜事覺收炅呵曰晉賊炅厲聲曰吳狗何等為賊允剖其腹曰復能作賊不炅猶罵曰吾志殺汝孫皓汝父何死狗也璜既擒稷等並送之稷至合浦發病死孟幹爨能李松等至建鄴皓將殺之或勸皓幹等忠於所事宜宥之以勸邊將皓從其言將徙之臨海幹等志欲北歸慮東徙轉遠以吳人愛蜀側竹弩言能作之皓留付作部後幹逃至京都松能為皓所殺幹陳伐吳之計帝乃厚加賞賜以為日南太守先是以楊稷為交州刺史毛炅為交阯太守印綬未至而敗即贈稷交州炅及松能子並關內侯九真郡功曹李祚保郡內附璜遣將攻之不尅祚舅黎晃隨軍勸祚令降祚荅曰舅自吳將祚自晉臣唯力是視耳踰時乃拔皓以璜為使持節都督交州諸軍事前將軍交州牧武平九德新昌土地阻險夷獠勁悍歷世不賓璜征討開置三郡及九真屬國三十餘縣徵璜為武昌都督以合浦太守脩允代之交土人請留璜以千數於是遣還皓既降晉手書遣璜息融勑璜歸順璜流涕數日遣使送印綬詣洛陽帝詔復其本職封宛陵侯改為冠軍將軍吳既平晉減州郡兵璜上言曰交土荒裔斗絕一方或重譯而言連帶山海又南郡去州海行千有餘里外距林邑纔七

百里夷帥范熊世為逋寇自稱為王數攻百姓且連接扶南種類猥多朋黨相倚負險不賓往隸吳時數作寇逆攻破郡縣殺害長吏臣以尫駑昔為故國所採偏戍在南十有餘年雖前後征討翦其魁桀深山僻穴尚有逋竄又臣所統之卒本七千餘人南土溫濕多有氣毒加累年征討死亡減耗其見在者二千四百二人今四海混同無思不服當卷甲消刃禮樂是務而此州之人識義者寡厭其安樂好為禍亂又廣州南岸周旋六千餘里不賓屬者乃五萬餘戶及桂林不羈之輩復當萬戶至於服從官役纔五千餘家二州脣齒唯兵是鎮又寧州興古接據上流去交阯郡千六百里水陸並通互相維衛州兵未宜約損以示單虛夫風塵之變出於非常臣亡國之餘議不足採聖恩廣厚猥垂飾擢蠲其罪釁改授方任去辱即寵拭目更視誓念投命以報所受臨履所見謹冒瞽陳又以合浦郡土地磽确無有田農百姓唯以采珠為業商賈去來以珠貿米而吳時珠禁甚嚴慮百姓私散好珠禁絕來去人以饑困又所調猥多限每不充今請上珠三分輸二次者輸一麤者蠲除自十月訖二月非採上珠之時聽商旅往來如舊並從之在南三十年威恩著于殊俗及卒舉州號哭如喪慈親朝廷乃以員外散騎常侍吾彥代璜彥卒又以員外散騎常侍顧祕代彥祕卒州人逼祕子參領州事參尋卒參弟壽求領州州人不聽固求之遂領州壽乃殺長史胡肇等又將殺帳下督梁碩碩走得免起兵討壽禽之付壽母令鴆殺之碩乃迎璜子蒼梧太守威領刺史在職甚得百姓心三年卒威弟淑子綏後並為交州自基至綏四世為交州者五人璜弟濬吳鎮南大將軍荊州牧濬弟抗太子中庶子濬子湮字恭之湮弟猷字恭豫並有名湮至臨海太守黃門侍郎猷宣城內史王導右軍長史湮子馥于湖令為韓晃所殺追贈廬江太守抗子回自有傳

吾彥字士則吳郡吳人也出自寒微有文武才幹身長八尺手格猛獸旅力絕群仕吳為通江吏時將軍薛珝杖節南征軍容甚盛彥觀之慨然而歎有善相者劉札謂之曰以君之相後當至此不足慕也初為小將給吳大司馬陸抗抗奇其勇略將拔用之患衆情不允乃會諸將密

使人陽狂拔刀跳躍而來坐上諸將皆懼而走唯彥不動舉几禦之衆服其勇乃擢用焉稍遷建平太守時王濬將伐吳造船於蜀彥覺之請增兵為備皓不從彥乃輒為鐵鎖橫斷江路及師臨境緣江諸城皆望風降附或見攻而拔唯彥堅守大衆攻之不能克乃退舍禮之吳亡彥始歸降武帝以為金城太守帝嘗從容問薛瑩曰孫皓所以亡國者何也瑩對曰歸命侯臣皓之君吳昵近小人刑罰妄加大臣大將無所親信人人憂恐各不自安敗亡之釁由此而作矣其後帝又問彥對曰吳主英俊宰輔賢明帝笑曰君明臣賢何為亡國彥曰天祿永終曆數有屬所以為陛下擒此蓋天時豈人事也張華時在坐謂彥曰君為吳將積有歲年蔑爾無聞竊所惑矣彥厲聲曰陛下知我而卿不聞乎帝甚嘉之轉在敦煌威恩甚著遷鴈門太守時順陽王暢驕縱前後內史皆誣之以罪及彥為順陽內史彥清身率下威刑嚴肅衆皆畏懼暢不能誣乃更薦之冀其去職遷員外散騎常侍帝嘗問彥陸喜陸抗二人誰多也彥對曰道德名望抗不及喜立功立事喜不及抗會交州刺史陶璜卒

以彥為南中都督交州刺史重餉陸機兄弟機將受之雲曰彥本微賤為先公所拔而答詔不善安可受之機乃止因此每毀之長沙孝廉尹虞謂機等曰自古由賤而興者乃有帝王何但公卿若何元幹侯孝明唐儒宗張義允等並起自寒微皆內侍外鎮人無譏者卿以士則答詔小有不善毀之無已吾恐南人皆將去卿卿便獨坐也於是機等意始解毀言漸息矣初陶璜之死也九真戍兵作亂逐其太守九真賊帥趙祉圍郡城彥悉討平之在鎮二十餘年威恩宣著南州寧靖自表求代徵為大長秋卒於官

張光字景武江夏鍾武人也身長八尺明眉目美音聲少為郡吏家世有部曲以牙門將伐吳有功遷江夏西部都尉轉北地都尉初趙王倫為關中都督氐羌反叛太守張損戰沒郡縣吏士少有全者光以百餘人戍馬蘭山北賊圍之百餘日光撫厲將士屢出奇兵擊賊破之光以兵少路遠自分敗沒會梁王肜遣司馬索靖將兵迎光舉軍悲泣遂還長安肜表光處絕圍之地有耿恭之忠宜加甄賞以明獎勸於是擢授新平太守加鼓吹會雍州刺史劉沈被密詔討河間王顒光起兵助沈沈時委任秦州刺史皇甫重重自以關西大族心每輕光謀多不用及二州軍潰為顒所擒顒謂光曰前起兵欲作何策光正色答曰但劉雍州不用鄙計故令大王得有今日也顒壯之引與歡宴彌日表為右衛司馬陳敏作亂除光順陽太守加陵江將軍率步騎五千詣荊州討之刺史劉弘雅敬重光稱為南楚之秀時江夏太守陶侃與敏大將錢端相距於長岐將戰襄陽太守皮初為步軍使光設伏以待之武陵太守苗光為水軍藏舟艦於沔水皮初等與賊交戰光發伏兵應之水陸同奮賊衆大敗弘表光有殊勳遷材官將軍梁州刺史先是秦州人鄧定等二千餘家饑餓流入漢中保于城固漸為抄盜梁州刺史張殷遣巴西太守張燕討之定窘急偽乞降於燕并餽燕金銀燕喜為之緩師定密結李雄雄遣衆救定燕退定遂進逼漢中太守杜正沖東奔魏興殷亦棄官而遁光不得赴州止於魏興乃結諸郡守共謀進取燕唱言曰漢中荒敗迫近大賊克復之事當俟英雄正沖曰張燕受賊金銀不時進討阻兵緩寇致喪漢中實燕之罪也光於是發怒呵燕令出斬之以徇綏撫荒

殘百姓悅服光於是却鎮漢中時逆賊王如餘黨李運楊武等自襄陽將三千餘家入漢中光遣參軍晉邈率衆於黃金距之邈受運重賂勸光納運光從邈言使居城固既而邈以運多珍貨又欲奪之復言於光曰運之徒屬不事佃農但營器杖意在難測可掩而取之光又信焉遣邈衆討運不剋光乞師於氐王楊茂搜茂搜遣子難敵助之難敵求貨於光光不與楊武乃厚賂難敵謂之曰流人寶物悉在光處今伐我不如伐光難敵大喜聲言助光內與運同光弗之知也遣息援率衆助邈運與難敵夾攻邈等援為流矢所中死賊遂大盛光嬰城固守自夏迄冬憤激成疾佐吏及百姓咸勸光退據魏興光按劍曰吾受國厚恩不能翦除寇賊今得自死便如登仙何得退還也聲絕而卒時年五十五百姓悲泣遠近傷惜之有二子炅邁炅少辟太宰掾邁多才略有父風州人推邁權領州事與賊戰沒別駕范曠及督護王喬奉光妻息率其衆還據魏興其後義陽太守任愔為梁州光妻子歸本郡南平太守應詹白都督王敦稱光在梁州能興微繼絕威振巴漢值中原傾覆征鎮失守外無救助內闕資儲以寡敵衆經年抗

禦厲節不撓宜應追論顯贈以慰存亡敦不能從

趙誘字元孫淮南人也世以將顯州辟主簿值刺史郗隆被齊王冏檄使起兵討趙王倫隆欲承檄舉義而諸子姪並在洛陽欲坐觀成敗恐為冏所討進退有疑會羣吏計議誘說隆曰趙王篡逆海內所病今義兵飈起其敗必矣今為明使君計莫若自將精兵徑赴許昌上策也不然且可留後遣猛將將兵會盟亦中策也若遣小軍隨形助勝下策耳隆曰我受二帝恩無所偏助正欲保州而已誘與治中留寶主簿張褒等諫隆若無所助變難將生州亦不可保也隆猶豫不決遂為其下所害誘還家杜門不出左將軍王敦以為參軍加廣武將軍與甘卓周訪共討華軼破之又擊杜弢於西湘大興初復與卓攻弢滅之累功賜爵平阿縣侯代陶侃為武昌太守時杜曾迎第五猗於荊州作亂敦遣誘與襄陽太守朱軌共距之猗既愍帝所遣加有時望為荊楚所歸誘等苦戰皆沒敦甚悼惜之表贈征虜將軍秦州刺史謚曰敬子龍與誘俱死元帝為晉王下令贈新昌太守龍弟胤字伯舒王敦使周訪擊杜曾胤請

從行訪憚曾之彊欲先以胤餌曾使其衆疲而後擊之胤多梟首級王導引為從事中郎南頓王宗反胤殺宗於是王導庾亮並倚杖之轉冠軍將軍遷西豫州刺史卒於官

史臣曰忠為令德貞曰事君徇國家而竭身歷夷險而一節羅憲勝脩濯纓入仕捐巴東而受脤出嶺嶠而揚麾屬鼎命淪胥本朝失守固巴丘而流涕集都亭而大臨古之忠烈罕輩于茲孝興之智勇玄威之武藝滅醜虜於河西制凶酋於涇北審楊欣之必敗識楊駿之速禍陶璜吾彥逸足齊驅毛炅屈其深謀陸抗奇其英略薪栖之任清規自遠鼓鼙之旨厥聲彌劭景武南楚秀士元孫累葉將門赴死喻於登仙效誠陳於七葉音而俱斃貞則斯存

贊曰憲居王壘才博流譽脩赴石門惠政攸著孝興玄威操履無違愚墳卑禮楊門致譏璜謀超絕彥材雄傑潛師襲董觀兵勦辟惟趙與張神略多方作尉北地立功西湘

列傳第二十七　晉書五十七

列傳第二十八　晉書五十八

周處 子玘 玘弟札 玘子勰 札兄子莚　周訪 子撫 撫子楚 撫弟光 楚子瓊 光子仲孫

周處字子隱義興陽羨人也父魴吳鄱陽太守處少孤未弱冠膂力絕人好馳騁田獵不脩細行縱情肆欲州曲患之處自知為人所惡乃慨然有改勵之志謂父老曰今時和歲豐何苦而不樂耶父老歎曰三害未除何樂之有處曰何謂也答曰南山白額猛獸長橋下蛟并子為三矣處曰若此為患吾能除之父老曰子若除之則一郡之大慶非徒去害而已處乃入山射殺猛獸因投水搏蛟蛟或沉或浮行數十里而處與之俱經三日三夜人謂死皆相慶賀處果殺蛟而反聞鄉里相慶始知人患己之甚乃入吳尋二陸時機不在見雲具以情告曰欲自脩而年已蹉跎恐將無及雲曰古人貴朝聞夕改君前途尚可且患志之不立何憂名之不彰處遂勵志好學有文思志存義烈言必忠信克己期年州府交辟仕吳為東觀左丞孫皓末為無難督及吳平王渾登建鄴宮釃酒既酣謂吳人曰諸君亡國之餘得無感乎處對曰漢末分崩三國鼎立

魏滅於前吳亡於後亡國之感豈惟一人渾有慚色入洛稍遷新平太守撫和戎狄叛羌歸附雍土美之轉廣漢太守郡多滯訟有經三十年而不決者處詳其枉直一朝決遣以母老罷歸尋除楚內史未之官徵拜散騎常侍處曰古人辭大不辭小乃先之楚而郡既經喪亂新舊雜居風俗未一處敦以教義又檢尸骸無主及白骨在野收葬之然始就徵遠近稱歎及居近侍多所規諷遷御史中丞凡所糾劾不避寵戚梁王彤違法處深文按之及氐人齊萬年反朝臣惡處彊直皆曰處吳之名將子也忠烈果毅乃使隸夏侯駿西征伏波將軍孫秀知其將死謂之曰卿有老母可以此辭也處曰忠孝之道安得兩全既辭親事君父母復安得而子乎今日是我死所也萬年聞之曰周府君昔臨新平我知其為人才兼文武若專斷而來不可當也如受制於人此成擒耳既而梁王彤為征西大將軍都督關中諸軍事處知彤不平必當陷己自以人臣盡節不宜辭憚乃悲慨即路志不生還中書令陳準知彤將逞宿憾乃言於朝曰駿及梁王皆是貴戚非將率之才進不求名退不畏咎

周處吳人忠勇果勁有怨無援將必喪身宜詔孟觀以精兵萬人為處前鋒必能殄寇不然彤當使處先驅其敗必也朝廷不從時賊屯梁山有衆七萬而駿逼處以五千兵擊之處曰軍無後繼必至覆敗雖在亡身為國取恥彤復命處進討乃與振威將軍盧播雍州刺史解系攻萬年於六陌將戰處軍人未食彤促令速進而絕其後繼處知必敗賦詩曰去去世事已策馬觀西戎藜藿甘粱黍期之克令終言畢而戰自旦及暮斬首萬計弦絕矢盡播系不救左右勸退處按劍曰此是吾效節授命之日何退之為且古者良將受命凶門以出蓋有進無退也今諸軍負信勢必不振我為大臣以身徇國不亦可乎遂力戰而沒追贈平西將軍賜錢百萬葬地一頃京城地五十畝為第又賜王家近田五頃詔曰處母年老加以遠人朕每愍念給其醫藥酒米賜以終年處著默語三十篇及風土記并撰集吳書時潘岳奉詔作關中詩曰周徇師令身膏齊斧人之云亡貞節克舉又西戎校尉閻纘亦上詩云周全其節令問不已身雖云沒書名良史及元帝為晉王將加處策謚太常賀循議曰處履德清方才量高出歷守四郡安人立政入司百僚貞節不撓在戎致身見危授命此皆忠賢之茂實烈士之遠節按謚法執德不回曰孝遂以謚焉有三子玘靖札靖早卒玘札並知名

玘字宣佩彊毅沈斷有父風而文學不及閉門潔己不妄交游士友咸望風敬憚焉故名重一方弱冠州郡命不就刺史初到召為別駕從事虛己備禮方始應命累薦名宰府舉秀才除議郎太安初妖賊張昌丘沈等聚衆於江夏百姓從之如歸惠帝使監軍華宏討之敗于障山昌等浸盛殺平南將軍羊伊鎮南大將軍新野王歆等所在覆沒昌別率封雲攻徐州石冰攻揚州刺史陳徽出奔冰遂略有揚土玘密欲討冰潛結前南平內史王矩共推吳興太守顧祕都督揚州九郡軍事及江東人士同起義兵斬冰所置吳興太守區山及諸長史冰遣其將羌毒領數萬人距玘玘臨陣斬毒時右將軍陳敏自廣陵率衆助玘斬冰別率趙驤於蕪湖因與玘俱前攻冰於建康冰北走投封雲雲司馬張統斬雲冰以降徐揚並平玘不言功賞散衆還家陳敏反于揚州以玘為安豐太守加四品將軍玘稱疾不行密遣告鎮東將軍劉準令發兵臨江己為內應翦髮為信準在壽春遣督護衡彥率衆而東時敏弟昶為廣武將軍歷陽內史以吳興錢廣為司馬玘密諷廣殺昶玘與顧榮甘卓等以兵攻敏敏衆奔潰單馬北走追獲之於江乘界斬之於建康夷三族東海王越聞其名召為參軍詔補尚書郎散騎郎並不行元帝初鎮江左以玘為倉曹屬初吳興人錢璯亦起義兵討陳敏越命為建威將軍使率其屬會于京都璯至廣陵聞劉聰逼洛陽畏懦不敢進帝促以軍期璯乃謀反時王敦遷尚書當應徵與璯俱西璯陰欲殺敦藉以舉事敦聞之奔告帝璯遂殺度支校尉陳豐焚燒邸閣自號平西大將軍八州都督劫孫皓子充立為吳王既而殺之來寇玘縣 帝遣將軍郭逸都尉宋典等討之並以兵少未敢前玘復率合鄉里義衆與逸等俱進討璯斬之傳首于建康玘三定江南開復王略帝嘉其勳以玘行建威將軍吳興太守封烏程縣侯吳興寇亂之後百姓饑饉盜賊公行玘甚有威惠百姓敬愛之朞年之間境內寧謐帝以玘頻興義

兵勳誠並茂乃以陽羨及長城之西鄉丹楊之永世別為義興郡以彰其功焉玘宗族彊盛人情所歸帝疑憚之于時中州人士佐佑王業而玘自以為不得調內懷怨望復為刁協輕之恥恚愈甚時鎮東將軍祭酒東萊王恢亦為周顗所侮乃與玘陰謀誅諸執政推玘及戴若思與諸南士共奉帝以經緯世事先是流人帥夏鐵等寓于淮泗恢陰書與鐵令起兵己當與玘以三吳應之建興初鐵已聚衆數百人臨淮太守蔡豹斬鐵以聞恢聞鐵死懼罪奔于玘玘殺之埋于豕牢帝聞而祕之召玘為鎮東司馬未到復改授建武將軍南郡太守玘既南行至蕪湖又下令曰玘奕世忠烈義誠顯著孤所欽嘉今以為軍諮祭酒將軍如故進爵為公祿秩僚屬一同開國之例玘忿於迴易又知其謀泄遂憂憤發背而卒時年五十六將卒謂子勰曰殺我者諸傖子能復之乃吾子也吳人謂中州人曰傖故云耳贈輔國將軍謚曰忠烈子勰嗣

勰字彥和常緘父言時中國亡官失守之士避亂來者多居顯位駕御吳人吳人頗怨勰因之欲起兵潛結吳興郡功曹徐馥馥家有部曲勰

使馥矯稱叔父札命以合衆豪俠樂亂者翕然附之以討王導刁協爲名孫皓族人弼亦起兵於廣德以應之馥殺吳興太守袁琇有衆數千將奉札爲主時札以疾歸家聞而大驚乃告亂於義興太守孔侃勰知札不同不敢發兵馥黨懼攻馥殺之孫弼衆亦潰宣城太守陶猷滅之元帝以周氏奕世豪望吳人所宗故不窮治撫之如舊勰爲札所責失志歸家淫侈縱恣每謂人曰人生幾時但當快意耳終於臨淮太守勰弟彝少知名元帝辟爲丞相掾早亡

札字宣季性矜險好利外方內荏少以豪右自處州郡辟命皆不就察孝廉除郎中大司馬齊王冏參軍出補句容令遷吳國上軍將軍辟東海王越參軍不就以討錢璯功賜爵漳浦亭侯元帝爲丞相表札爲寧遠將軍歷陽內史不之職轉從事中郎徐馥平以札爲奮武將軍吳興內史錄前後功改封東遷縣侯進號征虜將軍監揚州江北軍事東中郎將鎮涂中未之職轉右將軍都督石頭水陸軍事札腳疾不堪拜固讓經年有司彈奏不得已乃視職加散騎常侍王敦舉兵攻石頭札

開門應敦故王師敗績敦轉札爲光祿勳尋補尚書頃之遷右將軍會稽內史時札兄靖子懋晉陵太守清流亭侯懋弟莚征虜將軍吳興內史莚弟贊大將軍從事中郎武康縣侯贊弟縉太子文學都鄉侯次兄子勰臨淮太守烏程公札一門五侯並居列位吳士貴盛莫與爲比王敦深忌之後莚喪母送者千數敦益憚焉及敦疾錢鳳以周氏宗彊與沈充權勢相侔欲自託於充謀滅周氏使充得專威揚土乃說敦曰夫有國者患於彊逼自古釁難恒必由之今江東之豪莫彊周沈公萬世之後二族必不靜矣周彊而多俊才宜先爲之所後嗣可安國家可保耳敦納之時有道士李脫者妖術惑衆自言八百歲故號李八百自中州至建鄴以鬼道療病又署人官位時人多信事之弟子李弘養徒灊山云應讖當王故敦使廬江太守李恒告札及其諸兄子與脫謀圖不軌時莚爲敦諮議參軍即營中殺莚及脫弘又遣參軍賀鸞就沈充盡掩殺札兄弟子既而進軍會稽襲札札先不知卒聞兵至率麾下數百人出距之兵散見殺札性貪財好色惟以業產爲務兵至之日庫中有精杖外白以

配兵札猶惜不與以弊者給之其鄙吝如此故士卒莫爲之用及敦死札莚故吏並詣闕訟周氏之冤宜加贈謚事下八坐尚書卞壼議以札石頭之役開門延寇遂使賊敦恣亂札之責也追贈意所未安懋莚兄弟宜復本位司徒王導議以札在石頭忠存社稷義在亡身至於往年之事自臣等有識以上與札情豈有異此言實貫於聖鑒論者見姦逆既彰便欲徵往年已有不臣之漸即復使爾要當時衆所未悟既悟其姦萌札與臣等便以身許國死而後已札亦尋取梟夷朝廷檄命既下大事既定便正以爲逆黨邪正失所進退無據誠國體所宜深惜臣謂宜與周顗戴若思等同例尚書令郗鑒議曰夫褒貶臧否宜令體明例通今周戴以死節復位周札以開門同例事異賞均意所疑惑如司徒議謂往年之事自有識以上皆與札不異此爲邪正坦然有在昔宋文失禮華樂荷不臣之罰齊靈嬖孽高厚有從昏之戮以古況今譙王周戴宜受若此之責何加贈復位之有乎今據已顯復則札宜貶責明矣導重議曰省令君議必札之開門與譙王周戴異今札開門直

出風言竟實事邪便以風言定褒貶意莫若原情考徵也論者謂札知隗協亂政信敦匡救苟匡救信姦佞除即所謂流四凶族以隆人主巍巍之功耳如此札所以忠於社稷也後敦悖謬出所不圖札亦闔門不同以此滅族是其死於爲義也夫信敦當時之匡救不圖將來之大逆惡隗協之亂政不失爲臣之貞節若于時朝士豈惟周札邪若盡謂不忠懼有誣乎譙王周戴各以死衛國斯亦人臣之節也但所見有同異然期之於必忠故宜申明耳即如令君議宋華齊高其在隗協矣昔子糾之難召忽死之管仲不死若以死爲賢則管仲當貶若以不死爲賢則召忽死爲失先典何以兩通之明爲忠之情同也死雖是忠之一目亦不必爲忠皆當死也漢祖遺約非劉氏不王非功臣不侯違命天下共誅之後呂后王諸呂周勃從之王陵廷爭可不謂忠乎周勃誅呂尊文安漢社稷忠莫尚焉則王陵又何足言而前史兩爲美談固知死與不死爭與不爭苟原情盡意不可定於一槩也且札闔棺定謚違逆黨順受戮凶邪不負忠義明矣鑒又駁不同而朝廷竟從導議追贈札衛尉

遣使者祠以少牢札長子澹太宰府掾次子稚察孝廉不行

莚字穎先卓犖有才幹拜征虜將軍吳興太守遷黃門侍郎徐馥之役莚族兄續亦聚衆應之元帝議欲討之王導以爲兵少則不足制寇多遣則根本空虛黃門侍郎周莚忠烈至到爲一郡所敬意謂直遣莚足能殺續於是詔以力士百人給莚使輕騎還陽羨莚即日取道晝夜兼行既至郡將入遇續於門莚謂續曰宜與君共詣孔府君有所論續不肯入莚逼牽與俱坐定莚謂太守孔侃曰府君何以置賊在坐續衣裏帶小刀便操刃逼莚莚叱郡傳教吳曾何不與手曾有膽力便以刀環築續殺之莚因欲誅勰札距不許委罪於從兄邵誅之莚不歸家省母遂長驅而去母狼狽追之其忠公如此遷太子右衛率及王敦作難加冠軍將軍都督會稽吳興義興晉陵東陽軍事率水軍三千人討沈充未發而王師敗績莚聞札開城納敦憤咤慷慨形于辭色尋遇害敦平後與札同被復官初莚於姑孰立屋五間而六梁一時躍出墮地衡獨立柱頭零節之上甚危雖以人功不能然也後竟覆族莚弟縉少無行檢嘗在建康

烏衣道中逢孔氏婢時與同僚二人共載便令左右捉婢上車其彊暴若此

周訪字士達本汝南安成人也漢末避地江南至訪四世吳平因家廬江尋陽焉祖纂吳威遠將軍父敏左中郎將訪少沈毅謙而能讓果於斷割周窮振乏家無餘財爲縣功曹時陶侃爲散吏訪薦爲主簿相與結友以女妻侃子瞻訪察孝廉除郎中上甲令皆不之官鄉人盜訪牛於冢間殺之訪得之密埋其肉不使人知及元帝渡江命參鎮東軍事時有與訪同姓名者罪當死吏誤收訪訪奮擊收者數十人皆散走而自歸於帝帝不之罪尋以爲揚烈將軍領兵一千二百屯尋陽鄂陵與甘卓趙誘討華軼所統廣武將軍丁乾與軼所統武昌太守馮逸交通訪收斬之逸來攻訪訪率衆擊破之逸遁保柴桑訪乘勝進討軼遣其黨王約傅札等萬餘人助逸大戰於湓口約等又敗訪與甘卓等會於彭澤與軼水軍將朱矩等戰又敗之軼將周廣燒城以應訪軼衆潰訪執軼斬之遂平江州帝以訪爲振武將軍尋陽太守加鼓吹曲蓋復命訪與諸軍共征杜弢弢作桔槔打官軍船艦訪作長岐棖以距之桔槔不得爲害而賊從青草湖密抄官軍又遣其將張彥陷豫章焚燒城邑王敦時鎮湓口遣督護繆蕤李恒受訪節度共擊彥蕤於豫章石頭與彥交戰彥軍退走訪率帳下將李午等追彥破之臨陣斬彥時訪爲流矢所中折前兩齒形色不變及暮訪與賊隔水賊衆數倍自知力不能敵乃密遣人如樵採者而出於是結陣鳴鼓而來大呼曰左軍至士卒皆稱萬歲至夜令軍中多布火而食賊謂官軍益至未曉而退訪謂諸將曰賊必引退然終知我無救軍當還掩人宜促渡水北既渡斷橋訖而賊果至隔水不得進於是遂歸湘州訪復以舟師造湘城軍達富口而弢遣杜弘出海昏時湓口騷動訪步上柴桑偷渡與賊戰斬首數百賊退保廬陵訪追擊敗之賊嬰城自守尋而軍糧爲賊所掠退住巴丘糧廩既至復圍弘於廬陵弘大擲寶物於城外軍人競拾之弘因陣亂突圍而出訪率軍追之獲鞍馬鎧杖不可勝數弘入南康太守將率兵逆擊又破之奔于臨賀帝又進訪龍驤將軍王敦表爲豫章太守加征討都督

賜爵尋陽縣侯時梁州刺史張光卒愍帝以侍中第五猗爲征南大將軍監荆梁益寧四州出自武關賊率杜曾摯瞻胡混等並迎猗奉之聚兵數萬破陶侃於石城攻平南將軍荀崧於宛不尅引兵向江陵王敦以從弟廙爲荆州刺史令督護征虜將軍趙誘襄陽太守朱軌陵江將軍黃峻等討曾而大敗於女觀湖誘軌並遇害曾遂逐廙徑造沔口大爲寇害威震江沔元帝命訪擊之訪有衆八千進至沌陽曾等銳氣甚盛訪曰先人有奪人之心軍之善謀也使將軍李恒督左甄許朝督右甄訪自領中軍高張旗幟曾果畏訪先攻左右甄曾勇冠三軍訪甚惡之自於陣後射雉以安衆心令其衆曰一甄敗鳴三鼓兩甄敗鳴六鼓趙胤領其父餘兵屬左甄力戰敗而復合胤馳馬告訪訪怒叱令更進胤號哭還戰自旦至申兩甄皆敗訪聞鼓音選精銳八百人自行酒飲之勑不得妄動聞鼓音乃進賊未至三十步訪親鳴鼓將士皆騰躍奔赴曾遂大潰殺千餘人訪夜追之諸將請待明日訪曰曾驍勇能戰向之敗也彼勞我逸是以尅之宜及其衰乘之可滅鼓行而進遂定漢沔曾

等走固武當。訪以功遷南中郎將、督梁州諸軍、梁州刺史，屯襄陽。訪謂其僚佐曰：「昔城濮之役，晉文以得臣不死而有憂色，今不斬曾，禍難未已。」於是出其不意，又擊破之，曾遁走。訪部將蘇溫收曾詣軍，并獲第五猗、胡混、摯瞻等，送於王敦。又白敦，說猗逼於曾，不宜殺。敦不從而斬之。進位安南將軍、持節，都督、刺史如故。初，王敦懼杜曾之難，謂訪曰：「擒曾，當相論為荆州刺史。」及是而敦不用。至王廙去職，詔以訪為荆州。敦以訪名將，勳業隆重，有疑色。其從事中郎郭舒說敦曰：「鄙州雖遇寇難荒弊，實為用武之國，若以假人，將有尾大之患，公宜自領，訪為梁州足矣。」敦從之。訪大怒。敦手書譬釋，并遺玉環、玉椀以申厚意。訪投椀於地曰：「吾豈賈豎，可以寶悅乎！」陰欲圖之。既在襄陽，務農訓卒，勤於採納，守宰有缺輒補，然後言上。敦患之，而憚其彊，不敢有異。訪威風既著，遠近悅服，智勇過人，為中興名將。性謙虛，未嘗論功伐。或問訪曰：「人有小善，鮮不自稱。卿功勳如此，初無一言，何也？」訪曰：「朝廷威靈，將士用命，訪何功之有！」士以此重之。訪練兵簡卒，欲宣力中原，與李矩、郭默相結，慨然有平河洛之志。善於撫納，士衆皆為致死。聞敦有不臣之心，訪恒切齒。敦雖懷逆謀，故終訪之世未敢為非。初，訪少時遇善相者廬江陳訓，謂訪與陶侃曰：「二君皆位至方岳，功名略同，但陶得上壽，周當下壽，優劣更由年耳。」訪小侃一歲，太興三年卒，時年六十一。帝哭之甚慟，詔贈征西將軍，謚曰壯，立碑於本郡。二子：撫、光。

撫字道和。彊毅有父風，而將御不及。元帝辟為丞相掾。父喪去官，服闋，襲爵，除鷹揚將軍、武昌太守。王敦命為從事中郎，與鄧嶽俱為敦爪牙。甘卓遇害，敦以撫為沔北諸軍事、南中郎將，鎮沔中。及敦作逆，撫領二千人從之。敦敗，撫與嶽俱亡走。撫弟光將資遺其兄，而陰欲取嶽。撫怒曰：「我與伯山同亡，何不先斬我！」會嶽至，撫出門遥謂之曰：「何不速去！今骨肉尚欲相危，況他人乎！」嶽迴船而走，撫遂共入西陽蠻中。蠻酋向蠶納之。初，嶽為西陽，欲伐諸蠻，及是，諸蠻皆怨，將殺之。蠶不聽，曰：「鄧府君窮來歸我，我何忍殺之。」由是俱得免。明年，詔原敦黨，嶽、撫詣闕請罪，有詔禁錮之。咸和初，司徒王導以撫為從事中郎，出為寧遠將軍、江夏相。蘇峻作逆，率所領從溫嶠討之。峻平，遷監沔北軍事、南中郎將，鎮襄陽。石勒將郭敬率騎攻撫，撫不能守，率所領奔于武昌，坐免官。尋遷振威將軍、豫章太守。後代毌丘奧監巴東諸軍事、益州刺史、假節，將軍如故。尋進征虜將軍，加督寧州諸軍事。永和初，桓溫征蜀，進撫督梁州之漢中、巴西、梓潼、陰平四郡軍事，鎮彭模。撫擊破蜀餘寇隗文、鄧定等，斬偽尚書僕射王誓、平南將軍王潤，以功遷平西將軍。隗文、鄧定等復反，立范賢子賁為帝。初，賢為李雄國師，以左道惑百姓，人多事之，賁遂有衆一萬。撫與龍驤將軍朱壽擊破，斬之，以功進爵建城縣公。征西督護蕭敬文作亂，殺征虜將軍楊謙，據涪城，自號益州牧。桓溫使督護鄧遐助撫討之，不能拔，引退。溫又令梁州刺史司馬勳等會撫伐之。敬文固守，自二月至于八月，乃出降。撫斬之，傳首京師。升平中，進鎮西將軍。在州三十餘年。興寧三年卒，贈征西將軍，謚曰襄。子楚嗣。

楚字元孫。起家參征西軍事，從父入蜀，拜鷹揚將軍、犍為太守。父卒，以楚監梁益二州、假節，襲爵建城公。世在梁益，甚得物情。時梁州刺史司馬勳作逆，楚與朱序討平之，進冠軍將軍。太和中，蜀盜李金銀、廣漢妖賊李弘並聚衆為寇，偽稱李勢子，當以聖道王，年號鳳皇。又隴西人李高詐稱李雄子，破涪城，梁州刺史楊亮失守。楚遣其子討平之。是歲，楚卒，謚曰定。子瓊嗣。

瓊勁烈有將略，歷數郡，代楊亮為梁州刺史、建武將軍，領西戎校尉。初，氐人竇衝求降，朝廷以為東羌校尉。後衝反，欲入漢川。安定人皇甫釗、京兆人周勳等謀納衝，瓊密知之，收釗、勳等斬之。尋卒。子虓嗣。

虓字孟威，少有節操。州召為祭酒，後歷位至西夷校尉，領梓潼太守。寧康初，苻堅將楊安寇梓潼，虓固守涪城，遣步騎數千送母妻從漢水將抵江陵，為堅將朱彤邀而獲之，虓遂降于安。堅欲以為尚書郎，虓曰：「蒙國厚恩，以至今日，但老母見獲，失節於此。母子獲全，秦之惠也。雖公侯之貴，不以為榮，況郎任乎！」堅乃止。自是每入見堅，輒箕踞而坐，呼之為氐賊。堅不悅。屬元會，威儀甚整，堅因謂虓曰：「晉家元會何如此？」虓攘袂厲聲曰：「戎狄集聚，譬猶犬羊相群，何敢比天子！」及呂光征西域，堅出餞

之戎士二十萬旌旗數百里又問虓曰朕衆力何如虓曰戎夷已來未
之有也堅黨以虓不遜屢請除之堅待之彌厚虓乃密書與桓沖説
賊姦計太元三年虓潛至漢中堅追得之後又與堅兄子苞謀襲堅事
泄堅引虓問其狀虓曰昔漸離豫讓燕智之微臣猶漆身吞炭不忘忠
節況虓世荷晉恩豈敢忘也生為晉臣死為晉鬼復何問乎堅曰今殺
之適成其名矣遂撻之徙于太原後堅復陷順陽魏興獲二守皆執
節不撓堅歎曰周孟威不屈於前丁彥遠絜己於後吉祖沖不食而死
皆忠臣也虓竟以病卒於太原其子興迎致其喪冠軍將軍謝玄親臨
哭之因上疏曰臣聞旌善表功崇義明節所以振揚聲教垂美來葉故
西夷校尉梓潼太守周虓執心忠烈厲節冠庭遂嬰禍荒裔沉淪冥泉
褒臣每悲其志以為蘇武之賢不復過也前宣告并州訪求虓喪并索
其家負荷數千始得來至即以資送還其舊隴伏願聖朝追其志心表
其殊節使負霜之志不墜於地則榮慰存亡惠被幽顯矣孝武帝詔曰
虓厲志貞亮無愧古烈未及拔身奄隕厥命甄表義節國之典也贈龍

驤將軍益州刺史賻錢二十萬布百匹又贈賜其家

光少有父風年十一見王敦敦謂曰貴郡未有將誰可用者光曰明公不
恥下問竊謂無復見勝敦笑以為寧遠將軍尋陽太守及敦舉兵光
率千餘人赴之既至敦已死光未之知求見敦王應祕不言以疾告光
退曰今我遠來而不得見王公公其死乎遽見其兄撫曰王公已死兄
何為與錢鳳作賊衆並愕然其夕衆散錢鳳走出至闔廬洲捕鳳詣
闕贖罪故得不廢蘇峻作逆隨溫嶠力戰有功峻平賜爵曲江男卒官
子仲孫興寧初督寧州軍事振武將軍寧州刺史在州貪暴人不堪
命桓溫以梁益多寇周氏世有威稱復除仲孫監益州梁州之三郡寧
康初楊安寇蜀仲孫失守免官後徵為光祿勳卒初陶侃微時丁艱將
葬家中忽失牛而不知所在遇一老父謂曰前崗見一牛眠山汙中其地
若葬位極人臣矣又指一山云此亦其次當世出二千石言訖不見侃尋
牛得之因葬其處以所指別山與訪訪父死葬焉果為刺史著稱寧
益自訪以下三世為益州四十一年如其所言云

史臣曰夫仁義豈有常蹈之即君子背之即小人周子隱以跅弛之材
負不羈之行比凶蛟猛獸縱毒鄉閭終能克己厲精朝聞夕改輕生重
義徇國亡軀可謂志節之士也宣佩奮茲忠勇屢殄妖氛威略冠於
本朝庸績書於王府既而結憾朝宰潛構異圖忿不思難斯為隘矣終
於憤恚豈不惜哉札莛等負雋逸之材以雄豪自許始見疑於朝廷終
獲戾於權右彊弗如弱信有徵矣而札受委扞城乃開門揖盜去順效
逆彼實有之後雖假手凶徒可謂罪人斯得朝廷議加榮贈不其僭乎
有晉之刑政陵夷用此道也周訪器兼文武任在折衝戡定湘羅克清
江漢謀孫翼子杖節擁旄西蜀仰其威風中興推為名將功成名立不
亦美哉孟威陷迹虜廷抗辭偽主雖圖史所載何以加焉

贊曰平西果勁始邪末正勇足除殘忠能致命宣佩懋功三定江東札
雖啓敵莛實懷忠尋陽緯武擁旄持斧曰子曰孫重規疊矩孟威
抗烈心存舊主

列傳第二十八 晉書五十八

列傳第二十九　　晉書五十九　　御撰

汝南王亮 子粹 矩 羕 宗 熙　楚王瑋　趙王倫　齊王冏 鄭方

長沙王乂　成都王穎　河間王顒　東海王越

自古帝王之臨天下也皆欲廣樹藩屏崇固維城唐虞以前憲章蓋闕夏殷以後遺迹可知然而玉帛會于塗山雖云萬國至於分疆胙土猶或未詳洎乎周室粲焉可觀封建親賢並為列國當其興也周召贊其升平及其衰也桓文輔其危亂故得卜世之祚克昌卜年之基惟永逮王赧即世天祿已終虛位無主三十餘載爰及暴秦并吞天下戒衰周之削弱忽帝業之遠圖謂王室之陵遲由諸侯之彊大於是罷侯置守獨尊諸己至於子弟並為匹夫惟欲肆虐陵威莫顧謀孫翼子枝葉微弱宗祏孤危內無社稷之臣外闕藩維之助陳項一呼海內沸騰隕身於望夷繫頸於軹道事不師古二世而滅漢祖勃興爰革斯弊於是分王子弟列建功臣錫之山川誓以帶礪然而矯枉過直懲羹吹虀土地封疆踰越往古始則韓彭葅醢次乃吳楚稱亂然雖克滅權偪猶足維翰王畿洎成哀之後戚藩陵替君臣乘茲間隙竊位偷安光武雄略緯天慷慨下國遂能除兇靜亂復禹配天休祉盛於兩京鼎祚隆於四百宗支繼絕之力可得而言魏武忘經國之宏規行忌刻之小數功臣無立錐之地子弟君不使之人徒分茅社實傳虛爵本根無所庇廕遂乃三葉而亡有晉思改覆車復隆盤石或出擁旄節莅嶽牧之榮入踐台階居端揆之重然而付託失所授任乖方政令不恒賞罰斯濫或有材而不任或無罪而見誅朝為伊周夕為莽卓機權失於上禍亂作於下楚趙諸王相仍構釁徒興晉陽之甲竟匪勤王之師始則為身擇利利未加而害及初邇無心而忘國國非憂而奚拯遂使昭陽興廢有甚弈棋乘輿幽縶更同羑里胡羯陵侮宗廟丘墟良可悲也夫為國之有藩屏猶濟川之有舟楫安危成敗義實相資舟楫且完波濤不足稱其險藩屏式固禍亂何以成其階向使八王之中一藩繫賴如梁孝之禦大敵若朱虛之除大憝則外寇焉敢憑陵內難奚由竊發縱令天子暗劣鼎臣奢放雖或顛沛未至土崩何以言之琅邪譬彼諸王權輕

衆寡度長絜大不可同年遂能匹馬濟江奄有吳會存重宗社百有餘年雖曰天時抑亦人事豈如趙倫齊冏之輩河間東海之徒家國俱亡身名並滅善惡之數此非其效歟西晉之政亂朝危雖由時主然而煽其風速其禍者咎在八王故序而論之揔為其傳云耳

汝南文成王亮字子翼宣帝第四子也少清警有才用仕魏為散騎侍郎萬歲亭侯拜東中郎將進封廣陽鄉侯討諸葛誕於壽春失利免官頃之拜左將軍加散騎常侍假節出監豫州諸軍事五等建改封祁陽伯轉鎮西將軍武帝踐阼封扶風郡王邑萬戶置騎司馬增參軍掾屬持節都督關中雍涼諸軍事會秦州刺史胡烈為羌虜所害亮遣將軍劉旂騎督敬琰赴救不進坐是貶為平西將軍旂當斬亮與軍司曹冏上言節度之咎由亮而出乞丐旂死詔曰高平困急計城中及旂足以相拔就不能徑至尚當深進今奔突有投而坐視覆敗故加旂大戮今若罪不在旂當有所在有司又奏免亮官削爵土詔惟免官頃之拜撫軍將軍是歲吳將步闡來降假亮節都督諸軍事以納之尋加

侍中之服咸寧初以扶風池陽四千一百戶為太妃伏氏湯沐邑置家令丞僕後改食南郡枝江太妃嘗有小疾祓於洛水亮兄弟三人侍從並持節鼓吹震耀洛濱武帝登陵雲臺望見曰伏妃可謂富貴矣其年進號衛將軍加侍中時宗室殷盛無相統攝乃以亮為宗師本官如故使訓導觀察有不遵禮法小者正以義方大者隨事聞奏三年徙封汝南出為鎮南大將軍都督豫州諸軍事開府假節之國給追鋒車皁輪犢車錢五十萬頃之徵亮為侍中撫軍大將軍領後軍將軍統冠軍步兵射聲長水等營給兵五百人騎百匹遷太尉錄尚書事領太子太傅侍中如故及武帝寢疾為楊駿所排乃以亮為侍中大司馬假黃鉞大都督督豫州諸軍事出鎮許昌加軒懸之樂六佾之舞封子羕為西陽公未發帝大漸詔留亮委以後事楊駿聞之從中書監華廙索詔視遂不還帝崩亮懼駿疑己辭疾不入於大司馬門外敘哀而已表求過葬駿欲討亮亮知之問計於廷尉何勖勖曰今朝廷皆歸心於公公何不討人而懼為人所討或說亮率所領入廢駿亮不能用夜馳赴許昌故

得免及駿誅詔曰大司馬汝南王亮體道沖粹通識政理宣翼之績顯於本朝二南之風流于方夏將憑遠猷以康王化其以亮爲太宰錄尚書事入朝不趨劒履上殿增掾屬十人給千兵百騎與太保衞瓘對掌朝政亮論賞誅楊駿之功過差欲以苟悅衆心由是失望楚王瑋有勲而好立威亮憚之欲奪其兵權瑋甚憾乃承賈后旨誣亮與瓘有廢立之謀矯詔遣其長史公孫宏與積弩將軍李肇夜以兵圍之帳下督李龍白外有變請距之亮不聽俄然楚兵登牆而呼亮驚曰吾無二心何至於是若有詔書其可見乎宏等不許促兵攻之長史劉準謂亮曰觀此必是姦謀府中俊乂如林猶可盡力距戰又弗聽遂爲肇所執而歎曰我之忠心可破示天下也如何無道枉殺不辜是時大熱兵人坐亮于車下時人憐之爲之交扇將及日中無敢害者瑋出令曰能斬亮者賞布千匹遂爲乱兵所害投于北門之壁鬢髮耳鼻皆悉毀焉及瑋誅追復亮爵位給東園溫明祕器朝服一襲錢三百萬布絹三百匹喪葬之礼如安平獻王孚故事廟設軒懸之樂有五子粹矩羕宗熙粹字

茂弘早卒矩字延明拜世子爲屯騎校尉與父亮同被害追贈典軍將軍謚懐王子祐立是爲威王

祐字永猷永安中從惠帝北征帝遷長安祐反國及帝還洛以征南兵八百人給之特置四部牙門永興初率衆依東海王越討劉喬有功拜揚武將軍以江夏雲杜益封并前二萬五千户越征汲桑表留祐領兵三千守許昌加鼓吹麾旗越還祐歸國永嘉末以寇賊充斥遂南渡江元帝命爲軍諮祭酒建武初爲鎮軍將軍太興末領左軍將軍太寧中進號衞將軍加散騎常侍咸和元年薨贈侍中特進子恭王統立以南頓王宗謀反被廢其後成帝哀亮一門殄絶詔統復封累遷祕書監侍中薨追贈光禄勳子義立官至散騎常侍薨子遵之立義熙初梁州刺史劉稚謀反推遵之爲主事泄伏誅弟楷之子蓮扶立宋受禪國除

羕字延年太康末封西陽縣公拜散騎常侍亮之被害也羕時年八歲鎮南將軍裴楷與之親姻竊之以逃一夜八遷故得免及瑋誅進爵爲王歷步兵校尉左軍驍騎將軍元康初進封郡王永興初拜侍中以長沙王乂黨廢爲庶人惠帝還洛復羕封爲撫軍將軍以汝南期思西陵益其國永嘉初拜鎮軍將軍加散騎常侍領後軍將軍復以邾鄿益之并前三萬五千戶隨東海王越東出鄄城遂南渡江元帝承制更拜撫軍大將軍開府給千兵百騎詔與南頓王宗統流人以實中州江西荒梗復還及元帝踐阼進位侍中太保以羕屬尊元會特爲設牀太興初錄尚書事尋領太宗師加羽葆斧鉞班劒六十人進位太宰及王敦平領太尉明帝即位以羕宗室元老特爲之拜羕放縱兵士劫鈔所司奏免羕官詔不問及帝寢疾羕與王導同受顧命輔成帝時帝幼沖詔羕依安平獻王孚故事設牀帳於殿上帝親迎拜咸和初坐弟南頓王宗免官降爲弋陽縣王及蘇峻作乱羕詣峻稱述其勳峻大悅矯詔復羕爵位峻平賜死世子播播弟充及息崧並伏誅國除咸康初復其屬籍以羕孫珉爲奉車都尉奉朝請

宗字延祚元康中封南頓縣侯尋進爵爲公討劉喬有功進封王增邑五千并前萬戶爲征虜將軍與兄羕俱過江元帝承制拜散騎常侍愍

帝之在西都以宗爲平東將軍元帝即位拜撫軍將軍領左將軍明帝踐阼加長水校尉轉左衞將軍與虞胤俱爲帝所昵委以禁旅宗與王導庾亮志趣不同連結輕俠以爲腹心導亮並以爲言帝以宗戚屬每容之及帝疾篤宗胤密謀爲亂亮排闥入升御牀流涕言之帝始悟轉爲驃騎將軍胤爲大宗正宗遂怨望形於辭色咸和初御史中丞鍾雅劾宗謀反庾亮使右衞將軍趙胤收之宗以兵距戰爲胤所殺貶其族爲馬氏徙妻子于晉安既而原之三子綽超演廢爲庶人咸康中復其屬籍綽爲奉車都尉奉朝請

熙初封汝陽公討劉喬有功進爵爲王永嘉末没於石勒

楚隱王瑋字彦度武帝第五子也初封始平王歷屯騎校尉太康末徙封於楚出之國都督荊州諸軍事平南將軍轉鎮南將軍武帝崩入爲衞將軍領北軍中候加侍中行太子少傅楊駿之誅也瑋屯司馬門瑋少年果銳多立威刑朝廷忌之汝南王亮太保衞瓘以瑋性很戾不可大任建議使與諸王之國瑋甚忿之長史公孫宏舍人岐盛並薄於行爲

瑋所昵瓘等惡其為人慮致禍亂將收盛盛知之遂與宏謀因積弩將軍李肇矯稱瑋命譖亮瓘於賈后而后不之察使惠帝為詔曰太宰太保欲為伊霍之事王宜宣詔令淮南長沙成都王屯宮諸門廢二公夜使黃門齎以授瑋瑋欲覆奏黃門曰事恐漏泄非密詔本意也瑋乃止遂勒本軍復矯詔召三十六軍手令告諸軍曰天禍晉室凶亂相仍間者楊駿之難實賴諸君克平禍亂而二公潛圖不軌欲廢陛下以絕武帝之祀今輒奉詔免二公官吾今受詔都督中外諸軍諸在直衛者皆嚴加警備其在外營便相率領逕詣行府助順討逆天所福也懸賞開封以待忠效皇天后土實聞此言又矯詔使亮瓘上太宰太保印綬侍中貂蟬之國官屬皆罷遣之又矯詔赦亮瓘官屬曰二公潛謀欲危社稷今免還第官屬以下一無所問若不奉詔便軍法從事能率所領先出降者封侯受賞朕不食言遂收亮瓘殺之岐盛說瑋可因兵勢誅賈模郭彰匡正王室以安天下瑋猶豫未決會天明帝用張華計遣殿中將軍王宮齎騶虞幡麾眾曰楚王矯詔眾皆釋杖而走瑋左右無復一人窘迫不知所為惟一奴年十四駕牛車將赴秦王柬帝遣謁者詔瑋還營執之於武賁署遂下廷尉詔以瑋矯制害二公父子又欲誅滅朝臣謀圖不軌遂斬之時年二十一其日大風雷雨霹靂詔曰周公決二叔之誅漢武斷昭平之獄所不得已者廷尉奏瑋已伏法情用悲痛吾當發哀瑋臨死出其懷中青紙詔流涕以示監刑尚書劉頌曰受詔而行謂為社稷今更為罪託體先帝受枉如此幸見申列頌亦歔欷不能仰視公孫宏岐盛並夷三族瑋性開濟好施能得眾心及此莫不隕涕百姓為之立祠賈后先惡瓘亮又忌瑋故以計相次誅之永寧元年追贈驃騎將軍封其子範為襄陽王拜散騎常侍後為石勒所害

趙王倫字子彝宣帝第九子也母曰柏夫人魏嘉平初封安樂亭侯五等建改封東安子拜諫議大夫武帝受禪封琅邪郡王坐使散騎將劉緝買工所將盜御裘廷尉杜友正緝棄市倫當與緝同罪有司奏倫爵重屬親不可坐諫議大夫劉毅駁曰王法賞罰不阿貴賤然後可以齊禮制而明典刑也倫知裘非常蔽不語吏與緝同罪當以親貴議減不得闕而不論宜自於一時法中如友所正帝是毅駁然以倫親親故下詔赦之及之國行東中郎將宣威將軍咸寧中改封於趙遷平北將軍督鄴城守事進安北將軍元康初遷征西將軍開府儀同三司鎮關中倫刑賞失中氐羌反叛徵還京師尋拜車騎將軍太子太傅深交賈郭諂事中宮大為賈后所親信求錄尚書張華裴頠固執不可又求尚書令華頠復不許愍懷太子廢使倫領右軍將軍時左衛司馬督司馬雅及常從督許超並嘗給事東宮二人傷太子無罪與殿中中郎士猗等謀廢賈后復太子以華頠不可移難與圖權倫執兵之要性貪冒可假以濟事乃說倫嬖人孫秀曰中宮凶妒無道與賈謐等共廢太子今國無嫡嗣社稷將危大臣將起大事而公名奉事中宮與賈郭親善太子之廢皆云豫知一朝事起禍必相及何不先謀之乎秀許諾言於倫倫納焉遂告通事令史張林及省事張衡殿中侍御史殷渾右衛司督路始使為內應事將起而秀知太子聰明若還東宮將與賢人圖政量己必不得志乃更說倫曰太子為人剛猛不可私請明公素事賈后時議皆以公為賈氏之黨今雖欲建大功於太子太子含宿怒必不加賞於明公矣當謂逼百姓之望翻覆以免罪耳此乃所以速禍也今且緩其事賈后必害太子然後廢后為太子報讎亦足以立功豈徒免禍而已倫從之秀乃微泄其謀使謐黨頗聞之倫秀因勸謐等早害太子以絕眾望太子既遇害倫秀之謀益甚而超雅懼後難欲悔其謀乃辭疾秀復告右衛佽飛督閭和和從之期四月三日景夜一籌以鼓聲為應至期乃矯詔敕三部司馬曰中宮與賈謐等殺吾太子今使車騎入廢中宮汝等皆當從命賜爵關中侯不從誅三族於是眾皆從之倫又矯詔開門夜入陳兵道南遣翊軍校尉齊王冏將三部司馬百人排閤而入華林令駱休為內應迎帝幸東堂遂廢賈后為庶人幽之于建始殿收吳太妃趙粲及韓壽妻賈午等付暴室考竟詔尚書以廢后事仍收捕賈謐等召中書監侍中黃門侍郎八坐皆夜入殿執張華裴頠解結杜斌等於殿前殺之尚書始疑詔有詐郎師景露版奏請手詔

倫等以為沮眾斬之以徇明日倫坐端門屯兵北向遣尚書和郁持節送賈
庶人于金墉誅趙粲叔父中護軍趙浚及散騎侍郎韓豫等內外群官
多所黜免倫尋矯詔自為使持節大都督督中外諸軍事相國侍中王
如故一依宣文輔魏故事置左右長史司馬從事中郎四人參軍十人掾
屬二十人兵萬人以其世子散騎常侍荂領冗從僕射子馥前將軍封
濟陽王虔黃門郎封汝陰王詡散騎侍郎封霸城侯孫秀等封皆大郡
並據兵權文武官封侯者數千人百官總己聽於倫倫素庸下無智策
復受制於秀秀之威權振於朝廷天下皆事秀而無求於倫秀起自琅
邪小史累官於趙國以諂媚自達既執機衡遂恣其姦謀多殺忠良以
逞私欲司隸從事游顥與殷渾有隙渾誘顥奴晉興偽告顥有異志秀
不詳察即收顥及襄陽中正李邁殺之厚待晉興以為己部曲督前衛
尉石崇黃門郎潘岳皆與秀有嫌並見誅於是京邑君子不樂其生矣
淮南王允齊王冏以倫秀驕僭內懷不平秀等亦深忌焉乃出冏鎮許
奪允護軍允發憤起兵討倫允既敗滅倫加九錫增封五萬戶倫偽為

飾讓詔遣百官詣府敦勸侍中宣詔然後受之加荂撫軍將軍領軍將
軍馥鎮軍將軍領護軍將軍虔中軍將軍領右衛將軍詡為侍中又以
孫秀為侍中輔國將軍相國司馬右率如故張林等並居顯要增相府
兵為二萬人與宿衛同又隱匿兵士眾過三萬起東宮三門四角華櫓斷
宮東西道為外徼或謂秀曰散騎常侍楊準黃門侍郎劉逵欲奉梁王
肜以誅倫會有星變乃徙肜為丞相居司徒府轉準逵為外官倫無學
不知書秀亦以狡黠小才貪淫昧利所共立事者皆邪佞之徒惟競榮
利無深謀遠略荂淺薄鄙陋馥虔闇很強戾詡愚嚚輕訬而各乖異
互相憎毀秀子會年二十為射聲校尉尚帝女河東公主公主母喪未朞
便納聘禮會形貌短陋奴僕之下者初與富室兒於城西販馬百姓忽
聞其尚主莫不駭愕倫秀並惑巫鬼聽妖邪之說秀使牙門趙奉詐為
宣帝神語命倫早入西宮又言宣帝於北芒為趙王佐助於是別立宣
帝廟於芒山謂逆謀可成以太子詹事裴劭左軍將軍卞粹等二十人
為從事中郎掾屬又二十人秀等部分諸軍分布腹心使散騎常侍義

陽王威兼侍中出納詔命矯作禪讓之詔使使持節尚書令滿奮僕射
崔隨為副奉皇帝璽綬以禪位于倫倫偽讓不受於是宗室諸王群公
卿士咸假稱符瑞天文以勸進倫乃許之左衛王輿與前軍司馬雅等
率甲士入殿譬喻三部司馬示以威賞皆莫敢違其夜使張林等屯守
諸門義陽王威及駱休等逼奪天子璽綬夜漏未盡內外百官以乘輿
法駕迎倫惠帝乘雲母車鹵簿數百人自華林西門出居金墉城尚
書和郁兼侍中散騎常侍琅邪王睿中書侍郎陸機從到城下而反使
張衡衛帝實幽之也倫從兵五千人入自端門登太極殿滿奮崔隨樂
廣進璽綬於倫乃僭即帝位大赦改元建始是歲賢良方正直言秀才
孝廉良將皆不試計吏及四方使命之在京邑者太學生年十六以上及
在學二十年皆署吏郡縣二千石令長赦日在職者封侯郡綱紀並為
孝廉縣綱紀為廉吏以世子荂為太子馥為侍中大司農領護軍京
兆王虔為侍中大將軍領軍廣平王詡為侍中撫軍將軍霸城王孫秀
為侍中中書監驃騎將軍儀同三司張林等諸黨皆登卿將並列大封

其餘同謀者咸超階越次不可勝紀至於奴卒廝役亦加以爵位每朝
會貂蟬盈坐時人為之諺曰貂不足狗尾續而以苟且之惠取悅人情
府庫之儲不充於賜金銀冶鑄不給於印故有白版之侯君子恥服其章
百姓亦知其不終矣倫親祠太廟還遇大風飄折麾蓋孫秀既立非常
之事倫敬重焉秀住文帝為相國時所居內府事無巨細必諮而後行
倫之詔令秀輒改革有所與奪自書青紙為詔或朝行夕改者數四百
官轉易如流矣時有雉入殿中自太極東階上殿驅之更飛西鍾下有頃
飛去又倫於殿上得異鳥問皆不知名累日向夕宮西有素衣小兒言
是服劉鳥倫使錄小兒并鳥閉置牢室明旦開視戶如故並失人鳥所
在倫目上有瘤時以為妖焉時齊王冏河間王顒成都王穎並擁彊兵
各據一方秀知冏等必有異圖乃選親黨及倫故吏為三王參佐及郡
守秀本與張林有隙雖外相推崇內實忌之及林為衛將軍深怨不得
開府潛與荂牋具說秀專權動違眾心而功臣皆小人撓亂朝廷可一
時誅之荂以書白倫倫以示秀秀勸倫誅林倫從之於是倫請宗室會

於華林園召林秀及王輿入因收林殺之誅三族及三王起兵討倫檄至倫秀始大懼遣其中堅孫輔為上軍將軍積弩李嚴為折衝將軍率兵七千自延壽關出征虜張泓左軍蔡璜前軍閭和等率九千人自堮坂關出鎮軍司馬雅揚威莫原等率八千人自成皐關出召東平王楙為使持節衛將軍都督諸軍以拒義師使楊珍晝夜詣宣帝別廟祈請輒言宣帝謝陛下某日當破賊拜道士胡沃為太平將軍以招福祐秀家日為淫祀作厭勝之文使巫祝選擇戰日又令近親於嵩山著羽衣詐稱仙人王喬作神仙書述倫祚長久以惑衆秀欲遣馥虔領兵助諸軍戰馥虔不肯虔素親愛劉輿秀乃使輿說虔虔然後率衆八千為三軍繼援而泓雅等連戰雖勝義軍散而輒合雅等不得前許超等與成都王穎軍戰于黃橋殺傷萬餘人泓徑造陽翟又於城南破齊王冏輜重殺數千人遂據城保邸閣而冏軍已在潁陰去陽翟四十里冏分軍渡潁攻泓等不利泓乘勝至于潁上夜臨潁而陣冏縱輕兵擊之諸軍不動而孫輔徐建軍夜亂徑歸洛自首輔建之走也不知諸軍督尚存乃云

齊王兵盛不可當泓等已沒倫大震祕之而召虔及超還會泓敗冏露布至倫大喜乃復遣超而虔還已至庾倉超還濟河將士疑阻銳氣內挫泓等悉其諸軍濟潁進攻冏營冏出兵擊其別率孫髦司馬譚孫輔皆破之士卒散歸洛陽泓等收衆還營秀等知三方日急詐傳破冏營執得冏以誑惑其衆令百官皆賀而士猗伏胤孫會皆杖節各不相從倫復授太子詹事劉琨節督河北將軍率步騎千人催諸軍戰會等與義軍戰于激水大敗退保河上劉琨燒斷河橋自義兵之起百官將士咸欲誅倫秀以謝天下秀知衆怒難犯不敢出省及聞河北軍悉敗憂懣不知所為義陽王威勸秀至尚書省與八坐議征戰之備秀從之使京城四品以下子弟年十五以上皆詣司隸從倫出戰內外諸軍悉欲劫殺秀威懼自崇禮闥走還下舍許超士猗孫會等軍既並還乃與秀謀或欲收餘卒出戰或欲焚燒宮室誅殺不附己者挾倫南就孫旂孟觀等或欲乘船東走入海計未決王輿反之率營兵七百餘人自南掖門入勅宮中兵守衛諸門三部司馬為應於內輿自往攻秀秀閉中書南

門輿放兵登牆燒屋秀及超猗遽走出左衞將軍趙泉斬秀等以徇收孫奇於右衞營付廷尉誅之執前將軍謝惔黃門令駱休司馬督王潛皆於殿中斬之三部司馬兵於宣化闥中斬孫弼以徇時司馬馥在秀坐輿使將士囚之于散騎省以大戟守省閤八坐皆入殿中坐東除樹下王輿屯雲龍門使倫為詔曰吾為孫秀等所誤以怒三王今已誅秀其迎太上復位吾歸老于農畝傳詔以騶虞幡勅將士解兵文武官皆奔走莫敢有居者黃門將倫自華林東門出及荂皆還汶陽里第於是以甲士數千迎天子于金墉百姓咸稱萬歲帝自端門入升殿御廣室送倫及荂等付金墉城初秀懼西軍至復召虔還是日宿九曲詔遣使者免虔官虔懼棄軍將數十人歸于汝陽里梁王彤表倫父子凶逆宜伏誅百官會議于朝堂皆如彤表遣尚書袁敞持節賜倫死飲以金屑苦酒倫慙以巾覆面曰孫秀誤我孫秀誤我於是收荂馥虔詡付廷尉獄考竟馥臨死謂虔曰坐爾破家也百官是倫所用者皆斥免之臺省府衞僅有存者自兵興六十餘日戰所殺害僅十萬人凡與倫為逆豫

謀大事者張林為秀所殺許超士猗孫弼謝惔殷渾與秀為王輿所誅張衡閭和孫髦高越自陽翟還伏胤戰敗還洛陽皆斬于東市蔡璜自陽翟降齊王冏還洛自殺王輿以功免誅後與東萊王蕤謀殺冏又伏法

齊武閔王冏字景治獻王攸之子也少稱仁惠好振施有父風初攸有疾武帝不信遣太醫診候皆言無病及攸薨帝往臨喪冏號踊訴父病為醫所誣詔即誅醫由是見稱遂得為嗣元康中拜散騎常侍領左軍將軍翊軍校尉趙王倫密與相結廢賈后以功轉游擊將軍冏以位不滿意有恨色孫秀微覺之且憚其在內出為平東將軍假節鎮許昌倫篡遷鎮東大將軍開府儀同三司欲以寵安之冏因衆心怨望潛與離狐王盛潁川王處穆謀起兵誅倫倫遣腹心張烏覘之烏反曰齊無異志冏既有成謀未發恐事泄乃與軍司管襲殺處穆送首於倫以安其意謀定乃收襲殺之遂與豫州刺史何勗龍驤將軍董艾等起軍遣使告成都河間常山新野四王移檄天下征鎮州郡縣國咸使聞知揚州刺史郗隆承檄猶豫未決參軍王邃斬之送首于冏屯軍陽翟倫遣其將

閻和張泓孫輔出堮坂與冏交戰冏軍失利堅壘自守會成都軍破倫衆於黃橋冏乃出軍攻和等大破之及王輿廢倫惠帝反正冏誅討賊黨既畢率衆入洛頓軍通章署甲士數十萬旌旗器械之盛震於京都天子就拜大司馬加九錫之命備物典策如宣景文武輔魏故事冏於是輔政居攸故宮置掾屬四十人大築第館北取五穀市南開諸署毀壞廬舍以百數使大匠營制與西宮等鑿千秋門牆以通西閣後房施鍾懸前庭舞八佾沈于酒色不入朝見坐拜百官符勑三臺選舉不均惟寵親昵以車騎將軍何勗領中領軍封葛旟為牟平公路秀小黃公衛毅陰平公劉真安鄉公韓泰封丘公號曰五公委以心膂殿中御史桓豹奏事不先經冏府即考竟之於是朝廷側目海內失望矣南陽處士鄭方露版極諫主簿王豹屢有箴規冏並不能用遂奏豹殺之有白頭公入大司馬府大呼言有兵起不出甲子旬即收殺之冏驕恣日甚終無悛志前賊曹屬孫惠復上諫曰惠聞天下五難四不可而明公皆以居之矣捐宗廟之主忽千乘之重躬貫甲胄犯冒鋒刃此一難也奮三百

之卒決全勝之策集四方之衆致英豪之士此二難也舍殿堂之尊居單幕之陋安顚沛之慘同將士之勞此三難也驅烏合之衆當凶彊之敵任神武之略無疑阻之懼此四難也檄六合之內著盟信之誓升幽宮之帝復皇祚之業此五難也大名不可久荷大功不可久任大權不可久執大威不可久居未有行其五難而不以為難遺其不可而謂之為可惠竊所不安也自永熙以來十有一載人不見德惟戮是聞公族構篡奪之禍骨肉遭梟夷之刑群王被囚檻之困妃主有離絕之哀歷觀前代國家之禍至親之亂未有今日之甚者也良史書過後嗣何觀天下所以不去於晉符命長存於世者主無嚴虐之暴朝無酷烈之政武帝餘恩獻皇遺愛聖慈惠和尚經人心四海所係實在於茲今明公建不世之義而未為不世之讓天下惑之思求所悟長沙成都魯衛之密國之親親與明公計功受賞尚不自先今公宜放桓文之勳邁臧札之風芻狗萬物不仁其化崇親推近功遂身退委萬機於二王命方嶽於群后燿義讓之旗鳴思歸之鑾宅大齊之墟振泱泱之風垂拱青徐

之域高枕營丘之藩金石不足以銘高八音不足以贊美姬文不得專聖於前太伯不得獨賢於後今明公忘亢極之悔忽窮高之凶棄五嶽之安居累卵之危外以權勢受疑內以百揆損神雖處高臺之上逍遙重仞之墉及其危亡之憂過於穎翟之慮群下悚戰莫之敢言惠以衰亡之餘遭陽九之運甘矢石之禍赴大王之義脫褐冠冑從戎于許契闊戰陣功無可記當隨風塵待罪初服屈原放斥心存南郢樂毅適趙志戀北燕況惠受恩偏蒙識養雖復暫違情隆二目是以披露血誠冒昧干迕言入身戮義讓功舉退就鈇鑕此惠之死賢於生也冏不納亦不加罪翊軍校尉李含奔于長安詐云受密詔使河間王顒誅冏因導以利謀顒從之上表曰王室多故禍難罔已大司馬冏雖唱義有興復皇位之功而定都邑克寧社稷實成都王之勳力也而冏不能固守臣節實協異望在許昌營有東西掖門官置治書侍御史長史司馬直立左右如侍臣之儀京城大清篡逆誅夷而率百万之衆來繞洛城阻兵經年不一朝覲百官拜伏晏然南面壞樂官市署用自增廣輒取武庫祕杖

嚴列不解故東萊王蕤知其逆節表陳事狀而見誣陷加罪黜徙以樹私黨僭立宮屬幸妻嬖妾名號比之中宮沈湎酒色不恤群黎董艾放縱無所畏忌中丞按奏而取退免張偉惚恫擁停詔可葛旟小豎維持國命操弄王爵貨賂公行群姦聚黨擅斷殺生密署腹心實為貨謀兵非忠良何關神器臣受重任蕃衛方嶽見冏所行實懷激憤即日翊軍校尉李含乘驛密至宣騰詔旨臣伏讀感切五情若灼春秋之義君親無將冏擁彊兵樹置私黨權官要職莫非腹心雖復重責之誅恐不義服今輒勒兵精卒十萬與州征並協忠義共會洛陽驃騎將軍長沙王乂同奮忠誠廢冏還第有不順命軍法從事成都王穎明德茂親功高勳重往歲去就允合衆望宜為宰輔代冏阿衡之任顒表既至冏大懼會百寮曰昔孫秀作逆篡逼帝王社稷傾覆莫能禦難孤糾合義衆掃除元惡臣子之節信著神明二王今日聽信讒言造構大難當賴忠謀以和不協耳司徒王戎司空東海王越說冏委權崇讓冏從事中郎葛旟怒曰趙庶人聽任孫秀移天易日當時喋喋莫敢先唱公蒙犯矢石躬貫甲胄攻

圍陷陣得濟今日討功行封事殷未徧三臺納言不恤王事賞報稽緩責不在府讒言僭逆當共誅討虛承偽書令公就第漢魏以來王侯就第寧有得保妻子者乎議者可斬於是百官震悚無不失色長沙王乂徑入宮發兵攻冏府冏遣董艾陳兵宮西乂又遣宋洪等放火燒諸觀閣及千秋神武門冏令黃門令王湖悉盜騶虞幡唱云長沙王矯詔乂又稱大司馬謀反助者誅五族是夕城內大戰飛矢雨集火光屬天帝幸上東門矢集御前群臣死者相枕明日冏敗乂擒冏至殿前帝惻然欲活之乂叱左右促牽出冏猶再顧遂斬於閶闔門外徇首六軍諸黨屬皆夷三族幽其子淮陵王超樂安王冰濟陽王英于金墉暴冏尸於西明亭三日而莫敢收斂冏故掾屬荀闓等表乞殯葬許之初冏之盛也有一婦人詣大司馬府求寄產吏詰之婦人曰我截齊便去耳識者聞而惡之時又謠曰著布袙腹為齊持服俄而冏誅永興初詔以冏輕陷重刑前勳不宜堙沒乃赦其三子超冰英還第封超為縣王以繼冏祀歷員外散騎常侍光熙初追冊冏曰咨故大司馬齊王冏王昔以宗藩穆胤紹世緒于東國作翰許京允鎮靜我王室誕率義徒同盟觸澤克成元勳大濟潁東朕用應嘉茂績謂篤爾勞俾式先典以疇茲顯懿廓土殊分跨兼吳楚崇禮備物寵侔蕭霍庶馮翼戴之重永隆邦家之望而恭德不建取侮二方有司過舉致王于戮古人有言曰用其法猶思其人況王功濟朕身勳存社稷追惟既往有悼於厥心哉今復王本封命嗣子還紹厥緒禮秩典度一如舊制使使持節大鴻臚即墓賜策祠以太牢魂而有靈祗服朕命肆寧爾心嘉茲寵榮子超嗣爵永嘉中懷帝下詔重述冏唱義元勳還贈大司馬加侍中假節追謚及洛陽傾覆超兄弟皆沒于劉聰冏遂無後太元中詔以故南頓王宗子柔之襲封齊王紹攸冏之祀歷散騎常侍元興初會稽王道子將討桓玄詔柔之兼侍中以騶虞幡宣告江荊二州至姑孰為玄前鋒所害贈光祿勳子建之立宋受禪國除

鄭方者字子回慷慨有志節博涉史傳卓犖不常鄉閭有識者歎其奇而未能薦達及冏輔政專恣方發憤步詣洛陽自稱荊楚逸民獻書於冏曰方聞聖明輔世夙夜祇懼泰而不驕所以長守貴也今大王安不慮危耽于酒色燕樂過度其失一也大王檄命當使天下穆如清風宗室骨肉永無纖介今則不然其失二也四夷交侵邊境不靜大王自以功業興隆不以為念其失三也大王興義群庶競赴天下雖寧人勞窮苦不聞大王振救之令其失四也又與義兵歃血而盟事定之後賞不踰時自清泰已來論功未分此則食言其失五也大王建非常之功居宰衡之任讒謗聲盈塗人懷忿怨方以狂愚冒死陳誠冏含容之云孤不能致五闕若無子則不聞其過矣未幾而敗焉

長沙厲王乂字士度武帝第六子也太康十年受封拜員外散騎常侍及武帝崩乂時年十五孺慕過禮會楚王瑋奔喪諸王皆近路迎之乂獨至陵所號慟以俟瑋拜步兵校尉及瑋之誅二公也乂守東掖門會騶虞幡出乂投弓流涕曰楚王被詔是以從之安知其非瑋既誅乂以同母貶為常山王之國乂身長七尺五寸開朗果斷才力絕人虛心下士甚有名譽三王之舉義也乂率國兵應之過趙國房子令距守乂殺之進軍為成都後係常山內史程恢將貳於乂乂到鄴斬恢及其五子至洛拜撫軍大將軍領左軍將軍頃之遷驃騎將軍開府復本國乂見齊王冏漸專權嘗與成都王穎俱拜陵因謂穎曰天下者先帝之業也王宜維之時聞其言者皆憚之及河間王顒將誅冏傳檄以乂為內主冏遣其將董艾襲乂乂將左右百餘人手斫車幰露乘馳赴宮閉諸門奉天子與冏相攻起火燒冏府連戰三日冏敗斬之并誅諸黨與二千餘人顒本以乂弱冏彊冀乂為冏所擒然後以乂為辭宣告四方共討之因廢帝立成都王己為宰相專制天下既而乂殺冏其計不果乃潛使侍中馮蓀河南尹李含中書令卞粹等襲乂乂並誅之顒遂與穎同伐京都穎遣刺客圖乂時長沙國左常侍王矩侍直見客色動遂殺之詔以乂為大都督以距顒連戰自八月至十月朝議以乂穎兄弟可以辭說而釋乃使中書令王衍行太尉光祿勳石陋行司徒使說穎令與乂分陝而居穎不從乂因致書於穎曰先帝應乾撫運統攝四海勤身苦己克成帝業六合清泰慶流子孫孫秀作逆反易天常卿興義眾還復

帝位齊王恃功肆行非法上無宰相之心下無忠臣之行遂其讒惡離
逖骨肉主上怨傷尋已蕩除吾之與卿友于十人同產皇室受封外都
各不能闡敷王教經濟遠略今卿復與太尉共起大衆阻兵百萬重圍宮
城群臣同忿聊即命將示宣國威未擬摧殄自投溝澗蕩平山谷死者日
萬酷痛無罪豈國恩之不慈則用刑之有常卿所遣陸機不樂受卿節
鉞將其所領私通國家想來逆者當前一尺却行一丈卿宜還鎮以寧
四海令宗族無羞子孫之福也如其不然念骨肉分裂之痛故復遣書
穎復書曰文景受圖武皇乘運庶幾堯舜共康政道恩隆洪業本枝百
世豈期骨肉豫禍后族專權楊賈縱毒齊趙内篡幸以誅夷而未靜息
每憂王室心悸肝爛羊玄之皇甫商等恃寵作禍能不興慨於是征西
羽檄四海雲應本謂仁兄同其所懷便當内擒商等收級遠送如何迷
惑自為戎首上矯君詔下離愛弟推移輦轂妄動兵威還任豺狼棄戮
親善行惡求福如何自勉前遣陸機董督節鉞雖黄橋之退而溫南收
勝一彼一此未足增慶也今武士百萬良將銳猛要當與兄整頓海内

若能從太尉之命斬商等首投戈退讓自求多福穎亦自歸鄴都與兄
同之奉覽兄來告緬然慷慨慎哉大兄深思進退也乂前後破穎軍斬獲
六七萬人戰久糧乏城中大饑雖曰疲弊將士同心皆願效死而乂奉上
之禮未有虧失張方以為未可克欲還長安而東海王越慮事不濟潛
與殿中將收乂送金墉城乂表曰陛下篤睦委臣朝事臣小心忠孝神
祇所鑒諸王承謬率衆見責朝臣無正各慮私困收臣別省送臣幽宮
臣不惜軀命但念大晉衰微枝黨欲盡陛下孤危若臣死國寧亦家之
利但恐快凶人之志無益於陛下耳殿中左右恨乂功垂成而敗謀劫出
之更以距穎越懼難作欲遂誅乂黄門郎潘滔勸越密告張方方遣部
將郅輔勒兵三千就金墉收乂至營炙而殺之乂冤痛之聲達於左右三
軍莫不為之垂涕時年二十八乂將殯於城東官屬莫敢往故掾劉佑
獨送之步持喪車悲號斷絶哀感路人張方以其義士不之問也初乂
執權之始洛下謠曰草木萌牙殺長沙乂以正月二十五日廢二十七
日死如謠言焉永嘉中懷帝以乂子碩嗣拜散騎常侍後没于劉聰

成都王穎字章度武帝第十六子也太康末受封邑十萬戶後拜越騎
校尉加散騎常侍車騎將軍賈謐嘗與皇太子博爭道穎在坐厲聲呵
謐曰皇太子國之儲君賈謐何得無禮謐懼由此出穎為平北將軍鎮
鄴轉鎮北大將軍趙王倫之篡也進征北大將軍加開府儀同三司及齊
王冏舉義穎發兵應冏以鄴令盧志為左長史頓丘太守鄭琰為右長
史黃門郎程牧為左司馬陽平太守和演為右司馬使兗州刺史王彥
冀州刺史李毅督護趙驤石超等為前鋒羽檄所及莫不響應至朝歌
衆二十餘萬趙驤至黃橋為倫將士猗許超所敗死者八千餘人士衆
震駭穎欲退保朝歌用盧志王彥策又使趙驤率衆八萬與王彥俱進
倫復遣孫會劉琨等率三萬人與猗超合兵距驤等精甲耀日鐵騎前
驅猗既戰勝有輕驤之心未及溫十餘里復大戰猗等奔潰穎遂過河
乘勝長驅左將軍王輿殺孫秀幽趙王倫迎天子反正及穎入京都誅倫
使趙驤石超等助齊王冏攻張泓於陽翟泓等遂降冏始率衆入洛自
以首建大謀遂擅威權穎營于太學及入朝天子親勞焉穎拜謝曰此

大司馬臣冏之勳臣無豫焉見訖即辭出不復還營便謁太廟出自東
陽城門遂歸鄴遣信與冏別冏大驚馳出送穎至七里澗及之穎住車
言別流涕不及時事惟以太妃疾苦形於顏色百姓觀者莫不傾心至
鄴詔遣兼太尉王粹加九錫殊禮進位大將軍都督中外諸軍事假節
加黃鉞錄尚書事入朝不趨劍履上殿穎拜受徽號讓殊禮九錫表論
興義功臣盧志和演董洪王彥趙驤等五人皆封開國公侯又表稱大
司馬前在陽翟與強賊相持既久百姓創痍饑餓凍餒宜急振救乞差
發郡縣車一時運河北邸閣米十五萬斛以振陽翟饑人盧志言於穎
曰黃橋戰士者有八千餘人既經夏暑露骨中野可為傷惻昔周王葬
枯骨故詩云行有死人尚或墐之況此等致死王事乎穎乃造棺八千餘
枚以成都國秩為衣服斂祭葬於黃橋北樹枳籬為之塋域又立都祭
堂刊石立碑紀其赴義之功使亡者之家四時祭祀有所仍表其門閭
加常戰士二等又命河內溫縣埋藏趙倫戰死士卒萬四千餘人穎形
美而神昏不知書然器性敦厚委事於志故得成其美焉及齊王冏驕

修無禮於是衆望歸之詔遣侍中馮蓀中書令卞粹喻穎入輔政并使受九錫穎猶讓不拜尋加太子太傅穎嬖人孟玖不欲還洛又程太妃愛戀鄴都以此議久不決留義募將士既久咸怨曠思歸或有輒去者乃題鄴城門云大事解散蠶欲遽遂請且歸赴時務昔以義來今以義去若復有急更相語穎知不可留因遣之百姓乃安及冏敗穎懸執朝政事無巨細皆就鄴諮之後張昌擾乱荊土穎拜表南征所在響赴既恃功驕奢百度弛廢甚於冏時穎方恣其欲而憚長沙王乂在內遂与河間王顒表請誅后父羊玄之左將軍皇甫商等檄乂使就第乃与顒將張方伐京都以平原內史陸機為前鋒都督前將軍假節穎次朝歌每夜矛戟有光若火其壘井中皆有龍象進軍屯河南阻清水為壘造浮橋以通河北以大木函盛石沈之以繫橋名曰石鼈陸機戰敗死者甚衆機又為孟玖所譖穎收機斬之夷其三族語在機傳於是進攻京城時常山人王輿合衆万餘欲襲穎會乂被執其黨斬輿降穎既入京師復旋鎮于鄴增封二十郡拜丞相河間王顒表穎宜為儲副遂廢太子覃立

為皇太弟丞相如故制度一依魏武故事乘輿服御皆迁于鄴表罷宿衛兵屬相府更以王官宿衛穎僭侈日甚有无君之心委任孟玖等大失衆望永興初左衛將軍陳眕殿中中郎逯苞成輔及長沙故將上官巳等奉大駕討穎馳檄四方赴者雲集軍次安陽衆十餘万鄴中震懼穎欲走其掾步熊有道術曰勿動南軍必敗穎會其衆問計東安王繇乃曰天子親征宜罷甲縞素出迎請罪司馬王混參軍崔曠勸穎距戰穎從之乃遣奮武將軍石超率衆五万次于蕩陰眕二弟匡規自鄴赴王師云鄴中皆已離散由是不甚設備超衆奄至王師敗績矢及乘輿侍中嵇紹死於帝側左右皆奔散乃棄天子於藁中超遂奉帝幸鄴穎改元建武害東安王繇署置百官殺生自己立郊於鄴南平北將軍王浚寧北將軍東嬴公騰殺穎所置幽州刺史和演穎徵浚浚屯冀州不進与騰及烏丸羯朱襲穎候騎至鄴穎遣幽州刺史王斌及石超李毅等距浚為羯朱等所敗鄴中大震百寮奔走士卒分散穎懼將帳下數十騎擁天子与中書監盧志單車而走五日至洛羯朱追至朝歌不及而還河間王顒遣張方率甲卒二万救穎至洛方乃挾帝擁穎及豫章王并高光盧志等歸于長安顒廢穎歸藩以豫章王為皇太弟穎既廢河北思之鄴中故將公師藩汲桑等起兵以迎穎衆情翕然顒復拜穎鎮軍大將軍都督河北諸軍事給兵千人鎮鄴穎至洛而東海王越率衆迎大駕所在鋒起穎以北方盛彊懼不可進自洛陽奔關中值大駕還洛穎自華陰趣武關出新野帝詔鎮南將軍劉弘南中郎將劉陶收捕穎於是棄母妻單車与二子廬江王普中都王廓渡河赴朝歌收合故將士數百人欲就公師藩頓丘太守馮嵩執穎及普廓送鄴范陽王虓幽之而无他意屬虓暴薨虓長史劉輿見穎為鄴都所服慮為後患祕不發喪偽令人為臺使稱詔夜賜穎死穎謂守者田徽曰范陽王亡乎徽曰不知穎曰卿年幾徽曰五十穎曰知天命不徽曰不知穎曰我死之後天下安乎不安乎我自放逐於今三年身躰手足不見洗沐取數斗湯來其二子号泣穎勑人將去乃散髮東首臥命徽縊之時年二十八二子亦死鄴中哀之穎之敗也官屬並奔散惟盧志隨從不

怠論者稱之其後汲桑害東嬴公騰稱為穎報讎遂出穎棺載之於軍中每事啓靈以行軍令桑敗棄棺於故井中穎故臣收之改葬于洛陽懷帝加以縣王礼穎死後數年開封間有傳穎子年十餘歲流離百姓家東海王越遣人殺之永嘉中立東萊王蕤子遵為穎嗣封華容縣王後沒於賊國除

河間王顒字文載安平獻王孚孫太原烈王瓌之子也初襲父爵咸寧二年就国三年改封河間少有清名輕財愛士与諸王俱來朝武帝歎顒可以為諸国儀表元康初為北中郎將監鄴城九年代梁王肜為平西將軍鎮關中石函之制非親親不得都督關中顒於諸王為疎特以賢舉及趙王倫篡位齊王冏謀討之前安西參軍夏侯奭自稱侍御史在始平合衆得數千人以應冏遣信要顒顒遣主簿房陽河間国人張方討擒奭及其黨十數人於長安市要斬之及冏檄至顒執冏使送之於倫倫徵兵於顒顒遣方率關右健將赴之方至華陰顒聞二王兵盛乃加長史李含龍驤將軍領督護席遠等追方軍迴以應二王義兵至

潼關而倫秀已誅天子反正含與方各率衆還及冏論功雖怒顒初不同
而終能濟義進位侍中太尉加三賜之禮後含為翊軍校尉與冏參軍
皇甫商司馬趙驤等有憾遂奔顒詭稱受密詔伐冏因說利害顒納之
便發兵遣使邀成都王穎以含為都督率諸軍屯陰盤前鋒次于新安
去洛百二十里檄長沙王乂討冏及冏敗顒以含為河南尹使與馮蓀卞
粹等潛圖害乂商知含前矯妄又與顒陰謀具以告乂乂乃誅含等顒
聞含死即起兵以討商為名使張方為都督領精卒七萬向洛方攻商
商距戰而潰方遂進攻西明門乂率中軍左右衛擊之方衆大敗死者
五千餘人方初於駃水橋西為營於是築壘數重外引廩穀以足軍
資乂復從天子出攻方戰輒不利及乂死方還長安詔以顒為太宰大
都督雍州牧顒廢皇太子覃立成都王穎為太弟改年大赦左衛將軍
陳眕奉天子伐穎顒又遣方率兵二萬救鄴天子已幸鄴方屯兵洛陽
及王浚等伐穎穎挾天子歸洛陽方將兵入殿中逼帝幸其壘掠府庫
將焚宮廟以絕衆心盧志諫乃止方又逼天子幸長安顒乃選置百官

改秦州為定州及東海王越起兵徐州西迎大駕關中大懼方謂顒曰
方所領猶有十餘萬衆奉送大駕還洛宮使成都王反鄴公自留鎮關
中方北討博陵如此天下可小安無復舉手者顒慮事大難濟不許乃
假劉喬節進位鎮東大將軍遣成都王穎總統樓褒王闡等諸軍據河
橋以距越王浚遣督護劉根將三百騎至河上闡出戰為根所殺穎頓
軍張方故壘范陽王虓遣鮮卑騎與平昌博陵衆襲河橋樓褒西走
追騎至新安道路死者不可勝數初越以張方劫遷車駕天下怨憤唱
義與山東諸侯剋期奉迎先遣說顒令送帝還都與顒分陝而居顒
欲從之而方不同及東軍大捷成都等敗顒乃令方親信將郅輔夜斬
方送首以示東軍尋變計更遣刁默守潼關乃咎輔殺方又斬輔顒先
遣將呂朗等據滎陽范陽王虓司馬劉琨以方首示朗於是朗降時東
軍既盛破刁默以入關顒懼又遣馬瞻郭偉於霸水禦之瞻等戰敗散
走顒乘單馬逃于太白山東軍入長安大駕旋以太弟太保梁柳為鎮
西將軍守關中馬瞻等出詣柳因共殺柳於城內瞻等與始平太守梁

蕩合從迎顒於南山顒初不肯入府長安令蘇衆記室督朱永勸顒表
稱柳病卒輒知方事弘農太守裴廙秦國內史賈龕安定太守賈疋等
起義討顒斬馬瞻梁邁等海王越遣督護麋晃率國兵伐顒至
鄭顒將牽秀距晃晃斬秀并其二子義軍據有關中顒保城而已永
嘉初詔書以顒為司徒乃就徵南陽王模遣將梁臣於新安雍谷車上
扼殺之并其三子詔以彭城元王植子融為顒嗣改封樂成縣王薨無子
建興中元帝又以彭城康王釋子欽為融嗣

東海孝獻王越字元超高密王泰之次子也少有令名謙虛持布衣之
操為中外所宗初以世子為騎都尉與駙馬都尉楊邈及琅邪王伷子
繇俱侍講東宮拜散騎侍郎歷左衛將軍加侍中討楊駿有功封五千
戶侯遷散騎常侍輔國將軍尚書右僕射領游擊將軍復為侍中加奉
車都尉給溫信五十人別封東海王食六縣永康初為中書令徙侍中
遷司空領中書監成都王穎攻長沙王乂固守洛陽殿中諸將及三部
司馬疲於戰守密與左衛將軍朱默夜收乂別省逼越為主啓惠帝免

乂官事定越稱疾遜位帝不許加守尚書令太安初帝北征鄴以越為
大都督六軍敗越奔下邳徐州都督東平王楙不納越徑還東海成都
王穎以越兄弟宗室之美下寬令招之越不應命帝西幸以越為太傅
與太宰顒夾輔朝政讓不受東海中尉劉洽勸越發兵以備穎越以洽
為左司馬尚書曹馥為軍司既起兵楙懼乃以州與越越以司空領徐
州都督以楙領兗州刺史越三弟並據方任征伐輒選刺史守相朝士
多赴越而河間王顒挾天子發詔罷越等皆令就國越唱義奉迎大
駕還復舊都率甲卒三萬西次蕭縣豫州刺史劉喬不受越命遣子
祐距之越軍敗范陽王虓遣督護田徽以突騎八百迎越遇祐於譙祐
衆潰越進屯陽武山東兵盛關中大懼顒斬送張方首求和尋變計距
越越率諸侯及鮮卑許扶歷駒次宿歸等步騎迎惠帝反洛陽詔越以
太傅錄尚書以下邳濟陽二郡增封及懷帝即位委政於越吏部郎周
穆清河王覃舅越之姑子也與其妹夫諸葛玫共說越曰主上之為太
弟張方意也清河王本太子為群凶所廢先帝暴崩多疑東宮公盍思

伊霍之舉以寧社稷乎言未卒越曰此豈宜言邪叱左右斬之以致穆
世家罪止其身因此表除三族之法帝始親萬機留心庶事越不悅求
出藩帝不許越遂出鎮許昌永嘉初自許昌率苟晞及冀州刺史丁劭
討汲桑破之越還于許長史潘滔說之曰兖州天下樞要公宜自牧乃
轉苟晞為青州刺史由是與晞有隙尋詔越為丞相領兖州牧督兖
豫司冀幽并六州越辭丞相不受自許遷于鄄城越恐清河王覃終為
儲副矯詔收付金墉城尋害之王弥入許越遣左司馬王斌率甲士五千
人入衛京都鄄城自壞越惡之移屯濮陽又遷于滎陽召田甄等六率
甄不受命越遣監軍劉望討甄初東嬴公騰之鎮鄴也攜并州將田甄
甄弟蘭任祉祁濟李惲薄盛等部衆萬餘人至鄴遣就穀冀州號為乞
活及騰敗甄等邀破汲桑於赤橋越以甄為汲郡蘭為鉅鹿太守甄求
魏郡越不許甄怒故召不至望既渡河甄退李惲薄盛斬田蘭率其衆
降甄祉濟棄軍奔上黨越自滎陽還洛以太學為府疑朝臣貳己乃誣
帝舅王延等為亂遣王景率甲士三千人入宮收延等付廷尉殺之越

晉書列傳二十九　二十一

解兖州牧領司徒越既與苟晞構怨又以頃興事多由殿省乃奏宿衛
有侯爵者皆罷之時殿中武官並封侯由是出者略盡皆泣涕而去乃以
東海國上軍將軍何倫為右衛將軍王景為左衛將軍領國兵數百人
宿衛越自誅王延等大失衆望而多有猜嫌散騎侍郎高韜有憂國之
言越誣以訕謗時政害之而不自安乃戎服入見請討石勒且鎮集兖
豫以援京師帝曰今逆虜侵逼郊畿王室蠢蠢莫有固志朝廷社稷倚
賴於公豈可遠出以孤根本對曰臣今率衆邀賊勢必滅之賊滅則不
逞消殄 東諸州職貢流通此所以宣暢國威藩屏之宜也若端坐京
輦以失據會則釁弊日滋所憂逾重遂行留妃裴氏世子鎮軍將軍
毗及龍驤將軍李惲并何倫等守衛京都表以行臺隨軍率甲士四萬東
屯于項王公卿士隨從者甚衆詔加九錫越乃羽檄四方曰皇綱失御社
稷多難孤以弱才備當大任自頃胡寇內逼偏裨失利帝鄉便為戎州
冠帶奄成殊域朝廷上下以為憂懼皆由諸侯蹉跎遂及此難投袂忘
履討之已晚人情奉本莫不義奮當須合會之衆以俟戰守之備宗

廟主上相賴匡救檄至之日便望風奮發忠臣戰士效誠之秋也所徵
皆不至而苟晞又表討越語在晞傳越以豫州刺史馮嵩為左司馬自
領豫州牧越專擅威權圖為霸業朝賢素望選為佐吏名將勁卒充
于己府不臣之迹四海所知而公私罄之所在寇亂州郡攜貳上下崩
離禍結釁深遂憂懼成疾永嘉五年薨于項祕不發喪以襄陽王範
為大將軍統其衆還葬東海石勒追及於苦縣寧平城將軍錢端出兵
距勒戰死軍潰勒命焚越柩曰此人亂天下吾為天下報之故燒其骨
以告天地於是數十萬衆勒以騎圍而射之相踐如山王公士庶死者十
餘萬王弥弟璋焚其餘衆并食之天下歸罪於越帝發詔貶越為縣王
何倫李惲聞越之死祕不發喪奉妃裴氏及毗出自京邑從者傾城所
經暴掠至洧倉又為勒所敗毗及宗室三十六王俱沒于賊李惲殺妻
子奔廣宗何倫走下邳裴妃為人所略賣於吳氏太興中得渡江欲招
魂葬越元帝詔有司詳議博士傅純曰聖人制禮以事緣情設冢槨以
藏形而事之以凶立廟祧以安神而奉之以吉送形而往迎精而還此

晉書列傳二十九　二十二

墓廟之大分形神之異制也至於室廟寢廟祊祭非一處所以廣求神
之道而獨不於墓明非神之所處也今亂形神之別錯廟墓之宜違禮
制義莫大於此於是下詔不許裴妃不奉詔遂葬越於廣陵太興末墓
毀改葬丹徒初元帝鎮建鄴裴妃之意也帝深德之數幸其第以第三
子沖奉越後薨無子成帝以少子奕繼之哀帝徙奕為琅邪王而東海
無嗣隆安初安帝更以會稽忠王次子彥璋為東海王繼沖為曾孫為桓
玄所害國除
史臣曰昔高辛撫運釁起參商宗周嗣曆禍纏管蔡詳觀曩冊逖聽
前古亂臣賊子昭鑒在焉有晉鑒興載崇藩翰分茅錫瑞道光恒典儀
台飾袞禮備彝章汝南以純和之姿失於無斷楚隱習果銳之性遂成
凶很或位居朝右或職參近禁俱為女子所詐相次受誅雖曰自貽良可
哀也倫實庸瑣見欺孫秀潛構異圖煽成姦慝乃使元良遘怨酷上
宰陷誅夷乾耀以之暫傾皇綱於焉中圮遂裂冠毀冕幸百六之會綰
璽揚蕤窺九五之尊夫神器焉可偷安鴻名豈容妄假而欲託茲淫祀

亨彼天年凶闇之極未之有也冏名父之子唱義勤王權僞業成既拯皇輿於已墜策勳考績良足可稱然而臨禍忘憂逞心縱欲曾不知樂不可極盈難久持笑古人之未工忘己事之已拙向若採王豹之奇策納孫惠之嘉謀高謝袞章來表東海蹤古之伊霍何以加焉長沙材力絕人忠款邁俗投弓掖門落落標壯夫之氣馳車魏闕懍懍懷烈士之風雖復陽九數屯在三之情無奪撫其遺節終始可觀穎既入總大權出居重鎮中臺藉以成務東夏資其宅心乃協契河間共圖進取而顒任李含之狙詐杖張方之陵虐遂使武閔喪元長沙授首逞其無君之志矜其不義之彊鑾駕北巡異乎有征無戰乘輿西幸非由望秩觀風若火燎原猶可撲滅矧茲安忍能無及乎東海糾合同盟創為義舉匡復之功未立陵暴之釁已彰墮彼車徒固求出鎮既而帝京寡弱狡寇憑陵遂令神器劫遷宗祏顛覆數十萬眾並垂餌於豺狼三十六王咸隕身於鋒刃禍難之極振古未聞雖及焚如猶為幸也自惠皇失政難起蕭牆骨肉相殘黎元塗炭胡塵驚而天地閉戎兵接而宮廟隳支屬肇其禍端戎羯乘其間隙悲夫詩所謂誰生厲階至今為梗其八王之謂矣

晉列傳二十九　二十三

贊曰亮惟總朝政瑋懷職競讒巧乘間釁生過聽構怨連禍遞遭非命倫實下愚敢竊龍圖亂常奸位遂及嚴誅偉哉武閔首創宏謨德之不建良可悲夫長沙奉國始終靡慝功虧一簣奄罹殘賊章度勤王效立名揚合從關右犯順爭彊事窮勢蹙俱為亂先越[illegible]征八撫敗國喪師無君振主焚如之變[illegible]

列傳第二十九　晉書五十九

列傳第三十　晉書六十　御撰

解系 弟結 結弟育　孫旂　孟觀　牽秀
繆播 從弟胤　皇甫重　張輔　李含
張方　閻鼎　索靖 子綝　賈疋

解系字少連濟南著人也父修魏琅邪太守梁州刺史考績為天下第一武帝受禪封梁鄒侯系及二弟結育並清身絜己甚得聲譽時荀勗門宗彊盛朝野畏憚之勗諸子謂系等曰我與卿為友應向我公拜勗又曰我與尊先使君親厚系曰不奉先君遺教公若與先君厚往日哀頻當垂書問親厚之誨非所敢承勗父子大慚當世壯之後辟公府掾歷中書黃門侍郎散騎常侍豫州刺史遷尚書出為雍州刺史揚烈將軍西戎校尉假節會氐羌叛與征西將軍趙王倫討之倫信用佞人孫秀與系爭軍事更相表奏朝廷知系守正不撓而召倫還系表殺秀以謝氐羌不從倫秀譖之系坐免官以白衣還第闔門自守及張華裴頠之被誅也倫秀以宿憾收系兄弟梁王肜救系等倫怒曰我於水中見蟹

晉列傳三十　一

且惡之況此人兄弟輕我邪此而可忍孰不可忍肜苦爭之不得遂害之并戮其妻子後齊王冏起義時以裴解為冤首倫秀既誅冏乃奏曰臣聞興微繼絕聖王之高政貶惡嘉善春秋之美談是以武王封比干之墓表商容之閭誠幽明之故有以相通也孫秀逆亂滅佐命之國誅骨鯁之臣以斲喪王室肆其虐戾功臣之後多見泯滅至如張華裴頠各以見憚取誅於時系結同以羔羊被害歐陽建等無罪而死百姓憐之陛下更日月之光照布惟新之明命然此等未蒙恩理昔欒郤降在皁隸而春秋傳其人幽王絕功臣之後棄賢者子孫而詩人以為刺臣備忝右職思竭股肱獻納愚誠若合聖意可群官通議八坐議以系等清公正直為姦邪所疾無罪橫戮冤痛已甚如大司馬所啓彰明枉直顯宣當否使冤魂無愧無恨為恩大矣永寧二年追贈光祿大夫改葬加弔祭焉

結字叔連少與系齊名辟公府掾累遷黃門侍郎歷散騎常侍豫州刺史魏郡太守御史中丞時孫秀亂關中結在都坐議秀罪應誅秀由是

致憾及系被害結亦同戮女適裴氏明日當嫁而禍起裴氏欲認活之
女曰家既若此我何活為亦坐死朝廷遂議革舊制女不從坐由結
女始也後贈結光祿大夫改塟加弔祭

結弟育字稚連名亞二兄歷公府掾太子洗馬尚書郎衛軍長史弘農
太守與二兄俱被害妻子徙邊

孫旂字伯旗樂安人也父歷魏晉際為幽州刺史右將軍旂絜靜少自
脩立察孝廉累遷黃門侍郎出為荊州刺史名位與二解相亞永熙中
徵拜太子詹事轉衛尉坐武庫火免官歲餘出為兖州刺史遷平南將
軍假節旂子弼及弟子髦輔琰四人並有吏材稱於當世遂與孫秀合
族及趙王倫起事夜從秀開神武門下觀閱器杖兄弟旬月相次為公
府掾尚書郎弼又為中堅將軍領尚書左丞輔為上將軍領射聲校
尉髦為武衛將軍領太子詹事琰為武威將軍領太子左率皆賜爵
開國郡侯推崇旂為車騎將軍開府初旂以弼等受署為朝廷小息面
責讓弼等以過差之事必為家禍弼等終不從旂制之不可但慟哭而已
及齊王冏起義四子皆伏誅襄陽太守宗岱承冏檄斬旂夷三族弟尹

晉列傳三十　二

字文旗歷陳留陽平太守早卒

孟觀字叔時渤海東光人也少好讀書解天文惠帝即位稍遷殿中中
郎賈后悖婦姑之禮陰欲誅楊駿而廢太后因駿專權數言之於帝又
使人諷觀會楚王瑋將討駿觀受賈后旨宣詔頗加誣其事及駿誅以
觀為黃門侍郎特給親信四十人遷積弩將軍封上谷郡公氐帥齊萬
年反於關中衆數十萬諸將屢敗相繼中書令陳準監張華以趙梁諸
王在關中雍容貴戚進不貪功退不懼罪士卒雖衆不為之用周處喪
敗職此之由上下離心難以勝敵以觀沉毅有文武材用乃啓觀討之
觀所領宿衛兵皆趫捷勇悍幷統關中士卒身當矢石大戰十數皆破
之生擒萬年威慴氐羌轉東羌校尉徵拜右將軍趙王倫篡位以觀所
在著績署為安南將軍監河北諸軍事假節屯宛觀子平為淮南王允前
鋒將軍討倫戰死孫秀以觀杖兵在外假言平為允兵所害贈積弩將軍
以安觀義軍既起多勸觀應齊王冏觀以紫宮帝坐無他變謂倫應
之遂不從衆議而為倫守及帝反正永饒冶令空桐機斬觀首傳于洛
陽遂夷三族

牽秀字成叔武邑觀津人也祖招魏鴈門太守秀博辯有文才性豪俠
弱冠得美名為太保衛瓘尚書崔洪所知太康中調補新安令累遷司
空從事中郎與帝舅王愷素相輕侮愷諷司隸荀愷奏秀夜在道中載
高平國守士田興妻秀即表訴被誣論愷穢行文辭亢厲以譏抵外戚
于時朝臣雖多證明其行而秀盛名美譽由是而損遂坐免官後司空
張華請為長史秀任氣好為將帥張昌作亂長沙王乂遣秀討昌秀出
關因奔成都王穎穎伐乂以秀為冠軍將軍與陸機王粹等共為河橋之
役機戰敗秀證成其罪又諂事黃門孟玖故見親於穎惠帝西幸長安
以秀為尚書秀少在京輦見司隸劉毅奏事而扼腕慷慨自謂居司直
之任當能激濁揚清處鼓鞞之間必建將帥之勳及在常伯納言亦未
曾有規獻弼違之奇也河間王顒甚親任之關東諸軍奉迎大駕以秀
為平北將軍鎮馮翊秀與顒將馬瞻等將輔顒以守關中顒密遣使

晉列傳三十　三

就東海王越求迎越遣將麋晃等迎顒時秀擁衆在馮翊晃不敢進顒
長史楊騰前不應越軍懼越討之欲取秀以自効與馮翊大姓諸嚴詐
稱顒命使秀罷兵秀信之騰遂殺秀於萬年

繆播字宣則蘭陵人也父悅光祿大夫播才思清辯有意義高密王
泰為司空以播為祭酒累遷太弟中庶子惠帝幸長安河間王顒欲挾
天子令諸侯東海王越將起兵奉迎天子以播父時故吏委以心膂播從
弟右衛率胤顒前妃之弟也越遣播胤詣長安說顒令奉帝還洛約與
顒分陝為伯播胤素為顒所敬信既相見虛懷從之顒將張方自以罪
重懼為誅首謂顒曰今據形勝之地國富兵彊奉天子以號令誰敢不
服顒惑方所謀猶豫不決方惡播胤為越游說陰欲殺之播等亦慮方
為難不敢復言時越兵鋒甚盛顒深憂之播胤乃復說顒急斬方以謝
可不勞而安顒從之於是斬方以謝山東諸侯顒後悔之又以兵距越屢
為越所敗帝反舊都播亦從太弟還洛契闊艱難深相親狎及帝崩太
弟即帝位是為懷帝以播為給事黃門侍郎俄轉侍中徙中書令任遇

日隆專管詔命時越威權自已帝力不能討心甚惡之以播衛等有公輔之量又盡忠於國故委以心膂越懼為已害因入朝以兵入宮執播等於帝側帝歎曰姦臣賊子無世無之不自我先不自我後哀哉起執播等并弟四獻歔欷不能自禁越遂害之朝野憤惋咸曰善人國之紀也而加虐焉其能終乎及越薨帝贈播衛尉祠以少牢

衛字休祖安平獻王外孫也與播名譽略齊初為尚書郎後遷太弟左衛率轉魏郡太守及王浚軍逼鄴石超等大敗衛奔東海王越於徐州越使衛與播俱入關而所說得行大駕東還越以衛為冠軍將軍南陽太守衛從藍田出武關之南陽前守衛展距衛不受衛乃還洛懷帝即位拜衛左衛將軍轉散騎常侍太僕卿既而與播及帝舅王延尚書何綏太史令高堂沖並參機密為東海王越所害

皇甫重字倫叔安定朝那人也性沈果有才用為司空張華所知稍遷新平太守元康中華版為秦州刺史齊王冏輔政以重弟商為參軍冏誅長沙王乂又以為參軍時河間王顒鎮關中其將李含先與商重有

隙每銜之及此說顒曰商為乂所任重終不為人用宜急除之以去一方之患可表遷重為內職因其經長安乃執之重知其謀乃露檄上尚書以顒信任李含將欲為亂召集隴上士衆以討含為名乂以兵革累興今始寧息表請遣使詔重罷兵徵含為河南尹含既就徵重不奉詔顒遣金城太守游楷隴西太守韓稚等四郡兵攻之頃之成都王穎與顒起兵共攻乂以討后父尚書僕射羊玄之及商為名乂以商為左將軍河東太守領萬餘人於鈌門距張方為方所破顒軍遂進乂既屢敗乃使商間行齎帝手詔使游楷盡罷兵令重進軍討顒商行過長安至新平遇其從甥從甥素憎商以告顒顒捕得商殺之乂既敗重猶堅守閉塞外門城內莫知而四郡兵築土山攻城重輒以連弩射之所在為地窟以防外攻權變百端外軍不得近城將士為之死戰顒知不可拔乃上表求遣御史宣詔喻之令降重知非朝廷本意不奉詔獲御史騶人問曰我弟將兵來欲至未騶云已為河間王所害重失色立殺騶於是城內知無外救遂共殺重先是重被圍急遣養子昌請救於東海王越越以顒新廢成都王穎與山東連和不肯出兵昌乃與故殿中人楊篇詐稱越命迎羊后於金墉城入宮以后令發兵討張方奉迎大駕事起倉卒百官初皆從之俄而又共誅昌

張輔字世偉南陽西鄂人漢河間相衡之後也少有幹局與從母兄劉喬齊名初補藍田令不為豪彊所屈時彊弩將軍龐宗西州大姓護軍趙浚宗婦族也故僮僕放縱為百姓所患輔繩之殺其二奴又奪宗田二百餘頃以給貧戶一縣稱之轉山陽令太尉陳準家僮亦暴橫輔復擊殺之累遷尚書郎封宜昌亭侯轉御史中丞時積弩將軍孟觀與明威將軍郝彥不協而觀因軍事害彥又賈謐潘岳石崇等共相引重及義陽王威有詐冒事輔並糾劾之梁州刺史楊欣有姊喪未經旬車騎長史韓預彊聘其女為妻輔為中正貶預以清風俗論者稱之及孫秀執權威構輔於秀秀惑之將繩輔以法輔與秀牋曰輔徒知希慕古人當官而行不復自知小為身計今義陽王誠弘恕不以介意然輔母年七十六常見憂慮恐輔將以怨疾獲罪願明公留神

省察輔前後行事是國之愚臣而已秀雖凶狡知輔雅正為威所誣乃止後遷馮翊太守是時長沙王乂以河間王顒專制關中有不臣之跡言於惠帝密詔雍州刺史劉沉秦州刺史皇甫重使討顒於是沉等與顒戰於長安輔遂將兵救顒沉等敗績顒德之乃以輔代重為秦州刺史當赴顒之難金城太守游楷亦皆有功轉梁州刺史不之官楷聞輔之還不時迎輔陰圖之又殺天水太守封尚欲揚威西土召隴西太守韓稚會議未決稚子朴有武幹斬異議者即收兵伐輔輔與稚戰於遮多谷口輔軍敗績為天水故帳下督富整所殺初輔嘗著論云管仲不若鮑叔鮑叔知所奉知所投管仲奉主而不能濟所奔又非濟事之國三歸反坫皆鮑不為又論班固司馬遷云遷之著述辭約而事舉敘三千年事唯五十萬言班固敘二百年事乃八十萬言煩省不同不如遷一也良史述事善足以獎勸惡足以監誡人道之常中流小事亦無取焉而班皆書之不如二也毀貶鼂錯傷忠臣之道不如三也遷既造創固又因循難易益不同矣又遷為蘇秦張儀范雎蔡澤作傳逞

辭流離亦足以明其大才故述辯士則辭藻華靡叙實録則隱核名檢此所以遷稱良史也又論魏武帝不及劉備樂毅減於諸葛亮詞多不載

李含字世容隴西狄道人也僑居始平少有才幹兩郡並舉孝廉安定皇甫商州里年少少恃豪族以含門寒微欲與結交含距而不納商恨焉遂諷州以短檄召含為門亭長會州刺史郭奕素聞其賢下車擢含為別駕遂處群僚之右尋舉秀才薦之公府自太保掾轉秦國郎中令司徒選含領始平中正秦王柬薨含依臺儀葬訖除喪尚書趙浚有內寵疾含不事己遂奏含不應除喪本州大中正傅祗以名義貶含中丞傅咸上表理含曰臣州秦國郎中令始平李含忠公清正才經世務實有史魚秉直之風雖以此不能協和流俗然其名行峻厲不可得掩二郡並舉孝廉異行尚書郭奕臨州含寒門少年而奕超為別駕太保衛瓘辟含為掾每語臣曰李世容當為晉匪躬之臣秦王之薨悲慟感人百僚會喪皆所目見而今以含俯就王制謂之背戚居榮奪其中正

天王之朝既葬不除藩國之喪既葬而除藩國欲同不除乃當責引尊準卑非所宜言耳今天朝告于上欲令藩國服于下此為藩國之義隆而天朝之禮薄也又云諸王公皆終喪禮寧盡乃叙明以喪制宜隆務在敦重也夫寧盡乃叙明以哀其病耳異於天朝制使終喪未見斯文國制既葬而除既除而祔爰自漢魏迄于聖晉文皇升遐武帝崩阻世祖過哀陛下毀頓銜疚諒闇以終三年率土臣妾豈無攀慕遂服之心實以國制不可而踰故於既葬不敢不除天王之喪釋除於上藩國之臣獨遂于下此不可安復以秦王無後含應為喪主而王喪既除而祔則應吉祭因曰王未有廟主不應除服秦王始封無所連祔靈主所居即便為廟不問國制云何而以無廟為貶以含今日之所行移博士使案禮文必也放勛之殂遏密三載世祖之崩數旬即吉引古繩今闔世有貶何但李含不應除服今也無貶王制故也聖上諒闇哀聲不輟股肱近侍猶宜心喪不宜便行婚娶歡樂之事而莫云者豈不以大制不可而曲邪且前以含有王喪上為差代尚書勑王葬日在近葬訖含應攝職不聽差代葬訖含猶躊躇司徒屢罰訪問踧含攝職而隨擊之此為臺勑府符陷含於惡若謂臺府為傷教義則當據正不正符勑唯含是貶含之困躓尚足惜乎國制不可偏耳又含自以隴西人雖戶屬始平非所綜悉自初見使為中正反覆言辭說非始平國人不宜為中正後為郎中令又自以選官引臺府為比以讓常山太守蘇韶辭意懇切形于文墨含之固讓乃在王未薨之前葬後躊躇窮於對罰而攝職耳臣從弟祗為州都意在欲隆風教議含已過不良之人遂相扇動冀挾名義法外致案足有所邀中正龐騰便割含品臣雖無祁大夫之德見含為騰所侮謹表以聞乞朝廷以時博議無令騰得妄弄刀尺帝不從含遂被貶退割為五品歸長安歲餘光祿差含為壽城邸閣督司徒王戎表含曾為大臣雖見割削不應降為此職詔停後為始平令及趙王倫篡位或謂孫秀曰李含有文武大才無以資秀以為東武陽令河間王顒表請含為征西司馬甚見信任頃之轉為長史顒誅夏侯奭送齊王冏使與趙王倫遣張方率衆赴倫皆含謀也後顒聞三王兵盛乃加含龍驤將

軍統席薳等鐵騎迴遣張方軍以應義師天子反正含至潼關而還初梁州刺史皇甫商為趙王倫所任倫敗去職詣顒顒慰撫之甚厚含諫顒曰商倫之信臣懼罪至此不宜數與相見商知而恨之及商當還都顒置酒餞行商因與含忿爭顒和釋之後含被徵為翊軍校尉時商參齊王冏軍事而夏侯奭兄在冏府稱奭立義被西藩枉害含心不自安冏右司馬趙驤又與含有隙冏將閱武含懼驤因兵討之乃單馬出奔于顒矯稱受密詔顒即夜見之乃說顒曰成都王至親有大功還藩甚得衆心齊王越親而專執威權朝廷側目今檄長沙王令討齊使先聞於齊齊必誅長沙因傳檄以加齊罪則冏可擒也既去齊立成都除逼建親以安社稷大勳也顒從之遂表請討冏拜含為都督統張方等率諸軍以向洛陽含屯陰盤而長沙王乂誅冏含等旋師初含之本謀欲并去乂冏使權歸於顒含因得肆其宿志既長沙勝齊顒穎猶各守藩志望未允顒表含為河南尹時商復被乂任遇商兄重時為秦州刺史含疾商滋甚復與重構隙顒自含奔還之後委以心膂復慮重襲

已乃使兵圍之更相表罪侍中馮蓀黨顒請召重還商說又曰河間之奏皆李含所交構也若不早圖禍將至矣且河間前舉由含之謀又乃殺含

張方河間人也世貧賤以材勇得幸於河間王顒累遷兼振武將軍永寧中顒表討齊王冏遣方領兵二萬為前鋒及冏被長沙王乂所殺顒及成都王穎復表討乂遣方率衆自函谷入屯河南惠帝遣左將軍皇甫商距之方以潛軍破商之衆遂入城乂奉帝討方于城內方軍望見乘輿於是小退方止之不得衆遂大敗殺傷滿于衢巷方退壁于十三里橋人情挫衄無復固志多勸方夜遁方曰兵之利鈍是常貴因敗以為成耳我更前作壘出其不意此用兵之奇也乃夜潛進逼洛城七里乂既新捷不以為意忽聞方壘成乃出戰敗績東海王越等執乂送于金墉城方使郅輔取乂還營炙殺之於是大掠洛中官私奴婢萬餘人而西還長安顒加方右將軍馮翊太守蕩陰之役顒又遣方鎮洛陽上官巳苗願等距之大敗而退清河王覃夜襲巳願巳願出奔方乃入洛陽覃於廣陽門迎方而拜方馳下車扶止之於是復廢皇后羊氏及帝自鄴

晉列傳三十　八

還洛方遣息熊以三千騎奉迎將渡河橋方又以所乘陽燧車青蓋素升三百人為小鹵簿迎帝至芒山下方自帥萬餘騎奉雲母輿及旌旗之飾衛帝而進初方見帝將拜帝下車自止之方在洛既久兵士暴掠發哀獻皇女墓軍人喧喧無復留意議欲西遷尚匿其跡欲須天子出因刼移都乃請帝謁廟帝不許方遂悉引兵入殿迎帝帝見兵至避之於竹林中軍人引帝出方於馬上稽首曰胡賊縱逸宿衛單少陛下今日幸臣壘臣當捍禦寇難致死無二於是軍人便亂入宮閣爭割流蘇武帳而為馬帴方奉帝至弘農顒遣司馬周弼報方欲廢太弟方以為不可帝至長安以方為中領軍錄尚書事領京兆太守時豫州刺史劉喬檄稱潁川太守劉輿迫脅范陽王虓距逆詔命及東海王越等起兵於山東乃遣方率步騎十萬往討之方屯兵霸上而劉喬為虓等所破顒聞喬敗大懼將罷兵恐方不從遲疑未決初方從山東來甚微賤長安富人郅輔厚相供給及貴以輔為帳下督甚昵之顒參軍畢垣河間冠族為方所侮忿而說顒曰張方久屯霸上聞山東賊盛盤桓不進宜防其未萌其親信郅輔具知其謀矣而繆播等先亦構之顒因使召輔垣迎說輔曰張方欲反人謂卿知之王若問卿何辭以對輔驚曰實不聞方反為之若何垣曰王若問卿但言爾爾不然必不免禍輔既入顒問之曰張方反卿知之乎輔曰爾顒曰遣卿取之可乎又曰爾顒於是使輔送書於方因令殺之輔既昵於方持刀而入守閤者不疑因火下發函便斬方頭顒以輔為安定太守初繆播等議斬方送首與越冀東軍可罷及聞方死更爭入關顒頗恨之又使人殺輔

史臣曰晉氏之禍難薦臻實始藩翰解系等以干時之用處危亂之辰並託迹府朝參謀王室或抗忠盡節或飾詐懷姦雖邪正殊途而咸至誅戮豈非時艱致紊利深禍速者乎古人所以危邦不入亂邦不居戒懼於此也

閻鼎字台臣天水人也初為太傅東海王越參軍轉卷令行豫州刺史事屯許昌遭母喪乃於密縣間鳩聚西州流人數千欲還鄉里值京師失守秦王出奔密中司空荀藩藩弟司隸校尉組及中領軍華恒河南

晉列傳三十　九

尹華薈臣佐密縣建立行臺以密近賊南趣許潁司徒左長史劉疇在密為塢主中書令李暅太傅參軍騶捷劉蔚鎮軍長史周顗司馬李述皆來赴疇僉以鼎有才用且手握彊兵勸藩假鼎冠軍將軍豫州刺史蔚等為參佐鼎少有大志因西土人思歸欲立功鄉里乃與撫軍長史王毗司馬傅遜懷翼戴秦王之計謂疇捷等曰山東非霸王之處不如關中河陽令傅暢遺鼎書勸奉秦王過洛陽謁拜山陵徑據長安綏合夷晉興起義衆尅復宗廟雪社稷之恥鼎得書便欲詣洛流人謂北道近河懼有抄截欲南自武關向長安疇等皆山東人咸不願西入荀藩及疇捷等並逃散鼎追藩不及暅等見殺唯顗述走得免遂奉秦王行止上洛為山賊所襲殺百餘人率餘衆西至藍田時劉聰向長安為雍州刺史賈疋所逐走還平陽疋遣人奉迎秦王遂至長安而與大司馬南陽王保衛將軍梁芬京兆尹梁綜等並同心推戴立王為皇太子登壇告天立社稷宗廟以鼎為太子詹事總攝百揆梁綜與鼎爭權鼎殺綜以王毗為京兆尹鼎首建大謀立功天下始平太守麴允撫夷護軍索

綝並害其功且欲專權馮翊太守梁緯北地太守梁肅並綜母弟綝之
姻也謀欲除鼎乃詐其有無君之心專殺大臣請討之遂攻鼎鼎出奔
雍爲氐竇首所殺傳首長安

索靖字幼安敦煌人也累世官族父湛北地太守靖少有逸群之量與鄉人氾衷張甝索紾索永俱詣太學馳名海內號稱敦煌五龍四人並早亡唯靖該博經史兼通內緯州辟別駕郡舉賢良方正對策高第傅玄張華與靖一面皆厚與之相結拜駙馬都尉出爲西域戊己校尉長史太子僕同郡張勃特表以靖才藝絕人宜在臺閣不宜遠出邊塞武帝納之擢爲尚書郎與襄陽羅尚河南潘岳吳郡顧榮同官咸器服焉靖與尚書令衛瓘俱以善草書知名帝愛之瓘筆勝靖然有楷法遠不能及靖靖在臺積年除鴈門太守遷魯相又拜酒泉太守惠帝即位賜爵關內侯靖有先識遠量知天下將亂指洛陽宮門銅駝歎曰會見汝在荊棘中耳元康中西戎反叛拜靖大將軍梁王肜左司馬加蕩寇將軍屯兵粟邑擊賊敗之遷始平內史及趙王倫篡位靖應三王義舉以左衛將軍討孫秀有功加散騎常侍遷後將軍太安末河間王顒舉兵向洛陽拜靖使持節監洛城諸軍事游擊將軍領雍秦涼義兵與賊戰大破之靖亦被傷而卒追贈太常時年六十五後又贈司空進封安樂亭侯謚曰莊靖著五行三統正驗論辯理陰陽氣運又撰索子晉詩各二十卷又作草書狀其辭曰聖皇御世隨時之宜倉頡既生書契是爲科斗鳥篆類物象形叡哲變通意巧滋生損之隸草以崇簡易百官畢修事業並麗蓋草書之爲狀也婉若銀鉤漂若驚鸞舒翼未發若舉復安蟲蛇虬蟉或往或還類阿那以羸羸欻奮亹而桓桓及其逸遊盻嚮乍正乍邪騏驥暴怒逼其轡海水窊隆揚其波芝草蒲陶還相繼棠棣融融載其華玄熊對踞于山嶽飛燕相追而差池舉而察之又似乎和風吹林偃草扇樹枝條順氣轉相比附窈嬈廉苫隨體散布紛擾擾以猗靡中持疑而猶豫玄螭狡獸嬉其間騰猨飛鼬相奔趣凌魚奮尾駭龍反據投空自竄張設牙距或若登高望其類或若既往而中顧或若倜儻而不群或若自檢於常度於是多才之英篤藝之彥役心精微耽此文憲守道兼權觸類生變離析八體靡形不判去繁存微大象未亂上理開元下周謹案騁辭放手雨行冰散高音翰厲溢越流漫忽班班而成章信奇妙之煥爛體磥落而壯麗姿光潤以粲粲命杜度運其指使伯英迴其腕著絕勢於紈素垂百世之殊觀先時靖行見姑臧城南石地曰此後當起宮殿至張駿於其地立南城起宗廟建宮殿焉靖有五子鯁綣璆聿綝皆舉秀才聿安昌鄉侯卒少子綝最知名

綝字巨秀少有逸群之量靖每曰綝廊廟之才非簡札之用州郡吏不足汙吾兒也舉秀才除郎中嘗報兄讎手殺三十七人時人壯之俄轉太宰參軍除好畤令入爲黃門侍郎出參征西軍事轉長安令在官有稱及成都王穎劫遷惠帝幸鄴穎爲王浚所破帝遂播越河間王顒使張方及綝東迎乘輿以功拜鷹揚將軍轉南陽王模從事中郎劉聰侵掠關東以綝爲奮威將軍以禦之斬聰將呂逸又破聰黨劉豐遷新平太守聰將蘇鐵劉五斗等劫掠三輔除綝安西將軍馮翊太守綝有威恩華戎嚮服賊不敢犯及懷帝蒙塵長安又陷模被害綝泣曰與其俱死寧爲伍子胥乃赴安定與雍州刺史賈疋扶風太守梁綜安夷護軍麴允等糾合義眾頻破賊黨修復舊館遷定宗廟進救新平小大百戰綝手擒賊帥李羌與閻鼎立秦王爲皇太子及即尊位是爲愍帝綝遷侍中太僕以首迎大駕升壇授璽之功封弋居伯又遷前將軍尚書右僕射領吏部京兆尹加平東將軍進號征東尋又詔曰朕昔遇厄運遭家不造播越宛楚爰失舊京幸宗廟寵靈百辟宣力得從藩衛託乎群公之上社稷之不隕實公是賴其贊百揆傅弼朕躬其授衛將軍領太尉位特進軍國之事悉以委之及劉曜侵逼王城以綝爲都督征東大將軍持節討之破曜呼曰逐王呼延莫以功封上洛郡公食邑萬戶拜夫人荀氏爲新豐君子石元爲世子賜子弟二人鄉亭侯劉曜入關芟麥苗綝又擊破之自長安伐劉聰聰將趙染杖其累捷有自矜之色帥精騎數百與綝戰大敗之染單馬而走轉驃騎大將軍尚書左僕射錄尚書承制行事劉曜復率衆入馮翊帝累徵兵於南陽王保保左右議曰蝮蛇在手壯士解其腕且斷隴道以觀其變從事中郎裴詵曰蛇已螫頭

頭可截不保以胡崧行前鋒都督須諸軍集乃當發麴允欲挾天子趣保綝以保必逞私欲乃止自長安以西不復奉朝廷百官饑乏採梠自存時三秦人尹桓解武等數千家盜發漢霸杜二陵多獲珍寶帝問綝曰漢陵中物何乃多邪綝對曰漢天子即位一年而為陵天下貢賦三分之一供宗廟一供賓客一充山陵漢武帝饗年久長比崩而茂陵不復容物其樹皆已可拱赤眉取陵中物不能減半于今猶有朽帛委積珠玉未盡此二陵是儉者耳亦百世之誡也後劉曜又率衆圍京城綝與麴允固守長安小城胡崧承檄奔命破曜于靈臺崧慮國家威舉則麴索功盛乃案兵渭北遂還槐里城中饑窘人相食死亡逃奔不可制唯涼州義衆千人守死不移帝使侍中宋敞送牋降於曜綝潛留敞使其子說曜曰今城中食猶足支一歲未易可克也若許綝以車騎儀同萬戶郡公者請以城降曜斬而送之曰帝王之師以義行也孤將軍十五年未嘗以譎詭敗人必窮兵極勢然後取之今索綝所說如是天下之惡一也輒相為戮之若審兵食未盡者便可勉強固守如其糧竭兵微亦宜早悟天命孤恐霜威一震玉石俱摧及帝出降綝隨帝至平陽劉聰以其不忠於本朝戮之於東市

賈疋字彥度武威人魏太尉詡之曾孫也少有志略器望甚偉見之者莫不悅附特為武夫之所瞻仰願為致命初辟公府遂歷顯職遷安定太守雍州刺史丁綽貪橫失百姓心乃譖疋于南陽王模模以軍司謝班代之疋奔盧水與胡彭蕩仲及氐竇首結為兄弟聚衆攻班綽奔武都疋復入安定殺班愍帝以疋為驃騎將軍雍州刺史封酒泉公時諸郡百姓饑饉白骨蔽野百無一存疋帥戎晉二萬餘人將伐長安西平太守竺恢亦固守劉粲聞之使劉曜劉雅及趙染距疋先攻恢不克疋邀擊大敗之曜中流矢退走疋追之至于甘泉旋自渭橋襲蕩仲殺之遂迎秦王奉為皇太子後蕩仲子夫護帥群胡攻之疋敗走夜墮于澗為夫護所害疋勇略有志節以匡復晉室為己任不幸顛墜時人咸痛惜之

史臣曰自永嘉蕩覆寓內橫流億兆靡依人神乏主于時武皇之胤唯有建興衆望攸歸曾無與二閻鼎等忠存社稷志在經綸乃契闊艱難扶持幼孺遂得纂堯承緒祀夏配天校績論功有足稱矣然而抗滔天之巨寇接彫弊之餘基威略未申尋至傾覆昔宗周遭犬戎而東徙有晉違獫狁而西遷彼既靈慶悠長此則禍難遄及豈愍皇地非奧主將綝允材謝輔臣何脩短之殊途而成敗之異數者也

贊曰懷恵不競戚藩力爭俎詐糸謀憑凶亂政為惡不已並罹非命解繆忠肅無聞餘慶愍皇纂戎寔賴群公鼎圖福始綝遂凶終

列傳第三十　　晉書六十

周浚 子嵩 謨 從父弟馥　成公簡　苟晞
華軼　劉喬 孫耽 耽子柳

周浚字開林汝南安成人也父裴少府卿浚性果烈以才理見知有人倫鑒識鄉人史曜素微賤衆所未知浚獨引之爲友遂以妹妻之曜竟有名於世浚初不應州郡之辟後仕魏爲尚書郎累遷御史中丞拜折衝將軍揚州刺史封射陽侯隨王渾伐吴攻破江西屯戍与孫晧中軍大戰斬僞丞相張悌等首級數千俘馘萬計進軍屯于横江時聞龍驤將軍王濬既破上方別駕何惲說浚曰張悌率精銳之卒悉吴國之衆殄滅於此吴之朝野莫不震懾今王龍驤既破武昌兵威甚盛順流而下所向輒克土崩之勢見矣竊謂宜速渡江直指建鄴大軍卒至奪其膽氣可不戰而擒浚善其謀使使白渾惲曰渾闇於事機而欲慎己免咎必不我從浚固使白之渾果曰受詔但令江北抗衡吴軍不使輕進貴州雖武豈能獨平江東今者違命勝不足多若其不勝爲罪已重且詔令龍驤受我節度但當具君舟楫一時俱濟耳惲曰龍驤克萬里之寇以既濟之功來受節度未之聞也且握兵之要可則奪之所謂受命不受辭也今渡江必全克獲將有何慮若疑於不濟不可謂智知而不行不可謂忠寔貴州上下所以恨恨也渾執不聽居無何而濬至渾召之不來乃直指三山孫晧遂降於濬渾深恨之而欲与濬爭功惲牋与浚曰書貴克讓易大謙光斯古文所詠道家所崇前破張悌吴人失氣龍驤因之陷其區宇論其前後我寔緩師動則爲傷事則不及而今方競其功彼既不吞聲將虧雍穆之弘興矜爭之鄙斯愚情之所不取也浚得牋即諫止渾渾不能納遂相表奏浚既濟江与渾共行吴城壘綏撫新附以功進封成武侯食邑六千戶賜絹六千匹明年移鎮秣陵時吴初平屢有逃亡者頻討平之賓禮故老搜求俊乂甚有威德吴人悅服初吴之未平也浚在弋陽南北爲互市而諸將多相襲奪以爲功吴將蔡敏守于沔中其兄珪爲將在秣陵与敏書曰古者兵交使在其間軍國固當舉信義以相高而聞疆埸之上往往有襲奪互市甚不可

行弟慎無爲小利而忘大備也候者得珪書以呈浚浚曰君子也及渡江求珪得之問其本曰汝南人也浚戲之曰吾固疑吴無君子而卿果吾鄉人遷侍中武帝問浚卿宗後生稱誰爲可荅曰臣叔父子恢稱重臣宗從父子馥稱清臣宗帝並召用浚轉少府以本官領將作大匠改營宗廟訖增邑五百戶後代王渾爲使持節都督揚州諸軍事安東將軍卒于位三子顗嵩謨顗嗣爵別有傳云

嵩字仲智狷直果俠每以才氣陵物元帝作相引爲叅軍及帝爲晉王又拜奉朝請嵩上疏曰臣聞取天下者常以無事及其有事不足以取天下故古之王者必應天順時義全而後取讓成而後得是以享世長久重光萬載也今議者以殿下化流江漢澤被六州功濟蒼生欲推崇尊號臣謂今梓宮未反舊京未清義夫泣血士女震動宜深明周公之道先雪社稷大耻盡忠言嘉謀之助以時濟弘仁之功崇謙謙之美推後己之誠然後揖讓以謝天下誰敢不應誰敢不從由是忤旨出爲新安太守嵩怏怏不悅臨發与散騎郎張嶷在侍中戴邈坐褒貶朝士又詆毀邈邈密表之帝召嵩入面責之曰卿矜豪傲慢敢輕忽朝廷由吾不德故耳嵩跪謝曰昔唐虞至聖四凶在朝陛下雖盛明御世亦安能無碌碌之臣乎帝怒收付廷尉廷尉華恒以嵩大不敬棄市論疑以扇和減罪除名時顗方貴重帝隱忍之補廬陵太守不之職更拜御史中丞是時帝以王敦勢盛漸疏忌王導等嵩上疏曰臣聞明君思隆其道故賢智之士樂在其朝忠臣將明其節故量時而後仕樂在其朝故無過任之譏將明其節故無過寵之謗是以君臣並隆功格天地近代以來德廢道衰君懷術以御臣臣挾利以事君君臣交利而禍亂相尋故得失之迹難可詳言臣請較而明之夫傅說之相高宗申召之輔宣王管仲之佐齊桓衰范之翼晉文或宗師其道垂拱受成委以權重終致匡主未有憂其逼己還爲國蠹者也始田氏擅齊王莽簒漢皆藉封土之彊假累世之寵因闇弱之主資母后之權樹比周之黨階絕滅之勢然後乃能行其私謀以成簒奪之禍耳豈遇立功之主爲天人所相而能運其姧計以濟其不軌者哉光武以王族奮於閭閻因時之望收攬

英奇遂續漢業以美中興之勳及天下既定頗廢黜功臣者何哉武力之士不達國體以立一時之功不可久假以權勢其興廢之事亦可見矣近者三國鼎峙並以雄略之才命世之能皆委賴俊哲終成功業貽之後嗣未有猜忿失遺方來之恨者也今王導王廙等方之前賢猶有所後至於忠素竭誠義以輔上共隆洪基翼成大業亦昔之亮也雖陛下乘奕世之德有天人之會割據江東奄有南極龍飛海嶼興復舊物此亦群才之明豈獨陛下之力也今王業雖建羯寇未梟天下蕩蕩不賓者衆公私匱竭倉庾未充梓宮沈淪妃后不反正委賢任能推轂之日也功業垂就晉祚方隆而一旦聽孤臣之言惑疑似之說乃更以危爲安以疎易親放逐舊德以佞伍賢遠虧既往之明顧傷伊管之交傾巍巍之望喪如山之功將令賢智杜心義士喪志近招當時之患遠遺來世之笑夫安危在號令存亡在寄任以古推今豈可不寒心而哀歎哉臣兄弟受遇無彼此之嫌而臣干犯時諱觸忤龍鱗者何誠念社稷之憂欲報之於陛下也古之明王思聞其過悟逆旅之言以明成敗之由故採納愚言以考虛實上爲宗廟無窮之計下收億兆元元之命臣不勝憂憤竭愚以聞疏奏帝感悟故導等獲全王敦既害顗而使人弔嵩嵩曰亡兄天下人爲天下人所殺復何所弔敦甚銜之懼失人情故未加害用爲從事中郎嵩王應嫂父也以顗橫遇禍意恒憤憤嘗衆中云應不宜統兵敦密使妖人李脫誣嵩及周莚潛相署置遂害之嵩精於事佛臨刑猶於市誦經云謨以顗故頻居顯職王敦死後詔贈戴若思譙王承等而未及顗時謨爲後軍將軍上疏曰臣亡兄顗昔蒙先帝顧眄之施特垂表啓以參戎佐顯居上列遂管朝政並與群后共隆中興仍典選曹重蒙寵授忝位師傅得與陛下揖讓抗禮恩結特隆加以鄙族結婚帝室義深任重庶竭股肱以報所受凶逆所忌惡直醜正身陷極禍忠不忘君守死善道有隕無二顗之云亡誰不痛心況臣同生能不哀結王敦無君由來實久元惡之甚古今無二幸賴陛下聖聰神武故能摧破凶彊撥亂反正以寧區宇前軍事之際聖恩不遺取顗息閔得充近侍臣時面啓欲令閔還襲臣亡父侯爵時卞壼庾亮並侍御坐壼云事了當

論顯贈時未淹久言猶在耳至於譙王承甘卓已蒙清復王澄久遠猶在論議況顗忠以衛主身死王事雖嵇紹之不違難何以過之至今不聞復封加贈褒顯之言不知顗有餘責獨負殊恩爲朝廷急於時務不暇論及此臣所以痛心疾首重用哀歎者也不勝辛酸冒陳愚欵疏奏不報謨復重表然後追贈顗官謨歷少府丹楊尹侍中中護軍封西平侯卒贈金紫光祿大夫謚曰貞

馥字祖宣浚從父弟也父蕤安平太守馥少與友人成公簡齊名俱起家爲諸王文學累遷司徒左西屬司徒王渾表馥理識清正兼有才幹主定九品檢括精詳臣委任責成褒貶允當請補尚書郎許之稍遷司徒左長史吏部郎選舉精密論望益美轉御史中丞侍中拜徐州刺史加冠軍將軍假節徵爲廷尉惠帝幸鄴成都王穎以馥守河南尹陳眕上官巳等奉清河王覃爲太子加馥衛將軍録尚書馥辭不受覃令馥與上官巳合軍馥以巳小人縱暴終爲國賊乃共司隸滿奮等謀共除之謀泄爲巳所襲奮被害馥走得免及巳爲張方所敗召馥還攝河南尹既而東海王越迎大駕以馥爲中領軍未就遷司隸校尉加散騎常侍假節都督諸軍於澠池帝還宮出爲平東將軍都督揚州諸軍事代劉準爲鎮東將軍與周玘等討陳敏滅之以功封永寧伯馥自經世故每欲維正朝廷忠情懇至以東海王越不盡臣節每言論厲然越深憚之馥覩群賊孔熾洛陽孤危乃建策迎天子遷都壽春永嘉四年與長史吳思司馬殷識上書曰不圖厄運遂至於此戎狄交侵畿甸危逼臣輒與祖納裴憲華譚孫惠等三十人伏思大計僉以殷人有屢遷之事周王有岐山之徙方今王都罄乏不可久居河朔蕭條崤函險澀宛都屢敗江漢多虞於今平夷東南爲愈淮揚之地北阻塗山南抗靈嶽名川四帶有有重險之固是以楚人東遷遂宅壽春徐邳東海亦足戍御且運漕四通無患空乏雖聖上神聰元輔賢明居儉守約用保宗廟未若相土遷宅以享永祚臣謹選精卒三萬奉迎皇駕輒檄前北中郎將裴憲行使持節監豫州諸軍事東中郎將風馳即路荊湘江揚各先運四年米租十五萬斛布絹各十四萬匹以供大駕令王浚苟晞共平河朔臣等勠力以啓

南路還都張寇其計並得皇輿來巡臣宜轉據江州以恢王略知無不為古人所務敢竭忠誠庶報萬分朝遂夕隕猶生之願越與苟晞不協馥不先白於越而直上書越大怒先是越召馥及淮南太守裴碩馥不肯行而令碩率兵先進碩貳於馥乃舉兵稱馥擅命已奉越密旨圖馥遂襲之為馥所敗碩退保東城求救于元帝帝遣揚威將軍甘卓建威將軍郭逸攻馥于壽春安豐太守孫惠帥衆應之使謝摛為檄摛馥之故將也馥見檄流涕曰必謝摛之辭摛聞之遂毀草旬日而馥衆潰奔于項為新蔡王確所拘憂憤發病卒初華譚之失廬江也往壽春依馥及馥軍敗歸于元帝帝問曰周祖宣何至於反譚對曰周馥雖死天下上有直言之士馥見寇賊滋蔓王威不振故欲移都以紓國難方伯不同遂致其伐曾不踰時而京都淪沒若使從馥之謀或可後亡也原情求實何得為反帝曰馥位為征鎮握兵方隅召而不入危而不持亦天下之罪人也譚曰然馥振纓中朝素有俊彥之稱出據方嶽實有偏任之重而高略不舉往往失和危不能持當與天下共受其責然謂之反不亦誣乎帝意始解馥有二子密矯密字泰玄性虛簡時人稱為清士位至尚書郎矯字正玄亦有才幹

晉列傳三十一　五

成公簡字宗舒東郡人也家世二千石性朴素不求榮利潛心味道罔有干其志者默識過人張茂先每言簡清靜比楊子云默識擬張安世後為中書郎時馥已為司隸校尉遷鎮東將軍簡自以才高而在馥之下謂馥曰楊雄為郎三世不徙而王莽董賢位列三司古今一揆耳馥甚慚之官至太子中庶子散騎常侍永嘉末奔苟晞與晞同沒

苟晞字道將河內山陽人也少為司隸部從事校尉石鑒深器之東海王越為侍中引為通事令史累遷陽平太守齊王冏輔政晞參冏軍事拜尚書右丞轉左丞廉察諸曹八坐以下皆側目憚之及冏誅晞亦坐免長沙王乂為驃騎將軍以晞為從事中郎惠帝征成都王穎以為北軍中候及帝還洛陽晞奔范陽王虓虓承制用晞行兗州刺史汲桑之破鄴也東海王越出次官渡以討之命晞為前鋒桑素憚之於城外為柵以自守晞將至頓軍休士先遣單騎示以禍福桑衆大震棄柵宵遁嬰城固守晞陷其九壘遂定鄴而還西討呂朗等滅之後高密王泰討青州賊劉根破汲桑故將公師藩敗石勒於河北威名甚盛時人擬之韓白進位撫軍將軍假節都督青兗諸軍事封東平郡侯邑萬戶晞練於官事文簿盈積斷決如流人不敢欺其從母依之奉養甚厚從母子求為將晞距之曰吾不以王法貸人將無後悔邪固欲之晞乃以為督護後犯法晞杖節斬之從母叩頭請救不聽既而素服哭之流涕曰殺卿者兗州刺史哭弟者苟道將其杖法如此晞見朝政日亂懼禍及己而多所交結每得珍物即貽都下親貴兗州去洛五百里恐不鮮美募得千里牛每遣信旦發暮還初東海王越以晞復其讎恥甚德之引升堂結為兄弟越司馬潘滔等說曰兗州要衝魏武以之輔相漢室苟晞有大志非純臣也久令處之則患生心腹矣若遷于青州厚其名號晞必悅公自牧兗州經緯諸夏藩衛本朝此所謂謀之於未有為之於未亂也越以為然乃遷晞征東大將軍開府儀同三司加侍中假節都督青州諸軍事領青州刺史進為郡公晞乃多置參佐轉易守令以嚴刻立功日加斬戮流血成川人不堪命號曰屠伯頓丘太守魏植為流人所逼衆五六萬大掠兗州晞出屯無鹽以弟純領青州刑殺更甚於晞百姓號小苟酷於大苟晞尋破植時潘滔及尚書劉望等共誣陷晞晞怒表求滔等首又請越從事中郎劉洽為軍司越皆不許晞於是昌言曰司馬元超為宰相不平使天下淆亂苟道將豈可以不義使之韓信不忍衣食之惠死於婦人之手今將誅國賊尊王室桓文豈遠哉乃移告諸州稱己功伐陳越罪狀時懷帝惡越專權乃詔晞曰朕以不德戎車屢興上懼宗廟之累下愍兆庶之困當賴方嶽為國藩翰公威振赫然梟斬藩桑走降喬朗魏植之徒復以誅除豈非高識明斷朕用委成加王彌石勒為社稷之憂故有詔委統六州而公謙分小節稽違大命非所謂與國同憂也今復遣詔便施檄六州協同大舉翦除國難稱朕意焉晞復移諸征鎮州郡曰天步艱險禍難殷流劉元海造逆於汾陰石世龍階亂於三魏薦食畿甸覆喪鄴都結壘近郊仍震兗豫害三刺史殺二都督郡守官長堙沒數十百姓流離肝腦塗地晞以虛薄負荷國

晉列傳三十一　六

重是以弭節海隅援枹曹衛猥被中詔委以關東督統諸軍欽承詔命
赴今月二日當西經濟黎陽即日得滎陽太守丁嶷白事李惲陳午等
救懷諸軍與羯大戰皆見破散懷城已陷河內太守裴整為賊所執宿
衛闕之天子蒙難宗廟之危甚於累卵承問之日憂歎累息晞以為先
王選建明德庸以服章所以藩固王室无俾城壞是以舟檝不固齊桓
責楚襄王逼狄晉文致討夫翼獎皇家宣力本朝雖陷湯火大義所甘
加諸方牧俱受榮寵義同畢力以報國恩晞雖不武首啓戎行秣馬裹
糧以俟方鎮凡我同盟宜同赴救顯立名節在此行矣會皇孫遣曹嶷
破琅邪北攻齊地苟純城守嶷衆轉盛連營數十里晞還登城望之有
懼色与賊連戰輒破之後簡精銳与賊大戰會大風揚塵晞遂敗績棄
城夜走嶷追至東山部衆皆降嶷晞單騎奔高平收邸閣募得數千人
帝又密詔晞討越晞復上表曰殿中校尉李初至奉被手詔肝心若裂東海
王越得以宗臣遂執朝政委任邪佞寵樹姦黨至使前長史潘滔從事
中郎畢邈主簿郭象等操弄天權刑賞由己尚書何綏中書令繆播太

【晉書列傳三十一】 【七】

僕繆胤黃門侍郎應紹皆是聖詔親所抽拔而滔等妄構陷以重戮帶
甲臨宮誅討后弟翦除宿衛私樹國人崇獎魏植招誘逋亡復喪州郡
王塗圮隔方貢乖絕宗廟闕蒸嘗之饗聖上有約食之匱鎮東將軍周
馥豫州刺史馮嵩前北中郎將裴憲並以天朝空曠權臣專制事難之
興慮在旦夕各率士馬奉迎皇輿思隆王室以盡臣禮而滔邈等劫越
出關矯立行臺逼徙公卿擅為詔令縱兵寇抄茹食居人交尸塞路暴
骨盈野遂令方鎮失職城邑蕭條淮豫之萌陷離塗炭臣雖憤懣守局
東嵎自奉明詔三軍奮厲卷甲長驅次于倉垣即日承司空博陵公浚
書稱殿中中郎劉權齎詔勑浚与臣共討大舉輒遣前鋒征虜將軍王
讚徑至項城使越稽首歸政斬送滔等伏願陛下寬宥宗臣聽越還國
其餘逼迫宜蒙曠蕩輒寫詔宣示征鎮顯明義舉遣揚烈將軍閻弘步
騎五千鎮衛宗廟五年帝復詔晞曰太傅信用姦佞阻兵專權內不遵
奉皇憲外不協比方州遂令戎狄充斥所在犯暴留軍何倫抄掠宮寺劫
剝公主殺害賢士悖乱天下不可忍聞雖惟親親宜明九伐詔至之日

其宜告天下率齊大舉桓文之績一以委公其思盡諸宜善建弘略道
澀故練寫副手筆示意晞表曰奉被手詔委臣征討喻以桓文紙練兼
備伏讀跪歎五情惶怛自頃宰臣專制委杖佞邪內擅朝威外殘兆庶
矯詔專征遂圖不軌縱兵寇掠陵踐宮寺前司隸校尉劉暾御史中丞
溫畿右將軍杜育並見攻劫廣平武安公主先帝遺體咸被逼辱逆節
虐亂莫此之甚輒祗奉前詔部分諸軍遣王讚率陳午等將兵詣項龔
行天罰初越疑晞與帝有謀使游騎於成皋間獲晞使果得詔令及朝
廷書遂大構嫌隙越出牧豫州以討晞復下檄說晞罪惡遣從事中郎楊
瑁為兗州与徐州刺史裴盾共討晞晞使騎收河南尹潘滔滔夜遁乃執
尚書劉曾侍中程延斬之會越薨盾敗詔晞為大將軍大都督督青徐
兗豫荊揚六州諸軍事增邑二萬戶加黃鉞先官如故晞以京邑荒饉日甚
寇難交至表請遷都遣從事中郎劉會領船數十艘宿衛五百人獻穀
千斛以迎帝朝臣多有異同俄而京師陷晞與王讚屯倉垣豫章王端
及和郁等東奔晞晞率群官尊端為皇太子置行臺端承制以晞領太

【晉書列傳三十一】 【八】

子太傅都督中外諸軍錄尚書自倉垣徙屯蒙城讚屯陽夏晞出於孤
位至上將志頗盈滿奴婢將千人侍妾數十終日累夜不出庭戶刑政苛
虐縱情肆欲遼西閻亨以書固諫晞怒殺之晞從事中郎明預有疾居
家聞之乃輿病諫晞曰皇晉遭百六之數當危難之機明公親稟廟算
將為國家除暴閻亨美士奈何無罪一旦殺之晞怒曰我自殺閻亨何
關人事而輿病來罵我左右為之戰慄預曰以明公以禮見進預欲以
禮自盡今明公怒預其若遠近怒明公何昔堯舜之在上也以和理而興
桀紂之在上也以惡逆而滅天子且猶如此況人臣乎願明公且置是怒
而思預之言晞有慚色由是衆心稍離莫為致用加以疾疫饑饉其將
溫畿傅宣皆叛之石勒攻陽夏滅王讚馳襲蒙城執晞署為司馬月餘
乃殺之晞無子弟純亦遇害

華軼字彥夏平原人魏太尉歆之曾孫也祖表太中大夫父澹河南尹
軼少有才氣聞於當世汎愛博納衆論美之初為博士累遷散騎常侍
東海王越牧兗州引為留府長史永嘉中歷振威將軍江州刺史雖逢

喪亂每崇典禮置儒林祭酒以弘道訓乃下教曰今大義頹替禮典無
宗朝廷滯議莫能攸正常以慨然宜特立此官以弘其事軍諮祭酒杜夷
棲情玄遠確然絶俗才學精博道行優備其以爲儒林祭酒俄被越
檄使助討諸賊軼遣前江夏太守陶侃爲揚武將軍率兵三千屯夏口
以爲聲援軼在州甚有威惠州之豪士接以友道得江表之歡心流亡之
士赴之如歸時天子孤危四方瓦解軼有匡天下之志每遣貢獻入洛
不失臣節謂使者曰若洛都道斷可輸之琅邪王以明吾之爲司馬氏
也軼自以受洛京所遣而爲壽陽所督時洛京尚存不能祇承元帝教
命郡縣多諫之軼不納曰吾欲見詔書耳時帝遣揚烈將軍周訪率衆
屯彭澤以備軼訪過姑孰著作郎干寶見而問之訪曰大府受分令屯
彭澤彭澤江州西門也華彥夏有憂天下之誠而不欲碌碌受人控御
頃來紛紜粗有嫌隙今又無故以兵守其門將成其釁吾當屯尋陽故
縣既在江西可以扞禦北方又無嫌於相逼也尋洛都不守司空荀藩
移檄而以帝爲盟主既而帝承制改易長吏軼又不從命於是遣左將

軍王敦都督甘卓周訪宋典趙誘等討之軼遣別駕陳雄屯彭澤以距
敦自爲舟軍以爲外援武昌太守馮逸次于湓口訪擊逸破之前江州刺
史衛展不爲軼所禮心常怏怏至是與豫章太守周廣爲内應潛
軍襲軼軼衆潰奔于安城追斬之及其五子傳首建鄴初廣陵高悝寓
居江州軼辟爲西曹掾尋而軼敗悝藏匿軼二子及妻崎嶇經年既而
遇赦悝攜之出首帝嘉而宥之

劉喬字仲彥南陽人也其先漢宗室封安衆侯傳襲歷三代祖廙魏侍
中父阜陳留相喬少爲祕書郎建威將軍王戎引爲參軍伐吳之役戎
使喬與參軍羅尚濟江破武昌還授滎陽令遷太子洗馬以誅楊駿功
賜爵關中侯拜尚書右丞豫誅賈謐封安衆男累遷散騎常侍齊王
冏爲大司馬初嵇紹爲冏所重每下階迎之喬言於冏裴張之誅朝臣
畏憚孫秀故不敢不受財物嵇紹今何所逼忌故畜裴家車牛張家奴
婢邪樂彥輔來公未嘗下牀何獨加敬於紹冏乃止紹謂喬曰大司馬
何故不復迎客喬曰似有正人言以卿不足迎者紹曰正人爲誰喬曰
其則不遠紹默然頃之遷御史中丞冏腹心董艾勢傾朝廷百僚莫
敢忤喬二旬之中奏劾艾罪釁者六艾諷尚書右丞苟晞免喬官復
爲屯騎校尉張昌之亂喬出爲威遠將軍豫州刺史與荊州刺史劉弘
共討昌進左將軍惠帝西幸長安喬與諸州郡舉兵迎大駕東海王越
承制轉喬安北將軍冀州刺史以范陽王虓領豫州刺史喬以虓非天
子命不受代發兵距之潁川太守劉輿暱於虓喬上尚書列輿罪惡河
間王顒得喬所上乃宣詔使鎮南將軍劉弘征東大將軍劉準平南將
軍彭城王繹與喬并力攻虓於許昌輿弟琨率衆救虓未至而虓敗乃與
琨俱奔河北未幾琨率突騎五千濟河攻喬喬劫琨父蕃以檻車載之
據考城以距虓衆不敵而潰喬復收散卒屯于平氏河間王顒進喬鎮
東將軍假節以其長子祐爲東郡太守又遣劉弘劉準彭城王繹等率
兵援喬弘與喬箋曰適承范陽欲代明使君明使君受命本朝列居方
伯當官而行同獎王室橫見遷代誠爲不允然古人有言牽牛以蹊人
之田信有罪矣而奪之牛罰亦重矣明使君不忍亮直狷介之忿甘爲

戎首竊以爲過何者至人之道用行舍藏跨下之辱猶宜俯就況於換
代之嫌纖介之釁哉范陽國屬使君庶姓周之宗盟疏不間親曲直
既均責有所在廉藺區區戰國之將猶能升降以利社稷況命世之士
哉今天下紛紜主上播越正是忠臣義士同心戮力之時弘實闇劣過
蒙國恩願與使君共戴盟主鴈行下風埽除凶寇救蒼生之倒懸反北
辰於太極此功未立不宜乖離備蒙顧遇情隆於常披露丹誠不敢不
盡春秋之時諸侯相伐復爲和親者多矣願明使君迴既往之恨追不
二之蹤解連環之結脩如初之好范陽亦將悔前之失思崇後信矣東
海王越將討喬弘又與越書曰適聞以吾州將擅舉兵逐范陽當討之
誠明同異懲禍亂之宜然吾竊謂不可何者今北辰遷居元首移幸群
后抗義以謀王室吾州將荷國重恩列位方伯亦伐鼓即戎勠力致命之
秋也而范陽代之吾州將不從由代之不允但矯枉過正更以爲罪昔
齊桓赦射鉤之讎而相管仲晉文忘斬袪之怨而親勃鞮方之於今當何
有哉且君子躬自厚而薄責於人今姦臣弄權朝廷困逼此四海之所

危懼宜釋私嫌共存公義含垢匿瑕忍所難忍以大逆爲先奉迎爲急不可思小怨忘大德也苟崇忠恕共明分局連旗推鋒各致臣節吾州將必輸寫肝膽以報所蒙實不足計一朝之謬發赫然之怒使韓盧東郭相困而爲豺狼之擒也吾雖庶姓負乘過分實願足下率齊內外以康王室竊恥同儕自爲蠹害貪獻所懷惟足下圖之又上表曰范陽王虓欲代豫州刺史喬喬舉兵逐虓司空東海王越以喬不從命討之臣以爲喬忝受殊恩顯居州司自欲立功於時以徇國難無他罪闕而范陽代之代之爲非然喬亦不得以虓之非專威輒討誠應顯戮以懲不恪然自頃兵戈紛亂猜禍鋒生疑隙構於群王災難延于宗子權柄隆於朝廷逆順效於成敗今夕爲忠明旦爲逆翩其反而互爲戎首載籍以來骨肉之禍未有如今者也臣竊悲之痛心疾首今邊陲無備豫之儲中華有杼軸之困而股肱之臣不惟國體職競尋常自相楚剝爲害轉深積毀銷骨萬一四夷乘虛爲變此亦猛獸交鬬自效於卞莊者矣臣以爲宜速發明詔詔越等令兩釋猜嫌各保分局自今以後其有不被詔書擅興兵馬者天下共伐之詩云誰能執熱逝不以濯若誠濯之必無灼爛之患永有泰山之固矣時河間王顒方距關東倚喬爲助不納其言東海王越移檄天下帥甲士三萬將入關迎大駕軍次於蕭喬懼遣子祐距越於蕭縣之靈壁劉琨分兵向許昌許昌人內之琨自滎陽率兵迎越遇祐衆潰見殺喬衆遂散與五百騎奔平氏帝還洛陽大赦越復表喬爲太傅軍諮祭酒越薨復以喬爲都督豫州諸軍事鎮東將軍豫州刺史卒於官時年六十三愍帝末追贈司空子挺潁川太守挺子耽

耽字敬道少有行檢以義尚流稱爲宗族所推博學明習詩禮三史歷度支尚書加散騎常侍在職公平廉慎所蒞著績桓玄耽女壻也及玄輔政以耽爲尚書令加侍中不拜改授特進金紫光祿大夫尋卒追贈左光祿大夫開府耽子柳

柳字叔惠亦有名譽少登清官歷尚書左右僕射時右丞傅迪好廣讀書而不解其義柳唯讀老子而已迪每輕之柳云卿讀書雖多而無所解可謂書簏矣時人重其言出爲徐兗江三州刺史卒贈右光祿大夫開府儀同三司喬弟乂始安太守乂子成丹楊尹

史臣曰周浚人倫鑒悟周馥理識精詳華軼動顧禮經劉喬志存謇直用能歷官內外咸著勳庸而祖宣獻策遷都乖忤於東海彥祖懷忠宸極獲罪於琅邪乃被以惡名加其顯戮豈不哀哉向若遏左衽於伊川建右社於淮服據方城之險藉全楚之資簡練吳越之兵漕引淮海之粟縱未能祈天永命猶足以紓難緩亡嗟乎不用其良覆俾我悖其此之謂也苟晞擢自庸微位居上將釋位之功未立貪暴之釁已彰假手世龍以至屠戮斯所謂殺人多矣能無及此乎

贊曰開林才理爰登貴仕績著折衝化行江汜軼既尊主馥亦勤王晉[illegible]時獲戾違天不祥喬爲戎首未識行藏道將鞠旅威名克舉貪虐有聞忠勤未取

列傳第三十一　晉書六十一

劉琨 琨子羣 琨兄輿 輿子演　祖逖 逖兄納

劉琨字越石中山魏昌人漢中山靖王勝之後也祖邁有經國之才爲
相國參軍散騎常侍父蕃清高沖儉位至光祿大夫琨少得儁朗之目
與范陽祖納俱以雄豪著名年二十六爲司隸從事時征虜將軍石崇
河南金谷澗中有別廬冠絕時輩引致賓客日以賦詩琨預其間文詠
頗爲當時所許祕書監賈謐參管朝政京師人士無不傾心石崇歐陽
建陸機陸雲之徒並以文才降節事謐琨兄弟亦在其間號曰二十四
友太尉高密王泰辟爲掾頻遷著作郎太學博士尚書郎趙王倫執政
以琨爲記室督轉從事中郎倫子荂即琨姊壻也故琨父子兄弟並爲
倫所委任及篡荂爲皇太子琨爲荂詹事三王之討倫也以琨爲冠軍
假節與孫秀子會率宿衛兵三萬距成都王穎戰于黃橋琨大敗而還
焚河橋以自固及齊王冏輔政以其父兄皆有當世之望故特宥之拜

兄輿爲中書郎琨爲尚書左丞轉司徒左長史冏敗范陽王虓鎮許昌
引爲司馬及惠帝幸長安東海王越謀迎大駕以琨父蕃爲淮北護軍
豫州刺史劉喬攻范陽王虓於許昌也琨與汝南太守杜育等率兵救
之未至而虓敗琨與虓俱奔河北琨之父母遂爲劉喬所執琨乃說冀
州刺史溫羨使讓位於虓及虓領冀州遣琨詣幽州乞師於王浚得突
騎八百人與虓濟河共破東平王楙於廩丘南走劉喬始得其父母又
斬石超降呂朗因統諸軍奉迎大駕於長安以勳封廣武侯邑二千戶
永嘉元年爲并州刺史加振威將軍領匈奴中郎將琨在路上表曰臣
以頑蔽志望有限因緣際會遂忝過任九月末得發道嶮山峻胡寇塞
路輒以少擊衆冒險而進頓伏艱危辛苦備嘗即日達壺口關臣自涉
州疆目覩困之流移四散十不存二攜老扶弱不絕於路及其在者鬻
賣妻子生相捐棄死亡委厄白骨橫野哀呼之聲感傷和氣群胡數萬
周匝四山動足遇掠開目覩寇唯有壺關可得告糴而此二道九州之
險數人當路則百夫不敢進公私往反沒喪者多嬰守窮城不得薪
采耕牛既盡又乏田器以臣愚短當此至難憂如循環不遑寢食臣伏

思此州雖云邊朔實迩皇畿南通河內東連司冀北捍殊俗西禦彊虜
是勁弓良馬勇士精銳之所出也當須委輸乃全其命今上尚書請此
州穀五百萬斛絹五百萬匹綿五百萬斤願陛下時出臣表速見聽處
朝廷許之時東嬴公騰自晉陽鎮鄴并土饑荒百姓隨騰南下餘戶不
滿二萬寇賊縱橫道路斷塞琨募得千餘人轉鬭至晉陽府寺焚毀僵
尸蔽地其有存者飢羸無復人色荊棘成林豺狼滿道琨翦除荊棘收
葬枯骸造府朝建市獄寇盜互來掩襲恒以城門爲戰場百姓負楯以
耕屬鞬而耨琨撫循勞徠甚得物情劉元海時在離石相去三百許里
琨密遣離間其部雜虜降者萬餘落元海甚懼遂城蒲子而居之在官
未朞流人稍復雞犬之音復相接矣琨父蕃自洛赴之人士奔迸者多
歸於琨琨善於懷撫而短於控御一日之中雖歸者數千去者亦以相
繼然素奢豪嗜聲色雖暫自矯勵而輒復縱逸河南徐潤者以音律
自通遊於貴勢琨甚愛之署爲晉陽令潤恃寵驕恣干預琨政奮威護
軍令狐盛性亢直數以此爲諫并勸琨除潤琨不納初單于猗㐌以救

東嬴公騰之功琨表其弟猗盧爲代郡公與劉希合衆於中山王浚以琨
侵己之地數來擊琨琨不能抗由是聲實稍損徐潤又譖令狐盛於琨
曰盛將勸公稱帝矣琨不之察便殺之琨母曰汝不能弘經略駕豪桀
專欲除勝己以自安當何以得濟如是禍必及我不從盛子泥奔于劉
聰具言虛實聰大喜以泥爲鄉導屬上黨太守襲醇降于聰鴈門烏
丸復反琨親率精兵出禦之聰遣子粲及令狐泥乘虛襲晉陽太原太
守高喬以郡降聰琨父母並遇害琨引猗盧并力攻粲大敗之死者十
五六琨乘勝追之更不能克猗盧以爲聰未可滅遺琨牛羊車馬而去
留其將箕澹段繁等戍晉陽琨志在復讎而屈於力弱泣血尸立撫慰
傷痍移居陽邑城以招集亡散愍帝即位拜大將軍都督并州諸軍事
加散騎常侍假節琨上疏謝曰陛下略臣大愆錄臣小善猥蒙天恩光
授殊寵顯以蟬冕之榮崇以上將之位伏省詔書五情飛越臣聞晉文
以郤縠爲元帥而定霸功高祖以韓信爲大將而成王業咸有敷詩閱
禮之德戎昭果毅之威故能振豐功於荊南拓洪基於河北況臣凡陋

擬蹤前哲俯懼折鼎慮在覆餗昔曹沫三北而收功於柯盟馮異垂翅而奮翼於澠池皆能因敗為成以功補過陛下宥過之恩已隆而臣自新之善不立臣雖不逮預聞前訓恭讓之節臣猶庶幾所以冒承寵命者實欲沒身報國輒死自効要以致命寇場盡其臣節至於寵榮之施非言辭所謝又謁者史蘭殿中中郎王春等繼至奉詔臣俯尋聖旨伏紙飲淚臣聞夷險流行古今代有靈厭皇德曾未悔禍蟻狄縱毒於神州夷裔肆虐於上國七廟闕禋祀之饗百官喪彝倫之序梓宮淪辱山陵未兆率土永慕思同考妣陛下龍姿日茂叡質彌光升區宇於既頹崇社稷於已替四海之內肇有上下九服之萌復覩典制伏惟陛下蒙塵于外越在秦郊蒸嘗之敬在心桑梓之思未克臣備位歷年才質駑下丘山之釁已彰毫釐之效未著頃以時宜權假位號竟無殪戎之績而有負乘之累當肆刑書以明黜陟是以臣前表上聞敢緣愚款乞奉先朝之班苟存偏師之職赦其三敗之愆收其一功之用得騁志虜場快意大逆雖身膏野草無恨黃壚陛下偏恩過隆曲蒙擢拔遂授上將位

晉列三十二　三　七百六十

兼常伯征討之務得從事宜拜命驚惶五情戰悸懼於隕越以為朝羞昔申胥不徇伯舉而成公壻之勳伍員不從城父而濟入郢之庸臣雖頑凶無覬古人其於被堅執銳致身寇讎所謂天地之施羣生莫謝不勝受恩至深謹拜表陳聞及麴允敗劉曜斬趙冉琨又表曰逆胡劉聰敢率犬羊憑陵輦轂人神發憤遐邇奮怒伏省詔書相國南陽王保太尉涼州刺史軌糾合二州同恤王室冠軍將軍允護軍將軍綝總齊六軍戮力國難王旅大捷俘馘千計旌旗首於晉路金鼓振於河曲崤函無虔劉之警汧隴有安業之慶斯誠宗廟社稷陛下神武之所致含氣之類莫不引領況臣之心能無踊躍臣前表當與鮮卑猗盧剋今年三月都會平陽會匈羯石勒以三月三日徑掩薊城大司馬博陵公浚受其偽和為勒所虜勒勢轉盛欲來襲臣城塢駭懼志在自守又猗盧國內欲生姦謀幸盧警慮尋皆誅滅遂使南北顧慮用愆成舉臣所以泣血宵吟扼腕長歎者也勒據襄國與臣隔山寇騎朝發夕及臣城同惡相求其徒實繁自東北八州勒滅其七先朝所授存者唯臣是以

勒朝夕謀慮以圖臣為計闚伺間隙寇抄相尋戎士不得解甲百姓不得在野天網雖張靈澤未及唯臣孑然與寇為伍自守則稽聰之誅進討則勒襲其後進退惟谷首尾狼狽徒懷憤踊力不從願慚怖征營痛心疾首形留所在神馳寇庭秋穀既登胡馬已肥前鋒諸軍並有至者臣當首啓戎行身先士卒臣與二虜勢不並立聰勒不梟臣無歸志庶憑陛下威靈使微意獲展然後隕首謝國沒而無恨三年帝遣兼大鴻臚趙廉持節拜琨為司空都督并冀幽三州諸軍事琨上表讓司空受都督剋期與猗盧討劉聰尋猗盧父子相圖盧及兄子根皆病死部落四散琨子遵先質於盧眾皆附之及是遵與箕澹等帥盧眾三萬人馬牛羊十萬悉來歸琨琨由是復振率數百騎自平城撫納之屬石勒攻樂平太守韓據請救於琨而琨自以士眾新合欲因其銳以威勒箕澹諫曰此雖晉人久在荒裔未習恩信難以法御今內收鮮卑之餘穀外抄殘胡之牛羊且閉關守險務農息士既服化感義然後用之則功可立也琨不從悉發其眾命澹領步騎二萬為前驅琨自為後繼勒先

晉列三十二　四　七百六十一

據險要設伏以擊澹大敗之一軍皆沒并土震駭尋又炎旱琨窮蹙不能復守幽州刺史鮮卑段匹磾數遣信要琨欲與同獎王室琨由是率眾赴之從飛狐入薊匹磾見之甚相崇重與琨結婚約為兄弟是時西都不守元帝稱制江左琨乃令長史溫嶠勸進於是河朔征鎮夷夏一百八十人連名上表語在元紀令報曰豺狼肆毒荐覆社稷億兆顒顒延首罔繫是以居于王位以答天下庶以剋復聖主掃蕩讎恥豈可猥當隆極此孤之志誠著於遐邇者也公受奕世之寵極人臣之位忠允義誠精感天地實賴遠謀共濟艱難南北迥邈同契一致萬里之外心存咫尺公其撫寧華戎致罰醜類動靜以聞建武元年琨與匹磾期討石勒匹磾推琨為大都督喢血載書檄諸方守俱集襄國琨匹磾進屯固安以俟眾軍匹磾從弟末波納勒厚賂獨不進乃沮其計琨匹磾以勢弱而退是歲元帝轉琨為侍中太尉其餘如故并贈名刀琨答曰謹當躬自執佩馘截二虜匹磾奔其兄喪琨遣世子羣送之而末波率眾要擊匹磾而敗走之羣為末波所得末波厚禮之許以琨為幽州刺史共

結盟而龍驤匹磾密遣使齎羣書請琨爲內應而爲匹磾邏騎所得時琨
別屯故征北府小城不之知也因來見匹磾匹磾以羣書示琨曰意亦
不疑公是以白公耳琨曰與公同盟志獎王室仰憑威力庶雪國家之
恥若兒書密達亦終不以一子之故負公而忘義也匹磾雅重琨初無
害琨志將聽還屯其中弟叔軍好學有智謀爲匹磾所信謂匹磾曰
吾胡夷耳所以能服晉人者畏吾衆也今我骨肉構禍是其良圖之日
若有奉琨以起吾族盡矣匹磾遂留琨琨之庶長子遵懼誅與琨左長史
楊橋并州治中如綏閉門自守匹磾諭之不得因縱兵攻之琨將龍季猛
迫於乏食遂斬橋綏而降初琨之去晉陽也慮及危亡而大恥不雪亦知
夷狄難以義伏冀輸寫至誠僥倖萬一每見將佐發言慷慨悲其道窮
欲率部曲死於賊壘斯謀未果竟爲匹磾所拘自知必死神色怡如也
爲五言詩贈其別駕盧諶曰握中有懸璧本自荊山璆惟彼太公望昔
是渭濱叟鄧生何感激千里來相求白登幸曲逆鴻門賴留侯重耳憑
五賢小白相射鉤能隆二伯主安問黨與讎中夜撫枕歎想與數子遊

吾衰久矣夫何其不夢周誰云聖達節知命故無憂宣尼悲獲麟西狩
涕孔丘功業未及建夕陽忽西流時哉不我與去矣如雲浮朱實隕勁
風繁英落素秋狹路傾華蓋駭駟摧雙輈何意百鍊剛化爲繞指柔
琨詩託意非常攄暢幽憤遠想張陳感鴻門白登之事用以激諶諶素
無奇略以常詞酬和殊乖琨心重以詩贈之乃謂琨曰前篇帝王大志
非人臣所言矣然琨既忠於晉室素有重望被拘經月遠近憤歎匹
磾所署代郡太守辟閭嵩與琨所署鴈門太守王據後將軍韓據連謀
密作攻具欲以襲匹磾而韓據女爲匹磾兒妾聞其謀而告之匹磾於
是執王據辟閭嵩及其徒黨悉誅之會王敦密使匹磾殺琨匹磾又
懼衆反己遂稱有詔收琨初琨聞敦使至謂其子曰處仲使來而不我
告是殺我也死生有命但恨讎恥不雪無以下見二親耳因歔欷不能
自勝匹磾遂縊之時年四十八子姪四人俱被害朝廷以匹磾尚彊當
爲國討石勒不舉琨哀三年琨故從事中郎盧諶崔悅等上表理琨曰
臣聞經國之體在於崇明典刑立政之務在於固慎關塞況方岳之臣

殺生之柄而可不正其枉直以杜其姦邪哉竊見故司空廣武侯琨在
惠帝擾攘之際值羣后鼎沸之難戮力皇家義誠彌厲躬統華夷親受
矢石石超授首呂朗面縛社稷克寧鑾輿反駕奉迎之勳琨實爲隆
此琨効忠之一驗也其後并州刺史東嬴公騰以晉川荒匱移鎮臨漳
太原西河盡從三魏琨受任并州屬承其弊到官之日遺戶無幾當易
危之勢處難濟之土鳩集傷痍撫和戎狄數年之間公私漸振會京都
失守羣逆縱逸邊萌頓仆苟懷宴安咸以爲并州之地四塞爲固且可
閉關守險畜資養徒抗辭厲聲忠亮奮發以爲天子沉辱而不隕身死
節情非所安遂乃跋履山川東西征討屠各乘虛晉陽沮潰琨父母罹
屠戮之殃門族受殲夷之禍向使琨從州人之心爲自守之計則聖朝
未必加誅而族黨可以不喪及猗盧敗亂晉人歸奔琨於平城納其
初附將軍箕澹又以爲此雖晉人久在荒裔難以法整不可便用琨又
讓之義形於色假從澹議偷於苟存則晏然於并土必不亡身於燕薊
也琨自以備位方嶽綱維不舉無緣虛荷大任坐居三司是以陛下登

阼使引愆告遜前後章表具陳誠款尋令從事中郎臣續澹以章綬
節傳奉還本朝與匹磾使榮邵期一時俱發又匹磾以琨王室大臣懼
奪已威重忌琨之形漸彰於外琨知其如此慮不可久欲遣妻息大小
盡詣京城以其門室一委陛下有征舉之會則身充一卒若匹磾縱凶
慝則妻息可免具令臣澹密宣此旨求詔敕路次令相迎衛會王成從
平陽逃來說南陽王保稱號隴右士衆甚盛當移關中匹磾聞此私懷
顧望留停榮邵欲遣前兼鴻臚邊邀奉使詣保懼澹獨南言其此事
遂不許引路冉誠赤心卒不上達匹磾兄眷喪亡嗣子幼弱欲因奔喪
奪取其國又自以欺國陵家懷邪樂禍恐父兄宗黨不容其罪是以卷
甲櫜弓陰圖作亂欲害其從叔驎從弟末波等以取其國匹磾親信密
告驎波驎波乃遣人距之匹磾僅以身免百姓謂匹磾已沒皆憑向琨
若琨于時有害匹磾之情則居然可擒不復勞於人力自此之後上下
並離匹磾遂欲盡勒胡晉徙保上谷琨深不然之勸移厭次南憑朝廷
匹磾不能納反禍害父息四人從兄二息同時并命琨未遇害知匹磾

必有禍心語臣等云受國厚恩不能剋報雖才略不及亦由遇此厄運人誰不死死生命也唯恨下不能效節於一方上不得歸誠於陛下辭旨慷慨動於左右匹磾既害琨橫加誣謗言琨欲闚神器謀圖不軌琨免述頵頏凶之思又無信布懼誅之情跱踞亂亡之際夾有異類之間而有如此之心哉雖臧獲之愚廝養之智猶不爲之況在國士之列忠節先著者乎匹磾之害琨稱陛下密詔琨信有罪陛下加誅自當肆諸市朝與衆棄之不令殊俗之豎戮台輔之臣亦已明矣然則擅詔有罪雖小必誅矯制有功雖大不論正以興替之根咸在於此開塞之由不可不閑故也而匹磾無所顧忌怙亂專殺虛假王命虐害鼎臣辱諸夏之望敗王室之法是可忍也孰不可忍若聖朝猶加隱忍未明大體則不逞之人襲匹磾之跡殺生自由好惡任意陛下將何以誅之哉折衝厭難唯存戰勝之將除暴討亂必須知略之臣故古語云山有猛獸藜藿爲之不採非虛言矣自河以北幽并以南醜類有所顧憚者唯琨而已琨受害之後群凶欣欣莫不得意鼓行中州曾無纖介此又華夷小

大所以長歎者也伏惟陛下叡聖之隆中興之緒方將平章典刑以經序萬國而琨受害非所寃痛已甚未聞朝廷有以甄論昔壺關三老訟衛太子之罪谷永劉向辨陳湯之功下足以明功罪之分上足以悟聖主之懷臣等祖考以來世受殊遇入侍翠帷出簪彤管弗克負荷播越遐荒與琨周旋接事終始是以仰慕三臣在昔之義謹陳本末冒以上聞仰希聖朝曲賜哀察太子中庶子溫嶠又上疏理之帝乃下詔曰故太尉廣武侯劉琨忠亮開濟乃誠王家不幸遭難志節不遂朕甚悼之往以戎事未加弔祭其下幽州便依舊弔祭贈侍中太尉謚曰愍琨少負志氣有縱橫之才善交勝己而頗浮誇與范陽祖逖爲友聞逖被用與親故書曰吾枕戈待旦志梟逆虜常恐祖生先吾著鞭其意氣相期如此在晉陽嘗爲胡騎所圍數重城中窘迫無計琨乃乘月登樓清嘯賊聞之皆悽然長歎中夜奏胡笳賊又流涕歔欷有懷土之切向曉復吹之賊並棄圍而走子群嗣

群字公度少拜廣武侯世子隨父在晉陽遭逢寇亂數領偏軍征討性清慎有裁斷得士類懽心及琨爲匹磾所害琨從事中郎盧諶等率餘衆奉群依末波溫嶠前後表稱姨弟劉群內弟崔悅盧諶等皆在末波中翹首南望愚謂此等並有文思於人之中少可愍惜如蒙録召繼絕興亡則陛下更生之恩望古無二咸康二年成帝詔徵群等爲末波兄弟愛其才託以道險不遣石季龍滅遼西群及諶悅同没胡中季龍皆優禮之以群爲中書令至冉閔敗後群遇害時勒及季龍得公卿人士多殺之其見擢用終至大官者唯有河東裴憲渤海石璞滎陽鄭系潁川荀綽北地傅暢及群悅諶等十餘人而已

輿字慶孫儁朗有才局與琨並尚書郭奕之甥名著當時京都爲之語曰洛中奕奕慶孫越石辟宰府尚書郎兄弟素侮孫秀及趙王倫輔政秀執權並免其官妹適倫世子荂荂與秀不協復以輿爲散騎侍郎齊王冏輔政以輿爲中書侍郎東海王越范陽王虓之舉兵也以輿爲潁川太守及河間王顒檄劉喬討虓於許昌矯詔曰潁川太守劉輿迫脅范陽王虓距逆詔命多樹私黨擅劫郡縣合聚兵衆輿兄弟昔因趙王婚

親擅弄權勢凶狡無道久應誅夷以遇赦令得全首領小人不忌爲惡日滋輒用苟晞爲兗州斷截王命鎮南大將軍弘平南將軍彭城王繹征東大將軍準各勒所領徑會許昌與喬并力今遣右將軍張方爲大都督建威將軍呂朗陽平太守刁默率步騎十萬同會許昌以除輿兄弟敢有舉兵距違王命誅及五族能殺輿兄弟送首者封三千戶縣侯賜絹五千匹虓之敗輿與之俱奔河北虓既鎮鄴以輿爲征虜將軍魏郡太守虓薨東海王越將召之或曰輿猶膩也近則污人及至越疑而御之輿密視天下兵簿及倉庫牛馬器械水陸之形皆默識之是時軍國多事每會議自潘滔以下莫知所對輿既見越應機辯畫越傾膝酬接即以爲左長史越既總録以輿爲上佐賓客滿筵文案盈机遠近書記日有數千終日不倦或以夜繼之皆人人歡暢莫不悅附命議如流酬對款備時人服其能比之陳遵時稱越府有三才潘滔大才劉輿長才裴邈清才越誅繆播王延等皆輿謀也延愛妾荊氏有音伎延尚未殮輿便娉之未及迎又爲太傅從事中郎王儁所爭奪御史中丞傅宣

勒泰越不問興而免儁官興乃說越遣琨鎮并州爲越北面之重洛陽
未敗病疽卒時年四十七追贈驃騎將軍先有功封定襄侯謚曰貞
子演嗣
演字始仁初辟太尉掾除尚書郎以父憂去職服闋襲爵太尉東海王
越引爲主簿遷太子中庶子出爲陽平太守自洛奔琨琨以爲輔國將
軍魏郡太守琨將討石勒以演領勇士千人行北中郎將兗州刺史鎮
廩丘演斬王桑走趙固得衆七千人爲石勒所攻演距戰勒退元帝拜
爲都督後將軍假節後爲石季龍所圍求救於邵續段龕龕騎救之季
龍走隨龕屯厭次被害弟瀏爲琨領兵路逢烏桓賊戰沒瀏弟挹初爲
太傅東海王越掾與琨俱被害挹弟啓啓弟述與琨子羣俱在末波中
後並入石季龍啓爲季龍尚書僕射後歸國穆帝拜爲前將軍加給事
中永和九年隨中軍將軍殷浩北伐爲姚襄所敗啓戰沒述爲季龍侍
中隨啓歸國拜驃騎將軍
祖逖字士稚范陽遒人也世吏二千石爲北州舊姓父武晉王掾上谷

太守逖少孤兄弟六人兄該納等並開爽有才幹逖性豁蕩不脩儀檢
年十四五猶未知書諸兄每憂之然輕財好俠慷慨有節尚每至田舍
輒稱兄意散穀帛以賙貧乏鄉黨宗族以是重之後乃博覽書記該涉
古今往來京師見者謂逖有贊世才具僑居陽平年二十四陽平辟察
孝廉司隸再辟舉秀才皆不行與司空劉琨俱爲司州主簿情好綢繆
共被同寢中夜聞荒雞鳴蹴琨覺曰此非惡聲也因起舞逖琨並有英
氣每語世事或中宵起坐相謂曰若四海鼎沸豪桀並起吾與足下當
相避於中原耳辟齊王冏大司馬掾長沙王乂驃騎祭酒轉主簿累遷
太子中舍人豫章王從事中郎從惠帝北伐王師敗績於蕩陰遂退還
洛大駕西幸長安關東諸侯范陽王虓高密王略平昌公模等競召之
皆不就東海王越以逖爲典兵參軍濟陰太守母喪不之官及京師大
亂逖率親黨數百家避地淮泗以所乘車馬載同行老疾躬自徒步藥
物衣糧與衆共之又多權略是以少長咸宗之推逖爲行主達泗口元
帝逆用爲徐州刺史尋徵軍諮祭酒居丹徒之京口逖以社稷傾覆常

懷振復之志賓客義徒皆暴桀勇士逖遇之如子弟時揚土大饑此輩
多爲盜竊攻剽富室逖撫慰問之曰比復南塘一出不或爲吏所繩逖
輒擁護救解之談者以此少逖然自若也時帝方拓定江南未遑北伐
逖進說曰晉室之亂非上無道而下怨叛也由藩王爭權自相誅滅遂
使戎狄乘隙毒流中原今遺黎既被殘酷人有奮擊之志大王誠能發
威命將使若逖等爲之統主則郡國豪桀必因風嚮赴沈溺之士欣於
來蘇庶幾國恥可雪願大王圖之帝乃以逖爲奮威將軍豫州刺史給
千人廩布三千匹不給鎧仗使自招募仍將本流徙部曲百餘家渡江
中流擊楫而誓曰祖逖不能清中原而復濟者有如大江辭色壯烈衆
皆慨歎屯于江陰起冶鑄兵器得二千餘人而後進初北中郎將劉演
距于石勒也流人塢主張平樊雅等在譙演署平爲豫州刺史雅爲譙
郡太守又有董瞻于武謝浮等十餘部衆各數百皆統屬平逖誘浮使
取平浮譎平與會遂斬以獻逖帝嘉逖勳使運糧給之而道遠不至軍
中大饑進據太丘樊雅遣衆夜襲逖遂入壘拔戟大呼直趣逖幕軍士

大亂逖命左右距之督護董昭與賊戰走之逖率衆追討而張平餘衆
助雅攻逖蓬陂塢主陳川自號寧朔將軍陳留太守逖遣使求救於川
川遣將李頭率衆援之逖遂剋譙城初樊雅之據譙也逖以力弱求助
於南中郎將王含含遣桓宣領兵助逖逖既剋譙宣等乃去石季龍聞
而引衆圍譙含又遣宣救逖季龍聞宣至而退宣遂留助逖討諸屯塢
未附者李頭之討樊雅也力戰有勳逖時獲雅駿馬頭甚欲之而不敢
言逖知其意遂與之頭感逖恩遇每歎曰若得此人爲主吾死無恨川
聞而怒遂殺頭頭親黨馮寵率其屬四百人歸于逖川益怒遣將魏碩
掠豫州諸郡大獲子女車馬逖遣將軍衛策邀擊於谷水盡獲所掠者
皆令歸本軍無私焉川大懼遂以衆附石勒逖率衆伐川石季龍領兵
五萬救川逖設奇以擊之季龍大敗收兵掠豫州徙陳川還襄國留桃
豹等守川故城住西臺逖遣將韓潛等鎮東臺同一大城賊從南門出
入放牧逖軍開東門相守四旬逖以布囊盛土如米狀使千餘人運上
臺又令數人擔米偽爲疲極而息於道賊果逐之皆棄擔而走賊既獲

米謂逖士衆豐飽而胡戍饑久益懼無復膽氣石勒將劉夜堂以驢千頭運糧以饋桃豹逖遣韓潛馮鐵等追擊於汴水盡獲之桃豹宵遁退據東燕城逖使潛進屯封丘以逼之馮鐵據二臺逖鎮雍丘數遣軍要截石勒勒屯戍漸蹙候騎常獲濮陽人逖厚待遣歸咸感逖恩德率鄉里五百家降逖勒又遣精騎萬人距逖復爲逖所破勒鎮戍歸者甚多時趙固上官巳李矩郭默等各以詐力相攻擊逖馳使和解之示以禍福遂受逖節度逖愛人下士雖疎交賤隸皆恩禮遇之由是黄河以南盡爲晉土河上堡固先有任子在胡者皆聽兩屬時遣游軍僞抄之明其未附諸塢主感戴胡中有異謀輒密以聞前後克獲亦由此也其有微功賞不踰日躬自儉約勸督農桑克己務施不畜資産子弟耕耘負擔樵薪又收葬枯骨爲之祭醊百姓感悅嘗置酒大會耆老中坐流涕曰吾等老矣更得父母死將何恨乃歌曰幸哉遺黎免俘虜三辰既朗遇慈父玄酒忘勞甘瓠脯何以詠恩歌且舞其得人心如此故劉琨與親故書盛贊逖威德詔進逖爲鎮西將軍石勒不敢窺兵河南使成

皋縣脩逖母墓因與逖書求通使交市逖不報書而聽互市收利十倍於是公私豐贍士馬日滋方當推鋒越河掃清冀朔會朝廷將遣戴若思爲都督逖以若思是吳人雖有才望無弘致遠識且以翦荆棘收河南地而若思雍容一旦來統之意甚怏怏且聞王敦與劉隗等構隙慮有内難大功不遂感激發病乃致妻孥汝南大木山下時中原士庶咸謂逖當進據武牢而反置家險阨或諫之不納逖雖内懷憂憤而圖進取不輟營繕武牢城城北臨黄河西接成皋四望甚遠逖恐南無堅壘必爲賊所襲乃使從子汝南太守濟率汝陽太守張敞新蔡内史周閎率衆築壘未成而逖病甚先是華譚庾闡問術人戴洋洋曰祖豫州九月當死初有妖星見于豫州之分歷陽陳訓又謂人曰今年西北大將當死逖亦見星曰爲我矣方平河北而天欲殺我此乃不祐國也俄卒於雍丘時年五十六豫州士女若喪考妣譙梁百姓爲之立祠册贈車騎將軍王敦久懷逆亂畏逖不敢發至是始得肆意焉尋以逖弟約代領其衆約别有傳逖兄納

納字士言最有操行能清言文義可觀性至孝少孤貧常自炊爨以養母平北將軍王敦聞之遺其二婢辟爲從事中郎有戲之曰奴價倍婢納曰百里奚何必輕於五羖皮邪轉尚書三公郎累遷太子中庶子歷官多所駮正有補於時齊王冏建義趙王倫收冏弟北海王寔及前黄門郎弘農董祚弟艾與冏俱起皆將害之納上疏救焉並見宥後爲中護軍太子詹事封晉昌公以洛下將亂乃避地東南元帝作相引爲軍諮祭酒納好弈棊王隱謂之曰禹惜寸陰不聞數棊對曰我亦忘憂耳隱曰蓋聞古人遭逢則以功達其道若其不遇則以言達其道古必有之今亦宜然當晉未有書而天下大亂舊事蕩滅君少長五都游宦四方華裔成敗皆當聞見何不記述而有裁成應仲遠作風俗通崔子真作政論蔡伯喈作勸學篇史游作急就章猶皆行於世便成没而不朽僕雖無才非志不立故疾没世而無聞焉所以自彊不息也況國史明乎得失之跡俱取散愁此可兼濟何必圍棊然後忘憂也納喟然歎曰非不悦子之道力不足耳乃言之於帝曰自古小國猶有史官況於大

府安可不置因舉隱稱清純亮直學思沈敏五經羣史多所綜悉且好學不倦從善如流若使脩著一代之典褒貶與奪誠一時之儁也帝以問記室參軍鍾雅雅曰納所舉雖有史才而今未能立也事遂停然史官之立自納始也初弟約與逖同母偏相親愛納與約異母頗有不平乃密以啓帝稱約懷陵上之性抑而使之可也今顯侍左右假其權勢將爲亂階人謂納與約異母忌其寵貴乃露其表以示約約憎納如讎朝廷因此棄納納既閑居但清談披閲文史而已及約爲逆朝野歎納有鑒裁焉溫嶠以納州里父黨敬而拜之嶠既爲時用盛言納有名理除光祿大夫納嘗問梅陶君鄉里立月旦評何如陶曰善褒惡貶則佳法也納曰未益時王隱在坐因曰尚書稱三載考績三考黜陟幽明何得一月便行褒貶陶曰此官法也月旦私法也隱曰易稱積善之家必有餘慶積不善之家必有餘殃稱家者豈不是官必須積久善惡乃著公私何異古人有言貞良而亡先人之殃酷烈而存先人之勳累世乃著豈但一月若必月旦則顔回食埃不免貪汚盜蹠引少則爲清

廉朝種暮穫善惡未定矣時梅陶及鍾雅數說餘事納輒困之因曰君汝潁之士利如錐我幽冀之士鈍如槌持我鈍槌捶君利錐皆當摧矣陶雅並稱有神錐不可得槌納曰假有神錐必有神槌雅無以對卒於家

史臣曰劉琨弱齡本無異操飛纓賈謐之館借箸馬倫之幕當于是日實佻巧之徒歟祖逖散穀周貧聞雞暗舞思中原之燎火幸天步之多艱原其素懷抑爲貪亂者矣及金行中毀乾維失統三后流亡遞縈居彘之禍六戎橫噬交肆長蛇之毒於是素絲改色跅弛易情各運奇才並騰英氣遇時屯而感激因世亂以驅馳陳力危邦犯疾風而表勁勵其貞操契寒松而立節咸能自致三鉉成名一時古人有言曰世亂識忠良蓋斯之謂矣天不祚晉方啓戎心越石區區獨禦鯨鯢之銳推心異類竟終幽圄痛哉士稚叶迹中興剋復九州之半而炎星告釁笙轂徒招惜矣

贊曰越石才雄臨危效忠枕戈長息投袂徼功踦嶇汾晉契闊獯戎見欺段氏于嗟道窮祖生烈烈夙懷奇節扣楫中流誓清凶孽鄰醜景附遺萌載悅天妖是徵國恥奚雪

列傳第三十二　晉書六十二

列傳第三十三　晉書六十三

段匹磾

邵續　李矩

魏浚 浚族子該　郭默

邵續字嗣祖魏郡安陽人也父乘散騎侍郎續朴素有志烈博覽經史善談理義妙解天文初爲成都王穎參軍穎將討長沙王乂續諫曰續聞兄弟如左右手今明公當天下之敵而欲去一手乎續竊惑之穎不納後爲苟晞參軍除沁水令時天下漸亂續去縣還家糾合亡命得數百人王浚假續綏集將軍樂陵太守屯厭次以續子乂爲督護續綏懷流散多歸附之石勒既破浚遣乂還招續續以孤危無援權附於勒勒亦以乂爲督護既而段匹磾在薊遺書要續俱歸元帝續從之其下諫曰今棄勒歸匹磾任子危矣續垂泣曰我出身爲國豈得顧子而爲叛臣哉遂絕於勒勒乃害乂續懼勒攻先求救於匹磾匹磾遣弟文鴦救續文鴦未至勒已率八千騎圍續勒素畏鮮卑及聞文鴦至乃棄攻具東走續與文鴦追勒至安陵不及虜勒所署官并驅三千餘家又遣騎

入抄勒北邊略常山亦二千家而還匹磾既殺劉琨夷晉多怨叛遂率其徒依續勒南和令趙領等率廣川渤海千餘家背勒歸續而帝以續爲平原樂安太守右將軍冀州刺史進平北將軍假節封祝阿子續遣兄子武邑內史存與文鴦率匹磾眾就食平原爲石季龍所破續先與曹嶷亟相侵掠嶷因存等敗乃破續屯田又抄其戶口續首尾相救疲於奔命太興初續遣存及文鴦屯濟南黃巾固因以逼嶷嶷懼求和俄而匹磾率眾攻段末柸石勒知續孤危遣季龍乘虛圍續季龍騎至城下掠其居人續率眾出救季龍伏騎斷其後遂爲季龍所得使續降其城續呼其兄子竺等曰吾志雪國難以報所受不幸至此汝等努力自勉便奉匹磾爲主勿有二心時帝既聞續沒下詔曰邵續忠烈在公義誠慷慨綏集荒餘憂國亡身功勳未遂不幸陷沒朕用悼恨于懷所統任重宜時有代其部曲文武已共推其息緝爲營主續之忠誠著于公私今立其子足以安眾一以續本位即授緝使揔率所統效節國難雪其家仇季龍遣使送續於勒勒使使徐光讓之曰國家應符撥亂八表

宅心遺晉怖威遠寬揚越而續蠛封海阿跋邑王命以夷狄不足爲君
邪何無上之甚也國有常刑於分甘乎續對曰晉末饑亂奔控無所保
合鄉宗庶全老幼屬大王龍飛之始委命納質精誠無感不蒙慈恕言
歸遺晉仍荷寵授誓盡忠節實無二心且受彼厚榮而復二三其趣者
恐亦不容于明朝矣周文生於東夷大禹出於西羌帝王之興蓋惟天
命所屬德之所招當何常邪伏惟大王聖武自天道隆虞夏凡在含生
孰不延首神化恥隔皇風而況囚乎使囚去真即偽不得早叩天門者
大王負囚囚不負大王也釁鼓之刑囚之恒分但恨天實爲之謂之何
哉勒曰其言慨至孤愧之多矣夫忠于其君者乃吾所求也命張賓延之
于館厚撫之尋以爲從事中郎令自後諸剋敵擒俘皆送之不得輒害
冀獲如續之流初季龍之攻續也朝廷有王敦之逼不遑救恤續既爲
勒所執身灌園鬻菜以供衣食勒屢遣察之歎曰此真高人矣不如是
安足貴乎嘉其清苦數賜穀帛每臨朝嗟歎以勵羣官續被獲之後存
及竺緝等與匹磾嬰城距寇而帝又假存揚武將軍武邑太守勒屢遣

季龍攻之戰守疲苦不能自立久之匹磾及其弟文鴦與竺緝等悉見
獲惟存得潰圍南奔道爲賊所殺續竟亦遇害

李矩字世迴平陽人也童齔時與羣兒聚戲便爲其率計畫指授有成
人之量及長爲吏送故縣令於長安征西將軍梁王肜以爲牙門伐氐
齊萬年有殊功封東明亭侯還爲本郡督護太守宋胄欲以所親吳畿
代之矩謝病去畿恐矩復還陰使人刺矩會有人救之故得免屬劉元
海攻平陽百姓奔走矩素爲鄉人所愛乃推爲塢主東屯滎陽後移新
鄭矩勇毅多權略志在立功東海王越以爲汝陰太守永嘉初使矩與
汝南太守袁孚率衆脩洛陽千金堨以利運漕及洛陽不守太尉荀藩
奔陽城衛將軍華薈奔成皋時大饑賊帥侯都等每略人而食之藩
薈部曲多爲所噉矩討都等滅之乃營護藩薈各爲立屋宇輸穀以給
之及藩承制建行臺假矩滎陽太守矩招懷離散遠近多附之石勒親
率大衆襲矩矩遣老弱入山令所在散牛馬因設伏以待之賊爭取牛
馬伏發齊呼聲動山谷遂大破之斬獲甚衆勒乃退藩表元帝加矩冠

軍將軍軺車幢蓋進封陽武縣侯領河東平陽太守時饑饉相仍又多
疫癘矩垂心撫恤百姓賴焉會長安羣賊東下所在多虜掠矩遣部將
擊破之盡得賊所略婦女千餘人諸將以非矩所部欲遂留之矩曰俱
是國家臣妾焉有彼此乃一時遣之時劉琨所假河內太守郭默爲劉
元海所逼乞歸於矩矩將使其甥郭誦迎致之而不敢進會劉琨遣參
軍張肇率鮮卑范勝等五百餘騎往長安屬默被圍道路不通將還依
邵續行至矩營矩謂肇曰默是劉公所授公家之事知無不爲屠各舊
畏鮮卑遂邀肇爲聲援肇許之賊望見鮮卑不戰而走誦潛遣輕舟濟
河使勇士夜襲懷城掩賊留營又大破之默遂率其屬歸于矩後劉聰
遣從弟暢步騎三萬討矩屯于韓王故壘相去七里遣使招矩時暢卒
至矩未暇爲備遣使奉牛酒詐降于暢潛匿精勇見其老弱暢不以爲
虞大饗渠帥人皆醉飽矩謀夜襲之兵士以賊衆皆有懼色矩令郭誦
禱鄭子産祠曰君昔相鄭惡鳥不鳴凶胡臭羯何得過庭使巫揚言東
里有教當遣神兵相助將士聞之皆踊躍爭進乃使誦及督護楊璋等

選勇敢千人夜掩暢營獲鎧馬甚多斬首數千級暢僅以身免先是
郭默聞矩被攻遣弟芝率衆援之既而聞破暢芝復馳來赴矩矩乃與
芝馬五百匹分軍爲三道夜追賊復大獲而旋先是聰使其將趙固鎮
洛陽長史周振與固不協密陳固罪矩之破暢也帳中得聰書勑暢平
矩訖過洛陽收固斬之便以振代固矩送以示固固即斬振父子遂率
騎一千來降矩還令守洛後數月聰遣其太子粲率劉雅生等步騎十
萬屯孟津北岸分遣雅生攻趙固於洛固奔陽城山遣弟告急矩遣郭
誦屯洛口以救之誦使將張皮簡精卒千人夜渡河粲候者告有兵至
粲恃其衆不以爲虞既而誦等奄至十道俱攻粲衆驚擾一時奔潰殺
傷太半因據其營獲其器械軍資不可勝數及旦粲見皮等人少更與
雅生悉餘衆攻之苦戰二十餘日不能下矩進救之使壯士三千泛舟
迎皮賊臨河列陣作長鉤以鉤船連戰數日不得渡矩夜遣部將格增
潛濟入皮壘與皮選精騎千餘而殺所獲牛馬焚燒器械夜突圍而出
奔武牢聰追之不及而退聰因憤恚發病而死帝嘉其功除矩都督河

南三郡軍事安西將軍滎陽太守封脩武縣侯及劉粲嗣位昏虐日甚其將靳準乃起兵殺粲并其宗族發聰冢斬其尸遣使歸矩稱劉元海屠各小醜因大晉事故之際作亂幽并矯稱天命至令二帝幽沒虜庭輒率眾扶侍梓宮因請上聞矩馳表于帝帝遣太常韓胤等奉迎梓宮未至而準已為石勒劉曜所沒矩以眾少不足立功每慷慨憤歎及帝踐阼以為都督司州諸軍事司州刺史改封平陽縣侯將軍如故時弘農太守尹安振威將軍宋始等四軍並屯洛陽各相疑阻莫有固志矩默各遣千騎至洛以鎮之安等乃同謀告石勒勒遣石生率騎五千至洛陽矩默軍皆退還俄而四將復背勒遣使乞迎默又遣步卒五百人入洛石生以四將相謀不能自安乃虜宋始一軍渡河而南百姓相率歸矩於是洛中遂空矩乃表郭誦為揚武將軍陽翟令阻水築壘且耕且守為滅賊之計屬趙固死石生遣騎襲誦誦多計略賊至輒設伏破之虜掠無所得生怒又自率四千餘騎暴掠諸縣因攻誦壘接戰須臾退軍塢坂誦率勁勇五百追及生於磐石脂故亭又大破之矩以誦功多表加赤幢曲蓋封吉陽亭侯郭默欲侵祖約矩禁之不可遂為約所破石勒遣其養子悤襲默默懼後患未已將降於劉曜遣參軍鄭雄詣矩謀之矩距而不許後勒遣其將石良率精兵五千襲矩矩逆擊不利郭誦弟元復為賊所執賊遣元以書說矩曰去年東平曹嶷西賓猗盧矩如牛角何不歸命矩以示誦誦曰昔王陵母在賊猶不改意弟當何論勒復遣誦麈尾馬鞭以示殷勤誦不荅勒將石生屯洛陽大掠河南矩默大饑默因復說矩降曜矩既為石良所破遂從默計遣使於曜曜遣從弟岳軍于河陰欲與矩謀攻石生勒使將圍岳岳閉門不敢出默後為石悤所敗自密南奔建康矩聞之大怒遣其將郭誦等齎書與默又敕誦曰汝識脣亡之談不迎接郭默皆由於卿臨難逃走其必留之誦追及襄城默自知負矩棄妻子而遁誦擁其餘眾而歸矩待其妻子如初劉岳以外救不至降于石季龍矩所統將士有陰欲歸勒者矩知之而不能討乃率眾南走將歸朝廷眾皆道亡惟郭誦及參軍郭方功曹張景主簿苟遠將軍騫韜江霸梁志司馬尚季弘李璟段秃等百餘人棄家送矩至於魯陽縣矩墜馬卒葬襄陽之峴山

段匹磾東部鮮卑人也種類勁健世為大人父務勿塵遣軍助東海王越征討有功王浚表為親晉王封遼西公嫁女與務勿塵以結鄰援懷帝即位以務勿塵為大單于匹磾為左賢王率眾助國征討假撫軍大將軍務勿塵死弟涉復辰以務勿塵子疾陸眷襲號劉曜逼洛陽王浚遣督護王昌等率疾陸眷及弟文鴦從弟末杯攻石勒於襄國勒敗還壘末杯追入壘門為勒所獲勒質末杯遣使求和於疾陸眷疾陸眷將許之文鴦諫曰受命討勒寧以末杯一人故縱成擒之寇既失浚意且有後憂必不可許疾陸眷不聽以鎧馬二百五十匹金銀各一簏贖末杯勒歸之又厚以金寶綵絹報疾陸眷疾陸眷令文鴦與石季龍同盟約為兄弟遂引騎還昌等不能獨守亦還建武初匹磾推劉琨為大都督結盟討勒并檄涉復辰疾陸眷末杯等三面俱集襄國琨匹磾進屯固安以候眾軍勒懼遣間使厚賂末杯然末杯既思報其舊恩且因匹磾在外欲襲奪其國乃間匹磾於涉復辰疾陸眷曰以父兄而從子弟邪雖一旦有功匹磾獨收之矣涉復辰等以為然引軍而還匹磾亦止會疾陸眷病死匹磾自薊奔喪至于右北平末杯宣言匹磾將篡出軍擊敗之末杯遂害涉復辰及其子弟黨與二百餘人自立為單于及王浚敗匹磾領幽州刺史劉琨自并州依之復與匹磾結盟俱討石勒匹磾復為末杯所敗士眾離散懼琨圖己遂害之於是晉人離散矣匹磾不能自固北依邵續末杯又攻敗之匹磾被瘡謂續曰吾夷狄慕義以至破家君若不忘舊要與吾進討君之惠也續曰賴公威德續得效節今公有難豈敢不俱遂并力追末杯斬獲略盡又令文鴦北討末杯弟於薊城及還去城八十里聞續已沒眾懼而散復為石季龍所遮文鴦以新親兵數百人力戰破之始得入城季龍復抄城下文鴦登城臨見欲出擊之匹磾不許文鴦曰我以勇聞故百姓杖我見人被略而不救非丈夫也令眾失望誰復為我致死乎遂將壯士數十騎出戰殺胡甚多遇馬乏伏不能起季龍呼曰大兄與我俱是戎狄久望共同天不違願今日相見何故復戰請釋杖文鴦罵曰汝為寇虐久應合死吾兄

不用吾計故令汝得至此吾寧死不為汝擒遂下馬苦戰槊折執刀力
戰不已季龍軍四面解馬羅披自鄣前捉文鴦文鴦戰自辰至申力極
而後被執城內大懼匹磾欲單騎歸朝續弟樂安內史洎勒兵不許洎
復欲執臺使王英送於季龍匹磾正色責之曰卿不能遵兄之志逼吾
不得歸朝亦以甚矣復欲執天子使者我雖胡夷所未聞也因謂英曰
匹磾世受重恩不忘忠孝今日事逼欲歸罪朝廷而見逼迫忠款不遂
若得假息未死之日心不忘本遂渡黃河南匹磾著朝服持節賓從出
見季龍曰我受國恩志在滅汝不幸吾國自亂以至於此既不能死又
不能為汝敬也勒及季龍素與匹磾結為兄弟季龍起而拜之匹磾到
襄國又不為勒禮常著朝服持晉節經年國中謀推匹磾為主事露被
害文鴦亦遇酖而死惟末波存焉及死弟牙立牙死其後從祖就陸眷
之孫遼立自務勿塵已後值晉喪亂自稱位號據有遼西之地而臣御
晉人其地西盡幽州東界遼水然所統胡晉可三萬餘家控弦可四五
萬騎而與石季龍遞相侵掠連兵不息竟為季龍所破徙其遺黎數

晉列三十三　六　七百六十

萬家於司雍之地其子蘭復聚兵與季龍為患久之及石氏之亡末
波之子勤鳩集胡羯得萬餘人保枉人山自稱趙王附于慕容儁俄為
冉閔所敗徙于繹幕僭即尊號儁遣慕容恪擊之勤懼而降
魏浚東郡東阿人也寓居關中初為雍州小吏河間王顒敗亂之際以
為武威將軍後為度支校尉有幹用永嘉末與流人數百家東保河
陰之硤石時京邑荒儉浚劫掠得穀麥獻之懷帝帝以為揚威將軍
平陽太守度支如故以亂不之官及洛陽陷屯于洛北石梁塢撫養遺
衆漸修軍器其附賊者皆先解喻說大晉運數靈長行已建立歸之者
甚衆其有恃遠不從命者遣將討之服從而已不加侵暴於是遠近感
悅襁負至者漸衆劉琨承制假浚河南尹時太尉荀藩建行臺在密縣
浚詣藩諮謀軍事藩甚悅要李矩同會矩將夜赴之矩官屬以浚不
可信不宜夜往矩曰忠臣同心將何疑乎及會客主盡歡浚因與矩相
結而去劉曜忌浚得衆率衆軍圍之劉演郭默遣軍來救曜分兵逆
於河北乃伏兵深隱處以邀演默軍大破之盡虜演等騎浚夜遁走為

曜所得遂死之追贈平西將軍族子該領其衆
該一名亥本僑居京兆陰盤河間王顒之伐趙王倫以該為將兵都尉
及劉曜攻洛陽隨浚赴難先領兵守金墉城故得無他曜引去餘衆
依之時杜預子尹為弘農太守屯宜陽界一泉塢數為諸賊所抄掠尹
要該共距之該遣其將馬瞻將三百人赴尹瞻知其無備夜襲尹殺之
迎該據塢塢人震懼並服從之乃與李矩郭默相結以距賊荀藩即以
該為武威將軍統城西雍涼人使討劉曜元帝承制加冠軍將軍河東
太守督護河東河南平陽三郡曜嘗攻李矩該破之及矩將迎郭默該
遣軍助之又與河南尹任愔相連結後漸饑弊曜寇日至欲率衆南徙
衆不從該遂單騎走至南陽帝又以為前鋒都督平北將軍雍州刺史
馬瞻率該餘衆降曜曜徵發既苦瞻又驕虐部曲遣使呼該該密往赴
之其衆殺瞻而納該該遷於新野率衆助周訪討平杜曾詔以該為順
陽太守王敦之反也梁州刺史甘卓不從欲觀該去就試以教旨動之
該曰我本去賊惟忠於国今王公舉兵向天子非吾所宜與也遂距而

晉列三十三　七

不應及蘇峻反率衆救臺軍次石頭受陶侃節度峻未平該病篤還屯
卒於道葬于武陵從子雄統其衆
郭默河內懷人少微賤以壯勇事太守裴整為督將永嘉之亂默率
遺衆自為塢主以漁舟抄東歸行旅積年遂致巨富流人依附者漸衆
撫循將士甚得其歡心默婦兄同郡陸嘉取官米數石餉妹默以為違
制將殺嘉嘉懼奔石勒默乃自射殺婦以明無私遣使謁劉琨琨加默
河內太守劉元海遣從子曜討默曜列三屯圍之欲使餓死默送妻子為
質并請糴焉糴畢設守曜怒沉默妻子于河而攻之默遣弟芝求救於
劉琨琨知默狡猾留之而緩其救默更遣人告急會旦之出城浴馬使強
與俱歸默乃遣芝質於石勒勒以默多詐封默書與劉曜默使人伺
得勒書便突圍投李矩後與矩并力距劉石事見矩傳太興初除潁川
太守默與石勒戰敗矩轉衰弱默深憂懼解印綬其參軍殷嶠謂之曰
李使君遇吾甚厚今遂棄去無顏謝之三日可白吾去也乃奔陽翟矩
聞之大怒遣其將郭誦追默至襄城及之默棄家人單馬馳去默至京

都明帝授征虜將軍劉遐卒以默為北中郎將監淮北軍事假節遐故部曲李龍等謀反詔默與右衞將軍趙胤討平之朝廷將徵蘇峻懼其為亂召默拜後將軍領屯騎校尉初戰有功及六軍敗績南奔郗鑒議於曲阿北大業里作壘以分賊勢使默守之峻遣韓晃等攻默甚急壘中頗乏水默懼分人馬出外乃潛從南門遁出留兵守會峻死圍解徵為右軍將軍默樂為邊將不願宿衞及赴召謂平南將軍劉胤曰我能禦胡而不見用右軍主禁兵若疆埸有虞被使出征方始配給將卒無素恩信不著以此臨敵少有不敗矣時當為官擇才若人臣自擇官安得不亂乎胤曰所論事雖然非小人所及也當發求賢於胤時胤被詔免官不即歸罪方自申理而驕侈更甚遠近怪之初默之被徵距蘇峻也下次尋陽見胤參佐張滿等輕默倮露視之默常切齒至是胤臘日餉默酒一器肫一頭默對信投之水中忿憤益甚又僑人蓋肫先略取祖煥所殺孔煒女為妻煒家求之張滿等使還其家肫不与因与胤滿有隙至是肫謂默曰劉江州不受免密有異圖與長史司馬張滿荀楷等日夜計謀反逆已形惟忌郭侯一人云當先除郭侯而後起事禍將至矣宜深備之默既懷恨便率其徒候旦門開襲胤胤將吏欲距默默呵之曰我被詔有所討動者誅及三族遂入至內寢胤尚與妾臥默牽下斬之出取胤僚佐張滿荀楷等誣以大逆傳胤首于京師詐作詔書宣視內外掠胤女及諸妾并金寶還船初云下都俄而遂停胤故府招桓宣王愆期愆期懼逼勸默為平南江州默從之愆期因逃廬山桓宣固守不應司徒王導懼不可制乃大赦天下梟胤首於大航以默為西中郎將豫州刺史武昌太守鄧嶽馳白太尉陶侃侃聞之投袂起曰此必詐也即日率衆討默上疏陳默罪惡導聞之乃收胤首詔庾亮助侃討默默欲南據豫章而侃已至城下築土山以臨之諸軍大集圍之數重侃惜默驍勇欲活之遣郭誦見默默許降而默將張丑宋侯等恐為侃所殺故致進退不時得出攻之轉急宋侯遂縛默求降即斬于軍門同黨死者四十人傳首京師

史臣曰邵李魏郭等諸將契闊喪亂之辰驅馳戎馬之際威懷足以容衆勇略足以制人乃保據危城折衝千里招集義勇抗禦仇讎雖艱阻備嘗皆乃心王室而矩能以少擊衆戰勝獲多遂使玄明憤恚世龍挫衂惜其寡弱功虧一簣方之數子其最優乎默既拔迹危亡參陪朝伍忿因睚眦禍及誅夷非夫狂悖豈宜至此段匹磾本自遐方而係心朝廷始則盡忠國難終乃抗節虜廷自蘇子卿以來一人而已越石之見誅段氏實以威名匹磾之取戮世龍亦由衆望禍福之應何其速哉詩云無言不酬無德不報此之謂也

贊曰邵李諸將寔惟忠壯蒙犯艱危驅馳亭鄣力小任重功虧身喪匹磾勁烈隕身全節默實凶殘自貽罪戾

列傳第三十三　晉書六十三

列傳第三十四　晉書六十四　御撰

武十三王　元四王　簡文三子

武帝二十六男：楊元后生毗陵悼王軌、惠帝、秦獻王柬，審美人生城陽懷王景、楚隱王瑋、長沙厲王乂，徐才人生城陽殤王憲，匱才人生東海沖王祗，趙才人生始平哀王裕，趙美人生代哀王演，李夫人生淮南忠壯王允、吳孝王晏，嚴保林生新都懷王該，陳美人生清河康王遐，諸姬生汝陰哀王謨，程才人生成都王穎，王才人生孝懷帝，楊悼后生渤海殤王恢，餘八子不顯母氏，並早夭，又無封國及追謚，今並略之。其瑋、乂、穎自有傳。

毗陵悼王軌字正則，初拜騎都尉，年二歲而夭。太康十年，追加封謚，以楚王瑋子義嗣。

秦獻王柬字弘度，沈敏有識量。泰始六年，封汝南王。咸寧初，徙封南陽王，拜左將軍、領右軍將軍、散騎常侍。武帝嘗幸宣武場，以三十六軍兵簿令柬料校之，柬一省便擿脫謬，帝異之，於諸子中尤見寵愛。以左將軍居齊獻王故府，甚貴寵，為天下所屬目。性仁訥，無譏辯之譽。太康十年，徙封於秦，邑八萬戶。于時諸王封中土者皆五萬戶，以柬與太子同產，故特加之。轉鎮西將軍、西戎校尉、假節，與楚、淮南王俱之國。及惠帝即位，來朝，拜驃騎將軍、開府儀同三司，加侍中、錄尚書事，進位大將軍。時楊駿伏誅，柬既痛舅氏覆滅，甚有憂危之慮，屢述武帝旨，請還藩，而汝南王亮留柬輔政。及亮與楚王瑋被誅，時人謂柬有先識。元康元年薨，時年三十，朝野痛惜之。葬禮如齊獻文王攸故事，廟設軒懸之樂。無子，以淮南王允子郁為嗣，與允俱被害。永寧二年，追謚曰悼。又以吳王晏子鄴嗣。懷帝崩，鄴入纂帝位，國絕。

城陽懷王景字景度，出繼叔父城陽哀王兆後。泰始五年受封，六年薨。

東海沖王祗字敬度。泰始九年五月受封。殤王薨，復以祗繼兆。其年薨，時年三歲。

始平哀王裕字濬度。咸寧三年受封，其年薨，年七歲。無子，以淮南王允子迪為嗣。太康十年，改封漢王，為趙王倫所害。

淮南忠壯王允字欽度。咸寧三年，封濮陽王，拜越騎校尉。太康十年，徙封淮南，仍之國，都督揚、江二州諸軍事、鎮東大將軍、假節。元康九年，入朝。初，愍懷之廢，議者將立允為太弟。會趙王倫廢賈后，詔遂以允為驃騎將軍、開府儀同三司、侍中，都督如故，領中護軍。允性沈毅，宿衛將士皆敬服之。倫既有篡逆志，允陰知之，稱疾不朝，密養死士，潛謀誅倫。倫甚憚之，轉為太尉，外示優崇，實奪其兵也。允稱疾不拜。倫遣御史逼允，收官屬以下，劾以大逆。允恚，視詔，乃孫秀手書也，大怒，便收御史，將斬之，御史走而獲免，斬其令史二人。厲色謂左右曰：「趙王欲破我家！」遂率國兵及帳下七百人直出，大呼曰：「趙王反，我將攻之，佐淮南王者左袒。」於是歸之者甚眾。允將赴宮，尚書左丞王輿閉東掖門，允不得入，遂圍相府。允所將兵，皆淮南奇才劍客也。與戰，頻敗之，倫兵死者千餘人。太子左率陳徽勒東宮兵鼓譟於內以應。允結陣於承華門前，弓弩齊發，射倫，飛矢雨下。主書司馬眭祕以身蔽倫，箭中其背而死。倫官屬皆隱樹而立，每樹輒中數百箭，自辰至未。徽兄淮時為中書令，遣麾騶虞幡以解鬥。倫子虔為侍中，在門下省，密要壯士，約以富貴。於是遣司馬督護伏胤領騎四百從宮中出，舉空版，詐言有詔助淮南王允。允不之覺，開陣內之，下車受詔，為胤所害，時年二十九。初，倫兵敗，皆相傳曰「已擒倫矣」，百姓大悅。既而聞允死，莫不歎息。允三子皆被害，坐允夷滅者數千人。及倫誅，齊王冏上表理允曰：「故淮南王允忠孝篤誠，憂國忘身，討亂奮發，幾於剋捷。遭天凶運，奄至隕沒，逆黨進惡，并害三子，冤魂酷毒，莫不悲酸。自興義兵，淮南國人自相率領，眾過萬人，人懷慷慨，愍國統滅絕，發言流涕。臣輒以息超繼允後，以慰存亡。」有詔改葬，賜以殊禮，追贈司徒。冏敗，超被幽金墉城。後更以吳王晏子祥為嗣，拜散騎常侍。洛京傾覆，為劉聰所害。

代哀王演字宏度。太康十年受封，少有廢疾，不之國。演常止宮中。薨，無子，以成都王穎子廓為嗣，改封中都王，後與穎俱死。

新都王該字玄度。咸寧三年受封，太康四年薨，時年十二。無子，國除。

清河康王遐字深度，美容儀，有精彩，武帝愛之。既受封，出繼叔父城陽哀王兆太康十年增封渤海郡歷右將軍散騎常侍前將軍元康初進撫軍將軍加侍中遐長而懦弱無所是非性好内不能接士大夫及楚王瑋之奉兵也使遐收衛瓘而瓘故吏榮晦遂盡殺瓘子孫遐不能禁爲世所尤永康元年薨時年二十八四子覃籥銓端覃嗣立及冲太孫薨齊王冏表曰東宮曠然冢嗣莫繼天下大業帝王神器必建儲副以固洪基今者後宮未有孕育不可庶幸將來而虛天緒非祖宗之遺志社稷之長計也禮兄弟之子猶子故漢成無嗣繼由定陶孝和之絶安以紹興此先王之令典往代之成式也清河王覃神姿岐嶷慧智早成康王正妃周氏所生先帝衆孫之中於今爲嫡昔薄姬賢明文則承位覃外祖恢世載名德覃宜奉宗廟之重統無窮之祚以寧四海顒顒之望覃兄弟雖並出紹可簡令淑還爲國胤不替其嗣輒諮大將軍穎及群公卿士咸同大願請具禮儀擇日迎拜遂立覃爲皇太子既而河間王顒脅遷大駕表成都王穎爲皇太弟廢覃復爲清河王初覃爲清河世子所佩金鈴欻生隱起如麻粟祖母陳太妃以爲不祥毁而賣之占者以金是晉行大興之祥覃爲皇胤是其瑞也毁而賣之象覃見廢不終之驗也永嘉初前北軍中候任城呂雍度支校尉陳顔等謀立覃爲太子事覺幽於金墉城未幾被害時年十四葬以庶人禮籥初封新蔡王覃薨還封清河王銓初封上庸王懷帝即位更封豫章王二年立爲皇太子洛京傾覆没于劉聰端初封廣川王銓之爲皇太子也轉封豫章禮秩如皇子拜散騎常侍平南將軍都督江州諸軍事假節當之國會洛陽陷没端東奔苟晞於蒙晞立爲皇太子七十日爲石勒所没

汝陰哀王謨字令度太康七年薨時年十一無後國除

吳敬王晏字平度太康十年受封食丹楊吳興并吳三郡歷射聲校尉後軍將軍與兄淮南王允共攻趙王倫允敗收晏付廷尉欲殺之傅祗於朝堂正色而爭於是群官並諫倫乃貶爲賓徒縣王後徙封代王倫誅詔復晏本封拜上軍大將軍開府加侍中長沙王乂成都王穎之相攻也乂以晏爲前鋒都督數交戰永嘉中爲太尉大將軍晏爲人恭愿才不及中人於武帝諸子中最劣又少有風疾視瞻不端後轉增劇不堪朝覲及洛京傾覆晏亦遇害時年三十一愍帝即位追贈太保五子長子不顯名與晏同没餘四子祥鄴固衍祥嗣淮南王允鄴即愍帝固初封漢王改封濟南衍初封新都王改封濟陰爲散騎常侍皆没于賊

渤海殤王恢字思度太康五年薨時年二歲追加封謚

元帝六男宮人荀氏生明帝及琅邪孝王裒石婕妤生東海哀王冲王才人生武陵威王晞鄭夫人生琅邪悼王煥及簡文帝

琅邪孝王裒字道成母荀氏以微賤入宮元帝命虞妃養之裒初繼叔父長樂亭侯渾後徙封宣城郡公拜後將軍及帝爲晉王有司奏立太子帝以裒有成人之量過於明帝從容謂王導曰立子以德不以年導曰世子宣城俱有朗儁之目固當以年於是太子位遂定更封裒琅邪嗣恭王後改食會稽宣城邑五萬二千戶拜散騎常侍使持節都督青徐兗三州諸軍事車騎將軍徵還京師建武元年薨年十八贈車騎大將軍加侍中及妃山氏薨祔葬穆帝更贈裒太保子哀王安國立未踰年薨

東海哀王冲字道讓元帝以東海王越世子毗没于石勒不知存亡乃以冲繼毗後稱東海世子以毗陵郡增本封邑萬戶又改食下邳蘭陵以越妃裴氏爲太妃拜長水校尉高選寮佐以沛國劉耽爲司馬潁川庾懌爲功曹吳郡顧和爲主簿永昌初遷中軍將軍加散騎常侍及東海太妃薨因發毗喪冲即王位以滎陽益東海國轉車騎將軍徙驃騎將軍咸康七年薨年三十一贈侍中驃騎大將軍儀同三司無子成帝臨崩詔曰哀王無嗣國統將絶朕所哀怛其以小晚生奕繼哀王爲東海王以道遠罷滎陽更以臨川郡益東海及哀帝以琅邪王即尊位徙奕爲琅邪王東海國闕無嗣奕後入纂大業桓溫廢之復爲東海王既而貶爲海西公東海國又闕嗣隆安三年安帝詔以會稽忠王次子彥璋爲東海王繼哀王爲曾孫改食吳興郡爲桓玄所害國除

武陵威王晞字道叔出繼武陵王喆後太興元年受封咸和初拜散騎常侍後以湘東增武陵國除左將軍遷鎮軍將軍加散騎常侍康帝

即位加侍中特進建元初領祕書監穆帝即位轉鎮軍大將軍遷太宰太和初加羽葆鼓吹入朝不趨贊拜不名劒履上殿固讓晞無學術而有武幹爲桓溫所忌及簡文帝即位溫乃表晞曰晞體自皇極故寵靈光世不能率由王度脩己愼行而聚納輕剽苞藏亡命又息綜矜忍虐加于人袁眞叛逆事相連染頃日猜懼將成亂階請免晞官以王歸藩免其世子綜官解子𤩽散騎常侍𤩽以梁王隨晞晞既見黜送馬八十五匹三百人杖以歸溫溫又逼新蔡王晃使自誣与晞綜及著作郎殷涓太宰長史庾藉掾曹秀舍人劉彊等謀逆遂收付廷尉請誅之簡文帝不許溫於是奏徙新安郡家屬悉從之而族誅殷涓等廢晃徙衡陽郡太元六年晞卒于新安時年六十六孝武帝三日臨于西堂詔曰感惟摧慟便奉迎靈柩并改移妃應氏及故世子梁王諸喪家屬悉還復下詔曰故前武陵王體自皇極剋己思愆仰惟先朝仁宥之旨豈可情禮靡寄其追封新寧郡王邑千戶晞三子綜𤩽遵以遵嗣追贈綜給事中𤩽散騎郎十二年追復晞武陵國綜𤩽各復先官𤩽還繼

梁國

梁王𤩽字賢明出繼梁王翹官至永安太僕與父晞俱廢薨子龢嗣太元中復國薨子珍之嗣桓玄篡位國人孔璞奉珍之奔于壽陽桓玄敗珍之歸朝廷大將軍武陵王令曰梁王珍之理悟貞立蒙險違難撫義懷順載奔闕庭值壽陽擾亂在危克固且可通直散騎郎累遷游擊將軍左衞太常劉裕伐姚泓請爲諮議參軍裕將弱王室誣其罪害之

忠敬王遵字茂遠初襲封新寧時年十二受拜流涕哀感左右右將軍桓伊嘗詣遵遵曰門何爲通桓氏左右曰伊與桓溫疎宗相見無嫌遵曰我聞人姓木邊便欲殺之況諸桓乎由是少稱聰惠及晞追復封武陵王以遵嗣歷位散騎常侍祕書監太常中領軍桓玄用事拜金紫光祿大夫玄篡公貶爲彭澤侯遣之國行次石頭夜濤水入淮船破未得發會義旗興復還國第朝廷稱受密詔使遵揔攝萬機加侍中大將軍移入東宮內外畢敬遷轉百官稱制書又教稱令書安帝反正更拜太保加班劒二十人義熙四年薨時年三十五詔賜東園溫明祕器朝服一具衣一襲錢百萬布千匹葬贈太傅葬加殊禮子定王季度立拜散騎侍郎薨子球之立宋興國除

琅邪悼王煥字耀祖母有寵元帝特所鍾愛初繼帝弟長樂亭侯渾後封顯義亭侯尚書令刁協奏昔魏臨淄侯以邢顒爲家丞劉楨爲庶子今侯幼弱宜選明德帝令曰臨淄萬戶封又植少有美才能同遊田蘇者今晚生矇弱何論於此間封此兒不以寵稚子也亡弟當應繼嗣不獲已耳家丞庶子足以攝祠祭而已豈宜屈賢才以受無用乎及煥疾篤帝爲之徹膳乃下詔封爲琅邪王嗣恭王後俄而薨年二歲帝悼念無已將葬以煥既封列國加以成人之禮詔立凶門柏歷備吉凶儀服營起陵園功役甚衆琅邪國右常侍會稽孫霄上疏諫曰臣聞法度典制先王所重吉凶之禮事貴不過是以世豐不使奢放凶荒必務約殺朝聘嘉會足以展庠序之儀殯葬送終務以稱哀榮之情上無奢泰之譏下無匱竭之困故華元厚葬君子謂之不臣嬴博至儉仲尼稱其合禮明傷財害時古人之所譏節省簡約聖賢之所嘉也語曰上之化

下如風靡草京邑翼翼四方所則明教化法制不可不愼也陛下龍飛踐阼興微濟弊聖懷勞謙務從簡儉憲章舊制猶欲節省禮典所無而反尚飾此臣愚情竊所不安也棺槨輿服旒翣之屬禮典舊制不可廢闕凶門柏歷禮典所無天晴可不用遇雨則無益此至宜節省者也若琅邪一國一時所用不爲大費臣在機近義所不言今天臺所居王公百寮聚在都輦凡有喪事皆當供給材木百數竹薄千計凶門兩表衣以細竹及材價直既貴又非表凶哀之宜如此過飾宜從麤簡又案禮記國君之葬棺槨之間容柷大夫容壺士容甒以壺甒爲差則柷財大於壺明矣槨周於棺椁不甚大也語曰葬者藏也藏欲深而固也椁大則難爲堅固無益於送終而有損於財力凶荒殺禮經國常典既滅殺而猶過舊此爲國之所厚惜也又禮將葬遷柩于廟祖而行及墓即窆葬之日即反哭而虞如此則柩不宿於墓上也聖人非不哀親之在土而無情於丘墓蓋以墓非安神之所故脩虞於殯宮始則營草宮於山陵遷神柩於墓側又非典也非禮之事不可以訓萬國臣至愚至

賤忽求華前之非可謂狂瞽不知忌諱然今天下至弊自古所希宗廟
社稷遠託江表半州之地凋殘以甚加之荒旱百姓困瘁非但不足死
亡是懼此乃陛下至仁之所矜愍可憂之至重也正是匡矯末俗改張
易調之時而猶當竭已罷之人營無益之事殫已困之財脩無用之費
此固臣之所不敢安也今琅邪之於天下國之最大若割損非禮之事
務遵古典上以彰聖朝簡易之至化下以表萬世無窮之規則此芻蕘
之言有補萬一塵露之微有增山海表寢不報永昌元年立煥母弟昱
為琅邪王即簡文帝也咸和二年徙封會稽以康帝為琅邪王康帝即
位哀帝為琅邪王哀帝即位廢帝為琅邪王廢帝即位又以簡文帝攝
行琅邪王國祀簡文登阼國遂無嗣帝臨崩封少子道子為琅邪王太
元十七年道子為會稽王更以恭帝為琅邪王恭帝即位於是琅邪
國除

簡文帝七子王皇后生會稽思世子道生皇子俞生胡淑儀生臨川獻
王郁皇子朱生王淑儀生皇子天流李夫人生孝武帝會稽文孝王道

子俞生朱生天流並早夭今並略之

會稽思世子道生字延長帝為會稽王立道生為世子拜散騎侍郎給
事中性疎躁不修行業多失禮度竟以幽廢而卒時年二十四無後
及孝武帝即位甞晝日見道生及臨川獻王郁郁曰大郎饑乏辛苦言
竟不見帝傷感因以西陽王羕玄孫珣之為後珣之歷吳興太守劉裕
之伐關中以為諮議參軍時帝道方謝珣之為宗室之美與梁王珍之
俱被害

臨川獻王郁字深仁幼而敏慧道生初以無禮失旨郁數勸以敬慎之
道道生不納郁為之流涕簡文帝深器異之年十七而薨久之追謚獻
世子寧康初贈左將軍加散騎常侍追封郡王以武陵威王曾孫寶為
嗣追尊其母胡淑儀為臨川太妃

寶字弘文歷秘書監太常左將軍散騎常侍護軍將軍宋興以為金
紫光祿大夫降為西豐侯食邑千户

會稽文孝王道子字道子出後琅邪孝王少以清澹為謝安所稱年十
歲封琅邪王食邑一萬七千六百五十一户攝會稽國五萬九千一百
四十户太元初拜散騎常侍中軍將軍進驃騎將軍後公卿奏道子
親賢莫二宜正位司徒固讓不拜使録尚書六條事尋加開府領司徒
及謝安薨詔曰新喪哲輔華戎未一自非明賢懋德莫能綏御内外司
徒琅邪王道子體道自然神識穎遠實當旦奭之重宜摠二南之任可
領揚州刺史録尚書假節都督中外諸軍事衛府文武一以配驃騎府
讓不受數年領徐州刺史太子太傅公卿又奏宜進位丞相揚州牧假
黄鉞羽葆鼓吹並讓不受于時孝武帝不親萬機但與道子酣歌為務
姏姆尼僧尤為親暱並竊弄其權凡所幸接皆出自小豎郡守長吏多
為道子所樹立既為揚州摠録勢傾天下由是朝野奔湊中書令王國
寶性卑佞特為道子所寵昵官以賄遷政刑謬乱又崇信浮屠之学用
度奢侈下不堪命太元以後為長夜之宴蓬首昏目政事多闕桓玄
甞候道子正遇其醉賓客滿坐道子張目謂人曰桓温晚塗欲作賊云
何玄伏地流汗不得起長史謝重舉板荅曰故宣武公黜昏登聖功超

伊霍紛紜之議宜裁之聽覧道子頷曰儂知儂知因舉酒屬玄玄乃得
起由是玄益不自安切齒於道子于時朝政既紊左衛領營將軍會稽
許榮上䟽曰今臺府局吏直衛武官及僕隷婢兒取母之姓者本臧獲
之徒無鄉邑品第皆得命議用為郡守縣令並帶職在内委事於小吏
手中僧尼乳母競進親黨又受貨賂輒臨官領衆無衛霍之才而比方
古人為患一也臣聞佛者清遠玄虛之神以五誡為教絶酒不淫而今
之奉者穢慢阿尼酒色是耽其違二矣夫致人於死未必手刃害之若
政教不均暴濫無罪必夭天命其違三矣盜者未必躬竊人財江乙毋
失布罪由令尹今禁令不明劫盜公行其違四矣在上化下必信為本
昔年下書勑使盡規而衆議兼集無所採用其違五矣尼僧成群依
傍法服五誡麤法尚不能遵況精妙乎而流惑之徒競加敬事又侵漁
百姓取財為惠亦未合布施之道也又陳太子宜出臨東宮克奬德業
䟽奏並不省中書郎范甯亦深陳得失帝由是漸不平於道子然外每
優崇之國寳即甯之甥以諂事道子甯奏請黜之國寳懼使陳郡袁

悅之因尼妙音致書與太子母陳淑媛說國寶忠謹宜見親信帝因發怒斬悅之國寶甚懼復讒寧於帝帝不獲已流涕出寧爲豫章太守道子由是專恣嬖人趙牙出自優倡茹千秋本錢塘捕賊吏因賂諂進道子以牙爲魏郡太守千秋驃騎諮議參軍牙爲道子開東第築山穿池列樹竹木功用鉅萬道子使宮人爲酒肆沽賣於水側與親昵乘船就之飲宴以爲笑樂帝嘗幸其宅謂道子曰府内有山因得遊矚甚善也然脩飾太過非示天下以儉道子無以對唯唯而已左右侍臣莫敢有言帝還宮道子謂牙曰上若知山是板築所作爾必死矣牙曰公在牙何敢死營造彌甚千秋賣官販爵聚資貨累億又道子既爲皇太妃所愛親遇同家人之禮遂恃寵乘酒時失禮敬帝益不能平然以太妃之故加崇禮秩博平令吳興聞人奭上疏曰驃騎諮議參軍茹千秋協附宰相起自微賤竊弄威權衒賣天官其子壽齡爲樂安令贓私狼藉畏法奔逃竟無罪罰傲然還縣又尼姏屬類傾動亂時穀賤人饑流殣不絶由百姓單貧役調深刻又振武將軍庾恒鳴角京邑主簿

戴良夫苦諫被囚殆至没命而恒以醉酒見怒良夫以執忠廢棄又權寵之臣各開小府施置吏佐無益於官有損於國疏奏帝益不平而逼於太妃無所廢黜乃出王恭爲兗州殷仲堪爲荆州王珣爲僕射王雅爲太子少傅以張王室而潛制道子也道子復委任王緒由是朋黨競扇友愛道盡太妃每和解之而道子不能改中書郎徐邈以國之至親唯道子而已宜在敦穆從容言於帝曰昔漢文明主猶悔淮南世祖聰達負愧齊王兄弟之際實宜深慎帝納之復委任道子如初時有人爲雲中詩以指斥朝廷曰相王沈醉輕出教命捕賊千秋干豫朝政王愷守常國寶馳競荆州大度散誕難名盛德之流法護王寧仲堪仙民特有言詠東山安道執操高抗何不徵之以爲朝匠荆州謂王忱也法護即王珣寧即王恭仙民即徐邈字安道戴逵字也及恭帝爲琅邪王道子受封會稽國并宣城爲五萬九千户安帝踐阼有司奏道子宜進位太傅揚州牧中書監假黄鉞備殊禮固辭不拜又解徐州詔内外衆事動静諮之帝既冠道子稽首歸政王國寶始總國權勢傾朝廷王恭

乃舉兵討之道子懼收國寶付廷尉并其從弟琅邪内史緒悉斬之以謝於恭恭即罷兵道子乞解中外都督録尚書以謝方岳詔不許道子世子元顯時年十六爲侍中心惡恭請道子討之乃拜元顯爲征虜將軍其先衛府及徐州文武悉配之屬道子妃薨帝下詔曰會稽王妃尊賢莫二朕義同所親今葬加殊禮一依琅邪穆太妃故事元顯夙令光懋乃心所寄誠孝性蒸蒸至痛難奪然不以家事辭王事陽秋之明義不以私限違公制中代之變禮故閔子要絰山王逼屈良以至感由中軌容者外有禮無時賢哲斯順須妃葬畢可居職如故于時王恭威振内外道子甚懼復引譙王尚之以爲腹心尚之説道子曰藩伯彊盛宰相權輕宜密樹置以自藩衛道子深以爲然乃以其司馬王愉爲江州刺史以備恭與尚之等日夜謀議以伺四方之隙王恭知之復舉兵以討尚之爲名荆州刺史殷仲堪豫州刺史庾楷廣州刺史桓玄並應之道子使人説楷曰本情相與可謂斷金往年帳中之飲結帶之言寧可忘邪卿今棄舊交結新援忘王恭疇昔陵侮之恥乎若乃欲委體而臣

之若恭得志以卿爲反覆之人必不相信何富貴可保禍敗亦旋及矣楷怒曰王恭昔赴山陵相王憂懼無計我知事急即勒兵而至去年之事亦俟命而奮我事相王無相負者既不能距恭反殺國寶自爾已來誰復敢攘袂於君之事乎庾楷實不能以百口助人屠滅當與天下同舉誅鉏姦臣何憂府不開爵不至乎時楷已應恭檄正徵士馬信及朝廷憂懼於是内外戒嚴元顯攘袂慷慨謂道子曰去年不討王恭致有今役今若復從其欲則太宰之禍至矣道子日飲醇酒而委事於元顯元顯雖年少而聰明多涉志氣果鋭以安危爲己任尚之爲之羽翼時相傳會者皆謂元顯有明帝神武之風於是以爲征討都督假節統前將軍王珣左將軍謝琰及將軍桓之才毛泰高素等伐恭滅之既而楊佺期桓玄殷仲堪等復至石頭元顯於竹里馳還京師遣丹陽尹王愷鄱陽太守桓放之新蔡内史何嗣潁川太守温詳新安太守孫泰等發京邑士庶數萬人據石頭以距之道子將出頓中堂忽有驚馬蹂藉軍中因而擾亂赴江而死者甚衆仲堪既知王恭敗死狼狽西走與桓

玄屯于尋陽朝廷嚴兵相距內外騷然詔元顯甲杖百人入殿尋加散騎常侍中書令又領中領軍持節都督如故會道子有疾加以昏醉元顯知朝望去之謀奪其權諷天子解道子揚州司徒而道子不之覺元顯自以少年頓居權重慮有譏議於是以琅邪王領司徒元顯自為揚州刺史既而道子酒醒方知去職於是大怒而無如之何廬江太守會稽張法順以刀筆之才為元顯謀主交結朋援多樹親黨自桓謙以下諸貴遊皆斂衽請交元顯性苛刻生殺自己法順屢諫不納又發東土諸郡免奴為客者號曰樂屬移置京師以充兵役東土囂然人不堪命天下苦之矣既而孫恩乘釁作亂加道子黃鉞元顯為中軍以討之又加元顯錄尚書事然道子更為長夜之飲政無大小一委元顯時謂道子為東錄元顯為西錄西府車騎填湊東第門下可設雀羅矣元顯無良師友正言弗聞諂譽日至或以為一時英傑或謂為風流名士由是自謂無敵天下故驕侈日增帝又以元顯有翼亮之功加其所生母劉氏為會稽王夫人金章紫綬會洛陽覆沒道子以山陵幽辱上疏送章

列卌四　十一

綬請歸藩不許及太皇太后崩詔道子乘輿入殿元顯因諷禮官下議稱己德隆望重既錄百揆內外群僚皆應盡敬於是公卿皆拜于時軍旅薦興國用虛竭自司徒已下日廩七升而元顯聚斂不已富過帝室及謝琰為孫恩所害元顯求領徐州刺史加侍中後將軍開府儀同三司都督十六州諸軍事封其子彥璋為東海王尋以星變元顯解錄復加尚書令會孫恩至京口元顯柵斷石頭率兵距戰頻不利道子无他謀略唯日禱蔣侯廟為厭勝之術既而孫恩遁于北海桓玄復據上流致牋於道子曰賊造近郊以風不得進以雨不致火食盡故去耳非力屈也昔國寶卒後王恭不乘此威入統朝政足見其心非侮於明公也而謂之非忠今之貴要腹心有時流清望者誰乎豈可云無佳勝直是不能信之耳用理之人然後可以信義相期求利之徒豈有所惜而更委信邪爾來一朝一夕遂成今日之禍矣阿衡之重言何容易求福則立至干忤或致禍在朝君子豈不有懷但懼害及身耳玄忝任在遠是以披寫事實元顯覽而大懼張法順謂之曰桓玄承藉門資素有豪氣

既并殷楊專有荊楚然桓氏世在西藩人或為用而第下之所控引止三吳耳孫恩為亂東土塗地編戶饑饉公私不贍玄必乘此縱其姦凶竊用憂之元顯曰為之奈何法順曰玄始據荊州人情未輯方就綏撫未遑他計及其如此發兵誅之使劉牢之為前鋒而第下以大軍繼進桓玄之首必懸於麾下矣元顯以為然遣法順至京口謀於牢之而牢之有疑色法順還說元顯曰觀牢之顏色必貳於我未若召入殺之不爾敗人大事元顯不從道子尋拜侍中太傅置左右長史司馬從事中郎四人崇異之儀備盡盛典其驃騎將軍僚佐文武即配太傅府加元顯侍中驃騎大將軍開府征伐大都督十八州諸軍事儀同三司加黃鉞班劍二十人以伐桓玄竟以牢之為前鋒法順又言於元顯曰自舉大事未有威斷桓謙兄弟每為上流耳目斬之以孤荊楚之望且事之濟不繼在前軍而牢之反覆萬一有變則禍敗立至可令牢之殺謙兄弟以示不貳若不受命當逆為其所元顯曰非牢之無以當桓玄且始事而誅大將人情必動二三不可于時揚土饑虛運漕不繼玄斷江路

晉列三十四　十二

商旅遂絕於是公私匱乏士卒唯給粰橡大軍將發玄從兄驃騎長史石生馳使告玄玄進次尋陽傳檄京師罪狀元顯俄而玄至西陽帝戎服餞元顯于西池始登舟而玄至新亭元顯棄船退屯國子學堂明日列陣於宣陽門外元顯佐吏多散走或言玄已至大桁劉牢之遂降于玄元顯迴入宣陽門牢之參軍張暢之率眾逐之眾潰元顯奔入相府唯張法順隨之問計於道子道子對之泣玄遣太傅從事中郎毛泰收元顯送于新亭縛於舫前而數之元顯答曰為王誕張法順所誤於是送付廷尉并其六子皆害之玄又奏道子酣縱不孝當棄市詔徙安成郡使御史杜竹林防衛竟承玄旨酖殺之時年三十九帝三日哭於西堂及玄敗大將軍武陵王遵承制下令曰故太傅公阿衡二世契闊皇家親賢之重地無與二驃騎大將軍內摠朝維外宣威略志蕩世難以寧國祚天未靜亂禍酷備鍾悲動區宇痛貫人鬼感惟永往心情崩隕今皇祚反正幽顯式敘宜崇明國體以述舊典便可追崇太傅為丞相加殊禮一依安平獻王故事追贈驃騎為太尉加羽葆鼓吹丞

相墳塋翳然飄薄非所須南道清通便奉迎神柩太尉宜便遷改可
下太史詳吉日定宅兆於是遣通直常侍司馬珣之迎道子柩于安成
時寇賊未平喪不時達義熙元年合葬于王妃陵追謚元顯曰忠以臨
川王寶子脩之爲道子嗣尊妃王氏爲太妃義熙中有稱元顯子秀熙
避難蠻中而至者太妃請以爲嗣於是脩之歸于別第劉裕意其詐
而案驗之果散騎郎滕羨奴勺藥也竟坐棄市太妃不悟哭之甚慟脩
之復爲嗣薨謚悼王無子國除

史臣曰泰始之受終也乃憲章往昔稽古前王廣誓山河大開藩屏文
昭武穆方駕於魯衛應韓磐石犬牙連衡於吳楚齊代然而作法於亂
付託非才何曾歎經国之無謀郭欽識危亡之有兆及宮車晏駕墳土
未乾國難荐臻朝章弛廢重以八王繼亂九服沸騰戎羯交馳乘輿幽
逼瑤枝瓊萼隨鋒鏑而消亡朱邸綠車與波塵而殄瘁遂使茫茫禹迹
咸窟穴於豺狼慄慄周餘竟沉淪於塗炭嗚呼運極數窮一至于此詳
觀載籍未或前聞道子地則親賢任惟元輔耽荒麴蘗信惑讒諛遂

使尼嫗竊朝權姦邪制國命始則彝倫攸斁終乃宗社淪亡元顯以童
丱之年受棟梁之寄專制朝廷陵蔑君親奮庸瑣之常材抗姦凶之
巨寇喪師殄國不亦宜乎斯則元顯爲安帝之孫強道子實晉朝之宰
嚭者也列代之崇建維城用藩王室有晉之分封子弟實樹亂階詩云
懷德惟寧宗子維城無俾城壞無獨斯畏城既壞矣畏也宜哉典午之
喪亂弘多寔此之由矣

贊曰帝子分封嬰此鞠凶札瘥繼及禍難仍鍾泰獻聰悟清河內顧
淮南忠勇宣城識度道子昏凶遂傾国祚

列傳第三十四　晉書六十四

列傳第三十五　晉書六十五

御撰

王導 子悅 恬 洽 洽子珣 珉 協 劭 劭子謐 薈

王導字茂弘光祿大夫覽之孫也父裁鎮軍司馬導少有風鑒識量清
遠年十四陳留高士張公見而奇之謂其從兄敦曰此兒容貌志氣將
相之器也初襲祖爵即丘子司空劉寔尋引爲東閤祭酒遷祕書郎太
子舍人尚書郎並不行後參東海王越軍事時元帝爲琅邪王與導素
相親善導知天下已亂遂傾心推奉潛有興復之志帝亦雅相器重契
同友執帝之在洛陽也導每勸令之國會帝出鎮下邳請導爲安東司
馬軍謀密策知無不爲及徙鎮建康吳人不附居月餘士庶莫有至者
導患之會敦來朝導謂之曰琅邪王仁德雖厚而名論猶輕兄威風已
振宜有以匡濟者會三月上巳帝親觀禊乘肩轝具威儀敦導及諸
名勝皆騎從吳人紀瞻顧榮皆江南之望竊覘之見其如此咸驚懼乃
相率拜於道左導因進計曰古之王者莫不賓禮故老存問風俗虛己
傾心以招俊乂況天下喪亂九州分裂大業草創急於得人者乎顧榮

賀循此土之望未若引之以結人心二子既至則無不來矣帝乃使導
躬造循榮二人皆應命而至由是吳會風靡百姓歸心焉自此之後漸
相崇奉君臣之禮始定俄而洛京傾覆中州士女避亂江左者十六七
導勸帝收其賢人君子與之圖事荊揚晏安戶口殷實導爲政務在清
靜每勸帝克己勵節匡主寧邦於是尤見委杖情好日隆朝野傾心號
爲仲父帝常從容謂導曰卿吾之蕭何也對曰昔秦爲無道百姓厭亂
巨猾陵暴人懷漢德革命反正易以爲功自魏氏以來迄于太康之際
公卿世族豪侈相高政教陵遲不遵法度群公卿士皆饜於安息遂
使姦人乘釁有虧至道然否終斯泰天道之常大王方立命世之勳一
匡九合管仲樂毅於是乎在豈區區國臣所可擬議願深弘神慮廣擇
良能顧榮賀循紀瞻周玘皆南土之秀願盡優禮則天下安矣帝納焉
永嘉末遷丹楊太守加輔國將軍導上牋曰昔魏武達政之主也荀文
若功臣之最也封不過亭侯倉舒愛子之寵贈不過別部司馬以此格
萬物得不局跡乎今者臨郡不問賢愚豪賤皆加重號輒有鼓蓋動

見推時有不得者或為恥辱天宮混雜朝望頹毀導忝荷重任不
能崇浚山海而開創亂源饕餮竊名位取紊彝典謹送鼓蓋加崇之物
請從導始庶令雅俗區別羣望無惑帝下令曰導德重勳高孤所深倚
誠宜表彰殊禮而更約己冲心進思盡誠以身率衆宜順其雅志式允
開塞之機拜寧遠將軍尋加振威將軍愍帝即位徵吏部郎不拜晉國
既建以導為丞相軍諮祭酒桓彝初過江見朝廷微弱謂周顗曰我以
中州多故來此欲求全活而寡弱如此將何以濟憂懼不樂往見導
極談世事還謂顗曰向見管夷吾無復憂矣過江人士每至暇日相要
出新亭飲宴周顗中坐而歎曰風景不殊舉目有江河之異皆相視流
涕惟導愀然變色曰當共戮力王室克復神州何至作楚囚相對泣邪
衆收淚而謝之俄拜右將軍揚州刺史監江南諸軍事遷驃騎將軍加
散騎常侍都督中外諸軍領中書監錄尚書事假節刺史如故導以
敦統六州固辭中外都督後坐事除節于時軍旅不息學校未脩導上
書曰夫風化之本在於正人倫人倫之政存乎設庠序庠序設五教明

德禮洽通彝倫攸敘而有恥且格父子兄弟夫婦長幼之序順而君臣
之義固矣易所謂正家而天下定者也故聖王蒙以養正少而教之使
化霑肌骨習以成性遷善遠罪而不自知行成德立然後裁之以位雖
王之世子猶與國子齒使知道而後貴其取才用士咸先本之於學故
周禮卿大夫獻賢能之書于王王拜而受之所以尊道而貴士也人知士
之貴由道存則退而脩其身以及家正其家以及鄉學於鄉以登朝反
本復始各求諸己敦樸之業著浮偽之競息教使然也故以之事君則
忠用之莅下則仁孟軻所謂未有仁而遺其親義而後其君者也自頃
皇綱失統頌聲不興于今將二紀矣傳曰三年不為禮禮必壞三年不
為樂樂必崩而況如此之久乎先進忘揖讓之容後生惟金鼓是聞干
戈日尋俎豆不設先王之道彌遠華偽之俗遂滋非所以端本靖末之
謂也殿下以命世之資屬陽九之運禮樂征伐翼成中興誠宜經綸稽
古建明學業以訓後生漸之教義使文武之道墜而復興俎豆之儀幽
而更彰方今戎虜扇熾國恥未雪忠臣義夫所以扼腕拊心苟禮儀膠

固淳風漸著則化之所感者深而德之所被者大使帝典闕而復補皇
綱弛而更張獸心革面饕餮檢情揖讓而服四夷緩帶而天下從得乎
其道豈難也哉故有虞舞干戚而化三苗魯僖作泮宮而服淮夷桓文
之霸皆先教而後戰今若聿遵前典興復道教擇朝之子弟並入于學
選明博脩禮之士而為之師化成俗定莫尚於斯帝甚納之及帝登尊
號百官陪列命導升御牀共坐導固辭至于三四曰若太陽下同萬物
蒼生何由仰照帝乃止進驃騎大將軍儀同三司以討華軼功封武岡
侯進位侍中司空假節錄尚書領中書監會太山太守徐龕反帝訪可
以鎮撫河南者導舉太子左衞率羊鑒既而鑒敗抵罪導上疏曰徐龕
叛戾久稽天誅臣創議征討調舉羊鑒鑒闇懦覆師有司極法聖恩
降天地之施全其首領然臣受重任總錄機衡使三軍挫衄臣之責也
乞自貶黜以穆朝倫詔不許尋代賀循領太子太傅時中興草創未置
史官導始啓立於是典籍頗具時孝懷太子為胡所害始奉諱有司奏
天子三朝舉哀羣臣一哭而已導以為皇太子副貳宸極普天有情宜

同三朝之哀從之及劉隗用事導漸見疎遠任真推分澹如也有識咸
稱導善處興廢焉王敦之反也劉隗勸帝悉誅王氏論者為之危心導
率羣從昆弟子姪二十餘人每旦詣臺待罪帝以導忠節有素特還朝
服召見之導稽首謝曰逆臣賊子何世無之豈意今者近出臣族帝跣
而執之曰茂弘方託百里之命於卿是何言邪乃詔曰導以大義滅親
可以吾為安東時節假之及敦得志加導守尚書令初西都覆沒四海
思王羣臣及四方並勸進於帝時王氏彊盛有專天下之心敦憚帝賢
明欲更議所立導固爭乃止及此役也敦謂導曰不從吾言幾致覆
族導猶執正議敦無以能奪自漢魏已來賜謚多由封爵雖位通德重
先無爵者例不加謚導乃上疏稱武官有爵必謚卿校常伯無爵不謚
甚失制度之本意也從之自後公卿無爵而謚導所議也初帝愛琅邪
王裒將有奪嫡之議以問導導曰夫立子以長且紹又賢不宜改革
帝猶疑之導日夕陳諫故太子卒定及明帝即位導受遺詔輔政解
揚州遷司徒一依陳羣輔魏故事王敦又舉兵內向時敦始寢疾導便

率子弟發哀衆聞謂敦死咸有奮志及帝伐敦假導節都督諸軍領
揚州刺史敦平進封始興郡公邑三千戶賜絹九千匹進位太保司徒
如故劒履上殿入朝不趨讚拜不名固讓帝崩導復與庾亮等同受
遺詔共輔幼主是爲成帝加羽葆鼓吹班劒二十人及石勒侵阜陵詔
加導大司馬假黃鉞出討之軍次江寧帝親餞于郊俄而賊退解大司
馬庾亮將徵蘇峻訪之於導導曰峻猜險必不奉詔且山藪藏疾宜包
容之固爭不從亮遂召峻既而難作六軍敗績導入宮侍帝峻以導德
望不敢加害猶以本官居己之右峻又逼乘輿幸石頭導爭之不得峻
日來帝前肆醜言導深懼有不測之禍時路永匡術賈寧並說峻令殺
導盡誅大臣更樹腹心峻敬導不納故永等貳於峻導使參軍袁耽潛
諷誘永等謀奉帝出奔義軍而峻衞御甚嚴事遂不果導乃攜二子
隨永奔于白石及賊平宗廟宮室並爲灰燼溫嶠議遷都豫章三吳
之豪請都會稽二論紛紜未有所適導曰建康古之金陵舊爲帝里又
孫仲謀劉玄德俱言王者之宅古之帝王不必以豐儉移都苟弘衞文

晉列三十五　四

大帛之冠則無往不可若不績其麻則樂土爲虛矣且北寇游䰟伺我
之隙一旦示弱竄於蠻越求之望實懼非良計今特宜鎭之以靜羣情
自安由是嶠等謀並不行導善於因事雖無日用之益而歲計有餘時
帑藏空竭庫中惟有練數千端鬻之不售而國用不給導患之乃與朝
賢俱制練布單衣於是士人翕然競服之練遂踊貴乃令主者出賣端
至一金其爲時所慕如此六年冬蒸詔歸胙於導曰無下拜導辭疾不
敢當初帝幼沖見導每拜又常與導書手詔則云惶恐言中書作詔則
曰敬問於是以爲定制自後元正導入帝猶爲之興焉時大旱導上疏
遜位詔曰夫聖王御世動合至道運無不周故能人倫攸敘萬物獲宜
朕荷祖宗之重託於王公之上不能仰陶玄風俯洽宇宙亢陽踰時兆
庶胥怨邦之不臧惟予一人公體道明哲弘猷深遠勳格四海翼亮三
世國典之不墜寔仲山甫補之而猥崇謙光引咎克讓元首之愆寄責
宰輔祇增其闕博綜萬機不可一日有曠公宜遺履謙之近節遵經國
之遠略門下速遣侍中以下敦喻導固讓詔累逼之然後視事導簡素

寡欲倉無儲穀衣不重帛帝知之給布萬匹以供私費導有羸疾不堪
朝會帝幸其府縱酒作樂後令輿車入殿其見敬如此石季龍掠騎至
歷陽導請出討之加大司馬假黃鉞中外諸軍事置左右長史司馬給
布萬匹俄而賊退解大司馬復轉中外大都督進位太傅又拜丞相依
漢制罷司徒官以幷之冊曰朕夙罹不造肆陟帝位未堪多難禍亂荐
興公文貫九功武經七德外緝四海內齊八政天地以平人神以和業
同伊尹道隆姬旦仰思唐虞登庸儁乂申令羣官允釐庶績朕思憑
高謨弘濟遠猷維賛古建爾于上公永爲晉輔往踐厥職敬敷道訓以
亮天工不亦休哉公其戒之是歲妻曹氏卒贈金章紫綬初曹氏性妬
導甚憚之乃密營別館以處衆妾曹氏知將往焉導恐妾被辱遽令
命駕猶恐遲之以所執麈尾柄驅牛而進司徒蔡謨聞之戲導曰朝廷
欲加公九錫導弗之覺但謙退而已謨曰不聞餘物惟有短轅犢車長
柄麈尾導大怒謂人曰吾往與羣賢共游洛中何曾聞有蔡克兒也于
時庾亮以望重地逼出鎭於外南蠻校尉陶稱閒說亮當舉兵內向或

晉列三十五　五

勸導密爲之防導曰吾與元規休戚是同悠悠之談宜絕智者之口則
如君言元規若來吾便角巾還第復何懼哉又與稱書以爲庾公帝之
元舅宜善事之於是讒間遂息時亮雖居外鎭而執朝廷之權既據
上流擁彊兵趣向者多歸之導內不能平常遇西風塵起舉扇自蔽徐
曰元規塵汚人自漢魏以來羣臣不拜山陵導以元帝睠同布衣匪惟
君臣而已每一崇進皆就拜不勝哀戚由是詔百官拜陵自導始也咸
和五年薨時年六十四帝舉哀於朝堂三日遣大鴻臚持節監護喪事
賵襚之禮一依漢博陸侯及安平獻王故事及葬給九游轀輬車黃屋
左纛前後羽葆鼓吹武賁班劒百人中興名臣莫與爲比冊曰蓋高位
以酬明德厚爵以答懋勳至乎闔棺標跡莫尚號謚風流百代於是
乎在惟公邁達沖虛玄鑒劭邈夷淡以約其心體仁以流其惠棲遲務
外則名雋中夏應期濯纓則潛算獨運昔我中宗肅祖之基中興也下
帷委誠而策定江左拱己宅心而庶績咸熙故能威之所振寇虐改心
化之所鼓檮杌易質調陰陽之和通彝倫之紀遐邇承風丹穴景附隆

高世之功復宣武之績舊物不失公協其猷若乃荷負顧命保朕沖人遭遇艱圮夷險委順拯其淪墜而濟之以道扶其顛傾而弘之以仁經緯三朝而蘊道彌曠方賴高謨以穆四海昊天不弔奄忽薨殂朕用震慟于心雖有鄭之殞保衡有周之喪二南曷諭茲懷今遣使持節謁者僕射任瞻錫謚曰文獻祠以太牢魂而有靈嘉茲榮寵二弟穎敞少與導俱知名時人以穎方溫太真以敞比鄧伯道並早卒導六子悅恬洽協劭薈

悅字長豫弱冠有高名事親色養導甚愛之導嘗共悅弈棊爭道導笑曰相與有瓜葛那得為爾邪導性儉節帳下甘果爛敗令棄之云勿使大郎知悅少侍講東宮歷吳王友中書侍郎先導卒謚貞世子先是導夢人以百萬錢買悅潛為祈禱者備矣尋掘地得錢百萬意甚惡之一皆藏閉及悅疾篤導憂念特至不食積日忽見一人形狀甚偉被甲持刀導問君是何人曰僕是蔣侯也公兒不佳欲為請命故來耳公勿復憂因求食遂噉數升食畢勃然謂導曰中書患非可救者言訖不

見悅亦殞絕悅與導語恒以慎密為端導還臺及行悅未嘗不送至車後又恒為母曹氏襞斂箱篋中物悅亡後導還臺自悅常所送處哭至臺門其母長封作篋不忍復開悅無子以弟恬子混為嗣襲導爵丹楊尹卒贈太常子嘏嗣尚鄱陽公主歷中領軍尚書卒子恢嗣義熙末為游擊將軍

恬字敬豫少好武不為公門所重導見悅輒喜見恬便有怒色州辟別駕不行襲爵即丘子性傲誕不拘禮法謝万嘗造恬既坐少頃恬便入內万以為必厚待己殊有喜色恬久之乃沐頭散髮而出據胡牀於庭中曬髮神氣傲邁竟無賓主之禮万悵然而還晚節更好士多技藝善弈棊為中興第一遷中書郎帝欲以為中書令導固讓從之除後將軍魏郡太守加給事中領兵鎮石頭導薨去官俄起為後將軍復鎮石頭轉吳國會稽內史加散騎常侍卒贈中軍將軍謚曰憲

洽字敬和導諸子中最知名與荀羨俱有美稱弱冠歷散騎中書郎中軍長史司徒左長史建武將軍吳郡內史徵拜領軍尋加中書令固讓表疏十上穆帝詔曰敬和清裁貴令昔為中書郎吾時尚小數呼見意甚親之今所以用為令既機任須才且欲時時相見共講文章待以友臣之義而累表固讓甚違本懷其催洽令拜苦讓遂不受升平二年卒於官年三十六二子珣珉

珣字元琳弱冠與陳郡謝玄為桓溫掾俱為溫所敬重嘗謂之曰謝掾年四十必擁旄杖節王掾當作黑頭公皆未易才也珣轉主簿時溫經略中夏竟無寧歲軍中機務並委珣焉文武數萬人悉識其面從討袁真封東亭侯轉大司馬參軍琅邪王友中軍長史給事黃門侍郎珣兄弟皆謝氏婿以猜嫌致隙太傅安既與珣絕婚又離珉妻由是二族遂成仇釁時希安旨乃出珣為豫章太守不之官除散騎常侍不拜遷秘書監安卒後遷侍中孝武帝深杖之轉輔國將軍吳國內史在郡為士庶所悅徵為尚書右僕射領吏部轉左僕射加征虜將軍復領太子詹事時帝雅好典籍珣與殷仲堪徐邈王恭郗恢等並以才學文章見昵於帝及王國寶自媚於會稽王道子而與珣等不協帝慮晏駕後怨隙

必生故出恭恢為方伯而委珣端右珣夢人以大筆如椽與之既覺語人云此當有大手筆事俄而帝崩哀冊謚議皆珣所草隆安初國寶用事謀黜舊臣遷珣尚書令王恭赴山陵欲殺國寶珣止之曰國寶雖終為禍亂要罪逆未彰今便先事而發必大失朝野之望況擁強兵竊發於京輦誰謂非逆國寶若遂不改惡布天下然後順時望除之亦無憂不濟也恭乃止既而謂珣曰比來視君一似胡廣珣曰王陵廷爭陳平慎默但問歲終何如耳恭尋起兵國寶將殺珣等僅而得免語在國寶傳二年恭復舉兵假珣節進衛將軍都督琅邪水陸軍事事平上所假節加散騎常侍四年以疾解職歲餘卒時年五十二追贈車騎將軍開府謚曰獻穆桓玄與會稽王道子書曰珣神情朗悟經史明徹風流之美公私所寄雖逼嫌諱才用不盡然君子在朝弘益自多時事艱難忽爾喪失歎懼之深豈但風流相悼而已其崎嶇九折風霜備經雖賴明公神鑒亦識會居之故也卒以壽終殆無所哀但情發去來寘之未易耳玄輔政改贈司徒初珣既與謝安有隙在東聞安薨便出京師詣

族弟獻之曰吾欲哭謝公獻之驚曰所望於法護於是直前哭之甚慟法護珣小字也珣五子弘虞柳孺曇首宋世並有高名

珉字季琰少有才藝善行書名出珣右時人為之語曰法護非不佳僧彌難為兄僧彌珉小字也時有外國沙門名提婆妙解法理為珣兄弟講毗曇經珉時尚幼講未半便云已解即於別室與沙門法綱等數人自講法綱歎曰大義皆是但小未精耳辟州主簿舉秀才不行後歷著作散騎郎國子博士黃門侍郎侍中代王獻之為長兼中書令二人素齊名世謂獻之為大令珉為小令太元十三年卒時年三十八追贈太常二子朗練義熙中並歷侍中

協字敬祖元帝撫軍參軍襲爵武岡侯早卒無子以弟劭子謐為嗣

謐字稚遠少有美譽與譙國桓胤太原王綏齊名拜祕書郎襲父爵遷祕書丞歷中軍長史黃門郎侍中及桓玄舉兵詔謐銜命詣玄玄深敬昵焉拜建威將軍吳國內史未至郡玄以為中書令領軍將軍吏部尚書遷中書監加散騎常侍領司徒及玄將篡以謐兼太保奉璽冊詣玄玄篡封武昌縣開國公加班劍二十人初劉裕為布衣眾未之識也惟謐獨奇貴之常謂裕曰卿當為一代英雄及裕破桓玄謐以本官加侍中領揚州刺史錄尚書事謐既受寵桓氏常不自安護軍將軍劉毅嘗問謐曰璽綬何在謐益懼會王綏以桓氏甥自疑謀反父子兄弟皆伏誅謐從弟諶少驍果輕俠欲誘謐還吳起兵為亂乃說謐曰王綏無罪而義旗誅之是除時望也兄少立名譽加位地如此欲不危得乎謐懼而出奔劉裕牋詣大將軍武陵王遵遣人追躡謐既還委任如先加謐班劍二十人義熙三年卒時年四十八追贈侍中司徒謚曰文恭三子瓘球琇入宋皆至大官

劭字敬倫歷東陽太守吏部郎司徒左長史丹陽尹劭美姿容有風操雖家人近習未嘗見其墮替之容桓溫甚器之遷吏部尚書尚書僕射領中領軍出為建威將軍吳國內史卒贈車騎將軍謚曰簡三子穆默恢穆臨海太守默吳國內史加二千石恢右衛將軍穆三子簡智超默二子鑒惠義熙中並歷顯職

薈字敬文恬虛守靖不競榮利少歷清官除吏部郎侍中建威將軍吳國內史時年饑粟貴人多餓死薈以私米作饘粥以飴餓者所濟活甚眾徵補中領軍不拜徙尚書領中護軍復為征虜將軍吳國內史頃之桓沖表請薈為江州刺史固辭不拜轉督浙江東五郡左將軍會稽內史進號鎮軍將軍加散騎常侍卒於官贈衛將軍子廞歷太子中庶子司徒左長史以母喪居于吳王恭舉兵假廞建武將軍吳國內史令起軍助為聲援廞即墨絰合眾誅殺異己仍遣前吳國內史虞嘯父等入吳興義興聚兵赴者萬計廞自謂義兵一動勢必未寧可乘間而取富貴而曾不旬日國寶賜死恭罷兵符廞去職廞大怒迴眾討恭恭遣司馬劉牢之距戰于曲阿廞眾潰奔走遂不知所在長子泰為恭所殺少子華以不知廞存亡哀毀布衣蔬食後從兄謐言其死所華始發喪入仕初導渡淮使郭璞筮之卦成璞曰吾無不利淮水絕王氏滅其後子孫繁衍竟如璞言

史臣曰飛龍御天故資雲雨之勢帝王興運必俟股肱之力軒轅聖人也杖師臣而授圖商湯哲后也託負鼎而成業自斯已降罔不由之原夫典午發跡本于陵夷金行撫運無德在時九土未宅其心四夷已承其斃既而中原蕩覆江左嗣興兆著玄石之圖乖少康之祀夏時無思晉之士異文叔之興劉輔佐中宗艱哉甚矣茂弘策名枝屏叶情交好負其才智恃彼江湖思建剋復之功用成翌宣之道於是王敦內侮憑天邑而狼顧蘇峻連兵指宸居而隼擊實賴元宰固懷匪石之心潛運忠謨竟翦吞沙之寇乃誠貫日主垂餌以終全貞志陵霜國綴旒而不滅觀其開設學校存乎沸鼎之中爰立章程在乎櫛風之際雖則世道多故而規模弘遠矣比夫蕭曹弼漢六合為家奭望匡周萬方同軌功未半古不足為儔至若夷吾體仁能相小國孔明踐義善翊新邦撫事論情抑斯之類也提挈三世終始一心稱為仲父蓋其宜矣恬珣踵德副呂虔之贈刀謐乃隤聲慚劉毅之徵璽語曰深山大澤有龍有蛇寔斯之謂也

贊曰贙嘯飈馳龍升雲映武岡矯矯匡時緝政懿績克宣忠規靡競契

叶三王榮逾九命貽刀表祥笙水流慶毓矣門族重光斯盛

列傳第三十五　　晉書六十五

列傳第三十六　　晉書六十六　　御撰

劉弘　陶侃（兄子臻　臻弟輿）

劉弘字和季沛國相人也祖馥魏揚州刺史父靖鎮北將軍弘有幹略
政事之才少家洛陽與武帝同居永安里又同年共研席以舊恩起家
太子門大夫累遷率更令轉太宰長史張華甚重之由是爲寧朔將軍
假節監幽州諸軍事領烏丸校尉甚有威惠寇盜屏迹爲幽朔所稱以
勳德兼茂封宣城公太安中張昌作亂轉使持節南蠻校尉荊州刺史
率前將軍趙驤等討昌自方城至宛新野所向皆平及新野王歆之敗
也以弘代爲鎮南將軍都督荊州諸軍事餘官如故弘遣南蠻長史陶
侃爲大都督參軍蒯恒爲義軍督護牙門將皮初爲都戰帥進據襄陽
張昌并軍圍宛敗趙驤軍弘退屯梁侃初等累戰破昌前後斬首數萬
級及到官昌懼而逃其衆悉降荊土平初弘之退也范陽王虓遣長水
校尉張奕領荊州弘至奕不受代舉兵距弘弘遣軍討奕斬之表曰臣
以凡才謬荷國恩作司方州奉辭伐罪不能奮揚雷霆折衝萬里軍退
於宛分受顯戮猥蒙含宥被遣之職即進達所鎮而范陽王虓先遣前長
水校尉張奕領荊州臣至不受節度擅舉兵距臣今張昌姦黨初平昌
未梟擒益梁流人蕭條猥集無賴之徒易相扇動飈風駭蕩則滄海橫
波苟患失之無所不至比須表上慮失事機輒遣軍討奕即梟其首奕
雖貪亂欲爲荼毒由臣劣弱不勝其任令奕肆心以勞資斧敢引覆餗
之刑甘受專輒之罪詔曰將軍文武兼資前委方夏宛城不守咎由趙
驤將軍所遣諸軍尅滅羣寇張奕貪禍距違詔命將軍致討傳首闕庭
雖有不請之嫌古人有專之之義其恢宏奥略鎮綏南海以副推轂之
望焉張昌竄于下雋山弘遣軍討昌斬之悉降其衆時荊部守宰多缺
弘請補選帝從之弘乃叙功銓德隨才補授甚爲論者所稱乃表曰被
中詔敕臣隨資品選補諸缺吏夫慶賞刑威非臣所專且知人則哲聖
帝所難非臣闇蔽所能斟酌然万事有機豪釐宜慎謹奉詔書差所
應用蓋崇化莫若貴德則所以濟屯故太上立德其次立功也頃者多
難淳朴弥凋臣輒以徵士五朝補零陵太守庶以懲波蕩之弊養退讓

之操旨以不武前退於宛長史陶侃參軍蒯恒牙門皮初戮力致討蕩
滅姦凶侃恒各以始終軍事初為都戰帥忠勇冠軍漢沔清肅實初等
之勳也司馬法賞不踰時欲人知為善之速福也若不超報無以勸徇
功之士慰熊羆之志旨以初補襄陽太守侃為府行司馬使典論功事
恒為山都令詔惟令旨以散補空缺然沶鄉令虞潭忠誠烈正首唱義
舉舉善以教不能者勸旨輒特轉潭補醴陵令南郡廉吏仇勃母老疾
困賊至守衛不移以致拷掠幾至隕命尚書令史郭貞張昌以為尚書
郎欲訪以朝議遁逃不出昌質其妻子避之弥遠勃孝篤著於臨危貞
忠厲於強暴雖各四品皆可以訓獎臣子長益風教旨輒以勃為歸鄉
令貞為信陵令皆功行相參循名校實條列行狀公文具上朝廷以初
雖有功襄陽又是名郡名器宜慎不可授初乃以前東平太守夏侯陟
為襄陽太守餘並從之陟弘之壻也弘下教曰夫統天下者宜與天下
同心化一國者宜與一國為任若必姻親然後可用則荆州十郡安得
十女壻然後為政哉乃表陟姻親舊制不得相監皮初之勳宜見酬

晉列三十六　二

報詔聽之弘於是勸課農桑寬刑省賦歲用有年百姓愛悅弘嘗夜
起聞城上持更者歎声甚苦遂呼省之兵年過六十羸疾無襦弘愍之
乃謫罰主者遂給韋袍複帽轉以相付舊制峴方二山澤中不聽百姓
捕魚弘下教曰礼名山大澤不封與共其利今公私并兼百姓無復厝
手地當何謂邪速改此法又酒室中云齊中酒聽事酒猥酒同用麴米
而優劣三品投醪當與三軍同其薄厚自今不得分別時益州刺史羅
尚為李特所敗遣使告急請糧弘移書贍給而州府綱紀以運道懸遠文
武匱之欲以零陵一運米五千斛與尚弘曰諸君未之思耳天下一家
彼此無異吾今給之則無西顧之憂矣遂以零陵米三萬斛給之尚賴
以自固于時流人在荆州十餘萬户羇旅貧乏多為盜賊弘乃給其田
種糧食擢其賢才隨資敘用時總章大樂伶人避乱多至荆州或勸可
作樂者弘曰昔劉景升以礼壞樂崩命杜夔為天子合樂樂成欲庭作
之夔曰為天子合樂而庭作之恐非將軍本意吾常為之歎息今主上
蒙塵吾未能展效臣節雖有家伎猶不宜聽況御樂哉乃下郡縣使安

慰之須朝廷旋返送還本署論平張昌功應封次子一人縣侯弘上疏
固讓許之進拜侍中鎮南大將軍開府儀同三司惠帝幸長安河間王
顒挾天子詔弘為劉喬繼援弘以張方殘暴知顒必敗遣使受東海王
越節度時天下大乱弘專督江漢威行南服前廣漢太守辛冉說弘以
從横之事弘大怒斬之河間王顒使張光為順陽太守南陽太守衛展
說弘曰彭城王前東奔有不善之言張光太宰腹心宜斬光以明向背
弘曰宰輔得失豈張光之罪危人自安君子弗為也展深恨之陳敏寇
揚州引兵欲西上弘乃解南蠻以授前北軍中候蔣超統江夏太守陶
侃武陵太守苗光以大衆屯于夏口又遣治中何松領建平宜都襄陽
三郡兵屯巴東為羅尚後繼又加南平太守應詹寧遠將軍督三郡水
軍繼蔣超侃与敏同郡又同歲舉吏或有間侃者弘不疑之乃以侃為
前鋒督護委以討敏之任侃遣子及兄子為質弘遣之曰賢叔征行君
祖母年高便可歸也匹夫之交尚不負心何況大丈夫乎陳敏竟不敢
闚境永興三年詔進號車騎將軍開府及餘官如故弘每有興廢手書

晉列三十六　三

守相丁寧款密所以人皆感悅爭赴之咸曰得劉公一紙書賢於十部
從事及東海王越奉迎大駕弘遣參軍劉盤為督護率諸軍會之盤既
旋弘自以老疾將解州及校尉適分授所部未及表上卒于襄陽士女
嗟痛若喪所親矣初成都王穎南奔欲之本国弘距之及弘卒弘司馬
郭勱欲推穎為主弘子璠追遵弘志於是墨絰率府兵討勱戰於濁水
斬之襄沔肅清初東海王越疑弘与劉喬貳於己雖下節度心未能安
及弘距穎璠又斬勱朝廷嘉之越手書旦与璠賛美之表贈弘新城郡公
謚曰元以高密王略代鎮寇盜不禁詔起璠為順陽內史江漢之間翕
然歸心及略薨山簡代之簡至知璠得衆心恐百姓逼以為主表陳之
由是徵璠為越騎校尉璠亦深慮逼迫被書便輕至洛陽然後遣迎家
累僑人侯脫路難等相率衛送至都然後辭去南夏遂乱父老追思弘
雖甘棠之詠召伯无以過也

陶侃字士行本鄱陽人也吳平徙家廬江之尋陽父丹吳揚武將軍侃
早孤貧為縣吏鄱陽孝廉范逵嘗過侃時倉卒无以待賓其母乃截

髮得雙髮以易酒肴樂飲極歡雖僕從亦過所望及逵去侃追送百餘里逵曰卿欲仕郡乎侃曰欲之困於無津耳逵過廬江太守張夔稱美之夔召為督郵領樅陽令有能名遷主簿會州部從事之郡欲有所按侃閉門部勒諸吏謂從事曰若鄙郡有違自當明憲直繩不宜相逼若不以禮吾能禦之從事即退夔妻有疾將迎醫於數百里時正寒雪諸綱紀皆難之侃獨曰資於事父以事君小君猶母也安有父母之疾而不盡心乎乃請行衆咸服其義長沙太守萬嗣過廬江見侃虛心敬悅曰君終當有大名命其子與之結友而去夔察侃為孝廉至洛陽數詣張華華初以遠人不甚接遇侃每往神無忤色華後與語異之除郎中伏波將軍孫秀以亡國支庶府望不顯中華人士恥為掾屬以侃寒宦召為舍人時豫章國郎中令楊晫侃州里也為鄉論所歸侃詣之晫曰易稱貞固足以幹事陶士行是也與同乘見中書郎顧榮榮甚奇之吏部郎溫雅謂晫曰奈何與小人共載晫曰此人非凡器也尚書樂廣欲會荊揚士人武庫令黃慶進侃於廣人或非之慶曰此子終當遠

到復何疑也慶後為吏部令史舉侃補武岡令與太守呂岳有嫌棄官歸為郡小中正會劉弘為荊州刺史將之官辟侃為南蠻長史遣先向襄陽討賊張昌破之弘既至謂侃曰吾昔為羊公參軍謂吾其後當居身處今相觀察必繼老夫矣後以軍功封東鄉侯邑千戶陳敏之亂弘以侃為江夏太守加鷹揚將軍侃備威儀迎母官舍鄉里榮之敏遣其弟恢來寇武昌侃出兵禦之隨郡內史扈瓌間侃於弘曰侃與敏有鄉里之舊居大郡統彊兵脫有異志則荊州無東門矣弘曰侃之忠能吾得之已久豈有是乎侃潛聞之遽遣子洪及兄子臻詣弘以自固弘引為參軍資而遣之又加侃為督護使與諸軍并力距恢侃乃以運船為戰艦或言不可侃曰用官物討官賊但須列上有本末耳於是擊恢所向必破侃戎政齊肅凡有虜獲皆分士卒身無私焉後以母憂去職嘗有二客來弔不哭而退化為雙鶴沖天而去時人異之服闋參東海王越軍事江州刺史華軼表侃為揚武將軍使屯夏口又以臻為參軍軼與元帝素不平臻懼難作託疾而歸白侃曰華彥夏有憂天下之志

而才不足且與琅邪不平難將作矣侃怒遣臻還軼臻遂東歸於帝帝見之大悅命臻為參軍加侃奮威將軍假赤幢曲蓋軺車鼓吹侃乃與華軼告絕頃之遷龍驤將軍武昌太守時天下饑荒山夷多斷江劫掠侃令諸將詐作商船以誘之劫果至生獲數人是西陽王羕之左右侃即遣兵逼羕令出向賊侃整陣於釣臺為後繼羕縛送帳下二十人侃斬之自是水陸肅清流亡者歸之盈路侃竭資振給焉又立夷市於郡東大收其利而帝使侃擊杜弢令振威將軍周訪廣武將軍趙誘受侃節度侃令二將為前鋒兄子輿為左甄擊賊破之時周顗為荊州刺史先鎮潯水城賊掠其良口侃使部將朱伺救之賊退保泠口侃謂諸將曰此賊必更步向武昌吾宜還城晝夜三日行可至卿等誰能忍饑鬪邪部將吳寄曰要欲十日忍饑晝當擊賊夜分捕魚足以相濟侃曰卿健將也賊果增兵來攻侃使朱伺等逆擊大破之獲其輜重殺傷甚衆遣參軍王貢告捷於王敦敦曰若無陶侯便失荊州矣伯仁方入境便為賊所破不知那得刺史貢對曰鄙州方有事難非陶龍驤莫可敦

然之即表拜侃為使持節寧遠將軍南蠻校尉荊州刺史領西陽江夏武昌鎮于沌口又移入沔江遣朱伺等討江夏賊殺之賊王沖自稱荊州刺史據江陵王貢還至竟陵矯侃命以杜曾為前鋒大督護進軍斬沖悉降其衆侃召曾不到貢又恐矯命獲罪遂與曾舉兵反擊侃督護鄭攀於沌陽破之又敗朱伺於沔口侃欲退入溳中部將張奕將貳於侃詭說曰賊至而動衆必不可侃惑之而不進無何賊至果為所敗賊鉤侃所乘艦侃窘急走入小船朱伺力戰僅而獲免張奕竟奔于賊侃坐免官王敦表以侃白衣領職侃復率周訪等進軍入湘使都尉楊舉為先驅擊杜弢大破之屯兵于城西侃之佐史辭詣王敦曰州將陶使君孤根特立從微至著忠允之功所在有効出佐南夏輔翼劉征南前遇張昌後屬陳敏侃以偏旅獨當大寇無征不剋羣醜破滅近者王如亂北杜弢跨南二征奔走一州星馳其餘郡縣所在土崩侃招攜以禮懷遠以德子來之衆前後累至奉承指授獨守危阨人往不動人離不散往年董督徑造湘城志陵雲霄神機獨斷徒以軍少糧懸不果

獻捷然杜弢慴懼來還夏口未經信宿建平流人迎賊俱叛侃即廻軍泝流殄夷醜類至使西門不鍵華圻無虞者侃之功也明將軍愍此荆楚救命塗炭使侃統領窮殘之餘寒者衣之饑者食之比屋相慶又有若挾纊江濱孤危地非重險非可單軍獨能保固故移就高祚以避其衝賊輕易先至大衆在後侃距戰經日殺其名帥賊尋大羊相結并力來攻侃以忠臣之節義無退顧被堅執銳身當戎行將士奮擊莫不用命當時死者不可稱數賊衆參伍更息更戰侃以孤軍一隊力不獨禦量宜取全以俟後舉而主者責侃重加黜削侃性謙沖功成身退今奉還所受唯恐稽遲然某等區區實恐理失於內事敗於外豪釐之差將致千里使荆蠻乖離西嵎不守脣亡齒寒侵逼無限也敦於是奏復侃官弢將王貢精卒三千出武陵江誘五谿夷以舟師斷官運徑向武昌侃使鄭攀及伏波將軍陶延夜趣巴陵潛師掩其不備大破之斬千餘級降萬餘口貢遁還湘城賊中離阻杜弢遂疑張奕而殺之衆情益懼降者滋多王貢復挑戰侃遙謂之曰杜弢為益州吏盜用庫錢父死不奔喪卿本佳人何為隨之也天下寧有白頭賊乎貢初橫腳馬上侃言訖貢斂容下腳辭色甚順侃知其可動復令諭之截髮為信貢遂來降而弢敗走進尅長沙獲其將毛寶高寶梁堪而還王敦深忌侃功將還江陵欲詣敦別皇甫方回及朱伺等諫以為不可侃不從敦果留侃不遣左轉廣州刺史平越中郎將以王廙為荆州侃之佐吏將士詣敦請留侃敦怒不許侃將鄭攀蘇溫馬儁等不欲南行遂西迎杜曾以距廙敦意攀承侃風旨被甲持矛將殺侃出而復廻者數四侃正色曰使君之雄斷當裁天下何此不決乎因起如廁諮議參軍梅陶長史陳頒言於敦曰周訪與侃親姻如左右手安有斷人左手而右手不應者乎敦意遂解於是設盛饌以餞之侃便夜發敦引其子瞻為參軍侃既達豫章見周訪流涕曰非卿外援我殆不免侃因進至始興先是廣州人背刺史郭訥迎長沙人王機為刺史機復遣使詣王敦乞為交州敦從之而機未發會杜弘據臨賀因機乞降勸弘取廣州弘遂與溫邵及交州秀才劉沈俱謀反或勸侃且住始興觀察形勢侃不聽直至廣州弘

晉列三十六　八六

遣使偽降侃知其詐先於封口起發石車俄而弘率輕兵而至知侃有備乃退侃追擊破之執劉沈於小桂又遣部將許高討機斬之傳首京都諸將皆請乘勝擊溫邵侃笑曰吾威名已著何事遣兵但一函紙自足耳於是下書諭之邵懼而走追獲於始興以功封柴桑侯食邑四千戶侃在州無事輒朝運百甓於齋外暮運於齋內人問其故答曰吾方致力中原過爾優逸恐不堪事其勵志勤力皆此類也太興初進號平南將軍尋加都督交州軍事及王敦舉兵反詔侃以本官領江州刺史尋轉都督湘州刺史敦得志上侃復本職加散騎常侍時交州刺史王諒為賊梁碩所陷侃遣將高寶進擊平之以侃領交州刺史錄前後功封次子夏為都亭侯進號征南大將軍開府儀同三司及王敦平遷都督荆雍益梁州諸軍事領護南蠻校尉征西大將軍荆州刺史餘如故楚郢士女莫不相慶侃性聰敏勤於吏職恭而近禮愛好人倫終日斂膝危坐閫外多事千緒萬端罔有遺漏遠近書疏莫不手荅筆翰如流未嘗壅滯引接疏遠門無停客常語人曰大禹聖者乃惜寸陰至於衆人皆惜分陰豈可逸遊荒醉生無益於時死無聞於後是自棄也諸參佐或以談戲廢事者乃命取其酒器蒱博之具悉投之於江吏將則加鞭扑曰樗蒱者牧豬奴戲耳老莊浮華非先王之法言不可行也君子當正其衣冠攝其威儀何有亂頭養望自謂弘達邪有奉饋者皆問其所由若力作所致雖微必喜慰賜參倍若非理得之則切厲訶辱還其所饋嘗出遊見人持一把未熟稻侃問用此何為人云行道所見聊取之耳侃大怒曰汝既不佃而戲賊人稻執而鞭之是以百姓勤於農殖家給人足時造船木屑及竹頭悉令舉掌之咸不解所以後正會積雪始晴聽事前餘雪猶濕於是以屑布地及桓溫伐蜀又以侃所貯竹頭作丁裝船其綜理微密皆此類也既而蘇峻作逆京都不守侃子瞻為賊所害平南將軍溫嶠要侃同赴朝廷初明帝崩侃不在顧命之例深以為恨荅嶠曰吾疆埸外將不敢越局嶠固請之因推為盟主侃乃遣督護龔登率衆赴嶠而又追迴嶠以峻殺其子重遣書以激怒之侃妻龔氏亦固勸自行於是便戎服登舟星言兼邁瞻喪至不臨五月與溫

晉列三十六　八七

嶠庾亮等俱會石頭諸軍即欲決戰侃以賊盛不敢爭鋒當以歲月智計擒之累戰無功諸將請於查浦築壘監軍部將李根建議請立白石壘侃不從曰若壘不成卿當坐之根曰查浦地下又在水南唯白石峻極險固可容數千人賊來攻不便滅賊之術也侃笑曰卿良將也乃從根謀夜脩曉訖賊見壘大驚賊攻大業壘侃將救之長史殷羨曰若遣救大業步戰不如峻則大事去矣但當急攻石頭峻必救之而大業自解侃又從羨言峻果棄大業而救石頭諸軍與峻戰陳陵東侃督護竟陵太守李陽部將彭世斬峻於陣賊衆大潰峻弟逸復聚衆侃與諸軍斬逸於石頭初庾亮少有高名以明穆皇后之兄受顧命之重蘇峻之禍職亮是由及石頭平懼侃致討亮用溫嶠謀詣侃拜謝侃遽止之曰庾元規乃拜陶士行邪王導入石頭城令取故節侃笑曰蘇武節似不如是導有慙色使人屏之侃旋江陵尋以為侍中太尉加羽葆鼓吹封長沙郡公邑三千戶賜絹八千匹加都督交廣寧七州軍事以江陵偏遠移鎮巴陵遣諮議參軍張延討五谿夷降之屬後將軍郭默矯詔襲

殺平南將軍劉胤輒領江州侃聞之曰此必詐也遣將軍宋夏陳脩率兵據湓口侃以大軍繼進默遣使送妓婢絹百匹寫中詔呈侃參佐多諫曰默不被詔豈敢為此事若進軍宜待詔報侃厲色曰國家年小不出胸懷且劉胤為朝廷所禮雖方任非才何緣猥加極刑郭默虓勇所在暴掠以大難新除威網寬簡欲因隙會騁其從橫耳發使上表討默與王導書曰郭默殺方州即用為方州害宰相便為宰相乎導答曰默居上流之勢加有船艦成資故苞含隱忍使其有地一月潛嚴足下軍到是以得風發相赴豈非遵養時晦以定大事者邪侃省書笑曰是乃遵養時賊也侃既至默將宗侯縛默父子五人及默將張丑詣侃降侃斬默等默在中原數與石勒等戰賊畏其勇聞侃討之兵不血刃而擒也益畏侃蘇峻將馮鐵殺侃子奔于石勒勒以為戍將侃告勒以故勒召而殺之詔侃都督江州領刺史增置左右長史司馬從事中郎四人掾屬十二人侃旋于巴陵因移鎮武昌侃命張夔子隱為參軍范逵子珧為湘東太守辟劉弘曾孫安為掾屬表論梅陶凡微時所荷一

飧咸報遣子斌與南中郎將桓宣西伐樊城走石勒將郭敬使兄子臻竟陵太守李陽等共破新野遂平襄陽拜大將軍劍履上殿入朝不趨讚拜不名上表固讓曰臣非貪榮於疇昔而虛讓於今日事有合於時宜臣豈敢與陛下有違理有益於聖世臣豈與朝廷作異臣常欲除諸浮長之事遣諸虛假之用非獨臣身而已若臣杖國威靈梟雄斬勒則又何以加咸和七年六月疾篤又上表遜位曰臣少長孤寒始願有限過蒙聖朝歷世殊恩陛下睿鑒龍靈彌泰有始必終自古而然臣年垂八十位極人臣啓手啓足當復何恨但以陛下春秋尚富餘寇不誅山陵未反所以憤慨兼懷不能已已臣雖不知命年時已邁國恩殊特賜封長沙隕越之日當歸骨國土臣父母舊葬今在尋陽緣存處亡無心分違已勒國臣脩遷改之事刻以來秋奉迎窀穸葬事訖乃告老下藩不圖所患遂爾綿篤伏枕感結情不自勝臣間者猶為犬馬之齒尚可小延欲為陛下西平李雄北吞石季龍是以遣毋丘奥於巴東授桓宣於襄陽良圖未敘於此長乖此方之任內外之要願陛下速選臣代使

必得良才奉宣王猷遵成臣志則臣死之日猶生之年陛下雖聖姿天縱英奇日新方事之殷當賴群儁司徒導鑒識經遠光輔三世司空鑒簡素貞正內外惟允平西將軍亮雅量詳明器用周時即陛下之周召也獻替疇諮敷融政道地平天成四海幸賴謹遣左長史殷羨奉送所假節麾幢曲蓋侍中貂蟬太尉章荊江州刺史印傳棨戟仰戀天恩悲酸感結以後事付右司馬王愆期加督護統領文武侃輿車出臨津就船明日薨于樊谿時年七十六成帝下詔曰故使持節侍中太尉都督荊江雍梁交廣益寧八州諸軍事荊江二州刺史長沙郡公經德蘊哲謀猷弘遠作藩于外八州肅清勤王于內皇家以寧乃者桓文之勳伯舅是憑方賴大猷俾屏予一人前進位大司馬禮秩策命未及加崇昊天不弔奄忽薨殂朕用震悼于厥心今遣兼鴻臚追贈大司馬假蜜章祠以太牢魂而有靈嘉茲寵榮又策謚曰桓祠以太牢侃遺令葬國南二十里故吏刊石立碑畫像於武昌西侃在軍四十一載雄毅有權明悟善決斷自南陵迄于白帝數千里中路不拾遺蘇峻之役庾亮輕進

失利亮司馬殷融詣侃謝曰將軍為此非融等所裁將軍王章至曰章自為之將軍不知也侃曰昔殷融為君子王章為小人今王章為君子殷融為小人侃性纖密好問頗類趙廣漢嘗課諸營種柳都尉夏施盜官柳植之於己門侃後見駐車問曰此是武昌西門前柳何因盜來此施惶怖謝罪時武昌號為多士殷浩庾翼等皆為佐吏侃每飲酒有定限常歡有餘而限已竭浩等勸更少進侃悽懷良久曰年少曾有酒失亡親見約故不敢踰議者以武昌北岸有邾城宜分兵鎮之侃每不答而言者不已侃乃渡水獵引將佐語之曰我所以設險而禦寇正以長江耳邾城隔在江北內無所倚外接群夷夷中利深晉人貪利夷不堪命必引寇虜乃致禍之由非禦寇也且吳時此城乃三萬兵守今縱有兵守之亦無益於江南若羯虜有可乘之會此又非所資也後庾亮戍之果大敗季年懷止足之分不與朝權未亡一年欲遜位歸國佐吏等苦留之及疾篤將歸長沙軍資器仗牛馬舟船皆有定簿封印倉庫自加管鑰以付王愆期然後登舟朝野以為美談將出府門顧謂愆期曰老子婆娑正坐諸君輩尚書梅陶與親人曹識書曰陶公機神明鑒似魏武忠順勤勞似孔明陸抗諸人不能及也謝安每言陶公雖用法而恒得法外意其為世所重如此然媵妾數十家僮千餘珍奇寶貨富於天府或云侃少時漁於雷澤網得一織梭以挂于壁有頃雷雨自化為龍而去又夢生八翼飛而上天見天門九重已登其八唯一門不得入閽者以杖擊之因墜地折其左翼及寤左腋猶痛又嘗如廁見一人朱衣介幘斂板曰以君長者故來相報君後當為公位至八州都督有善相者師圭謂侃曰君左手中指有豎理當為公若徹於上貴不可言侃以針決之見血灑壁而為公字以紙裛手公字愈明及都督八州據上流握強兵潛有窺窬之志每思折翼之祥自抑而止侃有子十七人唯洪瞻夏琦旗斌稱範岱見舊史餘者並不顯洪辟丞相掾早卒瞻字道真少有才器歷廣陵相廬江建昌二郡太守遷散騎常侍都亭侯為蘇峻所害追贈大鴻臚謚愍悼世子以夏為世子及送侃喪還長沙夏與斌及稱各擁兵數千以相圖既而解散斌先往長沙悉取國

中器仗財物夏至殺斌庾亮上疏曰斌雖醜惡罪在難忍然王憲有制骨肉至親親運刀鋸以刑同體傷父母之恩無惻隱之心應加放黜以懲暴虐亮表未至都而夏病卒詔復以瞻息弘襲侃爵仕至光祿勳卒子綽之嗣綽之卒子延壽嗣宋受禪降為吳昌侯五百戶琦司空掾旗歷位散騎常侍郴縣開國伯咸和末為散騎侍郎性甚凶暴卒子定嗣卒子龍符嗣卒子謙之嗣宋受禪國除斌尚書郎稱東中郎將南平太守南蠻校尉假節性虓勇不倫與諸弟不協後加建威將軍咸康五年庾亮以稱為監江夏隨義陽三郡軍事南中郎將江夏相以本所領二千人自隨到夏口輕將二百人下見亮亮大會吏佐責稱前後罪惡稱拜謝因罷出亮使人於閤外收之棄市亮上疏曰案稱大司馬侃之孽子父亡不居喪位荒耽于酒昧利偷榮擅攝五郡自謂監軍輒召王官聚之軍府故車騎將軍劉弘曾孫安寓居江夏及將楊恭趙韶並以言色有忤稱放聲當殺安恭懼自赴水而死韶於獄自盡將軍郭開從稱往長沙赴喪稱疑開附其兄弟乃反縛懸頭於帆檣仰而彈之鼓棹渡江二十餘里觀者數千莫不震駭又多藏匿府兵收坐應死臣猶未忍直上且免其司馬稱肆縱醜言無所顧忌要結諸將欲阻兵構難諸將惶懼莫敢酬荅由是姧謀未即發露臣以侃勳勞王室是以依違容掩故表為南中郎將與臣相近思欲有以匡救之而稱豺狼愈甚發言激切不忠不孝莫此之甚苟利社稷義有專斷輒收稱伏法範最知名太元初為光祿勳岱散騎侍郎

臻字彥遐有勇略智謀賜爵當陽亭侯咸和中為南郡太守領南蠻校尉假節卒官追贈平南將軍謚曰肅

臻弟輿果烈善戰以功累遷武威將軍初賊張奕本中州人元康中被差西征遇天下亂遂留蜀至是率三百餘家欲就杜弢為侃所獲諸將請殺其丁壯取其妻息輿曰此本官兵數經戰陣可赦之以為用侃赦之以配輿及侃與杜弢戰敗賊以桔槔打沒官軍船艦軍中失色輿率輕舸出其上流以擊之所向輒剋賊又率衆將焚侃輜重輿又擊破之自是每戰輒剋賊望見輿軍相謂曰避陶武威無敢當者後與杜弢戰

輿櫬重創卒侃哭之慟曰喪吾家寶三軍皆爲之垂泣詔贈長沙太守

史臣曰古者明王之建國也下料疆宇列爲九州輔相玄功咨于四岳所以仰希齊政俯寄宣風備連率之儀威騰閫外揔頒條之務禮縟區中委稱其才甘棠以之流詠據非其德讎餉以是興嗟中朝叔世要荒多阻分符建節並紊天綱和季以同里之情申盧綰之契居方牧之地振吳起之風自幽徂荊亟斂豺狼之迹舉賢登善窮擬孔翠之毛由是夷民畢力華夷順命一州清晏恬波於沸海之中百城安堵靜祲於稽天之際猶獨稱善政何其寡歟易云貞固足以幹事於征南見之矣士行望非世族俗異諸華拔萃陬落之間比肩髦儁之列超居外相宏總上流布澤懷邊則嚴城靜柝釋位匡主則淪鼎再寧元規以戚里之崇提其僭而下拜茂弘以保衡之貴服其言而動色望隆分陝理則宜然至於時屬雷屯富逾天府潛有包藏之志顧思折翼之祥悖矣夫子曰人無求備斯言之信於是有徵

贊曰和季承恩建旟南服威靜荊塞化揚江澳戮力天朝匪忘忠肅長沙勤王擁旆戎場任隆三事功宣一匡騣賴之重匪伊舟航

列傳第三十六　晋書六十六

列傳第三十七　晋書六十七

溫嶠　郗鑒

溫嶠字太真司徒羨弟之子也父憺河東太守嶠性聰敏有識量博學能屬文少以孝悌稱於邦族風儀秀整美於談論見者皆愛悅之年十七州郡辟召皆不就司隸命爲都官從事散騎常侍庾敳有重名而頗聚斂嶠舉奏之京都振肅後舉秀才灼然司徒辟東閣祭酒補上黨潞令平北大將軍劉琨妻嶠之從母也琨深礼之請爲參軍琨遷大將軍嶠爲從事中郎上黨太守加建威將軍督護前鋒軍事將兵討石勒屢有戰功琨遷司空以嶠爲右司馬于時并土荒殘寇盜羣起石勒劉聰跨帶疆埸嶠爲之謀主琨所憑恃焉屬二都傾覆社稷絕祀元帝初鎮江左琨誠繫王室謂嶠曰昔班彪識劉氏之復興馬援知漢光之可輔今晉祚雖衰天命未改吾欲立功河朔使卿延譽江南子其行乎對曰嶠雖無管張之才而明公有桓文之志欲建匡合之功豈敢辭命乃以爲左長史檄告華夷奉表勸進嶠既至引見具陳琨忠誠志在效節因說社稷无主天人係望辭旨慷慨舉朝屬目帝器而嘉焉王導周顗謝鯤庾亮桓彝等並與親善于時江左草創綱維未舉嶠殊以爲憂及見王導共談歡然曰江左自有管夷吾吾復何慮屢求反命不許會琨爲段匹磾所害嶠表琨忠誠雖勳業不遂然家破身亡宜在褒崇以慰海內之望帝然之除散騎侍郎初嶠欲將命其母崔氏固止之嶠絕裾而去其後母亡嶠阻亂不獲歸葬由是固讓不拜苦請北歸詔三司八坐議其事皆曰昔伍員志復私讎先假諸侯之力東奔闔閭位爲上將然後鞭荊王之尸若嶠以母未葬沒在胡虜者乃應竭其智謀仰憑皇靈使逆寇冰消反哀墓次豈可稍以乖嫌廢其遠圖哉嶠不得已乃受命後歷驃騎王導長史遷太子中庶子及在東宮深見寵遇太子與爲布衣之交數陳規諷又獻侍臣箴甚有弘益時太子起西池樓觀頗爲勞費嶠上疏以爲朝廷草創巨寇未滅宜應儉以率下務農重兵太子納焉王敦舉兵內向六軍敗績太子將自出戰嶠執鞚諫曰臣聞善戰者不怒善勝者不武如何萬乘儲副而以身輕天下太子乃止明帝

即位拜侍中機密大謀皆所參綜詔命文翰亦悉豫焉俄轉中書令嶠有棟梁之任帝親而倚之甚為王敦所忌因請為左司馬敦阻兵不朝多行陵縱嶠諫敦曰昔周公之相成王勞謙吐握豈好勤而惡逸哉誠由處大任者不可不爾而公自還輦轂入輔朝政闕拜覲之禮簡人臣之儀不達聖心者莫不於邑昔帝舜服事唐堯伯禹竭身虞庭文王雖盛臣節不愆故有庇人之大德必有事君之小心俾芳烈奮乎百世休風流乎萬祀至聖遺軌所不宜忽願思舜禹文王服事之勤惟公旦吐握之事則天下幸甚敦不納嶠知其終不悟於是謬為設敬綜其府事干說密謀以附其欲深結錢鳳為之聲譽每曰錢世儀精神滿腹嶠素有知人之稱鳳聞而悅之深結好於嶠會丹楊尹缺嶠說敦曰京尹輦轂喉舌宜得文武兼能公宜自選其才若朝廷用人或不盡理敦然之問嶠誰可作者嶠曰愚謂錢鳳可用鳳亦推嶠嶠偽辭之敦不從表補丹楊尹嶠猶懼錢鳳為之姦謀因敦餞別嶠起行酒至鳳前鳳未及飲嶠因偽醉以手版擊鳳幘墜作色曰錢鳳何人溫太真行酒而敢不飲敦以為醉兩釋之臨去言別涕泗橫流出閤復入如是再三然後即路及發後鳳入說敦曰嶠於朝廷甚密而與庾亮深交未必可信敦曰太真昨醉小加聲色豈得以此便相讒貳由是鳳謀不行而嶠得還都乃具奏敦之逆謀請先為之備及敦構逆加嶠中壘將軍持節都督東安北部諸軍事敦與王導書曰太真別來幾日作如此事表誅姦臣以嶠為首募生得嶠者當自拔其舌及王含錢鳳奄至都下嶠燒朱雀桁以挫其鋒帝怒之嶠曰今宿衛寡弱徵兵未至若賊豕突危及社稷陛下何惜一橋賊果不得渡嶠自率眾與賊夾水戰擊王含敗之復督劉遐追錢鳳於江寧事平封建寧縣開國公賜絹五千四百匹進號前將軍時制王敦綱紀除名參佐禁錮嶠上疏曰王敦剛愎不仁忍行殺戮親任小人疏遠君子朝廷所不能抑骨肉所不能間處其朝者恒懼危亡故人士結舌道路以目誠賢人君子道窮數盡遵養時晦之辰也且敦為大逆之日拘錄人士自免無路原其私心豈遑晏處如陸玩羊曼劉胤蔡謨郭璞常與臣言備知之矣必其凶悖自可罪人斯得如其枉

入姦黨宜施之以寬加以玩等之誠聞於聖聽當受同賊之責實負其心陛下仁聖含弘思求允中臣階緣博納干非其事誠在愛才不忘忠益帝從之是時天下凋弊國用不足詔公卿以下詣都坐論時政之所先嶠因奏軍國要務其一曰祖約退舍壽陽有將來之難今二方守御為功尚易淮泗都督宜竭力以資之選名重之士配征兵五千人又擇一偏將將二千兵以益壽陽可以保固徐豫援助司土其二曰一夫不耕必有受其饑者今不耕之夫動有萬計春廢勸課之制冬峻出租之令下未見施惟賦是聞賦不可以已當思令百姓有以殷實司徒置田曹掾州一人勸課農桑察吏能否今宜依舊置之必得清恪奉公足以宣示惠化者則所益實弘矣其三曰諸外州郡將兵者及都督府非臨敵之軍且田且守又先朝使五校出田今四軍五校有兵者及護軍所統外軍可分遣二軍出并屯要處緣江上下皆有良田開荒雖一年之後即易且軍人累重者在外有樵採蔬食之人於事為便其四曰建官以理世不以私人也如此則官寡而材精周制六卿莅事春秋之時入作卿輔出將三軍後代建官漸多誠由事有煩簡耳然今江南六州之土尚又荒殘方之平日數十分之一耳三省軍校無兵者九府寺署可有并相領者可有省半者粗計閑劇隨事減之荒殘之縣或同在一城可并合之如此選既可精祿俸可優令足代耕然後可責以清公耳其五曰古者親耕籍田以供粢盛舊制籍田廩犧之官今臨時市求既上黷至敬下費生靈非所以虔奉宗廟蒸嘗之旨宜如舊制立此二官其六曰使命愈遠益宜得才宣揚王化延譽四方人情不樂遂取卑品之人虧辱國命生長患害故宜重其選不可減二千石見居二品者其七曰罪不相及古之制也近者大逆誠由凶戾凶戾之甚一時權用今遂施行非聖朝之令典宜如先朝除三族之制議奏多納之帝疾篤嶠與王導郗鑒庾亮陸曄卞壼等同受顧命時歷陽太守蘇峻藏匿亡命朝廷疑之征西將軍陶侃有威名於荊楚又以西夏為虞故使嶠為上流形援咸和初代應詹為江州刺史持節都督平南將軍鎮武昌甚有惠政甄異行能親祭徐孺子之墓又陳豫章十郡之要宜以刺史居之尋

陽濱江都督應鎮其地今以州帖府進退不便且古鎮將多不領州皆以文武形勢不同故也宜選單車刺史別撫豫章專理黎庶詔不許在鎮見王敦畫象曰敦大逆宜加斲棺之戮受崔杼之刑古人闔棺而定謚春秋大居正崇王父之命未有受戮於天子而圖形於羣下命削去之嶠聞蘇峻之徵也慮必有變求還朝以備不虞不聽未幾而蘇峻果反嶠屯尋陽遣督護王愆期西陽太守鄧嶽鄱陽內史紀瞻等率舟師赴難及京師傾覆嶠聞之號慟人有候之者悲哭相對俄而庾亮來奔宣太后詔進嶠驃騎將軍開府儀同三司嶠曰今日之急殄寇為先未效勳庸而逆受榮寵非所聞也何以示天下乎固辭不受時亮雖奔敗嶠每推崇之分兵給亮遣王愆期等要陶侃同赴國難侃恨不受顧命不許嶠初從之後用其部將毛寶說復固請侃行語在寶傳初嶠與庾亮相推為盟主嶠從弟充言於嶠曰征西位重兵彊宜共推之嶠於是遣王愆期奉侃為盟主侃許之遣督護龔登率兵詣嶠嶠於是列上尚書陳峻罪狀有衆七千灑泣登舟移告四方征鎮曰賊臣祖約蘇峻同惡

晉列三十七　四

相濟用生邪心天奪其魄死期將至譴負天地自絕人倫寇不可縱宜增軍討撲輒屯次湓口即日護軍庾亮至宣太后詔寇逼宮城王旅撓敗出告藩臣謀寧社稷後將軍郭默冠軍將軍趙胤奮武將軍龔保與嶠督護王愆期西陽太守鄧嶽鄱陽內史紀瞻率其所領相尋而至逆賊肆凶陵蹈宗廟火延宮掖矢流太極二御幽逼宰相困迫殘虐朝士劫辱子女承問悲惶精魂飛散嶠闇弱不武不能徇難哀恨自咎五情摧隕慚負先帝託寄之重義在畢力死而後已今躬率所統為士卒先催進諸軍一時電擊西陽太守鄧嶽尋陽太守褚誕等連旗相繼宣城內史桓彝已勒所屬屯濱江之要江夏相周撫乃心求征軍已向路昔包胥楚國之微臣重趼致誠義感諸侯藺相如趙邦之陪隷恥君之辱按劒秦庭皇漢之季董卓作亂劫遷獻帝虐害忠良關東州郡相率同盟廣陵功曹臧洪郡之小吏耳登壇歃血涕淚橫流慷慨之節實厲羣后況今居台鼎據方州列名邦受國恩者哉不期而會不謀而同不亦宜乎二賊合衆不盈五千且外畏胡寇城內饑乏後將軍郭默即

於戰陣俘殺賊千人賊今雖殘破都邑其宿衛兵人即時出散不為賊用且祖約情性褊阨忌剋不仁蘇峻小子惟利是視殘酷驕猜權相假合江表興義以抗其前彊胡外寇以躡其後運漕隔絕資食空懸內之外孤勢何得久羣公征鎮職在禦侮征西陶公國之耆德忠肅義正勳庸弘著諸方鎮州郡咸齊斷金同稟規略以雪國恥苟利社稷死生以之嶠雖怯劣忝據一方賴忠賢之規文武之助君子竭誠小人盡力高操之士被褐而從戎負薪之徒匍匐而赴命率其私僕致其私杖人士之誠竹帛不能載也豈嶠無德而致之哉士稟義風人感皇澤且護軍庾公帝之元舅德望隆重率郭後軍趙龔三將與嶠戮力得有資憑且悲且慶若朝廷之不泯也其各明率所統無後事機賞募之信明如日月有能斬約峻者封五等侯賞布萬匹夫忠為令德為仁由己萬里一契義在不言也時陶侃雖許自下而未發復追其督護龔登嶠重與侃書曰僕謂軍有進而無退宜增而不可減近已移檄遠近言於盟府刻後月半大舉南康建安晉安三郡軍並在路次同赴此會惟須仁

晉列三十七　五

公所統至便齊進耳仁公今召軍還疑惑遠近成敗之由將在於此僕才輕任重實憑仁公篤愛遠稟成規至於首啟戎行不敢有辭僕與仁公當如常山之蛇首尾相衛又脣齒之喻也恐惑者不達高旨將謂仁公緩於討賊此聲難追僕與仁公並受方嶽之任安危休慼理既同之且自頃之顧綢繆往來情深義重著於人士之口一旦有急亦望仁公悉衆見救況社稷之難惟僕偏當一州州之文武莫不翹企假令此州不守約峻樹置官長於此荊楚西逼彊胡東接逆賊因之以饑饉將來之危乃當甚於此州之今日也以大義言之則社稷顛覆主辱臣死公進當為大晉之忠臣參桓文之義開國承家銘之天府退當以慈父雪愛子之痛約峻凶逆無道囚制人士裸其五形近日來者不可忍見骨肉生離痛感天地人心齊一咸皆切齒今之進討若以石投卵耳今出軍既緩復召兵還人心乖離是為敗於幾成也願深察所陳以副三軍之望峻時殺侃子瞻由是侃激勵遂率所統與嶠亮同赴京師戎卒六萬旌旗七百餘里鉦鼓之聲震於百里直指石頭次于蔡洲侃屯查

浦嶠也沙門浦時祖約據歷陽與峻為首尾見嶠等軍盛謂其黨曰吾本知嶠能為四公子之事今果然矣峻聞嶠將至逼大駕幸石頭時峻軍多馬南軍杖舟楫不敢輕與交鋒用將軍李根計據白石築壘以自固使庾亮守之賊步騎萬餘來攻不下而退追斬二百餘級嶠又於四望磯築壘以逼賊曰賊必爭之設伏以逸待勞是制賊之一奇也是時義軍屢戰失利嶠軍食盡陶侃怒曰使君前云不憂無將士惟得老僕為主耳今數戰皆北良將安在荊州接胡蜀二虜倉廩當備不虞若復無食僕便欲西歸更思良算但今歲計殄賊不為晚也嶠曰不然自古成監師克在和光武之濟昆陽曹公之拔官渡以寡敵衆杖義故也峻約小豎為海內所患今日之舉決在一戰峻勇而無謀藉驕勝之勢自謂無前今挑之戰可一鼓而擒也奈何捨垂立之功設進退之計且天子幽逼社稷危殆四海臣子肝腦塗地嶠等與公並受國恩是致命之日事若克濟則臣主同祚如其不捷身雖灰滅不足以謝責於先帝今之事勢義無旋踵騎猛獸安可中下哉公若違衆獨反人心必沮沮衆

敗事義旗將迴指於公矣侃無以對遂留不去嶠於是創建行廟廣設壇場告皇天后土祖宗之靈親讀祝文聲氣激揚流涕覆面三軍莫能仰視其日侃督水軍向石頭亮嶠等率精勇一萬從白石以挑戰時峻勞其將士因醉突陣馬躓為侃將所斬峻弟逸及子碩嬰城自固嶠乃立行臺布告天下凡故吏二千石臺郎御史以下皆令赴臺於是至者雲集司徒王導因奏嶠侃錄尚書遣間使宣旨並讓不受賊將匡術以臺城來降為逸所擊求救於嶠江州別駕羅洞曰今水暴長救之不便不如攻榻杭榻杭軍若敗術圍自解嶠從之遂破賊石頭軍奮威長史滕含抱天子奔于嶠船時陶侃雖為盟主而處分規略一出於嶠及賊滅拜驃騎將軍開府儀同三司加散騎常侍封始安郡公邑三千户

初峻黨路永匡術賈寧中塗悉以衆歸順王導將褒顯之嶠曰術輩首亂罪莫大焉晚雖改悟未足以補前失全其首領為幸已過何可復寵授哉導無以奪朝議將留輔政嶠以導先帝所任固辭還藩復以京邑荒殘資用不給嶠借資蓄具器用而後旋于武昌至牛渚磯水深不可測世云其下多怪物嶠遂燬犀角而照之須臾見水族覆火奇形異狀或乘馬車著赤衣者嶠其夜夢人謂己曰與君幽明道別何意相照也意甚惡之嶠先有齒疾至是拔之因中風至鎮未旬而卒時年四十二江州士庶聞之莫不相顧而泣帝下冊書曰朕以眇身纂承洪緒不能光闡大道化洽時雍至乃狂狡滔天社稷危逼惟公明鑒特達識心經遠懼皇綱之不維忿凶寇之縱暴唱率群后五州響應首啓戎行元惡授馘王室危而復安三光幽而復明功格宇宙勳著八表方賴大猷以拯區夏天不慭遺早世薨殂朕用痛悼于厥心夫褒德銘勳先王之明典今追贈公侍中大將軍持節都督刺史公如故賜錢百万布千匹謚曰忠武祠以太牢初葬于豫章後朝廷追嶠勳德將為造大墓於元明二帝陵之北陶侃上表曰故大將軍嶠忠誠著於聖世勳義感于人神非臣筆墨所能稱陳臨卒之際與臣書別臣藏之篋笥時時省視每一思述未嘗不中夜撫膺臨飯酸噎人之云亡嶠實當之謹寫嶠書上呈伏惟陛下既垂御省傷其情旨死不忘忠身沒黃泉追恨國恥將百

戮力救濟艱難使亡而有知抱恨結草豈樂今日勞費之事願陛下慈恩停其移葬使嶠棺柩无風波之危魂靈安於后土詔從之其後嶠後妻何氏卒子放之便載喪還都詔葬建平陵北并贈嶠前妻王氏及何氏始安夫人印綬放之嗣爵少歷清官累至給事黃門侍郎以貧求為交州朝廷許之王述與會稽王箋曰放之溫嶠之子宜見優異而投之領外竊用愕然願遠存周礼近恭人情則望實惟允時竟不納放之既至南海甚有威惠將征林邑交阯太守杜寶別駕阮朗並不從放之以其沮衆誅之勒兵而進遂破林邑而還卒于官弟式之新建縣侯位至散騎常侍

郗鑒字道徽高平金鄉人漢御史大夫慮之玄孫也少孤貧博覽經籍躬耕隴畝吟詠不倦以儒雅著名不應州命趙王倫辟為掾知倫有不臣之跡稱疾去職及倫篡其黨皆至大官而鑒閉門自守不染逆節惠帝反正參司空軍事累遷太子中舍人中書侍郎東海王越辟為主簿舉賢良不行征東大將軍苟晞檄為從事中郎晞與越方以力爭鑒

不應其召從兄旭晞之別駕恐禍及己勸之赴召鑒終不迴晞亦不之逼也及京師不守寇難鋒起鑒遂陷於陳午賊中邑人張寔先求交於鑒鑒不許至是寔於午營來省鑒疾既而卿鑒鑒謂寔曰相與邦壤義不及通何可怙乱至此邪寔大慚而退午以鑒有名於世將逼為主鑒逃而獲免午尋潰散鑒得歸鄉里于時所在饑荒州中之士素有感其恩義者相与資贍鑒復分所得以卹宗族及鄉曲孤老賴而全濟者甚多咸相謂曰今天子播越中原無伯當歸依仁德可以後亡遂共推鑒為主舉千餘家俱避難於魯之嶧山元帝初鎮江左承制假鑒龍驤將軍兗州刺史鎮鄒山時荀藩用李述劉琨用兄子演並為兗州各屯一郡以力相傾闔州編戶莫知所適又徐龕石勒左右交侵日尋干戈外無救援百姓饑饉或掘野鼠蟄燕而食之終無叛者三年間眾至數萬帝就加輔國將軍都督兗州諸軍事永昌初徵拜領軍將軍既至轉尚書以疾不拜時明帝初即位王敦專制內外危逼謀杖鑒為外援由是拜安西將軍兗州刺史都督揚州江西諸軍假節鎮合肥敦忌之表

晉列三十七　八

為尚書令徵還道經姑孰與敦相見敦謂曰樂彥輔短才耳後生流宕言違名檢考之以實豈勝滿武秋邪鑒曰擬人必於其倫彥輔道韻平淡體識沖粹處傾危之朝不可得而親疏及愍懷太子之廢可謂柔而有正武秋失節之士何可同日而言敦曰愍懷廢徙之際交有危機之急人何能以死守之乎以此相方其不減明矣鑒曰丈夫既潔身北面義同在三豈可偷生屈節靦顏天壤邪苟道數終極固當存亡以之耳敦素懷無君之心聞鑒言大忿之遂不復相見拘留不遣敦之黨與譖毀日至鑒舉止自若初無懼心敦謂錢鳳曰郗道徽儒雅之士名位既重何得害之乃放還臺鑒遂與帝謀滅敦既而錢鳳攻逼京都假鑒節加衛將軍都督從駕諸軍事鑒以無益事實固辭不受軍號時議者以王含錢鳳眾力百倍苑城小而不固宜及軍勢未成大駕自出距戰鑒曰群逆縱逸其勢不可當可以算屈難以力競且含等號令不一抄盜相尋百姓懲往年之暴皆人自為守乘逆順之勢何往不克且賊無經略遠圖惟恃豕突一戰曠日持久必啟義士之心令謀猷得展今以此

弱力敵彼彊寇決勝負於一朝定成敗於呼吸雖有申胥之徒義存投袂何補於既往哉帝從之鑒以尚書令領諸屯營及鳳等平溫嶠上議請宥敦佐吏鑒以為先王崇君臣之教故貴伏死之節昏亡之主故開待放之門王敦佐吏雖多逼迫然居逆乱之朝无出關之操準之前訓宜加義責又奏錢鳳母年八十宜蒙全宥乃從之封高平侯賜絹四千八百匹帝以其有器望萬機動靜輒問之乃詔鑒特草上表疏以從簡易王導議欲贈周札官鑒以為不合語在札傳導不從鑒於是駮之曰敦之逆謀履霜日久緣札開門令王師不振若敦前者之舉義同桓文則先帝可為幽厲邪朝臣雖无以難而不能從俄遷車騎將軍都督徐兗青三州軍事兗州刺史假節鎮廣陵尋而帝崩鑒与王導卞壼溫嶠庾亮陸曄等並受遺詔輔少主進位車騎大將軍開府儀同三司加散騎常侍咸和初領徐州刺史及祖約蘇峻反鑒聞難便欲率所領東赴詔以北寇不許於是遣司馬劉矩領三千人宿衛京都尋而王師敗績矩遂退還中書令庾亮宣太后口詔進鑒為司空鑒去賊密邇城

晉列三十七　九

孤糧絕人情業業莫有固志奉詔流涕設壇場刑白馬大誓三軍曰賊臣祖約蘇峻不恭天命不畏王誅凶戾肆逆干國之紀陵汩五常侮弄神器遂制脅幽主拔本塞原殘害忠良禍虐黎庶使天地神祇靡所依歸是以率土怨酷兆庶泣血咸願奉辭罰罪以除元惡昔戎狄泯周齊桓糾盟董卓陵漢群后致討義存君親古今一也今主上幽危百姓倒懸忠臣正士志存報國凡我同盟既盟之後戮力一心以救社稷若二寇不梟義无偷安有渝此盟明神殛之鑒登壇慷慨三軍爭為用命乃遣將軍夏侯長等間行謂平南將軍溫嶠曰今賊謀欲挾天子東入會稽宜先立營壘屯據要害既防其越逸又斷賊糧運然後靜鎮京口清壁以待賊賊攻城不拔野无所掠東道既斷糧運自絕不過百日必自潰矣嶠深以為然及陶侃為盟主進鑒都督揚州八郡軍事時撫軍將軍王舒輔國將軍虞潭皆受鑒節度率眾渡江与侃會于茄子浦鑒築白石壘而據之會舒潭戰不利鑒与後將軍郭默還丹徒立大業曲阿庱亭三壘以拒賊而賊將張健來攻大業城中之水郭默

窘迫遂突圍而出三軍失色叅軍曹納以為大業京口之扞一旦不守賊方軌而前勸鑒退還廣陵以俟後舉鑒乃大會僚佐責納曰吾蒙先帝厚顧荷託付之重正復捐軀九泉不足以報今彊寇在郊衆心危迫君腹心之佐而生長異端當何以率先義衆鎮一三軍邪將斬之久而乃釋會峻死大業圍解及蘇逸等走吳興鑒遣叅軍李閎追斬之降男女萬餘口拜司空加侍中解八郡都督更封南昌縣公以先爵封其子曇時賊帥劉徵聚衆數千浮海抄東南諸縣鑒遂城京口加都督揚州之晉陵吳郡諸軍事率衆討平之進位太尉後以寢疾上疏遜位曰臣疾弥留遂至沉篤自忖氣力差理難冀有生有死自然之分但忝位過才曾无以報上慙先帝下愧日月伏枕哀歎抱恨黃泉臣今虛乏救命朝夕輒以府事付長史劉遐乞骸骨歸丘園惟願陛下崇山海之量弘濟大猷任賢使能事從簡易使康哉之歌復興於今則臣雖死猶生之日耳臣所統錯雜率多北人或逼遷徙或是新附百姓懷土皆有歸本之心臣宣國恩示以好惡處與田宅漸得少安聞臣疾篤衆情駭

動若當北渡必啓寇心太常臣謨平簡貞正素望所歸謂可以為都督徐州刺史臣亡兄息晉陵內史邁謙愛養士甚為流亡所宗又是臣門戶子弟堪任兖州刺史公家之事知無不為是以敢希祁奚之舉疏奏以蔡謨為鑒軍司鑒尋薨時年七十一帝朝晡哭于朝堂遣御史持節護喪事贈一依溫嶠故事冊曰惟公道德沖邃躰識弘遠忠亮雅正行為世表歷位內外勳庸彌著乃者約峻狂狡毒流朝廷社稷之危賴公以寧功侔古烈勳邁桓文方倚大猷藩翼時難昊天不弔奄忽薨殂朕用震悼于厥心夫爵以顯德謚以表行所以崇明軌跡丕揚徽劭今贈太宰謚曰文成祠以太牢魂而有靈嘉茲寵榮初鑒值永嘉喪亂在鄉里甚窮餒鄉人以鑒名德傳共飴之時兄子邁外甥周翼並小常攜之就食鄉人曰各自饑困以君賢欲共相濟耳恐不能兼有所存鑒於是獨往食訖以飯著兩頰邊還吐與二兒後並得存同過江邁位至護軍翼為剡縣令鑒之薨也翼追撫育之恩解職而歸席苫心喪三年二子愔曇

愔字方回少不交競弱冠除散騎侍郎不拜性至孝居父母憂殆將滅性服闋襲爵南昌公徵拜中書侍郎驃騎何充輔政征北將軍褚裒鎮京口皆以愔為長史再遷黃門侍郎時吳郡守闕欲以愔為太守愔自以資望少不宜超莅大郡朝議嘉之轉為臨海太守會弟曇卒益無處世意在郡優游頗稱簡默與姊夫王羲之高士許詢並有邁世之風俱棲心絕穀脩黃老之術後以疾去職乃築宅章安有終焉之志十許年間人事頓絕簡文帝輔政與尚書僕射江虨等薦愔以為執德存正識懷沉敏而辭職遺榮有不拔之操成務須才豈得遂其獨善宜見徵引以叅政術於是徵為光祿大夫加散騎常侍既到更除太常固讓不拜深抱冲退樂補遠郡從之出為輔國將軍會稽內史大司馬桓溫以愔與徐兖有故義乃遷愔都督徐兖青幽揚州之晉陵諸軍事領徐兖二州刺史假節雖居藩鎮非其好也俄屬桓溫北伐愔請督所部出河上用其子超計以己非將帥才不堪軍旅又固辭解職勸溫并領己所統轉冠軍將軍會稽內史及帝踐阼就加鎮軍都督浙江東五郡軍事久之以年老乞骸骨因居會稽徵拜司空詔書優美敦獎殷勤固辭不起太元九年卒時年七十二追贈侍中司空謚曰文穆三子超融冲超最知名

超字景興一字嘉賓少卓犖不羈有曠世之度交游士林每存勝拔善談論義理精微愔事天師道而超奉佛愔又好聚斂積錢數千萬嘗開庫任超所取超性好施一日中散與親故都盡其任心獨詣皆此類也桓溫辟為征西大將軍掾溫遷大司馬又轉為叅軍溫英氣高邁罕有所推與超言常謂不能測遂傾意禮待超亦深自結納時王珣為溫主簿亦為溫所重府中語曰髯叅軍短主簿能令公喜能令公怒超髯珣短故也尋除散騎侍郎時愔在北府徐州人多勁悍溫恒云京口酒可飲兵可用深不欲愔居之而愔暗於事機遣牋詣溫欲共獎王室脩復園陵超取視寸寸毀裂乃更作牋自陳老病甚不堪人間乞閑地自養溫得牋大喜即轉愔為會稽太守溫懷不軌欲立霸王之基超為之謀謝安與王坦之嘗詣溫論事溫令超帳中卧聽之風動帳開安笑曰郗

生可謂入幕之賓矣太和中溫將伐慕容氏於臨漳超諫以道遠汴水
又淺運道不通溫不從遂引軍自濟入河超又進策於溫曰清水入河
無通運理若寇不戰運道又難因資無所實為深慮也今盛夏悉力徑
造鄴城彼伏公威略必望陣而走退還幽朔矣若能決戰呼吸可定設
欲城鄴難為功力百姓布野盡為官有易水以南必交臂請命但恐此
計輕決公必務其持重耳若此計不從便當頓兵河濟控引糧運令資
儲充備足及來夏雖如賒遲終亦濟剋若舍此二策而連軍西進進不
速決退必愆乏賊因此勢日月相引僶俛秋冬船道澁滯且北土早寒
三軍裘褐者少恐不可以涉冬此大限閡非惟無食而已溫不從果有
枋頭之敗溫深慙之尋而有壽陽之捷問超曰此足以雪枋頭之恥乎
超曰未厭有識之情也既而超就溫宿中夜謂溫曰明公都有慮不溫
曰卿欲有所言邪超曰明公既居重任天下之責將歸於公矣若不能
行廢立大事為伊霍之舉者不足鎮壓四海震服宇內豈可不深思哉
溫既素有此計深納其言遂定廢立超始謀也遷中書侍郎謝安嘗與

王文度共詣超日旰未得前文度便欲去安曰不能為性命忍俄頃邪
其權重當時如此轉司徒左長史母喪去職常謂其父名公之子位遇
應在謝安右而安入掌機權愔優游而已恒懷憤憤發言慷慨由是與
謝氏不穆安亦深恨之服闋除散騎常侍不起以為臨海太守加宣威
將軍不拜年四十二先愔卒初超雖實黨桓氏以愔忠於王室不令知
之將亡出一箱書付門生曰本欲焚之恐公年尊必以傷愍為斃我亡
後若大損眠食可呈此箱不爾便燒之愔後果哀悼成疾門生依旨呈
之則悉與溫往反密計愔於是大怒曰小子死恨晚矣更不復哭凡超
所交友皆一時秀美雖寒門後進亦拔而友之及死之日貴賤操筆而
為誄者四十餘人其為眾所宗貴如此王獻之兄弟自超未亡見愔常
躡履問訊甚修舅甥之禮及超死見愔慢怠屐而候之命席便遷延辭
避愔每慨然曰使嘉賓不死鼠子敢爾邪性好聞人棲遁有能辭榮拂
衣者超為之起屋宇作器服畜僕豎費百金而不吝又沙門支遁以清
談著名于時風流勝貴莫不崇敬以為造微之功足參諸正始而遁常

重超以為一時之儁甚相知賞超無子從弟儉之以子僧施嗣
僧施字惠脫襲爵南昌公弱冠與王綏桓胤齊名累居清顯領宣城
內史入補丹陽尹劉毅鎮江陵請為南蠻校尉假節與毅俱誅国除
曇字重熙少賜爵東安縣開国伯司徒王導辟祕書郎朝論以曇名臣
之子每逼以憲制年三十始拜通直散騎侍郎遷中書侍郎簡文帝為
撫軍引為司馬尋除尚書吏部郎拜御史中丞時北中郎荀羨有疾朝
廷以曇為羨軍司加散騎常侍頃之羨徵還仍除北中郎將都督徐兗
青幽揚州之晉陵諸軍事領徐兗二州刺史假節鎮下邳後與賊帥傅
末波等戰失利降號建威將軍尋卒年四十二追贈北中郎諡曰簡子恢嗣
恢字道胤少襲父爵散騎侍郎累遷給事黃門侍郎領太子右衛率恢
身長八尺美鬚髯孝武帝深器之以為有藩伯之望會朱序自表去職
擢恢為梁秦雍司荊揚并等州諸軍事建威將軍雍州刺史假節鎮襄
陽恢甚得關隴之和降附者動有千計初姚萇將竇衝來降拜東羌校
尉衝後舉兵反入漢川襲梁州時關中有巴蜀之眾皆背萇據弘農以

結苻堅而登署衝為左丞相徙屯華陰河南太守楊佺期遣上黨太守
荀靜戍皇天塢以距之衝數來攻恢遣將軍趙睦守金墉城而佺期率
眾次湖城討衝走之尋而慕容垂圍慕容永於潞川永窮蹙遣其子弘
求救於恢并獻玉璽一紐恢獻璽於臺又陳垂若并永其勢難測今於
国計謂宜救永永垂並存自為仇讎連雞不棲無能為患然後乘機雙
斃則河北可平孝武帝以為然詔王恭庾楷救之未及發而永沒楊佺
期以疾去職恢以隨郡太守夏侯宗之為河南太守戍洛陽姚萇遣其
子略攻湖城及上洛又使其將楊佛嵩圍洛陽恢遣建武將軍辛恭靜
救洛陽梁州刺史王正胤率眾出子午谷以為聲援略懼而退恢以功
進征虜將軍又領秦州刺史加督隴上軍時魏氏彊盛山陵危逼恢遣
江夏相鄧啓方等以萬人距之與魏主拓跋珪戰于滎陽大敗而還及
王恭討王国寶桓玄殷仲堪皆舉兵應恭恢與朝廷掎角玄等襄陽太
守夏侯宗之府司馬郭毗並以為不可恢皆殺之既而玄等退守尋陽
以恢為尚書將家還都至楊口仲堪陰使人於道賊之及其四子託以

羣變所殺喪還京師贈鎮軍將軍子循嗣
隆字弘始謇亮有匪躬之節初為尚書郎轉左丞在朝為百寮所憚坐漏洩事免頃之為吏部郎復免補東郡太守隆少為趙王倫所善及倫專擅召為散騎常侍倫之篡也以為揚州刺史齊王冏有犯輒依臺閣峻制繩之遠近咸怨尋加寧東將軍未拜而齊王冏檄至中州人在軍者皆欲赴義隆以兄子鑒為趙王掾諸子悉在京洛故猶豫未决主簿趙誘前秀才虞潭白隆曰當今上計明使君自將精兵徑赴齊王中計明使君可留督攝速遣猛將率精兵疾赴下計宜遣兵將助而稱背倫隆素敬別駕顧彦密與謀之彦曰趙誘下計乃上策也西曹留承聞彦言請見曰不審明使君當今何施隆曰我俱受二帝恩無所偏助惟欲守州而已承曰天下者世祖皇帝之天下也太上承代已積十年今上取四海不平齊王應天順時成敗之事可見使君若顧二帝自可不行宜急下檄文速遣精兵猛將若其疑惑此州豈可得保也隆無所言而停檄六日時寧遠將軍陳留王邃領東海都尉鎮石頭隆軍人西赴邃甚衆隆遣從事於牛渚禁之不得止將士憤怒夜扶邃為主而攻之隆父子皆死顧彦亦被害誣隆聚合遠近圖為不軌隆之死也時議莫不痛惜焉

史臣曰忠自本乎孝子奉上資乎愛親自家刑国於斯極矣太真性履純深譽流邦族始則承顏候色老萊弗之加也既而辭親蹈義申胥何以尚焉封狐萬里投軀而弗顧獯猃千羣探穴而忘死竟能宣力王室揚名本朝負荷受遺繼之全節言念主辱義聲動於天地祗赴国屯信誓明於日月枕戈雨泣若雪分天之仇皇輿旋軫卒復夷庚之躅微夫人之誠懇大盜幾移国乎道徽儒雅柔而有正協德始安頡頏均連壁方回踵武奕世登台露冕為飾援高人以同志抑惟大隱者歟愔子玄亡省遺文而輟泣殊有大義之風矣

贊曰太真懷貞勤宣廷誠謀敦翦峻奮節摛名道徽忠勤高芬遠映愔克負荷超慚雅正

列傳第三十七　晉書六十七

列傳第三十八　晉書六十八

御撰

顧榮　紀瞻　賀循 楊方　薛兼

顧榮字彦先吳國吳人也為南土著姓祖雍吳丞相父穆宜都太守榮機神朗悟弱冠仕吳為黃門侍郎太子輔義都尉吳平與陸機兄弟同入洛時人號為三俊例拜為郎中歷尚書郎太子中舍人廷尉正恒縱酒酣暢謂友人張翰曰惟酒可以忘憂但無如作病何耳會趙王倫誅淮南王允收允寮屬付廷尉皆欲誅之榮平心處當多所全宥及倫篡位倫子虔為大將軍以榮為長史初榮與同寮宴飲見執炙者貌狀不凡有欲炙之色榮割炙啗之坐者問其故榮曰豈有終日執之而不知其味及倫敗榮被執將誅而執炙者為督率救之得免齊王冏召為大司馬主簿冏擅權驕恣榮懼及禍終日昏酣不綜府事以情告友人長樂馮熊熊謂冏長史葛旟曰以顧榮為主簿所以甄拔才望委以事機不復計南北親疎欲平海內之心也今府大事殷非酒客之政旟曰榮江南望士且居職日淺不宜輕代易之熊曰可轉為中書侍郎榮不失清顯而府更收實才旟然之白冏以為中書侍郎在職不復飲酒人或問之曰何前醉而後醒邪榮懼罪乃復更飲與州里楊彦明書曰吾為齊王主簿恒慮禍及見刀與繩每欲自殺但人不知耳及冏誅榮以討葛旟功封嘉興伯轉太子中庶子長沙王乂為驃騎復以榮為長史乂敗轉成都王穎丞相從事中郎惠帝幸臨漳以榮兼侍中遣行園陵會張方據洛不得進避之陳留及帝西遷長安徵為散騎常侍以世乱不應遂還吳東海王越聚兵於徐州以榮為軍諮祭酒屬廣陵相陳敏反南渡江逐揚州刺史劉機丹陽內史王曠阻兵據州分置子弟為列郡收礼豪桀有孫氏鼎峙之計假榮右將軍丹陽內史榮數踐危亡之際恒以恭遜自勉會敏欲誅諸士人榮說之曰中国喪乱胡夷內侮觀太傅今日不能復振華夏百姓无復遺種江南雖有石冰之寇人物尚全榮常憂无竇氏孫劉之策有以存之耳今將軍懷神武之略有孫吳之能功勳效於已著勇略冠於當世帶甲數万舳艫山積上方雖有數州亦可傳檄而定也若能委信君子各得尽懷散蔕芥之恨塞讒諂之口

則大事可圖也敏納其言悉引諸豪族委任之敏仍遣甘卓出横江堅甲利器尽以委之榮私於卓曰若江東之事可濟當共成之然卿觀事勢當有濟理不敏既常才本无大略政令反覆計无所定然其子弟各已驕矜其敗必矣而吾等安然受其官禄事敗之日使江西諸軍函首送洛題曰逆賊顧榮甘卓之首豈惟一身顛覆辱及万世可不圖之卓從之明年周玘與榮及甘卓紀瞻潜謀起兵攻敏榮發橋斂舟於南岸敏率万餘人出不獲濟榮麾以羽扇其衆潰散事平還吴永嘉初徵拜侍中行至彭城見禍難方作遂輕舟而還語在紀瞻傳元帝鎮江東以榮為軍司加散騎常侍凡所謀畫皆以諮焉榮既南州望士躬処右職朝野甚推敬之時帝所幸鄭貴嬪有疾以祈禱頗廢万機榮上牋諫曰昔文王父子兄弟乃有三聖可謂窮理者也而文王日昊不暇食周公沐三捉髪何哉誠以一日万機不可不理一言蹉跌患必及之故也當今衰季之末屬乱離之運而天子流播豺狼塞路公宜露營野次星言夙駕伏軾怒蛙以募勇士懸膽於庭以表辛苦貴嬪未安藥石實

急禱祀之事誠復可脩豈有便塞參佐白事斷賓客問訊今彊賊臨境流言滿国人心万端去就紛紜願冲虚納下廣延儁彦思畫今日之要塞鬼道淫祀弘九合之勳雪天下之耻則群生有賴開泰有期矣時南土之士未尽才用榮又言陸士光貞正清貴金玉其質甘季思忠款尽誠膽幹殊快郏慶兒質略有明規文武可施用榮族兄公讓明亮守節困不易操會稽楊彦明謝行言皆服膺儒教足為公望賀生沉潜青雲之士陶恭兄弟才幹雖少實事極佳凡此諸人皆南金也書奏皆納之六年卒官帝臨喪尽哀欲表贈榮依齊王功臣格吴郡内史殷祐牋曰昔賊臣陳敏憑寵藉權滔天作乱兄弟姻婭盤固州郡威逼士庶以為臣僕于時賢愚計无所出故散騎常侍安東軍司嘉興伯顧榮經德躰道謀猷弘遠忠貞之節在困彌厲崎嶇艱險之中逼迫姦逆之下每惟社稷發憤忼愾密結腹心同謀致討信著群士名冠東夏德聲所振莫不響應荷戈駿奔其會如林榮躬當矢石為衆率先忠義奮發忘家為国歴年逋寇一朝土崩兵不血刃蕩平六州勳茂上代義彰天下伏

聞論功依故大司馬齊王格不在帷幕密謀參議之例下附州征野戦之比不得進爵拓土賜拜子弟退邇同歎江表失望齊王親則近屬位為方嶽杖節握兵都督近畿外有五國之援内有宗室之助稱兵彌時役連天下元功雖建所喪亦多榮衆无一旅任非藩翰孤絶江外王命不通臨危獨斷以身殉國官無一金之費人無終朝之勞元惡既殄高尚成功封閉倉廪以俟大軍故國安物阜以義成俗今日匡霸事舉未必不由此而隆也方之於齊彊弱不同優劣亦異至於齊府參佐扶義助彊非創謀之主皆錫珪受瑞或公或侯榮首建密謀為方面明主功高元帥賞卑下佐上虧經國紀功之班下孤忠義授命之士夫考績幽明王教所崇况若榮者濟難寧國應天先事歴觀古今未有立功若彼酬報如此者也由是贈榮侍中驃騎將軍開府儀同三司謚曰元及帝為晋王追封為公開國食邑榮素好琴及卒家人常置琴於靈座吴郡張翰哭之慟既而上牀鼓琴數曲撫琴而歎曰顧彦先復能賞此不因又慟哭不弔喪主而去子毗嗣官至散騎侍郎

紀瞻字思遠丹楊秣陵人也祖亮吴尚書令父陟光禄大夫瞻少以方直知名吴平徙家歴陽郡察孝廉不行後舉秀才尚書郎陸機策之曰昔三代明王啓建洪業文質殊制而令名一致然夏人尚忠忠之弊也朴救朴莫若敬殷人革而脩焉敬之弊也鬼救鬼莫若文周人矯而變焉文之弊也薄救薄則又反之於忠然則王道之反覆其無一定邪亦所祖之不同而功業各異也自無聖王人散久矣三代之損益百姓之變遷其故可得而聞邪今將反古以救其弊明風以蕩其穢三代之制將何所從太古之化有何異道瞻對曰瞻聞有國有家者皆欲邁化隆政以康庶績垂歌億載永傳于後然而俗變事弊得不隨時雖經聖哲無以易也故忠弊質野敬失多儀周鑒二王之弊崇文以辯等差而流遁者歸薄而無款誠款誠之薄則又反之於忠三代相循如水濟火所謂隨時之義救弊之術也羲皇簡朴无為而化後聖因承所務或異非賢聖之不同世變使之然耳今大晋闡元聖功日隮承天順時九有一貫荒服之君莫不來同然而大道既往人變由久謂當今之政宜去

文存朴以反其本則兆庶漸化大和可致也又問在昔哲王象事備物
明堂所以崇上帝清廟所以寧祖考辟雍所以班礼教太學所以講藝
文此蓋有国之盛典為邦之大司也秦廢學制度荒闕諸儒之論損益
異物漢氏遺作居為異事而蔡邕月令謂之一物將何所從對曰周制
明堂所以宗其祖以配上帝敬恭明祀永光孝道也其大數有六古者
聖帝明王南面而聽政其六則以明堂為主又其正中皆云太廟以順
天時施行法令宗祀養老訓學講肆朝諸侯而選造士備禮辯物一教
化之由也故取其宗祀之類則曰清廟取其正室之貌則曰太廟取其
室則曰太室取其堂則曰明堂取其四門之學則曰太學取其周水圜
如璧則曰辟雍異名同事其實一也是以蔡邕謂之一物又問庶明亮
采故時雍穆唐有命既集而多士隆周故書稱明良之歌易貴金蘭之
美此長世所以廢興有邦所以崇替夫成功之君勤於求才立名之士
急於招世理無世不對而事千載恨昔古之興王何道而如彼後之衰
世何闕而如此對曰興隆之政務在得賢清平之化急於拔才故二八登

晋列三十八　の

庸則百揆序有乱十人而天下泰武丁擢傅巖之徒周文攜渭濱之士
居之上司委之国政故能龍奮天衢垂勳百代先王身下白屋搜揚仄
陋使山無扶蘇之才野無伐檀之詠是以化厚物感神祇來應翔鳳飈
颺甘露豐墜醴泉吐液朱草自生万物滋茂日月重光和氣四塞大道
以成序君臣之義敦父子之親明夫婦之道別長幼之宜自九州被八
荒海外移心重譯入貢頌聲穆穆南面垂拱也今貢賢之塗已闢而教
學之務未廣是以進競之志恒銳而務學之心不修若闢四門以延造
士宣五教以明令德考績殿最審其優劣厝之百寮置之羣司使調物
度宜節宣国典必協康濟哉等契往代明良來應金蘭復存也又問昔
唐虞垂五刑之教周公明四罪之制故世歎清問而時歌緝熙姦宄既
般法物滋有叔世崇三辟之文暴秦加族誅之律淫刑淪胥虐濫已甚
漢魏遵承因而弗革亦由險泰不同而救世異術不得已而用之故也
寬尅之中將何立而可族誅之法足為永制与不對曰二儀分則兆庶
生兆庶生則利害作利害之作有由而然也太古之時化道德之教賤

勇力而貴仁義仁義貴則彊不陵弱衆不暴寡三皇結繩而天下泰非
惟象刑緝熙而已也且太古知法所以遠獄及其末不失有罪是以獄
用彌繁而人彌暴法令滋章盜賊多有書曰惟敬五刑以成三德叔世
道衰既興三辟而文公之弊又加族誅淫刑淪胥感傷和氣化染後代
不能变改故漢祖指麾而六合響應魏承漢末因而未革將以俗变由
久權時之宜也今四海一統人思反本漸尚簡樸則貪夫不競尊賢黜
否則不仁者遠爾則斟参夷之刑除族誅之律品物各順其生緝熙異
世而偕也又問曰夫五行迭代陰陽相須二儀所以陶育四時所以化
生易稱在天成象在地成形形象之作相須之道也若陰陽不調則大
數不得不否一氣偏廢則万物不得獨成此應同之至驗不偏之明證
也今有温泉而無寒火其故何也思聞辯之以釋不同之理對曰蓋聞
陰陽升降山澤通氣初九純卦潛龍勿用泉源所託其温宜也若夫水
潤下火炎上剛柔燥濕自然之性故陽動而外陰靜而內內性柔弱以
含容為資外動剛直以外接為用是以金水之明內鑒火日之光外輝

晋列三十八　五

剛施柔受陽勝陰伏水之受温含容之性也又問曰夫窮神知化才之
尽稱物致用功之極目以之為政則黃羲之規可踵以之革乱則玄古
之風可紹然而唐虞密皇人之闊網夏殷繁帝者之約法機心起而日
進淳德往而莫反豈大樸一離理不可振將聖人之道稍有降殺邪對
曰政因時以興機隨物而動故聖王究窮通之源審始終之理適時之宜
期於濟世皇代質朴禍難不作結繩為信人知所守大道既離智惠擾
物夷險不同否泰異數故唐虞密皇人之網夏殷繁帝者之法皆廢興
有由輕重以節此窮神之道知化之術隨時之宜非有降殺也永康初
州又舉寒素大司馬辟東閤祭酒其年除鄢陵公國相不之官明年左
降松滋侯相太安中棄官歸家與顧榮等共誅陳敏語在榮傳召拜尚
書郎與榮同赴洛在途共論易太極榮曰太極者蓋謂混沌之時曚昧
未分日月含其輝八卦隱其神天地混其體聖人藏其身然後廓然既
变清濁乃陳二儀著象陰陽交泰万物始萌六合闓拓老子云有物混
成先天地生誠易之太極也而王氏云太極天地愚謂未當夫兩儀之

謂以體為稱則是天地以氣為名則名陰陽今若謂太極為天地則是天地自生無生天地者也老子又云天地所以能長且久者以其不自生故能長久一生二二生三三生萬物以資始沖氣以為和原元氣之本求天地之根恐宜以此為準也瞻曰昔庖犧畫八卦陰陽之理盡矣文王仲尼係其遺業三聖相承共同一致稱易準天無復其餘也夫天清地平兩儀交泰四時推移日月輝其間自然之數雖經諸聖孰知其始吾子云曚昧未分豈其然乎聖人人也安得混沌之初能藏其身於未分之內老氏先天之言此蓋虛誕之說非易者之意也亦謂吾子神通體解所不應疑意者直謂太極極盡之稱言其理極無復外形外形既極而生兩儀王氏指向可謂近之古人舉至極以為驗謂二儀生於此非復謂有父母若必有父母非天地其孰在榮遂止至徐州聞乱日甚將不行會刺史裴盾得東海王越書若榮等顧望以軍禮發遣乃与榮及陸玩等各解船棄車牛一夜行三百里得還揚州元帝為安東將軍引為軍諮祭酒轉鎮東長史帝親幸瞻宅与之同乘而歸

以討周馥華軼功封都鄉侯石勒入寇加揚威將軍都督京口以南至蕪湖諸軍事以距勒勒退除會稽內史時有詐作大將軍府符收諸暨令令已受拘瞻覺其詐便破檻出之訊問使者果伏詐妄尋遷丞相軍諮祭酒論討陳敏功封臨湘縣侯西臺除侍中不就及長安不守与王導俱入勸進帝不許瞻曰陛下性与天道猶復役機神於史籍觀古人之成敗今世事舉目可知不為難見二帝失御宗廟虛廢神器去晉于今二載梓宮未殯人神失御陛下膺籙受圖特天所授使六合革面遐荒來庭宗廟既建神主復安億兆向風殊俗畢至若列宿之綰北極百川之歸巨海而猶欲守匹夫之謙非所以闡七廟隆中興也但国賊宜誅當以此屈己謝天下耳而欲逆天時違人事失地利三者一去雖復傾匡於將來豈得救祖宗之危急哉適時之宜萬端其可綱維大業者惟理与當晉祚屯否理盡於今促之則得可以隆中興之祚縱之則失所以資姦寇之權此所謂理也陛下身當厄運纂承帝緒顧望宗室誰復与讓當承大位此所謂當也四祖廓開宇宙大業如此今五都燔

爇宗廟無主劉載竊弄神器於西北陛下方欲高讓於東南此所謂揖讓而救火也臣等區區尚所不許況大人与天地合德日月並明而可以失機後時哉帝猶不許使殿中將軍韓績徹去御坐瞻叱績曰帝坐上應星宿敢有動者斬帝為之改容及帝踐位拜侍中轉尚書上疏諫諍多所匡益帝甚嘉其忠烈會久疾不堪朝請上疏曰臣疾疢不痊曠廢轉久比陳誠款未見哀察重以尸素抱罪枕席憂責之重不知垂沒之餘當所投厝臣聞易失者時不再者年故古之志士義人負鼎趣走商歌於市誠欲及時效其忠規名傳不朽也然失之者億萬得之者一兩耳常人之情貪求榮利臣以凡庸邂逅遭遇勞無負俎口不商歌橫逢大運頻煩饕竊雖慕古人自效之志竟無豪氂報塞之效而犬馬齒衰眾疾廢頓僵臥救命百有餘日叩棺曳衾日頓一日如復天假之年蒙陛下行葦之惠適可薄存性命枕息陋巷亦無由復廁八坐升降臺閣也臣目冒闇胸腹冰冷創既不差足復偏跛為病受困既以荼毒七十之年礼典所遺衰老之徵皎然露見臣雖欲勤自藏護隱伏何地

臣之職掌戶口租稅国之所重方今六合波蕩人未安居始被大化百度草創發卒轉運皆須人力以臣平強兼以晨夜尚不及事今俟命漏刻而當久停機職使王事有廢若朝廷以之廣恩則憂責日重以之序官則官廢事曠須臣差則臣日月衰退今以天慈使官曠事滯臣受偏私之宥於大望亦有虧損今萬国革面賢俊比跡而當虛停好爵不以縻賢以臣穢病之餘妨官固職誠非古今黜進之急惟陛下割不已之仁賜以斃帷隕仆之日得以藉尸時銓俊乂使官脩事舉臣免罪戮死生厚幸因以疾免尋除尚書右僕射屢辭不聽遂稱病篤還第不許時郗鑒據鄒山屢為石勒等所侵逼瞻以鑒有將相之材恐朝廷棄而不恤上疏請徵之曰臣聞皇代之興必有爪牙之佐扞城之用帝王之利器也故虞舜舉十六相而南面垂拱伏見前輔国將軍郗鑒少立高操體清望峻文武之略時之良幹昔与戴若思同辟推放荒地所在孤特眾無一旅救援不至然能綏集殘餘據險歷載遂使凶寇不敢南侵但士眾單寡無以立功既統名州又為常伯若使鑒從容臺闥出內

天命必能盡抗直之規補袞職之闕自先朝以來諸所授用已有成比戴若思以尚書為六州都督征西將軍復加常侍劉隗鎮北陳眕鎮東以鑒年時則與若思同以資則俱八坐況鑒雅望清重一代名器聖朝以至公臨天下惟平是與是以日寢頓陋巷思盡聞見惟開聖懷垂問臣導冀有豪氂萬分之一明帝嘗獨引瞻於廣室慨然憂天下曰社稷之臣欲無復十人如何因屈指曰君便其一瞻辭讓帝曰方欲與君善語復云何崇謙讓邪瞻才兼文武朝廷稱其忠亮雅正俄轉領軍將軍當時服其嚴毅雖恒疾病六軍敬憚之瞻以久病請去官不聽復加散騎常侍及王敦之逆帝使謂瞻曰卿雖病但為朕臥護六軍所益多矣乃賜布千匹瞻不以歸家分賞將士賊平復自表還家帝不許固辭不起詔曰瞻忠亮雅正識局經濟屢以年耆病久逡巡告誠朕深明此操重爲高志今聽所執其以爲驃騎將軍常侍如故服物制度一按舊典遣使就拜止家爲府尋卒時年七十二冊贈本官開府儀同三司謚曰穆遣御史持節監護喪事論討王含功追封華容子降先爵二等封次子一人亭侯瞻性靜默少交遊好讀書或手自抄寫凡所著述詩賦牋表數十篇兼解音樂殆盡其妙厚自奉養立宅於烏衣巷館宇崇麗園池竹木有足賞翫焉慎行愛士老而彌篤尚書閔鴻太常薛兼廣川太守河南褚沉給事中宣城章遼歷陽太守沛國武嘏並與瞻素疏咸藉其高義臨終託後於瞻瞻悉營護其家爲起居宅同於骨肉焉少與陸機兄弟親善及機被誅瞻卹其家周至及嫁機女資送同於所生長子景早卒景子友嗣官至廷尉景弟鑒太子庶子大將軍從事中郎先瞻卒

賀循字彥先會稽山陰人也其先慶普漢世傳禮世所謂慶氏學族高祖純博學有重名漢安帝時爲侍中避安帝父諱改爲賀氏曾祖齊仕吳爲名將祖景滅賊校尉父邵中書令爲孫晧所殺徙家屬邊郡循少嬰家難流放海隅吳平乃還本郡操尚高厲童齓不羣言行進止必以禮讓國相丁乂請爲五官掾刺史嵇喜舉秀才除陽羨令以寬惠爲本不求課最後爲武康令俗多厚葬及有拘忌迴避歲月停喪不葬者循

皆禁焉政教大行鄰城宗之然無援於朝久不進序著作郎陸機上疏薦循曰伏見武康令賀循德量邃茂才鑒清遠服膺道素風操凝峻歷試二城刑政肅穆前蔡陽令郭訥風度簡曠器識朗拔通濟敏悟才足幹事循守下縣編名凡悴訥歸家巷棲遲有年皆出自新邦朝無知己居在遐外志不自營年時倏忽而邈無階緒實州黨愚智所為恨悒臣等伏思臺郎所以使州州有人非徒以均分顯路惠及外州而已誠以庶士殊風四方異俗壅隔之害遠國益甚至於荊揚二州戶各數十萬今揚州無郎而荊州江南乃無一人為京城職者誠非聖朝待四方之本心至於才望資品循可尚書郎訥可太子洗馬舍人此乃眾望所積非但企及清塗苟充方選也謹條資品乞蒙簡察久之召補太子舍人趙王倫篡位轉侍御史辭疾去職後除南中郎長史不就會逆賊李辰起兵江夏征鎮不能討皆望塵奔走辰別帥石冰略有揚州逐會稽相張景以前寧遠護軍程超代之以其長史宰與領山陰令前南平內史王矩吳興內史顧秘前秀才周玘等唱義傳檄州郡以討之循亦合眾應之冰大將抗寵有眾數千屯郡講堂循移檄於寵為陳逆順寵遂遁走超與皆降一郡悉平循迎景還郡即謝遣兵士杜門不出論功報賞一無豫焉及陳敏之亂詐稱詔書以循為丹楊內史循辭以腳疾手不制筆又服寒食散露髮袒身示不可用敏竟不敢逼是時州內豪傑皆見維縶或有老疾就加秩命惟循與吳郡朱誕不豫其事及敏破征東將軍周馥上循領會稽相尋除吳國內史公車徵賢良皆不就元帝為安東將軍復上循為吳國內史與循言及吳時事因問曰孫晧嘗燒鋸截一賀頭是誰邪循未及言帝悟曰是賀邵也循流涕曰先父遭遇無道循創巨痛深無以上荅帝甚愧之三日不出東海王越命為參軍徵拜博士並不起及帝遷鎮東大將軍以軍司顧榮卒引循代之循稱疾篤牋疏十餘上帝遺之書曰夫百行不同故出處道殊因性而用各任其真耳當宇宙清泰彝倫攸敘隨運所遇動默在己或有遐棲高蹈輕舉絕俗逍遙養和恬神自足斯蓋道隆人逸勢使其然若乃時運屯弊主危國急義士救時驅馳拯世燭之武乘縋以入秦園綺彈冠而匡漢

豈非大雅君子卷舒合道乎虛薄寡德忝備近親謬荷寵位受任方鎮殄服玄風景羨高矩常願乘結駟之軒執策柴篳而造門徒有其懷而無從賢之實者何良以寇逆殷擾諸夏分崩皇居失御黎元荼毒是以日夜憂懷慷慨發憤志在竭節耳前者顧公臨朝深賴高算元凱既登巢許獲逸至於今日所謂道之云亡邦國殄悴羣望顒顒實在君侯苟義之所在豈得讓勞居逸想達者亦一以貫之也庶禀徽猷以弘遠規今上尚書屈德為軍司謹遣參軍沈禎銜命奉授望必屈臨以副傾遲循猶不起及帝承制復以為軍諮祭酒循稱疾敦逼不得已乃轝疾至帝親幸其舟因諮以政道循羸疾不堪拜謁乃就加朝服賜第一區車馬牀帳衣褥等物循辭讓一無所受時廷尉張闓住在小市將奪左右近宅以廣其居乃私作都門早閉晏開人多患之訟於州府皆不見省會循出至破岡連名詣循質之循曰見張廷尉當為言及之闓聞而遽毀其門詣循致謝其為世所敬服如此時江東草創盜賊多有帝思所以防之以問於循循答曰江道萬里通涉五州朝貢商旅之所來往也今議者欲出宮城以鎮江渚或欲使諸縣領兵愚謂令長威弱而兼才難備發憚役之人而御之不肅恐未必為用以循所聞江中劇地惟有闔廬一處地勢險奧亡逃所聚特宜以重兵備戍隨勢討除絕其根蔕沿江諸縣各有分界分界之內官長所任自可度土分力多置亭候恒使徼行峻其綱目嚴其刑賞使越常科勤則有殊榮之報墮則有一身之罪謂於大理不得不肅所給人以時番休役不至困代易有期按漢制十里一亭亦以防禁切密故也當今縱不能爾要宜籌量使力足相周若寇劫彊多不能獨制者可指其蹤跡言所在都督尋當致討今不明部分使所在百姓與軍家雜其徼備兩情俱墮莫適任負故所以徒有備名而不能為益者也帝從之及愍帝即位徵為宗正元帝在鎮又表為侍中道險不行以討華軼功將封鄉侯循自以臥疾私門固讓不受建武初為中書令加散騎常侍又以老疾固辭帝下令曰孤以寡德忝當大位若涉巨川罔知所憑循言行以禮乃時之望俗之表也實賴其謀猷以康萬機疾患有素猶望臥相規輔而固守撝謙自陳懇

至此賢履信斯順苟以讓為高者也今從其所執於是改拜太常常侍如故循以九卿舊不加官今又疾患不宜兼處此職惟拜太常而已時宗廟始建舊儀多闕或以惠懷二帝應各為世則潁川世數過七宜在迭毀事下太常循議以為禮兄弟不相為後不得以承代為世殷之盤庚不序陽甲漢之光武不繼成帝別立廟寢使臣下祭之此前代之明典而承繼之著義也惠帝無後懷帝承統弟不後兄則懷帝自上繼世祖不繼惠帝當同殷之陽甲漢之成帝議者以聖德沖遠未便改舊諸如此禮通所未論是以惠帝尚在太廟而懷帝復入數則盈八盈八之理由惠帝不出非上祖宜遷也下世既升上世乃遷遷毀對代不得相通未有下升一世而上毀二世者也惠懷二帝俱繼世祖兄弟旁親同為一世而上毀二為一世今以惠帝之崩已毀豫章懷帝之入復毀潁川如此則一世再遷祖位橫析求之古義未見此例惠帝宜出尚未輕論況可輕毀一祖而無義例乎潁川既無可毀之理則見神之數居然自八此蓋有由而然非謂數之常也既有八神則不得不於七室之外權安一位也至尊於惠懷俱是兄弟自上後世祖不繼二帝則二帝之神行應別出不為廟中恒有八室也又武帝初成太廟時正神止七而楊元后之神亦權立一室永熙元年告世祖謚於太廟八室此是苟有八神不拘於七之舊例也又議者以景帝俱已在廟則惠懷一例景帝盛德元功王基之本義著祖宗百世不毀故所以特在本廟且亦世代尚近數得相容安神而已無逼上祖如王氏昭穆既滿終應別廟也以今方之既輕重義異又七廟七世之親昭穆父子位也若當兄弟旁滿輒毀上祖則祖位空懸世數不足何取於三昭三穆與太祖之廟然後成七哉今七廟之義出於王氏從禰以上至於高祖親廟四世高祖以上復有五世六世無服之祖故為三昭三穆并太祖而七也故世祖郊定廟禮京兆潁川曾高之親豫章五世征西六世以應此義今至尊繼統亦宜有五六世之祖豫章六世潁川五世俱不應毀今既云豫章先毀又當重毀潁川此為廟中之親惟從高祖已下無復高祖以上二世之祖於王氏之義三昭三穆廢闕其二甚非廟之本所據承又違世祖祭征西豫

章之意於一王定禮所關不少時尚書僕射刁協與循異議循荅義深備辭多不載竟從循議焉朝廷疑滯皆諮之於循循輒依經禮而對爲當世儒宗其後帝以循清貧下令曰循冰清玉潔行爲俗表位處上卿而居身服物蓋周形而已屋室財庇風雨孤近造其廬以爲慨然其賜六尺牀薦席褥并錢二十萬以表至德暢孤意焉循又讓不許不得已留之初不服用及帝踐位有司奏琅邪恭王宜稱皇考循又議曰按禮子不敢以己爵加父帝納之俄以循行太子太傅太常如故循自以枕疾廢頓臣節不脩上隆降尊之義下替交敘之敬懼非垂典之教也累表固讓帝以循體德率物有不言之益敦厲備至期於不許命皇太子親往拜焉循有羸疾而恭於接對詔斷賓客其崇遇如此疾漸篤表乞骸骨上還印綬改授左光祿大夫開府儀同三司帝臨軒遣使持節加印綬循雖口不能言指麾左右推去章服車駕親幸執手流涕太子親臨者三焉往還皆拜儒者以爲榮太興二年卒時年六十帝素服舉哀哭之甚慟贈司空謚曰穆將葬帝又出臨其柩哭之盡哀遣兼侍御史

持節監護皇太子追送近塗望船流涕循少玩篇籍善屬文博覽衆書尤精禮傳雅有知人之鑒拔同郡楊方於卑陋卒成名於世子隱康帝時官至臨海太守

楊方者字公回少好學有異才初爲郡鈴下威儀公事之暇輒讀五經鄉邑未之知內史諸葛恢見而奇之待以門人之禮由是始得周旋貴人間時虞喜兄弟以儒學立名雅愛方爲之延譽恢嘗遣方爲文薦郡功曹主簿虞預稱美之送以示循循報書曰此子開拔有志意只言異於凡猥耳不圖偉才如此其文甚有奇分若出其胷臆乃是一國所推豈但牧豎中逸羣邪聞處舊黨之中好有謙沖之行此亦立身之一隅然世衰道喪人物凋弊每聞一介之徒有向道之志冀之願之如方者乃荒萊之特苗鹵田之善秀姿質已良但沾染未足耳移植豐壤必成嘉穀足下才爲世英位爲朝右道隆化立然後爲貴昔許子將拔樊仲昭於賈豎郭林宗成魏德公於畎畝足下志隆此業二賢之功不爲難及也循遂稱方於京師司徒王導辟爲掾轉東安太守遷司徒參軍事方在都邑搢紳之士咸厚遇之自以地寒不願久留京華求補遠郡欲閑居著述導從之上補高梁太守在郡積年著五經鉤沉更撰吳越春秋并雜文筆皆行於世以年老棄郡歸導將進之臺閣固辭還鄉里終於家

薛兼字令長丹楊人也祖綜仕吳爲尚書僕射父瑩有名吳朝吳平爲散騎常侍兼清素有器宇少與同郡紀瞻廣陵閔鴻吳郡顧榮會稽賀循齊名號爲五儁初入洛司空張華見而奇之曰皆南金也察河南孝廉辟公府除比陽相莅任有能名歷太子洗馬散騎常侍懷令司空東海王越引爲參軍轉祭酒賜爵安陽亭侯元帝爲安東將軍以爲軍諮祭酒稍遷丞相長史甚勤王事以上佐祿優每自約損取周而已進爵安陽鄉侯拜丹楊太守中興建轉尹加秩中二千石遷尚書領太子少傅自綜至兼三世傅東宮談者美之永昌初王敦表兼爲太常明帝即位加散騎常侍帝以東宮時師傅猶宜盡敬乃下詔曰朕以不德夙遭閔凶猥以眇身託于王公之上哀煢在疚靡所諮仰憂懷惴惴如臨于谷孔子有云故雖天子必有尊也朕將祗奉先師之禮以諮有德太

宰西陽王羕尊望重任貴恩降丞相武昌公司空即丘子體道高邈勳德兼備先帝執友朕之師傅太常安陽鄉侯訓保朕躬忠肅篤誠夫崇親尊賢先帝所重朕見四君及書疏儀體一如東宮故事是歲卒詔曰太常安陽鄉侯兼履德沖素盡忠恪己方賴德訓弘濟政道不幸殂殞痛于厥心今遣持節侍御史贈左光祿大夫開府儀同三司魂而有靈嘉茲榮寵及葬屬王敦作逆朝廷多故不得議謚直遣使者祭以太牢子顒先兼卒無後

史臣曰元帝樹基淮海百度權輿襲禮耆才共康庶績顧紀賀薛等並南金東箭世胄高門委質霸朝豫聞邦政典憲資其刋緝帷幄佇其謀猷望重搢紳任惟元凱官成名立光國榮家非惟感會所鍾抑亦材能斯至而循位登保傅朝望特隆遂使鑾蹕降臨承明下拜雖西漢之恩崇張禹東都之禮重桓榮弗是過也

贊曰彥先通識思遠方直薛既清貞賀惟學植逢時遇主摛風矯翼

列傳第三十八　　晉書六十八

劉隗 孫波　　刁協 子彝 彝子逵

戴若思 弟邈　　周顗 子閔

劉隗字大連彭城彭城人楚元王交之後也父砥東光令隗少有文翰起家秘書郎稍遷冠軍將軍彭城內史避亂渡江元帝以爲從事中郎隗雅習文史善求人主意帝深器遇之遷丞相司直委以刑憲時建康尉收護軍士而爲府將篡取之隗奏免護軍將軍戴若思官世子文學王籍之居叔母喪而婚隗奏之帝下令曰詩稱殺禮多婚以會男女之無夫家正今日之謂也可一解禁止自今以後宜爲其防東閣祭酒顏含在叔父喪嫁女隗又奏之廬江太守梁龕明日當除婦服今日請客奏伎丞相長史周顗等三十餘人同會隗奏曰夫嫡妻長子皆杖居廬故周景王有三年之喪既除而宴春秋猶譏況龕匹夫暮宴朝祥慢服之愆宜肅喪紀之禮請免龕官削侯爵顗等知龕有喪吉會非禮宜各奪俸一月以肅其違從之丞相行參軍宋挺本揚州刺史劉陶門人

陶亡後挺娶陶愛妾以爲小妻建興中挺又割盜官布六百餘匹正刑棄市遇赦免既而奮武將軍阮抗請爲長史隗劾奏曰挺蔑其死主而專其室悖在三之義傷人倫之序當投之四裔以禦魑魅請除挺名禁錮終身而奮武將軍太山太守阮抗請爲長史抗緯文經武剖符東藩當庸勳忠良昵近仁賢而褒求贓汙舉頑用嚚請免抗官下獄理罪奏可而挺病死隗又奏符旨挺已喪亡不復追貶愚蠢意闇未達斯義昔鄭人斷子家之棺漢明追討史遷經傳褒貶皆追書先世數百年間非徒區區欲釐當時亦將作法垂於來世當朝亡夕沒便無善惡也請曹如前追除挺名爲民録妾還本顯證惡人班下遠近從之南中郎將王含以族彊顯貴驕傲自恣一請參佐及守長二十許人多取非其才隗劾奏文致甚苦事雖被寢王氏深忌疾之而隗之彈奏不畏彊禦皆此類也建興中丞相府斬督運令史淳于伯而血逆流隗又奏曰古之爲獄必察五聽三槐九棘以求民情雖明庶政不敢折獄死者不可復生刑者不可復續是以明王哀矜用刑曹參去齊以市獄爲寄自頃蒸荒殺戮無度罪同斷異刑罰失宜謹按行督運令史淳于伯刑血著柱遂逆上終極柱末二丈三尺旋復下流四尺五寸百姓諠譁士女縱觀咸曰其寃伯息忠訴辭稱枉云伯督運訖去二月事畢代還無有贅乏受賕使役罪不及死軍是戍軍非爲征軍以乏軍輿論於理爲枉四年之中供給運漕凡諸徵發租調百役皆有稽停而不以軍興論至於伯也何獨明之捶楚之下無求不得囚人畏痛飾辭應之理曹國之典刑而使忠等稱寃明時謹按從事中郎周莚法曹參軍劉胤屬李匡幸荷殊寵並登列曹當思敦奉政道詳法慎殺使兆庶無枉人不稱訴而令伯枉同周青寃魂哭於幽都訴靈恨於黃泉嗟歎甚於杞梁血妖過於崩城故有隕霜之人夜哭之鬼伯有書見彭生爲豕刑殺失中妖眚並見以古況今其揆一也皆由莚等不勝其任請皆免官於是右將軍王導等上疏引咎請解職帝曰政刑失中皆吾闇塞所由尋示愧懼思聞忠告以補其闕而引過求退豈所望也由是導等一無所問晉國既建拜御史中丞周嵩嫁女門生斷道解廬斫傷二人建康左尉赴變又被斫隗

劾嵩兄顗曰顗幸荷殊寵列位上寮當崇明憲典協和上下刑于左右以御于家邦而乃縱肆小人群爲凶害公於廣都之中白日刃尉遠近訩赫百姓諠譁虧損風望漸不可長既無大臣檢御之節不可對揚休命宜加貶黜以肅其違顗坐免官太興初長兼侍中賜爵都鄉侯尋代薛兼爲丹楊尹與尚書令刁協並爲元帝所寵欲排抑豪彊諸刻碎之政皆云隗協所建隗雖在外萬機秘密皆豫聞之拜鎮北將軍都督青徐幽平四州軍事假節加散騎常侍率萬人鎮泗口初隗以王敦威權太盛終不可制勸帝出腹心以鎮方隅故以譙王承爲湘州續用隗及戴若思爲都督敦甚惡之與隗書曰頃承聖上顧眄足下今大賊未滅中原鼎沸欲與足下周生之徒戮力王室共靜海內若其泰也則帝祚於是乎隆若其否也則天下永無望矣隗答曰魚相望於江湖人相望於道術竭股肱之力效之以忠貞吾之志也敦得書甚怒及敦作亂以討隗爲名詔徵隗還京師百官迎之于道隗岸幘大言意氣自若及入見與刁協奏請誅王氏不從有懼色率衆屯金城及敦剋石頭隗攻之

不拔入宮告辭帝雪涕與之別隗至淮陰為劉遐所襲攜妻子及親信二百餘人奔于石勒勒以為從事中郎太子太傅卒年六十一子綏初舉秀才除駙馬都尉奉朝請隨隗奔勒卒孫波嗣

波字道則初為石季龍冠軍將軍王洽參軍及季龍死洽與波俱降穆帝以波為襄城太守累遷桓沖中軍諮議參軍大司馬桓溫西征表眞朝廷空虛以波為建威將軍淮南內史領五千人鎮石頭壽陽平除尚書左丞不拜轉冠軍將軍南郡相時苻堅弟融圍雍州刺史朱序於襄陽波率眾八千救之以敵彊不敢進序竟陷波以畏懦免官後復以波為冠軍將軍累遷散騎常侍苻堅敗朝廷欲鎮靖北方出波督淮北諸軍冀州刺史以疾未行上疏曰臣聞天地以弘濟為仁君道以惠下為德是以禹湯有身勤之績唐虞有在予之誥用能惠被蒼生勳流後葉宣帝開拓洪圖始基成命爰及文武曆數在躬而猶虛心側席卑己崇物然後知積累之功重勤王之業艱先君之德弘貽厥之賜厚惠皇不懷委政內任遂使神器幽淪三光翳曜園陵懷九泉之感宮廟集

胡馬之跡所謂肉食失於朝黎庶暴骸於外也賴元皇帝神武應期祚隆淮海振乾綱於已墜紐絕維而更張陛下承宣帝開始之宏基受元帝克終之成烈保大定功戢兵靜亂故使負鱗橫流之鯨僭位滔天之寇望雲旗而宵潰覩太陽而霧散巍巍蕩蕩人無名焉而頃年已來天文違錯妖怪屢生會稽先帝本封而地動經年昔周之文武有魚烏之瑞君臣猶懷震悚況今災變眾集曾莫之疑公旦有勿休之誡賈誼有積薪之喻臣鑒先徵竊惟今事是以敢肆狂瞽直言無諱往者先帝以玄風御世責成羣后坐運天綱隨化委順故忘日計之功收歲成之用今禮樂征伐自天子出相王賢儁協和百揆六合承風天下響振而鈞臺之詠弗聞景亳之命未布將羣臣之不稱陛下用之不盡乎凡聖王之化莫不敦崇忠信存正棄邪傷化毀俗者雖親雖貴必疎而遠之清公貞脩者雖微雖賤必親而近之今則不然此風既替利競滋甚朋黨比周毀譽交興鑽求苟進人希分外見賢而居其上受祿每過其量希旨承意者以為奉公共相讚白者以為忠節舉世見之誰敢正言陛下

不明必行之法以絕穿鑿之源者恐脫因疲倦以誤視聽且苻堅滅亡於今五年舊京殘毀山陵無衛百姓塗炭未蒙拯接伏願遠觀漢魏衰滅之由近覽西朝傾覆之際超然易慮為於未有則靈根永固社稷無虞臣豈誣一朝之人皆無忠節但任非其才求之不至耳今政煩役殷所在凋弊倉廩空虛國用傾竭下民侵削流亡相屬略計戶口但咸安已來十分去三百姓懷浮游之歎下泉興周京之思昔漢宣有云與我共治天下者其惟良二千石乎是以臨下有方者就加璽贈法苛政亂者恤刑不赦事簡於上人悅於下今則不然告時乞職者以家弊為辭振窮恤滯者以公爵為施古者為百姓立君使之司牧今者以百姓恤君使之蠶食至乃貪污者謂之清勤慎法者謂之怯劣何反古道一至於此陛下雖躬自節儉哀矜於上而羣寮肆欲縱心於下六司垂翼三事拱默故有識者覩人事以歎息觀天眚而大懼昔宋景退熒惑之災殷宗消鼎雉之異伏願陛下仰觀大禹過門之志俯察商辛沈湎之失遠思國風恭公之刺深惟定姜小臣之喻斃迴聖恩大詢

羣后延納眾賢訪以得失令百寮率職人言損益察其所由覩其所以審識羣才助鼎和味克念作聖以荅天休則四海宅心天下幸甚臣亡祖先臣隗昔荷殊寵匪躬之操猶存舊史有志無時懷恨黃泉及臣凡劣復蒙罔極之眷恩隆累世實非糜身傾宗所能上報前作此表未及得通暴嬰篤疾恐命在奄忽貪及視息望達愚情氣力惙然不能自宣疏奏而卒追贈前將軍子淡嗣元熙初為廬江太守隗伯父訥字令言有人倫鑒識初入洛見諸名士而歎曰王夷甫太鮮明樂彥輔我所敬張茂先我所不解周弘武巧於用短杜方叔拙於用長終於司隸校尉子疇字王喬少有美譽善談名理曾避亂塢壁賈胡百數欲害之疇無懼色援笳而吹之為出塞入塞之聲以動其游客之思於是羣胡皆垂泣而去之永嘉中位至司徒左長史尋為閻鼎所殺司空蔡謨每歎曰若使劉王喬得南渡司徒公之美選也又王導初拜司徒謂人曰劉王喬若過江我不獨拜公也其為名流之所推服如此疇兄子劭有才幹辟琅邪王丞相掾咸康世歷御史中丞侍中尚書豫

章太守秩中二千石劭族子黄老太元中為尚書郎有義學注慎子老子並傳於世

刁協字玄亮渤海饒安人也祖恭魏齊郡太守父攸武帝時御史中丞協少好經籍博聞彊記釋褐濮陽王文學累轉太常博士本郡大中正成都王穎請為平北司馬後歷趙王倫相國參軍長沙王乂驃騎司馬及東嬴公騰鎮臨漳以協為長史轉潁川太守永嘉初為河南尹未拜避難渡江元帝以為鎮東軍諮祭酒轉長史愍帝即位徵為御史中丞例不行元帝為丞相以協為左長史中興建拜尚書左僕射于時朝廷草創憲章未立朝臣無習舊儀者協久在中朝諳練舊事凡所制度皆稟於協焉深為當時所稱許太興初遷尚書令在職數年加金紫光祿大夫令如故協性剛悍與物多忤每崇上抑下故為王氏所疾又使酒放肆侵毀公卿見者莫不側目然悉力盡心志在匡救帝甚信任之以奴為兵取將吏客使轉運皆協所建也衆庶怨望之及王敦構逆上疏罪協帝使協出督六軍既而王師敗績協與劉隗俱侍帝於太極東除帝執協隗手流涕嗚咽勸令避禍協曰臣當守死不敢有貳帝曰今事逼矣安可不行乃令給協隗人馬使自為計協年老不堪騎乘素無恩紀募從者皆委之行至江乘為人所殺送首於敦敦聽刁氏收葬之帝痛協不免密捕送協首者而誅之敦平後周顗戴若思等皆被顯贈惟協以出奔不在其例咸康中協子彝上疏訟之在位者多以明帝之世褒貶已定非所得更議且協不能抗節隕身乃出奔遇害不可復其官爵也丹楊尹殷融議曰王敦惡逆罪不容誅則協之善亦不容賞若以忠非良圖謀事失算以此為責者蓋在於譏議之間耳即凶殘之誅以為國刑將何以沮勸乎當敦專逼之時慶賞威刑專自己出是以元帝慮深崇本以協為比事由國計蓋不為私昔孔寧儀行父從君於昏楚復其位者君之黨故也況協之比君在於義順且中興四佐位為朝首于時事窮計屈奉命違寇非為逃刑謂宜顯贈以明忠義時庾冰輔政疑不能決左光祿大夫蔡謨與冰書曰夫爵人者宜顯其功罰人者宜彰其罪此古今之所慎也凡小之人猶尚如此刁令中興上佐有死難之名天下不聞其罪而見其貶致令刁氏稱寃此乃為王敦復讎也內沮忠臣之節論者惑之若實有大罪宜顯其事令天下知之明聖朝不貶死難之臣春秋之義以功補過過輕功重者得以加封功輕過重者不免誅絕功足贖罪者無黜雖先有邪佞之罪而臨難之日黨於其君者不絕之也孔寧儀行父親與靈公淫亂於朝君殺國滅由此二臣而楚尚納之傳稱有禮不絕其位者君之黨也若刁令有罪重於孔儀絕之可也若無此罪宜見追論或謂明帝之世已見寢廢今不宜復改吾又以為不然夫大道宰世殊塗一致萬機之事或異或同同不相善異不相譏故堯抑元愷而舜舉之堯不為失舜不為非何必前世所廢便不宜改乎漢蕭何之後坐法失侯文帝不封而景帝封之後復失侯武昭二帝不封而宣帝封之近去元年車駕釋奠拜孔子之坐此亦元明二帝所不行也又刁令但是明帝所不贈耳非誅之也王平子第五猗皆元帝所誅而今日所贈豈以改前為嫌乎凡處事者當上合古義下準今例然後談者不惑受罪者無怨耳案周僕射戴征西本非王敦唱檄所讎也事定後乃見害耳周莚郭璞等並亦非為主禦難也自平居見殺耳皆見褒贈刁令事義豈輕於此乎自頃貞外散騎尚得追贈況刁令位亞三司若先自壽終不失貞外散騎之例也就不蒙贈不失以本官殯葬也此為一人之身壽終則蒙贈死難則見絕豈所以明事君之道厲為臣之節乎宜顯評其事以解天下疑怪之論又聞談者亦多謂宜贈凡事不允當而得衆助者若以善柔得衆而刁令麤𥹬剛多怨若以貴也刁氏今賤若以富也刁氏今貧人士何故反助寒門而此言之足下宜察此意冰然之事奏成帝詔曰協情在忠主而失為臣之道故令王敦得託名公義而實肆私忌遂令社稷受屈元皇銜恥致禍之原豈不有由若極明國典則曩刑非重今正當以協之勤有可書敦之逆命不可長故議其事耳今可復協本位加之冊祭以明有忠於君者纖介必顯雖於貶裁未盡然或足有勸矣於是追贈本官祭以太牢

彝字大倫少遭家難王敦誅後彝斬讎人黨以首祭父墓詣廷尉請罪

朝廷特宥之由是知名歷尚書吏部郎吳國内史累遷北中郎將徐兗二州刺史假節鎮廣陵卒於官

子逵字伯道逵弟暢字仲遠次子弘字叔仁歷顯職隆安中逵爲廣州刺史領平越中郎將假節暢爲始興相弘爲冀州刺史兄弟子姪並不拘名行以貨殖爲務有田萬頃奴婢千人餘資稱是桓玄篡位以逵爲西中郎將豫州刺史鎮歷陽暢右衛將軍弘撫軍桓脩司馬劉裕起義斬桓脩時暢弘謀起兵襲裕裕遣劉毅討之暢伏誅弘亡不知所在逵在歷陽執劉裕參軍諸葛長民檻車送於桓玄至當利而玄敗送人共破檻出長民逵趣歷陽逵棄城而走爲下人所執斬於石頭子姪無少長皆死惟小弟騁被宥爲給事中尋謀反伏誅刁氏遂滅刁氏素殷富奴客縱橫固吝山澤爲京口之蠹裕散其資蓄令百姓稱力而取之彌日不盡時天下饑弊編戶賴之以濟焉

戴若思廣陵人也名犯高祖廟諱祖烈吳左將軍父昌會稽太守若思有風儀性閑爽少好遊俠不拘操行遇陸機赴洛船裝甚盛遂與其徒掠之若思登岸據胡牀指麾同旅皆得其宜機察見之知非常人在舫屋上遥謂之曰卿才器如此乃復作劫邪若思感悟因流涕投劒就之機與言深加賞異遂與定交焉若思後舉孝廉入洛機薦之於趙王倫曰蓋聞繁弱登御然後高墉之功顯孤竹在肆然後降神之曲成是以高世之主必假遠邇之器蘊匱之才思託大音之和伏見處士廣陵戴若思年三十清沖履道德量允塞思理足以研幽才鑒足以辯物安窮樂志無風塵之慕砥節立行有井渫之潔誠東南之遺寶宰朝之奇璞也若得託迹康衢則能結軌驥騄曜質廊廟必能垂光璵璠矣惟明公垂神採察不使忠允之言以人而廢倫乃辟之除沁水令不就遂往武陵省父時同郡人潘京素有理鑒名知人其父遣若思就京與語既而稱若思有公輔之才累轉東海王越軍諮祭酒出補豫章太守加振威將軍領義軍都督以討賊有功賜爵秣陵侯遷治書侍御史驃騎司馬拜散騎侍郎元帝召爲鎮東右司馬將征杜弢加若思前將軍未發而弢滅帝爲晉王以爲尚書中興建爲中護軍轉護軍將軍尚書僕射皆辭不拜出爲征西將軍都督兗豫幽冀雍并六州諸軍事假節加散騎常侍發投刺王官千人爲軍吏調揚州百姓家奴萬人爲兵配之以散騎常侍王遐爲軍司鎮壽陽與劉隗同出帝親幸其營勞勉將士臨發祖餞置酒賦詩若思至合肥而王敦舉兵詔追若思還鎮京都進驃騎將軍與右衛將軍郭逸夾道築壘於大桁之北尋而石頭失守若思與諸軍攻石頭王師敗績若思率麾下百餘人赴宮受詔與公卿百官於石頭見敦敦問若思曰前日之戰有餘力乎若思不謝而荅曰豈敢有餘但力不足耳又曰吾此舉動天下以爲如何若思曰見形者謂之逆體誠者謂之忠敦笑曰卿可謂能言敦參軍呂猗昔爲臺郎有刀筆才性尤姦諂若思爲尚書惡其爲人猗以深憾焉至是乃說敦曰周顗戴若思皆有高名足以惑衆近者之言曾無愧色公若不除恐有再舉之患爲將來之憂耳敦以爲然又素忌之俄而遣鄧嶽繆坦收若思而害之若思素有重望四海之士莫不痛惜焉賊平冊贈右光祿大夫儀同三司謚曰簡

邈字望之少好學尤精史漢才不逮若思儒博過之弱冠舉秀才遷太子洗馬出補西陽内史永嘉中元帝版行邵陵内史丞相軍諮祭酒出爲征南軍司于時凡百草創學校未立邈上疏曰臣聞天道之所大莫大於陰陽帝王之至務莫重於禮學是以古之建國有明堂辟雍之制鄉有庠序黌校之儀皆所以抽導幽滯啓廣才思蓋以六四有困蒙之吝君子大養正之功也昔仲尼列國之大夫耳興禮脩學於洙泗之閒四方髦俊斐然向風身達者七十餘人自兹以來千載絶塵豈天下小於魯衛賢哲乏於曩時勵與不勵故也自頃國遭無妄之禍社稷有綴旒之危寇羯飲馬於長江兇狡鴟張於萬里遂使神州蕭條鞠爲茂草四海之内人跡不交霸主有旰食之憂黎元懷荼毒之苦戎首交并於中原何遽篹籩豆之事哉然三年不爲禮禮必壞三年不爲樂樂必崩況曠載累紀如此之久邪今末進後生目不覩揖讓升降之儀耳不聞鍾鼓管弦之音文章散滅圖讖無遺此蓋聖達之所深悼有識之所嗟嘆也夫平世尚文遭亂尚武文武遞用長久之道譬之天地昏明之迭

自古以來未有不由之者也今或以天下未一非興禮學之時此言似
之而不其然夫儒道深奧不可倉卒而成古之俊乂必三年而通一經
比天下平泰然後脩之則功成事定誰與制禮作樂者哉又貴遊之子
未必有斬將搴旗之才亦未有從軍征戍之役不及盛年講肄道義使
明珠加磨瑩之功荆璞發採琢之榮不亦良可惜乎臣愚以世喪道久
人情玩於所習純風日去華競日彰猶火之消膏而莫之覺也今天地
告始萬物權輿聖朝以神武之德值革命之運蕩近世之流弊繼千載
之絶軌篤道崇儒創立大業明主唱之於上宰輔督之於下夫上之所
好下必有過之者焉是故雙劒之節崇而飛白之俗成挾琴之容飾而
赴曲之和作君子之德風小人之德草實在感之而已臣以闇淺不能
遠識格言奉誦明令慷慨下風謂宜以三時之隙漸就脩建疏奏納焉
於是始脩禮學代劉隗爲冊楊尹王敦作逆加左將軍及敦得志而若
思遇害邈坐免官敦誅後拜尚書僕射卒官贈衞將軍謚曰穆子謚
嗣歷義興太守大司農

周顗字伯仁安東將軍浚之子也少有重名神彩秀徹雖時輩親狎
莫能媟也司徒掾同郡賁嵩有清操見顗歎曰汝潁固多奇士自頃
雅道陵遲今復見周伯仁將振起舊風清我邦族矣廣陵戴若思東
南之美舉秀才入洛素聞顗名往候之終坐而出不敢顯其才辯顗
從弟穆亦有美譽欲陵折顗顗陶然弗與之校於是人士益宗附之州
郡辟命皆不就弱冠襲父爵武城侯拜祕書郎累遷尚書吏部郎東海
王越子毗爲鎮軍將軍以顗爲長史元帝初鎮江左請爲軍諮祭酒出
爲寧遠將軍荆州刺史領護南蠻校尉假節始到州而建平流人傅密
等叛迎蜀賊杜弢顗狼狽失據陶侃遣將吳寄以兵救之故顗得免因
奔王敦於豫章敦留之軍司戴邈曰顗雖退敗未有莅衆之咎德望素
重宜還復之敦不從帝召爲揚威將軍兗州刺史顗還建康帝留顗不
遣復以爲軍諮祭酒尋轉右長史中興建補吏部尚書頃之以醉酒爲
有司所糾白衣領職復坐門生斫傷人免官太興初更拜太子少傅尚
書如故顗上疏讓曰臣退自循省學不通一經知不效一官止足良難

未能守分遂忝顯任名位過量不悟天鑒忘臣頑弊乃欲使臣內管銓
衡外忝傅訓質輕蟬翼事重千鈞此之不可不待識而明矣若臣受負
乘之責必貽聖朝惟塵之恥俯仰愧懼不知所圖詔曰紹幼沖使居儲
副之貴當賴軌匠以祛蒙蔽望之儼然斯不言之益何學之習邪所謂
與田蘇遊忘其鄙心者便當副往意不宜沖讓轉尚書左僕射領吏部
如故庾亮嘗謂顗曰諸人咸以君方樂廣顗曰何乃刻畫無鹽唐突西
施也帝讌羣公於西堂酒酣從容曰今日名臣共集何如堯舜時邪顗
因醉厲聲曰今雖同人主何得復比聖世帝大怒而起手詔付廷尉將
加戮累日方赦之及出諸公就省顗曰近日之罪固知不至于死尋代
戴若思爲護軍將軍尚書紀瞻置酒請顗及王導等顗荒醉失儀復
爲有司所奏詔曰顗參副朝右職掌銓衡當敬慎德音式是百辟屢以
酒過爲有司所繩吾亮其極權之情然亦是濡首之誡也顗必能克己
復禮者今不加黜責初顗以雅望獲海內盛名後頗以酒失爲僕射略
無醒日時人號爲三日僕射庾亮曰周侯末年所謂鳳德之衰也顗在

中朝時能飲酒一石及過江雖日醉每稱無對偶有舊對從北來顗遇
之欣然乃出二石酒共飲各大醉及顗醒使視客已腐脅而死顗性寬
裕而友愛過人弟嵩嘗因酒瞋目謂顗曰君才不及弟何乃橫得重名
以所然蠟燭投之顗神色無忤徐曰阿奴火攻固出下策耳王導甚重
之嘗枕顗膝而指其腹曰卿此中何所有也答曰此中空洞無物然足
容卿輩數百人導亦不以爲忤又於導坐傲然嘯詠導云卿欲希嵇阮
邪顗曰何敢近捨明公遠希嵇阮及王敦構逆溫嶠謂顗曰大將軍此
舉似有所在當無濫邪顗曰君少年未更事人主自非堯舜何能無失
人臣豈可得舉兵以脅主共相推戴未能數年一旦如此豈云非亂乎處
仲剛愎彊忍狼抗無上其意寧有限邪既而王師敗績顗奉詔詣敦敦
曰伯仁卿負我顗曰公戎車犯順下官親率六軍不能其事使王旅奔
敗以此負公敦憚其辭正不知所荅帝召顗於廣室謂之曰近日大事
二宮無恙諸人平安大將軍故副所望邪顗曰二宮自如明詔於臣等
故未可知護軍長史郝嘏等勸顗避敦顗曰吾備位大臣朝廷喪敗寧

可復草間求活外投胡越邪儀而與戴若思俱被收路經太廟顗大言曰天地先帝之靈賊臣王敦傾覆社稷枉殺忠臣陵虐天下神祇有靈當速殺敦無令縱毒以傾王室語未終收人以戟傷其口血流至踵顏色不變容止自若觀者皆為流涕遂於石頭南門外石上害之時年五十四顗之死也敦坐有一參軍摴蒱馬於博頭被殺因謂敦曰周家奕世令望而位不至公及伯仁將登而墜有似下官此馬敦曰伯仁總角於東宮相遇一面披襟便許之三事何圖不幸自貽王法敦素憚顗每見顗輒面熱雖復冬月扇面手不得休敦使繆坦籍顗家收得素簏數枚盛故絮而已酒五甕米數石在位者服其清約敦卒後追贈左光祿大夫儀同三司謚曰康祀以少牢初敦之舉兵也劉隗勸帝盡除諸王司空導率羣從詣闕請罪值顗將入導呼顗謂曰伯仁以百口累卿顗直入不顧既見帝言導忠誠申救甚至帝納其言顗喜飲酒致醉而出導猶在門又呼顗顗不與言顧左右曰今年殺諸賊奴取金印如斗大繫肘既出又上表明導言甚切至導不知救己而甚銜之敦既得志

問導曰周顗戴若思南北之望當登三司無所疑也導不答又曰若不三司便應令僕邪又不答敦曰若不爾正當誅爾導又無言導後料檢中書故事見顗表救己殷勤款至導執表流涕悲不自勝告其諸子曰吾雖不殺伯仁伯仁由我而死幽冥之中負此良友顗三子閔怙頤閔字子騫方直有父風歷衡陽建安臨川太守侍中中領軍吏部尚書左僕射加中軍將軍轉護軍領秘書監卒追贈金紫光祿大夫謚曰烈無子以弟頤長子琳為嗣琳仕至東陽太守怙頤並歷卿守琳少子文驃騎諮議參軍

史臣曰夫太剛則折至察無徒以之為政則害于而國用之行己則凶于乃家誠以器乖容衆非先王之道也大連司憲陰候主情當約法之秋獻斷棺之議玄亮剛愎與物多違雖有崇上之心專行刻下之化同薄相濟並運天機是使賢宰見疎致物情於解體權臣發怒借其名以譬師既而謀人之國國危而苟免見昵於主主辱而圖生自取流亡兆不幸也若思閑爽照理研幽伯仁凝正處腴能約咸以高才雅道參豫疇咨及京室淪胥抗言無撓甘赴鼎而全操蓋事君而盡節者歟顗招時論尤其酒德禮經曰瑕不掩瑜未足韜其美也

贊曰劉刁亮直志奉興王姦回醜正終致奔亡周戴英爽忠謨允塞遣屬屯蒙禍罹兇慝

列傳第三十九　晉書六十九

應詹　甘卓　鄧騫　卞壼 從

應詹字思遠汝南南頓人魏侍中璩之孫也詹幼孤爲祖母所養年十餘歲祖母又終居喪毀頓杖而起遂以孝聞家富於財年又稚弱乃請族人共居委以貲產情若至親世以此異焉弱冠知名性質素弘雅物雖犯而弗之校以學藝文章稱司徒何劭見之曰君子哉若人初辟公府爲太子舍人趙王倫以爲征東長史倫誅坐免成都王穎辟爲掾時驃騎從事中郎諸葛玫委長沙王乂奔鄴盛稱乂之非玫浮躁有才辯臨漳人士無不詣之詹與玫有舊歎曰諸葛仁林何與樂毅之相詭乎卒不見之玫聞甚愧鎮南大將軍劉弘詹之祖舅也請爲長史謂之曰君器識弘深後當代老子於荊南矣仍委以軍政弘著績漢南詹之力也遷南平太守王澄爲荊州假詹督南平天門武陵三郡軍事及洛陽傾覆詹攘袂流涕勸澄赴援澄使詹爲檄詹下筆便成辭義壯烈見者慷慨然竟不能從也天門武陵谿蠻並反詹討降之時政令不一諸蠻怨望並謀背叛詹召蠻酋破銅券與盟由是懷詹數郡無虞其後天下大亂詹境獨全百姓歌之曰亂離既普殆爲灰朽僥倖之運賴茲應后歲寒不凋孤境獨守拯我塗炭惠隆丘阜潤同江海恩猶父母鎮南將軍山簡復假詹督五郡軍事會蜀賊杜疇作亂來攻詹郡力戰摧之尋與陶侃破杜弢於長沙賊中金寶溢目詹一無所取唯收圖書莫不歎之元帝假詹建武將軍王敦又上詹監巴東五郡軍事賜爵穎陽鄉侯陳人王沖擁衆荊州素服詹名迎爲刺史詹以沖等無賴棄還南平沖亦不怨其得人情如此遷益州刺史領巴東監軍詹之出郡也士庶攀車號泣若戀所生俄拜後軍將軍詹上疏陳便宜曰先王設官使君有常尊臣有定卑上無苟且之志下無覬覦之心下至亡秦罷侯置守本替末陵綱紀廢絕漢興雖未能興復舊典猶雜建侯守故能享年卓世殆參古迹今大荒之後制度改創宜因斯會釐正憲則先舉盛德元功以爲封首則聖世之化比隆唐虞矣又曰性相近習相遠訓導之風宜慎所好魏正始之間蔚爲文林元康以來賤經尚道以玄虛宏放爲夷達以儒術清儉爲鄙俗永嘉之弊未必不由此也今雖有儒官教養未備非所以長育人材納之軌物也宜修辟雍崇明教義先令國子受訓然後皇儲親臨釋奠則普天尚德率土知方矣元帝雅重其才深納之頃之出補吳國內史以公事免鎮北將軍劉隗出鎮以詹爲軍司加散騎常侍累遷光祿勳詹以王敦專制自樹故優游諷詠無所標明及敦作逆明帝問詹計將安出詹厲然慷慨曰陛下宜奮赫斯之威臣等當得負戈前驅庶憑宗廟之靈有征無戰如其不然王室必危帝以詹爲都督前鋒軍事護軍將軍假節都督朱雀橋南賊從竹格渡江詹與建威將軍趙胤等擊敗之斬賊率杜發梟首數千級賊平封觀陽縣侯食邑一千六百戶賜絹五千匹上疏讓曰臣聞開國承家光啓土宇唯令德元功乃宜封錫臣雖忝當一隊策無微略勞不汗馬猥以疏賤倫亞親密動豈則被練列勳司勳乞迴謬恩聽其所守不許遷使持節都督江州諸軍事平南將軍江州刺史詹將行上疏曰夫欲用天下之智力者莫若使天下信之也商鞅移木豈禮也哉有由而然自經荒弊綱紀頹陵清直之風既澆糟粃之俗猶在誠宜濯以滄浪之流漉以吞舟之網則幽顯明別於變時雍矣弘濟茲務在乎官人今南北雜錯屬託者無保負之累而輕舉所知此博采所以未精職理所以多闕今凡有所用宜隨其能否而與舉主同乎褒貶則人有慎舉之恭官無廢職之咨昔冀缺有功胥臣蒙先茅之賞子玉敗軍子文受蔿賈之責古既有之今亦宜然漢朝使刺史行部乘傳奏事猶恐不足以辨彰幽明弘宣政道故復有繡衣直指今之艱弊過於往昔宜分遣黃散若中書郎等循行天下觀採得失舉善彈違斷截苟且則人不敢爲非矣漢宣帝時二千石有居職修明者則入爲公卿其不稱職免官者皆還爲平人懲勸必行故歷世長久中間以來遷不足競免不足懼或有進而失意退而得分莅官雖美當以素論降替在職實劣直以舊望登敘校游談爲多少不以實事爲先後以此責成臣未見其兆也今宜峻左降舊制可二千石免官三年乃得敘用長史六年戶口折半道里倍之此法必明使天下知官難得而易失必人慎其職朝無惰官矣都督可課佃二十

頃州十頃郡五頃縣三頃皆取文武吏醫卜不得撓乱百姓三臺九府中外諸軍有可減損皆令附農市息末伎道無游人不過一孰豐穰可必然後重居職之俸使祿足以代耕頃大事之後遐邇皆想宏略而寂然未副宜早振綱領肅起群望時王敦新平人情未安詹撫而懷之莫不得其歡心百姓賴之疾篤與陶侃書曰每憶密計自沔入湘頡頏繾綣齊好斷金子南我東忽然一紀其間事故何所不有足下建功嶠南旋鎮舊楚吾承乏幸會來忝此州圖與足下進共竭節本朝報恩幼主退以申尋平生纏綿舊好豈悟時不我與長即幽冥永言莫從能不慨悵今神州未夷四方多難足下年德並隆功名俱盛宜務建洪範雖休勿休至公至平至謙至順即自天祐之吉無不利人之將死其言也善足下察吾此誠以咸和六年卒時年五十三冊贈鎮南大將軍儀同三司謚曰烈祠以太牢子玄嗣位至散騎侍郎玄弟誕有器幹歷六郡太守龍驤將軍追贈冀州刺史初京兆韋泓喪乱之際親屬遇饑疫並盡客游洛陽素聞詹名遂依託之詹與分甘共苦情若弟兄遂隨從積年為營伉儷置居宅并薦之於元帝曰自遭喪乱人士易操至乃任運固窮耿介守節者鮮矣伏見議郎韋泓年三十八字元量執心清沖才識備濟躬耕隴畝不煩人役靜默居常不豫政事昔年流移來在詹境經寇喪貧一身特立短褐不掩形菜蔬不充朝而抗志彌厲不遊非類顏回稱不改其樂泓有其分明公輔亮皇室恢維宇宙四門開闢英彥嵬藻收春華於京輦採秋實於巖藪而泓抱璞荊山未剖和璧若蒙銓召付以列曹必能協隆鼎味緝熙庶績者也帝即辟之泓後位至少府卿既受詹生成之惠詹卒遂製朋友之服哭止宿草追趙氏祀程嬰杵臼之義祭詹終身

甘卓字季思丹楊人秦丞相茂之後也曾祖寧為吳將祖述仕吳為尚書父昌太子太傅吳平卓退居自守郡命主簿功曹察孝廉州舉秀才為吳王常侍討石冰以功賜爵都亭侯東海王越引為參軍出補離狐令卓見天下大乱棄官東歸前至歷陽與陳敏相遇敏甚悅共圖縱橫之計遂為其子景娶卓女深相結託會周玘唱義密使錢廣攻敏弟昶敏遣卓討廣頓朱雀橋南會廣殺昶玘告丹楊太守顧榮共邀說卓卓素敬服榮且以昶死懷懼良久乃從之遂詐疾迎女斷橋收船南岸共滅敏傳首于京都元帝初渡江授卓前鋒都督揚威將軍歷陽內史其後討周馥征杜弢屢經苦戰多所擒獲以前後功進爵南鄉侯拜豫章太守尋遷湘州刺史將軍如故復進爵于湖侯中興初以邊寇未靜學校陵遲特聽不試孝廉而秀才猶依舊策試卓上疏以為答問損益當須博通古今明達政體必求諸墳索乃堪其舉臣所忝州往遭寇乱學校久替人士流播不得比之餘州策試之由當藉學功謂宜同孝廉例申與期限疏奏朝議不許卓於是精加隱括備禮舉桂陽谷儉為秀才儉辭不獲命州厚禮遣之諸州秀才聞當考試皆憚不行唯儉一人到臺遂不復策試儉恥其州少士乃表求試以高第除中郎儉少有志行寒苦自立博涉經史于時南土凋荒經籍道息儉不能遠求師友唯在家研精雖所得實深未有名譽又恥衒耀取達遂歸終身不仕卒於家卓尋遷安南將軍梁州刺史假節督沔北諸軍鎮襄陽卓外柔內剛為政簡惠善於綏撫估稅悉除市無二價州境所有魚池先恒責稅卓不收其利皆給貧民西土稱為惠政王敦稱兵遣使告卓卓乃偽許而心不同之及敦升舟而卓不赴使參軍孫雙詣武昌諫止敦敦聞雙言大驚曰甘侯前與吾語云何而更有異正當慮吾危朝廷邪吾今下唯除姦凶耳卿還言之事濟當以甘侯作公雙還報卓卓不能決或說卓且偽許敦待敦至都而討之卓曰昔陳敏之乱吾亦先從後圖而論者謂懼逼而謀之雖吾情本不爾而事實有似心恒愧之今若復爾誰能明我時湘州刺史譙王承遣主簿鄧騫說卓曰劉大連雖乘權寵非有害於天下也大將軍以其私憾稱兵象魏雖託討乱之名實失天下之望此忠臣義士匡救之時也昔魯連匹夫猶懷蹈海之志況受任方伯位同體國者乎今若因天人之心唱桓文之舉杖大順以掃逆節擁義兵以勤王室斯千載之運不可失也卓笑曰桓文之事豈吾所能至於盡力國難乃其心也當共詳思之參軍李梁說卓曰昔隗囂乱隴右竇融保河西以歸光武今日之事有似於此將軍有重名於天下

但當推亡固存坐而待之使大將軍勝方當崇將軍以方面之重如其不勝朝廷必以將軍代之何憂不富貴而釋此廟勝決存亡於一戰邪騫謂梁曰光武創業中國未平故隗囂斷隴右竇融兼河西各據一方鼎足之勢故得文服天子從容顧望及海內已定君臣正位終於隴右傾覆河西入朝何則向之文服義所不容也今將軍之於本朝非竇融之喻也襄陽之於大府非河西之固也且人臣之義安忍國難而不陳力何以北面於天子邪使大將軍平劉隗還武昌增石城之守絕荆湘之粟將軍安歸乎勢在人手而曰我處廟勝未之聞也卓尚持疑未決騫又謂卓曰今既不義舉又不承大將軍檄此必至之禍愚智所見也且議者之所難以彼彊我弱是不量虛實者也今大將軍兵不過萬餘其留者不能五千而將軍見衆既倍之矣將軍威名天下所聞也此府精銳戰勝之兵也擁彊衆藉威名杖節而行豈王含所能御哉遡流之衆勢不自救將軍之舉武昌若摧枯拉朽何所顧慮乎武昌既定據其軍實鎮撫二州施惠士卒使還者如歸此呂蒙所以克敵也如是大將

軍可不戰而自潰今釋必勝之策安坐以待危亡不可言知計矣願將軍孰慮之時敦以卓不至慮在後爲變遣參軍樂道融苦要卓俱下道融本欲背敦因說卓襲之語在融傳卓既素不欲從敦得道融說遂決曰吾本意也乃與巴東監軍柳純南平太守夏侯承宜都太守譚該等十餘人俱露檄遠近陳敦肆逆率所統致討遣參軍司馬讃孫雙奉表詣臺參軍羅英至廣州與陶侃刻期參軍鄧騫虞沖至長沙令譙王承堅守征西將軍戴若思在江西先得卓書表上之臺內皆稱萬歲武昌大驚傳卓軍至人皆奔散詔書遷卓爲鎮南大將軍侍中都督荆梁二州諸軍事荆州牧梁州刺史如故陶侃得卓信即遣參軍高寶率兵下卓雖懷義正而性不果毅且年老多疑計慮猶豫軍次豬口累旬不前敦大懼遣卓兄子行參軍卬求和謝卓曰君此自是臣節不相責也吾家計急不得不爾想便旋軍襄陽當更結好時王師敗績敦求臺騶虞幡駐卓卓聞周顗戴若思遇害流涕謂卬曰吾之所憂正謂今日每得朝廷人書常以胡寇爲先不悟忽有蕭牆之禍且使聖

上元吉太子無恙吾臨敦上流亦未敢便危社稷吾適徑據武昌敦勢逼必劫天子以絕四海之望不如還襄陽更思後圖即命旋軍都尉秦康說卓曰今分兵取敦不難但斷彭澤上下不得相赴自然離散可一戰擒也將軍既有忠節中道而廢更爲敗軍將恐將軍之下亦各便求西還不可得守也卓不能從樂道融亦日夜勸卓速下卓性先寬和忽便彊塞徑還襄陽意氣騷擾舉動失常自照鏡不見其頭視庭樹而頭在樹上心甚惡之其家金櫃鳴聲似槌鏡清而悲巫云金櫃將離是以悲鳴主簿何無忌及家人皆勸令自警卓轉更很愎聞諫輒怒方散兵使大佃而不爲備功曹榮建固諫不納襄陽太守周慮等密承敦意知卓無備詐言湖中多魚勸卓遣左右皆捕魚乃襲害卓于寢傳首于敦四子散騎郎蕃等皆被害太寧中追贈驃騎將軍謚曰敬

鄧騫字長真長沙人少有志氣爲鄉鄰所重常推誠行己能以正直全於多難之時刺史譙王承命爲主簿使說甘卓卓留爲參軍欲與同行以母老辭卓而反承爲魏乂所敗以虞悝兄弟爲承黨又盡誅之而求

騫甚急鄉人皆爲之懼騫笑曰欲用我耳彼新得州多殺忠良是其求賢之時豈以行人爲罪乃往詣乂乂喜曰君所謂古之解楊也以爲別駕騫有節操忠信兼識量弘遠善與人交久而益敬太尉庾亮稱之以爲長者歷武陵始興太守遷大司農卒於官

卞壼字望之濟陰冤句人也祖統琅邪內史父粹以清辯鑒察稱兄弟六人並登宰府世稱卞氏六龍玄仁無雙玄仁粹字也弟裒嘗忤其郡將郡將怒訐其門內之私粹遂以不訓見譏議陵遲積年惠帝初爲尚書郎楊駿執政人多附會而粹正直不阿及駿誅超拜右丞封成陽子稍遷至右軍將軍張華之誅粹以華壻免官齊王冏輔政爲侍中中書令進爵爲公及長沙王乂專權粹立朝正色乂忌而害之初粹如厠見物若兩眼俄而難作壼弱冠有名舉司兗二州齊王冏辟皆不就遇家禍還鄉里永嘉中除著作郎襲父爵征東將軍周馥請爲從事中郎不就遭本州傾覆東依妻兄徐州刺史裴盾盾以壼行廣陵相元帝鎮建鄴召爲從事中郎委以選舉甚見親杖出爲明帝東中郎長史遭繼母

憂既葬起復舊職累辭不就元帝遣中使敦逼壸箋自陳曰壸天性狷狹不能和俗退以情事欲畢志家門亡父往為中書令時壸蒙大例望門見辟信其所執得不祗就門戶遇禍迸竄易名得存視息私志有素加嬰極難流寄蘭陵為荀晞所召恐見逼迫依下邳裴盾又見假授暫之郡規得託身尋蒙見召為從事中郎豈曰貪榮直欲自致規斬恭命行當乞退屬華軼之難不敢自陳軼既梟懸壸亦嬰病具自歸聞未蒙如遣世子北征選寵顯望復以無施忝充元佐榮則榮矣實非素懷顧以命重人輕不敢辭憚閶西臺召壸為尚書郎實欲因此以避賢路未及陳誠奄丁窮罰壸年九歲為先母弟表所見孤背十二蒙亡母張所見覆育壸以陋賤不能榮親家產屢空養道多闕存無歡娛終不備禮拊心永恨五內抽割於公無效如彼私情艱苦如此實無情顏昧冒榮進若廢壸一人江北便有傾危之慮壸居事之日功績以隆者誠不得私其身今東中郎歧嶷自然神明日茂軍司馬諸參佐並以明德宣力王事壸之去留曾無損益賀循謝端顧昱孚琛

傅晞等皆荷恩命高枕家門壸委質二府漸冉五載考效則不能已彰論心則頻累恭順柰何哀孤之日不見愍恕哉帝以其辭苦不奪其志服闋為世子師壸前後居師佐之任盡匡輔之節一府貴而憚焉中興建補太子中庶子轉散騎常侍侍講東宮遷太子詹事以公事免尋復職轉御史中丞忠於事上權貴屏跡時淮南小中正王式繼母前夫終更適式父式父終喪服訖議還前夫家前夫家亦有繼子奉養至終遂合葬於前夫式自云父臨終母求去父許諾於是制出母齊衰朞壸奏曰就如式父臨終許諾必也正名依禮為無所據若夫有命須顯七出之責當存時棄之無緣以絕義之妻留家制服若式父臨困謬乱使去留自由者此必為相要以非禮則存亡無所得從式宜正之以禮魏顆父命不從其亂陳乾昔欲以二婢子殉其子以非礼不從春秋禮記善之並以妾媵猶正以禮況其母乎式母於夫生事以終非為既絕之妻夫亡制服不為無義之婦自云守節非為更嫁離絕之斷在夫沒之後夫之既沒是其從子之日而式以為出母此母以子出也致使

存無所容居沒無所託也寄命於他人之門埋尸於無名之冢若式父亡後母尋沒於式家必不以為出母明矣許諾之命一耳以為母於同居之時至沒前子之門而不以為母此為制離絕於二居裁出否於意斷離絕之斷非式而誰假使二門之子皆此母之生母戀前子求去求絕非禮於後家還反又非禮於前門去不可去還不可還則為無寄之人也式必內盡匡諫外極防閑不絕明矣何至守不移於至親略情礼於假繼乎繼母如母聖人之教式為國士閨門之內犯禮違義開闢未有於父則無追亡之善於母則無孝敬之道存則去留自由亡則合葬路人可謂生事不以禮死葬不以禮者也虧損世教不可以居人倫詮正之任案侍中司徒臨潁公組敷宣五教實在任人而含容違禮曾是黜陟揚州大中正侍中平望亭侯曄淮南大中正散騎侍郎弘顯執邦論朝野取信曾不能率禮正違崇孝敬之教並為不勝其任請以見事免組曄弘官大鴻臚削爵土廷尉結罪疏奏詔特原組等式付鄉邑清議廢棄終身壸遷吏部尚書王含之難加中軍將軍含滅以功封建

興縣公尋遷領軍將軍明帝不豫領尚書令與王導等俱受顧命輔幼主復拜右將軍加給事中尚書令帝崩成帝即位羣臣進璽司徒王導以疾不至壸正色於朝曰王公豈社稷之臣邪大行在殯嗣皇未立寧是人臣辭疾之時導聞之乃輿疾而至皇太后臨朝壸與庾亮對直省中共參機要時召南陽樂謨為郡中正潁川庾怡為廷尉評謨怡各稱父命不就壸奏曰人無非父而生職無非事而立有父必有命居職必有悔有家各私其子此為王者無人職不軌物官不立政如此則先聖之言廢五教之訓塞君臣之道散上下之化替矣樂廣以平夷稱庾珉以忠篤顯受寵聖世身非已有況及後嗣而可專哉所居之職若順夫羣心則戰戍者之父母皆當以命子不以處也若順謨父之意則人皆不為郡中正人倫廢矣順怡父之意人皆不為獄官則刑辟息矣凡如是者其可聽歟若不可聽何以許謨怡之得稱父命乎此為謨以名父子可以虧法怡是親戚可以自專以此二塗服人示世臣所未悟也宜一切班下不得以私廢公絕其表疏以為永制朝議以為然謨怡不

得已各居所職是時王導稱疾不朝而私送車騎將軍郗鑒壸奏以導
虧法從私無大臣之節御史中丞鍾雅阿撓王典不加準繩並請免官
雖事寢不行舉朝憚焉壸斷裁切直不畏彊禦皆此類也壸幹實當
官以褒貶爲己任勤於吏事欲軌正督世不肯苟同時好然性不弘裕
才不副意故爲諸名士所少而無卓爾優譽明帝深器之於諸大臣
而最任職阮孚每謂之曰卿恒無閑泰常如含瓦石不亦勞乎壸曰諸
君以道德恢弘風流相尚執鄙吝者非壸而誰時貴遊子弟多慕王澄
謝鯤爲達壸厲色於朝曰悖禮傷教罪莫斯甚中朝傾覆實由於此
欲奏推之王導庾亮不從乃止然而聞者莫不折節時王導以勳德輔
政成帝每幸其宅嘗拜導婦曹氏侍中孔坦密表不宜拜導聞之曰王
茂弘駑痾耳若卞望之之巖巖刁玄亮之察察戴若思之峰岠當敢爾
邪壸廉絜儉素居甚貧約息當婚詔特賜錢五十萬固辭不受後患
面創累乞解職拜光祿大夫加散騎常侍時庾亮將徵蘇峻言於朝曰
峻狼子野心終必爲亂今日徵之縱不順命爲禍猶淺若復經年爲惡

晉列四十　九

滋蔓不可復制此是朝錯勸漢景帝早削七國事也當時議者無以易
之壸固爭謂亮曰峻擁彊兵多藏無賴且逼近京邑路不終朝一旦有
變易爲蹉跌宜深思遠慮恐未可倉卒亮不納壸知必敗與平南將軍
溫嶠書曰元規召峻意定懷此於邑溫生足下奈此事何吾今所慮是
國之大事且峻已出狂意而召之更速必縱其羣惡以向朝廷朝廷威
力誠桓桓交須接鋒履刃尚不知便可即擒不王公亦同此情吾與之
爭甚懇切不能如之何本出足下爲外藩任而今恨出足下在外若卿
在內俱諫必當相從今內外戒嚴四方有備峻凶狂必無所至耳恐不
能使無傷如何壸司馬任台勸壸宜畜良馬以備不虞壸笑曰以順逆
論之理無不濟若萬一不然豈須馬哉峻果稱兵壸復爲尚書令右將
軍領右衞將軍餘官如故峻至東陵口詔以壸都督大桁東諸軍事假
節復加領軍將軍給事中壸率郭默趙胤等與峻大戰於陵西爲峻所
破壸與鍾雅皆退還死傷者以千數壸雅並還節詣闕謝罪峻進攻青
溪柵壸與諸軍距擊不能禁賊放火燒宮寺六軍敗績壸時發背創猶

未合力疾而戰率厲散衆及左右吏數百人攻賊麾下苦戰遂死之時
年四十八二子眕盱見父沒相隨赴賊同時見害峻平朝議贈壸光祿
大夫加散騎常侍尚書郎弘訥議以爲死事之臣古今所重卞令忠貞
之節當書於竹帛今之追贈實未副衆望謂宜加鼎司之號以旌忠烈
之勳司徒王導見議進贈驃騎將軍加侍中訥重議曰夫事親莫大於
孝事君莫尚於忠唯孝也故能盡敬竭誠唯忠也故能見危授命此在
三之大節臣子之極行也案壸委質三朝盡規翼亮遭世險難存亡以
之受顧託之重居端右之任擁衞至尊則有保傅之恩正色在朝則有
匪躬之節賊峻造逆戮力致討身當矢旝再對賊鋒父子并命可謂破
家爲國守死勤事昔許男疾終猶蒙二等之贈況壸伏節國難者乎夫
賞疑從重況在不疑可謂上準許穆下同欒紹則允合典謨克厭衆望
於是改贈壸侍中驃騎將軍開府儀同三司謚曰忠貞祠以太牢贈世
子眕散騎侍郎眕弟盱奉車都尉眕母裴氏撫二子尸哭曰父爲忠臣
汝爲孝子夫何恨乎徵士翟湯聞之歎曰父死於君子死於父忠孝之

晉列四十　十

道萃于一門眕子誕嗣成康六年成帝追思壸下詔曰壸立朝忠恪喪
身凶寇所封縣遠租秩薄少妻息不贍以爲慨然可給實口廩其後盜
發壸墓尸僵鬢髮蒼白面如生兩手悉拳爪甲穿達手背安帝詔給
錢十萬以脩塋兆壸第三子瞻位至廣州刺史瞻弟眈尚書郎
敦字仲仁父俊清貞有檢識以名理著稱其鄉人郤詵恃才陵傲俊兄弟
俊等亦以門盛輕詵相視如讎詵以楊駿故吏被繫俊時爲尚書郎按
其獄詵懼不免俊平心斷決正之詵卒以免而猶不悛後爲左丞復奏陷
卞氏俊歷位汝南相廷尉卿敦弱冠仕州郡辟司空府稍遷太子舍人
尚書郎朝士多稱之東海王越闢召以爲主簿王弥逼洛敦及胡毋輔
之勸越擊王弥而王衍潘滔共執不聽敦庭爭甚至衆咸壯之出補汝
南內史元帝之爲鎮東請爲軍諮祭酒不就征南將軍山簡以爲司馬
尋而王如杜曾相繼爲亂簡乃使敦監沔北七郡軍事振威將軍領江
夏相戍夏口敦攻討沔中皆平既而杜弢寇湘中加敦征討大都督伐
弢有功賜爵安陵亭侯鎮東大將軍王敦請爲軍司中興建拜太子左

衛率。時石勒侵逼淮泗，帝備求良將可以式遏邊境者，公卿舉敦，除征虜將軍、徐州刺史，鎮泗口。及勒寇彭城，敦自度力不能支，與征北將軍王邃退保盱眙，賊勢遂張，淮北諸郡多為所陷，竟以畏懦貶秩三等，為鷹揚將軍。徵拜大司農。王敦表為征虜將軍、都督石頭軍事。明帝之討王敦也，以為鎮南將軍、假節。事平，更拜尚書，以功封益陽侯，從光祿勳出為都督、安南將軍、湘州刺史、假節，尋進征南將軍，固辭不拜。蘇峻反，溫嶠、庾亮移檄征鎮同赴京師，敦擁兵不下，又不給軍糧，唯遣督護荀璲領數百人隨大軍而已。時朝野莫不怪歎，獨陶侃亦切齒忿之。峻平，侃奏敦阻軍顧望，不赴國難，無大臣之節，請檻車收付廷尉。丞相王導以喪亂之後，宜加寬宥，轉安南將軍、廣州刺史，病不之職。徵為光祿大夫，領少府。敦既不討蘇峻，常懷愧恥，名論自此虧矣。尋以憂卒，追贈本官，加散騎常侍，謚曰敬。子滔嗣。

劉超字世瑜，琅邪臨沂人，漢城陽景王章之後也。章七世孫封臨沂縣慈鄉侯，子孫因家焉。父和，為琅邪國上軍將軍。超少有志尚，為縣小吏，

稍遷琅邪國記室掾，以忠謹清慎為元帝所拔，恒親侍左右，遂從渡江，轉安東府舍人，專掌文檄。相府建，又為舍人。于時天下擾亂，伐叛討貳，超自以職在近密，而書跡與帝手筆相類，乃絕不與人交書。時出休沐，閉門不通賓客，由是漸得親密。以左右勤勞，賜爵原鄉亭侯，食邑七百戶，轉行參軍。中興建，為中書舍人，拜騎都尉、奉朝請。時臺閣初建，庶績未康，超職典文翰，而畏慎靜密，彌見親待。加以處身清苦，衣不重帛，家無儋石之儲。每帝所賜，皆固辭曰：「凡陋小臣，橫竊賞賜，無德而祿，殃咎是懼。」帝嘉之，不奪其志。尋出補句容令，推誠於物，為百姓所懷。常年賦稅，主者常自四出結評百姓家貲。至超，但作大函，村別付之，使各自書家產，投函中訖，送還縣。百姓依實投上，課輸所入，有踰常年。入為中書通事郎。以父憂去官。既葬，屬王敦稱兵，詔超復職，又領安東上將軍。尋六軍敗散，唯超案兵直衛，帝感之，遣歸終喪禮。及錢鳳構禍，超招合義士，從明帝征鳳。事平，以功封零陵伯。超家貧，妻子不贍，帝手詔褒之，賜以魚米，超辭不受。超後須純色牛，市不可得，啓買官外廄牛，詔便以賜之。

出為義興太守。未幾，徵拜中書侍郎。拜受往還，朝廷莫有知者。會帝崩，穆后臨朝，遷射聲校尉。時軍校無兵，義興人多義隨超，因統其眾以宿衛，號為君子營。咸和初，遭母憂去官，哀服不離身，朝夕號泣，朔望輒步至墓所，哀感路人。及蘇峻謀逆，超代趙胤為左衛將軍。時京邑大亂，朝士多遣家人入東避難，義興故吏欲迎超家，而超不聽，盡以妻孥入處宮內。及王師敗績，王導以超為右衛將軍，親侍成帝。屬太后崩，軍衛禮章頓闕，超躬率將士奉營山陵。峻遷車駕石頭，時天大雨，道路沉陷，超與侍中鍾雅步侍左右，賊給馬不肯騎，而悲哀慷慨。峻聞之，甚不平，然未敢加害，而以其所親信許方等補司馬督、殿中監，外託宿衛，內實防禦超等。時饑饉米貴，峻等問遺，一無所受，繾綣朝夕，臣節愈恭。帝時年八歲，雖幽厄之中，超猶所口授孝經、論語。溫嶠等至，峻猜忌朝士，而超為帝所親遇，疑之尤甚。後王導出奔，超與懷德令匡術、建康令管旆等密謀，將欲奉帝而出。未及期，事泄，峻使任讓將兵入收超及鍾雅。帝抱持悲泣曰：「還我侍中、右衛！」任讓不奉詔，因害之。及峻平，任讓與陶侃有

舊，侃欲特不誅之，乃請於帝。帝曰：「讓是殺我侍中、右衛者，不可宥。」由是遂誅讓。及超將改葬，帝痛念之不已，詔遣高顯近地葬之，使出入得瞻望其墓。追贈衛尉，謚曰忠。超天性謙慎，歷事三帝，恒在機密，並蒙親遇，而不敢因寵驕諂，故士人皆安而敬之。子訥嗣，謹飭有石慶之風，歷中書侍郎、下邳內史。訥子享，亦清慎，為散騎郎。

鍾雅字彥冑，潁川長社人也。父曄，公府掾，早終。雅少孤，好學有才志，舉四行，除汝陽令，入為佐著作郎。母憂去官。服闋復職，東海王越請為參軍，遷尚書郎。避亂東渡，元帝以為丞相記室參軍，遷臨淮內史、振威將軍。頃之，徵拜散騎侍郎，轉尚書右丞。時有事於太廟，雅奏曰：「陛下繼承世數，於京兆府君為玄孫，而今祝文稱曾孫，恐此因循之失，宜見改正。又禮，祖之昆弟，從祖父也。景皇帝自以功德為世宗，不以伯祖而登廟，亦宜除伯祖之文。」詔曰：「禮事宗廟，自曾孫已下皆稱曾孫，此非因循之失也。義取於重孫，可歷世共其名，無所改也。稱伯祖不安，如所奏。」轉北軍中候。大將軍王敦請為從事中郎，補宣城內史。錢鳳作逆，加廣武將

軍率衆屯青弋時廣德縣人周玘為亂起兵攻雅雅退據涇縣收合士庶討玘斬之亂平徵拜尚書左丞明帝崩遷御史中丞時國喪未朞而尚書梅陶私奏女妓雅劾奏曰臣聞放勛之殂八音遏密雖在凡庶猶能三載自茲以來歷代所同肅祖明皇帝崩背万國當朞來月聖主縞素泣血臨朝百僚慘愴動無歡容陶無大臣忠慕之節家庭侈靡聲妓紛葩絲竹之音流聞衢路宜加放黜以整王憲請下司徒論正清議穆右臨朝特原不問雅直法繩違百僚皆憚之北中郎將劉遐卒遐部曲作亂詔郭默討之以雅監征討軍事假節事平拜驍騎將軍蘇峻之難雅為前鋒監軍假節領精勇千人以距峻雅以兵少不敢擊退還拜侍中尋王師敗績雅與劉超並侍衛天子或謂雅曰見可而進知難而退古之道也君性亮直必不容於寇讎何不隨時之宜而坐待其斃雅曰國乱不能匡君危不能濟各遜遁以求免吾懼董狐執簡而至矣庾亮臨去顧謂雅曰後事深以相委雅曰棟折榱崩誰之責也亮曰今日之事不容復言卿當期剋復之效耳雅曰想足下不愧荀林父耳及峻

逼遷車駕幸石頭惟超流涕步從明年並為賊所害賊平追贈光祿勳其後以家貧詔賜布帛百匹子誕位至中軍參軍早卒

史臣曰應詹行業聿脩文史足用入居列位則嘉謀屢陳出撫藩條則惠政斯洽甘卓伐暴寧乱庸績克宣作鎮扞城威略具舉及兇渠犯順志在勤王既而人撓其謀天奪其鑒疑留不斷自取誅夷卞壼束帶立朝以匡正為己任褰裳衛主蹈忠義以成名遂使臣死於君子死於父惟忠與孝萃其一門古稱社稷之臣忠貞之謂矣劉超勤肅奉上鍾雅正直當官屬巨猾滔天幼君危逼乃崎嶇寇難契闊艱虞匪石為心寒松比操貞軌皆沒亮迹雙升雖高赫在難彌恭荀息繼之以死方之二子曾何足云

贊曰卓臨南服詹莅西州政刑克舉威惠兼脩應嗟運促甘斃疑留望之徇義勲死為易惟子惟臣名節斯寄鍾劉入仕忠貞攸覆竭其股肱繼之以死

列傳第四十　晉書七十

列傳四十一　晉書七十一　御撰

孫惠　熊遠　王鑒　陳頵　高崧

孫惠字德施吳國富陽人吳豫章太守賁曾孫也父祖並仕吳惠口訥好學有才識州辟不就寓居蕭沛之間永寧初赴齊王冏義討趙王倫以功封晉興縣侯辟大司馬戶曹掾轉東曹屬冏驕矜僭侈天下失望惠獻言於冏諷以五難四不可勸令歸藩辭甚切至冏不納惠懼罪辭疾去頃之冏果敗成都王穎引惠為大將軍參軍領奮威將軍白沙督是時穎將征長沙王乂以陸機為前鋒都督惠與機鄉里厚交其致禍勸機讓都督於王粹及機兄弟被戮惠甚傷恨之時惠又擅殺穎牙門將梁儁懼罪因改姓名以遁後東海王越舉兵下邳惠乃詭稱南嶽逸士秦祕之以書干越曰天禍晉國遘茲厄運歷觀危亡其萌有漸枝葉先零根株乃斃伏惟明公資叡哲之才應神武之略承衰亂之餘當傾險之運側身昏讒之俗跼蹐凶諂之間執夷正立則取疾姦佞抱忠懷直則見害賊臣餔糟非聖性所堪苟免非英雄之節是以感激於世發憤

忘身抗辭金門則謇諤之言顯扶翼皇家則匡主之功著事雖未集大命有在夫以漢祖之賢猶有彭城之恥魏武之能亦有濮陽之失孟明三退終於致果句踐喪衆期於擒吳今明公名著天下聲振九域公族歸美萬國宗賢加以四王齊聖仁明篤友急難之感同獎王室股肱爪牙足相維扞皇穹無親惟德是輔惡盈福謙鬼神所讚以明公達存亡之符察成敗之變審所履之運思天人之功武視東夏之藩龍躍海嵎之野西諮河間南結征鎮東命勁吳銳卒之富北有幽并率義之旅宣喻青徐啟示羣王旁收雄俊廣延秀傑糾合攜貳明其賞信仰惟天子蒙塵鄴宮外矯詔命擅誅無辜豺狼篡竊其事無遠夫心火傾移喪亂可必太白橫流兵家攸杖歲鎮所去天厭其德玄象著明讁譴彰見違天不祥奉時必剋明公思安危人神之應慮禍敗前後之徵弘勞謙日昃之德躬吐握求賢之義傾府竭庫以振貧乏將有濟世之才渭濱之士含奇謨於朱脣握神策於玉掌逍遙川嶽之上以俟真人之求目想不世之佐耳聽非常之輔舉而任之則元勲建矣彼之不天值此

衰運窮禍慕墨翟申包之誠跋涉荆棘重繭而至櫛風沐雨來承禍難思以管穴眂佐大猷道險時吝未敢自顯伏在川逌繫情宸極謹先白牋以啓天慮若猶沉吟際會徘徊二端儌倖在險請從怨者之例明公今旋軫臣子之邦宛轉名義之國指麾則五嶽可傾呼噏則江湖可竭況履順討逆執正伐邪是烏獲摧冰賁育拉朽猛獸吞狐泰山壓卵因風燎原未足方也今時至運集天與神助復不能鵲起於慶命之會拔劍於時哉之機恐流濫之禍不在一人自先帝公王海內名士近者死亡皆如蟲獸尸元曳於糞壤形骸捐於溝澗非其口無忠貞之辭心無義正之節皆希目下之小生而惑終焉之大死凡人知友猶有刎頸之報朝廷之內而無死命之臣非獨袐之所恥惜乎晉世之無人久矣今天下喁喁四海注目社稷危而復安宗廟替而復紹惟明公兄弟能弘濟皇猷國之存亡在斯舉矣袐之以不才之姿而值危亂之運竭其狗馬之節加之忠貞之心左屬平亂之鞬右握滅逆之矢控馬鵠立計日俟命時難獲而易失機速變而成禍介如石焉寧須終日自求多福惟君裁之越省書榜道以求之惠乃出見越即以為記室參軍專掌文疏豫參謀議除散騎郎太子中庶子復請補司空從事中郎越誅周穆等夜召參軍王廙造表廙戰懼壞數紙不成時惠不在越歎曰孫中郎在表久就矣越遷太傅以惠為軍諮祭酒數諮訪得失每造書檄越或驛馬催之應命立成皆有文采除袐書監不拜轉彭城內史廣陵相遷廣武將軍安豐內史以迎大駕之功封臨湘縣公元帝遣甘卓討周馥於壽陽惠乃率衆應卓馥敗走廬江何銑為安豐太守惠權留郡境銑以他事收惠下人推之惠既非南朝所授常慮讒間因此大懼遂攻殺銑奔入蠻中尋病卒時年四十七喪還鄉里朝廷明其本心追加弔賻

熊遠字孝文豫章南昌人也祖翹嘗為石崇蒼頭而性廉直有士風黃門郎潘岳見而稱異勸崇免之乃還鄉里遠有志尚縣召為功曹不起強與衣幘扶之使謁十餘日薦於郡由是辟為文學掾遠曰辭大不辭小也固請留縣太守察遠孝廉屬太守討氐羌遠遂不行送至隴右而還後太守會稽夏靜辟為功曹及靜去職遠送至會稽以歸州辟

主簿別駕舉秀才除監軍華軼司馬領武昌太守寧遠護軍元帝作相引為主簿時傳北陵被發帝將舉哀遠上疏曰園陵既不親行承傳言之者未可為定且園陵非一而直言侵犯遠近弔問答之宜當有主謂應更遣使攝河南尹按行得審問然後可發哀即宜命將至洛脩復園陵討除逆類昔宋殺無畏莊王奮袂而起衣冠相追於道軍成宋城之下況此酷辱之大恥臣子奔馳之日夫脩園陵至孝也討逆叛至順也救社稷至義也卹遺黎至仁也若脩此四道則天下響應無思不服矣昔項羽殺義帝以為罪漢祖哭之以為義劉項存亡在此一舉羣賊豺狼弱於往日惡逆之甚重於丘山大晉受命未改於上兆庶謳吟思德於下今順天下之心命貔貅之士鳴檄前驅大軍後至威風赫然声振朔野則上副西土義士之情下允海內延頸之望矣屬有杜弢之難不能從時江東草創農桑弛廢遠建議曰立春之日天子祈穀于上帝乃擇元辰載耒耜帥三公九卿諸侯大夫躬耕帝籍以勸農功詩云弗躬弗親庶人不信自喪亂以來農桑不脩遊食者多皆由去本逐末故也時議美之建興初正旦將作樂遠諫曰謹按尚書堯崩四海遏密八音禮云凶年天子徹樂減膳孝懷皇帝梓宮未反豺狼當塗人神同忿公明德茂親社稷是賴今杜弢蟻聚湘川比歲征行百姓疲弊故使義衆奉迎未舉復端元日正始之初貢士鱗萃南北雲集有識之士於是觀禮公與國同體憂容未歇昔齊桓貫澤之會有憂中國之心不召而至者數國及葵丘自矜叛者九國人心所歸惟道與義將紹皇綱於既往恢霸業於來今表道德之軌闡忠孝之儀明仁義之統弘禮樂之本使四方之士退懷嘉則今榮耳目之觀崇戲弄之好懼違云韶雅頌之美非納軌物有塵大教謂宜設饌以賜羣下而已元帝納之轉丞相參軍是時琅邪國侍郎王鑒勸帝親征杜弢遠又上疏曰皇綱失統中夏多故聖主肇祚遠奉西都梓宮外次未反園陵逆寇遊魂國賊未夷明公憂勞乃心王室伏讀聖教人懷慷慨杜弢小豎寇抄湘川比年征討經載不夷昔高宗伐鬼方三年乃剋用兵之難非獨在今伏以古今之霸王遭時艱難亦有親征以隆大勳亦有遣將以平小寇今公

親征又武將吏度支籌計軍糧舟輿器械所出若足用者然後可征焉遠謂宜
如前遣五千人徑與水軍進征既可得速必不後時昔齊用穰苴燕晉
退軍秦用王翦亂平南荊必使督護得才即賊不足慮也會弢已平轉
從事中郎累遷太子中庶子尚書左丞散騎常侍帝每歎其忠公謂曰
卿在朝正色不茹柔吐剛忠亮至到可謂王臣也吾所欣賴卿其勉之
及中興建帝欲賜諸吏投刺勸進者加位一等百姓投刺者賜司徒吏
凡二十餘萬遠以為秦漢因赦賜爵非長制也今按投刺者不獨近者
情重遠者情輕可依漢法例賜天下爵於恩為普無偏頗之失可以息
檢覈之煩塞巧偽之端帝不從轉御史中丞時尚書刁協用事衆皆憚
之尚書郎盧綝將入直遇協於大司馬門外協醉使綝避之綝不廻協
令威儀牽捽綝墮馬至協車前而後釋遠奏免協官時冬雷電且大雨
帝下書責躬引過遠復上疏曰被庚午詔書以雷電震暴雨非時深自
刻責雖禹湯罪己未足以喻臣闇於天道竊以人事論之陛下節儉敦
朴愷悌流惠而王化未興者皆羣公卿士不能夙夜在公以益大化素

飡負乘秕穢明時之責也今逆賊猾夏暴虐滋甚二帝幽殯梓宮未反
四海延頸莫不東望而未能遣軍北討讎賊未報此一失也昔齊侯既
敗七年不飲酒食肉況此恥尤大臣子之責宜在枕戈為王前驅若此
志未果者當上下克儉卹人養士徹樂減膳惟修戎事陛下憂勞於上
而羣官未同戚容於下每有會同務在調戲酒食而已此二失也選官
用人不料實德惟在白望不求才幹鄉舉道廢請託交行有德而無力
者退脩望而有助者進稱職以違俗見譏虛資以從容見貴是故公正
道虧私塗日開彊弱相陵冤枉不理今當官者以理事為俗吏奉法為
苛刻盡禮為諂諛從容為高妙放蕩為達士驕蹇為簡雅此三失也世
所謂三失者公法加其身私議貶其非轉見排退陸沉泥滓時所謂三善
者王法所不加清論美其賢漸相登進仕不輟官攀龍附鳳翱翔雲霄
遂使世人削方為圓撓直為曲豈待顧道德之清塗踐仁義之區域乎
是以萬機未整風俗偽薄皆此之由不明其黜陟以審能否此則俗未
可得而變也今朝廷羣司以從順為善相違見貶不復論才之曲直言

之得失也時有言者或不見用是以朝少辯爭之臣士有祿仕之志焉
郭翼上書武帝擢為屯留令又置諫官所以啓受直言誘進將來故人
得自盡言無隱諱任官然後爵之位定然後祿之敷奏以言明試以功
車服以庸舜猶歷試諸難而今先祿不試甚違古義亂之所由也求財
急於踈賤用刑先於親貴然後令行禁止野無遺滯堯取舜於仄陋舜
拔賢於巖穴姬公不曲繩於天倫叔向不虧法於孔懷今朝廷法吏多
出於寒賤是以章書日奏而不足以懲物官人選才而不足以濟事宜
招賢良於屠釣聘耿介於丘園若此道不改雖并官省職無救弊亂也
能哲而惠何憂乎驩兜何遷乎有苗何畏乎巧言令色孔壬此官得其
人之益也累遷侍中出補會稽內史時王敦作逆沈充舉兵應之加遠
將軍距而不受不輸軍資於充保境安衆為務敦至石頭諷朝廷徵遠
乃拜太常卿加散騎常侍敦深憚其正而有謀引為長史數月病卒遠
弟緝名亞於遠為王敦主簿終於鄱陽太守緝子鳴鵠位至武昌太守
王鑒字茂高堂邑人也父濬御史中丞鑒少以文筆著稱初為元帝瑯

邪國侍郎時杜弢作逆江湘流弊王敦不能制朝廷深以為憂鑒上疏
勸帝征之曰天禍晉室四海顛覆喪亂之極開闢未有明公遭歷運之
厄當陽九之會聖躬負伊周之重朝廷延匡合之望方將振長轡而御
八荒掃河漢而清天塗所藉之資江南之地蓋九州之隅角垂盡之餘
人耳而百越鴟視於五嶺蠻蜀狼顧於湘漢江州蕭條白骨塗地豫章
一郡十殘其八繼以荒年公私虛匱倉庫無旬月之儲三軍有絕乏之
色賦斂搜奪周而復始卒散人流相望於道殘弱之源日深全勝之勢
未舉鑒懼雲旗反旆元戎凱入未在旦夕也昔齊旅未朞而申侯懼其
老況暴師三年介冑生蟣蝨而可不深慮者哉江揚本十六郡之地一州
封域耳若兵不時戢人不堪命三江受敵彭蠡振搖是賊踰我垣牆之
內闚我室家之好驥武之衆易動驚弓之鳥難安鑒之所甚懼也去年
已來累喪偏將軍師屢失送死之寇兵猷奔命賊量我力矣雖繼遣偏
裨懼未足成功也愚謂尊駕宜親幸江州然後方召之臣其力可得而
宣熊羆之士其效可得而奮宜進左軍於武昌為陶侃之重建名將於安

成連甘卓之壘南望交廣西撫蠻夷要害之地勤勁卒以保之深溝堅壁按精甲而守之六軍既贍戰士思奮爾乃乘隙騁奇擒其魁亢顯示大信開以生塗杜弢之頭固已鎖於麾下矣議者將以大舉役重人不可擾鑒謂暫擾以制敵愈於放敵而常擾也夫四體者人之所甚愛苟宜伐病則削肌刮骨矣然守不可虛鑒謂王導可委以蕭何之任或以小賊方斃不足動千乘之重鑒見王弥之初亦小寇也官軍不重其威狹逆得肆其變卒令溫懷不守三河傾覆致有今日之艱此已然之明驗也葛吾章猶不可長況狼兕之寇乎當五霸之世將非不良士非不勇征伐之役君必親之故齊桓免胄於邵陵晉文擐甲於城濮昔漢高光武二帝征無遠近敵無大小必手振金鼓身當矢石櫛風沐雨霜雪不瞻馳騖四方匪遑寧處然後皇基克搆元勳以融今大難之極劇於曩代崇替之命繫於我而已欲使蠻荊無野戰之役聖躬遠風塵之勞而大功坐就鑒未見其易也魏武既定中國親征柳城揚旌盧龍之嶺頓轡白重塞之表非有當時烽燧之虞蓋一日縱敵終已之患雖我輕家險不以為勞況急於此者乎劉玄德躬登漢山而夏侯之鋒摧吳偽祖親泝長江而關羽之首懸袁紹猶豫後機挫衄三分之勢劉表卧守其衆卒亡全楚之地歷觀古今撥亂之主雖聖賢未有高拱閑居不勞而濟者也前鑒不遠可謂著見鑒議者或以當今宜暑非出軍之時鑒謂今宜戒嚴須秋而動高風啟塗龍舟電舉曾不十日可到豫章豫章去賊尚有千里之限但臨之以威靈則百勝之理濟矣既掃清湘野滌蕩楚郢然後班爵序功酬將士之勞卷甲韜旗廣農桑之務播愷悌之惠除煩苛之賦比及數年國富兵彊龍驤虎步以威天下何思而不服何往而不濟桓文之功不難擬也今惜一輿之勞而緩垂死之寇誠國家之大恥臣子之深憂也鑒以凡瑣謬蒙拔育思竭愚忠以補萬一芻蕘之言聖王不棄戍卒之謀先后採之乞留神鑒恩其所陳疏奏帝深納之即命中外戒嚴將自征弢會弢已平故止中興建拜駙馬都尉奉朝請出補永興令大將軍王敦請為記室參軍未就而卒時年四十一集傳於世鑒弟濤及弟子戭並有才筆濤字茂略歷著作郎無錫令戭

字庭堅亦為著作並早卒

陳頵字延思陳國苦人也少好學有文義父訢立宅起門頵曰當使容馬車訢笑而從之仕為郡督郵檢獲隱匿者三千人為一州尤最太守劉享拔為主簿州辟部從事乘馬車還家宗黨榮之劾按沛王韶獄未竟會解結代楊準為刺史韶因河間王顒屬結結至大會問主簿史鳳曰沛王貴藩州據何法而擅拘邪時頵在坐對曰甲午詔書刺史銜命國之外臺其非所部而在境者刺史並糾事徵文墨前後列上七被詔書如州所劾無有違謬結曰衆人之言不可妄聽宜依法窮竟又問僚佐曰河北白壤膏粱何故少人士每以三品為中正答曰詩稱維嶽降神生甫及申夫英偉大賢多出於山澤河北土平氣均蓬蒿裁高三尺不足成林故也結曰張彥真以為汝潁巧辯恐不及青徐儒雅也頵曰彥真與元禮不協故設過言老子莊周生陳梁伏羲傅說師曠大項出陽夏漢魏二祖起於沛譙準之衆州莫之與比結甚異之曰豫州人士常半天下此言非虛會結遷尚書結恨不得書其才用元康中舉孝廉而州將留之頵薦同縣焦保曰保出自寒素而稟質清沖若得參嘉命必能光贊大猷允清朝望使黃憲之徒不乏於豫土今頵庶免臧文之責州乃辟保齊王冏起義州遣頵將兵赴之拜駙馬都尉遭賊避難于江西歷陽內史朱彥引為參軍鎮東從事中郎袁琇薦頵於元帝遷鎮東行參軍事典法兵二曹頵與王導書曰中華所以傾弊四海所以土崩者正以取才失所先白望而後實事浮競驅馳互相貢薦言重者先顯言輕者後叙遂相波扇乃至陵遲加有莊老之俗傾惑朝廷養望者為弘雅政事者為俗人王職不恤法物墜喪夫欲制遠先由近始故出其言善千里應之今宜改張明賞信罰拔卓茂於密縣顯朱邑於桐鄉然後大業可舉中興可冀耳建興初制版補錄事參軍參佐掾屬多設解故以避事任頵議諸僚屬乘昔西臺養望餘弊小心恭肅更以為俗偃蹇倨慢以為優雅至今朝士縱誕臨事遊行漸弊不革以至傾國故百尋之屋突直而燎焚千里之隄蟻垤而穿敗古人防小以全大慎微以杜萌自今臨使稱疾須催乃行者皆免官初趙王倫篡位三王

起義制己亥格其後論功雖小亦皆依用頵意謂不宜以為常式駁之曰聖王懸爵賞功制罰糾違斯道苟明人赴水火且名器之實不可妄假非才謂之致寇寵厚戒在斯亡昔孫秀口唱篡逆手弄天機惠皇失御九服無戴三王建議席卷四海合起義之衆結天下之心故設己亥義格以權濟難此自一切之法非常倫之格也其起義以來依格雜猥遭人為侯或加兵伍或出皁僕金紫佩士卒之身符策委庸隸之門使天官降辱王爵黷賤非所以正皇綱重名器之謂也請自今以後宜停之頵以孤寒數有奏議朝士多惡之出除譙郡太守太興初以疾徵久之白衣兼尚書因陳時務以為昔江外初平中州荒亂故貢舉不試宜漸循舊搜揚隱逸試以經策又馬隆孟觀雖出貧賤勳濟甚大以所不習而統戎事鮮能以濟宜開舉武略任將率者言問核試盡出所能然後隨才授任舉十得一猶勝不舉況或十得二三日磾降虜七世內侍由余戎狄入為秦相豈藉華宗之族見齒於奔競之流乎宜引幽滯之儁抑華校實則天清地平人神感應後拜天門太守殊俗安之選腹心之吏為荊州參軍若有調發動靜馳白故恒得宿辦陶侃征還頵先至巴陵上禮侃以為能表為梁州刺史綏懷荒弊甚有威惠梁州大姓互相嫉妬說頵年老耳聾侃召頵還以西陽太守蔣巽代之年六十九卒

高崧字茂琰廣陵人也父悝少孤事母以孝聞年十三值歲饑悝菜蔬不厭每致甘肥於母撫幼弟以友愛稱寓居江州刺史華軼辟為西曹書佐及軼敗悝藏匿軼子經年會赦乃出元帝嘉而宥之以為參軍遂歷顯位至丹楊尹光祿大夫封建昌伯崧少好學善史書總角時司空何充稱其明慧充為揚州引崧為主簿益相欽重轉驍騎主簿舉州秀才除太學博士父艱去職初悝以納妾致訟被黜及終崧乃自繫廷尉訟冤遂停喪五年不葬表疏數十上帝哀之乃下詔曰悝備為大臣違憲被黜事已久判其子崧求直無已今特聽傳侯爵由是見稱拜中書郎再遷黃門侍郎簡文帝輔政引為撫軍司馬時桓溫擅威率衆北伐軍次武昌簡文患之崧曰宜致書諭以禍福自當反旆如其不耳便六軍整駕逆順於茲判矣若有異計請先釁鼓便於坐為簡文書草曰寇難宜平時會宜接此實為國遠圖經略大算能弘斯會非足下而誰但以此興師動衆要當以資實為本運轉之艱古人之所難不可易之於始而不熟慮頃所以深用惟疑在乎此耳然異常之舉衆之所駭遊聲噂𠴲想足下亦少聞之苟患失之無所不至或能望風振擾一時崩散如其不然者則望實並喪社稷之事去矣皆由吾闇弱德信不著不能鎮靜羣庶保固維城所以內愧于心外慙良友吾與足下雖職有內外安社稷保家國其致一也天下安危繫之明德先存寧國而後圖其外使王基克隆大義弘著所望於足下區區誠懷豈可復顧嫌而不盡哉溫得書還鎮崧累遷侍中是時謝萬為豫州都督疲於親賓相送方卧在室崧徑造之謂曰卿今疆理西藩何以為政萬粗陳其意崧便為叙刑政之要數百言萬遂起坐呼崧小字曰阿酃故有才具邪哀帝雅好服食崧諫以為非萬乘所宜陛下此事實日月之一食也後以公事免卒於家子耆官至散騎常侍

史臣曰昔張良抽說項氏巧謀於沛公孫惠退計齊王耀奇於東海終而拯晉之旅炎運載昌稱狩之師金行不競豈遭時之會斯蹇將謀國之道未通遂於委質之貞闇於所備之慮本既顛矣何以能終熊遠王鑒有毗濟之道比之大夏其楨榦之佐乎崧之詆溫頵之距結挫其勞役之策申其汝潁之論採鄭嘉之風有拒朱育之餘波故桓溫輟許攸之謀解結歆王朗之跡緝之時典用此道歟

贊曰臨相遊執才識英發詭名違頡陳書阜越孝文忠謇嘉言斯踐茂高興鑒彫章允善侯爵崧傳高門頵顯

列傳第四十一　晉書七十七

郭璞　葛洪

郭璞字景純河東聞喜人也父瑗尚書都令史時尚書杜預有所增損
瑗多駁正之以公方著稱終於建平太守璞好經術博學有高才而訥
於言論詞賦為中興之冠好古文奇字妙於陰陽算曆有郭公者客居
河東精於卜筮璞從之受業公以青囊中書九卷與之由是遂洞五行
天文卜筮之術攘災轉禍通致無方雖京房管輅不能過也璞門人趙
載嘗竊青囊書未及讀而為火所焚惠懷之際河東先擾璞筮之投
策而歎曰嗟乎黔黎將湮於異類桑梓其翦為龍荒乎於是潛結姻昵
及交遊數十家欲避地東南抵將軍趙固會固所乘良馬死固惜之不
接賓客璞至門吏不為通璞曰吾能活馬吏驚入白固固趨出曰君能
活吾馬乎璞曰得健夫二三十人皆持長竿東行三十里有丘林社廟
者便以竿打拍當得一物宜急持歸得此馬活矣固如其言果得一物
似猴將歸此物見死馬便噓吸其鼻頃之馬起奮迅嘶鳴食如常不復

見向物固奇之厚加資給行至廬江太守胡孟康被丞相召為軍諮祭
酒時江淮清晏孟康安之無心南渡璞為占曰敗康不之信璞將促裝
去之愛主人婢無由而得乃取小豆三斗繞主人宅散之主人晨見赤
衣人數千圍其家就視則滅甚惡之請璞為卦璞曰君家不宜畜此婢
可於東南二十里賣之慎勿爭價則此妖可除也主人從之璞陰令人
賤買此婢復為符投于井中數千赤衣人皆反縛一一自投于井主人
大悅璞攜婢去後數旬而廬江陷璞既過江宣城太守殷祐引為參軍
時有物大如水牛灰色卑腳腳類象胸前尾上皆白大力而遲鈍來到
城下眾咸異焉祐使人伏而取之令璞作卦遇遯之蠱其卦曰艮體連
乾其物壯巨山潛之畜匪兕匪武身與鬼并精見二午法當為禽兩靈
不許遂被一創還其本墅按卦名之是為驢鼠卜適了伏者以戟刺之
深尺餘遂去不復見郡綱紀上祠請殺之巫云廟神不悅曰此是郱亭
驢山君鼠使詣荊山暫來過我不須觸之其精妙如此祐遷石頭督護
璞復隨之時有鼯鼠出延陵璞占之曰此郡東當有妖人欲稱制者尋

亦自死矣後當有妖樹生然若瑞而非瑞辛螫之木也儻有此者東南
數百里必有作逆者期明年矣無錫縣欻有茱萸四株交枝而生若連
理者其年盜殺吳興太守袁琇或以問璞璞曰卯爻發而沴金此木不
曲直而成災也王導深重之引參己軍事嘗令作卦璞言公有震厄
可命駕西出數十里得一柏樹截斷如身長置常寢處災當可消矣
導從其言數日果震柏樹粉碎時元帝初鎮建鄴導令璞筮之遇咸之
井璞曰東北郡縣有武名者當出鐸以著受命之符西南郡縣有陽名
者井當沸其後晉陵武進縣人於田中得銅鐸五枚歷陽縣中井沸經
日乃止及帝為晉王又使璞筮遇豫之睽璞曰會稽當出鐘以告成功
上有勒銘應在人家井泥中得之繇辭所謂先王以作樂崇德殷薦之
上帝者也及帝即位太興初會稽剡縣人果於井中得一鐘長七寸二
分口徑四寸半上有古文奇書十八字云會稽嶽命餘字時人莫識之
璞曰蓋王者之作必有靈符塞天人之心與神物合契然後可以言受
命矣觀五鐸啓號於晉陵棧鐘告成於會稽瑞不失類出皆以方豈不

偉哉若夫鐸發其響鐘徵其象器以數臻事以實應天人之際不可
不察帝甚重之璞著江賦其辭甚偉為世所稱後復作南郊賦帝見而
嘉之以為著作佐郎于時陰陽錯繆而刑獄繁興璞上疏曰臣聞春秋
之義貴元慎始故分至啓閉以觀雲物所以顯天人之統存休咎之徵
臣不揆淺見輒依歲首粗有所占卦得解之既濟按爻論思方涉春木
王龍德之時而為廢水之氣來見乘加升陽未布隆陰仍積坎為法象
刑獄所麗變坎加離厥象不燭以義推之皆為刑獄殷繁理有壅濫又
去年十二月二十九日太白蝕月月者屬坎群陰之府所以照察幽情
以佐太陽者也太白金行之星而來犯之天意若曰刑理失中自壞其
所以為法者也臣術學庸近不練內事卦理所及敢不盡言又去秋以
來沉雨跨年雖為金家涉火之祥然亦是刑獄充溢怨歎之氣所致往
建興四年十二月中行丞相令史淳于伯刑于市而血逆流長摽伯者
小人雖罪在未允何足感動靈變致若斯之怪邪明皇天所以保祐金
家子愛陛下屢見災異殷勤無已陛下宜側身思懼以應靈譴皇極

之謫事不虛降不然恐將來必有愆陽苦雨之災崩震薄蝕之變狂狡
蠢戾之妖以益陛下旰食之勞也臣謹尋按舊經尚書有五事供御之
術京房易傳有消復之救所以緣咎而致慶因異而邁政故木不生庭
太戊無以隆雉不鳴鼎武丁不爲宗夫寅畏者所以饗福怠慠者所以
招患此自然之符應不可不察也按解卦繇云君子以赦過宥罪既濟
云思患而豫防之臣愚以爲宜發哀矜之詔引在予之責蕩除瑕釁贊
陽布惠使幽斃之人應蒼生以悅育否滯之氣隨谷風而紓散此亦寄
時事以制用藉開塞而曲成者也臣竊觀陛下貞明仁恕體之自然天
假其祚奄有區夏啓重光於已昧廓四祖之遐武祥靈表瑞人鬼獻謀
應天順時殆不尚此然陛下即位以來中興之化未闡雖躬綜萬機勞
逾日昃玄澤未加於羣生聲教未被乎宇宙臣主未寧於上黔細未輯
於下鴻鴈之詠不興康哉之歌不作者何也杖道之情未著而任刑之
風先彰經國之略未振而軌物之迹屢遷夫法令不一則人情惑職次
數改則覬覦生官方不審則秕政作懲勸不明則善惡渾此有國者之

晉列四十二　三

所慎也臣竊謂陛下惜之夫以區區之曹參猶能遵蓋公之一言倚清
靖以鎮俗寄市獄以容非德音不忘流詠于今漢之中宗聰悟獨斷可
謂令主然厲意刑名用虧純德老子以禮爲忠信之薄况刑又是禮之
糟粕者乎夫無爲而爲之不宰以宰之固陛下之所體者也恥其君不
爲堯舜者亦豈惟古人是以敢肆狂瞽不隱其懷若臣言可採或所以
爲塵露之益若不足採所以廣聽納之門願陛下少留神鑒賜察臣言
疏奏優詔報之其後日有黑氣璞復上疏曰臣以頑昧近者冒陳所見
陛下不遺狂言事蒙御省伏讀聖詔歡懼交戰臣前云升陽未布隆陰
仍積坎爲法象刑獄所麗變坎加離厥象不燭疑將來必有薄蝕之變
也此月四日日出山六七丈精光潛暗而色都赤中有異物大如雞子
又有青黑之氣共相搏擊良久乃解按時在歲首純陽之月日在癸亥
全陰之位而有此異殆元首供御之義不顯消復之理不著之所致也
計去臣所陳未及一月而便有此變益明皇天留情陛下懇懇之至也
往年歲末太白蝕月今在歲始日有咎謫曾未數旬大眚再見日月告

釁見懼詩人無曰天高其鑒不遠故宋景言善熒惑退次光武寧亂呼
沲結冰此明天人之懸符有若形影之相應應之以德休祥臻酬之以
怠則咎徵作陛下宜恭承靈譴敬天之怒施沛然之恩諧玄同之化上
所以允塞天意下所以弭息羣謗臣聞人之多幸國之不幸赦不宜數
實如聖旨臣愚以爲子產知鑄刑書非政之善然不得不作者須以救
弊故也今之宜赦理亦如之隨時之宜亦聖人所善者此國家大信之
要誠非微臣所得干豫今聖朝明哲思弘謀猷方闢四門以亮采訪輿
誦於羣心况臣蒙珥筆朝末而可不竭誠盡規哉頃之遷尚書郎數言
便宜多所匡益明帝之在東宮與溫嶠庾亮並有布衣之好璞亦以才
學見重埒於嶠亮論者美之然性輕易不脩威儀嗜酒好色時或過度
著作郎干寶常誡之曰此非適性之道也璞曰吾所受有本限用之恒
恐不得盡卿乃憂酒色之爲患乎璞既好卜筮縉紳多笑之又自以才
高位卑乃著客傲其辭曰客傲郭生曰玉以兼城爲寶士以知名爲賢
明月不妄映蘭葩豈虛鮮今足下既以拔文秀於叢薈蔭弱根於慶雲

晉列四十二　四

陵扶搖而竦翮揮清瀾以濯鱗而響不徹於一皋價不登乎千金傲岸
榮悴之際頡頏龍魚之間進不爲諧隱退不爲放言無沉冥之韻而希
風乎嚴先徒費思於鑽味摹洞林乎連山尚何名乎夫攀驪龍之髯撫
翠禽之毛而不得絕霞肆跨天津者未之前聞也郭生粲然而笑曰
鷦鵝不可與論雲翼井蛙難與量海鼇雖然將袪子之惑訊以未悟其
可乎乃者地維中絕乾光墜采皇運暫迴廓祚淮海龍德時乘羣才雲
駭藹若鄧林之會逸翰爛若溟海之納奔濤不煩咨嗟之訪不假蒲帛
之招羈九有之奇駿咸總之於一朝豈惟豐沛之英南陽之豪昆吾挺
鋒驌驦軒髦杞梓競敷蘭蕙爭翹嚶聲冠於伐木援類繁乎拔茅是以
水無浪士巖無幽人刈蘭不暇爨桂不給安事錯薪乎且夫窟泉之潛
不思雲翬熙冰之采不羨旭晞混光耀於埃藹者亦曷願滄浪之深秋
陽之映乎登降紛於九五淪湧懸乎龍津蚓蛾以不才陸槁蟒蛇以騰
驚暴鱗連城之寶藏於褐裏三秀雖艷靡乎羣采香惡乎芬實惡乎在
是以不塵不冥不驪不騂支離其神蕭悴其形形廢則神王跡麤而名

生體全者爲犧至獨者不孤傲俗者不得以自得默覺者不足以涉無
故不恢心而形遺不外累而智喪無巖穴而冥寂無江湖而放浪玄悟
不以應機洞鑒不以昭曠不物物我我不是是非非忘意非我意得
非我懷寄羣籟乎無象域萬殊於一歸不壽殤子不夭彭涓不壯秋豪
不小太山蚊淚與天地齊流蜉蝣與大椿齒年然一闔一開兩儀之跡
一沖一溢懸象之節渙沍期於寒暑凋蔚要乎春秋青陽之翠秀龍豹
之委頓駿狼之長暉玄陸之短景故皐壤爲悲欣之府胡蝶爲物化之
器矣夫欣黎黃之音者不顰蟪蛄之吟豁雲臺之觀者必閟帶索之歡
縱蹈而詠採薇擁璧而歎抱關戰機心以外物不能得意於一弦悟往
復於嗟歎安可與言樂天者乎若乃莊周偃蹇於漆園老萊婆娑於林
窟嚴平澄漠於塵肆梅眞隱淪乎市卒梁生吟嘯而矯跡焦先混沌而
槁杌阮公昏酣而賣傲翟叟遯形以倏忽吾不幾韻於數賢故寂然玩
此員策與智骨永昌元年皇孫生璞上疏曰有道之君未嘗不以危自
持亂世之主未嘗不以安自居故存而不忘亡者三代之所以興也亡

而自以爲存者三季之所以廢也是以古之令主開納忠讜以弼其違
標顯切直用攻其失至乃聞一善則拜見規誡則懼何者蓋不私其身
處天下以至公也臣竊惟陛下符運至著勳業至大而中興之祚不隆
聖敬之風未躋者殆由法令太明刑教太峻故水至清則無魚政至察
則衆乖此自然之勢也臣去春啓事以囹圄充斥陰陽不和推之卦理
宜因郊祀作赦以蕩滌瑕穢不然將來必有愆陽苦雨之災崩震薄蝕
之變狂狡蠢戾之妖其後月餘日果薄鬭去秋以來諸郡並有暴雨水
皆洪潦歲用無年適聞吳興復欲有構妄者咎徵漸成臣甚惡之頃者
以來役賦轉重獄犴日結百姓困擾甘亂者多小人愚嶮共相扇動雖
勢無所至然不可不虞按洪範傳君道虧則日蝕人憤怨則水涌溢陰
氣積則下代上此微理潛應已著實於事者也假令臣遂不幸謬中必
貽陛下側席之憂今皇孫載育天固靈基黔首顒顒實望惠潤又歲
涉午位金家所忌宜於此時崇恩布澤則火氣潛消災譴不生矣陛下
上承天意下順物情可因皇孫之慶大赦天下然後明罰勑法以肅理

官克厭天心慰塞人事兆庶幸甚禎祥必臻矣臣今所陳蹔而省之或
未允聖旨久而尋之終亮臣誠若所啓上合願陛下勿以臣身廢臣之
言臣言无隱而陛下納之適所以顯君明臣直之義耳疏奏納焉即大
赦改年時暨陽人任谷因耕息於樹下忽有一人著羽衣就淫之既而
不知所在谷遂有娠積月將產羽衣人復來以刀穿其陰下出一蛇子
便去谷遂成宦者後詣闕上書自云有道術帝留谷于宮中璞復上
疏曰任谷所爲妖異無有因由陛下玄鑒廣覽欲知其情狀引之禁
內供給安處臣聞爲國以禮正不聞以奇邪所聽惟人故神降之吉陛
下簡默居任動遵典刑按周禮奇服怪人不入宮況谷妖詭怪人之甚
者而登講肆之堂密邇殿省之側塵點日月穢亂天聽臣之私情竊所
以不取也陛下若以谷信爲神靈所憑者則應敬而遠之夫神聰明正
直接以人事若以谷爲妖蠱詐妄者則當投畀裔土不宜令褻近紫闈
若以谷或是神祇告譴爲國作眚者則當克己脩禮以弭其妖不宜令
谷安然自容肆其邪變也臣愚以爲陰陽陶烝變化萬端亦是狐狸

魍魎憑假作慝願陛下採臣愚懷特遣谷出臣以人乏忝荷史任敢忘
直筆惟義是規其後元帝崩谷因亡走璞以母憂去職卜葬地於暨陽
去水百許步人以近水爲言璞曰當即爲陸矣其後沙漲去墓數十里
皆爲桑田未朞王敦起璞爲記室參軍是時潁川陳述爲大將軍掾其
美名爲敦所重未幾而沒璞哭之哀甚呼曰嗣祖嗣祖焉知非福未幾
而敦作難時明帝即位踰年未改號而熒惑守房璞時休歸帝乃遣使
齎手詔問璞會暨陽縣復上言曰赤烏見璞乃上疏請改年肆赦文多
不載璞嘗爲人葬帝微服往觀之因問主人何以葬龍角此法當滅族
主人曰郭璞云此葬龍耳不出三年當致天子也帝曰出天子邪荅曰
能致天子問耳帝甚異之璞素與桓彝友善彝每造之或值璞在婦間
便入璞曰卿來他處自可徑前但不可廁上相尋耳必客主有殃彝後
因醉詣璞正逢在廁掩而觀之見璞裸身被髮銜刀設醊璞見彝撫
心大驚曰吾每屬卿勿來反更如是非但禍吾卿亦不免矣天實爲之
將以誰咎璞終嬰王敦之禍彝亦死蘇峻之難王敦之謀逆也溫嶠庾

亮使璞筮之璞對不決嶠亮復令占己之吉凶璞曰大吉嶠等退相謂
曰璞對不了是不敢有言或天奪敦魄今吾等與國家共舉大事而璞
云大吉是爲舉事必有成也於是勸帝討敦初璞每言殺我者山宗至
是果有姓崇者構璞於敦敦將舉兵又使璞筮璞曰無成敦固疑璞之
勸嶠亮又聞卦凶乃問璞曰卿更筮吾壽幾何荅曰思向卦明公起事
必禍不久若住武昌壽不可測敦大怒曰卿壽幾何曰命盡今日日中
敦怒收璞詣南岡斬之璞臨出謂行刑者欲何之曰南岡頭璞曰必在
雙柏樹下既至果然復云此樹應有大鵲巢衆索之不得璞更令尋覓
果於枝間得一大鵲巢密葉蔽之初璞中興初行經越城間遇一人呼
問姓名因以袴褶遺之其人辭不受璞曰但取後自當知其人遂受而
去至是果此人行刑時年四十九及王敦平追贈弘農太守初庾翼幼
時嘗令璞筮公家及身卦成曰建元之末丘山傾長順之初子凋零及
康帝即位將改元爲建元或謂庾冰曰子忘郭生之言邪丘山上名此
號不宜用冰撫心歎恨及帝崩何充改元爲永和庾翼歎曰天道精微
晋列四二　七
乃當如是長順者永和也吾庸得免乎其年翼卒冰又令筮其後嗣卦
成曰卿諸子並當貴盛然有白龍者凶徵至矣若墓碑生金庾氏之大
忌也後冰子蘊爲廣州刺史妾房內忽有一新生白狗子莫知所由來
其妻秘愛之不令蘊知狗轉長大蘊入見狗眉眼分明又身至長而弱
異於常狗蘊甚怪之將出共視在衆人前忽失所在蘊慨然曰殆白龍
乎庾氏禍至矣又墓碑生金俄而爲桓溫所滅終如其言璞之占驗皆
如此類也璞撰前後筮驗六十餘事名爲洞林又抄京費諸家要最更
撰新林十篇卜韻一篇注釋爾雅別爲音義圖譜又注三蒼方言穆天
子傳山海經及楚辭子虛上林賦數十萬言皆傳於世所作詩賦誄頌
亦數萬言子驁官至臨賀太守

葛洪字稚川丹楊句容人也祖系吳大鴻臚父悌吳平後入晉爲邵陵
太守洪少好學家貧躬自伐薪以貿紙墨夜輒寫書誦習遂以儒學
知名性寡欲無所愛翫不知棊局幾道摴蒱齒名爲人木訥不好榮利
閉門却掃未嘗交游於餘杭山見何幼道郭文舉目擊而已各無所言
時或尋書問義不遠數千里崎嶇冒涉期於必得遂究覽典籍尤好神
仙導養之法從祖玄吳時學道得仙號曰葛仙公以其煉丹秘術授弟
子鄭隱洪就隱學悉得其法焉後師事南海太守上黨鮑玄玄亦內學
逆占將來見洪深重之以女妻洪洪傳玄業兼綜練醫術凡所著撰皆
精覈是非而才章富贍太安中石冰作亂吳興太守顧祕爲義軍都督
與周玘等起兵討之祕檄洪爲將兵都尉攻冰別率破之遷伏波將軍
冰平洪不論功賞徑至洛陽欲搜求異書以廣其學洪見天下已亂欲
避地南土乃參廣州刺史嵇含軍事及含遇害遂停南土多年征鎮檄
命一無所就後還鄉里禮辟皆不赴元帝爲丞相辟爲掾以平賊功賜
爵關內侯咸和初司徒導召補州主簿轉司徒掾遷諮議參軍干寶深
相親友薦洪才堪國史選爲散騎常侍領大著作洪固辭不就以年老
欲鍊丹以祈遐壽聞交阯出丹求爲句漏令帝以洪資高不許洪曰非
欲爲榮以有丹耳帝從之洪遂將子姪俱行至廣州刺史鄧嶽留不聽
去洪乃止羅浮山鍊丹嶽表補東官太守又辭不就嶽乃以洪兄子望
晋列四十二　八
爲記室參軍在山積年優游閑養著述不輟其自序曰洪體乏進趣之
才偶好無爲之業假令奮翅則能陵厲玄霄騁足則能追風躡景猶欲
戢勁翮於鷦鷯之羣藏逸迹於跛驢之伍豈況大塊稟我以尋常之短
羽造化假我以至駑之蹇足自卜者審不能者止豈敢力蒼蠅而慕沖
天之舉策跛鼈而追飛兔之軌飾嫫母之篤陋求媒陽之美談推沙礫
之賤質索千金於和肆哉夫僬僥之步而企及夸父之蹤近才所以躓
礙也要離之羸而強赴扛鼎之勢秦人所以斷筋也是以望絕於榮華
之途而志安乎窮圮之域藜藿有八珍之甘蓬蓽有藻棁之樂也故權
貴之家雖咫尺弗從也知道之士雖艱遠必造也考覽奇書既不少矣
率多隱語難可卒解自非至精不能尋究自非篤勤不能悉見也道士
弘博洽聞者寡而意斷妄說者衆至於時有好事者欲有所修爲倉卒
不知所從而意之所疑又無足諮今爲此書粗舉長生之理其至妙者
不得宣之於翰墨蓋粗言較略以示一隅冀悱憤之徒省之可以思過
半矣豈謂闇塞必能窮微暢遠乎聊論其所先覺耳世儒徒知服膺周

孔莫信神仙之書不但大而笑之又將謗毀真正故余所著子言黃白之事名曰內篇其餘駁難通釋名曰外篇大凡內外一百一十六篇雖不足藏諸名山且欲緘之金匱以示識者自號抱朴子因以名書其餘所著碑誄詩賦百卷移檄章表三十卷神仙良吏隱逸集異等傳各十卷又抄五經史漢百家之言方伎雜事三百一十卷金匱藥方一百卷肘後要急方四卷洪博聞深洽江左絕倫著述篇章富於班馬又精辯玄賾析理入微後忽與嶽疏云當遠行尋師剋期便發嶽得疏狼狽往別而洪坐至日中兀然若睡而卒嶽至遂不及見時年八十一視其顏色如生體亦柔軟舉尸入棺甚輕如空衣世以為尸解得仙云

史臣曰景純篤志綈緗洽聞彊記在異書而畢綜瞻往滯而咸釋情源秀逸思業高奇襃文雅於西朝振辭鋒於南夏為中興才學之宗矣夫語怪徵神伎成則賤前脩貽訓鄙乎茲道景純之探策定數考往知來邁京管於前圖軼梓竈於遐篆而官微於世禮薄於時區區然寄客傲以申懷斯亦伎成之累也若乃大塊流形玄天賦命吉凶脩短定乎

晉列四十二　九

自然雖稽象或通而厭勝難恃稟之有在必也無差自可居常待終頹心委運何至銜刀被髮遑遑於幽穢之間哉晚抗忠言無救王敦之逆初慙智免竟斃山宗之謀仲尼所謂攻乎異端斯害也已悲夫稚川束髮從師老而忘倦紬奇冊府摠百代之遺篇紀化仙都窮九丹之秘術謝浮榮而捐雜藝賤尺寶而貴分陰游德棲真超然事外全生之道其最優乎

贊曰景純通秀夙振宏材沉研鳥冊洞曉龜枚匪寧國釁坐致身災稚川優洽貧而樂道載範斯文永傳洪藻

列傳第四十二　晉書七十二

列傳第四十三　晉書七十三　御撰

庾亮　子彬　羲　龢　弟懌

庾亮字元規明穆皇后之兄也父琛在外戚傳亮美姿容善談論性好莊老風格峻整動由禮節閨門之內不肅而成時人或以為夏侯太初陳長文之倫也年十六東海王越辟為掾不就隨父在會稽巍然自守時人皆憚其方儼莫敢造之元帝為鎮東時聞其名辟西曹掾及引見風情都雅過於所望甚器重之由是娉亮妹為皇太子妃亮固讓不許轉丞相參軍預討華軼功封都亭侯轉參丞相軍事掌書記中興初拜中書郎領著作侍講東宮其所論釋多見稱述與溫嶠俱為太子布衣之好時帝方任刑法以韓子賜皇太子亮諫以申韓刻薄傷化不足留聖心太子甚納焉累遷給事中黃門侍郎散騎常侍時王敦在蕪湖帝使亮詣敦籌事敦与亮談論不覺改席而前退而歎曰庾元規賢於裴頠遠矣因表為中領軍明帝即位以為中書監亮上疏讓曰臣凡庸固陋少无殊操昔以中州多故舊邦喪亂隨侍先臣遠庇有道爰容逃難

晉列四十三　１

求食而已不悟徼時之福遭遇嘉運先帝龍興垂異常之顧既眷同国士又申以婚姻遂階親寵累忝非服弱冠濯纓沐浴芳風頻煩省闥出摠六軍十餘年間位超先達无勞受遇无与臣比小人祿薄福過災生止足之分臣宜所守而偷榮昧進日尔一日謗讟既集上塵聖朝始欲自聞而先帝登遐區區微誠竟未上達陛下踐阼聖政惟新宰輔賢明庶僚咸允康哉之歌實存于至公而国恩不已復以臣領中書臣領中書則示天下以私矣何者臣於陛下后之兄也姻婭之嫌与骨肉中表不同雖太上至公聖德无私然世之喪道有自來矣悠悠六合皆私其姻人皆有私則天下无公矣是以前後二漢咸以抑后黨安進婚族危向使西京七族東京六姓皆非姻族各以平進縱不悉全決不盡敗今之盡敗更由姻昵臣歷觀庶姓在世无黨於朝无援於時植根之本輕也薄也苟无大瑕猶或見容至於外戚憑託天地連勢四時根援扶疏重矣大矣而或居權寵四海側目事有不允罪不容誅身既招殃国為之弊其故何邪由姻婭之私群情之所不能免是以疏附則信姻進則

疑疑積於百姓之心則禍成於重闈之內矣此皆往代成鑒可為寒心者也夫萬物之所不通聖賢因而不奪冒親以求一寸之用未若防嫌以明至公今以臣之才兼如此之嫌而使內處心膂外總兵權以此求治未之聞也以此招禍可立待也雖陛下二相明其愚款朝士百僚頗識其情天下之人安可門到戶說使皆坦然邪夫富貴寵榮臣所不能忘也刑罰貧賤臣所不能甘也今恭命則愈違命則苦臣雖不達何事背時違上自貽患責邪實仰覽殷鑒量己知弊身不足惜為国取悔是以悾悾屢陳丹款而微誠淺薄未垂察諒憂惶屏營不知所措願陛下垂天地之鑒察臣之愚則臣雖死之日猶生之年矣疏奏帝納其言而止王敦既有異志內深忌亮而外崇重之亮憂懼以疾去官復代王導為中書監及敦舉兵加亮左衛將軍与諸將距錢鳳及沈充之走吳興也又假亮節都督東征諸軍事追充事平以功封永昌縣開国公賜絹五千四百匹固讓不受轉護軍將軍及帝疾篤不欲見人羣臣无得進者撫軍將軍南頓王宗右衛將軍虞胤等素被親愛与西陽王羕將有異謀亮直入臥內見帝流涕不自勝既而正色陳羕与宗等謀廢大臣規共輔政社稷安否將在今日辭旨切至帝深感悟引亮升御坐遂与司徒王導受遺詔輔幼主加亮給事中徙中書令太后臨朝政事一決於亮先是王導輔政以寬和得眾亮任法裁物頗以此失人心又先帝遺詔褒進大臣而陶侃祖約不在其例侃約疑亮刪除遺詔並流怨言亮懼乱於是出溫嶠為江州以廣聲援脩石頭以備之會南頓王宗復謀廢執政亮殺宗而廢宗兄羕宗帝室近屬羕国族元老又先帝保傅天下咸以亮翦削宗室琅邪人卞咸宗之黨也与宗俱誅咸兄闡亡奔蘇峻亮符峻送闡而峻保匿之峻又多納亡命專用威刑亮知峻必為禍亂徵為大司農舉朝謂之不可平南將軍溫嶠亦累書止之皆不納峻遂与祖約俱舉兵反溫嶠聞峻不受詔便欲下衛京都三吳又欲起義兵亮並不聽而報嶠書曰吾憂西陲過於歷陽足下無過雷池一步也既而峻將韓晃寇宣城亮遣距之不能制峻乘勝至于京都詔假亮節都督征討諸軍事戰于建陽門外軍未及陣士眾棄甲而走亮乘

小船西奔亂兵相剝掠亮左右射賊誤中柂工應弦而倒船上咸失色欲散亮不動容徐曰此手何可使著賊眾心乃安亮攜其三弟懌條翼南奔溫嶠嶠素欽重亮雖在奔敗猶欲推為都統亮固辭乃与嶠推陶侃為盟主侃至尋陽既有憾於亮議者咸謂侃欲誅執政以謝天下亮甚懼及見侃引咎自責風止可觀侃不覺釋然乃謂亮曰君侯脩石頭以擬老子今日反見求邪便談宴終日亮啖薤因留白侃問曰安用此為亮云故可以種侃於是尤相稱歎云非唯風流兼有為政之實既至石頭亮遣督護王彰討峻黨張曜反為所敗亮送節傳以謝侃侃答曰古人三敗君侯始二當今事急不宜數耳又曰朝政多門用生國禍喪敗之來豈獨由峻也亮時以二千人守白石壘峻步兵萬餘四面來攻眾皆震懼亮激厲將士並殊死戰峻軍乃退追斬數百級峻平帝幸溫嶠舟亮得進見稽顙鯁噎詔羣臣與亮俱升御坐亮明日又泥首謝罪乞骸骨欲闔門投竄山海帝遣尚書侍中手詔慰喻此社稷之難非舅之責也亮上疏曰臣凡鄙小人才不經世階緣戚屬累忝非服叨竊弥重謗議弥興皇家多難未敢告退遂隨牒展轉便煩顯任先帝不豫臣參侍醫藥登遐顧命又豫聞後事豈云德授蓋以親也臣知其不可而不敢逃命實以田夫之交猶有寄託況君臣之道義貫自然哀悲眷恋不敢違距且先帝謬顧情同布衣既今恩重命輕遂感遇忘身加以陛下初在諒闇先后親覽萬機宣通外內臣當其地是以激節驅馳不敢依違雖知無補志以死報而才下位高知進忘退乘寵驕盈漸不自覺進不能撫寧外內退不能推賢宗長遂使四海側心謗議沸騰祖約蘇峻不堪其憤縱肆凶逆事由臣發社稷傾覆宗廟虛廢先后以憂逼登遐陛下旰食踰年四海哀惶肝腦塗地臣之招也臣之罪也朝廷寸斬之屠戮之不足以謝祖宗七廟之靈臣灰身滅族不足以塞四海之責臣負国家其罪莫大實天所不覆地所不載陛下矜而不誅有司縱而不戮自古及今豈有不忠不孝如臣之甚不能伏劍北闕偷存視息雖生之日亦猶死之年朝廷復何理齒臣於人臣亦何顏自次於人理臣欲自投草澤思愆言之心也而明詔謂之獨善其身聖旨不垂矜

察所以重其罪也願陛下覽先朝謬授之失雖垂寬宥全其首領猶宜棄之任其自存自沒則天下粗知勸戒之綱矣疏奏詔曰省告懇惻執以感歎誠是仁舅處物宗之責理亦盡矣若大義既不開塞舅所執理勝何必區區其相易奪賊峻姦逆書契所未有也是天地所不容人神所不宥今年不反明年當反愚智所見也舅與諸公勃然而召正是不忍見無禮於君者也論情與義何得謂之不忠乎若以已總率征討事至敗喪有司宜明直繩以肅國體誠則然矣且舅遂上告方伯席卷來下舅躬貫甲胄賊峻梟懸大事既平天下開泰衍得反正社稷乂安宗廟有奉豈非舅二三方伯忘身陳力之勳邪方當策勳行賞豈復議既往之咎乎且天下大弊死者萬計而與桀寇對岸舅且當上奉先帝顧託之旨弘濟艱難使衍沖人永有憑賴則天下幸甚亮欲遁逃山海自暨陽東出詔有司錄奪舟船亮乃求外鎮自效出為持節都督豫州揚州之江西宣城諸軍事平西將軍假節豫州刺史領宣城內史亮遂受命鎮蕪湖頃之後將軍郭默據湓口以叛亮表求親征於是以本官加征討都督率將軍路永毛寶趙胤匡術劉仕等步騎二萬會太尉陶侃俱討破之亮還蕪湖不受爵賞侃移書曰夫賞罰黜陟國之大信竊怪矯然獨為君子亮曰元帥指撝武臣效命亮何功之有遂苦辭不受進號鎮西將軍又固讓初以誅王敦功封永昌縣公亮比陳讓疏數十上至是許之陶侃薨遷亮都督江荊豫益梁雍六州諸軍事領江荊豫三州刺史進號征西將軍開府儀同三司假節亮固讓開府乃遷鎮武昌時王導輔政主幼時艱務存大綱不拘細目委任趙胤賈寧等諸將並不奉法大臣患之陶侃嘗欲起兵廢導而郗鑒不從乃止至是亮又欲率衆黜導又以諮鑒而鑒又不許亮與鑒牋曰昔於蕪湖反覆謂彼罪雖重而時弊國危且令方嶽道勝亦足有所鎮壓故共隱忍解釋陶公自茲迄今曾無悛改主上自八九歲以及成人入則在宮人之手出則唯武官小人讀書無從受音句顧問未嘗遇君子侍臣雖非俊士皆時之良也知今古顧問豈與殿中將軍司馬督同年而語哉不云當高選侍臣而云高選將軍司馬督豈合貴生願人主之美習以成德之意乎秦

政欲愚其黔首天下猶知不可況乃欲愚其主哉主之少也不登進賢哲以輔導聖躬春秋既盛宜復子明辟不稽首歸政甫居師傅之尊成人之主方受師臣之悖主上知君臣之道不可以然而不得不行殊禮之事萬乘之君寄坐上九亢龍之爻有位無人挾震主之威以臨制百官百官莫之敢忤是先帝無顧命之臣勢屈於驕姦而遵養之也趙賈之徒有無君之心是而可忍孰不可忍且往日之事含容隱忍謂其罪可宥良以時弊國危兵甲不可屢動又冀其當謝往釁懼而修已如頃日之縱是上無所忌下無所憚謂多養無賴足以維持天下公與下官並蒙先朝厚顧荷託付之重大姦不埽何以見先帝於地下願公深惟安國家固社稷之遠算次計公之與下官負荷輕重量其所宜鑒又不許故其事得息時石勒新死亮有開復中原之謀乃解豫州授輔國將軍毛寶使與西陽太守樊峻精兵一萬俱戍邾城又以陶稱為南中郎將江夏相率部曲五千人入沔中亮弟翼為南蠻校尉南郡太守鎮江陵以武昌太守陳囂為輔國將軍梁州刺史趣子午又遣偏軍伐蜀至江陽執偽荊州刺史李閎巴郡太守黃植送于京都亮當率大衆十萬據石頭城為諸軍聲援乃上疏曰蜀胡二寇凶虐滋甚內相誅鋤衆叛親離蜀甚弱而胡尚彊並佃並守修進取之備襄陽北接宛許南阻漢水其險足固其土足食臣宜移鎮襄陽之石城下并遣諸軍羅布江沔比及數年戎士習練乘釁齊進以臨河洛大勢一舉衆知存亡開反善宥逼脅之罪因天時順人情誅逋逆雪大恥實聖朝之所先務也願陛下許其所陳濟其此舉淮泗壽陽所宜進據臣輒簡練部分乞槐棘參議以定經略帝下其議時王導與亮意同郗鑒議以資用未備不可大舉亮又上疏便欲遷鎮會寇陷邾城毛寶赴水而死亮陳謝自貶三等行安西將軍有詔復位尋拜司空餘官如故固讓不拜亮自邾城陷役憂慨發疾會王導薨徵亮為司徒揚州刺史錄尚書事亮又固辭帝許之咸康六年薨時年五十二追贈太尉謚曰文康喪至車駕親臨及葬又贈永昌公印綬亮弟冰上疏曰臣謹詳先事亦曾聞臣亮對臣等之言懇懇於斯事是以屢自陳請將迄十年豈直好讓而不肅恭顧畏時

之釁近出于下加先帝神武筭略兼該是以役不踰時而凶彊殲滅計之以事則功歸聖主推之於運則勝非人力至如亮等因聖略之弘得效所職事將何論功將何賞及後傷蹶責踰先功是以陛下優詔聽許亮實思自百以報天德何悟身潛聖世微志長絶存亡哀恨痛貫心膂願陛下發明詔遂先恩則臣亮死且不朽帝從之亮將葬何充會之歎曰埋玉樹於土中使人情何能已初亮所乘馬有的顱殷浩以爲不利於主勸亮賣之亮曰曷有已之不安而移之於人浩慚而退亮在武昌諸佐吏殷浩之徒乘秋夜往共登南樓俄而不覺亮至諸人將起避之亮徐曰諸君少住老子於此處興復不淺便據胡牀與浩等談詠竟坐其坦率行己多此類也三子彬羲龢

彬年數歲雅量過人温嶠嘗隱暗怛之彬神色恬如也乃徐跪謂嶠曰君侯何至於此論者謂不減於亮蘇峻之亂遇害

羲少有時譽初爲吴國内史時穆帝頗愛文義羲至郡獻詩頗存諷諫因上表曰陛下以聖明之德方隆唐虞之化而事役殷曠百姓凋殘

晉列四十三

以數州之資經贍四海之務其爲勞弊豈可具言昔漢文居隆盛之世躬自儉約斷獄四百殆致刑厝賈誼歎息猶有積薪之言以古況今所以益其憂懼陛下明鑒天挺無幽不燭弘濟之道豈待瞽言臣受恩奕世思盡絲髮受任到東親臨所見敢緣弘政獻其丹愚伏願聽斷之暇少垂察覽其詩文多不載羲方見授用而卒子準太元中自侍中代桓石虔爲豫州刺史西中郎將鎮歷陽卒官準子悅義熙中江州刺史準弟楷自有傳

龢字道季好學有文章叔父翼將遷襄陽龢年十五以書諫曰承進據襄陽耀威荆楚且田且戍漸臨河洛使向化之萌懷德而附凶愚之徒畏威反善太平之基便在於旦夕昔殷伐鬼方三年而剋樂生守齊遂至歷載今皇朝雖隆無有殷之盛凶竭雖衰猶醜類有徒而沔漢之水無萬仞之固方城雖峻無千尋之險加以運漕供繼有泝流之艱征夫勤役有勞來之歎若窮寇慮逼送死一決東西互出首尾俱進則慮糧有抄截之患遠略之率然之勢進退惟思不見其可此明闇所共見賢愚所共聞況於臨事者乎願迴師反旆詳擇全勝脩城池立壘壁勤耕農練兵甲若凶運有極天亡此虜則可泛舟北濟方軌齊進水陸騁邁亦不踰旬朔矣願詳思遠猷筭其可者翼甚奇之升平中代孔嚴爲丹陽尹表除衆役六十餘事大和初代王恪爲中領軍卒於官子恒尚書僕射贈光禄大夫

懌字叔預少以通簡爲兄亮所稱弱冠西陽王羕辟不就東海王沖爲長水校尉清選綱紀以懌爲功曹除暨陽令又爲沖中軍司馬轉散騎侍郎遷左衛將軍以討蘇峻功封廣饒男出補臨川太守歷監梁雍二州軍事轉輔国將軍梁州刺史假節鎮魏興時兄亮總統六州以懌寬厚容衆故授以遠任爲東西勢援尋進監秦州氐羌諸軍事懌遣牙門霍佐迎將士妻子佐驅三百餘口亡入石季龍亮表上貶懌爲建威將軍朝議欲召還亮上疏曰懌御衆簡而有惠州戶雖小賴其寬政佐等同惡大數不多且懌名號大不可以小故輕議進退其文武之心轉已安定賊帥艾秀遣使歸誠上洛附賊降者五百餘口異一安隱无復怵

晉列四十三

惕從之後以所鎮險遠糧運不繼詔懌以將軍率所領還屯半洲尋遷輔国將軍豫州刺史進號西中郎將監宣城廬江歷陽安豐四郡軍事假節鎮蕪湖懌嘗以白羽扇獻成帝帝嫌其非新反之侍中劉劭曰柏梁雲構大匠先居其下管弦繁奏鍾夔先聆其音懌之上扇以好不以新後懌聞之曰此人宜在帝之左右又嘗以毒酒餉江州刺史王允之王允之覺其有毒飲犬犬斃乃密奏之帝曰大舅已乱天下小舅復欲尔邪懌聞遂飲酖而卒時年五十贈侍衛將軍謚曰簡子統嗣統字長仁少有令名司空太尉辟皆不就調補撫軍會稽王司馬出爲建威將軍寧夷護軍尋陽太守年二十九卒時人稱其才器甚痛惜之子玄之官至宣城内史

冰字季堅兄亮以名德流訓冰以雅素垂風諸弟相率莫不好礼爲世論所重亮常以爲庾氏之寶司徒辟不就徵秘書郎預討華軼功封都鄉侯王導請爲司徒右長史出補吴国内史會蘇峻作逆遣兵攻冰冰不能禦便棄郡奔會稽會稽内史王舒以冰行奮武將軍距峻別率張健於

吳中時健黨甚衆諸將莫敢先進冰率衆擊健走之於是乘勝西進
赴于京都又遣司馬滕含攻賊石頭城拔之冰勳爲多封新吳縣侯固
辭不受遷給事黃門侍郎又讓不拜司空郗鑒請爲長史不就出補振
威將軍會稽内史徵爲領軍將軍又辭尋入爲中書監揚州刺史都督
揚豫兖三州軍事征虜將軍假節是時王導新喪人情恇然冰兄亮既
固辭不入衆望歸冰既當重任經綸時務不捨夙夜賓禮朝賢升擢後
進由是朝野注心咸曰賢相初導輔政每從寛惠冰頗任威刑殷融諫
之冰曰前相之賢猶不堪其弘況吾者哉范汪謂冰曰頃天文錯度足
下宜盡消禦之道冰曰玄象豈吾所測正當勤盡人事耳又隱實戶口
料出無名萬餘人以充軍實詔復論前功冰上疏曰臣門戶不幸以短
才贊務釁及天庭殃流邦族若無聖世休明夷戮久矣而于時顛沛刑憲
墮廢遂令臣等復得爲時陳力徇国之臣因之而奮立功於大罪之後建
義於顛覆之餘此是臣等所以復得視息於天壤王憲不復必明於往
愆也此之厚幸可謂弘矣豈復得計勞納封受賞司勳哉願陛下曲降

晉書列傳四十三　八

靈澤哀矜由中申命有司惠臣所乞則愚臣之願於此畢矣許之成帝
疾篤時有妄爲尚書符勑宮門宰相不得前左右皆失色冰神氣自若
曰是必虛妄推問果詐衆心乃定進號左將軍康帝即位又進車騎將
軍冰懼權盛乃求外出會弟翼當伐石季龍於是以本號除都督江荊
寧益梁交廣七州豫州之四郡軍事領江州刺史假節鎮武昌以爲翼
援冰臨發上疏曰臣因循家寵冠冕當世而志無殊操量不及遠頃皇
家多難釁故頻仍朝望國器与時殲落遂令天眷下墜降及臣身俯仰
伏事於今五年上不能光贊聖猷下不能緝熙政道而陛下遇之過分
求之不已復策敗駕之駟以冀萬里之功非天眷之隆將何以至此是
以敢竭狂瞽以獻血誠願陛下暫屏旒纊以弘聽納今彊寇未殄戎車
未戢兵弱於郊人疲於内寇之侵逸未可量也黎庶之困未之安也羣
才之用未之盡也而陛下崇高事与下隔視聽察覽必寄之羣下羣下
宜忠不引不進百司宜勤不督不勸是以古之帝王勤於降納雖日總
萬機猶兼聽將相或借訪輿人或求謗芻蕘良有以也況今日之興開

闢之極而陛下歷數屬當其運否剥之難嬰之聖躬普天所以痛心於
既往而傾首於將來者也實冀否終而泰屬運在今誠願陛下弘天覆
之量深地載之厚宅沖虛以爲本勤訓督以爲務廣引時彥詢于政道
朝之得失必開聖聽人之情僞必達天聰然後覽其大當以總國綱躬儉
節用堯舜豈遠大布之衣衞文何人是以古人有云非知之難行之難
非行之難安之難也願陛下既思日側於勞謙納其起予之情則天下
幸甚矣臣朝夕伏膺猶不能暢臨疏徘徊不覺辭盡頃之獻皇后臨朝
徵冰輔政冰辭以疾篤尋而卒時年四十九冊贈侍中司空謚曰忠誠
祠以太牢冰天性清慎常以儉約自居中子襲嘗貸官絹十匹冰怒捶
之市絹還官臨卒謂長史江虨曰吾將逝矣恨報國之志不展命也如
何死之日斂以時服無以官物也及卒無絹爲衾又室無妾媵家無私
積世以此稱之冰七子希襲友蘊倩邈柔
希字始彥初拜祕書郎累遷司徒右長史黃門侍郎建安太守未拜復
爲長史兼右衞將軍遷侍中出爲輔國將軍吳國内史希既后之戚屬

晉書列傳四十三　九

冰女又爲海西公妃故希兄弟並顯貴太和中希爲北中郎將徐兖二
州刺史蘊爲廣州刺史並假節友東陽太守倩太宰長史邈會稽王參
軍柔散騎常侍倩最有才器桓温深忌之初慕容厲圍梁父斷澗水太
山太守諸葛攸奔鄒山魯高平等數郡皆没希坐免官頃之徵爲護軍
將軍希怒固辭希初免時多盜北府軍資温諷有司劾之復以罪免遂
家于晉陵之暨陽初郭璞筮冰云子孫必有大禍唯用三陽可以有後
故希求鎮山陽友爲東陽家于暨陽及海西公廢桓温陷倩及柔以武
陵王黨殺之希聞難便与弟邈及子攸之逃于海陵陂澤中蘊於廣州
飲鴆而死及友當伏誅友子婦桓祕女也請温故得免故青州刺史武
沉希之從母兄也潛餉給希經年温後知之遣兵捕希武沉之子遵与
希聚衆於海濵略漁人船夜入京口城平北司馬卞眈踰城奔曲阿吏
士皆散走希放城内囚徒數百人配以器杖遵於外聚衆宣令云逆賊
桓温廢帝殺王稱海西公密旨誅除凶逆京都震擾内外戒嚴屯備六
門平北參軍劉奭与高平太守郗逸之遊軍督護郭龍等集衆距之

卞眈又與曲阿人弘戎發諸縣兵二千并力屯新城以擊希希戰敗閉城自守溫遣東海太守周少孫討之城陷被擒希邈及子姪五人斬于建康市遵及黨与並伏誅唯友及蘊諸子獲全友子叔宣右衞將軍蘊子廓之東陽太守

條字幼序初辟太宰府累遷黃門郎豫章太守徵拜祕書監賜爵鄉亭侯出爲冠軍將軍臨川太守豫章黃韜自稱孝神皇帝臨川人李高爲相聚黨數百人乘犢車衣皁袍攻郡縣條討平之條於兄弟最凡劣故祿位不至卒官贈左將軍

翼字稚恭風儀秀偉少有經綸大略京兆杜乂陳郡殷浩並才名冠世而翼弗之重也每語人曰此輩宜束之高閣俟天下太平然後議其任耳見桓溫總角之中便期之以遠略因言於成帝曰桓溫有英雄之才願陛下勿以常人遇之常壻畜之宜委以方邵之任必有弘濟艱難之勳蘇峻作逆翼時年二十二兄亮使白衣領數百人備石頭亮敗與翼俱奔事平始辟太尉陶侃府轉參軍累遷從事中郎在公府雍容諷議頃之除振威將軍鄱陽太守轉建威將軍西陽太守撫和百姓甚得歡心遷南蠻校尉領南郡太守加輔國將軍假節及邾城失守石城被圍翼屢設奇兵潛致粮杖石城得全翼之勳也賜爵都亭侯及亮卒授都督江荊司雍梁益六州諸軍事安西將軍荊州刺史假節代亮鎮武昌翼以帝舅年少超居大任遐邇屬目慮其不稱翼每竭志能勞謙匪懈戎政嚴明經略深遠數年之中公私充實人情翕然稱其才幹由是自河以南皆懷歸附石季龍汝南太守戴開率數千人詣翼降又遣使使東至遼東西到涼州要結二方欲同大舉慕容皝張駿並報使請期翼雅有大志欲以滅胡平蜀爲己任言論慷慨形于辭色將兵都尉錢頎陳事合旨翼拔爲五品將軍賜穀二百斛時東土多賦役百姓乃從海道入廣州刺史鄧嶽大開鼓鑄諸夷因此知造兵器翼表陳東境國家所資侵擾不已逃逸漸多夷人常伺隙若知造鑄之利將不可禁時殷浩徵命无所就而翼請爲司馬及軍司並不肯赴翼遺浩書因致其意先是浩父羡爲長沙在郡貪殘兄冰與翼書屬之翼報曰殷君始往雖多驕豪實有風力之益亦似由有佳兒弟故小令物情難之自頃以來奉公更退私累日滋亦不稍以此寡參蕭之也既雅敬洪遠又與浩親善其父兄得失豈以小小計之大較江東致以傴僂豪彊以爲民蠹時有行法輒施之寒劣如往年偷石頭倉米一百萬斛皆是豪將輩而直打殺倉督監以塞責山遐作餘姚半年而爲官出二千戶政雖不倫公彊官長也而羣共驅之不得安席紀睦徐寧奉王使糾罪人船頭到渚桓逸還復而二使免官雖皆前宰之惛謬江東事去實此之由也兄弟不幸横陷此中自不能拔腳於風塵之外當共明目而治之荊州所統一二十郡唯長沙最惡惡而不黜與殺督監者復何異邪翼有風力格裁發言立論皆如此康帝即位翼欲率衆北伐上疏曰賊季龍年已六十奢淫理盡醜類怨叛又欲決死遼東皝雖驍果未必能固若北無掣手之虞則江南將不異遼左矣臣所以輒發良人不顧忿咎然東西形援未必齊舉且欲北進移鎮安陸入沔五百漢水通流輒率南郡太守王愆期江夏相謝尚尋陽太守袁眞西陽太守曹據等精銳三萬風馳上道并勒平北將軍桓宣撲取黃季欲并丹水搖蕩秦雍御以長轡用逸待勞比及數年興復可冀臣既臨許洛竊謂桓溫可渡戍廣陵何充可移據淮泗赭圻路永進屯合肥伏願表御之日便決聖聽不可廣詢同異以乖事會兵闡拙速不聞工之久也於是並發所統六州奴及車牛驢馬百姓嗟怨時欲向襄陽慮朝廷不許故以安陸爲辭帝及朝士皆遣使譬止車騎參軍孫綽亦致書諫翼不從遂違詔輒行至夏口復上表曰臣近以胡寇有斃亡之勢暫率所統致討山北並分見衆略復江夏數城臣等以九月十九日發武昌以二十四日達夏口輒簡卒搜乘停當上道而所調借牛馬來處皆遠百姓所稸穀草不充並多羸瘠難以涉路加以向冬野草漸枯往反二千或容躓頓輒便隨事料量權停此舉又山南諸城每至秋冬水多燥涸運漕用功實爲艱阻計襄陽荊楚之舊西接益梁與關隴指斥北去洛河不盈千里土沃田良方城險峻水路流通轉運無滯進可以埽盪秦趙退可以保據上流臣雖不武意略短淺荷國重恩志存立效是以受任四年唯以習戎爲

務實欲上憑聖朝威靈下藉士民義慨之誠因寇衰弊漸臨逼之
而八年春上表請據樂昌廣農稽穀以伺二寇之釁屬天高聽邈未
垂察昭朝議紛紜遂令微誠不暢自今以來上參天人之徵下採降俘之
言胡寇衰滅其日不遠目雖未獲長驅中原戡截凶醜亦不可以不進
據要害思攻取之宜是以輒量宜入沔徙鎮襄陽其謝尚王愆期等悉
今還據本戍須到所在馳遣啓聞翼時有衆四万詔加都督征討軍事
師次襄陽大會僚佐陳旌甲親授弧矢曰我之行也若此射矣遂三起
三疊徒衆屬目其氣十倍初翼迁襄陽舉朝謂之不可議者或謂避衰
唯兄冰意尚同桓溫及譙王無忌贊成其計至是冰求鎮武昌為翼繼援
朝議謂冰不宜出冰乃止又進翼征西將軍領南蠻校尉胡賊五六百
騎出樊城翼遣冠軍將軍曹據追擊於撓溝北破之死者近半獲馬百
匹翼綏來荒遠務盡招納之宜立客館置典賓參軍桓宣卒翼以長子
方之為義城太守代領宣衆司馬應誕為龍驤將軍襄陽太守參軍
司馬勳為建威將軍梁州刺史戍西城康帝崩兄冰卒以家国情事留

方之戍襄陽還鎮夏口悉取冰所領兵自配以兄子統為尋陽太守詔
使翼還督江州又領豫州刺史辭豫州復欲移鎮樂鄉詔不許繕脩軍
器大佃積穀欲圖後舉遣益州刺史周撫西陽太守曹據伐蜀破蜀將
李桓於江陽翼如廁見一物如方相俄而疽發背疾篤表第二子爰之
行輔國將軍荊州刺史司馬朱燾為南蠻校尉以千人守巴陵永和元
年卒時年四十一追贈車騎將軍謚曰肅翼卒未幾部將干瓚戴羲
等作乱殺將軍曹據翼長史江虨司馬朱燾將軍袁眞等共誅之爰之
有翼風尋為桓溫所廢溫既廢爰之又以征虜將軍劉惔監沔中軍事
領義成太守代方之而方之爰之並迁徙于豫章

史臣曰外戚之家連輝椒掖舅氏之族同氣蘭閨靡不憑藉寵私階緣
險謁門藏金穴地使其驕馬控龍媒勢成其逼古者右賢左戚用杜溺
私之路爰而知惡深慎滿覆之災是以厚贈瓊瑰罕升津要塗山在夏
靡與為稷同驅姒氏居周不預燕豕等列聖人慮遠殊有旨哉晉昵元
規參聞顧命然其筆敷華藻吻縱濤波方駕搢紳足為翹楚而智小謀
大昧經邦之遠圖才高識寡闕安國之長筭璿蔓見誅物議稱其拔本
牙尺垂訓帝念深於負芒是使蘇祖尋戈宗祧殆覆已而猜嫌上宰謀
黜負圖向使郗鑒協從必貽戎車犯順則与夫台產安樂亦何以異哉
幸漏吞舟免淪昭憲是庾宗之大福非晉政之不綱明矣懌恣凶懷鴆
加連率再世之後三陽僅存餘殃所及蓋其宜也

贊曰元規矯迹寵階椒掖識闇釐道乱由乘隙下拜長沙有慙忠益季
堅清貞毓德馳名處泰逾約居權戒盈稚恭慷慨亦擅雄声

列傳第四十三　　晉書七十三

桓彝　子雲　雲弟豁　豁子石虔　虔子振　虔弟石秀　石民　石生　石綏　石康　豁弟祕　祕弟沖　沖子嗣　嗣子胤　嗣弟謙　謙弟脩　徐寧

桓彝字茂倫，譙国龍亢人，漢五更榮之九世孫也。父顥，官至郎中。彝少孤貧，雖簞瓢，處之晏如。性通朗，早獲盛名。有人倫識鑒，拔才取士，或出於无聞，或得之孩抱，時人方之許、郭。少與庾亮深交，雅為周顗所重。顗嘗歎曰："茂倫嶔崎歷落，固可笑人也。"起家州主簿。赴齊王冏義，拜騎都尉。元帝為安東將軍，版行逡遒令，尋辟丞相中兵屬，累遷中書郎、尚書吏部郎，名顯朝廷。于時王敦擅權，嫌忌士望，彝以疾去職。嘗過輿縣，縣宰東海徐寧字安期，通朗博涉，彝遇之，欣然停留累日，結交而別。先是，庾亮每屬彝覓一佳吏部，及至都，謂亮曰："為卿得一吏部矣。"亮問所在，彝曰："人所應有而不必有，人所應无而不必無，徐寧真海岱清士。"因為敘之，即遷吏部郎，竟歷顯職。明帝將伐王敦，拜彝散騎常侍，引參密謀。及敦平，以功封万寧縣男。丹楊尹溫嶠上言："宣城阻帶山川，頻經變乱，

宜得望實居之，竊謂桓彝可充其選。"帝手詔曰："適得太真表如此，今大事新定，朝廷須才，不有君子，其能國乎！方今外務差輕，欲停此事。"彝上疏深自撝挹，内外之任並非所堪，但以墳柏在此郡，欲暫結名義，補彝宣城内史。在郡有惠政，為百姓所懷。蘇峻之乱也，彝糾合義衆，欲赴朝廷。其長史裨惠以郡兵寡弱，山人易擾，可案甲以須後舉。彝厲色曰："夫見无礼於其君者，若鷹鸇之逐鳥雀。今社稷危逼，義无晏安。"乃遣將軍朱綽討賊別帥於蕪湖，破之。彝尋出石硊，會朝廷遣將軍司馬流先據慈湖，為賊所敗，遂長驅進。彝以郡无堅城，遂退據廣德。尋王師敗績，彝聞而慷慨流涕，進屯涇縣。時州郡多遣使降峻，裨惠又勸彝偽與通和，以紓交至之禍。彝曰："吾受国厚恩，義在致死，焉能忍垢蒙辱，與醜逆通問！如其不濟，此則命也。"遣將軍俞縱守蘭石。峻遣將韓晃攻之。縱將敗，左右勸縱退軍。縱曰："吾受桓侯厚恩，本以死報。吾之不可負桓侯，猶桓侯之不負国也。"遂力戰而死。晃因進軍攻彝。彝固守經年，勢孤力屈。賊曰："彝若降者，當待以優礼。"將士多勸彝偽降，更思後舉。彝不從，辭氣壯烈，志節不撓。城陷，為晃所害，年五十三。時賊尚未平，諸子並流迸，宣城人紀世和率義故葬之。賊平，追贈廷尉，謚曰簡。咸安中，改贈太常。俞縱亦以死節，追贈興古太守。初，彝與郭璞善，嘗令璞筮卦，成，璞以手壞之。彝問其故，曰："卦与五㕵同，丈夫當此非命，如何竟如其言！"有五子：溫、雲、豁、祕、沖。溫別有傳。

雲字雲子，初為驃騎何充參軍、尚書郎，不拜。襲爵万寧男，歷位建武將軍、義城太守。遭母憂去職。葬畢，起為江州刺史，稱疾，廬于墓次。詔書敦逼，固辭不行。服闋，然後莅職，加都督司豫二州軍事、領鎮蠻護軍、西陽太守、假節。雲招集衆力，志在足兵，多所枉濫，衆皆嗟怨。時溫執權，有司不敢彈劾。升平四年卒，贈平南將軍，謚曰貞。子序嗣，官至宣城内史。

豁字郎子，初辟司徒府、祕書郎，皆不就。簡文帝召為撫軍從事中郎，除吏部郎，以疾辭。遷黃門郎，未拜。時謝万敗於梁濮，許昌、潁川諸城相次陷没，西藩騷動，溫命豁督沔中七郡軍事、建威將軍、新野義城二郡太守，擊慕容屈塵，破之，進号右將軍。溫既内鎮，以豁監荊揚雍州軍事、領

護南蠻校尉、荊州刺史、假節，將軍如故。時梁州刺史司馬勳以梁益叛，豁使其參軍桓羆討之，而南陽督護趙弘、趙憶等逐太守桓淡，據宛城以叛。豁與竟陵太守羅崇討破之，又攻偽南中郎將趙盤於宛，盤退走，豁追至魯陽，獲之，送于京師，置戍而旋。又監寧益軍事。溫薨，遷征西將軍，進督交、廣，并前五州軍事。苻堅寇蜀，豁遣江夏相竺瑤距之。廣漢太守趙長等戰死，瑤引軍退。頃之，堅又寇涼州，豁遣督護桓羆與序等游軍沔漢，為涼州聲援，俄而張天錫陷没，詔遣中書郎王尋之詣豁，諮謀邊事。豁表以梁州刺史毛憲祖監沔北軍事、兗州刺史朱序為南中郎將、監沔中軍事，鎮襄陽，以固北鄙。太元初，遷征西大將軍、開府。豁上疏固讓曰："臣聞三台麗天，辰極以之增耀；論道作弼，王猷以之時邕。必將仰參神契，對揚成務，弘易簡以翼化，暢玄風於宗極，故旦明揚仄陋，登庸賢儁，使版築有沖天之舉，渭濱无垂竿之逸，用乃功濟蒼生，道光千載。是以德非時望，成典所不虛授，功微賞厚，賢達不以擬心。臣寔凡人，量无

遠致階藉門寵遂叨非據進不能闡揚皇風贊明政道退不能宣力所莅混一華戎尸素積載庸績莫紀是以敢冒成命歸陳冊款伏願陛下迴神玄鑒覧追敗謬眷則且賭華望臣知所免竟不許及苻堅陷仇池豁以新野太守吉挹行魏興太守督護梁州五郡軍事戍梁州堅陷涪城梁州刺史楊亮益州刺史周仲孫並委戍奔潰豁以威略不振所在覆敗又上疏陳謝固辭不拜開府尋卒時年五十八贈司空本官如故謚曰敬賻錢五十萬布五百匹使者持節監護喪事豁時譽雖不及沖而甚有器度但遇彊寇故功業不建初豁聞苻堅國中有謠云誰謂爾堅石打碎有子二十人皆以石為名以應之唯石虔石秀石民石生石綏石康知名

石虔小字鎮惡有才幹趫捷絕倫從父在荊州於獵圍中見猛獸被數箭而伏諸督將素知其勇戲令拔箭石虔因急往拔得一箭猛獸跳石虔亦跳高於猛獸猛獸伏復拔一箭以歸從溫入關沖為苻健所圍垂没石虔躍馬赴之拔沖於數萬衆之中而還莫敢抗者三軍歎息威震敵人時有患瘧疾者謂曰桓石虔來以怖之病者多愈其見畏如此初袁真以壽陽叛石虔以寧遠將軍南頓太守帥諸將攻之剋其南城又擊苻堅將王鑒于石橋獲馬五百匹除竟陵太守以父憂去職尋而苻堅又寇淮南詔曰石虔文武器幹御戎有方古人絕哭金革弗避況在餘哀豈得辭事可奮威將軍南平太守尋進冠軍將軍苻堅荊州刺史梁成襄陽太守閻震率衆入寇竟陵石虔與弟石民距之賊沮漵水屯管城石虔設計夜渡水既濟賊始覺力戰破之進剋管城擒震斬首七千級俘獲萬人馬數百匹牛羊千頭具裝鎧三百領成以輕騎走保襄陽石虔復領河東太守進據樊城逐取兗州刺史張崇納降二千家而還沖卒石虔以冠軍將軍監豫州揚州五郡軍事豫州刺史尋以母憂去職服闋復本位久之命移鎮馬頭石虔求停歷陽許之太元十三年卒追贈右將軍追論平閻震功進爵作塘侯第五子誕嗣誕長兄洪襄城太守洪弟振

振字道全少果鋭而无行玄為荊州以振為揚武將軍淮南太守轉江夏相以兇播見黜及玄之敗也桓謙匿於沮中振逃于華容之浦中玄先令將軍王稚徽戍巴陵稚徽遣人報振云桓歆已剋京邑馮稚等復平尋陽劉毅諸軍並敗於中路振大喜時安帝在江陵振乃聚黨數十人襲江陵比至城有衆二百謙亦聚衆而出遂陷江陵迎帝於行宮振聞桓昇死大怒將肆逆於帝謙苦禁之乃止遂命羣臣辭以楚祚不終百姓之心復歸于晉更奉進璽綬以琅邪王領徐州刺史振為都督八州鎮西將軍荊州刺史帝侍御左右皆振之腹心既而歎曰公昔早不用我遂致此敗若使公在我為前鋒天下不足定今獨作此安歸乎遂肆意酒色暴虐无道多所殘害振營於江津南陽太守魯宗之自襄陽破振將溫楷于柞溪進屯紀南振聞楷敗留其將馮該守營自率衆與宗之大戰振勇冠三軍衆莫能禦宗之敗績振追奔遇宗之單騎於道弗之識也乃問宗之所在紿曰已前走矣宗之於是自後而退尋而劉毅等破馮該平江陵振聞該敗衆潰而走後與該子宏出自涢城復襲江陵荊州刺史司馬休之奔襄陽振自號荊州刺史建威將軍劉懷肅率寧遠將軍索邈與振戰於沙橋振兵雖小左右皆力戰每一合振輒瞋目奮擊衆莫敢當振時醉且中流矢廣武將軍唐興臨陣斬之

石秀幼有令名風韻秀徹博涉羣書尤善老莊常獨處一室簡於應接時人方之庾純甚為簡文帝所重豁為荊州請為鷹揚將軍竟陵太守非其好也尋代叔父沖為寧遠將軍江州刺史領鎮蠻護軍西陽太守居尋陽性放曠常弋釣林澤不以榮爵嬰心善騎射發則命中常從沖獵登九井山徒旅甚盛觀者傾坐石秀未嘗屬目止嘯詠而已謝安嘗訪以世務默然不荅安甚怪之他日安以語其從弟嗣嗣以問之石秀曰世事此公所諳吾又何言哉在州五年以疾去職年四十三卒於家朝野悼惜之追贈後將軍後改贈太常子稚玉嗣玄之篡也以石秀一門之令封稚玉為臨沅王

石民弱冠知名衞將軍謝安引為參軍叔父沖上疏版督荊江豫三州之十郡軍事振武將軍領襄城太守戍夏口與石虔攻苻堅荊州刺史梁成等於竟陵明年又與隨郡太守夏侯澄之破苻堅將慕容垂姜成

等於漳口復領譙国內史梁郡太守沖薨詔以石民監荆州軍事西中郎將荆州刺史桓氏世莅荆土石民兼以才望甚為人情所仰初沖遣竟陵太守趙統伐襄陽至是石民復遣兵助之尋而苻堅敗於淮肥石民遣南陽太守高茂衛山陵時堅雖欲敗而慕容垂等復盛石民遣將軍晏謙伐弘農賊東中郎將慕容夔降之始置湖陝二戍獲關中擔幢伎以充太樂時苻堅子丕僭號於河北謀襲洛陽石民遣將軍馮該討之臨陣斬丕及其左僕射王孚吏部尚書苟操等傳首京都而丁零翟遼復侵逼山陵石民使河南太守馮遵討之時乞活黃淮自稱并州刺史与遼共攻長社衆數千人石民復遣南平太守郭銓松滋太守王遐之擊淮斬之遼走河北以前後功進左將軍卒无子

石生隆安中以司徒左長史遷侍中歷驃騎太傅長史會稽世子元顯將伐桓玄石生馳書報玄玄甚德之及玄用事以為前將軍江州刺史尋卒於官

石綏元顯時為司徒左長史玄用事拜黃門郎左衛將軍玄敗石綏走江西塗中聚衆攻歷陽後為梁州刺史傅歆之所殺

石康偏為玄所親愛玄為荆州以為振威將軍東梁遷荆州刺史討庾仄功封武陵王事具玄傳

祕字穆子少有才氣不倫於俗初拜祕書郎兄溫抑而不用父之為輔国將軍宣城內史時梁州刺史司馬勳叛入蜀祕以本官監梁益二州征討軍事假節勳平還郡後為散騎常侍徙中領軍孝武帝初即位妖賊盧竦入宮祕与左衛將軍殷康俱入擊之溫入朝窮考竦事收尚書陸始等罪者甚衆祕亦免官居于宛陵每憤憤有不平之色溫疾篤祕与溫子熙濟等謀共廢沖沖密知之不敢入頃溫氣絕先遣力士拘録熙濟而後臨喪祕於是廢棄遂居于墓所放志田園好遊山水後起為散騎常侍凡三表自陳詔曰祕受遇先朝是以延之而頻有讓表以尚告誠兼有疾疢省用增歎可順其所執祕素輕沖沖時貴盛祕恥常侍位卑故不應朝命与謝安書及詩十首辭理可觀其文多引簡文帝之眄遇先沖卒長子蔚官至散騎常侍游擊將軍玄篡以為醴陵王

沖字幼子溫諸弟中最淹識有武幹溫甚器之弱冠太宰武陵王晞辟不就除鷹揚將軍鎮蠻護軍西陽太守從溫征伐有功遷督荆州之南陽襄陽新野義陽順陽雍州之京兆揚州之義城七郡軍事寧朔將軍義城新野二郡太守鎮襄陽又從溫破姚襄及虜周城進號征虜將軍賜爵豐城公尋遷鎮威將軍江州刺史領鎮蠻護軍西陽譙二郡太守溫之破姚襄也獲襄將張駿楊凝等徙于尋陽沖在江陵未及之職而駿率其徒五百人殺江州督護趙毗掠武昌府庫將妻子北叛沖遣將討獲之還所鎮初彝亡後沖兄弟竝少家貧母患須羊以解无由得之溫乃以沖為質羊主甚富言不欲為質幸為養買德郎買德郎沖小字也及沖為江州出射羊主於堂邊看沖識之謂曰我買德也遂厚報之頃之進監江荆豫三州之六軍事南中郎將假節州郡如故在江州凡十三年而溫薨孝武帝詔沖為中軍將軍都督揚江豫三州軍事揚豫二州刺史假節時詔賻溫錢布漆蠟等物而不及火斂沖上疏陳溫素懷每存清儉且私物足舉凶事求還官庫詔不許沖猶固執不受初溫執權大辟之罪皆自已決沖既莅事上疏以為生殺之重古今所

慎凡諸死罪先上須報沖既代溫居任則盡忠王室或勸沖誅除時望專執權衡沖不從謝安以時望輔政為群情所歸沖懼逼寧康三年乃解揚州自求外出桓氏黨與以為非計莫不扼腕苦諫郗超亦深止之沖皆不納處之澹然不以為恨忠言嘉謀每盡心力於是改授都督徐兗豫青揚五州之六郡軍事車騎將軍徐州刺史以北中郎府并中軍鎮京口假節又詔沖及謝安竝加侍中以甲杖五十人入殿時丹陽尹王蘊以后父之重昵于安安意欲出蘊為方伯乃復解沖徐州直以車騎將軍都督豫江二州之六郡軍事自京口遷鎮姑孰既而苻堅寇涼州沖遣宣城內史朱序豫州刺史桓伊率衆向壽陽淮南太守劉波汎舟淮泗乘虛致討以救涼州乃表曰氐賊自并東胡醜類實繁而蜀漢寡弱西涼无備斯誠暴與疾顛祗速其亡然而天未勦絕屢為國患臣聞勝於无形功立事表伐謀之道兵之上略況此賊陸梁終必越逸北狄陵縱常在秋冬今日月迅邁高風行起臣輒較量畿甸守衛重複又淮泗通流長江如海荆楚偏遠密邇寇讎方城漢水无天險之實而過備之

重勢在西門臣雖凡庸識乏武略然猥荷重任思在投袂請率所統徑進南郡與征西將軍臣豁參同謀猷賊若果驅犬羊送死沔漢庶仰憑正順因致人利一舉乘風埽清氛穢不復重勞王師有事三秦則先帝盛業永隆于聖世宣武遺志无恨于在昔如其懾憚皇威闚關討屈則觀兵伺釁更議進取振旅旋旆遲速唯宜伏願陛下覽臣所陳特垂聽許詔答曰醜類違天比年縱肆梁益不守河西傾喪每惟宇内未一慎歎盈懷將軍經略深長思算重復忠國之誠形于義旨覽省未周以感以慨寇雖乘間竊利而以无道臨之黷武窮兇虐用其衆滅亡之期勢何得久然備豫不虞軍之善政輙詢于群后敬從高筭想與征西協參令圖嘉謀遠猷動靜以聞會張天錫陷没於是罷兵俄而豁卒遷督江荆梁益寧交廣七州揚州之義成雍州之京兆司州之河東軍事領護南蠻校尉荆州刺史持節將軍侍中如故又以其子嗣爲江州刺史沖將之鎮帝餞於西堂賜錢五十萬又以酒三百四十石牛五十頭犒賜文武謝安送至溧洲沖既到江陵時苻堅彊盛沖欲移阻江南乃上疏

曰自中興以來荆州所鎮隨宜迴轉臣亡兄温以石季龍死經略中原因江陵路便即而鎮之事與時遷勢无常定且兵者詭道示之以弱今宜全重江南輕戍江北南平孱陵縣界地名上明田土膏良可以資業軍人在吳時樂鄉城以上四十餘里北枕大江西接三峽若狂狡送死則舊郢以北堅壁不戰接會濟江路去不遠乘其疲墮撲翦爲易臣司存閫外輙隨宜處分於是移鎮上明使冠軍將軍劉波守江陵諮議參軍楊亮守江夏詔以荆州水旱饑荒又沖新移草創歲運米三十萬斛以供軍資須年豐乃止堅遣其將苻融寇樊鄧石越寇魯陽姚萇寇南鄉韋鍾寇魏興所在陷没沖遣江夏相劉奭南中郎將朱序擊之而奭畏懦不進序又爲賊所擒沖深自咎責上疏送章節請解職不許遣左衛將軍張玄之詣沖諮謀軍事沖率前將軍劉波及兄子振威將軍石民冠軍將軍石虔等伐苻堅拔堅筑陽攻武當走堅兖州刺史張崇堅遣慕容垂毛當寇鄧城苻熈石越寇新野沖既憚堅衆又以疾疫還鎮上明表以夏口江沔衝要密迩強寇兄子石民堪居此任輙版督荆江十郡軍事振武將軍襄城太守尋陽北接彊蠻西連荆郢亦一任之要今府州既分請以王薈補江州刺史詔從之時薈始遭兄劭喪將葬辭不欲出於是衛將軍謝安更以中領軍謝輶代之沖聞之而怒上疏以爲輶文武无堪求自領江州帝許之沖使石虔伐堅襄陽太守閻震擒之及大小帥二十九人送于京都詔歸沖府以平震功封次子謙宜陽侯堅使其將郝貴守襄陽沖使揚威將軍朱綽討之遂焚燒沔北田稻拔六百餘户而還又遣上庸太守郭寶伐堅魏興太守褚垣上庸太守段方竝降之新城太守麴常遁走三郡皆平詔賜錢百萬袍表千端初沖之西鎮以賊寇方彊故移鎮上明謂江東力弱正可保固封疆自守而已又以將相異宜自以德望不逮謝安故委之内相而四方鎮扞以爲己任又與朱序款密俄而序没于賊沖深用愧惋既而苻堅盡國内侵沖深以根本爲慮乃遣精鋭三千來赴京都謝安謂三千人不足以爲損益而欲外示閑暇聞軍在近固不聽報云朝廷處分已定兵革无闕西藩宜以爲防時安已遣兄子玄及桓伊等諸軍沖謂不足以爲廢

興召佐吏對之歎曰謝安乃有廟堂之量不閑將略今大敵垂至方遊談不暇雖遣諸不經事少年衆又寡弱天下事可知吾其左衽矣俄而聞堅破大勳克舉又知朱序因以得還沖本疾病加以慙耻發病而卒時年五十七歲贈太尉本官如故謚曰宣穆賻錢五十萬布五百匹沖性儉素而謙虚愛士嘗浴後其妻送以新衣沖大怒促令持去其妻復送之而謂曰衣不經新緣何得故沖笑而服之命處士南陽劉驎之爲長史驎之不屈親往迎之礼之甚厚又辟處士長沙鄧粲爲别駕備礼盡恭粲感其好賢乃起應命初郗鑒庾亮庾翼臨終皆有表籍置親戚唯沖獨與謝安書云妙靈寶尚小亡兄寄託不終以此爲恨言不及私論者益嘉之及喪下江陵士女老幼皆臨江瞻送號哭盡哀後玄篡位追贈太傅宣城王有七子嗣謙脩崇弘羡怡

嗣字恭祖少有清譽與豁子石秀竝爲桓氏子姪之冠沖既代豁西鎮詔以嗣督荆州之三郡豫州之四郡軍事建威將軍江州刺史莅事簡約脩所住齋應作板檐嗣命以芧代之版付船官轉西陽襄城二郡太

守鎮夏口後領江夏相卒官追贈南中郎將謚曰靖子胤嗣
胤字茂遠少有清操雖奕世華貴甚以恬退見稱初拜祕書丞累遷中
書郎祕書監玄甚欽愛之遷中書令玄篡位爲吏部尚書隨玄西奔玄
死歸降詔曰夫善著則祚遠勳彰故事殊以宣孟之忠蒙後晉國子文
之德世嗣獲存故太尉沖昔藩陝西忠誠王室諸子染凶自貽罪戮念
沖遺勳用悽于懷其孫胤宜見矜宥以獎爲善可特全生命徙于新安
及東陽太守殷仲文永嘉太守駱球等謀反及陰欲立胤爲玄嗣事覺伏誅
謙字敬祖詳正有器望初以父功封宜陽縣開國侯累遷輔國將軍吳
國內史孫恩之亂謙出奔無錫徵拜尚書驃騎大將軍元顯引爲諮議
參軍轉司馬元興初朝廷將伐玄以桓氏世在陝西謙父沖有遺惠於
荆楚懼人情向背乃用謙爲持節都督荆益寧梁四州諸軍事西中
郎將荆州刺史假節以安荆楚玄既用事以謙爲尚書左僕射領吏部
加中軍將軍謙兄弟顯列玄甚倚杖之而內不能善也改封謙爲寧都
侯拜尚書令加散騎常侍遷侍中衛將軍開府錄尚書事玄篡位復

領揚州刺史本官如故封新安王及桓振作乱謙保護乘輿頗有功焉
然而諳懊尤不可以造事初勸振率軍下戰以守江陵振既輕謙用事
故不從及振敗謙奔于姚興先是譙縱稱藩于姚興縱與盧循通使潛
相影響乃表興請謙共順流東下興問謙謙曰臣門著恩荆楚從弟玄
雖未篡位皆是逼迫人神所明今臣與縱東下百姓自應駭動興曰小
水不容大舟若縱才力足以濟事亦不假君爲鱗翼宜自求多福遂遣
之謙至蜀欲虛懷引士縱疑之乃置謙于龍格使人守之謙向諸弟泣
曰姚主言神矣後與縱引譙道福俱下謙於道占募百姓感沖遺惠投
者二萬人劉道規破謙斬之
脩字承祖尚簡文帝女武昌公主歷吏部郎稍遷左衛將軍王恭將伐
譙王尚之先遣何澹之孫無終向句容脩以左衛領振武將軍與輔國
將軍陶無忌距之脩次句容儀而恭敗無終遣書求降脩既旋軍而楊
佺期已至石頭時朝廷無備內外崩駭脩進說曰殷桓之下專恃王恭
恭既破滅莫不失色今若優詔用玄玄必內喜則能制仲堪佺期使並
順命朝廷納之以脩爲龍驤將軍荆州刺史假節權領左衛文武之鎮
又令劉牢之以千人送之轉仲堪爲廣州脩未及發而玄等盟於尋陽
求誅牢之尚之并訴仲堪無罪獨被降黜於是詔復仲堪荆州御史中
丞江績奏脩承受楊佺期之言交通信命宜傳不忍以爲身計疑誤朝
算請收付廷尉特詔免官尋代王凝之爲中護軍領之玄破仲堪佺期
詔以脩爲征虜將軍江州刺史尋復爲中護軍玄執政以脩都督六州
右將軍徐兗二州刺史假節尋進撫軍將軍加散騎常侍玄篡以爲撫
軍大將軍封安成王劉裕義旗起斬之
徐寧者東海郯人也少知名爲輿縣令時廷尉桓彝稱有人倫鑒識彝
嘗去職至廣陵尋親舊還遇風停浦中累日憂悒因上岸見一室宇
有似廨署訪之云是輿縣彝乃造之寧清惠博涉相遇欣然因留數夕
彝大賞之結交而別至都謂庾亮曰吾爲卿得一佳吏部郎語在彝傳
即遷吏部郎左將軍江州刺史卒官
史臣曰醲風潛煽醇源浸竭遺道德於情性顯忠信於名教首陽絕節

求仁而得仁泗上微言朝聞而夕死原軫免胄懍然於往策季路絕纓
邈矣於前志況交霜雪於杪歲晦風雨於將晨嚮音或以變其音貞柯
罕能全其性桓茂倫抱中和之氣懷不撓之節邁周庾之清塵遵許郭
之遐軌懼臨危於取免知處死之爲易揚芬千載之上淪骨九泉之下
仁者之勇不其然乎至夫基構迭汙隆龍蛇俱山澤沖逡巡於內輔
陵厲於上游虔振北門之威秀坦西陽之務外有扞城之用裏無末大
之嫌求之名臣抑亦可算而溫爲亢極之資玄遂履霜之業是知敬仲
之美不息檀臺之亂甯俞之忠無救奔綦之禍子文之不血食悲夫
贊曰矯矯宣城貞心莫陵身隨露夕名與雲興虔豁重世沖秀雙美国
輔英臣家推才子振武謙文尋邑爲羣歸之篡亂[illegible]

列傳第四十四　　晉書七十四

王湛 子承 承子述 述子坦之 禕之 坦之子愷 愉 國寶 忱 愉子綏 承族子嶠 祖台之
荀崧 子蕤 羨　范汪 子寧
劉惔　張憑

王湛字處沖司徒渾之弟也少有識度身長七尺八寸龍顙大鼻少言語初有隱德人莫能知兄弟宗族皆以為癡其父昶獨異焉遭父喪居于墓次服闋闔門守靜不交當世沖素簡淡器量隤然有公輔之望兄子濟輕之所食方丈盈前不以及湛湛命取菜蔬對而食之濟嘗詣湛見牀頭有周易問曰叔父何用此為湛曰體中不佳時脫復看耳濟請言之湛因剖析玄理微妙有奇趣皆濟所未聞也濟才氣抗邁於湛略無子姪之敬既聞其言不覺慄然心形俱肅遂留連彌日累夜自視缺然乃歎曰家有名士三十年而不知濟之罪也既而辭去湛送至門濟有從馬絕難乘濟問湛曰叔頗好騎不湛曰亦好之因騎此馬姿容既妙迴策如縈善騎者無以過之又濟所乘馬甚愛之湛曰此馬雖快然力薄不堪苦行近見督郵馬當勝但芻秣不至耳濟試養之而與己馬等湛又曰此馬任重方知之平路無以別也於是當蟻封內試之濟馬果躓而督郵馬如常濟益歎異還白其父曰濟始得一叔乃濟以上人也武帝亦以湛為癡每見濟輒調之曰卿家癡叔死未濟常無以荅及是帝又問如初濟曰臣叔殊不癡因稱其美帝曰誰比濟曰山濤以下魏舒以上時人謂湛上方山濤不足下比魏舒有餘湛聞曰欲處我於季孟之間乎湛少仕歷秦王文學太子洗馬尚書郎太子中庶子出為汝南內史元康五年卒年四十七子承嗣

承字安期清虛寡欲無所修尚言理辯物但明其指要而不飾文辭有識者服其約而能通弱冠知名太尉王衍雅貴異之比南陽樂廣焉永寧初為驃騎參軍值天下將亂乃避難南下遷司空從事中郎豫迎大駕賜爵藍田縣侯遷尚書郎不就東海王越鎮許以為記室參軍雅相知重勑其子毗曰夫學之所益者淺體之所安者深閑習禮度不如式瞻儀形諷味遺言不若親承音旨王參軍人倫之表汝其師之在府數年見朝政漸替辭以母老求出越不許久之遷東海太守政尚清靜不為細察小吏有盜池中魚者綱紀推之承曰文王之囿與眾共之池魚復何足惜邪有犯夜者為吏所拘承問其故荅云從師受書不覺日暮承曰鞭撻甯越以立威名非政化之本使吏送令歸家其從容寬恕若此尋去官東渡江是時道路梗澀人懷危懼承每遇艱險處之夷然雖家人近習不見其憂喜之色既至下邳登山北望歎曰人言愁我始欲愁矣及至建鄴為元帝鎮東府從事中郎甚見優禮承少有重譽而推誠接物盡弘恕之理故眾咸親愛焉渡江名臣王導衞玠周顗庾亮之徒皆出其下為中興第一年四十六卒朝野痛惜之自昶至承世有高名論者以為祖不及孫孫不如父子述嗣

述字懷祖少孤事母以孝聞安貧守約不求聞達性沉靜每坐客馳辯異端競起而述處之恬如也少襲父爵年三十尚未知名人或謂之癡司徒王導以門地辟為中兵屬既見無他言惟問以在東米價述但張目不荅導曰王掾不癡人何言癡也嘗見導每發言一坐莫不贊美述正色曰人非堯舜何得每事盡善導改容謝之謂庾亮曰懷祖清貞簡貴不減祖父但曠淡微不及耳康帝為驃騎將軍召補功曹出為宛陵令太尉司空頻辟又除尚書吏部郎並不行歷庾冰征虜長史時庾翼鎮武昌以累有妖怪又猛獸入府欲移鎮避之述與冰牋曰竊聞安西欲移鎮樂鄉不審此為算邪將具情邪若謂為算則彼去武昌千有餘里數萬之眾造創移徙方當興立城壁公私勞擾若信要害之地所宜進據猶當計移徙之煩權二者輕重況此非今日之要邪方今彊胡陸梁當稸力養銳而無故遷動自取非算又江州當泝流數千供繼軍府力役增倍疲曳道路且武昌實是江東鎮戍之中非但扞禦上流而已急緩赴告駿奔不難若移樂鄉遠在西陲一朝江渚有虞不相接救方嶽取重將故當居要害之地為內外形勢使闚闞之心不知所向若是情邪則天道玄遠鬼神難言妖祥吉凶誰知其故是以達人君子直道而行不以情失昔秦忌亡胡之讖卒為劉項之資周惡檿弧之謠而成褒姒之亂此既然矣歷觀古今鑒其遺事妖異速禍敗者蓋不少

矣禳避之道苟非所審且當擇人事之勝理思社稷之長計斯則天下幸甚令名可保矣若安西盛意已耳不能安於武昌但得近移夏口則其次也樂鄉之舉咸謂不可願將軍體國為家固審此舉時朝議亦不允翼遂不移鎮述出補臨海太守遷建威將軍會稽內史莅政清肅終日無事母憂去職服闋代殷浩為揚州刺史加征虜將軍初至主簿請諱報曰亡祖先君名播海內遠近所知內諱不出門餘無所諱尋加中書監固讓經年不拜復加征虜將軍進都督揚州徐州之琅邪諸軍事衛將軍并冀幽平四州大中正刺史如故尋遷散騎常侍尚書令將軍如故述每受職不為虛讓其有所辭必於不受至是子坦之諫以為故事應讓述曰汝謂我不堪邪坦之曰非也但克讓自美事耳述曰既云堪何為復讓人言汝勝我定不及也坦之為桓溫長史溫欲為子求婚於坦之及還家省父而述愛坦之雖長大猶抱置膝上坦之因言溫意述大怒遽排下曰汝竟癡邪詎可畏溫面而以女妻兵也坦之乃辭以他故溫曰此尊君不肯耳遂止簡文帝每言述才既不長直以真率便

敵人耳謝安亦歎美之初述家貧求試宛陵令頗受贈遺而脩家具為州司所檢有一千三百條王導使謂之曰名父之子不患無祿屈臨小縣甚不宜耳述荅曰足自當止時人未之達也比後屢居州郡清潔絕倫祿賜皆散之親故宅宇舊物不革於昔始為當時所歎但性急為累嘗食雞子以筯刺之不得便大怒擲地雞子圓轉不止便下牀以屐齒踏之又不得瞋甚擲內口中齧破而吐之既躋重位每以柔克為用謝奕性麤嘗忿述極言罵之述無所應面壁而已居半日奕去始復坐人以此稱之太和二年以年迫懸車上疏乞骸骨曰臣曾祖父魏司空昶白牋於文皇帝曰昔與南陽宗世林共為東宮官屬世林少得好名州里瞻敬及其年老汲汲自勵恐見廢棄時人咸共笑之若天假其壽致仕之年不為此公婆娑之事情旨慷慨深所鄙薄雖是牋書乃實訓誡臣忝端右而以疾患禮敬廢替猶謂可有差理日復一日而年衰疾痼永無復瞻華幄之期乞奉先誡歸老丘園不許述竟不起三年卒時年六十六初桓溫平洛陽議欲遷都朝廷憂懼將遣侍中止之述曰溫欲

以虛聲威朝廷非事實也但從之自無所至事果不行又議欲移洛陽鍾虡述曰永嘉不競暫都江左方當蕩平區宇旋軫舊京若其不耳宜改遷園陵不應先事鍾虡溫竟無以奪之追贈侍中驃騎將軍開府謚曰穆以避穆帝改曰簡子坦之嗣

坦之字文度弱冠與郗超俱有重名時人為之語曰盛德絕倫郗嘉賓江東獨步王文度嘉賓超小字也僕射江虨領選將擬為尚書郎坦之聞曰自過江來尚書郎正用第二人何得以此見擬虨遂止簡文帝為撫軍將軍辟為掾累遷參軍從事中郎仍為司馬加散騎常侍出為大司馬桓溫長史尋以父憂去職服闋徵拜侍中襲父爵時卒士韓帳逃士婦首云失牛故叛有司劾帳偷牛考掠服罪坦之以為帳束身自歸而法外加罪懈怠失牛事或可恕加之木石理有自誣宜附罪疑從輕之例遂以見原海西公廢領左衛將軍坦之有風格尤非時俗放蕩不敦儒教頗尚刑名學著廢莊論曰荀卿稱莊子蔽於天而不知人楊雄亦曰莊周放蕩而不法何晏云鬻莊軀放玄虛而不周乎時變三賢之

言遠有當乎夫獨構之唱唱虛而莫和無感之作義偏而用寡動人由於兼忘應物在乎無心孔父非不體遠以體遠故用近顏子豈不具德以德備故膺教胡為其然哉不獲已而然也夫自足者寡故理懸於羲農徇教者眾故義申於三代道心惟微人心惟危吹萬不同孰知正是虽首陽之情三黜之智磨頂之甘落毛之愛枯槁之生負石之死格諸中庸未入乎道而況下斯者乎先王知人情之難肆懼違行以致訟悼司徹之貽悔審褫帶之所緣故陶鑄群生謀之未兆每攝其契而為節焉使夫敦禮以崇化日用以成俗誠存而邪忘利損而競息成功遂事百姓皆曰我自然蓋善闇者無怪故所遇而無滯執道以離俗孰踰於不達語道而失其為者非其道也辯德而有其位者非其德也言默所未究況揚之以為風乎且即濠以尋魚想彼之我同推顯以求隱理得而情昧若夫莊生者望大庭而撫契仰弥高於不足寄積想於三篇恨我懷之未盡其言詭譎其義恢誕君子內應從我游方之外眾人因藉以為弊薄之資然則天下之善人少不善人多莊生之利天下也少

害天下也多故曰魯酒薄而邯鄲圍莊生作而風俗頹禮與浮雲俱征偽與利蕩並肆人以克己為恥士以無措為通時無履德之譽俗有蹈義之愆驟語賞罰不可以造次屢稱無為不可與適變雖可用於天下不足以用天下昔漢陰丈人脩渾沌之術孔子以為識其一不識其二莊生之道無乃類乎與夫如愚之契何殊間哉若夫利而不害天之道也為而不爭聖之德也羣方所資而莫知誰氏在儒而非儒非道而有道弥貫九流玄同彼我萬物用之而不既亹亹日新而不朽昔吾孔老固已言之矣又領本州大中正簡文帝臨崩詔大司馬溫依周公居攝故事坦之自持詔入於帝前毀之帝曰天下儻來之運卿何所嫌坦之曰天下宣元之天下陛下何得專之帝乃使坦之改詔焉溫薨坦之與謝安共輔幼主遷中書令領丹楊尹俄授都督徐兗青三州諸軍事北中郎將徐兗二州刺史鎮廣陵將之鎮上表曰臣聞人君之道以孝敬為本臨御四海以委任為貴恭順無為則盛德日新親杖賢能則政道邕睦昔周成漢昭並以幼年纂承大統當時天下未為無難終能顯揚

【晉列四十五　【五

祖考保安社稷蓋尊尊親親信納大臣之所致也伏惟陛下誕奇秀之姿禀生知之量春秋尚富涉道未曠方須訓導以成天德皇太后仁淑之體過於三母先帝奉事積年每稱聖明且頃奉事之心便當自同孝宗太后慈愛之隆亦不必異所生琅邪王餘姚主及諸皇女宜朝夕定省承受教誨導習儀刑以成景仰恭敬之美不可以屬非至親自為疏疑昔肅祖崩殂成康幼沖事無大小必諮丞相導所以克就聖德實此之由今僕射臣安中軍臣沖人望具瞻社稷之臣且受遇先帝綢繆繾綣並志竭忠貞盡心盡力歸誠陛下以報先帝愚謂周旋舉動皆應諮此二臣二臣之於陛下則周之旦奭漢之霍光顯宗之於王導沖雖在外路不云遠事容信宿必宜參詳然後情聽獲盡庶事可畢又天聽雖聰不啟不廣羣情雖忠不引不盡宜數引侍臣詢求讜言平易之世有道之主猶尚誡懼日昃不倦況今艱難理盡慮經安危祖宗之基繫之陛下不可不精心務道以申先帝堯舜之風可不敬脩至德以保宣元天地之祚表奏帝納之初謝安愛好聲律朞功之慘不廢妓樂頗以成

俗坦之非而苦諫之安遺坦之書曰知君思相愛惜之至僕所求者聲謂稱情義無所不可為復聊以自娛耳若絜軌跡崇世教非所擬議亦非所屑常謂君粗得鄙趣者猶未悟之濠上邪故知莫逆未易為人坦之荅曰具君雅旨此是誠心而行獨往之美然恐非大雅中庸之謂意者以為人之體韻猶器之方圓方圓不可錯用體韻豈可易處各順其方以弘其業則歲寒之功必有成矣吾子少立德行體議淹允加以令地優游自居僉曰之談咸以清遠相許至於此事實有疑焉公私二三莫見其可以此為濠上悟之者得無鮮乎且天下之寶故為天下所惜天下之所非何為不可以天下為心乎想君幸復三思書往反數四安竟不從坦之又嘗與殷康子書論公謙之義曰夫天道以無私成名二儀以至公立德有乎至公故無親而非理成名在乎無私故在當而忘我此天地所以成功聖人所以濟化由斯論之公道體於自然故理泰而愈降謙義生於不足故時弊而義著故大禹咎繇稱功言惠而成名於彼孟反范燮殿軍後入而全身於此從此觀之則謙公之義固以

【晉列四十五　【六

殊矣夫物之所美已不可收人之所貴我不可取誠患人惡其上衆不可蓋故君子居之而每加損焉隆名在於矯伐而不在於期當匿迹在於違顯而不在於求是於是謙光之義與矜競而俱生卑挹之義與夸伐而並進由親譽生於不足未若不知之有餘良藥效於瘵疾未若無病之為貴矣夫乾道確然示人易矣坤道隤然示人簡矣二象顯於萬物兩德彰於羣生豈矯枉過直而失其所哉由此觀之則大通之道公坦於天地謙伐之義險巇於人事今存公而廢謙則自伐者託至公以生嫌自美者因存黨以致惑此王生所謂同貌而實異不可不察者也然理必有源教亦有主苟探其根則玄指自顯若尋其末弊無不至豈可以嫌似而疑至公弊貪而忘於諒哉康子及袁宏並有疑難坦之標章擿句一一申而釋之莫不厭服又孔嚴著通葛論坦之與書贊美之其忠公慷慨標明賢勝皆此類也初坦之與沙門竺法師甚厚每共論幽明報應便要先死者當報其事後經年師忽來云貧道已死罪福皆不虛惟當勤脩道德以升濟神明耳言訖不見坦之尋亦卒時年四十

六臨終與謝安桓沖書言不及私惟憂國家之事朝野甚痛惜之追贈安北將軍謚曰獻

褘之字文邵少知名尚尋陽公主歷中書侍郎年未三十而卒贈散騎常侍坦之四子愷愉國寶忱

愷字茂仁愉字茂和並少踐清階愷襲父爵愉稍遷驃騎司馬加輔國將軍愷太元末為侍中領右衛將軍多所獻替兄弟貴盛當時莫比及王恭等討國寶愷愉並請解職以與國寶異生又素不協故得免禍國寶既死出愷為吳郡內史愉為江州刺史都督豫州四郡輔國將軍假節未幾徵愷為丹楊尹及桓玄等至江寧愷領兵守石頭俄而玄等走復為吳郡病卒追贈太常愉至鎮未幾殷仲堪桓玄楊佺期舉兵應王恭乘流奄至愉既無備惶遽奔臨川為玄所得玄盟于尋陽以愉置壇所愉甚恥之及事解除會稽內史玄篡位以為尚書僕射劉裕義旗建加前將軍愉既桓氏壻父子寵貴又嘗輕侮劉裕心不自安潛結司州刺史溫詳謀作亂事泄被誅子孫十餘人皆伏法

國寶少無士操不脩廉隅婦父謝安惡其傾側每抑而不用除尚書郎國寶以中興膏腴之族惟作吏部不為餘曹郎甚怨望固辭不拜從妹為會稽王道子妃由是與道子遊處遂間毀安焉及道子輔政以為秘書丞俄遷琅邪內史領堂邑太守加輔國將軍入補侍中遷中書令中領軍與道子持威權扇動內外中書郎范寧國寶舅也儒雅方直疾其阿諛勸孝武帝黜之國寶乃使陳郡袁悅之因尼支妙音致書與太子母陳淑媛說國寶忠謹宜見親信帝知之託以他罪殺悅之國寶大懼遂因道子譖毀寧寧由是出為豫章太守及弟忱卒國寶自表求解職迎母并奔忱喪詔特賜假而盤桓不時進發為御史中丞褚粲所奏國寶懼罪衣女子衣託為王家婢詣道子告其事道子言之於帝故得原後驃騎參軍王徽請國寶同讌國寶素驕貴使酒怒尚書左丞祖台之攘袂大呼以盤醆樂器擲台之台之不敢言復為粲所彈詔以國寶縱肆情性甚不可長台之懦弱非監司體並坐免官頃之復職愈驕蹇不遵法度起齋侔清暑殿帝惡其僭侈國寶懼遂諂媚於帝而頗疏道子道子大怒嘗於內省面責國宝以劍擲之舊好盡矣是時王雅亦有寵薦王珣於帝帝夜與國宝及雅宴帝微有酒令召珣將至國宝自知才出珣下恐至傾其寵因曰王珣當今名流不可以酒色見帝遂止而以國宝為忠將納國宝女為琅邪王妃未婚而帝崩安帝即位國宝復事道子進從祖弟緒為琅邪內史亦以佞邪見知道子復惑之倚為心腹並為時之所疾國宝遂參管朝權威震內外遷尚書左僕射領選加後將軍丹楊尹道子悉以東宮兵配之時王恭與殷仲堪並以才器各居名藩恭惡道子國宝亂政屢有憂國之言道子等亦深忌憚之將謀去其兵未及行而恭檄至以討國宝為名國宝惶遽不知所為緒說國宝令矯道子命召王珣車胤殺之以除群望因挾主相以討諸侯國宝許之珣胤既至而不敢害反問計於珣珣勸國宝放兵權以迎恭國宝信之語在珣傳又問計於胤胤曰南北同舉而荊州未至若朝廷遣軍恭必城守昔桓公圍壽陽彌時乃剋若京城未拔而上流奄至君將何以待之國宝尤懼遂上疏解職詣闕待罪既而悔之詐稱詔復其本官欲收其兵距王恭道子既不能距諸侯欲委罪國宝乃遣譙王尚之收國宝付廷尉賜死并斬緒於市以謝王恭國宝貪縱聚斂不知紀極後房伎妾以百數天下珍玩充滿其室及王恭伏法詔追復國宝本官元興初桓玄得志表徙其家屬於交州

忱字元達弱冠知名與王恭王珣俱流譽一時歷位驃騎長史嘗造其舅范寧與張玄相遇寧使與玄語玄正坐斂衽待其有發忱竟不與言玄失望便去寧讓忱曰張玄吳中之秀何不與語忱笑曰張祖希欲相識自可見詣寧謂曰卿風流儁望真後來之秀忱曰不有此舅焉有此甥既而寧使報玄玄束帶造之始為賓主太元中出為荊州刺史都督荊益寧三州軍事建武將軍假節忱自恃才氣放酒誕節慕王澄之為人又年少居方伯之任談者憂之及鎮荊州威風肅然殊得物和桓玄時在江陵既其本國且奕葉故義常以才雄駕物忱每裁抑之玄嘗詣忱通人未出乘轝直進忱對玄鞭門幹玄怒去之忱亦不留嘗朔日見客仗衛甚盛玄言欲獵借數百人忱悉給之玄憚而服焉性任達不拘

末年尤嗜酒一飲連月不醒或裸體而游每歎三日不飲便覺形神不相親婦父常有慘忱乘醉弔之婦父慟哭忱與賓客十許人連臂被髮裸身而入繞之三匝而出其所行多此類數年卒官追贈右將軍謚曰穆

綏字彥猷少有美稱厚自矜遇實鄙而無行愉為殷桓所捕綏未測存亡在都有憂色居處飲食每事貶降時人每以為試守孝子桓玄之為太尉綏以桓氏甥甚見寵待為太尉右長史及玄篡遷中書令劉裕建義以為冠軍將軍其家夜中梁上無故有人頭墮於牀而流血滂沲俄拜荊州刺史假節坐父愉之謀與弟納並被誅初綏與王謐桓胤齊名為後進之秀謐位官既極保身而終胤以從坐誅聲稱猶全綏身死名論殆盡亦以薄行矜峭而尚人故也自昶父漢鴈門太守澤已有名稱忱又秀出綏亦著稱八葉繼軌軒冕莫與為比焉

嶠字開山祖默魏尚書父佑以才智稱為楊駿腹心駿之排汝南王亮退衛瓘皆佑之謀也位至北軍中候嶠少有風尚并司二州交辟不就

永嘉末攜其二弟避亂渡江時元帝鎮建鄴教曰王佑三息始至名德之胄並有操行宜蒙飾叙且可給錢三十萬布三百匹米五十斛親兵二十人尋以嶠參世子東中郎軍事不就愍帝徵拜著作郎右丞相南陽王保辟皆以道險不行元帝作相以為水曹屬除長山令遷太子中舍人以疾不拜王敦請為參軍爵九原縣公敦在石頭欲禁私伐蔡州荻以問羣下時王師新敗士庶震懼莫敢異議嶠獨曰中原有菽庶人採之百姓不足君孰與足若禁人樵伐未知其可敦不悅敦將殺周顗戴若思嶠於坐諫曰濟濟多士文王以寧安可戮諸名士以自全生敦大怒欲斬嶠賴謝鯤以免敦猶銜之黜為領軍長史敦平後除中書侍郎兼大著作固辭轉越騎校尉頻遷吏部郎御史中丞秘書監領本州大中正咸和初朝議欲以嶠為丹楊尹嶠以京尹望重不宜以疾居之求補廬陵郡乃拜嶠廬陵太守以嶠家貧無以上道賜布百匹錢十万尋卒官謚曰穆子淡嗣歷位右衛將軍侍中中護軍尚書廣州刺史淡子度世驍騎將軍

袁悅之字元禮陳郡陽夏人也父朗給事中悅之能長短說甚有精理始為謝玄參軍為玄所遇丁憂去職服闋還都止齎戰国策言天下要惟此書後甚為會稽王道子所親愛每勸道子專覽朝權道子頗納其說俄而見誅

祖台之字元辰范陽人也官至侍中光祿大夫撰志怪書行於世

荀崧字景猷潁川臨潁人魏太尉彧之玄孫也父頵羽林右監安陵鄉侯與王濟何劭為拜親之友崧志操清純雅好文學齠齔時族曾祖顗見而奇之以為必興頵門弱冠太原王濟甚相器重以方其外祖陳郡袁侃謂侃弟奧曰近見荀監子清虛名理當不及父德性純粹是賢兄輩人也其為名流所賞如此泰始中詔以崧代兄龔襲父爵補濮陽王允文學與王敦顧榮陸機等友善趙王倫引為相国參軍倫篡轉護軍司馬給事中稍遷尚書吏部郎太弟中庶子累遷侍中中護軍王弥入洛崧與百官奔于密未至而母亡賊追將及同旅散走崧被髮從車守喪號泣賊至棄其母尸于地奪車而去崧被四創氣絶至夜方蘇葬母于

密山服闋族父藩承制以崧監江北軍事南中郎將後將軍假節襄城太守時山陵發掘崧遣主簿石覽將兵入洛脩復山陵以勳進爵舞陽縣公遷都督荊州江北諸軍事平南將軍鎮宛改封曲陵公為賊杜曾所圍石覽時為襄城太守崧力弱食盡使其小女灌求救於覽及南中郎將周訪訪即遣子撫率兵三千人會石覽俱救崧賊聞兵至散走崧既得免乃遣南陽中部尉王国劉願等潛軍襲穰縣獲曾從兄㑺新野太守保勳之元帝踐阼徵拜尚書僕射使崧與刁協共定中興朝儀從弟馗早亡二息序歆年各數歲崧迎與共居恩同其子太尉臨淮公荀顗国胤廢絶朝廷以崧屬近欲以崧子襲封崧哀序孤微乃讓封與序論者稱焉轉太常時方脩學校簡省博士置周易王氏尚書鄭氏古文尚書孔氏毛詩鄭氏周官禮記鄭氏春秋左傳杜氏服氏論語孝經鄭氏博士各一人凡九人其儀禮公羊穀梁及鄭易皆省不置崧以為不可乃上疏曰自喪亂以來儒學尤寡今處學則闕朝廷之秀仕朝則廢儒學之俊昔咸寧太康永嘉之中侍中常侍黃門通洽古今行為世表

者領國子博士一則應對殿堂奉酬顧問二則參訓門子以弘儒訓三
則祠儀二曹及太常之職以得質疑今皇朝中興美隆往初宜憲章令
軌祖述前典世祖武皇帝應運登禪崇儒興學經始明堂營建辟雍
告朔班政鄉飲大射西閣東序河圖秘書禁籍臺省有宗廟太府金
墉故事太學有石經古文先儒典訓賈馬鄭杜服孔王何顏尹之徒章
句傳注衆家之學置博士十九人九州之中師徒相傳學士如林猶選
張華劉寔居太常之官以重儒教傳稱孔子沒而微言絕七十二子終
而大義乖自頃中夏殄瘁講誦遏密斯文之道將墜于地陛下聖哲龍
飛恢崇道教樂正雅頌於是乎在江揚二州先漸聲教學士遺文於今
爲盛然方疇昔猶千之一臣學不章句才不弘通方之華寔儒風殊邈
思竭駑駘庶增萬分願斯道隆於百世之上搢紳詠於千載之下伏聞
節省之制皆三分置二博士舊置十九人今五經合九人準古計今猶
未能半宜及節省之制以時施行今九人以外猶宜增四願陛下萬機
餘暇時垂省覽宜爲鄭易置博士一人鄭儀禮博士一人春秋公羊博

晉列四十五　十一

士一人穀梁博士一人昔周之衰下陵上替上無天子下無方伯善者
誰賞惡者誰罰孔子懼而作春秋諸侯諱妬懼犯時禁是以微辭妙旨
義不顯明故曰知我者其惟春秋罪我者其惟春秋時左丘明子夏造
膝親受無不精究孔子既沒微言將絕於是丘明退撰所聞而爲之傳
其書善禮多膏腴美辭張本繼末以發明經意信多奇偉學者好之稱
公羊高親受子夏立於漢朝辭義清儁斷決明審董仲舒之所善也穀
梁赤師徒相傳暫立於漢世向歆漢之碩儒猶父子各執一家莫肯相
從其書文清義約諸所發明或是左氏公羊所不載亦足有所訂正是
以三傳並行於先代通才未能孤廢今去聖久遠其文將墮與其過廢
寧與過立臣以爲三傳雖同曰春秋而發端異趣案如三家異同之說
此乃義則戰爭之場辭亦劍戟之鋒於理不可得共博士宜各置一人
以傳其學元帝詔曰崧表如此皆經國之務爲政所由息馬投戈猶可
講藝今雖日不暇給豈忘本而遺存邪可共博議者詳之議者多請從
崧所奏詔曰穀梁膚淺不足置博士餘如奏會王敦之難不行敦表以

崧爲尚書左僕射及帝崩羣臣議廟號王敦遣使謂曰豺狼當路梓
宮未反祖宗之號宜別思詳崧議以爲禮祖有功宗有德元皇帝天縱
聖哲光啓中興德澤侔於大戊功惠邁于漢宣臣敢依前典上號曰中
宗既而與敦書曰承以長蛇未翦別詳祖宗先帝應天受命以隆中興
中興之主寧可隨世數而遷毀敢率丹直詢之朝野上號中宗卜日有
期不及重請專輒之愆所不敢辭初敦待崧甚厚欲以爲司空於此銜
之而止太寧初加散騎常侍後領太子太傅以平王敦功更封平樂伯
坐使威儀爲猛獸所食免職後拜金紫光祿大夫錄尚書事散騎常侍
如故遷右光祿大夫開府儀同三司錄尚書如故又領秘書監給親兵
百二十人年雖衰老而孜孜典籍世以此嘉之蘇峻之役崧與王導陸
曄共登御牀擁衛帝及帝被逼幸石頭崧亦侍從不離帝側賊平帝幸
溫嶠舟崧時年老病篤猶力步而從咸和三年薨時年六十七贈侍中
謚曰敬其後著作郎虞預與丞相王導牋曰伏見前秘書光祿大夫荀
公生於積德之族少有儒雅之稱歷位內外在貴能降蘇峻肆虐乘輿

晉列四十五　十二

失幸公處嫌忌之地有累卵之危朝士爲之寒心論者謂之不免而公
將之以智險而不懾扶侍至尊繾綣不離雖無扶迎之勳宜蒙守節之
報且其宣慈之美早彰遠近朝野之望許以台司雖未正位已加儀同
至守終純固名定闔棺而薨卒之日直加侍中生有三槐之望沒無鼎
足之名寵不增於前榮不副於本望此一時愚智所慷慨也今承大
弊之後淳風頹散苟有一介之善宜在旌表之例而況國之元老志節
若斯者乎不從升平四年崧改葬詔賜錢百萬布五千匹有二子蕤羨
蕤嗣
蕤字令遠起家秘書郎稍遷尚書左丞蕤有儀操風望雅爲簡文帝所
重時桓溫平蜀朝廷欲以豫章郡封溫蕤言於帝曰若溫復假王威北
平河洛脩復園陵將何以加此於是乃止轉散騎常侍少府不拜出補
東陽太守除建威將軍吳國內史卒官子籍嗣位至散騎常侍大長秋
羨字令則清和有準纔年七歲遇蘇峻難隨父在石頭峻甚愛之恒
置膝上羨陰白其母曰得一利刀子足以殺賊母掩其口曰無妄言年

十五將尚尋陽公主羨不欲連婚帝室仍遠遁去監司追不獲已乃出尚主拜駙馬都尉弱冠與琅邪王洽齊名沛国劉惔太原王濛陳郡殷浩並與交好驃騎將軍何充出鎮京口請為參軍穆帝又以為撫軍參軍徵補太常博士皆不就後拜秘書丞義興太守征北將軍褚裒以為長史既到裒謂佐史曰荀生資逸羣之氣將有沖天之舉諸君宜善事之尋遷建威將軍吳国內史除北中郎將徐州刺史監徐兗二州揚州之晉陵諸軍事假節殷浩以羨在事有能名故居以重任時年二十八中興方伯未有如羨之少者羨至鎮發二州兵使參軍鄭襲戍淮陰羨尋北鎮淮陰屯田于東陽之石鼈尋加監青州諸軍事又領兗州刺史鎮下邳羨自鎮來朝時蔡謨固讓司徒不起中軍將軍殷浩欲加大辟以問於羨羨曰蔡公今日事危明日必有桓文之舉浩乃止及慕容儁攻段蘭於青州詔使羨救之儁將王騰趙盤寇琅邪鄄城北境騷動羨討之擒騰盤迸走軍次琅邪而蘭已沒羨退還下邳留將軍諸葛攸高平太守劉莊等三千人守琅邪參軍戴遂蕭鎋二千人守泰山是

晉 列四十五　十三

時慕容蘭以數萬衆屯汴城甚為邊害羨自光水引汶通渠至于東阿以征之臨陣斬蘭帝將封之羨固辭不受先是石季龍死胡中大亂羨撫納降附甚得衆心以疾篤解職後除右軍將軍加散騎常侍讓不拜升平二年卒時年三十八帝聞之歎曰荀令則王敬和相繼凋落股肱腹心將復誰寄乎追贈驃騎將軍

范汪字玄平雍州刺史晷之孫也父稚早卒汪少孤貧六歲過江依外家新野庾氏荊州刺史王澄見而奇之曰興范族者必是子也年十三喪母居喪盡禮親鄰哀之及長好學外氏家貧無以資給汪乃廬于園中布衣蔬食然薪寫書寫畢誦讀亦遍遂博學多通善談名理弱冠至京師屬蘇峻作難王師敗績汪乃遁逃西歸庾亮溫嶠屯兵尋陽時行李斷絕莫知峻之虛實咸恐賊彊未敢輕進及汪至嶠等訪之汪曰賊政令不一貪暴縱橫滅亡已兆雖彊易弱朝廷有倒懸之急宜時進討嶠深納之是日護軍平南二府礼命交至始解褐參護軍事賊平賜爵都鄉侯復為庾亮平西參軍從討郭默進爵亭侯辟司空郗鑒掾

除宛陵令復參亮征西軍事轉州別駕汪為亮佐吏十有餘年甚相欽待轉鷹揚將軍安遠護軍武陵內史徵拜中書侍郎時庾翼將悉郢漢之衆以事中原軍次安陸尋轉屯襄陽汪上疏曰臣伏思安西將軍翼今至襄陽倉卒攻討凡百草創安陸之調不復為襄陽之用而玄冬之月沔漢乾涸皆當魚貫而行排推而進設一處有急勢不相救臣所至慮一也又既至之後桓宣當出宣往實翦豺狼之林招攜貳之衆待之以至寬御之以無法田疇墾闢生產始立而當移之至有嗷然悔吝難測臣所至慮二也襄陽頓益數萬口奉師之費皆當出於江南運漕之難船人之力不可不熟計臣之所至慮三也且申伯之尊而與邊將並驅又東軍不進殊為孤縣兵書云知彼知此百戰不殆知彼不知此一勝一負賊誠衰弊然得臣猶在我雖方隆今實未暇而連兵不解患難將起臣所至慮四也翼豈不知兵家所忌常在於此顧以門戶事任憂責莫大晏然終年非心情所安是以抗表輒行畢命原野以翼宏規經略文武用命忽遇釁會大事便濟然國家之慮常以萬全非至安至審

晉 列四十五　十四

王者不舉臣謂宜嚴詔諭翼還鎮養銳以為後圖若少合聖聽乞密出臣表與車騎臣冰等詳共集議尋而驃騎將軍何充輔政請為長史桓溫代翼為荊州復以汪為安西長史溫西征蜀委以留府蜀平進爵武興縣侯而溫頻請為長史江州刺史皆不就自請還京求為東陽太守溫甚恨焉在郡大興學校甚有惠政頃之召入頻遷中領軍本州大中正時簡文帝作相甚相親昵除都督徐兗青冀四州揚州之晉陵諸軍事安北將軍徐兗二州刺史假節既而桓溫北伐令汪率文武出梁國以先期免為庶人朝廷憚溫不敢執談者為之歎恨汪屏居吳郡從容講肆不言枉直後至姑孰見溫溫時方起屈滯以傾朝廷謂汪遠來詣己傾身引望謂袁宏曰范公來可作太常邪汪既至纔坐溫謝其遠來意汪實來造溫恐以趨時致損乃曰亡兒瘞此故來視之溫殊失望而止時年六十五卒于家贈散騎常侍諡曰穆長子康嗣早卒康弟寗最知名

寗字武子少篤學多所通覽簡文帝為相將辟之為桓溫所諷遂寢不

行故終温之世兄弟無在列位者時以浮虛相扇儒雅日替寗以為其源始於王弼何晏二人之罪深於桀紂乃著論曰或曰黄唐緬邈至道淪翳濠濮輟詠風流靡託爭奪兆於仁義是非成於儒墨平叔神懷超絕輔嗣妙思通微振千載之頹綱落周孔之塵網斯蓋軒冕之龍門濠梁之宗匠嘗聞夫子之論以為罪過桀紂何哉荅曰子信有聖人之言乎夫聖人者德侔二儀道冠三才雖帝皇殊號質文異尚而統天成務曠代齊趣王何蔑棄典文不遵禮度游辭浮說波蕩後生飾華言以翳實騁繁文以惑世搢紳之徒翻然改轍洙泗之風緬焉將墜遂令仁義幽淪儒雅蒙塵禮壞樂崩中原傾覆古之所謂言偽而辯行僻而堅者其斯人之徒歟昔夫子斬少正於魯太公戮華士於齊豈非曠世而同誅乎桀紂暴虐正足以滅身覆國為後世鑒戒耳豈能迴百姓之視聽哉王何叨海內之浮譽資膏粱之傲誕畫魑魅以為巧扇無檢以為俗鄭聲之亂樂利口之傾邦信矣哉吾固以為一世之禍輕歷代之罪重自喪之釁小迷衆之愆大也寗崇儒抑俗率皆如此温薨之後

始解褐為餘杭令在縣興學校養生徒絜己脩禮志行之士莫不宗之朞年之後風化大行自中興已來崇學敦教未有如寗者也在職六年遷臨淮太守封陽遂鄉侯頃之徵拜中書侍郎在職多所獻替有益政道時更營新廟博求辟雍明堂之制寗據經傳奏上皆有典證孝武帝雅好文學甚被親愛朝廷疑議輒諮訪之寗指斥朝士直言無諱王國寶寗之甥也以諂媚事會稽王道子懼為寗所不容乃相驅扇因被疎隔求補豫章太守帝曰豫章不宜太守何急以身試死邪寗不信卜占固請行臨發上疏曰臣聞道尚虛簡政貴平靜坦公亮於幽顯流子愛於百姓然後可以經夷險而不憂乘休否而常夷先王所以致太平如此而已今四境晏如烽燧不舉而倉庫虛耗帑藏空匱古者使人歲不過三日今之勞擾殆無三日休停至有殘刑剪髮要復除生兒不復舉養鰥寡不敢妻娶豈不怨結人鬼感傷和氣臣恐社稷之憂積薪不足以為喻臣久欲粗啟所懷日復一日今當永離左右不欲令心有餘恨請出臣啟事付外詳擇帝詔公卿牧守普議得失寗又陳時政曰古

者分土割境以益百姓之心聖王作制籍無黄白之別昔中原喪亂流寓江左庶有旋反之期故許其挾注本郡自爾漸久人安其業丘壟墳柏皆已成行雖無本邦之名而有安土之實今宜正其封疆以土斷人戶明考課之科脩閭伍之法難者必曰人各有桑梓俗自有南北一朝屬戶長為人隸君子則有土風之慨小人則懷下役之慮斯誠并兼者之所執而非通理者之篤論也古者失地之君猶臣所寓之主列國之臣亦有違適之禮隨會仕秦致稱春秋樂毅宦燕見褒良史且今普天之人原其氏出皆隨世遷移何至於今而獨不可凡荒郡之人星居東西遠者千餘近者數百而舉召役調皆相資須期會差違輒致嚴坐人不堪命叛為盜賊是以山湖日積刑獄愈滋今荒小郡縣皆宜并合不滿五千戶不得為郡不滿千戶不得為縣守宰之任宜得清平之人頃者選舉惟以卹貧為先雖制有六年而富足便退又郡守長吏牽置無常或兼臺職或帶府官夫府以統州州以監郡郡以莅縣如令互相領帖則是下官反為上司賦調役使無復節限且牽曳百姓營起廨

舍東西流遷人人易處文書簿籍少有存者先之室宇皆為私家後來新官復應脩立其為弊也胡可勝言又方鎮去官皆割精兵器仗以為送故米布之屬不可稱計監司相容初無彈糾其中或有清白亦復不見甄異送兵多者至有千餘家少者數十戶既力入私門復資官廩布兵役既竭枉服良人牽引無端以相充補若是功勳之臣則已享裂土之祚豈應封外復置吏兵乎謂送故之格宜為節制以三年為斷夫人性無涯奢儉由勢今并兼之士亦多不贍非力不足以厚身非祿不足以富家是得之有由而用之無節蒱酒永日馳騖卒年一宴之饌費過十金麗服之美不可貲筭盛狗馬之飾營鄭衛之音南畝廢而不墾講誦闕而無聞凡庸競馳傲誕成俗謂宜驗其鄉黨考其業尚試其能否然後升進如此匪惟家給人足賢人豈不繼踵而至哉官制謫兵不相襲代頃者小事便以補役一愆之違辱及累世親戚傍支罹其禍毒戶口減耗亦由於此皆宜料遣以全国信礼十九為長殤以其未成人也十五為中殤以為尚童幼也今以十六為全丁則備成人之役矣

以十三爲半丁所任非復童幼之事矣豈可傷天理違經典困苦萬姓乃至此乎今宜修禮文以二十爲全丁十六至十九爲半丁則人無夭折生長滋繁矣帝善之初甯之出非帝本意故所啓多合旨甯在郡又大設庠序遣人往交州採磬石以供學用改革舊制不拘常憲遠近至者千餘人資給衆費一出私祿并取郡四姓子弟皆充學生課讀五經又起學臺功用彌廣江州刺史王凝之上言曰豫章郡居此州之半太守臣甯入參機省出宰名郡而肆其奢濁所爲狼藉郡城先有六門甯悉改作重樓復更開二門合前爲八私立下舍七所臣伏尋宗廟之設各有品秩而甯自置家廟又下十五縣皆使左宗廟右社稷準之太廟皆資人力又奪人居宅工夫萬計甯若以古制宜崇自當列上而敢專輒惟在任心州既聞知即符從事制不復聽而甯嚴威屬縣惟令速立願出臣表下太常議之禮典詔曰漢宣云可與共治天下者良二千石也若范甯果如凝之所表者豈可復宰郡乎以此抵罪子泰時爲天門太守棄官稱訴帝以甯所務惟學事久不判會赦免初甯嘗患目痛就中書侍郎張湛求方湛因嘲之曰古方宋陽里子少得其術以授魯東門伯魯東門伯以授左丘明遂世世相傳及漢杜子夏鄭康成魏高堂隆晉左太沖凡此諸賢並有目疾得此方云用損讀書一減思慮二專內視三簡外觀四旦晚起五夜早眠六凡六物熬以神火下以氣簁蘊於胸中七日然後納諸方寸脩之一時近能數其目睫遠視尺捶之餘長服不已洞見牆壁之外非但明目乃亦延年既免官家于丹陽猶勤經學終年不輟年六十三卒于家初甯以春秋穀梁氏未有善釋遂沉思積年爲之集解其義精審爲世所重既而徐邈復爲之注世亦稱之子泰元熙中爲護軍將軍

堅字子常博學善屬文永嘉中避亂江東拜佐著作郎撫軍參軍討蘇峻賜爵都亭侯累遷尚書左丞時廷尉奏殿中帳吏邵廣盜官幔三張合布三十四有司正刑棄市廣二子宗年十三雲年十一黃幡撾登聞鼓乞恩辭求自沒爲奚官奴以贖父命尚書郎朱暎議以爲天下之人父無子者少一事遂行便成永制懼死罪之刑於此而弛堅亦同暎議時議者以廣爲鉗徒二兒沒入既足以懲姦使百姓知父子之道聖朝有垂恩之仁可特聽減廣死罪爲五歲刑宗等付奚官爲奴而不爲永制堅駮之曰自淳朴澆散刑辟仍作刑之所以止刑殺之所以止殺雖時有赦過宥罪議獄緩死未有行小不忍而輕易典刑者也且既許宗等宥廣以死若復有宗比而不求贖父者豈得不擯絶人倫同之禽獸邪按主者今奏云惟特聽宗等而不爲永制臣以爲王者之作動關盛衰嚬笑之間尚慎所加況於國典可以徒虧今之所以宥廣正以宗等耳人之愛父誰不如宗今既居然許宗之請將來訴者何獨匪民特聽之意未見其益不以爲例交與怨讟此爲施一恩於今而開萬怨於後也成帝從之正廣死刑後遷護軍長史卒官子啓字榮期雖經學不及堅而以才義顯於當世于時清談之士庾龢韓伯袁宏等並相知友爲祕書郎累居顯職終於黃門侍郎父子並有文筆傳於世

劉惔字眞長沛國相人也祖宏字終嘏光祿勳宏兄粹字純嘏侍中弟潢字沖嘏吏部尚書並有名中朝時人語曰洛中雅雅有三嘏父耽晉

陵太守亦知名惔少清遠有標奇與母任氏寓居京口家貧織芒屩以爲養雖蓽門陋巷晏如也人未之識惟王導深器之後稍知名論者比之袁羊惔喜還告其母其母聰明婦人也謂之曰此非汝比勿受之又有方之范汪者惔復喜母又不聽及惔年德轉升論者遂比之荀粲尚明帝女廬陵公主以惔雅善言理簡文帝初作相與王濛並爲談客俱蒙上賓禮時孫盛作易象妙於見形論帝使殷浩難之不能屈帝曰使眞長來故應有以制之乃命迎惔盛素敬服惔及至便與抗答辭甚簡至盛理遂屈一坐撫掌大笑咸稱美之累遷丹楊尹爲政清整門無雜賓時百姓頗有訟官長者諸郡往往有相舉正惔歎曰夫居下訕上此弊道也古之善政司契而已豈不以其敦本正源鎭靜流末乎君雖不君下安可以失禮若此風不革百姓將往而不反遂寢而不問性簡貴與王羲之雅相友善郗愔有傖奴善知文章羲之愛之每稱奴于惔惔問何如方回羲之曰小人耳何比郗公惔曰若不如方回故常奴耳桓溫嘗問惔會稽王談更進邪惔曰極進然故第三流耳溫曰第一復

誰惔曰故在我輩其高自標置如此惔每奇温才而知其有不臣之迹
及温爲荆州惔言於帝曰温不可使居形勝地其位號常宜抑之勸帝
自鎭上流而已爲軍司帝不纳又請自行復不聽及温伐蜀時咸謂未
易可制惟惔以爲必剋或問其故云以蒱博驗之其不必得則不爲也
恐温終專制朝廷及後竟如其言常薦吳郡張憑憑卒爲美士衆以此
服其知人尤好老莊任自然趣疾篤百姓欲爲之祈禱家人又請祭神
惔曰丘之禱久矣年三十六卒官孫綽爲之誄云居官无官官之事処
事无事事之心時人以爲名言後綽常詣褚裒言及惔流涕曰可謂人
之云亡邦国殄瘁裒大怒曰真長生平何嘗相比數而卿今日作此面
向人邪其爲名流所敬重如此
張憑字長宗祖鎭蒼梧太守憑年數歲鎭謂其父曰我不如汝有佳兒
憑曰阿翁詎宜以子戲父邪及長有志氣爲鄉閭所稱舉孝廉負其才
自謂必參時彦初欲詣惔鄉里及同舉者共笑之既至惔処之下坐神
意不接憑欲自發而无端會王濛就惔清言有所不通憑於末坐判之
晉百列四五　十九
言旨深遠足暢彼我之懷一坐皆驚惔延之上坐清言弥日留宿至旦
遣之憑既還船須臾惔遣傳教覓張孝廉船便召与同載遂言之於簡
文帝帝召与語歎曰張憑勃窣爲理窟官至吏部郎御史中丞
韓伯字康伯潁川長社人也母殷氏高明有行家貧窶伯年數歲至大
寒母方爲作襦令伯捉熨斗而謂之曰且著襦尋當作複褌伯曰不復
須母問其故對曰火在斗中而柄尚熱今既著襦下亦當煖母甚異之
及長清和有思理留心文藝舅殷浩稱之曰康伯能自標置居然是
出羣之器潁川庾龢名重一時少所推服常稱伯及王坦之曰思理倫和
我敬韓康伯志力彊正吾愧王文度自此以還吾皆百之矣舉秀才徵
佐著作郎並不就簡文帝居藩引爲談客自司徒左西屬轉撫軍掾中
書郎散騎常侍豫章太守入爲侍中陳郡周勰爲謝安主簿居喪廢礼
崇尚莊老脫落名教伯領中正不通勰議曰拜下之敬猶違衆從礼情
理之極不宜以多比爲通時人憚焉識者謂伯可謂澄世所不能澄而
裁世所不能裁者矣与夫容己順衆者豈得同時而共稱哉王坦之又

嘗著公謙論袁宏作論以難之伯覽而美其辭旨以爲是非既辯誰与
正之遂作辯謙以折中曰夫尋理辯疑必先定其名分所存所存既明
則彼我之趣可得而詳也夫謙之爲義存乎降己者也以高從卑以賢
同鄙故謙名生焉孤寡不穀人之所惡而侯王已自稱降其貴者也執
御執射衆之所賤而君子以自目降其賢者也与夫山在地中之象其
致豈殊哉捨此二者而更求其義雖南轅求宜終莫近也夫有所貴故
有降焉夫有所美故有謙焉譬影響之与形声相与而立道足者
忘貴賤而一賢愚躰公者乘理當而均彼我降挹之義於何而生則謙
之爲美固不可以語至足之道渉乎大方之家矣然君子之行已必尚
於至當而必造乎匿善至理在乎无私而動之於降已者何誠由未能
一觀於能鄙則貴賤之情立非忘懷於彼我則私已之累存當其所貴
在我則矜值其所賢能之則伐處貴非矜而矜已者常有其貴言善非
伐而伐善者驟稱其能是以知矜貴之傷德著故宅心於卑素悟驟稱
之虧理者故情存於不言情存於不言則善斯匿矣宅心於卑素則貴
晉百列四五　二十
斯降矣夫所況君子之流苟理有未尽情有未夷存我之理未宜於内
豈不同心於降挹洗之所滞哉躰有而擬无者聖人之德有累而存理
者君子之情雖所滞不同其於遣之緣有弊而用降已之道由私我而
存一也故懲忿窒欲著於損象卑以自牧實繫謙爻皆所以存其所
不足拂其所有餘者也王生之談以至理无謙近得之矣云人有争心
善不可收假後物之迹以逃動者之患以語聖賢則可施之於下斯者
豈惟逃患於外亦所以洗心於内也轉丹楊尹吏部尚書領軍將軍既
疾病占候者云不宜此官朝廷改授太常未拜卒時年四十九即贈太
常子璯官至衡陽太守
史臣曰王湛門資台鉉地處膏腴識表鄰幾才惟王佐叶宣尼之遠契
翫道韋編遵伯陽之幽旨含虚牝谷所謂天質不雕合於大朴者也安
期英姿挺秀籍甚一時朝野挹其風流人倫推其表燭雖崇勳懋績有
闕於旂常素德清規足傳於汗簡矣懷祖鑒局夷遠沖衿玉粹坦之
牆宇凝曠逸操金貞騰諷庾之良箋情嗤語怪演廢莊之宏論道

煥崇儒或寄重文昌允釐於袞職或任華綸閣密勿於王言咸能克著
徽音保其榮秩美矣國寶檢行無聞坐升彼相混暗識於心鏡開險路
於情田于時疆埸多虞憲章罕備天子居綴旒之運人臣微覆餗之憂
於是竊勢擁權黷明王之彝典窮奢縱侈假凶豎之餘威繡桷雕楹陵
跨於宸極驪台冶質充牣於帷房亦猶犬彘腴肥不知禍之將及告盡
私室固其宜哉荀景猷履孝居忠無慙往烈范玄平陳謀獻策有會時
機崧則思業該通緝遺經於已紊汪則風飈直亮抗高節於將顛揚搉
而言俱爲雅士劉韓儁爽標置軼羣勝氣籠霄飛談卷霧並蘭芬菊
耀無絕於終古矣

贊曰顗沖純懿是稱奇器養素虛庭同塵下位雅道雖屈高風不墜猗
歟後胤世傳清德帝室馳芬士林揚則國寶庸暗託意驕奢既豐其
屋終蔀其家荀范令望金聲遠暢劉韓秀士珠談間起異術同華葳蕤
青史

列傳第四十五　晉書七十五

列傳第四十六　晉書七十六　御撰

王舒子允之　王廙弟彬　彬子彪之　王稜
虞潭孫嘯父　兄子騑　顧衆　張闓

王舒字處明丞相導之從弟也父會侍御史舒少爲從兄敦所知以天
下多故不營當時名恒處私門潛心學植年四十餘州禮命太傅辟皆
不就及敦爲青州舒往依焉時敦被徵爲秘書監以寇難路險輕騎歸
洛陽委棄公主時輜重金寶甚多親賓無不競取惟舒一無所眄益爲
敦所賞及元帝鎮建康因與諸父兄弟俱渡江委質焉參鎮東軍事出
補溧陽令明帝之爲東中郎將妙選上佐以舒爲司馬轉後將軍宣城
公褚裒諮議參軍遷軍司固辭不受裒鎮廣陵復以舒爲車騎司馬頻
領望府咸稱明練裒薨遂代裒鎮除北中郎將監青徐二州軍事頃之
徵國子博士加散騎常侍未拜轉少府太寧初徙廷尉敦表舒爲鷹揚
將軍荊州刺史領護南蠻校尉監荊州沔南諸軍事及敦敗王含父子
俱奔舒舒遣軍逆之並沉于江進都督荊州平西將軍假節尋以陶侃
代舒轉舒爲安南將軍廣州刺史舒疾病不樂越嶺朝議亦以其有功
不應遠出乃徙爲湘州刺史將軍都督持節如故徵代鄧攸爲尚書僕
射時將徵蘇峻司徒王導欲出舒爲外援乃授撫軍將軍會稽內史秩
中二千石舒上疏辭以父名朝議以字同音異於禮無嫌舒復陳音雖
異而字同求換他郡於是改會字爲鄶舒不得已而行在郡二年而蘇
峻作逆乃假舒節都督行揚州刺史事時吳國內史庾冰棄郡奔舒舒
移告屬郡以吳王師虞斐爲軍司御史中丞謝藻行龍驤將軍監前鋒
征討軍事率衆一萬與庾冰俱渡浙江前義興太守顧衆護軍參軍顧
颺等皆起義軍以應舒舒假衆揚威將軍督護吳中軍事颺監晉陵軍
事於御亭築壘峻聞舒等兵起乃赦庾亮諸弟以悅東軍舒率衆次郡
之西江爲冰藻後繼冰颺等遣前鋒進據無錫遇賊將張健等數千人
交戰大敗奔還御亭復自相驚擾冰颺等並退于錢唐藻守嘉興賊遂
入吳燒府舍掠諸縣所在塗地舒以輕進奔敗斬二軍主者免冰颺督
護以白衣行事更以顧衆督護吳晉陵軍屯兵章埭吳興太守虞潭率

所領討徤屯烏苞亭並不敢進時暴雨大水賊管商乘舡旁出襲潭及
衆潭等奔敗潭還保吳興衆退守錢舒更遣將軍陳孺率精鋭千人增
戍海浦所在築壘或勸舒宜還都使謝藻守西陵扶海立柵舒不聽留
藻錢唐使衆颺守紫壁於是賊轉攻吳興潭諸軍復退賊復掠東遷餘
杭武康諸縣舒遣子允之行揚烈將軍與將軍徐遜陳孺及揚烈司馬
朱燾以精鋭三千輕邀賊於武康出其不意遂破之斬首數百級賊悉
委舟步走允之收其器械進兵助潭時賊韓晃既破宣城轉入故鄣長
城允之遣朱燾何準等擊之戰於于湖潭以彊弩射之晃等退走斬首
千餘級納降二千人潭由是得保郡是時臨海新安諸山縣並反應賊
舒分兵悉討平之會陶侃等至京都舒潭等並以屢戰失利移書盟府
自貶去節侃遣使敦喻不聽及侃立行臺上舒監浙江東五郡軍事允
之督護吳郡義興晉陵三郡征討軍事既而晃等南走允之追躡於長
塘湖復大破之賊平以功封彭澤縣侯尋卒官贈車騎大將軍儀同三
司諡曰穆長子晏之蘇峻時爲護軍參軍被害晏之子崑之嗣卒子陋

之嗣宋受禪國除晏之弟允之最知名
允之字深猷揔角從伯敦謂爲似己恒以自隨出則同輿入則共寢敦
嘗夜飲允之辭醉先卧敦與錢鳳謀爲逆允之已醒悉聞其言慮敦或
疑己便於卧處大吐衣面並汚鳳既出敦果照視見允之卧吐中以爲
大醉不復疑之時父舒始拜廷尉允之求還定省敦許之至都以敦鳳
謀議事白舒舒即與導俱啓明帝舒爲荆州允之隨在西府及敦平帝
欲令允之仕舒請曰臣子尚少不樂早官帝許隨舒之會稽及蘇峻反
允之討賊有功封番禺縣侯邑千六百户除建武將軍錢唐令領司鹽
都尉舒卒去職既葬除義興太守以憂哀不拜從伯導與其書曰太保
安豐侯以孝聞天下不得辭司隸和長輿海内名士不免作中書令吾
羣從死亡略盡子弟零落遇汝如親如其不爾吾復何言允之固不肯
就咸和末除宣城内史監揚州江西四郡軍事建武將軍鎮于湖咸康中
進號西中郎將假節尋遷南中郎將江州刺史莅政甚有威惠時王恬
服闋除豫章郡允之聞之驚愕以爲恬丞相子應被優遇不可出爲遠

郡乃求自解州欲與庾冰言之冰聞甚愧即以恬爲吳郡而以允之爲
衞將軍會稽内史未到卒年四十謚曰忠子晞之嗣卒子肇之嗣
王廙字世將丞相導從弟而元帝姨弟也父正尚書郎廙少能屬文多
所通涉工書畫善音樂射御博弈雜伎辟太傅掾轉參軍豫迎大駕封
武陵縣侯拜尚書郎出爲濮陽太守元帝作鎮江左廙棄郡過江帝見
之大悦以爲司馬頻守廬江鄱陽二郡豫討周馥杜弢以功累增封邑
除冠軍將軍鎮石頭領丞相軍諮祭酒王敦啓爲寧遠將軍荆州刺史
及帝即位廙奏中興賦上疏曰臣託備肺腑幼蒙洪潤爰自齠齓至于
弱冠陛下之所撫育恩侔於兄弟義同於交友思欲攀龍鱗附鳳翼者
有年矣是以昔忝濮陽棄官遠跡扶侍老母攜將細弱越長江歸陛下
者誠以道之所存願託餘蔭故也天誘其願遇陛下中興當大明之盛
而守局遐外不得奉瞻大禮聞問之日悲喜交集昔司馬相如不得覩
封禪之事慷慨發憤況臣情則骨肉服膺聖化哉又臣昔嘗侍坐於先
后說陛下誕育之日光明映室白毫生於額之左相者謂當王有四海

又臣以壬申歲見用爲鄱陽内史七月四星聚于牽牛又臣郡有枯樟
更生及臣後還京都陛下見臣白兔命臣作賦時琅邪郡又獻甘露陛
下命臣嘗之又驃騎將軍導向臣說晉陵有金鐸之瑞郭璞云必致中
興璞之爻筮雖京房管輅不過也明天之歷數在陛下矣臣少好文學
志在史籍而飄放遐外常與桀寇爲對臣犬馬之年四十三矣未能上
報天施而愆咎屢彰恐先朝露填溝壑令微情不得上達謹竭其頑獻
中興賦一篇雖未足以宣揚盛美亦是詩人嗟歎詠歌之義也文多不
載初王敦左遷陶侃使廙代爲荆州將吏馬儁鄭攀等上書請留侃敦
不許廙爲儁等所襲奔于江安賊杜曾與儁攀北迎第五猗以距廙廙
督諸軍討曾又爲曾所敗敦命湘州刺史甘卓豫章太守周廣等助廙
擊曾曾衆潰廙得到州廙性儁率嘗從南下旦自尋陽迅風飛帆暮
至都倚舫樓長嘯神氣甚逸王導謂庾亮曰世將爲傷時識事亮曰正
足舒其逸氣耳廙在州大誅戮侃時將佐及徵士皇甫方回於是大失荆
土之望人情乖阻帝乃徵廙爲輔國將軍加散騎常侍以母喪去職服

闕拜征虜將軍進左衛將軍及王敦構禍帝遣廙喩敦既不能諫其悖逆乃爲敦所留受任助亂敦得志以廙爲平南將軍領護南蠻校尉荆州刺史尋病卒帝猶以親故深痛愍之喪還京都皇太子親臨拜柩如家人之禮贈侍中驃騎將軍謚曰康明帝與大將軍溫嶠書曰痛謝鯤未絶於口世將復至於此並盛年儁才不遂其志痛切于心廙明古多通鯤遠有識致其言雖未足令人改聽然味之不倦近未易有也坐相視盡如何子頤之嗣位至東海内史頤之弟胡之字脩齡弱冠有聲譽歷郡守侍中丹楊尹素有風眩疾發動甚數而神明不損石季龍死朝廷欲綏輯河洛以胡之爲西中郎將司州刺史假節以疾固辭未行而卒子茂之亦有美譽官至晉陵太守子敬弘義熙末爲尚書郎彬字世儒少稱雅正弱冠不就州郡之命光禄大夫傅祗辟爲掾後與兄廙俱渡江爲揚州刺史劉機建武長史元帝引爲鎮東賊曹參軍轉典兵參軍豫討華軼功封都亭侯愍帝召爲尚書郎以道險不就遷建安太守從義興内史未之職轉軍諮祭酒中興建稍遷侍中從兄敦舉兵入石頭

晉 列傳四十六 四

帝使彬勞之會周顗遇害彬素與顗善先往哭顗甚慟既而見敦敦怪其有慘容而問其所以彬曰向哭伯仁情不能已敦怒曰伯仁自致刑戮且凡人遇汝復何爲者哉彬曰伯仁長者君之親友在朝雖無謇諤亦非阿黨而赦後加之極刑所以傷惋也因勃然數敦曰兄抗旌犯順殺戮忠良謀圖不軌禍及門户音辭慷慨聲淚俱下敦大怒厲聲曰爾狂悖乃可至此爲吾不能殺汝邪時王導在坐爲之懼勸彬起謝彬曰有脚疾已來見天子尚欲不拜何跪之有此復何所謝敦曰脚痛孰若頸痛彬意氣自若殊無懼容後敦議舉兵向京師彬諫甚苦敦變色目左右將收彬彬正色曰君昔歲害兄今又殺弟邪先是彬從兄豫章太守棱爲敦所害敦以彬親故容忍之俄而以彬爲豫章太守彬爲人樸素方直乏風味之好雖居顯貴常布衣蔬食遷前將軍江州刺史及敦死王含欲投王舒王應勸含投彬含曰大將軍平素與江州云何汝欲歸之應曰此乃所以宜往也江州當人強盛時能立同異此非常人所及覩衰危必興愍惻荆州守文豈能意外行事含不從遂共投舒舒果沉含父子于江彬聞應來密具船以待之既不至深以爲恨敦平有司奏彬及兄子安成太守籍之並是敦親皆除名詔曰司徒導以大義滅親其後昆雖或有違猶將百世宥之況彬等公之近親乃原之徵拜光禄勳轉度支尚書蘇峻平後改築新宮彬爲大匠以營創勳勞賜爵關内侯遷尚書右僕射卒官年五十九贈特進衛將軍加散騎常侍謚曰肅長子彭之嗣位至黄門郎次彪之最知名

彪之字叔武年二十鬚鬢皓白時人謂之王白鬚初除佐著作郎東海王文學從伯導謂曰選官欲以汝爲尚書郎汝幸可作諸王佐邪彪之曰位之多少既不足計自當任之於時至於超遷是所不願遂爲郎鎮軍將軍武陵王晞以爲司馬累遷尚書左丞司徒左長史御史中丞侍中廷尉時永嘉太守謝毅赦後殺郡人周矯矯從兄球詣州訴冤揚州刺史殷浩遣從事收毅付廷尉彪之以球爲獄主身無王爵非廷尉所料不肯受與州相反覆穆帝發詔令受之彪之又上疏執據時人比之張釋之時當南郊簡文帝爲撫軍執政訪彪之應有赦不答曰中興

晉 列傳四十六 五

以來郊祀往往有赦愚意常謂非宜何者黎庶不達其意將謂郊祀必赦至此時凶愚之輩復生心於僥倖矣遂從之轉吏部尚書簡文有命用秣陵令曲安遠補句容令殿中侍御史奚朗補湘東郡彪之執不從曰秣陵令三品縣耳殿下昔用安遠談者紛然句容近畿三品佳邑豈可處卜術之人無才用者邪湘東雖復遠小所用未有朗比談者謂頗兼卜術得進殿下若超用寒悴當令人才可拔朗等凡器實未足充此選太尉桓溫欲北伐屢詔不許溫輒下武昌人情震懼或勸殷浩引身告退彪之言於簡文曰此非保社稷爲殿下計皆自爲計耳若殷浩去職人情崩駭天子獨坐既爾當有任其責者非殿下而誰又謂浩曰彼抗表問罪卿爲其首事任如此猜釁已構欲作匹夫豈有全地邪且當靜以待之令相王與手書示以款誠陳以成敗當必旋旆若不順命即遣中詔如復不奉乃當以正義相裁無故怱怱先自猖蹶浩曰決大事正自難頃日來欲使人悶聞卿此謀意始得了溫亦奉帝旨果不進時衆官漸多而遷徙每速彪之上議曰爲政之道以得賢爲急非

謂雍容廊廟標的而已固將莅任贊時職思其憂也得賢之道在於莅任莅任之道在於能久久於其道天下化成是以三載考績三考黜陟不收一切之功不採速成之譽故勳格辰極道融四海風流遐瀰聲冠百代凡庸之族衆賢能之才寡才寡於世而官多於朝焉得不賢鄙共貫清濁同官官衆則缺多缺多則遷速前後去來更相代補非爲故然理固然耳所以職事未修朝風未澄者也職事之修在於省官朝風之澄在於并職官省則選清而得久職并則吏簡而俗靜選清則勝人久於其事事久則中才猶足有成今內外百官較而計之固應有并省者矣六卿之任太常望雅而職重然其所司義高務約宗正所統蓋尠可以并太常宿衛之重二衞任之其次驍騎左軍各有所領無兵軍校皆應罷廢四軍皆罷則左軍之名不宜獨立宜改游擊以對驍騎內官自侍中以下舊員皆四中興之初二人而已二人對直或有不周愚謂三人於事則無闕也九餘諸官無綜事實者可令大官隨才位所帖而領之若未能頓廢自可因缺而省之委之以職分責之以有成能否因考績

而著清濁隨黜陟而彰雖緝熙之隆康哉之歌未可使庶官之選差清莅職之日差久無奉祿之虛費簡吏寺之煩役矣永和末多疾疫舊制朝臣家有時疾染易三人以上者身雖無疾百日不得入宮至是百官多列家疾不入彪之又言疾疫之年家無不染若以之不復入宮則直侍頓闕王者宮省空矣朝廷從之既而長安人雷弱兒梁安等詐云殺苻健苻眉請兵應接時殷浩鎮壽陽便進據洛營復山陵屬彪之疾歸上簡文帝牋陳弱兒等容有詐僞浩未應輕進尋而弱兒果詐姚襄反叛浩大敗退守譙城簡文笑謂彪之曰果如君言自頃以來君謀無遺策張陳復何以過之轉領軍將軍遷尚書僕射以病疾不拜徙太常領崇德衞尉時或謂簡文曰武陵第中大脩器杖將謀非常也簡文以問彪之彪之曰武陵王志意盡於馳騁田獵耳願深靜之以懷異同者或復以此爲言簡文甚悅復轉尚書僕射時豫州刺史謝奕卒簡文遽使彪之舉可以代奕者對曰當今時賢備簡高監簡文曰人有舉桓雲者君謂如何彪之曰雲不必非才然溫居上流割天下之半其弟復處西藩兵權盡在一門亦非深根固蔕之宜也人才非可豫量但當令不與殿下作異者耳簡文頷曰君言是也後以彪之爲鎮軍將軍會稽內史加散騎常侍居郡八年豪右斂跡亡戶歸者三萬餘口桓溫下鎮姑孰威勢震主四方脩敬皆遣上佐綱紀彪之獨曰大司馬誠爲富貴朝廷既有宰相動靜之宜自當諮稟脩敬若遣綱紀致貢天子復何以過之竟不遣溫以山陰縣折布米不時畢郡不彈糾上免彪之彪之去郡郡見罪謫未上州臺者皆原散之溫復以爲罪乃檻收下吏會赦免左降爲尚書頃之復爲僕射是時溫將廢海西公百寮震慄溫亦色動莫知所爲彪之既知溫不臣迹已著理不可奪乃謂溫曰公阿衡皇家便當倚傍先代耳命取霍光傳禮度儀制定於須臾曾無懼容溫歎曰作元凱不當如是邪時廢立之儀既絕於曠代朝臣莫有識其故典者彪之神彩毅然朝服當階文武儀準莫不取定朝廷以此服之溫又廢武陵王遵以事示彪之彪之曰武陵親尊未有顯罪不可以猜嫌之間便相廢徙公建立聖明遐邇歸心當崇獎王室伊周同美此大事宜更深詳溫曰此

已成事卿勿復言及簡文崩群臣疑惑未敢立嗣或云宜當須大司馬處分彪之正色曰君崩太子代立大司馬何容得異若先面諮必反爲所責矣於是朝議乃定及孝武帝即位太皇太后令以帝冲幼加在諒闇令溫依周公居攝故事事已施行彪之曰此異常大事大司馬必當固讓使萬機停滯稽廢山陵未敢奉令謹具封還內請停事遂不行溫遇疾諷朝廷求九錫袁宏爲文以示彪之彪之視訖歎其文辭之美謂宏曰卿固大才安可以此示人時謝安見其文又頻使宏改之宏遂逡巡其事既屢引日乃謀於彪之彪之曰聞彼病日增亦當不復支久自可更小遲迴宏從之溫亦尋薨時桓冲及安夾輔朝政安以新喪元輔主上未能親覽萬機太皇太后宜臨朝彪之曰先代前朝主在襁抱母子一體故可臨朝太后亦不能決政事終是顧問僕與君諸人耳今上年出十歲垂婚冠反令從嫂臨朝示人君幼弱豈是翼戴讚揚立德之謂乎二君必行此事豈僕所制所惜者大體耳時安不欲委任桓冲故使太后臨朝決政獻替專在乎己彪之不達安旨故以爲言安竟不從

壽遷尚書令與安共掌朝政安每曰朝之大事衆不能決者諮王公無
不得判以年老上疏乞骸骨詔不許轉拜護軍將軍加散騎常侍安欲
更營宮室彪之曰中興初即位東府殊為儉陋元明二帝亦不改制蘇
峻之亂成帝止蘭臺都坐殆不蔽寒暑是以更營修築方之漢魏誠
為儉狹復不至陋殆合豐約之中今自可隨宜增益修補而已強寇未
殄正是休兵養士之時何可大興功力勞擾百姓邪安曰宮室不壯後
世謂人無能彪之曰任天下事當保國寧家朝政惟允豈以修屋宇為
能邪安無以奪之故終彪之之世不改營焉加光祿大夫儀同三司未拜
疾篤帝遣黃門侍郎問所苦賜錢三十萬以營醫藥太元二年卒年
七十三即以光祿為贈謚曰簡二子越之撫軍參軍臨之東陽太守
稜字文子彬季父國子祭酒琛之子也少歷清官渡江為元帝丞相從
事中郎從兄導以稜有政事宜守大郡乃出為豫章太守加廣武將
軍稜知從兄敦驕傲自負有罔上心日夕諫諍以為宜自抑損推崇明
主且群從一門並相與服事應務相崇高以隆勳業每言甚切敦不能

容潛使人害之弟侃亦知名少歷顯職位至吳國內史
虞潭字思奧會稽餘姚人吳騎都尉翻之孫也父忠仕至宜都太守吳
之亡也堅壁不降遂死之潭清貞有檢操州辟從事主簿舉秀才大
司馬齊王冏請為祭酒除祁鄉令徙醴陵令值張昌作亂郡縣多從之
潭獨起兵斬昌別率鄧穆等襄陽太守華恢上潭領建平太守以疾固
辭遂周旋征討以軍功賜爵都亭侯陳敏反潭東下討敏弟讚於江
州廣州刺史王矩上潭領廬陵太守綏撫荒餘咸得其所又與諸軍共
平陳恢仍轉南康太守進爵東鄉侯尋被元帝檄使討江州刺史華軼
潭至廬陵會軼已平而湘川賊杜弢猶盛江州刺史衛展上潭并領安
成太守時甘卓屯宜陽為弢所逼潭進軍救卓卓上潭領長沙太守固
辭不就王敦版潭為湘東太守復以疾辭弢平後元帝召補丞相軍諮
祭酒轉琅邪國中尉帝為晉王除屯騎校尉徙右衛將軍遷宗正卿以
疾告歸會王含沈充等攻逼京都潭遂於本縣招合宗人及郡中大姓
共起義軍衆以萬數自假明威將軍乃進赴國難至上虞明帝手詔潭

為冠軍將軍領會稽內史潭即受命義衆雲集時有野鷹飛集屋梁
衆咸懼潭曰起大義而剛鷙之鳥來集破賊必矣遣長史孔坦領前鋒
過浙江追躡充潭次于西陵為坦後繼會充已擒罷兵徵拜尚書尋補
右衛將軍加散騎常侍成帝即位出為吳興太守秩中二千石加輔國
將軍以討充功進爵零陵縣侯蘇峻反加潭督三吳晉陵宣城義興五
郡軍事會王師敗績大駕逼遷潭勢弱不能獨振乃固守以俟四方之舉
會陶侃等下潭與郗鑒王舒協同義舉侃等假潭節監揚州浙江西軍
事潭率衆與諸軍并勢東西掎角遣督護沈伊距管商於吳縣為商
所敗潭自貶還節尋而峻平潭以母老輒去官還餘姚詔轉鎮軍將軍
吳國內史復徙會稽內史未發還復吳郡以前後功進爵武昌縣侯邑
一千六百戶是時軍荒之後百姓饑饉死亡塗地潭乃表出倉米振救之
又修滬瀆壘以防海抄百姓賴之咸康中進衛將軍潭貌雖和弱而內
堅明有膽決雖屢統軍旅而鮮有傾敗以母憂去職服闋以侍中衛將
軍徵既至更拜右光祿大夫開府儀同三司給親兵三百人侍中如故年

七十九卒于位追贈左光祿大夫開府侍中如故謚曰孝烈子仡嗣官至右
將軍司馬仡卒子嘯父嗣嘯父少歷顯位後至侍中為孝武帝所親愛
嘗侍飲宴帝從容問曰卿在門下初不聞有所獻替邪嘯父家近海謂
帝有所求對曰天時尚溫𩹉魚蝦鮓未可致尋當有所上獻帝大笑因
飲大醉出拜不能起帝顧曰扶虞侍中嘯父曰臣位未及扶醉不及亂非
分之賜所不敢當帝甚悅隆安初為吳國內史徵補尚書未發而王廞
舉兵版嘯父行吳興太守嘯父即入吳興應廞廞敗有司奏嘯父與廞
同謀罪應斬詔以祖潭舊勳聽以疾贖為庶人四年復拜尚書桓玄
用事以為太尉左司馬尋遷護軍將軍出為會稽內史義熙初去職
卒於家
駿字思行潭之兄子也雖機幹不及於潭然而素行過之與譙國桓彝
俱為吏部郎情好甚篤彝遣溫拜駿駿使子谷拜彝歷吳興太守金
紫光祿大夫王導常謂駿曰孔愉有公才而無公望丁潭有公望而無
公才兼之者其在卿乎官未達而喪時人惜之子谷位至吳國內史

顧衆字長始吳郡吳人驃騎將軍榮之族弟也父祕交州刺史有文武
才幹衆出後伯父早終事伯母以孝聞光祿朱誕器之州辟主簿舉秀
才除餘杭秣陵令並不行元帝爲鎮東將軍命爲參軍以討華軼功封
東鄉侯辟丞相掾祕卒州人立衆兄壽爲刺史尋爲州人所害衆往交
州迎喪值杜弢之亂崎嶇六年乃還祕曾莅吳興吳興義故以衆經離
寇難共遺錢二百萬一无所受及帝踐阼徵拜駙馬都尉奉朝請轉尚
書郎大將軍王敦請爲從事中郎上補南康太守會詔除鄱陽太守加
廣武將軍衆徑之鄱陽不過敦敦甚怪焉及敦構逆令衆出軍衆遲迴
不發敦大怒以軍期召衆還詰之聲色甚厲衆不爲動容敦意漸釋時
敦又怒宣城內史陸喈衆又辨明之敦長史陸玩在坐代衆危懼出謂衆
曰卿真所謂剛亦不吐柔亦不茹雖仲山甫何以加之敦事捷欲以衆爲
吳興內史衆固辭舉吏部郎桓彝亦讓衆事並不行敦鎮姑孰復以
衆爲從事中郎敦平除太子中庶子爲義興太守加揚威將軍蘇峻反
王師敗績衆還吳潛圖義舉時吳國內史庾冰奔于會稽峻以蔡謨代

之前陵江將軍張悊爲峻收兵於吳衆遣人喻悊悊從之衆乃遣郎
中徐機告謨曰衆已潛合家兵待時而奮又與張悊剋期效節謨乃檄
衆爲本國督護揚威將軍仍舊衆從弟護軍將軍颺爲威遠將軍前
鋒督護吳中人士同時響應峻遣將弘徽領甲卒五百鼓行而前衆
與颺悊要擊徽戰於高莋大破之收其軍實謨以冰當還任故便去郡
衆遣颺率諸軍屯无錫冰至鎮御亭恐賊從海虞道入衆自往備之而
賊率張健馬流攻无錫颺等大敗庾冰亦失守健等遂據吳城衆自海
虞由婁縣東倉與賊別率交戰破之義軍又集進屯烏苞會稽內史王
舒吳興內史虞潭並檄衆爲五郡大督護統諸義軍討健潭遣將姚
休爲衆前鋒與賊戰沒衆還守紫壁時賊黨方銳義軍沮退人咸勸
衆過浙江衆曰不然今保固紫壁可得全錢唐以南五縣若越他境便
爲寓軍控引无所非長計也臨平人范明亦謂衆曰此地險要可以致
寇不可委也衆乃版明爲參軍明率宗黨五百人合諸軍凡四千人復進
討健健退于曲阿留錢弘爲吳令軍次路丘即斬弘首衆進往吳城遣督

護朱祈等九軍與蘭陵太守李閎共守庱亭健遣馬流陶陽等往攻之
閎與祈等逆擊大破之斬首二千餘級峻平論功衆以承檄奮義推功
於謨謨以衆唱謀非己之力俱表相讓論者美之封鄱陽縣伯除平南
軍司不就更拜丹楊尹本國大中正入爲侍中轉尚書咸康末遷領軍
將軍揚州大中正固讓未拜以母憂去職穆帝即位何充執政復徵衆
爲領軍不起服闋乃就是時充與武陵王不平衆會通其間遂得和釋
充崇信佛教衆議其糜費每以爲言嘗與充同載經佛寺充要衆入
門衆不下車充以衆州里宿望每優遇之以年老上疏乞骸骨詔書不
許遷尚書僕射永和二年卒時年七十三追贈特進光祿大夫謚曰靖長
子昌嗣爲建康令第三子會中軍諮議參軍時稱美士
張闓字敬緒丹楊人吳輔吳將軍昭之曾孫也少孤有志操太常薛兼
進之於元帝言闓才幹貞固當今之良器即引爲安東參軍甚加禮遇
轉丞相從事中郎以母憂去職既葬帝強起之闓固辭疾篤優命敦
逼遂起視事及帝爲晉王拜給事黃門侍郎領本郡大中正以佐翼勳

賜爵丹楊縣侯遷侍中帝踐阼出補晉陵內史在郡甚有威惠帝下詔
曰夫二千石之任當勉勵其德綏齊所莅使寬而不縱嚴而不苛其於
勤功督察便國利人抑彊扶弱使無雜濫眞太守之任也若聲過其實
古人所不取攻乎異端爲政之甚害蓋所貴者本也闓遵而行之時所
部四縣並以旱失田闓乃立曲阿新豐塘溉田八百餘頃每歲豐稔葛洪
爲其頌計用二十一萬一千四百二十功以擅興造免官後公卿並爲之言
曰張闓興陂溉田可謂益國而反被黜使臣下難復爲善帝感悟乃下詔
曰丹楊侯闓昔以勞役部人免官雖從吏議猶未掩其忠節之志也倉
廩國之大本宜得其才今以闓爲大司農闓陳黜免始爾不宜便居九
列疏奏不許然後就職帝晏駕以闓爲大匠卿營建平陵事畢遷尚
書蘇峻之役闓與王導俱入宮侍衞峻使闓持節權督東軍王導潛
與闓謀密宣太后詔於三吳令速起義軍陶侃等至假闓節行征虜將
軍與振威將軍陶回共督丹楊義軍闓到晉陵使內史劉耽盡以一部
穀并遣吳郡度支運四部穀以給車騎將軍郗鑒又與吳郡內史蔡謨

前吳興內史虞潭會稽內史王舒等招集義兵以討峻峻平以尚書加散騎常侍賜爵宜陽伯遷廷尉以疾解職拜金紫光祿大夫尋卒時年六十四子混嗣闓撰表文議傳於世

史臣曰季孫行父稱見有禮於其君者如孝子之養父母無禮於其君者如鷹鸇之逐鳥雀是以石碏戮厚叔向誅鮒前史以為美譚王敦之惡不足於其類然而朱家容布為大俠之首酈寄載呂與賣友之譏亦所以激揚風俗弘長名教王彬犧船而厚其所薄王舒沈江而薄其所厚較之優劣斷乎可知思行彪之厲風規於多僻之日虞潭顧衆徇貞心於危慼之辰龍莬為出內之端劇魚非獻替之術嘯父之對何其鄙歟

贊曰處明夙令聲華穎暮年允之騂角無棄山川虞稱多藝綢繆哲后二三其德亦孔之醜世儒憤發慟顗陵敦彪之不撓寧浩旋温顧實甫金虞惟東箭銑質無改筠心不變公望公才駿為其選

列傳第四十六　晉書七十六

列傳第四十七　晉書七十七　御撰

陸曄 曄弟玩 玩子納　何充　褚翜

蔡謨　諸葛恢　殷浩 顧悅之 蔡裔

陸曄字士光吳郡吳人也伯父喜吳吏部尚書父英高平相員外散騎常侍曄少有雅望從兄機每稱之曰我家世不乏公矣居喪以孝聞同郡顧榮與鄉人書曰士光氣息裁屬慮其性命言之傷心矣後察孝廉除永世烏江二縣令皆不就元帝初鎮江左辟為祭酒尋補振威將軍義興太守以疾不拜預討華軼功封平望亭侯累遷散騎常侍本郡大中正太興元年遷太子詹事時帝以侍中皆北士宜兼用南人曄以清貞著稱遂拜侍中徙尚書領州大中正明帝即位轉光祿勳遷太常代紀瞻為尚書左僕射領太子少傅尋加金紫光祿大夫代卞壺為領軍將軍以平錢鳳功進爵江陵伯帝不豫曄與王導卞壺庾亮溫嶠郗鑒並受顧命輔皇太子更入殿將兵直宿遺詔曰曄清操忠貞歷職顯允且其兄弟事君如父憂國如家歲寒不凋體自門風既委以六軍可錄尚書事加散騎常侍成帝踐阼拜左光祿大夫開府儀同三司給親兵百人常侍如故蘇峻之難曄隨帝在石頭舉動方正不以凶威變節峻以曄吳士之望不敢加害使守留臺匡術以苑城歸順時共推曄督宮城軍事峻平加衛將軍給千兵百騎以勳進爵為公封次子嘏新康子咸和中求歸鄉里拜墳墓有司奏舊制假六十日侍中顏含黃門侍郎馮懷駁曰曄內蘊至德清一其心受託付之重居台司之位既蒙詔許歸省墳塋大臣之義本在忘己豈容有期而反無期必違恩謂宜還自還不須制日帝從之曄因歸以疾卒時年七十四追贈侍中車騎大將軍謚曰穆子諶散騎常侍

玩字士瑤器量淹雅弱冠有美名賀循每稱其清允平當郡檄綱紀東海王越辟為掾皆不就元帝引為丞相參軍時王導初至江左思結人情請婚於玩玩對曰培塿無松柏薰蕕不同器玩雖不才義不能為亂倫之始導乃止玩嘗詣導食酪因而得疾與導牋曰僕雖吳人幾為傖鬼其輕易權貴如此累加奮武將軍徵拜侍中以疾辭王敦請為長史逼以

軍期不得已乃從命敢辛尚書令郗鑒議敦佐吏不能匡正姦惡宜皆免官禁錮會溫嶠上表申理得不坐復拜侍中遷吏部尚書領會稽王師讓不拜轉尚書左僕射領本州大中正及蘇峻反遣玩與兄曄俱守宮城玩潛說匡術歸順以功封興平伯轉尚書令文詔曰玩體道清純雅量弘遠歷位內外風績顯著宜居台司以允衆望授左光祿大夫開府儀同三司加散騎常侍餘如故玩頻自表優詔褒揚重復自陳曰臣實凡短風操不立階緣嘉會使蕃榮顯遂摠括憲臺豫聞政道竟不能敷融玄風清一朝序咎責之來於臣已重誠以身許國義忘曲讓而慺慺所守終於陳訴者特以端右機要事務殷多臣已盈六十之年智力有限疾患深重體氣日微朝夕自勵非復所堪若偃負苟免職事並廢則莫大之悔天下將謂臣何乞陛下披豁聖懷霈然垂允詔不許玩重表臣比披誠款不足上暢天聰聖恩徘徊厲以體國臣聞至公之道上下交同用才不貪其長量力不受其短雖加官重祿無世不有皆庸勳親賢時所須賴兼統以濟世務非復崇以榮之臣受遇三世恩隆寵厚豈敢

辭職事之勞求沖讓之譽徒以端右要重興替所存久以無任妨賢曠職臣猶自知不可況天下之人乎今復外參論道內統百揆不堪之名有如皎日願陛下少垂哀矜使四海知官不可以私於人人不可以私取官則天工弘坦誰不謂允猶不許尋而王導郗鑒庾亮相繼而薨朝野咸以為三良既沒國家殄瘁以玩有德望乃遷侍中司空給羽林四十人玩既拜有人詣之索杯酒瀉置柱梁之間呪曰當今之材以爾為柱石莫傾人梁棟邪玩笑曰戢卿良箴既而歎息謂賓客曰以我為三公是天下為無人談者以為知言玩雖登公輔謙讓不辟掾屬成帝聞而勸之玩不得已而從命所辟皆寒素有行之士玩翼亮累世常以弘重為人主所貴加性通雅不以名位格物誘納後進謙若布衣由是搢紳之徒莫不廕其德宇後疾甚上表曰臣嬰遘疾疢沉頓歷月不蒙痊損而日夕漸篤自省微綿無復生望尚恩不報孤負已及仰瞻天覆伏枕霣涕臣年向中壽時窮極寵榮終命歸全將復何恨惟願陛下崇明聖德弘敷洪化留構祖宗之基道濟群生之命臣不勝臨命遺戀之情令息上表以聞

薨年六十四謚曰康給兵千人守冢七十家太元中功臣普被減削司空何充等止得六家以玩有佐命之勳先陪陵而葬由是特置興平伯官屬以衛墓子始嗣歷侍中尚書

納字祖言少有清操貞厲絕俗初辟鎮軍大將軍武陵王掾州舉秀才太原王述雅敬重之引為建威長史累遷黃門侍郎本州別駕尚書吏部郎出為吳興太守將之郡先至姑孰辭桓溫因問溫曰公致醉可飲幾酒食肉多少溫曰年大來飲三升便醉白肉不過十臠卿復云何納曰素不能飲止可二升肉亦不足言後伺溫閑謂之曰外有微禮方守遠郡欲與公一醉以展下情溫欣然納之時王坦之刁彝在坐及受禮唯酒一斗鹿肉一柈坐客愕然納徐曰明公近云飲酒三升納止可二升今有一斗以備杯酌餘瀝溫及賓客並歎其率素更敕中廚設精饌酣飲極懽而罷納至郡不受俸祿頃之徵拜左民尚書領州大中正將應召外白宜裝幾船納曰私奴裝糧食來無所復須也臨發止有被襆而已其餘並封以還官遷太常徙吏部尚書加奉車都尉衛將軍謝安嘗欲詣

納而納殊無供辦其兄子俶不敢問之乃密為之具安既至納所設唯茶果而已俶遂陳盛饌珍羞畢具客罷納大怒曰汝不能光益父叔乃復穢我素業邪於是杖之四十其舉措多此類後以愛子長生有疾求解官營視兄子禽又犯法應刑乞免官謝罪詔特許輕降頃長生小佳喻令還攝職尋遷尚書僕射轉左僕射加散騎常侍俄拜尚書令常侍如故恪勤貞固始終不渝時會稽王道子以少年專政委任群小納望闕而歎曰好家居纖兒欲撞壞之邪朝士咸服其忠亮尋除左光祿大夫開府儀同三司未拜而卒即以為贈長生先卒無子以弟子道隆嗣元熙中為廷尉

何充字次道廬江灊人魏光祿大夫禎之曾孫也祖惲豫州刺史父叡安豐太守充風韻淹雅文義見稱初辟大將軍王敦掾轉主簿敦兄含時為廬江郡貪汙狼藉敦嘗於座中稱曰家兄在郡定佳廬江人士咸稱之充正色曰充即廬江人所聞異於此敦默然傍人皆為之不安充晏然自若由是忤敦左遷東海王文學尋屬敦敗累遷中書侍郎

充即王導妻之姊子充妻明穆皇后之妹也故少與導善早歷顯官嘗詣導導以麈尾指牀呼充共坐曰此是君坐也導繕揚州解舍顧而言曰正爲次道耳明帝亦友昵之成帝即位遷給事黃門侍郎蘇峻作亂京都傾覆導從駕在石頭充東奔義軍其後導奔白石充亦得還賊平封都鄉侯拜散騎常侍出爲東陽太守仍除建威將軍會稽內史在郡甚有德政薦徵士虞喜拔郡人謝奉魏顗等以爲佐吏後以墓被發去郡詔徵侍中不拜改葬畢除建威將軍丹楊尹王導庾亮並言於帝曰何充器局方槩有萬夫之望必能總錄朝端爲老臣之副臣死之日願引充內侍則外譽唯緝社稷無虞矣由是加吏部尚書進號冠軍將軍又領會稽王師及導薨轉護軍將軍與中書監庾冰參錄尚書事詔充冰各以甲杖五十人至止車門尋遷尚書令加左將軍充以內外統任宜相糾正若使事綜一人於課對爲嫌乃上疏固讓許之從中書令加散騎常侍領軍如故又領州大中正以州有先達宿德固讓不拜庾冰兄弟以舅氏輔王室權侔人主慮易世之後戚屬轉疎將爲外物所攻謀立康帝即帝母弟也每說帝以國有強敵宜須長君帝從之充建議曰父子相傳先王舊典忽妄改易懼非長計故武王不授聖弟即其義也昔漢景亦欲傳祚梁王朝臣咸以爲虧亂典制據而弗聽今琅邪踐阼如孺子何社稷宗廟將其危乎冰等不從既而康帝立帝臨軒冰充侍坐帝曰朕嗣洪業二君之力也充對曰陛下龍飛臣冰之力也若如臣議不覩升平之世帝有慙色建元初出爲驃騎將軍都督徐州揚州之晉陵諸軍事假節領徐州刺史鎮京口以避諸庾頃之庾翼將北伐庾冰出鎮江州充入朝言於帝曰臣冰舅氏之重宜居宰相不應遠出朝議不從於是徵充入爲都督揚豫徐州之琅邪諸軍事假節領揚州刺史將軍如故先是翼悉發江荊二州編戶奴以充兵役士庶嗷然充復欲發揚州奴以均其謗後以中興時已發三吳今不宜復發而止俄而帝疾篤冰翼意在簡文帝而充建議立皇太子奏可及帝崩充奉遺旨便立太子是爲穆帝冰翼深恨之獻后臨朝詔曰驃騎任重可以甲杖百人入殿又加中書監錄尚書事充自陳既錄尚書不宜復監中

書許之復加侍中羽林騎十人冰翼等尋卒充專輔幼主翼臨終表以後任委息爰之時論者並以諸庾世在西藩人情所歸宜依翼所請以安物情充曰不然荊楚國之西門戶口百萬北帶彊胡西鄰勁蜀經略險阻周旋萬里得賢則中原可定勢弱則社稷同憂所謂陸抗存則吳存抗亡則吳亡者豈可以白面年少猥當此任哉桓溫英略過人有文武識度西夏之任無出溫者議者又曰庾爰之肯避溫乎如令阻兵恥懼不淺充曰溫足能制之諸君勿憂乃使溫西爰之果不敢爭充以衛將軍褚裒皇太后父宜綜朝政上疏薦裒參錄尚書裒以地逼固求外出充每曰桓溫褚裒爲方伯殷浩居門下我可無勞矣充居宰相雖無澄正改革之能而彊力有器局臨朝正色以社稷爲己任凡所選用皆以功臣爲先不以私恩樹親戚談者以此重之然所暱庸雜信任不得其人而性好釋典崇修佛寺供給沙門以百數糜費巨億而不吝也親友至於貧乏無所施遺以此獲譏於世阮裕嘗戲之曰卿志大宇宙勇邁終古充問其故裕曰我圖數千戶郡尚未能得卿圖作佛不亦大乎于時郗愔及弟曇奉天師道而充與弟準崇信釋氏謝萬譏之云二郗諂於道二何佞於佛充能飲酒雅爲劉惔所貴惔每云見次道飲令人欲傾家釀言其能溫克也永和二年卒時年五十五贈司空謚曰文穆無子弟子放嗣卒又無子又以兄孫松嗣位至驃騎諮議參軍充弟準見外戚傳

褚翜字謀遠太傅裒之從父兄也父顥少知名早卒翜以才藝積幹稱襲爵關內侯補冠軍參軍于時長沙王乂擅權成都河間阻兵于外翜知內難方作乃棄官避地幽州後河北有寇難復還鄉里河南尹舉翜行本縣事及天下鼎沸翜招合同志將圖過江先移住陽城界潁川庾敳即翜之舅也亦虞世亂以家付翜翜道斷不得前東海王越以爲參軍辭疾不就尋洛陽覆沒與滎陽太守郭秀共保万氏臺秀不得綏衆與將陳撫郭重等構怨遂相攻擊翜懼禍及謂撫等曰以諸君所以在此謀逃難也今宜共勠力以備賊幸無外難而內自相擊是避坑落井也郭秀誠爲失理應且容之若遂所忿城內自潰胡賊聞之指來掩襲

諸君雖得殺秀無解胡虜矢衆弱非一宜深思之撫等悔悟與秀交和時數萬口賴翜獲全明年率數千家將謀東下遇道險不得進因留密縣司隸校尉荀組以為參軍廣威將軍復領本縣率邑人三千督新城梁陽城三郡諸營事頃之遷司隸司馬仍督營事率衆進至汝水柴肥口復阻賊翜乃單馬至許昌見司空荀藩以為振威將軍行梁國內史建興初復為豫州司馬督司州軍事大傅參軍王玄代翜為郡時梁國部曲將耿奴甚得人情而專勢翜常優遇之玄為政既急翜知其不能容奴因戒之曰卿威殺已多而人情難一宜深慎之玄納翜言外羈縻奴而內懷憤會遷為陳留將發乃收奴斬之奴餘黨聚衆殺玄梁郡既有內難而徐州賊張平等欲掩襲之郡人遑惑將以郡歸平荀組遣翜往撫之衆心乃定頃之組舉翜為吏部郎不應召遂東過江元帝為晉王以翜為散騎郎轉太子中庶子出為奮武將軍淮南內史永昌初王敦構逆征西將軍戴若思令翜出軍赴難翜遣將領五百人從之明帝即位徵拜屯騎校尉遷太子左衛率成帝初為左衛將軍蘇峻之役朝

廷戒嚴以翜為侍中典征討軍事既而王師敗績司徒王導謂翜曰至尊當御正殿君可啟令速出翜即入上閤躬自抱帝登太極前殿導升御床抱帝翜及鍾雅劉超侍立左右時百官奔散殿省蕭然峻兵既入叱翜令下翜正立不動呵之曰蘇冠軍來覲至尊軍人豈得侵逼由是兵人不敢上殿及峻執政猶以為侍中從乘輿幸石頭明年與光祿大夫陸曄等出據苑城蘇逸任讓圍之翜等固守賊平以功封長平縣伯遷丹楊尹時京邑焚蕩人物凋殘翜收集散亡甚有惠政代庾亮為中護軍鎮石頭尋為領軍從五兵尚書加奉車都尉監新宮事遷尚書右僕射轉左僕射加散騎常侍久之代何充為護軍將軍常侍如故咸康七年卒時年六十七贈衛將軍謚曰穆子希嗣官至豫章太守

蔡謨字道明陳留考城人也世為著姓曾祖睦魏尚書祖德樂平太守父克少好學博涉書記為邦族所敬性公亮守正行不合己雖富貴不交也高平劉整恃才縱誕服飾詭異無所拘忌嘗行造人遇克在坐整終席慚不自安克時為處士而見憚如此後為成都王穎大將軍記室督穎為丞相擢為東曹掾克素有格量及居選官苟進之徒望風畏憚初克未仕時河內山簡嘗與琅邪王衍書曰蔡子尼今之正人衍以書示衆曰山子以一字拔人然未易可稱後衍聞克在選官曰山子正人之言驗於今矣陳留時為大郡號稱多士琅邪王澄行經其界太守呂豫遣吏迎之澄入境問吏曰此郡人士為誰吏曰有蔡子尼江應元是時郡人多居大位者澄以其姓名問曰甲乙等非君郡人邪吏曰是也曰然則何以但稱此二人吏曰向謂君侯問人不謂問位澄笑而止到郡以吏言謂豫曰舊名此郡有風俗果然小吏亦知如此克以朝政日弊遂絕不仕東嬴公騰為車騎將軍鎮河北以克為從事中郎知必不就以軍期致之克不得已至數十日騰為汲桑所攻城陷克見害謨弱冠察孝廉州辟從事舉秀才東海王越召為掾皆不就避亂渡江時明帝為東中郎將引為參軍元帝拜丞相復辟為掾轉參軍後為中書侍郎歷義興太守大將軍王敦從事中郎司徒左長史遷侍中蘇峻構逆吳國內史庾冰出奔會稽乃以謨為吳國內史謨既至與張闓顧衆顧颺

等共起義兵迎冰還郡峻平復為侍中遷五兵尚書領琅邪王師謨上疏讓曰八坐之任非賢莫居前後所用資名有常孔愉諸葛恢並以清節令才少著名望昔愉為御史中丞臣尚為司徒長史恢為會稽太守臣為尚書郎恢尹丹楊臣守小郡名輩不同階級殊懸今猥以輕鄙超倫踰等上亂聖朝貫魚之序下違群士準平之論豈唯微臣其亡之誠實招聖政惟塵之累且左長史一超而侍帷幄再登而廁納言中興已來上德之舉所未嘗有臣何人斯而猥當之是以叩心自忖三省愚身與其苟進以穢清塗寧受違命猾固之罪疏奏不許轉掌吏部以平蘇峻勳賜爵濟陽男又讓不許冬蒸謨領祠部主者忘設明帝位與太常張泉俱免白衣領職頃之遷太常領秘書監以疾不堪親職上疏自解不聽成帝臨軒遣使拜太傅太尉司空會昌將作樂宿懸於殿庭門下奏非祭祀讌饗則無設樂之制事下太常謨議臨軒遣使宜有金石之樂遂從之臨軒作樂自此始也彭城王紘上言樂賢堂有先帝手畫佛象經歷寇難而此堂猶在宜勑作頌帝下其議謨曰佛者夷狄之俗非

經典之制先帝量同天地多才多藝聊因臨時而畫此象至於雅好佛道所未承聞也盜賊奔突王都隕敗而此堂塊然獨存斯誠神靈保祚之徵然未是大晉盛德之形容歌頌之所先也人臣覩物興義私作賦頌可也今欲發王命勅史官上稱先帝好佛之志下爲夷狄作一象之頌於義有疑焉於是遂寢時征西將軍庾亮以石勒新死欲移鎮石城爲滅賊之漸事下公卿謨議曰時有否泰道有屈伸暴逆之寇雖終滅亡然當其強盛皆屈而避之是以高祖受黜於巴漢忍辱於平城也若爭強於鴻門則亡不終日故蕭何曰百戰百敗不死何待也原始要終歸於大濟而已豈與當亡之寇爭遲速之間哉夫惟鴻門之不爭故垓下莫能與之爭文王身卑於姜里故道泰於牧野句踐見屈於會稽故威申於強吳今日之事亦由此矣賊假息之命垂盡而豺狼之力尚彊宜抗威以待時或曰抗威待時時已可矣愚以爲時之可否在賊之強弱賊之強弱在季龍之能否季龍之能否可得而言矣自勒初起則季龍爲爪牙百戰百勝遂定中國境土所據同於魏世及勒死之日將相內外欲誅季龍季龍獨起於衆異之中殺嗣主誅寵臣內難既定千里遠出一攻而拔金墉再戰而斬石生禽彭彪殺石聰滅郭權還據根本內外並定四方鎮守不失尺土詳察此事豈能乎將不能也假令不能者爲之其將濟乎將不濟也賊前攻襄陽而不能拔誠有之矣不信百戰之効而執一攻之驗棄多從少於理安乎譬若射者百發而一不中可謂之拙乎且不拔襄陽者非季龍身也桓平北守邊之將耳賊前攻之爭疆場耳得之爲善不得則止非其所急也今征西之往則異於是何者重鎮也名賢也中國之人所聞而歸心也今而西度實有席卷河南之勢賊所大懼豈與桓宣同哉季龍必率其精兵身來距爭若欲與戰戰何如石生若欲城守守何如金墉若欲阻沔沔何如大江蘇峻何如季龍凡此數者宜詳校之愚謂石生猛將關中精兵征西之戰不能勝也金墉險固劉曜十萬所不能拔今征西之守不能勝也又是時兗州洛陽關中皆舉兵擊季龍此今三處反爲其用方之於前倍半之覺也若石生不能敵其半而征西欲當其倍愚所疑也蘇峻之強不及

季龍沔水之險不及大江大江不能禦蘇峻而以沔水禦季龍又所疑也昔祖士稚在譙佃於城北慮賊來攻因以爲資故豫安軍屯以禦其外穀將熟賊果至丁夫戰於外老弱穫於內多持炬火急則燒穀而走如此數年竟不得其利是時賊唯據沔北方之於今四分之一耳士稚不能捍其一而征西欲禦其四又所疑也或云賊若多來則必無糧然致糧之難莫過崤函而季龍昔涉此險深入敵國平關中而後還今至襄陽路既無險又行其國內自相供給方之於前難易百倍前已經至難而謂今不能濟其易又所疑也然此所論但說征西既至之後耳尚未論道路之慮也自沔以西水急岸高魚貫泝流首尾百里若賊無宋襄之義及我未陣而擊之將如之何今王士與賊水陸異勢便習不同寇若送死雖開江延敵以一當千猶吞之有餘宜誘而致之以保萬全棄江遠進以我所短擊彼所長懼非廟勝之算朝議同之故亮不果移鎮初皇后每年拜陵勞費甚多謨建議曰古者皇后廟見而已不拜陵也由是遂止及太尉郗鑒疾篤出謨爲太尉軍司加侍中鑒卒即拜謨爲征北將軍都督徐兗青三州揚州之晉陵豫州之沛郡諸軍事領徐州刺史假節時左衛將軍陳光上疏請伐胡詔令攻壽陽謨上疏曰今壽陽城小而固自壽陽至琅邪城壁相望其間遠者裁百餘里一城見攻衆城必救且王師在路五十餘日劉仕一軍早已入淮又遣數部北取生壁大軍未至聲息久聞而賊之郵驛一日千里河北之騎足以來赴非唯鄰城相救而已夫以白起韓信項籍之勇猶發梁焚舟背水而陣今欲停船水渚引兵造城前對堅敵顧臨歸路此兵法之所誡也若進攻未拔胡騎卒至懼桓子不知所爲而舟中之指可掬今征軍五千皆王都精銳之衆又光爲左衛遠近聞之名爲殿中之軍宜令所向有征無戰而頓之堅城之下勝之不武不勝爲笑今以國之上駟擊寇之下邑得之則利薄而不足損敵失之則害重而足以益寇懼非策之長者臣愚以爲聞寇而致討賊退而振旅於事無失不勝管見謹冒陳聞季龍於青州造船數百掠緣海諸縣所在殺戮朝廷以爲憂謨遣龍驤將軍徐玄等守中洲并設募若得賊大白船者賞布千匹小船百匹是

時謨所統七千餘人所戍東至土山西至江乘鎮守八所城壘凡十一處烽火樓望三十餘處隨宜防備甚有筭略先是郗鑒上部下有勳勞者凡一百八十人帝並酬其功未卒而鑒薨斷不復與謨上疏以為先已許鑒今不宜斷且鑒所上者皆積年勳効百戰之餘亦不可不報詔聽之康帝即位徵拜左光祿大夫開府儀同三司領司徒代殷浩為揚州刺史又錄尚書事領司徒如故初謨沖讓不辟寮佐詔屢敦逼之始取掾屬石季龍死中國大亂時朝野咸謂當太平復舊謨獨謂不然語所親曰胡滅誠大慶也然將貽王室之憂或曰何哉謨曰夫能順天而奉時濟六合於草昧若非上哲必由英豪度德量力非時賢所及必將經營分表疲人以逞志才不副意略不稱心財單力竭智勇俱屈此韓盧東郭所以雙斃也遷侍中司徒上疏讓曰伏自惟省昔階謬恩蒙忝非據尸素累積而光寵更崇謗讟彌興而榮進復加上虧聖朝棟隆之舉下增微臣覆餗之釁惶懼戰灼寄顏無所乞垂天鑒迴恩改謬以允群望皇太后詔報不許謨猶固讓謂所親曰我若為司徒將

謂後代所哂義不敢拜也皇太后遣使喻意自四年冬至五年末詔書屢下謨固守所執六年復上疏以疾病乞骸骨上左光祿大夫領司徒印綬章表十餘上穆帝臨軒遣侍中紀璩黃門郎丁纂徵謨謨陳疾篤使主簿謝攸對曰臣謨不幸有公族穆子之疾天威不違顏咫尺不敢奉詔寢伏待罪自旦至申使者十餘反而謨不至時帝年八歲甚倦問左右曰所召人何以至今不來臨軒何時當竟君臣俱疲弊皇太后詔必不來者宜罷朝中軍將軍殷浩奏免吏部尚書江虨官簡文時為會稽王命曹曰蔡公傲違上命無人臣之禮若人主卑屈於上大義不行於下亦不知復所以為政矣於是公卿奏曰司徒謨頃以常疾久逋王命皇帝臨軒百僚齊立俯僂之恭有望於謨若志存止退自宜致辭闕庭安有人君卑勞終日而人臣曾無一酬之禮悖慢傲上罪同不臣臣等參議宜明國憲請送廷尉以正刑書謨懼率子弟素服詣闕稽顙躬到廷尉待罪皇太后詔曰謨先帝師傅服事累世且歸罪有司內訟思愆若遂致之于理情所未忍可依舊制免為庶人謨既被廢杜門不出終日講誦教授子弟數年皇太后詔曰前司徒謨以道素著稱軌行成名故歷事先朝致位台輔以往年之失用致黜責自爾已來闔門思愆誠合大臣罪己之義以謨為左光祿大夫開府儀同三司於是遣謁者僕射孟洪就加冊命謨上疏陳謝曰臣以頑薄昔忝殊寵尸素累紀加違慢詔命當肆市朝幸蒙寬宥不悟天施復加光飾非臣隕越所能上報臣寢疾未損不任詣闕不勝仰感聖恩謹遣拜章遂以疾篤不復朝見詔賜几杖門施行馬十二年卒時年七十六賵贈之禮一依太尉陸玩故事詔贈侍中司空謚曰文穆謨博學於禮儀宗廟制度多所議定文筆論議有集行於世總應劭已來注班固漢書者為之集解謨初渡江見彭蜞大喜曰蟹有八足加以二螯令烹之既食吐下委頓方知非蟹後詣謝尚而說之尚曰卿讀爾雅不熟幾為勸學死謨性方雅丞相王導作女伎施設牀席謨先在坐不悅而去導亦不止之性尤篤慎每事必為過防故時人云蔡公過浮航脫帶腰舟長子劭永嘉太守少子系有才學文義位至撫軍長史

諸葛恢字道明琅邪陽都人也祖誕魏司空為文帝所誅父靚奔吳為大司馬吳平逃竄不出武帝與靚有舊靚姊又為琅邪王妃帝知靚在姊間因就見焉靚逃于廁帝又逼見之謂曰不謂今日復得相見靚流涕曰不能漆身皮面復覩聖顏詔以為侍中固辭不拜歸于鄉里終身不向朝廷而坐恢弱冠知名試守即丘長轉臨沂令為政平和值天下大亂避地江左名亞王導庾亮導嘗謂曰明府當為黑頭公及導拜司空恢在坐導指冠謂曰君當復著此導嘗與恢戲爭族姓曰人言王葛不言葛王也恢曰不言馬驢而言驢馬豈驢勝馬邪其見親狎如此于時潁川荀闓字道明陳留蔡謨字道明與恢俱有名譽號曰中興三明人為之語曰京都三明各有名蔡氏儒雅荀葛清元帝為安東將軍以恢為主簿再遷江寧令討周馥有功封博陵亭侯復為鎮東參軍與卞壼並以時譽遷從事中郎兼統記室時四方多務牋疏殷積恢斟酌酬荅咸稱折中于時王氏為將軍而恢兄弟及顏含並居顯要劉超以忠謹掌書命時人以帝善任一國之才愍帝即位徵用四方賢儁

召恢爲尚書郎元帝以經緯須才上疏留之承制調爲會稽太守臨行帝爲置酒謂曰今之會稽昔之關中足食足兵在於良守以君有莅任之方是以相屈四方分崩當匡振圮運政之所先君爲言之恢陳謝因對曰今天下喪亂風俗陵遲宜尊五美屏四惡進忠實退浮華帝深納焉大興初以政績第一詔曰自頃多難官長數易益有諸弊雖聖人猶久於其道然後化成況其餘乎漢宣帝稱與我共安天下者其惟良二千石斯言信矣是以黃霸等或十年或二十年而不徙所以能濟其中興之勳也賞罰黜陟所以明政道也會稽内史諸葛恢莅官三年政清人和爲諸郡首宜進其位班以勸風教今增恢秩中二千石頃之以母憂去官服闋拜中書令王敦上恢爲丹楊尹以久疾免明帝征敦以恢爲侍中加奉車都尉討王含有功進封建安伯以先爵賜次子甝爲關内侯又拜恢後將軍會稽内史徵爲侍中遷左民尚書武陵王師吏部尚書累遷尚書右僕射加散騎常侍銀青光禄大夫領選本州大中正尚書令常侍吏部如故成帝踐阼加侍中金紫光禄大夫卒年六十

二贈左光禄大夫儀同三司賵贈之禮一依太尉興平伯故事謚曰敬祠以太牢子虨嗣位至散騎常侍恢兄頤字道回亦爲元帝所器重終於太常

殷浩字深源陳郡長平人也父羨字洪喬爲豫章太守都下人士因其致書者百餘函行次石頭皆投之水中曰沉者自沉浮者自浮殷洪喬不爲致書郵其資性介立如此終於光禄勳浩識度清遠弱冠有美名尤善玄言與叔父融俱好老易融與浩口談則辭屈著篇則融勝浩由是爲風流談論者所宗或問浩曰將莅官而夢棺將得財而夢糞何也浩曰棺本臭腐故將得官而夢尸錢本糞土故將得錢而夢穢時人以爲名言三府辟皆不就征西將軍庾亮引爲記室參軍累遷司徒左長史安西庾翼復請爲司馬除侍中安西軍司並稱疾不起遂屏居墓所幾將十年于時擬之管葛王濛謝尚猶伺其出處以卜江左興亡因相與省之知浩有確然之志既反相謂曰深源不起當如蒼生何庾翼貽浩書曰當今江東社稷安危内委何褚諸君外託庾桓數族恐不

得百年無憂亦朝夕而弊足下少標令名十餘年間位經内外而欲潛居利貞斯理難全且夫濟一時之務須一時之勝何必德均古人韻齊先達邪王夷甫先朝風流士也然吾薄其立名非真而始終莫取若以道非虞夏自當超然獨往而不能謀始大合聲譽極致名位正當抑揚名教以靜亂源而乃高談莊老說空終日雖云談道實長華競及其末年人望猶存思安懼亂寄命推務而甫自申述徇小好名既身囚胡虜棄言非所凡明德君子遇會處際寧可然乎而世皆然之益知名實之未定弊風之未革也浩固辭不起建元初庾冰兄弟及何充等相繼卒簡文帝時在藩始綜萬機衛將軍褚裒薦浩徵爲建武將軍揚州刺史浩上疏陳讓并致牋於簡文具自申敘簡文荅之曰屬當厄運危弊理盡誠賴時有其才不復遠求版築足下沈識淹長思綜通練起而明之足以經濟若復深存挹退苟遂本懷吾恐天下之事於此去矣今紀領不振皆綱不綱頗蹈東海復可得邪由此言之足下去就即是時之廢興時之廢興則家國不異足下弘思之靜筭之亦將有以深鑒可否望

必廢本懷率群情也浩頻陳讓自三月至七月乃受拜焉時桓溫既滅蜀威勢轉振朝廷憚之簡文以浩有盛名朝野推伏故引爲心膂以抗於溫於是與溫頗相疑貳會遭父憂去職時以蔡謨攝揚州以俟浩服闋徵爲尚書僕射不拜復爲建武將軍揚州刺史遂參綜朝權潁川荀羨少有令聞浩擢爲義興吳郡以爲羽翼王羲之密說浩羨令與桓溫和同不宜内構嫌隙浩不從及石季龍死胡中大亂朝廷欲遂蕩平關河於是以浩爲中軍將軍假節都督揚豫徐兗青五州軍事浩既受命以中原爲己任上疏北征許洛將發墜馬時咸惡之既而以淮南太守陳逵兗州刺史蔡裔爲前鋒安西將軍謝尚北中郎將荀羨爲督統開江西䟽田千餘頃以爲軍儲師次壽陽潛誘苻健大臣梁安雷弱兒等使殺健許以關右之任初降人魏脫卒其弟憬代領部曲姚襄殺憬以并其衆浩大惡之使龍驤將軍劉啓守譙遷襄於梁既而魏氏子弟往來壽陽襄益猜懼俄而襄部曲有欲歸浩者襄殺之浩於是謀誅襄會苻健殺其大臣健兄子眉自洛陽西奔浩以爲梁安事捷意

符健已死請進屯洛陽脩復園陵使襄為前驅冠軍將軍劉洽鎮鹿臺建武將軍劉遯據倉垣又求解揚州專鎮洛陽詔不許浩既至許昌會張遇反謝尚又敗績浩還壽陽後復進軍次山桑而襄反浩懼棄輜重退保譙城器械軍儲皆為襄所掠士卒多亡叛浩遣劉啟王彬之擊襄於山桑並為襄所殺桓溫素忌浩及聞其敗上疏罪浩曰按中軍將軍浩過蒙朝恩叨竊非據寵靈超卓再司京輦不能恭慎所任恪居職次而侵官離局高下在心前司徒臣謨執義履素位居台輔師傅先帝朝之元老年登七十以禮請退雖臨軒固辭不順恩旨適足以明遜讓之風弘優賢之禮而浩虛生狡說疑誤朝聽獄之有司將致大辟自羯胡天亡群凶殄滅而百姓塗炭企遲拯接浩受專征之重無雪恥之志坐自封植妄生風塵遂使寇讎稽誅姦逆並起華夏鼎沸黎元殄悴浩懼罪將及不容於朝外聲進討內求茍免出次壽陽頓甲彌年傾天府之資竭五州之力收合無賴以自彊衛爵命無章猜害罔顧故范豐之屬反叛於芍陂奇德龍會作變於肘腋羌帥姚襄率眾歸化遣其母弟入質京邑浩不能撫而用之陰圖殺害再遣刺客為襄所覺襄遂惶懼

晉傳四十七　十四

用致逆命生長亂階自浩始也復不能以時掃滅縱放小豎鼓行毒害身狼狽於山桑軍破碎於梁國舟車焚燒輜重覆沒三軍積實反以資寇精甲利器更為賊用神怒人怨眾之所棄傾危之憂將及社稷臣所以忘寢屏營啓處無地夫率正顯義所以致訓明罰勑法所以齊眾伏願陛下上追唐堯放命之刑下鑒春秋無君之典若聖上含弘未忍誅殛且宜遐棄擯之荒裔雖未足以塞山海之責粗可以宣誡於將來矣竟坐廢為庶人徙于東陽之信安縣浩少與溫齊名而每心競溫嘗問浩君何如我浩曰我與我周旋久寧作我也溫既以雄豪自許每輕浩浩不之憚也至是溫語人曰少時吾與浩共騎竹馬我棄去浩輒取之故當出我下也又謂郗超曰浩有德有言向使作令僕足以儀刑百揆朝廷用違其才耳浩雖被黜放口無怨言夷神委命談詠不輟雖家人不見其有流放之慼但終日書空作咄咄怪事四字而已浩甥韓伯浩素賞愛之隨至徙所經歲還都浩送至渚側詠曹顏遠詩云富貴他人合貧賤親戚離因而泣下後溫將以浩為尚書令遺書告之浩欣然許焉將答書慮有謬誤開閉者數十竟達空函大忤溫意由是遂絕永和十二年卒子涓亦有美名咸安初桓溫廢太宰武陵王晞誣涓及庾倩與晞謀反害之浩後將改葬其故吏顧悅之上疏訟浩曰伏見故中軍將軍揚州刺史殷浩體德沈粹識理淹長風流雅勝聲蓋當時再臨神州万里肅清勳績茂著聖朝欽嘉遂授分陝推轂之任戎旗既建出鎮壽陽驅其豺狼翦其荊棘收羅向義廣開屯田沐雨櫛風等勤臺僕仰憑皇威群醜革面進軍河洛脩復園陵不虞之變中路猖蹶遂令為山之功崩於垂成忠款之志於是而廢既受削黜自擯山海杜門終身與世兩絕可謂克己復禮窮而無怨者也尋浩所犯蓋負敗之常科非即情之永責論其名德深誠則如彼察其補過罪已則如此豈可棄而不卹使法有餘冤方今宅兆已成延隧已開懸棺而窆之礼同庶人存亡有非命之分九泉無自訴之期仰感三良昊天罔極若使明詔爰發旌我善人崇復本官遠彰幽昧斯則國家威恩有兼濟之美死而可作

晉列四十七　十五

無負心之恨疏奏詔追復浩本官

顧悅之字君叔少有義行與簡文同年而髮早白帝問其故對曰松柏之姿經霜猶茂蒲柳常質望秋先零簡文悅其對始將抗表訟浩浩親故多謂非宜悅之決意以聞又與朝臣爭論故眾無以奪焉時人咸稱之為州別駕歷尚書右丞卒子凱之別有傳

蔡裔者有勇氣聲若雷震嘗有二偷入室裔拊牀一呼而盜俱隕故浩委以軍鋒焉

史臣曰陸曄等並以時望國華效彰歷試迭居端揆參掌機衡然皆率由舊章得免祇悔而充抗言孺子雖屈壓於權臣翊奉儲君竟遵揚於末命頻參大議屢畫嘉謀可謂忠貞在斯而已殷浩清徽雅量眾議攸歸高秩厚禮不行而至咸謂教義由其興替社稷俟以安危及其入處國鈞未有嘉謀善政出撫戎律唯聞廢國喪師是知風流異貞固之才談論非奇正之要違方易任以致播遷悲夫蔡謨度德而處弘斯止足宜以刑書斯為過矣

贊曰士光時望士瑤允當政既弟兄任惟台相祖言簡率遺風可尚蔡葛知名或雅或清次道方槩謀遠忠貞中軍整高譽光雅俗夷曠有餘經綸不足舍長任短功虧名辱

列傳第四十七　晉書七十七

列傳第四十八　晉書七十八

孔愉 子汪 安國 從弟羣 羣子沈

丁潭　張茂　陶回

孔愉字敬康會稽山陰人也其先世居梁國曾祖潛太子少傅漢末避地會稽因家焉祖竺吳豫章太守父恬湘東太守從兄侃大司農俱有名江左愉年十三而孤養祖母以孝聞與同郡張茂字偉康丁潭字世康齊名時人號曰會稽三康吳平愉遷于洛惠帝末歸鄉里行至江淮間遇石冰封雲為亂雲逼愉為參軍不從將殺之賴雲司馬張統營救獲免東還會稽入新安山中改姓孫氏以稼穡讀書為務信著鄉里後忽捨去皆謂為神人而為之立祠永嘉中元帝始以安東將軍鎮揚土命愉為參軍邦族尋求莫知所在建興初始出應召為丞相掾仍除駙馬都尉參丞相軍事時年已五十矣以討華軼功封餘不亭侯愉嘗行經餘不亭見籠龜於路者愉買而放之溪中龜中流左顧者數四及是鑄侯印而印龜左顧三鑄如初印工以告愉乃悟遂佩焉帝為晉王使長兼中書郎于時刁協劉隗用事王導頗見疏遠愉陳導忠賢有佐命之勳謂事無大小皆宜諮訪由是不合旨出為司徒左長史累遷吳興太守沈充反愉棄官還京師拜御史中丞遷侍中太常及蘇峻反愉朝服守宗廟初愉為司徒長史以平南將軍溫嶠母亡遭亂不葬乃不過其品至是峻平而嶠有重功愉往石頭詣嶠嶠執愉手而流涕曰天下喪亂忠孝道廢能持古人之節歲寒不凋者唯君一人耳時人咸稱嶠居公而重愉之守正尋徙大尚書遷安南將軍江州刺史不行轉尚書右僕射領東海王師尋遷左僕射咸和八年詔曰尚書令玩左僕射愉並恪居官次祿不代耕端右任重先朝所崇其給玩親信三十人愉二十人稟賜愉上疏固讓優詔不許重表曰臣以朽闇忝廁朝右而以情劣無益毗佐方今強寇未殄疆埸日駭政煩役重百姓困苦姦吏擅威暴人肆虐大弊之後倉庫空虛功勞之士賞報不足困悴之餘未見拯恤呼嗟之怨人鬼感動宜并官省職貶食節用勤撫其人以濟其艱臣等不能贊揚大化糾明刑政而偷安高位橫受寵給無德而祿殃必及之不敢橫

受殊施以重罪戾從之王導聞而非之於都坐謂愉曰君言姧吏擅威暴人肆虐爲患是誰愉欲大論朝廷得失陸玩抑之乃止後導將以趙胤爲護軍愉謂導曰中興已來處此官者周伯仁應思遠耳今誠乏才豈宜以趙胤居之邪導不從其守正如此由是爲導所銜後省左右僕射以愉爲尚書僕射愉年在懸車累乞骸骨不許轉護軍將軍加散騎常侍復從領軍將軍加金紫光祿大夫領國子祭酒頃之出爲鎮軍將軍會稽內史加散騎常侍句章縣有漢時舊陂毀廢數百年愉自巡行修復故堰溉田二百餘頃皆成良業在郡三年乃營山陰湖南侯山下數畝地爲宅草屋數間便棄官居之送資數百萬悉無所取病篤遺令斂以時服鄉邑義賵一不得受年七十五咸康八年卒贈車騎將軍開府儀同三司謚曰貞三子闓汪安國闓嗣爵位至建安太守闓子靜字季恭再爲會稽內史累遷尚書左僕射加後將軍

汪字德澤好學有志行孝武帝時位至侍中時茹千秋以佞媚見幸於會稽王道子汪屢言之於帝帝不納遷尚書太常卿以不合意求出爲

假節都督交廣二州諸軍事征虜將軍平越中郎將廣州刺史甚有政績爲嶺表所稱太元十七年卒

安國字安國年小諸兄三十餘歲群從諸兄並乏才名以富彊自立唯安國與汪少厲孤貧之操汪既以直亮稱安國亦以儒素顯孝武帝時甚蒙禮遇仕歷侍中太常及帝崩安國形素羸瘦服衰絰涕泗竟日見者以爲真孝再爲會稽內史領軍將軍安帝隆安中下詔曰領軍將軍孔安國貞慎清正出內播譽可以本官領東海王師必能導達津梁依仁游藝後歷尚書左右僕射義熙四年卒贈左光祿大夫

祗字承祖太守周札命爲功曹史札爲沈充所害故人賓吏莫敢近者祗冒刃號哭親行殯禮送喪還義興時人義之

坦字君平祖沖丹楊太守父侃大司農坦少方直有雅望左氏傳解屬文元帝爲晉王以坦爲世子文學東宮建補太子舍人遷尚書郎時臺郎初到普加策試帝手策問曰吴興徐馥爲賊殺郡將郡今應舉孝廉不坦對曰四罪不相及殛鯀而興禹徐馥爲逆何妨一郡之賢又問姧臣賊子弒君汙宮瀦宅莫大之惡也鄉舊廢四科之選今何所依坦曰季平子逐魯昭公豈可以廢仲尼也竟不能屈先是以兵亂之後務存慰悅遠方秀孝到不策試並皆除署至是帝申明舊制皆令試經有不中科刺史太守免官太興三年秀孝多不敢行其有到者並託疾帝欲除署孝廉而秀才如前制坦奏議曰臣聞經邦建國教學爲先移風崇化莫尚斯矣古者且耕且學三年而通一經以平康之世猶假漸漬積以日月自喪亂以來十有餘年干戈載揚俎豆禮戢家廢講誦國闕庠序率尔責試竊以爲疑然宣下已來涉歷三載累遇慶會遂未一試揚州諸郡接近京都懼累及君父多不敢行其遠州邊郡掩誣朝廷冀於不試冒昧來赴既到審試遂不敢會臣愚以不會與不行其爲闕也同若當偏加除署是爲肅法奉憲者失分僥倖投射者得官頹風傷教懼於是始夫王言如絲其出如綸臨事改制示短天下人聽有惑臣竊惜之愚以王命无貳憲制宜信去年察舉一皆策試如不能試可不拘到遣歸不署冬秀才雖以事策亦泛問經義苟所未學實難闇通不足復曲碎

乖例違舊造異謂宜因其不會徐更革制可申明前下崇脩學校普延五年以展講習鈞法齊訓示人軌則夫信之與法爲政之綱施之家室猶弗可貳況經國之典而可翫黷乎帝納焉聽孝廉申至七年秀才如故時典客令萬默領諸胡胡人相誣朝廷疑默有所偏助將加大辟坦獨不署由是被譴遂棄官歸會稽久之除領軍司馬未赴召會王敦反与右衞將軍虞潭俱在會稽起義而討沈充事平始就職揚州刺史王導請爲別駕咸和初遷尚書左丞深爲臺中之所敬憚尋屬蘇峻反坦与司徒司馬陶回白王導曰及峻未至宜急斷阜陵之界守江西當利諸口彼少我衆一戰決矣若峻未來可往逼其城今不先往峻必先至先人有奪人之功時不可失導然之庾亮以爲峻脫逕來是襲朝廷虛也故計不行峻遂破姑孰取鹽米亮方悔之坦謂人曰觀峻之勢必破臺城自非戰士不須戎服既而臺城陷戎服者多死白衣者無他時人稱其先見及峻挾天子幸石頭坦奔陶侃侃引爲長史時侃等夜築白石壘至曉而成聞峻軍嚴声咸懼來攻坦曰不然若峻攻壘必須東北風

急令我水軍不得往救今天清靜賊必不動決遣軍出江乘掠京口以東矣果如所籌時郗鑒鎮京口侃等各以兵會既至坦議以為本不應須召郗公遂使東門無限今宜遣還雖晚猶勝不也侃等猶疑坦固爭甚切始令鑒還據京口遣郭默屯大業又令驍將李閎曹統周光與默并力賊遂勢分卒如坦計及峻平以坦為吳郡太守自陳吳多賢豪而坦年少未宜臨之王導庾亮並欲用坦為丹楊尹時亂離之後百姓凋敝坦固辭之導等猶未之許坦慨然曰昔肅祖臨崩諸君親據御牀共奉遺詔孔坦疏賤不在顧命之限既有艱難則以微臣為先今由俎上肉任人膾截耳乃拂衣而去導等亦止於是遷吳興內史封晉安男加建威將軍以歲饑運家米以振窮乏百姓賴之時使坦募江淮流人為軍有殿中兵因亂東還來應坦募坦不知而納之或諷朝廷以坦藏臺叛兵遂坐免尋拜侍中咸康元年石聰寇歷陽王導為大司馬討之請坦為司馬會石勒新死季龍專恣石聰及譙郡太守彭彪等各遣使請降坦與聰書曰華戎道乖南北迥邈瞻河企宋每懷飢渴數會陽

九天禍晉國姦凶猾夏乘釁肆虐我德雖衰天命未改乾符啓再集之慶中興應靈期之會百六之艱既過惟新之美日隆而神州振蕩遺氓波散誓命戎狄之手跼蹐犲狼之穴朝廷每臨寐永歎痛心疾首天罰既集罪人斯隕王旅未加自相魚肉豈非人怨神怒天降其災蘭艾同焚賢愚所歎衆矜勿喜我后之仁大赦曠廓唯季龍是討彭譙使至粗具動靜知將軍忿疾醜類翻然同舉承問欣豫慶若在己何知機之先覺砥石之易悟哉引領來儀怪無聲息將軍出自名族誕育洪胄遭世多故國傾家覆生離親屬假養異類雖逼偽寵將亦何賴聞之者猶或有悼況身嬰之能不憤慨哉非我族類其心必異誠反族歸正之秋圖義建功之日也若將軍喻納往言宣之同盟率關右之衆輔河南之卒申威趙魏為國前驅雖竇融之保西河黥布之去項羽比諸古今未足為喻聖上寬明宰輔弘納雖射鉤之隙賞之故行雍齒之恨侯之列國況二三子無曩素之嫌而遇天啓之會當如影響有何遲疑今六軍誡嚴水陸齊舉熊羆踴躍爭先鋒鏑一交玉石同碎雖復後悔

何嗟及矣僕以不才世荷國寵雖實不敏誠為行李之主區區之情還信所具夫機事不先鮮不後悔自求多福唯將軍圖之朝廷遂不果北伐人皆懷恨坦在職數年遷侍中時成帝每幸丞相王導府拜導妻曹氏有同家人坦每切諫時帝刻日納后而尚書左僕射王彬卒議者以為欲却期坦曰婚禮之重重於救日蝕救日蝕有后之喪太子臨井則止納后盛禮豈可以臣喪而廢從之及帝既加元服猶委政王導坦每發憤以國事為己憂嘗從容言於帝曰陛下春秋以長聖敬日躋宜博納朝臣諮諏善道由是忤導出為廷尉怏怏不悅以疾去職加散騎常侍遷尚書未拜疾篤庾冰省之乃流涕坦慨然曰大丈夫將終不問安國寧家之術乃作兒女子相問邪冰深謝焉臨終與庾亮書曰不謂疾苦遂至頓弊自省綿綿奄忽無日修短命也將何所悲但以身往名沒朝恩不報所懷未敘即命多恨耳足下以伯舅之尊居方伯之重抗威顧眄名震天下榱椽之佐常願下風使九服式序四海一統封京觀於中原反紫極於華壤是宿昔之所味詠慷慨之本誠矣今中道而斃豈不

惜哉若死而有靈潛聽風烈俄卒時年五十一追贈光祿勳謚曰簡亮報書曰廷尉孔君神游體離嗚呼哀哉得八月十五日書知疾患轉篤遂不起痛悲恨傷楚不能自勝足下方在中年素少疾患雖天命有在亦禍出不圖且足下才經於世世常須才況於今日倍相痛惜吾以寡乏忝當大任國恥未雪夙夜憂憤常欲足下同在外藩戮力時事此情未果來書奄至申尋往復不覺涕隕深明足下慷慨之懷深痛足下不遂之志邈然永隔夫復何言謹遣報答并致薄祭望足下降神饗食之子混嗣

嚴字彭祖祖父奕全椒令明察過人時有遺其酒者始提入門奕遙呵之曰人餉吾兩罌酒其一何故非也檢視之一罌果是水或問奕何以知之奕曰酒重水輕提酒者手有輕重之異故耳在官有惠化及卒市人若喪慈親焉父倫黃門郎嚴少仕州郡歷司徒掾尚書殿中郎殷浩臨揚州請為別駕遷尚書左丞時朝廷崇樹浩以抗擬桓溫溫深以不平浩又引接荒人謀立功於閫外嚴言於浩曰當今時事艱難可謂百

六之運使君屈已應務屬當其會聖懷所以日昃匪懈臨朝斤斤毋欲深根固本靜邊寧國耳亦豈至私哉而處任者所至不同所見各異人口云云无所不至頃來天時人情良可寒心古人為政防人之口甚於防川閒日侍座亦已粗申所懷不審官當何以鎮之老子云夫唯不爭則萬物不能與之爭此言不可不察也愚意故謂朝廷宜更明授任之方韓彭可專征伐蕭曹守管籥內外之任各有攸司深思廉藺屈申之道平勃相和之義令婉然通順人无間言然後乃可保大定功平濟天下也又觀頃日降附之徒皆人面獸心貪而无親難以義感而聚著都邑雜處人閒使君常疲聖躬以接之虛府庫以拯之足以疑惑視聽耳浩深納之及哀帝踐阼議所承統時多異議嚴與丹楊尹庾龢議曰順本居正親親不可奪宜繼成皇帝諸儒咸以嚴議為長竟從之隆和元年詔曰天文失度太史雖有禳祈之事猶覺易眚屢彰今欲依鴻祀之制於太極殿前庭親執虔肅嚴諫曰鴻祀雖出尚書大傳先儒所不究歷代莫之興承天接神豈可以疑殆行事乎天道无親唯德是輔陛下祗順恭敬

留心兆庶可以消災復異豈已蹈而行之德合神明丘禱久矣豈須屈萬乘之尊修雜祀之事君舉必書可不慎歟帝嘉之而止以為揚州大中正嚴不就有司奏免詔特以侯領尚書時東海王奕求海鹽錢塘以水牛牽埭稅取錢直帝初從之嚴諫乃止初帝或施私恩以錢帛賜左右嚴又啓諸所別賜及給廚食皆應減省帝曰左右多困乏故有所賜今通斷之又廚膳宜有減徹思詳具聞嚴多所匡益太和中拜吳興太守加秩中二千石善於宰牧甚得人和餘杭婦人經年荒賣其子以活夫之兄子武康有兄弟二人妻各有孕弟遠行未反遇荒歲不能兩全棄其子而活弟子嚴並褒薦之又甄賞才能之士論者美焉五年以疾去職卒于家三子道民宣城內史靜民散騎侍郎福民太子洗馬皆為孫恩所害

群字敬林嚴從父也有智局志尚不羈蘇峻入石頭時匡術有寵於峻賓從甚盛群與從兄愉同行於橫塘遇之愉止與語而群初不視術術怒欲刃之愉下車抱術曰吾弟發狂卿為我宥之乃獲免後峻平王導保存術嘗因衆坐令術勸群酒以釋橫塘之憾群荅曰群非孔子厄同匡人雖陽和布氣鷹化為鳩至於識者猶憎其目導有愧色仕歷中丞性嗜酒導嘗戒之曰卿恒飲不見酒家覆瓿布日月久糜爛邪荅曰公不見肉糟淹更堪久邪嘗與親友書云今年田得七百石秫米不足了麴糵事其耽湎如此卒於官嗣子沉

沉字德度有美名何充薦沉於王導曰文思通敏宜登宰門辟丞相司徒掾琅邪王文學並不就從兄坦以裘遺之辭不受坦曰晏平仲儉祀其先人豚肩不掩豆猶狐裘數十年卿復何辭於是受而服之是時沉與魏顗虞球虞存謝奉並為四族之儁沉子廞位至吳興太守廷尉廞子琳之以草書擅名又為吳興太守侍中

丁潭字世康會稽山陰人也祖固吳司徒父彌梁州刺史潭初為郡功曹察孝廉除郎中稍遷丞相西閤祭酒時元帝稱制使各陳時事損益潭上書曰為國者恃人須才蓋二千石長吏是也安可不明簡其才使必允當既得其人使久於其職在官者無苟且居下者有恒心此為

政之較也今之長吏遷轉既數有送迎之費古人三載考績三考黜陟中才處局故難以速成夫兵所以防禦未然鎮壓姦凶周雖三聖功成由武今戎戰之世益宜留心簡選精銳以備不虞無事則優其身有難則責其力竊聞今之兵士或私有役使而營陣不充夫為國者由為家也計財力之所任審趣舍之舉動不營難成之功損棄分外之役令兵人未強當審其宜經塗遠舉未獻大捷更使力單財盡而威望挫弱也及帝踐阼拜駙馬都尉奉朝請尚書祠部郎時琅邪王裒始受封帝欲引朝賢為其國上卿將用潭以問中書令賀循循曰郎中令職望清重實宜審授潭清淳貞粹雅有隱正聖明所簡才實宜之遂為琅邪王郎中令會裒薨潭上疏求行終喪禮曰在三之義禮有達制近代已來或隨時降殺宜一匡革以數于後輒案今文王侯之喪官僚服斬既葬而除今國無繼統喪庭無主臣實陋賤不足當重猶荷首任禮宜終喪詔下博議國子祭酒杜夷議古者諒闇三年不言下及周世稅衰效命春秋之時天子諸侯既葬而除此所謂三代損益禮有不同故三年之喪由

此而廢然則漢文之詔合於隨時凡有國者比宜同也非唯施於帝皇
而已按禮殤與無後降於成人有後既葬而除今不得以無後之故而
獨不除也愚以丁郎中應除衰麻自宜主祭以終三年太常賀循議禮
天子諸侯俱以至尊臨人上下之義君臣之禮自古以來其例一也故禮
盛則並全其重禮殺則從其降春秋之事天子諸侯不行三年至於臣
爲君服宜以君爲節未有君除而臣服君服而臣除者今法令諸侯卿
相官屬爲君斬衰既葬而除以令文言之明諸侯不以三年之喪與天
子同可知也君若遂服則臣子輕重無應除者也若當皆除無一人獨重
之文禮有攝主而無攝重故大功之親主人喪者必爲之再祭練祥以大
功之服主人之三年喪者也苟謂諸侯與天子同制國有嗣王自不全服而人
主居喪素服主祭三年不攝吉事以尊令制若當遠迹三代令復舊典
不依法令者則侯之服貴賤一例亦不得唯一人論於是詔使除服心喪
三年太興三年遷王導驃騎司馬轉中書郎出爲廣武將軍東陽太守
以清絜見稱徵爲太子左衛率不拜成帝踐阼以爲散騎常侍侍中蘇
峻作亂帝蒙塵於石頭唯潭及侍中鍾雅劉超等隨從不離帝側峻
誅以功賜爵永安伯遷大尚書從廷尉累遷左光祿大夫領國子祭酒
本國大中正加散騎常侍康帝即位屢表乞骸骨詔以光祿大夫還第
門施行馬祿秩一如舊制給傳詔二人賜錢二十萬牀帳褥席年八十
卒贈侍中大夫如故謚曰簡王導嘗謂孔敬康有公才而無公望丁世
康有公望而無公才子詒位至散騎侍郎

張茂字偉康少單貧有志行爲鄉里所敬信初起義兵討賊陳斌一郡用
全元帝辟爲掾屬官有老牛數十將賣之茂曰殺牛有禁買者不得輒
屠齒力疲老又不任耕駕是以無用之物收百姓利也帝乃止遷太子右
衛率出補吳國內史沈充之反也茂與三子並遇害茂弟盎爲周札將
軍充討札盎又死之贈茂太僕茂少時夢得大象以問占夢萬推推曰
君當爲大郡而不善也問其故推曰象者大獸獸者守也故知當得大
郡然象以齒焚爲人所害果如其言

陶回丹楊人也祖基吳交州刺史父抗太子中庶子回辟司空府中軍
主簿並不就大將軍王敦命爲參軍轉州別駕敦死司徒王導引爲從
事中郎遷司馬蘇峻之役回與孔坦言於導請早出兵守江口語在坦
傳峻將至回復謂亮曰峻知石頭有重戍不敢直下必向小丹楊南道
步來宜伏兵要之可一戰而擒亮不從峻果由小丹楊經秣陵迷失道逢
郡人執以爲鄉導時峻夜行甚無部分亮聞之深悔不從回等之言尋
王師敗績回還本縣收合義軍得千餘人並爲步軍與陶侃溫嶠等并
力攻峻又別破韓晃以功封康樂伯時大賊新平綱維弛廢司徒王導
以回有器幹擢補北軍中候俄轉中護軍久之遷征虜將軍吳興太守
時人饑穀貴三吳尤甚詔欲聽相鬻賣以拯一時之急回上疏曰當今
天下不普荒儉唯獨東土穀價偏貴便相鬻賣聲必遠流北賊聞此
將窺疆場如愚臣意不如開倉廩以振之乃不待報輒便開倉及割府
郡軍資數萬斛米以救之絕由是一境獲全既而下詔并勑會稽吳郡
依回振恤二郡賴之在郡四年徵拜領軍將軍加散騎常侍征虜將軍
如故回性雅正不憚強禦丹楊尹桓景佞事王導甚爲導所昵回常慷

慨謂景非正人不宜親狎會熒惑守南斗經旬導語回曰南斗揚州分
而熒惑守之吾當遜位以厭此譴回答曰公以明德作相輔弼聖主當親
忠貞遠邪佞而與桓景造膝熒惑何由退舍導深愧之咸和二年以疾
辭職帝不許徙護軍將軍常侍領軍如故未拜卒年五十一謚曰威四子
汪陋隱無忌汪嗣爵位至輔國將軍宣城內史陋冠軍將軍隱少府無
忌光祿勳兄弟咸有幹用

史臣曰孔愉父子暨丁潭等咸以篠簜之材邀締構之運策名霸府
騁足高衢歷試清階遂登顯要外宣政績內盡謀猷罄心力以佐時
竭股肱以衛主並能保全名節善始令終而愉高謝百萬之貲辭榮數
畝之宅弘止足之分有廉讓之風者矣陶回陳邪佞之宜遠明鬻賣之
非宜並補闕弼違良可稱也

贊曰愉既公才潭惟公望領軍儒雅平越忠亮君平料敵彭祖弘益
茂以象焚群由匡厄陶回規過言同金石

列傳第四十八　晉書七十八

列傳第四十九　晉書七十九　御撰

謝尚　謝安 安子琰 琰子混 安弟万 万弟石 安兄奕 奕子玄 石兄子朗 弟子邈

謝尚字仁祖豫章太守鯤之子也幼有至性七歲喪兄哀慟過禮親戚異之八歲神悟夙成鯤嘗攜之送客或曰此兒一坐之顏回也尚應聲答曰坐無尼父焉別顏回席賓莫不歎異年十餘歲遭父憂丹楊尹溫嶠弔之尚號咷極哀既而收涕告訴舉止有異常童嶠甚奇之及長開率穎秀辨悟絕倫脫略細行不為流俗之事好衣刺文袴諸父責之因而自改遂知名善音樂博綜眾藝司徒王導深器之比之王戎常呼為小安豐辟為掾襲父爵咸亭侯始到府通謁導以其有勝會謂曰聞君能作鴝鵒舞一坐傾想寧有此理不尚曰佳便著衣幘而舞導令坐者撫掌擊節尚俯仰在中傍若無人其率詣如此轉西曹屬時有遭乱與父母乖離議者或以進仕理王事婚姻繼百世於禮非嫌尚議曰典禮之興皆因循情理開通弘勝如運有屯夷要當斷之以大義夫無後之罪三千所不過今婚姻將以繼百世崇宗緒此固不可塞也然至於天屬生離之哀父子乖絕之痛痛之深者莫深於茲夫以一體之小患猶或忘思慮損聽察況於抱傷心之巨痛懷忉怛之至戚方寸既亂豈能綜理時務哉有心之人決不冒榮苟進冒榮尚進之疇必非所求之旨徒開偷薄之門而長流弊之路或有執志丘園守心不革者猶當崇其操業以弘風尚而況含艱履戚之人勉之以榮貴邪遷會稽王友入補給事黃門侍郎出為建武將軍歷陽太守轉督江夏義陽隨三郡軍事江夏相將軍如故時安西將軍庾翼鎮武昌尚數詣翼諮謀軍事嘗與翼共射翼曰卿若破的當以鼓吹相賞尚應聲中之翼即以其副鼓吹給之尚為政清簡始到官郡府以布四十匹為尚造烏布帳尚壞之以為軍士襦袴建元二年詔曰尚往以戎戍事要故輟黃散以授軍旅所處險要宜崇其威望今以為南中郎將餘官如故會庾冰薨復以本號督豫州四郡領江州刺史俄而復轉西中郎將督揚州之六郡諸軍事豫州刺史假節鎮歷陽大司馬桓溫欲有事中原使尚率眾向壽春進號安西將軍初苻健將張遇降尚尚不能綏懷之遇怒據許昌叛尚討之為遇所敗收付廷尉時康獻皇后臨朝即尚之甥也特令降號為建威將軍初尚之行也使建武將軍濮陽太守戴施據枋頭會冉閔之子智與其大將蔣幹來附復遣行人劉猗詣尚請救施止猗求傳國璽猗歸以告幹幹謂尚已敗慮不能救己猶豫不許施遣參軍何融率壯士百人入鄴登三臺助戍譎之曰今且可出璽付我凶寇在外道路梗澀亦未敢送璽當遣單使馳白天子聞璽已在吾許知卿等至誠必遣重軍相救并厚相餉幹乃出璽付融融齎璽馳還枋頭尚遣振武將軍胡彬率騎三百迎璽致諸京師時苻健將楊平戍許昌尚遣兵襲破之徵授給事中賜軺車鼓吹戍石頭永和中拜尚書僕射出為都督江西淮南諸軍事前將軍豫州刺史給事中僕射如故鎮歷陽加都督豫州揚州之五郡軍事在任有政績上表求入朝因留京師署僕射事尋進號鎮西將軍鎮壽陽尚於是採拾樂人并制石磬以備太樂江表有鍾石之樂自尚始也桓溫北平洛陽上疏請尚為都督司州諸軍事將鎮洛陽以疾病不行升平初又進都督豫冀幽并四州病篤徵拜衛將軍加散騎常侍未至卒於歷陽時年五十詔贈散騎常侍衛將軍開府儀同三司諡曰簡無子從弟奕以子康襲爵早卒康弟靜復以子肅嗣又無子靜子虔以子靈祐繼鯤後

謝安字安石尚從弟也父裒太常卿安年四歲時譙郡桓彝見而歎曰此兒風神秀徹後當不減王東海及總角神識沈敏風宇條暢善行書弱冠詣王濛清言良久既去濛子脩曰向客何如大人濛曰此客亹亹為來逼人王導亦深器之由是少有重名初辟司徒府除佐著作郎並以疾辭寓居會稽與王羲之及高陽許詢桑門支遁遊處出則漁弋山水入則言詠屬文無處世意揚州刺史庾冰以安有重名必欲致之累下郡縣敦逼不得已赴召月餘告歸復除尚書郎琅邪王友並不起吏部尚書范汪舉安為吏部郎安以書距絕之有司奏安被召歷年不至禁錮終身遂棲遲東土嘗往臨安山中坐石室臨濬谷悠然歎曰此亦伯夷何遠嘗與孫綽等汎海風起浪涌諸人並懼安吟嘯自若舟人以安為悅猶去不止風轉急安徐曰如此將何歸邪舟人承言即迴眾咸服

其雅量安雖放情丘壑然每游賞必以妓女從既累辟不就簡文帝時為相曰安石既與人同樂必不得不與人同憂召之必至時安弟万為西中郎將總藩任之重安雖處衡門其名猶出万之右自然有公輔之望處家常以儀範訓子弟安妻劉惔妹也既見家門富貴而安獨靜退乃謂曰丈夫不如此也安掩鼻曰恐不免耳及万黜廢安始有仕進志時年已四十餘矣征西大將軍桓溫請為司馬將發新亭朝士咸送中丞高崧戲之曰卿屢違朝旨高臥東山諸人每相與言安石不肯出將如蒼生何蒼生今亦將如卿何安甚有愧色既到溫甚喜言生平歡笑竟日既出溫問左右頗嘗見我有如此客不溫後詣安值其理髮安性遲緩久而方罷使取幘溫見留之曰令司馬著帽進其見重如此溫當北征會万病卒安投牋求歸尋除吳興太守在官無當時譽去後為人所思頃之徵拜侍中遷吏部尚書中護軍簡文帝疾篤溫上疏薦安宜受顧命及帝崩溫入赴山陵止新亭大陳兵衛將移晉室呼安及王坦之欲於坐害之坦之甚懼問計於安安神色不變曰晉祚存亡在此一行既見溫坦

之流汗沾衣倒執手版安從容就席坐定謂溫曰安聞諸侯有道守在四隣明公何須壁後置人邪溫笑曰正自不能不尔耳遂笑語移日坦之與安初齊名至是方知坦之之劣溫嘗以安所作簡文帝諡議以示坐賓曰此謝安石碎金也時孝武帝富於春秋政不自己溫威振內外人情噂嗒互生同異安與坦之盡忠匡翼終能輯穆及溫病篤諷朝廷加九錫使袁宏具草安見輒改之由是歷旬不就會溫薨錫命遂寢尋為尚書僕射領吏部加後將軍及中書令王坦之出為徐州刺史詔安總關中書事安義存輔導雖會稽王道子亦賴弼諧之益時彊敵寇境邊書續至梁益不守樊鄧陷没安每鎮以和靖御以長筭德政既行文武用命不存小察弘以大綱威懷外著人皆比之王導謂文雅過之嘗與王羲之登冶城悠然遐想有高世之志羲之謂曰夏禹勤王手足胼胝文王旰食日不暇給今四郊多壘宜思自效而虛談廢務浮文妨要恐非當今所宜安曰秦任商鞅二世而亡豈清言致患邪是時宮室毀壞安欲繕之尚書令王彪之等以外寇為諫安不從竟獨決之宮室用

成皆仰模玄象合體辰極而役無勞怨又領揚州刺史詔以甲仗百人入殿時帝始親萬機進安中書監驃騎將軍錄尚書事固讓軍號于時懸象失度亢旱彌年安奏興滅繼絕求晉初佐命功臣後而封之頃之加司徒後軍文武盡配大府又讓不拜復加侍中都督揚豫徐兗青五州幽州之燕國諸軍事假節時苻堅強盛疆埸多虞諸將敗退相繼安遣弟石及兄子玄等應機征討所在克捷拜衛將軍開府儀同三司封建昌縣公堅後率衆號百萬次于淮肥京師震恐加安征討大都督玄入問計安夷然無懼色荅曰已別有旨既而寂然玄不敢復言乃令張玄重請安遂命駕出山墅親朋畢集方與玄圍棊賭別墅安常棊劣於玄是日玄懼便為敵手而又不勝安顧謂其甥羊曇曰以墅乞汝安遂游陟至夜乃還指授將帥各當其任玄等既破堅有驛書至安方對客圍棊看書既竟便攝放牀上了無喜色棊如故客問之徐荅云小兒輩遂已破賊既罷還內過戶限心喜甚不覺屐齒之折其矯情鎮物如此以總統功進拜太保安方欲混一文軌上疏求自北征乃進都督揚江荆

司豫徐兗青冀幽并寧益雍梁十五州軍事加黃鉞其本官悉如故置從事中郎二人安上疏讓太保及爵不許是時桓沖既卒荆江二州並缺物論以玄勳望宜以授之安以父子皆著大勳恐為朝廷所疑又懼桓氏失職桓石虔復有沔陽之功慮其驍猛在形勝之地終或難制乃以桓石民為荆州改桓伊於中流石虔為豫州既以三桓據三州彼此無怨各得所任其經遠無競類皆如此性好音樂自弟万喪十年不聽音樂及登台輔朞喪不廢樂王坦之書喻之不從衣冠效之遂以成俗又於土山營墅樓館林竹甚盛每攜中外子姪往來游集肴饌亦屢費百金世頗以此譏焉而安殊不以屑意常疑劉牢之既不可獨任又知王味之不宜專城牢之既以亂終而味之亦以貪敗由是識者服其知人時會稽王道子專權而姦諂頗相扇構安出鎮廣陵之步丘築壘曰新城以避之帝出祖于西池獻觴賦詩焉安雖受朝寄然東山之志始末不渝每形於言色及鎮新城盡室而行造泛海之裝欲須經略粗定自江道還東雅志未就遂遇疾篤上疏請量宜旗旆并召子征虜將軍琰

解甲息徒命龍驤將軍朱序進據洛陽前鋒都督玄抗威彭沛委以董督若二賊假延來年水生東西齊舉詔遣侍中慰勞遂還都聞當輿入西州門自以本志不遂深自慨失因悵然謂所親曰昔桓溫在時吾常懼不全忽夢乘溫輿行十六里見一白雞而止乘溫輿者代其位也十六里止今十六年矣白雞主酉今太歲在酉吾病殆不起乎乃上疏遜位詔遣侍中尚書喻旨先是安發石頭金鼓忽破又語未嘗謬而忽一誤衆亦怪異之尋薨時年六十六帝三日臨于朝堂賜東園秘器朝服一具衣一襲錢百萬布千匹蠟五百斤贈太傅謚曰文靖以無下舍詔府中備凶儀及葬加殊禮依大司馬桓溫故事又以平苻堅勳更封廬陵郡公安少有盛名時多愛慕鄉人有罷中宿縣者還詣安安問其歸資答曰有蒲葵扇五萬安乃取其中者捉之京師士庶競市價增數倍安本能爲洛下書生詠有鼻疾故其音濁名流愛其詠而弗能及或手掩鼻以斆之及至新城築埭於城北後人追思之名爲召伯埭羊曇者太山人知名士也爲安所愛重安薨後輟樂彌年行不由西州路嘗因石頭

大醉扶路唱樂不覺至州門左右白曰此西州門曇悲感不已以馬策扣扉誦曹子建詩曰生存華屋處零落歸山丘因慟哭而去安有二子瑤琰瑤襲爵官至琅邪王友早卒子該嗣終東陽太守無子弟光祿勳模以子承伯嗣有罪國除劉裕以安勳德濟世特更封該弟澹爲柴桑侯邑千戶奉安祀澹少歷顯位桓玄篡位以澹兼太尉與王謐俱齎册到姑孰元熙中爲光祿大夫復兼太保持節奉册禪宋琰字瑗度弱冠以貞幹稱美風姿與從兄護軍淡雖比居不往來宗中子弟惟與才令者數人相接拜著作郎轉秘書丞累遷散騎常侍侍中苻堅之役安以琰有軍國才用出爲輔國將軍以精卒八千與從兄玄俱陷陣破堅以勳封望蔡公尋遭父憂去官服闋除征虜將軍會稽內史頃之徵爲尚書右僕射領太子詹事加散騎常侍將軍如故又遭母憂朝廷疑其葬禮時議者云潘岳爲賈充婦宜城宣君誄云昔在武侯喪禮殊倫伉儷一體朝儀則均謂宜資給葬禮悉依太傅故事先是王珣娶萬女珣弟珉娶安女並不終由是與謝氏有隙珣時爲僕射猶以前憾緩其事琰

聞恥之遂自造輼輬車以葬議者譏之太元末爲護軍將軍加右將軍會稽王道子以爲司馬右將軍如故王恭舉兵假琰節都督前鋒軍事恭平遷衛將軍徐州刺史假節孫恩作亂加督吳興義興二郡軍事討恩至義興斬賊許允之迎太守魏鄢還郡進討吳興賊丘尪破之又詔琰與輔國將軍劉牢之俱討孫恩恩逃于海島朝廷憂之以琰爲會稽內史都督五郡軍事本官並如故琰既以資望鎮越土議者謂無復東顧之虞及至郡無綏撫之能而不爲武備將帥皆諫曰強賊在海伺人形便宜振揚仁風開其自新之路琰曰苻堅百萬尚送死淮南況孫恩奔衄歸海何能復出若其復至正是天不養國賊令速就戮耳遂不從其言恩後果復寇浹口入餘姚破上虞進及邢浦去山陰北三十五里琰遣參軍劉宣之距破恩恩既而上黨太守張虔碩戰敗群賊銳進人情震駭咸以宜持重嚴備且列水軍於南湖分兵設伏以待之琰不聽賊既至尚未食琰曰要當先滅此寇而後食耳跨馬而出廣武將軍桓寶爲前鋒摧鋒陷陣殺賊甚多而塘路迮狹琰軍魚貫而前賊於艦中傍射

之前後斷絕琰至千秋亭敗績琰帳下都督張猛於後斫琰馬琰墮地與二子肇峻俱被害寶亦死之後劉裕左里之捷生擒猛送琰小子混混刳肝生食之詔以琰父子隕於君親忠孝萃於一門贈琰侍中司空謚曰忠肅二子肇峻肇歷驃騎參軍峻以琰勳封建昌侯及沒於賊詔贈肇散騎常侍峻散騎侍郎

混字叔源少有美譽善屬文初孝武帝爲晉陵公主求壻謂王珣曰主壻但如劉真長王子敬便足如王處仲桓元子誠可才小富貴便豫人家事珣對曰謝混雖不及真長不減子敬帝曰如此便足未幾帝崩袁崧欲以女妻之珣曰卿莫近禁臠初元帝始鎮建業公私窘罄每得一㹠以爲珍膳項上一臠尤美輒以薦帝群下未嘗敢食于時呼爲禁臠故珣因以爲戲混竟尚主襲父爵桓玄嘗欲以安宅爲營混曰召伯之仁猶惠及甘棠文靖之德更不保五畝之宅邪玄聞慚而止歷中書令中領軍尚書左僕射領選以黨劉毅誅國除及宋受禪謝晦謂劉裕曰陛下應天受命登壇日恨不得謝益壽奉璽紱裕亦歎曰吾甚

恨之使後生不得見其風流益壽混小字也

奕字無奕少有名譽初爲剡令有老人犯法奕以醇酒飲之醉猶未已安時年七八歲在奕膝邊諫止之奕爲改容遣之與桓溫善溫辟爲安西司馬猶推布衣好在溫坐岸幘笑詠無異常日桓溫曰我方外司馬奕每因酒無復朝廷禮常逼溫飲溫走入南康主門避之主曰君若無狂司馬我何由得相見奕遂攜酒就聽事引溫一兵帥共飲曰失一老兵得一老兵亦何所在溫不之責從兄尚有德政既卒爲西藩所思朝議以奕立行有素必能嗣尚事乃遷都督豫司冀并四州軍事安西將軍豫州刺史假節未幾卒官贈鎮西將軍三子泉靖玄泉早有名譽歷義興太守靖官至太常

玄字幼度少穎悟與從兄朗俱爲叔父安所器重安嘗戒約子姪因曰子弟亦何豫人事而正欲使其佳諸人莫有言者玄荅曰譬如芝蘭玉樹欲使其生於庭階耳安悅玄少好佩紫羅香囊安患之而不欲傷其意因戲賭取即焚之於此遂止及長有經國才略屢辟不起後與王珣俱

被桓溫辟爲掾並禮重之轉征西將軍桓豁司馬領南郡相監北征諸軍事于時苻堅彊盛邊境數被侵寇朝廷求文武良將可以鎮禦北方者安乃以玄應舉中書郎郗超雖素與玄不善聞而歎之曰安違衆舉親明也玄必不負舉才也時咸以爲不然超曰吾嘗與玄共在桓公府見其使才雖履屐間亦得其任所以知之於是徵還拜建武將軍兗州刺史領廣陵相監江北諸軍事時苻堅遣軍圍襄陽車騎將軍桓沖禦之詔玄發三州人丁遣彭城內史何謙游軍淮泗以爲形援襄陽既沒堅將彭超攻龍驤將軍戴逯於彭城玄率東莞太守高衡後軍將軍何謙次于泗口欲遣間使報逯令知救至其道無由小將田泓請行乃沒水潛行將趣城爲賊所獲賊厚賂泓使云南軍已敗泓偽許之既而告城中曰南軍垂至我單行來報爲賊所得勉之遂遇害時彭超置輜重於留城玄乃揚聲遣謙等向留城超聞之還保輜重謙馳進解彭城圍超復進軍南侵堅將句難毛當自襄陽來會超圍幽州刺史田洛於三阿有衆六萬詔征虜將軍謝石率水軍次涂中右衛將軍毛安之游擊將軍河間王曇之淮南太守楊廣宣城內史丘準次堂邑既而盱眙城陷高密內史毛藻沒安之等軍人相驚遂各散退朝廷震動玄於是自廣陵西討難等何謙解田洛圍進據白馬與賊大戰破之斬其偽將都顏因復進擊又破之斬其偽將邵保超難引退玄率何謙戴逯田洛追之戰于君川復大破之玄參軍劉牢之攻破浮航及白船督護諸葛侃單父令李都又破其運艦難等相率北走僅以身免於是罷彭城下邳二戍詔遣殿中將軍慰勞進號冠軍加領徐州刺史還于廣陵以功封東興縣侯及苻堅自率兵次于項城衆號百萬而涼州之師始達咸陽蜀漢順流幽并係至先遣苻融慕容暐張蚝苻方等至潁口梁成王先等屯洛澗詔以玄爲前鋒都督徐兗青三州揚州之晉陵幽州之燕國諸軍事與叔父征虜將軍石從弟輔國將軍琰西中郎將桓伊龍驤將軍檀玄建威將軍戴熙揚武將軍陶隱等距之衆凡八萬玄先遣廣陵相劉牢之五千人直指洛澗即斬梁成及成弟雲步騎崩潰爭赴淮水牢之縱兵追之生擒堅偽將梁他王顯梁悌慕容屈氏等收其軍實堅進

屯壽陽列陣臨肥水玄軍不得渡玄使謂苻融曰君遠涉吾境而臨水爲陣是不欲速戰諸君稍却令將士得周旋僕與諸君緩轡而觀之不亦樂乎堅衆皆曰宜阻肥水莫令得上我衆彼寡勢必萬全堅曰但却軍令得過而我以鐵騎數十萬向水逼而殺之融亦以爲然遂麾使却陣衆因亂不能止於是玄與琰伊等以精銳八千涉渡肥水石軍距張蚝小退玄琰仍進決戰肥水南堅中流矢臨陣斬融堅衆奔潰自相蹈藉投水死者不可勝計肥水爲之不流餘衆弃甲宵遁聞風聲鶴唳皆以爲王師已至草行露宿重以飢凍死者十七八獲堅乘輿雲母車儀服器械軍資珍寶山積牛馬驢騾駱駝十萬餘詔遣殿中將軍慰勞進號前將軍假節固讓不受賜錢百萬綵千匹既而安奏苻堅喪敗宜乘其釁會以玄爲前鋒都督率冠軍將軍桓石虔徑造渦潁經略舊都玄復率衆次于彭城遣參軍劉襲攻堅兗州刺史張崇於鄄城走之使劉牢之守鄄城兗州既平玄患水道險澀糧運艱難用督護聞人奭謀堰呂梁水樹柵立七埭爲派擁二岸之流以利運漕自此公私利便又進

伐青州故謂之青州派遣淮陵太守高素以三千人向廣固降慕容青州刺史苻朗又進伐冀州遣龍驤將軍劉牢之濟北太守丁匡據碻磝濟陽太守郭滿據滑臺奮武將軍顔雄渡河立營堅子丕遣將桑據屯黎陽玄命劉襲夜襲據走之丕惶遽欲降玄許之丕告飢玄饋丕米二千斛又遣晉陵太守滕恬之渡河守黎陽三魏皆降以兗青司豫平加玄都督徐兗青司冀幽并七州軍事玄上疏以方平河北幽冀宜須總督司州懸遠應統豫州以勳封康樂縣公玄請以先封東興侯賜兄子玩詔聽之更封玩豫寧伯復遣寧遠將軍春演伐申凱於魏郡破之玄欲令豫州刺史朱序鎮梁國玄住彭城北固河上西援洛陽內藩朝廷朝議以征役既久宜置戍而還使玄還鎮淮陰序鎮壽陽會翟遼據黎陽反執滕恬之又泰山太守張願舉郡叛河北騷動玄自以處分失所上疏送節盡求解所職詔慰勞令且還鎮淮陰以朱序代鎮彭城玄既還遇疾上疏解職詔書不許玄又自陳既不堪攝職慮有曠廢詔又使移鎮東陽城玄即路於道疾篤上疏曰臣以常人才不佐世忽蒙殊遇不復自量遂從戎政驅馳十載不辭鳴鏑之險每有征事輒請為軍鋒由恩厚忘軀甘死若生也冀有毫釐上報榮寵天祚大晉王威屢舉實由陛下神武英斷無思不服亡叔臣安協贊雍熙以成天工而雰霧尚翳六合未朗遺黎塗炭巢窟宜除復命臣荷戈前驅董司戎首冀仰憑皇威宇宙寧一陛下致太平之化庸臣以塵露報恩然後從亡叔臣安退身東山以道養壽此誠以形于文旨達於聖聽矣臣所以區區家國實在於此不謂臣愆咎夙積罪鍾中年上延亡叔臣安亡兄臣靖數月之間相係殂背下逮稚子尋復夭昏哀毒兼纏痛百常情臣不勝禍酷暴集每一慟殆斃所以含哀忍悲期之必存者雖哲輔傾落聖明方融伊周嗣作人懷自厲猶欲申臣本志隆國保家故能豁其情滯同之無心耳去冬奉司徒道子告括囊遠圖逮問臣進止之宜臣進不達事機以盛境為恥退不自揆故欲順其宿心豈謂經略不振自貽斯戾是以奉送章節待罪有司執徇常儀實有愧心而聖恩赦過黷法垂宥使抱罪之臣復得更鳴於所司木石猶感而況臣乎顧將身不良動與釁會謙德

不著害盈是荷先疾既動便至委篤陛下體臣疾重使還藩淮側甫欲休兵靜衆綏懷善撫兼苦自療冀日月漸瘳繕甲俟會思更奮迅而所患沉頓有增無損今者惙惙救命朝夕臣之平日率其常矩加以匪懈猶不能令政理弘宣況今內外天隔永不復接寧可臥居重任以招患慮追尋前事可為寒心臣之微身復何足惜區區血誠憂國實深謹遣兼長史劉濟重奉送節蓋章傳伏願陛下垂天地之仁拯將絕之氣時遣軍司鎮慰荒雜聽臣所乞盡醫藥消息歸誠道門冀神祇之祐若此而不差修短命也使臣得及視息瞻覩墳柏以此之盡公私真無恨矣伏枕悲慨不覺流涕詔遣高手醫一人令自消息又使還京口療疾玄奉詔便還病久不差又上疏曰臣同生七人凋落相繼惟臣一己孑然獨存在生荼酷無如臣比所以含哀忍痛希延視息者欲報之德實懷罔極庶蒙一瘳申其此志且臣孤遺滿目顧之惻然為欲極其求生之心未能自分於灰土慺慺之情可哀可愍伏願陛下矜其所訴霈然垂恕不令微臣銜恨泉壤表寢不報前後表疏十餘上久之乃轉授散騎常侍左將軍會稽內史時吳興太守晉寧侯張玄之亦以才學顯自吏部尚書與玄同年之郡而玄之名亞於玄時人稱為南北二玄論者美之玄既輿疾之郡十三年卒於官時年四十六追贈車騎將軍開府儀同三司謚曰獻武子瑍嗣秘書郎早卒子靈運嗣瑍少不惠而靈運文藻豔逸玄常稱曰我尚生瑍瑍那得不生靈運永熙中為劉裕世子左衛率

始從玄征伐者何謙字恭子東海人戴逯字安丘處士逵之弟並驍果多權略遠厲操東山而逯以武勇顯謝安嘗謂逯曰卿兄弟志業何殊逯曰下官不堪其憂家兄不改其樂逯以軍功封廣信侯位至大司農

万字万石才器儁秀雖器量不及安而善自衒曜故早有時譽工言論善屬文敘漁父屈原季主賈誼楚老龔勝孫登嵇康四隱四顯為八賢論其旨以處者為優出者為劣以示孫綽綽與往反以體公識遠者則出處同歸嘗與蔡系送客于征虜亭與系爭言系推万落牀冠帽傾脫万徐拂衣就席神意自若坐定謂系曰卿幾壞我面系曰本不為卿面計然俱不以介意時亦以此稱之弱冠辟司徒掾遷右西屬不就簡

文帝作相聞其名召為撫軍從事中郎万著白綸巾鶴氅裘履版而前既見與帝共談移日太原王述万之妻父也為揚州刺史万嘗衣白綸巾乘平肩輿徑至聽事前謂述曰人言君侯癡君侯信自癡述曰非無此論但晚合耳万再遷豫州刺史領淮南太守監司豫冀并四州軍事假節王羲之與桓溫箋曰謝万才流經通處廊廟參諷議故是後來一器而今屈其邁往之氣以俯順荒餘近是違才易務矣溫不從万既受任北征矜豪傲物常以嘯詠自高未嘗撫眾兄安深憂之自隊主將帥已下安無不慰勉謂万曰汝為元帥諸將宜數接對以悅其心豈有傲誕若斯而能濟事也万乃召集諸將都無所說直以如意指四坐云諸將皆勁卒諸將益恨之既而先遣征虜將軍劉建脩治馬頭城池自率眾入渦潁以援洛陽北中郎將郗曇以疾病退還彭城万以為賊盛致退便引軍還眾遂潰散狼狽單歸廢為庶人後復以為散騎常侍會卒時年四十二因以為贈子韶字穆度少有名時謝氏尤彥秀者稱封胡遏末封謂韶胡謂朗遏謂玄末謂川皆其小字也韶朗川並早卒惟玄以功名終韶至車騎司馬韶子恩字景伯宏達有遠略韶為黃門郎武昌太守恩三子曜弘微皆歷顯位

晉列四十九　十一

朗字長度父據早卒朗善言玄理文義豔發名亞於玄總角時病新起體甚羸未堪勞於叔父安前與沙門支遁講論遂至相苦其母王氏再遣信令還安欲留使竟論王氏因出云新婦少遭艱難一生所寄惟在此兒遂流涕攜朗去安謂坐客曰家嫂辭情慷慨恨不使朝士見之朗終於東陽太守子重字景重明秀有才名為會稽王道子驃騎長史嘗因侍坐于時月夜明淨道子歎以為佳重率爾曰意謂乃不如微雲點綴道子因戲重曰卿居心不淨乃復強欲滓穢太清邪子絢字宣映曾於公坐戲調無禮於其舅袁湛湛甚不堪之謂曰汝父昔已輕舅汝今復來加我可謂世無渭陽情也絢父重即王胡之外孫與舅亦有不協之論湛故有此及云

石字石奴初拜秘書郎累遷尚書僕射征句難以勳封興平縣伯淮肥之役詔石解僕射以將軍假節征討大都督與兄子玄琰破苻堅先是童謠云誰謂爾堅石打碎故桓豁皆以石名子以邀功焉堅之敗也雖功始牢之而成于玄琰然石時實為都督焉遷中軍將軍尚書令更封南康郡公于時學校陵遲石上疏請興復國學以訓冑子班下州郡普脩鄉校疏奏孝武帝納焉兄安薨石遷衛將軍加散騎常侍以公事與吏部郎王恭互相短長共甚忿恨自陳褊阨不允且疾源深固乞還私門石亦上疏遜位有司奏石輒去職免官詔曰石以疾求退豈準之常制其喻令還歲餘不起表十餘上帝不許石乞依故尚書令王彪之例於府綜攝詔聽之疾篤進位開府儀同三司加鼓吹未拜卒時年六十二石少患面創療之莫愈乃自匿夜有物來舐其瘡隨舐隨差舐處甚白故世呼為謝白面石在職務存文刻既無他才望直以宰相弟兼有大勳遂居清顯而聚斂無厭取譏當世追贈司空禮官議謚博士范弘之議謚曰襄墨公語在弘之傳朝議不從單謚曰襄子汪嗣早卒汪從兄沖以子明慧嗣為孫恩所害明慧從兄喻復以子暠嗣宋受禪國除

晉列四十九　十二

邈字茂度父鐵永嘉太守邈性剛鯁無所屈撓頗有理識累遷侍中時孝武帝酖樂之後多賜侍臣文詔辭義有不雅者邈輒焚毀之其他侍臣被詔者或宣揚之故論者以此多邈後為吳興太守孫恩之亂為賊胡桀郜驃等所執害之賊逼令北面邈厲聲曰我不得罪天子何北面之有遂害之邈妻郗氏甚妒邈先娶妾郗氏怨懟與邈書告絕邈以其書非婦人詞疑其門下生仇玄達為之作遂斥玄達玄達怒遂投孫恩并害邈兄弟竟至滅門

史臣曰建元之後時政多虞巨猾陸梁權臣橫恣其有兼將相於中外系存亡於社稷負扆資之以端拱鑿井賴之以晏安者其惟謝氏乎簡侯任總中臺效彰分閫正議云唱喪禮墮而復弘遺音既補雅樂缺而還備君子哉斯人也文靖始居塵外高謝人間嘯詠山林游泛江海當此之時蕭然有陵霞之致暨于褫薜蘿而襲朱組去衡泌而踐丹墀庶績於是用康彝倫以之載穆苻堅百萬之眾已瞰吳江桓溫九五之心將移晉鼎衣冠易慮遠邇崩心從容而杜奸謀宴衍而清群寇宸居獲太山之固惟揚去累卵之危斯為盛矣然激繁會於期服之辰

敗一歡於百金之費發禮於媮薄之俗崇修於耕戰之秋雖欲混哀樂而同歸齊奢儉於一致而不知頹風已扇雅道日淪國之儀刑豈期若是琰稱貞幹卒以忠勇垂名混曰風流竟以文詞獲譽並階時宰無墮家風奕万以放肆為高石奴以褊濁興累雖粤微類猶稱名實康樂才兼文武志存匡濟淮肥之役勍寇望之而土崩渦潁之師中州應之而席卷方欲西平鞏洛北定幽燕廟筭有遺良圖不果降齡何促功敗垂成拊其遺文經綸遠矣

贊曰安西英爽才兼辯博宣力方鎮流聲臺閣太保沉浮曠若虛舟任高百辟情惟一丘琰邈忠壯奕万虛放為龍為光或卿或將偉哉獻武功宣授斧克翦凶渠幾清中寓

列傳第四十九　晉書七十九

列傳第五十　晉書八十　御撰

王羲之　子玄之　凝之　徽之　徽之子楨之　徽之弟操之　獻之　許邁

王羲之字逸少司徒導之從子也祖正尚書郎父曠淮南太守元帝之過江也曠首創其議羲之幼訥於言人未之奇年十三嘗謁周顗顗察而異之時重牛心炙坐客未噉顗先割啗羲之於是始知名及長辯贍以骨鯁稱尤善隸書為古今之冠論者稱其筆勢以為飄若游雲矯若驚龍深為從伯敦導所器重時陳留阮裕有重名為敦主簿敦嘗謂羲之曰汝是吾家佳子弟當不減阮主簿裕亦目羲之與王承王悅為王氏三少時太尉郗鑒使門生求女壻於導導令就東廂徧觀子弟門生歸謂鑒曰王氏諸少並佳然聞信至咸自矜持惟一人在東牀坦腹食獨若不聞鑒曰正此佳壻邪訪之乃羲之也遂以女妻之起家秘書郎征西將軍庾亮請為參軍累遷長史亮臨薨上疏稱羲之清貴有鑒裁遷寧遠將軍江州刺史羲之既少有美譽朝廷公卿皆愛其才器頻召為侍中吏部尚書皆不就復授護軍將軍又推遷不拜揚州刺史殷浩素雅重之勸使應命乃遺羲之書曰悠悠者以足下出處足觀政之隆替如吾等亦謂為然至如足下出處正與隆替對豈可以一世之存亡必從足下從容之適幸徐求眾心卿不時起復可以求美政不若豁然開懷當知萬物之情也羲之遂報書曰吾素自無廊廟志直王丞相時果欲內吾誓不許之手跡猶存由來尚矣不於足下參政而方進退自兒娶女嫁便懷尚子平之志數與親知言之非一日也若蒙驅使關隴巴蜀皆所不辭吾雖無專對之能直謹守時命宣國家威德固當不同於凡使必令遠近咸知朝廷留心於無外此所益殊不同居護軍也漢末使太傅馬日磾慰撫關東若不以吾輕微無所為疑宜及初冬以行吾惟恭以待命羲之既拜護軍又苦求宣城郡不許乃以為右軍將軍會稽內史時殷浩與桓溫不協羲之以國家之安在於內外和因以與浩書以誡之浩不從及浩將北伐羲之以為必敗以書止之言甚切至浩遂行果為姚襄所敗復圖再舉又遺浩書曰知安西敗喪公私惋怛不能須臾去懷以區區江左所營綜如此天下寒心固以久矣而加之敗喪此可熟念往事豈復可追願思弘將來令天下寄命有所自隆中

興之業政以道勝寬和為本力爭武功作非所當因循所長以固大業想識
其由來也自寇亂以來處內外之任者未有深謀遠慮括囊至計而疲竭
根本各從所志竟無功可論一事可記忠言嘉謀弃而莫用遂令天下將
有土崩之勢何能不痛心悲慨也任其事者豈得辭四海之責追咎往事亦
何所復及宜更虛己求賢當與有識共之不可復令忠允之言常屈於當權
今軍破於外資竭於內保淮之志非復所及莫過還保長江都督將各復舊
鎮自長江以外羈縻而已任國鈞者引咎責躬深自貶降以謝百姓更與朝
賢思布平政除其煩苛省其賦役與百姓更始庶可以允塞群望救倒懸之
急使君起於布衣任天下之重尚德之舉未能事事允稱當董統之任而敗
喪至此恐闔朝群賢未有與人分其謗者今亟脩德補闕廣延群賢與之分
任尚未知獲濟所期若猶以前事為未工故復求之於分外宇宙雖廣自
容何所知言不必用或取怨執政然當情慨所在正自不能不盡懷極言若
必親征未達此旨果行者愚智所不解也願復與眾共之復被州符增運千
石徵役兼至皆以軍期對之喪氣罔知所厝自頃年割剝遺黎刑徒竟路

殆同秦政惟未加參夷之刑耳恐勝廣之憂無復日矣又與會稽王牋陳
浩不宜北伐并論時事曰古人恥其君不為堯舜北面之道豈不願尊其所
事比隆往代況遇千載一時之運顧智力屈於當年何得不權輕重而處之
也今雖有可欣之會內求諸已而所憂乃重於所欣傳云自非聖人外寧必
有內憂今外不寧內憂已深古之弘大業者或不謀於眾傾國以濟一時功
者亦往往而有之誠獨運之明足以邁眾暫勞之弊終獲永逸者可也求
之於今可得擬議乎夫廟算決勝必宜審量彼我萬全而後動功就之日
便當因其眾而即其實今功未可期而遺黎殲盡萬不餘一且千里饋糧自
古為難況今轉運供繼西輸許洛北入黃河雖秦政之弊未至於此而十室之
憂便以交至今運無還期徵求日重以區區吳越經緯天下十分之九不亡何
待而不度德量力不弊不已此封內所痛心歎悼而莫敢吐誠往者不可諫來
者猶可追願殿下更垂三思解而更張令殷浩荀羨還據合肥廣陵許昌譙
郡梁彭城諸軍皆還保淮為不可勝之基須根立勢舉謀之未晚此實當
今策之上者若不行此社稷之憂可計日而待安危之機易於反掌考之虛

實著於目前願運獨斷之明定之於一朝也地淺而言深豈不知其未易然古
人處閭閻行陣之間尚或干時謀國評裁者不以為譏況廁大臣末行豈可
默而不言哉存亡所係決在行之不可復持疑後機不定之於此後欲悔之亦
無及也殿下德冠宇內以公室輔朝最可直道行之致隆當年而未允物
望受殊遇者所以寤寐長歎實為殿下惜之國家之慮深矣常恐伍員
之憂不獨在昔麋鹿之遊將不止林藪而已願殿下暫廢虛遠之懷以救
倒懸之急可謂以亡為存轉禍為福則宗廟之慶四海有賴矣時東土饑
荒羲之輒開倉振貸然朝廷賦役繁重吳會尤甚羲之每上疏爭之事
多見從又遺尚書僕射謝安書曰頃所陳論每蒙允納所以令下小得蘇息
各安其業若不耳此一郡久以蹈東海矣今事之大者未布漕運是也吾意
望朝廷可申下定期委之所司勿復催下但當歲終考其殿最長吏尤殿命
檻車送詣天臺三縣不舉二千石必免或可左降令在疆塞極難之地又自
吾到此從事常有四五兼以臺司及都水御史行臺文符如雨倒錯違背不
復可知吾又瞑目循常推前取重者及綱紀輕者在五曹主者淹事未

嘗得十日吏民趨走功費萬計卿方任其重可徐尋所言江左平日揚州
一良刺史便足統之況以群才而更不理正由為法不一牽制者眾思簡而易
從便足以保守成業倉督監耗盜官米動以萬計吾謂誅翦一人其後便
斷而時意不同近檢校諸縣無不皆爾餘姚近十萬斛重斂以資姦吏令
國用空乏良可歎也自軍興以來征役及充運死亡叛散不反者眾虛耗
至此而補代循常所在凋困莫知所出上命所差上道多叛則吏及叛者席
卷同去又有常制輒令其家及同伍課捕課捕不擒家及同伍尋復亡叛
百姓流亡戶口日減其源在此又有百工醫寺死亡絕沒家戶空盡差代無所
上命不絕事起或十年十五年彈舉獲罪無懈息而無益實事何以堪之
謂自今諸死罪原輕者及五歲刑可以充此其減死者可長充兵役五歲者
可充雜工醫寺皆令移其家以實都邑都邑既實是政之本又可絕其亡
叛不移其家逃亡之患復如初耳今除罪而充雜役盡移其家小人愚迷
或以為重於殺戮可以絕姦刑名雖輕懲肅實重豈非適時之宜邪羲之
雅好服食養性不樂在京師初渡浙江便有終焉之志會稽有佳山水

名士多居之謝安未仕時亦居焉孫綽李充許詢支遁等皆以文義冠世並築室東土与羲之同好嘗与同志宴集於會稽山陰之蘭亭羲之自為之序以申其志曰永和九年歲在癸丑暮春之初會于會稽山陰之蘭亭脩禊事也群賢畢至少長咸集此地有崇山峻嶺茂林脩竹又有清流激湍映帶左右引以為流觴曲水列坐其次雖无絲竹管絃之盛一觴一詠亦足以暢叙幽情是日也天朗氣清恵風和暢仰觀宇宙之大俯察品類之盛所以游目騁懷足以極視聽之娛信可樂也夫人之相与俯仰一世或取諸懷抱悟言一室之内或因寄所託放浪形骸之外雖趣舍万殊靜躁不同當其欣於所遇暫得於己快然自足不知老之將至及其所之既倦情隨事遷感慨係之矣向之所欣俛仰之間以為陳迹猶不能以之興懷况脩短隨化終期於尽古人云死生亦大矣豈不痛哉每覽昔人興感之由若合一契未嘗不臨文嗟悼不能喻之於懷固知一死生為虛誕齊彭殤為妄作後之視今亦由今之視昔悲夫故列叙時人録其所述雖世殊事異所以興懷其致一也後之覽者亦將有感於斯文或以潘岳金谷詩序方其

文羲之比於石崇聞而甚喜性愛鵝會稽有孤居姥養一鵝善鳴求市未能得遂攜親友命駕就觀姥聞羲之將至烹以待之羲之歎惜彌日又山陰有一道士養好鵝羲之往觀焉意甚悅固求市之道士云為寫道德經當舉群相贈耳羲之欣然寫畢籠鵝而歸甚以為樂其任率如此嘗詣門生家見棐几滑淨因書之真草相半後為其父誤刮去之門生驚懊者累日又嘗在蕺山見一老姥持六角竹扇賣之羲之書其扇各為五字姥初有慍色因謂姥曰但言是王右軍書以求百錢邪姥如其言人競買之他日姥又持扇來羲之笑而不荅其書為世所重皆此類也每自稱我書比鍾繇當抗行比張芝草猶當鴈行也曾与人書云張芝臨池學書池水尽黑使人耽之若是未必後之也羲之書初不勝庾翼郗愔及其暮年方妙嘗以章草荅庾亮而翼深歎伏因与羲之書云吾昔有伯英章草十紙過江顛狽遂乃亡失常歎妙迹永絶忽見足下荅家兄書煥若神明頓還舊觀時驃騎將軍王述少有美譽与羲之齊名而羲之甚輕之由是情好不協述先為會稽以母喪居郡境羲之代述止一弔遂不重詣述每聞角聲謂羲之當候己輒洒埽

而待之如此者累年而羲之竟不顧述深以為恨及述為揚州刺史將就徵周行郡界而不過羲之臨發一別而去先是羲之常謂賓友曰懷祖正當作尚書耳投老可得僕射更求會稽便自邈然及述蒙顯授羲之耻為之下遣使詣朝廷求分會稽為越州行人失辭大為時賢所笑既而內懷愧歎謂其諸子曰吾不減懷祖而位遇懸邈當由汝等不及坦之故邪述後檢察會稽郡辯其刑政主者疲於簡對羲之深耻之遂稱病去郡於父母墓前自誓曰維永和十一年三月癸卯朔九日辛亥小子羲之敢告二尊之靈羲之不天夙遭閔凶不蒙過庭之訓母兄鞠育得漸庶幾遂因人乏蒙國寵榮進无忠孝之節退違推賢之義每仰詠老氏周任之誡常恐斯亡无日憂及宗祀豈在微身而已是用寤寐永歎若墜深谷止足之分定之於今謹以今月吉辰肆筵設席稽顙歸誠告誓先靈自今之後敢渝此心貪冒苟進是有无尊之心而不子也子而不子天地所不覆載名教所不得容信誓之誠有如皦日羲之既去官與東土人士盡山水之游弋釣為娛又與道士許邁共修服食採

藥石不遠千里徧游東中諸郡窮諸名山泛滄海歎曰我卒當以樂死謝安嘗謂羲之曰中年以來傷於哀樂與親友別輒作數日惡羲之曰年在桑榆自然至此頃正賴絲竹陶寫恒恐兒輩覺其樂歡之趣朝廷以其誓苦亦不復徵之時劉惔為丹陽尹許詢嘗就惔宿牀帷新麗飲食豐甘詢曰若此保全殊勝東山惔曰卿若知吉凶由人吾安得保此羲之在坐曰令巢許遇稷契當无此言二人並有愧色初羲之既優游无事與吏部郎謝萬書曰古之辭世者或被髮徉狂或污身穢跡可謂艱矣今僕坐而獲免遂其宿心其為慶幸豈非天賜違天不祥頃東游還修植桑果今盛敷榮率諸子抱弱孫游觀其間有一味之甘割而分之以娛目前雖植德无殊邈猶欲教養子孫以敦厚退讓或以輕薄庶令舉策數馬彷彿萬石之風君謂此何如比當與安石東游山海并行田視地利頤養閑暇衣食之餘欲與親知時共歡讌雖不能興言高詠銜杯引滿語田里所行故以為撫掌之資其為得意可勝言邪常依陸賈班嗣楊王孫之處世甚欲希風數子老夫願盡於此也萬後為豫州都督又遺萬書誡之曰以君邁往不屑之韻而俯同羣辟誠

難爲意也然所謂通識正自當隨事行藏乃爲遠耳願君每與士之下者同則盡善矣食不二味居不重席此復何有而古人以爲美談濟否所由實在積小以致高大君其存之万不能用果敗年五十九卒贈金紫光禄大夫諸子遵父先旨固讓不受有七子知名者五人玄之早卒次凝之亦工草隸仕歷江州刺史左將軍會稽内史王氏世事張氏五斗米道凝之彌篤孫恩之攻會稽寮佐請爲之備凝之不從方入靖室請禱出語諸將佐曰吾已請大道許鬼兵相助賊自破矣既不設備遂爲孫恩所害

徽之字子猷性卓犖不羈爲大司馬桓温參軍蓬首散帶不綜府事又爲車騎桓沖騎兵參軍沖問卿署何曹對曰似是馬曹又問管幾馬曰不知馬何由知數又問馬比死多少曰未知生焉知死嘗從沖行值暴雨徽之因下馬排入車中謂曰公豈得獨擅一車沖嘗謂徽之曰卿在府日久比當相料理徽之初不酬答直高視以手版柱頰云西山朝來致有爽氣耳時吴中一士大夫家有好竹欲觀之便出坐輿造竹下諷嘯良久主人灑埽請坐徽之不顧將出主人乃閉門徽之便以此賞之盡懽而

去嘗寄居空宅中便令種竹或問其故徽之但嘯詠指竹曰何可一日无此君邪嘗居山陰夜雪初霽月色清朗四望皓然獨酌酒詠左思招隱詩忽憶戴逵逵時在剡便夜乘小船詣之經宿方至造門不前而反人問其故徽之曰本乘興而行興盡而反何必見安道邪雅性放誕好聲色嘗夜與弟獻之共讀高士傳讚獻之賞井丹高絜徽之曰未若長卿慢世也其傲達若此時人皆欽其才而穢其行後爲黄門侍郎棄官東歸與獻之俱病篤時有術人云人命應終而有生人樂代者則死者可生徽之謂曰吾才位不如弟請以餘年代之術者曰代死者以己年有餘得以足亡者耳今君與弟筭俱盡何代也未幾獻之卒徽之奔喪不哭直上靈牀坐取獻之琴彈之久而不調歎曰嗚呼子敬人琴俱亡因頓絶先有背疾遂潰裂月餘亦卒子楨之

楨之字公幹歷位侍中大司馬長史桓玄爲太尉朝臣畢集問楨之我何如君亡叔在坐咸爲氣咽楨之曰亡叔一時之標公是千載之英一坐皆悦

操之字子重歷侍中尚書豫章太守

獻之字子敬少有盛名而高邁不羈雖閑居終日容止不怠風流爲一時之冠年數歲嘗觀門生樗蒱曰南風不競門生曰此郎亦管中窺豹時見一斑獻之怒曰遠慚荀奉倩近愧劉真長遂拂衣而去嘗與兄徽之操之俱詣謝安二兄多言俗事獻之寒温而已既出客問安王氏兄弟優劣安曰小者佳客問其故安曰吉人之辭寡以其少言故知之嘗與徽之共在一室忽然火發徽之遽走不遑取履獻之神色恬然徐呼左右扶出夜卧齋中而有偷人入其室盜物都盡獻之徐曰偷兒青氊我家舊物可特置之羣偷驚走工草隸善丹青七八歲時學書羲之密從後掣其筆不得歎曰此兒後當復有大名嘗書壁爲方丈大字羲之甚以爲能觀者數百人桓温嘗使書扇筆誤落因畫作烏駁牸牛甚妙起家州主簿秘書郎轉丞以選尚新安公主嘗經吴郡聞顧辟疆有名園先不相識乘平肩輿徑入時辟疆方集賓友而獻之遊歷既畢傍若无人辟疆勃然數之曰傲主人非禮也以貴驕士非道也失是二者不足齒之傖耳便驅出門獻之傲如也不以屑意謝安甚欽愛之請爲長史安進號衛將軍復爲長史太元中新起太極殿安欲使

獻之題榜以爲万代寶而難言之試謂曰魏時陵雲殿榜未題而匠者誤釘之不可下乃使韋仲將懸橙書之比訖鬚鬢盡白裁餘氣息還語子弟宜絶此法獻之揣知其旨正色曰仲將魏之大臣寧有此事使其若此有以知魏德之不長安遂不之逼安又問曰君書何如君家尊答曰故當不同安曰外論不爾答曰人那得知尋除建威將軍吴興太守徵拜中書令及安薨贈礼有同異之議惟獻之與徐邈共明安之忠勲獻之乃上疏曰故太傅臣安少振玄風道譽洋溢弱冠遐棲則契齊箕皓應運釋褐而王猷允塞及至載宣威靈強猾消殄功勲既融投韍高讓且服事先帝眷隆布衣陛下踐阼陽秋尚富盡心竭智以輔聖明考其潛躍始終事情緬邈實大晉之儁輔義篤於曩臣矣伏惟陛下留心宗臣澄神於省察孝武帝遂加安殊礼未幾獻之遇疾家人爲上章道家法應首過問其有何得失對曰不覺餘事惟憶與郗家離婚獻之前妻郗曇女也俄而卒於官安僖皇后立以后父追贈侍中特進光禄大夫太宰謚曰憲无子以兄子静之嗣位至義興太守時議者以爲羲之草隸江左中朝莫有及者獻之骨力遠不及父而頗有媚趣桓玄雅愛

其父子書各為一袠，置左右以翫。始羲之所與共遊者許邁。

許邁字叔玄，一名映，丹楊句容人也。家世士族，而邁少恬靜，不慕仕進。未弱冠，嘗造郭璞，璞為之筮，遇泰其上六爻發。璞謂曰：「君元吉自天，宜學升遐之道。」時南海太守鮑靚隱跡潛遁，人莫之知。邁乃往候之，探其至要。父母尚存，未忍違親。謂餘杭懸霤山近延陵之茅山，是洞庭西門，潛通五嶽，陳安世、茅季偉常所遊處，於是立精舍於懸霤，而往來茅嶺之洞室，放絕世務，以尋仙館，朔望時節還家定省而已。父母既終，乃遣婦孫氏還家，遂攜其同志遍遊名山焉。初採藥於桐廬縣之桓山，餌朮涉三年，時欲斷穀。以此山近人，不得專一，四面藩之，好道之徒欲相見者，登樓與語，以此為樂。常服氣，一氣千餘息。永和二年，移入臨安西山，登巖茹芝，眇爾自得，有終焉之志。乃改名玄，字遠遊。與婦書告別，又著詩十二首，論神仙之事焉。羲之造之，未嘗不彌日忘歸，相與為世外之交。玄遺羲之書云：「自山陰南至臨安，多有金堂玉室，仙人芝草，左元放之徒，漢末諸得道者皆在焉。」羲之自為之傳，述靈異之迹甚多，不可詳記。玄自後莫測所終，好道者皆謂之羽化矣。

制曰：書契之興，肇乎中古，繩文鳥跡，不足可觀。末代去朴歸華，舒牋點翰，爭相誇尚，競其工拙。伯英臨池之妙，無復餘蹤；師宜懸帳之奇，罕有其跡。逮乎鍾、王以降，略可言焉。鍾雖擅美一時，亦為迥絕，論其盡善，或有所疑。至於布纖濃，分疏密，霞舒雲卷，無所間然。但其體則古而不今，字則長而逾制，語其大量，以此為瑕。獻之雖有父風，殊非新巧。觀其字勢，疏瘦如隆冬之枯樹；覽其筆蹤，拘束若嚴家之餓隸。其枯樹也，雖槎枿而無屈伸；其餓隸也，則羈羸而不放縱。兼斯二者，故翰墨之病歟！子雲近出，擅名江表，然僅得成書，無丈夫之氣，行行若縈春蚓，字字如綰秋蛇；臥王濛於紙中，坐徐偃於筆下；雖禿千兔之翰，聚無一毫之筋，窮萬穀之皮，斂無半分之骨；以茲播美，非其濫名邪！此數子者，皆譽過其實。所以詳察古今，研精篆素，盡善盡美，其惟王逸少乎！觀其點曳之工，裁成之妙，煙霏露結，狀若斷而還連；鳳翥龍蟠，勢如斜而反直。玩之不覺為倦，覽之莫識其端，心慕手追，此人而已。其餘區區之類，何足論哉！

列傳第五十　　晉書八十

列傳第五十一　　晉書八十一　　御撰

王遜　蔡豹　羊鑒　劉胤
桓宣 族子伊　朱伺　毛寶 子穆之 安之 孫璩 宗人德祖
劉遐　鄧嶽 子遐　朱序

王遜字邵伯，魏興人也。仕郡察孝廉，為吏部令史，轉殿中將軍，累遷上洛太守。私牛馬在郡生駒犢者，秩滿悉以付官，云是郡中所產也。轉魏興太守。惠帝末，西南夷叛，寧州刺史李毅卒，城中百餘人奉毅女固守經年。永嘉四年，治中毛孟詣京師求刺史，不見省。孟固陳曰：「君亡親喪，幽閉窮城，萬里訴哀，不垂愍救。既慚包胥無哭秦之感，又愧梁妻無崩城之驗，存不若亡，乞賜臣死。」朝廷憐之，乃以遜為南夷校尉、寧州刺史，使於郡便之鎮。遜與孟俱行，道遇寇賊，踰年乃至。外逼李雄，內有夷寇，吏士散沒，城邑丘墟。遜披荒糾厲，收聚離散，專杖威刑，鞭撻殊俗。遜未到州，遙舉董聯為秀才，建寧功曹周悅謂聯非才，不下版檄。遜既到，收悅殺之。悅弟潛謀殺遜，以前建寧太守趙混子濤代為刺史。事覺，並誅之。又誅豪右不奉法度者數十家。征伐諸夷，俘馘千計，獲馬及牛羊數萬餘，於是莫不振服，威行寧土。又遣子澄奉表勸進於元帝，帝嘉之，累加散騎常侍、安南將軍、假節，校尉、刺史如故，賜爵褒中縣公。遜以地勢形便，上分牂柯為平夷郡，分朱提為南廣郡，分建寧為夜郎郡，分永昌為梁水郡，又改益州郡為晉寧郡，事皆施行。先是，越巂太守李釗為李雄所執，自蜀逃歸，遜復以釗為越巂太守。李雄遣李驤、任回攻釗，釗自南秦與漢嘉太守王載共距之，戰于溫水，釗敗績。載遂以二郡附雄。後驤等又渡瀘水寇寧州，遜使將軍姚崇、爨琛距之，戰于堂狼，大破驤等。崇追至瀘水，透水死者千餘人。崇以道遠，不敢渡水。遜以崇不窮追也，怒囚羣帥，執崇鞭之，怒甚，髮上衝冠，冠為之裂，夜中卒。遜在州十四年，州人復立遜中子堅行州府事。詔除堅為南夷校尉、寧州刺史、假節，謚遜曰壯。陶侃懼堅不能抗對蜀人，太寧末，表以零陵太守尹奉為寧州，徵堅還京，病卒。兄澄襲爵，歷魏興太守、散騎常侍。

蔡豹字士宣，陳留圉城人。高祖質，漢衛尉、左中郎將，邕之叔父也。祖陸魏尚書父宏陰平太守豹有氣榦歷河南丞長樂清河太守避乱南渡元帝以為振武將軍臨淮太守遷建威將軍徐州刺史初祖逖為徐州豹為司馬素易豹至是逖為豫州而豹為徐州俱受征討之寄逖甚愧之是時太山太守徐龕與彭城内史劉遐同討反賊周撫於寒山龕將于藥斬撫及論功而遐先之龕怒以太山叛自號安北將軍兖州刺史攻破東莞太守侯史旄而據其塢石季龍伐之龕懼求降元帝許焉既而復叛歸石勒勒遣其將王伏都張景等數百騎助龕詔征虜將軍羊鑒武威將軍侯禮臨淮太守劉遐鮮卑段文鴦等與豹共討之諸將畏愞頓兵下邳不敢前豹欲進軍鑒固不許龕遣使請救於勒勒辭以外難而多求於龕又王伏都等淫其室龕知勒不救且患伏都等縱暴乃殺之復求降元帝惡其反覆不納勅豹鑒以時進討鑒及劉遐等並疑憚不相聽從互有表聞故豹久不得進尚書令刁協奏曰臣等伏思淮北征軍已失不速今方盛暑冒涉山險山人便弓弩習土俗一人守阨百夫不當且運漕至難一朝粮乏非復智力所能防禦也書云寧致人不致於人宜頓兵所在深壁固壘至秋不了乃進大軍詔曰知難而退誠合兵家之言然小賊雖狡猾故成擒耳未戰而退先自摧衄亦古之所忌且邵存已據賊壘威勢既振不可退一步也於是遣治書御史郝嘏為行臺催攝令進討豹欲逕進鑒執不聽協又奏免鑒官委豹為前鋒以鑒兵配之降號折衝將軍以責後効豹進據卞城欲以逼龕時石季龍屯鉅平將攻豹豹夜遁退守下邳徐龕襲取豹輜重於檀丘將軍留寵陸黨力戰死之豹既敗將歸謝罪北中郎王舒止之曰胡寇方至使君且當攝職為百姓障扞賊退謝罪不晚也豹從之元帝聞豹退使收之使者至王舒夜以兵圍豹豹以為他難率麾下擊之聞有詔乃止舒執豹送至建康斬之尸于市三日時年五十二豹在徐土内撫將士外懷諸衆甚得遠近情聞其死多悼惜之無子兄子裔字元子散騎常侍兖州刺史高陽鄉侯殷浩北伐使裔率衆出彭城卒於軍

羊鑒字景期太山人也父濟匈奴中郎將兄煒歷大僕兖徐二州刺史鑒為東陽太守累遷太子左衛率時徐龕反叛司徒王導以鑒是龕州里冠族必能制之請遣北討鑒深辭才非將帥太尉郗鑒亦表謂鑒非才不宜妄使導不納強啓授以征討都督果敗績導以舉鑒非才請自貶帝不從有司正鑒斬刑元帝詔以鑒太妃外屬特免死除名久之為少府及王敦反明帝以鑒敦舅又素相親黨微被嫌責及成帝即位豫討蘇峻以功封豐城縣侯從光禄勳卒

劉胤字承胤東萊掖人漢齊悼惠王肥之後也美姿容善自任遇交結時豪名著海岱間士咸慕之舉賢良辟司空掾並不就會天下大亂攜母欲避地遼東路經幽州刺史王浚留胤表為渤海太守浚敗轉依冀州刺史邵續續徒衆寡弱謀降於石勒胤言於續曰夫田單包胥齊楚之小吏耳猶能存已滅之邦全喪敗之國今將軍杖精鋭之衆居全勝之城如何墜將登之功於一簣委忠信之人於豺狼乎且項羽袁紹非不強也高祖縞冠人應如響曹公奉帝而諸侯綏穆何者蓋逆順之理殊自然之數定也況夷戎醜類屯結無賴雖有犬羊之盛終有危亡之患而欲託根結援無乃殆哉續曰若如君言計將安出胤曰琅邪王以聖德欽明創基江左中興之隆可企踵而待今為將軍計者莫若抗大順以激義士之心奉忠正以厲軍人之志夫機事在密時至難違存亡廢興在此舉矣續從之乃殺異議者數人遣使江南朝廷嘉之胤仍求自行續厚遣之既至元帝命為丞相參軍累遷尚書吏部郎胤聞石季龍攻厭次言於元帝曰北方方鎮皆没惟餘邵續而已如使復為季龍所制孤義士之心阻歸本之路愚謂宜存救援元帝將遣救之會續已没而止王敦素與胤交甚欽貴之請為右司馬胤知敦有不臣心枕疾不視事以是忤敦意出為豫章太守辭以脚疾詔就家授印綬郡人莫鴻南士豪族因乱殺本縣令橫恣無道百姓患之胤至誅鴻及諸豪右界内肅然咸和初為平南軍司加散騎常侍蘇峻作亂溫嶠率衆而下留胤等守溢口事平以勳賜爵豐城子俄而代嶠為平南將軍都督江州諸軍事領江州刺史假節胤位任轉高矜豪日甚縱酒耽樂不恤政事大殖財貨商販百萬初胤之代嶠也遠近皆謂非選陶侃郗鑒咸云胤非方伯才朝廷不從或問王悅曰今大難之後綱紀弛頹自江陵至于

建康三千餘里流人萬計布在江州江州國之南藩要害之地而胤以脩怯之性臥而對之不有外變必有內患悅曰聞溫平南語家公云連得惡夢思見代者尋云可用劉胤此乃溫意非家公也是時朝廷空罄百官無祿惟資江州運漕而胤商旅繼路以私廢公有司奏免胤官書始下而胤為郭默所害年四十九子赤松嗣尚南平長公主位至黃門郎義興太守

桓宣譙國銍人也祖詡義陽太守父弼冠軍長史宣開濟篤素為元帝丞相舍人時塢主張平自稱豫州刺史樊雅自號譙郡太守各據一城衆數千人帝以宣信厚又與平雅同州里轉宣為得參軍使就平雅平雅遣軍主簿隨宣詣丞相府受節度帝皆加四品將軍即其所部使扞禦北方南中郎將王含請宣為參軍頃之豫州刺史祖逖出屯蘆州遣參軍殷乂詣平雅乂意輕平視其屋云當持作馬廐見大鑊欲鑄作鐵器平曰此是帝王大鑊天下定後方當用之柰何打破乂曰卿能保頭不而惜大鑊邪平大怒於坐斬乂阻兵固守歲餘逖攻平殺之而雅據譙城逖以力弱求助於含含遣宣領兵五百助逖逖謂宣曰卿先已說平雅信義大著於彼今復為我說雅雅若降者方相擢用不但免死而已宣復單馬從兩人詣雅曰祖逖方欲平蕩二寇每倚卿為援前殷乂輕薄非豫州意今若和解則忠勳可立富貴可保若猶固執東府赫然更遣猛將以卿烏合之衆憑阻窮城強賊伺其北國家攻其南萬無一全也願善量之雅與宣置酒結友遣子隨宣詣逖少日雅便自詣逖逖遣雅還撫其衆雅僉謂前數罵辱懼罪不敢降雅復閉城自守逖往攻之復遣宣入說雅雅即斬異己者遂出降未幾石勒別將圍譙城含又遣宣率衆救逖未至而賊退逖留宣討諸未服皆破之遷譙國內史祖約之棄譙城也宣以牋諫不從由是石勒遂有陳留及約與蘇峻同反宣謂祖智曰今強胡未滅將戮力以討之而與峻俱反此安得久乎使君若欲為雄霸何不助國討峻威名自舉智等不能用宣欲諫約遣其子戎白約求入約知宣必諫不聽宣遂距約不與之同邵陵人陳光率部落數百家降宣宣皆慰撫之約還歷陽宣將數千家欲南投尋陽營

於馬頭山值祖煥欲襲湓口陶侃使毛寶救之煥遣衆攻宣宣使戎求救於寶寶擊煥破之宣因投溫嶠嶠以戎為參軍賊平宣居于武昌戎復為劉胤參軍郭默害胤復以戎為參軍陶侃討默默遣戎求救於宣宣偽許之西陽太守鄧嶽武昌太守劉詡皆疑宣與默同豫州西曹王隨曰宣尚背祖約何緣同郭默邪嶽詡乃遣隨詣宣以觀之隨謂宣曰明府心雖不爾無以自明惟有以戎付隨耳宣乃遣戎與隨俱迎陶侃辟戎為掾上宣為武昌太守尋遷監沔中軍事南中郎將江夏相石勒荊州刺史郭敬戍襄陽陶侃使其子平西參軍斌與宣俱攻樊城拔之竟陵太守李陽又破新野敬懼遁走宣與陽遂平襄陽侃使宣鎮之以其淮南部曲立義成郡宣招懷初附勸課農桑簡刑罰略威儀或載鉏耒於軺軒或親芸穫於隴畝十餘年間石季龍再遣騎攻之宣能得衆心每以寡弱距守論者以為次於祖逖周訪侃方欲使宣北事中原會侃薨後庾亮為荊州將謀北伐以宣為都督沔北前鋒征討軍事平北將軍司州刺史假節鎮襄陽季龍使騎七千渡沔攻之亮遣司馬王愆期輔國將軍毛寶救宣賊三面為地窟攻城宣募精勇出其不意殺傷數百多獲鎧馬賊解圍退走久之宣遣步騎收南陽諸郡百姓沒賊者八千餘人以歸庾翼代亮欲傾國北討更以宣為都督司雍梁三州荊州之南陽襄陽新野南鄉四郡軍事梁州刺史持節將軍如故以前後功封竟陵縣男宣久在襄陽綏撫僑舊甚有稱績庾翼遷鎮襄陽令宣進伐石季龍將李熊軍次丹水為賊所敗翼怒貶宣為建威將軍使移戍峴山宣望實俱喪兼以老疾時南蠻校尉王愆期守江陵以疾求代翼以宣為鎮南將軍南郡太守代愆期宣不得志未之官發憤卒追贈鎮南將軍戎官至新野太守

伊字叔夏父景有當世才幹仕至侍中丹楊尹中領軍護軍將軍長社侯伊有武幹標悟簡率為王濛劉惔所知頻參諸府軍事累遷大司馬參軍時苻堅強盛邊鄙多虞朝議選能距捍疆埸者乃授伊淮南太守以綏御有方進督豫州之十二郡揚州之江西五郡軍事建威將軍歷陽太守淮南如故與謝玄共破賊別將王鑒張蚝等以功封宣城縣子

又進都督豫州諸軍事西中郎將豫州刺史及苻堅南寇伊與冠軍將軍謝玄輔國將軍謝琰俱破堅於肥水以功封永脩縣侯進號右軍將軍賜錢百万袍表千端伊性謙素雖有大功而始終不替善音樂盡一時之妙爲江左第一有蔡邕柯亭笛常自吹之王徽之赴召京師泊舟青溪側素不與徽之相識伊於岸上過船中客稱伊小字曰此桓野王也徽之便令人謂伊曰聞君善吹笛試爲我一奏伊是時已貴顯素聞徽之名便下車踞胡牀爲作三調弄畢便上車去客主不交一言時謝安女壻王國寶專利無檢行安惡其爲人每抑制之及孝武末年嗜酒好內而會稽王道子昏醟尤甚惟狎昵諂邪於是國寶讒諛之計稍行於主相之間而好利險詖之徒以安功名盛極而構會之嫌隙遂成帝召伊飲讌安侍坐帝命伊吹笛伊神色無迕即吹爲一弄乃放笛云臣於箏分乃不及笛然自足以韻合歌管請以箏歌幷請一吹笛人帝善其調達乃勑御妓奏笛伊又云御府人於臣必自不合臣有一奴善相便串帝彌賞其放率乃許召之奴既吹笛伊便撫箏而歌怨詩曰爲君

既不易爲臣良獨難忠信事不顯乃有見疑患周旦佐文武金縢功不刊推心輔王政二叔反流言聲節慷慨俯仰可觀安泣下沾衿乃越席而就之捋其鬚曰使君於此不凡帝甚有愧色伊在州十年綏撫荒雜甚得物情桓沖卒遷都督江州荊州十郡豫州四郡軍事江州刺史將軍如故假節伊到鎮以邊境無虞宜以寬恤爲務乃上疏以江州虛耗加連歲不登今餘戶有五万六千宜并合小縣除諸郡逋米移州還鎮豫章詔令移州尋陽其餘皆聽之伊隨宜拯撫百姓賴焉在任累年徵拜護軍將軍以右軍府千人自隨配護軍府卒官贈右將軍加散騎常侍謚曰烈初伊有馬步鎧六百領豫爲表令死乃上之表曰臣過蒙殊寵受任西藩淮南之捷逆兵奔北人馬器鎧隨剋放散于時收拾破敗不足貫連比年營繕並已脩整今六合雖一餘燼未滅臣不以朽邁猶欲輸效力命仰報皇恩此志永絕銜恨泉壤謹奉輸馬具裝百具步鎧五百領並在尋陽請勅所屬領受詔曰伊忠誠不遂益以傷懷仍受其所上之鎧子肅之嗣卒子陵嗣宋受禪國除伊弟不才亦有將略討孫恩至冠軍將軍

朱伺字仲文安陸人少爲吳牙門將陶丹給使吳平內徙江夏伺有武勇而訥口不知書爲郡將督見鄉里士大夫揖稱名而已及爲將遂以謙恭稱張昌之逆太守弓欽走灄口伺與同輩郴寶布興合衆討之不尅乃與欽奔武昌後更率部黨攻滅之轉騎部曲督加綏夷都尉伺部曲等以諸縣附昌惟本部唱義討逆逆順有嫌求別立縣因此遂割安陸東界爲灄陽縣而貫焉其後陳敏作亂陶侃時鎮江夏以伺能水戰曉作舟艦乃遣作大艦署爲左甄據江口摧破敏前鋒敏弟恢稱荊州刺史在武昌侃率伺及諸軍進討破之敏恢既平伺以功封亭侯領騎督時西陽夷賊抄掠江夏太守楊珉每請督將議距賊之計伺獨不言珉曰朱將軍何以不言伺答曰諸人以舌擊賊伺惟以力耳珉又問將軍前後擊賊何以每得勝邪伺曰兩敵共對惟當忍之彼不能忍我能忍是以勝耳珉大笑永嘉中石勒破江夏伺與楊珉走夏口及陶侃來戍夏口伺依之加明威將軍隨侃討杜弢有殊功語在侃傳夏口之戰

伺用鐵面自衛以弩的射賊大帥數人皆殺之賊挽船上岸於水邊作陣伺遂水上下以邀之箭中其脛氣色不變諸軍尋至賊潰追擊之皆乘船投水死者太半賊夜還長沙伺追至蒲圻不及而反加威遠將軍赤幢曲蓋建興中陳聲率諸无賴二千餘家斷江抄掠侃遣伺爲督護討聲聲衆雖少伺容之不擊求遣弟詣侃降伺外許之及聲去伺乃遣勁勇要聲弟斬之潛軍襲聲聲正旦並出祭祀飲食伺軍入其門方覺聲將閻晉鄭皆死戰伺軍人多傷乃還營聲東走保董城伺又率諸軍圍守之遂重柴繞城作高櫓以勁弩下射之又斷其水道城中无水殺牛飲血閻晉聲婦弟也乃斬聲首出降又以平蜀賊龔襲高之功加伺廣威將軍領竟陵內史時王敦欲用從弟廙代侃爲荊州侃故將鄭攀馬儁等乞侃於敦敦不許攀等以侃始滅大賊人皆樂附又以廙忌戾難事謀共距之遂屯結溳口遣使告伺伺外許之而稱疾不赴攀等遂進距廙既而士衆疑阻復散還橫桑口欲入杜曾時朱軌趙誘李桓率衆將擊之攀等懼誅以司馬孫景造謀距廙因斬之降軌等廙將西出遣

長史劉浚留鎮揚口壘時杜曾請討第五猗於襄陽侗謂廙曰曾是猾賊外示西還以疑衆心欲誘引官軍使西然後兼道襲揚口耳宜大部分未可便西廙性矜厲自用兼以侗老怯難信遂西行曾等果馳還廙乃遣侗歸裁至壘即爲曾等所圍劉浚以壘北門危欲令侗守之或說浚云侗与鄭攀同者乃轉守南門賊知之攻其北門時鄭攀黨馬儁等亦來攻壘儁妻子先在壘内或請皮其面以示之侗曰殺其妻子未能解圍但益其怒耳乃止侗常所調弩忽噤不發侗甚惡之及賊攻陷北門侗被傷退入船初浚開諸船底以木掩之名爲船械侗既入賊舉鋋擿侗侗逆接得鋋反以擿賊賊走上船屋大喚云賊帥在此侗從船底沉行五十步乃免遇醫療創小差杜曾遣說侗云馬儁等感卿恩妻孥得活盡以卿家外内百口付儁儁已盡心收視卿可來也侗答曰賊無白首者今吾年六十餘不能復與卿作賊吾死當歸南妻子付汝乃還甑山時王廙与李桓杜曾相持累戰甑山下軍士數驚喚云賊欲至侗驚創而卒因葬甑山

毛寶字碩眞滎陽陽武人也王敦以爲臨湘令敦卒爲溫嶠平南參軍蘇峻作逆嶠將赴難而征西將軍陶侃懷疑不從嶠屢說不能迴更遣使順侃意曰仁公且守僕宜先下遣信已二日會寶别使還聞之說嶠曰凡舉大事當与天下共同衆克在和不聞有異假令可疑猶當外示不覺況自作疑邪便宜急追信改舊書說必應俱征若不及前信宜更遣使嶠意悟即追信改書侃果共征峻寶領千人爲嶠前鋒俱次茄子浦初嶠以南軍習水峻軍便步欲以所長制之宣令三軍有上岸者死時蘇峻送米万斛餽祖約約遣司馬桓撫等迎之寶告其衆曰兵法軍令有所不從豈可不上岸邪乃設變力戰悉獲其米虜殺万計約用大飢嶠嘉其勳上爲廬江太守約遣祖渙桓撫等欲襲湓口陶侃將自擊之寶曰義軍恃公公不可動寶請討之侃顧謂坐客曰此年少言可用也乃使寶行先是桓宣背約南屯馬頭山爲渙撫所攻求救於寶寶衆以宣本是約黨疑之宣遣子戎重請寶即隨戎赴之未至而賊已与宣戰寶軍懸兵少器杖濫惡大爲渙撫所破寶中箭貫髀徹鞍使人蹋鞍拔箭血流滿鞾夜奔船所百餘里望星而行到先哭戰亡將士洗瘡訖夜還救宣寶至宣營而渙撫亦退寶進攻祖約軍次東關破合肥戍召還石頭陶侃溫嶠未能破賊侃欲率衆南還寶謂嶠曰下官能留之乃往說侃曰公本應領蕪湖爲南北勢援前既已下勢不可還且軍政有進无退非直整齊三軍示衆必死而已亦謂退无所據終至滅亡往者杜弢非不強盛公竟滅之何至於峻獨不可破邪賊亦畏死非皆勇健公可試與寶兵使上岸斷賊資糧出其不意使賊困蹙若寶不立効然後公去人心不恨侃然之加寶督護寶燒峻句容湖孰積聚峻頗乏食侃遂留不去峻既死匡術以苑城降侃使寶守南城鄧嶽守西城賊遣韓晃攻之寶登城射殺數十人晃問寶曰君是毛廬江邪寶曰是晃曰君名壯勇何不出鬬寶曰君若健將何不入鬬晃笑而退賊平封州陵縣開國侯千六百户庾亮西鎮請爲輔國將軍江夏相督隨義陽二郡鎮上明又進南中郎隨亮討郭默默平與亮司馬王愆期等救桓宣於章山擊賊將石遇破之進征虜將軍亮謀北伐上疏解豫州請以授寶於

是詔以寶監揚州之江西諸軍事豫州刺史將軍如故與西陽太守樊峻以萬人守邾城石季龍惡之乃遣其子鑒與其將夔安李菟等五萬人來寇張狢渡二萬騎攻邾城寶求救於亮亮以城固不時遣軍城遂陷寶峻等率左右突圍出赴江死者六千人寶亦溺死亮哭之慟因發疾遂薨詔曰寶之傾敗宜在貶裁然蘇峻之難致力王室今咎其過故不加贈祭之可也其後公卿言寶有重勳加死王事不宜奪爵升平三年乃下詔復本封初寶在武昌軍人有於市買得一白龜長四五寸養之漸大放諸江中邾城之敗養龜人被鎧持刀自投於水中如覺墮一石上視之乃先所養白龜長五六尺送至東岸遂得免焉寶二子穆之安之

穆之字憲祖小字武生名犯王靖后諱故行字後又以桓溫母名憲乃更稱小字穆之果毅有父風安西將軍庾翼以爲參軍襲爵州陵侯翼等專威陝西以子方之爲建武將軍守襄陽方之年少翼選武將可信杖者爲輔弼乃以穆之爲建武司馬俄而翼薨大將于瓚戴羲等作乱

穆之與安西長史江虨司馬朱熹等共平之桓温代翼復取爲參軍從温平蜀以功賜次子都鄉侯尋除揚威將軍潁川太守隨温平洛入關温將旋師以謝尚未至留穆之以二千人衛山陵升平初遷督寧州諸軍事揚威將軍寧州刺史以桓温封南郡徙穆之爲建安侯復爲温太尉參軍加冠軍將軍以所募兵配之温伐慕容暐使穆之監鑿鉅野百餘里引汶會于濟川及温焚舟步歸使穆之督東燕四郡軍事領東燕太守本官如故袁真以壽陽叛温將征之穆之以冠軍領淮南太守守歷陽真平餘黨分散乃以穆之督揚州之江西軍事復領陳郡太守俄而徙督揚州之義成荆州五郡雍州之京兆軍事襄陽義成河南三郡太守將軍如故尋進領梁州刺史頃之以疾解職詔以冠軍徵還苻堅別將冠彭城復以將軍假節監江北軍事鎮廣陵遷右將軍宣城内史假節鎮姑孰穆之以爲戍在近畿无復軍警不宜加節上疏辭讓許之苻堅別將圍襄陽詔穆之就上明受桓沖節度沖使穆之游軍沔中穆之始至而朱序陷没引軍還郡堅衆又冠蜀漢梁州刺史楊亮益州刺史周仲孫奔退沖使穆之督梁州之三郡軍事右將軍西蠻校尉益州刺史領建平太守假節戍巴郡以子球爲梓潼太守穆之與球伐堅至于巴西郡以糧運乏少退屯巴東病卒追贈中軍將軍謚曰烈子珍嗣位至天門太守珍弟璩球璠瑾瑗璩最知名

璩字叔璉弱冠右將軍桓豁以爲參軍尋遭父憂服闋爲謝安衛將軍參軍除尚書郎安復請爲參軍轉安子琰征虜將軍淮淝之役苻堅迸走璩與田次之共躡堅至中陽不及而歸遷寧朔將軍淮南太守尋補鎮北將軍譙王恬司馬海陵縣界地名青蒲四面湖澤皆是菰葑逃亡所聚威令不能及璩建議率千人討之時大旱璩因放火菰葑盡然亡户窘迫悉出詣璩自首近有萬户皆以補兵朝廷嘉之轉西中郎司馬龍驤將軍譙梁二郡内史尋代郭銓爲建威將軍益州刺史安帝初進征虜將軍及桓玄篡位遣使加璩散騎常侍左將軍璩執留玄使不受命玄以桓希爲梁州刺史王异據涪郭法戍宕渠師寂戍巴郡周道子戍白帝以防之璩傳檄遠近列玄罪狀遣巴東太守柳約之建平太守羅述征虜司馬甄季之擊

破希等仍率衆次於白帝武陵王令曰益州刺史毛璩忠誠懇亮自桓玄萌禍常思躡其後今若平殄凶逆肅清荆郢者便當即授上流之任初璩弟寧州刺史璠喪官璩兄球孫祐之及參軍費恬以數百人送喪葬江陵會玄敗謀奔梁州璩弟瑾子修之時爲玄屯騎校尉誘玄使入蜀既而修之與祐之費恬及漢嘉人馮遷共殺玄約之等聞玄死進軍到枝江而桓振復攻没江陵劉毅等還尋陽約之亦退俄而季之述之皆病約之詣振僞降因欲襲振事泄被害約之司馬時延祖涪陵太守文處茂等撫其餘衆保涪陵振遣桓放之爲益州屯西陵處茂距擊破之振死安帝反正詔曰夫貞松標於歲寒忠臣亮於國危益州刺史璩體識弘正誠契義旗受命偏師次于近畿匡翼之勳寔感朕心可進征西將軍加散騎常侍都督益梁秦涼寧五州軍事行宜都寧蜀太守文處茂宣讚蕃牧蒙險夷難可進輔國將軍西夷校尉巴西梓潼二郡太守又詔西夷校尉瑾爲持節監梁秦二州軍事征虜將軍梁秦二州刺史略陽武都太守瑾弟蜀郡太守瑗爲輔國將軍寧州刺史初璩聞振陷江陵率衆赴難使瑾瑗順外江而下使參軍譙縱領巴西梓潼二郡軍下涪水當與璩軍會於巴郡蜀人不樂東征縱因人情思歸於五城水口反還襲涪害瑾瑾留府長史鄭純之自成都馳使告璩璩時在略城去成都四百里遣參軍王瓊討反者相距於廣漢瓊道令何休聚黨助縱而璩下人受縱誘説遂共害璩及瑗并子姪之在蜀者一時殄没璩子弘之嗣義熙中時延祖爲始康太守上疏訟璩兄弟於是詔曰故益州刺史璩西夷校尉瑾蜀郡太守瑗勤王忠烈事乖慮外葬送日近益懷惻愴可皆贈先所授官給錢三十萬布三百匹論璩討桓玄功追封歸鄉公千五百户又以祐之斬玄功封夷道縣侯自寶至璩三葉擁旄開國者四人將帥之家與尋陽周氏爲輩而人物不及也瑾子修之頻歷清顯至右衛將軍從劉裕平姚泓後爲安西司馬没於魏

安之字仲祖亦有武幹累遷撫軍參軍魏郡太守簡文輔政委以爪牙及登阼安之領兵從駕使止宿宫中尋拜游擊將軍時庾希入京口朝廷震動命安之督城門諸軍事孝武即位妖賊盧悚突入殿廷安之聞難率衆直入雲龍門手自奮擊既而左衛將軍殷康領軍將軍桓祕等

至與安之并力悚因勳減遷右衛將軍定后崩領將作大匠卒官追贈
光祿勳四子潭泰邃遁潭嗣爵官至江夏相泰歷太傅從事中郎後軍
諮議參軍與邃俱為會稽王父子所暱乃追論安之討盧悚勳賜爵平
都子命潭襲爵元顯嘗宴泰家既而散去泰苦留之曰公若遂去當取
公腳元顯大怒奮衣而出遂與元顯有隙及元顯敗泰時為冠軍將軍
堂邑太山二郡太守邃為游擊將軍遁為太傅主簿桓玄得志使泰收
元顯送于新亭泰因宿恨手加毆辱俄並為玄所殺惟遁被徙廣州義
熙初得還至宜都太守德祖琅邪宗人也父祖並沒于賊中德祖兄弟五
人相攜南渡皆有武幹荊州刺史劉道規以德祖為建武將軍始平太
守又從涪陵太守盧循之役道規又以為參軍伐徐道覆於始興尋遭
母憂劉裕伐司馬休之版補太尉參軍義陽太守賜爵遂陵縣侯轉南
陽太守從劉裕伐姚泓頻攻滎陽扶風南安馮翊數郡所在剋捷裕嘉
之以為龍驤將軍秦州刺史裕留第二子義真為安西將軍雍州刺史
以德祖為中兵參軍領天水太守從義真還裕以德祖督河東平陽二

郡軍事輔國將軍河東太守代劉遵考守蒲坂及河北覆敗德祖全軍
而歸裕方欲蕩平關洛先以德祖督九郡軍事冠軍將軍滎陽京兆太
守以前後功賜爵灌陽縣男尋遷督司雍并三州諸軍事冠軍將軍
司州刺史戍武牢為魏所沒德祖次弟嶷嶷弟辯並有志節嶷死於盧
循之難辯沒於晉宗之役並奮不顧命為世所歎

劉遐字正長廣平易陽人也性果毅便弓馬開豁勇壯值天下大亂遐
為塢主每擊賊率壯士陷堅摧鋒冀方比之張飛關羽鄉人冀州刺史
邵續深器之以女妻焉遂壁于河濟之間賊不敢逼遐間道遣使受元
帝節度朝廷嘉之以書慰勉以為龍驤將軍平原內史建武初元帝令
曰遐忠勇果毅義誠可嘉其以遐為下邳內史將軍如故初沛人周堅一
名撫與同郡周默因天下亂各為塢主以寇抄為事默降祖逖撫怒遂
襲殺默以彭城叛石勒遣騎援之詔遐領彭城內史與徐州刺史蔡豹
太山太守徐龕共討撫戰於寒山撫敗走詔徙遐為臨淮太守徐龕復
反事平以遐為北中郎將兗州刺史太寧初自彭城移屯泗口王含反
遐與蘇峻俱赴京都含敗隨丹陽尹溫嶠追含至于淮南遐頗放兵虜
掠嶠曰天道助順故王含勦絕不可因亂為亂也遐深自陳而拜謝事
平以功封泉陵公遷散騎常侍監淮北軍事北軍中郎將徐州刺史假
節代王邃鎮淮陰咸和元年卒追贈安北將軍子肇年幼成帝以徐州
授郗鑒以郭默為北中郎將領遐部曲遐妹夫田防及遐故將史迭卞
咸李龍等不樂他屬共立肇襲遐故位以叛成帝遣郭默等率諸郡討
之默等始上道而臨淮太守劉矯率將士數百掩襲遐營迭等走斬
田防及督護卞咸等追斬迭龍於下邳傳首詣闕遐母妻子參佐將士
悉還建康遐妻驍果有父風遐嘗為石季龍所圍妻單將數騎拔遐出
於萬眾之中及田防等欲為亂遐妻止之不從乃密起火燒甲杖都盡
肇襲爵官至散騎侍郎肇卒子奉嗣卒子遵之嗣卒子伯齡嗣宋受禪國除

○鄧嶽字伯山陳郡人也本名岳以犯康帝諱改為嶽後竟改名為岱
焉少有將帥才略為王敦參軍轉從事中郎西陽太守王含構逆嶽領
兵隨含向京都及含敗嶽與周撫俱奔蠻王向蠶後遇赦與撫俱出久

之司徒王導命為從事中郎後復為西陽太守及蘇峻反平南將軍溫
嶠遣嶽與督護王愆期鄱陽太守紀睦等率舟軍赴難峻平還郡郭默
之殺劉胤也大司馬陶侃使嶽率西陽之眾討之默平遷督交廣二州
軍事建武將軍領平越中郎將廣州刺史假節錄前後勳封宜城縣伯
咸康三年嶽遣軍伐夜郎破之加督寧州進征虜將軍遷平南將軍卒
子遐嗣

遐字應遠勇力絕人氣蓋當時時人方之樊噲桓溫以為參軍數從溫
征伐歷冠軍將軍數郡太守號為名將襄陽城北沔水中有蛟常為人
害遐遂拔劍入水蛟繞其足遐揮劍截蛟數段而出枋頭之役溫既懷
恥忿且忌憚遐之勇果因免遐官尋卒寧康中追贈廬陵太守嶽弟逸
字茂山亦有武幹嶽卒後以逸監交廣州建威將軍平越中郎將廣州
刺史假節

朱序字次倫義陽人也父燾以才幹歷西蠻校尉益州刺史序世為名將
累遷鷹揚將軍江夏相興寧末梁州刺史司馬勳反桓溫表序為征討

都護往討之以功拜征虜將軍封襄平子太和中遷兗州刺史時長城人錢弘聚黨百餘人藏匿原鄉山以序爲中軍司馬吳興太守序至郡討擒之事訖還兗州寧康初拜使持節監沔中諸軍事南中郎將梁州刺史鎮襄陽是歲苻堅遣其將苻丕等率衆圍序序固守賊糧將盡率衆苦攻之初苻丕之來攻也序母韓自登城履行謂西北角當先受弊遂領百餘婢幷城中女丁於其角邪築城二十餘丈賊攻西北角果潰衆便固新築城丕遂引退襄陽人謂此城爲夫人城序累戰破賊人情勞懈又以賊退稍遠疑未能來守備不謹督護李伯護密與賊相應襄陽遂沒序陷於苻堅堅殺伯護徇之以其不忠也序欲逃歸潛至宜陽藏夏揆家堅疑揆收之序乃詣苻暉自首堅嘉而不問以爲尚書太元中苻堅南侵謝石率衆距之時堅大兵尚在項苻融以三十万衆先至堅遣序說謝石稱己兵威序反謂石曰若堅百萬之衆悉到莫可與敵及其未會擊之可以得志於是石遣謝琰選勇士八千人涉肥水挑戰堅衆小卻序時在其軍後唱云堅敗衆遂大奔序乃得歸拜龍驤將軍

琅邪內史轉揚州豫州五郡軍事豫州刺史屯洛陽後丁零翟遼反序遣將軍秦膺童斌與淮泗諸郡共討之又監兗青二州諸軍事二州刺史將軍如故進鎮彭城序求鎮淮陰帝許焉翟遼又使其子釗寇陳潁序還遣秦膺討釗走之拜征虜將軍表求運江州米十萬斛布五千匹以資軍費詔聽之加都督司雍梁秦四州軍事帝遣廣威將軍河南太守楊佺期南陽太守趙睦各領兵千人隸序序又表求故荊州刺史桓石生府田百頃幷穀八万斛給之仍戍洛陽衛山陵也其後慕容永率衆向洛陽序自河陰北濟與永僞將王次等相遇乃戰於沁水次敗走斬其支將勿支首參首趙睦江夏相桓不才追永破之于太行永歸上黨時楊楷聚衆數千在湖陝聞永敗遣任子詣序乞降序追永至上黨之白水與永相持二旬聞翟遼欲向金墉乃還遂攻翟釗於石門遣參軍趙蕃破翟遼於懷縣遼宵遁序退次洛陽留鷹揚將軍朱黨戍石門序仍使子略督護洛城趙蕃爲助序還襄陽會稽王道子以序勝負相補不加褒貶其後東羌校尉竇衝欲入漢川安定人皇甫釗京兆人周勳等謀納之梁州刺史周瓊失巴西三郡兵寡力弱告急於序序遣將軍皇甫貞率衆赴之衝據長安東釗勳散走序以老病累表解職不許詔斷表遂輒去任數旬歸罪廷尉詔原不問太元十八年卒贈左將軍散騎常侍

史臣曰晉氏渝喪播遷江表內難荐臻外虞不息經略之道旣所未弘將帥之功無聞焉爾遂彭宣侃服勤於太興之間毛鄧劉朱馳騖乎咸和之後雖人不逮古亦足列於當世焉

贊曰氣分淮海災流瀍澗覆類玄蚖興微鴻鴈鼓鞞在聽蒐豈有作赳赳羣英勤茲王略

列傳五十一　晋書八十一

陳壽　王長文　虞溥　司馬彪
王隱　虞預　孫盛　干寶
鄧粲　謝沉　習鑿齒　徐廣

陳壽字承祚巴西安漢人也少好學師事同郡譙周仕蜀爲觀閣令史宦人黄皓專弄威權大臣皆曲意附之壽獨不爲之屈由是屢被譴黜遭父喪有疾使婢丸藥客往見之鄉黨以爲貶議及蜀平坐是沉滯者累年司空張華愛其才以壽雖不遠嫌原情不至貶廢舉爲孝廉除佐著作郎出補陽平令撰蜀相諸葛亮集奏之除著作郎領本郡中正撰魏吳蜀三國志凡六十五篇時人稱其善叙事有良史之才夏侯湛時著魏書見壽所作便壞己書而罷張華深善之謂壽曰當以晉書相付耳其爲時所重如此或云丁儀丁廙有盛名於魏壽謂其子曰可覓千斛米見與當爲尊公作佳傳丁不與之竟不爲立傳壽父爲馬謖參軍謖爲諸葛亮所誅壽父亦坐被髡諸葛瞻又輕壽壽爲亮立傳謂亮將略非長無應敵之才言瞻惟工書名過其實議者以此少之張華將舉壽爲中書郎荀勖忌華而疾壽遂諷吏部遷壽爲長廣太守辭母老不就杜預將之鎮復薦之於帝宜補黄散由是授御史治書以母憂去職母遺言令葬洛陽壽遵其志又坐不以母歸葬竟被貶議初譙周嘗謂壽曰卿必以才學成名當被損折亦非不幸也宜深慎之壽至此再致廢辱皆如周言後數歲起爲太子中庶子未拜元康七年病卒時年六十五梁州大中正尚書郎范頵等上表曰昔漢武帝詔曰司馬相如病甚可遣悉取其書使者得其遺書言封禪事天子異焉臣等按故治書侍御史陳壽作三國志辭多勸誡明乎得失有益風化雖文艷不若相如而質直過之願垂採錄於是詔下河南尹洛陽令就家寫其書壽又撰古國志五十篇益都耆舊傳十篇餘文章傳於世

王長文字德叡廣漢郪人也少以才學知名而放蕩不羈州府辟命皆不就州辟别駕乃微服竊出舉州莫知所之後於成都市中蹲踞齧胡餅刺史知其不屈禮遣之閉門自守不交人事著書四卷擬易名曰通玄經有文言卦象可用卜筮時人比之揚雄太玄同郡馬秀曰揚雄作太玄惟桓譚以爲必傳後世晚遭陸績玄道遂名長文通玄經未遭陸績君出耳太康中蜀土荒饉開倉振貸長文居貧貸多後無以償郡縣切責送長文到州刺史徐幹捨之不謝而去後成都王穎引爲江源令或問前不降志今何爲屈長文曰祿以養親非爲身也梁王肜爲丞相引爲從事中郎在洛出行輒著白旃小鄣以載車當時異焉後終於洛

虞溥字允源高平昌邑人也父祕爲偏將軍鎮隴西溥從父之官專心墳籍時疆埸閱武人爭視之溥未嘗寓目郡察孝廉除郎中補尚書都令史尚書令衛瓘尚書褚䂮並器重之溥謂瓘曰往者金馬啓符大晉應天宜復先王五等之制以綏久長不可承暴秦之法遂漢魏之失也瓘曰歷代歎此而終未能改稍遷公車司馬令除鄱陽内史大修庠序廣招學徒移告屬縣曰學所以定情理性而積衆善者也情定於内而行成於外積善於心而名顯於教故中人之性隨教而移善積則習與性成唐虞之時皆比屋而可封及其廢也而云可誅豈非化以成俗教移人心者哉自漢氏失御天下分崩江表寇隔久替王教庠序之訓廢而莫修今四海一統萬里同軌熙熙兆庶咸休息乎太和之中宜崇尚道素廣開學業以讚協時雍光揚盛化乃具爲條制於是至者七百餘人溥乃作誥以奬訓之曰文學諸生皆冠帶之流年盛志美始涉學庭講修典訓此大成之業立德之基也夫聖人之道淡而寡味故始學者不好也及至期月所觀彌博所習彌多日聞所不聞日見所不見然後心開意朗敬業樂羣忽然不覺夫化之陶己至道之入神也故學之染人甚於丹青丹青吾見其久而渝矣未見久學而渝者也夫工人之染先修其質後事其色質修色積而染工畢矣學亦有質孝悌忠信是也君子内正其心外修其行行有餘力則以學文文質彬彬然後爲德夫學者不患才不及而患志不立故曰希驥之馬亦驥之乘希顏之徒亦顏之倫也

又曰契而舍之朽木不知契而不舍金石可虧斯非其效乎今諸生口誦聖人之典體閒庠序之訓比及三年可以小成而令名宣流雅譽日新朋友欽而樂之朝士敬而歎之於是州府交命擇官而仕不亦美乎若乃含章舒藻揮翰流離稱述世務探賾究奇使揚班韜筆仲舒結舌亦惟才所居固無常人也然積一勺以成江河累微塵以崇峻極匪志匪勤理無由濟也諸生若絕人間之務心專親學累一以貫之積漸以進之則亦或遲或速或先或後耳何滯而不通何遠而不至邪時祭酒求更起屋行禮溥曰君子行禮無常處也故孔子射於矍相之圃而行禮於大樹之下況今學庭庠序高堂顯敞乎溥爲政嚴而不猛風化大行有白烏集于郡庭注春秋經傳撰江表傳及文章詩賦數十篇卒於洛時年六十二子勃過江上江表傳於元帝詔藏于秘書

司馬彪字紹統高陽王睦之長子也出後宣帝弟敏少篤學不倦然好色薄行爲睦所責故不得爲嗣雖名出繼實廢之也彪由此不交人事而專精學習故得博覽羣籍終其綴集之務初拜騎都尉泰始中爲秘書郎轉丞注莊子作九州春秋以爲先王立史官以書時事載善惡以爲沮勸撮教世之要也是以春秋不修則仲尼理之關睢既亂則師摯修之前哲豈好煩哉蓋不得已故也漢氏中興訖于建安忠臣義士亦以昭著而時無良史記述煩雜譙周雖已刪除然猶未盡安順以下亡缺者多彪乃討論衆書綴其所聞起于世祖終于孝獻編年二百錄世十二通綜上下旁貫庶事爲紀志傳凡八十篇號曰續漢書泰始初武帝親祠南郊彪上疏定議語在郊祀志後拜散騎侍郎惠帝末年卒時年六十餘初譙周以司馬遷史記書周秦以上或採俗語百家之言不專據正經周於是作古史考二十五篇皆憑舊典以糾遷之謬誤彪復以周爲未盡善也條古史考中凡百二十二事爲不當多據汲冢紀年之義亦行於世

王隱字處叔陳郡陳人也世寒素父銓歷陽令少好學有著述之志

每私錄晉事及功臣行狀未就而卒隱以儒素自守不交勢援博學多聞受父遺業西都舊事多所諳究建興中過江丞相軍諮祭酒涿郡祖納雅相知重納好博奕每諫止之納曰聊用忘憂耳隱曰蓋古人遭時則以功達其道不遇則以言達其才故否泰不窮也當今晉未有書天下大亂舊事蕩滅非凡才所能立君少長五都游宦四方華夷成敗皆在耳目何不述而裁之應仲遠作風俗通崔子眞作政論蔡伯喈作勸學篇史游作急就章猶行於世便爲沒而不朽當其同時人豈少哉而了無聞皆由無所述作也故君子疾沒世而無聞易稱自強不息況國史明乎得失之跡何必博奕而後忘憂哉納喟然歎曰非不說子之道力不足也乃上疏薦隱元帝以草創務殷未遑史官遂寢不報太興初典章稍備乃召隱及郭璞俱爲著作郎令撰晉史豫平王敦功賜爵平陵鄉侯時著作郎虞預私撰晉書而生長東南不知中朝事數訪於隱并借隱所著書竊寫之所聞漸廣是後更疾隱形於言色預既豪族交結權貴共爲朋黨以斥隱竟以謗免黜歸于家貧無資用書遂不就乃依征西將軍庾亮于武昌亮供其紙筆書乃得成詣闕上之隱雖好著述而文辭鄙拙蕪舛不倫其書次第可觀者皆其父所撰文體混漫義不可解者隱之作也年七十餘卒于家

隱兄瑚字處仲少重武節成都王穎舉兵向洛以爲冠軍參軍積功累遷游擊將軍與司隸滿奮河南尹周馥等俱屯大司馬門以衛宮掖時上官巳縱暴瑚與奮等共謀除之反爲所害

虞預字叔寧徵士喜之弟也本名茂犯明穆皇后母諱故改焉預十二而孤少好學有文章餘姚風俗各有朋黨宗人共薦預爲縣功曹欲使沙汰穢濁預書與其從叔父曰近或聞諸君以預入仕便應委質則當親事不得徒已然預下愚過有所懷邪黨互瞻異同蜂至一旦差跌衆鼓交鳴毫釐之失差以千里此古人之炯戒而預所大恐也卒如預言未半年遂見斥退太守庾琛命爲主簿預上記陳時政所失曰軍寇以來賦役繁數兼值年荒百姓失業是輕徭薄斂寬刑省役

之時也自頃長吏輕多去來送故迎新交錯道路受迎者惟恐船馬之不多見送者惟恨吏卒之常少窮奢竭費謂之忠義省煩從簡呼為薄俗轉相放效流而不反雖有常防莫肯遵修加以王塗未夷所在停滯送者經年永失播植一夫不耕十夫無食況轉百數所妨不訾愚謂宜勒屬縣若令尉先去官者人船吏侍皆具條例到當依法減省使公私允當又今統務多端動加重制每有特急輒立督郵計今直兼三十餘人人船吏侍皆當出官益不堪命宜復減損嚴為之防琛善之即皆施行太守紀瞻到預復為主簿轉功曹史察孝廉不行安東從事中郎諸葛恢參軍庾亮等薦預召為丞相行參軍兼記室遭母憂服竟除佐著作郎太興二年大旱詔求讜言直諫之士預上書諫曰大晉受命于今五十餘載自元康以來王德始闕戎翟及於中國宗廟焚為灰燼千里無煙爨之氣華夏無冠帶之人自天地開闢書籍所載大亂之極未有若茲者也陛下以聖德先覺超然遠鑒作鎮東南聲教遐被上天眷顧人神贊謀雖云中興其實受命少康宣王誠未足喻然南風之歌可著而陵遲之俗未改者何也臣愚謂為國之要在於得才得才之術在於抽引苟其可用讎賤必舉高宗文王思佐發夢拔巖徒以為相載釣老而師之下至列國亦有斯事故燕重郭隗而三士競至魏式干木而秦兵退舍今天下雖弊人士雖寡十室之邑必有忠信世不乏驥求則可致而束帛未賁於丘園蒲輪頓轂而不駕所以大化不洽而雍熙有闕者也預以寇賊未平當須良將又上疏曰臣聞承平之世其教先文撥亂之運非武不剋故牧野之戰呂望杖鉞淮夷作難召伯專征玁狁為暴衛霍長驅故陰陽不和擢士為相三軍不勝拔卒為將漢帝既定天下猶思猛士以守四方孝文志存鉅鹿馮唐進說魏尚復守詩稱赳赳武夫公侯干城折衝之佐豈可忽哉況今中州荒弊百無一存牧守官長非戎貊之族類即寇竊之幸脫陛下登阼威暢四遠故令此等反善向化然狼子獸心輕薄易動羯虜未殄益使難安周撫陳川相係背叛徐龕驕黠無所拘忌放兵侵掠罪已彰灼昔葛伯違道湯獻之牛吳濞失禮錫以几杖惡

成罪著方復加戮龕之小醜可不足滅然豫備不虞古之善教矧乃有虞可不為防為防之術宜得良將將不素簡難以應敵壽春無鎮祖逖孤立前有勁虜後無係援雖有智力非可持久願陛下諮之群公博舉於衆若當局之才必允其任則宜獎厲使不顧命旁料冗猥或有可者厚加寵待足令忘身昔英布見慢恚欲自裁出觀供置然後致力禮遇之恩可不隆哉誠知山河之量非塵露可益神鑒之慮非愚淺所測然匹夫嫠婦猶有憂國之言況臣得廁朝堂之末蒙冠帶之榮者乎轉琅邪國常侍遷秘書丞著作郎咸和初夏旱詔衆官各陳致雨之意預議曰臣聞天道貴信地道貴誠誠信者蓋二儀所以生植萬物人君所以保乂黎蒸是以殺伐擬於震雷推恩象於雲雨刑罰在於必信慶賞貴於平均臣聞間者以來刑獄轉繁多力者則廣牽連逮以稽年月無援者則嚴其檟楚期於入重是以百姓嗷然感傷和氣臣愚以為輕刑耐罪宜速決遣殊死重囚重加以請寬徭息役務遵節儉砥礪朝臣使各知禁蓋老牛不犧禮有常制而自頃衆官拜授祖贈轉相誇尚屠殺牛犢動有十數醉酒流湎无復限度傷財敗俗所虧不少昔殷宗修德以消桑穀之異宋景善言以退熒惑之變楚國無災莊王是懼盛德之君未嘗無眚應以信順天祐乃隆臣學見淺闇言不足採從平王含賜爵西鄉侯蘇峻作亂預先假歸家太守王舒請為諮議參軍峻平進爵平康縣侯遷散騎侍郎著作如故除散騎常侍仍領著作以年老歸卒于家預雅好經史憎疾玄虛其論阮籍裸袒比之伊川被髮所以胡虜遍於中國以為過衰周之時著晉書四十餘卷會稽典錄二十篇諸虞傳十二篇皆行於世所著詩賦碑誄論難數十篇

孫盛字安國太原中都人祖楚馮翊太守父恂潁川太守恂在郡遇賊被害盛年十歲避難渡江及長博學善言名理于時殷浩擅名一時與抗論者惟盛而已盛嘗詣浩談論對食奮擲麈尾毛悉落飯中食冷而復暖者數四至暮忘餐理竟不定盛又著醫卜及易象妙於見形論浩等竟無以難之由是遂知名起家佐著作郎以家貧親老求為

小邑出補瀏陽令太守陶侃請爲參軍庾亮代侃引爲征西主簿轉參軍時丞相王導執政亮以元舅居外南蠻校尉陶稱讒構其間導亮頗懷疑貳盛密諫亮曰王公神情朗達常有世外之懷豈肯爲凡人事邪此必佞邪之徒欲間内外耳亮納之庾翼代亮以盛爲安西諮議參軍尋遷廷尉正會桓溫代翼留盛爲參軍與俱伐蜀軍次彭模溫自以輕兵入蜀盛領羸老輜重在後賊數千忽至衆皆遑遽盛部分諸將并力距之應時敗走蜀平賜爵安懷縣侯累遷溫從事中郎從入關平洛以功進封吳昌縣侯出補長沙太守以家貧頗營資貨部從事至部察知之服其高名而不劾之盛與溫牋而辭旨放蕩稱州遣從事觀採風聲進無威鳳來儀之美退無鷹鸇搏擊之用徘徊湘川將爲怪鳥溫得盛牋復遣從事重按之贓私狼籍檻車收盛到州捨而不罪累遷秘書監加給事中年七十二卒盛篤學不倦自少至老手不釋卷著魏氏春秋晉陽秋并造詩賦論難復數十篇晉陽秋詞直而理正咸稱良史焉既而桓溫見之怒謂盛子曰枋頭誠爲失利何至乃如尊君所說若此史遂行自是關君門户事其子遽拜謝謂請删改之時盛年老還家性方嚴有軌憲雖子孫班白而庭訓愈峻至此諸子乃共號泣稽顙請爲百口切計盛大怒諸子遂爾改之盛寫兩定本寄於慕容儁大元中孝武帝博求異聞始於遼東得之以相考校多有不同書遂兩存

子潛放潛字齊由爲豫章太守殷仲堪之討王國寶也潛時在郡仲堪逼以爲諮議參軍固辭不就以憂卒

放字齊莊幼稱令慧年七八歲在荆州與父俱從庾亮獵亮謂曰君亦來邪應聲答曰無小無大從公于邁亮又問欲齊何莊邪放曰欲齊莊周亮曰不慕仲尼邪答曰仲尼生而知之非希企所及亮大奇之曰王輔嗣弗過也庾翼子爰客嘗候盛見放而問曰安國何在放答曰庾稚恭家爰客大笑曰諸孫大盛有兒如此也放又曰未若諸庾翼翼既而語人曰我故得重呼奴父也終於長沙相

干寶字令升新蔡人也祖統吳奮武將軍都亭侯父瑩丹陽丞寶少勤學博覽書記以才器召爲著作郎平杜弢有功賜爵關内侯中興草創未置史官中書監王導上疏曰夫帝王之迹莫不以書著爲令典垂之無窮宣皇帝廓定四海武皇帝受禪於魏至德大勳等蹤上聖而紀傳不存於王府德音未被乎管絃陛下聖明當中興之盛宜建立國史撰集帝紀上敷祖宗之烈下紀佐命之勳務以實録爲後代之準猒率土之望悦人神之心斯誠雍熙之至美王者之弘基也宜備史官勑佐著作郎干寶等漸就撰集元帝納焉寶於是始領國史以家貧求補山陰令遷始安太守王導請爲司徒右長史遷散騎常侍著晉紀自宣帝迄于愍帝五十三年凡二十卷奏之其書簡畧直而能婉咸稱良史性好陰陽術數留思京房夏侯勝等傳寶父先有所寵侍婢母甚妬忌及父亡母乃生推婢于墓中寶兄弟年小不之審也後十餘年母喪開墓而婢伏棺如生載還經日乃蘇言其父常取飲食與之恩情如生在家中吉凶輙語之考校悉驗地中亦不覺爲惡既而嫁之生子又寶兄嘗病氣絶積日不冷後遂悟云見天地間鬼神事如夢覺不自知死寶以此遂撰集古今神祇靈異人物變化名爲搜神記凡二十卷以示劉惔惔曰卿可謂鬼之董狐寶既博採異同遂混虛實因作序以陳其志曰

雖考先志於載籍收遺逸於當時蓋非一耳一目之所親聞覩也亦安敢謂無失實者哉衛朔失國二傳互其所聞呂望事周子長存其兩説若此比類往往有焉從此觀之聞見之難一由來尚矣夫書赴告之定辭據國史之方策猶尚若兹況仰述千載之前記殊俗之表綴片言於殘闕訪行事於故老將使事不二迹言無異塗然後爲信者固亦前史之所病然而國家不廢注記之官學士不絶誦覽之業豈不以其所失者小所存者大乎今之所集設有承於前載者則非余之罪也若使采訪近世之事苟有虛錯願與先賢前儒分其譏謗及其著述亦足以明神道之不誣也群言百家不可勝覽耳目所受不可勝載今粗取足以

演八畧之旨成其微説而已幸將來好事之士錄其根體有以游心寓目而無尤焉竇又爲春秋左氏義外傳注周易周官凡數十篇及雜文集皆行於世

鄧粲長沙人少以高絜著名與南陽劉驎之南郡劉尚公同志友善並不應州郡辟命荆州刺史桓沖卑辭厚禮請粲爲别駕粲嘉其好賢乃起應召驎之尚公謂之曰卿道廣學深衆所推懷忽然改節誠失所望粲笑答曰足下可謂有志於隱而未知隱夫隱之爲道朝亦可隱市亦可隱隱初在我不在於物尚公等無以難之然粲亦於此名譽減半矣後患足疾不能朝拜求去職不聽令卧視事後以病篤乞骸骨許之粲以父騫有忠信言而世無知者乃著元明紀十篇注老子並行于世

謝沉字行思會稽山陰人也曾祖斐吳豫章太守父秀吳翼正都尉沉少孤事母至孝博學多識明練經史郡命爲主簿功曹察孝廉太尉郄鑒辟並不就會稽内史何充引爲參軍以母老去職平西將軍庾亮命爲功曹征北將軍蔡謨版爲參軍皆不就閑居養母不交人事耕耘之暇研精墳籍康帝即位朝議疑七廟迭毀乃以太學博士徵以質疑滞以母憂去職服闋除尚書度支郎何充庾冰並稱沉有史才遷著作郎撰晉書三十餘卷會卒時年五十二沉先著後漢書百卷及毛詩漢書外傳所著述及詩賦文論皆行於世其才學在虞預之右云

習鑿齒字彦威襄陽人也宗族富盛世爲鄉豪鑿齒少有志氣博學洽聞以文筆著稱荆州刺史桓温辟爲從事江夏相袁喬深器之數稱其才於温轉西曹主簿親遇隆密時温有大志追蜀人知天文者至夜執手問國家祚運修短答云世祀方永温疑其難言乃飾辭云如君言豈獨吾福乃蒼生之幸然今日之語自可令盡必有小小厄運亦宜説之星人曰太微紫微文昌三宫氣候如此決無憂虞至五十年外不論耳温不悦乃止異日送絹一疋錢五千文以與之星人乃馳詣鑿齒曰家在益州被命遠下今受旨自裁無由致其骸骨緣君仁厚乞爲標碣棺木耳鑿齒問其故星人曰賜絹一疋令僕自裁惠錢五千以買棺耳鑿齒曰君幾誤死君嘗聞千知星宿有不覆之義乎此以絹戲君以錢供道中資是聽君去耳星人大喜明便詣温别温問去意以鑿齒言答温笑曰鑿齒憂君誤死君定是誤活然徒三十年看儒書不如一詣習主簿累遷别駕温出征伐鑿齒或從或守所在任職每處機要莅事有績善尺牘論議温甚器遇之時清談文章之士韓伯伏滔等並相友善後使至京師簡文亦雅重焉既還温問相王何似答曰生年所未見以此大忤温旨左遷户曹參軍時有桑門釋道安俊辯有高才自北至荆州與鑿齒初相見道安曰彌天釋道安鑿齒曰四海習鑿齒時人以爲佳對初鑿齒與其二舅羅崇羅友俱爲州從事及遷别駕以坐越舅右屢經陳請温後激怒既盛乃超拔其二舅相繼爲襄陽都督出鑿齒爲滎陽太守温弟祕亦有才氣素與鑿齒相親善鑿齒既罷郡歸與祕書曰吾以去五月三日來達襄陽觸目悲感畧無懽情痛惻之事故非書言之所能具也每定省家舅從北門入西望隆中想卧龍之吟東眺白沙思鳳雛之聲北臨樊墟存鄧老之高南眷城邑懷羊公之風縱目檀溪念崔徐之友肆睇魚梁追二德之遠未嘗不徘徊移日惆悵極多撫乘躊躇慨爾而泣曰若乃魏武之所置酒孫堅之所隕斃裴杜之故居繁王之舊宅遺事猶存星列滿目璅璅常流碌碌凡士焉足以感其方寸哉夫芳芬起於椒蘭清響生乎琳琅命世而作佐者必垂可大之餘風高尚而邁德者必有明勝之遺事若向八君子者千載猶使義想其爲人況相去之不遠乎彼一時也此一時也焉知今日之才不如疇辰百年之後吾與足下不並爲景升乎其風期俊邁如此是時温覬覦非望鑿齒在郡著漢晉春秋以裁正之起漢光武終於晉愍帝於三國之時蜀以宗室爲正魏武雖受漢禪晉尚爲簒逆至文帝平蜀乃爲漢亡而晉始興焉引世祖諱炎興而爲禪受明天心不可以勢力強也凡五十四卷後以脚疾遂廢於里巷及襄陽陷於符堅堅素聞其名與道安俱輿而致焉既見與語大悦之賜遺甚厚又以其蹇疾與

諸鎮書昔晉氏平吳利在二陸今破漢南獲士裁一人有半耳俄以疾歸襄陽尋而襄鄧反正朝廷欲徵鑿齒使典國史會卒不果臨終上疏曰臣每謂皇晉宜越魏繼漢不應以魏後爲三恪而身微官卑無由上達懷抱愚情三十餘年今沉淪重疾性命難保遂嘗懷此當與之朽爛區區之情切所悼惜謹力疾著論一篇寫上如左願陛下考尋古義求經常之表超然遠覽不以臣微賤廢其所言論曰

或問魏武帝功蓋中夏文帝受禪於漢而吾子謂漢終有晉豈實理乎且魏之見廢晉道亦病晉之臣子寧可以同此言哉答曰此乃所以尊晉也但絶節赴曲非常耳所悲見殊心異雖奇莫察請爲子言焉昔漢氏失御九州殘隔三國乘間鼎峙數世干戈日尋流血百載雖各有偏平而其實亂也宣皇帝勢逼當年力制魏氏蠖屈從時遂羈戎役晦明掩耀龍潛下位俛首重足鞠躬屏息道有不容之難躬蹈履霜之險可謂危矣魏武既亡大難獲免始南擒孟達東蕩海隅西抑勁蜀旋撫諸夏摧吳人入侵之鋒埽曹爽見忌之黨植靈

根以跨中嶽樹羣才以翼子弟命世之志既恢非常之業亦固景文繼之靈武冠世尅伐貳違以定厥庸席卷梁益奄征西極功格皇天勲侔古烈豐規顯祚故以灼如也至於武皇遂并彊吳混一宇宙乂清四海同軌二漢除三國之大害靜漢末之交爭開九域之蒙晦定千載之盛功者皆司馬氏也而推魏繼漢以晉承魏比義唐虞自託純臣豈不惜哉今若以魏有代王之德則其道不足有靜亂之功則孫劉鼎立道不足則不可謂制當年當年不制於魏則魏未曾爲天下之主王道不足於曹則曹未始爲一日之王矣昔共工伯有九州秦政奄平區夏鞭撻華戎專總六合猶不見序於帝王淪沒於戰國何況暫制數州之人威行境内而已便可推爲一代者乎若以晉嘗事魏懼傷皇德拘惜禪名謂不可割則惑之甚者也何者隗囂據隴公孫帝蜀蜀隴之人雖服其役取之大義於彼何有且吳楚僭號周室未亡子文延陵不見貶絶宣皇帝官魏逼於性命舉非擇木何虧德美禪代之義不同堯舜校實定名必彰於後人各有心事

胡可掩定空虛之魏以屈於己孰若杖義而以貶魏哉夫命世之人正情遇物假之際會必兼義勇宣皇祖考立功於漢世篤爾勞思報亦深魏武超越志在傾主德不素積義險冰薄宣帝與之情將何重雖形屈當年意申百世降心全己憤慨於下非道服北面有純臣之節畢命曹氏忘濟世之功者也夫成業者係於所爲不係所藉立功者言其所濟不言所起是故漢高稟命於懷王劉氏乘斃於亡秦超二僞以遠嗣不論近而計功考五德於帝典不疑道於力政季無承楚之號漢有繼周之業取之既美而己德亦重故也凡天下事有可借喻於古以曉於今定之往昔而足爲來證者當陽秋之時吳楚二國皆僭號之王也若使楚莊推鄢郢以尊有德闔閭舉三江以奉命世命世之君有德之主或藉之以應天或撫之而光宅彼必自係於周室不推吳楚以爲代明矣況積勲累功靜亂寧衆數之所錄衆之所與不資於燕噲之授不賴於因藉之力長轡廟堂吳蜀兩斃運奇二紀而平定天下服魏武之所不能臣蕩累葉之所不能除者哉自漢末鼎沸五六

十年吳魏犯順而強蜀人杖正而弱三家不能相一萬姓曠而無主夫有定天下之大功爲天下之所推孰如見推於闇人受尊於微弱配天而爲帝方駕於三代豈比俛首於曹氏側足於不正即情而恒實取之而無慙何與詭事而託僞開亂於將來者乎是故舊之恩可封魏後三恪之數不宜見列以晉承漢功實顯然正名當事情體亦厭又何爲虛尊不正之魏而虧我道於大通哉昔周人詠祖宗之德追述翦商之功仲尼明大孝之道高稱配天之義然后稷勤於所職聿來未以翦商異於司馬氏仕乎曹族三祖之寓於魏世矣且夫魏自君之道不正則三祖臣魏之義未盡義未盡故假塗以運高畧道不正則君臣之節有殊然則弘道不以輔魏而無逆取之嫌高拱不勞汗馬而有靜亂之功者蓋勲足以王四海義可以登大位雖我德慙於有周而彼道異於殷商故也今子不疑共工之不得列於帝王不嫌漢之係周而不係秦何至於一魏猶疑滯而不化哉夫欲尊其君而不知推之於堯舜之道欲重其國而反厝之於不勝之地豈君子之

高義若猶未悟請於是止矣
子辟強才學有父風位至驃騎從事中郎
徐廣字野民東莞姑幕人侍中邈之弟也世好學至廣尤爲精純百家數術無不研覽謝玄爲兖州辟從事譙王恬爲鎮北補參軍孝武世除秘書郎典校秘書省增置省職轉員外散騎侍郎仍領校書尚書令王珣深相欽重舉爲祠部郎會稽世子元顯時錄尚書欲使百僚致敬內外順之使廣爲議廣常以爲愧焉元顯引爲中軍參軍遷領軍長史桓玄輔政以爲大將軍文學祭酒義熙初奉詔撰車服儀注除鎮軍諮議領記室封樂成侯轉員外散騎常侍領著作尚書奏左史述言右官書事乘志顯於晉鄭春秋著乎魯史自聖代有造中興記者道風帝典煥乎史策而太和以降世歷三朝玄風聖迹倏爲疇古臣等參詳宜勑著作郎徐廣撰成國史於是勑廣撰集焉遷驍騎將軍領徐州大中正轉正員常侍大司農仍領著作如故十二年勒成晉紀凡四十六卷表上之因乞解史任不許遷秘書監初桓玄篡位帝出宮廣陪列悲動左右及劉裕受禪恭帝遜位廣獨哀感涕泗交流謝晦見之謂曰徐公將無小過也廣收淚而言曰君爲宋朝佐命吾乃晉室遺老憂喜之事固不同時乃更歔欷因辭衰老乞歸桑梓性好讀書老猶不倦年七十四卒于家廣答禮問行於世

史臣曰古之王者咸建史官昭法立訓莫近於此若夫原始要終紀情括性其言微而顯其義皎而明然可以茵藹緹油作程遐世者也丘明既沒班馬迭興奮鴻筆於西京騁直詞於東觀自斯已降分明競爽可以繼明先典者陳壽得之乎江漢英靈信有之矣允源將率之子篤志典墳紹統戚藩之亂研機載籍咸能綜緝遺文垂諸不朽豈必克傳門業方擅箕裘者哉處叔區區勵精著述混淆蕪舛良不足觀叔寧寡聞穿窬王氏雖勒成一家未足多尚令升安國有良史之才而所著之書惜非正典悠悠晉室斯文將墜鄧粲謝沉祖述前史茸宇重軒之下施牀連榻之上奇詞異義罕見稱焉習氏徐公俱云筆削彰善癉惡以爲懲勸夫蹈忠履正貞士之心背義圖榮君子不取而彥威跡淪寇壤逡巡於偽國野民運遭革命流連於舊朝行不違言廣得之矣

贊曰陳壽含章巖巖孤峙彪溥勵節摛辭綜理王恧雅才虞慚惇史于孫撫翰前良可擬鄧謝懷鉛異聞無紀習亦研思徐非絢美咸被簡冊共傳遥祀

列傳第五十二　晉書八十二

顧和字君孝侍中衆之族子也曾祖容吳荊州刺史祖相臨海太守
和二歲喪父總角便有清操族叔榮雅重之曰此吾家麒麟興吾宗
者必此子也時宗人球亦有令聞爲州別駕榮謂之曰卿速步君
孝超卿矣王導爲揚州辟從事月旦當朝未入停車門外周顗
遇之和方擇蝨夷然不動顗既過顧指和心曰此中何所有和徐應曰
此中最是難測地顗入謂導曰卿州吏中有一令僕才導亦以爲然
和嘗詣導導小極對之疲睡和欲叩會之因謂同坐曰昔每聞族
叔元公道公叶贊中宗保全江表體小不安令人喘息導覺之謂
和曰卿珪璋特達機警有鋒不徒東南之美實爲海內之俊由
是遂知名既而導遣八部從事之部和爲下傳還同時俱見諸從
事各言二千石官長得失和獨无言導問和卿何所聞答曰明公作
輔寧使網漏吞舟何緣採聽風聞以察察爲政導咨嗟稱善累
遷司徒掾是時東海王沖爲長水校尉妙選僚屬以沛國劉耽爲
司馬和爲主簿永昌初除司徒左曹掾太寧初王敦請爲主簿遷
太子舍人車騎參軍護軍長史王導爲揚州請爲別駕所歷皆
著稱遷散騎侍郎尚書吏部司空郗鑒請爲長史領晉陵太守
咸康初拜御史中丞劾奏尚書左丞戴抗贓汙百萬付法議罪并
免尚書傳玩郎劉傭官百僚憚之遷侍中初中興東遷舊章多
闕而冕旒飾以翡翠珊瑚及雜珠等和奏舊冕有十二旒皆用玉
珠今用雜珠等非禮若不能用玉可用白璇成帝於是始下太常
改之先是帝以保母周氏有阿保之勞欲假其名號內外皆奉詔
和獨上疏以爲周保祐聖躬不遺其勳第舍供給擬於戚屬恩澤
所加已爲過隆若假名號記籍未見明比惟漢靈帝以乳母趙嬈
爲平氏君此末代之私恩非先代之令典且君舉必書將軌物垂

則書而不法後嗣何觀帝從之轉吏部尚書頻徙領軍將軍太
常卿國子祭酒康帝即位將祀南北郊和議以爲車駕宜親行
帝從之皆躬親行禮遷尚書僕射以母老固辭詔書敕喻特聽
暮出朝還其見優遇如此尋朝議以端右之副不宜處外更拜
銀青光祿大夫領國子祭酒頃之母憂去職居喪以孝聞既練
衛將軍褚裒上疏薦和起爲尚書令遣散騎郎喻旨和每見逼
促輒號咷慟絕謂所親曰古人或有釋其憂服以祗王命蓋以才
足幹時故不得不體國殉義吾在常日猶不如人況今中心荒亂
將何以補於萬分祗足以示輕忘孝道貽素冠之議耳帝又下詔
曰百揆務殷端右總要而曠職經久甚以悒然昔先朝政道休明
中夏隆盛山賈諸公皆釋服從時不獲遂其情禮況今日艱難
百王之弊尚書令禮已過祥練豈得聽不赴急疾而遂罔極之
情乎和表疏十餘上遂不起服闋然後視職時南中郎將謝尚領
宣城內史收涇令陳幹殺之有司以尚違法糾黜詔原之和重奏
曰尚先劾姦贓罪入甲戌赦聽自首減死而尚近表云幹包藏姦
猾輒收行刑幹事狀自郡非犯軍戎不由都督按尚蒙親賢之
舉荷文武之任不能爲國惜體平心聽斷內挾小憾肆其威虐遠
近怪愕莫不解體尚忝外屬宥之有典至於下吏宜正刑辟尚皇
太后舅故寢其奏時汝南王統江夏公衛崇並爲庶母制服三年
和乃奏曰禮所以軌物成教故有國家者莫不崇正明本以一其
統斯人倫之紀不二之道也爲人後者降其所出奪天屬之性顯
至公之義降殺節文著於周典按汝南王統爲庶母居廬服重江
夏公衛崇本由疏屬開國之緒近喪所生復行重制違冒禮度
肆其私情閭閻許其過厚談者莫以爲非則政道陵遲由乎禮廢
憲章頹替始於容違若弗糾正无以齊物皆可下太常奪服若
不祗王命應加貶黜詔從之和居任多所獻納雖權臣不苟阿撓
永和七年以疾篤辭位拜左光祿大夫儀同三司加散騎常侍尚
書令如故其年卒年六十四追贈侍中司空謚曰穆子淳歷尚書

吏部郎給事黃門侍郎左衛將軍
袁瓌字山甫陳郡陽夏人魏郎中令渙之曾孫也祖父並早卒
瓌與弟猷欲奉母避亂求爲江淮間縣拜呂令轉江都因南渡
元帝以爲丹陽令中興建拜奉朝請遷治書御史時東海王越
尸既爲石勒所焚妃裴氏求招魂葬越朝廷疑之瓌與博士傅純
議以爲招魂葬是謂埋神不可從也帝然之雖許裴氏招魂葬
越遂下詔禁之尋除廬江太守大將軍王敦引爲諮議參軍俄
爲臨川太守敦平爲鎮南將軍卞敦軍司尋自解還都游於
會稽蘇峻之難與王舒共起義軍以功封長合鄉侯徵補散騎
常侍徙大司農尋除國子祭酒頃之加散騎常侍于時喪亂之
後禮教陵遲瓌上疏曰臣聞先王之教也崇典訓以弘遠代明禮
學以流後生所以導萬物之性暢爲善之道也宗周既興文史
載煥端委垂於南蠻頌聲溢於四海故延州聘魯聞雅而歎韓
起適魯觀易而美何者立人之道於斯爲首孔子恂恂以教洙泗
孟軻係之誨誘无倦是以仁義之聲于今猶存禮讓之節時或
有之疇昔皇運陵替喪亂屢臻儒林之教漸頹庠序之禮有
闕國學索然墳籍莫啟有心之徒抱志无由昔魏武帝身親介冑務
在武功猶尚廢鞍覽卷投戈吟詠況今陛下以聖明臨朝百官以虔恭
莅事朝野无虞江外謐靜如之何泱泱之風漠然无聞洋洋之美墜於
聖世乎古人有言詩書義之府禮樂德之則實宜留心經籍闡明學
義使諷誦之音盈於京室味道之賢是則是詠豈不盛哉若得給其
宅地備其學徒博士僚屬粗有其官則臣之願也疏奏成帝從之國
學之興自瓌始也以年在懸車上疏告老尋卒追贈光祿大夫謚曰
恭子喬嗣
喬字彥叔初拜佐著作郎輔國將軍桓溫請爲司馬除司徒左西
屬不就拜尚書郎桓溫鎮京口復引爲司馬領廣陵相初喬與褚
裒友善及康獻皇后臨朝喬與裒書曰皇太后踐登正祚臨御
皇朝將軍之於國外姓之太上皇也至於皇子近屬咸有揖讓之

禮而況策名人臣而交媒人父天性攸尊亦宜體國而重矣故友之
好請於此辭染絲之變墨翟致懷岐路之感楊朱興歎況與將軍
游處少長雖世譽先後而臭味同歸也平昔之交與禮數而降箕
踞之懽隨時事而替雖欲虛詠濠肆脫落儀制其能得乎來物无停
變化遷代豈惟寸晷事亦有之夫御器者神制衆以約顧將軍怡情
无事以理勝爲任親仗賢達以納善爲大執筆惆悵不能自盡論
者以爲得禮遷安西諮議參軍長沙相不拜尋督沔中諸戍江夏
隨義陽三郡軍事建武將軍江夏相時桓溫謀伐蜀衆以爲不可
喬勸溫曰夫經略大事故非常情所具智者了於胸心然後舉无
遺筭耳今天下之難二寇而已蜀雖險固方胡爲弱將欲除之先從
易者今泝流萬里經歷天險彼或有備不必可尅然蜀人自以斗絕
一方恃其牢固不修攻戰之具若以精卒一萬輕軍速進比彼聞之
我已入其險要李勢君臣不過自力一戰擒之必矣論者恐大軍既
西胡必闚覦此又似是而非何者胡聞萬里征伐以爲內有重備必
不敢動縱復越逸江渚諸軍足以守境此无憂矣蜀土富實號稱
天府昔諸葛武侯欲以抗衡中國今誠不能爲害然勢據上流
易爲寇盜若襲而取之者有其人衆此國之大利也溫從之使喬
以江夏相領二千人爲軍鋒師次彭模去賊已近議者欲兩道並
進以分賊勢喬曰今深入萬里置之死地士无反顧之心所謂人自
爲戰者也今分爲兩軍軍力不一萬一偏敗則大事去矣不如全軍
而進棄去釜甑齎三日糧勝可必矣溫以爲然即一時俱進去成都
十里與賊大戰前鋒失利喬軍亦退矢及馬首左右失色喬因麾
而進聲氣愈厲遂大破之長驅至成都李勢既降勢將鄧定隗文
以其屬反衆各萬餘溫自擊定喬擊文破之進號龍驤將軍封
湘西伯尋卒年三十六溫甚悼惜之追贈益州刺史謚曰簡喬博
學有文才注論語及詩并諸文筆皆行於世子方平嗣亦以軌素自
立辟大司馬掾歷義興琅邪太守卒子山松嗣
山松少有才名博學有文章著後漢書百篇襟情秀遠善音樂

舊歌有行路難曲辭頗疎質山松好之乃文其辭句婉其節制每
因酣醉縱歌之聽者莫不流涕初羊曇善唱樂桓伊能挽歌及
山松行路難繼之時人謂之三絶時張湛好爲齋前種松栢而山
松每出游好令左右作挽歌人謂湛屋下陳尸山松道上行殯山
松歷顯位爲吳郡太守孫恩作亂山松守滬瀆城城陷被害
猷字申甫少與瓌齊名代瓌爲吕令復相繼爲江都由是俱渡
江瓌爲丹陽猷爲武康兄弟列宰名邑論者美之歷位侍中衛
尉卿猷孫宏見文苑傳
準字孝尼以儒學知名注喪服經官至給事中準子沖字景玄光
祿勳沖子耽
耽字彥道少有才氣俶儻不羈爲士類所稱桓溫少時游於博徒
資産俱盡尚有負進思自振之方莫知所出欲求濟於耽而耽
在艱試以告焉耽略无難色遂變服懷布帽隨溫與債主戲耽
素有藝名債者聞之而不相識謂之曰卿當不辦作袁彥道也

晉列五十三　五

遂就局十萬一擲直上百萬耽投馬絶叫探布帽擲地曰竟識
袁彥道不其通脫若此蘇峻之役王導引爲參軍隨導在石
頭初路永匡術賈寧等皆峻心腹聞祖約奔敗懼事不立迭
說峻誅大臣峻既不納永等慮必敗陰結於導導使耽潛說
路永使歸順峻平封秭歸男拜建威將軍歷陽太守咸康初
石季龍游騎十餘匹至歷陽耽上列不言騎少時胡寇强盛朝
野危懼王導以宰輔之重請自討之既而賊騎不多又已退散導
止不行朝廷以耽失於輕妄黜之尋復爲導從事中郎方加大任
會卒時年二十五子質
質字道和自渙至質五世並以道素繼業惟其父耽以雄豪著及
質又以孝行稱官歷琅邪内史東陽太守質子湛
湛字士深少有操植以沖粹自立而无文華故不爲流俗所重時
謝混爲僕射范泰贈湛及混詩云亦有後出雋離群頗騫者湛
恨而不答自中書令爲僕射左光祿大夫晉寧男卒於官湛弟豹
豹字士蔚博學善文辭有經國材爲劉裕所知後爲太尉長史
丹楊尹卒
江逌字道載陳留圉人也曾祖蕤譙郡太守祖允芜湖令父濟
安東參軍逌少孤與從弟灌共居甚相友悌由是獲當時之譽
避蘇峻之亂屏居臨海絶棄人事翦茅結宇耽翫載籍有終
焉之志本州辟從事除佐著作郎並不就征北將軍蔡謨命爲
參軍何充復引爲驃騎功曹以家貧求試守爲太末令縣界
深山中有亡命數百家恃險爲阻前後守宰莫能平逌到官召
其魁帥厚加撫接諭以禍福旬月之間繦負而至朝廷嘉之州檄
爲治中轉别駕遷吳令中軍將軍殷浩將謀北伐請爲諮議參軍
浩甚重之遷長史浩方修復洛陽經營荒梗逌爲上佐甚有匡弼
之益軍中書檄皆以委逌時羌及丁零叛浩軍震懼姚襄去浩
里結營以逼浩浩令逌擊之逌進兵至襄營謂將校曰今兵非不
精而衆少於羌且其塹柵甚固難與校力吾當以計破之乃取數

晉列五十三　六

百雞以長繩連之繫火於足群雞駭散飛集襄營襄營火發因
其亂隨而擊之襄遂少敗及桓溫奏廢浩佐吏逌遂免頃之除
中書郎升平中遷吏部郎長兼侍中穆帝將修後池起閣道逌
上疏曰臣聞王者處萬乘之極享富有之大必顯明制度以表
崇高盛其文物以殊貴賤建靈臺浚辟雍立宫館設苑囿所
以弘於皇之尊彰臨下之義前聖創其禮後代遵其矩當代之君
咸營斯事周宣興百堵之作鴻鴈歌安宅之歡魯僖修泮水之
宫採芹有思樂之頌蓋上之有爲非予欲是盈下之奉上不以劬
勞爲勤此自古之令典軌儀之大式也夫理无常然三正相詭司牧
之體與世而移致飾則素故賁返於剝有大必盈則受之以謙損上
益下順兆庶之悦享以二簋用至約之義是以唐虞流化於茅茨
夏禹垂美於卑室過儉之陋非中庸之制然三聖行之以致至道
漢高祖當營建之始怒宫庫之壯孝文處既富之世愛十家之
産亦以播惠當時著稱來葉今者二虜未殄神州荒芜舉江

左之衆經略艱難漕楊越之粟北餽河洛兵不獲戢運戍悠遠倉
庫内罄百姓力竭加春夏以來水旱爲害遠近之收普減常年財
傷人困大役未已軍國之用无所取給方之往代豐弊相懸損之又
損實在今日伏惟陛下聖質天縱凝曠清虚闡日新之盛茂欽
明之量无欲體於自然冲素刑乎萬國韶既盡美則必盡善宜
養以玄虚守以无爲登覽不以臺觀游豫不以苑沼偃息畢於仁
義馳騁極於六藝觀巍巍之隆鑒二代之文仰味羲農俯尋周
孔其爲逍遥足以遵道德之輔親搢紳之秀疇咨以時顧問不
倦獻替諷諫日月而聞則庶績惟凝六合咸熙中興之盛邁於
殷宗休嘉之慶流乎无窮昔漢起德陽鍾離抗言魏營宮殿
陳群正辭臣雖才非若人然職忝近侍言不足採而義在以聞
帝嘉其言而止復領本州大中正升平末遷太常逌累讓不許
穆帝崩山陵將用寶器逌諫曰以宣皇顧命終制山陵不設明器
以貽後則景帝奉遵遺制逮文明皇后崩武皇帝亦承前制无所

施設惟脯糒之奠瓦器而已昔康皇帝玄宮始用寶劒金舄此
蓋太妃罔已之情實違先旨累世之法今外欲以爲故事臣請述
先旨停此二物書奏從之哀帝以天文失度欲依尚書洪祀之制
於太極前殿親執虔肅冀以免咎使太常集博士草其制逌上
疏諫曰臣尋史漢舊制藝文志劉向五行傳洪祀出於其中然
自前代以來莫有用者又其文惟説爲祀而不載儀注此蓋久遠
不行之事非常人所叅校按漢儀天子所親之祠惟宗廟而已
祭天於雲陽祭地於汾陰在於别宮遥拜不詣壇所其餘群祀
之所必在幽静是以圓丘方澤列於郊野今若於承明之庭正殿之
前設群神之坐行躬親之禮準之舊典有乖常式臣聞妖眚之
發所以鑒悟時主故寅畏上通則宋災退度德禮增修則殷道
以隆此往代之成驗不易之定理頃者星辰頗有變異陛下祗戒
之誠達於天人在予之懼忘寢與食仰虔玄象俯凝庶政嘉祥
之應實在今日而猶乾乾夕惕思廣茲道誠實聖懷殷勤之

至然洪祀有書无儀不行於世詢訪時學莫識其理且其文曰洪
祀大祀也陽曰神陰曰靈舉國相率而行祀順四時之序无令過
差今按文而言皆漫而无適不可得詳若不詳而修其失不小
帝不納逌又上疏曰臣謹更尋思叅之時事今强戎據於關雍
桀狄縱於河朔封豕四逸虔劉神州長旌不卷鉦鼓日戒兵疲人困歲
无休已人事弊於下則七曜錯於上災沴之作固其宜然又頃者以
來无乃大異彼月之蝕義見詩人星辰莫同載於五行故洪範不以
爲沴陛下今以晷度之失同之六沴引其輕變方之重眚求己篤於
禹湯憂勤踰乎日昃將修大祀以禮神祇傳曰外順天地時氣而祭
其鬼神然則神必有號祀必有義按洪祀之文惟神靈大略而无所
祭之名稱舉國行祀而无貴賤之阻有赤黍之盛而无牲醴之奠儀
法所用闕略非一若率文而行則舉義皆閡有所施補則不統其
源漢侍中盧植時之達學受法不究則不敢厝心誠以五行深遠
神道幽昧探賾之求難以常思錯綜之理不可一數臣非至精孰能

與此帝猶勑撰定逌又陳古義帝乃止逌在職多所匡諫著阮籍
序贊逸士箴及詩賦奏議數十篇行於世病卒時年五十八子
蔚吴興太守
灌字道群父譽尚書郎灌少知名才識亞于逌州辟主簿舉秀
才爲治中轉别駕歷司徒屬北中郎長史領晋陵太守簡文帝
引爲抚軍從事中郎後遷吏部郎時謝奕爲尚書銓叙不允灌每
執正不從奕託以他事免之受黜无怨色頃之簡文帝又以爲抚軍司
馬甚相賓禮遷御史中丞轉吴興太守灌性方正視權貴蔑如也爲
大司馬桓温所惡温欲中傷之徵拜侍中以在郡時公事有失追免
之後爲秘書監尋復解職時温方執權朝廷希旨故灌積年不調
温末年以爲諮議叅軍會温薨遷尚書中護軍復出爲吴郡太守
加秩中二千石未拜卒子績
績字仲元有志氣除秘書郎以父與謝氏不穆故謝安之世辟召无所
從論者多之安薨始爲會稽王道子驃騎主簿多所規諫歷諮

議參軍出爲南郡相會荊州刺史殷仲堪舉兵以應王恭仲堪要績與南蠻校尉殷顗同行並不從仲堪等屢以爲言績終不爲之屈顗慮績及禍乃於仲堪坐和解之績曰大丈夫何至以死相脅江仲元行年六十但未知獲死所耳一坐皆爲之懼仲堪憚其堅正以楊佺期代之朝廷聞而徵績爲御史中丞奏劾无所屈撓會稽世子元顯專政夜開六門績密啟會稽王道子欲以奏聞道子不許車胤亦曰元顯驕縱宜禁制之道子默然元顯聞而謂衆曰江績車胤間我父子遣人密讓之俄而績卒朝野悼之

車胤字武子南平人也曾祖浚吳會稽太守父育郡主簿太守王胡之名知人見胤於童幼之中謂胤父曰此兒當大興卿門可使專學胤恭勤不倦博學多通家貧不常得油夏月則練囊盛數十螢火以照書以夜繼日焉及長風姿美劭機悟敏速甚有鄉曲之譽桓溫在荊州辟爲從事以辯識義理深重之引爲主簿稍遷別駕征西長史遂顯於朝廷時惟胤與吳隱之以寒素博學知名於世又善於賞會當時每有盛坐而胤不在皆云无車公不樂謝安游集之日輒開筵待之寧康初以胤爲中書侍郎關內侯孝武帝嘗講孝經僕射謝安侍坐尚書陸納侍講侍中卞耽執讀黃門侍郎謝石吏部郎袁宏執經胤與丹楊尹王混摘句時論榮之累遷侍中太元中增置太學生百人以胤領國子博士其後年議郊廟明堂之事胤以明堂之制既甚難詳且樂主於和禮主於敬質文不同音器亦殊既茅茨廣廈不一其度何必守其形範而不弘本順時乎九服咸寧四野无塵然後明堂辟雍可光而修之時從其議又遷驃騎長史太常進爵臨湘侯以疾去職俄爲護軍將軍時王國寶諂於會稽王道子諷八坐啟以道子爲丞相加殊禮胤曰此乃成王所以尊周公也今主上當陽非成王之地相王在位豈得爲周公乎望實二三並不宜爾必大忤上意乃稱疾不署其事疏奏帝大怒而甚嘉胤隆安初爲吳興太守秩中二千石辭疾不拜加輔國將軍丹楊尹頃之遷吏部尚書元顯有

過胤與江績密言於道子將奏之事泄元顯逼令自裁俄而胤卒朝廷傷之

殷顗字伯通陳郡人也祖融太常卿父康吳興太守顗性通率有才氣少與從弟仲堪俱知名太元中以中書郎擢爲南蠻校尉莅職清明政績肅舉及仲堪得王恭書將興兵內伐告顗欲同舉顗不平之曰夫人臣之義愼保所守朝廷是非宰輔之務豈藩屏之所圖也晉陽之事宜所不豫仲堪要之轉切顗怒曰吾進不敢同退不敢異仲堪甚以爲恨猶密諫仲堪辭甚切至仲堪既貴素情亦殊而志望无厭謂顗言爲非顗見江績亦以正直爲仲堪所斥知仲堪當逐異己樹置所親因出行散託疾不還仲堪聞其病出省之謂顗曰兄病殊爲可憂顗曰我病不過身死但汝病在滅門幸熟爲慮勿以我爲念也仲堪不從卒與楊佺期桓玄同下顗遂以憂卒隆安中詔曰故南蠻校尉殷顗忠績未融奄焉隕喪可贈冠軍將軍弟仲文叔獻別有傳

王雅字茂達東海郯人魏衛將軍肅之曾孫也祖隆後將軍父景大鴻臚雅少知名州檄主簿舉秀才除郎中出補永興令以幹理著稱累遷尚書左右丞歷廷尉侍中左衛將軍丹楊尹領太子左衛率雅性好接下敬慎奉公孝武帝深加禮遇雖在外職侍見甚數朝廷大事多參謀議帝每置酒宴集雅未至不先舉觴其見重如此然任遇有過其才時人被以佞幸之目帝起清署殿於後宮開北上閤出華林園與美人張氏同游止惟雅與焉會稽王道子領太子太傅以雅爲太子少傅時王珣兒婚賓客車騎甚衆會聞雅拜少傅迴詣雅者過半時風俗頹弊无復廉恥然少傅之任朝望屬珣珣亦頗以自許及中詔用雅衆遂赴雅焉將拜遇雨請以繖入至珣不許之因冒雨而拜雅既貴倖威權甚震門下車騎常數百而善應接傾心禮之帝以道子无社稷器幹慮晏駕之後皇室傾危乃選時望以爲藩屏將擢王恭殷仲堪等先以訪雅雅以恭等无當世之才不可大任乃從容曰王恭風神簡貴志氣方嚴既居外戚

之重當親賢之寄然其稟性峻隘无所苞容執自是之操无守節之志仲堪雖謹於細行以文義著稱亦无弘量且幹略不長若委以連率之重據形勝之地今四海无事足能守職若道不常隆必爲亂階矣帝以恭等爲當時秀望謂雅疾其勝己故不從二人皆被升用其後竟敗有識之士稱其知人遷領軍尚書散騎常侍方大崇進之將參副相之重而帝崩倉卒不獲顧命雅素被優遇一旦失權又以朝廷方亂內外攜離但慎默而已无所辯正雖在孝武世亦不能犯顏廷爭凡所謀謨唯唯而已尋遷左僕射隆安四年卒時年六十七追贈光祿大夫儀同三司長子準之散騎侍郎次協之黃門次少卿侍中並有士操立名於世云

史臣曰爰在中興玄風滋扇溺王綱於拱默撓國步於清虛骨鯁謇諤之風蓋亦微矣而君孝固情禮而違顯命山甫獻誠讜而振頹風彥叔之兵謀道載之正諫洋洋盈耳有足可稱灌不屈節於權臣績敢危言於賊將道子殊物之禮車胤沮之无懼心仲堪反常之舉殷顗折之以正色求諸古烈何以加焉山松悅哀挽於軒冕之辰彥道歡博徒於衰絰之日天心已喪其能濟乎旋及於促齡俄致於非命宜哉

贊曰顧生軌物屢申誠讜袁子崇儒拯斯頹喪道績剛謇車胤忠壯瞻言遺直莫之能尚

列傳第五十三　晉書八十三

列傳第五十四　晉書八十四　御撰

王恭　庾楷　劉牢之子敬宣　殷仲堪　楊佺期

王恭字孝伯光祿大夫蘊子定皇后之兄也少有美譽清操過人自負才地高華恒有宰輔之望與王忱齊名友善慕劉惔之爲人謝安常曰王恭人地可以爲將來伯舅嘗從其父自會稽至都忱訪之見恭所坐六尺簟忱謂其有餘因求之恭輒以送焉遂坐薦上忱聞而大驚恭曰吾平生无長物其簡率如此起家爲佐著作郎歎曰仕宦不爲宰相才志何足以騁因以疾辭俄爲秘書丞轉中書郎未拜遭父憂服闋除吏部郎歷建威將軍太元中代沈嘉爲丹陽尹遷中書令領太子詹事孝武帝以恭后兄深相欽重時陳郡袁悅之以傾巧事會稽王道子恭言之於帝遂誅之道子嘗集朝士置酒於東府尚書令謝石因醉爲委巷之歌恭正色曰居端右之重集藩王之第而肆淫聲欲令群下何所取則石深銜之淮陵內史虞珧子妻裴氏有服食之術常衣黃衣狀如天師道子甚悅之令與賓客談論時人皆爲降節恭抗言曰未聞宰相之坐有失行婦人坐賓莫不反側道子甚愧之其後帝將擢時望以爲藩屏乃以恭爲都督兗青冀幽并徐州晉陵諸軍事平北將軍兗青二州刺史假節鎮京口初都督以北爲號者累有不祥故桓沖王坦之刁彝之徒不受鎮北之號恭表讓軍號以超受爲辭而實惡其名於是改號前將軍慕容垂入青州恭遣偏師禦之失利降號輔國將軍及帝崩會稽王道子執政寵昵王國寶委以機權恭每正色直言道子深憚而忿之及赴山陵罷朝歎曰榱棟雖新便有黍離之歎矣時國寶從弟緒說國寶因恭入覲相王伏兵殺之國寶不許而道子亦欲輯和內外深布腹心於恭冀除舊惡恭多不順每言及時政輒厲聲色道子知恭不可和協王緒之說遂行於是國難始結或勸恭因入朝以兵誅國寶而庾楷黨於國寶士馬甚盛恭憚之不敢

發遂還鎮臨别謂道子曰主上諒闇冢宰之任伊周所難願大王親萬機納直言遠鄭聲放佞人辭色甚厲故國寶等愈懼以恭爲安北將軍不拜乃謀誅國寶遣使與殷仲堪桓玄相結仲堪僞許之恭得書大喜乃抗表京師曰後將軍國寶得以姻戚頻登顯列不能感恩效力以報時施而專寵肆威將危社稷先帝登遐夜乃犯閤叩扉欲矯遺詔賴皇太后聰明相王神武故逆謀不果又割東宮見兵以爲己府讒疾二昆甚於讎敵與其從弟緒同黨凶狡共相扇連此不忠不義之明白也以臣忠誠必亡身殉國是以譖臣非一賴先帝明鑒浸潤不行昔趙鞅興甲誅君側之惡臣雖駑劣敢忘斯義表至内外戒嚴國寶及緒惶懼不知所爲用王珣計請解職道子收國寶賜死斬緒于市深謝愆失恭乃還京口恭之初抗表也慮事不捷乃版前司徒左長史王廞爲吳國内史令起兵於東會國寶死令廞解軍去職廞怒以兵伐恭恭遣劉牢之擊滅之上疏自貶詔不許譙王尚之復說道子以藩伯強盛宰相

權弱宜多樹置以自衛道子然之乃以其司馬王愉爲江州刺史割庾楷豫州四郡使愉督之由是楷怒遣子鴻說恭曰尚之兄弟專弄相權欲假朝威貶削方鎮懲警前事勢轉難測及其議未成宜早圖之恭以爲然復以謀告殷仲堪桓玄玄等從之推恭爲盟主尅期同赴京師時内外疑阻津邏嚴急仲堪之信因庾楷達之以斜絹爲書内箭簳中合鏑漆之楷送於恭恭發書絹文角戾不復可識謂楷爲詐又料仲堪去年已不赴盟今无連理乃先期舉兵司馬劉牢之諫曰將軍今動以伯舅之重執忠貞之節相王以姬旦之尊時望所係昔年已戮寶緒送王廞書是深伏將軍也頃所授用雖非皆允未爲大失割庾楷四郡以配王愉於將軍何損晉陽之師其可再乎恭不從乃上表以討王愉司馬尚之兄弟爲辭朝廷使元顯及王珣謝琰等距之恭夢牢之坐其處旦謂牢之曰事尅即以卿爲北府遣牢之率帳下督顔延先據竹里元顯使說牢之啗以重利牢之乃斬顔延以降是日牢之遣其婿

高雅之子敬宣因恭曜軍輕騎擊恭恭敗將還城雅之已閉城門恭遂與弟履單騎奔曲阿恭久不騎乘髀生瘡不復能去曲阿人殷確恭故參軍也以船載之藏於葦席之下將奔桓玄至長塘湖遇商人錢強強宿憾於確以告湖浦尉尉收之以送京師道子聞其將至欲出與語面折之而未之殺也時桓玄等已至石頭懼其有變即於建康之倪塘斬之恭五男及弟爽爽兄子秘書郎和及其黨孟璞張恪等皆殺之恭性抗直深存節義讀左傳至奉王命討不庭每輟卷而歎爲性不弘以闇於機會自在北府雖以簡惠爲政然自矜貴與下殊隔不閑用兵尤信佛道調役百姓修營佛寺務在壯麗士庶怨嗟臨刑猶誦佛經自理鬚鬢神无懼容謂監刑者曰我闇於信人所以致此原其本心豈不忠於社稷但令百代之下知有王恭耳家无財帛唯書籍而已爲識者所傷恭美姿儀人多愛悅或目之云濯濯如春月柳嘗被鶴氅裘涉雪而行孟昶窺見之歎曰此真神仙中人也初見執遇故吏戴耆之

爲湖孰令恭私告之曰我有庶兒未舉在乳母家卿爲我送寄桓南郡耆之遂送之於夏口桓玄撫養之爲立喪庭弔祭焉及玄執政上表理恭詔贈侍中太保謚曰忠簡爽贈太常和及子簡並通直散騎郎殷確散騎侍郎腰斬湖浦尉及錢強等恭庶子曇亨宋義熙中爲給事中

庾楷征西將軍亮之孫會稽内史羲小子也初拜侍中代兄準爲西中郎將豫州刺史假節鎮歷陽隆安初進號左將軍時會稽王道子憚王恭殷仲堪等擅兵故出王愉爲江州督豫州四郡以爲形援楷上疏以江州非險塞之地而西府北帶寇戎不應使愉分督詔不許時楷懷恨使子鴻說王恭以譙王尚之兄弟復擅機權勢過國寶恭亦素忌尚之遂連謀舉兵事在恭傳詔使尚之討楷楷遣汝南太守段方逆尚之戰于慈湖方大敗被殺楷奔于桓玄及玄等盟于柴桑連名上疏自理詔赦玄等而不赦恭楷楷遂依玄玄用爲武昌太守楷後懼玄必敗密遣使結

會稽世子元顯若朝廷討玄當爲內應及玄得志楷以謀泄爲玄所誅

劉牢之字道堅彭城人也曾祖羲以善射事武帝歷北地鴈門太守父建有武幹爲征虜將軍世以壯勇稱牢之面紫赤色鬚目驚人而沉毅多計畫太元初謝玄北鎮廣陵時苻堅方盛玄多募勁勇牢之與東海何謙琅邪諸葛侃樂安高衡東平劉軌西河田洛及晉陵孫无終等以驍猛應選玄以牢之爲參軍領精鋭爲前鋒百戰百勝號爲北府兵敵人畏之及堅將句難南侵玄率何謙等距之牢之破難輜重於盱眙獲其運船遷鷹揚將軍廣陵相時車騎將軍桓沖擊襄陽宣城內史胡彬率衆向壽陽以爲沖聲援牢之領卒二千爲彬後繼淮肥之役苻堅遣其弟融及驍將張蚝攻陷壽陽謝玄使彬與牢之距之師次硤石不敢進堅將梁成又以二萬人屯洛澗玄遣牢之以精卒五千距之去賊十里成阻澗列陣牢之率參軍劉襲諸葛求等直進渡水臨陣斬成及其弟雲又分兵斷其歸津賊步騎崩潰爭赴

淮水殺獲萬餘人盡收其器械堅尋亦大敗歸長安餘黨所在屯結牢之進平譙城使安豐太守戴寶戍之遷龍驤將軍彭城內史以功賜爵武岡縣男食邑五百户牢之進屯鄄城討諸未服河南城堡承風歸順者甚衆時苻堅子丕據鄴爲慕容垂所逼請降牢之引兵救之垂聞軍至出新興城北走牢之與沛郡太守田次之追之行二百里至五橋澤中爭趣輜重稍亂爲垂所擊牢之敗績士卒殲焉牢之策馬跳五丈澗得脫會丕救至因入臨漳集亡散兵復少振牢之以軍敗徵還頃之復爲龍驤將軍守淮陰後進戍彭城復領太守妖賊劉黎僭尊號於皇丘牢之討滅之苻堅將張遇遣兵擊破金鄉圍太山太守羊邁牢之遣參軍向欽之擊走之會慕容垂叛將翟釗救遇牢之引還釗還牢之進平太山追釗於鄄城釗走河北因獲張遇以歸之彭城妖賊司馬徽聚黨馬頭山牢之遣參軍竺朗之討滅之時慕容氏掠廩丘高平太守徐含遠告急牢之不能救坐畏懦免及王恭將討王國寶引牢之爲府司馬領南彭城內史加輔國將軍恭使牢之討破王廞以牢之領晉陵太守恭本以才地陵物及檄至京師朝廷戮國寶王緒自謂威德已著雖杖牢之爲爪牙但以行陣武將相遇禮之甚薄牢之負其才能深懷恥恨及恭之後舉元顯遣廬江太守高素說牢之使叛恭事成當即其位號牢之許焉恭參軍何澹之以其謀告恭牢之與澹之有隙故恭疑而不納乃置酒請牢之於衆中拜牢之爲兄精兵利器悉以配之使爲前鋒行至竹里牢之背恭歸朝廷恭既死遂代恭爲都督兗青冀幽并徐揚州晉陵軍事牢之本自小將一朝據恭位衆情不悦乃樹用腹心徐謙之等以自強時楊佺期桓玄將兵逼京師上表理王恭求誅牢之牢之率北府之衆馳赴京師次于新亭玄等受詔退兵牢之還鎮京口及孫恩陷會稽牢之遣將桓寶率師救三吳復遣子敬宣爲寶後繼比至曲阿吳郡內史桓謙已棄郡走牢之乃率衆東討拜表輒行至吳與衛將軍謝琰擊賊屢勝殺傷甚衆徑臨浙江進拜前將軍都督吳郡諸軍事時謝

琰屯烏程遣司馬高素助牢之牢之率衆軍濟江浙恩懼逃于海牢之還鎮恩復入會稽害謝琰牢之進號鎮北將軍都督會稽五郡率衆東征屯上虞分軍戍諸縣恩復攻破吳國殺內史袁山松牢之使參軍劉裕討之恩復入海頃之恩浮海奄至京口戰士十萬樓船千餘牢之在山陰使劉裕自海鹽赴難牢之率大衆而還裕兵不滿千人與賊戰破之恩聞牢之已還京口乃走郁州又爲敬宣劉裕等所破及恩死牢之威名轉振元興初朝廷將討桓玄以牢之爲前鋒都督征西將軍領江州事元顯遣使以討玄事諮牢之牢之以玄少有雄名杖全楚之衆懼不能制又慮平玄之後功蓋天下必不爲元顯所容深懷疑貳不得已率北府文武屯洌洲桓玄遣何穆說牢之曰自古亂世君臣相信者有燕昭樂毅玄德孔明然皆勳業未卒而二主早世設使功成事遂未保二臣之禍也鄙語有之高鳥盡良弓藏狡兔殫獵犬烹故文種誅於勾踐韓白戮於秦漢彼皆英雄霸王之主猶不敢信其功臣況凶

愚凡庸之流乎自開闢以來戴震主之威挾不賞之功以見容於闇世者而誰至如管仲相齊雍齒侯漢則往往有之況君見與无射鉤屢逼之仇邪今君戰敗則傾宗戰勝亦覆族欲以安歸乎孰若翻然改圖保其富貴則身與金石等固名與天壤无窮孰與頭足異處身名俱滅爲天下笑哉惟君圖之牢之自謂握强兵才能算略足以經綸江表時譙王尚之已敗人情轉沮乃頗納穆説遣使與玄交通其甥何无忌與劉裕固諫之並不從俄令敬宣降玄玄大喜與敬宣置酒宴集陰謀誅之陳書法畫圖與敬宣共觀以安悦其志敬宣不之覺玄佐吏莫不相視而笑元顯既敗玄以牢之爲征東將軍會稽太守牢之乃嘆曰始爾便奪我兵禍將至矣時玄屯相府敬宣勸牢之襲玄猶豫不決移屯班瀆將北奔廣陵相高雅之欲據江北以距玄集衆大議參軍劉襲曰事不可者莫大於反而將軍往年反王兖州近日司馬郎君今復欲反桓公一人而三反豈得立也語畢趨出佐吏多散走而敬宣先還京口援其家失期不到牢之謂其爲劉襲所殺乃自縊而死俄而敬宣至不遑哭奔于高雅之將吏共殯斂牢之喪歸丹徒桓玄令斵棺斬首暴尸於市及劉裕建義追理牢之乃復本官

敬宣牢之之長子也智略不及父而技藝過之孫恩之亂隨父征討所向有功爲元顯從事郎又爲桓玄諮議參軍牢之之敗與廣陵相高雅之俱奔慕容超夢丸土而服之既覺喜曰丸者桓也丸既吞矣我當復本土也旬日而玄敗遂與司馬休之還京師拜輔國將軍晉陵太守與諸葛長民破桓歆於芍陂遷建威將軍江州刺史鎮尋陽又擊桓亮苻宏於湘中所在有功安帝反政徵拜冠軍將軍宣城内史領襄城太守譙從反以敬宣督征蜀諸軍事假節與寧朔將軍臧熹西伐敬宣入自白帝所攻皆尅軍次黄獸與僞將譙道福相持六十餘日遇癘疫又以食盡班師爲有司所劾免官頃之爲中軍諮議加冠軍將軍尋遷鎮蠻護軍安豐太守梁國内史會盧循反以冠軍將軍從大軍南討循平遷左衛將軍散騎常侍又遷征虜將軍青州刺史尋改鎮冀州爲其參軍司馬道賜所害

殷仲堪陳郡人也祖融太常吏部尚書父師驃騎諮議參軍晉陵太守沙陽男仲堪能清言善屬文每云三日不讀道德論便覺舌本間强其談理與韓康伯齊名士咸愛慕之調補佐著作郎冠軍謝玄鎮京口請爲參軍除尚書郎不拜玄以爲長史厚任遇之仲堪致書於玄曰胡亡之後中原子女鬻於江東者不可勝數骨肉星離荼毒終年怨苦之氣感傷和理誠喪亂之常足以懲戒復非王澤廣潤愛育蒼生之意也當世大人既慨然經略將以救其塗炭而使理至於此良可嘆息願節下弘之以道德運之以神明隱心以及物垂理以禁暴使足踐晉境者必无懷感之心枯槁之類莫不同漸天潤仁義與干戈並運德心與功業俱隆實所期於明德也頃聞抄掠所得多皆採樵飢人壯者欲以救子少者志在存親行者傾筐以顧念居者吁嗟以待延而一旦幽縶生離死絶求之於情可傷之甚昔孟孫獵而得麑使秦西以歸之其母隨而悲鳴不忍而放之孟孫赦其罪以傳其子禽獸猶不可離況於人乎夫飛鴞惡鳥也食桑葚猶懷好音雖曰戎狄其无情乎苟感之有物非難化也必使邊界无貪小利强弱不得相陵德音一發必聲振沙漠二冠之黨將靡然向風何憂黄河之不濟函谷之不開哉玄深然之領晉陵太守居郡禁産子不舉久喪不葬録父母以質亡叛者所下條教甚有義理父病積年仲堪衣不解帶躬學醫術究其精妙執藥揮淚遂眇一目居喪哀毁以孝聞服闋孝武帝召爲太子中庶子甚相親愛仲堪父嘗患耳聰聞牀下蟻動謂之牛鬭帝素聞之而不知其人至是從容問仲堪曰患此者爲誰仲堪流涕而起曰臣進退惟谷帝有愧焉復領黄門郎寵任轉隆帝嘗示仲堪詩乃曰勿以已才而笑不才帝以會稽王非社稷之臣擢所親幸以爲藩捍乃授仲堪都督荊益寧三州軍事振威將軍荊州刺史假節

鎮江陵將之任又詔曰卿去有日使人酸然常謂永爲廊廟之寶而忽爲荆楚之珍良以慨恨其恩狎如此仲堪雖有英譽議者未以分陝許之既受腹心之任居上流之重朝野屬想謂有異政及在州綱目不舉而好行小惠夷夏頗安附之先是仲堪游於江濱見流棺接而葬焉旬日間門前之溝忽起爲岸其夕有人通仲堪自稱徐伯玄云感君之惠无以報也仲堪因問門前之岸是何祥乎對曰水中有岸其名爲洲君將爲州言終而没至是果臨荆州桂陽人黄欽生父殁已久詐服衰麻言迎父喪府曹先依律詐取父母卒棄市仲堪乃曰律詐取父母寧依毆詈法棄市原此之旨當以二親生存而横言死没情事悖逆忍所不當故同之毆詈之科正以大辟之刑今欽生父實終没墓在舊邦積年久遠方詐服迎喪以此爲大妄耳比之於父存言亡相殊遠矣遂活之又以異姓相養禮律所不許子孫繼親族无後者唯令主其蒸嘗不聽别籍以避役也佐吏咸服之時朝廷徵益州

刺史郭銓犍爲太守卞苞於坐勸銓以蜀反仲堪斬之以聞朝廷以仲堪事不預察降號鷹揚將軍尚書下以益州所統梁州三郡人丁一千番戍漢中益州未肯承遣仲堪乃奏之曰夫制險分國各有攸宜劒閣之隘實蜀之關鍵巴西梓潼宕渠三郡去漢中遼遠在劒閣之内成敗與蜀爲一而統屬梁州蓋定鼎中華慮在後伏所以分斗絶之勢開荷戟之路自皇居南遷守在岷邛衿帶之形事異曩昔是以李勢初平割此三郡配隸益州將欲重複上流爲習坎之防事經英略歷年數紀梁州以統接曠遠求還得三郡忘王侯設險之義背地勢内外之實盛陳事力之寡弱餝哀矜之苦言今華陽乂清汧隴順軌關中餘燼自相魚肉梁州以論求三郡益州以本統有定更相牽制莫知所從致令巴宕二郡爲羣獠所覆城邑空虚士庶流亡要害膏腴皆爲獠有今遠慮長規宜保全險塞又蠻獠熾盛兵力寡弱如遂經理乖繆號令不一則劒閣非我保醜類轉難制此乃藩扞之大

機上流之至要昔三郡全實正差文武三百以助梁州今浮没蠻獠十不遺二加逐食鳥散資生未立苟順符指以副梁州恐公私困弊无以堪命則劒閣之守无擊柝之儲號令選用不專於益州虚有監統之名而无制御之用懼非分位之本旨經國之遠術謂今正可更加梁州文武五百合前爲一千五百自此之外一仍舊貫設梁州有急蜀當傾力救之書奏朝廷許焉桓玄在南郡論四皓來儀漢庭孝惠以立而惠帝柔弱吕后凶忌此數公者觸彼埃塵欲以救弊二家之中各有其黨奪彼與此其讎必興不知匹夫之志四公何以逃其患素履終吉隱以保生者其若是乎以其文贈仲堪仲堪乃答之曰隱顯黙語非賢達之心蓋所遇之時不同故所乘之塗必異道无所屈而天下以之獲寧仁者之心未能无感若夫四公者養志巖阿道高天下秦網雖虐游之而莫懼漢祖雖雄請之而弗顧徒以一理有感汎然而應事同賓客之禮言无是非之對孝惠以之獲安莫由報其德如意以之定藩无所容其怨且

爭奪滋生主非一姓則百姓生心祚无常人則人皆自賢況夫漢以劒起人未知義戎遏姦邪特宜以正順爲寶天下大器也苟亂亡見懼則滄海横流原夫若人之振策豈爲一人之廢興哉苟可以暢其仁義與夫伏節委質可榮可辱者道迹懸殊理勢不同君何疑之哉又謂諸吕强盛幾危劉氏如意若立必无此患夫禍福同門倚伏萬端又未可斷也于時天下新定權由上制高祖分王子弟有磐石之固社稷深謀之臣森然比肩豈瑣瑣之禄産所能傾奪之哉此或四公所預于今亦无以辨之但求古賢之心宜存之遠大耳端本正源者雖不能无危其危易持哲啓競津雖未必不安而其安難保此最有國之要道古今賢哲所同惜也玄屈之仲堪自在荆州連年水旱百姓饑饉仲堪食常五椀盤无餘肴飯粒落席間輒拾以噉之雖欲率物亦緣其性真素也每語子弟云人物見我受任方州謂我豁平昔時意今吾處之不易貧者士之常焉得登枝而捐其本爾其存之其後蜀水

大出漂浮江陵數千家以隄防不嚴復降爲寧遠將軍安帝卽位進號冠軍將軍固讓不受初桓玄將應王恭乃說仲堪推恭爲盟主共興晉陽之舉立桓文之功仲堪然之仲堪以王恭在京口去都不盈二百自荆州道遠連兵勢不相及乃僞許恭而實不欲下聞恭已誅王國寶等始抗表興師遣龍驤將軍楊佺期次巴陵會稽王道子遣書止之仲堪乃還初桓玄棄官歸國仲堪憚其才地深相交結玄亦欲假其兵勢誘而悅之國寶之役仲堪既納玄之誘乃外結雍州刺史郗恢內要從兄南蠻校尉覬南郡相江績等恢覬績並不同之乃以楊佺期代績覬自遜位會王恭復與豫州刺史庾楷舉兵討江州刺史王愉及譙王尚之等仲堪因集議以爲朝廷去年自戮國寶王恭威名已震今其重舉勢无不尅而我去年緩師已失信於彼今可整棹晨征參其霸功於是使佺期舟師五千爲前鋒桓玄次之仲堪率兵二萬相繼而下佺期玄至湓口王愉奔于臨川玄遣偏軍追獲之佺期等進至横江庾楷敗奔於玄譙王尚之等退走尚之弟恢之所領水軍皆没玄等至石頭仲堪至蕪湖忽聞王恭已死劉牢之反恭領北府兵在新亭玄等三軍失色无復固志乃迴師屯于蔡州時朝廷新平恭楷且不測西方人心仲堪等擁衆數萬充斥郊畿內外憂逼玄從兄修告會稽王道子曰西軍可說而解也修知其情矣若許佺期以重利无不倒戈於仲堪者道子納之乃以玄爲江州佺期爲雍州黜仲堪爲廣州以桓修爲荆州遣仲堪叔父太常茂宣詔迴軍仲堪恚被貶退以王恭雖敗已衆亦足以立事令玄等急進軍玄等喜於寵授並欲順朝命猶預未決會仲堪弟遹爲佺期司馬夜奔仲堪說佺期受朝命納桓修仲堪惶遽卽於蕪湖南歸使徇於玄等軍曰若不各散而歸大軍至江陵當悉戮餘口仲堪將劉系先領二千人隸于佺期輒率衆而歸玄等大懼狼狽追仲堪至尋陽及之於是仲堪失職倚玄爲援玄等又資仲堪之兵雖互相疑阻亦不得異仲堪與佺期以

子弟交質遂于尋陽結盟玄爲盟主臨壇歃血並不受詔申理王恭求誅劉牢之譙王尚之等朝廷深憚之於是詔仲堪曰間以將軍憑寄失所朝野懷憂然既往之事宜其兩忘用乃班師迴旆祗順朝旨所以改授方任盖隨時之宜將軍大議誠感朕心今還復本位卽撫所鎭釋甲休兵則內外寧一故遣太常茂具宣乃懷仲堪等並奉詔各旋所鎭頃之桓玄將討佺期先告仲堪云今當入沔討除佺期已頓兵江口若見與无貳可殺楊廣若其不然便當率軍入江仲堪乃執玄兄偉遣從弟遹等水軍七千至江西口玄使郭銓苻宏擊之遹等敗走玄頓巴陵而館其穀玄又破楊廣於夏口仲堪既失巴陵之積又諸將皆敗江陵震駭城內大饑以胡麻爲廩仲堪急召佺期佺期率衆赴之直濟江擊玄爲玄所敗走還襄陽仲堪出奔酇城爲玄追兵所獲逼令自殺死於柞溪弟子道護參軍羅企生等並被殺仲堪少奉天師道又精心事神不吝財賄而怠行仁義嗇於周急及玄來攻猶勤請禱然善取人情病者自爲診脉分藥而用計倚伏煩密少於鑒略以至於敗子簡之載喪下都葬於丹徒遂居墓側義旗建率私僮客隨義軍躡桓玄玄死簡之食其肉桓振之役義軍失利簡之没陣弟曠之有父風仕至剡令

楊佺期弘農華陰人漢太尉震之後也曾祖準太常自震至準七世有名德祖林少有才望值亂没胡父亮少仕僞朝後歸國終於梁州刺史以貞幹知名佺期沉勇果勁而兄廣及弟思平等皆强獷麤暴自云門戶承籍江表莫比有以其門地比王珣者猶恚恨而時人以其晚過江婚宦失類每排抑之恒慷慨切齒欲因事際以逞其志佺期少仕軍府咸康中領衆屯城固苻堅將潘猛距守康回壘佺期擊走之其衆悉降拜廣威將軍河南太守戍洛陽苻堅將竇衝率衆攻平陽太守張元熙於皇天塢佺期擊走之佺期自湖城入潼關累戰皆捷斬獲千計降九百餘家歸於洛陽進號龍驤將軍以病改爲新野太守領建威

司馬遷唐邑太守督石頭軍事以疾去職荆州刺史殷仲堪引爲司馬代江績爲南郡相仲堪與桓玄舉衆應王恭庾楷仲堪素无戎略軍旅之事一委佺期兄弟以兵五千人爲前鋒與桓玄相次而下至石頭恭死楷敗朝廷未測玄軍乃以佺期代郄恢爲都督梁雍秦三州諸軍事雍州刺史仲堪玄皆有遷換於是俱還尋陽結盟不奉詔俄而朝廷復仲堪本職乃各還鎮初玄未奉詔欲自爲雍州以郄恢爲廣州恢懼玄之來問於衆咸曰佺期來者誰不戮力若桓玄來恐難與爲敵既知佺期代已乃謀於南陽太守閭丘羨稱兵距守佺期慮事不濟乃聲言玄來入沔而佺期爲前驅恢衆信之无復固志恢軍散請降佺期入府斬閭丘羨放恢還都撫將士恤百姓繕修城池簡練甲卒甚得人情佺期仲堪與桓玄素不穆佺期屢欲相攻仲堪每抑止之玄以是告執政求廣其所統朝廷亦欲成其釁隙故以桓偉爲南蠻校尉佺期內懷忿懼勒兵建牙聲云援洛欲與仲堪襲玄仲堪雖

外結佺期內疑其心苦止之又遣從弟遹屯北塞以駐之佺期不得舉乃解兵隆安三年桓玄遂舉兵討佺期先攻仲堪初仲堪得玄書急召佺期佺期曰江陵无食當何以待敵可來見就共守襄陽仲堪自以保境全軍无緣棄城逆走憂佺期不赴乃紿之曰比來收集已有儲矣佺期信之乃率衆赴焉步騎八千精甲耀日既至仲堪唯以飯餉其軍佺期大怒曰今茲敗矣乃不見仲堪時玄在零田佺期與兄廣擊玄玄畏佺期之銳乃渡軍馬頭明日佺期率殷道護等精銳萬人乘艦出戰玄距之不得進佺期乃率其麾下數十艦直濟江徑向玄船俄而迴擊郭銓殆獲銓會玄諸軍至佺期退走餘衆盡沒單馬奔襄陽玄追軍至佺期與兄廣俱死之傳首京都梟於朱雀門弟思平從弟尚保孜敬俱逃于蠻劉裕起義始歸國歷位州郡孜敬爲人剽銳果於行事昔與佺期勸殷仲堪殺殷覬仲堪不從孜敬拔刃而起欲自出取之仲堪苦禁乃止及爲梁州刺史常怏怏不滿其志經襄陽見魯宗之侍衛皆佺期之舊也孜敬愈憤見於辭色宗之參軍劉千期於座面折之因發大怒抽劒刺千期立死宗之表而斬之思平尚保後亦以罪誅楊氏遂滅

史臣曰生靈道斷忠貞路絶棄彼弊冠崇茲新屨宰之事非其主抑亦不臣功多見疑勢陵難信而投兵散地二三之甚若夫司牧居愆方隅作戾口順勤王心乖抗節王恭鯁言時政有昔賢之風國寶就誅而晉陽猶起是以仲堪僥倖佺期无狀雅志多隙佳兵不和足以亡身不足以靜亂也

贊曰孝伯懷功牢之總戎王因起釁劉亦慙忠殷揚乃武抽旆爭雄庾君含怨交鬭其中徜歟群采道睽心異是曰亂階非關臣事

列傳第五十四　晉書八十四

列傳第五十五　晉書八十五　御撰

劉毅 兄邁　諸葛長民　何无忌　檀憑之

魏詠之

劉毅字希樂彭城沛人也曾祖距廣陵相叔父鎮左光祿大夫毅少有大志不修家人産業仕爲州從事桓弘以爲中兵參軍屬桓玄篡位毅與劉裕何无忌魏詠之等起義兵密謀討玄毅討徐州刺史桓修於京口青州刺史桓弘於廣陵裕率毅等至竹里玄使其將皇甫敷吳甫之北距義兵遇之於江乘臨陣斬甫之進至羅洛橋又斬敷首玄大懼使桓謙何之澹屯覆舟山毅等軍至蔣山裕使羸弱登山多張旗幟玄不之測益以危懼謙等士卒多北府人素慴伏裕莫敢出鬬裕與毅等分爲數隊進突謙陣皆殊死戰无不一當百時東北風急義軍放火烟塵張天皷譟之音震駭京邑謙等諸軍一時奔散玄既西走裕以毅爲冠軍將軍青州刺史與何无忌劉道規躡玄玄逼帝及琅琊王西上毅與道規及下邳太守孟懷玉等追及玄戰於崢嶸州毅乘風縱火盡銳爭先玄衆大潰燒輜重夜走玄將郭銓劉雅等襲陷尋陽毅遣武威將軍劉懷肅討平之及玄死桓振桓謙復聚衆距毅於靈溪玄將馮該以兵會於振毅進擊爲振所敗退次尋陽坐免官尋原之劉裕命何无忌受毅節度无忌以督攝爲煩輒便解統毅疾无忌專擅免其琅琊內史以輔國將軍攝軍事无忌遂與毅不平毅唯自引咎時論韙之毅復與道規發尋陽桓亮自號江州刺史遣劉敬宣擊走之毅軍次夏口時振黨馮該戍大岸孟山圖據魯城桓山客守偃月壘衆合萬人連艦二岸水陸相援毅督衆軍進討未至夏口遇風飄没千餘人毅與劉懷肅索邈等攻魯城道規攻偃月壘何无忌與檀祗列艦於中流以防越逸毅躬貫甲胄陵城半日而二壘俱潰生禽山客而馮該遁走毅進平巴陵以毅爲使持節兗州刺史將軍如故毅號令嚴整所經墟邑百姓安悅南陽太守魯宗之起義襲襄陽破桓蔚毅等諸軍次江陵之馬頭振擁乘輿出營

江津宗之又破偽將溫楷振自擊宗之毅因率无忌道規等諸軍破馮該於豫章口推鋒而進遂入江陵振聞城陷與謙北走乘輿反正毅執玄黨卞範之羊僧壽夏侯崇之桓道恭等皆斬之桓振復與苻宏自鄖城襲陷江陵與劉懷肅相持毅遣部將擊振殺之并斬偽輔國將軍桓珍毅又攻拔遷陵斬玄太守劉叔祖於臨嶂其餘擁衆假號以十數皆討平之二州既平以毅爲撫軍將軍時刁預等作亂屯於湘中毅遣將分討皆滅之初毅丁憂在家及義旗初興遂墨絰從事至是軍役漸寧上表乞還京口以終喪禮曰弘道爲國者理盡於仁孝訴窮歸天者莫甚於喪親但臣凡庸本无感槩不能隕越故其宜耳往年國難滔天故志竭愚忠靦然苟存去春鑾駕迴軫而狂狡未滅雖姦凶時梟餘燼竄伏威懷寡方文武勞弊微情未申顧景悲憤今皇威遐肅海內清蕩臣窮毒艱穢亦已具於聖聽兼羸患滋甚衆疾互動如今寢頓无復人理臣之情也本不甘生語其事也亦可以没乞賜餘骸終其丘墳庶幾忠孝之道獲宥於聖世不許詔以毅爲都督豫州揚州之淮南歷陽廬江安豐五郡諸軍事豫州刺史持節將軍常侍如故本府文武悉令西屬以匡復功封南平郡開國公兼都督宣城軍事給皷吹一部梁州刺史劉雅反毅遣將討擒之初桓玄於南州起齋悉畫盤龍於其上號爲盤龍齋毅小字盤龍至是遂居之俄進拜衛將軍開府儀同三司及何无忌爲盧循所敗賊軍乘勝而進朝廷震駭毅具舟船討之將發而疾篤內外失色朝議欲奉乘輿北就中軍劉裕會毅疾瘳將率軍南征裕與毅書曰吾往與妖賊戰曉其變態今修船垂畢將居前撲之剋平之日上流之任皆以相委又遣毅從弟藩往止之毅大怒謂藩曰我以一時之功相推耳汝便謂我不及劉裕也投書於地遂以舟師二萬發姑孰徐道覆聞毅將至建鄴報盧循曰劉毅兵重成敗繫此一戰宜併力距之循乃引兵發巴陵與道覆連旗而下毅次于桑落州與賊戰敗績棄船以數百人步走餘衆皆爲賊所虜輜重盈積

皆棄之毅走經涉蠻晉飢困死亡至者十二三參軍羊邃竭力營護之僅而獲免劉裕深慰勉之復其本職毅乃以邃爲諮議參軍及裕討循詔毅知內外留事毅以喪師乞解任降爲後將軍尋轉衛將軍開府儀同三司江州都督毅上表曰臣聞天以盈虛爲運政以損益爲道時否而政不革人凋而事不損則无以救急病於已危拯塗炭於將絶自頃戎車屢駭干戈溢境所統江州以一隅之地當逆順之衝自桓玄以來驅蹙殘敗至乃男不被養女无匹對逃亡去就不避幽深自非財殫力竭无以至此若不曲心矜理有所釐改則靡遺之歎奄焉必及夫設官分職軍國殊用牧養以息務爲大武略以濟事爲先兼而領之蓋出於權事因藉既久遂似常體江州在腹心之內憑接揚豫藩屏所倚寔爲重複昔胡寇縱逸朔馬臨江抗禦之宜蓋權爾耳今江左區區戶不盈數十萬地不踰數千里而統旅鱗次未獲減息大而言之足爲國恥況乃地在无虞而猶置軍府文武將佐資費非要豈所謂經國大情揚湯去火者哉自州郡邊江百姓遼落加郵亭險闊畏阻風波轉輸往復恒有淹廢又非所謂因其所利以濟其弊者也愚謂宜解軍府移鎮豫章處十郡之中厲簡惠之政以及數年可有生氣且屬縣凋散亦有所存而役調送迎不得止息亦謂應隨宜并合以簡衆費刺史庾悅自臨莅以來甚有恤隱之誠但綱維不革自非綱目所理尋陽接蠻宜示有遏防可即州府千兵以助郡戍於是解悅毅移鎮豫章遣其親將趙恢領千兵守尋陽俄進毅爲都督荊寧秦雍四州之河東河南廣平揚州之義城四郡諸軍事衛將軍開府儀同三司荊州刺史持節公如故毅表荊州編戶不盈十萬器械索然廣州雖凋殘猶出丹漆之用請依先準於是加督交廣二州毅至江陵乃輒取江州兵及豫州西府文武萬餘留而不遣又告疾困請藩爲副劉裕以毅貳于己乃奏之安帝下詔曰劉毅傲狠凶戾履霜日久中間覆敗宜即顯戮晉法含弘復蒙寵授曾不思愆內訟怨望滋甚賴宰輔藏疾特加遵養遂復推轂陝西寵榮隆泰庶能洗心感遇革音改意而長惡不悛

志爲姦宄陵上虐下縱逸无度既解督任江州非復所統而輒徙兵衆略取軍資驅斥舊戍厚樹親黨西府二局文武盈萬悉皆割留曾无片言肆心恣欲罔顧天朝又與從弟藩遠相影響招聚剽狡繕甲阻兵外託省疾實窺伺隙同惡相濟圖會荊郢尚書左僕射謝混憑藉世資超蒙殊遇而輕佻躁脫職爲亂階扇動內外連謀萬里是而可忍孰不可懷乃誅藩混劉裕自率衆討毅命王弘王鎮惡蒯恩等率軍至豫章口於江津燔舟而進毅參軍朱顯之逢鎮惡以所統千人赴毅鎮惡等攻陷外城毅守內城精銳尚數千人戰至日昃鎮惡以裕書示城內毅怒不發書而焚之毅冀有外救督士卒力戰衆知裕至莫有鬭心既暮鎮惡焚諸門齊力攻之毅衆乃散毅自北門單騎而走去江陵二十里而縊經宿居人以告乃斬於市子姪皆伏誅毅兄模奔於襄陽魯宗之斬送之毅剛猛沈斷而專肆狠愎與劉裕協成大業而功居其次深自矜伐不相推伏及居方嶽常怏怏不得志裕每柔而順之毅驕縱滋甚每覽史籍至藺相如降屈於廉頗輒絶歎以爲不可能也嘗云恨不遇劉項與之爭中原又謂郗僧施曰昔劉備之有孔明猶魚之有水今吾與足下雖才非古賢而事同斯言衆咸惡其陵傲不遜及敗於桑落知物情去而彌復憤激初裕征盧循凱歸帝大宴於西池有詔賦詩毅詩云六國多雄士正始出風流自知武功不競故示文雅有餘也後有東府聚樗蒲大擲一判應至數百萬餘人並黑犢以還唯劉裕及毅在後毅次擲得雉大喜褰衣繞床叫謂同坐曰非不能盧不事此耳裕惡之因挼五木久之曰老兄試爲卿答既而四子俱黑其一子轉躍未定裕厲聲喝之即成盧焉毅意殊不快然素黑其面如鐵色焉而乃和言曰亦知公不能以此見借既出西藩雖上流分陝而頓失內權又頗自嫌事計故欲擅其威彊伺隙圖裕以至於敗初江州刺史庾悅隆安中爲司徒長史曾至京口毅時甚屯窶先就府借東堂與親故出射而悅後與僚佐徑來詣堂毅告之曰毅輩屯否之人合一射甚難君於諸堂

並可望以今日見讓悅不許射者皆散唯毅留射如故既而悅食鵝毅求其餘悅又不答毅常銜之義熙中故奪悅豫章解其軍府使人微示其旨悅忿懼而死毅之褊躁如此

邁字伯群少有才幹為殷仲堪中兵參軍桓玄之在江陵甚豪橫士庶畏之過於仲堪玄曾於仲堪廳事前戲馬以矟擬仲堪邁時在坐謂玄曰馬矟有餘精理不足玄自以才雄冠世而心知外物不許之仲堪為之失色玄出仲堪謂邁曰卿乃狂人也玄夜遣殺卿我豈能相救邁以正辭折仲堪而不以為悔仲堪使邁下都以避之玄果令追之邁僅而免禍後玄得志邁詣門稱謁玄謂邁曰安知不死而敢相見邁對曰射鉤斬袪與邁為三故不知死玄甚喜以為刑獄參軍後為齊臨太守及毅與劉裕等同謀起義邁將應之事泄為玄所害

諸葛長民琅琊陽都人也有文武幹用然不持行檢无鄉曲之譽桓玄引為參軍平西軍事尋以貪刻免及劉裕建義與之定謀為揚武將軍從裕討桓玄以功拜輔國將軍宣城內史于時桓歆聚衆向歷陽

長民擊走之又與劉敬宣破歆于芍陂封新淦縣公食邑二千五百戶以本官督淮北諸軍事鎮山陽義熙初慕容超寇下邳長民遣部將徐琰擊走之進位使持節督青揚二州諸軍事青州刺史領晉陵太守鎮丹徒本號及公如故及何无忌為徐道覆所害賊乘勝逼京師朝廷震駭長民率衆入衛京都因表曰妖賊伐船集木而南康相郭澄之隱蔽經年又深相保明屢欺无忌罪合斬刑詔原澄之及盧循之敗劉毅也循與道覆連旗而下京都危懼長民勸劉裕權移天子過江裕不聽令長民與劉毅屯于北陵以備石頭事平轉督豫州揚州之六郡諸軍事豫州刺史領淮南太守及裕討毅以長民監太尉留府事詔以甲杖五十人入殿長民驕縱貪侈不恤政事多聚珍寶美色營建第宅不知紀極所在殘虐為百姓所苦自以多行无禮恒懼國憲及劉毅被誅長民謂所親曰昔年醢彭越前年殺韓信禍其至矣謀欲為亂問劉穆之曰人間論者謂太尉與我不平其故何也穆之曰相公西征老母弱弟委之將軍何謂不平

長民弟黎民輕狡好利固勸之曰黥彭異體而勢不偏全劉毅之誅亦諸葛氏之懼可因裕未還以圖之長民猶豫未發既而歎曰貧賤常思富貴富貴必履機危今日欲為丹徒布衣豈可得也裕深疑之駱驛繼遣輜重兼行而下前剋三日百司於道候之輒差其期既而輕舟徑進潛入東府明旦長民聞之驚而至門裕伏壯士丁旿於幔中引長民進語素所未盡皆說焉長民悅旿自後拉而殺之輿尸付廷尉使收黎民黎民驍勇絕人與捕者苦戰而死小弟幼民為大司馬參軍逃于山中追擒戮之諸葛氏之誅也士庶咸恨正刑之晚若釋桎梏焉初長民富貴之後常一月中輒十數夜眠中驚起跳踉如與人相打毛修之嘗與同宿見之駭愕問其故長民答曰正見一物甚黑而有毛腳不分明奇健非我无以制之其後來轉數屋中柱及椽桷間悉見有蛇頭令人以刀懸斫應刃隱藏去輒復出又擣衣杵相與語如人聲不可解於壁見有巨手長七八尺臂大數圍令斫之豁然不見未幾伏誅

何无忌東海郯人也少有大志忠亮任氣人有不稱其心者輒形於言色州辟從事轉太學博士鎮北將軍劉牢之即其舅也時鎮京口每有大事常與參議之會稽世子元顯子彥章封東海王以无忌為國中尉加廣武將軍及桓玄害彥章於市无忌入市慟哭而出時人義焉隨牢之南征桓玄牢之將降於玄也无忌屢諫辭旨甚切牢之不從及玄篡位无忌與玄吏部郎曹靖之有舊請莅小縣靖之白玄玄不許无忌乃還京口初劉裕嘗為劉牢之參軍與无忌素相親結至是因密共圖玄劉毅家在京口與无忌素善言及興復之事无忌曰桓氏強盛其可圖乎毅曰天下自有強弱雖強易弱正患事主難得耳无忌曰天下草澤之中非无英雄也毅曰所見唯有劉下邳无忌笑而不答還以告裕因共要毅與相推結遂共舉義兵襲京口无忌偽著傳詔服稱敕使城中无敢動者初桓玄聞裕等及无忌之起兵也甚懼其黨曰劉裕烏合之衆勢必无成願不以為慮玄曰劉裕勇冠三軍當今无敵劉毅家无

儋石之儲樗蒱一擲百萬何无忌劉牢之之甥酷似其舅共舉大事何謂无成其見憚如此及玄敗走武陵王遵承制以无忌爲輔國將軍琅琊内史以會稽王道子所部兵精悉配之南追桓玄與振武將軍劉道規俱授冠軍將軍劉毅節度玄留其龍驤將軍何澹之前將軍郭銓江州刺史郭昶之守湓口无忌等次桑落洲澹之等率軍來戰澹之常所乘舫旌旗甚盛无忌曰賊帥必不居此欲詐我耳宜亟攻之衆咸曰澹之不在其中其徒得之无益无忌謂道規曰今衆寡不敵戰无全勝澹之雖不居此舫取則易獲因縱兵騰之可以一鼓而敗也道規從之遂獲賊舫因傳呼曰已得何澹之矣賊中驚擾无忌之衆亦謂爲然道規乘勝徑進无忌又鼓譟赴之澹之遂潰進據尋陽遣使奉送宗廟主祏及武康公主琅琊王妃還京都又與毅道規破走玄於崢嶸洲无忌進據巴陵玄從兄謙從子振乘間陷江陵无忌道規進攻謙於馬頭攻桓蔚於龍泉皆破之既而爲桓振所敗退還尋陽无忌與毅道規復進討振剋夏口三城遂平巴陵進次馬頭桓謙請割荆江二州奉送天子无忌不許進軍破江陵謙等敗走无忌侍衛安帝還京師以无忌督豫州揚州淮南廬江安豐歷陽堂邑五郡軍事右將軍豫州刺史加節甲杖五十人入殿未之職遷會稽内史督江東五郡軍事持節將軍如故給皷吹一部義熙二年遷都督江荆二州江夏隨義陽綏安豫州西陽新蔡汝南潁川八郡軍事江州刺史將軍持節如故以興復之功封安城郡開國公食邑三千户增督司州之弘農揚州之松滋加散騎侍郎進鎮南將軍盧循遣別帥徐道覆順流而下舟艦皆重樓无忌將率衆距之長史鄧潛之諫曰今以神武之師抗彼逆衆迴山壓卵未足爲譬然國家之計在此一舉聞其舟艦大盛勢若上流蜂蠆之毒邾魯成鑒宜决破南唐守二城以待之其必不敢捨我遠下蓄力俟其疲老然後擊之若棄萬全之長策而决成敗於一戰如其失利悔无及矣无忌不從遂以舟師距之既及賊令强弩數百登西岸小山以邀射之而薄於山側俄而西風暴急无忌所乘小

艦被飄東岸賊乘風以大艦逼之衆遂奔敗无忌尚厲聲曰取我蘇武節來節至乃躬執以督戰賊衆雲集登艦者數十人无忌辭色无撓遂握節死之詔曰无忌秉哲履正忠亮明允亡身殉國則契協英謨經綸屯昧則重氛載廓及數政方夏寔播風惠妖寇搆乱侵擾邦畿投袂致討志清王略而事出慮外臨危彌厲握節隕難誠貫古賢朕用傷慟于厥懷其贈侍中司空本官如故謚曰忠肅子邕嗣初桓玄剋京邑劉裕東征无忌密至裕軍所潛謀舉義勸裕於山陰起兵裕以玄大逆未彰恐在遠舉事剋濟爲難若玄遂竊天位然後於京口圖之事未晚也无忌乃還及義師之舉叅贊大勳皆以筭略攻取爲效而此舉敗於輕脱朝野痛之

檀憑之字慶子高平人也少有志力閨門邕肅爲世所稱從兄子韶兄弟五人皆稚弱而孤憑之抚養若己所生初爲會稽王驃騎行叅軍轉桓修長流叅軍領東莞太守加寧遠將軍與劉裕有州閭之舊又數同東討情好甚密義旗之建憑之與劉毅俱以私艱墨絰而赴雖才望居毅之後而官次及威聲過之故裕以爲建武將軍裕將義舉也嘗與何无忌魏詠之同會憑之所會善相者晉陵韋叟見憑之大驚曰卿有急兵之厄其候不過三四日耳且深藏以避之不可輕出及桓玄將皇甫敷之至羅落橋也憑之與裕各領一隊而戰軍敗爲敷軍所害贈冀州刺史義熙初詔曰夫旌善紀功有國之通典没而不朽節義之篤行故冀州刺史檀憑之忠烈果毅亡身爲國既義敦其情故臨危授命考諸心迹古人无以遠過近者之贈意猶恨焉可加贈散騎常侍本官如故既隕身王事亦宜追論封賞可封曲阿縣公邑三千户

魏詠之字長道任城人也家世貧素而躬耕爲事好學不倦生而兔缺有善相者謂之曰卿當富貴年十八聞荆州刺史殷仲堪帳下有名醫能療之貧无行裝謂家人曰殘醜如此用活何爲遂齎數斛米西上以投仲堪既至造門自通仲堪與語嘉其盛意召醫視之醫曰可割而補之但須百日進粥不得笑語詠之曰

半生不語而有半生亦當瘳之況百日邪仲堪於是處之別屋令醫善療之詠之遂閉口不語唯食薄粥其厲志如此及差仲堪厚資遣之初為州主簿嘗見桓玄既出玄鄙其精神不雋謂坐客曰庸神而宅偉幹不成令器音不調而遣之詠之早與劉裕游款及玄篡位協贊義謀玄敗授建威將軍豫州刺史桓歆寇歷陽詠之率衆擊走之義熙初進征虜將軍吳國內史尋轉荊州刺史持節都督六州領南蠻校尉詠之初在布衣不以貧賤為恥及居顯位亦不以富貴驕人始為仲堪之客未幾竟踐其位論者稱之尋卒于官詔曰魏詠之器宇弘劭識局貞隱同獎之誠寔銘王府敷績之效垂惠在人奄致隕喪惻愴于心可贈太常加散騎常侍其後錄其贊義之功追封江陵縣公食邑二千五百戶謚曰桓弟順之至琅琊內史

史臣曰臣觀自古承平之化必仗正人非常之業莫先奇士當衰晉陵夷之際逆玄僭擅之秋外乏桓文內无平勃不有雄傑安能濟之哉此數子者氣足以冠時才足以經世屬大亨數窮之運乗義熙天啟之資建大功若轉圜剪群雄如拉朽勢傾百辟祿極萬鍾斯亦丈夫之盛也然希樂陵傲而速禍諸葛驕淫以成釁造宋而乖同德復晉而異純臣謀之不臧自取夷滅无忌挾功名之大志挺文武之良才追舊而慟感時人率義而響震勍敵因機効捷處死不慚比乎向時之輩豈同日而言歟

贊曰劉生剛愎葛侯凶恣患結滿盈禍生疑貳安成英武体玆忠烈捨家殉義亡生存節檀實稜威身隕名飛魏然協契効績揚煇

列傳第五十五　晉書八十五

晉書八十六　御撰

列傳第五十六

張軌 子寔 寔弟茂 寔子駿 駿子重華 華子耀靈 靈伯父祚 靈弟玄靚 靚叔天錫

張軌字士彥安定烏氏人漢常山景王耳十七代孫也家世孝廉以儒學顯父溫為太官令軌少明敏好學有器望姿儀典則與同郡皇甫謐善隱于宜陽女几山泰始初受叔父錫官五品中書監張華與軌論經義及政事損益甚器之謂安定中正為蔽善抑才乃美為之談以為二品之精衛將軍楊珧辟為掾除太子舍人累遷散騎常侍征西軍司軌以時方多難陰圖據河西筮之遇泰之觀乃投策喜曰霸者兆也於是求為涼州公卿亦舉軌才堪禦遠永寧初出為護羌校尉涼州刺史于時鮮卑反叛寇盜從橫軌到官即討破之斬首萬餘級遂威著西州化行河右以宋配陰充氾瑗陰澹為股肱謀主徵九郡胄子五百人立學校始置崇文祭酒位視別駕春秋行鄉射之禮秘書監繆世徵少府摯虞夜觀星象相與言曰天下方亂避難之國唯涼土耳張涼州德量不恒殆其人乎及河間成都二王之難遣兵三千東赴京師初漢末金城人陽成遠殺太守以叛郡人馮忠赴尸號哭嘔血而死張掖人吳詠為護羌校尉馬賢所辟後為太尉龐參掾參賢相誣罪應死各引詠為證詠計理無兩直遂自刎而死參賢慙悔自相和釋軌皆祭其墓而旌其子孫永興中鮮卑若羅拔能皆為寇軌遣司馬宋配擊之斬拔能俘十餘萬口威名大振惠帝遣加安西將軍封安樂鄉侯邑千戶於是大城姑臧其城本匈奴所築也南北七里東西三里地有龍形故名臥龍城初漢末博士敦煌侯瑾謂其門人曰後城西泉水當竭有雙闕起其上與東門相望中有霸者出焉至魏嘉平中郡官果起學館築雙闕于泉上與東門正相望矣至是張氏遂霸河西永嘉初會東羌校尉韓稚殺秦州刺史張輔軌少府司馬楊胤言於軌曰今稚逆命擅殺張輔明公杖鉞一方宜懲不恪此亦春秋之義諸侯相滅亡桓公不能救則桓公恥之軌從焉遣中督護氾瑗率衆二萬討之先遣稚書曰今王綱紛撓牧守宜戮力勤王適得雍州檄云卿稱兵內侮吾董任一方義在伐叛武

旅三萬駱驛繼發伐木之感心豈可言古之行師全國爲上卿若單
馬軍門者當與卿共平世難也稚得書而降遣主簿令狐亞聘南
陽王模模甚悅遺軌以帝所賜劍謂軌曰自隴以西征伐斷割悉
以相委如此劍矣俄而王彌寇洛陽軌遣北宮純張纂馬魴陰濬等
率州軍擊破之又敗劉聰于河東京師歌之曰涼州大馬橫行天下涼
州鴟苕寇賊消鴟苕翩翩怖殺人帝嘉其忠進封西平郡公不受張
掖臨松山石有金馬字磨滅粗可識而張字分明又有文曰初祚天
下西方安萬年姑臧又有玄石白點成二十八宿于時天下既亂所
在使命莫有至者軌遣使貢獻歲時不替朝廷嘉之屢降璽書慰
勞軌後患風口不能言使子茂攝州事酒泉太守張鎮潛引秦州刺
史賈龕以代軌密使詣京師請尚書侍郎曹祛爲西平太守圖爲
輔車之勢軌别駕麴晁欲專威福又遣使詣長安告南陽王模稱
軌廢疾以請賈龕而龕將受之其兄讓龕曰張涼州一時名士威
著西州汝何德以代之龕乃止更以侍中爰瑜爲涼州刺史治中

楊澹馳詣長安割耳盤上訴軌之被誣模乃表停之晉昌張越涼州
大族讖言張氏霸涼自以才力應之從隴西內史遷涼州刺史越志
在涼州遂託病歸河西陰圖代軌乃遣兄鎮及曹祛麴佩移檄廢軌
以軍司杜耽攝州事使耽表越爲刺史軌令曰吾在州八年不能綏靖
區域又值中州兵亂秦隴倒懸加以寢患委篤寔思斂迹避賢但
負荷任重未便輙遂不圖諸人横興此變是不明吾心也吾視去貴
州如脫屣耳欲遣主簿尉髦奉表詣闕便速脂轄將歸老宜陽長史
王融參軍孟暢蹹折鎮檄排閤入諫曰晉室多故人神塗炭寔賴
明公撫寧西夏張鎮兄弟敢肆凶逆宜聲其罪而戮之不可成其
志也軌嘿然融等出而戒嚴武威太守張琠遣子坦馳詣京表曰魏
尚安邊而獲戾充國盡忠而被譴皆前史之所譏今日之明鑒也順
陽之爲劉陶守闕者十人刺史之涖臣州若慈母之於赤子百姓之
愛臣軌若旱苗之得膏雨伏聞信惑流言當有遷代民情嗷嗷
如失父母今戎夷猾夏不宜擾動一方尋以子寔爲中督護率兵

討鎮遣鎮外甥太府主簿令狐亞前喻鎮曰舅何不審安危明成敗
主公西河著德兵馬如雲此猶烈火已焚待江漢之水溺於洪流望
越人之助其何及哉今數萬之軍已臨近境今唯全老親存門户輸
誠歸官必保萬全之福鎮流涕曰人誤我也乃委罪功曹魯連而斬
之詣寔歸罪南討曹祛走之張坦至自京師帝優詔勞軌依模所
表命誅曹祛軌大悅赦州内殊死已下命寔率尹員宋配步騎三萬
討祛别遣從事田迥王豐率騎八百自姑臧西南出石驢據長寧
祛遣麴晁距戰于黄阪寔詭道出浩亹戰于破羌軌斬祛及牙門
田囂遣治中張閬送義兵五千及郡國秀孝貢計器甲方物歸于
京師令有司可推詳立州已來清貞德素嘉遯遺榮高才碩學著
述經史臨危殉義殺身爲君忠諫而嬰禍專對而釋患權智雄勇爲
時除難諂佞誤主傷陷忠賢具狀以聞州中父老莫不相慶光祿傅
祗太常摯虞遺軌書告京師飢匱軌即遣參軍杜勲獻馬五百
匹毯布三萬匹帝遣使者進拜鎮西將軍都督隴右諸軍事封

霸城侯進車騎將軍開府辟召儀同三司策未至而王彌遂逼洛陽
軌遣將軍張斐北宮純郭敷等率精騎五千來衛京都及京都陷
斐等皆没於賊中州避難來者日月相繼分武威置武興郡以居之
太府主簿馬魴言於軌曰四海傾覆乘輿未反明公以全州之力
徑造平陽必當萬里風披有征無戰未審何憚不爲此舉軌曰是
孤心也又聞秦王入關乃馳檄關中曰主上遘危遷幸非所普天
分崩率土喪氣秦王天挺聖德神武應期世祖之孫王今爲長凡
我晉人食土之類龜筮克從幽明同款宜簡令辰奉登皇位今遣
前鋒督護宋配步騎二萬徑至長安翼衛乘輿折衝左右西中
郎寔中軍三萬武威太守張琠胡騎二萬駱驛繼發仲秋中旬會
于臨晉俄而秦王爲皇太子遣使拜張軌爲驃騎大將軍儀同
三司固辭秦州刺史裴苞東羌校尉貫與據險斷使命宋配討
之西平王叔與曹祛餘黨麴儒等劫前福祿令麴恪爲主執太
守趙彝東應裴苞寔迴師討之斬儒等左督護陰預與苞戰狹

西大敗之苞䒾桑凶塢是歲北宮純降劉聰皇太子遣使重申前
授固辭左司馬竇濤言於軌曰曲阜周旦弗辭營丘齊望承命所以
明國憲厲殊勳天下崩亂皇輿遷幸州雖僻遠不忘匡衛故朝廷
傾懷嘉命屢集宜從朝旨以副羣心軌不從初寔平麴儒徙元惡
六百餘家治中令狐瀏曰夫除惡人猶農夫之去草令絕其本勿
使能滋今宜悉徙以絕後患寔不納儒黨果叛寔進平之愍帝即
位進位司空固讓太府參軍索輔言於軌曰古以金貝皮幣爲貨息
穀帛量度之秏二漢制五銖錢通易不滯泰始中河西荒廢遂不
用錢裂匹以爲段數縑布既壞市易又難徒壞女工不任衣用弊之
甚也今中州雖亂此方安全宜復五銖以濟通變之會軌納之立
制準布用錢錢遂大行人賴其利是時劉曜寇北地軌又遣參軍麴
陶領三千人衞長安帝遣大鴻臚辛攀拜軌侍中太尉涼州牧西
平公軌又固辭在州十三年寢疾遺令曰吾無德於人今疾病彌
留殆將命也文武將佐咸當弘盡忠規務安百姓上思報國下以
寧家素棺薄葬無藏金玉善相安遜以聽朝旨表立子寔爲世子
卒年六十諡曰武公

寔字安遜學尚明察敬賢愛士以秀才爲郎中永嘉初固辭驍
騎將軍請還涼州許之改授議郎及至姑臧以討曹祛功封建武
亭侯尋遷西中郎將進爵福祿縣侯建興初除西中郎將領護
羌校尉軌卒州人推寔攝父位愍帝因下策書曰維乃父武公著
勳西夏頃胡賊狡猾侵逼近甸義兵銳卒萬里相尋方貢遠珍府
無虛歲方委專征蕩清九域昊天不弔凋余藩后朕用悼厥心維
爾雋劭英毅宜世表西海今授持節都督涼州諸軍事西中郎將
涼州刺史領護羌校尉西平公往欽哉其闡弘先緒俾屏王室蘭池
長趙奭上軍士張冰得璽文曰皇帝璽羣僚上慶稱德寔曰孤常忿
袁本初擬肘諸君何忽有此言因送于京師下令國中曰忝紹前蹤
庶幾刑政不爲百姓之患而比年饑旱殆由庶事有缺竊慕箴誦
之言以補不逮自今有面刺孤罪者酬以束帛翰墨陳孤過者答
以筐篚謗言於市者報以羊米賊曹佐高昌隗瑾進言曰聖王將
舉大事必崇三訊之法朝置諫官以匡大理疑承輔弼以補闕拾
遺今事無巨細盡決聖慮興軍布令朝中不知若有謬闕則下無
分謗竊謂宜偃聰塞智開納羣言政刑大小與衆共之若恒內
斷聖心則羣僚畏威而面從矣若惡專歸於上雖賞千金終無言
也寔納之增位三等賜帛四十匹遣督護王該送諸郡貢計獻名
馬方珍經史圖籍于京師會劉曜逼長安寔遣將軍王該率衆以
援京城帝嘉之拜都督陝西諸軍事及帝將降于劉曜下詔于
寔曰天步危運禍降晉室京師傾陷先帝晏駕賊庭朕流漂宛許
爰暨舊京羣臣以宗廟無主歸之於朕遂以沖眇之身託于王公
之上自踐寶位四載于茲不能翦除巨寇以救危難元元兆庶仍
遭塗炭皆朕不明所致羯賊劉載僭稱大號禍加先帝肆殺藩王
深惟仇耻枕戈待旦劉曜自去年九月率其蟻衆乘虛深寇劫
質羌胡攻沒北地麴允總戎在外六軍敗績侵逼京城矢流宮闕

胡崧等雖赴國難殿而無效圍塹千重外救不至糧盡人窮遂爲降
虜仰慙乾靈俯痛宗廟君世篤忠亮勳隆西夏四海具瞻朕所憑
賴今進君大都督涼州牧侍中司空承制行事琅邪王宗室親賢
遠在江表今朝廷播越社稷倒懸朕以詔王時攝大位君其挾贊琅
邪共濟艱運若不忘主宗廟有賴明便出降故夜見公卿屬以後事
密遣黃門郎史淑侍御史王沖齎詔假授臨出寄命公其勉之寔以
天子蒙塵沖讓不拜建威將軍西海太守張肅寔叔父也以京師危
逼請爲先鋒擊劉曜寔以肅年老弗許肅曰狐死首丘心不忘
本鍾儀在晉楚弁南音肅受晉寵剖符列位羯逆滔天朝廷傾覆
肅宴安方裔難至不奮何以爲人臣寔曰門户受重恩自當闔宗效
死忠衛社稷以申先公之志但叔父春秋已高氣力衰竭軍旅之事
非耆耄所堪乃止既而聞京師陷沒肅悲憤而卒寔知劉曜逼遷天
子大臨三日遣太府司馬韓璞滅寇將軍田齊撫戎將軍張閬前鋒
督護陰預步騎一萬東赴國難命討虜將軍陳安故太守賈騫隴

西大守吳紹各統郡兵爲璞等前驅戒璞曰前遣諸將多違機信所執不同致有乖阻且內不和親焉能服物今遣卿督五將兵事當如一體不得令乖異之問達孤耳也復遺南陽王保書曰王室有事不忘投軀孤州遠域首尾多難是以前遣賈騫瞻望公舉中被符命勑騫還軍忽聞北地陷沒寇逼長安胡崧不進麴允持金五百請救於崧是以決遣騫等進軍度嶺會聞朝廷傾覆爲忠不達於主遣兵不及於難痛慨之深死有餘責今更遣韓璞等唯公命是從及璞次南安諸羌斷軍路相持百餘日糧竭矢盡璞殺駕牛饗軍泣謂衆曰汝曹念父母乎曰念念妻子乎曰念欲生還乎曰欲從我令乎曰諾乃皷譟進戰會張閬率金城軍繼至夾擊大敗之斬級數千時焦崧陳安寇隴右東與劉曜相持雍秦之人死者十八九初永嘉中長安謠曰秦川中血沒腕惟有涼州倚柱觀至是謠言驗矣焦崧陳安逼上邽南陽王保遣使告急以金城太守竇濤爲輕車將軍率威遠將軍宋毅及和苞張閬宋輯辛韜張選董廣步騎二萬赴

之軍次新陽會愍帝崩問至素服舉哀大臨三日時南陽王保謀稱尊號破羌都尉張詵言於寔曰南陽王忘莫大之恥而欲自尊天不受其圖籙德不足以應運終非濟時救難者也晉王明德暱藩先帝憑屬宜表稱聖德勸即尊號傳檄諸藩副言相府則欲競之心息未合之徒散矣從之於是馳檄天下推崇晉王爲天子遣牙門蔡忠奉表江南勸即尊位是歲元帝即位于建鄴改年大興寔猶稱建興六年不從中興之所改也保聞愍帝崩自稱晉王建元署置百官遣使拜寔征西大將軍儀同三司增邑三千戶俄而保爲陳安所叛氐羌皆應之保窘迫遂去上邽遷祁山寔遣將韓璞步騎五千赴難陳安退保緜諸保歸上邽未幾保復爲安所敗使詣寔乞師寔遣宋毅赴之而安退會保爲劉曜所逼遷于桑城將謀奔寔寔以其宗室之望若至河右必動物情遣其將陰監逆保聲言翼衛寔禦之也會保薨其衆散奔涼州者萬餘人寔自恃險遠頗自驕恣初寔寢室梁間有人像無頭久而乃滅寔甚惡之京兆人劉弘者挾左道客居天梯第五山然燈懸鏡於山穴中爲光明以惑百姓受道者千餘人寔左右皆事之帳下閻沙牙門趙仰皆弘鄉人弘謂之曰天與我神璽應王涼州沙仰信之密與寔左右十餘人謀殺寔奉弘爲主寔潛知其謀收弘殺之沙等不知之以其夜害寔在位六年私謚曰昭公元帝賜謚曰元子駿年幼弟茂攝事

茂字成遜虛靖好學不以世利嬰心建興初南陽王保辟從事中郎又薦爲散騎侍郎中壘將軍皆不就二年徵爲侍中以父老固辭尋拜平西將軍秦州刺史太興三年寔既遇害州人推茂爲大都督太尉涼州牧茂不從但受使持節平西將軍涼州牧乃誅閻沙及黨與數百人赦其境內復以兄子駿爲撫軍將軍武威太守西平公歲餘茂築靈鈞臺周輪八十餘堵基高九仞武陵人閻曾夜叩門呼曰武公遣我來曰何故勞百姓而築臺乎姑臧令辛巖以曾妖妄請殺之茂曰吾信勞人曾稱先君之令何謂妖乎太府主簿馬魴諫曰今世難未夷唯當弘尚道素不宜勞役崇飾臺榭且比年已來轉覺衆務日

奢於往每所經營輕違雅度寔非士女所望於明公茂曰吾過也吾過也命止作役明年劉曜遣其將劉咸攻韓璞於冀城呼延寔攻寧羌護軍陰鑒于桑壁臨洮人翟楷石琮等逐令長以縣應曜河西大震參軍馬岌勸茂親征長史汜禕怒曰亡國之人復欲干亂大事宜斬岌以安百姓岌曰汜公書生糟粕刺舉近才不惟國家大計且朝廷旰食有年矣今大賊自至不煩遠師遐邇之情實繫此州事勢不可以不出且宜立信勇之驗以副秦隴之望茂曰馬生之言得之矣乃出次石頭茂謂參軍陳珍曰劉曜以乘勝之聲握三秦之銳繕兵積年士卒習戰若以精騎奄剋南安席卷河外長驅而至者計將安在珍曰曜雖乘威怙衆恩德未結於下又其關東離貳內患未除精卒寡少多是氐羌烏合之衆終不能近舍關東之難增隴上之戍曠日持久與我爭衡也若二旬不退者珍請爲明公率弊卒數千以擒之茂大悅以珍爲平虜護軍率卒騎一千八百救韓璞曜陰欲引歸聲言要先收隴西然後迴滅桑壁珍募發氐羌之衆擊曜走

之剋復南安茂深嘉之拜折衝將軍未幾茂復大城姑臧脩靈鈞臺別駕吳紹諫曰伏惟脩城築臺蓋是懲既往之事愚以爲恩德未洽於近侍雖處層樓適所以疑諸下徒見不安之意而失士民繫託之本心示怯弱之形乖匡霸之勢遐方異境窺我之齷齪也必有乘人之規嘗願止役省勞與下休息而更興功動衆百姓豈所望於明君哉茂曰亡兄怛然失身於物王公設險武夫重閉亦達人之至戒也且忠臣義士豈不欲盡節義於亡兄哉直以危機密發雖有賁育之勇無所復施今事未靖不可以拘繫常言以太平之理責人於迍邅之世紹無以對茂雅有志節能斷大事涼州大姓賈摹寔之妻弟也勢傾西土先是謠曰手莫頭圖涼州茂以爲信誘而殺之於是豪右跡屏威行涼域永昌初茂使將軍韓璞率衆取隴西南安之地以置秦州太寧三年卒臨終執駿手泣曰昔吾先人以孝友見稱自漢初以來世執忠順今雖華夏大亂皇輿播遷汝當謹守人臣之節無或失墜吾遭擾攘之運承先人餘德假攝此州以全性命上欲不負晉室下欲保

完百姓然官非王命位由私議苟以集事豈榮之哉氣絕之日白帢入棺無以朝服以彰吾志焉年四十八在位五年私謚曰成茂無子駿嗣位

駿字公庭幼而奇偉建興四年封霸城侯十歲能屬文卓越不羈而淫縱過度常夜微行于邑里國中化之及統任年十八先是愍帝使人黃門侍郎史淑在姑臧左長史氾褘右長史馬謨等諷淑令拜駿使持節大都督大將軍涼州牧領護羌校尉西平公赦其境內置左右前後四率官繕南宮劉曜又使人拜駿涼州牧涼王時辛晏阻兵於枹罕駿讌羣寮于閑豫堂命竇濤等進討辛晏從事劉慶諫曰霸王不以喜怒興師不以乾沒取勝必須天時人事然後起也辛晏父子安心凶狂其亡可待奈何以饑年大舉猛寒攻城昔周武迴戈以須亡殷之期曹公緩袁氏使自斃何獨殿下以旋兵爲恥乎駿納之遣參軍王騭聘于劉曜曜謂之曰貴州必欲追蹤竇融款誠和好卿能保之乎騭曰不能曜侍中徐邈曰君來和同而云不能何也騭曰齊桓貫澤之盟憂心兢兢諸侯不召自至葵丘之會驕而矜誕叛者九國趙國之化常如今日可也若政教陵遲尚未能察邇者之變况鄙州乎曜顧謂左右曰此涼州高士使乎得人禮而遣之太寧元年駿猶稱建興十二年駿親耕藉田尋承元帝崩問駿大臨三日會有黃龍見于揖次之嘉泉右長史氾褘言於駿曰案建興之年是少帝始建之號帝以凶終理應改易朝廷越在江南音問隔絕宜因龍改號以章休徵不從初駿之立也姑臧謠曰鴻從南來雀不驚誰謂孤雛尾翅生高舉六翮鳳皇鳴至是而復收河南之地咸和初駿遣武威太守竇濤金城太守張閬武興太守辛巖揚烈將軍宋輯等率衆東會韓璞攻討秦州諸郡曜遣其將劉胤來距屯于狄道城韓璞進度沃于嶺辛巖曰我握衆數萬藉氐羌之銳宜速戰以滅之不可以久久則變生璞曰自夏末以來太白犯月辰星逆行白虹貫日皆變之大者不可以輕動輕動而不捷爲禍更深吾將久而斃之且曜與石勒相攻胤亦不能久也積七十餘日

軍糧竭遣辛巖督運於金城胤聞之大悅謂其將士曰韓璞之衆十倍於吾羌胡皆叛不爲之用吾糧廩將懸難以持久今虜分兵運糧可謂天授吾也若敗辛巖璞等自潰彼衆我寡宜以死戰戰而不捷當無匹馬得還宜厲爾戈矛竭汝智力衆咸奮於是率騎三千襲巖于沃于嶺敗之璞軍遂潰死者二萬餘人面縛歸罪駿曰孤之罪也將軍何辱皆赦之胤乘勝追奔濟河攻陷令居入據振武河西大震駿遣皇甫該禦之赦其境內會劉曜東討石生長安空虛大蒐講武將襲秦雍理曹郎中索詢諫曰曜雖東征胤猶守本嶮阻路遙爲主人甚易胤若輕騎憑氐羌以距我者則奔突難測輟彼東合而逆戰者則寇我未已頃年頻出戎馬生郊外有飢羸內資虛耗豈是殿下子物之謂邪駿曰每患忠言不獻面從背違吾政教缺然而莫我匡者卿盡辭規諫深副孤之望也以羊酒禮之西域諸國獻汗血馬火浣布犎牛孔雀巨象及諸珍異二百餘品西域長史李柏請擊叛將趙貞爲貞所敗議者以柏造謀致敗請誅

之駿曰吾每以漢世宗之殺王恢不如秦穆之赦孟明竟以減罪論羣
心咸悅駿觀兵新鄉狩于北野因討軻没虜破之下令境中曰昔鯀
殛而禹興芮誅而缺進唐帝所以殄洪災晉侯所以成五霸法律犯
死罪期親不得在朝今盡聽之唯不宜內參宿衛耳於是刑清國富
羣僚勸駿稱涼王領秦涼二州牧置公卿百官如魏武晉文故事駿
曰此非人臣所宜言也敢有言此者罪在不赦然境內皆稱之爲王
羣寮又請駿立世子駿不從中堅將軍宋輯言於駿曰禮急儲君
者蓋重宗廟之故周成漢昭立於繈褓誠以國嗣不可曠儲宮當
素定也昔武王始有國元王作儲君建興之初先王在位殿下正名
統況今社稷彌崇聖躬介立大業遂殷繼貳闕然哉臣竊以爲國
有累卵之危而殿下以爲安踰泰山非所謂也駿納之遂立子重華
爲世子先是駿遣傅頴假道于蜀通表京師李雄弗許駿又遣治
中從事張淳稱藩于蜀託以假道焉雄大悅雄又有憾於南氏楊
初淳因說曰南氏無狀屢爲邊害宜先討百頃次平上邽二國并

勢席卷三秦東清許洛埽氛燕趙拯二帝梓宮於平陽反皇輿於
洛邑此英霸之舉千載一時寡君所以遣下臣冒險通誠不遠萬里
者以陛下義聲遠播必能愍寡君勤王之志天下之善一也惟陛
下圖之雄怒僞許之將覆淳於東峽蜀人橋贊密以告淳淳言於
雄曰寡君使小臣行無迹之地通百蠻之域萬里表誠者誠以陛下
義矜戮力之臣能成人之美節故也若欲殺臣者當顯於都市宣
示衆目云涼州不忘舊義通使琅邪爲表忠誠假途於我主聖臣明
發覺殺之當令義聲遠著天下畏威今盜殺江中威刑不顯何足
以揚休烈示天下也雄大驚曰安有此邪當相放還河右耳雄司隸
校尉景騫言於雄曰張淳壯士宜留任之雄曰壯士豈爲人留且可
以卿意觀之騫謂淳曰卿體大暑熱可且遣下吏少住須涼淳曰寡君
以皇輿幽辱梓宮未反天下之耻未雪蒼生之命倒懸故遣淳來表誠
大國所論事重非下吏所了者則淳本亦不來雖有火
山湯海無所辭難豈寒暑之足避哉雄曰此人矯矯不可得用也厚

禮遣之謂淳曰貴主英名蓋世土險兵盛何不稱帝自娛一方淳曰
寡君以乃祖乃父世濟忠良未能雪天人之大耻解衆庶之倒懸
日昃忘食枕戈待旦以琅邪中興江東故萬里翼戴將成桓文之
事何言自娛邪雄有慙色曰我乃祖乃父亦是晉臣往與六郡避
難此都爲同盟所推遂有今日琅邪若能中興大晉於中州者亦
當率衆輔之淳還至龍鶴募兵通表後皆達京師朝廷嘉之駿
議欲嚴刑峻制衆咸以爲宜參軍黃斌進曰臣未見其可駿問
其故斌曰夫法制所以經綸邦國篤俗齊物既立必行不可窪隆也
若尊者犯令則法不行矣駿屏几改容曰夫法唯上行制無高下且微
黃君吾不聞過矣黃君可謂忠之至也於坐擢爲敦煌太守駿有計
畧於是厲操改節勤脩庶政總御文武咸得其用遠近嘉詠號曰積
賢君自軌據涼州屬天下之亂所在征伐軍無寧歲至駿境內漸平
又使其將楊宣率衆越流沙伐龜兹鄯善於是西域並降鄯善王元
孟獻女號曰美人立賓遐觀以處之焉耆前部于寘王並遣使貢方

物得玉璽於河其文曰執萬國建無極時駿盡有隴西之地士馬彊盛
雖稱臣於晉而不行中興正朔舞六佾建豹尾所置官僚府寺擬於
王者而微異其名又分州西界三郡置沙州東界六郡置河州二府官
僚莫不稱臣又於姑臧城南築城起謙光殿畫以五色飾以金玉窮
盡珍巧殿之四面各起一殿東曰宜陽青殿以春三月居之章服器
物皆依方色南曰朱陽赤殿夏三月居之西曰政刑白殿秋三月居
之北曰玄武黑殿冬三月居之其傍皆有直省內官寺署一同方色
及末年任所遊處不復依四時而居咸和初懼爲劉曜所逼使將
軍宋輯魏纂將兵徙隴西南安人二千餘家于姑臧使聘於李雄
脩鄰好及曜攻枹罕護軍辛晏告急駿使韓璞辛巖率步騎二
萬擊之戰于臨洮大爲曜軍所敗璞等退走追至令居駿遂失河南
之地初戊己校尉趙貞不附于駿至是駿擊擒之以其地爲高昌郡及
石勒殺劉曜駿因長安亂復收河南地至于狄道置武衛石門侯和
㴾川甘松五屯護軍與勒分境勒遣使拜駿官爵駿不受留其使後

懼勤強遣使稱臣於勒兼貢方物遣其使歸駿境內嘗大饑穀價踊貴市長譚詳請出倉穀與百姓秋分三倍徵之從事陰據諫曰昔西門豹宰鄴積之於人解扁莅東封之邑計入三倍文侯以豹有罪而可賞扁有功而可罰今羣欲因人之饑以要三倍反裘傷皮未足諭之駿納之初建興中敦煌計吏耿訪到長安既而遇賊不得反奔漢中因東渡江以太興二年至京都屢上書以本州未知中興宜遣大使乞爲鄉導時連有內難許而未行至是始以訪守治書御史拜駿鎮西大將軍校尉刺史公如故選西方人隴西賈陵等十二人配之訪停梁州七年以驛道不通召還訪以詔書付賈陵託爲賈客到長安不敢進以咸和八年始達涼州駿受詔遣部曲督王豐等報謝并遣陵歸上疏稱臣而不奉正朔猶稱建興二十一年九年復使訪隨豐等齎印板進駿大將軍自是每歲使命不絕後駿遣參軍麴護上疏曰東西隔塞踰歷年載夙承聖德心繫本朝而江吳寂蔑餘波莫及雖肆力脩塗同盟靡恤奉詔之日悲喜交并天恩光被褒崇輝渥即以臣爲大將軍都督陜西雍秦涼州諸軍事休寵振赫萬里懷戴嘉命顯至衘感屏營伏惟陛下天挺岐嶷堂構晉室遭家不造播幸吳楚宗廟有黍離之哀園陵有殄廢之痛普天咨嗟含氣悲傷臣專命一方職在斧鉞遐域僻陋勢極秦隴勒雄既死人懷反正謂季龍李期之命曾不崇朝而皆篡繼凶逆鴟目有年東西遼曠聲援不接遂使桃蟲鼓翼四夷諠譁向義之徒更思背誕鉛刀有干將之志螢燭希日月之光是以臣前章懇切欲齊力時討而陛下雍容江表坐觀禍敗懷目前之安替四祖之業馳檄布告徒設空文臣所以宵吟荒漠痛心長路者也且兆庶離主漸冉經世先老消落後生靡識忠良受梟懸之罰羣凶貪縱橫之利懷君戀故日月告流雖時有尚義之士畏逼首領哀歎窮廬臣聞少康中興由於一旅光武嗣漢衆不盈百祀夏配天不失舊物況以荊揚慓悍臣州突騎吞噬遺羯在於掌握哉願陛下敷弘臣慮永念先績勑司空鑒征西亮等汎舟江沔使首尾俱至也自後駿遣使多爲季龍所獲不達後駿又遣護羌參軍陳㝢從事徐虓華馭等至京師征西大將軍亮上疏言陳㝢等冒險遠至宜蒙銓敘詔除㝢西平相虓等爲縣令永和元年以世子重華爲五官中郎將涼州刺史酒泉太守馬岌上言酒泉南山即崑崙之體也周穆王見西王母樂而忘歸即謂此山此山有石室玉堂珠璣鏤飾煥若神宮宜立西王母祠以裨朝廷無疆之福駿從之駿在位二十二年卒時年四十私謚曰文公穆帝追謚曰忠成公

重華字泰臨駿之第二子也寬和懿重沈毅少言父卒時年十六以永和二年自稱持節大都督太尉護羌校尉涼州牧西平公假涼王赦其境內尊其母嚴氏爲大王太后居永訓宮所生母馬氏爲王太后居永壽宮輕賦斂除關稅省園囿以恤貧窮遣使奉章於石季龍季龍使王擢麻秋孫伏都等侵寇不輟金城太守張冲降于秋於是涼州振動重華埽境內使其征南將軍裴恒禦之恒壁于廣武欲以持久弊之牧府相司馬張耽言於重華曰臣聞國以兵爲彊以將爲主主將者存亡之機吉凶所繫故燕任樂毅尅平全齊及任騎劫喪七十城之地是以古之明君靡不慎于將相也今之所要在於軍師然議者舉將多推宿舊未必妙盡精才也且韓信之舉非舊名也穰苴之信非舊將也呂蒙之進非舊勳也魏延之用非舊德也蓋明王之舉舉無常人才之所能則授以大事今強寇在郊諸將不進人情騷動危機稍逼主簿謝艾兼資文武明識兵略若授以斧鉞委以專征必能折衝禦侮殲殄凶類重華召艾問以討寇方略艾曰昔耿弇不欲以賊遺君父黃權願以萬人當寇乞假臣兵七千爲殿下吞王擢麻秋等重華大悅以艾爲中堅將軍配步騎五千擊秋引師出振武夜有二梟鳴于牙中艾曰梟邀也六博得梟者勝今梟鳴牙中尅敵之兆於是進戰大破之斬首五千級重華封艾爲福祿伯善待之諸寵貴惡其賢共毀譖之乃出爲酒泉太守季龍又令麻秋進陷大夏大夏護軍梁式執太守宋晏以城應秋秋遣晏以書誘宛城都尉宋矩宋矩謂秋曰辭父事君當立功義功義不

立當守名節矩終不背主偷生於世於是先殺妻子自刎而死是月有司議遣司兵趙長迎秋西郊謝艾以春秋之義國有大喪省蒐狩之禮宜待踰年別駕從事索遐議曰禮天子崩諸侯薨未殯五祀不行既殯而行之魯宣三年天王崩不廢郊祀今聖上統承大位百揆惟新宜在璿璣王衡以齊七政立秋萬物將成殺氣之始其於王事杖麾誓衆釁鼓禮神所以討逆除暴成功濟務寧宗廟社稷致天下之福不可廢也重華從之俄而麻秋進攻枹罕與晉陽太守郎坦以城大難守宜棄外城武城太守張悛曰棄外城則大事去矣不可以動衆心寧戎校尉張璩從之固守大城秋率衆八萬圍塹數重雲梯雹車地突百道皆通於內城中亦應之殺傷秋衆已數萬季龍復遣其將劉渾等率步騎二萬會之郎坦恨言之不從教軍士李嘉潛與秋通引賊千餘人上城西北隅璩使宋脩張弘辛挹郭普距之短兵接戰斬二百餘人賊乃退璩戮李嘉以徇燒其攻具秋退保大夏謂諸將曰我用兵於五都之間攻城略地

往無不捷及登秦隴謂有征無戰豈悟南襲仇池破軍殺將築城長最匹馬不歸及攻此城傷兵挫鋭殆天所贊非人力也季龍聞而歎曰吾以偏師定九州今以九州之力困於枹罕真所謂彼有人焉未可圖也重華以謝艾爲使持節軍師將軍率步騎三萬進軍臨河秋以三萬衆距之艾乘軺車冠白帢鳴鼓而行秋望而怒曰艾年少書生冠服如此輕我也命黑矟龍驤三千人馳擊之艾左右大擾左戰帥李偉勸艾乘馬艾不從乃下車踞胡床指麾處分賊以爲伏兵發也懼不敢進張瑁從左南緣河而截其後秋軍乃退艾乘勝奔擊遂大敗之斬秋將杜勳汲魚俘斬一萬三千級秋匹馬奔大夏重華論功以謝艾爲太府左長史進封福祿縣伯邑五千戶帛八千匹麻秋又據枹罕有衆十二萬進屯河內遣王擢略地晉興廣武越洪池嶺至于曲柳姑臧大震重華議欲親出距之謝艾因諫以爲不可別駕從事索遐進曰賊衆甚盛漸逼京畿君者國之鎮也不可以親動左長史謝艾文武兼資國之方邵宜委以推轂之任殿下居中作鎮授以筭略小

賊不足平也重華納之於是以艾爲使持節都督征討諸軍事行衛將軍遐爲軍正將軍率步騎二萬距之艾建牙旗盟將士有西北風吹旌旗東南指遐曰風爲號令今能令旗指之天所贊也破之必矣軍次神鳥王擢與前鋒戰敗遁還河南還討叛虜斯骨真萬餘落破之斬首千餘級俘擒二千八百獲牛羊十餘萬頭重華自以連破勍敵頗怠政事希接賓客司直索超諫曰殿下承四聖之基當升平之會荷當今之任憂率土之塗炭宜躬親萬機開延英乂夙夜乾乾勉於庶政自頃內外囂然皆云去賊投誠者應即撫慰而彌日不接國老朝賢當虛已引納詢訪政事比多經旬積朔不留意接之文奏入內歷月不省廢替見務注情於棊奕之間繾綣左右小臣之娛不存將相遠大之謀至使親臣不言朝吏杜口愚臣所以廻惶忘寢與食也今王室如燬百姓倒懸正是殿下銜膽茹辛厲心之日深願垂心朝政延納直言周爰五美以成六德捐彼近習弭塞外聲修政聽朝使下觀而化重華覽之大悅優文答謝然不之改也詔遣侍御

史俞歸拜重華護羌校尉涼州刺史假節是時石季龍西中郎將王擢屯結隴上爲苻雄所破奔重華重華厚寵之以爲征虜將軍秦州刺史假節使張弘宗悠率步騎萬五千配擢伐苻健健遣苻碩禦之戰于龍黎擢等大敗單騎而還弘悠皆沒重華痛之素服爲戰亡吏士舉哀號慟各遣弔問其家復授擢兵使攻秦州剋之遣使上疏曰季龍自斃遺燼遊魂取亂侮亡覩機則發臣今遣前鋒都督裴恒步騎七萬遙出隴上以俟聖朝赫然之威山東騷擾不足厝懷長安膏腴宜速平蕩臣守任西荒山川悠遠大誓六軍不及聽受之末猛將鷹揚不豫告成之次瞻雲望日孤憤義傷彈劍慷慨中情蘊結於是康獻皇后詔報遣使進重華爲涼州牧是時御史俞歸至涼州重華方謀爲涼王不肯受詔使親信人沈猛謂歸曰我家主公奕世忠於晉室而不如鮮卑矣臺加慕容皝燕王今甫授州主大將軍何以加勸有功忠義之臣乎明臺今且移河右共勸州主爲涼王大夫出使苟利社稷專之可也歸對曰王

者之制異姓不得稱王九州之内重爵不得過公漢高一時王異姓尋皆誅滅蓋權時之宜非舊體也故王陵曰非劉氏而王天下共伐之至於戎狄不從此例春秋時吳楚稱王而諸侯不以爲非者蓋蠻夷畜之也假令齊魯稱王諸侯豈不伐之故聖上以貴公忠賢是以爵以上公位以方伯鮮卑北狄豈足爲比哉子失問也曰吾又聞之有殊勳絶世者亦有不世之賞若今便以貴公爲王者設貴公以河右之衆南平巴蜀東掃趙魏修復舊都以迎天子天子復以何爵何位可以加賞幸三思之猛具宣歸言重華遂止重華好與羣小遊戲屢出錢帛以賜左右徵事索振諫曰先王寢不安席志平天下故繕甲兵積資實大業未就懷恨九泉殿下遭巨寇於諒闇之中賴重餌以挫勍敵今遺燼尚廣倉帑虚竭金帛之費所宜慎之昔世祖即位躬親萬幾章奏詣闕報不終日故能隆中興之業定萬世之功今章奏停滯動經時月下情不得上達哀窮困於囹圄蓋非明主之事臣竊未安重華善之將受詔未及而卒時年二十七在位

十一年私謚曰昭公後改曰桓公穆帝賜謚曰敬烈子耀靈嗣

耀靈字元舒年十歲嗣事稱大司馬校尉刺史西平公伯父長寧侯祚性傾巧善承内外初與重華寵臣趙長尉緝等結異姓兄弟長等矯稱重華遺令以祚爲持節督中外諸軍撫軍將軍輔政長等議以耀靈冲幼時難未夷宜立長君祚先烝重華母馬氏馬氏遂從緝議命廢耀靈爲涼寧侯而立祚祚尋使楊秋胡害耀靈瘞東苑埋之於沙坑私謚曰哀公

祚字太伯博學雄武有政事之才既立自稱大都督大將軍涼州牧涼公淫暴不道又通重華妻裴氏自閤内媵妾及駿重華未嫁子女無不暴亂國人相目咸賦牆茨之詩永和十年祚納尉緝趙長等議僭稱帝位立宗廟舞八佾置百官下書曰昔金行失馭戎狄亂華胡羯氐羌咸懷竊璽我武公以神武撥亂保寧西夏貢款勤王旬朔不絶四祖承光忠誠彌著往受晉禪天下所知謙冲遜讓四十年于兹矣今中原喪亂華裔無主羣后僉以九州之望無所依歸神祇獄瀆罔所憑係逼孤攝行大統以一四海之心辭不獲已勉從羣議待掃穢二京蕩清周魏然後迎帝舊都謝罪天闕思與兆庶同兹更始改建興四十二年爲和平元年赦殊死賜鰥寡帛加文武爵各一級追崇曾祖軌爲武王祖寔爲昭王從祖茂爲成王父駿爲文王弟重華爲明王立妻辛氏爲皇后弟天錫爲長寧王子泰和爲太子庭堅爲建康王耀靈弟玄靚爲涼武侯其夜天有光如車蓋聲若雷霆震動城邑明日大風拔木災異屢見而祚凶虐愈甚其尚書馬岌以切諫免官郎中丁琪又諫曰先公累執忠節遠宗吳會持盈守謙五十餘載蒼生所以鵠企西望四海所以注心大涼皇天垂贊士庶効死者正以先公道高彭昆忠踰西伯萬里通虔任節不貳故也能以一州之衆抗崩天之虜師徒歲起人不告疲陛下雖以大聖雄姿纂戎鴻緒勳德未高於先公而行革命之事臣竊未見其可華夷所以歸係大涼義兵所以千里響赴者以陛下爲本朝之故今既自尊人斯高競一隅之地何以當中國之師城峻衝生負乘致寇惟陛下圖之祚大怒斬

之于闕下遣其將和昊率衆伐驪靬戎於南山大敗而還太尉桓温入關王擢時鎮隴西馳使於祚言温善用兵勢在難測祚既震懼又慮擢反噬即召馬岌復位而與之謀密遣親人刺擢事覺不剋祚益懼大聚衆聲言東征寔欲西保敦煌會温還而止更遣其平東將軍秦州刺史牛霸司兵張芳率三千人擊擢破之擢奔于苻健其國中五月霜降殺苗稼果實祚宗人張瓘時鎮枹罕祚惡其強遣其將易揣張玲率步騎萬三千以襲之時張掖人王鸞頗知神道言於祚曰軍出不復還涼國將有不利矣祚大怒以鸞妖言沮衆斬之以徇三軍乃發鸞臨刑曰我死不二十日軍必敗時有神降於玄武殿自稱玄冥與人交語祚日夜祈之神言與之福利祚甚信之祚又遣張掖太守索孚代瓘鎮枹罕爲瓘所殺玲等濟河未畢文爲瓘兵所破揣單騎奔走瓘軍躡之祚衆震懼敦煌人宋混與弟澄等聚衆以應瓘趙長張璹等懼罪入閣呼重華母馬氏出殿拜耀靈庶弟玄靚爲主揣等率衆入殿伐長殺之瓘弟琚及子嵩募

數百市人揚聲言張祚無道我兄大軍已到城東敢有舉手者誅三族祚衆披散琚嵩率衆入城祚按劔殿上大呼令左右死戰祚既失衆心莫有鬬志於是被殺梟其首宣示內外暴尸道左國內咸稱萬歲祚簒立三年而亡

玄靚字元安既立自號大都督大將軍校尉涼州牧西平公赦其國內廢和平之號復稱建興四十三年誅祚二子以張瓘爲衞將軍領兵萬人行大將軍事改易僚屬有隴西人李儼誅大姓彭姚自立於隴右奉中興年號百姓悅之玄靚遣牛霸率衆討之未達而西平人衞綝又擄郡叛霸衆潰單騎而還瓘先欲征綝以兄珪在綝中爲疑綝亦以弟在瓘中故彼我經年不相伐西平人郭勛解天文不應州郡之命綝禮聘之勛曰張氏應衰衞氏當興豈得以一弟而滅一門宜速伐瓘綝將從之瓘遣弟琚領大衆征綝敗之西平田旋要酒泉太守馬基背瓘應綝旋謂基曰綝擊其東我等絕其西不六旬天下可定斯閉口捕舌也基許之瓘遣司馬張姚王國將二千人伐基敗之

斬基旋二人之首傳姑臧瓘兄弟強盛負其勳力有簒立之謀輔國宋混與弟澄共討瓘盡夷其屬玄靚以混爲都督中外諸軍事車騎大將軍假節輔政混卒又以澄代之玄靚右司馬張邕惡澄專擅殺之遂滅宋氏玄靚乃以邕爲中護軍叔父天錫爲中領軍共輔政邕自以功大驕矜淫縱又通馬氏樹黨專權國人患之天錫腹心郭增劉肅二人並年十八九因寢謂天錫曰天下事欲未靜天錫曰何謂也二人曰今護軍出入有似長寧天錫大驚曰我早疑之未敢出口計當云何肅曰政當速除之耳天錫曰安得其人肅曰肅即是也天錫曰汝年少更求可與謀者肅曰趙白駒及肅二人足以辦之矣於是天錫從兵四百人與邕俱入朝肅與白駒剔刀鞘出刃從天錫入值邕於門下肅斫之不中白駒繼之又不剋二人與天錫俱入禁中邕得逸走因率甲士三百餘人反攻禁門天錫上屋大呼謂將士曰張邕凶逆所行無道諸宋何罪盡誅滅之傾覆國家肆亂社稷我不惜死實懼大人廢祀事不獲已故耳我家門戶事而將士豈可以干戈見向今之所取邕身而已天地有靈吾不食言邕衆聞之悉散走邕以劔自刎而死於是悉誅邕黨玄靚年既幼沖性又仁弱天錫既尅邕專掌朝政改建興四十九年奉升平之號興寧元年駿妻馬氏卒玄靚以其庶母郭氏爲太妃郭氏以天錫專政與大臣張欽等謀討之事泄欽等伏法是歲天錫率衆入禁門潛害玄靚宣言暴薨時年十四在位九年私謚曰沖公孝武帝賜謚曰敬悼公

天錫字純嘏駿少子也小名獨活初字公純嘏入朝人笑其三字因自改焉玄靚死國人立之自號大將軍校尉涼州牧西平公遣司馬綸騫奉章請命并送御史俞歸還京都太和初詔以天錫爲大將軍大都督督隴右關中諸軍事護羌校尉涼州刺史西平公天錫數宴園池政事頗廢盪難將軍校書祭酒索商上疏極諫天錫答曰吾非好行有得也觀朝榮則敬才秀之士覩芝蘭則愛德行之臣覩松竹則思貞操之賢臨清流則貴廉潔之行覽蔓草則賤貪穢之吏逢飈風則惡凶狡之徒若引而申之觸類而長之

庶無遺漏矣羌廉岐自稱益州刺史率略陽四千家背符堅就李儼天錫自往討之以別駕楊遹爲監前鋒軍事前將軍趣金城晉興相常據爲使持節征東將軍向左南遊擊將軍張統出白土天錫自率三萬人次倉松伐儼儼大敗入城固守遣子純求救於符堅堅使其將王猛救之天錫敗績死者十二三天錫乃還立子大懷爲世子自天錫之嗣事也連年地震山崩水泉湧出柳化爲松火生泥中而天錫荒于聲色不卹政事初安定梁景燉煌劉肅並以門胄總角與天錫友昵張邕之誅肅景有勳天錫深德之賜姓張氏又改其子以爲已子天錫諸子皆以大爲字故景曰大奕肅曰大誠廢大懷爲高昌公更立嬖子大豫爲世子景肅等俱參政事人情悠懼從弟從事中郎憲切諫不納時符堅強盛每攻之兵無寧歲天錫甚懼乃立壇刑牲率典軍將軍張寧中堅將軍馬芮等遥與晉三公盟誓獻書大司馬桓溫尅六年夏誓同大舉遣從事中郎韓博奮節將軍康妙奉表并送盟文博有口才溫甚稱之

嘗大會溫使司馬刁彝嘲之彝謂溥曰君是韓盧後邪溥曰卿是韓盧後溫笑曰刁以君姓韓故相問焉他自姓刁那得韓盧後邪溥曰明公脫未之思短尾者則爲刁也一坐推歎焉太元元年苻堅遣其將苟萇毛當梁熈姚萇來寇渡石城津天錫集議中錄事席仂曰先公既有故事徐思後變此孫仲謀屈伸之略也衆以仂爲老怯咸曰龍驤將軍馬達精兵萬人距之必不敢進廣武太守辛章保城固守章與晉興相彭知正西平相趙凝謀曰馬達出於行陣必不爲用則秦軍深入吾相與率三郡精卒斷其糧運決一朝命矣征東常據亦欲先擊姚萇須天錫命天錫率萬人頓金昌城馬達率萬人逆萇等因請降兵人散走常據席仂皆戰死司兵趙充哲與萇苦戰又死中衛將軍史景亦沒于陣天錫大懼出城自戰城內又反天錫窘逼降于萇等初天錫所居西安門及平章殿無故而崩旬日而國亡即位凡十三年自軌爲涼州至天錫凡九世七十六年矣苻堅先爲天錫起宅至以爲尚書封歸義侯堅大敗于淮肥時天錫

爲苻融征南司馬於陣歸國詔曰昔孟明不替終顯厥功豈以一眚而廢才用其以天錫爲散騎常侍左員外又詔曰故太尉西平公張軌著德遐域世襲前勞強兵縱害遂至失守散騎常侍天錫拔迹登朝先祀淪替用增矜慨可復天錫西平郡公爵俄拜金紫光祿大夫天錫少有文才流譽遠近及歸朝甚被恩遇朝士以其國破身虜多共毀之會稽王道子嘗問其西土所出天錫應聲曰桑甚甜甘鴟鴞革響乳酪養性人無妬心後形神昏喪雖處列位不復被齒遇隆安中會稽世子元顯用事常延致之以爲戲弄以其家貧拜廬江太守本官如故桓玄時欲招懷四遠乃用天錫爲護羌校尉涼州刺史尋卒年六十一追贈金紫光祿大夫

史臣曰長河外區流沙作紀玉關懸險金城負固有苗攸竄帝舜投而不羈渠搜是居大禹即而方叙世逢多難嬰五郡以誰何時遇兵凶阻三邊而高視雖非久安之地足爲苟全之所平周公保之而立功士彥擁之而延世摯虞觀象記洪災之不流侯瑾覘梟知霸者之斯在匪唯地勢抑且有天道歟茂駿重華資忠踵武崎嶇僻陋無忘本朝故能西控諸戎東攘巨猾綰累葉之珪組賦絕域之琛賨振曜遐荒良由杖順之効矣祚以卑孼陰傾冢嗣播有茨於彤管擬宸居於黑山丁琪以切諫遇誅夷王鸞以讜言顯戮境內雲擾釁其竊名卒致梟懸自然之理也純嘏徽弱竟亡其衆奉身魏闕齒迹朝流再襲銀黃祖德之延慶矣

贊曰三象構氛九土瓜分帝遷江介地絕河濆歸誠晉室美矣張君內撫遺黎外攘逋寇世既緜遠國亦完富杖順爲基蓋天所祐

列傳第五十六　晉書八十六

涼武昭王 子士業

武昭王諱暠字玄盛小字長生隴西成紀人姓李氏漢前將軍廣之十六世孫也廣曾祖仲翔漢初爲將軍討叛羌于素昌素昌乃狄道也衆寡不敵死之仲翔子伯考奔喪因葬于狄道之東川遂家焉世爲西州右姓高祖雍曾祖柔仕晉並歷位郡守祖弇仕張軌爲武衛將軍安世亭侯父昶幼有令名早卒遺腹生玄盛少而好學性沉敏寬和美器度通涉經史尤善文義及長頗習武藝誦孫吳兵法嘗與呂光太史令郭黁及其同母弟宋繇同宿黁起謂繇曰君當位極人臣李君有國士之分家有騧草馬生白額駒此其時也呂光末京兆段業自稱涼州牧以敦煌太守趙郡孟敏爲沙州刺史署玄盛效穀令敏尋卒敦煌護軍馮翊郭謙沙州治中敦煌索仙等以玄盛溫毅有惠政推爲寧朔將軍敦煌太守玄盛初難之會宋繇仕於業告歸敦煌言於玄盛曰兄忘郭黁之言

邪白額駒今已生矣玄盛乃從之尋進號冠軍稱藩于業業以玄盛爲安西將軍敦煌太守領護西胡校尉及業僭稱涼王其右衛將軍索嗣構玄盛於業乃以嗣爲敦煌太守率騎五百而西未至二十里移玄盛使迎己玄盛驚疑將出迎之效穀令張邈及宋繇止之曰呂氏政衰段業闇弱正是英豪有爲之日將軍處一國成資奈何束手於人索嗣自以本邦謂人情附己不虞將軍卒能距之可一戰而擒矣宋繇亦曰大丈夫已爲世所推今日便授首於嗣豈不爲天下笑乎大兄英姿挺傑有雄霸之風張王之業不足繼也玄盛曰吾少无風雲之志因官至此不圖此郡士人忽爾見推向言出迎者未知士大夫之意故也因遣繇覘嗣繇見嗣啗以甘言還謂玄盛曰嗣志驕兵弱易擒耳於是遣其二子士業讓與邈繇及司馬尹建興等逆戰破之嗣奔還張掖玄盛素與嗣善結爲刎頸交反爲所構故深恨之乃罪狀嗣於段業業將且渠男成惡嗣至是因勸除之業乃殺嗣遣使謝玄盛分敦煌之涼興烏澤晉昌之宜禾三縣爲涼興郡進玄盛持節都督涼興已西諸軍事鎮西將軍領護西夷校尉時有赤氣起于玄盛後園龍跡見于小城隆安四年晉昌太守唐瑤移檄六郡推玄盛爲大都督大將軍涼公領秦涼二州牧護羌校尉玄盛乃赦其境內建年爲庚子追尊祖弇曰涼景公父昶涼簡公以唐瑤爲征東將軍郭謙爲軍諮祭酒索僊爲左長史張邈爲右長史尹建興爲左司馬張體順爲右司馬張條爲牧府左長史令狐溢爲右長史張林爲太府主簿宋繇張謖爲從事中郎繇加折衝將軍謖加揚武將軍索承明爲牧府右司馬令狐遷爲武衛將軍晉興太守氾德瑜爲寧遠將軍西郡太守張靖爲折衝將軍河湟太守索訓爲威遠將軍西平太守趙開爲騂馬護軍大夏太守索慈爲廣武太守陰亮爲西安太守令狐赫爲武威太守索術爲武興太守以招懷東夏又遣宋繇東伐涼興并擊玉門已西諸城皆下之遂屯玉門陽關廣田積穀爲東伐之資初呂光之稱王也遣使市六璽玉於于寘至是玉

至敦煌納之郡府仍於南門外臨水起堂名曰靖恭之堂以議朝政閱武事圖讚自古聖帝明王忠臣孝子烈士貞女玄盛親爲序頌以明鑒戒之義當時文武羣寮亦皆圖焉有白雀翔于靖恭堂玄盛觀之大悅又立泮宮增高門學生五百人起嘉納堂於後園以圖讚所志義熙元年玄盛改元爲建初遣舍人黃始梁興間行奉表詣闕曰昔漢運將終三國鼎峙鈞天之歷數鍾皇晉高祖闡鴻基景文弘帝業嗣武受終要荒率服六合同風宇宙齊貫而惠皇失馭權臣亂紀懷愍屯邅蒙塵于外懸象上分九服下裂眷言顧之普天同憾伏惟中宗元皇帝基天紹命遷幸江表荊揚蒙弘覆之矜五都爲荒榛之藪故太尉西平武公軌當元康之初屬擾攘之際受命典方出撫此州威畧所振聲蓋海內明盛繼統不隕前志長旌所指仍關三秦義立兵強拓境萬里文桓嗣位奕葉載德囊括關西化被崐裔遐邇款藩世脩職貢晉德之遠揚聲此州是賴大都督大將軍天錫以英挺之姿承七世之業志匡時難

勉隆先勳而中年降災兵寇侵境皇威遐邈同獎弗及以一方之師抗七州之衆兵孤力屈社稷以喪臣聞歷數相推歸餘於終帝王之興必有閏位是以共工亂象於黃農之間秦項篡竊於周漢之際皆機不轉踵覆餗成凶自戎狄陵華已涉百齡五胡僭襲期運將杪四海顒顒懸心象魏故師次東關趙魏莫不企踵淮南大捷三方欣然引領伏惟陛下道協少康德侔光武繼天統位志清函夏至如此州世篤忠義臣之羣寮以臣高祖東莞太守雍曾祖北地太守柔荷寵前朝叅忝時務伯祖龍驤將軍廣晉太守長寧侯卓亡祖武衛將軍天水太守安世亭侯弇毗佐涼州著功秦隴殊寵之隆勒于天府妄臣无庸輙依竇融故事迫臣以義上臣大都督大將軍涼公領秦涼二州牧護羌校尉臣以爲荆楚替貢齊桓興召陵之師諸侯不恭晉文起城濮之役用能勳光踐土業隆一匡九域賴其弘猷春秋恕其專命功冠當時美垂千祀況今帝居未復諸夏昏墊大禹所經奄爲戎墟五嶽神山狄汙其三九州名都

夷穢其七辛有所言於茲而驗微臣所以叩心絶氣忘寢與食彫肝焦慮不遑寧息者也江涼雖遼義誠密邇風雲苟通實如脣齒臣雖名未結于天臺量未著于海内然憑賴累祖寵光餘烈義不細辭以稽大務輙順羣議亡身即事轅弱任重懼忝威命昔在春秋諸侯宗周國皆稱元以布時令今天臺邈遠正朔未加發號施令无以紀數輙年冠建初以崇國憲冀杖寵靈全制一方使義誠著于所天玄風扇于九壤殉命灰身隕越慷慨玄盛謂羣寮曰昔河右分崩羣豪競起吾以寡德爲衆賢所推何嘗不忘寢與食思濟黎庶故前遣母弟繇董率雲騎東殄不庭軍之所至莫不賓下今惟蒙遜鴟跱一城自張掖已東晉之遺黎雖爲戎虜所制至於向義思風過於殷人之望西伯大業須定不可安寢吾將遷都酒泉漸逼寇穴諸君以爲何如張邈贊成其議玄盛大悦曰二人同心其利斷金張長史與孤同矣夫復何疑乃以張體順爲寧遠將軍建康太守鎮樂涫徵宋繇爲右將軍

領敦煌護軍與其子敦煌太守讓鎮敦煌遜遷居于酒泉手令誡其諸子曰吾自立身不營世利經涉累朝通否任時初不役智有所要求今日之舉非本願也然事會相驅遂荷州土憂責不輕門戶事重雖詳人事未知天心登車理轡百慮塡胸後事付汝等粗舉旦夕近事數條遭意便言不能次比至于杜漸防萌深識情變此當任汝所見深淺非吾敕誡所益也汝等雖年未至大若能剋己纂脩比之古人亦可以當事業矣苟其不然雖至白首亦復何成汝等其戒之愼之節酒愼言喜怒必思愛而知惡憎而知善動念寛恕審而後舉衆之所惡勿輕承信詳審人核眞僞遠佞諛近忠正蠲刑獄忍煩擾存高年恤喪病勤省按聽訟訴刑法所應和顏任理愼勿以情輕加聲色賞勿漏疎罰勿容親耳目人間知外患苦禁御左右无作威福勿伐善施勞逆詐億必以示已明廣加諮詢无自專用從善如順流去惡如探湯富貴而不驕者至難也念此貫心勿忘須臾寮佐邑宿盡禮承敬讌饗饌

食事事留懷古今成敗不可不知退朝之暇念觀典籍面墻而立不成人也此郡世篤忠厚人物敦雅天下全盛時海内猶稱之況復今日實是名邦正爲五百年鄉黨婚親相連至于公理時有小小頗廻爲當隨宜斟酌吾臨莅五年兵難騷動未得休衆息役惠康士庶至于掩瑕藏疾滌除疵垢朝爲寇讎夕委心膂雖未足希準古粗亦无負于新舊事任公平坦然无類初不容懷有所損益計近便爲少經遠如有餘亦无愧於前志也初玄盛之西也留女敬愛養於外祖尹文文既東遷玄盛從姑梁褒之母養之其後禿髮傉檀假道於北山鮮卑遣褒送敬愛于酒泉并通和好玄盛遣使報聘贈以方物玄盛親率騎二萬略地至于建東鄯善前部王遣使貢其方物且渠蒙遜來侵至于建康掠三千餘戶而歸玄盛大怒率騎追之及于彌安大敗之盡收所掠之戶初苻堅建元之末徙江漢之人萬餘戶于敦煌中州之人有田疇不闢者亦徙七千餘戶郭黁之寇武威武威張掖已東人西奔敦煌晉昌者數千戶及玄

盛東遷皆徙之于酒泉分南人五千戶置會稽郡中州人五千戶置廣夏郡餘萬三千戶分置武威武興張掖三郡築城于敦煌南子亭以威南虜又以前表未報復遣沙門法泉間行奉表曰江山悠隔朝宗无階延首雲極翹企遐方伏惟陛下應期踐位景福自天臣去乙巳歲順從羣議假統方城時遣舍人黃始奉表通誠遥途嶮曠未知達不吳涼懸邈蜂蠆充衢方珍貢使无由展御謹副寫前章或希簡達臣以其歲進師酒泉戒戎廣平庶攘茨穢而黠虜恣睢未率威教憑守巢穴阻臣前路竊以諸事草創倉帑未盈故息兵按甲務農養士時移節邁荏苒三年撫劒歎憤以日成歲今資儲已足器械已充西招城郭之兵北引丁零之衆冀憑國威席卷河隴揚旌秦川承望詔旨盡節竭誠隕越為效又臣州界廻遠寇未除當須鎮副為行留部分輙假臣世子士業監前鋒諸軍事撫軍將軍護羌校尉督攝前軍為臣先驅又敦煌郡大衆殷制御西域管轄萬里為軍國之本輙以次子讓為寧朔將軍西夷校尉敦煌太守統攝崐裔輯寧殊方自餘諸子皆在戎間率先士伍臣總督大綱畢在輸力臨機制命動靖續聞玄盛既遷酒泉乃敦勸稼穡羣僚以年穀頻登百姓樂業請勒銘酒泉玄盛許之於是使儒林祭酒劉彥明為文刻石頌德既而蒙遜每年侵寇不止玄盛志在以德撫其境內但與通和立盟弗之校也是時白狼白兎白雀白雉白鳩皆棲其園囿其羣下以為白祥金精所誕皆應時雖而至又有神光甘露連理嘉禾衆瑞請史官記其事玄盛從之尋而蒙遜背盟來侵玄盛遣世子士業要擊敗之獲其將且渠百年玄盛上巳日讌于曲水命羣寮賦詩而親為之序於是寫諸葛亮訓誡以勗諸子曰吾負荷艱難寧濟之勳未建雖外總良能憑股肱之力而戎務孔殷坐而待旦以維城之固宜兼親賢故使汝等未及師保之訓皆弱年受任常懼弗剋以貽咎悔古今之事不可以不知苟近而可師何必遠也覽諸葛亮訓勵應璩奏諫尋其終始周孔之教盡在中矣為國足以致

安立身足以成名質畧易通寓目則了雖言發往人道師於此且經史道德如採菽中原勤之者則功多汝等可不勉哉玄盛乃脩敦煌舊塞東西二圍以防北虜之患築敦煌舊塞西南二圍以威南虜玄盛以緯世之量當呂氏之末為羣雄所奉遂啓霸圖兵无血刃坐定千里謂張氏之業指期而成河西十郡歲月而一既而禿髮傉檀入據姑臧且渠蒙遜基宇稍廣於是慨然著述志賦焉其辭曰涉至虛以誕駕乘有輿于本无禀玄元而陶衍承景靈之冥符蔭朝雲之蘙藹仰朗日之照煦既敷既載以育以成幼希顏子曲肱之榮遊心上典玩禮敦經茂玄晃于朱門羨漆園之傲生尚漁父於滄浪善沮溺之耦耕穢鷄鳶之籠嚇欽飛鳳于太清杜世競於方寸絶時譽之嘉聲超霄吟於崇領奇秀木之凌霜挺脩幹之青蔥經歲寒而彌芳情遥遥以遠寄想四老之暉光將戢繁榮于常衢控雲轡而高驤攀瓊枝於玄圃漱華泉之淥漿和吟鳳之逸響應鳴鸞于南岡時弗獲彰心往形留眷駕陽林宛首一丘衝風沐雨載沉載浮利害繽紛以交錯歡感循環而相求乾扉奄寂以重閉天池絶津而無舟悼貞信之道薄謝慙德於圜流遂乃去玄覽應世賓肇弱巾於東宮並羽儀於英倫踐宣德之秘庭翼明后於紫宸赫赫謙光崇明奕奕岌岌王居詵詵百辟君希虞夏臣庶夔益張王頹嚴梁后墜壑淳風杪莽以永喪搢紳淪胥而覆溺呂發釁於閨牆厥構摧以傾顛疾風飄于高木迴湯沸於重泉飛塵翕以蔽日大火炎其燎原名都幽然影絶千邑闃而无烟斯乃百六之恒數起滅相因而迭然於是人希逐鹿之圖家有雄霸之想闇王命而不尋邀非分於无象故覆車接路而繼軌膏生靈於土壤哀餘類之忪懞邈靡依而靡仰求欲專而失逾遠寄玄珠於罔象悠悠涼道鞠焉荒凶杪杪余躬迢迢西邦非相期之所會諒冥契而來同跨弱水以建基躡崐墟以為墉總奔駟之駭轡接摧轅於峻峰崇崖崨嶪重嶮萬尋玄邃窈窕磐紆嶔岑榛棘交橫河廣水深狐狸夾路鴞鵄羣吟挺非我以為用任至當如

影響執同心以御物懷自彼于握掌匪矯情而任荒乃冥合而一往
華德是用來庭野逸所以就鞅休矣時英茂哉儁哲庶罩網以遠
籠豈徒射鈎與斬袂或脫梏而纓蕤或後至而先列採殊才於巖陸
拔翹彥于无際思留侯之神遇振高浪以蕩穢想孔明于草廬運玄籌
之罔滯洪操槃而慷慨起三軍以激銳詠群豪之高軌嘉關張之飄
傑誓報曹而歸劉何義勇之超世據斷橋而橫矛亦雄姿之壯發輝
輝南珍英英周魯挺奇荊吳昭文烈武建策烏林龍驤江浦摧堂堂
之勁陣鬱風翔而雲舉紹樊韓之遠蹤侔徽猷于召武非劉孫之鴻
度孰能臻兹大祐信乾坤之相成庶物希風而潤雨晳益既蕩三江
已清穆穆盛勲濟濟隆平御群龍而奮策彌萬載以飛榮仰遺塵
于絶代企高山而景行將建朱旗以啓路驅長轂而迅征靡商風以抗
旆拂招搖之華旌資神兆於皇極協五緯之所寧赳赳干城翼翼上弼
志馘奔鯨截彼醜類且灑遊塵於當陽拯涼德於已墜間昌寓之驂
乘暨襄城而按轡知去害之在兹體牧童之所述審機動之至微思

遺飱而忘寐表略韻於紈素託精誠于白日玄盛寢疾顧命宋繇
曰吾少離荼毒百艱備嘗於喪亂之際遂爲此方所推才弱智淺
不能一同河右今氣力惙然當不復起矣死者大理吾不悲之所恨
志不申耳居元首之位者宜深誡危殆之機吾終之後世子猶卿子
也善相輔導述吾平生勿令居人之上專驕自任軍國之宜委之於
卿无使籌畧乖衷失成敗之要十三年薨時年六十七國人上謚曰
武昭王墓曰建世陵廟號太祖先是河右不生楸槐柏漆張駿之世
取于秦隴而植之終于皆死而酒泉宮之西北隅有槐樹生焉玄盛
又著槐樹賦以寄情蓋歎僻陋遐方立功非所也亦命主簿梁中庸
及劉彥明等並作文感兵難繁興時俗諠競乃著大酒容賦以表
恬豁之懷與辛景辛恭靖同志友善景等歸晉遇害江南玄盛
聞而弔之玄盛前妻同郡辛納女貞順有婦儀先卒玄盛親爲之誄
自餘詩賦數十篇世子譚早卒第二子士業嗣
涼後主諱歆字士業玄盛薨時府寮奉爲大都督大將軍涼公領

涼州牧護羌校尉大赦境內改年爲嘉興尊母尹氏爲太后以宋繇
爲武衛將軍廣夏太守軍諮祭酒錄三府事索仙爲征虜將軍張
掖太守且渠蒙遜遣其張掖太守且渠廣宗詐降誘士業士業遣武
衛温宜等赴之親勒大軍爲之後繼蒙遜率衆三萬設伏于蓼泉士
業聞引兵還爲遜所逼士業親貫甲先登大敗之追奔百餘里俘斬
七千餘級明年蒙遜大伐士業士業將出距之左長史張體順固諫
乃止蒙遜大芟秋稼而還是歲朝廷以士業爲持節都督七郡諸軍
事鎮西大將軍護羌校尉酒泉公士業用刑頗嚴又繕築不止從事
中郎張顯上䟽諫曰入歲已來陰陽失序屢有賊風暴雨犯傷和氣
今區域三分勢不久並并兼之本實在農戰懷遠之略事歸寬簡而
更繁刑峻法宮室是務人力凋殘百姓愁悴致災之咎寔此之由主
簿氾稱又上䟽諫曰臣聞天之子愛人后殷勤至矣故政之不脩則
垂災譴以誡之改者雖危必昌宋景是也其不改者雖安必亡虢公
是也元年三月癸卯敦煌謙德堂陷八月效穀地裂二年元日昏霧四

塞四月日赤无光二旬乃復十一月狐上南門今兹春夏地頻五震六
月隕星于建康臣雖學不稽古敏謝仲舒頗亦聞道於先師且行
年五十有九請爲殿下畧言耳目之所聞見不復能遠論書傳之
事也乃者咸安之初西平地裂狐入謙光殿前俄而秦師奄至都城
不守梁熙既爲涼州藉秦氏兵亂規有全涼之地外不撫百姓內
多聚斂建元十九年姑臧南門崩隕石於閑豫堂二十年而呂光東
反子敗於前身戮於後段業因群胡創亂遂稱制此方三年之中
地震五十餘所既而先主龍興瓜州蒙遜殺之張掖此皆目前之成
事亦殿下之所聞知效穀先主鴻漸之始謙德即尊之室基陷地
裂大凶之徵也日者太陽之精中國之象赤而无光中國將爲胡夷
之所陵滅諺曰野獸入家主人將去今狐上南門亦災之大也又狐者
胡也天意若曰將有胡人居于此城南面而君者也昔春秋之世
星隕于宋襄公卒爲楚所擒地者至陰胡夷之象當靜而動反
亂天常天意若曰胡夷將震動中國中國若不脩德將有宋襄之

禍臣蒙先朝布衣之眷輒自同子弟之親是以不避忤上之誅昧死而進愚款願殿下親仁善鄰養威觀釁罷宮室之務止遊畋之娛後宮嬪妃諸夷子女躬受分田身勸蠶績以清儉素德爲榮息兹奢靡之費百姓租稅專擬軍國虛衿下士廣招英儁脩秦氏之術以強國富俗待國有數年之積庭盈文武之士然後命韓白爲前驅納子房之妙筭一鼓而姑臧可平長驅可以飲馬涇渭方東面而爭天下豈蒙遜之足憂不然臣恐宗廟之危必不出紀士業並不納士業立年而宋受禪士業將謀東伐張體順切諫乃止士業聞蒙遜南伐禿髮傉檀命中外戒嚴將攻張掖尹氏固諫不聽宋繇又固諫士業並不從繇退而歎曰大事去矣吾見師之出不見師之還也士業遂率步騎三萬東伐次于都瀆澗蒙遜自浩亹來距戰於懷城爲蒙遜所敗左右勸士業還酒泉士業曰吾違太后明誨遠取敗辱不殺此胡復何面目以見母也勒衆復戰敗于蓼泉爲蒙遜所害士業諸弟酒泉太守翻新城太守預領羽林右監密左將軍

姚右將軍亮等西奔敦煌蒙遜遂入于酒泉士業之未敗也有大蛇從南門而入至于恭德殿前有雙雉飛出宮內通街大樹上有烏鵲爭巢鵲爲烏所殺又有敦煌父老令狐熾夢白頭公衣帢而謂熾曰南風動吹長木胡桐椎不中轂言訖忽然不見士業小字桐椎至是而亡翻及弟敦煌太守恂與諸子等棄敦煌奔于北山蒙遜以索嗣子元緒行敦煌太守元緒麤險好殺大失人和郡人宋承張弘以恂在郡有惠政密信招恂恂率數十騎入于敦煌元緒東奔涼興宋承等推恂爲冠軍將軍涼州刺史蒙遜遣世子德政率衆攻恂恂閉門不戰蒙遜自率衆二萬攻之三面起堤以水灌城恂遣壯士一千連版爲橋潛欲決堤蒙遜勒兵逆戰屠其城士業子重耳脫身奔于江左仕于宋後歸魏爲恒農太守蒙遜徙翻子寶等于姑臧歲餘北奔伊吾後歸于魏獨尹氏及諸女死於伊吾玄盛以安帝隆安四年立至宋少帝景平元年滅據河右凡二十四年

史臣曰王者受圖咸資世德猶混成之先大帝若一氣之生兩儀是以中陽勃興資豢龍之構趾景亳垂統本吞鷰之開基涼武昭王英姿傑出運陰陽而緯武應變之道如神吞日月以經天成物之功若歲故能懷荒弭暴開國化家宅五郡以稱藩屈三分而奉順若乃詩褒秦仲後嗣建削平之業頌美公劉末孫興配天之祚或發迹於汧渭或布化于邠岐覆蕢創元天之基疏涓開環海之宅彼既有漸此亦同符是知景命攸歸非一朝之可致累功積慶其所由來遠矣

贊曰武昭英叡忠勇霸世王室雖微乃誠无替遺黎飲德絕壤霑惠積祉丕基克昌來裔

列傳第五十七　　晉書八十七

孝友

李密　盛彥　夏方　王裒　許孜
庾袞　孫晷　顏含　劉殷　王延
王談　桑虞　何琦　吳逵

大矣哉孝之爲德也分渾元而立體道貫三靈資品彙以順名功苞萬象用之于國動天地而降休徵行之于家感鬼神而昭景福若乃博施備物尊仁安義柔色承顏怡怡盡樂擊鮮就養亹亹忘劬集包思藝黍之勤循陔有採蘭之詠事親之道也屬屬如在哀哀罔極聚薪流慟銜索興嗟灑風樹以隤心頫寒泉而沬泣追遠之情也奮德莅仕正務移官居高匪危在醜无爭協修升以匡化懷履冰而砥節立身之行也是以閔曾翼翼遵六教而緝貞規蔡董烝烝弘七體而垂令迹亦有至誠上感明祇下贊郭巨致錫金之慶陽雍摽蒔玉之祉鳥馴丹羽巢叔和之室鹿呈白毳擾功文之廬然則因被孝慈而生友悌

理在兼綜義歸一揆夫天倫之重共氣分形心睽則葉頓荆枝性合則華承棣蕚乃有推肥代瘦徇急難之情讓果同衾盡懽愉之致緬窺湘素載流塵躅者歟晉氏始自中朝逮于江左雖百六之災遄及而君子之道未消孝悌名流猶爲繼踵王偉元之行已許季義之立節夏方盛彥體至性以馳芬庾袞顏含篤友于而宣範自餘羣士咸標懿德採其遺絢足厲澆風故著孝友篇以續前史云耳

李密字令伯犍爲武陽人也一名虔父早亡母何氏改醮密時年數歲感戀彌至烝烝之性遂以成疾祖母劉氏躬自撫養密奉事以孝謹聞劉氏有疾則涕泣側息未嘗解衣飲膳湯藥必先嘗後進有暇則講學忘疲而師事譙周周門人方之游夏少仕蜀爲郎數使吳有才辯吳人稱之蜀平泰始初詔徵爲太子洗馬密以祖母年高无人奉養遂不應命乃上䟽曰臣以險釁夙遭閔凶生孩六月慈父見背行年四歲舅奪母志祖母劉愍臣孤弱躬親撫養臣少多疾病九歲不行零丁辛苦至于成立既无伯叔終鮮兄弟門衰祚薄晚有兒息外无期功強近之親內无應門五尺之童煢煢孑立形影相弔而劉早嬰疾病常在牀蓐臣侍湯藥未嘗廢離自奉聖朝沐浴清化前太守臣逵察臣孝廉後刺史臣榮舉臣秀才臣以供養无主辭不赴命明詔特下拜臣郎中尋蒙國恩除臣洗馬猥以微賤當侍東宮非臣隕首所能上報臣具以表聞辭不就職詔書切峻責臣逋慢郡縣逼迫催臣上道州司臨門急於星火臣欲奉詔奔馳則劉病日篤苟狥私情則告訴不許臣之進退實爲狼狽伏惟聖朝以孝治天下凡在故老猶蒙矜䘏況臣孤苦尫羸之極且臣少仕僞朝歷職郎署本圖宦達不矜名節今臣亡國賤俘至微至陋猥蒙拔擢寵命殊私豈敢盤桓有所希冀但以劉日薄西山氣息奄奄人命危淺朝不慮夕臣无祖母无以至今日祖母无臣无以終餘年母孫二人更相爲命是以私情區區不敢棄遠臣密今年四十有四祖母劉今年九十有六是臣盡節於陛下之日長而報養劉之日短也烏鳥私情願乞終養臣之辛苦非但蜀之人士及二州牧伯之所明知皇天后土實所鑒見

伏願陛下矜愍愚誠聽臣微志庶劉僥倖保卒餘年臣生當隕身死當結草帝覽之曰士之有名不虛然哉乃停召後劉終服闋復以洗馬徵至洛司空張華問之曰安樂公何如密曰可次齊桓華問其故對曰齊桓得管仲而霸用豎刁而蟲流安樂公得諸葛亮而抗魏任黃皓而喪國是知成敗一也次問孔明言教何碎密曰昔舜禹皐陶相與語故得簡大雅誥與凡人言宜碎孔明與言者无己敵言教是以碎耳華善之出爲溫令而憎疾從事嘗與人書曰慶父不死魯難未已從事白其書司隸司隸以密在縣清慎弗之劾也密有才能常望內轉而朝廷无援乃遷漢中太守自以失分懷怨及賜餞東堂詔密令賦詩末章曰人亦有言有因有緣官无中人不如歸田明明在上斯語豈然武帝忿之於是都官從事奏免密官後卒於家二子賜興賜字宗石少能屬文嘗爲玄鳥賦詞甚美州辟別駕舉秀才未行而終興字雋石亦有文才刺史羅尚辟別駕尚爲李雄所攻使興詣鎮南將軍劉弘求救興因願留爲弘參軍而不還尚白弘即奪

其手版而遺之輿之在弘府弘立諸葛孔明羊叔子碣使輿俱爲之文甚有辭理

盛彥字翁子廣陵人也少有異才年八歲詣吳太尉戴昌昌贈詩以觀之彥於坐答之辭甚慷慨母王氏因疾失明彥每言及未嘗不流涕於是不應辟召躬自侍養母食必自哺之母既疾久至于婢使數見捶撻婢忿恨伺彥暫行取蠐螬炙飴之母食以爲美然疑是異物密藏以示彥彥見之抱母慟哭絶而復蘇母目豁然即開從此遂愈彥仕吳至中書侍郎吳平陸雲薦之於刺史周浚本邑大中正劉頌又舉彥爲小中正太康中卒

夏方字文正會稽永興人也家遭疫癘父母伯叔羣從死者十三人方年十四夜則號哭晝則負土十有七載葬送得畢因廬于墓側種植松栢烏鳥猛獸馴擾其旁吳時拜仁義都尉累遷五官中郎將朝會未嘗乘車行必讓路吳平除高山令百姓有罪應加捶撻者方向之涕泣而不加罪大小莫敢犯焉在官三年州舉秀才還家卒年八十七

王裒字偉元城陽營陵人也祖修有名魏世父儀高亮雅直爲文帝司馬東關之役帝問於衆曰近日之事誰任其咎儀對曰責在元帥帝怒曰司馬欲委罪於孤邪遂引出斬之裒少立操尚行已以禮身長八尺四寸容貌絶異音聲清亮辭氣雅正博學多能痛父非命未嘗西向而坐示不臣朝廷也於是隱居教授三徵七辟皆不就廬于墓側旦夕常至墓所拜跪攀栢悲號涕淚著樹樹爲之枯母性畏雷母没每雷輒到墓曰裒在此及讀詩至哀哀父母生我劬勞未嘗不三復流涕門人受業者並廢蓼莪之篇家貧躬耕計口而田度身而蠶或有助之者不聽諸生密爲刈麥裒遂棄之知舊有致遺者皆不受門人爲本縣所役告裒求屬令裒曰卿學不足以庇身吾德薄不足以蔭卿屬之何益且吾不執筆已四十年矣乃步擔乾飯兒負鹽豉草屩送所役生到縣門徒隨從者千餘人安丘令以爲詣已整衣出迎之裒乃下道至土牛旁磬折而立云門生爲縣所役故來送別因執手涕泣而去令即放之一縣以爲恥鄉人管彥少有才而未知名裒獨以爲必當自達拔而友之男女各始生便共許爲婚彥後爲西夷校尉卒而葬于洛陽裒後更嫁其女彥弟馥問裒裒曰吾薄志畢願山藪昔嫁姊妹皆遠吉凶斷絶每以此自誓今賢兄子葬父于洛陽此則京邑之人也豈吾結好之本意哉馥曰嫂齊人也當還臨淄裒曰安有葬父河南而隨母還齊用意如此何婚之有北海邴春少立志操寒苦自居負笈游學鄉邑僉以爲邴原復出裒以春性險狹慕名終必不成其後春果无行學業不終有識以此歸之裒常以爲人之所行期於當歸善道何必以所能而責人所不能及洛京傾覆寇盜蜂起親族悉欲移渡江東裒戀墳壟不去賊大盛方行猶思慕不能進遂爲賊所害

許孜字季義東陽吳寧人也孝友恭讓敏而好學年二十師事豫章太守會稽孔沖受詩書禮易及孝經論語學竟還鄉里沖在郡喪亡孜聞問盡哀負擔奔赴送喪還會稽蔬食執役制

服三年俄而二親没柴毀骨立杖而能起建墓于縣之東山躬自負土不受鄉人之助或愍孜羸憊苦求來助孜晝則不逆夜便除之每一悲號鳥獸翔集孜以方營大功乃棄其妻鎮宿墓所列植松栢亘五六里時有鹿犯其松栽孜悲歎曰鹿獨不念我乎明日忽見鹿爲猛獸所殺置於所犯栽下孜悵惋不已乃爲作冢埋於隧側猛獸即於孜前自撲而死孜益歎息又取埋之自後樹木滋茂而无犯者積二十餘年孜乃更娶妻立宅墓次烝烝朝夕奉亡如存鷹雉棲其梁簷鹿與猛獸擾其庭圃交頸同游不相搏噬元康中郡察孝廉不起巾褐終身年八十餘卒于家邑人號其居爲孝順里咸康中太守張虞上疏曰臣聞聖賢明訓存乎舉善褒貶所興不遠千載謹按所領吳寧縣物故人許孜至性孝友立節清峻與物恭讓言行不貳當其奉師則在三之義盡及其喪親實古今之所難咸稱殊類致感猛獸弭害雖臣不及見然備聞斯語竊謂蔡順董黯无以過之孜没積年其子尚在性行純慤今亦家於墓

側臣以爲孜之履操世所希逮宜標其令跡甄其後嗣以酬既往以獎方來陽秋傳曰善善及其子孫臣不達大體請臺量議疏奏詔旌表門閭蠲復子孫其子生亦有孝行圖孜像於堂朝夕拜焉

庾袞字叔褒明穆皇后伯父也少履勤儉篤學好問事親以孝稱咸寧中大疫二兄俱亡次兄毗復殆癘氣方熾父母諸弟皆出次于外袞獨留不去諸父兄強之乃曰袞性不畏病遂親自扶持晝夜不眠其間復撫柩哀臨不輟如此十有餘旬疫勢既歇家人乃反毗病得差袞亦无恙父老咸曰異哉此子守人所不能守行人所不能行歲寒然後知松柏之後凋始疑疫癘之不相染也初袞諸父並貴盛惟父獨守貧約袞躬親稼穡以給供養而執事勤恪與弟子樹籬跪以授條或曰今在隱屏先生何恭之過袞曰幽顯易操非君子之志也父亡作筥賣以養母母見其勤曰我无所食對曰母食不甘袞將何居母感而安之袞前妻荀氏繼妻樂氏皆官族富室及適袞俱棄華麗散資財與袞共安貧苦相敬如賓母終服喪居于墓側

歲大饑藜羹不糝門人欲進其飯者而袞每曰已食莫敢爲設及麥熟獲者已畢而採捃尚多袞乃引其羣子以退曰待其間及其捃也不曲行不旁掇跪而把之則亦大獲又與邑人入山拾橡分夷險序長幼推易居難禮无違者或有斬其墓栢莫知其誰乃召鄰人集于墓而自責焉因叩頭泣涕謝祖禰曰德之不修不能庇先人之樹袞之罪也父老咸亦爲之垂泣自後人莫之犯撫諸孤以慈奉諸寡以仁事加于厚而教之義方使長者體其行幼者忘其孤孤甥郭秀比諸子姪衣食而每先之孤兄女曰芳將嫁美服既具袞乃刈荊苕爲箕箒召諸子集之于堂男女以班命芳曰芳乎汝少孤汝逸汝豫不汝疵瑕今汝適人將事舅姑灑掃庭內婦之道也故賜汝此匪器之爲美欲溫恭朝夕雖休勿休也而以舊宅與其長兄子賡翁及翁卒袞哀其早孤痛其成人而未娶乃撫柩長號哀感行路聞者莫不垂涕初袞父誡袞以酒每醉輒自責曰余廢先父之誡其何以訓人乃於父墓前自杖三十鄉人褚德逸者善事其親老而

不倦袞每拜之嘗與諸兄過邑人陳準兄弟諸兄友之皆拜其母袞獨不拜準弟徽曰子不拜吾親何袞曰未知所以拜也夫拜人之親者將自同於人之子也其義至重袞敢輕之乎遂不拜準徽歎曰古有亮直之士君近之矣君若當朝則社稷之臣歟君若握兵臨大節孰能奪之方今徵聘君實宜之於是鄉黨薦之州郡交命察孝廉舉秀才清白異行皆不降志世遂號之爲異行元康末潁川太守召爲功曹袞服造役之衣杖鍤荷斧不俟駕而行曰請受下夫之役太守飾車而迎袞逡巡辭退請徒行入郡將命者遂逼扶升車納於功曹舍既而袞自取己車而寢處焉形雖恭而神有不可動之色太守知其不屈乃歎曰非常士也吾何以降之厚爲之禮而遣焉齊王冏之唱義也張弘等肆掠于陽翟袞乃率其同族及庶姓保于禹山是時百姓安寧未知戰守之事袞曰孔子云不教而戰是謂棄之乃集諸羣士而謀曰二三君子相與處于險將以安保親尊全妻孥也古人有言千人聚而不以一人爲主不散則亂矣將若之

何衆曰善今日之主非君而何袞默然有閒乃言曰古人急病讓夷不敢逃難然人之立主貴從其命也乃誓之曰无恃險无怙亂无暴鄰无抽屋无樵採人所植无謀非德无犯非義戮力一心同恤危難衆咸從之於是峻險阨杜蹊徑修壁塢樹藩障考功庸計丈尺均勞逸通有无繕完器備量力任能物應其宜使邑推其長里推其賢而身率之分數既明號令不二上下有禮少長有儀將順其美匡救其惡及賊至袞乃勤部曲整行伍皆持滿而勿發賊挑戰晏然不動且辭焉賊服其慎而畏其整是以皆退如是者三時人語曰所謂臨事而懼好謀而成者其庾異行乎及冏歸于京師踰年不朝袞曰晉室卑矣寇難方興乃攜其妻子適林慮山事其新鄉如其故鄉言忠信行篤敬比及期年而林慮之人歸之咸曰庾賢及石勒攻林慮父老謀曰此有大頭山九州之絶險也上有古人遺迹可共保之惠帝遷于長安袞乃相與登于大頭山而田於其下年穀未熟食木實餌石藥同保安之有終焉之志及將收獲命子怞與之下山中塗目眩

沓墜崖而卒同保赴哭曰天乎獨不可舍我賢乎時人傷之曰庾賢絶塵避地超然遠迹固窮安陋木食山棲不與世同榮不與人爭利不免遭命悲夫袞學通詩書非法不言非道不行尊事耆老惠訓蒙幼臨人之喪必盡哀會人之葬必躬築勞則先之逸則後之言必行之行必安之是以宗族鄉黨莫不崇仰門人感慕爲之樹碑焉有四子怞蔑澤捃在澤生故名澤因捃生故名捃蔑後南渡江中興初爲侍中蔑生頵安成太守

孫晷字文度吳國富春人吳伏波將軍秀之曾孫也晷爲兒童未嘗被呵怒顧榮見而稱之謂其外祖薛兼曰此兒神用清審志氣貞立非常童也及長恭孝清約學識有理義每獨處幽闇之中容止瞻望未嘗傾邪雖侯家豐厚而晷常布衣蔬食躬親壟畝誦詠不廢欣然獨得父母愍其如此欲加優饒而夙興夜寐無暫懈也父母起居嘗饌雖諸兄親饋而晷不離左右富春車道既少動經山川父難于風波每行乘藍輿晷躬自扶侍所詣之處則於門

外樹下藩屏之間隱息初不令主人知之兄嘗篤疾經年晷躬自扶侍藥石甘苦必經心目跋涉山水祈求懇至而聞人之善欣若有得聞人之惡慘若有失見人饑寒並周贍之鄉里贈遺一無所受親故有窮老者數人恒往來告索人多厭慢之而晷見之欣敬逾甚寒則與同衾食則與同器或解衣推被以卹之時年饑穀貴人有生刈其稻者晷見而避之須去而出既而自刈送與之鄉鄰感愧莫敢侵犯會稽虞喜隱居海嵎有高世之風晷欽其德娉喜弟預女爲妻喜戒女棄華尚素與晷同志時人號爲梁鴻夫婦濟陽江惇少有高操聞晷學行過人自東陽往候之始面便終日譚宴結歡而別司空何充爲揚州檄晷爲主簿司徒蔡謨辟爲掾屬並不就尚書張國明州土之望表薦晷公車特徵會卒時年三十八朝野嗟痛之晷未及大斂有一老父縕袍草屨不通姓名徑入撫柩而哭哀聲慷慨感于左右哭止便出容貌甚清眼瞳又方門者告之喪主怪而追焉直去不顧同郡顧和等百餘人歎其神貌有異而莫之測也

顏含字弘都琅邪莘人也祖欽給事中父默汝陰太守含少有操行以孝聞兄畿咸寧中得疾就醫自療遂死于醫家家人迎喪旐每繞樹而不可解引喪者顛仆稱畿言曰我壽命未死但服藥太多傷我五藏耳今當復活慎無葬也其父祝之曰若爾有命復生豈非骨肉所願今但欲還家不爾葬也旐乃解及還其婦夢之曰吾當復生可急開棺婦頗說之其夕母及家人又夢之即欲開棺而父不聽含時尚少乃慨然曰非常之事古則有之今靈異至此開棺之痛孰與不開相負父母從之乃共發棺果有生驗以手刮棺指爪盡傷然氣息甚微存亡不分矣飲哺將護累月猶不能語飲食所須託之以夢闔家營視頓廢生業雖在母妻不能無倦矣含乃絶棄人事躬親侍養足不出戶者十有三年石崇重含惇行贈以甘旨含謝而不受或問其故答曰病者綿昧生理未全既不能進噉又未識人惠若當謬留豈施者之意也畿竟不起含二親既終兩兄繼沒次嫂樊氏因疾

失明含課勵家人盡心奉養每日自嘗省藥饌察問息耗必簪屨束帶醫人疏方應須髯蛇膽而尋求備至無由得之含憂歎累時嘗晝獨坐忽有一青衣童子年可十三四持一青囊授含含開視乃蛇膽也童子逡巡出戶化成青鳥飛去得膽藥成嫂病即愈由是著名本州辟不就東海王越以爲太傅參軍出補闓陽令元帝初鎮下邳復命爲參軍過江以含爲上虞令轉主國郎中丞相東閣祭酒出爲東陽太守東宮初建含以儒素篤行補太子中庶子遷黃門侍郎本州大中正歷散騎常侍大司農豫討蘇峻功封西平縣侯拜侍中除吳郡太守王導問含曰卿今蒞名郡政將何先答曰王師歲動編戶虛耗南北權豪競招游食國弊家豐執事之憂且當徵之勢門使反田桑數年之間欲令戶給人足如其禮樂俟之明宰含所歷簡而有恩明而能斷然以威御下導歎曰顏公在事吳人斂手矣未之官復爲侍中尋除國子祭酒加散騎常侍遷光祿勳以年老遜位成帝美其素行就加右光祿大夫門施行馬賜牀帳被

禣勅大官四時致膳固辭不受于時論者以王導帝之師傅名位隆重百僚宜爲降禮太常馮懷以問於含含曰王公雖重理无偏敬降禮之言或是諸君事宜鄙人老矣不識時務旣而告人曰吾聞伐國不問仁人向馮祖思問佞於我我有邪德乎人嘗論少正卯盜跖其惡孰深或曰正卯雖姦不至剖人充膳盜跖爲甚含曰爲惡彰露人思加戮隱伏之姦非聖不誅由此言之少正爲甚衆咸服焉郭璞嘗遇含欲爲之筮含曰年在天位在人修己而天不與者命也守道而人不知者性也自有性命无勞蓍龜桓温求婚于含含以其盛滿不許惟與鄧攸深交或問江左羣士優劣荅曰周伯仁之正鄧伯道之清卞望之之節餘則吾不知也其雅重行實抑絕浮僞如此致仕二十餘年年九十三卒遺命素棺薄歛謚曰靖喪在殯而隣家失火移棺紼斷火將至而滅僉以爲淳誠所感也三子髦謙約髦歷黃門郎侍中光祿勳謙至安成太守約零陵太守並有聲譽

劉殷字長盛新興人也高祖陵漢光祿大夫殷七歲喪父哀毀過禮服喪三年未曾見齒曾祖母王氏盛冬思堇而不言食不飽者一旬矣殷怪而問之王言其故殷時年九歲乃於澤中慟哭曰殷罪釁深重幼丁艱罰王母在堂无旬月之養殷爲人子而所思无獲皇天后土願垂哀愍聲不絕者半日於是忽若有人云止止聲殷收淚視地便有堇生焉因得斛餘而歸食而不減至時堇生乃盡又嘗夜夢人謂之曰西籬下有粟寤而掘之得粟十五鍾銘曰七年粟百石以賜孝子劉殷自是食之七載方盡時人嘉其至性通感競以穀帛遺之殷受而不謝直云待後貴當相酬耳弱冠博通經史綜核羣言文章詩賦靡不該覽性倜儻有濟世之志儉而不陋清而不介望之頹然而不可侵也鄉黨親族莫不稱之郡命主簿州辟從事皆以供養无主辭不赴命司空齊王攸辟爲掾征南將軍羊祜召參軍事皆以疾辭同郡張宣子識達之士也勸殷就徵殷曰當今二公有晉之棟楹也吾方希達如椽椽耳不憑之豈能立乎吾今王母在堂旣應他命无容不竭盡臣禮便不得就養子輿所以辭齊大夫良以色養无主故耳宣子曰如子所言豈庸人所識哉而今而後吾子當爲吾師矣遂以女妻之宣子者井州豪族也家富於財其妻怒曰我女年始十四姿識如此何慮不得爲公侯妃而遽以妻劉殷乎宣子曰非爾所及也誡其女曰劉殷至孝冥感兼才識超世此人終當遠達爲世名公汝其謹事之張氏性亦婉順事王母以孝聞奉殷如君父焉及王氏卒殷夫婦毀瘠幾至滅性時柩在殯而西隣失火風勢甚盛殷夫婦叩殯號哭火遂越燒東家後有二白鳩巢其庭樹自是名譽彌顯太傅楊駿輔政備禮聘殷殷以母老固辭駿於是表之優詔遂其高志聽終色養勑所在供其衣食蠲其傜賦賜帛二百匹穀五百斛趙王倫篡位孫秀累重殷名以散騎常侍徵之殷逃奔鴈門反齊王冏輔政辟爲大司馬軍諮祭酒旣至謂殷曰先王虛心召君君不至今孤辟君君何能屈也殷曰世祖以大聖應期先

王以至德輔世旣堯舜爲君稷契爲佐故殷希以一夫而距千乘爲不可迴之圖幸遇唐虞之世是以不懼斧鉞之戮耳今殿下以神武睿姿除殘反政然聖迹稍麤嚴威滋肅殷若復爾恐招華士之誅故不敢不至也冏奇之轉拜新興太守明刑旌善甚有政能屬永嘉之亂沒於劉聰聰奇其才而擢任之累至侍中太守錄尚書事殷恒戒子孫曰事君之法當務幾諫凡人尚不可面斥其過而況萬乘乎夫犯顏之禍將彰君過宜上思召公咨商之義下念鮑勛觸鱗之誅也在聰之朝與公卿恂恂然常有後己之色士不修操行者无得入其門然滯理不申籍殷而濟者亦已百數有七子五子各授一經一子授太史公一子授漢書一門之內七業俱興北州之學殷門爲盛竟以壽終

王延字延元西河人也九歲喪母泣血三年幾至滅性每至忌日則悲啼一旬繼母卜氏遇之无道恒以蒲穰及敗麻頭與延貯衣其姑聞而問之延知而不言事母彌謹卜氏嘗盛冬思生魚勑延

求而不獲杖之流血延尋汾叩凌而哭忽有一魚長五尺踊出水上延取以進母卜氏食之積日不盡於是心悟撫延如己生延事親色養夏則扇枕席冬則以身温被隆冬盛寒體无全衣而親極滋味晝則傭賃夜則誦書遂究覽經史皆通大義州郡禮辟貪供養不起父母終後廬於墓側非其蠶不衣非其耕不食屬天下大亂隨劉元海遷于平陽農蠶之暇訓誘宗族侃侃不勌家牛生一犢他人認之延牽而授與初无吝色其人後自知妄認送犢還延叩頭謝罪延仍以與之不復取也年六十方仕於劉聰稍遷尚書左丞至金紫光祿大夫聰死後靳準將作亂謀之于延延不從準既誅劉氏自號漢天王以延爲左光祿大夫延又大罵不受準遂殺之

王談吳興烏程人也年十歲父爲鄰人竇度所殺談陰有復讎志而懼爲度所疑寸刃不畜日夜伺度未得至年十八乃密市利鍤陽若耕鉏者度常乘船出入經一橋下談伺度行還伏草中度既過談於橋上以鍤斬之應手而死既而歸罪有司太守孔嚴義

其孝勇列上宥之嚴諸子爲孫恩所害无嗣談乃移居會稽修理嚴父子墳墓盡其心力後太守孔歆究其義行元興三年舉談爲孝廉時稱其得人談不應召終于家

桑虞字子深魏郡黎陽人也父冲有深識遠量惠帝時爲黄門郎河間王顒執權引爲司馬冲知顒必敗就職一旬便稱疾求退虞仁孝自天至年十四喪父毀瘠過禮日以米百粒用糝藜藿其姊諭之曰汝毀瘠如此必至滅性滅性不孝宜自抑割虞曰藜藿雜米足以勝哀虞有園在宅北數里瓜菓初熟有人踰垣盜之虞以園援多棘刺恐偷見人驚走而致傷損乃使奴爲之開道及偷負瓜將出見道通利知虞使除之乃送所盜瓜叩頭請罪虞乃懽然盡以瓜與之嘗行寄宿逆旅同宿客失脯疑虞爲盜虞默然无言便解衣償之主人曰此舍數失魚肉雞鴨多是狐狸偷去君何以疑人乃將脯主至山冢間尋求果得之客求還衣虞投之不顧虞諸兄仕于石勒之世咸登顯位惟虞恥臣非類陰欲避地海東會丁母憂遂止哀毀骨立廬于墓側五年後石勒以爲武城令虞以密邇黄河去海微近將申前志欣然就職石季龍太守劉徵甚器重之徵遷青州刺史請虞爲長史帶祝阿郡徵遇疾還鄴令虞監行州府屬季龍死國中大亂朝廷以虞名父之子必能立功海岱潜遣東莞人華挺授虞寧朔將軍青州刺史虞曰功名非吾志也乃附使者啓讓刺史靖居海右不交境外雖歷僞朝而不豫亂世以此高之卒于官虞五世同居閨門邕穆苻堅青州刺史苻朗甚重之嘗詣虞家升堂拜其母時人以爲榮

何琦字萬倫司空充之從兄也祖父龕後將軍父阜淮南内史琦年十四喪父哀毀過禮性沈敏有識度好古博學居于宣城陽穀縣事母孜孜朝夕色養常患甘鮮不贍乃爲郡主簿察孝廉除郎中以選補宣城涇縣令司徒王導引爲參軍不就及丁母憂居喪泣血杖而後起停柩在殯爲鄰火所逼烟焰已交家乏僮使計无從出乃匍匐撫棺號哭俄而風止火息堂屋一間免燒其精誠

所感如此服闋乃慨然嘆曰所以出身仕者非謂有尺寸之能以效智力實利微祿私展供養一旦煢然无復恃怙豈可復以朽鈍之質塵黷清朝哉於是養志衡門不交人事耽翫典籍以琴書自娱不營産業節儉寡欲豐約與鄉鄰共之鄉里遭亂姊没人家琦惟有一婢便爲購贖然不爲小謙凡有贈遺亦不苟讓但於已有餘輒復隨而散之任心而行率意而動不占卜无所事司空陸玩太尉桓温並辟命皆不就詔徵博士又不起簡文帝時爲撫軍欽其名行召爲參軍固辭以疾公車再徵通直散騎侍郎散騎常侍不行由是君子仰德莫能屈也桓温嘗登琦縣界山喟然嘆曰此山南有人焉何公真止足者也琦善養性老而不衰布褐蔬食恒以述作爲事著三國評論凡所撰録百許篇皆行于世年八十二卒

吳逵吳興人也經荒饑疾病合門死者十有三人逵時亦病篤其喪皆鄰里以葦薦裹而埋之逵夫妻既存家極貧窘冬无衣被

晝則傭賃夜燒磚甓晝夜在山未嘗休止遇毒蟲猛獸輒爲之下道期年成七墓十三棺時有賻贈一无所受太守張崇義之以羔鴈之禮禮焉卒於家

史臣曰尊親之道禮經之明訓孝友之義詩人之美談是知人倫之本罔茲攸尚盛翁子立行淳至素蓄異才流慟致其感通含哺申其就養載昌賞其清韻陸雲嘉其茂德王裒隱居不從其辟行已莫逾其禮枯栢以應其誠驚雷以危其慮永言董祭異時均美許孜少而敏學禮備在三馴雉棲其梁棟猛獸擾其庭圃居喪之禮寔古今之所難爲庾叔褒不匱表於執勤則裕存乎敬業幽顯不易其操疫癘不駭其心急病讓夷之規有古人之風烈矣孫晷之匪懈王談之復讎神人惜其亡良守宥其罪劉殷幼丁艱酷柴毀逾制發三冬之堇賜七年之粟至誠之契義形于茲王延叩冰而召鱗扇席而清暑雖黃香孟宗抑爲倫輩其餘羣子並孝養可崇清風素範高山景行會其宗流同斯志也

贊曰德之所屆有感必徹孝哉王許永慕烝烝揮泗凋柏對梲巢鷹密彥夏庾夙標至性文度弘都勤修懿行敦彼孝友載光謠詠鳩馴長盛魚薦延元談桑義闡琦吳道存専洞之德咸摛左言

列傳第五十八　晉書八十八

列傳第五十九　晉書八十九　御撰

忠義

嵇紹　含　王豹　劉沈　麴允
賈渾　王育　韋忠　辛勉　劉敏
周該　桓雄　韓階　周崎　易雄
樂道融　虞悝　沈勁　吉挹　王諒
宋矩　丁穆　辛恭靖　羅企生　張禕

古人有言君子殺身以成仁不求生以害仁又云非死之難處死之難信哉斯言也是知隕節苟合其宜義夫豈吝其沒捐軀若得其所烈士不愛其存故能守鐵石之深衷厲松筠之雅操見貞心於歲暮標勁節於嚴風赴鼎鑊其如歸履危亡而不顧書名竹帛畫象丹青前史以爲美談後來仰其徽烈者也晉自元康之後政亂朝昏禍難荐興艱虞孔熾遂使奸凶放命戎狄交侵函夏沸騰蒼生塗炭干戈日用戰爭方興雖背恩忘義之徒不可勝載而蹈節輕生之士无乏於時至若嵇紹之衛難乘輿卞壼之亡軀鋒鏑桓雄之義高田叔周崎之節邁解揚羅丁致命于舊君辛吉恥臣于戎虜張禕引鴆以全節王諒斷臂以厲忠莫不志烈秋霜精貫白日足以激清風于萬古厲薄俗于當年者歟所謂亂世識忠臣斯之謂也卞壼劉超鍾雅周虓等已入列傳其餘即敘其行事以爲忠義傳用旌晉氏之有人焉

嵇紹字延祖魏中散大夫康之子也十歲而孤事母孝謹以父得罪靖居私門山濤領選啓武帝曰康誥有言父子罪不相及嵇紹賢侔郤缺宜加旌命請爲秘書郎帝謂濤曰如卿所言乃堪爲丞何但郎也乃發詔徵之起家爲秘書丞紹始入洛或謂王戎曰昨於稠人中始見嵇紹昂昂然如野鶴之在雞羣戎曰君復未見其父耳累遷汝陰太守尚書左僕射裴頠亦深器之每曰使延祖爲吏部尚書可使天下无復遺才矣沛國戴晞少有才智與紹從子含相友善時人許以遠致紹以爲必不成器晞後爲

司州主簿以无行被斥州黨稱紹有知人之明轉豫章内史以母憂不之官服闋拜徐州刺史時石崇爲都督性雖驕暴而紹將之以道崇甚親敬之後以長子喪去職元康初爲給事黄門侍郎時侍中賈謐以外戚之寵年少居位潘岳杜斌等皆附託焉謐求交於紹紹距而不答及謐誅紹時在省以不阿比凶族封弋陽子遷散騎常侍領國子博士太尉廣陵公陳準薨太常奏謚紹駮曰謚號所以垂之不朽大行受大名細行受細名文武顯於功德靈厲表于闇蔽自頃禮官協情謚不依本準謚爲過宜謚曰繆事下太常時雖不從朝廷憚焉趙王倫篡位署爲侍中惠帝復阼遂居其職司空張華爲倫所誅議者追理其事欲復其爵紹又駮之曰臣之事君當除煩去惑華歷位内外雖粗有善事然闔棺之責著于遠近兆禍始亂華實爲之故鄭討幽公之亂斲子家之棺魯戮隱罪終篇貶翬未忍重戮事已弘矣謂不宜復其爵位理其无罪時帝初反正紹又上疏

曰臣聞改前轍者則車不傾革往弊者則政不爽大一統于元首百司役于多士故周文興于上成康穆于下也存不忘亡易之善義願陛下无忘金墉大司馬无忘潁上大將軍无忘黄橋則禍亂之萌无由而兆矣齊王冏既輔政大興第舍驕奢滋甚紹以書諫曰夏禹以卑室稱美唐虞以茅茨顯德豐屋蔀家无益危亡竊承毁敗太樂以廣第舍興造功力爲三王立宅此豈今日之先急哉今大事始定萬姓顒顒咸待覆潤宜省起造之煩深思謙損之理復主之勳不可棄矣矢石之殆不可忘也冏雖謙順以報之而卒不能用紹嘗詣冏諮事遇冏讌會召董艾葛旟等共論時政艾言於冏曰嵇侍中善于絲竹公可令操之左右進琴紹推不受冏曰今日爲懽卿何吝此邪紹對曰公匡復社稷當軌物作則垂之于後紹雖虚鄙忝備常伯腰紱冠冕鳴玉殿省豈可操執絲竹以爲伶人之事若釋公服從私宴所不敢辭也冏大慙艾等不自得而退頃之以公事免冏以爲左司馬旬日冏被

誅初兵交紹奔散赴宮有持弩在東閤下者將射之遇有殿中將兵蕭隆見紹姿容長者疑非凡人趣前拔箭於此得免遂還滎陽舊宅尋徵爲御史中丞未拜復爲侍中河間王顒成都王潁舉兵向京都以討長沙王乂大駕次于城東乂宣言於衆曰今日西討欲誰爲都督乎六軍之士皆曰願嵇侍中戮力前驅死猶生也遂拜紹使持節平西將軍屬乂被執紹復爲侍中公王以下皆詣鄴謝罪於潁紹等咸見廢黜免爲庶人尋而朝廷復有北征之役徵紹復其爵位紹以天子蒙塵承詔馳詣行在所值王師敗績于蕩陰百官及侍衛莫不散潰唯紹儼然端冕以身捍衛兵交御輦飛箭雨集紹遂被害于帝側血濺御服天子深哀歎之及事定左右欲浣衣帝曰此嵇侍中血勿去初紹之行也侍中秦準謂曰今日向難卿有佳馬否紹正色曰大駕親征以正伐逆理必有征无戰若使皇輿失守臣節有在駿馬何爲聞者莫不歎息及張方逼帝遷長安河間王顒表贈紹司空進爵爲公會

帝還洛陽事遂未行東海王越屯許路經滎陽過紹墓哭之悲慟刊石立碑又表贈官爵帝乃遣使册贈侍中光祿大夫加金章紫綬進爵爲侯賜墓田一頃客十户祠以少牢元帝爲左丞相承制以紹死節事重而贈禮未副勳德更表贈太尉祠以太牢及帝即位賜謚曰忠穆復加太牢之祠紹誕于行己不飾小節然曠而有檢通而不雜與從子含等五人共居撫卹如所同生門人故吏思慕遺愛行服墓次畢三年者三十餘人長子眕有父風早夭以從孫翰襲封成帝時追述紹忠以翰爲奉朝請翰以无兄弟自表還本宗太元中孝武帝詔曰褒德顯仁哲王令典故太尉忠穆公執德高邈在否彌宣貞潔之風義著千載每念其事愴然傷懷忠貞之胤蒸嘗宜遠所以大明至節崇奬名教可訪其宗族襲爵主祀於是復以翰孫曠爲弋陽侯

含字君道祖喜徐州刺史父蕃太子舍人含好學能屬文家在鞏縣亳丘自號亳丘子門曰歸厚之門室曰慎終之室楚王瑋

辟爲掾瑋誅坐免舉秀才除郎中時弘農王粹以貴公子尚主館宇甚盛圖莊周于室廣集朝士使含爲之讃含援筆爲弔文文不加點其序曰帝壻王弘遠華池豐屋廣延賢彦圖莊生垂綸之象記先達辭聘之事畫真人于刻桷之室載退士於進趣之堂可謂託非其所可弔不可讃也其辭曰邁矣莊周天縱特放大塊授其生自然資其量器虛神清窮玄極曠人僞俗季眞風既散野无訟屈之聲朝有爭寵之歎上下相陵長幼失貫於是借玄虛以助溺引道德以自獎户詠恬曠之辭家畫老莊之象今王生沉淪名利身尚帝女連耀三光有出无處池非巖石之溜宅非茅茨之宇馳屈產于皇衢畫茲象其焉取嗟乎先生高跡何局生處巖岫之居死寄彫楹之屋託非其所没有餘辱悼大道之湮晦遂含悲而吐曲粹有愧色齊王冏辟爲征西參軍襲爵武昌鄉侯長沙王乂召爲驃騎記室督尚書郎乂與成都王穎交戰穎軍轉盛尚書郎旦出督戰夜還理事含言于乂曰昔魏武每有軍事增置掾屬青龍二年尚書令陳矯以有軍務亦奏增郎今奸逆四逼王路擁塞倒懸之急不復過此但居曹理事尚須增郎況今都官中騎三曹晝出督戰夜還理事一人兩役内外廢乏含謂今有十萬人都督各有主帥推轂授綏委付大將不宜復令臺僚雜與其間乂從之乃增郎及令史懷帝爲撫軍將軍以含爲從事中郎惠帝北征轉中書侍郎及蕩陰之敗含走歸滎陽永興初除太弟中庶子西道阻閡未得應召范陽王虓爲征南將軍屯許昌復以含爲從事中郎尋授振威將軍襄城太守虓爲劉喬所破含奔鎮南將軍劉弘於襄陽弘待以上賓之禮含性通敏好薦達才賢常欲崇趙武之謚加臧文之罪屬陳敏作亂江揚震蕩南越險遠而廣州刺史王毅病卒弘表含爲平越中郎將廣州刺史假節未發會弘卒時或欲留含領荆州含性剛躁素與弘司馬郭勱有隙勱疑含將爲己害夜掩殺之時年四十四懷帝即位謚曰憲

王豹順陽人也少而抗直初爲豫州別駕齊王冏爲大司馬以豹爲主簿冏驕縱失天下心豹致牋於冏曰豹聞王臣謇謇匪躬之故將以安主定時保存社稷者也是以爲人臣而欺其君者刑罰不足以爲誅爲人主而逆其諫者靈厲不足以爲謚伏惟明公虛心下士開懷納善款誠以著而逆耳之言未入於聽豹伏思晉政漸缺始自元康以來宰相在位未有一人獲終乃事勢使然未爲輙有不善也今公尅平禍亂安國定家故復因前傾敗之法尋中間覆車之軌欲冀長存非所敢聞今河間樹根於關右成都盤桓於舊魏新野大封于江漢三面貴王各以方剛强盛並典戎馬處險害之地且明公興義討逆功蓋天下聖德光茂名震當世今以難賞之功挾震主之威獨據京都專執大權進則亢龍有悔退則蔾蒺生庭冀此求安未知其福敢以淺見陳寫愚情昔武王伐紂封建諸侯爲二伯自陝以東周公主之自陝以西召公主之及至其末霸國之世不過數州之地四海强兵不敢入闚九鼎所以然者天下習於所奉故也今誠能尊用周法以成都爲北州伯統河北之王侯明公爲南州伯以攝南土之官長各因本職出居其方樹德於外盡忠於内歲終率所領而貢於朝簡良才命賢儁以爲天子百官則四海長寧萬國幸甚明公之德當與周召同其至美危敗路塞社稷可保願明公思高祖納婁敬之策悟張良履足之謀遠臨深之危保泰山之安若合聖思宛許可都也書入无報豹重牋曰豹書御以來十有二日而聖旨高遠未垂採察不賜一字之令不勑可否之宣蓋霸王之神寶安危之秘術不可須臾而忽者也伏思明公挾大功抱大名懷大德執大權此四大者域中所不能容賢聖所以戰戰兢兢日昃不暇食雖休勿休者也昔周公以武王爲兄成王爲君伐紂有功以親輔政執德弘深聖恩博遠至忠至仁至孝至敬而攝事之日四國流言離主出奔居東三年賴風雨之變成王感悟若不遭皇天之應神人之察恐公旦之禍未知所恨

也至于執政猶與召公分陝爲伯今明公自視功德孰如周公旦元康巳來宰相之患危機竊發不及容思密禍潛起輙在呼噏豈復晏然得全生計前鑒不遠公所親見也君子不有遠慮必有近憂憂至乃悟悔无所及也今若從豹此策皆遣王侯之國北與成都分河爲伯成都在鄴明公都宛規方千里以與圻内侯伯子男小大相率結好要盟同奬皇家貢御之法一如周典若合聖規可先旨與成都共論雖以小才願備行人昔厮養燕趙之微者耳百里奚秦楚之商人也一開其說兩國以寧況豹雖陋大州之綱紀加明公起事險難之主簿也故身雖輕其言未必否也冏令曰得前後白事具意輙别思量也會長沙王乂至于冏案上見豹牋謂冏曰小子離間骨肉何不銅駞下打殺冏既不能嘉豹之策遂納乂言乃奏豹曰臣忿奸凶肆逆皇祚顛墜與成都長沙新野共興義兵安復社稷唯欲戮力皇家與親親宗室腹心從事此臣夙夜自誓无負神明聖簿王豹比有白事敢造異端謂臣忝備宰相必遘危害慮在一旦

不祥之聲可蹻足而待欲臣與成都分陝爲伯盡出蕃王上誣聖朝鑒御之威下長妖惑疑阻衆心噂喈背憎巧賁兩端訕上謗下讒内間外遘惡導奸坐生猜嫌昔孔丘臣魯乃誅少正子産相鄭先戮鄧析誠以交亂名實若趙高詭怪之類也豹爲臣不忠不順不義輙勑都街考竟以明邪正豹將死曰懸吾頭大司馬門見兵之攻齊也衆庶寃之俄而冏敗

劉沉字道真燕國薊人也世爲北州名族少仕州郡博學好古太保衛瓘辟爲掾領本邑大中正敦儒道愛賢能進霍原爲二品及申理張華皆辭旨明峻爲當時所稱齊王冏輔政引爲左長史遷侍中于時李流亂蜀詔沉以侍中假節統益州刺史羅尚梁州刺史許雄等以討流行次長安河間王顒請留沉爲軍司遣席薳代之後領雍州刺史及張昌作亂詔顒遣沉將州兵萬人征西府五千人自藍田關以討之顒不奉詔沉自領州兵至藍田顒又逼奪其衆長沙王乂命沉將武吏四百人還州張方既逼京都王

師屢敗王瑚祖逖言於乂曰劉沉忠義果毅雍州兵力足制河間宜啓上詔與沉使發兵襲顒顒窘急必召張方以自救此計之良也乂從之沉奉詔馳檄四境合七郡之衆及守防諸軍塢壁甲士萬餘人以安定太守衛博新平太守張光安定功曹皇甫澹爲先登襲長安顒時頓于鄭縣之高平亭爲東軍聲援聞沉兵起還鎮渭城遣督護虞夔率步騎萬餘人逆沉于好畤接戰夔衆敗顒大懼退入長安果急呼張方沉渡渭而壘顒每遣兵出鬬輙不利沉乘勝攻之使澹博以精甲五千從長安門而入力戰至顒帳下沉軍來遲顒軍見澹等无繼氣益倍馮翊太守張輔率衆救顒横擊之大戰于府門博父子皆死之澹又被擒顒奇澹壯勇將活之澹不爲之屈於是見殺沉軍遂敗率餘卒屯于故營張方遣其將敦偉夜至沉軍大驚而潰與麾下百餘人南遁爲陳倉令所執沉謂顒曰夫知巳之顧輕在三之節重不可違君父之詔量強弱以苟全投袂

之日期之必死葅醢之戮甘之如薺辭義慷慨見者哀之顒怒鞭之而後腰斬有識者以顒干上犯順虐害忠義知其滅亡不久也

麴允金城人也與游氏世爲豪族西州爲之語曰麴與游牛羊不數頭南開朱門北望青樓洛陽傾覆閻鼎等立秦王爲皇太子於長安鼎總攝百揆允時爲安夷護軍始平太守心害鼎功且規權勢因鼎殺京兆太守梁綜乃與綜弟馮翊太守緯等攻鼎走之會雍州刺史賈疋爲屠各所殺允代其任愍帝即尊位以允爲尚書左僕射領軍持節西戎校尉錄尚書事雍州如故時劉曜殷凱趙染數萬衆逼長安允擊破之擒凱於陣曜復攻地允爲大都督驃騎將軍次于青白城以救之曜聞而轉寇上郡允軍于靈武以兵弱不敢進曜後復圍北地太守麴昌遣使求救允率步騎赴之去城數十里群賊繞城放火煙塵蔽天縱反間詐允曰郡城巳陷焚燒向盡无及矣允信之衆懼而潰後數日

麴昌突圍赴長安北地遂陷允性仁厚无威斷吳皮王隱之徒无賴凶人皆加重爵新平太守竺恢始平太守楊像扶風太守竺爽安定太守焦嵩皆征鎮杖節加侍中常侍村塢主帥小者猶假銀青將軍之號欲以抚結衆心然諸將驕恣恩不及下人情頗離由是羌胡因此跋扈關中淆亂劉曜復攻長安百姓饑甚死者大半久之城中窘逼帝將出降歎曰誤我事者麴索二公也帝至平陽爲劉聰所幽辱允伏地號哭不能起聰大怒幽之於獄允發憤自殺聰嘉其忠烈贈車騎將軍謚節愍侯

焦嵩安定人初率衆據雍曜之逼京都允告難於嵩嵩素侮允曰須允困當救之及京都敗嵩亦尋爲寇所滅

賈渾不知何郡人也太安中爲介休令及劉元海作亂遣其將喬晞攻陷之渾抗節不降曰吾爲晉守不能全之豈苟求生以事賊虜何面目以視息世間哉晞怒執將殺之晞將尹崧曰將軍舍之以勸事君晞不聽遂害之

王育字伯春京兆人也少孤貧爲人傭牧羊每過小學必歔欷流涕時有暇即折蒲學書忘而失羊爲羊主所責育將鬻己以償之同郡許子章敏達之士也聞而嘉之代育償羊給其衣食使與子同學遂博通經史身長八尺餘鬚長三尺容貌絕異音聲動人子章以兄之子妻之爲立別宅分之資業育受之无愧色然行己任性頗不偶俗妻喪弔之者不過四五人然皆鄉閭名士太守杜宣命爲主簿俄而宣左遷萬年令杜令王攸詣宣宣不迎之攸怒曰卿往爲二千石吾所敬也今吾儕耳何故不見迎欲以小雀遇我使我畏死鷄乎育執刃叱攸曰君辱臣死自昔而然我府君以非罪黜降如日月之蝕耳小縣令敢輕辱吾君汝謂吾刃鈍邪敢如是乎前將殺之宣懼跣下抱育乃止自此知名司徒王渾辟爲掾除南武陽縣令爲政清約宿盜逃奔他郡遷并州督護成都王穎在鄴又以育爲振武將軍劉元海之爲北單于育說穎曰元海今去育請爲殿下促之不然懼不至也穎然之以育爲破虜將軍元海遂拘之其後以爲太傅

韋忠字子節平陽人也少慷慨有不可奪之志好學博通性不虛諾閉門修己不交當世每至吉凶親表贈遺一无所受年十二喪父哀慕毀悴杖而後起司空裴秀弔之匍匐號訴哀慟感人秀出而告人曰此子長大必爲佳器歸而命子頠造焉服闋遂廬於墓所頠慕而造之皆託行不見家貧藜藿不充人不堪其憂而忠不改其樂頠爲僕射數言之於司空張華華辟之辭疾不起人問其故忠曰吾茨簷賤士本无宦情且茂先華而不實裴頠慾而无厭棄典禮而附賊后若此豈大丈夫之所宜行邪裴常有心託我常恐洪濤蕩嶽餘波見漂況可臨尾閭而闚沃焦哉太守陳楚迫爲功曹會山羌破郡楚攜子出走賊射之中三創忠冒刃伏楚以身捍之泣曰韋忠願以身代君乞諸君哀之亦遭五矢賊相謂曰義士也舍之忠於是負楚以歸後仕劉聰爲鎮西大將軍平羌校尉討叛羌矢盡不屈節而死

辛勉字伯力隴西狄道人也父洪左衛將軍勉博學有貞固之操懷帝世累遷爲侍中及洛陽陷隨帝至平陽劉聰將署爲光祿大夫勉固辭不受聰遣其黃門侍郎喬度齎藥酒逼之勉曰大丈夫豈以數年之命而虧高節事二姓下見武皇帝哉引藥將飲度遽止之曰主上相試耳君眞高士也歎息而去聰嘉其貞節深敬異之爲築室于平陽西山月致酒米勉亦辭而不受年八十卒勉族弟賓愍帝時爲尚書郎及帝蒙塵於平陽劉聰使帝行酒洗爵欲觀晉臣在朝者意賓起而抱帝大哭聰曰前殺庾珉輩故不足爲戒邪引出遂加害焉

劉敏元字道光北海人也厲己修學不以險難改心好星曆陰陽術數潛心易太玄不好讀史常謂同志曰誦書當味義根何爲費功於浮辭之文易者義之源太玄理之門能明此者即吾師也永嘉之亂自齊西奔同縣管平年七十餘隨敏元而西行及滎陽爲盜所劫敏元已免乃還謂賊曰此公孤老餘年无幾

敏元請以身代頠諸君舍之賊曰此公與君何親敏元曰同邑人也窮寠无子依敏元爲命諸君若欲役之老不堪使若欲食之復不如敏元乞諸君哀也有一賊瞋目叱敏元曰吾不放此公憂不得汝乎敏元奮劒曰吾豈望生邪當殺汝而後死此公窮老神祇尚當哀矜之吾親非骨肉義非師友但以見投之故乞以身代諸大夫慈恵皆有聽吾之色汝何有靦面目而發斯言顧謂諸盜長曰夫仁義何常寧可失諸君子上當爲高皇光武之事下豈失爲陳項乎當取之由道使所過稱詠威德奈何容畜此人以損盛美當爲諸君除此人以成諸君霸王之業前將斬之盜長遽止之而相謂曰義士也害之犯義乃俱免之後仕劉曜爲中書侍郎太尉長史

周該天門人也性果烈以義勇稱雖不好學而率由名教叔父級爲宜都内史亦忠節士也聞譙王承立義湘州甘卓又不同王敦之舉而書檄不至級謂該曰吾嘗疾王敦挾陵上之心今稱兵構

逆有危社稷之勢譙王宗室之望據方州之重建旗誓衆圖襲武昌甘安南少著勇名士馬器械當今爲盛聞與譙王尅期舉義此乃烈士急病之秋吾致死之時也汝其成吾之志申款于譙王乎該欣然奉命潛至湘州與承相見口陳至誠承大悅會王敦遣其將魏乂圍承甚急該乃與湘州從事周崎間出反命俱爲乂所執考之至死竟不言其故級由是獲免王敦之難

桓雄長沙人也少仕州郡譙王承爲湘州刺史命爲主簿王敦之逆承爲敦將魏乂所執佐吏奔散雄與西曹韓階從事武延並毁服爲僮竪隨承向武昌乂見雄姿貌長者進退有禮知非凡人有畏憚之色因害之

韓階長沙人也性廉謹篤慎爲閭里所敬愛刺史譙王承辟爲議曹祭酒轉西曹書佐及承爲魏乂所執送武昌階與武延等同心隨從在承左右桓雄被害之後二人執志愈固及承遇禍階延親營殯斂送柩還都朝夕哭奠俱葬畢乃還

周崎邵陵人也爲湘州從事王敦之難譙王承使崎求救于外與周該俱爲魏乂偵人所執乂責崎辭情臨以白刃崎曰州將使求援于外本无定指隨時制宜耳乂謂崎曰汝爲我語城中稱大將軍已破劉隗戴若思甘卓住襄陽无復異議三江州郡萬里肅清外援理絶如是者我當活汝崎僞許之既到城下大呼曰王敦軍敗於于湖甘安南已尅武昌即日分遣大衆來赴此急努力堅守賊今散矣乂於是數而殺之

易雄字興長長沙劉陽人也少爲縣吏自念卑淺无由自達乃脫幘挂縣門而去因習律令及施行故事交結豪右州里稍稱之仕郡爲主簿張昌之亂也執太守萬嗣將斬之雄與賊争論曲直賊怒叱使牵雄斬之雄趨出自若賊又呼問之雄對如初如此者三賊乃舍之嗣由是獲免雄遂知名舉孝廉爲州主簿遷别駕自以門寒不宜久處上綱謝職還家後爲舂陵令刺史譙王承既距王敦將謀起兵以赴朝廷雄承符馳檄遠近列敦罪惡宣募縣境數

日之中有衆千人負糧荷戈而從之承既固守而湘中殘荒之後城池不完兵資又闕敦遣魏乂李恒攻之雄勉厲所統扞禦累旬士卒死傷者相枕力屈城陷爲乂所虜意氣慷慨神无懼色送到武昌敦遣人以檄示雄而數之雄曰此實有之惜雄位微力弱不能救國之難王室如燬雄安用生爲今日即戮得作忠鬼乃所願也敦憚其辭正釋之衆人皆賀雄笑曰昨夜夢乘車挂肉其傍夫肉必有筋筋者斤也車傍有斤吾其戮乎尋而敦遣殺之當時見者莫不傷惋

樂道融丹陽人也少有大志好學不倦與朋友信每約已而務周給有國士之風爲王敦參軍敦將圖逆謀害朝賢以告甘卓卓以爲不可遲留不赴敦遣道融召之道融雖爲敦佐忿其逆節因說卓曰主上躬統萬機非專任劉隗今慮七國之禍故割湘州以削諸侯而王氏擅權日久卒見分政便謂被奪耳王敦背恩肆逆舉兵伐主國家待君至厚今若同之豈不負義生爲逆臣死

爲愚鬼永成宗黨之恥邪君當僞許應命而馳襲武昌敦衆聞之必不戰自散大勳可就矣卓大然之乃與巴東監軍柳純等露檄陳敦過逆率所統致討又遣齎表詣臺卓性不果決且年老多疑遂待諸方同進出軍稽遲至豬口敦聞卓已下兵卓兄子卬時爲敦參軍使卬求和於卓令其旋軍卓信之將旋主簿鄧騫與道融勸卓曰將軍起義兵而中廢爲敗軍之將竊爲將軍不取今將軍之下士卒各求其利一旦而還恐不可得也卓不從道融晝夜涕泣諫卓憂憤而死

虞悝長沙人也弟望字子都並有士操孝悌廉信爲鄉黨所稱而俱好臧否以人倫爲己任少仕州郡兄弟更爲治中別駕元帝爲丞相招延四方之士多辟府掾時人謂之百六掾望亦被召恥而不應譙王承臨州知其名檄悝爲長史未到遭母喪會王敦作逆承往弔悝因留與語曰吾前被詔遣鎮此州正以王敦專擅防其爲禍今敦果爲逆謀吾受任一方欲率所領馳赴朝廷而衆少糧乏

且始到貴州恩信未著卿兄弟南夏之翹儁而智勇遠聞克墨經即戎況今鯨鯢塞路王室危急安得遂罔極之情忘忠義之節乎如今起事將士器械可以濟不悝望對曰王敦居分陜之任一旦構逆圖危社稷此天地所不容人神所忿疾大王不以猥劣枉駕訪及悝兄弟並受國恩敢不自奮今天朝中興人思晉德大王以宗子之親奉信順而誅有罪孰不荷戈致命但鄙州荒弊粮器空竭舟艦寡少難以進討宜且收衆固守傳檄四方其勢必分然後圖之事可捷也承以爲然乃命悝爲長史望爲司馬督護諸軍湘東太守鄭澹敦之姊夫也不順承旨遣望討之望率衆一旅直入郡斬澹以徇四境及魏乂來攻望每先登力戰而死城破悝復爲乂所執將害之子弟對之號泣悝謂曰人生有死闔門爲忠義鬼亦何恨哉及王敦平贈悝襄陽太守望滎陽太守遣謁者至墓祭以少牢

沈勁字世堅吳興武康人也父充與王敦構逆衆敗而逃爲部曲將吳儒所殺勁當坐誅鄉人錢舉匿之得免其後竟殺讐人勁少有節操哀父死于非義志欲立勳以雪先恥年三十餘以刑家不得仕進郡將王胡之深異之及遷平北將軍司州刺史將鎮洛陽上疏曰臣當藩衛山陵式遏戎狄雖義督羣心人思自奮然方翦荆棘奉宣國恩艱難急病非才不濟吳興男子沈勁清操著于鄉邦貞固足以幹事且臣今西文武義故吳興人最多若令勁參臣府事者見人既悅義附亦衆勁父充昔雖得罪先朝然其門戶累蒙曠蕩不審可得特垂沛然許臣所上否詔聽之勁既應命胡之以疾病解職升平中慕容恪侵逼山陵時冠軍將軍陳祐守洛陽衆不過二千勁自表求配祐效力因以勁補冠軍長史令自募壯士得千餘人以助祐擊賊頻以寡制衆而糧盡援絕祐懼不能保全會賊寇許昌祐因以救許昌爲名興寧三年留勁以五百人守城祐率衆而東會許昌已沒祐因奔崖塢勁志欲致命欣獲死所尋爲恪所攻城陷被執神氣自若恪奇而將宥之其中

軍將軍慕容虔曰勁雖奇士觀其志度終不爲人用今若赦之必爲後患遂遇害恪還從容言於慕容暐曰前平廣固不能濟辟閭今定洛陽而殺沈勁實有愧於四海朝廷聞而嘉之贈東陽太守子赤黔爲大長秋赤黔子叔任義熙中爲益州刺史

吉挹字祖冲馮翊蓮芍人也祖朗愍帝時爲御史中丞西朝不守朗歎曰吾智不能謀勇不能死何忍君臣相隨北面事賊虜乎乃自殺挹少有志節孝武帝初苻堅陷梁益桓豁表挹爲魏興太守尋加輕車將軍領晉昌太守以距堅之功拜員外散騎侍郎苻堅將韋鍾攻魏興挹遣衆距之斬七百餘級加督五郡軍事鍾率衆欲趣襄陽挹又邀擊斬五千餘級鍾怒迴軍圍之挹又屢挫其鋭其後賊衆繼至挹力不能抗城將陷引刀欲自殺其友止之曰且苟存以展他計爲計不立死未晚也挹不從友人逼奪其刀會賊執之挹閉口不言不食而死車騎將軍桓冲上言曰故輕車將軍魏興太守吉挹祖朗西臺傾覆隕身守節挹世篤忠孝乃心

本朝臣亡兄温昔伐咸陽軍次灞水挹携將二弟單馬來奔錄其此誠仍加擢授自新野太守轉在魏興久處兵任委以邊戍疆埸歸懷著稱所莅前年狡氐縱逸浮河而下挹孤城獨立衆无一旅外摧凶鋭内固津要虜賊舟船俘馘千計而賊并力攻圍經歷時月會襄陽失守邊情沮喪加衆寡勢殊以至陷没挹辭氣慷慨志在不辱杖刄推戈期之以隕將吏持守用不即斃遂乃杜口无言絶粒而死挹參軍史頴近于賊中得齎挹臨終手疏并具説意狀挹之忠志猶在可錄若蒙天地垂曲宥之恩則榮加枯朽惠隆泉壤矣帝嘉之追贈益州刺史

王諒字幼成丹陽人也少有幹略爲王敦所擢參其府事稍遷武昌太守初新昌太守梁碩專威交土迎立陶咸爲刺史咸卒王敦以王機爲刺史碩發兵距機自領交趾太守乃迎前刺史修則子湛行州事永興三年敦以諒爲交州刺史諒將之任敦謂曰修湛梁碩皆國賊也卿至便收斬之諒既到境湛退還九眞廣州刺史

陶侃遣人誘湛來詣諒所諒勑從人不得入閤既前執之碩時在坐曰湛故州將之子有罪可遣不足殺也諒曰是君義故无豫我事即斬之碩怒而出諒陰謀誅碩使客刺之弗尅遂率衆圍諒於龍編陶侃遣軍救之未至而諒敗碩逼諒奪其節諒固執不與遂斷諒右臂諒正色曰死且不畏臂斷何有十餘日憤恚而卒碩據交州凶暴酷虐一境患之竟爲侃軍所滅傳首京都

宋矩字處規敦煌人也慷慨有志節張重華據涼州地以矩爲宛戍都尉石季龍遣將麻秋攻大夏護軍梁式執太守宋晏以城應秋秋遣晏以書致矩矩既至謂秋曰辭父事君當立功與義苟功義不立當守名節矩終不背主覆宗偷生於世先殺妻子自刎而死秋曰義士也命葬之重華嘉其誠節贈振威將軍

車濟字萬度敦煌人也果毅有大量張重華以爲金城令爲石季龍將麻秋所陷濟不爲秋屈秋必欲降之乃臨之以兵濟辭色不橈曰吾雖才非龐德而受任同之身可殺志不可移乃伏劒而死秋歎其忠節以禮葬之後重華迎致其喪親臨慟哭贈宜禾都尉

丁穆字彦遠譙國人也積功勞封眞定侯累遷爲順陽太守太元四年除振武將軍梁州刺史受詔未發會苻堅遣衆寇順陽穆戰敗被執至長安稱疾不仕僞朝堅又傾國南寇穆與關中人士唱義謀襲長安事泄遇害臨死作表以付其妻周其後周得至京師詣闕上之孝武帝下詔曰故順陽太守眞定侯丁穆乃屈身陷而誠節彌固直亮壯勁義貫古烈其喪柩始反言尋傷悼可贈龍驤將軍雍州刺史賻賜一依周處故事爲立屋宅并給其妻衣食以終厥身

辛恭靖隴西狄道人也少有器幹才量過人隆安中爲河南太守會姚興來寇恭靖固守百餘日以无救而陷被執至長安興謂之曰朕將任卿以東南之事可乎恭靖厲色曰我寧爲國家鬼不爲

羌賊臣興怒幽之別室經三年至元興中誑守者乃踰垣而遁歸于江東安帝嘉之桓玄請爲諮議參軍置之朝首尋而病卒

羅企生字宗伯豫章人也多才藝初拜佐著作郎以家貧親老求補臨汝令刺史王凝之請爲別駕殷仲堪之鎮江陵引爲功曹累遷武陵太守未之郡而桓玄攻仲堪仲堪更以企生爲諮議參軍仲堪多疑少決企生深憂之謂弟遵生曰殷侯仁而无斷事必无成成敗天也吾當死生以之仲堪果走文武无送者唯企生從焉路經家門遵生曰作如此分離何可不執手企生迴馬授手遵生有勇力便牽下之謂曰家有老母將欲何之企生揮淚曰今日之事我必死之汝等奉養不失子道一門之中有忠與孝亦復何恨遵生抱之愈急仲堪於路待之企生遥呼曰生死是同願少見待仲堪見企生无脱理策馬而去玄至荆州人士无不詣者企生獨不往而營理仲堪家或謂之曰玄猜忍之性未能取卿誠節若遂不詣禍必至矣企生正色曰我是殷侯吏見遇以國士爲弟以力見制遂

不我從不能共殄醜逆致此奔敗亦何面目復就相求生乎玄聞之大怒然素待企生厚先遣人謂曰若謝我當釋汝企生曰爲殷荆州吏荆州奔亡存亡未判何顏復謝玄即收企生遣人問欲何言答曰文帝殺嵇康嵇紹爲晉忠臣從公乞一弟以養老母玄許之又引企生於前謂曰吾相遇甚厚何以見負今者死矣企生對曰使君既興晉陽之甲軍次尋陽並奉王命各還所鎮升壇盟誓口血未乾而生奸計自傷力劣不能翦滅凶逆恨死晚也玄遂害之時年三十七衆咸悼焉先是玄以羔裘遺企生母胡氏及企生遇害即日焚裘

張褘吳郡人也少有操行恭帝爲瑯邪王以褘爲郎中令及帝踐阼劉裕以褘帝之故吏素所親信封藥酒一罌付褘密令鴆帝褘既受命而歎曰鴆君而求生何面目視息世間哉不如死也因自飲之而死

史臣曰中散以膚受見誅王儀以抗言獲戾時皆可謂死非其罪也偉元恥臣晉室延祖甘赴危亡所由之理雖同所趣之塗即異而並見稱當世垂芳竹帛豈不以君父居在三之極忠孝爲百行之先者乎且褒獨善其身故得全其孝而紹兼濟于物理宜竭其忠可謂蘭桂異質而齊芳韶武殊音而並美或有論紹者以死難獲譏揚搉言之未爲篤論夫君天也天可讎乎安既享其榮危乃違其禍進退无據何以立人嵇生之隕身全節用此道也

贊曰重義輕生亡軀殉節勁松方操嚴霜比烈白刃可陵貞心難折道光振古芳流來哲

列傳第五十九　晉書八十九

列傳第六十　晉書九十　御撰

良吏

魯芝　胡威　杜軫　竇允
王宏　曹攄　潘京　范晷
丁紹　喬智明　鄧攸　吳隱之

漢宣帝有言百姓所以安其田里而无歎息愁恨之心者政平訟理也與我共此者其唯良二千石乎此則長吏之官寔爲撫導之本是以東里相鄭西門宰鄴潁川黃霸蜀郡文翁或吏不敢欺或人懷其惠或教移齊魯或政務寬和斯並惇史播其徽音良吏以爲準的有晉肇茲王業光啓霸圖授方任能經文緯武泰始受禪更物君臨纂三葉之鴻基膺百王之大寶勞心庶績垂意黎元申勑守宰之司屢發憂矜之詔辭旨懇切誨諭殷勤欲使直道正身抑末敦本當此時也可謂農安其業吏盡其能者歟而帝寬厚足以君人明威未能厲俗政刑以之私謁賄賂於此公行結綬者以放濁爲通彈冠者以苟得爲貴流遁忘反寖以爲常劉毅抗賣官之言當時以爲矯枉察其風俗豈虛也哉爰及惠懷中州鼎沸遠於江左晉政多門元帝比少康之隆處仲爲梗海西微昌邑之罪元子亂常既權僞是憂故羈縻成俗莅職者爲身擇利銓綜者爲人擇官下僚多英雋之才勢位必高門之胄遂使良能之績僅有存焉雖復茂弘以明允贊經綸安石以時宗鎮雅俗然外虞孔熾內難方殷匡救彌縫方免傾覆弘風革弊彼則未遑今采其政績可稱者以爲良吏傳

魯芝字世英扶風郿人也世有名德爲西州豪族父爲郭汜所害芝繈緥流離年十七乃移居雍耽思墳籍郡舉上計吏州辟別駕魏車騎將軍郭淮爲雍州刺史深敬重之舉孝廉除郎中會蜀相諸葛亮侵隴右淮復請芝爲別駕事平薦于公府辟大司馬曹眞掾轉臨淄矦文學鄭袤薦于司空王朗朗即加禮命後拜騎都尉參軍事行安南太守遷尚書郎曹眞出督關右又參大司

馬軍事眞薨宣帝代焉乃引芝叅驃騎軍事轉天水太守郡鄰于蜀數被侵掠户口減削寇盜充斥芝傾心鎮衛吏造城市數年間舊境悉復遷廣平太守天水夷夏慕德老幼赴闕獻書乞留芝魏明帝許焉仍策書嘉歎勉以黄霸之美加討寇將軍曹爽輔政引爲司馬芝屢有讜言嘉謀爽弗能納及宣帝起兵誅爽芝率餘衆犯門斬關馳出赴爽勸爽曰公居伊周之位一旦以罪見黜雖欲牽黄犬復可得乎若挾天子保許昌仗大威以羽檄徵四方兵孰敢不從捨此而去欲就東市豈不痛哉爽懦惑不能用遂委身受戮芝坐爽下獄當死而口不訟直志不苟免宣帝嘉之赦而不誅俄而起爲使持節領護匈奴中郎將振威將軍并州刺史以綏緝有方遷大鴻臚高貴鄉公即位賜爵關内矦邑二百户毋丘儉平隨例增邑二百户拜揚武將軍荆州刺史諸葛誕以壽春叛文帝奉魏帝出征徵兵四方芝率荆州文武以爲先驅誕平進爵武進亭矦又增邑九百户遷大尚書掌刑理常道鄉公即位進爵斄城鄉矦

又增邑八百户遷監青州諸軍事振武將軍青州刺史轉平東將軍五等建封陰平伯武帝踐阼轉鎮東將軍進爵爲侯帝以芝清忠履正素无居宅使軍兵爲作屋五十間芝以年及懸車告老遜位章表十餘上於是徵爲光祿大夫位特進給吏卒門施行馬羊祜爲車騎將軍乃以位讓芝曰光祿大夫魯芝潔身寡欲和而不同服事華髮以禮終始未蒙此選臣更越之何以塞天下之望上不從其爲人所重如是泰始九年卒年八十四帝爲舉哀賵贈有加謚曰貞賜塋田百畝

胡威字伯武一名貔淮南壽春人也父質以忠清著稱少與鄉人蔣濟朱績俱知名於江淮間仕魏至征東將軍荆州刺史威早厲志尚質之爲荆州也威自京都定省家貧无車馬僮僕自驅驢單行每至客舍躬放驢取樵炊㸑食畢復隨侣進道既至見父停廐中十餘日告歸父賜絹一匹爲裝威曰大人清高不審於何得此絹質曰是吾俸祿之餘以爲汝糧耳威受之辭歸質帳下都督先威未發請假還家陰資裝於百餘里要威爲伴每事佐助行數百里威疑而誘問之既知乃取所賜絹與都督謝而遣之後因他信以白質質杖都督一百除吏名其父子清慎如此於是名譽著聞拜侍御史歷南鄉矦安豐太守遷徐州刺史勤于政術風化大行後入朝武帝語及平生因歎其父清謂威曰卿孰與父清對曰臣不如也帝曰卿父以何爲勝耶對曰臣父清恐人知臣清恐人不知是臣不及遠也帝以威言直而婉謙而順累遷監豫州諸軍事右將軍豫州刺史入爲尚書加奉車都尉威嘗諫時政之寬帝曰尚書郎以下吾无所假借威曰臣之所陳豈在丞郎令史正謂如臣等輩始可以肅化明法耳拜前將軍監青州諸軍事青州刺史以功封平春矦太康元年卒于位追贈使持節都督青州諸軍事鎮東將軍餘如故謚曰烈子奕嗣奕字次孫仕至平東將軍威弟羆字季象亦有幹用仕至益州刺史安東將軍

杜軫字超宗蜀郡成都人也父雄綿竹令軫師事譙周博涉經書州辟不就爲郡功曹史時鄧艾至成都軫白太守曰今大軍來征必除舊布新明府宜避之此全福之道也太守乃出艾果遣其參軍牽弘自之郡弘問軫前守所在軫正色對曰前守達去就之機輒自出官舍以俟君子弘器之命復爲功曹軫固辭察孝廉除建寧令導以德政風化大行夷夏悦服秩滿將歸羣蠻追送賂遺甚多軫一无所受去如初至又除池陽令爲雍州十一郡最百姓生爲立祠得罪者无怨言累遷尚書郎軫博聞廣涉奏議駁論多見施用時涪人李驤亦爲尚書郎與軫齊名每有論議朝廷莫能踰之號蜀有二郎軫後拜犍爲太守甚有聲譽當遷會病卒年五十一子毗毗字長基州舉秀才成都王頴辟大將軍掾遷尚書郎叅太傅軍事及洛陽覆没毗南渡江王敦表爲益州刺史將與宜都太守柳純共固白帝杜弢遣軍要毗遂遇害毗弟秀字彦頴爲羅尚主簿州没爲氐賊李驤所得

欲用爲司馬秀不受見害毗次子歆舉秀才軫弟烈明政事察孝廉歷平康安陽令所居有異績遷衡陽太守聞軫亡因自表兄子幼弱求去官詔轉犍爲太守蜀土荣之後遷湘東太守爲成都王穎郎中令病卒烈弟良舉秀才除新都令涪陵太守不就補州大中正卒

竇允字雅始平人也出自寒門清尚自脩少仕縣稍遷郡主簿察孝廉除浩亹長勤於爲政勸課田蠶平均調役百姓賴之遷謁者泰始中詔曰當官者能潔身脩己然後在公之節乃全身善有章雖賤必賞此興化立教之務也謁者竇允前爲浩亹長以修勤清白見稱河右是輩當擢用使立行者有所勸主者詳復叅訪有以表之拜臨水令克己厲俗改修政事士庶悅服咸歌詠之遷鉅鹿太守甚有政績卒於官

王宏字正宗高平人魏侍中粲之從孫也魏時辟公府累遷尚書郎歷給事中泰始初爲汲郡太守抚百姓如家耕桑樹藝屋宇阡陌莫

不躬自教示曲盡事宜在郡有殊績司隸校尉石鑒上其政術武帝下詔稱之曰朕惟人食之急而懼天時水旱之運夙夜警戒念在於農雖詔書屢下勑厲殷勤猶恐百姓廢惰以損生植之功而刺史二千石百里長吏未能盡勤至使地有遺利而人有餘力每思聞監司糾舉能不將行其賞罰以明沮勸令司隸校尉石鑒上汲郡太守王宏勤恤百姓導化有方督勸開荒五千餘頃而熟田常課頃畝不減比年普饑人不足食而宏郡界獨无匱乏可謂能矣其賜宏穀千斛布告天下咸使聞知俄遷衛尉河南尹大司農无復能名更爲苛碎坐桎梏罪人以泥墨塗面置深坑中餓不與食又擅縱五歲刑以下二十一人爲有司所劾帝以宏累有政績聽以贖罪論太康中代劉毅爲司隸校尉於是檢察士庶使車服異制庶人不得衣紫絳及綺繡錦繢帝常遣左右微行觀察風俗宏緣此復遣吏科檢婦人衵服至褰發於路論者以爲暮年謬妄由是獲譏於世復坐免官後起爲尚書太康五年卒追贈太常

曹攄字顏遠譙國譙人也祖肇魏衛將軍攄少有孝行好學善屬文太尉王衍見而器之調補臨淄令縣有寡婦養姑甚謹姑以其年少勸令改適婦守節不移姑愍之密自殺親黨告婦殺姑官爲考鞫寡婦不勝苦楚乃自誣獄當决適值攄到攄知其有冤更加辨究具得情實時稱其明獄有死囚歲夕攄行獄愍之曰卿等不幸致此非所如何新歲人情所重豈不欲蹔見家邪衆囚皆涕泣曰若得蹔歸死无恨也攄悉開獄出之剋日令還掾吏固爭咸謂不可攄曰此雖小人義不見負自爲諸君任之至日相率而還並无違者一縣歎服號曰聖君入爲尚書郎轉洛陽令仁惠明斷百姓懷之時天大雨雪宮門夜失行馬羣官檢察莫知所在攄使收門士衆官咸謂不然攄曰宮掖禁嚴非外人所敢盜必是門士以燎寒耳詰之果服以病去官復爲洛陽令及齊王冏輔政攄與左思俱爲記室督冏嘗從容問攄曰天子爲賊臣所逼莫有能奮吾率四海義兵興復王室今入輔朝廷匡振時艱或有勸吾還國於卿意如何攄

曰蕩平國賊匡復帝祚古今人臣之功未有如大王之盛也然道罔隆而不殺物无盛而不衰非惟人事抑亦天理竊預下問敢不盡情願大王居高慮危在盈思冲精選百官存公屏欲舉賢進善務得其才然後脂車秣馬高揖歸藩則上下同慶攄等幸甚冏不納尋轉中書侍郎長沙王乂以爲驃騎司馬乂敗免官因丁母憂惠帝末起爲襄城太守時襄城屢經寇難攄綏懷振理旬月克復永嘉二年高密王簡鎮襄陽以攄爲征南司馬其年流人王逌等聚衆屯冠軍寇掠城邑簡遣叅軍崔曠討之令攄督護曠曠奸凶人也譎攄前戰期爲後繼既而不至攄獨與逌戰于酈縣軍敗死之故吏及百姓並奔喪會葬號哭即路如赴父母焉

潘京字世長武陵漢壽人也弱冠郡辟主簿太守趙廞甚器之嘗問曰貴郡何以名武陵京曰鄙郡本名義陵在辰陽縣界與夷相接數爲所攻光武時移東出遂得全完共議易號傳曰止戈爲武詩稱高平曰陵於是名焉爲州所辟因謁見問策探得不孝字刺史戲京

曰辟士爲不孝邪京舉版荅曰今爲忠臣不得復爲孝子其機辯皆此類後太廟立州郡皆遣使賀京白太守曰夫太廟立移神主應問訊不應賀遂遣京作文使詣京師以爲永式京仍舉秀才到洛尚書令樂廣京州人也共談累日深歎其才謂京曰君天才過人恨不學耳若學必爲一代談宗京感其言遂勤學不倦時武陵太守戴昌亦善談論與京共談京假借之昌以爲不如己笑而遣之令過其子若思京方極其言論昌竊聽之乃歎服曰才不可假遂父子俱屈焉歷巴丘郡陵泉陵三令京明於政術路不拾遺遷桂林太守不就歸家年五十卒

范晷字彥長南陽順陽人也少遊學清河遂徙家僑居郡命爲五官掾歷河內郡丞太守裴楷雅知之薦爲侍御史調補上谷太守遭喪不之官後爲司徒左長史轉馮翊太守甚有政能善於綏撫百姓愛悅之徵拜少府出爲涼州刺史轉雍州于時西土荒毀氐羌蹈籍田桑失收百姓困弊晷傾心化導勸以農桑所部甚賴之元康中加左

將軍卒於官二子廣稚廣字仲將舉孝廉除靈壽令不之官姊適孫氏早亡有孫名邁廣負以南奔雖盜賊艱急終不棄之元帝承制以爲堂邑令丞劉榮坐事當死郡劾以付縣榮即縣人家有老母至節廣輒聽暫還榮亦如期而反縣堂爲野火所及榮脫械救火事畢還自著械後大旱米貴廣散私穀振饑人至數千斛遠近流寓歸投之戶口十倍卒於官稚少知名辟大將軍掾早卒子汪別有傳

丁紹字叔倫譙國人也少開朗公正早歷清官爲廣平太守政平訟理道化大行于時河北騷擾靡有完邑而廣平一郡四境乂安是以皆悅其法而從其令及臨漳被圍南陽王模窘急紹率郡兵赴之模賴以獲全模感紹恩生爲立碑遷徐州刺史士庶戀慕攀附如歸未之官復轉荊州刺史從車千乘南渡河至許時南陽王模爲都督留紹啓轉爲冀州刺史到鎮率州兵討破汲桑有功加寧北將軍假節監冀州諸軍事時境內羯賊爲患紹捕而誅之號爲嚴肅河北人畏而愛之紹自以爲才足爲物雄當官莅政每事尅舉視天下之事若運於掌握遂慨然有董正四海之志矣是時王浚盛於幽州苟晞盛於青州然紹視二人蔑如也永嘉年暴疾而卒臨終歎曰此乃天亡冀州豈吾命哉懷帝策贈車騎將軍

喬智明字元達鮮卑前部人也少喪二親哀毀過禮長而以德行著稱成都王穎辟爲輔國將軍穎之敗趙王倫也表智明爲殄寇將軍隆慮共二縣令二縣愛之號爲神君部人張兌爲父報仇母老單身有妻无子智明愍之停其獄歲餘令兌將妻入獄兼陰縱之人有勸兌逃者兌曰有君如此吾何忍累之縱吾得免作何面目視息世間於獄產一男會赦得免其仁感如是惠帝之伐鄴也穎以智明爲折衝將軍參丞相前鋒軍事智明勸穎奉迎乘輿穎大怒曰卿名曉事投身事孤主上爲羣小所逼將加非罪於孤卿柰何欲使孤束手就刑邪共事之義正若此乎智明乃止尋屬永嘉之亂仕於劉曜

鄧攸字伯道平陽襄陵人也祖殷亮直強正鍾會伐蜀奇其才自黽池令召爲主簿賈充伐吳請殷爲長史後授皇太子詩爲淮南太守夢行水邊見一女子猛獸自後斷其盤囊占者以爲水邊有女汝字也斷盤囊者新獸頭代故獸頭也不作汝陰當汝南也果遷汝陰太守後爲中庶子攸七歲喪父尋喪母及祖母居喪九年以孝致稱清和平簡貞正寡欲少孤與弟同居初祖父殷有賜官敕攸受之後太守勸攸去王官欲舉爲孝廉攸曰先人所賜不可改也嘗詣鎮軍賈混混以人訟事示攸使決之攸不視曰孔子稱聽訟吾猶人也必也使无訟乎混奇之以女妻焉舉灼然二品爲吳王文學歷太子洗馬東海王越參軍越欽其爲人轉爲世子文學吏部郎越弟騰爲東中郎將請攸爲長史出爲河東太守永嘉末沒于石勒然勒宿忌諸官長二千石聞攸在營馳召將殺之攸至門門幹乃攸爲郎時幹識攸攸求紙筆作辭幹候勒和悅致之勒重其辭

乃命勿殺勒長史張賔先與攸比舍重攸名操因稱攸于勒勒召至幕下與語悅之以為參軍給車馬勒每東西置攸車營中勒夜禁火犯之者死攸與胡鄰轂胡夜失火燒車吏按問胡乃誣攸攸度不可與爭遂對以弟婦散發温酒為辭勒赦之既而胡人深感自縛詣勒以明攸而陰遺攸馬驢諸胡莫不歎息宗敬之石勒過泗水攸乃斫壞車以牛馬負妻子而逃又遇賊掠其牛馬步走擔其兒及其弟子綏度不能兩全乃謂其妻曰吾弟早亡唯有一息理不可絕止應自棄我兒耳幸而得存我後當有子妻泣而從之乃棄之其子朝棄而暮及明日攸繫之於樹而去至新鄭投李矩三年將去而矩不聽荀組以為陳郡汝南太守愍帝徵為尚書左丞長水校尉皆不果就後密捨矩去投荀組於許昌矩深恨焉久之乃送家屬還攸攸與刁協周顗素厚遂至江東元帝以攸為太子中庶子時吳郡闕守人多欲之帝以授攸攸載米之郡俸祿无所受唯飲吳水而已時郡中大饑攸表振貸未報乃輒開倉救之臺遣

散騎常侍桓彝虞騑慰勞饑人觀聽善不乃劾攸以擅出穀俄而有詔原之攸在郡刑政清明百姓歡悅為中興良守後稱疾去職郡常有送迎錢數百萬攸去郡不受一錢百姓數千人留牽攸船不得進攸乃小停夜中發去吳人歌之曰紞如打五鼓雞鳴天欲曙鄧侯挽不留謝令推不去百姓詣臺乞留一歲不聽拜侍中歲餘轉吏部尚書蔬食弊衣周急振乏性謙和善與人交賔无貴賤待之若一而頗敬媚權貴永昌中代周顗為護軍將軍太寧二年王敦反明帝密謀起兵乃遷攸為會稽太守初王敦伐都之後中外兵數每月言之於敦攸已出在家不復知護軍事有惡攸者誣攸尚白敦兵數帝聞而未之信轉攸為太常時帝南郊攸病不能從車駕過攸問疾攸力病出拜有司奏攸不堪行郊而拜道左坐免攸每有進退无喜愠之色久之遷尚書右僕射咸和元年卒贈光祿大夫加金章紫綬祠以少牢攸棄子之後妻不復孕過江納妾甚寵之訊其家屬說是北人遭亂憶父母姓名乃攸之甥攸素有德行聞之感恨遂不復畜妾卒以无嗣時人義而哀之為之語曰天道无知使鄧伯道无兒弟子綏服攸喪三年

吳隱之字處默濮陽甄城人魏侍中質六世孫也隱之美姿容善談論博涉文史以儒雅標名弱冠而介立有清操雖日晏歠菽不饗非其粟儋石无儲不取非其道年十餘丁父憂每號泣行人為之流涕事母孝謹及其執喪哀毀過禮家貧无人鳴鼓每至哭臨之時恒有雙鶴警叫及祥練之夕復有羣鴈俱集時人咸以為孝感所至嘗食鹹菹以其味旨掇而棄之與太常韓康伯鄰居康伯母殷浩之姊賢明婦人也每聞隱之哭聲輟餐投筯為之悲泣既而謂康伯曰汝若居銓衡當舉如此輩人及康伯為吏部尚書隱之遂階清級解褐輔國功曹轉參征虜軍事兄坦之為袁真功曹真敗將及禍隱之詣桓温乞代兄命温矜而釋之遂為温所知賞拜奉朝請尚書郎累遷晉陵太守在郡清儉妻自負薪入為中書侍郎國子博士太子右衛率轉散騎常侍領著作郎孝武帝欲用為黃門郎以

隱之貌類簡文帝乃止尋守廷尉秘書監御史中丞領著作如故遷左衛將軍雖居清顯祿賜皆班親族冬月无被嘗澣衣乃披絮勤苦同於貧庶廣州包帶山海珍異所出一篋之寶可資數世然多瘴疫人情憚焉唯貧窶不能自立者求補長史故前後刺史皆多黷貨朝廷欲革嶺南之弊隆安中以隱之為龍驤將軍廣州刺史假節領平越中郎將未至州二十里地名石門有水曰貪泉飲者懷无猒之欲隱之既至語其親人曰不見可欲使心不亂越嶺喪清吾知之矣乃至泉所酌而飲之因賦詩曰古人云此水一歃懷千金試使夷齊飲終當不易心及在州清操愈厲常食不過菜及乾魚而已帷帳器服皆付外庫時人頗謂其矯然亦始終不易帳下人進魚每剔去骨存肉隱之覺其用意罰而黜焉元興初詔曰夫孝行篤於閨門清節厲乎風霜實立人之所難而君子之美致也龍驤將軍廣州刺史吳隱之孝友過人祿均九族菲己潔素儉愈魚飧夫處可欲之地而能不改其操饗惟錯之富而家人

不易其服革奢務嗇南域改觀朕有嘉焉可進號前將軍賜錢五十萬穀千斛及盧循寇南海隱之率厲將士固守彌時長子曠之戰沒循攻擊百有餘日踰城放火焚燒三千餘家死者萬餘人城遂陷隱之攜家累出欲奔還都爲循所得循表朝廷以隱之黨附桓玄宜加裁戮詔不許劉裕與循書令遣隱之還久方得反歸舟之日裝无餘資及至數畝小宅籬垣仄陋内外茅屋六間不容妻子劉裕賜車牛更爲起宅固辭尋拜度支尚書太常以竹篷爲屏風坐无氊席後遷中領軍清儉不革每月初得祿裁留身糧其餘悉分振親族家人績紡以供朝夕時有困絶或并日而食身恒布衣不完妻子不霑寸祿義熙八年請老致事優詔許之授光祿大夫加金章紫綬賜錢十萬米三百斛九年卒追贈左光祿大夫加散騎常侍隱之清操不渝屢被褒飾致事及於身沒常蒙優錫顯贈廉士以爲榮初隱之爲奉朝請謝石請爲衛將軍主簿隱之將嫁女石知其貧素遣女必當率薄乃令移廚帳助其經營使者至方見婢牽犬賣之此外蕭然无辦後至自番禺其妻劉氏齎沉香一斤隱之見之遂投於湖亭之水子延之復厲清操爲鄱陽太守延之弟及子爲郡縣者常以廉慎爲門法雖才學不逮隱之而孝悌潔敬猶爲不替

史臣曰魯芝等建旟剖竹布政宣條存樹威恩没留遺愛咸見知明主流譽當年若伯武之潔己克勤顔遠之申寃緩獄鄧攸贏糧以述職吳隱酌水以厲清晉代良能此焉爲最而攸棄子存姪以義斷恩若力所不能自可割情忍痛何至預加徽纆絶其奔走者乎斯豈慈父仁人之所用心也卒以絶嗣宜哉勿謂天道无知此乃有知矣世英盡節曹氏犯門斬關宣帝收雷霆之威獎忠貞之烈豈非既已在我欲其罵人者歟

贊曰猗歟良宰嗣美前賢威同御黠静若烹鮮唯當吳水但挹貪泉人風既偃俗化斯遷

列傳第六十　晉書九十

列傳第六十一　晉書九十一　御撰

儒林

范平　文立　陳邵　虞喜
劉兆　氾毓　徐苗　崔遊
范隆　杜夷　董景道　續咸
徐邈　孔衍　范宣　韋謏
范弘之　王歡

昔周德既衰諸侯力政禮經廢缺雅頌陵夷夫子將聖多能固天攸縱歎鳳鳥之不至傷麟出之非時於是乃刪詩書定禮樂贊易道修春秋載籍逸而復存風雅變而還正其後卜商衛賜田吳孫孟之儔或親稟微言或傳聞大義猶能強晉存魯藩魏却秦既抗禮於邦君亦馳聲於海内及嬴氏慘虐棄德任刑煬墳籍於埃塵填儒林於坑穽嚴是古之法抵挾書之罪先王徽烈靡有孑遺漢祖勃興救焚拯溺粗修禮律未遑俎豆逮于孝武崇尚文儒

爰及東京斯風不墜於是傍求蠹簡博訪遺書創甲乙之科擢賢良之舉莫不紆青拖紫服冕乘軒或徒步而取公卿或累旬以曆台鼎故搢紳之士靡然鄉風餘芳遺烈煥乎可紀者也洎當塗草創深務兵權而主好斯文朝多君子鴻儒碩學无乏於時武帝受終憂勞軍國時既初并庸蜀方事江湖訓卒厲兵務農積穀猶復修立學校臨幸辟雍而荀顗以制度贊惟新鄭冲以儒宗登保傅茂先以博物參朝政子眞以好禮居秩宗雖媿明揚亦非遐棄既而荊揚底定區寓乂安羣公草封禪之儀天子發謙冲之詔未足比隆三代固亦擅美一時惠帝纉戎朝昏政弛釁起宮掖禍成藩翰惟懷逮愍喪亂弘多衣冠禮樂掃地俱盡元帝運鍾百六光啓中興賀荀刁杜諸賢並稽古博文財成禮度雖尊儒勸學亟降於綸言東序西膠未聞於弦誦明皇聰睿雅愛流略簡文玄嘿敦悅丘墳乃招集學徒弘獎風烈並時艱祚促未能詳備有晉始自中朝迄于江左莫不崇飾華競祖述虛玄擯闕里

之典經習正始之餘論指禮法爲流俗目縱誕以清高遂使憲章弛廢
名教頹毀五胡乘間而競逐二京繼踵以淪胥運極道消可爲長歎
息者矣鄭冲等名位既隆自有列傳其餘編之于左以續前史儒
林云

范平字子安吳郡錢塘人也其先銍侯馥避王莽之亂適吳因家焉
平研覽墳索遍該百氏姚信賀邵之徒皆從受業吳時舉茂才累遷
臨海太守政有異能孫皓初謝病還家敦悅儒學吳平太康中頻
徵不起年六十九卒有詔追加謚號曰文貞先生賀循勒碑紀其德
行三子奭咸泉並以儒學至大官泉子蔚關內侯家世好學有書
七千餘卷遠近來讀者恒有百餘人蔚爲辦衣食蔚子文才亦
幼知名

文立字廣休巴郡臨江人也蜀時游太學專毛詩三禮師事譙周
門人以立爲顏回陳壽李虔爲游夏羅憲爲子貢仕至尚書蜀
平舉秀才除郎中泰始初拜濟陰太守入爲太子中庶子上

表請以諸葛亮蔣琬費禕等子孫流徙中畿宜見敘用一以慰
巴蜀之心其次傾吳人之望事皆施行詔曰太子中庶子文立忠
貞清實有思理器幹前在濟陰政事修明後事東宮盡輔導之
節昔光武平隴蜀皆收其賢才以敘之蓋所以拔幽滯而濟殊方
也其以立爲散騎常侍蜀故尚書犍爲程瓊雅有德業與立深
交武帝聞其名以問立對曰臣至知其人但年垂八十稟性謙退
無復當時之望不以上聞耳瓊聞之曰廣休可謂不黨矣故吾
善夫人也時西域獻馬帝問立馬何如對曰乞問太僕帝善之
遷衛尉咸寧末卒所著章奏詩賦數十篇行於世

陳邵字節良東海襄賁人也郡察孝廉不就以儒學徵爲陳留
內史累遷燕王師撰周禮評甚有條貫行於世泰始中詔曰燕
王師陳邵清貞潔靜行著邦族篤志好古博通六籍耽悅典誥
老而不倦宜在左右以篤儒教可爲給事中卒於官

虞喜字仲寧會稽餘姚人光祿潭之族也父察吳征虜將軍喜
少立操行博學好古諸葛恢臨郡屈爲功曹察孝廉州舉秀才司
徒辟皆不就元帝初鎮江左上疏薦喜懷帝即位公車徵拜博士
不就喜邑人賀循爲司空先達貴顯每詣喜信宿忘歸自云不能測也
太寧中與臨海任旭俱以博士徵不就復下詔曰夫興化致政莫尚乎崇
道教明退素也喪亂以來儒雅陵夷每覽子衿之詩未嘗不慨然臨海
任旭會稽虞喜並絜靜其操歲寒不移研精墳典居今行古志操足
以勵俗博學足以明道前雖不至其更以博士徵之喜辭疾不赴咸
和末詔公卿舉賢良方正直言之士太常華恒舉喜爲賢良會國
有軍事不行咸康初內史何充上疏曰臣聞二八舉而四門穆十亂
用而天下安徵猷克闡有自來矣方今聖德欽明思恢遐烈旌輿
整駕俟賢而動伏見前賢良虞喜天挺貞素高尚邈世東修立德
皓首不倦加以傍綜廣深博聞彊識鑽堅研微有弗及之勤處靜
味道無風塵之志高枕柴門怡然自足宜使蒲輪紆衡以旌殊操
一則翼贊大化二則敦勵薄俗疏奏詔曰尋陽翟湯會稽虞喜並

守道清貞不營世務耽學高尚操擬古人往雖徵命而不降屈
豈素絲難染而搜引禮簡乎政道須賢宜納諸廊廟其並以散
騎常侍徵之又不起永和初有司奏稱十月殷祭京兆府君當遷
祧室征西豫章潁川三府君初毀主內外博議不能決時喜在會
稽朝廷遣就喜諮訪焉其見重如此喜專心經傳兼覽讖緯乃
著安天論以難渾蓋又釋毛詩略注孝經爲志林三十篇凡所
注述數十萬言行於世年七十六卒無子弟豫自有傳

劉兆字延世濟南東平人漢廣川惠王之後也兆博學洽聞溫篤
善誘從受業者數千人武帝時五辟公府三徵博士皆不就安
貧樂道潛心著述不出門庭數十年以春秋一經而三家殊塗諸
儒是非之議紛然互爲讎敵乃思三家之異合而通之周禮有調
人之官作春秋調人七萬餘言皆論其首尾使大義無乖時有
不合者舉其長短以通之又爲春秋左氏解名曰全綜公羊穀
梁解詁皆納經傳中朱書以別之又撰周易訓註以正動二體

互通其文凡所讚述百餘萬言嘗有人著韈騎驢至兆門外曰吾
欲見劉延世兆儒德道素青州無稱其字者門人大怒兆曰聽
前既進踞牀問兆曰聞君大學比何所作兆荅如上事末云多
有所疑客問之兆說疑畢客曰此易解耳因爲辯釋疑者是
非耳兆別更立意客一難兆不能對客去已出門兆欲留之使
人重呼還客曰親親在此營葬宜赴之後當更來也既去兆令
人視葬家不見此客竟不知姓名兆年六十六卒有五子卓炤
耀育曠

氾毓字稚春濟北盧人也奕世儒素敦睦九族客居青州逮毓
七世時人號其家兒無常父衣无常主毓少履高操安貧有志業
父終居于墓所三十餘載至晦朔躬埽墳壠循行封樹還家則
不出門庭或薦之武帝召補南陽王文學秘書郎太傅參軍並
不就于時青土隱逸之士劉兆徐苗等皆務教授惟毓不蓄門
人清靜自守時有好古慕德者諮詢亦傾懷開誘以三隅示之
合三傳爲之解注撰春秋釋疑肉刑論凡所述造七萬餘言年七
十一卒

徐苗字叔胄高密淳于人也累世相承皆以博士爲郡守曾祖
華有至行嘗宿亭舍夜有神人告之亭欲崩遽出得免祖邵
爲魏尚書郎以廉直見稱苗少家貧晝執鉏耒夜則吟誦弱冠與
弟賈就博士濟南宋鈞受業遂爲儒宗作五經同異評又依道家
著玄微論前後所造數萬言皆有義味性抗烈輕財貴義兼有
知人之鑒弟患口癰膿潰苗爲吮之其兄弟皆早亡撫養孤遺慈
愛聞于州里田宅奴婢盡推與之鄉鄰有死者便輟耕助營棺槨
門生亡於家即斂於講堂其行已純至類皆如此遠近咸歸其義
師其行焉郡察孝廉州辟從事治中別駕舉異行公府五辟博
士再徵並不就武惠時計吏至臺帝輒訪其安不永寧二年卒遺
命濯巾澣衣榆棺雜甎露車載尸葦席瓦器而已

崔遊字子相上黨人也少好學儒術甄明恬靜謙退自少及長口

未嘗語及財利魏末察孝廉除相府舍人出爲氐池長甚有惠政
以病免遂爲發疾泰始初武帝錄叙文帝故府僚屬就家拜郎中
年七十餘猶敦學不倦撰喪服圖行於世及劉元海僭位命爲御
史大夫固辭不就卒於家時年九十三

范隆字玄嵩鴈門人父方魏鴈門太守隆在孕十五月生而父
亡年四歲又喪母哀號之聲感慟行路單孤無緦功之親疎族范
廣愍而養之迎歸教書爲立祠堂隆好學修謹奉廣如父博通經
籍无所不覽著春秋三傳撰三禮吉凶宗紀甚有條義惠帝時
天下將亂隆隱迹不應州辟之命晝勤耕稼夜誦書典頗習秘
歷陰陽之學知并州將有氛祲之祥故彌不復出仕與上黨朱紀友
善嘗共紀遊山見一父老於窮澗之濱父老曰二公何爲在此隆等
拜之仰視則不見後與紀依于劉元海元海以隆爲大鴻臚紀爲太
常並封公隆死于劉聰之世聰贈太師

杜夷字行齊廬江灊人也世以儒學稱爲郡著姓夷少而恬泊
操尚貞素居甚貧窘不營產業博覽經籍百家之書筭歷圖緯
靡不畢究寓居汝潁之間十載足不出門年四十餘始還鄉里閉門
教授生徒千人惠帝時三察孝廉州命別駕永嘉初公車徵拜博
士太傅東海王越辟並不就懷帝詔王公舉賢良方正刺史王敦以
賀循爲賢良夷爲方正乃上疏曰臣聞有唐疇咨元凱時登漢武
欽賢俊彥響應故能允協時雍數崇盛化伏見太孫舍人會稽賀
循處士廬江杜夷履道彌高清操絕俗思學融通才經王務循宰
二縣皆有名績備僚東宮忠恪允著夷清虛沖淡與俗異軌若蟠
空谷肥遁匿跡蓋經國之良寶聘命之所急若得待詔公車承對
冊問必有忠讜良謨弘益政道矣敦於是逼夷赴洛夷遁於壽陽
鎮東將軍周馥傾心禮接引爲參軍夷辭之以疾馥知不可屈乃
自詣夷爲起宅宇供其醫藥馥敗夷歸舊居道遇兵寇刺史劉
陶告廬江郡曰昔魏文侯軾干木之閭齊相曹參尊崇蓋公皆所
以優賢表德敦勵末俗徵士杜君德懋行潔高尚其志頃流離道

路聞其頓躓刺史忝任不能崇飾有道而使高操之士有此艱屯今遣吏宣慰郡可遣一吏縣五吏恒營恤之常以市租供給家人糧廩勿令闕乏尋以胡冠又移渡江王導遣吏周贍之元帝爲丞相教曰今大義頹替禮典无宗朝廷滯義莫能攸正宜特立儒林祭酒官以弘其事處士杜夷棲情遺遠確然絕俗才學精博道行優備其以夷爲祭酒夷辭疾未嘗朝會帝常欲詣夷夷陳萬乘之主不宜往庶人之家帝乃與夷書曰吾與足下雖情在忘言然虛心歷載正以足下羸疾故欲相省寧論常儀也又除國子祭酒建武中令曰國子祭酒杜夷安貧樂道靜志衡門日不暇給雖原憲无以加也其賜穀二百斛皇太子三至夷第執經問義夷雖逼時命亦未嘗朝謁國有大政恒就夷諮訪焉明帝即位夷自表請退詔曰先王之道將墜於地君下帷研思今之劉楊搢紳之徒景仰軌訓豈得高退而朕靡所取則焉大寧元年卒年六十六贈大鴻臚謚曰貞子夷臨終遺命子晏曰吾少不出身頃雖見羈錄冠舄之飾未嘗加體其角巾素衣斂以時服殯葬之事務從簡儉亦不須苟取矯異也夷所著幽求子二十篇行於世晏仕至蒼梧太守夷兄弟三人兄崧字行高亦有志節惠帝時俗多浮僞著任子春秋以刺之弟援高平相援子瞀右衛將軍

董景道字文博弘農人也少而好學千里追師所在惟晝夜讀誦略不與人交通明春秋三傳京氏易馬氏尚書韓詩皆精究大義三禮之義專遵鄭氏著禮通論非駮諸儒演廣鄭旨永平中知天下將亂隱於商洛山衣木葉食樹果彈琴歌笑以自娛毒蟲猛獸皆繞其傍是以劉元海及聰屢徵皆礙而不達至劉曜時出山廬于渭汭曜徵爲太子少傅散騎常侍並固辭竟以壽終

續咸字孝宗上黨人也性孝謹敦重履道貞素好學師事京兆杜預專春秋鄭氏易教授常數十人博覽羣言高才善文論又修陳杜律明達刑書永嘉中歷廷尉平東安太守劉琨承制于并州以爲從事中郎後遂沒石勒勒以爲理曹參軍持法平詳當時稱其清裕比之于公著遠游志異物志汲冢古文釋皆十卷行于世年九十七死于石季龍之世季龍贈儀同三司

徐邈東莞姑幕人也祖澄之爲州治中屬永嘉之亂遂與鄉人臧琨等率子弟并閭里士庶千餘家南渡江家于京口父藻都水使者邈姿性端雅勤行勵學博涉多聞以慎密自居少與鄉人臧壽齊名下帷讀書不游城邑及孝武帝始覽典籍招延儒學之士邈既東州儒素太傅謝安舉以應選年四十四始補中書舍人在西省侍帝雖不口傳章句然開釋文義標明指趣撰正五經音訓學者宗之遷散騎常侍猶處西省前後十年每被顧問輒有獻替多所匡益甚見寵待帝宴集酣樂之後好爲手詔詩章以賜侍臣或文詞率爾所言穢雜邈每應時收斂還省刊削皆使可觀經帝重覽然後出之是時侍臣被詔者或宣揚之故時議以此多邈及謝安薨論者或有異同邈固勸中書令王獻之奏加殊禮仍崇進謝石爲尚書令玄爲徐州邈轉祠部郎上南北郊宗廟迭毀禮皆有證據豫章太守范甯欲遣十五議曹下屬城採求風政并吏假還訊問官長得失邈與甯書曰知足下遣十五議曹各之一縣又吏假歸白所聞見誠是足下留意百姓故廣其視聽吾謂勸導以實不以文十五議曹欲何所敷宣邪庶事辭訟足下聽斷允塞則物理足矣上有理務之心則下之求理者至矣日昃省覽庶事无滯則吏慎其負而人聽不惑豈須邑至里詣飾其游聲哉非徒不足致益乃是蠶漁之所資又不可縱小吏爲耳目也豈有善人君子而干非其事多所告白者乎君子之心誰毀誰譽如有所譽必由歷試如有所毀必以著明託社之鼠攻之甚害自古以來欲爲左右耳目者无非小人皆先因小忠而成其大不忠先藉小信而成其大不信遂使君子道消善人輿尸前史所書可爲深鑒足下選綱紀必得國士足以攝諸曹諸曹皆是良吏則足以掌文按又擇公方之人以爲司監則清濁能否與事而明足下但平心居宗何取於耳目哉昔明德馬后未嘗顧與左右言可謂遠

識況大丈夫而不能免此乎遷中書侍郎專掌綸詔帝甚親暱之初范甯與邈皆爲帝所任使共補朝廷之闕甯才素高而措心正直遂爲王國寶所讒出遠郡邈孤宦易危而无敢排彊族乃爲自安之計會帝頗踈會稽王道子邈欲和協之因從容言於帝曰昔淮南齊王漢晉成戒會稽王雖有酣媟之累而奉上純一宜加弘貸消散紛議外爲國家之計内慰太后之心帝納焉邈常詣東府遇衆賓沉湎引滿誼譁道子曰君時有暢否邈對曰邈陋巷書生惟以節儉清修爲暢耳道子以邈業尚道素笑而不以爲忤也道子將用爲吏部郎邈以波競成俗非己所能節制苦辭乃止時皇太子尚幼帝甚鍾心文武之選皆一時之後以邈爲前衛率領本郡太中正授太子經帝謂邈曰雖未勑以師禮相待然不以博士相遇也古之帝王受經必敬自魏晉以來多使微人教授號爲博士不復尊以爲師故帝有云邈雖在東宮猶朝夕入見參綜朝政修飾文詔拾遺補闕勉勞左右帝嘉其謹密方之於金霍有託重之意將進顯位未及行而帝暴崩安帝即位拜驍騎將軍隆安元年遭父憂邈先疾患因哀毀增篤不踰年而卒年五十四州里傷悼識者悲之邈莅官簡惠達於從政論議精密當時多諮稟之觸類辯釋問則有對舊疑歲辰在卯此宅之左則彼宅之右何得俱忌於東邈以爲太歲之屬自是遊神譬如日出之時向東皆逆非爲藏體地中也所注穀梁傳見重於時邈長子豁有父風以孝聞爲太常博士秘書郎豁弟浩散騎侍郎鎮南將軍何无忌請爲功曹出補西陽太守與无忌俱爲盧循所害邈弟廣别有傳

孔衍字舒元魯國人孔子二十二世孫也祖文魏大鴻臚父毓征南軍司衍少好學年十二能通詩書弱冠公府辟本州舉異行直言皆不就避地江東元帝引爲安東參軍專掌記室書令殷積而衍每以稱職見知中興初與庾亮俱補中書郎明帝之在東宮領太子中庶子于時庶事草創衍經學深博又練識舊典朝儀軌制多取正焉由是元明二帝並親愛之王敦專權衍私于太子曰殿下宜博延朝彥搜揚才俊詢謀時政以廣聖聰敦聞而惡之乃啟出衍爲廣陵郡時人爲之寒心而衍不形于色雖郡鄰接西賊猶教誘後進不以戎務廢業石勒常騎至山陽勑其黨以衍儒雅之士不得妄入郡境視職期月以太興三年卒於官年五十三衍雖不以文才著稱而博覽過於賀循凡所撰述百餘萬言子啟廬陵太守宗人夷吾有美名博學不及衍涉世聲譽過之元帝以爲主簿轉參軍稍遷侍中徙太子左衛率卒追贈太僕

范宣字宣子陳留人也年十歲能誦詩書嘗以刀傷手捧手改容人問痛邪答曰不足爲痛但受全之體而致毀傷不可處耳家人以其年幼而異焉少尚隱遁加以好學手不釋卷以夜繼日遂博綜衆書尤善三禮家至貧儉躬耕供養親没負土成墳廬于墓側太尉郗鑒命爲主簿詔徵太學博士散騎郎並不就家于豫章太守殷羨見宣茅茨不完欲爲改宅宣固辭之庾爰之以宣素貧加年荒疾疫厚餉給之宣又不受爰之問宣曰君博學通綜何以太儒宣曰漢興貴經術至於石渠之論實以儒爲弊正始以來世尚老莊逮晉之初競以裸裎爲高僕誠太儒然立不與易宣言談未嘗及老莊客有問人生與憂俱生不知此語何出宣云出莊子至樂篇客曰君言不讀老莊何由識此宣笑曰小時常一覽時人莫之測也宣雖閑居屢空常以讀誦爲業譙國戴逵等皆聞風宗仰自遠而至諷誦之聲有若齊魯太元中順陽范甯爲豫章太守甯亦儒博通綜在郡立鄉校教授恒數百人由是江州人士並好經學化二范之風也年五十四卒著禮易論難皆行於世子輯歷郡守國子博士大將軍從事中郎自免歸亦以講授爲事義熙中連徵不至

韋謏字憲道京兆人也雅好儒學善著述於群言秘要之義无不綜覽仕於劉曜爲黄門郎後又入石季龍署爲散騎常侍歷守七郡咸以清化著名又徵爲廷尉識者擬之于張前後四登

九列六在尚書三爲侍中再爲太子太傅封京兆公好直諫陳軍國之宜多見允納著伏林三千餘言遂演爲典林二十三篇凡所述作及集記世事數十萬言皆深博有才義至冉閔又署爲光祿大夫時閔拜其子胤爲大單于而以降胡一千處之麾下讜諫曰今降胡數千接之如舊誠是招誘之恩然胡羯本爲仇敵今之款附苟全性命耳或有刺客變起須臾敗而悔之何所及也古人有言一夫不可忸而況千乎願誅屏降胡去單于之號深思聖王苞桑之誠也閔志在綏撫銳於澄定聞其言大怒遂誅之并殺其子伯陽讜性不嚴重好狗己之功論者亦以是小之嘗謂伯陽曰我高我曾重光累徽我祖我考父父子子汝爲我對正值惡抵伯陽曰伯陽之不肖誠如尊教尊亦正值軟抵耳讜慙无言時人傳之以爲嗤笑

范弘之字長文安北將軍汪之孫也襲爵武興侯雅正好學以儒術該明爲太學博士時衛將軍謝石薨請謚下禮官議弘之議曰石階藉門蔭屢登崇顯揔司百揆翼贊三臺閑練庶事勤勞匪懈內外僉議皆曰與能當淮肥之捷勳拯危墜雖皇威遐震狡寇天亡因時立功石亦與焉又開建學校以延冑子雖盛化未洽亦愛禮存羊然古之賢輔大則以道事君侃侃終日次則厲身奉國夙夜无怠下則愛人惜力以濟時務此數者然後可以免惟塵之譏塞素飡之責矣今石位居朝端任則論道唱言无忠國之謀守職則容身而已不可謂事君貨黷京邑聚斂无猒不可謂厲身坐擁大衆侵食百姓大東流於遠近怨毒結於衆心不可謂愛人工徒勞於土木思慮殫於機巧紈綺盡於婢妾財用縻於絲桐不可謂惜力此人臣之大害有國之所去也先王所以正風俗理人倫者莫尚乎節儉故夷吾受謗乎三歸平仲流美於約已自頃風軌陵遲奢僭无度廉耻不興利競交馳不可不深防原本以絕其流漢文襲弋綈之服諸侯猶侈武帝焚雉頭之裘靡麗不息良由儉德雖彰而威禁不肅道自我建而刑不及物若存罰其違亡敗其惡則四維必張禮義行矣按謚法因事有功曰襄貪以敗官曰墨宜謚曰襄墨公又論殷浩宜加贈謚不得因桓溫之黜以爲國典仍多叙溫移鼎之迹時謝族方顯桓宗猶盛尚書僕射王珣溫故吏也素爲溫所寵三怨交集乃出弘之爲餘杭令將行與會稽王道子牋曰下官輕微寒士謬得廁在俎豆實懼辱累清流惟塵聖世竊以人君居廟堂之上智周四海之外者非徒聰明內照亦賴羣言之助也是以舜之佐堯以啓闢爲首咎繇謩禹以侃侃爲先故下无隱情之責上收神明之功敢緣斯義志在輸盡常以謝石黷累應被清澄殷浩忠貞宜蒙褒顯是以不量輕弱先衆言之而惡直醜正其徒實繁雖仰恃聖主欽明之度俯賴明公愛物之隆而交至之患實有无賴下官與石本无怨忌生不相識事无相干正以國體宜明不應稍計強弱與浩年時邈絕世不相及无復藉聞故老語其遺事耳於下官之身有何痛癢而當爲之犯時干主邪每觀載籍志士仁人有發中心任直道而行者有懷知陽愚負情曲從者所用雖異而並傳後世故比干處三仁之中箕子爲名賢之首後人

用捨參差不同各信所見率應而至或榮名顯赫或禍敗繼踵此皆不量時趣以身嘗禍雖有硜硜之稱而非大雅之致此亦下官所不爲也世人乃云下官正直能犯艱難斯談實過下官知主上聖明明公虛己思求格言必不使盡忠之臣屈於邪枉之門也是以敢獻愚誠布之執事豈與昔人擬其輕重邪亦以臣之事君惟思盡忠而已不應復計利鈍事不允心則讜言悟主義感於情則陳辭靡悔若懷情藏意蘊而不言此乃古人所以得罪於明君明君所以致法於羣下者也桓溫事跡布在天朝逆順之情暴之四海在三者臣子情豈或異凡厥黔首誰獨无心舉朝嘿嘿未有唱言者是以頓筆按氣不敢多云桓溫於亡祖雖其意難測求之於事止免黜耳非有至怨也亡父昔爲溫吏推之情禮義兼他人所以每懷憤發痛若身首者明公有以尋之王珣以下官議殷浩謚不宜暴揚桓溫之惡珣感其提拔之恩懷其入幙之遇託以廢黜昏闇建立聖明自謂此事足以明其忠貞之節明公試復以一事覿

之昔周公居攝道致升平禮樂刑政皆自己出以德言之周公大聖以年言之成王幼弱猶復遠避君位復子明辟漢之霍光大勳赫然孝宣年未二十亦反萬機故能君臣俱隆道邁千歲若溫忠爲社稷誠存本朝便當仰遵二公式是令矩何不奉還萬機退守藩屏方提勤公王匡總朝廷豈爲先帝幼弱未可親政邪將德桓溫不能聽政邪又逼脅袁宏使作九錫備物光赫其文具存朝廷畏怖莫不景從惟謝安王坦之以死守之故得稽留耳會上天降怒姦惡自亡社稷危而復安靈命墜而復構晉自中興以來號令威權多出強臣中宗肅祖斂衽於王敦先皇受屈於桓氏今主上親覽萬機明公光讚百揆政出王室人无異望復不於今大明國典作制百代不審復欲待誰先王統物必明其典誥貽厥孫謀故令問休嘉千歲承風願明公遠覽殷周近察漢魏慮其所以危求其所以安如此而已又與王珣書曰見足下答仲堪書深具義發之懷夫人道所重莫過君親君親所係忠孝而已孝以揚親爲主忠以節

義爲先殷侯忠貞居正心貫人神加與先帝隆布衣之好著莫逆之契契闊艱難夷嶮以之雖受屈姦雄志達千載此忠良之徒所以義干其心不獲以已者也既當時貞烈之徒所究見亦後生所備聞吾亦何敢苟避狂狡以欺聖明足下不推居正之大致而懷知己之小惠欲以幙府之小節奪名教之重義於君臣之際既以虧矣尊大君以殷侯協契忠規同戴王室志厲秋霜誠貫一時殷侯所以得宣其義聲實尊大君協贊之力也足下不能光大君此之直志乃感溫小顧懷其曲澤公在聖世欺罔天下使丞相之德不及三葉領軍之基一構而傾此忠臣所以解心孝子所以喪氣父子之道固若是乎足下言臣則非忠語子則非孝二者既亡吾誰畏哉吾少嘗過庭備聞祖考之言未嘗不發憤衝冠情見乎辭當爾之時惟覆亡是懼豈暇謀及國家不圖今日得操筆斯事是以上憤國朝无正義之臣次惟祖考有沒身之恨豈得與足下同其肝膽邪先君往亦嘗爲其吏于時危懼恒不自保仰首聖朝心口憤歎豈復得計策名昔日自同在三邪昔子政以五世純臣子駿以下委質王莽先典既已正其逆順後人亦已鑒其成敗每讀其事未嘗不臨文痛歎憤慨交懷以今況古乃知一揆耳弘之辭雖亮直終以桓謝之故不調卒於餘杭令年四十七

王歡字君厚樂陵人也安貧樂道專精耽學不營產業常丐食誦詩雖家无斗儲意怡如也其妻患之或焚毀其書而求改嫁歡笑而謂之曰卿不聞朱買臣妻邪時聞者多哂之歡守志彌固遂爲通儒至慕容暐襲偽號署爲國子博士親就受經遷祭酒及暐爲苻堅所滅歡死於長安

史臣曰范平等學府儒宗譽隆望重或質疑是屬或師範攸歸雖爲未及古人故亦一時之俊若仲寧之清貞守道抗志柴門行齊之居室屢空棲心陋巷文博之漱流枕石鏟跡銷聲宣子之樂道安貧弘風闡教斯並通儒之高尚者也而邈協和主相刊削繁辭可謂將順其美匡救其惡舒元入參機務明主賞其博聞出蒞

邊隅獷狄欽其明德弘之抗言立論不避朝權貶石抵溫斯爲篤矣遂乃厄於三怨以至陵遲悲夫

贊曰郁郁周文洋洋漢典炙輠流譽解頤飛辯雅誥弗淪微言復顯爰及晉代斯風逾闡

列傳第六十一　晉書九十一

文苑

應貞　成公綏　左思　趙至
鄒湛　棗據　褚陶　王沉
張翰　庾闡　曹毗　李充
袁宏　伏滔　羅含　顧愷之
郭澄之

夫文以化成惟聖之高義行而不遠前史之格言是以温洛楨圖綠字符其丕業苑山靈篆金簡成其帝載既而書契之道聿興鍾石之文逾廣移風俗於王化崇孝敬於人倫經緯乾坤彌綸中外故知文之時義大哉遠矣洎姬歷云季歌頌滋繁荀宋之流導源自遠總金羈而齊騖揚玉軑而並馳言泉會於九流文律諧於六變自時已降軌躅相趨西都賈馬耀靈蛇於掌握東漢班張發彫龍於綈槧俱標稱首咸推雄伯逮乎當塗基命文宗鬱起三祖叶其高韻七子分其麗則翰材總其菁華典論詳其藻絢彬蔚之美競爽當年獨彼陳王思風遒舉備乎典奧懸諸日月及金行纂極文雅斯盛張載擅銘山之美陸機挺焚研之奇潘夏連輝頡頏名輩並綜採繁縟杼軸清英窮廣内之青編緝平臺之麗曲嘉聲茂迹陳諸別傳至於吉甫太冲江右之才傑曹毗庾闡中興之時秀信乃金相玉潤埜會川冲埒美前修垂裕來葉今撰其鴻筆之彥著之文苑云

應貞字吉甫汝南南頓人魏侍中璩之子也自漢至魏世以文章顯軒冕相襲爲郡盛族貞善談論以才學稱夏侯玄有盛名貞詣玄玄甚重之舉高第頻歷顯位武帝爲撫軍大將軍以爲參軍及踐阼遷給事中帝於華林園宴射貞賦詩最美其辭曰悠悠太上人之厥初皇極肇建彝倫攸敷五德更運膺籙受符陶唐既謝天歷在虞於時上帝乃顧惟眷光我晉祚應期納禪位以龍飛文以豹變玄澤滂流仁風潛扇區内宅心方隅迴面天垂其象地耀其文鳳鳴朝陽龍翔景雲嘉禾重穎蓂莢載芬率土咸寧人胥悅欣恢恢皇度穆穆聖容言思其允貌思其恭在視斯明在聽斯聰登庸以德明試以功其恭惟何昧旦丕顯无義不經无理不踐行舍其華言去其辯游心至虛同規易簡六府孔修九有來踐澤罔不被化罔不加聲教南暨西漸流沙幽人肆險遠國忘遐越常重譯充牣皇家峨峨列辟赫赫武臣内和五品外威四賓順時貢職入覲天人備言錫命羽蓋朱輪貽宴好會不常厥數神心所授不言而喻於時肆射弓矢斯具發彼互的有酒斯飫文武之道厥猷未墜在昔先王射御茲器示武懼荒過則有失凡厥群后无懈于位初置太子中庶子官貞與護軍長史孔恂俱爲之後遷散騎常侍以儒學與太尉荀顗撰定新禮未施行泰始五年卒文集行於世弟純純子紹永嘉中至黃門郎爲東海王越所害純弟秀秀子詹自有傳

成公綏字子安東郡白馬人也幼而聰敏博涉經傳性寡欲不營資產家貧歲饑常晏如也少有俊才詞賦甚麗閑默自守不求聞達時有孝烏每集其廬舍綏謂有反哺之德以爲祥禽乃作賦美之文多不載又以賦者貴能分賦物理敷演无方天地之盛可以致思矣歷觀古人未之有賦豈獨以至麗无文難以辭贊不然何其闕哉遂爲天地賦曰惟自然之初載兮道虛无而玄清太素紛以溷淆兮始有物而混成何元一之芒昧兮廓開闢而著形爾乃清濁剖分玄黃判離太極既殊是生兩儀星辰煥列日月重規天動以尊地靜以卑昏明迭炤或盈或虧陰陽協氣而代謝寒暑隨時而推移三才殊性五行異位千變萬化繁育庶類授之以形稟之以氣色表文采聲有音律覆載无方流形品物鼓以雷霆潤以慶雲八風翱翔六氣氤氳蚑行蠕動方聚類分鱗殊族別羽毛異群各含精而鎔冶咸受範於陶鈞何滋育之罔極兮偉造化之至神若夫懸象成文列宿有章三辰燭耀五緯重光河漢委蛇而帶天虹蜺偃蹇於昊蒼望舒彌節於九道羲和正轡於中黃衆星回而環極招搖運而指方白獸峙據於參伐青龍垂尾於心房玄龜匿首於女虛朱鳥奮翼於注張帝皇

正坐於紫宮輔臣列位於文昌垣屏駱驛而珠連三台差池而鴈翔軒轅華布而曲列攝提𠕀跱而相望若乃徵瑞表祥災變呈異交會薄蝕抱暈帶珥流逆犯歷譴悟象事蓬容著而妖害生老人形而主受喜天矢黃而國吉祥彗孛發而世所忌爾乃旁觀四極俯察地理川瀆浩汗而分流山嶽磊落而羅峙滄海沆漭而四周懸圃隆崇而特起昆吾嘉於南極燭龍曜於北阯扶桑高于萬仞尋木長于千里崑崙鎮于陰隅赤縣據于辰巳于是八十一域區分方別風乖俗異險斷阻絶萬國羅布九州並列青冀白壤荆衡塗泥海岱赤埴華梁青黎兖帶河洛揚有江淮辯方正土經略建邦王圻九服列國一同連城比邑深池高墉康衢交路四達五通東至暘谷西極泰濛南暨丹炮北盡空同遐方外區絶域殊鄰人首蛇軀鳥翼龍身衣毛被羽或介或鱗棲林浮水若獸若人居於大荒之外處于巨海之濱於是六合混一而同宅宇宙結體而括囊渾元運流而无窮陰陽循度而率常回動糾紛而乾乾天

道不息而自彊統群生而載育人託命於所繫尊太一於上皇奉萬神於五帝故萬物之所宗必敬天而事地若乃共工赫怒天柱摧折東南俄其既傾西北豁而中裂斷鼇足而續毀鍊玉石而補缺豈斯事之有徵將言者之虛設何陰陽之難測偉二儀之參闊坤厚德以載物乾資始而至大俯盡鑒於有形仰蔽視於所蓋游萬物而極思故一言于天外綏雅好音律嘗當暑承風而嘯泠然成曲因為嘯賦曰逸群公子體奇好異傲世忘榮絶棄人事希高慕古長想遠思將登箕山以抗節浮滄海以游志於是延友生集同好精性命之至機研道德之玄奧愍流俗之未悟獨超然而先覺狹世路之阨僻仰天衢而高蹈邈跨俗而遺身乃慷慨而長嘯于時曜靈俄景流光濛汜逍遙携手躊躇步趾發妙聲於丹脣激哀音於皓齒響抑揚而潛轉氣衝鬱而熛起協黃宮於清角雜商羽於流徵飄游雲於泰清集長風於萬里曲既終而響絶遺餘玩而未已良自然之至音非絲竹之所擬是故聲不假器用不借物近取諸身役心御氣動脣有曲發口成音觸類感物因歌隨吟大而不洿細而不沉清激切於竽笙優潤和於瑟琴玄妙足以通神悟靈精微足以窮幽測深收激楚之哀荒節北里之奢淫濟洪災於炎旱反亢陽於重陰引唱萬變曲用无方和樂怡懌悲傷摧藏時幽散而將絶中矯厲而慨慷徐婉約而優游紛繁騖而激揚情既思而能反心雖哀而不傷總八音之至和固極樂而无荒若乃登高臺以臨遠披文軒而騁望喟仰抃而抗首嘈長引而憀亮或舒肆而自反或徘徊而復放或冉弱而柔橈或澎濞而奔壯橫鬱鳴而滔涸冽繚眺而清昶逸氣奮涌繽紛交錯烈烈飈揚啾啾響作奏胡馬之長思迴寒風乎北朔又似鴻鴈之將雛群鳴號乎沙漠故能因形創聲隨時造曲應物无窮機發響速怫鬱衝流參譚雲屬若離若合將絶復續飛廉鼓於幽隧猛獸應於中谷南箕動於穹蒼清飈振於喬木散滯積而播揚蕩埃藹之溷濁變陰陽於至和移淫風之穢俗若乃游崇岡陵景山臨巖側望流川坐磐石

漱清泉藉皋蘭之猗靡蔭修竹之嬋娟乃吟詠而發歎聲驛驛而響連舒蓄思之悱憤奮久結之纏綿心滌蕩而无累志離俗而飄然若夫假象金革擬則陶匏衆聲繁奏若笳若簫磞硠震隱訇磕嘲嘈發徵則隆冬熙烝騁羽則嚴霜夏凋動商則秋霖春降奏角則谷風鳴條音均不恒曲无定制行而不流止而不滯隨口吻而發揚假芳氣而遠逝音要妙而流響聲激嚁而清厲信自然之極麗羌殊尤而絶世越韶夏與咸池何徒取異乎鄭衛于時綿駒結舌而喪精王豹杜口而失色虞公輟聲而止歌甯子斂手而歎息鍾期棄琴而改聽尼父忘味而不食百獸率儛而抃足鳳凰來儀而拊翼乃知長嘯之奇妙此音聲之至極張華雅重綏每見其文歎伏以為絶倫薦之太常徵為博士歷祕書郎轉丞遷中書郎每與華受詔並為詩賦又與賈充等參定法律泰始九年卒年四十三所著詩賦雜筆十餘卷行於世

左思字太冲齊國臨淄人也其先齊之公族有左右公子因為氏焉

家世儒學父雍起小吏以能擢授殿中侍御史思少學鍾胡書及鼓琴並不成雍謂友人曰思所曉解不及我少時思遂感激勤學兼善陰陽之術貌寢口訥而辭藻壯麗不好交遊惟以閑居爲事造齊都賦一年乃成復欲賦三都會妹芬入宮移家京師乃詣著作郎張載訪岷邛之事遂構思十年門庭藩溷皆著筆紙遇得一句即便疏之自以所見不博求爲祕書郎及賦成時人未之重思自以其作不謝班張恐以人廢言安定皇甫謐有高譽思造而示之謐稱善爲其賦序張載爲注魏都劉逵注吳蜀而序之曰觀中古已來爲賦者多矣相如子虛擅名於前班固兩都理勝其辭張衡二京文過其意至若此賦擬議數家傳辭會義抑多精致非夫研覈者不能練其旨非夫博物者不能統其異世咸貴遠而賤近莫肯用心於明物斯文吾有異焉故聊以餘思爲其引詁亦猶胡廣之於官箴蔡雍之於典引也陳留衛瓘又爲思賦作略解序曰余觀三都之賦言不苟華必經典要

品物殊類稟之圖籍辭義瓌瑋良可貴也有晉徵士故太子中庶子安定皇甫謐西州之逸士耽籍樂道高尚其事覽斯文而慷慨爲之都序中書著作郎安平張載中書郎濟南劉逵並以經學洽博才章美茂咸皆悅玩爲之訓詁其山川土域草木鳥獸奇怪珍異僉皆研精所由紛散其義矣余嘉其文不能默已聊藉二子之遺忘又爲之略解祗增煩重覽者闕焉自是之後盛於當時文多不載司空張華見而歎曰班張之流也使讀之者盡而有餘久而更新於是豪貴之家競相傳寫洛陽爲之紙貴初陸機入洛欲爲此賦聞思作之撫掌而笑與弟雲書曰此間有傖父欲作三都賦須其成當以覆酒甕耳及思賦出機絕歎伏以爲不能加也遂輟筆焉祕書監賈謐請講漢書謐誅退居宜春里專意典籍齊王冏命爲記室督辭疾不就及張方縱暴都邑舉家適冀州數歲以疾終

趙至字景真代郡人也寓居洛陽緱氏令初到官至年十三與母同觀母曰汝先世本非微賤世亂流離遂爲士伍耳爾後能如此不至感母言詣師受業聞父耕叱牛聲投書而泣師怪問之至曰我小未能榮養使老父不免勤苦師甚異之年十四詣洛陽游太學遇嵇康於學寫石經徘徊視之不能去而請問姓名康曰年少何以問邪曰觀君風器非常所以問耳康異而告之後乃亡到山陽求康不得而還又將遠學母禁之至遂陽狂走三五里輒追得之年十六游鄴復與康相遇隨康還山陽改名浚字允元康每曰卿頭小而銳童子白黑分明有白起之風矣及康卒至詣魏興見太守張嗣宗甚被優遇嗣宗遷江夏相隨到溳川欲因入吳而嗣宗卒乃向遼西而占戶焉初至與康兄子蕃友善及將遠適乃與蕃書叙離并陳其志曰昔李叟入秦及關而歎梁生適越登嶽長謠夫以嘉遁之舉猶懷戀恨況乎不得已者哉惟別之後離群獨逝背榮讌辭倫好經迴路造沙漠雞鳴戒旦則飄爾晨征日薄西山則馬首靡託尋歷曲阻則沉思紆結登高遠眺則山川

悠隔或乃迴風狂厲白日寢光徙倚交錯陵隰相望徘徊九臯之內慷慨重阜之顛進无所由退无所據涉澤求蹊披榛覓路嘯詠溝渠良不可度斯亦行路之艱難然非吾心之所懼也至若蘭芷傾頓桂林移殖根萌未樹而牙淺弦急每恐風波潛駭危機密發此所以怵惕於長衢也又北土之性難以託根投人夜光鮮不按劒今將殖橘柚於玄朔蔕華藕於脩陵表龍章於裸壤奏韶武於聾俗固難以取貴矣夫物不我貴則莫之與莫之與則傷之者至矣飄颻遠遊之士託身无人之鄉總轡遐路則有前言之難懸鞍陋宇則有後慮之戒朝霞啟暉則身疲而遄征太陽戢曜則情劬而夕惕肆目平隰則寥廓而无覩極聽脩原則淹寂而无聞吁其悲矣心傷瘁矣然後知步驟之士不足爲貴也顧景中原憤氣雲踊哀物悼世激情風厲龍嘯大野獸睇六合猛志紛紜雄心四據思躡雲梯橫奮八極披艱掃穢蕩海夷嶽蹴崑崙使西倒蹋太山令東覆平滌九區恢維宇宙斯吾之鄙願也時不我與垂翼遠逝鋒距

靡加六翮摧屈自非知命孰能不憤悒者哉吾子殖根芳苑濯秀清流晞葉華崖飛藻雲肆俯據潛龍之渚仰蔭游鳳之林榮曜眩其前豔色餌其後良疇交其左聲名馳其右翱翔倫黨之間弄姿帷房之裏從容顧眄綽有餘裕俯仰吟嘯自以爲得志矣豈能與吾曹同大丈夫之憂樂哉去矣嵇生遠離隔矣熒熒飄寄臨沙漠矣悠悠三千路難涉矣攜手之期邈无日矣思心彌結誰云釋矣无金玉爾音而有遐心身雖胡越意存斷金各敬爾儀敦履璞沉繁華流蕩君子弗欽臨紙意結知復何云至身長七尺四寸論議精辯有縱橫才氣遼西舉郡計吏到洛與父相遇時母已亡父欲令其宦立弗之告仍戒以不歸至乃還遼西幽州三辟部從事斷九獄見稱精審太康中以良吏赴洛方知母亡初至自耻士伍欲以宦學立名期於榮養既而其志不就號憤慟哭流血而卒時年三十七

鄒湛字潤甫南陽新野人也父軌魏左將軍湛少以才學知名仕魏歷通事郎太學博士泰始初轉尚書郎廷尉平征南從事中郎深爲羊祜所器重入爲太子中庶子太康中拜散騎常侍出補渤海太守轉太傅楊駿長史遷侍中駿誅以僚佐免官尋起爲散騎常侍國子祭酒轉少府元康末卒所著詩及論事議二十五首爲時所重初湛嘗見一人自稱甄舒仲餘无所言如此非一久之乃悟曰吾宅西有積土敗冢其中必有死人甄舒仲者予舍西土冢中人也檢之果然厚加斂葬葬畢遂夢此人來謝子捷字太應亦有文才永康中爲散騎侍郎及趙王倫篡逆捷與陸機等俱作禪文倫誅坐下廷尉遇赦免後爲太傅參軍永嘉末卒

棗據字道彥潁川長社人也本姓棘其先避仇改焉父叔禕魏鉅鹿太守據美容貌善文辭弱冠辟大將軍府出爲山陽令有政績遷尚書郎轉右丞賈充伐吳請爲從事中郎軍還從黃門侍郎冀州刺史太子中庶子太康中卒時年五十餘所著詩賦論四十五首遇亂多亡失子腆字玄方亦以文章顯永嘉中爲襄城太守弟嵩字臺產才藝尤美爲太子中庶子散騎常侍爲石勒所殺

褚陶字季雅吳郡錢塘人也弱不好弄少而聰慧清淡閑默以墳典自娛年十三作鷗鳥水碓二賦見者奇之陶嘗謂所親曰聖賢備在黃卷中捨此何求州郡辟不就吳平召補尚書郎張華見之謂陸機曰君兄弟龍躍雲津顧彥先鳳鳴朝陽謂東南之寶已盡不意復見褚生機曰公但未覩不鳴不躍者耳華曰故知延門之德不孤川嶽之寶不匱矣遷九真太守轉中尉年五十五卒

王沉字彥伯高平人也少有俊才出於寒素不能隨俗沉浮爲時豪所抑仕郡文學掾鬱鬱不得志乃作釋時論其辭曰東野丈人觀時以居隱耕汙腴之墟有冰氏之子者出自沍寒之谷過而問塗丈人曰子奚自曰自涸陰之鄉奚適曰欲適煌煌之堂丈人曰入煌煌之堂者必有赫赫之光今子困於寒而欲求諸熱无得熱之方冰子瞿然曰胡爲其然也丈人曰融融者皆趣熱之士其得爐冶之門者惟挾炭之子苟非斯人不如其已冰子曰吾聞宗廟之器不要華林之木四門之賓何必冠蓋之族前賢有解韋索而佩朱韍舍徒擔而乘丹轂由此言之何恤而无祿惟先生告我塗之速也丈人曰嗚呼子聞得之若是不知時之在彼吾將釋子夫道有安危時有險易才有所應行有所適英奇奮於縱橫之世賢知顯於霸王之初當厄難則騁權譎以良圖值制作則展儒道以暢攄是則袞龍出於縕褐卿相起於匹夫故有朝賤而夕貴先卷而後舒當斯時也豈計門資之高卑論勢位之輕重乎今則不然上聖下明時隆道寧群后逸豫宴安守平百辟君子奕世相生公門有公卿門有卿指禿腐骨不簡蚩儜多士豐於貴族爵命不出閨庭四門穆穆綺襦是盈仍叔之子皆爲老成賤有常辱貴有常榮肉食繼踵於華屋疏飯襲跡於耨耕談名位者以諂媚附勢舉高譽者因資而隨形至乃空嚣者以泓噌爲雅量瑣慧者以淺利爲鎗鎗脢胎者以无檢爲弘曠僂

垢者以守意爲堅貞嘲哮者以麤發爲高亮韞蠢者以色厚爲篤誠痷婪者以博納爲通濟眂眂者以難入爲凝清拉荅者有沉重之譽嗛閃者得清勦之聲嗆哼怯畏於謙讓闒茸勇敢於饕諍斯皆寒素之死病榮達之嘉名凡茲流也視其用心察其所安責人必急於己恒寬德无厚而自貴位未高而自尊眼罔嚮而遠視鼻䶋䶊而刺天忌惡君子悅媚小人傲蔑道素懾吁權門心以利傾智以勢惛姻黨相扇毀譽交紛當局迷於所受聽採惑於所聞京邑翼翼群士千億奔集勢門求官買職童僕闚其車乘閽寺相其服飾親客陰參於靖室疎賓徙倚於門側時因接見矜厲容色心懷内荏外詐剛直譚道義謂之俗生論政刑以爲鄙極高會曲宴惟言遷除消息官无大小問是誰力今以子孤寒懷眞抱素志陵雲霄偶景獨步直順常道關津難渡欲騁韓盧時无狡兔衆塗圮塞投足何錯於是氷子釋然乃悟曰富貴人之所欲貧賤人之所惡僕少長於

孔顏之門久處於清寒之路不謂熱勢自共遮錮敬承明誨服我初素彈琴詠典以保年祚伯成延陵高節可慕丹轂滅族呂霍哀吟朝榮夕滅旦飛暮沉晡周道師巢由德林豐屋蔀家易著明箴人薄位尊積罰難任三郤尸晉宋華咎深投局正幅實獲我心是時王政陵遲官才失實君子多退而窮處遂終于里閭元康初松滋令吳郡蔡洪字叔開有才名作孤奮論與釋時意同讀之者莫不歎息焉

張翰字季鷹吳郡吳人也父儼吳大鴻臚翰有清才善屬文而縱任不拘時人號爲江東步兵會稽賀循赴命入洛經吳閶門於船中彈琴翰初不相識乃就循言譚便大相欽悅問循知其入洛翰曰吾亦有事北京便同載即去而不告家人齊王冏辟爲大司馬東曹掾冏時執權翰謂同郡顧榮曰天下紛紛禍難未已夫有四海之名者求退良難吾本山林間人无望於時子善以明防前以智慮後榮執其手愴然曰吾亦與子採南山蕨飲三江水耳翰

因見秋風起乃思吳中菰菜蓴羹鱸魚膾曰人生貴得適志何能羈宦數千里以要名爵乎遂命駕而歸著首丘賦文多不載俄而冏敗人皆謂之見機然府以其輒去除吏名翰任心自適不求當世或謂之曰卿乃可縱適一時獨不爲身後名邪荅曰使我有身後名不如即時一盃酒時人貴其曠達性至孝遭母憂哀毀過禮年五十七卒其文筆數十篇行于世

庾闡字仲初潁川鄢陵人也祖輝安北長史父東以勇力聞武帝時有西域健胡𧽊捷无敵晉人莫敢與校帝募勇士惟東應選遂撲殺之名震殊俗闡好學九歲能屬文少隨舅孫氏渡江母隨兄肇爲安樂長史在項城永嘉末爲石勒所陷闡母亦没闡不櫛沐不婚宦絕酒肉垂二十年鄉親稱之州舉秀才元帝爲晉王辟之皆不行後爲太宰西陽王羕掾累遷尚書郎蘇峻之難闡出奔郗鑒鑒爲司空參軍峻平以功賜爵吉陽縣男拜彭城内史鑒復請爲從事中郎尋召爲散騎侍郎領大著作頃之出補零

陵太守入湘川弔賈誼其辭曰中興二十三載余忝守衡南鼓檝三江路次巴陵望君山而過洞庭涉湘川而觀汨水臨賈生投書之川慨以永懷矣及造長沙觀其遺象喟然有感乃弔之云偉哉蘭生而芳玉產而潔陽葩熙氷寒松負雪莫邪挺鍔天驥汗血苟云其儁誰與比傑是以高明倬茂獨發奇秀道率天貞不議世疾煥乎若望舒耀景而焯群星矯乎若翔鸞拊翼而逸宇宙也飛榮洛汭擢穎山東質清浮磬聲若孤桐琅琅其璞巖巖其峯信道居正而以天下爲公方駕逸步不以曲路期通是以張高弦悲聲激柱落清唱未和而桑濮代作雖有惠音莫過韶濩雖有騰鱗終仆一壑嗚呼大庭既邈玄風悠緬皇道不以智隆上德不以仁顯三五親譽其軌可仰而摽霸功雖逸其塗可翼而闡悲夫先生何命之蹇懷寶如玉而生運之淺昔咎繇謨虞呂尚歸昌德協充符乃應帝王夷吾相桓漢登蕭張草廬三顧臭若蘭芳是以道隱則蠖屈數感則鳳覩若棲不擇木翔非九

五雖曰玉折儁才何補夫心非死灰智必存形形託神王故能全生奈何蘭膏楊芳漢庭摧景飈風獨喪厥明悠悠太素存亡一指道來斯通世往斯圮吾哀其生未見其死敢不敬弔寄之淥水後以疾徵拜給事中復領著作吳國內史虞潭爲太伯立碑闡製其文又作揚都賦爲世所重年五十四卒謚曰貞所著詩賦銘頌十卷行於世子肅之亦有文藻著稱歷給事中相府記室湘東太守太元中卒

曹毗字輔佐譙國人也高祖休魏大司馬父識右軍將軍毗少好文籍善屬詞賦郡察孝廉除郎中蔡謨舉爲佐著作郎父憂去職服闋遷句章令徵拜太學博士時桂陽張碩爲神女杜蘭香所降毗因以二篇詩嘲之并續蘭香歌詩十篇甚有文彩又著揚都賦亞於庾闡累遷尚書郎鎮軍大將軍從事中郎下邳太守以名位不至著對儒以自釋其辭曰或問曹子曰夫寶以含珍爲貴士以藏器爲峻麟以絶跡標奇松以負霜稱儁是以蘭生幽澗玉輝千仞故子州浮滄瀾而龍蟠吳季忽萬乘以解印虞公潛崇巖以頤神梁生適南越以保慎固能全真養和夷跡洞庭陵冬揚芳披雪獨振也今子少睎冥風弱挺秀容奇發幼齡翰披孺童吐辭則藻落揚班抗心則志擬高鴻味道則理貫莊肆研妙則穎奪豪鋒固以騰廣莫而萋蒨排素薄而青蔥者矣何必以刑禮爲己任申韓爲宏通既登東觀染史筆又據太學理儒功曾无玄韻淡泊逸氣虛洞養采幽翳晦明蒙籠不追林棲之迹不希抱鱗之龍不營練真之術不慕內聽之聰而處汎位以核物扇塵教以自濛負鹽車以顯能飾一己以求恭退不居漆園之場出不躡曾城之衢游不踐綽約之室趣不希騄駬之蹤徒以區區之懷而整名目之典覆簣之量而塞北川之洪檢名實於俄頃之間定得失乎一管之鋒子若謂我果是邪則是不必以合俗子若云俗果非邪則俗非不可以苟從俗我紛以交爭利害渾而彌重何異執朽轡以御逸駟承勁風以握秋蓬役恬性以充勞府對群物以耦怨讐者乎子不聞乎終軍之穎賈生之才拔奇山東玉映漢臺可謂響播六合聲駭嬰孩而見毀絳灌之口身離狼狽之災由此言之名爲實賓福萌禍胎朝敷榮華夕歸塵埃未若澄虛心於玄圃蔭瑤林於蓬萊絶世事而儁黃綺鼓滄川而浪龍鰓者矣蒙竊惑焉主人焕耳而笑欣然而言曰夫兩儀既闢陰陽汗浩五才迭用化生紛擾萬類云云孰測其兆故不登閬風安以瞻殊目之形不步景宿何以覿恢廓之表是以迷麤者循一往之智狷介者守一方之矯豈知火林之蔚炎柯冰津之擢陽草故大人達觀任化昏曉出不極勞處不巢皓在儒亦儒在道亦道運屈則紆其清暉時申則散其龍藻此蓋員動之用舍非尋常之所實也今三明互照二氣載宣玄教夕凝朗風晨鮮道以才揚化隨理全故五典剋明於百揆虞音齊響於五絃安期解褐於秀林漁父擺鉤於長川如斯則化无不融道无不延風澄于俗波清于川方將舞黃虯於慶雲招儀鳳於靈山流玉醴乎華闥秀朱草於庭前何有違理之患累真之嫌子徒知辯其說而未測其源明朝菌不可喻晦朔蟪蛄无以觀大年固非管翰之所述聊對敬終篇累遷至光祿勳卒凡所著文筆十五卷傳於世

李充字弘度江夏人父矩江州刺史充少孤其父墓中柏樹嘗爲盜賊所斫充手刃之由是知名善楷書妙參鍾索世咸重之辟丞相王導掾轉記室參軍幼好刑名之學深抑虛浮之士嘗著學箴稱老子云絶仁棄義家復孝慈豈仁義之道絶然後孝慈乃生哉蓋患乎情仁義者寡而利仁義者衆也道德喪而仁義彰仁義彰而名利作禮教之弊直在茲也先王以道德之不行故以仁義化之行仁義之不篤故以禮律檢之檢之彌繁而僞亦愈廣老莊是乃明无爲之益塞爭欲之門夫極靈智之妙總會通之和者莫尚乎聖人革一代之弘制垂千載之遺風則非聖不立然則聖人之在世吐言則爲訓辭莅事則爲物軌運通則與時隆理喪則與世弊矣是以大爲之論以標其旨物必有宗事必有主寄責於聖人

而遺累乎陳迹也故化之以絶聖棄智鎮之以无名之樸聖教救其末老莊明其本本末之塗殊而爲教一也人之迷也其日久矣見形者衆及道者尠不覿千仞之門而逐適物之迹逐迹逾篤離本逾遠遂使華端與薄俗俱興妙緒與淳風並絶所以聖人長潜而迹未嘗滅矣懼後進惑其如此將越禮棄學而希无爲之風見義教之殺而不觀其隆矣略言所懷以補其闕引道家之弘旨會世教之適當義不違本言不流放庶以祛困蒙之蔽悟一往之惑乎其辭曰芒芒太初悠悠鴻荒蚩蚩萬類與道兼忘聖迹未顯賢名不彰怡此鼓腹率我猖狂資生既廣羣塗思通闇實師明匪予求蒙遺己濟物而天下爲公大庭唱基羲農宏贊六位時成離暉大觀澤洽雨濡化流風散比屋同塵而人罔僭亂爰暨中古哲王胥承質文代作禮統迭興事籍用以繁化因阻而凝動非性擾靜豈神澄名之攸彰道之攸廢乃損所隆乃崇所替刑作由於德衰三辟興乎叔世既敦既誘乃矯乃厲敦亦既備矯亦既深彫

琢生文抑揚成音群能騁技衆巧竭心野无陸馬山无散林風罔不動化罔不移人之失德反正作奇乃放欲以越禮不知希競之爲病違彼夷塗而遵此險徑狡兔陵岡游魚適川至賾深妙大象幽玄棄餌收罝而責功蹄筌先統喪歸而寄旨忘言政異徵辭拔本塞源遁迹永日尋響窮年刻意離性而失其常然世有險夷運有通圮損益適時升降惟理道不可以一日廢亦不可以一朝擬禮不可以千載制亦不可以當年止非仁无以長物非義无以齊耻仁義固不可遠去其害仁義者而已力行猶懼不逮希企邈以遠矣室有善言應在千里況乎行止復禮克己風人司箴敬貽君子征北將軍褚裒又引爲參軍充以家貧苦求外出裒將許之爲縣試問之充曰窮猨投林豈暇擇木乃除剡縣令遭母憂服闋爲大著作郎于時典籍混亂充删除煩重以類相從分作四部甚有條貫祕閣以爲永制累遷中書侍郎卒官充注尚書及周易旨六篇釋莊論上下二篇詩賦表頌等雜文二百四十首行於

世子顒亦有文義多所述作郡舉孝廉充從兄式以平隱著稱善楷隸中興初仕至侍中

袁宏字彦伯侍中猷之孫也父勗臨汝令宏有逸才文章絶美曾爲詠史詩是其風情所寄少孤貧以運租自業謝尚時鎮牛渚秋夜乘月率耳與左右微服泛江會宏在舫中諷詠聲既清會辭又藻拔遂駐聽久之遣問焉答云是袁臨汝郎誦詩即其詠史之作也尚傾率有勝致即迎升舟與之譚論申旦不寐自此名譽日茂尚爲安西將軍豫州刺史引宏參其軍事累遷大司馬桓溫府記室溫重其文筆專綜書記後爲東征賦賦末列稱過江諸名德而獨不載桓彝時伏滔先在溫府又與宏善苦諫之宏笑而不答溫知之甚忿而憚宏一時文宗不欲令人顯問後游青山飲歸命宏同載衆爲之懼行數里問宏云聞君作東征賦多稱先賢何故不及家君宏答曰尊公稱謂非下官敢專既未遑啟不敢顯之耳溫疑不實乃曰君欲爲何辭宏即答云風鑒散朗或搜或引

身雖可亡道不可隕宣城之節信義爲允也溫泫然而止宏賦又不及陶侃侃子胡奴嘗於曲室抽刃問宏曰家公勳跡如此君賦云何相忽宏窘急答曰我已盛述尊公何乃言无因曰精金百汰在割能斷功以濟時職思靜亂長沙之勳爲史所贊胡奴乃止後爲三國名臣頌曰夫百姓不能自牧故立君以治之明君不能獨治則爲臣以佐之然則三五迭隆歷代承基揖讓之與干戈文德之與武功莫不宗匠陶鈞而群才緝熙元首經略而股肱肆力雖遭羅不同迹有優劣至於體分冥固道契不墜風美所扇訓鑒千載其揆一也故二八升而唐朝盛伊呂用而湯武寧三賢進而小白興五臣顯而重耳霸中古陵遲斯道替矣居上者不以至公理物爲下者必以私路期榮御員者不以信誠率衆執方者必以權謀自顯於是君臣離而名教薄世多亂而時不治故蘧甯以之卷舒柳下以之三黜接輿以之行歌魯連以之赴海衰世之中保持名節君臣相體若合符契則燕昭樂毅古之流矣夫未遇

伯樂則千載无一驥時值龍顏則當年控三傑漢之得賢於斯爲貴高祖雖不以道勝御物羣下得盡其忠蕭曹雖不以三代事主百姓不失其業靜亂庇人抑亦其次夫時方顛沛則顯不如隱萬物思治則默不如語是以古之君子不患弘道難患遭時難遭時匪難遇君難故有道无時孟子所以咨嗟有時无君賈生所以垂泣夫萬歲一期有生之通塗千載一遇賢智之嘉會遇之不能无欣喪之何能无慨古人之言信有情哉余以暇日常覽國志考其君臣比其行事雖道謝先代亦異世一時也文若懷獨見之照而有救世之心論時則人方塗炭計能則莫出魏武故委圖霸朝豫謀世事舉才不以標鑒故人亡而後顯籌畫不以要功故事至而後定雖亡身明順識亦高矣董卓之亂神器遷逼公達慨然志在致命由斯而譚故以大存名節至如身爲漢隸而迹入魏幕源流趣舍抑亦文若之謂所以存亡殊致始終不同將以文若既明且哲名教有寄乎夫仁義不可不明則時宗舉其致生理不可不全故識達

攝其契相與弘道豈不遠哉崔生高朗折而不撓所以策名魏武執笏霸朝者蓋以漢主當陽魏后北面者哉若乃一旦進璽君臣易位則崔生所以不與魏氏所以不容夫江湖所以濟舟亦所以覆舟仁義所以全身亦所以亡身然而先賢玉摧於前來哲攘袂於後豈天懷發中而名教束物者乎孔明盤桓俟時而動遐想管樂遠明風流治國以禮人无怨聲刑罰不濫没有餘泣雖古之遺愛何以加茲及其臨終顧託受遺作相劉后授之无疑心武侯受之无懼色繼體納之无貳情百姓信之无異辭君臣之際良可詠矣公瑾卓邇逸志不群總角斷主則素契於伯符晚節曜奇則三分於赤壁惜其齡促志未可量子布佐策致延譽之美輟哭止哀有翼戴之功神情所涉豈徒謇諤而已哉然杜門不用登壇受譏夫一人之身所照未異而用舍之間俄有不同況沉跡溝壑遇與不遇者乎夫詩頌之作有自來矣或以吟詠情性或以紀德顯功雖大指同歸所託或乖若夫出處有道名體不滯風軌德音爲

世作範不可廢也復綴序所懷以爲之贊曰火德既微運纒大過洪飈扇海二溟揚波虬獸雖驚風雲未和潛魚擇川高鳥候柯赫赫三雄並迴乾軸競收杞梓爭採松竹鳳不及棲龍不暇伏谷无幽蘭嶺无停菊英英文若靈鑒洞照應變知微顧音賞要日月在躬隱之彌曜文明暎心鑽之愈妙滄海橫流玉石俱碎達人兼善廢已存愛謀解時紛功濟宇内始救生靈終明風槩公達潛朗思同蓍蔡運用无方動攝群會爰初發迹遘此顚沛神情玄定處之彌泰愔愔幕裏筭无不經亹亹通韻跡不暫停雖懷尺璧顧哂連城智能極物愚足全生郎中溫雅器識純素貞而不諒通而能固恂恂德心汪汪軌度志成弱冠道數歲暮仁者必勇德亦有言雖遇履尾神氣恬然行不修飾名跡无愆操不激切素風愈鮮邈哉崔生體正心直天骨疎朗牆岸高嶷忠存軌跡義形風色思樹芳蘭翦除荆棘人惡其上世不容哲琅琅先生雅杖名節雖遇塵霧猶震霜雪運極道消碎此明月景山恢誕韻與

道合形器不存方寸海納和而不同通而不雜遇醉忘辭在醒貽答長文通雅義格終始思載元首擬伊同恥人未知德懼若在己嘉謀肆庭讜言盈耳玉生雖麗光不踰把德積雖微道暎天下邈哉太初宇量高雅器範自然標準无假全身曲直跡洿必僞處死匪難理有則易萬物波蕩孰任其累六合徒廣容身靡寄君親自然匪由名教愛敬既同情禮兼到烈烈王生知死不撓求仁不遠期在忠孝玄伯剛簡大存名體志在高構增堂及陛端委獸正言彌啟臨危致命盡其心禮堂堂孔明基宇宏邈器同生靈獨稟先覺標牓風流遠明管樂初九龍盤雅志彌確百六道喪干戈迭用苟非命世孰埽雰雺宗子思寧薄言解控釋褐中林鬱爲時棟士元弘長雅性内融崇善愛物觀始知終喪亂備矣勝塗未隆先生標之振起清風綢繆哲后无妄惟時夙夜匪懈義在緝熙三略既陳霸業已基公琰殖根不忘中正豈曰模擬實在雅性亦既羇勒負荷時命推賢恭己久而可敬公衛冲達秉志淵塞媚

玆一人臨難不惑疇息不造假翮鄰國進能徽音退不失德六合紛紜人心將變鳥擇高梧臣須顧眄公瑾英達朗心獨見披草求君定交一面桓桓魏武外託霸跡志掩衡霍恃戰忘敵卓卓若人曜奇赤壁三光參分宇宙暫隔子布擅名遭世方擾撫翼桑梓息肩江表王略威夷吳魏同寶遂贊宏謨匡此霸道桓王之薨大業未純把臂託孤惟賢與親輟哭止哀臨難忘身成此南面實由老臣才爲世生世亦須才得而能任貴在无猜昂昂子敬拔跡草萊荷擔吐奇乃構雲臺子瑜都長體性純懿諫而不犯正而不毅將命公庭退忘私位豈无鶺鴒固愼名器伯言謇謇以道佐世出能勤功入亦獻替謀寧社稷解紛挫銳正以招疑忠而獲戾元歎邈遠神和形檢如彼白珪質无塵點立行以恒匡主以漸清不增潔濁不加染仲翔高亮性不和物好是不韋折而不屈屢摧逆鱗直道受黜歎過孫陽放同賈屈莘莘衆賢千載一遇整轡高衢驤首天路仰揖玄流俯弘時務名節殊塗雅致同趣日月麗天瞻之不墜仁義在躬用之不匱尚想遐風載揖載味後生擊節懦夫增氣從桓溫北征作北征賦皆其文之高者嘗與王珣伏滔同在溫坐溫令滔讀其北征賦至聞所傳於相傳云獲麟於此野誕靈物以瑞德奚授體於虞者疚尼父之洞泣似實慟而非假豈一性之足傷乃致傷於天下其本至此便改韻珣云此賦方傳千載无容率爾今於天下之後移韻徙事然於寫送之致似爲未盡滔云得益寫韻一句或爲小勝溫曰卿思益之宏應聲答曰感不絕於余心愬流風而獨寫珣誦味久之謂滔曰當今文章之美故當共推此生性彊正亮直雖被溫禮遇至於辯論每不阿屈故榮任不至與伏滔同在溫府府中呼爲袁伏宏心恥之每歎曰公之厚恩未優國士而與滔比肩何辱之甚謝安常賞其機對辯速後安爲揚州刺史宏自吏部郎出爲東陽郡乃祖道於冶亭時賢皆集安欲以卒迫試之臨別執其手顧就左右取一扇而授之曰聊以贈行宏應聲答曰輒當奉揚仁風慰彼黎庶時人歎其率而能要焉宏見漢時傳毅作顯宗頌辭甚典雅乃作頌九章頌簡文之德上之於孝武太元初卒於東陽時年四十九撰後漢紀三十卷及竹林名士傳三卷詩賦誄表等雜文凡三百首傳於世三子長超子次成子次明子明子有父風最知名官至臨賀太守

伏滔字玄度平昌安丘人也有才學少知名州舉秀才辟別駕皆不就大司馬桓溫引爲參軍深加禮接每宴集之所必命滔同游從溫伐袁眞至壽陽以淮南屢叛著論二篇名曰正淮其上篇曰淮南者三代揚州之分也當春秋時吳楚陳蔡之與地戰國之末楚全有之而考烈王都焉秦并天下建立郡縣是爲九江劉項之際號曰東楚爰自戰國至于晉之中興六百有餘年保淮南者九姓稱兵者十一人皆亡不旋踵禍溢於世而終莫戒焉其天時歟地勢歟人事歟何喪亂之若是也試商較而論之夫懸象著明而休徵表於列宿山河衿帶而地險彰於丘陵治亂推移而興亡見於人事由此而觀則兼也必矣昔妖星出於東南而弱楚以亡飛孛橫於天漢而劉安誅絕近則火星晨見而王凌首謀長彗宵暎而毋丘襲亂斯則喪亂天時也彼壽陽者南引荊汝之利東連三吳之富北接梁宋平塗不過七日西援陳許水陸不出千里外有江湖之阻內保淮肥之固龍泉之陂良疇萬頃舒六之貢利盡蠻越金石皮革之具萃焉苞木箭竹之族生焉山湖藪澤之限水旱之所不害土產草滋之實荒年之所取給此則係乎地利者也其俗尚氣力而多勇悍其人習戰爭而貴詐僞豪右并兼之門十室而七藏甲挾劍之家比屋而發然而仁義之化不漸刑法之令不及所以屢多亡國也昔考烈以衰弱之楚屢遷其都外迫彊秦之威內構陽申之禍逃死劫殺二世而滅黥布以三雄之選功成垓下淮陰既囚梁越受戮嫌結震主之威慮生同體之禍遂謀圖全之計庶幾後亡之福衆潰於一戰身脂於漢斧劉長支庶奄王大國承喪亂之餘御新化之俗无德而寵欲極禍發王安內懷先父之憾外眩姦臣之說招引賓客沉溺數術藉二世之資恃戈甲之盛屈強江淮之上西向而圖宗國言

未絶口身嗣俱滅李憲因亡新之餘袁術當衰漢之末負力幸亂遂生僭逆之計建號九江稱制下邑狼狽奔亡傾城受戮及至彥雲仲恭公休之徒或憑宿名或怙前功握兵淮楚力制東夏屬當多難之世仍值廢興之會謀非所議相係禍敗祖約助逆身亡家族彼十亂者成乎人事者也然則侵弱昏迷以至絶滅亡楚當之恃彊畏逼遂謀叛亂黥布有焉二王遘逆寵之之過也公路僭僞乘釁之盗也二將以圖功首難士少以驕矜樂禍本其所因考其成跡皆寵盛禍淫福過災生而制之不漸積之有由也其下篇曰昔高祖之誅黥布也撮三策之要馳赦過之書秉人主之威以除逆節之虜然猶決戰陳都暴尸橫野僅乃剋之害亦深矣長安之謀雖兵未交於山東禍未徧於天下而馳說之士與閭巷之人幽囚誅放者亦已衆矣光武連兵於肥舒魏祖馳馬於蘄苦而廬九之間流溺兵凶者十而七八焉夫王陵面縛得之於矴石仲恭接刃成之於後覺也而高祖以之宵征世宗以之發疾豈不勤哉文皇挾萬

乘之威杖伊周之權内舉京畿之衆外徵四海之銳雲合雨集推鋒以臨淮浦而誕欽晏然方嬰城自固憑軾以觀王師於是築長圍起婪櫓高壁連塹負戈擊柝以守之自夏及春而後始知亡焉然則屠城之禍其可極言乎約之出奔淮左爲墟悲夫信哉魯衰之言夫生乎深宮長于膏粱憂懼不切於身榮辱不交於前則其仁義之本淺矣奉以南面之尊籍以列城之富宅以制險之居養以衆強之盛而无德以臨之无制以節之則猒溢樂禍之心生矣夫以昏主御姦臣利甲資堅城僞令行於封内邪惠結於人心乘間幸濟之說日交於側猾詐錮咎之群各馳於前見利如歸安在其不爲亂乎況乘舊寵挾前功畏逼懼亡以謀圖身之舉者望其俛首就羈不亦迂哉易稱履霜堅氷馴致之道蓋言漸也嗚呼斯所以亂臣賊子亡國覆家累世而不絶者歟昔先王之宰天下也遐於有德訪之三吏正其分位明其等級畫之封疆宣之政令上下有序无僭差之嫌四人安業无并兼之國三載考陟功罪不得逃其跡九伐時修刑賞无所謬其實令之有漸軌之有度寵之有節權不外授威不下黷所以杜其萌際重其名器深根固本傳之百世雖時有盛衰弱者无所懼其亡道有興廢強者不得資其弊夫如是將使天下從風穆然軌道慶自一人惠流萬國安有向時之患哉壽陽平以功封聞喜縣侯除永世令温薨征西將軍桓豁引爲參軍領華容令太元中拜著作郎專掌國史領本州大中正孝武帝嘗會於西堂滔豫坐還下車先呼子系之謂曰百人高會天子先問伏滔在坐不此故未易得爲人作父如此定何如也遷游擊將軍著作如故卒官子系之亦有文才歷黄門郎侍中尚書光祿大夫

羅含字君章桂陽耒陽人也曾祖彥臨海太守父綏滎陽太守含幼孤爲叔母朱氏所養少有志尚嘗晝卧夢一鳥文彩異常飛入口中因驚起說之朱氏曰鳥有文彩汝後必有文章自此後藻思日新弱冠州三辟不就含父嘗宰新淦新淦人楊羡後爲含州將

引含爲主簿含傲然不顧羡招致不已辭不獲而就焉及羡去職含送之到縣新淦人以含舊宰之子咸致賂遺含難違而受之及歸悉封置而去由是遠近推服焉後爲郡功曹刺史庾亮以爲部江夏從事太守謝尚與含爲方外之好乃稱曰羅君章可謂湘中之琳琅尋轉州主簿後桓温臨州又補征西參軍温嘗使含詣尚有所檢劾含至不問郡事與尚累日酣飲而還温問所劾事含曰公謂尚何如人温曰勝我也含曰豈有勝公而行非邪故一无所問温奇其意而不責焉轉州別駕以廨舍諠擾於城西池小洲上立茅屋伐木爲材織葦爲席而居布衣蔬食晏如也温嘗與寮屬讌會含後至温問衆坐曰此何如人或曰可謂荆楚之材温曰此自江左之秀豈惟荆楚而已徵爲尚書郎温雅重其才又表轉征西户曹參軍俄遷宜都太守及温封南郡公引爲郎中令尋徵正員郎累遷散騎常侍侍中仍轉廷尉長沙相年老致仕加中散大夫門施行馬初含在官舍有一白雀棲集

堂宇及致仕還家階庭忽蘭菊叢生以爲德行之感焉年七十七卒所著文章行於世

顧愷之字長康晉陵无錫人也父悅之尚書左丞愷之博學有才氣嘗爲箏賦成謂人曰吾賦之比嵇康琴不賞者必以後出相遺深識者亦當以高奇見貴桓温引爲大司馬參軍甚見親昵温薨後愷之拜温墓賦詩云山崩溟海竭魚鳥將何依或問之曰卿憑重桓公乃爾哭狀其可見乎荅曰聲如震雷破山淚如傾河注海愷之好諧謔人多愛狎之後爲殷仲堪參軍亦深被眷接仲堪在荆州愷之嘗因假還仲堪特以布帆借之至破冢遭風大敗愷之與仲堪牋曰地名破冢真破冢而出行人安穩布帆无恙還至荆州人問以會稽山川之狀愷之云千巖競秀萬壑爭流草木蒙籠若雲興霞蔚桓玄時與愷之同在仲堪坐共作了語愷之先曰火燒平原无遺燎玄曰白布纏根樹旒旐仲堪曰投魚深泉放飛鳥復作危語玄曰矛頭折米劒頭炊仲堪曰百歲老翁攀枯枝

有一參軍云盲人騎瞎馬臨深池仲堪眇目驚曰此太逼人因罷愷之每食甘蔗恒自尾至本人或怪之云漸入佳境尤善丹青圖寫特妙謝安深重之以爲有蒼生以來未之有也愷之每畫人成或數年不點目精人問其故荅曰四體妍蚩本无關少於妙處傳神寫照正在阿堵中嘗悅一鄰女挑之弗從乃圖其形於壁以棘針釘其心女遂患心痛愷之因致其情女從之遂密去針而愈愷之每重嵇康四言詩因爲之圖恒云手揮五絃易目送歸鴻難每寫起人形妙絶於時嘗圖裴楷象頰上加三毛觀者覺神明殊勝又爲謝鯤象在石巖裏云此子宜置丘壑中欲圖殷仲堪仲堪有目病固辭愷之曰明府正爲眼耳若明點瞳子飛白拂上使如輕雲之蔽月豈不美乎仲堪乃從之愷之嘗以一廚畫糊題其前寄桓玄皆其深所珍惜者玄乃發其廚後竊取畫而緘閉如舊以還之紿云未開愷之見封題如初但失其畫直云妙畫通靈變化而去亦猶人之登仙了无怪色愷之矜伐過實少年

因相稱譽以爲戲弄又爲吟詠自謂得先賢風制或請其作洛生詠答曰何至作老婢聲義熙初爲散騎常侍與謝瞻連省夜於月下長詠瞻每遥贊之愷之彌自力忘倦瞻將眠令人代己愷之不覺有異遂申旦而止尤信小術以爲求之必得桓玄嘗以一柳葉紿之曰此蟬所翳葉也取以自蔽人不見己愷之喜引葉自蔽玄就溺焉愷之信其不見己也甚以珍之初愷之在桓温府常云愷之體中癡黠各半合而論之正得平耳故俗傳愷之有三絶才絶畫絶癡絶年六十二卒於官所著文集及啓矇記行於世

郭澄之字仲靜太原陽曲人也少有才思機敏兼人調補尚書郎出爲南康相值盧循作逆流離僅得還都劉裕引爲相國參軍從裕北伐既剋長安裕意更欲西伐集寮屬議之多不同次問澄之澄之不答西向誦王粲詩曰南登霸陵岸迴首望長安裕便意定謂澄之曰當與卿共登霸陵岸耳因還澄之位至裕相國從事中郎封南豐侯卒於官所著文集行於世

史臣曰夫賞好生於情剛柔本於性情之所適發乎詠歌而感召无象風律殊製至於應貞宴射之文極形言之美華林群藻罕或疇之子安幼標明敏少蓄清思懷天地之寥廓賦辭人之所遺特構新情豈常均之所企太冲含豪歷載以賦三都士安見而稱善平原覩而韜翰匪惟高步當年故以騰華終古鄒湛之持論棗據之緣情實南陽之人傑蓋潁川之時秀季雅摛屬道邁夙備成德稱爲泉岱之珍固其然矣彥伯未能混迹光塵而屈乎卑位釋時宏論亦足見其志耳季鷹縱誕一時不邀名爵黃花之什濬發神府仲初之文風流可尚擢秀士林陽都之美尤重時彥曹毗沉研秘籍踠足下僚綺靡降神之歌朗暢對儒之論李充之學箴信清壯也袁宏東征名臣之作抑潘陸之亞玄度學藝優贍筆削擅奇降帝問於西堂故其榮觀也君章耀相中之寶挺荆楚之材夢鳥發乎精誠豈獨日者之蛟鳳長康矜能過實譎諂取容而才多逸氣故有三絶之目仲靜機思通敏延譽清流德興

西伐之計取定於微指者矣

贊曰爻象垂法官徵流音美哉群彥揚蕤翰林俱諧振玉各擅鏘金子安太冲遒文綺爛袁庾充愷縟藻霞煥架彼辭人共超清貫

列傳第六十二　晉書九十二

列傳第六十三　晉書九十三　御撰

外戚

羊琇　王恂弟虔愷　楊文宗　羊玄之

虞豫元子胤　庾琛　杜乂

褚裒　何準　王濛子修蘊

王遐　褚爽

詳觀往誥逖聽前聞階緣外戚以致顯榮者其所由來尚矣而多至禍敗鮮克令終者何哉豈不由祿以恩升位非德舉識慚明哲材謝經通假椒房之寵靈總軍國之樞要或威權震主或勢力傾朝居安而不慮危務進而不知退驕奢既至釁隙隨之者乎是以呂霍之家誅夷於西漢梁鄧之族勦絕於東都其餘干紀亂常害時蠹政者不可勝載至若樊靡卿之父子竇廣國之弟兄陰興之守約戒奢史丹之掩惡揚善斯並后族之所美者也由此觀之干時縱溢者必以凶終守道謙冲者永保貞吉古人所謂禍福无門惟人所召此非其效歟逮于晉難始自宮掖楊駿籍武帝之寵私叨竊非據賈謐乘惠皇之蒙昧成此厲階遂使悍后遇雲林之災愍懷濫湖城之酷天人道盡喪亂弘多宗廟以之顛覆黎庶於焉殄瘁詩云赫赫宗周褒姒滅之其此之謂也爰及江左未改覆車庾亮世族羽儀王恭高門領袖既而職兼出納任切股肱孝伯竟以亡身元規幾於敗國豈不哀哉若褚季野之畏避朝權王叔仁之固求出鎮用能全身遠害有可稱焉賈充楊駿庾亮王獻之王恭等已入列傳其餘即敘其成敗以為外戚篇云

羊琇字稚舒景獻皇后之從父弟也父耽官至太常兄瑾尚書右僕射琇少舉郡計參鎮西鍾會軍事從平蜀及會謀反琇正言苦諫還賜爵關內侯琇涉學有智算少與武帝通門甚相親狎每接筵同席嘗謂帝曰若富貴見用任領護各十年帝戲而許之初帝未立為太子而聲論不及弟攸文帝素意重攸恒有代宗之議琇密為武帝畫策甚有匡救又觀察文帝為政損益揆度應所

顧問之事皆令武帝默而識之其後文帝與武帝論當世之務及人間可否武帝答无不允由是儲位遂定及帝爲抚軍命琇叅軍事帝即王位後擢琇爲左衛將軍封甘露亭侯帝踐阼累遷中護軍加散騎常侍琇在職十三年典禁兵豫機密寵遇甚厚初杜預拜鎮南將軍朝士畢賀皆連榻而坐琇與裴楷後至曰杜元凱乃復以連榻而坐客邪遂不坐而去琇性豪侈費用无復齊限而屑炭和作獸形以温酒洛下豪貴咸競效之又喜遊讌以夜續晝中外五親无男女之别時人譏之然黨慕勝己其所推奉便盡心无二窮窘之徒特能振恤選用多以得意者居先不盡銓次之理將士有冒官位者爲其致節不惜軀命然放恣犯法每爲有司所貸其後司隷校尉劉毅劾之應至重刑武帝以舊恩直免官而已尋以侯白衣領護軍頃之復職及齊王攸出鎮也琇以切諫忤旨左遷太僕既失寵憤怨遂發病以疾篤求退拜特進加散騎常侍還第卒帝手詔曰琇與朕有先後之親少小之恩歷位外内忠允茂

著不幸早薨朕甚悼之其追贈輔國大將軍開府儀同三司賜東園祕器朝服一襲錢三十萬布百疋謚曰威

王恂字良夫文明皇后之弟也父肅魏蘭陵侯恂文義通博在朝忠正累遷河南尹建立二學崇明五經高令表毅嘗餽以駿馬恂不受及毅敗受貨者皆被廢黜焉魏氏給公卿已下租牛客户數各有差自後小人憚役多樂爲之貴勢之門動有百數又太原諸部亦以匈奴胡人爲田客多者數千武帝踐位詔禁募客恂明峻其防所部莫敢犯者咸寧四年卒贈車騎將軍恂弟虔愷

虔字恭祖以功幹見稱累遷衛尉封安壽亭侯拜平東將軍假節監青州諸軍事徵爲光禄勳轉尚書卒子士文嗣歷右衛將軍南中郎將鎮許昌爲劉聰所害

愷字君夫少有才力歷位清顯雖无細行有在公之稱以討楊駿勳封山都縣公邑千八百户遷龍驤將軍領驍騎將軍加散騎常侍尋坐事免官起爲射聲校尉久之轉後將軍愷既世族國戚性復豪侈用赤石脂泥壁石崇與愷將爲鴆毒之事司隷校尉傅祗劾之有司皆論正重罪詔特原之由是衆人僉畏愷故敢肆其意所欲之事无所顧憚焉及卒謚曰醜

楊文宗武元皇后父也其先事漢四世爲三公文宗爲魏通事郎襲封蓩亭侯早卒以后父追贈車騎將軍謚曰穆

羊玄之惠皇后父尚書右僕射瑾之子也玄之初爲尚書郎以后父拜光禄大夫特進散騎常侍更封興晉侯遷尚書右僕射加侍中進爵爲公成都王穎之攻長沙王乂也以討玄之爲名遂憂懼而卒追贈車騎將軍開府儀同三司

虞豫元敬皇后父也少有美稱州郡禮辟並不就拜南陽王文學早卒明帝即位追贈散騎常侍驃騎大將軍開府儀同三司平山縣侯子胤嗣

胤敬后弟也初拜散騎常侍遷步兵校尉太寧末追贈豫官以胤襲侯爵轉右衛將軍與南頓王宗俱爲明帝所昵並典禁兵及帝

不豫宗以陰謀發覺事連胤帝隱忍不問徙胤爲宗正卿加散騎常侍咸和二年宗伏誅左遷胤爲桂陽太守秩中二千石頃徙琅邪廬陵太守咸康元年卒追贈衛將軍加散騎常侍子洪襲爵

庾琛字子美明穆皇后父也兄袞在孝友傳琛永嘉初爲建威將軍過江爲會稽太守徵爲丞相軍諮祭酒卒官以后父追贈左將軍妻毋丘氏追封鄉君子亮陳先志不受咸和中成帝又下詔追贈琛驃騎將軍儀同三司亮又辭焉亮在列傳

杜乂字弘理成恭皇后父鎮南將軍預孫尚書左丞錫之子也性純和美姿容有盛名於江左王羲之見而目之曰膚若凝脂眼如點漆此神仙人也桓彝亦曰衛玠神清杜乂形清襲封當陽侯辟公府掾爲丹陽丞早卒无男生后而乂終妻裴氏榮居養后以禮自防甚有德音咸康初追贈金紫光禄大夫謚曰穆封裴氏爲高安鄉君邑五百户至孝武帝時崇進爲廣德縣君裴氏壽考百姓號曰杜姥

初司徒蔡謨甚器重乂嘗言於朝曰恨諸君不見杜乂也其爲名流所重如此

褚裒字季野康獻皇后父也祖䂮有局量以幹用稱嘗爲縣吏事有不合令欲鞭之䂮曰物各有所施榱椽之材不合以爲藩落也願明府垂察乃捨之家貧辭吏年垂五十鎮南將軍羊祜與䂮有舊言於武帝始被升用官至安東將軍父洽武昌太守裒少有簡貴之風與京兆杜乂俱有盛名冠于中興譙國桓彝見而目之曰季野有皮裏春秋言其外无臧否而內有所褒貶也謝安亦雅重之恒云裒雖不言而四時之氣亦備矣初辟西陽王掾吳王文學蘇峻之構逆也車騎將軍郄鑒以裒爲參軍峻平以功封都鄉亭侯稍遷司徒從事中郎除給事黃門侍郎康帝爲琅琊王時將納妃妙選素望詔娉裒女爲妃於是出爲豫章太守及康帝即位徵拜侍中遷尚書以后父苦求外出除建威將軍江州刺史鎮平洲在官清約雖居方伯恒使私童樵採頃之徵爲衛將

軍領中書令裒以中書銓管詔命不宜以姻戚居之固讓詔以爲左將軍兖州刺史都督兖州徐州之琅琊諸軍事假節鎮金城又領琅邪內史初裒總角詣庾亮亮使郭璞筮之卦成璞駭然亮曰有不祥乎璞曰此非人臣卦不知此年少何以乃表斯祥二十年外吾言方驗及此二十九年而康獻皇太后臨朝有司以裒皇太后父議加不臣之禮拜侍中衛將軍錄尚書事持節都督刺史如故裒以近戚懼獲譏嫌上疏固請居藩曰臣以虛鄙才不周用過蒙國恩累忝非據无勞受寵負愧實深豈可復加殊特之命顯號重疊臣有何勳可以克堪何顔可以冒進委身聖世豈復遺力實懼顛墜所誤者大今王略未振萬機至殷陛下宜委誠宰輔一遵先帝任賢之道虛已受成坦平心於天下无疑內示私親之舉朝野失望所損豈少於是改授都督徐兖青揚州之晉陵吳國諸軍事衛將軍徐兖二州刺史假節鎮京口永和初復徵裒將以爲揚州錄尚書事吏部尚書劉遐說裒曰會稽王令德國之周公也足下宜以大政付之裒長史王胡之亦勸焉於是固辭歸藩朝野咸歎服之進號征北大將軍開府儀同三司固辭開府裒又以政道在於得才宜委賢任能升敬舊齒乃薦前光祿大夫顧和侍中殷浩疏奏即以和爲尚書令浩爲揚州刺史及石季龍死裒上表請伐之即日戒嚴直指泗口朝議以裒事任貴重不宜深入可先遣偏師裒重陳前所遣前鋒督護王頤之等徑造彭城示以威信後遣督護麋嶷進軍下邳賊即奔潰嶷率所領據其城池今宜速發以成聲勢於是除征討大都督青揚徐兖豫五州諸軍事裒率衆三萬徑進彭城河朔士庶歸降者日以千計裒撫納之甚得其歡心先遣督護徐龕伐沛獲僞相支重郡中二千餘人歸降魯郡山有五百餘家亦建義請援裒遣龕領銳卒三千迎之龕違裒節度軍次代陂爲石遵將李菟所敗死傷太半龕執節不撓爲賊所害裒以春秋責帥授任失所威略虧損上疏自貶以征北將軍行事求留鎮廣陵詔以偏帥之責不應引咎逋寇未殄方鎮任重不宜貶降使

還鎮京口解征討都督時石季龍新死其國大亂遺户二十萬口渡河將歸順乞師救援會裒已旋威勢不接莫能自拔皆爲慕容皝及苻健之衆所掠死亡咸盡裒以遠圖不就憂慨發病及至京口聞哭聲甚衆裒問何哭之多左右曰代陂之役也裒益慚恨永和五年卒年四十七遠近嗟悼吏士哀慕之贈侍中太傅本官如故謚曰元穆子歆字幼安以學行知名歷散騎常侍秘書監

何準字幼道穆章皇后父也高尚寡欲弱冠知名州府交辟並不就兄充爲驃騎將軍勸其令仕準曰第五之名何減驃騎準兄弟中第五故有此言充居宰輔之重權傾一時而準散帶衡門不及人事唯誦佛經修營塔廟而已徵拜散騎郎不起年四十七卒升平元年追贈金紫光祿大夫封晉興縣侯子惔以父素行高潔表讓不受三子放惔澄放繼充惔官至南康太守早卒惔子元度西陽太守次叔度太常卿尚書澄字季玄起家秘書郎轉丞清正有器望累遷秘書監太常中護軍孝武帝深愛之以爲冠軍

將軍吳國内史太元末瑯琊王出居外第妙選師傅徵拜尚書領琅邪王師安帝即位遷尚書左僕射典選王師如故時澄以脚疾固讓特聽不朝坐家視事又領本州大中正及桓玄執政以疾奏免卒于家安帝反正追贈金紫光祿大夫長子耤早卒次子融元熙中爲大司農

王濛字仲祖哀靖皇后父也曾祖黯歷位尚書祖佑北軍中候父訥新淦令濛少時放縱不羈不爲鄉曲所齒晚節始克己勵行有風流美譽虚己應物恕而後行莫不敬愛焉事諸母甚謹奉祿資産常推厚居薄喜慍不形於色不修小絜而以清約見稱善隸書美姿容嘗覽鏡自照稱其父字曰王文開生如此兒邪居貧帽敗自入市買之嫗悦其貌遺以新帽時人以爲達與沛國劉惔齊名友善惔常稱濛性至通而自然有節濛每云劉君知我勝我自知時人以惔方荀奉倩濛比袁曜卿凡稱風流者舉濛惔爲宗焉司徒王導辟爲掾導復引匡術弟孝濛致牋於導曰開國承家小

人勿用杖德義以尹天下方將澄清彝倫崇重名器夫軍國殊用文武異容豈可令涇渭混流虧清穆之風以允答具瞻儀形海内導不答後出補長山令復爲司徒左西屬濛以此職有譴則應受杖固辭詔爲停罰猶不就徙中書郎簡文帝之爲會稽王也嘗與孫綽商略諸風流人綽言曰劉惔清蔚簡令王濛温潤恬和桓温高爽邁出謝尚清易令達而濛性和暢能言理辭簡而有會及簡文帝輔政益貴幸之與劉惔號爲入室之賓轉司徒左長史晚求爲東陽不許及濛病乃恨不用之濛聞之曰人言會稽王癡竟癡也疾漸篤於燈下轉麈尾視之嘆曰如此人曾不得四十也年三十九卒臨殯劉惔以犀杷麈尾置棺中因慟絶久之謝安亦常稱美濛云王長史語甚不多可謂有令音有二子修藴

修字敬仁小字苟子明秀有美稱善隸書號曰流奕清舉年十二作賢全論濛以示劉惔曰敬仁此論便足以參微言起家著作郎琅邪王文學轉中軍司馬未拜而卒年二十四臨終歎曰无愧古人年與之齊矣

王遐字柏子簡順皇后父驃騎將軍述之從叔也少以華族仕至光祿勳寧康初追贈特進光祿大夫加散騎常侍謚曰靖長子恪嗣軍將軍恪子欣之豫章太守秩中二千石欣之弟歡之廣州刺史[illegible]少子臻崇德衛尉

王藴字叔仁孝武定皇后父司徒左長史濛之子也起家佐著作郎累遷尚書吏部郎性平和不抑寒素每一官缺求者十輩藴无所是非時簡文帝爲會稽王輔政藴輒連狀白之曰某人有地某人有才務存進達各隨其方故不得者无怨焉補吳興太守甚有德政屬郡荒人饑輒開倉贍䘏主簿執諫請先列表上待報藴曰今百姓嗷然路有饑饉若表上須報何以救將死之命乎專輒之愆罪在太守且行仁義而敗无所恨也於是大振貸之賴藴全者十七八焉朝廷以違科免藴官士庶詣闕訟之詔特左降晉陵太守復有惠化百姓歌之定后立以后父遷光祿大夫領五兵尚書本州大

中正封建昌縣侯藴以恩澤賜爵非三代令典固辭不受朝廷敦勸終不肯拜乃授都督京口諸軍事左將軍徐州刺史假節復固讓謝安謂藴曰卿居后父之重不應妄自菲薄以虧時遇宜依褚公故事但令在貴權於事不事耳可暫臨此任以紓國姻之重於是乃受命鎮於京口頃之徵拜尚書左僕射將軍如故遷丹陽尹即本軍號加散騎常侍藴以姻戚不欲在内苦求外出復以爲都督浙江東五郡鎮軍將軍會稽内史常侍如故藴素嗜酒末年尤甚及在會稽略少醒日然猶以和簡爲百姓所悦時王悦來拜墓藴子恭往省之素相善遂留十餘日方還藴問其故恭曰與阿大語蟬連不得歸藴曰恐阿大非爾之友阿大悦小字也後竟乖初好時以爲知人太元九年卒年五十五追贈左光祿大夫開府儀同三司長子華早卒次恭在列傳恭弟爽字季明彊正有志力歷給事黄門侍郎侍中孝武帝崩王國寶夜欲開門入爲遺詔爽距之曰大行晏駕皇太子未至敢入者斬乃止爽嘗與會稽王道子

飲道子醉呼爽爲小子爽曰亡祖長史與簡文皇帝爲布衣之交亡姑亡姊伉儷二宮何小子之有及國寶執權免爽官後兄恭再起事並以爽爲寧朔將軍參預軍事恭敗被誅

褚爽字弘茂小字期生恭思皇后父也祖裒父歆爽少有令稱謝安甚重之嘗曰若期生不佳我不復論士矣爲義興太守早卒以后父追贈金紫光祿大夫爽子秀之炎之喻之義熙中並歷大官

史臣曰羊琇託肺腑之親處多聞之益遭逢潛躍之際預參經始之謀故得繾綣恩私便蕃任遇憑寵靈而逞欲恃勢位而驕陵屢犯憲章頻干國紀幸逢寬政得免刑書王愷地即渭陽家承世祿曾弗聞於恭儉但崇縱於奢淫競爽於季倫爭先於武子既塵清論有斁王猷雖復議行易名未足懲惡勸善弘理儀形外朗季野神鑒內融仲祖溫潤風流幼道清虛寡慾皆擅名江表見重當時豈惟后族之英華抑亦搢紳之令望者也

贊曰託屬丹掖承輝紫宸地既權寵任惟執鈞約乃寡失驕則陵人覆車遺戒諒足書紳

列傳第六十三　晉書九十三

列傳第六十四　晉書九十四　御撰

隱逸

孫登	董京	夏統	朱沖
范粲	魯勝	董養	霍原
郭琦	伍朝	魯褒	氾騰
任旭	郭文	龔壯	孟陋
韓績	譙秀	翟湯 子莊	郭翻
辛謐	劉驎之	索襲	楊軻
公孫鳳	公孫永	張忠	石垣
宋纖	郭荷	郭瑀	祈嘉
瞿硎	謝敷	戴逵	龔玄之
陶淡	陶潛		

若夫穹昊垂景少微以躔其次文繫探幽貞遯以成其象故有避於言色其道闡乎孔公驕乎富貴厥義詳於孫子是以處柔伊存有生之恒性在盈斯害惟神之常道古先智士體其若茲介焉超俗浩然養素藏聲江海之上卷迹囂氛之表漱流而激其清寢巢而韜其耀良畫以符其志絕機以虛其心玉輝冰潔川亭嶽峙修至樂之道固无疆之休長往邈而不追安排窅而无悶修身自保悔吝弗生詩人考槃之歌抑在茲矣至於體天作制之后訟息刑清之時尚乃仄席幽貞以康神化徵聘之禮賁於巖穴玉帛之贄委於窐衡故月令曰季春之月聘名士禮賢者斯之謂歟自典午運開旁求隱逸譙元彥之杜絕人事江思悛之嘯詠林藪峻其貞白之軌成其出塵之迹雖不應其嘉招亦足激其貪競今美其高尚之德綴集于篇

孫登字公和汲郡共人也无家屬於郡北山爲土窟居之夏則編草爲裳冬則被髮自覆好讀易撫一弦琴見者皆親樂之性无恚怒人或投諸水中欲觀其怒登既出便大笑時時游人間所經家或設衣食者一无所受辭去皆捨棄嘗住宜陽山有作炭人見之知

非常人與語登亦不應文帝聞之使阮籍往觀既見與語亦不應嵇康又從之游三年問其所圖終不答康每歎息將別謂曰先生竟无言乎登乃曰子識火乎火生而有光而不用其光果在於用光人生而有才而不用其才而果在於用才故用光在乎得薪所以保其耀用才在乎識真所以全其年今子才多識寡難乎免於今之世矣子无求乎康不能用果遭非命乃作幽憤詩曰昔慚柳下今愧孫登或謂登以魏晉去就易生嫌疑故或嘿者也竟不知所終

董京字威輦不知何郡人也初爲隴西計吏俱至洛陽被髮而行逍遥吟詠常宿白社中時乞於市得殘碎繒絮結以自覆全帛佳緜則不肯受或見推排罵辱曾无怒色孫楚時爲著作郎數就社中與語遂載與俱歸京不肯坐楚乃貽之書勸以今堯舜之世胡爲懷道迷邦京答之以詩曰周道斁兮頌聲沒夏政衰兮五常汨便便君子顧望而逝洋洋乎滿目而作者七豈不樂天地之化也哀哉乎時之不可與對之以獨處无娛我以爲歡清流可飲至道可飡何爲棲棲自

使疲單魚懸獸檻鄙夫知之夫古之至人藏器於靈緼袍不能令暖軒冕不能令榮動如川之流靜如川之渟鸚鵡能言泗濱浮磬衆人所翫豈合物情玄鳥紆幙而不被害鳴隼遠巢咸以欲死眄彼梁魚逡巡倒尾沉吟不決忽焉失水嗟乎魚鳥相與萬世而不悟以我觀之乃明其故焉知不有達人深穆其度亦將闚我卑顔而去萬物皆賤惟人爲貴動以九州爲狹靜以環堵爲大後數年遁去莫知所之於其所寢處惟有一石竹子及詩二篇其一曰乾道剛簡坤體敦密茫茫太素是則是述末世流奔以文代質悠悠世目孰知其實逝將去此至虛歸我自然之室又曰孔子不遇時彼感麟麟乎麟胡不遁世以存真

夏統字仲御會稽永興人也幼孤貧養親以孝聞睦於兄弟每採梠求食星行夜歸或至海邊拘螊蜐以資養雅善談論宗族勸之仕謂之曰卿清亮質直可作郡綱紀與府朝接自當顯至如何甘辛苦於山林畢性命於海濱也統勃然作色曰諸君待我乃至此乎使統屬太平之時當與元凱評議出處遇濁代念與屈生同汙共泥若汙隆之間自當耦耕沮溺豈有辱身曲意於郡府之間乎聞君之談不覺寒毛盡戴白汗四布顔如渥丹心熱如炭舌縮口張兩耳壁塞也言者大慙統自此遂不與宗族相見會母疾統侍醫藥宗親因得見之其從父敬寧祠先人迎女巫章丹陳珠二人並有國色莊服甚麗善歌舞又能隱形匿影甲夜之初撞鍾擊鼓間以絲竹丹珠乃拔刀破舌吞刀吐火雲霧杳冥流光電發統諸從兄弟欲往觀之難統於是共紿之曰從父間疾病得瘳大小以爲喜慶欲因其祭祀並往賀之卿可俱行乎統從之入門忽見丹珠在中庭輕步佪舞靈談鬼笑飛觸挑柈酬酢翩翻統驚愕而走不由門破藩直出歸責諸人曰昔淫亂之俗興衛文公爲之悲惋螮蝀之氣見君子尚不敢指季桓納齊女仲尼載馳而退子路見夏南憤恚而忼愾吾常恨不得頓叔向之頭陷華父之眼奈何諸君迎此妖物夜與游戲放傲逸之情縱奢淫之行亂男女之禮破貞高之節何也遂隱牀上被髮而臥不復言

衆親踧踖即退遣丹珠各各分散後其母病篤乃詣洛市藥會三月上巳洛中王公已下並至浮橋士女駢填車服燭路統時在船中曝所市藥諸貴人車乘來者如雲統並不之顧太尉賈充怪而問之統初不應重問乃徐答曰會稽夏仲御也充使問其土地風俗統曰其人循循猶有大禹之遺風太伯之義讓嚴遵之抗志黄公之高節又問卿居海濱頗能隨水戲乎答曰可統乃操柂正櫓折旋中流初作鯔鰌躍後作鯆鯚引飛鷁首掇獸尾奮長梢而船直逝者三焉於是風波振駭雲霧杳冥俄而白魚跳入船者有八九觀者皆悚遽充心尤異之乃更就船與語其應如響欲使之仕即俛而不答充又謂曰昔堯亦歌舜亦歌子與人歌而善必反而後和之明先聖前哲无不盡歌卿頗能作卿土地間曲乎統曰先公惟寓稽山朝會萬國授化鄙邦崩殂而葬恩澤雲布聖化猶存百姓感詠遂作慕歌又孝女曹娥年甫十四貞順之德過越梁宋其父墮江不得尸娥仰天哀號中流悲歎便投水而死父子喪尸後乃俱出國人哀其孝義爲歌河女之

章伍子胥諫吳王言不納用見戮投海國人痛其忠烈爲作小海唱今欲歌之衆人僉曰善統於是以足叩船引聲喉囀清激慷慨大風應至含水嗽天雲雨響集叱咤讙呼雷電晝冥集氣長嘯沙塵煙起王公已下皆恐止之乃已諸人顧相謂曰若不游洛水安見是人聽慕歌之聲便髣髴見大禹之容聞河女之音不覺涕淚交流即謂伯姬高行在目前也聆小海之唱謂子胥屈平立吾左右矣充欲耀以文武鹵簿覬其來觀因而謝之遂命建朱旗舉幡校分羽騎爲隊軍伍肅然須臾鼓吹亂作胡葭長鳴車乘紛錯縱橫馳道又使妓女之徒服袿襹炫金翠繞其船三匝統危坐如故若无所聞充等各散曰此吳兒是木人石心也統歸會稽竟不知所終

朱沖字巨容南安人也少有至行閑靜寡欲好學而貧常以耕藝爲事鄰人失犢認沖犢以歸後得犢於林下大慙以犢還沖沖竟不受有牛犯其禾稼沖屢持芻送牛而无恨色主愧之乃不復爲暴咸寧四年詔補博士沖稱疾不應尋又詔曰東宮官屬亦宜得履

蹈至行敦悅典籍者其以沖爲太子右庶子沖每聞徵書至輒逃入深山時人以爲梁管之流沖居近夷俗羌戎奉之若君沖亦以禮讓爲訓邑里化之路不拾遺村无凶人毒蟲猛獸皆不爲害卒以壽終

范粲字承明陳留外黃人漢萊芜長丹之孫也粲高亮貞正有丹風而博涉强記學皆可師遠近請益者甚衆性不矜莊而見之皆肅如也魏時州府交辟皆无所就久之乃應命爲治中轉別駕辟太尉掾尚書郎出爲征西司馬所歷職皆有聲稱及宣帝輔政遷武威太守到郡選良吏立學校勸農桑是時戎夷頗侵疆埸粲明設防備敵不敢犯西域流通无烽燧之警又郡壤富寔珍玩充積粲檢制之息其華侈以母老罷官郡既接近寇戎粲以重鎮去職朝廷尤之左遷樂涫令頃之轉太宰從事中郎遭母憂以至孝稱服闋復爲太宰中郎齊王芳被廢遷于金墉城粲素服拜送哀慟左右時景帝輔政召群官會議粲又不到朝廷以其時望優容之粲又稱疾闔門不出於是特詔爲侍中持節使于雍州粲因陽狂不言寢所乘車足不

履地子孫恒侍左右至有婚宦大事輒密諮焉合者則色无變不合則眠寢不安妻子以此知其旨武帝踐阼泰始中粲同郡孫和時爲太子中庶子表薦粲稱其操行高潔久嬰疾病可使郡縣輿致京師加以聖恩賜其醫藥若遂瘳除必有益於政乃詔郡縣給醫藥又以二千石祿養病歲以爲常加賜帛百疋子喬以父疾篤辭不敢受詔不許以太康六年卒時年八十四不言三十六載終於所寢之車長子喬字伯孫年二歲時祖馨臨終撫喬首曰恨不見汝成人因以所用硯與之至五歲祖母以告喬喬便執硯涕泣九歲講學在同輩之中言无媟辭弱冠受業於樂安蔣國明濟陰劉公榮有知人之鑒見喬深相器重友人劉彥秋夙有聲譽嘗謂人曰范伯孫體應純和理思周密吾每欲錯其一事而終不能光祿大夫李銓嘗論揚雄才學優於劉向喬以爲向定一代之書正群籍之篇使雄當之故非所長遂著劉揚優劣論文多不載喬好學不倦父粲陽狂不言喬與二弟並棄學業絶人事侍疾家庭至粲没足不出邑里司隸校尉劉毅嘗抗論於朝廷曰使

范武威疾若不篤其爲伯夷叔齊復存於今如其疾篤益是聖主所宜哀矜其子久侍父疾名德著茂不加敘用深爲朝廷惜遺賢之譏也元康中詔求廉讓沖退履道寒素者不計資以參選敘尚書郎王琨乃薦喬曰喬稟德眞粹立操高潔儒學精深含章内奥安貧樂道棲志窮巷簞瓢詠業長而彌堅誠當今之寒素著厲俗之清彥時張華領司徒天下所舉凡十七人於喬特發優論又吏部郎郗隆亦思求海内幽遯之士喬供養衡門至於白首於是除樂安令辭疾不拜喬凡一舉孝廉八薦公府再舉清白異行又舉寒素一无所就初喬邑人臘夕盜斫其樹人有告者喬陽不聞邑人愧而歸之喬往喻曰卿節日取柴欲與父母相歡娛耳何以愧爲其通物善導皆此類也外黃令高頵歎曰諸士大夫未有不及私者而范伯孫恂恂率道名諱未嘗經於官曹士之貴異於今而見大道廢而有仁義信矣其行身不穢爲物所歎服如此以元康八年卒年七十八

魯勝字叔時代郡人也少有才操爲佐著作郎元康初遷建康令到

官著正天論云以冬至之後立晷測影準度日月星臣按日月裁徑百里无千里星十里不百里遂表上求下群公卿士考論若臣言合理當得改先代之失而正天地之紀如无據驗甘即刑戮以彰虛妄之罪事遂不報嘗歲日望氣知將來多故便稱疾去官中書令張華遣子勸其更仕再徵博士舉中書郎皆不就其著述爲世所稱遭亂遺失惟注墨辯存其叙曰名者所以別同異明是非道義之門政化之準繩也孔子曰必也正名名不正則事不成墨子著書作辯經以立名本惠施公孫龍祖述其學以正刑名顯於世孟子非墨子其辯言正辭則與墨同荀卿莊周等皆非毀名家而不能易其論名必有形察莫如別色故有堅白之辯名必有分明分明莫如有无故有无序之辯是有不是可有不可是名兩可同而有異異而有同是之謂辯同異至同无不同至異无不異是謂辯同辯異同異生是非是非生吉凶取辯於一物而原極天下之汙隆名之至也自鄧析至秦時名家者世有篇籍率頗難知後學莫復傳習於今五百餘歲遂亡絶墨辯有上下經經各有說凡四篇與其書衆篇連第故獨存今引說就經各附其章疑者闕之又采諸衆雜集爲刑名二篇略解指歸以俟君子其或興微繼絶者亦有樂乎此也

董養字仲道陳留浚儀人也泰始初到洛下不干祿求榮及楊后廢養因游太學升堂歎曰建斯堂也將何爲乎每覽國家赦書謀反大逆皆赦至於殺祖父母父母不赦者以爲王法所不容也奈何公卿處議文飾禮典以至此乎天人之理既滅大亂作矣因著无化論以非之永嘉中洛城東北步廣里中地陷有二鵝出焉其蒼者飛去白者不能飛養聞歎曰昔周時所盟會狄泉即此地也今有二鵝蒼者胡象白者國家之象其可盡言乎顧謂謝鯤阮孚曰易稱知幾其神乎君等可深藏矣乃與妻荷檐入蜀莫知所終

霍原字休明燕國廣陽人也少有志力叔父坐法當死原入獄訟之楚毒備加終免叔父年十八觀太學行禮因留習之貴游子弟聞而重之欲與相見以其名微不欲晝往乃夜共造焉父友同郡劉岱

將舉之未果而病篤臨終勑其子沈曰霍原慕道清虛方成奇器汝後必薦之後歸鄉里高陽許猛素服其名會爲幽州刺史將詣之主簿當車諫不可出界猛歎恨而止原山居積年門徒百數燕王月致羊酒及劉沈爲國大中正元康中進原爲二品司徒不過沈乃上表理之詔下司徒參論中書監張華令陳準奏爲上品詔可元康末原與王褒等俱以賢良徵累下州郡以禮發遣皆不到後王浚稱制謀僭使人問之原不答浚心銜之又有遼東囚徒三百餘人依山爲賊意欲劫原爲主事亦未行時有謠曰天子在何許近在豆田中浚以豆爲霍收原斬之懸其首諸生悲哭夜竊尸共埋殯之遠近駭愕莫不寃痛之

郭琦字公偉太原晉陽人也少方直有雅量博學善五行作天文志五行傳注穀梁京氏易百卷鄉人王游等皆就琦學武帝欲以琦爲佐著作郎問琦族人尚書郭彰彰素疾琦答云不識帝曰若如卿言烏丸家兒能事卿即堪爲郎矣遂決意用之及趙王倫篡位又欲用琦琦曰我已爲武帝吏不容復爲今世吏終身處於家

伍朝字世明武陵漢壽人也少有雅操閑居樂道不修世事性好學以博士徵不就刺史劉弘薦朝爲零陵太守主者以非選例不聽尚書郎胡濟奏曰臣以爲當今資喪亂之餘運承百王之遺弊進趨者乘國故以僥倖守道者懷蘊匱以終身故令敦褒之化虧退讓之風薄按朝游心物外不屑時務守靜衡門志道日新年過耳順而所尚无虧誠江南之奇才丘園之逸老也不如飾進何以勸善且白衣爲郡前漢有舊宜聽光顯以獎風尚奏可而朝不就終于家

魯褒字元道南陽人也好學多聞以貧素自立元康之後綱紀大壞褒傷時之貪鄙乃隱姓名而著錢神論以刺之其略曰錢之爲體有乾坤之象內則其方外則其圓其積如山其流如川動靜有時行藏有節市井便易不患耗折難折象壽不匱象道故能長久爲世神寶親之如兄字曰孔方失之則貧弱得之則富昌无翼而飛无足而走解嚴毅之顏開難發之口錢多者處前錢少者居後處前者爲君長在後者爲臣僕君長者豐衍而有餘臣僕者窮竭而不足詩

云智矣富人哀此獘獨錢之爲言泉也无遠不往无幽不至京邑衣冠疲勞講肆厭聞清談對之睡寐見我家兄莫不驚視錢之所祐吉无不利何必讀書然後富貴昔呂公欣悅於空版漢祖克之於嬴二文君解布裳而被錦繡相如乘高蓋而解犢鼻官尊名顯皆錢所致空版至虛而況有實嬴二雖少以致親密由此論之謂爲神物无德而尊无勢而熱排金門而入紫闥危可使安死可使活貴可使賤生可使殺是故忿爭非錢不勝幽滯非錢不拔怨讎非錢不解令問非錢不發洛中朱衣當途之士愛我家兄皆无已已執我之手抱我終始不計優劣不論年紀賓客輻輳門常如市諺曰錢无耳可使鬼凡今之人惟錢而已故曰軍无財士不來軍无賞士不往仕无中人不如歸田雖有中人而无家兄不異无翼而欲飛无足而欲行蓋疾時者共傳其文褒不仕莫知其所終

氾騰字无忌敦煌人也舉孝廉除郎中屬天下兵亂去官還家太守張閟造之閉門不見禮遺一无所受歎曰生於亂世貴而能貧乃可以免散家財五十萬以施宗族柴門灌園琴書自適張軌徵之爲府司馬騰曰門一杜其可開乎固辭病兩月餘而卒

任旭字次龍臨海章安人也父訪吳南海太守旭幼孤弱兒童時勤於學及長立操清修不染流俗鄉曲推而愛之郡將蔣秀嘉其名請爲功曹秀居官貪穢每不奉法旭正色苦諫秀既不納旭謝去閉門講習養志而已久之秀坐事被收旭狼狽營送秀慨然歎曰任功曹眞人也吾違其讜言以至於此復何言哉尋察孝廉除郎中州郡仍舉爲郡中正固辭歸家永康初惠帝博求清節儁異之士太守仇馥薦旭清貞潔素學識通博詔下州郡以禮發遣旭以朝廷多故志尚隱遯辭疾不行尋天下大亂陳敏作逆江東名豪並見羈縶惟旭與賀循守死不迴敏卒不能屈元帝初鎮江東聞其名召爲參軍手書與旭欲使必到旭固辭以疾後帝進位鎮東大將軍復召之及爲左丞相辟爲祭酒並不就中興建公車徵會遭母憂于時司空王導啓立學校選天下明經之士旭與會稽虞喜俱以隱學被召事未行會有王敦之難

尋而帝崩事遂寢明帝即位又徵拜給事中旭稱疾篤經年不到尚書以稽留除名僕射荀崧議以爲不可太寧末明帝復下詔備禮徵旭始下而帝崩咸和二年卒太守馮懷上疏謂宜贈九列值蘇峻作亂事竟不行子琚位至大中正終于家

郭文字文舉河內軹人也少愛山水尚嘉遯年十三每遊山林彌旬忘反父母終服畢不娶辭家游名山歷華陰之崖以觀石室之石函洛陽陷乃步擔入吳興餘杭大辟山中窮谷无人之地倚木於樹苫覆其上而居焉亦无壁障時猛獸爲暴入屋害人而文獨宿十餘年卒无患害恒着鹿裘葛巾不飲酒食肉區種菽麥採竹葉木實貿鹽以自供人或酬下價者亦即與之後人識文不復賤酬食有餘穀輒恤窮匱人有致遺取其麤者示不逆而已有猛獸殺大麀鹿於菴側文以語人人取賣之分錢與文文曰我若須此自當賣之所以相語正以不須故也聞者皆嗟歎之嘗有猛獸忽張口向文文視其口中有橫骨乃以手探去之猛獸明旦致一鹿於其室前獵者時往寄宿夜文爲擔水而无勌色餘杭令顧颺與葛洪共造之而攜與俱歸颺以文山行或須皮衣贈以韋袴褶一具文不納辭歸山中颺追遺使者置衣室中而去文亦无言韋衣乃至爛於戶內竟不服用王導聞其名遣人迎之文不肯就船車荷擔徒行既至導置之西園園中果木成林又有鳥獸麋鹿因以居文焉於是朝士咸共觀之文頹然踑踞傍若无人溫嶠嘗問文曰人皆有六親相娛先生棄之何樂文曰本行學道不謂遭世亂欲歸无路是以來也又問曰饑而思食壯而思室自然之性先生安獨无情乎文曰思由憶生不憶故无情又問曰先生獨處窮山若疾病遭命則爲烏鳥所食顧不酷乎文曰藏埋者亦爲螻蟻所食復何異乎又問曰猛獸害人人之所畏而先生獨不畏邪文曰人无害獸之心則獸亦不害人又問曰苟世不寧身不得安今將用先生以濟時若何文曰山草之人安能佐世導嘗衆賓共集絲竹並奏試使呼之文瞪眸不轉跨躡華堂如行林野于時坐者咸有鈎深味遠之言文常稱不達來語天機鏗宏莫有闚其門者溫嶠嘗稱曰文有賢人之

性而无賢人之才柳下梁踦之亞乎永昌中大疫文病亦殆王導遺藥
文曰命在天不在藥也夭壽長短時也居導園七年未嘗出入一旦忽
求還山導不聽後逃歸臨安結廬舍於山中臨安令萬寵迎至縣
中及蘇峻反破餘杭而臨安獨全人皆異之以爲知幾自後不復語但
舉手指麾以宣其意病甚求還山欲枕石安尸不令人殯葬寵不聽
不食二十餘日亦不瘦寵問曰先生復可得幾日文三舉手果以十五
日終寵葬之於所居之處而祭哭之葛洪庾闡並爲作傳贊頌其
美云

龔壯字子瑋巴西人也絜己自守與鄉人譙秀齊名父叔爲李特所
害壯積年不除喪力弱不能復讎及李壽成漢中與李期有嫌期特
孫也壯欲假壽以報乃說壽曰節下若能并有西土稱藩於晉人必樂
從且捨小就大以危易安莫大之策也壽然之遂率衆討期果剋之
壽猶襲僞號欲官之壯誓不仕賂遺一无所取會天久雨百姓饑墊
壯上書說壽以歸順允天心應人望永爲國藩福流子孫壽省書內愧

晉列六十四　十

祕而不宣乃遣使入胡壯又諫之壽又不納壯謂百行之本莫大忠孝
旣假壽殺期私仇以雪又欲使其歸朝以明臣節壽旣不從壯遂稱
聾又云手不制物終身不復至成都惟研考經典譚思文章至李勢時
卒初壯每歎中夏多經學而巴蜀鄙陋兼遭李氏之難无復學徒乃著
邁德論文多不載

孟陋字少孤武昌人也吳司空宗之曾孫也兄嘉桓溫征西長史陋少
而貞立清操絕倫布衣蔬食以文籍自娛口不及世事未曾交游時
或弋釣孤興獨往雖家人亦不知其所之也喪母毀瘠殆於滅性不飲
酒食肉十有餘年親族迭謂之曰少孤誰无父母誰有父母聖人制禮
令賢者俯就不肖企及若使毀性无嗣更爲不孝也陋感此言然後
從吉由是名著海內簡文帝輔政命爲參軍稱疾不起桓溫躬往造
焉或謂溫曰孟陋高行學爲儒宗宜引在府以和鼎味溫歎曰會稽
王尚不能屈非敢擬議也陋聞之曰桓公正當以我不往故耳億兆之
人无官者十居其九豈皆高士哉我疾病不堪恭相王之命非敢爲高

也由是名稱益重博學多通長於三禮註論語行於世卒以壽終

韓績字興齊廣陵人也其先避亂居於吳之嘉興父建仕吳至大鴻臚
績少好文學以潛退爲操布衣蔬食不交當世由是東土並宗敬焉司
徒王導聞其名辟以爲掾不就咸康末會稽內史孔愉上疏薦之詔以
安車束帛徵之尚書令諸葛恢奏績名望猶輕未宜備禮於是召
拜博士稱老病不起卒於家于時高密劉鰤字長魚城陽邴郁字
弘文並有高名鰤幼不慕俗長而希古篤學厲行化流邦邑郁魏徵
士原之曾孫少有原風敕身謹潔口不妄語耳不妄聽端拱恂恂舉
動有禮咸康中成帝博求異行之士鰤郁並被公卿薦舉於是依績
及翟湯等例以博士徵之郁辭以疾鰤隨使者到京師自陳年老不
拜各以壽終

譙秀字元彥巴西人也祖周以儒學著稱顯名蜀朝秀少而靜默不
交於世知天下將亂預絕人事雖內外宗親不與相見郡察孝廉州
舉秀才皆不就及李雄據蜀略有巴西雄叔父驤驤子壽皆慕秀

晉列六十四　十一

名具束帛安車徵之皆不應常冠皮弁弊衣躬耕山藪龔壯常嘆
服焉桓溫滅蜀上疏薦之朝廷以秀年在篤老兼道遠故不徵遣使
勑所在四時存問尋而范賁蕭敬相繼作亂秀避難宕渠鄉里宗族
依憑之者以百數秀年出八十衆人欲代之負擔秀曰各有老弱當先
營護吾氣力猶足自堪豈以垂朽之年累諸君也年九十餘卒

翟湯字道深尋陽人篤行純素仁讓廉潔不屑世事耕而後食人
有餽贈雖釜庾一无所受永嘉末寇害相繼聞湯名德皆不敢犯
鄉人賴之司徒王導辟不就隱于縣界南山始安太守干寶與湯
通家遣船餉之勑吏云翟公廉讓卿致書訖便委船還湯无人反
致乃貨易絹物因寄還寶寶本以爲惠而更煩之益愧歎焉咸康
中征西大將軍庾亮上疏薦之成帝徵爲國子博士湯不起建元初安
西將軍庾翼北征石季龍大發僮客以充戎役勑有司特蠲湯所調
湯悉推僕使委之鄉吏吏奉旨一无所受湯依所調限放免其僕使
令編戶爲百姓康帝復以散騎常侍徵湯固辭老疾不至年七十

三卒于家

子莊字祖休少以孝友著名遵湯之操不交人物耕而後食語不及俗惟以弋釣為事及長不復獵或問漁獵同是害生之事而先生止去其一何哉莊曰獵自我釣自物未能頓盡故先節其甚者且夫貪餌吞鉤豈我哉時人以為知言晚節亦不復釣端居蓽門歠菽飲水州府禮命及公車徵並不就年五十六卒子𫑡亦有高操屢辭辟命𫑡子法賜孝武帝以散騎郎徵亦不至世有隱行云

郭翻字長翔武昌人也伯父訥廣州刺史父察安城太守翻少有志操辭州郡辟及賢良之舉家於臨川不交世事惟以漁釣射獵為娛居貧无業欲墾荒田先立表題經年无主然後乃作稻將熟有認之者悉推與之縣令聞而詰之以稻還翻翻遂不受嘗以車獵去家百餘里道中逢病人以車送之徒步而歸其漁獵所得或從買者便與之而不取直亦不告姓名由是士庶咸敬貴焉與翟湯俱為庾亮所薦公車博士徵不就咸康末乘小船暫歸武昌省墳墓安西將軍庾翼以帝舅之重躬往造翻欲強起之翻曰人性各有所短焉可強逼翼又以其船小狹欲引就大船翻曰使君不以鄙賤而辱臨之此固野人之舟也翼俯屈入其船中終日而去嘗墜刀於水路人有為取者因與之路人不取固辭翻曰爾向不取我豈能得路人曰我若取此將為天地鬼神所責矣翻知其終不受復沉刀於水路人悵焉乃復沉沒取之翻於是不逆其意乃以十倍刀價與之其廉不受惠皆此類也卒于家

辛謐字叔重隴西狄道人也父怡幽州刺史世稱冠族謐少有志尚博學善屬文工草隸書為時楷法性恬靜不妄交游召拜太子舍人諸王文學累徵不起永嘉末以謐兼散騎常侍慰撫關中謐以洛陽將敗故應之及長安陷沒於劉聰聰拜大中大夫固辭不受又歷石勒季龍之世並不應辟命雖處喪亂之中頽然高邁視榮利蔑如也及冉閔僭號復備禮徵為太常謐遺閔書曰昔許由辭堯以天下讓之全其清高之節伯夷去國子推逃賞皆顯史牒傳之无窮此往而不反者也然賢人君子雖居廟堂之上无異於山林之中斯窮理盡性之妙豈有識之者邪是故不嬰於禍難者非為避之但冥心至趣而與吉會耳謐聞物極則變冬夏是也致高則危累棊是也君王功以成矣而久處之非所以顧萬全遠危亡之禍也宜因茲大捷歸身本朝必有許由伯夷之廉享松喬之壽永為世輔豈不美哉因不食而卒

劉驎之字子驥南陽人光祿大夫耽之族也驎之少尚質素虛退寡欲不修儀操人莫之知好游山澤志存遯逸嘗採藥至衡山深入忘反見有一澗水水南有二石囷一囷閉一囷開水深廣不得過欲還失道遇伐弓人問徑僅得還家或說囷中皆仙靈方藥諸雜物驎之欲更尋索終不復知處也車騎將軍桓沖聞其名請為長史驎之固辭不受沖嘗到其家驎之於樹條桑使者致命驎之曰使君既枉駕光臨宜先詣家君沖聞大愧於是乃造其父父命驎之然後方還拂短褐與沖言話父使驎之於內自持濁酒蔬菜供賓沖勑人代驎之斟酌父辭曰若使從者非野人之意也沖慨然至昏乃退驎之雖冠冕之族信義著於群小凡廝伍之家婚娶葬送无不躬自造焉居于陽岐在官道之側人物來往莫不投之驎之躬自供給士君子頗以勞累更憚過焉凡人致贈一无所受去驎之家百餘里有一孤姥病將死歎息謂人曰誰當埋我惟有劉長史耳何由令知驎之先聞其有患故往候之值其命終乃身為營棺殯送之其仁愛隱惻若此卒以壽終

索襲字偉祖敦煌人也虛靖好學不應州郡之命舉孝廉賢良方正皆以疾辭游思於陰陽之術著天文地理十餘篇多所啟發不與當世交通或獨語獨笑或長歎涕泣或請問不言張茂時敦煌太守陰澹奇而造焉經日忘反出而歎曰索先生碩德名儒真可以諮大義澹欲行鄉射之禮請襲為三老曰今四表輯寧將行鄉射之禮先生年耆望重道冠一時養老之義實繫儒賢既樹非梧桐而希鸞鳳降翼器謝曹公而冀蓋公枉駕誠非所謂也然夫子至聖有召赴焉孟軻大德无聘不至蓋欲弘闡大猷敷明道化故也今之相屈遵

道崇敎非有爵位意者或可然乎會病卒時年七十九澹素服會葬贈錢二萬澹曰世人之所有餘者富貴也目之所好者五色也耳之所玩者五音也而先生棄衆人之所收收衆人之所棄味无味於慌惚之際兼重玄於衆妙之内宅不彌畝而志忽九州形居塵俗而棲心天外雖黔婁之高遠莊生之不願蔑以過也乃謚曰玄居先生

楊軻天水人也少好易長而不娶學業精微養徒數百常食粗飲水衣褐縕袍人不堪其憂而軻悠然自得踈賓異客音旨未曾交也雖受業門徒非入室弟子莫得親言欲所論授須旁无雜人授入室弟子令遞相宣授劉曜僭號徵拜太常軻固辭不起曜亦敬而不逼遂隱於隴山曜後爲石勒所擒秦人東徙軻留長安及石季龍嗣僞位備玄纁束帛安車徵之軻以疾辭迫之乃發既見季龍不拜與語不言命舍之于永昌乙第其有司以軻倨傲請從大不敬論季龍不從下書任軻所尚軻在永昌季龍每有饋餼輙口授弟子使爲表謝其文甚美覽者歎有深致季龍欲觀其真趣乃密令

美女夜以動之軻蕭然不顧又使人將其弟子盡行遣魁壯羯士衣甲持刀臨之以兵并竊其所賜衣服而去軻視而不言了无懼色常臥土牀覆以布被倮寢其中下无茵褥潁川荀鋪好奇之士也造而談經軻瞑目不答鋪發軻被露其形大笑之軻神體頽然无驚怒之狀于時咸以爲焦先之徒未有能量其深淺也後上䟽陳鄉思求還季龍送以安車蒲輪蠲十户供之自歸秦州仍敎授不絶其後秦人西奔涼州軻弟子以牛負之爲戍軍追擒并爲所害

公孫鳳字子鸞上谷人也隱于昌黎之九城山谷冬衣單布寢去床夏則并食于器停令臭敗然後食之彈琴吟咏陶然自得人咸異之莫能測也慕容暐以安車徵至鄴及見暐不言不拜衣食舉動如在九城賓客造請尠得與言數年病卒

公孫永字子陽襄平人也少而好學恬虚隱于平郭南山不娶妻妾非身所墾植則不衣食之吟咏岩閒欣然自得年餘九十操尚不虧與公孫鳳俱被慕容暐徵至鄴及見暐不拜王公已下造之皆不與言雖經隆冬盛暑端然自若一歲餘詐狂暐送之平郭後將堅又將備禮徵之難其年耆路遠乃遣使者致問未至而永亡堅深悼之謚曰崇虚先生

張忠字巨和中山人也永嘉之亂隱於泰山恬靜寡欲清虚服氣食芝餌石修導養之法冬則縕袍夏則帶索端拱若尸无琴書之適不修經典勸教但以至道虚无爲宗其居依崇巖幽谷鑿地爲窟室弟子亦以窟居去忠六十餘步五日一朝其教以形不以言弟子受業觀形而退立道壇于窟上每旦朝拜之食用瓦器鑿石爲釜左右居人饋之衣食一无所受好事少年頗或問以水旱之祥忠曰天不言而四時行焉萬物生焉陰陽之事非窮山野叟所能知之其遺諸外物皆此類也年在期頤而視聽无爽苻堅遣使徵之使者至忠沐浴而起謂弟子曰吾餘年无幾不可以逆時主之意浴訖就車及至長安堅賜以冠衣辭曰年朽髮落不堪衣冠請以野服入覲從之及見堅謂之曰先生考槃山林研精道素獨善之美有餘兼濟之功未也故遠

屈先生將任齊尚父忠曰昔因喪亂避地泰山與鳥獸爲侶以全朝夕之命屬堯舜之世思一奉聖顔年衰志謝不堪展効尚父之況非敢竊擬山棲之性情存岩岫乞還餘齒歸死岱宗堅以安車送之行達華山歎曰我東嶽道士没於西嶽命也奈何行五十里及關而死使者馳驛白之堅遣黄門郎韋華持節策弔祀以太牢襃賜命服謚曰安道先生

石垣字洪孫自云北海劇人居无定所不取妻妾不營産業食不求美衣必麤弊或有遺其衣服受而施人人有喪葬輙杖策弔之路无遠近時有寒暑必在其中或同日共時咸皆見焉又能闇中取物如晝无差姚萇之亂莫知所終

宋纖字令艾敦煌效穀人也少有遠操沉靖不與世交隱居於酒泉南山明究經緯弟子受業三千餘人不應州郡辟命惟與隂顒齊好友善張祚時太守楊宣畫其像於閣上出入視之作頌曰爲枕何石爲漱何流身不可見名不可求酒泉太守馬岌高尚之士也具威

儀鳴鐃鼓造焉纖高樓重閣距而不見岌歎曰名可聞而身不可見德可仰而形不可覩吾今而後知先生人中之龍也銘詩於石壁曰丹崖百丈青壁萬尋奇木蓊鬱蔚若鄧林其人如玉維國之琛室邇人遐實勞我心纖註論語及爲詩頌數萬言年八十篤學不倦張祚後遣使者張興備禮徵爲太子友興逼喻甚切纖喟然嘆曰德非莊生才非干木何敢稽停明命遂隨興至姑臧祚遣其太子太和以執友禮造之纖稱疾不見贈遺一皆不受尋遷太子太傅頃之上疏曰臣受生方外心慕太古生不喜存死不悲沒素有遺屬屬諸知識在山投山臨水投水處澤露形在人親土聲聞書疏勿告我家今當命終乞如素願遂不食而卒時年八十二謚曰玄虛先生

郭荷字承休略陽人也六世祖整漢安順之世公府八辟公車五徵皆不就自整及荷世以經學致位荷明究群籍特善史書不應州郡之命張祚遣使者以安車束帛徵爲博士祭酒使者迫而致之及至署太子友荷上疏乞還祚許之遣以安車蒲輪送還張掖東

山年八十四卒謚曰玄德先生

郭瑀字元瑜敦煌人也少有超俗之操東游張掖師事郭荷盡傳其業精通經義雅辯談論多才藝善屬文荷卒瑀以爲父生之師成之君爵之而五服之制師不服重蓋聖人謙也遂服斬衰廬墓三年禮畢隱于臨松薤谷鑿石窟而居服栢實以輕身作春秋墨說孝經錯緯弟子著錄千餘人張天錫遣使者孟公明持節以蒲輪玄纁備禮徵之遺瑀書曰先生潛光九皐懷真獨遠心與至境冥符志與四時消息豈知蒼生倒懸四海待拯者乎孤忝承時運負荷大業思與賢明同贊帝道昔傳說龍翔殷朝尚父鷹揚周室孔聖車不停軌墨子駕不俟旦皆以黔首之禍不可以不救君不獨立道由人弘故也況今九服分爲狄場二都盡爲戎穴天子僻陋江東名教淪於左衽創毒之甚開闢未聞先生懷濟世之才坐觀而不救其於仁智孤竊惑焉故遣使者虛左授綏鶴企先生乃眷下國公明至山瑀指翔鴻以示之曰此鳥也安可籠哉遂深逃絕迹公明拘其門人瑀歎曰吾逃祿非避罪也豈得隱居行義害及門人乃出而就徵及至姑臧值天錫母卒瑀括髮入弔三踊而出還於南山及天錫滅苻堅又以安車徵瑀定禮儀會父喪而止太守辛章遣書生三百人就受業焉及苻氏之末略陽王穆起兵酒泉以應張大豫遣使招瑀瑀歎曰臨河救溺不卜命之短長脉病三年不豫絕其飧饋魯連在趙義不結舌況人將左衽而不救之乃與敦煌索嘏起兵五千運粟三萬石東應王穆穆以瑀爲太府左長史軍師將軍雖居元佐而口詠黃老冀功成世定追伯成之蹤穆惑於讒間西伐索嘏瑀諫曰昔漢定天下然後誅功臣今事業未建而誅之立見麋鹿游於此庭矣穆不從瑀出城大哭舉手謝城曰吾不復見汝矣還而引被覆面不與人言不食七日輿疾而歸旦夕祈死夜夢乘青龍上天至屋而止寤而歎曰龍飛在天今止於屋屋之爲字尸下至也龍飛至尸吾其死也古之君子不卒內寢況吾正士乎遂還酒泉南山赤崖閣飲氣而卒

祈嘉字孔賓酒泉人也少清貧好學年二十餘夜忽窗中有聲呼曰祈孔賓祈孔賓隱去來隱去來修飾人世甚苦不可諧所得未毛銖所喪如山崖旦而逃去西至敦煌依學官誦書貧无衣食爲書生廚養以自給遂博通經傳精究大義西游海渚教授門生百餘人張重華徵爲儒林祭酒性和裕教授不倦依孝經作二九神經在朝卿士郡縣守令彭和正等受業獨拜牀下者二千餘人天錫謂爲先生而不名之竟以壽終

瞿硎先生者不得姓名亦不知何許人也太和末嘗居宣城郡界文脊山中山有瞿硎因以爲名焉大司馬桓溫嘗往造之既至見先生被鹿裘坐於石室神无忤色溫及僚佐數十人皆莫測之乃命伏滔爲之銘贊竟卒于山中

謝敷字慶緒會稽人也性澄靖寡欲入太平山十餘年鎮軍郗愔召爲主簿臺徵博士皆不就初月犯少微少微一名處士星占者以隱士當之譙國戴逵有美才人或憂之俄而敷死故會稽人士以嘲吳

人云吳中高士便是求死不得死
戴逵字安道譙國人也少博學好談論善屬文能鼓琴工書畫其
餘巧藝靡不畢綜總角時以雞卵汁溲白瓦屑作鄭玄碑又爲文而
自鐫之詞麗器妙時人莫不驚歎性不樂當世常以琴書自娛師事
術士范宣於豫章宣異之以兄女妻焉太宰武陵王晞聞其善鼓琴
使人召之逵對使者破琴曰戴安道不爲王門伶人晞怒乃更引其兄
述述聞命欣然擁琴而往逵後徙居會稽之剡縣性高潔常以禮度
自處深以放達爲非道乃著論曰夫親沒而採藥不反者不仁之子
也君危而屢出近關者苟免之臣也而古之人未始以彼害名教之
體者何達其旨故也達其旨故不惑其迹若元康之人可謂好遯跡
而不求其本故有捐本狗末之弊舍實逐聲之行是猶美西施而學
其顰眉慕有道而折其巾角所以爲慕者非其所以爲美徒貴貌
似而已矣夫紫之亂朱以其似朱也故鄉原似中和所以亂德放達
似達所以亂道然竹林之爲放有疾而爲顰者也元康之爲放无

德而折巾者也可无察乎且儒家尚譽者本以興賢也既失其本則
有色取之行懷情喪眞以容貌相欺其弊必至於末僞道家去名者
欲以篤實也苟失其本又有越檢之行情禮俱虧則仰詠兼忘其
弊必至於本薄夫僞薄者非二本之失而爲弊者必託二本以自通
夫道有常經而弊无常情是以六經有失王政有弊苟乖其本固聖賢所
无奈何也嗟夫行道之人自非性足體備闇蹈而當者亦曷能不棲情
古烈擬規前修苟迷擬之然後動議之然後言固當先辯其趣舍之極
求其用心之本識其枉尺直尋之旨採其被褐懷玉之由若斯塗雖殊
而其歸可觀也跡雖亂而其契不乖也不然則流遯忘反爲風波之行
自驅以物自誑以僞外眩囂華內喪道實以矜尚奪其眞主以塵垢翳
其天正貽笑千載可不愼歟孝武帝時以散騎常侍國子博士累徵
辭父疾不就郡縣敦逼不已乃逃於吳吳國內史王珣有別館在武丘
山逵潛詣之與珣游處積旬會稽內史謝玄慮逵遠遯不反乃上疏
曰伏見譙國戴逵希心俗表不嬰世務棲遲衡門與琴書爲友雖策

命屢加幽操不回超然絕跡自求其志且年垂耳順常抱羸疾時或
失適轉至委篤今王命未回將離風霜之患陛下既已愛而器之亦
宜使其身名並存請絕其召命疏奏帝許之逵復還剡後王珣
爲尚書僕射上疏復請徵爲國子祭酒加散騎常侍徵之復不至
太元二十年皇太子始出東宮太子太傅會稽王道子少傅王雅
詹事王珣又上疏曰逵執操貞厲含味獨游年在耆老清風彌劭東
宮虛德式延事外宜加旌命以參僚侍逵既重幽居之操必以難進
爲美宜下所在備禮發遣會病卒長子勃有父風義熙初以散騎
常侍徵不起尋卒
龔玄之字道玄武陵漢壽人也父登歷長沙相散騎常侍玄之好
學潛默安於陋巷州舉秀才公府辟不就孝武帝下詔曰夫哲王御
世必搜揚幽隱故空谷流縶維之詠丘園旅束帛之觀譙國戴逵武
陵龔玄之並高尚其操依仁游藝潔己貞鮮學弘儒業朕虛懷久矣
二三君子豈其戢賢於懷抱哉思挹雅言希承讜議可並以爲散騎

常侍領國子博士指下所在備禮發遣不得循常以稽側席之望郡
縣敦逼苦辭疾篤不行尋卒時年五十八弟子元嘉亦有德操高
尚不仕舉秀才及州辟召並稱疾不就孝武帝以太學博士散騎侍
郎給事中累徵遂不起卒於家
陶淡字處靜太尉侃之孫也父夏以无行被廢淡幼孤好導養之
術謂僊道可祈年十五六便服食絕穀不婚娶家累千金僮客
百數淡終日端拱曾不營問頗好讀易善卜筮於長沙臨湘山中
結廬居之養一白鹿以自偶親故有候之者輒移渡澗水莫得近
之州舉秀才淡聞遂轉逃羅縣埤山中終身不返莫知所終
陶潛字元亮大司馬侃之曾孫也祖茂武昌太守潛少懷高尚博
學善屬文穎脫不羈任眞自得爲鄉鄰之所貴嘗著五柳先生
傳以自況曰先生不知何許人不詳姓字宅邊有五柳樹因以爲號
焉閑靜少言不慕榮利好讀書不求甚解每有會意欣然忘食性
嗜酒而家貧不能恒得親舊知其如此或置酒招之造飲必盡期在

必醉既醉而退曾不恡情環堵蕭然不蔽風日短褐穿結簞瓢屢空晏如也常著文章自娛頗示己志忘懷得失以此自終其自序如此時人謂之實錄以親老家貧起爲州祭酒不堪吏職少日自解歸州召主簿不就躬耕自資遂抱羸疾復爲鎮軍建威參軍謂親朋曰聊欲弦歌以爲三徑之資可乎執事者聞之以爲彭澤令在縣公田悉令種秫穀曰令吾常醉於酒足矣妻子固請種秔乃使一頃五十畝種秫五十畝種秔素簡貴不私事上官郡遣督郵至縣吏白應束帶見之潛歎曰吾不能爲五斗米折腰拳拳事鄉里小人邪義熙二年解印去縣乃賦歸去來其辭曰歸去來兮田園將蕪胡不歸既自以心爲形役奚惆悵而獨悲悟已往之不諫知來者之可追實迷塗其未遠覺今是而昨非舟遙遙以輕颺風飄飄而吹衣問征夫以前路恨晨光之希微乃瞻衡宇載欣載奔僮僕來迎稚子候門三徑就荒松菊猶存携幼入室有酒盈樽引壺觴以自酌眄庭柯以怡顏倚南窗以寄傲審容膝之易安園日涉而成趣門雖設而常關策扶老而流憩時翹首而遐觀雲无心而出岫鳥倦飛而知還景翳翳其將入撫孤松而盤桓歸去來兮請息交以絕游世與我而相遺復駕言兮焉求悅親戚之情話樂琴書以消憂農人告余以春暮將有事乎西疇或命巾車或棹孤舟既窈窕以尋壑亦崎嶇而經丘木欣欣以向榮泉涓涓而始流善萬物之得時感吾生之行休已矣乎寓形宇內復幾時曷不委心任去留胡爲乎遑遑欲何之富貴非吾願帝鄉不可期懷良晨以孤往或植杖而芸耔登東臯以舒嘯臨清流而賦詩聊乘化而歸盡樂夫天命復奚疑頃之徵著作郎不就既絕州郡覲謁其鄉親張野及周旋人羊松齡寵遵等或有酒要之或要之共至酒坐雖不識主人亦欣然无忤酣醉便反未嘗有所造詣所之唯至田舍及廬山游觀而已刺史王弘以元熙中臨州甚欽遲之後自造焉潛稱疾不見既而語人云我性不狎世因疾守閑幸非潔志慕聲豈敢以王公紆軫爲榮邪夫謬以不賢此劉公幹所以招謗君子其罪不細也弘每令人候之密知當往廬山乃遣其故人龐通之等齎酒先於半道要之潛既遇酒便引酌野亭欣然忘進弘乃出與相見遂歡宴窮日潛无履弘顧左右爲之造履左右請履度潛便於坐申脚令度焉弘要之還州問其所乘答云素有脚疾向乘藍輿亦足自反乃令一門生二兒共轝之至州而言笑賞適不覺其有羨於華軒也弘後欲見輙於林澤間候之至於酒米乏絕亦時相贍其親朋好事或載酒肴而往潛亦无所辭焉每一醉則大適融然又不營生業家務悉委之兒僕未嘗有喜慍之色惟遇酒則飲時或无酒亦雅詠不輟嘗言夏月虛閑高卧北窻之下清風颯至自謂羲皇上人性不解音而畜素琴一張絃徽不具每朋酒之會則撫而和之曰但識琴中趣何勞絃上聲以宋元嘉中卒時年六十三所有文集並行於世

史臣曰君子之行殊塗顯晦之謂也出則允釐庶政以道濟時處則振拔囂埃以卑自牧詳求厥義其來夐矣公和之居窟室裳唯編草誠叔夜而凝神鑒威輦之處叢祠衣无全帛對子荆而陳貞則並滅景而弗追柳禽尚平之流亞夏統遠邇稱其孝友宗黨高其諒直歌小海之曲則伍胥猶存固貞石之心則公閭猶愧時幸洛濱之觀信乎茲言宋纖幼懷遠操清規映拔楊宣頌其畫象馬岌歎其人龍玄虛之號實斯爲美餘之數子或移病而去官或著論而矯俗或箕踞而對時人或弋釣而棲衡泌含和隱璞乘道匿輝不屈其志激清風於來葉者矣

贊曰厚秩招累修名順欲確乎羣士超然絕俗養粹巖阿銷聲林曲激貪止競永垂高躅

列傳第六十四　　晉書九十四

藝術

陳訓　戴洋　韓友　淳于智
步熊　杜不愆　嚴卿　隗炤
卜珝　鮑靚　吳猛　幸靈
佛圖澄　麻襦　單道開　黄泓
索紞　孟欽　王嘉　僧涉
郭黁　鳩摩羅什　沙門曇霍　臺産

藝術之興由來尚矣先王以是決猶豫定吉凶審存亡省禍福曰神與智藏往知來幽贊冥符弼成人事既興利而除害亦威衆以立權所謂神道設教率由於此然而詭託近於妖妄迂誕難可根源法術紛以多端變態諒非一緒真雖存矣僞亦憑焉聖人不語怪力亂神良有以也逮丘明首唱敘妖夢以垂文子長繼作援龜策以立傳自兹厥後史不絶書漢武雅好神僊世祖尤耽讖術遂使文成五利逞詭詐而取寵榮尹敏桓譚由忤時而嬰罪戾斯固通人之所蔽千慮之一失者乎詳觀衆術抑惟小道棄之如或可惜存之又恐不經載籍既務在博聞筆削則理宜詳備晉謂之乘義在於斯今錄其推步尤精技能可紀者以爲藝術傳式備前史云

陳訓字道元歷陽人少好秘學天文筭歷陰陽占候無不畢綜尤善風角孫皓以爲奉禁都尉使其占候皓政嚴酷訓知其必敗而不敢言時錢塘湖開或言天下當太平青蓋入洛陽皓以問訓訓曰臣止能望氣不能達湖之開塞退而告其友曰青蓋入洛將有輿櫬銜璧之事非吉祥也尋而吳亡訓隨例内徙拜諫議大夫俄而去職還鄉及陳敏作亂遣弟宏爲歷陽太守訓謂邑人曰陳家無王氣不久當滅宏聞將斬之訓鄉人秦璩爲宏參軍乃說宏曰訓善風角可試之如不中徐斬未晚也乃赦之時宏攻征東參軍衡彦於歷陽乃問訓曰城中有幾千人攻之可拔不訓登牛渚山望氣曰不過五百人然不可攻攻之必敗宏復大怒曰何有五千人攻五百人而有不得理命將士攻之果爲彦所敗方信訓有道術乃優遇之都水參軍淮南周玘嘗問訓以官位訓曰君至卯年當剖符近郡酉年當有曲蓋玘曰如來言當相薦拔訓曰性不好官惟欲得米耳後玘果爲義興太守金紫將軍時劉聰王彌寇洛陽歷陽太守武瑕問訓曰國家人事如何訓曰胡賊三逼國家當敗天子野死今尚未也其後懷愍二帝果有平陽之酷焉或問其以明年吉凶者訓曰揚州刺史當死武昌大火上方節將亦當死至時劉陶周訪皆卒武昌大火燒數千家時甘卓爲歷陽太守訓私謂所親曰甘侯頭低而視仰相法名爲眄刀及目有赤脉自外而入不出十年必以兵死不領兵則可以免卓果爲王敦所害丞相王導多病每自憂慮以問訓訓曰公耳竪垂肩必壽亦大貴子孫當興於江東咸如其言訓年八十餘卒

戴洋字國流吳興長城人也年十二遇病死五日而蘇說死時天使其爲酒藏吏授符籙給吏從幡麾將上蓬萊崑崙積石太室恒廬衡等諸山既而遣歸逢一老父謂之曰汝後當得道爲貴人所識及長遂善風角爲人短陋無風望然好道術妙解占候卜數吳末爲臺吏知吳將亡託病不仕及吳平還鄉里後行至瀨鄉經老子祠皆是洋昔死時所見使處但不復見昔物耳因問守藏應鳳曰去二十餘年嘗有人乘馬東行過老君而不下馬未達橋墜馬死者不鳳言有之所問之事多與洋同揚州刺史嘗問吉凶於洋答曰熒惑入南斗八月有暴水九月當有客軍西南來如期果大水而石冰作亂冰既據揚州洋謂人曰視賊雲氣四月當破果如其言時陳敏爲右將軍堂邑令孫混見而羡之洋曰敏當作賊族滅何足願也未幾敏果反而誅焉初混欲迎其家累洋曰此地當敗得臘不得正豈可移家於賊中乎混便止歲末敏弟昶攻堂邑混遂以單身走免其後都水馬武舉洋爲都水令史洋請急還鄉將赴洛夢神人謂之曰洛中當敗人盡南渡後五年揚州必有天子洋信之遂不去既而皆如其夢廬江太守華譚問洋

曰天下誰當復作賊者洋曰王機尋而機反陳眎問洋曰人言江南當有貴人顧彥先周宣珮當是不洋曰顧不及臘周不見來年八月榮果以十二月十七日卒十九日臘珮以明年七月晦亡王導遇病召洋問之洋曰君侯本命在申金爲土使之主而於申上石頭立治火光照天此爲金火相爍水火相煎以故受害耳導即移居東府病遂差鎮東從事中郎張闓舉洋爲丞相令史時司馬颺爲烏程令將赴職洋曰君宜深愼下吏颺後果坐吏免官洋又謂曰卿雖免官十一月當作郡加將軍至期爲太山太守鎮武將軍颺賣宅將行洋止之曰君不得至當還不可无宅颺果爲徐龕所逼不得之郡元帝增颺衆二千使助祖逖洋勸颺不行颺乃稱疾收付廷尉俄而困赦得出元帝將登阼使洋擇日洋以爲宜用三月二十四日景午太史令陳卓奏用二十二日言昔越王用甲辰三月反國范蠡稱在陽之前當主盡出上下盡空德將出游刑入中宮今與此同洋曰越王爲吳所囚

雖當時遜媚實懷怨憤蠡故用甲辰乘德而歸留刑吳宮今大王內无含咎外无怨憤當承天洪命納祚无窮何爲追越王去國留殃故事邪乃從之及祖約代兄鎮譙請洋爲中典軍遷督護永昌元年四月庚辰禺中時有大風起自東南折木洋謂約曰十月必有賊到譙城東至歷陽南方有反者主簿王振以洋爲妖白約收洋付剌奸而絕其食五十日言語如故約知其有神術乃赦之而讓振振後有罪被收洋救之約曰振往日相繫今何以救之洋曰振不識風角非有宿嫌振往時垂餓死洋養活之振猶尚遺忘矣處富貴而不棄貧賤甚難約義之即原振賜洋米三十石至十月三日石勒騎果到譙城東洋言於約曰賊必向城父可遣騎水南追之步軍於水北斷要路賊必敗約竟不追賊乃掠城父婦女輜重而去約將魯延求追賊洋曰不可約不從使兄子智與延追之賊僞棄婦女輜重走智與延等爭物賊還掩之智延僅以身免士卒皆死約表洋爲下邑長時梁國人反逐太守袁晏梁城峻嶮約欲討之而未決洋曰賊以八月辛酉日反日辰俱王辛德在南方酉受自刑梁在譙北乘德伐刑賊必破亡又甲子日東風而雷西行譙在東南雷在軍前爲軍驅除昔吳伐關羽天雷在前周瑜拜賀今與往同故知必尅約從之果平梁城太寧三年正月有大流星東南行洋曰至秋府當移壽陽及王敦作逆約問其勝敗洋曰太白在東方辰星不出兵法先起爲主應者爲客辰星若出太白爲主辰星爲客辰星不出太白爲客先起兵者敗今有客无主有前无後宜傳檄所部應詔伐之約乃率衆向合肥俄而敦死衆敗遂往壽陽洋又曰江淮之間當有軍事譙城虛曠宜還固守不者雍丘沛皆非官有也約不從豫土遂陷於賊咸和元年春約南行佃遇大雷雨西南來洋曰甲子西南天雷其夏必失大將至夏汝南人反執約兄子濟送于石勒約府內地忽赤如丹洋曰按河圖徵云地赤如丹血丸丸當有下犯上者恐十月二十七日胡馬當來飲淮水至時石勒騎大至攻城大

戰其日西南兵火俱發約大懼會風廻賊退時傳言勒遣騎向壽陽約欲送其家還江東洋曰必无此事尋而傳言果妄咸和初月暈在角有赤白珥約問洋洋曰角爲天門開布陽道官門當有大戰俄而蘇峻遣使招約俱反洋謂約曰蘇峻必敗然其初起兵鋒不可當可外和內嚴以待其變約不從遂與峻反至三年五月大風雷雨西北來城內晦暝洋謂約曰雷鳴人上明使君當遠佞近直愛下振貧昔秦有此變卒致亂亡約大怒收洋繫之遣部將李槩將兵到盧江其衆盡散約召洋出問之曰吾還東何如留壽陽若留壽陽何如入胡洋曰東入失半入胡滅門留壽陽尚可約欲東向歷陽其衆不樂東下皆叛約劫約姊及嫂奔于石勒約到歷陽祖煥問洋曰君昔言平西在壽陽可得五年果如君言今在歷陽可得幾時洋曰得六月耳約問洋臺下及此氣候何如洋曰此當復有反者臺下來年三月當太平江州當大喪後南方復有軍事去此千里尋而牽騰叛

約約率所親將家屬奔於石勒二月而天子反正四月而温嶠率郭默據盆口以叛後勒誅約及親屬並盡皆如洋言約既敗洋往尋陽時劉胤鎮尋陽胤問洋曰我病當差不洋曰不憂使君不差憂使君今年有大厄使君年四十七行年入庚寅太公陰謀曰六庚爲白獸在上爲客星在下爲害氣年與命并必凶當忌十二月二十二日庚寅勿見客胤曰我當解職將君還野中治病洋曰使君當作江州不得解職胤曰温公不復還邪洋曰温公雖還使君故作江州俄如其言九月甲寅申時迴風從東來入胤兒船中西過狀如匹練長五六丈洋曰風從咸池下來攝提下去咸池爲刀兵大殺爲死喪到甲子日申時府内大聚骨埋之胤問在何處洋曰不出州府門也胤架府東門洋又曰東爲天牢牢下開門憂天獄至十二月十七日洋又曰臘近可開門以五十人備守并以百人備東北寅上以却害氣胤不從二十四日壬辰胤遂爲郭默所害南中郎將桓宣以洋爲參軍將隨宣

往襄陽太尉陶侃留之住武昌時侃謀北伐洋曰前年十一月熒惑守胃昴至今年四月積五百餘日昴趙之分野石勒遂死熒惑以七月退從畢右順行入黃道未及天關以八月二十二日復逆行還鉤繞畢向昴昴畢爲邊兵主胡夷故置天弓以射之熒惑逆行司无德之國石勒死是也勒之餘燼以自殘害今年官與太歲太陰三合癸巳癸爲北方北方當受灾歲鎮二星共合翼軫從子及巳徘徊六年荆楚之分歲鎮所守其下國昌豈非功德之徵也今年六月鎮星前角亢角亢鄭之分歲星移入房太白在心心房宋分順之者昌逆之者亡石季龍若興兵東南此其死會也官若應天伐刑徑據宋鄭則无敵矣若天與不取反受其咎侃志在中原聞而大喜會病篤不果行侃甍征西將軍庾亮代鎮武昌復引洋問氣候洋曰天有白氣喪必東行不過數年必應尋有大麾向西城門洋曰野獸向城主人將去城東家夜半望見城内有數炬火從城上出如大車狀白布幔覆與火俱出城東北行至江乃滅洋聞而歎曰此與前白氣同時亮欲西鎮石城或問洋此西足當欲東不洋曰不當也咸康三年洋言於亮曰武昌土地有山无林政可圖始不可居終山作八字數不及九昔吴用壬寅來上創立宮城至己酉還下秣陵陶公亦涉八年土地盛衰有數人心去就有期不可移也公宜更擇吉處武昌不可久住五年亮令毛寶屯邾城九月洋言於亮曰毛豫州今年受死問昨朝大霧晏風當有怨賊報仇攻圍諸侯誠宜遠偵邏寶問當在何時答曰五十日内其夕又曰九月建戌朱雀飛驚征軍還歸乘戴火光天示有信災發東房葉落歸本慮有後患明日又曰昨夜火殃非國福今年架屋致使君病可因燒屋移家南渡无嫌也寶即遣兒婦還武昌尋傳賊當來攻城洋曰十月丁亥夜半時得賊問干爲君支爲臣丁爲征西府亥爲邾城功曹爲賊神加子時十月水王木相王相氣合賊必來寅數七子數九賊高可九千人下可七千人從魁爲貴人加丁下剋上有空亡

之事不敢進武昌也賊果陷邾城而去亮問洋曰故當不失石城否洋曰賊從安陸向石城逆太白當伐身无所慮亮曰天何以利胡而病我洋曰天符有吉凶土地有盛衰今年害氣三合己亥己爲天下亥爲戎胡季龍亦當受死今乃不憂賊但憂公病耳亮曰何方救我疾洋曰荆州受兵江州受災公可去此二州亮曰如此當有解不洋曰恨晚猶差不也亮竟不能解二州遂至大困洋曰昔蘇峻時公於白石祠中祈福許賽其牛至今未解故爲此鬼所考亮曰有之君是神人也或問洋曰庾公可得幾時洋曰見明年時亮已不識人咸以爲妄果至正月一日而甍庾翼代亮洋復爲占候少時卒年八十餘所占驗者不可勝紀

韓友字景先盧江舒人也爲書生受易於會稽伍振善占卜能圖宅相冢亦行京費厭勝之術龍舒長鄧林婦病積年垂死醫巫皆息意友爲筮之使或作野豬著卧處屏風上一宿覺佳於是遂差舒縣廷掾王睦病死已復魄友爲筮之令以丹畫

版作日月置牀頭又以豹皮馬鄣泥卧上立愈劉世則女病魅積年巫爲攻禱伐空冢故城間得狸鼉數十病猶不差友筮之命作布囊依女發時張囊着牕牖間友閉戸作氣若有所驅斯須之間見囊大脹如吹因決敗之女仍大發友乃更作布囊二枚沓張之施張如前囊復脹滿因急縛囊口懸着樹二十許日漸消開視有二斤狐毛女遂差宣城邊洪以四月中就友卜家中安否友曰卿家有兵殃其禍甚重可伐七十束柴積於庚地至七月丁酉放火燒之咎可消也不爾其凶難言洪即聚柴至日大風不敢發火洪後爲廣陽領校遭母喪歸家友來投之時日已暮出告從者速裝束吾當夜去從者曰今日已暝數十里草行何急復去友曰非汝所知也此間血覆地寧可復住苦留之不待食而去其夜洪欻發狂絞殺兩子并殺婦又斫父妾二人皆被創因出亡走明日其宗族往收殯亡者尋索洪數日於宅前林中得之已自經死宣城太守殷祐有病友筮之曰七月晦日

將有大鸜鳥來集廳事上宜勤伺取若獲者爲善不獲將成禍祐乃謹爲其備至日果有大鸜垂尾九尺來集廳事上掩捕得之祐乃遷石頭督護後爲吳郡太守友卜占神效甚多而消殃轉禍无不皆驗干寶問其故友曰筮卦用五行相生殺如按方投藥治病以冷熱相救其差與不差不可必也友以元康六年舉賢良元帝渡江以爲廣武將軍永嘉末卒

淳于智字叔平濟北盧人也有思義能易筮善厭勝之術高平劉柔夜卧鼠齧其左手中指以問智智曰是欲殺君而不能當爲君使其反死乃以朱書手腕橫文後三寸作田字辟方一寸二分使露手以卧明旦有大鼠伏死手前譙人夏侯藻母病困詣智卜忽有一狐當門向之嗥藻怖愕馳見智智曰其禍甚急君速歸在狐嗥處拊心啼哭令家人驚怪大小必出一人勿出哭勿止然後其禍可救也藻還如其言母亦扶病而出家人既集堂屋五間拉然而崩護軍張劭母病篤智筮之使西出市沐猴繫母臂令傍人槌拍恒使作聲三日放去劭從之其猴出門即爲犬所咋死母病遂差上黨鮑瑗家多喪病貧苦或謂之曰淳于叔平神人也君何不試就卜知禍所在瑗性質直不信卜筮曰人生有命豈卜筮所移會智來應詹謂曰此君寒士每多屯虞君有通靈之思可爲一卦智乃爲卦卦成謂瑗曰君安宅失宜故令君困君舍東北有大桑樹君徑至市入門數十步當有一人持荆馬鞭者便就買以懸此樹三年當暴得財瑗承言詣市果得馬鞭懸之三年浚井得錢數十萬銅鐵器復二十餘萬於是致贍疾者亦愈其消災轉禍不可勝紀而卜筮所占千百皆中應詹少亦多病智乃爲符使詹佩之誦其文既而皆驗莫能學也性深沉常自言短命曰辛亥歲天下有事當有巫醫挾道術者死吾守易義以行之猶當不應此乎太元末爲司馬督有寵於楊駿故見殺

步熊字叔罷陽平發干人也少好卜筮數術門徒甚盛熊學舍

側有一人燒死吏持熊諸生謂爲失火熊曰已爲卿卜得其人矣使從道南行當有一人來問得火主來者便縛之吏如熊言果是耕人自言草惡難耕故燒之忽風起延燒遠近實不知草中有人又鄰人兒遠行或告以死其父母號哭制服熊爲之卜兆日當還如期果至趙王倫聞其名召之熊謂諸生曰倫死不久不足應也倫怒遣兵圍之數重熊乃使諸生着其裘南走倫兵悉赴捉之熊客從北出得脫後爲成都王穎所辟穎使熊射覆物无所失後穎奔關中平昌公模鎮鄴以熊穎黨誅之

杜不愆廬江人也少就外祖郭璞學易卜屢有驗高平郗超年二十餘得重疾試令筮之不愆曰按卦言之卿所苦尋除然宜於東北三十里上宮姓家索其所養雄雉籠盛置東檐下却後九日景午日午時必當有雌雉飛來與交既而雙去若如此不出二十日病都除又是休應年將八十位極人臣若但雌逝雄留者病一周方差年半八十名位亦失超時正羸篤慮命在

旦夕笑而答曰若保八十之半便有餘矣一周病差何足爲
淹然未之信或勸依其言索雉果得至景午日超卧南軒之
下覩之至日晏果有雌雉飛入籠與雄雉交而去雄雉不動超
歎息曰雖管郭之奇何以尚此超病彌年乃起至四十卒于中
書郎不愆後占筮轉踈无復此類後爲桓嗣建威參軍
嚴卿會稽人也善卜筮鄉人魏序欲暫東行荒年多抄盗令卿
筮之卿筮曰君愼不可東行必遭暴害之氣而非刧也序不之信
卿曰旣必不停宜以禳之可索西郭外獨母家白雄狗繫着船前
求索止得駁狗无白者卿曰駁者亦足然猶恨其色不純當餘
小毒正及六畜輩耳无所復憂序行半路狗忽然作聲甚急有
如人打之者比視已死吐黑血斗餘其夕序墅上白鵞數頭无
故自死而序家无恙
隗炤汝陰人也善於易臨終書版授其妻曰吾亡後當大荒窮
雖爾愼莫賣宅也却後五年春當有詔來頓此亭姓龔此人

負吾金卽以此版往責之勿違言也炤亡後其家大困乏欲賣
宅憶夫言輙止期日有龔使者止亭中妻遂齎版往責之使者
執版惘然不知所以妻曰夫臨亡手書版見命如此不敢妄也
使者沉吟良久而悟謂曰賢夫何善妻曰夫善於易而未曾
爲人卜也使者曰噫可知矣乃命取蓍筮之卦成撫掌而歎曰
妙哉隗生含明隱迹可謂鏡窮達而洞吉凶者也於是告炤妻
曰吾不相負金也賢夫自有金耳知亡後當暫窮故藏金以待太
平所以不告兒婦者恐金盡而困无已也知吾善易故書版以
寄意耳金有五百斤盛以青甕覆以銅柈埋在堂屋東頭去
壁一丈入地九尺妻還掘之皆如卜焉
卜珝字子玉匈奴後部人也少好讀易郭璞見而歎曰吾所弗如
也奈何不免兵厄珝曰然吾大厄在四十一位爲卿相當受禍
耳不爾者亦爲猛獸所害吾亦未見子之令終也璞曰吾禍
在江南甚營之未見免兆雖然在南猶可延期任此不過時

月珝曰子勿爲公吏可以免諸璞曰吾不能免公吏猶子之不
能免卿相也珝曰吾此雖當有帝王子終不復奉二京矣琅
琊可奉卿謹奉之主晋祀者必此人也珝遂隱于龍門山劉
元海僭號徵爲大司農侍中固以疾辭元海曰人各有心卜珝之
不欲在吾朝何異高祖四公哉可遂其高志後復徵爲光祿大
夫珝謂使者曰非吾死所也及劉聰嗣僞位徵爲太常時劉琨
據并州聰問何時可平珝答曰并州陛下之分今兹剋之必矣聰
戲曰朕欲勞先生一行可乎珝曰臣所以來不及裝者正爲是
行也聰大悅署珝使持節平北將軍將行謂其妹曰此行也死
自吾分後愼勿紛紜及攻晋陽爲琨所敗珝卒先去爲其元帥
所殺
鮑靚字太玄東海人也年五歲語父母云本是曲陽李家兒九歲
墜井死其父母尋訪得李氏推問皆符驗靚學兼内外明天文
河洛書稍遷南陽中部都尉爲南海太守嘗行部入海遇風

饑甚取白石煮食之以自濟王機時爲廣州刺史入廁忽見二人
着烏衣與機相捍良久擒之得二物似烏鴨靚曰此物不祥機
焚之徑飛上天機尋誅死靚嘗見仙人陰君授道訣百餘歲卒
吳猛豫章人也少有孝行夏日常手不驅蚊懼其去已而噬
親也年四十邑人丁義始授其神方因還豫章江波甚急猛
不假舟楫以白羽扇畫水而渡觀者異之庾亮爲江州刺史
嘗遇疾聞猛神異乃迎之問已疾何如猛辭以筭盡請具棺服
旬日而死形狀如生未及大歛遂失其尸識者以爲亮不祥之徵
亮疾果不起
幸靈者豫章建昌人也性少言與小人羣居見侵辱而无愠色邑
里號之癡雖其父母兄弟亦以爲癡也嘗使守稻羣牛食之靈
見而不驅待牛去乃往理其殘亂者其父母見而怒之靈曰夫
萬物生天地之間各欲得食牛方食奈何驅之其父愈怒曰卽如
汝言復用理壞者何爲靈曰此稻又欲得終其性牛自犯之靈

可以不收乎時順陽樊長賓爲建昌令發百姓作官船於建城山中吏令人各作箸一雙靈作而未輸或竊之焉俄而竊者心痛欲死靈謂之曰爾得无竊我箸乎竊者不應有頃愈急靈曰若爾不以情告我者今眞死矣竊者急遽乃首出之靈於是飲之以水病即立愈行人由此敬畏之船成當下吏以二百人引一艘不能動方請益人靈曰此以過足但部分未至耳靈請自牽之乃手執箸惟用百人而船去如流衆大驚怪咸稱其神於是知名有龔仲儒女病積年氣息財屬靈使以水含之已而強起應時大愈又呂猗母皇氏得痿痺病十有餘年靈療之去皇氏數尺而坐冥目寂然有頃顧謂猗曰扶夫人令起猗曰老人得病累年奈何可倉卒起邪靈曰但試扶起於是兩人夾扶以立少選靈又令去扶即能自行由此遂愈於是百姓奔趣水陸輻輳從之如雲皇氏自以病久懼有發動靈乃留水一器令食之每取水輙以新水補處二十餘年水清如新塵垢不能加

焉時高悝家有鬼怪言語訶叱投擲內外不見人形或器物自行再三發火巫祝厭劾而不能絕適值靈乃要之靈於陌頭望其屋謂悝曰此君之家邪悝曰是也靈曰知之足矣悝固請之靈不得已至門見符索甚多謂悝曰當以正止邪而以邪救邪惡得已乎並使焚之惟據軒小坐而去其夕鬼怪即絕靈所救愈多此類然不取報謝行不騎乘長不娶妻性至恭見人即先拜言輙自名凡草木之夭傷於山林者必起理之器物之傾覆於途路者必舉正之周旋江州間謂其士人曰天地之於人物一也咸欲不失其情性奈何制服人以爲奴婢乎諸君若欲享多福以保性命可悉免遺之十餘年間賴其術以濟者極多後乃娶妻畜車馬奴婢受貨賂致遺於是其術稍衰所療得失相半焉

佛圖澄天竺人也本姓帛氏少學道妙通玄術永嘉四年來適洛陽自云百有餘歲常服氣自養能積日不食善誦神呪能役使鬼神腹旁有一孔常以絮塞之每夜讀書則拔絮孔中出光照

于一室又嘗齋時平旦至流水側從腹旁孔中引出五臟六腑洗之訖還內腹中又能聽鈴音以言吉凶莫不懸驗及洛中寇亂乃潛草野以觀變石勒屯兵葛陂專行殺戮沙門遇害者甚衆澄投勒大將軍郭黑略家黑略每從勒征伐輙豫尅勝負勒疑而問曰孤不覺卿有出衆智謀而每知軍行吉凶何也黑略曰將軍天挺神威幽靈所助有一沙門智術非常云將軍當略有區夏已應爲師臣前後所白皆其言也勒召澄試以道術澄即取鉢盛水燒香呪之須臾鉢中生青蓮花光色曜目勒由此信之勒自葛陂還河北過枋頭枋頭人夜欲斫營澄謂黑略曰須臾賊至可令公知果如其言有備故不敗勒欲試澄夜冠冑衣甲執刀而坐遣人告澄云夜來不知大將軍何所在使人始至未及有言澄逆問曰平居无寇何故夜嚴勒益信之勒後因忿欲害諸道士并欲苦澄澄乃潛避至黑略舍語弟子曰若將軍信至問吾所在者報云不知所之旣而勒使至覔澄不得使還報

勒勒驚曰吾有惡意向澄澄捨我去矣通夜不寢思欲見澄澄知勒意悔明旦造勒勒曰昨夜何行澄曰公有怒心昨故權避公今改意是以敢來勒大笑曰道人謬矣襄國城塹水源在城西北五里其水源暴竭勒問澄何以致水澄曰今當勑龍取水廼與弟子法首等數人至故泉源上坐繩牀燒安息香呪願數百言如此三日水泫然微流有一小龍長五六寸許隨水而來諸道士競往視之有頃水大至隍塹皆滿鮮卑段末波攻勒衆甚盛勒懼問澄澄曰昨日寺鈴鳴云明旦食時當擒段末波勒登城望末波軍不見前後失色曰末波如此豈可獲乎更遣夔安問澄澄曰已獲末波矣時城北伏兵出遇末波執之澄勸勒宥末波遣還本國勒從之卒獲其用劉曜遣從弟岳攻勒勒遣石季龍距之岳敗退保石梁塢季龍堅柵守之澄在襄國忽歎曰劉岳可憫弟子法祚問其故澄曰昨日亥時岳已敗被執果如所言及曜自攻洛陽勒將救之其羣下咸諫以爲不可勒以訪澄澄曰相輪鈴音云

秀支替戾岡僕谷劬禿當此羯語也秀支軍也替戾岡出也僕谷
劉曜胡位也劬禿當捉也此言軍出捉得曜也又令一童子潔齋
七日取麻油合胭脂躬自研於掌中舉手示童子粲然有輝
童子驚曰有軍馬甚衆見一人長大白晳以朱絲縛其肘澄曰
此即曜也勒甚悅遂赴洛距曜生擒之勒僭稱趙天王行皇帝
事敬澄彌篤時石葱將叛澄誡勒曰今年葱中有蟲食必害人
可令百姓无食葱也勒班告境内慎无食葱俄而石葱果走勒益
重之事必諮而後行號曰大和尚勒愛子斌暴病死將殯勒歎曰
朕聞虢太子死扁鵲能生之今可得效乎乃令告澄澄取楊枝
沾水灑而呪之就執斌手曰可起矣因此遂蘇有頃平復自是
勒諸子多在澄寺中養之勒死之年天静无風而塔上一鈴獨
鳴澄謂衆曰鈴音云國有大喪不出今年矣既而勒果死及季
龍僭位遷都于鄴傾心事澄有重於勒下書衣澄以綾錦乘以
彫輦朝會之日引之升殿常侍以下悉助舉輿太子諸公扶翼

而上主者唱大和尚衆坐皆起以彰其尊又使司空李農旦夕
親問其太子諸公五日一朝尊敬莫與爲比支道林在京師聞澄
與諸公游乃曰澄公其以季龍爲海鷗鳥也百姓因澄故多奉佛
皆營造寺廟相競出家眞僞混淆多生愆過季龍下書料簡其
著作郎王度奏曰佛外國之神非諸華所應祠奉漢代初傳其
道惟聽西域人得立寺都邑以奉其神漢人皆不出家魏承漢
制亦循前軌今可斷趙人悉不聽詣寺燒香禮拜以遵典禮其
百辟卿士逮衆隷例皆禁之其有犯者與淫祀同罪其趙人爲
沙門者還服百姓朝士多同度所奏季龍以澄故下書曰朕出
自邊戎忝君諸夏至於饗祀應從本俗佛是戎神所應兼奉其
夷趙百姓有樂事佛者特聽之澄時止鄴城寺中弟子徧於
郡國常遣弟子法常北至襄國弟子法佐從襄國還相遇於
梁基城下對車夜談言及和尚比旦各去佐始入澄逆笑曰昨夜
爾與法常交車共說汝師邪佐愕然愧懺於是國人每相語莫起

惡心和尚知汝及澄之所在无敢向其方面涕唾者季龍太子邃
有二子在襄國澄語邃曰小阿彌比當得疾可往看之邃即馳
信往視則果已得病太醫殷騰及外國道士自言能療之澄告
弟子法牙曰正使聖人復出不愈此疾况此等乎後三日果死
邃將圖爲逆謂内豎曰和尚神通儻發吾謀明日來者當先除
之澄月望將入覲季龍謂弟子僧慧曰昨夜天神呼我曰明日
若入還勿過人我儻有所過汝當止我澄常入必過邃邃知澄入
要候甚苦澄將上南臺僧慧引衣澄曰事不得止坐未安便起
邃固留不住所謀遂差還寺歎曰太子作亂其形將成欲言難
言欲忍難忍乃因事從容箴季龍季龍終不能解俄而事發方
悟澄言後郭黑略將兵征長安北山羌墮羌伏中時澄在堂上坐
慘然改容曰郭公今有厄乃唱云衆僧祝願澄又自祝願須臾
更曰若東南出者活餘向者則困復更祝願有頃曰脱矣後月
餘黑略還自說墮羌圍中東南走馬乏正遇帳下人推馬與之

曰公乘此馬小人乘公馬濟與不濟命也略得其馬故獲免推
檢時日正是澄祝願時也時天旱季龍遣其太子詣臨漳西滏
口祈雨久而不降乃令澄自行即有白龍二頭降於祠所其日大
雨方數千里澄嘗遣弟子向西域市香既行澄告餘弟子曰掌
中見買香弟子在某處被劫垂死因燒香祝願遥救護之弟子
後還云某月某日某處爲賊所劫垂當見殺忽聞香氣賊无故
自驚曰救兵已至棄之而走黃河中舊不生黿時有得者以獻
季龍澄見而歎之曰桓温入河其不久乎温字元子後果如其言也
季龍嘗晝寢夢見羣羊負魚從東北來寤以訪澄澄曰不祥也
鮮卑其有中原乎後亦皆驗澄嘗與季龍升中臺澄忽驚曰
變變幽州當火災乃取酒噀之久而笑曰救已得矣季龍遣驗
幽州云爾日火從四門起西南有黑雲來驟雨滅之雨亦頗有
酒氣石宣將殺石韜宣先到寺與澄同坐浮屠一鈴獨鳴澄謂
曰解鈴音乎云胡子洛度宣變色曰是何言歟澄謬曰老胡爲

道不能山居无言重茵美服豈非洛度乎石韜後至澄孰視良久韜懼而問澄澄曰怪公血臭故相視耳季龍夢龍飛西南自天而落旦而問澄澄曰禍將作矣宜父子慈和深以慎之季龍引澄入東閣與其后杜氏問訊之澄曰脇下有賊不出十日自浮圖以西此殿以東當有血流慎勿東也杜后曰和尚耄邪何處有賊澄即易語云六情所受皆悉是賊老自應耄但使少者不昏即好耳遂便寓言不復彰的後二日宣果遣人害韜於佛寺中欲因季龍臨喪殺之季龍以澄先誡故獲免及宣被收澄諫季龍曰皆陛下之子也何爲重禍邪陛下若含怒加慈者尚有六十餘歲如必誅之宣當爲彗星下埽鄴宮季龍不從後月餘有一妖馬髦尾皆有燒狀入中陽門出顯陽門東首東宮皆不得入走向東北俄而不見澄聞而歎曰災其及矣季龍大享羣臣於太武前殿澄吟曰殿乎殿乎棘子成林將壞人衣季龍令發殿石下視之有棘生焉冉閔小字棘奴季龍造太武殿初成圖畫自古賢聖忠臣孝子烈士貞女皆變爲胡狀旬餘頭悉縮入肩中惟冠髣髴微出季龍大惡之祕而不言也澄對之流涕乃自啓塋墓於鄴西紫陌還寺獨語曰得三年乎自答不得又曰得二年一年百日一月乎自答不得遂无復言謂弟子法祚曰戊申歲禍亂漸萌己酉石氏當滅吾及其未亂先從化矣卒於鄴宮寺後有沙門從雍州來稱見澄西入關季龍掘而視之惟有一石而无尸季龍惡之曰石者朕也葬我而去吾將死矣因而遇疾明年季龍死遂大亂

麻襦者不知何許人也莫得其姓名石季龍時在魏縣市中乞丐恒着麻襦布裳故時人謂之麻襦言語卓越狀如狂者乞得米穀不食輒散置大路云飴天馬趙興太守籍狀收送詣季龍先是佛圖澄謂季龍曰國東二百里某月日當送一非常人勿殺之也如期果至季龍與共語了无異言惟道陛下當終一柱殿下季龍不解送以詣澄麻襦謂澄曰昔在光和中會奄至今日酉戌受玄命絕曆終有期金離消于壤邊荒不能遵驅除靈期迹莫已已之懿裔苗葉繁其來方積休期於何期永以歎之澄曰天迴運極否將不支九木水爲難无可以術寧玄哲雖存世莫能基必莫能基必頹久游閻浮利擾擾多此患行登凌雲宇會于虛游間其所言人莫能曉季龍遣驛馬送還本縣既出城請步云我當有所過君至合口橋見待使人如言而馳至橋麻襦已先至後慕容儁投季龍尸於漳水倚橋柱不流時人以爲一柱殿下即謂此也及元帝嗣位江左亦以爲天馬之應云

單道開敦煌人也常衣麤褐或贈以繒服皆不着不畏寒暑晝夜不臥恒服細石子一吞數枚日一服或多或少好山居而山樹諸神見異形試之初无懼色石季龍時從西平來一日行七百里其一沙彌年十四行亦及之至秦州表送到鄴季龍令佛圖澄與語不能屈也初至鄴城西沙門法綝祠中後徙臨漳昭德寺於房內造重閣高八九尺於上編菅爲禪室常坐其中季龍資給甚厚道開皆以施人人或來諮問者道開都不荅曰服鎮守藥數丸大如梧子藥有松蜜薑桂茯苓之氣時復飲茶蘇一二升而已自云能療目疾就療者頗驗視其行動狀若有神佛圖澄曰此道士觀國興衰若去者當有大亂及季龍末道開南渡許昌尋而鄴中大亂升平三年至京師後至南海入羅浮山獨處茅茨蕭然物外年百餘歲卒于山舍敕弟子以尸置石穴中弟子乃移入石室陳郡袁宏爲南海太守與弟穎叔及沙門支法防共登羅浮山至石室口見道開形骸如生香火瓦器猶存宏曰法師業行殊羣正當如蟬蛻耳乃爲之贊云

黃泓字始長魏郡斥丘人也父沈善天文秘術泓從父受業精妙踰深兼博覽經史尤明禮易性忠勤非禮不動永嘉之亂與渤海高瞻避地幽州說瞻曰王浚昏暴終必无成宜思去就以

圖久安慕容廆法政修明虛懷引納且讖言眞人出東北儻或是乎宜相與歸之同建事業瞻不從泓乃率宗族歸廆廆待以客禮引爲參軍軍國之務動輒訪之泓止說成敗事皆如言廆常曰黃參軍孤之仲翔也及皝嗣位遷左常侍領史官甚重之石季龍攻皝皝將走遼東泓曰賊有敗氣无可憂也不過二日必當奔潰宜嚴勒士馬爲追擊之備皝曰今寇盛如此卿言必走孤未敢信泓曰殿下言盛者人事耳臣言必走者天時也胡足爲疑及期季龍果退皝益奇之及慕容儁即王位遷從事中郎儁聞冉閔亂將圖中原訪之於泓泓勸行儁從之及僭號署爲進謀將軍太史令關內侯尋加奉車都尉西海太守領太史令開陽亭矦又封平舒縣五等伯常從左右諮決大事靈臺令許敦害其寵諂事慕容評設異議以毀之乃以泓爲太史靈臺諸署統加給事中泓待敦彌厚不以毀己易心慕容暐敗以老歸家嘆曰燕必中興其在吳人恨吾年過不見耳年九十七卒卒後三年僞吳王慕容垂興焉

索紞字叔徹敦煌人也少游京師受業太學博綜經籍遂爲通儒明陰陽天文善術數占候司徒辟除郎中知中國將亂避世而歸鄉人從紞占問吉凶門中如市紞曰攻乎異端戒在害已无爲多事多事多患遂詭言虛說无驗乃止惟以占夢爲无悔吝乃不逆問者孝廉令狐策夢立氷上與氷下人語紞曰氷上爲陽氷下爲陰陰陽事也士如歸妻迨氷未泮婚姻事也君在氷上與氷下人語爲陽語陰媒介事也君當爲人作媒氷泮而婚成策曰老夫耄矣不爲媒也會太守田豹因策爲子求鄉人張公徵女仲春而成婚焉郡主簿張宅夢走馬上山還繞舍三周但見松栢不知門處紞曰馬屬離離爲火火禍也人上山爲凶字但見松栢墓門象也不知門處爲无門也三周三期也後三年必有大禍宅果以謀反伏誅索充初夢天上有二棺落充前紞曰棺者職也當有京師貴人舉君二官者頻再遷俄而司徒王戎書屬太守使舉充太守先署充功曹而舉孝廉充後夢見一虜脫上衣來詣充紞曰虜去上中下半男字夷狄陰類君婦當生男終如其言宋桷夢內中有一人着赤衣桷手把兩杖極打之紞曰內中有人肉字也肉色赤也兩杖箸象也極打之飽肉食也俄而亦驗爲黃平問紞曰我昨夜夢舍中馬舞數十人向馬拍手此何祥也紞曰馬者火也舞爲火起向馬拍手救火人也平未歸而火作索綏夢東有二角書詣綏大角朽敗小角有題韋囊佩一在前一在後紞曰大角朽敗腐棺木小角有題題所詣一在前前凶也一在後後背也當有凶背之問時綏父在東居三日而凶問至郡功曹張邈嘗奉使詣州夜夢狼啖一脚紞曰脚肉被啖爲却字會東虜反遂不行凡所占莫不驗太守陰澹從求占書紞曰昔入太學因一父老爲主人其人无所不知又匿姓名有似隱者紞因從父老問占夢之術審測而說實无書也澹命爲西閤祭酒紞辭曰少无山林之操游學京師交結時賢希申鄙藝會中國不靖欲養志終年老亦至矣不求聞達又少不習勤老无吏幹

濛汜之年弗敢聞命澹以束帛禮之月致羊酒年七十五卒于家

孟欽洛陽人也有左慈劉根之術百姓惑而赴之苻堅召詣長安惡其惑衆命苻融誅之俄而欽至融留之遂大讌郡寮酒酣目左右收欽欽化爲旋風飛出第外頃之有告在城東者融遣騎追之垂及忽然已遠或有兵衆距戰或前谿澗騎不得過遂不知所在堅末復見于青州苻朗尋之入于海島

王嘉字子年隴西安陽人也輕舉止醜形貌外若不足而聰睿內明滑稽好語笑不食五穀不衣美麗清虛服氣不與世人交游隱於東陽谷鑿崖穴居弟子受業者數百人亦皆穴處石季龍之末棄其徒衆至長安潛隱於終南山結菴廬而止門人聞而復隨之乃遷於倒獸山苻堅累徵不起公矦已下咸躬往參詣好尚之士无不師宗之問其當世事者皆隨問而對好爲譬喻狀如戲調言未然之事辭如讖記當時尠能曉之事過皆驗堅將南征遣使者問之嘉曰金剛火強乃乘使者馬正衣冠徐徐東行數

百步而策馬馳反脫衣服棄冠履而歸下馬踞牀一无所言使者還告堅不悟復遣問之曰吾世祚云何嘉曰未央咸以爲吉明年癸未敗于淮南所謂未年而有殃也人候之者至心則見之不至心則隱形不見衣服在架履杖猶存或欲取其衣者終不及企而取之衣架踰高而屋亦不大履杖諸物亦如之姚萇之入長安禮嘉如苻堅故事逼以自隨每事諮之萇既與苻登相持問嘉曰吾得殺苻登定天下不嘉曰略得之萇怒曰得當云得何略之有遂斬之先此釋道安謂嘉曰世故方殷可以行矣嘉答曰卿其先行吾負債未果去俄而道安亡至是而嘉戮死所謂負債者也苻登聞嘉死設壇哭之贈太師謚曰文及萇死萇子興字子略方殺登略得之謂也嘉之死日人有隴上見之其所造牽三歌讖事過皆驗累世猶傳之又著拾遺錄十卷其記事多詭怪今行於世

僧涉者西域人也不知何姓少爲沙門苻堅時入長安虛靜服氣不食五穀日能行五百里言未然之事驗若指掌能以祕祝下神龍每旱堅常使之呪龍請雨俄而龍下鉢中天輒大雨堅及羣臣親就鉢觀之卒于長安後大旱移時苻堅嘆曰涉公在此豈憂此乎

郭黁西平人也少明式易仕郡主簿張天錫末年苻氏每有西伐之問太守趙凝使黁筮之黁曰若郡內二月十五日失囚者東軍當至凉祚必終凝乃申約屬縣至十五日鮮卑折掘送馬於凝凝怒其非驗幽之內廐鮮卑懼而夜遁凝以告黁黁曰是也國家將亡不可復振苻堅末當陽門震刺史梁熈問黁曰其祥安在黁曰爲四夷之事也當有外國二王來朝主上一當反國一死此城歲餘而鄯善及前部王朝于苻堅西歸鄯善王死於姑藏呂光之王河西也西海太守王楨叛黁勸光襲之光之左丞呂寶曰千里襲人自昔所難況王者之師天下所聞何可僥倖以邀成功黁不可從誤人大事黁曰若其不捷黁自伏鈇鉞之誅如其尅也左丞爲无謀矣光從而尅之光比之京管常參帷幄密謀光將伐乞伏乾歸黁諫曰今太白未出不宜行師往必无功終當覆敗太史令賈曜以爲必有秦隴之地及尅金城光使曜詰黁黁密謂光曰昨有流星東墜當有伏尸死將雖得此城憂在不守正月上旬河氷將解若不早渡恐有大變後二日而敗問至光引軍渡河訖氷泮時人服其神驗光以黁爲散騎常侍太常黁後以光年老知其將敗遂與光僕射王祥起兵作亂百姓聞黁起兵咸以聖人起事事无不成故相率從之如不及黁以爲代呂者王乃推王乞基爲主後呂隆降姚興興以王尚爲凉州刺史終如黁言黁之與光相持也逃人稱呂綂病死黁曰未也光綂之命盡在一時後綂死三日而光死黁嘗曰凉州謙光殿後當有索頭鮮卑居之終於禿髮傉檀沮渠蒙遜迭據姑臧黁性褊酷不爲士庶所附戰敗奔乞伏乾歸乾歸敗入姚興黁以滅姚者晉遂將妻子南奔爲追兵所殺也

鳩摩羅什天竺人也世爲國相父鳩摩羅炎聰懿有大節將嗣相位乃辭避出家東度葱嶺龜茲王聞其名郊迎之請爲國師王有妹年二十才悟明敏諸國交娉並不許及見炎心欲當之王乃逼以妻焉既而羅什在胎其母慧解倍常及年七歲母遂與俱出家羅什從師受經日誦千偈偈有三十二字凡三萬二千言義亦自通年十二其母携到沙勒國王甚重之遂停沙勒一年博覽五明諸論及陰陽星筭莫不必盡妙達吉凶言若符契爲性率達不拘小檢修行者頗共疑之然羅什自得於心未嘗介意專以大乘爲化諸學者皆共師焉年二十龜茲王迎之還國廣說諸經四遠學徒莫之能抗有頃羅什母辭龜茲王往天竺留羅什住謂之曰方等深教不可思議傳之東土惟爾之力但於汝无利其可如何什曰必使大化流傳雖苦而无恨母至天竺道成進登第三果西域諸國咸伏羅什神儁每至講說諸公皆長跪坐側令羅什踐而登焉苻堅

聞之密有迎羅什之意會太史奏云有星見外國分野當有大智入輔中國堅曰朕聞西域有鳩摩羅什將非此邪乃遣驍騎將軍呂光等率兵七萬西伐龜茲謂光曰若獲羅什即馳驛送之光軍未至羅什謂龜茲王白純曰國運衰矣當有勍敵從日下來宜恭承之勿抗其鋒純不從出兵距戰光遂破之乃獲羅什光見其年齒尚少以凡人戲之強妻以龜茲王女羅什距而不受辭甚苦至光曰道士之操不踰先父何所固辭乃飲以醇酒同閉密室羅什被逼遂妻之光還中路置軍於山下將士已休羅什曰在此必狼狽宜徙軍隴上光不納至夜果大雨洪潦暴起水深數丈死者數千人光密異之光欲留王西國羅什謂光曰此凶亡之地不宜淹留中路自有福地可居光還至涼州聞苻堅已爲姚萇所害於是竊號河右屬姑臧大風羅什曰不祥之風當有奸叛然不勞自定也俄而有叛者尋皆殄滅沮渠蒙遜先推建康太守段業爲主光遣其子纂率衆討之時論謂業等烏

合纂有威聲勢必全剋光以訪羅什答曰此行未見其利既而纂敗於合棃俄又郭馨起兵纂棄大軍輕還復爲馨所敗僅以身免中書監張資病光博營救療有外國道人羅叉云能差資病光喜給賜甚重羅什知叉誑詐告資曰叉不能爲益徒煩費耳冥運雖隱可以事試也乃以五色絲作繩結之燒爲灰末投水中灰若出水還成繩者病不可愈須臾灰聚浮出復爲繩叉療果无效少日資亡頃之光死纂立有猪生子一身三頭龍出東箱井中於殿前蟠臥比旦失之纂以爲美瑞號其殿爲龍翔殿俄而有黑龍升於當陽九宮門纂改九宮門爲龍興門羅什曰比日潛龍出游豕妖表異龍者陰類出入有時而今屢見則爲災眚必有下人謀上之變宜剋己修德以答天戒纂不納後果爲呂超所殺羅什之在涼州積年呂光父子既不弘道故蘊其深解无所宣化姚興遣姚碩德西伐破呂隆乃迎羅什待以國師之禮仍使入西明閣及逍遙園譯出衆經羅什多

所暗誦无不究其義旨既覽舊經多有紕繆於是興使沙門僧叡僧肇等八百餘人傳受其旨更出經論凡三百餘卷沙門慧叡才識高明常隨羅什傳寫羅什每爲慧叡論西方辭體商略同異云天竺國俗甚重文制其宮商體韻以入管弦爲善凡覲國王必有贊德經中偈頌皆其式也羅什雅好大乘志在敷演常歎曰吾若著筆作大乘阿毗曇非迦旃子比也今深識者既寡將何所論惟爲姚興著實相論二卷興奉之若神嘗講經於草堂寺興及朝臣大德沙門千有餘人肅容觀聽羅什忽下高坐謂興曰有二小兒登吾肩欲鄣須婦人興乃召宮女進之一交而生二子焉興嘗謂羅什曰大師聰明超悟天下莫二何可使法種少嗣遂以伎女十人逼令受之爾後不住僧坊別立解舍諸僧多效之什乃聚針盈鉢引諸僧謂之曰若能見效食此者乃可畜室耳因舉匕進針與常食不別諸僧愧服乃止杯渡比丘在彭城聞羅什在長安乃歎曰吾與此子戲別三

百餘年相見杳然未期遲有遇於來生耳羅什未終少日覺四大不愈乃口出三番神呪令外國弟子誦之以自救未及致力轉覺危殆於是力疾與衆僧告別曰因法相遇殊失盡心方復後世惻愴何言死於長安姚興於逍遙園依外國法以火焚尸薪滅形碎惟舌不爛

沙門曇霍者不知何許人也禿髮傉檀時從河南來持一錫杖令人跪曰此是波若眼奉之可以得道時人咸異之或遺以衣服受而投之於河後日以還其本主衣无所汙行步如風雲言人死生貴賤无毫氂之差人或藏其錫杖曇霍大哭數聲閉目須臾起而取之咸奇其神異莫能測也每謂傉檀曰若能安坐无爲則天下可定祚胤克昌如其窮兵好殺禍將及己傉檀不能從傉檀女病甚請救療曇霍曰人之生死自有定期聖人亦不能轉禍爲福曇霍安能延命邪正可知早晚耳傉檀固請之時後宮門閉曇霍曰急開後門及開門則生

不及則死傳檀命開之不及而死後兵亂不知所在也

臺產字國儁上洛人漢侍中崇之後也少專京氏易善圖讖祕緯天文洛書風角星筭六日六分之學尤善望氣占候推步之術隱居商洛南山兼善經學汎情教授不交當世劉曜時災異特甚命公卿各舉博識直言之士一人其大司空劉均舉產曜親臨東堂遣中黃門策問之產極言其故曜覽而嘉之引見訪以政事產流涕歔欷具陳災變之禍政化之闕辭甚懇至曜改容禮之署爲博士祭酒諫議大夫領太史令至明年而其言皆驗曜彌重之轉太中大夫歲中三遷歷位尚書光祿大夫太子少師位特進金章紫綬爵關中侯

史臣曰陳戴等諸子並該洽墳典研精數術究推步之幽微窮陰陽之祕奧雖前代京管何以加之郭黁知有晉之亡姚去姚以歸晉追兵奄及致斃中塗斯則遠見秋毫不能近知目睫澄什爰自遐裔來游諸夏什既兆見星象澄乃驅役鬼神並通幽洞冥垂文闡教諒見珍於道藝非取貴於他山姚石奉之若神良有以也鮑吳王幸等或假靈道訣或受教神方遂能厭勝禳災隱文彰義雖獲譏於妖妄頗有益於世用者焉然而碩學通人未宜枉轡

贊曰傳叙災祥書稱龜筮應如影響叶若符契怪力亂神詭時惑世崇尚弗已必致流弊

列傳第六十五　晉書九十五

列傳第六十六　晉書九十六　御撰

烈女

羊耽妻辛氏　杜有道妻嚴氏　王渾妻鍾氏
鄭袤妻曹氏　愍懷太子妃王氏　鄭休妻石氏
陶侃母湛氏　賈渾妻宗氏　梁緯妻辛氏
許延妻杜氏　虞潭母孫氏　周顗母李氏
張茂妻陸氏　尹虞二女　荀崧小女灌
王凝之妻謝氏　劉臻妻陳氏　皮京妻龍氏
孟昶妻周氏　何无忌母劉氏　劉聰妻劉氏
王廣女　陝婦人　靳康女
韋逞母宋氏　張天錫妾閻氏薛氏
苻堅妾張氏　竇滔妻蘇氏　苻登妻毛氏
慕容垂妻段氏　段豐妻慕容氏　呂纂妻楊氏
涼武昭王李玄盛后尹氏

夫三才分位室家之道克隆二族交歡貞烈之風斯著振高情而獨秀魯冊於是飛華挺峻節而孤標周篇於焉騰茂徽烈兼劭柔順无愆隔代相望諒非一緒然則虞興嬀汭夏盛塗山有娀有㜪廣隆殷之業大妊大姒衍昌姬之化馬鄧恭儉漢朝推德宣昭懿淑魏代揚芬斯皆禮極中闈義殊月室者矣至若恭姜誓節孟母求仁華率傳而經齊樊授規而霸楚譏文伯於奉劍讓子發於分菽少君之從約禮孟光之符隱志既昭婦則且擅母儀子政緝之於前元凱編之於後具宣閨範有裨陰訓故上從泰始下迄恭安一操可稱一藝可紀咸加撰錄爲之傳云或位極后妃或事因夫子各隨本傳今所不錄在諸僞國暫阻王猷天下之善足以懲勸亦同搜次附于篇末

羊耽妻辛氏字憲英隴西人魏侍中毗之女也聰朗有才鑒初魏文帝得立爲太子抱毗項謂之曰辛君知我喜不毗以告憲英憲英歎曰太子代君主宗廟社稷者也代君不可以不戚主國不可以

不懼宜戚而喜何以能久魏其不昌乎弟敞爲大將軍曹爽參軍宣帝將誅爽因其從魏帝出而閉城門爽司馬魯芝率府兵斬關赴爽呼敞同去敞懼問憲英曰天子在外太傅閉城門人云將不利國家於事可得爾乎憲英曰事有不可知然以吾度之太傅殆不得不爾明皇帝臨崩把太傅臂屬以後事此言猶在朝士之耳且曹爽與太傅俱受寄託之任而獨專權勢於王室不忠於人道不直此舉不過以誅爽耳敞曰然則敞无出乎憲英曰安可以不出職守人之大義也凡人在難猶或恤之爲人執鞭而棄其事不祥也且爲人任爲人死親昵之職也汝從衆而已敞遂出宣帝果誅爽事定後敞嘆曰吾不謀於姊幾不獲於義其後鍾會爲鎮西將軍憲英謂從子祜曰鍾士季何故西出祜曰將爲滅蜀也憲英曰會在事縱恣非特久處下之道吾畏其有他志也及會將行請其子琇爲參軍憲英憂曰他日吾爲國憂今日難至吾家矣琇固請於文帝帝不聽憲英謂琇曰行矣戒之古之君子入則致孝於親出則致節於國在職思其所司在義思其所立不遺父母憂患而已軍旅之間可以濟者其惟仁恕乎會至蜀果反琇竟以全歸祜嘗送錦被憲英嫌其華反而覆之其明鑒儉約如此泰始五年卒年七十九

杜有道妻嚴氏字憲京兆人也貞淑有識量年十三適于杜氏十八而嫠居子植女韡並孤藐憲雖少誓不改節撫育二子教以禮度植遂顯名於時韡亦有淑德傅玄求爲繼室憲便許之時玄與何晏鄧颺不穆晏等每欲害之時人莫肯共婚及憲許玄內外以爲憂懼或曰何鄧執權必爲玄害亦由排山壓卵以湯沃雪耳奈何與之爲親憲曰爾知其一不知其他晏等驕侈必當自敗司馬太傅獸睡耳吾恐卵破雪銷行自有在遂與玄爲婚晏等尋亦爲宣帝所誅植後爲南安太守植從兄預爲秦州刺史被誣徵還憲與預書戒之曰諺云忍辱至三公卿今可謂辱矣能忍之公是卿坐預後果爲儀同三司玄前妻子咸年六歲嘗隨其繼母省憲謂咸曰汝千里駒也必當遠至以其妹之女妻之咸後亦有名於海內其知人之鑒如此年六十六卒

王渾妻鍾氏字琰潁川人魏太傅繇曾孫也父徽黃門郎琰數歲能屬文及長聰慧弘雅博覽記籍美容止善嘯詠禮儀法度爲中表所則既適渾生濟渾嘗共琰坐濟趨庭而過渾欣然曰生子如此足慰人心琰笑曰若使新婦得配參軍生子故不翅如此參軍謂渾中弟淪也琰女亦有才淑爲求賢夫時有兵家子甚俊濟欲妻之白琰琰曰要令我見之濟令此兵與羣小雜處琰自幃中察之既而謂濟曰緋衣者非汝所拔乎濟曰是琰曰此人才足拔萃然地寒壽促不足展其器用不可與婚遂止其人數年果亡琰明鑒遠識皆此類也渾弟湛妻郝氏亦有德行琰雖貴門與郝雅相親重郝不以賤下琰琰不以貴陵郝時人稱鍾夫人之禮郝夫人之法云

鄭袤妻曹氏魯國薛人也袤先娶孫氏早亡娉之爲繼室事舅姑甚孝躬紡績之勤以充奉養至於叔妹羣娣之間盡其禮節咸得歡心及袤爲司空其子默等又顯朝列時人稱其榮貴曹氏深懼盛滿每默等升進輒憂之形於聲色然食无重味服浣濯之衣袤等所獲祿秩曹氏必班散親姻務令周給家无餘貲初孫氏瘞於黎陽及袤薨議者以久喪難舉欲不合葬曹氏曰孫氏元妃理當從葬不可使孤魂无所依邪於是備吉凶導從之儀以迎之具衣衾几筵親執鴈行之禮聞者莫不歎息以爲趙姬之下叔隗不足稱也太康元年卒年八十三

愍懷太子妃王氏太尉衍女也字惠風貞婉有志節太子既廢居于金墉衍請絕婚惠風號哭而歸行路爲之流涕及劉曜陷洛陽以惠風賜其將喬屬屬將妻之惠風拔劍距屬曰吾太尉公女皇太子妃義不爲逆胡所辱屬遂害之

鄭休妻石氏不知何許人也少有德操年十餘歲鄉邑稱之既歸鄭氏爲九族所重休前妻女既幼又休父布臨終有庶子沉生命棄之石氏曰奈何使舅之胤不存乎遂養沉及前妻女力不兼舉九年之中三不舉子

陶侃母湛氏豫章新淦人也初侃父丹娉爲妾生侃而陶氏貧賤湛氏

每紡績資給之使交結勝己侃少爲尋陽縣吏嘗監魚梁以一坩鮓遺母湛氏封鮓及書責侃曰爾爲吏以官物遺我非唯不能益吾乃以增吾憂矣鄱陽孝廉范逵寓宿於侃時大雪湛氏乃撤所卧新薦自剉給其馬又密截髪賣與鄰人供肴饌逵聞之歎息曰非此母不生此子侃竟以功名顯

賈渾妻宗氏不知何許人也渾爲介休令被劉元海將喬晞攻破死之宗氏有姿色晞欲納之宗氏罵曰屠販奴豈有害人之夫而欲加无禮於爾安乎何不促殺我因仰天大哭晞遂害之時年二十餘

梁緯妻辛氏隴西狄道人也緯爲散騎常侍西都陷没爲劉曜所害辛氏有殊色曜將妻之辛氏據地大哭仰謂曜曰妾聞男以義烈女不再醮妾夫已死理无獨全且婦人再辱明公亦安用哉乞即就死下事舅姑遂號哭不止曜曰貞婦也任之乃自縊而死曜以禮葬之

許延妻杜氏不知何許人也延爲益州別駕爲李驤所害驤欲納杜氏爲妻杜氏號哭守夫尸罵驤曰汝輩逆賊无道死有先後寧當久活我

杜家女豈爲賊妻也驤怒遂害之

虞潭母孫氏吳郡富春人孫權族孫女也初適潭父忠恭順貞和甚有婦德及忠亡遺孤藐爾孫氏雖少誓不改節躬自抚養劬勞備至性聰敏識鑒過人潭始自幼童便訓以忠義故得聲望允洽爲朝廷所稱永嘉末潭爲南康太守值杜弢構逆率衆討之孫氏勉潭以必死之義俱傾其資產以餽戰士潭遂剋捷及蘇峻作亂潭時守吳興又假節征峻孫氏戒之曰吾聞忠臣出孝子之門汝當捨生取義勿以吾老爲累也仍盡發其家僮令隨潭助戰貿其所服環珮以爲軍資于時會稽內史王舒遣子允之爲督護孫氏又謂潭曰王府君遣兒征汝何爲獨不潭即以子楚爲督護與允之合勢其憂國之誠如此拜武昌侯太夫人加金章紫綬潭立養堂於家王導以下皆就拜謁咸和末卒年九十五成帝遣使弔祭謚曰定夫人

周顗母李氏字絡秀汝南人也少時在室顗父浚爲安東將軍時嘗出獵遇雨過止絡秀之家會其父兄不在絡秀聞浚至與一婢於內宰豬羊具數十人之饌甚精辦而不聞人聲浚怪使覘之獨見一女子甚美浚因求爲妾其父兄不許絡秀曰門户殄瘁何惜一女若連姻貴族將來庶有大益矣父兄許之遂生顗及嵩謨而顗等既長絡秀謂之曰我屈節爲汝家作妾門户計耳汝不與我家爲親親者吾亦何惜餘年顗等從命由此李氏遂得爲方雅之族中興時顗等並列顯位嘗冬至置酒絡秀舉觴賜三子曰吾本度江託足无所不謂爾等並貴列吾目前吾復何憂嵩起曰恐不如尊旨伯仁志大而才短名重而識闇好乘人之弊此非自全之道嵩性抗直亦不容於世唯阿奴碌碌當在阿母目下耳阿奴謨小字也後果如其言

張茂妻陸氏吳郡人也茂爲吳郡太守被沈充所害陸氏傾家產率茂部曲爲先登以討充充敗陸詣闕上書爲茂謝不尅之責詔曰茂夫妻忠誠舉門義烈宜追贈茂太僕

尹虞二女長沙人也虞前任始興太守起兵討杜弢戰敗二女爲弢所獲並有國色弢將妻之女曰我父二千石終不能爲賊婦有死而

已弢並害之

荀崧小女灌幼有奇節崧爲襄城太守爲杜曾所圍力弱食盡欲求救於故吏平南將軍石覽計无從出灌時年十三乃率勇士數十人踰城突圍夜出賊追甚急灌督厲將士且戰且前得入魯陽山獲免自詣覽乞師又爲崧書與南中郎將周訪請援仍結爲兄弟訪即遣子抚率三千人會石覽俱救崧賊聞兵至散走灌之力也

王凝之妻謝氏字道韞安西將軍奕之女也聰識有才辯叔父安嘗問毛詩何句最佳道韞稱吉甫作頌穆如清風仲山甫永懷以慰其心安謂有雅人深致又嘗內集俄而雪驟下安曰何所似也安兄子朗曰散鹽空中差可擬道韞曰未若柳絮因風起安大悅初適凝之還甚不樂安曰王郎逸少子不惡汝何恨也答曰一門叔父則有阿大中郎群從兄弟則有封胡羯末不意天壤之中乃有王郎封謂謝韶胡謂謝朗羯謂謝玄末謂謝淵皆其小字也又嘗譏玄學植不進曰爲塵務經心爲天分有限邪凝之弟獻之嘗與賓客談議詞理將屈道韞

遣婢白獻之曰欲爲小郎解圍乃施青綾步鄣自蔽申獻之前議客不能屈及遭孫恩之難舉厝自若既聞夫及諸子已爲賊所害方命婢肩輿抽刃出門亂兵稍至手殺數人乃被虜其外孫劉濤時年數歲賊又欲害之道韞曰事在王門何關他族必其如此寧先見殺恩雖毒虐爲之改容乃不害濤自爾嫠居會稽家中莫不嚴肅太守劉柳聞其名請與談議道韞素知柳名亦不自阻乃簪髻素褥坐於帳中柳束脩整帶造于別榻道韞風韻高邁敘致清雅先及家事慷慨流漣徐酬問旨詞理无滯柳退而歎曰實頃所未見瞻察言氣使人心形俱服道韞亦云親從凋亡始遇此士聽其所問殊開人胸府初同郡張玄妹亦有才質適於顧氏玄每稱之以敵道韞有濟尼者游於二家或問之濟尼答曰王夫人神情散朗故有林下風氣顧家婦清心玉映自是閨房之秀道韞所著詩賦誄頌並傳於世

劉臻妻陳氏者亦聰辯能屬文嘗正旦獻椒花頌其詞曰旋穹周迴三朝肇建青陽散輝澄景載煥標美靈葩爰採爰獻聖容映之永壽於萬又撰元日及冬至進見之儀行於世

皮京妻龍氏字憐西道縣人也年十三適京未逾年而京卒京二弟亦相次而隕既无胤嗣又无期功之親憐貨其嫁時資裝躬自紡織數年間三喪俱舉葬斂畢每時享祭无闕州里聞其賢屢有娉者憐誓不改醮守節窮居五十餘載而卒

孟昶妻周氏昶弟顗妻又其從妹也二家並豐財產初桓玄常推重昶而劉邁毀之昶知深自惋失及劉裕將建義與昶定謀昶欲盡散財物以供軍糧其妻非常婦人可語以大事乃謂之曰劉邁毀我於桓公便是一生淪陷決當作賊卿幸可早爾離絕脫得富貴相迎不晚也周氏曰君父母在堂欲建非常之謀豈婦人所諫事之不成當於奚官中奉養大家義无歸志也昶愴然久之而起周氏追昶坐云觀君舉厝非謀及婦人者不過欲得財物耳時其所生女在抱推而示之曰此而可賣亦當不惜況資財乎遂傾資產以給之而託以他用及事之將舉周氏謂顗妻云昨一夢殊不好門內宜浣濯沐浴以除之且不宜赤色我當悉取作七日藏厭顗妻信之所有絳色者悉斂以付焉乃置帳潛自剔綿以絳與昶遂得數十人被服赫然悉周氏所出而家人不之知也

何无忌母劉氏征虜將軍建之女也少有志節弟牢之爲桓玄所害劉氏每銜之常思報復及无忌與劉裕謀而劉氏察其舉厝有異喜而不言會无忌夜於屏風裏制檄文劉氏潛以器覆燭徐登梯於屏風上窺之既知泣而撫之曰我不如東海呂母明矣既孤其誠常恐壽促汝能如此吾讎耻雪矣因問其同謀知事在裕彌喜乃說桓玄必敗義師必成之理以勸勉之後果如其言

劉聰妻劉氏名娥字麗華僞太保殷女也幼而聰慧晝營女工夜誦書籍傅母恒止之娥敦習彌厲每與諸兄論經義理趣超遠諸兄深以歎伏性孝友善風儀進止聰既僭位召爲右貴嬪甚寵之俄拜爲后將起䳨儀殿以居之其廷尉陳元達切諫聰大怒將斬之娥時在後堂私勑左右停刑手疏啓曰伏聞將爲妾營殿今昭德足居䳨儀非急四海未一禍難猶繁動須人力資財尤宜慎之廷尉之言國家大政夫忠臣之諫豈爲身哉帝王距之亦非顧身也妾仰謂陛下上尋明君納諫之昌下忿闇主距諫之禍宜賞廷尉以美爵酬廷尉以列土如何不惟不納而反欲誅之陛下此怒由妾而起廷尉之禍由妾而招人怨國疲咎歸於妾距諫害忠亦妾之由自古敗國喪家未始不由婦人者也妾每覽古事忿之忘食何意今日妾自爲之後人之觀妾亦猶妾之視前人也復何面目仰侍巾櫛請歸死此堂以塞陛下誤惑之過聰覽之色變謂其羣下曰朕比得風疾喜怒過常元達忠臣朕甚愧之以娥表示元達曰外輔如公內輔如此后朕无憂矣及娥死僞謚武宣皇后其姊英字麗芳亦聰敏涉學而文詞機辯曉達政事過於娥初與娥同召拜左貴嬪尋卒僞追謚武德皇后

王廣女者不知何許人也容質甚美慷慨有丈夫之節廣仕劉聰爲西揚州刺史蠻帥梅芳攻陷揚州而廣被殺王時年十五芳納之俄於闇室擊芳不中芳驚起曰何故反邪王罵曰蠻畜我欲誅反賊可謂反乎

吾聞父仇不同天母仇不同地汝反逆无狀害人父母而復以无禮陵人吾所以不死者欲誅汝耳今死自吾分不待汝殺但恨不得梟汝首於通逵以塞大恥辭氣猛厲言終乃自殺芳止之不可

陝婦人不知姓氏年十九劉曜時嫠居陝縣事叔姑甚謹其家欲嫁之此婦毀面自誓後叔姑病死其叔姑有女在夫家先從此婦乞假不得因而誣殺其母有司不能察而誅之時有羣鳥悲鳴尸上其聲甚哀盛夏暴尸十日不腐亦不爲虫獸所敗其境乃經歲不雨曜遣呼延謨爲太守既知其寃乃斬此女設少牢以祭其墓謚曰孝烈貞婦其日大雨

靳康女者不知何許人也美姿容有志操劉曜之誅靳氏將納靳女爲妻靳曰陛下既滅其父母兄弟復何用妾爲妾聞逆人之誅也尚汙宮伐樹而況其子女乎因號泣請死曜哀之免康一子

韋逞母宋氏不知何郡人也家世以儒學稱宋氏幼喪母其父躬自養之及長授以周官音義謂之曰吾家世學周官傳業相繼此又周公所制經紀典誥百官品物備於此矣吾今无男可傳汝可受之勿令絕世屬天下喪亂宋氏諷誦不輟其後爲石季龍徙之於山東宋氏與夫在徙中推鹿車背負父所授書到冀州依膠東富人程安壽壽養護之逞時年少宋氏晝則樵採夜則教逞然紡績无廢壽每歎曰學家多士大夫得无是乎逞遂學成名立仕苻堅爲太常堅嘗幸其太學問博士經典乃憫禮樂遺闕時博士盧壼對曰廢學既久書傳零落比年綴撰正經粗集唯周官禮注未有其師竊見太常韋逞母宋氏世學家女傳其父業得周官音義今年八十視聽无闕自非此母无可以傳授後生於是就宋氏家立講堂置生員百二十人隔絳紗幔而受業號宋氏爲宣文君賜侍婢十人周官學復行於世時稱韋氏宋母焉

張天錫妾閻氏薛氏並不知何許人也咸有寵於天錫天錫寢疾謂之曰汝二人將何以報我吾死後豈可爲人妻乎皆曰尊若不諱妾請效死供灑掃地下誓无他志及其疾篤二姬皆自刎天錫疾瘳追悼之以夫人禮葬焉

苻堅妾張氏不知何許人明辯有才識堅將入冦江左羣臣切諫不從張氏進曰妾聞天地之生萬物聖王之馭天下莫不順其性而暢之故黃帝服牛乘馬因其性也禹鑿龍門決洪河因水之勢也后稷之播殖百穀因地之氣也湯武之滅夏商因人之欲也是以有因成无因敗今朝臣上下皆言不可陛下復何所因也書曰天聰明自我民聰明天猶若此況于人主乎妾聞人君有伐國之志者必上觀乾象下採衆祥天道崇遠非妾所知以人事言之未見其可諺言雞夜鳴者不利行師犬羣嘷者宮室必空兵動馬驚軍敗不歸秋冬已來每夜羣犬大嘷衆雞夜鳴廐馬驚逸武庫兵器有聲吉凶之理誠非微妾所論願陛下詳而思之堅曰軍旅之事非婦人所豫也遂興兵張氏請從堅果大敗於壽春張氏乃自殺

竇滔妻蘇氏始平人也名蕙字若蘭善屬文滔苻堅時爲秦州刺史被徙流沙蘇氏思之織錦爲廻文旋圖詩以贈滔宛轉循環以讀之詞甚悽惋凡八百四十字文多不錄

苻登妻毛氏不知何許人壯勇善騎射登爲姚萇所襲營壘既陷毛氏猶彎弓跨馬率壯士數百人與萇交戰殺傷甚衆衆寡不敵爲萇所執萇欲納之毛氏罵曰吾天子后豈爲賊羌所辱何不速殺我因仰天大哭曰姚萇无道前害天子今辱皇后皇天后土寧不鑒照萇怒殺之

慕容垂妻段氏字元妃偽右光祿大夫儀之女也少而婉慧有志操常謂妹季妃曰我終不作凡人妻季妃亦曰妹亦不爲庸夫婦鄰人聞而笑之垂之稱燕王納元妃爲繼室遂有殊寵偽范陽王德亦娉季妃焉姊妹俱爲垂德之妻卒如其志垂既僭位拜爲皇后垂立其子寶爲太子也元妃謂垂曰太子姿質雍容柔而不斷承平則爲仁明之主處難則非濟世之雄陛下託之以大業妾未見克昌之美遼西高陽二王陛下兒之賢者宜擇一以樹之趙王麟奸詐負氣常有輕太子之心陛下一旦不諱必有難作此陛下之家事宜深圖之垂不納寶及麟聞之深以爲恨其後元妃又言之垂曰汝欲使我爲晉獻公乎元妃泣而退告季妃曰太子不令羣下所知而主上比吾爲驪戎之女何其苦哉主上百年之

後太子必亡社稷范陽王有非常器度若燕祚未終其在王乎垂死寶
嗣僞位遣麟逼元妃曰后常謂主上不能嗣守大統今竟何如宜早自裁
以全段氏元妃怒曰汝兄弟尚逼殺母安能保守社稷吾豈惜死念國滅
不久耳遂自殺寶議以元妃謀廢嫡統无母后之道不宜成喪羣下咸
以爲然僞中書令眭邃大言於朝曰子无廢母之義漢之安思閻后親
廢順帝猶配饗安皇先后言虛實尚未可知宜依閻后故事寶從之其
後麟果作亂寶亦被殺德復僭稱尊號終如元妃之言
段豐妻慕容氏德之女也有才慧善書史能鼓琴德既僭位署爲平
原公主年十四適於豐豐爲人所譖被殺慕容氏寡歸將改適僞壽光
公餘熾慕容氏謂侍婢曰我聞忠臣不事二君貞女不更二夫段氏既遭
无辜已不能同死豈復有心於重行哉今主上不顧禮義嫁我若不從
則違嚴君之命矣於是尅日交禮慕容氏姿容婉麗服飾光華熾覩之
甚喜經再宿慕容氏僞辭以疾熾亦不之逼三日還第沐浴置酒言笑
自若至夕密書其裙帶云死後當埋我於段氏墓側若魂魄有知當歸彼

矣遂於浴室自縊而死及葬男女觀者數萬人莫不歎息曰貞哉公主
路經餘熾宅前熾聞挽歌之聲慟絕良久
呂纂妻楊氏弘農人也美艷有義烈纂被呂超所殺楊氏與侍婢十數
人殯纂於城西將出宮超慮齎珍物出外使人搜之楊氏厲聲責超曰
爾兄弟不能和睦手刃相屠我旦夕死人何用金寶超慚而退又問楊
氏玉璽所在楊氏怒曰盡毀之矣超將妻之謂其父桓曰后若自殺禍
及卿宗桓以告楊氏楊氏曰大人本賣女與呂以圖富貴一之已甚其可
再乎乃自殺是時呂紹妻張氏亦有操行年十四紹死便請爲尼呂隆
見而悅之欲穢其行張氏曰欽樂至道誓不受辱遂昇樓自投於地二
脛俱折口誦佛經俄然而死
涼武昭王李玄盛后尹氏天水冀人也幼好學清辯有志節初適扶風
馬元正元正卒爲玄盛繼室以再醮之故三年不言撫前妻子踰於己
生玄盛之創業也謨謀經略多所毗贊故西州諺曰李尹王敦煌及玄
盛薨子士業嗣位尊爲太后士業將攻沮渠蒙遜尹氏謂士業曰汝新
造之國地狹人稀靖以守之猶懼其失云何輕舉闚冀非望蒙遜驍
武善用兵汝非其敵吾觀其數年已來有并兼之志且天時人事似
欲歸之今國雖小足以爲政知足不辱道家明誡也且先王臨薨遺令
殷勤志令汝曹深慎兵戰俟時而動言猶在耳奈何忘之不如勉修德
政蓄力以觀之彼若淫暴人將歸汝汝苟德之不建事之无日矣汝此
行也非唯師敗國亦將亡士業不從果爲蒙遜所滅尹氏至姑臧蒙遜
引見勞之對曰李氏爲胡所滅知復何言或諫之曰母子命懸人手奈
何倨傲且國敗子孫屠滅何獨无悲尹氏曰興滅死生理之大分何爲同
凡人之事起兒女之悲吾一婦人不能死亡豈憚斧鉞之禍求爲臣妾乎
若殺我者吾之願矣蒙遜嘉之不誅爲子茂虔娉其女爲妻及魏氏以
武威公主妻茂虔尹氏及女遷居酒泉既而女卒撫之不哭曰汝死晚矣
沮渠无諱時鎮酒泉每謂尹氏曰后諸孫在伊吾后能去不尹氏未測
其言答曰子孫流漂托身醜虜老年餘命當死於此不能作氈裘鬼也
俄而潛奔伊吾无諱遣騎追及之尹氏謂使者曰沮渠酒泉許我歸北

何故來追汝可斬吾首歸終不迴矣使者不敢逼而還年七十五卒于
伊吾
史臣曰夫繁霜降節彰勁心於後凋橫流在辰表貞期於上德匪伊
君子抑亦婦人焉自晉政陵夷罕樹風檢虧閑爽操相趨成俗荐之以劉
石汩之以苻姚三月歌胡唯見爭新之飾一朝辭漢曾微戀舊之情馳
騖風埃脫落名教頹縱忘反於茲爲極至若惠風之數喬屬道韞之
對孫恩荀女釋急於重圍張妻報怨於強冦僭登之后蹈死不迴僞纂
之妃捐生匪吝宗辛抗情而致夭王靳守節而就終斯皆冥踐義途
匪因教至聳清漢之喬葉有裕徽音振幽谷之貞蕤无慙雅引比夫懸
梁靡顧齒劍如歸異日齊風可以激揚千載矣
贊曰從容陰禮婉娩柔則載循六行爰昭四德操潔風霜譽流邦國
彤管貽訓清芬靡忒

列傳第六十六　晉書九十六

四夷

夫恢恢乾德萬類之所資始蕩蕩坤儀九區之所均載考羲軒於往統肇承天而理物訊炎昊於前辟爰制地而疏疆襲冠帶以辨諸華限要荒以殊遐裔區分中外其來尚矣九夷八狄被青野而亘玄方七戎六蠻緜西宇而横南極繁種落異君長遇有道則時遵聲教鍾无妄則爭肆虔劉趨扇風塵蓋其常性也詳求遐議歷選深謨莫不待以羈縻防其猾夏武帝受終衰魏廓境全吳威略既申招攜斯廣迷亂華之議矜來遠之名抚舊懷新歲時无怠凡四夷入貢者有二十三國既而惠皇失德中宗還播凶徒分據天邑傾淪朝化所覃江外而已賝貢之禮於茲殆絶殊風異俗所未能詳故採其可知者爲之傳云北狄竊號中壤備于載記在其諸部種類今略書之

夫餘國在玄菟北千餘里南接鮮卑北有弱水地方二千里户八萬有城邑宮室地宜五穀其人强勇會同揖讓之儀有似中國其出使乃衣錦罽以金銀飾腰其法殺人者死没入其家盜者一責十二男女淫婦人妬皆殺之若有軍事殺牛祭天以其蹄占吉凶蹄解者爲凶合者爲吉死者以生人殉葬有槨无棺其居喪男女皆衣純白婦人著布面衣去玉佩出善馬及貂豽美珠珠大如酸棗其國殷富自先世以來未嘗被破其王印文稱穢王之印國中有古穢城本穢貊之城也武帝時頻來朝貢至太康六年爲慕容廆所襲破其王依慮自殺子弟走保沃沮帝爲下詔曰夫餘王世守忠孝爲惡虜所滅甚愍念之若其遺類足以復國者當爲之方計使得存立有司奏護東夷校尉鮮于嬰不救夫餘失於機略詔免嬰以何龕代之明年夫餘後王依羅遣詣龕求率見人還復舊國仍請援龕上列遣督郵賈沈以兵送之廆又要之於路沈與戰大敗之廆衆退羅得復國耳後每爲廆掠其種人賣於中國帝愍之又發詔以官物贖還下司冀二州禁市夫餘之口

韓種有三一曰馬韓二曰辰韓三曰弁韓辰韓在帶方南東西以海爲限馬韓居山海之間无城郭凡有小國五十六所大者萬户小者數千家各有渠帥俗少綱紀无跪拜之禮居處作土室形如冢其户向上舉家共在其中无長幼男女之別不知乘牛馬畜者但以送葬俗不重金銀錦罽而貴瓔珠用以綴衣或飾髮垂耳其男子科頭露紒衣布袍履草蹻性勇悍國中有所調役及起築城隍年少勇健者皆鑿其背皮貫以大繩以杖搖繩終日讙呼力作不以爲痛善用弓楯矛櫓雖有爭攻戰而貴相屈服俗信鬼神常以五月耕種畢羣聚歌舞以祭神至十月農事畢亦如之國邑各立一人主祭天神謂爲天君又置別邑名曰蘇塗立大木懸鈴鼓其蘇塗之義有似西域浮屠也而所行善惡有異武帝太康元年二年其主頻遣使入貢方物七年八年十年又頻至太熙元年詣東夷校尉何龕上獻咸寧三年復來明年又請内附

辰韓在馬韓之東自言秦之亡人避役入韓韓割東界以居之立城柵言語有類秦人由是或謂之爲秦韓初有六國後稍分爲十二又有弁辰亦十二國合四五萬户各有渠帥皆屬於辰韓辰韓常用馬韓人作主雖世世相承而不得自立明其流移之人故爲馬韓所制也地宜五穀俗饒蠶桑善作縑布服牛乘馬其風俗可類馬韓兵器亦與之同初生子便以石押其頭使扁喜舞善彈瑟瑟形似筑武帝太康元年其王遣使獻方物二年復來朝貢七年又來

肅慎氏一名挹婁在不咸山北去夫餘可六十日行東濱大海西接寇漫汗國北極弱水其土界廣袤數千里居深山窮谷其路險阻車馬不通夏則巢居冬則穴處父子世爲君長无文墨以言語爲約有馬不乘但以爲財產而已无牛羊多畜猪食其

肉衣其皮績毛以爲布有樹名雒常若中國有聖帝代立則其木生皮可衣无井竈作瓦鬲受四五升以食坐則箕踞以足挾肉而啖之得凍肉坐其上令煖土无鹽鐵燒木作灰灌取汁而食之俗皆編髮以布作襜徑尺餘以蔽前後將嫁娶男以毛羽插女頭女和則持歸然後致禮聘之婦貞而女淫貴壯而賤老死者其日即葬之於野交木作小椁殺豬積其上以爲死者之糧性凶悍以无憂哀相尚父母死男子不哭泣哭者謂之不壯相盜竊无多少皆殺之故雖野處而不相犯有石砮皮骨之甲檀弓三尺五寸楛矢長尺有咫其國東北有山出石其利入鐵將取之必先祈神周武王時獻其楛矢石砮逮於周公輔成王復遣使入賀爾後千餘年雖秦漢之盛莫之致也及文帝作相魏景元末來貢楛矢石砮弓甲貂皮之屬魏帝詔歸于相府賜其王褥鷄錦罽緜帛至武帝元康初復來貢獻元帝中興又詣江左貢其石砮至成帝時通貢於石季龍問之答曰每候牛馬向西南眠者三年矣是知有大國所在故來云

倭人在帶方東南大海中依山島爲國地多山林无良田食海物舊有百餘小國相接至魏時有三十國通好户有七萬男子无大小悉黥面文身自謂太伯之後又言上古使詣中國皆自稱大夫昔夏少康之子封于會稽斷髮文身以避蛟龍之害今倭人好沉没取魚亦文身以厭水禽計其道里當會稽東冶之東其男子衣以横幅但結束相連略无縫綴婦人衣如單被穿其中央以貫頭而被髮徒跣其地温暖俗種禾稻紵麻而蠶桑織績土无牛馬有刀楯弓箭以鐵爲鏃有屋宇父母兄弟卧息異處食飲用俎豆嫁娶不持錢帛以衣迎之死有棺无椁封土爲冢初喪哭泣不食肉已葬舉家入水澡浴自潔以除不祥其舉大事輒灼骨以占吉凶不知正歲四節但計秋收之時以爲年紀人多壽百年或八九十國多婦女不淫不妬无爭訟犯輕罪者没其妻孥重者族滅其家舊以男子爲主漢末倭人亂攻伐不定乃立女子爲王名曰卑彌呼宣帝之平公孫氏也其女王遣使至帶方朝見其後貢聘不絶及文帝作相又數至泰始初遣使重譯入貢

裨離國在肅慎西北馬行可二百日領户二萬養雲國去裨離馬行又五十日領户二萬寇莫汗國去養雲國又百日行領户五萬餘一羣國去莫汗又百五十日計去肅慎五萬餘里其風俗土壤並未詳泰始三年各遣小部獻其方物至太熙初復有牟奴國帥逸芝惟離模盧國帥沙支臣芝于離末利國帥加牟臣芝蒲都國帥因末繩余國帥馬路沙樓國帥釤加各遣正副使詣東夷校尉何龕歸化

吐谷渾慕容廆之庶長兄也其父涉歸分部落一千七百家以隸之及涉歸卒廆嗣位而二部馬鬬廆怒曰先公分建有别奈何不相遠離而令馬鬬吐谷渾曰馬爲畜耳鬬其常性何怒於人乖别甚異當去汝於萬里之外矣於是遂行廆悔之

遣其長史史那樓馮及父時耆舊追還之吐谷渾曰先公稱卜筮之言當有二子克昌祚流後裔我卑庶也理无並大今因馬而别殆天所啓乎諸君試驅馬令東馬若還東我當相隨去矣樓馮遣從者二千騎擁馬東出數百步輒悲鳴西走如是者十餘輩樓馮跪而言曰此非人事也遂止鮮卑謂兄爲阿干廆追思之作阿干之歌歲暮窮思常歌之吐谷渾謂其部落曰我兄弟俱當享國廆及曾玄纔百餘年耳我玄孫已後庶其昌乎於是乃西附陰山屬永嘉之亂始度隴而西其後子孫據有西零已西甘松之界極乎白蘭數千里然有城郭而不居隨逐水草廬帳爲屋以肉酪爲粮其官置長史司馬將軍頗識文字其男子通服長裙帽或戴羃䍦婦人以金花爲首飾辮髮縈後綴以珠貝其婚姻富家厚出娉財竊女而去父卒妻其羣母兄亡妻其諸嫂喪服制葬訖而除國无常税調用不給輒斂富室商人取足而止殺人及盜馬者罪至死他犯則徵

物以贖地宜大麥而多蔓菁頗有菽粟出蜀馬犛牛西北雜種謂之爲阿柴虜或號爲野虜焉吐谷渾年七十二卒有子六十人長曰吐延嗣

吐延身長七尺八寸雄姿魁傑羌虜憚之號曰項羽性俶儻不羣嘗慷慨謂其下曰大丈夫生不在中國當高光之世與韓彭吳鄧並驅中原定天下雌雄使名垂竹帛而潛竄窮山隔在殊俗不聞禮教於上京不得策名於天府生與麋鹿同羣死作氊裘之鬼雖偷觀日月獨不愧於心乎性酷忍而負其智不能恤下爲羌酋姜聰所刺劍猶在其身謂其將紇拔泥曰豎子刺吾吾之過也上負先公下愧士女所以控制諸羌者以吾故也吾死之後善相葉延速保白蘭言終而卒在位十三年有子十二人長子葉延嗣

葉延年十歲其父爲羌酋姜聰所害每旦縛草爲姜聰之象哭而射之中之則號泣不中則瞋目大呼其母謂曰姜聰諸將已屠鱠之矣汝何爲如此葉延泣曰誠知射草人不益于先讐以申罔極之志耳性至孝母病五日不食葉延亦不食長而沉毅好問天地造化帝王年曆司馬薄洛鄰曰臣等不學實未審三皇何父之子五帝誰母所生延曰自羲皇以來符命玄象昭言著見而卿等面牆何其鄙哉語曰夏蟲不知冬冰良不虛也又曰禮云公孫之子得以王父字爲氏吾始祖自昌黎光宅於此今以吐谷渾爲氏尊祖之義也在位二十三年卒年三十三有子四人長子辟奚嗣

辟奚性仁厚慈惠初聞苻堅之盛遣使獻馬五十匹金銀五百斤堅大悅拜爲安遠將軍時辟奚三弟皆專恣長史鍾惡地恐爲國害謂司馬乞宿雲曰昔鄭莊公秦昭王以一弟之寵宗祀幾傾況今三孽並驕必爲社稷之患吾與公忝當元輔若保護首領以沒于地先君有問其將何辭吾今誅之矣宿雲請白辟奚惡地曰吾王无斷不可以告於是因羣下入覲遂執三弟而誅之辟奚自投于牀惡地等奔而扶之曰臣昨夢先王告臣云三弟將爲逆亂汝速除之臣謹奉先王之命矣辟奚素友愛因恍惚成疾謂世子視連曰吾禍滅同生何以見之於地下國事大小汝宜攝之吾餘年殘命寄食而已遂以憂卒在位二十五年時年四十二有子六人視連嗣

視連既立通娉於乞伏乾歸拜爲白蘭王視連幼廉慎有志性以父憂卒不知政事不飲酒遊田七年矣鍾惡地進曰夫人君者以德御世以威齊衆養以五味娛以聲色此四者聖帝明王之所先也而公皆略之昔昭公儉嗇而喪偃王仁義而亡然則仁義所以存身亦所以亡已經國者德禮也濟世者刑法也二者或差則綱維失緒明公奕葉重光恩結西夏雖仁孝發於天然猶宜憲章周孔不可獨追徐偃之仁使刑德委而不建視連泣曰先王追友于之痛悲憤升遐孤雖纂業户存而已聲色遊娛豈所安也綱維刑禮付之將來臨終謂其子視羆曰我高祖吐谷渾公常言子孫必有興者永爲中國之西藩慶流百世吾已不及汝亦不見當在汝之子孫輩耳在位十五年而卒有二子長曰視羆少曰烏紇堤

視羆性英果有雄畧嘗從容謂博士金城騫苞曰易云動靜有常剛柔斷矣先王以仁宰世不任威刑所以剛柔靡斷取輕鄰敵當仁不讓豈宜拱默者乎今將秣馬厲兵爭衡中國先生以爲何如苞曰大王之言高世之略秦隴英豪所願聞也於是虛襟撫納衆赴如歸乞伏乾歸遣使拜爲使持節都督龍涸已西諸軍事沙州牧白蘭王視羆不受謂使者曰自晉道不綱姦雄競逐劉石虐亂秦燕跋扈河南王處形勝之地宜當糾合義兵以懲不順奈何私相假署擬僭羣兇寡人承五祖之休烈控弦之士二萬方欲掃氛秦隴清彼沙涼然後飲馬涇渭戮問鼎之豎以一丸泥封東關閉燕趙之路迎天子於西京以盡遐藩之節終不能如季孟子陽妄自尊大爲吾白

河南王何不立勳帝室策名王府建當年之功流芳來葉邪乾歸大怒然憚其強初猶結好後竟遣衆擊之視羆大敗退保白蘭在位十一年年三十三卒子樹洛干年少傳位於烏紇堤烏紇堤一名大孩性懦弱耽酒淫色不恤國事乞伏乾歸之入長安也烏紇堤屢抄其境乾歸怒率騎討之烏紇堤大敗亡失萬餘口保于南涼遂卒於胡國在位八年時年三十五視羆之子樹洛干立

樹洛干九歲而孤其母念氏聰慧有姿色烏紇堤妻之有寵遂專國事洛干十歲便自稱世子年十六嗣立率所部數千家奔歸莫何川自稱大都督車騎大將軍大單于吐谷渾王化行所部衆庶樂業號爲戊寅可汗沙漒雜種莫不歸附乃宣言曰孤先祖避地於此暨孤七世思與羣賢共康休緒今士馬桓桓控弦數萬孤將振威梁益稱霸西戎觀兵三秦遠朝天子諸君以爲何如衆咸曰此盛德之事也願大王自勉乞伏乾歸甚忌之率騎二萬攻之於赤水樹洛干大敗遂降乾歸乾歸拜爲平狄將軍赤水都護又以其弟吐護眞爲捕虜將軍層城都尉其後屢爲乞伏熾盤所破又保白蘭慚憤發病而卒在位九年時年二十四熾磐聞其死喜曰此虜矯矯所謂有豕白蹄也有子四人世子拾虔嗣其後世嗣不絕

焉耆國西去洛陽八千二百里其地南至尉犂北與烏孫接方四百里四面有大山道險隘百人守之千人不過其俗丈夫剪髮婦人衣襦著大袴婚姻同華夏好貨利任姦詭王有侍衛數十人皆倨慢无尊卑之禮武帝太康中其王龍安遣子入侍安夫人獪胡之女妊身十二月剖脇生子曰會立之爲世子會少而勇傑安病篤謂會曰我嘗爲龜茲王白山所辱不忘於心汝能雪之乃吾子也及會立襲滅白山遂據其國遣子熙歸本國爲王會有膽氣籌略遂霸西胡葱嶺以東莫不率服然恃勇輕率嘗出宿於外爲龜茲國人羅雲所殺其後張駿遣沙

州刺史楊宣率衆疆理西域宣以部將張植爲前鋒所向風靡軍次其國熙距戰於賁崙城爲植所敗植進屯鐵門未至十餘里熙又率衆先要之于遮留谷植將至或曰漢祖畏于柏人岑彭死於彭亡今谷名遮留殆將有伏植單騎嘗之果有伏發植馳擊敗之進據尉犂熙率其羣下四萬人肉袒降于宣呂光討西域復降于光及光僭位熙又遣子入侍

龜茲國西去洛陽八千二百八十里俗有城郭其城三重中有佛塔廟千所人以田種畜牧爲業男女皆剪髮垂項王宮壯麗煥若神居武帝太康中其王遣子入侍惠懷末以中國亂遣使貢方物於張重華苻堅時堅遣其將呂光率衆七萬伐之其王白純距境不降光進軍討平之

大宛西去洛陽萬三千三百五十里南至大月氏北接康居大小七十餘城土宜稻麥有蒲陶酒多善馬馬汗血其人皆深目多鬚其俗娶婦先以金同心指鐶爲娉又以三婢試之不男者絕婚姦淫有子皆卑其母與人馬乘不調墜死者馬主出斂具善市賈爭分銖之利得中國金銀輒爲器物不用爲幣也太康六年武帝遣使楊顥拜其王藍庾爲大宛王藍庾卒其子摩之立遣使貢汗血馬

康居國在大宛西北可二千里與粟弋伊列鄰接其王居蘇薤城風俗及人貌衣服略同大宛地和煖饒桐柳蒲陶多牛羊出好馬泰始中其王那鼻遣使上封事并獻善馬

大秦國一名犂鞬在西海之西其地東西南北各數千里有城邑其城周廻百餘里屋宇皆以珊瑚爲梲栭琉璃爲牆壁水精爲柱礎其王有五宮其宮相去各十里每旦於一宮聽事終而復始若國有災異輒更立賢人放其舊王被放者亦不敢怨有官曹簿領而文字習胡亦有白蓋小車旌旗之屬及郵驛制置一如中州其人長大貌類中國人而胡服其土多出金玉寶物明珠大貝有夜光璧駭鷄犀及火浣布又能刺金縷繡及織錦縷

罽以金銀爲錢銀錢十當金錢之一安息天竺人與之交市于海中其利百倍鄰國使到者輒廩以金錢途經大海海水鹹苦不可食商客往來皆齎三歲糧是以至者稀少漢時都護班超遣掾甘英使其國入海船人曰海中有思慕之物往者莫不悲懷若漢使不戀父母妻子者可入英不能渡武帝太康中其王遣使貢獻

林邑國本漢時象林縣則馬援鑄柱之處也去南海三千里後漢末縣功曹姓區有子曰連殺令自立爲王子孫相承其後王无嗣外孫范熊代立熊死子逸立其俗皆開北户以向日至於居止或東西无定人性凶悍果於戰鬬便山習水不閑平地四時暄暖无霜无雪人皆倮露徒跣以黑色爲美貴女賤男同姓爲婚婦先娉婿女嫁之時著迦盤衣横幅合縫如井欄首戴寶花居喪翦鬢謂之孝燔尸中野以爲葬其王服天冠被纓絡每聽政子弟侍臣皆不得近之自孫權以來不朝中國至武帝太康中始來貢獻咸康二年范逸死奴文篡位文日南西卷縣夷帥范椎奴也嘗牧牛澗中獲二鯉魚化成鐵用以爲刀刀成乃對大石嶂而祝之曰鯉魚變化冶成雙刀石嶂破者是有神靈進斫之石即瓦解文知其神乃懷之隨商賈往來見上國制度至林邑遂教逸作宮室城邑及器械逸甚愛信之使爲將文乃譖逸諸子或徙或奔及逸死无嗣文遂自立爲王以逸妻妾悉置之高樓從己者納之不從者絕其食於是乃攻大岐界小岐界式僕徐狼屈都乾魯扶單等諸國并之有衆四五萬人遣使通表入貢於帝其書皆胡字至永和三年文率其衆攻陷日南害太守夏侯覽殺五六千人餘奔九眞以覽尸祭天鏟平西卷縣城遂據日南告交州刺史朱蕃求以日南北鄙橫山爲界初徼外諸國嘗齎寶物自海路來貿貨賄而交州刺史日南太守多貪利侵侮十折二三至刺史姜壯時使韓戢領日南太守戢估較太半又伐船調枹聲云征伐

由是諸國恚憤且林邑少田貪日南之地戢死絕繼以謝擢侵刻如初及覽至郡又耽荒于酒政教愈亂故被破滅既而文還林邑是歲朱蕃使督護劉雄戍于日南文復攻陷之四年文又襲九眞害士庶十八九明年征西督護滕畯率交廣之兵伐文於盧容爲文所敗退次九眞其年文死子佛嗣升平末廣州刺史滕含率衆伐之佛懼請降含與盟而還至孝武帝寧康中遣使貢獻至義熙中每歲又來寇日南九眞九德等諸郡殺傷甚衆交州遂致虛弱而林邑亦用疲弊佛死子胡達立上疏貢金盤椀及金鉦等物

扶南西去林邑三千餘里在海大灣中其境廣袤三千里有城邑宮室人皆醜黑拳髮倮身跣行性質直不爲寇盜以耕種爲務一歲種三歲穫又好雕文刻鏤食器多以銀爲之貢賦以金銀珠香亦有書記府庫文字有類于胡喪葬婚姻略同林邑其王本是女子字葉柳時有外國人混潰者先事神夢神賜之弓又教載舶入海混潰旦詣神祠得弓遂隨賈人汎海至扶南外邑葉柳率衆禦之混潰舉弓葉柳懼遂降之於是混潰納以爲妻而據其國後胤衰微子孫不紹其將范尋復世王扶南矣武帝泰始初遣使貢獻太康中又頻來穆帝升平初復有竺旃檀稱王遣使貢馴象帝以殊方異獸恐爲人患詔還之

匈奴之類總謂之北狄匈奴地南接燕趙北暨沙漠東連九夷西距六戎世世自相君臣不稟中國正朔夏曰薰鬻殷曰鬼方周曰獫狁漢曰匈奴其強弱盛衰風俗好尚區域所在皆列於前史前漢末匈奴大亂五單于爭立而呼韓邪單于失其國攜率部落入臣於漢漢嘉其意割并州北界以安之於是匈奴五千餘落入居朔方諸郡與漢人雜處呼韓邪感漢恩來朝漢因留之賜其邸舍猶因本號聽稱單于歲給緜絹錢穀有如列侯子孫傳襲歷代不絕其部落隨所居郡縣使宰牧之與編户大同而不輸貢賦多歷年所户口漸滋彌漫北朔轉難禁制後漢末

天下騷動羣臣競言胡人猥多懼必爲寇宜先爲其防建安中魏武帝始分其衆爲五部部立其中貴者爲帥選漢人爲司馬以監督之魏末復改帥爲都尉其左部都尉所統可萬餘落居于太原故泫氏縣右部都尉可六千餘落居祁縣南部都尉可三千餘落居蒲子縣北部都尉可四千餘落居新興縣中部都尉可六千餘落居太陵縣武帝踐阼後塞外匈奴大水塞泥黑難等二萬餘落歸化帝復納之使居河西故宜陽城下後復與晉人雜居由是平陽西河太原新興上黨樂平諸郡靡不有焉泰始七年單于猛叛屯孔邪城武帝遣婁侯何楨持節討之楨素有志略以猛衆凶悍非少兵所制乃潛誘猛左部督李恪殺猛於是匈奴震服積年不敢復反其後稍因忿恨殺害長史漸爲邊患侍御史西河郭欽上疏曰戎狄彊獷歷古爲患魏初人寡西北諸郡皆爲戎居今雖服從若百年之後有風塵之警胡騎自平陽上黨不三日而至孟津北地西河太原馮翊

安定上郡盡爲狄庭矣宜及平吳之威謀臣猛將之略出北地西河安定復上郡實馮翊於平陽已北諸縣募取死罪徙三河三魏見士四萬家以充之裔不亂華漸徙平陽弘農魏郡京兆上黨雜胡峻四夷出入之防明先王荒服之制萬世之長策也帝不納至太康五年復有匈奴胡太阿厚率其部落二萬九千三百人歸化七年又有匈奴胡都大博及萎莎胡等各率種類大小凡十萬餘口詣雍州刺史扶風王駿降附明年匈奴都督大豆得一育鞠等復率種落大小萬一千五百口牛二萬二千頭羊十萬五千口車廬什物不可勝紀來降并貢其方物帝並撫納之北狄以部落爲類其入居塞者有屠各種鮮支種寇頭種烏譚種赤勤種捍蛭種黑狼種赤沙種鬱鞞種萎莎種禿童種勃蔑種羌渠種賀賴種鍾跂種大樓種雍屈種真樹種力羯種凡十九種皆有部落不相雜錯屠各最豪貴故得爲單于統領諸種其國號有左賢王右賢王左奕蠡王右奕蠡王左于陸王右于陸王左漸尚王右漸尚王左朔方王右朔方王左獨鹿王右獨鹿王左顯祿王右顯祿王左安樂王右安樂王凡十六等皆用單于親子弟也其左賢王最貴唯太子得居之其四姓有呼延氏卜氏蘭氏喬氏而呼延氏最貴則有左日逐右日逐世爲輔相卜氏則有左沮渠右沮渠蘭氏則有左當戶右當戶喬氏則有左都侯右都侯又有車陽沮渠餘地諸雜號猶中國百官也其國人有綦毋氏勒氏皆勇健好反叛武帝時有騎督綦毋俔邪伐吳有功遷赤沙都尉惠帝元康中匈奴郝散攻上黨殺長史入守上郡明年散弟度元又率馮翊北地羌胡攻破二郡自此已後北狄漸盛中原亂矣

史臣曰夫肖形稟氣是稱萬物之靈繫土隨方迺有羣分之異蹈仁義者爲中寓肆凶獷者爲外夷譬諸草木區以別矣夷狄之徒名教所絕闚邊候隙自古爲患稽諸前史憑陵匪一軒皇北逐唐帝南征殷后東戡周王西狩皆所以禦其侵

亂也嬴劉之際匈奴最強元成之間呼韓委質漢嘉其節處之中壤歷年斯永種類逾繁舛號殊名不可勝載爰及泰始匪革前迷廣闢塞垣更招種落納萎莎之後附開育鞠之新降接帳連韝亘郊掩甸既而沸脣成俗鳴鏑爲羣振鵠響而挻災恣狼心而逞暴何楨縱策弗沮于姦萌郭欽馳疏无救于妖漸未環星紀坐傾都邑黎元塗地凶族滔天迹其所由抑武皇之失也吐谷渾分緒偽燕遠辭正嫡率東胡之餘衆掩西羌之舊宇網疎政暇地廣兵全廓萬里之基貽一匡之訓弗忘忠義良可嘉焉吐延風摽宏偉見方于項籍始遵朝化遽夭於姜聰高節不羣亦殊藩之秀也葉延至孝寄新哀于射草辟奚深友遵古烈于分判視達蒸蒸光奉先之義視羆矯矯蘊經時之略洛干童幼早擅英規未騁雄心先摧凶手奉順者必敗豈天亡晉乎且渾廆連枝生自邊極各謀孫而翼子咸革裔而希華廆亂姦凶假鳳圖而竊號渾嗣忠謹距龍涸而歸誠懷姦者數世而亡賁

忠者累葉彌劭積善餘慶斯言信矣

贊曰遡矣前王區别羣方叛由德弛朝因化昌武后升圖智昧遷胡邊淪家國多謝明謨谷渾英奮思矯頹運克昌其緒實資忠訓

列傳第六十七　　晉書九十七

列傳第六十八　　晉書九十八　　御撰

王敦　沈充　桓温　孟嘉

王敦字處仲司徒導之從父兄也父基治書侍御史敦少有奇人之目尚武帝女襄城公主拜駙馬都尉除太子舍人時王愷石崇以豪侈相尚愷嘗置酒敦與導俱在坐有女伎吹笛小失聲韻愷便敺殺之一坐改容敦神色自若他日又造愷愷使美人行酒以客飲不盡輒殺之酒至敦導所敦故不肯持美人悲懼失色而敦傲然不視導素不能飲恐行酒者得罪遂勉强盡觴導還歎曰處仲若當世心懷剛忍非令終也洗馬潘滔見敦而目之曰處仲蜂目已露但豺聲未振若不噬人亦當爲人所噬及太子遷許昌詔東宫官屬不得送敦及洗馬江統潘滔舍人杜蕤魯瑤等冒禁於路側望拜流涕時論稱之遷給事黄門侍郎趙王倫篡位敦叔父彦爲兗州刺史倫遣敦慰勞之會諸王起義兵彦被齊王冏檄懼倫兵强不敢應命敦勸彦起兵應諸王故彦遂立勳績惠帝反正敦遷散騎常侍左衛將軍大鴻臚侍中出除廣武將軍青州刺史永嘉初徵爲中書監于時天下大亂敦悉以公主時侍婢百餘人配給將士金銀寶物散之於衆單車還洛東海王越自滎陽來朝敦謂所親曰今威權悉在太傅而選用表請尚書猶以舊制裁之太傅今至必有誅罰俄而越收中書令繆播等十餘人殺之越以敦爲揚州刺史潘滔說越曰今樹處仲於江外使其肆豪强之心是見賊也越不從其後徵拜尚書不就元帝召爲安東軍諮祭酒會揚州刺史劉陶卒帝復以敦爲揚州刺史加廣武將軍尋進左將軍都督征討諸軍事假節帝初鎮江東威名未著敦與從弟導等同心翼戴以隆中興時人爲之語曰王與馬共天下尋與甘卓等討江州刺史華軼斬之蜀賊杜弢作亂荆州刺史周顗退走敦遣武昌太守陶侃豫章太守周訪等討弢而敦進住豫章爲諸軍繼援及侃破弢敦上侃爲荆州刺史既而侃爲弢將杜曾所敗敦以處分失所自貶爲廣武將軍帝不許侃之滅弢也敦以元帥進鎮東大將軍開府儀同三

司加都督江揚荆湘交廣六州諸軍事江州刺史封漢安侯敦始自選置兼統州郡焉頃之杜弢將杜弘南走廣州求討桂林賊自效敦許之陶侃距弘不得進乃詣零陵太守尹奉降奉送弘與敦敦以爲將遂見寵待南康人何欽所居嶮固聚黨數千人敦就加四品將軍於是專擅之迹漸彰矣建武初又遷征南大將軍開府如故中興建拜侍中大將軍江州牧遣部將朱軌趙誘伐杜曾爲曾所殺敦自貶免侍中并辭牧不拜尋加荆州牧敦上疏曰昔漢祖以神武革命開建正業繼以文帝之賢纂承洪緒清虛玄默擬跡成康賈誼歎息以爲天下倒懸雖言有抑揚不失事體今聖朝肇建漸振宏綱往段匹磾遣使求效忠節尚未有勞使以方州與之今漸明等爲國雪耻欲除大逆此之志望皆欲附翼天飛雖功大宜報亦宜有以裁之當杜漸防萌慎之在始中間不逞互生事變皆非忠義率以一朝之榮天下漸弊實由于此春秋之時天子微弱諸侯奢侈晉文思崇周室至有求隧之請襄王讓之以禮聞義而服自爾諸侯莫敢越度臣謂前者賊寇未殄苟以濟事朝廷諸所加授頗多爵位兼重今自臣以下宜皆除之且以塞羣小矜功之望夷狄无厭之求若復遷延顧望流俗使姦狡生心遂相怨謗指擿朝廷讒誣蜂起臣有以知陛下无以正之此安危之機天下之望臣門戶特受榮任備兼權重渥恩偏隆寵過公族行路厮賤猶謂不可臣獨何心可以安之臣一宗誤陛下傾覆亦將尋至雖復灰身剖心陛下追悔將何所及伏願諒臣至款及今際會小解散之並授賢儁少慰有識各得盡其所懷則人思競勸矣州牧之號所不敢當輒送所假侍中貂蟬又宜并官省職以塞羣小覬覦之望帝優詔不許又固辭州牧聽爲刺史時劉隗用事頗疎間王氏導等甚不平之敦上疏曰導昔蒙殊寵委以事機虛己求賢竭誠奉國遂藉恩私居輔政之重帝王體遠事義不同雖皇極初建道教方闡惟新之美猶有所闕臣每慷慨於遐遠愧憤於門宗是以前後表疏何嘗不寄言及此陛下未能少垂

顧盻暢臣微懷云導頃見疎外所陳如昨而其萌已著其爲咎責豈惟導身而已羣從所蒙並過才分導誠不能自量陛下亦愛忘其短常人近情恃恩昧進獨犯龍鱗迷不自了臣竊所自憂慮未詳所由惶愧跋躇情如灰土天下事大盡理實難導雖凡近未有穢濁之累既往之勳疇昔之顧情好綢繆足以厲薄俗明君臣合德義同古賢昔臣親受嘉命云吾與卿及茂弘當管鮑之交臣忝外任漸冉十載訓誘之誨日有所忘至於斯命銘之於心竊猶眷眷謂前恩不得一朝而盡伏惟陛下聖哲日新廣延俊乂臨之以政齊之以禮頃者令導內綜機密出錄尚書杖節京都并統六軍既爲刺史兼居重號殊非人臣之體流俗好評必有譏謗宜省錄尚書杖節及都督且王佐之器當得宏達遠識高正明斷道德優備者以臣闇識未見其才然於見人未踰于導加輔翼積年實盡心力霸王之主何嘗不任賢使能共相終始管仲有三歸反坫之譏子犯有臨河要君之責蕭何周勃得罪囹圄然終爲良佐以導之才何能无失當令任不過分役其所長以功補過要之將來導性慎密尤能忍事善於斟酌有文章才義動靜顧問起予聖懷外无過寵公私得所今皇祚肇建八表承風聖恩不終則遐邇失望天下荒弊人心易動物聽一移將致疑惑臣非敢苟私親親惟欲忠於社稷表至導封以還敦敦復遣奏之初敦務自矯厲雅尚清談口不言財色既素有重名又立大功于江左專任閫外手控強兵羣從貴顯威權莫貳遂欲專制朝廷有問鼎之心帝畏而惡之遂引劉隗刁協等以爲心膂敦益不能平于是嫌隙始構矣每酒後輒詠魏武帝樂府歌曰老驥伏櫪志在千里烈士暮年壯心不已以如意打唾壺爲節壺邊盡缺及湘州刺史甘卓遷梁州敦欲以從事中郎陳頒代卓帝不從更以譙王承鎮湘州敦復上表陳古今忠臣見疑於君而蒼蠅之人交構其間欲以感動天子帝愈忌憚之俄加敦羽葆鼓吹增從事中郎掾屬舍人各二人帝以劉隗爲鎮北將軍戴若思爲征西將軍悉發揚州奴爲兵外以討胡實禦敵也

永昌元年敦率衆内向以誅隗爲名上疏曰劉隗前在門下邪佞諂媚譖毀忠良疑惑聖聽遂居權寵撓亂天機威福自由有識杜口大起事役勞擾士庶外託舉義内自封植奢僭過制乃以黄散爲叅軍晉魏以來未有此比傾盡帑藏以自資奉賦役不均百姓嗟怨免良人奴自爲惠澤自可使其大田以充倉廩今便割配皆充隗軍臣前求迎諸將妻息聖恩聽許而隗絶之使三軍之士莫不怨憤又徐州流人辛苦經載家計始立隗悉驅逼以實己府當陛下踐阼之始投刺王官本以非常之慶使豫蒙榮分而更充征役復依舊名普取出客從來久遠經涉年載或死亡滅絶或自贖得免或見放遣或父兄時事身所不及有所不得輒罪本主百姓哀憤怨聲盈路身欲北渡以遠朝廷爲名而密知機要潛行險慝進人退士高下在心姦狡饕餮未有隗比雖无忌宰嚭弘恭石顯未足爲喻是以遐邇憤慨羣后失望臣備位宰輔與國存亡誠乏平勃濟時之略然自忘駑駘志存社稷豈忍坐視成敗以虧聖美事不獲已今輒進軍同討

姦孽願陛下深垂省察速斬隗首則衆望厭服皇祚復隆隗首朝懸諸軍夕退昔太甲不能遵明湯典顛覆厥度幸納伊尹之勳殷道復昌漢武雄略亦惑江充讒佞邪説至乃父子相屠流血丹地終能剋悟不失大綱今日之事有逾於此願陛下深垂三思諮詢善道則四海乂安社稷永固矣又曰陛下昔鎮揚州虚心下士優賢任能寛以得衆故君子盡心小人畢力臣以闇蔽豫奉徽猷是以遐邇望風有識自竭王業遂隆惟新克建四海延頸咸望太平自從信隗已來刑罰不中街談巷議皆云如吳之將亡聞之惶惑精魂飛散不覺胸臆摧破泣血横流陛下當全祖宗之業存神器之重察臣前後所啟奈何棄忽忠言遂信姦佞誰不痛心願出臣表諮之朝臣介石之幾不俟終日令諸軍早還不至虚擾敦黨吳興人沈充起兵應敦敦至羌湖又上表罪狀刁協帝大怒下詔曰王敦憑恃寵靈敢肆狂逆方朕太甲欲見幽囚是可忍也孰不可忍也今親率六軍以誅大逆有殺敦者封五千户侯召戴若思劉隗並會京師敦兄含時爲光禄勳叛奔於

敦敦至石頭欲攻劉隗其將杜弘曰劉隗死士衆多未易可剋不如攻石頭周札少恩兵不爲用攻之必敗札敗則隗自走敦從之札果開門納弘諸將與敦戰王師敗績既入石頭擁兵不朝放肆兵士劫掠内外官省奔散惟有侍中二人侍帝帝脱戎衣着朝服顧而言曰欲得我處但當早道我自還琅邪何至困百姓如此敦收周顗戴若思害之以敦爲丞相江州牧進爵武昌郡公邑萬户使太常荀崧就拜又加羽葆鼓吹並僞讓不受還屯武昌多害忠良寵樹親戚以兄含爲衛將軍都督沔南軍事領南蠻校尉荆州刺史以義陽太守任愔督沔北諸軍事南中郎將敦又自督寧益二州及帝崩太寧元年敦諷朝廷徵己明帝乃手詔徵之語在明帝紀又使兼太常應詹拜授加黄鉞班劒武賁二十人奏事不名入朝不趨劒履上殿敦移鎮姑孰帝使侍中阮孚齎牛酒犒勞敦稱疾不見使主簿受詔以王導爲司徒敦自爲揚州牧敦既得志暴慢愈甚四方貢獻多入己府將相嶽牧悉出其門徒含爲征東將軍都督揚州江西諸軍事從弟

舒爲荆州彬爲江州邃爲徐州含字處弘凶頑剛暴時所不齒以敦貴重故立顯位敦以沈充錢鳳爲謀主諸葛瑶鄧嶽周抚李恒謝雍爲爪牙充等並凶險驕恣共相驅扇殺戮自己又大起營府侵人田宅發掘古墓剽掠市道士庶解體咸知其禍敗焉敦從弟豫章太守稜日夜切諫敦怒陰殺之敦无子養含子應及敦病甚拜應爲武衛將軍以自副錢鳳謂敦曰脱其不諱便當以後事付應敦曰非常之事豈常人所能且應年少安可當大事我死之後莫若解衆放兵歸身朝廷保全門户此計之上也退還武昌收兵自守貢獻不廢亦中計也及吾尚存悉衆而下萬一僥倖計之下也鳳謂其黨曰公之下計乃上策也遂與沈充定謀須敦死後作難敦又忌周札殺之而盡滅其族常從督冉曾公乘雄等爲元帝腹心敦又害之以宿衛尚多奏令三番休二及敦病篤詔遣侍中陳晷散騎常侍虞騑問疾時帝將討敦微服至羌湖察其營壘又屢遣大臣訊問其起居遷含驃騎大將軍開府儀同三司含子瑜散騎常侍敦以温嶠

爲丹陽尹欲使覘伺朝廷嶠至具言敦逆謀帝欲討之知其爲物情所畏服乃僞言敦死於是下詔曰先帝以聖德應運創業江東司徒導首居心膂以道翼贊故大將軍敦參處股肱或内或外夾輔之勳與有力焉階緣際會遂據上宰杖節專征委以五州刁協劉隗立朝不允敦抗義致討情希鸞舉兵雖犯順猶嘉乃誠禮秩優崇人臣无貳事解之後刼掠城邑放恣兵人侵及宮省背違赦信誅戮大臣縱凶極逆不朝而退六合阻心人情同憤先帝含垢忍恥容而不責委任如舊禮秩有加朕以不天尋丁酷罰煢煢在疚哀悼靡寄而敦曾无臣子追遠之誠又无輔孤同獎之操繕甲聚兵盛夏來至輒以天官假授私屬將以威脅朝廷傾危宗社朕愍其狂戾冀其覺悟故且含隱以觀其終而敦矜其不義之強有侮弱朝廷之志棄親用羈背賢任惡錢鳳豎子專爲謀主逞其凶慝誣罔忠良周嵩亮直讜言致禍周札周莚累世忠義聽受讒構殘夷其宗秦人之酷刑不過五敦之誅戮傍濫无辜滅人之族莫知其罪天下駭心道路以目神怒人怨篤疾所嬰昏荒悖逆日以滋甚輒立兄息以自承代多樹私黨莫非同惡未有宰相繼體而不由王命者也頑凶相獎无所顧忌擅録冶工輒割運漕志騁凶醜以闚神器社稷之危匪夕則旦天不長奸敦以隕斃鳳承凶宄彌復煽逆是可忍也孰不可忍也今遣司徒導鎮南將軍丹陽尹嶠建威將軍趙胤武旅三萬十道並進平西將軍邃率兗州刺史遐奮武將軍峻奮威將軍瞻精鋭三萬水陸齊勢朕親御六軍左衛將軍亮右衛將軍胤護軍將軍詹領軍將軍瞻中軍將軍壼驍騎將軍艾驃騎將軍南頓王宗鎮軍將軍汝南王祐太宰西陽王羕被練三千組甲三萬總統諸軍討鳳之罪罪止一人朕不濫刑有能殺鳳送首封五千戶侯賞布五千匹冠軍將軍鄧嶽志氣平厚識經邪正前將軍周撫質性詳簡義誠素著功臣之胄情義兼常往年從敦情節不展畏逼首領不得相違論其乃心无貳王室朕嘉其誠方任之以事其餘文武諸爲敦所授用者一无所問刺史二千石不得輒離所職書到奉承自求多福无

或猜嫌以取誅滅敦之將士從敦彌年怨曠日久或母隕没或妻子喪亡不得奔赴銜哀從役朕甚愍之希不悽愴其單丁在軍无有兼重者皆遣歸家終身不調其餘皆與假三年休訖還臺當與宿衛同例三番明承詔書朕不負信又詔曰敢有捨王敦姓名而稱大將軍者軍法從事敦病轉篤不能御衆使錢鳳鄧嶽周撫等率衆三萬向京師含謂敦曰此家事吾便當行於是以含爲元帥鳳等問敦曰事尅之日天子云何敦曰尚未南郊何得稱天子便盡卿兵勢保護東海王及裴妃而已乃上疏罪狀溫嶠以誅奸臣爲名含至江寧司徒導遺含書曰近承大將軍困篤緜緜或云已有不諱悲怛之情不能自勝尋知錢鳳大嚴欲肆奸逆朝士忿憤莫不扼腕去月二十三日得征北告劉遐陶瞻蘇峻等深懷憂慮不謀同辭都邑大小及二宮宿衛咸懼有往年之掠不復保其妻孥是以聖主發赫斯之命具如檄旨近有嘉詔崇兄八命望兄獎羣賢忠義之心抑奸細不逞之計當還武昌盡力藩任卒奉來告乃承與犬羊俱下雖當逼迫猶以罔然兄立身率素見信明于門宗年踰耳順位極人臣仲玉安期亦不足作佳少年本來門戶良可惜也兄之此舉謂可得如大將軍昔年之事乎昔年佞臣亂朝人懷不寧如導之徒心思外濟今則不然大將軍來屯于湖漸失人心君子危怖百姓勞弊將終之日委重安期安期斷乳未幾日又乏時望便可襲宰相之迹邪自開闢以來頗有宰相孺子者不諸有耳者皆是將禪代意非人臣之事也先帝中興遺愛在人聖主聰明德洽朝野思與賢哲弘濟艱難北面而執臣節乃私相樹建肆行威福凡在人臣誰不憤歎此直錢鳳不良之心聞於遠近自知无地遂唱姦逆至如鄧伯山周道和恒有好情往來人士咸皆明之方欲委任與共戮力非徒无慮而已也導門戶小大受國厚恩兄弟顯寵可謂隆矣導雖不武情在寧國今日之事明目張膽爲六軍之首寧忠臣而死不无賴而生矣但恨大將軍桓文之勳不遂而兄一旦爲逆節之臣負先人平素之志既没之日何顏見諸父於黃泉謁先帝於地下邪執省來告爲兄羞之且

悲且慚願速建大計惟取錢鳳一人使天下獲安家國有福故是竹素之事非惟免禍而已夫福如反手用之即是導所統六軍石頭萬五千人宮內後苑二萬人護軍屯金城六千人劉遐已至征北昨已濟江萬五千人以天子之威文武畢力豈可當乎事猶可追兄早思之大兵一奮導以爲灼炟也含不荅帝遣中軍司馬曹渾等擊含于越城含軍敗敦聞怒曰我兄老婢耳門戶衰矣兄弟才兼文武者世將處季皆早死今世事去矣語參軍呂寶曰我當力行因作勢而起困乏復臥鳳等至京師屯于水南帝親率六軍以禦鳳頻戰破之敦謂羊鑒及子應曰我亡後應便即位先立朝廷百官然後乃營葬事初敦始病夢白犬自天而下嚙之又見刁協乘軺車導從瞋目令左右執之俄而敦死時年五十九應秘不發喪裹尸以席蠟塗其外埋于廳事中與諸葛瑤等恒縱酒淫樂沈充自吳率衆萬餘人至與含等合充司馬顧颺說充曰今舉大事而天子已扼其喉情離衆沮鋒摧勢挫持疑猶豫必致禍敗今若決破柵塘因湖水灌京邑肆舟艦之勢極水軍

之用此所謂不戰而屈人之兵上策也藉初至之銳并東南衆軍之力十道俱進衆寡過倍理必摧陷中策也轉禍爲福因敗爲成召錢鳳計事因斬之以降下策也充不能用颺逃歸于吳含復率衆渡淮蘇峻等逆擊大敗之充亦燒營而退既而周光斬錢鳳吳儒斬沈充並傳首京師有司議曰王敦滔天作逆有无君之心宜依崔杼王淩故事剖棺戮尸以彰元惡於是發瘞出尸焚其衣冠跽而刑之敦充首同日懸于南桁觀者莫不稱慶敦首既懸莫敢收葬者尚書令郗鑒言於帝曰昔王莽漆頭以輗車董卓然腹以照市王凌儭土徐馥焚首前朝誅楊駿等皆先極官刑後聽私殯然春秋許齊襄之葬紀侯魏武義王脩之哭袁譚由斯言之王誅加于上私義行於下臣以爲可聽私葬於義爲弘詔許之於是敦家收葬焉含父子乘單船奔荆州刺史王舒舒使人沉之于江餘黨悉平敦眉目疎朗性簡脫有鑒裁學通左氏口不言財利尤好清談時人莫知惟族兄戎異之經略指麾千里之外肅然而麾下優而不能整武帝嘗召時賢共言技藝之事人人皆有所說惟敦都无所關意色殊惡自言知擊鼓因振袖揚枹音節諧韻神氣自得傍若无人舉坐歎其雄爽石崇以奢豪矜物廁上常有十餘婢侍列皆有容色置甲煎粉沉香汁有如廁者皆易新衣而出客多羞脫衣而敦脫故著新意色无怍羣婢相謂曰此客必能作賊又嘗荒恣於色體爲之弊左右諫之敦曰此甚易耳乃開後閤驅諸婢妾數十人並放之時人歎異焉

沈充字士居少好兵書頗以雄豪聞於鄉里敦引爲參軍充因薦同郡錢鳳鳳字世儀敦以爲鎧曹參軍數得進見知敦有不臣之心因進邪說遂相朋構專弄威權言成禍福遭父喪外託還葬而密爲敦使與充交構初敦參軍熊甫見敦委任鳳將有異圖因酒酣謂敦曰開國承家小人勿用佞倖在位鮮不敗業敦作色曰小人阿誰甫无懼容因此告歸臨與敦別因歌曰徂風飈起蓋山陵氛霧蔽日玉石焚往事既去可長歎念別惆悵復會難敦知其諷已而不

納明帝將伐敦遣其鄉人沈禎諭充許以爲司空充謂禎曰三司具瞻之重豈吾所任幣厚言甘古人所畏且丈夫共事終始當同寧可中道改易人誰容我禎曰不然舍忠與順未有不亡者也大將軍阻兵不朝爵賞自己五尺之童知其異志今此之舉將行篡弒耳豈同於往年乎是以疆埸諸將莫不歸赴本朝內外之士咸願致死正以移國易主義不北面以事之也奈何協同逆圖當不義之責乎朝廷坦誠禎所知也賊之黨類猶宥其罪與之更始況見機而作邪充不納率兵臨發謂其妻子曰男兒不豎豹尾終不還也及敗歸吳興亡失道誤入其故將吳儒家儒誘充內重壁中因笑謂充曰三千戶侯也充曰封侯不足貪也爾以大義存我我宗族必厚報汝若必殺我汝族滅矣儒遂殺之充子勁竟滅吳氏勁見忠義傳

史臣曰琅邪之初鎮建鄴龍德猶潛雖當璧膺圖預定於冥兆豐功厚利未被於黎氓王敦歷官中朝威名夙著作牧淮海望實逾隆遂能託魚水之深期定金蘭之密契弼成王度光佐中興卜世延

百二之期論都創三分之業此功固不細也既而負勲高而圖非望恃勢逼而肆驕陵釁隙起自刁劉禍難成於錢沈興晉陽之甲纏象魏之兵蜂目既露豺聲又發擅竊國命殺害忠良遂欲篡盜乘輿逼遷龜鼎賴嗣君英略晉祚靈長諸侯釋位股肱戮力用能運茲廟筭殄彼凶徒克固鴻圖載清天步者矣

桓温字元子宣城太守彝之子也生未期而太原温嶠見之曰此兒有奇骨可試使啼及聞其聲曰眞英物也彝以嶠所賞故遂名之曰温嶠笑曰果爾後將易吾姓也彝爲韓晃所害涇令江播豫焉温時年十五枕戈泣血志在復讎至年十八會播已終子彪兄弟三人居喪置刃杖中以爲温備温詭稱弔賓得進刃彪於廬中并追二弟殺之時人稱焉温豪爽有風槩姿貌甚偉面有七星少與沛國劉惔善惔嘗稱之曰温眼如紫石稜鬚作蝟毛磔孫仲謀晉宣王之流亞也選尚南康長公主拜駙馬都尉襲爵萬寧男除琅邪太守累遷徐州刺史温與庾翼友善恒相期以寧濟之事翼嘗薦温於明帝曰桓温少有雄略願陛下勿以常人遇之常壻畜之宜委以方召之任託其弘濟艱難之勲翼卒以温爲都督荆梁四州諸軍事安西將軍荆州刺史領護南蠻校尉假節時李勢微弱温志在立勲于蜀永和二年率衆西伐時康獻太后臨朝温將發上疏而行朝廷以蜀險遠而温兵寡少深入敵場甚以爲憂初諸葛亮造八陣圖於魚復平沙之上壘石爲八行行相去二丈温見之謂此常山蛇勢也文武皆莫能識之及軍次彭模乃命參軍周楚孫盛守輜重自將步卒直指成都勢使其叔父福及從兄權等攻彭模楚等禦之福退走温又擊權等三戰三捷賊衆散自間道歸成都勢於是悉衆與温戰于笮橋參軍龔護戰沒衆懼欲退而鼓吏誤鳴進鼓於是攻之勢衆大潰温乘勝直進焚其小城勢遂夜遁九十里至晉壽葭萌城其將鄧嵩昝堅勸勢降乃面縛輿櫬請命温解縛焚櫬送於京師温停蜀三旬舉賢旌善僞尚書僕射王誓中書監王瑜鎮東將軍鄧定散騎常侍常璩等皆蜀之良也並以

為參軍百姓咸悅軍未旋而王誓鄧定隗文等反温復討平之振旅還江陵進位征西大將軍開府封臨賀郡公及石季龍死温欲率衆北征先上疏求朝廷議水陸之宜久不報時知朝廷杖殷浩等以抗己温甚忿之然素知浩弗之憚也以國无他釁遂得相持彌年雖有君臣之跡亦相羈縻而已八州士衆資調殆不爲國家用聲言北伐拜表便行順流而下行達武昌衆四五萬殷浩慮爲温所廢將謀避之又欲以騶虞幡住温軍內外噂嚌人情震駭簡文帝時爲撫軍與温書明社稷大計疑惑所由温即迴軍還鎮上疏曰臣近親率所統欲北埽趙魏軍次武昌獲撫軍大將軍會稽王昱書說風塵紛紜妄生疑惑辭旨危急憂及社稷省之惋愕不解所由形影相顧隕越无地臣以闇蔽忝荷重任雖才非其人職在靜亂寇讎不滅國恥未雪幸因開泰之期遇可乘之會匹夫有志猶懷憤慨臣亦何心坐觀其斃故荷戈驅馳不遑寧處前後表陳于今歷年矣丹誠坦然公私所察有何纖介容此嫌忌豈醜正之徒心懷怵惕操弄虛

說以惑朝聽昔樂毅竭誠垂涕流奔霍光盡忠上官告變讒說移姦邪亂德乃歷代之常患存亡之所由也今主上富於陽秋陛下以聖淑臨朝恭己委任責成羣下方寄會通於羣才布德信於遐荒況臣世蒙殊恩服事三朝身非羈旅之賓跡无韓彭之釁而反間起於胸心交亂過於四國此古賢所以歎息於既往而臣亦大懼於當年也今寇賊冰消大事垂定晉之遺黎鵠立南望赴義之衆慷慨即路元凶之命懸在漏刻而橫議妄生成此貝錦使垂滅之賊復獲蘇息所以痛心絶氣悲慨彌深臣雖所存者公所務者國然外難未弭而內弊交興則臣本心陳力之志也進位太尉固讓不拜時殷浩至洛陽脩復園陵經涉數年屢戰屢敗器械都盡温復進督司州因朝野之怨乃奏廢浩自此內外大權一歸温矣温遂統步騎四萬發江陵水軍自襄陽入均口至南鄉步自淅川以征關中命梁州刺史司馬勳出子午道別軍攻上洛獲苻健荆州刺史郭敬進擊青泥破之健又遣子生弟雄衆數萬屯嶢柳愁思堆以距温

遂大戰生親自陷陣殺温將應誕劉泓死傷千數温軍力戰生衆乃散雄又與將軍桓沖戰白鹿原又爲沖所破雄遂馳襲司馬勳勳退次女媧堡温進至霸上健以五千人深溝自固居人皆安堵復業持牛酒迎温於路者十八九耆老感泣曰不圖今日復見官軍初温恃麥熟收以爲軍資而健芟苗清野軍糧不屬收三千餘口而還帝使侍中黃門勞温于襄陽初温自以雄姿風氣是宣帝劉琨之儔有以其比王敦者意甚不平及是征還於北方得一巧作老婢訪之乃琨妓女也一見温便潸然而泣温問其故答曰公甚似劉司空温大悅出外整理衣冠又呼婢問婢云面甚似恨薄眼甚似恨小鬚甚似恨赤形甚似恨短聲甚似恨雌温於是褫冠解帶昏然而睡不怡者數日母孔氏卒上疏解職欲送葬宛陵詔不許贈臨賀太夫人印綬謚曰敬遣侍中弔祭謁者監護喪事旬月之中使者八至軺軒相望於道温葬畢視事欲修復園陵移都洛陽表疏十餘上不許進温征討大都督督司冀二州諸軍事委以專征之任温遣

督護高武據魯陽輔國將軍戴施屯河上勒舟師以逼許洛以譙梁水道既通請徐豫兵乘淮泗入河温自江陵北伐行經金城見少爲琅邪時所種柳皆已十圍慨然曰木猶如此人何以堪攀枝執條泫然流涕於是過淮泗踐北境與諸寮屬登平乘樓眺矚中原慨然曰遂使神州陸沉百年丘墟王夷甫諸人不得不任其責袁宏曰運有興廢豈必諸人之過温作色謂四座曰頗聞劉景升有千斤大牛噉芻豆十倍於常牛負重致遠曾不若一羸牸魏武入荊州以享軍士意以況宏坐中皆失色師次伊水姚襄屯水北距水而戰温結陣而前親被甲督弟沖及諸將奮擊襄大敗自相殺死者數千人越北芒而西走追之不及遂奔平陽温屯故太極殿前徙入金墉城謁先帝諸陵陵被侵毀者皆繕復之兼置陵令遂旋軍執降賊周成以歸遷降人三千餘家於江漢之間遣西陽太守滕畯出黃城討蠻賊文盧等又遣江夏相劉岵義陽太守胡驥討妖賊李弘皆破之傳首京都温還軍之後司豫青兗復陷于

賊升平中改封南郡公降臨賀爲縣公以封其次子濟隆和初寇逼河南太守戴施出奔冠軍將軍陳祐告急温使竟陵太守鄧遐率三千人助祐并欲還都洛陽上疏曰巴蜀既平逆胡消滅時來之會既至休泰之慶顯著而人事乖違屢喪王略復使二賊雙起海內崩裂河洛蕭條山陵危逼所以遐邇悲惶痛心於既往者也伏惟陛下稟乾坤自然之姿挺羲皇玄朗之德鳳棲外藩龍飛皇極時務陵替備徹天聽人之情僞盡知之矣是以九域宅心幽遐企踵思佇雲羅混網四裔誠宜遠圖廟筭大存經略光復舊京疆理華夏使惠風陽澤洽被八表霜威寒飈陵振无外豈不允應靈休天人齊契今江河悠闊風馬殊邈故向義之徒覆亡相尋而建節之士猶繼踵无悔況辰極既迴衆星斯仰本源既運枝泒自遷則晉之餘黎欣皇德之攸憑羣凶妖逆知滅亡之无日騁思順之心鼓雷霆之勢則二豎之命不誅而自絶矣故員通貴於无滯明哲尚於應機砎如石焉所以成務若乃海運既徙而鵬翼不舉永結

根於南垂廢神州於龍漠令五尺之童掩口而歎息夫先王經始玄聖宅心畫爲九州制爲九服貴中區而内諸夏誠以晷度自中霜露惟均冠冕萬國朝宗四海故也自強胡陵暴中華蕩覆狼狽失據權幸揚越蠖屈以待龍申之會潛蟠以俟風雲之期蓋屯圮所鍾非理勝而然也而喪亂緬邈五十餘載先舊徂没後來童幼班荆輟音積習成俗遂望絶於本邦宴安於所託眷言悼之不覺悲歎臣雖庸劣才不周務然攝官承乏屬當重任願竭筋骨宣力先鋒翦除荆棘驅諸豺狼自永嘉之亂播流江表者請一切北徙以實河南資其舊業反其土宇勸農桑之務盡三時之利導之以義齊之以禮使文武兼宣信順交暢井邑既修綱維粗舉然後陛下建三辰之章振旂旗之旌晃旒錫鑾朝服濟江則宇宙之内誰不幸甚夫人情昧安難與圖始非常之事衆人所疑伏願陛下決玄照之明斷常均之外責臣以興復之效委臣以終濟之功此事既就此功既成則陛下盛勳比隆前代周宣之詠復興當

年如其不效臣之罪也褰裳赴鏁其甘如薺詔曰在昔喪亂忽涉五紀戎狄肆暴繼襲凶跡眷言西顧慨歎盈懷知欲躬率三軍蕩滌氛穢廓清中畿光復舊京非夫外身徇國孰能若此者哉諸所處分委之高筭但河洛丘墟所營者廣經始之勤致勞懷也於是改授并司冀三州以交廣遼遠罷都督温表辭不受又加侍中大司馬都督中外諸軍事假黃鉞温以旣總督內外不宜在遠又上疏陳便宜七事其一朋黨雷同私議沸騰宜抑杜浮競莫使能植其二戸口凋寡不當漢之一郡宜并官省職令久于其事其三機務不可停廢常行文按宜爲限日其四宜明長幼之禮獎忠公之吏其五褒貶賞罰宜允其實其六宜述遵前典敦明學業其七宜選建史官以成晉書有司皆奏行之尋加羽葆鼓吹置左右長史司馬從事中郎四人受鼓吹餘皆辭復率舟軍進合肥加揚州牧錄尚書事使侍中顏旄宣旨召温入參朝政温上疏曰方攘除羣凶掃平禍亂當竭天下智力與衆共濟之而朝議咸疑聖詔彌固

事異本圖豈敢執遂至於入參朝政非所敢聞臣違離宮省二十餘載輒轅戎務役勤思苦若得解帶逍遥鳴玉闕廷參贊无爲之契豫聞曲成之化雖實不敏豈不是願但顧以江漢艱難不同曩日而益梁新平寧州始服懸兵漢川戍禦彌廣加彊蠻盤互勢處上流江湖悠遠當制命侯伯自非望實重威无以鎮御遐外臣知捨此之艱危敢背之而无怨願奮臂投身造事中原者實恥帝道皇居仄陋於東南痛神華桑梓遂埋於戎狄若憑宗廟之靈則雲徹席卷呼吸蕩清如當假息游魂則臣據河洛親臨二寇廣宣皇靈襟帶秦趙遠不五載大事必定令臣昱以親賢贊國光輔二世即无煩以臣疎鈍並閑機務且不有行者誰扞牧圉表裏相濟實深實重伏願陛下察臣所陳兼訪內外乞時還屯抚寧方隅詔不許復徵温温至赭圻詔又使尚書車灌止之温遂城赭圻固讓內錄遥領揚州牧屬鮮卑攻洛陽陳祐出奔簡文帝時輔政會温於洌洲議征討事温移鎮姑孰會哀帝崩事

遂寢温性儉每讌惟下七奠柈茶果而已然以雄武專朝窺覦非望或卧對親寮曰爲爾寂寂將爲文景所笑衆莫敢對旣而抚枕起曰旣不能流芳後世不足復遺臭萬載邪常行經王敦墓望之曰可人可人其心迹若是時有遠方比丘尼名有道術於别室浴温竊窺之尼倮身先以刀自破腹次斷兩足浴竟出温問吉凶尼云公若作天子亦當如是太和四年又上疏悉衆北伐平北將軍郗愔以疾解職又以温領平北將軍徐兗二州刺史率弟南中郎沖西中郎袁真步騎五萬北伐百官皆於南州祖道都邑盡傾軍次胡陸攻慕容暐將慕容忠獲之進次金鄉時亢旱水道不通乃鑿鉅野三百餘里以通舟運自清水入河暐將慕容垂傅末波等率衆八萬距温戰于林渚温擊破之遂至枋頭先使袁真伐譙梁開石門以通運真討譙梁皆平之而不能開石門軍糧竭盡温焚舟步退自東燕出倉垣經陳留鑿井而飲行七百餘里垂以八千騎追之戰于襄邑温軍敗績死者三萬人温甚耻之歸罪於真

表廢爲庶人真怨温誣已據壽陽以自固潛通苻堅慕容暐帝遣侍中羅含以牛酒犒温於山陽使會稽王昱會温于涂中詔以温世子給事熙爲征虜將軍豫州刺史假節及南康公主薨詔賻布千匹錢百萬温辭不受又陳息熙三年之孤且年少未宜使居偏任詔不許發州人築廣陵城移鎮之時温行役旣久又兼疾癘死者十四五百姓嗟怨袁真病死其將朱輔立其子瑾以嗣事慕容暐苻堅並遣軍援瑾温使督護竺瑶矯陽之等與水軍擊之時暐軍已至瑶等與戰於武丘破之温率二萬人自廣陵又至瑾嬰城固守温築長圍守之苻堅乃使其將王鑒張蚝等率兵以救瑾屯洛澗先遣精騎五千次於肥水北温遣桓伊及弟子石虔等逆擊大破之瑾衆遂潰生擒之并其宗族數十人及朱輔送於京都而斬之瑾所侍養乞活數百人悉坑之以妻子爲賞温以功詔加班劍十人犒軍于路次文武論功賞賜各有差温旣負其才力久懷異志欲先立功河朔還受九錫

既逢覆敗名實頓減於是叅軍郄超進廢立之計温乃廢帝而立
簡文帝詔温依諸葛亮故事甲仗百人入殿賜錢五千萬絹二萬
匹布十萬匹温多所廢徙誅庾倩殷涓曹秀等是時温威勢翕
赫侍中謝安見而遥拜温驚曰安石卿何事乃爾安曰未有君
拜於前臣揖於後時温有脚疾詔乘輿入朝既見欲陳廢立
本意帝便泣下數十行温兢懼不得一言而出初元明世郭璞
爲讖曰君非无嗣兄弟代禪謂成帝有子而以國祚傳弟又曰有
人姓李兒專征戰譬如車軸脫在一面兒者子也李去子木存
車去軸爲亘合成桓字也又曰爾來爾來河内大縣爾來謂自
爾已來爲元始温字元子也故河内大縣温也成康既崩桓氏始
大故連言之又曰賴子之薨延我國祚痛子之隕皇運其暮二子
者元子道子也温志在篡奪事未成而死幸之也會稽王道子雖
首亂晉國而其死亦晉衰之由也故云痛也温復還白石上疏求
歸姑孰詔曰夫乾坤體合而化成萬物二人同心則不言所利古

之哲王咸賴元輔姬旦光于四表而周道以隆伊尹格于皇天而
殷化以洽大司馬明德應期光大深遠上合天心含章時發用
集大命在于一人功美博陸道固萬世今進公丞相其大司馬本
官皆如故留公京都以鎮社稷温固辭仍請還鎮遣侍中王坦
之徵温入相增邑爲萬户又辭詔以西府經袁眞事故軍用不
足給世子熙布三萬匹米六萬斛又以熙弟濟爲給事中及帝不
豫詔温曰吾遂委篤足下便入冀得相見便來便來於是一日一
夜頻有四詔温上疏曰聖體不和以經積日愚心惶恐无所寄情
夫盛衰常理過備无害故漢高枕疾吕后問相孝武不豫霍光
啓嗣嗚噎以問身後蓋所存者大也今皇子幼稚而朝賢時譽
惟謝安王坦之才識智能皆簡在聖鑒内輔幼君外禦强寇實
羣情之大懼然理盡於此陛下便宜崇授使羣下知所寄而安
等奉命陳力公私爲宜至如臣温位兼將相加陛下垂布衮之
顧但朽邁疾病懼不支久无所復堪託以後事疏未及奏而

帝崩遺詔家國事一禀之於公如諸葛武侯王丞相故事温
初望簡文臨終禪位於己不爾便爲周公居攝事既不副所
望故甚憤怨與弟沖書曰遺詔使吾依武侯王公故事耳王
謝處大事之際日憤憤少懷及孝武即位詔曰先帝遺勑云事
大司馬如事吾令答表便可盡敬又詔大司馬社稷所寄先帝
託以家國内外衆事便就關公施行復遣謝安徵温入輔加前
部羽葆鼓吹武賁六十人温讓不受及温入朝赴山陵詔曰公
勳德尊重師保朕躬兼有風患其无敬又勑尚書安等於新
亭奉迎百僚皆拜于道側當時豫有位望者咸戰慴失色或
云因此殺王謝内外懷懼温既至以盧悚入宫乃收尚書陸始
付廷尉責替慢罪也於是拜高平陵左右覺其有異既登車
謂從者曰先帝向遂靈見既不述帝所言故衆莫之知但見將
拜時頻言臣不敢而已又問左右殷涓形狀答者言肥短温云
向亦見在帝側初殷浩既爲温所廢死涓頗有氣尚遂不詣温

而與武陵王晞游故温疑而害之竟不識也及是亦見涓爲祟
因而遇疾凡停京師十有四日歸於姑孰遂寢疾不起諷朝廷加
己九錫累相催促謝安王坦之聞其病篤密緩其事錫文未及
成而薨時年六十二皇太后與帝臨於朝堂三日詔賜九命衮冕
之服及朝服一具衣一襲東園秘器錢二百萬布二千匹臘五百
斤以供喪事及葬一依太宰安平獻王漢大將軍霍光故事賜
九旒鸞輅黄屋左纛轀輬車挽歌二部羽葆鼓吹武賁班劒百
人優册即前南郡公增七千五百户進地方三百里賜錢五千萬
絹二萬匹布十萬匹追贈丞相初沖問温以謝安王坦之所任
温曰伊等不爲汝所處分温知己存彼不敢異害之无益於沖
更失時望所以息謀温六子熙濟歆禕偉玄熙字伯道初爲世
子後以才弱使沖領其衆及温病熙與叔秘謀殺沖沖知之徙
于長沙濟字仲道與熙同謀俱徙長沙歆字叔道賜爵臨賀
公禕最愚不辨菽麥偉字幼道平厚篤實居藩爲士庶所

懷歷使持節督荆益寧秦梁五州諸軍事安西將軍領南蠻校尉荆州刺史西昌矦贈驃騎將軍開府儀同三司玄嗣爵别有傳

孟嘉字萬年江夏鄳人吴司空宗曾孫也嘉少知名太尉庾亮領江州辟部廬陵從事嘉還都亮引問風俗得失對曰還傳當問吏亮舉麈尾掩口而笑謂弟翼曰孟嘉故是盛德人轉勸學從事褚裒時爲豫章太守正旦朝亮裒有器識亮大會州府人士嘉坐次甚遠裒問亮聞江州有孟嘉其人何在亮曰在坐卿但自覔裒歷觀指嘉謂亮曰此君小異將无是乎亮欣然而笑喜裒得嘉奇嘉爲裒所得乃益器焉後爲征西桓温叅軍温甚重之九月九日温燕龍山寮佐畢集時佐吏並著戎服有風至吹嘉帽墮落嘉不之覺温使左右勿言欲觀其舉止嘉良久如廁温令取還之命孫盛作文嘲嘉著嘉坐處嘉還見即答之其文甚美四坐嗟嘆嘉好酣飲愈多不亂温問嘉酒有何好而卿嗜之嘉曰公未得酒中趣耳又問聽妓絲不如竹竹不如肉何謂也嘉答曰漸近使之然一坐咨嗟轉從事中郎遷長史年五十三卒于家

史臣曰桓温挺雄豪之逸氣韞文武之奇才見賞通人夙標令譽時既豺狼孔熾疆埸多虞受寄干城用恢威略乃踰越險阻戡定岷峨獨剋之功有可稱矣及觀兵洛汭脩復五陵引旆秦郊威懷三輔雖未能梟除凶逆亦足以宣暢王靈既而總戎馬之權居形勝之地自謂英猷不世勳績冠時挟震主之威蓄无君之志企景文而慨息想處仲而思齊睥睨漢廷窺覦周鼎後欲立奇功於趙魏允歸望於天人然後步驟前王憲章虞夏遠乎石門路阻襄邑兵摧懟謀略之乖違恥師徒之撓敗遷怒於朝廷委罪於偏裨廢主以立威殺人以逞欲曾弗知寳命不可以求得神器不可以力征豈不悖哉豈不悖哉斯實斧鉞之所宜加人神之所同棄然猶存極光寵没享哀榮是知朝政之无章主威之不立也

贊曰播越江濆政弱權分主子特力處仲矜勳迹既陵上志亦无君罪浮浞豷心窺舜禹樹威外略稱兵内侮其身與嗣竟罹齊斧

列傳六十八　　晋書九十八

桓玄　卞範之　殷仲文

桓玄字敬道一名靈寶大司馬温之孽子也其母馬氏嘗與同輩夜坐於月下見流星墜銅盆水中忽如二寸火珠冏然明淨競以瓢接取馬氏得而吞之若有感遂有娠及生玄有光照室占者奇之故小名靈寶妳媪每抱詣温輒易人而後至云其重兼常兒温甚愛異之臨終命以爲嗣襲爵南郡公年七歲温服終府州文武辭其叔父沖沖撫玄頭曰此汝家之故吏也玄因涕淚覆面衆並異之及長形貌瓌奇風神疎朗博綜藝術善屬文常負其才地以雄豪自處衆咸憚之朝廷亦疑而未用年二十三始拜太子洗馬時議謂温有不臣之跡故折玄兄弟而爲素官太元末出補義興太守鬱鬱不得志嘗登高望震澤歎曰父爲九州伯兒爲五湖長棄官歸國自以元勳之門而負謗於世乃上䟽曰臣聞周公大聖而四國流言樂毅王佐而被謗騎刧巷伯有豺獸之慨蘇公興飄風之刺惡直醜正何代无之先臣蒙國殊遇姻婭皇極常欲以身報德投袂乘機西平巴蜀北清伊洛使竊號之寇繫頸北闕園陵修復大耻載雪飲馬灞滻懸旌趙魏勤王之師功非一捷太和之末皇基有潛移之懼遂乃奉順天人翼登聖朝明離既朗四凶兼澄向使此功不建此事不成宗廟之事豈可孰念昔太甲雖迷商祚无憂昌邑雖昏弊无三孽因兹而言晉室之機危於殷漢先臣之功高於伊霍矣而負重旣往蒙謗清時聖世明王黜陟之道不聞廢忽顯明之功探射冥冥之心啓嫌謗之塗開邪枉之路明也先臣勤王艱難之勞匡復尅平之勳朝廷若其遺之臣亦不復計也至於先帝龍飛九五陛下之所以繼明南面請問談者誰之由邪誰之德邪豈惟晉室永安祖宗血食於陛下一門實奇功也自頃權門日盛醜政實繁咸稱述時旨互相扇附以臣之兄弟皆晉之罪人臣等復何理可以

苟存聖世何顏可以尸饗封祿若陛下忘先臣大造之功信貝錦萋菲之說臣等自當奉還三封受戮市朝然後下從先臣歸先帝於玄宮耳若陛下述遵先旨追錄舊勳竊望少垂愷悌覆蓋之恩䟽寢不報玄在荆楚積年優游无事荆州刺史殷仲堪甚敬憚之及中書令王國寶用事謀削弱方鎮內外騷動知王恭有憂國之言玄潛有意於功業乃說仲堪曰國寶與君諸人素已爲對唯患相弊之不速耳今既執權要與王緒相爲表裏其所廻易罔不如志孝伯居元舅之地正情爲朝野所重必未便動之唯當以君爲事首君爲先帝所拔超居方任人情未以爲允咸謂君雖有思致非方伯人若發詔徵君爲中書令用殷覬爲荆州君何以處之仲堪曰憂之久矣君謂計將安出玄曰國寶姦兇天下所知孝伯疾惡之情每至而當今日之會以理推之必當過人君若密遣一人信說王恭宜興晉陽之師以內匡朝廷已當悉荆楚之衆順流而下推王爲盟主僕等亦皆投袂當此无不響應此事既行桓文之舉也仲堪持疑未決俄而王恭信至招仲堪及玄匡正朝廷國寶既死於是兵罷玄乃求爲廣州會稽王道子亦憚之不欲使在荆楚故順其意隆安初詔以玄督交廣二州建威將軍平越中郎將廣州刺史假節玄受命不行其年王恭又與庾楷起兵討江州刺史王愉及譙王尚之兄弟玄仲堪謂恭事必尅捷一時響應仲堪給玄五千人與楊佺期俱爲前鋒軍至湓口王愉奔于臨川玄遣偏將軍追獲之玄佺期至石頭仲堪至蕪湖恭將劉牢之背恭歸順恭既死庾楷戰敗奔于玄軍既而詔以玄爲江州仲堪等皆被換易乃各廻舟西還屯于尋陽共相結約推玄爲盟主玄始得志乃連名上䟽申理王恭求誅尚之牢之等朝廷深憚之乃免桓修復仲堪以相和解初玄在荆州豪縱士庶憚之甚於州牧仲堪親黨勸殺之仲堪不聽及還尋

陽資其聲地故推爲盟主玄逾自矜重佺期爲人驕悍嘗自
謂承藉華胄江表莫比而玄每以寒士裁之佺期甚憾即欲
於壇所襲玄仲堪惡佺期兄弟虓勇恐尅玄之後復爲己害
苦禁之於是各奉詔還鎮玄亦知佺期有異謀潛有吞并之
計於是屯于夏口隆安中詔加玄都督荆州四郡以兄偉爲
輔國將軍南蠻校尉仲堪慮玄跋扈遂與佺期結婚爲援
初玄既與仲堪佺期有隙恒慮掩襲求廣其所統朝廷亦欲
成其釁隙故分佺期所督四郡與玄佺期甚忿懼會姚興侵
洛陽佺期乃建牙聲云援洛密欲與仲堪共襲玄仲堪雖外
結佺期而疑其心距而不許猶慮弗能禁復遣從弟遹屯于
北境以遏佺期佺期既不能獨舉且不測仲堪本意遂息甲南
蠻校尉楊廣佺期之兄也欲距桓偉仲堪不聽乃出廣爲宜
都建平二郡太守加征虜將軍佺期弟孜敬先爲江夏相玄
以兵襲而召之既至以爲諮議參軍玄於是興軍西征亦聲云

救洛與仲堪書說佺期受國恩而棄山陵宜共罪之今親率
戎旅逕造金墉使仲堪收楊廣如其不爾无以相信仲堪本
計欲兩全之既得玄書知不能禁乃曰君自沔而行不得一
人入江也玄乃止後荆州大水仲堪振恤饑者倉廩空竭玄乘
其虛而伐之先遣軍襲巴陵梁州刺史郭銓當之所鎮路經夏
口玄聲云朝廷遣佺期爲己前鋒乃授以江夏之衆使督諸軍
並進密報兄偉令爲內應偉遑遽不知所爲乃自齎疏示仲堪
仲堪執偉爲質令與玄書辭甚苦至玄曰仲堪爲人不能專
決常懷成敗之計爲兒子作慮我兄必无憂矣玄既至巴陵
仲堪遣衆距之爲玄所敗玄進至楊口又敗仲堪弟子道護乘
勝至零口去江陵二十里仲堪遣軍數道距之佺期自襄陽
來赴與兄廣共擊玄玄懼其銳乃退軍馬頭佺期等方復追
玄苦戰佺期敗走還襄陽仲堪出奔鄼城玄遣將軍馮該
躡佺期獲之廣爲人所縛送玄並殺之仲堪聞佺期死乃

將數百人奔姚興至冠軍城爲該所得玄令害之於是遂平荆
雍乃表求領江荆二州詔以玄都督荆襄雍秦梁益寧七州
後將軍荆州刺史假節以桓修爲江州刺史玄上疏固爭江
州於是進督八州及揚豫八郡復領江州刺史玄又輒以偉
爲冠軍將軍雍州刺史時寇賊未平朝廷難違其意許之
玄於是樹用腹心兵馬日盛屢上疏求討孫恩詔輒不許
其後恩逼京都玄建牙聚衆外託勤王實欲觀釁而進復
上疏請討之會恩已走玄又奉詔解嚴以偉爲江州鎮夏口
司馬刁暢爲輔國將軍督八郡鎮襄陽遣桓振皇甫敷馮
該等戍湓口移沮漳蠻二千戶于江南立武寧郡更招集
流人立綏安郡又置諸郡丞詔徵廣州刺史刁逵豫章太守
郭昶之玄皆留不遣自謂三分有二知勢運所歸屢上禎
祥以爲己瑞初庾楷既奔于玄玄之求討孫恩也以爲右
將軍玄既解嚴楷亦去職楷以玄方與朝廷構怨恐事不克

禍及於己乃密結於後將軍元顯許爲內應元興初元顯
稱詔伐玄玄從兄石生時爲太傅長史密書報玄玄本謂揚
土饑饉孫恩未滅必未遑討己可得蓄力養衆觀釁而動
既聞元顯將伐之甚懼欲保江陵長史卞範之說玄曰公英
略威名振於天下元顯口尚乳臭劉牢之大失物情若兵
臨近畿示以威賞則土崩之勢可翹足而待何有延敵入
境自取蹙弱者乎玄大悅乃留其兄偉守江陵抗表率衆下
至尋陽移檄京邑罪狀元顯檄至元顯大懼下船而不克發玄
既失人情而興師犯順慮衆不爲用恒有迴旆之計既過尋陽
不見王師意甚悅其將吏亦振庾楷謀泄收縶之至姑孰使其
將馮該符宏皇甫敷索元等先攻譙王尚之尚之敗劉牢之
遣子敬宣詣玄降玄至新亭元顯自潰玄入京師矯詔曰義
旗雲集罪在元顯太傅已別有教其解嚴息甲以副義心又
矯詔加己總百揆侍中都督中外諸軍事丞相錄尚書事揚

州牧領徐州刺史又加假黄鉞羽葆鼓吹班劍二十人置左右長史司馬從事中郎四人甲仗二百人上殿玄表列太傅道子及元顯之惡徙道子于安成郡害元顯於市於是玄入居太傅府害太傅中郎毛泰泰弟游擊將軍邃太傅參軍荀遜前豫州刺史庾楷父子吏部郎袁遵譙王尚之等流尚之弟丹楊尹恢之廣晋伯允之驃騎長史王誕太傅主簿毛遁等於交廣諸郡尋追害恢之允之于道以兄偉爲安西將軍荆州刺史領南蠻校尉從兄謙爲左僕射加中軍將軍領選修爲右將軍徐兖二州刺史石生爲前將軍江州刺史長史卞範之爲建武將軍丹陽尹王謐爲中書令領軍將軍大赦改元爲大亨玄讓丞相自署大尉領平西將軍豫州刺史又加衮冕之服緑綟綬增班劍爲六十人劍履上殿入朝不趨讚奏不名玄將出居姑孰訪之於衆王謐對曰公羊有言周公何以不之魯欲天下一乎周也願静根本以周公旦爲心玄善其對而不能

從遂大築城府臺館山池莫不壯麗乃出鎮焉既至姑孰固辭錄尚書事詔許之而大政皆諮焉小事則決于桓謙卞範之自禍難屢構干戈不戢百姓厭之思歸一統及玄初至也黜凡佞擢雋賢君子之道粗備京師欣然後乃陵侮朝廷幽擯宰輔豪奢縱欲衆務繁興於是朝野失望人不安業時會稽饑荒玄令賑貸之百姓散在江湖採梠内史王愉悉召之還請米米既不多吏不時給頓仆道路死者十八九焉玄又害吴興太守高素輔國將軍竺謙之謙之從兄高平相朗之輔國將軍劉襲襲弟彭城内史季武冠軍將軍孫无終等皆劉牢之之黨北府舊將也襲兄冀州刺史軌及寧朔將軍高雅之牢之子敬宣並奔慕容德玄諷朝廷以已平元顯功封豫章公食安成郡地方二百二十五里邑七千五百户平仲堪佺期功封桂陽郡公地方七十五里邑二千五百户本封南郡如故玄以豫章改封息昇桂陽郡公賜兄子俊降爲西道縣公又發詔爲

桓温諱有姓名同者一皆改之贈其母馬氏豫章公太夫人玄興二年玄詐表請平姚興又諷朝廷作詔不許玄本无資力而好爲大言既不克行乃云奉詔故止初欲飾裝无他處分先使作輕舸載服玩及書畫等物或諫之玄曰書畫服玩既宜恒在左右且兵凶戰危脫有不意當使輕而易運衆咸笑之是歲玄兄偉卒贈開府驃騎將軍以桓修代之從事中郎曹靖之説玄以桓修兄弟職居内外恐權傾天下玄納之乃以南郡相桓石康爲西中郎將荆州刺史偉服始以公除玄便作樂初奏玄抚節慟哭既而收淚盡懽玄所親仗唯偉偉既死玄乃孤危而不臣之迹已著自知怨滿天下欲速定篡逆殷仲文卞範之等又共催促之於是先改授羣司解琅邪王司徒遷太宰加殊禮以桓謙爲侍中衛將軍開府錄尚書事王謐散騎常侍中書監領司徒桓胤中書令加桓修散騎常侍抚軍大將軍置學官教授二品子弟數百人又矯詔加其相

國總百揆封南郡南平宜都天門零陵營陽桂陽衡陽義陽建平十郡爲楚王揚州牧領平西將軍豫州刺史如故加九錫備物楚國置丞相已下一遵舊典又諷天子御前殿而策授焉玄屢偽讓詔遣百僚敦勸又云當親降鑾輿乃受命矯詔贈父温爲楚王南康公主爲楚王后以平西長史劉瑾爲尚書刁逵爲中領軍王嘏爲太常殷叔文爲左衛皇甫敷爲右衛凡衆官合六十餘人爲楚官屬玄解平西豫州以平西文武配相國府新野人庾仄聞玄受九錫乃起義兵襲馮該於襄陽走之仄有衆七千於城南設壇祭祖宗七廟南蠻參軍庾彬安西參軍楊道護江安令鄧襄子謀爲内應仄本仲堪黨桓偉既死石康未至故乘間而發江陵震動桓濟之子亮起兵于羅縣自號平南將軍湘州刺史以討仄爲名南蠻校尉羊僧壽與石康共攻襄陽仄衆散奔姚興彬等皆遇害長沙相陶延壽以亮乘亂起兵遣收之玄徙亮于衡陽誅其同謀

桓與等玄僞上表求歸藩又自作詔留之遣使宣旨玄又上
表固請又諷天子作手詔固留焉玄好逞僞辭塵穢簡牘
皆此類也謂代謝之際宜有禎祥乃密令所在上臨平湖開
除清朗使衆官集賀矯詔曰靈瑞之事非所敢聞也斯誠
相國至德故事爲之應太平之化於是乎始六合同悅情何
可言又詐云江州甘露降王成基家竹上玄以歷代咸有肥
遯之士而己世獨无乃徵皇甫謐六世孫希之爲著作并
給其資用皆令讓而不受號曰高士時人名爲充隱議復
肉刑斷錢貨廻復改異造革紛紜志无一定條制森然動害
政理性貪鄙好奇異尤愛寶物珠玉不離于手人士有法書
好畫及佳園宅者悉欲歸己猶難逼奪之皆蒱博而取遣
臣佐四出掘果移竹不遠數千里百姓佳果美竹无復遺餘
信悅諂譽逆忤讜言或奪其所憎與其所愛十一月玄矯
制加其冕十有二旒建天子旌旗出警入蹕乘金根車駕

六馬備五時副車置旄頭雲罕樂舞八佾設鍾虡宮縣妃爲
王后世子爲太子其女及孫爵命之號皆如舊制玄乃多斥
朝臣爲太宰僚佐又矯詔使王謐兼太保領司徒奉皇帝
璽禪位於己又諷帝以禪位告廟出居永安宮移晉神主
于琅邪廟初玄恐帝不肯爲手詔又慮璽不可得逼臨川
王寶請帝自爲手詔因奪取璽比臨軒璽已久出玄甚喜
百官到姑孰勸玄僭僞位玄僞讓朝臣固請玄乃於城南七
里立郊登壇簒位以玄牡告天百僚陪列而儀注不備忘稱萬
歲又不易帝諱榜爲文告天皇后帝云晉帝欽若景運敬順
明命以命于玄夫天工人代帝王所以興匪君莫治惟德司
其元故承天理物必由一統並聖不可以二君非賢不可以无
主故世換五帝鼎遷三代爰暨漢魏咸歸勳烈晉自中葉仍
世多故海西之亂皇祚殆移九代廓寧之功升明黜陟之勳
微禹之德左衽將及太元之末君子道消積釁基亂鍾于

隆安禍延士庶理絶人倫玄雖身在草澤見棄時班義情理
感胡能无慨投袂剋清之勞阿衡撥亂之績皆仰憑先德
遺愛之利玄何功焉屬當理運之會猥集樂推之數以寡昧
之身踵下武之重膺革泰之始託王公之上誠仰藉洪基德漸
有由夕惕祗懷罔知攸厝君位不可以久虛人神不可以乏饗是
用敢不奉以欽恭大禮敬簡良辰升壇受禪告類上帝以永
綏民望式孚萬邦惟明靈是饗乃下書曰夫三才相資天人
所以成功理由一統貞夫所以司契帝王之興其源深矣自三
五已降世代參差雖所由或殊其歸一也朕皇考宣武王聖
德高邈誕啓洪基景命攸歸理貫自昔中間屯險弗克負
荷仰瞻宏業殆若綴旒藉否終之運遇時來之會用獲除
姦救溺拯拔人倫晉氏以多難荐臻曆數唯既典章唐虞之
準述遵漢魏之則用集天祿於朕躬惟德不敏辭不獲命稽
若令典遂升壇燎于南郊受終于文祖思覃斯慶願與億兆

聿茲更始于是大赦改元永始錫天下爵二級孝悌力田人
三級鰥寡孤獨不能自存者穀人五斛其賞賜之制徒設
空文无其實也初出僞詔改年爲建始右丞王悠之曰建
始趙王倫僞號也又改爲永始復是王莽始執權之歲其
兆號不祥冥符僭逆如此又下書曰夫三恪作賓有自來矣
爰暨漢魏咸建疆宇晉氏欽若曆數禪位于朕躬宜則是
古訓授茲茅土以南康之平固縣奉晉帝爲平固王車旗
正朔一如舊典遷帝居尋陽即陳留王處鄴宮故事降永
安皇后爲零陵君琅邪王爲石陽縣公武陵王遵爲彭澤縣
侯追尊其父溫宣武皇帝廟稱太祖南康公主爲宣皇后封
子昇爲豫章郡王叔父雲孫放之爲寧都縣王豁孫稚玉爲
臨沅縣王豁次子石康爲右將軍武陵郡王祕子蔚爲醴陵
縣王贈沖太傅宣城郡王加殊禮依晉安平王故事以孫胤襲
爵爲吏部尚書沖次子謙爲揚州刺史新安郡王謙弟脩爲

撫軍大將軍安成郡王兄歆臨賀縣王禕富陽縣王贈偉侍中
大將軍義興郡王以子濬襲爵爲輔國將軍濬弟邈西昌縣
王封王謐爲武昌公班劒二十人卞範之爲臨汝公殷仲文爲東
興公馮該爲魚復侯又降始安郡公爲縣公長沙爲臨湘縣公
廬陵爲巴丘縣公各千户其康樂武昌南昌望蔡建興永修
觀陽皆降封百户公矦之號如故又普進諸征鎮軍號各有
差以相國左長史王綏爲中書令崇桓謙母庾氏爲宣城太
妃加殊禮給以輦乘號温墓曰永崇陵置守衛四十人玄入
建康宮逆風迅激旍旗儀飾皆傾偃及小會于西堂設妓樂
殿上施絳綾帳縷黄金爲顔四角作金龍頭銜五色羽葆旒
蘇羣臣竊相謂曰此頗似轜車亦王莽僊蓋之流也龍角所
謂亢龍有悔者也又造金根車駕六馬是月玄臨聽訟觀閲
囚徒罪无輕重多被原放有干輿乞者時或卹之其好行小惠
如此自以水德壬辰臘于祖改尚書都官郎爲賊曹又增置

五校三將及彊弩積射武衛官元興三年玄之永始二年也
尚書答春蒐字誤爲春菟凡所關署皆被降黜玄大綱不
理而糾擿纖微皆此類也以其妻劉氏爲皇后將修殿宇乃
移入東宮又開東掖平昌廣莫及宮殿諸門皆爲三道更造
大輦容三十人坐以二百人舁之性好畋遊以體大不堪乘焉
又作徘徊輿施轉關令迴動无滯既不追尊祖曽疑其禮
儀問於羣臣散騎常侍徐廣據晉典宜追立七廟又敬其
父則子悦位彌高者情禮得申道愈廣者納敬必普也玄
曰禮云三昭三穆與太祖爲七然則太祖必居廟之主也昭
穆皆自下之稱則非逆數可知也禮太祖東向左昭右穆如
晉室之廟則宣帝在昭穆之列不得在太祖之位昭穆既
錯太祖无寄失之遠矣玄曽祖以上名位不顯故不欲序列
且以王莽九廟見譏於前史遂以一廟矯之郊廟齋二日而已
祕書監卞承之曰祭不及祖知楚德之不長也又毁晉小廟以

廣臺榭其庶母蒸嘗靡有定所忌日見賓客遊宴唯至亡時一
哭而已期服之内不廢音樂玄出遊水門飄風飛其儀蓋夜濤
水入石頭大桁流壞殺人甚多大風吹朱雀門樓上層墜地玄
自篡盗之後驕奢荒侈遊獵无度以夜繼晝兄偉葬日旦哭晚
遊或一日之中屢出馳騁性又急暴呼召嚴速直官咸繫馬
省前禁内讙雜无復朝廷之體於是百姓疲苦朝野勞悴怨
怒思亂者十室八九焉於是劉裕劉毅何无忌等共謀興復
裕等斬桓修於京口斬桓弘于廣陵河内太守辛扈興弘農
太守王元德振威將軍童厚之竟陵太守劉邁謀爲内應至
期裕遣周安穆報之而邁惶遽遂以告玄玄震駭即殺扈興
等安穆馳去得免封邁安重矦一宿又殺之裕率義軍至竹里
玄移還上宮百僚步從召侍官皆入止省中赦揚豫徐兖青
冀六州加桓謙征討都督假節以殷仲文代桓修遣頓丘太
守吴甫之右衛將軍皇甫敷北距義軍裕等於江乘與戰臨

陣斬甫之進至羅落橋與敷戰復梟其首玄聞之大懼乃
召諸道術人推筭數爲猒勝之法乃問衆曰朕其敗乎曹
靖之對曰神怒人怨臣實懼焉玄曰人或可怨神何爲怒對
曰移晉宗廟飄泊失所大楚之祭不及於祖此其所以怒也
玄曰卿何不諫對曰輦上諸君子皆以爲堯舜之世臣何
敢言玄愈忿懼使桓謙何澹之屯東陵卞範之屯覆舟山
西衆合二萬以距義軍裕至蔣山使羸弱貫油帔登山分
張旗幟數道並前玄偵候還云裕軍四塞不知多少玄益
憂惶遣武衛將軍庾賾之配以精卒赴援諸軍于時東北風
急義軍放火烟塵張天鼓譟之音震駭京邑劉裕執鉞麾
而進謙等諸軍一時奔潰玄率親信數千人聲言赴戰遂
將其子昇兄子濬出南掖門西至石頭使殷仲文具船相
與南奔初玄在姑孰將相星屢有變篡位之夕月及太白又
入羽林玄甚惡之及敗走腹心勸其戰玄不暇答直以策

指天而經日不得食左右進以麤飯咽不能下昇時年數歲抱玄胷而抚之玄悲不自勝劉裕以武陵王遵攝萬機立行臺總百官遣劉毅劉道規躡玄誅玄諸兄子及石康兄權振兄洪等玄至尋陽江州刺史郭昶之給其器用兵力殷仲文自後至望見玄舟旌旗輿服備帝者之儀歎息曰敗中復振故可也玄於是逼乘輿西上桓歆聚黨向歷陽宣城內史諸葛長民擊破之玄於道作起居注敘其距義軍之事自謂經略指授筭无遺策諸將違節度以致虧喪非戰之罪於是不遑與羣下謀議唯躭思誦述宣示遠近玄至江陵石康納之張幔屋于城南署置百官以卞範之爲尚書僕射其餘職多用輕資於是大修舟師曽未三旬衆且二萬樓船器械甚盛謂其羣黨曰卿等並清塗翼從朕躬都下竊位者方應謝罪軍門其觀卿等入石頭无異雲霄中人也玄以奔敗之後懼法令不肅遂輕怒妄殺人多離怨殷仲文諫

晉列六十九　十一

曰陛下少播英譽遠近所服遂掃平荆雍一匡京室聲被八荒矣既據有極位而遇此阸運非爲威不足也百姓喁喁想望皇澤宜弘仁風以收物情玄怒曰漢高魏武幾遇敗但諸將失利耳以天文惡故還都舊楚而羣小愚惑妄生是非方當糾之以猛未宜施之以恩也玄左右稱玄爲桓詔桓胤諫曰詔者施於辭令不以爲稱謂也漢魏之主皆无此言唯聞北虜以苻堅爲苻詔耳願陛下稽古帝則令萬世可法玄曰此事已行今宜勅罷之更爲不祥必其宜革可待事平也荆州郡守以玄播越或遣使通表有匪寧之辭玄悉不受仍乃更令所在表賀遷都玄遣遊擊將軍何澹之武衛將軍庾稚祖江夏太守桓道恭就郭銓以數千人守湓口又遣輔國將軍桓振往義陽聚衆至弋陽爲龍驤將軍胡譁所破振單騎走還何无忌劉道規等破郭銓何澹之郭昶之於桑落洲進師尋陽玄率舟艦二百發江陵使苻宏羊僧

壽爲前鋒以鄱陽太守徐放爲散騎常侍欲遣說解義軍謂放曰諸人不識天命致此妄作遂懼禍屯結不能自反卿三州所信可明示朕心若退軍散甲當與之更始各授位任令不失分江水在此朕不食言放對曰劉裕爲唱端之主劉毅兄爲陛下所誅並不可說也輒當申聖旨於何无忌玄曰卿使若有功當以吳興相敘放遂受使入无忌軍魏詠之破桓歆于歷陽諸葛長民又敗歆于芍陂歆單馬渡淮毅率道規及下邳太守孟懷玉與玄戰于崢嶸洲于時義軍數千玄兵甚盛而玄懼有敗衂常漾輕舸於舫側故其衆莫有鬭心義軍乘風縱火盡銳爭先玄衆大潰燒輜重夜遁郭銓歸降玄故將劉統馮稚等聚黨四百人襲破尋陽城毅遣建威將軍劉懷肅討平之玄留永安皇后及皇后於巴陵殷仲文時在玄艦求出別船收集散軍因叛玄奉二后奔于夏口玄入江陵城馮該勸使更下戰玄不從欲出漢川投梁州刺史桓希而人情

晉列六十九　十二

乖阻制令不行玄乘馬出城至門左右於闇中斫之不中前後相殺交橫玄僅得至船於是荆州別駕王康產奉帝入南郡府舍太守王騰之率文武營衛時益州刺史毛璩使其從孫祐之參軍費恬送弟璠喪葬江陵有衆二百璩弟子修之爲玄屯騎校尉誘玄以入蜀玄從之達枚回洲恬與祐之迎擊玄矢下如雨玄嬖人丁仙期萬蓋等以身蔽玄並中數十箭而死玄被箭其子昇輒拔去之益州督護馮遷抽刀而前玄拔頭上玉導與之乃曰是何人邪敢殺天子遷曰欲殺天子之賊耳遂斬之時年三十六又斬石康及濬等五級庾頤之戰死昇云我是豫章王諸君勿見殺送至江陵市斬之初玄在宮中恒覺不安若爲鬼神所擾語其所親云恐已當死故與時競元興中衡陽有雌雞化爲雄八十日而冠萎及玄建國於楚衡陽屬焉自篡盜至敗時凡八旬矣其時有童謠云長干巷巷長干今年殺郎官後年斬諸桓其凶兆符會如此

郎君謂元顯也是月王騰之奉帝入居太府桓謙亦聚衆沮
中爲玄舉哀立喪庭僞謚爲武悼皇帝毅等傳送玄首梟于
大桁百姓觀者莫不欣幸何无忌等攻桓謙于馬頭桓蔚
于龍洲皆破之義軍乘勝競進振謙等距戰於靈溪道規
等敗績死没者千餘人義軍退次尋陽更繕舟甲毛璩自
領梁州遣將攻漢中殺桓希江夏相張暢之高平太守劉
懷肅攻何澹之于西塞磯破之振遣桓蔚代王曠守襄陽
道規進討武昌破僞太守王旻魏詠之劉藩破桓石綏於
白茅義軍發尋陽桓亮自號江州刺史侵豫章時江州刺
史劉敬宣討走之義軍進次夏口僞鎮東將軍馮該等守
夏口揚武將軍孟山圖據魯城輔國將軍桓山客守偃月
壘劉毅攻魯城道規攻偃月壘无忌與檀祗列艦中流以防
越逸義軍騰赴叫聲動山谷自辰及午二城俱潰馮該散
走生擒山客毅等平巴陵毛璩遣涪陵太守文處茂東下振

遣桓放之爲益州屯夷陵處茂距戰放之敗走還江陵義
熙元年正月南陽太守魯宗之起義兵襲襄陽破僞雍州
刺史桓蔚无忌諸軍次江陵之馬頭振擁帝出營江津魯
宗之率衆於柞溪破僞武賁中郎溫楷進至紀南振自擊
宗之宗之失利時蜀軍據靈溪毅率无忌道規等破馮該
軍推鋒而前即平江陵振見火起知城已陷乃與謙等北走
是日安帝反正大赦天下唯逆黨就戮詔特免桓胤一人桓
亮自豫章自號鎮南將軍湘州刺史苻宏寇安成廬陵
劉敬宣遣將討之宏走入湘中二月桓謙何澹之溫楷等奔
于姚興桓振與宏出自涓城襲破江陵劉懷肅自雲杜伐
振等破之廣武將軍唐興斬振及僞輔國將軍桓珍毅於
臨章斬僞零陵太守劉叔祖桓亮苻宏復出寇湘中害郡
守長史檀祗討宏於湘東斬之廣武將軍郭彌斬亮於益
陽其餘擁衆假號皆討平之詔徙桓胤及諸黨與于新安

諸郡三年東陽太守殷仲文與永嘉太守駱球謀反欲建桓
胤爲嗣曹靖之桓石松卞承之劉延祖等潛相交結劉裕以
次收斬之幷誅其家屬後桓謙走入蜀蜀賊譙縱以謙爲荆
州刺史使率兵而下荆楚之衆多應之謙至枝江荆州刺史
劉道規斬之梁州刺史傅歆又斬桓石綏桓氏遂滅

卞範之字敬祖濟陰宛句人也識悟聰敏見美於當世太元
中自丹陽丞爲始安太守桓玄少與之遊及玄爲江州引爲
長史委以心膂之任潛謀密計莫不決之後玄將爲篡亂以
範之爲丹陽尹範之與殷仲文陰撰策命進範之爲征虜
將軍散騎常侍玄僭位以範之爲侍中班劍二十人進號後
將軍封臨汝縣公其禪詔即範之文也玄既奢侈无度範之
亦盛營館第自以佐命元勳深懷矜伐以富貴驕人子弟
慠慢衆咸畏嫉之義軍起範之屯兵於覆舟山西爲劉毅所
敗隨玄西走玄又以範之爲尚書僕射玄爲劉毅等所敗左
右分散唯範之在側玄平斬於江陵

殷仲文南蠻校尉覬之弟也少有才藻美容貌從兄仲堪薦
之於會稽王道子即引爲驃騎參軍甚相賞待俄轉諮議參
軍後爲元顯征虜長史會桓玄與朝廷有隙玄之姊仲文之妻
疑而間之左遷新安太守仲文於玄雖爲姻親而素不交密
及聞玄平京師便棄郡投焉玄甚悅之以爲諮議參軍時王
謐見禮而不親卞範之被親而少禮而寵遇隆重兼於王
卞矣玄將爲亂使總領詔命以爲侍中領左衛將軍玄九
錫仲文之辭也初玄篡位入宮其牀忽陷羣下失色仲文曰
將由聖德深厚地不能載玄大悅以佐命親貴厚自封崇
輿馬器服窮極綺麗後房妓妾數十絲竹不絶音性貪吝
多納貨賄家累千金常若不足玄爲劉裕所敗隨玄西走
其珍寶玩好悉藏地中皆變爲土至巴陵因奉二后投義軍
而爲鎮軍長史轉尚書帝初反正抗表自解曰臣聞洪波

振壑川无怙鱗驚颷拂野林无静柯何者勢弱則受制于巨力質微則无以自保于理雖可得而言于臣實非所敢譬昔桓玄之代誠復驅逼者衆至如微臣罪實深矣進不能見危授命亡身殉國退不能辭粟首陽拂衣高謝遂乃宴安昏寵叨昧僞封錫文篡事曾无獨固名義以之俱淪情節自兹兼撓宜置極法以判忠邪會鎮軍將軍劉裕匡復社稷大弘善貸佇一戮於微命申三驅於大信既惠之以首領又申之以縶維于時皇輿否隔天人未泰用忘進退是以僶俛從事自同令人今宸極反正唯新告始憲章既明品物思舊臣亦胡顔之厚可以顯居榮次乞解所職待罪私門違離闕庭乃心慕戀詔不許仲文因月朔與衆至大司馬府府中有老槐樹顧之良久而歎曰此樹婆娑无復生意仲文素有名望自謂必當朝政又謝混之徒疇昔所輕者並皆比肩常怏怏不得志忽遷爲東陽太守意彌不平劉毅愛才好士深相禮接臨當之郡遊宴彌日行至富陽慨然歎曰看此山川形勢當復出一伯符何无忌甚慕之東陽无忌所統仲文許當便道修謁无忌故益欽遲之令府中命文人殷闡孔甯子之徒撰義搆文以俟其至仲文失志恍惚遂不過府无忌疑其薄己大怒思中傷之時屬慕容超南侵无忌言於劉裕曰桓胤殷仲文乃腹心之疾北虜不足爲憂義熙三年又以仲文與駱球等謀反及其弟南蠻校尉叔文並伏誅仲文時照鏡不見其面數日而遇禍仲文善屬文爲世所重謝靈運嘗云若殷仲文讀書半袁豹則文才不減班固言其文多而見書少也

史臣曰桓玄篡凶父之餘基挾姦回之本性含怒於失職苞藏其豕心抗表以稱冤登高以發憤觀釁而動窺圖非望始則假寵於仲堪俄而戮殷以逞欲遂得據全楚之地驅勁勇之兵因晉政之陵遲乘會稽之酗醟縱其狙詐之計扇其陵暴之心敢率犬羊稱兵内侮天長喪亂宄力寔繁踰年之間奄傾晉祚自謂法堯禪舜改物君臨鼎業方隆卜年惟永俄而義旗電發忠勇雷奔半辰而都邑廓清踰月而兇渠即戮更延墜曆復振頹綱是知神器不可以闇于天祿不可以妄處者也夫帝王者功高宇内道濟含靈龍宮鳳曆表其祥彤雲玄石呈其瑞然後光臨大寶克享鴻名允徯后之心副樂推之望若桓玄之么麽豈足數哉適所以干紀亂常傾宗絶嗣肇金行之禍難成宋氏之驅除者乎

贊曰靈寶隱賊世載兇德信順未孚姦回是則肆逆遷鼎憑威縱慝違天虐人覆宗殄國

列傳第六十九　晉書九十九

王彌　張昌　陳敏　王如
杜曾　杜弢　王機 兄矩　祖約
蘇峻　孫恩　盧循　譙縱

王彌東萊人也家世二千石祖頎魏玄菟太守武帝時至汝南太守彌有才幹博涉書記少游俠京師隱者董仲道見而謂之曰君豺聲豹視好亂樂禍若天下騷擾不作士大夫矣惠帝末妖賊劉伯根起於東萊之惤縣彌率家僮從之伯根以爲長史伯根死聚徒海渚爲茍純所敗亡入長廣山爲羣賊彌多權略凡有所掠必豫圖成敗舉无遺策弓馬迅捷膂力過人青土號爲飛豹後引兵入寇青徐兗州刺史茍晞逆擊大破之彌退集亡散衆復大振晞與之連戰不能剋彌進兵寇泰山魯國譙梁陳汝南潁川襄城諸郡入許昌開府庫取器杖所在陷没多殺守令有衆數萬朝

廷不能制會天下大亂進逼洛陽京邑大震宮城門晝閉司徒王衍等率百官距守彌屯七里澗王師進擊大破之彌謂其黨劉靈曰晉兵尚強歸无所厝劉元海昔爲質子我與之周旋京師深有分契今稱漢王將歸之可乎靈然之乃渡河歸元海元海聞而大悦遣其侍中兼御史大夫郊迎致書於彌曰以將軍有不世之功超時之德故有此迎耳遲望將軍之至孤今親行將軍之館輙拂席洗爵敬待將軍及彌見元海勸稱尊號元海謂彌曰孤本謂將軍如竇周等耳今眞吾孔明仲華也烈祖有云吾之有將軍如魚之有水於是署彌司隷校尉加侍中特進彌固辭使隨劉曜寇河内又與石勒攻臨漳永嘉初寇上黨圍壺關東海王越遣淮南内史王曠安豐太守衛乾等討之及彌戰于高都長平間大敗之死者十六七元海進彌征東大將軍封東萊公與劉曜石勒等攻魏郡汲郡頓丘陷五十餘壁皆調爲軍士又與勒攻鄴安北將軍和郁棄城而走懷帝遣北中郎將裴憲次白馬討彌車騎將軍王堪次東燕討勒平北將軍曹武次大陽討元海武部將軍彭默爲劉聰所敗見害衆軍皆退聰渡黃河帝遣司隷校尉劉暾將軍宋抽等距之皆不能抗彌聰以萬騎至京城焚二學東海王越距戰於西明門彌等敗走彌復以二千騎寇襄城諸縣河東平陽弘農上黨諸流人之在潁川襄城汝南南陽河南者數萬家爲舊居人所不禮皆焚燒城邑殺二千石長吏以應彌彌又以二萬人會石勒寇陳郡潁川屯陽翟遣弟璋與石勒共寇徐兗因破越軍彌後與曜寇襄城遂逼京師時京邑大饑人相食百姓流亡公卿奔河隂曜彌等遂陷宮城至太極前殿縱兵大掠幽帝于端門逼辱羊皇后殺皇太子詮發掘陵墓焚燒宮廟城府蕩盡百官及男女遇害者三萬餘人遂遷帝於平陽彌之掠也曜禁之彌

不從曜斬其牙門王延以狥彌怒與曜阻兵相攻死者千餘人彌長史張嵩諫曰明公與國家共興大事事業甫耳便相攻討何面見主上乎平洛之功誠在將軍然劉曜皇族宜小下之晉二王平吳之鑒其則不遠願明將軍以爲慮縱將軍阻兵不還其若子弟宗族何彌曰善微子吾不聞此過也於是詣曜謝結分如初彌曰下官聞過乃是張長史之功曜謂嵩曰君爲朱建矣豈况范生乎各賜嵩金百斤彌謂曜曰洛陽天下之中山河四險之固城池宮室无假營造可徙平陽都之曜不從焚燒而去彌怒曰屠販子豈有帝王之意乎汝奈天下何遂引衆東屯項關初曜以彌先入洛不待己怨之至是嫌隙遂構劉暾說彌還據青州彌然之乃以左長史曹嶷爲鎮東將軍給兵五千多齎寶物還鄉里招誘亡命且迎其室彌將徐邈高梁輙率部曲數千人隨嶷去彌益衰弱初石勒惡彌驍勇常密爲之備彌之

破洛陽也多遺勒美女寶貨以結之時勒擒苟晞以爲左司馬彌謂勒曰公獲苟晞而用之何其神妙使晞爲公左彌爲公右天下不足定也勒愈忌彌陰圖之劉暾又勸彌徵曹嶷藉其衆以誅勒於是彌使暾詣青州令曹嶷引兵會己而詐要勒共向青州暾至東阿爲勒游騎所獲勒見彌與嶷書大怒乃殺暾彌未之知勒伏兵襲彌殺之并其衆

張昌本義陽蠻也少爲平氏縣吏武力過人每自占卜言應當富貴好論攻戰儕類咸共笑之及李流寇蜀昌潛遁半年聚黨數千人盜得幢麾詐言臺遣其募人討流會壬午詔書發武勇以赴益土號曰壬午兵自天下多難數術者云當有帝王興于江左及此調發人咸不樂西征昌黨因之誑惑百姓各不肯去而詔書催遣嚴速所經之界停留五日者二千石免由是郡縣官長皆躬出驅逐展轉不遠屯聚而爲劫掠是歲江夏大稔流人就食者數千口太安二年昌于安陸

縣石巖山屯聚去郡八十里諸流人及避戍役者多往從之昌乃易姓名爲李辰太守弓欽遣軍就討輒爲所破昌徒衆日多遂來攻郡欽出戰大敗乃將家南奔沔口鎮南大將軍新野王歆遣騎督靳滿討昌于隨郡西大戰滿敗走昌得其器杖據有江夏即其府庫造妖言云當有聖人出山都縣吏丘沈遇於江夏昌名之爲聖人盛車服出迎之立爲天子置百官沈易姓名爲劉尼稱漢後以昌爲相國昌兄味爲車騎將軍弟放廣武將軍各領兵於石巖中作宮殿又於巖上織竹爲鳥形衣以五綵聚肉于其傍衆鳥羣集詐云鳳皇降又言珠袍玉璽鐵券金鼓自然而至乃下赦書建元神鳳郊祀服色依漢故事其有不應其募者族誅又流訛言云江淮已南當圖反逆官軍大起悉誅討之群小互相扇動人情惶懼江沔間一時焱起豎牙旗鳴鼓角以應昌旬月之間衆至三萬皆以絳科頭㩌之以毛江夏義陽士庶

莫不從之惟江夏舊姓江安令王僶秀才呂蕤不從昌以三公位徵之僶蕤密將宗室北奔汝南投豫州刺史劉喬鄉人期思令李權常安令吳鳳孝廉吳暢糾合善士得五百餘家追隨僶等不豫妖逆新野王歆上言妖賊張昌劉尼妄稱神聖犬羊萬計絳頭毛面挑刀走戟其鋒不可當請臺敕諸軍三道救助於是劉喬率諸軍據汝南以禦賊前將軍趙驤領精卒八千據宛助平南將軍羊伊距守昌遣其將軍黄林爲大都督率二萬人向豫州前驅李宮欲掠取汝水居人喬遣將軍李楊逆擊大破之林等東攻弋陽太守梁桓嬰城固守又遣其將馬武破武昌害太守昌自領其衆西攻宛破趙驤害羊伊進攻襄陽害新野王歆昌别率石冰東破江揚二州僞置守長當時五州之境皆畏逼從逆又遣其將陳貞陳蘭張甫等攻長沙湘東零陵諸郡昌雖跨帶五州樹立牧守皆盜桀小人而无禁制但以劫掠爲務人情漸離是歲詔以寧朔將軍領南蠻

校尉劉弘鎮宛弘遣司馬陶侃參軍蒯桓皮初等率衆討昌於竟陵劉喬又遣將軍李楊督護尹奉總兵向江夏侃等與昌苦戰累日大破之納降萬計昌乃沉竄于下雋山明年秋乃擒之傳首京師同黨並夷三族

陳敏字令通廬江人也少有幹能以部廉吏補尚書倉部令史及趙王倫篡逆三王起義兵久屯不散京師倉廩空虛敏建議曰南方米穀皆積數十年時將欲腐敗而不漕運以濟中州非所以救患周急也朝廷從之以敏爲合肥度支遷廣陵度支張昌之亂遣其將石冰等趣壽春都督劉準憂惶計无所出時敏統大軍在壽春謂準曰此等本不樂遠戍故逼迫成賊烏合之衆其勢易離敏請合率運兵公分配衆力破之必矣準乃益敏兵擊之破吳弘石冰等敏遂乘勝逐北戰數十合時冰衆十倍敏以少擊衆每戰皆尅遂至揚州廻討徐州賊封雲雲將張統斬雲降敏以功爲廣陵

相時惠帝幸長安四方交爭敏遂有割據江東之志其父聞
之怒曰滅我門者必此兒也父亡去職東海王越當西迎大駕
承制起敏爲右將軍假節前鋒都督致書於敏曰將軍建謀
富國則有大漕之勳及遭氷昌之亂則首率義徒以寡敵衆
外无強兵之援内无運籌之佀隻身挺立雄畧從横擢奇謀
於馬首奮靈計於臨危金聲振於江外精光赫於揚楚攻
堅陷險三十餘戰師徒无虧剋敵自滅五州復全苞茅入貢
豈非將軍之功力哉今羯賊屯結遊魂河濟鼠伏雉竄藏匿
陳留始欲姦盜終圖不軌將軍孫吳之術既明已試之功先
著孤與將軍情分特隆想割草土之哀抑難居之思捨經執
戈來䘏國難天子遠巡鑾輿未反引領東眷有懷山陵當憑
將軍戮力王略有旋將軍率將所領承書風發米布軍資惟
將軍所運時越討豫州刺史劉喬敏引兵會之與越俱敗於
蕭敏因中國大亂遂請東歸收兵據歷陽會吳王常侍甘

卓自洛至教卓假稱皇太弟命拜敏爲揚州刺史并假江
東首望顧榮等四十餘人爲將軍郡守榮等僞從之敏爲
息娶卓女遂相爲表裏揚州刺史劉機丹陽太守王廣等
皆棄官奔走敏弟昶知顧榮等有貳心勸敏殺之敏不從昶
將精兵數萬據烏江弟恢率錢端等南冦江州刺史應邈奔走
弟斌東畧諸郡遂據有吳越之地敏命寮佐以已爲都督江東
軍事大司馬楚公封十郡加九錫列上尚書稱自江入河奉迎
鑾駕東海王軍諮祭酒華譚聞敏自相署置而顧榮等並江
東首望悉受敏官爵乃遺榮等書曰石氷之亂朝廷錄敏微
功故加越次之禮授以上將之任庶有韓盧一噬之效而本性凶
狡素无識達貪榮干運逆天而動阻兵作威盜據吳會内用
凶弟外委軍吏上負朝廷寵授之榮下孤宰輔過禮之惠天
道伐惡人神所不祐雖阻長江命危朝露忠節令圖君子高行
屈節附逆義士所耻王蠋匹夫志不可屈於期慕義隕首燕

庭況吳會仁人並受國寵或剖符名郡或列爲近臣而便辱身
姦人之朝降節逆叛之黨稽顙屈膝不亦羞乎昔龔勝絶
粒不食莽朝魯連赴海耻爲秦臣君子義行同符千載遥度
雅量豈獨是安昔吳之武烈稱美一代雖奮奇宛葉亦受折
襄陽討逆雄氣志存中夏臨江發怒命訖丹徒賴先王承運
雄謀天挺尚内倚慈母仁明之教外杖子布廷爭之忠又有
諸葛顧步張朱陸全之族故能鞭笞百越稱制南州然兵家
之興不出三世運未盈百歸命入臣今以陳敏倉部令史七
第頑冗六品下才欲躡桓王之高蹤蹈大皇之絶軌遠度諸賢
猶當未許也諸君垂頭不能建翟義之謀而顧生俛眉已受
羈絆之辱皇輿東軒行即紫館百寮垂纓雲翔鳳闕廟勝之
謀潜運帷幄然後發荆州武旅順流東下徐州銳鋒南據堂
邑征東勁卒耀威歷陽飛橋越横江之津泛舟涉瓜步之渚
威震丹楊擒冦建鄴而諸賢何顔見中州之士邪小冦隔津耆

符道闊引領南望情存舊懷忠義之人何世蔑有夫危而不
能安亡而不能存將何貴乎永長宿德情所素重彦先垂髪
分著金石公冑早交恩紀特隆令伯義聲親好密結上欲與諸
賢效翼紫宸建功帝籍如其不爾亦可泛舟河渭擊楫清歌
何爲辱身小冦之手以蹈逆亂之禍乎昔爲同志今已殊域
往爲一體今成異身瞻江長歎非子誰思願圖良策以存嘉
謀也敏凡才无遠畧一旦據有江東刑政无章不爲英俊所
服且子弟凶暴所在爲患周玘顧榮之徒常懼禍敗又得譚
書皆有慚色玘榮遣使密報征東大將軍劉準遣兵臨江已
爲内應準遣揚州刺史劉機寧遠將軍衡彦等出歷陽敏
使弟昶及將軍錢廣次烏江以距之又遣弟閎爲歷陽太
守戍牛渚錢廣家在長城玘鄉人也玘潜使圖昶廣遣其
屬何康錢象投募送白事於昶昶傾頭視書康揮刀斬之
稱州下已殺敏敢有動者誅三族吹角爲内應廣先勒兵在

朱雀橋陳兵水南玘榮又說甘卓卓遂背敏敏率萬餘人將與卓戰未獲濟榮以白羽扇麾之敏衆潰散敏單騎東奔至江乘爲義兵所斬母及妻子皆伏誅於是會稽諸郡並殺敏諸弟无遺焉

王如京兆新豐人也初爲州武吏遇亂流移至宛時諸流人有詔並遣還鄉里如以關中荒殘不願歸征南將軍山簡南中郎將杜蕤各遣兵送之而促期令發如遂潛結諸无賴少年夜襲二軍破之杜蕤悉衆擊如戰于涅陽蕤軍大敗山簡不能禦移屯夏口如又破襄城於是南安龐寔馮翊嚴嶷長安侯脫等各帥其黨攻諸城鎮多殺令長以應之未幾衆至四五萬自號大將軍領司雍二州牧如懼石勒之攻已也乃厚賂於勒結爲兄弟勒又假其強而納之時侯脫據宛與如不協如說勒曰侯脫雖名漢臣其實漢賊如常恐其來襲兄宜備之勒素怒脫貳已憚如脣齒故不攻之及聞如言甚悅遂夜令

三軍蓐食待命雞鳴而駕後出者斬晨壓宛門攻之旬有二日而尅之勒遂斬脫如於是大掠沔漢進逼襄陽征南山簡使將趙同帥師擊之經年不能尅智力並屈遂嬰城自守王澄帥軍赴京都如邀擊破之如連年種穀皆化爲莠軍中大饑其黨互相攻劫官軍進討各相率來降如計无所出歸于王敦敦從弟稜愛如驍武請敦配已麾下敦曰此輩虓險難畜汝性忌急不能容養更成禍端稜固請與之稜置左右甚加寵遇如數與敦諸將角射屢鬬爭爲過失稜果不容而杖之如甚以爲恥初敦有不臣之迹稜每諫之敦常怒其異已及敦聞如爲稜所辱密使人激怒之勸令殺稜如詣稜因閑宴請劒舞爲歡稜從之如於是舞刀爲戲漸漸來前稜惡而呵之不止叱左右使牽去如直前害稜敦聞而陽驚亦捕如誅之

杜曾新野人南中郎將蕤之從祖弟也少驍勇絶人能被甲游於水中始爲新野王歆鎮南參軍歷華容令至南蠻司馬凡有戰陣勇冠三軍會永嘉之亂荊州荒梗故牙門將胡亢聚衆於竟陵自號楚公假曾竟陵太守亢後與其黨自相猜貳誅其驍將數十人曾心不自安潛謀圖之乃卑身屈節以事於亢亢弗之覺甚信任之會荊州賊王冲自號荊州刺史部衆亦盛屢遣兵抄亢所統亢患之問計於曾曾勸令擊之亢以爲然曾白亢取帳下刀戟付工磨之因潛引王冲之兵亢遣精騎出距冲城中空虛曾因斬亢而并其衆自號南中郎將領竟陵太守曾求南郡太守劉務女不得盡滅其家會愍帝遣第五猗爲安南將軍荊州刺史曾迎猗於襄陽爲兄子娶猗女遂分據沔漢時陶侃新破杜弢乘勝擊曾有輕曾之色侃司馬魯恬言於侃曰古人爭戰先料其將今使君諸將无及曾者未易可逼也侃不從進軍圍之於石城時曾軍多騎而侃兵无馬曾密開門突侃陣出其後反擊其背

侃師遂敗投水死者數百人曾將趨順陽下馬拜侃告辭而去既而致箋於平南將軍荀崧求討丹水賊以自效崧納之侃遺崧書曰杜曾凶狡所將之卒皆豺狼也可謂鴟梟食母之物此人不死州土未寧足下當識吾言崧以宛中兵少藉曾爲外援不從侃言曾復率流亡二千餘人圍襄陽數日不下而還及王廙爲荊州刺史曾距之廙使將朱軌趙誘擊曾皆爲曾所殺王敦遣周訪討之屢戰不能尅訪潛遣人緣山開道出曾不意以襲之曾衆潰其將馬儁蘇温等執曾詣訪降訪欲生致武昌而朱軌息昌趙誘息胤皆乞曾以復冤於是斬曾而昌胤臠其肉而噉之

杜弢字景文蜀郡成都人也祖植有名蜀土武帝時爲符節令父眕略陽護軍弢初以才學著稱州舉秀才遭李庠之亂避地南平太守應詹愛其才而禮之後爲醴陵令時巴蜀流人汝班蹇碩等數萬家布在荊湘間而爲舊百姓之所侵

苦並懷怨恨會蜀賊李驤殺縣令屯聚樂鄉衆數百人弢與應詹擊驤破之蜀人杜疇蹇抚等復擾湘州參軍馮素與汝班不協言於刺史荀眺曰流人皆欲反眺以爲然欲盡誅流人班等懼死聚衆以應疇時弢在湘中賊衆共推弢爲主弢自稱梁益二州牧平難將軍湘州刺史攻破郡縣眺委城走廣州廣州刺史郭納遣始興太守嚴佐率衆攻弢弢逆擊破之荆州刺史王澄復遣王機擊弢敗於巴陵弢遂縱兵肆暴偽降於山簡簡以爲廣漢太守眺之走也州人推安成太守郭察領州事因率衆討弢反爲所敗察死之弢遂南破零陵東侵武昌害長沙太守崔敷宜都太守杜鑒邵陵太守鄭融等元帝命征南將軍王敦荆州刺史陶侃等討之前後數十戰弢將士多物故於是請降帝不許弢乃遺應詹書曰天步艱難始自吾州州黨流移在於荆土其所遇值蔑之如遺頓伏死亡者畧復過半備嘗荼毒足下之所鑒也客主難久嫌隙易構不謂樂鄉起

變出於不意時與足下思散疑結求擒其黨帥惟患筭不經遠力不陷堅耳及在湘中懼死求生遂相結聚欲守善自衛天下小定然後輸誠盟府尋山公鎮夏口即具陳之此公鑒開塞之會察窮通之運納吾於衆疑之中非高識玄覩孰能若此西州人士得沐浴於清流豈惟滌蕩瑕穢乃骨肉之施此公薨逝斯事中廢賢愚痛毒竊心自悼欲遺滕永文張休豫詣大府備列起事以來本末但恐貪功狥名之徒將讒間於聖主之聽戮吾使於市朝以彰叛逆之罪故未敢遣之而甘陶卒至水陸十萬旌旗曜於山澤舟艦盈於三江威則威矣然吾衆竊未以爲懼晉文伐原以全信爲本故能使諸侯歸之陶侃宣赦書而繼之以進討豈所以崇奉明詔示軌憲於四海逼向義之夫以爲叛逆之虜蹴思善之衆以極不赦之責非不戰而屈人之筭也驅畧烏合欲與必死者求一戰未見爭衡之機權也吾之赤心貫於神明西州人士卿粗悉之耳寧當今抱枉

於時不證於大府邪昔虞卿不榮大國之相與魏齊同其安危司馬遷明言於李陵雖刑殘而无愧足下抗威千里聲播汝衡進宜爲國思靖難之畧退與舊交措枉直之正不亦綽然有餘裕乎望卿騰吾箋令時達盟府遣大使光臨使吾得披露肝膽没身何恨哉伏想盟府必結紐於紀綱爲一匡於聖世使吾厠列義徒負戈前驅迎皇輿於閶闔掃長蛇於荒裔雖死之日猶生之年也若然先清方夏却定中原吾得一年之糧使泝流西歸夷李雄之逋寇修禹貢之舊獻展微勞以補往愆復州邦以謝鄰國亦其志也惟所裁處耳吾遠州寒士與足下出處殊倫誠不足感神交而濟其傾危但顯吾忠誠則汝嶽荷忠順之恕衡湘无伐叛之虞隆足下宏納之望拯吾徒陷溺之艱焉可金玉其音哉然顒顒十餘萬口亦勞瘁於警備思放逸於南畝矣衡嶽江湘列吾左右若往言有貳血誠不亮益梁受殃不惟鄙門而已詹甚哀之乃啓呈弢書并上

言曰弢益州秀才素有清望文理既優幹事兼美往因使流寓居詹郡界其貞心堅白詹所委究李驤爲變樂鄉劫畧良善弢時出家財招募忠勇登壇歃血義誠慷慨會驤攻燒南平弢遂東下巴漢與湘中鄉人相遇推其素望遂相憑結論弢本情非首作亂階者也然破湘川實弢之罪亦由兵交其間遂使滋蔓按弢今書血誠亦至矣昔朱鮪自疑於洛陽光武指河水以明心鮪感義歸誠終展力報施受封侯之寵由恕過以錄功也詹竊謂今者當圯運之會思弘遠猷故齊赦射鈎之誅晉貫斬袪之戮用能濟翼戴之高勲隆一匡之美譽況弢等素无斯愆而稽顙投命邪以爲可遣大使宣揚聖旨雲澤沾之於上百姓沐浴於下則上下交泰江左无風塵之虞矣帝乃使前南海太守王運受弢降宣詔書大赦凡諸反逆一皆除之加弢巴東監軍弢受命後諸將殉功者攻擊之不已弢不勝憤怒遂殺運而使其將王

真領精卒三千爲奇兵出江南向武陵斷官軍運路陶侃使伏波將軍鄭攀邀擊大破之真步走湘城於是侃等諸軍齊進真遂降侃衆黨散潰弢乃逃遁不知所在

王機字令明長沙人也父毅廣州刺史甚得南越之情機美姿儀倜儻有度量陳恢之亂機年十七率衆擊破之常慕王澄爲人澄亦雅知之以爲己亞遂與友善内綜心膂外爲牙爪澄尋用爲成都内史機終日醉酒不存政事由是百姓怨之人情騷動會澄遇害機懼禍及又屬杜弢所在發墓而獨爲機守冢機益自疑就王敦求廣州敦不許會廣州人背刺史郭訥迎機爲刺史機遂將奴客門生千餘人入廣州州部將温邵率衆迎機敦遣將軍葛幽追之及於盧陵機叱幽曰何以敢來欲取死邪幽不敢逼而歸郭訥聞邵之納機也乃遣兵擊邵反爲所破訥又遣機父兄時吏距之咸倒戈迎機訥衆皆散乃握節而避機機遂入城就訥求節訥歎曰昔蘇武不失其節前史以爲美談此節天朝所假義不相與自可遣兵來取之機慙而止機自以篡州懼爲王敦所討乃更求交州時杜弢餘黨杜弘奔臨賀送金數千兩與機求討桂林賊以自效機爲列上朝廷許之王敦以機難制又欲因機討梁碩故以降杜弘之勳轉爲交州刺史碩聞而遣子侯候機於鬱林機怒其迎遲責云須至州當相收拷碩子馳使報碩碩曰王郎已壞廣州何可復來破交州也乃禁州人不許迎之府司馬杜讚以碩不迎機率兵討碩爲碩所敗碩恐諸僑人爲機於是悉殺其良者乃自領交阯太守機既爲碩所距遂往鬱林時杜弘大破桂林賊還遇機於道機勸弘取交州弘素有意乃執機節曰當相與送持何可獨捉機遂以節與之於是機與弘及温邵劉沈等並反尋而陶侃爲廣州到始興州人皆諫不可輕進侃不聽及至州諸郡縣皆已迎機矣侃先討温邵劉沈皆殺之機遣牙門屈藍還州詐言增粮密招誘所部欲以距侃侃即收藍斬之遣督護許高討機走之病死于道高掘出其尸斬首并殺其二子焉

機兄矩字令式美姿容每出游觀者盈路初爲南平太守豫討陳恢有功遷廣州刺史將赴職忽見一人持奏謁矩自云京兆杜靈之矩問之答稱天上京兆被使召君爲主簿矩意甚惡之至州月餘卒

祖約字士少豫州刺史逖之弟也初以孝廉爲成皐令與逖甚相友愛永嘉末隨逖過江元帝稱制引爲掾屬與陳留阮孚齊名後轉從事中郎典選舉約妻无男而性妬約亦不敢違忤嘗夜寢於外忽爲人所傷疑其妻所爲約求去職帝不聽約便從右司馬營東門私出司直劉隗劾之曰約幸荷殊寵顯位選曹銓衡人物衆所具瞻當敬以直内義以方外杜漸防萌式遏寇害而乃變起蕭墻患生婢妾身被刑傷虧其膚髮群小噂喈囂聲遠被塵穢清化垢累明時天恩含垢

猶復慰喻而約違命輕出既无明智以保其身又孤恩廢命宜加貶黜以塞衆謗帝不之罪隗重加執據終不許及逖有功於譙沛約漸見任遇逖卒自侍中代逖爲平西將軍豫州刺史領逖之衆約異母兄光禄大夫納密言於帝曰約内懷陵上之心抑而使之可也今顯侍左右假其權勢將爲亂階矣帝不納時人亦謂納與約異生忌其寵貴故有此言而約竟无綏馭之才不爲士卒所附及王敦舉兵約歸衛京都率衆次壽陽逐敦所署淮南太守任台以功封五等侯進號鎮西將軍使屯壽陽爲北境藩扞自以名輩不後郗卞而不豫明帝顧命又望開府及諸所表請多不見許遂懷怨望石聰嘗以衆逼之約屢表請救而官軍不至聰既退朝議又欲作涂塘以遏胡寇約謂爲棄己彌懷憤恚先是太后使蔡謨勞之約見謨瞋目攘袂非毀朝政及蘇峻舉兵遂推崇約而罪執政約聞而大喜從子智及衍並傾險好亂又讚成其事於是命

逖子沛内史渙女壻淮南太守許柳以兵會峻逖妻柳之姊也固諫不從及峻剋京都矯詔以約爲侍中太尉尚書令潁川人陳光率其屬攻之約左右閻秃貌類約光謂爲約而擒之約踰垣獲免光奔於石勒而約之諸將復陰結於勒請爲内應勒遣石聰來攻之約衆潰奔歷陽遣兄子渙攻桓宣于晥城會毛寶援宣擊渙敗之趙胤復遣將軍甘苗從三焦上歷陽約懼而夜遁其將牽騰率衆出降約以左右數百人奔於石勒勒薄其爲人不見者久之勒將程遐説勒曰天下粗定當顯明逆順此漢高祖所以斬丁公也今忠於事君者莫不顯擢背叛不臣者无不夷戮此天下所以歸伏大王也祖約猶存臣切惑之且約大引賓客又占奪鄉里先人田地地主多怨於是勒乃詐約曰祖侯遠來未得喜歡可集子弟一時俱會至日勒辭之以疾令遐請約及其宗室約知禍及大飲致醉既至於市抱其外孫而泣遂殺之并其親屬中外百餘人悉滅之婦女

妓妾班賜諸胡初逖有胡奴曰王安待之甚厚及在雍丘告之曰石勒是汝種類吾亦不在爾一人乃厚資遣之遂爲勒將祖氏之誅也安多將從人於市觀省潛取逖庶子道重藏之爲沙門時年十歲石氏滅後來歸

蘇峻字子高長廣掖人也父模安樂相峻少爲書生有才學仕郡主簿年十八舉孝廉永嘉之亂百姓流亡所在屯聚峻糾合得數千家結壘於本縣于時豪傑所在屯聚而峻最強遣長沙徐瑋宣檄諸屯示以王化又收枯骨而葬之遠近感其恩義推峻爲主遂射獵於海邊青山中元帝聞之假峻安集將軍時曹嶷領青州刺史表峻爲掖令峻辭疾不受嶷惡其得衆必恐爲患將討之峻懼率其所部數百家汎海南渡既到廣陵朝廷嘉其遠至轉鷹揚將軍會周堅反於彭城峻助討之有功除淮陵内史遷蘭陵相王敦作逆詔峻討敦卜之不吉遲廻不進及王師敗績峻退保盱眙淮陵故吏徐深艾毅重請峻爲内史詔聽之加奮威將軍太寧初更除臨淮内史王敦復肆逆尚書令郄鑒議召峻及劉遐援京都敦遣峻兄説峻曰富貴可坐取何爲自來送死峻不從遂率衆赴京師頓於司徒故府道遠行速軍人疲困沈充錢鳳謀曰北軍新到未堪攻戰擊之必剋若復猶豫後難犯也賊於其夜度竹格渚拔柵將戰峻率其將韓晃於南塘横截大破之又隨庾亮追破沈充進使持節冠軍將軍歷陽内史加散騎常侍封邵陵公食邑一千八百户峻本以單家聚衆於擾攘之際歸順之後志在立功既有功於國威望漸著至是有鋭卒萬人器械甚精朝廷以江外寄之而峻頗懷驕溢自負其衆潛有異志撫納亡命得罪之家有逃死者峻輒蔽匿之衆力日多皆仰食縣官運漕者相屬稍有不如意便肆忿言時明帝初崩委政宰輔護軍庾亮欲徵之峻聞將徵遣司馬何仍詣亮曰討賊外任遠近從命至於内輔實非所堪不從遂下優詔徵峻爲大司

農加散騎常侍位特進以弟逸代領部曲峻素疑亮欲害已表曰昔明皇帝親執臣手使臣北討胡寇今中原未靖无用家爲乞補青州界一荒郡以展鷹犬之用復不許峻嚴裝將赴召而猶豫未決參軍任讓謂峻曰將軍求處荒郡而不見許事勢如此恐无生路不如勒兵自守峻從之遂不應命朝廷遣使諷諭之峻曰臺下云我欲反豈得活邪我寧山頭望廷尉不能廷尉望山頭往者國危累卵非我不濟狡兎既死獵犬理自應烹但當死報造謀者耳於是遣參軍徐會結祖約謀爲亂而以討亮爲名約遣祖渙許柳率衆助峻峻遣將韓晃張健等襲姑孰進逼慈湖殺于湖令陶馥及振威將軍司馬流峻自率渙柳衆萬人乘風濟自横江次於陵口與王師戰頻捷遂據蔣陵覆舟山率衆因風放火臺省及諸營寺署一時蕩盡遂陷宮城縱兵大掠侵逼六宮窮凶極暴殘酷无道驅役百官光祿勳王彬等皆被捶撻逼令

擔負登蔣山裸剝士女皆以壞席苫草自鄣无草者坐地以土自覆哀號之聲震動内外時官有布二十萬匹金銀五千斤錢億萬絹數萬匹他物稱是峻盡廢之矯詔大赦惟庾亮兄弟不在原例自爲驃騎領軍將軍錄尚書事許柳丹楊尹加前將軍馬雄左衛將軍祖渙驍騎將軍復弋陽王羕爲西陽王太宰錄尚書事羕息播亦復本官於是改易官司置其親黨朝廷政事一皆由之又遣韓晃入義興張健管商弘徽等入晉陵時温嶠陶侃已唱義於武昌峻聞兵起用參軍賈寧計還據石頭更分兵距諸義軍所過无不殘滅嶠等將至峻遂遷天子於石頭逼迫居人盡聚之後苑使懷德令匡術守苑城嶠等旣到乃築壘於白石峻率衆攻之幾至陷没東西抄掠多所擒虜兵威日盛戰无不剋由是義衆沮衂人懷異計朝士之奔義軍者皆云峻狡黠有智勇其徒黨驍勇所向无敵惟當以天討有罪誅滅不久若以人

事言之未易除也温嶠怒曰諸君怯懦乃是譽賊及後累戰不捷嶠亦深憚之管商等進攻吳郡焚吳縣海鹽嘉興敗諸義軍韓晃又攻宣城害太守桓彝商等又焚餘杭而大敗於武康退還義興與嶠與趙胤率步兵萬人從白石南上欲以臨之峻與匡孝將八千人逆戰峻遣子碩與孝以數十騎先薄趙胤敗之峻望見胤走曰孝能破賊我更不如乎因舍其衆與數騎北下突陣不得入將廻趨白木陂牙門彭世李千等投之以矛墜馬斬首臠割之焚其骨三軍皆稱萬歲峻司馬任讓等共立峻弟逸爲主求峻尸不獲碩乃發庾亮父母墓剖棺焚尸逸閉城自守韓晃聞峻死引兵赴石頭管商及弘徽進攻庱亭壘督護李閎及輕車長史滕含擊破之斬首千級商率衆走延陵李閎與庱亭諸軍追之斬獲數千級商詣庾亮降匡術舉苑城降韓晃與蘇逸等并力攻術不能陷温嶠等選精鋭將攻賊營碩率驍勇數百渡淮而戰於陣斬碩晃等震懼以其衆奔張健於曲阿門阸不得出更相蹈藉死者萬數逸爲李湯所執斬於車騎府管商之降也餘衆並歸張健健又疑弘徽等不與己同盡殺之更以舟車自延陵向長塘小大二萬餘口金銀寳物不可勝數揚烈將軍王允之與吳興諸軍擊健大破之獲男女萬餘口健復與馬雄韓晃等輕軍俱走閎率鋭兵追之及於巖山攻之甚急健等不敢下山惟晃獨出帶兩步靫箭郄據胡牀彎弓射之傷殺甚衆箭盡乃斬之健等遂降並梟其首

孫恩字靈秀琅邪人孫秀之族也世奉五斗米道恩叔父泰字敬遠師事錢唐杜子恭而子恭有秘術嘗就人借瓜刀其主求之子恭曰當即相還耳既而刀主行至嘉興有魚躍入船中破魚得瓜刀其爲神效往往如此子恭死泰傳其術然浮狡有小才誑誘百姓愚者敬之如神皆竭財産進子女以

求福慶王珣言於會稽王道子流之於廣州廣州刺史王懷之以泰行鬱林太守南越亦歸之太子少傅王雅先與泰善言於孝武帝以泰知養性之方因召還道子以爲徐州主簿猶以道術眩惑士庶稍遷輔國將軍新安太守王恭之役泰私合義兵得數千人爲國討恭黄門郎孔道鄱陽太守桓放之驃騎諮議周勰等皆敬事之會稽世子元顯亦數詣泰求其秘術泰見天下兵起以爲晉祚將終乃扇動百姓私集徒衆三吳士庶多從之于時朝士皆懼泰爲亂以其與元顯交厚咸莫敢言會稽内史謝輶發其謀道子誅之恩逃于海衆聞泰死惑之皆謂蟬蛻登仙故就海中資給恩聚合亡命得百餘人志欲復讎及元顯縱暴吳會百姓不安恩因其騷動自海攻上虞殺縣令因襲會稽害内史王凝之有衆數萬於是會稽謝鍼吳郡陸環吳興丘尫義興許允之臨海周冑永嘉張永及東陽新安等凡八郡

一時俱起殺長吏以應之旬日之中衆數十萬於是吳興太守謝邈永嘉太守謝逸嘉興公顧胤南康公謝明慧黃門郎謝沖張琨中書郎孔道太子洗馬孔福烏程令夏侯愔等皆遇害吳國内史桓謙義興太守魏傿臨海太守新蔡王崇等並出奔於是恩據會稽自號征東將軍號其黨曰長生人宣語令誅殺異己有不同者戮及嬰孩由是死者十七八畿内諸縣處處蜂起朝廷震懼内外戒嚴遣衛將軍謝琰鎮北將軍劉牢之討之並轉鬬而前吳會承平日久人不習戰又无器械故所在多被破亡諸賊皆燒倉廩焚邑屋刋木堙井虜掠財貨相率聚於會稽其婦女有嬰累不能去者囊簏盛嬰兒投於水而告之曰賀汝先登仙堂我尋後就汝初恩聞八郡響應告其屬曰天下无復事矣當與諸君朝服而至建康既聞牢之臨江復曰我割浙江不失作句踐也尋知牢之已濟江乃曰孤不羞走矣乃虜男女二十餘萬口一時逃入海懼官軍之躡乃緣道多棄寶物子女時東土殷實莫不粲麗盈目牢之等遽於收斂故恩復得逃海朝廷以謝琰爲會稽率徐州文武戍海浦隆安四年恩復入餘姚破上虞進至刑浦琰遣參軍劉宣之距破之恩退縮少日復寇刑浦害謝琰朝廷大震遣冠軍將軍桓不才輔國將軍孫无終寧朔將軍高雅之擊之恩復還於海於是復遣牢之東屯會稽吳國内史袁山松築扈瀆壘緣海備恩明年恩復入浹口雅之敗績牢之進擊恩恩復還于海轉寇扈瀆害袁山松仍浮海向京口牢之率衆要擊未達而恩已至劉裕乃摠兵緣海距之及戰恩衆大敗狼狽赴船尋又集衆欲向京都朝廷駭懼陳兵以待之恩至新洲不敢進而退北寇廣陵陷之乃浮海而北劉裕與劉敬宣并軍躡之於郁洲累戰恩復大敗由是漸衰弱復沿海還南裕亦尋海要截復大破恩於扈瀆恩遂遠迸海中及桓玄用事恩復寇臨海臨海太守辛景討破之恩窮

慼乃赴海自沉妖黨及妓妾謂之水仙投水從死者百數餘衆復推恩妹夫盧循爲主自恩初入海所虜男女之口其後戰死及自溺并流離被傳賣者至恩死時裁數千人存而恩攻没謝琰袁山松陷廣陵前後數十戰亦殺百姓數萬人

盧循字于先小名元龍司空從事中郎諶之曾孫也雙眸冏徹瞳子四轉善草隸奕碁之藝沙門惠遠有鑒裁見而謂之曰君雖體涉風素而志存不軌循娶孫恩妹及恩作亂與循通謀恩性酷忍循每諫止之人士多賴以濟免恩亡餘衆推循爲主元興二年正月寇東陽八月攻永嘉劉裕討循至晉安循窘急泛海到番禺寇廣州逐刺史吳隱之自攝州事號平南將軍遣使獻貢時朝廷新誅桓氏中外多虞乃權假循征虜將軍廣州刺史平越中郎將義熙中劉裕伐慕容超循所署始興太守徐道覆循之姊夫也使人勸循乘虛而出循不從道覆乃至番禺說循曰朝廷恒以君爲腹心之疾劉公未有旋日不乘此機而保一日之安若平齊之後劉公自率衆至豫章遣銳師過嶺雖復君之神武必不能當也今日之機萬不可失既尅都邑劉裕雖還无能爲也君若不同便當率始興之衆直指尋陽循甚不樂此舉无以奪其計乃從之初道覆密欲裝舟艦乃使人伐船材於南康山僞云將下都貨之後稱力少不能得致即於郡賤賣之價減數倍居人貪賤賣衣物而市之贛石水急出船甚難皆儲之如是者數四故船版大積而百姓弗之疑及道覆舉兵按賣券而取之无得隱匿者乃并力裝之旬日而辦遂舉衆寇南康廬陵豫章諸郡守相皆委任奔走鎮南將軍何无忌率衆距之兵敗被害循遣道覆寇江陵未至爲官軍所敗馳走告循曰請并力攻京都若尅之江陵非所憂也乃連旗而下戎卒十萬舳艫千計敗衛將軍劉毅於桑落洲逕至江寧道覆素有膽決知劉裕已還欲乾没一戰請於新亭至白石焚舟而

上數道攻之循多謀少決欲以萬全之計固不聽道覆以循无斷乃歎曰我終爲盧公所誤事必无成使我得爲英雄驅馳天下不足定也裕懼其侵軼乃柵石頭斷柤浦以距之循攻柵不利船艦爲暴風所傾人有死者列陣南岸戰又敗績乃進攻京口寇掠諸縣无所得循謂道覆曰師老矣弗能復振可據尋陽并力取荆州徐更與都下爭衡猶可以濟因自蔡洲南走復據尋陽裕先遣群率追討自統大衆繼進又敗循於雷池循又遁還豫章乃悉力柵斷左里裕命衆攻柵循衆雖死戰猶不能抗裕乘勝擊之循單舸而走收散卒得千餘人還保廣州裕先遣孫處從海道據番禺城循攻之不下道覆保始興因險自固循乃襲合浦尅之進攻交州至龍編刺史杜慧度譎而敗之循勢屈知不免先鴆妻子十餘人又召妓妾問曰我今將自殺誰能同者多云雀鼠貪生就死實人情所難有云官尚當死某豈願生於是悉鴆諸辭死者因自投於水慧度取其尸斬之及其父嘏同黨盡獲傳首京都

譙縱巴西南充人也祖獻之有重名於西土縱少而謹慎蜀人愛之爲安西府參軍義熙元年刺史遣縱及侯暉等領諸縣氐進兵東下暉有貳志因梁州人不樂東也將圖益州刺史毛璩與巴西陽昧結謀於五城水口共逼縱爲主縱懼而不當走投於水暉引出而請之至於再三遂以兵逼縱於輿上攻璩弟西夷校尉瑾於涪城城陷瑾死之縱乃自號梁秦二州刺史璩聞縱反自洛城步還成都遣參軍王瓊率三千人討縱又遣弟瑗領四千兵繼瓊後進縱遣弟明子及暉距瓊於廣漢瓊擊破暉等追至綿竹明子設二伏以待之大敗瓊衆死者十八九益州營戶李騰開城以納縱毛璩既死縱以從弟洪爲益州刺史明子爲鎮東將軍巴州刺史率其衆五千人屯白帝自稱成都王明年遣使稱藩於姚興將順流東寇以討車騎將軍劉裕爲名乞師於姚興且請桓謙爲助興遣之九年劉裕以

西陽太守朱齡石爲益州刺史寧朔將軍臧熹下邳太守劉鍾蘭陵太守蒯恩等率衆二萬自江陵討縱初謀元率僉難其人齡石資名素淺裕違衆拔之授以麾下之半臧熹裕妻弟也位出其右又隸焉齡石次於白帝縱遣譙道福重兵守涪齡石師次平模去成都二百里縱遣其大將軍侯暉尚書僕射譙悦屯平模夾岸連城層樓重柵衆未能攻齡石謂劉鍾曰天方暑熱賊今固險攻之難援祗困我師吾欲蓄銳息兵伺隙而進卿以爲何如鍾曰不然前揚聲言大將由内水故道福不敢捨涪今重軍逼之出其不意侯暉之徒已破膽矣正可因其機而攻之勢當必尅尅平模之後自可鼓行而前成都必不能守若緩兵相持虛實相見涪軍復來難爲敵也進不能戰退无所資二萬餘人因爲蜀子虜耳從之翌日進攻皆尅斬侯暉等於是遂進縱之城守者相次瓦解縱乃出奔其尚書令馬耽封倉庫以待王師及齡石入成都誅縱同祖之親餘皆安堵使復其業縱之走也先如其墓縱女謂縱曰走必不免祇取辱焉等死死於先人之墓可也縱不從投道福於涪道福怒謂縱曰大丈夫居如斯功業安可棄哉今欲爲降虜豈可而得人誰不死何懼之甚因投縱以劍中其馬鞍縱去之乃自縊道福謂其徒曰吾養爾等正謂今日蜀之存亡實係在我不在譙王我尚在猶足一戰士咸許諾乃散金帛以賜其衆衆受之而走道覆獨奔廣漢廣漢人杜瑾執之朱齡石徙馬耽於越巂追殺之耽之徒也謂其徒曰朱侯不送我京師滅衆口也吾必不免乃盥洗而臥引繩而死須臾齡石師至遂戮尸焉

史臣曰惠皇失御政紊朝危難起蕭墻毒痛函夏九州波駭五嶽塵飛干戈日尋戎車競逐王彌好亂樂禍挾詐懷姦命儔嘯侶伺間候隙助悖逆於平陽肆殘忍於都邑遂使生靈塗炭神器流離邦國軫麥秀之哀宮廟興黍離之痛豈天意乎豈人事乎何醜虜之猖狂而亂離之斯瘼者也張昌等或鴟張

淮浦或蟻聚荆衡招烏合之凶徒逞豺狼之貪暴憑陵險隘倔強江湖未淹歲稔咸至誅戮實自取之非爲不幸峻約同惡相濟生此亂階孫盧同類相求嗣成妖逆至乃干戈掃地災沴滔天雖樊謝之毒被含靈李郭之禍延宮闕方凶比暴弗是加也譙縱乘茲釁隙肆彼姦謀旋踵而亡無足論矣

贊曰中朝隳政王彌肇亂神器流離生靈塗炭群妖伺隙構茲多難蔿食荆衡陵虐江漢孫盧姦慝約峻殘賊窮凶極暴爲鬼爲蜮縱竊岷峨旋至顛踣

列傳第七十

余先世所藏明人翻宋大字本晉書閭里人有宋小字本思借以校對秘不肯出今爲同兒寅昉所藏本即蕘西先生小[illegible]爲精美絕倫閃執乞水焊洗眼欲看細字清殘耳不知寅昉許我否咸豐乙卯東坡生日甘泉鄉人錢泰吉識於蔣氏五硯窩

世所傳晉書自殿板監板毛板外惟明翻宋寶祐本九行每行十四字明藩府刊本十行每行十九字爲佳皆大字本也而西爽堂吳仲虛刊本方從哲校本鍾人傑本亦其次者此本小字十四行行二十六字或二十七八字確是宋刻舊爲華亭宋尚書及季滄葦所藏今藏蔣寅昉兄處與馨石錢先生獲觀於[illegible]清草堂（思不羣齋）嗟賞愛翫不忍釋手昔亡友金翰皋編修嘗在京師手校晉書成校勘記若干卷其時彙集各本未及見此本也咸豐五年十二月十九日邵懿辰謹記

小字本晉書一百卷每頁十四行行二十七字麻沙刻劃精審無比後補鈔十九卷仿宋精楷與刻本相類幾不可辨惟首缺序文似為可惜向惟上海郁氏所藏晉書世稱善本而茗溪書賈曾以一部攜示南潯蔣氏議價未成亦係麻沙小字似不能如此本之精同里馬氏亦藏一部生沐從兄曾從馬君假閱兄尚記其行款字樣略與此本相埒然每卷卷末皆有剜補痕跡不無可疑此本雖無年代可稽然行款卷次及梓人姓氏皆與宋槧諸書無異吾兄愛玩不釋且深賞其鈔補之精命

跋　二

余收藏其愛而敎之之意深矣兄處尚有十行本晉書亦古本之善者他日能彙集各本校對一過以無負兄勗勵讀書之旨正未知有此閒暇光陰否時世路艱難愆尤叢集而茗賈邛雲山兄弟方自吳門載書而至因以 千得之他書如孝經綱目圖證春秋四傳李香子先生批本左氏條貫王板史記汲古閣十七史元板虞道園學古錄李二曲先生文集皆善本也計值 千篋中金盡買書不輟猶得展觀玩味于患難之中倘亦古人之所許也咸豐四年十二月海昌蔣光焴跋

光緒戊申五月孫男述彭謹錄

晉書載記序

古者帝王乃生奇類淳維伯禹之苗裔豈異類哉反首衽皮飡膻飲湩而震驚中域其來自遠天未悔禍種落彌繁其風俗險詖性靈馳突前史載之亦以詳備軒帝患其干紀所以徂征武王窴以荒服同乎禽獸而於露寒之野候月覘風覩隙揚埃乘間騁暴邊城不得緩帶百姓靡有室家孔子曰微管仲吾其被髮左衽矣此言能教訓卒伍整齊車甲邊場既伏境內以安然則燕築造陽之郊秦塹臨洮之險登天山紀地脉苞玄菟款黃河所以防夷狄之亂中華其備豫如此漢宣帝初納呼韓居之亭鄣委以候望始寬戎狄光武亦以南庭數萬徙入西河後亦轉至五原連延七郡董卓之亂則汾晉之郊蕭然矣郭欽騰牋於武帝江統獻策於惠皇皆以為魏處戎夷繡居都鄙請移沙塞之表定一殷周之服統則憂諸并部欽則慮在盟津言猶自口元海已至語曰失以豪釐晉卿大夫之辱也聰之誓兵東兼齊地曜之馳旆西踰隴山覆沒兩

晉載序　二

京蒸徒百萬天子陵江御物分據地險迴首中原力不能救劉長淮以北大抵棄之胡人利我艱虞分鑣起亂晉臣或阻兵遐遠接武効尤大凡劉元海以惠帝永興元年據離石稱漢後九年石勒據襄國稱趙張氏先據河西是歲自石勒後三十六年也重華自稱涼王後一年冉閔據鄴稱魏後一年苻健據長安稱秦慕容氏先據遼東稱燕是歲自苻健後一年也儁始僭號後三十一年後燕慕容垂據鄴後二年西燕慕容沖據阿房是歲也乞伏國仁據枹罕稱秦後一年慕容永據上黨是歲也呂光據姑臧稱涼後十二年慕容德據滑臺稱南燕是歲也禿髮烏孫據廉川稱南涼段業據張掖稱北涼後三年李玄盛據敦煌稱西涼後一年沮渠蒙遜殺段業自稱涼後四年譙縱據蜀稱成都王後二年赫連勃勃據朔方稱大夏後二年馮跋殺離班據和龍稱北燕提封天下十喪其八莫不龍旌帝服建社開祊華夷咸暨人物斯在或篡通都之鄉或擁數州之地雄圖內卷師旅外并窮兵凶於勝負盡人命

於鋒鏑其爲戰國者一百三十六載抑元海爲之禍首云

劉元海

劉元海新興匈奴人冒頓之後也名犯高祖廟諱故稱其字焉初漢高祖以宗女爲公主以妻冒頓約爲兄弟故其子孫遂冒姓劉氏建武初烏珠留若鞮單于子右奥鞬日逐王比自立爲南單于入居西河美稷今離石左國城即單于所徙庭也中平中單于羌渠使子於扶羅將兵助漢討平黄巾會羌渠爲國人所殺於扶羅以其衆留漢自立爲單于屬董卓之亂寇掠太原河東屯於河内於扶羅死弟呼廚泉立以於扶羅子豹爲左賢王即元海之父也魏武分其衆爲五部以豹爲左部帥其餘部帥皆以劉氏爲之太康中改置都尉左部居太原茲氏右部居祁南部居蒲子北部居新興中部居大陵劉氏雖分居五部然皆家居晉陽汾澗之濱豹妻呼延氏魏嘉平中祈子於龍門俄而有一大魚頂有二角軒鬐躍鱗而至祭所久之乃去巫覡皆異之曰此嘉祥也其夜夢旦所見魚變爲人左手把一物大如半雞子光景非常授呼延氏曰此是日精服之生貴子寤而告豹豹曰吉徵也吾昔從邯鄲張冏母司徒氏相云吾當有貴子孫三世必大昌仿像相符矣自是十三月而生元海左手文有其名遂以名焉齠齔英慧七歲遭母憂擗踴號叫哀感旁鄰宗族部落咸共歎賞時司空太原王昶等聞而嘉之並遣弔賻幼好學師事上黨崔游習毛詩京氏易馬氏尚書尤好春秋左氏傳孫吳兵法略皆誦之史漢諸子無不綜覽嘗謂同門生朱紀范隆曰吾每觀書傳常鄙隨陸無武絳灌無文道由人弘一物之不知者固君子之所恥也二生遇高皇而不能建封侯之業兩公屬太宗而不能開庠序之美惜哉於是遂學武事妙絶於衆猿臂善射膂力過人姿儀魁偉身長八尺四寸鬚長三尺餘當心有赤毫毛三根長三尺六寸有屯留崔懿之襄陵公師彧等皆善相人及見元海驚而相謂曰此人形貌非常吾所未見也於是深相崇敬推分結恩太原王渾虚襟友之命子濟拜焉咸熙

中爲任子在洛陽文帝深待之泰始之後渾又屢言之於武帝帝召與語大悅之謂王濟曰劉元海容儀機鑒雖由余日磾無以加也濟對曰元海儀容機鑒實如聖旨然其文武才幹賢於二子遠矣陛下若任之以東南之事吳會不足平也帝稱善孔恂楊珧進曰臣觀元海之才當今懼無其比陛下若輕其衆不足以成事若假之威權平吳之後恐其不復北渡也非我族類其心必異任之以本部臣竊爲陛下寒心若舉天阻之固以資之無乃不可乎帝默然後秦涼覆沒帝疇咨將帥上黨李憙曰陛下誠能發匈奴五部之衆假元海一將軍之號鼓行而西可指期而定孔恂曰李公之言未盡殄患之理也憙勃然曰以匈奴之勁悍元海之曉兵奉宣聖威何不盡之有恂曰元海若能平涼州斬樹機能恐涼州方有難耳蛟龍得雲雨非復池中物也帝乃止後王彌從洛陽東歸元海餞彌於九曲之濱泣謂彌曰王渾李憙以鄉曲見知每相稱達讒間因之而進深非吾願適足爲害吾本無宦情惟足下明之

恐死洛陽永與子別因慷慨歔欷縱酒長嘯聲調亮然坐者爲之流涕齊王攸時在九曲比聞而馳遣視之見元海在焉言於帝曰陛下不除劉元海臣恐并州不得久寧王渾進曰元海長者渾爲君王保明之且大晉方表信殊俗懷遠以德如之何以無萌之疑殺人侍子以示晉德不弘帝曰渾言是也會豹卒以元海代爲左部帥太康末拜北部都尉明刑法禁姦邪輕財好施推誠接物五部俊傑無不至者幽冀名儒後門秀士不遠千里亦皆遊焉楊駿輔政以元海爲建威將軍五部大都督封漢光鄉侯元康末坐部人叛出塞免官成都王穎鎮鄴表元海行寧朔將軍監五部軍事惠帝失馭寇盜蜂起元海從祖故北部都尉左賢王劉宣等竊議曰昔我先人與漢約爲兄弟憂泰同之自漢亡以來魏晉代興我單于雖有虛號無復尺土之業自諸王侯降同編戶今司馬氏骨肉相殘四海鼎沸興邦復業此其時矣左賢王元海姿器絕人幹宇超世天若不恢崇單于終不虛生此人也於是密共推元海爲

大單于乃使其黨呼延攸詣鄴以謀告之元海請歸會葬穎弗許乃令攸先歸告宣等招集五部引會宜陽諸胡聲言應穎實背之也穎爲皇太弟以元海爲太弟屯騎校尉惠帝伐穎次于蕩陰穎假元海輔國將軍督北城守事及六軍敗績穎以元海爲冠軍將軍封盧奴伯并州刺史東瀛公騰安北將軍王浚起兵伐穎元海說穎曰今二鎮跋扈衆餘十萬恐非宿衛及近都士庶所能禦之請爲殿下還說五部以赴國難穎曰五部之衆可保發已不縱能發之鮮卑烏丸勁速如風雲何易可當邪吾欲奉乘輿還洛陽避其鋒銳徐傳檄天下以逆順制之君意何如元海曰殿下武皇帝之子有殊勳於王室威恩光洽四海欽風孰不思爲殿下沒命投軀者哉何難發之有乎王浚豎子東瀛疏屬豈能與殿下爭衡邪殿下一發鄴宮示弱於人洛陽可復至乎縱達洛陽威權不復在殿下也紙檄尺書誰爲人奉之且東胡之悍不踰五部願殿下勉撫士衆靖以鎮之當爲殿下以二部摧東瀛三部梟王浚二豎之

首可指日而懸矣穎悅拜元海爲北單于參丞相軍事元海至左國城劉宣等上大單于之號二旬之間衆已五萬都于離石王浚使將軍祁弘率鮮卑攻鄴穎敗挾天子南奔洛陽元海曰穎不用吾言逆自奔潰真奴才也然吾與其有言矣不可不救於是命右於陸王劉景左獨鹿王劉延年等率步騎二万將討鮮卑劉宣等固諫曰晉爲無道奴隸御我是以右賢王猛不勝其忿屬晉綱未弛大事不遂右賢塗地單于之恥也今司馬氏父子兄弟自相魚肉此天厭晉德授之於我單于積德在躬爲晉人所服方當興我邦族復呼韓邪之業鮮卑烏丸可以爲援奈何距之而拯仇敵今天假手於我不可違也違天不祥逆衆不濟天與不取反受其咎願單于勿疑元海曰善當爲崇岡峻阜何能爲培塿乎夫帝王豈有常哉大禹出於西戎文王生於東夷顧惟德所授耳今見衆十餘萬皆一當晉十鼓行而摧亂晉猶拉枯耳上可成漢高之業下不失爲魏氏雖然晉人未必同我漢有天下世長恩德結於人心

是以昭烈崎嶇於一州之地而能抗衡於天下吾又漢氏之甥約爲兄弟兄亡弟紹不亦可乎且可稱漢追尊後主以懷人望乃遷於左國城遠人歸附者數萬永興元年元海乃爲壇於南郊僭即漢王位下令曰昔我太祖高皇帝以神武應期廓開大業太宗孝文皇帝重以明德升平漢道世宗孝武皇帝拓土攘夷地過唐日中宗孝宣皇帝搜揚儁乂多士盈朝是我祖宗道邁三王功高五帝故卜年倍於夏商卜世過於姬氏而元成多僻哀平短祚賊臣王莽滔天篡逆我世祖光武皇帝誕資聖武恢復鴻基祀漢配天不失舊物俾三光晦而復明神器幽而復顯顯宗孝明皇帝肅宗孝章皇帝累葉重暉炎光再闡自和安已後皇綱漸頹天步艱難國統頻絶黄巾海沸於九州群閹毒流於四海董卓因之肆其猖勃曹操父子凶逆相尋故孝愍委棄萬國昭烈播越岷蜀冀否終有泰旋軫舊京何圖天未悔禍後帝窘辱自社稷淪喪宗廟之不血食四十年于兹矣今天誘其衷悔禍皇漢使司馬氏父子兄弟迭相殘滅黎庶塗炭靡所控告孤今猥爲群公所推紹脩三祖之業顧兹尫闇戰惶靡厝但以大恥未雪社稷無主銜膽栖冰勉從群議乃赦其境内年號元熈追尊劉禪爲孝懷皇帝立漢高祖以下三祖五宗神主而祭之立其妻呼延氏爲王后置百官以劉宣爲丞相崔游爲御史大夫劉宏爲太尉其餘拜授各有差東瀛公騰使將軍聶玄討之戰于大陵玄師敗績騰懼率并州二万餘户下山東遂所在爲寇元海遣其建武將軍劉曜寇太原泫氏屯留長子中都皆陷之二年騰又遣司馬瑜周良石鮮等討之次于離石汾城元海遣其武牙將軍劉欽等六軍距瑜等四戰瑜皆敗欽振旅而歸是歲離石大飢遷于黎亭以就邸閣穀留其太尉劉宏護軍馬景守離石使大司農卜豫運糧以給之以其前將軍劉景爲使持節征討大都督大將軍要擊并州刺史劉琨于板橋爲琨所敗琨遂據晉陽其侍中劉殷王育進諫元海曰殿下自起兵已來漸已一周而顓守偏方王威未震誠能命將四出決機一擲梟

劉琨定河東建帝號鼓行而南尅長安而都之以關中之衆席卷洛陽如指掌耳此高皇帝之所以創啓鴻基尅殄彊楚者也元海悦曰此孤心也遂進據河東攻寇蒲坂平陽皆陷之元海遂入都蒲子河東平陽屬縣壘壁盡降時汲桑起兵趙魏上郡四部鮮卑陸逐延氐酋大單于徵東萊王彌及石勒等並相次降之元海悉署其官爵永嘉二年元海僭即皇帝位大赦境内改元永鳳以其大將軍劉和爲大司馬封梁王尚書令劉歡樂爲大司徒封陳留王御史大夫呼延翼爲大司空封鴈門郡公宗室以親踈爲等悉封郡縣王異姓以勳謀爲差皆封郡縣公侯太史令宣于脩之言於元海曰陛下雖龍興鳳翔奄受大命然遺晉未殄皇居仄陋紫宮之變猶鍾晉氏不出三年必尅洛陽蒲子崎嶇非可久安平陽勢有紫氣兼陶唐舊都願陛下上迎乾象下協坤祥於是遷都平陽汾水中得玉璽文曰有新保之蓋王莽時璽也得者因增泉海光三字元海以爲已瑞大赦境内改年河瑞封子裕爲齊王隆爲魯王於是命其子聰與王彌進寇洛陽劉曜與趙固等爲之後繼東海王越遣平北將軍曹武將軍宋抽彭默等距之王師敗績聰等長驅至宜陽平昌公模遣將軍淳于定呂毅等自長安討之戰于宜陽定等敗績聰恃連勝不設備弘農太守垣延詐降夜襲聰軍大敗而還元海素服迎師是冬復大發卒遣聰弥與劉曜劉景等率精騎五万寇洛陽使呼延翼率步卒繼之敗王師于河南聰進屯于西明門護軍賈胤夜薄之戰于大夏門斬聰將呼延顥其衆遂潰聰迴軍而南壁於洛水尋進屯宣陽門曜屯上東門弥屯廣陽門景攻大夏門聰親祈嵩嶽令其將劉厲呼延朗等督留軍東海王越命叅軍孫詢將軍丘光樓裒等率帳下勁卒三千自宣陽門擊朗斬之聰聞而馳還厲懼聰之罪己也赴水而死王弥謂聰曰今既失利洛陽猶固殿下不如還師徐爲後舉下官當於兖豫之間收兵積穀伏聽嚴期宣于脩之又言於元海曰歲在辛未當得洛陽今晉氣猶盛大軍不歸必敗元海馳遣黄門郎傅詢召

聰等還師王弥出自轘轅越遣薄盛等追擊弥戰于新汲弥師敗
績於是攝蒲阪之戍還於平陽以劉歡樂爲太傅劉聰爲大司徒
劉延年爲大司空劉洋爲大司馬赦其境内立其妻單氏爲皇后
子和爲皇太子封子乂爲北海王元海寢疾將爲顧託之計以歡
樂爲太宰洋爲太傅延年爲太保聰爲大司馬大單于並録尚書
事置單于臺于平陽西以其子裕爲大司徒元海疾篤召歡樂及
洋等入禁中受遺詔輔政以永嘉四年死在位六年僞謚光文皇
帝廟號高祖墓號永光陵子和立
和字玄泰身長八尺雄毅美姿儀好學夙成習毛詩左氏春秋鄭
氏易及爲儲貳内多猜忌馭下無恩元海死和嗣僞位其衛尉西
昌王劉鋭宗正呼延攸恨不參顧命也説和曰先帝不惟輕重之
計而使三王總強兵於内大司馬握十万勁卒居于近郊陛下今
便爲寄坐耳此之禍難未可測也願陛下早爲之所和即攸之甥
也深然之召其領軍劉盛及劉欽馬景等告之盛曰先帝尚在殯
宮四王未有逆節今忽一旦自相魚肉臣恐人不食陛下之餘四
海未定大業甫爾願陛下以上成先帝鴻基爲志且塞耳勿聽此
狂簡之言也詩云豈無他人不如我同父陛下既不信諸弟復誰
可信哉鋭攸怒曰今日之議理無有二於是命左右刃之景懼曰
惟陛下詔臣等以死奉之蔑不濟矣乃相與盟于東堂使鋭景攻
聰攸率劉安國攻裕使侍中劉乘武衛劉欽攻魯王隆尚書田密
武衛劉璿攻北海王乂密璿等使人斬關奔于聰聰命貫甲以待
之鋭知聰之有備也馳還與攸乘等會攻隆裕攸乘懼安國欽之
有異志也斬之是日斬裕及隆聰攻西明門尅之鋭等奔入南宮
前鋒隨之斬和于光極西室鋭攸梟首通衢
劉宣字士則朴鈍少言好學脩絜師事樂安孫炎沉精積思不舍
晝夜好毛詩左氏傳炎每嘆之曰宣若遇漢武當踰於金日磾也
學成而返不出門閭蓋數年每讀漢書至蕭何鄧禹傳未曾不反
覆詠之曰大丈夫若遭二祖終不令兩公獨擅美於前矣并州刺
史王廣言之於武帝帝召見嘉其占對因曰吾未見宣謂廣言虛
耳今見其進止風儀眞所謂如珪如璋觀其性質足能撫集本部
乃以宣爲右部都尉特給赤幢曲蓋莅官清恪所部懷之元海即
王位宣之謀也故特荷尊重勳戚莫二軍國内外靡不專之

載記第一　　晉書百一

載記第二　晉書百二　御撰

劉聰　子粲

劉聰字玄明一名載元海第四子也母曰張夫人初聰之在孕也張氏夢日入懷寤而以告元海曰此吉徵也愼勿言十五月而生聰焉夜有白光之異形體非常左耳有一白毫長二尺餘甚光澤幼而聰悟好學博士朱紀大奇之年十四究通經史兼綜百家之言孫吳兵法靡不誦之工草隸善屬文著述懷詩百餘篇賦頌五十餘篇十五習擊刺猿臂善射彎弓三百斤膂力驍捷冠絕一時太原王渾見而悅之謂元海曰此兒吾所不能測也弱冠游于京師名士莫不交結樂廣張華尤異之也新興太守郭熙辟爲主簿舉良將入爲驍騎別部司馬累遷右部都尉善於撫接五部豪右無不歸之河間王顒表爲赤沙中郎將聰以元海在鄴懼爲成都王穎所害乃亡奔成都王拜右積弩將軍參前鋒戰事元海爲北單于立爲右賢王隨還右部及卽大單于位更拜鹿蠡王既殺其兄和群臣勸卽尊位聰初讓其弟北海王乂乂與公卿泣涕固請聰久而許之曰乂及群公正以四海未定禍難尚殷貪孤年長故耳此國家之事孤敢不祗從今便欲遠遵魯隱待乂年長復子明辟於是以永嘉四年僭卽皇帝位大赦境內改元年光興尊元海妻單氏曰皇太后其母張氏爲帝太后乂爲皇太弟領大單于大司徒立其妻呼延氏爲皇后封其子粲爲河內王署使持節撫軍大將軍都督中外諸軍事易河間王翼彭城王悝高平王遣粲及其征東王彌龍驤劉曜等率衆四萬長驅入洛川遂出轘轅周旋梁陳汝潁之間陷壘壁百餘以其司空劉景爲大司馬左光祿劉殷爲大司徒右光祿王育爲大司空僞太后單氏姿色絕麗聰烝焉單卽乂之母也乂屢以爲言單氏慚恚而死聰悲悼無已後知其故乂之寵因此漸衰然猶追念單氏未便黜廢又尊母爲皇太后署其衛尉呼延晏爲使持節前鋒大都督前軍大將軍配禁兵二萬七千自宜陽入洛川命王彌劉曜及鎮軍石勒進師會之晏

比及河南王師前後十二敗死者三萬餘人彌等未至晏留輜重于張方故壘遂寇洛陽攻陷平昌門焚東陽宣陽諸門及諸府寺懷帝遣河南尹劉默距之王師敗于社門晏以外繼不至出自東陽門掠王公已下子女二百餘人而去時帝將濟河東遁具船于洛水晏盡焚之還于張方故壘王彌劉曜至復與晏會圍洛陽時城內飢甚人皆相食百官分散莫有固志宣陽門陷彌晏入于南宮升太極前殿縱兵大掠悉收宮人珍寶曜於是害諸王公及百官已下三萬餘人於洛水北築爲京觀遷帝及惠帝羊后傳國六璽于平陽聰大赦改年嘉平以帝爲特進左光祿大夫平阿公遣其平西趙染安平劉雅率騎二万攻南陽王模于長安粲曜率大衆繼之染敗王師于潼關將軍呂毅死之軍至于下邽模乃降染染送模於粲粲害模及其子范陽王黎送衛將軍梁芬模長史魯繇兼散騎常侍杜驁辛謐及北宮純等于平陽聰以粲之害模也大怒粲曰臣殺模本不以其晚識天命之故但以其晉氏肺腑洛陽之難不能死節天下之惡一也故誅之聰曰雖然吾恐汝不免誅降之殃也夫天道至神理無不報署劉曜爲車騎大將軍開府儀同三司雍州牧改封中山王鎮長安王弥爲大將軍封齊公尋而石勒等殺弥於已吾而并其衆表弥叛狀聰大怒遣使讓勒專害公輔有無上之心又恐勒之有二志也以弥部衆配之劉曜既據長安安定太守賈疋及諸氐羌皆送質任唯雍州刺史麹特新平太守竺恢固守不降護軍麹允頻陽令梁肅自京兆南山將奔安定遇疋任子於陰密擁還臨涇推疋爲平南將軍率衆五万攻曜於長安扶風太守梁綜及麹特竺恢等亦率衆十万會之曜遣劉雅趙染來距敗績而還曜又盡長安銳卒與諸軍戰于黃丘曜衆大敗中流矢退保甘渠杜人王秃紀特等攻劉粲于新豐粲還平陽曜攻陷池陽掠萬餘人歸于長安時閻鼎等奉秦王爲皇太子入于雍城關中戎晉莫不響應聰后呼延氏死將納其太保劉殷女其弟乂固諫聰更訪之於太宰劉延年太傅劉景景等皆曰

臣常聞太保自云周劉康公之後與聖氏本源既殊納之為允聰
大悅使其兼大鴻臚李弘拜盼二女為左右貴嬪位在昭儀上又
納盼女孫四人為貴人位次貴嬪謂弘曰此女輩皆姿色超世女
德冠時且太保於朕實自不同卿意安乎弘曰太保胤自有周與
聖源實別陛下正以姓同為恨耳且魏司空東萊王基當世大儒
豈不達禮乎為子納司空太原王沈女以其姓同而源異故也聰
大悅賜弘黃金六十斤曰卿當以此意諭吾子弟輩於是六劉之
寵傾於後宮聰稀復出外事皆中黃門納奏左貴嬪決之聰假懷
帝儀同三司封會稽郡公庾珉等以次加秩聰引帝入讌謂帝曰
卿為豫章王時朕嘗與王武子相造武子示朕於卿卿言聞其名
久矣以卿所製樂府歌示朕謂朕曰聞君善為辭賦試為看之朕
時與武子俱為盛德頌卿稱善者久之又引朕射于皇堂朕得十
二籌卿與武子俱得九籌卿贈朕柘弓銀研卿頗憶否帝曰臣安
敢忘之但恨爾日不早識龍顏聰曰卿家骨肉相殘何其甚也帝

曰此殆非人意皇天之意也大漢將應乾受歷故為陛下自相驅
除且臣家若能奉武皇之業九族敦睦陛下何由得之至日夕乃
出以小劉貴人賜帝謂帝曰此名公之孫今特以相妻卿宜善遇
之拜劉為會稽國夫人遣其鎮北靳沖寇太原平北卜珝率衆繼
之沖攻太原不剋而歸罪於珝輒斬之聰聞之大怒曰此人朕所
不得加刑沖何人哉遣其御史中丞浩衍持節斬沖左都水使者
襄陵王攄坐魚蟹不供將作大匠望都公靳陵坐溫明徽光二殿
不成皆斬于東市聰游獵無度常晨出晚歸觀魚於汾水以燭繼
晝中軍王彰諫曰今大難未夷餘晉假息陛下不懼白龍魚服之
禍而昏夜忘歸陛下當思先帝創業之艱難嗣承之不易鴻業已
爾四海屬情何可墜之於垂成隳之於將就比竊觀陛下所為臣
實痛心疾首有日矣且愚人係漢之心未專而思晉之懷猶盛劉
琨去此咫尺之間狂狷刺客息頃而至帝王輕出一夫敵耳願陛
下改往脩來則億兆幸甚聰大怒命斬之上夫人王氏叩頭乞哀

乃囚之詔獄聰母以聰刑怒過差三日不食弟乂子粲並輿櫬切
諫聰怒曰吾豈桀紂幽厲乎而汝等生來哭人其太宰劉延年及
諸公卿列侯百有餘人皆免冠涕泣固諫曰光文皇帝以聖武膺
期創建鴻祚而六合未一夙世升遐陛下睿德自天龍飛紹統東
平洛邑南定長安眞可謂功高周成德超夏啓往也唐虞今則陛
下歷觀書記未有此比而頃頻以小務不供而斬王公直言忤旨便
囚大將游獵無度機管不脩臣等竊所未解臣等所以破肝糜
胃忘寢與食者也聰乃赦彰魏特等圍長安劉曜連戰敗績乃驅
掠士女八萬餘口退還平陽因攻司徒傅祗于三渚使其右將軍
劉參攻郭默于懷城祗病卒城陷遷祗孫純粹并其二萬餘戶于
平陽縣聰贈祗太保純粹皆給事中謂祗子暢曰尊公雖不達天
命然各忠其主吾亦有以亮之但晉主已降天命非人所支而虔
劉南鄙沮亂邊萌此其罪也以元惡之種而贈同勳舊逆臣之孫
荷榮禁闥卿知皇漢之德弘曠以不暢曰陛下每嘉先臣不以小

臣之故而虧其忠節及是恩也自是明主伐國弔人之義臣輒同
萬物未敢謝生於自然聰遣劉粲劉曜等攻劉琨於晉陽琨使張
喬距之戰于武灌喬敗績死之晉陽危懼太原太守高喬琨別駕
郝聿以晉陽降粲琨與左右數十騎攜其妻子奔于趙郡之亭頭
遂如常山粲曜入于晉陽先是琨與代王猗盧結為兄弟乃告敗
於猗盧且乞師猗盧遣子日利孫賓六須及將軍衛雄姬澹等率
衆數萬攻晉陽琨收散卒千餘為之鄉導猗盧率衆六萬至于狼
猛曜及賓六須戰于汾東曜墜馬中流矢身被七創討虜傅武以
馬授曜曜曰當今危亡之極人各思免吾創已重自分死此矣武
泣曰武小人蒙大王識拔以至於是常思効命今其時矣且皇室
始基大難未弭天下何可一日無大王也於是扶曜乘馬驅令渡
汾迴而戰死曜入晉陽夜與劉粲等掠百姓踰蒙山遁歸猗盧率
騎追之戰于藍谷粲敗績斬其征虜邢延獲其鎮北劉豐琨收合
離散保于陽曲猗盧戍之而還正旦聰讌于光極前殿逼帝行酒

光禄大夫庾珉王儁等起而大哭聰惡之會有告珉等謀以平陽
應劉琨者聰遂鴆帝而誅珉儁復以賜帝劉夫人爲貴人大赦境
内殊死已下立左貴嬪劉氏爲皇后聰將爲劉氏起䳺儀樓於後
庭廷尉陳元達諫曰臣聞古之聖王愛國如家故皇天亦祐之如
子夫天生蒸民而樹之君者使爲之父母以刑賞之不欲使殿屎
黎元而蕩逸一人晉氏闇虐視百姓如草莽故上天剿絶其祚乃
眷皇漢蒼生引領息肩懷更蘇之望有日矣我高祖光文皇帝靖
言惟兹痛心疾首故身衣大布居不重茵先皇后嬪服無綺綵重
逆群臣之請故建南北宫焉今光極之前足以朝群后饗万國矣
昭德温明已後足可以容六宫列十二等矣陛下龍興已來外殄
二京不世之寇内興殿觀四十餘所重之以饑饉疾疫死亡相屬
兵疲於外人怨於内爲之父母固若是乎伏聞詔旨將營䳺儀中
宫新立誠臣等樂爲子來者也竊以大難未夷宫宇粗給今之新
營尤實非宜臣聞太宗承高祖之業惠吕息役之後以四海之富天
下之殷尚以百金之費而輟露臺歷代垂美爲不朽之迹故能
斷獄四百擬於成康陛下之所有不過太宗二郡地耳戰守之備
者豈僅匈奴南越而已哉孝文之廣思費如彼陛下之狹欲損如
此愚臣所以敢昧死犯顔色冒不測之禍者也聰大怒曰吾爲萬
機主將營一殿豈問汝鼠子乎不殺此奴沮乱朕心朕殿何當得
成邪將出斬之并其妻子同梟東市使群鼠共穴時在逍遥園李中
堂元達抱堂下樹叫曰臣所言者社稷之計也而陛下殺臣若
死者有知臣要當上訴陛下於天下訴陛下於先帝朱雲有云臣
得與龍逢比干游於地下足矣未審陛下何如主耳元達先鏁腰
而入及至即以鏁繞樹左右曳之不能動聰怒甚劉氏時在後堂
聞之密遣中常侍私勅左右停刑於是手疏切諫聰乃解引元達
而謝之易逍遥園爲納賢園李中堂爲愧賢堂時愍帝即位于長
安聰遣劉曜及司隸喬智明武牙李景年等寇長安命趙染率衆
赴之時大都督麴允據黄白城累爲曜染所敗染謂曜曰麴允率

大衆在外長安可襲而取之得長安黄白城自服願大王以重衆
守此染請輕騎襲之曜乃承制加染前鋒大都督安南大將軍以
精騎五千配之而進王師敗於渭陽將軍王廣死之染夜入長安
外城帝奔射鴈樓染焚燒龍尾及諸軍營殺掠千餘人旦退屯逍
遥園麴允率衆襲曜連戰敗之曜入粟邑遂帰平陽時流星起於
牵牛入紫微龍形委蛇其光照地落于平陽北十里視之則有肉
長三十步廣二十七步臭聞于平陽肉旁常有哭聲晝夜不止聰
甚惡之延公卿已下問曰朕之不德致有斯異其各極言勿有所
諱陳元達及博士張師等進對曰星變之異其禍行及臣恐後庭
有三后之事亡國喪家靡不由此願陛下慎之聰曰此陰陽之理
何關人事既而劉氏産一蛇一猛獸各害人而走尋之不得頃之
見在隕肉之旁俄而劉氏死乃失此肉哭聲亦止自是後宫乱寵
進御無序矣聰以劉易爲太尉初置相國官上公有殊勳德者死
乃贈之於是大定百官置太師丞相自大司馬以上七公位皆上
公禄綟綬遠遊冠置輔漢都護中軍上軍輔軍鎮衛京前後左右
上下軍輔國冠軍龍驤武牙大將軍營各配兵二千皆以諸子爲
之置左右司隸各領户二十餘萬萬户置一内史凡内史四十三
單于左右輔各主六夷十萬落萬落置一都尉省吏部置左右選
曹尚書自司隸以下六官皆位次僕射置御史大夫及州牧位皆
亞公以其子粲爲丞相領大將軍録尚書事進封晉王食五都劉
延年録尚書六條事劉景爲太師王育爲大傅任顗爲太保馬景
爲大司徒朱紀爲大司空劉曜爲大司馬曜復次渭汭趙染次新
豐索綝自長安東討染染狃于累捷有輕綝之色長史魯徽曰今
司馬鄴君臣自相逼僭王畿雄劣不同必致死距我將軍宜整陣
案兵以擊之弗可輕也困獸猶鬬况於國乎染曰以司馬模之彊
吾取之如拉朽索綝小豎豈能污吾馬蹄刀刃邪要擒之而後食
晨率精騎數百馳出逆之戰于城西敗績而帰悔曰吾不用魯徽
之言以至於此何面見之於是斬徽徽臨刑謂染曰將軍愎諫違

謀鸞而取敗而復忌前害勝誅戮忠良以逞愚忿亦何顏面瞬息
世間哉袁紹爲之於前將軍踵之於後覆亡敗喪亦當相尋所恨
不得一見大司馬而死死者無知則已若其有知下見田豐爲徒要
當訴將軍於黃泉使將軍不得服牀枕而死叱刑者曰令吾面東
向大司馬曜聞之曰蹏涔不容尺鯉染之謂也曜還師攻郭默
于懷城收其米粟八十萬斛列三屯以守之聰遣使謂曜曰今長
安假息劉琨游魂此國家所尤宜先除也郭默小醜何足以勞公
神略可留征虜將軍貝丘王翼光守之公其還也於是曜歸蒲坂
餓而徵曜輔政趙染寇北地夢魯徽大怒引弓射之染驚悸而寤
旦將攻城中弩而死聰以粲爲相國總百揆省丞相以并相國平
陽地震烈風拔樹發屋光義人羊充妻產子二頭其兄竊而食之
三日而死聰以其太廟新成大赦境內改年建元雨血於其東宮
延明殿徹瓦在地者深五寸劉乂惡之以訪其太師盧志太傅崔
瑋太保許遐志等曰主上往以殿下爲大弟者蓋以安衆望也志

在晉王久矣王公已下莫不希旨歸之相國之位自魏武已來非
復人臣之官主上本發明詔置之爲贈官今忽以晉王居之羽儀
威尊踰於東宮萬機之事無不由之置太宰大將軍及諸王之營
以爲羽翼此事勢去矣殿下不得立明也然非止不得立而已不
測之危厄在於旦夕宜早爲之所四衛精兵不減五千餘營諸王
皆年齒尚幼可奪而取之相國輕佻正可煩一刺客耳大將軍無
日不出其營可襲而得也殿下但當有意二萬精兵立便可得鼓
行向雲龍門宿衛之士孰不倒戈奉迎大司馬不慮爲異也乂弗
從乃止聰如中護軍靳準第納其二女爲左右貴嬪大曰月光小
曰月華皆國色也數月立月光爲皇后東宮舍人荀裕告盧志等
勸乂謀反乂不從之狀聰於是收志瑋遐於詔獄假以他事殺之
使冠威卜抽監守東宮禁乂朝賀乂憂懼不知所爲乃上表自陳
乞爲黔首并免諸子之封褒美晉王粲宜登儲副抽又抑而弗通
其青州刺史曹嶷攻汶陽關公丘陷之害齊郡太守徐浮執建威

劉宣齊魯之間郡縣壘壁降者四十餘所嶷遂略地西下祝阿平
陰衆十餘萬臨河置戍而歸于臨淄嶷於是遂有雄據全齊之志
石勒以嶷之懷二也請討之聰又憚勒之并齊乃寢而弗許劉曜
濟自盟津將攻河南將軍魏該奔于一泉塢曜進攻李矩于滎陽
矩遣將軍李平師於成皐曜覆而滅之矩恐送質請降時聰以其
皇后靳氏爲上皇后立貴妃劉氏爲左皇后右貴嬪劉氏爲右皇
后左司隸陳元達以三后之立也極諫聰不納乃以元達爲右光
祿大夫外示優賢內實奪其權也於是太尉范隆大司馬劉丹大
司空呼延晏尚書令王鑒等皆抗表遜位以讓元達聰乃以元達
爲御史大夫儀同三司劉曜寇長安頻爲王師所敗曜曰彼猶強
盛弗可圖矣引師而歸聰宮中鬼夜哭三日而聲向右司隸寺乃
止其上皇后靳氏有淫穢之行陳元達奏之聰廢靳靳慙恚自殺
靳有殊寵聰迫於元達之勢故廢之旣而追念其姿色深仇元達
劉曜進師上黨將攻陽曲聰遣使謂曜曰長安擅命國家之深恥

也公宜以長安爲先陽曲一委驃騎天時人事其應至矣公其亟
還曜迴滅郭邁朝于聰遂如蒲阪平陽地震雨血于東宮廣袤頃
餘劉曜又進軍屯于粟邑麴允饑甚去黃白而軍于靈武曜進攻
上郡太守張禹與馮翊太守梁肅奔于允吾於是關右翕然所在
應曜曜進據黃阜聰武庫陷入地一丈五尺時聰中常侍王沈宣
懷俞容中宮僕射郭猗中黃門陵修等皆寵幸用事聰游宴後宮
或百日不出群臣皆因沈等言事多不呈聰率以其意愛憎而決
之故或有勳舊功臣而弗見敘錄姦佞小人數日而便至二千石
者軍旅無歲不興而將士無錢帛之賞後宮之家賜賚及於僮僕
動至數千万沈等車服宅宇皆踰于諸王子弟中表布衣爲內史
令長者三十餘人皆奢僭貪殘賊害良善靳準合宗內外諂以事
之郭猗有憾於劉乂謂劉粲曰太弟於主上之世猶懷不逞之志
此則殿下父子之深仇四海蒼生之重怨也而主上過垂寬仁猶
不替二尊之位一旦有風塵之變臣竊爲殿下寒心且殿下高祖

之世孫主上之嫡統凡在含齒孰不係仰萬機事大何可與人臣昨聞太弟與大將軍相見極有言矣若事成許以主上爲太上皇大將軍爲皇太子又許衞軍爲大單于二王已許之矣二王居不疑之地並握重兵以此舉事事何不成臣謂二王茲舉禽獸之不若也背父親人人豈親之令又苟貪其一切之力耳事成之後主上豈有全理殿下兄弟故在忘言東宮相國單于在武陵兄弟何肯與人許以三月上巳因讌作難事淹變生宜早爲之所春秋傳曰蔓草猶不可除況君之寵弟乎臣屢啓主上主上性敦友于謂臣言不實刑臣刀鋸之餘而蒙主上殿下成造之恩故不慮逆鱗之誅每所聞必言冀垂採納臣當入言之願殿下不泄密表其狀也若不信臣言可呼大將軍從事中郎王皮衞軍司馬劉惇假之恩顧通其歸善之路以問之必可知也粲深然之猗密謂皮惇曰二王逆狀主相已具知之矣卿同之乎二人驚曰無之猗曰此事必無疑吾憐卿親舊并見族耳於是歔欷流涕皮惇大懼叩頭

求哀猗曰吾爲卿作計卿能用不二人皆曰謹奉大人之教猗曰相國必問卿卿但云有之若責卿何不先啓卿即荅云臣誠負死罪然仰惟主上聖性寬慈殿下篤於骨肉恐言成詿僞故也皮惇許諾粲俄而召問二人至不同時而辭若畫一粲以爲信然初靳準從妹爲乂孺子淫于侍人乂怒殺之而屢以嘲準準深慙恚說粲曰東宮萬機之副殿下宜自居之以領相國使天下知早有所繫望也至是準又說粲曰昔孝成距子政之言使王氏卒成篡逆可乎粲曰何可之有準曰然誠如聖旨下官急欲有所言矣但以德非更生親非皇宗恐忠言暫出霜威已及故不敢耳粲曰君但言之準曰聞風塵之言謂大將軍衞將軍及左右輔皆謀奉太弟剋季春構變殿下宜爲之備不然恐有商臣之禍粲曰爲之奈何準曰主上愛信於太弟恐卒聞未必信也如下官愚意宜緩東宮之禁固勿絕太弟賓客使輕薄之徒得與交游太弟既素好待士必不思防此嫌輕薄小人不能無逆意以勸太弟之心小人有始

無終不能如貫高之流也然後下官爲殿下露表其罪殿下與太宰拘太弟所與交通者考問之窮其事原主上必以無將之罪罪之不然今朝望多歸太弟主上一旦晏駕恐殿下不得立矣於是粲命卜抽引兵去東宮聰自去冬至是遂不復受朝賀軍國之事一決於粲唯發中旨殺生除授王沈郭猗等意所欲皆從之又立市於後庭與宮人讌戲或三日不醒聰臨上秋閤誅其特進綦毋達太中大夫公師彧尚書王琰田歆少府陳休左衞卜崇大司農朱誕等皆群閹所忌也侍中卜幹泣諫聰曰陛下方隆武宣之化欲使幽谷無考槃奈何一旦先誅忠良將何以垂之於後昔秦愛三良而殺之君子知其不霸以晉厲之無道戶三卿之後猶有不忍之心陛下如何忽信左右愛憎之言欲一日尸七卿詔尚在臣聞猶未宣露乞垂昊天之澤迴雷霆之威且陛下直欲誅之耳不露其罪名何以示四海此豈是帝王三訊之法邪因叩頭流血王沈叱幹曰卜侍中欲距詔乎聰拂衣而入免幹爲庶人太宰劉易

及大將軍劉敷御史大夫陳元達金紫光祿大夫王延等詣闕諫曰臣聞善人者乾坤之紀政教之本也邪佞者宇宙之螟蟊王化之蝨賊也故文王以多士基周桓靈以群閹亡漢國之興亡未有不由此也自古明王之世未嘗有宦者與政武元安順豈足爲故事乎今王沈等乃處常伯之位握生死與奪於中勢傾海內愛憎任之矯弄詔旨欺誣日月內諂陛下外佞相國威權之重侔於人主矣王公見之駭目卿宰望塵下車銓衡迫之選舉不復以實士以屬舉政以賄成多樹姦徒殘毒忠善知王琰等忠臣必盡節於陛下懼其姦萌發露陷之極刑陛下不垂三察猥加誅戮怨感穹蒼痛入九泉四海悲惋賢愚傷懼沈等皆刀鋸之餘背恩忘義之類豈能如士人君子感恩展效以荅乾澤也陛下何故親近之何故貴任之昔齊桓公任易牙而亂孝懷委黃皓而滅此皆覆車於前殷鑒不遠比年地震日蝕雨血火災皆沈等之由願陛下割翦凶醜與政之流引尚書御史朝省萬機相國與公卿五日一入會

議政事使大臣得極其言忠臣得逞其意則衆災自弭和氣呈祥今遣晉朱珍巴蜀未賔石勒潛有跨趙魏之志曹嶷密有王全齊之心而復以沉等助乱大政陛下心腹四支何處無患復誅巫咸戮扁鵲臣恐遂成桓侯膏肓之疾後雖欲療之其如病何請免沉等官付有司定罪聰以表示沉等笑曰是兒等爲元達所引遂成癡也寢之沉等頓首泣曰臣等小人過蒙陛下識拔幸得備灑掃宮闈而王公朝士疾臣等如仇讎又深恨陛下願收大造之恩以臣等膏之鼎鑊皇朝上下自然雍穆矣聰曰此等狂言恒然卿復何足恨乎更以訪粲粲盛稱沉等忠清乃心王室聰大悦封沉等爲列侯太宰劉易詣闕又上疏固諫聰大怒手壞其表易遂忿恚而死元達哭之悲慟曰人之云亡邦國殄悴吾既不復能言安用此默默生乎歸而自殺北地飢甚人相食噉羌酋大軍須運糧以給麴昌劉雅擊敗之麴允與劉曜戰于磻石谷王師敗績允奔靈武平陽大飢流叛死亡十有五六石勒遣石越率騎二万屯于幷州以懷撫叛者聰使黃門侍郎喬詩讓勒勒不奉命潛結曹嶷規爲鼎峙之勢聰立上皇后樊氏即張氏之侍婢也時四后之外佩皇后璽綬者七人朝廷內外無復綱紀阿諛日進貨賄公行軍旅在外飢疫相仍後宮賞賜動至千萬劉敷屢泣言之聰不納怒曰爾欲得使汝公死乎朝朝夕夕生來哭人敷憂忿發病而死河東大蝗唯不食黍豆靳準率部人收而埋之哭聲聞於十餘里後乃鑽土飛出復食黍豆平陽飢甚司隸部人奔于冀州二十萬户石越招之故也犬與豕交于相國府門又交于宮門又交司隸御史門有豕著進賢冠升聰坐犬冠武冠帶綬與豕並升俄而鬭死殿上宿衛莫有見其入者而聰昏虐愈甚無誡懼之心讌群臣于光極前殿引見其太弟乂容貌毁悴鬢髮蒼然涕泣陳謝聰亦對之悲慟縱酒極歡待之如初劉曜陷長安外城愍帝使侍中宋敞送牋于曜帝肉袒牽羊輿櫬銜璧出降及至平陽聰以帝爲光禄大夫懷安侯使粲告于太廟大赦境内改年麟嘉麴允自殺聰東宮

四門無故自壞後内史女人化爲大夫時聰子約死一指猶暖遂不殯殮及蘇言見元海於不周山經五日遂復從至崐崘山三日而復返於不周見諸王公卿將相死者悉在宮室甚壯麗號曰蒙珠離國元海謂約曰東北有遮須夷國無主久待汝父爲之汝父後三年當來來後國中大乱相殺害居家死亡略盡但可永明輩十數人在耳汝且還後年當來見汝不久約拜辭而歸道遇一國曰猗尼渠餘國引約入宮與約皮囊一枚曰爲吾遺漢皇帝約辭而歸謂約曰劉郎後年來必見過當以小女相妻約歸置皮囊於機上俄而蘇使左右機上取皮囊開之有一方白玉題文曰猗尼渠餘國天王敬信遮須夷國天王歲在攝提當相見也馳使呈聰聰曰若審如此吾不懼死也及聰死與此玉幷葬焉時東宮鬼哭赤虹經天南有一岐三日並照各有兩珥五色甚鮮客星歷紫宮入於天獄而滅太史令康相言於聰曰蛇虹見彌天一岐南徹三日並照客星入紫宮此皆大異其徵不遠也今虹達東西者許洛以南不可圖也一岐南徹者李氏當仍跨巴蜀司馬叡終據全吳之象天下其三分乎月爲胡王皇漢雖苞括二京龍騰九五然世雄燕代肇基北朔太陰之變其在漢域乎漢既據中原歷命所屬紫宮之異亦不在他此之深重胡可盡言石勒鴟視趙魏曹嶷狼顧東齊鮮卑之衆星布燕代齊代燕趙皆有將大之氣願陛下以東夏爲慮勿顧西南吳蜀之不能北侵猶大漢之不能南向也今京師寡弱勒衆精盛若盡趙魏之鋭燕之突騎自上黨而來曹嶷率三齊之衆以繼之陛下將何以抗之紫宮之變何必不在此乎願陛下早爲之所無使兆人生心陛下誠能發詔外以遠追秦皇漢武循海之事内爲高祖圖楚之計無不剋矣聰覽之不悦劉粲使王平謂劉乂曰適奉中詔云京師將有變勅裹甲以備之乂以爲信然令命宮臣裹甲以居粲馳遣告靳準王沉等曰向也王平告云東宮陰備非常將若之何準白之聰大驚曰豈有此乎王沉等同聲曰臣等久聞但恐言之陛下弗信於是使粲圍東宮粲遣

沉準收氐羌酋長十餘人窮問之皆懸首高格燒鐵灼目乃自誣與乂同造逆謀聰謂沉等曰而今而後吾知卿等忠於朕也當念爲知無不言勿恨往日言不用也於是誅乂素所親厚大臣及東宮官屬數十人皆靳準及閹竪所怨也廢乂爲北部王粲使準賊殺之坑士衆萬五千餘人平陽街巷爲之空氐羌叛者十餘萬落以靳準行車騎大將軍以討之時聰境内大蝗平陽冀雍尤甚靳準討之震其二子而死河汾大溢漂沒千餘家東宮災異門閤宮殿蕩然立粲爲皇太子大赦殊死已下以粲領相國大單于總攝朝政如前聰校獵上林以帝行車騎將軍戎服執戟前導行三驅之禮粲言於聰曰今司馬氏跨據江東趙固李矩同逆相濟興兵聚衆者皆以子鄴爲名不如除之以絕其望聰然之趙固郭默攻其河東至於絳邑右司隸部人盜牧馬負妻子奔之者三萬餘騎騎兵將軍劉勳追討之殺萬餘人固默引歸劉頡遮邀擊之爲固所敗使粲及劉雅等伐趙固次于小平津固揚言曰要當生縛

劉粲以贖天子聰聞而惡之李矩使郭默郭誦救趙固屯于洛汭遣耿稚張皮潛濟襲粲粲貝丘王翼光自厘城覘之以告粲粲曰征北南渡趙固望聲逃竄彼方憂自固何暇來邪且聞上身在此自當不敢北視況敢濟乎不須驚動將士也是夜稚等襲敗粲軍粲奔據陽鄉稚館穀粲壘雅聞而馳還柵于壘外與稚相持聰聞粲敗使太尉范隆率騎赴之稚等懼率衆五千突圍趣北山而南劉勳追之戰于河陽稚師大敗死者三千五百人投河死者千餘人聰所居螽斯則百堂災焚其子會稽王衷已下二十有一人聰聞之自投於牀哀塞氣絕良久乃蘇平陽西明門社自亡霍山崩署其驃騎大將軍濟南王劉驥爲大將軍都督中外諸軍事錄尚書衛大將軍齊王劉勱爲大司徒中常侍王沉養女年十四有妙色聰立爲左皇后尚書令王鑒中書監崔懿之中書令曹恂等諫曰臣聞王者之立后也將以上配乾坤之性象二儀敷育之義生承宗廟母臨天下亡配后土執饋皇姑必擇世德名宗幽閑淑令副

四海之望稱神祇之心是故周文造舟姒氏以興關雎之化饗則百世之祚永孝成任心縱欲以婢爲后使皇統亡絕社稷淪傾有周之隆既如彼矣大漢之禍又如此矣從麟嘉以來乱淫於色縱沉之弟女刑餘小醜猶不可塵瓊寢汙清廟況其家婢邪六宮妃嬪皆公子公孫奈何一旦以婢主之何異象榱玉簀而對腐木朽楹哉臣恐無福於國家也聰覽之大怒使宣懷謂粲曰鑒等小子慢侮國家狂言自口無復君臣上下之禮其速考竟於是收鑒等送市金紫光祿大夫王延馳將入諫門者弗通鑒等臨刑王沉以杖叩之曰庸奴復能爲惡乎乃公何與汝事鑒瞋目叱之曰竪子使皇漢滅者坐汝鼠輩與靳準耳要當訴汝於先帝取汝等於地下懿之曰靳準梟聲鏡形必爲國患汝既食人人亦當食汝皆斬之聰又立其中常侍宣懷養女爲中皇后鬼哭於光極殿又哭於建始殿雨血平陽廣袤十里時聰子約已死至是晝見聰甚惡之謂粲曰吾寢疾惙頓怪異特甚往以約之言爲妖比累日見之此

兒必來迎吾也何圖人死定有神靈如是吾不悲死也今世難未夷非諒闇之日朝終夕殮旬日而葬徵劉曜爲丞相錄尚書輔政固辭乃止仍以劉景爲太宰劉驥爲大司馬劉顗爲太師朱紀爲太傅呼延晏爲太保並錄尚書事范隆守尚書令儀同三司靳準爲大司空領司隸校尉皆迭決尚書奏事太興元年聰死在位九年僞謚曰昭武皇帝廟號烈宗

粲字士光少而儁傑才兼文武自爲宰相威福任情踈遠忠賢暱近姦佞任性嚴刻無恩惠距諫飾非好興造宮室相國之府仿像紫宮在位無幾作兼晝夜飢困窮叛死亡相繼粲弗之恤也既嗣僞位尊聰后靳氏爲皇太后樊氏號弘道皇后宣氏號弘德皇后王氏號弘孝皇后靳等年皆未滿二十並國色也粲晨夜烝淫於内志不在哀立其妻靳氏爲皇后子元公爲太子大赦境内改元漢昌雨血于平陽靳準將有異謀私於粲曰如聞諸公將欲行伊尹霍光之事謀先誅太保及臣以大司馬統萬幾陛下若不先之

臣恐禍之來也不晨則夕粲弗納準懼其言之不從謂聰二靳氏曰今諸公侯欲廢帝立濟南王恐吾家無復種矣盍言之於帝二靳承間言之粲誅其太宰上洛王劉景太師昌國公劉顗大司馬濟南王驥大司徒齊王劉勱等太傅朱紀太尉范隆出奔長安又誅其車騎大將軍吳王劉逞驥母弟也粲大閱上林謀討石勒以靳準爲大將軍錄尚書事粲荒耽酒色游讌後庭軍國之事一決於準準矯粲命以從弟明爲車騎將軍康爲衛將軍準將作亂以金紫光祿大夫王延耆德時望謀之于延延弗從馳將告之遇靳康劫延以歸準勒兵入宮升其光極前殿下使甲士執粲數而殺之劉氏男女無少長皆斬于東市發掘元海聰墓焚燒其宗廟鬼大哭聲聞百里準自號大將軍漢天王置百官遣使稱藩于晉左光祿劉雅出奔西平尚書北宮純胡崧等招集晉人堡於東宮靳康攻滅之準將以王延爲左光祿延罵曰屠各逆奴何不速殺我以吾左目置西陽門觀相國之入也右目置建春門觀大將軍之

入也準殺之

陳元達字長宏後部人也本姓高以生月妨父故改云陳少而孤貧常躬耕兼誦書樂道行詠忻忻如也至年四十不與人交通元海之爲左賢王聞而招之元達不荅及元海僭號人謂元達曰往劉公相屈君蔑而不顧今稱號龍飛君其懼乎元達笑曰是何言邪彼人姿度卓犖有籠羅宇宙之志吾固知之久矣然往日所以不往者以期運未至不能無事喧喧彼自有以亮吾矣卿但識之吾恐不過二三日驛書必至其暮元海果徵元達爲黃門郎人曰君殆聖乎既至引見元海曰卿若早來豈爲郎官而已元達曰臣惟性之有分盈分者顛臣若早叩天門者恐大王賜處於九卿納言之間此則非臣之分臣將何以堪之是以抑情盤桓待分而至大王無過授之謗小臣免招寇之禍不亦可乎元海大悅在位忠謇屢進讜言退而削草雖子弟莫得而知也聰每謂元達曰卿當畏朕反使朕畏卿乎元達叩頭謝曰臣聞師臣者王友臣者霸臣

誠愚闇無可採也幸邀陛下垂齊桓納九九之義故使微臣得盡愚忠昔世宗遇可汲黯之奏故能恢隆漢道桀紂誅諫幽厲弭謗是以三代之亡也忽焉陛下以大聖應期挺不世之量能遠捐商周覆國之弊近模孝武光漢之美則天下幸甚群臣知免及其死也人盡冤之

載記第二　晉書百二

載記第三　劉曜　晉書百三　御撰

劉曜字永明元海之族子也少孤見養於元海幼而聰慧有奇度
年八歲從元海獵于西山遇雨止樹下迅雷震樹旁人莫不顛仆
曜神色自若元海異之曰此吾家千里駒也從兄爲不亡矣身長
九尺三寸垂手過膝生而眉白目有赤光鬚髯不過百餘根而皆
長五尺性拓落高亮與衆不群讀書志於廣覽不精思章句善屬
文工草隸雄武過人鐵厚一寸射而洞之于時號爲神射尤好兵書
略皆闇誦常輕侮吳鄧而自比樂毅蕭曹時人莫之許也惟聰
每曰永明世祖魏武之流何數公足道哉弱冠游于洛陽坐事當誅
亡匿朝鮮遇赦而歸自以形質異衆恐不容于世隱迹管涔山
以琴書爲事嘗夜閑居有二童子入跪曰管涔王使小臣奉謁趙
皇帝獻劒一口置前再拜而去以燭視之劒長二尺光澤非常赤
玉爲室背上有銘曰神劒御除衆毒曜遂服之劒隨四時而變爲

五色元海世頻歷顯職後拜相國都督中外諸軍事鎮長安靳準
之難自長安赴之至于赤壁太保呼延晏等自平陽奔之與太傅
朱紀太尉范隆等上尊號曜以大興元年僭即皇帝位大赦境内
惟準一門不在赦例改元光初以朱紀領司徒呼延晏領司空范
隆以下悉復本位使征北劉雅鎮北劉策次于汾陰與石勒爲掎
角之勢靳準遣侍中卜泰降于勒勒囚泰送之曜謂泰曰先帝末
年實乱大倫群閹撓政誅滅忠良誠是義士匡討之秋司空執心
忠烈行伊霍之權拯濟塗炭使朕及此勳高古人德格天地朕方
寧濟大艱終不以非命及君子賢人司空若執忠誠早迎大駕者
政由靳氏祭則寡人以朕此意布之司空宣之朝士泰還平陽具
宣曜旨準自以殺曜母兄沉吟未從尋而喬泰王騰靳康馬忠等
殺準推尚書令靳明爲盟主遣卜泰奉傳國六璽降于曜曜大悦
謂泰曰使朕獲此神璽而成帝王者子也石勒聞之怒甚增兵攻
之明戰累敗遣使求救於曜曜使劉雅劉策等迎之明率平陽士

女萬五千歸于曜曜命誅明靳氏男女無少長皆殺之使劉雅迎
母胡氏喪于平陽還葬粟邑墓號陽陵僞謚宣明皇太后僭尊高
祖父亮爲景皇帝曾祖父廣爲獻皇帝祖防懿皇帝考曰宣成皇
帝徙都長安起光世殿於前紫光殿於後立其妻羊氏爲皇后子
熙爲皇太子封子襲爲長樂王闡太原王沖淮南王敞齊王高魯
王徽楚王徵諸宗室皆進封郡王繕宗廟社稷南北郊以水承晉
金行國號曰趙牲牡尚黑旗幟尚玄冒頓配天元海配上帝大赦
境内殊死已下黄石屠各路松多起兵於新平扶風聚衆數千附
于南陽王保保以其將楊曼爲雍州刺史王連爲扶風太守據陳
倉張顗爲新平太守周庸爲安定太守據陰密松多下草壁秦隴
氐羌多歸之曜遣其車騎劉雅平西劉厚攻楊曼于陳倉二旬不
剋曜率中外精銳以赴之行次雍城太史令弁廣明言於曜曰昨
夜妖星犯月師不宜行乃止勑劉雅等攝圍固壘以待大軍地震
長安尤甚時曜妻羊氏有殊寵頗與政事陰有餘之徵也三年曜

發雍攻陳倉曼連謀曰諜者適還云其五牛旗建多言胡主自來
其鋒恐不可當也吾糧廪既少無以支久若頓軍城下圍人百日
不待兵刃而吾自滅不如率見衆以一戰如其勝也關中不待檄
而至如其敗也一等死早晚無在遂盡衆背城而陣爲曜所敗王
連死之楊曼奔于南氐曜進攻草壁又陷之松多奔隴城進陷安
定保懼遷于桑城氐羌悉從之曜振旅歸于長安署劉雅爲大司
徒晉將李矩襲金墉剋之曜左中郎將宋始振威宋恕降于石勒
署其大將軍廣平王岳爲征東大將軍鎮洛陽會三軍疫甚岳遂
屯澠池石勒遣石生馳應宋始等軍勢甚盛曜將尹安趙慎等以
洛陽降生岳乃班師鎮于陝城西明門内大樹風吹折經一宿樹
撥變爲人形髮長一尺鬚眉長三寸皆黄白色有斂手之狀亦有
兩脚著裙之形惟無目鼻每夜有聲十日而生柯條遂成大樹枝
葉甚茂長水校尉尹車謀反潛結巴酋徐庫彭曜乃誅車囚庫彭
等五十餘人于阿房將殺之光禄大夫游子遠固諫曜不從子遠

叩頭流血曜大怒幽子遠而盡殺庫彭等尸諸街巷之中十日乃
投之於水於是巴氐盡叛推巴歸善王句渠知爲主四山羌氐巴
羯應之者三十餘萬關中大乱城門晝閉子遠又從獄表諫曜怒
甚毀其表曰大荔奴不憂命在須臾猶敢如此嫌死晚邪叱左右
速殺之劉雅朱紀呼延晏等諫曰子遠幽而尚諫者所謂忠於社
稷不知死之將至陛下縱弗能用奈何殺之若子遠朝誅臣等亦
暮死以彰陛下過差之咎天下之人皆當去陛下蹈西海而死耳
陛下復與誰居乎曜意解乃赦之於是勑內外戒嚴將親討渠知
子遠進曰陛下誠能納愚臣之計者不勞大駕親動一月之中可
使清定曜曰卿試言之子遠曰彼匪有大志希竊非望也但逼於
陛下峻網耳今死者不可追莫若赦諸逆人之家老弱沒奚官者
使迭相撫育聽其復業大赦與之更始彼生路既開不降何待若
渠知自以罪重不即下者願假臣弱兵五千以爲陛下梟之不敢
勞陛下之將帥也不爾者今賊黨既衆弥川被谷雖以天威臨之

恐非年歲可除曜大悅以子遠爲車騎大將軍開府儀同三司都
督雍秦征討諸軍事大赦境內子遠次于雍城降者十餘万進軍
安定氐羌悉下惟句氐宗黨五千餘家保于陰密進攻平之遂振
旅循隴右陳安郊迎先是上郡氐羌十餘萬落保嶮不降酋大虛
除權渠自號秦王子遠進師至其壁下權渠率衆來距五戰敗之
權渠恐將降其子伊餘大言於衆曰往劉曜自來猶無若我何況
此偏師而欲降之率勁卒五萬晨壓壘門左右勸戰子遠曰吾聞
伊餘之勇當今無敵士馬之彊復非其匹又其父新敗怒氣甚盛
且西戎剽勁鋒鋭不可擬也不如緩之使氣竭而擊之乃堅壁不
戰伊餘有驕色子遠候其無備夜誓衆蓐食晨大風霧子遠曰天
贊我也躬先士卒掃壁而出遲明覆之生擒伊餘悉俘其衆權渠
大懼被髮割面而降子遠啓曜以權渠爲征西將軍西戎公分徙
伊餘兄弟及其部落二十餘萬口于長安西戎之中權渠部最強
皆稟其命而爲寇暴權渠既降莫不歸附曜大悅讌群臣于東堂

語及平生泫然流涕遂下書曰蓋褒德惟舊聖后之所先念惠録
孤明王之恒典是以世祖草創河北而致封於嚴尤之孫魏武勤
兵梁宋追慟於橋公之墓前新贈大司徒烈愍公崔岳中書令曹
恂晉陽太守王忠太子洗馬劉綏等或識朕於童亂之中或濟朕
於艱窘之極言念君子實傷我心詩不云乎中心藏之何日忘之
岳漢昌之初雖有褒贈屬否運之際禮章莫備今可贈岳使持節
侍中大司徒遼東公恂大司空南郡公綏左光禄大夫平昌公忠
鎮軍將軍安平侯並加散騎常侍但皆丘墓夷滅申哀莫由有司
其速班訪岳等子孫授以茅土稱朕意焉初曜之亡與曹恂奔於
劉綏綏匿之於書匱載送於忠忠送之朝鮮歲餘飢窘變姓名客
爲縣卒岳爲朝鮮令見而異之推問所由曜叩頭自首流涕求哀
岳曰卿謂崔元嵩不如孫賓碩乎何懼之甚也今詔捕卿甚峻百
姓問不可保也此縣幽僻勢能相濟縱有大急不過解印綬與卿
俱去耳吾既門衰無兄弟之累身又薄祐未有兒子卿猶吾子弟

也勿爲過憂大丈夫處身立世鳥獸投人要欲濟之而況君子乎
給以衣服資供書傳曜遂從岳質通疑滯恩顧甚厚岳從容謂曜
曰劉生姿宇神調命世之才也四海脫有微風搖之者英雄之魁
卿其人矣曹恂雖於屯厄之中事曜有君臣之禮故皆德之曜立
太學於長樂宮東小學於未央宮西簡百姓年二十五已下十三
已上神志可教者千五百人選朝賢宿儒明經篤學以教之以中
書監劉均領國子祭酒置崇文祭酒秩次國子散騎侍郎董景道
以明經擢爲崇文祭酒以游子遠爲大司徒曜命起酆明觀立西
宮建陵霄臺於高池又將於霸陵西南營壽陵侍中喬豫和苞上
疏諫曰臣聞人主之興作也必仰準乾象俯順人時是以衛文承
乱亡之後宗廟社稷流漂無所而猶上候營室以構楚宮彼其急
也猶尚若茲故能興康叔武公之迹以延九百之慶也奉詔書將
營酆明觀市道芻蕘咸以非之曰一觀之功可以平涼州矣又奉
勑旨復欲擬阿房而建西宮模瓊臺而起陵霄此則費万酆明功

億前役也以此功費亦可以吞吳蜀翦齊魏矣陛下何爲於中興
之日而踨亡國之事自古聖王人誰無過陛下此役實爲過舉過
貴在能改終之實難又伏聞勑旨將營建壽陵周迴四里下深二
十五丈以銅爲棺槨黃金飾之恐此功費非國內所能辦也且臣
聞堯葬穀林市不改肆顓頊葬廣陽下不及泉聖王之所終也如
是秦皇下錮三泉周輪七里身亡之後毀不旋踵闇主之所終也
如此向魋石槨孔子以爲不如速朽王孫倮葬識者嘉其矯世自
古無有不亡之國不掘之墓故聖王知厚葬之招害也故不爲之
臣子之於君父陵墓豈不欲高廣如山岳哉但以保全始終安固
萬世爲優耳興亡奢儉固然於前惟陛下覽之曜大悅下書曰二
侍中懇懇有古人之風烈矣可謂社稷之臣也非二君朕安聞此
言乎以孝明於承平之世四海無虞之日尚納鍾離一言而罷北
宮之役況朕之闇眇當今極弊而可不欽從明誨乎今勑悉停壽
陵制度一遵霸陵之法詩不云乎無言不酬無德不報其封豫安

昌子苞平輿子並領諫議大夫可敷告天下使知區區之朝思聞
過也自今政法有不便於時不利社稷者其詣闕極言勿有所諱
省酆水囿以與貧戶終南山崩長安人劉終於崩所得白玉方一
尺有文字曰皇亡皇亡敗趙昌井水竭構五梁咢酉小衰困嚻喪
嗚呼嗚呼赤牛奮靷其盡乎時群臣咸賀以爲勤滅之徵曜大悅
齋七日而後受之於太廟大赦境內以終爲奉瑞大夫中書監劉
均進曰臣聞國主山川故山崩川竭君爲之不舉終南京師之鎮
國之所瞻無故而崩其凶焉可極言昔三代之季其災也如是今
朝臣皆言祥瑞臣獨言非誠上忤聖旨下違衆議然臣不達大理
竊所未同何則玉之於山石也猶君之於臣下山崩石壞象國傾
人亂皇亡皇亡敗趙昌者此言皇室將爲趙所敗趙因之而昌今
大趙都於秦雍而勒跨全趙之地趙昌之應當在石勒不在我也
井水竭構五梁者井謂東井秦之分也五謂五車梁謂大梁五車
大梁趙之分也此言秦將竭滅以構成趙也咢者歲之次名作咢

也言歲馭作咢酉之年當有敗軍殺將之事困謂困敦歲在子之
年名玄嚻亦在子之次言歲馭於子國當喪亡赤牛奮靷謂赤奮
若在丑之歲名也牛謂牽牛東北維之宿丑之分也言歲在丑當
滅亡盡無復遺也此其誡悟蒸蒸欲陛下勤脩德化以禳之縱爲
嘉祥尚願陛下夕惕以荅之書曰雖休勿休願陛下追蹤周昌盟津
之美捐鄗虢公夢廟之凶謹歸沐浴以待妖言之誅曜憮然改容
御史劾均狂言瞽說誣罔祥瑞請依大不敬論曜曰此之災瑞誠
不可知深戒朕之不德朕收其忠惠多矣何罪之有乎曜親征氐
羌仇池楊難敵率衆來距前鋒擊敗之難敵退保仇池仇池諸氐
羌多降於曜曜後復西討楊韜于南安韜懼與隴西太守梁勛等
降于曜皆封列侯使侍中喬豫率甲士五千遷韜等及隴右萬餘
户于長安曜又進攻仇池時曜寢疾兼癘疫甚議欲班師恐難敵
躡其後乃以其尚書郎王獷爲光國中郎將使于仇池以說難敵
難敵於是遣使稱藩曜大悅署難敵爲使持節侍中假黃鉞都督

益寧南秦涼梁巴六州隴上西域諸軍事上大將軍益寧南秦三
州牧領護南氐校尉寧羌中郎將武都王子弟爲公侯列將二千
石者十五人陳安請朝曜以疾篤不許安怒且以曜爲死也遂大
掠而歸曜疾甚篤馬輿而還使其將呼延寔監輜重於後陳安率
精騎要之于道寔與戰無路與長史魯憑俱没于安安囚寔而謂
之曰劉曜已死子誰輔哉孫當與足下終定大業寔叱安曰狗輩
汝荷人榮寵處不疑之地前背司馬保今復如此汝自視何如主
上憂汝不久梟首上邽通衢何謂大業可速殺我懸我首於上邽
東門觀大軍之入城也安怒遂殺之以魯憑爲參軍又遣其弟集
及將軍張明等率騎二萬追曜曜衛軍呼延瑜逆戰擊斬之悉俘
其衆安懼馳還上邽曜至自南安陳安使其將劉烈趙罕襲汧城
拔之西州氐羌悉從安安士馬雄盛衆十餘萬自稱使持節大都
督假黃鉞大將軍雍涼秦梁四州牧涼王以趙募爲相國領左長
史魯憑對安大哭曰吾不忍見陳安之死也安怒命斬之憑曰死

自吾分懸吾頭於秦州通衢觀趙之斬陳安也遂殺之曜聞愍死
悲慟曰賢人者天下之望也害賢人是塞天下之情夫承平之君
猶不敢乖臣妾之心況於四海乎陳安今於招賢採哲之秋而害
君子絶當時之望吾知其無能爲也休屠王石武以桑城降曜大
悅署武爲使持節都督秦州隴上雜夷諸軍事平西大將軍秦州
刺史封酒泉王曜后羊氏死僞謚獻文皇后羊氏內有特寵外恭
朝政生曜三子熙襲闡曜始禁無官者不聽乘馬祿八百石已上
婦女乃得衣錦繡自季秋農功畢乃聽飲酒宗廟社稷之祭不得
殺牛犯者皆死曜臨太學引試學生之上第者拜郎中武功男子
蘇撫陝男子伍長平並化爲女子石言於陝若言勿東者曜將葬
其父及妻親如粟邑以規度之負土爲墳其下周迴二里作者繼
以脂燭怨呼之聲盈于道路游子遠諫曰臣聞聖主明王忠臣孝
子之於終葬也棺足周身槨足周棺藏足周槨而已不封不樹爲
無窮之計伏惟陛下聖慈幽被神鑒洞遠每以清儉恤下爲先社

晉載三　七

稷資儲爲本今二陵之費至以億計計六萬夫百日作所用六百
萬功二陵皆下錮三泉上崇百尺積石爲山增土爲阜發掘古塚
以千百數役夫呼嗟氣塞天地暴骸原野哭聲盈衢臣竊謂無益
於先皇先后而徒喪國之儲力陛下脫仰尋堯舜之軌者則功不
盈百万費亦不過千計下無怨骨上無怨人先帝先后有太山之
安陛下饗舜禹周公之美惟陛下察焉曜不納乃使其將劉岳等
帥騎一萬迎父及弟暉喪於太原疫氣大行死者十三四上洛男
子張盧死二十七日有盜發其塚者盧得蘇曜葬其父墓號永垣
陵葬妻羊氏墓號顯平陵大赦境內殊死已下賜人爵二級孤老
貧病不能自存者帛各有差太寧元年陳安攻曜征西劉貢于南
安休屠王石武自桑城將攻上邽以解南安之圍安聞之懼馳歸
上邽遇於瓜田武以衆寡不敵奔保張春故壘安引軍追武曰叛
逆胡奴要當生縛此奴然後斬劉貢武閉壘距之貢敗安後軍俘
斬萬餘安馳還赴救貢逆擊敗之俄而武騎大至安衆大潰收騎

八千奔于隴城貢乃留武督後衆躬先士卒戰輒敗之遂圍安于
隴城大雨霖震曜父墓門屋大風飄發其父寢堂于垣外五十餘
步曜避正殿素服哭于東堂五日使其鎮軍劉襲太常梁胥等繕
復之松柏衆木殖已成林至是悉枯罝其大司馬劉雅爲太宰加
劍履上殿入朝不趨讚拜不名給千兵百騎甲仗百人入殿增班
劒六十人前後鼓吹各二部曜親征陳安圍安于隴城安頻出挑
戰累擊敗之斬獲八千餘級右軍劉幹攻平襄尅之隴上諸縣悉
降曲赦隴右殊死已下惟陳安趙募不在其例安留楊伯支姜沖
兒等守隴城帥騎數百突圍而出欲引上邽平襄之衆還解隴城
之圍安既出知上邽被圍平襄已敗乃南走陝中曜使其將軍平
先丘中伯率勁騎追安頻戰敗之俘斬四百餘級安與壯士十餘
騎於陝中格戰安左手奮七尺大刀右手執丈八蛇矛近交則刀
矛俱發輒害五六遠則雙帶鞬服左右馳射而走平先亦壯健絶
人勇捷如飛與安搏戰三交奪其蛇矛而退會日暮雨甚安棄馬

晉載三　八

與左右五六人步踰山嶺匿于溪澗翌日尋之遂不知所在會連
雨始霽輔威呼延清尋其徑迹斬安于澗曲曜大悅安善於撫接
吉凶夷險與衆同之及其死隴上歌之曰隴上壯士有陳安軀幹
雖小腹中寬愛養將士同心肝䯀驄父馬鐵瑕鞍七尺大刀奮如
湍丈八蛇矛左右盤十盪十決無當前戰始三交失蛇矛棄我䯀
驄竄巖幽爲我外援而懸頭西流之水東流河一去不還奈子何
曜聞而嘉傷命樂府歌之楊伯支斬姜沖兒以隴城降宋亭斬趙
募以上邽降徙秦州大姓楊姜諸族二千餘户于長安氐羌悉下
並送質任時劉岳與涼州刺史張茂相持于河上曜自隴長驅至
西河戎卒二十八萬五千臨河列營百餘里中鐘鼓之聲沸河動
地自古軍旅之盛未有斯比茂臨河諸戍皆望風奔退揚聲欲百
道俱渡直至姑臧涼州大怖人無固志諸將咸欲速濟曜曰吾軍
旅雖盛不踰魏武之東也畏威而來者三有二焉中軍宿衛已皆
疲老不可用也張氏以吾新平陳安師徒殷盛以形聲言之非彼

五郡之衆所能抗也必怖而歸命受制稱藩吾復何求卿等試之不出中旬張茂之表不至者吾爲負卿矣茂懼果遣使稱藩獻馬一千五百匹牛三千頭羊十萬口黃金三百八十斤銀七百斤女妓二十人及諸珍寶珠玉方域美貨不可勝紀曜大悅使其大鴻臚田崧署茂使持節假黃鉞侍中都督涼南北秦梁益巴漢隴右西域雜夷匈奴諸軍事太師領大司馬涼州牧領西域大都護護氐羌校尉涼王曜至自河西遣胡元增其父及妻墓高九十尺楊難敵以陳安既平內懷危懼奔于漢中鎮西劉厚追擊之獲其輜重千餘兩士女六千餘人還之仇池曜以大鴻臚田崧爲鎮南大將軍益州刺史鎮仇池以劉岳爲侍中都督中外諸軍事進封中山王初靳準之亂曜世子胤沒于黑匿郁鞠部至是胤自言郁鞠大驚資給衣馬遣子送之曜對胤悲慟嘉郁鞠忠款署使持節散騎常侍忠義大將軍左賢王胤字義孫美姿貌善機對年十歲身長七尺五寸眉鬢如畫聰奇之謂曜曰此兒神氣豈同義眞乎固

當應爲卿之家嫡卿可思文王廢伯邑考立武王之意也曜曰臣之藩國僅能守祭祀便足矣不可以亂長幼之倫也聰曰卿勳格天地國兼百城當世祚太師受專征之任五侯九伯得專征之者卿之子孫奈何言同諸藩國也義眞旣不能遠追太伯高讓之風吾不過爲卿封之以一國義眞曜子儉之字也於是封儉爲臨海王立胤爲世子胤雖少離屯難流蹟殊荒而風骨俊茂爽朗卓然身長八尺三寸髮與身齊多力善射驍捷如風雲曜因以重之其朝臣亦屬意焉曜於是顧謂群下曰義孫可謂歲寒而不凋涅而不緇者矣義光雖先已樹立然沖幼儒謹恐難乎爲今世之儲貳也懼非所以上固社稷下愛義光義孫年長明德又先世子也朕欲遠追周文近蹤光武使宗廟有太山之安義光饗無彊之福於諸卿意如何其太傅呼延晏等咸曰陛下遠擬周漢爲國家無窮之計豈惟臣等賴之實亦宗廟四海之慶左光祿卜泰太子太保韓廣等進曰陛下若以廢立爲是也則不應降日月之明垂訪群

下若以爲疑也固思聞臣等異同之言竊以誠廢太子非也何則昔周文以未建之前擇聖表而超樹之可也光武緣母色而廢立豈足爲聖朝之模範光武誠以東海纂統何必不如明帝皇子胤文武才略神度弘遠信獨絕一時足以擬蹤周發然太子孝友仁慈志尚沖雅亦足以堂負聖基爲承平之賢主何況儲宮者六合人神所繫望也不可輕以廢易陛下誠實爾者臣等有死而已未敢奉詔曜默然胤前泣曰慈父之於子也當務存尸鳩之仁何可替熙而立臣也陛下謬恩乃爾者臣請死於此以明赤心且陛下若愛忘其醜以臣微堪指授亦當能輔導義光仰遵聖軌因歔欷流涕悲感朝臣曜亦以太子羊氏所生羊有寵哀之不忍廢乃止追謚前妻卜氏爲元悼皇后胤之母也卜泰胤之舅曜嘉之拜上光祿大夫儀同三司領太子太傅封胤爲永安王署侍中衛大將軍都督二宮禁衛諸軍事開府儀同三司錄尚書事領太子太傅號曰皇子命熙於胤盡家人之禮時有鳳皇將五子翔於故未央

殿五日悲鳴不食皆死曜立后劉氏石勒將石他自鴈門出上郡襲安國將軍北羌王盆句除俘三千餘落獲牛馬羊百餘万而歸曜大怒投袂而起是日次于渭城遣劉岳追之曜次于富平爲岳聲援岳及石他戰于河濱敗之斬他及其甲士一千五百級赴河死者五千餘人悉收所虜振旅而歸楊難敵自漢中還襲仇池剋之執田崧立之於前難敵左右叱崧令拜崧瞋目叱之曰氐狗安有天子牧伯而向賊拜乎難敵曰子岱吾當與子終定大事子謂劉氏可爲盡忠吾獨不可乎崧厲色大言曰若賊氐奴才安敢欲希覬非分吾寧爲國家鬼豈可爲汝臣何不速殺我顧排一人取其劒前刺難敵不中爲難敵所殺曜遣劉岳攻石生于洛陽配以近郡甲士五千宿衛精卒一萬濟自盟津鎮東呼延謨率荊司之衆自崤澠而東岳攻石勒盟津石梁二戍剋之斬獲五千餘級進圍石生于金墉石季龍率步騎四万入自成皐關岳陳兵以待之戰于洛西岳師敗績岳中流矢退保石梁季龍遂塹柵列圍遏絕

內外岳衆飢甚殺馬食之季龍又敗呼延謨斬之曜親率軍援岳
季龍率騎三万來距曜前軍劉黒大敗季龍將石忩于八特坂曜
次于金谷夜無故大驚軍中潰散乃退如澠池夜中又驚士卒奔
潰遂歸長安季龍執劉岳及其將王騰等八十餘人幷氐羌三千
餘人送于襄國坑士卒一萬六千曜至自澠池素服郊哭七日乃
入城武功豕生犬上邽馬生牛及諸妖變不可勝記曜命其公卿
各舉博識直言之士一人司空劉均舉參軍臺産曜親臨東堂遣
中黄門策問之産極言其故曜覽而嘉之引見東堂訪以政事産
流涕歔欷具陳災變之禍政化之闕辭旨諒直曜改容禮之卽拜
博士祭酒諫議大夫領太史令其後所言皆驗曜彌重之歲中三
遷歷位尚書光禄大夫太子少師位特進曜署劉胤爲大司馬進
封南陽王以漢陽諸郡十三爲國置單于臺于渭城拜大單于置
左右賢王已下皆以胡羯鮮卑氐羌豪傑爲之曜自還長安憤恚
發病至是疾瘳曲赦長安殊死已下署其汝南王劉咸爲太尉録

尚書事光禄大夫劉綏爲大司徒卜泰爲大司空曜妻劉氏疾甚
曜親省臨之問其所欲言劉泣曰妾叔父昶無子妾少養於叔恩
撫甚隆無以報德願陛下貴之妾叔皚女芳有德色願備後宮曜
許之言終而死僞謚獻烈皇后以劉昶爲使持節侍中大司徒録
尚書事進封河南郡公封昶妻張氏爲慈鄉君立劉皚女芳爲皇
后追念劉氏之言也俄置驃騎劉述爲大司徒劉昶爲太保召公
卿已下子弟有勇幹者爲親御郎被甲乘鎧馬動止自隨以充折
衝之任尚書郝述都水使者支當等固諫曜大怒鴆而殺之咸和
三年夜夢三人金面丹脣東向逡巡不言而退曜拜而履其跡旦
召公卿以下議之朝臣咸賀以爲吉祥惟太史令任義進曰三者
歷運統之極也東爲震位王者之始次也金爲兌位物衰落也脣
丹不言事之畢也逡巡揖讓退舍之道也爲之拜者屈伏於人也
履跡而行慎不出疆也東井秦分也五車趙分也秦兵必暴起亡
主喪師留敗趙地遠至三年近七百日其應不遠願陛下思而防

之曜大懼於是躬親二郊飾繕神祠望秩山川靡不周及大赦殊
死已下復百姓租稅之半長安自春不雨至於五月曜遣其武衛
劉朗率騎三萬襲楊難敵于仇池弗剋掠三千餘户而歸張駿聞
曜軍爲石氏所敗乃去曜官號復稱晉大將軍涼州牧遣金城太
守張閬及枹罕護軍辛晏將軍韓璞等率衆數万人自大夏攻掠
秦州諸郡曜遣劉胤率步騎四萬擊之夾洮相持七十餘日冠軍
呼延那雞率親御郎二千騎絶其運路胤濟師逼之璞軍大潰奔
還涼州胤追之及于令居斬級二萬張閬辛晏率衆數萬降于曜
皆拜將軍封列侯石勒遣石季龍率衆四萬自軹關西入伐曜河
東應之者五十餘縣進攻蒲坂曜將東救蒲坂懼張駿楊難敵承
虛襲長安遣其河間王述發氐羌之衆屯于秦州曜盡中外精鋭
水陸赴之自衛關北濟季龍懼引師而退追之及于高候大戰敗
之斬其將軍石瞻枕尸二百餘里收其資仗億計季龍奔于朝歌
曜遂濟自太陽攻石生于金墉決千金堨以灌之曜不撫士衆專

與嬖臣飲博左右或諫曜怒以爲妖言斬之大風拔樹昏霧四塞
聞季龍進據石門續知勒自率大衆已濟始議增滎陽戍杜黄馬
關俄而洛水候者與勒前鋒交戰擒羯送之曜問曰大胡自來邪
其衆大小復如何羯曰大胡自來軍盛不可當也曜色變使攝金
墉之圍陳于洛西南北十餘里曜少而淫酒末年尤甚勒至曜將
戰飲酒數斗常乘赤馬無故跼頓乃乘小馬比出復飲酒斗餘至
於西陽門撝陣就平勒將石堪因而乘之師遂大潰曜昏醉奔退
馬陷石渠墜于冰上被瘡十餘通中者三爲堪所執送于勒所曜
曰石王憶重門之盟不勒使徐光謂曜曰今日之事天使其然復
云何邪幽曜于河南丞廨使金瘡醫李永療之歸于襄國曜瘡甚
勒載以馬轝使李永與同載北苑市三老孫機上禮求見曜勒許
之機進酒于曜曰僕谷王關右稱帝皇當持重保土疆輕用兵敗
洛陽祚運窮天所亡開大分持一觴曜曰何以健邪當爲翁飲勒
聞之悽然改容曰亡國之人足令老叟數之舍曜于襄國永豐小

城給其妓妾嚴兵圍守遣劉岳劉震等乘馬從男女衣幍以見曜曜曰久謂卿等爲灰土石王仁厚全宥至今而我殺石生負盟之甚今日之禍自其分耳留宴終日而去勒諭曜與其太子熙書令速降之曜但勑熙與諸大臣匡維社稷勿以吾易意也勒覽而惡之後爲勒所殺熙及劉胤劉咸等議西保秦州尚書胡勳曰今雖喪主國尚全完將士情一未有離叛可共并力距險走未晚也胤不從怒其沮衆斬之遂率百官奔于上邽劉厚劉策皆捐鎮奔之關中擾亂將軍蔣英辛恕擁衆數十萬據長安遣使招勒勒遣石生率洛陽之衆以赴之胤及劉遵率衆數萬自上邽將攻石生于長安隴東武都安定新平北地扶風始平諸郡戎夏皆起兵應胤胤次于仲橋石生固守長安勒使石季龍率騎二万距胤戰於義渠爲季龍所敗死者五千餘人胤奔上邽季龍乘勝追戰枕尸千里上邽潰季龍執其僞太子熙南陽王劉胤并將相諸王等及其諸卿校公侯已下三千餘人皆殺之徙其臺省文武關東流人秦雍大族九千餘人于襄國又坑其王公等及五郡屠各五千餘人于洛陽曜在位十年而敗始元海以懷帝永嘉四年僭位至曜三世凡二十有七載以成帝咸和四年滅

史臣曰彼戎狄者人面獸心見利則棄君親臨財則忘仁義者也投之遐遠猶懼外侵而處以封畿窺我中釁昔者幽后不綱胡塵暗於戲水襄王失御戎馬生於關洛至於等強弱妙兵權體興衰知利害於我中華未可量也況元海人傑必致青雲之上許以殊才不居庸劣之下是以策馬鴻騫乘機豹變五部高嘯一旦推雄皇枝相害未有與之爭衡者矣伊秩啓興王之略骨都論剋定之秋單于無北顧之懷獫狁有南郊之祭大哉天地茲爲不仁矣若乃習以華風溫乎雅度兼其舊俗則罕規模雖復石勒稱藩王弥效款終爲夷狄之邦未辯君臣之位至於不遠儒風虛襟正直則昔賢所謂并仁義而盜之者焉僞主斯亡玄明纂嗣樹恩戎旅旣總威權闢河開曩日之疆士馬倍前人之氣然則信不由中自乖弘遠貌之爲美處事難終縱武窮兵殘忠害謇倭人方辯並后載馳闒豎類於迴天凝科踰於炮烙遺豺狼之將逐鷹犬之師懸旌俯渭分麾陷洛鐵馬陵山胡笳遵渚紛忠貞於戎手聚搢紳於京觀先王井賦乃眷維桑舊都宮室咸成茂草墜露沾衣行人灑淚若乃上古敦厖不親其子功成高讓歸諸有德爰及三代乃用干戈將以拯厥版蕩恭膺天命懿彼武王殷之列辟載旆乘時興兵晉野投焚旣隕可以絕言而輕呂旁揮彤弧三發豈若響清蹕於常道之門馳金車於山陽之館故知黔首來蘇居今愛古白旗陳肆古不如今胡寇不仁有同豺豕役天子以行觴驅乘輿以執蓋庾珉之淚旣盡辛賓加之以血若乃有生之貴處死爲難弘在三之義忘七尺之重主憂之恨畢命同歸自古篡奪於斯爲甚是以災氣呈形賊臣莅乱政荒民散可以危亡劉聰竟得壽終非不幸也曜則天資驍勇運偶時艱用兵則王翦之倫好殺亦董公之亞而承基醜類或有可稱子遠納忠高旌蹇傳和苞獻直酆明罷觀而師之所處荊棘生焉自絕彊藩禍成勁敵天之所厭人事以之駭戰士而宵奔酌戎杯而不醒有若假手同乎拾芥豈石氏之興歟何不支之甚也

贊曰惟皇不範遡甸居穹丹朱罕嗣冒頓爭雄胡旌颺月朔馬騰風埃塵淮浦爐呼河宮未央朝寂謻門旦空鄭欽之慮辛有知戎

載記第三　晉書百三

石勒上

石勒字世龍初名匐上黨武鄉羯人也其先匈奴別部羌渠之冑
祖耶奕于父周曷朱一名乞翼加並爲部落小率勒生時赤光滿
室白氣自天屬于中庭見者咸異之年十四隨邑人行販洛陽倚
嘯上東門王衍見而異之顧謂左右曰向者胡雛吾觀其聲視有
奇志恐將爲天下之患馳遣收之會勒已去長而壯健有膽力雄
武好騎射曷朱性凶麤不爲群胡所附每使勒代已督攝部胡愛
信之所居武鄉北原山下草木皆有鐵騎之象家園中生人參花
葉甚茂悉成人狀父老及相者皆曰此胡狀貌奇異志度非常其
終不可量也勸邑人厚遇之時多嗤笑唯鄔人郭敬陽曲甯驅以
爲信然並加資贍勒亦感其恩爲之力耕每聞鞞鐸之音歸以告
其母母曰作勞耳鳴非不祥也大安中并州飢亂勒與諸小胡亡
散乃自鴈門還依甯驅北澤都尉劉監欲縛賣之驅匿之獲免勒

於是潛詣納降都尉李川路逢郭敬泣拜言飢寒敬對之流涕以
帶貨鬻食之并給以衣服勒謂敬曰今日大餓不可守窮諸胡飢
甚宜誘將冀州就穀因執賣之可以兩濟敬深然之會建威將軍
閻粹說并州刺史東瀛公騰執諸胡於山東賣充軍實騰使將軍
郭陽張隆虜群胡將詣冀州兩胡一枷勒時年二十餘亦在其中
數爲隆所毆辱敬先以勒屬郭陽及兄子時陽敬族兄也是以陽
時每爲解請道路飢病賴陽時而濟既而賣與茌平人師懽爲奴
有一老父謂勒曰君魚龍髮際上四道已成當貴爲人主甲戌之
歲王彭祖可圖勒曰若如公言弗敢忘德忽然不見每耕作於野
常聞鼓角之聲勒以告諸奴諸奴亦聞之因曰吾幼來在家恒聞
如是諸奴歸以告懽懽亦奇其狀貌而免之懽家鄰於馬牧與牧
率魏郡汲桑往來勒以能相馬自託於桑嘗傭於武安臨水爲遊
軍所囚會有群鹿傍過軍人競逐之勒乃獲免俄而又見一父老
謂勒曰向群鹿者我也君應爲中州主故相救爾勒拜而受命遂

招集王陽夔安支雄冀保吳豫劉膺桃豹逯明等八騎爲群盜後
郭敖劉徵劉寶張曀僕呼延莫郭黑略張越孔豚趙鹿支屈六等
又赴之號爲十八騎復東如赤龍騄驥諸苑中乘苑馬遠掠繒寶
以賂汲桑及成都王穎敗乘輿于蕩陰逼帝如鄴宮王浚以穎陵
辱天子使鮮卑擊之穎懼挾惠帝南奔洛陽帝復爲張方所逼遷
于長安關東所在兵起皆以誅穎爲名河間王顒懼東師之盛欲
輯懷東夏乃奏議廢穎是歲劉元海稱漢王于黎亭穎故將陽平
人公師藩等自稱將軍起兵趙魏衆至數萬勒與汲桑帥牧人乘
苑馬數百騎以赴之桑始命勒以石爲姓勒爲名焉藩拜勒爲前
隊督從攻平昌公模於鄴模使將軍馮嵩逆戰敗之藩濟自白馬
而南濮陽太守苟晞討藩斬之勒與桑亡潛苑中桑以勒爲伏夜
牙門帥牧人劫掠郡縣繫囚又招山澤亡命多附勒勒率以應之
桑乃自號大將軍稱爲成都王穎誅東海王越東瀛公騰爲名桑
以勒爲前驅屢有戰功署爲埽虜將軍忠明亭侯桑進軍攻鄴以

勒爲前鋒都督大敗騰將馮嵩因長驅入鄴遂害騰殺萬餘人掠
婦女珍寶而去濟自延津南擊兗州越大懼使苟晞王讚等討之
桑勒攻幽州刺史石尠於樂陵尠死之乞活田禋帥衆五萬救尠
勒逆戰敗禋與晞等相持于平原陽平間數月大小三十餘戰互
有勝負越懼次于官渡爲晞聲援桑勒爲晞所敗死者万餘人乃
收餘衆將奔劉元海冀州刺史丁紹要之于赤橋又大敗之桑奔
馬牧勒奔樂平王師斬桑于平原時胡部大張匐督馮莫突等擁
衆數千壁于上黨勒往從之深爲所暱因說匐督曰劉單于舉兵
誅晉部大距而不從豈能獨立乎曰不能勒曰如其不能者兵馬
當有所屬今部落皆已被單于賞募往往聚議欲叛部大而歸單
于矣宜早爲之計匐督等素無智略懼部衆之貳已也乃潛隨勒
單騎歸元海元海署匐督爲親漢王莫突爲都督部大以勒爲輔
漢將軍平晉王以統之勒於是命匐督爲兄賜姓石氏名之曰會
言其遇己也烏丸張伏利度亦有衆二千壁于樂平元海屢招而

不能致勒僞獲罪于元海因奔伏利度伏利度大悅結爲兄弟使勒率諸胡寇掠所向無前諸胡畏服勒知衆心之附己也乃因會執伏利度告諸胡曰今起大事我與伏利度孰堪爲主諸胡咸以推勒勒於是釋伏利度率其部衆歸元海元海加勒督山東征討諸軍事以伏利度衆配之元海使劉聰攻壺關命勒率所統七千爲前鋒都督劉琨遣護軍黃秀等救壺關勒敗秀於白田秀死之勒遂陷壺關元海命勒與劉零閻羆等七將率衆三萬寇魏郡頓丘諸壘壁多陷之假壘主將軍都尉簡強壯五萬爲軍士老弱安堵如故軍無私掠百姓懷之及元海僭號遣使授勒持節平東大將軍校尉都督王如故勒幷軍寇鄴鄴潰和郁奔于衛國執魏郡太守王粹于三臺進攻趙郡害冀州西部都尉馮沖攻乞活赦亭田禋于中丘皆殺之元海授勒安東大將軍開府置左右長史司馬從事中郎進軍攻鉅鹿常山害二郡守將陷冀州郡縣堡壁百餘衆至十餘万其衣冠人物集爲君子營乃引張賓爲謀主始署

軍功曹以刁膺張敬爲股肱夔安孔萇爲爪牙支雄呼延莫王陽桃豹逯明吳豫等爲將率使其將張斯率騎詣幷州山北諸郡縣說諸胡羯曉以安危諸胡懼勒威名多有附者進軍常山分遣諸將攻中山博陵高陽諸縣降之者數萬人王浚使其將祁弘帥鮮卑段務塵等十餘萬騎討勒大敗勒于飛龍山死者萬餘勒退屯黎陽分命諸將攻諸未下及叛者降三十餘壁置守宰以撫之進寇信都害冀州刺史王斌於是車騎將軍王堪北中郎將裴憲自洛陽率衆討勒勒燒營幷糧迴軍距之次于黃牛壘魏郡太守劉矩以郡附于勒勒使矩統其壘衆爲中軍左翼勒至黎陽裴憲棄其軍奔于淮南王堪退堡倉垣元海授勒鎮東大將軍封汲郡公持節都督王如故勒固讓公不受與閻羆攻圉城苑市二壘陷之羆中流矢死勒幷統其衆潛自石橋濟河攻陷白馬坑男女三千餘口東襲鄄城害兗州刺史袁孚因攻倉垣陷之遂害堪渡河攻廣宗清河平原陽平諸縣降勒者九萬餘口復南濟河滎陽太守

裴純奔于建業時劉聰攻河內勒率騎會之攻冠軍將軍梁巨于武德懷帝遣兵救之勒留諸將守武德與王桑逆巨於長陵巨請降勒弗許巨踰城而遁軍人執之勒馳如武德坑降卒萬餘數梁巨罪而害之王師退還河北諸堡壁大震皆請降送任于勒及元海死劉聰授勒征東大將軍幷州刺史汲郡公持節開府都督校尉王如故勒固辭將軍乃止劉粲率衆四萬寇洛陽勒留輜重于重門率騎二萬會粲於大陽大敗王師於澠池遂至洛川粲出轘轅勒至成臯關圍陳留太守王讚於倉垣爲讚所敗退屯文石津將北攻王浚會浚將王甲始率遼西鮮卑万餘騎敗趙固于津北勒乃燒船棄營引軍向柏門迎重門輜重至于石門濟河攻襄城太守崔曠於繁昌害之先是雍州流人王如侯脫嚴嶷等起兵江淮間聞勒之來也懼遣衆一萬屯襄城以距勒擊敗之盡俘其衆勒至南陽屯于宛北山如懼勒之攻襄也使送珍寶車馬犒師結爲兄弟勒納之如與侯脫不平說勒攻脫勒夜令三軍雞鳴而駕晨

壓苑門攻之旬有二日而剋嚴嶷率衆救脫至則無及遂降于勒勒斬脫囚嶷送于平陽盡幷其衆軍勢彌盛勒南寇襄陽攻陷江西壘壁三十餘所留刁膺守襄陽躬帥精騎三萬還攻王如憚如之盛遂趣襄城如知之遣弟璃率騎二萬五千詐言犒軍實欲襲勒勒迎擊滅之復屯江西蓋欲有雄據江漢之志也張賓以爲不可勸勒北還弗從以賓爲參軍都尉領記室位次司馬專居中總事元帝慮勒南寇使王導率衆討勒勒軍糧不接死疫太半納張賓之策乃焚輜重裹糧卷甲渡沔寇江夏太守楊岠棄郡而走北寇新蔡害新蔡王確于南頓朗陵公何襲廣陵公陳眕上黨太守羊綜廣平太守邵肇等率衆降于勒勒進陷許昌害平東將軍王康先是東海王越率洛陽之衆二十餘萬討勒越薨于軍衆推太尉王衍爲主率衆東下勒輕騎追及之衍遣將軍錢端與勒戰爲勒所敗端死之衍軍大潰勒分騎圍而射之相登如山無一免者於是執衍及襄陽王範任城王濟西河王喜梁王禧齊王部吏

部尚書劉望豫州刺史劉喬太傅長史庾敳等坐之於幕下問以晉故衍踦等懼死多自陳說惟範神色儼然意氣自若顧呵之曰今日之事何復紛紜勒甚奇之勤於是引諸王公卿士於外害之死者甚衆勒重衍清辨奇範神氣不能加之兵刃夜使人排墻填殺之左衛何倫右衛李惲聞越薨奉越妃裴氏及越世子毗出自洛陽勒逆毗於洧倉軍復大潰執毗及諸王公卿士皆害之死者甚衆因率精騎三万入自成皐關會劉曜王彌寇洛陽洛陽既陷勒歸攻彌曜遂出轘轅屯于許昌劉聰署勒征東大將軍勒固辭不受先是平陽人李洪有衆數千壘于舞陽苟晞假洪雍州刺史勒進寇穀陽害冠軍將軍王茲破王讃于陽夏獲讃以爲從事中郎襲破大將軍苟晞于蒙城執晞署爲左司馬劉聰授勒征東大將軍幽州牧固辭將軍不受先是王彌納劉暾之說將先誅勒東王青州使暾徵其將曹嶷於齊勒遊騎獲暾得彌所與嶷書勒殺之密有圖彌之計矣會彌將徐邈輒引部兵去彌彌漸削弱及勒

之獲苟晞也彌惡之僞爲卑辭使謂勒曰公獲苟晞而赦之何其神也使晞爲公左彌爲公右天下不足定勒謂張賓曰王彌位重言卑恐其遂成前狗意也賓曰觀王公有青州之心桑梓本邦固人情之所樂明公獨無幷州之思乎王公遲迴未發者懼明公踵其後已有規明公之志但未獲便爾今不圖之恐曹嶷復至共爲羽翼後雖欲悔何所及邪徐邈既去軍勢稍弱觀其控御之懷猶盛可誘而滅之勒以爲然勒時與陳午相攻於蓬關王彌亦與劉瑞相持甚急彌請救於勒勒未之許張賓進曰明公常恐不得王公之便今天以其便授我矣陳午小豎何能爲寇王彌人傑將爲我害勒因迴軍擊瑞斬之彌大悅謂勒深心推奉無復疑也勒引師攻陳午于肥澤午司馬上黨李頭說勒曰公天生神武當平定四海四海士庶皆仰屬明公望濟于塗炭有與公爭天下者公不早圖之而返攻我曹流人我曹鄉黨終當奉戴何遽見逼乎勒心然之詰朝引退詭請王彌讌于已吾彌長史張嵩諫彌勿就恐有專

諸孫峻之禍彌不從既入酒酣勒手斬彌而幷其衆啓聰稱彌叛逆之狀聰署勒鎮東大將軍督幷幽二州諸軍事領幷州刺史持節征討都督校尉開府幽州牧公如故苟晞王讃謀叛勒害之以將軍左伏肅爲前鋒都尉攻掠豫州諸郡臨江而還屯于葛陂降諸夷楚署將軍二千石以下稅其義穀以供軍士初勒被鬻平原與母王相失至是劉琨遣張儒送王于勒遺勒書曰將軍發迹河朔席卷兗豫飲馬江淮折衝漢沔雖自古名將未足爲諭所以攻城而不有其人略地而不有其土翕爾雲合忽復星散將軍豈知其然哉存亡決在得主成敗要在所附得主則爲義兵附逆則爲賊衆義兵雖敗而功業必成賊衆雖剋而終歸殄滅昔赤眉黃巾橫逸宇宙所以一旦敗亡者正以出兵無名聚而爲亂將軍以天挺之質威振宇內擇有德而推崇隨時望而歸之勳義堂堂長享遐貴背聰則禍除向主則福至採納往誨翻然改圖天下不足定螘寇不足掃今相授侍中持節車騎大將軍領護匈奴中郎將

襄城郡公總內外之任兼華戎之號顯封大郡以表殊能將軍其受之副遠近之望也自古已來誠無戎人而爲帝王者至於名臣建功業者則有之矣今之遲想蓋以天下大亂當須雄才遥聞將軍攻城野戰合於機神雖不視兵書闇與孫吳同契所謂生而知之者上學而知之者次但得精騎五千以將軍之才何向不摧至心實事皆張儒所具勒報琨曰事功殊途非腐儒所聞君當逞節本朝吾自夷難爲效遺琨名馬珍寶厚賓其使謝歸以絕之勒於葛陂繕室宇課農造舟將寇建鄴會霖雨歷三月不止元帝使諸將率江南之衆大集壽春勒軍中飢疫死者太半檄書朝夕繼至勒會諸將計之右長史刁膺諫勒先送款於帝求掃平河朔待軍退之後徐更計之勒愀然長嘯中堅夔安勸勒就高避水勒曰將軍何其怯乎孔萇支雄等三十餘將進曰及吳軍未集萇等請各將三百步卒乘船三十餘道夜登其城斬吳將頭得其城食其倉米今年要當破丹楊定江南盡生縛取司馬家兒輩勒笑曰是勇

將之計也各賜鎧馬一匹顧問張賓曰於君計何如賓曰將軍攻
陷帝都囚執天子殺害王侯妻略妃主擢將軍之髮不足以數將
軍之罪柰何復還相臣奉乎去年誅王彌之後不宜於此營建天
降霖雨方數百里中示將軍不應留也鄴有三臺之固西接平陽
四塞山河有喉衿之勢宜北徙據之伐叛懷服河朔既定莫有處
將軍之右者晉之保壽春懼將軍之往擊爾今卒聞迴軍必欣於
敵去未遑奇兵掎擊也輜重逕從北道大軍向壽春輜重既過大
軍徐迴何懼進退無地乎勒攘袂鼓髯曰賓之計是也責刁膺曰
君共相輔佐當規成功業如何便相勸降此計應斬然相明性怯
所以宥君於是退膺為將軍擢賓為右長史加中壘將軍號曰右
侯發自葛陂遣石季龍率騎二千距壽春會江南運船至獲布米
數十艘將士爭之不設備晉伏兵大發敗季龍于巨靈口赴水死
者五百餘人奔退百里及于勒軍軍中震擾謂王師大至勒陣以
待之晉懼有伏兵退還壽春勒所過路次皆堅壁清野採掠無所

獲軍中大飢士衆相食行達東燕聞汲郡向冰有衆數千壁于枋
頭勒將於棘津北渡懼冰邀之會諸將問計張賓進曰如聞冰船
盡在瀆中未上枋内可簡壯勇者千人詭道潛渡襲取其船以濟
大軍大軍既濟冰必可擒也勒從之使支雄孔萇等從文石津縛
筏潛渡勒引其衆自酸棗向棘津冰聞勒軍至始欲内其船會雄
等已渡屯其壘門下船三十餘艘以濟其軍令主簿鮮于豐挑戰
設三伏以待之冰怒乃出軍將戰而三伏齊發夾擊攻之又因其
資軍遂豐振長驅寇鄴攻北中郎將劉演于三臺演部將臨深牟
穆等率衆數萬降于勒時諸將佐議欲攻取三臺以據之張賓進
曰劉演衆猶數千三臺險固攻守未可卒下舍之則能自潰王彭
祖劉越石大敵也宜及其未有備密規進據罕城廣運糧儲西稟
平陽掃定并薊桓文之業可以濟也且今天下鼎沸戰爭方始遊
行羇旅人無定志難以保萬全制天下也夫得地者昌失地者亡
邯鄲襄國趙之舊都依山憑險形勝之國可擇此二邑而都之然

後命將四出授以奇略推亡固存兼弱攻昧則群凶可除王業可
圖矣勒曰右侯之計是也於是進據襄國賓又言於勒曰今我都
此越石彭祖深所忌也恐及吾城池未固資儲未廣送死於我聞
廣平諸縣秋稼大成可分遣諸將收掠野穀遣使平陽陳宜鎮此
之意勒又然之於是上表於劉聰分命諸將攻冀州郡縣壘壁率
多降附運糧以輸勒劉聰署勒使持節散騎常侍都督冀幽并營
四州雜夷征討諸軍事冀州牧進封本國上黨郡公邑五萬戶開
府幽州牧東夷校尉如故廣平游綸張豺擁衆數万受王浚假署
保據苑鄉勒使夔安支雄等七將攻之破其外壘浚遣督護王昌
及鮮卑段就六眷末柸匹磾等部衆五萬餘以討勒時城隍未修
乃於襄國築隔城重柵設鄣以待之就六眷屯于渚陽勒分遣諸
將連出挑戰頻為就六眷所敗又聞其大造攻具勒顧謂其將佐
曰今寇來轉逼彼衆我寡恐攻圍不解外救不至内糧罄絶縱孫
吳重生亦不能固也吾將簡練將士大陣於野以決之何如諸將

皆曰宜固守以疲寇彼師老自退追而擊之蔑不剋矣勒顧謂張
賓孔萇曰君以為何如賓萇俱曰聞就六眷剋來月上旬送死北
城其大衆遠來戰守連日以我軍勢寡弱謂不敢出戰意必懈怠
今段氏種衆之悍末柸尤最其卒之精勇悉在末柸所可勿復出
戰示之以弱速鑿北壘為突門二十餘道候賊列守未定出其不
意直衝末柸帳敵必震惶計不及設所謂迅雷不及掩耳末柸之
衆既奔餘自摧散擒末柸之後彭祖可指辰而定勒笑而納之即
以萇為攻戰都督造突門于北城鮮卑入屯北壘勒候其陣未定
躬率將士鼓譟于城上會孔萇督諸突門伏兵俱出擊之生擒末
柸就六眷等衆遂奔散萇乘勝追擊枕尸三十餘里獲鎧馬五千
匹就六眷收其遺衆屯于渚陽遣使求和送鎧馬金銀并以末柸
三弟為質而請末柸諸將並勸勒殺末柸以挫之勒曰遼西鮮卑
健國也與我素無怨讎為王浚所使耳今殺一人結怨一國非計
也放之必悅不復為王浚用矣於是納質遣石季龍盟就六眷于

渚陽結爲兄弟就六眷等引還使參軍閻綜獻捷于劉聰於是游
綸張豺請降稱藩勒將襲幽州務養將士權宜許之皆就署將軍
於是遣衆寇信都害冀州刺史王象王浚復以邵舉行冀州刺史
保于信都建興元年石季龍攻鄴三臺鄴潰劉演奔于廩丘將軍
謝胥田青郎牧等率三臺流人降于勒勒以桃豹爲魏郡太守以
撫之命段末柸爲子署爲使持節安北將軍北平公遣還遼西末
柸感勒厚恩在途日南面而拜者三段氏遂專心歸附自是王浚
威勢漸衰勒襲苑鄉執游綸以爲主簿攻乞活李　于上白斬之
將坑其降卒見郭敬而識之曰汝郭季子乎敬叩頭曰是也勒下
馬執其手泣曰今日相遇豈非天邪賜衣服車馬署敬上將軍悉
免降者以配之其將孔萇寇定陵害兖州刺史田徽烏丸薄盛執
渤海太守劉旣率戶五千降于勒劉聰授勒侍中征東大將軍餘
如故拜其母王氏爲上黨國太夫人妻劉氏上黨國夫人章綬首
飾一同王妃段末柸任弟亡歸遼西勒大怒所經令尉皆殺之烏
丸審廣漸裳郝襲背王浚密遣使降于勒勒厚加撫納司冀漸寧
人始租賦立太學簡明經善書吏署爲文學掾選將佐子弟三百
人教之勒母王氏死潛窆山谷莫詳其所旣而備九牢之禮虛葬
于襄國城南勒謂張賓曰鄴魏之舊都吾將營建旣風俗殷雜須
賢望以綏之誰可任也賓曰晉故東萊太守南陽趙彭忠亮篤敏
有佐時良幹將軍若任之必能允副神規勒於是徵彭署爲魏郡
太守彭至入泣而辭曰臣往策名晉室食其祿矣犬馬戀主切不
敢忘誠知晉之宗廟鞠爲茂草亦猶洪川東逝往而不還明公應
符受命可謂攀龍之會但受人之榮復事二姓臣志所不爲恐亦
明公之所不許若賜臣餘年全臣一介之願者明公大造之惠也
勒默然張賓進曰自將軍神旗所經衣冠之士靡不變節未有能
以大義進退者至如此賢以將軍爲高祖自擬爲四公所謂君臣
相知此亦足成將軍不世之高何必吏之勒大悦曰右侯之言得
孤心矣於是賜安車駟馬養以卿祿辟其子明爲參軍勒以石季

龍爲魏郡太守鎭鄴三臺季龍篡奪之萌兆于此矣時王浚署置
百官奢縱淫虐勒有吞幷之意欲先遣使以觀察之議者僉曰宜
如羊祜與陸抗書相聞時張賓有疾勒就而謀之賓曰王浚假三
部之力稱制南面雖曰晉藩實懷僭逆之志必思協英雄圖濟事
業將軍威聲震于海內去就爲存亡所在爲輕重浚之欲將軍猶
楚之招韓信也今權譎遣使無誠款之形脫生猜疑圖之兆露後
雖奇略無所設也夫立大事者必先爲之卑當稱藩推奉尚恐未
信羊陸之事臣未見其可勒曰右侯之計是也乃遣其舍人王子
春董肇等多齎珍寶奉表推崇浚爲天子曰勒本小胡出於戎裔
值晉綱弛御海內飢亂流離屯厄竄命冀州共相帥合以救性命
今晉祚淪夷遠播吳會中原無主蒼生無繫伏惟明公殿下州鄉
貴望四海所宗爲帝王者非公復誰勒所以捐軀命興義兵誅暴
亂者正爲明公驅除爾伏願殿下應天順時踐登皇祚勒奉戴明
公如天地父母明公當察勒微心慈眄如子也亦遺棗嵩書而厚
賂之浚謂子春等曰石公一時英武據趙舊都成鼎峙之勢何爲
稱藩于孤其可信乎子春對曰石將軍英才俊拔士馬雄盛實如
聖旨仰惟明公州鄉貴望累葉重光出鎭藩嶽威聲播于八表固
以胡越欽風戎夷歌德豈唯區區小府而敢不斂袵神闕者乎昔
陳嬰豈其鄙王而不王韓信薄帝而不帝者哉但以知帝王不可
以智力爭故也石將軍之擬明公猶陰精之比太陽江河之比洪海
爾項籍子陽覆車不遠是石將軍之明鑒明公亦何怪乎且自古
誠胡人而爲名臣者實有之帝王則未之有也石將軍非所以
惡帝王而讓明公也顧取之不爲天人之所許耳願公勿疑浚大
悦封子春等爲列侯遣使報勒荅以方物浚司馬游統時鎭范陽
陰叛浚馳使降于勒勒斬其使送于浚以表誠實浚雖不罪統彌
信勒之忠誠無復疑矣子春等與王浚使至勒命匿勁卒精甲虛
府羸師以示之北面拜使而受浚書浚遺勒麈尾勒僞不敢執懸
之于壁朝夕拜之云我不得見王公見王公所賜如見公也復遣

董肇奉表于浚期親詣幽州奉上尊號亦修牋于棗嵩乞并州牧
廣平公以見必信之誠也勒將圖浚引子春問之子春曰幽州自
去歲大水人不粒食浚積粟百萬不能贍恤刑政苛酷賦役殷煩
賊害賢良誅斥諫士下不堪命流叛略盡鮮卑烏丸離貳于外棗
嵩田矯貪暴于內人情沮擾甲士羸弊而浚猶置立臺閣布列百
官自言漢高魏武不足並也又幽州謠怪特甚聞者莫不為之寒
心浚意氣自若曾無懼容此亡期之至也勒撫几笑曰王彭祖眞
可擒也浚使達幽州具陳勒形勢寡弱款誠無二浚大悅以勒為
信然勒纂兵戒期將襲浚而懼劉琨及鮮卑烏丸為其後患沉吟
未幾張賓進曰夫襲敵國當出其不意軍嚴經日不行豈顧有三
方之慮乎勒曰然為之奈何賓曰彭祖之據幽州唯仗三部今皆
離叛還為寇讎此則外無聲援以抗我也幽州飢儉人皆蔬食衆
叛親離甲旅寡弱此則內無強兵以禦我也若大軍在郊必土崩
瓦解今三方未靖將軍便能懸軍千里以征幽州也輕軍往返不

出二旬就使三方有動勢足旋趾宜應機電發勿後時也且劉琨
王浚雖同名晉藩其實仇敵若修牋于琨送質請和琨必欣于得
我喜于浚滅終不救浚而襲我也勒曰吾所不了右侯已了復何
疑哉於是輕騎襲幽州以火宵行至柏人殺主簿游綸以其兄統
在范陽懼洩軍計故也遣張慮奉牋于劉琨陳已過深重求討浚
以自效琨既素疾浚乃檄諸州郡說勒知命思愆收累年之咎求
拔幽都效善將來令聽所請受任通和軍達易水浚督護孫緯馳
遣白浚將引軍距勒游統禁之浚將佐咸請出擊勒浚怒曰石公
來正欲奉戴我也敢言擊者斬乃命設饗以待之勒晨至薊叱門
者開門疑有伏兵先驅牛羊數千頭聲言上禮實欲塡諸街巷使
兵不得發浚乃懼或坐或起勒升其聽事命甲士執浚立之于前
使徐光讓浚曰君位冠元台爵列上公據幽都驍悍之國跨全燕
突騎之鄉手握強兵坐觀京師傾覆不救天子而欲自尊又專任
姧暴殺害忠良肆情恣欲毒徧燕壤自貽于此非為天也使其將

王洛生驛送浚襄國市斬之於是分遣流人各還桑梓擢荀綽裴
憲資給車服數朱碩棗嵩田矯等以賄亂政責游統以不忠于浚
皆斬之遷烏丸審廣漸裳郝襲靳市等于襄國焚燒浚宮殿以晉
尚書劉翰為寧朔將軍行幽州刺史戍薊置守宰而還遣其東曹
掾傅遘兼左長史封王浚首獻捷于劉聰勒既還襄國劉翰叛勒
奔段匹磾襄國大飢穀二升直銀一斤肉一斤直銀一兩劉聰以
平幽州之勳乃遣其使人柳純持節署勒大都督陝東諸軍事驃
騎大將軍東單于侍中使持節開府校尉二州牧公如故加金鉦
黃鉞前後鼓吹二部增封十二郡勒固辭受二郡而已勒封左長
史張敬等十一人為伯子侯文武進位有差勒將支雄攻劉演於
廩丘為演所敗演遣其將韓弘潘良襲頓丘斬勒所署太守邵攀
支雄追擊弘等害潘良于廩丘劉琨遣樂平太守焦球攻勒常山
斬其太守邢泰琨司馬温嶠西討山胡勒將逯明要之敗嶠于潞
城勒以幽冀漸平始下州郡閱實人戶戶貲二匹租二斛勒將陳

午以浚儀叛于勒逯明攻寧黑于茌平降之因破東燕酸棗而還
徙降人二萬餘戶于襄國勒使其將葛薄寇濮陽陷之害太守韓
弘劉聰遣其使人范龕持節策命勒賜以弓矢加崇為陝東伯得
專征伐拜封刺史將軍守宰列侯歲盡集上署其長子興為上黨
國世子加翼軍將軍為驃騎副貳劉琨遣王旦攻中山逐勒所署
太守秦固勒將劉勔距旦敗之執旦于望都關勒襲邵續于樂陵
續盡衆逆戰大敗而還章武人王春起兵于科斗壘擾亂勒河間
渤海諸郡勒以揚武張夷為河間太守參軍臨深為渤海太守各
率步騎三千以鎮靜之使長樂太守程遐屯于昌亭為之聲勢徙
平原烏丸展廣劉哆等部落三萬餘戶于襄國使石季龍襲乞活
王平于梁城敗績而歸又攻劉演于廩丘支雄逯明擊寧黑于東
武陽陷之黑赴河而死徙其衆萬餘于襄國邵續使文鴦救演季
龍退止盧關津避之文鴦弗能進屯于景亭兗豫豪右張平等起
兵救演季龍夜棄營設伏于外揚聲將歸河北平等以為信然入

于空營季龍迴擊敗之遂陷廩丘演奔文鴦軍獲演弟啓送于襄國演即劉琨之兄子也勒以琨撫存其母德之賜啓田宅令儒官授其經時大蝗中山常山尤甚中山丁零翟鼠叛勒攻中山常山勒率騎討之獲其母妻而還鼠保于胥關遂奔代郡勒攻樂平太守韓據于坫城劉琨遣將軍姬澹率衆十餘萬討勒琨次廣牧爲澹聲援勒將距之或諫曰澹兵馬精盛其鋒不可當宜深溝高壘以挫其銳攻守勢異必獲萬全勒曰澹大衆遠來體疲力竭犬羊烏合號令不齊可一戰而擒之何強之有寇已垂至胡可捨去大軍一動豈易中還若澹乘我之退顧乃無暇焉得深溝高壘乎此爲不戰而自滅亡之道立斬諫者以孔萇爲前鋒都督令三軍後出者斬設疑兵於山上分爲二伏勒輕騎與澹戰僞收衆而北澹縱兵追之勒前後伏發夾擊澹軍大敗獲鎧馬万匹澹奔代郡據奔劉琨琨長史李弘以并州降于勒琨遂奔于段匹磾勒遷陽曲樂平戶于襄國置守宰而退孔萇追姬澹于桑乾勒遣兼左長史

晉載四　十三

張敷獻捷于劉聰勒之征樂平也其南和令趙領招合廣川平原渤海數千戶叛勒奔于邵續河間邢嘏累徵不至亦聚衆數百以叛勒巡下冀州諸縣以右司馬程遐爲寧朔將軍監冀州七郡諸軍事勒妗夫廣威張越與諸將蒲博勒親臨觀之越戲言忤勒勒大怒叱力士折其脛而殺之孔萇攻代郡澹死之時司冀并兗州流人數萬戶在于遼西迭相招引人不安業孔萇等攻馬嚴馮睹久而不剋勒問計於張賓賓對曰馮睹等本非明公之深仇遼西流人悉有戀本之思今宜班師息甲差選良守任之以龔遂之事不拘常制奉宣仁澤奮揚威武幽冀之寇可翹足而靜遼西流人可指時而至勒曰右侯之計是也召萇等歸署武遂令李回爲易北督護振武將軍高陽太守馬嚴士衆多李潛軍人回先爲潛府長史素服回威德多叛嚴歸之嚴以部衆離貳懼奔于幽州溺水而死馮睹率衆降于勒回移居易京流人降者歲常數千勒甚嘉之封回弋陽子邑三百戶加賓封一千戶進賓位前將軍固辭不

受河朔大蝗初穿地而生二旬則化狀若蠶七八日而臥四日蛻而飛彌亘百草唯不食三豆及麻并冀尤甚石季龍濟自長壽津寇梁國害內史荀闔劉琨與段匹磾涉復辰疾六眷段末柸等會于固安將謀討勒勒使參軍王續齎金寶遺末柸以間之末柸旣思有以報勒恩又忻於厚賂乃說辰眷等引還琨匹磾亦退如薊城邵續使兄子濟攻勒渤海虜三千餘人而還劉聰將趙固以洛陽歸順恐勒襲之遣參軍高少奉書推崇勒請師討聰勒以大義讓之固深恨恚與郭默攻掠河內汲郡段末柸殺鮮卑單于截附真立忽跋鄰爲單于段匹磾自幽州攻末柸末柸逆擊敗之匹磾奔還幽州因害太尉劉琨琨將佐相繼降勒末柸遣弟騎督擊匹磾于幽州匹磾率其部衆數千將奔邵續勒將石越要之于鹽山大敗之匹磾退保幽州越中流矢死勒爲之屛樂三月贈平南將軍初曹嶷據有青州旣叛劉聰南稟王命以建鄴懸遠勢援不接懼勒襲之故遣通和勒授嶷東州大將軍青州牧封琅邪公劉聰

晉載四　十四

疾甚馹召勒爲大將軍錄尚書事受遺詔輔政勒固辭乃止聰又遣其使人持節署勒大將軍持節鈇鉞都督侍中校尉二州牧公如故增封十郡勒不受聰死其子粲襲僞位其大將軍靳準殺粲於平陽勒命張敬率騎五千爲前鋒以討準勒統精銳五万繼之據襄陵北原羌羯降者四萬餘落準數挑戰勒堅壁以挫之劉曜自長安屯于蒲阪曜復僭號署勒大司馬大將軍加九錫增封十郡并前十三郡進爵趙公勒攻準于平陽小城平陽大尹周置等率雜戶六千降于勒巴帥及諸羌羯降者十餘萬落徙之司州諸縣準使卜泰送乘輿服御請和勒與劉曜競有招懷之計乃送泰于曜使知城內無歸曜之意以挫其軍勢曜潛與泰結盟使還平陽宣慰諸屠各勒疑泰與曜有謀欲斬泰以速降之諸將皆曰今斬卜泰準必不復降就令泰宣漢要盟於城中使相率誅靳準準必懼而速降矣勒久乃從諸將議遣之泰入平陽與準將喬泰馬忠等起兵攻準殺之推靳明爲盟主遣泰及卜玄奉傳國六璽送于

劉曜勒大怒遣令史羊升使平陽責明殺準之狀明怒斬升勒怒甚進軍攻明明出戰勒擊敗之枕尸二里明築城門堅守不復出戰勒遣其左長史王脩獻捷于劉曜晉彭城內史周堅害沛內史周默以彭沛降于勒石季龍率幽冀州兵會勒攻平陽劉曜遣征東劉暢救明勒命舍師于蒲上靳明率平陽之衆奔于劉曜曜西奔粟邑勒焚平陽宮室使裴憲石會脩復元海聰二墓收劉粲已下百餘尸葬之徙渾儀樂器于襄國劉曜又遣其使人郭汜等持節署勒太宰領大將軍進爵趙王增封七郡并前二十郡出入警蹕冕十有二旒乘金根車駕六馬如曹公輔漢故事夫人為王后世子為王太子勒舍人曹平樂因使留仕於曜言於曜曰大司馬遣王脩等來外表至虔內覘大駕彊弱謀待脩之返將輕襲乘輿時曜勢實殘弊懼脩宣之曜大怒追汜等還斬脩于粟邑停太宰之授劉茂逃歸言王脩死故勒大怒誅平樂三族贈脩太常又知停殊禮之授怒甚下令曰孤兄弟之奉劉家人臣之道過矣若微

孤兄弟豈能南面稱朕哉根基既立便欲相圖天不助惡使假手靳準孤惟事君之體當資舜求瞽叟之義故復推崇令主齊好如初何圖長惡不悛殺奉誠之使帝王之起復何常邪趙王趙帝孤自取之名號大小豈其所節邪於是置太醫尚方御府諸令命叅軍鼂讚成正陽門俄而門崩勒大怒斬讚既怒刑倉卒尋亦悔之賜以棺服贈大鴻臚平西將軍祖逖攻陳川于蓬關石季龍救川逖退屯梁國季龍使揚武左伏肅攻之勒增置宣文宣教崇儒崇訓十餘小學于襄國四門簡將佐豪右子弟百餘人以教之且備擊柝之衛置挈壺署鑄豐貨錢河西鮮卑日六延叛于勒石季龍討之敗延于朔方斬首二萬級俘三萬餘人獲牛馬十餘萬孔萇討平幽州諸郡時段匹磾部衆飢散棄其妻子匹磾奔邵續曹嶷遣使來聘獻其方物請以河為斷桃豹至蓬關祖逖退如淮南徙陳川部衆五千餘戶于廣宗石季龍與張敬張賓及諸將佐百餘人勸勒稱尊號勒下書曰孤猥以寡德忝荷崇寵夙夜戰惶如臨深薄豈可假尊竊號取譏四方昔周文以三分之重猶服事殷朝小白居一匡之盛而尊崇周室況國家道隆殷周孤德卑二伯哉其亟止斯議勿復紛紜自今敢言刑茲無赦乃止勒又下書曰今大亂之後律令滋煩其採集律令之要為施行條制於是命法曹令史貫志造辛亥制度五千文施行十餘歲乃用律令晉太山太守徐龕叛降于勒石季龍及張敬張賓左右司馬張屈六程遐文武等一百二十九人上疏曰臣等聞有非常之度必有非常之功有非常之功必有非常之事是以三代陵遲五伯迭興靜難濟時績侔睿后伏惟殿下天縱聖哲誕應符運鞭撻宇宙弼成皇業普天率土莫不來蘇嘉瑞徵祥日月相繼物望去劉氏威懷于明公者十分而九矣今山川夷靜星辰不孛夏海重譯天人係仰誠應升御中壇即皇帝位使攀附之徒蒙寸尺之潤請依劉備在蜀魏王在鄴故事以河內魏汲頓丘平原清河鉅鹿常山中山長樂樂平十一郡并前趙國廣平陽平章武渤海河間上黨定襄范陽漁

陽武邑燕國樂陵十三郡合二十四郡戶二十九萬為趙國封內依舊改為內史準禹貢魏武復冀州之境南至盟津西達龍門東至于河北至于塞垣以大單于鎮撫百蠻罷并朔司三州通置部司以監之伏願欽若昊天垂副群望也勒西面而讓者五南面而讓者四百寮皆叩頭固請勒乃許之

載記第四　　晉書百四

石勒下　　御撰

太興二年勒偽稱趙王赦殊死已下均百姓田租之半賜孝悌力田死義之孤帛各有差孤老鰥寡穀人三石大酺七日依春秋列國漢初侯王每世稱元改稱趙王元年始建社稷立宗廟營東西宮署從事中郎裴憲參軍傅暢杜嘏並領經學祭酒參軍續咸庾景爲律學祭酒任播崔濬爲史學祭酒中壘支雄游擊王陽並領門臣祭酒專明胡人辭訟以張離張良劉群劉謨等爲門生主書司典胡人出內重其禁法不得侮易衣冠華族號胡爲國人遣使循行州郡勸課農桑加張賓大執法專總朝政位冠僚首署石季龍爲單于元輔都督禁衛諸軍事署前將軍李寒領司兵勳教國子擊刺戰射之法命記室佐明楷程機撰上黨國記中大夫傅彪賈蒲江軌撰大將軍起居注參軍石泰石同石謙孔隆撰大單于志自是朝會常以天子禮樂饗其群下威儀冠冕從容可觀矣群

臣議請論功勒曰自孤起軍十六年于茲矣文武將士從孤征伐者莫不蒙犯矢石備嘗艱阻其在葛陂之役厥功尤著宜爲賞之先也若身見存爵封輕重隨功位爲差死事之孤賞加一等庶足以慰答存亡申孤之心也又下書禁國人不聽報嫂及在喪婚娶其燒葬令如本俗孔萇攻邵續別營十一皆下之續尋爲石季龍所獲送于襄國劉曜將尹安宋始據洛陽降于勒晉徐州刺史蔡豹敗徐龕于檀丘龕遣使詣勒陳討豹之計勒遣將王步都爲龕前鋒使張敬率騎繼之敬達東平龕疑敬之襲己也斬步都等三百餘人復降于晉勒大怒命張敬據其襟要以守之大雨霖中山常山尤甚滹沱汎溢衝陷山谷巨松僵拔浮于滹沱東至渤海原隰之間皆如山積孔萇攻陷文鴦十餘營萇不設備鴦夜擊之大敗而歸勒始制軒懸之樂八佾之舞爲金根大輅黃屋左纛天子車旗禮樂備矣使石季龍率步騎四万討徐龕龕遣長史劉霄詣勒乞降送妻子爲質納之時蔡豹屯于譙城季龍攻豹豹夜遁

季龍引軍城封丘而旋徙朝臣掾屬已上士族者三百戶于襄國崇仁里置公族大夫以領之勒宮殿及諸門始就制法令甚嚴諱胡尤峻有醉胡乘馬突入止車門勒大怒謂宮門小執法馮翥曰夫人君爲令尚望威行天下況宮闕之間乎向馳馬入門爲是何人而不彈白邪翥惶懼忘諱對曰向有醉胡乘馬馳入甚呵禦之而不可與語勒笑曰胡人正自難與言恕而不罪使石季龍擊託候部掘咄哪於岍北大破之俘獲牛馬二十餘万勒清定五品以張賓領選復續定九品署張班爲左執法郎孟卓爲右執法郎典定士族副選舉之任令群寮及州郡歲各舉秀才至孝廉清賢良直言武勇之士各一人置署都部從事各一部一州秩二千石職準丞相司直勒下令曰去年水出巨材所在山積將皇天欲孤繕修宮宇也其擬洛陽之太極起建德殿遣從事中郎任汪帥使工匠五千採木以供之黎陽人陳武妻一產三男一女武攜其妻子詣襄國上書自陳勒下書以爲二儀諧暢和氣所致賜其乳婢一

口穀一百石雜綵四十匹石季龍攻段匹磾于厭次孔萇討匹磾部內諸城陷之匹磾勢窮乃率其臣下輿櫬出降季龍送之襄國勒署匹磾爲冠軍將軍以其弟文鴦亞將衛麟爲左右中郎將皆金章紫綬散諸流人三萬餘戶復其本業置守宰以撫之於是冀幷幽州遼西巴西諸屯結皆陷於勒時晉征北將軍祖逖據譙將平中原逖善於撫納自河以南多背勒歸順勒憚之不敢爲寇乃下書曰祖逖屢爲邊患逖北州士望也儻有首丘之思其下幽州修祖氏墳墓爲置守冢二家冀逖如趙佗感恩輟其寇暴逖聞之甚悅遣參軍王愉使於勒贈以方物脩結和好勒厚賞其使遣左常侍董樹報聘以馬百匹金五十斤荅之自是兗豫乂安人得休息矣從事中郎劉奧坐營建德殿井木斜縮斬于殿中勒悔之贈太常建德校尉王和掘得員石銘曰律權石重四鈞同律度量衡有新氏造議者未詳或以爲瑞參軍續咸曰王莽時物也其時兵乱之後典度堙滅遂命下禮官爲準程定式又得一鼎容四升中

有大錢三十文曰百當千千當萬鼎銘十三字篆書不可曉藏之於永豐倉因此令公私行錢而人情不樂乃出公絹市錢限中絹匹一千二百下絹八百然百姓私買中絹四千下絹二千巧利者賤買私錢貴賣於官坐死者十數人而錢終不行勒徙洛陽銅馬翁仲二于襄國列之永豐門祖逖牙門童建害新蔡內史周密遣使降于勒勒斬之送首于祖逖曰天下之惡一也叛臣逃吏吾之深仇將軍之惡猶吾惡也逖遣使報謝自是兖豫間壘壁叛者逖皆不納二州之人率多兩屬矣勒令武鄉耆舊赴襄國既至勒親與鄉老齒坐歡飲語及平生初勒與李陽鄰居歲常爭麻地迭相毆擊至是謂父老曰李陽壯士也何以不來漚麻是布衣之恨孤方崇信于天下寧讎匹夫乎乃使召陽既至勒與酣謔引陽臂笑曰孤往日厭卿老拳卿亦飽孤毒手因賜甲第一區拜參軍都尉令曰武鄉吾之豐沛萬歲之後魂靈當歸之其復之三世勒以百姓始復業資儲未豐於是重制禁釀郊祀宗廟皆以醴酒行之數

年無復釀者尋署石季龍為車騎將軍率騎三万討鮮卑鬱粥于離石俘獲及牛馬十餘万鬱粥奔烏丸悉降其眾城先是勒世子興死至是立子弘為世子領中領軍遣季龍統中外精卒四萬討徐龕龕堅守不戰於是築室返耕列長圍以守之晉鎮北將軍劉隗降于勒拜鎮南將軍封列侯石季龍攻陷徐龕送之襄國勒囊盛於百尺樓自上撲殺之令步都等妻子刳而食之坑龕降卒三千晉兖州刺史劉遐懼自鄒山退屯于下邳琅邪內史孫默以琅邪叛降于勒徐兖間壘壁多送任請降皆就拜守宰清河張披為程遐長史遐甚委昵之張賓舉為別駕引參政事遐疾披去已又惡賓之權盛勒世子弘即遐之甥也自以有援欲收威重於朝乃使弘之母譖之曰張披與張賓為遊俠門客日百餘乘物望皆歸之非社稷之利也宜除披以便國家勒然之至是披取急召不時至因此遂殺之賓知遐之間己遂弗敢請無幾以遐為右長史總執朝政自是朝臣莫不震懼赴于程氏矣時祖逖卒勒始侵寇邊

戍勒征虜石他敗王師于酇西執將軍衛榮而歸征北將軍祖約懼退如壽春勒境內大疫死者十二三乃罷徽文殿作遣其將王陽屯于豫州有闚覦之志於是兵難日尋梁鄭之間騷然矣又遣季龍統中外步騎四萬討曹嶷先是嶷議欲徙海中保根余山會疾疫甚計未及就季龍進兵圍廣固東萊太守劉巴長廣太守呂披皆以郡降以石他為征東將軍擊羌胡于河西左軍石挺濟師于廣固曹嶷降送于襄國勒害之坑其眾三万季龍將盡殺嶷眾其青州刺史劉徵曰今留徵使牧人也無人焉牧徵將歸矣季龍乃留男女七百口配徵鎮廣固青州諸郡縣壘壁盡陷勒司馬刺史石生攻晉揚武將軍郭誦于陽翟不尅進寇襄城俘獲千餘而還勒以參軍樊坦清貧擢受章武內史既而入辭勒見坦衣冠弊壞大驚曰樊參軍何貧之甚也坦性誠朴率然而對曰頃遭羯賊無道資財蕩盡勒笑曰羯賊乃爾暴掠邪今當相償耳坦大懼叩頭泣謝勒曰孤律自防俗士不關卿輩老書生也賜車馬衣服裝

錢三百萬以勵貪俗勒將兵都尉石瞻寇下邳敗晉將軍劉長遂寇蘭陵又敗彭城內史劉續東莞太守竺珍東海太守蕭誕以郡叛降于勒勒親臨大小學考諸學生經義尤高者賞帛有差勒雅好文學雖在軍旅常令儒生讀史書而聽之每以其意論古帝王善惡朝賢儒士聽者莫不歸美焉嘗使人讀漢書聞酈食其勸立六國後大驚曰此法當失何得遂成天下至留侯諫乃曰賴有此耳其天資英達如此勒徵徐揚州兵會石瞻于下邳劉遐懼又自下邳奔于泗汭石生攻劉曜河內太守尹平于新安斬之尅壘壁十餘降掠五千餘户而歸自是劉石禍結兵戈日交河東弘農間百姓無聊矣以右常侍霍皓為勸課大夫與典農使者朱表典勸都尉陸充等循行州郡核定户籍勸課農桑農桑最修者賜爵五大夫使石生自延壽關出寇許潁俘獲萬餘降者二萬生遂攻陷康城晉將軍郭誦追生生大敗死者千餘生收散卒屯于康城勒汲郡內史石聰聞生敗馳救之進攻郭默俘獲男女二千餘人石

聰攻敗晉將李矩郭默等勒將狩於近郊主簿程琅諫曰劉馬刺
客離布如林變起倉卒帝王亦一夫之敵耳孫策之禍可不慮乎
且枯木朽株盡能為害馳騁之弊古今戒之勒勃然曰吾幹力自
可足能裁量但知卿文書事不須白此輩也是日逐獸馬觸木而
死勒亦幾殆乃曰不用忠臣言吾之過也乃賜琅朝服錦絹爵關
內侯於是朝臣謁見忠言競進矣晉都尉魯潛叛以許昌降於勒
石瞻攻陷晉兗州刺史檀斌于鄒山斌死之勒西夷中郎將王勝
襲殺并州刺史崔琨上黨內史王眘以并州叛于勒先是石季龍
攻劉曜將劉岳于石梁至是石梁潰執岳送襄國季龍又攻王勝
于并州殺之李矩以劉岳之敗也懼自滎陽遁歸矩長史崔宣率
矩衆二千降于勒於是盡有司兗之地徐豫濱淮諸郡縣皆降之
勒命徙洛陽晷影于襄國列之單于庭銘佐命功臣三十九人于
石函置于建德前殿立桑梓苑于襄國勒嘗夜微行檢察營衛
齎繒帛金銀以賂門者求出永昌門門候王假欲收捕之從者至

乃止旦召假以為振忠都尉爵關內侯勒如苑鄉召記室參軍徐
光光醉不至以光物情所湊常不平之因此發怒退為牙門勒自
苑鄉如鄴徐光侍直慍然攘袂振紛仰視不顧勒因而惡之譴光
曰何負卿而散怏怏邪於是幽光并其妻子于獄勒既將營鄴宮
又欲以其世子弘為鎮鄴與程遐謀之石季龍自以勳效之重仗
鄴為基雅無去意及脩構三臺遷其家室季龍深恨遐遣左右數
十人夜入遐宅姦其妻女掠衣物而去勒以弘鎮鄴配禁兵万人
車騎所統五十四營悉配之以驍騎領門臣祭酒王陽專統六夷
以輔之石聰攻壽春不尅遂寇逡遒阜陵殺掠五千餘人京師大
震濟岷太守劉闓將軍張闔等叛害下邳內史夏嘉以下邳降于
石生石瞻攻河南太守王羨于邾陷之龍驤將軍王國叛以南郡
降于勒晉彭城內史劉續復據蘭陵石城石瞻攻陷之勒令州郡
有墳發掘不掩覆者推劾之骸骨暴露者縣為備棺衾之具以牙
門將王波為記室參軍典定九流始立秀孝試經之制荏平令師

懽獲黑兔獻之於勒程遐等以為勒龍飛革命之祥於晉以水承
金兔陰精之獸玄為水色此示殿下宜速副天人之望也於是大
赦以咸和三年改年曰太和石堪攻晉豫州刺史祖約于壽春屯
師淮上晉龍驤將軍王國以南郡叛降于堪南陽都尉董幼叛率
襄陽之衆又降于堪祖約諸將佐皆陰遣使附于勒石聰與堪濟
淮陷壽春祖約奔歷陽壽春百姓陷于聰者二万餘户劉曜敗季
龍于高候遂圍洛陽勒滎陽太守尹矩野王太守張進等皆降之
襄國大震勒將親救洛陽左右長史司馬郭敖程遐等固諫曰劉
曜乘勝雄盛難與爭鋒金墉糧豐攻之未可卒拔曜懸軍千里勢
不久支不可親動動無万全大業去矣勒大怒按劍叱遐等出於
是赦徐光召而謂之曰劉曜乘高候之勢圍守洛陽庸人之情皆
謂其鋒不可當也然曜帶甲十萬攻一城而百日不尅師老卒殆
以我初銳擊之可一戰而擒若洛陽不守曜必送死冀州自河已
北席卷南向吾事去矣程遐等不欲吾親行卿以為何如光對曰

劉曜乘高候之勢而不能進臨襄國更守金墉此其無能為也懸
軍三時亡攻戰之利若鸞旗親駕必望旌奔敗定天下之計在今
一舉今此機會所謂天授授而弗應禍之攸集勒笑曰光之言是
也佛圖澄亦謂勒曰大軍若出必擒劉曜勒尤悅使內外戒嚴有
諫者斬命石堪石聰及豫州刺史桃豹等各統見衆會滎陽使石
季龍進據石門以左衞石邃都督中軍事勒統步騎四万赴金墉
濟自大堨先是流澌風猛軍至冰泮清和濟畢流澌大至勒以為
神靈之助也命曰靈昌津勒顧謂徐光曰曜盛兵成皋關上計也
阻洛水其次也坐守洛陽者成擒也諸軍集于成皋步卒六万騎
二萬七千勒見曜無守軍大悅舉手指天又自指額曰天也乃卷
甲銜枚而詭道兼路出于鞏訾之間知曜陳其軍十餘万于城西
弥悅謂左右曰可以賀我矣勒統步騎四萬入自宣陽門升故太
極前殿季龍步卒三万自城北而西攻其中軍石堪石聰等各以
精騎八千城西而北擊其前鋒大戰于西陽門勒躬貫甲冑出自

閭闔夾擊之曜軍大潰石堪執曜送之以徇于軍斬首五萬餘級枕尸于金谷勒下令曰所欲擒者一人耳今已獲之其勑將士抑鋒止銳縱其歸命之路乃旋師使征東石邃等帥騎衛曜而北及是祖約舉兵敗降于勒勒使王波讓之曰卿逆極勢窮方來歸命吾朝豈逋逃之藪邪而卿敢有靦面目也示之以前後檄書乃赦之劉曜子熙等去長安奔于上邽遣季龍討之勒巡行冀州諸郡引見高年孝悌力田文學之士班賜穀帛有差令遠近牧守宣告屬城諸所欲言靡有隱諱使知區區之朝虛渴讜言也季龍尅上邽遣主簿趙封送傳國玉璽金璽太子玉璽各一于勒季龍進攻集木且羌于河西尅之俘獲數萬秦隴悉平涼州牧張駿大懼遣使稱藩貢方物于勒徙氐羌十五萬落于司冀州勒群臣議以勒功業既隆祥符並萃宜時革徽號以答乾坤之望於是石季龍等奉皇帝璽綬上尊號于勒勒弗許群臣固請勒乃以咸和五年僭號趙天王行皇帝事尊其祖邪曰宣王父周曰元王立其妻劉氏

爲王后世子弘爲太子署其子宏爲持節散騎常侍都督中外諸軍事驃騎大將軍大單于封秦王左衛將軍斌太原王小子恢爲輔國將軍南陽王中山公季龍爲太尉守尚書令中山王石生河東王石堪彭城王以季龍子邃爲冀州刺史封齊王加散騎常侍武衛將軍宣左將軍挺侍中梁王署左長史郭敖爲尚書左僕射右長史程遐爲右僕射領吏部尚書左司馬夔安右司馬郭殷從事中郎李鳳前郎中令裴憲爲尚書署參軍事徐光爲中書令領祕書監論功封爵開國郡公文武二十一人侯二十四人縣公二十六人侯二十二人其餘文武各有差侍中任播等參議以趙承金爲水德旗幟尚玄牲牡尚白子社丑臘勒從之勒下書曰自今有疑難大事八坐及委丞郎齎詣東堂詮詳平決其有軍國要務須啓有令僕尚書隨局入陳勿避寒暑昏夜也勒以祖約不忠於本朝誅之及其諸子姪親屬百餘人群臣固請勒宜即尊號勒乃僭即皇帝位大赦境內改元曰建平自襄國都臨漳追尊其高祖

曰順皇曾祖曰威皇祖曰宣皇父曰世宗元皇帝妣曰元昭皇太后文武封進各有差立其妻劉氏爲皇后又定昭儀夫人位視上公貴嬪貴人視列侯員各一人三英九華視伯淑媛淑儀視子容華美人視男務簡賢淑不限員數勒荊州監軍郭敬南蠻校尉董幼寇襄陽勒馳勑敬退屯樊城戒之使偃藏旗幟寂若無人彼若使人觀察則告之曰自愛堅守後七八日大騎將至相策不復得走矣敬使人浴馬于津周而復始晝夜不絕偵諜還告南中郎將周撫撫以爲勒軍大至懼而奔武昌敬入襄陽軍無私掠百姓安之晉平北將軍魏該弟遐等率該部衆自石城降于敬敬毀襄陽遷其百姓于沔北城樊城以戍之秦州休屠王羌叛于勒刺史臨深遣司馬管光帥州軍討之爲羌所敗隴右大擾氐羌悉叛勒遣石生進據隴城王羌兄子擢與羌有仇生乃賂擢與掎擊之羌敗奔涼州徙秦州夷豪五千餘戶于雍州勒下書曰自今諸有處法悉依科令吾所忿戮怒發中旨者若德位已高不宜訓罰或服勤

死事之孤邂逅罹譴門下皆各列奏之吾當思擇而行也堂陽人陳豬妻一產三男賜其衣帛廩食乳婢一口復三歲勿事時高句麗肅慎致其楛矢宇文屋孤並獻名馬于勒涼州牧張駿遣長史馬詵奉圖送高昌于寘鄯善大宛使獻其方物晉荊州牧陶侃遣兼長史王敷聘于勒致江南之珍寶奇獸秦州送白獸白鹿荊州送白雉白兔濟陰木連理甘露降苑鄉勒以休瑞並臻遐方慕義赦三歲刑已下均百姓去年逋調特赦涼州殊死涼州計吏皆拜郎中賜絹十匹綿十斤勒南郊有白氣自壇屬天勒大悅還宮赦四歲刑遣使封張駿武威郡公食涼州諸郡勒親耕藉田還宮赦五歲刑賜其公卿已下金帛有差勒以日蝕避正殿三日令群公卿士各上封事禁州郡諸祠堂非正典者皆除之其能興雲致雨有益於百姓者郡縣更爲立祠堂殖嘉樹準嶽瀆已下爲差等勒將營鄴宮廷尉續咸上書切諫勒大怒曰不斬此老臣朕宮不得成也勑御史收之中書令徐光進曰陛下天資聰睿超邁唐虞而

更不欲聞忠臣之言豈夏癸商辛之君邪其言可用用之不可用故當容之柰何一旦以直言而斬列卿乎勒歎曰爲人君不得自專如是豈不識此言之忠乎向戲之爾人家有百疋資尚欲市別宅況有天下之富萬乘之尊乎終當繕之耳且勑停作成吾直臣之氣也因賜咸絹百匹稻百斛又下書令公卿百寮歲薦賢良方正直言秀異至孝廉清各一人荅策上第者拜議郎中第中郎下第郎中其舉人得遞相薦引廣招賢之路起明堂辟雍靈臺于襄國城西時大雨霖中山西北暴水流漂巨木百餘萬根集于堂陽勒大悅謂公卿曰諸卿知不此非爲災也天意欲吾營鄴都耳於是令少府任汪都水使者張漸等監營鄴宮勒親授規模蜀梓潼建平漢固三郡蠻巴降于勒勒以成周土中漢晉舊京復欲有移都之意乃命洛陽爲南都置行臺治書侍御史于洛陽勒因饗高句麗宇文屋孤使酒酣謂徐光曰朕方自古開基何等主也對曰陛下神武籌略邁于高皇雄藝卓犖超絕魏祖自三王已來無可

比也其軒轅之亞乎勒笑曰人豈不自知卿言亦以太過朕若逢高皇當北面而事之與韓彭競鞭而爭先耳脫遇光武當並驅于中原未知鹿死誰手大丈夫行事當礧礧落落如日月皎然終不能如曹孟德司馬仲達父子欺他孤兒寡婦狐媚以取天下也朕當在二劉之間耳軒轅豈所擬乎其群臣皆頓首稱萬歲晉將軍趙胤攻克馬頭石堪遣將軍韓雍救之至則無及遂寇南沙海虞俘獲五千餘人初郭敬之退據樊城也王師復戍襄陽至是敬又攻陷之留戍而歸暴風大雨震雷建德殿端門襄國市西門殺五人雹起西河介山大如雞子平地三尺洿下丈餘行人禽獸死者萬數歷太原樂平武鄉趙郡廣平鉅鹿千餘里樹木摧折禾稼蕩然勒正服于東堂以問徐光曰歷代已來有斯災幾也光對曰周漢魏晉皆有之雖天地之常事然明主未始不爲變所以敬天之怒也去年禁寒食介推帝鄉之神也歷代所尊或者以爲未宜替也一人吁嗟王道尚爲之虧況群神怨憾而不怒動上帝乎縱不

能令天下同爾介山左右晉文之所封也宜任百姓奉之勒下書曰寒食既并州之舊風朕生其俗不能異也前者外議以子推諸侯之臣王者不應爲忌故從其議儻或由之而致斯災乎子推雖朕鄉之神非法食者亦不得乱也尚書其促檢舊典定議以聞有司奏以子推歷代攸尊請普復寒食更爲植嘉樹立祠堂給戶奉祀勒黃門郎韋謏駁曰按春秋藏冰失道陰氣發泄爲雹自子推已前雹者復何所致此自陰陽乖錯所爲耳且子推賢者曷爲暴害如此求之冥趣必不然矣今雖爲冰室懼所藏之冰不在固陰沍寒之地多皆山川之側氣泄爲雹也以子推忠賢令縣介之間奉之爲允於天下則不通矣勒從之於是遷冰室於重陰凝寒之所并州復寒食如初勒令其太子省可尚書奏事使中常侍嚴震參綜可否征伐刑斷大事乃呈之自是震威權之盛過于主相矣季龍之門可設雀羅季龍忿怏怏不悅郭敬南掠江西晉南中郎將桓宣承其虛攻樊城取城中之衆而去敬旋師救樊追戰于涅

水敬前軍大敗宣亦死傷大半盡取所掠而止宣遂南取襄陽留軍戍之勒如鄴臨石季龍第謂之曰功力不可並興待宮殿成後當爲王起第勿以卑小悒悒也季龍免冠拜謝勒曰與王共有天下何所謝也有流星大如象尾足蛇形自北極西南流五十餘丈光明燭地墜于河聲聞九百餘里黑龍見鄴井中勒觀龍有喜色朝其群臣于鄴命郡國立學官每郡置博士祭酒二人弟子百五十人三考脩成顯升台府於是擢拜太學生五人爲佐著作郎錄述時事時大旱勒親臨廷尉錄囚徒五歲刑已下皆輕決遣之重者賜酒食聽沐浴一須秋論還未及宮澍雨大降勒如其澧水宮因疾甚而還召石季龍與其太子弘中常侍嚴震等侍疾禁中季龍矯命絕弘震及內外群臣親戚勒疾之增損莫有知者詐召石宏石堪還襄國勒疾小瘳見宏驚曰秦王何故來邪使王藩鎮正備今日有呼者邪自來也有呼者誅之季龍大懼曰秦王思慕暫還耳今謹遣之數日復問之季龍曰奉詔即遣今已半路矣更諭

宏在外遂不遺之廣阿蝗季龍密遣其子邃率騎三千游于蝗所熒惑入昴星隕于鄴東北六十里初赤黑黃雲如幕長數十匹交錯聲如雷震墜地氣熱如火塵起連天時有耕者往視之土猶燃沸見有一石方尺餘青色而輕擊之音如磬勒疾甚遺令三日而葬內外百寮既葬除服無禁婚娶祭祀飲酒食肉征鎮牧守不得輒離所司以奔喪斂以時服載以常車無藏金寶無內器玩大雅沖幼恐非能構荷朕志中山已下其各司所典無違朕命大雅與斌宜善相維持司馬氏汝等之殷鑒其務於敦穆也中山王深可三思周霍勿爲將來口實以咸和七年死時年六十在位十五年夜瘞山谷莫知其所備文物虛葬號高平陵僞謚明皇帝廟號高祖

弘字大雅勒之第二子也幼有孝行以恭謙自守受經於杜嘏誦律於續咸勒曰今世非承平不可專以文業教也於是使劉徵任播授以兵書王陽敎之擊刺立爲世子領中領軍尋署衛將軍使領開府辟召後鎮鄴勒僭位立爲太子虛襟愛士好爲文詠其所親昵莫非儒素勒謂徐光曰大雅愔愔殊不似將家子光曰漢祖以馬上取天下孝文以玄默守之聖人之後必世勝殘天之道也勒大悅光因曰皇太子仁孝溫恭中山王雄暴多詐陛下一旦不諱臣恐社稷必危宜漸奪中山威權使太子早參朝政勒納之程遐又言於勒曰中山王勇武權智群臣莫有及者觀其志也自陛下之外視之蔑如兼荷專征歲久威振外內性又不仁殘忍無賴其諸子並長皆預兵權陛下在自當無他恐其怏怏不可輔少主也宜早除之以便大計勒曰今天下未平兵難未已大雅沖幼宜任彊輔中山佐命功臣親同魯衛方委以伊霍之任何至如卿言也卿當忠輔幼主之日不得獨擅帝舅之權故耳吾亦當參卿於顧命勿爲過懼也遐泣曰臣所言者至公陛下以私賜距豈明主開襟納說忠臣必盡之義乎中山雖爲皇太后所養非陛下天屬不可以親義期也杖陛下神規微建鷹犬之效陛下酬其父子以

恩榮亦以足矣魏任司馬懿父子終於鼎祚淪移以此而觀中山豈將來有益者乎臣因緣多幸託瓜葛於東宮臣而不竭言於陛下而誰言之陛下若不除中山臣已見社稷不復血食矣勒不聽遐退告徐光曰主上向言如此太子必危將若之何光曰中山常切齒於吾二人恐非但國危亦爲家禍當爲安國寧家之計不可坐而受禍也光復承間言於勒曰陛下廓平八州帝有海內而神色不悅者何也勒曰吳蜀未平書軌不一司馬家猶不絕於丹陽恐後之人將以吾爲不應符籙每一思之不覺見於神色光曰臣以陛下爲憂腹心之患而何暇更憂四支乎何則魏承漢運爲正朔帝王劉備雖紹興巴蜀亦不可謂漢不滅也吳雖跨江東豈有虧魏美陛下既苞括二都爲中國帝王彼司馬家兒復何異玄德李氏亦猶孫權符籙不在陛下竟欲安歸此四支之輕患耳中山王藉陛下指授神略天下皆言其英武亞於陛下兼其殘暴多姦見利忘義無伊霍之忠父子爵位之重勢傾王室觀其耿耿常有不滿之心近於東宮曲讌有輕皇太子之色陛下隱忍容之臣恐陛下萬年之後宗廟必生荊棘此心腹之重疾也惟陛下圖之勒默然而竟不從及勒死季龍執弘使臨軒命收程遐徐光下廷尉召其子邃率兵入宿衛文武靡不奔散弘大懼讓位于季龍季龍曰君薨而世子立臣安敢亂之弘泣而固讓季龍怒曰若其不堪天下自當有大議何足預論遂以咸和七年逼立之改年曰延熙文武百寮進位一等誅程遐徐光弘策拜季龍爲丞相魏王大單于加九錫以魏郡等十三郡爲邑總攝百揆季龍僞固讓久而受命赦其境內殊死已下立季龍妻鄭氏爲魏王后子邃爲魏太子加使持節侍中大都督中外諸軍事大將軍錄尚書事宣爲使持節車騎大將軍冀州刺史封河間王韜爲前鋒將軍司隸校尉封樂安王遵齊王鑒代王苞樂平王徙太原王斌爲章武王勒文武舊臣皆補左右丞相閑任季龍府寮舊昵悉署臺省禁要命太子宮曰崇訓宮勒妻劉氏已下皆徙居之簡其美淑及勒車馬珍

寶服御之上者皆入于己署鎮軍夔安領左僕射尚書郭殷爲右僕射劉氏謂石堪曰皇祚之滅不復久矣王將何以圖之堪曰先帝舊臣皆已斥外衆旅不復由人宮殿之内無所措籌臣請出奔兗州據廩丘挾南陽王爲盟主宣太后詔於諸牧守征鎮令各率義兵同討桀逆蔑不濟也劉氏曰事急矣便可速發恐事淹變生堪許諾微服輕騎襲兗州失期不剋遂南奔譙城季龍遣其將郭太等追擊之獲堪于城父送襄國炙而殺之徵石恢還于襄國劉氏謀泄季龍殺之尊弘母程氏爲皇太后時石生鎮關中石朗鎮洛陽皆起兵于二鎮季龍留子邃守襄國統步騎七万攻朗于金墉金墉潰獲朗刖而斬之進師攻長安以石挺爲前鋒大都督生遣將軍郎權率鮮卑涉璝部衆二萬爲前鋒距之生統大軍繼發次于蒲坂前鋒及挺大戰潼關敗績挺及丞相左長史劉隗皆戰死季龍退奔澠池枕尸三百餘里鮮卑密通于季龍背生而擊之生時停蒲坂不知挺之死也懼單馬奔長安郭權乃復收衆三千

與越騎校尉石廣相持于渭汭生遂去長安潛于雞頭山將軍蔣英固守長安季龍聞生之奔也進師入關進攻長安旬餘拔之斬蔣英等分遣諸將屯于汧隴徙雍秦州華戎十餘萬户于關東生部下斬生于雞頭山季龍還襄國大赦諷弘命己建魏臺一如魏輔漢故事郭權以生敗據上邽以歸順詔以權爲鎮西將軍秦州刺史於是京兆新平扶風馮翊北地皆應之弘鎮西石廣與權戰敗績季龍遣郭敖及其子斌等率步騎四萬討之次于華陰上邽豪族害權以降徙秦州三萬餘户于青并二州諸郡南氐楊難敵等送任通和長安陳良夫奔于黑羌招誘北羌四角王薄句大等擾北地馮翊與石斌相持石韜等率騎掎句大之後與斌夾擊敗之句大奔于馬蘭山郭敖等懸軍追北爲羌所敗死者十七八斌等收軍還于三城季龍聞而大怒遣使殺郭敖石宏有怨言季龍幽之弘齎璽綬親詣季龍諭禪位意季龍曰天下人自當有議何爲自論此也弘還宮對其母流涕曰先帝真無復遺矣俄而季龍遣丞相郭殷持節入廢弘爲海陽王弘安步就車容色自若謂羣臣曰不堪纂承大統顧慚羣后此亦天命去矣又何言百官莫不流涕宮人慟哭咸康元年幽弘及程氏并宏恢于崇訓宮尋殺之在位時年二十二

張賓字孟孫趙郡中丘人也父瑶中山太守賓少好學博涉經史不爲章句闊達有大節常謂昆弟曰吾自言智算鑒識不後子房但不遇高祖耳爲中丘王帳下都督非其好也病免及永嘉大乱石勒爲劉元海輔漢將軍與諸將下山東賓謂所親曰吾歷觀諸將多矣獨胡將軍可與共成大事乃提劍軍門大呼請見勒亦未之奇也後漸進規謨乃異之引爲謀主機不虚發算無遺策成勒之基業皆賓之勳也及爲右長史大執法封濮陽侯任遇優顯寵冠當時而謙虚敬慎開襟下士士無賢愚造之者莫不得盡其情爲肅清百寮屏絶私昵入則格言出則歸美勒甚重之每朝常爲之正容貌簡辭令呼曰右侯而不名之勒朝莫與爲比也及卒勒

親臨哭之哀慟左右贈散騎常侍右光禄大夫儀同三司謚曰景將葬送于正陽門望之流涕顧左右曰天欲不成吾事邪何奪吾右侯之早也程遐代爲右長史勒每與遐議有所不合輒歎曰右侯捨我去令我與此輩共事豈非酷乎因流涕彌日

載記第五　晉書百五

石季龍上

石季龍勒之從子也名犯太祖廟諱故稱字焉祖曰㔨邪父曰寇
覓勒父朱幼而子季龍故或稱勒弟焉年六七歲有善相者曰此
兒貌奇有壯骨貴不可言永興中與勒相失後劉琨送勒母王及
季龍于葛陂時年十七矣性殘忍好馳獵游蕩無度尤善彈數彈
人軍中以為毒患勒白王將殺之王曰快牛為犢子時多能破車
汝當小忍之年十八稍折節身長七尺五寸趫捷便弓馬勇冠當
時將佐親戚莫不敬憚勒深嘉之拜征虜將軍為娉將軍郭榮妹
為妻季龍寵惑優僮鄭櫻桃而殺郭氏更納清河崔氏女櫻桃又
譖而殺之所為酷虐軍中有勇幹策略與己侔者輒方便害之前
後所殺甚衆至於降城陷壘不復斷別善惡坑斬士女鮮有遺類
勒雖屢加責誘而行意自若然御衆嚴而不煩莫敢犯者指授攻
討所向無前故勒寵之信任彌隆仗以專征之任勒之居襄國署
為魏郡太守鎮鄴三臺後封繁陽侯勒即大單于趙王位署為單
于元輔都督禁衛諸軍事遷侍中開府進封中山公及勒僭號授
太尉守尚書令進封為王邑萬戶季龍自以勳高一時謂勒即位
之後大單于必在己而更以授其子宏季龍深恨之私謂其子邃
曰主上自都襄國以來端拱指授而以吾躬當矢石二十餘年南
擒劉岳北走索頭東平齊魯西定秦雍克殄十有三州成大趙之
業者我也大單于之望實在于我而授黃吻婢兒每一憶此令人
不復能寢食待主上晏駕之後不足復留種也咸康元年季龍廢
勒子弘群臣已下勸其稱尊號季龍下書曰王室多難海陽自棄
四海業重故俛從推逼朕聞道合乾坤者稱皇德協人神者稱帝
皇帝之號非所敢聞且可稱居攝趙天王以副天人之望於是赦
其境內改年曰建武以夔安為侍中太尉守尚書令郭殷為司空
韓晞為尚書左僕射魏概馮莫張崇曹顯為尚書申鍾為侍中
郎闓為光祿大夫王波為中書令文武封拜各有差立其子邃為

太子季龍以讖文天子當從東北來於是備法駕行自信都而還
以應之分襄國之柳鄉立停駕縣季龍徐州從事朱縱殺刺史郭
祥以彭城歸順季龍遣將王朗擊之縱奔淮南季龍荒游廢政多
所營繕使邃省可尚書奏事選牧守祀郊廟惟征伐刑斷乃親覽
之觀雀臺崩殺典匠少府任汪復使脩之倍於常度季龍自率衆
南寇歷陽臨江而旋京師大震遣其征虜石遇寇中廬遂圍平北
將軍桓宣于襄陽輔國將軍毛寶南中郎將王國征西司馬王愆
期等率荊州之衆救之屯于章山遇攻守二旬軍中飢疫而還季
龍以租入殷廣轉輸勞煩令中倉歲入百萬斛餘皆儲之水次晉
將軍淳于安攻其琅邪費縣俘獲而歸石邃保母劉芝初以巫術
進既養邃遂有深寵通賄賂豫言論權傾朝廷親貴多出其門遂
封芝為宜城君季龍下書令刑贖之家得以錢代財帛無錢聽以穀
麥皆隨時價輸水次倉冀州八郡雨雹大傷秋稼下書深自咎責
遣御史所在發水次倉麥以給秋種尤甚之處差復一年季龍將
遷於鄴尚書請太常告廟季龍曰古者將有大事必告宗廟而不列
社稷尚書可詳議以聞公卿乃請使太尉告社稷從之及入鄴宮
澍雨周洽季龍大悅赦殊死已下尚方令解飛作司南車成季龍
以其構思精微賜爵關內侯賞賜甚厚始制散騎常侍已上得乘
軺軒王公郊祀乘副車駕四馬龍旂八旒朝皇朝會即乘軺軒時
羌薄句大猶保險未賓遣其子章武王斌帥精騎二萬并秦雍二
州兵以討之季龍如長樂衛國有田疇不闢桑業不修者貶其
守宰而還咸康二年使牙門將張彌徙洛陽鍾虡九龍翁仲銅
駝飛廉于鄴鍾一沒於河募浮沒三百人入河繫以竹絙牛百頭
鹿櫨引之乃出造萬斛舟以渡之以四輪纏輞車轍廣四尺深二
尺運至鄴季龍大悅赦二歲刑賚百官穀帛百姓爵一級下書曰
三載考績黜陟幽明斯則先王之令典政道之通塞魏始建九品
之制三年一清定之雖未盡弘美亦縉紳之清律人倫之明鏡從
爾以來遵用無改先帝創臨天下黃紙再定至於選舉銓為首

格自不清定三載于茲主者其更銓論務揚清激濁使九流咸允也吏部選舉可依晉氏九班選制永爲揆法選畢經中書門下宣示三省然後行之其著此詔書于令銓衡不奉行者御史彈坐以聞索頭郁鞠率衆三萬降于季龍署鞠等一十三人親通趙王皆封列侯散其部衆于冀青等六州時衆役煩興軍旅不息加以久旱穀貴金一斤直米二斗百姓嗷然無生賴矣又納解飛之說於鄴正南投石於河以起飛橋功費數千億萬橋竟不成役夫飢甚乃止使令長率丁壯隨山澤采橡捕魚以濟老弱而復爲權豪所奪人無所得焉又料殷富之家配飢人以食之公卿已下出穀以助振給姦吏因之侵割無已雖有貸贍之名而無其實改直盪爲龍騰冠以絳幘於襄國起太武殿於鄴造東西宮至是皆就太武殿基高二丈八尺以文石綷之下穿伏室置衞士五百人於其中東西七十五步南北六十五步皆漆瓦金鐺銀楹金柱珠簾玉壁窮極伎巧又起靈風臺九殿于顯陽殿後選士庶之女以充之後

庭服綺縠玩珍奇者萬餘人內置女官十有八等教宮人星占及馬步射置女太史于靈臺仰觀災祥以考外太史之虛實又置女鼓吹羽儀雜伎工巧皆與外侔禁郡國不得私學星讖敢有犯者誅左校令成公段造庭燎于崇杠之末高十餘丈上盤置燎下盤置人緪繳上下季龍試而悅之其太保夔安等文武五百九人勸季龍稱尊號安等方入而庭燎油灌下盤死者七人季龍惡之大怒斬成公段于閶闔門於是依殷周之制以咸康三年僭稱大趙天王即位于南郊大赦殊死已下追尊祖訇邪爲 武皇帝父寇覓爲太宗孝皇帝立其鄭氏爲天王皇后以子邃爲天王皇太子親王皆貶封郡公藩王爲縣侯百官封署各有差太原徙人五百餘戶叛入黑羌武鄉長城徙人韓彊獲玄玉璽方四寸七分龜紐金文詣鄴獻之拜彊騎都尉復其一門夔安等又勸進曰臣等謹案大趙水德玄龜者水之精也玉者石之寶也分之數以象七政寸之紀以準四極昊天成命不可久違輒下史官擇吉日具禮儀

謹昧死上皇帝尊號季龍下書曰過相褒美猥見推逼覽增恧然非所望也其亟止茲議今東作告始自非京城內外皆不得表慶中書令王波上玄璽頌以美之季龍以石弘時造此璽彊遇而獻之遂自總百揆之後荒酒淫色驕恣无道或盤游于田懸管而入或夜出于宮臣家淫其妻妾粧飾宮人美淑者斬首洗血置於盤上傳共視之又內諸比丘尼有姿色者与其交褻而殺之合牛羊肉煮而食之亦賜左右欲以識其味也河間公宣樂安公韜有寵於季龍邃疾之如仇季龍荒耽內游威刑失度邃以事爲可呈呈之季龍恚曰此小事何足呈也時有所不聞復怒曰何以不呈誚責杖捶月至再三邃甚恨私謂常從无窮長生中庶子李顏等曰官家難稱吾欲行冒頓之事卿從我乎顏等伏不敢對邃稱疾不省事率宮臣文武五百餘騎宴于李顏別舍謂顏等曰我欲至冀州殺石宣有不從者斬行數里騎皆逃散李顏叩頭固諫邃亦昏醉而歸邃母鄭氏聞之私遣中人責邃邃怒殺其使季龍聞邃有

疾遣所親任女尚書察之邃呼前与語抽劍擊之季龍大怒收李顏等詰問顏具言始末誅顏等三十餘人幽邃于東宮既而赦之引見太武東堂邃朝而不謝俄而便出季龍遣使謂邃曰太子應入朝中宮何以便去邃逕出不顧季龍大怒廢邃爲庶人其夜殺邃及妻張氏并男女二十六人同埋於一棺之中誅其宮臣支黨二百餘人廢鄭氏爲東海太妃立其子宣爲天王皇太子宣母杜昭儀爲天王皇后安定人侯子光弱冠美姿儀自稱佛太子從大秦国來當王小秦国易姓名爲李子楊游于鄠縣爰赤眉家頗見其妖狀事微有驗赤眉信敬之妻以二女轉相扇惑京兆樊經竺龍嚴謀謝樂子等聚衆數千人於杜南山子楊稱大黃帝建元曰龍興赤眉与經爲左右丞相龍謀爲左右大司馬樂子爲大將軍鎮西石廣擊斬之子楊頸无血十餘日而面色无異於生季龍將伐遼西鮮卑段遼募有勇力者三万人皆拜龍騰中郎遼遣從弟屈雲襲幽州刺史李孟退奔易京季龍以桃豹爲橫海將

軍王華為渡遼將軍統舟師十万出漂渝津支雄為龍驤大將軍姚弋仲為冠軍將軍將步騎十万為前鋒以伐段遼季龍衆次金臺支雄長驅入薊遼漁陽太守馬鮑代相張牧北平相陽裕上谷相侯龕等四十餘城并率衆降于季龍支雄攻安次斬其部大夫那樓奇遼懼棄令支奔于密雲山遼左右長史劉群盧諶司馬崔悅等封其府庫遣使請降季龍遣將軍郭太麻秋等輕騎二万追遼及之戰于密雲獲其母妻斬級三千遼單馬竄險遣子乞特真送表及名馬季龍納之乃遷其戶二万餘于雍司兖豫四州之地諸有才行者皆擢叙之先是北單于乙回為鮮卑敦那所逐既平遼西遣其將李穆擊那破之復立乙回而還季龍入遼宮論功封賞各有差初慕容皝與段遼有隙遣使稱藩于季龍陳遼宜伐請盡衆來會及軍至令支皝師不出季龍將伐之天竺佛圖澄進曰燕福德之國未可加兵季龍作色曰以此攻城何城不剋以此衆戰誰能禦之區區小豎何所逃也太史令趙攬固諫曰燕地歲星所守行師無功必受其禍季龍怒鞭之黜為肥如長進師攻棘城旬餘不剋皝遣子恪帥胡騎二千晨出挑戰諸門皆若有師出者四面如雲季龍大驚棄甲而遁於是召趙攬復為太史令季龍旋自令支過易京惡其固而毀之還謁石勒墓朝其群臣於襄陽國建德前殿復從征文武有差至鄴設飲至之礼賜俘偏於丞郎季龍謀伐昌黎遣渡遼曹伏將青州之衆渡海戍蹋頓城無水而還因戍于海島運穀三百万斛以給之又以船三百艘運穀三十万斛詣高句麗使典農中郎將王典率衆万餘屯田于海濱又令青州造船千艘使石宣率步騎二万擊朔方鮮卑斛摩頭破之斬首四万餘級冀州八郡大蝗司隸請坐守宰季龍曰此政之失和朕之不德而欲委咎守宰豈禹湯罪己之義邪司隸不進讜言佐朕不逮而歸咎無辜所以重吾之責可白衣領司隸加其子司徒韜金鉦黃鉞鑾輅九旒先是使襄城公涉歸上庸公日歸率衆戍長安二歸告鎮西石廣私樹恩澤潛謀不軌季

龍大怒追廣至而殺之段遼於密雲山遣使詐降季龍信之使征東麻秋百里郊迎勑秋曰受降如待敵將軍慎之遼又遣使降于慕容皝曰胡貪而無謀吾今請降求迎彼終不疑也若伏重軍以要之可以得志皝遣子恪伏兵於密雲麻秋統衆三万迎遼為恪所襲死者十六七秋步遁而歸季龍聞之驚怒方食吐餔乃削秋官爵下書令諸郡國立五經博士初勒置大小學博士至是復置國子博士助教季龍以吏部選舉斥外耆德而勢門童幼多為美官免郎中魏奐為庶人以其太子宣為大單于建天子旌旗以夔安為征討大都督統五將步騎七万寇荊楊北鄙石閔敗王師于沔陰將軍蔡懷死之宣將朱保又敗王師于白石將軍鄭豹談玄郝莊隨相蔡熊皆遇害季龍將張賀度攻陷邾城敗晉將毛寶于邾西死者万餘人夔安進據胡亭晉將軍黃沖歷陽太守鄭進皆降之安於是掠七万戶而還時豪戚侵恣賄託公行季龍患之擢殷中御史李矩為御史中丞特親任之自此百僚震懾州郡肅然季龍曰朕聞良臣如猛獸高步通衢而豺狼避路信矣哉鎮遠王擢表雍秦二州望族自東徙已來遂在戍役之例既衣冠華胄宜蒙優免從之自是皇甫胡梁韋杜牛辛等十有七姓蠲其兵貫一同舊族隨才銓叙思欲分還桑梓者聽之其非此等不得為例以其撫軍李農為使持節監遼西北平諸軍事征東將軍營州牧鎮令支于時大旱白虹經天季龍下書曰朕在位六載不能上和乾象下濟黎元以致星虹之變其令百僚各上封事解西山之禁蒲葦魚鹽除歲供之外皆無所固公侯卿牧不得規占山澤奪百姓之利又下書曰前以豐國澠池二冶初建徙刑徒配之權救時務而主者循為恒法致起怨聲自今罪犯流徙皆當申奏不得輒配也京獄見囚非手殺人一皆原遣其日澍雨季龍將討慕容皝令司冀青徐幽并雍兼復之家五丁取三四丁取二合鄴城舊軍滿五十万具船万艘自河通海運穀豆千一百万斛于安樂成以備征軍之調徙遼西北平漁陽万戶于兗豫雍洛四

州之地季龍僭位之後有所調用皆選司擬官經令僕而後奏行不得其人案以為令僕之負尚書及郎不坐至是吏部尚書劉真以為失銓考之體而言之季龍責怒主者加真光祿大夫金章紫綬季龍如宛陽大閱於曜武場慕容皝襲幽冀略三万餘家而去幽州刺史石光坐懦弱徵還賜徵士辛謐几杖衣服穀五百斛勑平原為起甲第先是季壽將李宏自晉奔于季龍壽致書請之題曰趙王石君季龍不悅付外議之多有異同中書監王波議曰今李宏以死自誓若得反魂蜀漢當鳩率宗族混同王化若遣而果也則不煩一旅之師而坐定梁益就有進退豈在逃命一夫壽既號並日月跨僭一方今若制詔或敢酬反則取誚戎裔宜書答之幷贈以楛矢使壽知我遐荒必臻也於是遣宏備物以酬之以石韜為太尉與太子宣迭日省可尚書奏事自幽州東至白狼大興屯田張駿憚季龍之盛遣其別駕馬詵朝之季龍初大悅及覽其表辭頗蹇傲季龍大怒將斬詵侍中石璞進曰為陛下之患者丹

楊也區區河右焉能為有無今斬馬詵必征張駿則南討之師勢分為二建鄴君臣延其數年之命矣勝之不為武弗剋為四夷所笑不如因而厚之彼若改圖謝罪率其臣職者則我又何求迷而不悟討之未後也季龍乃止李宏既至蜀漢李壽欲誇其境內下令云羯使來庭獻其楛矢季龍聞之怒甚黜王波以白衣守中書監季龍志在窮兵以其國內少馬乃禁畜私馬匿者要斬收百姓馬四万餘匹以入于公兼盛興宮室於鄴起臺觀四十餘所營長安洛陽二宮作者四十餘万人又勑河南四州具南師之備并朔秦雍嚴西討之資青冀幽州三五發卒諸州造甲者五十万人兼公侯牧宰競興私利百姓失業十室而七船夫十七万人為水所沒猛獸所害三分而一貝丘人李弘因衆心之怨自言姓名應讖遂連結姦黨署置百僚事發誅之連坐者數千家季龍畋獵無度晨出夜歸又多微行躬察作役之所侍中韋謏諫曰臣聞千金之子坐不垂堂万乘之主行不履危陛下雖天生神武雄據四海

乾坤冥贊万無所慮然白龍魚服有豫且之禍海若潛游罹葛陂之酷深願陛下清宮蹕路思二神為元鑒不可忽天下之重輕行斤斧之間一旦有狂夫之變龍騰之勇不暇施也智士之計豈及設哉又自古聖王之營建宮室未始不於三農之隙所以不奪農時也今或盛功于耘藝之辰或煩役于收穫之月頓斃屬途怨聲塞路誠非聖君仁后所忍為也昔漢明賢君也鍾離一言而德陽役止臣誠識慚昔士言無可採陛下道越前王所宜哀覽季龍省而善之賜以穀帛而興繕滋繁游察自若右僕射張離領五兵

尚書專總兵要而欲求媚于石宣因說之曰今諸公侯吏兵過限宜漸削弱以盛儲威宣素疾石韜之寵甚說其言乃使離奏奪諸公府吏秦燕義陽樂平四公聽置吏一百九十七人帳下兵二百人自此已下三分置一餘兵五万悉配東宮於是諸公咸怨為大釁之漸矣遣征北張舉自鴈門討索頭郁鞠剋之制征士五人車一乘牛二頭米各十五斛絹十四匹調不辦者以斬論將以圖江表

於是百姓窮窘鬻子以充軍制猶不能赴自經于道路死者相望而求發無已會青州言濟南平陵城北石獸一夜中忽移在城東南善石溝上有狼狐千餘迹隨之迹皆成路季龍大悅曰石獸者朕也自平陵城北而東南者天意將使朕平蕩江南之徵也天命不可違其勑諸州兵明年悉集朕當親董六軍以副成路之祥群臣皆賀上皇德頌者一百七人時秋怪尤多石然于泰山八日而滅東海有大石自立旁有血流鄴西山石間血流出長十餘步廣二尺餘太武殿畫古賢悉變為胡旬餘頭悉縮入肩中季龍大惡之佛圖澄對之流涕寧遣劉寧攻武都狄道陷之使石宣討鮮卑斛穀提大破之斬首三万級中謁者令申扁有寵於季龍而宣亦昵之扁聰辯明斷專綜機密之任季龍既不省奏案宣荒酒內游石韜沉湎好獵生殺除拜皆扁所決於是權傾內外刺史二千石多出其門九卿已下望塵而拜唯侍中鄭系王謨常侍盧諶崔約等十餘人與之抗禮季龍又取州郡吏馬一萬四千餘匹以配

曜武關將馬主皆復一年鎮北宇文歸執送段遼之子蘭降于季
龍獻駿馬万匹季龍以平西張伏都為使持節都督征討諸軍事
帥步騎三万擊涼州既濟河與張駿將謝艾大戰于河西伏都敗
績季龍雖昏虐無道而頗慕經學遣國子博士詣洛陽寫石經校
中經于秘書國子祭酒聶熊注穀梁春秋列于學官燕公石斌湎
酒荒獵常懸管而入征北張賀度以邊防宜整言每裁諫之斌怒辱
賀度季龍聞之大怒杖斌一百遣主書禮儀持節監之斌行意自
若儀持法呵禁斌怒殺之欲殺賀度賀度嚴衛馳白之季龍遣尚
書張離持節帥騎追斌鞭之三百免官歸第誅其親任十餘人建
元初季龍饗群臣于太武前殿有白鴈百餘集于馬道南季龍命
射之無所獲既將討三方諸州兵至者百餘万太史令趙攬私於
季龍曰白鴈集殿庭宮室將空不宜行也季龍納之臨宣武親大
閱而解嚴以燕公斌為使持節侍中大司馬録尚書事置左右戎
昭曜武將軍位在左右衛上東宮置左右統將軍位在四率上置

上中光祿大夫在左右光祿上置鎮衛將軍在車騎將軍上時石
宣淫虐日甚而莫敢以告領軍王朗言之於季龍曰今隆冬雪寒
而皇太子使人斫伐宮材引於漳水功役數万士衆吁嗟陛下宜
因游觀而罷之也季龍如其言既而宣知朗所為怒欲殺之而無
因會熒惑守房趙攬承宣旨言於季龍曰昴者趙之分也熒惑所
在其主惡之房為天子此殃不小宜貴臣姓王者當之季龍曰誰
可當者攬久而對曰無復貴於王領軍也季龍既惜朗且猜之曰
更言其次攬曰其次唯中書監王波耳季龍乃下書追波前議遣
李宏及答楛矢之愆要斬之及其四子投于漳水以厭熒惑之變
尋愍波之無罪追贈司空封其孫為侯平北尹農攻慕容皝凡城
不剋而還黜農為庶人時白虹出自太社經鳳陽門東南連天十
餘刻乃滅季龍下書曰蓋古明王之理天下也政以均平為首化
以仁惠為本故能允協人和緝熙神物朕以眇薄居臨万邦夕惕
乾乾思遵古烈是以每下書蠲除繇賦休息黎元庶俯懷百姓仰

稟三光而中年已來變眚弥顯天文錯乱時氣不應斯由人怨于
下譴感皇天雖朕之不明亦群右不能翼獎之所致也昔楚相脩
政洪災旋弭鄭卿厲道氛祲自消皆股肱之良用康群變而群公
卿士各懷道迷邦拱默成敗豈所望於台輔百司哉其各上封事
極言無隱於是閉鳳陽門唯元日乃開立二畤于靈昌津祠天及
五郊季壽以建寧上庸漢固巴徵梓潼五郡降于季龍先是季龍
起河橋於靈昌津采石為中濟石無大小下輙隨流用功五百餘
萬而不成季龍遣使致祭沉璧于河俄而所沉璧流于渚上地震
水波騰上津所殿觀莫不傾壞壓死者百餘人季龍恚甚斬工匠
而止作焉命石宣石韜生殺拜除皆迭日省決不復啓也司徒申
鍾諫曰慶賞刑威后皇攸執名器至重不可以假人皆以防姦杜
漸以示軌儀太子国之儲貳朝夕視膳而不及政也庶人邃往以
聞政致敗殷鑒不遠宜革而弗遵且二政分權鮮不及禍周有子
頹之釁鄭有叔段之難此皆由寵之不道所以乱国害親惟陛下

覽之季龍不從太子詹事孫珍問侍中崔約曰吾患目疾何方療之
約素狎珍戲之曰溺中則愈珍曰目何可溺約曰卿目睕睕正耐溺
中珍恨之以白宣宣諸子中最胡狀目深聞之大怒誅約父子珍
有寵於宣頗預朝政自誅約之後公卿已下憚之側目季龍子義
陽公鑒時鎮關中役煩賦重失關右之和其友李松勸鑒文武有
長髮者拔為冠纓餘以給宮人長史取髮白之季龍大怒以其右
僕射張離為征西左長史龍驤將軍雍州刺史以察之信然徵鑒
還鄴收松下廷尉以石苞代鎮長安發雍洛秦并州十六万人城
長安未央宮季龍性既好獵其後體重不能跨鞍乃造獵車千
乘轅長三丈高一丈八尺置高一丈七尺格獸車四十乘立三級
行樓二層於其上剋期將校獵自靈昌津南至滎陽東極陽都使
御史監察其中禽獸有犯者罪至大辟御史因之擅作威福百姓
有美女好牛馬者求之不得便誣以犯獸論死者百餘家海岱河
濟間人無寧志矣又發諸州二十六万人脩洛陽宮發百姓牛二

萬餘頭配朔州牧官增置女官二十四等東宮十有二等諸公侯七十餘國皆爲置女官九等先是大發百姓女二十已下十三已上三万餘人爲三等之第以分配之郡縣要媚其旨務於美淑奪人婦者九千餘人百姓妻有美色豪勢因而脅之率多自殺石宣及諸公又私令采發者亦垂一万摠會鄴宮季龍臨軒簡第諸女大悅封使者十二人皆爲列侯自初發至鄴諸殺其夫及奪而遣之縊死者三千餘人荊楚揚徐間流叛略盡宰守坐不能綏懷下獄誅者五十餘人金紫光祿大夫逯明因侍切諫季龍大怒遣龍騰拉而殺之自是朝臣杜口相招爲祿仕而已季龍常以女騎一千爲鹵簿皆著紫綸巾熟錦袴金銀鏤帶五文織成鞾游于戲馬觀觀上安詔書五色紙在木鳳之口鹿盧迴轉狀若飛翔焉遣涼州刺史麻秋等伐張重華尚書朱軌與中黃門嚴生不協會大雨霖道路陷滯不通生因而譖軌不脩道又訕謗朝政季龍遂殺之於是立私論之條偶語之律聽吏告其君奴告其主威刑日濫公卿已下朝會以目吉凶之問自此而絕軌之囚也冠軍苻洪諫曰臣聞聖主之馭天下也土階三尺茅茨不翦食不累味刑措而不用亡君之馭海內也傾宮瓊榭象箸玉杯截脛剖心脯賢刳孕故其亡也忽焉今襄國鄴宮足康帝宇長安洛陽何爲者哉盤於游田耽於女德三代之亡恒必由此而忽爲獵車千乘養獸万里奪人妻女十万盈宮尚書朱軌納言大臣以道路不脩將加酷法此自陛下政之失和陰陽災沴暴降霖雨七旬霽方二日縱有鬼兵百万尚未及脩之而況人乎刑政如此其如史筆何其如四海何特願止作徒休宮女赦朱軌允衆望季龍省之不悅憚其彊但寢而不納弗之罪也乃停二京作役焉

載記第六　晉書百六

載記第七　晉書百七　御撰

石季龍下 子世 遵 鑒

永和三年季龍親耕籍田于其桑梓苑其妻杜氏祠先蠶于近郊遂如襄國謁勒墓以中書監石寧爲征西將軍率并司州兵二萬餘人爲麻秋等後繼張重華將宋秦等率戶二萬來降河湟間氐羌十餘萬落與張璩相首尾麻秋憚之不進重華金城太守張沖又以郡降石寧麻秋尋次曲柳劉寧王擢進攻始與武街重華將楊康等與寧戰于沙阜寧敗績乃引還金城王擢克武街執重華護軍曹權胡宣徙七千餘戶于雍州季龍又以孫伏都爲征西將軍與麻秋率步騎三萬長驅濟河且城長最重華大懼遣將謝艾逆擊敗之秋退歸金城勒及季龍並貪而無禮既王有十州之地金帛珠玉及外國珍奇異貨不可勝紀而猶以爲不足曩代帝王及先賢陵墓靡不發掘而取其寶貨焉邯鄲城西石子堈上有趙簡子墓至是季龍令發之初得炭深丈餘次得木板厚一尺積板厚八尺乃及泉其水清冷非常作絞車以牛皮囊汲之月餘而水不盡不可發而止又使掘秦始皇冢取銅柱鑄以爲器時沙門吳進言于季龍曰胡運將衰晉當復興宜苦役晉人以厭其氣季龍於是使尚書張群發近郡男女十六萬車十萬乘運土築華林苑及長牆于鄴北廣長數十里趙攬申鍾石璞等上疏陳天文錯亂蒼生凋弊及因引見又面諫辞旨甚切季龍大怒曰牆朝成夕沒吾無根矣乃促張群以燭夜作起三觀四門三門通漳水皆爲鐵扉暴風大雨死者數萬人揚州送黃鵠鶵五頸長一丈聲聞十餘里泛之于玄武池郡国前後送蒼麟十六白鹿七季龍命司虞張曷柱調之以駕芝蓋列于充庭之乘鑿北城引水于華林園城崩壓死者百餘人命石宣祈于山川因而游獵乘大輅羽葆華蓋建天子旌旗十有六軍戎卒十八萬出自金明門季龍從其後宮升陵霄觀望之笑曰我家父子如是自非天崩地陷當復何愁但抱子弄孫日爲樂耳宣既馳逐無厭在於陳列行宮四

面各一百里為度驅圍禽獸皆暮集其所文武跪立圍守重行烽炬星羅光燭如晝命勁騎百餘馳射其中宣與嬖姬顯德美人乘輦觀之嬉娛忘反獸殫乃止其有禽獸奔逸當之者坐有爵者奪馬步驅一日無爵者鞭之一百峻制嚴刑文武戰慄士卒饑凍而死者萬有餘人宣弓馬衣食皆號為御有亂其間者以冒禁罪罪之所過三州十五郡資儲靡有孑遺季龍復命石韜亦如之出自并州游于秦晉宣素惡韜寵是行也嫉之彌甚宦者趙生得幸于宣而無寵于韜微勸宣除之於是相圖之計起矣麻秋又襲張重華將張瓘於河陝敗之斬首三千餘級枹罕護軍李逵率眾七千降于季龍自河已南氐羌皆降石韜起堂于太尉府號曰宣光殿梁長九丈宣視而大怒斬匠截梁而去韜怒增之十丈宣聞之恚甚謂所幸楊柸牟成曰韜凶豎勃逆敢違我如是汝能殺之者吾吾入西宮當盡以韜之國邑分封汝等韜既死主上必親臨喪因行大事蔑不濟矣柸等許諾時東南有黃黑雲大如數畝稍分為

三狀若匹布東西經天色黑而青酉時貫日日沒後分為七道每相去數十丈間有白雲如魚鱗子時乃滅韜素解天文見而惡之顧謂左右曰此變不小當有刺客起于京師不知誰定當之是夜韜讌其寮屬于東明觀樂奏酒酣愀然長歎曰人居世無常別易會難各付一杯開意為吾飲令必醉知後會復何期而不飲乎因泫然流涕左右莫不歔欷因宿于佛精舍宣使楊柸牟成趙生等緣獮猴梯而入殺韜置其刀箭而去旦宣奏之季龍哀驚氣絕久之方蘇將出臨之其司空李農諫曰害秦公者恐在蕭牆之內慮生非常不可以出季龍乃止嚴兵發哀于太武殿宣乘素車從人臨韜喪不哭直言呵呵使舉衾看尸大笑而去收大將軍記室參軍鄭靖尹武等將委之以罪季龍疑宣之害韜也謀召之懼其不入乃偽言其母哀過危惙宣不虞己之見疑也入朝中宮因而止之建興人史科告稱韜死夜宿東宮長上楊柸家柸夜與五人從外來相與語曰大事已定但願大家老壽吾等何患不富貴

語訖便入科寢闇中柸不見也科尋出逃匿俄而柸與二人出求科不得柸曰宿客聞人向語當殺之斷口舌今而得去作大事矣科踰牆獲免季龍馳使收之獲楊柸牟皮趙生等柸皮尋皆亡去執趙生而詰之生具首服季龍悲怒彌甚幽宣於席庫以鐵環穿其頷而鏁之作數斗木槽和羹飯以猪狗法食之取害韜刀箭舐其血哀號震動宮殿積柴鄴北樹標於其上標末置鹿盧穿之以繩倚梯柴積送宣于標所使韜所親宦者郝稚劉霸拔其髮抽其舌牽之登梯上於柴積郝稚以繩貫其頷鹿盧絞上劉霸斷其手足斫眼潰腹如韜之傷四面縱火煙炎際天季龍從昭儀已下數千登中臺以觀之火滅取灰分置諸門交道中殺其妻子九人宣小子年數歲季龍甚愛之抱之而泣兒曰非兒罪季龍欲赦之其大臣不聽遂於抱中取而戮之兒猶挽季龍衣而大叫時人莫不為之流涕季龍因此發病又誅其四率已下三百人宦者五十人皆車裂節解棄之漳水洿其東宮養豬牛東宮衛士十餘萬

人皆謫戍涼州先是散騎常侍趙攬言於季龍曰中宮將有變宜防之及宣之殺韜也季龍疑其知而不告亦誅之廢宣母杜氏為庶人貴嬪柳氏尚書耆之女也以才色特幸坐其二兄有寵于宣亦殺之季龍追其姿色復納耆少女于華林園季龍議立太子其太尉張舉進曰燕公斌彭城公遵並有武藝文德陛下神齒已衰四海未一請擇二公而樹之初戎昭張豺之破上邽也獲劉曜幼女年十二有殊色季龍得而嬖之生子世封齊公至是豺以季龍年長多疾規立世為嗣劉當為太后己得輔政說季龍曰陛下再立儲宮皆出自倡賤是以禍亂相尋今宜擇母貴子孝者立之季龍曰卿且勿言吾知太子處矣又議于東堂季龍曰吾欲以純灰三斛洗吾腹腹穢惡故生凶子兒年二十餘便欲殺公今世方十歲比其二十吾已老矣於是與張舉李農定議敕公卿上書請立世大司農曹莫不署名季龍使張豺問其故莫頓首曰天下業重不宜立少是以不敢署也季龍曰莫忠臣也然未達朕意張舉

季農知吾心矣其令諭之遂立世爲皇太子劉氏爲皇后季龍召太常條攸光祿勳杜嘏謂之曰煩卿傅太子實希改轍吾之相託卿宜明之署攸太傅嘏爲少傅季龍時疾瘳以永和五年僭即皇帝位于南郊大赦境內建元曰太寧百官增位一等諸子進爵郡王以尚書張良爲右僕射故東宮謫卒高力等萬餘人當戍涼州行達雍城既不在赦例又敕雍州刺史張茂送之茂皆奪其馬令步推鹿車致糧戍所高力督定陽梁犢等因衆心之怨謀起兵東還陰令胡人頡獨鹿微告戍者戍者皆踴抃大呼梁犢乃自稱晉征東大將軍率衆攻陷下辨逼張茂爲大都督大司馬載以軺車安西劉寧自安定擊之大敗而還秦雍間城戍無不摧陷斬二千石長史長驅而東高力等皆多力善射當十餘人雖無兵甲所在掠百姓大斧施一丈柄攻戰若神所向崩潰戍卒皆隨之比至長安衆已十萬其樂平王石苞時至長安盡銳距之一戰而敗犢遂東出潼關進如洛川季龍以李農爲大都督行大將軍事統衛

軍張賀度征西張良征虜石閔等率步騎十萬討之戰于新安農師不利又戰于洛陽農師又敗乃退壁成皋犢東掠滎陽陳留諸郡季龍大懼以燕王石斌爲大都督中外諸軍事率精騎一萬統姚弋仲苻洪等擊犢于滎陽東大破之斬犢首而還討其餘黨盡滅之俄而晉將軍王龕拔其沛郡始平人馬勗起兵於洛氏葛谷自稱將軍石苞攻滅之誅三千餘家時熒惑犯積尸又犯昴月及熒惑北犯河鼓未幾季龍疾甚以石遵爲大將軍鎮關右石斌爲丞相錄尚書事張豺爲鎮衛大將軍領軍將軍吏部尚書並受遺輔政劉氏懼斌之輔政也害世與張豺謀誅之斌時在襄國乃遣使詐斌曰主上患已漸損王須獵者可小停也斌性好酒耽獵遂游畋縱飲劉氏矯命稱斌無忠孝之心免斌官以王歸第使張豺弟雄率龍騰五百人守之石遵自幽州至鄴勅朝堂受拜配禁兵三萬遣之遵慟泣而去是日季龍疾小瘳問曰遵至未左右答言久已去矣季龍曰恨不見之季龍臨於西閤龍騰將軍中

郎二百餘人列拜于前季龍曰何所求也皆言聖躬不和宜令燕王入宿衛典兵馬或言乞爲皇太子季龍不知斌之廢也責曰燕王不在內邪呼來左右言王酒病不能入季龍曰促持輦迎之當付其璽綬亦竟無行者尋惛眩而入張豺使弟雄等矯季龍命殺斌劉氏又矯命以豺爲太保都督中外諸軍錄尚書事加千兵百騎一依霍光輔漢故事侍中徐統歎曰禍將作矣吾無爲豫之乃仰藥而死俄而季龍亦死季龍始以咸康元年僭位至此太和六年凡在位十五歲於是世即僞位尊劉氏爲皇太后臨朝進張豺爲丞相豺請石遵石鑒爲左右丞相以慰其心劉氏從之豺與張舉謀誅李農而舉與農素善以豺謀告之農懼率騎百餘奔廣宗率乞活數萬家保于上白劉氏使張舉等統宿衛精卒圍之豺以張離爲鎮軍大將軍監中外諸軍事司隸校尉爲己之副鄴中群盜大起迭相劫掠石遵聞季龍之死屯于河內姚弋仲苻洪石閔劉寧及武衛王鸞寧西王午石樂王鐵立義將軍段勤

等既平秦洛班師而歸遇遵于李城說遵曰殿下長而且賢先帝亦有意于殿下矣但以末年惛惑爲張豺所誤今上白相持未下京師宿衛空虛若聲張豺之罪鼓行而討之孰不倒戈開門而迎殿下者邪遵從之洛州刺史劉國等亦率洛陽之衆至于李城遵檄至鄴張豺大懼馳召上白之軍遵次于蕩陰戎卒九萬石閔爲前鋒豺將出距之耆舊羯士皆曰天子兒來奔喪吾當出迎之不能爲張豺城戍也踰城而出豺斬之不能止張離率龍騰二千斬關迎遵劉氏懼引張豺入對之悲哭曰先帝梓宮未殯而禍難繼興今皇嗣沖幼託之于將軍將軍何以匡濟邪加遵重官可以弭不豺惶怖失守無復籌計但言唯唯劉氏令以遵爲丞相領大司馬大都督中外諸軍錄尚書事加黃鉞九錫增封十郡委以阿衡之任遵至安陽亭張豺懼而出迎遵命執之於是貫甲曜兵入自鳳陽門升于太武前殿擗踴盡哀退如東閤斬張豺于平樂市夷其三族假劉氏令曰嗣子幼沖先帝私恩所授皇業至重非所

克堪其以遵嗣位遵僞讓至于再三群臣敦勸乃受之僭即尊位于太武前殿大赦殊死已下罷上白園封世爲譙王邑萬户待以不臣之禮廢劉氏爲太妃尋皆殺之世凡立三十三日於是李農歸請罪遵復其位待之如初尊其母鄭氏爲皇太后其妻張氏爲皇后以石斌子衍爲皇太子石鑒爲侍中石沖爲太保石苞爲大司馬石琨爲大將軍石閔爲中外諸軍事輔国大將軍録尚書事輔政暴風拔樹震雷雨雹大如盂升太武暉華殿災諸門觀閣蕩然其乘輿服御燒者太半光燄照天金石皆盡火月餘乃滅雨血周遍鄴城石沖時鎮于薊聞遵殺世而自立乃謂其寮佐曰世受先帝之命遵輒廢殺罪逆莫大其勑内外戒嚴孤將親討之於是留寧北沐堅戍幽州帥衆五萬自薊討遵傳檄燕趙所在雲集比及常山衆十餘萬次于苑鄉遇遵赦書謂左右曰吾弟一也死者不可復追何爲復相殘乎吾將歸矣其將陳暹進曰彭城篡弑自尊爲罪大矣王雖北旆臣將南轅平京師擒彭城然後奉迎

晉載七　六

大駕沖從之遵馳遣王擢以書喻沖沖弗聽遵假石閔黃鉞金鉦與李農等率精卒十萬討之戰于平棘沖師大敗獲沖于元氏賜死坑其士卒三萬餘人始葬季龍號其墓爲顯原陵僞謚武皇帝廟號太祖遵揚州刺史王浹以淮南歸順晉西中郎將陳逵進據壽春征北將軍褚裒帥師伐遵次于下邳遵以李農爲南討大都督率騎二萬來距裒不能進退屯廣陵陳逵聞之懼遂焚壽春積聚毁城而還石苞時鎮長安謀帥關中之衆攻鄴左長史石光司馬曹曜等固諫苞怒誅光等百餘人苞性貪而無謀雍州豪右知其無成並遣使告晉梁州刺史司馬勳勳於是率衆赴之壁于懸鉤去長安二百餘里使治中劉煥攻京兆太守劉秀離斬之三輔豪右多殺其令長擁三十餘壁有衆五萬以應勳苞輟攻鄴之謀使麻秋姚國等率騎距勳遵遣車騎王朗率精騎二萬外以討勳爲名因劫苞送之于鄴勳又爲朗所距釋懸鉤拔宛城殺遵南陽太守袁景而還初遵之發李城也謂石閔曰努力事成以尔爲儲

貳既而立衍閔甚失望自以勳高一時規專朝政遵忌而不能任閔既爲都督揔内外兵權乃懷撫殿中將士及故東宮高力萬餘人皆奏爲殿中員外將軍爵關外侯賜以宮女樹已之恩遵弗之猜也而更題名善惡以挫抑之衆咸怨矣而又納中書令孟準左衛將軍王鸞之計頗疑憚於閔稍奪兵權閔益有恨色準等咸勸誅之遵召石鑒等入議于其太后鄭氏之前皆請誅之鄭氏曰李城迴師無棘奴豈有今日小驕縱之不可便殺也鑒出遣宦者楊環馳以告閔閔遂劫李農及右衛王基密謀廢遵使將軍蘇亥周成率甲士三十執遵于如意觀遵時方與婦人彈碁問成等曰反者誰也成曰義陽王鑒當立遵曰我尚如是汝等立鑒復能幾時乃殺之于琨華殿誅鄭氏及其太子衍上光禄張斐中書令孟準左衛王鸞等遵凡在位一百八十三日鑒乃僭位大赦殊死已下以石閔爲大將軍封武德王李農爲大司馬並録尚書事郎闓爲司空秦州刺史劉群爲尚書左僕射侍中盧諶爲中書監鑒使

晉載七　七

石苞及中書令李松殿中將軍張才等夜誅閔農於琨華殿不克禁中擾乱鑒恐閔爲變僞若不知者夜斬松才於西中華門幷誅石苞時石祗在襄国與姚弋仲苻洪等通和連兵檄誅閔農鑒遣石琨爲大都督与張舉及侍中呼延盛率步騎七萬分討祗等中領軍石成侍中石啓前河東太守石暉謀誅閔農閔農殺之龍驤孫伏都劉銖等結羯士三千伏于胡天亦欲誅閔等時鑒在中臺伏都率三十餘人將升臺挾鑒以攻之鑒見伏都毁閣道臨問其故伏都曰李農等反已在東掖門臣嚴率衛士謹先啓知鑒曰卿是功臣好爲官陳力朕從臺觀卿勿慮无報也於是伏都及銖率衆攻閔農不剋屯於鳳陽門閔農率衆數千毁金明門而入鑒懼閔之誅已也馳招閔農開門内之謂曰孫伏都反卿宜速討之閔農攻斬伏都等自鳳陽至琨華横尸相枕流血成渠宣令内外六夷敢稱兵杖者斬之胡人或斬關或踰城而出者不可勝數使尚書王簡少府王鬱帥衆數千守鑒于御龍觀懸食給之令城内

曰與官同心者住不同心者各任所之勑城門不復相禁於是趙人百里内悉入城胡羯去者填門閔知胡之不爲已用也班令内外趙人斬一胡首送鳳陽門者文官進位三等武職悉拜牙門一日之中斬首數萬閔躬率趙人誅諸胡羯無貴賤男女少長皆斬之死者二十餘萬尸諸城外悉爲野犬豺狼所食屯據四方者所在承閔書誅之于時高鼻多鬚至有濫死者半太宰趙鹿太尉張舉中軍張春光祿石岳撫軍石寧武衛張季及諸公侯卿校龍騰等萬餘人出奔襄国石琨奔據冀州撫軍張沈屯滏口張賀度據石瀆建義段勤據黎陽寧南楊群屯桑壁劉国據陽城段龕據陳留姚弋仲據混橋苻洪據枋頭衆各數萬王朗麻秋自長安奔于洛陽秋承閔書誅朗部胡千餘朗奔于襄國麻秋帥衆奔于苻洪石琨及張舉王朗率衆七萬伐鄴石閔率騎千餘距之城北閔執兩刃矛馳騎擊之皆應鋒摧潰斬級三千琨等大敗遂歸于冀州閔与李農率騎三萬討張賀度于石瀆鑒密遣宦者齎書召張沈等使承虚襲鄴宦者以告閔農閔農馳還廢鑒殺之誅季龍孫三十八人盡殪石氏鑒在位一百三日季龍小男混永和八年將妻妾數人奔京師勑收付廷尉俄而斬之於建康市季龍十三子五人爲冉閔所殺八人自相殘害混至此又死初讖言滅石者陵尋而石閔徙封蘭陵公季龍惡之改蘭陵爲武興郡至是終爲閔所滅始勒以成帝咸和三年僭立二主四子凡二十三年以穆帝永和五年滅

閔字永曾小字棘奴季龍之養孫也父瞻字弘武本姓冉名良魏郡内黄人也其先漢黎陽騎都督累世牙門勒破陳午獲瞻時年十二命季龍子之驍猛多力攻戰無前歷位左積射將軍西華侯閔幼而果銳季龍撫之如孫及長身長八尺善謀策勇力絶人拜建節將軍徙封脩成侯歷位北中郎將游擊將軍季龍之敗於昌黎閔軍獨全由此功名大顯及敗梁犢之後威聲彌振胡夏宿將莫不憚之永和六年殺石鑒其司徒申鍾司空郎闓等四十八人上

尊号于閔閔固讓李農農以死固請於是僭即皇帝位于南郊大赦改元曰永興国号大魏復姓冉氏追尊其祖隆元皇帝考瞻烈祖高皇帝尊母王氏爲皇太后立妻董氏爲皇后子智爲皇太子以李農爲太宰領太尉録尚書事封齊王農諸子皆封爲縣公封其子胤明裕皆爲王文武進位三等封爵有差遣使者持節赦諸屯結皆不從石祗聞鑒死僭稱尊号于襄国諸六夷據州郡擁兵者皆應之閔遣使臨江告晉曰胡逆乱中原今以誅之若能共討者可遣軍来也朝廷不荅閔誅李農及其三子幷尚書令王謨侍中王衍中常侍嚴震趙昇等晉廬江太守袁眞攻其合肥執南蠻校尉桑坦遷其百姓而還石祗遣其相国石琨率衆十万伐鄴進據邯鄲祗鎮南劉国自繁陽會琨閔大敗琨于邯鄲死者万餘劉国還屯繁陽苻健自枋頭入關張賀度段勤与劉国靳豚會于昌城將攻鄴閔遣尚書左僕射劉群爲行臺都督使其將王泰崔通周成等帥步騎十二萬次于黄城閔躬統精卒八萬繼之戰于蒼亭賀度等大敗死者二萬八千追斬靳豚于陰安鄉盡俘其衆振旅而歸戎卒三十餘萬旌旗鍾鼓緜亘百餘里雖石氏之盛无以過之閔至自蒼亭行飲至之禮清定九流準才授任儒學後門多蒙顯進于時翕然方之爲魏晉之初閔率步騎十萬攻石祗于襄国署其子太原王胤爲大單于驃騎大將軍以降胡一千配爲麾下光禄大夫韋謏啓諫甚切閔覽之大怒誅謏及其子孫閔攻襄国百餘日爲土山地道築室反耕祗大懼去皇帝之號稱趙王遣使詣慕容儁姚弋仲以乞師會石琨自冀州援祗弋仲復遣其子襄率騎三萬八千至自滆頭儁遣將軍悅綰率甲卒三萬自龍城三方勁卒合十餘萬閔遣車騎胡睦距襄于長蘆將孫威候琨于黄丘皆爲敵所敗士卒略盡睦威單騎而還琨等軍且至閔將出擊之衛將軍王泰諫曰窮寇固迷希望外援今彊救雲集欲吾出戰腹背擊我宜固壘勿出觀勢而動以挫其謀今陛下親戎如失萬全大事去矣請慎無出臣請率諸將爲陛下滅之閔將從之

道士法饒進曰太白經昴當殺胡王一戰百剋不可失也閔攘袂大言曰吾戰決矣敢諫者斬於是盡衆出戰姚襄悅綰石琨等三面攻之祗衝其後閔師大敗閔潛于襄国行宮与十餘騎奔鄴降胡栗特康等執冉胤及左僕射劉琦等送于祗盡殺之司空石璞尚書令徐機車騎胡睦侍中李琳中書監盧諶少府王鬱尚書劉欽劉休等及諸將士死者十餘萬人於是人物殲矣賊盜蜂起司冀大飢人相食自季龍末年而閔盡散倉庫以樹私恩與羌胡相攻无月不戰青雍幽荊州徙戶及諸氐羌胡蠻數百餘萬各還本土道路交錯互相殺掠且飢疫死亡其能達者十有二三諸夏紛乱无復農者閔悔之誅法饒父子支解之贈韋謏大司徒石祗使劉顯帥衆七萬攻鄴時閔潛還莫有知者內外兇兇皆謂閔已沒矣射聲校尉張艾勸閔親郊以安衆心閔從之訛言乃止劉顯次于明光宮去鄴二十三里閔懼召衛將軍王泰議之泰恚其謀之不從辭以瘡甚閔親臨問之固稱疾篤閔怒還宮顧謂左右曰巴奴乃公豈

假汝為命邪要將先滅群胡却斬王泰於是盡衆而戰大敗顯軍追奔及于陽平斬首三萬餘級顯懼密使請降求殺祗為效閔振旅而歸會有告王泰招集秦人將奔關中閔怒誅泰夷其三族劉顯果殺祗及其太宰趙鹿等十餘人傳首于鄴送質請命驃騎石寧奔于柏人閔命焚祗首于通衢閔兖州刺史劉啓以鄄城歸順劉顯復率衆伐鄴閔擊敗之還稱尊號于襄国閔徐州刺史周成兖州刺史魏統豫州牧冉遇荊州刺史樂弘皆以城歸順平南高崇征虜呂護執洛州刺史鄭系以三河歸順慕容恪攻陷中山殺閔寧北白同幽州刺史劉準降于慕容儁時有雲若黃赤色起東北長百餘丈一白鳥從雲間西南去占者惡之劉顯率衆伐常山太守蘇亥告難于閔閔留其大將軍蔣幹等輔其太子智守鄴親率騎八千救之顯所署大司馬清河王寧以棗強降于閔收其餘衆擊顯敗之追奔及于襄国顯大將曹伏駒開門為應遂入襄国誅顯及其公卿已下百餘人焚襄国宮室遷其百姓于鄴顯領軍范路帥衆千餘斬關奔于枋頭時慕容儁已剋幽薊略地至于冀州閔帥騎距之与慕容恪相遇於魏昌城閔大將軍董閏車騎張溫言於閔曰鮮卑乘勝氣勁不可當也請避之以溢其氣然後濟師以擊之可以捷也閔怒曰吾成師以出將平幽州斬慕容儁今遇恪而避之人將侮我矣乃与恪遇十戰皆敗之恪乃以鐵鎖連馬簡善射鮮卑勇而無剛者五千方陣而前閔所乘赤馬曰朱龍日行千里左杖雙刃矛右執鉤戟順風擊之斬鮮卑三百餘級俄而燕騎大至圍之數周閔衆寡不敵躍馬潰圍東走行二十餘里馬無故而死為恪所擒及董閏張溫等送之于薊儁立閔而問之曰汝奴僕下才何自妄稱天子閔曰天下大乱尔曹夷狄人面獸心尚欲篡逆我一時英雄何為不可作帝王邪儁怒鞭之三百送于龍城告廟訖廟遣慕容評率衆圍鄴劉寧及弟崇帥胡騎三千奔于晉陽蘇亥棄常山奔于新興鄴中飢人相食季龍時宮人被食略盡冉智尚幼蔣幹遣侍中繆嵩詹事劉猗奉表歸

順且乞師于晉濮陽太守戴施自倉垣次于棘津止猗不聽進責其傳国璽猗使嵩還鄴復命幹沉吟未決施乃率壯士百餘人入鄴助守三臺譎之曰且出璽付我今凶寇在外道路不通未敢送也須得璽當馳白天子耳天子聞璽已在吾處信卿至誠必遣軍糧後相救餉幹以為然乃出璽付之施宣言使督護何融迎糧陰令懷璽送于京師長水校尉馬願龍驤田香開門降評施融蔣幹懸縋而下奔于倉垣評送閔妻董氏太子智太尉申鍾司空條攸中書監聶熊司隸校尉籍羆中書令李垣及諸王公卿士于薊尚書令王簡左僕射張乾右僕射郎肅自殺儁送閔既至龍城斬于遏陘山山左右七里草木悉枯蝗蟲大起五月不雨至于十二月儁遣使者祀之謚曰武悼天王其日大雪是歲太和八年也

史臣曰夫拯溺救焚帝王之師也窮凶騁暴戎狄之舉也蠢茲雜種自古為虞限以塞垣猶懼侵軼況乃入居中壤窺我王政乘

弛紊之機覩危亡之隙而莫不嘯群鳴鏑汨乱天常者乎石勒出
自羌渠見奇醜類闇鞞上黨季子鑒其非凡倚嘯洛城夷甫識
其為乱及惠皇失統寓内崩離遂乃招聚螘徒乘間煽禍虔劉
我都邑剪害我黎元朝市淪胥若沉航於鯨浪王公顛仆譬游
魂於龍漠豈天厭晉德而假茲妖孽者歟觀其對敵臨危運籌
賈勇奇謨間發猛氣横飛遠嗤魏武則風情慷慨近答劉琨則
音詞倜儻焚元超於苦縣陳其乱政之愆戮彭祖於襄国數以无
君之罪於是跨躡燕趙并吞韓魏杖奇材而竊徽號擁舊都而抗
王室褫氈裘襲冠帶釋介冑開庠序鄰敵懼威而獻款絶域承風
而納貢則古之為国曷以非諸雖曰凶殘亦一時傑也而託授非
所貽厥无謀身隕嗣滅業歸攜養斯乃知人之闇焉季龍心昧
德義幼而輕險假豹姿於羊質騁梟心於狼性始懷怨恚終行篡
奪於是窮驕極侈勞役繁興畚鍤相尋干戈不息刑政嚴酷動
見誅夷慄慄遺黎求哀無地戎狄殘獷斯為甚乎既而父子猜嫌
兄弟讎隙自相屠膾取笑天下墳土未燥禍乱薦臻釁起於張豺
族傾於冉閔積惡致滅有天道哉夫從逆則凶事符影響為咎
必應理若循環世龍之殘晉人既窮其酷永曾之誅羯士亦殲其
類無德不報斯之謂乎

贊曰中朝不競蠻狄爭衡塵飛五嶽霧晦三精狡焉石氏怙乱窮
兵流災肆慝剽邑屠城始自群盜終假鴻名勿謂凶醜亦曰時英
季龍篡奪淫虐播聲身喪國泯其由禍盈

載記第七　　晉書百七

載記第八　　晉書百八　　御撰

慕容廆　裴嶷　高瞻

慕容廆字弈洛瓌昌黎棘城鮮卑人也其先有熊氏之苗裔世居
北夷邑于紫蒙之野號曰東胡其後與匈奴並盛控弦之士二十
餘萬風俗官號與匈奴略同秦漢之際為匈奴所敗分保鮮卑山
因以為號曾祖莫護跋魏初率其諸部入居遼西從宣帝伐公孫
氏有功拜率義王始建國於棘城之北時燕代多冠步搖冠莫護
跋見而好之乃斂髮襲冠諸部因呼之為步搖其後音訛遂為慕
容焉或云慕二儀之德繼三光之容遂以慕容為氏祖木延左賢
王父涉歸以全柳城之功進拜鮮卑單于遷邑於遼東北於是漸
慕諸夏之風矣廆幼而魁岸美姿貌身長八尺雄傑有大度安北
將軍張華雅有知人之鑒廆童冠時往謁之華甚歎異謂曰君至
長必為命世之器匡難濟時者也因以所服簪幘遺廆結殷勤而
別涉歸死其弟耐篡位將謀殺廆廆亡潛以避禍後國人殺耐迎
廆立之初涉歸有憾於宇文鮮卑廆將修先君之怨表請討之武
帝弗許廆怒入寇遼西殺略甚衆帝遣幽州諸軍討廆戰于肥如
廆衆大敗自後復掠昌黎每歲不絶又率衆東伐扶餘扶餘王依
慮自殺廆夷其國城驅萬餘人而歸東夷校尉何龕遣督護賈沈
將迎立依慮之子為王廆遣其將孫丁率騎邀之沈力戰斬丁遂
復扶餘之國廆謀於其衆曰吾先公以來世奉中國且華裔理殊
彊弱固別豈能與晉競乎何為不和以害吾百姓邪乃遣使來降
帝嘉之拜為鮮卑都督廆致敬於東夷府巾衣詣門抗士大夫之
禮何龕嚴兵引見廆乃改服戎衣而入人問其故廆曰主人不
以禮賓復何為哉龕聞而慙之弥加敬憚時東胡宇文鮮卑段
部以廆威德日廣懼有吞并之計因為寇掠往來不絶廆卑辭厚
幣以撫之太康十年廆又遷于徒河之青山廆以大棘城即帝顓
頊之墟也元康四年乃移居之教以農桑法制同於上國永寧中
燕垂大水廆開倉振給幽方獲濟天子聞而嘉之褒賜命服太安

初宇文莫圭遣弟屈雲寇邊城雲别帥大素延攻掠諸部廆親擊敗之素延怒率衆十萬圍棘城衆咸懼人無距志廆曰素延雖犬羊蟻聚然軍無法制已在吾計中矣諸君但爲力戰无所憂也乃躬貫甲胄馳出擊之素延大敗追奔百里俘斬萬餘人永嘉初廆自稱鮮卑大單于遼東太守龐本以私憾殺東夷校尉李臻附塞鮮卑素連木津等託爲臻報讎實欲因而爲亂遂攻陷諸縣殺掠士庶太守袁謙頻戰失利校尉封釋懼而請和連歲寇掠百姓失業流亡歸附者日月相繼廆子翰言於廆曰求諸侯莫如勤王自古有爲之君靡不杖此以成事業者也今連津跋扈王師覆敗蒼生屠膾豈甚此乎豎子外以龐本爲名内實幸而爲寇封使君以誅本請和而毒害滋深遼東傾没垂已二周中原兵亂州師屢敗勤王杖義今其時也單于宜明九伐之威救倒懸之命數連津之罪合義兵以誅之上則興復遼邦下則并吞二部忠義彰於本朝私利歸于我國此則吾鴻漸之始也終可以得志於諸侯廆從之

是日率騎討連津大敗斬之二部悉降徙之棘城立遼東郡而歸懷帝蒙塵于平陽王浚承制以廆爲散騎常侍冠軍將軍前鋒大都督大單于廆不受建興中愍帝遣使拜廆鎮軍將軍昌黎遼東二國公建武初元帝承制拜廆假節散騎常侍都督遼左雜夷流人諸軍事龍驤將軍大單于昌黎公廆讓而不受征虜將軍魯昌說廆曰今兩京傾没天子蒙塵琅邪承制江東實人命所係明公雄據海朔跨摠一方而諸部猶怙衆稱兵未遵道化者蓋以官非王命又自以爲彊今宜通使琅邪勸承大統然後敷宣帝命以伐有罪誰敢不從廆善之乃遣其長史王濟浮海勸進及帝即尊位遣謁者陶遼重申前命授廆將軍單于廆固辭公封時二京傾覆幽冀淪陷廆刑政修明虚懷引納流亡士庶多襁負歸之廆乃立郡以統流人冀州人爲冀陽郡豫州人爲成周郡青州人爲營丘郡幷州人爲唐國郡於是推舉賢才委以庶政以河東裴嶷代郡魯昌北平陽耽爲謀主北海逄羡廣平游邃北平西方虔渤海封

抽西河宋奭河東裴開爲股肱渤海封弈平原宋該安定皇甫岌蘭陵繆愷以文章才儁任居樞要會稽朱左車太山胡毋翼魯國孔纂以舊德清重引爲賓友平原劉讚儒學該通引爲東庠祭酒其世子皝率國胄束脩受業焉廆覽政之暇親臨聽之於是路有頌聲禮讓興矣時平州刺史東夷校尉崔毖自以爲南州士望意存懷集而流亡者莫有赴之毖意廆拘留乃陰結高句驪及宇文段國等謀滅廆以分其地太興初三國伐廆廆曰彼信崔毖虚說邀一時之利烏合而來耳既無統一莫相歸伏吾今破之必矣然彼軍初合其鋒甚鋭幸我速戰若逆擊之落其計矣靖以待之必懷疑貳迭相猜防一則疑吾與毖譎而覆之二則自疑三國之中与吾有韓魏之謀者待其人情沮惑然後取之必矣於是三國攻棘城廆閉門不戰遣使送牛酒以犒宇文大言於衆曰崔毖昨有使至於是二國果疑宇文同於廆也引兵而歸宇文悉獨官曰二國雖歸吾當獨兼其國何用人爲盡衆逼城連營三十里廆簡鋭士配皝推鋒於前翰領精騎爲奇兵從

傍出直衝其營廆方陣而進悉獨官自恃其衆不設備見廆軍之至方率兵距之前鋒始交翰已入其營縱火焚之其衆皆震擾不知所爲遂大敗悉獨官僅以身免盡俘其衆於其營候獲皇帝玉璽三紐遣長史裴嶷送于建鄴崔毖懼廆之仇己也使兄子燾僞賀廆會三國使亦至請和曰非我本意也崔平州教我耳廆將燾示以攻圍之處臨之以兵曰汝叔父教三國滅我何以詐來賀我乎燾懼首服廆乃遣燾歸說毖曰降者上策走者下策也以兵隨之毖与數十騎棄家室奔于高句驪廆悉降其衆徙燾及高瞻等於棘城待以賓禮明年高句麗寇遼東廆遣衆擊敗之裴嶷至自建鄴帝遣使者拜廆監平州諸軍事安北將軍平州刺史增邑二千戶尋加使持節都督幽州東夷諸軍事車騎將軍平州牧進封遼東郡公邑一萬戶常侍單于並如故丹書鐵券承制海東命備官司置平州守宰段末波初統其國而不脩備廆遣皝襲之入令支收其名馬寶物而還石勒遣使通和廆距之送其

使於建鄴勤怒遣宇文乞得龜擊廆廆遣皝距之以裴嶷為右部
都督率索頭為右翼命其少子仁自平郭趣伯林為左翼攻乞得
龜剋之悉虜其衆乘勝拔其國城收其資用億計徙其人數萬戶
以歸成帝即位加廆侍中位特進咸和五年又加開府儀同三司
固辭不受廆嘗從容言曰獄者人命之所懸也不可以不慎賢人
君子國家之基也不可以不敬稼穡者國之本也不可以不急酒
色便佞亂德之甚也不可以不戒乃著家令數千言以申其旨遣
使與太尉陶侃箋曰明公使君轂下振德曜威撫寧方夏勞心文
武士馬無恙欽高仰止注情彌久王塗嶮遠隔以燕越每瞻江湄
延首遐外天降艱難禍害屢臻舊都不守奄為虜庭使皇輿遷幸
假勢吳楚大晉啓基祚流萬世天命未改玄象著明是以義烈之
士深懷憤踴猥以功薄受國殊寵上不能掃除群羯下不能身赴
國難仍縱賊臣屢逼京輦王敦唱禍於前蘇峻肆毒於後凶暴過
於董卓惡逆甚於傕汜普天率土誰不同忿深怪文武之士過荷

朝榮不能滅中原之寇刷天下之恥君侯植根江陽發曜荊衡杖
葉公之權有包胥之志而令白公伍員殆得極其暴竊為丘明
恥之區區楚國子重之徒猶恥君弱群臣不及先大夫厲己戒衆
以服陳鄭越之種蠡尚能弼佐句踐取威黃池況今吳土英賢比
肩而不輔翼聖主陵江北伐以義聲之直討逆暴之羯檄命舊邦
之士招懷存本之人豈不若因風振落頓坂走輪哉且孫氏之初
以長沙之衆摧破董卓志匡漢室雖中遇寇害雅志不遂原其心
誠乃忽身命及權據揚越外杖周張內馮顧陸距魏赤壁剋取襄
陽自茲以降世主相襲咸能侵逼徐豫令魏朝旰食不知今之江
表為賢儁匿智藏其勇略邪將呂蒙凌統高蹤曠世哉況今凶
羯虐暴中州人士逼迫勢促其顛沛之危甚於累卵假號之彊衆
心所去敵有舋矣易可震蕩王郎袁術雖自詐僞皆基淺根微
禍不旋踵此皆君侯之所聞見者矣王司徒清虛寡欲善於全己
昔曹參亦崇此道著畫一時之稱也庾公居元舅之尊勳伸伯

之任超然高路明智之權廆於寇難之際受大晉累世之恩自恨
絕域無益聖朝徒係心萬里望風懷憤今海內之望足為楚漢輕
重者惟在君侯若戮力盡心悉五州之衆據兗豫之郊使向義之
士倒戈釋甲則羯寇必滅國恥必除廆在一方敢不竭命孤軍輕
進不足使勒畏首畏尾則懷舊之士欲為內應無由自發故也故
遠陳寫言不宜盡廆使者遭風沒海其後廆更寫前箋并齎其
東夷校尉封抽行遼東相韓矯等三十餘人疏上侃府曰自古有
國有家鮮不極盛而衰自大晉龍興剋平崤會神武之略邁蹤前
史惠皇之末后黨構難禍結京畿釁成公族遂使羯寇乘虛傾
覆諸夏舊都淪滅山陵毀掘人神悲悼幽明發憤昔獫狁之彊匈
奴之盛未有如今日羯寇之暴跨躡華裔盜稱尊號者也天祚
有晉挺授英傑車騎將軍慕容廆自弱冠莅國忠於王室明允恭
肅志在立勳屬海內分崩皇輿遷幸元皇中興初唱大業肅祖繼
統蕩平江外廆雖限以山海隔以羯寇翹首引領係心京師常假

寤寐欲憂國忘身貢篚相尋連舟載路戎不稅駕動成義舉今羯
寇滔天怙其醜類樹基趙魏跨略燕齊廆雖率義衆誅討大逆
然管仲相齊猶曰寵不足以御下況廆輔翼王室有匡霸之功而
位卑爵輕九命未加非所以寵異藩輔敦獎殊勳者也方今詔命
隔絕王路嶮遠貢使往來動彌年載今燕之舊壤北周沙漠東盡
樂浪西暨代山南極冀方而悉為虜庭非復國家之域將佐等以
為宜遠遵周室近準漢初進封廆為燕王行大將軍事上以總統
諸部下以割損賊境使冀州之人望風向化廆得祗承詔命率合
諸國奉辭夷逆以成桓文之功苟利社稷專之可也而廆固執謙
光守節彌高每詔所加讓動積年非將佐等所能敦逼今區區所
陳不欲苟相崇重而愚情至心實為國計侃報抽等書其略曰車
騎將軍憂國忘身貢篚載路羯賊求和執使送之西討段国北伐
塞外遠綏索頭荒服以獻惟北部未賓屢遣征伐又知東方官
號高下齊班進無統攝之權退無等差之降欲進車騎為燕王一

二具之夫功成進爵古之成制也車騎雖未能爲官摧勒然忠義
竭誠今騰牋上聽可不遲速當任天臺也朝議未定八年廆卒乃
止時年六十五在位四十九年帝遣使者策贈大將軍開府儀同三
司謚曰襄及儁僭號僞謚武宣皇帝

裴嶷字文冀河東聞喜人也父昶司隸校尉嶷清方有幹略累遷
至中書侍郎轉給事黄門郎滎陽太守屬天下亂嶷兄武先爲玄
菟太守嶷遂求爲昌黎太守至郡久之武卒嶷被徵乃將武子開
送喪俱南既達遼西道路梗塞乃與開投廆時諸流寓之士見廆
草創並懷去就嶷首定名分爲群士啓行廆甚悅以嶷爲長史委
以軍国之謀及悉獨官寇逼城下外内駭動廆問策於嶷嶷曰
悉獨官雖擁大衆軍無號令衆無部陣若簡精兵乘其無備則成
擒耳廆從之遂陷寇營廆威德於此甚振將遣使獻捷於建鄴妙
簡行人令嶷將命初朝廷以廆僻在荒遠猶以邊裔之豪處之嶷
既使至盛言廆威略又知四海英賢並爲其用舉朝改觀焉嶷將

還帝試留嶷以觀之嶷辭曰臣世荷朝恩濯纓華省因事遠寄
投迹荒歧今遭開泰得覲朝廷復賜恩詔即留京輦於臣之私誠
爲厚幸顧以皇居播遷山陵幽辱慕容龍驤將軍越在遐表乃心
王室慷慨之誠義感天地方掃平中壤奉迎皇輿故遣使臣萬里
表誠今若留臣必謂国家遺其僻陋孤其丹心使懷義懈怠是以
微臣區區忘身爲国貪還反命耳帝曰卿言是也乃遣嶷還廆
後謂群僚曰裴長史名重中朝而降屈于此豈非天以授孤也出
爲遼東相轉樂浪太守

高瞻字子前渤海蓨人也少而英爽有俊才身長八尺二寸光
熙中調補尚書郎屬永嘉之乱還鄉里乃與父老議曰今皇綱不
振兵革雲擾此郡沃壤憑固河海若兵荒歲儉必爲寇庭非謂圖
安之所王彭祖先在幽薊據燕代之資兵彊国富可以託也諸君
以爲何如衆咸善之乃与叔父隱率數千家北徙幽州既而以王
浚政令無恒乃依崔毖隨毖如遼東毖之与三国謀伐廆也瞻固
諫以爲不可毖不從及毖奔敗瞻隨衆降于廆廆署爲將軍瞻
稱疾不起廆敬其姿器數臨候之撫其心曰君之疾在此不在餘
也今天子播越四海分崩蒼生紛擾莫知所係孤思與諸君匡復
帝室翦鯨豕于二京迎天子於吳會廓清八表侔勳古烈此孤之
願也君中州大族冠冕之餘宜痛心疾首枕戈待旦奈何以華夷
之異有懷介然且大禹出于西羌文王生于東夷但問志略何如
耳豈以殊俗不可降心乎瞻仍辭疾篤廆深不平之瞻又與宋該
有隙該陰勸廆除之瞻聞其言弥不自安遂以憂死

載記第八　晉書百八

載記第九　晉書百九

慕容皝　慕容翰　陽裕　御撰

慕容皝字元真廆第三子也龍顏版齒身長七尺八寸雄毅多權略尚經學善天文廆爲遼東公立爲世子建武初拜爲冠軍將軍左賢王封望平侯率衆征討累有功太寧末拜平北將軍進封朝鮮公廆卒嗣位以平北將軍行平州刺史督攝部內尋而宇文乞得龜爲其別部逸豆歸所逐奔死于外皝率騎討之逸豆歸懼而請和遂築榆陰安晉二城而還初皝庶兄建威翰驍武有雄才素爲皝所忌母弟征虜仁廣武昭並有寵於廆皝亦不平之及廆卒並懼不自容至此翰出奔段遼仁勸昭舉兵廢皝皝殺昭遣使按檢仁之虛實遇仁於險瀆仁知事發殺皝使東歸平郭皝遣其弟建武幼司馬佟壽等討之仁盡衆距戰幼等大敗皆沒於仁襄平令王冰將軍孫機以遼東叛于皝東夷校尉封抽護軍乙逸遼東相韓矯玄菟太守高詡等棄城奔還仁於是盡有遼左之地自稱車騎將軍平州刺史遼東公宇文歸段遼及鮮卑諸部並爲之援咸和九年皝遣其司馬封奕攻鮮卑木堤于白狼揚威淑虞攻烏丸悉羅侯於平堈皆斬之材官劉佩攻乙連不剋段遼遂寇徙河皝將張萌逆擊敗之遼弟蘭與翰寇柳城都尉石琮擊敗之旬餘蘭翰復圍柳城皝遣寧遠慕容汗及封奕等救之皝戒汗曰賊衆氣銳難與爭鋒宜顧萬全愼勿輕進必須兵集陣整然後擊之汗性驍銳遣千餘騎爲前鋒而進封奕止之汗不從爲蘭所敗死者大半蘭復攻柳城爲飛梯地道圍守二旬石琮躬勒將士出擊敗之斬首千五百級蘭乃遁歸是歲成帝遣謁者徐孟閭丘幸等持節拜皝鎮軍大將軍平州刺史大單于遼東公持節都督承制封拜一如廆故事皝自征遼東剋襄平仁所署居就令劉程以城降新昌人張衡執縣宰以降於是斬仁所置守宰分徙遼東大姓於棘城置和陽武次西樂三縣而歸咸康初遣封奕襲宇文別部涉弈于大獲而還涉弈于率騎追戰于渾水又敗之皝將乘海討

仁群下咸諫以海道危阻宜從陸路皝曰舊海水無凌自仁反已來凍合者三矣昔漢光武因滹沲之冰以濟大業天其或者欲吾乘此而剋之乎吾計決矣有沮謀者斬乃率三軍從昌黎踐凌而進仁不虞皝之至也軍去平郭七里候騎乃告仁狼狽出戰爲皝所擒殺仁而還立藉田於朝陽門東置官司以主之段遼遣其將李詠夜襲武興遇雨引還都尉張萌追擊擒詠段蘭擁衆數萬屯于曲水亭將攻柳城宇文歸入寇安晉爲蘭聲援皝以步騎五萬擊之師次柳城蘭歸皆遁遣封奕率輕騎追擊敗之收其軍實館穀二旬而還謂諸將曰二虜恥无功而歸必復重至宜於柳城左右設伏以待之遣封奕率騎潛于馬兜山諸道俄而遼騎果至奕夾擊大敗之斬其將榮保遣兼長史劉斌郎中令陽景送徐孟等歸于京師使其世子儁伐段遼諸城封奕攻宇文別部皆大捷而歸立納諫之木以開讜言之路後從昌黎郡築好城於乙連東使將軍蘭勃戍之以逼乙連又城曲水以爲勃援乙連飢甚段遼輸之粟蘭勃要擊獲之遼遣將屈雲攻興國與皝將慕容遵大戰於五官水上雲敗斬之盡俘其衆封奕等以皝任重位輕宜稱燕王皝於是以咸康三年僭即王位赦其境內以封奕爲國相韓壽爲司馬裴開陽鶩王寓李洪杜群宋該劉瞻石琮皇甫真陽協宋晃平熙張泓等並爲列卿將帥起文昌殿乘金根車駕六馬出入稱警蹕以其妻段氏爲王后世子儁爲太子皆如魏武晉文輔政故事皝以段遼屢爲邊患遣將軍宋回稱藩于石季龍請師討遼季龍於是總衆而至皝率諸軍攻遼令支以北諸城遼遣其將段蘭來距大戰敗之斬級數千掠五千餘戶而歸季龍至徐無遼奔密雲山季龍進入令支怒皝之不會師也進軍擊之至于棘城戎卒數十萬四面進攻郡縣諸部叛應季龍者三十六城相持旬餘左右勸皝降皝曰孤方取天下何乃降人乎遣子恪等率騎二千晨出擊之季龍諸軍驚擾棄甲而遁恪乘勝追之斬獲三萬餘級築戍凡城而還段遼遣使詐降於季龍請兵應接季龍遣其

將麻秋率衆迎遼恪伏精騎七千於密雲山大敗之獲其司馬陽
裕將軍鮮于亮擁段遼及其部衆以歸帝又遣使進皝爲征北大
將軍幽州牧領平州刺史加散騎常侍增邑萬戶持節都督單于
公如故皝前軍帥慕容評敗季龍將石成等于遼西斬其將呼延
晃張支掠千餘戶以歸段遼謀叛皝誅之季龍又使石成入攻凡
城不剋進陷廣城皝雖稱燕王未有朝命乃遣其長史劉祥獻捷
京師兼言權假之意并請大舉討平中原又聞庾亮薨弟冰翼繼
爲將相乃表曰臣皝觀前代昏明之主若能親賢並建則功致升
平若親黨后族必有傾辱之禍是以周之申伯號稱賢舅以其
身藩于外不握朝權降及秦昭足爲令主委信二舅幾至亂國逮于
漢武推重田蚡萬機之要無不決之及蚡死後切齒追恨成帝闇
弱不能自立內惑豔妻外恣五舅卒令王莽坐取帝位每覽斯事
孰不痛惋設使舅氏賢若穰侯王鳳則但聞有二臣不聞有二主
若其不才則有竇憲梁冀之禍凡此成敗亦既然矣苟能易軌

可無覆墜陛下命世天挺當隆晉道而遭國多難殷憂備嬰追
述往事至今楚灼迹其所由實因故司空亮居元舅之尊勢業
之重執政裁下輕侮邊將故令蘇峻祖約不勝其忿遂致敗國至
令太后發憤一旦升遐若社稷不靈人神無助豺狼之心當可極
邪前事不忘後事之表而中書監左將軍冰等內執樞機外擁上
將昆弟並列人臣莫疇陛下深敦渭陽冰等自宜引領臣常謂世
主若欲崇顯舅氏何不封以藩國豐其祿賜限其勢利使上無偏
優下無私論如此榮辱何從而生噂喈何辭而起往者惟亮一人
宿有名望尚致世變況今居之者素無聞焉且人情易惑難以戶
告縱令陛下無私於彼天下之人誰謂不私乎臣與冰等名位殊
班出處懸邈又國之戚昵理應降悅以適事會臣獨矯抗此言者
上爲陛下退爲冰討疾苟容之臣坐鑒得失顛而不扶焉用彼相
昔徐福陳霍氏之戒宣帝不從至令忠臣更爲逆族良由察之不
審防之無漸臣今所陳可謂防漸矣但恐陛下不明臣之忠不用

臣之計事過之日更剋焦爛之後耳昔王章劉向每上封事未嘗
不指斥王氏故令二子或死或刑谷永張禹依違不對故容身苟
免取譏於世臣被髮殊俗位爲上將夙夜惟憂罔知所報惟當外
殄寇讎內盡忠規陳力輸誠以答國恩臣若不言誰當言者又與
冰書曰君以椒房之親舅氏之昵總據樞機出內王命兼擁列將
州司之位昆弟網羅顯布畿甸自秦漢以來隆赫之極豈有若
此者乎以吾觀之若功就事舉必享申伯之名如或不立將不免
梁竇之迹矣每覩史傳未嘗不寵恣母族使執權亂朝先有殊世
之榮尋有負乘之累所謂愛之適足以爲害吾常忿歷代之主不
盡防萌終寵之術何不業以一土之封令藩國相承如周之齊陳
如此則永保南面之尊復何黜辱之憂乎竇武何進好善虛己賢
士歸心雖爲閹豎所危天下嗟痛猶有能履以不驕圖國忘身故
也方今四海有倒懸之急中夏逋僭逆之寇家有漉血之怨人有
復讎之憾寧得安枕逍遙雅談卒歲邪吾雖寡德過蒙先帝列將

之授以數郡之人尚欲并吞彊虜是以自頃迄今交鋒接刃一時
務農三時用武而猶師徒不頓倉有餘粟敵人日畏我境日廣況
乃王者之威堂堂之勢豈可同年而語哉冰見表及書甚懼以其
絕遠非所能制遂與何充等奏聽皝稱燕王其年皝伐高句麗王
釗乞盟而還明年釗遣其世子朝於皝初段遼之敗也建威翰奔
于宇文歸自以威名夙振終不保全乃陽狂恣酒被髮歌呼歸信
而不禁故得周游自任至於山川形便攻戰要路莫不練之皝遣
商人王車陰使察翰翰見車無言撫膺而已車還以白皝曰翰欲
來也乃遣車遺翰弓矢翰乃竊歸駿馬攜其二子而還皝將圖石
氏從容謂諸將曰石季龍自以安樂諸城守防嚴重城之南北必
不設備今若詭路出其不意冀之北土盡可破也於是率騎二萬
出蠮螉塞長驅至于薊城進渡武遂津入于高陽所過焚燒積聚
掠徙幽冀三萬餘戶使陽裕唐柱等築龍城構宮廟改柳城爲龍
城縣於是成帝使兼大鴻臚郭希持節拜皝侍中大都督河北

諸軍事大將軍燕王其餘官皆如故封諸功臣百餘人咸康七年皝遷都龍城率勁卒四萬入自南陝以伐宇文高句麗又使翰及子垂爲前鋒遣長史王寓等勒衆萬五千從北置而進高句麗王釗謂皝軍之從北路也乃遣其弟武統精銳五萬距北置躬率弱卒以防南陝翰與釗戰于木底大敗之乘勝遂入丸都釗單馬而遁皝掘釗父利墓載其尸幷其母妻珍寶掠男女五萬餘口焚其宮室毀丸都而歸明年釗遣使稱臣於皝貢其方物乃歸其父尸宇文歸遣其國相莫淺渾伐皝諸將請戰皝不許渾以皝爲憚之荒酒縱獵不復設備皝曰渾奢怠已甚今則可一戰矣遣翰率騎擊之渾大敗僅以身免盡俘其衆皝躬巡郡縣勸課農桑起龍城宮闕尋又率騎二萬親伐宇文歸以翰及垂爲前鋒歸使其驍將涉奕于盡衆距翰皝馳遣謂翰曰奕于雄悍宜小避之待虜勢驕然後取也翰曰歸之精銳盡在於此今若剋之歸則不勞兵而滅奕于徒有虛名其實易與耳不宜縱敵挫吾兵氣於是前戰斬奕于盡俘其衆歸遠遁漠北皝開地千餘里徙其部人五萬餘落於昌黎改涉奕于城爲威德城行飲至之禮論功行賞各有差以牧牛給貧家田于苑中公收其八二分入私有牛而無地者亦田苑中公收其七三分入私皝記室參軍封裕諫曰臣聞聖王之宰国也薄賦而藏於百姓分之以三等之田十一而稅之寒者衣之飢者食之使家給人足雖水旱而不爲災者何也高選農官務盡勸課人治周田百畝亦不假牛力田者受旌顯之賞惰農者有不齒之罰又量事置官量官置人使官必稱須人不虛位度歲入多少裁而祿之供百僚之外藏之太倉三年之耕餘一年之粟以斯而積公用於何不足水旱其如百姓何雖務農之令屢發二千石令長莫有志勤在公銳盡地利者故漢祖知其如此以墾田不實徵殺二千石以十數是以明章之際號次升平自永嘉喪亂百姓流亡中原蕭條千里無煙飢寒流隕相繼溝壑先王以神武聖略保全一方威以殄姦德以懷遠故九州之人塞表殊類襁負

萬里若赤子之歸慈父流人之多舊土十倍有餘人殷地狹故無田者十有四焉殿下以英聖之資克廣先業南摧強趙東滅句麗開境三千戶增十萬繼武闡廣之功有高西伯宜省罷諸苑以業流人人至而無資產者賜之以牧牛人既殿下之人牛豈失乎善藏者藏於百姓若斯而已矣邇者深副樂土之望中國之人皆將壺飱奉迎石季龍誰與居乎且魏晉雖道消之世猶削百姓不至於七八持官牛田者官得六分百姓得四分私牛而官田者與官中分百姓安之人皆悅樂臣猶曰非明王之道而況增乎且水旱之厄堯湯所不免王者宜濬治溝澮循鄭白西門史起溉灌之法旱則決溝爲雨水則入於溝瀆上無雲漢之憂下無昏墊之患句麗百濟及宇文段部之人皆兵勢所徙非如中國慕義而至咸有思歸之心今戶垂十萬狹湊都城恐方將爲國家深害宜分其兄弟宗屬徙于西境諸城撫之以恩檢之以法使不得散在居人知国之虛實今中原未平資畜宜廣官司猥多遊食不少一夫不耕歲受其飢必取於耕者而食之一人食一人之力遊食數萬損亦如之安可以家給人足治致升平殿下降覽古今之事多矣政之巨患莫甚於斯其有經略出世才稱時求者自可隨須置之列位非此已往其耕而食蠶而衣亦天之道也殿下聖性寬明思言若渴故人盡芻蕘有犯無隱前者參軍王憲大夫劉明並竭忠獻款以貢至言雖頗有逆鱗意在無責主者奏以妖言犯上致之於法殿下慈弘苞納恕其大辟猶削黜禁錮不齒於朝其言是也殿下固宜納之如其非也宜亮其狂狷罪諫臣而求直言亦猶北行詣越豈有得邪右長史宋該等阿媚苟容輕劾諫士己無骨鯁嫉人有之掩蔽耳目不忠之甚四業者国之所資教學者有国盛事習戰務農尤其本也百工商賈猶其末耳宜量軍国所須置其員數已外歸之於農教之戰法學者三年無成亦宜還之於農不可徒充大員以塞聰儁之路臣之所言當也願時速施行非也登加罪戮使天下知朝廷從善如流罰惡不淹王憲劉明忠臣也願宥忤

鱗之衍悉收其藥石之效皝乃令曰覽封記室之諫孤實懼焉君以黎元為国黎元以穀為命然則農者国之本也而二千石令長不遵孟春之令情農弗勸宜以尢不脩闕者措之刑法肅厲屬城主者明詳推檢具狀以聞苑囿悉可罷之以給百姓無田業者貧者全無資產不能自存各賜牧牛一頭若私有餘力樂取官牛墾官田者其依魏晉舊法溝洫溉灌有益官私主者量造務盡水陸之勢中州未平兵難不息勳誠既多官僚不可以減也待剋平凶醜徐更議之百工商賈數四佐與列將速定大員餘者還農學生不任訓教者亦除員錄夫人臣關言於人主至難也妖妄不經之事皆應蕩然不問擇其善者而從之王憲劉明雖其罪應禁黜亦猶孤之無大量也可悉復本官仍居諫司封生蹇蹇深得王臣之體詩不云乎無言不酬其賜錢五萬明宣內外有欲陳孤過者不拘貴賤勿有所諱時有黑龍白龍各一見于龍山皝親率群僚觀之去龍二百餘步祭以太牢二龍交首嬉翔解角而去皝大悅還

宮赦其境內號新宮曰和龍立龍翔佛寺于山上賜其大臣子弟為官學生者號高門生立東庠于舊宮以行鄉射之禮每月臨觀考試優劣皝雅好文籍勤於講授學徒甚盛至千餘人親造太上章以代急就又著典誡十五篇以教冑子慕容恪攻高句麗南蘇剋之置戍而還三年遣其世子儁與恪率騎萬七千東襲夫餘剋之虜其王及部眾五萬餘口以還皝親臨東庠考試學生其經通秀異者擢充近侍以久旱丐百姓田租罷成周冀陽營丘等郡以渤海人為興集縣河間人為寧集縣廣平魏郡人為興平縣東萊北海人為育黎縣吳人為吳縣悉隸燕國皝嘗畋于西鄙將濟河見一父老服朱衣乘白馬舉手麾皝曰此非獵所王其還也祕之不言遂濟河連日大獲後見白兔馳射之馬倒被傷乃說所見輦而還宮引儁屬以後事以永和四年死在位十五年時年五十二儁僭號追謚文明皇帝

慕容翰字元邕廆之庶長子也性雄豪多權略猨臂工射膂力過人廆甚奇之委以折衝之任行師征伐所在有功威聲大振為遠近所憚作鎮遼東高句麗不敢為寇善撫接愛儒學自士大夫至于卒伍莫不樂而從之及奔段遼深為遼所敬愛柳城之敗段蘭欲乘勝深入翰慮成本国之害詭說於蘭蘭遂不進後石季龍征遼皝親將三軍略令支以北遼議欲追之翰知皝躬自總戎戰必剋勝乃謂遼曰今石氏向至方對大敵不宜復以小小為事燕主自來士馬精銳兵者凶器戰有危慮若其失利何以南禦乎蘭怒曰吾前聽卿誑說致成今患不復入卿計中矣乃率衆追皝蘭果大敗翰雖處仇國因事立忠皆此類也及遼奔走翰又北投宇文歸既而逃歸乃遣勁騎百餘追之翰遙謂追者曰吾既思戀而歸理無反面吾之弓矢汝曹足知無為相逼自取死也吾處汝国久恨不殺汝汝可百步豎刀吾射中者汝便宜反不中者可來前也歸騎解刀豎之翰一發便中刀鐶追騎乃散皝至甚加恩禮建元二年從皝討宇文歸臨陣為流矢所中臥病積時後疾漸愈

於其家中騎馬自試或有人告翰私習騎疑為非常皝素忌之遂賜死焉翰臨死謂使者曰翰懷疑外奔罪不容誅不能以骸骨委賊庭故歸罪有司天慈曲愍不肆之市朝今日之死翰之生也但逆胡跨據神州中原未靖翰常剋心自誓志吞醜虜上成先王遺旨下謝山海之責不圖此心不遂沒有餘恨命也奈何仰藥而死

陽裕字士倫右北平無終人也少孤兄弟皆早亡單煢獨立雖宗族無能識者惟叔父耽幼而奇之曰此兒非惟吾門之標秀乃佐時之良器也刺史和演辟為主簿王浚領州轉治中從事忌而不能任石勒既剋薊城問棗嵩曰幽州人士誰最可者嵩曰燕国劉翰德素長者北平陽裕幹事之才勒曰若如君言王公何以不任嵩曰王公由不能任所以為明公擒也勒方任之裕乃微服潛遁時鮮卑單于段眷為晉驃騎大將軍遼西公雅好人物虛心延裕裕謂友人成泮曰仲尼喜佛肸之召以匏瓜自喻伊尹亦稱何事非君何使非臣聖賢尚如此況吾曹乎眷今召我豈徒然哉泮曰

今華夏分崩九州幅裂軌迹所及易水而已欲偃蹇考槃以待大
通者俟河之清也人壽幾何古人以為白駒之歎少游有云郡掾
足以蔭後況國相乎卿追蹤伊孔抑亦知機其神也裕乃應之拜
郎中令中軍將軍處上卿位歷事段氏五主甚見尊重段遼與皝
相攻裕諫曰臣聞親仁善鄰國之寶也慕容與國世為婚姻且皝
令德之主不宜連兵構怨凋殘百姓臣恐禍害之興將由於此願
兩追前失通款如初使國家有太山之安蒼生蒙息肩之惠遼不
從出為燕郡太守石季龍剋令支裕以郡降拜北平太守徵為尚
書左丞段遼之請迎於季龍也裕以左丞領征東麻秋司馬秋敗
裕為軍人所執將詣皝皝素聞裕名即命釋其囚拜郎中令遷大
將軍左司馬東破高句驪北滅宇文歸皆豫其謀皝甚器重之及
遷都和龍裕雅有巧思皝所制城池宮閣皆裕之規模裕雖仕皝
日近寵秩在舊人之右性謙恭清儉剛簡慈篤雖歷居朝端若
布衣之士士大夫流亡羈絕者莫不經營收葬存恤孤遺士無賢

不肖皆傾身待之是以所在推仰初范陽盧諶每稱之曰吾及晉
之清平歷觀朝士多矣忠清簡毅篤信義烈如陽士倫者實亦未
幾及死皝甚悼之時年六十二

載記第九　　晉書百九

載記第十　晉書一百十

御撰

慕容儁　韓恒　李產　李績

慕容儁字宣英皝之第二子也初廆常言吾積福累仁子孫當有
中原既而生儁廆曰此兒骨相不恒吾家得之矣及長身長八尺
二寸姿貌魁偉博觀圖書有文武幹略皝為燕王拜儁假節安北
將軍東夷校尉左賢王燕王世子皝死永和五年僭即燕王位依
春秋列國故事稱元年赦于境內是時石季龍死趙魏大亂儁將
圖兼并之計以慕容恪為輔國將軍慕容評為輔弼將軍陽騖為
輔義將軍慕容垂為前鋒都督建鋒將軍簡精卒二十餘萬以待
期是歲穆帝使謁者陳沈拜儁為使持節侍中大都督都督河北
諸軍事幽冀并平四州牧大將軍大單于燕王承制封拜一如廆
皝故事明年儁率三軍南伐出自盧龍次于無終石季龍幽州刺
史王午棄城走留其將王他守薊儁攻陷其城斬他因而都之徙
廣寧上谷人于徐無代郡人于凡城而還及冉閔殺石祗僭稱大

號遣其使人常煒聘於儁儁引之觀下使其記室封裕詰之曰冉
閔養息常才負恩篡逆有何祥應而僭稱大號煒曰天之所興其
致不同狼烏紀于三王麟龍表于漢魏寡君應天馭歷能無祥乎
且用兵殺罰哲王盛典湯武親行誅放而仲尼美之魏武養於宦
官莫知所出衆不盈旅遂能終成大功暴胡酷亂蒼生屠膾寡君
奮劍而誅除之黎元獲濟可謂功格皇天勳侔高祖恭承乾命有
何不可裕曰石祗去歲使張舉請救云璽在襄國其言信不又聞
閔鑄金為己象壞而不成柰何言有天命煒曰誅胡之日在鄴者
略無所遺璽何從而向襄國此求救之辭耳天之神璽實在寡
君且妖孽之徒欲假奇眩衆或改作萬端以神其事寡君今已握
乾符類上帝四海懸諸掌大業集于身何所求慮而取信此乎
鑄形之事所未聞也儁既銳信舉言又欣於閔鑄形之不成也必
欲審之乃積薪置火於其側命裕等以意喻之煒神色自若抗言
曰結髮已來尚不欺庸人況千乘乎巧詐虛言以救死者使臣所

不爲也直道受戮死自分耳益薪速火君之大患左右勸儁殺之
儁曰古者兵交使在其間此亦人臣常事遂赦之遣慕容恪略地
中山慕容評攻王午于魯口恪次唐城冉閔將白同中山太守侯
龕固守不下恪留其將慕容彪攻之進討常山評次南安王午遣
其將鄭生距評評逆擊斬之侯龕踰城出降恪進尅中山斬白同
儁軍令嚴明諸將无所犯閔章武太守賈堅率郡兵邀評戰于高
城擒堅於陣斬首三千餘級是歲丁零翟鼠及冉閔將劉準等率
其所部降于儁封鼠歸義王拜準左司馬時鮮卑段勤初附於儁
其後復叛儁遣慕容恪及相國封弈討冉閔于安喜慕容垂討段
勤于繹幕儁如中山爲二軍聲勢閔懼奔于常山恪追及於泒水
閔威名素振衆咸憚之恪謂諸將曰閔師老卒疲實爲難用加其
勇而无謀一夫之敵耳雖有甲兵不足擊也吾今分軍爲三部掎
角以待之閔性輕鋭又知吾軍勢非其敵必出万死衝吾中軍吾
今貫甲厚陣以俟其至諸君但厲卒從傍須其戰合夾而擊之蔑

不尅也及戰敗之斬首七千餘級擒閔送之斬於龍城恪屯軍呼
沲閔將蘇亥遣其將金光率騎數千襲恪恪逆擊斬之亥大懼奔
于幷州恪進據常山段勤懼而請降遂進攻鄴閔將蔣幹閉城距
守儁又遣慕容評等率騎一万會攻鄴是時鷰巢于儁正陽殿之
西椒生三雛項上有豎毛凡城獻異鳥五色成章儁謂群僚曰是
何祥也咸稱鷰者燕鳥也首有毛冠者言大燕龍興冠通天章甫
之象也巢正陽西椒者言至尊臨軒朝万國之衢也三子者數應
三統之驗也神鳥五色言聖朝將繼五行之籙以御四海者也儁
覽之大悦既而蔣幹率鋭卒五千出城挑戰慕容評等擊敗之斬
首四千餘級幹單騎還鄴於是群臣勸儁稱尊號儁荅曰吾本幽
漠射獵之鄉被髮左袵之俗歷數之籙寧有分邪卿等苟相褒舉
以覬非望實匪寡德所宜聞也慕容恪封弈討王午于魯口降之尋
而慕容評攻尅鄴城送冉閔妻子僚屬及其文物于中山先是蔣
幹以傳國璽送于建鄴儁欲神其事業言歷運在已乃詐云閔妻

得之以獻賜號曰奉璽君因以永和八年僭即皇帝位大赦境内
建元曰元璽署置百官以封弈爲太尉慕容恪爲侍中陽騖爲尚
書令皇甫眞爲尚書左僕射張希爲尚書右僕射宋活爲中書監
韓恒爲中書令其餘封授各有差追尊廆爲高祖武宣皇帝皝太
祖文明皇帝時朝廷遣使詣儁儁謂使者曰汝還白汝天子我承
人乏爲中國所推已爲帝矣初石季龍使人探策于華山得玉版
文曰歲在申酉不絶如綫歲在壬子眞人乃見及此燕人咸以爲
儁之應也改司州爲中州置司隸校尉官羣下言大燕受命上承
光紀黑精之君運歷傳屬代金行之后宜行夏之時服周之冕旗
幟尚黑牲牡尚玄儁從之其從行文武諸藩使人及登號之日者
悉增位三級泒河之師守鄴之軍下及戰士賜各有差臨陣戰亡
者將士加贈二等士卒復其子孫殿中舊人皆隨才擢叙立其妻
可足渾氏爲皇后世子曄爲皇太子晉寧朔將軍榮胡以彭城魯
郡叛降于儁常山人李犢聚衆數千反于普壁壘儁遣慕容恪

率衆討降之初冉閔既敗王午自號安國王午既死呂護復襲其
號保于魯口恪進討走之遣前軍悅綰追及于野王悉降其衆姚
襄以梁國降于儁以慕容評爲都督秦雍益梁江揚荆徐兖豫十
州河南諸軍事權鎮于洛水慕容彊爲前鋒都督都督荆徐二州
緣淮諸軍事進據河南儁自和龍至薊城幽冀之人以爲東遷互
相驚擾所在屯結其下請討之儁曰羣小以朕東巡故相惑耳今
朕既至尋當自定然不虞之備亦不可不爲於是令内外戒嚴苻
生河内太守王會黎陽太守韓高以郡歸儁晉蘭陵太守孫黑濟
北太守高柱建興太守高瓮各以郡叛歸于儁初儁車騎大將軍
范陽公劉寧屯據狗城降于苻氏至此率戸二千詣薊歸罪拜後
將軍高句麗王釗遣使謝恩貢其方物儁以釗爲營州諸軍事征
東大將軍營州刺史封樂浪公王如故儁給事黃門侍郎申胤上
言曰夫名尊礼重先王之制冠冕之式代或不同漢以蕭曹之功
有殊羣辟故劒履上殿入朝不趨世无其功則礼宜闕也至於東

宫躲此爲儀魏晋因循制不納曷今皇儲過謙準同百僚礼卑逼下有違朝式太子有統天之重而與諸王齊冠遠游非所以辨章貴賤也祭饗朝慶宜正服衮衣九文冠冕九旒又仲冬長至太陰數終黄鍾產氣綿微於下此月閉關息旅后不省方礼記曰是月也事欲静君子齋戒去聲色唯周官有天子之南郊從八能之誠或以有事至靈非朝饗之節故有樂作之理王者慎微礼從其重前來二至闕鼓不宜有設今之鑾鈴蓋以常儀二至之礼事殊餘節猥動金聲驚越神氣施之宣養實爲未盡又朝服雖是古礼絳襟始於秦漢迄于今代遂相仍準朔望正旦乃具衮曷礼諸侯旅見天子不得終事者三雨沾服失容其在一焉今或朝日天雨未有定儀礼貴適時不在過恭近以地濕不得納曷而以衮襍改履案言稱朝服所以服之而朝一躰之間上下二制或廢或存實乖礼意大燕受命侔蹤虞夏諸所施行且損益定之以爲皇代永制儁曰其劒曷不趨事下太常參議太子服衮衣冕冠九旒超級逼上未可行也冠服何容一施一廢皆可詳定初段蘭之子龕因冉閔之乱擁衆東屯廣固自號齊王稱藩于建鄴遺書抗中表之儀非儁正位儁遣慕容恪慕容塵討之恪既濟河龕弟羆驍勇有智計言於龕曰慕容恪善用兵加其衆旅既盛恐不可抗也若頓兵城下雖復請降懼終不聽王但固守羆請率精銳距之若其戰捷王可馳來追擊使虜匹馬无反如其敗也遽出請降不失千户侯也龕弗從羆固請行龕怒殺之率衆三万來距恪恪遇龕於濟水之南與戰大敗之遂斬其弟欽盡俘其衆恪進圍廣固諸將勸恪宜急攻之恪曰軍勢有宜緩以剋敵有宜急而取之若彼我勢均且有彊援慮腹背之患者須急攻之以速大利如其我彊彼弱外无寇援力足制之者當羈縻守之以待其斃兵法十圍五攻此之謂也龕恩結賊黨衆未離心濟南之戰非不銳也但龕用之无術以致敗耳今憑固天險上下同心攻守勢倍軍之常法若其促攻不過數旬剋之必矣但恐傷吾士衆自有事已來卒不獲寧吾每思之不覺忘寢亦何宜輕殘人命乎當持久以取耳諸將皆曰非所及也乃築室反耕嚴固圍壘龕所署徐州刺史王騰索頭單于薛雲降于恪段龕之被圍也遣使詣建鄴請救穆帝遣北中郎將荀羨赴之憚虜彊遷延不敢進攻破陽都斬王騰以歸恪遂剋廣固以龕爲伏順將軍從鮮卑胡羯三千餘户于薊留慕容塵鎮廣固恪振旅而歸儁太子曄死僞謚獻懷升平元年復立次子暐爲皇太子赦其境内改元曰光壽遣其撫軍慕容垂中軍慕容虔與護軍平熙等率步騎八万討丁零勅勒于塞北大破之俘斬十餘万級獲馬十三万匹牛羊億餘万初廆有駿馬曰赭白有奇相逸力石季龍之伐棘城也皝將出避難欲乘之馬悲鳴蹴齧人莫能近皝曰此馬見異先朝孤常杖之濟難今不欲者蓋先君之意乎乃止季龍尋退皝益奇之至是四十九歲矣而駿逸不虧儁比之於鮑氏驄命鑄銅以圖其象親爲銘贊鐫勒其傍置之薊城東掖門是歲象成而馬死匈奴單于賀賴頭率部落三万五千降于儁拜寧西將軍雲中郡公處之于代郡平舒城晋太山太守諸葛攸伐其東郡儁遣慕容恪距戰王師敗績北中郎將謝万先據梁宋懼而遁歸恪進兵入寇河南汝潁譙沛皆陷置守宰而還儁自薊城遷于鄴赦其境内繕脩宫殿復銅雀臺廷尉監常煒上言大燕雖革命創制至於朝廷銓謨亦多因循魏晋唯祖父不殯葬者獨不聽官身清朝斯誠王教之首不刊之式然礼貴適時世或損益是以高祖制三章之約而秦人安之自頃中州喪乱連兵積年或遇傾城之敗覆軍之禍坑師沉卒往往而然孤孫煢子十室而九兼三方岳峙父子異邦存亡吉凶杳成天外或便假一時或依嬴博之制孝子糜身无補順孫心喪靡及雖招魂虚葬以叙罔極之情又礼无招葬之文令不此載若斯之流抱琳琅而无申懷英才而不齒誠可痛也恐非明揚側陋務盡時珍之道吴起二陳之疇終將无所展其才幹漢祖何由免于平城之圍郅支之首何以懸于漢闕謹案戊辰詔書蕩清瑕穢與天下更始以明惟新之慶五六

年間尋相違伐於則天之體臣竊未安儁曰煒宿德碩儒練明刑法覽其所陳良足採也今六合未寧喪乱未已又正當搜奇拔異之秋未可才行兼舉且除此條聽大同更議使呂黎遼東二郡營起廆廟范陽燕郡構皝廟以其護軍平熙領將作大匠監造二廟焉苻堅平州刺史劉特率戶五千降于儁河間李黒聚衆千餘攻略州郡殺東彊令衛顏儁以長樂太守傅顏討斬之常山大樹自拔根下得璧七十珪七十三光色精奇有異常玉儁以爲嶽神之命遣其尚書郎段勤以太牢祀之初冉閔之僭號也石季龍將李歷張平高昌等並率其所部稱藩於儁遣子入侍既而投款建鄴結援苻堅並受爵位羈縻自固雖貢使不絶而誠節未盡呂護之走野王也遣弟奉表謝罪於儁拜寧南將軍河内太守又上黨馮鴦自稱太守附于張平平屢言之儁以平故赦其罪以爲京兆太守護鴦亦陰通京師張平跨有新興鴈門西河太原上黨上郡之地壘壁三百餘胡晉十餘万戶遂拜置征鎮爲鼎跱之勢儁遣其司

徒慕容評討平領軍慕輿根討鴦司空陽騖討昌撫軍慕容臧攻歷并州壘壁降者百餘所以尚書右僕射悦綰爲安西將軍領護匈奴中郎將并州刺史以撫之平所署征西諸葛驤鎮北蘇象寧東喬庶鎮南石賢等率壘壁百三十八降于儁儁大悦皆復其官爵既而平率衆三千奔于平陽鴦奔于野王歷走滎陽昌奔邵陵悉降其衆儁於是復圖入寇兼欲經略關西乃令州郡校閱見丁精覈隱漏率戶留一丁餘悉發之欲使步卒滿一百五十万期明年大集將進臨洛陽爲三方節度武邑劉貴上書極諫陳百姓凋斃召兵非法恐人不堪命有土崩之禍并陳時政不便于時者十有三事儁覽而悦之付公卿博議事多納用乃改爲三五占兵寬戎備一周悉令明年季冬赴集鄴都是歲晉將荀羡攻山茌拔之斬儁太山太守賈堅儁青州刺史慕容塵遣司馬悦明救之羡師敗績復陷山茌儁立小學于顯賢里以教胄子封其子泓爲濟北王沖爲中山王讌羣臣於蒲池酒酣賦詩因談經史語及周

太子晉潸然流涕顧謂羣臣曰昔魏武追痛倉舒孫權悼登無已孤常謂二主緣愛稱奇無大雅之體自曄亡以來孤鬢髮中白始知二主有以而然卿等言曄定何如也孤今悼之得无貽怪將來乎其司徒左長史李績對曰獻懷之在東宮臣爲中庶子既忝近侍聖質志業臣實不敢不知臣聞道備无愆其唯聖人乎先太子大德有八未見闕也儁曰卿言亦以過矣然試言之績曰至孝自天性与道合此其一也聰敏慧悟機思若流此其二也沉毅好斷理詣無幽此其三也疾諛亮物雅悦直言此其四也好學愛賢不恥下問此其五也英姿邁古藝業超時此其六也虚襟恭讓尊師重道此其七也輕財好施勤恤民隱此其八也儁泣曰卿雖褒譽然此兒若在吾死無憂也吾既不能追蹤唐虞官天下以禪有德近模三王以世傳授景茂幼沖豈藝未舉卿以爲何如績曰皇太子天資岐嶷聖勞日躋而八德闕然二闕未補雅好遊田娛心絲竹所以爲損耳儁顧謂暐曰伯陽之言藥石之惠汝宜誡之因問

高年疾苦孤寡不能自存者賜穀帛有差儁夜夢石季龍齧其臂寤而惡之命發其墓剖棺出尸蹋而罵之曰死胡安敢夢生天子遣其御史中尉陽約數其殘酷之罪鞭之弃于漳水諸葛攸又率水陸三万討儁入自石門屯于河渚攸部將匡超進據碻磝蕭館屯于新柵又遣督護徐冏率水軍三千泛舟上下爲東西聲勢儁遣慕容評傅顏等統步騎五万戰于東阿王師敗績塞北七国賀蘭涉勤等皆降俄而儁寢疾謂慕容恪曰吾所疾惙然當恐不濟脩短命也復何所恨但二寇未除景茂沖幼慮其未堪多難吾欲遠追宋宣以社稷屬汝恪曰太子雖幼天縱聰聖必能勝殘刑措不可以乱正統也儁怒曰兄弟之間豈虚飾也恪曰陛下若以臣堪荷天下之任者寧不能輔少主乎儁曰若汝行周公之事吾復何憂李績清方忠亮堪任大事汝善遇之是時兵集鄴城盗賊互起每夜攻劫晨昏斷行於是寬常賦設奇禁賊盗有相告者賜奉車都尉捕誅賊首木穀和等百餘人乃止升平四年儁死時年四

十二在位十一年僞謚景昭皇帝廟號烈祖墓號龍陵儁雅好文
籍自初即位至末年講論不倦覽政之暇唯與侍臣錯綜義理凡
所著述四十餘篇性嚴重愼威儀未曾以慢服臨朝雖閑居宴處
亦無懈怠之色云

韓恒字景山灌津人也父默以學行顯名恒少能屬文師事同郡
張載載奇之曰王佐才也身長八尺一寸博覽經籍無所不通永
嘉之乱避地遼東廆既逐崔毖復徙昌黎召見嘉之拜參軍事咸
和中宋該等建議以廆立功一隅勤誠王室位卑任重不足以鎭
華夷宜表請大將軍燕王之號廆納之命羣寮博議咸以爲宜如
該議恒駁曰自羣胡乘間人嬰荼毒諸夏蕭條无復綱紀明公
忠武篤誠憂勤社稷抗節孤危之中建功萬里之外終古勤王之
義未之有也夫立功者患信義不著不患名位不高故桓文有寧
復一匡之功亦不先求礼命以令諸侯宜繕甲兵候機會除羣凶
靖四海功成之後九錫自至且要君以求寵爵者非爲臣之義也

廆不平比出爲新昌令皝爲鎭軍復參軍事遷營丘太守政化大
行儁爲大將軍徵拜諮議參軍加揚烈將軍儁僭位將定五行次
衆論紛紜恒時疾在龍城儁召恒以決之恒未至而羣臣議以燕
宜承晉爲水德既而恒至言於儁曰趙有中原非唯人事天所命
也天實與之而人奪之臣竊謂不可且大燕王迹始自於震於易
震爲青龍受命之初有龍見於都邑城龍爲木德幽契之符也儁
初雖難改後終從恒議儁秘書監清河聶熊聞恒言乃歎曰不有
君子国何以興其韓令君之謂乎後與李產俱傅東宮從太子暐
入朝儁顧謂左右曰此二傅一代偉人未易繼也其見重如此

李產字子喬范陽人也少剛厲有志格永嘉之乱同郡祖逖擁衆
部於南土力能自固產遂往依之逖素好從橫弟約有大志產微
知其旨乃率子弟十數人閒行還鄉里仕於石氏爲本郡太守及
慕容儁南征前鋒達郡界鄉人皆勸產降產曰夫受人之祿當同
其安危今若舍此節以圖存義士將謂我何衆潰始詣軍請降儁
嘲之曰卿受石氏寵任衣錦本鄉何故不能立功於時而反委質
乎烈士處身於世固當如是邪產泣曰誠知天命有歸非微臣所
抗然犬馬爲主豈忘自効但以孤窮勢促致力无術僶俛歸死實
非誠款儁嘉其慷慨顧謂左右曰此真長者也乃擢用之歷位尚
書性剛正好直言每至進見未曾不論朝政之得失同輩咸憚焉
儁亦敬其儒雅前後固辭年老不堪理劇轉拜太子太保謂子績
曰以吾之才而致於此始者之願亦已過矣不可復以西夕之年
取笑於來今也固辭而歸死於家子績

績字伯陽少以風節知名清辯有辭理弱冠爲郡功曹時石季龍
親征段遼師次范陽百姓飢儉軍供有闕季龍大怒太守惶怖避
匿績進曰郡帶北裔與寇接壤疆埸之間人懷危慮聞輿駕親戎
將除殘賊雖嬰兒白首咸思効命非唯爲國亦自求寧雖身膏草
野猶甘爲之敢有私吝而闕軍實但比年災儉家有菜色困弊力
屈无所取濟逋廢之罪情在可矜季龍見績年少有壯節嘉而恕

之於是太守獲免刺史王午辟爲主簿儁之南征也隨午奔魯口
鄧恒謂午曰績鄉里在北父已降燕今雖在此終不爲用方爲人
患午曰績於喪乱之中損家立義情節之重有侔古烈若懷嫌害
之必駭衆望恒乃止午恐績終爲恒所害乃資遣之及到儁責其
背親後至績荅曰臣聞豫讓報智伯仇稱於前史既官身所在何
事非君陛下方弘唐虞之化臣實未謂歸順之晚也儁曰此亦事
主之一節耳累遷太子中庶子及暐立慕容恪欲以績爲尚書右
僕射暐憾績往言不許恪屢請乃謂恪曰万機之事委之叔父伯
陽一人暐請獨裁績遂憂死

載記第十　　晉書百十

慕容暐　慕容恪　陽鶩　皇甫眞

慕容暐字景茂儁第三子也初封中山王尋立爲太子及儁死羣臣欲立慕容恪恪辭曰國有儲君非吾節也於是立暐升平四年僭即皇帝位大赦境內改元曰建熙立其母可足渾氏爲皇太后以慕容恪爲太宰錄尚書行周公事慕容評爲太傅副贊朝政慕輿根爲太師慕容垂爲河南大都督征南將軍兖州牧荊州刺史領護南蠻校尉鎮梁國孫希爲安西將軍并州刺史傅顏爲護軍將軍其餘封授各有差暐既庸弱國事皆委之於恪慕輿根自恃勳舊驕傲有無上之心忌恪之總朝權將伺隙爲亂乃言於恪曰今主上幼沖母后干政殿下宜慮楊駿諸葛元遜之變思有以自全且定天下者殿下之功也兄亡弟及先王之成制過山陵之後可廢主上爲一國王殿下踐尊位以建大燕无窮之慶恪曰公醉乎何言之勃也昔曹臧吴札並於家難之際猶曰爲君非吾節況今儲君嗣統四海无虞宰輔受遺奈何便有私議公忘先帝之言乎根大懼陳謝而退恪以告慕容垂垂勸恪誅之恪曰今新遭大凶二虜伺隙山陵未建而宰輔自相誅滅恐乖遠近之望且可容忍之根與左衞慕輿干潛謀誅恪及評因而篡位入白可足渾氏及暐曰太宰太傅將謀爲亂臣請率禁兵誅之以安社稷可足渾氏將從之暐曰二公國之親穆先帝所託終應无此未必非太師將爲亂也於是使其侍中皇甫眞護軍傅顏收根等於禁中斬之大赦境內遣傅顏率騎二萬觀兵河南臨淮而還軍威甚盛初儁所署寧南將軍呂護據野王陰通師京穆帝以護爲前將軍冀州刺史儁死謀引王師襲鄴事覺暐使慕容恪等率衆五萬討之傅顏言於恪曰護窮寇假合王師既臨則上下喪氣曾不敢窺兵中路展其螗蜋之心此則士卒懾魂敗亡之驗也殿下前以廣固天險守易攻難故爲長久之策今賊形便不與往同宜急攻之以省千金之費恪曰護老賊經變多矣觀其爲備之道未易卒平今圍之

窮城樵採路絕內无蓄積外无彊援不過十旬其斃必矣何必遽殘士卒之命而趣一時之利哉吾嚴濬圍壘休養將卒以重官美貨間而離之事淹勢窮其釁易動我則未勞而寇已斃此爲兵不血刃坐以制勝也遂列長圍守之護遣其將張興率勁卒七千出戰傅顏擊斬之自三月至八月而野王潰護南奔于晉悉降其衆尋復叛歸于暐暐待之如初因遣傅顏與護率衆據河陰顏北襲勅勒大獲而還護攻洛陽中流矢而死將軍段崇收軍北渡屯于野王暐遣其寧東慕容忠攻陷滎陽又遣鎮南慕容塵寇長平時晉冠軍將軍陳祐戍洛陽遣使請救帝遣桓溫援之興寧初暐復使慕容評寇許昌懸瓠陳城並陷之遂略汝南諸郡徙万餘戶于幽冀暐豫州刺史孫興上疏請步卒五千先圖洛陽暐納之遣其大宰司馬悅希軍于盟津孫興分戍成臯以爲之聲援尋而陳祐率衆奔陸渾河南諸壘悉陷於希慕容恪攻陷金墉害揚威將軍沈勁以其左中郎慕容筑爲假節征虜將軍洛州刺史鎮金墉慕容垂爲都督荊揚洛徐兖豫雍益涼秦等十州諸軍事征南大將軍荊州牧配兵一萬鎮魯陽時暐境內多水旱慕容恪慕容評並稽首歸政請遜位還第曰臣以朽闇器非經國荷先帝拔擢之恩又蒙陛下殊常之遇猥以輕才竊位宰錄不能上諧陰陽下釐庶政致使水旱愆和彝倫失序轅弱任重夕惕唯憂臣聞王者則天建國辨方正位司必量才官惟德舉台傅之重參理三光苟非其人則靈曜爲虧尸祿貽殃負乘招悔由來常道未之或差以姬旦之勳聖猶近則二公不悅遠則管蔡流言況臣等寵緣戚來榮非才授而可久點天官塵蔽賢路是以中年拜表披陳丹款聖恩齒舊未忍遐弃奄冉偷榮愆責彌厚自待罪鼎司歲餘辰紀忝冒宰衡七載于茲雖乃心經略而思不周務至令二方干紀跋扈未庭同文之詠有慙盛漢深乖先祖託付之規甚違陛下垂拱之義臣雖不敏竊聞君子之言敢忘虞丘避賢之美輒循兩疏知止之分謹送太宰大司馬太傅司徒章綬惟垂昭許暐曰朕以不天早傾

亂覆侵先帝所託唯在二公二公懿親碩德勳高魯衛翼贊王室輔
導朕躬宣慈惠和坐而待旦虔誠夕惕美亦至矣故能外掃羣凶
内清九土四海晏如政和時洽雖宗廟社稷之靈抑亦公之力也
今關右有未賓之氐江吳有遺燼之虜方賴謀猷混寧六合豈宜
虛己謙沖以違委任之重王其割二疏獨善之小以成公旦復袞
之大恪評等固請致政暐曰夫建德者必以終善爲名佐命者則
以功成爲效公與先帝開構洪基膺天明命將廓夷群醜紹復隆
周之迹炎眚橫流亂光墜曜朕以眇躬猥荷大業不能上成先帝
遺志致使二虜遊魂所以功未成也豈宜沖退且古之王者不以
天下爲榮憂四海若荷擔然後仁讓之風行則比屋而可封今道
化未純鯨鯢未殄宗社之重非唯朕身公所憂也當思所以寧濟
兆庶靖難敦風垂美將來侔蹤周漢不宜崇飾常節以違至公遂
斷其讓表恪評等乃止暐鍾律郎郭欽奏議以暐承石季龍水爲
木德暐從之太和元年暐遣撫軍慕容厲攻晉太山太守諸葛攸

晉記十一 三

攸奔于淮南厲悉陷兖州諸郡置守宰而還慕容恪有疾深慮暐
政不在己慕容評性多猜忌大司馬之位不能允授人望乃召暐
兄樂安王臧謂之曰今勁秦跋扈強吳未賓二寇並懷進取但患
事之无由耳夫安危在得人國興在賢輔若能推才任忠和同宗
盟則四海不足圖二虜豈能爲難哉吾以常才受先帝顧託之重
每欲埽平關隴蕩一甌吳庶嗣成先帝遺志謝憂責於當年而疾
固彌留恐此志不遂所以沒有餘恨也吳王天資英傑經略超時
司馬職統兵權不可以失人吾終之後必以授之若以親疏次第
不以授汝當以授沖汝等雖才識明敏然未堪多難國家安危實
在於此不可昧利忘憂以致大悔也又以告評月餘而死其國中
皆痛惜之先是晉南陽督護趙弘以宛降于暐暐遣其南中郎將
趙盤自魯陽戍宛至此晉右將軍桓豁攻宛拔之趙盤退奔魯陽
豁遣輕騎追盤及於雉城大戰敗之執盤戍宛而歸苻堅將苻廋
據陝降于暐時有圖書云燕馬當飲渭水堅恐暐乘釁入關大懼

乃盡精銳以備華陰暐群下議欲遣兵救廋因圖關右慕容評素
无經略又受苻堅間貨沮議曰秦雖有難未易可圖朝廷雖明豈
如先帝吾等經略又非太宰之匹終不能平秦也但可閉關息旅
保寧疆埸足矣暐魏尹慕容德上疏曰先帝應天順時受命革代
方以文德懷遠以一六合神功未就奄忽升遐昔周文既沒武王
嗣興伏惟陛下則天比德揆聖齊功方闡崇乾基纂成先志逆氐
僭據關隴號同王者惡積禍盈自相疑戮釁起蕭牆勢分四國
投誠請援旬日相尋豈非凶運將終數歸有道兼弱攻昧取亂侮
亡機之上也今秦土四分可謂弱矣時來運集天贊我也天与不
取反受其殃吳越之鑒我之師也宜應天人之會建牧野之旗命
皇甫眞引并冀之衆徑趣蒲阪臣垂引許洛之兵馳解廋圍太傅
總京都武旅爲二軍後繼飛檄三輔仁聲先路獲城即侯微功必
賞此則鬱槩待時之雄抱志未申之桀必嶽峙灞上雲屯隴下天
羅既張內外勢合區區僭豎不走則降大同之舉今其時也願陛

晉記十一 四

下獨斷聖慮无訪仁人暐覽表大悅將從之評固執不許乃止苻
廋知評暐之无遠略恐救師弗至乃牋於慕容垂皇甫眞曰苻堅
王猛皆人傑也謀爲燕患爲日久矣今若乘機不赴恐燕之君臣
將有甬東之悔垂得書私於眞曰方爲人患者必在於秦主上富
於春秋未能留心政事觀太傅度略豈能抗苻堅王猛乎眞曰然
繞朝有云謀之不從可如何暐僕射悅綰言於暐曰太宰政尚寬
和百姓多有隱附傳曰唯有德者可以寬臨衆其次莫如猛今諸
軍營戶三分共貫風教陵弊威綱不舉宜悉罷軍封以實天府之
饒肅明法令以清四海暐納之綰既定制朝野震局出戶二十餘
万慕容評大不平尋賊綰殺之晉大司馬桓溫江州刺史桓沖豫
州刺史袁眞率衆五万伐暐前兖州刺史孫元起兵應之溫部將
檀玄攻胡陸執暐寧東慕容忠暐遣其將慕容厲與溫戰于黃墟
厲師大敗單馬奔還高平太守徐翻以郡歸順溫前鋒朱序又破
暐將傅顏于林渚溫軍大振次於枋頭暐懼謀奔和龍慕容垂曰

不然臣請擊之若戰不捷走未晚也乃以垂爲使持節南討大都
督慕容德爲征南將軍率衆五万距温使其散騎侍郎樂嵩乞師
於苻堅堅遣將軍苟池率衆二万出自洛陽師于潁川外爲赴援
内實觀隙有兼并之志矣慕容德屯于石門絶温糧漕豫州刺史
李邦率州兵五千斷温餽運温頻戰不利糧運復絶及聞堅師之
至乃焚舟棄甲而退德率勁騎四千先温至襄邑東伏於澗中与
垂前後夾擊王師大敗死者三万餘人苟池聞温班師邀擊于譙
温衆又敗死者万計垂既有大功威德弥振慕容評素不平之垂
又言其將孫盖等摧鋒陷鋭宜論功超授評寢而不録垂數以爲
言頗與評廷爭可足渾氏素惡垂毁其戰功遂與評謀殺垂垂懼
奔于苻堅先是暐使其黄門侍郎梁琛聘于堅琛還言於評曰秦
揚兵講武運粟陝東以琛觀之无乆和之理兼吴王西奔必有覬
覦之計深宜備之評曰不然秦豈可受吾叛臣而不懷和好哉琛
曰鄰國相并有自來矣況今並稱大號理無俱存苻堅機明好斷
納善如流王猛有王佐之才鋭於進取觀其君臣相得自謂千載
一時桓温不足爲慮終爲人患者其唯王猛乎暐評不以爲虞皇
甫眞又陳其事曰苻堅雖聘使相尋託輔車爲諭然抗均鄰敵勢
同戰國明其甘於取利無慕善之心終不能守信存和以崇乆要
也頃來行人累續兼師出洛川夷險要害具之耳目觀虚實以措
姧圖聽風塵而伺國隙者寇之常也又吴王外奔爲之謀主伍員
之禍不可不慮洛陽并州壺関諸城並宜增兵益守以防未兆暐
召評而謀之評曰秦國小力弱杖我爲援且苻堅庶幾善道終不
納叛臣之言不宜輕自擾攘以動寇心也暐從之俄而堅遣其將
王猛率衆伐暐攻慕容築于金墉暐遣慕容臧率衆救之臧次榮
陽猛部將梁成洛州刺史鄧羌与臧戰于石門臧師敗績死者万
餘遂相持于石門築以救兵不至以金墉降于猛梁成又敗慕容
臧斬首三千餘級獲其將軍楊璩臧遂城新樂而還桓温之敗也
歸罪于豫州刺史袁眞眞怒以壽陽降暐暐遣其大鴻臚温統署

晉記十一　五

眞爲使持節散騎常侍都督淮南諸軍事征南大將軍領護南蠻
校尉揚州刺史封宣城公未至而眞死俱卒眞黨朱輔立眞子瑾
爲建威將軍豫州刺史以固壽陽時外則王師及苻堅交侵兵革
不息内則暐母乱政評等貪冒政以賄成官非才舉群下切齒焉
其尚書左丞申紹上疏曰臣聞漢宣有言與朕共治天下者其唯
良二千石乎是以特重此選必妙盡英才莫不拔自貢士歷資内
外用能仁感猛獸惠致群祥今者守宰或擢自匹夫兵將之間或
因寵戚藉緣時會非但无聞於州閭亦不經于朝廷又无考績黜
陟幽明貪惰爲惡无刑戮之懼清勤奉法无爵賞之勸百姓窮弊
侵賕无已兵士逋逃乃相招爲賊盜風頹化替莫相糾攝且吏多
則政煩由來常患今之見户不過漢之一大郡而備置百官加之
新立軍號兼重有過往時虚假名位廢弃農業公私驅擾人无聊
生宜并官省職務勸農桑秦吴二虜僻僭一時尚能任道損情講
諧僞部況大燕累聖重光君臨四海而可美政或虧取陵姧寇哉
鄰之有善衆之所望我之不脩彼之願也秦吴狡猾地居形勝非
唯守境而已乃有吞噬之心中州豐實户兼二寇弓馬之勁秦晉
所憚雲騎風馳國之常也而比赴敵後機兵不速濟者何也皆由
賦法靡恒役之非道郡縣守宰每於差調之際无不舍越殷彊首
先貧弱行留俱窘資贍无所人懷嗟怨遂致奔亡進闕供國之饒
退離蚕農之要兵豈在多貴於用命宜嚴制軍科務先饒復習兵
教戰使偏伍有常從戎之外足營私業父兄有陟岵之觀子弟懷
孔邇之顧雖赴水火何所不從節儉約費先王格謨去華敦朴哲
后恒憲故周公戒成王以嗇財爲本漢文以阜幃變俗孝景宮人
弗過千餘魏武寵賜不盈十万薄葬不墳儉以率下所以割肌膚
之惠全百姓之力謹案後宮四千有餘僮侍厮養通兼十倍日費
之重價盈万金綺縠羅紈歲增常調戎器弗營奢玩是務今帑藏
虚竭軍士无襜褕之賚宰相侯王迭以侈麗相尚風靡之化積習
成俗臥薪之諭未足甚焉宜罷浮華非要之役峻明婚姻喪葬之

晉記十一　六

條禁絶奢靡浮煩之事出傾宮之女均商農之賦公卿以下以四海爲家信賞必罰綱維肅舉者温猛之首可懸之白旗秦吴二主可以礼之歸命豈唯不復侵寇而已哉陛下若不遠追漢宗弋綈之模近崇先帝補衣之美臣恐頹風弊俗亦革變靡遂中興之歌無以軫之絃詠又拓宇兼并不在一城之地控制戎夷者懷之以德今魯陽上郡重山之外雲陰之北四百有餘而未可以羈服塞表爲平寇之基徒孤危託落令善附内駮宜攝就并豫以臨二河通接漕轂擬之丘後重晉陽之戍增南藩之兵戰守之備衛以千金之餌蓄力待時可一舉而滅如其虔劉送死俟入境而斷之可令匹馬不反非唯絶二賊闚關乃是殲殄之要惟陛下覽焉暐不納苻堅又使王猛楊安率衆伐暐猛攻壺関安攻晉陽暐使慕容評等率中外精卒四十餘万距之猛安進師潞川州郡盗賊大起鄴中多怪異暐憂懼不知所爲乃召其使而問曰秦衆何如今大師既出猛等能戰否或對曰秦國小兵弱豈王師之敵景略常才

又非太傅之匹不足憂也黄門侍郎梁琮中書侍郎樂嵩進曰不然兵書之義計敵能鬬當以筭取之若料敵不鬬非万全之道也慶鄭有云秦衆雖少戰士倍我衆之多少非可問也且秦行師千里固戰是求何不戰之有乎暐不悦猛与評等相持評以猛懸軍遠入利在速戰議以持久制之猛乃遣其將郭慶率騎五千夜從間道起火高山燒評輜重火見鄴中評性貪鄙鄣固山泉賣樵鬻水積錢絹如丘陵三軍莫有鬬志暐遣其侍中蘭伊讓評曰王高祖之子也宜以宗廟社稷爲憂奈何不務撫養勲勞專以聚斂爲心乎府藏之珍貨朕豈与王愛之若寇軍冒進王持錢帛安所置也皮之不存毛將安傅錢帛可散之三軍以平寇凱旋爲先也評懼而与猛戰于潞川評師大敗死者五万餘人評等單騎遁還猛遂長驅至鄴堅復率衆十万會猛攻暐先是慕容桓以衆万餘屯于沙亭爲評等後繼聞評敗引屯内黄堅遣將鄧羌攻信都桓率鮮卑五千退保和龍散騎侍郎徐蔚等率扶餘高句麗及上黨質子五百餘人夜開城門以納堅軍暐与評等數十騎奔于昌黎堅遣郭慶追及暐于高陽堅將巨武執暐將縛之暐曰汝何小人而縛天子武曰我梁山巨武受詔縛賊何謂天子邪遂送暐于堅堅詰其奔狀暐曰狐死首丘欲歸死于先人墳墓耳堅哀而釋之令還宮率文武出降郭慶遂追評桓于和龍桓殺其鎮東慕容亮而并其衆攻其遼東太守韓稠于平州郭慶遣將軍朱嶷擊桓執而送之堅徙暐及其王公已下并鮮卑四万餘户于長安封暐新興侯署爲尚書堅征壽春以暐爲平南將軍别部都督淮南之敗隨堅還長安既而慕容垂攻苻丕于鄴慕容沖起兵関中暐謀殺堅以應之事發爲堅所誅時年三十五及德僭稱尊號僞謚幽皇帝始廆以武帝太康六年稱公至暐四世暐在位二十一年以海西公太和五年滅通廆猷凡八十五年

慕容恪字玄恭皝之第四子也幼而謹厚沉深有大度母高氏无寵皝未之可也年十五身長八尺七寸容貌魁傑雄毅嚴重每所

言及輒經綸世務皝始異焉乃授之以兵數從皝征伐臨機多奇策使鎮遼東甚有威恵高句麗憚之不敢爲寇皝使恪与儁俱伐夫餘儁居中指授而已恪身當矢石推鋒而進所向輒潰皝將終謂儁曰今中原未一方建大事恪智勇俱濟汝其委之及儁嗣位弥加親任累戰有大功封太原王拜侍中假節大都督録尚書儁寢疾引恪与慕容評屬以後事及暐之世揔攝朝權初建鄴聞儁死曰中原可圖矣桓温曰慕容恪尚存所憂方爲大耳慕輿根之就誅也内外危懼恪容止如常神色自若出入往還一人步從或有諫之者恪曰人情懷懼且當自安以靖之吾復不安則衆何瞻仰哉於是人心稍定恪虚襟待物諮詢善道量才處任使人不踰位朝廷謹肅進止有常度雖執權政每事必諮之於評罷朝歸第則盡心色養手不釋卷其百寮有過未嘗顯之自是庶僚化德稀有犯者恪之圍洛陽也秦中大震苻堅親將以備潼関軍迴乃定恪爲將不尚威嚴專以恩信御物務於大略不以小令勞衆軍士

有犯法察縱舍之捕斬賊首以令軍營內不整似可犯而防御甚嚴終无喪敗臨終暐親臨問以後事恪曰臣聞報恩莫大薦士板築猶可而況國之懿藩吳王文武兼才管蕭之亞陛下若任之以政國其少安不然臣恐二寇必有闚闞之計言終而死

陽騖字士秋右北平无終人也父耽仕廆官至東夷校尉騖少清素好學器識沉遠起家為平州別駕屢獻安時彊國之術事多納用廆甚奇之皝即王位遷左長史東西征伐參謀帷幄皝臨終謂儁曰陽士秋忠幹貞固可託付大事汝善待之儁之將圖中原也騖制勝之功亞于慕容恪暐既嗣僞位申以師傅之禮親遇日隆及為太尉慨然而歎曰昔常林徐邈先代名臣猶以鼎足任重而終辭三事以吾虛薄何德以堪之固求罷職言甚懇至暐優荅不許騖清貞謙謹老而彌篤既以宿望舊齒自慕容恪巳下莫不畢拜性儉約常乘弊車瘠馬及死无斂財

皇甫真字楚季安定朝那人也弱冠以高才廆拜為遼東國侍郎

【晉記十一】 一九

皝嗣位遷平州別駕時內難連年百姓勞悴真議欲寬減歲賦休息力役不合旨免官後以破麻秋之功拜奉車都尉守遼東營丘二郡太守皆有善政及儁僭位入為典書令後從慕容評攻拔鄴都珍貨充溢真一无所取唯存恤人物收圖籍而已儁臨終與慕容恪等俱受顧託慕輿根將謀為亂真陰察知之乃言於恪請除之恪未忍顯其事俄而根謀發伏誅恪謝真曰不從君言幾成禍敗呂護之叛恪謀於朝曰遠人不服修文德以來之今護宜以恩詔降乎不宜以兵戈取也真曰護九年之間三背王命揆其姧心凶勢未已明公方飲馬江湘勒銘劍閣況護蕞尔近畿而不梟戮宜以兵筭取之不可復以文檄喻也恪從之以真為冠軍將軍別部都督師還拜鎮西將軍并州刺史領護匈奴中郎將徵還拜侍中光祿大夫累遷太尉侍中苻堅密謀兼并欲觀審釁隙乃遣其西戎主簿郭辯潛結匈奴左賢王曹轂令轂遣使詣鄴辯因從之真兄典仕苻堅為散騎常侍從子奮覆並顯關西辯既至鄴歷造公卿言於真曰辯家為秦所誅故寄命曹王貴兄常侍及奮覆兄弟並相知在素真怒曰臣无境外之交斯言何以及我君似姧人得无因緣假託乎乃白暐請窮詰之暐評不許辯還謂堅曰燕朝无綱紀實可圖之鑒機識變唯皇甫真耳堅曰以六州之地豈无智識士一人哉真亦秦人而燕用之固知關西多君子矣真性清儉寡慾不營產業飲酒至石餘不亂雅好屬文凡著詩賦四十餘篇王猛入鄴真望馬首拜之明日更見語乃卿猛猛曰昨拜今卿何恭慢之相違也真荅曰卿昨為賊朝是國士吾拜賊而卿國士何所怪也猛大嘉之謂權翼曰皇甫真故大器也從堅入關為奉車都尉數歲而死

史臣曰觀夫北陰衍氣醜虜彙生隔閡諸華聲教莫之漸雄據殊壤貪悍成其俗先叛後服蓋常性也自當塗紊紀典午握符推亡之功掩岷吳而可錄御遠之策懷戎狄而猶漏慕容廆英姿偉量是曰邊豪釁迹姦圖寔猶乱首何者无名而舉表深譏於魯

【晉記十一】 十

冊象龔致罰昭大訓於姚典況乎放命挻禍距戰發其狼心剽邑屠城略地騁其蠶賊既而二帝遘平陽之酷按兵窺運五鐸啓金陵之祚率禮稱藩勤王之誠當君危而未立臣主之節侯國恭而將徇適所謂相時而動豈素蓄之款哉然其制敵多權臨下以惠勸農桑敦地利任賢士該時傑故能恢一方之業創累葉之基焉元真騂貌不恒暗符天表沉毅自處頗懷奇略于時群雄角立爭奪在辰顯宗主祭於沖年庾亮竊政於元舅朝綱不振天步孔艱遂得據已成之資乘土崩之會揚兵南鶩則烏丸卷甲建旆東征則宇文摧陣乃負險自固恃勝而驕端拱稱王不待朝命昔鄭武職居三事爵不改伯齊桓績宣九合位止為侯瞻曩烈而功微前經而禮縟谿壑難滿此之謂乎宜其文武兼優加之以機斷因石氏之釁首圖中原燕士協其籌異馬為其用一戰而平巨寇再舉而拔堅城氣讋傍鄰威加邊服便謂深功被物天數在躬遂竊鴻名偷安寶籙猶將席卷京洛肆其蟻聚之徒宰創黎元縱

其鯨吞之勢使江左疲於奔命職此之由非夫天厭素靈而啓異類不然者其鋒何以若斯景茂庸材不親厥務賢輔攸賴逆臣挫謀於是陪金墉而款河南包銅城而臨漠北西秦勁卒頓函關而不進東夏遺黎企鄴宮而授首當此之時也凶威轉熾及玄恭即世虐媼亂朝垂以勳德不容評以黷貨干政志士絶忠貞之路讒人襲交亂之風輕鄴反速其咎禦敵罕脩其備以攜離之衆抗敢死之師鋒鏑未交白溝淪境衝輣暫擬紫陌成墟是知由余出而戎亡子常升而郢覆終於身死異域智不自全吉凶惟人良所謂也

贊曰青山徙構玄塞分疆蠢茲雜種弈世彌昌角端掩月步搖翻霜乘危蝟起怙險鴟張假竊神器憑陵帝鄉守不以德終致餘殃

載記第十一　晉書百十一

載記第十二　晉書百十二　御撰

苻洪　苻健　苻生　苻雄　王墮

苻洪字廣世略陽臨渭氐人也其先蓋有扈之苗裔世為西戎酋長始其家池中蒲生長五丈五節如竹形時咸謂之蒲家因以為氏焉父懷歸部落小帥先是隴右大雨百姓苦之謠曰雨若不止洪水必起故因名曰洪好施多權略驍武善騎射屬永嘉之亂乃散千金召英傑之士訪安危變通之術宗人蒲光蒲突遂推洪為盟主劉曜僭號長安光等逼洪歸曜拜率義侯曜敗洪西保隴山石季龍將攻上邽洪又請降季龍大悅拜冠軍將軍委以西方之事季龍滅石生洪說季龍宜徙關中豪傑及羌戎內實京師季龍從之以洪為龍驤將軍流人都督處于枋頭累有戰功封西平郡公其部下賜爵關內侯者二千餘人以洪為關內領侯將冉閔言於季龍曰苻洪雄果其諸子並非常才宜密除之季龍待之愈厚及石遵即位閔又以為言遵乃去洪都督餘如前洪怨之乃遣使

降晉後石鑒殺遵所在兵起洪有衆十餘万永和六年帝以洪為征北大將軍都督河北諸軍事冀州刺史廣川郡公時有說洪稱尊號者洪亦以讖文有草付應王又其孫堅背有艸付字遂改姓苻氏自稱大將軍大單于三秦王洪謂博士胡文曰孤率衆十万居形勝之地冉閔慕容儁可指辰而殄姚襄父子剋之在吾數中孤取天下有易於漢祖初季龍以麻秋鎮枹罕冉閔之亂秋歸鄴洪使子雄擊而獲之以秋為軍師將軍秋說洪西都長安洪深然之既而秋因宴鴆洪將并其衆世子健收而斬之洪將死謂健曰所以未入關者言中州可指時而定今見困豎子中原非汝兄弟所能辦關中形勝吾亡後便可鼓行而西言終而死年六十六健僭位僞謚惠武帝

健字建業洪第三子也初母羌氏夢大羆而孕之及長勇果便弓馬好施善事人甚為石季龍父子所親愛季龍雖外禮苻氏心實忌之乃陰殺其諸兄而不害健也及洪死健嗣位去秦王之號稱

晋爵遣使告喪于京師且聽王命時京兆杜洪竊據長安自稱晋
征北將軍雍州刺史戎夏多歸之健密圖關中懼洪知之乃僞受
石祇官繕宮室於枋頭課所部種麥示无西意有知而不種者健
殺之以徇既而自稱晋征西大將軍都督關中諸軍事雍州刺史
盡衆西行起浮橋於盟津以濟遣其弟雄率步騎五千入潼關兄
子菁自軹關入河東健執菁手曰事若不捷汝死河北我死河南
比及黄泉无相見也既濟焚橋自統大衆繼雄而進杜洪遣其將
張先要健於潼關健逆擊破之健雖戰勝猶脩牋于洪并送名馬
珍寳請至長安上尊號洪曰幣重言甘誘我也乃盡召關中之衆
來距健筮之遇泰之臨健曰小往大來吉亨昔往東而小今還西
而大吉孰大焉是時衆星夾河西流占者以爲百姓還西之象健遂
進軍次赤水遣雄略地渭北又敗張先於陰槃擒之諸城盡陷菁所
至無不降者三輔略定健引兵至長安洪奔司竹健入而都之遣使
獻捷京師并脩好於桓温健軍師將軍賈玄碩等表健爲侍中大

都督關中諸軍事大單于秦王健怒曰我官位輕重非若等所知
既而潛使諷玄碩等使上尊號永和七年僭稱天王大單于赦境
內死罪建元皇始繕宗廟社稷置百官於長安立妻強氏爲天王
皇后子萇爲天王皇太子弟雄爲丞相都督中外諸軍事車騎大
將軍領雍州刺史自餘封授各有差初杜洪之奔也招晋梁州刺
史司馬勳至是勳率步騎三万入秦川健敗之於五丈原八年健
僭即皇帝位于太極前殿諸公進爲王以大單于授其子萇杜洪
屯宜秋爲其將張琚所殺琚自立爲秦王置百官健率步騎二万
攻琚斬其首健至自宜秋遣雄菁率衆掠關東并援石季龍豫州
刺史張遇於許昌与晋鎮西將軍謝尚戰於潁水之上王師敗績
雄乘勝逐北至于壘門殺傷太半遂虜遇及其衆歸于長安拜遇
司空豫州刺史鎮許昌雄攻王擢於隴上擢奔涼州雄屯隴東張
重華拜擢征東大將軍使与其將張弘宋脩連兵伐雄雄与菁率
衆擊敗之獲弘脩送長安初張遇自許昌來降健納遇後母韓氏

爲昭義母於衆中謂遇曰卿吾子也遇慙恨引關中諸將欲以雍
州歸順乃與健中黄門劉晃謀夜襲健事覺遇害於是孔特起
池陽劉珍夏侯顯起鄠喬景起雍胡陽赤起司竹呼延毒起霸城
衆數万人並遣使詣征西桓温中軍殷浩請救雄遣菁掠上洛郡
於豐陽縣立荆州以引南金奇貨弓竿漆蠟通關市來遠商於是
国用充足而異賄盈積矣十年温率衆四万趣長安遣别將從均
口入淅川攻上洛執健荆州刺史郭敬而遣司馬勳掠西鄙健遣
其子萇率雄菁等衆五万距温于嶢柳城愁思堆温轉戰而前次
于灞上萇等退營城南健以羸兵六千固守長安小城遣精鋭三
万爲游軍以距温三輔郡縣多降于温健别使雄領騎七千與桓
沖戰於白鹿原王師敗績又破司馬勳于子午谷初健聞温之來
也收麥清野以待之故温衆大飢至是徙關中三千餘戶而歸及
至潼關又爲萇等所敗司馬勳奔還漢中其年西虜乞没軍邪遣
子入侍健於是置來賓館於平朔門以懷遠人起靈臺於杜門与

百姓約法三章薄賦卑宮垂心政事優禮耆老脩尚儒學而關右
稱來蘇焉新平有長人見語百姓張靖曰苻氏應天受命今當太
平外面者歸中而安泰問姓名弗荅俄而不見新平令以聞健爲
妖下靖獄會大雨霖河渭溢蒲津監寇登得一屐於河長七尺三
寸人跡稱之稍長尺餘文深一寸健歎曰覆載之中何所不有張
靖所見定不虛也赦之蝗蟲大起自華澤至隴山食百草无遺牛
馬相噉毛猛獸及狼食人行路斷絕健自蠲百姓租税減膳徹懸
素服避正殿初桓温之入關也其太子萇与温戰爲流矢所中死
至是立其子生爲太子健寢疾菁勒兵入東宮將殺苻生自立時
生侍健疾菁以健爲死迴攻東掖門健聞變升端門陳兵衆皆舍
杖逃散執菁殺之數日健死時年三十九在位四年僞謚明皇帝
廟號世宗後改曰高祖
生字長生健第三子也幼而無賴祖洪甚惡之生无一目爲兒
童時洪戲之問侍者曰吾聞瞎兒一淚信乎侍者曰然生怒引佩

刀自刺出血曰此亦一淚也洪大蠶鞭之生曰性耐刀槊不堪鞭捶洪曰汝爲爾不已吾將以汝爲奴生曰可不如石勒也洪懼跣而掩其口謂健曰此兒狂勃宜早除之不然長大必破人家健將殺之雄止之曰兒長成自當脩改何至便可如此健乃止及長力舉千鈞雄勇好殺手格猛獸走及奔馬擊刺騎射冠絶一時桓溫之來伐也生單馬入陣搴旗斬將者前後十數萇既死健以讖言三羊五眼應符故立爲太子健卒僭即皇帝位大赦境內改年壽光時永和十二年也尊其母強氏爲皇太后立妻梁氏爲皇后以吕婆樓爲侍中左大將軍苻安領太尉苻柳爲征東大將軍并州牧鎮蒲坂苻𧨏爲鎮東大將軍豫州牧鎮陝城自餘封授有差初生將強懷与桓溫戰没其子延未及封而健死會生出游懷妻樊氏於道上書論懷忠烈請封其子生怒射而殺之僞中書監胡文中書令王魚言於生曰比頻有客星孛于大角熒惑入于東井大角爲帝坐東井秦之分野於占不出三年國有大喪大臣戮死願

陛下遠追周文脩德以禳之惠和羣臣以成康哉之美生曰皇后與朕對臨天下亦足以塞大喪之變毛大傅梁車騎梁僕射受遺輔政可謂大臣也於是殺其妻梁氏及太傅毛貴車騎尚書令梁楞左僕射梁安未幾又誅侍中丞相雷弱兒及其九子二十七孫諸羌悉叛弱兒南安羌酋也剛鯁好直言見生嬖臣趙韶董榮亂政每大言於朝故榮等譖而誅之生雖在諒闇游飲自若荒耽淫虐殺戮无道常彎弓露刃以見朝臣錘鉗鋸鑿備置左右又納董榮之言誅其司空王墮以應日蝕之災饗羣臣于太極前殿飲酣樂奏生親歌以和之命其尚書令辛牢典勸既而怒曰何不強酒猶有坐者引弓射牢而殺之於是百寮大懼无不引滿昏醉汙服失冠蓬頭僵仆生以爲樂生聞張祚見殺玄靚幼沖命其征東苻柳參軍閻負梁殊使涼州以書喻之負殊至姑臧玄靚年幼不見殊等其涼州牧張瓘謂負殊曰孤之本朝世執忠節遠宗大晉臣无境外之交君等何爲而至負殊曰晉王以鄰藩義好有自來矣

雖擁阻山河然風通道會不欲使羊陸二公獨美於前主上以欽明紹統八表宅心光被四海格於天地晉王思与張王齊曜大明交玉帛之好兼与君公同金蘭之契是以不遠而來有何怪乎瓘曰羊陸一時之事亦非純臣之義也本朝六世重光固忠不貳若與苻征東交玉帛之好者便是上違先公純誠雅志下乖河右遵奉之情負殊曰昔微子去殷項伯歸漢雖背君違親前史美其先覺見亡晉之餘遠逃江會天命去之論絶已久故尊先王翻然改圖北面二趙蓋神筭无方鑒機而作君公若欲稱制河西衆旅非秦之敵如欲宗歸遺晉深乖先君雅旨孰若遠蹤竇融附漢之規近述先王歸趙之事垂祚无窮永享遐祉乎瓘曰中州无信好食誓言往与石氏通好旋見寇襲中國之風誠在昔日不足復論通和之事也負殊曰三王異政五帝殊風趙多姦詐秦以義信豈可同年而語哉張先楊初皆擅兵一方不供王貢先帝命將擒之宥其難恕之罪加以爵封之榮今上道合二儀慈弘山海信符陰陽御

物无際不可以二趙相況也瓘曰秦若兵彊化盛自可先取江南天下自然盡爲秦有何辱征東之命負殊曰先帝以大聖神武開構鴻基彊燕納欵八州順軌主上欽明道必隆世慨徽號擁于河西正朔未加吴會以吴必須兵涼可以義故遣行人先申大好如君公不能蹈機而發者正可緩江南數年之命廻師西旆恐涼州弗可保也瓘曰我跨據三州帶甲十万西苞葱域東阻大河伐人有餘而況自固秦何能爲患負殊曰貴州險塞孰若崤函五郡之衆何如秦雍張琚杜洪因趙之成資據天阻之固策三秦之銳藉陸海之饒勁士風集驍騎如雲自謂天下可平關中可固先帝神矛一指望旗冰解人詠來蘇不覺易主燕雖武視關東猶以地勢之義逆順之理北面稱藩貢不踰月致肅慎楛矢通九夷之琛單于虽滕名王內附控弦之士百有餘万鼓行而濟西河者君公何以抗之盍追遵先王臣趙故事世享大美爲秦之西藩瓘曰然秦之德義加於天下江南何以不賓負殊曰文身之俗負阻江山道

洿先叛化盛後賓自古而然豈但今也故詩曰蠢尒蠻荆大邦為
仇言其不可以德義懷也瓘曰秦據漢舊都地兼將相文武輔臣
領袖一時者誰也負殊曰皇室懿藩忠若公旦者則大司馬武都
王安征東大將軍晉王柳文武兼才神器秀拔入可允釐百工出
能折衝万里者衛大將軍廣平王黃眉後將軍清河王法龍驤將
軍東海王堅之兄弟其耆年碩德德侔尚父者則太師録尚書事
廣寧公魚遵其清素剛嚴骨鯁貞亮則左光祿大夫強平金紫光
祿程肱牛夷博聞強識探賾索幽則中書監胡文中書令王魚黃
門侍郎李柔雄毅厚重權智无方則左衛將軍李威右衛將軍苻
雅才識明達令行禁止則特進領御史中丞梁平老特進光祿大
夫強汪侍中尚書呂婆樓文史富贍鬱為文宗則尚書右僕射
董榮祕書監王颺著作郎梁讜驍勇多權略攻必取戰必勝閔張
之流万人之敵者則前將軍新興王飛建節將軍鄧羌立忠將軍
彭越安遠將軍范俱難建武將軍徐盛常伯納言卿校牧守則人

晉記十二　六

皆文武莫非才賢其餘懷經世之才蘊佐時之略守南山之操遂
而不奪者王猛朱彤之倫相望於巖谷濟濟多士焉可罄言姚襄
張平一時之傑各擁衆數万狼顧偏方皆委忠獻款請為臣妾小
不事大春秋所誅惟君公圖之瓘笑曰此事決之主上非身所了
負殊曰涼王雖天縱英睿然尚幼冲君公居伊霍之任安危所繫
見機之義實在君公瓘新輔政河西所在兵起懼秦師之至乃言
於玄靚遣使稱藩生因其所稱而授之慕容儁遣將慕輿長卿等
率衆七千入自軹關攻幽州刺史張哲于裴氏堡晉將軍劉度等
率衆四千攻青州刺史袁朗于盧氏生遣其前將軍苻飛距晉建
節鄧羌距燕飛未至而度退羌及長卿戰于堡南大敗之獲長卿
及甲首二千七百餘級姚襄率衆万餘攻其平陽太守苻産于匈
奴堡苻柳救之為襄所敗引還蒲坂襄遂攻堡尅之殺苻産盡坑
其衆遣使從生假道將還隴西生將許之苻堅諫曰姚襄人傑也
今還隴西必為深害不如誘以厚利伺隙而擊之生乃止遣使拜

襄官爵襄不受斬其使者焚所送章策寇掠河東生怒命其大將
軍張平討之襄乃卑辭厚幣与平結為兄弟平更与襄通和生發
三輔人營渭橋金紫光祿大夫程肱以妨農害時上疏極諫生怒
殺之長安大風發屋拔樹行人顛頓宮中奔擾或稱賊至宮門晝
閉五日乃止生推告賊者殺之刳而出其心左光祿大夫強平諫
曰元正盛旦日有蝕之正陽神朔昏風大起兼水旱不時獸災未
息此皆由陛下不勉強於政事乖和氣所致也願陛下務養元元
平章百姓棄纖介之嫌含山嶽之過致敬宗社愛禮公卿去秋霜
之威垂三春之澤則茲回寢止妖祲自消乾靈祇祐皇家永保无
窮之美矣生怒以為妖言鑿其頂而殺之平之四也偽衛將軍苻
黃眉前將軍苻飛建節鄧羌侍諫禁中叩頭固諫以太后為言平
即生母強氏之弟也生既弗許強氏憂恨而死生下書曰朕受皇
天之命承祖考之業君臨万邦子愛百姓嗣統已來有何不善而
謗讟之音扇滿天下殺不過千而謂刑虐行者比肩未足為稀方

晉記十二　七

當峻刑極罰復如朕何時猛獸及狼大暴晝則斷道夜則發屋惟
害人而不食六畜自生立一年獸殺七百餘人百姓苦之皆聚而
邑居為害滋甚遂廢農桑內外凶懼群臣奏請禳災生曰野獸
飢則食人飽當自止終不能累年為患也天豈不子愛群生而年
年降罰正以百姓犯罪不已將助朕專殺而施刑教故耳但勿犯
罪何為怨天而尤人哉生如何房遇兄与妹俱行者逼令為非禮
不從生怒殺之又讌群臣于咸陽故城有後至者皆斬之宥使太
醫令程延合安胎藥問人參好惡并藥分多少延曰雖小小不具
自可堪用生以為譏其目鑿延目出然後斬之有司奏太白犯東
井東井秦之分也太白罰星必有暴兵起於京師生曰星入井者
必將渴耳何所怪乎姚襄遣姚蘭王欽盧等招動鄜城定陽北地
芹川諸羌胡皆應之有衆二万七千進據黃落生遣苻黃眉苻堅
鄧羌率步騎万五千討之襄深溝高壘固守不戰鄧羌說黃眉曰
傷弓之鳥落於虛發襄頻為桓温張平所敗銳氣喪矣今謀固壘

不戰是窮寇也襄性剛很易以剛動若長驅鼓行直壓其壘襄必
忿而出師可一戰擒也黄眉從之遣羌率騎三千軍於壘門襄怒
盡鋭出戰羌僞不勝引騎而退襄追之于三原羌迴騎距襄俄而
黄眉与堅至大戰斬之盡俘其衆黄眉等振旅而歸黄眉雖有大
功生不加旌賞每於衆中辱之黄眉怒謀殺生自立事發伏誅其
王公親戚多有死者初生夢大魚食蒲又長安謡曰東海大魚化
爲龍男便爲王女爲公問在何所洛門東東海苻堅封也時爲龍
驤將軍第在洛門之東生不知是堅以謡夢之故誅其侍中太師
録尚書事魚遵及其七子十孫時又謡曰百里望空城鬱鬱何青
青瞎兒不知法仰不見天星於是悉壞諸空城以禳之金紫光禄
大夫牛夷懼不免禍諸出鎮上洛生曰卿忠肅篤敬宜左右朕躬
豈有外鎮之理改授中軍夷懼歸而自殺初生少凶暴嗜酒健臨
死恐其不能保全家業誡之曰酋帥大臣若不從汝命可漸除之
及即僞位殘虐滋甚耽湎於酒无復晝夜群臣朔望朝謁罕有見

者或至暮方出臨朝輒怒惟行殺戮動連月昏醉文奏因之遂寢
納姦佞之言賞罰失中左右或言陛下聖明宰世天下惟歌太平
生曰媚於我也引而斬之或言陛下刑罰微過曰汝謗我也亦斬
之所幸妻妾小有忤旨便殺之流其尸于渭水又遣宫人与男子
裸交於殿前生剥牛羊驢馬活爓雞豚鵝三五十爲羣放之殿中
或剥死囚面皮令其歌舞引群臣觀之以爲嬉樂宗室勳舊親戚
忠良殺害略盡王公在位者悉以疾告歸人情危駭道路以目既
自有目疾其所諱者不足不具少无缺傷殘毁偏隻之言皆不得
道左右忤旨而死者不可勝紀至於截脛刳胎拉脅鋸頸者動有
千數太史令康權言於生曰昨夜三月並出孛星入於太微遂入
于東井兼自去月上旬沉陰不雨迄至于今將有下人謀上之禍
深願陛下脩德以消之生怒以爲妖言撲而殺之生夜對侍婢曰
阿法兄弟亦不可信明當除之是夜清河王苻法夢神告之曰且
將禍集汝門惟先覺者可以免之寤而心悸會侍婢來告乃与特

進梁平老強汪等率壯士數百人潛入雲龍門苻堅与呂婆樓率
麾下三百餘人鼓譟繼進宿衛將士皆舍杖歸堅生猶昏寐未寤
堅衆既至引生置於别室廢之爲越王俄而殺之生臨死猶飲酒
數斗昏醉无所知矣時年二十三在位二年僞謚厲王

苻雄字元才洪之季子也少善兵書而多謀略好施下士便弓馬
有政術健僭位爲佐命元勳權侔人主而謙恭奉法健常曰元才
吾姬旦也及卒健哭之歐血曰天不欲吾定四海邪何奪元才之
速也子堅别有載記

王墮字安生京兆霸城人也博學有雄才明天文圖緯苻洪征梁
犢以墮爲司馬謂洪曰讖言苻氏應王公其人也洪深然之及爲
宰相著匪躬之稱健常歎曰天下君宰官皆如王令君者陰陽曷不
和乎甚敬重之性剛峻疾惡雅好直言疾董榮強國如仇讎每於
朝見之際略不与言人謂之曰董尚書貴幸一時公宜降意墮曰

董龍是何雞狗而令國士与之言乎榮聞而慙恨遂勸生誅之及
刑榮謂墮曰君今復敢數董龍作雞狗乎墮瞋目而叱之龍榮之
小字也

載記第十二　　晉書百十二

載記第十三　苻堅上　晉書百十三　御撰

苻堅字永固一名文玉雄之子也祖洪從石季龍徙鄴家于永貴里其母苟氏嘗游漳水祈子於西門豹祠其夜夢與神交因而有孕十二月而生堅焉有神光自天燭其庭背有赤文隱起成字曰艸付臣又土王咸陽臂垂過膝目有紫光洪奇而愛之名曰堅頭年七歲聰敏好施舉止不踰規矩每侍洪側輙量洪舉措取与不失機候洪每曰此兒姿貌瓌偉質性過人非常相也高平徐統有知人之鑒遇堅於路異之執其手曰苻郎此官之御街小兒敢戲於此不畏司隸縛邪堅曰司隸縛罪人不縛小兒戲也統謂左右曰此兒有霸王之相左右怪之統曰非爾所及也後又遇之統下車屏人密謂之曰苻郎骨相不恒後當大貴但僕不見如何堅曰誠如公言不敢忘德八歲請師就家學洪曰汝戎狄異類世知飲酒今乃求學邪欣而許之健之入關也夢天神遣使者朱衣赤冠

晉記十三　一

命拜堅爲龍驤將軍健翌日爲壇於曲沃以授之健泣謂堅曰汝祖昔受此號今汝復爲神明所命可不勉之堅揮劒捶馬志氣感厲士卒莫不憚服焉性至孝博學多才藝有經濟大志要結英豪以圖緯世之宜王猛呂婆樓強汪梁平老等並有王佐之才爲其羽翼太原薛讚略陽權翼見而驚曰非常人也及苻生嗣僞位讚翼說堅曰今主上昏虐天下離心有德者昌无德受殃天之道也神器業重不可令他人取之願君王行湯武之事以順天人之心堅深然之納爲謀主生既殘虐无度梁平老等亟以爲言堅遂弑生以僞位讓其兄法法自以庶孽不敢當堅及母苟氏並慮衆心未服難居大位羣僚固請乃從之以升平元年僭稱大秦天王誅生倖臣董龍趙韶等二十餘人赦其境內改元曰永興追謚父雄爲文桓皇帝尊母苟氏爲皇太后妻苟氏爲皇后子宏爲皇太子兄法爲使持節侍中都督中外諸軍事丞相録尚書事從祖侯爲太尉從兄柳爲車騎大將軍尚書令封弟融爲陽平公雙河南公子丕長樂公暉平原公熙廣平公叡鉅鹿公李威爲衞將軍尚書左僕射梁平老爲右僕射強汪爲領軍將軍仇騰爲尚書領選席寶爲丞相長史行太子詹事呂婆樓爲司隸校尉王猛薛讚爲中書侍郎權翼爲給事黃門侍郎与猛讚並掌機密追復魚遵雷弱兒毛貴王墮梁楞梁安段純辛牢等本官以禮改葬之其子孫皆隨才擢授初堅母以法長而賢又得衆心懼終爲變至此遣殺之堅性仁友与法訣於東堂慟哭嘔血贈以本官謚曰哀封其子陽爲東海公敷爲清河公於是修廢職繼絶世禮神祇課農桑立學校鰥寡孤獨高年不自存者賜穀帛有差其殊才異行孝友忠義德業可稱者令在所以聞其將張平以幷州叛堅率衆討之以其建節將軍鄧羌爲前鋒率騎五千據汾上堅至銅壁平盡衆距戰爲羌所敗獲其養子蚝送之平懼乃降于堅堅赦其罪署爲右將軍蚝武賁中郎將加廣武將軍徙其所部三千餘戶于長安堅自臨晉登龍門顧謂其羣臣曰美哉山河之固婁敬有言關

晉記十三　二

中四塞之國真不虛也權翼薛讚對曰臣聞夏殷之都非不險也周秦之衆非不多也終於身竄南巢首懸白旗軀殘於犬戎國分於項籍者何也德之不脩故耳吳起有言在德不在險深願陛下追蹤唐虞懷遠以德山河之固不足恃也堅大悅乃還長安賜爲父後者爵一級鰥寡高年穀帛有差丐所過田租之半是秋大旱堅減膳徹懸金玉綺繡皆散之戎士後宮悉去羅紈衣不曳地開山澤之利公私共之偃甲息兵与境內休息王猛親寵愈密朝政莫不由之特進樊世氐豪也有大勳于苻氏負氣倨傲衆辱猛曰吾輩与先帝共興事業而不預時權君无汗馬之勞何敢專管大任是爲我耕稼而君食之乎猛曰方當使君爲宰夫安直耕稼而已世大怒曰要當懸汝頭於長安城門不爾者終不處於世也猛言之於堅堅怒曰必須殺此老氐然後百寮可整俄而世入言事堅謂猛曰吾欲以楊璧尚主璧何如人也世勃然曰楊璧臣之壻也婚已久定陛下安得令之尚主乎猛讓世曰陛下帝有海內而

君敢競婚是爲二天子安有上下世怒起將擊猛左右止之世遂醜言大罵堅由此發怒命斬之於西廄諸氐紛紜競陳猛短堅恚甚慢罵或有鞭撻於殿庭者權翼進曰陛下宏達大度善馭英豪神武卓犖錄功捨過有漢祖之風然慢易之言所宜除之堅笑曰朕之過也自是公卿以下無不憚猛焉堅起明堂繕南北郊郊祀其祖洪以配天宗祀其伯健於明堂以配上帝親耕籍田其妻苟氏親蠶于近郊堅南遊霸陵顧謂群臣曰漢祖起自布衣廓平四海佐命功臣孰爲首乎權翼進曰漢書以蕭曹爲功臣之冠堅曰漢祖與項羽爭天下困於京索之間身被七十餘創通中六七父母妻子爲楚所囚平城之下七日不火食賴陳平之謀太上妻子克全免匈奴之禍二相何得獨高也雖有人狗之喻豈黃中之言乎於是酣飲極歡命群臣賦詩大赦復改元曰甘露以王猛爲侍中中書令京兆尹其特進強德健妻之弟也昏酒豪橫爲百姓之患猛捕而殺之陳尸於市其中丞鄧羌性鯁直不撓與猛協

規齊志數旬之間貴戚彊豪誅死者二十有餘人於是百寮震肅豪右屏氣路不拾遺風化大行堅歎曰吾今始知天下之有法也天子之爲尊也於是遣使巡察四方及戎夷種落州郡有高年孤寡不能自存長吏刑罰失中爲百姓所苦清脩疾惡勸課農桑有便於俗篤學至孝義烈力田者皆令具條以聞時匈奴左賢王衛辰遣使降於堅遂請田內地堅許之雲中護軍賈雍遣其司馬徐斌率騎襲之因縱兵掠奪堅怒曰朕方脩魏絳和戎之術不可以小利忘大信昔荊吳之戰事興蠶婦澆瓜之惠梁宋息兵夫怨不在大事不在小擾邊動衆非國之利也所獲資產其悉以歸之免雍官以白衣領護軍遣使脩和示之信義辰於是入居塞內貢獻相尋烏丸獨孤鮮卑沒弈干率衆數萬又降于堅堅初欲處之塞內苻融以匈奴爲患其與自古比虜馬不敢南首者畏威故也今處之於內地見其弱矣方當闚兵郡縣爲北邊之害不如徙之塞外以存荒服之義堅從之堅僭位五年鳳皇集于東闕大赦其

境內百寮進位一級初堅之將爲赦也與王猛苻融密議於露堂悉屏左右堅親爲赦文猛融供進紙墨有一大蒼蠅入自牖間鳴聲甚大集于筆端驅而復來俄而長安街巷市里人相告曰官今大赦有司以聞堅驚謂融猛曰禁中無耳屬之理事何從泄也於是敕外窮推之咸言有一小人衣黑衣大呼於市曰官今大赦須臾不見堅歎曰其向蒼蠅乎聲狀非常吾固惡之諺曰欲人勿知莫若勿爲聲無細而弗聞事未形而必彰者其此之謂也堅廣脩學官召郡國學生通一經以上充之公卿已下子孫並遣受業其有學爲通儒才堪幹事清脩廉直孝悌力田者皆旌表之於是人思勸勵號稱多士盜賊止息請託路絕田疇脩闢帑藏充盈典章法物靡不悉備堅親臨太學考學生經義優劣品而第之問難五經博士多不能對堅謂博士王寔曰朕一月三臨太學黜陟幽明躬親獎厲罔敢倦違庶幾周孔微言不由朕而墜漢之二武其可追乎寔對曰自劉石擾覆華畿二都鞠爲茂草儒生罕有或

存墳籍滅而莫紀經綸學廢奄若秦皇陛下神武撥亂道隆虞夏開庠序之美弘儒教之風化盛隆周垂馨千祀漢之二武焉足論哉堅自是每月一臨太學諸生競勸焉屠各張罔聚衆數千自稱大單于寇掠郡縣堅以其尚書鄧羌爲建節將軍率衆七千討平之時商人趙掇丁妃鄒瓫等皆家累千金車服之盛擬則王侯堅之諸公競引之爲國二卿黃門侍郎程憲言於堅曰趙掇等皆商販醜豎市郭小人車馬衣服僭同王者官齊君子爲藩國列卿傷風敗俗有塵盛化宜肅明典法使清濁顯分堅於是推檢引擢等爲國卿者降其爵乃下制非命士已上不得乘車馬於都城百里之內金銀錦繡工商皂隸婦女不得服之犯者弃市興寧三年堅又改元爲建元慕容暐遣其太宰慕容恪攻拔洛陽略地至于崤澠堅懼其入關親屯陝城以備之匈奴右賢王曹轂左賢王衛辰舉兵叛率衆二萬攻其杏城已南郡縣屯于馬蘭山索虜烏延等亦叛堅而通于辰轂堅率中外精銳以討之以其前將軍楊安

鎮軍毛盛等爲前鋒都督𤪌遣弟活距戰于同官川安大敗之斬活并四千餘級𤪌懼而降堅徙其酋豪六千餘戶于長安進擊烏延斬之鄧羌討衛辰擒之於木根山堅自驄馬城如朔方巡撫夷狄以衛辰爲夏陽公以統其衆𤪌尋死分其部落貳城已西二万餘落封其長子璽爲駱川侯貳城已東二万餘落封其小子寅爲力川侯故號東西曹秦雍二州地震裂水泉涌出金象生毛長安大風震雷壞屋殺人堅懼而愈脩德政焉使王猛楊安等率衆二万寇荊州北鄙諸郡掠漢陽万餘戶而還羌斂岐叛堅自稱益州刺史率部落四千餘家西依張天錫叛將李儼堅遣王猛与隴西太守姜衡南安太守邵羌討斂岐于略陽張天錫率步騎三万擊李儼攻其大夏武始二郡克之天錫將掌據又敗儼諸軍于葵谷儼懼遣兄子純謝罪於堅仍請救尋而猛攻破略陽斂岐奔白馬堅遣楊安与建威王撫率衆會猛以救儼猛遣邵羌追斂岐使王撫守侯和姜衡守白石猛与楊安救枹罕及天錫將楊遹戰于枹

罕東猛不利邵羌擒斂岐於白馬送之長安天錫遂引師而歸儼猶憑城未出猛乃服白乗輿從數十人請与相見儼開門延之未及設備而將士續入遂虜儼而還堅以其將軍彭越爲平西將軍涼州刺史鎮枹罕以儼爲光禄勳歸安侯是歲苻雙據上邽苻柳據蒲坂叛于堅苻庾據陝城苻武據安定並應之將共伐長安堅遣使諭之各齧梨以爲信皆不受堅命阻兵自守堅遣後禁將軍楊成世左將軍毛嵩等討雙武王猛鄧羌攻蒲坂楊安張蚝攻陝城成世毛嵩爲雙武所敗堅又遣其武衛王鑒寧朔呂光等率中外精銳以討之左衛苻雅左禁竇衝率羽林騎七千繼發雙武乗勝至于榆眉鑒等擊敗之斬獲万五千人武弃安定隨雙奔上邽鑒等攻之苻柳出挑戰猛閉壘不應柳以猛爲憚已留其世子良守蒲坂率衆二万將攻長安去蒲坂百餘里鄧羌率勁騎七千夜襲敗之柳引軍還猛又盡衆邀擊悉俘其卒柳与數百騎入于蒲坂鑒等攻上邽克之斬雙武猛又尋破蒲坂斬

柳及其妻子傳首長安猛屯蒲坂遣鄧羌与王鑒等攻陷陝城尅之送庾于長安殺之太和四年晉大司馬桓温伐慕容暐次于枋頭暐衆屢敗遣使乞師于堅請割武牢以西之地堅亦欲與暐連横乃遣其將苟池等率步騎二万救暐王師尋敗引歸池乃還是時慕容垂避害奔于堅王猛言於堅曰慕容垂燕之戚屬世雄東夏寬仁惠下恩結士庶燕趙之間咸有奉戴之意觀其才略權智无方兼其諸子明毅有幹藝人之傑也蛟龍猛獸非可馴之物不如除之堅曰吾方以義致英豪建不世之功且其初至吾告之至誠今而害之人將謂我何王師既旋慕容暐悔割武牢之地遣使謂堅曰頃者割地行人失辭有國有家分災救患理之常也堅大怒遣王猛与建威梁成鄧羌率步騎三万署慕容垂爲冠軍將軍以爲鄉導攻暐洛州刺史慕容筑于洛陽暐遣其將慕容臧率精卒十万將解筑圍猛使梁成等以精銳万人卷甲赴之大破臧於滎陽筑懼而請降猛陳師以受之留邵羌鎮金墉猛振旅而歸

太和五年又遣猛率楊安張蚝鄧羌等十將率步騎六万伐暐堅親送猛于霸東謂曰授卿精兵委以重任便可從壺關上黨出潞川此捷濟之機所謂疾雷不及掩耳吾當躬自率衆以繼卿後於鄴相見已勑運漕相継但憂賊不煩後慮也猛曰臣庸劣孤生操无豪介荷陛下恩榮内侍帷幄出總戎旅藉宗廟之靈禀陛下神筭殘胡不足平也願不煩鑾軫冒犯霜露臣雖不武望克不淹時但願速勑有司部置鮮卑之所堅大悅於是進師楊安攻晉陽猛攻壺關執暐上黨太守慕容越所經郡縣皆降于猛猛留屯騎校尉苟萇戍壺關會楊安攻晉陽爲地道遣張蚝率壯士數百人入其城中大呼斬關猛安遂入晉陽執暐并州刺史慕容莊暐遣其太傅慕容評率衆四十餘万以救二城評憚猛不敢進屯於潞川猛留將軍毛當戍晉陽進師與評相持遣游擊郭慶以鋭卒五千夜從間道出評營後傍山起火燒其輜重火見鄴中暐懼遣使讓評催之速戰猛知評賣水鬻薪有可乘之會評又求戰

乃陣於渭原而誓衆曰王景略受國厚恩任兼内外今與諸君深入賊地宜各勉進不可退也願戮力行間以報恩顧受爵明君之朝慶觴父母之室不亦美乎衆皆勇奮破釜棄糧大呼競進猛望評師之衆也惡之謂鄧羌曰今日之事非將軍莫可以捷成敗之機在斯一舉將軍其勉之羌曰若以司隷見與者公無以為憂猛曰此非吾之所及也必以安定太守万戶侯相處羌不悅而退俄而兵交猛召之羌寢而弗應猛馳就許之羌於是大飲帳中與張蚝徐成等跨馬運矛馳入評軍出入數四傍若无人搴旗斬將殺傷甚衆戰及日中評衆大敗俘斬五万有餘乘勝追擊又降斬十万於是進師圍鄴堅聞之留李威輔其太子宏守長安以苻融鎮洛陽躬率精銳十万向鄴七日而至於安陽過舊閭引諸耆老語及祖父之事泫然流涕乃停信宿猛潛至安陽迎堅堅謂之曰昔亞夫不出軍迎漢文將軍何以臨敵而棄衆也猛曰每覽亞夫之事常謂前却人主以此而為名將竊未多之臣奉陛下

神算擊垂亡之虜若摧枯拉朽何足慮也監國冲幼鑾駕遠臨脫有不虞其如宗廟何堅遂攻鄴陷之慕容暐出奔高陽堅將郭慶執而送之堅入鄴宮閱其名籍凡郡百五十七縣一千五百七十九戶二百四十五万八千九百六十九口九百九十八万七千九百三十五諸州郡牧守及六夷渠帥盡降於堅郭慶窮追餘燼慕容評奔于高句麗慶追至遼海句麗縛評送之堅散暐宮人珍寶以賜將士論功封賞各有差以王猛為使持節都督關東六州諸軍事車騎大將軍開府儀同三司冀州牧鎮鄴以郭慶為持節都督幽州諸軍事揚武將軍幽州刺史鎮薊堅自鄴如枋頭讌諸父老改枋頭為永昌縣復之終世堅至自永昌行飲至之禮歌勞止之詩以饗其羣臣赦慕容暐及其王公已下皆徙于長安封授有差堅於是行禮于辟雍祀先師孔子其太子及公侯卿大夫士之元子皆束脩釋奠焉徙關東豪桀及諸雜夷十万戶于關中處烏丸雜類于馮翊北地丁零翟斌于新安徙陳

留東阿萬戶以實青州諸因亂流移避仇遠徙欲還舊業者悉聽之晉叛臣袁瑾固守壽春為大司馬桓溫所圍遣使請救于堅堅遣王鑒張蚝率步騎二万救之鑒據洛澗蚝屯八公山桓溫遣諸將夜襲鑒蚝敗之鑒蚝屯慎城初仇池氐楊世以地降於堅堅署為平南將軍秦州刺史仇池公既而歸順於晉世死子纂代立遂受天子爵命而絕於堅世弟統與武得衆起兵武都與纂分爭堅遣其將苻雅楊安與益州刺史王統率步騎七万先取仇池進圖寧益雅等次于鷲峽纂率衆五万距雅晉梁州刺史楊亮遣督護郭寶率騎千餘救之戰于陜中為雅等所敗纂收衆奔還雅進攻仇池楊統率武都之衆降于雅纂將楊他遣子碩密降于雅請為内應纂懼面縛出降雅釋其縛送之長安以楊統為平遠將軍南秦州刺史加楊安都督鎮仇池先是王猛獲張天錫將敦煌陰據及甲士五千堅既東平六州西擒楊纂欲以德懷遠且跨威河右至是悉送所獲還凉州天錫懼而遣使謝罪稱藩堅大悅即署天

錫為使持節散騎常侍都督河右諸軍事驃騎大將軍開府儀同三司凉州刺史西域都護西平公吐谷渾碎奚以楊纂既降懼而遣使送馬五千匹金銀五百斤堅拜纂安遠將軍漒川侯堅嘗如鄴狩于西山旬餘樂而忘返伶人王洛叩馬諫曰臣聞千金之子坐不垂堂万乘之主行不履危故文帝馳車袁公止轡孝文好田相如獻規陛下為百姓父母蒼生所繫何可盤于游田以玷聖德若禍起須臾變在不測者其如宗廟何其如太后何堅曰善昔文公悟愆於虞人朕聞罪於王洛吾過也自是遂不復獵堅聞桓温廢海西公也謂羣臣曰温前敗灞上後敗枋頭十五年間再傾國師六十歲公舉動如此不能思愆免退以謝百姓方廢君以自悅將如四海何諺云怒其室而作色於父者其桓温之謂乎堅以境内旱課百姓區種懼歲不登省節穀帛之費太官後宮減常度二等百寮之秩以次降之復魏晉士籍使役有常聞諸非正道典學一皆禁之堅臨太學考學生經義上第擢敘者八十三人自永

嘉之乱庠序无聞及堅之僭頗留心儒學王猛整齊風俗政理稱舉學校漸興関隴清晏百姓豐樂自長安至于諸州皆夾路樹槐柳二十里一亭四十里一驛旅行者取給於途工商貿販於道百姓歌之曰長安大街夾樹楊槐下走朱輪上有鸞栖英彦雲集誨我萌黎是歲有大風從西南來俄而晦冥恒星皆見又有赤星見于西南太史令魏延言於堅曰於占西南國亡明年必當平蜀漢堅大悦命秦梁密嚴戎備乃以王猛爲丞相以苻融爲鎮東大將軍代猛爲冀州牧融將發堅祖於霸東奏樂賦詩堅母苟氏以融少子甚愛之比發三至灞上其夕又竊如融所内外莫知是夜堅寢于前殿魏延上言天市南門屏内后妃星失明左右閽寺不見后妃移動之象堅推問知之竊曰天道與人何其不遠遂重星官王猛至長安加都督中外諸軍事猛辞讓再三堅不許其後天鼓鳴有彗星出于尾箕長十餘丈名蚩尤旗經太微埽東井自夏及秋冬不滅太史令張孟言於堅曰彗起尾箕而埽東井此燕滅秦之象因勸堅誅慕容暐及其子弟堅不納更以暐爲尚書垂爲京兆尹沖爲平陽太守苻融聞之上疏於堅曰臣聞東胡在燕歷數弥久逮于石乱遂據華夏跨有六州南面稱帝陛下爰命六師大舉征討勞卒頻年勤而後獲本非慕義懷德歸化而今父子兄弟列官滿朝執權履職勢傾勞舊陛下親而幸之臣愚以爲猛獸不可養狼子野心往年星異災起於燕願少留意以思天戒臣據可言之地不容嘿已詩曰兄弟急難朋友好合昔劉向以肺腑之親尚能極言況於臣乎堅報之曰汝爲德未充而懷是非立善未稱而名過其實詩云德輶如毛人鮮克舉君子處高戒懼傾敗可不務乎今四海事曠兆庶未寧黎元應撫夷狄應和方將混六合以一家同有形於赤子汝其息之勿懷耿介夫天道助順脩德則禳災苟求諸已何懼外患焉晉梁州刺史楊亮遣子廣襲仇池与堅將楊安戰廣敗績晉沮水諸戍皆棄城奔潰亮懼而退守磬險安遂進寇漢川堅遣王统朱彤率卒二万爲前鋒寇蜀前禁將軍

毛當鷹揚將軍徐成率步騎三萬入自劍閣楊亮率巴獠万餘距之戰于青谷王師不利亮奔固西城彤乘勝陷漢中徐成又攻二劍剋之楊安進據梓潼晉奮威將軍西蠻校尉周虓降于彤揚武將軍益州刺史周仲孫勒兵距彤等于緜竹聞堅將毛當將至成都仲孫率騎五千奔于南中安當進兵遂陷益州於是西南夷卭莋夜郎等皆歸之堅以安爲右大將軍益州牧鎮成都毛當爲鎮西將軍梁州刺史鎮漢中姚萇爲寧州刺史領西蠻校尉王统爲南秦州刺史鎮仇池蜀人張育楊光等起兵與巴獠相應以叛於堅晉益州刺史竺瑶威遠將軍桓石虔率衆三万據墊江育乃自號蜀王遣使歸順与巴獠酋帥張重尹万等五万餘人進圍成都尋而育与万爭權舉兵相持堅遣鄧羌与楊安等擊敗之育光退屯緜竹安又敗張重尹万于成都南重死之及首級二万三千鄧羌復擊張育楊光于緜竹皆害之桓石虔敗姚萇于墊江萇退據五城石虔与竺瑶移屯巴東時有人於堅明光殿大呼謂堅曰甲申乙酉魚羊食人悲哉无復遺堅命執之俄而不見秘書監朱彤等因請誅鮮卑堅不從遣使巡行四方觀風俗問政道明黜陟恤孤獨不能自存者以安車蒲輪徵隱士樂陵王勸爲國子祭酒及王猛卒堅置聽訟觀於未央之南禁老莊圖讖之學中外四禁二衛四軍長上將士皆令脩學課後宮置典學立内司以授于掖庭選閹人及女隷有聰識者署博士以授經遣其武衛苟萇左將軍毛盛中書令梁熙步兵校尉姚萇等率騎十三万伐張天錫于姑臧遣尚書郎閻負梁殊銜命軍前下書徵天錫堅嚴飾鹵簿親餞萇等於城西賞行將各有差又遣其秦州刺史苟池河州刺史李辯涼州刺史王统率三州之衆以継之閻負等到涼州天錫自以晉之列藩志在保境命斬之遣將軍馬建出距萇等俄而梁熙王統等自清石津攻其將梁濟于河會城陷之苟萇濟自石城津與梁熙等會攻纏縮城又陷之馬建懼自楊川退還清塞天錫又遣將軍掌據率衆三万与馬建陣于洪池苟萇遣姚萇以甲卒三千

挑戰諸將勸據擊之以挫其鋒據不從天錫乃率中軍三万次金
昌萇熈聞天錫來逼急攻據建建降於萇遂攻據害之及其軍司
席仂萇進軍入清塞乘高列陣天錫又遣司兵趙充哲為前鋒率
勁勇五万与萇等戰于赤岸哲大敗天錫懼而奔還致牋請降萇
至姑臧天錫乘素車白馬面縛輿櫬降于軍門萇釋縛焚櫬送之
于長安諸郡縣悉降堅以梁熈為持節西中郎將涼州刺史領護
西羌校尉鎮姑臧徙豪右七千餘户于關中五品税百姓金銀一
万三千斤以賞軍士餘皆安堵如故堅封天錫重光縣之東寧鄉
二百户號歸義侯初萇等將征天錫堅為其五第於長安至是而
居之堅既平涼州又遣其安北將軍幽州刺史苻洛為北討大都
督率幽州兵十万討代王涉翼犍又遣後將軍俱難與鄧羌等率
步騎二十萬東出和龍西出上郡与洛會于涉翼犍庭翼犍戰敗
遁于弱水苻洛逐之勢窘迫退還陰山其子翼圭縛父請降洛等
振旅而還封賞有差堅以翼犍荒俗未參仁義令入太學習禮以

翼圭執父不孝迁之於蜀散其部落於漢鄣邊故地立尉監行事
官寮領押課之治業營生三五取丁優復三年無税租其渠帥歲
終令朝獻出入行來為之制限堅嘗之太學召涉翼犍問曰中國
以學養性而人壽考漠北噉牛羊而人不壽何也翼犍不能荅又
問卿種人有堪將者可召為國家用對曰漠北人能捕六畜善馳
走逐水草而已何堪為將又問好學否對曰若不好學陛下用教
臣何為堅善其荅堅以關中水旱不時議依鄭白故事發其王侯
已下及豪望富室僮隸三万人開涇水上源鑿山起堤通渠引瀆
以溉岡鹵之田及春而成百姓賴其利以涼州新附復租賦一年
為父後者賜爵一級孝悌力田爵二級孤寡高年穀帛有差女子
百户牛酒大酺三日遣其尚書令苻丕率司馬慕容暐苟萇等步
騎七万寇襄陽使楊安將樊鄧之衆為前鋒屯騎校尉石越率精
騎一万出魯陽關慕容垂与姚萇出自南鄉苟池等与彊弩王顯
將勁卒四万從武當繼進大會漢陽師次沔北晋南中郎將朱序

以丕軍無舟檝不以為虞石越遂游馬以渡序大懼固守中城越
攻陷外郛獲船百餘艘以濟軍丕率諸將進攻中城遣苟池石越
毛當以衆五万屯于江陵晋車騎將軍桓冲擁衆七万為序聲援
憚池等不進保據上明兗州刺史彭超遣使上言於堅曰晋沛郡
太守戴逯以卒數千戍彭城臣請率精銳五万攻之願更遣重將
討淮南諸城堅於是又遣其後將軍俱難率右將軍毛當後禁毛
盛陵江邵保等步騎七万寇淮陰盱眙揚武彭超寇彭城梁州刺
史韋鍾寇魏興攻太守吉挹于西城晋將軍毛武生率衆五万距
之与俱難等相持于淮南先是梁熈遣使西域稱揚堅之威德并
以繒綵賜諸國王於是朝獻者十有餘國大宛獻天馬千里駒皆
汗血朱鬣五色鳳膺麟身及諸珍異五百餘種堅曰吾思漢文之
返千里馬咨嗟美詠今所獻馬其悉返之庶克念前王髣髴古人
矣乃命羣臣作止馬詩而遣之示无欲也其下以為盛德之事遠
同漢文於是獻詩者四百餘人是時苻丕久圍襄陽御史中丞李

柔劾丕以師老无功請徵下廷尉堅曰丕等費廣無成實宜貶戮
但師已淹時不可虛然中返其特原之令以功成贖罪因遣其黄
門郎韋華持節切讓丕等仍賜以劒曰來春不捷者汝可自裁不
足復持面見吾也初丕之寇襄陽也將急攻之苟萇諫曰今以十
倍之衆積粟如山但掠徙荊楚之人内於許洛絶其糧運使外援
不接糧盡无人不攻自潰何為促攻以傷將士之命丕從之及堅
讓至衆咸疑懼莫知所為征南主簿河東王施進曰以大將軍英
秀諸將勇鋭以攻小城何異洪鑪燎羽毛所以緩攻欲以計制之
若決一旦之機可指日而定今破襄陽上明自遁復何所疑願請
一旬之期以展三軍之勢如其不捷施請為戮首丕於是促圍攻
之堅將親率衆助丕等使苻融將關東甲卒會于壽春梁熈統
河西之衆以繼中軍融熈並上言以為未可興師乃止太元四年
晋兗州刺史謝玄率衆數萬次于四納將救彭城苻丕陷襄陽執
南中郎將朱序送于長安堅署為度支尚書以其中壘梁成為南

中郎將都督荊揚州諸軍事荊州刺史領護南蠻校尉配兵一万
鎮襄陽以征南府器杖給之彭超圍彭城也置輜重于留城至是
晉將謝玄遣將軍何謙之高衡率衆万餘聲趣留城超引軍赴之
戴逯率彭城之衆奔于謝玄超留其治中徐褒守彭城而復寇盱
眙俱難既陷淮陰留邵保戍之与超會師而南晉將毛武生救魏
興遣前鋒督護趙福將軍袁虞等將水軍一万溯江而上堅南巴
校尉姜守遣將張紹仇生等水陸五千距之戰于南縣王師敗績
尋而韋鍾攻陷魏興執太守吉挹毛當与王顯自襄陽而東會攻
淮南彭超陷盱眙獲晉建威將軍高密內史毛璪之遂攻晉幽州
刺史田洛于三阿去廣陵百里京都大震臨江列戍孝武帝遣征
虜將軍謝石率水軍次于涂中右衛將軍毛安之游擊將軍河間
王曇之次于堂邑謝玄自廣陵救三阿毛當毛盛馳襲安之王師
敗績玄率衆三万次于白馬塘俱難遣其將都顏率騎逆玄戰于
塘西玄大敗之斬顏玄進兵至三阿与難超戰超等又敗退保盱

眙玄進次石梁與田洛攻盱眙難超出戰復敗退屯淮陰玄遣將
軍何謙之督護諸葛侃率舟師乘潮而上焚淮橋又与難等合戰
謙之斬其將邵保難超退師淮北難歸罪彭超斬其司馬柳渾堅
聞之大怒檻車徵超下獄超自殺難免為庶人堅以毛當為平南
將軍徐州刺史鎮彭城毛盛為平東將軍兖州刺史鎮胡陸王顯
為平吳校尉揚州刺史戍下邳賞堂邑之功也又以苻洛為散騎
常侍持節都督益寧西南夷諸軍事征南大將軍益州牧領護西
夷校尉鎮成都命從伊闕自襄陽溯漢而上洛健之兄子也雄勇
多力而猛氣絕人堅深忌之故常為邊牧洛有征伐之功而未賞
及是迁也恚怒謀於衆曰孤於帝室至親也主上不能以將相任
孤常擯孤於外既投之西裔復不聽過京師此必有伏計令梁成
沉孤於漢水矣為宜東手就命為追晉陽之事以匡社稷邪諸君
意如何其治中平顏妄陳祥瑞勸洛舉兵洛因攘袂大言曰孤計
決矣沮謀者斬於是自稱大將軍大都督秦王署置官司以平顏

為輔國將軍幽州刺史為其謀主分遣使者徵兵於鮮卑烏丸高
句麗百濟及薛羅休忍等諸國並不從洛懼而欲止平顏曰且宜
聲言受詔盡幽并之兵出自中山常山陽平公必郊迎於路因而
執之進據冀州總關東之衆以圖秦雍可使百姓不覺易主而大
業定矣洛從之乃率衆七万發和龍將圖長安於是關中騷動盜
賊並起堅遣使數之曰天下未一家兄弟匪他何為而返可還和
龍當以幽州永為世封洛謂使者曰汝還白東海王幽州褊阨不
足容万乘須還王咸陽以承高祖之業若能候駕潼關者位為上
公爵歸本國堅大怒遣其左將軍竇衝及呂光率步騎四万討
之右將軍都貴馳傳詣鄴率冀州兵三万為前鋒以苻融為大
都督授之節度使石越率騎一万自東萊出石徑襲和龍海行四
百餘里苻重亦盡薊城之衆會洛次于中山有衆十万衝等与洛
戰于中山大敗之執洛及其將蘭殊送于長安呂光追斬苻重於
幽州石越尅和龍斬平顏及其黨与百餘人堅赦蘭殊署為將軍

徙洛于涼州徵苻融為車騎大將軍領宗正錄尚書事洛既平以
關東地廣人殷思所以鎮靜之引其群臣于東堂議曰凡我族類
支胤彌繁今欲分三原九嵕武都汧雍十五万戶於諸方要鎮不
忘舊德為磐石之宗於諸君之意如何皆曰此有周所以祚隆八百
社稷之利也於是分四帥子弟三千戶以配苻丕鎮鄴如世封諸侯
為新券主堅送丕於灞上流涕而別諸戎子弟離其父兄者皆悲
號哀慟酸感行人識者以為喪乱流離之象於是分幽州置平州
以石越為平州刺史領護鮮卑中郎將鎮龍城大鴻臚韓胤領護
赤沙中郎將移烏丸府于代郡之平城中書令梁讜為安遠將
軍幽州刺史鎮薊城毛興為鎮西將軍河州刺史鎮枹罕王騰為
鷹揚將軍并州刺史領護匈奴中郎將鎮晉陽二州各配支戶三
千苻暉為鎮東大將軍豫州牧鎮洛陽苻叡為安東將軍雍州刺
史鎮蒲坂先是高陸人穿井得龜大三尺背有八卦文堅命太卜
池養之食以粟及此而死藏其骨於太廟其夜廟丞高虜夢龜謂

之曰我本出將歸江南遭時不遇隕命秦庭又有人夢中謂虜曰龜三千六百歲而終終必妖興亡國之徵也堅自平諸國之後國内殷實遂示人以侈懸珠簾于正殿以朝群臣宮宇車乘器物服御悉以珠璣琅玕奇寳珍怪飾之尚書郎裴元略諫曰臣聞堯舜茅茨周卑宮室故致和平慶隆八百始皇窮極奢麗嗣不及孫願陛下則采椽之不琢鄙瓊室而不居敷純風於天下流休範於无窮賤金玉珍穀帛勸恤人隱勸課農桑捐无用之器弃難得之貨敦至道以厲薄俗脩文德以懷遠人然後一軌九州同風天下刑措既登告成東嶽蹤軒皇以齊美哂二漢之徒封臣之願也堅大悦命去珠簾以元略為諫議大夫鄯善王車師前部王來朝大宛獻汗血馬肅慎貢楛矢天竺獻火浣布康居于寘及海東諸國凡六十有二王皆遣使貢其方物初堅母少寡將軍李威有辟陽之寵史官載之至是堅收起居注及著作所録而觀之見其事慙怒乃焚其書而大檢史官將加其罪著作郎趙泉車敬等已死乃止

荆州刺史都貴遣其司馬閻振中兵參軍吳仲等率衆二万寇竟陵留輜重于管城水陸輕進桓沖遣南平太守桓石虔竟陵太守郭銓等水陸二万距之相持月餘戰于滶水振等大敗退保管城石虔乘勝攻破之斬振及仲俘斬万七千

載記第十三　晉書百十三

載記第十四　晉書百十四　　御撰

苻堅下　王猛　苻融　苻朗

太元七年堅饗羣臣于前殿樂奏賦詩秦州別駕天水姜平子有丁字直而不曲堅問其故平子曰臣丁至剛不可以屈且曲下者不正之物未足獻也堅笑曰名不虛行因擢為上第堅兄法子東海公陽与王猛子散騎侍郎皮謀反事洩堅問反狀陽曰禮云父母之仇不同天地臣父哀公死不以罪齊襄復九世之仇而況臣也皮曰臣父丞相有佐命之勳而臣不免貧餧所以圖富也堅流涕謂陽曰哀公之薨事不在朕卿寧不知之讓皮曰丞相臨終託卿以十具牛為田不聞為卿求位知子莫若父何斯言之徵也皆赦不誅徙陽于高昌皮于朔方之北苻融以位忝宗正不能肅遏姦萌上疏請待罪私藩堅不許將以融為司徒融固辭堅銳意荆揚將謀入寇乃改授融征南大將軍開府儀同三司新平郡獻玉器初堅即偽位新平王彫陳說圖讖堅大悅以彫為太史令嘗

言於堅曰謹按讖云古月之末亂中州洪水大起健西流惟有雄子定八州此即三祖陛下之聖諱也又曰當有草付臣又土滅東燕破白虜氐在中華在表按圖讖之文陛下當滅燕平六州願徙汧隴諸氐于京師三秦大戶置之于邊地以應圖讖之言堅訪之王猛猛以彫為左道惑衆勸堅誅之彫臨刑上疏曰臣以趙建武四年從京兆劉湛學明於圖記謂臣曰新平地古顓頊之墟里名曰雞閭記云此里應出帝王寳器其名曰延壽寳鼎顓頊有云河上先生為吾隱之于咸陽西北吾之孫有草付臣又土應之湛又云吾嘗齋於室中夜有流星大如半月落於此地斯蓋是乎願陛下誌之平七州之後出于壬午之年至是而新平人得之以獻器銘篆書文題之法一為天王二為王后三為三公四為諸侯五為伯子男六為卿大夫七為元士自此已下考載文記列帝王名臣自天子王后内外次序上應天文象紫宮布列依玉牒版辭不違帝王之數從上元人皇起至中元窮于下元天地一變盡三元而

止堅以彫言有徵追贈光祿大夫幽州蝗廣袤千里堅遣其散騎常侍劉蘭持節為使者發青冀幽并百姓討之以苻朗為使持節都督青徐兖三州諸軍事鎮東將軍青州刺史以諫議大夫裴元略為陵江將軍西夷校尉巴西梓潼二郡太守密授規模令与王撫備舟師于蜀將以入寇車師前部王弥寘鄯善王休密馱朝于堅堅賜以朝服引見西堂寘等觀其宮宇壯麗儀衛嚴肅甚懼因請年年貢獻堅以西域路遥不許令三年一貢九年一朝以為永制寘等請曰大宛諸國雖通貢獻然誠節未純請乞依漢置都護故事若王師出關請為鄉導堅於是以驍騎呂光為持節都督西討諸軍事与陵江將軍姜飛輕騎將軍彭晃等配兵七万以討定西域苻融以虛耗中國投兵万里之外得其人不可役得其地不可耕固諫以為不可堅曰二漢力不能制匈奴猶出師西域今匈奴既平易若摧朽雖勞師遠役可傳檄而定化被崑山垂芳千載不亦美哉朝臣又屢諫皆不納晉將軍朱綽焚踐沔北屯田掠六

百餘戶而還堅引群臣會議曰吾統承大業垂二十載芟夷逋穢四方略定惟東南一隅未賓王化吾每思天下不一未嘗不臨食輟餔今欲起天下兵以討之略計兵仗精卒可有九十七万吾將躬先啓行薄伐南裔於諸卿意何如祕書監朱肜曰陛下應天順時恭行天罰嘯咤則五嶽摧覆呼吸則江海絕流若一舉百万必有征无戰晉主自當銜璧輿櫬啓顙軍門若迷而弗悟必逃死江海猛將追之即可賜命南巢中州之人還之桑梓然後迴駕岱宗告成封禪起白雲於中壇受万歲於中嶽尔則終古一時書契未有堅大悅曰吾之志也左僕射權翼進曰臣以為晉未可伐夫以紂之无道天下離心八百諸侯不謀而至武王猶曰彼有人焉迴師止旆三仁誅放然後奮戈牧野今晉道雖微未聞喪德君臣和睦上下同心謝安桓沖江表偉才可謂晉有人焉臣聞師克在和今晉和矣未可圖也堅默然久之曰諸君各言其志太子左衛率石越對曰吳人恃險偏隅不賓王命陛下親御六師問罪衡越誠

合人神四海之望但今歲鎮星守斗牛福德在吳懸象无差弗可犯也且晉中宗藩王耳夷夏之情咸共推之遺愛猶在於人昌明其孫也國有長江之險朝无昏貳之釁臣愚以為利用修德未宜動師孔子曰遠人不服修文德以來之願保境養兵伺其虛隙堅曰吾聞武王伐紂逆歲犯星天道幽遠未可知也昔夫差威陵上國而為勾踐所滅仲謀澤洽全吳孫晧因三代之業龍驤一呼君臣面縛雖有長江其能固乎以吾之眾旅投鞭於江足斷其流越曰臣聞紂為无道天下患之夫差淫虐孫晧昏暴眾叛親離所以敗也今晉雖无德未有斯罪深願厲兵積粟以待天時群臣各有異同庭議者久之堅曰所謂築室于道沮計万端吾當內斷於心矣群臣出後獨留苻融議之堅曰自古大事定策者一兩人而已群議紛紜徒乱人意吾當与汝決之融曰歲鎮在斗牛吳越之福不可以伐一也晉主休明朝臣用命不可以伐二也我數戰兵疲將倦有憚敵之意不可以伐三也諸言不可者策之上也願陛下

納之堅作色曰汝復如此天下之事吾當誰与言之今有眾百万資仗如山吾雖未稱令主亦不為闇劣以累捷之威擊垂亡之寇何不克之有乎吾終不以賊遺子孫為宗廟社稷之憂也融泣曰吳之不可伐昭然虛勞大舉必无功而反臣之所憂非此而已陛下寵育鮮卑羌羯布諸畿甸舊人族類斥徙遐方今傾國而去如有風塵之變者其如宗廟何監國以弱卒數万留守京師鮮卑羌羯攢聚如林此皆國之賊也我之仇也臣恐非但徒返而已亦未必万全臣智識愚淺誠不足採王景略一時奇士陛下每擬之孔明其臨終之言不可忘也堅不納游于東苑命沙門道安同輦權翼諫曰臣聞天子法駕侍中陪乘清道而行進止有度三代末主或虧大倫適一時之情書惡來世故班姬辭輦垂美无窮道安毀形賤士不宜參穢神輿堅作色曰安公道冥至境德為時尊朕舉天下之重未足以易之非公与輦之榮此乃朕之顯也命翼扶安升輦顧謂安曰朕將与公南游吳越整六師而巡狩謁虞陵于疑

嶺贍禹穴于會稽泛長江臨滄海不亦樂乎安曰陛下應天御世
居中土而制四維逍遥順時以適聖躬動則鳴鑾清道止則神
棲无爲端拱而化与堯舜比隆何爲勞身于馳騎口倦于經略櫛
風沐雨蒙塵野次乎且東南區區地下氣癘虞舜游而不返大禹
適而弗歸何足以上勞神駕下困蒼生詩云惠此中國以綏四方
苟文德足以懷遠可不煩寸兵而坐賓百越堅曰非爲地不廣人
不足也但思混一六合以濟蒼生天生烝庶樹之君者所以除煩
去乱安得憚勞朕既大運所鍾將簡天心以行天罰高辛有熊泉
之役唐堯有丹水之師此皆著之前典昭之後王誠如公言帝王
无省方之文乎且朕此行也以義舉耳使流度衣冠之冑還其墟
壤復其桑梓止爲濟難銓才不欲窮兵極武安曰若鑾駕必欲親
動猶不願遠涉江淮可暫幸洛陽明授勝略馳紙檄于丹楊開其
改迷之路如其不庭伐之可也堅不納先是群臣以堅信重道安
謂安曰主上欲有事於東南公何不爲蒼生致一言也故安因此

而諫苻融及尚書原紹石越等上書面諫前後數十堅終不從堅
少子中山公詵有寵于堅又諫曰臣聞季梁在隨楚人憚之宮奇
在虞晉不闚兵國有人焉故也及謀之不用而亡不淹歲前車之
覆軌後車之明鑒陽平公國之謀主而陛下違之晉有謝安桓冲
而陛下伐之是行也臣竊惑焉堅曰國有元龜可以決大謀朝有
公卿可以定進否孺子言焉將爲戮也所司奏劉蘭討蝗幽州經
秋冬不滅請徵下廷尉詔獄堅曰災降在天殆非人力所能除也
此自朕之政違所致蘭何罪焉明年呂光發長安堅送于建章宮
謂光曰西戎荒俗非礼義之邦羈縻之道服而赦之示以中國之
威導以王化之法勿極武窮兵過深殘掠加鄯善王休密馱使持
節散騎常侍都督西域諸軍事寧西將軍車師前部王彌窴使
持節平西將軍西域都護率其國兵爲光鄉導是年益州西南夷
海東諸國皆遣使貢其方物堅南游灞上從容謂群臣曰軒轅大
聖也其仁若天其智若神猶隨不順者從而征之居無常所以兵

爲衛故能日月所照風雨所至莫不率從今天下垂平惟東南未
殄朕忝荷大業巨責攸歸豈敢優游卒歲不建大同之業每思桓
温之寇也江東不可不滅今有勁卒百万文武如林鼓行而摧遺
晉若商風之隕秋籜朝廷内外皆言不可吾實未解所由晉武若
信朝士之言而不征吴者天下何由一軌吾計決矣不復与諸卿
議也太子宏進曰吴今得歲不可伐也且晉主无罪人爲之用謝
安桓冲兄弟皆一方之儁才君臣戮力阻險長江未可圖也但可
厲兵積粟以待暴主一舉而滅之今若動而无功則威名損於外
資財竭於内是故聖王之行師也内斷必誠然後用之彼若憑長
江以固守徙江北百姓於江南增城清野杜門不戰我已疲矣彼
未引弓土下氣癘不可久留陛下將若之何堅曰往年車騎滅燕
亦犯歲而捷之天道幽遠非汝所知也昔始皇之滅六國其王豈
皆暴乎且吾内斷於心久矣舉必剋之何爲无功吾方命蠻夷以
攻其内精甲勁兵以攻其外内外如此安有不剋道安曰太子之言

是也願陛下納之堅弗從冠軍慕容垂言於堅曰陛下德侔軒唐
功高湯武威澤被于八表遠夷重譯而歸司馬昌明因餘燼之資
敢距王命是而不誅法將安措孫氏跨僭江東終并於晉其勢然
也臣聞小不敵大弱不御彊況大秦之應符陛下之聖武彊兵百
萬韓白盈朝而今其偷魂假號以賊虜遺子孫哉詩云築室于道
謀是用不潰于成陛下内斷神謀足矣不煩廣訪朝臣以乱聖慮
昔晉武之平吴也言可者張杜數賢而已若採群臣之言豈能建
不世之功諺云憑天俟時時已至矣其可已乎堅大悦曰与吾定
天下者其惟卿耳賜帛五百匹彗星埽東井自堅之建元十七年
四月長安有水影遠觀若水視地則見人至是則止堅惡之上林竹
死洛陽地陷晉車騎將軍桓冲率衆十万伐堅遂攻襄陽遣前將
軍劉波冠軍桓石虔振威桓石民攻沔北諸城輔國楊亮伐蜀攻
拔伍城進攻涪城龍驤胡彬攻下蔡鷹揚郭銓攻武當冲別將攻
万歲城拔之堅大怒遣其子征南叡冠軍慕容垂左衛毛當率

步騎五万救襄陽揚武張崇救武當後將軍張蚝步兵校尉姚萇
救涪城𣪞次新野垂次鄧城王師敗張崇于武當掠二千餘户而
帰𣪞遣垂及驍騎石越為前鋒次于沔水垂越夜命三軍人持十
炬火繫炬於樹枝光照十數里中沖懼退還上明張蚝出斜谷楊
亮亦引兵退帰堅下書悉發諸州公私馬人十丁遣一兵門在灼
然者為崇文義從良家子年二十已下武藝驍勇富室材雄者皆
拜羽林郎下書期剋捷之日以帝為尚書左僕射謝安為吏部尚
書桓沖為侍中並立第以待之良家子至者三万餘騎其秦州主
簿金城趙盛之為建威將軍少年都統遣征南苻融驃騎張蚝撫
軍苻方衛軍梁成平南慕容暐冠軍慕容垂率步騎二十五万為
前鋒堅發長安戎卒六十餘万騎二十七万前後千里旗鼓相望
堅至項城涼州之兵始達咸陽蜀漢之軍順流而下幽冀之衆至
于彭城東西万里水陸齊進運漕万艘自河入石門達于汝穎融
等攻陷壽春執晉平虜將軍徐元喜安豐太守王先垂攻陷項城

害晉將軍王太丘梁成与其揚州刺史王顯弋陽太守王詠等率
衆五万屯于洛澗柵淮以遏東軍成頻敗王師晉遣都督謝石徐
州刺史謝玄豫州刺史桓伊輔國謝琰等水陸七万相継距融去
洛澗二十五里憚成不進龍驤將軍胡彬先保硤石為融所逼糧
盡詐揚沙以示融軍潛遣使告石等曰今賊盛糧盡恐不見大軍
融軍人獲而送之融乃馳使白堅曰賊少易俘但懼其越逸宜速
進衆軍掎擒賊帥堅大悦恐石等遁也捨大軍于項城以輕騎八
千兼道赴之令軍人曰敢言吾至壽春者拔舌故石等弗知晉龍
驤將軍劉牢之率勁卒五千夜襲梁成壘剋之斬成及王顯王
詠等十將士卒死者万五千謝石等以既敗梁成水陸継進堅与
苻融登城而望王師見部陣齊整將士精鋭又北望八公山上草
木皆類人形顧謂融曰此亦勍敵也何謂少乎憮然有懼色初朝
廷聞堅入寇會稽王道子以威儀鼓吹求助於鍾山之神奉以相
國之號及堅之見草木狀人若有力焉堅遣其尚書朱序説石

等以衆盛欲脅而降之序詭謂石曰若秦百万之衆皆至則莫可
敵也及其衆軍未集宜在速戰若挫其前鋒可以得志石聞堅在
壽春也懼謀不戰以疲之謝琰勸從序言遣使請戰許之時張蚝
敗謝石于肥南謝玄謝琰勒卒數万陣以待之蚝乃退列陣逼肥
水王師不得渡遣使謂融曰君懸軍深入置陣逼水此持久之計
豈欲戰者乎若小退師令將士周旋僕与君公緩轡而觀之不亦
美乎融於是麾軍却陣欲因其濟水覆而取之軍遂奔退制之不
可止融馳騎略陣馬倒被殺軍遂大敗王師乗勝追擊至于青岡
死者相枕堅為流矢所中單騎遁還於河北飢甚人有進壺飧豚
髀者堅食之大悦曰昔公孫豆粥何以加也命賜帛十匹綿十斤
辞曰臣聞白龍厭天池之樂而見困豫且陛下目所覩也耳所聞
也今蒙塵之難豈自天乎且妄施不為惠妄受不為忠陛下臣之
父母也安有子養而求報哉弗顧而退堅大慙顧謂其夫人張氏
曰朕若用朝臣之言豈見今日之事邪當何面目復臨天下乎潸

然流涕而去聞風聲鶴唳皆謂晉師之至其僕射張天錫尚書
朱序及徐元喜等皆帰順初諺言堅不出項群臣勸堅停項為
六軍聲鎮堅不從故敗諸軍悉潰惟慕容垂一軍獨全堅以千
餘騎赴之垂子寶勸垂殺堅垂不從乃以兵屬堅初慕容暐屯鄖
城姜成等守漳口晉隨郡太守夏侯澄攻姜成斬之暐弃其衆奔
還堅收離集散比至洛陽衆十餘万百官威儀軍容粗備未及関
而垂有貳志説堅請巡撫燕岱并求拜墓堅許之權翼固諫以
為不可堅不從尋懼垂為變悔之遣驍騎石越率卒三千戍鄴
驃騎張蚝率羽林五千戍并州留兵四千配鎮軍毛當戍洛陽堅
至自淮南次于長安東之行宮哭苻融而後入告罪于其太廟赦
殊死已下文武增位一級厲兵課農存卹孤老諸士卒不返者皆
復其家終世贈融大司馬謚曰哀公衛軍從事中郎丁零翟斌
反于河南長樂公苻丕遣慕容垂及苻飛龍討之垂南結丁
零殺飛龍盡坑其衆豫州牧平原公苻暉遣毛當擊翟斌為

弑所敗當死之垂于農亡奔列人招集群盜衆至万數千丕遣石
越擊之爲農所敗越死之垂引丁零烏丸之衆二十餘万爲飛梯
地道以攻鄴城慕容暐弟燕故濟北王泓先爲北地長史聞垂
攻鄴亡命奔關東收諸馬牧鮮卑衆至數千還屯華陰慕容暐
乃潛使諸弟及宗人起兵于外堅遣將軍強永率騎擊之爲泓
所敗泓衆遂盛自稱使持節大都督陝西諸軍事大將軍雍州牧
濟北王推叔父垂爲丞相都督陝東諸軍事領大司馬冀州牧吴
王堅謂權翼曰吾不從卿言鮮卑至是關東之地吾不復与之爭
將若泓何翼曰寇不可長慕容垂正可據山東爲乱不暇近逼今
暐及宗族種類盡在京師鮮卑之衆布於畿甸實社稷之元憂宜
遣重將討之堅乃以廣平公苻熙爲使持節都督雍州雜戎諸軍事
鎮東大將軍雍州刺史鎮蒲坂徵苻叡爲都督諸軍事衛大將軍
司隸校尉録尚書事配兵五万以左將軍竇衝爲長史龍驤姚
萇爲司馬討泓于華澤平陽太守慕容沖起兵河東有衆二万進

晉記十四　八

攻蒲坂堅命竇衝討之苻叡勇果輕敵不恤士衆泓聞其至也
懼率衆將奔關東叡馳兵要之姚萇諫曰鮮卑有思歸之心宜驅
令出關不可遏也叡弗從戰于華澤叡敗績被殺堅大怒萇懼誅
遂叛竇衝擊慕容沖于河東大破之沖率騎八千奔于泓軍泓衆
至十餘万遣使謂堅曰秦爲无道滅我社稷今天誘其衷使秦師
傾敗將欲興復大燕吴王已定關東可速資備大駕奉送家兄皇
帝并宗室功臣之家泓當率關中燕人翼衛皇帝還返鄴都与秦
以武牢爲界分王天下永爲鄰好不復爲秦之患也鉅鹿公輕戇
銳進爲乱兵所害非泓之意堅大怒召慕容暐責之曰卿父子干
紀僭乱乖逆人神朕應天行罰盡兵勢而得卿卿非改迷歸善而
合宗蒙宥兄弟布列上將納言雖曰破滅其實若歸柰何因王師
小敗便猖悖若此垂爲長蛇於關東泓沖稱兵内侮泓書如此卿
欲去者朕當相資卿之宗族可謂人面獸心殆不可以國士期也
暐叩頭流血泣涕陳謝堅久之曰書云父子兄弟无相及也卿之

忠誠實簡朕心此自三豎之罪非卿之過復其位而待之如初命
暐以書招喻垂及泓沖使息兵還長安恕其反叛之咎而暐密遣
使者謂泓曰今秦數已終長安怪異特甚當不復能久立吾既籠
中之人必无還理昔不能保守宗廟致令傾喪若斯吾罪人也不
足復顧吾之存亡社稷不輕勉建大業以興復爲務可以吴王爲
相國中山王爲太宰領大司馬汝可爲大將軍領司徒承制封拜
聽吾死問汝便即尊位泓於是進向長安改年曰燕興是時鬼夜
哭三旬而止堅率步騎二万討姚萇于北地次于趙氏塢使護軍
楊壁游騎三千斷其奔路右軍徐成左軍竇衝鎮軍毛盛等屢
戰敗之仍斷其運水之路馮翊游欽因淮南之敗聚衆數千保據
頻陽遣軍運水及粟以饋姚萇楊壁盡獲之萇軍渴甚遣其弟鎮
北尹買率勁卒二万決堰竇衝率衆敗其軍于鸛雀渠斬尹買及
首級万三千萇衆危懼人有渴死者俄而降雨於萇營營中水三
尺周營百步之外寸餘而已於是萇軍大振堅方食去案怒曰天

晉記十四　九

其无心何故降澤賊營萇又東引慕容泓爲援泓謀臣高蓋宿勤
崇等以泓德望後沖且持法苛峻乃殺泓立沖爲太弟承制行事
自相署置姚萇留其弟征虜緒守楊渠川大營率衆七万來攻堅
堅遣楊壁等擊之爲萇所敗獲楊壁毛盛徐成及前軍齊午等數
十人皆礼而遣之苻暉率洛陽陝城之衆七万歸于長安益州刺
史王廣遣將軍王蚝率蜀漢之衆來赴難堅聞慕容沖去長安二
百餘里引師而歸使撫軍苻方戍驪山拜苻暉使持節散騎常侍
都督中外諸軍事車騎大將軍司隸校尉録尚書配兵五万距沖
河間公苻琳爲中軍大將軍爲暉後繼沖乃令婦人乘牛馬爲衆
揭竿爲旗揚土爲塵督厲其衆晨攻暉營于鄭西暉出距戰沖揚
塵鼓譟暉師敗績堅又以尚書姜宇爲前將軍与苻琳率衆三万
擊沖于灞上爲沖所敗宇死之琳中流矢沖遂據阿房城初堅之
滅燕沖姊爲清河公主年十四有殊色堅納之寵冠後庭沖年十
二亦有龍陽之姿堅又幸之姊弟專寵宮人莫進長安歌之曰

一雌復一雄雙飛入紫宮咸懼爲乱王猛切諫堅乃出沖長安又謡曰鳳皇鳳皇止阿房堅以鳳皇非梧桐不棲非竹實不食乃植桐竹數十万株于阿房城以待之沖小字鳳皇至是終爲堅賊入止阿房城焉晉西中郎將桓石虔進據魯陽遣河南太守高茂北戍洛陽晉冠軍謝玄次于下邳徐州刺史趙迁棄彭城奔還玄前鋒張願追迁及于碭山轉戰而免玄進據彭城時吕光討平西域三十六國所獲珎寶以万万計堅下書以光爲使持節散騎常侍都督玉門以西諸軍事安西將軍西域校尉進封順鄉侯增邑一千戶劉牢之伐兗州堅刺史張崇弃鄄城奔于慕容垂牢之遣將軍劉龑追崇戰于河南斬其東平太守楊光而退牢之遂據鄄城慕容沖進逼長安堅登城觀之歎曰此虜何從出也其彊若斯大言責沖曰尔輩群奴正可牧牛羊何爲送死沖曰奴則奴矣既厭奴苦復欲取爾見代堅遣使送錦袍一領遺沖稱詔曰古人兵交使在其間卿遠來草創得无勞乎今送一袍以明本懷朕於卿恩

分如何而於一朝忽爲此變沖命詹事荅之亦稱皇太弟有令孤今心在天下豈顧一袍小恵苟能知命便可君臣束手早送皇帝自當寬貸苻氏以酬曩好終不使既往之施獨美於前堅大怒曰吾不用王景略陽平公之言使白虜敢至於此苻丕在鄴糧竭馬无草削松木而食之會丁零叛慕容垂垂引師去鄴始具西問知苻叡等喪敗長安危逼乃遣其陽平太守邵興率騎一千將北引重合侯苻謨高邑侯苻亮阜城侯苻定于常山固安侯苻鑒中山太守王兗于中山以爲己援垂遣將軍張崇要興獲之于襄國南丕又遣其參軍封孚西引張蚝并州刺史王騰于晉陽蚝騰以衆寡不赴丕進退路窮乃謀於群寮司馬楊膺唱歸順之計丕猶未從會晉遣濟北太守丁匡據碻磝濟陽太守郭滿據滑臺將軍顔肱劉襲次于河北丕遣將軍桑據距之爲王師所敗襲等進攻黎陽尅之丕懼乃遣從弟就与參軍焦逵請救于謝玄丕書稱假途求糧還赴國難須軍援既接以鄴与之若西路不通長安陷没

請率所領保守鄴城乃羈縻一方丈降而已逵与參軍姜讓密謂楊膺曰今禍難如此京師阻隔吉凶莫審密迩寇仇三軍磬絶傾危之甚朝不及夕觀公豪氣不除非救世之主既不能竭盡誠款速致糧援方設兩端必无成也今日之舉疾於轉機不容虛設徒成反覆宜正書爲表以結殷勤若王師之至必當致身如其不從可逼縛与之苟不義服一人力耳古人行權寧濟爲功況君侯累葉載德顯祖初著名於晉朝今復建崇勳使功業相繼千載一時不可失也膺素輕丕自以力能逼之乃改書而遣逵等并遣處南毛蜀毛鮮等分房爲任於晉堅遣鴻臚郝稚徵處士王嘉于到獸山既至堅每日召嘉与道安於外殿動靖諮問之慕容暐入見東堂稽首謝曰弟沖不識義方孤背國恩臣罪應万死陛下垂天地之容臣蒙更生之恵臣二子昨婚明當三日愚欲暫屈鑾駕幸臣私第堅許之暐出嘉曰椎蘆作蘧蒢不成文章會天大雨不得殺羊堅与群臣莫之能解是夜大雨晨不果出初暐之遣諸弟

起兵於外也堅防守甚嚴謀應之而无因時鮮卑在城者猶有千餘人暐乃密結鮮卑之衆謀伏兵請堅因而殺之令其豪帥悉羅騰屈突鐵侯等潛告之曰官今使侯外鎮聽舊人悉隨可於某日會集其處鮮卑信之比部人突賢与其妹別妹爲左將軍竇衝小妻聞以告衝請留其兄衝馳入白堅堅大驚召騰問之騰具首服堅乃誅暐父子及其宗族城内鮮卑无少長及婦女皆殺之慕容垂復圍鄴城焦逵既至朝廷果欲徵丕任子然後出師逵固陳丕款誠无貳并宣楊膺之意乃遣劉牢之等率衆二万水陸運漕救鄴時長安大飢人相食諸將歸而吐肉以飴妻子慕容沖僭稱尊號于阿房改年更始堅与沖戰各有勝負嘗爲沖軍所圍殿中上將軍鄧邁左中郎將鄧綏尚書郎鄧瓊相謂曰吾門世荷榮寵先君建殊功於國家不可不立忠效節以成先君之志且不死君難者非丈夫也於是与毛長樂等蒙獸皮奮矛而擊沖軍沖軍潰堅獲免嘉其忠勇並拜五校加三品將軍賜爵關内侯沖又遣其

尚書令高蓋率衆夜襲長安攻陷南門入于南城左將軍竇衝前禁
將軍李辯等擊敗之斬首千八百級分其尸而食之堅尋敗沖于
城西追奔至于阿城諸將請乘勝入城堅懼爲沖所獲乃擊金以
止軍是時劉牢之至枋頭征東參軍徐義宦人孟豐告苻丕楊膺
姜讓等謀反丕收膺讓戮之牢之以丕自相屠戮盤桓不進苻暉
屢爲沖所敗堅讓之曰汝吾之子也擁大衆屢爲白虜小兒所摧
何用生爲暉憤恚自殺關中保壁三千餘所推平遠將軍馮翊趙
敖爲統主相率結盟遣兵糧助堅左將軍苟池右將軍俱石子率
騎五千与沖爭麥戰于驪山爲沖所敗池死之石子奔鄴堅大怒
復遣領軍楊定率左右精騎二千五百擊沖大敗之俘掠鮮卑万
餘而還堅怒悉坑之定果勇善戰沖深憚之遂穿馬埳以自固劉
牢之至鄴慕容垂北如新城鄴中飢甚丕率鄴城之衆就晉穀于
枋頭牢之入屯鄴城慕容垂軍人飢甚多奔中山幽冀人相食初
關東謠曰幽州𩰚生當滅若不滅百姓絶𩰚垂之本名与丕相持

經年百姓死幾絶先是姚萇攻新平新平太守苟輔將降之郡人
遼西太守馮傑蓮勺令馮翊等諫曰天下喪乱忠臣乃見昔田單
守一城而存齊今秦之所有猶連州累鎮郡國百城臣子之於
君父盡心焉盡力焉死而後已豈宜貳哉輔大悅於是憑城固守
萇爲土山地道輔亦爲之或戰山峯萇衆死者万有餘人輔乃詐
降萇將入覺之引衆而退輔馳出擊之斬獲万計至是糧竭矢盡
外救不至萇遣吏謂輔曰吾方以義取天下豈仇忠臣乎卿但率
見衆男女還長安吾須此城置鎮輔以爲然率男女万五千口出
城萇圍而坑之男女无遺初石季龍末清河崔悅爲新平相爲郡
人所殺悅子液後仕堅爲尚書郎自表父仇不同天地請還冀州
堅愍之禁錮新平人缺其城角以恥之新平酋望深以爲慚故相
率距萇以立忠義時有群烏數万翔鳴于長安城上其聲甚悲占
者以爲鬪羽不終年有甲兵入城之象沖率衆登城堅身貫甲胄
督戰距之飛矢滿身血流被躰時雖兵寇危逼馮翊諸堡壁猶有

負糧冒難而至者多爲賊所殺堅謂之曰聞來者率不善達誠是
忠臣赴難之義當今寇難殷繁非一人之力所能濟也庶明靈有
照禍極灾返善保誠順爲國自愛畜糧厲甲端聽師期不可徒喪
无成相隨獸口三輔人爲沖所略者咸遣使告堅請放火以爲内
應堅曰哀諸卿忠誠之意也何復已已但時運圮喪恐无益於國
空使諸卿坐自夷滅吾所不忍也且吾精兵若獸利器如霜而衂
於烏合疲鈍之賊豈非天也宜善思之衆固請曰臣等不愛性命
投身爲國若上天有靈單誠或冀一濟没无遺恨矣堅遣騎七百
應之而沖營放火者爲風焰所燒其能免者十有一二堅深痛之
身爲設祭而招之曰有忠有靈來就此庭歸汝先父勿爲妖形歔
欷流涕悲不自勝衆咸相謂曰至尊慈恩如此吾等有死无移沖
毒暴關中人皆流散道路斷絶千里无煙堅以甘松護軍仇騰爲
馮翊太守加輔國將軍與破虜將軍蜀人蘭犢慰勉馮翊諸縣
之衆衆咸曰与陛下同死共生誓无有貳每夜有人周城大呼曰

楊定健兒應屬我宮殿臺觀應坐我父子同出不共汝且尋而不
見人跡城中有書曰古符傳賈録載帝出五將久長得先是又謠
曰堅入五將山長得堅大信之告其太子宏曰脫如此言天或導
余今留汝兼揔戎政勿与賊爭利吾當出隴收兵運糧以給汝天
其或者正訓予也於是遣衛將軍楊定擊沖于城西爲沖所擒堅
彌懼付宏以後事將中山公詵張夫人率騎數百出如五將宣告
州郡期以孟冬救長安宏尋將母妻宗室男女數千騎出奔百寮
逃散慕容沖入據長安縱兵大掠死者不可勝計初秦之未乱也
關中土然无火而煙氣大起方數十里中月餘不滅堅每臨聽訟
觀令百姓有怨者奉煙于城北觀而録之長安爲之語曰欲得必
存當奉煙又爲謡曰長鞘馬鞭擊左股太歲南行當復虜秦人
呼鮮卑爲白虜慕容垂之起於關東歲在癸未堅之分氐戶於諸
鎮也趙整因侍援琴而歌曰阿得脂阿得脂博勞舊父是仇綏尾
長翼短不能飛遠徙種人留鮮卑一旦緩急語阿誰堅笑而不納

至是整言驗矣堅至五將山姚萇遣將軍吳忠圍之堅衆奔散獨侍御十數人而已神色自若坐而待之召宰人進食俄而忠至執堅以歸新平幽之于別室萇求傳國璽於堅曰萇次膺符歷可以為惠堅瞋目叱之曰小羌乃敢干逼天子豈以傳國璽授汝羌也圖緯符命何所依據五胡次序无汝羌名違天不祥其能久乎璽已送晉不可得也萇又遣尹緯說堅求為堯舜禪代之事堅責緯曰禪代者聖賢之事姚萇叛賊柰何擬之古人堅既不許萇以禪代罵而求死萇乃縊堅于新平佛寺中時年四十八中山公詵及張夫人並自殺是歲太元十年也宏之奔也歸其南秦州刺史楊壁于下辯壁距之乃奔武都氐豪強熙假道歸順朝廷處宏于江州宏歷位輔國將軍桓玄篡位以宏為梁州刺史義熙初以謀叛被誅初堅彊盛之時國有童謡云河水清復清苻詔死新城堅聞而惡之每征伐戒軍候云地有名新者避之時又童謡云阿堅連牽三十年若後欲敗當在江淮間堅在位二十七年因壽春之敗

其國大亂後二年竟死於新平佛寺咸應謡言矣丕僭號偽追謚堅曰世祖宣昭皇帝

王猛字景略北海劇人也家于魏郡少貧賤以鬻畚為業嘗貨畚於洛陽乃有一人貴買其畚而云无直自言家去此无遠可隨我取直猛利其貴而從之行不覺遠忽至深山見一父老鬚髮皓然踞胡床而坐左右十許人有一人引猛進拜之父老曰王公何緣拜也乃十倍償畚直遣人送之猛既出顧視乃嵩高山也猛瓌姿儁偉博学好兵書謹重嚴毅氣度雄遠細事不干其慮自不參其神契略不与交通是以浮華之士咸輕而笑之猛悠然自得不以屑懷少游於鄴都時人罕能識也惟徐統見而奇之召為功曹遁而不應遂隱于華陰山懷佐世之志希龍顏之主斂翼待時候風雲而後動桓溫入關猛被褐而詣之一面談當世之事捫蝨而言旁若无人溫察而異之問曰吾奉天子之命率銳師十万杖義討逆為百姓除殘賊而三秦豪桀未有至者何也猛曰公不遠數千里深入寇境長安咫尺而不渡灞水百姓未見公心故也所以不至溫默然無以酬之溫之將還賜猛車馬拜高官督護請與俱南猛還山諮師師曰卿與桓溫豈並世哉在此自可富貴何為遠乎猛乃止苻堅將有大志聞猛名遣呂婆樓招之一見便若平生語及廢興大事異符同契若玄德之遇孔明也及堅僭位以猛為中書侍郎時始平多枋頭西歸之人豪右縱橫劫盜充斥乃轉猛為始平令猛下車明法峻刑澄察善惡禁勒彊豪鞭殺一吏百姓上書訟之有司劾奏檻車徵下廷尉詔獄堅親問之曰為政之體德化為先莅任未幾而殺戮無數何其酷也猛曰臣聞宰寧國以禮治亂邦以法陛下不以臣不才任臣以劇邑謹為明君揃除凶猾始殺一姦餘尚萬數若以臣不能窮殘盡暴肅清軌法者敢不甘心鼎鑊以謝孤負酷政之刑臣實未敢受之堅謂羣臣曰王景略固是夷吾子產之儔也於是赦之還尚書左丞咸陽內史京兆尹未幾除吏部尚書太子詹事又遷尚書左僕射輔國將軍司

隸校尉加騎都尉居中宿衛時猛年三十六歲中五遷權傾內外宗戚舊臣皆害其寵尚書仇騰丞相長史席寶數譖毀之堅大怒黜騰為甘松護軍寶白衣領長史爾後上下咸服莫有敢言頃之遷尚書令太子太傅加散騎常侍猛頻表累讓堅竟不許又轉司徒錄尚書事餘如故猛辭以無功不拜後率諸軍討慕容暐軍禁嚴明師無私犯猛之未至鄴也劫盜公行及猛之至遠近帖然燕人安之軍還以功進封清河郡侯賜以美妾五人上女妓十二人中妓三十八人馬百匹車十乘猛上疏固辭不受時既留鎮冀州堅遣猛於六州之內聽以便宜從事簡名英儁以補關東守宰授訖言臺除正居數月上疏曰臣前所以朝聞夕拜不顧艱虞者正以方難未夷軍機權速庶竭命戎行甘驅馳之役敷宣皇威展筋骨之效故僶俛從事叨據負乘可謂恭命於濟時俟太平於今日今聖德格于皇天威靈被于八表弘化已熙六合清泰竊敢披貢丹誠請避賢路設官分職各有司存豈應孤任愚臣以

據宋刊明印本寫補

速傾敗東夏之事非臣區區所能康理願徙授親賢濟臣顛墜若以臣有鷹犬微勤未忍捐弃者乞待罪一州效盡力命徐方始賓淮汝防重六州處分府選便宜輒以悉停督任弗可虛曠深願時降神規堅不許遣其侍中梁讜詣鄴喻旨猛乃視事如前俄入為丞相中書監尚書令太子太傅司隸校尉持節常侍將軍侯如故稍加都督中外諸軍事猛表讓久之堅曰卿昔螭蟠布衣朕龍潛弱冠屬世事紛紜厲士之際顛覆厥德朕奇卿於暫見擬卿為卧龍卿亦異朕於一言迴考槃之雅志豈不精契神交千載之會雖傅巖入夢姜公悟兆今古一時亦不殊也自卿輔政幾將二紀內釐百揆外蕩群凶天下向定彝倫始叙朕且欲從容於上望卿勞心於下弘濟之務非卿而誰遂不許其後數年復授司徒猛復上疏曰臣聞乾象盈虛惟后則之位稱以才官非則曠鄭武翼周仍世載詠王叔昧寵政替身亡斯則成敗之殷監為臣之炯戒竊惟鼎宰崇重參路太階宜妙盡時賢對揚休命魏祖以文

晉記十四　十六

和為公貽笑孫后千秋一言致相匈奴吲之臣何庸猶而應斯舉不但取嗤鄰遠實令為虜輕秦昔東野窮馭顏子知其將弊陛下不復料度臣之才力私懼敗亡是及且上虧憲典臣何顏處之雖陛下私臣其如天下何願迴日月之鑒矜臣後悔使上无過授之謗臣蒙覆燾之恩堅竟不從猛乃受命軍國內外万機之務事无巨細莫不歸之猛宰政公平流放尸素拔幽滯顯賢才外修兵革內崇儒學勸課農桑教以廉恥无罪而不刑无才而不任庶績咸熙百揆時叙於是兵強国富垂及升平猛之力也堅常從容謂猛曰卿夙夜匪懈憂勤万機若文王得太公吾將優游以卒歲猛曰不圖陛下知臣之過臣何足以擬古人堅曰以吾觀之太公豈能過也常勑其太子宏長樂公丕等曰汝事王公如事我也其見重如此廣平麻思流寄關右因母亡歸葬請還冀州猛謂思曰便可速裝是暮已符御發遣及始出關郡縣已被符管攝其令行禁整事无留滯皆此類也性剛明清肅於善惡尤分微時一餐之惠

睚眦之忿靡不報焉時論頗以此少之其年寢疾堅親祈南北郊宗廟社稷分遣侍臣禱河嶽諸祀靡不周備猛疾未瘳乃大赦其境內殊死已下猛疾甚因上疏謝恩并言時政多所弘益堅覽之流涕悲慟左右及疾篤堅親臨省病問以後事猛曰晉雖僻陋吳越乃正朔相承親仁善鄰国之寶也臣沒之後願不以晉為圖鮮卑羌虜我之仇也終為人患宜漸除之以便社稷言終而死時年五十一堅哭之慟比斂三臨謂太子宏曰天不欲使吾平一六合邪何奪吾景略之速也贈侍中丞相餘如故給東園溫明秘器帛三千匹穀万石謁者僕射監護喪事葬禮一依漢大將軍霍光故事謚曰武侯朝野巷哭三日

苻融字博休堅之季弟也少而岐嶷夙成魁偉美姿度健之世封安樂王融上疏固辭健深奇之曰且成吾兒箕山之操乃止苻生愛其器貌常侍左右未弱冠便有台輔之望長而令聞弥高為朝野所屬堅僭号拜侍中尋除中軍將軍融聰辯明慧下筆成章

晉記十四　十七

至於談玄論道雖道安无以出之耳聞則誦過目不忘時人擬之王粲嘗著浮圖賦壯麗清贍世咸珍之未有升高不賦臨喪不誄朱彤趙整等推其妙速旅力雄勇騎射擊刺百夫之敵也銓綜內外刑政修理進才理滯王景略之流也尤善斷獄姦无所容故為堅所委任後為司隸校尉京兆人董豐游學三年而返過宿妻家是夜妻為賊所殺妻兄疑豐殺之送豐有司豐不堪楚掠誣引殺妻融察而疑之問曰汝行往還頗有怪異及卜筮以不豐曰初將發夜夢乘馬南渡水返而北渡復自北而南馬停水中鞭策不去俯而視之見兩日在于水下馬左白而濕右黑而燥寤而心悸竊以為不祥還之夜復夢如初問之筮者筮者云憂獄訟遠三枕避三沐既至妻為具沐夜授豐枕豐記筮者之言皆不從之妻乃自沐枕枕而寢融曰吾知之矣周易坎為水馬為離夢乘馬南渡旋北而南者從坎之離三爻同變變而成離離為中女坎為中男兩日二夫之象坎為執法吏吏詰其夫婦人被流血而死坎二

陰一陽離二陽一陰相承易位離下坎上既濟文王遇之囚牖里有礼而生无礼而死馬左而濕〻水也左水右馬馮字也兩日昌字也其馮昌殺之乎於是推檢獲昌而詰之昌具首服曰本与其妻謀殺董豐期以新沐枕〻爲驗是以誤中婦人在冀州有老母遇劫於路母揚聲唱盗行人爲母逐之既擒劫者劫者返誣行人爲盗時日垂暮母及路人莫知孰是乃俱送之融見而笑曰此易知耳可二人並走先出鳳陽門者非盗既而還入融正色謂後出者曰汝眞是盗何以誣人其發姦摘伏皆此類也所在盗賊止息路不拾遺堅及朝臣雅皆歎服州郡疑獄莫不折之於融〻觀色察形無不盡其情狀雖鎮關東朝之大事靡不馳馹与融議之性至孝初届冀州遣使衆問其母動止或日有再三堅以爲煩月聽一使後上疏請還侍養堅遣使慰喻不許父之徵拜侍中中書監都督中外諸軍事車騎大将軍司隷校尉太子太傅領宗正録尚書事俄轉司徒融苦讓不受融爲将善謀略好施愛士專方

晋記十四　十八

征伐必有殊功堅既有意荆揚時慕容垂姚萇等常説堅以平吴封禪之事堅謂江東可平寢不暇旦融每諫曰知足不辱知止不殆窮兵極武未有不亡且国家戎族也正朔會不帰人江東雖不絶如綖然天之所相終不可滅堅曰帝王歷數豈有常哉惟德之所授耳汝所以不如吾者正病此不達變通大運劉禪可非漢之遺祚然爲中国之所并吾将任汝以天下之事柰何事〻折吾沮壞大謀汝尚如此況於衆乎堅之將入寇也融又切諫曰陛下聽信鮮卑羌虜諂諛之言採納良家少年利口之説臣恐非但无成亦大事去矣垂萇皆我之仇敵思聞風塵之變冀因之以逞其凶德少年等皆富足子弟希閑軍旅苟説佞諂之言以會陛下之意不足採也堅弗納及淮南之敗垂萇之叛堅悼恨弥深

苻朗字元達堅之從兄子也性宏達神氣爽邁幼懷遠操不屑時榮堅嘗目之曰吾家千里駒也徵拜鎮東将軍青州刺史封樂安男不得已起而就官及爲方伯有若素士耽翫經籍手不釋卷每談虚語玄不覺日之将夕登涉山水不知老之将至在任甚有稱績後晋遣淮陰太守高素伐青州朗遣使詣謝玄於彭城求降玄表朗許之詔加員外散騎侍郎既至揚州風流邁於一時超然自得志陵万物所与悟言不過一二人而已驃騎長史王忱江東之儁秀聞而詣之朗稱疾不見沙門釋法汰問朗曰見王吏部兄弟未朗曰吏部爲誰非人面而狗心狗面而人心兄弟者乎王忱醜而才慧国寶美皃而才劣於弟故朗云然汰悵然自失其忤物侮人皆此類也謝安常設讌請之朝士盈坐並机褥壷席朗每事欲誇之唾則令小兒跪而張口既唾而含出頃復如之坐者以爲不及之遠也又善識味鹹酢及肉皆别所由會稽王司馬道子爲朗設盛饌極江左精餚食訖問曰關中之食孰若此答曰皆好惟塩味小生耳既問宰夫皆如其言或人殺雞以食之既進朗曰此雞棲恒半露檢之皆驗又食鵝肉知黒白之處人不信記而試之无豪釐之差人咸以爲知味後數年王国寶譖而殺之王忱将爲荆

晋記十四　十九

州刺史待殺朗而後發臨刑志色自若爲詩曰四大起何因聚散无窮已既過一生中又入一死理冥心乗和暢未覺有終始如何箕山夫奄焉處東市曠此百年期遠同嵇叔子命也帰自天委化任冥紀著苻子數十篇行於世亦老莊之流也

載記第十四　　晋書百十四

苻丕
苻登　索泮　徐嵩

苻丕字永叔堅之長庶子也少而聰慧好學博綜經史堅與言將略嘉之命鄧羌教以兵法文武才幹亞于苻融爲將善收士卒情出鎮于鄴東夏安之堅敗歸長安丕爲慕容垂所逼自鄴奔枋頭堅之死也丕復入鄴城將收兵趙魏西赴長安會幽州刺史王永平州刺史苻沖頻爲垂將平規等所敗乃遣昌黎太守宋敞焚燒和龍薊城宮室率衆三萬進屯壺關遣使招丕丕乃去鄴率男女六萬餘口進如潞川驃騎張蚝并州刺史王騰迎之入據晉陽始知堅死問舉哀于晉陽三軍縞素王永留苻沖守壺關率騎一萬會丕勸稱尊號丕從之乃以太元十年僭即皇帝位于晉陽南立堅行廟大赦境內改元曰太安置百官以張蚝爲侍中司空封上黨郡公王永爲使持節侍中都督中外諸軍事車騎大將軍尚書令進封清河公王騰爲散騎常侍中軍大將軍司隸校尉陽平郡公苻沖爲左光祿大夫尚書左僕射西平王俱石子爲衛將軍濮陽公楊輔爲尚書右僕射濟陽公王亮爲護軍將軍彭城公強益耳梁暢爲侍中徐義爲吏部尚書並封縣公自餘封授各有差是時安西呂光自西域還師至于宜禾堅涼州刺史梁熙謀閉境距之高昌太守楊翰言於熙曰呂光新定西國兵強氣銳其鋒不可當也度其事意必有異圖且今關中擾亂京師存亡未知自河已西迄于流沙地方萬里帶甲十萬鼎峙之勢實在今日若光出流沙其勢難測高梧谷口水險之要宜先守之而奪其水彼既窮渴自然投戈如其以遠不守伊吾之關亦可距也若度此二要雖有子房之策難爲計矣地有所必爭真此機也熙弗從美水令犍爲張統說熙曰主上傾國南討覆敗而還慕容垂擅兵河北泓沖寇逼京師丁零雜虜跋扈關洛州郡姦豪所在風扇王綱弛絕人懷利己今呂光回師將軍何以抗也熙曰誠深憂之未知計之所出統曰光雄果勇毅明略絕人今以蕩西域之威擁歸師之銳鋒若猛火之盛於原弗可敵也將軍世受殊恩忠誠夙著立勳王室宜在於今行唐公洛上之從弟勇冠一時爲將軍計者莫若奉爲盟主以攝衆望推忠義以總率群豪則光無異心也資其精銳東兼毛興連王統楊璧集四州之衆掃凶逆於諸夏寧帝室於關中此桓文之舉也熙又不從殺洛于西海以子胤爲鷹揚將軍率衆五萬距光于酒泉敦煌太守姚靜晉昌太守李純以郡降光胤及光戰于安彌爲光所敗武威太守彭濟執熙迎光光殺之建威西郡太守索泮督洪池已南諸軍事酒泉太守宋皓等並爲光所殺堅尚書令魏昌公苻纂自關中來奔拜太尉進封東海王以中山太守王兗爲平東將軍平州刺史阜城侯苻定爲征東將軍冀州牧高城侯苻紹爲鎮東將軍督冀州諸軍事重合侯謨爲征西將軍幽州牧高邑侯苻亮爲鎮北大將軍督幽并二州諸軍事並進爵郡公定紹據信都謨亮先據常山慕容垂之圍鄴城也並降于垂聞丕稱尊號遣使謝罪王兗固守博陵與垂相持左將軍竇衝秦州刺史王統河州刺史毛興益州刺史王廣南秦州刺史楊璧衛將軍楊定並據隴右遣使招丕請討姚萇丕大悅以定爲驃騎大將軍雍州牧衝爲征西大將軍梁州牧統鎮西大將軍興車騎大將軍璧征南大將軍並開府儀同三司加散騎常侍廣安西將軍皆進位州牧於是王永宣檄州郡曰大行皇帝弃背万國四海無主征東大將軍長樂公先帝元子聖武自天受命荊南威振衡海分陝東都道被夷夏仁澤光于宇宙德聲侔于下武永與司空蚝等謹順天人之望以季秋吉辰奉公紹承大統銜哀即事栖谷總戎枕戈待旦志雪大恥慕容垂爲封豕于關東泓沖繼凶于京邑致乘輿播越宗社淪傾羌賊姚萇我之牧士乘釁滔天親行大逆有生之巨賊也永累葉受恩世荷將相不與驪山之戎滎澤之狄共戴皇天同履厚土諸牧伯公侯或宛沛宗臣或四七勳舊豈忍捨破國之醜豎縱殺君之逆賊乎主上飛龍九五實協天心靈祥休瑞史不輟書投戈効義之士三十餘萬少康光武之功可

旬朔而成今以衛將軍俱石子爲前軍師司空張蚝爲中軍都督武將猛士風烈雷震志殄元兇義無他顧永謹奉乘輿恭行天罰君臣終始之義在三忘軀之誠勠力同之以建晉鄭之美先是慕容驎攻王兗于博陵至是糧竭矢盡郡功曹張猗踰城聚衆應驎兗臨城數之曰卿秦之人也吾卿之君也起衆應賊號稱義兵何名實相違之甚卿兄往合鄉宗親逐城主天地不容爲世大戮身滅未幾卿復續之卿見爲吾吏親尋干戈競爲戎首爲爾君者不亦難乎今人何取卿一切之功寧能忘卿不忠不孝之事古人有云求忠臣必出孝子之門卿母在城不能顧之何忠義之可望惡不絕世卿之謂也不圖中州禮義之邦而卿門風若斯卿去老母如脫屣吾復何論哉既而城陷兗及固安侯苻鑒並爲驎所殺丕復以王永爲司徒録尚書事徐義爲尚書令加右光祿大夫初王廣還自成都也奔其兄秦州刺史統及長安不守廣攻河州牧毛興于枹罕興遣建節將軍臨清伯衛平率其宗人千七百夜襲廣

軍大敗之王統復遣兵助廣興於是嬰城固守既而襲王廣敗之廣亡奔秦州爲隴西鮮卑匹蘭所執送詣姚萇興既敗王廣謀伐王統平上邽枹罕諸氐皆窘於兵革而疲不堪命乃殺興推衛平爲使持節安西將軍河州刺史遣使請命刁雲殺慕容忠乃推慕容永爲使持節大都督中外諸軍事大將軍大單于雍秦梁涼四州牧録尚書事河東王稱藩于垂征東苻定鎮東苻紹征北苻謨鎮北苻亮皆降于慕容垂丕又進王永爲左丞相苻纂爲大司馬張蚝爲太尉王騰爲驃騎大將軍儀同三司徐義爲司空苻沖爲車騎大將軍尚書令儀同三司俱石子爲衛大將軍尚書左僕射領官皆如故永又檄州郡曰昔夏有窮夷之難少康起馬王莽毒殺平帝世祖重光漢道百六之運何代無之天降喪乱羌胡猾夏先帝晏駕賊庭京師鞠爲戎穴神州蕭條生靈塗炭天未亡秦社稷有奉主上聖德恢弘道侔光武所在宅心天人歸屬必當隆中興之功復配天之美姚萇殘虐慕容垂凶暴所過滅户夷煙毀發

丘墓毒徧存亡痛纏幽顯雖黃巾之害於九州赤眉之暴于四海方之未爲甚也今素秋將及行師令辰公侯牧守壘主鄉豪或勠力國家乃心王室各率所統以孟冬上旬會大駕于臨晉於是天水姜延馮翊寇明河東王昭新平張晏京兆杜敏扶風馬郎建忠高平牧官都尉王敏等咸承檄起兵各有衆數萬遣使應丕皆就拜將軍郡守封列侯冠軍鄧景擁衆五千據彭池與竇衝爲首尾擊萇平涼太守金熈安定北部都尉鮮卑沒奕于率鄯善王胡員吒護羌中郎將梁苟奴等與萇左將軍姚方成鎮遠強京戰于孫丘谷大敗之枹罕諸氐以衛平年老不可以成事業議廢之而憚其宗彊連日不決氐有啖青者謂諸將曰大事宜定東討姚萇不可沈吟猶豫一旦事發反爲人害諸軍但請衛公會集衆將青爲諸軍決之衆以爲然於是大饗諸將青抽劒而前曰今天下大乱豺狼塞路吾曹今日可謂休戚是同非賢明之主莫可濟艱難也衛公朽耄不足以成大事宜反初服以避賢路狄道長苻登雖王

室疎屬而志略雄明請共立之以赴大駕諸君若有不同者便下異議乃奮劒攘袂將斬貳已者衆皆從之莫敢仰視於是推登爲帥遣使於丕請命丕以登爲征西大將軍開府儀同三司南安王持節及州郡督因其所稱而授之又以徐義爲右丞相丕留王騰守晉陽楊輔戍壺關率衆四万進據平陽王統以秦州降姚萇慕容永以丕至平陽恐不自固乃遣使求假道還東丕弗許遣王永及苻纂攻之以俱石子爲前鋒都督與慕容永戰于襄陵王永大敗永及石子皆死之初苻纂之奔丕也部下壯士三千餘人丕猜而忌之及永之敗懼爲纂所殺率騎數千南奔東垣晉楊威將軍馮該自陝要擊敗之斬丕首執其太子寧長樂王壽送于京師朝廷赦而不誅歸之於苻宏徐義爲慕容永所獲械埋其足將殺之義誦觀世音經至夜中土開械脫於重禁之中若有人導之者遂奔楊佺期佺期以爲洛陽令苻纂及弟師奴率丕餘衆數万奔據杏城苻登稱尊號僞謚丕爲哀平皇帝丕之臣佐皆沒慕容永永

乃進據上黨之長子僭稱大號改元曰中興丕在位二年而敗
登字文高堅之族孫也父敞健之世爲太尉司馬隴東太守建節
將軍後爲苻生所殺堅即僞位追贈右將軍涼州刺史以登兄同
成嗣毛興之鎮上邽以爲長史登少而雄勇有壯氣粗險不修細
行故堅弗之奇也長而折節謹厚頗覽書傳拜殿上將軍稍遷羽
林監揚武將軍長安令坐事黜爲狄道長及關中亂去縣歸毛興
同成言於興請以登爲司馬常在營部登度量不群好爲奇略同
成常謂之曰汝聞不在其位不謀其政無數干時將爲博識者不
許吾非疾汝恐或不喜人妄豫耳自是可止汝後得意自可專意
時人聞同成言多以爲疾登而抑蔽之登乃屏迹不妄交游興有
事則召之戲謂之曰小司馬可坐評事登出言輒折理中興內服
馬然敬憚而不能委任姚萇作亂遣其弟碩德率衆伐毛興相持
久之興將死告同成曰與卿累年共擊逆羌事終不克何恨之深
可以後事付卿小弟司馬殄碩德者必此人也卿可換攝司馬事
登既代衛平遂專統征伐是時歲旱衆飢道殣相望登每戰殺賊
名爲熟食謂軍人曰汝等朝戰暮便飽肉何憂於飢士衆從之噉
死人肉輒飽健能鬭姚萇聞之急召碩德曰汝不來必爲苻登所
食盡碩德於是下隴奔萇及丕敗丕尚書寇遺奉丕子渤海王懿
濟北王昶自杏城奔登登乃具丕死問於是爲丕發喪行服三軍
縞素登請立懿爲主衆咸曰渤海王雖先帝之子然年在幼沖未
堪多難國亂而立長君春秋之義也三虜跨僭寇旅殷彊豺狼梟
境舉目而是自古厄運之極莫甚於斯大王挺劒西州鳳翔秦隴
偏師暫接姚萇奔潰一戰之功可謂光格天地宜龍驤武奮拯拔
舊京以社稷宗廟爲先不可顧曹臧吳札一介微節以失圖運之
機不建中興之業也登於是以太元十一年僭即皇帝位大赦境
內改元曰太初立堅神主于軍中載以輜軿羽葆青蓋車建黃旗
武賁之士三百人以衛之將戰必告凡欲所爲啓主而後行繕甲
纂兵將引師而東乃告堅神主曰維曾孫皇帝臣登以太皇帝之

靈恭踐寶位昔五將之難賊羌肆害于聖躬實登之罪也今合義
旅衆餘五萬精甲勁兵足以立功年穀豐穰足以資贍即日星言
電邁直造賊庭奮不顧命隕越爲期庶上報皇帝酷寃下雪臣子
大恥惟帝之靈降監厥誠因歔欷流涕將士莫不悲慟皆刻鉾鎧
爲死休字示以戰死爲志每戰以長矟鉤刃爲方圓大陣知有厚
薄從中分配故人自爲戰所向無前初長安之將敗也堅中壘將
軍徐嵩屯騎校尉胡空各聚衆五千據險築堡以自固而受姚萇
官爵及萇之害堅嵩等以王禮葬堅于二堡之間至是各率衆降
登拜嵩鎮軍將軍雍州刺史空輔國將軍京兆尹登復改葬堅以
天子之禮又僭立其妻毛氏爲皇后弟懿爲皇太弟遣使拜苻纂
爲使持節侍中都督中外諸軍事太師領大司馬進封魯王纂弟
師奴爲撫軍大將軍并州牧朔方公纂怒謂使者曰渤海王世祖
之孫先帝之子南安王何由不立而自尊乎纂長史王旅諫曰南
安已立理無中改賊虜未平不可宗室之中自爲仇敵願大王遠
蹤光武推聖公之義梟二虜之後徐更圖之纂乃受命於是二縣
虜帥彭沛穀屠各董成張龍世新平羌雷惡地等盡應之有衆十
餘万纂遣師奴攻上郡羌酋金大黑金洛生大黑等逆戰大敗之
斬首五千八百登以竇衝爲車騎大將軍南秦州牧楊定爲大將
軍益州牧楊壁爲司空梁州牧苻纂敗姚碩德于涇陽姚萇自陰
密距纂纂退屯敷陸竇衝攻萇汧雍二城剋之斬其將軍姚元平
張略等又與萇戰于汧東爲萇所敗登次于瓦亭萇攻彭沛穀堡
陷之沛穀奔杏城萇還陰密登征虜馮翊太守蘭犢率衆二萬自
頻陽入于和寧與苻纂首尾將圖長安師奴勸其兄纂稱尊號纂
不從乃殺纂自立爲秦公蘭犢絶之皆爲姚萇所敗登進據胡空
堡戎夏歸之者十有餘萬姚萇遣其將軍姚方成攻陷徐嵩堡嵩
被殺悉坑戎士登率衆下隴入朝那姚萇據武都相持累戰互有
勝負登軍中大飢收葚以供兵士立其子崇爲皇太子弁爲南安
王尚爲北海王姚萇退還安定登就食新平留其大軍于胡空堡

率騎萬餘圍萇營四面大哭哀聲動人萇惡之乃命三軍哭以應
登登乃引退萇以登頻戰輒勝謂堅有神驗亦於軍中立堅神主
請曰往年新平之禍非萇之罪臣兄襄從陝北渡假路求西狐死
首丘欲暫見鄉里陛下與苻眉要路距擊不遂而没襄勑臣行殺
非臣之罪苻登陛下末族尚欲復讎臣爲兄報耻於情理何負昔
陛下假臣龍驤之號謂臣曰朕以龍驤建業卿其勉之明詔昭然
言猶在耳陛下雖過世爲神豈假手于苻登而圖臣忘前征時言
邪今爲陛下立神象可歸休於此勿計臣過聽臣至誠登進師攻
萇旣而升樓謂萇曰自古及今安有殺君而反立神象請福望有
益乎大呼曰殺君賊姚萇出來吾與汝決之何爲枉害無辜萇懼
而不應萇自立堅神象戰未有利軍中每夜驚恐乃嚴鼓斬象首
以送登登將軍竇洛竇于等謀反發覺出奔于萇登進討彭池不
剋攻彌姐營及繁川諸堡皆剋之萇連戰屢敗乃遣其中軍姚崇
襲大界登引師要之大敗崇于安丘俘斬二萬五千進攻萇將吳
忠唐匡于平凉剋之以尚書苻碩原爲前禁將軍滅羌校尉戍平
凉登進據苟頭原以逼安定萇率騎三萬夜襲大界營陷之殺登
妻毛氏及其子弁尚擒名將數十人驅掠男女五萬餘口而去登
收合餘兵退據胡空堡遣使齎書加竇衝大司馬驃騎將軍前鋒
大都督都督隴東諸軍事楊定左丞相上大將軍都督中外諸軍
事楊璧大將軍都督隴右諸軍事遣衝率見衆爲先驅自繁川趣
長安登率衆從新平逕據新豐之千户固使定率隴上諸軍爲其
後繼璧留守仇池又命其并州刺史楊政冀州刺史楊楷率所統
大會長安萇遣其將軍王破虜略地秦州楊定及破虜戰於清水
之格奴坂大敗之登攻張龍世于鵞泉堡姚萇救之登引退萇密
遣其將任瓫宗度詐爲内應遣使招登許開門納之登以爲然雷
惡地馳謂登曰姚萇多計略善御人必爲姦變願深宜詳思登乃
止萇聞惡地之詣登也謂諸將曰此羌多姦智今其詣登事必無
成登聞萇懸門以待之大驚謂左右曰雷征東其殆聖乎微此公

朕幾爲豎子所誤萇攻陷新羅堡萇扶風太守齊益男奔登登將
軍路柴強武等並以衆降於萇登攻萇將張業生于隴東萇救之
不剋而退登將軍魏褐飛攻姚當成于杏城爲萇所殺馮翊郭質
起兵廣鄉以應登宣檄三輔曰義感君子利動小人吾等生逢先
帝堯舜之化累世受恩非常伯納言之子即卿校牧守之胤而可
坐視豺狼忍害君父裸尸薦棘痛結幽泉山陵無松隧之兆靈主
無清廟之頌賊臣莫大之甚自古所未聞雖茹荼之苦銜蓼之辛
何以諭之姚萇窮凶肆害毒被人神於圖讖歷數万無一分而敢
妄竊重名厚顔瞬息日月固所不照二儀實亦不育皇天雖欲絶
之亦將假手于忠節凡百君子皆夙漸神化有懷義方含恥而存
孰若蹈道而没乎衆咸然之唯鄭縣人苟曜不從聚衆數千應姚
萇登以質爲東平將軍馮翊太守質遣部將伐曜大敗而歸質乃
東引楊楷以爲聲援又與曜戰于鄭東爲曜所敗遂歸于萇萇以
爲將軍質衆皆潰散登自雍攻萇將金温于范氏堡剋之遂渡渭
水攻萇京兆太守韋范于段氏堡不剋進據曲牢苟曜有衆一萬
據逆方堡密應登登去曲牢繁川次于馬頭原萇率騎來距大戰
敗之斬其尚書吳忠進攻新平萇率衆救之登引退復攻安定爲
萇所敗據路承堡是時萇疾病見苻堅爲祟登聞之秣馬厲兵告
堅神主曰曾孫登自受任執戈幾將一紀未嘗不上天錫祐皇鑒
垂矜所在必剋賊旅冰摧今太皇帝之靈降災疾于逆羌以形類
推之醜虜必將不振登當因其隕斃順行天誅拯復梓宮謝罪清
廟於是大赦境内百寮進位二等與萇將姚崇爭麥于清水累爲
崇所敗進逼安定去城九十餘里萇疾小瘳率衆距登登去營逆
萇萇遣其將姚熙隆別攻登營登懼退還萇夜引軍過登營三十
餘里以躡登後旦而候人告曰賊諸營已空不知所向登驚曰此
爲何人去令我不知來令我不覺謂其將死忽然復來朕與此羌
同世何其厄哉遂罷師還雍以竇衝爲右丞相尋而衝叛自稱秦
王建年號登攻之于野人堡衝請救於姚萇萇遣其太子興攻胡

空堡以救之登引兵還赴胡空堡衝遂與萇連和至是萇死登聞
之喜曰姚興小兒吾將折杖以笞之於是大赦盡衆而東攻屠各
姚奴帛蒲二堡尅之自甘泉向關中興追登不及數十里登從六
陌趣廢橋興將尹緯據橋以待之登爭水不得衆渴死者十二三
與緯大戰爲緯所敗其夜衆潰登單馬奔雍初登之東也留其弟
司徒廣守雍太守崇守胡空堡廣崇聞登敗出奔衆散登至無所
歸遂奔平涼收集遺衆入馬毛山興率衆攻之登遣子汝陰王宗
質于隴西鮮卑乞伏乾歸結婚請援乾歸遣騎二万救登登引軍
出迎與興戰于山南爲興所敗登被殺在位九年時年五十二崇
奔于湟中僣稱尊號改元延初僞謚登曰高皇帝廟號太宗崇爲
乾歸所逐崇定皆死始健以穆帝永和七年僣立至登五世凡四
十有四歲以孝武帝太元十九年滅

索泮字德林敦煌人也世爲冠族泮少時游俠及長變節好學有
佐世才器張天錫輔政以泮爲冠軍記室參軍天錫即位拜司兵

歷位禁中録事執法御掾州府肅然郡縣改迹遷羽林左監有勤
幹之稱出爲中壘將軍西郡武威太守典戎校尉政務寬和戎夏
懷其惠天錫甚嬖之苻堅見而歎曰涼州信多君子旣而以泮河
西德望拜别駕呂光旣尅姑臧泮固郡不降光攻而獲之光曰孤
旣平西域將赴難京師梁熙無狀絶孤歸路此朝廷之罪人卿何
意阻郡固迷自同元惡泮厲色責光曰將軍受詔討叛胡可受詔
乱涼州邪寡君何罪而將軍害之泮但苦力寡不能固守以報君
父之讎豈如逆氐彭濟望風反叛主滅臣死禮之常也乃就刑于
市神色不變弟菱有儁才仕張天錫爲執法中郎冗從右監苻堅
世至伏波將軍典農都尉與泮俱被害

徐嵩字元高盛之子也少以清白著稱苻堅時舉賢良爲郎中稍
遷長安令貴戚子弟犯法者嵩一皆考竟請託路絶堅甚奇之謂
其叔父成曰人爲長吏故當應耳此年少落落有端貳之才遷守
始平郡甚有威惠及壘陷姚方成執而數之嵩厲色謂方成曰汝
姚萇罪應万死主上止黃眉之斬而宥之叨據内外位爲列將無
犬馬識養之誠首爲大逆汝曹羌輩豈可以人理期也何不速殺
我早見先帝取姚萇於地下方成怒三斬嵩漆其首爲便器登哭
之哀慟贈車騎大將軍儀同三司謚曰忠武

史臣曰自兩京殄覆九土分崩赤縣成蛇豕之墟紫宸遷蠹匪之
穴干戈日用戰爭方興猶逐鹿之並驅若瞻烏之靡定苻洪擅釁
厥之桀黠乘羯虜之危亡乃附款江東而志圖關右禍生蠆毒未
逞狼心健旣承家克隆凶緒率思歸之衆投山西之隙據億丈之
巖險總三秦之果鋭敢窺大寶遂竊鴻名狡數姦雄有可言矣長
生慘虐稟自率由觀辰象之災謂法星之夜飲忍生靈之命疑猛
虎之朝飢但肆毒於刑殘曾無心於戒懼招乱速禍不亦宜乎永
固雅量瓌姿變夷從夏叶魚龍之謡詠挺草付之休徵剋翦姦回
纂承僞歷遵明王之德教闡先聖之儒風撫育黎元憂勤庶政王
猛以宏材緯軍國苻融以懿戚贊經綸權薛以諒直進規謨鄧張

以忠勇恢威略儁賢效足杞梓呈才文武兼施德刑具舉乃平燕
定蜀擒代吞涼跨三分之二居九州之七遐荒慕義幽險宅心因
止馬而獻歌託栖鸞以成頌因以功侔曩烈豈直化洽當年雖五
胡之盛莫之比也旣而足以夸世愎諫違謀輕敵怒鄰窮兵黷武
慭三正之未叶恥五運之猶乖傾率土之師起滔天之寇負其犬
羊之力肆其吞噬之能自謂戰必勝攻必取便欲鳴鸞禹穴駐驆
疑山疏爵以侯楚材築館以須歸命曾弗知人道助順神理害盈
雖矜涿野之疆終致昆陽之敗遂使凶渠候隙狡寇伺間步搖啓
其禍先燒當乘其乱極宗社遷於他族身首罄於賊臣貽戒將來
取笑天下豈不哀哉豈不謬哉苻丕承乱僣竊尋及傾敗斯可謂
天人所廢人不能支苻登集離散之兵厲死休之志雖衆寡不敵
難以立功而義烈慷慨有足稱矣

贊曰洪惟壯勇威稜氐種健藉世資遂雄關隴長生昏虐敗不旋
踵永固禎祥肇自龍驤垂旒負扆竊帝圖王悳生縱敵乱起矜疆

丕登僭假淪胥以亡

載記第十五　晉書一百一十五

載記第十六　晉書一百一十六　御撰

姚弋仲　姚襄　姚萇

姚弋仲南安赤亭羌人也其先有虞氏之苗裔禹封舜少子于西戎世爲羌酋其後燒當雄於洮罕之間七世孫塡虞漢中元末寇擾西州爲楊虛侯馬武所敗徙出塞虞九世孫遷那率種人內附漢朝嘉之假冠軍將軍西羌校尉歸順王處之于南安之赤亭那玄孫柯迴爲魏鎭西將軍綏戎校尉西羌都督迴生弋仲少英毅不營產業唯以收恤爲務衆皆畏而親之永嘉之亂東徙榆眉戎夏繈負隨之者數萬自稱護西羌校尉雍州刺史扶風公劉曜之平陳安也以弋仲爲平西將軍封平襄公邑之于隴上及石季龍剋上邽弋仲說之曰明公握兵十萬功高一時正是行權立策之日隴上多豪秦風猛勁道隆後服道洿先叛宜徙隴上豪強虛其心腹以實畿甸季龍納之啓勒以弋仲行安西將軍六夷左都督後晉豫州刺史祖約奔于勒勒禮待之弋仲上疏曰祖約殘賊晉朝逼殺太后不忠於主而陛下寵之臣恐姦乱之萌此其始矣勒善之後竟誅約勒既死季龍執權思弋仲之言遂徙秦雍豪傑于關東弋仲率步衆數萬遷于清河拜奮武將軍西羌大都督封襄平縣公及季龍廢石弘自立弋仲稱疾不賀季龍累召之乃赴正色謂季龍曰奈何把臂受託而反奪之乎季龍憚其強正而不之責遷持節十郡六夷大都督冠軍大將軍性清儉鯁直不脩威儀屢獻讜言無所迴避季龍甚重之朝之大議靡不參決公卿亦憚而推下之武城左尉季龍寵姬之弟也曾擾其部弋仲執尉數以迫脅之狀命左右斬之尉叩頭流血左右諫乃止其剛直不回皆此類也季龍末梁犢敗李農於滎陽季龍大懼馳召弋仲弋仲率其步衆八千餘人屯于南郊輕騎至鄴時季龍病不時見弋仲引入領軍省賜其所食之食弋仲怒不食曰召我擊賊豈來覔食邪我不知上存亡若一見雖死無恨左右言之乃引見弋仲數季龍曰兒死來愁邪乃至于疾兒小時不能使好人輔相至令相殺兒

自有過責其下人太甚故反耳汝病久所立兒小若不差天下必乱當宜憂此不煩憂賊也犢等因思歸之心共為姦盜所行殘賊此成擒耳老羌請効死前鋒使一舉而了弋仲性狷且俗無尊卑皆汝之季龍恕而不責於坐授使持節侍中征西大將軍賜以鎧馬弋仲曰汝看老羌堪破賊以不於是貫鉀跨馬于庭中策馬南馳不辭而出遂滅梁犢以功加劒履上殿入朝不趨進封西平郡公冉閔之乱弋仲率衆討閔次于混橋石祗僭號于襄國以弋仲為右丞相待以殊禮祗與閔相攻弋仲遣其子襄救祗戒襄曰汝才十倍於閔若不梟擒不須復見我也襄擊閔於常盧澤大破之而歸弋仲怒襄之不擒閔也杖之一百弋仲部曲馬何羅博學有文才張豺之輔石世也背弋仲歸豺豺以為尚書郎豺敗復歸咸勸殺之弋仲曰今正是招才納奇之日當收其力用不足害也以為叅軍其寬恕如此弋仲有子四十二人常戒諸子曰吾本以晉室大乱石氏待吾厚故欲討其賊臣以報其德今石氏已滅中原無主自古以來未有戎狄作天子者我死汝便歸晉當竭盡臣節無為不義之事乃遣使請降永和七年拜弋仲使持節六夷大都督都督江淮諸軍事車騎大將軍儀同三司大單于封高陵郡公八年卒時年七十三子襄之入關也為苻生所敗弋仲之柩為生所得生以王禮葬之于天水冀縣萇僭位追謚曰景元皇帝廟號始祖墓曰高陵置園邑五百家

襄字景國弋仲之第五子也年十七身長八尺五寸臂垂過膝雄武多才藝明察善撫納士衆愛敬之咸請為嗣弋仲弗許百姓固請者日有千數乃授之以兵石祗僭號以襄為使持節驃騎將軍護烏丸校尉豫州刺史新昌公晉遣使拜襄持節平北將軍并州刺史即丘縣公弋仲死襄秘不發喪率户六万南攻陽平元城發干皆破之殺掠三千餘家屯于碻磝津以太原王亮為長史天水尹赤為司馬略陽伏子成為左部帥南安歛岐為右部帥略陽王黑郍為前部帥強白為後部帥太原薛讃略陽權翼為叅軍南至

滎陽始發喪行服與高昌李歷戰于麻田馬中流矢死賴其弟萇以免晉處襄于譙城遣五弟為任單騎度淮見豫州刺史謝尚于壽春尚命去仗衛幅巾以待之一面交歡便若平生襄少有高名雄武冠世好學博通雅善談論英濟之稱著于南夏中軍將軍揚州刺史殷浩憚其威名乃因襄諸弟頻遣刺客殺襄刺客皆推誠告實襄待之若舊浩潛遣將軍魏憬率五千餘人襲襄襄乃斬憬而并其衆浩愈惡之乃使將軍劉啓守譙遷襄于梁國蠡臺表授梁國内史襄遣權翼詣浩浩曰姚平北每舉動自由豈所望也翼曰將軍輕納姦言自生疑貳愚謂猜嫌之由不在於彼浩曰姚君縱放小人盜竊吾馬王臣之體固若是乎翼曰將軍謂姚平北以威武自強終為難保校兵練衆將懲不恪取馬者欲以自衛耳浩曰何至是也浩遣謝萬討襄襄逆擊破之浩甚怒會聞關中有變浩率衆北伐襄乃要擊浩於山桑大敗之斬獲万計收其資仗使兄益守山桑壘復如淮南浩遣劉啓王彬之伐山桑襄自淮南擊滅之鼓行濟淮屯于盱眙招掠流人衆至七萬分置守宰勸課農桑遣使建鄴罪狀殷浩并自陳謝流人郭斁等千餘人執晉堂邑内史劉仕降于襄朝廷大震以吏部尚書周閔為中軍將軍緣江備守襄將佐部衆皆北人咸勸襄北還襄方軌北引自稱大將軍大單于進攻外黄為晉邊將所敗襄收散卒而勤撫恤之於是復振乃據許昌將如河東以圖關右自許遂攻洛陽踰月不剋其長史王亮諫襄曰公英略蓋天下士衆思効力命不可損威勞衆守此孤城宜還河北以弘遠略襄曰洛陽雖小山河四塞之固亦是用武之地吾欲先據洛陽然後開建大業俄而亮卒襄哭之甚慟曰天將不欲成吾事乎王亮捨我去也晉征西大將軍桓温自江陵伐襄戰于伊水北為温所敗率麾下數千騎奔于北山其夜百姓棄妻子隨襄者五千餘人屯據陽鄉赴者又四千餘户襄前後敗喪數矣衆知襄所在輒扶老攜幼奔馳而赴之時或傳襄創重不濟温軍所得士女莫不北望揮涕其得物情如此先是弘農楊

亮歸襄襄待以客禮後奔桓溫溫問襄於亮亮曰神明器宇孫策之儔而雄武過之其見重如是襄尋徙北屈將圖關中進屯杏城遣其從兄輔國姚蘭略地鄜城使其兄益及將軍王欽盧招集北地戎夏歸附者五萬餘户苻生遣其將苻飛拒戰蘭敗爲飛所執襄率衆西引生又遣苻堅鄧羌等要之襄將戰沙門智通固諫襄宜厲兵收衆更思後舉襄曰二雄不俱立冀天不棄德以濟黎元吾計決矣會羌師來逼襄怒遂長驅而進戰于三原襄敗爲堅所殺時年二十七是歲晉升平元年也苻生以公禮葬之萇僭號追謚魏武王封襄孫延定爲東城侯

萇字景茂弋仲第二十四子也少聰哲多權略廓落任率不脩行業諸兄皆奇之隨襄征伐每參大謀襄之寇洛陽也夢萇服袞衣升御坐諸酋長皆侍立且謂將佐曰吾夢如此此兒志度不恒或能大起吾族襄之敗于麻田也馬中流矢死萇下馬以授襄襄曰汝何以自免萇曰但令兄濟豎子安敢害萇會救至俱免及襄死

萇率諸弟降于苻生苻堅以萇爲揚武將軍歷左衛將軍隴東汲郡河東武都武威巴西扶風太守寧幽兗三州刺史復爲揚武將軍步兵校尉封益都侯爲堅將累有大功初萇隨楊安伐蜀嘗晝寢水旁上有神光煥然左右咸異之及苻堅寇晉以萇爲龍驤將軍督益梁州諸軍事謂萇曰朕本以龍驤建業龍驤之號未曾假人今特以相授山南之事一以委卿堅左將軍竇衝進曰王者無戲言此將不祥之徵也惟陛下察之堅默然堅既敗于淮南歸長安慕容泓起兵叛堅堅遣子叡討之以萇爲司馬爲泓所敗叡死之萇遣龍驤長史趙都詣堅謝罪堅怒殺之萇懼奔于渭北遂如馬牧西州豪族尹詳趙曜王欽盧牛雙狄廣張乾等率五万餘家咸推萇爲盟主萇將距之天水尹緯說萇曰今百六之數既臻秦亡之兆已見以將軍威靈命世必能匡濟時艱故豪傑驅馳咸同推仰明公宜降心從議以副群望不可坐觀沈溺而不拯救之萇乃從緯謀以太元九年自稱大將軍大單于萬年秦王大赦境內年號白雀稱制行事以天水尹詳南安龐演爲左右長史南安姚晃尹緯爲左右司馬天水狄伯支焦虔梁希龐魏任謙爲從事中郎姜訓閻遵爲掾屬王據焦世蔣秀尹延年牛雙張乾爲參軍王欽盧姚方成王破虜楊難尹嵩裴騎趙曜狄廣党刪等爲帥時慕容沖與苻堅相攻衆甚盛萇將西上恐沖遏之乃遣使通和以子崇爲質於沖進屯北地厲兵積粟以觀時變苻堅先徙晉人李詳等數千户于敷陸至是降于萇北地新平安定羌胡降者十餘万户堅率諸將攻之不能克萇聞慕容沖攻長安議進趨之計群下咸曰宜先據咸陽以制天下萇曰燕因懷舊之士而起兵若功成事捷咸有東歸之思安能久固秦川吾欲移兵嶺北廣收資實須秦弊燕迴然後垂拱取之兵不血刃坐定天下此卞莊得貳之義也堅寧朔將軍宋方率騎三千從雲中將赴長安萇自二縣要破之方單馬奔免其司馬田晃率衆降萇萇遣諸將攻新平克之因略地至安定嶺北諸城盡降之時苻堅爲慕容沖所逼走入五將

山沖入長安堅司隸校尉權翼尚書趙遷大鴻臚皇甫覆光祿大夫薛讚扶風太守段鏗等文武數百人奔于萇萇遣驍騎將軍吳忠率騎圍堅萇如新平俄而忠執堅送之慕容沖遣其車騎大將軍高蓋率衆五万來伐戰于新平南大破之蓋率麾下數千人來降拜散騎常侍沖既率衆東下長安空虛盧水郝奴稱帝于長安渭北盡應之扶風王驎有衆數千保據馬嵬奴遣弟多攻驎萇伐驎破之驎走漢中執多而進攻奴降之以太元十一年萇僭即皇帝位于長安大赦改元曰建初國號大秦改長安曰常安立妻虵氏爲皇后子興爲皇太子置百官自謂以火德承苻氏木行服色如漢氏承周故事徙安定五千餘户于長安以弟征虜緒爲司隸校尉鎮長安萇如安定擊平涼胡金熈鮮卑沒奕于大破之遂如秦州與苻堅秦州刺史王統相持天水屠各略陽羌胡應萇者二万餘户統懼乃降因饗將士于上邽南安人古成詵進曰臣州人夥地險雋傑如林用武之國也王秦州不能收拔賢才三分鼎足

而坐玩珠玉以至于此陛下宜散秦州金帛以施六軍旌賢表善
以副鄙州之望萇善之擢爲尚書郎拜弟碩德都督隴右諸軍事
征西將軍秦州刺史領護東羌校尉鎮上邽萇還安定脩德政布
惠化省非急之費以救時弊閭閻之士有豪介之善者皆顯異之
萇復如秦州爲苻登所敗語在登傳以其太子興鎮長安而與登
相距登馮翊太守蘭櫝與苻師奴離貳慕容永攻之櫝遣使請救
萇將赴救尚書令姚旻左僕射尹緯等言於萇曰苻登近在瓦亭
陛下未宜輕舉萇曰登遲重少決每失時機聞吾自行正當廣集
兵資必不能輕軍深入兩月之間足可尅此三豎吾事必矣遂師
次于遲源師奴率衆來距大戰敗之盡俘其衆又擒蘭櫝收其士
馬萇乃掘苻堅尸鞭撻無數裸剥衣裳薦之以棘坎土而埋之慕
容永征西將軍王宣率衆降萇初關西雄傑以苻氏既終萇雄略
命世天下之事可一旦而定萇既與苻登相持積年數爲登所敗遠
近咸懷去就之計唯征虜齊難冠軍徐洛生輔國劉郭單冠威弥

姐婆觸龍驤趙惡地鎮北梁國兒等守忠不貳並留子弟守營供
繼軍糧身將精卒隨萇征伐時諸營既多故號萇軍爲大營大營
之號自此始也時天大雪萇下書深自責罰散後宮文綺珍寶以
供戎事身食一味妻不重綵將帥死王事者加秩二等士戰卒沒
皆有褒贈立太學禮先賢之後敦煌索盧曜請刺苻登萇曰卿以
身殉難將爲誰乎曜曰臣死之後深以友人隴西辛遲仰託萇遣
之事發爲登所殺萇以遲爲騎都尉登進逼安定諸將勸萇決戰
萇曰與窮寇競勝兵家之下吾將以計取之於是留其尚書令姚
旻守安定夜襲登輜重于大界尅之諸將或欲因登駭乱欲擊之
萇曰登衆雖乱怒氣猶盛未可輕也遂止萇以安定地狹且逼苻
登使姚碩德鎮安定徙安定千餘家于陰密遣弟征南靖鎮之立
社稷于長安百姓年七十有德行者拜爲中大夫歲賜牛酒尹緯
姚晃謂古成詵曰苻登窮寇歷年未滅姦雄鴟峙所在糺扇夷夏
皆貳將若之何詵曰主上權略無方信賞必罰賢能之士咸懷樂

推豈慮大業不成氐賊不滅乎緯曰登窮寇未滅姦雄所在扇合
吾等寧無懼乎詵曰三秦天府之國主上十分已有其八今所在
可慮者苻登楊定雷惡地耳自餘瑣瑣焉足論哉然惡地地狹衆
寡不足爲憂苻登藉烏合犬羊偷存假息料其智勇非至尊之匹
霸王之起必有驅除然後尅定大業昔漢魏之興也皆十有餘年
乃能一同於海內五六年間未爲久也主上神略內明英武外發
可謂無敵於天下耳取登有餘力願布德行仁招賢納士厲兵秣
馬以候天機如其鴻業不成者詵請腰斬以謝明公緯言之於萇
萇大悅賜詵爵關內侯雷惡地率衆降萇拜爲鎮東將軍魏褐飛
自稱大將軍衝天王率氐胡數万人攻安北姚當城於杏城雷惡
地應之攻鎮東姚漢得於李潤萇議將討之群臣咸曰陛下不憂
六十里苻登乃憂六百里褐飛萇曰登非可卒殄吾城亦非登所
能卒圖惡地多智非常人也南引褐飛東結董成甘言美說以成
姦謀若得杏城李潤惡地據之控制遠近相爲羽翼長安東北非

復吾有於是潛軍赴之萇時衆不滿二千褐飛惡地衆至數萬氐
胡赴之者首尾不絕萇每見一軍至輙有喜色群下怪而問之萇
曰今同惡相濟皆來會集吾得乘勝席卷一舉而覆其巢穴東北
無復餘也褐飛等以萇兵少盡衆來攻萇固壘不戰示之以弱潛
遣子崇率騎數百出其不意以乘其後褐飛兵擾乱萇遣鎮遠王
超平遠譚亮率步騎擊之褐飛衆大潰斬褐飛及首級万餘惡地
請降萇待之如初惡地每謂人曰吾自言智勇所施足爲一時之
傑校數諸雄如吾之徒皆應跨據一方獸嘯千里遇姚公智力摧
屈是吾分也惡地猛毅清肅不可干以非義嶺北諸豪皆敬憚之
萇命其將當城於營處一柵孔中蒔樹一根以旌戰功歲餘問之
城曰營所至小已廣之矣萇曰少來鬪戰無如此快以千六百人
破三萬衆國之事業由此尅舉小乃爲奇大何足貴貳城胡曹寅
王達獻馬三千匹以寅爲鎮北將軍并州刺史達鎮遠將軍金城
太守萇性簡率群下有過或面加罵辱太常權翼言於萇曰陛下

弘達自任不脩小節駕馭群雄苞羅儁異棄嫌録善有高祖之量
然輕慢之風所宜除也萇曰吾之性也吾於舜之美未有片焉漢
祖之短已收其一若不聞讜言安知過也南羌竇鸞率户五千來
降拜安西將軍萇下書有復私仇者皆誅之將吏亡滅者各隨所
親以立後振給長育之鎮東苟曜據逆万堡密引苻登萇與登戰
敗於馬頭原收衆復戰姚碩德謂諸將曰上慎於輕戰每欲以計
取之今戰既失利而更逼賊者必有由也萇聞而謂碩德曰登用
兵遲緩不識虛實今輕兵直進逕據吾東必苟曜豎子與之連結
也事久變成其禍難測所以速戰者欲使豎子謀之未就好之未
深散敗其事耳進戰大敗之登退屯于郿登將金槌以新平降萇
萇輕將數百騎入槌營群下諫之萇曰槌既去苻登復欲圖我將
安所歸且懷德初附推款委質吾復以不信待之何以御物乎群
氐果有異謀槌不從而止萇如陰密攻登勑其太子興曰苟曜好
姦變將爲國害聞吾還北必來見汝汝便執之苟曜果見興於長
安興遣尹緯讓而誅之萇大敗登于安定東置酒高會諸將咸曰
若値魏武王不令此賊至今陛下將牢太過耳萇笑曰吾不如亡
兄有四身長八尺五寸臂垂過膝人望而畏之一也當十萬之衆與
天下爭衡望麾而進前無橫陣二也溫古知今講論道藝駕馭英
雄收羅儁異三也董率大衆履險若夷上下咸允人盡死力四也
所以得建立功業策任群賢者正望筭略中一片耳群臣咸稱萬
歲萇下書令留臺諸鎮各置學官勿有所廢考試優劣隨才擢叙
苻登驃騎將軍沒奕于率户六千降拜使持節車騎將軍高平公
萇寢疾遣姚碩德鎮李潤尹緯守長安召其太子興詣行營征南
姚方成言於興曰今寇賊未滅上復寢疾王統苻胤等皆有部曲
終爲人害宜盡除之興於是誅苻胤王統王廣徐成毛盛乃赴召
興至萇怒曰王統兄弟是吾州里無他遠志徐成等昔在秦朝並
爲名將天下小定吾方任之柰何輒便誅害令人喪氣萇下書兵
吏從征伐户在大營者世世復其家無所豫苻登與竇衝相持萇

議擊之尹緯言於萇曰太子純厚之稱著於遐邇將領英略未爲
遠近所知宜遣太子親行可以漸廣威武防闚關之原萇從之戒
興曰賊徒知汝轉近必相驅入堡聚而掩之無不剋矣北至胡空
堡衝圍自解登聞興向胡空堡引還興因襲平涼大獲而歸咸如
萇策使興還鎮長安萇下書除妖謗之言及赦織有相劾舉者皆
以其罪罪之晉平遠將軍護氐校尉楊佛嵩率胡蜀三千餘户降
于萇晉將楊佺期趙睦追之遣姚崇赴救大敗晉師斬趙睦以佛
嵩爲鎮東將軍萇如長安至於新支堡疾篤輿疾而進夢苻堅將
天官使者鬼兵數百突入營中萇懼走入宮宮人迎萇刺鬼誤中
萇陰鬼相謂曰正中死處拔矛出血石餘寤而驚悸遂患陰腫醫
刺之出血如夢萇遂狂言或稱臣萇殺陛下者兄襄非臣之罪願
不枉臣至長安召太尉姚旻尚書左僕射尹緯右僕射姚晃尚書
狄伯支等入受遺輔政萇謂興曰有毀此諸人者慎勿受之汝撫
骨肉以仁接大臣以禮待物以信遇黔首以恩四者既備吾無憂
矣以大元十八年死時年六十四在位八年僞謚武昭皇帝廟號
太祖墓稱原陵

載記第十六　晉書一百一十六

姚興上

姚興字子略萇之長子也苻堅時爲太子舍人萇之在馬牧興自長安冒難奔萇萇立爲皇太子萇出征討常留統後事及鎮長安甚有威惠與其中舍人梁喜洗馬范勗等講論經籍不以兵難廢業時人咸化之萇死興祕不發喪以其叔父緒鎮安定碩德鎮陰密弟崇守長安碩德將佐言於碩德曰公威名宿重部曲最強今喪代之際朝廷必相猜忌非永安之道也宜奔秦州觀望事勢碩德曰太子志度寬明必無疑阻今苻登未滅而自尋干戈所謂追二袁之蹤授首與人吾死而已終不若斯及至興優禮而遣之興自稱大將軍以尹緯爲長史狄伯支爲司馬率衆伐苻登咸陽太守劉忌奴據避世堡以叛興襲忌奴擒之苻登自六陌向廢橋始平太守姚詳據馬嵬堡以距登登衆甚盛興慮詳不能過乃自將精騎以迫登遣尹緯領步卒赴詳緯用詳計據廢橋以抗登登因急攻緯緯將出戰興馳遣狄伯支謂緯曰兵法不戰而制人者蓋爲法也苻登窮寇宜持重不可輕戰緯曰先帝登遐人情擾懼今不因思奮之力梟殄逆豎大事去矣緯敢以死爭遂與登戰大破之登衆渴死者十二三其夜大潰登奔雍興乃發喪行服太元十九年僭即帝位于槐里大赦境內改元曰皇初遂如安定先是苻登使弟廣守雍子崇屯胡空堡聞登敗各棄守走登無所投據遂奔平涼率其餘衆入馬毛山興自安定如涇陽與登戰于山南斬登散其部衆歸復農業徙陰密三万户於長安分大營户爲四置四軍以領之安南強熈鎮遠楊多叛推竇衝爲盟主所在擾亂興率諸將討之軍次武功多兄子良國殺多而降衝弟彰武與衝離貳衝奔強熈熈聞興將至率户二千奔秦州竇衝走汧川汧川氐仇高執送之衝從弟統率其衆降于興封征虜緒爲晉王征西碩德爲隴西王征南靖等及功臣尹緯齊難楊佛嵩等並爲公侯其餘封爵各有差鮮卑薛勃於貳城爲魏軍所伐遣使請救使姚崇

赴救魏師既還薛勃復叛崇伐而執之大收其士馬而還興追尊其庶母孫氏爲皇太后配饗太廟楊盛保仇池遣使請命拜使持節鎮南將軍仇池公鮮卑越質詰歸率户二萬叛乞伏乾歸降于興興處之于成紀拜使持節鎮西將軍平襄公姚碩德討平涼胡金豹于洛城剋之初上邽姜乳據本縣以叛自稱秦州刺史碩德進討之乳率衆降以碩德爲秦州牧領護東羌校尉鎮上邽衛乳爲尚書強熈及略陽豪族權千城率衆三萬圍上邽碩德擊破之熈南奔仇池遂假道歸晉碩德西討千城千城降興令郡國各歲貢清行孝廉一人慕容永既爲慕容垂所滅河東太守柳恭等各阻兵自守興遣姚緒討之恭等依河距守緒不得濟鎮東薛強先據楊氏壁引緒從龍門濟河遂入蒲坂恭勢屈請降徙新平安定新户六千于蒲坂興母虵氏死興哀毀過禮不親庶政群臣議請依漢魏故事既葬即吉興尚書郎李嵩上疏曰三王異制五帝殊禮孝治天下先王之高事也宜遵聖性以光道訓既葬之後應素服臨朝率先天下仁孝之舉也尹緯駁曰帝王喪制漢魏爲準嵩矯常越禮愆于軌度請付有司以專擅論既葬即吉乞依前議興曰嵩忠臣孝子有何咎乎尹僕射棄先王之典而欲遵漢魏之權制豈所望於朝賢哉其一依嵩議鮮卑薛勃叛奔嶺北上郡貳川雜胡皆應之遂圍安遠將軍姚詳於金城遣姚崇尹緯討之勃自三交趣金城崇列營掎之而租運不繼三軍大飢緯言於崇曰輔國弥姐高地建節杜成等皆諸部之豪位班三品督運稽留令三軍乏絕宜明寘刑書以懲不肅遂斬之諸部大震租入者五十餘萬興率步騎二萬親討之勃懼棄其衆奔于高平公沒奕于于執而送之泫氏男姚買得欲因興葬母虵氏殺興會有告之者興未之信遣李嵩詐往買得具以告嵩嵩還以聞興乃賜買得死誅其黨與興下書禁百姓造錦綉及淫祀興率衆寇湖城晉弘農太守陶仲山華山太守董邁皆降于興遂如陝城進寇上洛陷之遣姚崇寇洛陽晉河南太守夏侯宗之固守金墉崇攻之不剋乃陷柏

谷從流人西河嚴彥河東裴岐韓龍袁等二万餘户而還興下書令士卒戰亡者守宰所在埋藏之求其近親爲之立後武都氐屠飛啖鐵等殺隴東太守姚迴略三千餘家據方山以叛興遣姚紹等討之斬飛鐵遣狄伯支迎流人曹會牛壽萬餘户于漢中興留心政事苞容廣納一言之善咸見禮異京兆杜瑾馮翊吉默始平周寶等上陳時事皆擢處美官天水姜龕東平淳于岐馮翊郭高等皆耆儒碩德經明行脩各門徒數百教授長安諸生自遠而至者萬數千人興每於聽政之暇引龕等于東堂講論道藝錯綜名理涼州胡辯苻堅之末東徙洛陽講授弟子千有餘人關中後進多赴之請業興勑關尉曰諸生諮訪道藝脩己厲身往來出入勿拘常限於是學者咸勸儒風盛焉給事黃門侍郎古成詵中書侍郎王尚尚書郎馬岱等以文章雅正參管機密詵風韻秀舉確然不群每以天下是非爲己任時京兆韋高慕阮籍之爲人居母喪彈琴飲酒詵聞而泣曰吾當私刃斬之以崇風教遂持劒求高高懼逃匿終身不敢見詵興遣將鎮東楊佛嵩攻陷洛陽班命郡國百姓因荒自賣爲奴婢者悉免爲良人興以日月薄蝕災眚屢見降號稱王下書令群公卿士將牧守宰各降一等於是其太尉趙旻公等五十三人上疏諫曰伏惟陛下勳格皇天功濟四海威靈振於殊域聲教暨于遐方雖成湯之隆殷基武王之崇周業未足比諭方當廓靖江吳告成中岳豈宜過垂沖損違皇天之眷命乎興曰殷湯夏禹德冠百王然猶順守謙沖未居崇極況朕寡昧安可以處之哉乃遣旻告于社稷宗廟大赦改元弘始賜孤獨鰥寡粟帛有差年七十已上加衣杖始平太守周班槐里令李彭皆以贜貨誅於是郡國肅然矣洛陽既陷自淮漢已北諸城多請降送任興下書聽祖父母昆弟得相容隱姚緒姚碩德以興降號固讓王爵興弗許京兆韋華譙郡夏侯軌始平龐眺等率襄陽流人一萬叛晉奔于興興引見東堂謂華曰晉自南遷承平已久今政化風俗何如華曰晉主雖有南面之尊無總御之實宰輔執政政出多

門權去公家遂成習俗刑網峻急風俗奢宕自桓溫謝安已後未見寬猛之中興大悅拜華中書令興如河東時姚緒鎮河東興待以家人之禮下書封其先朝舊臣姚驢硿趙惡地王平馬萬載黃世等子爲五等子男命百僚舉殊才異行之士刑政有不便於時者皆除之兵部郎金城邊熙上陳軍令煩苛宜遵簡約興覽而善之乃依孫吳誓衆之法以損益之興立律學于長安召郡縣散吏以授之其通明者還之郡縣論決刑獄若州郡縣所不能決者讞之廷尉興常臨諮議堂聽決疑獄于時號無冤滯姚緒姚碩德固讓王爵許之緒碩德威權日盛興恐姦佞小人沮惑之乃簡清正君子爲之輔佐興以司隸校尉郭撫扶風太守強超長安令魚佩槐里令彭明倉部郎王年等清勤貞白下書襃美增撫邑一百户賜超爵關內侯佩等進位一級使碩德率隴右諸軍伐乞伏乾歸興潛軍赴之乾歸敗走降其部衆三萬六千收鎧馬六万匹軍無私掠百姓懷之興進如枹罕班賜王公已下徧于卒伍興之西也沒弈于密欲乘虛襲安定長史皇甫序切諫乃止于自恨失言陰欲殺序乞伏乾歸以窮蹙來降拜鎮遠將軍河州刺史歸義侯復以其部衆配之興下書將帥遭大喪非在疆埸嶮要之所皆聽奔赴及朞乃從王役臨戎遭喪聽假百日若身爲邊將家有大變交代未至敢輒去者以擅去官罪罪之遣晉將軍劉嵩等二百三十七人歸于建鄴魏人襲沒弈于于棄其部衆率數千騎與赫連勃勃奔于秦州魏軍進次瓦亭長安大震諸城閉門固守魏平陽太守貳塵入侵河東興於是練兵講武大閱于城西幹勇壯異者召入殿中引見群臣于東堂大議伐魏群臣咸諫以爲不可興不從司隸姚顯進曰陛下天下之鎮不宜親行可使諸將分討授以廟勝之策興曰王者正以廓土靖亂爲務吾焉得而辭之興立其子泓爲皇太子大赦境內賜男子爲父後者爵一級遣姚平狄伯支等率步騎四萬伐魏姚碩德姚穆率步騎六萬伐呂隆平等軍次河東興遣其光遠党娥立節雷星建忠王多等率杏城及嶺北突

騎自和寧赴援越騎校尉唐方積弩姚良國率關中勁卒爲平後
繼姚緒統河東見兵爲前軍節度姚紹率洛東之兵姚詳率朔方
見騎並集平望以會于興使没奕干權鎮上邽中軍廣陵公欽權
鎮洛陽姚顯及尚書令姚晃輔其太子泓入直西宮碩德至姑臧
大敗呂隆之衆俘斬一萬隆將呂他等率衆二万五千以東苑來
降先是秃髮利鹿孤據西平沮渠蒙遜據張掖李玄盛據敦煌與
呂隆相持至是皆遣使降興率戎卒四萬七千自長安赴姚平平
攻魏乾城陷之遂據柴壁魏軍大至攻平截汾水以守之興至蒲
坂憚而不進時碩德攻呂隆撫納夷夏分置守宰節糧積粟爲持
久之計隆懼遂降碩德軍令齊整秋毫無犯祭先賢禮儒哲西土
悦之姚平糧竭矢盡將麾下三十騎赴汾水而死狄伯支等十將
四萬餘人皆爲魏所擒興下書軍士戰没者皆厚加褒贈魏軍乘
勝進攻蒲坂姚緒固守不戰魏乃引還興徙河西豪右萬餘户于
長安晉輔國將軍袁虔之寧朔將軍劉壽冠軍將軍高長慶龍驤

將軍郭恭等貳于桓玄懼而奔興興臨東堂引見謂虔之等曰桓
玄雖名晉臣其實晉賊其才度定何如父也能辦成大事以不虔
之曰玄藉世資雄據荆楚屬晉朝失政遂偷竊宰衡安忍無親多
忌好殺位不才授爵以愛加無公平之度不如其父遠矣今既握
朝權必行篡奪既非命世之才正可爲他人驅除耳此天以機便
授之陛下願速加經略廓清吴楚興大悦以虔之爲大司農餘皆
有拜授虔之固讓請疆埸自効改授假節寧南將軍廣州刺史興
立其昭儀張氏爲皇后封子懿弼洸宣諶愔璞質逵裕國兒皆爲
公遣其兼大鴻臚梁斐以新平張構爲副拜秃髮傉檀車騎將軍
廣武公沮渠蒙遜鎮西將軍沙州刺史西海侯李玄盛安西將軍
高昌侯興遣鎮遠趙曜率衆二萬西屯金城建節王松怱率騎助
呂隆等守姑臧松怱至魏安爲傉檀弟文真所圍衆潰執松怱送
于傉檀傉檀大怒送松怱還長安歸罪文真深自陳謝興下書録
馬嵬戰時將吏盡擢敘之其堡户給復二十年興性儉約車馬無

金玉之飾自下化之莫不敦尚清素然好游田頗損農要京兆杜
挺以僕射齊難無匡輔之益著豐草詩以箴之馮翊相雲作德獵
賦以諷焉興皆覽而善之賜以金帛然終弗能改晉順陽太守彭
泉以郡降興興遣楊佛嵩率騎五千與其荆州刺史趙曜迎之遂
寇陷南鄉擒建威將軍劉嵩略地至于梁國而歸又遣其兼散騎
常侍席確詣涼州徵呂隆弟超入侍隆遣之呂隆懼秃髮傉檀之
逼表請内徙興遣齊難及鎮西姚詰鎮遠乞伏乾歸鎮遠趙曜等
步騎四萬迎隆于河西難至姑臧以其司馬王尚行涼州刺史配
兵三千鎮姑臧以將軍閻松爲倉松太守郭將爲番禾太守分戍
二城徙隆及其宗室僚屬于長安沮渠蒙遜遣弟如子貢其方物
王尚綏撫遺黎尊以信義百姓懷其惠化翕然歸之北部鮮卑並
遣使貢款桓玄遣使來聘請辛恭靖何澹之興留恭靖而遣澹之
謂曰桓玄不推計歷運將圖篡逆天未忘晉必將有義舉以吾觀
之終當傾覆卿今馳往必逢其敗相見之期遲不云遠初恭靖至

長安引見興而不拜興曰朕將任卿以東南之事靖曰我寧爲國
家鬼不爲羌賊臣興怒幽之別室至是恭靖亦踰牆遁歸興遣其
將姚碩德姚斂成姚壽都等率衆三万伐楊盛于仇池壽都等入
自宕昌斂成從下辯而進盛遣其弟壽距成從子撫距都都逆擊
擒之盡俘其衆楊壽等懼率衆請降碩德還師晉汝南太守趙策
委守奔于興興如逍遥園引諸沙門于澄玄堂聽鳩摩羅什演說
佛經羅什通辯夏言尋覽舊經多有乖謬不與胡本相應興與羅
什及沙門僧略僧遷道樹僧叡道坦僧肇曇順等八百餘人更出
大品羅什持胡本興執舊經以相考校其新文異舊者皆會於理
義續出諸經并諸論三百餘卷今之新經皆羅什所譯興既託意
於佛道公卿已下莫不欽附沙門自遠而至者五千餘人起浮圖
于永貴里立波若臺于中宮沙門坐禪者恒有千數州郡化之事
佛者十室而九矣使姚碩德及冠軍徐洛生等伐仇池又遣建武
趙琨自宕昌而進遣其將斂俱寇漢中時劉裕誅桓玄迎復安帝

玄衞將軍新安王桓謙臨原王桓怡雍州刺史桓蔚左衞將軍桓謐中書令桓胤將軍何澹之等奔于興劉裕遣大參軍衡凱之詣姚顯請通和顯遣吉默報之自是聘使不絕晉求南鄉諸郡興許之群臣咸諫以爲不可興曰天下之善一也劉裕拔萃起微匡輔晉室吾何惜數郡而不成其美乎遂割南鄉順陽新野舞陰等十二郡歸于晉姚碩德等頻敗楊盛盛懼請降遣子難當及僚佐子弟數十人爲質碩德等引還署盛爲使持節散騎常侍都督益寧州諸軍事征南大將軍開府益州牧武都侯斂俱陷城固徙漢中流人郭陶等三千餘家於關中興班告境內及在朝文武立名不得犯叔父緒及碩德之名以彰殊禮興謙恭孝友每見緒及碩德如家人之禮整服傾悚言則稱字車馬服玩必先二叔然後服其次者朝廷大政必諮之而後行太史令郭黁言於興曰戊亥之歲當有孤寇起於西北宜慎其鋒起兵如流沙死者如亂麻戎馬悠悠會隴頭鮮卑烏丸居不安國朝疲於奔命矣時所在有泉水涌

晉載記十七　七

出傳云飲則愈病後多無驗屢有妖人自稱神女戮之乃止興大閱自杜郵至于羊牧興以姚碩德來朝大赦其境內及碩德歸于秦州興送之及雍乃還禿髮傉檀獻興馬三千匹羊三萬頭興以爲忠於己乃署傉檀爲涼州刺史徵涼州刺史王尚還長安涼州人申屠英等二百餘人遣主簿胡威詣興請留尚興弗許引威見之威流涕謂興曰臣州奉國五年王威不接衞膽棲冰孤城獨守者仰恃陛下威靈俯杖良牧惠化忍違天人之心以華土資狄若傉檀才望應代臣豈敢言竊聞乃以臣等貿馬三千匹羊三萬口如所傳實者是爲棄人貴畜苟以馬供軍國直煩尚書一符三千餘家戶輸一匹朝下夕辦何故以一方委此姦胡昔漢武傾天下之資開建河西隔絕諸戎斷匈奴右臂所以終能屠大宛王母寡今陛下方布政玉門流化西域奈何以五郡之地資之獯狁忠誠華族棄之虐虜非但臣州里塗炭懼方爲聖朝旰食之憂興乃遣西平人車普馳止王尚又遣使喻傉檀會傉檀已至姑臧普以狀

先告之傉檀懼脅遣王尚遂入姑臧尚既至長安坐匿呂氏宮人擅殺逃人薄禾等禁止南臺涼州別駕宗敞治中張穆主簿邊憲胡威等上疏理尚曰臣州荒裔鄰帶寇讎居泰無垂拱之安運否離傾覆之難自張氏頹基德風絕而莫扇呂數將終梟鴟以之翻翔群生嬰罔極之痛西夏有焚如之禍幸皇鑒降春純風遠被刺史王尚受任垂滅之州策成難全之際輕身率下躬儉節用勞逸豐約與衆同之勸課農桑時無廢業然後振王威以掃不庭迴天波以盪氛穢則群逆冰摧不俟朱陽之曜若秋霜隕籜豈待勁風之威何定遠之足高營平之獨美經始甫爾會朝算改授使希世之功不終于必成易失之機踐之而莫展當其時而明其事者誰不慨然既遠役遐方劬勞于外雖効未酬恩而在公無闕自至京師二旬于今出車之命莫逮萋斐之責惟深以取呂氏宮人裴氏各殺逃人薄禾等爲南臺所禁天鑒玄鏡豈免罔圖識緬之文未離簡墨裴氏年垂知命首髮二毛嫠居本家不在尚室年邁

晉載記十七　八

姿陋何用送爲邊藩要捍衆力是寄禾等私逃罪應憲墨以殺止殺安邊之義也假若以不送裴氏爲罪者正闕奚官之一女子耳論勳則功重言瑕則過微而執憲吹毛求疵忘勞記過斯先哲所以泣血於當年微臣所以仰天而洒淚且尚之奉國歷事二朝能否效於既往優劣簡在聖心就有微過功足相補宜弘罔極之施以彰覆載之恩臣等生自西州無翰飛之翼久沈僞政絕進趣之途及皇化既沾投竿之心冥發遂策名委質位忝吏端主辱臣憂故重繭披款惟陛下亮之興覽之大悅謂其黃門侍郎姚文祖曰卿知宗敞乎文祖曰與臣州里西方之英儁興曰有表理王尚文義甚佳當王尚研思耳文祖曰尚在南臺禁止不與賓客交通敞寓於楊桓非尚明矣興曰若爾桓爲措思乎文祖曰西方評敞甚重優於楊桓敞昔與呂超周旋陛下試可問之興因爲超曰宗敞文才何如可是誰輩超曰敞在西土時論甚美方敞魏之陳徐晉之潘陸即以表示超曰涼州小地寧有此才乎超曰臣以敞餘文

比之未足稱多琳琅出于崐頷明珠生于海濵若必以地求人則文命大夏之棄夫姬昌東夷之擯士但當問其文彩何如不可以區宇格物興悅赦尚之罪以爲尚書

載記第十七　　晉書一百一十七

載記第十八　　晉書一百一十八　　御撰

姚興下　尹緯

晉義熙二年平北將軍梁州督護苻宣入漢中興梁州別駕呂瑩漢中徐逸席難起兵應宣求救於楊盛盛遣軍臨濁口南梁州刺史王敏退守武興楊盛復通于晉興以太子泓録尚書事慕容超司徒北地王鍾右僕射濟陽王嶷高都公始皆來奔華山郡地涌沸廣袤百餘步燒生物皆熟歷五月乃止赫連勃勃殺高平公沒奕于收其衆以叛先是魏主拓跋圭送馬千匹求婚于興興許之以魏別立后遂絶婚故有柴壁之戰至是復與魏通和魏放狄伯支姚伯禽唐小方姚良國康宦還長安皆復其爵位時秃髮傉檀沮渠蒙遜迭相攻擊傉檀遂東招河州刺史西羌彭奚念奚念阻河以叛蜀譙縱遣使稱藩請桓謙欲令順流東伐劉裕興以問謙謙請行遂許之使中軍姚弼後軍斂成鎮遠乞伏乾歸等率步騎三萬伐傉檀左僕射齊難等率騎二万討勃勃吏部尚書尹昭諫曰傉檀恃遠輕敢違逆宜詔蒙遜及李玄盛使自相攻擊待其斃也然後取之此卞莊之舉也興不從勃勃退保河曲弼濟自金城弼部將姜紀言於弼曰今王師聲討勃勃傉檀猶豫未爲嚴防請給輕騎五千掩其城門則山澤之人皆爲吾有孤城獨立坐可剋也弼不從進拔昌松長驅至姑臧傉檀嬰城固守出其兵擊弼弼敗退據西苑興又遣衞大將軍姚顯率騎二萬爲諸軍節度至高平聞弼敗績兼道赴之撫慰河外率衆而還傉檀遣使人徐宿詣興謝罪齊難爲勃勃所擒興遣平北姚沖征虜狄伯支輔國斂曼嵬鎮東楊佛嵩率騎四万討勃勃沖次于嶺北欲回師襲長安伯支不從乃止懼其謀泄遂鴆殺伯支時王師伐譙縱大敗之縱遣使乞師於興興遣平西姚賞南梁州刺史王敏率衆二萬救之王師引還縱遣使拜師仍貢其方物興遣其兼司徒韋華持節策拜縱爲大都督相國蜀王加九錫備物典策一如魏晉故事承制封拜悉如王者之儀興自平涼如朝那聞沖謀逆以其弟中最少雄

武絶人猶欲隱忍容之歛成泣謂興曰沖凶險不仁每侍左右臣
常寢不安席願早爲之所興曰沖何能爲也但輕害名將吾欲明
其罪於四海乃下書賜沖死葬以庶人之禮晉河間王子國璠章
武王子叔道來奔興謂之曰劉裕匡復晉室卿等何故來也國璠
等曰裕與不逞之徒削弱王室宗門能自脩立者莫不害之是避
之來實非誠款所以避死耳興嘉之以國璠爲建義將軍揚州刺
史叔道爲平南將軍兗州刺史賜以甲第興如貳城將討赫連勃
勃遣安遠姚詳及歛曼嵬鎮軍彭白狼分督租運諸軍未集而勃
勃騎大至興欲留步軍輕如嵬營衆咸惶懼群臣固以爲不可興
弗納尚書郎韋宗希旨勸興行蘭臺侍御史姜楞越次而進曰韋
宗傾險不忠沮敗國計宜先腰斬以謝天下脫車駕動軫六軍駭
懼人無守志取危之道也宜遣單使以徵詳等興默然右僕射韋
華等諫曰若車騎輕動必不戰自潰嵬營亦未必可至惟陛下圖
之興乃遣左將軍姚文宗率禁兵距戰中壘齊莫統氐兵以繼之文

宗與莫皆勇果兼人以死力戰勃勃乃退留禁兵五千配姚詳守
貳城興還長安譙縱遣其侍中譙良太常楊軌朝於興請大舉以
寇江東遣其荆州刺史桓謙梁州刺史譙道福率衆二万東寇江
陵興乃遣前將軍苟林率騎會之謙屯支江林屯江津謙江左貴
族部曲徧於荆楚晉之將士皆有叛心荆州刺史劉道規大懼嬰
城固守雍州刺史魯宗之率襄陽之衆救之道規乃留宗之守江
陵率軍逆戰謙等舟師大盛兼列步騎以待之大戰支江謙敗績
乘輕舸奔就苟林晉人獲而斬之苟林懼而引歸興以國用不足
增關津之稅鹽竹山木皆有賦焉群臣咸諫以爲天殖品物以養
群生王者子育万邦不宜節約以奪其利興曰能踰關梁通利於
山水者皆豪富之家吾損有餘以裨不足有何不可乃遂行之興
從朝門游於文武苑及昏而還將自平朔門入前驅既至城門校
尉王滿聰被甲持杖閉門距之曰今已昏闇姦良不辦有死而已
門不可開興乃迴從朝門而入旦而召滿聰進位二等乞伏乾歸

以衆叛攻陷金城執太守任蘭蘭厲色責乾歸以背恩違義乾歸
怒而囚之蘭遂不食而死赫連勃勃遣其將胡金纂將万餘騎攻
平涼興如貳城因救平涼纂衆大潰生擒纂勃勃遣兄子提攻陷
定陽執北中郎將姚廣都興將曹熾曹雲王肆佛等各將數千户
避勃勃內徙興處佛于湟山澤熾雲于陳倉勃勃寇隴右攻白崖
堡破之遂趣清水略陽太守姚壽都委守奔秦州勃勃又收其衆
而歸興自安定追之至壽渠川不及而還初天水人姜紀呂氏之
叛臣阿諂姦詐好間人之親戚興子弼有寵於興紀遂傾心附之
弼時爲雍州刺史鎮安定與密謀還朝令傾心事常山公顯樹黨
左右至是興以弼爲尚書令侍中大將軍既居將相虛襟引納收
結朝士勢傾東宮遂有奪嫡之謀矣興以勃勃乾歸作亂西北傉
檀蒙遜擅兵河右疇咨將帥之臣欲鎮撫二方隴東太守郭播言
於興曰嶺北二州鎮户皆數萬若得文武之才以綏撫之足以靖
塞姦略興曰吾每思得廉頗李牧鎮撫四方使便宜行事然任非

其人恒致負敗卿試舉之播曰清絜善撫邊則平陸子王元始雄
武多奇略則建威王煥賞罰必行臨敵不顧則奮武彭蚝興曰蚝
令行禁止則有之非綏邊之才也始煥年少吾未知其爲人播曰
廣平公弼才兼文武宜鎮督一方願陛下遠鑒前車近悟後轍興
不從以其太常索稜爲太尉領隴西內史綏誘乾歸政績既美乾
歸感而歸之太史令任猗言於興曰白氣出於北方東西竟天五
百里當有破軍流血乞伏乾歸遣使送所掠守宰謝罪請降興以
勃勃之難權宜許之假乾歸及其子熾磐官爵姚詳時鎮杏城爲
赫連勃勃所逼糧盡委守南奔大蘇勃勃要之衆散爲勃勃所執
時遣衞大將軍顯迎詳詳敗遂屯杏城因令顯都督安定嶺北二
鎮事潁川太守姚平都自許昌來朝言於興曰劉裕敢懷姦計屯
聚芍陂有擾邊之志宜遣燒之以散其衆謀興曰裕之輕弱安敢
闚吾疆埸苟有姦心其在子孫乎召其尚書楊佛嵩謂之曰吳兒
不自知乃有非分之意待至孟冬當遣卿率精騎三万焚其積聚

嵩曰陛下若任臣以此役者當從肥口濟淮直趣壽春舉大衆以屯城縱輕騎以掠野使淮南蕭條兵粟俱了足令吳兒俯仰回惶神爽飛越興大悅時西胡梁國兒於平涼作壽家每將妻妾入家飲讌酒酣升靈牀而歌時人或譏之國兒不以爲意前後征伐屢有大功興以爲鎮北將軍封平輿男年八十餘乃死時客星入東井所在地震前後一百五十六興公卿抗表請罪興曰災譴之來咎在元首近代或歸罪三公甚無謂也公等其悉冠履復位仇池公楊盛叛擾祈山遣建威趙琨率騎五千爲前鋒立節楊伯壽統步卒繼之前將軍姚恢左將軍姚文宗入自鷲陜鎮西秦州刺史姚嵩入羊頭陜右衛胡翼度從陰密出自汧城討盛興將輕騎五千自雍赴之與諸將軍會于隴口天水太守王松忩言於嵩曰先皇神略無方威武冠世冠軍徐洛生猛毅兼人佐命英輔再入仇池無功而還非楊盛智勇能全直是地勢然也今以趙琨之衆使君之威準之先朝實未見成功使君具悉形便何不表聞嵩不從

盛率衆與琨相持伯壽畏懦弗進琨衆寡不敵爲盛所敗興斬伯壽而還嵩乃具陳松忩之言興善之乾歸爲其下人所殺子熾磐新立群下咸勸興取之興曰乾歸先已返善吾方當懷撫因喪伐之非朕本志也以楊佛嵩都督嶺北討虜諸軍事安遠將軍雍州刺史率嶺北見兵以討赫連勃勃嵩發數日興謂群臣曰佛嵩驍勇果鋭每臨敵對寇不可制抑吾常節之配兵不過五千今衆旅既多遇賊必敗今去已遠追之無及吾深憂之其下咸以爲不然佛嵩果爲勃勃所執絶亢而死興立昭儀齊氏爲皇后又下書以其故丞相姚緒太宰姚碩德太傅姚旻大司馬姚崇司徒尹緯等二十四人配饗於萇廟興以大臣屢喪令所司更詳臨赴之制所司白興依故事東堂發哀興不從每大臣死皆親臨之姚文宗有寵於姚泓姚弼深疾之誣文宗有怨言以侍御史廉桃生爲證興怒賜文宗死是後群臣累足莫敢言弼之短時貳縣羌叛興遣後將軍歛成鎮軍彭白狼北中郎將姚洛都討之歛成爲羌所敗甚

懼詣趙興太守姚穆歸罪穆欲送殺之成怒奔赫連勃勃興遣姚紹與姚弼率禁衛諸軍鎮撫嶺北遼東侯弥姐亭地率其部人南居陰密劫掠百姓弼收亭地送之殺其衆七百餘人徙二千餘户于鄭城弼寵愛方隆所欲施行無不信納乃以嬖人尹沖爲給事黄門侍郎唐盛爲治書侍御史左右機要皆其黨人漸欲廣樹爪牙弥縫其闕右僕射梁喜侍中任謙京兆尹尹昭承閒言於興曰父子之際人罕得而言然君臣亦猶父子臣等理不容默並后匹嫡未始不傾國乱家廣平公弼奸凶無狀潛有陵奪之志陛下寵之不道假其威權傾險無頼之徒莫不鱗湊其側市巷諷議皆言陛下欲有廢立之志誠如此者臣等有死而已不敢奉詔興曰安有此乎昭等曰若無廢立之事陛下愛弼適所以禍之願去其左右減其威權非但弼有太山之安宗廟社稷亦有磐石之固矣興默然興寢疾妖賊李弘反于貳原貳原氐仇常起兵應弘興輿疾討之斬常執弘而還徙常部人五百餘户于許昌興疾篤其太子

泓屯兵于東華門侍疾於諮議堂姚弼潛謀爲乱招集數千人被甲伏於其第撫軍姚紹及侍中任謙右僕射梁喜冠軍姚讚京兆尹尹昭輔國歛曼嵬並典禁兵宿衛于内姚裕遣使告姚懿于蒲坂并密信諸藩論弼逆狀懿流涕以告將士曰上今寢疾臣子所宜冠履不整而廣平公弼擁兵私第不以忠於儲宫正是孤徇義亡身之日諸君皆忠烈之士亦當同孤徇斯舉也將士無不奮怒攘袂曰惟殿下所爲死生不敢貳於是盡赦囚徒散布帛數万匹以賜其將士建牙誓衆將赴長安鎮東豫州牧姚洸起兵洛陽平西姚諶起兵於雍將以赴泓之難興疾瘳朝其群臣征虜劉羌泣謂興曰陛下寢疾數旬奈何忽有斯事興曰朕過庭無訓使諸子不穆愧于四海卿等各陳所懷以安社稷尹昭曰廣平公弼恃寵不虔阻兵懷貳自宜寘之刑書以明典憲陛下若含忍未便加法者且可削奪威權使散居藩國以紓閱鬩之禍全天性之恩興謂梁喜曰卿以爲何如喜曰臣之愚見如昭所陳興以弼才兼文武

未忍致法免其尚書令以將軍公就第懿等聞興疾瘳各罷兵還鎮懿恢及弟諶等皆抗表罪弼請致之刑法興弗許時魏遣使聘于興且請婚會平陽太守姚成都來朝興謂之曰卿久處東藩與魏鄰接應悉彼事形今來求婚吾已許之終能分災共患遠相接援以不成都曰魏自柴壁剋捷已來戎甲未曾損失士馬桓桓師旅充盛今修和親兼婚姻之好豈但分災共患而已實亦永安之福也興大悅遣其吏部郎嚴康報聘并致方物時姚懿姚洸姚宣姚諶來朝使姚裕言於興曰懿等今悉在外欲有所陳興曰汝等正欲道弼事耳吾已知之裕曰弼苟有可論陛下所宜垂聽若懿等言違大義便當肆之刑辟柰何距之於是引見諮議堂宣流涕曰先帝以大聖起基陛下以神武定業方隆七百之祚爲萬世之美安可使弼謀傾社稷宜委之有司肅明刑憲臣等敢以死請興曰吾自處之非汝等所憂先以大司農竇溫司徒左長史王弼皆有密表勸興廢立興雖不從亦不以爲責撫軍東曹屬姜虬上疏

曰廣平公弼懷奸積年謀禍有歲傾陷群豎爲之畫足釁成逆著取嗤戎裔文武之化刑于寡妻聖朝之亂起自愛子今雖欲含忍其瑕掩蔽其罪而逆黨猶繁扇惑不已弼之亂心其可革邪宜斥散凶徒以絶禍始興以虬表示梁喜曰天下之人莫不以吾兒爲口實將何以處之喜曰信如虬言陛下宜早裁決興默然太子詹事王周亦虛襟引士樹黨東宮弼惡之每規陷害周抗志確然不爲之屈興嘉其守正以周爲中書監興如三原顧謂群臣曰古人有言關東出相關西出將三秦饒儁異汝潁多奇士吾應天明命跨據中原自流沙已東淮漢已北未嘗不傾巳招求冀匡不逮然明不照下弗感懸魚至於智効一官行著一善吾歷級而進之不使有後門之歎卿等宜明揚仄陋助吾舉之梁喜對曰奉言求賢弗曾休偨未見儒亮大才王佐之器可謂世乏賢興曰自古霸王之起也莫不將則韓吴相兼蕭鄧終不採將於往賢求相於後哲卿自識拔不明求之不至奈何厚誣四海乎群臣咸悅晉荊州

刺史司馬休之據江陵雍州刺史魯宗之據襄陽與劉裕相攻遣使求援興遣姚成王司馬國璠率騎八千赴之弼恨姚宣之毀已遂譖宣於興會宣司馬權丕至長安興責丕以無匡輔之益將戮之丕性傾巧因誣宣罪狀興大怒遂收宣于杏城下獄而使弼將三萬人鎮秦州尹昭言於興曰廣平公與皇太子不平握彊兵于外陛下一旦不諱恐社稷必危小不忍以致大亂者陛下之謂也興弗納赫連勃勃攻杏城興又遣弼救之至冠泉而杏城陷興如北地弼次于三樹遣弼及斂曼嵬向新平興還長安姚成王至于南陽司馬休之等爲劉裕所敗引歸休之宗之等遂與譙王文思新蔡王道賜寧朔將軍梁州刺史馬敬輔國將軍竟陵太守魯軌寧朔將軍南陽太守魯範奔于興勃勃遣其將赫連建率衆寇貳縣數千騎入平涼姚恢與建戰于五井平涼太守姚周都爲建所獲遂入新平姚弼討之戰于龍尾堡大破之擒建送于長安初勃勃攻彭雙方于石堡方力戰距守積年不能剋至是聞建敗引歸

休之等至長安興謂之曰劉裕崇奉晉帝豈便有闕乎休之曰臣前下都琅邪王德文泣謂臣曰劉裕供御主上克薄奇深以事勢推之社稷之憂方未可測興將以休之爲荊州刺史任以東南之事休之固辭請與魯宗之等擾動襄陽淮漢乃以休之爲鎮南將軍揚州刺史宗之等並有拜授休之將行侍御史唐盛言於興曰符命所記司馬氏應復河洛休之既得濯鱗南翔恐非復池中之物可以崇禮不宜放之興曰司馬氏脫如所記留之適足爲患遂遣之揚武安鄉侯康宧驅略白鹿原氐胡數百家奔上洛太守宋林距之商洛人黃金等起義兵以掎宧宧乃率衆歸罪興赦之復其爵位時白虹貫日有術人言於興曰將有不祥之事終當自消時興藥動姚弼稱疾不朝集兵於第興聞之怒甚收其黨殿中侍御史唐盛孫玄等殺之泓言於興曰臣誠不肖不能訓諧於弟致弼構造是非仰慙天日陛下若以臣爲社稷之憂除臣而國寧亦家之福也若垂天性之恩不忍加臣刑戮者乞聽臣守藩興慘然

收容召姚讚梁喜尹昭歛曼嵬於諮議堂密謀收弼時姚紹屯兵
雍城馳遣告之數日不決弼黨光懼興慮其爲變乃收弼因之中
曹窮責黨與將殺之泓流涕固請之乃止興謂梁喜曰泓天心平
和性少猜忌必能容養群賢保全吾子於是皆赦弼黨靈臺令張
泉又言於興曰熒惑入東井旬紀而返未餘月復來守心王者惡
之宜脩仁虛己以荅天譴興納之正旦興朝群臣于太極前殿沙
門賀僧慟泣不能自勝衆咸怪焉賀僧者莫知其所從來也言事
皆有效驗興甚神禮之常與隱士數人預於讌會興如華陰以泓
監國入居西宮因疾篤還長安泓欲出迎其宮臣曰今主上疾篤
奸臣在側廣平公每希覬非常變故難測今殿下若出進則不得
見主上退則有弼等之禍安所歸乎自宜深抑情禮以寧宗社泓
從之乃拜迎於黄龍門樽下弼黨見興升轝咸懷危懼尹沖等先
謀欲因泓出迎害之尚書姚沙弥曰若太子有備不來迎侍當奉
乘轝直趣公第宿衛者聞上在此自當來奔誰與太子守乎吾等

以廣平公之故陷身逆節今以乘轝南幸自當是仗義之理匪但
救廣平之禍足可以申雪前愆沖等不從欲隨興入殿中作乱復
未知興之存亡疑而不發興命泓録尚書事使姚紹胡翼度典兵
禁中防制内外遣歛曼嵬收弼第中甲杖内之武庫興疾轉篤興
妹僞南安長公主問疾不應興少子耕兒出告其兄愔曰上已崩
矣宜速決計於是愔與其屬率甲士攻端門殿中上將軍歛曼嵬
勒兵距戰右衛胡翼度率禁兵閉四門愔等遣壯士登門緣屋而
入及于馬道泓時侍疾于諮議堂遣歛曼嵬率殿中兵登武庫距
戰太子右衛率姚和都率東宫兵入屯馬道南愔等既不得進遂
燒端門興力疾臨前殿賜弼死禁兵見興喜躍貫甲赴賊賊衆駭
擾和都勒東宫兵自後擊之愔等奔潰逃于驪山愔黨呂隆奔雍
尹沖等奔于京師興引紹及讚梁喜尹昭歛曼嵬入内寢受遺輔
政義熙十二年興死時年五十一在位二十二年僞謚文桓皇帝
廟號高祖墓曰偶陵

尹緯字景亮天水人也少有大志不營産業身長八尺腰帶十圍
魁梧有爽氣每覽書傳至宰相立勳之際常輟書而歎苻堅以尹
赤之降姚襄諸尹皆禁錮不仕緯晚乃爲吏部令史風志豪邁郎
皆憚之堅末年祅星見于東井緯知堅將滅喜甚向天再拜既而
流涕長歎友人略陽桓識怪而問之緯曰天時如此正是霸王龍
飛之秋吾徒杖策之日然知己難遭恐不得展吾才志是以欣懼
交懷及姚萇奔馬牧緯與尹詳龐演等扇動群豪推萇爲盟主遂
爲佐命元功萇既敗苻堅遣緯説堅求禪代之事堅問緯曰卿於
朕何官緯曰尚書令史堅歎曰宰相之才也王景略之儔而朕不
知卿亡也不亦宜乎緯性剛簡清亮慕張子布之爲人馮翊段鏗
性傾巧萇愛其博識引爲侍中緯固諫以爲不可萇不從緯屢衆
中辱鏗鏗心不平之萇聞而謂緯曰卿性不好學何爲憎學者緯
曰臣不憎學憎鏗不正耳萇因曰卿好不自知每比蕭何真何如
也緯曰漢祖與蕭何俱起布衣是以相貴陛下起貴中是以賤臣

萇曰卿實不及胡爲不也緯曰陛下何如漢祖萇曰朕實不如漢
祖卿遠蕭何故不如甚也緯曰漢祖所以勝陛下者以能遠段鏗
之徒故耳萇默然乃出鏗爲北地太守萇死緯與姚興滅苻登成
興之業皆緯之力也歷輔國將軍司隸校尉尚書左右僕射清河
侯緯友人隴西牛壽率漢中流人歸興興謂緯曰足下平生自謂
明也才足以立功立事道消也則追二踈朱雲發其狂直不能如
胡廣之徒洿隆隨俗今遇其時矣正是垂名竹素之日可不勉歟
緯曰吾之所庶幾如是但未能委宰衡於夷吾識韓信於羇旅以
斯爲愧耳立功立事竊謂未負昔言興聞而謂緯曰君之與壽言
也何其誕哉立功立事自謂何如古人緯曰臣實未愧古人何則
遇時來之運則輔翼太祖建八百之基及陛下龍飛之始翦滅苻
登湯盪清秦雍生極端右死饗廟庭古之君子正當爾耳興大悅及
死興甚悼之贈司徒謚曰忠成侯

載記第十八　　晉書一百一十八

姚泓

姚泓字元子興之長子也孝友寬和而無經世之用又多疾病興將以爲嗣而疑焉久之乃立爲太子興每征伐巡游常留總後事博學善談論尤好詩詠尚書王尚黃門郎段章尚書郎富允文以儒術侍講胡義周夏侯稚以文章游集時尚書王敏右丞郭播以刑政過寬議欲峻制泓曰人情挫辱則壯厲之心生政教煩苛則苟免之行立上之化下如風靡草君等參讚朝化弘昭政軌不務仁恕之道惟欲嚴法酷刑豈是安上馭下之理乎敏等遂止泓受經於博士淳于岐岐病泓親詣省疾拜于牀下自是公侯見師傅皆拜焉興之如平涼也馮翊人劉厥聚衆數千據萬年以叛泓遣鎮軍彭白狼率東宮禁兵討之斬厥赦其餘黨諸將咸勸泓曰殿下神筭電發蕩平醜逆宜露布表言廣其首級以慰遠近之情泓曰主上委吾後事使式遏寇逆吾綏御失和以長姦寇方當引咎責躬歸罪行閒安敢過自矜誕以重罪責乎其右僕射韋華聞而謂河南太守慕容筑曰皇太子寔有恭惠之德社稷之福也其弟弼有奪嫡之謀泓恩撫如初未嘗見于色姚紹每爲弼羽翼泓亦推心宗事弗以爲嫌及僭位任紹以兵權紹亦感而歸誠卒守其忠烈其明識寛裕皆此類也興既死祕不發喪南陽公姚愔及大將軍尹元等謀爲亂泓皆誅之命其齊公姚恢殺安定太守呂超恢久乃誅之泓疑恢有陰謀恢自是懷貳陰聚兵甲焉泓發喪以義熙十二年僭即帝位大赦殊死已下改元永和廬于諮議堂既葬乃親庶政內外百僚增位一等令文武各盡直言政有不便於時事有光益宗廟者極言勿有所諱初興徙李閏羌三千家於安定尋徙新支至是羌酋党容率所部叛還遣撫軍姚讚討之容降徙其豪右數百戶于長安餘遣還李閏北地太守毛雍據趙氏塢以叛于泓姚紹討擒之姚宣時鎮李閏未知雍敗遣部將姚佛生等來衛長安衆既發宣參軍韋宗姦諂好亂說宣曰主上初立威化未著勃勃彊盛侵害必深本朝之難未可弭也殿下居維城之任宜深慮之邢望地形險固總三方之要若能據之虛心撫御非但克固維城亦霸王之業也宣乃率戶三萬八千棄李閏南保邢望宣既南移諸羌據李閏以叛紹進討破之宣詣紹歸罪紹怒殺之初宣在邢望泓遣姚佛生諭宣佛生遂讚成宣計紹數其罪又戮之泓下書士卒死王事贈以爵位永復其家將封宮臣十六人五等子男姚讚諫曰東宮文武自當有守忠之誠未有赫然之效何受封之多乎泓曰懸爵於朝所以懲勸來效標明盛德元子遭家不造與宮臣同此百憂獨享其福得不愧於心乎讚默然姚紹進曰陛下不忘報德封之是也古者敬其事命之以始可須來春然後議之乃止并州定陽二城胡數萬落叛泓入于平陽攻立義姚成都于匈奴堡推匈奴曹弘爲大單于所在殘掠征東姚懿自蒲坂討弘戰于平陽大破之執弘送于長安徙其豪右万五千落于雍州仇池公楊盛攻陷祁山執建節王總遂逼秦州泓遣後將軍姚平救之盛引退姚嵩與平追盛及于竹嶺姚讚率隴西太守姚秦都略陽太守王煥以禁兵赴之讚至清水嵩爲盛所敗嵩及秦都王煥皆戰死讚至秦州退還仇池先是天水冀縣石鼓鳴聲聞數百里野雉皆雊秦州地震者三十二殷殷有聲者八山崩舍壞咸以爲不祥及嵩將出群僚固諫止之嵩曰若有不祥此乃命也安所逃乎遂及於難識者以爲秦州泓之故鄉將滅之徵也赫連勃勃攻陷陰密執秦州刺史姚軍都坑將士五千餘人軍都瞋目厲聲數勃勃殘忍之罪不爲之屈勃勃怒而殺之勃勃既剋陰密進兵侵雍嶺北雜戶悉奔五將山征北姚恢棄安定率戶五千奔新平安定人胡儼華韜等率衆距恢恢單騎歸長安立節弥姐成建武裴岐爲儼所殺鎮西姚諶委鎮東走勃勃遂據雍抄掠郿城姚紹及征虜尹昭鎮軍姚洽等率步騎五万討勃勃姚恢以精騎一萬繼之軍次橫水勃勃退保安定胡儼閉門距之殺鮮卑數千人據安定以降紹進兵躡勃勃戰于馬鞍坂敗之追至朝那不

及而還楊盛遣兄子倦入寇長蛇平陽氏苟渴聚衆千餘據五丈原以叛遣鎮遠姚萬恢武姚難討之爲渴所敗姚諶討渴擒之泓使輔國斂曼嵬前將軍姚光兒討楊倦于陳倉倦奔于散關勃勃遣兄子提南侵池陽車騎姚裕前將軍彭白狼建義蛇玄距却之尋而晉太尉劉裕總大軍伐泓次于彭城遣冠軍將軍檀道濟龍驤將軍王鎮惡入自淮肥攻漆丘項城將軍沈林子自汴入河攻倉垣泓將王苟生以漆丘降鎮惡徐州刺史姚掌以項城降道濟王師遂入潁口所至多降服惟新蔡太守董遵固守不降道濟攻破之縛遵而致諸軍門遵厲色曰古之王者伐國待士以禮君奈何以不義行師待國士以非禮乎道濟怒殺之姚紹聞王師之至還長安言於泓曰晉師已過許昌豫州安定孤遠卒難救衛宜遷諸鎮户内寔京畿可得精兵十万足以横行天下假使二寇交侵無深害也如其不爾晉侵豫州勃勃寇安定者將若之何事機已至宜在速決其左僕射梁喜曰齊公恢雄勇有威名爲嶺北所憚鎮人已與勃勃深仇理應守死無二勃勃終不能棄安定遠寇京畿若無安定虜馬必及於郿雍今關中兵馬足距晉師豈可未有憂危先自削損也泓從之吏部郎懿横密言於泓曰齊公恢於廣平之難有忠勳於陛下自陛下龍飛紹統未有殊賞以荅其意今外則致之死地内則不豫朝權安定人自以孤危逼寇欲思南遷者十室而九若擁精兵四萬鼓行而向京師得不爲社稷之累乎宜徵還朝廷以慰其心泓曰恢若懷不逞之心徵之適所以速禍耳又不從王師至城皐征南姚洸時鎮洛陽馳使請救泓遣越騎校尉閻生率騎三千以赴之武衛姚益男將步卒一萬助守洛陽又遣征東并州牧姚懿南屯陝津爲之聲援洸部將趙玄説洸曰今寇逼已深百姓駭懼衆寡勢殊難以應敵宜攝諸戍兵士固守金墉以待京師之援不可出戰如脱不捷大事去矣金墉既固師無損敗吳寇終不敢越金墉而西困之於堅城之下可以坐制其弊時洸司馬姚禹潛通于道濟主簿閻恢楊虔等皆禹之黨嫉玄

忠誠咸共毁之固勸洸出戰洸從之乃遣玄率精兵千餘南守柏谷塢廣武石無諱東戍鞏城以距王師玄泣謂洸曰玄受三帝重恩所守正死耳但明公不用忠臣之言爲姦孽所誤後必悔之但無及耳會陽城及城皐滎陽武牢諸城悉降道濟等長驅而至無諱至石關奔還玄與晉將毛德祖戰于柏谷以衆寡而敗被瘡十餘據地大呼玄司馬騫鑒冒刃抱玄而泣玄曰吾瘡已重君宜速去鑒曰若將軍不濟當與俱死去將安之皆死於陣姚禹踰城奔于王師道濟進至洛陽洸懼遂降時閻生至新安益男至湖城會洛陽已没遂留屯不進姚懿險薄惑於信受其司馬孫暢姦巧傾佞好乱樂禍勸懿襲長安誅姚紹廢泓自立懿納之乃引兵至陝津散穀以賜河北夷夏欲虚損國儲招引和戎諸羌樹已私惠懿左常侍張敞侍郎左雅固諫懿曰殿下以母弟之親居分陝之重安危休戚與國共之漢有七國之難寔賴梁王今吳寇内侵四州傾没西虜擾邊秦涼覆敗朝廷之危有同累卵正是諸侯勤王之日穀者國之本也而今散之若朝廷問殿下者將何辭以報懿怒笞而殺之泓聞之召姚紹等密謀於朝堂紹曰懿性識鄙近從物推移造成此事惟當孫暢耳但馳使徵暢遣撫軍讚據陝城臣向潼關爲諸軍節度若暢奉詔而至者臣當遣懿率河東見兵共平吳寇如其逆釁已成違距詔勑者當明其罪於天下聲皷以擊之泓曰叔父之言社稷之計也於是遣姚讚及冠軍司馬國璠建義蛇玄屯陝津武衛姚驢屯潼關懿遂舉兵僭號傳檄州郡欲運匈奴堡穀以給鎮人寧東姚成都距之懿乃卑辭招誘深自結託送佩刀爲誓成都送以呈泓懿又遣驍騎王國率甲士數百攻成都成都擒國囚之遣讓懿曰明公以母弟之親受推轂之寄今社稷之危若綴旒然宜恭恪憂勤匡輔王室而更包藏奸究謀危宗廟三祖之靈豈安公乎此鎮之糧一方所寄鎮人何功而欲給之王國爲蛇畫足國之罪人已就囚執聽詔而戮之成都方糾合義衆以懲明公之罪復須大兵悉集當與明公會於河上乃宣告諸城勉

以忠義厲兵秣馬徵發義租河東之兵無訴懿者懿深患之臨晉
數千戶叛應懿姚紹濟自蒲津擊臨晉叛戶大破之懿等震懼鎮
人安定郭純王奴等率衆圍懿紹入于蒲坂執懿囚之誅孫暢等
泓以內外離叛王師漸逼歲旦朝群臣于其前殿悽然流涕群臣
皆泣時征北姚恢率安定鎮戶三萬八千焚燒室宇以車為方陣
自北雍州趣長安自稱大都督建義大將軍移檄州郡欲除君側
之惡揚威姜紀率衆奔之建節彭完都聞恢將至棄陰密奔還長
安恢至新支姜紀說恢曰國家重將在東京師空虛公可輕兵徑
襲事必剋矣恢不從乃南攻郿城鎮西姚諶為恢所敗恢軍勢弥
盛長安大震泓馳使徵紹遣姚裕及輔國胡翼度屯于灃西扶風
太守姚儁安夷護軍姚墨蠡建威姚娥都揚威彭蚝皆懼而降恢
恢舅苟和時為立節將軍守忠不二泓召而謂之曰衆人咸懷去
就卿何能自安邪和曰若天縱妖賊得肆其逆節者舅甥之理不
待奔馳而加親如其罪極逆銷天盈其罰者守忠執志臣之體也

晉載記十九　五

違親叛君臣之所恥泓善其忠恕加金章紫綬姚紹率輕騎先赴
難使姚洽司馬國璠將步卒三萬赴長安恢從曲牢進屯杜成紹
與恢相持于靈臺姚讚聞恢漸逼留寧朔尹雅為弘農太守守潼
關率諸軍還長安泓謝讚曰元子不能崇明德義導率群下致禍
起蕭牆變自同氣既上負祖宗亦無顏見諸父懿始搆逆滅亡恢
復擁衆內叛將若之何讚曰懿等所以敢稱兵內侮者諒由臣等
輕弱無防遏之方故也因攘袂大泣曰臣與大將軍不滅此賊終
不持面復見陛下泓於是班賜軍士而遣之恢衆見諸軍悉集咸
懼而思善其將齊黃等棄恢而降恢進軍逼紹讚自後要擊大破
之殺恢及其三弟泓哭之悲慟葬以公禮至是王鎮惡至宜陽毛
德祖攻弘農太守尹雅于蠡吾城衆潰德祖使騎追獲之既而殺
晉守者奔固潼關檀道濟沈林子攻拔襄邑堡建威薛帛奔河東
道濟自陝北渡攻蒲坂使將軍苟卓攻匈奴堡為泓寧東姚成都
所敗泓遣姚驢救蒲坂胡翼度據潼關泓進紹太宰大將軍大都

督都督中外諸軍事假黃鉞改封魯公侍中司隸宗正節錄並如
故朝之大政皆往決焉紹固辭弗許於是遣紹率武衛姚鸞等步
騎五萬距王師于潼關姚驢與并州刺史尹昭為表裏之勢夾攻
道濟道濟深壁不戰沈林子說道濟曰今蒲坂城堅池濬非可卒
剋攻之傷衆守之引日不如棄之先事潼關潼關天限形勝之地
鎮惡孤軍勢危力寡若使姚紹據之則難圖矣如剋潼關紹可不
戰而服道濟從之乃棄蒲坂南向潼關姚讚率禁兵七千自渭北
而東進據蒲津劉裕使沈田子及傅弘之率衆萬餘人入上洛所
在多委城鎮奔長安田子等進及青泥姚紹方陣而前以距道濟
道濟固壘不戰紹乃攻其西營不剋遂以大衆逼之道濟率王敬
沈林子等逆衝紹軍將士驚散引還定城紹留姚鸞守險絕道濟
糧道時裕別將姚珍入自子午竇霸入自洛谷衆各數千人泓遣
姚萬距霸姚彊距珍姚鸞遣將尹雅與道濟司馬徐琰戰于潼關
南為琰所獲送之劉裕裕以雅前叛欲殺之雅曰前活本在望外

晉載記十九　六

今死寧不甘心明公將以大義平天下豈可使秦無守信之臣乎
裕嘉而勉之泓遣給事黃門侍郎姚和都屯于堯柳以備田子姚
紹謂諸將曰道濟等遠來送死衆旅不多嬰壘自固者正欲曠日
持久以待繼援耳吾欲分軍逕據閿鄉以絕其糧運不至一月道
濟之首可懸之麾下矣濟等既沒裕計自沮諸將咸以為然其將
胡翼度曰軍勢宜集不可以分若偏師不利人心駭懼胡可以戰
紹乃止薛帛據河曲以叛紹分道置諸軍為掎角之勢遣輔國胡
翼度據東原武衛姚鸞營于大路與晉軍相接沈林子簡精銳銜
枚夜襲之鸞衆潰戰死士卒死者九千餘人姚讚屯于河上遣恢
武姚難運蒲坂穀以給其軍至香城為王師所敗時泓遣姚諶守
堯柳姚和都討薛帛于河東聞王師要難乃兼道赴救未至而難
敗因破裕裨將于河曲遂屯蒲坂姚讚為林子所敗單馬奔定城
紹遣左長史姚洽及姚墨蠡等率騎三千屯于河北之九原欲絕
道濟諸縣租輸洽辭曰夫小敵之堅大敵之擒今兵衆單弱而遠

在河外雖明公神武然鞭短勢殊恐無所及紹不聽沈林子率衆八千要洽于河上洽戰死衆皆沒紹聞洽等敗忿恚發病託姚讚以後事使姚難屯關西紹嘔血而死泓以晉師之逼遣使乞師于魏魏遣司徒南平公拔拔嵩正直將軍安平公乙旃眷進據河內游擊將軍王洛生屯于河東爲泓聲援劉裕次于陝城遣沈林子率精兵萬餘越山開道會沈田子等于青泥將攻堯柳泓使姚裕率步騎八千距之泓躬將大衆繼發裕爲田子所敗泓退次于灞上關中郡縣多潛通于王師劉裕至潼關遣將軍朱超石徐猗之會薛帛于河北以攻蒲坂姚讚距裕于關西姚難屯于香城裕遣王鎮惡王敬自秋社西渡渭以逼難軍鎮東姚璞及姚和都擊敗猗之等於蒲坂猗之遇害超石棄其衆奔于潼關姚讚遣司馬休之及司馬國璠自軹關向河內引魏軍以躡裕後姚難既爲鎮惡所逼引師而西時大霖雨渭水泛溢讚等不得北渡鎮惡水陸兼進追及姚難泓自灞上還軍次于石橋以援之讚退屯鄭城鎮北姚

彊率郡人數千與姚難陣于涇上以距鎮惡鎮惡遣毛德祖擊彊大敗彊戰死難遁還長安劉裕進據鄭城泓使姚裕尚書龐統屯兵宮中姚洸屯于灃西尚書姚白瓜徙四軍雜户入長安姚丕守渭橋胡翼度屯石積姚讚屯霸東泓軍于逍遙園鎮惡夾渭進兵破姚丕于渭橋泓自逍遙園赴之逼水地狹因丕之敗遂相踐而退姚諶及前軍姚烈左衛姚寶安散騎王帛建武姚進揚威姚蚝尚書右丞孫玄等皆死於陣泓單馬還宮鎮惡入自平朔門泓與姚裕等數百騎出奔于石橋讚聞泓之敗也召將士告之衆皆以刀擊地攘袂大泣胡翼度先與劉裕陰通是日棄衆奔裕讚夜率諸軍將會泓于石橋王師已固諸門讚軍不得入衆皆驚散泓計無所出謀欲降于裕其子佛念年十一謂泓曰晉人將逞其欲終必不全願自裁決泓憮然不荅佛念遂登宮牆自投而死泓將妻子詣壘門而降讚率宗室子弟百餘人亦降于裕裕盡殺之餘宗遷于江南送泓于建康市斬之時年三十在位二年建康百里之

外草木皆燋死焉姚萇以孝武太元九年僭立至泓三世以安帝義熙十三年而滅凡三十二年

史臣曰自長江徙御化龍創業巨寇乘機而未寧戎馬交馳而不息晦重氛於六漢皷洪流於八際天未厭亂凶旅寔繁弋仲越自金方言歸石氏抗直詞於暴主闡忠訓於危朝貽厥之謀在乎歸順鳴哀之義有足稱焉景國弱歲英奇見方孫策詳其幹識無忝斯言遽踐迷途良可悲矣景茂因仲襄之緒躡苻亡之會嘯命群豪恢弘霸業假容冲之鋭俯定函秦挫雷惡之鋒載寧東北在茲姧略寔冠凶徒列樹而表新營雖云效績存棘而陵舊主何其不仁安枕而終斯爲幸也子略剋摧勍敵荷成先構虛襟訪道側席求賢敦友悌以睦其親明賞罰以臨其下英髦盡節爪牙畢命取汾絳陷許洛款僭燕而藩僞蜀夷隴右而靜河西俗阜年豐遠安邇輯雖楚莊秦穆何以加焉既而逞志矜功弗虞後患委涼都於禿髮授朔方於赫連專己生災邊城繼陷距諫招禍蕭牆屢發戰

無寧歲人有危心豈宜騁彼雄圖被深恩於介士飾崇詭說加殊禮於桑門當有爲之時肆無爲之業麗衣腴食殆將萬數析寔談空靡然成俗夫以漢朝殷廣猶鄙鴻都之費況乎偽境日侵寧堪永貴之役儲用殫竭山林有税政荒威挫職是之由坐致淪胥非天喪也元子以庸愞之質屬傾擾之餘內難方殷外禦斯輟王師杖順弭節而下長安凶嗣失圖係組而降軹道物極則反抑斯之謂歟

贊曰弋仲剛烈終表奇節襄寔英果萇惟姦桀興始崇構泓遂摧滅貽誡將來無踐危轍

載記第十九　　晉書一百一十九

李特　李流　李庠

李特字玄休巴西宕渠人其先廩君之苗裔也昔武落鍾離山崩有石穴二所其一赤如丹一黑如漆有人出於赤穴者名曰務相姓巴氏有出於黑穴者凡四姓曰暉氏樊氏柏氏鄭氏五姓俱出皆爭爲神於是相與以劍刺穴屋能著者以爲廩君四姓莫著而務相之劍懸焉又以土爲船雕畫之而浮水中曰若其船浮存者以爲廩君務相船又獨浮於是遂稱廩君乘其土船將其徒卒當夷水而下至於鹽陽鹽陽水神女子止廩君曰此魚鹽所有地又廣大與君俱生可止無行廩君曰我當爲君求廩地不能止也鹽神夜從廩君宿旦輒去爲飛蟲諸神皆從其飛蔽日晝昏廩君欲殺之不可別又不知天地東西如此者十日廩君乃以青縷遺鹽神曰嬰此即宜之與汝俱生弗宜將去汝鹽神受而嬰之廩君立碭石之上望膺有青縷者跪而射之中鹽神鹽神死群神與俱飛

者皆去天乃開朗廩君復乘土船下及夷城夷城石岸曲泉水亦曲廩君望如穴狀歎曰我新從穴中出今又入此奈何岸即爲崩廣三丈餘而階陛相乘廩君登之岸上有平石方一丈長五尺廩君休其上投策計筭皆著石焉因立城其旁而居之其後種類遂繁秦并天下以爲黔中郡薄賦斂之口歲出錢四十巴人呼賦爲賨因謂之賨人焉及漢高祖爲漢王募賨人平定三秦既而求還鄉里高祖以其功復同豐沛不供賦稅更名其地爲巴郡土有鹽鐵丹漆之饒俗性剽勇又善歌舞高祖愛其舞詔樂府習之今巴渝舞是也漢末張魯居漢中以鬼道教百姓賨人敬信巫覡多往奉之值天下大亂自巴西之宕渠遷于漢中楊車坂抄掠行旅百姓患之號爲楊車巴魏武帝剋漢中特祖將五百餘家歸之魏武帝拜爲將軍遷于略陽北土復號之爲巴氐特父慕爲東羌獵將特少仕州郡見異當時身長八尺雄武善騎射沉毅有大度元康中氐齊萬年反關西擾亂頻歲大飢百姓乃流移就穀相與入漢川者數萬家特隨流人將入于蜀至劍閣箕踞太息顧眄險阻曰劉禪有如此之地而面縛於人豈非庸才邪同夷者閻式趙肅李遠任回等咸歎異之初流人既至漢中上書求寄食巴蜀朝議不許遣侍御史李苾持節慰勞且監察之不令入劍閣苾至漢中受流人貨賂反爲表曰流人十萬餘口非漢中一郡所能振贍東下荊州水湍迅險又無舟船蜀有倉儲人復豐稔宜令就食朝廷從之由是散在益梁不可禁止永康元年詔徵益州刺史趙廞爲大長秋以成都內史耿滕代廞廞遂謀叛潛有劉氏割據之志乃傾倉廩振施流人以收衆心特之黨類皆巴西人與廞同郡率多勇壯廞厚遇之以爲爪牙故特等聚衆專爲寇盜蜀人患之滕密上表以爲流人剛剽而蜀人愞弱客主不能相制必爲亂階宜使移還其本若致之險地將恐秦雍之禍萃於梁益必貽聖朝西顧之憂廞聞而惡之時益州文武千餘人已往迎滕滕率衆入州廞遣衆逆滕戰于西門滕敗死之廞自稱大都督大將軍益州牧特弟

庠與兄弟及妹夫李含任回上官惇扶風李攀始平費佗氐苻成隗伯等以四千騎歸廞廞以庠爲威寇將軍使斷北道庠素東羌良將曉軍法不用麾幟舉矛爲行五斬部下不用命者三人部陣肅然廞惡其齊整欲殺之而未言長史杜淑司馬張粲言於廞曰傳云五大不在邊將軍起兵始爾便遣李庠握彊兵於外愚竊惑焉且非我族類其心必異倒戈授人竊以爲不可願將軍圖之廞斂容曰卿言正當吾意可謂起予者商此天使卿等成吾事也會庠正門請見廞廞大悅引庠見之庠欲觀廞意再拜進曰今中國大亂無復綱維晉室當不可復興也明公道格天地德被區宇湯武之事寔在于今宜應天時順人心拯百姓於塗炭使物情之所歸則天下可定非但庸蜀而已廞怒曰此豈人臣所宜言令淑等議之於是淑等上庠大逆不道廞乃殺之及其子姪宗族三十餘人廞慮特等爲難遣人喻之曰庠非所宜言罪應至死不及兄弟以庠尸還特復以特兄弟爲督將以安其衆牙門將許弇求爲

巴東監軍杜淑張粲固執不許鉼怒於廞閤下手刃殺淑粲左右又殺鉼皆廞腹心也特兄弟既以怨廞引兵歸綿竹廞恐朝廷討已遣長吏費遠犍爲太守李苾督護常俊督万餘人斷北道次綿竹之石亭特密收合得七千餘人夜襲遠軍遠大潰因放火燒之死者十八九進攻成都廞聞兵至驚懼不知所爲李苾張徵等夜斬關走出文武盡散廞獨與妻子乘小船走至廣都爲下人朱竺所殺特至成都縱兵大掠害西夷護軍姜發殺廞長史袁治及廞所置守長遣其牙門王角李基詣洛陽陳廞之罪狀先是惠帝以涼州刺史羅尚爲平西將軍領護西夷校尉益州刺史督牙門將王敦上庸都尉義歆蜀郡太守徐儉廣漢太守辛冉等凡七千餘人入蜀特等聞尚來甚懼使其弟驤於道奉迎幷貢寶物尚甚悅以驤爲騎督特及弟流復以牛酒勞尚於綿竹王敦辛冉並說尚曰特等流人專爲盜賊急宜梟除可因會斬之尚不納冉先與特有舊因謂特曰故人相逢不吉當凶矣特深自猜懼尋有符下秦

雍州凡流人入漢川者皆下所在召還特兄輔素留鄉里託言迎家既至蜀謂特曰中國方乱不足復還特以爲然乃有雄據巴蜀之意朝廷以討趙廞功拜特宣威將軍封長樂鄉侯流爲奮威將軍武陽侯璽書下益州條列六郡流人與特協同討廞者將加封賞會辛冉以非次見徵不願應召又欲以滅廞爲己功乃寢朝命不以實上衆咸怨之羅尚遣從事催遣流人限七月上道辛冉性貪暴欲殺流人首領取其資貨乃移檄發遣又令梓潼太守張演於諸要施關搜索寶貨特等固請求至秋收流人布在梁益爲人傭力及聞州郡逼遣人人愁怨不知所爲又知特兄弟頻請求停皆感而恃之且水雨將降年穀未登流人無以爲行資遂相與詣特特乃結大營於綿竹以處流人移冉求自寬冉大怒遣人分牓通逵購募特兄弟許以重賞特見大懼悉取以歸與驤改其購云能送六郡之豪李任閻趙楊上官及氐叟侯王一首賞百匹流人既不樂移咸往歸特騁馬屬鞬同聲雲集旬月間衆過二万流亦

聚衆數千特乃分爲二營特居北營流居東營特遣閻式詣羅尚求申期式既至見冉營柵衝要謀掩流人歎曰無寇而城讎必保爲今而速之乱將作矣又知冉及李苾意不可迴乃辭尚還綿竹尚謂式曰子且以吾意告諸流人今聽寬矣式曰明公惑於姦說恐無寬理弱而不可輕者百姓也今促之不以理衆怒難犯恐爲禍不淺尚曰然吾不欺子子其行矣式至綿竹言於特曰尚雖云爾然未可必信也何者尚威刑不立冉等各擁彊兵一旦爲變亦非尚所能制深宜爲備特納之冉苾相與謀曰羅侯貪而無斷日復一日流人得展姦計李特兄弟並有雄才吾屬將爲豎子虜矣宜爲決計不足復問之乃遣廣漢都尉曾元牙門張顯劉並等潛率步騎三万襲特營羅尚聞之亦遣督護田佐助元特素知之乃繕甲厲兵戒嚴以待之元等至特安卧不動待其衆半入發伏擊之殺傷者甚衆害田佐曾元張顯傳首以示尚冉尚謂將佐曰此虜成去矣而廣漢不用吾言以張賊勢今將若之何於是六郡流

人推特爲主特命六郡人部曲督李含上邽令任臧始昌令閻式諫議大夫李攀陳倉令李武陰平令李遠將兵都尉楊褒等上書請依梁統奉竇融故事推特行鎮北大將軍承制封拜其弟流行鎮東將軍以相鎮統於是進兵攻冉於廣漢冉衆出戰特每破之尚遣李苾及費遠率衆救冉懼特不敢進冉智力既窘出奔江陽特入據廣漢以李超爲太守進兵攻尚於成都閻式遺尚書責其信用讒構欲討流人又陳特兄弟立功王室以寧益土尚覽書知特等將有大志嬰城固守求救於梁寧二州於是特自稱使持節大都督鎮北大將軍承制封拜一依竇融在河西故事兄輔爲驃騎將軍弟驤爲驍騎將軍長子始爲武威將軍次子蕩爲鎮軍將軍少子雄爲前將軍李含爲西夷校尉含子國離任回李恭上官晶李攀費佗等爲將帥任臧上官惇楊褒楊珪王達麴歆等爲爪牙李遠李博夕斌嚴檉上官琦李濤王懷等爲僚屬閻式爲謀主何巨趙肅爲腹心時羅尚貪殘爲百姓患而特與蜀人約法三章

施捨振貸禮賢拔滯軍政肅然百姓爲之謠曰李特尚可羅尚殺我尚頻爲特所敗乃阻長圍緣水作營自都安至犍爲七百里與特相距河間王顒遣督護衙博廣漢太守張徵討特南夷校尉李毅又遣兵五千助尚尚遣督護張龜軍繁城三道攻特特命蕩雄襲博特攻擊張龜龜衆大敗蕩又與博接戰連日博亦敗績死者太半蕩追博至漢德博走葭萌蕩進寇巴西巴西郡丞毛植五官襄珍以郡降蕩蕩撫恤初附百姓安之蕩進攻葭萌博又遠遁其衆盡降于蕩太安元年特自稱益州牧都督梁益二州諸軍事大將軍大都督改年建初赦其境內於是進攻張徵徵依高據險與特相持連日時特與蕩分爲二營徵候特營空虛遣步兵循山攻之特逆戰不利山險窘逼衆不知所爲羅準任道皆勸引退特量蕩必來故不許徵衆至稍多山道至狹唯可一二人行蕩軍不得前謂其司馬王辛曰父在深寇之中是我死日也乃衣重鎧持長矛大呼直前推鋒必死殺十餘人徵衆來相救蕩軍皆殊死戰徵

軍遂潰特議欲釋徵還涪蕩與王辛進曰徵軍連戰士卒傷殘智勇俱竭宜因其弊遂擒之若舍而寬之徵養病收亡餘衆更合圖之未易也特從之復進攻徵徵潰圍走蕩水陸追之遂害徵生擒徵子存以徵喪還之以騫碩爲德陽太守碩略地至巴郡之墊江特之攻張徵也使李驤與李攀任回李恭屯軍毗橋以備羅尚尚遣軍挑戰驤等破之尚又遣數千人出戰驤又陷破之大獲器甲攻燒其門流進次成都之北尚遣將張興僞降於驤以觀虛實時驤軍不過二千人興夜歸白尚尚遣精勇万人銜枚隨興夜襲驤營李攀逆戰死驤及將士奔于流柵與流并力迴攻尚軍尚軍亂敗還者十一二晉梁州刺史許雄遣軍攻特特陷破之進擊破尚水上軍遂寇成都蜀郡太守徐儉以小城降特以李瑾爲蜀郡太守以撫之羅尚據大城自守流進屯江西尚懼遣使求和是時蜀人危懼並結村堡請命于特特遣人安撫之益州從事任明說尚曰特旣凶逆侵暴百姓又分人散衆在諸村堡驕怠無備是天亡之也可告諸村密剋期日內外擊之破之必矣尚從之明先僞降特特問城中虛實明曰米穀皆欲盡但有貨帛耳因求省家特許之明潛說諸村諸村悉聽命還報尚尚許如期出軍諸村亦許一時赴會二年惠帝遣荊州刺史宋岱建平太守孫阜救尚阜已次德陽特遣蕩督李璜助任臧距阜尚遣大衆奄襲特營連戰二日衆少不敵特軍大敗收合餘卒引趣新繁尚軍引還特復追之轉戰三十餘里尚出大軍逆戰特軍敗績斬特及李輔李遠皆焚尸傳首洛陽在位二年其子雄僭稱王追謚特景王及僭號追尊曰景皇帝廟號始祖

李流字玄通特第四弟也少好學便弓馬東羌校尉何攀稱流有賁育之勇舉爲東羌督及避地益州刺史趙廞器異之廞之使庠合部衆也流亦招鄉里子弟得數千人庠爲廞所殺流從特安慰流人破常俊於緜竹平趙廞於成都朝廷論功拜奮威將軍封武陽侯特之承制也以流爲鎮東將軍居東營號爲東督護特常使

流督銳衆與羅尚相持特之陷成都小城使六郡流人分口入城壯勇督領村堡流言於特曰殿下神武已剋小城然山藪未集糧仗不多宜錄州郡大姓子弟以爲質任送付廣漢繁之二營收集猛銳嚴爲防衞又書與特司馬上官惇深陳納降若待敵之義特不納特旣死蜀人多叛流人大懼流與兄子蕩雄收遺衆還赤祖流保東營蕩雄保北營流自稱大將軍大都督益州牧時宋岱水軍三萬次于墊江前鋒孫阜破德陽獲特所置守將騫碩太守任臧等退屯涪陵縣羅尚遣督護常深軍毗橋牙門左氾黃訇何沖三道攻北營流身率蕩雄攻深柵剋之深士衆星散追至成都尚閉門自守蕩馳馬追擊角牛倚矛被傷死流以特蕩並死而岱阜又至甚懼太守李含又勸流降流將從之雄與李驤迭諫不納流遣子世及含子胡質於阜軍胡兄含子離聞父欲降自梓潼馳還欲諫不及退與雄謀襲阜軍曰若功成事濟約與君三年迭爲主雄曰今計可定二翁不從將若之何離曰今當制之若不可制便

行大事翁雖是君叔勢不得已老父在君夫復何言雄大喜乃攻
尚軍尚保大城雄渡江害汶山太守陳圖遂入郫城流移營據之
三蜀百姓並保險結塢城邑皆空流野無所略士衆飢困涪陵人
范長生率千餘家依青城山尚參軍涪陵徐轝求爲汶山太守欲
要結長生等與尚掎角討流尚不許轝怨之求使江西遂降于流
說長生等使資給流軍糧長生從之故流軍復振流素重雄有長
者之德每云興吾家者必此人也勑諸子尊奉之流疾篤謂諸將
曰驍騎高明仁愛識斷多奇固足以濟大事然前軍英武殆天所
相可共受事於前軍以爲成都王遂死時年五十六諸將共立雄
爲主雄僭號追謚流秦文王

李庠字玄序特第三弟也少以烈氣聞仕郡督郵主簿皆有當官
之稱元康四年察孝廉不就後以善騎射舉良將亦不就州以庠
才兼文武舉秀異固以疾辭州郡不聽以其名上聞中護軍切徵
不得已而應之拜中軍騎督弓馬便捷膂力過人時論方之文鴦

以洛陽方亂稱疾去官性在任俠好濟人之難州黨爭附之與六
郡流人避難梁益道路有飢病者庠常營護隱恤振施窮乏大收
衆心至蜀趙廞深器之與論兵法無不稱善每謂所親曰李玄序
蓋亦一時之關張也及將有異志委以心膂之任乃表庠爲部曲
督使招合六郡壯勇至萬餘人以討叛羌功表庠爲威寇將軍假
赤幢曲蓋封陽泉亭侯賜錢百萬馬五十匹被誅之日六郡士庶
莫不流涕時年五十五

載記第二十　　晉書一百二十

載記第二十一　　晉書一百二十一

李雄　李班　李期　李壽　李勢　　御撰

李雄字仲儁特第三子也母羅氏夢雙虹自門升天一虹中斷既
而生蕩後羅氏因汲水忽然如寐又夢大蛇繞其身遂有孕十四
月而生雄常言吾二子若有先亡在者必大貴蕩竟前死雄身長
八尺三寸美容貌少以烈氣聞每周旋鄉里識達之士皆器重之
有劉化者道術士也每謂人曰關隴之士皆當南移李氏子中惟
仲儁有奇表終爲人主特起兵爲蜀承制以雄爲前將軍流死雄
自稱大都督大將軍益州牧都於郫城羅尚遣將攻雄雄擊走之
李驤攻犍爲斷尚運道尚軍大餒攻之又急遂留牙門羅特固守
尚委城夜遁特開門内雄遂剋成都于時雄軍飢甚乃率衆就穀
於郪掘野芋而食之蜀人流散東下江陽南入七郡雄以西山范
長生巖居穴處求道養志欲迎立爲君而臣之長生固辭雄乃深
自挹損不敢稱制事無巨細皆決于李國李離兄弟國等事雄彌

謹諸將固請雄即尊位以永興元年僭稱成都王赦其境内建元
爲建興除晉法約法七章以其叔父驤爲太傅兄始爲太保折衝
李離爲太尉建威李雲爲司徒翊軍李璜爲司空材官李國爲太
宰其餘拜授各有差追尊其曾祖武曰巴郡桓公祖慕隴西襄王
父特成都景王母羅氏曰王太后范長生自山西乘素輿詣成都
雄迎之于門執版延坐拜丞相尊曰范賢長生勸雄稱尊號雄於
是僭即帝位赦其境内改年曰太武追尊父特曰景帝廟號始祖
母羅氏爲太后加范長生爲天地太師封西山侯復其部曲不豫
軍征租稅一入其家雄時建國草創素無法式諸將恃恩各爭班
位其尚書令閻式上疏曰夫爲國制法勳尚仍舊漢晉故事惟太
尉大司馬執兵太傅太保父兄之官論道之職司徒司空掌五教
九土之差秦置丞相揔領萬機漢武之末越以大將軍統政令國
業初建凡百未備諸公大將班位有差降而競請施置不與典故
相應宜立制度以爲指式雄從之遣李國李雲等率衆二万寇漢

中梁州刺史張殷奔于長安國等陷南鄭盡徙漢中人於蜀先是
南土頻歲飢疫死者十萬計南夷校尉李毅固守不降雄誘建寧
夷使討之毅病卒城陷殺壯士三千餘人送婦女千口於成都時
李離據梓潼其部將羅羕張金苟等殺離及閻式以梓潼歸于羅
尚尚遣其將向奮屯安漢之宜福以逼雄雄率衆攻奮不剋時李
國鎭巴西其帳下文碩又殺國以巴西降尚雄乃引還遣其將張
寶襲梓潼陷之會羅尚卒巴郡乱李驤攻涪又陷之執梓潼太守
譙登遂乘勝進軍討文碩害之雄大悅赦其境内改元曰玉衡雄
母羅氏死雄信巫覡者之言多有忌諱至欲不葬其司空趙肅諫
雄乃從之雄欲申三年之禮群臣固諫雄弗許李驤謂司空上官
惇曰今方難未弭吾欲固諫不聽主上終諒闇君以爲何如惇曰
三年之喪自天子達於庶人故孔子曰何必高宗古之人皆然但
漢魏以來天下多難宗廟至重不可久曠故釋縗絰至哀而已驤
曰任回方至此人决於行事且上常難違其言待其至當與俱請

及回至驤與回俱見雄驤免冠流涕固請公除雄號泣不許回跪
而進曰今王業初建凡百草創一日無主天下惶惶昔武王素甲
觀兵晉襄墨絰從戎豈所願哉爲天下屈己故也願陛下割情從
權永隆天保遂彊扶雄起釋服親政是時南得漢嘉涪陵遠人繼
至雄於是下寛大之令降附者皆假復除虚己愛人授用皆得其
才益州遂定僞立其妻任氏爲皇后氐王楊難敵兄弟爲劉曜所
破奔葭萌遣子入質隴西賊帥陳安又附之遣李驤征越嶲太守
李釗降驤進軍由小會攻寧州刺史王遜遜使其將姚岳悉衆距
戰驤軍不利又遇霖雨驤引軍還爭濟瀘水士衆多死釗到成都
雄待遇甚厚朝廷儀式喪紀之禮皆决於釗楊難敵之奔葭萌也
雄安北李稚厚撫之縱其兄弟還武都難敵遂恃險多爲不法稚
請討之雄遣中領軍琀及將軍樂次費他李乾等由白水橋攻下
辯征東李壽督琀弟玝攻陰平難敵遣軍距之壽不得進而琀稚
長驅至武街難敵遣兵斷其歸道四面攻之獲琀稚死者數千人

琀稚雄兄蕩之子也雄深悼之不食者數日言則流涕深自咎責
焉其後將立蕩子班爲太子雄有子十餘人群臣咸欲立雄所生
雄曰起兵之初舉手扞頭本不希帝王之業也值天下喪乱晉氏
播蕩群情義舉志濟塗炭而諸君遂見推逼處王公之上本之基
業切由先帝吾兄適統丕祚所歸恢懿明叡殆天所命大事垂剋
薨于戎戰班姿性仁孝好學夙成必爲名器李驤與司徒王達諫
曰先王樹冢適者所以防篡奪之萌不可不慎吴子捨其子而立
其弟所以有專諸之禍宋宣不立與夷而立穆公卒有宋督之變
猶子之言豈若子也深願陛下思之雄不從竟立班驤退而流涕
曰乱自此始矣張駿遣使遺雄書勸去尊號稱藩於晉雄復書曰
吾過爲士大夫所推然本無心於帝王也進思爲晉室元功之臣
退思共爲守藩之將掃除氛埃以康帝宇而晉室陵遲德聲不振
引領東望有年月矣會獲來貺情在闇室有何已已知欲遠尊楚
漢尊崇義帝春秋之義於斯莫大駿重其言使聘相繼巴郡嘗告

急云有東軍雄曰吾嘗慮石勒跋扈侵逼琅邪以爲耿耿不圖乃
能舉兵使人欣然雄之雅譚多如此類雄以中原喪乱乃頻遣使
朝貢與晉穆帝分天下張駿領秦梁先是遣傅穎假道于蜀通表
京師雄弗許駿又遣治中從事張淳稱藩于蜀託以假道雄大悅
謂淳曰貴主英名蓋世土險兵彊何不自稱帝一方淳曰寡君以
乃祖世濟忠良未能雪天下之耻解衆人之倒懸日昊忘食枕戈
待旦以琅邪中興江東故萬里翼戴將成桓文之事何言自取邪
雄有慙色曰我乃祖乃父亦是晉臣往與六郡避難此地爲同盟
所推遂有今日琅邪若能中興大晉於中夏亦當率衆輔之淳還
通表京師天子嘉之時李驤死以其子壽爲大將軍西夷校尉督
征南費黑征東任　攻陷巴東太守楊謙退保建平壽別遣費黑
寇建平晉巴東監軍毋丘奥退保宜都雄遣李壽攻朱提以費黑
卬攀爲前鋒又遣鎭南任回征木落分寧州之援寧州刺史尹奉
降遂有南中之地雄於是赦其境内使班討平寧州夷以班爲撫

軍咸和八年雄生瘍於頭六日死時年六十一在位三十年偽謚武帝廟曰太宗墓號安都陵雄性寬厚簡刑約法甚有名稱氐苻成文隗既降復叛手傷雄母及其來也咸釋其罪厚加待納由是夷夏安之威震西土時海内大亂而蜀獨無事故歸之者相尋雄乃興學校置史官聽覽之暇手不釋卷其賦男丁歲穀三斛女丁半之户調絹不過數丈緜數兩事少役稀百姓富實閭門不閉無相侵盜然雄意在招致遠方國用不足故諸將每進金銀珍寶多有以得官者丞相楊褒諫曰陛下為天下主當網羅四海何有以官買金邪雄遜辭謝之後雄嘗酒醉而推中書令杖太官令褒進曰天子穆穆諸侯皇皇安有天子而為酗也雄即捨之雄無事小出褒於後持矛馳馬過雄雄怪問之對曰夫統天下之重如臣乘惡馬而持矛也急之則慮自傷緩之則懼其失是以馬馳而不制也雄寤即還雄為國無威儀官無祿秩班序不別君子小人服章不殊行軍無號令用兵無部對戰勝不相讓敗不相救攻城破邑

動以虜獲為先此其所以失也

班字世文初署平南將軍後立為太子班謙虛博納敬愛儒賢自何點李釗班皆師之又引名士王嘏及隴西董融天水文夔等以為賓友每謂融等曰觀周景王太子晉魏太子丕吴太子孫登文章鑒識超然卓絕未嘗不有慚色何古賢之高朗後人之莫逮也為性汎愛運脩執度時諸李子弟皆尚奢靡而班常戒厲之每朝有大議雄輒令豫之班以古者墾田均平貧富獲所今貴者廣占荒田貧者種殖無地富者以己所餘而賣之此豈王者大均之義乎雄納之及雄寢疾班晝夜侍側雄少數攻戰多被傷夷至是疾甚痕皆膿潰雄子越等惡而遠之班為吮膿殊無難色每嘗藥流涕不脱衣冠其孝誠如此雄死嗣偽位以李壽錄尚書事輔政班居中執喪禮政事皆委壽及司徒何點尚書令王瓌等越時鎮江陽以班非雄所生意甚不平至此奔喪與其弟期密計圖之李玝勸班遣越還江陽以期為梁州刺史鎮葭萌班以未葬不忍遣推誠居厚心無纖芥時有白氣二道帶天太史令韓豹奏宮中有陰謀兵氣戒在親戚班不悟咸和九年班因夜哭越殺班於殯宮時年四十七在位一年遂立雄之子期嗣位焉

期字世運雄第四子也聰慧好學弱冠能屬文輕財好施虛心招納初為建威將軍雄令諸子及宗室子弟以恩信合衆多者不至數百而期獨致千餘人其所表薦雄多納之故長史列署頗出其門既殺班欲立越為主越以期雄妻任氏所養又多才藝乃讓位於期於是僭即皇帝位大赦境内改元玉恒誅班弟都使李壽伐都弟玝於涪玝棄城降晉封壽漢王拜梁州刺史東羌校尉中護軍錄尚書事封兄越建寧王拜相國大將軍錄尚書事立妻閻氏為皇后以其衛將軍尹奉為右丞相驃騎將軍尚書令王瓌為司徒期自以謀大事既果輕諸舊臣外則信任尚書令景騫尚書姚華田褒褒無他才藝雄時勸立期故寵待甚厚内則信宦豎許涪等國之刑政希復關之卿相慶賞威刑皆決數人而已於是綱維

紊矣乃誣其尚書僕射武陵公李載謀反下獄死先是晉建威將軍司馬勳屯漢中期遣李壽攻而陷之遂置守宰戍南鄭雄子霸保並不病而死皆云期鴆殺之於是大臣懷懼人不自安天雨大魚於宮中其色黄又宮中豕犬交期多所誅夷籍没婦女資財以寔後庭内外兇兇道路以目諫者獲罪人懷苟免期又鴆殺其安北李攸攸壽之養弟也於是與越及景騫田褒姚華謀襲壽等欲因燒市橋而發兵期又累遣中常侍許涪至壽所伺其動靜及殺攸壽大懼又疑許涪往來之數也乃率步騎一萬自涪回成都表稱景騫田褒乱政興晉陽之甲以除君側之惡以李奕為先登壽到成都期越不虞其至素不備設壽遂取其城屯兵至門期遣侍中勞壽壽奏相國建寧王越尚書令河南公景騫尚書田褒姚華中常侍許涪征西將軍李遐及將軍李西等皆懷姦乱政謀傾社稷大逆不道罪合夷滅期從之於是殺越騫等壽矯任氏令廢期為邛都縣公幽之別宮期歎曰天下主乃當於小縣公不如死也

咸康三年自縊而死時年二十五在位三年諡曰幽公及葬賜鑾輅九旒餘如王禮雄之子皆為壽所殺

壽字武考驤之子也敏而好學雅量豁然少尚禮容異於李氏諸子雄奇其才以為足荷重任拜前將軍督巴西軍事遷征東將軍時年十九聘處士譙秀以為賓客盡其讜言在巴西威惠甚著驤死遷大將軍大都督侍中封扶風公錄尚書事征寧州攻圍百餘日悉平諸郡雄大悅封建寧王雄死受遺輔政期立改封漢王食梁州五郡領梁州刺史壽威名遠振深為李越景騫等所憚壽深憂之代李玝屯涪每應期朝覲常自陳邊疆寇警不可曠鎮故得不朝壽又見期越兄弟十餘人年方壯大而並有彊兵懼不自全乃數聘禮巴西龔壯壯雖不應聘數往見壽時岷山崩江水竭壽惡之每問壯以自安之術壯以特殺其父及叔欲假手報仇未有其由因說壽曰節下若能捨小從大以危易安則開國裂土長為諸侯名高桓文勳流百代矣壽從之陰與長史略陽羅桓巴西解

思明共謀據成都稱藩歸順乃誓文武得數千人襲成都剋之縱兵虜掠至乃姦略雄女及李氏諸婦多所殘害數日乃定桓與思明及李奕王利等勸壽稱鎮西將軍益州牧成都王稱藩於晉而任調與司馬蔡興侍中李艷及張烈等勸壽自立壽命筮之占者曰可數年天子調喜曰一日尚為足而況數年乎思明曰數年天子孰與百姓諸侯壽曰朝聞道夕死可矣任侯之言策之上也遂以咸康四年僭即偽位赦其境內改元為漢興以董皎為相國羅恒馬當為股肱李奕任調李閎為爪牙解思明為謀主以安車束帛聘龔壯為太師壯固辭特聽縞巾素帶居師友之位拔擢幽滯處之顯列追尊父驤為獻帝母昝氏為太后立妻閻氏為皇后世子勢為太子有告廣漢太守李乾與大臣通謀欲廢壽者壽令其子廣與大臣盟于前殿徙乾漢嘉太守大風暴雨震其端門壽自悔責命群臣極盡忠言勿拘忌諱遣其散騎常侍王嘏中常侍王廣聘於石季龍先是季龍遺壽書欲連橫入寇約分天下壽大悅乃大脩船艦嚴兵繕甲吏卒皆備糇糧以其尚書令馬當為六軍都督假節鉞營東場大閱軍士七萬餘人舟師泝江而上過成都鼓譟盈江壽登城觀之其群臣咸曰我國小眾寡吳會險遠圖之未易解思明又竊諫懇至壽於是命群臣陳其利害龔壯諫曰陛下與胡通孰如與晉通胡豺狼國也晉既滅不得不北面事之若與之爭天下則彊弱勢異此虞虢之成範已然之明戒願陛下熟慮之群臣以壯之言為然叩頭泣諫壽乃止士眾咸稱萬歲遣其鎮東大將軍李奕征牂柯太守謝恕保城距守者積日不拔會奕糧盡引還壽以其太子勢領大將軍錄尚書事壽承雄寬儉新行篡奪因循雄政未逞其志欲會李閎王嘏從鄴還盛稱季龍威強宮觀美麗鄴中殷寔壽又聞季龍虐用刑法王遜亦以殺罰御下並能控制邦域壽心欣慕人有小過輒殺以立威又以郊甸未寔都邑空虛工匠器械事未充盈乃徙傍郡戶三丁已上以寔成都興尚方御府發州郡工巧以充之廣脩宮室引水入城務於奢

侈又廣太學起讌殿百姓疲於使役呼嗟滿道思亂者十室而九矣其左僕射蔡興切諫壽以為誹謗誅之右僕射李嶷數以直言忤旨壽積忿非一託以他罪下獄殺之壽疾篤常見李期蔡興為祟八年壽死時年四十四在位五年偽諡昭文帝廟曰中宗墓曰安昌陵壽初為王好學愛士庶幾善道每覽良將賢相建功立事者未嘗不反覆誦之故能征伐四剋闢國千里雄既垂心於上壽亦盡誠於下號為賢相及即偽位之後改立宗廟以父驤為漢始祖廟特雄為大成廟又下書言與期越別族凡諸制度皆有改易公卿以下率用己之僚佐雄時舊臣及六郡士人皆見廢黜壽初病思明等復議奉王室壽不從李演自越嶲上書勸壽歸正返本釋帝稱王壽怒殺之以威龔壯思明等壯作詩七篇託言應璩以諷壽壽報曰省詩知意若今人所作賢哲之話言也古人所作死鬼之常辭耳動慕漢武魏明之所為恥聞父兄時事上書者不得言先世政化自以己勝之也

勢字子仁壽之長子也初壽妻閻氏無子驤殺李鳳爲壽納鳳女生勢期愛勢姿貌拜翊軍將軍漢王世子勢身長七尺九寸腰帶十四圍善於俯仰時人異之壽死勢嗣僞位赦其境内改元曰太和尊母閻氏爲太后妻李氏爲皇后太史令韓皓奏熒惑守心以宗廟禮廢勢命群臣議之其相國董皎侍中王嘏等以爲景武昌業獻文承基至親不遠無宜疎絶勢更令祭特雄同號曰漢王勢弟大將軍漢王廣以勢無子求爲太弟勢弗許馬當解思明以勢兄弟不多若有所廢則益孤危固勸許之勢疑當等與廣有謀遣其太保李奕襲廣於涪城命董皎收馬當思明斬之夷其三族貶廣爲臨邛侯廣自殺思明有計謀彊諫諍馬當甚得人心自此之後無復紀綱及諫諍者李奕自晉壽舉兵反之蜀人多有從奕者衆至數万勢登城距戰奕單騎突門門者射而殺之衆乃潰散勢既誅奕大赦境内改年嘉寧初蜀土無獠至此始從山而出北至犍爲梓潼布在山谷十餘萬落不可禁制大爲百姓之患勢既驕吝而性愛財色常殺人而取其妻荒淫不恤國事夷獠叛亂軍守離缺境宇日蹙加之荒儉性多忌害誅殘大臣刑獄濫加人懷危懼斥外父祖臣佐親任左右小人群小因行威福又常居内少見公卿史官屢陳災譴乃加董皎太師以名位優之寔欲與分災青大司馬桓温率水軍伐勢温次青衣勢大發軍距守又遣李福與昝堅等數千人從山陽趣合水距温謂温從步道而上諸將皆欲設伏於江南以待王師昝堅不從率諸軍從江北鴛鴦碕渡向犍爲而温從山陽出江南昝堅到犍爲方知與温異道乃迴從沙頭津北渡及堅至温已造成都之十里陌昝堅衆自潰温至城下縱火燒其大城諸門勢衆惶懼無復固志其中書監王嘏散騎常侍常璩等勸勢降勢以問侍中馮孚孚言昔吴漢征蜀盡誅公孫氏今晉下書不赦諸李雖降恐無全理勢乃夜出東門與昝堅走至晉壽然後送降文於温曰僞嘉寧二年三月十七日略陽李勢叩頭死罪伏惟大將軍節下先人播流恃險因釁竊有汶蜀勢以闇弱復統未緒偷安荏苒未能改圖猥煩朱軒跋冒險阻將士狂愚干犯天威仰慙俯愧精魂飛散甘受斧鑕以釁軍鼓伏惟大晉天綱恢弘澤及四海恩過陽日逼迫倉卒自投草野即日到白水城謹遣私署散騎常侍王幼奉牋以聞并勑州郡投戈釋杖窮池之魚待命漏刻勢尋輿櫬面縛軍門温解其縛焚其櫬遷勢及弟福從兄權親族十餘人于建康封勢歸義侯升平五年死于建康在位五年而敗始李特以惠帝太安元年起兵至此六世凡四十六年以穆帝永和三年滅

史臣曰昔周德方隆古公切踰梁之患漢祚斯永宣后興渡湟之師是知戎狄亂華釁深自古況乎巴濮雜種厥類實繁資剽竊以全生習獷悍而成俗李特世傳凶狡早擅梟雄太息劍門志吞井絡屬晉綱之落紐乘羅侯之無斷騁馬屬犍同聲雲集殲殄蜀漢荐食巴梁沃野無半菽之資華陽有析骸之釁蓋上失其道覆敗之至於斯仲儁天挺英姿見稱奇偉推鋒累載克隆霸業蹈玄德之前基掩子陽之故地薄賦而綏弊俗約法而悅新邦擬於其倫寔孫權之亞也若夫立子以嫡往哲通訓繼體承基前脩茂範而雄闇經國之遠圖蹈匹夫之小節傳大統於猶子詭彊兵於厥胤遺骸莫斂尋戈之釁已深星紀未周傾巢之釁便及雖云天道抑亦人謀班以寬愛罹災期以暴戾速禍殊塗並失異術同亡武考憑藉世資窮兵竊位罪百周帶毒甚楚圍獲保歸全何其幸也子仁承緒繼傳昏虐驅率餘燼敢距大邦授甲晨征則理均於困獸斬關宵遁則義殊於前禽宜其懸首國門以明大戮遂得禮同劉禪不亦優乎

贊曰晉圖弛馭百六斯鍾天垂伏鱉野戰群龍李特窺釁盜我巴庸世歷五朝年將四紀篡殺移國昏狂繼軌德之不脩險亦難恃

載記第二十一　晉書一百二十一

呂光 呂纂 呂隆

呂光字世明略陽氐人也其先呂文和漢文帝初自沛避難徙焉世爲酋豪父婆樓佐命苻堅官至太尉光生于枋頭夜有神光之異故以光爲名年十歲與諸童兒游戲邑里爲戰陣之法儔類咸推爲主部分詳平羣童歎服不樂讀書唯好鷹馬及長身長八尺四寸目重瞳子左肘有肉印沉毅凝重寬簡有大量喜怒不形于色時人莫之識也唯王猛異之曰此非常人言之苻堅舉賢良除美陽令夷夏愛服遷鷹揚將軍從堅征張平戰于銅壁刺平養子蚝中之自是威名大著苻雙反于秦州堅將楊成世爲雙將苟興所敗光與王鑒討之鑒欲速戰光曰興初破成世姦氣漸張宜持重以待其獘乘勝輕來糧竭必退退而擊之可以破也二旬而興退諸將不知所爲光曰揆其姦計必攻榆眉若得榆眉據城斷路資儲復贍非國之利也宜速進師若興攻城尤須赴救如其奔

也彼糧既盡可以滅之鑒從焉果敗興軍從王猛滅慕容暐封都亭侯苻重之鎮洛陽以光爲長史及重謀反苻堅聞之曰呂光忠孝方正必不同也馳使命光檻重送之尋入爲太子右率甚見敬重蜀人李焉聚衆二萬攻逼益州堅以光爲破虜將軍率兵討滅之遷步兵校尉苻洛反光又擊平之拜驍騎將軍堅既平山東士馬強盛遂有圖西域之志乃授光使持節都督西討諸軍事率將軍姜飛彭晃杜進康盛等揔兵七万鐵騎五千以討西域以隴西董方馮翊郭抱武威賈虔弘農楊穎爲四府佐將堅太子宏執光手曰君器相非常必有大福宜深保愛行至高昌聞堅寇晉光欲更須後命部將杜進曰節下受任金方赴機宜速有何不了而更留乎光乃進及流沙三百餘里無水將士失色光曰吾聞李廣利精誠玄感飛泉涌出吾等豈獨無感致乎皇天必將有濟諸君不足憂也俄而大雨平地三尺進兵至焉耆其王泥流率其旁國請降龜茲王帛純距光光軍其城南五里爲一營深溝高壘廣設疑兵以木爲人被之以甲羅之壘上帛純驅徙城外人入于城中附庸侯王各嬰城自守至是光左臂内脉起成字文曰巨霸營外夜有一黑物大如斷堤摇動有頭角目光若電及明而雲霧四周遂不復見旦視其處南北五里東西三十餘步鱗甲隱地之所昭然猶在光笑曰黑龍也俄而雲起西北暴雨滅其跡杜進言於光曰龍者神獸人君利見之象易曰見龍在田德施普也斯誠明將軍道合靈和德符幽顯願將軍勉之以成大慶光有喜色又進攻龜茲城夜夢金象飛越城外光曰此謂佛神去之胡必亡矣光攻城既急帛純乃傾國財寶請救獪胡獪胡弟吶龍侯將馗率騎二十餘万并引温宿尉頭等國王合七十餘萬以救之胡便弓馬善矛矟鎧如連鎖射不可入以革索爲羂策馬擲人多有中者衆甚憚之諸將咸欲每營結陣案兵以距之光曰彼衆我寡營又相遠勢分力散非良策也於是遷營相接陣爲句鎖之法精騎爲游軍弥縫其闕戰于城西大敗之斬万餘級帛純收其珍寶而走王侯降

者三十餘國光入其城大饗將士賦詩言志見其宫室壯麗命參軍京兆段業著龜茲宫賦以譏之胡人奢侈厚於養生家有蒲桃酒或至千斛經十年不敗士卒淪没酒藏者相繼矣諸國憚光威名貢款屬路乃立帛純弟震爲王以安之光撫寧西域威恩甚著桀黠胡王昔所未賓者不遠万里皆來歸附上漢所賜節傳光皆表而易之堅聞光平西域以爲使持節散騎常侍都督玉門已西諸軍事安西將軍西域校尉道絶不通光既平龜茲有留焉之志時始獲鳩摩羅什羅什勸之東還語在西夷傳光於是大饗文武博議進止衆咸請還光從之以駝二萬餘頭致外國珍寶及奇伎異戲殊禽怪獸千有餘品駿馬萬餘匹而苻堅高昌太守楊翰說其涼州刺史梁熙距守高桐伊吾二關熙不從光至高昌翰以郡迎降初光聞翰之說惡之又聞苻堅喪敗長安危逼謀欲停師杜進諫曰梁熙文雅有餘機鑒不足終不能納善從說也願不足憂之聞其上下未同宜在速進進而不捷請受過言之誅光從之及

至玉門梁熙傳檄責光擅命還師遣子胤與振威姚皓別駕衛翰率衆五萬距光于酒泉光報檄涼州責熙無赴難之誠數其遏歸師之罪遣彭晃杜進姜飛等爲前鋒擊胤大敗之胤輕將麾下數百騎東奔杜進追擒之於是西山胡夷皆來款附武威太守彭濟執熙請降光入姑臧自領涼州刺史護羌校尉表杜進爲輔國將軍武威太守封武始侯自餘封拜各有差光主簿尉祐姦佞傾薄人也見棄前朝與彭濟同謀執梁熙光深見寵任乃譖誅南安姚皓天水尹景等名士十餘人遠近頗以此離貳光尋擢祐爲寧遠將軍金城太守祐次允吾襲據外城以叛祐從弟隨據鸇陰以應之光遣其將魏眞討隨隨敗奔祐光將姜飛又擊敗祐衆祐奔據興城扇動百姓夷夏多從之飛司馬張象參軍郭雅謀殺飛應祐發覺逃奔初苻堅之敗張天錫南奔其世子大豫爲長水校尉王穆所匿及堅還長安穆將大豫奔禿髮思復鞬思復鞬送之魏安是月魏安人焦松齊肅張濟等起兵數千迎大豫於揟次陷昌松

郡光遣其將杜進討之爲大豫所敗大豫遂進逼姑臧求決勝負王穆諫曰呂光糧豐城固甲兵精銳逼之非利不如席卷嶺西厲兵積粟東向而爭不及朞年可以平也大豫不從乃遣穆求救於嶺西諸郡建康太守李隰祁連都尉嚴純及閻襲起兵應之大豫進屯城西王穆率衆三萬及思復鞬子奚于等陣于城南光出擊破之斬奚于等二萬餘級光謂諸將曰大豫若用王穆之言恐未可平也諸將曰大豫豈不及此邪皇天欲贊成明公八百之業故令大豫迷於良筭耳光大悅賜金帛有差大豫自西郡詣臨洮驅略百姓五千餘戶保據俱城光將彭晃徐炅攻破之大豫奔廣武穆奔建康廣武人執大豫送之斬于姑臧市光至是始聞苻堅爲姚萇所害奮怒哀號三軍縞素大臨于城南僞謚堅曰文昭皇帝長吏百石已上服斬縗三月庶人哭泣三日光於是大赦境內建元曰太安自稱使持節侍中中外大都督督隴右河西諸軍事大將軍領護匈奴中郎將涼州牧酒泉公王穆襲據酒泉自稱大將

軍涼州牧時穀價踊貴斗直五百人相食死者太半光西平太守康寧自稱匈奴王阻兵以叛光屢遣討之不捷初光之定河西也杜進有力焉以爲輔國將軍武威太守既居都尹權高一時出入羽儀與光相亞光甥石聰至自關中光曰中州人言吾政化何如聰曰止知有杜進耳實不聞有舅光默然因此誅進光後讌群寮酒酣語及政事時刑法峻重參軍段業進曰嚴刑重憲非明王之義也光曰商鞅之法至峻而兼諸侯吳起之術無親而荊蠻以霸何也業曰明公受天眷命方君臨四海景行堯舜猶懼有弊柰何欲以商申之末法臨道義之神州豈此州士女所望於明公哉光改容謝之於是下令責躬乃崇寬簡之政其將徐炅與張掖太守彭晃謀叛光遣師討炅炅奔晃晃東結康寧西通王穆光議將討之諸將咸曰今康寧在南阻兵伺隙若大駕西行寧必乘虛出于嶺左晃穆未平康寧復至進退狼狽勢必大危光曰事勢實如卿言今而不往當坐待其來晃穆共相脣齒寧又同惡相救東西交

至城外非吾之有若是大事去矣今晃叛逆始爾寧穆與之情契未密及其倉卒取之爲易且隆替命也卿勿復言光於是自率步騎三萬倍道兼行既至攻之二旬晃將寇顗斬關納光於是誅彭晃王穆以其黨索嘏爲敦煌太守既而忌其威名率衆攻嘏光聞之謂諸將曰二虜相攻此成擒也光將攻之衆咸以爲不可光曰取亂侮亡武之善經不可以累征之勞而失永逸之舉率步騎二萬攻酒泉剋之進次涼興穆引師東還路中衆散穆單騎奔騂馬騂馬令郭文斬首送之是時麟見金澤縣百獸從之光以爲己瑞以孝武太元十四年僭即三河王位置百官自丞郎已下赦其境內年號麟嘉光妻石氏子紹弟德世至自仇池光迎于城東大饗群臣遣其子左將軍他武賁中郎將纂討北虜匹勤于三巖山大破之立妻石氏爲王妃子紹爲世子讌其群臣于內苑新堂太廟新成追尊其高祖爲敬公曾祖爲恭公祖爲宣公父爲景昭王母曰昭烈妃其中書侍郎楊穎上疏請依三代故事追尊呂望爲始祖

永爲不遷之廟光從之是歲張掖督郵傳曜考覈屬縣而丘池令尹興殺之投諸空井曜見夢於光曰臣張掖郡小吏案校諸縣而丘池令尹興贓狀狼藉懼臣言之殺臣投於南亭空井中臣衣服形狀如是光寤而猶見久之乃滅遣使覆之如夢光怒殺興著作郎段業以光未能揚清激濁使賢愚殊貫因療疾于天梯山作表志詩九歎七諷十六篇以諷焉光覽而悅之南羌彭奚念入攻白土都尉孫峙退奔興城光遣其南中郎將呂方及其弟右將軍呂寶振威楊範强弩竇苟討乞伏乾歸于金城方屯河北寶進師濟河爲乾歸所敗寶死之武賁呂纂强弩竇苟率步騎五千南討彭奚念戰于盤夷大敗而歸光親討乾歸奚念遣纂及楊武楊軌建忠沮渠羅仇建武梁恭軍于左南奚念大懼於白土津累石爲堤以水自固遣精兵一萬距守河津光遣將軍王寶潛趣上津夜度湟河光濟自石堤攻剋枹罕奚念單騎奔甘松光振旅而旋初光徙西海郡人於諸郡至是謠曰朔馬心何悲念舊中心勞燕雀何

徘徊意欲還故巢頃之遂相扇動復徙之于西河樂都羣議以高昌雖在西垂地居形勝外接胡虜易生翻覆宜遣子弟鎮之光以子覆爲使持節鎮西將軍都督玉門已西諸軍事西域大都護鎮高昌命大臣子弟隨之光於是以太元二十一年僭即天王位大赦境内改年龍飛立世子紹爲太子諸子弟爲公侯者二十人中書令王詳爲尚書左僕射段業等五人爲尚書乾歸從弟軻彈來奔光下書曰乾歸狼子野心前後反覆朕方東清秦趙勒銘會稽豈令豎子鴟峙洮南且其兄弟内相離間可乘之機勿過今也其勑中外戒嚴朕當親討光於是次于長最使呂纂率楊軌竇苟等步騎三万攻金城乾歸率衆二萬救之光遣其將王寶徐炅率騎五千邀之乾歸懼而不進光又遣其將梁恭金石生以甲卒萬餘出陽武下峽與秦州刺史没弈于攻其東光弟天水公延以枹罕之衆攻臨洮武始河關皆剋之呂纂剋金城擒乾歸金城太守衛鞬鞬瞋目謂光曰我寧守節斷頭不爲降虜也光義而免之乾歸

因大震泣歎曰死中求生正在今日也乃縱反間稱乾歸衆潰東奔成紀呂延信之引師輕進延司馬耿稚諫曰乾歸雄勇過人權略難測破王廣剋楊定皆羸師以誘之雖蕞爾小國亦不可輕也困獸猶鬬況乾歸而可望風自散乎且告者視高而色動必爲姦計而今宜部陣而前步騎相接徐待諸軍大集可一舉滅之延不從與乾歸相遇戰敗死之耿稚及將軍姜顯收集散卒屯于枹罕光還于姑臧光荒耄信讒殺尚書沮渠羅仇三河太守沮渠麴粥羅仇弟子蒙遜叛光殺中田護軍馬遼攻陷臨松郡屯兵金山大爲百姓之患蒙遜從兄男成先爲將軍守晉昌聞蒙遜起兵逃奔貲虜扇動諸夷衆至數千進攻福禄建安寧戎護軍趙策擊敗之男成退屯樂涫呂纂敗蒙遜于忽谷酒泉太守壘澄率將軍趙策趙陵步騎萬餘討男成于樂涫戰敗澄策死之男成進攻建康說太守段業曰呂氏政衰權臣擅命刑罰失中人不堪役一州之地叛者連城瓦解之形昭然在目百姓嗷然無所宗附府君豈可以

蓋世之才而立忠於垂亡之世男成等既唱大義欲屈府君撫臨鄙州使塗炭之餘蒙來蘇之惠業不從相持二旬而外救不至郡人高逵史惠等言於業曰今孤城獨立臺無救援府君雖心過田單而地非即墨宜思高算轉禍爲福業先與光侍中房晷僕射王詳不平慮不自容乃許之男成等推業爲大都督龍驤大將軍涼州牧建康公光命呂纂討業沮渠蒙遜進屯臨洮爲業聲勢戰于合離纂師大敗光散騎常侍太常郭黁明天文善占候謂王詳曰於天文涼之分野將有大兵主上老病太子沖闇纂等凶武一旦不諱必有難作以吾二人久居内要常有不善之言恐禍及人深宜慮之田胡王乞機部衆最彊二苑之人多其故衆吾今與公唱義推機爲主則二苑之衆盡我有也剋城之後徐更圖之詳以爲然夜燒光洪範門二苑之衆皆附之詳爲内應事發光誅之黁遂據東苑以叛光馳使召纂諸將勸纂曰業聞師迴必躡軍後若潛師夜還庶無後患矣纂曰業雖憑城阻衆無雄略之才若夜潛

還張其姦志乃遣使告業曰郭麐作乱吾今還都卿能決者可出戰於是引還業不敢出纂司馬楊統謂其從兄桓曰郭麐明善天文起兵其當有以京城之外非復朝廷之有纂今還都復何所補統請除纂以勸兵推兄爲盟主西襲呂弘據張掖以號令諸郡亦千載一時也桓怒曰吾聞臣子之事君親有隕無二吾未有包胥存救之効豈可安榮其祿乱增其難乎呂宗若敗吾爲弘演矣統懼至番禾遂奔郭麐麐遣軍邀纂于白石纂大敗光西安太守石元良率步騎五千赴難與纂共擊麐麐軍破之遂入于姑臧麐之叛也得光孫八人于東苑及軍敗恚甚悉投之于鋒刃之上枝分節解飲血盟衆衆皆掩目不忍視之麐悠然自若麐推後將軍楊軌爲盟主軌自稱大將軍涼州牧西平公呂纂擊麐將王斐于城西大破之自是麐勢漸衰光遺楊軌書曰自羌胡不靖郭麐叛逆南藩安否音問兩絶行人風傳云卿擁逼百姓爲麐脣齒卿雅志忠貞有史魚之操鑒察成敗遠侔古人豈宜聽納姦邪以虧大美陵

霜不彫者松柏也臨難不移者君子也何圖松柏彫於微霜雞鳴已於風雨郭麐巫卜小數時或誤中考之大理率多虛謬朕宰化寡方澤不逮遠致世事紛紜百城離叛戮力一心同濟巨海者望之於卿也今中倉積粟數百千萬東人戰士一當百餘入則言笑晏晏出則武步涼州吞麐咀業綽有餘暇但與卿形雖君臣心過父子欲全卿名節不使貽笑將來軌不答率步騎二萬北赴郭麐至姑臧壘于城北軌以士馬之盛議欲大決成敗麐每以天文裁之呂弘爲段業所逼光遣呂纂迎之軌謀於衆曰呂弘精兵一萬若與光合則敵彊我弱養獸不討將爲後患遂率兵邀纂纂擊敗之郭麐聞軌敗東走魏安遂奔于乞伏乾歸楊軌聞麐走南奔廉川光疾甚立其太子紹爲天王自號太上皇帝以呂纂爲太尉呂弘爲司徒謂紹曰吾疾病唯增恐將不濟三寇闚闟迭伺國隙吾終之後使纂統六軍弘管朝政汝恭已無爲委重二兄庶可以濟若內相猜貳釁起蕭牆則晉趙之變旦夕至矣又謂纂弘曰永業

才非撥乱直以正嫡有常猥居元首今外有彊寇人心未寧汝兄弟緝穆則貽厥萬世若內自相圖則禍不旋踵纂弘泣曰不敢有二心光以安帝隆安三年死時年六十三在位十年僞謚懿武皇帝廟號太祖墓號高陵

纂字永緒光之庶長子也少便弓馬好鷹犬苻堅時入大學不好讀書唯以交結公侯声樂爲務及堅乱西奔上邽轉至姑臧拜武賁中郎將封太原公光死呂紹祕不發喪纂排閤入哭盡哀而出紹懼爲纂所害以位讓之曰兄功高年長宜承大統願兄勿疑纂曰臣雖年長陛下國之冢嫡不可以私愛而乱大倫紹固以讓纂纂不許之及紹嗣僞位呂超言於紹曰纂統戎積年威震內外臨喪不哀步高視遠觀其舉止乱常恐成大變宜早除之以安社稷紹曰先帝顧命音猶在耳兄弟至親豈有此乎吾弱年而荷大任方賴二兄以寧家國縱其圖我我視死如歸終不忍有此意也卿慎勿過言超曰纂威名素盛安忍無親今不圖之後必噬臍矣紹

曰吾每念袁尚兄弟未曾不痛心忘寢食寧坐而死豈忍行之超曰聖人稱知機其神陛下臨機不斷臣見大事去矣旣而纂見紹於湛露堂超執刀侍紹目纂請收之紹弗許初光欲立弘爲世子會聞紹在仇池乃止弘由是有憾於紹遣尚書姜紀密告纂曰先帝登遐主上闇弱兄總攝內外威恩被于遐迩輒欲遠追廢昌邑之義以兄爲中宗何如纂於是夜率壯士數百踰北城攻廣夏門弘率東苑之衆斫洪範門左衞齊從守融明觀逆問之曰誰也衆曰太原公從曰國有大故主上新立太原公行不由道夜入禁城將爲乱邪因抽劍直前斫纂中額纂左右擒之纂曰義士也勿殺紹遣武賁中郎將呂開率其禁兵距戰於端門驍騎呂超率卒二千赴之衆素憚纂悉皆潰散纂入自青角門升于謙光殿紹登紫閣自殺呂超出奔廣武纂憚弘兵彊勸弘即位弘曰自以紹弟也而承大統衆心不順是以違先帝遺勑慙負黃泉今復越兄而立何面目以視息世間大兄長且賢威名振于二賊宜速即大位

以安國家纂以隆安四年遂僭即天王位大赦境内改元爲咸寧
謚紹爲隱王以弘爲使持節侍中大都督都督中外諸軍事大司
馬車騎大將軍司隸校尉録尚書事改封番禾郡公其餘封拜各
有差纂謂齊從曰卿前斫我一何甚也從泣曰隱王先帝所立陛
下雖應天順時而微心未達唯恐陛下不死何謂甚也纂嘉其忠
善遇之纂遣使謂征東呂方曰超實忠臣義勇可嘉但不識經國
大體權變之宜方賴其忠節誕濟世難可以此意諭之超上疏陳謝
纂復其爵位呂弘自以功名崇重恐不爲纂所容纂亦深忌之弘
遂起兵東苑劫尹文楊桓以爲謀主請宗燮俱行燮曰老臣受先
帝大恩位爲列棘不能隕身授命死有餘罪而復從殿下親爲戎
首者豈天地所容乎且智不能謀衆不足恃將焉用之弘曰君爲
義士我爲亂臣乃率兵攻纂纂遣其將焦辨擊弘弘衆潰出奔廣
武纂縱兵大掠以東苑婦女賞軍弘之妻子亦爲士卒所辱纂笑
謂羣臣曰今日之戰何如其侍中房晷對曰天禍涼室釁起戚藩

晉記二十二　九

先帝始崩隱王幽逼山陵甫訖大司馬驚疑肆逆京邑交兵友于
接刃雖弘自取夷滅亦由陛下無棠棣之義宜考己責躬以謝百
姓而反縱兵大掠幽辱士女釁自由弘百姓何罪且弘妻陛下之
弟婦也弘女陛下之姪女也柰何使無賴小人辱爲婢妾天地神
明豈忍見此遂歔欷悲泣纂改容謝之召弘妻及男女于東宮厚
撫之呂方執弘繫獄馳使告纂纂遣力士康龍拉殺之是月立其
妻楊氏爲皇后以楊氏父桓爲散騎常侍尚書左僕射涼都尹封
金城侯纂將伐禿髮利鹿孤中書令楊穎諫曰夫起師動衆必參
之天人苟非其時聖賢所不爲禿髮利鹿孤上下用命國未有釁
不可以伐宜繕甲養銳勸課農殖待可乘之機然後一舉蕩滅比
年多事公私罄竭不深根固本恐爲患將來願抑赫斯之怒思萬
全之筭纂不從度浩亹河爲鹿孤弟傉檀所敗遂西襲張掖姜紀
諫曰方今盛夏百姓廢農所利既少所喪者多若師至嶺西虜必
乘虛寇抄都下宜且廻師以爲後圖纂曰虜無大志聞朕西征正

可自固耳今速襲之可以得志遂圍張掖略地建康聞傉檀寇姑
臧乃還即序胡安據盜發張駿墓見駿貌如生得真珠簏琉璃榼
白玉樽赤玉簫紫玉笛珊瑚鞭馬腦鍾水陸奇珍不可勝紀纂誅
安據黨五十餘家遣使弔祭駿并繕脩其墓道士句摩羅耆婆言
於纂曰潛龍屢出豕犬見妖將有下人謀上之禍宜增脩德政以
荅天戒纂納之耆婆即羅什之別名也纂游田無度荒耽酒色其
太常楊穎諫曰臣聞皇天降鑒唯德是與德由人弘天應以福故
勃焉之美奄在聖躬大業已爾宜以道守之廓靈基於日新邀洪
福於萬祀自陛下龍飛疆宇未闢崎嶇二嶺之內綱維未振於九
州當兢兢夕惕經略四方成先帝之遺志拯蒼生於荼蓼而更飲
酒過度出入無恒宴安游盤之樂沉湎樽酒之間不以寇讎爲慮
竊爲陛下危之糟丘酒池洛納不返皆陛下之殷鑒臣蒙先帝夷
險之恩故不敢避干將之戮纂曰朕之罪也不有貞亮之士誰匡
邪僻之君然昏虐自任終不能改常與左右因醉馳獵於坑澗之

晉記二十二　十

間殿中侍御史王回中書侍郎王儒扣馬諫曰千金之子坐不垂
堂萬乘之主清道而行柰何去輿輦之安冒奔騎之危銜橜之變
動有不測之禍愚臣竊所不安敢以死爭願陛下遠思袁盎攬轡
之言不令臣等受譏千載纂不納纂番禾太守呂超擅伐鮮卑思
盤思盤遣弟乞珍訴超於纂纂召超將盤入朝超至姑臧大懼自
結於殿中監杜尚纂見超怒曰卿侍兄弟桓桓欲欺吾也要當斬
卿然後天下可定超頓首不敢纂因引超及其諸臣讌于內殿呂
隆屢勸纂酒已至昏醉乘步輓車將超等游于內至琨華堂東閤
車不得過纂親將竇川駱騰倚劒於壁推車過閤超取劒擊纂纂
下車擒超超刺纂洞胷奔于宣德堂川騰與超格戰超殺之纂妻
楊氏命禁兵討超杜尚約兵舍杖將軍魏益多入斬纂首以徇曰
纂違先帝之命殺害太子荒耽酒獵昵近小人輕害忠良以百姓
爲草芥番禾太守超以骨肉之親懼社稷顛覆已除之矣上以安
宗廟下爲太子報仇凡我士庶同茲休慶僞巴西公呂他隴西公

呂緯時在北城或說緯曰超陵天逆上士衆不附明公以懿弟之親投戈而起姜紀焦辨在南城楊桓田誠在東苑皆我之黨也何慮不濟緯乃嚴兵謂他曰隆超弑逆所宜擊之昔田恒之乱孔子鄰國之臣猶抗言于哀公況今蕭牆有難而可坐觀乎他將從之他妻梁氏止之曰緯超俱兄弟之子何爲舍超助緯而爲禍首乎他謂緯曰超事已立據武庫擁精兵圖之爲難且吾老矣無能爲也超聞而登城告他曰纂信讒言將滅超兄弟超以身命之切且懼社稷覆亡故出万死之計爲國家唱義叔父當有以亮之超弟邈有寵於緯說緯曰纂殘國破家誅戮兄弟隆超此舉應天人之心正欲尊立明公耳先帝之子明公爲長四海顒顒人無異議隆超雖不達臧否終不以孽代宗更圖異望也願公勿疑緯信之與隆超結盟單馬入城超執而殺之初纂嘗與鳩摩羅什棋殺羅什子曰斫胡奴頭羅什曰不斫胡奴頭胡奴斫人頭超小字胡奴竟以殺纂纂在位三年以元興元年死隆既篡位僞謚纂靈皇帝

墓號白石陵

隆字永基光弟寶之子也美姿貌善騎射光末拜北部護軍稍歷顯位有聲稱超既殺纂讓位於隆隆有難色超曰今猶乘龍上天豈可中下隆以安帝元興元年遂僭即天王位超先於番禾得小鼎以爲神瑞大赦改元爲神鼎追尊父寶爲文皇帝母衛氏爲皇太后妻楊氏爲皇后以弟超有佐命之勳拜使持節侍中都督中外諸軍事輔國大將軍司隸校尉録尚書事封安定公隆多殺豪望以立威名内外騷然人不自固魏安人焦朗遣使說姚興將姚碩德曰呂氏因秦之乱制命此州自武皇棄世諸子競尋干戈德刑不恤殘暴是先饑饉流亡死者太半唯泣訴昊天而精誠無感伏惟明公道邁前賢任尊分陝宜兼弱攻昧經略此方救生靈之沉溺布徽政于玉門纂奪之際爲功不難遣妻子爲質碩德遂率衆至姑臧其部將姚國方言於碩德曰今懸師三千後無繼援師之難也宜曜勁鋒示其威武彼以我遠來必決死距戰可一舉而

平碩德從之呂超出戰大敗遁還隆收集離散嬰城固守時熒惑犯帝坐有羣雀鬬于太廟死者數萬東人多謀外叛將軍魏益多又唱動羣心乃謀殺隆超事發誅之死者三百餘家於是羣臣表求與姚興通好隆弗許呂超諫曰通塞有時艱泰相襲孫權屈身於魏譙周勸主迎降豈非大丈夫哉勢屈故也天錫承七世之資樹恩百載武旅十萬謀臣盈朝秦師臨境識者導以見機而慢諫自專社稷爲墟前鑒不遠我之元龜也何惜尺書單使不以危易安且今卑辭以退敵然後内脩德政廢興由人未損大略隆曰吾雖常人屬當家國之重不能嗣守成基保安社稷以太祖之業委之於人何面目見先帝於地下超曰應龍以屈伸爲靈大人以知機爲美今連兵積歲資儲内盡彊寇外逼百姓嗷然無糊口之寄假使張陳韓白亦無如之何陛下宜思權變大綱割區區常慮苟卜世有期不在和好若天命去矣宗族可全隆從之乃請降碩德表隆爲使持節鎮西大將軍涼州刺史建康公於是遣母弟愛子

文武舊臣慕容筑楊穎史難閻松等五十餘家質于長安碩德乃還姚興謂臣皆曰隆藉伯父餘資制命河外今雖飢窘尚能自支若將來豐贍終非國有涼州險絶世難先違道清後順不如因其飢弊而取之興乃遣使來觀虛實沮渠蒙遜又伐隆隆擊敗之蒙遜請和結盟留穀萬餘斛以振飢人姑臧穀價踊貴斗直錢五千文人相食饑死者十餘萬口城門晝閉樵採路絶百姓請出城乞爲夷虜奴婢者日有數百隆懼沮動人情盡坑之於是積尸盈于衢路禿髮傉檀及蒙遜頻來伐之隆以二寇之逼也遣超率騎二百多齎珍寶請迎于姚興興乃遣其將齊難等步騎四万迎之難至姑臧隆素車白馬迎于道旁使胤告光廟曰陛下往運神略開建西夏德被蒼生威振遐裔枝嗣不臧迭相篡弑二虜交逼將歸東京謹與陛下奉訣於此歔欷慟泣酸感興軍隆率戶一万隨難東遷至長安興以隆爲散騎常侍公如故超爲安定太守文武三十餘人皆擢敘之其後隆坐與子弼謀反爲興所誅呂光以孝武

太元十二年定涼州，十五年僭立，至隆凡十有三載，以安帝元興三年滅。

史臣曰：自晉室不綱，中原蕩析，苻氏乘釁，竊號神州。世明委質偽朝，位居上將，爰以心膂，受脤遐征。鐵騎如雲，出玉門而長騖；琱戈耀景，捐金丘而一息。蕞爾夷陬，承風霧卷，宏圖壯節，亦足稱焉。屬永固運鍾，群雄競起，班師右地，便有覬覦，於是要結六戎，潛窺雁鼎，并吞五郡，遂假鴻名。控黃河以設險，負玄漠而為固，自謂克昌霸業，貽厥孫謀。尋而耄及政昏，親離眾叛，瞋目甫爾，釁發蕭牆。紹、纂凡才，負乘致寇，弘、超狡猾，職為亂階，永基庸庸，面縛姚氏。昔竇融歸順，榮煥累葉；隗囂干紀，靡終身世。而光棄茲勝躅，遵彼覆車，十數年間，終致殘滅。向使矯邪歸正，革偽為忠，鳴檄而蕃晉朝，仗義而誅醜虜，則燕秦之地可定，桓文之功可立，郭麐、段業豈得肆其姦蒙，遂烏孤無所窺其隙矣。而猥竊非據，何其謬哉！夫天地之大德曰生，聖人之大寶曰位，非其人而處其位者，其禍必速；在其位而忘其德者，其殃必至。天鑒非遠，庸可濫乎！

贊曰：金行不競，寶業斯屯。瓜分九寓，沴聚三秦。呂氏伺隙，欺我人神。天命難假，終亦傾淪。

載記第二十二　　晉書百二十二

載記第二十三　　晉書百二十三　　御撰

慕容垂

慕容垂字道明，皝之第五子也。少岐嶷有器度，身長七尺七寸，手垂過膝。皝甚寵之，常目而謂諸弟曰：此兒闊達好奇，終能破人家，或能成人家。故名霸，字道業，恩遇踰于世子儁，故儁不能平之。以滅宇文之功，封都鄉侯。石季龍來伐，既還，猶有兼并之志，遣將鄧恒率眾數萬屯于樂安，營攻取之備。垂戍徒河，與恒相持，恒憚而不敢侵。垂少好畋遊，因獵墜馬折齒。慕容儁僭即王位，改名缺，外以慕郤缺為名，內實惡而改之。尋以讖記之文，乃去夬，以垂為名焉。石季龍之死也，趙魏亂，垂謂儁曰：時來易失，赴機在速，兼弱攻昧，今其時矣。儁以新遭大喪，不許。慕輿根言於儁曰：王子之言，千載一時，不可失也。儁乃從之，以垂為前鋒都督。儁既剋幽州，將坑降卒，垂諫曰：弔伐之義，先代常典。今方平中原，宜綏懷以德，坑戮之刑不可為王師之先聲。儁從之。及儁僭稱尊號，封垂吳王，徙鎮信都，以侍中、右禁將軍、錄留臺事，大收東北之和。又為征南將軍、荊兗二州牧，有聲于梁楚之南。再為司隸，偽王公已下莫不累迹。時慕容暐嗣偽位，慕容恪為太宰，恪甚重垂，常謂暐曰：吳王將相之才十倍於臣，先帝以長幼之次，以臣先之。臣死之後，願陛下委政吳王，可謂親賢兼舉。及敗桓溫于枋頭，威名大振，慕容評深忌惡之，乃謀誅垂。垂懼禍及己，與世子全奔于苻堅。堅自恪卒後，密有圖暐之謀，憚垂威名而未發。及聞其至，堅大悅，郊迎執手，禮之甚重。堅相王猛惡垂雄略，勸堅殺之，堅不從，以為冠軍將軍，封賓都侯，食華陰之五百戶。王猛伐洛，引全為參軍。猛乃令人詭傳垂語於全曰：吾已東還，汝可為計也。全信之，乃奔暐。猛表全叛狀，垂懼而東奔，及藍田，為追騎所獲。堅引見東堂，慰勉之曰：卿家國失和，委身投朕。賢子志不忘本，猶懷首丘，書不云乎，父父子子無相及也。卿何為過懼而狼狽若斯也。於是復垂爵位，恩待如初。及堅擒暐，垂隨堅入鄴，收集諸子，對之悲慟，見其故吏有不悅之色前郎中令高弼私於垂曰大王以命世之姿遭無妄之運迍邅棲伏艱亦至矣天啓嘉會靈命暫遷此乃鴻漸之始龍變之初深願仁慈有以慰之且夫高世之略必懷遺俗之規方當網漏吞舟以弘苞養之義收納舊臣之冑以成為山之功柰何以一怒捐之竊為大王不取垂深納之垂在堅朝歷位京兆尹進封泉州侯所在征伐皆有大功堅之敗於淮南也垂軍獨全堅以千餘騎奔垂垂世子寶言於垂曰家國傾喪皇綱廢弛至尊明命著之圖籙當隆中興之業建少康之功但時來之運未至故韜光俟奮耳今天厭亂德凶衆土崩可謂乾啓神機授之于我千載一時今其會也宜恭承皇天之意因而取之且夫立大功者不顧小節行大仁者不念小惠秦既蕩覆二京竊辱神器仇恥之深莫甚於此願不以意氣微恩而忘社稷之重五木之祥今其至矣垂曰汝言是也然彼以赤心投命若何害之苟天所棄圖之多便且縱令北還更待其釁既不負宿心可以義取天下垂弟德進曰夫鄰國

相吞有自來矣秦彊而并燕秦弱而圖之此為報仇雪恥豈所謂負宿心也昔鄧祁侯不納三甥之言終為楚所滅吳王夫差違子胥之諫取禍句踐前事之不忘後事之師表也願不棄湯武之成蹤追韓信之敗迹乘彼土崩恭行天罰斬逆氐復宗祀建中興繼洪烈天下大機弗宜失也若釋數萬之衆授干將之柄是卻天時而待後害非至計也語曰當斷不斷反受其亂願兄無疑垂曰吾昔為太傅所不容投身於秦主又為王猛所譖復見昭亮國士之禮每深報德之分未一如使秦運必窮歷數歸我者授首之便何慮無之關西之地會非吾有自當有擾之者吾可端拱而定關東君子不怙亂不為禍先且可觀之乃以兵屬堅初寶在長安與韓黃李根等因讌摴蒱寶危坐整容誓之曰世云摴蒱有神豈虛也哉若富貴可期頻得三盧於是三擲盡盧寶拜而受賜故云五木之祥堅至澠池垂請至鄴展拜陵墓因張國威刑以安戎狄堅許之權翼諫曰垂爪牙名將所謂今之韓白世豪東夏志不為

人用須以避禍歸誠非慕德而至列土干城未可以滿其志冠軍之號豈足以稱其心且垂猶鷹也飢則附人飽便高颺遇風塵之會必有陵霄之志惟宜急其羈靽不可任其所欲堅不從遣其將李蠻閔亮尹國率衆三千送垂又遣石越戍鄴張蚝戍并州時堅子丕先在鄴及垂至丕館之于鄴西垂具說淮南敗狀會堅將苻暉告丁零翟斌聚衆謀逼洛陽丕謂垂曰翟斌兄弟因王師小失敢肆凶勃子母之軍殆難為敵非冠軍英略莫可以滅也欲相煩一行可乎垂曰下官殿下之鷹犬敢不惟命是聽於是大賜金帛一無所受惟請舊田園丕許之配垂兵二千遣其將苻飛龍率氐騎一千為垂之副丕戒飛龍曰卿王室肺腑年秩雖卑其實帥也垂為三軍之統卿為謀垂之主用兵制勝之權防微杜貳之略委之於卿卿其勉之垂請入鄴城拜廟丕不許乃潛服而入亭吏禁之垂怒斬吏燒亭而去石越言於丕曰垂之在燕破國亂家及投命聖朝蒙超常之遇忽敢輕侮方鎮殺吏焚亭反形已露終為

亂階將老兵疲可襲而取之矣丕曰淮南之敗衆散親離而垂侍衛聖躬誠不可忘越曰垂既不忠於燕其肯盡忠於我乎且其亡虜也主上寵同功舊不能銘澤誓忠而首謀為亂今不擊之必為後害丕不從越退而告人曰公父子好存小仁不顧天下大計吾屬終當為鮮卑虜矣垂至河內殺飛龍悉誅氐兵召募遠近衆至三萬濟河焚橋令曰吾本外假秦聲內規興復亂法者軍有常刑奉命者賞不踰日天下既定封爵有差不相負也翟斌聞垂之將濟河也遣使推垂為盟主垂距之曰吾父子寄命秦朝危而獲濟苟主上不世之恩蒙更生之惠雖曰君臣義深父子豈可因其小隙便懷二三吾本救豫州不越君等何為斯議而及於我垂進欲襲據洛陽故見苻暉以臣節退又未審斌之誠款故以此言距之垂至洛陽暉閉門距守不與垂通斌又遣長史河南郭通說垂乃許之斌率衆會垂勸稱尊號垂曰新興侯國之正統孤之君也若以諸君之力得平關東當以大義喻秦奉迎返正無上自尊非孤

心也謀于衆曰洛陽四面受敵北阻大河至於控馭燕趙非形勝之便不如北取鄴都據之而制天下衆咸以爲然乃引師而東遣建威將軍王騰起浮橋于石門初垂之發鄴中子農及兄子楷紹弟子宙爲苻丕所留及誅飛龍遣田生密告農等使起兵趙魏以相應於是農宙奔列人楷紹奔辟陽衆咸應之農西招庫辱官偉于上黨東引乞特歸于東阿各率衆數万赴之衆至十餘万丕遣石越討農爲農所敗斬越於陳垂引兵至滎陽以太元八年自稱大將軍大都督燕王承制行事建元曰燕元令稱統府府置四佐王公以下稱臣凡所封拜一如王者以翟斌爲建義大將軍封河南王翟檀爲柱國大將軍弘農王弟德爲車騎大將軍范陽王兄子楷征西大將軍太原王衆至二十餘萬濟自石門長驅攻鄴農楷紹宙等率衆會垂立子寶爲燕王太子封功臣爲公侯伯子男者百餘人苻丕乃遣侍郎姜讓誚垂曰往歲大駕失據君保衛乘輿勤王誠義邁蹤前烈宜述脩前規終忠貞之節柰何棄崇山之功爲此過差過貴能改先賢之嘉事

也深宜詳思悟猶未晚垂謂讓曰孤受主上不世之恩故欲安全長樂公使盡衆赴京師然後脩復家国之業与秦永爲鄰好何故闇於機運不以鄴見歸也大義滅親況於意氣之顧公若迷而不返者孤亦欲窮兵勢耳今事已然恐單馬乞命不可得也讓厲色責垂曰將軍不容於家国投命於聖朝燕之尺土將軍豈有分乎主上与將軍風殊類别臭味不同奇將軍於一見託將軍以斷金寵踰宗舊任齊勳藩自古君臣冥契之重豈甚此邪方付將軍以六尺之孤万里之命柰何王師小敗便有二圖夫師起无名終則弗成天之所廢人不能支將軍起无名之師而欲與天所廢竊未見其可長樂公主上之元子聲德邁於唐衛居陝東之任爲朝廷維城其可束手輸將軍以百城之地大夫一死王事國君死社稷將軍欲裂冠毁冕拔本塞源者自可任將軍兵勢何復多云但念將軍以七十之年懸首白旗高世之忠忽爲逆鬼竊爲將軍痛之垂默然左右勸垂殺之垂曰古者兵交使在其間犬各吠非其主何所問也乃遣讓歸垂上表於苻堅

曰臣才非古人致禍起蕭牆身嬰時難歸命聖朝陛下恩深周漢猥叨微顧之遇位爲列將爵忝通侯誓在戮力輸誠常懼不及去夏桓沖送死一擬雲消回討鄖城俘馘万計斯誠陛下神筭之奇頗亦愚臣忘死之效方將飲馬桂洲懸旌閩會不圖天助乱德大駕班師陛下單馬奔臣臣奉衛匪貳豈陛下聖明鑒臣單心皇天后土實亦知之臣奉詔北巡受制長樂然丕外失衆心內多猜忌令臣野次外庭不聽謁廟丁零逆豎寇逼豫州丕迫臣單赴限以師程惟給敝卒二千盡无兵杖復令飛龍潛爲刺客及至洛陽平原公暉復不信納臣竊惟進无淮陰功高之慮退无李廣失利之愆懼有青蠅交乱白黑丁零夷夏以臣忠而見疑乃推臣爲盟主臣受託善始不遂令終泣望西京揮涕即邁軍次石門所在雲赴雖復周武之會於孟津漢祖之集於垓下不期之衆實有甚焉欲令長樂公盡衆赴難以禮發遣而丕固守匹夫之志不達變通之理臣息農收集故營以備不虞而石越傾鄴城之衆輕相掩襲

兵陣未交越已隕首臣既單車懸軫歸者如雲斯實天符非臣之力且鄴者臣国舊都應即惠及然後西面受制永守東藩上成陛下遇臣之意下全愚臣感報之誠今進師圍鄴并喻丕以天時人事而丕不察機運杜門自守時出挑戰鋒戈屢交恒恐飛矢誤中以傷陛下天性之念臣之此誠未簡神聽輒遏兵止鋭不敢窮攻夫運有推移去來常事惟陛下察之堅報曰朕以不德忝承靈命君臨万邦三十年矣遐方幽裔莫不來庭惟東南一隅敢違王命朕爰奮六師恭行天罰而玄機不弔王師敗績賴卿忠誠之至輔翼朕躬社稷之不隕卿之力也詩云中心藏之何日忘之方任卿以元相爵卿以郡侯庶弘濟艱難敬酬勳烈何圖伯夷忽毁冰操柳惠倏爲淫夫覽表惋然有慚朝士卿既不容於本朝匹馬而投命朕則寵卿以將位礼卿以上賓任同舊臣爵齊勳輔歃血斷金披心相付謂卿食椹懷音保之偕老豈意畜水覆舟養獸反害悔之噬臍將何所及誕言駭衆誇擬非常周武之事豈卿庸人

所可論哉失籠之鳥非羅所羈脫網之鯨豈罟所制翹陸任懷何須聞也念卿垂老老而為賊生為叛臣死為逆鬼侏張幽顯布毒存亡中原士女何痛如之朕之歷運興喪豈復由卿但長樂平原以未立之年遇卿於兩都屬其經略未稱朕心所恨者此焉而已垂攻拔鄴郛丕固守中城垂塹而圍之分遣老弱於魏郡肥鄉築新興城以置輜重權漳水以灌之翟斌潛諷丁零及西人請斌為尚書令垂訪之群僚其安東將軍封衡厲色曰馬能千里不免羈靽明畜生不可以人御也斌戎狄小人遭時際會兄弟封王自驩兜已來未有此福忽履盈忘止復有斯求魂爽錯乱必死不出年也垂猶隱忍容之令曰翟王之功宜居上輔但臺既未建此官不可便置待六合廓清更當議之斌怒密應苻丕潛使丁零決防潰水事泄垂誅之斌兄子真率其部衆北走邯鄲引兵向鄴欲與丕為內外之勢垂令其太子寶冠軍慕容隆擊破之真自邯鄲北走又使慕容楷率騎追之戰于下邑為真所敗真遂屯于承營垂謂諸將曰苻丕窮寇必守死不降丁零叛擾乃我腹心之患吾欲遷師新城開其逸路進以謝秦主疇昔之恩退以嚴翟真之備於是引師去鄴北屯新城慕容農進攻翟嵩于黃泥破之垂謂其范陽王德曰苻丕吾縱之不能去方引晉師規固鄴都不可置也進師又攻鄴開其西奔之路垂將有北都中山之意農率衆數萬迎之群僚聞慕容暐為苻堅所殺勸垂僭位垂以慕容沖稱號關中不許晉龍驤將軍劉牢之率衆救苻丕至鄴垂逆戰敗績遂徹鄴圍退屯新城垂自新城北走牢之追垂連戰皆敗又戰于五橋澤王師敗績德及隆引兵要之于五丈橋牢之馳馬跳五丈澗會苻丕救至而免翟真去承營徙屯行唐真司馬鮮于乞殺真盡誅翟氏自立為趙王營人攻殺乞迎立真從弟成為主真子遼奔黎陽高句驪寇遼東垂平北慕容佐遣司馬郝景率衆救之為高句驪所敗遼東玄菟遂沒建節將軍徐巖叛于武邑驅掠四千餘人北走幽州垂馳勑其將平規曰但固守勿戰比破丁零吾當自討之規

違命距戰為巖所敗巖乘勝入薊掠千餘戶而去所過寇暴遂據令支翟成長史鮮于得斬成而降垂入行唐悉坑其衆苻丕棄鄴城奔于并州慕容農攻克令支斬徐巖兄弟進伐高句驪復遼東玄菟二郡還屯龍城垂定都中山群僚勸即尊號具典儀修郊燎之禮垂從之以太元十一年僭即位赦其境內改元曰建興置百官繕宗廟社稷立寶為太子以其左長史庫辱官偉右長史段崇龍驤張崇中山尹封衡為吏部尚書慕容德為侍中都督中外諸軍事領司隷校尉撫軍慕容麟為衛大將軍其餘拜授有差追尊母蘭氏為文昭皇后遷段氏以蘭氏配饗博士劉詳董謐議以堯母妃位第三不以貴陵姜嫄明聖王之道以至公為先垂不從遣其征西慕容楷衛軍慕容麟鎮南慕容紹征虜慕容宙等攻苻堅冀州牧苻定鎮東苻紹幽州牧苻謨鎮北苻亮楷與定等書喻以禍福定等悉降垂留其太子寶守中山率諸將南攻翟遼以楷為前鋒都督遼之部衆皆燕趙人也咸曰太原王之子吾之父母相率歸附遼懼遣使請降垂至黎陽遼肉袒謝罪垂厚撫之為其太子寶起承華觀以寶錄尚書政事巨細皆委之垂總大綱而已立其夫人段氏為皇后又以寶領侍中大單于驃騎大將軍幽州牧建留臺于龍城以高陽王慕容隆錄留臺尚書事時慕容暐及諸宗室為苻堅所害者並招魂葬之清河太守賀耕聚衆定陵以叛南應翟遼慕容農討斬之毀定陵城進師入鄴以鄴城廣難固築鳳陽門大道之東為隔城其尚書郎婁會上疏曰三年之喪天下之達制兵荒殺禮遂以一切取士人心奔競苟求榮進至乃身冒縗絰以赴時役豈必殉忠於國家亦昧利於其間也聖王設教不以顛沛而虧其道不以喪乱而變其化故能杜豪競之門塞奔波之路陛下鍾百王之季廓中興之業天下漸平兵革方偃誠宜蠲蕩瑕穢率由舊章吏遭大喪聽終三年之禮則四方知化人斯服禮垂不從翟遼死子釗代立攻逼鄴城慕容農擊走之垂引師伐釗于滑臺次于黎陽津釗於南岸距守諸將惡其

兵精，咸諫不宜濟河。垂笑曰：「豎子何能為，吾今為卿等殺之。」遂徙營就西津，為牛皮船百餘艘，載疑兵列杖，泝流而上。釗先以大眾備黎陽，見垂向西津，乃棄營西距。垂潛遣其桂王慕容鎮、驃騎慕容国於黎陽津夜濟，壁于河南。釗聞而奔還，士眾疲渴，走歸滑臺。釗攜妻子率數百騎北趣白鹿山，農追擊，盡擒其眾，釗單騎奔長子。釗所統七郡戶二万八千皆安堵如故。徙徐州流人七千餘戶于黎陽。於是議征長子，諸將咸諫，以慕容永未有釁，連歲征役，士卒疲怠，請俟他年。垂將從之，及聞慕容德之策，笑曰：「吾計決矣。且吾投老，扣囊底智，足以剋之，不復留逆賊以累子孫也。」乃發步騎七万，遣其丹楊王慕容瓚、龍驤張崇攻永弟支于晉陽。永遣其將刀雲、慕容鍾率眾五万屯潞川。垂遣慕容楷出自滏口，慕容農入自壺關，垂頓于鄴之西南，月餘不進。永謂垂詭道伐之，乃攝諸軍還杜太行軹關。垂進師入自大井關，至于臺壁，永率精卒五万來距，阻河曲以自固，馳使請戰。垂列陣于臺壁之南，農、楷分為二翼，慕容国伏千兵于深澗，與永大戰。垂引軍偽退，永追奔數里，国發伏兵馳斷其後，楷、農夾擊之，永師大敗，斬首八千餘級，永奔還長子。慕容瓚攻剋晉陽。垂進圍長子，永將賈韜等潛為內應，垂進軍入城，永奔北門，為前驅所獲，於是數而戮之，并其所署公卿刀雲等三十餘人。永所統新舊八郡戶七万六千八百及乘輿、服御、伎樂、珍寶悉獲之，於是品物具矣。使慕容農略地河南，攻廪丘、陽城，皆剋之，太山、琅邪諸郡皆委城奔潰，農進師臨海，置守宰而還。

垂告捷于龍城之廟，遣其太子寶及農與慕容麟等率眾八万伐魏，慕容德、慕容紹以步騎一万八千為寶後繼。魏聞寶將至，徙往河西。寶進師臨河，懼不敢濟，還次參合，忽有大風黑氣，狀若隄防，或高或下，臨覆軍上。沙門支曇猛言於寶曰：「風氣暴迅，魏軍將至之候，宜遣兵禦之。」寶笑而不納。曇猛固以為言，乃遣麟率騎三万為後殿，以禦非常。麟以曇猛言為虛，縱騎游獵。俄而黃霧四塞，日月晦冥，是夜魏師大至，三軍奔潰，寶與德等數千騎奔免，士眾還者十一二，紹死之。初，寶至幽州，所乘車軸无故自折，術士靳安以為大凶，固勸寶還，寶怒不從，故及於敗。寶恨參合之敗，屢言魏有可乘之機，慕容德亦曰：「魏人狃于參合之役，有陵太子之心，宜及聖略，摧其銳志。」垂從之，留德守中山，自率大眾出參合，鑿山開道，次于獵嶺。遣寶與農出天門，征北慕容隆、征西慕容盛踰青山，襲魏陳留公泥于平城，陷之，收其眾三万餘人而還。垂至參合，見往年戰處積骸如山，設弔祭之禮，死者父兄一時號哭，軍中皆慟。垂慚憤歐血，因而寢疾，乘馬輿而進，過平城北三十里，疾篤，築燕昌城而還。寶等至雲中，聞垂疾，皆引歸。及垂至于平城，或有叛者奔告魏曰：「垂病已亡，輿尸在軍。」魏又聞參合大哭，以為信然，乃進兵追之，知平城已陷而退還，館陰山。垂至上谷之沮陽，以太元二十一年死，時年七十一，凡在位十三年。遺令曰：「方今禍難尚殷，喪禮一從簡易，朝終夕殯，事訖成服，三日之後釋服從政。彊寇伺隙，秘勿發喪，至京然後舉哀行服。」寶等遵行之。偽諡成武皇帝，廟號世祖，墓曰宣平陵。

載記第二十三　晉書百二十三

載記第二十四　晉書百二十四　御撰

慕容寶　慕容盛　慕容熙　慕容雲

慕容寶字道祐垂之第四子也少輕果無志操好人佞已苻堅時爲太子洗馬萬年令堅淮肥之役以寶爲陵江將軍及爲太子砥礪自脩敦崇儒學工談論善屬文曲事垂左右小臣以求美譽垂之朝士翕然稱之垂亦以爲克保家業甚賢之垂死其年寶嗣僞位大赦境内改元爲永康以其太尉庫辱官偉爲太師左光祿大夫段崇爲太保其餘拜授各有差遵垂遺令校閱戶口罷諸軍營分屬郡縣定士族舊籍明其官儀而法峻政嚴上下離德百姓思亂者十室而九焉初垂以寶冢嗣未建每憂之寶庶子清河公會多材藝有雄略垂深奇之及寶之北伐使會代攝宮事摠錄禮遇一同太子所以見定旨也垂之伐魏以龍城舊都宗廟所在復使會鎮幽州委以東北之重高選寮屬以崇威望臨死顧命以會爲寶嗣而寶寵愛少子濮陽公策意不在會寶庶長子長樂

公盛自以同生年長恥會先之乃盛稱策宜爲儲貳而非毀會焉寶大悅乃訪其趙王麟高陽王隆麟等咸希旨贊成之寶遂與麟等定計立策母段氏爲皇后策爲皇太子盛會進爵爲王策字道符年十一美姿貌而惷弱不慧魏伐并州驃騎李農逆戰敗績還於晉陽司馬慕輿嵩閉門距之農率騎數千奔歸中山行及潞川爲魏追軍所及餘騎盡沒單馬逃還寶引群臣于東堂議之中山尹苻謨曰魏軍彊盛千里轉鬬乘勝而來勇氣兼倍若逸騎平原形勢彌盛殆難爲敵宜杜險距之中書令眭邃曰魏軍多騎師行剽銳馬上齎糧不過旬日宜令郡縣聚千家爲一堡深溝高壘清野待之至無所掠資食無出不過六旬自然窮退尚書封懿曰今魏師十萬天下之勍敵也百姓雖欲營聚不足自固是則聚糧集兵以資彊寇且動衆心示之以弱阻關距戰計之上也慕容麟曰魏今乘勝氣銳其鋒不可當宜自完守設備待其敝而乘之於是脩城積粟爲持久之備魏攻中山不剋進據博陵魯口諸將望

風奔退郡縣悉降于魏寶聞魏有内難乃盡衆出距步卒十二萬騎三萬七千次于曲陽柏肆魏軍進至新梁寶憚魏師之銳乃遣征北隆夜襲魏軍敗績而還魏軍方軌而至對營相持上下兇懼三軍奪氣農麟勸寶還中山乃引歸魏軍追擊之寶農等棄大軍率騎二萬奔還時大風雪凍死者相枕於道寶恐爲魏軍所及命去袍杖戎器寸刃無返魏軍進攻中山屯于芳林園其夜尚書慕容皓謀殺寶立慕容麟皓妻兄蘇泥告之寶使慕容隆收皓皓與同謀數十人斬關奔魏麟懼不自安以兵劫左衛將軍北地王精謀率禁旅弑寶精以義距之麟怒殺精出奔丁零初寶聞魏之來伐也使慕容會率幽并之衆赴中山麟既叛寶恐其逆奪會軍將遣兵迎之麟侍郎段平子自丁零奔還說麟招集丁零軍衆甚盛謀襲會軍東據龍城寶與其太子策及農隆等萬餘騎迎會于薊以開封公慕容詳守中山會傾身誘納繕甲厲兵步騎二萬列陣而進迎寶薊南寶分其兵給農隆遣西河公庫辱官驥率衆

三千助守中山會以策爲太子有恨色寶以告農隆俱曰會一年少專任方事習驕所致豈有他也臣當以禮責之幽平之士皆懷會威德不樂去之咸請曰清河王天資神武權略過人臣等與之誓同生死感王恩澤皆勇氣自倍願陛下與皇太子諸王止駕薊宮使王統臣等進解京師之圍然後奉迎車駕寶左右皆害其勇略譖而不許衆咸有怨言左右勸寶殺會侍御史仇尼歸聞而告會曰左右密謀如是主上將從之大王所恃唯父母也父已異圖所杖者兵也兵已去手進退路窮恐無自全之理盍誅二王廢太子大王自處東宮兼領將相以匡社稷會不從寶謂農隆曰觀會爲變事當必然宜早殺之不尒恐成大禍農曰寇賊内侮中州紛亂會鎮撫舊都安衆寧境及京師有難萬里星赴威名之重可以振服戎狄又逆跡未彰宜且隱忍今社稷之危若綴旒然復内相誅戮有損威望寶曰會逆心已成而王等仁慈不欲去之恐一且釁發必先害諸父然後及吾事敗之後當思朕言農等固諫乃

止會聞之弥懼奔于廣都黄榆谷會遣仇尼歸等率壯士二十餘人分襲農隆隆是夜見殺農中重創既而會歸于寳寳意在誅會誘而安之潜使左衛慕輿騰斬會不能傷會復奔其衆於是勒兵攻寳寳率數百騎馳如龍城會率衆追之遣使請誅左右佞臣并求太子寳弗許會圍龍城侍御郎高雲夜率敢死士百餘人襲會敗之衆悉逃散單馬奔還中山乃踰圍而入爲慕容詳所殺詳僣稱尊號置百官改年號荒酒奢淫殺戮無度誅其王公以下五百餘人内外震局莫敢仵視城中大飢公卿餓死者數十人麟率丁零之衆入中山斬詳及其親黨三百餘人復僣稱尊號中山飢甚麟出據新市與魏師戰于義臺麟軍敗績魏師遂入中山麟乃奔鄴慕容德遣侍郎李延勸寳南伐寳大悅慕容盛切諫以爲兵疲師老魏新平中原宜養兵觀釁更俟他年寳將從之撫軍慕輿騰進曰今衆旅已集宜乘新定之機以成進取之功人可使由之而難與圖始惟當獨決聖慮不足廣採異同以沮亂軍議也寳

曰吾計決矣敢諫者斬寳發龍城以慕輿騰爲前軍大司馬慕容農爲中軍寳爲後軍步騎三萬次于乙連長上段速骨宋赤眉因衆軍之憚役也殺司空樂浪王宙逼立高陽王崇寳單騎奔農仍引軍討速骨衆咸憚征幸亂投杖奔之騰衆亦潰寳與農馳還龍城蘭汗潜與速骨通謀速骨進師攻城農爲蘭汗所譎潜出赴賊爲速骨所殺衆皆奔散寳與慕容盛慕輿騰等南奔蘭汗奉太子策承制遣使迎寳及于薊城寳欲還北盛等咸以汗之忠款虚實未明今單馬而還汗有貳志者悔之無及寳從之乃自薊而南至黎陽聞慕容德稱制懼而退遣慕輿騰招集散兵于鉅鹿慕容盛結豪桀于冀州段儀段温收部曲于内黄衆皆響會剋期將集會蘭汗遣左將軍蘇超迎寳寳以汗垂之季舅盛又汗之壻也必謂忠款無貳乃還至龍城汗引寳入于外邸弑之時年四十四在位三年即隆安三年也汗又殺其太子策及王公卿士百餘人汗自稱大都督大將軍大單于昌黎王盛僣位僞謚寳惠

愍皇帝廟號烈宗號之遷于龍城也植松爲社主及秦滅燕大風吹拔之後數年社處忽有桑二根生焉先是遼川無桑及廆通于晉求種江南平州桑悉由吴來廆終而垂以吴王中興寳之將敗大風又拔其一

盛字道運寳之庶長子也少沉敏多謀略苻堅誅慕容氏盛潜奔于沖及沖稱尊號有自得之志賞罰不均政令不明盛年十二謂叔父柔曰今中山王智不先衆才不出下恩未施人先自驕大以盛觀之鮮不覆敗俄而沖爲段木延所殺盛隨慕容永東如長子謂柔曰今崎嶇於鋒刃之間在疑忌之際愚則爲人所猜智則危甚巢幕當如鴻鵠高飛一舉萬里不可坐待罟網也於是與柔及弟會間行東歸于慕容垂遇盜陝中盛曰我六尺之軀入水不溺在火不焦汝欲當吾鋒乎試豎爾手中箭百步我若中之宜慎爾命如其不中當束身相授盜乃豎箭盛一發中之盜曰郎貴人之子故相試耳資而遣之歲餘永誅儁垂之子孫男女無遺盛既至

垂問以西事畫地成圖垂笑曰昔魏武撫明帝之首遂乃侯之祖之愛孫有自來矣於是封長樂公驍勇剛毅有伯父全之風烈寳即僞位進爵爲王寳自龍城南伐盛留統後事及段速骨作亂馳出迎衛寳幾爲速骨所獲賴盛以免盛屢進奇策於寳寳不能從是以屢敗寳既如龍城盛留在後寳爲蘭汗所殺盛馳進赴哀將軍張真固諫以爲不可盛曰我今投命告以哀窮汗性愚近必顧念婚姻不忍害我旬月之間足展吾志遂入赴喪汗妻乙氏泣涕請盛汗亦哀之遣其子穆迎盛舍之宫内親敬如舊汗兄提弟難勸汗殺盛汗不從慕容奇汗之外孫也汗亦宥之奇入見盛遂相與謀盛遣奇起兵于外衆至數千汗遣蘭提討奇提驕佷淫荒事汗無禮盛因間之於汗曰奇小兒也未能辦此必内有應之者提素驕不可委以大衆汗因發怒收提誅之遣其撫軍仇尼慕率衆討奇汗兄弟見提之誅莫不危懼皆阻兵背汗襲敗慕軍汗大懼遣其子穆率衆討之穆謂汗曰慕容盛我之仇也奇今起逆盛

必應之兼內有蕭牆之難不宜養心腹之疾汗將誅盛引見察之盛妻以告於是僞稱疾篤不復出入汗乃止有李旱衛雙劉志張豪張真者皆盛之舊昵蘭穆引爲腹心旱等屢入見盛潛結大謀會穆討蘭難等斬之大饗將士汗穆皆醉盛夜因如厠袒而踰牆入于東宮與李旱等誅穆衆皆踴呼進攻汗斬之汗二子魯公和陳公揚分屯令支白狼遣李旱張真襲誅之於是內外怗然士女咸悅盛謙揖自卑不稱尊號其年以長樂王稱制赦其境內改元曰建平諸王降爵爲公文武各復舊位初慕容奇聚衆于建安將討蘭汗百姓翕然從之汗遣兄子全討奇奇擊滅之進屯乙連盛既誅汗命奇罷兵奇遂與丁零嚴生烏丸王龍之阻兵叛盛引軍至橫溝去龍城十里盛出兵擊敗之執奇而還斬龍生等百餘人盛於是僭即尊位大赦殊死已下追尊伯考獻莊太子全爲獻莊皇帝尊寶后段氏爲皇太后全妃丁氏爲獻莊皇后諡太子策爲獻哀太子盛幽州刺史慕容豪尚書左僕射張通昌黎尹張順謀

叛盛皆誅之改年爲長樂有犯罪者十日一自決之無揭捶之罰而獄情多實髙句驪王安遣使貢方物有隹素身緑首集于端門棲翔東園二旬而去改東園爲白雀園盛聽詩歌及周公之事顧謂群臣曰周公之輔成王不能以至誠感上下誅兄弟以杜流言猶擅美於經傳歌德於管絃至如我之太宰桓王承百王之季主在可奪之年二寇闚闟難過往日臨朝輔政群情緝穆經略外敷闢境千里以禮讓維宗親德刑御群后敦睦雍熙時無二論勳道之茂豈可與周公同日而言乎而燕詠闕而不論盛德掩而不述非所謂也乃命中書更爲燕頌以述恪之功焉又引中書令常忠尚書陽璆祕書監郎敷于東堂問曰古來君子皆謂周公忠聖豈不謬哉璆曰周公居攝政之重而能達君臣之名及流言之謗致烈風以悟主道契神靈義光萬代故累葉稱其高後王無以奪其美盛曰常令以爲何如忠曰昔武王疾篤周公有請命之誠流言之際義感天地楚撻伯禽以訓就王德周公爲臣之忠聖達之美

詩書已來未之有也盛曰異哉二君之言朕見周公之詐未見其忠聖也昔武王得九齡之夢白文王文王曰我百爾九十吾與爾三焉及文王之終以驗武王之壽矣武王之算未盡而求代其死是非詐乎若惑於天命是不聖也據攝天位而丹誠不見致兄弟之間有干戈之事夫文王之化自近及遠故曰刑于寡妻至於兄弟周公親遺聖父之典而蹈嫌疑之蹤戮罰同氣以逞私忿何忠之有乎但時無直筆之史後儒承其謬談故也忠曰啓金縢而返風亦足以明其不詐遭二叔流言之變而能大義滅親終安宗國復子明辟輔成大業以至太平制禮作樂流慶無窮亦不可謂非至德也盛曰卿徒因成文而未原大理朕今相爲論之昔周自后稷積德累仁至于文武文武以大聖應期遂有天下生靈仰其德四海歸其仁成王雖幼統洪業而卜世脩長加呂召毛畢爲之師傅若無周公攝政王道足以成也周公無故以安危爲己任專臨朝之權闕北面之禮管蔡忠存王室以爲周公代主非人臣之道

故言公將不利於孺子周公當明大順之節陳誠義以曉群疑而乃阻兵都邑擅行誅戮不臣之罪彰于海內方貽王鴟鴞之詩歸非於主是何謂乎又周公舉事稱告二公二公足明周公之無罪而坐觀成王之疑此則二公之心亦有猜於周公也但以疎不間親故寄言於管蔡可謂忠不見于當時仁不及于兄弟知群望之有歸天命之不在己然後返政成王以爲忠耳大風拔木之徵乃皇天祐存周道不忘文武之德是以赦周公之始愆欲成周室之大美考周公之心原周公之行乃天下之罪人何至德之謂也周公復位二公所以杜口不言其本心者以明管蔡之忠也又謂常忠曰伊尹周公孰賢忠曰伊尹非有周公之親而功濟一代太甲乱德放於桐宮思愆改善然後復之使主無怨言臣無流謗道存社稷美溢來今臣謂伊尹之勳有高周旦盛曰伊尹以舊臣之重顯阿衡之任太甲嗣位君道未洽不能竭忠輔導而放黜桐宮事同夷羿何周公之可擬乎郎敷曰伊尹處人臣之位不能臣

制其君恐成湯之道墜而莫就是以居之桐宮與小人從事使知稼穡之艱難然後返之天位此其忠也盛曰伊尹能廢而立之何不能輔之以至於善乎若太甲性同桀紂則三載之間未應便成賢后如其性本休明義心易發當務盡匡規之理以弼成君德安有人臣幽主而據其位哉且臣之事君惟力是視柰何挾智藏仁以成君惡夫太甲之事朕已鑒之矣太甲至賢之主也以伊尹歷奉三朝績無異稱將失顯祖委授之功故匿其日月之明受伊尹之黜所以濟其忠貞之美夫非常之人然後能立非常之事非常人之所見也亦猶太伯之三讓人無德而稱焉歟曰太伯三以天下讓至仲尼而後顯其至德太甲受謗於天下遭陛下乃申其美因而談讌賦詩賜金帛各有差遼西太守李朗在郡十年威制境内盛疑之累徵不赴以母在龍城未敢顯叛乃陰引魏軍將為自安之計因表請發兵以距寇盛曰此必詐也召其使而詰之果驗盡滅其族遣輔國將軍李旱率騎討之師次建安召旱旋師朗聞

其家被誅也擁三千餘戶以自固及聞旱中路而還謂有内變不復為備留其子養守令支躬迎魏師于北平旱候知之襲克令支遣廣威孟廣平率騎追朗及于無終斬之初盛之追旱還也群臣莫知其故旱既斬朗盛謂群臣曰前以追旱還者正為此耳朗新為叛逆必忌官威一則鳩合同類劫害良善二則亡竄山澤未可卒平故非意而還以盈怠其志卒然掩之必剋之理也群臣皆曰非所及也李旱自遼西還聞盛殺其將衛雙懼棄軍奔走既而歸罪復其爵位盛謂侍中孫勍曰旱總三軍之任荷專征之重不能杖節死綏無故逃亡考之軍正不赦之罪也然當先帝之避難衆情離貳骨肉忘其親股肱失忠節旱以刑餘之體効力盡命忠款之至精貫白日朕故録其忘身之功免其丘山之罪耳盛去皇帝之號稱庶人大王魏襲燕幽州執刺史盧溥而去遣孟廣平援之無及盛率衆三萬伐高句驪襲其新城南蘇皆剋之散其積聚徙其五千餘戶于遼西盛引見百僚于東堂考詳器藝超拔者

十有二人命百司舉文武之才堪佐世者各一人立其子遼西公定為太子大赦殊死已下詔其群臣于新昌殿盛曰諸卿各言其志朕將覽之七兵尚書丁信年十五盛之舅子也進曰在上不驕高而不危臣之願也盛笑曰丁尚書年少安得長者之言乎盛以威嚴馭下驕暴少親多所猜忌故信言及之盛討庫莫奚大虜獲而還左將軍慕容國與殿中將軍秦輿段讚等謀率禁兵襲盛事覺誅之死者五百餘人前將軍思悔侯段璣與秦輿子興讚子泰等因衆心動搖夜於禁中鼓譟大呼盛聞變率左右出戰衆皆披潰俄而有一賊從闇中擊傷盛遂輦升前殿申約禁衛召叔父河間公熙屬以後事熙未至而盛死時年二十九在位三年僞謚昭武皇帝墓號興平陵廟號中宗盛幼而羈賤流漂長則遭家多難夷險安危備嘗之矣微賓闇而不斷遂峻極威刑纖介之嫌莫不裁之於未萌防之於未兆於是上下振局人不自安雖忠誠親戚亦皆離貳舊臣靡不夷滅安忍無親所以卒於不免是

歲隆安五年也【熙字道文垂之少子也初封河間王段速骨之難諸王多被其害熙素為高陽王崇所親愛故得免焉蘭汗之篡也以熙為遼東公備宗祀之義盛初即位降爵為公拜都督中外諸軍事驃騎大將軍尚書左僕射領中領軍從征高句驪契丹皆勇冠諸將盛曰叔父雄果英壯有世祖之風但弘略不如耳及盛死其太后丁氏以國多難宜立長君群望皆在平原公元而丁氏意在於熙遂廢太子定迎熙入宮群臣勸進熙以讓元元固以讓熙熙遂僭即尊位誅其大臣段璣秦輿等並夷三族元以嫌疑賜死元字道光寶之第四子也赦殊死已下改年曰光始改北燕臺為大單于臺置左右輔位次尚書初熙烝于丁氏故為所立及寵幸苻貴人丁氏怨恚呪詛與兄子七兵尚書信謀廢熙熙聞之大怒逼丁氏令自殺葬以后禮誅丁信熙狩于北原石城令高和殺司隸校尉張顯閉門距熙熙率騎馳返和衆皆投杖熙入誅之於是引見州郡及單于八部耆舊于東宮問以疾苦大築龍騰苑

廣袤十餘里役徒二萬人起景雲山于苑內基廣五百步峯高十七丈又起逍遙宮甘露殿連房數百觀閣相交鑿天河渠引水入宮又為其昭儀苻氏鑿曲光海清涼池季夏盛暑士卒不得休息暍死者太半熙游于城南止大柳樹下若有人呼曰大王且止熙惡之伐其樹乃有蛇長丈餘從樹中而出立其貴嬪苻氏為皇后赦殊死已下熙北襲契丹大破之昭儀苻氏死偽謚愍皇后贈苻謨太宰謚文獻公二苻並美而豔好微行游讌熙弗之禁也請謁必從刑賞大政無不由之初昭儀有疾龍城人王溫稱能療之未幾而卒熙忿其妄也立於公車門支解溫而焚之其后好游田熙從之北登白鹿山東過青嶺南臨滄海百姓苦之士卒為豺狼所害及凍死者五千餘人矣會高句驪寇燕郡殺略百餘人熙伐高句驪以苻氏從為衝車地道以攻遼東熙曰待剗平寇城朕當與后乘輦而入不聽將士先登於是城內嚴備攻之不能下會大雨雪士卒多死乃引歸擬鄴之鳳陽門作弘光門累級三層熙與苻

氏襲契丹憚其眾盛將還苻氏弗聽遂棄輜重輕襲高句驪周行三千餘里士馬疲凍死者屬路攻木底城不剋而還盡殺寶諸子大城肥如及宿軍以仇尼倪為鎮東大將軍營州刺史鎮宿軍上庸公懿為鎮西將軍幽州刺史鎮令支尚書劉木為鎮南大將軍冀州刺史鎮肥如為苻氏起承華殿高承光一倍負土於北門土與穀同價典軍杜靜載棺詣闕上書極諫熙大怒斬之苻氏嘗季夏思凍魚膾仲冬須生地黃皆下有司切責不得加以大辟其虐也如此苻氏死熙悲號躃踊若喪考妣擁其尸而撫之曰體已就冷命遂斷矣於是僵仆氣絕久而乃蘇大斂既訖復啟其棺而與交接服斬縗食粥制百寮於宮內哭臨令沙門素服使有司案檢哭者有淚以為忠孝無則罪之於是群臣震懼莫不含辛以為淚焉慕容隆妻張氏熙之嫂也美姿容有巧思熙將以為苻氏之殉欲以罪殺之乃毀其襚韡中有敝氈遂賜死三女叩頭求哀熙不許制公卿已下至于百姓率戶營墓費殫府藏下錮三泉周輪數里內則圖畫尚書八坐之象熙曰善為之朕將隨后入此陵識者以為不祥其右僕射韋璆等並懼為殉沐浴而待死焉號苻氏墓曰徽平陵熙被髮徒跣步從苻氏喪轜車高大毀北門而出長老竊相謂曰慕容氏自毀其門將不久也衛中將軍馮跋左衛將軍張興先皆坐事亡奔以熙政之虐也與跋從兄萬泥等二十二人結盟推慕容雲為主發尚方徒五千餘人閉門距守中黃門趙洛生奔告之熙曰此鼠盜耳朕還當誅之乃收髮貫甲馳還赴難夜至龍城攻北門不剋遂敗走入龍騰苑微服隱于林中為人所執雲得而弒之及其諸子同殯城北時年二十三在位六年雲葬之于苻氏墓偽謚昭文皇帝垂以孝武帝太元八年僭立至熙四世凡二十四年以安帝義熙三年滅初童謠曰一束藁兩頭然禿頭小兒來滅燕藁字上有草下有禾兩頭然則禾草俱盡而成高字雲父名拔小字禿頭三子而雲季也熙竟為雲所滅如謠言焉

慕容雲字子雨寶之養子也祖父高和句驪之支庶自云高陽氏之苗裔故以高為氏焉雲沉深有局量厚重寡言時人咸以為愚唯馮跋奇其志度而友之寶之為太子雲以武藝給事侍東宮拜侍御郎襲敗慕容會軍寶子之賜姓慕容氏封夕陽公熙之葬苻氏也馮跋詣雲告之以謀雲懼曰吾嬰疾歷年卿等所知願更圖之跋逼曰慕容氏世衰河間虐暴惑妖淫之女而逆亂天常百姓不堪其害思亂者十室九焉此天亡之時也公自高氏名家何能為他養子機運難邀千歲一時公焉得辭也扶之而出雲曰吾疾苦日久廢絕世務卿今興建大事謬見推逼所以徘徊非為身也實惟否德不足以濟元元故耳跋等彊之雲遂即天王位復姓高氏大赦境內殊死以下改元曰正始國號大燕署馮跋侍中都督中外諸軍事征北大將軍開府儀同三司錄尚書事武邑公封伯子男鄉亭侯者五十餘人士卒賜穀帛有差熙之群官復其爵位立妻李氏為天王后子彭為太子越騎校尉慕輿良謀叛雲

誅之雲臨東堂幸臣離班桃仁懷劒執紙而入稱有所啓拔劒擊雲雲以几距班桃仁進而弑之馮跋遷雲尸于東宮僞謚惠懿皇帝雲自以無功德而爲豪桀所推常內懷懼故寵養壯士以爲腹心離班桃仁等專典禁衛委之以爪牙之任賞賜月至數千萬衣食卧起皆與之同終以此致敗云

史臣曰四星東聚金陵之氣已分五馬南浮玉塞之雄方擾市朝屢改艱虞荐非自慕容垂天資英傑威震本朝以雄略見猜而庇身寬政永固受之而以禮道明事之而畢力然而隼質難羈狼心自野淮南失律三甥之謀已構河朔分麾五木之祥云啓斬飛龍而遐舉踰石門而長邁遂使翟氏景從鄴師宵遁收羅趙魏驅駕英雄扣囊餘奇摧五萬於河曲浮船祕策招七郡於黎陽返遼陰之舊物創中山之新社類帝禋宗僭擬斯備夫以重耳歸晉賴五臣之功句踐紿吳資五千之卒惡有業殊二霸衆微一旅掎拔而傾山嶽騰嘯而御風雲雖衛人忘亡復傳於東國任好餘裕伊媿於西隣信苻氏之姦回非晉室之鯨鯢矣寶以浮譽獲升峻文御俗蕭牆內憤勍敵外陵雖毒不被物而惡足自勦盛則孝友冥符文武不墜韜光而夷雠賊罪已而遜高危翩翩然濁世之佳虜矣熙乃地非奧主舉因淫德驪戎之態取悦於匡牀玄妻之姿見奇於鬒髮蕩輕舟於曲光之海望朝涉於景雲之山飾土木於驕心窮怨嗟於蒿壤宗祀夷滅爲馮氏之驅除焉

贊曰戎狄憑陵山川沸騰天未悔禍人非與能疾走而捷先鳴則興道明烈烈鞭笞豪桀埽燕夷魏剗屠永滅大盜潛移鴻名遂竊寶心生亂盛清家難熙極驕淫人懷憤惋孽貽身咎災無以逭

載記第二十四　晉書百二十四

載記第二十五　晉書百二十五

乞伏國仁　乞伏乾歸　乞伏熾磐

乞伏國仁隴西鮮卑人也在昔有如弗斯出連叱盧三部自漠北南出大陰山遇一巨蟲於路狀若神龜大如陵阜乃殺馬而祭之祝曰若善神也便開路惡神也遂塞不通俄而不見乃有一小兒在焉時又有乞伏部有老父無子者請養爲子衆咸許之老父欣然自以有所依憑字之曰紇干紇干者夏言依倚也年十歲驍勇善騎射彎弓五百斤四部服其雄武推爲統主號之曰乞伏可汗託鐸莫何託鐸者言非神非人之稱也其後有祐鄰者即國仁五世祖也泰始初率戶五千遷于夏緣部衆稍盛鮮卑鹿結七萬餘落屯于高平川與祐鄰迭相攻擊鹿結敗南奔略陽祐鄰盡并其衆因居高平川祐鄰死子結權立徙于牽屯結權死子利那立擊鮮卑吐賴于烏樹山討尉遲渴權于大非川收衆三萬餘落利那死弟祁埿立祁埿死利那子述延立討鮮卑莫侯于苑川大破之降其衆二萬餘落因居苑川以叔父軻埿爲師傅委以國政斯引烏埿爲左輔將軍鎮蔡園川出連高胡爲右輔將軍鎮至便川叱盧那胡爲率義將軍鎮牽屯山述延死子傉大寒立會石勒滅劉曜懼而遷于麥田無孤山大寒死子司繁立始遷于度堅山尋爲苻堅將王統所襲部衆叛降於統司繁歎謂左右曰智不距敵德不撫衆劒騎未交而本根已敗見衆分散勢亦難全若奔諸部必不我容吾將爲呼韓邪之計矣乃詣統降于堅堅大悦署爲南單于留之長安以司繁叔父吐雷爲勇士護軍撫其部衆俄而鮮卑勃寒侵斥隴右堅以司繁爲使持節都督討西胡諸軍事鎮西將軍以討之勃寒懼而請降司繁遂鎮勇士川甚有威惠司繁卒國仁代鎮及堅興壽春之役徵爲前將軍領先鋒騎會國仁叔父步頹叛於隴西堅遣國仁還討之步頹聞而大悦迎國仁於路國仁置酒高會攘袂大言曰苻氏往因趙石之亂遂妄竊名號窮兵極武跨僭八州疆宇既寧宜綏以德方虛廣威聲勤心遠略騷動蒼生

疲弊中國違天慈人將何以濟且物極則虧禍盈而覆者天之道
也以吾量之是役也難以免矣當與諸君成一方之業及堅敗歸
乃招集諸部有不附者討而并之衆至十餘萬及堅爲姚萇所殺
國仁謂其豪帥曰苻氏以高世之姿而困於烏合之衆可謂天也
夫守常迷運先達恥之見機而作英豪之舉吾雖薄德藉累世之
資豈可覩時來之運而不作乎以孝武太元十年自稱大都督大
將軍大單于領秦河二州牧建元曰建義以其將乙旃音埿爲左
相屋引出支爲右相獨孤匹蹄爲左輔武羣勇士爲右輔弟乾歸
爲上將軍自餘拜授各有差置武城武陽安固武始漢陽天水略
陽漒川甘松匡朋白馬苑川十二郡築勇士城以居之鮮卑匹蘭
率衆五千降明年南安祕宜及諸羌虜來擊國仁四面而至國仁
謂諸將曰先人有奪人之心不可坐待其至宜抑威餌敵羸師以
張之軍法所謂怒我而怠寇也於是勒衆五千襲其不意大敗之
祕宜奔還南安是年與其弟莫侯悌眷率衆三萬餘戶降於國仁各拜

晉記二十五 二

將軍刺史苻登遣使者署國仁使持節大都督都督雜夷諸軍事
大將軍大單于苑川王國仁率騎三萬襲鮮卑大人密貴裕苟提
倫等三部于六泉高平鮮卑没弈于東胡金熙連兵來救相遇于
渴渾川大戰敗之斬級三千獲馬五千匹没弈于及熙奔還三部
震懼率衆迎降署密貴建義將軍六泉侯裕苟建忠將軍蘭泉侯
提倫建節將軍鳴泉侯國仁建威將軍叱盧烏孤跋擁衆叛保牽
屯山國仁率騎七千討之斬其部將叱羅侯降者千餘戶跋大懼
遂降復其官位因討鮮卑越質叱黎于平襄大破之獲其子詰歸
弟子復半及部落五千餘人而還太元十三年國仁死在位四年
僞謚宣烈王廟號烈祖
乾歸國仁弟也雄武英傑沉雅有度量國仁之死也其羣臣咸以
國仁子公府沖幼宜立長君乃推乾歸爲大都督大將軍大單于
河南王赦其境內改元曰太初立其妻邊氏爲王后以出連乞都
爲丞相鎮南將軍南梁州刺史悌眷爲御史大夫自餘封拜各有

差遂迁于金城太元十四年苻登遣使署乾歸大將軍大單于金
城王南羌獨如率衆七千降之休官阿敦侯年二部各擁五千餘
落據牽屯山爲其邊害乾歸討破之悉降其衆於是聲振邊服吐
谷渾大人視連遣使貢方物鮮卑豆留犍叱豆渾及南丘鹿結并
休官曷呼奴盧水尉地跋並率衆降于乾歸皆署其官爵隴西太
守越質詰歸以平襄叛自稱建國將軍右賢王乾歸擊敗之詰歸
東奔隴山既而擁衆來降乾歸妻以宗女署立義將軍苻登將没
弈于遣使結好以二子爲質請討鮮卑大兜國乾歸乃與没弈于
攻大兜於安陽城大兜退固鳴蟬堡乾歸攻陷之遂還金城爲呂光
弟寶所攻敗於鳴雀峽退屯青岸寶進追乾歸乾歸使其將彭奚
念斷其歸路躬貫甲胄連戰敗之寶及將士投河死者萬餘人苻
登遣使署乾歸假黃鉞大都督隴右河西諸軍事左丞相大將軍
河南王領秦梁益涼沙五州牧加九錫之禮時登爲姚興所逼遣
使請兵進封乾歸梁王命置官司納其妹東平長公主爲梁王后

晉記二十五 三

乾歸遣其前將軍乞伏益州冠軍翟瑥率騎二萬救之會登爲興
所殺乃還師氐王楊定率步騎四萬伐之乾歸謂諸將曰楊定以
勇虐聚衆窮兵從欲兵猶火也不戢將自焚定之此役殆天以之
資我也於是遣其涼州牧乞伏軻彈秦州牧乞伏益州立義將軍
詰歸距之定敗益州於平川軻彈詰歸引衆而退翟瑥奮劒諫曰
吾王以神武之姿開基隴右東征西討靡不席卷威振秦梁聲光
巴漢將軍以維城之重受閫外之寄宜宣力致命輔寧家國秦州
雖敗二軍猶全柰何不思赴救便逆奔散何面目以見王乎昔項
羽斬慶子以懲楚胡建戮監軍以成功將軍之所聞也瑥誠才非
古人敢忘項氏之義乎軻彈曰向所以未赴秦州者未知衆心何
如耳敗不相救軍罰所先敢自寧乎乃率騎赴之益州詰歸亦勒
衆而進大敗定斬定及首虜萬七千級於是盡有隴西巴西之地
太元十七年赦其境內殊死已下署其長子熾磐領尚書令左長
史邊芮爲尚書左僕射右長史祕宜爲右僕射翟瑥爲吏部尚書

翟勍為主客尚書杜宣為兵部尚書王松壽為民部尚書樊謙為三公尚書方弘麴景為侍中自餘拜授一如魏武晉文故事猶稱大單于大將軍楊定之死也天水姜乳襲據上邽至是遣乞伏益州討之邊芮王松壽言於乾歸曰益州以懿弟之親屢有戰功狃於累勝常有驕色若其遇寇必將易之且未宜專任宜有所先乾歸曰益州驍勇善御衆諸將莫有及之者但恐其專擅耳若以重佐輔之當無慮也於是以平北韋虔為長史散騎常侍務和為司馬至大寒嶺益州恃勝自矜不為部陣命將士解甲游畋縱飲令曰敢言軍事者斬虔等諫曰王以將軍親重故委以專征之任庶能摧彼凶醜以副具瞻賊已垂逼柰何解甲自寬宴安酖毒竊為將軍危之益州曰乳以烏合之衆聞吾至理應遠竄今乃與吾決戰者斯成擒也吾自揣之有方卿等不足慮也乳率衆距戰益州果敗乾歸曰孤違蹇叔以至於此將士何為孤之罪也皆赦之索虜禿髮如苟率戶二萬降之乾歸妻以宗女呂光率衆十万將伐

乾歸左輔密貴周左衛莫者羖羝言於乾歸曰光旦夕將至陛下以命世雄姿開業兆罕剋翦群兇威振遐迩將鼓淳風於東夏建八百之鴻慶不忍小屈與姦豎爭競於一時若機事不捷非國家利也宜遣愛子以退之乾歸乃稱藩於光遣子勅勃為質既而悔之遂誅周等乞伏軻彈與乞伏益州不平奔于呂光光又伐之咸勸其東奔成紀乾歸不從謂諸將曰昔曹孟德敗袁本初於官渡陸伯言摧劉玄德於白帝皆以權略取之豈在衆乎光雖舉全州之軍而無經遠之算不足憚也且其精卒盡在呂延延雖勇而愚易以奇策制之延軍若敗光亦遁還乘勝追奔可以得志衆咸曰非所及也隆安元年光遣其子纂伐乾歸使呂延為前鋒乾歸泣謂衆曰今事勢窮蹙逃命無所死中求生正在今日涼軍雖四面而至然相去遼遠山河既阻力不周接敗其一軍而衆軍自退乃縱反間稱秦王乾歸衆潰東奔成紀延信之引師輕進果為乾歸所敗遂斬之禿髮烏孤遣使來結和親使乞伏益州攻剋支陽鸇

武允吾三城俘獲万餘人而還又遣益州與武衛慕容允冠軍翟瑥率騎二萬伐吐谷渾視羆至于度周川大破之視羆遁保白蘭山遣使謝罪貢其方物以子宕豈為質鮮卑疊掘河內率戶五千自魏降乾歸乾歸所居南景門崩惡之遂遷于苑川姚興將姚碩德率衆五万伐之入自南安峽乾歸次于隴西以距碩德與潛師繼發乾歸聞興將至謂諸將曰吾自開建以來屢摧勍敵乘機藉筭舉無遺策今姚興盡中國之師軍勢甚盛山川阻狹無縱騎之地宜引師平川伺其殆而擊之存亡之機在斯一舉卿等勠力勉之若梟翦姚興關中之地盡吾有也於是遣其衛軍慕容允率中軍二萬遷于柏陽鎮軍羅敦將外軍四萬遷于侯辰谷乾歸自率輕騎數千候興軍勢俄而大風昏霧遂與中軍相失為興追騎所逼入于外軍旦而交戰為興所敗乾歸遁還苑川遂走金城謂諸豪帥曰吾才非命世謬為諸君所推心存撥乱而德非時雄叨竊名器年踰一紀身乘致寇傾喪若斯今人衆已散勢不得安吾欲

西保允吾以避其鋒若方軌西邁理難俱濟卿等宜安土降秦保全妻子君臣咸曰昔古公杖策豳人歸懷玄德南奔荊楚襁負分岐之感古人所悲況臣等義深父子而有心離背請死生與陛下俱乾歸曰自古無不亡之國廢興命也苟天未亡我異與復有期德之不建何為俱死公等自愛吾將寄食以終餘年於是大哭而別乃率騎數百馳至允吾禿髮利鹿孤遣弟傉檀迎乾歸處之於晉興南羌梁弋等遣使招之乾歸將叛謀洩利鹿孤遣弟吐雷屯于捫天嶺乾歸懼為利鹿孤所害謂其子熾磐曰吾不能負荷大業致茲顛覆以利鹿孤義兼姻好冀存脣齒之援方乃忘義背親謀人父子忌吾威名勢不全立姚興方盛吾將歸之若其俱去必為追騎所及今送汝兄弟及汝母為質彼必不疑吾既在秦終不害汝於是送熾磐兄弟於西平乾歸遂奔長安姚興見而大悅署乾歸持節都督河南諸軍事鎮遠將軍河州刺史歸義侯遣乾歸還鎮苑川盡以部衆配之乾歸既至苑川以邊芮為長史王松壽

爲司馬公卿大將已下悉降號爲偏裨元興元年熾磐自西平奔長安姚興以爲振忠將軍興晉太守尋遣使者加乾歸散騎常侍左賢王遣隨興將齊難迎呂隆于河西討叛羌党龍頭于滋川攻楊盛將苻帛于皮氏堡並剋之又破吐谷渾將大孩俘獲万餘人而還尋復率衆攻楊盛將楊玉于西陽堡剋之既而苑川地震裂生毛狐雉入于寢内乾歸甚惡之姚興慮乾歸終爲西州之患因其朝也興留爲主客尚書以熾磐爲建武將軍行西夷校尉監撫其衆熾磐以長安兵乱將始乃招結諸部二万七千築城于嵻峎山以據之熾盤攻剋枹罕遣使告之乾歸奔還苑川鮮卑悅大堅有衆五千自龍馬苑降乾歸乾歸遂如枹罕留熾磐鎮之乾歸收衆三万遷于度堅山羣下勸乾歸稱王乾歸以寡弱弗許固請曰夫道應符歷雖廢必興圖籙所棄雖成必敗本初之衆非不多也魏武運籌四州瓦解尋邑之兵非不盛也世祖龍申亡新鳥散固天命不可虚邀符籙不可妄異姚數將終否極斯泰乘機撫運實

係聖人今見衆三万足可以疆理秦隴清蕩洮河陛下應運再興四海鵠望豈宜固守謙沖不以社稷爲本願時即大位允副羣心乾歸從之義熙三年僭稱秦王赦其境内改元更始置百官公卿已下皆復本位遣熾磐討諭薄地延師次煩于地延率衆出降署爲尚書徙其部落于苑川又遣隴西羌昌何攻剋姚興金城郡以其驍騎乞伏務和爲東金城太守乾歸復都苑川又攻剋興略陽南安隴西諸郡徙二万五千戸於苑川枹罕姚興力未能西討恐更爲邊害遣使署乾歸使持節散騎常侍都督隴西嶺北匈奴雜胡諸軍事征西大將軍河州牧大單于河南王乾歸方圖河右權宜受之遂稱藩於興遣熾磐與其次子中軍審虔率步騎一萬伐禿髮傉檀師濟河敗傉檀太子武臺于嶺南獲牛馬十餘万而還又攻剋興别將姚龍于伯陽堡王憬于永洛城徙四千餘戸於苑川三千餘戸于譚郊乾歸率步騎三萬征西羌彭利髮于枹罕師次于奴葵谷利髮棄其部衆南奔乾歸遣其將公府追及于清水斬之乾歸入枹罕收羌戸一萬三千因率騎二萬討吐谷渾支統阿若干于赤水大破降之乾歸畋于五谿有梟集于其手甚惡之六年爲兄子公府所弑并其諸子十餘人公府奔固大夏熾磐與乾歸弟廣武智達陽武木弈于討之公府走達等追擒于嵻峎南山并其四子轘之於譚郊葬乾歸于枹罕僞謚武元王在位二十四年

熾磐乾歸長子也性勇果英毅臨機能斷權略過人初乾歸爲姚興所敗熾磐質於禿髮利鹿孤後自南平逃而降興興以爲振忠將軍興晉太守又拜建武將軍行西夷校尉留其衆鎮苑川及乾歸返政復立熾磐爲太子領冠軍大將軍都督中外諸軍録尚書事後乾歸稱藩于姚興興遣使署熾磐假節鎮西將軍左賢王平昌公尋進號撫軍大將軍乾歸死義熙六年熾磐襲僞位大赦改元曰永康署翟勍爲相國麴景爲御史大夫段暉爲中尉弟延祚爲禁中録事樊謙爲司直罷尚書令僕射尚書六卿侍中散騎常

侍黄門郎官置中左右常侍侍郎各三人義熙九年遣其龍驤乞伏智達平東王松壽討吐谷渾樹洛干於澆河大破之獲其將呼那烏提虜三千餘戸而還又遣其鎮東曇達與松壽率騎一萬東討破休官權小郎呂破胡于白石川虜其男女万餘口進據白石城休官降者万餘人後顯親休官權小成呂奴迦等叛保白坑曇達謂將士曰昔伯珪憑嶮卒有滅宗之禍韓約肆暴終受覆族之誅今小成等逆命白坑宜在除滅王者之師有征無戰卿爾與人戮力勉之衆咸枝劍大呼於是進攻白坑斬小成奴迦及首級四千七百隴右休官悉降遣安北烏地延冠軍翟紹討吐谷渾别統句旁于泣勤川大破之俘獲甚衆熾磐率諸將討吐谷渾別統支旁于長柳川掘達于渴渾川皆破之前後俘獲男女二万八千僭立十年有雲五色起於南山熾磐以爲己瑞大悅謂羣臣曰吾今年應有所定王業成矣於是繕甲整兵以待四方之隙聞禿髮傉檀西征乙弗投劍而起曰可以行矣率步騎二万襲樂都禿髮武

臺馮城距守熾磐攻之一旬而剋遂入樂都論功行賞各有差遣平遠犍虔率騎五千追傉檀從武臺與其文武及百姓万餘戶于枹罕傉檀遂降署為驃騎大將軍左南公隨傉檀文武依才銓擢之熾磐既兼傉檀兵彊地廣置百官立其妻禿髮氏為王后十一年熾磐攻剋沮渠蒙遜河湟太守沮渠漢平以其左衞匹達為河湟太守因討降乙弗窟乾而還遣其將曇達王松壽等討南羌弥姐康薄于赤水降之熾磐攻灕川師次沓中沮渠蒙遜率衆攻石泉以救之熾磐聞而引還遣曇達與其將出連虔率騎五千赴之蒙遜聞曇達引歸遣使聘于熾磐遂結和親又遣曇達王松壽等率騎一万伐姚艾于上邽曇達進據蕭水艾距戰大敗之艾奔上邽曇達進屯大利破黃石大羌二戍徙五千餘戶于枹罕令其安東木弈于率騎七千討吐谷渾樹洛干于塞上破其弟阿柴於堯扞川俘獲五千餘口而還洛干奔保白蘭山而死熾磐聞而喜曰此虜矯矯所謂有豕白蹢往歲曇達東征姚艾敗走今木弈于西

晋記二十五　　八

討黠虜遠逃境宇稍清姦凶方殄股肱惟良吾無患矣於是以曇達為左丞相其子元基為右丞相麴景為尚書令翟紹為左僕射遣曇達元基東討姚艾降之至是乙弗鮮卑烏地延率戶二万降於熾磐署為建義將軍地延尋死弟他子立以子軻蘭質于西平他子從弟提孤等率戶五千以西遷叛于熾磐涼州刺史出連虔遣使喻之提孤等歸降熾磐以提孤姦猾終為邊患稅其部中戎馬六万匹後二歲而提孤等扇動部落西奔出塞他子率戶五千入居西平先是姚艾叛降蒙遜蒙遜率衆迎之艾叔父儁言於衆曰秦王寬仁有雅度自可安土事之何為從涼主西遷衆咸以為然相率逐艾推儁為主遣使請降熾磐大悅徵儁為侍中中書監征南將軍封隴西公邑一千戶使征西他子討吐谷渾覓地于弱水南大破之覓地率衆六千降於熾磐署為弱水護軍遣其左衞匹達建威梯君等討彭利和于灕川大破之利和單騎奔仇池獲其妻子徙羌豪三千戶于枹罕灕川羌三万餘戶皆安堵如故元

熙元年立其第二子慕末為太子領撫軍大將軍都督中外諸軍事大赦境內改元曰建弘其臣佐等多所封授熾磐在位七年而宋氏受禪以宋元嘉四年死子慕末嗣偽位在位三年為赫連定所殺始國仁以孝武太元十年僭位至慕末四世凡四十有六載而滅

史臣曰夫天地閉大樸生雲雷屯羣凶作自晉室遘釁胡丘肆禍封域無紀干戈是務國仁陰山遺噍難以義服伺我阽危長其陵暴向使偶飲明之運遭雄略之主已當梟魂沙漠請命藁街豈暇竊據近郊經綸王業者也乾歸智不及遠而以力詠自矜陷呂延之師姦謀潛斷俘視羆之衆威震遐舉便欲誓汧隴之餘卒窺崤函之奧區秣疲馬而宵征翦勍敵而朝食既而控弦鳴鏑厥志未逞沮岸崩山其功已喪覆軍氣分於外難幸以計全貽巨釁於蕭牆終成凶禍宜哉熾磐叱咤風雲見機而動牢籠儁傑決勝多奇故能命將擒澆河之酋臨戎襲樂都之地不盈數載遂隆偽業覽其遺迹盜亦有道乎

晋記二十五　　九

馮跋字文起長樂信都人也小字乞直伐其先畢萬之後也萬之子孫有食采馮鄉者因以氏焉永嘉之亂跋祖父和避地上黨父安雄武有器量慕容永時為將軍永滅跋東徙和龍家于長谷幼而懿重少言寬仁有大度飲酒一石不亂三弟皆任俠不脩行業惟跋恭慎勤於家產父母器之所居上每有雲氣若樓閣時咸異之嘗夜見天門開神光赫然燭於庭內及慕容寶僭號署中衞將軍初跋弟素弗與從兄万泥及諸少年游于水濱有一金龍浮水而下素弗謂万泥曰頗有見不万泥等皆曰無所見也乃取龍而示之咸以為非常之瑞慕容熙聞而求焉素弗秘之熙怒及即偽位密欲誅跋兄弟其後跋又犯熙禁懼禍乃與其諸弟逃于山澤每夜獨行猛獸常為避路時賦役繁數人不堪命跋兄弟謀曰熙今昏虐兼忌吾兄弟既還首無路不可坐受誅滅當及時而起立公侯之業事若不成死其晚乎遂與万泥等二十二人結謀跋與

二弟乘車使婦人御潛入龍城匿于北部司馬孫護之室遂殺熙立高雲爲主雲署跋爲使持節侍中都督中外諸軍事征北大將軍開府儀同三司錄尚書事武邑公跋譏羣僚忽有血流其左臂跋惡之從事中郎王垂因說符命之應跋戒其勿言雲爲其幸臣離班桃仁所殺跋升洪光門以觀變帳下督張泰李桑謂跋曰此豎勢何所至請爲公斬之於是奮劍而下桑斬班于西門泰殺仁于庭中衆推跋爲主跋曰范陽公素弗才略不恒志於靖乱埽清凶桀皆公勳也素弗辭曰臣聞父兄之有天下傳之於子弟未聞子弟藉父兄之業而先之今鴻基未建危甚綴旒天工無曠業係大兄願上順皇天之命下副元元之心羣臣固請乃許之於是以太元二十年乃僭稱天王于昌黎而不徙舊號即國曰燕赦其境内建元曰太平分遣使者巡行郡國觀察風俗追尊祖和爲元皇帝父安爲宣皇帝尊母張氏爲太后立妻孫氏爲王后子永爲太子署弟素弗爲侍中車騎大將軍錄尚書事弘爲侍中征東大將

軍尚書右僕射汲郡公從兄万泥爲驃騎大將軍幽平二州牧務銀提爲上大將軍遼東太守孫護爲侍中尚書令陽平公張興爲衛將軍尚書左僕射永寧公郭生爲鎮東大將軍領右衛將軍陳留公從兄子乳陳爲征西大將軍并青二州牧上谷公姚昭爲鎮南大將軍司隸校尉上黨公馬弗勤爲吏部尚書廣宗公王難爲侍中撫軍將軍潁川公自餘拜授文武進位各有差尋而万泥抗表請代跋曰猥以不德謬爲羣賢所推思與兄弟同茲休戚今方難未寧維城任重非明德懿親孰克居也且折衝禦侮爲國藩屏雖有他人不如我弟兄豈得如所陳也於是加開府儀同三司義熙六年跋下書曰昔高祖爲義帝舉哀天下歸其仁吾與高雲義則君臣恩踰兄弟其以礼葬雲及其妻子立雲廟於韮町置園邑二十家四時供薦初跋之立也万泥乳陳自以親而有大功謂當入爲公輔跋以二藩任重因而弗徵並有憾焉乳陳性麤獷勇氣過人密遣告万泥曰乳陳有至謀願與叔父圖之万泥遂奔白

狼阻兵以叛跋遣馮弘與將軍張興將步騎二万討之弘遣使喻之曰昔者兄弟乘風雲之運撫翼而起群公以天命所鍾人望攸係推逼主上光踐寶位裂土疏爵當與兄弟共之奈何欲尋干戈於蕭牆棄友于而爲閼伯過貴能改善莫大焉宜舍茲嫌同獎王室万泥欲降乳陳按劍怒曰大丈夫死生有命決之于今何謂降也遂剋期出戰興謂弘曰賊明日出戰今夜必來驚我營宜命三軍以備不虞弘乃密嚴人課草十束畜火伏兵以待之是夜乳陳果遣壯士千餘人來斫營衆火俱起伏兵邀擊俘斬無遺乳陳等懼而出降弘皆斬之署素弗爲大司馬改封遼西公馮弘爲驃騎大將軍改封中山公跋下書曰自頃多故事難相尋賦役繁苦百姓困窮宜加寬宥務從簡易前朝苛政皆悉除之守宰當垂仁惠無得侵害百姓蘭臺都官明加澄察初慕容熙之敗也工人李訓竊寶而逃貲至巨万行貨於馬弗勤弗勤以訓爲方略令既而失志之士書之於闕下碑馮素弗言之於跋請免弗勤官仍推罪之

跋曰大臣無忠清之節貨財公行於朝雖由吾不明所致弗勤宜肆諸朝市以正刑憲但大業草創彝倫未敍弗勤拔自寒微未有君子之志其特原之李訓小人汙辱朝士可東市考竟於是上下肅然請賕路絕蠕蠕勇斛律遣使求跋女僞樂浪公主獻馬三千匹跋命其羣下議之素弗等議曰前代舊事皆以宗女妻六夷宜許以妃嬪之女樂浪公主不宜下降非類跋曰女生從夫千里豈遠朕方崇信殊俗奈何欺之乃許焉遣其游擊秦都率騎二千送其女歸于蠕蠕庫莫奚虞出庫眞率三千餘落請交市獻馬千匹許之處之於營丘分遣使者巡行郡國孤老久疾不能自存者振穀帛有差孝悌力田閨門和順者皆襃顯之昌黎郝越營丘張買成周刀溫建德何纂以賢良皆擢敍之遣其太常丞劉軒徙北部人五百戶于長谷爲祖父園邑以其太子永領大單于置四輔跋勵意農桑勤心政事乃下書省徭薄賦墮農者戮之力田者褒賞命尚書紀達爲之條制每遣守宰必親見東堂問爲政事之要令

極言無隱以觀其志於是朝野競勸焉先是河間人褚匡言於跋曰陛下至德應期龍飛東夏舊邦宗族傾首朝陽以日爲歲若聽臣往迎致之不遠跋曰隔絶殊域阻迥數千將何可致也匡曰章武郡臨海船路甚通出於遼西臨渝不爲難也跋許之署匡游擊將軍中書侍郎厚加資遣匡尋與跋從兄買從弟睹自長樂率五千餘戶來奔署買爲衛尉封城陽伯睹爲太常高城伯契丹庫莫奚降署其大人爲歸善王跋又下書曰今疆宇無虞百姓寧業而田畝荒穢有司不隨時督察欲令家給人足不亦難乎桑柘之益有生之本此土少桑人未見其利可令百姓人殖桑一百根柘二十根又下書曰聖人制礼送終有度重其衣衾厚其棺槨將何用乎人之亡也精魂上歸於天骨肉下歸於地朝終夕壞無寒煖之期衣以錦繡服以羅紈寧有知哉厚於送終貴而改葬皆無益亡者有損於生是以祖考因舊立廟皆不改營陵寢申下境內自今皆令奉之魏使耿貳至其國跋遣其黄門郎常陋迎之于道跋爲

不稱臣怒而不見及至跋又遣陋勞之貳忿而不謝跋散騎常侍申秀言於跋曰陛下接貳以礼而敢驕蹇若斯不可容也中給事馮懿以傾侫有幸又盛稱貳之陵慠以激跋跋曰亦各其志也匹夫尚不可屈況一方之主乎請幽而降之跋乃留貳不遣是時井竭三日而復其尚書令孫護里有犬與豕交護見而惡之召太史令閔尚筮之尚曰犬豕異類而交違性失本其於洪範爲犬禍將勃乱失衆以至敗亡明公位極冢宰遐迩具瞻諸弟並封列侯貴傾王室妖見里庭不爲他也願公戒滿盈之失脩尚恭儉則妖怪可消永亨元吉護默然不悦昌黎尹孫伯仁護弟叱支叱支弟乙拔等俱有才力以驍勇聞跋之立也並冀開府而跋未之許由是有怨言每於朝饗之際常拔劒擊柱曰興建大業有功力焉而滯於散將豈是漢祖河山之義乎跋怒誅之進護左光禄大夫開府儀同三司録尚書事以慰之護自三弟誅後常怏怏有不悦之色跋怒酖之尋而遼東太守務銀提自以功在孫護張興之右而

出爲邊郡抗表有恨言密謀外叛跋怒殺之跋下書曰武以平乱文以經務寧國濟俗寔所憑焉自頃喪難禮崩樂壞閭閻絶諷誦之音後生無庠序之教子衿之歎復興于今豈所以穆章風化崇闡斯文可營建太學以長樂劉軒營丘張熾成周翟崇爲博士郎中簡二千石已下子弟年十五已上教之跋弟丕先是因乱投於高句驪跋迎致之至龍城以爲左僕射常山公蠕蠕斛律爲其弟大但所逐盡室奔跋乃館之于遼東郡待之以客禮跋納其女爲昭儀時三月不雨至于夏五月斛律上書請還塞北跋曰棄國万里又無内應若以彊兵相送糧運難繼少也勢不能固且千里襲國古人爲難況數千里乎斛律固請曰不煩大衆願給騎三百足矣得達勑勤國人必欣而來迎乃許之遣單于前輔万陵率騎三百送之陵憚遠役至黒山殺斛律而還晋青州刺史申永遣使浮海來聘跋乃使其中書郎李扶報之蠕蠕大但遣使獻馬三千四羊万口有赤氣四塞太史令張穆言於跋曰兵氣也今大魏威制

六合而聘使斷絶自古未有鄰國接境不通和好違義怒鄰取亡之道宜還前使脩和結盟跋曰吾當思之尋而魏軍大至遣單于右輔古泥率騎候之去城十五里遇軍奔還又遣其將姚昭皇甫軌等距戰軌中流矢死魏以有備引還跋境地震山崩洪光門鸛雀折又地震右寢壞跋問閔尚曰比年屢有地動之變卿可明言其故尚曰地陰也主百姓震有左右比震皆向右臣懼百姓將西移跋曰吾亦甚慮之分遣使者巡行郡國問所疾苦孤老不能自存者賜以穀帛有差跋立十一年至是元熙元年也此後事入於宋至元嘉七年死弟弘殺跋子翼自立後爲魏所伐東奔高句驪居二年高句麗殺之始跋以孝武太元二十年僭號至弘二世凡二十有八載

馮素弗跋之長弟也慷慨有大志姿貌魁偉雄傑不羣任俠放蕩不脩小節故時人未之奇惟王齊異焉曰撥乱才也惟交結時豪爲務不以產業經懷弱冠自詣慕容熙尚書左丞韓業請婚業怒

而距之復求尚書郎高邵女邵亦弗許南宮令成藻豪俊有高名素弗造焉藻命門者勿納素弗遥入與藻對坐旁若無人談飲連日藻始奇之曰吾遠求騏驥不知近在東鄰何識子之晚也當世俠士莫不歸之及熙僭號爲侍御郎小帳下督跋之僭業素弗所建也及爲宰輔謙虛恭慎非禮不動雖廝養之賤皆與之抗禮車服屋宇務於儉約脩已率下百僚憚之初爲京尹及鎮營丘百姓歌之嘗謂韓業曰君前既不顧今將自取何如業拜而陳謝素弗曰既往之事豈復與君計之然待業弥厚好存亡繼絶申拔舊門問侍中陽哲曰秦趙勲臣子弟今何在乎哲曰皆在中州惟桃豹孫鮮在焉素弗召爲左常侍論者歸其有宰衡之度跋之七年死跋哭之哀慟比葬七臨之

史臣曰自五胡縱慝九域淪胥帝里神州遂混之於荒裔鴻名寳位咸假之於雜種嘗謂戎狄凶嚚未窺道德欺天擅命抑乃其常而馮跋出自中州有殊醜類因鮮卑之昏虐亦盗名於海隅然其

遷徙之餘少非雄傑幸以寛厚爲衆所推初雖砥礪終罕成德舊史稱其信惑妖祀斥黜諫臣無開馭之才異經決之士信矣速禍致寇良謂在茲猶能撫育黎萌保守疆宇發號施令二十餘年豈天意乎非人事也

賛曰國仁驍武乹歸勇悍矯矯熾磐臨機能斷孰謂獯虜亦懷沉筭文起常才憑時叛換咸竊大寳爲我多難

載記第二十五　晋書百二十五

載記第二十六　晋書百二十六

秃髪烏孤　秃髪利鹿孤　秃髪傉檀　御撰

秃髪烏孤河西鮮卑人也其先與後魏同出八世祖匹孤率其部自塞北遷于河西其地東至麥田牽屯西至濕羅南至澆河北接大漠匹孤卒子壽闐立初壽闐之在孕母胡掖氏因寢而産於被中鮮卑謂被爲秃髪因而氏焉壽闐卒孫樹機能立壯果多謀略泰始中殺秦州刺史胡烈於萬斛堆敗涼州刺史蘇愉于金山盡有涼州之地武帝爲之旰食後爲馬隆所敗部下殺之以降從弟務丸立死孫推斤立死子思復鞬立部衆稍盛烏孤即思復鞬之子也及嗣位務農桑脩鄰好呂光遣使署爲假節冠軍大將軍河西鮮卑大都統廣武縣侯烏孤謂諸將曰呂氏遠來假授當可受不衆咸曰吾士衆不少何故屬人烏孤將從之其將石真若留曰今本根未固理宜隨時光德刑脩明境内無虞若致死於我者大小不敵後雖悔之無所及也不如受而遵養之以待其釁烏孤乃

受之烏孤討乙弗折掘二部大破之遣其將石亦干築廉川堡以都之烏孤登廉川大山泣而不言石亦干進曰臣聞主憂臣辱主辱臣死大王所爲不樂者將非呂光乎光年已衰老師徒屢敗今我以士馬之盛保據大川乃可以一擊百光何足懼也烏孤曰光之衰老亦吾所知但我祖宗以德懷遠殊俗憚威盧陵契汗萬里委順及吾承業諸部背叛邇既乖違遠何以附所以泣耳其將苻渾曰大王何不振旅誓衆以討其罪烏孤從之大破諸部呂光封烏孤廣武郡公又討意云鮮卑大破之光又遣使署烏孤征南大將軍益州牧左賢王烏孤謂使者曰呂王昔以專征之威遂有此州不能以德柔遠惠安黎庶諸子貪淫三甥肆暴郡縣土崩下無生賴吾安可違天下之心受不義之爵帝王之起豈有常哉無道則滅有德則昌吾將順天人之望爲天下主留其鼓吹羽儀謝其使而遣之隆安元年自稱大都督大將軍大單于西平王赦其境内年號太初曜兵廣武攻剋金城光遣將軍竇苟來伐戰于街亭

大敗之降光樂都湟河澆河三郡嶺南羌胡數萬落皆附之光將楊
軌王乞基率戶數千來奔烏孤更稱武威王後三歲徙于樂都署弟
利鹿孤為驃騎大將軍西平公鎮安夷傉檀為車騎大將軍廣武
公鎮西平以楊軌為賓客金石生時連珍四夷之豪儁陰訓郭倖
西州之德望楊統楊貞衛殷麴丞明郭黃郭奮史暠鹿嵩文武
之秀傑梁昶韓疋張昶郭韶中州之才令金樹薛翹趙振王忠趙
晁蘇霸秦雍之世門皆內居顯位外宰郡縣官方授才咸得其所
烏孤從容謂其群下曰隴右區區數郡地耳因其兵乱分裂遂至
十餘乾歸擅命河南段業阻兵張掖虛氏假息偷據姑臧吾藉父
兄遺烈思廓清西夏兼弱攻昧三者何先楊統進曰乾歸本我所
部終必歸服段業儒生才非經世權臣擅命制不由己千里伐人
糧運懸絕且與我鄰好許以分災共患乘其危敝非義舉也呂光
衰老嗣紹沖闇二子纂弘雖頗有文武而內相猜忌若天威臨之必
應鋒瓦解宜遣車騎鎮浩亹鎮北據廉川乘虛迭出多方以誤

之救右則擊其左救左則擊其右使纂疲於奔命人不得安其
農業兼弱攻昧於是乎在不出二年可以坐定姑臧姑臧既拔二
寇不待兵戈自然服矣烏孤然之遂陰有吞并之志段業為呂纂
所侵遣利鹿孤救之纂懼燒氏池張掖穀麥而還以利鹿孤為涼
州牧鎮西平追傉檀入錄府國事是歲烏孤因酒墜馬傷脅笑曰
幾使呂光父子大喜俄而患甚顧謂群下曰方難未靜宜立長君
言終而死在王位三年僞謚武王廟号烈祖弟利鹿孤立
利鹿孤以隆安二年即僞位赦其境內殊死已下又徙居于西平
使記室監麴梁明聘于段業業曰貴主先王創業啓運功高先世
宜為國之太祖有子何以不立梁明曰有子羌奴先王之命也業曰
昔成王弱齡周召作宰漢昭八歲金霍夾輔雖嗣子沖幼而二叔
休明左提右挈不亦可乎明曰宋宣能以國讓春秋美之孫伯符
委事仲謀終開有吳之業且兄終弟及殷湯之制也亦聖人之格
言萬代之通式何必循己為是絀兄為非業曰美哉使乎之義也

利鹿孤聞呂光死遣其將金樹蘇翹率騎五千屯于昌松漠口既
逾年赦其境內改元曰建和二千石長吏清高有惠化者皆封亭
侯關內侯呂纂來伐使傉檀距之纂士卒精銳進度三堆三軍
擾懼傉檀下馬據胡牀而坐士衆心乃始安與纂戰敗之斬二
千餘級纂西擊段業傉檀率騎一萬乘虛襲姑臧纂弟緯守南北
城以自固傉檀置酒于朱明門上鳴鐘鼓以饗將士耀兵于青陽
門虜八千餘戶而歸乞伏乾歸為姚興所敗率騎數百來奔處之
晉興待以上賓之禮乾歸遣子謙等質于西平鎮北將軍俱延言
於利鹿孤曰乾歸本我之屬國妄自尊立理窮歸命非有款誠若
奔東秦必引師西侵非我利也宜徙於乙弗之間防其越逸之路
利鹿孤曰吾方弘信義以收天下之心乾歸投誠而徙之四海將
謂我不可以誠信託也俄而乾歸果奔于姚興利鹿孤謂延曰不
用卿言乾歸果叛卿為吾行也延追乾歸至河不及而還利鹿孤
立二年龍見于長寧麒麟游于綏羌於是群臣勸進以隆安五年

僭稱河西王其將鍮勿崙進曰昔我先君肇自幽朔被髮左衽无
冠冕之儀遷徙不常无城邑之制用能中分天下威振殊境今建
大號誠順天心然寧居樂土非貽厥之規倉府粟帛生敵人之志
且首兵始號事必无成陳勝項籍前鑒不遠宜置晉人於諸城
勸課農桑以供軍國之用我則習戰法以誅未賓若東西有變長
筭以縻之如其敵彊於我徙而以避其鋒不亦善乎利鹿孤然其
言於是率師伐呂隆大敗之獲其右僕射楊桓傉檀謂之曰安寢
危邦不思擇木老為囚虜豈曰智也桓曰受呂氏厚恩位忝端貳
雖洪水滔天猶欲濟彼俱溺實恥為叛臣以見明主傉檀曰卿忠
臣也以為左司馬利鹿孤謂其群下曰吾无經濟之才忝承業統
自負乘在位三載于茲雖夙夜惟寅思隆道化而刑政未能允中
風俗尚多凋敝戎車屢駕无闢境之功務進賢彦而下猶蓄滯
豈所任非才將吾不明所致也二三君子其極言无諱吾將覽焉
祠部郎中史暠對曰古之王者行師以全軍為上破國次之拯溺

救焚東征西怨今不以綏寧為先唯以徙戶為務安土重遷故有離叛所以斬將剋城土不加廣今取士拔才必先弓馬文章學藝為無用之條非所以來遠人垂不朽也孔子曰不學禮無以立宜建學校開庠序選耆德碩儒以訓胄子利鹿孤善之於是以田玄沖趙誕為博士祭酒以教胄子時利鹿孤雖僭位尚臣姚興楊桓兄經佐命姚萇早死興聞桓有德望徵之利鹿孤餞桓于城東謂之曰本期與卿共成大業事乖本圖分岐之感實情深古人但鯤非溟海無以運其軀鳳非脩梧無以晞其翼卿有佐時之器夜光之寶當振纓雲閣耀價連城區區河右未足以逞卿才力善勗日新以成大美桓泣曰臣往事呂氏情節不建陛下宥臣於俘虜之中顯同賢舊每希攀龍附鳳立尺寸之功龍門既開而臣違離公衡之戀豈忘之利鹿孤為之流涕遣傉檀攻呂隆昌松太守孟禕于顯美剋之傉檀執禕而數之曰見機而作賞之所先守迷不變刑之所及吾方耀威玉門埽平秦隴卿固守窮城稽淹

王憲國有常刑於分甘手禕曰明公開翦河右聲播宇內文德以綏遠人威武以懲不恪況禕蕞爾敢距天命釁鼓之刑禕之分也但忠於彼者亦忠於此荷呂氏厚恩受藩屏之任明公至而歸命恐獲罪於執事惟公圖之傉檀大悅釋其縛待以客禮徙顯美麗靬二千餘戶而歸嘉禕忠烈拜左司馬禕請曰呂氏將亡聖朝之并河右昭然已定但為人守而不全復忝顯任竊所未安明公之恩聽禕就戮於姑臧死且不朽傉檀義而許之呂隆為沮渠蒙遜所伐遣使乞師利鹿孤引群下議之尚書左丞婆衍崙曰今姑臧饑荒殘敝穀石萬錢野無青草資食無取蒙遜千里行師糧運不屬使二寇相殘以乘其釁若蒙遜拔姑臧亦不能守適可為吾取之不宜救也傉檀曰崙知其一未知其二姑臧今雖虛敝地居形勝河西一都之會不可使蒙遜據之宜在速救利鹿孤曰車騎之言吾之心也遂遣傉檀率騎一萬救之至昌松而蒙遜已退傉檀徙涼澤段冢五百餘家而歸利鹿孤寢疾令曰內外多虞國機務廣其令車騎嗣業以成先王之志在位三年而死葬于西平之東南偽謚曰康王弟傉檀嗣

傉檀少機警有才略其父奇之謂諸子曰傉檀明識幹藝非汝等輩也是以諸兄不以授子欲傳之於傉檀及利鹿孤即位垂拱而已軍國大事皆以委之以元興元年僭號涼王遷于樂都改元曰弘昌初乞伏乾歸之在晉興也以世子熾磐為質後熾磐若逃歸為追騎所執利鹿孤命殺之傉檀曰臣子逃歸君父振古通義故魏武善關羽之奔秦昭恕頃襄之逝熾磐雖逃叛孝心可嘉宜垂全宥以弘海岳之量乃赦之至是熾磐又奔允街傉檀歸其妻子姚興遣使拜傉檀車騎將軍廣武公傉檀大城樂都姚興遣將齊難率眾迎呂隆于姑臧傉檀攝昌松魏安二戍以避之興涼州刺史王尚遣主簿宗敞來聘敞父燮呂光時自湟河太守入為尚書郎見傉檀于廣武執其手曰君神爽宏拔逸氣凌雲命世之傑也必當剋清世難恨吾年老不及見耳以敞兄弟託君至是傉檀

謂敞曰孤以常才謬為尊先君所見稱每自恐有累大人水鏡之明及忝家業竊有懷君子詩云中心藏之何日忘之不圖今日得見卿也敞曰大王仁侔魏祖存念先人雖朱暉眄張堪之孤叔向撫汝齊之子無以加也酒酣語及平生傉檀曰卿魯子敬之儔恨不與卿共成大業耳傉檀以姚興之盛又密圖姑臧乃去其年號罷尚書丞郎官遣參軍關尚聘于興興謂尚曰車騎投誠獻款為國藩屏擅興兵眾輒造大城為臣之道固若是乎尚曰王侯設險以自固先王之制也所以安人衛眾預備不虞車騎僻在遐藩密邇勍寇南則逆羌未賓西則蒙遜跋扈蓋為國家重門之防不圖陛下忽以為嫌興笑曰卿言是也傉檀遣其將文支討南羌西虜大破之上表姚興求涼州不許加傉檀散騎常侍增邑二千戶傉檀於是率師伐沮渠蒙遜次于氐池蒙遜嬰城固守芟其禾苗至于赤泉而還獻興馬三千匹羊三萬頭興乃署傉檀為使持節都督河右諸軍事車騎大將軍領護匈奴中郎將涼州刺史常侍公如

故鎮姑臧傉檀率步騎三萬次于五澗興涼州刺史王尚遣辛晁孟禕彭敏出迎尚出自清陽門鎮南文支入自涼風門宗敞以別駕送尚還長安傉檀曰吾得涼州三千餘家情之所寄唯卿一人柰何捨我去乎敞曰今送舊君所以忠於殿下傉檀曰吾今新牧貴州懷遠安邇之略為之若何敞曰涼土雖弊形勝之地道由人弘實在殿下段懿孟禕武威之宿望辛晁彭敏秦隴之冠冕裴敏馬輔中州之令族張昶涼國之舊胤張穆邊憲文齊楊班梁崧趙昌武同飛羽以大王之神略撫之以威信農戰並脩文教兼設可以從橫於天下河右豈足定乎傉檀大悅賜敞馬二十匹於是大饗文武於謙光殿班賜金馬各有差遣西曹從事史暠聘于姚興興謂暠曰車騎坐定涼州衣錦本國其德我乎暠曰車騎積德河西少播英問王威未接投誠萬里陛下官方任才量功授職彝倫之常何德之有興曰朕不以州授車騎者車騎何從得之暠曰使河西雲擾呂氏顛狽者實由車騎兄弟傾其根本陛下雖鴻羅

晋記二十六　六

遐被涼州猶在天綱之外故征西以周召之重力屈姑臧齊難以王孫之盛勢挫張掖王尚孤城獨守外逼群狄陛下不連兵十年殫竭中國涼州未易取也今以虛名假人內收大利乃知妙算自天聖与道合雖云遷授蓋亦時宜興悅其言拜騎都尉傉檀讌群寮于宣德堂仰視而歎曰古人言作者不居居者不作信矣孟禕進曰張文王築城苑繕宮廟為貽厥之資萬世之業秦師濟河漼然瓦解梁熙據全州之地擁十萬之眾軍敗於酒泉身死于彭濟呂氏以排山之勢王有西夏率土崩離銜璧秦雍寬饒有言富貴無常忽輒易人此堂之建年垂百載十有二主唯信順可以久安仁義可以永固願大王勉之傉檀曰非君無以聞讜言也傉檀雖受制於姚興然車服礼章一如王者以宗敞為太府主簿錄記室事傉檀僞游浇河襲徙西平湟河諸羌三萬餘戶于武興番禾武威昌松四郡徵集戎夏之兵五萬餘人大閱于方亭遂伐沮渠蒙遜入西陝蒙遜率眾來距戰于均石為蒙遜所敗傉檀率騎二萬運

穀四萬石以給西郡蒙遜攻西郡陷之其後傉檀又与赫連勃勃戰于陽武為勃勃所敗將佐死者十餘人傉檀與數騎奔南山幾為追騎所得傉檀懼東西寇至徙三百里內百姓入于姑臧國中駭怨屠各成七兒因百姓之擾也率其屬三百人叛傉檀於北城推梁貴為盟主貴閉門不應一夜眾至數千殿中都尉張猛大言於眾曰主上陽武之敗蓋恃眾故也責躬悔過明君之義諸君何故從此小人作不義之事殿內武旅正爾相尋目前之危悔將無及眾聞之咸散七兒奔晏然殿中騎將白路等追斬之軍諮祭酒梁裒輔國司馬邊憲等七人謀反傉檀悉誅之姚興以傉檀外有陽武之敗內有邊梁之亂遣其尚書郎韋宗來觀釁傉檀與宗論六國從橫之規三家戰爭之略遠言天命廢興近陳人事成敗機變無窮辭致清辯宗出而歎曰命世大才經略名教者不必華宗夏士撥煩理乱澄氣濟世者亦未必八索九丘五經之外冠冕之表復自有人車騎神機秀發信一代之偉人由余日磾豈足

晋記二十六　七

為多也宗還長安言於興曰涼州雖殘弊之後風化未穎傉檀權詐多方憑山河之固未可圖也興曰勃勃以烏合之眾尚能破之吾以天下之兵何足剋也宗曰形移勢變終始殊途陵人者易敗自守者難攻陽武之役傉檀以輕勃勃致敗今以大軍臨之必自固求全臣竊料群臣無傉檀匹也雖以天威臨之未見其利興不從乃遣其將姚弼及斂成等率步騎三萬來伐又使其將姚顯為弼等後繼遺傉檀書云遣尚書左僕射齊難討勃勃懼其西逸故令弼等於河西邀之傉檀以為然遂不設備弼眾至漠口昌松太守蘇霸閉城固守弼喻霸令降霸曰汝違負盟誓伐委順之藩天地有靈將不祐汝吾寧為涼鬼何降之有城陷斬霸弼至姑臧屯于西苑州人王鍾宋鍾王娥等密為內應候人執其使送之傉檀欲誅其元首前軍伊力延侯曰今彊敵在外內有姦豎兵交勢踧禍難不輕宜悉坑之以安內外傉檀從之殺五千餘人以婦女為軍賞命諸郡縣悉驅牛羊於野斂成縱兵虜掠傉檀遣其鎮北俱延鎮軍敬歸等十

將率騎分擊大敗之斬首七千餘級姚弼固壘不出傉檀攻之未尅乃斷水上流欲以持久斃死之會雨甚堰壞弼軍乃振姚顯聞弼敗兼道赴之軍勢甚盛遣射將孟欽等五人挑戰于涼風門弦未及發材官將軍宋益等馳擊斬之顯乃委罪斂成遣使謝傉檀引師而歸傉檀於是僭即涼王位赦其境內改年爲嘉平置百官立夫人折掘氏爲王后世子武臺爲太子錄尚書事左長史趙晁右長史郭倖爲尚書左右僕射鎮北俱延爲太尉鎮軍敬歸爲司隸校尉自餘封署各有差遣其左將軍枯木駙馬都尉胡康伐沮渠蒙遜掠臨松人千餘戶而還蒙遜大怒率騎五千至于顯美方亭破車蓋鮮卑而還俱延又伐蒙遜大敗而歸傉檀將親率衆伐蒙遜趙晁及太史令景保諫曰今太白未出歲星在西宜以自守難以伐人比年天文錯亂風霧不時唯脩德責躬可以寧吉傉檀曰蒙遜往年無狀入我封畿掠我邊疆殘我禾稼吾蓄力待時將報東門之恥今大軍已集卿欲沮衆邪保曰陛下不以臣不肖

晉記二十六　八

使臣主察乾象若見事不言非爲臣之體天文顯然動必無利傉檀曰吾以輕騎五萬伐之蒙遜若以騎兵距我則衆寡不敵兼步而來則舒疾不同救右則擊其左赴前則攻其後終不與之交兵接戰卿可懼乎保曰天文不虛必將有變傉檀怒鏁保而行曰有功當殺汝以徇無功封汝百戶侯既而蒙遜率衆來距戰于窮泉傉檀大敗單馬奔還景保爲蒙遜所擒讓之曰卿明於天文爲彼國所任違天犯順智安在乎保曰臣匪爲無智但言而不從蒙遜曰昔漢祖困于平城以婁敬爲功袁紹敗于官渡而田豐爲戮卿策同二子貴主未可量也卿必有婁敬之賞者吾今放卿但恐有田豐之禍耳保曰寡君雖才非漢祖猶不同本初正可不得封侯豈慮禍也蒙遜乃免之至姑臧傉檀謝之曰卿孤之蓍龜也而不能從之孤之深罪封保安亭侯蒙遜進圍姑臧百姓懲東苑之戮悉皆驚散疊掘麥田車蓋諸部盡降于蒙遜傉檀遣使請和蒙遜許之乃遣司隸校尉敬歸及子他爲質歸至胡坑逃還他爲

追兵所執蒙遜徙其衆八千餘戶而歸右衛折掘奇鎮據石驢山以叛傉檀懼爲蒙遜所滅又慮奇鎮尅嶺南乃遷于樂都留大司農成公緒守姑臧傉檀始出城焦諶王侯等閉門作難收合三千餘家保據南城諶推焦朗爲大都督龍驤大將軍諶爲涼州刺史降于蒙遜鎮軍敬歸討奇鎮於石驢山戰敗死之蒙遜因尅姑臧之威來伐傉檀遣其安北段苟左將軍雲連乘虛出番禾以襲其後徙三千餘家於西平蒙遜圍樂都三旬不尅遣使謂傉檀曰若以寵子爲質我當還師傉檀曰去否任卿兵勢卿違盟無信何質以供蒙遜怒築室返耕爲持久之計群臣固請乃以子安周爲質蒙遜引歸吐谷渾樹洛干率衆來伐傉檀遣其太子武臺距之爲洛干所敗傉檀又將伐蒙遜邯川護軍孟愷諫曰蒙遜初并姑臧凶勢甚盛宜固守伺隙不可妄動不從五道俱進至番禾苕藋掠五千餘戶其將屈右進曰陛下轉戰千里前無完陣徙戶資財盈溢衢路宜倍道旋師早度峻險蒙遜善於用兵士衆習

晉記二十六　九

戰若輕軍卒至出吾慮表大敵外逼徙戶內攻危之道也衛尉伊力延曰我軍勢方盛將士勇氣自倍彼徒我騎勢不相及若道旋師必捐棄資財示人以弱非計也屈右出而告其諸弟曰吾言不用天命也此吾兄弟死地俄而昏霧風雨蒙遜軍大至傉檀敗績而還蒙遜進圍樂都傉檀嬰城固守以子染干爲質蒙遜乃歸乂之遣安西紇勃耀兵西境蒙遜侵西平徙戶掠牛馬而還邯川護軍孟愷表鎮南湟河太守文支荒酒寢諫不卹政事傉檀謂伊力延曰今州土傾覆所杖者文支而已將若之何延曰宜召而訓之使改往脩來傉檀乃召文支既到讓之曰二兄英姿早世吾以不才嗣統不能負荷大業顛狽如是胡顏視世雖存若隕庶憑子鮮存衛藉文種復吳卿之謂也聞卿唯酒是耽荒廢庶事吾年已老卿復若斯祖宗之業將誰寄也文支頓首陳謝邯川人衛章等謀殺孟愷南啓乞伏熾磐郭越止之曰孟君寬以惠下何罪而殺之吾寧違衆而死不負君以生乃密告之愷誅章等飲酒

殺四十餘人愷懼熾磐軍之至馳告文支文支遣將軍匹珍赴之
熾磐軍到城聞珍將至引歸蒙遜又攻樂都二旬不剋而還鎮南
文支以湟河降蒙遜徙五千餘戶于姑臧蒙遜又來伐傉檀以太
尉俱延爲質蒙遜乃引還傉檀議欲西征乙弗孟愷諫曰連年不
收上下飢弊南逼熾磐北迫蒙遜百姓騷動下不安業今遠征雖
剋後患必深不如結盟熾磐通糴濟難慰喻雜部以廣軍資畜
力繕兵相時而動易曰其亡其亡繫於苞桑惟陛下圖之傉檀曰
孤將略地卿無沮衆謂其太子武臺曰今不種多年內外俱窘事
宜西行以拯此弊蒙遜近去不能卒來旦夕所慮唯在熾磐彼名
微衆寡易以討禦吾不過一月自足周旋汝謹守樂都無使失墜
傉檀乃率騎七千襲乙弗大破之獲牛馬羊四十餘萬熾磐乘虛
來襲撫軍從事中郎尉肅言於武臺曰今外城廣大難以固守宜
聚國人於內城肅等率諸晉人距戰於外如或不捷猶有萬全武
臺曰小賊蕞爾旦夕當走卿何慮之過也武臺懼晉人有二心

也乃召豪望有勇謀者閉之於內孟愷泣曰熾磐不道人神同憤
愷等進則荷恩重遷退顧妻子之累豈有二乎今事已急矣人思
自効有何猜邪武臺曰吾豈不知子忠實懼餘人脫生慮表以君
等安之耳一旬而城潰安西樊尼自西平奔告傉檀傉檀謂衆曰
今樂都爲熾磐所陷男夫盡殺婦女賞軍雖欲歸還無所赴也卿
等能與吾籍乙弗之資取契汗以贖妻子者是所望也不爾歸熾
磐便爲奴僕矣豈忍見妻子在他懷抱中遂引師而西衆多逃返
遣鎮北段苟追之苟亦不還於是將士皆散唯中軍紇勃後軍洛
肱安西樊尼散騎侍郎陰利鹿在焉傉檀曰蒙遜熾磐昔皆委質
於吾今而歸之不亦鄙哉四海之廣匹夫無所容其身何其痛也
蒙遜與吾名齊年此熾磐姻好少年俱其所忌勢皆不濟與其聚
而同死不如分而或全樊尼長兄之子宗部所寄吾衆在北者戶
垂一萬蒙遜方招懷遐邇存亡繼絕汝其西也紇勃洛肱亦與尼
俱吾年老矣所適不容寧見妻子而死遂歸熾磐唯陰利鹿隨之

傉檀謂利鹿曰去危就安人之常也吾親屬皆散卿何獨留利鹿
曰臣老母在家方寸實亂但忠孝之義義不俱全雖不能西哭沮
渠申包胥之誠東感秦援展毛遂之操負羈靮而侍陛下者臣之
分也惟願開弘遠猷審進止之宜傉檀歎曰知人固未易人亦未
易知大臣親戚皆棄我去終始不虧者唯卿一人歲寒不凋見之
於卿傉檀至西平熾磐遣使郊迎待以上賓之禮初樂都之潰也
諸城皆降于熾磐傉檀將尉賢政固守浩亹不下熾磐呼之曰樂
都已潰卿妻子皆在吾閒孤城獨守何所爲也賢政曰受涼王厚
恩爲國家藩屏雖知樂都已陷妻子爲擒先歸獲賞後順受誅
然不知主上存亡未敢歸命妻子小事豈足動懷昔羅憲待命晉
文亮之文聘後來魏武不責邀一時之榮忘委付之重竊用恥焉
大王亦安用之哉熾磐乃遣武臺手書喻政政曰汝爲國儲不能
盡節面縛於人棄父負君虧萬世之業賢政義士豈如汝乎既而
聞傉檀至左南乃降熾磐以傉檀爲驃騎大將軍封左南公歲餘

爲熾磐所鴆左右勸傉檀解藥傉檀曰吾病豈宜療邪遂死時
年五十一在位十三年僞謚景王武臺後亦爲熾磐所殺傉檀
少子保周臘于破羌俱延子覆龍鹿孤孫副周烏孤孫承鉢皆奔
沮渠蒙遜久之歸魏魏以保周爲張掖王覆龍酒泉公破羌西平
公副周永平公承鉢昌松公烏孤以安帝隆安元年僭立至傉檀
三世凡十九年以安帝義熙十年滅

史臣曰禿髮累葉酋豪擅彊邊服控弦玉塞躍馬金山候滿月
而窺兵乘折膠而縱鏑禮容弗被聲教斯阻烏孤納行渾之策治
兵以討不賓鹿孤從史暠之言建學而延胄子遂能開疆河右抗
衡彊國道由人弘抑此之謂傉檀承累捷之銳藉二昆之資摧呂
氏算無遺策取姑臧兵不血刃武略雄圖比蹤前烈既而叨竊
重位盈滿易期窮兵以逞其心縱慝自貽其斃地奪於蒙遜勢
屻於赫連種復國喪身猶爲幸也昔宋殤好戰致災於華督楚靈
黷武取殺於乾谿異代同亡其於傉檀見之矣

贊曰：秃髮弟兄，擅雄群虜，開疆河外，清氣西土。傳檀傑出，騰駕時英，窮兵黷武，喪國頹聲。

載記第二十六　　晉書百二十六

載記第二十七　　晉書百二十七

慕容德

慕容德字玄明，皝之少子也。母公孫氏夢日入臍中，晝寢而生德。年未弱冠，身長八尺二寸，姿貌雄偉，額有日角偃月重文。博觀群書，性清慎，多才藝。慕容儁之僭立也，封為梁公，歷幽州刺史、左衛將軍。及暐嗣位，改封范陽王，稍遷魏尹，加散騎常侍。俄而苻堅將苻雙據陝以叛，堅將苻柳起兵枹罕，將應之，德勸暐乘釁討堅，辭旨慷慨，識者言其有遠略。暐竟不能用。德兄垂甚壯之，因共論軍国大謀，言必切至。垂謂之曰：「汝器識長進，非復吳下阿蒙也。」枋頭之役，德以征南將軍與垂擊敗晉師。及垂奔苻堅，德坐免職。後遇暐敗，徙于長安，苻堅以為張掖太守，數歲免歸。及堅以兵臨江，拜德為奮威將軍。堅之敗也，堅與張夫人相失，慕容暐將護致之，德正色謂暐曰：「昔楚莊滅陳，納巫臣之諫而棄夏姬，此不祥之人，惑亂人主。戎事不邇女器，秦之敗師，當由於此，宜掩目而過，奈何將衛之也！」暐不從，德馳馬而去之。還次滎陽，言於暐曰：「昔句踐捷於會稽，終獲吳国；聖人相時而動，百舉百全。天將悔禍，故使秦師喪敗，宜乘其弊以復社稷。」暐不納，乃從垂如鄴。及垂稱燕王，以德為車騎大將軍，復封范陽王，居中鎮衛，參斷政事。久之，遷司徒。時慕容永據長子，有眾十万，垂議討之，群臣咸以為疑。德進曰：「昔三祖積德，遺詠在耳，故陛下龍飛，不謀而會，雖由聖武，亦緣舊愛。燕趙之士樂為燕臣也。今永既建偽號，扇動華戎，致令群豎從橫，逐鹿不息，宜先除之，以一眾聽。昔光武馳蘇茂之難，不顧百官之疲，夫豈不仁，機急故也。兵法有不得已而用之，陛下容得已乎！」垂笑謂其黨曰：「司徒議與吾同。二人同心，其利斷金。吾計決矣。」遂從之。垂臨終，勅其子寶以鄴城委德。寶既嗣位，以德為使持節、都督冀兗青徐荊豫六州諸軍事、特進、車騎大將軍、冀州牧，領南蠻校尉，鎮鄴，罷留臺，以都督專總南夏。魏將拓拔章攻鄴，德遣南安王慕容青等夜擊，敗之。魏師退次新城，青等請擊之，別駕韓諄進曰：

古人先決勝廟堂然後攻戰今魏不可擊者四燕不宜動者三魏
懸軍遠入利在野戰一不可擊也深入近畿頓兵死地二不可擊
也前鋒既敗後陣方固三不可擊也彼衆我寡四不可擊也官軍
自戰其地一不宜動動而不勝衆心難固二不宜動城隍未脩敵
來无備三不宜動此皆兵家所忌不如深溝高壘以逸待勞彼千
里餽糧野无所掠久則三軍靡資攻則衆旅多斃師老釁生詳
而圖之可以捷矣德曰韓別駕之言良平之策也於是召青還師
魏又遣遼西公賀賴盧率騎與章圍鄴德遣其叅軍劉藻請救
於姚興且叅母兄之問而興師不至衆大懼德於是親饗戰士厚
加撫接人感其恩皆樂爲致死會章盧内相乖爭各引軍潜遁章
司馬丁建率衆來降言章師老可以敗之德遣將追破章軍人心
始固時魏師入中山慕容寳出奔于薊慕容詳又僭號會劉藻
自姚興而至興太史令高魯遣其甥王景暉隨藻送玉璽一紐并
圖讖祕文曰有德者昌无德者亡德受天命柔而復剛又有謠曰

大風蓬勃揚塵埃八井三刀卒起來四海鼎沸中山頹惟有德人
據三臺於是德之羣臣議以慕容詳僭號中山魏師盛于兾州未
審寳之存亡因勸德即尊號德不從會慕容達自龍城奔鄴稱寳
猶存羣議乃止尋而寳以德爲丞相領兾州牧承制南夏德兄子
麟自義臺奔鄴因說德曰中山既没魏必乗勝攻鄴雖糧儲素積
而城大難固且人情沮動不可以戰及魏軍未至擁衆南渡就魯
陽王和據滑臺而聚兵積穀伺隙而動計之上也魏雖拔中山勢
不久留不過驅掠而返人不樂徙理自生變然後振威以援之魏
則内外受敵使戀舊之士有所依憑廣開恩信招集遺黎可一舉
而取之先是慕容和亦勸德南徙於是許之隆安二年乃率户四
万車二万七千乘自鄴將徙于滑臺遇風船没魏軍垂至衆懼議
欲退保黎陽其夕流澌凍合是夜濟師旦魏師至而冰泮若有神
焉遂改黎陽津爲天橋津及至滑臺景星見于尾箕漳水得白玉
狀若璽於是德依燕元故事稱元年大赦境内殊死已下置百官

以慕容麟爲司空領尚書令慕容法爲中軍將軍慕輿拔爲尚書
左僕射丁通爲尚書右僕射自餘封授各有差初河間有麟見慕
容麟以爲己瑞及此潜謀爲乱事覺賜死其夏魏將賀賴盧率衆
附之至是慕容寳自龍城南奔至黎陽遣其中黄門令趙思召慕
容鍾來迎鍾本首議勸德稱尊號聞而惡之執思付獄馳使白狀
德謂其下曰卿等前以社稷大計勸吾攝政吾亦以嗣帝奔亡人
神曠主故權順群議以繫衆望今天方悔禍嗣帝得還吾將具駕
奉迎謝罪行闕然後角巾私第卿等以爲何如其黄門侍郎張華
進曰夫爭奪之世非雄才不振從横之時豈懦夫能濟陛下若蹈
匹婦之仁捨天授之業威權一去則身首不保何退讓之有乎德
曰吾以古人逆取順守其道未足所以中路徘徊悵然未決耳慕
輿護請馳問寳虗實德流涕而遣之乃率壯士數百隨思而北因
謀殺寳初寳遣思之後知德攝位懼而北奔護至无所見執思而
還德以思閑習典故將任之思曰昔關羽見重曹公猶不忘先主

之恩思雖刑餘賤隷荷國寵靈犬馬有心而況人乎乞還就上以
明微節德固留之思怒曰周室衰微晉鄭夾輔漢有七国之難實
賴梁王殿下親則叔父位則上台不能率先群后以匡王室而幸
根本之傾爲趙倫之事思雖无申胥哭秦之效猶慕君賓不生莽
世德怒斬之晉南陽太守閭丘羡寧朔將軍鄧啓方率衆二万來
伐師次管城德遣其中軍慕容法撫軍慕容和等距之王師敗績
德怒法不窮追晉師斬其撫軍司馬斬環初符登既爲姚興所滅
登弟廣率部落降於德拜冠軍將軍處之乞活堡會熒惑守東井
或言秦當復興者廣乃自稱秦王敗德將慕容鍾時德始都滑臺
介于晉魏之間地无十城衆不過數万及鍾喪師反側之徒多歸
于廣德乃留慕容和守滑臺親率衆討廣斬之初寳之至黎陽也
和長史李辯勸和納之和不從辯懼謀洩乃引晉軍至管城冀德
親率師於後作乱會德不出愈不自安及德此行也辯又勸和反
和不從辯怒殺和以滑臺降于魏時將士家悉在城内德將攻之

韓範言於德曰魏師已入城據國成資客主之勢翻然復異人情既危不可以戰宜先據一方為關中之基然後畜力而圖之計之上也德乃止德右衛將軍慕容雲斬李辯率將士家累一万餘人而出三軍慶悅德謀於衆曰苻廣雖平而撫軍失據進有彊敵退无所託計將安出張華進曰彭城阻帶山川楚之舊都地險人殷可攻而據之以為基本慕容鍾慕輿護封逞韓諄等固勸攻滑臺潘聰曰滑臺四通八達非帝王之居且北通大魏西接彊秦此二國者未可以高枕而待之彭城土曠人稀地平无險晉之舊鎮必距王師又密邇江淮水路通浚秋夏霖潦千里為湖且水戰国之所短吳之所長今雖剋之非久安之計也青齊沃壤號曰東秦土方二千餘戶餘十万四塞之固負海之饒可謂用武之国三齊英傑蓄志以待孰不思得明主以立尺寸之功廣固者曹嶷之所營山川阻峻足為帝王之都宜遣辯士馳說于前大兵繼進于後辟閭渾昔負国恩必翻然向化如其守迷不順大軍臨之自然

瓦解既據之後閉關養銳伺隙而動此亦二漢之有關中河内也德猶豫未決沙門朗公素知占候德因訪其所適朗曰敬覽三策潘尚書之議可謂興邦之術矣今歲初長星起於奎婁遂埽虛危而虛危齊之分野除舊布新之象宜先定舊魯巡撫琅邪待秋風戒節然後北轉臨齊天之道也德大悅引師而南兗州北鄙諸縣悉降置守宰以撫之存問高年軍无私掠百姓安之牛酒屬路德遣使喻齊郡太守辟閭渾渾不從遣慕容鍾率騎二万擊之德進據琅邪徐兗之士附者十餘万自琅邪而北迎者四万餘人德進寇莒城守將任安委城而遁以潘聰鎮莒城鍾傳檄青州諸郡曰隆替有時義列昔經困難啓聖事彰中籙是以宣王龍飛於危周光武鳳起於絶漢斯蓋曆數大期帝王之興廢也自我永康多難長鯨逸網華夏四分黎元五裂逆賊辟閭渾父蔚昔同段龕阻乱淄川太宰東征勦絶凶命渾於覆巢之下蒙全卵之施曾微犬馬識養之心復襲凶父樂禍之志盜據東秦遠附吳越割剥

黎元委輸南海皇上應期大命再集矜彼營丘暫阻王略故以七州之衆二十餘萬巡省岱宗問罪齊魯昔韓信以裨將伐齊有征无戰耿弇以偏軍討步剋不移朔況以万乘之師埽一隅之寇傾山碎卵方之非易孤以不才忝荷先驅都督元戎一十二萬皆烏丸突騎三河猛士奮劍與夕火爭光揮戈與秋月競色以此攻城何城不剋以此衆戰何敵不平昔竇融以河西歸漢榮被於後裔彭寵盜逆漁陽身死於奴僕近則曹嶷跋扈見擒於後趙段龕干紀取滅於前朝此非古今之吉凶已然之成敗乎渾若先迷後悟榮寵有加如其敢抗王師取滅必先遺燼稷下之雄岱北之士有能斬送渾者賞同佐命脫履機不發必玉石俱摧渾聞德軍將至徙八千餘家入廣固諸郡皆承檄降于德渾懼將妻子奔于魏德遣射聲校尉劉綱追斬於莒城渾參軍張瑛常與渾作檄辭多不遜及此德擒而讓之瑛神色自若徐對曰渾之有臣猶韓信之有蒯通通遇漢祖而蒙恕臣遭陛下而嬰戮比之古人竊為不幸

防風之誅臣實甘之但恐堯舜之化未弘於四海耳德初善其言後竟殺之德遂入廣固四年僭即皇帝位于南郊大赦改元為建平設行廟於宮南遣使奉策告成焉進慕容鍾為司徒慕輿拔為司空封孚為左僕射慕輿護為右僕射遣其度支尚書封愷中書侍郎封逞觀省風俗所在大饗將士以其妻段氏為皇后建立學官簡公卿已下子弟及二品士門二百人為太學生後因讌其群臣酒酣笑而言曰朕雖寡薄恭己南面而朝諸侯在上不驕夕惕於位可方自古何等主也其青州刺史鞠仲曰陛下中興之聖后少康光武之儔也德顧命左右賜仲帛千匹仲以賜多為讓德曰卿知調朕朕不知調卿乎卿飾對非實故亦以虛言相賞賞不謬加何足謝也韓範進曰臣聞天子无戲言忠臣无妄對今日之論上下相欺可謂君臣俱失德大悅賜範絹五十匹自是昌言競進朝多直士矣德母兄先在長安遣平原人杜弘如長安問存否弘曰臣至長安若不奉太后動止便即西如張掖以死為効臣父雄

生踰六十未沾榮貴乞本縣之祿以申烏鳥之情張華進曰杜弘未行而求祿要利情深不可使也德曰吾方散所輕之財招所重之死況爲親尊而可吝乎且弘爲君迎親爲父求祿雖外如要利內實忠孝乃以雄爲平原令弘至張掖爲盜所殺德聞而悲之厚撫其妻子明年德如齊城登營丘望晏嬰冢顧謂左右曰礼大夫不逼城葬平仲古之賢人達礼者也而生居近市死葬近城豈有意乎青州秀才晏謨對曰孔子稱臣先人平仲賢則賢矣豈不知高其梁豐其礼蓋政在家門故儉以矯世存居湫隘卒豈擇地而葬乎所以不遠門者猶冀悟平生意也遂以謨從至漢城陽景王廟讌庶老于申池北登社首山東望鼎足因目牛山而歎曰古无不死愴然有終焉之志遂問謨以齊之山川丘陵賢哲舊事謨歷對詳辯畫地成圖德深嘉之拜尚書郎立冶於商山置鹽官于烏常澤以廣軍國之用德故吏趙融自長安來始具母兄凶問德號慟吐血因而寢疾其司隸校尉慕容達因此謀反遣牙門黃

【晋記二十七】　六

璆率衆攻端門殿中師侯赤眉開門應之中黃門孫進扶德踰城匿於進舍段宏等聞宮中有変勒兵屯四門德入宮誅赤眉等達懼而奔魏慕容法及魏師戰于濟北之摽榆谷魏師敗績其尚書韓諱上疏曰二寇遁誅国耻未雪關西爲豺狼之藪楊越爲鴟鴞之林三京社稷鞠爲丘墟四祖園陵蕪而不守豈非義夫憤歎之日烈士忘身之秋而皇室多難威略未振是使長虵弗翦封豕假息人懷憤慨常謂一日之安不可以永久終朝之逸无卒歲之憂陛下中興大業務在遵養矜迁萌之失土假長復而不役愍黎庶之息肩貴因循而不擾斯可以保寧于營丘難以經措于秦越今群凶僭逆寔繁有徒據我三方伺国瑕釁深宜審量虛實大校成敗養兵厲甲廣農積糧進爲雪耻討寇之資退爲山河萬全之固而百姓因秦晋之弊迭相蔭冒或百室合户或千丁共籍依託城社不懼燻燒公避課役擅爲奸究損風毀憲法所不容但檢令未宣弗可加戮今宜隱實黎萌正其編貫庶上增皇朝理物之明下益軍国兵資之用若蒙採納冀裨山海雖遇商鞅之刑悅絓之害所不辭也德納之遣其車騎將軍慕容鎮率騎三千緣邊嚴防備百姓逃竄以諱爲使持節散騎常侍行臺尚書巡郡縣隱實得蔭户五万八千諱公廉正直所在野次人不擾焉德大集諸生親臨策試既而饗宴乘高遠矚顧謂其尚書魯邃曰齊魯固多君子當昔全盛之時接慎巴生淳于鄒田之徒蔭脩檐臨清沼馳朱輪佩長劍恣非馬之雄辭奮談天之逸辯指麾則紅紫成章俛仰則丘陵生韻至於今日荒草頹墳氣消煙滅永言千載能不依然邃答曰武王封比干之墓漢祖祭信陵之墳皆留心賢哲每懷往事陛下慈深二主澤被九泉若使彼而有知寧不銜荷矣先是妖賊王始聚衆于太山自稱太平皇帝號其父爲太上皇兄爲征東將軍弟征西將軍慕容鎮討擒之斬於都市臨刑或問其父及兄弟所在始荅曰太上皇帝蒙塵於外征東征西乱兵所害惟朕一身獨无聊賴其妻怒之曰止坐此口以至於

【晋記二十七】　七

此柰何復尔始曰皇后自古豈有不破之家不亡之国邪行刑者以刀鐶築之仰視曰崩即崩矣終不改帝號德聞而哂之時桓玄將行簒逆誅不附已者冀州刺史劉軌襄城太守司馬休之征虜將軍劉敬宣廣陵相高雅之江都長張誕並內不自安皆奔於德於是德中書侍郎韓範上疏曰夫帝王之道必崇經略有其時无其人則弘濟之功闕有其人无其時則英武之志不申至於能成王業者惟人時合也自晋國內難七載于茲桓玄逆簒虐踰董卓神怒人怨其殃積矣可乘之機莫過此也以陛下之神武經而緯之驅樂奮之卒接厭乱之機譬猶聲發響應形動影隨未足比其易也且江淮南北户口未幾公私戎馬不過數百守備之事蓋亦微矣若以步騎一万建雷霆之舉卷甲長驅指臨江會必望旗草偃壺漿屬路跨地數千衆踰十万可以西并彊秦北抗大魏夫欲拓境開疆保寧社稷无過今也如使後機失會豪桀復起梟除桓玄布惟新之化遐迩既寧物无異望非但建鄴難

屠江北亦不可冀機過患生憂必至矣天与不取悔將及焉惟陛下覽之德曰自頃數纏百六宏綱暫弛遂令姦逆乱華舊京墟穢每尋永運憤慨兼懷昔少康以一旅之衆復夏配天況朕據三齊之地藉五州之衆教之以軍旅訓之以礼讓上下知義人思自奮繕甲待興爲日久矣但欲先定中原掃除逋穢然後宣布淳風經理九服飲馬長江懸旌隴坂此志未遂且韜戈耳今者之事王公其詳議之咸以桓玄新得志未可圖乃止於是講武於城西步兵三十七万車一万七千乘鐵騎五万三千周亘山澤旌旗弥漫鉦鼓之聲振動天地德登高望之顧謂劉軌高雅之曰昔郤克忿齊子胥怨楚終能暢其剛烈名流千載卿等既知投身有道當使死懟昔人也雅之等頓首荅曰幸蒙陛下天覆之恩大造之澤存亡繼絕實在聖時雖則万隕何以上報俄聞桓玄敗德以慕容鎮爲前鋒慕容鍾爲大都督配以步卒二万騎五千剋期將發而德寢疾於是罷兵初德迎其兄子超于長安及是而至德夜夢其父曰汝既无子何不早立超爲太子不尔惡人生心寤而告其妻曰先帝神明所勑觀此夢意吾將死矣乃下書以超爲皇太子大赦境内子爲父後者人爵二級其月死即義熙元年也時年七十乃夜爲十餘棺分出四門潛葬山谷竟不知其尸之所在在位五年僞謚獻武皇帝

載記第二十七　　晉書百二十七

載記第二十八　　晉書百二十八　　御撰

慕容超　慕容鍾　封孚

慕容超字祖明德兄北海王納之子苻堅破鄴以納爲廣武太守數歲去官家于張掖德之南征留金刀而去及垂起兵山東苻昌收納及德諸子皆誅之納母公孫氏以耄獲免納妻段氏方娠未決囚之于郡獄獄掾呼延平德之故吏也嘗有死罪德免之至是將公孫及段氏逃于羌中而生超焉年十歲而公孫氏卒臨終授超以金刀曰若天下太平汝得東歸可以此刀還汝叔也平又將超母子奔于呂光及呂隆降于姚興超又隨涼州人徙于長安超母謂超曰吾母子全濟呼延氏之力平今雖死吾欲爲汝納其女以荅厚恵於是娶之超自以諸父在東恐爲姚氏所錄乃陽狂行乞秦人賤之惟姚紹見而異焉勸興拘以爵位召見與語超深自晦匿興大鄙之謂紹曰諺云妍皮不裹癡骨妄語耳由是得去來無禁德遣使迎之超不告母妻乃歸及至廣固呈以金刀具宣祖母臨終之言德撫之號慟超身長八尺要帶九圍精彩秀發容止可觀德甚加禮遇始名之曰超封北海王拜侍中驃騎大將軍司隸校尉開府置佐吏德無子欲以超爲嗣故爲超起第於萬春門内朝夕觀之超亦深達德旨入則盡歡承奉出則傾身下士於是内外稱美焉頃之立爲太子及德死以義熙元年僭嗣僞位大赦境内改元曰太上尊德妻段氏爲皇太后以慕容鍾都督中外諸軍錄尚書事慕容法爲征南都督徐兖揚南兖四州諸軍事慕容鎮加開府儀同三司尚書令封孚爲太尉鞠仲爲司空潘聰爲左光祿大夫封嵩爲尚書左僕射自餘封拜各有差後又以鍾爲青州牧段宏爲徐州刺史公孫五樓爲武衛將軍領屯騎校尉内參政事封孚言於超曰臣聞五大不在邊五細不在庭鍾國之宗臣社稷所賴宏外戚懿望親賢具瞻正應參翼百揆不宜遠鎮方外今鍾等出藩五樓内輔臣竊未安超新即位害鍾等權逼以問五樓五樓欲專斷朝政不欲鍾等在内屢有間言孚說竟不行鍾宏

俱有不平之色相謂曰黃犬之皮恐當終補狐裘也五樓聞之嫌隙漸遘初超自長安行至梁父慕容法時爲兗州鎮南長史悅壽還謂法曰向見北海王子天資弘雅神爽高邁始知天族多奇玉林皆寶法曰昔成方遂詐稱衛太子人莫辯之此復天族乎超聞而恚恨形于言色法亦怒懟之外館由是結憾及德死法又不奔喪超遣使讓焉法常懼禍至因此遂與慕容鍾段宏等謀反超知而徵之鍾稱疾不赴於是收其黨侍中慕容統右衛慕容根散騎常侍段封誅之車裂僕射封嵩於東門之外西中郎將封融奔于魏超尋遣慕容鎮等攻青州慕容昱等攻徐州慕容凝韓範攻梁父昱等攻莒城拔之徐州刺史段宏奔于魏封融又集羣盜襲石塞城殺鎮西大將軍餘鬱青土振恐人懷異議慕容凝謀殺韓範將襲廣固範知而攻之凝奔梁父範幷其衆攻梁父剋之凝奔姚興慕容法出奔于魏慕容鎮剋青州鍾殺其妻子爲地道而出單馬奔姚興于時超不恤政事畋游是好百姓苦之其僕射韓諲切諫不納超議復肉刑九等之選乃下書於境內曰陽九數纏永康多難自北都傾陷典章淪滅律令法憲靡有存者綱理天下此焉爲本既不能導之以德必須齊之以刑且虞舜大聖猶命咎繇作士刑之不可已已也如是先帝季興大業草創兵革尚繁未遑修制朕猥以不德嗣承大統撫馭寡方致蕭牆釁發遂戎馬生郊典儀寢廢今四境無虞所宜脩定尚書可召集公卿至如不忠不孝若封嵩之輩梟斬不足以痛之宜致烹轘之法亦可附之律條納以大辟之科肉刑者乃經之先聖不刊之典漢文易之輕重乖度今犯罪彌多死者稍衆肉刑之於化也濟育既廣懲慝尤深光壽建興中二祖已議復之未及而晏駕其令博士已上參考舊事依呂刑及漢魏晉律令消息增損議成燕律五刑之屬三千而罪莫大於不孝孔子曰非聖人者無法非孝者無親此大亂之道也轘裂之刑烹煮之戮雖不在五品之例然亦行之自古渠彌之轘著之春秋哀公之烹爰自中代世宗都齊亦愍刑罰失中咨嗟寢食王

者之有刑猶人之左右手焉故孔子曰刑罰不中則人無所措手足是以蕭何定法令而受封叔孫通以制儀爲奉常立功立事古之所重其明議損益以成一代準式周漢有貢士之條魏立九品之選二者孰愈亦可詳聞羣下議多不同乃止超母妻既先在長安爲姚興所拘責超稱藩求太樂諸伎若不可使送吳口千人超下書遣羣臣詳議左僕射段暉議曰太上囚楚高祖不迴今陛下嗣守社稷不宜以私親之故而降統天之尊又太樂諸伎皆是前世伶人不可與彼使移風易俗宜掠吳口與之尚書張華曰若彼侵掠吳邊必成鄰怨此既能往彼亦能來兵連禍結非國之福也昔孫權重黎庶之命屈已以臣魏惠施惜愛子之頭捨志以尊齊況陛下慈德在秦方寸崩乱宜暫降大號以申至孝之情權變之道典謨所許韓範智能迴物辯足傾人昔與姚興俱爲秦太子中舍人可遣將命降號脩和所謂屈於一人之下申於万人之上也超大悅曰張尚書得吾心矣使範聘于興及至長安興謂範曰封愷前來燕王與朕抗禮及卿至也款然而附爲依春秋以小事大之義爲當專以孝敬爲母屈也範曰周爵五等公侯異品小大之禮因而生焉今陛下命世龍興光宅西秦本朝主上承祖宗遺烈定鼎東齊中分天曜南面並帝通聘結好義尚謙沖便至矜誕苟折行人殊似吳晉爭盟滕薛競長恐傷大秦堂堂之盛有損皇燕巍巍之美彼我俱失竊未安之興怒曰若如卿言便是非爲大小而來範曰雖由大小之義亦緣寡君純孝過於重華願陛下體敬親之道霈然垂愍興曰吾久不見賈生自謂過之今不及矣於是爲範設舊交之禮申敘平生謂範曰燕王在此朕亦見之風表乃可於機辯未也範曰大辯若訥聖人美之況爾日龍潛鳳戢和光同塵若使負日月而行則無繼天之業矣興笑曰可謂使乎延譽者也範承間逞說姚興大悅賜範千金許以超母妻還之慕容凝自梁父奔于姚興言於興曰燕王稱藩本非推德權爲母屈耳古之帝王尚興師徵質豈可虛還其母乎母若一還必不復臣也宜

先制其送伎然後歸之興意乃變遣使聘於超超遣其僕射張華給事中宗正元入長安送太樂伎一百二十人於姚興興大悅延華入讌酒酣樂作興黃門侍郎尹雅謂華曰昔殷之將亡樂師歸周今皇秦道盛燕樂來庭廢興之兆見于此矣華曰自古帝王為道不同權譎之理會於功成故老子曰將欲取之必先與之今揔章西入必由余東歸禍福之驗此其兆乎興怒曰昔齊楚競辯二國連師卿小國之臣何敢抗衡朝士華遜辭曰奉使之始實願交懽上國上國既遺小國之臣辱及寡君社稷臣亦何心而不仰酬興善之於是還超母妻義熙三年追尊其父為穆皇帝立其母段氏為皇太后妻呼延氏為皇后祀南郊將登壇有獸大如馬狀類鼠而赤集於圓丘之側俄而不知所在須臾大風暴起天地晝昏其行宮羽儀皆振裂超懼密問其太史令成公綏對曰陛下信用姦臣誅戮賢良賦斂繁多事役殷苦所致也超懼而大赦譴責公孫五樓等俄而復之是歲廣固地震天齊水湧井水溢女水竭河

晉記二十八　四

濟凍合而澠水不冰超正旦朝羣臣于東陽殿聞樂作歎音佾不備悔送伎於姚興遂議入寇其領軍韓諄諫曰先帝以舊京傾没戢翼三齊苟時運未可上智輟謀今陛下嗣守成規宜閉關養士以待賊釁不可結怨南鄰廣樹仇隙超曰我計已定不與卿言於是遣其將斛穀提公孫歸等率騎寇宿豫陷之執陽平太守劉千載濟陰太守徐阮大掠而去簡男女二千五百付太樂教之時公孫五樓為侍中尚書領左衛將軍專揔朝政兄歸為冠軍常山公叔父穨為武衛興樂公五樓宗親皆夾輔左右王公內外無不憚之超論宿豫之功封斛穀提等並為郡縣公慕容鎮諫曰臣聞懸賞待勳非功不侯今公孫歸結禍延兵殘賊百姓陛下封之得無不可乎夫忠言逆耳非親不發臣雖庸朽忝國戚藩輒盡愚款惟陛下圖之超怒不荅自是百僚杜口莫敢開言尚書都令史王儼諂事五樓遷尚書郎出為濟南太守入為尚書左丞時人為之語曰欲得侯事五樓又遣公孫歸等率騎三千入寇濟南執太守趙元略男女千餘人而去劉裕率師將討之超引見羣臣于東陽殿議距王師公孫五樓曰吳兵輕果所利在戰初鋒勇銳不可爭也宜據大峴使不得入曠日延時沮其銳氣可徐簡精騎二千循海而南絕其糧運別敕段暉率兗州之軍緣山東下腹背擊之上策也各命守宰依險自固校其資儲之外餘悉焚蕩芟除粟苗使敵無所資堅壁清野以待其釁中策也縱賊入峴出城逆戰下策也超曰京都殷盛戶口衆多非可一時入守青苗布野非可卒芟設使芟苗城守以全性命朕所不能今據五州之彊帶山河之固戰車方乘鐵馬万羣縱令過峴至於平地徐以精騎踐之此成擒也賀賴盧苦諫不從退謂五樓曰上不用吾計亡無日矣慕容鎮曰若如聖旨必須平原用馬為便宜出峴逆戰戰而不勝猶可退守不宜縱敵入峴自貽窘逼昔成安君不守井陘之關終屈於韓信諸葛瞻不據東馬之險卒擒於鄧艾臣以為天時不如地利阻守大峴策之上也超不從鎮出謂韓諄曰主上既不能芟苗守嶮又不肯徙

晉記二十八　五

人逃寇酷似劉璋矣今年國滅吾必死之卿等中華之士復為文身矣超聞而大怒收鎮下獄乃攝莒梁父二戍脩城隍簡士馬畜銳以待之其夏王師次東莞超遣其左軍段暉輔國賀賴盧等六將步騎五萬進據臨朐俄而王師度峴超懼率卒四萬就暉等于臨朐謂公孫五樓曰宜進據川源晉軍至而失水亦不能戰矣五樓馳騎據之劉裕前驅將軍孟龍符已至川源五樓戰敗而返裕遣諮議參軍檀韶率銳卒攻破臨朐超大懼單騎奔段暉于城南暉衆又戰敗裕軍人斬暉超又奔還廣固徙郭內人入保小城使其尚書郎張綱乞師于姚興赦慕容鎮進錄尚書都督中外諸軍事引見羣臣謝之曰朕嗣奉成業不能委賢任善而專固自由覆水不收悔將何及智士逞謀必在事危忠臣立節亦在臨難諸君其勉思六奇共濟艱運鎮進曰百姓之心係於一人陛下既躬率六軍身先奔敗羣臣解心士庶喪氣內外之情不可復恃如聞西秦自有內難恐不暇分兵救人正當更決一戰以爭天命今散卒

還者猶有數万可悉出金帛宮女餌令一戰天若相我足以破賊
如其不濟死尚為美不可閉門坐受圍斃司徒慕容惠曰不然今
晉軍乘勝有陵人之氣敗軍之將何以禦之秦雖與勃勃相持不
足為患且二國連横勢成脣齒今有寇難秦必救我但自古乞
援不遣大臣則不致重兵是以趙隷三請楚師不出平原一使援
至從成尚書令韓範德望具瞻燕秦所重宜遣乞援以濟時艱於
是遣範與王蒲乞師于姚興未幾裕師圍城四面皆合人有竊告
裕軍曰若得張綱為攻具者城乃可得耳是月綱自長安歸遂奔
于裕裕令綱周城大呼曰勃勃大破秦軍無兵相救超怒伏弩射
之乃退右僕射張華中丞封愷並為裕軍所獲裕令華愷與超書
勸令早降超乃遣裕書請為藩臣以大峴為界并獻馬千匹以通
和好裕弗許江南繼兵相尋而至尚書張俊自長安還又降于裕
說裕曰今燕人所以固守者外杖韓範冀得秦援範既時望又與
姚興舊昵若勃勃敗後秦必救燕宜密信誘範啗以重利範來則

燕人絶望自然降矣裕從之表範為散騎常侍遺範書以招之時
姚興乃遣其將姚強率步騎一万隨範就其將姚紹于洛陽并兵
來援會赫連勃勃大破秦軍興追強還長安範歎曰天其滅燕乎
會得裕書遂降於裕裕謂範曰卿欲立申包胥之功何以虛還也
範曰自亡祖司空世荷燕寵故泣血秦庭冀匡禍難屬西朝多故
丹誠無効可謂天喪斃邑而賛明公智者見機而作敢不至乎翌
日裕將範循城由是人情離駭無復固志裕謂範曰卿宜至城下
告以禍福範曰雖蒙殊寵猶未忍謀燕裕嘉而不強左右勸超誅
範家以止後叛超知敗在旦夕又弟諱盡忠無貳故不罪焉是歲
東萊雨血廣固城門鬼夜哭明年朔旦超登天門朝羣臣于城上
殺馬以饗將士文武皆有遷授超幸姬魏夫人從超登城見王師
之盛握超手而相對泣韓諱諫曰陛下遭百六之會正是勉強之
秋而反對女子悲泣何其鄙也超拭目謝之其尚書令董銑勸超
出降超大怒繫之於獄於是賀賴盧公孫五樓為地道出戰王師

不利河間人玄文說裕曰昔趙攻曹嶷望氣者以為澠水帶城非
可攻拔若塞五龍口城必自陷石季龍從之而嶷請降後慕容恪
之圍段龕亦如之而龕降降後無幾又震開之今舊基猶在可塞
之裕從其言至是城中男女患脚弱病者太半超輦而升城尚書
悅壽言於超曰天地不仁助寇為虐戰士尫病日就凋隕守困窮
城息望外援天時人事亦可知矣苟歷運有終堯舜降位轉禍為
福聖達以先宜追許鄭之蹤以存宗廟之重超歎曰廢興命也吾
寧奮劔決死不能銜璧求生於是張綱為裕造衝車覆以版屋蒙
之以皮并設諸奇巧城上火石弓矢無所施用又為飛樓懸梯木
幔之屬遥臨城上超大怒懸其母而支解之城中出降者相繼裕
四面進攻殺傷甚衆悅壽遂開門以納王師超與左右數十騎出
亡為裕軍所執裕數之以不降之狀超神色自若一無所言惟以
母託劉敬宣而已送建康市斬之時年二十六在位六年德以安
帝隆安四年僭位至超二世凡十一年以義熙六年滅

慕容鍾字道明德從弟也少有識量喜怒不形於色機神秀發言
論清辯至於臨難對敵智勇兼濟累進奇策德用之頗中由是
政無大小皆以委之遂為佐命元勲後公孫五樓規挾威權慮鍾
抑己因勸超誅之鍾遂謀反事敗奔于姚興興拜始平太守歸義侯
封孚字處道渤海蓨人也祖悛振威將軍父放慕容暐之世吏部
尚書孚幼而聰敏和裕有士君子之稱寶僭位累遷吏部尚書及
蘭汗之篡奔辟閭渾渾表為渤海太守德至莒城孚出降德曰
朕平青州不以為慶喜於得卿也常外摠機事内參密謀雖位任
崇重謙虛博納甚有大臣之體及超嗣位政出權嬖多違舊章軌
憲日頹殘虐滋甚孚屢盡匡救超不能納也後臨軒謂孚曰朕於
百王可方誰孚對曰桀紂之主超大慙怒孚徐步而出不為改容
司空鞠仲失色謂孚曰與天子言何其亢厲宜應還謝孚曰行年
七十墓木已拱惟求死所耳竟不謝以超三年死于家時年七十
一文筆多傳于世

史臣曰慕容德以季父之親居鄴中之重朝危未聞其節君存遽踐其位豈人理哉然稟假僞之雄姿韞從横之遠略屬分崩之運成角逐之資跨有全齊竊弄神器撫劍而爭衡秦魏練甲而志靜荆吴崇儒術以弘風延讜言而勵己觀其爲國有足稱焉超繼已成之基居霸者之業政刑莫恤畋游是好杜忠良而讒佞進暗聽受而勳戚離先緒俄頹家聲莫振陷宿豫而貽禍啓大峴而延敵君臣就虜宗廟爲墟迹其人謀非不幸也

贊曰德實姦雄轉敗爲功奄有青土淫名域中超承僞祚撓其國步廟失良籌庭悲霑露

載記第二十八　晉書百二十八

載記第二十九　晉書百二十九　御撰

沮渠蒙遜

沮渠蒙遜臨松盧水胡人也其先世爲匈奴左沮渠遂以官爲氏焉蒙遜博涉群史頗曉天文雄傑有英略滑稽善權變梁熙呂光皆奇而憚之故常游飲自晦會伯父羅仇麴粥從呂光征河南光前軍大敗麴粥言於兄羅仇曰主上荒耄驕縱諸子朋黨相傾讒人側目今軍敗將死正是智勇見猜之日可不懼乎吾兄弟素爲所憚與其經死溝瀆豈若勒衆向西平出苕藋奮臂大呼涼州不足定也羅仇曰理如汝言但吾家累世忠孝爲一方所歸寧人負我無我負人俄而皆爲光所殺宗姻諸部會葬者萬餘人蒙遜哭謂衆曰昔漢祚中微吾之乃祖翼獎竇融保寧河右呂王昏耄荒虐無道豈可不上繼先祖安時之志使二父有恨黄泉衆咸稱萬歲遂斬光中田護軍馬邃臨松令井祥以盟一旬之間衆至萬餘屯據金山與從兄男成推光建康太守段業爲使持節大都督龍驤大將軍涼州牧建康公改呂光龍飛二年爲神璽元年業以蒙遜爲張掖太守男成爲輔國將軍委以軍國之任業將使蒙遜攻西郡衆咸疑之蒙遜曰此郡據嶺之要不可不取業曰卿言是也遂遣之蒙遜引水灌城城潰執太守呂純以歸於是王德以晉昌孟敏以敦煌降業業封蒙遜臨池侯呂弘去張掖將東走業議欲擊之蒙遜諫曰歸師勿遏窮寇弗追此兵家之戒也不如縱之以爲後圖業曰一日縱敵悔將無及遂率衆追之爲弘所敗業賴蒙遜而免歎曰孤不能用子房之言以至於此業築西安城以其將臧莫孩爲太守蒙遜曰莫孩勇而無謀知進忘退所謂爲之築冢非築城也業不從俄而爲呂纂所敗蒙遜懼業不能容己每匿智以避之業僭稱涼王以蒙遜爲尚書左丞梁中庸爲右丞呂光遣其二子紹纂伐業業請救於禿髮烏孤烏孤遣其弟鹿孤及楊軌救業紹以業等軍盛欲從三門關挾山而東纂曰挾山示弱取敗之道不如結陣衝之彼必憚我而不戰也紹乃引軍

而南業將襲擊之蒙遜諫曰楊軌恃虜騎之彊有窺覦之志紹綦兵
在死地必決戰求生不戰則有太山之安戰則有累卵之危業曰
卿言是也乃按兵不戰紹亦難之各引兵歸業憚蒙遜雄武微欲
遠之乃以蒙遜從叔益生為酒泉太守蒙遜為臨池太守業門下
侍郎馬權儁爽有逸氣武略過人業以權代蒙遜為張掖太守甚
見親重每輕陵蒙遜蒙遜亦憚而怨之乃譖之於業曰天下不足
慮惟當憂馬權耳業遂殺之蒙遜謂男成曰段業愚闇非濟亂之
才信讒愛佞無鑒斷之明所憚惟索嗣馬權今皆死矣蒙遜欲除
業以奉兄何如男成曰業羇旅孤飄我所建立有吾兄弟猶魚之
有水人既親我背之不祥乃止蒙遜既為業所憚內不自安請為
西安太守業亦以蒙遜有大志懼為朝夕之變乃許焉蒙遜期與
男成同祭蘭門山密遣司馬許咸告業曰男成欲謀叛許以取假
日作逆若求祭蘭門山臣言驗矣至期日果然業收男成令自殺
男成曰蒙遜欲謀叛先已告臣臣以兄弟之故隱忍不言以臣今
在恐部人不從與臣剋期祭山返相誣告臣若朝死蒙遜必夕發
乞詐言臣死說臣罪惡蒙遜必作逆臣投袂討之事無不捷業不
從蒙遜聞男成死泣告衆曰男成忠於段公枉見屠害諸君能為
報仇乎且州土兵亂似非業所能濟吾所以初奉之者以之為陳
吳耳而信讒多忌枉害忠良豈可安枕臥觀使百姓離於塗炭男
成素有恩信衆皆憤泣而從之比至氐池衆逾一萬鎮軍臧莫孩
率部衆附之羌胡多起兵響應蒙遜壁于侯塢業先疑其右將
軍田昂幽之于內至是謝而赦之使與武衛梁中庸等攻蒙遜
業將王豐孫言於業曰西平諸田世有反者昂貌恭而心很志大
而情險不可信也業曰吾疑之久矣但非昂無可以討蒙遜豐孫言
既不從昂至侯塢率騎五百歸于蒙遜蒙遜至張掖昂兄子承愛
斬關內之業左右皆散蒙遜大呼曰鎮西何在軍人曰在此業曰孤
單飄一己為貴門所推可見匄餘命投身嶺南庶得東還與妻子相
見蒙遜遂斬之業京兆人也博涉史傳有尺牘之才為杜進記室從

征塞表儒素長者无他權略威禁不行群下擅命尤信卜筮讖記
巫覡徵祥故為姦佞所誤隆安五年梁中庸房晷田昂等推蒙
遜為使持節大都督大將軍涼州牧張掖公赦其境內改元永安
署從兄伏奴為鎮軍將軍張掖太守和平侯弟挐為建忠將軍都
谷侯田昂為鎮南將軍西郡太守臧莫孩為輔國將軍房晷梁
中庸為左右長史張騭謝正礼為左右司馬擢任賢才文武咸悅
時姚興遣將姚碩德攻呂隆于姑臧蒙遜遣從事中郎李典聘于
興以通和好蒙遜以呂隆既降于興酒泉涼寧二郡叛降李玄盛
乃遣建忠挐牧府長史張潛見碩德于姑臧請軍迎接率郡人東
迁碩德大悅拜潛張掖太守挐建康太守潛勸蒙遜東迁挐私於
蒙遜曰呂氏猶存姑臧未拔碩德糧竭將還不能久也何故違離
桑梓受制於人輔國臧莫孩曰建忠之言是也蒙遜乃斬張潛因下
書曰孤以虛薄猥忝時運未能弘闡大猷戡蕩群孽使桃蟲鼓
翼東京封豕烝涉西裔戎車屢動干戈未戢農失三時之業百姓
戶不粒食可蠲省百徭專功南畝明設科條務盡地利時梁中庸
為西郡太守西奔李玄盛蒙遜聞之笑曰吾與中庸義深一躰而
不信我但自負耳孤豈怪之乃盡歸其妻孥蒙遜下令曰養老乞
言晉文納輿人之誦所以能招礼英奇致時邕之美況孤寡德智
不經遠而可不思聞讜言以自鏡哉內外群僚其各搜揚賢儁
廣進芻蕘以匡孤不逮遣輔国臧莫孩襲山北虜大破之姚興遣
將齊難率衆四萬迎呂隆隆勸難伐蒙遜難從之莫孩敗其前軍
難乃結盟而還蒙遜伯父中田護軍親信臨松太守孔篤並驕奢
侵害百姓苦之蒙遜曰乱吾國者二伯父也何以綱紀百姓乎皆
令自殺蒙遜襲禿髮狄洛盤于番禾不剋迁其五百餘戶而還姚興
遣使人梁斐張構等拜蒙遜鎮西大將軍沙州刺史西海侯時興
亦拜禿髮傉檀為車騎將軍封廣武公蒙遜聞之不悅謂斐等
曰傉檀上公之位而身為侯者何也構對曰傉檀輕狡不仁款誠
未著聖朝所以加其重爵者褒其歸善即叙之義耳將軍忠貫

白日勳高一時當入諧鼎味匡賛帝室安可以不信待也聖朝爵
必稱功官不越德如尹緯姚晃佐命初基齊難徐洛元勳驍將並
位纔二品爵止侯伯將軍何以先之乎竇融殷勤固讓不欲居
舊臣之右未解將軍忽有此問蒙遜曰朝廷何不即以張掖見封
乃更遠封西海邪構曰張掖規畫之內將軍已自有之所以遠授
西海者蓋欲廣大將軍之國耳蒙遜大悅乃受拜時地震山崩折
木太史令劉梁言於蒙遜曰辛酉金也地動於金金動刻木大軍
東行無前之徵時張掖城每有光色蒙遜曰王氣將成百戰百勝
之象也遂攻禿髮西郡太守楊統於日勒統降拜為右長史寵踰
功舊張掖太守句呼勒出奔西涼以從弟成都為金山太守羅仇
子也鄯為西郡太守麹粥子也句呼勒自西涼奔還待之如初蒙
遜率騎二萬東征次于丹嶺北虜大人思盤率部落三千降之時
木連理生于永安永安令張披上書曰異枝同幹遐方有齊化之
應殊本共心上下有莫二之固蓋至道之嘉祥大同之美徵蒙遜

晉記二十九　一

曰此皆二千石令長匪躬濟時所致豈吾薄德所能感之蒙遜
率步騎三万伐禿髮傉檀次于西郡大風從西北來氣有五色俄
而晝昏至顯美徙數千戶而還傉檀追及蒙遜于窮泉蒙遜將
擊之諸將皆曰賊已安營弗可犯也蒙遜曰傉檀謂吾遠來疲獘
必輕而无備及其壘壁未成可以一鼓而滅進擊敗之乘勝至于
姑臧夷夏降者万數千戶傉檀懼請和許之而歸及傉檀南奔樂
都魏安人焦朗據姑臧自立蒙遜率步騎三万攻朗尅而宥之饗
文武將士于謙光殿班賜金馬有差以敦煌張穆博通經史才藻
清贍擢拜中書侍郎委以機密之任以其弟挐為護羌校尉秦
州刺史封安平侯鎮姑臧旬餘而挐死又以從祖益子為鎮京將
軍護羌校尉秦州刺史鎮姑臧俄而蒙遜迁于姑臧以義熙八年
僭即河西王位大赦境內改元玄始置官僚如呂光為三河王故
事繕宮殿起城門諸觀立其子政德為世子加鎮衛大將軍錄尚
書事傉檀來伐蒙遜敗之於若厚塢傉檀湟河太守文支據湟

川護軍成宜侯率衆降之署文支鎮東大將軍廣武太守振武侯
成宜侯為振威將軍湟川太守以殿中將軍王建為湟河太守蒙
遜下書曰古先王應期撥乱者莫不經略八表然後光闡純風孤
雖智非靖難職在濟時而狡虜傉檀鴟峙舊京毒加夷夏東苑
之戮酷甚長平邊城之禍害深獫狁每念蒼生之無辜是以不遑
啓處身疲甲冑軆倦風塵雖傾其巢穴傉檀猶未授首傉檀弟
文支追項伯歸漢之義據彼重藩請為臣妾自西平已南連城
繼順惟傉檀窮獸守死樂都四支既落命豈久全五緯之會已應
清一之期无賒方散馬金山系元永逸可露布遠近咸使聞知蒙
遜西如苕藋遣冠軍伏恩率騎一万襲卑和烏啼二虜大破之俘
二千餘落而還蒙遜寢于新臺閹人王懷祖擊蒙遜傷足其妻孟
氏擒斬之夷其三族蒙遜母車氏疾篤蒙遜升南景門散錢以賜
百姓下書曰孤庶憑宗廟之靈乾坤之祐濟否剝之運會拯遺黎
之荼蓼上望掃清氛穢下冀保寧家福而太后不豫涉歲弥增將

晉記二十九　五

刑獄枉濫衆有怨乎賦役繁重時不堪乎群望不絜神所譴乎
內省諸身未知罪之攸在可大赦殊死已下俄而車氏死蒙遜遣
其將運糧于湟河自率衆攻尅乞伏熾磐廣武郡以運糧不繼自
廣武如湟河度浩亹熾磐遣將乞伏魋尼寅距蒙遜蒙遜擊斬
之熾磐又遣將王衝折斐麴景等率騎一万據勒姐嶺蒙遜且戰
且前大破之擒折斐等七百餘人麴景奔還蒙遜以弟漢平為折
衝將軍湟河太守乃引還晉益州刺史朱齡石遣使來聘蒙遜遣
舍人黃迅報聘益州因表曰上天降禍四海分崩靈耀擁于南裔
蒼生没于醜虜陛下累聖重光道邁周漢純風所被八表宅心臣
雖被髮邊徼才非時儁謬為河右遺黎推為盟主臣之先人世荷
恩寵雖歷夷嶮執義不回傾首朝陽乃心王室去冬益州刺史朱
齡石遣使詣臣始具朝廷休問承車騎將軍劉裕秣馬揮戈以中
原為事可謂天贊大晉篤生英輔臣聞少康之興大夏光武之復
漢業皆奮劔而起衆无一旅猶能成配天之功著車攻之詠陛下

據全楚之地擁荆揚之銳而可垂拱晏然棄二京以資戎虜若六軍北軫剋復有期臣請率河西戎爲晉右翼前驅熾盤若率衆三万襲湟河漢平力戰固守遣司馬隗仁夜出擊熾盤斬級數百熾盤將引退先遣老弱漢平長史焦昶將軍段景密信招熾盤熾盤復進攻漢平漢平納昶景之說面縛出降仁勒壯士百餘據南門樓上三日不下衆寡不敵爲熾盤所擒熾盤怒命斬之段暉諫曰仁臨難履危奮不顧命忠也宜宥之以厲事君熾盤乃執之而歸在熾盤所五年暉又爲之固請乃得還姑臧及至蒙遜執其手曰卿孤之蘇武也以爲高昌太守爲政有威惠之稱然頗以愛財爲失蒙遜西祀金山遣沮渠廣宗率騎一万襲烏啼虜大捷而還蒙遜西至苕藋遣前將軍沮渠成都將騎五千襲卑和虜蒙遜率中軍三万繼之卑和虜率衆迎降遂循海而西至鹽池祀西王母寺寺中有玄石神圖命其中書侍郎張穆賦焉銘之于寺前遂如金山而歸蒙遜下書曰頃自春炎旱害及時苗碧原

青野倏爲枯壤將刑政失中下有冤獄乎役繁賦重上天所譴乎內省多缺孤之罪也書不云乎百姓有過罪予一人可大赦殊死已下翌日而澍雨大降蒙遜聞劉裕滅姚泓怒甚門下校郎劉祥言事於蒙遜蒙遜曰汝聞劉裕入關敢研研然也遂殺之其峻暴如是顧謂左右曰古之行師不犯歲鎮所在姚氏舜後軒轅之苗裔也今鎮星在軒轅而裕滅之亦不能久守關中蒙遜爲李士業敗於解支澗復收散卒欲戰前將軍成都諫曰臣聞高祖有彭城之敗終成大漢宜旋師以爲後圖蒙遜從之城建康而歸其群下上書曰設官分職所以經國濟時恪勤官次所以緝熙庶政當官者以匪躬爲務受任者以忘身爲效自皇綱初震戎馬生郊公私草創未遑舊式而朝士多違憲制不遵典章或公文御案在家卧署或事无可否望空而過至令黜陟絶於皇朝駮議寢於聖世清濁共流能否相雜人無勸競之心苟爲度日之事豈憂公忘私奉上之道也今皇化日隆遐迩寧泰宜肅振綱維申修舊則蒙遜納之命征南姚艾尚書左丞房晷撰朝堂制行之旬日百僚振肅太史令張衍言於蒙遜曰今歲臨澤城西當有破兵蒙遜乃遣其世子政德屯兵若厚塢蒙遜西至白岸謂張衍曰吾今年當有所定但太歲在申月又建申未可西行且當南巡要其歸會主而勿客以順天心計在臨機慎勿露也遂攻浩亹而虵盤於帳前蒙遜笑曰前一爲騰虵今盤在吾帳天意欲吾迴師先定酒泉燒攻具而還次于川巖聞李士業徵兵欲攻張掖蒙遜曰入吾計矣但恐聞吾迴軍不敢前也兵事尚權乃露布西境稱得浩亹將進軍黃谷士業聞而大悅進入都瀆澗蒙遜潛軍逆之敗士業于壞城遂進剋酒泉百姓安堵如故軍无私焉以子茂虔爲酒泉太守士業舊臣皆隨才擢叙蒙遜以安帝隆安元年自稱州牧義熙八年僭立後八年而宋氏受禪以元嘉十年死時年六十六在僞位三十三年子茂虔立六年爲魏所擒合三十九載而滅

史臣曰蒙遜出自夷陬擅雄邊塞蔑呂光之悖德深懷仇恥之寃推段業以濟時假以陳吳之事稱兵白澗南涼請和出師冊嶺北寇賓服然而見利忘義苞禍滅親雖能制命一隅抑亦備諸凶德者矣

贊曰光猜人傑業忌時賢游飲自晦匿智圖全見心既逞僞績修宣挺茲姦數馳競當年

載記第二十九　　晉書百二十九

載記第三十　晉書百三十　御撰

赫連勃勃

赫連勃勃字屈孑匈奴右賢王去卑之後劉元海之族也曾祖武劉聰世以宗室封樓煩公拜安北將軍監鮮卑諸軍事丁零中郎將雄據肆盧川為代王猗盧所敗遂出塞表祖豹子招集種落復為諸部之雄石季龍遣使就拜平北將軍左賢王丁零單于父衛辰入居塞內苻堅以為西單于督攝河西諸虜屯于代來城及堅國亂遂有朔方之地控弦之士三万八千後魏師伐之辰令其子力俟提距戰為魏所敗魏人乘勝濟河克代來執辰殺之勃勃乃奔于叱干部叱干他斗伏送勃勃於魏他斗伏兄子阿利先戍大洛川聞將送勃勃馳諫曰鳥雀投人尚宜濟免況勃勃國破家亡歸命於我縱不能容猶宜任其所奔今執而送之深非仁者之舉他斗伏懼為魏所責弗從阿利潛遣勁勇篡勃勃於路送於姚興高平公沒弈于弈于以女妻之勃勃身長八尺五寸腰帶十圍性

辯慧美風儀興見而奇之深加禮敬拜驍騎將軍加奉車都尉常參軍國大議寵遇踰於勳舊興弟邕言於興曰勃勃天性不仁難以親近陛下寵遇太甚臣竊惑之興曰勃勃有濟世之才吾方收其藝用與之共平天下有何不可乃以勃勃為安遠將軍封陽川侯使助沒弈于鎮高平以三城朔方雜夷及衛辰部眾三万配之使為伐魏偵候姚邕固諫以為不可興曰卿何以知其性氣邕曰勃勃奉上慢御眾殘貪暴無親輕為去就寵之踰分終為邊害興乃止頃之以勃勃為持節安北將軍五原公配以三交五部鮮卑及雜虜二万餘落鎮朔方時河西鮮卑杜崘獻馬八千匹于姚興濟河至大城勃勃留之召其眾三万餘人偽獵高平川襲殺沒弈于而并其眾眾至數万義熙三年僭稱天王大單于赦其境內建元曰龍昇置百官自以匈奴夏后氏之苗裔也國稱大夏以其長兄右地代為丞相代公次兄力俟提為大將軍魏公叱干阿利為御史大夫梁公弟阿利羅引為征南將軍司隸校尉若門為尚書令叱以鞬為征西將軍尚書左僕射乙斗為征北將軍尚書右僕射自餘以次授任其年討鮮卑薛干等三部破之降眾万數千進討姚興三城已北諸戍斬其將楊丕姚石生等諸將諫固險不從又復言於勃勃曰陛下將欲經營宇內南取長安宜先固根本使人心有所憑係然後大業可成高平險固山川沃饒可以都也勃勃曰卿徒知其一未知其二吾大業草創眾旅未多姚興亦一時之雄關中未可圖也且其諸鎮用命我若專固一城彼必并力於我眾非其敵亡可立待吾以雲騎風馳出其不意救前則擊其後救後則擊其前使彼疲於奔命我則游食自若不及十年嶺北河東盡我有也待姚興死後徐取長安姚泓凡弱小兒擒之方略已在吾計中矣昔軒轅氏亦遷居無常二十餘年豈獨我乎於是侵掠嶺北嶺北諸城門不晝啟興歎曰吾不用黃兒之言以至於此黃兒姚邕小字也勃勃初僭號求婚於禿髮傉檀傉檀弗許勃勃怒率騎二万伐之自楊非至于支陽三百餘里殺傷万餘人驅

掠二万七千口牛馬羊數十万而還傉檀率眾追之其將焦朗謂傉檀曰勃勃天姿雄敖御軍齊肅未可輕也今因抄掠之資率思歸之士人自為戰難與爭鋒不如從溫圍北渡趣万斛堆阻水結營制其咽喉百戰百勝之術也傉檀將賀連怒曰勃勃以死亡之餘率烏合之眾犯順結禍幸有大功今牛羊塞路財寶若山窘弊之餘人懷貪競不能督厲士眾以抗我也我以大軍臨之必土崩魚潰今引軍避之示敵以弱我眾氣銳宜在速追傉檀曰吾追計決矣敢諫者斬勃勃聞而大喜乃於陽武下陝鑿凌埋車以塞路傉檀遣善射者射之中勃勃左臂勃勃乃勒眾逆擊大敗之追奔八十餘里殺傷万計斬其大將十餘人以為京觀號髑髏臺還于嶺北勃勃與姚興將張佛生戰于青石原又敗之俘斬五千七百人興遣將齊難率眾二万來伐勃勃退如河曲難以去勃勃既遠縱兵掠野勃勃潛軍覆之俘獲七千餘人收其戎馬兵杖難引軍而退勃勃復追擊于木城拔之擒難俘其將士萬有三千戎

馬万匹嶺北夷夏降附者數万計勃勃於是拜置守宰以撫之勃勃又率騎二万入高岡及于五井掠平涼雜胡七千餘戶以配後軍進屯依力川姚興來伐至三城勃勃候興諸軍未集率騎擊之興大懼遣其將姚文宗距戰勃勃僞退設伏以待之興遣其將姚榆生等追之伏兵夾擊皆擒之興將王奚聚羌胡三千餘戶于勑奇堡勃勃進攻之奚驍悍有膂力短兵接戰勃勃之衆多爲所傷於是堰斷其水堡人窘迫執奚出降勃勃謂奚曰卿忠臣也朕方與卿共平天下奚曰若蒙大恩速死爲惠乃與所親數十人自刎而死勃勃又攻興將金洛生于黃石固弥姐豪地于我羅城皆拔之徙七千餘家於大城以其丞相右地代領幽州牧以鎮之遣其尚書金纂率騎一万攻平涼姚興來救纂爲興所敗死之勃勃兄子左將軍羅提率步騎一万攻興將姚廣都于定陽剋之坑將士四千餘人以女弱爲軍資拜廣都爲太常勃勃又攻興將姚壽都于清水城壽都奔上邽徙其人万六千家于大城是歲齊難姚廣都

謀叛皆誅之姚興將姚詳棄三城南奔大蘇勃勃遣其將平東鹿弈于要擊之執詳盡俘其衆詳至勃勃數而斬之其年勃勃率騎三万攻安定與姚興將楊佛嵩戰于青石北原敗之降其衆四万五千獲戎馬二万匹進攻姚興將党智隆于東鄉降之署智隆光祿勳徙其三千餘戶于貳城姚興鎮北參軍王買德來奔勃勃謂買德曰朕大禹之後世居幽朔祖宗重暉常與漢魏爲敵國中世不競受制於人逮朕不肖不能紹隆先構國破家亡流離漂虜今將應運而興復大禹之業卿以爲何如買德曰自皇晉失統神器南移群雄岳峙人懷問鼎况陛下奕葉載德重光朔野神武超於漢皇聖略邁於魏祖而不於天啓之機建成大業乎今秦政雖衰藩鎮猶固深願蓄力待時詳而後舉勃勃善之拜軍師中郎將乃赦其境內改元爲鳳翔以叱干阿利領將作大匠發嶺北夷夏十万人於朔方水北黑水之南營起都城勃勃自言朕方統一天下君臨万邦可以統万爲名阿利性尤工巧然殘忍刻暴乃蒸土

築城錐入一寸即殺作者而并築之勃勃以爲忠故委以營繕之任又造五兵之器精銳尤甚既成呈之工匠必有死者射甲不入即斬弓人如其入也便斬鎧匠又造百鍊剛刀爲龍雀大環號曰大夏龍雀銘其背曰古之利器吳楚湛盧大夏龍雀名冠神都可以懷遠可以柔邇如風靡草威服九區世甚珍之復鑄銅爲大鼓飛廉翁仲銅駝龍獸之屬皆以黃金飾之列於宮殿之前凡殺工匠數千以是器物莫不精麗於是議討乞伏熾盤王買德諫曰明王之行師也軌物以德不以暴且熾盤我之與國新遭大喪今若伐之豈所謂乘理而動上感靈和之義乎苟恃衆力因人喪難匹夫猶恥爲之而况万乘哉勃勃曰甚善微卿朕安聞此言其年下書曰朕之皇祖自北迁幽朔姓改姒氏音殊中國故從母氏爲劉子而從母之姓非禮也古人氏族無常或以因生爲氏或以王父之名朕將以義易之帝王者係天爲子是爲徽赫實與天連今改姓曰赫連氏庶協皇天之意永享無疆大慶係天之尊不

可令支庶同之其非正統皆以鐵伐爲氏庶朕宗族子孫剛銳如鐵皆堪伐人立其妻梁氏爲王后子璝爲太子封子延陽平公昌太原公倫酒泉公定平原公滿河南公安中山公又攻姚興將姚逵于杏城二旬剋之執逵及其將姚大用姚安和姚利僕尹敵等坑戰士二万人遣其御史中丞烏洛孤盟於沮渠蒙遜曰自金晉數終禍纏九服趙魏爲長蛇之墟秦隴爲豺狼之穴二都神京鞠爲茂草蠢尔羣生罔知憑賴上天悔禍運屬二家封疆密迩道會義親宜敦和好弘康世難爰自終古有國有家非盟誓無以昭神祇之心非斷金無以定終始之好然晉楚之成吳蜀之約咸口血未乾而尋背之今我二家契殊曩日言未發而有篤愛之心音一交而懷傾蓋之顧息風塵之警同克濟之誠戮力一心共濟六合若天下有事則雙振義旗區域既清則並敦曾衛夷險相赴交易有無爰及子孫永崇斯好蒙遜遣其將沮渠漢平來盟勃勃聞姚泓將姚嵩與氐王楊盛相持率騎四萬襲上邽未至而

嵩爲盛所殺勃勃攻上邽二旬尅之殺泓秦州刺史姚平都及將士五千人毀城而去進攻陰密又殺興將姚良子及將士万餘人以其子昌爲使持節前將軍雍州刺史鎮陰密泓將姚恢棄安定奔于長安安定人胡儼華韜率户五万據安定降于勃勃以儼爲侍中韜爲尚書留鎮東羊苟兒鎮之配以鮮卑五千進攻泓將姚諶于雍城諶奔長安勃勃進師次郿城泓遣其將姚紹來距勃勃退如安定胡儼等襲殺苟兒以城降泓勃勃引歸杏城笑謂羣臣曰劉裕伐秦水陸兼進且裕有高世之略姚泓豈能自固吾騐以天時人事必當尅之又其兄弟内叛安可以距人裕既尅長安利在速返正可留子弟及諸將守關中待裕發軫吾取之若拾芥耳不足復勞吾士馬於是秣馬厲兵休養士卒尋進據安定姚泓嶺北鎮戍郡縣悉降勃勃於是盡有嶺北之地俄而劉裕滅泓入于長安遣使遺勃勃書請通和好約爲兄弟勃勃命其中書侍郎皇甫徽爲文而陰誦之召裕使前口授舍人爲書封以荅裕裕覽

其文而奇之使者又言勃勃容儀瓌偉英武絶人裕歎曰吾所不如也既而勃勃還統萬裕留子義真鎮長安而還勃勃聞之大悦謂王買德曰朕將進圖長安卿試言取之方略買德曰劉裕滅秦所謂以乱平乱未有德政以濟蒼生關中形勝之地而以弱才小兒守之非經遠之規也狼狽而返者欲速成篡事耳無暇有意於中原陛下以順伐逆義貫幽顯百姓以君命望陛下義旗之至以日爲歳矣青泥上洛南師之衝要宜置遊兵斷其去來之路然後杜潼關塞崤陝絶其水陸之道陛下聲檄長安申布恩澤三輔父老皆壺漿以迎王師矣義真獨坐空城逃竄無所一旬之間必面縛麾下所謂兵不血刃不戰而自定也勃勃善之以子璝都督前鋒諸軍事領撫軍大將軍率騎二万南伐長安前將軍赫連昌屯兵潼關以買德爲撫軍右長史南斷青泥勃勃率大軍繼發璝至渭陽降者屬路義真遣龍驤將軍沈田子率衆逆戰不利而退屯劉廻堡田子與義真司馬王鎮惡不平因鎮惡出城遂殺之義真

又殺田子於是悉召外軍入于城中閉門距守關中郡縣悉降璝夜襲長安不尅勃勃進據咸陽長安樵採路絶劉裕聞之大懼乃召義真東鎮洛陽以朱齡石爲雍州刺史守長安義真大掠而東至於灞上百姓遂逐齡石而迎勃勃入于長安璝率衆三万追擊義真王師敗績義真單馬而遁買德獲晉寧朔將軍傅弘之輔國將軍蒯恩義真司馬毛脩之於青泥積人頭以爲京觀於是勃勃大饗將士于長安舉觴謂王買德曰卿往日之言一周而果効可謂筭無遺策矣雖宗廟社稷之靈亦卿謀猷之力也此觴所集非卿而誰於是拜買德都官尚書加冠軍將軍封河陽侯赫連昌攻齡石及龍驤將軍王敬於潼關之曹公故壘尅之執齡石及敬送于長安羣臣乃勸進勃勃曰朕無撥乱之才不能弘濟兆庶自枕戈寢甲十有二年而四海未同遺寇尚熾不知何以謝責當年垂之來葉將明揚仄陋以王位讓之然後歸老朔方琴書卒歳皇帝之號豈薄德所膺羣臣固請乃許之於是爲壇于灞上僭即

皇帝位赦其境内改元爲昌武遣其將叱奴侯提率步騎二万攻晋并州刺史毛德祖于蒲坂德祖奔于洛陽以侯提爲并州刺史鎮蒲坂勃勃歸于長安徵隱士京兆韋祖思既至而恭懼過礼勃勃怒曰吾以国士徵汝柰何以非類處吾汝昔不拜姚興何獨拜我我今未死汝猶不以我爲帝王吾死之後汝輩弄筆當置吾何地遂殺之羣臣勸都長安勃勃曰朕豈不知長安累帝舊都有山河四塞之固但荆吳僻遠勢不能爲人之患東魏與我同壤境去北京裁數百餘里若都長安北京恐有不守之憂朕在統万彼終不敢濟河諸卿適未見此耳其下咸曰非所及也乃於長安置南臺以璝領大將軍雍州牧録南臺尚書事勃勃還統万以宫殿大成於是赦其境内又改元曰真興刻石都南頌其功德曰夫庸大德盛者必建不刊之業道積慶隆者必享無窮之祚昔在陶唐數鍾厄運我皇祖大禹以至聖之姿當經綸之會鑿龍門而闢伊闕疏三江而決九河夷一元之窮災拯六合之沉溺鴻績侔於天

地神功邁於造化故二儀降祉三靈叶贊揖讓受終光啓有夏傳
世二十歷載四百賢辟相承哲王継軌徽猷冠於玄古高範煥乎
疇昔而道無常夷數或屯險王桀不綱網漏鄩氏用使金暉絶于
中天神鑾輟于促路然純曜未渝慶緜万祀龍飛漠南鳳峙朔
北長轡遠馭則西罩崐山之外密網遐張則東絙滄海之表爰始
逮今二千餘載雖三統迭制於崤函五德革運於伊洛秦雍成篡
弑之墟周豫為爭奪之藪而幽朔謐尓主有常尊於上海代晏然
物無異望於下故能控弦之衆百有餘万躍馬長驅鼓行秦趙使
中原疲于奔命諸夏不得高枕為日久矣是以偏師暫擬涇陽摧
隆周之鋒赫斯一奮平陽挫漢祖之鋭雖霸王継蹤猶朝日之升
扶桑英豪接踵若夕月之登濛汜自開闢已來未始聞也非夫卜
世與乾坤比長鴻基與山嶽齊固孰能本枝於千葉重光於万祀
履寒霜而踰榮蒙重氛而弥耀者哉於是玄符告徵大猷有會
我皇誕命世之期應天縱之運仰協時休俯順時望龍升其京則義

晉記三十　七

風盖於九區鳳翔天域則威聲格于八表属姦雄鼎峙之秋羣凶
嶽立之際昧旦臨朝日旰忘膳運籌命將舉無遺策親御六戎則
有征無戰故僞秦以三世之資喪魂於関隴河源望旗而委質北
虜欽風而納款德音著於柔服威刑彰于伐叛文教與武功並宣
爼豆與干戈俱運五稔之間道風弘著暨乎七載而王猷允洽乃
遠惟周文啓經始之基近詳山川究形勝之地遂營起都城開建
京邑背名山而面洪流左河津而右重塞高隅隱日崇墉際雲石
郭天池周緜千里其為獨守之形險絶之狀固以遠邁於咸陽超
美於周洛若乃廣五郊之義尊七廟之制崇左社之規建右稷之
禮御太一以繕明堂模帝坐而營路寢閶闔披霄而山亭象魏
排虛而嶽峙華林靈沼崇臺秘室通房連閣馳道苑園可以蔭
映万邦光覆四海莫不欝然並建森然畢備若紫微之帯皇穹閬
風之誇后土然宰司鼎臣羣黎士庶僉以為重威之式有闕前
王於是延王爾之奇工命班輸之妙匠搜文梓於鄧林採繡石於

恒嶽九域貢以金銀八方獻其瓌寶親運神奇叅制規矩營離宮
於靈寢之南起別殿於永安之北高構千尋崇基万仞玄棟鏤榥
若騰虹之揚眉飛簷舒咢似翔鵬之矯翼二序啓矣而五時之
坐開四隅陳設而一御之位建温宮膠葛涼殿崢嶸絡以隨珠綷
以金鐺雖曦望互升於表而中無晝夜之殊陰陽迭更於外而内
無寒暑之别故善目者不能為其名博辯者不能究其稱斯盖神
明之所規模非人工之所經制若乃尋名以求類跡狀以效真據
質以究名形疑妙出雖如來須弥之寶塔帝釋刀利之神宫尚未
足以喻其麗方其飾矣昔周宣考室而詠於詩人閟宫有侐而頌
聲是作況乃太微肇制清都啓建軌一文昌舊章唯始咸秩百神
賓享万國羣生開其耳目天下詠其來蘇亦何得不播之管絃刊
之金石哉乃樹銘都邑敷讚碩美俾皇風振於來葉聖庸垂乎不
朽其辞曰於赫靈祚配乾比隆巍巍大禹堂堂聖功仁被蒼生得
格玄穹帝錫玄珪揖讓受終哲王継軌光闡徽風道無常夷數或

晉記三十　八

不競金精南邁天輝北映靈祉踰昌世葉弥盛惟祖惟父克廣休
命如彼日月連光接鏡玄符瑞德乾運有歸誕鍾我后應圖龍飛
落落神武恢恢聖姿名教內敷羣妖外夷化光四表威截九圍封
畿之制王者常經乃延輸爾肇建帝京土苞上壤地跨勝形庶人
子來不日而成崇臺霄峙秀闕雲亭千榭連隅萬閣接屏晃若神
曦昭若列星離宮既作別宇云施爰構崇明仰準乾儀懸甍風閲
飛軒雲垂温室嵯峨層城參差楹彫虬獸節鏤龍螭瑩以寶璞飾
以珍奇稱因瑑著名由實揚偉哉皇室盛以厥章義高靈臺美隆
未央邁軌三五貽則霸王永世垂範億載彌光其秘書監胡義周
之辞也名其南門曰朝宋門東門曰招魏門西門曰服涼門北門
曰平朔門追尊其高祖訓兒曰元皇帝曾祖武曰景皇帝祖豹子
曰宣皇帝父衞辰曰桓皇帝廟號太祖母苻氏曰桓文皇后勃勃
凶暴好殺無順守之規常居城上置弓劍於側有所嫌忿便手自
殺之羣臣忤視者毀其目笑者決其脣諫者謂之誹謗先截其舌

而後斬之夷夏囂然人無生賴在位十三年而宋受禪以宋元嘉二年死子昌嗣僞位尋爲魏所擒弟定僭號於平涼遂爲魏所滅自勃勃至定凡二十有六載而亡

史臣曰赫連勃勃獯醜種類入居邊宇屬中壤分崩緣間肆慝控弦鳴鏑據有朔方遂乃法玄象以開宮擬神京而建社竊先王之徽號備中國之禮容驅駕英賢闚闕天下然其器識高爽風骨魁奇姚興覩之而醉心宋祖聞之而動色豈陰山之韞異氣不然何以致斯乎雖雄略過人而凶殘未革飾非距諫酷害朝臣部內囂然忠良卷舌滅亡之禍宜在厥身猶及其嗣非不幸也

贊曰淳維遠裔名王之餘嘯羣龍漠乘釁侵漁爰創昌宇易彼穹廬雖弄神器猶曰凶渠

載記第三十　晉書百三十

跋

涵芬樓舊藏晉書有宋刊元明遞修本有元大德本原本均漫漶不宜影印又有明覆宋大字本版印俱佳以與他本不相合故舍去今均燬於兵火先是江南第一圖書館有宋刊小字本已遣工就照矣校閱至列傳某卷乃多所脫漏思覓更勝者以爲之代甘泉鄉人稿稱海昌蔣氏有宋刊小字本因浼友人蔣慰堂商之藻新孀丈慨焉許諾且以其書送滬開緘展讀覺雕印精絕心目爲爽惜缺載記三十卷行款與江南館本同用以補配可爲兩美之合是眞可繼馬班范陳之後矣武英殿本是史攷證多引宋本參訂故譌奪視他史爲少盧抱經嘗以帝紀天文禮志與明南北監本汲古閣本及他書參攷異同今略取其所校帝紀與是本相勘雖訛文奪字爲盧氏所指者不能盡免而以校殿本則仍有軒輊之別如帝紀一楚漢間司馬卬爲趙將卬下注邛非今殿本正作邛又權果遣將呂蒙西襲公安襲下注羽衍今殿本正有羽字又太和元年下達與魏興太守申儀有隙魏興下注二字今脫今殿本正脫此二字又凡攻敵必（宋本誤必作一）扼其喉而搖其心搖下注從木者譌今殿本正從木青龍元年下國以充實焉焉下注今脫今殿本僅有國以充實四字猶脫焉字青龍二年下關中多蒺藜藜下注毛及音義俱不作藜下同今殿本正俱作藜青龍

三年下帝運長安粟五百萬斛輸於京師輸下注脫通志有音義音戍今殿本正脫輸字景初二年下帝固讓子弟官不受帝下注今脫今殿本正脫帝字嘉平三年下依漢霍光故事漢下注今脫今殿本正脫漢字帝紀二嘉平五年下帝乃勑欽督銳卒趣合榆帝下注今脫今殿本正脫帝字正元元年下臣請依漢（宋本脫漢字）霍光故事依下注昔衍今殿本正有昔字景元四年下居守成都及備他境境下注郡非今殿本正作郡又金城太守楊欣趣甘松欣下注頎非今殿本正作頎又仍斷大政仍下注乃非今殿本正作乃又犯命陵正盧本陵作淩注當作陵今殿本仍作淩帝紀三泰始元年下罷

部曲將長吏以下質任吏下注今誤倒今殿本正作吏長又麒麟各一麒下注騏譌下同今殿本正俱作騏泰始六年賜大常博士學生帛牛酒各有差學生下注二字脫通志及毛本有今殿本正脫此二字泰始九年鮮卑寇廣甯下注甯譌今殿本正作甯咸寧三年下平虜護軍文淑討叛虜樹機能等並破之並下注今脫今殿本正脫並字太康元年下斬吳江陵督五延五下注王非五蓋子胥之後今殿本正作王延又剋州四剋下注毛克此從通志今作得譌今殿本正作得太康四年下牂柯獠二千餘落內屬柯下注牁譌下同今殿本正俱作牁太康六年下尙書褚䂮下注契譌音義䂮力灼反今殿本

正作契太熙元年春正月辛酉朔改元己巳己下注今譌乙今殿本正作乙又承魏氏奢侈刻弊之後刻下注革譌今殿本正作革太宗贊驕泰之心因斯以起下注因而斯起譌今殿本正作因而斯起帝紀四永平元年得以眇身託于羣后之上眇下注從耳非今殿本正從耳光熙元年下九月頓丘太守馮嵩頓下注今譌穎今殿本正作穎帝紀五永嘉五年下勒寇豫州諸郡下注軍非今殿本正作軍永嘉六年下猗盧自將六萬騎次于盂城盂下注盆譌城下注盂城卽今山西之盂縣今殿本正作盆史臣贊爾乃取鄧艾於農瑮（宋本作瑣）下注隙毛作瑣與瑮同瑮小人也案艾爲典農綱紀上計吏司

馬懿奇之辟爲掾故云今殿本乃作隙帝紀七咸和三年下舟軍四萬次于蔡州下注洲案宋志蒲洲郁洲之類皆作州今殿本乃作洲咸和四年下李陽與蘇逸戰於柤浦柤下注側孤側加二反作祖譌今殿本正作祖帝紀九咸安二年下若涉泉水下注卽淵水作氷譌今殿本正作氷太元十八年下二月乙未又地震（宋本作地又震）乙下注己譌今殿本正作己帝紀十隆安元年下散騎常侍郭麐下注從麻譌今殿本正從麻其尤著者則帝紀五永嘉二年下劉元海寇平陽河東太守路述力戰死之盧氏謂太守失名是所見之本已佚路述二字矣凡此皆是本勝於殿本之處餘如天文志禮志亦

大率類是推之全書可以槪見獨惜盧氏所校
僅限此十六卷不然者宋刻之貴得盧氏而益
彰且有時可以盧氏所校正宋本之失焉豈不
懿歟海鹽張元濟